DIE GESCHICHTE DES CHRISTENTUMS
RELIGION · POLITIK · KULTUR

Band 11
LIBERALISMUS, INDUSTRIALISIERUNG, EXPANSION EUROPAS
(1830–1914)

DIE GESCHICHTE DES CHRISTENTUMS
RELIGION · POLITIK · KULTUR

Herausgegeben von
Jean-Marie Mayeur, Charles (†) und Luce Pietri
André Vauchez, Marc Venard

Deutsche Ausgabe herausgegeben von
Norbert Brox, Odilo Engels, Georg Kretschmar,
Kurt Meier, Heribert Smolinsky

Band 11

LIBERALISMUS, INDUSTRIALISIERUNG,
EXPANSION EUROPAS
(1830–1914)

HERDER
FREIBURG · BASEL · WIEN

LIBERALISMUS, INDUSTRIALISIERUNG, EXPANSION EUROPAS

(1830–1914)

Herausgegeben von
Jacques Gadille, Jean-Marie Mayeur

Deutsche Ausgabe
bearbeitet und herausgegeben von
Martin Greschat

HERDER

FREIBURG · BASEL · WIEN

Titel der französischen Originalausgabe:
Histoire du christianisme des origines à nos jours
Tome 11: Libéralisme, industrialisation, expansion européenne (1830–1914)
sous la responsabilité de
Jacques Gadille, Jean-Marie Mayeur
© Desclée, Paris 1995

Übersetzung aus dem Französischen:

Monika Gödecke (Hannover): 2. Teil, Kap. 1; 4. Teil, Kap. 1
Roland Haidl (Freiburg): 2. Teil, Kap. 5; 4. Teil, Kap. 5 und 10; Schluß
Arthur Himmelsbach (Paris): 1.Teil, Kap. 4
Andreas Külzer (Wien): 5. Teil, Kap. 1
Elisabeth Mainberger-Ruh (Zürich): Einleitung; 1.Teil, Einleitung; Kap. 1 und 2; 3. Teil, Kap. 1 bis 6
Marianne Mühlenberg (Göttingen): 7. Teil, Kap. 1, I-IV; Kap. 2, I-VI, VIII, IX; Kap. 3
Andrea Schmidt (Louvain la Neuve): 5. Teil, Kap. 2
Ursula Vones-Liebenstein (Köln): 2. Teil, Kap. 3; 4. Teil, Kap. 3; 6. Teil, Kap. 1 und 2
Gerhard Philipp Wolf (Pegnitz-Buchau): 1.Teil, Kap. 3; 2. Teil, Kap. 2, Kap. 6, Kap. 7; 4. Teil, Kap. 2, Kap. 6, Kap. 7; 7. Teil, Kap. 1, V; Kap. 2, VII

Wissenschaftliche Redaktion: Alexander Ulrich (Bonn): Dritter Teil: Die Zeit der Demokratie und der europäischen Expansion (1860–1914); Vierter Teil: Das Christentum in Europa 1860 bis zum Ersten Weltkrieg

Bildredaktion: Wolf Stadler (Freiburg)

Die Deutsche Bibliothek – CIP-Einheitsaufnahme
Die Geschichte des Christentums : Religion, Politik, Kultur / dt. Ausg. hrsg.
von Norbert Brox … – Freiburg im Breisgau ; Basel ; Wien : Herder.
Einheitssacht.: Histoire du christianisme des origins à nos jours ‹dt.›

Band 11, Liberalismus, Industrialisierung, Expansion Europas: (1830–1914) /
dt. Ausg. bearb. und hrsg. von Martin Greschat … [Übers. aus dem Franz.:
Monika Gödecke …]. – 1997
    ISBN 3-451-22261-2

VORWORT ZUR DEUTSCHEN AUSGABE

Die Hauptaufgabe als Herausgeber der deutschsprachigen Fassung dieses elften Bandes der „Geschichte des Christentums" bestand in der Durchsicht der Übersetzungen aus dem Französischen, ihrer stilistischen Glättung und sprachlichen Vereinheitlichung. Darüber hinaus wurden Sachverhalte und Zusammenhänge, die für einen hiesigen Leser nicht ohne weiteres verständlich gewesen wären, durch knappe Erläuterungen, bisweilen auch durch ausführlichere Erklärungen verdeutlicht. Derselbe Gesichtspunkt der bestmöglichen Erschließung des französischen Originals für ein deutsches Publikum war bei der Auswahl der ergänzenden Literaturangaben leitend.

Abgesehen von solchen Eingriffen sowie der Korrektur offenkundiger Flüchtigkeitsfehler im Text und in den Anmerkungen blieben die Ausführungen der Verfasser unverändert, können doch die von den französischen Herausgebern ausgewählten Bearbeiter als durchweg kompetente Sachkenner die Verantwortung für ihre Arbeit unschwer selbst tragen. Im übrigen wäre es für einen Herausgeber vermessen, sich angesichts der in den letzten Jahrzehnten enorm expandierenden Forschungen zur Geschichte des Christentums in allen fünf Kontinenten der Erde einen wirklich umfassenden Wissensstand zuzutrauen. Die Ausnahme von der Regel, die Texte nicht grundsätzlich zu verändern, stellt die Neufassung zweier Abschnitte über den deutschen Protestantismus dar. Hier wäre es überaus reizvoll und zugleich wissenschaftsgeschichtlich höchst informativ gewesen, den französischen und den deutschen Text nebeneinander zu drucken als Beleg für nach wie vor existierende nationale Fixierungen. Aber selbstverständlich ist eine solche Dokumentation nicht Aufgabe dieses Bandes.

Zu hoffen bleibt, daß dieser elfte Band vielen Lesern erstmals oder erneut den Zugang eröffnet zu einer der faszinierendsten Epochen der Kirchengeschichte, die ebenso ereignisreich wie schillernd war. Zu danken bleibt den Übersetzerinnen und Übersetzern, den vielen Helferinnen und Helfern, nicht zuletzt dem Verlag Herder und Herrn Dr. Peter Suchla sowie dessen Mitarbeitern Alexander Ulrich und Michael Fischer. Diese Zusammenarbeit gestaltete sich nicht nur reibungslos, sondern ausgesprochen erfreulich.

Gießen, im Juli 1997   *Martin Greschat*

INHALT

ZWEITER TEIL

DAS CHRISTENTUM IN EUROPA ZUR ZEIT DES LIBERALISMUS
(1830–1860)

Erstes Kapitel

VON ANDRÉ ENCREVÉ UND JACQUES GADILLE

Zweites Kapitel

VON ANDRÉ TIHON UND ANTON VAN DE SANDE

DRITTER TEIL

DIE ZEIT DER DEMOKRATIE UND DER EUROPÄISCHEN EXPANSION
(1860–1914)

VIERTER TEIL

DAS CHRISTENTUM IN EUROPA VON 1860
BIS ZUM ERSTEN WELTKRIEG

FÜNFTER TEIL

DAS ÖSTLICHE CHRISTENTUM

Erstes Kapitel

Die russisch-orthodoxe Kirche am Ende des 19. und zu Beginn des 20. Jahrhunderts: Isolierung und Integration

Zweites Kapitel

Die orientalischen Christen im 19. Jahrhundert
Ihre erneute Bedrückung und Bedrohung 774
VON CATHERINE MAYEUR-JAOUEN

SECHSTER TEIL

DIE NEUE WELT

Erstes Kapitel

VON RÉGIS LADOUS

VON ROBERT CHOQUETTE

SIEBTER TEIL

DIE CHRISTLICHEN MISSIONEN IN AFRIKA,
ASIEN UND OZEANIEN

VON JACQUES GADILLE UND JEAN-FRANÇOIS ZORN

Abkürzungen von Zeitschriften und Reihen erfolgen in der Regel nach: Internationales Abkürzungs-verzeichnis für Theologie und Grenzgebiete, zusammengestellt von S. Schwertner, Berlin – New York ²1992.

Einleitung

VON JACQUES GADILLE UND JEAN-MARIE MAYEUR

Der vorliegende Band behandelt ein „langes Jahrhundert": Am Anfang stehen die dreißiger Jahre des 19. Jh., die in Europa vom Aufkommen des Liberalismus und der nationalen Bewegungen geprägt sind. Den Abschluß bildet das Jahr 1914 mit dem Ausbruch des Ersten Weltkrieges, der nicht bloß die Nationalismen aufeinanderprallen ließ, sondern auch ein Dementi des liberalen Optimismus war. Wie gestaltete sich in dieser beinahe ein Jahrhundert umspannenden Epoche das Leben der christlichen Kirchen? Sie sahen sich mit Umwälzungen konfrontiert, die damals allgemein als unerhört empfunden wurden: eine scheinbar unaufhaltsame Ausbreitung der Demokratie, wissenschaftlich-technischer Fortschritt, Anbruch der industriellen Zivilisation, Expansion Europas in die übrigen Kontinente.

Der philosophische Liberalismus des anhebenden Jahrhunderts – Erbe der Aufklärung – glaubte kaum an die Zukunft der Offenbarungsreligionen: Ausdruck dieser Haltung ist der berühmte Artikel des französischen Philosophen Théodore de Jouffroy (1796–1842): *Comment finissent les Dogmes (Das Ende der Dogmen),* 1825 in der Zeitschrift *Le Globe* publiziert, worin Jouffroy der Überzeugung Ausdruck verlieh, die aus der Französischen Revolution hervorgegangene Säkularisierung werde unaufhaltsam fortschreiten. Ein Jahrhundert später konnte Georges Weill, einer der scharfsinnigsten Historiker des 19. Jh., dem entgegenhalten: „In allen Nationen und in allen Kirchen hat eine religiöse Erneuerung stattgefunden." Der hier vorliegende Band nimmt diese Erneuerung in ihren unterschiedlichen Aspekten und zeitlich wiederkehrenden Ausdrucksformen – 1830 bis 1840 und am Ende des Jahrhunderts – als Leitfaden. In ihren Anfängen entsprangen diese Erweckungen *(réveils; revivals)* nicht selten auch dem Wunsch nach konservativer Erneuerung als Antwort auf den revolutionären Geist. Doch ihr Streben, die Kirchen aus der staatlichen Abhängigkeit zu befreien, hatte stets auch Absetzbewegungen von der herrschenden Ordnung zur Folge.

Diese Bewegungen sind nicht zuletzt untrennbar mit dem Aufbruch der Romantik verbunden. Beiden gemeinsam war der Wille zur Besinnung auf die Quellen der lebendigen Tradition – bei den Kirchenvätern sowie in der antiken, mittelalterlichen und modernen Kirchengeschichte. Theologen, Publizisten, Politiker, Kleriker und Laien vermeinten daraus die Kräfte zu religiöser und gesellschaftlicher Erneuerung schöpfen zu können. Einige *fellows* in Oxford, etwa Kardinal John Henry Newman und Edward Pusey, die nächsten Vertrauten des preußischen Königs Friedrich Wilhelm IV., die Tübinger Katholische Schule um Johann Adam Möhler, die Schüler von Hugues Félicité Robert de Lamennais, aber auch andere Gruppierungen in Amerika und Rußland, gelangten, häufig ohne jede Absprache und über die konfessionellen Grenzen hinweg, zu vielfach konvergierenden Überzeugungen. Nährboden dieser neuen Gruppierungen waren grenzüberschreitende Frömmigkeits- und Glaubensbewegungen: katholischer Ultramontanismus in der Tradition eines Filippo Neri oder, später, eines Alfonso Maria di Liguori sowie die protestantischen Erweckungsbewegungen.

Ein weiterer Aspekt dieser religiösen Erneuerung war die Gründung zahlreicher Vereine, die, obwohl häufig von Klerikern begleitet, den Laien beträchtliche Verantwortung übertrugen. Nicht selten waren solche Vereine karitativ tätig und setzten sich für die Bekämpfung der gesellschaftlichen Not ein. Mehr noch, in ihrer Mitte entstand das Gedankengut des sozialen Katholizismus und des sozialen Protestantismus, die beide, mit den dann aus der Industrialisierung erwachsenen Problemen konfrontiert, an den Forderungen nach sozialer Gerechtigkeit orientierte institutionelle Lösungen herbeiführen wollten. Mit dem Aufkommen des Sozialismus erfuhren diese ideellen und tätigen Bewegungen innerhalb der christlichen Konfessionen im ausgehenden 19. Jh. einen erneuten Aufschwung.

Schließlich ist diese Erneuerung Trägerin eines missionarischen Eifers und Auftrags, der in innerer Mission und Rechristianisierung sowie in katholischer, orthodoxer und protestantischer Überseemission wiederkehrt. Der unübersehbare Aufschwung der Missionstätigkeit in Übersee war untrennbar mit der europäischen Expansion verbunden und von ihr getragen, ja war geradezu ein Hauptmoment derselben. Damit erwuchs der Geschichte des Christentums, mehr noch als in den Jahrhunderten zuvor, im 19. Jahrhundert eine weltweite Dimension – das erschwert verständlicherweise die Darstellung.

Das vorliegende Geschichtswerk beschränkt sich, wie bereits der Generaltitel besagt, nicht auf *eine* christliche Konfession; vielmehr ist sein Spezifikum gerade die konfessionelle Pluralität. Die Geschichte der Institutionen, des Verhältnisses von Kirche und Staat war gerade im hier behandelten Zeitabschnitt in vielen Ländern Gegenstand heftiger Kontroversen und zahlreicher Neuorientierungen. Das wird deshalb hier eingehend behandelt. Doch wird, in Übereinstimmung mit den Zielsetzungen der neueren Geschichtswissenschaft, auch dem Leben und den Initiativen des christlichen Volkes sowie den Formen der Spiritualität breiter Platz eingeräumt. Besondere Aufmerksamkeit gilt schließlich den von den Historikern zuweilen allzu summarisch abgehandelten theologischen Denkrichtungen und Kontroversen.

An diesen Leitlinien orientieren sich die Autoren dieses Gemeinschaftswerkes: Einheitliches Vorgehen hat den Vorrang vor der unvermeidlichen Vielfalt individueller Ansätze. Das gilt für die allgemeinen Darstellungen und die Untersuchungen zu einzelnen Ländern, für den thematischen Ansatz sowie die Berücksichtigung der Chronologie.

Die hier gewählte Periodisierung – ausgenommen einige Kapitel, bei denen sich eine Gesamtdarstellung als sinnvoll anbot (insbesondere östliches Christentum und Missionen) – macht die in den sechziger Jahren des 19. Jh. eingetretene Wende sichtbar: Einigung Italiens und Liberalisierung in Frankreich während der Zweiten Kaiserzeit, Ende des Sezessionskrieges in Amerika, Einigung Deutschlands unter der Vormachtstellung Preußens. 1870 schließlich fällte das Erste Vatikanische Konzil zu zwei seit mehr als einem halben Jahrhundert kontroversen Themen einen Lehrentscheid: zum Verhältnis von Glaube und Vernunft und zur Autorität in der Kirche. Die Bekräftigung von Ultramontanismus und päpstlicher Unfehlbarkeit verschärfte auf der Gegenseite den antiklerikalen Affekt.

Am Anfang wie am Ende dieser entscheidenden Jahre war die Welt Schauplatz tiefgreifender Umwälzungen. Die bisher (mit Ausnahme Großbritanniens) weitgehend bäuerlichen Gesellschaften begannen sich aufzulösen. Lediglich im Westen Europas hatten sich konstitutionelle Regimes etabliert, aber selbst hier behielten Aristokratie und Notabeln einen Teil ihrer Prärogativen, und das Stimmrecht blieb, außer in Frankreich, Minderheiten vorbehalten.

Nach 1860 fanden demokratisches Gedankengut und demokratische Praxis allgemeinere Zustimmung. Der Wissenschafts- und Fortschrittsglaube avancierte zum Religionsersatz. Die meisten Demokraten hatten sich auch der romantischen Religiosität entfremdet, gebärdeten sich antiklerikal und bekämpften die Kirchen. Das Ideal der politischen Demokratie weitete sich aus zum Ideal der sozialen Demokratie. Herausragendes Merkmal des ausgehenden Jahrhunderts war die Konstellation von Liberalismus – bis hin zur Demokratie –, Sozialismus und Antiklerikalismus. Die Kirchen, um eine Antwort auf die „soziale Frage" bemüht, suchten zu verhindern, daß sich Unglaube und Sozialismus in den Unterschichten durchsetzten.

Im letzten Drittel des 19. Jh. brachen die von Armut bedrohten europäischen Bauern auf, um die Weiten des amerikanischen Westens, Australiens und Sibiriens zu erobern. Zur selben Zeit wurden Afrika und Asien kolonisiert. Mit der Kolonisierung erhielten die neuen Missionsgebiete eine Stütze, die allerdings stets die Gefahr von allzu großen Zugeständnissen an die Kolonialmächte in sich barg.

Alle diese Themen – Auseinandersetzung der Kirchen mit Liberalismus und Demokratie sowie mit der Industriegesellschaft, kirchliche Expansion in der Welt – bilden den roten Faden dieses Bandes. Die Autoren haben sich bemüht, die Geschichte des Christentums in die allgemeine Geschichte, in die Kultur- und Geistesgeschichte einer Epoche einzubinden, die die Epoche der Liberalisierung, der Säkularisierung und der Religiosität zugleich war. Häufig prallten religiöser Glaube und politische Freiheit aufeinander, doch vielerorts wurde eine Annäherung angestrebt, damit „der Glaube frei und die Freiheit fromm sei", wie der Politiker und Literat François Guizot anläßlich der Aufnahme von Henri Lacordaire in die *Académie française* am 24. Januar 1861 formulierte.

ERSTER TEIL

DIE ZEIT DES LIBERALISMUS
(1830–1860)

Einleitung

Christentum und Romantik

von Jacques Gadille

Mit den seit der großen Französischen Revolution weiterwirkenden revolutionären Bewegungen entstand um 1830 in Europa auch eine von der Restauration bisher behinderte neue christliche Dynamik. Zwischen der Religion der Romantiker und den neu aufbrechenden Strömungen des christlichen Denkens kam es in der Folge der Julirevolution in Frankreich zu einer neuen, freilich vergänglichen und bruchstückhaften Konstellation. Den Katholiken war sie ein bedeutender Impuls, das protestantische Denken hingegen berief sich eher auf die Bestände der Aufklärung[1]. Trotz aller Einschränkungen gilt, daß diese Konstellation Wirkungen zeigte und für die ganze damalige Epoche von Bedeutung war.

Die neuere Geschichtswissenschaft – innerhalb und außerhalb Frankreichs – hat angeregt, die Geschichte der Völker, angefangen mit Indien und dem Orient, neu zu lesen, nämlich als Geschichte der fortschreitenden und irreversiblen Befreiung des menschlichen Geistes und der menschlichen Fähigkeiten: So wollte Jules Michelet das von ihm 1831 entworfene Geschichtsfresko verstanden wissen – gewissermaßen als Zugang zu seinem gesamten Werk[2]. Diese Generation romantischer Schriftsteller war mit der Vorstellung einer „Urvernunft" vertraut, deren Spuren sich in den ältesten heiligen Texten oder in den Bräuchen der Völker finden. Der internationale Erfolg von Georg Friedrich Creuzers *Symbolik und Mythologie der alten Völker* (1810–1812), die Arbeiten der Gebrüder Grimm und der deutschen philologischen Schule stärkten diesen Ansatz und zeigten eine mögliche Übereinstimmung zwischen der allgemeinen Vernunft und dem Christentum auf. Es gab Verbindungen über den Rhein hinweg zwischen Historikern wie Neander oder Boisserée, den Verfechtern der künstlerischen Kreativität des Mittelalters, und jenen „jungen Katholiken" aus Frankreich, die sich meist als Schüler Lamennais,, des Autors des *Essai sur l'indifférence*, bezeichneten. Für Philippe-Olympe Gerbet, führender Theologe dieser Gruppe und später Bischof von Perpignan, entsprach diese allgemeine Vernunft dem Autoritätsprinzip der christlichen Tradition. Er betrachtete sie als die Grundlage einer „Ordnung des Glaubens", aus der jene „Ordnung des Begriffs" hervorging, die die authentische thomistische Theologie von der aristotelischen Logik nicht trennen mochte[3]. Damit machte er den Weg frei für eine fruchtbare Harmonisierung von Theologie und Wissenschaft, von Glaube und

---

[1] Vgl. Kap. 2.

[2] J. Michelet, Introduction à l'histoire universelle, Paris 1831. Vgl. J.-R. Derré, Lamennais, ses amis et le mouvement des idées à l'époque romantique (1824–1834), Paris 1962, 591–594.

[3] Ph. Gerbet, Coup d'œil sur la controverse depuis les premiers siècles jusqu'à nos jours, Paris 1831, 52f, worin er sein Werk von 1826, Des doctrines philosophiques sur la certitude dans leurs rapports avec les fondements de la théologie, wiederaufnimmt (vgl. Derré, Lamennais [s. Anm. 2] 250f).

Vernunft. Dieses Bemühen, lange als Gegensätze verstandene Instanzen in Einklang zu bringen, fand in überraschend vielen Bereichen Anwendung, auch in Politik und Gesellschaft. Die religiösen Überzeugungen hatten sich von der Schirmherrschaft der Anciens Régimes und der Heiligen Allianz befreit und lieferten den nationalen Bewegungen Anstöße für den eigenen Kampf. An die Stelle zweifelhafter Kompromisse der Konkordatssysteme sollten jetzt überall emanzipatorische Kräfte treten, die der Verkündigung ihr Ansehen bei den Allerärmsten zurückbringen sollten. Schließlich galt es, gegen den zerstörerischen Individualismus der philosophischen Systeme und der modernen Wirtschaft anzutreten und in der christlichen Lehre die Quelle eines neuen gesellschaftlichen Zusammenhalts und einer Solidarität zwischen den Nationen zu finden. Diese Ansichten knüpften wie selbstverständlich an die Anfänge des Ultramontanismus an, dessen religiöse Substanz Gerbet in seiner Antwort vom Januar 1831 an *L'Ami de la religion* so präzisiert hatte:

„Wir sind des uns verordneten gefesselten Christentums überdrüssig, das sich, so sagen unsere Unterdrücker, in den Gotteshäusern einschließen muß. Wir wollen das römische Christentum, das sich überall unter die Völker mischt, das überall dort seine Stimme erheben soll, wo wir das Recht haben, uns an unsere Mitbürger zu wenden, das frei ist und sich in der Öffentlichkeit frei bewegt; wir wollen kein sektiererisches Christentum von kalter und rigider Frömmigkeit, das davor zurückschreckt, Gott den Namen des Menschen zu geben [...]“[4]

Doch die Dynamik eines entschieden auf die Zukunft der Völker ausgerichteten, sich zugleich auf deren Geschichte stützenden Christentums sollte schon bald mit einem doppelten Hindernis konfrontiert sein: In erster Linie durch die konservativen Mächte, die diese Strömungen für die gefährlichsten revolutionären Kräften hielten, dann aber auch durch jene „Liberalen“, die in ihrem antiklerikalen Reflex durchaus bereit waren, ihr Arsenal von „Rechtsgelehrten“ gegen eine „emanzipierte“ Religion zu mobilisieren, sobald diese auf gesellschaftlicher und politischer Ebene Interventionsbereitschaft signalisierte. Das zweite Hindernis lag an der Amtskirche selbst. Diese wollte sich gerne der Freiheiten bedienen, die ihr jene Bewegung in Sachen Vereine und Unterrichtswesen verschaffte, widersetzte sich aber jeder Verabsolutierung des Freiheitsprinzips. Schon gar nicht lag ihr daran, dieses Prinzip auf die eigene Institution anzuwenden.

Aufzuzeigen ist folglich, wie widersprüchlich um 1830 das Freiheitsverständnis der Regierungen, der Anhänger der neuen ultramontanen Strömungen, schließlich der Kirchen selbst samt ihren Theologen und offiziellen Vertretern war. Es wird sich herausstellen, daß die Emanzipationsbewegungen in den Jahren nach den Ereignissen im Sommer 1830 und Frühjahr 1848 scheiterten – zuerst an der erfolgreichen Unterdrückung in weiten Teilen Mittel- und Osteuropas, dann an den zwischen 1832 und 1864 gefällten Verurteilungen Roms. Als Folge dieser Repression brach in der europäischen Intelligenz erneut der Graben auf zwischen dem Geist der Auflärung und der Religion, zwischen „Intransigenten“ und „Liberalen“, die doch 1830 gewisse Gemeinsamkeiten entdeckt hatten[5]. Gleichwohl blieb die Bewegung nicht ohne Wirkung, und zwar bereits in der hier bearbeiteten Periode,

---

[4] J.-R. Derré, Littérature et politique dans l'Europe du XIXᵉ siècle, Lyon 1986, 222; zitiert wird der Brief vom 23. Januar 1831; vgl. dazu den Artikel „L'Europe“ in „L'Avenir“ vom 16. Mai 1831 (vgl. Derré, Lamennais 431).
[5] Daher der von Derré, Littérature et politique (s. Anm. 4) 83–98, entwickelte Begriff des „oecuménisme mennaisien“. Vgl. dazu Ders., Lamennais Kap. X: Le Mennaisisme et les grands romantiques.

dann aber vor allem in der zweiten Hälfte des Jahrhunderts: Die ersten Anfänge der christlich-sozialen und der ökumenischen Bewegung, einer Theologie der Kirche, die historischen und exegetischen Arbeiten – alles das sind von beharrlicher Forschungsarbeit getragene Versuche, auf die Herausforderungen der modernen Gesellschaft eine christliche Antwort zu finden.

Erstes Kapitel

Politische Freiheiten – Soziale Frage

von Jacques Gadille

I. Die Freiheitsdebatten

1. Legalität und Legitimität: die Konkordatspolitik Roms

Die Krise der Julirevolution 1830 brachte die Rückkehr des jakobinischen Legalismus. Vorab in Frankreich, Italien und Spanien verbreitete sich im Zuge dieser Entwicklung unter der Bevölkerung eine dezidiert antiklerikale Stimmung. Symptomatisch für diese Revanche der Legalität über die Legitimität ist die dem französischen König Louis-Philippe aufgezwungene Revision der Verfassung *(régime de la Charte révisée)*: Der „Bürgerkönig" mußte am 9. August den Eid ablegen, „die revidierte Verfassung getreu einzuhalten und einzig mit den Gesetzen und gemäß den Gesetzen zu regieren"[1]. Mit Blick auf das Verhältnis zur Kirche bedeutete dies eine Rückkehr zum Buchstaben des Konkordats, allerdings verbunden mit den *Organischen Artikeln* vom 18. Germinal des Jahres X (8.4.1802): „Die Macht des Papstes ist den in der ganzen Kirche gültigen Kanones unterstellt [...] Der Priester, der Magistrat, der Beamte darf die Gläubigen nicht darin unterweisen, was er als die Rechte des Staates betrachtet." Mit diesen Zeilen wird die Kirchenpolitik des Julikönigtums festgelegt[2].

In Rom wählte das Mitte Dezember eröffnete Konklave am 2. Februar 1831 Kardinal Bartolomeo Alberto – mit Ordensnamen Mauro – Cappellari, der den Namen Gregor XVI. annahm, zum Papst. Diese Wahl war durch die Nachricht über die Aufstände in den Marchen und in Umbrien beschleunigt worden. Als gestrenger Kamaldulensermönch – er war 1807 zum Generalprokurator seines Ordens gewählt worden – repräsentierte der neue Papst die in der damaligen Lage geforderte Autorität. 1825 zum Kardinal ernannt, hatte er als Präfekt der Propaganda-Kongregation eine Strategie der Emanzipation vom iberischen *Patronato* eingeleitet. Noch im Monat seiner Krönung ersuchte er Österreich um Intervention, worauf Frankreich auf die Besetzung Bolognas durch Österreich mit der Besetzung Anconas antwortete.

Der neue Papst schien „das kirchliche Amt aus weltlicher Herrschaft befreien" zu wol-

---

Zu Kurztiteln vgl. die jeweilige Erstnennung bzw. die Bibliographie am Ende dieses Kapitels

[1] Artikel 13 der revidierten Verfassung (vormals Art. 14) lautete wie folgt: Der König sorgt für „die Einhaltung der Gesetze, ohne die Gesetze selbst oder deren Einhaltung je aufheben zu können."
[2] Entscheidungsgründe des Vivien-Berichts an den Staatsrat über die Beschwerde wegen Mißbrauchs im Hirtenbrief des Lyoner Kardinals Louis de Bonald gegen das *Manuel* des André Dupin, 21. November 1844, in: B. Basdevant-Gaudemet, Le jeu concordataire dans la France du XIXᵉ siècle, Paris 1988, 100.

GREGORIUS PAPA XVI

VENERABILES FRATRES

Salutem, et Apostolicam Benedictionem.

Mirari vos arbitramur, quod ab imposita Nostrae humilitati Ecclesiae universae procuratione nondum Litteras ad vos dederimus, prout et consuetudo vel a primis temporibus invecta, et benevolentia in vos Nostra postulasset. Erat id quidem Nobis maxime in votis, ut dilataremus illico super vos cor Nostrum, atque in communicatione spiritus ea vos adloqueremur voce, qua confirmare Fratres in persona Beati Petri jussi fuimus (1). Verum probe nostis, quanam malorum aerumnarumque procella primis Pontificatus Nostri momentis in eam subito altitudinem maris aeti fuerimus, in qua, nisi dextera Dei fecisset virtutem, ex teterrima impiorum conspiratione Nos congemuissetis demersos. Refugit animus tristissima tot discriminum recensione susceptum inde moerorem refricare; Patrique potius omnis consolationis benedicimus, qui, disjectis perduellibus, praesenti Nos eripuit periculo, atque, turbulentissima sedata tempestate, dedit a metu respirare. Proponimus illico vobiscum communicare consilia ad sanandas contritiones Israel; sed ingens curarum moles, quibus in concilianda publici ordinis restitutione obruti fuimus, moram tunc Nostrae huic objecit voluntati.

Noi c'immaginiamo, che Voi vi meravigliate, perchè dopo essersi imposto alla Nostra tenuità l'incarico del governo di tutta la Chiesa, non vi abbiamo per anche indirizzate Nostre lettere, secondo che e la consuetudine fin dai primi tempi introdotta, e la benevolenza Nostra verso di Voi avrebbe richiesto. Era questa per vero dire una delle Nostre più vive brame di dilatare senza indugio sopra di voi il Nostro cuore, e di favellarvi nella comunicazione dello spirito con quella voce, con cui nella persona di Pietro a Noi divinamente fu ingiunto di confermare i Fratelli (1). Ma Voi ben sapete, per qual procella di mali e di calamità fin dai primi momenti del Nostro Pontificato fummo tosto balzati in un mare sì tempestoso, che se la destra del Signore non avesse fatta palese la virtù sua, avreste dovuto per la più perversa cospirazione degli empj compiangere il Nostro fatale sommergimento. Rifugge l'animo dal rinnovare coll'amara esposizione di tanti infortunj il dolore vivissimo, che ne provavamo; e più Ci piace di sollevare riconoscenti benedizioni al Padre di ogni consolazione, il quale colla dispersione de' ribelli dall'imminente pericolo ci trasse, e sedata la furiosa tempesta ci fè respirare. Noi ci proponemmo incontanente di comunicare s·co voi i Nostri divisamenti alla sanazione intesi delle piaghe di Israele: ma la grave mole di cure, che ne sopraggiunsero per conciliare il ristabilimento dell'ordine pubblico, pose allora un ostacolo a tal Nostro pensiero.

a 2

Den Triumph des Heiligen Stuhls (Druck von 1832) über die Nationalkirchen hatte der Kamaldulensermönch Mauro Cappellari, der spätere Papst Gregor XVI., schon 1799 in einer Schrift vorausgesagt, in der auch das Unfehlbarkeitsdogma bereits angedeutet war. – Als Papst weist Gregor XVI. in der Enzyklika „Mirari vos" vom 5.8.1832 die Forderungen nach Trennung von Kirche und Staat ebenso zurück, wie er sich gegen Gewissens- und Pressefreiheit wendet.

len (Enzyklika *Commissum Divinitus* vom 17. Mai 1835). In seinen Beziehungen zu den Regierungen setzte er das Legitimitätsprinzip durch und ließ sich von seinem Mißtrauen gegenüber konstitutionellen Regierungen leiten. Pius VIII., sein Vorgänger, hatte mit seiner Aufforderung an die französischen Bischöfe, den Eid zu leisten und öffentliche Gebete anzuordnen, als einer der ersten das Juliregime anerkannt. Papst Gregor XVI. forderte seinerseits, kaum gewählt, bereits am 9. Februar 1831 die polnischen Bischöfe zur Unterwerfung unter das herrschende Regime auf – eine Aufforderung, die er im berühmten Breve vom 9. Juni 1832 wiederholte: „Die Unterwerfung unter die von Gott eingesetzte Macht ist ein unwandelbares Prinzip; man kann sich ihm nur dann entziehen, wenn diese Macht die Gesetze der Kirche verletzen würde."[3] Mit den aus einer Revolution hervorgegangenen Regierungen wiederum würde der Heilige Stuhl „Geschäftsbeziehungen" aufnehmen, was einer De-facto-Anerkennung gleichkam, die „diese weder in ihrer Würde bestätigen noch ihnen irgendein neues Recht verleihen würde" (Bulle *Sollicitudo ecclesiarum* vom 7. August 1831).

---

[3] In: J. LEFLON, La crise révolutionnaire (1789–1846), Paris 1951, 456. Zu Gregor XVI. vgl. die in den Miscellanea commemorativa, 2 Bde., Rom 1948, erwähnten Werke sowie die umfassenden Ausführungen von R. AUBERT in: JEDIN, Handbuch der Kirchengeschichte 311–319.

Die prinzipielle päpstliche Unnachgiebigkeit wurde so durch eine gewisse Flexibilität, einen gewissen Realitätssinn gemildert. Diese Entwicklung verstärkte sich noch mit der Berufung Luigi Lambruschinis, des früheren Nuntius von Paris, an die Spitze des Staatssekretariats und dank des Einflusses seines Stellvertreters, des Kardinals Francesco Cappaccini. Die Ambivalenz des neuen Papstes kam auch darin zum Ausdruck, daß zwar 1835 ein Geschäftsträger nach Brüssel entsandt, aber erst 1841 eine Nuntiatur geschaffen und mit R. Fornari besetzt wurde. Dies alles, obwohl der neue Staat in seiner Verfassung die Lehrfreiheit und Vereinsfreiheit gewährte und die Bischofsernennungen nicht dem König übertragen hatte! Bereits als Kardinal hatte der spätere Gregor XVI. mit dem König der Niederlande ein Konkordat ausgehandelt, worin 1827 die Gründung einer katholischen Universität im Prinzip vereinbart worden war.

Seit den Napoleonischen Eroberungen betrieb der Heilige Stuhl mit den Regierungen, seien sie legitim oder nicht, eine systematische Konkordatspolitik. Angestrebt wurde dabei der für die Kirche vorteilhafteste Kompromiß – Sicherung der Machtposition in geistlichen (religiöse Kongregationen), in doktrinalen (Aufsicht über das Unterrichtswesen) und in jurisdiktionellen (freie Kommunikation mit den Bischöfen) Belangen. Im Gegenzug dazu signalisierte die Kirche in einigen Bereichen Kompromißbereitschaft: Vorschlagsrecht bei der Besetzung von Bischofsstühlen, Treueeid, Fiskalkontrolle des Kirchengutes. Den 1817 mit dem Königreich Neapel und 1818 mit Bayern unterzeichneten Verträgen kam Modellcharakter zu.

Der Standpunkt der einzelnen Regierungen in diesen Belangen hing von den persönlichen Neigungen der Herrscher, aber auch vom Einfluß der Katholiken ab: Waren sie in der Minderheit oder geschwächt, waren sie genötigt, sich mit den Liberalen oder den gemäßigten Antiklerikalen zu verbünden. In dieser Hinsicht gestalteten sich die Anfänge des Pontifikats schwierig. Die mit Volksaufständen konfrontierte Julimonarchie ergriff in Frankreich einige für die Kirche negative Maßnahmen. Als Folge der langwierigen Nachfolgekrisen in Spanien und Portugal wurden Gesetze zur Ausweisung der Orden erlassen; es kam zum Bürgerkrieg und zur Diktatur des spanischen Generals Baldomero Espartero. Im Zuge dieser Ereignisse blieben zahlreiche Bischofssitze vakant. Portugal wiederum erließ autoritäre Maßnahmen zur engen Begrenzung der Jurisdiktion des *padroado*, was zum „Schisma von Goa" führen sollte[4]. In Deutschland führte 1837–1838 die Forderung der Bischöfe von Köln und Posen, Kinder aus Mischehen seien katholisch zu erziehen, zu einer akuten Krise[5]. Die sechs zum Bistum Mainz gehörigen Staaten hatten erneut die Kontrolle über Bischofsernennungen und Synodalbeschlüsse an sich gerissen. Auch in den Schweizer Kantonen kam es zu zahlreichen Zwischenfällen.

Nach 1835 lockerten die Regierungen ihre Maßnahmen. In Frankreich beschloß die Regierung Molé, das Kultusbudget zu erhöhen, und im Parlamentsausschuß, der darüber beriet, wurde die Notwendigkeit betont, „für die moralischen Belange einer großen Nation aufzukommen, der mit jedem Tag bewußt wird, wie sehr diese Belange unter der Aufweichung der religiösen Bindungen gelitten haben"[6]. In Deutschland leitete der Beginn der Regierungszeit Friedrich Wilhelms IV. im Rheinland eine Entspannung ein, die zu einer

---

[4] J. Metzler, Memoria rerum III, 1, 388–435. Vgl. auch Leflon, La crise révolutionnaire (s. Anm. 3) 463.

[5] Ebd. 467–470: Detaillierte Darstellung dieser Angelegenheit, angefangen beim Breve „Litteras" vom 25. März 1830 bis zur Verhaftung der Erzbischöfe von Köln und Posen im November 1837.

[6] In: J.-M. Leniaud, L'administration des cultes pendant la période concordataire, Paris 1988, 98.

sehr günstigen Regelung der Beziehungen mit der katholischen Kirche führen sollte[7]. Eine ähnliche Entspannung bahnte sich in Österreich in den letzten Regierungsjahren Franz' II. und während der Regierungszeit Ferdinands I. an. Doch erst nach dem Sturz Metternichs begannen jene Verhandlungen, die unter der Führung des Salzburger Kardinals Friedrich von Schwarzenberg und des Erzbischofs von Wien, Kardinal Joseph Rauscher, zum Vertrag vom 18. August 1855, einem weiteren „Modellkonkordat", führten. Darin wurden die Autonomie der Kirchengerichte in Ehefragen, der päpstliche Primat sowie die bischöfliche Kontrolle über das Unterrichtswesen anerkannt und schließlich die Durchführung von Provinzkonzilien erlaubt. Diesem Konkordat kam in Deutschland Schrittmacherfunktion zu[8].

Der von Papst Gregor XVI. 1831 und 1842 feierlich wiederholte Protest an die Adresse von Zar Nikolaus I. und der Besuch des Zaren im Quirinal im Dezember 1845 führten erst 1846 zur Aufnahme von Verhandlungen zwischen Rußland und dem Heiligen Stuhl. Das Abkommen vom 3. August war für letzteren ein halber Mißerfolg, denn die 1839 erfolgte Aufhebung der Unierten Kirche der Ukraine wurde nicht rückgängig gemacht, und Mischehen blieben weiterhin verboten. In Spanien wiederum bekräftigte die Verfassung von 1845 die Katholizität der wiedereingesetzten Königin. Eine umfassende Reorganisation der Kirche, angefangen bei den Bischofsernennungen, wurde im Konkordat vom 16. März 1857 bestätigt und am 25. August 1859 durch das Abkommen über die Kirchengüter ergänzt. In Nordeuropa schließlich proklamierte Dänemark in seiner Verfassung von 1849 die Religionsfreiheit: Nach einem Abkommen mit den Liberalen wurde die Vereins- und Unterrichtsfreiheit eingeführt, das *placet* und die Einschränkung der bürgerlichen Rechte der Katholiken aufgehoben. Die Wiederherstellung der Hierarchie in Großbritannien (29. September 1850) und in den Niederlanden (4. März 1853) war ein entscheidender Schritt in Richtung Aufhebung der jahrhundertelangen Ächtung der katholischen Minderheiten in den beiden Ländern. Er war weitgehend von den Bischöfen Wiseman und Ullathorne auf der einen, von dem belgischen Kardinal Engelbert Sterckx auf der anderen Seite vorbereitet worden.

Doch die Hypothek des Konfliktes zwischen Staat und Kirche z.Z. der nationalen Einigungsbewegung in Italien, der sogenannten Römischen Frage – die, zeitlich gesehen, kurz nach der Niederlage der katholischen Orte im Sonderbundskrieg in der Schweiz aufgebrochen war – belastete das Pontifikat des 1846 gewählten Pius IX. nachhaltig und führte zu einer Verhärtung. Einer nationalstaatlichen Realpolitik verpflichtet, war das liberale Bürgertum wenig geneigt, sich mit einer zunehmend mit autoritären Regierungen sympathisierenden Kirche zu verbünden. Die jüngere Generation – Anhänger von Positivismus und Naturalismus, Befürworter des wirtschaftlichen Aufschwungs – radikalisierte sich und schloß sich oft der Freimaurerei an, die insbesondere im Schulwesen eine strikt antiklerikale Linie verfocht. In Belgien hatten denn auch die beiden Siege der Liberalen von 1847 und 1857 die Katholiken dazu bewogen, sich zu organisieren, um die eigenen Forderungen in den Kongressen von Mecheln 1863, 1864 und 1867 zu bekräftigen. Im Königreich Pie-

---

[7] Die Verfassung von 1850 bestätigt die liberalen Bestimmungen der Verfassung vom Dezember 1848, so beispielsweise die Aufhebung des *placet*, Unterrichts- und Versammlungsfreiheit, Freiheit der katholischen Fakultäten zur Verleihung akademischer Grade, Zunahme konfessioneller Schulen u. a. Nach R. AUBERT, Le Pontificat de Pie IX (1846–1878), Paris 1952, 61 f. liegt hier der Grund für die Verschiebung der Schwerpunkte im deutschen Katholizismus des Rheinlands.

[8] Die Konkordate vom 8. April 1848 mit Württemberg und vom 28. Januar 1859 mit dem Großherzogtum Baden begünstigten die Bildung katholischer Vereine.

mont-Sardinien, wo das Haus Savoyen die Einheitsbestrebungen unterstützte, stand die antiklerikale Gesetzgebung von Camillo Benso Cavour und Minister Rattazzi im Gegensatz zur nunmehr kirchenfreundlicheren Legislation im Lombardo-Venezianischen Königreich. Die Niederlage Österreichs im Krieg gegen Sardinien und Frankreich 1859 gab auf der gesamten italienischen Halbinsel den Anstoß für extreme antiklerikale Bewegungen, wie sie Garibaldi und seine Rothemden verkörperten. Doch sie kündigte auch den Kulturkampf in Österreich selbst an, wo im Mai 1868 drei dem Konkordat direkt zuwiderlaufende Gesetzesbestimmungen angenommen wurden; ebenso in Deutschland, wo die Liberalen des Nationalvereins aus ihrem Programm zur Stärkung der Staatsmacht kein Hehl machten. Warnend hatte sich bereits 1862 Wilhelm Emmanuel von Ketteler, Bischof von Mainz, in seiner Schrift *Freiheit, Autorität und Kirche* geäußert. 1867 dann, im Gründungsjahr des Norddeutschen Bundes, versammelten sich die Katholiken im September erstmals in Fulda, wo sie am Grab von Bonifatius ihre konfessionelle Identität beschworen.

Im kaiserlichen Frankreich herrschten – zumindest während dessen „liberaler" Phase – gespannte Beziehungen zwischen Kirche und Staat. Das hatte auch mit der europäischen Konstellation zu tun, fand doch zwischen November 1869 und Juli 1870 das kurze Erste Vatikanische Konzil statt. Diese Konstellation erklärt, weshalb die letzten acht Jahre des langen Pontifikats von Pius IX. geprägt waren von der diplomatischen Isolierung des Vatikans, die durch die gewollte Abschottung des Papstes nach dem Angriff auf die *Porta Pia* im September 1870 noch verstärkt wurde. Die Verschlechterung der Beziehungen zu den weltlichen Mächten stand in eindrücklichem Kontrast zur teilweise überschwenglichen Stimmung im Kontext der geistlichen Jurisdiktionsgewalt des Papstes, die mit der Unfehlbarkeitserklärung besiegelt wurde.

Diese neue Konstellation in den Beziehungen des Heiligen Stuhles zu den weltlichen Mächten zeitigte indes auch positive Ergebnisse. Doch trug sie allzu sehr den Stempel einer Ancien-Régime-Politik, die sich mit autoritären und legitimen Regierungen zu verbünden suchte, um der Kirche möglichst viele Freiheiten und Rechte zu sichern: Ein Konservatismus und Pragmatismus, der deutlich mit den eindeutigen Positionen der Bewegung um Lamennais kontrastierte.

2. „Gott und die Freiheit"

„Gott und die Freiheit" – so lautet das berühmte, von Voltaire übernommene Motto der Zeitung *L'Avenir*. Es faßt das Freiheitsverständnis der Gruppe um Lamennais treffend zusammen. Freiheit ist nicht zu trennen vom moralischen und religiösen Prinzip, dessen Hüterin die Kirche ist – Aufgabe der Kirche ist es dann, sich aus jeder politischen Unterstützung zu lösen und zur Wortführerin der Emanzipation der Völker zu machen: „Überall, wo unser Gott angebetet wird, herrscht Freiheit, überall, wo Freiheit herrscht, wird unser Gott angebetet. Eine wunderbare Kette bindet beide aneinander, so wie Ursache und Wirkung miteinander verbunden sind."[9] Im Prospekt zur Lancierung der Zeitung (20. August 1830) hatte Abbé Gerbet betont, das Drama der Zeit sei die Trennung der beiden, die Verwechslung der Religion mit einer absoluten Macht. Die aus der Revolution hervorgegangenen

---

[9] *L'Avenir* vom 2. Januar 1831. „Gott und die Freiheit" ist eine Formel Voltaires, mit der er sich an den Enkel Franklins wandte; vgl. J.-R. DERRÉ, Lamennais, ses amis et le mouvement des idées à l'époque romantique, 1824–1834, Paris 1962, 429 f.

Regierungen wiederum würden sich schon bald als unfähig erweisen, die aus ihrer Trennung von den religiösen Kräften resultierende sittliche Anarchie zu überwinden. In einer der ersten Nummern erinnerte er in einem mit *Legitimität und Legalität* betitelten Artikel daran, daß in den großen Krisenzeiten, wenn Dynastien und politische Parteien sich im Namen der Geschichte oder einer Mehrheit vergeblich auf eine brüchige Legitimität beriefen, einzig die Gerechtigkeit wahre Legitimität zu begründen vermochte [10]. So wurde das Gesetz, wie jede historische Legitimität, durch die von den politischen Mächten gemeinsam zu verteidigenden Naturrechte gestützt. Dieser Standpunkt implizierte zudem eine Öffnung in Richtung eines demokratischen oder republikanischen Regimes.

In diesem Sinn plädierte die Redaktion von *L'Avenir* für die Unterstützung der revidierten Verfassung in Frankreich. Sie tat dies weder gestützt auf die aus dem aufständischen Willen hervorgegangene Legalität noch im Namen eines allgemeinen Prinzips oder eines Freiheitsideals, sondern weil das neue Regime die Ausübung jener fünf Freiheiten garantierte, die die Entfaltung des Menschen sicherten. Lamennais, Rechtfertigung dieser Freiheiten, mit *Des doctrines de L'Avenir* [11] betitelt, waren mehrere Nummern gewidmet: Es ging um die Gewissensfreiheit und deren Voraussetzung, nämlich die Trennung von Kirche und Staat – freilich nicht verstanden als gegenseitiges Ignorieren, sondern als strikte Unterscheidung zwischen der Politik und deren Ausübung im Rahmen des Meinungspluralismus einerseits und der religiösen Wahrheit andererseits, die ihre Verbreitung ausschließlich den ihr innewohnenden Kräften verdankt. Deshalb war auch die Lehrfreiheit von grundlegender Bedeutung. Sie setzte sich in der Freiheit der Familien fort und trat an die Stelle jenes universitären Monopols, das ein wahrhaft liberales Regime unbedingt zerschlagen sollte. Die Pressefreiheit und die Vereinsfreiheit wiederum konnten als Anwendungsfälle der Lehrfreiheit aufgefaßt werden. Lamennais verstand die Pressefreiheit als eine Version der freien Meinungsäußerung, die Vereinsfreiheit wiederum – im Gegenzug zu dem von der Französischen Revolution hochgehaltenen Individualismus – als Rahmen für die Heranbildung der öffentlichen Meinung, der künftigen Herrscherin aller kommenden Regierungen. Schließlich verfocht er das allgemeine Wahlrecht, das selbst in kleinsten Ortsgemeinschaften, etwa den Gemeinden, eingeführt werden sollte, und zwar im Sinne einer der jakobinischen Politik zuwiderlaufenden Dezentralisierungsstrategie: „Künftig wird die Regierung lediglich ein regulatives Element sein, von den nationalen Abgeordneten an die Spitze eines Systems freier Verwaltungen gesetzt, um diese untereinander zu einen und ein harmonisches und lebendiges Ganzes zu bilden." [12]

Als die Redaktion im folgenden Frühjahr der wachsenden Opposition gegen die Zeitung inne wurde, veröffentlichte sie weitere Grundsatzartikel zur Erläuterung der Titelwahl. Seit den Anfängen des Christentums, so die Argumentation, bewege sich die Weltgeschichte in Richtung einer fortschreitenden Emanzipation des Geistes. Innerhalb dieses Entstehungsprozesses einer neuen Ordnung sollten Christentum und Kirche als dessen Träger, zunehmend als die Rechtsgrundlage erscheinen und darüberhinaus die Zukunft der

---

[10] *L'Avenir* vom 20. Oktober 1830; vgl. dazu den Kommentar von J.-R. DERRÉ, Littérature et politique dans l'Europe du XIXe siècle, Lyon 1986, 216f.

[11] *L'Avenir* vom 7. Dezember 1830; vgl. dazu DERRÉ, Lamennais (s. Anm. 9), worin auf „Mélanges catholiques: extraits de *L'Avenir*", verwiesen wird.

[12] LAMENNAIS, De l'avenir de la société (*L'Avenir* vom 28./29. Juni 1831), zit. nach DERRÉ, Lamennais (s. Anm. 9) 426.

Hugues Félicité Robert de Lamennais   Henri Dominique Lacordaire O. P.

Gesellschaft repräsentieren. Europa, im Namen der bereits im Mittelalter gültigen normativen christlichen Werte erneut geeint, würde dann mit der Mission beauftragt, in allen Erdteilen die christlichen Werte zu bezeugen. Das waren die signifikanten Merkmale von „Lamennais, Ökumenismus" – eine Bezeichnung, die Gerbet kurz danach in seiner *Introduction à la philosophie de l'histoire* [13] übernehmen sollte.

Diese Ansichten sind unzweifelhaft von Weitsicht und Idealismus getragen. Einerseits versuchten die Redakteure, ihre Thesen mit der Dynamik des noch jungen Katholizismus in den Vereinigten Staaten von Amerika und mit der führenden Rolle der Katholiken im nationalen Befreiungskampf in Irland und Polen zu untermauern. Andererseits bemühten sie sich, konkretes politisches Engagement zu fördern, indem sie ein Beziehungsnetz schufen, dessen Mitglieder sich in der *Agence générale pour la défense des libertés religieuses* zusammenfanden und spektakuläre Aktionen zu Gunsten der religiösen Kongregationen oder zur Schaffung von „freien" (d. h. katholischen) Schulen unternahmen. Die letzte Nummer der Zeitung vom 15. November 1831 appellierte im *Acte d'Union* grenzüberschreitend an die Katholiken in der Absicht, diese für drei Ziele zu mobilisieren: Verteidigung der grundlegenden Freiheiten des Individuums, wachsende Dezentralisierung der politischen Verantwortlichkeiten und schließlich – ein neuer Ton zum Zeitpunkt des Ausbruchs des Arbeiteraufstandes in der Lyoner Seidenindustrie – Bereitstellung von Mitteln zur Verbesserung des Loses der Arbeiterklassen.

Der *Acte d'Union* enthielt ein derart neues Programm und brach mit so vielen herkömmlichen Praktiken, daß er in der Öffentlichkeit nur auf geringe Unterstützung stieß. Der Episkopat stand der Absicht, das Konkordat aufzukündigen, mehrheitlich feindselig gegen-

---

[13] Zu Gerbet, dem katholischen Kosmopoliten, vgl. *L'Avenir* vom 11. Mai 1831, worin ein Schreiben Franz von Baaders an Charles de Montalembert zitiert wird, sowie P. GERBET, Introduction à la philosophie de l'histoire, Paris 1832, 183.

über. Zudem war noch immer die Erinnerung wach an die Kontroversen, die Lamennais' Philosophie in Saint-Sulpice ausgelöst hatte, und an die Konflikte mit der Universität zur Zeit der Restauration. Die konservativen Kreise, zu denen die Mehrheit der Katholiken zu zählen war, konnten den Angriff auf die historische Legitimität nicht billigen, während die neue Regierung die Gruppe um *L'Avenir* als oppositionell einstufte. Als dann die Zahl der Abonnenten zurückging und die finanzielle Unterstützung nachließ, wurde die Einstellung der Zeitung unausweichlich. Zum Scheitern verurteilt war auch der ziemlich naive und ungeschickte Versuch, in Rom beim neuen Papst „als Pilger Gottes und der Freiheit" vorzusprechen und für die gute Sache zu werben.

Die Wirkungsgeschichte der von *L'Avenir* verbreiteten Ideen blieb nicht auf die kurze Erscheinungszeit der Zeitung beschränkt und setzte sich nach der Auflösung der Redaktion fort. Lamennais' Einfluß reichte über die Grenzen Frankreichs hinaus. Schon kurz nach 1820 hatten die belgischen Katholiken mit ihm und dem *Mémorial catholique*[14] Kontakt aufgenommen. Der Bund mit den Liberalen, das Spezifikum der Brüsseler Revolution, wurde mit Lamennais und seinen Freunden abgesprochen. Im Frühjahr 1832 hatte Lamennais von Italien aus den Nationalökonom Charles de Coux beauftragt, zusammen mit Louis de Potter und J. Bartels *L'Union* herauszugeben. Diese Zeitung war die direkte Nachfolgerin des *L'Avenir*. Weitere Einflußnahme gewann de Coux mit seinen Vorlesungen zur politischen Ökonomie in Löwen, die den Anstoß zur Gründung der *École catholique sociale* in Lüttich gaben[15]. Das Ausmaß dieses Einflusses nicht nur in Belgien, sondern auch in Deutschland und in Italien hat die Forschung nachgewiesen; die genauere Analyse von Lamennais, Korrespondenz ergäbe, daß sich dieser Einfluß auch auf weitere Länder, insbesondere auf Polen, erstreckte[16]. In Frankreich beeinflußte das Gedankengut des *L'Avenir* den gesamten Klerus, in seinen ultramontanen wie seinen mehr liberalen Fraktionen, mit Ausnahme jener Priester, die sich – wie etwa Abbé Felix Dupanloup – strikt an der Schule von Saint-Sulpice orientierten[17]. Daß dieses Denken erheblichen Einfluß hatte, ist nicht zuletzt daran zu erkennen, daß es von den europäischen Regierungen, insbesondere von Metternich, überwacht und auch in Rom aufmerksam geprüft wurde.

3. Die römischen Verurteilungen

Gregor XVI. und die Aufbruchbewegung um *L'Avenir*

Als die „Pilger Gottes und der Freiheit" Ende des Jahres 1831 in Rom ankamen, bahnte sich in der Romagna ein neuer Aufstand an, woraufhin der Papst Österreich um militärische Unterstützung anging. Lamennais, Montalembert und Lacordaire wurden polizeilich überwacht. Metternich ließ Rom einen vom Papst wohlwollend aufgenommenen Bericht

---

[14] K. JÜRGENSEN, Lamennais und die Gestaltung des belgischen Staates. Der liberale Katholizismus in der Verfassungsbewegung des 19. Jh., Wiesbaden 1963; A. SIMON, Rencontres mennaisiennes en Belgique, Brüssel 1963.
[15] M.-M. DE COUX-EUZENNAT, Action institutionnelle ou engagement social: lettres de Charles de Coux à Charles Périn, à Lacordaire et à l'abbé Maret, de 1845 à 1849, in: RHE 85 (1990) 669f.
[16] F.-R. DE LAMENNAIS, Correspondance générale, hrsg. von L. LE GUILLOU, 9 Bde., Paris 1971–1981. Vgl. auch Actes du colloque Lamennais 1982 (Cahiers mennaisiens 16/17), Brest 1983.
[17] Ein eingehenderes Studium der Archivbestände der Ende 1830 ins Leben gerufenen *Agence générale* könnte die Einflußnahme auf Laien und Priester in den verschiedenen Regionen Frankreichs zutage fördern; erste Ergebnisse liegen vor in M.-G. BORDET, Catholiques libéraux franc-comtois, 1815–1870 (in Vorbereitung).

zukommen, der die Thesen des *L'Avenir* negativ beurteilte[18]. Lamennais hatte einen
Rechtfertigungsbericht verfaßt, der bei Staatssekretär Lambruschini auf Ablehnung stieß.
Der Dekan des Kardinalskollegiums, Kardinal Bartolomeo Pacca, wiederum informierte
Lamennais darüber, seine Thesen würden einer theologischen Kommission zur Prüfung
vorgelegt. Am 13. März 1832 wurden die „Pilger" vom Papst in Privataudienz empfangen.
Gregor XVI. ließ jedoch den Zweck ihrer Romreise unerwähnt, so daß sich Lamennais,
was den Ausgang des eingeleiteten Verfahrens betraf, noch in Illusionen wiegen konnte.
Der Erzbischof von Toulouse seinerseits ließ wissen, er bereite eine Zensur der Thesen der
Zeitung vor, und forderte, ohne den Autor namentlich zu nennen, die formelle und öffentliche Ablehnung der Thesen. Er erhielt die Zustimmung von zwölf Bischöfen[19]. Direkt
beeinflußt wurde der päpstliche Entscheid jedoch von Metternich, der am 19. Mai 1832
drei abgefangene Briefe Lamennais, nach Rom übermitteln ließ. In einem vom April
datierten, an de Coux gerichteten Brief kündigte Lamennais die Wiederaufnahme des *Acte
d'Union* von Belgien aus an, und zwar in jener Brüsseler Zeitung, die im Juni 1832 in dieser Absicht gegründet werden sollte[20]. Es ist das Datum des oben erwähnten Breves an die
polnischen Bischöfe: Lamennais las darin die deutliche Ankündigung des Ausgangs des
gegen ihn eingeleiteten Verfahrens. Er beschloß, Rom zu verlassen und sich nach München zu begeben, wo seine Ideen in den mit ihm sympathisierenden deutschen Kreisen auf
Zustimmung stießen, etwa bei „Baader, Görres, Cornelius und sogar bei Schelling, dem
Patriarchen der protestantischen Philosophie"[21]. Dort nahm er Kenntnis von der Enzyklika
Mirari vos vom 15. August 1832. Sie war in pessimistischem Ton gehalten und prangerte
die „Neuerer" und die die gesellschaftliche Ordnung unterwandernden „Unionen" an. Bei
Montalembert heißt es sogar:
„Diese Enzyklika, die die Kirche in direkte und zwangsläufige Gegnerschaft zu Wissenschaft und Freiheit versetzt, die uns und unser System als schamlos, verabscheuenswert
und uns als *putidissimi* bezeichnet, die erklärt, die Gewissensfreiheit sei ein *deliramentum*
[...], zerstört die katholische Partei in Frankreich. Wir verstummen, denn wir erkennen,
daß es nicht an uns ist, das zu retten, was der Papst und die Bischöfe verderben wollen."[22]
    Am 10. September erklärten dann Lamennais, Gerbet, de Coux, Montalembert und La-
cordaire im Namen der Redaktoren des *L'Avenir* ihre Unterwerfung, die endgültige Einstellung der Zeitung und der *Agence générale*. Zwar nannte die Enzyklika niemanden namentlich, doch eine Mitteilung von Kardinal Pacca, über die Graf Lützow, österreichischer
Gesandter in Rom, Metternich informierte, war der Sendung an Lamennais beigelegt.
Darin wurde ausdrücklich erklärt, die Zeitung und der *Acte d'Union* hätten die Mißbilligung des Papstes erregt. Der römische Standpunkt zur Grundsatzfrage über die modernen
Freiheiten wurde wie folgt definiert: „Obwohl es unter bestimmten Umständen die Klugheit erfordert, solche Lehren als das geringere Übel zu tolerieren, so können sie doch von
einem Katholiken niemals als ein Gut oder als eine wünschenswerte Sache dargestellt werden."[23]

[18] J.-R. DERRÉ, Metternich et Lamennais, d'après les documents conservés aux Archives de Vienne, Paris 1963.
[19] M.-J. LE GUILLOU – L. LE GUILLOU, La condamnation de Lamennais, Paris 1982, 241 f.
[20] Vgl. DERRÉ, Lamennais (s. Anm. 9).
[21] LE GUILLOU – LE GUILLOU, La condamnation (s. Anm. 19) 260 f. (Brief Montalemberts vom 1. September an
Graf Rzewuski).
[22] Ebd., Brief Montalemberts aus Rom vom 14. September 1832.
[23] In: M. PRELOT, Le libéralisme catholique, Paris 1969, 140 f.

Es ist nicht leicht, in einem derartigen Dokument zwischen dogmatischem und politischen Bereich zu unterscheiden. Was die Doktrin betrifft, so hatte Lamennais niemals seine vorbehaltlose, beinahe grundsätzliche Unterwerfung in Frage gestellt. Hatte er überhaupt je die These der uneingeschränkten Freiheiten oder des Indifferentismus vertreten? Doch, so schrieb er im November 1832 an Vitrolles, „das päpstliche Schreiben hat keinerlei dogmatischen Charakter; [es] ist in den Augen derjenigen, die in diesen Dingen Bescheid wissen, lediglich ein Regierungsakt" [24]. In diesem Bereich aber bestand Lamennais auf völliger Urteilsfreiheit.

Lamennais' Gegner bedienten sich der Gerüchte über seine angeblich nur partielle Unterwerfung, um eine neue, diesmal namentliche Verurteilung zu fordern. Darauf ging Rom nicht ein [25]. Doch letztlich vermochte sich Roms Politik des Taktierens gegenüber den kirchlichen Streitigkeiten und Intrigen in Frankreich nicht durchzusetzen. Unter dem jüngeren Klerus, der lautstark den Thesen Montalemberts in dessen Vorwort zur Übersetzung des *Buches des Pilgers* durch den polnischen Schriftsteller Adam Mickiewicz zugestimmt hatte, begann es zu gären, namentlich in der Diözese Rennes. Das bot Lamennais Anlaß, in zwei an den Papst gerichteten Schreiben vom August und November 1833 seinen Standpunkt zu präzisieren. Rom erachtete die Ausführungen als unzureichend und forderte von Lamennais und dessen Anhängern innerhalb der Geistlichkeit einen weiteren Akt „bedingungsloser" Unterwerfung. So geschah es denn auch. Für Lamennais jedoch war es nicht mehr als ein rein formaler Akt, geleistet „in einem Zustand äußerster Erschöpfung". Im November informierte er Montalembert, daß er keine priesterlichen Funktionen mehr ausübe. In jener Zeit arbeitete er an einer Streitschrift, worin er klar für eine der päpstlichen Politik zuwiderlaufende Politik plädierte und schließlich seinen Willen bekundete, fortab außerhalb der Kirche an der Errichtung einer neuen, das Ancien Régime überwindenden Ordnung zu arbeiten. Die Schrift trug den Titel *Les Paroles d'un croyant (Worte eines Gläubigen)*. Sie wurde nach ihrem Erscheinen am 30. April 1834 in Straßburg unverzüglich ins Deutsche übersetzt und war schon nach wenigen Wochen vergriffen. Metternich wurde gewahr, daß das Werk in Belgien eine den *Trois Glorieuses* – die drei Schicksalstage von Ende Juli 1830, die die Revolution auslösten und das Ende der Restauration in Frankreich einleiteten – vergleichbare Wirkung zeitigte, und intervenierte sogleich in Rom, nicht ohne zu bedauern, daß „die Zeit der Ketzerverbrennungen vorbei" sei [26]. Staatssekretär Lambruschini konnte nun den Papst mühelos von der Notwendigkeit einer Verurteilung des Buches überzeugen, das „sehr schlecht, in einem dezidierten, feurigen, zuweilen erhabenen Stil geschrieben [ist], der der poetischen Schönheit von Miltons *Paradise Lost* gleichkommt, wenn er sie in zahlreichen Sequenzen nicht sogar übertrifft" [27]. Bereits am 24. Juni schleuderte die Enzyklika *Singulari nos* den Bannfluch gegen das „in seinem Umfang bescheidene, in seiner Verderbtheit jedoch gewaltige" Werk.

Lamennais' Korrespondenz wirft ein Licht auf die Motive seines politischen Engagements: Die sozialen Wirren in Frankreich im Frühjahr 1834 ließen es als dringlich erscheinen, sich der Sache der Arbeiterklasse anzunehmen, deren Emanzipation untrennbar verbunden ist mit Gerechtigkeit und Recht, die ihrerseits auf dem Evangelium gründen. In

---

[24] Brief vom 15. November 1832.
[25] LE GUILLOU – LE GUILLOU, La condamnation (s. Anm. 19) 323 f.
[26] DERRÉ, Metternich et Lamennais (s. Anm. 18) 55 f.
[27] Brief vom 11. Juni 1834, zit. nach LE GUILLOU – LE GUILLOU, La condamnation (s. Anm. 19) 482.

diesem Geist veröffentlichte Lamennais 1837 sein als Katechismus konzipiertes Buch *Le Livre du peuple* (*Das Buch des Volkes*, 1838). Darin stellte Lamennais zwei gleichwertige Kräfte als wegleitend dar: Das Christentum, dessen Sachwalterin die Kirche ist, und „jenen allgemeinen Instinkt" für Gerechtigkeit und Solidarität, den von der Arbeiterklasse verwahrten Schatz. In diesem Sinne hatte er sich auch in einem Schreiben an Alexis-François Rio geäußert: „Die Vorsehung will dieses Mal nicht, daß die Kirche die Völker rettet, sie will ganz im Gegenteil, daß die Völker die Kirche, die unvergängliche Kirche, retten."[28] Mit dem gleichen Elan, mit dem sich die Redakteure des *L'Avenir* zu Dienern der Kirche erklärt hatten, galt es nun, sich in den Dienst des Volkes zu stellen. Vom Kult des in der Menschheit wirksamen Geistes zum Kult der Menschheit überhaupt sowie der öffentlichen Meinung war es nur ein Schritt, den zu vollziehen Lamennais nicht zögerte.

Eine erste Konsequenz dieses Bruchs war, daß die vorübergehende Affinität zwischen dem Katholizismus und den Romantikern zusehends schwand und daß – anders als noch für Sainte-Beuve, Michelet oder Hugo – das christliche Erbe seine Anziehungskraft einbüßte[29]. Mit der von der Kirche bekräftigten Solidarität mit den Mächten des Ancien Régime schwand auch die Hoffnung, die Annäherung an die Moderne könnte sich in eine dauerhafte Allianz verwandeln.

Eine weitere Konsequenz betraf den Kreis der Anhänger von Lamennais. Viele wandten sich von Lamennais ab und optierten nicht für die Demokratie, sondern radikalisierten ihre Unterwerfung und setzten sie in eine Überhöhung der kirchlichen Autorität um, die ihrer Meinung nach gerade wegen ihrer hierarchischen Struktur Garantin der sozialen Ordnung war. Exemplarisch ist in dieser Hinsicht der Weg des Theologen Philippe-Olympe Gerbet aus dem Lamennais-Kreis. In einer von Bedauern und Hellsichtigkeit getragenen Analyse von Lamennais, System warf er diesem 1837 vor, er habe Natur und Glaube gleichgesetzt, die christliche Religion zu einer „Theophilanthropie" abgeschwächt und sich schließlich „der götzendienerischen Verehrung der Natur, der Prostitution der regenerativen Wahrheit" hingegeben. Daraus zog Gerbet nun politische und soziale Konsequenzen, die den vormals im *L'Avenir* verfochtenen Positionen diametral zuwiderliefen: Den Vorrang sollte jetzt nicht mehr die „umfassende Religions-, Presse- und Vereinsfreiheit" haben, sondern die „wie auch immer zu gestaltende soziale Macht, die den Gebrauch der individuellen Freiheiten gemäß den jeder Gesellschaft eigenen Bedürfnissen und nach Maßgabe ihres zivilgesellschaftlichen Zustandes regelt"[30]. Noch bezeichnender ist Gerbets Verherrlichung des christlich-päpstlichen Rom in seinem Werk *Essai de Rome chrétienne*. Darin beschreibt Gerbet „eine Stadt, die allen unmittelbar vor Augen führt, daß sie durch ihre herrlichen Liturgien die größte Seelsorgekanzel, durch ihre Reliquien die größte christliche Grabstätte, durch ihre Kirchen der größte Tempel ist"[31].

Die Bewegung um Lamennais hatte sich der Aufgabe verschrieben, die beiden sich seit der Aufklärung bekämpfenden traditionellen Autoritäten zu versöhnen: die Kirche Jesu Christi und eine ursprüngliche Vernunft, eine Naturreligion auf der Suche nach einem ih-

---

[28] Oktober 1833; zit. nach J. GADILLE, Lamennais, instituteur de la démocratie, in: L'Actualité de Lamennais, Straßburg 1981, 56.

[29] DERRÉ, Lamennais (s. Anm. 9) 529–614.

[30] P. GERBET, Réflexions sur la chute de M. de Lamennais, Paris 1838, 135. Vgl. auch DERRÉ, Littérature et politique (s. Anm. 10) 213–226.

[31] P. GERBET, Esquisse d'une Rome chrétienne I, Paris 1872, 145, sowie H. BREMOND, Gerbet, Paris 1907, 331.

rem Streben entsprechenden Kult. Nirgendwo zeigt sich das Scheitern dieses einmaligen Entwurfes drastischer als im Auseinanderstreben derjenigen, die an ihn geglaubt hatten, auf den einen oder anderen Pol hin. Unbestritten bleibt, daß diese entscheidende Fragestellung dank der Klarsicht und der Brillanz des Genies Lamennais auf den Begriff gebracht worden war, daß die Sehnsucht nach dieser nur gerade für einen Augenblick proklamierten und erahnten Harmonie weiterlebte und daß sich, insbesondere im Blick auf die soziale Frage, schon bald neue Wege eröffnen sollten, um dieses Ziel zu erreichen.

Pius IX. und die Krise von 1848 (1846–1852)

Bereits am 16. Juni 1846, also bloß vierzehn Tage nach dem Tod Gregors XVI., wurde der 54jährige Kardinal Giovanni Maria Mastai-Ferretti zum Papst gewählt. Mit der Wahl eines jungen Papstes bekundete das Kardinalskollegium seinen Willen, einen Mann an die Spitze der Hierarchie zu stellen, der wußte, welche Spannungen die österreichische Vorherrschaft insbesondere in jenen kirchlichen und laizistischen „neoguelfischen" Kreisen hervorgerufen hatte, die für eine christliche Interpretation des *Risorgimento* eintraten. Der neue Papst, der den Namen Pius IX. angenommen hatte, galt als Befürworter der nationalen Einigung Italiens unter päpstlicher Führung, wie sie Vicenzo Gioberti 1843 in seinem Werk *Il Primato* dargestellt hatte. Gioberti stand in Verbindung mit Antonio Rosmini-Serbati (1797–1855). Dieser aus Rovereto im Trentino stammende Geistliche besaß unter dem norditalienischen Klerus großen Einfluß, seit er sich zu Beginn der dreißiger Jahre des 19. Jh. für die Erneuerung der Bildung von Priestern und christlichem Volk eingesetzt hatte[32]. 1848 veröffentlichte er als Ergebnis seiner rechtsphilosophischen Studien einen politischen Entwurf mit dem bezeichnenden Titel *La Costituzione secondo la giustizia sociale*. Als Bischof von Spoleto und Imola (bei Bologna) – in diesen Diözesen waren die neuen Ideen auf fruchtbaren Boden gefallen – hatte sich der spätere Papst Pius IX. bemüht, die Verwaltung zu erneuern und Konflikte zu entschärfen. Die Nomination Kardinal Gozzis zum Staatssekretär, der fälschlicherweise als Anhänger der Ideen Massino d'Azeglios galt, schien die liberale Gesinnung des neuen Papstes zu bestätigen. Eher übersehen wurden hingegen die in der Enzyklika *Qui pluribus* vom 9. November 1846 dargelegten Lehrmeinungen, die Lambruschini, der frühere Staatssekretär Gregors XVI., abgefaßt hatte[33].

Obwohl für die Sympathieerweise des Volkes nicht unempfänglich, war der Papst darauf bedacht, die eigene Autorität zu wahren und die Reformen auf die Verwaltung zu beschränken. Eher als Konzessionen zu bewerten sind die politischen Maßnahmen vom September 1847. Doch waren die päpstlichen Vorbehalte nicht nach außen gedrungen. Ganz im Gegenteil: Mit der Ansprache vom 10. Februar 1848, worin er „Italien" seinen Segen gab, erreichte die Popularität des Papstes ihren Höhepunkt. Doch komplizierte sich die Lage mit dem Krieg des Königreichs Piemont-Sardinien gegen Österreich. Rosmini, mit den Verhandlungen für eine Zollunion zwischen dem Kirchenstaat und dem Piemont betraut, befürwortete auch eine militärische Zusammenarbeit. Turin jedoch wollte seine

---

[32] A. Rosmini-Serbati, Le cinque piaghe della Santa Chiesa, Lugano 1848; deutsche Ausgabe: Die fünf Wunden der Kirche, hrsg. von C. Riva, dt. von J. Erbes, Paderborn 1971. Zu Antonio Rosmini (1797–1855) vgl. F. Évain, Être et personne chez Antonio Rosmini, Paris 1981, sowie die beiden Artikel in DSp XIII (1988) 987–991 und Catholicisme XIII (1991) 119–124.
[33] Aubert, Le Pontificat de Pie IX (s. Anm. 7) 18–20.

Papst Pius IX. (1846–1878).

Handlungsfreiheit bewahren und brach die Verhandlungen ab. Vor allem aber konnte der Papst seine Skrupel angesichts eines Krieges zwischen katholischen Nationen nicht verhehlen. Auf die Erwartung des Volkes, an der Seite Piemonts einzugreifen, antwortete er, es sei seine Pflicht, allen katholischen Nationen die gleiche Fürsorge entgegenzubringen [34]. Groß war die Enttäuschung des römischen Volkes und entsprechend auch dessen feindselige Reaktion. Begünstigt durch die wirtschaftliche Krise und die wachsende Not der Bevölkerung, obsiegte schließlich der Einfluß der Radikalen. Der Papst hatte den gemäßigten Liberalen Pellegrino Rossi mit der Regierung betraut. Dieser fiel am 15. November 1848 einem Mordanschlag zum Opfer, als er das Parlament betrat, um einen Reformplan vorzulegen. Unter dem Eindruck dieser dramatischen Ereignisse zog sich der Papst in das Königreich Neapel nach Gaeta zurück, wo die Revolution auf harten politischen Widerstand stieß. Dieses bis April 1850 dauernde Exil war geprägt von der wachsenden Einflußnahme intransigenter Kreise. Während im Januar 1849 in Rom die Republik ausgerufen und der Papst für abgesetzt erklärt wurde, ging in der Kurie der Kampf der rivalisierenden konservativen und liberalen Kräfte zu Gunsten ersterer aus: Kardinal Giacomo Antonelli erreichte, daß Rosmini sich zurückzog. Rosminis Schriften wurden auf den Index gesetzt – zeitgleich mit denjenigen des mit Lamennais und Gioberti befreundeten Theatiners Gioacchino Ventura. In diesem Zusammenhang reifte das Vorhaben heran, die von der Französischen Revolution verbreiteten politischen Irrtümer *ex cathedra* zu verurteilen. Ein erster Hinweis findet sich in der Rede des Papstes vom 20. April 1849 [35].

Auf politischer Ebene betrieb vor allem Frankreich die an der Konferenz von Gaeta

---

[34] Kardinal Giacomo Antonelli war es gelungen, aus dieser Ansprache vom 29. April 1848 jene Stelle zu streichen, worin der Papst seinen italienischen Patriotismus zum Ausdruck brachte, ohne indes die Tragweite dieser Änderung zu ermessen; vgl. dazu ebd., 31 f.

[35] Text in Acta Pii IX, I, 167–194; vgl. dazu JEDIN, Handbuch der Kirchengeschichte 487 f. Der Erzbischof von Perugia und spätere Papst Leo XIII., Kardinal Gioacchino Vincenco Pecci, behandelte dieses Thema anläßlich der Synode von Spoleto im November 1849, beschränkte sich aber auf die sozioökonomischen Aspekte.

Kardinalstaatssekretär Giacomo Antonelli
(1806–1876) verhinderte durch seine
ultrakonservative Haltung jeden Kompromiß
zwischen Pius IX. und der Regierung des
vereinten Italien. Antonelli verfaßte und
unterschrieb auch den berühmt-berüchtigten
Syllabus errorum, der als Anhang an die
Enzyklika *Quanta cura* Pius' IX. vom
8. 12. 1864 in 80 Sätzen Zeitirrtümer verurteilte
und ein erschreckendes Dokument der
Fortschrittsfeindlichkeit der Päpste darstellt.

(März–September 1849) beschlossene Wiedereinsetzung des Papstes im Kirchenstaat. Nur
unter dieser Bedingung hatten die Katholiken sich bereit erklärt, die Wahl Louis Napoléons (später als Napoléon III. französischer Kaiser) zu unterstützen. Es kam dies einer „Ermordung der Römischen Republik" gleich, so die Formel der Gegner Louis Napoléons.
Dieser hatte seine Intervention an die Forderung geknüpft, erneut repräsentative Institutionen zu etablieren, doch gelang es Antonelli mit Unterstützung der konservativen Kräfte,
die Reformen auf die Gewährung administrativer und gerichtlicher Kommunalfreiheiten
zu beschränken (Motu Proprio vom 12. September 1849), was einer Rückkehr des Kirchenstaates zu den Verhältnissen von 1831 gleichkam. Mit einer leidenschaftlichen Rede
vor der gesetzgebenden Versammlung konnte sich Montalembert am 18. Oktober 1849 gegen die Proteste aus den Reihen der Opposition durchsetzen. Eine große Mehrheit votierte
für die Wiedereinsetzung Pius IX. Dieser zeigte sich dadurch erkenntlich, daß er den Führer der Katholiken in Frankreich dann 1850 in seinen Bemühungen um die „Loi Falloux",
einer Gesamtreform des staatlichen und privaten Unterrichtswesens, unterstützte.

Auf dem Hintergrund des generellen Sieges der autoritären Regierungen über die liberalen und nationalen Bewegungen in Europa zwischen 1850 und 1860 konnten die ultramonanen Strömungen entscheidende Fortschritte erzielen. Sie nutzten die Gelegenheit, um
die wiedergewonnene politische Autorität mit der intransigenten Instrumentalisierung der
religiösen Wahrheit zu koppeln. Genau diese Perspektive sollte Montalembert in der Folge
ablehnen, nachdem er den Staatsstreich im Dezember 1851 zuerst akzeptiert und den Deputierteneid geschworen hatte. Doch der Raub des Besitzes des Hauses Orléans, die Einschränkung der Freiheiten und schließlich die Zustimmung der Mehrheit der französischen
Katholiken zum autoritären Regime brachten ihn schon bald zur Einsicht, dies alles würde
die Zukunft der Kirche nachhaltig in Frage stellen. In diesem Sinn äußerte sich Montalembert anläßlich seiner Aufnahme in die Académie française im Februar, vor allem aber in
seiner 1852 veröffentlichten, aufsehenerregenden Schrift mit dem Titel *Les Intérêts catholiques au XIXe siècle* (*Katholische Interessen im 19. Jahrhundert*, 1853). Darin berief er

sich auf seine parlamentarische Erfahrung, um darzulegen, wie die Forderung nach Freiheit dem Katholizismus in Frankreich unvergleichliche Dynamik verliehen habe. Mit Dom Guéranger, der seine Schrift für einen „Fehltritt" hielt, brach Montalembert und hielt ihm entgegen: „Nun beschimpfen Sie die Freiheit, von der Sie während 20 Jahren profitiert haben!" So wurde der Bruch zwischen den liberalen und den intransigenten Katholiken, der sich bereits während der Zweiten Republik abgezeichnet hatte, vollzogen.

Über die unnachgiebig-starre Haltung Papst Pius' IX. konnte kein Zweifel mehr bestehen. Den Jesuitengeneral Johannes Roothan nötigte der Papst, einem weitgestreuten Laienpublikum eine neue, konservativ ausgerichtete Zeitschrift zu unterbreiten. Als Gegengewicht zu den revolutionären Ideen konzipiert, sollte sie die christlichen Prinzipien in sämtlichen Bereichen des gesellschaftlichen Lebens verbreiten. Der mit der Leitung betraute neapolitanische Jesuit Carlo Maria Curci wurde vom Papst entsprechend instruiert. Die erste Nummer der berühmten *Civiltà cattolica* erschien im April 1850. Als Sprachrohr des Heiligen Stuhls erfreute sie sich bald einer internationalen Leserschaft.

Die drei Höhepunkte des Pontifikats: 1854, 1864, 1870

Die Verteidigung der Rechte der Kirche gegen die modernen konstitutionellen Regierungsformen stand auch im Zentrum der pastoralen Sorge Pius' IX. Diese Besorgnis fand ihren Ausdruck in den Enzykliken *Ineffabilis Deus*, worin das Dogma der Unbefleckten Empfängnis verkündet wurde, und *Quanta cura* (zusammen mit dem *Syllabus*) wie auch in den beiden Konstitutionen *Dei filius* und *Pastor aeternus* des Ersten Vatikanischen Konzils[36].

Gegen Ende des Jahres 1851 hatte der Papst praktisch gleichzeitig umfassende Konsultationen zu jenen beiden Fragen eingeleitet, die ihm am meisten am Herzen lagen: Mariendogma und Verurteilung der modernen Irrtümer. Bis 1853 war er persönlich darauf bedacht, die beiden Themen miteinander zu verknüpfen, war er doch der Meinung, die Wachhaltung der Erinnerung an die Erbsünde und das vertiefte Verständnis der Menschwerdung seien die wahren Gegengifte gegen die Ansprüche des Rationalismus[37]. Nachdem das neue Dogma unter dem Episkopat auf breite Zustimmung gestoßen war, wurde es im Dezember 1854 in einer grandiosen, die Bedeutung des höchsten Lehramtes unterstreichenden Zeremonie im Petersdom proklamiert. Ebenfalls 1854 hatte bereits die Bulle *Singulari quadam* die Kirche als vollkommene Gesellschaft, höchste Gesetzgeberin und Garantin jeglicher gesetzgeberischen Tätigkeit des Menschen verherrlicht.

Das zweite, schließlich separat behandelte Thema war nicht weiter gediehen. Der theologischen Kommission – mit Bilio, Perrone, Schrader und Passaglia als bestimmenden Figuren – wurden stark theoretisch gefärbte Antworten unterbreitet, was das auch vom Papst bevorzugte Vorgehen, auf ganz präzise Punkte zugeschnittene Verurteilungen auszusprechen, nur favorisieren konnte. So wurde im Januar 1860 ein erster *Syllabus errorum in Europa vigentium* mit einem Katalog von 79 Thesen erstellt. Am 23. Juli veröffentlichte Gerbet einen Hirtenbrief, der im wesentlichen 85 kurze, wohl durchdachte und in elf Kapitel gruppierte Vorschläge umfaßte. Diese erweckten sogleich die Aufmerksamkeit des Pap-

---

[36] Für G. Martina, Pio IX , Bd. 2, 1851–1866, Rom 1986, 307, ist dies sogar bestimmender Faktor des Pontifikats Pius' IX.

[37] Ebd. 257.

stes, der sie der Kommission unterbreitete. Dieses Dokument war entscheidend, brachte es doch die verfassungsrelevanten und politischen Fragen klar und eindeutig zum Ausdruck[38]. Veröffentlicht wurde der Text genau zu jenem Zeitpunkt, als in Florenz, mit Zustimmung Napoléons III., das Königreich Italien ausgerufen wurde. Am 18. März 1861 erschien die Bulle *Jamdudum cernimus*, worin die immer häufigere Verletzung der in den Konkordaten anerkannten Rechte der Kirche wie auch die Säkularisierungspolitik heftig angeprangert wurden.

Die Feierlichkeiten zum Gedenken der japanischen Märtyrer im Juni 1862 nahm der Papst zum Anlaß, vor den 250 aus aller Welt versammelten Bischöfen den Standpunkt des Heiligen Stuhls zu dieser in der Folge der Französischen Revolution entstandenen Rechtsfrage zu präzisieren: In seiner Rede *Maxime quidem* vom 8. Juni beklagte er bitterlich das Ausblenden des Übernatürlichen, das „sich wandelnde" Wahrheitsverständnis, die Einmischung der zivilen Mächte in kirchliche Fragen, die Auffassung vom Staat als Norm der Moral und Quelle des Rechts und schließlich die Gewissensfreiheit als Frucht des Rationalismus.

Ein Drittel der konsultierten Bischöfe hatte die Frage nach der Opportunität eines *Syllabus* verneint; neunzig hatten nicht einmal geantwortet[39]. In einer führenden Minderheit der Katholiken Europas machten sich starke Tendenzen zu Gunsten einer liberaleren Strategie breit: In England um die von Acton und Simpson geleitete und von Newman unterstützte Zeitschrift *Rambler*, in Belgien um den Erzbischof von Mecheln, in Deutschland, wo Ketteler 1862 *Freiheit, Autorität und Kirche* veröffentlichte, in Frankreich schließlich im Umkreis des *Correspondant*[40]. Höhepunkt des Widerstandes waren die beiden Reden Montalemberts vom 20. und 21. August 1863 vor den belgischen Katholiken beim Kongreß von Mecheln. Kurz danach, im September, fand die Münchner Gelehrtenversammlung statt, auf der für Wissenschaftler und Theologen totale Freiheit der Forschung gefordert wurde.

Die Reden von Mecheln – eine vehemente Verteidigung der Demokratie und der Anerkennung der Freiheitsrechte aller gegen den Anspruch gewisser Katholiken, die Freiheit ausschließlich für sich selbst zu fordern – waren das innerkirchliche Echo gegen die Beschneidung der Freiheitsrechte durch Kaiser Napoléon III. In vielem erinnerten diese Reden an die Artikel des *L'Avenir*. Montalembert lehnte die Freiheit des Indifferentismus ab und bezeichnete die Gewissensfreiheit als Waffe im Kampf um die religiöse Wahrheit gegen staatlichen Mißbrauch. Er rief in Erinnerung, wie diese Wahrheit in der religiösen und politischen Geschichte über Jahrhunderte hinweg vergewaltigt und verletzt worden sei: „Der spanische Inquisitor, der zum Ketzer ‚Tod oder Leben?' sagt, ist mir genauso zuwider wie der französische Terrorist, der zu meinem Großvater sagte: ‚Freiheit, Brüderlichkeit oder Tod!' Das menschliche Gewissen hat ein Anrecht darauf, nie mehr vor diese abscheulichen Alternativen gestellt zu werden."[41] Kurze Zeit danach appellierte der belgische Deputierte A. Dechamps, ein Freund Montalemberts, in einem persönlichen Schreiben an die politische Vernunft des Papstes und bat ihn, die Katholiken in demokratisch regierten Län-

---

[38] Ebd. 298 f.

[39] Giacomo Martina bringt diese Zahl mit der Anzahl der Enthaltungen im Zusammenhang mit der Konstitution „Pastor aeternus" vom Juli 1870 in Verbindung.

[40] Berühmt geworden ist der Eid der führenden Köpfe der liberalen katholischen Bewegung in der Kapelle von La Roche-en-Brény vom 12. Oktober 1862; vgl. dazu PRELOT, Le Libéralisme catholique (s. Anm. 23) 140 f.

[41] Diese Rede bezeichnete Montalembert als sein „politisches Vermächtnis"; vgl. dazu R. AUBERT (Hrsg.), Correspondance Montalembert – Dechamps. 1838–1870, Löwen 1993, 107, Brief vom 24. August 1863 an Dechamps.

dern nicht dadurch zu schwächen, daß er sie dem Verdacht aussetzte, sie würden sich nicht voll hinter die Verfassungsfreiheiten stellen[42].

Pius IX. beharrte jedoch auf seiner Auffassung, es gehe in dieser Debatte um eine religiöse Frage. Der Bischof von Poitiers, der sein drittes Synodalschreiben über die Irrtümer der Zeit vorbereitete, forderte die formelle Verurteilung der Rede Montalemberts[43]. Dem Bischof von Orléans gelang es Dank seiner drängenden Bitten während seines längeren Romaufenthalts, diese Gefahr abzuwenden. Auch dem Papst lag daran, den brillanten Verteidiger der Kirche zu schonen. Er ließ ihm aber im März durch seinen Staatssekretär ein Schreiben zukommen, worin er die unterschiedlichen Standpunkte klarstellte. In seiner Antwort drückte Montalembert seine Bitterkeit, seine Ergebenheit und seinen Entschluß aus, sich fortan in Schweigen zu hüllen.

Nichts mehr konnte die Erarbeitung des Schlußdokuments aufhalten. Dieses wurde im Dezember 1864 in der Form der Enzyklika *Quanta cura* und des *Syllabus errorum* mit 80 verurteilten Sätzen publiziert. Verurteilt wurden – wie bereits zuvor in *Mirari vos* – die „grenzenlosen" Freiheiten und die Unabhängigkeit und Allmacht des Staates. Wiederholt wurden aber auch die später erfolgten Verurteilungen der philosophischen Tendenzen, die zu Pantheismus und Naturalismus sowie zur Säkularisierung der modernen Gesellschaft führten.[44]. Ebenfalls im Dezember enthüllte Pius IX. schließlich den an einer Sitzung der Ritenkongregation teilnehmenden Kardinälen seine Absicht, ein ökumenisches Konzil einzuberufen, um noch deutlicher auf das Übel der postrevolutionären Gesellschaften zu antworten. Der Pontifex war sich der zunehmenden antiklerikalen Strömungen in Spanien wie in den lateinamerikanischen Staaten, aber auch in Frankreich und in den deutschsprachigen Ländern durchaus bewußt.

Dank der prägnanten Formulierung wurde dem *Syllabus* sogleich große und anhaltende Aufmerksamkeit zuteil. Das wiederum rief nach autorisierten Kommentaren und Erläuterungen, die Rom durchaus willkommen waren. Die berühmteste Interpretation lieferte Dupanloup, Bischof von Orléans, in einer Broschüre, die kaum einen Monat nach den päpstlichen Verlautbarungen am 24. Januar 1865 als Resultat eingehender Studien publiziert wurde[45]. Seine Schrift wurde von mehr als 600 Bischöfen unterstützt, von Pius IX. wohlwollend aufgenommen und fand allgemeine Verbreitung. Nach drei Wochen war sie in mehrere Sprachen übersetzt und in 100000 Exemplaren verteilt. Als eine im wesentlichen theologische Standortbestimmung griff sie kaum auf die fragwürdige Unterscheidung von „These" und „Hypothese" zurück, die von der *Civiltà cattolica* im Oktober 1863 in Umlauf gebracht worden war. Dupanloups Schrift gründete vielmehr auf der klassischen Unterscheidung, wonach die Widerlegung eines verurteilten Satzes keineswegs die Bekräftigung seines Gegenteils bedeute: Die Verurteilung der absoluten Freiheit komme nicht einer Verneinung der Rechtmäßigkeit relativer Freiheiten gleich. Geschickt verknüpfte der Bischof

---

[42] Ebd. 109. – Im März 1864 veröffentlichte Kardinal Sterckx eine Schrift mit dem Titel *La Constitution belge et l'encyclique de Grégoire XVI*; vgl. dazu Martina, Pio IX. (s. Anm. 36) 333 f.

[43] Ebd. 329: Martina zitiert die Antwort Pius' IX. an den Gesandten des Bischofs von Poitiers: „Nie und nimmer wird die Kirche prinzipiell gutheißen können, daß dem katholischen Volk Irrtum und Häresie gepredigt wird."

[44] Ebd. passim; hier wird Satz 80 des „Syllabus" mit der Ansprache „Maxima quidem", mit dem an den Erzbischof von München gerichteten Breve „Tuas libenter", schließlich mit der Ansprache „Jamdudum" von 1861 (Verurteilung der Konkordatsverletzungen) in Verbindung gebracht.

[45] Vgl. dazu die gründliche Studie von R. Aubert, Dupanloup et le „Syllabus", in: RHE 51/I (1956) 79–142, 471–512, 837–915.

von Orléans zudem die Verteidigung des Papstes mit der Kritik an der im September erfolgten Übereinkunft, die den Abzug der französischen Truppen aus Rom auf Dezember 1866 festgelegt hatte. Ganz besonders gewieft war Dupanloups Argumentation dort, wo er nachwies, der Katalog der modernen Irrtümer enthalte im Vergleich zu früheren Erklärungen des Heiligen Stuhles nichts Neues. Damit aber blieb die Kernfrage unbeantwortet: Ist die traditionelle, auf der Rechtsbeziehung zum Staat beruhende Schirmherrschaft der Kirche ebenso unantastbar wie die Glaubenswahrheiten? Diese Auffassung hatte Pie, Bischof von Poitiers, vertreten und sich im Januar 1865 darauf beschränkt, jene päpstlichen Dokumente zu loben, worin er seine eigenen theologischen Ansichten bestätigt fand.

Der Dogmatiker Henri Louis Charles Maret, Direktor der Theologischen Fakultät von Paris, richtete seinerseits ein Memorandum an den Papst. Darin griff er die bereits in seiner Vorlesung an der Sorbonne nach der Krise von 1848 dargelegten Hauptgedanken wieder auf[46]. In seinen Augen ließ die Enzyklika den Theologen Raum, eine lediglich moralische Beziehung zwischen den beiden Gewalten Staat und Kirche zu definieren, die sich darauf verständigen, das Fehlen jeglicher staatlicher Sanktion als Rechtsform der religiösen Gewissensfreiheit zu betrachten. Eine ähnliche Position hatte bereits der Erzbischof von Paris vertreten, als er in einem Hirtenbrief den Papst gebeten hatte, nach der Verurteilung der Auswüchse der modernen Gesellschaften auch deren Rechtmäßigkeit und positive Aspekte herauszustreichen[47]. Analoge Divergenzen waren auch in deutschsprachigen Ländern aufgetreten: In Wien hatte Clemens Schrader in einer Schriftenreihe *Der Papst und die modernen Ideen* die These von der indirekten Macht vertreten, während der Mainzer Professor für Dogmatik, Johann Baptist Heinrich, befürchtete, diese Aufforderung, sich auf Gott zu berufen, könnte sich gegen die Katholiken wenden, welche die durch die preußische Verfassung etablierte liberale Regierung begrüßt hatten[48]. In dieser Auseinandersetzung ergriff Papst Pius IX. Partei für die Intransigenten: Kurz nacheinander informierte Nuntius Chigi die Bischöfe von Orléans und Poitiers über die päpstliche Zustimmung, unterließ es aber, die französische Regierung zu informieren, was diese zu einem Protest veranlaßte. Am 4. Februar richtete der Papst ein Breve an Dupanloup mit der Bitte, die in den kürzlich veröffentlichten Dokumenten enthaltenen Wahrheiten ebenso eifrig zu erläutern, wie er zuvor die falschen Interpretationen angeprangert hatte. In Italien schließlich stieß die Publikation des *Syllabus* in Turin, der Hauptstadt von Piemont-Sardinien, seitens Carlo Passaglia auf heftige Kritik. Öffentliche Angriffe kamen auch von Freimaurerlogen, insbesondere im Piemont und im Königreich Neapel. In diesen Kontext fällt dann die erste feierliche Verurteilung der Freimaurerei durch Papst Pius IX. am 25. September 1865[49].

Zuspitzung des Konflikts im Ersten Vatikanischen Konzil

Im März 1865 konkretisierte sich die Absicht Papst Pius' IX., einem ökumenischen Konzil jene Fragen zu unterbreiten, mit denen sich der Katholizismus in der Folge der Aufklärung

---

[46] Memorandum vom Januar 1865, Nachdruck in: G. BAZIN, Vie de Maret II, Paris 1891, 321–344; Kommentar in: X. de Montclos, Lavigerie, le Saint-Siège et l'Église (1846–1878), Paris 1966, 310f.

[47] J.-A. FOULON, Histoire de Monseigneur Darboy, Paris 1889, 329f.

[48] AUBERT, Le Pontificat de Pie IX (s. Anm. 7) 259.

[49] Ansprache „Multiplices inter", gestützt von einem Schreiben Bischof Kettelers; vgl. dazu G. Martina, Pio IX, Bd. 3, Rom 1990, 455f, sowie S. EXPOSITO, La Chiesa in conflitto col mondo. La Santa Sede, la Massoneria e il radicalismo settario, Rom 1979.

und der Französischen Revolution konfrontiert sah. Gemäß den Empfehlungen einer Kardinalskommission hatten die neuesten Pontifikaltexte als Arbeitsgrundlage zu dienen, und die Konsultation politischer Instanzen war zu unterlassen[50]. Zuerst hatte man erwogen, das Konzil am Tag des Thronfestes des Apostels Petrus, Pfingsten 1867, zu eröffnen, doch wurde die Vorbereitungsfrist als zu kurz erachtet. Vor allem aber war man sich in kurialen Kreisen unschlüssig. Der entscheidende Impuls zur offiziellen Ankündigung des Konzils kam schließlich von seiten liberaler Katholiken, insbesondere von Dupanloup, der im Monat vor den Feierlichkeiten, an denen rund 500 Bischöfe und 130000 Pilger teilnahmen, erneut in Rom weilte. Die Ankündigung der Wiederaufnahme der Konzilstradition nach 300jähriger Unterbrechung war klarer Ausdruck des römischen Primats. Gegen den Widerstand des englischen Kardinals Henry Edward Manning und der ultramontanen Strömungen konnte Dupanloup erreichen, daß das höchste Lehramt im Entwurf des Schlußdokuments nicht mehr als „unfehlbar" bezeichnet, sondern mit der Formel „Bewahrer des hinterlegten Glaubensguts" qualifiziert wurde. Dupanloup lehnte die Unfehlbarkeit nicht grundsätzlich ab – er hatte über dieses Thema seine Dissertation verfaßt –, aber seiner Auffassung nach würde sie dazu dienen, die noch kaum geklärten Thesen des *Syllabus* über das Verhältnis von Kirche und Staat, ja ältere Texte wie etwa die Bulle *Unam sanctam* von Bonifaz VIII. (1302) in den Augen der Mehrheit zu sanktionieren.

Zudem hatten sich seit der Niederlage Österreichs gegen Preußen in der Schlacht bei Königgrätz (1866) die Anzeichen gemehrt, die Regierungen würden sich der Oberhoheit, ja einer vollständigen Unabhängigkeit der kirchlichen Gesetzgebung widersetzen. In Wien hatten die Liberalen die Macht übernommen, und der österreichische Kanzler Graf von Beust hatte gegen römischen Protest im Mai 1868 über die drei Gesetzesentwürfe zur Jurisdiktion ziviler Gerichte in Ehesachen, zur Kontrolle des Unterrichtswesens und zum Grundsatz der Kultusgleichheit abstimmen lassen. In Bayern hatte Ministerpräsident Fürst Chlodwig zu Hohenlohe-Schillingsfürst ein Projekt zur Säkularisierung der Schule vorgestellt, während in Baden Minister Jolly jene Maßnahmen in die Wege leitete, die dann Bismarck nach 1871 im Kulturkampf systematisch in die Tat umsetzen sollte. In Frankreich war 1869 das Jahr des Programms von Belleville, während in der Schweiz die *Internationale Arbeiterassoziation* im Münster von Basel ihren Kongreß abhielt. Doch die Sicherheit des Konzils in Rom beruhte auf der Präsenz französischer Truppen – eine gesicherte Präsenz, seit der Marsch Garibaldis und seiner Freischaren auf Rom im November 1867 durch den Sieg päpstlicher und französischer Truppen bei Mentana gescheitert war.

Die Bulle *Aeterni Patris* vom 29. Juni 1868, mit der das Konzil einberufen wurde, enthielt keine Einladung an die Vertreter der „katholischen" Staaten, was diese ihrerseits mit Fernbleiben quittierten. In einer spannenden Debatte im französischen Senat zu diesem Thema erklärte Émile Ollivier: „Das ist die Trennung von Kirche und Staat – durch den Papst selbst vollzogen."[51] Im April 1869 bemühte sich Fürst Hohenlohe vergeblich um eine Absprache zwischen den Staaten im Blick auf eine Kollektivvertretung.

Damit war die Debatte über die Unfehlbarkeit des Papstes in der Öffentlichkeit mehrere Monate vor der Eröffnung des Konzils vorzeitig in Gang gekommen, was eine Diskussion des Themas in der Konzilsversammlung unumgänglich machte. Im Februar 1869 trat ein provokativer Artikel in der *Civiltà Cattolica* für eine Abstimmung per Akklamation ein. In

---

[50] R. AUBERT, Vaticanum I, Mainz 1965, 50f.
[51] É. OLLIVIER, L'Église et l'État au concile du Vatican, Paris 1877, I: 399.

Feierlicher Einzug von 994 Konzilsvätern in St. Peter, wo am 8. Dezember 1869 das
Erste Vatikanische Konzil durch Pius IX. eröffnet wurde.

den folgenden Monaten sprach sich der Bischof von Orléans zuerst anonym, dann offen
gegen die Opportunität der Definition aus, während Erzbischof Dechamps von Mecheln
den entgegengesetzten Standpunkt vertrat und sich in einer Reihe von Schriften für die
Auffassung stark machte, eine persönliche Unfehlbarkeit laufe der Tradition der Kirche
zuwider[52]. Schließlich wandten sich vierzehn der rund zwanzig in Fulda versammelten
deutschen Bischöfe in einem Schreiben an den Papst, worin sie ihre Zweifel an der Opportunität der Definition ausdrückten.

Der Kontext macht deutlich, daß der Entwurf zur Definition des neuen Dogmas politisch bereits belastet war, als das von Clemens Schrader und Johann Baptist Franzelin re-
digierte Schema *De Ecclesia* am 21. Januar 1870 den Konzilsvätern unterbreitet wurde.
Dieses wurde alsbald in den Salons Roms kommentiert, wo sich Gruppen von gleichgesinnten Prälaten trafen, und über offiziöse Kanäle an die Staatskanzleien übermittelt. Die
letzten drei Kapitel des Schemas (Kapitel XIII bis XV) befaßten sich mit dem Verhältnis
von Kirche und bürgerlicher Gesellschaft. Traditionell und ungeschickt formuliert, machten sie die Überlegenheit der Kirche fest, „der vollkommenen Gesellschaft", die „so hoch
über der weltlichen Gesellschaft steht, wie das Heil der nicht durch Gold oder Geld, sondern durch das kostbare Blut Christi erkauften Seelen und das Glück des ewigen Lebens
über den Vorteilen und den Gütern dieses Lebens steht". Mit der Verurteilung des staatlichen Totalitarismus ging die Bekräftigung der Rechte der geistlichen Gewalt über die
Lehre, aber auch ihrer Immunität und ihres Besitzes einher, gekoppelt mit der Feststellung,
es sei „Sache des obersten Lehramts der Kirche, über die Regeln für das menschliche Verhalten, auch für die bürgerliche Gesellschaft und die öffentlichen Angelegenheiten zu be-

---

[52] JANUS (Pseudonym von J. J. I. VON DÖLLINGER), Der Papst und das Konzil, München 1869, sowie H.-L.-
C. MARET, Des conciles généraux et de la paix religieuse, 2 Bde., Paris 1869.

Am 18. Juli 1870 wurde vor dem versammelten Konzil in St. Peter das heftig umstrittene Dogma von der Unfehlbarkeit des Papstes verkündet. Nach der Eroberung Roms wurde das Erste Vatikanische Konzil am 20. Oktober 1870 auf unbestimmte Zeit vertagt.

finden, soweit es dabei um Fragen des sittlichen Verhaltens geht, um das, was erlaubt oder verboten ist"[53]. Bereits am 10. Februar reagierte die österreichische Kanzlei mit der Verlautbarung, die Annahme der Textentwürfe würde die Aufhebung des Konkordats von 1855 nach sich ziehen. Graf Daru, französischer Außenminister im Kabinet Émile Olliviers vom 2. Januar, wurde durch ein anonymes Schreiben von Bischof Dupanloup über den Textentwurf informiert und protestierte dagegen am 20. Februar, bevor er am 19. März ein Memorandum sandte, worin er die Kritik der Minderheitsposition aufnahm[54]. Der Erzbischof von Paris seinerseits schlug vor, mit der Abberufung des französischen Botschafters und der Infragestellung des Konkordats von 1801, nicht aber dem Abzug der französischen Truppen zu drohen. Doch nur Außenminister Daru erklärte am 8. April seinen Rücktritt, während Ollivier, der das erwähnte Memorandum bereits im Sinne einer Nichteinmischung abgeändert hatte, der entsprechenden Politik den Vorzug gab.

Nun war der Weg frei für eine vorrangige Diskussion von Kapitel XI des Schemas. Dieses war mit nochmaligem Aufwand neu redigiert worden und diente als Basis für den Entwurf *De Summo pontifice*, der die Grundlage für die Konstitution *Pastor aeternus* bildete, die trotz der Stimmenthaltung der Minderheit am 18. Juli angenommen wurde. Zwar wurde der Papst als unfehlbar erklärt, *ex sese, non autem ex consensu Ecclesiae*, zwar wurde seine Jurisdiktion als „bischöflich" und „unmittelbar" erklärt, doch wurde sie in den Debatten ausdrücklich auf Entscheide in Fragen des Glaubens und der Moral, die der Papst *ex cathedra* trifft, beschränkt. Diese ausdrückliche Begrenzung galt als „Sieg der Minderheit" gegenüber der von den römischen Theologen angestrebten maximalistischen Interpretation. In diesem Sinne äußerte sich zumindest ein Minderheitsvertreter, der Augsburger Bischof Dinkel[55]. Politische Umwälzungen und der Deutsch-Französische Krieg erzwangen die Unterbrechung des Konzils, weshalb diese Präzisierungen über Konzilskreise hinaus kaum bekannt wurden. Die politische Ambivalenz blieb und führte zu einer Reihe von abrupten Brüchen in der Öffentlichkeit.

---

[53] Zit. nach AUBERT, Vaticanum I (s. Anm. 50) 318, 312 und 314f.
[54] J. GADILLE, Albert du Boÿs: Ses „Souvenirs du Concile du Vatican, 1869–1870". L'intervention du gouvernement impérial à Vatican I, Löwen 1968, 45–63.
[55] Schreiben Bischof Dinkels an Kardinal Schwarzenberg vom 15. November 1870, in: TH. GRANDERATH, Geschichte des Vatikanischen Konzils, Bd. 3, Freiburg i. Br. 1906, 551.

Bereits im April 1871 veröffentlichte der ehemalige Generalsekretär des Konzils, Bischof Josef Fessler von St. Pölten, eine Klarstellung *(Wahre und falsche Unfehlbarkeit des Papstes)*, während die Schweizer Bischöfe in einem Hirtenbrief vom Juni verlauten ließen: „Das Recht, Herrscher abzusetzen und die Völker von ihrem Treueeid zu entbinden [...] hat mit der Unfehlbarkeit des Papstes schlechterdings nichts gemein. Es war eine Folge des damals gültigen öffentlichen Rechts und der Übereinkunft der christlichen Nationen [...]. Die gegenwärtige Lage indes ist eine völlig andere."

Schließlich präzisierte der Papst persönlich vor der Akademie der katholischen Religion: „Dieses auf die Glaubens- und Sittenlehre beschränkte Dogma bedeutet weder eine Veränderung im Verhältnis des Oberhauptes der Kirche zum Lehrkörper [...] der Seelsorger, noch im Verhältnis der Kirche zur politischen Gewalt."[56]

Damit war die historische Dimension berücksichtigt, aber auch die Ausübung des Lehramtes innerhalb der Kirche präzisiert. Es war dies Ausdruck eines Mentalitätswandels in Rom selbst, einer Entwicklung, die sich in den letzten Jahren des Pontifikats bestätigen sollte. Dieser Prozeß verlief indes eher in Richtung einer Loslösung der Kirche aus dem Rahmen, in dem sie seit langem gefangen war, als einer Öffnung im Hinblick auf neue konstitutionelle Formen.

II. Die Soziale Frage

1. Die Anfänge des sozialen Katholizismus

Mit dem Aufstand der Arbeiter der Lyoner Seidenindustrie sechzehn Monate nach der Julirevolution von 1830 stand in Frankreich die Debatte um die soziale Frage, an der sich auch katholische Kreise beteiligten, plötzlich im Brennpunkt der Öffentlichkeit. Das waren die Anfänge eines sozialen Katholizismus, d. h. einer Reihe von Projekten und Werken, die sich nicht mehr mit individueller Wohltätigkeit begnügten, sondern auf der Basis biblischer Grundsätze sozioökonomisches Handeln in Gang bringen wollten, um der durch die Industrielle Revolution hervorgerufenen Armut wirksam begegnen zu können[57]. Heftig kritisierten diese Kreise den Liberalismus und den wirtschaftlichen Individualismus der schottischen Schule; moderater zeigten sie sich gegenüber den ersten sozialistischen Utopien. Letztere präsentierten sich als eine Art neues Christentum, wie Friedrich Engels überrascht feststellte, als er sie 1840 mit den antiklerikalen Tendenzen des frühen englischen Sozialismus verglich. Es kam sogar zu zahlreichen Annäherungen zwischen den frühen sozialen Katholiken und den frühen Sozialisten: der Saint-Simonismus (benannt nach dem Comte de Saint-Simon, einem Vertreter des utopischen Sozialismus) mit Pierre Leroux, Prosper Barthélemy Enfantin, Chéruel und mehreren liberalen Katholiken wie Frédéric Ozanam, die Schüler Charles Fouriers, unter ihnen Louis Rousseau, ein früherer Marineoffizier, der mehrmals versuchte, in der Bretagne Agrarkolonien zu schaffen und von einer „sozialen Wissenschaft" träumte, welche die „Wunde des Pauperismus" ausmerzen würde[58]. Dann war da insbesondere Philippe Buchez (1796–1865), ein Pariser Arzt, der

---

[56] GADILLE, Albert du Boÿs (s. Anm. 54) 89.

[57] J.-B. DUROSELLE, Les débuts du catholicisme social en France, 1822–1870, Paris 1951, 10.

[58] J. TOUCHARD, Aux origines du catholicisme social. Louis Rousseau, 1787–1856, Paris 1968.

um 1830 vom Saint-Simonismus zum Katholizismus kam und der die erste christliche Ausprägung der Arbeiterbewegung exemplarisch verkörperte. Als scharfer Analytiker der Proletarisierung trat er für die Gründung von Gewerkschaften für die Fabrikarbeiter und von Vereinen für die Handwerker ein, um sie aus der Abhängigkeit vom Arbeitgeber zu lösen. Er verbreitete seine Ideen in mehreren Publikationsorganen: Im *L'Européen* (1831– 1832, 1835–1838) und nach 1840 im *L'Atelier*, der Eigentum des Vereins der Redakteure und Typographen war. Ihm stand Auguste Ott, ein Straßburger Anwalt, zur Seite, der 1844 ein Buch über Hegel und die deutsche Philosophie publiziert hatte und der Hegels Denken in einem der marxistischen Interpretation zuwiderlaufenden Sinn systematisierte. Zwar hatte diese Schule der Kirche gegenüber gewisse Vorbehalte, die sich nach 1850 mit Claude-Anthime Corbon noch verstärken sollten, doch konnte sie überzeugte Gläubige für sich gewinnen, unter ihnen mehrere Dominikaner, die in dem von Lacordaire erneuerten Orden die Tradition der Beschäftigung mit der Arbeiterfrage einführten. Schließlich enthält der „Lamennaissche Ökumenismus" eine soziale Dimension, die mit der romantischen Verherrlichung der evangelischen Armut nichts gemein hat. In einem am 30. Juni 1831 im *L'Avenir* publizierten Grundsatzartikel mit dem Titel *Ce que sera le catholicisme dans la société nouvelle (Der Stellenwert des Katholizismus in der neuen Gesellschaft)* stand beispielsweise: „Die Frage der Armen ist nicht bloß eine Frage der politischen Ökonomie, sondern eine Frage von Leben und Tod für die Gesellschaft […] Mehr denn je eine jener [Fragen], die in Europa nach rascher Lösung rufen!"[59]

In Deutschland verstärkte die Münchener Schule mit Franz von Baader und Joseph Görres die Kritik an Adam Smith, die Adam Heinrich Müller zu Beginn des Jahrhunderts bereits geübt hatte. In den *Historisch-politischen Blättern* plädierte der Konvertit Karl Ernst Jarcke für die Rückkehr zu den historischen Formen der christlichen Gesellschaft des Mittelalters. Nach 1840 studierten Adolf Kolping und Wilhelm Emmanuel von Ketteler in München Theologie. Erwähnt sei auch der Badener Katholik Franz Joseph Ritter von Buß (1803–1878), der schon 1837 in seiner *Fabrikrede* eine Arbeiterschutzgesetzgebung gefordert hatte.

In Belgien warf Édouard Ducpétiaux mit einer Reihe von Publikationen unter dem Titel *Le Pauperisme en Belgique (Der Pauperismus in Belgien*, 1844) ein Schlaglicht auf das Elend der Arbeiterschaft und machte aus Brüssel ein europäisches Koordinationszentrum für die Wohltätigkeitsarbeit. Dort gründete der zum Katholizismus konvertierte Holländer Adolphe Bartels *Le Débat social*, eine der ersten sozialistischen Wochenzeitschriften in Belgien.

In den ersten Jahren des Pontifikats Pius' IX. unterzog Rosmini die frühen sozialistischen Utopien einer kritischen Prüfung und übertrug der Gesellschaft die Rolle der Garantin des Glückes ausnahmslos aller[60].

---

[59] Zu Philippe Buchez vgl. F.-A. Isambert, Politique, religion et science de l'homme chez Philippe Buchez (1796–1865), Paris 1967. – Gerbet, dessen „soziale Theologie" bereits vorgestellt worden ist, lobte Charles de Coux für „seinen Versuch, die innige Verbindung des moralischen und religiösen Denkens mit den Fragen des öffentlichen Wohlstands und Reichtums nachzuweisen" (Tagungen von Juilly, 1833). Zu jenem Zeitpunkt sprach er sich für eine soziale Interpretation der Julirevolution aus und sprach dem Bürgertum das Monopol der Volksvertretung ab.

[60] Rosminis sechsbändige *Filosofia del diritto* (1846) ist gewissermaßen eine Antwort auf Hegel. 1848 publizierte er *La costituzione secondo la giustizia sociale*. Für eine vergleichende Gesamtschau dieser Bewegung vgl. P. Misner, Social Catholicism in Europe, from the Onset of Industrialization to the First World War, New York 1991.

Franz Joseph Ritter von Buß (rechts), der
schon 1839 im Badischen Landtag
Staatshilfe für sozial Notleidende gefordert
hatte, war 1848 Präsident des ersten
deutschen Katholikentages in Mainz.

Ausgehend von diesen ersten Keimzellen katholisch-sozialen Denkens entwickelte sich
ein sozial-katholisches Engagement, innerhalb welchem J.-B. Duroselle, je nach politischer Vision, drei Strömungen unterschieden hat: eine konservative, eine liberale und eine
demokratische Strömung.

2. Die konservative Strömung

Dominant war die konservative Strömung. In Frankreich stand am Anfang dieser konservativen Sozialphilosophie der 1834 veröffentlichte *Traité d'économie politique chrétienne
(Abhandlung über eine christliche politische Ökonomie)* von Alban de Villeneuve-Barge-
mont. Der Sproß einer alten provenzalischen Adelsfamilie, der die Präfektenlaufbahn ein-
geschlagen hatte und ein Gegner der englischen Industrialisierung war, befürwortete die
Schaffung einer christlichen Sozialversicherung und trat für eine entschiedene staatliche
Intervention ein. Letztere käme verschiedenen Bereichen zugute: dem Unterrichtswesen
und dem Schutz der Arbeiterjugend, der finanziellen Unterstützung insbesondere von Kooperativen zur Verbesserung der Landwirtschaft. Seiner Ansicht nach waren die bestehenden Korporationen durch autonome Vereine zu ersetzen, deren Ziel die Abfederung des
Mißbräuchs des freien Wettbewerbs war.

Diese Gesinnung ist mit den gleichzeitig entstehenden Patronatswerken in Verbindung
zu bringen, deren Zweck die christliche Erziehung der Jugend und der soziale Schutz der
Erwachsenen war. Die ersten sozialen Stellungnahmen kamen von Bischöfen, die sich in
den großen Zentren im Bildungswesen engagierten. So etwa 1838 von Kardinal de Croÿ in
Rouen, der sich zur Kinderarbeit äußerte, oder vom Pariser Erzbischof Denis Auguste Affre, dessen Fastenmandat aus dem Jahr 1843 „völlig zutreffende Kritiken am System der liberalen politischen Ökonomie enthält"[61]. Er unterstützte die *Société de Saint-François-Xa-*

---

[61] P. DROULERS, La presse et les mandements sociaux d'évêques français avant 1848, in: CH 9 (1964) 394.

vier, deren Präsidenten François Ledreuille er persönlich zum Priester weihte. Er förderte auch das Lehrlingswerk von Jean-Léon Le Prévost in der Kirchengemeinde Saint-Sulpice, aus dem später das *Institut des frères de Saint-Vincent-de-Paul* hervorging[62]. In Lille verfaßte Belmas zwischen 1837 und 1841 „soziale" Hirtenbriefe, ebenso Giraud 1845; E. Lefort und Kolb-Bernard wiederum betreuten eine *Société de Saint-Joseph*. In Lyon unterstützte Kardinal de Bonald die Werke von Pierre-Julien Eymard, Oberer des Drittordens der Maristen und Gründer des *Oeuvre de la première communion des Adultes*, wie auch von Camille Rambaud, Gründer der *Cité de l'Enfant-Jésus*, und von seinem Mitstreiter Antoine Chevrier, Gründer des *Prado* im Viertel *Saint-André de la Guillotière*[63].

Ausfluß dieses praktischen Handelns im Kontakt mit den unteren Volksschichten war sodann das soziale Engagement des Adligen Armand de Melun aus dem Departement Aisne, hatte ihn doch 1838 das Wirken Schwester Rosalies unter den Armen in der Rue Mouffetard in Paris zutiefst beeindruckt[64]. De Melun vermochte die führenden Schichten davon zu überzeugen, eine Ausweitung karitativer Werke und Vereinigungen mit Unterstützung des Gesetzgebers sei möglich, ohne dem Staatssozialismus zu verfallen. 1845/46 gab er die Zeitschrift *Les Annales de la charité* heraus und gründete eine Wohltätigkeitsgesellschaft mit rund 100 Mitgliedern, unter ihnen zehn einflußreiche Parlamentarier, denen er einen Entwurf für eine Arbeitsgesetzgebung unterbreitete. Nachdem er 1849 selbst Deputierter von Rennes geworden war, bildete er einen von Pierre Parisis, dem Erzbischof von Arras, präsidierten Parlamentsausschuß zur Reorganisation des Wohlfahrtswesens auf nationaler und departementaler Ebene, und zwar gemäß einem nach der blutigen Niederwerfung des Pariser Arbeiteraufstandes im Juni 1848 in Zusammenarbeit mit Falloux erarbeiteten Plan. Sprecher dieses Ausschusses war Louis Adolphe Thiers. Das Projekt scheiterte am Widerstand des mehrheitlich konservativen Ausschusses und infolge des Staatsstreiches Napoléons III. im Dezember 1851. Gleichwohl entstand damals eine nicht unwichtige Gesetzgebung zur „sozialen Prävention" im Hinblick auf Arbeiterwohnungen, Überprüfung der Arbeitsbedingungen, Lehrverträge, Sozialversicherung und Renten. Nach dem Staatsstreich befaßte sich Melun mit der Anwendung des Dekrets vom 28. März 1852 über Vereine dieser Art. Er wehrte sich dagegen, daß sie auf dem Verordnungsweg für obligatorisch erklärt wurden, ging es doch seiner Ansicht nach darum, die Schaffung interprofessioneller, nicht aber berufsbezogener Vereine zu fördern. Anläßlich der Weltausstellungen von 1855 in Paris und 1862 in London projektierte er eine Internationalisierung dieser Wohlfahrtstätigkeit. *Les Annales* publizierte Studien über Arbeiterzusammenschlüsse, partitätisch mit Arbeitgebern und Arbeitnehmern besetzte Gewerkschaftskammern und Genossenschaften.

Im deutschsprachigen Raum gab sich die vom selben konservativen Geist getragene Vereinsbewegung kühnere Ziele und war stärker bemüht, die Arbeiterbewegung aus der Herrschaft der Arbeitgeber zu lösen. Um dem „Nomadentum" der Handwerksgesellen wirksam zu begegnen, gründete Kolping Ende 1848 in Elberfeld die ersten von ihnen in ei-

---

[62] DUROSELLE, Les débuts (s. Anm. 57) 229–231. CH. MAIGNEN, Jean-Léon Le Prévost, Lille – Brügge 1925.

[63] P. DROULERS, Catholicisme et mouvement ouvrier en France au XIXᵉ siècle. L'attitude de l'épiscopat, in: Le mouvement social 57 (1966) 15–46. Vgl. auch J. GADILLE (Hrsg.), Le diocèse de Lyon, Paris 1983, 229f, sowie X. DE MONTCLOS, Lyon, in: Dictionnaire du monde religieux dans la France contemporaine, IV 1994, 64–66.

[64] DUROSELLE, Les débuts (s. Anm. 57) 210. 439. 507f. 1860 wurde die Zeitschrift *Les Annales de la charité* in *Revue d'économie chrétienne* umbenannt.

gener Regie verwalteten *Gesellenvereine*. Beim Tod ihres Gründers im Jahr 1865 zählten die Vereine, die als Bildungs- und Wohnzentren wie auch als Stellenbörsen funktionierten und nach dem Modell der Diözesanstrukturen der deutschen Kirche aufgebaut waren, 80 000 Mitglieder. Wilhelm Emmanuel von Ketteler wiederum, ein dem Landadel entstammender Geistlicher, führte seinen Landsleuten nach seiner Wahl ins Parlament von Frankfurt eindringlich vor Augen, daß die soziale Frage wichtiger war als die alle Diskussionen beherrschende Verfassungsfrage. In Mainz, wo Ketteler seit 1850 als Bischof wirkte, entwickelte er seine vom Neothomismus inspirierte Theorie über die kollektive Bestimmung der aus dem Eigentum des einzelnen hervorgegangenen Erzeugnisse und widersetzte sich so dem aus der Philosophie der Aufklärung übernommenen individualistischen Liberalismus. Nach 1860 machte er sich sogar die Liberalismuskritik des Sozialisten Ferdinand Lassalle zu eigen und empfahl ein System von Produktionsgenossenschaften. Im Handelssektor tätig, würden diese freiwilligen Kooperativen nicht durch den Staat, sondern durch freiwillige Beiträge der katholischen Gemeinden finanziell unterstützt. Kurz vor Ausbruch des Deutsch-Französischen Krieges von 1870 sprach er sich sogar für eine Arbeitergewerkschaft aus – als Gegengewicht zu der für die Finanzierung des modernen Unternehmertums notwendigen Kapitalkonzentration. Vor den im September 1869 in Fulda versammelten deutschen Bischöfen vertrat er die Auffassung, es liege in der seelsorglichen Verantwortung der Kirche, ein konkretes Sozialgesetzgebungsprogramm zur offiziellen Anerkennung der Arbeitervereine und des Arbeiterschutzes in die Wege zu leiten. Er forderte, diese Fragen im Rahmen der Ausbildung in den Seminaren zu behandeln und sie – mit Veranstaltungen zu diesem Thema – in die Diözesanseelsorge einzubauen [65].

Groß war die Distanz zwischen diesem Denken, das den deutschen sozialen Katholizismus begründete, und den stärker an den Bruderschaften der Vergangenheit orientierten Berufsgemeinschaften, die zu Beginn der fünfziger Jahre von den römischen Theologen Curci, Liberatore und Taparelli d'Azeglio im Rahmen eines thomistischen Personalismus propagiert wurden. Das galt auch für die *Société Saint-Joseph* in Lüttich oder die 1845 in Brüssel von Gerard van Caloen als Dachorganisation der Arbeitervereine gegründete *Archiconfrérie Saint-François-Xavier* [66].

Eine weitere eigenständige Form christlicher Begleitung der aufkommenden Industriegesellschaft war die „christliche Fabrik", verstanden als Ausdruck der moralischen und sozusagen familiären Verantwortung des christlichen Unternehmers. Diesem Programm galten einige Experimente. Erwähnt sei hier der Schweizer Kapuziner Theodosius Florentini, später Generalvikar der Diözese Chur, der junge Arbeiterinnen in den Unternehmen von Schwestern unterrichten ließ; erwähnt seien aber vor allem Jacques-Joseph Harmel und sein Sohn Léon in der Textilfabrik von Val-des-Bois. Dreiviertel des ursprünglich der Kirche fernstehenden Personals hatte 1865 eingewilligt, nach Altersklassen und Geschlecht getrennten Sozialversicherungs- und Frömmigkeitsvereinen beizutreten, um im Unternehmen sozialen Zusammenhalt und religiösen Eifer zu stärken [67].

In den letzten Jahren des Zweiten Kaiserreiches in Frankreich wurden große Anstrengungen zur Koordination der bereits bestehenden Arbeiterwerke unternommen – ein Mo-

---

[65] L. LENHART, Bischof Ketteler, 3 Bde., Köln 1966–1968; H. J. KRACHT, Adolf Kolping, Freiburg 1992.
[66] MISNER, Social Catholicism (s. Anm. 60) Kap. VII.
[67] P. TRIMOUILLE, Léon Harmel et l'Usine chrétienne du Val-des-Bois, 1840–1940 (mit einem Vorwort von A. KRIEGEL), Lyon 1974.

dell, das später vom Konzil auf die gesamte katholische Welt ausgeweitet wurde. Promotoren dieser Koordination waren Priester wie Emmanuel d'Alzon und Gaspard Mermillod oder adlige Laien wie Adolphe Baudon, Émile Keller und Charles Chesnelong. Die Idee einer „christlichen Liga" wurde geboren, deren Ziel eine Sozialgesetzgebung war, die in den verschiedenen Ländern die Interessen der Kirche, insbesondere was das Unterrichtswesen betraf, wahrnehmen sollte. Diesem Gedankengut verdankt sich die Entstehung der katholischen Komitees in Frankreich und der *Opera dei Congressi* in Italien. Den gegenseitigen Austausch sicherstellen sollte ein Zentralorgan, *La Correspondance de Genève*, dessen Gründer Mermillod und der in österreichischen Diensten stehende Mecklenburger Graf Blome waren. Ihm entsprach auf der Ebene der Arbeiterwerke die Union der Arbeitervereine. Theologisch gesehen verstärkte die Berufung auf den *Syllabus* und dessen Interpretation durch Keller im Jahre 1865 den konservativen Charakter dieser Zusammenschlüsse. Tonangebend war nun nicht mehr die *Société d'études d'économie charitable*, sondern ein Soziologe christlicher Überzeugung, der erst spät zur Kirche fand: Frédéric Le Play. Seine *Société d'études d'économie sociale* und seine Zeitschrift *La Réforme sociale* verbreitete Arbeiten, in denen dargelegt wurde, daß das Gleichgewicht der Gesellschaften überall auf Familie und Religion und – selbst in Demokratien – auf politischer Tradition beruhe. Konkretisiert wurde dieser neue Denkansatz 1877 in den von mehreren Bischöfen unterstützten *Unions pour la paix sociale*[68].

Nach dem Ende des Deutsch-Französischen Krieges 1871 und dem Aufstand der Pariser Kommune fanden diese Tendenzen in Frankreich in einem weiteren Zusammenschluß ihren Niederschlag: dem Werk der von Charles Maignen und den beiden Kavallerieoffizieren Albert de Mun und René de La Tour du Pin gegründeten *Cercles catholiques d'ouvriers*. Die beiden Offiziere hatten während ihrer Gefangenschaft im Rheinland die Schriften Kettelers, aber auch Kellers und Le Plays gelesen. Ihre Idee von der Verantwortung der führenden Klassen fand ihren Niederschlag in äußerst paternalistischen Statuten und einer ebensolchen Verwaltung dieser *Cercles*. 1878 gab es in den 375 *Cercles* mit insgesamt 38 000 Arbeitern nicht weniger als 8000 Notabeln. Die persönliche Autorität von Albert de Mun, seine eindeutig antirepublikanische und konterrevolutionäre Gesinnung verstärkten diese Tendenz noch zusätzlich. Das erklärt, weshalb selbst La Tour du Pin, aber auch Léon Harmel und ein Teil der Konservativen sich von ihm distanzierten und einer weniger rigiden Korporationsstruktur den Vorzug gaben. In der Folge kam es zu einer Annäherung an die bereits erwähnten römischen und österreichischen, aber auch deutschen Gruppierungen. Die Entstehung der *Freiburger Union* in der Schweiz schließlich läutete eine neue Phase in der Entwicklung der kirchlichen Soziallehre ein[69].

3. Die liberale Strömung

Armand de Melun, der im Salon von Madame Swetchine verkehrte, hatte Kontakt zu den liberalen Katholiken. Mehrheitlich eher konservativ gesinnt, engagierten sie sich, wie etwa

---

[68] Duroselle, Les débuts (s. Anm. 57) 672–684; H. Rollet, L'apport de Le Play au catholicisme social, in: Études sociales 79 und 80 (1969). B. Kalaora – A. Savoye, Les inventeurs oubliés: Le Play et ses continuateurs aux origines des sciences sociales, Seyssel 1989.

[69] Ph. Levillain, Albert de Mun, catholicisme français et catholicisme romain, du „Syllabus" au Ralliement, Rom 1983.

Montalembert und dessen Freunde, vornehmlich politisch und nicht sozial. Nur für eine kleine Minderheit stand das soziale Engagement im Vordergrund. In Frankreich sind in diesem Zusammenhang zwei Persönlichkeiten zu nennen: Charles de Coux (1787–1864) und Augustin Cochin (1823–1872).

Charles de Coux war der Wirtschaftsfachmann der Gruppe um den *L'Avenir*. In deren Spalten hatte er seine Analysen der verhängnisvollen, sich in längeren Arbeitszeiten niederschlagenden Folgen des „Industrialismus" publiziert[70]. Aufgehalten werden könne diese Entwicklung nur dann, wenn sich die Kirche, die zivilisatorisch bestimmende Kraft Europas, und das freiheitlich-politische System zu gemeinsamem Handeln verbündeten. Dabei orientierte sich de Coux am Demokratiemodell der Vereinigten Staaten, wo er den ersten Teil seines Lebens verbracht hatte. Er bezog sich auch auf die englische Gesetzgebung aus dem Jahr 1824, die das Delikt der Koalition abgeschafft hatte, und setzte sich dafür ein, daß erneut gesetzeskonforme Meister- und Arbeitervereine etabliert werden. De Coux hielt Vorlesungen über Sozialwirtschaft, die ab 1836 in *L'Université catholique* publiziert wurden. Nach Löwen berufen, hielt er 1844–1845 eine Vorlesung über politische Ökonomie, worin er neue Ansätze zur Erhöhung der Arbeitslöhne entwickelte. Dabei dachte er insbesondere an eine Stärkung der Gewerkschaftsbewegung.

Nach Frankreich zurückgekehrt, gehörte de Coux der Redaktion von *L'Ere nouvelle* an. Ganz im Sinne dieses Blattes setzte er sich dafür ein, daß die Kirche mit den Monarchisten nicht mehr gemeinsame Sache mache. Sein Nachfolger auf dem Löwener Lehrstuhl war sein Schüler, der Brüsseler Anwalt Charles Périn, der ihm sein Werk *La Richesse dans les sociétés modernes* (1861) widmete. Doch Périns Entwicklung verlief in umgekehrter Richtung: Er distanzierte sich von den Stellungnahmen Montalemberts am Katholikenkongreß von Mecheln, verwarf die „liberale Hypothese" und übernahm die Optionen Albert de Muns, dem er sich auch sonst anschloß[71].

Eine Schlüsselposition nahm Augustin Cochin ein, eine brillante Persönlichkeit und ein Vertrauter von Vicomte Falloux. Cochin war mit verantwortlich für das Wiedererscheinen des *Correspondant* im Jahr 1855. Aus dem alten Pariser Bürgertum stammend, galt der Schwiegersohn von Paul Benoist d'Azy als sozial gesinnter Arbeitgeber. Er bewunderte Le Play, war in allen Pariser Wohltätigkeitswerken präsent, setzte sich persönlich für Arbeiterfragen in seinen eigenen Unternehmen ein[72]. Aber sein Mißerfolg bei Wahlen und sein früher Tod verhinderten, daß er den Gang des sozialen Katholizismus nachhaltig beeinflussen konnte.

4. Die „demokratische" Strömung

Eine zahlenmäßig größere Gruppe bildeten diejenigen, die sich angesichts der Ereignisse von 1848 für die demokratische oder republikanische Option entschieden. Sie könnten als „erste christliche Sozialisten" bezeichnet werden, in Anlehnung an Marets Aufruf: „Weshalb die Pseudosozialisten widerlegen? – Machen wir uns selbst zu Sozialisten!"[73]

---

[70] CH. DE COUX, De l'état moral de l'Europe, in: *L'Avenir*, April 1831.
[71] DUROSELLE, Les débuts (s. Anm. 57) 50f. 650f.; vgl. auch DE COUX-EUZENNAT, Action institutionnelle ou engagement social (s. Anm. 15). Zu Ch. Périn vgl. A. LOUANT, in: Catholicisme X (1985) Sp. 1264–1266.
[72] DUROSELLE, Les débuts (s. Anm. 57) 646f.
[73] Ebd. 315.

Im Vergleich zu den sozialen Katholiken stellten sie eine verschwindende, aber für die Zukunft nicht unwichtige Minderheit dar. Sie entledigten sich der monarchistischen Hypothek und appellierten an eine erneuerte, nicht mehr dem Spätmittelalter verpflichtete Kirche, um sich auf eine radikal veränderte soziale Lage einzustellen. Sinnbild dieser neuen Konstellation war der berühmte Aufschrei Frédéric Ozanams am Vorabend der Februarrevolution: „Passons aux Barbares!" („Laufen wir zu den Barbaren über!")[74].

Der aus Lyon stammende Ozanam hatte die Arbeiterkrisen von 1831 und 1834 genau verfolgt und zu den Thesen der Saint-Simonisten Stellung genommen. Er verwarf deren kollektivistische Formeln, betrachtete es jedoch als Auftrag des Christentums, die von ihnen vertretenen Ideale einer egalitären und kommunitären Gerechtigkeit zu verwirklichen. Er war nicht gegen staatliche Interventionen, insbesondere wenn es um die Regulierung der Wirtschaft mit finanzpolitischen Instrumenten ging, setzte aber das Hauptgewicht auf die Arbeiterbildung sowie die Förderung von Arbeit und Sparen im Rahmen von eigens gegründeten Vereinen. Für Ozanam war diese gegenseitige Erziehung der Sozialpartner keine bloße Theorie, forderte er doch deren praktische Umsetzung innerhalb einer eigenen Unternehmung, die er gemeinsam mit Emmanuel Bailly im Mai 1833 gründete, die *Conférences de Saint-Vincent-de-Paul* (Vinzenzvereine). Diese breiteten sich in und außerhalb Frankreichs rasch aus. Angesprochen fühlten sich insbesondere Studenten und eine neue Generation von Gläubigen aus dem städtischen Bürgertum. Ende 1848 gab es 388 derartige Konferenzen, 106 davon im Ausland, mit insgesamt acht- bis zehntausend Mitgliedern[75]. Daneben betreute Ozanam das Sekretariat des „Werkes zur Verbreitung des Glaubens" in den *Annales*. Er wollte einen gewissen sozialen Konservativismus überwinden und plädierte für eine universelle Dimension der Wohltätigkeit, die die Völker über soziale Gräben hinweg einander näherbringen sollte. In der Zeitschrift *L'Ere nouvelle*, als deren Mitarbeiter er bis Januar 1849 wirkte, verteidigte er 1848 das Recht auf Arbeit als „Naturrecht und göttliches Recht"[76]. Er gab sozialen Fragen den Vorrang vor der Politik und vertraute nach den Juni-Ereignissen weiterhin auf die Möglichkeit einer demokratischen Erziehung der Arbeiterklasse und einer Annäherung der Klassen durch die „Vermittlung der Gutgesinnten"[77].

Frédéric Arnaud aus der Ariège (1819–1878), mit den Arbeiterstimmen dieses Departements gewählt, sprach sich am 13. September 1848 in einer bedeutenden Rede vor dem Parlament als einziger Katholik für das Recht auf Arbeit aus. Er stand in Verbindung mit den Anhängern Fouriers und vor allem Buchez'. Für ihn war die vom christlichen Glauben und von der christlichen Moral inspirierte Vereinsbewegung, verbunden mit möglichst geringer staatlicher Intervention, das Mittel zur sozialen Reorganisation. Mit seinem Kollegen P. Pradié, Deputierter aus dem Aveyron, repräsentierte er diese erste Christdemokratie, die ihre eigenen Presseorgane besaß (*La Phalange*, später *La Démocratie pacifique*, an der Arnaud an der Seite von D. Laverdant mitwirkte) und die sich 1850 im *Cercle de la démocratie catholique* zu sammeln suchte. Zur Bewegung zählten auch einige Priester, etwa Abbé Chantôme und Abbé Clavel, sowie eine wichtige Figur des Pariser Klerus, Abbé De-

---

[74] Montclos, Lyon (s. Anm. 63) 321–324.
[75] Duroselle, Les débuts (s. Anm. 57) 178 f. A. Foucault, La conférence de Saint-Vincent-de-Paul, Paris 1933.
[76] Ebd. 314.
[77] Bailly zitiert Agricol Perdiduier. Vgl. C. Morel, Un Journal démocrate-chrétien, 1848–1849, L'Ere nouvelle, in: RHEF 63 (1977) 46–51.

guerry, Pfarrer an Saint-Eustache, dann an der Madeleine – er sollte von der Kommune 1871 als Geisel genommen und erschossen werden[78].

In dieser ersten Phase konnte die französische Christdemokratie weder ihre Spaltung noch ihre Marginalisierung durch die Hierarchie überwinden. Mit dem Staatsstreich kam sie an ihr Ende. Ozanam starb 1853 im Alter von 40 Jahren, während die *Conférence de Saint-Vincent-de-Paul* unter der von 1847 bis 1886 dauernden Präsidentschaft von Adolphe Baudon eine konservative Richtung einschlug. Ihr Wachstum beunruhigte die kaiserliche Regierung, die am 16. Oktober 1861 die Aufhebung verfügte (zu jenem Zeitpunkt zählte sie 1300 Konferenzen mit insgesamt 32 500 Mitgliedern). Doch nach ihrer erneuten Zulassung im Jahr 1868 erlebte sie eine gewisse Stagnation.

Im deutschsprachigen Raum lagen die Dinge anders. Die stärker in der Arbeiterschaft verankerte katholische Bewegung, die Organisation und Öffnung des Episkopats unter dem Einfluß Kettelers bildeten günstigere Voraussetzungen für die Entstehung einer solchen Strömung. Nach der Reichsgründung trat sie in der großen Diözese Köln erstmals in Erscheinung. Diese rheinische Arbeiterbewegung, deren Kern sich um die in Aachen veröffentlichten *Christlichsozialen Blätter* gruppierte, zählte im Jahr 1875 5000 Mitglieder. In der Redaktion der *Blätter* wirkten auch Priester mit; zwei junge Vikare, Eduard Cronenberg und Johann Laaf, organisierten den *Paulusverein*. Nach der Reichsgründung breitete sich die Bewegung aus und konnte in Essen die Wahl des katholischen Arbeiters Gerhard Stötzel – einziger Arbeitervertreter im Zentrum – durchsetzen. 1877 unterbreitete Graf Ferdinand von Galen, ein Neffe Bischof Kettelers, einen Antrag, der im wesentlichen das Programm von 1869 wiederaufnahm. Doch dann verhinderten der Kulturkampf und die konservative Wende Bismarcks nach 1878 die Ausbreitung der Bewegung[79].

Trotz ihres quasi experimentellen Charakters hatten diese ersten sozial-katholischen Strömungen das soziale Problem im Bewußtsein des gläubigen Bürgertums verankert, aber auch ein geistiges Erbe und eigene Vereinsstrukturen hinterlassen, die den Vergleich mit den Strömungen der Sozialistischen Internationale durchaus aushalten können.

Bibliographie

R. AUBERT – M. D. KNOWLES – L. J. ROGIER (Hrsgg.), Nouvelle Histoire de l'Eglise, Bde. 9–10, Paris 1966–1975.
A. FLICHE – V. MARTIN (Hrsgg.), Histoire de l'Eglise, Bd. 20, Paris 1949.
H. JEDIN (Hrsg.), Handbuch der Kirchengeschichte, Bd. 6/1, Freiburg i. Br. 1971.
J. MAC MANNERS (Hrsg.), Oxford Illustrated History of Christianity, Oxford 1990.
TH. SCHIEDER (Hrsg.), Handbuch der Europäischen Geschichte, Bd. 5, Stuttgart 1981.

---

[78] DUROSELLE, Les débuts (s. Anm. 57) 699–711.
[79] Im September 1869 präsentierte Ketteler als Ergebnis dieser Versuche auf der Fuldaer Bischofskonferenz ein soziales Aktionsprogramm in sieben Punkten: *„Sozialcaritative Fürsorge der Kirche für die Arbeiterschaft".* Bei dieser Gelegenheit plädierte Ketteler dafür, daß sich die Kirche einmische; vgl. dazu MISNER, Social Catholicism (s. Anm. 60) 142.

Zweites Kapitel

Das protestantische Denken

VON ANDRÉ ENCREVÉ

„Der Protestantismus scheint mir das bedeutendste, [...] das fruchtbarste Werk der modernen Zeit zu sein", schrieb 1829 Pastor Samuel Vincent[1]. Damit brachte er eine innerhalb des Protestantismus des 19. Jh. gängige Meinung zum Ausdruck. Es war zwar keine völlig neue Vorstellung, hatten doch bereits im 16. Jh. die Anhänger der Reformation versucht, die damals neuen Erkenntnisse in ihr Denken zu integrieren. Allerdings taten sie dies nicht in systematischer Absicht, ganz abgesehen davon, daß sich zu jener Zeit die europäische Gesellschaft weniger rasant veränderte als drei Jahrhunderte später. Erst im 19. Jh. kam dann der Begriff der Moderne auf und floß in weite Bereiche des Geisteslebens ein. Zweifellos handelt es sich um einen relativ unscharfen Begriff. „Modern" sein hieß für damalige Intellektuelle in der Regel, sich als ein der sich wandelnden Welt angepaßter Mensch zu verstehen, bereit, die eigenen Positionen aufzugeben, sollten sie sich als mit den Ergebnissen der exakten Wissenschaften unvereinbar erweisen. Es war sicher kein Zufall, daß Karl Marx in den fünfziger und sechziger Jahren des 19. Jh. einen als „wissenschaftlich" bezeichneten Sozialismus zu konstruieren suchte. Analog dazu versuchten zahlreiche protestantische Theologen um die Mitte des Jahrhunderts ein „wissenschaftliches Christentum" zu erarbeiten[2]. Während sich im 16. Jh. das pragmatische Kirchenverständnis der Reformatoren in die klassische Formel einer *Ecclesia reformata semper reformanda* fassen ließ, konnte diese Formel nun auf die Theologie selbst angewandt werden: Wollte sie „modern" sein, d. h. ihrer Zeit angepaßt, dann war sie konsequenterweise auch nicht endgültig. In diesem Zusammenhang sei an Schleiermachers Schrift *Über die Religion. Reden an die Gebildeten unter ihren Verächtern* (1799) erinnert, die seinen Ruf begründete und die allgemein als Auftakt des 19. Jh. in Sachen Theologie gilt. Schleiermacher ging es darum, konstruierte und argumentative – also moderne – Einwände dadurch zu entkräften, daß er das unwandelbare Fundament der christlichen Lehre so darstellte, daß es dem modernen Menschen zugänglich wurde. Nicht wenige protestantische Theologen waren tatsächlich der Überzeugung, die Darstellung des – an sich unwandelbaren – Fundamentes der christlichen Lehre müsse sich verändern, da sich die Kultur im Lauf der Zeit verändere.

Zu Kurztiteln vgl. die jeweilige Erstnennung bzw. die Bibliographie am Ende dieses Kapitels

[1] S. VINCENT, Vues sur le protestantisme en France, 2 Bde., Nîmes 1829, hier Bd. 1, 4.
[2] Zwar wurde diese Formulierung im 19. Jh. nicht verwendet, sie scheint aber doch das Bestreben zahlreicher protestantischer Theologen jener Zeit adäquat wiederzugeben.

Friedrich Daniel Ernst Schleiermacher
(1768–1834)

I. Die allgemeine Fragestellung der protestantischen Theologie des 19. Jh.

Ehrlichkeit, Authentizität und Transparenz – das sind die treibenden Momente der breitangelegten theologischen Forschung des 19. Jh. Leitend für die gesamte Bewegung war der Wille, mit den überkommenen Praktiken zu brechen, mit denen bestimmte Widersprüche methodologischer wie dogmatischer Art nicht zu lösen waren, weshalb man sich mit ihnen arrangiert und sie nicht ernsthaft zu überwinden versucht hatte. Aufgrund dieses neuen Anspruches läßt sich das theologische Vorgehen des 19. Jh. als vom wissenschaftlichen Geist geprägt charakterisieren.

Zum besseren Verständnis dieses theologischen Vorgehens muß man sich kurz vergegenwärtigen, wie schwierig die Lage der Theologen des ausgehenden 18. Jh. war. Im Jahrhundert der Aufklärung vollzog sich in Wissenschaft und Technik, aber auch im spekulativen Bereich eine tiefgreifende Neuorientierung des Wissens. Damit eröffneten sich neue Zugänge nicht bloß zu den übrigen Wissensbereichen, sondern auch zur christlichen Lehre. Die Bedeutung der Religion (und der Theologie) wurde zwar nicht verneint, doch versuchte man diese zu beherrschen, so wie man die Natur zu beherrschen suchte, indem man die Arten klassifizierte, die Alpengipfel „aus barer Freude" bestieg oder in Heißluftballons die Schwerkraft überwand. Man wollte sie sich aneignen und auf rein natürliche Gegebenheiten reduzieren. Da die Theologen aber das Evangelium oder Christus nicht leichthin vom Standpunkt der Allmacht des Menschen angehen konnten – impliziert doch der Schöpfungsbegriff selbst die Existenz einer dem Menschen übergeordneten höheren Macht –, versuchten die aufgeklärten Gelehrten des 18. Jh., sich das Christentum über einen Umweg anzueignen: Sie leugneten weder Gott noch die göttliche Transzendenz, verlegten jedoch beide in das Bewußtsein. Kant, gewissermaßen die Verkörperung der Mentalität des 18. Jh., leugnete die Möglichkeit einer transzendenten Offenbarung nicht, kehrte jedoch die traditionelle Argumentation, die die Moral aus der Religion ableitete, um und deduzierte die Religion aus der Moral, was ihn zum naheliegenden Schluß führte, die transzendente Offenbarung sei nicht unverzichtbar[3]. Damit veranschaulichte Kant den Anspruch des 18. Jh., das Christentum gewissermaßen von innen her zu besetzen und auf einen für jeden vernünftigen Europäer annehmbaren Moralkodex zu reduzieren. Im damaligen Verständnis mancher Pfarrer beschränkte sich die christliche Lehre denn auch auf einen eng gefaßten, wenig originellen und schon bald als ungenügend empfundenen Moralkodex.

Zu diesem Schluß kam 1861 beispielsweise der französische Theologe Edmond Scherer (1815–1889), nachdem er die für die protestantischen Theologen des ausgehenden 18. und der ersten Hälfte des 19. Jh. leitenden Grundsätze analysiert hatte:

„Der religiöse Mensch heute will, daß seine Religion durch und durch religiös sei […] je mehr sich sein Glaube reinigt, um so mehr eliminiert er aus seinem Glauben die Dogmen, die, da sie weder in der göttlichen noch in der menschlichen Natur wurzeln, gerade deshalb keine Daseinsberechtigung haben […] Man stellt sich vor, damit seien alle Schwierigkeiten gelöst, und glaubt zu ahnen, die religiöse Zukunft der Menschheit liege in einer Art von christlichem Rationalismus oder rationalem Christentum, das, ohne die Frömmigkeit auszuschließen, dem Denken seine volle Freiheit beließe. Das soll mir nur recht sein, aber ich kann nicht umhin, einigermaßen beunruhigt zu fragen, ob denn der christliche Rationalismus überhaupt noch eine Religion sei […] Wenn schließlich die Kritik das Übernatürliche als unnötig und die Dogmen als irrational abgesetzt haben wird, wenn das religiöse Gefühl auf der einen und die fordernde Vernunft auf der anderen Seite den Glauben aneignend durchdrungen und transformiert haben werden, wenn es jenseits des persönlichen Gewissens des einzelnen keine unangefochtene Autorität mehr geben wird, in einem Wort, wenn der Mensch, nachdem er alle Schleier zerrissen und alle Geheimnisse durchdrungen hat, den von ihm angestrebten Gott von Angesicht zu Angesicht sieht, wird er dann nicht gewahr werden, daß dieser Gott nichts anderes ist als der Mensch selbst, das Gewissen und die Vernunft der personifizierten Menschheit, und wird dann die Religion, unter dem Vorwand, religiöser zu sein, nicht zu existieren aufgehört haben?"[4]

Für Edmond Scherer wie für viele andere Theologen seiner Zeit hatten also die Prämissen des 18. Jh., die ein natürliches oder rationales Christentum anstrebten, die Besetzung der Religion durch den Menschen zur Folge. Auf diese Konzeption des Christentums reagierten dann zahlreiche Theologen des 19. Jh.

Hatte bereits Kants *Religion innerhalb der Grenzen der bloßen Vernunft* manche Theologen verunsichert, erschütterte seine Kritik am hergebrachten supranaturalistischen System diese noch zusätzlich. Der Supranaturalismus hatte sich des übernatürlichen Eingreifens Gottes in Gestalt der Wunder bedient, um die Wahrhaftigkeit des Christentums zu bezeugen, aber auch komplexe Beweisführungen eingesetzt im Bestreben, die eigene Widersprüchlichkeit aufzulösen: Er wollte das Christentum rational erklären, ihm jedoch zugleich seinen Status als Offenbarungsreligion sichern. Zudem besaß der Supranaturalismus apriorisch-dogmatischen Charakter. Er postulierte als erster eine Reihe von angeblich völlig gewissen Grundsätzen, woraus dann alles weitere abgeleitet wurde. Kant brachte dieses System in Gefahr, sprach er doch dem menschlichen Wissen jegliche apriorische Gewißheit ab. Damit war die trügerische Sicherheit der Dogmen zerstört, das sittliche Ge-

---

[3] Vgl. dazu I. KANT, Die Religion innerhalb der Grenzen der bloßen Vernunft (1793), in: Werke in sechs Bänden, hrsg. von W. WEISCHEDEL, Darmstadt 1956–1964, IV: 647–879.

[4] Revue des deux mondes 3 (1861) 403–424, zit. 423 f.

wissen hingegen absolut gesetzt. Nach Kants Auffassung gehören die Glaubenssachen in den Bereich der reinen Vernunft, können folglich nicht bewiesen werden. Damit aber war die theologische Argumentation in Frage gestellt. Kants Hypothesen zu akzeptieren bedeutete nämlich, daß die Aussagen über Gott und das Übernatürliche keine letzte Gewißheit zu beanspruchen vermochten. Dies um so mehr, als die Absolutheit des menschlichen Gewissens die Vorstellung verbiete, Gott handle in uns: Mit der Bejahung der Existenz einer göttlichen Gesetzgebung werde die Vernunft einer dem Menschen äußerlichen Autorität unterstellt, was ihn daran hindere, das Gute um seiner selbst willen zu wollen.

Gleichwohl entstand in der Folge von Kants Kritik eine theologische Strömung (neben dem hergebrachten Supranaturalismus), die in der Regel als „rationalistisch" bezeichnet wird[5]. Für Kant ist der sittliche Glaube der wahre Kern der christlichen Religion. Und ohne sich um wissenschaftliche Exegese zu kümmern, beurteilte er die traditionelle Dogmatik aufgrund ihres moralischen Wertes. So stimmte er dann, in Anwendung seiner eigenen Voraussetzungen, mit jener Geistesströmung des 18. Jh. überein, die auf eine moralische Interpretation der Bibel und der Glaubensbekenntnisse abzielte.

Diese Ausführungen tragen zum Verständnis der Reaktion der Theologen des 19. Jh. bei. Da sie die Kantsche Epistemologie nicht übernehmen konnten, suchten sie den gemäß Kant grundsätzlich unhaltbar gewordenen hergebrachten Supranaturalismus wie den Rationalismus zu überwinden, der die theoretischen Erkenntnismöglichkeiten in Glaubenssachen einschränkte und deshalb den menschlichen Wissensdurst nicht lange würde befriedigen können.

Doch auch das 19. Jh. stellte die Theologen vor kaum unlösbare Probleme[6], war dieses doch von Denkströmungen bestimmt, die der Theologie letztlich grundsätzlich fremd waren (Romantik, Hegelianismus usw.). Einen verläßlichen Schlüssel für diesen Sachverhalt bietet das erwähnte Werk, welches das Jahrhundert theologisch eröffnete: Schleiermachers *Über die Religion, Reden an die Gebildeten unter ihren Verächtern* . Bereits der ausführliche Titel gibt zu verstehen, daß sich der Autor nicht an Theologen wendet, handelt es sich doch um *Reden* über die Religion, nicht aber um eine Dogmatik (1821 veröffentlichte Schleiermacher dann seine Dogmatik).   Schleiermacher wollte nicht bloß das Hindernis der Kantschen Epistemologie überwinden, sondern vor allem den Gebildeten seiner Zeit die nötigen Argumente liefern, um in einer sich grundsätzlich wandelnden intellektuellen

---

[5] Es sei daran erinnert, daß dieser Begriff damals nicht in der gleichen Bedeutung verwendet wurde wie heute, wo er in die Nähe des Atheismus gerückt wird. Zudem gab Kant in seinem Werk „Die Religion innerhalb der Grenzen der bloßen Vernunft" eine präzisere und begrenztere Definition von Rationalismus: „Der, welcher bloß die natürliche Religion für moralisch notwendig, d.i. für Pflicht erklärt, kann auch der *Rationalist* (in Glaubenssachen) genannt werden. Wenn dieser die Wirklichkeit aller übernatürlichen göttlichen Offenbarung verneint, so heißt er *Naturalist*; läßt er nun diese zwar zu, behauptet aber, daß sie zu kennen und für wirklich anzunehmen zur Religion nicht notwendig erfordert wird, so würde er ein *reiner Rationalist* genannt werden können; hält er aber den Glauben an dieselbe zur allgemeinen Religion für notwendig, so würde er der reine *Supernaturalist* in Glaubenssachen heißen können." (KANT, Die Religion [s. Anm. 3] A 216–218). Gleichwohl wird der Begriff des Rationalisten in der Regel in der bereits erwähnten allgemeinen Bedeutung verwendet, um jene Lehrmeinung zu bezeichnen, die am Ende des 18. Jh. die christliche Dogmatik im moralischen Sinn zu interpretieren sucht, ohne sich zu abstrakten theologischen Fragen verbindlich zu äußern. Zum hergebrachten Supranaturalismus und seiner Verteidigung vgl. auch M.-C. PITASSI (Hrsg.), Apologétique 1680–1740: Sauvetage ou naufrage de la théologie? Actes du colloque de l'Institut d'histoire de la Réformation (Genève 1990), Genf 1991.

[6] Vgl. dazu CH. SENFT, Enseignements et questions du XIXᵉ siècle théologique, in: RThPh 3. Sér. 4 (1954) 249–261.

Welt Christ bleiben zu können. Doch konnte Schleiermachers Unterfangen nur dann erfolgreich sein, wenn er sich seinem Publikum in dessen Sprache zuwandte. So erklärt sich
Vokabular und Denken Schleiermachers, das stark von der Romantik, die damals unter
den Intellektuellen vorherrschte, beeinflußt wurde. Genau dieses Anliegen – den Gebildeten Argumente liefern, um Christ bleiben zu können in einer Zeit, in der Denken und wissenschaftliche Erkenntnis einem raschen Wandel unterworfen waren – wurde dann gewissermaßen zum Leitmotiv der protestantischen Theologie des 19. Jh. Es erstaunt deshalb
nicht, daß sich diese Theologen unterschiedlicher philosophischer Systeme bedienten, die
sich gegenseitig in der Gunst der Gelehrtenwelt ablösten und dem theologischen Denken
oftmals fremd gegenüberstanden. Da nun der Kantsche Kritizismus, gepaart mit den Erkenntnissen der exakten Wissenschaften, die hergebrachte, auf den Wundern gründende
supranaturalistische Apologetik nicht mehr zuließ, griffen die Theologen des 19. Jh. wie
selbstverständlich auf die Philosophie ihrer Zeitgenossen zurück, um so die Vorzüglichkeit
des Christentums zu beweisen.

Im übrigen stellte das 19. Jh. Grundsatzfragen, die zwei Themenkreisen wissenstheore-
tischer Ordnung zuzuordnen sind. Ersterer betraf Inhalt und Form der dem menschlichen
Geist zugänglichen Gotteserkenntnis, letzterer den Ort der Bibel innerhalb der Glaubens-
vermittlung, nämlich jenen Erkenntnistypus, den zu erreichen die Heilige Schrift ermöglicht[7].

1. Inhalt und Form der Gotteserkenntis

Was Inhalt und Form einer als authentisch erachteten Gotteserkenntnis betrifft, so mußten
die Theologen des 19. Jh. davon ausgehen, daß fortan die Religion der Evidenz entbehrte.
Es kam für sie nicht in Frage, sich der in den exakten Wissenschaften gängigen Methoden
zu bedienen. Diesen Sachverhalt formulierte der Schweizer Philosoph Charles Secrétan
(1815–1895) wie folgt: „Man hat verstanden, daß die Wahrheit über Ursprung und Schicksal, über den Zweck unseres Lebens und dessen Gesetz weder mit der zwingenden Evidenz einer algebraischen Gleichung festgemacht noch den Sinnen wie ein chemisches Experiment zugänglich gemacht werden kann."[8] Im protestantischen Denken ist zudem der
Rückgriff auf den Autoritätsbeweis als Methode nicht zulässig, wie Secrétan weiter ausführt: „Zwar können Glaubensinhalte von außen vermittelt werden, dann aber braucht es
eine sichtbare äußere Autorität, und zwar nicht bloß zur Klärung der Grundsatzfragen,
sondern um im gesellschaftlichen Leben oder im täglichen Verhalten des einzelnen die
praktischen Konsequenzen aus diesen Grundsätzen zu ziehen. Und da unser Handeln insgesamt von unseren Überzeugungen beherrscht sein muß, muß sich diese Herrschaft auf
alles erstrecken: auf essen und schlafen, Frieden und Krieg, den Gütergebrauch und das
Grundeigentum; in einem Wort, sie muß Macht über alle Dinge haben, und alles hat nach
ihrem Befehl zu geschehen [...] Der Stellvertreter Gottes auf Erden muß der Herr der Erde
sein."[9]

---

[7] Für weitere Einzelheiten zu diesen beiden Themenkreisen vgl. den bereits erwähnten Artikel von Ch. Senft; vgl.
bes. auch F. LICHTENBERGER, Étude sur le principe du protestantisme d'après la théologie allemande contemporaine, Straßburg 1857.
[8] CH. SECRÉTAN, Quelques idées sur la méthode, in: RThPC I (1852) 236–245, zit. 239. In diesem Artikel wie in
drei weiteren (I (1852) 355–365; II (1852) 38–52; II (1855) 241–267) befaßt sich Secrétan mit der in der theologischen Argumentation legitimen Methode.
[9] Ebd. I (1852) 240f.

Im Sinne einer Exemplifizierung erläutert Secrétan dann, einzig die Niederlassungen der Jesuiten in Paraguay „vermittelten eine mehr oder weniger genaue Idee des Zustandes der Menschen (unter diesem Gesichtspunkt)"[10]. Es versteht sich von selbst, daß die protestantischen Theologen nicht annehmen konnten, die personale Verantwortung sei aufgehoben und an die Stelle des Gewissens und der Vernunft des einzelnen trete das Gewissen und die Vernunft des Inhabers der religiösen und politischen Macht.

Aber welcher Weg stand dann noch offen? In seinen Reden *Über die Religion* stellte sich Schleiermacher diesem Dilemma. Und damit brachte er ein zentrales Anliegen des Protestantismus des 19. Jh. zur Sprache: „Auch könnt Ihr ihm [Gott] nicht glauben willkührlich[11], oder weil Ihr ihn brauchen wollt zu Trost und Hülfe, sondern weil Ihr müßt."[12] Schon 1799 ging es Schleiermacher, später auch seinen Nachfolgern, darum, den Emanzipationsbestrebungen des Individuums Rechnung zu tragen, die daraus folgenden Konsequenzen zu akzeptieren, ohne sich an inzwischen überholte Positionen festzuklammern, und so, wie Christophe Senft bemerkt, „den Glauben aus jedem äußeren Zwang zu befreien, ihn in die Gegenwart der *Wahrheit selbst* zu versetzen, die sich aus eigener Kraft des Menschen bemächtigen und ihn überzeugen wird"[13].

Dieser Anspruch war nicht bloß Ausfluß eines geschärften Bewußtseins für die sozialpolitischen Realitäten Europas im 19. Jh. Vielmehr ergab er sich aus der Natur der Frage selbst, vor die sich die Theologen des 19. Jh. gestellt sahen, wenn sie über den Ursprung des Glaubens, aber auch über die Methoden zur Erlangung der Glaubensgewißheit nachdachten. Die Behauptung, man könne Gott „nicht glauben willkührlich", hieß für Schleiermacher nicht, die menschliche Vernunft ins Zentrum der Theologie zu stellen und die Offenbarung dem menschlichen Verstand unterzuordnen. In der Tat zeigt Schleiermacher in seinen Reden *Über die Religion* wie in seiner *Dogmatik* – insofern erinnert er an den Gebrauch, den die Reformatoren vom Begriff des inneren Zeugnisses des Heiligen Geistes machten –, daß seiner Auffassung nach ein „willkührlicher" Entscheid ein Entscheid ist, über den der Mensch die Entscheidungsgewalt besitzt, ein Entscheid, den er frei fällen oder zu fällen sich weigern kann, ein Entscheid also, der nicht als Wirkung der der Offenbarung eigenen Wahrheit gelten kann.

Wer derart supranaturalistisch argumentierte, mußte folgerichtig Schleiermachers Ansatz verwerfen. „Die herrschende Lehre," so Christophe Senft, „stellt dem im Unglauben verharrenden, weil ausschließlich auf die eigene Vernunft sich stützenden Menschen den vom Heiligen Geist erleuchteten, gläubigen Menschen gegenüber. Sehr richtig. Aber Schleiermacher denkt an etwas anderes: Er stellt dem gläubigen, weil durch die Offenbarung selbst von deren Wahrheit überzeugten Menschen den durch ‚willkührlichen' Entscheid glaubenden Menschen gegenüber, d. h. jenen Menschen, der sich selbst durch man-

---

[10] Ebd. 241; der Satzteil in Klammer ist Teil des Zitates, wurde aber bei der Publikation ausgelassen; vgl. I (1852) 365.

[11] Das autoritative Prinzip wird selbstverständlich als willkürliches Verfahren verstanden.

[12] F. Schleiermacher, Kritische Gesamtausgabe. Abt. 1, Schriften und Entwürfe, hrsg. von H. J. Birkner, Berlin – New York 1984: Über die Religion. Reden an die Gebildeten unter ihren Verächtern (1799), 185–326, zit. 247.

[13] Senft, Enseignements et questions (s. Anm. 6) 250. Schleiermacher bemerkt: „Daß sie [die Religion] aus dem Inneren jeder bessern Seele nothwendig von selbst entspringt, daß ihr eine eigne Provinz im Gemüthe angehört, in welcher sie unumschränkt herrscht [...] das ist es, was ich behaupte"; (Schleiermacher, Über die Religion [s. Anm. 12], 1. Rede 204).

cherlei, über die eigene Vernunft angeeignete historische und dogmatische Argumente überzeugt hat. Dieser Mensch ist nicht wahrhaft gläubig, sondern leichtgläubig, und genau diese Leichtgläubigkeit, nicht aber der Glaube zeichnet die Menschen des 19. Jh. aus."[14]

Gänzlich darum bemüht, in einer sich wandelnden Welt dem Menschen den Glauben zu bewahren, bekämpften viele Theologen des 19. Jh. alle, ihrer Auffassung nach falschen Gewißheiten der hergebrachten supranaturalistischen Orthodoxie, wonach der Glaube auf dem Zusammenspiel von Vernunft, Autorität und historisch-dogmatischen Beweisen beruhe. Ihrer Meinung nach konnte dieses System dem modernen Menschen nicht mehr genügen; es mußte folglich durch ein dem Denken des 19. Jh. angemesseneres System ersetzt werden, sollte der Glaube nicht in Gefahr geraten.

Ein schönes Beispiel für diese Geisteshaltung findet sich in der 1850 veröffentlichen Broschüre Edmond Scherers mit dem Titel *La critique et la foi*[15]. Sie illustriert diesen Ansatz insofern treffend, als Scherer – von Oktober 1845 bis Januar 1850 Professor an der orthodoxen Theologischen Schule von Genf (Oratoire genannt) – bis Ende 1849 ein Anhänger des „willkührlichen" Glaubens war, um in der Terminologie Schleiermachers zu sprechen. In mehreren Publikationen, insbesondere in seinen Werken *Dogmatique de l'Église réformée. Prolégomènes*[16] und *Esquisse d'une théorie de l'Église chrétienne*[17], hatte er eine der hergebrachten supranaturalistischen Orthodoxie nahestehende Argumentation entwickelt: Deren zentrale Elemente waren die Unfehlbarkeit des vollumfänglich inspirierten Bibeltextes, die „unangreifbare Gewißheit des Kanons", der „Gegenstand des Glaubens und nicht der Wissenschaft"[18] sei sowie ein häufiger Rückgriff auf die deduktive Argumentation, um darzulegen, was logisch zwingend erforderlich sei, damit das Christentum über eine solide Basis verfüge[19]. 1850 jedoch lehnte Scherer in *La critique et la foi* diesen Typus „willkührlichen" Glaubens ab, und zwar in der ausdrücklichen Absicht, den Glauben zu verteidigen. So erklärte er: „Der Protestantismus darf nicht jenes zwitterhafte System bleiben, das er heute ist […] Nicht bloß die Wissenschaft, sondern der Glaube, nicht bloß die Schule, sondern die gesamte heutige Generation entgleitet ihm. Diese Generation fühlt, daß sie nicht in der Wahrheit steht, sie spürt das Bedürfnis, sich ihres Aberglaubens zu entledigen, sie strebt nach einem vernünftigeren und zugleich religiöseren Leben."[20]

Dann griff Scherer die von ihm selbst einige Jahre zuvor dargelegte traditionelle Auffassung über die Inspiration der heiligen Texte an. Im Grund genommen, so präzisierte er anhand apriorischer Beweisführungen, würde in dieser Weise ein unechter Glaube hervorgerufen, der von zuvor als zwingend erklärten Fakten abhängig sei. Sollten sich jedoch diese

---

[14] SENFT, Enseignements et questions 252.

[15] E. SCHERER, La critique et la foi, Paris 1850.

[16] DERS., Dogmatique de l'Église réformée. Prolégomènes, Paris 1843.

[17] DERS., Esquisse d'une théorie de l'Église chrétienne, Paris 1845.

[18] DERS., Dogmatique (s. Anm. 16) 45.

[19] Dazu ein Beispiel für Scherers Methode: „Wenn es wahr ist, daß kein Buch dem Vergleich mit der Bibel als der geschriebenen Form des Christentums standhält, dann ist daraus zu schließen, daß die Bibel wahrhaftig die christliche Lehre enthält; zugleich ist ihr eine Autorität zuzuschreiben, ohne die diese Lehre nicht mit Gewißheit feststünde; dies wiederum hätte zur Folge, daß sich die biblische Offenbarung für uns gar nicht ereignet hätte, was mit ihrem Wesen unvereinbar ist. Diese Autorität kann indes nur die Unfehlbarkeit sein, die Ursache dieser Unfehlbarkeit wiederum kann nur in dem eigens deshalb erfolgten göttlichen Eingreifen liegen: dieses Eingreifen nun wird *Inspiration* genannt" (Ebd. 31 f).

[20] SCHERER, La critique (s. Anm. 15) 23.

Fakten zufällig als nicht zwingend erweisen, dann wäre der Glaube gefährdet, würden doch der Glaube an Gott und das Vertrauen in das Zeugnis der heiligen Schriftsteller miteinander verwechselt. Abhilfe schaffen könne da nur eine andere Sicht der Dinge: „Die Bibel ist für ihn [den Gläubigen] nicht mehr Autorität, sondern Schatz. Sie ist nicht mehr Wort Gottes, sondern enthält dieses Wort [...] Und ich sehe nicht, welchen Schaden die eigene Frömmigkeit nehmen kann, wenn man den Buchstaben eines Kodex gegen die lebendigen Produkte der apostolischen Individualität eintauscht, eine Autorität gegen eine Geschichte und, um mein ganzen Denken freizulegen, eine kabbalistische Bauchrednerei gegen den vornehmen Ton der menschlichen Stimme."[21]

Scherer fügte an, dank dieser Unterscheidung könne das innere Zeugnis des Heiligen Geistes an die Stelle des Zeugnisses der Kirche treten, was die Entfaltung einer wahren personalen Frömmigkeit ermögliche.

Im gleichen Sinn griff Scherer einige Jahre später eines der klassischen Fundamente der traditionellen Apologetik an, nämlich die Wunder als quasi materiellen Beweis der Autorität Christi. Sein in der *Revue de théologie et de philosophie chrétienne* veröffentlichte Artikel trägt den Titel *Des miracles de Jésus-Christ*[22]. Ohne das Übernatürliche an sich abzulehnen und den Wunderbegriff zu verwerfen, interpretierte Scherer ihn vollkommen neu, sprach ihm jeglichen theologischen Wert ab und gestand ihm nur ein Interesse ethischer Ordnung zu. Weiter empfahl er denjenigen, deren religiöses Bewußtsein den Manifestationen des Übernatürlichen gleichgültig gegenüberstehe, diese zu ignorieren. Vor allem aber sei ein auf den Wundern gegründeter Glaube unecht: „Der Mensch ist bloß für seine moralischen Überzeugungen verantwortlich, denn diese allein sind frei. Aber wir gehen noch weiter. Der auf Wunder gestützte Glaube wird nicht bloß eine Sache der Laune, des Zufalls oder der Kultur: er wird unmöglich. Das Vertrauen in die Naturgesetze siegt häufig, ja wird stets siegen müssen über ein Wunder, dessen Gewißheit von menschlichem Zeugnis abhängig ist, denn das Zeugnis täuscht uns stets von neuem, während uns die Naturgesetze noch nie getäuscht haben [...] Man kann von den Wundern sagen, was Paulus über die Weissagungen gesagt hat: sie sind ein Zeichen, aber nicht dem Ungläubigen, sondern dem Gläubigen."[23]

Diese wenigen Textbeispiele zeigen, daß es mit diesem Ansatz zu einer Häufung von „Verneinungen" (so Scherers Gegner), ja sogar zu Willkür kommen konnte. Zweck des Ansatzes jedoch war es, die auf dem unsicheren Fundament überholter historisch-dogmatischer Argumentation errichteten Denkgebäude zu zerstören und ein System zu errichten, das auf der Person Christi als dem wahren Fels gründet. Darum ging es Schleiermacher, ebenso der Erweckungstheologie und den konfessionellen Theologen, aber nicht weniger den Vertretern einer Vermittlungstheologie – selbstverständlich auf ganz unterschiedliche Weise. In diesem Kontext gehört auch Scherer, wie er in *La critique et la foi* ganz unmißverständlich darlegt. Einem verunsicherten Christen gäbe er folgende Antwort:

„Geben Sie zu [...] daß in diesen Ängsten mehr Ungläubigkeit als wahrer Glauben steckt. Ist das Evangelium für Sie die göttliche Wahrheit? Hat seine Macht, d. h. seine Wahrheit, Ihr Herz nicht gerührt? Haben Sie nicht das Heil und das Leben in Jesus Christus gefunden? [...] Sollte der Christ, der weiß, an wen er geglaubt hat, je vergessen können,

---

[21] Ebd. 19 f.
[22] E. SCHERER, Des miracles de Jésus-Christ, in: RThPC I (1852) 141–160.
[23] Ebd. 159.

daß sein Glaube von der Wissenschaft unabhängig ist, weil in einer anderen Sphäre entstanden, und zugleich niemals in Widerspruch zu einer anderen Wahrheit treten könnte,
weil er selbst die Wahrheit ist?"[24] – Und weiter: „Sie fragen sich, was vom Christentum
nach dem Wegfall des Dogmas der Inspiration bleibt? Es bleibt Jesus Christus. Was von
der Schrift bleibt? Die Geschichte von Jesus Christus. Was vom Glauben bleibt? Die Person Jesu Christi. Hier liegen Anfang und Ende, Zentrum und Fülle."[25]

Wie viele andere Theologen des 19. Jh. wollte also auch Scherer angreifbare Argumentationen durch die Person Christi ersetzen. Daher rührt, wenn auch nicht ausschließlich,
die Vorliebe des 19. Jh. für das Leben Jesu und das theologische Interesse an den christologischen Dogmen.

Dabei stellte sich jedoch ein Problem theoretischer Art. Es genügte nicht, den Glauben
zu reinigen und ein dreihundert Jahre altes Prinzip zu Ehren kommen zu lassen (das innere
Zeugnis des Heiligen Geistes), um den modernen Menschen des 19. Jh. zu erreichen; vielmehr bedurfte es einer neuen Methode, um zur Gewißheit zu gelangen. Und wiederum war
es Schleiermacher, der einen Begriff einführte, der im Verlauf des gesamten Jahrhunderts
allgemein Verbreitung finden sollte: den Begriff der religiösen Erfahrung. Daß in dem vom
wissenschaftlichen Experiment begeisterten Jahrhundert auch die Theologie auf die Erfahrung zurückgriff, erstaunt weiter nicht.

Für Schleiermacher war die Religion bekanntlich „ein im eigenen Bewußtsein gegen-
wärtiges Gefühl des Absoluten, das Gefühl einer mit dem endlichen Ort, wo sich das Unendliche manifestiert, untrennbar verbundenen Präsenz"[26]. Religion ist demnach in erster
Linie religiöse Erfahrung. Die Theologie wiederum, die religiöse Rede über Gott ist,
„stamme sie nun von einem einfachen Gläubigen oder von einem Theologen , kann nicht
von Gott selbst ausgehen, ohne das Wesen der Religion zu verraten. Sie kann ihren Ausgang nur in der Empfindung jener Beziehung nehmen, die uns mit Gott verbindet."[27] Doch
genügen solche Aussagen nicht, um die Erfahrung zum Kriterium von Gewißheit zu erheben. Vielmehr sind Argumentationen zur Stützung dieser Aussagen unerläßlich. Sie zu erbringen haben zahlreiche Religionsphilosophen und Theologen des 19. Jh. versucht. Darunter war der französische Theologe Alexandre Vinet (1797–1847), der als strikter
Befürworter des *Réveil* – der französischen und schweizerischen Erweckungsbewegung –
in seinen Schriften häufig gegen den „äußeren" Wahrheitsbeweis des Christentums antrat,
dessen sich der hergebrachte Supranaturalismus des 17. Jh. bedient hatte. Dieser führte gemäß Edmond de Pressensé nämlich dazu, „aufgrund der Autorität von ordnungsgemäß
konstatierten Wundern eine komplizierte Metaphysik zu akzeptieren, ohne auch nur den
Versuch einer Aneignung zu unternehmen, ohne sich um die Beziehung der geoffenbarten
Wahrheit zur Seele zu bemühen"[28]. Vinet hingegen berief sich auf den „inneren Beweis",
der auf der Erfahrung gründet, daß die christliche Wahrheit mit den Bedürfnissen des Gewissens übereinstimmt: „Einige werden durch geschichtliche oder äußere Beweisgründe
zum Christenthum geleitet [...] Andere, die weniger zu solchen Untersuchungen geeignet

---

[24] SCHERER, La critique (s. Anm. 15) 28 f.
[25] Ebd. 33.
[26] P. DEMANGE, L'essence de la religion selon Schleiermacher, Paris 1991, 114.
[27] Ebd.
[28] E. DE PRESSENSÉ, Histoire Religieuse. Les Moines et le Christianisme, in: RChr (1861) Supplément théologique 7.

sind, werden mehr von der inneren Beweiskraft der Heiligen Schrift ergriffen sein. Hier finden sie den Zustand ihrer Seele vollkommen abgebildet, ihre Bedürfnisse vollkommen ausgesprochen […] sie fühlen sich durch den geheimnisvollen Einfluß dieser heiligen Schriften in ihrem Innersten erregt, umgewandelt, erneuert; und so haben sie auf diesem Wege eine Überzeugung erlangt, von der sie Anderen nicht immer Rechenschaft geben können, die aber nichtsdestoweniger gegründet, unwiderstehlich und unaustilgbar ist."[29] – Diese Erkenntnis führte Vinet wie selbstverständlich zur Definition des Gewissens: „Getrennt von dem Gedanken an Gott, ist das Gewissen nichts als eine Seltsamkeit in unserm Wesen, ein Rätsel, ein Unsinn […] das Gewissen ist nur die fortdauernde und unauslöschbare Spur einer mächtigen Hand, die, nachdem sie uns gedrückt hat, von uns sich zurückzieht, oder vielmehr von der uns eine feindselige Macht losgerissen hat; die Hand ist abwesend, die Spur bleibt; dieser geheimnisvolle Eindruck, den nicht wir selbst auf uns gemacht haben, führt den nachdenkenden Menschen zu einer verworrenen Vorstellung von Gott zurück."[30]

Vinet kam übrigens häufig auf diese Frage zurück, die ihm geeignet schien, eine moderne Apologetik zu begründen. So schrieb er: „Das Gewissen ist der Stützpunkt der großen religiösen Bewegung, deren Zeugen wir sind; es allein kann in einer Zeit wie der heutigen dieser Stützpunkt sein, wie es auch die einzige solide Basis der Religion sein kann."[31]

Vinet konnte diese Lösung lediglich als Entwurf präsentieren. Systematisiert und vertieft wurde sie von anderen, u. a. von Charles Secrétan in den unter dem Titel *Quelques idées sur la méthode* in der *Revue de théologie et de philosophie chrétienne* publizierten Aufsätzen[32]. Dort spricht sich Secrétan vorab gegen den Autoritätsbeweis aus, der seiner Meinung nach die „Abdankung des Gewissens" verlangt, „doch das Gewissen darf nicht abdanken, wie es uns selbst erklärt"[33]: Der Mensch ist demnach „dazu verurteilt, sich seine Wahrheit zu erstellen"[34]. Dann lehnt Secrétan die Anstrengungen der in der intellektuell-wissenschaftlichen Sphäre tätigen menschlichen Vernunft ab. Denn seiner Auffassung nach ist die intellektualistische Philosophie nur unter zwei Formen denkbar: Empirismus und Rationalismus. Konsequenter Empirismus indes kann sich nicht mit Dogmatik beschäftigen. Der dogmatische Empirismus wiederum, „der mit seinen Methoden die Wahrheit insgesamt zu erreichen glaubt, geht von einer von ihm keineswegs zu rechtfertigenden Annahme aus und widerspricht in seinen Schlußfolgerungen allen höheren Instinkten der Menschheit; falls sich der Empirismus schließlich aus der negativen Hypothese über die Seele und Gott lösen will, kann er nur zu vagen, problematischen und willkürlichen Induktionen gelangen, deren Verifizierung mit den von ihm anerkannten Verfahren unmöglich ist"[35].

Zwar verfügt der Rationalismus über eine Metaphysik, doch er „gründet auf dem, was

---

[29] A. VINET, Discours sur quelques sujets religieux, Paris 1831; zit nach DERS., Reden über religiöse Gegenstände, Frankfurt a. M. 1835, hier Bd. 2: Die Geheimnisse des Christentums, 16f.
[30] Ebd. 123f (IX. Der Mensch mangelt alles Ruhmes vor Gott. 2. Teil).
[31] Zit. nach J.-F. ASTIÉ, Les deux théologies nouvelles au sein du protestantisme français, Paris 1862, 258.
[32] Vgl. auch CH. SECRÉTAN, Recherches sur la méthode qui conduit à la vérité sur nos plus grands intérêts, Neuenburg 1857.
[33] DERS., Quelques idées I (1852) 355.
[34] Ebd. 356.
[35] Ebd. II (1852) 39.

notwendig gedacht werden muß, und da er seine Aussagen nur dann zu rechtfertigen vermag, wenn er sie als notwendige Folgen seines Prinzips darstellt, impliziert er die allgemeine Notwendigkeit, woraus die Notwendigkeit der menschlichen Handlungen folgt; das wiederum macht das moralische Gewissen illusorisch"[36].

Folglich bleibe nur eine Lösung, so Charles Secrétan: der Rückgriff auf die moralische Erfahrung, was bedeute, „die Metaphysik auf die Moral abzustützen und das Gewissen zum Wahrheitsprinzip zu erheben"[37]. Denn, so bekräftigt er, „die Idee der Wahrheit selbst setzt eine Berührung des Göttlichen und des Menschlichen, eine Offenbarung, voraus"[38], ist doch eine sinnlich wahrnehmbare Offenbarung Gottes „ohne vorherige Gotteserkenntnis nicht verständlich. Könnte der Mensch die Wahrheit nicht finden, dann vermöchte er sie auch nicht zu suchen, denn die Suche ist bereits der Anfang des Besitzens. Suchen heißt, sich suchen; um zu Gott zu kommen, ist der Geist genötigt, in sich selbst einzukehren, und die Vereinigung von Mensch und Gott wird allein dadurch hergestellt, daß der Mensch Gott sucht."[39]

Diese vorherige Gotteserkenntnis wiederum finden wir im Gewissen, dem „Organ der religiösen Wahrheit"[40]. Gleichwohl bleibt ein theoretisches Problem. Da sich alles Menschliche verändert, „verwandelt sich mit den Kulten und Zivilisationen das moralische Gewissen selbst"[41]. Aus diesem Grund „wäre es unklug, die absolute Wahrheit aus dem von der individuellen Vernunft befragten individuellen Gewissen oder aus dem Gewissen und der Vernunft eines Jahrhunderts, ja sogar aller von uns überschaubaren Jahrhunderte zu erwarten. Es braucht etwas Unwandelbares"[42]. Doch „können wir nur insofern von Gott sprechen, als er für uns real ist, als er sich uns manifestiert, das heißt in uns ist"[43].

Aber wie können Endliches und Unendliches miteinander kommunizieren? „Die Lösung des Problems der Beziehungen zwischen Endlichem und Unendlichem ist Jesus Christus."[44] Dieses Element macht die Eigenständigkeit des Christentums aus. Denn die philosophische Erkenntnismethode stammt von den Griechen und impliziert die Idee einer göttlichen Menschheit. Der Autoritätsbeweis als Methode aber stammt von den Juden und setzt einen Gott außerhalb des Menschen voraus. „Doch das Faktum Gott-Mensch beinhaltet eine andere Beziehung zwischen Gott und der Menschheit, ohne die dieses Faktum unmöglich wäre."[45] – „Gott ist potentiell mit dem menschlichen Wesen verbunden und folglich im Gewissen des Menschen gegenwärtig – trotz seiner Wandlungen, ja gerade in seinen Wandlungen [...] Es ist davon auszugehen, daß das Gewissen das Göttliche dort erkennt, wo es sich befindet, und daß das göttliche Zeugnis mit dem ihm eigenen Zeugnis verschmilzt"[46], und zwar durch die Gnade Jesu Christi, dem „Gott-Menschen", denn „ohne Jesus Christus und ohne die auf Jesus Christus gründende Argumentation gibt es keinen

---

[36] Ebd.
[37] Ebd. 40.
[38] Ebd. II (1855) 241.
[39] Ebd.
[40] Ebd. I (1852) 242.
[41] Ebd. 363.
[42] Ebd.
[43] Ebd.
[44] Ebd.
[45] Ebd. 364.
[46] Ebd.

Weg, ich würde nicht sagen zur Wahrheit, wohl aber dazu, die Möglichkeit der Gewißheit zu erklären"[47].

Doch eine Schwierigkeit bleibt: „Das moralische Gewissen ist das Göttliche im Menschen, aber es ist das durch den Menschen ausgedrückte Göttliche."[48] Aus diesem Grund ist nicht gewiß, daß das, was für uns moralische Evidenz ist, mit der absoluten Wahrheit identisch ist. Das ist richtig, doch ist diese Schwierigkeit leicht auszuräumen. Niemand ist nämlich imstande, die Existenz der äußeren Welt zu beweisen; und doch glauben wir an sie: „Gleiches gilt für die moralische Pflicht. Obwohl wir uns fragen können, ob unser Gewissen aufgeklärt ist [...] sind wir doch gehalten, ihm in allem, was es uns vorschreibt, zu folgen, und zwar ohne daß dieser theoretische Zweifel unsere Pflicht auch nur im geringsten vermindern würde."[49] Das wiederum führt uns zu Jesus Christus, denn das Ideal unseres moralischen Gewissens ist im Wort Jesu Christi verwirklicht: „Die von ihm verkündete Moral ist die Moral aller Zeiten, es ist die absolut wahre Moral – diesen Schluß ziehe ich, weil sie keiner bestimmten Epoche angehört [...] Alles spricht zum Herzen, alles ist klar, alles ist evident, alles ist wahr im Zeugnis unseres je aktuellen Gewissens; das war es vor neunzehn Jahrhunderten auch für die wahrhaft aufrichtigen Juden und Griechen [...] Das christliche Dogma beinhaltet implizit genau jene Idee vom Menschen und von der Welt, die wir brauchen, um das Faktische mit der absoluten Vollkommenheit, in der wir notwendigerweise die Wahrheit suchen, in Einklang zu bringen [...] So verknüpft das Dogma das Recht und das Faktische. Im Zentrum, in Jesus Christus, finden wir das Wort des Rätsels, das wir sind."[50]

Anhand einer solchen Argumentation wird noch deutlicher[51], weshalb sich, anders als im 18. Jh., zahlreiche Theologen des 19. Jh. so sehr für die Gestalt Jesu Christi, für die christologischen Dogmen und die Einheit der zwei Naturen in Jesus Christus interessierten. Denn, so Charles Secrétan, „es genügt nicht, in Jesus Christus einen Menschen zu sehen, der das Ideal in das Leben hineinträgt, einen Menschen ohne Sünde; vielmehr bin ich gezwungen, mir die Frage zu stellen, wie das Erscheinen eines solchen Menschen überhaupt möglich war."[52]

Charles Secrétans Aufsatz ist insofern erhellend, als er exemplarisch den Begriffsgebrauch bzw. den Modus des Begriffsgebrauchs von ethisch-religiöser Erfahrung durch die Theologen des 19. Jh. zeigt. Dabei sind zumindest zwei Richtungen zu unterscheiden: Erstere stützt sich auf die ethisch-religiöse Erfahrung, letztere auf die historisch-kritische Methode. Für die erste Richtung – ihr ist vermutlich die Mehrheit der Theologen zuzurechnen – ist Secrétans Text repräsentativ. Sie faßt die ethisch-religiöse Erfahrung als eine reale Begegnung zwischen dem Menschen und einem dem Menschen äußerlichen Objekt – die göttliche Offenbarung – auf, eingebettet in eine Geschichte und explizit in einer Lehre definiert. Die Vertreter dieser Richtung betonen die Glaubenserfahrung, die Koinzidenz zwischen den Bedürfnissen des moralischen Gewissens und den Aussagen der christlichen Dogmatik auch deshalb, weil sie auf Distanz zum Intellektualismus des 18. Jh. gehen wol-

---

[47] Ebd. 365.
[48] Ebd. II (1852) 43.
[49] Ebd. 45.
[50] Ebd. 46 f.
[51] Vgl. oben.
[52] Ebd. II (1855) 241.

len. Für sie ist die Erleuchtung des Menschen durch die evangelische Wahrheit ein Faktum. Deshalb ist die Begegnung zwischen Gott und dem Menschen in Jesus Christus, dem einzig möglichen Vermittler, eine Realität, die die Gewißheit auf ein unerschütterliches Fundament gründet. Dazu bemerkt Christophe Senft: „Die frühe Einführung des Erfahrungsbegriffs durch Schleiermacher war ein positives theologisches Ereignis […] Meine Gewißheit wird wahr sein, weil deren Ursache Christus selbst ist; nicht eine Idee oder ein Dogma von Christus, sondern, wie Schleiermacher es ausdrückt, der *Eindruck*, den er mir von sich vermittelt hat."[53] Eindruck und Gewißheit sind nicht zeitlich gestaffelt, sondern gleichzeitige Elemente; doch hat der von Christus ausgehende Eindruck den Vorrang, weil er die Ursache der Gewißheit ist.

Gleichwohl bleibt der Begriff der ethisch-religiösen Erfahrung etwas vage, kann er doch, was auch getan wird, nicht als reale Begegnung, sondern schlicht als subjektive Manifestation der menschlichen Natur aufgefaßt werden – ebenso Teil ihrer inneren Struktur wie Verstand oder Kunstsinn. Dieser zweiten Auffassung über die religiöse Erfahrung standen zahlreiche Theologen der religionshistorischen Schule am Ende des Jahrhunderts nahe. Zwar war es um 1880 nicht mehr neu, die verschiedenen Weltreligionen Europas, Indiens oder des Fernen Ostens miteinander zu vergleichen und den Anspruch des Christentums, die definitive und absolute Religion zu sein, zu hinterfragen. Das hatten bereits früher Johann Gottfried Herder, Schleiermacher oder David Friedrich Strauß getan. Doch war es vor allem Ernst Troeltsch, der diesen Anspruch analysierte. Er setzte den Begriff der religiösen Erfahrung ein, um den Nachweis zu erbringen, daß das Christentum in gewisser Weise die beste Religion und Jesus Christus unter bestimmten Voraussetzungen das sicherste Fundament des Heils genannt werden kann. Dieser Begriffsgebrauch wiederum läßt an die zweite Auffassung von religiöser Erfahrung denken. Bekanntlich vertrat Troeltsch in seinem 1902 erschienenen Werk[54] über den Absolutheitscharakter des Christentums im Rahmen der Religionsgeschichte die These, das Christentum könne weder wissenschaftlich noch historisch als ein Absolutes betrachtet werden; als historisches Phänomen teile es vielmehr den relativen Charakter der gesamten Menschheitsgeschichte. Troeltsch stellte dann den Anspruch der Absolutheit des Christentums als ein schlicht apologetisches, mit dem Aufkommen des wissenschaftlichen Studiums der Religionsgeschichte hinfällig gewordenes Argument dar. Da er der Religion gleichwohl weiterhin eine epistemologische Basis zuschreiben wollte, interessierte er sich für die religiöse Erfahrung, insbesondere aber für deren psychologisch beschreibbare Seite. Das führt ihn zur Aussage, im Gewissen jedes Menschen sei ein „religiöses Apriori" wirksam, d. h. ein „aprioritisches Bewußtseinsgesetz […] das sich in der Tatsächlichkeit des religiösen Lebens äußert"[55]. Dieses Gesetz bedeutet „den letzten für die Wissenschaft erreichbaren Grund für die Feststellung des Wahrheitsgehaltes der Religion und eben damit auch ein Mittel der kritischen Reinigung und der Fortentwicklung der naturwüchsigen psychologischen Religion"[56]. Doch diese „religiöse Dimension des Bewußtseins ist demnach der Ort einer Rationalität der Reli-

---

[53] SENFT, Enseignements et questions 255.
[54] E. TROELTSCH, Die Absolutheit des Christentums und die Religionsgeschichte, Tübingen 1902.
[55] DERS., Psychologie und Erkenntnistheorie in der Religionswissenschaft, Tübingen 1905, 27. – Zum Problem des religiösen Apriori vgl. J.-M. TÉTAZ, Religion et conscience historique, in: E. TROELTSCH, Religion et histoire, hrsg. von J.-M. TÉTAZ, Genf 1990, 21–46.
[56] TROELTSCH, Psychologie und Erkenntnistheorie 27.

gion"[57]. Offenkundig erleichtert dieser Standpunkt eine positive Aussage über den „höchsten" Wert des Christentums nicht unbedingt.

Doch hüten wir uns vor Karikaturen. Zwischen Theologen, die wie Charles Secrétan die religiöse Erfahrung als wahrhafte Begegnung zwischen Gott und Mensch in Jesus Christus auffassen, und jenen, die wie Ernst Troeltsch die religiöse Erfahrung als subjektive Manifestation einer dem menschlichen Geist immanenten Tendenz betrachten, gibt es Platz für eine Vielfalt von Nuancen. Der Anthropozentrismus des 19. Jh. – und folglich ein spezifisches Verständnis der göttlichen Transzendenz – wirkte sich besonders dann erschwerend aus, wenn die Theologen versuchten, die Begegnung zwischen Gott und Mensch unter Verwendung von damals gängigen, nicht immer ganz präzisen Begriffen zu beschreiben. Im französischsprachigen Raum etwa wurde häufig die Formel „personale Aneignung des Christentums" verwendet, eine für das 19. Jh. (und dessen Vorliebe für das liberale Wirtschaftssystem) typische Formulierung, die aber mehrere Interpretationen zuläßt. Im deutschsprachigen Raum neigten die von Hegel beeinflußten Theologen zuweilen dazu, religiöses Bewußtsein und Offenbarung gleichzusetzen, womit sie sich dem Vorwurf des Subjektivismus aussetzten. Auch das Hegelsche Axiom, wonach sich das Ideal keinesfalls in einem einzelnen Individuum verkörpern, sondern nur in der Entwicklung der Gattung insgesamt wirklich entfalten könne, öffnete den Weg für zahlreiche subjektive Interpretationen der christlichen Dogmatik. So meint Auguste Sabatier, auch Ferdinand Christian Baur – dabei hatte dieser 1828 den seiner Auffassung nach subjektiven Aspekt von Schleiermachers Christologie beanstandet – könne des Subjektivismus bezichtigt werden, und zwar wegen seiner Absicht, „das Christentum in den großen Strom der allgemeinen Geistesgeschichte einzuordnen und das Wunder des Erscheinens des menschlichen Geistes in seine geschichtlichen und natürlichen Elemente aufzulösen"[58].

Im übrigen stellt sich die Frage, ob der häufig an die Autoren des 19. Jh. gerichtete Vorwurf des Subjektivismus nicht auf ihre Überlegungen zur natürlichen Theologie oder, richtiger, auf ihren Versuch, diesen Begriff zu ersetzen oder neu zu denken, zurückzuführen sei. In der vorneuzeitlichen Orthodoxie spielte nämlich die natürliche Theologie eine wichtige Rolle. Sie konnte als natürliche Gotteserkenntnis definiert werden, d. h. daß sie, laut als „Ergebnis der angeborenen Ideen und der Betrachtung der geschaffenen Welt auf die Präsentsetzung Gottes entsprechend den der Vernunft zugänglichen Modalitäten abzielte, und dies im Kontext der universellen Selbst- und Welterfahrung. Ihre Funktion bestand folglich darin, jeden Menschen in seiner Fähigkeit, von Gott angerufen zu werden, zu ‚fordern'"[59].

Dieser Begriff der natürlichen Gotteserkenntnis diente als gemeinsame Basis für die universelle Gotteserkenntnis. Da die menschliche Natur aufgrund der Erbsünde verderbt ist, ist diese natürliche Gotteserkenntnis ihrem Objekt nicht angemessen, weshalb die Offenbarung unverzichtbar bleibt. Aber die natürliche Religion ist Präludium für den Empfang der Offenbarung. Diese Verknüpfung von Vernunft und Offenbarung kann verschieden interpretiert werden (Supranaturalisten und Rationalisten begründeten deren Bedeu-

---

[57] D. Lange, Entre foi et histoire, quels fondements pour la théologie?, in: P. Gisel u. a. (Hrsg.), Albrecht Ritschl, la théologie en modernité, entre religion, morale et posivité historique, Genf 1991, 175.

[58] A. Sabatier, Baur, in: EScR II, 126.

[59] F. Wagner, Le problème de la théologie naturelle chez Albrecht Ritschl, in: Gisel, Albrecht Ritschl (s. Anm. 55) 35–59, zit. 36. Dieser Abschnitt orientiert sich weitgehend an Wagners Ausführungen.

tung je umgekehrt). Doch blieb sie eines der Fundamente der Theologie, bis dann im ausgehenden 18. Jh. die Kantsche Kritik der spekulativen Theologie die Möglichkeit absprach, zur Gewißheit zu gelangen. Von diesem Zeitpunkt an orientierten sich die Theologen auf der Suche nach einem universellen Fundament der Religion nicht mehr an der Gottesidee, sondern am religiösen Bewußtsein, das verstanden werden kann als subjektives Gottesbewußtsein. Doch „dieses Gottesbewußtsein ist allein den Handlungen des religiösen Bewußtseins zuzuschreiben. Das bedeutet, daß die Frage, ob jemand durch sein Gottesbewußtsein interpelliert wird, nur in der Form eines privaten Entscheides eine Antwort finden kann [...] Zugleich braucht es nun besondere Dispositive und Inszenierungen, damit das Gottesbewußtsein [...] so vermittelt werden kann, daß es – trotz seiner Verankerung im Subjektiven und Privaten – nicht als Privatbesitz einiger religiös begabter oder kirchlich engagierter Personen gelten kann, sondern als allgemein menschliche Fragestellung grundsätzliche Gültigkeit erlangt."[60]

Eine Frage von Rang, denn sollte die Religion nicht als ein für die Menschheit eines Tages verzichtbares Erbe betrachtet werden, mußte ein ganzes System rekonstruiert werden, worin die zwar zwangsläufig privat gelebte Ablösung der Gottes*idee* durch das Gottes*bewußtsein* als Beweis dafür zu gelten hatte, daß das Gottesbewußtsein ein Aspekt des menschlichen Bewußtseins selbst ist. Diesem Rekonstruktionsversuch widmeten sich denn auch alle großen Theologen des 19. Jh. von Schleiermacher bis Ritschl und Troeltsch.

So versuchte Schleiermacher zu beweisen, daß einerseits jedes Bewußtsein dem Gottesbewußtsein zugänglich ist und daß letzteres andererseits ein notwendiges Moment des Selbstbewußtseins ist. Ohne auf die Einzelheiten eines jeden Systems eingehen zu wollen, läßt sich dennoch mit Karl Barth sagen, daß dieses Unterfangen nicht bloß die Gefahr des Subjektivismus in sich barg, sondern zudem der Gottesbegriff gegenüber dem Begriff des religiösen Bewußtseins an Unabhängigkeit verlor. Daraus schloß Barth in seiner *Dogmatik*, es sei angezeigt, den Begriff der natürlichen Religion ganz aufzugeben.

Gleichwohl waren diese Anstrengungen Teil des breitangelegten Versuches des 19. Jh., die Bedingungen wahrhafter Gotteserkenntnis zu klären. Es zeigt sich, daß der zur Umgehung des Kantschen Hindernisses eingeführte Begriff der religiösen Erfahrung tatsächlich ein Hauptaspekt der protestantischen Theologie des 19. Jh. ist.

2. Die historisch-kritische Methode und die Bibel

Die historisch-kritische Methode als zweite wichtige Richtung der protestantischen Theologie des 19. Jh. kann auch als die logische Folge der ersten Richtung angesehen werden, die ihre Argumentation auf die religiöse Erfahrung stützte. Daß sich die beiden Richtungen gegenseitig zu ergänzen vermochten, zeigt sehr schön der Titel der 1850 von Edmond Scherer veröffentlichten Schrift: *La critique et la foi* – gewissermaßen das Manifest jener Gruppe von Theologen, die die theologische Bewegung im französischsprachigen Protestantismus zu erneuern suchten. Aus den obigen Darlegungen geht hervor, daß ein auf einer persönlichen inneren Erfahrung gründender Glaube nicht nur schwer zu vermitteln ist, sondern sich auch in ganz unterschiedlichen Formen darstellt. In diesem Zusammenhang

---

[60] Ebd. 39.

erhält dann das zweite große reformatorische Prinzip, das *sola scriptura*, sein ganzes Gewicht. Ist die Schrift alleinige Glaubensregel, ist das Bibelstudium folglich Pflicht jedes Protestanten. Sie kann jedoch ganz unterschiedlich praktiziert werden. Zwar ist die Bibel, anders als die ethisch-religiöse Erfahrung, ein abgeschlossenes Buch, ein eindeutig materielles Substrat. Doch kann daraus bereits auf einen leichten Zugang zu einem objektiven Bibelwissen geschlossen werden, zu einem Wissen also, das die durch innere religiöse Erfahrung vermittelte subjektive Gewißheit stützen würde? Im 19. Jh., das die wissenschaftliche Geschichtsschreibung inaugurierte, verlief dieser Zugang zu einem objektiven Bibelwissen über die Geschichte – Geschichte des jüdischen Volkes und seiner Nachbarn, vor allem aber der Frühkirche, der Zeugin der Redaktion der Bücher des Neuen Testamentes[61]. Schon in den Anfängen des 19. Jh. zeigte dann eine illustre Reihe von Historikern – etwa Leopold von Ranke (1795–1886) in Deutschland oder François P. G. Guizot (1787–1874) in Frankreich – der Öffentlichkeit, was von der Geschichtswissenschaft zu erwarten war.

Verständlicherweise mochten sich die damaligen Theologen mit der durch die religiöse Erfahrung zugänglich gemachten subjektiven Wahrheit nicht begnügen und suchten der christlichen Lehre über die Geschichte eine gewisse Objektivität zu verleihen. Diese historisierende Richtung ist auch als Reaktion auf die Dogmatik des 17. Jh. zu verstehen, wonach zuerst die Zustimmung zu einer Reihe von Dogmen und erst danach die Lektüre der biblischen Texte zu erfolgen hatte – gewissermaßen zur Stützung dogmatischer Aussagen. Auch im Bereich der historisierenden Richtung des 19. Jh. gilt, daß diese nicht gänzlich ohne Vorläufer war. Bereits im 18. Jh.[62] hatte eine Gruppe evangelischer Theologen mit dem kritischen Bibelstudium begonnen. Erwähnt seien Johann Salomo Semler (1725–1791) oder Hermann Samuel Reimarus (1694–1768), von dem Gotthold Ephraim Lessing (1729–1781) zwischen 1774 und 1778 die sogenannten *Fragmente eines Ungenannten* herausgab. Reimarus bestritt die historische Realität der Offenbarung; Lessing wiederum unterschied zwischen Schrift und Wort Gottes – und zwar, so betonte er, weil das Christentum vor der Redaktion des Neuen Testamentes entstanden sei: Die christliche Religion ist also nicht wegen der Verkündigung durch die Apostel und Evangelisten wahr, sondern ihre innere Wahrheit hat die Apostel dazu getrieben, sie zu verkündigen.

In unserem Zusammenhang geht es nicht um Einzelheiten, sondern um die allgemeine Absicht dieser „Historiker-Theologen", nämlich die Aufforderung an die Amtskirche, das eigene Glaubensfundament sorgfältig zu prüfen. Bestritten wurde die innige Bindung des Glaubens an eine Reihe von Lehrsätzen, von denen nur ein einzelner erschüttert werden müsse, um das ganze Glaubensgebäude zum Einsturz zu bringen. Sie lehnten diese Sicht der Dinge samt dem damit implizierten Geflecht von Autoritäten ab. Letztlich, so Lessing, liege die Stärke des Christentums nicht in den von den Theologen erarbeiteten Formeln, sondern in der Kraft der biblischen Botschaft, das Herz eines jeden Menschen zu rühren. Lessing und seine Freunde hatten demnach volles Vertrauen in die Unzerstörbarkeit der Bibel. Ziel ihres methodischen Textstudiums war es denn auch, ihrem Glauben ein solideres Fundament zu verleihen, als es die Supranaturalisten hatten liefern können. In ihren Augen war das überkommene klassische Dogmensystem unfähig, die Wahrheit der Offenbarung zu beweisen, weil es sich auf ein Gebiet wagte, wo sichere Antworten unmöglich

---

[61] Im folgenden stützen wir uns auf den bereits zitierten Artikel von Ch. Senft (s. Anm. 6).

[62] Ganz zu schweigen vom Oratorianer Richard Simon (1638–1722) im 17. Jh.; doch blieb dieser in seinem Jahrhundert eine Einzelfigur.

waren: den historischen Beweis der eingetretenen Weissagungen und erbrachten Wunder. Doch genau diese materiellen Realitäten taugten als Beweis der Offenbarung nicht.

Auf dem Hintergrund der bereits vorhandenen kritischen Ansätze konnte sich dann das 19. Jh. mit dem Bibelstudium befassen. Da Schleiermachers Argumentation, wonach die Aufkündigung der Lehre von der Wortinspiration ohne Folgen für den Glauben sei, bereits bekannt war, konnte dies mit um so größerer Gelassenheit geschehen. Zudem bot sich mit dem Aufkommen der profanen Geschichtswissenschaft (im 19. Jh. etablierte sich die Geschichte erstmals als Wissenschaft) ein bisher nicht vorhandenes, nun aber bewährtes Analyseinstrumentarium an, das auch beim Studium der Heilsgeschichte Anwendung finden mußte. Außerdem wurden, teilweise unter dem Einfluß der Hegelschen Philosophie, Überlegungen zu der theoretischen Möglichkeit und den materiellen Bedingungen des historischen Bibelwissens angestellt.

Es war demnach kein Zufall, daß eine der ersten theologischen Schriften des 19. Jh., die sich an der historisch-kritischen Methode orientierte, *Das Leben Jesu* (1835) war, dessen Verfasser, der evangelische Theologe David Friedrich Strauß (1808–1874) von der Hegelschen Philosophie beeinflußt war. Nicht unwichtig war dabei, daß diese Philosophie denjenigen, die sich kritisch auf den Bibeltext einließen, wirkliches Selbstvertrauen verlieh[63]. Doch von der Hegelschen Logik mitgerissen, arbeitete Strauß nicht ausschließlich als Historiker. Er argumentierte auch spekulativ, um den Gegenwartsbezug des Christentums darzulegen. Insofern ist *Das Leben Jesu* keine historische Darstellung, welche die Entstehung der Kirche angemessen abhandelt[64]. Im übrigen war Strauß, so Auguste Sabatier, „trotz seiner lautstarken Bekenntnisse zum Hegelianismus kein ernsthafter Hegelschüler; er entlehnte dieser Philosophie lediglich Argumente und Waffen, aber im Grunde genommen war er ein rein rationalistischer Kritiker"[65]. Gleichwohl ist Strauß' Werk ein Meilenstein. Zwar schlossen einige Theologen etwas überstürzt, wissenschaftliches Bibelstudium sei unnütz, wenn nicht gar schädlich, doch andere waren der Meinung, die von Strauß aufgeworfenen Fragen seien ernst zu nehmen, die Methoden zu präzisieren und strikter anzuwenden; so gelange man durchaus zu Schlüssen, die kein moderner und gebildeter Mensch mehr ablehnen könne. Mit einem Kompromiß zwischen Wissenschaft und Glaube seien die von Strauß aufgeworfenen Fragestellungen letztlich nicht zu beantworten.

Diesen Standpunkt vertrat der bedeutendste historische Theologe des 19. Jh., Ferdinand Christian Baur (1792–1860). Er wich dem Problem nicht aus und stimmte bewußt einem Teil der Aussagen seines Schülers Strauß zu[66]. Baur anerkannte, die Bibel sei von Menschen abgefaßt worden, deren Zeugnis durch Ort und Zeit ihrer Entstehung geprägt sind. Er brach mit dem hergebrachten Supranaturalismus, der die Existenz von Widersprüchen in den heiligen Texten bestritt und sie zugleich der Logik der eigenen Lehrmeinungen unterwarf. Für Baur waren die Texte in die Geschichte eingeschrieben und keine objektiven Berichte über Ereignisse. Folglich waren sie nicht anders als andere Texte des Altertums zu untersuchen. Dieses Verfahren war mit Risiken verbunden. Doch war der menschliche

---

[63] Vgl. dazu K. BARTH, Die protestantische Theologie im 19. Jahrhundert. Ihre Vorgeschichte und ihre Geschichte, Zürich ⁵1985, § 10: Hegel, 343–378.

[64] Zu D. F. Strauß, siehe unten.

[65] SABATIER, Baur (s. Anm. 58) 119.

[66] Wir werden auf Baur zurückkommen. Mehr Informationen über Baurs Platz in der Theologie des 19. Jh. enthält der Artikel von Ch. Senft (dieser wurde allerdings zur Zeit des „triumphierenden Barthianismus" verfaßt und enthält eine Reihe von kontextabhängigen Beurteilungen).

Charakter der biblischen Texte einmal anerkannt, gab es dann überhaupt eine andere, nicht mit dem Makel des mehr oder weniger massiven Obskurantismus behaftete Lösung?

Baur, ursprünglich kein Hegelianer, griff zur Beschreibung der Entwicklung der Frühkirche auf ein von der Hegelschen Dialektik bereitgestelltes Schema zurück. Vor allem aber übernahm er von Hegel die Vorstellung, das Christentum sei – anders als Athene, die voll gerüstet dem Haupte des Zeus entsprungen war – keine bereits im Denken der Apostel völlig ausgereifte Lehre, sondern ein Ensemble von Elementen, das von der Frühkirche allmählich entwickelt und systematisiert worden sei. Oder, mit den Worten von Christophe Senft, „die göttliche Wahrheit ist eine Geschichte und hat eine Geschichte"[67]. Doch Baur war nicht Strauß. Er betrieb Kritik ausschließlich im Namen der Geschichte. Er teilte insofern die „Bescheidenheit" der meisten Historiker, die sich mit langwierigen Aktenstudien beschäftigten und frühere Meinungen genauestens überprüften. Baur nahm immer für sich in Anspruch, sein einziges Ziel sei die Suche nach der historischen Wahrheit, die in seinen Augen objektiven Charakter besaß. Zudem lag es nicht in seiner Absicht, den objektiven Aspekt der in den alt- und neutestamentlichen Schriften enthaltenen christlichen Wahrheit zu bestreiten – dies auch deshalb, weil Baur kein Dogmatiker, aber auch kein reiner Hegelianer war, obwohl er sich der Hegelschen Philosophie als Instrument zur Problemlösung bediente. Baurs Problem war, wie er selbst sagte, die kirchliche Geschichtsschreibung[68]: Wie geht ein Historiker die Kirchengeschichte an? In gewisser Weise wird nämlich in der Auseinandersetzung der kirchlichen Gegenwart mit der kirchlichen Vergangenheit Theologie getrieben. Baur, so Karl Barth, stellte sich folgende Frage: „Wie kommt die Vergangenheit überhaupt in das Blickfeld der Gegenwart, so daß die Auseinandersetzung erfolgen, und zwar legitim erfolgen muß, so daß die Vergangenheit in ihrer *Wirklichkeit* und nicht als ihr eigenes Gespenst und auch nicht als unser eigenes Gemächte in der Gegenwart auf dem Plane ist?"[69]

Für Baur war zu Beginn des 19. Jh. die Gegenwart der Kirche die durch die wissenschaftliche Entwicklung entstandene Unmöglichkeit, die beiden traditionellen Techniken der Kirchengeschichte zu übernehmen. Die erste – sie geht faktisch auf Eusebius von Caesarea zurück – versteht die Kirchengeschichte als einen Kampf zwischen Finsternis und Licht oder, etwa Luther im 16. Jh., zwischen dem römischen Antichrist und Christus. Eine traditionelle Sichtweise, die im anhebenden 19. Jh. allmählich ihre Befürworter verlor: Baur setzte sich vornehmlich mit den Historikern des 18. Jh. auseinander (etwa Mosheim, Semler, Planck) oder mit jenen, die wie Johann August Wilhelm Neander noch im 19. Jh. nach derselben Methode vorgingen. Nach Baurs Auffassung war ihr Zugang zur Geschichte allzu pragmatisch, ja geradezu inkohärent, und zwar vor allem dann, wenn sie die Gewohnheit beibehielten, sich, ohne ihre Option zu rechtfertigen, dieser oder jener Persönlichkeit zuzuwenden oder sich, umgekehrt, abstrakten Abläufen zu widmen, die den Menschen außer acht lassen.

Aufgrund dieser Überlegungen – im Kontext des hier behandelten Gegenstandes[70] – bemühte sich Baur, bei der Untersuchung der Geschichte der Frühkirche und damit der Ge-

---

[67] SENFT, Enseignements et questions (s. Anm. 6) 259.
[68] Vgl. F. CH. BAUR, Die Epochen der kirchlichen Geschichtsschreibung, Tübingen 1852 (Neudruck Hildesheim 1962).
[69] BARTH, Die protestantische Theologie (s. Anm. 63) 451.
[70] Wir werden auf das von Baur aufgeworfene theoretische Problem später zurückkommen.

schichte der allmählichen Ausgestaltung der christlichen Lehre die Objektivität des neutestamentlichen Textes zu respektieren. Er anerkannte die Verschiedenheit der Evangelien
und bezog diese Verschiedenheit in seine Überlegungen mit ein, und zwar nicht bloß die
Differenzen zwischen den drei Synoptikern und Johannes, sondern auch die Ungereimtheiten innerhalb der drei Synoptiker usw. Letztlich suchte er – wie viele Theologen des 19. Jh.
– in der Fortsetzung von Schleiermachers genereller Absicht, den Gebildeten unter den
Verächtern des Christentums zu antworten, also Kennern der hebräischen Philologie und
der neuesten archäologischen Funde und des (angeblichen) Datums der Redaktion der
Evangelien. Um das zu erreichen, genügte es nicht, keine Angst vor der Wissenschaft zu
haben und, um ein Bild Edmond Scherers zu gebrauchen, sich nicht wie „Vögel zu benehmen, die ihren Kopf hinter einem Baum verstecken, sobald sie einen Jäger erblicken in der
Meinung, sie würden nicht gesehen, weil sie selbst nichts sehen"[71], sondern es galt, sorgfältig zwischen theologischer Wahrheit und exaktem Quellenstudium zu unterscheiden.

Nach Baurs Auffassung war zudem die Anerkennung der Freiheit und Legitimität der
historischen Forschung die Voraussetzung für Objektivität (oder zumindest für das Bemühen um Objektivität). Deren Aufgabe bestehe denn auch nicht allein darin, auf Strauß und
die Gebildeten unter den Verächtern der Religion zu antworten, vielmehr bedinge sie die
einzig durch die Wahrheit determinierbare Freiheit des Glaubens.

Es sei nicht verschwiegen, daß sich Baurs Ausführungen zur Redaktion der vier Evangelien, ihrer Entstehungszeit und ihrer gegenseitigen Beziehungen schon bald als unrichtig
erwiesen. Seine nahezu mechanische Anwendung der Hegelschen Dialektik führte zuweilen dazu, daß er seine eigenen Wahrheitskriterien außer acht ließ, wenn es darum ging, die
von ihm untersuchten Ereignisse in ein a priori erstelltes Schema hineinzupressen. In einem gewissen Sinn erinnert Baurs Verfahren an Schleiermachers Vorgehen bei der Umgehung des Kantschen Hindernisses: Baur wollte das Hindernis überwinden, das sich ihm in
Form von Straußens *Leben Jesu* in den Weg stellte, und zwar nicht in polemischer Absicht,
sondern mit einem noch höheren wissenschaftlichen Anspruch. Das Hindernis war denn
auch keineswegs unüberwindlich, begnügte sich Strauß doch damit, die natürliche Erklärung christlicher Ereignisse durch eine mythische zu ersetzen. Oder, wie Auguste Sabatier
formulierte, Strauß, darin den Rationalisten gleich, „verurteilt das Dogma der Vergangenheit im Namen des Dogmas der Gegenwart"[72]. Zwar war Strauß nicht in der Lage, zu erklären, was das Christentum, das Leben der Frühkirche sei oder wie die Ausgestaltung des
Schriftkanons vor sich gegangen sein mochte, doch stellte er sich diesen Fragen. Auch
Baur verschloß sich diesen Fragen nicht einfach, indem er sie als unzulässig deklarierte;
vielmehr suchte er sie zu beantworten, indem er sich in die Geschichte der ersten Jahrhunderte der Kirche vertiefte. Dabei bediente er sich einer Methode, die er in Absetzung von
den einstigen dogmatischen Methoden als historisch bezeichnete. Gemäß dieser Methode
trägt das Milieu, in dem die Verfasser der neutestamentlichen Bücher lebten, zur Erklärung
ihrer Texte bei, während gleichzeitig ihre Texte ein besseres Verständnis ihrer Lebenswelt
ermöglichen. Heute banal, war die Methode damals höchst umstritten und trug dazu bei,
daß Straußens Werk *Das Leben Jesu* schon bald als veraltet galt. Obwohl Baurs Forschungsergebnisse keineswegs als konservativ qualifiziert werden können (er bestritt die
Echtheit zahlreicher neutestamentlicher Textstellen), bestand die Hauptabsicht seines Wer-

---

[71] Secrétan, Quelques idées II (1856) 359.
[72] Sabatier, Baur 120.

kes gleichwohl darin, das Vertrauen in die biblischen Texte zu stärken: Die wachsende Einsicht in deren Entstehungsgeschichte würde seiner Überzeugung nach auch zu einem besseren Textverständnis führen.

Letztlich ergänzen sich die beiden eben dargestellten bedeutenden Richtungen der protestantischen Theologie des 19. Jh. Als Schleiermacher den Begriff der religiösen Erfahrung einführte, suchte er die subjektive Glaubenswahrheit genauer zu erfassen, während Baur mit der Frage nach dem historischen Bibelwissen die objektive Wahrheit der Kirchengeschichte als Fundament des Glaubens wiederzufinden suchte. Beides waren spezifisch protestantische Verfahren, was auch Schleiermachers berühmt gewordene Formel über den Unterschied zwischen Protestantismus und Katholizismus veranschaulicht: „Vorläufig möge man den Gegensatz so fassen, daß der Protestantismus das Verhältniß des Einzelnen zur Kirche abhängig macht von seinem Verhältniß zu Christo, der Katholizismus aber umgekehrt das Verhältniß des Einzelnen zu Christo abhängig macht von seinem Verhältniß zur Kirche"[73]. Beide Richtungen sind Teil der protestantischen Identität des 19. Jh.[74] Beide hatten ihre entschiedenen Befürworter, die die jeweils andere Richtung zwar nicht gänzlich, aber doch weitgehend ausblendeten. Wer sich mit dem auseinandersetzen will, was im 19. Jh. einige – etwa Frédéric Lichtenberger – als das „protestantische Prinzip" bezeichneten, der wird bald inne, daß wohl eher die gemäßigten protestantischen Theologen und weniger die Theoretiker beider Richtungen die Gesamtmentalität der theologischen Bewegung des Jahrhunderts verkörperten. Erstere aber vertraten die Auffassung, der Protestantismus sei seit der Reformation auf einer komplexen, von keinem Christen zu vernachlässigenden Beziehung zwischen dem individuellen Glauben und dem in der Bibel präsenten Wort Gottes aufgebaut.

Im 19. Jh. war die protestantische Theologie stark vom philosophischen Denken, insbesondere von Kant und Hegel, beeinflußt. Von Kant, weil er die religiöse Frage „auf den Boden der praktischen Vernunft zurückführte, wo das moralische Gewissen das Ungenügen von Dogmatismus und Rationalismus zweifelsfrei feststellt"[75]. Nach Kant war es schwierig geworden, den Protestantismus für eine Religion der freien Gewissenserforschung oder für eine von sich selbst überzeugte scholastische Orthodoxie zu halten, hieß dies doch, die Grenzen der Vernunft zu verkennen. Im übrigen führte die protestantische Theologie die Unterscheidung ein zwischen „den Fakten, die das Eingreifen Gottes in der Weltgeschichte angezeigt haben, und dem Eindruck, den diese Fakten im Geist der Menschen hinterlassen haben; [diese Unterscheidung] findet sich an der Basis der Bewegung der modernen Theologie"[76]. Zwar waren sich die Theologen nicht einig, wenn es darum ging, die Verknüpfung zwischen den Fakten und den durch sie geweckten Vorstellungen herzustellen, doch spielte diese Unterscheidung im 19. Jh. offenkundig eine große Rolle.

Die Unterscheidung verlieh auch dem dogmatischen Diskurs eine neue Qualität. Bisher waren die Dogmen, praktisch unter Ausblendung ihres wechselseitigen Verhältnisses, isoliert betrachtet und verteidigt worden. Unter dem Einfluß des Hegelianismus wurde nun häufig versucht, ein Ensemble von religiösen Manifestationen auf ein oder mehrere konsti-

---

[73] SCHLEIERMACHER, Gesamtausgabe Abt.1 (s. Anm. 12) Schriften und Entwürfe VII: Der christliche Glaube (1821/22), 99.
[74] Vgl. dazu LICHTENBERGER, Étude sur le principe (s. Anm. 7).
[75] Ebd. 12.
[76] Ebd. 13.

tutive Prinzipien zurückzuführen, und zwar so, daß sie ihres kontingenten Charakters entledigt und auf ihre Grundideen reduziert wurden. Das wiederum trug zum Aufschwung historischer Studien bei: Allerdings mit unterschiedlichen Ergebnissen, unterlagen doch manche Arbeiten dem Verdacht, sie seien anthropozentrisch gefärbt und hätten die Transzendenz vergessen.

Doch das Hauptanliegen des 19. Jh. lag anderswo. Um das damalige Vokabular zu gebrauchen, könnte man sagen, die theologische Bewegung des 19. Jh. drehe sich um zwei Prinzipien: das „materielle Prinzip" der Rechtfertigung durch den Glauben und das „formale Prinzip" der Souveränität der Schrift. Bereits das Werk der Reformatoren enthielt, zumindest implizit, die beiden Prinzipien, die das doppelte Anliegen des Protestantismus bewahren sollten: die Rechte des Individuums samt den entsprechenden Folgen (Gewissensfreiheit, Religionsfreiheit)[77] und die souveräne Autorität des in der Bibel enthaltenen Gotteswortes. Trotz des schwierig durchzuhaltenden Gleichgewichts zwischen den beiden Prinzipien vertraten die meisten Theologen die Auffassung, weder seien die Rechte des Gewissens jenen der Bibel noch die Rechte der Bibel jenen des Gewissens zu opfern, und man habe sich mit der Widersprüchlichkeit der beiden Säulen des Protestantismus abzufinden.

Am Schluß seines 1857 erschienenen Werkes *Étude sur le principe du protestantisme* legte Frédéric Lichtenberger, der spätere Professor und Dekan der protestantischen theologischen Fakultät in Paris, die Anliegen der gemäßigten Theologen des 19. Jh. unmißverständlich dar: „Das protestantische Prinzip ist das Prinzip des Individualismus in christlichen Angelegenheiten [...] Das Wort Individualismus ist nicht ein Synonym für Subjektivismus [...] [der] die objektive Offenbarung, jede dem Menschen übergeordnete Autorität zerstört [...] Das Wort Individualismus ist weder ein Synonym für Absonderung noch steht es für ein jede Vereinigung, jede Gemeinschaft zerstörendes Prinzip; vielmehr ist es allein fähig, die religiöse Gesellschaft auf ihrem eigentlichen Fundament, dem ethischen Fundament, zu gründen; es allein kann zwischen ihren Gliedern ein wirkliches Band festigen, das Band des Glaubens [...] [es] allein vermag das objektive Element und das subjektive Element des Christentums integral zu bewahren."[78]

Frédéric Lichtenberger fährt fort: „Wie dem auch sei, ich erachte es als unmöglich, daß der Protestantismus je bereit wäre, die souveräne Autorität der in der Schrift enthaltenen geoffenbarten Wahrheit oder das freie Handeln des Gewissens bei der Aneignung und Anwendung dieses göttlichen Inhaltes aufzugeben [...] Nehmt die Schrift weg, und schon ist der Protestantismus allen Zufällen und allen Launen eines aus jeder Autorität entlassenen Subjektivismus unterworfen. Nehmt dem apostolischen Zeugnis den normativen Charakter, und schon widerspiegelt das geplünderte Gewissen bloß noch den verschwommenen Schein seiner eigenen Vernunft [...] Nehmt die Notwendigkeit der persönlichen Aneignung, der ethischen Bestimmung des Glauben weg, und schon wird das Christentum zu etwas dem Menschen Fremdes; es legt sich wie eine Bedrohung oder ein Lächeln über unser Schicksal, ohne sich mit unserem Denken, unserem Handeln und unserem ganzes Leben zu verbinden, ohne Bein von unserem Bein, Fleisch von unserem Fleisch zu werden [...]

---

[77] Vgl. dazu etwa A. VINET, Mémoire en faveur de la liberté des cultes, Paris 1826, sowie DERS., Essai sur la manifestation des convictions religieuses, Paris 1842 (dt.: Abhandlung über die Kundgabe der religiösen Überzeugungen und über die Trennung von Kirche und Staat, Heidelberg 1845). Das erste Werk machte Vinet bekannt.
[78] LICHTENBERGER, Étude sur le principe 202 f.

Und was wäre, wenn der Protestantismus die stets versuchte, stets von neuem unternommene, nie ganz vollendete Synthese dieser beiden Prinzipien wäre? Daß sie im Grunde genommen widersprüchlich sind, räume ich ein, aber widersprüchlich wie das Leben, das Gott, besser gesagt die Sünde, uns bereitet hat, widersprüchlich wie die Wissenschaft, wenn sie getreuer Ausdruck des Lebens sein will. Diese Dualität von Prinzipien, die Bedingung unseres moralischen Kampfes auf Erden, hat unserer Seele ihren Stempel zutiefst aufgedrückt."[79]

So wird deutlich, daß sich das 19. Jh. der Mehrdeutigkeit dieses doppelten Fundaments des Christentums durchaus bewußt war. Dies sollte ihm im 20. Jh. zum Vorwurf gemacht werden, insbesondere durch Emil Brunner in seinem 1924 erschienenen Werk *Die Mystik und das Wort*[80]. Im 19. Jh. aber ging es darum, den als gefährlicher eingestuften einstigen Gegensatz von Supranaturalismus und Rationalismus zu überwinden, ohne einen Aspekt des Christentum dem anderen zu opfern.

II. Die bedeutenden protestantischen Theologen

1. Der theologische Hintergrund

Schleiermacher

Hier ist eigentlich nicht der Ort, das Denken Friedrich Daniel Ernst Schleiermachers (1768–1834) darzulegen. Sein Einfluß auf die Theologie des 19. Jh. war indes so entscheidend, daß es geboten scheint, Schleiermacher kurz vorzustellen und zwei Grundelemente seines Denkens hervorzuheben: den Religionsbegriff („Anschauen des Universums") und die Methode zur Interpretation der traditionellen Dogmatik. Frédéric Lichtenberger, obwohl ein Vertreter der gemäßigten Erweckungsbewegung, verfaßte zu Beginn der siebziger Jahre des letzten Jahrhunderts ein eindrückliches Lob auf Schleiermacher: „Schleiermachers Einfluß auf das Denken seiner Zeit ist groß. Inmitten eines Jahrhunderts, das der Religion Unglauben und Gleichgültigkeit entgegenbrachte, hat er die vergessenen und verkannten Wahrheiten des Evangeliums zu neuen Ehren gebracht, er hat die Person Christi – der lichte Kern des christlichen Glaubens und Lebens – geliebt und die Liebe zu ihr geweckt; er hat gezeigt, daß wahre Menschlichkeit nur bei dem zu finden ist, der sich selbst der Menschensohn genannt hat. Aber um den Menschen das Christentum zugänglich zu machen, hat er eine neue Methode entwickelt [...] Das Autoritätsprinzip ersetzte er durch das Prinzip der Freiheit. In der Theologie ist Schleiermacher der Begründer der

---

[79] Ebd. 204 f.
[80] E. Brunner, Die Mystik und das Wort, Tübingen 1924. Dieses Buch stellt zweifellos die heftigste Kritik an Schleiermachers Werk und in dessen Folge an der Theologie des 19. Jh. dar. Brunner behauptet, Schleiermacher gehöre in die Sphäre der Mystik, weil er den Ursprung der Religion im Selbstbewußtsein ansiedele; aus diesem Grund sei er gezwungen, dialektische „Kunstgriffe" zu verwenden, um z. B. der Moral oder Christus usw. Eingang in eine Identitätsphilosophie zu verschaffen, die sie logischerweise ausschließen müßte. Karl Barth, ebenfalls ein Kritiker Schleiermachers, bemerkte, daß Brunner, „mit dem Maßstab reformatorischer Theologie bewaffnet, Schleiermacher in ein Verhör nimmt, aus dem er als Verurteilter hervorgehen muß, bevor es angefangen hat" (Barth, Die protestantische Theologie [s. Anm. 63]) 7).

Methode des christlichen Individualismus. Er hat dem protestantischen Glaubensverständnis seinen wahren Ausdruck und seine wahre Definition gegeben und zugleich ein neues Licht auf alle Fragen der Moral geworfen. In den kirchlichen Diskussionen seiner Zeit [...] hat er die Manifestation der individuellen Überzeugungen verteidigt, ohne je den Irrtümern eines sektiererischen Geistes zu verfallen."[81]

Karl Barth wiederum, der bekanntlich mit Kritik am 19. Jh. im allgemeinen und an Schleiermachers Denken im besonderen nicht sparte, schrieb: „An die Spitze einer Geschichte der Theologie der neuesten Zeit gehört und wird für alle Zeiten gehören der Name Schleiermacher und keiner neben ihm." Von Schleiermacher selbst gelte, „was er selbst in seiner Akademierede ‚Über den Begriff des großen Mannes' von Friedrich dem Großen gesagt hat: ‚Nicht eine Schule stiftet er, sondern ein Zeitalter.'"[82] Bemerkenswert ist zudem, wie Barth notiert, daß seit den ersten Veröffentlichungen Schleiermachers mehr als ein Jahrhundert verstreichen mußte, bis ein Autor „von wirklich anderen, Schleiermacherfreien [...] Voraussetzungen aus gegen Schleiermacher geschrieben" hat, was „wahrlich ein Zeichen des außergewöhnlichen Ausmaßes seiner Wirkung" ist[83].

Schleiermacher wurde 1768 als Sohn eines Pfarrers geboren. Sein Denken wurde geformt zu einer Zeit, da die deutsche Romantik in ihren Anfängen stand (Goethes *Werther* erschien 1774) und Kant seine Hauptwerke veröffentlichte (1781 Erstausgabe der *Kritik der reinen Vernunft*). In Schleiermacher vereinigten sich in einer eigenständigen Synthese Kants Kritizismus, Herders religiöser Romantizismus sowie das Geistesgut der frühen Berliner Romantik. Er blieb während seines ganzen Lebens von der Frömmigkeit der *Herrnhuter Brüdergemeine* beeinflußt, in deren Lehranstalten in Niesky und Barby er vier Jahre verbracht hatte. Schleiermacher war Pfarrer, dann Theologieprofessor. 1799 legte er in seinem Werk *Über die Religion* eine neue Bestimmung des Wesens der Religion vor. Er wollte aus jener Sackgasse herausführen, in die die Kantsche Epistemologie, die die Grenzen der Vernunft aufzeigte, die Theologie geführt hatte. Schleiermacher nahm nicht ein philosophisches System zum Ausgangspunkt für seine Definition der Religion, sondern berief sich auf die Erfahrung eines jeden Menschen. Für Schleiermacher war insofern die Religion ein integrales Element der menschlichen Natur. Das ließ ihn gegen den Rationalismus polemisieren, der sich einer historischen Methode bediente und die Religion in zwei Elementen zusammenfaßt: Vorsehung und Unsterblichkeit. Schleiermacher griff auch den Supranaturalismus an, der in seinen Augen Theologie und Religion gleichsetzte. Mit dem Ziel, die Religion in eine für Kants Kritik unzugängliche Sphäre zu verweisen – ohne konstruierte Methode, aber die eigene Erfahrung reflektierend –, vertrat er die Auffassung, die Religion sei nicht eine Sache von Vernunft, Denken oder Wille, sondern von „Anschauung" und „Gefühl". Es sei wichtig, so argumentierte er, seinen Religionsbegriff von den Begriffen Erkenntnis und Handeln, also Metaphysik und Moral von der Religion genau zu unterscheiden. Denn, so Schleiermacher weiter, Metaphysik und Moral nähmen dem Universum gegenüber eine anthropozentrische Perspektive ein: „Jene sehen im ganzen Universum nur den Menschen als Mittelpunkt aller Beziehungen, als Bedingung alles Seins und Ursach al-

---

[81] F. LICHTENBERGER, Histoire des idées religieuses en Allemagne depuis le milieu du XVIIIe siècle jusqu'à nos jours, Bd. 2, Paris 1873, hier 66f.

[82] BARTH, Die protestantische Theologie 379.

[83] Gemeint ist das bereits zitierte Buch von BRUNNER, Die Mystik und das Wort (s. Anm. 80); vgl. auch BARTH, Die protestantische Theologie 380.

les Werdens."[84] Die Religion wiederum sei Anschauen des Universums und Gefühl; das Anschauen aber sei im Vergleich zum Gefühl das erste: „Anschauen des Universums, ich bitte befreundet Euch mit diesem Begriff, er ist der Angel meiner ganzen Rede, er ist die allgemeinste und höchste Formel der Religion, woraus Ihr jeden Ort in derselben finden könnt, woraus sich ihr Wesen und ihre Grenzen aufs genaueste bestimmen lassen."[85]

Aber was heißt Anschauen? Schleiermacher erklärte: „Alles Anschauen gehet aus von einem Einfluß des Angeschaueten auf den Anschauenden, von einem ursprünglichen und unabhängigen Handeln des ersteren, welches dann von dem lezteren seiner Natur gemäß aufgenommen, zusammengefaßt und begriffen wird. Wenn die Ausflüsse des Lichtes nicht – was ganz ohne Euere Veranstaltung geschieht – Euer Organ berührten [..], wenn der Druck der Schwere Euch nicht einen Widerstand und eine Grenze Euer Kraft offenbarte, so würdet Ihr nichts anschauen und nichts wahrnehmen, und was Ihr also anschaut und wahrnehmt, ist nicht die Natur der Dinge, sondern ihr Handeln auf Euch."[86]

Für Schleiermacher nämlich, so präzisiert Pierre Demange, „gibt es einen wenn auch noch so kurzen Augenblick, wo der Sinn durch das Objekt betroffen ist, bevor das Objekt in seiner objektiven Natur wahrgenommen wird. Was dem Subjekt in dieser Passivität des Eindrucks vermittelt wird, ist das Da-Sein von etwas, das nicht es selbst ist, eine Modifikation seiner selbst, die nicht aus ihm hervorgeht."[87]

Der Augenblick des Anschauens ist demnach ein Augenblick der Passivität. Jenseits davon handelt es sich nicht mehr um Anschauen, sondern um Erkenntnis – Erkenntnis, deren Grenzen Kant bekanntlich aufgezeigt hat. Welches ist denn nun die Eigentümlichkeit der religiösen Anschauung? Ihr Gegenstand, antwortete Schleiermacher, denn in seinen Augen ist Religion Anschauen des Universums; und er präzisiert: „und so alles Einzelne als einen Theil des Ganzen, alles Beschränkte als eine Darstellung des Unendlichen hinnehmen, das ist Religion."[88]

Stets darauf bedacht, das Kantsche Hindernis zu umgehen, erklärte Schleiermacher zudem, die Religion sei nicht bloß Anschauung, sondern Gefühl, da „jede Anschauung ihrer Natur nach mit einem Gefühl verbunden ist"[89]. Doch das Gefühl steht im Gegensatz zum Handeln, so wie die Anschauung im Gegensatz zur Erkenntnis steht. Das Gefühl ist passiv, und damit es sich in Handeln transformiert, ist der Wille vonnöten[90]. Schleiermacher präzisiert dann, das Gefühl vollende lediglich seine allgemeine Beschreibung der Religion

---

[84] SCHLEIERMACHER, Über die Religion, 2. Rede 211.
[85] Ebd. 213.
[86] Ebd. 213 f.
[87] DEMANGE, L'essence de la religion (s. Anm. 26) 43.
[88] SCHLEIERMACHER, Über die Religion, 2. Rede 214.
[89] Ebd. 218. Und Schleiermacher fährt fort: „Eure Organe vermitteln den Zusammenhang zwischen dem Gegenstande und Euch, derselbe Einfluß des leztern, der Euch sein Dasein offenbaret, muß sie auf mancherlei Weise erregen und in Eurem innern Bewußtsein eine Veränderung hervorbringen. Dieses Gefühl, das Ihr freilich oft kaum gewahr werdet, kann in andern Fällen zu einer solchen Heftigkeit heranwachsen, daß Ihr des Gegenstandes und Euerer selbst darüber vergeßt".
[90] Demange kommentiert diese Stelle in „Über die Religion", in der Schleiermacher das Gefühl erörtert, wie folgt: „So wie die Gleichsetzung des Wissens über die Religion mit der Religion Mythologie ist, so ist die Gleichsetzung der Religion mit dem Handeln Aberglaube. Die Symmetrie der Textstelle über die Anschauung im allgemeinen und jener, in der vom Gefühl die Rede ist, lädt dazu ein, im Gefühl das präsubjektive Moment, das zum Handeln führt, zu sehen, analog dazu in der Anschauung im allgemeinen das präobjektive Moment des Erkenntnisprozesses." (DEMANGE, L'essence de la religion 44 f).

und letztlich bestehe eine tiefe Einheit, aus der Anschauung und Gefühl hervorgegangen seien. Nur aus praktischen Überlegungen ist er hier gezwungen, sie getrennt zu betrachten. Beide sind aus einem Augenblick hervorgegangen, den er begrifflich nicht fassen kann, den er aber metaphorisch als eine Art fleischliche Vereinigung von Seele und Universum beschreibt[91].

Schleiermacher verstand das Universum als das Unendliche, aber das mit dem Menschen verbundene Unendliche. Zur Religion wiederum sagte er: „Ihr Wesen ist weder Denken noch Handeln, sondern Anschauung und Gefühl. Anschauen will sie das Universum, in seinen eigenen Darstellungen und Handlungen will sie es andächtig belauschen, von seinen unmittelbaren Einflüssen will sie sich in kindlicher Passivität ergreifen und erfüllen lassen [...], sie will im Menschen nicht weniger als in allen andern Einzelnen und Endlichen das Unendliche sehen, dessen Abdruck, dessen Darstellung.“[92]

Für Schleiermacher, so Pierre Demange, „ist das Universum weder die Welt noch die Menschheit, noch das Ich, sondern das, was deren gegenseitige Verbindung sichert“[93]. Die Religion ist demnach nicht Wissen, sondern, wie Frédéric Lichtenberger schreibt, „das unmittelbare und lebendige Existenzbewußtsein des endlichen und vergänglichen Wesens innerhalb des unendlichen und ewigen Wesens, die Offenbarung des Unendlichen im Endlichen“. Die Religion ist auch keine Moral, sondern „das unmittelbare Handeln Gottes, d. h. des Unendlichen und Ewigen, im Menschen“[94].

Das Anschauen des Universums, des Unendlichen, des universellen Geistes, so Schleiermacher, läßt uns unserer eigenen Endlichkeit, unserer Abhängigkeit vom Absoluten, Gott, bewußt werden. Religiös sein heißt folglich, das Unendliche in allem, was lebt, vorübergeht und sich wandelt, zu suchen und zu finden[95]. Das Unendliche offenbart sich zwar auch in der Natur, noch besser aber in der menschlichen Seele, im Bewußtsein. Im Bewußtsein widerspiegeln sich die vom Universum bewirkten Eindrücke und nehmen wirklich Form an. Die Religion ist folglich in den Herzen der Menschen und nicht in Büchern oder Überlieferungen zu suchen. Gegenüber der wahrnehmbaren Sinnenwelt ist die Abhängigkeit nur relativ, gegenüber der Frömmigkeit hingegen insofern absolut, als diese mit einer unendlichen, unwandelbaren Ursache in Verbindung setzt, die wir Gott nennen und die weder die Welt noch Teil der Welt ist. Dieses intuitive Abhängigkeitsgefühl ist Ausfluß weder einer verstandesmässigen Argumentation noch einer philosophischen Lehre.

So sind denn unmittelbares Bewußtsein Gottes und Gefühl der absoluten Abhängigkeit Synonyme. In dem Maße, wie der Mensch sich dieser absoluten Abhängigkeit bewußt

---

[91] „Jener erste geheimnißvolle Augenblick, der bei jeder sinnlichen Wahrnehmung vorkommt, ehe noch Anschauung und Gefühl sich trennen, wo der Sinn und sein Gegenstand gleichsam in einander geflossen und Eins geworden sind, ehe noch beide an ihren ursprünglichen Platz zurückkehren – ich weiß, wie unbeschreiblich er ist, und wie schnell er vorübergeht, ich wollte aber, Ihr könntet ihn festhalten und auch in der höheren und göttlichen religiösen Thätigkeit des Gemüths ihn wieder erkennen. Könnte und dürfte ich ihn doch aussprechen, andeuten wenigstens, ohne ihn zu entheiligen! Flüchtig ist er und durchsichtig wie der erste Duft womit der Thau die erwachten Blumen anhaucht, schamhaft und zart wie ein jungfräulicher Kuß, heilig und fruchtbar wie eine bräutliche Umarmung; ja nicht *wie* dies, sondern er *ist* alles dieses *selbst*. Schnell und zauberisch entwickelt sich eine Erscheinung eine Begebenheit zu einem Bilde des Universums.“ SCHLEIERMACHER, Über die Religion, 2. Rede 221.

[92] Ebd. 211 f.

[93] DEMANGE, L'essence de la religion 53.

[94] LICHTENBERGER, Histoire des idées religieuses (s. Anm. 81) 2, 95.

[95] Diese Aussagen trugen Schleiermacher den Vorwurf ein, er neige zum Pantheismus oder er gebe zumindest die Transzendenz zugunsten der Immanenz auf.

wird, wird er religiös. In dieser Abhängigkeit liegt der Ursprung der Religion. Der Ursprung der Kirche wiederum ist im Gefühl der – diesmal relativen – gegenseitigen Abhängigkeit der Menschen untereinander zu suchen. Die Religion besteht folglich nicht aus einer Reihe von Dogmen oder einer Liste einzuhaltender Praktiken, denn die Lehren sind bloß die „Art und Weise, wie sich der Mensch über die Gefühle Rechenschaft gibt, die er in der Begegnung mit dem Unendlichen verspürt – die von ihm versuchte Übersetzung dieser Gefühle"[96]. Es zeigt sich, daß Schleiermacher, wie Frédéric Lichtenberger schreibt, „im Menschen eine neue spirituelle Welt entdeckt hat [...] Der Mensch trägt in sich selbst das Bewußtsein des Ewigen und Unendlichen; er empfängt es nicht von außen; vielmehr bildet es den Grund seines Wesens. Was die Verächter der Religion geringschätzen, ist ihr eigenes Heiligtum."[97]

Diese kurze Beschreibung zeigt, daß Schleiermachers Analysen verwandte Züge aufweisen mit der Art und Weise, wie die Reformatoren des 16. Jh. mit dem inneren Zeugnis des Heiligen Geistes argumentiert haben. Bei Schleiermacher findet sich jedoch der Einfluß der Romantik und der Mystik oder zumindest der dem 16. Jh. unbekannten Frömmigkeit der *Böhmischen Brüder*.

Von diesen Definitionen ausgehend, war Schleiermacher in der Lage, die gesamte traditionelle christliche Lehre neu zu interpretieren. Denn die Dogmen, so erläuterte er, sind zwar sekundär, dürfen aber trotzdem nicht vernachlässigt werden, stecke doch hinter einer großen Zahl alter Lehrdefinitionen nicht selten ein tiefer Sinn. Frédéric Lichtenberger faßt Schleiermachers Darstellung in dessen Werk *Über die Religion* wie folgt zusammen: „Jede neue Sicht, jede originäre Mitteilung des Universums an den Menschen verdient den Namen Offenbarung. Das Wunder ist lediglich Ausdruck der unmittelbaren Beziehung einer Erscheinung, eines Geschehens zum Unendlichen; es ist der religiöse Name für das Ereignis, und in diesem Sinn ist alles Wunder; je religiöser der Mensch ist, um so mehr Wunder sieht er. Die Inspiration ist der wahre Ausdruck für das innere Gefühl wahrer Moralität und Freiheit. Die Weissagung ist die Antizipation, die aprioristische Konstruktion der zweiten Hälfte eines religiösen Ereignisses, dessen erste Häfte bereits realisiert ist. Die Gnadenmittel sind die vom Universum unmittelbar hervorgebrachten religiösen Gefühle [...] Sich im Besitz all dieser Gefühle wissen heißt, den Glauben haben [...] Religiös ist nicht, wer an ein heiliges Buch glaubt, sondern wer kein solches Buch braucht und es bei Bedarf selbst schreiben könnte."[98]

Auch ohne die Analyse von Schleiermachers Reden *Über die Religion* weiter zu vertiefen, wird deutlich, daß der Autor im Umgang mit den traditionellen Lehren – diese werden nicht ausdrücklich bestritten, aber in sehr persönlicher Weise neu interpretiert – große Freiheit, aber auch große Innovationskraft an den Tag legte. Für Schleiermacher war Gott im Bewußtsein gegenwärtig, was auf die Aussage hinausläuft, das Unendliche sei im Endlichen gegenwärtig und die Religion sei das Bewußtsein des Endlichen als Teil des Unendlichen. Damit stellt er das Fundament der traditionellen Auseinandersetzung des ausgehenden 18. Jh. zwischen Rationalisten und Supranaturalisten mit ihren beinahe unüberwindbaren Unterscheidungen zwischen dem Natürlichen und dem Übernatürlichen in Frage. Später sollte Schleiermacher das Unvollständige, zuweilen Unpräzise seines Buches eingestehen,

---

[96] H. Dubois, De Kant à Ritschl, un siècle d'histoire de la pensée chrétienne, Neuenburg 1925, 30.
[97] Lichtenberger, Histoire des idées religieuses 2, 95.
[98] Ebd. 105 f.

nämlich dessen Schwächen hinsichtlich der Gottesidee wie hinsichtlich der Person und des Auftrags Jesu, das Ungenügen seiner Religionsdefinition (die Religion als Anschauen und Gefühl zu definieren kann zu einer ästhetisch-passiven Religion führen). Karl Barth wird ihm zudem vorwerfen, er nehme sich den traditionellen Lehren gegenüber zuviel Freiheit heraus, was darauf hinauslaufe, sich als „über" dem Christentum stehend zu betrachten, befugt, es zu definieren, einzuschätzen und so zu interpretieren, daß es nicht im Widerspruch zum Zeitgeist stehe: „Es bleibt aber [...] nichts übrig als die Feststellung, daß er [Schleiermacher] als Apologet des Christentums auf diesem wirklich wie ein Virtuose auf seiner Geige gespielt hat: *diejenigen* Töne und Weisen, die seinen Hörern, wenn nicht *erfreulich* klingen mußten, so doch *annehmbar* klingen konnten. Schleiermacher redet nicht als verantwortlicher *Diener*, sondern wie ein rechter Virtuose als ein freier *Meister* dieser Sache."[99]

Tatsache bleibt, daß Schleiermacher viel zur Erneuerung des protestantischen religiösen Denkens beigetragen hat, weil er für das Bewußtsein den Vorrang vor dem übrigen Vermögen des Menschen beansprucht und der Religion einen der Kantschen Kritik unzugänglichen Bereich zuweist. Außerdem ermöglichte er die Erneuerung der Apologetik – sie hatte sich seit dem 18. Jh. kaum weiterentwickelt –, indem er sich in erster Linie auf das Zeugnis des Bewußtseins berief. Seine Reden *Über die Religion* erschienen zu einem Zeitpunkt, da in der Politik unter dem Einfluß der Philosophie der Aufklärung eine Aufwertung des Individuums vor sich ging. Schleiermacher begründete die Rechte des Individuums in Sachen Religion.

Schleiermachers Denken ist nicht in diesem einzigen Buch enthalten. Besseren Einblick bietet sicherlich die 1821/22 erschienene *Dogmatik* (*Der christliche Glaube nach den Grundsätzen der evangelischen Kirche*, 2 Bde.), ein lange bearbeitetes Werk, worin das in seinen Reden *Über die Religion* definierte neue Religionsverständnis auf die gesamte protestantische Lehre appliziert wird. Selbstverständlich nahm Schleiermacher seine Grundideen wieder auf: Der Glaube (wie die Religion) ist vor allem anderen ein inneres Phänomen, eine Seinsweise des Bewußtseins, ein Gefühl absoluter Abhängigkeit Gott gegenüber – doch das trifft auf alle monotheistischen Religionen zu. Das Christentum wiederum ist von Jesus Christus und seinem Erlösungswerk nicht zu trennen. Schleiermacher versetzte die Religion einmal mehr in eine dem Rationalismus ebenso wie dem Supranaturalismus verschlossene Domäne. In seinen Augen war die Religion natürlich und übernatürlich zugleich: Natürlich insofern, als sie Teil des Wesens des Menschen ist, übernatürlich insofern, als sie das unmittelbare Bewußtsein des Unendlichen im Endlichen beinhaltet. Das Unendliche – Gott – kann nicht wissenschaftlich beschrieben werden, ist doch, gemäß Frédéric Lichtenberger, jede Beschreibung bereits Begrenzung: „Daher rührt Schleiermachers Scheu, sich Gott als eine Person vorzustellen. Das Übernatürliche enthüllt sich dem menschlichen Bewußtsein, aber sobald der Inhalt des Glaubens, des auf das Unendliche ausgerichteten Organs, Gegenstand des Denkens und Handelns wird, sind wir wieder innerhalb der Grenzen des Natürlichen. Im Christentum ist folglich alles übernatürlich und natürlich zugleich. Die religiösen Erfahrungen, die es uns machen läßt, sind übernatürlich; alles, was durch Unterweisung und Beweisführung wissenschaftlich dargestellt werden kann, ist natürlich, d. h. rational."[100]

Der Glaube an Jesus Christus ist folglich nicht das Produkt rationaler Beweisführungen,

[99] BARTH, Die protestantische Theologie 399.
[100] LICHTENBERGER, Histoire des idées religieuses 2, 202 f.

weil er die direkte und lebendige Beziehung zu Christus, Resultat einer inneren Erfahrung ist. Er tritt an die Stelle aller von der Apologetik früher geführten angeblichen Gottesbeweise wie Prophezeiungen, Wunder, Inspiration der Bibel usw., die als Zustimmung unserer Vernunft zu bestimmten historischen Fakten definiert werden können. Um der Dogmatik einen festen Grund zu geben, ist diese also nicht auf Lehren oder übernatürlich geoffenbarten Tatsachen zu gründen, sondern auf der Erfahrung der mit Christus in Beziehung getretenen menschlichen Seele. Von daher rührt die Grundlinie der häufig von den traditionellen Glaubenslehren abweichenden Schleiermacherschen Interpretation.

Begnügen wir uns mit einigen charakteristischen Beispielen, allen voran dem Erlösungsdogma, das im Verlauf des 19. Jh. immer wieder Gegenstand vielfältiger Auseinandersetzungen wurde. Die Dogmatik, so Schleiermacher, hat ihren Ursprung in der Frömmigkeit. Diese wiederum beruht auf dem vom Menschen empfundenen Gegensatz zwischen der eigenen Unfähigkeit, die Bestrebungen des Bewußtseins zu verwirklichen, und der uns durch die Erlösung geschenkten Befähigung dazu. Die Erlösung vermag folglich im Menschen das bisher gestörte Gleichgewicht zwischen dem Streben des Bewußtseins und dem fleischlichen Streben wiederherzustellen. Sie befreit den Menschen, weil dank der Erlösung das religiöse Gefühl zum Lebensprinzip selbst wird, was wiederum die Gemeinschaft mit Gott ermöglicht. Auf Erden realisiert worden ist diese Gemeinschaft durch Jesus Christus, der der Erlöser sein konnte, weil er selbst nicht in seiner Harmonie wiederhergestellt werden mußte: Sein göttliches Bewußtsein war nicht von seinem fleischlichen Bewußtsein getilgt. Christus besitzt demzufolge eine wesensmäßige „Heiligkeit", was auf ein spezifisches Handeln Gottes schließen läßt. Dies ist denn auch der Sinn der biblischen Erzählung von der wunderbaren Geburt Christi, wie immer sonst die Interpretation ausfallen mag [101]. Christi Erlösungswerk besteht demnach darin, dem Gläubigen sein eigenes Gottesbewußtsein, also die Heiligkeit Gottes, zu vermitteln und so Gottes Schöpfungswerk zu vollenden. Christi Werk ist Erlösung und Versöhnung zugleich, denn dank der Erlösung gewinnt der Christ das Bewußtsein, in Gemeinschaft mit Gott zu stehen; die Versöhnung wiederum verleiht dem Gläubigen vollkommene Glückseligkeit, Begleiterscheinung des göttlichen Lebens. Versöhnung ist auch Heiligung, weil sie eine zunehmende Entfaltung der Gemeinschaft mit Christus darstellt, dessen wesensmäßige Heiligkeit sich allmählich dem Christen vermittelt und so die Wiederherstellung des göttlichen Lebens im Menschen ermöglicht. Christi Werk umfaßt also zugleich die traditionellen Begriffe der Rechtfertigung und der Bekehrung. Wir sind weit entfernt vom „stellvertretenden Sühneakt" der traditionellen Theologie [102].

Im ersten Teil seiner *Dogmatik* behandelt Schleiermacher die Schöpfung und die Vorsehung als Ausdruck des Gefühls absoluter Abhängigkeit. Entsprechend präzisiert er seine Auffassung des Übernatürlichen, was ihm eine Neuinterpretation des Wunderbegriffs erlaubt. In der traditionellen Lehre gilt das Wunder als ein den Naturgesetzen zuwiderlaufendes Handeln. Was die Menschen als Naturgesetze bezeichnen, so Schleiermacher, ist ganz

---

[101] Schleiermacher präzisiert zudem, dem Bericht über die Auferstehung Christi komme nicht die gleiche Bedeutung zu; letztere komme ihm vor allem vom Ort her zu, den dieser Bericht in den Erzählungen der Apostel einnimmt.

[102] Es sei eigens darauf hingewiesen, daß diese Auffassung der Erlösung es nicht zuläßt, Schleiermacher unter die Rationalisten einzuordnen, vertritt er doch den Standpunkt, das Erscheinen eines Bewußtseins, wie es Christus besaß, in der Welt sei unerklärlich, halte man sich allein an das Kräftespiel der Natur; es sei demnach ein übernatürliches Ereignis, das die Dogmatik feststellt, ohne dessen Ursachen zu entdecken.

einfach der Wille Gottes, ewig und allmächtig, einzige Kausalität im Universum. Was die Menschen für übernatürlich halten, ist bloß eine auf ihre ungenügende Erkenntnis zurückzuführende Fehleinschätzung.

Im zweiten Teil seiner *Dogmatik* beschreibt er das Gefühl absoluter Abhängigkeit in Relation zum Gefühl der Sünde und der Gnade. Das führt ihn insbesondere zu einer Neuinterpretation des Sündenbegriffs: Die Sünde wird vom Menschen zuerst als ein Gefühl wahrgenommen, als Gefühl des Kampfes zwischen Fleisch und Geist. Dieser Kampf ist möglich geworden, weil sich in uns das Eigenleben der Sinne entfaltet, ehe sich das Gefühl des Göttlichen entwickelt hat. Daher ist der Sündenfall (Schleiermacher spricht auch von Erbsünde) nicht etwa Folge eines unverständlichen Aktes – der Fall von Adam und Eva –, sondern universelle Veranlagung der solange zum Guten unfähigen menschlichen Person, als sie außerhalb des Erlösungswerkes Christi verbleibt. Der „Fall" ist folglich nicht die Ursache der Sünde, vielmehr dessen erste – exemplarische – Manifestation. Die Sünde wiederum kann definiert werden als Loslösung von Gott, d. h. als Unfähigkeit, das Gefühl der Abhängigkeit von Gott umfassend zu empfinden. Sie behindert folglich die Entfaltung einer existentiellen Frömmigkeit.

Mit Blick auf die Person Jesu Christi erklärte Schleiermacher – getreu seiner auf der Erfahrung beruhenden Methode –, das religiöse Bewußtsein gebe uns zu verstehen, die Glückseligkeit auf Erden sei das von Jesus Christus, dem Ideal der Menschheit, vermittelte neue Leben. Wie aber steht es um die Person Jesu? Schleiermacher, der die Idee der absoluten Vollkommenheit Christi ablehnt, bietet eine ganz eigenständige Interpretation des Dogmas der zwei Naturen Christi, die er als mit dem biblischen Text, aber auch mit seiner persönlichen Auffassung über das Wunder vereinbar hält. Da die Naturgesetze Ausdruck des göttlichen Willens sind, werden diese Gesetze, so Schleiermacher, selbst im Fall von Jesus Christus nicht überschritten. Deshalb hat das Gottesbewußtsein seit dem Tag von Christi Geburt als Jesus seine Überlegenheit über das fleischliche Bewußtsein nur in dem Maße manifestiert, wie sich die verschiedenen Funktionen des letzteren zu manifestieren begannen.

„Schleiermacher," so Frédéric Lichtenberger, „nimmt an, daß Jesus wahrhaft Mensch gewesen ist und als solcher den Gesetzen der menschlichen Entfaltung überhaupt unterworfen; er war seinen Zeitgenossen und Landsleuten gleich […] Doch die Göttlichkeit kann sich diesen Gesetzen nicht unterwerfen, sie kann sich nicht einschränken, sich ihrer selbst entledigen. Wenn Jesus wahrhaft Mensch gewesen ist, dann hat er nicht wahrhaft Gott sein können. Doch Jesus mußte eine einzigartige Vollkommenheit besitzen, die seinen Charakter als Erlöser bestimmt hat. Er ist der Idealtypus des Menschen. Was in jedem Mensch nur als Ideal existiert, das hat er in seiner Person verwirklicht."[103]

Zwar bewies Schleiermacher diese Aussage nicht, erklärte jedoch, ohne sie bleibe die Gründung der christlichen Kirche unverständlich. Er machte sich die Idee der vollkommenen Heiligkeit, der Vollkommenheit des fleischlichen Bewußtseins Christi nicht zu eigen, sondern beanspruchte für ihn nur die absolute Vollkommenheit seines religiösen Bewußtseins. Was Jesus nach Schleiermacher von allen anderen Menschen unterscheidet, das ist, „daß in seiner Person der Idealtypus und die geschichtliche Realisierung absolut verschmelzen. Allein in Christus ist das Ich-Bewußtsein stets durch das Gottesbewußtsein be-

---

[103] Lichtenberger, Histoire des idées religieuses 2, 219.

stimmt gewesen [...] Alles, was Christus gewesen ist, ist er durch die ursprüngliche Vermittlung Gottes geworden, dank welcher er vom Einfluß der Sünde befreit worden ist."[104]

In diesem Punkt stand Schleiermacher nicht im Widerspruch zur traditionellen Lehre. Doch seine Auffassung von der göttlichen Natur hinderte ihn, Jesus als göttlich zu qualifizieren. Er sieht keinen Grund, die Präexistenz Christi und damit das Trinitätsdogma anzunehmen. Seiner Meinung nach ist Jesus Christus nicht den Lastern, wohl aber den Grenzen der menschlichen Natur unterworfen, was seine religiöse Vollkommenheit indes nicht beeinträchtigt.

Diese wenigen Bemerkungen zeigen, daß sich Schleiermacher der Dogmatik des 16. Jh. gegenüber zwar Freiheiten herausnahm, daß er aber zugleich darauf bedacht war, sie nicht brüsk in Frage zu stellen. Er interpretierte sie mehr, als daß er ihr widersprach, und wenn er sie in einigen Punkten ablehnte (wie etwa im Fall der Trinität), dann nur, wenn es ihm nicht gelang, die Dogmatik in das durch seine Methode begründete intellektuelle Schema einzufügen. Die Methode gründete bekanntlich auf der Erfahrung, die ihn dazu führte, die Religion in ihrer christlichen Form zu akzeptieren, aber vom Christentum nur dessen genuin religiöse Inhalte zu akzeptieren. Als Leitfaden diente ihm das religiöse Bewußtsein, was ihm erlaubte, alle von den Gebildeten seiner Zeit als magisch oder mythologisch eingestuften Elemente abzulehnen und Christus als einen Menschen darzustellen, in dem das Menschheitsideal verwirklicht ist und der deshalb in jedem Individuum das Leben in Gott realisiert.

Von seinen Reden *Über die Religion* bis zu seinen letzten Werken verstand sich Schleiermacher immer als moderner Denker. Sein ganzes Werk ist geprägt vom Willen, an der kulturellen und damit auch an der wissenschaftlichen Entwicklung teilzuhaben. Das zeigt sich in seinen exegetischen Arbeiten, insbesondere in seinem 1821 erschienenen und unvollendet gebliebenen *Kritischen Essay über das Lukas-Evangelium*. Hier erweist er sich in seinem Willen, wissenschaftliche Exegese zu betreiben, häufig äußerst kühn. Zwar ist die Exegese nicht, wie schon erwähnt, eine Erfindung des 19. Jh. Von Herder hat Schleiermacher die Auffassung übernommen, die historische Beglaubigung sei für den christlichen Glauben wesentlich, weshalb das Verhältnis von Glaube und Geschichtlichkeit des Erdenlebens Jesu aufzuarbeiten sei. Daher werden Exegese, Kirchengeschichte und Dogmengeschichte als zentral eingestuft. Schleiermacher ist jedoch insofern auch ein Vorläufer der wissenschaftlichen Exegese, als er zeigen will – darauf wird ein Teil der theologischen Reflexion des 19. Jh. gründen –, daß Theologie als Wissenschaft möglich ist. So schrieb er in seinem berühmten Sendschreiben an Lücke: „Soll der Knoten der Geschichte so auseinandergehen: das Christentum mit der Barbarei und die Wissenschaft mit dem Unglauben? [...] Wenn die Reformation, aus deren ersten Anfängen unsere Kirche hervorgegangen ist, nicht das Ziel hat, einen ewigen Vertrag zu stiften zwischen dem lebendigen Glauben und der nach allen Seiten freigelassenen, unabhängig für sich arbeitenden wissenschaftlichen Forschung [...], so leistet sie den Bedürfnissen unserer Zeit nicht Genüge und wir bedürfen noch einer anderen, wie und aus was für Kämpfen sie sich auch gestalten möge. Meine feste Überzeugung aber ist, der Grund zu diesem Vertrage sei schon damals gelegt, und es tue nur not, daß wir zum bestimmteren Bewußtsein der Aufgabe kommen, um sie auch zu lösen."[105]

---

[104] Ebd. 219f.
[105] Zit. nach BARTH, Die protestantische Theologie 393.

Unter Schleiermachers Voraussetzungen besteht demnach kein Grund, die Arbeit der Exegeten a priori einzuschränken. Auftrag der Wissenschaft ist es nämlich nicht, den Glauben hervorzubringen (der Glaube ist das Produkt einer Herzenserfahrung), sondern den Glaubenswahrheiten eine vernunftgemäße Form zu geben. Der Bibeltext kann also untersucht werden, ohne damit die christliche Religion zu gefährden. Das Glaubensfundament ist nicht der zwar verehrungswürdige Text, sondern der im Bewußtsein eines jeden Menschen gegenwärtige lebendige Christus. Die Theologie läßt sich problemlos in das Gesamt der kulturellen Bewegung des 19. Jh. einbinden: Dieser Wille zeichnet Schleiermachers gesamtes Werk als Philosoph, Theologe, Kirchenpolitiker und Seelsorger aus.

Sein Anliegen bestand letztlich darin zu untersuchen, was die Kirche angesichts der Umwälzungen in zahlreichen Wissensbereichen im 19. Jh. lehren kann und will, und zwar unter Berücksichtigung der biblischen Norm und der Vergangenheit der Kirche, aber auch des Geisteslebens seiner Zeit. Aus diesem Grund ist Schleiermachers Theologie vor allem eine Kulturtheologie, wobei Kultur als Triumph des menschlichen Geistes, als eigentümliches Werk des Christentums verstanden wird. In einem gewissen Sinn setzte Schleiermacher das Reich Gottes mit dem kulturellen Fortschritt gleich. Das entspricht einem Anliegen des gesamten 18. Jh. und der Aufklärung und ist möglicherweise darauf zurückzuführen, daß Schleiermacher – in Weiterführung des reformatorischen Werkes des 16. Jh. – die von den Reformatoren gewählte Reihenfolge der Problemdarstellung umgekehrt hat: Schleiermacher interessierte sich für das Handeln des Menschen Gott gegenüber und nicht für das Handeln Gottes am Menschen. Angesichts dieser Voraussetzungen ist es trotz des von späteren Theologen geäußerten Vorwurfs des Anthropozentrismus verständlich, daß der Theologe Schleiermacher das protestantische Denken des 19. Jh. am stärksten beeinflußt hat.

Hegel

Ein weiterer Denker hat die protestantische Theologie entscheidend geprägt: Georg Wilhelm Friedrich Hegel (1770–1831). Hegel war nicht Theologe, sondern Philosoph, weshalb hier nicht der Ort ist, sein komplexes Denksystem darzustellen. Doch für ein besseres Verständnis der protestantischen Theologie sei in Erinnerung gerufen, daß Hegel das deutsche Denken und einen Teil der Theologen nachhaltig beeinflußte. Hegel präsentierte seinen Zeitgenossen als Reaktion auf die von manchen als zu vage und zu schillernd empfundene Romantik ein umfangreiches, reflektiertes und strenges System. Er faßte seine Lehre in der berühmt gewordenen Formel zusammen: „Das Vernünftige ist das Reale und das Reale ist das Vernünftige." Damit eröffnete er dem menschlichen Geist gänzlich neue Horizonte. In seinem Werk *Die protestantische Theologie des 19. Jahrhunderts* vertritt Karl Barth betont einseitig die These, Hegels Denken, seine Philosophie des Selbstvertrauens, hätte eigentlich das gesamte 19. Jh. dominieren sollen, „weil Hegel es gewagt hat, mit diesem von jedem echten Zeitgenossen irgendwie bejahten, einfachen Prinzip bis in die letzten Konsequenzen [...] Ernst zu machen"[106]. Denn aufgrund dieses Selbstvertrauens sei der Mensch des 19. Jh. ein Mensch, „der an Allem zweifeln kann, weil er an sich selbst keinen Augenblick zweifelt und eben darum um Alles weiß, weil er schlechterdings um

---

[106] Ebd. 349.

sich selbst weiß".[107] Nach Hegel handelt es sich beim Selbstvertrauen nicht um ein individuelles Vorrecht, sondern um das Vertrauen in die jedem einzelnen verfügbare allgemein menschliche Vernunft. Ist es nicht Hegel, „der Kants große Entdeckung von der Transzendentalität des menschlichen Vernunftvermögens bis in die letzten Konsequenzen ausgebeutet und fruchtbar gemacht hat?"[108]. Doch bereits nach 1850 begann selbst unter den Philosophen eine Absetzbewegung von Hegel. 1861 konnte sich Edmond Scherer dazu in der *Revue des deux mondes* wie folgt äußern: „Die Realität hat ihm [dem Hegelianismus] übel mitgespielt. Er wurde auf die Probe gestellt und scheiterte [...] Die Fragen harren noch immer, dunkel und bedrohlich einer Lösung, auf deren Suche aber begleitet uns nicht mehr Hoffnung, sondern Entmutigung. Hegel brachte das Unendliche auf eine Formel, doch das formulierte Unendliche ist nicht das Unendliche."[109]

Nach Scherer fand die Absetzung vom Hegelianismus statt, weil er sich als unfähig erwiesen hatte, die von ihm aufgeworfenen Fragen zu lösen und sich letztlich damit begnügte, die intellektuellen Methoden zu disziplinieren, Strenge und Präzision zu lehren und die Freude an tiefsinnigen Erklärungen und allgemeinen Gesetzen zu wecken – was nicht wenig ist. Karl Barths Erklärung ist einleuchtender: Seiner Ansicht nach offenbart die relativ rasche Abwendung vom Hegelianismus die Begrenztheit des grundlegenden Anliegens des 19. Jh. (Aufwertung des Selbstbewußtseins als Gottesvertrauen und Konkretisierung des Gottesvertrauens im Selbstvertrauen) und die „Unmöglichkeit, von diesem Anliegen aus alle anderen Wahrheitsanliegen zu erledigen"[110]. Bekanntlich führte Hegel die dialektische Methode von neuem ein, was bedeutet, daß er das Leben des Geistes in seiner Bewegung betrachtete und eine folgenschwere Neuerung einführte, nämlich „daß der Begriff den Widerspruch gegen sich selbst nicht sowohl nach dem Grundaxiom der ganzen bisherigen abendländischen Logik ausschließt, sondern vielmehr einschließt, daß der Widerspruch gegen den Begriff, weit entfernt davon, diesen aufzuheben, vielmehr ein notwendiges Moment des Begriffes selbst ist"[111]. Die Wahrheit liegt folglich in der unablässigen Erneuerung und der Fehler darin, sich auf ein Moment des Begriffes festzulegen. Doch was an Hegel ganz eigenständig, ganz dem Geist des 19. Jh. entsprechend ist, das findet sich weniger im besonderen Charakter der dialektischen Methode als in der Aussage, diese Methode sei universal und es handele sich dabei um einen Schlüssel, mit dem alle Schlösser geöffnet werden könnten, weil sie „eine Denkregel [ist], mit der man dem Denken und seiner Regel selbst ebenso beikommen kann, wie den Dingen an sich"[112].

Karl Barth stellt sich dann die Frage, weshalb diese Philosophie in der protestantischen Welt nicht auf breitere Zustimmung gestoßen sei. Seine Antwort: Weil das Selbstvertrauen an der Realität scheiterte. Abgelehnt wurde (übrigens in der gesamten abendländischen Welt) weniger der Hegelianismus als vielmehr jede Methode, die zu universaler Erkenntnis hätte führen sollen. Eigentlich schreckte man vor dem erreichten Ideal zurück und gab

---

[107] Ebd. Und Barth präzisiert: „Es handelt sich um Philosophie und also um das Selbstvertrauen des *denkenden* Menschen [...] Die Identität zwischen dem Denken und dem Gedachten, sofern sie im Akt des Denkens stattfindet, heißt bei Hegel der *Geist*. Und so ist auch das Hegelsche Selbstvertrauen Vertrauen auf den Geist, der seinerseits mit Gott eins und dasselbe ist." (Ebd. 349 f).
[108] Ebd. 344
[109] E. Scherer, Hegel et l'hégélianisme, in: Revue des deux mondes 1 (1861) 812–856, zit. 852.
[110] Barth, Die protestantische Theologie 347.
[111] Ebd. 359.
[112] Ebd. 363.

es auf, um zu Teilerkenntnissen zurückzukehren. Das war etwa in der Theologie der Fall, wo die Theologen der religionsgeschichtlichen Schule sich viel weniger ambitiöse Ziele setzten als etwa Schleiermacher[113]. Doch nach Karl Barth gaben die modernen Denker und Theologen die Hegelsche Methode schließlich auf, weil sie zu viele Opfer forderte. Dem modernen Menschen, seinem Kulturbewußtsein mutete Hegel das Eingeständnis zu, es gehe ihm zutiefst und letztlich um den Anspruch der Wahrheit, „um einen Anspruch, der so beschaffen ist, wie er es nur sein kann, wenn die Wahrheit Gott, Gott aber der Herr der Menschen ist"[114]: Ein Anspruch, der gerade deshalb so schwer anzuerkennen ist, weil Hegel die Wahrheit – also die Erkenntnis – als eine dialektische Bewegung, als eine Geschichte auffaßte. Das bedeutet aber eine ständige Bedrohung für die Gewißheit und eine Reduktion der Wissenschaft auf den Wissensakt, also auf die Methode. Was der „moderne" Mensch des 19. Jh. ablehnt, ist die Absorption der Philosophie durch die Theologie.

Die Theologen wandten sich von Hegel ab, weil sie Hegels Theologieverständnis verwarfen. Dieses forderte den Theologen derartige Opfer ab, daß sie vor den Konsequenzen der Hegelschen Prämissen zurückschreckten, die – zumindest teilweise – zu Beginn des 19. Jh. auch die ihren waren. Das erklärt, weshalb im ausgehenden 19. Jh. viele von ihnen dem Rationalismus nahestanden, so wie er hundert Jahre zuvor existiert hatte[115]. Hegel forderte von der Theologie mindestens zwei schwerwiegende, komplementäre Opfer: Er beschäftigt sich kaum mit dem Begriff der Sünde, die Gnade wird unverständlich. In seiner Beschreibung des Verhältnisses des Menschen zu Gott findet der Begriff der Sünde genaugenommen keinen Platz. Dazu meint Karl Barth: „Wenn der Erkenntnisgrund der Theologie die Offenbarung, die Offenbarung aber die Offenbarung Gottes an den in seiner Sünde verlorenen Menschen und die Offenbarung von Gottes unbegreiflichem Versöhnen sein sollte, dann liegt hier [bei Hegel], wo es erlaubt scheint, über das Geheimnis des Bösen und des Heils hinauszudenken, erlaubt und möglich in dieser Weise hinter dies doppelte Geheimnis zu kommen – dann liegt hier ein anderer Erkenntnisgrund, ein für die Theologie unannehmbarer Wahrheitsbegriff vor."[116]

Das Problem der Gnade wiederum ist mit dem Gottesbegriff verbunden. Karl Barth ruft zwei Positionen Hegels in Erinnerung: „Gott ist schlechthin offenbar" und „Ein Geist, der nicht offenbar ist, ist nicht ein Geist." Dann aber ist nicht zu übersehen, daß die Identifizierung Gottes mit der dialektischen Methode „eine kaum tragbare Einschränkung, ja Aufhebung der Souveränität Gottes besagt, die die Bezeichnung dessen, was Hegel Geist, Idee, Vernunft usw. nennt, als Gott erst recht fragwürdig macht". Hegels Gott ist „mindestens sein eigener Gefangener"[117]. So schließt sich gewissermaßen der Kreis, und die Folge des im Denken des 19. Jh. manifesten Selbstbewußtseins kommt deutlich ans Licht – was eine

---

[113] Dazu lassen sich weitere Beispiele finden. In der französischen Historiographie etwa ist festzustellen, daß die Forschungstätigkeit der großen Historiker der ersten Hälfte des 19. Jh. (etwa Guizot oder Michelet) viel ambitiöser und breiter angelegt war als jene ihrer Nachfolger in der zweiten Hälfte des Jahrhunderts.

[114] Barth, Die protestantische Theologie 369.

[115] Das war bei mehreren liberalen Theologen Frankreichs der Fall; vgl. dazu A. Encrevé, La première crise de la faculté de théologie protestante de Paris: la démission de Maurice Vernes, in: BSHPF 136 (1990) 77–101.

[116] Barth, Die protestantische Theologie 375.

[117] Ebd. 376f. Und Barth präzisiert: „Alles begreifend, begreift er zuletzt und zuhöchst auch sich selbst, und indem er das im Bewußtsein des Menschen tut, wird und ist vom Menschen aus Alles, was Gott ist und tut, als dessen eigene Notwendigkeit eingesehen. Es kann nun in der Offenbarung nicht mehr um eine freie Tat Gottes gehen, sondern Gott *muß* so funktionieren, wie wir ihn in der Offenbarung funktionieren sehen." (Ebd. 377).

Absetzbewegung zahlreicher Theologen bewirkte. In der Tat betrachtete Hegel das die göttliche Offenbarung empfangende (endliche) menschliche Bewußtsein als ein Moment des Gottesbegriffes. Die Schöpfung ist für Gott ebenso notwendig wie die christliche Gemeinde, denn wäre er nicht der Geist der Gemeinde, wäre er nicht Gott. Dazu Karl Barths Kommentar: „Ich bin notwendig für Gott. Das ist der Grund des Hegelschen Gottvertrauens, der Grund, weshalb es sofort und ohne Weiteres auch als Selbstvertrauen verstanden werden kann und sich selbst verstanden hat."[118] Doch wenn Gott den Menschen notwendig braucht, bedeutet das dann nicht die Annullierung der Gnade und die Zerstörung der Freiheit Gottes, also des Gottesbegriffes selbst? Das ist zumindest die Schlußfolgerung der „dialektischen" Theologie Karl Barths und einer der Hauptgründe für dessen Opposition gegen die Theologie des 19. Jh. „Hegel„ so schreibt Karl Barth, „hat, indem er die dialektische Methode der Logik zum Wesen Gottes machte, die Erkenntnis der realen Dialektik der Gnade, die in der Freiheit Gottes begründet ist, unmöglich gemacht."[119] Ungewiß ist, ob sich alle Theologen des 19. Jh. der letzten Konsequenzen der Hegelschen Philosophie bewußt waren. Ungewiß ist auch, ob Barth nicht eher seine Position proklamierte als Hegels Intention bedachte. Tatsache ist jedoch, daß Hegels Philosophie nach einer Zeit hoher Wertschätzung – in den zwanziger Jahren des 19. Jh. stand Schleiermacher im Schatten Hegels[120] – um die Mitte des Jahrhunderts von den Theologen fallengelassen wurde. Um das zu verstehen, muß man sich allerdings auch vor Augen führen, daß zu der Zeit die Auswirkungen der Industriellen Revolution auf dem Kontinent und insbesondere in vielen Teilen Deutschlands unübersehbar geworden waren.

Die Erweckungsbewegung

Eine Abhandlung über den Hintergrund, auf dem sich die protestantische Theologie der Jahre 1830–1860 entfalten konnte, wäre ohne die Erwähnung der Erweckungsbewegung unvollständig. Zwar handelt es sich bei dieser nicht um eine theologische Strömung im eigentlichen Wortsinn, sondern um eine Frömmigkeitsbewegung, die in den Kirchen auf großes Echo stieß, aber das theologische Denken nicht eigentlich prägte. Doch war die Erweckungsbewegung für die Entwicklung der Theologie insofern von Bedeutung, als sie in den Kirchen Spaltungen herbeiführte. Jene Bewegung war international – mit Anhängern in Deutschland und in den skandinavischen Ländern, aber auch in England, Schottland, Frankreich und in der Schweiz. Ihr Profil blieb etwas vage, hatte sie doch ihre Wurzeln in dem für einen Aspekt des Zeitalters der Aufklärung so typischen Pietismus des 18. Jh.[121] – In Deutschland etwa ist der Einfluß der protestantischen Theologen Philipp Jacob Spener (1635–1705), August Hermann Francke (1663–1727) und der religiösen Gemeinschaft der *Böhmischen Brüder* nicht zu übersehen –, wobei die Mehrzahl ihrer Anhänger für eine eher an der Dogmatik des 16. Jh. orientierten Theologie optierten. Die Erweckung läßt sich demnach als „pietistische" Bewegung definieren, die spezifische

---

[118] Ebd.
[119] Ebd.
[120] Ebd. 379 f; an dieser Stelle erinnert Barth daran, „daß der junge D. Fr. Strauß, als er auf seiner üblichen Tübinger Stiftlerreise eben in Berlin angekommen in seinem [Schleiermachers] Studierzimmer den plötzlichen Tod Hegels erfuhr, ihn durch das unbedachte schmerzliche Wort kränkte: ‚Um seinetwillen war ich doch hiehergekommen.'"
[121] Ebd., „Der Mensch im 18. Jahrhundert", 16–59.

Lehrauffassungen vertrat, oder aber als Rückkehr zur Dogmatik des 16. Jh., gepaart mit einer vom Pietismus geprägten Spiritualität. In unseren Augen ist diese zweite Darstellung oberflächlich und beruht auf einer unvollständigen Analyse.

Die Erweckung verstand sich nicht in erster Linie als theologische Bewegung. Ihre Anhänger verstanden sich als Menschen, die die Christen „erwecken" und ihnen aufgrund einer persönlichen Herzensbekehrung ein neues Leben einflößen wollten. Ihrer Meinung nach war die Zugehörigkeit zum Christentum nicht einfach mit der wöchentlichen Teilnahme an den „heiligen Versammlungen" zu demonstrieren, wo mehr oder weniger brillante Erörterungen zu hören waren. Für sie zeigte sich das Christentum häufig in einer auf den Tag genau zu datierenden Herzensbekehrung, d. h. in der Herstellung oder Anerkennung einer gefühlsmäßigen Verbindung zwischen Jesus Christus und dem durch seine Bekehrung nunmehr „regenerierten" Gläubigen. Diese empfanden die Annahme der biblischen Wahrheit denn auch in erster Linie als eine Erfahrung des Herzens und weniger als eine Erfahrung von Verstand und Vernunft – dies um so mehr, als in der Erweckungsbewegung die Bekehrung zwingend tiefgreifende Auswirkungen auf das Alltagslebens hatte. Das Christentum ist eine persönliche spirituelle Erfahrung, aber auch ein neues und freudig-optimistisch aktives Leben, gegründet auf der Wirksamkeit der biblischen Botschaft, die als vollkommen zuverlässiger Leitfaden für das tägliche Handeln gilt. Aus dieser kurzen Darstellung geht hervor, was die Erweckung – ohne daß sich deren Anhänger dessen bewußt gewesen wären – und Schleiermachers Denken verbindet, zumal die Spiritualität der Erweckungsbewegung derjenigen der *Herrnhuter Brüdergemeine* nahestand, Schleiermacher wiederum die pädagogischen Anstalten der Herrnhuter zeitweilig besuchte und von deren Geist für sein ganzen Leben geprägt blieb. Diese Nähe wurde noch verstärkt durch das oft romantische Vokabular der Erweckungsbewegung, ebenso wie sich Schleiermachers Reden *Über die Religion* zumindest formal an der romantischen Stimmung der Berliner literarischen Salons orientierte, in denen ihr Autor verkehrte.

Häufig vermittelte die Erweckungsbewegung den Eindruck, sie wolle mit der in den ersten Jahrzehnten des 19. Jh. herrschenden Theologie brechen, sich der liberalen Richtung entgegenstellen, die zu einer sehr freien Interpretation der traditionelle Lehre neigte und häufig als Abkömmling des Rationalismus dargestellt wurde. Aus der Erweckung wiederum ging eine „orthodoxe" Strömung hervor, die sich selbst als „evangelisch" – heute auch als „evangelikal" – bezeichnete (1846 wurde die Evangelische Allianz gegründet, die sich als Dachorganisation der Anhänger dieser Strömung überall in der Welt versteht). Es handelte sich hier um kirchliche Gruppierungen, in denen sich Gläubige und Prediger zusammenfanden, nicht aber unbedingt die Theologen, die wußten, inwiefern die aus Schleiermachers Denken hervorgegangenen Analysemethoden mit diesen beiden Strömungen verbunden waren. Im übrigen lehnten zahlreiche allmählich „evangelikal" gewordene Anhänger der Erweckung die von Schleiermacher initiierte Dogmatik radikal ab. Sie waren vielmehr vom Willen beseelt, zur reinen Lehre der Reformation zurückzukehren, die in ihren Augen im 18. Jh. mit seinem erlahmten religiösen Eifer verwässert, wenn nicht gar vergessen worden war. Zumindest in den Anfängen interessierten sie sich demnach kaum für die dogmatische Spekulation, gerade auch weil manche Protagonisten der Erweckungsbewegung keine gründliche intellektuelle Bildung besaßen. Und da die Erweckung ursprünglich die Frucht einer persönlichen Bekehrung war, stellte sich den Anhängern als erstes die Frage nach dem persönlichen Heil. Das bedeutete eine beträchtliche Nähe zur Theologie des 16. Jh., die bekanntlich in ihrem ursprünglichen Impuls vieles der Heilsproblematik verdankt. Da sich die Anhänger der Erweckungsbewegung nicht unbedingt zu dogmatischer Forschung hingezogen fühlten, sahen sie also die Theologie des 16. Jh. – gewissermaßen a priori – als Ausdruck der evangelischen Wahrheit an. Sie hielten sich an die von den Reformatoren „beglaubigte" Theologie, weil sie von ihr vor allem das Fundament ihres Handelns in der Welt erwarteten. War der Ort der Theologie erst einmal in dieser Weise begrenzt, erschien es am einfachsten, jenen Männern zu vertrauen, die den Protestantismus begründet hatten und darüber hinaus große Denker waren.

Wird die Erweckung als theologische Bewegung dargestellt, wird weder die Namensgebung durch ihre ersten Vertreter noch die Vielfalt der Lehrmeinungen in ihren Reihen einsichtig. Es gibt keine Erweckungstheologie. Einige wenige verzichteten sogar auf ernsthaftes Bibelstudium mit dem Hinweis auf die umfassende Bibelinspiration und vertraten den Standpunkt, der Bibeltext sei den heiligen Schriftstellern gewissermaßen von Gott diktiert worden. Doch waren diese „Theopneusten" (von Gottes Geist Besetzte) selten, und für die meisten Erweckten waren die heiligen Autoren, nicht aber der Buchstabe des Bibeltextes inspiriert. Probleme stellten sich im Zusammenhang mit der Kindertaufe und dem Ursprung des Bösen oder mit den Grenzen der menschlichen Freiheit. Auch die Ekklesiologie sorgte für Auseinandersetzungen in den Reihen der Erweckten: Sollte die sichtbare Kirche eine Volkskirche sein, also für alle offen, die sich selbst als protestantische Christen verstehen, oder sollte sie in ihren Reihen nur die „Bekennenden" zulassen, die fähig waren, ihren Glauben korrekt und ausdrücklich zu bekennen, und deren Handeln nicht im Widerspruch zu den Lehrsätzen stand? War es zulässig, daß die Kirche eine Verbindung mit dem Staat einging oder mußte sie von allen Bindungen frei sein (1843 etwa wurde in Schottland eine mächtige Freikirche gegründet)? Das Fehlen einer dogmatischen Einheit zeigt, daß in der Erweckungsbewegung nicht die Theologie das verbindende Element ist.

Doch in ihrem Grundprinzip, wonach das Christentum in erster Linie als Herzenserfahrung verstanden wird, steht die Erweckungsbewegung Schleiermacher nicht sehr fern. Woher rührte dann bei den Zeitgenossen der Eindruck eines tiefen Bruchs? Das hing vermutlich mit den in der Erweckungsbewegung praktizierten Frömmigkeitsformen zusammen: private Zusammenkünfte im kleinen Kreis am Abend, nicht aber große Versammlungen im Gotteshaus am Tag; romantisch gefärbte Kirchenlieder, nicht aber die überlieferten Psalmen usw. Die Spiritualität der Erweckungsbewegung appellierte vielleicht nicht gerade an das Unbewußte, zumindest aber an mehr oder weniger unartikuliert gebliebene, nur halbwegs bewußte Gefühle – im Gegensatz zur traditionellen Frömmigkeit, wie sie im ausgehenden 18. Jh. allgemein ihren Ausdruck gefunden hatte.

Aus diesem Grund kann die theologische Bewegung des 19. Jh. nicht als Gegensatz zwischen Erweckten" und Liberalen dargestellt werden. Es handelt sich hier um kirchliche Parteien, die sich, wie etwa in Frankreich, heftig bekämpften, aber nicht um eigentliche theologische Richtungen. Wer Texte unbekannter Autoren liest, dem stellt sich zuweilen die Frage, welcher Richtung der Verfasser wohl zuzuordnen sei. Als Beispiel diene der 1861 in Paris veröffentlichte programmatische Artikel von Edmond de Pressensé, der die erste Nummer des *Supplément théologique* der *Revue chrétienne* eröffnete. Darin definierte er die eigene Richtung wie folgt: „Evangelisch und liberal, hat sie all ihre Theorien mit dem wohltätigen Atem der Freiheit belebt und überall das moralische Denken eingefordert. Soll sie mit einem Wort definiert werden, dann würde sie als Bewußtseinstheologie bezeichnet, bewahrt sie doch das Formalprinzip der Reformation, welches die Autorität der Schrift ist, und betont zugleich die Übereinstimmung von Gewissen und Wahrheit."[122]

Da der Artikel mit dem Titel *De la tâche de la théologie évangelique française* in einer Zeitschrift publiziert ist, die sich als Opposition zur *Revue de théologie* (auch *Revue de Strasbourg* genannt), dem Sprachrohr des liberalen Lagers in Frankreich, versteht, ist sofort einsichtig, daß Pressensés Text von einem der Hauptvertreter der nunmehr als „evangelisch" bezeichneten Erweckungsbewegung stammt. Gleichwohl ist die Verwandtschaft mit dem Geist der theologischen Bewegung des 19. Jh. offenkundig. Wer die tiefgreifende Differenz zwischen dem liberalen und dem erweckten Lager begreifen will, muß sich mit der Namensgebung der beiden Lager befassen. Die Liberalen wollen von ihrer Freiheit voll Gebrauch machen, während sich die „Evangelischen" durch den Bibeltext gebunden wissen. Beide Lager akzeptieren Lehransätze und wissenschaftliche Exegese. Doch wenn die Entwicklung des Denkens oder archäologische und philologische Entdeckungen die Aufrechterhaltung von überkommenen dogmatischen Interpretationen schwierig machen, dann zögern die Liberalen nicht, diese über Bord zu werfen und den „festen Boden" des Bibeltextes zu verlassen, während die Erweckten darauf bestehen, in jenem sicheren Hafen zu bleiben, den der Bibeltext für sie darstellt, wobei sie, falls nötig, auf die symbolische Interpretation zurückgreifen.

Doch die tiefe innere Verwandtschaft der beiden Bewegungen, die beide den Protestantismus des 19. Jh. verkörpern, verbietet es, die theologische Entwicklung anhand des Gegensatzes „Erweckte-Evangelische" und „Liberale" darzustellen. Aus diesem Grund haben wir eine andere Strategie gewählt.

2. Konservative Theologen und konfessionelle Strömungen

Das Fortbestehen der dem 18. Jh. verpflichteten Strömungen

In der ersten Hälfte des 19. Jh. blieben einige Theologen ihrer noch im 18. Jh. wurzelnden Bildung verhaftet, so als hätten Schleiermacher und Hegel nichts publiziert und die Erweckungsbewegung mit ihrer Betonung der Spiritualität und ihrem Rückgriff auf die Hauptpunkte der Dogmatik des 16. Jh. nichts verändert. Im Grunde genommen waren sie überholt und für die theologische Entwicklung generell nur von begrenzter Bedeutung. Aber sie verfügten noch in der Mitte des Jahrhunderts über beträchtlichen Einfluß auf die Pfarrerschaft. Wir gehen hier auf die wichtigsten dieser Theologen ein, ist doch ihr Fundament auch jene Basis, auf der sich das Denken des 19. Jh. entwickeln sollte.

Die Rationalisten

Sie präsentierten sich als die Erben des Kantschen Rationalismus, standen dem Philosophen aus Königsberg jedoch zumeist ziemlich fern. Sie verstanden es zwar, sich an der Vernunft als ihrem Kompaß zu orientieren, doch waren sie nicht der kritischen philosophischen Vernunft Kants verbunden, sondern eher dem als Synonym von Vernunft verstande-

---

[122] E. DE PRESSENSÉ, Histoire Religieuse. Les Moines et le Christianisme, in: RChr (1861) Supplément théologique 15.

nen „gesunden Menschenverstand". Von ihren Gegnern wurden sie deshalb eines platten, trockenen, eher dem Deismus als dem Christentum verwandten Rationalismus beschuldigt. Vertreter dieser Richtung, die auch nach 1830 noch bekannt waren, waren Röhr, Wegscheider und Paulus.

Johann Friedrich Röhr (1777–1848) spielte in der Kirche des Großherzogtums Sachsen-Weimar eine gewichtige Rolle als Oberhofprediger und Generalsuperintendent. Von Kant beeinflußt, schien er seinen Auftrag in erster Linie darin zu sehen, Kants Denken zu popularisieren, was nicht ohne Vereinfachungen abging. Seine theologischen Auffassungen legte er hauptsächlich in den beiden Werken *Briefe über den Rationalismus* (1813) und *Grund- und Glaubenssätze der evangelisch-protestantischen Kirche* (1832) dar. Als gelehriger Schüler des 18. Jh. vertrat er die Auffassung, der gesunde Menschenverstand (über den jeder Mensch verfügt, der aber nicht mit der philosophischen Vernunft gleichzusetzen ist) sei die einzig wahre Autorität, die der moderne Mensch akzeptieren könne. Deshalb sei er Richter der Lehre und befugt, jene Lehren abzulehnen, die eine große Zahl von Gläubigen nicht annehmen könnten und die keinen moralischen Zweck hätten. Das traf nach Röhrs Auffassung für die christologischen Dogmen zu, die zu viele spekulative, wenn nicht gar legendenhafte Elemente enthielten, um akzeptiert zu werden, während die von Christus gelehrte reine Moral der Vernunft so sehr entspreche, daß sie das Fundament des Christentums bilde[123].

Julius August Ludwig Wegscheider (1771–1849) – von 1810 bis 1849 Professor in Halle, wo seine Vorlesungen bei den Studenten auf großes Echo stießen – war stärker wissenschaftlich orientiert als Röhr, obwohl auch er nicht immer streng zwischen Vernunft und gesundem Menschenverstand unterschied. Ein eigenständiger theologischer Denker war er nicht. Wegscheiders 1815 erstmals publizierte und häufig neu aufgelegte *Institutiones theologiae christianae dogmaticae* waren ein Erfolg. Sie werden häufig als eine Art offiziöse Dogmatik der rationalistischen Richtung des 19. Jh. angesehen. Zwar verstand sich Wegscheider wie manche seiner Zeitgenossen insofern als moderner Theologe, als er mit seiner Interpretation des Christentums nicht in Widerspruch zur modernen Wissenschaft geraten wollte. Doch seine Methode bestand darin, in der Bibel jene Stellen herauszugreifen, die mit den Gesetzen der Vernunft übereinstimmten, denn, so meinte er, Gott hat den Menschen mit Verstand bedacht, damit er in der Bibel jene Stellen, in denen sich die Vernunft wiedererkennt, von den auch in der Bibel enthaltenen Irrtümern und Mythen unterscheide. Obwohl Wegscheiders *Institutiones* fünfzehn Jahre nach Schleiermachers Reden *Über die Religion* erschienen, trugen sie der von diesem Werk bewirkten Umwälzung keinerlei Rechnung.

Der wichtigste dieser Rationalisten ist zweifellos Heinrich E. G. Paulus (1761–1851). Seit 1811 als Professor in Heidelberg tätig, wurde er durch zahlreiche Aufsätze und Werke bekannt, in denen er insbesondere für Toleranz in allen ihren Formen und die unabhängige Bibelforschung plädierte. Paulus, ein kultivierter Gelehrter und guter Kenner der orientalischen Sprachen (er war der Verfasser einer arabischen Grammatik), war in erster Linie Exeget. Doch da es ihm vorrangig darum ging, das moralische Fundament des Christen-

---

[123] In Deutschland war Röhr in der ersten Hälfte des 19. Jh. auch wegen seines Hangs zur Polemik bekannt, den er besonders in seinen Publikationsreihen „Predigerlitteratur" (1810–1814), „Neue und Neueste Predigerlitteratur" (1815–1819) und „Kritische Prediger-Bibliothek" (1820–1848) pflegte. Zu Berühmtheit brachte es seine Polemik gegen K. A. von Hase (1834).

tums herauszuarbeiten, wirkte seine exegetische Methode oft willkürlich. In seinen erstmals 1800 erschienenen, zwischen 1830 und 1833 in überarbeiteter Form neu aufgelegten
Untersuchungen zu den Synoptikern und in seinem Werk *Das Leben Jesu* (1828) – es erschien also bereits sieben Jahre vor dem gleichnamigen Werk von Strauß – vertrat er den
Standpunkt, sämtliche Aussagen im Neuen Testament ließen sich auf natürlichem Weg erklären. Hier stellte er zur Erklärung der Wunder mehrere Hypothesen auf: Die wunderbare
Geburt Jesu sei bloß eine fromme Halluzination. In den Berichten über Jesu Wunderheilungen hätten die Evangelisten ganz einfach vergessen, die von Jesus verwendeten Natur-
heilmittel zu erwähnen. In der Textstelle, die darüber berichtet, wie Jesus über das Wasser
schreitet, kläre sich alles, wenn man die griechische Präposition „epi" mit „am Ufer" (des
Meeres) übersetze und nicht mit „auf" (dem Meer) usw. Dieses exegetische Verfahren, das
die Kriterien der eigenen Gewißheit kaum reflektiert, zielt vor allem darauf ab, Jesu moralische Botschaft unter Ablehnung jeglichen Mystizismus hervorzuheben. Doch obwohl
sich Paulus auf Kant bezog, war sein Vernunftgebrauch eher am gesunden Menschenverstand orientiert.

Aus den Reihen der Rationalisten des 19. Jh. ist kein bedeutendes Werk hervorgegangen, und ihre Methode hat sich schon bald als überholt erwiesen. Gleichwohl haben sich
zwischen 1860 und 1880 mehrere Autoren an ihren Methoden orientiert, allerdings ohne
dies immer ausdrücklich zuzugeben. In Frankreich etwa zählten dazu Félix Pécauts *Le
Christ et la Conscience* (1859) und die ersten Studien von Maurice Vernes [124].

Die Supranaturalisten

Die Supranaturalisten bekämpften die Rationalisten, obwohl sie in einigen Punkten mit
ihnen übereinstimmten. Zwar hielten sie sich an den Buchstaben des Bibeltextes, doch gingen sie mit den Rationalisten insofern einig, daß auch sie das Christentum als eine Lehre,
als ein Lehrgebäude betrachteten. Ihrer Auffassung nach enthielt die Bibel nichts, was die
Grenzen der menschlichen Vernunft übersteigt. Doch, so Frédéric Lichtenberger, sie
behaupteten, „die Vernunft wäre ohne Offenbarung niemals zu den von ihr tatsächlich
erzielten Resultaten gelangt, der biblische Text wiederum sei Stütze, gewissermaßen der
göttliche Lehrer des menschlichen Geistes" [125].

Bis kurz nach 1840 war die Universität Tübingen mit dem Publikationsorgan *Tübinger
Zeitschrift für Theologie* das Zentrum dieser supranaturalistischen Theologie. Nach 1830
lehrten dort kaum mehr bedeutende Theologen. Erwähnt seien gleichwohl Gottlieb Jakob
Planck (1751–1833), der vor allem Kirchenhistoriker war, oder Johann Christian Friedrich
Steudel (1799–1837), dessen 1834 veröffentlichte *Glaubenslehre* Grenzen und Unsicher-
heiten der Supranaturalisten enthüllt: sein Werk ist eher Polemik gegen seine Gegner als
Darstellung eines kohärenten Systems.

Letztlich waren auch die supranaturalistischen Theologen des 19. Jh. rückständig. Sie
behielten insofern eine gewisse Bedeutung, als ihr Theologieverständnis, in abgeschwächter Form und gewissermaßen mit der rationalistischen Richtung kombiniert, in die Arbeiten von Theologen einfloß, die nachweisen wollten, daß die Freiheit des Denkens und die

---

[124] Vgl. dazu etwa M. VERNES, Quelques réflexions sur la crise de l'Église réformée en France. Lettre à Ed.
Sayous, Paris 1875; ebenso ENCREVÉ, La première crise (s. Anm. 115).
[125] LICHTENBERGER, Histoire des idées religieuses 2, 34.

wichtigen Aussagen des traditionellen christlichen Glaubens durchaus miteinander vereinbar sind. Für diese Theologen war das Christentum die Religion der Vernunft, die indes allein über eine übernatürliche Offenbarung der Welt zugänglich gemacht werden konnte.
Der einzig auf die eigenen Kräfte, also auf die Vernunft, verwiesene Mensch vermag nicht
zu wahrhaftiger Erkenntnis des Christentums zu gelangen. Diese Auffassung vertrat Bretschneider, vor allem aber de Wette.

Karl Gottlieb Bretschneider (1776–1848), ein Feind aller Extreme, verstand es dank seiner Gelehrtheit, die Schwächen von Systemen aufzudecken, die – insbesondere bei den
von Hegel beeinflußten Theologen – die christliche Lehre auf spekulativer Basis zu rekonstruieren suchten. Doch Bretschneider ging auch bedeutsame, erst später genauer erforschte Fragestellungen an. Er war es, der den folgenschweren Begriff der Dogmengeschichte in die Theologie einführte[126]. Zudem verfaßte er wichtige exegetische Arbeiten
zum Alten und Neuen Testament und wies in seiner Abhandlung über das Evangelium und
die Briefe des Johannes *Probabilia de evangelii et epistolarum Joannis Apostoli indole et
origine, eruditorum judiciis moderate subjecta* (1820) als einer der ersten nach, daß erhebliche Zweifel an der Echtheit der historischen Aussagen des vierten Evangelium angebracht sind.

Der repräsentativste und weit über den deutschen Sprachraum hinaus bekannte Theologe dieser Richtung war Wilhelm Martin Leberecht de Wette (1780–1849), von 1822 bis
1849 Professor in Basel. Vom Philosophen Jakob Friedrich Fries (1773–1843) und von
dem bereits erwähnten Theologen Paulus beeinflußt, kam er relativ früh zu der Einsicht,
der historische Rationalismus könne mit dem Offenbarungsglauben verbunden werden,
ohne daß man die Ansprüche der modernen Wissenschaft ausblenden müsse. Im Mittelpunkt seines Interesses stand nicht die Vernunft als solche, sondern der vernünftige
Mensch. So konnte er die Existenz von Ideen, die dem Wissen unzugänglich waren, postulieren und, so Karl Barth, „das Vorhandensein eines besonders vom Verstande und vom
Willen unterschiedenen, aber ebenso notwendigen Vernunftvermögens behaupten: des
Vermögens der *Ahnung* des ewigen Seins der Dinge im *Gefühl*, des Vernunftglaubens an
Seele, Freiheit, Gott"[127]. Dieses religiöse Gefühl erlaube es dem endlichen Menschen, sich
bis ins Unendliche zu erheben – als Teilhaber an der Natur des ästhetischen Gefühls sei er
argumentationsunabhängig. Seine Rolle bestehe folglich darin, die religiöse Weltsicht in
Form von Dogmen, aber auch Symbolen und Mythen auszudrücken. So werde der Mensch
Gegenstand der Theologie, die dann eine Kritik dieser Dogmen und Symbole präsentiere.
Nach erfolgter Kritik könnten dann jene religiösen und ästhetischen Gefühle, die diese
Dogmen und Symbole erst entstehen ließen, erneut geweckt werden. Die Komplexität der
Lösung veranschaulicht, wie schwierig der Versuch einer Synthese zwischen Rationalis-
mus und Supranaturalismus war.

Auf der Basis dieser Konstruktion, die seiner Auffassung nach den Glauben vor den Angriffen des Rationalismus schützte, befaßte sich de Wette dann mit durchaus innovativen
exegetischen und historischen Arbeiten. Er war, neben Baur, *der* historische Theologe jener Epoche. Bereits 1806/1807 veröffentlichte er exegetische Untersuchungen zum Alten
Testament. Dank seiner philologischen Kenntnisse unternahm er eine präzise Textanalyse.

---

[126] Bretschneider war nicht selbst Verfasser einer Dogmengeschichte, doch trug er einen Teil der dafür notwendigen historischen Materialien zusammen.
[127] BARTH, Die protestantische Theologie 434.

So gelang ihm beispielsweise eine fundierte Analyse des Pentateuchs, indem er diesen in eine Reihe von Fragmenten unterschiedlichen Alters und unterschiedlicher Herkunft zerlegte. Zugleich lehnte er die von den Rationalisten bevorzugte natürliche Erklärung der Wunder ab. Er bejahte den mythischen[128] und legendären Charakter dieser Berichte, hob aber vor allem ihren moralischen Gehalt hervor. In seinem dreibändigen, zwischen 1835 und 1848 erschienenen *Kurzgefaßten exegetischen Handbuch zum Neuen Testament* befaßte er sich auch mit dem Neuen Testament, wobei er sich ähnlicher Methoden bediente. Er lehnte die natürliche Erklärung der Wundertaten Jesu mit dem Argument ab, es wäre inkonsequent, Christi Lehren von dem damit einhergehenden Handeln zu trennen. Zugleich machte er deutlich, das zentrale Probleme der neutestamentlichen Exegese sei das Vorhandensein einer bereits vor der Niederschrift der Evangelien bestehenden mündlichen Überlieferung.

Doch letztlich warf de Wette mehr Probleme auf, als er lösen konnte. Gegen Strauß wies er die Willkür der ausschließlich mythischen Erklärung nach und mahnte Baur zugleich zur Vorsicht, da sichere Aussagen bei mangelhafter Quellenlage problematisch seien. In seinem letzten, 1846 publizierten Werk *Das Wesen des christlichen Glaubens vom Standpunkte des Glaubens dargestellt* kam er von einem veränderten Standpunkt her auf das am Anfang seiner Laufbahn[129] behandelte dogmatische Problem zurück. Nun verstand er den Glauben nicht mehr als eine Verherrlichung des Gefühls, der den von ihm erahnten ewigen Ideen eine symbolische Form verleiht. Vielmehr stellte er den Glauben nun als eine spirituelle Kraft dar, die der Mensch dank des von Christus vollendeten Versöhnungswerkes erlangen kann. Doch gelang es de Wette nicht, den Konflikt zwischen der Vernunft, die sich der philosophischen Sprache bedient, und dem religiösen Gefühl, das sich der symbolischen Sprache bedient, wirklich zu lösen, weil er den historischen Rationalismus mit dem Offenbarungsglauben verknüpfen wollte. Die Folge davon war sein von den Rationalisten abgelehnter, weil mit einem religiösen Apriori befrachteter Vernunftbegriff: Für de Wette besitzt der Mensch einen potentiellen Glauben, der sich mit der christlichen Dogmatik durchaus verträgt. Den Supranaturalisten wiederum erschien de Wettes Auffassung über die Offenbarung zu dürftig, wies er letztere doch gänzlich der Sphäre der dem menschlichen Bewußtsein immanenten Ideen zu. Das erklärt, weshalb de Wette unter den Theologen isoliert blieb, zugleich aber viele Pfarrer beeinflußte, die die großen traditionellen Lehraussagen zwar bewahren, aber sich nicht vom aktuellen Geistesleben abkoppeln wollten[130].

Die neue Orthodoxie und die konfessionellen Strömungen

Die konfessionellen Strömungen waren auch eine Antwort auf damalige Erwartungshaltungen. Nicht wenige Pastoren und Gläubige des 19. Jh. waren nämlich der Überzeugung, die moderne Theologie nehme eine zu gelehrte, einer kleinen intellektuellen Elite vorbehaltene Entwicklung, und demgegenüber sei die Rückkehr zu einer einfachen, klaren und

---

[128] De Wette verwandte als einer der ersten den Begriff „Mythos", um den Bibeltext zu erklären. Doch da er ihn ausschließlich auf das Alte Testament anwandte, wurde diese Kühnheit weitgehend akzeptiert.

[129] Zwischen 1813 und 1816 publizierte de Wette ein zweibändiges Lehrbuch der christlichen Dogmatik.

[130] Um die Mitte des 19. Jh. tauchte der Name de Wette in französischen protestantischen Zeitschriften nicht selten auf.

affirmativen Lehre notwendig. Unterstützung fanden sie mit dieser Forderung in erweckten Kreisen. – Da die entsprechenden Tendenzen in den Kapiteln über die einzelnen Länder abgehandelt werden, begnügen wir uns hier mit einigen allgemeinen Hinweisen.

Claus Harms (1778–1855) gehörte zu jenen, die sich der Restauration der Orthodoxie verschrieben hatten. Schon in jungen Jahren hatte er sich für den Kampf gegen den „modernen Antichristen", nämlich die zum höchsten Richter, zum „Papst" erhobene Vernunft entschieden (vgl. dazu seine anläßlich des 300. Jahrestages der Reformation 1817 veröffentlichten *95 Thesen*). Als begabter Polemiker verfaßte er eine Reihe von Schriften, worin er, nicht sehr originell, ganz traditionelle Positionen verfocht.

Der Hauptvertreter der neuen Orthodoxie im damaligen Deutschland war jedoch Ernst Wilhelm Hengstenberg (1802–1869), eher Anführer einer religiösen Partei als Theologe. In seinen Schriften verteidigte er die Verbalinspiration der Bibel und deren absolute Unfehlbarkeit. Doch trotz seiner großen Gelehrtheit fehlte es ihm an Wissenschaftlichkeit. Bekannt wurde er vor allem als Gründer der 1827 erstmals erschienenen *Evangelischen Kirchenzeitung*, des Sprachrohrs der Orthodoxie in Deutschland, in deren Spalten den fortschrittlichen Theologen der Kampf angesagt und in innerkirchlichen Auseinandersetzungen Partei ergriffen wurde.

Parallel zu dieser Orthodoxie entstand im Zuge der auf die Revolution von 1848 folgenden Reaktion in Deutschland die neulutherische Strömung. Sie erfaßte insbesondere jene Staaten, in denen 1817 die lutherisch-reformierte Union nicht eingeführt worden war (Sachsen, Hannover, Bayern, Mecklenburg). Bezeichnend für das Neuluthertum war, neben meist konservativen politischen Ansichten, die tiefsitzende Abneigung gegen die Aufklärung, aber auch gegen die frühe Erweckungsbewegung, die angeblich den Weg zum Subjektivismus öffnete. Mehr Gewicht erhielt der Kirchenbegriff. Nach neutlutherischer Auffassung war die Kirche nicht bloß eine Idee oder ein Ideal, sondern eine institutionelle Realität, wobei der Kirchenlehre – insbesondere in ihren Ausformulierungen des 16. und 17. Jh. – grundsätzliche Bedeutung zukam. Konsequenterweise vertraten die Neulutheraner eine Sakramentenlehre, die ihnen den Vorwurf des *Philokatholizismus*, einer zu großen Annäherung an die katholische Lehre, eintrug.

Einer der wichtigsten Vertreter dieser Richtung war der Jurist Friedrich Julius Stahl (1802–1861), der lange Zeit als Professor in Berlin wirkte. Stahl, ein glänzender Redner, verteidigte in mehreren Werken das monarchische Prinzip im Staat und die lutherische Kirche, die er gewissermaßen als Funktion des Staates sah[131]. Ebenfalls erwähnt sei der Hochlutheraner Johann Konrad Wilhelm Löhe (1808–1872), Autor vieler Schriften[132]. Er vertrat die Auffassung, die Beziehung des Christen zu Gott hänge von seiner Beziehung zur Kirche ab und die lutherischen Glaubensbekenntnisse seien die einzig wahre Darlegung der reinen christlichen Lehre. Theodor Friedrich Dethlof Kliefoth (1810–1895), Leiter der mecklenburgischen Landeskirche und Professor in Rostock, verfaßte ebenfalls eine Schrift über die Kirche[133]. Auch er war ein entschiedener Gegner des Individualismus in Sachen Religion. August Friedrich Christian Vilmar (1800–1868) wiederum, Professor in Marburg, wandte sich gegen die gesamte theologische Bewegung der ersten Hälfte des

---

[131] Vgl. etwa F. J. STAHL, Das monarchische Prinzip, Berlin 1846; DERS., Über christliche Toleranz, Berlin 1855; Die lutherische Kirche und die Union, Berlin 1859.
[132] J. K. W. LÖHE, Drei Bücher von der Kirche, den Freunden der lutherischen Kirche dargebracht, Stuttgart 1845.
[133] T. KLIEFOTH, Acht Bücher von der Kirche, Schwerin – Rostock 1854.

Jahrhunderts [134]. Insgesamt übte diese neulutherische Strömung, im Zusammenhang mit der noch zu behandelnden Erlanger Schule, einen enormen Einfluß auf Theologie und Kirche in vielen deutschen Staaten aus.

3. In der Nachfolge Schleiermachers

Unter dem Eindruck von Schleiermachers komplexem Denken entstand eine Art Schule mit einer eigenständigen Konzeption, deren Vertreter vor allem zwischen 1830 und 1860 aktiv waren. Dabei sind zwei Kategorien zu unterscheiden: die eigentlichen Schüler und die an Schleiermachers Neuerungen orientierten unabhängigen Theologen. In diesem Zusammenhang sei daran erinnert, daß es eine der Hauptmotivationen der Theologen des 19. Jh. war, Schrifttreue, religiöse Bedürfnisse der Gläubigen und allgemeine Grundsätze der wissenschaftlichen Kultur ihrer Zeit miteinander in Einklang zu bringen. Daß es dabei zu Spaltungen kam, ist vor allem auf die Schwierigkeiten zurückzuführen, Schleiermachers im wesentlichen spekulatives Denken in eine religiöse Alltagssprache weiterzuvermitteln. Doch gerade dieser Aufgabe verschrieben sich nicht wenige Theologen [135].

Schleiermachers Schüler

Schweizer

Alexander Schweizer (1808–1888) gilt gemeinhin als bester Kenner Schleiermachers. Schweizer, seit 1834 Professor in Zürich, ist der Verfasser zahlreicher Werke; die wichtigsten sind: *Die christliche Glaubenslehre nach protestantischen Grundsätzen* [136], *Die protestantischen Centraldogmen in ihrer Entwicklung innerhalb der reformierten Kirche* [137] sowie *Die Glaubenslehre der evangelisch-reformierten Kirche* [138]. Im Gefolge Schleiermachers vertrat Schweizer ein Denksystem, das der christlichen Lehre einen neuen Ort in der modernen Kultur zuweisen wollte. Anders als Schleiermacher war Schweizer mehr Historiker als Philosoph. Er versuchte nachzuweisen, daß die zeitgenössischen Glaubensformeln der ursprünglichen protestantischen Grunddoktrin entsprachen oder zumindest deren logische Vollendung waren. So legte er dar, daß der moderne Ausdruck „Gefühl der absoluten Abhängigkeit" vollkommen der traditionellen Lehre über die göttliche Allmacht, die den Reformatoren des 16. Jh. so wichtig gewesen war, entspreche. Als zentraler Punkt des Christentums könne diese Lehre keinesfalls aufgegeben, höchstens neu formuliert werden. Hingegen gehörten seiner Auffassung nach die Gottheit Christi oder die Verbalinspiration der Bibel nicht zu den zentralen Dogmen des Protestantismus. Hierbei handele es sich eher um Überreste mittelalterlicher, von den Reformatoren unlogischerweise beibehaltener Irrtümer, welche die moderne Theologie ohne weiteres über Bord werfen könne.

Schweizer, der sich als moderner Theologe und getreuer Schüler der Reformatoren ver-

---

[134] Vgl. A. F. CH. VILMAR, Die Theologie der Tatsachen wider die Theologie der Rhetorik, Marburg 1856 (Neudruck Darmstadt 1968).
[135] Jede Klassifizierung ist in gewissem Sinne willkürlich. Auch die hier vorgenommene Einteilung in drei Abschnitte – „Schleiermachers Schüler", „Im Umkreis der Erweckung", „Die Erlanger Schule" – ist angreifbar.
[136] 2 Bde., Zürich 1844–1847.
[137] 2 Bde., Zürich 1854–1856.
[138] 2 Bde., Leipzig 1863–1873.

stand, tat sich nicht schwer damit, traditionelles Christentum und modernes Bewußtsein miteinander in Einklang zu bringen – gerade auch, weil er in die allgemeine Definition der Lehre eine leichte Verschiebung einführte. Zwar suchte auch er den Ursprung des Glaubens in der Erfahrung, aber in der gegenwärtigen Erfahrung der Kirche und nicht in der persönlichen Erfahrung des einzelnen. Seiner Auffassung nach war dies der allgemeine Sinn von Schleiermachers Denken. Doch läßt sich unschwer erkennen, daß es eine solche Verschiebung der Perspektive erleichtert, neue lehrmäßige Glaubensinhalte, die aus diesem Prinzip hervorgehen, zu akzeptieren. Für Schweizer bedeutete der Glaube Aneignung der durch die historische Analyse erhellten Erfahrungen der Kirche. Anders als für Schleiermacher ist für ihn das Gefühl nur dann eine christliche Erfahrung, wenn es auf Lehre und Handeln hin angelegt ist. Schweizer verstand sich als Schüler Schleiermachers, weil er sich nicht mit dem Glauben der Vorfahren begnügen wollte und weil es, im Rückgriff auf Schleiermachers Methoden, notwendig war, einen für die Menschen des 19. Jh. annehmbaren Glauben zu definieren. Seiner Auffassung nach bewegte sich die Kirche in Richtung eines immer gründlicheren und exakteren Bibelwissens. Voraussetzung dafür seien ein großes Selbstvertrauen und die Zuversicht, die Vorsehung leite die Entwicklung der Theologie: Es gebe einen Augenblick, da muß sich der Theologe seiner Rolle als getreuer Vollstrecker des göttlichen Willens gewiß sein.

Von diesen Voraussetzungen her wird verständlich, weshalb Schweizer auf eine große Hörerschaft zählen konnte: Er war der getreueste Schüler Schleiermachers und zugleich der Theologe der Mitte – Gegner der Kühnheit eines Strauß wie der Rückkehr zur Theologie des 16. Jh., wie sie ein Teil der Erweckungsbewegung und des Neuluthertums propagierten. Er konnte sich so präsentieren, weil er immer darauf bedacht war, die Theologie nicht allein auf der persönlichen Erfahrung, sondern auf der gegenwärtigen Erfahrung der Kirche zu begründen.

Nitzsch

Auch Karl Immanuel Nitzsch (1787–1868) verstand sich in der Nachfolge Schleiermachers, doch war er stärker um eine Annäherung an die traditionelle Lehre bemüht. Professor in Bonn von 1822 bis 1847 und dann in Berlin bis zu seinem Tod 1868, veröffentlichte er 1829 sein Hauptwerk *System der christlichen Lehre*. Mit Schleiermacher und gegen Hegel vertrat er die Unabhängigkeit der Religion gegenüber dem philosophischen Denken, hatte doch seiner Auffassung nach die Religion ihren Sitz im Gefühl. Um den unweigerlich aufkommenden Vorwurf des Subjektivismus zu entkräften, vertrat er die These, das religiöse Gefühl impliziere unmittelbare Erkenntnis: das Wort Gottes, in der Geschichte geoffenbart und im Glauben angeeignet. Zwar unterschied Nitzsch zwischen der Schrift und dem in der Schrift enthaltenen Wort Gottes – womit er der wissenschaftlichen Exegese ihre ganze Legitimität beließ –, doch dank seiner Auffassung über das religiöse Gefühl konnte er eine Dogmatik akzeptieren, die enger an die Schrift gebunden war als diejenige Schleiermachers. Zudem versuchte er, Religiöses und Moralisches zu kombinieren, weshalb bei ihm nur dasjenige in die christliche Lehre Eingang fand, was Einfluß auf das moralische Leben besaß. Seinen Grundprinzipien entsprechend vertrat er die Auffassung, das Christentum sei eher Leben als Dogmatik. Das läßt sich an seinem Werk ablesen: Sobald Nitzsch ein Lehrelement darlegte, versuchte er auch dessen praktische Konsequenzen darzustellen, was zu einem rhetorischen Verfahren führte. Da er außerdem das

Wesentliche der christlichen Lehre zu bewahren suchte, gelang es ihm nicht, die eigenen Prinzipien zu respektieren. In seine Darlegungen zum Wort Gottes führte er z. B. Elemente mit wenig Bezug zur Ethik ein und riskierte kühne Interpretationen. Bereits sein Grundanliegen wies in diese Richtung: Spiritualisierung der alten Lehren, um ihnen neues Leben einzuhauchen. Sein Buch zeugt denn auch vorab von Schleiermachers Bedeutung: Selbst ein eher konservativer Denker wie Nitzsch wollte die christliche Lehre den Menschen seiner Zeit dadurch zugänglich machen, daß er sie in einer direkt auf Schleiermachers Denken zurückgehenden Form präsentierte [139].

Twesten und Ullmann

August Detlev Christian Twesten (1789–1876) war erst Schleiermachers Schüler, dann dessen Nachfolger auf dem Berliner Lehrstuhl. Doch es gelang Twesten nicht, ein kohärentes System auszuarbeiten, mit dessen Hilfe er die Methode seines Mentors mit den Grundsätzen der Dogmatik des 17. Jh. hätte versöhnen können [140]. Mehr Gewicht besaß Karl Ullmann (1796–1865). Ullmann, Professor in Heidelberg und Halle und Autor zahlreicher exegetischer sowie historischer Studien, gründete 1828 zusammen mit Friedrich Wilhelm Karl Umbreit die *Theologischen Studien und Kritiken*, die sich als das Organ der neuen evangelischen Theologie verstanden. In seinem 1845 erschienenen Werk *Das Wesen des Christentums* vertrat Ullmann die Auffassung, das Christentum sei weder eine Lehre, wie dies Rationalisten und Supranaturalisten vertreten würden, noch ein moralisches Gesetz, wie Kant behauptete, und auch keine erlösende Kraft, wie die Reformatoren verkündeten. Sie sei stattdessen ein neues Leben, ermöglicht durch die Vereinigung des Göttlichen und Menschlichen dank einer Art Vergöttlichung des Menschen durch Jesus Christus – gemäß Ullmann war das gesamte Christentum bereits in der göttlichen und menschlichen Person Jesu Christi enthalten [141]. Jesus Christus führe den Menschen zur Vollkommenheit. Doch präzisierte er nicht, wie diese wechselseitige Durchdringung von Göttlichem und Menschlichem vonstatten gehen sollte, was ihm auch bereits von seinen Zeitgenossen angekreidet wurde. Ullmann erklärte zwar, er wolle Rationalismus und Supranaturalismus mit der Aussage versöhnen, das Christentum sei seinem Ursprung nach göttlich, seiner Form und Entwicklung nach jedoch zugleich menschlich. Doch beschrieb er nicht, wie Gott auf die Menschheit einwirken sollte. Letztlich war Ullmann – wie viele andere Schüler Schleiermachers – bemüht, den übernatürlichen Ursprung des Christen-

---

[139] Nitzsch war kein Konservativer im eigentlichen Sinn. Das bewies er 1846 auf der Berliner Generalsynode, wo er gegen die rechtliche Autorität der Glaubensbekenntnisse des 16. Jh. und des Apostolischen Glaubensbekenntnisses Stellung nahm. Im übrigen versuchte er in seinem Werk „Praktische Theologie" (3 Bde., 1847–1867) aufzuzeigen, daß allein das Christentum den Bedürfnissen der menschlichen Seele wahrhaft entspreche, weshalb es sein Ziel erst dann erreicht habe, wenn es ihm gelinge, mit seinem Geist die gesamte Menschheit zu durchdringen. Die Menschheit wiederum vermöge sich nur mit sich selbst zu versöhnen, wenn sie sich vom christlichen Geist durchdringen lasse.

[140] Vgl. dazu A. D. C. TWESTEN, Vorlesungen über die Dogmatik der evangelisch-lutherischen Kirche, Hamburg 1826; das Werk blieb, vermutlich wegen der von Twesten nicht zu lösenden theoretischen Probleme, unvollendet.

[141] 1830 veröffentlichte er einen Aufsatz mit dem Titel „Über die Unsündlichkeit (später Sündlosigkeit) Jesu", der einiges Aufsehen erregte. In der Absicht, dem Christentum eine historisch solide Basis zu verleihen, vertrat er die Auffassung, die Sündlosigkeit Jesu sei bewiesen durch das Zeugnis, das er von sich selbst abgelegt habe, und durch die Wirkung seiner Verkündigung auf die Apostel und die Frühkirche.

tums nicht zu vergessen und zugleich dessen menschliche Aspekte zu betonen. Doch gelangte er nicht zu einer Synthese der beiden Prinzipien.

Müller

Unter den Theologen, deren Denken im weitesten Sinn den Neuerungen Schleiermachers verpflichtet war, sei schließlich Julius Müller (1801–1878) erwähnt. Auch von Neander und Tholuck beeinflußt, zeigte er sich Baur gegenüber äußerst kritisch. 1839 publizierte Müller seine umfangreiche zweibändige Monographie *Die christliche Lehre von der Sünde* (die 1849 erschienene dritte Ausgabe zeigt den definitiven Stand seines Denkens zu diesem Gegenstand), die aufgrund ihres Erfolges sechsmal neu aufgelegt wurde. Gegen den Pantheismus und den Determinismus – und in gewisser Weise gegen die Hegelianer – verteidigte Müller die Personalität und Freiheit Gottes und versuchte den klassischen Gegensatz zwischen moralischer Freiheit und Erbsünde zu überwinden, und zwar unter Zuhilfenahme einer auch von Jakob Böhme erneut aufgenommenen Hypothese des Origines: Die Universalität der Sünde erklärt sich durch einen außerzeitlichen ursprünglichen Fall. Deshalb kommt der Mensch innerlich gespalten in die Welt, und es bedarf des Eingreifens der göttlichen Gnade, um ihn mit Gott zu versöhnen. Müller ist auch der Verfasser eines 1843 erschienen Werkes mit dem Titel *Das Verhältnis der dogmatischen Theologie zu den anti-religiösen Richtungen der gegenwärtigen Zeit*, worin er das Übernatürliche verteidigt, während die 1870 erschienenen *Dogmatischen Abhandlungen* eine Sammlung seiner Aufsätze sind.

Im Umkreis der Erweckung

Die meisten bedeutenden Theologen der Jahre 1830 bis 1860 – ausgenommen die Hegelianer – waren mehr oder weniger von Schleiermacher geprägt. Die nachfolgend erwähnten Persönlichkeiten machen da keine Ausnahme. Doch stärker als Schweizer oder Nitzsch betonten sie, was sie von dem trennte, der zuweilen als „Kirchenvater des 19. Jh." bezeichnet wird.

Neander

Ein besonderer Platz gebührt Johann August Wilhelm Neander (1789–1850), eigentlich David Mendel. Mendel war jüdischer Herkunft und trat nach der Lektüre von Schleiermachers Werk *Über die Religion* zum Christentum über. Den Namen Neander legte er sich zum Zeitpunkt der Taufe im Jahr 1806 zu. Neander war nicht systematischer Theologe, sondern primär Historiker, dessen Ruf weit über Deutschlands Grenzen hinausging. Von 1812 bis zu seinem Tod wirkte er als Professor in Berlin, hatte aber ganz andere Interessenschwerpunkte als Schleiermacher, der dort sein Kollege war. Neanders erste Publikationen waren historische Monographien: 1812 über Kaiser Julianus, 1813 über den heiligen Bernhard, 1821/22 über Johannes Chrysostomos und 1825 über Tertullian mit dem Titel *Agnostikus*. Neander trat auch als Verfasser breitangelegter Synthesen hervor: Zwischen 1832 und 1841 veröffentlichte er eine zweibändige *Geschichte der Pflanzung und Leitung der christlichen Kirche durch die Apostel*, schließlich zwischen 1826 und 1845 sein Hauptwerk, eine zehnbändige *Allgemeine Geschichte der christlichen Religion und*

Kirche, die mit der Zeit der Reformation endete. Als Antwort auf Strauß konzipiert war seine 1837 publizierte Schrift *Das Leben Jesu Christi in seinem geschichtlichen Zusammenhange und in seiner geschichtlichen Entwicklung.*

Neander war von Schleiermacher nur indirekt beeinflußt. Auffällig in seinen historischen Arbeiten, die heute stark veraltet wirken (es fehlt die philologische Analyse, um etwa die Fragen der Authentizität zu klären), ist der Hang zur psychologischen Analyse des religiösen Gefühls, seiner Phasen und seiner unterschiedlichen Formen. Neander übernahm Schleiermachers Auffassung über die Bedeutung der christlichen Gemeinde und ihrer Rolle in der Geschichte. Er begnügte sich nicht damit, Fakten und Lehren zu beschreiben; vielmehr stellte er die Kirchengeschichte dar als Erneuerung des menschlichen Lebens, erneuert durch das durch Gott in Jesus Christus vermittelte göttliche Leben. Für ihn war es deshalb vollkommen klar, daß das Christentum die unterschiedlichsten Formen annehmen konnte, paßte es sich doch der Vielfalt der menschlichen Natur an. Neander wollte nicht so sehr eine Geschichte der Kirche und ihrer Institutionen als vielmehr eine Geschichte des christlichen Lebens ausarbeiten. Zwar vertrat er die Auffassung, die Kraft des Christentums entspringe nicht den Tiefen der menschlichen Natur, sondern sei von Gott vermittelt. Und wenn sich gemäß Neander, der das Wunder nicht ausschloß, das Christentum doch zumeist den Entwicklungsgesetzen der Natur unterwarf, dann deshalb, weil die menschliche Natur eine wesenhafte Affinität zu jenem regenerierenden Prinzip besitze, welches das Christentum darstelle. Interessant an Neanders Werk sind folglich weniger die Resultate als die Intention. Tatsächlich mangelte es dem Autor an kritischem Sinn. In seinem Werk über die Apostelzeit etwa versuchte er, die Unterschiede zwischen den Aposteln einzuebnen, um, ganz im Sinn seiner Forschungstätigkeit überhaupt, das in ihnen wirksame Lebensprinzip beschreiben zu können. In seiner Schrift *Das Leben Jesu Christi* schnitt er das Problem der Authentizität der Quellen nicht wirklich an. Seine Schriften sind durchgängig apologetisch, doch – und das macht die Eigenständigkeit seines Denkens aus – ist es eine moderne, aus Schleiermacher hervorgegangene Apologetik. Aber ganz im Sinne der Erweckungsbewegung erläuterte Neander in seinem *Leben Jesu Christi*, wer nicht persönlich die Erfahrung der Erlösung erlebt habe, könne den Sinn der Evangelien gar nicht verstehen. Neander blieb auch sonst in seinen Aussagen eher traditionell, nicht zuletzt unter dem Einfluß der Erweckungsbewegung (einige ihrer Vertreter beriefen sich denn auch auf ihn). So lehnte er jeden Zweifel an der Gottheit Jesu ab. Doch die den Nuancen des religiösen Gefühls gewidmete Aufmerksamkeit, der der persönlichen religiösen Erfahrung eingeräumte Platz wie auch der offenkundiger Wille, „die menschliche Individualität in christlicher Prägung und die christliche Prägung in menschlicher Individualität darzustellen"[142] – dies alles zeigt, welchen Einfluß Schleiermachers Schriften selbst auf Autoren hatten, die ganz andere, im Bereich der Lehre sogar konservative Ansichten vertraten.

Tholuck

Friedrich August Gottreu Tholuck (1799–1877) repräsentiert eine andere Spielart des Schleiermacherschen Einflusses. Tholuck – häufig auch als einer der Hauptvertreter der Vermittlungstheologie bezeichnet – war beeinflußt von Neander, dessen Student er war,

---

[142] LICHTENBERGER, Histoire des idées religieuses 2, 264.

von Schleiermacher[143], wie die meisten Menschen seiner Zeit, und entscheidend von der Erweckungsbewegung, als deren Wortführer er galt. Nicht zuletzt wegen seiner einnehmenden Persönlichkeit hatte Tholuck, der von 1826 bis 1877 an der Universität Halle lehrte, in seiner Lehrtätigkeit große Erfolge. Der besonders auf dem Gebiet der Orientalistik bewanderte Gelehrte wurde bereits 1823 bekannt, und zwar mit der stark beachteten Schrift *Die Lehre von der Sünde und vom Versöhner oder Die wahre Weihe des Zweiflers.* In seinen weiteren Publikationen kritisierte er den Rationalismus[144], aber auch die Orthodoxie des 17. Jh.[145], was aufzeigt, welche Kluft zwischen der Erweckung des 19. Jh. und der früheren Orthodoxie bestand. Tholuck, der einen weitschweifigen Stil pflegte, beschränkte sich nicht auf Studien dieser Art, sondern verfaßte auch historisch-exegetische Werke zum Römerbrief, zu den Psalmen, zum Johannesevangelium sowie eine Studie, worin er die Schwächen von Straußens *Das Leben Jesu* aufzeigen wollte[146]. In Tholucks Arbeiten ist auch Schleiermachers Einfluß bemerkbar. Er selbst bestätigte denn auch, auf theoretischer Ebene stimme er Schleiermachers Definition der Religion zu. In seinen Augen ist das Christentum in erster Linie ein Lebensprinzip, ein Gefühl. Bei Schleiermacher handelt es sich jedoch um einen Begriff, bei Tholuck um eine ungemeisterte persönliche Emotion. Doch er setzte dieses Ereignis mit der Begegnung zwischen Mensch und Gott gleich: Der Mensch verstehe die christliche Wahrheit, weil er mit ihr ursprünglich verwandt ist, weil er sie dank Gottes Stimme in seinem Herzen wahrnehmen könne, denn zu Christus komme man weniger durch Reflexion als durch Herzenselan. Hier wird deutlich, was Tholuck mit Schleiermachers Fragestellung und der Erfahrungstheologie verbindet. Das führte Karl Barth aufgrund seiner radikal anders orientierten Theologie zu der These, Tholuck und auch die Erweckungsbewegung hätten nicht mit dem Anthropozentrismus des 19. Jh. gebrochen[147]. Tholuck, der sich den traditionellen Interpretationen keineswegs verpflichtet fühlte, aber dennoch nicht gegen den Zeitgeist verstoßen wollte, vertrat beispielsweise die These, in der Bibel sei die Inspiration auf die Heilswahrheiten begrenzt. Zwar räumte er den übernatürlichen Ursprung der Weissagungen ein, doch erklärte er zugleich (vgl. dazu seine 1860 veröffentlichte Schrift *Die Propheten und ihre Weissagungen*), diese bedienten sich Mittel, die der menschlichen Natur angemessen seien. In seinen exegetischen Aufsätzen wiederum anerkannte er die Rechte der wissenschaftlichen Exegese an, da sie in seinen Augen der Frömmigkeit große Dienste erwies.

Aufgrund dieser Ambivalenz, von der auch die Erweckungsbewegung insgesamt nicht frei war, fand Tholuck in Deutschland und in ganz Europa viel Beachtung, obwohl sein

---

[143] Schleiermacher, der Tholuck wenig schätzte, versuchte vergeblich, sich seiner Ernennung an der Universität Berlin zu widersetzen. Tholuck war Professor in Halle und lediglich Privatdozent in Berlin.

[144] F. A. G. Tholuck, Guido und Julius. Die Lehre von der Sünde und vom Versöhner, oder: Die wahre Weihe des Zweiflers, 2., umgearb. Auflage, Hamburg 1825, sowie Gespräche über die vornehmsten Glaubensfragen der Zeit für nachdenkende Laien, Hamburg 1846.

[145] Ders., Der Geist der lutherischen Theologen in Wittenberg im 17. Jahrhundert, Hamburg 1852; Ders., Das akademische Leben des 17. Jahrhunderts, Hamburg 1853–1854, usw.

[146] Ders., Die Glaubwürdigkeit der evangelischen Geschichte, zugleich eine Kritik des Lebens Jesu von Strauß, Hamburg 1837. Hier arbeitete er tatsächlich eine der Hauptschwächen von Straußens Buch heraus: die mangelnde wissenschaftliche Exegese.

[147] „Theologische Beschäftigung ist bei Tholuck [...] in der drastischsten Weise Beschäftigung mit sich selbst [...] Schon daraus wird ersichtlich, daß er und mit ihm die Erweckungstheologie überhaupt aus dem Rahmen der theologischen Problematik seiner Zeit jedenfalls nicht herausfällt, sondern im Gegenteil kräftig an ihrem durch Schleiermacher fixierten Zentrum Anteil hat" (Barth, Die protestantische Theologie 461).

Denken sich nicht durch Originalität auszeichnet. Vielleicht ist der mit sich selbst, seinem Herzen, seinen Gefühlen und seiner Sünden- und Gnadenerfahrung beschäftigte Christ, so wie ihn Tholuck beschreibt, eher ein Zeuge Christi als ein Mensch, der seine religiöse Erfahrung zu analysieren vermag.

Vinet

Die bedeutendste Persönlichkeit der Erweckungsbewegung im französischen Sprachraum ist der Schweizer Alexandre Vinet (1797–1847), der auch als „Schleiermacher des französischen Rationalismus" bezeichnet wurde. Zwischen Vinet und Tholuck gibt es einige Parallelen, obwohl Vinet in erster Linie ein volkstümlicher geistlicher Führer und erst in zweiter Linie Theologe war. In Ouchy bei Lausanne geboren, später Professor für Literatur in Basel, dann für Praktische Theologie in Lausanne, stieß er schon bald zur Erweckungsbewegung, deren Schwächen er nicht übersah. Wie Tholuck sparte Vinet nicht mit Kritik an die Adresse jener Erweckten, die sich die Erarbeitung einer dem 19. Jh. angemessenen Lehre glaubten ersparen zu können und sich damit begnügten, der Theologie des 16. Jh. ihre Reverenz zu erweisen. Sie machten mit ihrem unerschütterlichen Festhalten am Dogma der Verbalinspiration jede Diskussion unmöglich.

Vinet machte erstmals 1824 als Theoretiker der religiösen Freiheit von sich reden, und zwar mit seinem *Mémoire en faveur de la liberté des cultes (Memorandum für die Kultusfreiheit)* [148]. Darin qualifizierte Vinet die Verbindung von Kirche und Staat als geistlichen Ehebruch, denn während die Zivilgesellschaft einzig aus der Notwendigkeit zum gemeinschaftlichen Leben entstanden sei, liege der Ursprung der religiösen Gesellschaft (Kirche) in der Kommunion der Gefühle. Die religiöse Wahrheit sei absolut in bezug auf Gott, in bezug auf den Menschen indes relativ. Der Staat müsse demnach einzig die religiöse Freiheit garantieren. Das bedeute nicht Gleichgültigkeit, sondern das Eingeständnis, daß Aufrichtigkeit und Freiheit nicht voneinander zu trennen seien. Ohne die Aufrichtigkeit über die Wahrheit zu stellen, betrachtete Vinet die Aufrichtigkeit als die – menschliche – Bedingung der Wahrheit. Zeit seines Lebens verteidigte Vinet die religiöse Freiheit und den christlichen Individualismus. Das gilt insbesondere für seinen *Essai sur la manifestation des convictions religieuses* von 1842: In ihm propagierte er den Schutz des individuellen Gewissens, also jenes Heiligtum, worin sich der Mensch mit sich selbst und mit Gott konfrontiert sieht. Zur Darstellung dieses Phänomens griff Vinet häufig auf die Metaphorik zurück. So schrieb er: „Erinnern Sie sich an die antike Gastfreundschaft? Beim Abschied vom Fremden zerbrach der Familienvater ein mit einigen Buchstaben versehenes Siegel aus Ton, gab die eine Hälfte dem Gast und behielt die andere: Wurden diese beiden Fragmente, auch nach Jahren, wieder zusammengefügt, dann erkannten sie sich gewissermaßen, bewerkstelligten so das Erkennen derjenigen, die sich diese Fragmente gegenseitig vorzeigten, und legten, als Zeugen früherer Beziehungen, die Grundlage für neue. So fügt sich im Buch unseres Herzens zu den bereits geschriebenen Zeilen ihre göttliche Ergänzung; so erkennt unsere Seele die Wahrheit und entdeckt sie nicht; so urteilt sie mit Evidenz, daß eine für den Zufall wie für die Berechnung gleichermaßen unmögliche Begegnung Werk und Geheimnis Gottes ist – und erst dann glauben wir wahrhaft. Wiederholen

---

[148] 1824 anläßlich eines von der *Société de la morale chrétienne* organisierten Wettbewerbs verfaßt, wurde das Mémoire 1826 veröffentlicht.

wir es einmal mehr: Wir glauben dann, gewissermaßen instinktiv, an das Evangelium, wenn es für uns nicht mehr äußere Wahrheit, sondern innere Wahrheit geworden ist, wenn wir seine Offenbarung kaum mehr vom Bewußtsein zu unterscheiden vermögen, wenn es uns zum Bewußtseinsfaktor geworden ist." [149]

Aus diesem Zitat geht hervor, was Vinet mit der aus Schleiermacher hervorgegangenen Fragestellung verbindet. Im übrigen fällt es schwer, Vinets Lehre, die er selbst nicht systematisiert hat, zusammenzufassen [150]. Denn Vinet, der Verteidiger der später zum evangelikalen Lager mutierten Erweckung, wurde zuerst von der rationalistischen Fragestellung des 18. Jh., dann von Schleiermachers Romantik geprägt und verschloß sich auch den Fortschritten der Exegese nicht. Obwohl er sich dieses Instrumentariums kaum bediente, anerkannte er dessen Berechtigung. Sein Ansehen im französischen Sprachraum verdankt Vinet denn auch der Verknüpfung dieser verschiedenen Strömungen in seinem Denken. Vinet, der die Apologetik erneuern wollte, beschäftigte sich kaum mit historischen und äußeren Aspekten, denn für ihn stützte sich die religiöse Überzeugung nicht so sehr auf die historische Gewißheit der biblischen Tatsachen, sondern implizierte sie geradezu. In den Anfängen befaßte er sich mit der Problematik des 18. Jh., die sich um das Verhältnis von Glaube und Vernunft drehte. In seinen 1831 erstmals veröffentlichten *Discours sur quelques sujets religieux (Reden über religiöse Gegenstände)* betrachtete er es noch als Aufgabe der Vernunft, die historischen Beweise der Offenbarung zu verwalten und zu beweisen, daß diese Offenbarung der Natur des menschlichen Herzens vollkommen angemessen sei. Dann beschäftigte sich Vinet doch mehr und mehr mit der individuellen Heranbildung der religiösen Überzeugungen, der „persönlichen Aneignung des Christentums", wie damals gesagt wurde. Seiner Ansicht nach liegt der eigentliche Beweis der Göttlichkeit der Bibel in der Harmonie zwischen Bibel und menschlicher Natur, also in der Affinität zwischen Gott und Mensch, die allein durch das von Gott geprägte Bewußtsein vorstellbar sei. Hier zeigt sich, daß weder Tholuck noch Vinet – noch die meisten Anhänger der Erweckung überhaupt – mit der Grundproblematik des 19. Jh. brachen. Im übrigen mißtraute Vinet, der zeitlebens im Rahmen der evangelischen Dogmatik verankert blieb, allzu eng gefaßten Formulierungen, die zu einer „toten" Orthodoxie führen könnten. Er forderte eine der inneren Erfahrung des Gläubigen entsprechende Lehre, die er aber selbst nicht erarbeitete. Das brachte ihn zur symbolischen Neuinterpretation gewisser dogmatischer Formeln, war doch für Vinet die moralische Ordnung ausschlaggebend. Er behielt die traditionelle evangelische Dogmatik soweit bei, als sie mit seiner moralischen Lehre übereinstimmte. Sonst verlegte er sich – stets innerhalb der Grenzen der erweckten Strömung – auf die symbolische Interpretation.

Rothe

Wie Tholuck und Vinet berief sich auch Richard Rothe (1799–1867) zeitlebens auf die Erweckungsbewegung. Er illustriert in anderer Weise den Einfluß Schleiermachers, aber auch Hegels, steht also für eine besondere Spielart der Vermittlungstheologie. Rothe ver-

---

[149] Zit. nach E. SCHERER, Alexandre Vinet, notice sur sa vie et sur ses écrits, Paris 1853, 117; vgl. auch H. CLAVIER, La pensée religieuse de Vinet, Paris 1938, sowie E. RAMBERT, Alexandre Vinet (1875), Lausanne ⁵1930.

[150] Sie ist verstreut in einer Vielzahl von Artikeln und Publikationen, die teilweise als Sammelbände publiziert wurden. Zu nennen sind besonders: A. VINET, Discours (s. Anm. 29); DERS., Nouveaux discours sur quelques sujets religieux, Paris 1841; DERS., Études évangéliques, Paris 1847; DERS., Méditations évangéliques, Paris 1849.

stand sich als Supranaturalist, war aber auch ein Gegner der Theologie des 17. Jh. Er war Pietist, nannte sich selbst einen „aufrichtigen, aber wenig glücklichen Pietisten, einen Pietisten aus Gewissensgründen, aber ohne wahre Frömmigkeit"[151]. Von der Erweckung angezogen, verstand er sich zugleich als strenger Verteidiger der Rechte der Wissenschaft. Er stand dem Rationalismus nicht feindlich gegenüber, denn seiner Überzeugung nach enthielt die Bibel nichts Vernunftwidriges. Rothe steht stellvertretend für das Anliegen zahlreicher Theologen des 19. Jh., nämlich der Versöhnung von moderner Kultur und Christentum. Doch ist sein Denken, von vielen Seiten beeinflußt und nicht ohne Selbstwidersprüche, nur schwer zu fassen.

Als Direktor des Wittenberger Seminars – 1839 folgte er dann einem Ruf nach Heidelberg – wurde er 1837 mit seinem unvollendet gebliebenen ersten Buch bekannt: *Die Anfänge der christlichen Kirche und ihrer Verfassung.* Rothes Ausgangspunkt ist die auch von Vinet vertretene These, wonach sich moralisches Handeln und religiöses Handeln nicht voneinander unterscheiden (um wahrhaftig moralisch zu sein, muß das Handeln von Gott inspiriert sein). Daraus schloß Rothe in seinem Werk, der Zweck des Christentums sei die Erneuerung des Staates, dienten doch in seinen Augen die religiösen Kräfte des Menschen der Transformation der gesellschaftlichen Verhältnisse. Daraus zog Rothe die Folgerung, der Staat sei mehr als die Kirche – die einen vornehmlich pädagogischen Auftrag hat – in der Lage, das Reich Gottes zu realisieren, so daß die Kirche allmählich im Staat aufgehen sollte. Rothe wollte damit auch Klerikalismus und Sektierertum einen Riegel vorschieben, doch verständlicherweise stießen seine Ansichten in der Kirche auf wenig Gegenliebe. Sein zwischen 1845 und 1848 erschienenes dreibändiges Hauptwerk trägt den Titel *Theologische Ethik.* Es handelt sich dabei um ein breitangelegtes System, das allen Elementen der christlichen Lehre Rechnung tragen will: vorab Gott, Schöpfung, Sünde, Jesus Christus, aber auch Moral, „Wissenschaft des Guten", Pflichten usw. Der von Rothe gewählte Buchtitel macht deutlich, daß für ihn Schöpfer wie Kreatur von Natur aus moralisch sind und das Gute die höhere Denk- und Lebenskategorie ist. Von Hegel beeinflußt, ist Rothes Denken im wesentlichen spekulativ und bedient sich der Gesetze der Dialektik. Zugleich geht er vom Menschen und vom Gewissen bzw. von der Gottesidee des Gläubigen aus. Als unabhängiger Kopf und gelehriger Schüler des 19. Jh. weigerte sich Rothe, sein eigenes Denken, das er als wissenschaftlich einstufte, durch den Begriff der Orthodoxie oder der Heterodoxie einschränken zu lassen, wobei er allerdings unterstellte, seine Forschungsergebnisse könnten nicht im Widerspruch zur Bibel stehen. Ohne Rothes komplexes System im einzelnen darzulegen, sei auf dessen Grundlage hingewiesen, nämlich die Definition Gottes als absoluter Person, als Gegenteil der endlichen Lebenswelt. Gott ist unendlich, ewig. Er ist das Gute schlechthin, kraft seiner eigenen Setzung. Frédéric Lichtenberger faßt Rothes Denken in diesem Punkt wie folgt zusammen: „Die Welt ist das Nicht-Ich, das Gott denkend setzt, als Gegensatz zu sich selbst. Doch dieses Nicht-Ich stellt für Gott keine Grenze dar; vielmehr entfaltet er seine schöpferische Tätigkeit, um sie zu überwinden und seine Idee in immer vollkommenerer Weise zu verwirklichen. Die schöpferische Tätigkeit Gottes ist nichts anderes als Selbsthingabe an die anderen. Die Liebe ist nicht lediglich ein Attribut Gottes, sondern sein Wesen selbst."[152]

Im Weiteren stellt Rothe seine Definition des Menschen vor; dabei behandelt er Fragen,

---

[151] Zit. nach LICHTENBERGER, Histoire des idées religieuses 3, 250.
[152] Ebd. 271.

die in der Regel der Moral vorbehalten sind. Die sittliche Aufgabe des Menschen, so Rothe, bestehe darin, eine Art Fortsetzung der Schöpfung zu unternehmen, die sich nicht in Adam verwirkliche, sondern allein in Christus, dem zweiten Adam. Daher die Notwendigkeit eines Durchgangs des Menschen durch die Sünde, als Stadium der sittlichen Entwicklung der Menschheit: Denn ihrem Wesen nach stehe die menschliche Kreatur noch immer unter der Gewalt der Materie und könne sich nur durch langen Kampf von ihr befreien. An diesem Punkt böte sich die Schlußfolgerung an, Christus sei die letzte Etappe der Menschheitsentwicklung. Doch Rothe, von der Erweckung geprägt, wollte dem Supranaturalismus treu bleiben. Aus diesem Grund deklarierte er, das Erscheinen Christi sei Folge eines Schöpfungsaktes Gottes kraft dessen Allmacht, ein Wunder, dem ein anderer freier Akt Gottes vorausgehe: die Offenbarung, die die Menschheit darauf vorbereite, Christus zu empfangen. Als Erlöser der Menschheit gehorche dieser bis zum Tod dem Willen Gottes. Er sei Gottes Garant dafür, daß das Böse in der Menschheit überwunden werden und daß Gott die Sünden vergeben könne, ohne von der Gerechtigkeit abzuweichen. Außerdem vermittle Christus den Menschen das göttliche Leben, das sie verwandeln soll. Dieses Werk finde über die Jahrhunderte hinweg seinen Fortgang, bis daß am Ende der Zeiten genügend fähige Menschen vorhanden seien, die Schöpfungsidee wirklich zu realisieren.

Beachtenswert ist nicht so sehr dieses System in seinen Einzelheiten, sondern das allgemeine, prometheische Anliegen, das, ausgehend von einem Begriff a priori (das Absolute), darauf abzielt, ein umfassendes Gebäude zu errichten. Dabei wird klar, daß es Rothe nicht gelingt, die eigenen Widersprüche aufzuheben zwischen seiner pantheistischen Neigung und seinem Supranaturalismus, der ihn an Gott als Person festhalten läßt[153]. Doch für viele seiner Leser im 19. Jh. bestand Rothes Verdienst darin, auf die Bestrebungen derjenigen zu antworten, die Christen bleiben wollten, ohne deshalb das Recht auf freies Denken, auf Wissenschaftlichkeit und Kritik aufgeben zu müssen. In diesem Sinne gehört er, zumindest seiner Intention nach, zu Schleiermachers Erben. Doch war Rothe zu eigenständig, um Schule zu machen.

Die Erlanger Schule

Zwischen der streng konservativen und der vermittelnden Gruppe von Theologen steht die Erlanger Schule, deren Name darauf zurückzuführen ist, daß ihre Vertreter an der dortigen Universität wirkten.

Die nicht unbedingt leicht faßbare Erlanger Schule entstand in den dreißiger Jahren des 19. Jh. Ihre Vertreter waren mit konfessionellen Fragestellungen befaßt, versuchten aber auch, eine Theologie zu erarbeiten, in der die Erfahrung einen niedrigeren Stellenwert hatte als bei Schleiermacher, waren sie doch der Überzeugung, bei Schleiermacher riskiere der individuelle Glaube in religiöse Gefühle aufgelöst zu werden. Sie machten sich demnach für eine Theologie stark, in der sich der subjektive Glaube auf objektive Grundlagen,

---

[153] Rothe hatte sich 1855, 1858 und 1860 in den Theologischen Studien und Kritiken zu den eigenen Widersprüchen geäußert. Diese Aufsätze wurden ab 1863 unter dem Titel „Zur Dogmatik" (3 Abhandlungen über den Begriff der Dogmatik, der Offenbarung und der Heiligen Schrift) veröffentlicht. Nach Rothes Tod publizierte Daniel Schenkel seine Vorlesungsmitschriften unter dem Titel „Dogmatik" (3 Bde., Heidelberg 1870–1871). Trotz der an den Tag gelegten dialektischen Virtuosität sind sich die meisten Kommentatoren darüber einig, daß es Rothe nicht gelungen ist, die Widersprüche zu überwinden.

die Bibel, Glaubensbekenntnisse und insbesondere die lutherischen Bekenntnisschriften, stützen konnte. Zweifellos bewirkte dieser komplexe Versuch, Schleiermacher und die Erweckung, Konfessionalismus und Biblizismus miteinander zu verbinden, ein zeitweilig hohes Ansehen dieser Schule.

Harless

Einer der Begründer der Erlanger Schule ist Gottlieb Christoph Adolf von Harless (1806–1879). Sein ursprüngliches Interesse galt Schleiermacher und Hegel, doch schon bald wandte er sich von ihnen ab und konzentrierte sein Denken auf die Hl. Schrift. Voraussetzung dafür war allerdings die Klärung des Verhältnisses von Glaube und Offenbarung. Die Erfahrung der Macht der Heiligen Schrift über die menschliche Seele ist nach Harless nämlich Ausdruck ihres göttlichen Ursprungs. Kaum behandelt wurde von ihm hingegen die mögliche Verbindung zwischen subjektiver Erfahrung des Christen und der Objektivität der Offenbarung. Die gleiche Fragestellung findet sich auch bei Gottfried Thomasius (1802–1875) oder Franz Hermann Reinhold von Frank (1827–1894).

Hofmann

Der repräsentative Theologe der Erlanger Schule war Johann Christian Konrad von Hofmann (1810–1877). Hofmann war dreißig Jahre als Professor in Erlangen tätig; Höhepunkt seiner Gelehrtentätigkeit waren die fünfziger und sechziger Jahre des 19. Jh. Ursprünglich vor allem historisch interessiert, veröffentlichte er 1841–1844 das Werk *Weissagung und Erfüllung im Alten und Neuen Testament*, worin er, wie der Titel besagt, die Gegenwart Gottes in der Geschichte aufzuzeigen suchte. Die Weissagung war für ihn nicht das Wort, das die Zukunft voraussagte, sondern die durch das Wort erzählte Geschichte. Die Geschichte gehorcht einem Tatbestand – das von den Propheten angekündigte Auftreten des Christentums –, dessen uns der Heilige Geist vergewissert, der die Vergangenheit erklärt und die Zukunft erhellt. Für Hofmann ist demnach das Christentum zwar auch Lehre, vor allem aber Tatbestand.

In seinem Hauptwerk *Der Schriftbeweis* (1852–1855) stellt Hofmann sein Verständnis des Christentums wie auch das Verhältnis der Erfahrung zur Offenbarung dar. Nach Hofmann muß die Heilige Schrift nicht eine Lehre beweisen, sondern einen Tatbestand, der ebenso gewiß ist wie die eigene Existenz, nämlich den Tatbestand des in Christus vermittelten personalen Verhältnisses von Gott und Menschheit (erneut stellt sich die Frage der Erfahrung). Die Bibel, ein objektives Element, ist nur für jene verständlich und nützlich, die das Heil suchen. Das Christentum erkennen und artikulieren heißt demnach, sich selbst erkennen und sich selbst artikulieren. Ziel der Theologie ist es deshalb, die Unterscheidung zwischen Christ und Nichtchrist zu treffen, also zu beschreiben, was bewirkt, daß sich der Christ als solcher darstellen kann. Dazu dient die Geschichte und die Kirche, in der die Christen versammelt sind.

Ebenso unentbehrlich ist die Bibel als Ganzes, als Dokument der Heiligen Geschichte. Sie dient als Beweis für die Ereignisse, in denen das in Christus vermittelte personale Verhältnis von Gott und Mensch manifest wird. In diesem Rahmen dient der Schriftbeweis dazu, aufzuzeigen, daß die auf dem introspektiven Weg wahrgenommenen richtigen Tatsachen auch richtig erhoben sind. Den Schriftbeweis erbringen bedeutet demnach, sich durch die Bibel bestätigen zu lassen, was der einzelne, als Christ, bereits wahrgenommen hat. Doch wenn das Christentum eine personale Angelegenheit ist, wozu braucht es dann eine systematische Theologie? Es braucht sie, so Hofmann, weil das Christentum auch eine gemeindliche Sache ist. Deshalb muß das Zeugnis der Kirche (das Glaubensbekenntnis) ebenso wie das Zeugnis der Schrift vernommen werden. Nach Hofmann manifestiert sich das Christentum in dreifacher Weise: in der persönlichen Erfahrung der Wiedergeburt des Christen, in der Geschichte der Kirche, in der Heiligen Schrift. Erst dank der Interaktion dieser drei Elemente können Interpretationsfehler vermieden werden. Treibendes Element ist nach Hofmann – und hier macht sich Schleiermachers Einfluß bemerkbar – die persönliche Erfahrung der Wiedergeburt, der die Exegese und Ekklesiologie nachgeordnet sind. Zu erwarten wäre demnach, daß Hofmann eine breite, auf den Individualismus abzielende dogmatische Synthese erarbeitet und sich nur nebenbei mit dem Schriftbeweis und dem Kirchenbeweis befaßt hätte. Doch das ist nicht der Fall. In seinem Werk *Der Schriftbeweis* widmet er ganze zwanzig Seiten dem, was er das „Lehrganze" des Christentums nennt, so wie es ihn seine persönliche Erfahrung als Christ gelehrt hat – als Theologe muß er doch sich selbst erkennen –, aber beinahe 1600 Seiten dem Aufweis der Schriftgemäßheit seines Lehrsystems. Das bestätigt, daß Hofmann stärker an Exegese als an Dogmatik interessiert war. So ist denn auch sein Werk, allen Absichtserklärungen zum Trotz, in erster Linie eine Darstellung der in der Bibel vorgefundenen Theologie und nicht seiner persönlichen Erfahrung.

Hofmanns letztes großes, unvollendet gebliebenes Werk *Die heilige Schrift neuen Testamentes zusammenhängend untersucht*, zwischen 1862 und 1878 veröffentlicht, ist ein breitangelegter Kommentar zum Neuen Testament – als Ganzes und nicht als eine Sammlung von *dicta probantia* genommen –, worin er die Inspiration der Bibel und die Integrität des Kanons zu beweisen sucht. Doch – und hier stößt man wieder auf die Schwierigkeit der Erlanger Schule, Subjektivität der religiösen Erfahrung und Objektivität der Hl. Schrift logisch zu verknüpfen – versucht Hofmann letztlich, die Schriftinspiration durch die Schrift selbst zu beweisen, was auf eine *petitio principii* hinausläuft. Bedient er sich dann der Erfahrung, übersteigt sein „Beweis" die individuelle Ebene nicht.

Zu Recht stellt sich die Frage, ob Hofmanns Aussagen über die Bedeutung der Erfahrung der Wiedergeburt letztlich nicht eine apologetische Absicht verfolgten, nämlich eine modernere, persönlich gefärbte Darstellung der biblischen Textanalyse – was wiederum auf Schleiermachers Einfluß schließen läßt. Trotz ihres fundamentalen (und zur Schau getragenen) Biblizismus haben Hofmann und die Vertreter der Erlanger Schule den Rahmen der im damaligen Deutschland herrschenden Theologie nicht verlassen. Doch vielleicht erklärt gerade diese Ambivalenz – betonter Konservativismus, der aber in das Denken des 19. Jh. überhaupt eingebettet ist –, weshalb diese Schule damals so erfolgreich war, aber auch, weshalb sie dann in Vergessenheit geriet: weil ihre Vertreter keine eigentlichen Neuerer waren.

4. Die von Hegel beeinflußten Theologen

Die spekulativen Dogmatiker

Die Theologen der spekulativen Schule vertreten in der Regel die Auffassung, christliche Theologie und Hegelsche Philosophie unterschieden sich eher formal denn grundsätzlich. Nach Hegel bewegt sich nämlich die Theologie im Bereich des Symbols, die Philosophie

Friedrich Wilhelm Schelling (1775–1854)   Georg Wilhelm Friedrich Hegel (1770–1831)

Führende Gestalten der deutschen Philosophie des Idealismus.

dagegen im Bereich des Begriffs. Doch besteht eine gewisse Identität von Religion und Philosophie, ist doch beider Gegenstand das Absolute, d. h. Gott. Letztlich findet sich das, was die Philosophie lehrt, bereits im Dogma der Menschwerdung: Gott ist in Jesus Christus Mensch geworden, folglich kommt der Mensch im Verlauf seiner Entwicklung zum Bewußtsein seiner Einheit mit Gott. Um die generelle Übereinstimmung der beiden – religiösen und philosophischen – Gesichtspunkte aufzuweisen, erarbeiteten verschiedene Theologen meist ziemlich abstrakte Systeme, ging doch ihrer Auffassung nach die Religion nicht aus dem Gefühl, sondern aus der Vernunft hervor, weshalb die Dogmatik mit der Logik konform sein mußte.

Daub

Ein Vertreter der spekulativen Dogmatik ist Karl Daub (1765–1836). Bereits 1795 als Professor in Heidelberg tätig, war Daub ursprünglich kein Hegelianer (und sei es auch nur aufgrund seines Geburtsdatums); vielmehr stand er anfänglich unter dem Einfluß von Kant und Schelling[154]. Als Hegel 1816 nach Heidelberg .kam, versuchte Daub, die Hegelschen Prinzipien auf die klassische Dogmatik anzuwenden. Besonders deutlich wird das in seinem Werk *Die dogmatische Theologie jetziger Zeit* (1833), worin er die traditionelle rationalistische wie supranaturalistische Theologie heftig kritisiert. Doch Daubs strenge Dogmenanalyse ist mehr formal als kritisch oder historisch. Anders als Schleiermacher, der mehr die psychologische Realität der Religion untersucht, suchte Daub, wie die spekulati-

---

[154] Vgl. dazu etwa K. DAUB, Einleitung in das Studium der christlichen Dogmatik, Heidelberg 1810.

ven Denker allgemein, die objektive Wahrheit zu erkennen. Weil es ihm jedoch an Geschichtssinn mangelte, verfaßte er meist logische, aber abstrakte Kommentare, worin die Bibelzitate vornehmlich als Schmuck für Apriori-Argumentationen dienten

Marheineke

Ein bedeutenderer Vertreter der spekulativen Dogmatik ist Philipp Konrad Marheineke (1780–1846). Ihm kann mangelnder Geschichtssinn nicht vorgeworfen werden. Bekannt wurde er denn auch ursprünglich mit historischen Arbeiten[155]. Marheineke, seit 1811 Professor in Berlin, veröffentlichte auch kleinere Schriften zur Erneuerung des religiösen Lebens. Er befaßte sich außer mit Exegese mit verschiedenen Bereichen der Theologie und schwenkte nach einigem Zögern[156] auf die Linie Hegels ein. In einer später publizierten Vorlesung befaßte er sich mit der Anwendung der Hegelschen Philosophie auf die Theologie. Als Dogmatiker versuchte er, die gesamte orthodoxe christliche Lehre aufrechtzuerhalten, indem er sich der Grundsätze der Hegelschen Philosophie mit dem Ziel bediente, die in der Lehre entdeckten Widersprüche auszumerzen[157]. Zur Rechtfertigung der Dogmen griff er auf Hegels Hauptprinzip zurück, die Identität der Gesetze des Denkens und der Gesetze des Seins, der Logik und der Metaphysik. Für Marheineke stellt die Wissenschaft die logische Entfaltung des Begriffs dar, die dogmatische Wissenschaft wiederum die Entfaltung des als Gott verstandenen Begriffs, eines Begriffs, der Gott selbst ist. Dazu schreibt Paul Lobstein: „Wenn es wahr ist, daß der Gottesbegriff der absolute Begriff ist, Gott selbst, der in uns lebt und wirkt, dann ist die dogmatische Wissenschaft die Wiedergabe der Entwicklung, durch die das Absolute in uns zu einem ihm angemessenen Bewußtsein kommt."[158] In seinem System beschreibt Marheineke zuerst Gott in seinem Wesen und seinen Attributen. Dann wendet er sich dem Geist zu, der diesen absoluten Geist denkt und anbetet und befaßt sich folglich mit dem im Sohn geoffenbarten Gott. „In der Christologie", so Paul Lobstein weiter, „zerbricht der Begriff seine subjektive und individuelle Form, erhebt sich über das Ich hinaus und erkennt sich als identische Substanz von Ich und Welt, als nicht mehr individueller, sondern universeller Geist. Dem Geist, der innerhalb der Kirche zum absoluten und endgültigen Bewußtsein seiner selbst kommt, ist der dritte Teil der Dogmatik gewidmet."[159]

Doch selbst wenn der Mensch der fleischgewordene Begriff, die Kirche die Begriff gewordene Gesellschaft ist, so bleibt doch, daß die drei Teile der Dogmatik vornehmlich unter dialektischem Gesichtspunkt voneinander differieren.

Diese Art und Weise, die christliche Dogmatik mit dem Rückgriff auf die Hegelschen Prinzipien zu interpretieren, forderte die Kritik geradezu heraus. Manche Kommentatoren waren denn auch der Auffassung, Marheineke, der sich selbst in der Orthodoxie verankert

---

[155] Vgl. etwa Ph. K. Marheineke, Universalkirchenhistorie des Christentums, Erlangen 1806 (unvollendet geblieben); ders., Das System des Katholizismus in seiner symbolischen Entwicklung, 3 Bde., Heidelberg 1810–1813, oder ders., Geschichte der deutschen Reformation, 4 Bde., Berlin 1816–17 (2. Aufl. 1831–1834).

[156] Vgl. dazu Ph. K. Marheineke, Die Grundlehren der christlichen Dogmatik, Berlin 1819 (erste Fassung).

[157] Vgl. dazu die zweite Fassung von Marheinekes Dogmatik (Die Grundlehren der christlichen Dogmatik als Wissenschaft, Berlin 1827) oder die dritte Fassung von 1847 (System der christlichen Dogmatik, postum herausgegeben 1848).

[158] P. Lobstein, Marheineke, in: EScR VIII, 688.

[159] Ebd. 689.

sah, transformiere die traditionelle Lehre. So erkläre er in bezug auf Christus, dieser sei Ausdruck eines ewigen Begriffs, nämlich des Begriffs der Einheit von Gott und Mensch. Doch da sich das Unendliche nicht ohne das Endliche denken ließe, seien Gott und Mensch letztlich nur der Ausdruck ein und desselben Begriffs. Das Christentum sei demnach die Synthese des Endlichen und des Unendlichen und die Person Jesu Christi dessen Verwirklichung: Christus ist der wahre Mensch, weil er der wahre Gott ist, und zugleich der wahre Gott, weil er wahrhaftig Mensch ist. Marheinekes System basiert folglich auf der ursprünglichen und letztlichen Identität des Endlichen und des Unendlichen – eine Auffassung, die nach Frédéric Lichtenberger von der klassischen Trinitätslehre Abstand genommen hat: „In Christus erhebt sich der in der Menschheit inkarnierte Gott über diese Menschheit hinaus, über die Negation, die Vielheit, das Individuelle, um sich so aufzufassen, wie er an und für sich ist, nämlich eins, unendlich, absolut. Es ist die Rückkehr des göttlichen Begriffs von der Antithese zur These, es ist die Synthese. Der Sohn ist der ewig im Menschen inkarnierte Gott, der Heilige Geist ist der inmitten der Kreatur auferstehende, in die Fülle seiner Gottheit eingehende Gott. So entwickelt sich die Einheit in der Form der Trinität, so löst sich die Trinität in der Einheit auf. Doch während in der kirchlichen Lehre die Entfaltung der Trinität ein transzendentes Faktum ist, findet die trinitarische Entfaltung des Absoluten gemäß Marheineke nur in der Welt und durch die Schöpfung statt."[160]

Dieser Hinweis möge genügen. Für die meisten Kommentatoren und Theologen der zweiten Hälfte des 19. Jh. führte denn auch der Versuch, Christentum und Hegelianismus aus theoretischer Sicht zu versöhnen, in die Sackgasse – dies vor allem deshalb, weil das Hegelsche System die Welt und die Person aus dem Begriff ableitet, d. h. aus einem abstrakten Prinzip. Dies wiederum führt dazu, daß Gott und Mensch nur um den Preis von Subtilitäten unterschieden werden können.

Ähnliche Überlegungen finden sich auch bei einigen weiteren spekulativen Theologen, etwa bei Karl Friedrich Goeschel (1784–1861), dem Juristen, der in der Kirche Preußens eine bedeutende Rolle spielte und der, insbesondere in seinem Werk *Aphorismen über Nichtwissen und absolutes Wissen im Verhältnis zur christlichen Glaubenserkenntnis* (1829), ebenfalls die Übereinstimmung von Hegelianismus und Christentum nachzuweisen suchte, oder aber bei Johann Karl Rosenkranz (1805–1879)[161].

Strauß

Der bereits erwähnte David Friedrich Strauß (1808–1874) war, zusammen mit Ferdinand Christian Baur, einer der berühmtesten Hegelianer. Strauß war aber nicht bloß Hegelianer, und sein Werk, insbesondere sein Buch *Das Leben Jesu, kritisch bearbeitet*, war Anlaß für anhaltende Polemik.

Während seines Theologiestudiums stand Strauß nacheinander unter dem Einfluß Schellings, Böhmes, Schleiermachers und schließlich Hegels. Als brillanter Student wurde er schon bald mit akademischen Aufgaben betraut: Assistenzprofessor am Seminar von Maulbronn, dann Repetent am Seminar in Tübingen. Zu jener Zeit begann er mit der Abfassung seines Buches mit dem Titel *Leben Jesu*. An sich war dies kein sonderlich origi-

---

[160] LICHTENBERGER, Histoire des idées religieuses 2, 339.
[161] Vgl. dazu J. K. ROSENKRANZ, Kritische Erläuterungen des Hegel'schen Systems, Königsberg 1840, oder DERS., Wissenschaft der logischen Idee, 2 Bde., Königsberg 1858/1859.

nelles Unterfangen, wurden doch im 19. Jh. mehrere hundert *Leben Jesu* veröffentlicht[162]. Damals herrschte die Meinung vor, das Verfassen einer Biographie über Jesus von Nazareth werfe keine besonderen Probleme auf, obwohl es teilweise zu beträchtlichen Differenzen kam. Die einen, wie Schleiermacher, bevorzugten den Evangelisten Johannes auf Kosten der Synoptiker, andere wiederum, etwa Baur, bevorzugten unter den Synoptikern Matthäus oder stellten sich, wie Eichhorn, ein verloren gegangenes Urevangelium vor. Auch die Interpretation der in den Evangelien erzählten Wunderberichte gab Anlaß zu unterschiedlichen Lösungen: Schleiermacher etwa verstand die Wunderheilungen als authentisch übernatürlich, lehnte aber die Auferstehung Christi ab. Doch jenseits solcher Differenzen teilten die meisten Autoren von Jesus-Biographien die Auffassung, die vier Evangelien seien in der Weise historische Quellen, wie etwa die Werke eines Titus Livius für die römische Geschichte. Ihrer Auffassung nach konnte die Gestalt des historischen Jesu genauso erarbeitet werden wie jede andere Figur der Antike. Letztlich sei es möglich, die Person Jesu so zu kennen wie etwa Caesar oder Augustus. Der historischen Person Jesu, die zu verstehen jeder Christ des 19. Jh. in der Lage war, kam grundlegende Bedeutung zu, galt sie doch als die Offenbarung Gottes – daher auch die Blüte der Leben-Jesu-Biographien.[163].

In diesem Kontext verursachte das von Strauß 1835 veröffentlichte Werk *Das Leben Jesu, kritisch bearbeitet*[164] einen Skandal – zum einen, weil es sich an der Schnittstelle dreier Probleme befand, die es nicht im Sinne der Tradition löste, zum anderen, weil es die Postulate früherer Jesus-Biographen mit Blick auf die Möglichkeit einer historischen Kenntnis des Lebens Jesu ablehnte.

Strauß warf das Problem des Verhältnisses von Hegelianismus und christlicher Lehre auf. Sein Ausgangspunkt war die Frage, ob die in der Aussage, Gott sei Mensch geworden, enthaltene philosophische Wahrheit ihre Bestätigung in jenen historischen Gegebenheiten der Evangelien finde, wonach Gott in einem bestimmten Menschen, Jesus von Nazareth, Mensch geworden sei. Mit seinem Buch warf Strauß also auch die Frage nach der Echtheit der Evangelien auf. Manche Exegeten waren der Meinung, die drei synoptischen Evangelien seien nicht das Werk von Augenzeugen des Wirkens Jesu; einzig das Johannesevangelium besitze diese Authentizität. Wurde die Authentizität auch dieses Evangeliums in Frage gestellt, dann mußte das zahlreiche Theologen in Verlegenheit bringen. Strauß eröffnete einen weiteren Problemkreis, nämlich den Gebrauch des Begriffes „Mythos". Bekanntlich steht der Mythos insofern im Gegensatz zur Legende, als in der Legende das Faktum den Begriff produziert, während im Mythos der Begriff die Erzählung hervorruft. Demnach ist der Mythos Ausdruck von Begriffen oder Seelenzuständen, die die individuelle Ebene übersteigen. 1835 war die Verwendung des Mythosbegriffs nicht neu, bekanntlich hatte bereits de Wette ihn auf die alttestamentlichen Texte appliziert. Doch konnte dieser Begriff auch zur Erklärung des Neuen Testaments, insbesondere der in den Evangelien enthaltenen Wundererzählungen, herangezogen werden? Nebenbei protestierte Strauß schließlich gegen die damals gebräuchliche historische Methode. Gemäß seinem Verständnis war das Projekt einer historischen Erkenntnis des Lebens Jesu undurchführbar, weil dieses Projekt eine im Prinzip nicht aprioristische Beobachtungsme-

---

[162] Vgl. dazu A. SCHWEITZER, Von Reimarus zu Wrede.
[163] Erst mit der Infragestellung dieser Postulate im 20. Jh. kam dieses biographische Genre an sein Ende.
[164] D. F. STRAUSS, Das Leben Jesu, kritisch bearbeitet, Tübingen 1835.

thode erforderte. Ein Christ konnte das Leben Jesu nicht so beobachten, wie er das Leben
Cäsars betrachten würde. Für Strauß ist das, was wir glauben, in der Geschichte nicht auf-
findbar.

Mit seinem *Leben Jesu* legte Strauß folglich ein kühnes Werk vor. Er bestritt die Authentizität des Johannesevangeliums, behauptete, die Evangelien seien zu unterschiedlich,
um miteinander harmonieren zu können, und schloß daraus, die Evangelien würden uns lediglich bereits modifizierte Tatsachen berichten. Für Strauß waren die Evangelien nicht historisch, sondern mythisch, dichterischer Mantel des religiösen Begriffs, der messianischen Erwartung des jüdischen Volkes, das in der Person des Jesus von Nazareth einen
Messias glaubte gefunden zu haben und die historische Realität in einen den eigenen Vorurteilen entsprechenden Mythos transformierte. Jesus wiederum, ein Jünger Johannes des
Täufers, glaubte von sich, er sei der Messias, und hoffte, ein irdisches Reich gründen zu
können, und stellte das moralische Gesetz über das Gesetz Mose. Auf jeden Fall, so
Strauß, sind nicht die in den Evangelien berichteten Fakten wichtig, sondern die Christusidee, deren Wahrheit die Philosophie erkennt, d. h. die Idee einer spirituellen Einheit von
Gott und Mensch, die durch den Gottmenschen geoffenbart wird, aber auch durch die Bewegung vom Endlichen zum Unendlichen, welch letzteres auf der Seite des Menschen die
Religion, auf der Seite Gottes die Offenbarung ist. Doch diese Christusidee sei nicht in einem einzelnen Individuum Mensch geworden, sondern die Menschheit sei der Mensch gewordene Gott. Die Attribute aber, die die Kirche Jesus verliehen habe, bezögen sich in
Wahrheit auf diese Menschheit. Sie sei heilig, tue Wunder, sterbe und auferstehe. Und
durch den Glauben an diesen Christus, an diese Christusidee sei das Individuum vor Gott
gerechtfertigt, denn diese erneuere in ihm die Idee der Menschheit.

Gegen das Buch erhob sich ein Sturm der Entrüstung. Strauß war damit die akademi-
sche Laufbahn verschlossen. In den späteren Auflagen seines Buches machte er seinen
Gegnern einige Konzessionen, insbesondere in bezug auf die geistliche Macht Christi.
Möglicherweise handelte es sich um Versuche, doch noch einen Lehrstuhl zu erlangen. Der
Vergeblichkeit des Unterfangens einsichtig, nahm Strauß in der vierten Auflage seines Bu-
ches diese Konzessionen wieder zurück.

1840/41 erschien dann Straußens zweibändiges Werk *Die christliche Glaubenslehre in
ihrer geschichtlichen Entwicklung und in ihrem Kampf mit der modernen Wissenschaft*.
Strauß wollte darlegen, wie sich die biblischen Begebenheiten nach und nach in Dogmen
verwandelten, wie diese Dogmen nach und nach von der Kritik zerstört wurden und wie sie
von der Philosophie wiederhergestellt werden könnten. Zu diesem Werk schreibt Karl
Barth: „Straußens Können aber beschränkte sich darauf, das Schiff der Dogmatik sorgfältig in die Klippen einer etwas billigen Konfrontation mit der spinozistisch-hegelschen Philosophie zu steuern und es daselbst mit Mann und Maus untergehen zu lassen.“[165] Straußens spätere Arbeiten sind von geringerer Bedeutung[166].

Seine Bedeutung liegt also in seinem Werk *Leben Jesu*. Schon anläßlich der Veröffentlichung des Buches warfen ihm die Gegner vor, er sei unfähig, ein konstruktives Werk zu
verfassen: Zwar merze er aus, was ihm verdächtig erscheine, doch verfahre er weder als
Historiker noch als Biograph. Zahlreich waren die Hinweise auf die Schwachstellen seiner

---

[165] BARTH, Die protestantische Theologie 493.
[166] Vgl. D. F. STRAUSS, Das Leben Jesu. Für das deutsche Volk bearbeitet, Leipzig 1864 – ein weniger eigenständiges Werk, das die Erkenntnisse der Tübinger Schule einbezieht.

Exegese: Er nehme in der Frage der Echtheit der Evangelien Stellung, ohne eine eigentlich wissenschaftliche Argumentation zu entwickeln. Zudem vermöge er nicht zu sagen, ob Christus von der Frühkirche erfunden oder ob die Kirche von Christus gestiftet worden sei. Seien nämlich die Ergebnisse seiner Kritik zutreffend, dann könne der verbleibende Wahrheitsgehalt der Evangelien den Glauben der Apostel keineswegs motiviert haben. Um also die Existenz der Kirche erklären zu können, sei zu unterstellen, Christus sei eine außergewöhnliche Persönlichkeit gewesen. Das wiederum stehe im Widerspruch zu dem, was Strauß über Christus schreibe. Erwähnt sei in diesem Zusammenhang, daß Strauß kaum auf derartige Kritik reagierte. Er konnte es nicht, weil seine Untersuchung auf einer anderen Ebene angesiedelt war. In der Tat suchte er nicht den geschichtlichen Kern des Lebens Jesu zu entdecken, ja er stellte sich nicht einmal die Frage nach der Möglichkeit einer solchen Entdeckung. Rein kritisch verfaßt, zielte sein Buch darauf ab, die Existenz des Mythos zu postulieren und dessen Entstehung zu beschreiben. Strauß wollte nachweisen, daß die Geschichte für die Theologie keine solide Basis sein könne – was die allgemeine Entrüstung von 1835 über sein Buch erklärt. „Zugänglich, verständlich als *Mensch* sollte ja Jesus sein, damit man ihn ‚habe‘, wie man *andere* Menschen hat. Nach Straußens Uninteressiertheit und Schweigen an diesem Punkt sah es aber aus, als ob Jesus *als Mensch unzugänglich*, unverständlich, als ob er also als Mensch *nicht* zu haben sein möchte."[167]

In seinem letzten, 1872 erschienenen Werk *Der alte und der neue Glaube*[168] verneinte Strauß die Frage, ob die geschichtliche Person Jesu für das religiöse Gefühl noch von Nutzen sei, und vertrat die These, die uns zugänglichen Fakten seien zu vage und ungewiß, um diese Rolle spielen zu können. Bedeutung kommt Strauß weniger durch seinen Hegelianismus als durch seine Frage nach dem Ort der Geschichte in der Dogmatik zu.

Baur und die Tübinger Schule

Ferdinand Christian Baur (1792–1860), der von 1826 bis 1860 an der Universität Tübingen lehrte, ist der Begründer der „Tübinger Schule". Die Schule entstand um 1842, also zum Zeitpunkt der Gründung der *Theologischen Jahrbücher*, die ihr als Plattform dienten. Ihr gehörten vor allem Eduard Zeller und Albert Schwegler an, aber auch Köstlin und Albrecht Ritschl, die sich später von ihr abwenden sollten. Interne Spannungen führten 1857 dazu, daß die Publikation der *Jahrbücher* eingestellt wurde. Damit löste sich auch die Schule noch zu Lebzeiten Baurs auf. Doch das mindert keineswegs die Bedeutung ihres Gründers, der bei seinem Tod vermutlich einer der berühmtesten Theologen Deutschlands war – ganz zu schweigen von seinem Einfluß auf seine Nachfolger.

Bekannt geworden ist Baur in erster Linie dadurch, daß er die Geschichte des Christentums anhand des Schemas der Hegelschen Dialektik darstellte. Baur war anfänglich nicht Hegelianer. Er bediente sich der Hegelschen Philosophie als eines Instrumentes im Dienste einer historisch-dogmatischen Absicht – er selbst spricht von „kirchlicher Geschichtsschreibung"[169]. Nach Baurs Auffassung war das präzise Wissen um den Ursprung der neu-

---

[167] BARTH, Die protestantische Theologie 508.
[168] Hier suchte Strauß nachzuweisen, daß er nicht bloß den alten Glauben zerstört habe, sondern fähig sei, einen neuen zu errichten. Doch in praktisch allen Kreisen stieß dieses etwas wirre, von manchen als materialistisch eingeschätzte Buch – worin Strauß selbst für den politischen Absolutismus Stellung nimmt – auf Ablehnung.
[169] Vgl. dazu etwa BAUR, Die Epochen der kirchlichen Geschichtsschreibung (s. Anm. 68).

testamentlichen Texte und um die Absichten ihrer Verfasser zwingende Voraussetzung für das Verständnis des Ursprungs des Christentums und folglich der Frühkirche. Es war eine Voraussetzung, aber eine nicht zu vernachlässigende Voraussetzung, bedingte sie doch die Genauigkeit des Forschungsergebnisses[170]. Folglich war es wichtig, sich in Erinnerung zu rufen, daß nicht die neutestamentlichen Texte zur Stiftung der Frühkirche führten, sondern die Redaktion dieser Texte parallel zur Entwicklung der Kirche verlief. Voraussetzung für deren Interpretation ist demnach die Erarbeitung einer allgemeinen Theorie, um zu einer objektiven Wahrheit zu gelangen.

Baur warf seinen Vorläufern vor, allzu subjektiv vorgegangen zu sein, die Kirchengeschichte nicht um ihrer selbst willen, sondern in theologischer Absicht studiert zu haben. Er stellte eine bedeutsame wissenstheoretische Frage: Wie ist es möglich, sich mit der Vergangenheit der Kirche auseinanderzusetzen, ohne die eigenen, gegenwärtigen Fragestellungen einfließen zu lassen? Seine Antwort lautete, man solle nicht wie die mittelalterlichen Chronisten vorgehen, die sich damit begnügt hätten, über eine bestimmte Anzahl Fakten zusammenhanglos zu berichten. Vielmehr gelte es, sich eine allgemeine Sicht der Geschichte der Frühkirche, also auch der Geschichte der Ausgestaltung des neutestamentlichen Kanons anzueignen. Wichtig sei, sich einer „historischen" Methode zu bedienen, also stets im Auge zu behalten, daß jeder Schriftsteller, und sei er Apostel oder Evangelist, ein Mensch seiner Zeit und zumindest teilweise das Echo der Meinungen seiner Zeitgenossen ist und daß sich in seinem Text die Spuren der Gründe finden, die sein Schreiben motivierten[171]. In einem gewissen Sinn antwortet Baur auf die Darlegungen seines Schülers Strauß, wenn er behauptet, die korrekt befragte Heilige Schrift liefere zahlreiche glaubwürdige Informationen über die christlichen Ursprünge. Anders als Strauß, der die inneren Widersprüche im Neuen Testament als Vorwand nutzte, um alles in den Bereich des Mythos zu verbannen, suchte Baur also nach der in den Evangelien und in den Briefen ausgedrückten historischen Wirklichkeit. Als erstes untersuchte er die Paulusbriefe, die seiner Auffassung nach zeigen, daß das Christentum nicht plötzlich und vollständig ausgestaltet dem Denken eines einzigen Menschen entsprungen sei. Vielmehr sei eine Fülle von Ideen vorhanden gewesen, die sich allmählich in einer vom Judentum geprägten Gesellschaft ausfalteten, um sich schließlich nach inneren Auseinandersetzungen von ihm abzusetzen.

Baur baute sein System Schritt für Schritt auf. Anfänglich befaßte er sich mit dem Verhältnis von Christentum und Heidentum. Davon zeugt sein später veröffentlichtes Buch *Das Christliche des Platonismus, oder Sokrates und Christus. Eine religionsphilosophische Untersuchung* (1837), worin er die Kontinuität innerhalb der aufeinanderfolgenden Entwicklungen des menschlichen Geistes untersucht – ein Gegenstand, der ihn lange beschäftigen sollte. Bereits in den ersten Jahren zeichnete sich seine Lehrtätigkeit durch jene intellektuelle Stringenz aus, die Baur zeitlebens auszeichnete. Das war mit ein Grund, weshalb der anfänglich von Schleiermacher beeinflußte Baur[172] sich schon bald von dessen Schule distanzierte – Baur hat Schleiermachers Christologie vehement kritisiert –, um sich

---

[170] Hier lag seiner Meinung nach Straußens Fehler.
[171] Vgl. dazu etwa die Einleitung bei F. CH. BAUR, Kritische Untersuchungen über die kanonischen Evangelien, ihr Verhältnis zueinander, ihren Charakter und Ursprung, Tübingen 1847.
[172] Vgl. dazu F. CH. BAUR, Symbolik und Mythologie oder die Naturreligion des Altertums, 3 Bde., Stuttgart 1824–1825.

fortab auf Hegel zu berufen. Das hinderte ihn freilich nicht, Straußens *Leben Jesu* zu kritisieren. Selbstverständlich konnte Baur, der sich intensiv mit der Frage der historischen Erkenntnis auseinandersetzte, Straußens Methode nicht akzeptieren.

Bereits zu Beginn der dreißiger Jahre des 19. Jh. wandte sich Baur der Geschichte, insbesondere der Analyse zweier Problemkreise zu: Zum einen untersuchte er die Ausgestaltung des neutestamentlichen Kanons und damit den wahren Charakter der diesen Kanon bildenden Bücher sowie die ersten Schritte der Frühkirche, zum andern die Geschichte der Kirche und des Dogmas im Verlauf der Jahrhunderte. Zur Formulierung seiner Antworten griff er auf die Hegelsche Philosophie zurück. Ein vielzitiertes Wort aus einem seiner ersten Werke lautet: „Ohne Philosophie bleibt mir die Geschichte tot und stumm." Ohne Philosophie hieß für Baur, ohne Erkenntnis der Idee, deren Manifestation die Geschichte ist. So schrieb er etwa in seinem Werk *Die Epochen der kirchlichen Geschichtsschreibung*: „Soll denn darüber noch ein Zweifel sein, ob die Geschichte der christlichen Kirche die Bewegung der Idee der Kirche ist, somit auch nicht bloß aus einer Reihe von Veränderungen besteht, die nun in zufälliger Folge sich aneinanderreihen? Spricht man mit Recht von einer Idee der Kirche, so muß auch diese Idee, wie jede andere, einen lebendigen Trieb haben, aus sich herauszugehen, um in einer Reihe von Erscheinungen sich zu verwirklichen, die nur als die verschiedenen Seiten des Verhältnisses betrachtet werden können, das überhaupt zwischen der Idee und ihrer Erscheinung stattfindet."[173]

Vollends deutlich wird Baurs Methode in seinen Werken zur Dogmen- und Kirchengeschichte[174]. Ausgangspunkt war der Hegelsche Ansatz, anhand dessen Baur die verschiedenen Etappen der Geschichte des Christentums logisch zu erklären versuchte. Baur hatte demnach weder die Fakten noch die Menschen, sondern die Idee im Blickfeld, d. h. das Prinzip oder den herrschenden Charakter einer bestimmten Epoche. Doch zwangsläufig läßt sich diese Methode einfacher auf die Dogmengeschichte als auf die Kirchengeschichte anwenden. Schon bei der Veröffentlichung seiner Arbeiten wurde ihm denn auch vorgeworfen, seine Kirchengeschichte sei zu abstrakt, die dort behandelten Personen seien kaum mehr als äußere Erscheinungen. Gleichwohl trieb Baur den Begriff der Kirchengeschichte voran, indem er diese anhand eines ihrer eigenen Entwicklung folgenden Schemas beschrieb und nicht auf das Schema der äußeren politischen Ereignisse (Fall des Römischen Reiches usw.) zurückgriff. Dabei unterschied er Perioden einer dialektischen Entwicklung (Bildung, Triumph, Auflösung). So bezeichnete er etwa die Zeit vor der Reformation des 16. Jh. als die „objektive" Zeit – d. h. die Epoche der Verwirklichung der christlichen Idee in äußeren Tatbeständen –, die Zeit nach der Reformation als die „subjektive" Zeit – d. h. die Epoche, in der die christliche Idee das Bewußtsein ihrer direkten Einheit mit Gott wiederfindet. Logischerweise entspricht jedes System seiner Zeit und findet so seine Rechtfertigung. Deshalb spricht Baur nicht von Krise, von Fall, von Wieder-

---

[173] BAUR, Die Epochen der kirchlichen Geschichtsschreibung 248 f; zit. nach BARTH, Die protestantische Theologie 454 f.

[174] Vgl. dazu F. CH. BAUR, Die christliche Lehre von der Versöhnung in ihrer geschichtlichen Entwicklung, Tübingen 1838; DERS., Die christliche Lehre von der Dreieinigkeit und der Menschwerdung Gottes in ihrer geschichtlichen Entwicklung, 3 Bde., Tübingen 1841–1843; DERS., Lehrbuch der christlichen Dogmengeschichte, Stuttgart 1847 (nach Baurs Tod in einer umfassenderen, dreibändigen Auflage 1864 neu aufgelegt); dazu eine Reihe von teilweise postum erschienenen Schriften zur Kirchengeschichte: DERS., Das Christentum und die christliche Kirche der ersten drei Jahrhunderte, Tübingen 1853, gefolgt von vier weiteren Bänden, worin die Untersuchung bis ins 19. Jh. fortgesetzt wird.

aufschwung oder von Reformation, was seinen Untersuchungen einen mechanistischen Aspekt verleiht.

Berühmt wurde Baur indes vor allem mit seinen Untersuchungen zum neutestamentlichen Kanon. Obwohl in ihren Ergebnissen heute überholt, stellen seine Arbeiten eine Wende in der Geschichte der Exegese dar[175]. Mit seinen kritischen Untersuchungen zu den neutestamentlichen Texten wollte Baur seinen kirchengeschichtlichen Forschungsresultaten ein solides Fundament geben. Nach seinem Verständnis stellte das Christentum des 3. Jh. die Synthese zweier Richtungen dar: der judenchristlichen, in Petrus verkörperten Richtung und der heidenchristlichen, stärker universalistischen, von Paulus verteidigten Richtung. Dieser Gegensatz löst sich, gemäß den Regeln der Hegelschen Dialektik, in dem als Synthese verstandenen vermittelnden johanneischen Christentum auf. Um zu diesem Ergebnis zu gelangen, ging Baur von den Konflikten innerhalb der Frühkirche aus. Dabei untersuchte er die „Christus-Partei", wie sie sich anhand des ersten Korintherbriefes darstellen läßt: eine judaisierende, judenchristliche Partei, die nur die direkt von Jesus selbst ausgewählten Jünger anerkennt – womit Paulus ausgeschlossen blieb. In einem zweiten Schritt identifizierte er diese Partei mit derjenigen des Petrus und erklärte, es handle sich nicht um einen für die Kirche von Korinth spezifischen, sondern um einen für die gesamte Frühkirche bezeichnenden Konflikt. Auf der Basis dieser Entdeckung untersuchte er den Römerbrief und stieß dort auf einen heftigen Angriff von Paulus gegen das in der Kirche von Rom dominierende Judenchristentum. Schließlich entdeckte er im Galaterbrief, insbesondere im Bericht über das Zusammentreffen des Paulus mit den übrigen Aposteln in Jerusalem (Kap. 2), die Ursache für die in den Kirchen von Korinth und Rom herrschenden Konflikte. Baurs Analyse stützte sich folglich auf die Untersuchung der sich in den Briefen und in den Evangelien spiegelnden Lehrrichtungen. In Anlehnung an sein Hegelsches Schema verstand Baur den Galaterbrief als These, den Korintherbrief als Antithese und den Römerbrief als Synthese. Dann analysierte er in gleicher Weise die Evangelien, deren Datierung und die Ausgestaltung des neutestamentlichen Kanons. Da Baur das Johannesevangelium als Synthese auffaßte, verstand er das judenchristliche Matthäusevangelium als These und das heidenchristliche Lukasevangelium als Antithese, während er im Markusevangelium eine zur Befriedung der Kirche verfaßte Vorform der johanneischen Synthese sah. Diese Argumentation und nicht historische oder philologische Analysen führten Baur dazu, die Redaktion des Johannesevangeliums auf einen sehr späten Zeitpunkt, um 170, zu datieren. Baur präsentierte also das vollständige Tableau der Ausgestaltung des Neuen Testaments: Die irenisch gehaltene Apostelgeschichte konnte logischerweise erst in der zweiten Periode der Kirche auftreten. Die paulinischen Pastoralbriefe seien dagegen zuwenig heidenchristlich, um als authentisch gelten zu können usw.

Alle diese Neuerungen gaben Anlaß zu heftiger Polemik, und zwar vor allem dann, wenn Baur die Echtheit der meisten paulinischen Briefe anzweifelte oder die Redaktion des Johannesevangeliums ans Ende des 2. Jh. verlegte, was einer Bestreitung seiner Echtheit gleichkam. Über diesen Ansatz gelang Baur jedoch eine argumentativ abgesicherte Widerlegung der Straußschen Thesen. Gestützt auf die einfach feststellbaren Gegensätze

---

[175] Vgl. dazu F. Ch. Baur, Die Christus-Partei in der korinthischen Gemeinde, in: TZTh 4 (1831) 61–206; ders., Paulus, der Apostel Christi, Stuttgart 1845; ders., Kritische Untersuchungen (s. Anm. 172); ders., Das Markusevangelium, nach seinem Ursprung und Charakter, Tübingen 1851.

in den neutestamentlichen Schriften hatte ihnen Strauß mythischen Charakter unterstellt. Baur hingegen gelang es anhand einer strikten Analyse, diese Gegensätze zu erklären, und er erhob das Neue Testament zum reflektierten und vernünftigen Ergebnis von Richtungskämpfen.

Heute bleibt nicht mehr viel von Baurs intellektueller Konstruktion, die übrigens bereits zu seinen Lebzeiten von einigen seiner Schüler bekämpft wurde. Albrecht Ritschl brach 1857 mit ihm. Nicht bloß Baurs Darstellung der Ausgestaltung des neutestamentlichen Kanons warf Probleme auf: Viele seiner Zeitgenossen bemängelten auch, er würde die Person Christi praktisch völlig ausblenden und das Wesen des Christentums als eine abstrakte Idee begreifen, nämlich als das Gefühl der Einheit von Mensch und Gott. Dieses wiederum stellte er in Hegelschen Kategorien dar, und zwar dahingehend, daß der menschliche Geist sich in Jesus Christus seiner inneren Intimität mit dem absoluten Geist bewußt werde. Das Gefühl selbst führte er auf zwei konstitutive Elemente zurück: Moral und Universalismus, die ihren besonders angemessenen Ausdruck in der Bergpredigt gefunden hätten. Doch für Baur ging es hier nicht um eine radikale Neuerung, waren doch seiner Auffassung nach beide Elemente bereits vor dem Auftreten des Nazareners vorhanden – etwa in Sokrates, im alexandrinischen Judentum usw. Zwar hatte Jesus diese Idee beträchtlich erweitert und ihr den Weg nach vorn geebnet, indem er den Bund zwischen dem – von Paulus entwickelten – universellen Element und dem – von Petrus gestützten – jüdischen Element ermöglichte. Doch gelang es Baur in seiner Rekonstruktion der christlichen Anfänge weder Jesu Rolle und Bedeutung noch seinen möglichen Einfluß auf die Lehre der Apostel adäquat wiederzugeben. Das entging auch seinen Gegnern nicht, die es einmal mehr als Anzeichen für Baurs Neigung werteten, die Personen auf Kosten der Ideen auszublenden: Ein Vorwurf, den ihm zahlreiche Theologen, insbesondere Ritschl, machten.

Das breitangelegte Werk, die Pertinenz der Fragestellungen, der Wille zu exakter, also wissenschaftlicher Erkenntnis über die biblische Literatur – dies alles machte Baur zu einem der bedeutendsten Theologen des 19. Jh. So war es denn kein Zufall, daß er eine Schule um sich versammeln konnte. Seine Schüler bedienten sich im wesentlichen der gleichen Methoden wie ihr Lehrer, ohne allerdings immer zu den gleichen Ergebnissen zu gelangen. Auch sie analysierten die in der Frühkirche herrschenden auseinanderdriftenden Richtungen, präzisierten das gegenseitige Verhältnis der großen neutestamentlichen Texte und entwarfen, wenn auch in bescheidenerem Rahmen, eine Dogmengeschichte. Baurs Fragestellungen behielten in der zweiten Hälfte des 19. Jh. ihre Aktualität. Nicht wenige von Baurs Schüler wurden nach 1860 bekannt, einigen von ihnen werden wir später wieder begegnen: Adolf Hilgenfeld, Karl Reinhold Köstlin, Gustav Volkmar, Albrecht Ritschl, Karl Weizsäcker und Otto Pfleiderer. Zwei seien hier besonders erwähnt: Eduard Zeller und Albert Schwegler. Beide hatten mit ihren theologischen Forschungen soviel Feindschaft auf sich gezogen, daß sie sich anderen Wissensgebieten zuwenden mußten.

Eduard Zeller (1814–1908) war als Professor in Bern, Marburg und später Heidelberg tätig. Bekannt wurde er insbesondere durch seine Arbeiten zum Johannesevangelium, zur Apokalypse, zum Lukasevangelium und zur Apostelgeschichte. Zellers Aufsätze erschienen in den von ihm von 1842 bis 1857 betreuten *Theologischen Jahrbüchern*. Sein reifstes, 1854 in Stuttgart erschienenes Werk trägt den Titel *Die Apostelgeschichte nach ihrem Ursprung kritisch untersucht.* Darin nahm er im wesentlichen Baurs Schlußfolgerungen zum Thema auf und datierte die Redaktion des Textes, dessen Authentizität er bezweifelte, auf das 2. Jh., wobei er seine Darstellung argumentativ besser abstützte als Baur. Gleichwohl

veranlaßten ihn die heftigen Proteste auf seine Publikationen, sich der Philosophie zuzuwenden [176].

Unter den Schülern, die Baur treu blieben, war Albert Schwegler (1819–1857) zweifellos der brillanteste. Die Aussagekraft und Glaubwürdigkeit von Schweglers Argumentation wird jedoch durch seinen polemischen, ja paradoxen Stil gemindert. Sein Hauptfor-
schungsgebiet war das 2. Jh. In seinem Werk *Der Montanismus und die christliche Kirche
des zweiten Jahrhunderts* (1841) zweifelte er ebenfalls die Authentizität des Johannesevangeliums an. *Das nachapostolische Zeitalter in den Hauptmomenten seiner Entwicklung* (1846) wiederum resümierte in wenig nuancierter, häufig übertriebener Form die
wichtigsten Ergebnisse von Baurs Forschungen in diesem Bereich, wobei Schwegler zumindest teilweise das Christentum auf den Ebionitismus [177] reduzierte und den Gegensatz
zwischen Paulinismus und Petrinismus schroff darstellte. Von der Aufnahme dieser Schrift
enttäuscht, wandte sich Schwegler dem Studium der klassischen Antike zu [178].

Es stellte sich heraus, daß es für die wichtigsten Vertreter der Tübinger Schule trotz aller
Seriosität und aller wissenschaftlichen Ambitionen schwierig war, ihren Ansichten zum
Durchbruch zu verhelfen. Mit ihren Arbeiten stießen sie allzu viele Leser vor den Kopf.

Literatur

Allgemein:

K. BARTH, Die protestantische Theologie im 19. Jahrhundert. Ihre Vorgeschichte und ihre Geschichte, Zürich
   [6]1994.
U. BARTH – W. GRÄB (Hrsg.), Gott im Selbstbewußtsein der Moderne. Zum neuzeitlichen Begriff der Religion,
   Gütersloh 1993.
H. DUBOIS, De Kant à Ritschl, un siècle d'histoire de la pensée chrétienne, Neuenburg 1925.
F. FLÜCKIGER, Die protestantische Theologie des 19. Jahrhunderts (Die Kirche in ihrer Geschichte 4), Göttingen
   1975.
F. W. Graf, Profile des neuzeitlichen Protestantismus. Bd. 1: Aufklärung, Idealismus, Vormärz, Gütersloh 1990.
E. HIRSCH, Geschichte der neuern evangelischen Theologie im Zusammenhang mit den allgemeinen Bewegungen
   des europäischen Denkens, 5 Bde., Gütersloh [5]1975.
F. LICHTENBERGER, Étude sur le principe du protestantisme d'après la théologie allemande contemporaine, Straß-
   burg 1857.
–, Histoire des idées religieuses en Allemagne depuis le milieu du XVIIIᵉ siècle jusqu'à nos jours, 3 Bde., Paris
   1873.
L. PERRIRAZ, Histoire de la théologie protestante au XIXᵉ siècle, 3 Bde., Neuenburg 1949–1956.
H. STEPHAN – M. SCHMIDT, Geschichte der evangelischen Theologie in Deutschland seit dem Idealismus, Berlin
   – New York [3]1973.

Zu theologischen Strömungen:

H. BECK, Natürliche Theologie. Grundriß philosophischer Gotteserkenntnis, München 1986.
E. BEYREUTHER, Die Erweckungsbewegung (Die Kirche in ihrer Geschichte 4), Göttingen 1977.
J. DIERKEN, Rationalismus, in: EKL III (1992), 1439–1443.

---

[176] E. ZELLER verfaßte mehrere philosophiegeschichtliche Werke, so etwa: Die Philosophie der Griechen in ihrer
geschichtlichen Entwicklung, 3 Bde., Tübingen 1844–1852, DERS., Geschichte der deutschen Philosophie seit
Leibniz, München 1873, sowie eine Monographie zu Zwingli: Das theologische System Zwingli's, Tübingen
1853.
[177] Bekanntlich ist Jesus für den Ebionitismus ein einfacher Mensch.
[178] Schwegler trug die Elemente einer breitangelegten Römischen Geschichte zusammen, deren erste beide Bände
1853 und 1857 erschienen.

F. Flückiger, Rationalismus, in: Evangelisches Lexikon für Theologie und Gemeinde 3 (1994), 1651–1653.

–, Supranaturalismus, in: Evangelisches Lexikon für Theologie und Gemeinde 3 (1994), 1944f.

C. Gestrich, Neuzeitliches Denken und die Spaltung der dialektischen Theologie. Zur Frage der natürlichen Theologie, in: BHTh 52 (1977).

H. J. Kraus, Geschichte der historisch-kritischen Erforschung des Alten Testaments, Neukirchen – Vluyn [4]1988.

W. G. Kümmel, Das Neue Testament. Geschichte der Erforschung seiner Probleme, Freiburg i. Br. [2]1970.

F. Mildenberger, Geschichte der deutschen evangelischen Theologie im 19. und 20. Jahrhundert, Stuttgart 1981, 91 ff.

A. Schweitzer, Von Reimarus zu Wrede. Geschichte der Leben-Jesu-Forschung, Tübingen [10]1993.

G. Wenz, Erweckungstheologie, in EKL I (1986), 1088–1094.

Zu einzelnen Theologen:

E. Beintker, Brunner, in: TRE VII (1981) 236–242.

W. Bialas, Von der Theologie der Befreiung zur Philosophie der Freiheit. Hegel und die Religion, Fribourg 1993.

H. J. Birkner, Schleiermacher-Studien, Berlin 1996.

P. Demange, L'Essence de la religion selon Schleiermacher, Paris 1991.

J. Dierken, Glaube und Leben im modernen Protestantismus. Studien zum Verhältnis von religiösem Vollzug und theologischer Bestimmtheit bei Barth und Bultmann sowie Hegel und Schleiermacher (Beiträge zur historischen Theologie 92), Tübingen 1996.

M. Greschat (Hrsg.), Gestalten der Kirchengeschichte, Bd. 9/1 und 9/2, Stuttgart [2]1994.

U. Köpf, Historisch-kritische Geschichtsbetrachtung. Ferdinand Christian Baur und seine Schüler, Sigmaringen 1994.

E. Vermeil, La pensée religieuse de Troeltsch, Genf 1990.

Drittes Kapitel

Lehre und Spiritualität innerhalb der katholischen Kirche unter besonderer Berücksichtigung Frankreichs

Entwicklungslinien im Überblick

VON JACQUES GADILLE

Mit der bewußten Rückkehr zu religiösen Wertvorstellungen und der Bekehrung berühmter Aufklärer nach der durch die Französische Revolution ausgelösten Krise stellte sich die Frage nach den mit dem Glaubensakt verbundenen Erkenntnisformen[1]. Die schmerzvollen Erfahrungen im Zusammenhang mit den politischen Ereignissen förderten neben der Betonung der seelischen Empfindungen die Rückbesinnung auf die Tradition sowohl innerhalb der Kirche als auch in der säkularen Welt. Als Reaktion auf den Rationalismus der Aufklärung und Kants Idealismus war es naheliegend, daß sich diese Überlegungen „unter dem Zeichen der Autorität" vollzogen[2]. Ganz offensichtlich verstand sich katholische Theologie und Spiritualität im Gegensatz zum Protestantismus als Widerstand gegen die „Moderne". Das Ausmaß der Diskussionen und die daraus selbst innerhalb der Kirche entstandenen Parteien rechtfertigte jedoch den Rückgriff auf die Konzilstradition und war Gegenstand der beiden einzigen Konstitutionen, die auf dem (unvollendet gebliebenen) Vaticanum I zur Abstimmung gelangen konnten: *Dei filius* über die religiöse Erkenntnis und *Pastor aeternus* über den päpstlichen Primat in Fragen des Glaubens und der Moral.

I. Die Theologie des Glaubensaktes und der Kirche

1. Deutsche Zentren

Deutschland war nicht nur eine Hochburg der Metaphysik und frühromantischer Bewegungen, sondern auch das erste anerkannte Zentrum theologischer Forschung, deren Hauptvertreter als Anhänger der Romantik in den Jahren nach 1830 starben: Der Landshuter Theologieprofessor Johann Michael Sailer (1751–1832), der seit 1822 bischöflicher Koadjutor in Regensburg war, verstand die Kirche als dynamische Kraft, als lebendige Glaubensrichtschnur und als mystischen Leib Christi. Nicht selten wird die Nähe seines theologischen Denkens zu Johann Adam Möhler (1796–1838), dem Gründer der Tübinger Schule (neben dem Alttestamentler Johann Georg Herbst, dem Moraltheologen Johann Baptist Hirscher und dem Systematiker Johann Sebastian von Drey), hervorgehoben, der in der schwäbi-

---

Zu Kurztiteln vgl. die jeweilige Erstnennung bzw. die Bibliographie am Ende dieses Kapitels

[1] R. AUBERT, Le Problème de l'acte de foi. Données traditionnelles et résultats des controverses récentes, Louvain ⁴1969, 102.

[2] M. NÉDONCELLE (Hrsg.), L' Ecclésiologie au XIXᵉ siècle sous le signe de l'autorité, Paris 1960.

schen Universitätsstadt von 1823 bis 1835 lehrte[3], bevor er nach München ging und dort schon 1838 mit 42 Jahren den Tod fand. In seinen beiden großen Werken *Die Einheit in der Kirche* (1825) und *Die Symbolik* (1832) wird die Kirche als der Ort beschrieben, auf den der Hl. Geist die frohe Botschaft des Evangeliums überträgt und organisch entfaltet. Die Kirche ist Grundlage für den Glauben und das Leben in der Gemeinschaft. Aus der sichtbaren Kirche geht die Vollendung einer inneren Gerechtigkeit hervor, die zur Überwindung der Trennung unter rivalisierenden Konfessionen führt. Auf dem Hintergrund seines unmittelbaren Gedankenaustausches mit den protestantischen Gelehrten gab Möhler in München den Anstoß zu einer auf philologischen und historischen Erkenntnissen beruhenden Exegese[4]. Johannes Evangelist Kuhn (1806–1887), der bedeutendste spekulative Denker der Tübinger Schule, war 1839 Dekan der dortigen katholischen Theologischen Fakultät und hatte bereits 1835 (als ordentlicher Professor für neutestamentliche Exegese in Gießen) ein *Leben Jesu* als Antwort auf das berühmte Erstlingswerk von David Friedrich Strauß (1808–1874) aus dem gleichen Jahr geschrieben. Die drei Bände seines unvollendet gebliebenen *Lehrbuchs der Dogmatik* (1846–1868) belegen nicht nur seine gründliche Kenntnis der griechischen Kirchenväter und Augustins, sondern auch der philosophischen Strömungen seiner Zeit, wie z. B. der Hegelschen Dialektik, die er auf das scholastische Denken anwandte. Die Tübinger Schule fand ihre Vertreter in Münster in Westfalen, Freiburg im Breisgau und Gießen, wo neben Kuhn Franz Anton Staudenmaier (1800–1856) lehrte. Dessen *Geist des Christentums* (1835) erlebte bis 1880 acht Auflagen und wirkte bahnbrechend für die theologische Erneuerung der Liturgie: Wie Möhler unterstrich er die kirchliche Gemeinschaft und sah im Papst das „lebendige Zentrum der kirchlichen Einheit". Seine vierbändige *Christliche Dogmatik* (1844–1856) versteht sich in der Auseinandersetzung mit Hegel als wahrhafte Dialektik in der Kirchengeschichte[5]. Im Rheinland betrieb der seit 1820 als Dogmatiker in Bonn lehrende Georg Hermes (1775–1831), Autor der dreibändigen *Christkatholischen Dogmatik* (verfaßt in den Jahren 1819–1829), Theologie im Kontext der „katholischen Aufklärung". Er unternahm darin den Versuch, die Vernunftgemäßheit der Offenbarung und die Vereinbarkeit mit der reinen und praktischen Vernunft Kants nachzuweisen. Dabei wird dem Glauben das gleiche Maß an Evidenz zugesprochen wie dem methodischen Zweifel in der Beurteilung jeder historischen Wahrheit. Die posthume Veröffentlichung seiner *Christkatholischen Dogmatik* (in den Jahren 1834/1836) verschärfte die Kontroverse um diese Thesen, die von einer aus deutschen und römischen Theologen bestehenden Kommission überprüft wurden. Am 26. September 1835 wurde Hermes' Gesamtwerk einschließlich seiner rationalistischen Methode der Beurteilung übernatürlicher Wahrheiten durch Gregor XVI. (Breve *Dum acerbissimas*) verurteilt. Die schroffen Maßnahmen des neuen Kölner Erzbischofs Clemens August Droste zu Vischering (1773–1845) verschlimmerten den „hermesianischen Streit". Der Kirchenhistoriker Johann Wilhelm Braun (1801–1863) und der Philosoph Peter Joseph Elvenich (1796–1886) versuchten als Hermesianer in den Jahren 1837/1838 vergeblich, direkten Einfluß in

---

[3] W. Jens, Eine deutsche Universität – 500 Jahre Tübinger Gelehrtenrepublik, München 1981; zu Möhler vgl. besonders 243 f., allgemein: H. Wagner, Johann Adam Möhler (1796–1838). Kirchenvater der Moderne, Paderborn 1996.
[4] Hinweis in G. Jacquemet: Catholicisme: hier, aujourd'hui, demain, 14 Bde., Paris 1948ff. (nachfolgend Catholicisme), IX, Sp. 460–462 (Y. Congar). Vgl. H. Jedin : Handbuch der Kirchengeschichte, Bd. VI/1: Die Kirche zwischen Restauration und Revolution, Freiburg – Basel – Wien 1971 (nachfolgend HKG VI/1), 296.
[5] Ebd. 458 f.

Rom zu gewinnen[6]: Zum damaligen Zeitpunkt wuchsen nämlich die Vorbehalte gegen den Fideismus, der im Gegensatz zu den Hermesianern von Louis Bautain (1796–1867), einem Lehrer am kleinen Straßburger Priesterseminar, propagiert wurde. In seiner *Philosophie des Christentums* (1835) hatte er die Aufnahmefähigkeit der Offenbarung durch die menschliche Seele aufgrund der Gnadenwirkung in ihr hervorgehoben. Nach einer ersten Verweigerung (1836) mußte er vier Jahre später sechs von seinem Bischof vorgelegte Glaubenssätze unterschreiben und diesen Vorgang unter Berücksichtigung römischer Formulierungen 1844 wiederholen, um die Wiederanerkennung seiner Bruderschaft der Sankt-Ludwigs-Priester zu erlangen[7]. In der Folgezeit hatte Papst Pius IX. mit Beginn seines Pontifikats in der Enzyklika *Qui pluribus* (vom 9. November 1846) Position bezogen. Er wollte darin die Befähigung der menschlichen Vernunft im Licht des Vermögens und der Erkenntnis der Offenbarung aufwerten, ließ aber im Gegensatz zum hermesianischen Rationalismus in gleicher Weise die Unsicherheit einer nur auf ihre eigenen Fähigkeiten gestellten Vernunft vor dem Übernatürlichen bestehen. Während seines Pontifikats kulminierte die Auseinandersetzung mit der Verurteilung des traditionalistischen Philosophen Augustin Bonnettys (1798–1879), der Begründer der *Annales de philosophie chrétienne* und seit 1840 Schriftleiter von *L'Université catholique* war. Er mußte sich im Juli 1855 vier Glaubenssätzen der Index-Kongregation unterwerfen, die das Vermögen einer „durch den Glauben unterstützten Vernunft"[8] gesichert wissen wollte. Schließlich traf der Index im Januar 1857 die Werke des österreichischen Weltpriesters Anton Günther (1783–1863)[9], dem „Semirationalismus" vorgeworfen wurde, auch nach dessen Widerruf. Obwohl Günther dem Hegelianismus äußerst kritisch gegenüberstand, empfahl er trotzdem der katholischen Theologie die Berücksichtigung der Forschungsergebnisse von Naturwissenschaftlern und protestantischen Exegeten[10]. Die Ernennung einer ganzen Reihe seiner Schüler auf von der preußischen Regierung abhängigen Lehrstühlen trug zur Ausbreitung seines Einflusses bei, vor allem in Breslau, Wien und im Rheinland, wo nach Pater Wenzel „ein deutscher Port-Royal" entstand. Aus ihm sind die Brüder Maurus (1825–1890) und Placidus Wolter (1828–1908) hervorgegangen, die als Urheber der benediktinischen Erneuerung im Kloster Beuron bekannt geworden sind[11]. Alle diese Maßnahmen stehen im Zusammenhang mit dem Erstarken ultramontaner Tendenzen, die sich in Deutschland zehn Jahre früher als in Frankreich durchsetzten. Erste Zentren bildeten sich in Wien um Clemens Maria Hofbauer (1751–1820) und Friedrich Schlegel (1772–1829), dann auch ein Kreis reformerischer katholischer Gelehrter um Joseph von Görres (1776–1848) in München, der dort seit 1827 eine Geschichtsprofessur innehatte. Am Priesterseminar in Mainz machte sich der Einfluß Straßburger Geistlicher geltend („erste Mainzer Theologenschule"), von denen in erster Linie der spätere Bischof André Raess (1794–1887) und der Theologe Bruno Franz Liebermann (1759–1844) zu nennen sind, der in den Jahren zwischen 1819 und 1827 seine *Institutiones theologicae dogmaticae* in fünf Bänden veröffentlichte, die er dann 1831 in ultramontanem Geist umschrieb. Vor allem aber führte das Herausgebergremium der Zeit-

---

[6] Ebd. 448–452 und Le problème et l'acte de foi (s. Anm. 1) 102 f.
[7] P. POUPARD, L'Abbé Bautain, Paris 1961.
[8] Enchiridion, Bd. CXXX, Nr. 1, 649 f.; DHGE IX, Sp. 1058–1060.
[9] Verwerfung seiner Lehre durch Pius IX. (Breve *Eximiam tuam* vom 15. Juni 1857, DS 1655 ff.).
[10] HKG VI/1, 453 f.
[11] Ebd. 455.

schrift *Der Katholik* einen geharnischten Kampf gegen febronianisches Gedankengut und die Thesen von Hermes. Von diesem intellektuellen Zentrum aus gewannen Dozenten wie Frey, Schenkel und vor allem Hermann Schell (1850–1906)[12] nach und nach den jungen Klerus für die katholische Frömmigkeit, daneben aber auch für die zentralistischen Vorstellungen Roms. Für die Förderung dieser geistigen Strömungen setzten sich 1832 auch Heinrich Klee (1800–1840) – Professor für Exegese und Kirchengeschichte in Bonn – und in München (in den Jahren 1833 bis 1847) der laizistische Kanonist George Phillips (1804–1872) ein. Sie konnten sich nach der Krise von 1848 bis 1850 durchsetzen. Im Umfeld des Mainzer Bischofs Wilhelm Emmanuel von Ketteler (1811–1877) planten die Domkapitulare Franz Christoph Moufang (1817–1890) und Johann Baptist Heinrich (1816–1891) die Angliederung einer katholischen Universität an das Priesterseminar der Diözese – nach dem Vorbild einer entsprechenden Gründungsabsicht im irischen Dublin[13]. Sie bemühten sich insbesondere auch um die Ausbreitung der Volksfrömmigkeit. Im nahen Köln wie in Eichstätt gründeten die Jesuiten Ausbildungs- und Freizeitzentren, deren publizistisches Organ *(Stimmen aus Maria-Laach)* rasch weite Verbreitung fand. Von Würzburg aus wurden einige in Rom ausgebildete Theologen auf Lehrstühle berufen: so der Dogmatiker Heinrich J. Denzinger (1819–1883), der Kirchenhistoriker Joseph Hergenröther (1824–1890) und der Apologet Franz Seraph Hettinger (1819–1890). Diese Theologen griffen energisch die Kampfansage gegen ältere Denkrichtungen an deutschen theologischen Fakultäten auf, wie sie weiterhin in Tübingen nachwirkten. Dort war 1840 Karl Joseph Hefele (1809–1893) Nachfolger Möhlers auf dem kirchengeschichtlichen Lehrstuhl geworden. In dieser Zeit schrieb er eine monumentale *Conciliengeschichte* in sieben Bänden (1855–1874) und begründete mit der *Theologischen Quartalschrift* ein auch heute noch weithin anerkanntes wissenschaftliches Publikationsorgan, bevor er 1869 zum Bischof von Rottenburg ernannt wurde. In Köln vertrat der Dogmatiker Matthias Joseph Scheeben (1835–1888) zwar in der Ekklesiologie die römische Position, jedoch nicht in streng juridischer Perspektive. Seine *Mysterien des Christentums* (1865) belegen, daß der Christ in der Kirche über den Glauben und die Sakramente an der göttlichen Natur teilnimmt, indem er Glied am Leib des Gottessohnes wird[14].

Gerade in München sollte die Krise im Umkreis des berühmten Ignaz von Döllinger (1799–1890) ausbrechen. 1826 wurde er von Sailer an die neugegründete Universität berufen. Döllinger war bestrebt, den Rückstand der katholischen Wissenschaft gegenüber den Protestanten auf dem Gebiet der Kirchengeschichte auszugleichen. Mit seinem zweibändigen *Lehrbuch der Kirchengeschichte* (1836–1838) wurde er zum wichtigsten Vertreter der katholischen Universitäten innerhalb der deutschen Wissenschaft. Im Verlauf der nachfolgenden zwanzig Jahre machte er aber keinen Hehl aus seinem Unmut über die Vorherrschaft der – seiner Meinung nach – zu stark an einer rigiden Scholastik orientierten wissenschaftlichen Methoden und über den direkten Einfluß Roms auf die freie Entfaltung der deutschen Theologie. Gegen protestantische Kritiker verteidigte er 1861 die weltliche Macht des Papstes, prangerte jedoch in gleicher Weise die überholten Strukturen der pontifikalen Verwaltung an. Nachhaltig trat er für die von seinem philosophischen Kollegen

---

[12] Zu Schell vgl. die Würzburger Dissertation von Th. Franke, Leben aus Gottes Fülle. Zur trinitarischen Reich-Gottes-Theologie Hermann Schells (Studien zur Kirchengeschichte der neuesten Zeit 3), Würzburg 1990 (Lit.).
[13] HKG VI/1, 268 f.
[14] Ebd. 495 f.

Matthias Scheeben (1835–1888), der
bedeutendste deutsche Neuscholastiker,
lehrte am Kölner Priesterseminar.

Jakob Frohschammer (1821–1893) geforderte uneingeschränkte Freiheit der Forschung ein[15]. Zwei Jahre später lud er katholische Gelehrte aus Deutschland, Österreich und der Schweiz zu einer Tagung nach München (St. Bonifaz) ein und referierte in seiner Eröffnungsansprache vom 28. September 1863 über „Die Vergangenheit und Gegenwart der katholischen Theologie"[16]. Unmißverständlich verlangte er darin Freiheit für die theologische Forschung in Erfüllung ihrer öffentlichen Bildungsfunktion[17].

Papst Pius IX. lehnte in seinem Brief an den Erzbischof von München-Freising vom 21. Dezember 1863 („Tuas libenter") dieses Verlangen ab und sprach sich gegen die Weiterführung derartiger Tagungen aus. In den Jahren bis zur Eröffnung des Vaticanum I verschlechterten sich die Beziehungen zwischen römischen und deutschen Theologen zunehmend, nachdem die Anhänger Günthers und die „junge Garde" der Döllinger-Schüler die gemeinsame Überzeugung von der Überlegenheit der deutschen Wissenschaft zusammengeführt und diese in dem 1865 von dem Bonner Alttestamentler Heinrich Reusch (1825–1900) gegründeten *Theologischen Literaturblatt* ihren entsprechenden Argwohn gegen die römischen Direktiven zur Sprache gebracht hatten.

2. Die römische Zentrale

Diese römische Theologie war alles andere als monolithisch. Immerhin hatte mit dem Antritt Gregors XVI. (1831–1846) auf dem Stuhl Petri die monarchische und straff hierarchische Struktur der Kirche die Oberhand gewonnen, die der neue Papst, seit 1814 als Kon-

---

[15] Ebd. 684 f. Zu Döllinger allgemein vgl. G. DENZLER – E. L. GRASMÜCK (Hrsg.): Geschichtlichkeit und Glaube. Gedenkschrift zum 100. Todestag Johann Joseph Ignaz von Döllingers (1799–1890), München 1990.
[16] W. KLAUSNITZER, Döllingers Theologierede vom 28. September 1863 in ihrem theologiegeschichtlichen Kontext, in: Ebd. 417–445.
[17] P. MARTINA, Pio IX, 3 Bde., Rom 1974–1990, II 316–321.

sultor und Präfekt verschiedener päpstlicher Kongregationen, in der Zeit nach der Französischen Revolution ausgebaut hatte. Der Neuaufbau und die Zentralisierung der theologischen Ausbildung wurden unter Pius IX. abgeschlossen, nachdem bereits 1824 das Collegium Romanum und die Leitung des wiedereröffneten Collegium Germanicum (1818) den Jesuiten übertragen worden war. Zu den ursprünglich sechs Collegia und dem Seminarium Belgicum (1844) kamen in den Jahren zwischen 1852 und 1866 sechs weitere Universitäten dazu [18].

Der überwältigende Einfluß des Giovanni Perrone (1794–1876), der von 1824 bis 1863 an der Gregoriana Dogmatik lehrte, setzte sich bis zu seinem Tod fort, wie die vierzehn Auflagen seiner *Praelectiones theologicae* in neun Bänden (1835–1842) beweisen. Wenn er auch in seiner Theologie die zentrale Rolle des Papsttums unterstrich und dabei die eigentliche Funktion der Bischöfe überging, so berief er sich bei der Darlegung über den „Geist der Kirche" und der organischen Entwicklung der Tradition ausdrücklich auf Möhlers *Symbolik*. Ähnlich gingen auch andere renommierte Theologen vor: Passaglia (1812–1887), Autor des Werkes *De Ecclesia Christi* (1853/54), Schrader (1820–1875) und Franzelin (1816–1886) verteidigten den Primat des Pontifex Maximus, beriefen sich in ihrer Argumentation allerdings auf die Hl. Schrift, die griechischen Kirchenväter, Theologen der französischen Schule des 17. Jh. und deutsche Theologen ihrer Zeit. Ihrem Verständnis nach verdeckten die Institutionen der sichtbaren Kirche gerade nicht das innere Leben des ekklesialen Leibes, der – nach Franzelin – nichts anderes als eine fortgesetzte Inkarnation darstellt [19].

Andererseits traten Fragen der Zucht und Rechtsprechung vor allen andern in den Vordergrund – eine Abwehrreaktion auf die sich stetig verschärfende römische Frage während des langen Pontifikats Pius' IX. (1846–1878). Schrader wurde im Zusammenhang mit dem neuen Konkordat nach Wien berufen, wo er von 1857 bis 1867 lehrte. Während seiner dortigen Lehrtätigkeit schrieb er *De unitate romana*, „eine der vollkommensten Äußerungen des theokratischen Ideals im 19. Jh." [20].

Diese dominante Sichtweise wurde außerdem von George Phillips (1804–1872), dem Inhaber des Lehrstuhls für kanonisches Recht propagiert, dessen siebenbändiges *Kirchenrecht* in den Jahren zwischen 1845 und 1872 erschien. Kardinal Joseph Othmar von Rauscher (1797–1875) berief sich auf die Jesuiten und Redemptoristen an der Innsbrucker Fakultät. May und Friedrich Heinrich Vering (1833–1896) publizierten dort das *Archiv für katholisches Kirchenrecht*. Die gleichen ultramontanen Tendenzen, dessen Zentrum sich im Rheinland (Kölner Diözese) befand, wurden in Budapest von Fr. Hovanyi, in München von Franz von Baader (1765–1841) und dem Autorenkreis der *Historisch-politischen Blätter* vertreten.

3. Andere europäische Zentren: England, Spanien, Belgien und Frankreich

Jenseits des Ärmelkanals ergab sich im englischen Katholizismus eine der deutschsprachigen Theologie vergleichbare Entwicklung. Der in Rom am Collegio Inglese (Collegium Anglicum) ausgebildete Priester Nicholas Patrick Wiseman (1802–1865), dessen

---

[18] Das englischsprachige Beda-Seminar (1852), das Seminar San Luigi dei Francesi (1853), die süd- und nordamerikanischen Seminare sowie das illyrische und polnische Seminar.
[19] HKG VI/1, 465 und 673 f.
[20] Ebd. 675 f.

Rektor er 1828 geworden war, trug entscheidend zur Aufgabe der reservierten Haltung seiner Glaubensbrüder bei. Unter dem Eindruck der Predigterfolge Lacordaires in Notre-Dame zu Paris und im Bewußtsein der mit der Oxford-Bewegung verbundenen Tiefenwirkung auf die kirchenleitenden Organe der *High Church* bemühte er sich, die englische Öffentlichkeit von der Aufgeschlossenheit der Kirche für Fortschritt und wissenschaftliche Forschung der damaligen Zeit zu überzeugen. Seine *Lectures on the Connection between Science and Revealed Religion* hatten sogar auf dem Kontinent durchschlagenden Erfolg[21]. Die von ihm 1836 gegründete *Dublin Review* sorgte für die Verbreitung seiner theologischen Erkenntnisse. Mit offener Bereitschaft nahm der die von den verschiedensten theologischen Grundüberzeugungen herkommenden Konvertiten aus der Anglikanischen Kirche auf, insbesondere deren berühmtesten Vertreter, John Henry Newman (1801–1890), dessen *Essay on the Development of Christian Doctrine* (1845) die für seine Konversion entscheidenden Beweggründe darlegte. Zentrales Motiv war für ihn die Unantastbarkeit des in der römischen Kirche bewahrten Glaubensgutes, unbeschadet der vielschichtigen Reaktionen auf die durch spätere historische Konstellationen herausgeforderten Konfrontationen[22].

Der 1850 zum Kardinal ernannte Wiseman trug als Erzbischof von Westminster Verantwortung für die Wiederherstellung der Hierarchie in England und förderte die Entwicklung des Oratoriums, das er zur Hebung des intellektuellen Niveaus unter den englischen Katholiken ins Leben gerufen hatte. Newman entfaltete eine Vision der Kirche als Gemeinschaft der Gläubigen, die seinem juridischen Verständnis zugrunde lag, und stellte die Bedeutung der Laien für die Ausbreitung des Glaubens heraus. In der 1870 erschienenen *Grammar of Assent* verwarf er sowohl einen Rationalismus, der die christliche Wahrheit in abstrakter Begrifflichkeit erstarren läßt, wie eine davon losgelöste Argumentationsweise, die zur Belebung der religiösen Überzeugung ungeeignet ist. Diese religiöse Überzeugung entsteht aus dem *illative sense*, der Fähigkeit zur Synthese, die dem Denken ein ganzes Bündel von erfahrbaren Möglichkeiten zuführt und auch eine Vorahnung für die Lösung seiner schicksalhaften Existenz anbietet. Damit war die Grundlage „zu einer Logik der Überzeugung [gelegt], zu einer sowohl dogmatischen, psychologischen und positiven Theologie", die damals allerdings nur sehr wenige Intellektuelle nachvollziehen konnten[23].

Nach 1850 verschärften sich die Spannungen zwischen den beiden Richtungen im englischen Katholizismus. Die beiden Konvertiten William George Ward (1812–1882) und Henry Edward Manning (1808–1892) machten aus der *Dublin Review* ein Kampforgan gegen den gebildeten und liberalen Flügel, der allerdings auch offene Kritik an den Positionen des Episkopats übte. Dieser wiederum meldete sich in der von Richard Simpson und dem Döllinger-Schüler Lord Acton (1834–1902) herausgegebenen Konkurrenz-Zeitschrift *The Rambler* zu Wort. Nach dem Tod von Wiseman ernannte Pius IX. Manning zu dessen Nachfolger auf der Kathedra von Westminster (1865). In einer Schrift aus dem gleichen

---

[21] Die von A. de Genoude besorgte Übersetzung ins Französische erlebte in den Jahren zwischen 1837 und 1850 fünf Auflagen. Zu Wiseman vgl. auch R. J. SCHIEFEN, Nicholas Wiseman and the transformation of English Catholicism, Shepherdstown 1984.

[22] Französischer Text in: Œuvres philosophiques de Newman, übers. von S. JANKÉLEVITCH mit ausführlicher Einleitung von M. NÉDONCELLE, Paris 1945. Zur deutschen Bibliographie vgl. J. ARTZ, Newman-Lexikon, zugleich Registerband zu ausgewählten Werken, Mainz 1975.

[23] HKG VI/1, 223 und NÉDONCELLE, L'Ecclésiologie (s. Anm. 2) 485–665.

Kardinal
Henry Edward Manning
(1801–1890)

Jahr verteidigte der neue Erzbischof die Gestalt einer Kirche, deren Fortschritt unter der Leitung des Hl. Geistes steht. Aber in den literarischen Auseinandersetzungen unmittelbar vor der Eröffnung des Konzils wurde der päpstliche Primat in den Rubriken der *Dublin Review* so überschwenglich gepriesen, daß sich Butler zu der qualifizierenden Wortschöpfung „Neo-Ultramontanismus" veranlaßt fühlte. Andererseits wird verständlich, daß Lord Acton, der sich während der Konzilsversammlung im Winter 1869/70 im Hintergrund hielt, einer der aktivsten Sprecher der „unerwünschten" Minderheit wurde und für die unter dem Pseudonym Quirinus in der Augsburger Allgemeinen Zeitung veröffentlichten *Römischen Briefe* aus München historische Argumente und entsprechendes Hintergrundwissen bereitstellte[24].

In Spanien führte das Werk zweier Theologen zur Erneuerung der Theologie: Die *Filosofía fundamental* von Jaime Balmes (1810–1848) aus dem Jahre 1846 und das vierbändige Werk *El protestantismo comparado con el catolicismo* (1842–1844) verstehen sich als Rückkehr zur thomistischen Philosophie sowie als Verherrlichung der päpstlichen Machtfülle und ihrer Bedeutung für die Bewahrung der Glaubenseinheit in der Kirche. Diesen Standpunkt teilte auch Juan Donoso Cortés (1809–1853). Der neue Durchbruch des liberalen Antiklerikalismus beim Sturz von Königin Isabella II. (1868) hatte die Reaktion der „Carlisten" mit extremistischen Lehren zur Folge, so z. B. von Candido Nocedal (1821–1865), der engen Kontakt zu den Anhängern einer dynastischen Restauration in Frankreich pflegte. Sie stützten sich auch auf die christliche Äquatorrepublik Ekuador, in der García Moreno im Schatten des Konkordats von 1862 ein Herrschaftssystem mit Vermischung von öffentlichem und kanonischem Recht aufbauen konnte. Bis zu seiner Ermordung im Jahre 1875 wurde das Regime von Moreno von der radikal-ultramontanen Presse (z. B. im *L'Univers*) als Vorbild einer christlichen Herrschaft im Gegensatz zu den revolutionären Kräften empfohlen[25].

Belgien war – von Rom abgesehen – das einzige europäische Land, das mit Löwen eine

---

[24] S. dazu Aubert, Vatican I (Histoire des conciles oecumeniques 12), Paris 1964, 164ff. (dt.: Ders., Vaticanum I, Mainz 1965).
[25] Vgl. dazu HKG VI/1, 449f. 466 – Storia della Chiesa XXIV, 565–568 (W. Henkel).

katholische Universität gründen und durch seine günstige Lage die in den Nachbarländern betriebenen Forschungen aufgreifen und verbreiten konnte. Auf Anregung ihres Rektors gelang es den berühmten, zum Jesuitenorden gehörenden Bollandisten, ihre Tätigkeit wieder aufzunehmen – dank des Einsatzes von Victor de Bück (1817–1876), der die letzten fünf Bände der *Acta sanctorum* herausgab. Sein Mitbruder Charles de Smedt (1831–1911) schuf die Grundlage für sein Werk mit der in Paris 1818 erfolgten Veröffentlichung der *Principes de critique historique*. Die *Nouvelle Revue Théologique* wurde zum Vermittlungsorgan für die Forschungen an den einzelnen Lehrstühlen der Universität: Kanonisches Recht (Faye), christliche Archäologie (Reusens), Dogmatik (Malou). Victor Dechamps (1810–1883), der als Erzbischof von Mecheln (seit 1867) für die Position der Mehrheit auf dem Konzil (hinsichtlich der päpstlichen Unfehlbarkeit) eintreten sollte, propagierte eine auf der Autorität der Kirche basierende Apologetik, die aber ebenso die geistlichen Bedürfnisse des einzelnen berücksichtigte. Nach dem Urteil von M. Bequé war dies „eher als Werk eines Predigers als eines theologischen Spezialisten"[26].

In Frankreich machte sich der Einfluß der deutschen katholischen Theologie auf die Schüler von Lamennais und die liberalen Katholiken wie z. B. die Bischöfe Dupanloup (1802–1878), Meignan (1817–1896) oder Maret (1805–1884) stark bemerkbar. Das große Ziel einer „katholischen Wissenschaft"[27], das in der Congrégation de Saint-Pierre in La Chesnaie erste Gestalt annahm, konkretisierte sich in der von René-François Rohrbacher (1789–1856) zwischen 1842 und 1849 besorgten Veröffentlichung der *Histoire universelle de l'Eglise catholique* (29 Bände), in der das Papsttum in Kontinuität mit der vom Volk Israel[28] begründeten hohepriesterlichen Tradition als Leitinstanz für die Menschheit vorgestellt wird. Noch imposanter gestaltete sich die von Abbé Jacques-Paul Migne (1800–1875) – er war zunächst Pfarrverwalter im Gâtinais und lebte seit 1833 in Paris – in Angriff genommene populärwissenschaftliche „Universalbibliothek des Klerus". Mit dieser Publikationsreihe verfolgte der Herausgeber die Absicht, das intellektuelle Niveau der katholischen Geistlichen durch Hinführung an die bedeutende Literatur der christlichen Tradition und die Leistungen der zeitgenössischen Wissenschaft zu heben. Mit Hilfe von Subskriptionen, die in ähnlicher Weise die Finanzierung der großen *Encyclopédie* ermöglicht haben, baute er im Süden von Paris eine Druckerei auf, die in dreißig Jahren (von 1838 bis 1868) 1000 Einzelbände herstellte, u. a. den *Patrologiae cursus completus* (lateinische Reihe mit 217 Bänden, griechische Reihe mit 161 Bänden), die Reihe der *Orateurs sacrés* sowie die 171 Bände der drei *Encyclopédies théologiques*. Diese nur in Ausnahmefällen von Spezialisten mitbetreuten enzyklopädischen Summen sind von unterschiedlicher Qualität, deren Hauptinteresse allerdings darin bestand, jungen Priestern – wie z. B. Abbé Louis Pie (1815–1880) auf seiner Pfarrstelle an der Kathedrale von Chartres – das kontinuierliche Studium im direkten Kontakt mit theologischen Quellen zu ermöglichen. Von der gleichen Absicht ließ sich Prosper Guéranger (1805–1875), Kanoniker von Le Mans und Wiederbegründer des benediktinischen Klosterlebens in Solesmes, bei der Pu-

---

26 HKG VI/1, 218.
27 Dieser Begriff ist zum erstenmal von P. O. Gerbet geprägt worden (nach J.-R. Derré, Lamennais, ses amis et le mouvement des idées à l'époque romantique 1824–1834, Paris 1962, 275–342). Vgl. auch C. Langlois – F. Laplanche (Hrsg.), La Science catholique, Paris 1992, 23–27.
28 R. F. Costigan, Rohrbacher and the Ecclesiology of Ultramontanism (Miscellanea historiae pontificiae 47), Rom 1980.

blikation seiner *Institutions liturgiques* leiten, deren zweiter Band einen immerhin erfolg-losen Protest der um die liturgischen Besonderheiten ihrer Diözesen besorgten Bischöfe auslöste[29].

Auch die Prälaten von Saint-Sulpice zeigten sich für ausländische Einflüsse aufge-schlossen, so z. B. M. Le Hir, Renans Lehrer, für die deutsche Exegese oder der spätere Bischof von Périgueux (M. Baudry), der für die Verbreitung der ontologischen Thesen Graf Antonio Rosminis (1797–1855) sorgte, und schließlich M. Gosselin als Spezialist der mittelalterlichen Kirchengeschichte. Dieser Einfluß wurde noch durch die Ausstrahlung der von Denis Auguste Affre , Erzbischof von Paris, 1842 im ehemaligen Karmeliterklo-ster begründeten Ecole des Hautes Etudes Ecclésiastiques und der Lehrstühle an der Theo-logischen Fakultät der Sorbonne erhöht, denen der damalige Dekan Henri-Louis Maret (1805–1884) einigen Glanz verlieh.

Ab 1843 konnte sich die ultramontane Bewegung im Umkreis von Gaultier und dem Or-den vom Hl. Geist sowie durch das Wirken des Nuntius Fornari jedoch behaupten. Die 21 Provinzialkonzile im Zeitraum zwischen 1849 und 1873 besiegelten den Durchbruch der ultramontanen Richtung durch Entscheidungen über den Glaubensakt und den päpstli-chen Primat im Sinne Roms. In gleicher Perspektive wurden schließlich die Lehrbücher von Bailly, Bouvier und Lequeux überarbeitet[30]. Bei der Durchsetzung der römischen Li-turgie wurde der Druck vor allem auf Saint-Sulpice intensiviert. In den Jahren 1857–1859 veröffentlichte M. Icard seine *Praelectiones Jesu Christi*, die auf die volle Zustimmung Louis Veuillots stießen. 1864 entsprach Kardinal de Bonald dem päpstlichen Verlangen, die römische Liturgie in Lyon einzuführen. Zum krönenden Abschluß ihrer Studien in Rom wurden schließlich immer mehr junge Kleriker aus Priesterseminaren in Paris oder der Provinz in Begleitung von Mönchen vom Orden des Hl. Geistes an die französische Kirche San Luigi dei Francesi in die italienische Hauptstadt gesandt.

Eine weitere Besonderheit der französischen Schulen war zumindest nach 1848 die Be-tonung der politischen Theologie. Der Dogmatikprofessor Henri-Louis Maret hat als De-kan der Theologischen Fakultät der Sorbonne seine Erfahrungen während der Herausge-berschaft an der Zeitschrift *L'Ere nouvelle* in einer Vorlesung über die Beziehungen zwischen Kirche und moderner Gesellschaft (1850/51) einer systematischen Darstellung zugeführt[31]. Er nahm darin Lamennais, Vorschlag von der rechtlichen Trennung der beiden Gewalten – im Gegensatz zum Ancien Régime – wieder auf und befürwortete gleichzeitig deren moralische Einheit. Gegen die Mehrheit der Katholiken seiner Zeit war er der Über-zeugung, daß die Prinzipien der bürgerlichen Freiheit und Gleichheit als Grundlage der Gesellschaftssysteme seiner Zeit auch als Erbe der christlichen Wurzeln unserer Zivilisa-tion zu verstehen sind, die damit für den Aufbau einer christlichen Gesellschaft auf der Ba-sis des säkularisierten Rechtssystems geeignet wären.

---

[29] Vgl. LANGLOIS – LAPLANCHE, La Science catholique (s. Anm. 27) und A. MANDOUZE – J. FOUILHERON (Hrsg.), Migne et le renouveau des études patristiques (Théologie historique 66), Paris 1985.

[30] HKG VI/1, 273. Thomas Gousset (1792–1866) hatte den *Dictionnaire de théologie* von Nicolas Sylvestre Ber-gier für die Neuauflage von 1844 überarbeitet. Seine Veröffentlichungen *Théologie dogmatique* in zwei Bänden (1848) und *Exposition des principes du droit canonique* (1859) waren ebenso weit verbreitet wie die Werke von Parisis. Vgl. J. LEFLON, Crise et Restauration des foyers de science religieuse dans l'Eglise au XIXᵉ siècle, in: MANDOUZE – FOUILHERON, Migne 39–52.

[31] C. BRESSOLETTE, L'Abbé Maret, Paris 1977 (mit einem Vorwort von E. POULAT) und dessen Einleitung zu H.-L. MARET, L'Eglise et l'Etat, cours de Sorbonne 1850–1851, Paris 1979.

Dagegen vertrat die große Mehrheit die Meinung, daß die den Gesellschaftsstrukturen inhärenten Wirren von ihrer bewußt vollzogenen Säkularisierung herrührten und daher die Forderung nach den Rechten der christlichen Wahrheit und der Kirche zur Geltung gebracht werden müßte, auch wenn die Verpflichtung bestehe, angesichts der gesellschaftlichen Krisen die Maßstäbe des weltlichen Rechtssystems anzuerkennen. Im Rückgriff auf die theologischen Grundansätze bei Suarez (1548–1619) und Bellarmin (1542–1621) forderten die meisten Katholiken die Wiederbelebung des christlichen Rechts und der Traditionen des „christlichen Frankreichs", wobei die weltlichen Mächte in ihren Zuständigkeitsbereichen die Souveränität bewahren, aber erneut im Dienst der Kirche und ihres Oberhauptes stehen sollten. In der Abgrenzung zu den „gallikanischen Freiheiten" und zum Josephinismus priesen sie die indirekte Gewalt der Kirche entsprechend der paulinischen Devise des *omnia instaurare in Deo* und verurteilten das aus der Revolutionszeit überkommene öffentliche Recht als „politischen Naturalismus". Niemand hatte diesen „politischen Augustinismus" gelehrter zur Sprache gebracht als der Bischof von Poitiers, Louis Pie, in seinen fortlaufenden *Instructions synodales sur les erreurs de notre temps* (1855–1873), die ein großes Echo bei den Theologen der Kurie unter dem Pontifikat Pius' IX., zu Beginn des 20. Jh. und bei Pius X. selbst fanden[32].

Gerade diese theologischen Ausrichtungen hatten ihr Gewicht bei den Konzilsdebatten während des Vatikanum I um die zweite Konstitution *Pastor aeternus*, die mit der ersten Konstitution *Dei Filius* im Licht der theologischen Gesamtdiskussion nachfolgend zu betrachten ist.

4. Die Tragweite der beiden Konzilskonstitutionen für die Theologie der religiösen Erkenntnis und der Kirche

Die am 24. April 1870 einstimmig von den 667 Konzilsteilnehmern angenommene Konstitution *Dei Filius* entspricht einer „konzentrierten und lichtvollen Darstellung der katholischen Lehre über Gott, die Offenbarung und den Glauben"[33]. Die Fähigkeit der natürlichen Vernunft, grundlegende religiöse Wahrheiten wie die Existenz Gottes zu erkennen, wird darin ebenso festgehalten wie die Richtlinien für die Interpretation der Offenbarung im Anschluß an das Tridentinum. In vier Kapiteln werden nacheinander Gott und die als Akt freier göttlicher Entscheidung verstandene Schöpfung, die Fähigkeiten der natürlichen Vernunft, der Glaubensakt und die Beziehungen zwischen religiöser und wissenschaftlicher Erkenntnis dargelegt. Die als freie Zustimmung und zugleich als göttliche Gnadengabe interpretierte religiöse Erkenntnis dürfe nicht auf ein Phänomen des Gewissens unter Ausschluß des Vernunftgebrauchs beschränkt werden. Gegen die Rationalisten aber wird dem Wunder Glaubwürdigkeit zugesprochen. Der Glaube beziehe sich nicht nur auf die von der Hl. Schrift und den Konzilen förmlich definierten Artikel, sondern auch auf alle darüber hinaus von der Kirchenleitung als geoffenbarte Wahrheiten ausgegebenen Verlautbarungen. Religiöse und wissenschaftliche Erkenntnis stünden letztendlich in einer gegenseitigen Wechselbeziehung zueinander, die keineswegs die wissenschaftliche Erkenntnis auf dem Weg zu einem tieferen Verständnis der Glaubensgeheimnisse abqualifiziere, son-

---

[32] J. GADILLE, La Pensée et l'Action politiques des évêques français au début de la IIIe République, 2 Bde., Paris 1967, I 46–139.
[33] AUBERT, Vatican I (s. Anm. 24) 191; vgl. auch DERS., Le problème et l'acte de foi 132 f.

dern ihr gerade die volle Forschungsfreiheit zusichere. Analog dazu bleibe der Kirche der Freiraum, jeden offensichtlichen Widerspruch zwischen einer wissenschaftlichen Behauptung und der geoffenbarten Lehre anzuprangern: „[…] fides vero rationem ab erroribus liberet ac tueatur eamque multiplici cognitione instruat. Quapropter tantum abest, ut Ecclesia humanarum artium et disciplinarum culturae obsistat, ut hanc multis modis iuvet atque promoveat. Non enim commoda ab iis ad hominum vitam dimanantia aut ignorat aut despicit; fatetur immo, eas, quemadmodum a „Deo scientiarum Domino" [cf. 1 Reg 2,3] profectae sunt, ita, si rite pertractentur, ad Deum iuvante eius gratia perducere"[34]. Nach uralter christlicher Tradition befürworte die Kirche einen „breitangelegten und intensiven Fortschritt" in Wissenschaft und religiöser Weisheit, „sed in suo dumtaxat genere" (so Vinzenz von Lerinum)[35].

Weit umstrittener war die Konstitution *Pastor aeternus*. In der teilweise von stürmischen Zwischenfällen begleiteten Debatte wurde die als übertrieben bezeichnete Ausweitung der Artikel 9 und 13 bis 15 des *Schemas* hinsichtlich der Infallibilität der Kirche scharf kritisiert. Louis Pie verwies auf die totale Ausblendung der bischöflichen Jurisdiktion. In der von den Konzilsvätern Josef Kleutgen (1811–1883) und Johannes Baptist Franzelin (1816–1886) vorgelegten Neufassung des Zusatzartikels *De summo pontifice* fand diese bischöfliche Jurisdiktion in der Form Berücksichtigung, daß die Infallibilität des Papstes auf Lehraussagen und in ihrem Vollzug auf das Zusammenwirken mit der ganzen kirchlichen Hierarchie beschränkt wurde. Die päpstliche Jurisdiktion wird in Kapitel III *(De vi et ratione primatus Romani Pontificis)* so definiert: „Docemus et declaramus […] hanc Romani Pontificis iurisdictionis potestatem, quae vere episcopalis est, immediatam esse […] non solum in rebus, quae ad fidem et mores, sed etiam in iis, quae ad disciplinam et regimen Ecclesiae per totum orbem diffusae pertinent"[36]. Zugleich wird von den Bischöfen gesagt: „[…] episcopi, qui positi a Spiritu Sancto [cf. Act 20,28] in Apostolorum locum successerunt, tamquam veri pastores assignatos sibi greges singuli singulos pascunt et regunt […]". Die Appellation über Entscheidungen des römischen Lehramtes an ein ökumenisches Konzil war jedoch ausgeschlossen. Im vierten Kapitel mit dem langen Traditionsbeweis, daß die Bischöfe strittige Glaubensfragen schon immer der römischen Jurisdiktion unterstellt haben, wird das oberste Lehramt auf Entscheidungen *ex cathedra* eingegrenzt „in definienda doctrina de fide vel moribus […]; Romani Pontificis definitiones ex sese, non autem ex consensu Ecclesiae, irreformabiles esse"[37].

Diese klärenden Erläuterungen zeigten eigentlich nur Wirkung innerhalb der Konzilsaula, schon gar nicht auf politischer Ebene. Außerhalb des Vatikans dominierte das Bild einer uneingeschränkten päpstlichen Jurisdiktion in Glaubensfragen, nach der anstoßerregenden Bezeichnung von Montalembert[38] festigte sich bei vielen Konzilsteilnehmern die Vorstellung vom Papst als „Abgott". Im historischen Rückblick wird eine gerechtere Interpretation möglich, vor allem in der Einschätzung der nach 300jähriger Unterbrechung von Pius IX. wieder aufgenommenen konziliaren Tradition. Wie die Fürstin Witt-

---

[34] DS 3018.
[35] Vinzenz von Lerinum, Commonitorium primum c, 23; DS 3020.
[36] DS 3060.
[37] Zit. nach DS 3061.3063.3074.
[38] Veröffentlicht in der *Gazette de France* vom 7. März 1870.

genstein 1877 in einem Brief an Emile Ollivier schrieb, „wird eine der stärksten Veränderungen in der Kirche ohne jeden Zweifel von der Erneuerung der Konzilstradition ausgehen"[39].

II. Aufschwung der Frömmigkeit

1. Allgemeine Einflüsse

Die erste Hälfte des 19. Jh. war die Zeit der „starken spirituellen Quellen", vergleichbar etwa mit der Gegenreformation in der ersten Hälfte des 17. Jh., auf die sich die zeitgenössischen Autoren über die Aufklärung hinweg berufen haben. Die Katholiken der damaligen Zeit lehnten sowohl die strenge und seelenlose Frömmigkeit der Jansenisten ab, die aus Vorbehalten gegenüber einer transzendenten Gottheit bestand, wie auch die verächtliche Verspottung der Philosophen und der Intellektuellen des 18. Jh., die sie für die Katastrophen während der Französischen Revolution verantwortlich gemacht haben. Dieser Bruch mit der noch jungen Vergangenheit war allerdings nicht durchgehend, denn schon in den Jahren nach 1775 bereiteten einige Männer und Frauen diese Erneuerung vor.

Der Weg der Rechristianisierung der ländlichen Bevölkerung, vor allem über die Erziehung kleiner Mädchen, wurde von Jean-Marie Moyë (1730–1793) und den lothringischen Schulkongregationen vorgezeichnet, nach deren Vorbild 1802 die Ursulinen von Chavagne gegründet worden sind. C. Langlois hat nachgewiesen, daß viele weibliche Kongregationen aus diesen kleinen – vor allem in Westfrankreich zahlreichen – „Tertiär"-Gruppen entstanden sind: 1831 zählte man 31 000 Nonnen oder Kongreganistinnen, die sich zum überwiegenden Teil der Volksunterweisung widmeten. Pierre Zind schätzt die „kleinen Landbrüder", die sich mit entsprechendem religiösen Anliegen um die Jungen kümmerten[40], auf ungefähr 950: Selbst Jean-Marie Lamennais (1780–1860), ein Bruder des bekannteren Hugo-Félicité R. Lamennais, hat 1819 im Zentrum der Bretagne das Institut der *Frères de l'Instruction chrétienne* (christliche Schulbrüder) in Ploërmel gegründet.

Ein anderer Weg bestand in der Rückkehr zur Observanz bei der Reform der Klosterorden, wie ihn der aus dem Trappistenorden hervorgegangene Augustin Lestrange (1754–1827) beschritt, als er 1794 die Statuten von La Valsainte (in der Nähe von Fribourg/Schweiz) verfaßte[41]. Die erneute Verbreitung der spanischen Spiritualität des 16. Jh. wurde vor allem durch die rasche Reaktivierung des weiblichen Karmel begünstigt[42].

Schließlich haben mitten in den aufgewühlten Zeitläuften einfache Priester oder ehemalige Mönche ihre schriftstellerische Tätigkeit fortgesetzt, wie Jean-Nicolas Grou (1731–1803), dessen Andachtsbücher bis 1866 ediert worden sind. Der Jesuit Picot de Clorivière (1735–1820) schuf neue Gemeinschaftsformen von Laien oder Priestern. So gründete er

---

[39] Brief vom 7. August 1877, in: A. TROISIER DE DIAZ (Hrsg.): Émile Ollivier. Correspondance 1858–1887, Paris 1984, 175.

[40] P. ZIND, Les Nouvelles Congrégations de frères enseignants en France, de 1800 à 1830, Saint-Genis-Laval 1967.

[41] Hinweis in: Catholicisme VII (1972), Sp. 477–479 (M.-B. BRARD). Vgl. auch Dom BUENNER, Madame de Bavoz, abbesse de Pradines, de Saint-Benoît, 1768–1838, Lyon 1961; vgl. jetzt auch die Dissertation von H. LAFFAY über Augustin de Lestrange, Université Jean-Moulin Lyon (Dezember 1994).

[42] In Paris wurde 1797 ein Karmel wiedereröffnet, ein Jahr später in Tours. Die Arbeiten von M. Émery über Thérèse de Jésus erschienen 1858. Vgl. dazu A. RAYEZ, Histoire spirituelle de la France chrétienne, Paris 1964, 295.

1799 die *Société des Pères de la foi,* die aus der Verschmelzung seiner *Société des Prêtres du Coeur de Jésus* mit anderen, in Spanien entstandenen Priestergemeinschaften hervorging. Diese Urzelle für die Wiederbegründung der Societas Jesu bildete die Grundlage für die weitverzweigten Freundeskreise, dann auch für die Kongregation selbst[43].

Diesen Frühformen gemeinschaftlichen Lebens ist eine wesentliche Eigenschaft gemeinsam, die der ganzen Bewegung Elan verleihen sollte: Sie ging nicht von einer Elite des Klerus aus, sondern von zweitrangigen Klerikern oder einfachen Laien, vor allem von jungen Frauen. Unter den aktivsten Trägern dieser Bewegung ragen gleich zu Beginn des 19. Jh. heiliggesprochene Priester heraus, wie Giuseppe Benedetto Cottolengo (1786–1842), der als Geistlicher der Hospitalschwestern von Turin wirkte, Pio Brunone Lanteri (1759–1830), Joseph Triest (1760–1836), der „Vinzenz Paul von Gent", Jean-Baptiste Marie Vianney (1786–1859) in der Gegend von Lyon und die Gründerinnen Madeleine Sophie Barat (1779–1865), Anne-Marie Javouhey (1779–1851) und Claudine Thévenet. All diesen prägenden Gestalten lag daran, die rein formale und äußerliche Zugehörigkeit zur kirchlichen Institution zu überwinden und authentisches geistliches Leben mit einer seelsorgerlichen, katechetischen und caritativen „missio" zu verbinden.

Die Rückkehr zur Spiritualität der Gegenreformation äußerte sich zwangsläufig im raschen Aufbau kleiner und großer Priesterseminare. So hat Gaetano Errico (1791–1860) 1833 in Neapel die *Missionare des Herzens Jesu und Mariens* gegründet, Vincenzo Pallotti (1795–1850) zwei Jahre später die *Congregatio Missionariarum Apostolatus Catholici* (Pallottinerinnen), wodurch er eine engere Koordination katholischer Kräfte bei der Ausbreitung des Glaubens mit der Perspektive einer umfassenden Tätigkeit der Nächstenliebe anregte. Seine priesterliche Kongregation von 1837 war treibende Kraft für den weiblichen Zweig, der sich der tätigen Nächstenliebe und der Erziehungsarbeit verschrieben hat, sowie für die von Laien getragenen Tochtergründungen. Diese Kongregation war dem „Gebetsapostolat" eng verbunden und wurde nach dem Urteil von Pius IX. zum Vorläufer der katholischen Aktion[44]. In Frankreich hatte M. Émery die von Saint-Sulpice ausgehende Tradition einer gesonderten Priesterausbildung unverfälscht übernommen, die von einer strengen Lebenszucht, aber auch von einer gediegenen humanistischen Bildung geprägt war[45]. Neben ihnen legten die Missionspriester die Grundstrukturen für die großen Priesterseminare. Scheiterten die ehemaligen Oratorianer mit ihren ersten Sammlungsversuchen, so fand das von Priestern im Dienst an intellektueller Überzeugungsarbeit getragene neue Oratorium – so von Newman und Faber in England oder Auguste-Joseph Gratry (1805–1872), de Valroger und Abbé Perraud in Frankreich – Rückhalt am Christozentrismus Bérulles[46]. Die Schriften des hl. Franz von Sales wurden zwischen 1805 und 1883 in mehrfachen Auflagen herausgegeben, und die salesianische Spiritualität belebte das Werk der volksmissionarischen Kinderunterweisung eines Don Bosco in Turin, das auf vielversprechende Breitenwirkung angelegt war[47]. Schließlich trugen die fünf Bände des *Port-*

---

[43] C. Vallin, Christus, Nr. 131 (1986).

[44] Vincent Pallotti (1795–1850), in: DSp XVI (1994), Sp. 834–841 (A. Walkenbach).

[45] J. Leflon, Monsieur Émery, 2 Bde., Paris 1945/1947.

[46] M. Calamy, Histoire de la restauration de l'Oratoire au XIXe siècle, Diss. masch. Lyon 1979, und ders., La Restauration de l'Oratoire, in: G. Bedouelle (Hrsg.): Lacordaire. Son pays, ses amis et la liberté des ordres religieux, Paris 1991, 291–302.

[47] Rayez, Histoire spirituelle (s. Anm. 42) 309; F. Desramaut, Dom Bosco et la vie spirituelle, Paris 1967. In

Royal von Charles-Augustin Sainte-Beuve (1804–1869), trotz der nach ihrem Erscheinen zwischen 1840 und 1859 erfolgten Kritik, entscheidend für die Aktualisierung der Gestalten der „mystischen Invasion" zu Beginn des Grand Siècle bei.

Erbe dieses 18. Jh. waren drei Frömmigkeitsrichtungen, die eine direkte und spürbare Beziehung zum Göttlichen anstrebten: der Herz-Jesu-Kult, die Eucharistie-Bewegung und die Marienverehrung. Der Kult um den leidenden, mit blutendem Herzen sterbenden und dornenbekrönten Jesus kam schon unmittelbar nach der Französischen Revolution wieder zur Geltung[48]. Er führte zur Gründung immer zahlreicher werdender Gemeinden und neuer Kirchen. Ganze Diözesen und Familien stellten sich unter den Schutz des Herzens Jesu, bis hin zu der von Leo XIII. im Mai 1899 proklamierten Weihe der Menschheit an das göttliche Herz Jesu. Diese Frömmigkeit gab oft in Verbindung mit dem Herzen Mariens Anlaß zu Auswüchsen, denen sich Dupanloup mit Hinweis auf die vom hl. Jean Eudes (1601–1680) empfohlenene theologische Bedeutung widersetzte. Dies hat auch der Jesuit Giovanni Perrone in Verbindung mit der Reflexion über die Inkarnation des göttlichen Wortes verdeutlicht[49].

Die Gegenwart Christi im Altarsakrament fand ebenfalls Eingang in die Volksfrömmigkeit in Form einer starken Vermehrung der religiösen Feiern mit feierlichen Umzügen des Allerheiligsten bei Prozessionen am Fronleichnamsfest und vor allem durch die allgemeine Verbreitung der ewigen und nächtlichen Anbetung ab 1850[50].

Die Verehrung Mariens als Mittlerin stand im Zentrum des Heiligenkultes und ermutigte Pius IX. zu einer umfangreichen, bis in das Papsttum der Gegenwart hinein wirksamen Kanonisationspraxis. Die Organisation der Rosenkranzbruderschaft – nach dem Vorbild der *Propagation de la foi* durch die in Lyon wirkende Pauline Jaricot – wurde von dem erneuerten Dominikanerorden übernommen und weitergeführt. Die Catherine Labouré 1830 in Paris, dann Abbé Desgenettes, Pfarrer an Notre-Dame-des Victoires, zuteilgewordene Marienerscheinung steht am Anfang der mit Botschaften verbundenen Visionen, die vor allem in Frankreich sehr zahlreich auftauchten. Bekanntlich hat der Episkopat nur drei dieser Erscheinungen anerkannt: La Salette (1846, 1851 bestätigt), Lourdes (Bernadette Soubirous, 1858) und Pontmain in der Mayenne (1871, 1872 bestätigt), mit denen die Proklamation des Dogmas von der Immaculata Conceptio von 1854 vorbereitet oder besiegelt wurde.

Mit der zuerst von Joseph de Maistre (1753–1821) propagierten Bußpraxis erhielten diese Frömmigkeitsformen des 19. Jh. eine eigene Prägung[51], die ihren schöpferischsten Ausdruck in dem kleinen, von Möhler und später von Sainte-Beuve sehr geschätzten Büchlein von Philippe-Olympe Gerbet (1798–1864), *Considérations sur le dogme générateur de la piété catholique* (1829), fand[52]. Die Eucharistie wird darin als Symbol für das göttliche Satisfaktionsopfer durch das Blut gedeutet, das zur tiefsten religiösen Tradition der Menschheit gehört. Das Kreuz hat diesem Opfer die Bedeutung einer Wiedergutma-

---

Deutschland u. a. A. BIRKLBAUER, Don Bosco. Ein Leben für die Jugend, München 1987, und neuerdings R. HASENCLEVER, Don Bosco und die Welt der Arbeit, Bonn 1996.

[48] RAYEZ, Histoire spirituelle (s. Anm. 42) 312 f. mit Hinweis auf DSp II (1953), Sp. 1037–1042.

[49] HKG VI/1, 465.

[50] Von Italien sind diese Andachtsformen 1839 bzw. 1845 übernommen, bereits vorher aber (1837) von Charles-François de Miollis (1753–1843) in Marseille eingeführt worden.

[51] DERRÉ, Lamennais 356–360.

[52] In: TQ (1831) 328–357. Das Werk wurde 1831 ins Deutsche übertragen, dann auch in andere Sprachen. Vgl. CH. A. SAINTE-BEUVE, Causeries du lundi VI und Port-Royal, 5 Bde., 1840–1859, I 259.

chung für die Sündhaftigkeit der Menschen verliehen. Gleichzeitig ist die Eucharistie Nahrung für die Seele, die unserer Schwachheit durch die Herablassung der göttlichen Gnade unaufhörlich geschenkt wird, daneben aber auch ein Ausgleichsprinzip für alle Gesellschaftsschichten: „Der Katholizismus Lamennais, knüpft an dem Verlangen des Menschen nach Glückseligkeit an, das er im Innersten der Seele vorfindet, um mit dem stärksten Band das Leben in der Gemeinschaft zu festigen"[53]. Hinter diesem Harmoniebedürfnis zwischen Individuum und Gesellschaft aber erkannte Gerbet ein ganzes Gefüge ethischer Komponenten, worin das Leiden des Unschuldigen ständig für den Ausgleich der Sünden bereitsteht, über eine „Umwertung der Verdienste" eine Gemeinschaft höherer Ordnung zusammenzuschweißen – die Gemeinschaft der Heiligen[54]. Im gleichen Zeitraum entfalteten zwei Theologen aus Lyon diese Mystik des ausgleichenden Sühneopfers[55]: Pierre-Simon Ballanche – von dem sich Châteaubriand zu Beginn des 19. Jh. inspirieren ließ – wandte sie in seinen Schriften *Palingénésie sociale* (1827–1829) und *La ville des expiations* (1832)[56] an. Blanc de Saint-Bonnet veröffentlichte 1849 sein Buch *De la douleur* (Über den Schmerz), in dem er das für andere übernommene und überwundene Leiden als ein dem Menschen von Gott gegebenes Mittel zum Fortschritt interpretiert: „Die Tiefe des Schmerzes, die ein einziges Herz zu tragen imstande ist, kann meines Erachtens das Gleichgewicht für eine ganze Welt herstellen"[57]. Wenn diese theologischen Aspekte auch nicht im entferntesten der damaligen Frömmigkeit einen Leidenszug auferlegten, so offenbarten sie sich doch als Leitideen auf der Basis der großen Konversionen, aus denen die Renaissance-Bewegung der katholischen Literatur in der zweiten Hälfte des 19. Jh. hervorging. Starke Anleihen bezogen daraus die Begründer dieser ganzen Bewegung – ein Barbey d'Aurevilly und über ihn Louis Veuillot, der Dichter Ernest Hello wie Léon Bloy, dessen Bekehrung (1869) auf diese Leitideen zurückzuführen ist. Erwähnenswert ist auch der außergewöhnliche Erfolg des *Récit d'une soeur* von Pauline de La Ferronays (der verheirateten Mrs. Craven) – ergreifender Ausdruck einer geschwisterlichen, durch wiederholte Trauerfälle verwundeten Liebe.

Auch die Rückkehr zum häufigen Kommuniongang fand hier ihre geistlichen Quellen – in Abkehr von der „kalten und düsteren Zurückhaltung", die Gerbet der calvinistischen und jansenistischen Frömmigkeit vorwarf. Eine andere Quelle war mit dem Werk Alfonso di Liguoris (1696–1787) gegeben, das von den Schülern Lamennais, erfolgreich propagiert worden ist. Die rasche Bestätigung seiner Heiligkeit durch Rom (1816/1839) und die Proklamation zum Doktor der Kirche (1871) sicherten seiner durch J.-P. Gurys *Compendium* (1850) und die römischen Jesuiten bekannt gewordenen Moraltheologie allgemeine Anerkennung. Die Brüder Lamennais, der junge Schülerkreis von La Chesnaie, Rohrbacher, Combalot und Guéranger brachen mit dem alten Rigorismus zugunsten einer vertrauenserweckenden Spiritualität auf der Basis eucharistischer Praxis und marianischer Frömmigkeit. Die Beziehungen zu den italienischen Multiplikatoren von Alfonso di Liguoris Den-

---

[53] Derré, Lamennais 373.

[54] Gerbet behandelte die Buße auch in einem weiteren Werk über die christliche Symbolik, das auf seelsorgerliche Gespräche mit Eugénie de La Ferronays, der Mutter von Albert de Mun, zurückgeht.

[55] „Der mystische Akt par excellence wird selbst zu einer großen sozialen Aktion" (Derré, Lamennais 373).

[56] Zu Pierre Ballanche (1776–1847) vgl. J.-R. Derré, Littérature et politique dans l'Europe du XIXe siècle, Lyon 1986, 177.191.361; L. Trenard, Lyon, in: Dictionnaire 34–37. Jean-René Derré und sein Forschungsteam haben seine *Ville des expiations* herausgegeben (2 Bde., Lyon 1981).

[57] Zu Blanc de Saint-Bonnet (1815–1880) vgl. B. Dumons, Lyon, in: Dictionnaire 58 f.

ken, wie z. B. dem Oblaten Bruno Lanteri (1759–1830) und zu deren Freundeskreisen, vor allem zur *Amicizia cristiana* in Turin um 1830, garantierten den durchschlagenden Erfolg dieses Einflusses. Der Lamennais-Kreis im Priesterseminar von Besançon, zu dessen herausragenden Persönlichkeiten Thomas Gousset und die Brüder Gaume gehörten, sorgte für die Verbreitung von Liguoris Schriften in der sich herauskristallisierenden ultramontanen Fraktion des französischen Episkopats. Gousset wurde nach der Veröffentlichung seiner *Justification de la théologie morale du bienheureux A. M. de Liguori* (1832) zum Bischof von Périgueux (1835) und dann von Reims (1840) ernannt. Die ligorinische Gründung der Redemptionisten, die dieses Gedankengut in seiner apostolischen Dimension bis zu den Ärmsten gebracht hat, wirkte dank der tatkräftigen Unterstützung ihrer ersten Generalvikare – Clemens Maria Hofbauer (1751–1820) und dem Franzosen Joseph Amand Passerat (1772–1858) – in den deutschsprachigen Ländern, in Polen und bis nach Nordamerika. Sie hatte sogar Einfluß auf die Gründer anderer Gemeinschaften, die sich der inneren oder äußeren Mission verschrieben haben, wie Eugène de Mazenod (1782–1861) und seine 1816 ins Leben gerufenen *Oblaten der Unbefleckten Jungfrau Maria*[58].

Eine andere italienische Quelle der Spiritualität wurde mit den *Massime di perfezione* (1830) von Rosmini zugänglich, der ein Institut in ignatianischem Geist gründete und unter das Signum der Nächstenliebe stellte. Er wollte daraus eine Art Prüfstand oder Erprobungsforum für die Reform der Kirche machen – ausgehend vom Gebet, großer geistlicher Freiheit und der Bereitschaft zum Dienst am Menschen[59].

Die spirituelle Neubelebung war schließlich mit der Wiederentdeckung des Mittelalters durch die Romantiker verbunden. Diese Neubelebung fand ihren Rückhalt bei der Volksfrömmigkeit als kindlich-unbefangenem und kollektivem Ausdruck des Glaubens, wie ihn Montalembert in seinen beiden Schriften *Vie de Sainte Elisabeth de Hongrie* (1836) und *Moines d'Occident* (5 Bde., 1867) vermittelte. Er verwahrte sich in diesen Werken gegen den Modellcharakter eines idealisierten und damit verfälschten Mittelalters. Nach ihm verdeutlichte der monastische Aufschwung im Mittelalter vielmehr die Fähigkeit Christi, einen ganzen Kulturkreis „geistig zu formen". So versuchte er auch nachzuweisen, daß diese Fähigkeit noch keineswegs erschöpft sei. Bekanntlich war diese Überzeugung auch eine der tragenden Komponenten des frühen Sozialkatholizismus, vor allem in der Mainzer Schule. In England spricht die Begeisterung für die erfrischende Lebendigkeit und urwüchsige Kraft der auf Christus und Maria sowie auf den Märtyrer- und Heiligenkult konzentrierten Volksfrömmigkeit (gegen ein zu rationales Verständnis des Christentums) aus den geistlichen Schriften eines Frederick William Faber (1814–1863), der unter dem Einfluß Newmans konvertiert war. Hierin lag einer der Gründe für seinen Erfolg in England und auf dem europäischen Festland[60].

Auf dieser breiten Basis konnte sich eine wirkungsvolle Bewegung der Volksfrömmigkeit herausbilden, deren kollektive Erscheinungsformen von eher singulären oder untergeordneten unterschieden werden müssen.

---

[58] J. GUERBER, Le Rattachement du clergé français à la morale liguorienne: l'abbé Gousset et ses précurseurs, Rom 1973. Vgl. auch J. LEFLON, Mgr de Mazenod, évêque de Marseille, 3 Bde., Paris 1957–1965.
[59] Vgl. Anm. 32 in Teil I/1.
[60] Hinweise in Catholicisme IV, Sp. 1031 f. (P. POURRAT) und DSp V (1964) Sp. 3–13 (L. COGNET).

2. Kollektive Formen der Spiritualität im 19. Jahrhundert:
Predigt – Gemeindemissionen – Wallfahrten

Die Rechristianisierung auf dem Lande durch Wanderprediger – einst Kennzeichen der Gegenreformation – wurde nach dem Zusammenbruch des napoleonischen Reiches von priesterlichen Missionsgesellschaften wieder aufgegriffen. Diese Missionierungen auf Gemeindeebene begannen zunächst – verteilt auf das ganze Jahrhundert – in Frankreich und in den Mittelmeerländern und wurden ab 1830 auf Belgien ausgeweitet, nach 1840 auf die Schweiz und England und – mit zeitlicher Verschiebung – ab 1848 auf Deutschland und Nordamerika. Die *Missionaires de France* von J.-B. Rauzan gaben 1834 den Anstoß zur Gründung der *Pères de la miséricorde*. Von Lyon aus wirkte die *Gesellschaft der Priester des hl. Irenäus* (der sogenannten Kartäuser) in mehreren Diözesen. Aus den *Missionaires de Provence* sind die Oblaten der Unbefleckten Jungfrau Maria entstanden. Außerdem wurden mehrere Diözesangesellschaften während des ganzen Jahrhunderts aktiv[61]. Diese Gemeindemissionen nahmen drei bis vier Wochen in Anspruch, mit mehreren Predigten pro Tag, die getrennt nach Geschlecht und Altersgruppen gehalten wurden. Zwischen den Predigten wurden lange Beichtsitzungen veranstaltet; den Abschluß bildete nach einer Prozession die Aufrichtung eines Missionskreuzes. Ziel der Gemeindemissionen, die mit ausführlichen Berichten über die visitierten Gebiete dokumentiert wurden, war die Belebung der Sakramentenpraxis und die wiederholte Einschärfung zur Einhaltung der Sonntagsruhe. In den großen Städten stellten die Advents- und Fastenpredigten sowie die Homilien über die Nächstenliebe Ereignisse mit großer Anziehungskraft auf die Jugend sowie Frauen und Männern aus allen Schichten dar. Im Frühjahr 1835 beeindruckte Henri Lacordaire auf der Kanzel von Notre-Dame zu Paris durch seine jugendliche Frische und seine direkte Sprache. In gedrängter wie leidenschaftlich vorgetragener Dialektik behandelte er die großen Fragen hinsichtlich der wissenschaftlichen Erkenntnis und des Glaubens. Dieser Erfolg weitete sich in den Jahren nach 1840 auf die Provinzen aus, als er es wagte, die Kanzel im Dominikanerhabit zu besteigen. Die zahlreichen Auflagen seiner Ansprachen, seine Unterredungen mit Jugendkreisen oder verantwortlichen Leitern caritativer Einrichtungen sowie seine Tätigkeit als Beichtvater verstärkten noch seine Bedeutung als Prediger[62]. Neben ihm gehörten zu den bekanntesten und einflußreichsten Predigern oder Beichtvätern der Jesuit Père de Ravignan – Nachfolger Lacordaires auf der Kanzel von Notre-Dame –, Adolphe Gratry als Studentenpfarrer an der Ecole Normale und Henri Huvelin, Vikar an Saint-Augustin. Eine vergleichbare persönliche Ausstrahlung ging von einigen Bischöfen wie Dupanloup oder Landriot aufgrund ihrer Tätigkeit als Beichtväter oder theologische Schriftsteller[63] aus. Darüber hinaus gilt es aber, die unübersehbare Fülle der Marienandachten, der Herz-Jesu-Novenen, der Einkehrtage oder der einfachen Sonntagspredigten zu berücksichtigen. Diese Predigten beschränkten sich oft auf Auslegungen des Katechismus mit moralisierenden Tendenzen. Nur selten hatten sie biblische Tagestexte zur Grundlage[64]. Hauptanliegen war der vermehrte Sakramentengebrauch, Formen

---

[61] So die Schulmissionen im Département Doubs, deren Auswirkungen in der Dissertation von P. Huot-Pleuroux aufgearbeitet worden sind (La vie chrétienne dans le Doubs et la Haute-Saône 1860–1900, d'après les comptes rendus des missions paroissiales, Besançon 1966).

[62] Bédouelle, Lacordaire (s. Anm. 46).

[63] Hinweis in DSp IX (1976) Sp. 191 f. (J. Gadille).

[64] E. Germain, La catéchèse et la prédication, in: C. Savart (Hrsg.), Le Monde contemporain et la Bible, Paris

der Privatfrömmigkeit und die Macht des Gebets, wie der internationale Erfolg des von Père Gautrelet 1844 begründeten und von dem Jesuiten Henri Ramière 1860 fortgeführten „Gebetsapostolats" beweist. Unterstützt wurde dieser Apostolat ab 1861 durch die Verbreitung von dessen Zeitschrift *Le Messager du Sacré-Cœur*[65].

Diese Missionen standen auch in direkter Beziehung zu den Wallfahrten, die damals die traditionsreichen Frömmigkeitszentren mit neuem Leben erfüllten: So betreuten z. B. die Oblaten die Wallfahrt zu Notre-Dame-des-Lumières in der Provence und wirkten von dort aus auf die umliegenden Landstriche mit ihren Predigten in provenzalischer Sprache[66]. Der Wiederaufschwung des hauptsächlich auf marianische Gnadenstätten bezogenen Wallfahrtswesens verteilte sich flächendeckend über ganz Europa: Österreich (Mariazell), Polen (Tschenstochau), Schweiz (Einsiedeln), Deutschland (Altötting und Telgte) und zahlreiche der Jungfrau Maria geweihte Heilstätten in Spanien, wie die Jungfrau auf dem Pilar zu Zaragossa und die schwarze Madonna vom Montserrat. In Frankreich haben Marienerscheinungen – abgesehen von der frühen Wallfahrt nach Chartres – Pilgerströme ausgelöst. Nachdem die Wallfahrt zur Kapelle der *Filles de la Charité* in der rue du Bac (Paris) erst gegen Ende des 19. Jh. autorisiert worden war, fing Abbé Desgenettes als Pfarrer von Notre-Dame-des-Victoires das religiöse Verlangen nach der Wundermedaille in einer „Bruderschaft zur Bekehrung der Sünder" auf, die bald weltweite Ausstrahlung erfahren sollte. Um die Mitte des 19. Jh. strömten im Jahresdurchschnitt 70 000 Pilger in seine Gemeinde. Die Wallfahrt nach Lourdes erlebte ab 1864 einen starken Zuwachs, der sich mit dem zwei Jahre später eröffneten regelmäßigen Schienenverkehr fortsetzte.

Ein Ziel jährlicher Wallfahrten waren aber auch Lokalheilige, denen Wunderheilungen nachgesagt wurden, teilweise in Verbindung mit der Verehrung von Quellen und Brunnen, wie die Pardons in der Bretagne, die Wallfahrt nach Sainte-Anne d'Auray, die Wallfahrt zu dem 1860 in Tours entdeckten Grab des hl. Martin oder nach Amettes im Pas-de-Calais (Nordfrankreich) im Zusammenhang mit der Heiligsprechung von Benedikt Labre, die aus dessen Heimatort ein sehr aktives regionales Wallfahrtszentrum werden ließ[67]. Teilweise löste der Ruf der Heiligkeit eines einfachen Priesters eine außergewöhnliche Bewegung aus, wie im Fall von Jean-Baptiste Marie Vianney, dem Pfarrer von Ars (im Département Dombe), der von 1830 bis zu seinem Tod im Jahr 1859 als Beichtvater, Ratgeber und zugleich als Seelsorger für die in Scharen in seine kleine Kirche und sein armseliges Pfarrhaus drängenden Besucher zur Verfügung stand. Um 1850 zählte man jährlich zwischen 60 000 und 80 000 Gläubige! Pontifikalerlässe in den Jahren 1854 bis 1864 sorgten in nicht allzu großer Entfernung von Ars für einen Aufschwung der Wallfahrten zu Notre-Dame in Fourvière und zur Basilika von Paray-le-Monial.

Wenn auch Gregor XVI. mit seiner zurückgezogenen Lebensweise die Wiederbelebung der großen Wallfahrten in die hl. Stadt kaum begünstigte, so bereitete er als Humanist die archäologische Wiederentdeckung des antiken Rom vor. Die römische Frage untersagte seinem Nachfolger, den Jubeljahren 1850 und 1875 den von ihm gewünschten Glanz zu verleihen.

1985, 41 f. Nach dem Autor läßt sich ab 1850 allerdings eine verstärkte Hinwendung zur Erklärung biblischer Texte erkennen.

[65] H. De Gensac, H. Ramière (1821–1884), in: Catholicisme XII (1989), Sp. 473 f.

[66] Vgl. Leflon, Mazenod (s. Anm. 58) II 604.

[67] Y.-M. Hilaire (Hrsg.), Benoît Labre. Errance et Sainteté. Histoire d'un culte (1783–1983), Paris 1984.

Der heiliggesprochene
Jean-Baptiste Marie Vianney,
Pfarrer von Ars (1786–1859).

Trotzdem wurde die Stadt mit den großen Feierlichkeiten in den Jahren 1854, 1862 und 1867 – vom Konzil selbst ganz abgesehen – ihrem Ruf als Mittelpunkt der katholischen Welt gerecht[68].

Sakramentale Formen – Liturgie und Sakralkunst

Taufe, Erstkommunion, Trauung, Profeß und Einkleidungsfeier für die Ordensleute und kirchliche Bestattung waren immer schon von Riten begleitet, die in mehr oder weniger ausgeprägte Sozialkontakte innerhalb des Familienkreises eingebettet waren. Die gesellschaftliche Einbindung der feierlichen Erstkommunion ab 1830 in Frankreich, wo sie zum erstenmal Gegenstand einer wissenschaftlichen Untersuchung geworden war[69], gehört zu den Anzeichen für die Verbreitung der Eucharistiefeier im 19. Jh. Ihre allgemeine Anerkennung wertete die Erstkommunion als Übergangsritus vom Kindes- zum Jugendalter auf. Der Einzug der Buben und Mädchen im Habit mit der Kerze in der Hand, Bilder und teilweise eingerahmte Urkunden waren weitere Kennzeichen für eine Einbindung in die Kirche, die im Gedächtnis der Jugendlichen verhaftet blieb. Auf gesellschaftlicher Ebene bestätigte das Festmahl in der Familie die Anerkennung der Jugendlichen. Die manchmal erst nach mehreren Jahren (im Kontext der Pastoralvisitation) gefeierte Firmung hatte weit weniger als die Erstkommunion diesen Öffentlichkeitscharakter. Der von den Beichtvätern auf Anregung der Bischöfe Dupanloup und de Ségur empfohlene häufige Kommuniongang hatte sich unbestritten durchgesetzt, war aber eng mit Fasten und vor allem der Beichte verbunden. Die strengen Beichtvorschriften, besonders auf sexuellem Gebiet –

[68] PH. BOUTRY – M. CINQUIN, Deux pèlerinages au XIXe siècle: Ars et Paray-le-Monial, Paris 1980. – PH. BOUTRY, La Restauration de Rome. Sainteté de la Ville, tradition des croyances et recomposition de la Curie à l'âge de Léon XII et Grégoire XVI, Paris 1993.
[69] J. DELUMEAU (Hrsg.), La Première Communion, Paris 1987.

auch hinsichtlich des Ehelebens –, waren ohne Zweifel für das Fernbleiben der Männer bei der Eucharistiefeier verantwortlich und somit für die alle Kritiker überraschende Stärkung der weiblichen Elemente im Katholizismus[70].

Das sakramentale Leben sollte seine Stütze in einer besseren Einbindung der Gläubigen in den liturgischen Jahreskreis finden. Es galt die Schönheit der Liturgie zu bewahren, sie daneben aber dem einfachen Kirchenvolk verständlich zu machen. Johann Baptist Hirscher (1788–1865), Vertreter der Münster-Gruppe und Professor in Freiburg, wie sein Schüler Anton Graf (1811–1867) widersetzten sich der an den deutschen Bischofskirchen um sich greifenden Nachlässigkeit bei der liturgischen Ausgestaltung der Gottesdienste. Die Empfehlung für eine Liturgie in der Volkssprache ging allerdings nicht allein auf sie zurück, denn das Vorbild für die Liturgiereform, von dem sich Maurus Wolter als Autor des Werkes *Choral und Liturgie* (1865) inspirieren ließ, war Prosper Guéranger, dessen zweibändige *Institutions liturgiques* wie ihre *Défense* in den Jahren 1841 bis 1844 erschienen. Im Anschluß daran legte er eine historische und theologische Erklärung der liturgischen Besonderheiten des Kirchenjahres mit ergänzenden Heiligenviten in seinem Lebenswerk *L'Année liturgique* vor, das von seinem Nachfolger Dom Guéranger vollendet wurde. Bis Ende des 19. Jh. sind davon 50 000 Exemplare verkauft worden. Nach Ansicht des Verfassers ging es für die Mönche darum, die Liturgie dem Christenvolk zurückzugeben, das „jahrhundertelang davon gelebt hatte". Schon sehr früh hatte der Gründer von Solesmes die Erneuerung des gregorianischen Gesangs mit dieser Reform in Verbindung gebracht. Er bemühte sich darum, in alten Handschriften (z. B. in Sankt Gallen) die ältesten Transkriptionen zu finden, um den herkömmlichen Kirchengesang auf seine ursprüngliche Form zurückzuführen. Sein *Directorium chori* (1864) wie die nachfolgende Veröffentlichung der *Mélodies grégoriennes* (1880) legten den von Leichtigkeit und Geschmeidigkeit gekennzeichneten Gregorianischen Gesang von Solesmes fest; er sollte den gottesdienstlichen Gesang mit den Gefühlserhebungen der betenden Seele in Einklang bringen. Diese Leistung wurde später mit dem Werk Hermann Cohens (1821–1871), eines durch Marie-Alphonse Ratisbonne (1812–1884) veranlaßten jüdischen Konvertiten, verglichen, dem im erneuerten Karmelitenorden originelle Leistungen auf kirchenmusikalischem Gebiet gelangen[71].

Die kirchliche Architektur, Malerei und die sogenannten Kleinkünste – Goldschmiedearbeiten, Goldstickereien und Emailarbeiten (vasa sacra und Priestergewänder) bilden mit der Liturgie eine Einheit. Initiatoren auf diesem Gebiet waren die Vertreter der deutschen Nazarenerschule, an deren Spitze Johann Friedrich Overbeck (1789–1869) in München und Sulpiz Boisserée (1783–1854) in Koblenz wirkten. Auf ihre Anregung hin und im Gefolge von Schellings Ästhetizismus entdeckten die Lamennais-Schüler die christliche Kunst. Nach der seelischen Erschütterung beim Besuch der Marburger Elisabethkirche stellte Montalembert an den Beginn seiner Lebensbeschreibung *Vie de Sainte Elisabeth de Hongrie* (1836) ein kolossales Gemälde der künstlerischen und literarischen Landschaft im Deutschland des 13. Jh. und schwärmte von der Erhabenheit der Gotik[72].

---

[70] Nach Gérard Cholvy hat sich in den Jahren zwischen 1831 und 1875 die Fronleichnamsprozession von zwei auf 57 Diözesen ausgeweitet (In: MIGNE, La Restauration catholique en France au XIXe siècle, 80. – Zur Beichtpraxis vgl. die Beiträge von Ph. BOUTRY und M. LAGRÉE, in: Pratiques de la confession, des Pères du désert à Vatican II, Paris 1983.

[71] BÉDOUELLE, Lacordaire 260–264. – L. SOLTNER, Solesmes et dom Guéranger, Saint-Pierre-de-Solesmes 1974.

[72] B. CATTANEO , Montalembert, un catholique en politique, Tours 1990, 97–101.

Von den Repräsentanten dieser Gruppe begeisterte sich der bretonische Lehrer und Schriftsteller François Rio (1797–1874) für die Schriften Schellings und Baaders, die einer intensiven religiösen Inspiration den Vorzug vor perfektionistischen Bestrebungen einer Schule gaben. Frucht zahlreicher Studienaufenthalte in Italien war der erste Band seines *Art chrétien* (1835) mit einer richtungsweisenden Analyse der Hauptwerke des *Quattrocento* und der Renaissance in Italien. Das Werk fand auch außerhalb Frankreichs Anerkennung und übte lange Zeit Einfluß auf die französischen Praeraffaeliten aus. Beträchtliche Ausstrahlung hatten Jean Louis Janmot (1814–1892) und die Lyoner Schule, aus der Pierre Puvis de Chavannes (1824–1898) hervorgegangen und als Illustrator der Werke des Goldschmieds Armand-Caillat bekannt geworden ist[73]. Auch die Dominikaner – neben Lacordaire und dessen Freund Claudius Lavergne (1815–1887) – waren wichtige Schaltstellen auf der Suche nach einer neuen Sakralkunst.

Katechese und Andachtsliteratur

Die biblische Erneuerung der Katechese ging auf Anregungen der Fürstin Amalia von Gallitzin (1748–1806) in Münster zurück, die sich über die Schriften Bernhard Overbergs (1754–1826) – *Katechismus, Lehrbuch der christlichen Religion* und eine *Biblische Geschichte* mit ungefähr 100 Auflagen – auf Österreich und Holland erstreckte. Christian Schmid hat als Schüler Overbergs und als Autor eines *Großen* wie *Kleinen Katechismus* (1824–1847) neben Hirscher die Unterweisung in Glaubenswahrheiten und christlicher Moral in der Heilsgeschichte und in der Geschichte des Reiches Gottes in großer Texttreue zu den biblischen Erzählungen verankert. Die Bibel selbst erfuhr in Deutschland große Verbreitung mit den zwischen 1830 und 1837 rasch aufeinanderfolgenden Auflagen in der Übersetzung des Sailer-Schülers Joseph-Franz von Allioli (1793–1873) besorgten Übersetzung.

Julius Schnorr von Carolsfeld (1794–1872) veröffentlichte zwischen 1852 und 1860 eine *Bibel in Bildern* (im Nazarener-Stil), die ebenfalls großen Anklang fand und in gleicher Weise den direkten Zugang zum biblischen Geschehen eröffnete wie die Oberammergauer *Passion* für die Zuschauer im oberbayerischen Passionsspielort oder die *Schmerzensreiche Passion unseres Herrn Jesus-Christus* (1833) von Clemens Brentano für ihren Leserkreis. Die schroffe Gegenreaktion auf diese Tendenzen erfolgte in Form eines Katechismus des Jesuiten Joseph Deharbe (1800–1871), der in scholastischer Methode die Bibel auf die Heilsgeschichte beschränkte[74].

Die Persönlichkeit eines Dupanloup stand mit der praktischen Umsetzung des Katechismusunterrichts in Frankreich in enger Beziehung. Der Bischof systematisierte in seinem Werk *L'Œuvre par excellence* (1868) die in einer der Hauptkapellen von Saint-Sulpice erprobte und berühmt gewordene Lehrmethode. Diese geht von lebensnahen, im Gespräch vergegenwärtigten Situationen aus, die dann jeweils mit Beispielen aus der Hl. Schrift illustriert werden. Nach dem anschließenden wortgetreuen Vortrag biblischer Texte endet die Einzelstunde mit einem Gebet. Der Katechismusunterricht war auf zwei Altersstufen verteilt, zunächst als Vorbereitung für die Erstkommunion und dann für weitere drei

---

[73] Zu François Rio vgl. DERRÉ, Lamennais 615–678. Zu Armand-Caillat vgl. Art. Lyon, in: Dictionnaire 28f. (B. BERTHOD) und 242 (E. HARDOUIN-FUGIER).
[74] SAVART, Le monde contemporain (s. Anm. 64), 133–160.

bis vier Jahre mit dem Ziel der Vertiefung. Nur kurze Zeit später setzten sich jedoch die weit abstrakter aufgebauten Diözesankatechismen durch, die eine Memorierung des Lernstoffes durch vorgegebene Fragen und Antworten zu erreichen suchten[75].

Zur geistlichen Erbauung der Erwachsenen wurden im 19. Jh. bekannte religiöse Texte und die Werke theologischer Schriftsteller herausgegeben. Das von Claude Savart hierzu für Frankreich erstellte systematische Verzeichnis muß für andere Länder noch erstellt werden[76]. Diese Katalogisierung müßte sogar noch auf die Durchsicht der geistlichen Betrachtungen ausgeweitet werden, die in den für Klerus oder Laien bestimmten Zeitschriften und Tageszeitungen wie dem von Louis Veuillot herausgegebenen *L'Univers* in Frankreich veröffentlicht worden sind[77]. Der monarchistische Publizist Eugène de Genoude (1792–1849) wurde durch Übersetzungen biblischer Texte bekannt, denen er nach 1830 eine französische Ausgabe der Kirchenväter in sieben Bänden (1835–1849) folgen ließ. Neben der Universalbibliothek von Jacques-Paul Migne entstanden in der Provinz zahlreiche Lokal-Bibliotheken[78]. Schließlich publizierte eine im Pariser Stadtteil Saint Sulpice angesiedelte Verlagsgruppe – deren Niederlassungen sich allerdings auch auf das ganze Land verteilten (so z. B. in Lyon, Tours oder Lille) – eine stattliche Anzahl religiöser Schriften. Nach den Ergebnissen von Claude Savart konzentrierte sich die in diesem Schrifttum gespiegelte Frömmigkeit mehr auf die Heiligen als Fürsprecher – vor allem auf die Jungfrau Maria – als auf Christus. Für die Katholiken dieser Zeit war Gott in gleicher Weise der strenge Richter wie der Gott der Liebe. Die trinitarische Sichtweise beschränkte sich auf die „ungleichen" Beziehungen zwischen Gott Vater und Gott Sohn – ein untrügliches Zeichen für eine unsichere Theologie. Mit Nachdruck wurden die Befolgung der Gebote, asketische Übungen und ein geistlicher Voluntarismus vertreten. Der verstärkte Rückgriff auf besondere Frömmigkeitsformen war jedoch ein Indiz für eine gefühlsbetontere Religion, für ein Verlangen nach Kontemplation, das in kurzer Zeit der Mystik gegenüber einem einfachen Mystizismus zur Durchsetzung verhalf. Diese entscheidende Wende deutete sich um 1865 mit den identischen Intentionen zweier geistlicher Führungspersönlickeiten an, die im übrigen auch untereinander in Beziehung standen: Thérèse Couderc (1805–1885) mit ihrem Verzichtsgebet im Juni 1864 und Pierre-Julien Eymard (Gründer der Eucharistiner, 1811–1868) mit seiner römischen Retraite im Frühjahr 1865, der einige Jahre vorher einem seiner Schützlinge anvertraut hatte, daß er nichts „von diesen Frömmlern erwarte [...], die nur ihren geistlichen Lieblingsgedanken, ihrer Neigung zur Selbstliebe wie ihrem Eifer für alltägliche Tätigkeiten verhaftet sind [...]"[79].

3. Gemeinschaftsformen

Nach 1830 erachteten die Katholiken das Recht auf Zusammenschluß als elementare Freiheit. Sie forderten diese Freiheit sogar im bewußten Gegensatz zu den in der Revolutions-

---

[75] Ebd. 35–64.

[76] C. Savart, Les Catholiques en France au XIXᵉ siècle. Le témoignage du livre religieux, Paris 1985.

[77] Vgl. dazu: Le Colloque Louis Veuillot (Revue de l'Institut catholique, April–Juni 1984) und C. Foucart, L'Aspect méconnu d'un grand lutteur. Louis Veuillot devant les arts et les lettres, Lille 1978.

[78] Das von dem Domkapitular Sylvain herausgegebene Periodikum *Les Paillettes d'or* erreichte 1925 (nach 50jährigem Bestehen) eine jährliche Auflagenstärke von 500000 Exemplaren.

[79] A. Guitton, Pierre-Jullien Eymard (1811–1868), apôtre de l'Eucharistie, Paris 1992, 295 (Brief vom 5. Oktober 1860) und 42 (Brief vom 27. August 1867).

zeit fixierten Rechten des Individuums. Entschlossen beriefen sie sich dazu auf die öffentliche Meinung, wie Lacordaire in seinem berühmten *Mémoire pour le rétablissement en France de l'ordre des Frères prêcheurs* von 1839[80]. Überall zeigte sich nämlich ein Aufblühen von Gemeinschaftsformen im engen Kontakt mit den großen geistlichen Ordensfamilien: Tertiärorden, Gemeinschaften von Laienpriestern, Kloster- und Bettelorden, schließlich Kongregationen apostolischen und tätigen Lebens, deren zahlreiche (vor allem weibliche) Gründungen offensichtlich ein Charakteristikum für Frankreich waren[81]. Auf dem Hintergrund ihrer monastischen Vergangenheit zeigten sich die Päpste Leo XII. und Gregor XVI. für die Förderung dieser Bewegung sehr aufgeschlossen. Pius IX. regte zu Beginn seines Pontifikats eine Untersuchung über die Lage der religiösen Gemeinschaften an, und Giuseppe-Andrea Bizzarri (1802–1877) konnte als Leiter der Kongregation von Bischöfen und Ordensgeistlichen ein bedeutendes Lebenswerk vollenden[82].

Die tertiären Laienorden hatten den Bruderschaften den Rang abgelaufen, wobei die Bezeichnung „Bruderschaft" damals auf Frömmigkeitsgemeinschaften übertragen wurde. Gerade die Bischöfe ermutigten ihre Priester, Laien in Gemeinschaften zu sammeln, die bereitwillig zur Erteilung des Schul- und Katechismusunterrichts in den kleinen Weilern und zur Krankenbetreuung zur Verfügung standen. Sie kontrollierten die Heranbildung der Nachwuchskräfte und bereiteten mit der Unterstellung dieser Gemeinschaftsformen unter das herkömmliche Patronat der Heiligen Franz von Assisi und Dominikus sowie des Karmelbergs die Neuordnung dieser Orden vor. Aber auch die neuen Kongregationen hatten ihre Tertiärorden, wie z. B. die Maristen. Die Bevölkerung begrüßte die Verpflichtung junger Mädchen zum zölibatären Leben. Vergleichbar mit den Schulbrüdern trugen sie zur allgemeinen Verbreitung dieses neuen Gemeinschaftsmodells von Laienschwestern, dann von (nach kanonischem Recht) anerkannten Kongregationen bei[83].

Nachdem eine Reihe von Bischöfen die Isolierung ihrer Priester – gerade in Gegenden religiöser Indifferenz – erkannt hatte, lag ihnen am Aufbau einer Organisation priesterlichen Gemeinschaftslebens, wozu die von Bartholomäus Holzhauser (1613–1658) aus der ersten Hälfte des 17. Jh. stammenden Priestervereinigungen als Vorbild dienten. In der Diözese Orléans griffen der Generalvikar Gaduel und Abbé Hetsch darauf zurück, in Notre-Dame-de-Cléry und La Chapelle wurde ein Oratorium gegründet. 1869 beschäftigte sich Dupanloup in einem Brief mit dem Gemeinschaftsleben in den Priestervereinigungen. Ein Jahr später schloß er sich einer entsprechenden Eingabe an, die von französischen und neapolitanischen Bischöfen dem Konzil vorgelegt worden ist. Nach dem Vorbild der Prämonstratenser gründete Dom Gréa in der Diözese Saint-Claude die Regularkanoniker der *Immaculata Conceptio*. Schließlich rief Antoine Chevrier (1826–1879) in Lyon 1859 die *Kongregation der Priester des Prado* auf der Basis dieser Gemeinschaftsform ins Leben[84].

Die zeitliche Abfolge bei der Gründung weiblicher Laienkongregationen hat Claude Langlois genau aufgeschlüsselt: So ergeben die 400 zwischen dem Ende des 18. Jh. und 1880 nachgewiesenen Gründungen drei Viertel aller in Frankreich vom 17. bis zur Mitte

---

[80] BÉDOUELLE, Lacordaire 81–90 (B. BONVIN).
[81] Claude Langlois sprach sogar vom „19. Jh. der Nonnen" (Ebd. 42).
[82] R. AUBERT in: Nouvelle Histoire de l'Eglise 5 (1975), 125–127.
[83] C. LANGLOIS, La vie religieuse vers 1840: un nouveau modèle, in: BÉDOUELLE, Lacordaire 41–43.
[84] Vgl. M. VILLER, Communautaire (vie), in: DSp IV/1 (1960), Sp. 1156–1184.

des 20. Jh. entstandenen Kongregationen [85]. Der Höhepunkt dieser Entwicklung, die zunächst in ländlichen Gebieten begann und ab 1840 typisch städtische Prägung annahm, lag zwischen 1820 und 1860 – bei einem Jahresdurchschnitt von sechs Gründungen. Die Blüte dieser Gründungsbewegung erfolgte gleichzeitig in Belgien, ansonsten mit geringer zeitlicher Verschiebung, so z. B. nach 1870 in Italien, Spanien und Lateinamerika. Das besondere Kennzeichen der französischen Kongregationen war jedoch ihre Verfügbarkeit bei der Fürsorge und Erziehung der ärmsten Bevölkerungsschichten außerhalb Frankreichs, denn um 1880 standen nur elf ausländische Niederlassungen von Kongregationen in Frankreich 90 französischen Kongregationsfilialen im Ausland gegenüber [86]. Sie setzten die Tradition weiblicher Institute aus den letzten beiden Jahrhunderten des Ancien Régime in Frankreich fort und folgten den Spuren ihrer Vorgängergründungen in Kanada, im Westen und Süden der Vereinigten Staaten, in Lateinamerika, im Vorderen Orient und schließlich in den französischen Kolonien. So legte Emilie de Vialar (1797–1856) den Grundstein für die Kongregation der *Soeurs de Saint-Joseph de l'Apparition* in Algerien. Nachdem sie das Land aber bald wieder verlassen mußte, sandte sie ihre Nonnen nach Tunesien und ins östliche Mittelmeerbecken aus [87]. Auf diese Weise wurden die weiblichen Kongregationen französischen Ursprungs rasch international und fanden ihre Fortsetzung in lokalen Kongregationen, die sich auf das religiöse Erbe der Gründerinnen beriefen.

Die an den Kongregationsstatuten ablesbaren geistlichen Wurzeln sind oftmals Frucht einer engen Zusammenarbeit zwischen der Gründerin und einem als Beichtvater fungierenden Priester. Beispielhaft ist in dieser Hinsicht der geistliche Briefwechsel, den 40 Jahre lang Eugénie Milleret, (1817–1898), genannt Marie-Eugénie de Jésus, die Gründerin der *Dames de l'Assomption* (1843), und Emmanuel d'Alzon pflegten, der zwei Jahre später das männliche Institut der *Augustins de l'Assomption* (Assumptionisten) ins Leben rief. Eine gleiche spirituelle Ausrichtung einte auch die verschiedenen Zweige der Assumptionisten [88]. D'Alzon schärfte dieser Kongregation das apostolische Anliegen ein, auf allen möglichen Wegen der Ausbreitung des Reiches Gottes überall dort zu dienen, wo ein drängendes Bedürfnis – einschließlich politischer Konstellationen – bestand: caritative Einrichtungen für die Jugend, von der Bildungsarbeit über das religiöse Schrifttum bis zur Befolgung des päpstlichen Appells von 1862 hinsichtlich eines unionistischen Apostolats bei den bulgarischen Slawen. Diese Spiritualität konzentrierte sich auf die für die meisten Kongregationen kennzeichnende Verbindung von Gebetsleben im Kontext einer strengen Lebensführung und Engagement für die Welt. Diese Verbindung lotete d'Alzon in ihrer ganzen Tiefe aus, indem er sie in dem „Gott der Liebe" und dem Hl. Geist verankerte. In wissenschaftlichen Untersuchungen wird sogar davon gesprochen, daß sein missionarischer Eifer wie seine apostolischen Leitideen von seiner geistigen Durchdringung der innertrinitarischen Beziehungen herrührten. In diesem Sinn ist er als geistlicher Lehrer anzusprechen, in dem sich die schon angesprochene Gesamtentwicklung abzeichnete [89].

Die Neukonstituierung des monastischen Ordenslebens und der Bettelorden war weit

---

[85] C. LANGLOIS, Le Catholicisme au féminin, Paris 1984, 203.

[86] Ebd. 436.

[87] E. DUFOURCQ , Les Congrégations religieuses féminines hors d'Europe, de Richelieu à nos jours. Histoire naturelle d'une diaspora, 4 Bde., Paris 1993, I 97–101. A. CAVASINO, Emilie de Vialar, Toulouse 1987.

[88] Emmanuel d'Alzon dans la société et l'Eglise du XIXᵉ siècle, Paris 1982, 221–229.259–272.

[89] Ebd. 277 (G. TAVARD).

ausgeprägteren Wechselfällen ausgesetzt. Sie stieß zunächst auf die allgemein feindselige Haltung „aufgeklärter" Bevölkerungskreise. Hier konnten die Veröffentlichungen Montalemberts und die Stimme Lacordaires in Frankreich stark ausgleichend wirken. Wenn auch die Gesetzgebung in den italienischen Fürstentümern und in Belgien diesen Orden gegenüber aufgeschlossen war, so kulminierten in anderen Ländern antiklerikale Krisenzeiten mit deren Unterdrückung: So in Spanien von 1835 bis 1880, in Portugal von 1834 bis 1892, in der Schweiz von 1838 bis 1862, in Piemont ab 1855, schließlich im Deutschland zur Zeit des *Kulturkampfes* zwischen 1875 und 1887. Diese Ausweisungen begünstigten allerdings die Fernwirkung der Ordensgründungen, so – zu Beginn des Jahrhunderts – in Verbindung mit den beiden großen englischen Abteien von Ampleforth und Downside oder der Aufbau einer New-Norcia im Südwesten Australiens durch zwei spanische Benediktiner im Jahre 1847[90].

Wenn auch in den habsburgischen Erblanden, im russischen Teil Polens und in der Schweiz (Prämonstratenser und Benediktiner) die Kontinuität mit dem 18. Jh. teilweise gewahrt werden konnte, so entsprach die Neubelebung der Klöster in den meisten Fällen, selbst an Orten ehemaliger monastischer Präsenz, einem grundlegenden Neuanfang. Bekannte Beispiele dafür sind die Zisterziensergründungen observanter Richtung der Trappisten auf Anregung von Augustin de Lestrange (1754–1827) und der konventualen Richtung[91]. Die französische Benediktinerkongregation wurde im Juli 1837 durch Prosper Guéranger nach der Maurinerregel neu belebt: Er brachte das Studium in einer gut ausgestatteten Bibliothek nach dem Gottesdienst wieder zu Ehren, für deren archivalische Pflege er sich mit Dom Pitra in äußerst verdienstvoller Weise engagierte. In Italien selbst wurden zwölf Abteien in der cassinischen Kongregation zusammengefaßt, aber Dom Casaretto erwirkte die Durchführung einer strengeren Klosterreform, die zum Aufbau der Kongregation von Subiaco im Jahre 1867 führte. Jean-Baptiste Muard, ein einfacher Landpfarrer, hatte 1850 im Herzen des Morvan das Priorat La Pierre-qui-vire gegründet und später diese Reform ebenso übernommen wie die Zwiegniederlassungen von En-Calcat und Saint-Benoît-sur-Loire. Außerdem war im Habsburgerreich die große Klostervisitation in den Jahren 1852 bis 1859 Ausgangspunkt für eine 30 Jahre später gegründete österreichische Kongregation. Zur bayerischen Kongregation (1858) gehörten fünf Klöster, die anfänglich unter der Leitung der Brüder Wolter standen. Vom Kloster Beuron aus erfolgten Zwiegniederlassungen in Österreich-Ungarn und in Belgien (Maredsou 1872), bevor sie 1884 den offiziellen Status einer Kongregation erhielt. Aus der bayerischen Kongregation und auf Initiative von La Pierre-qui-vire gingen zwei Klöster mit missionarischer Zielsetzung hervor: Sankt Ottilien (1884) und das Frauenkloster Tutzing (1885). In Belgien schließlich gab es 1880 einen Verband von sieben Zisterzienser- und sechs Benediktinerabteien, darunter Saint-André-lès-Bruges, dessen Abt Gérard van Caloen die brasilianische Kongregation erneuerte. In zahlreichen Ländern – von Polen bis zur Iberischen Halbinsel – konnten sich die Kartäuser halten oder zumindest schnell ihre Klöster in Deutschland (1809) und in Frankreich mit der Grande Chartreuse (1817) wieder eröffnen.

Bei den Bettelorden diente das Kloster Sainte-Sabine als Ausgangspunkt für die Erneuerung der Dominikaner durch Lacordaire (1839) in Frankreich (mit den Neugründungen

---

90 J. Leclercq, New-Norcia et la mission bénédictine d'Australie occidentale. Vgl. auch: Le Colloque Louis Veuillot (s. Anm. 77).
91 B. Delpal, Etre trappiste au XIXe siècle. Aiguebelle et sa filiation, 1815–1910, 2 Bde., Diss. masch. Paris.

Chalais, Nancy, Paris und Sainte-Baume). Dank spanischer Initiativen konnten die Kapuziner und Barfüßer nach 1840 ihre Tätigkeit in Frankreich wieder aufnehmen. Fast zehn Jahre später ließen sich die Franziskaner dort erneut nieder, nachdem 1849 Père Areso bei der Erneuerung dieses Ordens die Reformziele Lacordaires übernommen hatte[92].

Unabhängig von dem jeweils unterschiedlichen Schicksal ist bei diesen Klöstern weniger von Erneuerung, sondern vielmehr von Neugründungen zu sprechen. Die monastischen Gemeinschaften wurden – abgesehen von der Rückbesinnung auf ihre altehrwürdigen Traditionen – wieder zu Zentren der Gebetspraxis, der Forschung und auch des sozialen Einflusses und hatten damit ihre anerkannte Stellung innerhalb der Kirche des 19. Jh. zurückgewonnen[93].

Bibliographie

R. Aubert, Le Problème de l'acte de foi. Données traditionnelles et résultats des controverses récentes, Löwen – Paris [4]1969.

M. Nédoncelle (Hrsg.), L'Ecclésiologie au XIXe siècle (Unam Sanctam 34), Paris 1960.

Zum Papsttum

Miscellanea commemorativa, 2 Bde., Rom 1948.

R. Aubert, Grégoire XVI, in: DHGE XXI (1986), 1445–1492.

Ph. Boutry, La Restauration de Rome. Sainteté de la Ville, tradition des croyances et recomposition de la Curie à l'âge de Léon XII et de Grégoire XVI, Diss. masch. Paris 1994.

P. Martina, Pio IX, 3 Bde., Rome 1974 (1846–1850), 1986 (1851–1866), 1990 (1867–1878).

Zu Lamennais

A. Gambaro, Sulle orme del Lamennais in Italia, Turin 1958.

J.-R. Derré, Lamennais, ses amis et le mouvement des idées à l'époque romantique 1824–1834, Paris 1962.

K. Jürgensen, Lamennais und die Gestaltung des belgischen Staates, Wiesbaden 1963.

Actes du colloque Lamennais (1982), Cahiers mennaisiens 16/17 (1983/1984).

M.-J. Le Guillou, La Condamnation de Lamennais, Paris 1982.

–, Correspondance de Lamennais, Brest 1996.

Zur Verurteilung von Hermes

H. H. Schwedt, Das römische Urteil über Georg Hermes (1775–1831), Freiburg i. Br. 1980.

Zu Döllinger

G. Denzler – E. L. Grasmück, Geschichtlichkeit und Glaube. Gedenkschrift zum 100. Todestag Ignaz von Döllingers, München 1990.

Zu Rosmini

F. Évain, Etre et personne chez A. Rosmini, Paris 1981.

Zum Sozialkatholizismus

P. Misner, Social Catholicism in Europe, from the Onset of Industrialization to the First World War, New York 1991.

---

[92] Bédouelle, Lacordaire passim.

[93] J. Gadille, Réforme sociale et rétablissement des Ordres religieux en France au XIXe siècle, in: Mélanges en l'honneur du Professeur René Fédou, Lyon 1990, 149–164.

Viertes Kapitel

Der neue Missionseifer

VON JACQUES GADILLE UND JEAN-FRANÇOIS ZORN

I. Die Evangelisation im internationalen und sozialen Kontext

Der im frühen 19. Jh. wiedererwachende Missionseifer entsprang einer religiösen Einsicht: Es ging um die Bekehrung und um das Bekenntnis eines personalen Glaubens. Beides war Grundlage jeglicher Missionsarbeit. Das betonte im Protestantismus die in Deutschland [1] pietistisch und im angelsächsischen Bereich methodistisch beeinflußte evangelische Bewegung. Auf katholischer Seite drängte das Vertrauen in die zivilisatorische, von gegenrevolutionärem Romantizismus durchwirkte Kraft der Kirche neue Apostel als freiwillige Emigranten aus der europäischen Heimat hinaus in die ferne Welt [2]. Doch geriet diese Begeisterung an der Missionsfront sogleich in eine doppelte Zwangslage: Einerseits schränkte die Rivalität der Seemächte untereinander die Aktionsfreiheit der Missionare ein, die der Unterstützung dieser Mächte bedurften. Andererseits herrschte auf sozialen Gebiet immer noch die Sklaverei, und die rechtliche – und dann auch wirkliche – Abschaffung dieses Mißstandes war, vor allem in Afrika, das ganze Jahrhundert hindurch eine unumgängliche Vorbedingung für die wirksame Verkündigung der Frohbotschaft unter den Völkern, denen man sich nunmehr zuwandte.

1. Rivalisierende Seemächte und religiöse Konkurrenz

Verantwortlich für den Vorsprung der anglikanischen und protestantischen Missionen war die Vorherrschaft Großbritanniens zur See, verstärkt durch die französischen Revolutionskriege und die Kriege des napoleonischen Kaiserreichs. Der Wiener Kongreß hatte die britischen Stützpunkte auf den Antillen (Jamaica, Barbados), im Mittelmeer (Malta und die Ionischen Inseln) und vor allem längs des Seewegs nach Indien, also am Kap der Guten Hoffnung, auf Mauritius und Ceylon (Sri Lanka), bestätigt und gefestigt. Im Pazifik konnte Großbritannien ab 1788 in New South Wales Fuß fassen und hier seine Einwanderungspolitik entfalten. Aber die Regierungen, namentlich die liberal eingestellten, vermieden jede Form eines drückenden Besatzungsregimes. Die Vorrechte der sogenannten „Chartered"-Gesellschaften wurden bestätigt. Zwar verlor die ostindische Handelsgesellschaft, die schwächste unter ihnen, infolge des indischen Aufstands von 1858 diese Vorrechte wieder;

Zu Kurztiteln vgl. die jeweilige Erstnennung bzw. die Bibliographie am Ende dieses Kapitels

[1] Zur deutschen Literatur der Missionsgeschichte siehe die Bibliographie am Ende dieses Kapitels.
[2] P. CHARLES, Le Prestigieux Vicomte, in: Missiologie, Études, Paris – Brügge 1956, 147–164.

sie hatte aber zuvor auch nie ihr Mißtrauen einer aktiven religiösen Missionstätigkeit gegenüber überwinden können. Viel eher legten die Admiralität und die Zivilgouverneure eine wachsende Sympathie für die erzieherische und soziale christliche Aktion an den Tag. Einige von diesen Männern zögerten nicht, sich unmittelbar zugunsten der christlichen Kirchen einzusetzen[3]. Die CMS *(Church Missionary Society)* schließlich, jedoch auch die anderen protestantischen Gesellschaften mit ihrem zumeist weniger institutionellen Charakter – an der Spitze die LMS (London Missionary Society) – erfuhren von Seiten der höchsten Autoritäten und des größten Teils der britischen Bevölkerung sehr großes Entgegenkommen. Sie waren daher auch in der Lage, regelrechte Privatflotten zu unterhalten, was ihnen hinsichtlich ihrer katholischen Rivalen eine größere Bewegungsfreiheit verlieh[4]. Einige in der neuen Friedenszeit auf dem Kontinent entstandene protestantische Missionsvereine wie etwa die niederländische Missionsgesellschaft (1797) und die evangelische Missionsgesellschaft von Paris (1822) hatten ihre Quelle in diesen britischen Gesellschaften oder waren doch eng mit ihnen verschwistert.

Zu einer Zeit, da die Monarchie in Frankreich wiederhergestellt und Spanien einem aktiven Entkolonisierungsprozeß durch lateinamerikanische Unabhängigkeitsbewegungen ausgesetzt war, konnten die Missionare der katholischen Kirche nur auf ihre eigenen Mittel und die traditionellen Bande mit den „Inseln" oder Zonen ehemaliger französischer Ausbreitung in Amerika und im indischen Ozean zählen. Wohl waren im ersten Pariser Vertrag vom 30. Mai 1814 die Territorien Guadeloupe, Guyana, Saint-Pierre-et-Miquelon, sechs Handelsniederlassungen im Senegal, im indischen Ozean lediglich die Insel Bourbon und auf dem indischen Kontinent fünf Kontore und acht „Buden" in Bengalen an Frankreich zurückgegeben worden. Aber Baron Portal – ein ehemaliger protestantischer Reeder aus Bordeaux, dann Direktor der Kolonien und 1819 schließlich Marineminister – hatte den bedenklichen Rückstand der französischen Handels- und Kriegsflotte trotz aller Bemühungen nicht aufholen können. 1828 besaß Frankreich nur 2300 Schiffe über hundert Tonnen, wogegen die Vereinigten Staaten über fünfmal so viele und Großbritannien sogar über zehnmal so viele verfügten[5]!

Erst in den ausgehenden zwanziger Jahren des 19. Jh. zeichnete sich eine maritime französische Expansionspolitik ab. Außenminister Jules Auguste de Polignac hatte ein offenes Ohr für die Missionsanliegen seines Verwandten Henri de Solages, der 1829 Apostolischer Delegat für den gesamten Südseebereich (indischer Ozean und Ozeanien) geworden war. Im Juli 1830 ließ Polignac Algier erobern, doch stellte die neue Regierung in Paris diese Politik entschieden in Frage. Erst 1836 setzte der Marineminister eine neue Politik wissenschaftlicher und kommerzieller Unternehmen durch. Sie war in Gesinnung und Anweisungen den französischen katholischen Missionaren gewogen. Damit wuchs aber zugleich die Gefahr, daß diese in Rivalitäten verwickelt wurden, bei denen die französischen Admiräle sich nicht scheuten, ihre Regierung zu kompromittieren. Sie hatten nur allzu sehr die Tendenz, die katholischen Ordensleute als ihre ständige Hilfstruppe zu betrachten, die sehr viel wirksamer als die Kaufleute den Fortschritt der französischen Präsenz in Übersee sichern konnte. Wie stand es nun mit der Beziehung zwischen diesen miteinander rivalisie-

---

[3] S. NEILL, A History of Christianity in India, Bd. 2: 1707–1858, Cambridge 1985, 177f.
[4] F. H. KRÜGER, Les Flottes des missions, in: Journal des missions évangeliques (1888) 359–366.
[5] F. PONTEIL, L'Éveil des nationalités et le mouvement libéral (1815–1848), Paris 1960, 412; J.-P. GOMANE, Les Marins et l'Outre-Mer, Paris 1988, 75.

renden Seeunternehmen und den christlichen Missionen in einem jeden der vier großen Meere und deren Küstengebieten, in denen sie politisch am aktivsten waren?

Der östliche Mittelmeerraum

Mit der Eröffnung des Suezkanals im November 1869 erreichte die internationale Konkurrenz auf See ihren Höhepunkt. Das Mittelmeer wurde nun zu einer hochempfindlichen Zone auf dem Weg nach Indien. Am 20. September 1827 war die türkisch-ägyptische Flotte bei Navarino (Pylos) im Ionischen Meer geschlagen worden; die Niederlage bildete ein Vorspiel zur Unabhängigkeit Griechenlands. Unter der Juli-Monarchie 1830 wurde die Besetzung Algiers durch die Franzosen schließlich endgültig. Alle diese Vorgänge machten den Zerfall des Osmanischen Reiches eklatant sichtbar.

Die kulturellen und vor allem religiösen Komponenten dieser Orientfrage verstärkten zunehmend die Verzahnung diplomatischer Einflüsse und kirchlicher Interessen. Die Krise, in welcher sich die von spanischen Franziskanern verwaltete Kustodie des Heiligen Landes und die beiden Glaubensgemeinden des maronitischen bzw. griechisch-melkitischen Kultes befanden, verstärkte die jahrhundertealten Rivalitäten um die Wache an den Heiligen Stätten. Die Westmächte fühlten sich umso mehr geneigt, in die Vorgänge einzugreifen, als die Abmachungen, mit denen die Hohe Pforte ihnen ein Schutzrecht über die wirtschaftlichen Interessen ihrer Landsleute und Frankreich im besonderen ein allgemeines Protektorat über alle Christen zuerkannt hatte, im März 1781 noch einmal bestätigt worden waren. Neue religiöse Initiativen wurden möglich, als fünfzig Jahre später die nicht-islamischen Gemeinschaften ihre offizielle Anerkennung erwarben (Dekret vom 5. Januar 1831). Auch das durch Mehmed Ali gewährte und nach seiner Niederlage 1839 beibehaltene System einer weitgehenden Toleranz bot einen günstigen Boden für neue religiöse Schritte. Unterstützt wurden diese Initiativen durch die Westmächte, die alsbald die freie Durchfahrt durch die Meerengen erzwangen[6].

Ein anderer kräftiger Ansporn zu religiösen Initiativen war die Entdeckung der antiken Zivilisationen im Vorderen Orient, verbunden mit dem vom russischen Botschafter in Jerusalem im Juni 1834 gemeldeten Wiedererwachen einer Wallfahrtsbewegung zum Grab Christi[7]. Die damals sehr zahlreichen Berichte von Orientreisen – wie der eines Carsten Niebuhr im vorhergehenden Jahrhundert, aber auch die Neuauflagen Constantin de Volneys, die Arbeiten eines Benjamin Constant und eines Eugène Boré – erweckten Neugier. Boré hatte kurz vor seiner Wahl in die *Académie des inscriptions* sein Werk *Correspondance et les Mémoires d'un voyageur en Orient* (1840) veröffentlicht. Seine Aufnahme unter die Priester der Mission verstärkte wesentlich den wohltätigen Einfluß der von den Lazaristen im Vorderen Orient gegründeten Erziehungsheime. 1874 wurde Boré Generaloberer seiner Kongregation[8].

Zu den Brennpunkten wissenschaftlicher Orientkenntnis zählte München. Hier arbeitete Ernst von Lassaulx, der Neffe des Publizisten Joseph Görres. Seine Palästina-Beschreibungen erschienen in den *Historisch-politischen Blättern*. Auch Döllinger, der über den Islam gearbeitet hatte, wirkte hier weiter. Der Orientalist G. H. Schubert verkörperte das er-

---

[6] J. HAJJAR, L'Europe et les Destinées du Proche-Orient (1815–1848), Paris 1970, 214–216.
[7] Ebd., 232.
[8] Ebd., 222–229.

weckliche Milieu. Er stand in enger Beziehung zu C. F. Spittler, der einen Einsatz der Basler Mission in dieser Richtung zu erreichen suchte. 1840 gründete er das Forschungszentrum *Pilgermission von St. Chrischona* und stritt für ein Apostolat von Handwerker-Missionaren. Sie sollten die islamisierte Bevölkerung und andere für das Evangelium gewinnen und dies durch Handarbeit, weniger durch Predigt und Schule. Zwei von diesen Missionaren, nämlich C. Schick und C. Palmer, wurden 1846 durch Gobat, den anglikanischen Bischof von Jerusalem, herbeigerufen. Sie sollten diesen Grundsätzen entsprechend in Abessinien eine Missionsstation gründen und auf diese Weise zwischen Jerusalem und Gondar dem Apostolat einen Weg bereiten. Mehrere orientalische Zeitschriften in deutscher Sprache vereinigten sich 1847 zur *Zeitschrift für die Morgenländische Geschichte*[9].

Dieses Denken war bis zu den äußersten Grenzen Europas vorgedrungen. In Rußland veröffentlichte A. N. Muraviev, später Prokurator des Heiligen Synods, im Jahre 1832 den Bericht seiner Wallfahrt nach Jerusalem. Einige große Damen der nach Paris emigrierten russischen Aristokratie – unter ihnen Sophie Swetschin – sowie der Jesuit P. Gagarin, der Gründer der Zeitschrift *Études*, folgten der Inspiration Pater De Ravignans und einiger liberaler katholischer Notabeln und gründeten 1854 das Schulwerk *Écoles d'Orient*. Seine Leitung wurde bald darauf einem jungen Professor der theologischen Fakultät der Sorbonne mit Namen Charles Martial Allemand Lavigerie (1825–1892) übertragen[10].

In England war der Graf von Shaftesbury, Lord Ashley, für den Plan zur Wiedererrichtung einer politischen jüdischen Gemeinschaft in Palästina gewonnen worden. Dazu hatte ihn der ehemalige preußische Vertreter am Vatikan und 1838 Botschafter in Bern, Karl Josias von Bunsen, ermuntert. Bunsen war mit einer Engländerin verheiratet. Ashley seinerseits war mit Lord Melbourne und mit Palmerston verwandt und hatte auch Verbindung mit Lord Lindsay, der seine Ansichten teilte. Er konnte somit die obere Gesellschaftsschicht des beginnenden viktorianischen Zeitalters beeinflussen[11]. In New York schließlich hatte E. Robinson im gleichen Jahr seine *Biblical Researches* herausgegeben. Sie wurden alsbald ins Deutsche übersetzt (Halle 1841). Robinson lehrte am United Theological Seminary und mühte sich, den Protestantismus im Orient heimisch zu machen, indem er ihn mit den orientalischen Kirchen zu verbinden suchte[12].

Unter diesen Bedingungen kam es seit Beginn der dreißiger Jahre des 19. Jh. versuchsweise zu einer Reihe abendländischer religiöser Niederlassungen. Sie wurden von den verschiedenen politischen Mächten unterstützt. Beschleunigend wirkte dabei 1833 der maßgebende Einfluß Ägyptens in Palästina und Syrien[13].

1833 war der Bischof von Aleppo, Michel Mazloum, melkitisch-griechischer Patriarch geworden und hatte den Namen Maximos III. angenommen. Er erbat sich Jesuiten zur Leitung seines Seminars von Ain-Traz vor den Toren Beiruts. Von hier aus entwickelte die Gesellschaft Jesu weitreichende Pläne: Schaffung eines zentral-asiatischen Kollegs, das über den ganzen Vorderen Orient ausstrahlen sollte; Ausbreitung nach Obermesopotamien und Nordsyrien, um die Armenier für den Katholizismus zu gewinnen, wenn nicht gar die

---

[9] Ebd., 197–210.
[10] X. DE MONTCLOS, Lavigerie, le Saint-Siège et l'Église, 1846–1878, Paris 1965, 143. Vgl. auch F. RENAULT: Le cardinal Lavigerie, Paris 1992, und J. PERRIER, Vent d'avenir, Paris 1992.
[11] HAJJAR, L'Europe (s. Anm. 6) 236.
[12] Ebd. 240–244 im Rückgriff auf P. KAWERAU, Amerika und die orientalischen Kirchen, Berlin 1958, und DERS., Kirchengeschichte Nordamerikas (Die Kirche in ihrer Geschichte 4), Göttingen 1963.
[13] J. HAJJAR, L'Europe, und DERS., Le Christianisme en Orient, Beirut 1971, 103–113.

Kurden zu bekehren. Doch neigten die Jesuiten zum Alleingang, so daß der französische Außenminister Guizot und sein Vertreter in Rom, der Marquis De La Tour-Maubourg, eher die Mission der Dominikaner von Mossoul, die in Damaskus, Aleppo und Ain-Toura (Libanon) tätigen Lazaristen und die Kapuziner unterstützten[14]. Diese Missionen erlebten von den vierziger Jahren an eine wahre Blütezeit: So wurden Lazaristenkollegs in den Städten Konstantinopel, Beirut und Alexandrien gegründet, wo sich seit November 1841 die *Filles de la Charité* niedergelassen hatten. Bei Nestorianern und Jakobiten kam es zu einer starken Bekehrungswelle unter Anschluß an die Dominikanermission von Mossoul. Der Minister wollte den Initiativen der Jesuiten das Kontrollrecht über das französische Protektorat entgegensetzen, was ihm aber nicht gelang. Sein Versuch führte zum Bruch der Verhandlungen Guizots mit dem Heiligen Stuhl. Dieser nahm die Gelegenheit wahr und entfaltete eine unabhängige Politik der „Latinisierung". Er ernannte im Oktober 1847 einen lateinischen Patriarchen von Jerusalem, den Sarden Joseph Valerga. Beharrlich verstärkte Pius IX. die römische Kontrolle über die geeinten Ostkirchen, deren Leitung er 1862 einer von der Propaganda-Kongregation getrennten Sektion zuwies[15]. Es entstand daraus eine ernste Spannung mit den Armeniern, den Jakobiten, den Nestorianern und dem chaldäischen Patriarchen J. Audo (1848–1870). Der Heilige Stuhl versuchte auch, durch Aufnahme direkter Beziehungen zur Hohen Pforte (Sendung des Botschafters Ferrieri zu Beginn des Jahres 1848[16]) dem französischen Protektorat entgegenzuwirken. Ende 1860 sah sich Lavigerie mit den Beschwerden der orientalischen Bischöfe über diese Nichtbeachtung der liturgischen Eigenheiten der Ostkirchen konfrontiert. Als er dann 1867 Erzbischof von Algier geworden war und ihn die französische Regierung 1878 bevollmächtigte, die Kustodie der Sankt Anna-Kirche zu Jerusalem seiner eigenen Missionspriestergesellschaft zu übertragen, mußte er seine Pastoral in genau entgegengesetztem Sinne führen[17].

Indessen hatten die protestantischen Missionare von ihrer Basis Malta aus einen eigenen Plan der Erneuerung der Ostkirchen, ja sogar einer Bekehrung der persischen schiitischen Muslime – sie waren bekanntlich biegsamer als die Sunniten – in die Tat umgesetzt. Ein landwirtschaftliches Kolonisationsprogramm sollte die Grundlage für ein neues Israel schaffen. Von 1830 an hatten sich Campbell, die Missionare des American Board – Bird, Whiting, dann Eli Smith – in der Nähe von Beirut niedergelassen. Sie waren dann weggezogen, um in Ourmiah eine Missionsstation zur Bekehrung der Nestorianer Kurdistans zu gründen. Diese Station machte zwischen 1837 und 1838 den Anglikanern Konkurrenz. Die von Horatius Southgate angeführten amerikanischen Episkopalisten ihrerseits faßten zu Beginn der vierziger Jahre in Konstantinopel und in Mardin in Obermesopotamien unter den Jakobiten Fuß, denen sie abrieten, sich auf die römischen Unierungsbestrebungen einzulassen.

Das spektakulärste politisch-religiöse Unternehmen aber war 1841 die Errichtung eines anglikanischen Bischofssitzes in Jerusalem, und zwar durch eine seltsam anmutende Übereinkunft zwischen König Friedrich Wilhelm IV. von Preußen und der britischen Krone. Unter enger Zusammenarbeit zwischen Nicolayson, dem anglikanischen Minister aus Schleswig-Holstein, Lord Ashley und dem Botschafter von Bunsen fand das Projekt sicht-

---

[14] Hajjar, L'Europe 566–584.
[15] Apostolische Konstitution *Romani pontificis* vom 6. Januar 1862.
[16] J. Hajjar, Les Chrétiens uniates du Proche-Orient, Paris 1962, 280.
[17] Renault, Lavigerie (s. Anm. 10) 478f.

baren Ausdruck im Bau einer Kirche auf dem Zionshügel: Sie sollte zum Ausgangspunkt für ein weitergehendes Unternehmen der Internationalisierung Jerusalems werden, die König Friedrich Wilhelm IV. sehr am Herzen lag. Großbritannien verlangte ein Schutzrecht über die Juden. Die Hohe Pforte schlug die Forderung ab.

Der anglikanische Bischofssitz war eine Auffangstellung, die Palmerston übernahm, kurz bevor er im Juli 1842 das Ministerium verließ. Die ersten Titulare waren der Brite Alexander (1842–1845) und der Deutsche Gobat (1846–1878). Freilich wurde die Tätigkeit der anglikanischen und protestantischen Missionen erst 1850 durch den islamischen Firman Abd-ul-Medjid anerkannt. Die große Charta des Protestantismus im Orient gestattete den Missionen, alle Christen des türkischen Reiches zur eigenen Konfession zu bekehren. Bezüglich der Muslime jedoch war jede dementsprechende Tätigkeit untersagt. Die Errichtung des anglikanischen Bischofssitzes in Jerusalem bezeugt zumindest eine Zusammenarbeit, wenn nicht gar eine Einheit der beiden großen Schwesterkirchen Nordeuropas, was allerdings von Seiten Großbritanniens, ja sogar Newmans und der Oxford-Bewegung auf heftigen Widerstand stieß. Sie sahen darin eine politische Machenschaft und einen verwerflichen religiösen Relativismus. Auch die reformierten Kreise entgingen der Kritik nicht[18].

Gegen dieses politisch-religiöse Eindringen der Vereinigten Staaten und Großbritanniens suchten die beiden seit Jahrhunderten mit dem Schutz der Christen beauftragten Mächte Rußland und Frankreich nach einer Gegenwehr. Rußland versicherte die vier griechischen Patriarchen von Konstantinopel, Antiochien, Jerusalem und Alexandrien erneut seiner Unterstützung. Nikolaus I. bestätigte 1843 die Sendung des „Pilgers" Uspenskij, dessen Vorschlag der Gründung einer russischen kirchlichen Mission 1847 genehmigt wurde. Der Kommission war ein Statut zugedacht, das ihr 1858 eine bleibende Dauer sichern sollte[19].

Frankreich seinerseits verlangte angesichts der Utopie eines von der London Jews Society geschaffenen „Königreichs Israel" die Anerkennung eines autonomen „christlichen Libanon" auf der Grundlage der Gleichheit zwischen den Konfessionen. Sein Schutz würde ihm anvertraut werden müssen. Unglücklicherweise war der alte Streit zwischen Drusen und Maroniten wieder aufgeflammt, seitdem der Aufstand in den Bergen das Signal zur Niederlage Ibrahim Paschas gegeben hatte. Die Unruhen brachen im Frühjahr 1845 erneut aus. Sie erreichten im März 1860 mit dem Massaker von etwa zwanzigtausend Maroniten – mit dem Einverständnis von Konstantinopel und London! – ihren Höhepunkt. Angesichts der Erregung der Öffentlichkeit beschloß Napoleon III. die Sendung eines Expeditionskorps, mußte sich aber den Einschränkungen einer internationalen Kommission beugen, die eine Kompromißlösung aufzwang: Die Leitung des Landes wurde einem christlichen, dem Sultan Daoud Pascha jedoch ergebenen Armenier anvertraut[20].

So hatten sich nach und nach in diesem ganzen östlichen Mittelmeerraum miteinander konkurrierende internationale Kräfte festgesetzt, die dann bei der Auflösung des osmanischen Reiches offen zu Tage traten. Die aus dem Abendland stammenden christlichen Missionen gaben sich mit Unterstützung dieser politischen Kräfte einer wirksamen kulturellen und erzieherischen Tätigkeit hin, aber ihre Bekehrungsstrategie ging auf Kosten der Ost-

---

[18] HAJJAR, L'Europe 326–404, passim.
[19] Ebd. 377–381.
[20] Ebd. 516; vgl. DE MONTCLOS, Lavigerie (s. Anm. 10) 143–154.

kirchen, wenn sie sich nicht gar einander Konkurrenz machten. Der Orientalist Joseph Hajjar diagnostiziert streng: Eine solche Situation erzeuge „einen umgekehrten Ökumenismus"[21].

Afrikas Westküste

Das Interesse für den Seehandel auf dieser Seite des Handelsdreiecks wurde in der zweiten Hälfte des 18. Jh. durch eine religiöse Dimension erweitert: Die Inseln Gorée und Saint-Louis waren 1763 Sitz einer Apostolischen Präfektur geworden. Für die geistlichen Belange unterstand die Präfektur dem Erzbischof von Paris; dort befand sich ja das Heilig-Geist-Seminar. Diese erst 1847 aufgehobene Sachlage verlieh der Marine und den Ortsgouverneuren ein praktisch unbeschränktes Kontrollrecht über die weltlichen Belange.

Westlich des Palmenkaps hatten die protestantischen und anglikanischen Missionsgesellschaften, die den Sklavenhandel verurteilten, die befreiten und freigelassenen Schwarzen in Sierra Leone und in Liberia unterstützt. Beide Länder waren von Philanthropen gegründet worden (Sierra Leone 1787 von Briten und Liberia 1822 von Amerikanern; Liberia wurde dann 1844 unabhängig), beide sollten Ausbildungszentren für afrikanische Missionare werden. Das galt vor allem für die Stadt Freetown (Sierra Leone), wo die Streiter gegen den Sklavenhandel ihr Hauptquartier hatten. In Freetown bestand seit 1827 auch eine der ersten Bildungseinrichtungen von Universitätsniveau, nämlich Fourah Bay. Die Missionare selbst erhielten Unterstützung von der Admiralität, insbesondere den Kaufleuten. Sie nahmen an wissenschaftlichen und kommerziellen Unternehmungen im Innern des Kontinents teil. Einigen gelang es sogar, ihre eigene Handelsgesellschaft zu gründen, etwa die *West-Africa-Ltd.;* Gründer dieser Gesellschaft war der berühmte Samuel Crowther, ein ehemaliger Yoruba-Sklave, der dann zum ersten anglikanischen Bischof von Nigeria ordiniert wurde[22].

Die französischen Marineoffiziere hatten ihrerseits Weisung erhalten, die Missionierung zu begünstigen: Sie verbürge die zu verwirklichende soziale Ordnung. Diese Anordnung hatte Form angenommen im Vertrag vom 18. November 1843 zwischen Libermann, dem Oberen der neuen *Herz-Mariae-Kongregation (Congrégation du Saint-Coeur de Marie),* und der Marine im Rahmen der Stützpunkt-Politik, die der damalige Gouverneur im Senegal und Kapitän zur See Bouët-Willaumez empfohlen hatte. Für jede Niederlassung sollten drei Ordenspriester und drei Ordensbrüder transportiert, untergebracht, bezahlt und mit dem nötigen Material zur Eröffnung von Schulklassen versehen werden. Für die Propaganda-Kongregation kommentierte Libermann diese Unterstützung durch den Vergleich mit jener, die von den Briten zur Ausbreitung des Protestantismus geleistet worden war[23]. Als daher Pater Bessieux zusammen mit einem Laienbruder in Gabun an Land ging, konnte er unverzüglich an die Gründung der mit Knaben- und Mädchenschulen ausgestatteten Missionen Sainte-Marie (1845) und Saint-Pierre (1852) gehen und sich „ausgezeichneter Beziehungen" zu den Marineoffizieren rühmen. Die Lage der Verwaltung hatte sich allerdings dadurch kompliziert, daß neben die Apostolische Präfektur Saint-Louis das am 28. September 1842 gegründete riesige Apostolische Vikariat der beiden Guinea-Staaten

---

[21] Gesamtinterpretation in: HAJJAR, Les Chrétiens (s. Anm. 16) 343–353.
[22] J. DECORVET, Samuel Ajayi Crowther, un père de l'Église en Afrique noire, Paris 1992.
[23] P. COULON – P. BRASSEUR, Libermann, Paris 1988, 425.

zu liegen kam. Die militärischen und zivilen Behörden warfen ihrerseits den Priestern eine zu ausschließliche Sorge um die Katechese vor und drängten auf eine Berufsausbildung in der Absicht, den wirtschaftlichen und sozialen Fortschritt anzukurbeln. Gelobt und ermutigt wurden von ihnen die Siedlungspläne, die der Bischof von Ngasobil, Kobès, der Nachfolger A. M. Javouheys, und Pater Arlabosse in Salam, einer der ersten Missionsstationen im Landesinnern Senegals, aufgestellt hatten. Immerhin erzeugte der herrschende Spannungszustand nur begrenzte Konflikte, die nötigenfalls durch den Marineminister geschlichtet wurden.

In Gabun spielten die Spannungen zwischen den Marineoffizieren und den katholischen Missionaren den Protestanten in die Hand. Am 22. Juni 1842 wurden zwei Missionare der *American Board,* einer kongregationalistischen Gesellschaft von Boston, von König Loui willkommen geheißen. Dabei waren erst einige Monate vergangen, seitdem Kapitän Bouët-Willaumez mit demselben König einen Schutzvertrag für das Mündungsgebiet des Gabon geschlossen und unterzeichnet hatte. Die beiden Missionare Wilson und Griswold richteten sich auf dem Platz eines ehemaligen portugiesischen Sklavengeheges (baracao) ein, das die Briten, die zur Unterdrückung des Sklavenhandels im Mündungsgebiet kreuzten, geräumt hatten. Bouët bewunderte die Arbeit der Amerikaner. „Sie haben", schrieb er, „ohne Schutz und Beistand zwei Schulen gegründet, eine Kirche gebaut, eine Druckerei aufgemacht und drei Kleinschriften in gabunesischer Sprache herausgegeben".

Aber die Handlungsfreiheit der amerikanischen Missionare fand bald ihre Grenzen. Das Gabun-Mündungsgebiet geriet nämlich um das Jahr 1845 unter französischen und katholischen Einfluß. Und da die amerikanischen Missionare kein Französisch lehrten, konnten sie nicht mehr die Gründung neuer Schulen beanspruchen. Die Niederlassung Baraka siechte dahin, bis endlich die presbyterianische Mission der Vereinigten Staaten mit stärkerer Unterstützung aus Amerika 1870 die American Board ablöste. Zu diesem Zeitpunkt war der Schiffahrtsweg auf dem Ogooué offen. 1874 gründete der amerikanische Missionar Nassau die Station Lambarene, hundertsechzig Kilometer von der Mündung entfernt. Einige Zeit danach beherbergte er hier den französischen Forscher Savorgnan de Brazza. Der Mann war am Ende seiner Kräfte. Als es nach der Berliner Konferenz darum ging, die amerikanische protestantische Mission durch die Mission de Paris abzulösen, erinnerte sich Brazza, der inzwischen zum Verwalter aufgestiegen war, an seine amerikanischen Freunde, die ihm das Leben gerettet hatten. Er verhandelte unter guten Bedingungen und brachte die Ablösung zu einem befriedigenden Abschluß.

Der westliche indische Ozean und die afrikanische Ostküste

Auf dem Seeweg um das Kap und an Natal vorbei – Zonen einer alten protestantischen Niederlassung – waren die Maskarenen-Inseln obligatorische Zwischenstation. Die ersten Initiativen zu einer religiösen Ausbreitung auf diesen Inseln kamen vom Gouverneur der Insel Mauritius, Sir Robert Farquhar. Er ließ die *Londoner Missionsgesellschaft* (LMS) ihre Missionspläne für Madagaskar in die Tat umsetzen – Pläne, die die LMS von ihrer Gründung an im Auge hatte. Eine Reihe von Handelsabmachungen mit Radama I. bereitete den walisischen Missionaren David Jones und Thomas Bevan den Weg. Sie wurden im November 1818 in der mauritianischen Hauptstadt An Tananarivo empfangen. Die Pastoren legten als Erzieher und Bibelübersetzer den Grund für eine einheimische Christenheit. Ihre Bemühungen fanden mit dem plötzlichen Tod Radamas I. und dem Herrschaftsantritt seiner Frau Ranavalona I., die von der traditionalistischen Bourgeoisie unterstützt wurde, ein jähes Ende. Ihr ganzes Streben während der langen Regierungszeit (1828–1861) ging dahin, das Werk Radamas I. zu vernichten. Sie setzte alles daran, ihr Land fremden, vor allem religiösen Einflüssen zu verschließen.

Während die britischen Vertreter und die protestantischen Missionare einer nach dem anderen verjagt wurden, versuchten die katholischen Missionare Fuß zu fassen und im Namen alter Rechte über die „Große Insel" den französischen Einfluß auf Madagaskar durchzusetzen. Ihre Ausgangsbasis war die Insel Bourbon (heute La Réunion). Auf die Intervention eines reichen Farmers hin – er hieß Albert Desbassains und war der Schwager des Grafen de Villèle – hatten die Christlichen Schulbrüder und nach den Paulus-Schwestern von Chartres die Joseph-Schwestern von Cluny ein bedeutendes Schulheim errichtet. 1829 hatte de Solages, der inzwischen zum Apostolischen Präfekten von Bourbon und Ozeanien ernannt worden war, weitreichende Pläne für eine Missionierung ausgearbeitet und sich beim Marineminister für die Pläne des englischen Seefahrers Peter Dillon, des Verfassers einer „Reise zu den Südseeinseln" (1827–1828), eingesetzt. Aber die Obrigkeiten zwangen ihn, sich auf seine Präfektur Bourbon zu beschränken. Diese Verfügung wurde 1832 erneuert. Also ersuchte er auf eigene Initiative um eine Unterredung mit der Königin Ranavalona I. Doch ereilte ihn im Dezember der Tod in einem kleinen Dorf an der Ostküste von Madagaskar, noch bevor es zu dieser Unterredung kam. Pierre Dalmond, ein Weltpriester, dem er seine Vollmachten über Bourbon abgetreten hatte, unternahm auf Anraten des Admirals von Hell hin eine erste Erkundung. Daraufhin bereitete die Gesellschaft Jesu von 1850 an die Ablösung vor. Ausgangspunkt für das Unternehmen war Nossi-Bé, wo sich die Jesuiten seit 1844 aufhielten, sowie die 1846 von Pater Jaouen auf Bourbon gegründete Domäne La Ressource. Am Ende der Regierung Radamas II. (Mai 1863) waren die Jesuiten in An Tananarivo und in Tamatave fest installiert. Ihre Strategie bestand darin, die auf die kleinen Inseln vor der Südküste (Nossi-Bé und Sainte-Marie) geflüchteten Malgaschen auf den Marsch zur Hauptstadt vorzubereiten. Das Unterfangen scheiterte. Um 1855 versuchten sie, unter Anbieten ihrer Dienste sich am Hof der Königin heimisch zu machen. Einem französischen Waffenfabrikanten, Joseph Lambert, der in den Schmieden von Mantasoa Waffen für die Königin herstellte, gelang es, den Prinzen Rakoto zur Unterzeichnung einer Bitte um die Errichtung eines französischen Protektorats zu bewegen. Lambert überbrachte die Bittschrift persönlich Napoleon III., der gerade mitten im Krimkrieg an der Seite der Briten stand. Er wünschte, deren Ansicht über diese Angelegenheit einzuholen. Minister Lord Clarendon weigerte sich, „etwas zu unternehmen, das letzten Endes in eine Bemächtung der Insel ausarten könnte", war aber der Idee einer französisch-britischen Handelskompanie nicht abgeneigt. Er beauftragte daher William Ellis, einen ehemaligen Missionar auf Tahiti und nun Sekretär der LMS, der Königin zu bedeuten, Großbritannien wünsche die Aufnahme von Handelsbeziehungen mit Madagaskar, allerdings ohne Besitzanspruch auf die Insel.

Diese Mission machte Lamberts Pläne ruchbar. Die Königin fürchtete eine Verschwörung. Sie vertrieb alle Fremden aus dem Land. Diese kehrten 1862 beim Machtantritt Rakotos als Radama II. in großer Zahl zurück. Die liberale Politik Radamas II. begünstigte die französische Gruppe ganz offen, was vielfachen Widerstand wachrief: Die protestantischen Missionare sprachen von der Krönung Radamas II. als einer listigen Ausflucht: Pater Jaouen behauptete nämlich, Radama „geweiht" zu haben. Die ausländischen Handelsleute befürchteten ihrerseits ein Monopol der Charta Lamberts. Die herrschende protestantische Oligarchie glaubte ihre Interessen in Gefahr, die Traditionalisten wiederum sahen sich durch kommende Reformen bedroht. Am 11. Mai 1863 wurde Radama von den Anhängern seines Premierministers ermordet. Sie setzten Rasoherina auf den Thron. Die Bündnisse Madagaskars gerieten ins Wanken. Der britische und protestantische Einfluß beherrschte erneut die Große Insel. Beim Tod Rasoherinas im Jahre 1868 heiratete Premierminister Rainilaiarivony die zweite Frau Radamas II., Ramoma. Sie bestieg den Thron und wählte den Namen Ranavalona II. Das königliche Paar wollte seine Krönung als öffentliches Bekenntnis seiner Zugehörigkeit zum Protestantismus verstanden wissen.

1862 kam William Ellis mit einer Verstärkung an Missionaren zurück. Ellis war der Architekt dieser „Reprotestantisierung" der politischen Macht auf der Insel. Es war sein Ziel, dem wachsenden katholischen Einfluß einen Riegel vorzuschieben. Den Appell der LMS, Missionare nach Madagaskar zu entsenden, vernahmen aber auch noch andere protestantische Missionsgesellschaften: Die anglo-amerikanische *Quäker-Vereinigung für die Auslandsmissionen* (FFMA) beispielsweise sandte Ende 1862 zwei Missionare. Sie übernahmen die Leitung der Schulen der Hauptstadt. Auch die *Missionsgesellschaft der anglikanischen Hochkirche* (SPG) entsandte Anfang 1863 zwei Missionare. Zum Einsatz der SPG kam es aufgrund eines Besuches, den der anglikanische Bischof Maurice Ryan der Hauptstadt An Tananarivo abgestattet hatte. Die *Gesellschaft der lutherischen Freikirche von Norwegen* (NMS) siedelte 1867 drei Missionare an. Ellis hatte durch eine Übereinkunft erreicht, daß die drei Missionare das Arbeitsfeld der LMS nicht beeinträchtigten. Die Anglikaner sollten sich um die Ostseite von Madagaskar kümmern, die Lutheraner um die Provinz Betsileo. Im Gegensatz zu den Anglikanern konnten sich die Lutheraner in der Hauptstadt niederlassen, doch dauerte es nicht lange, und auch die Anglikaner beanspruchten eine deutliche Anwesenheit in der Hauptstadt. 1872 wurde ein Gotteshaus eingeweiht. Die Weihe eines Bischofs für die Ortskirche bedeutete für London freilich ein Problem. Die *Church of England* hatte nämlich das Eindringen der SPG in den Bereich der LMS nicht gebilligt. Diese Praxis schien ihr dem Grundsatz der protestantischen Missionsgesellschaften von der „evangelischen Katholizität" zu widersprechen. Sie weigerte sich also, für Madagaskar einen Bischof zu weihen. Dieser Standpunkt stimmte mit der Ansicht Lord Granvilles überein. Er wollte nicht, daß sich der Präzedenzfall des anglikanischen Bistums Jerusalem wiederhole. So übernahm die schottische Episkopalkirche die Weihe: Robert Ketell Cornish, der 1874 in An Tananarivo angekommen war, wurde zum Bischof konsekriert.

1850 war auf der Insel Réunion ein Bistum errichtet worden. Bischof Maupoint beauftragte von hier aus nach einer ersten Erkundung zur See im Jahre 1858 seinen Generalvikar, Abbé Fava, mit der Teilnahme an der Expedition des Kommandanten de Langle. Es ging darum, die Möglichkeit christlicher Niederlassungen an der Ostküste Afrikas zu prüfen, und zwar von der Insel Sansibar aus, wo eine Kongregation kreolischer Schwestern, die *Filles de Marie*, ein Krankenhaus gründen sollte. Aus Mangel an Priestern überließ Maupoint die Verwirklichung dieses Programms den Spiritanern. Sansibar (1862) und auf dem Kontinent Bagamoyo (1868) wurden die Brennpunkte dieser ersten Missionierung. Sie vollzog sich im kirchenrechtlichen Rahmen einer Apostolischen Präfektur, die sich vom Horn Afrikas bis zum Kap Delgado an der Grenze zu Mozambique erstreckte.

Der pazifische Raum

Auf die Phase der wissenschaftlichen Unternehmungen, zu der noch die Expedition von Dumont d'Urville im Jahre 1827 zählte, folgte die Phase konkurrierender wirtschaftlicher Interessen (transozeanische Handelslinien, Walfischfängerschutz). Hinzu kam noch die Sorge um den Schutz der Landsleute, an erster Stelle die Missionare. In jenen Gebieten, in denen Ausländerfeindlichkeit herrschte (der gesamte Ferne Osten) oder wo zwischen den um die Beherrschung des ozeanischen Archipels rivalisierenden Stammeshäuptlingen Kriege wüteten, bedurften sie unverzüglich des nötigen Schutzes, da sie sich ja auf Dauer niederließen.

Hauptausgangsbasis für diese Ausbreitung waren die amerikanischen Küsten. Hier erleichterte im Norden die Aufteilung der Küste unter Kanada und den Vereinigten Staaten die Beziehungen mit den Sandwich-Inseln. Aber auch die Aneignung Kaliforniens durch die Vereinigten Staaten (1846–1850) wirkte sich auf diese Beziehungen positiv aus. Auf den Sandwich-Inseln hatten die Missionare der LMS in Verbindung mit dem Missionszentrum Boston 1824 von den einheimischen Behörden ein ausschließliches Wohn- und Predigtrecht erlangt. Die ersten Picpus-Missionare, denen der Heilige Stuhl die hier im Oktober 1825 gegründete Apostolische Präfektur anvertraut hatte, sahen sich daher einem Verbot ihres Apostolats gegenüber, und dies trotz der Rechtsgleichheit, die ihnen theoretisch zuerkannt worden war. Sie zogen sich südlich des Äquators auf den Archipel der Gambier-Inseln zurück[24]. Daraufhin errichtete Rom eine andere Präfektur, die Präfektur der Südseeinseln. Bischof Rouchouze ergriff im Mai 1835 davon Besitz. Im folgenden Jahr bekehrte sich König Maputoa. Zu Ehren des regierenden Papstes gab er sich den Namen Grégoire. Dumont d'Urville visitierte diese neue Christenheit, und im Februar 1844 schloß Kommandant Pénaud mit dem König einen Schutzvertrag. Stützpunkt der Seeaktion war die chilenische Stadt Valparaiso. Diese Basis weitete sich auf die anderen lateinamerikanischen Häfen aus, seitdem 1830 die Juli-Monarchie unter Louis Philippe die neuen Republiken anerkannt hatte. Andererseits war im Juni 1837 an die Admiräle Dupetit-Thouars und Laplace der Befehl ergangen, die französischen Missionare zu unterstützen, eine Anweisung aus der Feder des Ministers Soult[25]. Die erste Folge war ein Übereinkommen: Es verlieh den französischen Missionaren eine befristete Aufenthaltsgenehmigung auf den Sandwich-Inseln. Diese Genehmigung wurde 1839 auf den Einspruch des Admirals Laplace hin in eine Anerkennung der Rechtsgleichheit für die ortsansässigen Katholiken umgeschrieben und im Oktober 1857 in dem mit Frankreich in Honolulu abgeschlossenen Vertrag erneut bekräftigt. Sie kam in ihren Auswirkungen bald anderen Ländern zugute. Das Übereinkommen sollte als Modell dienen für zahlreiche andere Verträge, die in der Folgezeit auf den ozeanischen Inselgruppen unterzeichnet wurden[26]. Als Gegenleistung sah Hawai seine Unabhängigkeit anerkannt. Sie festigte in Wirklichkeit die Ausdehnung der amerikanischen Einflußzone, da der Archipel in den gesamten Territorialbereich einbezogen wurde, für den die Monroë-Doktrin galt.

Seit Beginn der vierziger Jahre vollzog sich die Besitzergreifung des Pazifik auch von seiner Westseite her. Im Dezember 1839 war zwischen der französischen Regierung und

---

[24] J. METZLER (Hrsg.), Storia della Chiesa, Bd. 24: Dalle missioni alle Chiese locali 1846–1965, Mailand 1990, 454.

[25] J.-P. FAIVRE, L'Expansion française dans le Pacifique de 1800–1842, Paris 1953, 287f.

[26] Ebd. 428.

einer Handelsgesellschaft aus Bordeaux und Nantes eine Konvention für die Kolonisierung der Südinseln und Neuseelands unterzeichnet worden. Kapitän Lavaud sollte im Juli
darauf in der Bucht der Südinsel Neuseelands an Land gehen. Ihm war aufgetragen, die
Tätigkeit Pompalliers zu verstärken. Pompallier leitete das im Januar 1836 gegründete Vikariat West-Ozeanien, wo er sich im Januar 1838 eingerichtet hatte. Die Niederlassung war
umgeben von methodistischen Missionsstationen. Pompallier hatte sich über den Druck
beklagt, den die Anglikaner und diese sogenannten Methodisten, die Siedler der nördlichen Regionen, auf sein Vikariat ausübten. Doch die Briten waren Lavaud zuvorgekom-
men. Sie hatten am 6. Februar 1840 den Schutzvertrag von Waitangi mit den Stammeshäuptlingen der Nordinsel abgeschlossen. Der französische Außenminister Guizot
erkannte die englische Oberherrschaft an unter der Bedingung, daß die französische Niederlassung in Akaroa zugelassen würde [27]. Lavaud brachte den Apostolischen Vikar zum
Archipel Wallis-et-Futuna, wo der Marist Chanel kurz zuvor das Martyrium erlitten hatte,
und schloß mit dem König der Insel Uvéa ein Schutzbündnis.

1841 war Dupetit-Thouars zum Konteradmiral aufgestiegen. Ihm oblag es nun, die Missionsniederlassung auf den Marquesas-Inseln zu organisieren. Die Niederlassung kam unter dem Schutz des Protektorats in den beiden darauffolgenden Jahren zustande, gleichsam
als Ersatz für das gescheiterte Unternehmen auf Neuseeland. Daraus erklärte sich auch die
heftige Reaktion weiter im Osten – nämlich auf den Gesellschafts-Inseln – gegen die Königin Pomaré auf Tahiti und ihren Beschützer, Pastor George Pritchard. Duperré, der beauftragt war, „für die Gründung einer französischen Schule einen geeigneten Platz" ausfindig zu machen, entdeckte hier im Mai 1823 das 1797 begonnene Werk der LMS und
begrüßte es. Sein in *Le Moniteur* am 14. Oktober veröffentlichter Bericht verursachte einen Schock in politischen Kreisen. Bei aller Anerkennung der Tatsache, daß Großbritannien die Unabhängigkeit Tahitis bestätigt hatte, war Duperré doch der Ansicht, „England
könne diese Inseln zu seinen Besitztümern zählen" [28]. Dreizehn Jahre später erging an Dupetit-Thouars der Befehl, sich nach Tahiti zu begeben, um die Wiedergutmachung „einer
der französischen Nation zugefügten Beleidigung und einer Verletzung der Menschenrechte" einzufordern, und zwar wegen der Vertreibung zweier französischer Staatsbürger,
der Patres Laval und Caret, die am 29. November 1836 Tahiti hatten verlassen müssen. In
Wirklichkeit war die Vertreibung aufgrund örtlicher Ausländerregelungen von der Königin
auf Anraten des Missionars George Pritchard und der gesetzgebenden Versammlung von
Tahiti hin beschlossen worden. Hinzu kam noch die Tatsache, daß Tahiti ja bereits missioniert war.

Am 29. August 1838 legte Dupetit-Thouars an der Reede von Papeete an. Unter Drohungen erzwang er von der Königin eine schriftliche Entschuldigung, eine Entschädigung
und ein „Freundschaftsbündnis" zwischen Tahiti und Frankreich. Der Text setzte fest: „Die
Franzosen können, gleich welchen Berufes sie sind, frei kommen und gehen, sich niederlassen und Handel treiben auf allen Inseln, die der Regierung von Tahiti unterstehen; sie
genießen den Schutz der Königin". Aus rein formeller Sorge um Gleichberechtigung fügte
der Text hinzu, die Tahitianer hätten gleicherweise die Möglichkeit, nach Frankreich zu
reisen und den Schutz des Königs Louis-Philippe zu genießen; er sagte aber nicht, sie
könnten sich dort niederlassen und Handel treiben! Im April 1839 wurde das Übereinkom-

---

[27] Ebd. 460.
[28] Ebd. 267.

men auf Anordnung der französischen Regierung durch einen Artikel ergänzt. Er sah vor, daß „die freie Ausübung der katholischen Religion [...] auf der Insel Tahiti und auf allen Besitzungen der Königin Pomaré erlaubt ist. Die französischen Katholiken erfreuen sich hier der gleichen Privilegien wie Protestanten, dürfen sich aber unter gar keinem Vorwand in die religiösen Angelegenheiten des Landes einmischen".

Im Schutz dieses Artikels ließen sich katholische Missionare 1841 auf Tahiti nieder[29]. Das Übereinkommen war nach dem Modell des in Sandwich unterzeichneten Vertrages abgefaßt, hatte aber seine eigentliche Quelle nicht in politischen oder wirtschaftlichen Gründen, sondern war verursacht durch eine Rivalität der Missionen, wobei man glaubte, es gehe um die nationale Ehre. Indem Frankreich seinen Landsleuten im Namen der religiösen Freiheit zu Hilfe kam, faßte es zugleich Fuß im Pazifik, verwickelte sich aber auch in eine Art „kalten Krieg" zwischen protestantischen Angelsachsen und katholischen Franzosen. Von nun an galt: „Wer protestantisch sagt, sagt englisch, und wer französisch sagt, sagt katholisch" – ein Slogan, der im ausgehenden 19. Jh. noch eine große Rolle spielen sollte[30].

Pritchard war bei der Ankunft der französischen Priester von den Anschlußabsichten Frankreichs überzeugt. Er hatte sich daher schon 1837 zum britischen Konsul ernennen lassen. Daraufhin trennte sich die LMS von ihm. Doch behielt er die Stelle als Missionar gegen den Willen der tahitischen Stammeshäuptlinge und seiner eigenen Kollegen. Zu Beginn des Jahres 1841 begab er sich nach London, um die Sache mit Tahiti vor der Regierung zu verteidigen, stieß sich aber an der Entente Paris-London, die Guizot neu zu knüpfen versuchte. Der französische Außenminister beruhigte die parlamentarische Mehrheit, die sich den Kolonialunternehmen widersetzte, und zugleich die britische Regierung, die sich wegen der erneut einsetzenden französischen Aktivität im Pazifik Sorgen machte. Am 31. März 1842 erklärte Guizot vor der Kammer: „Es hat für die Politik und den Genius Frankreichs wenig Bedeutung," in fernen Ländern Kolonien zu erwerben; wichtig sei vielmehr, „überall auf der Erde Stützpunkte für Frankreichs koloniale Seemacht aufzuspüren"[31]. Eine zweideutige Rede! Sie wollte Großbritannien beruhigen, entwarf aber gleichzeitig eine Lehre kolonialen Prestiges, an dessen Verwirklichung der Marine durchaus gelegen war. Tatsächlich verlängerte Dupetit-Thouars einige Monate später von den Marquises aus ohne weitere Anweisung seine Reise bis nach Tahiti, um – wie er sagte – die Anklage zu überprüfen, nach welcher der Konsul von Frankreich den britischen Missionaren bei der Vertreibung der katholischen Missionare von der Insel geholfen habe. Konteradmiral Dupetit-Thouars kam am 30. August in Tahiti an. Die kleine französische Kolonie bestürmte ihn mit Klagen über ihren Konsul: Er nehme ihre Interessen der Ortsregierung gegenüber nicht genügend wahr, die Interessen der britischen Landsleute dagegen würden besser verteidigt. Der Admiral versuchte eine Woche lang, sich von den Vorwürfen eine klare Vorstellung zu machen. Er kam zu dem Schluß, daß „die [den Franzosen] verweigerte Gerechtigkeit" ihren Grund habe „in dem bedauernswerten Einfluß, dem die Königin nachgibt [...] und der unsere nationale Würde verletzt".

Dupetit-Thouars erreichte, daß die erschreckte Königin am 9. September einen Vertrag unterzeichnete, der Frankreich das Protektorat über Tahiti verlieh: die Königin und die

---

[29] Ebd. 436.
[30] Ebd. 288; vgl. auch H. Vernier, Au vent des cyclones, Paris 1986, 59–64.
[31] Ansprache von Guizot vom 31. März 1842, in: J. Martin, L'Empire renaissant 1789–1871, Paris 1987, 291.

führenden Männer behielten ihre Souveränität auf den Gebieten der Gesetzgebung und des Landbesitzes, verloren sie aber auf dem Gebiet der Auslandsbeziehungen und der Zollgesetzgebung. Die Kultfreiheit wurde festgeschrieben: „Die gegenwärtig ansässigen Kirchen bleiben, und die englischen Missionare üben weiterhin ihre Ämter aus, ohne belästigt zu werden. Das gleiche gilt für jeden anderen Kult: niemand darf in der Ausübung seines Glaubens belästigt oder behindert werden"[32]. Trotz der erregten Umstände, unter denen es zur Unterzeichnung des Vertrags gekommen war, wurde er im März 1843 durch die französische Regierung ratifiziert. Auch die katholischen und protestantischen Missionare und der Vize-Konsul, der Pritchard ersetzte, nahmen das Übereinkommen günstig auf[33].

Nach der Rückkehr des Vize-Konsuls im März 1843 geriet das unsichere Gleichgewicht ins Wanken. Ursache war die offizielle Zeremonie der Ratifizierung des Protektorats. Frankreich hatte zu dieser Feier den königlichen Bevollmächtigten Armand-Joseph Bruat entsandt. Pritchard stachelte die Königin an, sich gegen das Protektorat aufzulehnen, und versprach ihr hierzu die Hilfe Großbritanniens. Die Königin hißte regelmäßig die tahitianische Flagge auf ihrem Palast, um ihre Unabhängigkeit vor aller Augen zu demonstrieren. Bruat befahl ihr, die Flagge herunterzuholen. Die Königin weigerte sich. Am 6. November zog Dupetit-Thouars in einem Handstreich die tahitianische Flagge ein und die französische Flagge hoch, verkündete die Absetzung der Königin und setzte Bruat zum Gouverneur der französischen Niederlassungen in Ozeanien ein. Bruat erklärte unverzüglich die französische Inbesitznahme Tahitis und die Religionsfreiheit. Daraufhin entschloß sich die Königin zur Flucht in das britische Konsulat. Pritchard, der sich durch seine Regierung nicht für ermächtigt hielt, in einer französischen Kolonie seine Funktionen als Konsul wahrzunehmen, erklärte seinen Rücktritt. Unter der Bevölkerung herrschte größte Verwirrung. Es kam zu einem Aufstand gegen die neuen Herren. Bürgerkrieg brach aus. Ein Zwischenfall mit einem Wachposten diente den französischen Behörden als Vorwand, Pritchard am 3. März 1844 zu verhaften, einzusperren und einige Tage später nach Großbritannien abzuschieben. Die Missionare der LMS beschlossen nach dem tödlichen Unfall ihres Pastors Mackean, ihre Anzahl zu verringern. Am 1. September verließen sieben von zehn Missionaren das Land. Sie hatten einen Brief der Königin an das Komitee der LMS in der Tasche, worin sie versicherte: „Ich gebe meine Schullehrer in ihren Schutz [...] aus Furcht, sie könnten auch noch getötet werden. Und wenn der Tag gekommen ist, an dem ich meine Souveränität, mein Land und mein Königreich gemäß den ozeanischen Gesetzen wiedergefunden habe, dann schickt mir meine Schullehrer nach Tahiti zurück."[34]

Anfang 1845 flüchtete sich die Königin an Bord eines britischen Schiffes. Sie wechselte dann auf ein Kriegsschiff über, das sie nach Raiatea auf dem Archipel Sous-le-Vent brachte, wo sie versicherte, erst dann nach Tahiti zurückzukehren, wenn ihre Autorität wieder hergestellt ist.

In Europa führte die Ausweisung Pritchards zu einem diplomatischen Zwischenfall. Der

---

[32] Ebd. 299 f. (Text der Schutzvertrags). – Zu den Gründen dieser Unterzeichnung vgl. FAIVRE, Expansion (s. Anm. 25) 477 f. und F. GUIZOT, Mémoires pour servir à l'histoire de mon temps, Paris o.J., 48 und 469.

[33] Über die Reaktionen der britischen Missionare auf den Schutzvertrag vgl. VERNIER, Au vent (s. Anm. 30) 279 f.; über die Reaktion Wilsons, des Vize-Konsuls von Großbritannien, vgl. GUIZOT, Mémoires 51.

[34] Über den Bürgerkrieg auf Tahiti, den Tod Mackeans und die Ausreise der Missionare der LMS vgl. Journal des missions évangeliques (JME) 20 (1845) 155 f. Die *Société des missions évangeliques de Paris (SMEP)* informierte die französischsprachige Öffentlichkeit unter Verwendung der Quellen der LMS.

britische Premierminister Lord Peel erklärte im Unterhaus ohne Umschweife: „Die Regierung Seiner Majestät hat Berichte aus Tahiti bekommen; sollten sie den Tatsachen entsprechen, zögerte Seine Majestät nicht zu behaupten, man habe England in der Person seines Gesandten gemein verhöhnt und grob beleidigt." Zu seiner Verteidigung verschanzte sich Guizot hinter der Tatsache, daß Pritchard zum Zeitpunkt seiner Ausweisung nicht mehr Konsul war. Guizot erklärte sich damit einverstanden, sich für die bedauerlich unhöfliche, ja brutale Einkerkerung zu entschuldigen und Pritchard finanziell zu entschädigen, obwohl er „persönlich davon überzeugt [sei], daß Herr Pritchard in Wirklichkeit der wahre Antreiber zum Widerstand und zum Aufstand gegen die französische Niederlassung war". Gleichzeitig hatte der französische König Louis-Philippe „die Besitzergreifung und volle Souveränität der Insel [...] nicht gebilligt und befohlen, den Schutzvertrag vom 9. September 1842 zu vollstrecken"[35]. Die Affäre Pritchard schien geregelt, das Freundschaftsbündnis gerettet. Aber auf Tahiti wütete der Bürgerkrieg. Erst am 7. Februar 1847, nachdem sich die Rebellenführer ergeben hatten, stimmte Königin Pomaré zu, sich dem französischen Protektorat zu unterstellen. Sie kehrte nach Tahiti zurück, wo sie am 9. Februar wieder in ihre Machtbefugnisse eingesetzt wurde, entsprechend den dafür im Protektoratsvertrag von 1842 festgelegten Bestimmungen.

In gemeinsamer Übereinkunft verzichteten Lord Aberdeen und Guizot auf die Stützpunktpolitik. Lediglich die Schutzverträge mit Neuseeland für Großbritannien und mit den Marquesas-Inseln und Tahiti für Frankreich blieben gültig. Dementsprechend unterstellte sich im Jahre 1851 die protestantische Kirche auf Tahiti dem Konkordatsregime. Dieser Schritt bedeutete jedoch eine Verletzung ihres kongregationalistischen Systems, das ihr den Behörden gegenüber eine gewisse Freiheit eingeräumt hatte. 1860 wurde das gesamte öffentliche Schulwesen den katholischen Kongregationen anvertraut. Die protestantischen Schulen sahen sich in ihrer Existenz bedroht. Unter diesen Umständen ersuchte die Leitung der LMS schon Anfang 1857 die *Mission de Paris* offiziell, ihre Stelle zu übernehmen. Diese Bitte wurde am 15. Mai 1860 wiederholt. Es erging ein Appell der gesetzgebenden Versammlung von Tahiti an Kaiser Napoleon III., „unter unseren französischen Religionsbrüdern zwei protestantische Missionare auswählen zu wollen". Der Text der Bittschrift wurde wahrscheinlich vom letzten Missionar der LMS auf Tahiti, William Howe, ausgearbeitet und lautet: „Die protestantischen Religionsdiener waren es, die uns aus unserem primitiven Zustand herausgeführt haben; unsere Religion ist gut; sie hat uns die Liebe zu Frankreich, unserem Beschützer, eingeflößt. Wir wünschen sehr, daß unsere Kinder die französische Sprache erlernen, wollen aber nicht, daß das nur zu dem Zweck geschieht, ihre Religion zu ändern"[36].

Zwei Jahre später gingen zwei französische Pastoren in Tahiti an Land. Sie hatten die Aufgabe, das 70 Jahre zuvor begonnene protestantische Missionswerk zu retten und weiterzuentwickeln. Fortan unterstanden die Kirchen von Tahiti der *Société des missions évangeliques de Paris*.

---

[35] Le Moniteur vom 26. Februar 1844. – Zur Affäre Pritchard vgl. GUIZOT, Mémoires 74 f.; L. JORE, L'Océan Pacifique au temps de la Restauration et de la monarchie de Juillet (1815–1848), Bd. 2: Présence française, Paris 1959, 301 f.; G. PRITCHARD, The Agression of the French at Tahiti, Auckland 1983.

[36] Offizielle Bitte der gesetzgebenden Versammlung von Tahiti an die Königin Pomaré und an den Vertreter der französischen Regierung um die Ankunft französischer Pastoren, in: Le Messager de Tahiti, 5. August 1860, Amtsblatt der französischen Niederlassungen in Übersee (1852–1890).

Zu dieser Zeit traten die großen fernöstlichen Länder in den Vordergrund der politischen und kommerziellen Ziele der Seemächte. England hatte nach der Eroberung von Nanking im Jahre 1842 Zugang zu fünf Häfen erworben. Hier würden die Missionare freie Niederlassungen gründen und predigen können. 1844 erwarben die Vereinigten Staaten und Frankreich und in deren Gefolge andere europäische Staaten die gleichen Vorrechte. Lagrenée erlangte sogar ein Toleranzedikt (18. März 1846). In den Hafengebieten von Tourane (Da Nang) und Hué kam es zwischen 1837 und 1847 zu mehreren Manifestationen gegen die Verfolgungsedikte, die im Königreich Annam in Kraft waren. Ein „zweiter Opium-Krieg" brach aus in Reaktion auf die Ermordung Pater Chapdelaines im Kouang-Si im Juli 1856. Der Krieg wütete bis 1860. Admiral Rigault de Genouilly bombardierte im September 1853 Tourane und besetzte im Februar des folgenden Jahres Saigon im Rahmen einer französisch-spanischen Unternehmung, die 1862 zur Errichtung des Protektorats Annam führte. Artikel 9 des Schutzvertrags enthielt sehr genaue Angaben für den katholischen Kult. Die Provinzen von Cochinchin gerieten unter französische Kontrolle. Im August 1863 wurde dem König von Kambodscha ein Protektoratsstatut aufgezwungen: Darin wurden die Religionsfreiheit garantiert und drei annamitische Häfen, darunter Tourane, für den Handelsverkehr zugänglich gemacht. Der Minister Chasseloup-Laubat und der Gouverneur von Cochinchina, Admiral La Grandière, hatten diese Politik bei Napoleon III. durchgesetzt. In China führte – wiederum im Rahmen einer französisch-spanischen Expedition – die Einnahme von Kanton durch die Admiräle Seymour und Rigault de Genouilly zum ersten Vertrag von Tientsin (Juni 1858). Die Expedition wurde 1860, diesmal im Norden, wiederholt: Im Oktober 1860 sicherte der Vertrag von Peking Frankreich das Protektorat über die katholischen und protestantischen Missionare. Schließlich erreichten im gleichen Zuge die Amerikaner, Engländer und Russen, daß sich ihnen Japan öffnete. Gleichzeitig setzte Rußland China gegenüber durch, die Flüsse Amur und Ussuri als Grenze anzuerkennen. Eine solche Abfolge von Seeunternehmen war nicht ohne Gefahr für die Missionare, die zu schützen sie vorgaben. Das Vorgehen rechtfertigte eine sich verschärfende Verfolgungspolitik, ab 1848 vor allem im Königreich Annam unter Tu-Duc, aber auch in Korea. André Kim, der erste koreanische Priester, der heimlich an Land gegangen war, wurde festgenommen und 1846 zum Tod verurteilt. 1865 führten zwei andere Seeunternehmen sowie – wichtiger – das Eingreifen des Admirals Roze im Jahre 1876 zum Ausbruch zweier weiterer Verfolgungswellen. Und doch hatten die erwähnten Eingriffe zum Ziel gehabt, für die vorhergegangenen Unternehmen Gerechtigkeit einzufordern! Erst 1882 wurde auf den Druck der Japaner und Amerikaner hin den Christen freie Religionsausübung gewährt.

In den Rahmen dieser Machtkämpfe um Einfluß gehörte die Beschlagnahmung von Neu-Kaledonien mit den Loyalty-Inseln ebenso wie die sich daraus ergebenden Streitigkeiten zwischen Katholiken und Protestanten. Schon 1843 hatte der Marineminister der Maristenkongregation erlaubt, in Neu-Kaledonien an Land zu gehen, und dem Kommandanten Julien La Ferrière war durch Dupetit-Thouars der Befehl erteilt worden, hier die Basis für eine französische Souveränität zu schaffen. Die Inselgruppen von West-Ozeanien wurden Bischof Douarre anvertraut (Gründung eines eigenen Apostolischen Vikariats in Neu-Kaledonien am 27. Juni 1847). Julien La Ferrière unterzeichnete mit den Königen und Häuptlingen der Region einen Vertrag, in dem diese „die volle und ganze Oberhoheit Seiner Majestät, des Königs der Franzosen, und seiner Regierung [anerkennen]; sie unterstellen [ihre] Person und [ihr] Land [...] ihrem hohen Schutz gegenüber allen anderen fremden Mächten"[37]. La Ferrière übergab Bischof Douarre die französische Fahne. Der Bischof stellte eine Bedingung: Nach einer Frist von sieben Monaten wolle er von dieser Ehre befreit werden. Da brachte ein im Juli 1846 anlaufendes (und auflaufendes!) französische Kriegsschiff die Order, die Flagge aufgrund der oben erwähnten französisch-englischen Übereinkunft wieder mitzunehmen. Die katholischen Missionare waren nun auf der Großen Insel allein gelassen.

Douarre begab sich nach Frankreich, um seine Mission zu verteidigen. Doch deren Lage verschlechterte sich während seiner Abwesenheit zunehmend: Die Kontakte mit den Einheimischen wurden immer schwieriger. Der Grund hierfür lag nach Dousset-Leenhardt in der wachsenden Enttäuschung und Ernüchterung der Kanaken, denn die durchreisenden Schiffe kümmerten sich nicht um die andauernde Hungersnot und versorgten nur die Missionare mit Lebensmitteln. Das brachte den „Cargokult", der auf die ersten Kontakte mit den Weißen zurückging, wieder in Schwung. Die Kanaken waren in ihrer Hoffnung enttäuscht, nach ihrer Bekehrung die materiellen Güter mit den Christen teilen zu dürfen. Sie revoltierten. In den Monaten Juli und August 1847 wurde die Mission von Balade angegriffen und ein Missionar getötet. Daraufhin zogen sich die Missionare auf die Neuen Hebriden zurück. Am 29. November 1850 fiel die Mannschaft der Alcmène einem Massaker zum Opfer. Frankreich reagierte mit Härte. Im Mai des folgenden Jahres konnten sich die Maristen wieder in Balade und Pouebo niederlassen. Zwei Jahre darauf nahm Frankreich die Große Insel in Besitz[38]. Der Forschungsbericht der Alcmène war trotzdem an seinen Bestimmungsort gekommen und scheint nach Yves Person wesentlichen Einfluß ausgeübt zu haben[39]. Es war die Zeit, da die französische Regierung über das Los der politischen Gefangenen und Verurteilten von 1848 entscheiden mußte. Man beschloß – nach dem Beispiel Großbritanniens in Australien –, diese Verurteilten in entfernte Gegenden der Insel abzuschieben, um den Süden des Landes zu kolonisieren.

Im April 1853 wurde die Annexion von Neu-Kaledonien beschlossen und ihre Ausführung dem Konteradmiral Fébvrier-Despointe, dem Kommandanten der Pazifikflotte in Lima, übertragen. Die Landung auf Pouebo am 24. September verlief ohne Schwierigkeiten. Man verlas in der katholischen Mission den offiziellen Text der Besitzergreifung[40]. Der Anschluß der Loyalty-Inseln scheiterte zunächst am Widerstand der Kanaken; erst zehn Jahre später konnte die Regierung Guillain diesen Anschluß durchsetzen. Am 2. Mai 1864 brachte ein Kriegsschiff eine kleine Truppe auf die Insel Lifou. Der protestantische Chef des Ortes, Wainya, sah sich gezwungen, Unterkunftshütten für ein Militärlager aufstellen zu lassen. Mac Farlane, ein Missionar der LMS, mußte sich verpflichten, in seinen Schulen Französisch einzuführen. Als aber am 23. Juni in Gegenwart des Gouverneurs eine Militärparade stattfand, endete die Zeremonie mit blutigen Krawallen, die einen energischen Protest der englischen Missionsgesellschaften bei Napoleon III. zur Folge hatten.

---

[37] Text der vertraulichen Anweisungen des Marineministers und der Colonies Roussin vom 20. Januar 1843 an den Konteradmiral Dupetit-Thouars und Text des Vertrags vom 1. Januar 1844, in: B. BROU, Histoire de la Nouvelle-Calédonie, les temps modernes: 1774–1925 (Société d'études historiques de la Nouvelle-Calédonie 4), Nouméa 1973, 81 f.

[38] Vgl. R. DOUSSET-LEENHARDT, Colonialisme et Contradictions. Étude sur les causes socio-historiques de l'insurrection de 1878 en Nouvelle-Calédonie, Paris 1970, 49 f.

[39] Y. PERSON, La Nouvelle-Calédonie et L'Europe 1954, in: BROU, Nouvelle-Calédonie (s. Anm. 37) 86.

[40] Anweisungen für den Konteradmiral Febvrier-Despointe vom 29. April 1853, in: Ebd. 90–92. Die Besitzergreifung wurde amtlich durch Le Moniteur vom 13. Februar 1854.

Guillain proklamierte unter dem Druck des Ministers Chasseloup-Laubat auf den Inseln der Loyalty die Religionsfreiheit. Den ausländischen Missionaren wurde das Recht zugestanden, eine Wohnung und Eigentum zu besitzen sowie Schulen zu eröffnen – in denen freilich Französisch unterrichtet werden mußte. Außerdem wurde verlangt, daß Kult und Unterricht den nicht aus Lifou stammenden Katecheten entzogen und durch Frankreich kontrolliert würden[41]. Am Ort selbst dauerten die konfliktgeladenen Verhältnisse dieser Einrichtung weiter an. Wie dreißig Jahre zuvor auf Tahiti, so mündeten auch sie in die Bitte der LMS-Führung an die *Mission de France* um Ablösung im Jahre 1898. Sieben Jahre zuvor hatte ein Missionar auf der Insel Maré eine Untersuchung über die Vorbedingungen für diesen Transfer durchgeführt[42].

2. Die Vorbedingung für die Mission:
Abschaffung des Sklavenseehandels und der Sklaverei

Der Beschluß zur Abschaffung des Sklavenseehandels war auf dem Wiener Kongreß international gefaßt und am 20. November 1815 promulgiert worden. Die Abschaffung setzte Verträge über das Visitationsrecht voraus, die die Durchführung gewährleisten sollten. Zwar wurden solche Verträge zwischen 1831 und 1833 unter der Leitung Großbritanniens unterzeichnet, doch offenbarten die Ausübung dieses Rechts und die Amtsführung des mit der Abschaffung des Sklavenhandels beauftragten Gerichtshofs in Freetown einen derart großen Einfluß der Briten, daß die Opposition gegen Guizot dieses Übergewicht schließlich als unerträglich empfand. Die französisch-englische Übereinkunft vom Mai 1845 stimmte daher der Aufhebung des Visitationsrechts zu[43]. War es nicht viel wichtiger, das Übel an der Wurzel anzupacken und die Sklaverei überhaupt abzuschaffen?

Die öffentliche Meinungskampagne darüber war in den britischen evangelikalen Kreisen der zweiten Hälfte des 18. Jh. aufgeflammt und entwickelte sich im 19. Jh. weiter. In Frankreich hatte Madame de Staël 1814 einen Aufruf zur Abschaffung der Sklaverei erlassen. Ihr Schwager Victor de Broglie unterstützte den Appell 1822 in der Pairs-Kammer und erneut 1840 unter der Juli-Monarchie als Vorsitzender einer parlamentarischen Kommission, die sich mit dem Vorschlag von Passy befaßte, jedem in den französischen Kolonien geborenen Kind die Freiheit zu geben[44]. Als im Jahre 1835 das zwei Jahre zuvor ratifizierte englische Abschaffungsgesetz auf der Insel Mauritius angewendet wurde, hatte das auf der Nachbarinsel La Réunion ein starkes Echo geweckt. Doch mußte man in Frankreich bis zur Zweiten Republik warten; erst dann konnte Schoelcher am 27. April 1848 eine analoge Gesetzgebung durchsetzen[45].

Die Leute, die sich für die Abschaffung der Sklaverei einsetzten, waren im ersten Drittel des 19. Jh. noch durchaus in der Minderheit, vor allem unter den Katholiken. Der Antrieb kam aus Kreisen britischer Protestanten: Hier sind vor allem die Gründer der *Anti Trade Slavery Society* vom Jahre 1787 zu nennen, die wiederholt versuchten, ihre Ideen auf den

---

[41] Brief des Ministers Chasseloup-Laubat, zitiert von R. H. Leenhardt, Au vent de la Grande-Terre. Les îles Loyalty de 1840 à 1895, Paris 1957, 62 f. (nach den unveröffentlichten Archiven von Übersee-Frankreich).

[42] „Maré, un nouveau champ de travail de la Société des Missions", in: JME 67 (1892) 81–86.126–128.168–176.

[43] Ponteil, L'Éveil (s. Anm. 5) 411 f.

[44] Ebd. 456 f., und Coulon – Brasseur, Libermann (s. Anm. 23) 319–332.

[45] V. Schoelcher, Esclavage et Colonisation, eingeleitet von Ch. A. Lules, Paris 1946. Über Schoelcher vgl. N. Schmidt, Victor Schoelcher et l'abolition de l'esclavage, Paris 1994.

Kontinent herüberzutragen[46]. 1821 wurde in Paris die Gesellschaft für christliche Moral (*Société de la morale chrétienne*) gegründet, und zwar von vier Protestanten, Mitgliedern der Erweckungsbewegung *(Réveil)* – und von vier liberalen Katholiken. Die Gesellschaft setzte sich allgemeine philanthropische Ziele. Doch ernannte sie schon auf den ersten Sitzungen ihres Verwaltungsrates einen Ausschuß mit dem Auftrag, „die geeignetsten Mittel ins Werk zu setzen, damit in Frankreich und besonders in den Häfen eine wahre Abscheu gegenüber jenem gemeinen Handel entstehe, den man „la traite des Noirs" nennt, und auch gegenüber jenen Leuten, die trotz des gesetzlichen Verbots solchen Handel treiben"[47]. Die Gesellschaft zur Abschaffung der Sklaverei (*Société pour l'abolition de l'esclavage*) wurde 1834 von de Broglie gegründet. Ihre Ziele waren bestimmter und klarer als die der Gesellschaft für christliche Moral. Ihr Werbeprospekt pries eine Art der Abschaffung nach englischem Muster und richtete an das französische Volk folgende Frage: „Wie kommt es, daß Frankreich den Anstrengungen Englands zur Befreiung der Schwarzen so lange bloß zuschaute, dieses Frankreich, dem ein Minister Necker schon 1789 so ausdrücklich zugunsten der Schwarzen ins Gewissen geredet hatte?"[48]

Schließlich kam es in der Öffentlichkeit hinsichtlich der Abschaffung der Sklaverei doch zu einem Stimmungswechsel. Daß hierzu der französische Protestantismus trotz seiner verhältnismäßig geringen Zahl nicht wenig beigetragen hatte, ist sicher. In den Jahren 1846/47 hatte Guillaume de Felice, Theologieprofessor an der protestantischen Fakultät von Montauban, eine Bittschriftbewegung gestartet[49]. Der Protestant und französische Staatsmann Guizot gehörte zu den ausländischen Ehrenmitgliedern der *Society for the Extinction of Slave and the Civilisation of Africa* (1837), der der *British and Foreign Antislavery Society* nachfolgte (1839). Auch der Direktor der *Mission de Paris*, Pastor Grandpierre, war Mitglied dieser Gesellschaft. Er setzte sich die allgemeine Abschaffung der Sklaverei und des Sklavenhandels zum Ziel und brachte eine Zeitschrift heraus, den *Antislavery Reporter*. Sie erschien bis in die erste Hälfte des 20. Jh. Daneben ist Fowel Buxton zu erwähnen, ein Schüler von Wilberforce und Gründungsmitglied dieser Gesellschaften. In seiner 1840 ins Französische übertragenen Schrift „Vom Sklavenhandel in Afrika und den Mitteln zu seiner Abhilfe" legte er die friedlichen Mittel zur Einschränkung des Sklavenhandels dar und erklärte: „Ein gesetzlich geregelter Handel würde den Sklavenhandel mindern und schließlich überflüssig machen, denn er würde den Beweis erbringen, wie hoch der Wert eines Menschen, der den Boden bebaut, den Wert eines Menschen übersteigt, der nur Ware ist"[50]. Die Missionsgesellschaften rief er auf, ihm in der Verwirklichung seines Programms beizustehen.

Buxton gelang es, die britische Regierung und die CMS zur Mitarbeit zu bewegen. Sie

---

[46] Vgl. J.-Fr. ZORN, L'Étrange destin de l'abolition de l'esclavage, in: Autres Temps. Cahiers du christianisme social 22 (1989), 54–63.

[47] Journal de la Société de la morale chrétienne 1 (1822), in: Les Archives du christianisme au XIXe siècle 5 (1822) 247. – Die Frage wurde wieder aufgenommen durch die Versammlung der Gesellschaft im Jahre 1824, und 1829 wurde ein Ausschuß für die Abschaffung gegründet. Vorsitzender war Auguste de Staël, der übrigens auch ein Mitglied des Komitees der SMEP war.

[48] Prospekt der Gesellschaft für die Abschaffung der Sklaverei, Paris, 15. Dezember 1834, 4. Das Dokument liegt in den Archiven der Gesellschaft für die Geschichte des französischen Protestantismus (*Société de l'histoire du protestantisme français* [SHPF]).

[49] Vgl. G. DE FELICE, Émancipation immédiate et complète des esclaves. Appel aux abolitionnistes, Paris 1846.

[50] F. BUXTON, De la traite des esclaves en Afrique et des moyens d'y remédier, Paris 1840, 318f, 349.

beschlossen 1841 eine gemeinsame Expedition an den Niger, der als Zugangstor in das Innere Afrikas galt. Die Expedition setzte sich zusammen aus Marineoffizieren, Ärzten, Naturforschern, afrikanischen Dolmetschern und zwei Missionaren der Sierra Leone, nämlich Schön und Crowther – im ganzen hundertzwanzig, auf drei Schiffe verteilte Teilnehmer. In Frankreich begrüßte das *Journal des missions évangéliques* das Unternehmen begeistert „als eine Folge der Abschaffung der Sklaverei"; die Zeitschrift hielt es weniger für kommerziell als für christlich motiviert. Zwar mußte das Journal ein Jahr später zugeben, daß die Expedition, menschlich betrachtet, eine Katastrophe war (sie hatte einundvierzig Mitglieder verloren); trotzdem habe das Unternehmen immerhin „den nachfolgenden Boten des Evangeliums den Weg bereitet"[51].

Schön unterstrich in seinem Bericht den positiven Eindruck der afrikanischen Dolmetscher auf ihre Landsleute, die afrikanischen Stammeshäuptlinge. Sie wollten die Dolmetscher bei sich behalten, um von ihnen zu lernen. Daraufhin fällte die CMS eine für die Zukunft der Mission äußerst wichtige Entscheidung: In Sierra Leone sollten Afrikaner herangebildet werden „zu Lehrern ihrer Landsleute und um eine möglichst große Anzahl einheimischer Dialekte aufzuschreiben, damit in diesen Dialekten Übersetzungen zum Gebrauch der Mission hergestellt werden können". So wurden diese Gebiete befreiter Sklaven und auch die Expedition selbst für die Missionsgesellschaften zum Anlaß, ihre Strategie neu zu überdenken. Wichtig wurden nun die Vorbereitung der Missionare, das Erlernen der Sprachen und die Ausbildung einheimischer Pastoren.

Auch innerhalb der katholischen Missionen nahm die Bewegung Form an. Sie ging dabei von den örtlichen Verhältnissen aus. Die Bewegung kristallisierte sich um zwei Gründer von Kongregationen und ihre Nachfolger, Anne-Marie Javouhey mit ihren *Schwestern de Saint-Joseph de Cluny* und François Libermann, der 1848 sein *Institut Saint-Cœur-de-Marie* mit der Kongregation vom Heiligen Geist zusammenlegte. Javouhey hatte auf der Insel Réunion Schulen gegründet, aber ihre ersten Versuche einer Ausbildung von freigelassenen Schwarzen lagen schon weiter zurück. Sie hatte in den ihr zugestandenen Gebieten von Dagana (Senegal, 1823) und von Mana (Guyana, 1828), wo etwa 530 Freigelassene Privatbesitz bekamen, Pflanzungen anlegen und Schulen bauen lassen. Noch bevor sie 1843 Cayenne (Guyana) verließ, hatte sie den Plan gefaßt, 3000 freigelassene schwarze Kinder aufzunehmen[52]. Es war auch die Zeit, da Javouhey die *Œuvre des Noirs* kraftvoll unterstützte. Dieses Werk war von Libermann im Rahmen des Seminars von Saint-Sulpice und mit Hilfe des Abbé Desgenettes, des Pfarrers von Notre-Dame-des-Victoires in Paris, geschaffen worden. Libermann machte das Werk 1839 in Rom bekannt. Zu diesem Zeitpunkt war Papst Gregor XVI. gerade dabei, den menschenrechtswidrigen Handel mit afrikanischen Völkern und deren Abtransport in seinem Apostolischen Schreiben *In supremo apostolatus* (3. Dezember 1839) zu verurteilen. Das Schreiben provozierte in der religiösen Presse, vor allem in *L'Univers*, eine Kampagne zugunsten der Abschaffung der Sklaverei. Vor Ort wurde das Bemühen um eine erste systematische Missionierung der Schwarzen Anfang der vierziger Jahre fortgeführt. Zu nennen sind hier zwei Männer aus der Schule Libermanns: Jacques Laval, der sich auf den Ruf des englischen Benediktiners und Bischofs Collier hin auf die Insel Maurice begab, und Alexander Monnet, der zur Insel Ré-

---

[51] JME 16 (1841) 246f.
[52] COULON – BRASSEUR, Libermann 643–648; vgl. auch E. DUFOURCQ, Les Aventurières de Dieu, Paris 1993, 140–145.

union fuhr. Ihre Methoden hatten Erfolg, stießen aber auch auf den Widerstand der Farmer. Als Monnet im September 1847 aus Frankreich nach Réunion zurückkehrte, wurde er am Ausschiffen gehindert[53]. Gewiß, Libermann hatte sich in einem 1850 für die Insel Réunion ausgearbeiteten Programm eine wirkliche Rechtsordnung für die schwarze Bevölkerung zum Ziel gesetzt, aber nur in bestimmten Grenzen: Die Möglichkeit, Afrikaner zu Priestern zu weihen, lehnte er ab, obwohl doch Mutter Javouhey schon drei Senegalesen den Weg zum Priestertum gebahnt hatte und in Sierra Leone und Liberia die Zulassung freigelassener Schwarzer zum Gemeindedienst kein Problem war. Einer dieser Pastoren, Samuel Crowther, wurde am 29. Juni 1864 in Canterbury sogar feierlich zum Bischof für Nigeria ordiniert.

II. Die Unterstützung der Missionen durch das Volk und die missionarischen Strategien

Der maßgebliche Antrieb zur „Mission ad gentes" hatte seine Quelle unbestritten im religiösen Eifer der christlichen Bevölkerung. Dieser Antrieb kam weder von den „Generalstäben" der etablierten Kirchen noch von den Regierungen. Darin unterscheiden sich die heutigen Missionen von denen des Ancien Régime.

Der Erfolg von Chateaubriands *Génie du christianisme* (vor allem von IV, 4 über das Zivilisationswerk, das „ein armer Mönch ganz allein mit seinem Rosenkranz und seinem Brevier"[54] vollbracht habe), weckte das Interesse geistig aufgeschlossener Volksschichten für die Missionen, besonders bei Gründergestalten wie Mazenod und Forbin-Janson, die aus diesem Buch ihre Ideen schöpften. Der Aufschwung der ersten katholischen Presse mit hoher Auflagenzahl ist eng verbunden mit den zahlreichen Neuauflagen des *Génie du christianisme* und, seit der Kaiserzeit, der neuen Reihe *Lettres édifiantes*. Picots Zeitschrift *Ami de la religion et du roi* gewährte in ihren Spalten den neuen Missionaren Raum für Berichte, und die Annalen der *Propagation de la foi* sowie der *Société des missions évangéliques de Paris* verstanden sich als periodisches Echo der Neuigkeiten aus den Missionen[55].

1. Das „Werk der Glaubensverbreitung"

Die beiden soeben genannten Missionswerke waren im selben Jahr, 1822, gegründet worden[56], freilich mit anderer Zielrichtung. Die Wiege des Werkes der Glaubensverbreitung *(Œuvre de la Propagation de la foi)* stand in der *Congrégation de Lyon*, die der Leitung der „Glaubensväter" *(Pères de la foi)* und führender Industriekreise der Seidenfabrikation und

---

[53] C. PRUDHOMME, Histoire religieuse de la Réunion, Paris 1984, 101–108.

[54] F. R. A. DE CHATEAUBRIAND, Génie du christianisme. Essai sur les révolutions. Bd. 4, Kap. 9, Paris 1978, 1011.

[55] J.-C. BAUMONT, La Renaissance de l'idée missionnaire en France au début du XIXᵉ siècle, in: Les Réveils missionnaires en France du Moyen Age à nos jours, Paris 1984, 201–222; J. COMBBY, L'Appel à la mission à travers les Annales de la Propagation de la foi, in: L'Appel à la mission: formes et évolution XIXᵉ–XXᵉ siècle, Lyon 1989, 68–80.

[56] J.-F. ZORN, 1822, l'année de la mission, in: Histoire religieuse, histoire globale histoire ouverte, Paris 1992, 221–235.

des Seidenhandels unterstand. Maßgebend in der Kongregation waren Pauline Jaricot und ihr Bruder Philéas, später Mitglied der MEP *(Mission évangelique de Paris)*. Die junge Gründerin hatte 1819 einen Einfall zur finanziellen Unterstützung der Missionsgesellschaften, nämlich den „Pfennig für die Glaubensverbreitung". Für diese Aufgabe organisierte sie Beitragszahler in Tausend-, Hundert- und Zehnerschaften. Das hatte große Ähnlichkeit mit den Kollekten in den protestantischen Missionsgesellschaften jenseits des Ärmelkanals und des Atlantiks[57]. Die Untersuchungen über die gesellschaftliche Schichtung der gewaltigen Summen, die dieses Missionswerk sowohl in Frankreich als auch in Italien zusammenbrachte, belegen, daß überwiegend bescheidene Spender auftraten, und daß ihre Verteilung sich mit den Gebieten starker traditioneller Glaubenspraxis deckte. Um das Jahr 1840 stellte in Frankreich allein die Diözese Lyon schon den zehnten Teil der gesamten Einnahmen. Es folgten die östlichen Gebiete Frankreichs, der Süden des Zentralmassivs, der bretonische Westen mit seinen Randgebieten, die Provence und schließlich die Diözese Montpellier. In Italien ist vor allem die Diözese Lucca zu nennen. 1833 wurden 113 000 Francs gesammelt, 1845 war bereits die Zwei-Millionengrenze überschritten. Zählt man noch die ausländischen Beiträge hinzu, ergibt sich eine Summe von 3 700 000 Francs. Die Auflage der Annalen der *Propagation de la foi* näherte sich 1860 zweihunderttausend Exemplaren, die Hälfte davon in etwa zehn Fremdsprachen. Tatsächlich verstand sich das Werk von Anfang an als universal[58]. Der Heilige Stuhl bemühte sich, jede Kollekte von Werken mit demselben Ziel zu unterbinden und damit jede Konkurrenz auszuschalten. Die Kehrseite der Volkstümlichkeit dieser Kollekte und ihrer engen Verbindung mit der Kongregation war die antirevolutionäre und antiprotestantische Färbung des Missionswerkes: Es ging darum, der gigantischen *Société biblique* Widerstand zu leisten, indem man dieselben Methoden anwandte. Das Werk setzte sich ausdrücklich zum Ziel, auf dem Gebiet der Mission zu beweisen, daß die Religion die Gesellschaft aufrechterhalten muß[59].

Das Zentrum der *Propagation de la foi* lag für die katholischen Länder in Frankreich, von wo aus das Werk vor allem nach Italien ausstrahlte. 1837 wurden die Annalen in die italienische Sprache übersetzt, ebenso die Zeitschrift *Missions catholiques*, die von 1868 an auch eine illustrierte und erweiterte Ausgabe herausbrachte. Ein Auslandsmissionsinstitut, das von den lombardischen Bischöfen 1850 gegründet und dessen Leitung dem künftigen Patriarchen von Venedig, Bischof Ramazzotti, anvertraut worden war, bot sich an, diese Publikation zu übernehmen[60]. Das lombardo-venetianische Königreich war auch ein Verbreitungsfeld der 1829 für das österreichisch-ungarische Kaiserreich gegründeten *Fondation léopoldine* und deren eigener Annalen. Zwar wollte der Heilige Stuhl, wie bereits erwähnt, jede Konkurrenz vermieden wissen; tatsächlich begünstigte er aber doch das Entstehen nationaler oder regionaler Vereine, so etwa schon 1820 die Stiftung der holländischen *Broederschap van den Heilige Geest*, des *Œuvre apostolique* von Marie-Zoé du Chesne im Jahre 1833, 1834 dann der *Bruderschaft des heiligen Franz Xaver* in Aachen,

[57] J. Guennou, Les Missions étrangères, Paris 1986.

[58] J. Le Goff – R. Remond (Hrsg.), Histoire de la France religieuse, Bd. 3: Du roi très chrétien à la laicité républicaine (XVIIIᵉ–XIXᵉ siècle), Paris 1991, mit Listen der Ausgaben der *Propagation de la foi* (1827–1834 und 1867–1871) 315.

[59] J.-C. Baumont, Les Réveils (s. Anm. 55); A. Lestra, Histoire secrète de la Congrégation de Lyon, Paris 1967, 289–334; G. Naidenoff, Pauline Jaricot, Paris – Montréal 1986, 21 f.

[60] Metzler, Storia della chiesa (s. Anm. 24) 46.

wozu sich noch 1845 die *Sonntagsgesellschaft*, die *Gesellschaft des katholischen Aposto-lats* von Vincenz Pallotti 1834 und 1835 das Mitarbeiter-Institut gesellten. Genannt seien auch der bayerische *Ludwigsmissionsverein* von 1838 – der sich in den Jahren 1844/45 von der französischen *Propagation de la foi* abspaltete – und die in Edinburgh von Bischof Gills 1839 gegründete *Catholic Association*. 1843 gründete der Bischof von Nancy das *Œuvre de la Sainte-Enfance* und ließ einen „Pfennig für die Taufe der kleinen Chinesen" sammeln. Arens listet bis 1914 etwa 270 Vereine auf, die für die Mission in fernen Ländern wirkten[61]. Wenn ein Mann wie Frédéric Ozanam das Sekretariat der *Propagation de la foi* in Frankreich leitete, darf man vermuten, daß diese Vereine ein Ausgangspunkt der Laien für jenen Einsatz waren, der sich in der zweiten Hälfte des 19. Jh. als *Action catholique* deutlich zu Wort melden sollte.

2. Die Strategie der protestantischen Missionen: Die Société des Missions Évangéliques de Paris (SMEP)

Auch für die Gründung der SMEP, der *Mission de Paris*, zeigte sich die gleiche kirchliche Einwurzelung[62]: Ihre Gründer stammten alle aus der höheren protestantischen Gesell-schaftsschicht von Paris. Sie versuchten, nach französisch-schweizerischem Plan die recht zahlreichen örtlichen Initiativen, die bereits die Missionen von Basel und London unter-stützten, zu einem Bund zusammenzuschließen. Zu den *Archives du christianisme*, der er-sten französischen protestantischen Publikation des 19. Jh., gehörte schon seit ihrer Grün-dung im Jahre 1818 ein Bulletin für Missionsnachrichten. 1826 verwandelten sich die *Archives* in eine selbständige Veröffentlichung, das *Journal des missions évangéliques*, das bis heute erscheint.

Die sich aus Reformierten, Lutheranern und Erweckten zusammensetzende *Mission de Paris* konnte nur unter Schwierigkeiten ihre Anerkennung bei den konkordatär sanktionier-ten Kirchen durchsetzen. Und das aus zwei Gründen: Einerseits fürchteten diese Kirchen, die Missionsagenten, die sich auch mit Fragen außerhalb des Kultes befaßten, könnten die festgelegte Ordnung durcheinanderbringen, in der sich die Kirchen selbst anerkannt wuß-ten. Das Strafrecht verbot nämlich Vereine, die nicht innerhalb der durch die *Organischen Artikel* Napoleons anerkannten Kirchen entstanden[63]. Andererseits stieß der Eifer angel-sächsischer Provenienz, der sich in dieser religiösen Gesellschaft wie übrigens in allen an-deren der damaligen Zeit entfaltete, sowohl die hugenottische Frömmigkeit der Reformier-ten als auch den liturgischen Ordnungssinn der Lutheraner vor den Kopf. Trotz dieser Vorbehalte gelang es der *Mission de Paris*, die Missionsbewegung im Schoß der kirchli-chen Institutionen weiter zu entwickeln. Sie praktizierte zu diesem Zweck eine schrittweise Strategie: Zuerst benützte sie die Gotteshäuser für ihre jährlichen Versammlungen, und spä-ter, als die protestantischen Kirchen Frankreichs 1872 ihr Recht wiedererwarben, beschluß-fassende Versammlungen abzuhalten, nahm sie auch teil an den Synoden.

Tatsächlich verfügte die *Mission de Paris* in den Kirchen, die in der Provinz und im Ausland Hilfsausschüsse bildeten und Gebetstage für die Missionen abhielten, über zahl-

---

[61] B. ARENS, Die Katholischen Missionsvereine, o.O. 1922; DERS., Manuel des missions catholiques, o.O. 1925.
[62] Vgl. J.-FR. ZORN, Histoire religieuse (s. Anm. 56).
[63] Über die Ursprünge der SMEP, die Persönlichkeiten und die Gründungstexte vgl. J.-FR. ZORN, Le Grand Siècle d'une mission protestante. La Mission de Paris de 1822 à 1914, Paris 1993, 555–563.

reiche Verbündete, Pastoren und Laien. 1828 zählte man in Frankreich 130 solcher Gruppen. Das ist nicht wenig angesichts der minoritären und recht ungesicherten Lage des französischen Protestantismus nach einem Jahrhundert der Verfolgungen und administrativer Scherereien[64]. Ohne internationale Unterstützung wäre die *Mission de Paris* freilich nicht entstanden und hätte sich auch nicht entwickeln können. Ihre Gründungsversammlung im November 1822 war das Ergebnis einer doppelten Initiative von Seiten der Basler und der Londoner Mission. Zu ihrem ersten Komitee gehörten Franzosen, Schweizer und solche mit doppelter, das heißt auch britischer, niederländischer oder amerikanischer Staatszugehörigkeit. Diesen internationalen Charakter sollte sie immer beibehalten; die streng nationalistisch Gesinnten unter den französischen Protestanten warfen ihr diesen Zug vor. Dieser Charakter sicherte ihr aber eine vielfältige Mitarbeit, ohne die sie nicht ihr erstes Missionsfeld in Südafrika hätte ausbauen können – einer Region, die dem Christentum schon seit 1650 offen stand. Die ersten Missionsgebiete in sogenannten „heidnischen" Gegenden waren daher Süd- und Westafrika, der Südpazifik und China. Hier wurden die zeitgenössischen protestantischen Modelle und Strategien erprobt.

Doch wen sollten die Vereine nach Übersee schicken? Sie scheuten sich, Pastoren zu senden, die für die Seelsorge bereits bestehender christlicher Gemeinden ausgebildet waren. Sie wären nicht nur ungeeignet gewesen für die Aufgabe der Missionierung; auch das geistige und kirchliche Klima, in dem sie ihre Ausbildung erfahren hatten, hätte ihre Arbeit erschwert. Das Komitee der Basler Missionsgesellschaft war zutiefst davon überzeugt, daß der protestantische Missionar „den Heiden die reine evangelische Lehre zu verkünden hat ohne das Kolorit eines besonderen Bekenntnisses, sei es lutherisch, reformiert oder sonstwie". Aus diesem Grund ließ das Komitee seine Missionare auch kein besonderes Glaubensbekenntnis unterschreiben, denn ihre Unterschiede galten in Bezug auf das gesamte Evangelium als geringfügig. Was die Kirchenstruktur angeht, so besaß die jeweilige episkopale und presbyterale Organisation gewiß ihre Bedeutung in Europa, nicht aber in der Welt der Heiden. Das Komitee von Basel war der Ansicht, die einzig mögliche Organisation sei die väterliche Leitung durch den Missionar. Wer an den kirchlichen Sonderheiten hänge, der solle lieber nicht in die Mission gehen[65]. Zur Ausbildung eines solchen Personals mußten also besondere Missionsinstitute geschaffen werden. Sie sollten sich von den theologischen Fakultäten unterscheiden, jedoch in der Lage sein, den Missionaren eine ebenso vollständige theologische Ausbildung zu sichern wie ihren Kollegen, den Pastoren[66]. Die Missionare dieser ersten Evangelisierung erhielten bei ihrer Abreise genau ausgearbeitete Lehrinstruktionen. Die drei 1829 nach Südafrika aufgebrochenen Missionare der SMEP verpflichteten sich, das „reine Evangelium" zu predigen, sich um nichts in der Welt von der evangelischen Lehre abbringen zu lassen, das Bekenntnis zu wahren, die Kirche Jesu Christi aufzubauen und ein vorbildliches Leben zu führen; hinzu kamen praktische Anweisungen. Die im Jahre 1827 nach Liberia abgereisten Basler Missionare mußten zu allererst zwei Klippen meiden: Einerseits eine zu große Sorglosigkeit in Bezug auf das

---

[64] Ebd., 555–589.
[65] Vgl. J. ROSSEL, La Mission et les missionnaires ont-ils changé? L'Expérience de la Mission de Bâle, in: JME 155/4 (1980) 161–173.
[66] Zur Geschichte der Ausbildung der protestantischen Missionare vgl. J.-FR. ZORN, L'École des missions de la Société des missions évangéliques de Paris, 1822–1971, in: M. SPINDLER – J. GADILLE (Hrsg.), Sciences de la mission et Formation missionnaire au XXᵉ siècle. Actes de la XIIᵉ session du CREDIC, Verona – Lyon – Bologna 1992, 283–298.

Klima, denn europäische Lebensgewohnheiten könnten den Tod zur Folge haben; andererseits aber auch die lähmende Furcht vor Gefahren und Krankheiten, denn die wahre Sicherheit liege im Gebet.

Sodann waren die Missionare aufgerufen, die „neuen Wunden", die die Europäer dem afrikanischen Kontinent geschlagen hatten, zu heilen. Sie sollten also an der Entwicklung des Kontinents mitarbeiten durch eine landwirtschaftliche Tätigkeit, die der Wirtschaft des Sklavenhandels definitiv ein Ende bereiten sollte. Die Missionare wurden gebeten, ein kultivierbares, sicheres und gut bewässertes Terrain auszuwählen, auf dem sie Obstbäume pflanzen und einige Wohnhütten nach afrikanischer Art für ihre Familie wie auch für die eigentlichen missionarischen Aktivitäten errichten könnten: für Schulstunden in Lesen und Schreiben, Transkription des einheimischen Wortschatzes und Erstellung einer Grammatik in den wichtigsten Lokalsprachen.

Dieses Stadium der Mission war schon bald durchschritten. Schon befanden sich die ersten Konvertiten auf dem Weg zur Taufe. Es ging nun darum, die „Eingeborenenkirche" zu organisieren. Henry Venn – dem Sekretär der anglikanischen, 1799 gegründeten Missionsgesellschaft (CMS) – kommt das Verdienst zu, in der Zeit der entstehenden einheimischen Kirchen eine erste systematische Niederschrift der Missionsmethoden in Angriff genommen zu haben[67]. In einer Note vom Jahre 1851 mit dem Titel *Der Einsatz und die Weihe eingeborener Katecheten* unterschied Venn zwischen „dem Amt des Missionars, der den Heiden predigt und die Wißbegierigen oder die kürzlich Bekehrten unterweist, und dem Amt des Pastors, der das Heilige in einer Gemeinde einheimischer Christen verwaltet". Von dieser Ämterunterscheidung ausgehend stellte er dann den Grundsatz auf, unter kirchlichem und pastoralem Gesichtspunkt sei das Ziel der Mission natürlich die Gründung einer einheimischen Kirche mit der dreifachen Verantwortung für Organisation, Finanzen und Wachstum. Unter apostolischem Gesichtspunkt jedoch müsse die Mission über die einheimische Ortskirche hinauswachsen „in die jenseits dieser Kirche gelegenen Regionen". Die Instruktionen von 1851 wurden 1861 gemäß der an Ort und Stelle gemachten Erfahrungen vervollständigt. Venn kritisierte darin das System jener Missionsstationen, in denen sich die Bekehrten wie auch die kirchlichen Dienste (Lehrer, Katecheten und Pastoren) anscheinend in Abhängigkeit von den Missionsvereinen verstanden und dementsprechend einrichteten. Venn verwies hier ausdrücklich auf seine berühmte Theorie von den drei Autonomien: „self support, self government, self extension – Prinzipien, von denen das volle Leben der einheimischen Kirche abhängt". Marc Spindler betont zu Recht, daß „das Prinzip der drei Autonomien zur Zeit Venns das kirchliche Ziel der meisten der großen protestantischen Missionsgesellschaften gewesen ist"[68]. Dieses Prinzip blieb in der protestantischen Missionstheologie wirksam, auch wenn es während der späteren Kolonialzeit verdunkelt wurde, da die Missionare ihr Vertrauen in die Fähigkeit der Einheimischen, ihr Geschick selbst in die Hand zu nehmen, verloren hatten. Vor allem aber wirkte sich der Verwaltungsstil der Kolonialmächte negativ aus, der dazu beitrug, daß man den Einheimischen die Eigenverantwortung entzog. Für das aktive Weiterwirken jenes Prinzips zeugen die Bemühungen der SMEP, eine Synode der Kirchen von Lesotho (1872) und

---

[67] Vgl. M. SPINDLER, Naître et grandir en Église: La pensée d'Henri Venn, in: R. LUNEAU (Hrsg.), Naître et grandir en Église. Le Rôle des autochtones dans la première inculturation du christianisme hors d'Europe. Actes de la Vᵉ session du CREDIC, Chantelle-sur-Allier – Lyon 1987, 103–114.
[68] Ebd., 112.

von Tahiti (1874) einzuberufen. Zum gleichen Zeitpunkt kam die Bewegung des sozialen Christentums der missionarischen Bewegung zu Hilfe, um die Selbständigkeit der aus der missionarischen Arbeit entstandenen Kirchen zum Programm zu erheben. Aber diese Selbständigkeit sollte erst viel später im Kontext der Entkolonisierung zustande kommen.

3. Die katholische Missionsstrategie

Will man die katholische Missionsstrategie definieren, ist natürlich vor allem ihre Verwurzelung im Volk zu beachten. Wichtig ist aber ebenso die Vermehrung neuer Priester- und Schwesternkongregationen, die sich an der Seite alter Missionsorden wie der Jesuiten oder der Kapuziner ausschließlich der Mission in den außereuropäischen Ländern widmeten. Eine solche „Spezialisierung" ist nicht mit einem Schlag verwirklicht worden: Die ersten unter diesen neuen Kongregationen hatten sich zunächst um die Mission im eigenen Land gekümmert, um Pfarrmissionen etwa, um Tätigkeiten in Unterricht und Fürsorge [69]. Die in den ersten Konstitutionen der *Pères du Sacré-Cœur de Picpus* vom Jahre 1814 verankerte Sendung für die Weltmission wurde erst im Verlauf der Romreise des Gründers Pater Coudrin im Jahre 1825 Wirklichkeit: Sein Angebot, drei seiner Mitglieder für die Auslandsmissionen freizugeben, wurde vom Präfekten der Propaganda-Kongregation, Kardinal Della Somaglia, aufgegriffen. Er übertrug den Picpus-Patres die seit neuestem gegründete Apostolische Präfektur der Sandwich-Inseln [70]. Andere fernliegende Apostolatsfelder der Patres waren der Vordere Orient und New Brunswick [71]. Dasselbe Vorgehen wiederholte sich 1836 bei den Maristen, einer Schulkongregation von Schwestern und Patres, die „kleine Brüder" genannt wurden. Rom machte ihre Anerkennung davon abhängig, daß sie sich für die Missionierung des Westpazifik einsetzten [72]. In den meisten Fällen kam die Bitte um Mission aus den Missionsgebieten selbst. Auf den aufsehenerregenden Ruf der von A.-M. Javouhey gegründeten Schulen hin wurde der Gouverneur von Bourbon im Jahre 1817 beim Marineminister vorstellig. Er bat um Schwestern der Kongregation *Saint-Joseph de Cluny*. Auf die gleiche Weise weckte anfangs der vierziger Jahre der Appell des Bischofs Bourget an Eugène de Mazenod, den Gründer der *Missionnaires de Provence* und nun Oblaten von der Unbefleckten Empfängnis, deren Berufung zur Missionierung der Völkerschaften im hohen Norden Kanadas. Der Aufruf des Bischofs und Apostolischen Vikars von Agra, Borghi, wurde zum entscheidenden Ansporn für die von Claudine Thévenet gegründete Kongregation der Schwestern von Jesus-Maria, den Einsatz in Indien zu wagen. Schließlich waren auch die im Land anwesenden Auswanderergruppen ein hinreichender Grund für die religiösen Institute mit Lehr- oder Fürsorgeberufung, die Heimat zu verlassen: die Schwestern der *Congrégation du Sacré-Cœur* (Gründerin Sophie Barat) und der *Congrégation de Saint-Jean-de-Bassel* begaben sich nach Nordamerika, die der *Congrégation de Saint-Joseph de l'Apparition* (Gründerin Émilie de Vialar) nach Algerien, und die Salesianer Don Boscos machten sich auf nach Argentinien [73].

---

[69] C. LANGLOIS, Le Catholicisme au féminin, Paris 1984, 435f.

[70] Die Schließung ihrer Schulen infolge der Gesetzgebung Martignac gegen die nicht-autorisierten Kongregationen hatte eine mehrheitliche Zustimmung zu dieser Form von Mission zur Folge, also Sendung von dreien ihrer Mitglieder für das Vikariat des Ost-Pazifik, das dem Bischof Rouchouze unterstand.

[71] E. BRION, Les Origines de la vocation missionnaire du père Coudrin.

[72] Origines maristes, Bd. 4, Rom 1967.

[73] PRUDHOMME, Histoire religieuse (s. Anm. 53) 49f.; J. LEFLON, Mgr. de Mazenod, évêque de Marseille, 3 Bde.,

Dieser unmerkliche Übergang von der Inlandsmission zur Auslandsmission hätte die neuen Institute zur Schaffung von Ortskirchen nach dem Muster der Heimatdiözesen stimulieren können. Die Zwänge des Apostolats vor Ort, aber auch das Bewußtsein der Missionare, Träger einer „christlichen Zivilisation" zu sein, in der religiöser Glaube und moderne Technik zusammenwirken, um die zu missionierenden Völker aus ihrer „Barbarei" herauszuführen[74], veranlaßten die ersten Institute wie die Picpus-Patres, die Maristen und die Schwesternkongregationen in ihrer Gesamtheit, ihre Konstitutionen in Angleichung an die alten Orden abzufassen. Sie betonten das Gemeinschaftsleben – was mindestens zwei Missionare je Station voraussetzte –, die Abhängigkeit von den Oberen und vom Papst (sichtbar im Titel „Apostolischer Missionar") und eine Distanz den Laienhelfern gegenüber – die Zulassung einiger Katecheten zum Priestertum war kaum von vornherein angestrebt.

Nun hatten aber die Pariser Auslandsmissionen eine andere Tradition: eine Tradition der Weltpriestergemeinschaften mit apostolischem Leben. Was sie einte, war der Eid, sich der Mission in dem einen oder anderen geographischen Sektor ferner Erdteile zu widmen. Die berühmten Instruktionen von 1659 wurden immer wieder gedruckt und den Seminaristen vorgelegt: Sie beabsichtigten die Gründung von Ortskirchen mit eigenen Synodalstatuten und Priesterseminaren zur Ausbildung eines einheimischen Klerus – alles in Achtung der Überlieferungen, der Sprachen, der ortsüblichen Gebräuche und in Ablehnung jeglichen kulturellen oder politischen, aus der Christenheit der Heimat importierten Zwangs[75]. Zwei junge Seminaristen, die sich freundschaftlich mit Saint-Sulpice verbunden hatten, entdeckten in den vierziger Jahren diese Anweisungen. Die jungen Leute waren bei Libermann in die Schule gegangen und dann in das Seminar der Rue du Bac in Paris eingetreten, wo sie eine Zuneigung zu Indien erfaßte. Es waren Jean Luquet aus der Diözese Langres und Melchior de Marion-Bresillac aus einer Adelsfamilie im südfranzösischen Aude. Luquet überredete den Apostolischen Vikar von Pondicherry, Clément Bonnand, auf seiner Synode von 1844 die systematische Ausbildung eines indischen Klerus voranzutreiben und zu diesem Zweck ein ortseigenes Priesterseminar einzurichten, in der alle Kasten zugelassen wären. Luquet wurde nach Rom geschickt, um die Anerkennung der Synodalbeschlüsse einzuholen. In seinen daraufhin verfaßten *Éclaircissements* prangerte er das Vorherrschen des europäischen Kirchenmodells an, das man rücksichtslos und unter Verachtung der Ortsgebräuche in den fremden Ländern einführe. Dieses Vorgehen sei für die schleppende Missionierung verantwortlich. Das einzige Heilmittel dagegen wäre die Ordination einheimischer Priester für die gesamte Pastoral, das Bischofsamt mit eingeschlossen. Der Bericht wurde im Mai 1845 vom Sekretär der Propaganda-Kongregation sehr wohlwollend aufgenommen und gelangte schließlich zu Berühmtheit: Das Wesentliche seiner Aussagen über den einheimischen Klerus fand Eingang in die Enzyklika *Neminem profecto* vom 23. November des folgenden Jahres[76].

Bevor Libermann Pater Colin, dem Gründer der Maristen, in Lyon und Rom begegnete,

---

Paris 1957–1965; G. MARIA, En cette nuit-là, aux Pierres plantées. Claudine Thévenet, Paris 1973; BAUNARD, Histoire de la vénérable Madeleine Sophie Barat, 2 Bde., Paris 1892; M.-J. GRUBER, La Congrégation de Saint-Jean-de-Bassel, Metz 1976; A. CAVASINO, Émilie de Vialar, fondatrice, Rom 1987; A. AUFFRAY, Un grand éducateur, saint Jean Bosco, o.O. ²1978, 299f.

[74] COULON – BRASSEUR, Libermann 221–270 (Memoire von 1846), 189–318 (F. Nicolas) und 351 (C. Prudhomme). ˙

[75] GUENNOU, Missions Étrangères (s. Anm. 57).

[76] COULON – BRASSEUR, Libermann 401–456.

mußte er die vorläufige Regel seinen Novizen mit Hilfe dieser Dokumente erklären. Die beiden Männer führten dann nach der Wahl von Pius IX. Gespräche mit Luquet, Marion-Bresillac und dem früheren Protestanten und späteren Oratorianer Theiner. Alle betonten nachdrücklich die Notwendigkeit eines an Ort und Stelle residierenden Episkopats, indem sie für die „Bischöfe" Partei ergriffen anstatt für die „Ordensleute"[77]. In diesem Kontext verfaßte Libermann eine Denkschrift, in der er aus dem Mißerfolg des Bischofs Barron am Palmenkap (Liberia) die entsprechende Lehre zog: Eine episkopale Struktur sollte nun das Rückgrat für die missionarische Organisation vor Ort bilden. Der Missionar sollte sich um die Kenntnis des zu evangelisierenden natürlichen und menschlichen Milieus bemühen und im Hinblick auf die Erstellung eines einheimischen Klerus' ein Netz von Schulen schaffen, künftige Pflanzstätten für Katechisten und Seminaristen. Erstes Ziel sollte sein, die Völkerschaften in das Doppelgefüge Glaube-Technik der modernen Zivilisation einzuführen mit dem Ziel wirtschaftlicher Unabhängigkeit: „Ohne Glauben gibt es keine Zivilisation. Von daher ist es die Aufgabe des Missionars, ja seine strenge Pflicht, nicht nur auf dem moralischen, sondern auch auf dem intellektuellen und physischen Gebiet zu wirken, das heißt in Unterricht, Landwirtschaft und Handwerk"[78].

Ein Jahr später schlug Verrolles, der Apostolische Vikar der Mandschurei, vor, in China und den umliegenden Ländern eine ordentliche Hierarchie in Form von dreißig, auf drei Kirchenprovinzen verteilten Bistümern zu errichten, zwei Provinzen für China und eine für Indochina. Dieses Programm wurde im Mai 1848 durch den Präfekten der Propaganda-Kongregation, Kardinal Luigi Fransoni (1789–1862), überzeugend dargelegt, erhielt aber nicht die Zustimmung der anderen amtierenden Apostolischen Vikare[79].

Aus dieser bemerkenswerten Konvergenz in Rom im Jahre 1846 erwuchsen übrigens die Hauptlinien für die katholische Mission: Eine möglichst klassische kirchliche Organisation sollte die Realitäten vor Ort besser in den Griff bekommen. Ein Ortsklerus sollte aufgestellt werden, und zwar auf der Grundlage einer an die Sprachen, Mentalitäten und Gebräuche des Landes angepaßten Ausbildung. Wir werden sehen, wie es damit an Ort und Stelle aussah. Doch auf diesen theoretischen Fundamenten wurden die kurz danach entstehenden Missionskongregationen und -vereine gegründet: 1848 durch Libermann die Spiritaner, 1856 durch Bischof Marion-Bresillac die afrikanischen Missionen von Lyon, 1868 durch Erzbischof Lavigerie die Missionare von Notre-Dame-d'Afrique – die beiden letztgenannten mit je einem weiblichen Zweig, nämlich 1878 den Schwestern von Notre-Dame-des-Apôtres bzw. 1869 den später sogenannten Weißen Schwestern. Lavigerie war 1844 als junger Seminarist mit Bischof Verrolles zusammengetroffen und zwanzig Jahre später als Bischof von Nancy mit Daniele Comboni, dem Autor der Schrift *Piano per la regenerazione dell'Africa* (1864). Comboni vertrat in diesem Buch die Schaffung von Ausbildungszentren an der Peripherie des Vikariats von Zentralafrika, wo er seine Laufbahn als Missionar begonnen hatte. Seiner Ansicht nach wäre auf diese Weise die Zukunft der „Evangelisierung Afrikas durch die Afrikaner" gesichert. Comboni wandte dieses Prinzip bei den von ihm im Juni 1867 gegründeten Herz-Jesu-Missionaren (mit dem weiblichen Zweig ab 1872) selbst an.

---

[77] J. GRENOT, Mgr de Bresillac et l'épiscopat indigène, in: Des missions aux Églises. Naissance et passation des pouvoirs (XVIIe–XXe siècle), Lyon 1990, 93–107.
[78] COULON – BRASSEUR, Libermann 249.
[79] METZLER, Storia della chiesa (s. Anm. 24) 54–56.

Diese Aktionsgrundsätze für Missionare wurden dann von Lavigerie in Algier, wohin er sich hatte versetzen lassen, nach und nach verfeinert. 1868 übernahm er die „Apostolische Delegation für die Sahara und den Sudan". In einem geheimen Memorandum sandte er die ausgearbeiteten Grundsätze kurz vor der Wahl Leos XIII. nach Rom. Auch die Instruktionen für die Karawanen, die er nach Ostafrika entsandt hatte, enthielten diese Grundsätze. In echt ignatianischer und zugleich sulpizianischer intellektueller Strenge und spiritueller Tiefe – gemeinsame Grundlagen der meisten Gründer – betonte Lavigerie das erstrangige Gebot des heiligen Paulus, allen alles zu werden, um die Seelen für Jesus Christus zu gewinnen, dergestalt, daß sich der Missionar möglichst weit dem Afrikaner nähere durch eine gediegene Kenntnis seiner Sprache und unter Vermeidung jeden Versuchs, aus ihm einen „Europäer mit schwarzer Haut" zu machen.

Lavigeries Männer bildeten eine Weltpriestergesellschaft, waren aber deswegen nicht weniger gehalten, ein geregeltes religiöses Gemeinschaftsleben zu führen. Der Gehorsam gegen den Oberen und den Papst galt als eine der wichtigsten apostolischen Tugenden. Lavigerie schöpfte aus der Geschichte der Urkirche und der Kirche des Mittelalters die Regeln für ein langes Katechumenat von vier Jahren und die Empfehlung, die Bekehrung „von oben" zu beginnen, also durch die Taufe der Stammeshäuptlinge. Er verglich den Zustand Zentralafrikas gern mit dem der Barbarenvölker zur Zeit der Völkerwanderung. Er verwarf das System der „christlichen Dörfer", mit denen er in Algerien so schlechte Erfahrungen gemacht hatte, und zog es vor, die Christianisierung eines Volkes in seiner Gesamtheit durch eine geduldige Annäherung an die lokale Sprache und Kultur in die Wege zu leiten, durch „die Suche nach einer gemeinsamen Grundlage, um die Herzen zu gewinnen". Darum kümmerte er sich besonders um den Bereich der Gesundheitspflege und der Caritas, vor allem in islamischen Gebieten – darum aber auch seine Empfehlung, in der Zulassung zur Taufe äußerste Umsicht walten zu lassen. Die Erinnerung an das allmähliche Verwelken der blühenden Christenheit Nordafrikas, die er wieder zum Leben anfachen wollte, bewog ihn, nicht zu schnell voranzugehen und seine Missionare in der Rolle von „Initiatoren" zu halten. Die wirkliche Aufgabe der Missionierung falle den Einheimischen selber zu, die „ihrerseits Christen und Apostel geworden sind". Schließlich wurde sich Lavigerie zunehmend der privilegierten Rolle jener Frauen bewußt, die unter den anderen Frauen apostolisch wirkten. Ihre erzieherische Tätigkeit bei den Mädchen, ihre Bemühungen im Gesundheitswesen und auch ihr Gebet betrachtete er als Schlüssel zur Missionierung eines Volkes[80].

Im Hinblick auf diese Grundströmung, die zur Ausarbeitung der Missionsmethoden führte, erscheint der Anstoß von Seiten der bischöflichen Ordinarien und der römischen Autorität etwas verspätet. In Frankreich blieben die Bischöfe dem Appell gegenüber taub, den die Regierungen während der Restaurationszeit zugunsten eines Kolonialklerus an sie richteten. Immerhin war 1830 die *Propagation de la foi* in neun von zehn Diözesen vertreten. Von 1836 an riefen die Bischöfe häufiger zum Einsatz für die Auslandsmission auf. 1814 hatte Rom das *Dicasterium De Propaganda Fide* (Propaganda-Kongregation) und die Gesellschaft Jesu erneuert. Der Jesuitengeneral, Pater Roothan, appellierte wiederholt mit Nachdruck für den Einsatz seiner Ordensbrüder in den Missionen der fernen Länder. Was das Papsttum betrifft, so förderte die Wahl des Kamaldulensers Fra Mauro Capellari zum Papst Gregor XVI. im Februar 1831, eines freilich autoritären und unnachgiebigen

---

[80] Vgl. die Werke von Xavier de Montclos, François Renault und das Kolloquium *Cardinal Lavigerie*, veröffentlicht in: Bulletin de littérature ecclésiastique de Toulouse 95, Jan.–Juni 1994.

Humanisten, die missionarische Ausbreitung der römischen Kirche. Cappellari war nach seiner Ernennung 1826 zum Kardinal Präfekt der Propaganda-Kongregation gewesen und kannte ihre Funktionsweise sehr gut. Er verstand es, zu seiner Nachfolge in diesem Dicasterium Prälaten zu ernennen, die in den heikelsten Fragen bewandert waren, so etwa den Kardinal Fransoni, Präfekt von 1834 bis 1856, den sein Amt als Nuntius in Lissabon (1822–1827) für die dornige Aufgabe gerüstet hatte, die Affäre des *padroado* in Indien – die Auflösung der alten Patronatsdiözesen zugunsten Apostolischer Vikariate – zu regeln.

Papst Gregor XVI. begünstigte das Entstehen von Missionsinstituten. Das *ius commissionis*, das einer bestimmten Kongregation ein bestimmtes Missionsgebiet zuwies, war seit dem 17. Jh. nicht mehr beansprucht worden. Der Papst setzte es erneut in Kraft[81]. Er errichtete 44 Präfekturen oder Apostolische Vikariate. Sein Pontifikat war gekennzeichnet durch eine Reihe von Anweisungen und Anregungen: Zum Beispiel schickte er aufgrund antiklerikaler Gesetze ausgewiesene spanische Mönche in den Südwesten Australiens. 1832 verlangte er, man solle die in den niedersten indischen Kasten geborenen Kinder zum Priestertum zulassen, so etwa Söhne der Fischer von der Koromandel-Küste im Südosten Indiens. Im Apostolischen Schreiben *Multa praeclare* vom 24. April 1838 forderte er die portugiesische Regierung auf, die bisherige Jurisdiktion des Erzbischofs von Goa und der anderen Bistümer auf die Apostolischen Vikare zu übertragen, da sich Portugal offensichtlich nicht um ihre Besetzung kümmere.

1839 verwarf die Konstitution *In supremo apostolatus fastigio* (3. Dezember) den Menschenverkauf und den daraus entstehenden Menschenhandel. Ein Jahr darauf erschien die erste große, ganz der Missionstätigkeit gewidmete Enzyklika *Probe nostis* (15. August). Sie empfahl ausdrücklich das „Werk der Glaubensverbreitung" *(Propagation de la foi)* und verlangte dessen Ausweitung. Schließlich ist auch die Rolle zu erwähnen, die Jean Luquet bei den Vorarbeiten zur Enzyklika *Neminem profecto* vom 23. November 1845 spielte. Das Rundschreiben galt der Heranbildung eines einheimischen Klerus. Dieser sollte im Blick auf einen zu schaffenden einheimischen Episkopat die gleiche Ausbildungs- und Verantwortungsstufe wie die der Missionare besitzen können. Ein Zuwachs an Katecheten, eine Vermehrung der Bruderschaften, Berufsschulen und Synoden wurde angeraten. Gebeten wurde auch, sich sorgfältig jeglicher politischer Einmischung zu enthalten. Dieser Text erweist sich als Verbesserung und weiterführende Entfaltung der Instructio der Propaganda-Kongregation vom Jahre 1859. Er ist ein wahres Testament dieses Papstes.

Gregors Nachfolger Pius IX. verfolgte die gleiche Strategie. Er übertrug nach dem Tod Fransonis die Leitung der Propaganda-Kongregation Alessandro Barnabo, der als ihr Präfekt (bis 1874) in hohem Ansehen stand. Er bemühte sich, dem Entstehen von Ortskirchen den Weg zu ebnen[82]. Barnabo errichtete 1862 eine eigene Sektion und ein eigenes Sekretariat für die orientalischen Kirchen. Die Rolle dieses neuen Organs bestand darin, jede Gefahr einer Verwechslung zwischen den Aufgaben der Missionen und den Beziehungen zu den Ortskirchen auszuschalten sowie diese selbst auf die Einheit und die Beachtung ihrer Identität hinzulenken.

Im Verlauf dieses Pontifikats – es war länger als die dreißig Apostolatsjahre des heiligen Petrus – stieg die Zahl der neugegründeten Missionsgebiete auf zweiundfünfzig an. Im

---

[81] METZLER, Storia della chiesa 36–39; R. S. S. MALONEY, Mission Directives of Pope Gregor XVI (1831–1846), Rom 1959. Zum *ius commissionis* vgl. J. LEVESQUE, Anmerkung in: Des missions aux Églises (s. Anm. 77) 271.
[82] J. METZLER (Hrsg.), Sacrae Congregationis de Propaganda Fide Memoria Rerum, Bd. III/1, Rom 1976, 40–48.

Sinne der Apostolischen Vikare von Pondichéry, Bonnand und dessen Nachfolger Charbonnaux, wiederholte die Instruktion vom 8. September 1869 die Empfehlung, den ortseigenen Priestern in der Verwaltung der Missionen Verantwortung zu übertragen. Die Instruktion empfahl auch, einheimische Institute zu gründen und durch Presse und karitative Werke das Apostolat zu entwickeln[83].

Der vorzeitige Abbruch des Ersten Vatikanischen Konzils machte es unmöglich, über eine Missionskonstitution abzustimmen, die doch schon vollständig abgefaßt und den Konzilsvätern zur Begutachtung vorgelegt worden war. Sämtliche Apostolischen Vikare waren zu den Konzilssitzungen eingeladen worden, und sie verlangten, als vollberechtigte Bischöfe zu gelten. Doch stammte keiner von ihnen aus seinem Missionsland. Sie nahmen die Gelegenheit wahr, sich in Zusammenkünften, die parallel zur Vollversammlung in der Konzilsaula liefen, miteinander zu besprechen. Die etwa zwanzig Mitglieder des MEP unter ihnen kamen überein, sich die Freiheit der Initiative nicht durch die Leitung des Pariser Seminars beschneiden zu lassen. Alle Apostolischen Vikare aus dem Fernen Osten traten zu einer Konferenz zusammen, um sich über Fragen zu besprechen, die ihren Missionen gemeinsam waren. Nach Jedin besaß diese Konferenz alle Eigentümlichkeiten einer Synode. Die Vikare aus Indien forderten die Abschaffung des *padroado*.

In ihrem Schlußdokument ersuchte die Konferenz den Papst, er möge, wo möglich, Ortskirchen gründen und die Bildung eines einheimischen Klerus fördern, der zur gegebenen Zeit die gleichen Aufgaben übernehmen könne wie die Missionare. Für die Missionare selbst wurde eine „moralische und wissenschaftliche" Ausbildung gefordert. Schließlich bezeugten zahlreiche, die Missionen betreffende Eingaben das erneuerte Interesse, das die Bischöfe den Missionen entgegenbrachten. Die wichtigsten dieser Postulate kamen von elf französischen Bischöfen: Diese verlangten Fachseminare nach dem Muster des römischen Seminars der *Propaganda Fide* oder des Seminars der *Missions étrangères de Paris*. Sie forderten auch Ausbildungsstätten für den einheimischen Klerus in den Missionsgebieten selbst. Andererseits unterzeichneten siebzig Konzilsväter ein von Comboni verfaßtes *postulatum* als Aufruf zu einer wahren Mobilisierung der Personen und der Ressourcen in allen Bistümern, um den neuen und sehr schwierigen Missionen in Zentralafrika zu Hilfe zu kommen. In einem der ersten Texte der vorbereitenden Kommission hatte Kardinal Barnabo erklärt, die Sorge um die Missionen gehe den gesamten Episkopat an.

Gewiß, keiner dieser Texte wurde amtlich. Aber in dem Kontext dieses „zentralisierenden" Konzils überraschten sie doch nicht wenig, wie Metzler mit Recht bemerkt hat[84]. Sie wiesen ganz deutlich den Weg, den die Mission in Zukunft einzuschlagen hatte.

III. Schlußwort

Die Erneuerung der christlichen Mission in den ersten Jahrzehnten des 19. Jh. war das Ergebnis eines günstigen Zusammenwirkens innerer und äußerer Faktoren: Das Wiederaufleben abendländischer imperialer Ambitionen verband sich mit einem echten religiösen Erwachen. Fest steht, daß zu dieser Zeit nicht die politischen, sondern die religiösen Kräfte an vorderster Front in der Eroberung neuer Wirkungsräume standen.

---

[83] METZLER. Storia della chiesa 540–551.
[84] Ebd. 64–74.

Gewiß, die Seemächte unterstützten die Missionen, die katholischen übrigens offizieller als die anglikanischen und protestantischen. Doch sie waren nur Hilfskräfte, die den Missionen zuweilen Handreichungen boten.

Das Bestehen einer Missionsflotte auf anglikanischer und protestantischer Seite zeigte deutlich den Willen zur Selbständigkeit der Missionen gegenüber den politischen Autoritäten. Die Mission ging der eigentlichen Kolonisation voraus, das heißt dem Unternehmen, das von 1884/85 an darin bestand, auf dem eroberten Gebiet eine verwaltungstechnische und militärische Vormundschaft auszuüben und eine wirtschaftliche Aktivität zu organisieren. In diesem Sinn bereitete die Mission der Kolonisierung den Weg. Sie schuf westliche Einflußzonen entsprechend einer politisch-religiösen (englisch-protestantischen/französisch-katholischen) Aufteilung, die durch spätere Dementis nur schwer zu ändern war. Dem französischen Protestantismus wurde lange Zeit vorgeworfen, er sei eine „ausländische Partei". Dies geschah aufgrund der Tatsache, daß nach dem tahitianischen Experiment die französischen Protestanten in jenen Gebieten, die zum Zeitpunkt der kolonialen Aufteilung unter französische Verwaltung gerieten, die angelsächsischen Missionen ablösten.

Es bestand also zu dieser Zeit eine starke Rivalität zwischen Katholiken und Protestanten, denn es ging um Wichtiges. Man wußte dunkel, daß der Kult des ersten Missionars an Ort und Stelle mehr oder weniger der vorherrschende Kult in diesem Gebiet würde. Immerhin ergab sich aus dem Kern dieser Rivalitäten ein gemeinsames Projekt: Es ist die von allen geteilte Überzeugung, daß sich die Mission auf die Einheimischen stützen muß, will sie sich einwurzeln und dauern können. Die Ausbildung eines Missionspersonals aus der Heimat einerseits und andererseits die Aussicht auf ein Personal, das einem ortseigenen Pastorat entstammt, verlieh den Kirchen neuartige Pastoraldienste. Es handelte sich hier um eine wichtige Neuerung in der Geschichte der Kirchen. Die Mission leistete also ihren Beitrag zur Neuentfaltung der Christenheit zu einer Zeit, in der die gerade entstehende wissenschaftliche und industrielle Revolution noch nicht zur kulturellen Revolution ausgewachsen war, die dann den Einfluß der Kirchen aufs neue einschränken sollte.

Bibliographie

D. B. Barrett (Hrsg.), World Christian Encyclopedia. A comparative study of churches and religion in the modern world, Nairobi u. a. 1982.

F. Blanke, Mission und Kolonialpolitik. Missionsprobleme des Mittelalters und der Neuzeit, Zürich – Stuttgart 1966.

S. Delacroix, Histoire universelle des missions catholiques, 6 Bde., Paris 1956–1959.

H. W. Gensichen, Missionsgeschichte der neueren Zeit, Göttingen ³1976.

U. van der Heyden, Missionsgeschichte, Kirchengeschichte, Weltgeschichte. Christliche Missionen im Kontext nationaler Entwicklungen in Afrika, Asien und Ozeanien (Missionsgeschichtliches Archiv 1), Stuttgart 1996.

K. S. Latourette, A History of the Expansion of Christianity, 7 Bde., New York – London 1937–1945.

K. Müller – Th. Sundermeier (Hrsgg.), Lexikon missionstheologischer Grundbegriffe, Berlin 1987.

K. Müller – W. Ustorf (Hrsg.): Einleitung in die Missionsgeschichte (Theologische Wissenschaft 18), Stuttgart – Berlin – Köln 1995 (Lit.).

S. Neill, Lexikon zur Weltmission, Wuppertal 1975.

–, Geschichte der christlichen Mission, Erlangen 1974.

G. von Paczensky, Teurer Segen. Christliche Mission und Kolonialismus, München 1991.

H. Rzepkowski, Lexikon der Mission, Graz – Wien – Köln 1992.

G. Rosenkranz, Die christliche Mission. Geschichte und Theologie, München 1977, 193–243.

F. J. Verstraelen u. a. (Hrsg.), Missiology, an Ecumenical Introduction. Texts and Contexts of global Christianity, Michigan 1995 (Lit.).

ZWEITER TEIL

DAS CHRISTENTUM IN EUROPA ZUR ZEIT DES LIBERALISMUS
(1830–1860)

Erstes Kapitel

Frankreich

VON ANDRÉ ENCREVÉ UND JACQUES GADILLE

I. Die Katholiken

JACQUES GADILLE

Der Schutz, den die Monarchie nach ihrer Restauration der Kirche geboten hatte, fand in der kurzen, aber gewaltsamen Welle des volkstümlichen Antiklerikalismus nach der Juli-Revolution und im Kontext der sozialen Frage, die durch die Unruhen in Lyon und Paris in den Jahren 1831 und 1834 aufgeworfen wurde, ein brutales Ende. Paradoxerweise jedoch wurden in diesem mißlichen Kontext auf seiten der französischen Katholiken neue Energien freigesetzt, wobei diese sich entweder auf die Versammlungs-, die Presse- oder die Unterrichtsfreiheit oder auf die Rechte ihrer Kirche beriefen. Beides wurde von der Juli-Monarchie wie von der kaiserlichen Regierung nach 1851 abgelehnt. In der dreijährigen Zwischenzeit der Zweiten Republik konnte dieser neue Schwung des Christentums sich zwar ungehindert, aber nicht ohne Spaltungen im Innern ausdrücken.

1. Unterschiedliche Kirchenpolitik

Das Regime der Juli-Monarchie kehrte zu einer „ursprünglichen Lesart des Konkordats"[1] zurück. Hinsichtlich der als untereinander gleichrangig betrachteten Kulte wurde die Vorherrschaft des Staates erneut bekräftigt. Sie erstreckte sich auch auf die Bischofsernennungen, die von Juristen aus der Schule des Grafen Portalis, des ersten Vorsitzenden des Kassationsgerichtshofes, vorbereitet wurden. Sie beinhaltete ferner eine strenge Kontrolle des leitenden Klerus und seiner Verbindungen nach Rom und zum niederen Klerus, dessen feindselige Bekundungen im Herbst 1830 mit Gehaltsentzug bestraft wurden. Der Regierung schlug eine beinahe allgemeine Feindseligkeit seitens der Ortsbischöfe entgegen, allen voran des Erzbischofs von Paris, de Quélen, nachdem er – zu Unrecht – für die Feierlichkeiten zum Gedächtnis an den Duc de Berry verantwortlich gemacht worden war, die die Plünderung der Kirche Saint-Germain-l'Auxerrois[2] provoziert hatten. Ein bezeichnender Vorfall ereignete sich im folgenden Mai nach dem Tod des früheren konstitutionellen Bischofs Grégoire: Als der vom Nuntius und vom Pfarrer der Gemeinde Abbaye-aux-Bois unterstützte Erzbischof die kirchliche Bestattung verweigerte, wurde diese Gemeinde von der Staatsgewalt, die auch den Vorsitz bei der Trauerfeier innehatte, dazu verpflichtet. Louis-Philippe ernannte Pfarrer Guillon, der Grégoire heimlich die Sterbesakramente ge-

---

Zu Kurzteln vgl. die jeweilige Erstnennung bzw. die Bibliographie am Ende dieses Kapitels

[1] J.-O. BOUDON, L'Épiscopat français de l'époque concordataire (1802–1905). Origines, formation, nomination, Paris 1996, 341.
[2] Am 14./15. Februar 1831; vgl. unten, Anm. 114.

spendet hatte, zum Bischof von Beauvais und forderte die Abreise des Nuntius Lambruschini. Papst Gregor XVI. lehnte Guillons Erhebung ab und verwarf drei andere Ernennungen. Erst im September 1832 konnte eine vom Ministerium Casimir Périers erwünschte Lösung gefunden werden.[3] Dem jungen Internuntius Garibaldi gelang es durch sein Gespür für Beziehungen und mit Unterstützung von Gallard – der Bischof von Meaux und der Beichtvater der Königin war – zum früheren Einverständnis zurückzukehren. Paul Poupard konnte aufzeigen, daß dabei für viele Angehörige des Pariser Klerus das wechselseitige Vertrauen die entscheidende Rolle spielte, das sie mit Garibaldi verband. So wurde der Pfarrer der Madeleine-Kirche, Césaire Mathieu, selbst zum Bischof von Langres ernannt und kurze Zeit später zum Erzbischof von Besançon[4].

Über die persönlichen Beziehungen hinaus griffen die regierenden Liberalen jedoch das Grundprinzip des Konkordats wieder auf, nämlich die Übereinstimmung von Religion und staatlicher Ordnung, um die soziale Instabilität zu bekämpfen. „Alle erkennen den politischen Nutzen einer Religion an", schrieb Tocqueville diesbezüglich im Jahre 1834.[5] Die außergewöhnlich große Zuhörerschaft, die Lacordaire 1835 bei seinen Predigten in der Kathedrale Notre-Dame bei einem jungen Publikum fand – was sich nach der Wiedererrichtung des Dominikanerordens im Jahre 1839 noch durch den Erfolg seiner Worte in verschiedenen Regionen Frankreichs bestätigte[6] –, war ein Zeichen für die Entwicklung der geistigen Lage. In dieser Hinsicht sind die beiden Werke von großer Bedeutung, in denen Tocqueville 1835 und 1840 den Stellenwert aufzeigte, der den christlichen Glaubengemeinschaften und Kirchen unter der Demokratie in Amerika zukam[7]. Und Paul Thureau-Dangin erinnerte an den „überaus großen Nachhall" der Studien zur Stellung der „Religion in den modernen Gesellschaften", die Guizot im Jahre 1838 in der *Revue française* veröffentlicht hatte.[8]

In dieser Perspektive wurde die Kultusbehörde – nachdem sie zunächst dem Bildungs-, darauf dem Innen- und schließlich dem Justizministerium zugewiesen worden war – im Jahre 1839 neu organisiert, ausgebaut und schließlich zu „einer Art kleinem Ministerium".[9] Unter der Leitung von Minister Martin du Nord, der seine katholische Glaubensüberzeugung nicht verhehlte, machten die Direktoren Pierre Dessauret und in seiner Nachfolge Louis Moulin diese Behörde zu einem Ort der einvernehmlichen Absprache mit dem Episkopat. Der Grundsatz der Vorabsprache wurde im Jahre 1834 wieder aufgegriffen und mit der Erstellung von Dossiers für Bischofskandidaturen in die Tat umgesetzt. 1839 wurde diesbezüglich sogar jedem Bischof ein Fragebogen übersandt, eine Aktion, die Minister Falloux zehn Jahre später wiederholte.[10] Zwar legten die Antworten bei der ersten

---

[3] Der Papst ernannte schließlich Abbé Rey für Dijon und Abbé d'Humières zum Bischof von Avignon, lehnte Guillon aber weiterhin ab (vgl. BOUDON, L'Épiscopat français 344).

[4] P. POUPARD, Correspondance inédite entre Mgr Antonio Garibaldi, internonce à Paris, et Mgr Césaire Mathieu, archevêque de Besançon. Contribution à l'histoire de l'administration ecclésiastique de la monarchie de Juillet, Rom – Paris 1961.

[5] Zit. ebd.

[6] G. BÉDOUELLE (Hrsg.), Lacordaire, son pays, ses amis et la liberté des ordres religieux, Paris 1991, 119–176.

[7] Vgl. R. RÉMOND, Les États-Unis devant l'opinion française (1815–1852), 2 Bde., Paris 1962.

[8] P. THUREAU-DANGIN, L'Église et l'État sous la monarchie de Juillet, Paris 1880, 92–96.

[9] J.-M. LÉNIAUD, L'Administration des cultes pendant la période concordataire, Paris 1988, 99f.

[10] A. LATREILLE, Nominations épiscopales au XIXᵉ siècle: une enquête de M. de Falloux (1849), in: CH 3 (1960) 241–249.

Umfrage den Akzent auf solche Kandidaten, die eher in Fragen der Verwaltung firm waren, als daß sie als Denker hervorgetreten wären. Doch der Minister berücksichtigte eher die Kirchenmänner, die aufgrund ihrer Veröffentlichungen und ihrer theologischen Optionen bekannt geworden waren, so unterschiedlich sie auch sein mochten – etwa Abbé Salinis, Dupanloup, Pie, Régnier oder Gerbet.

Diese Einigkeit gelangte allerdings bald an ihre Grenzen, und die Verschlechterung der Lage zeigte sich in dem gespannten Verhältnis zwischen dem Nachfolger de Quélens, Affre, dem König und der Kultusbehörde. Affre, der wegen „der Größe seines Talents"[11] und seines maßvollen Stils im Geist der Ausbildung am Seminar von Saint-Sulpice mit Vorbedacht ausgewählt worden war, war mit der Aufgabe betraut worden, den aufgeklärten Flügel des Klerus gegen den Adel an die Regierung anzunähern. Die Grobheit, mit der der Prälat jedoch die Unabhängigkeit der Kirche verteidigte, führte rasch zu einer Wende in den Beziehungen zu König und Verwaltung. Zwar war der Beginn seines Episkopats mit einer heftigen Kampagne zusammengefallen, welcher der ultramontane Flügel des Klerus wegen der Freiheit im weiterführenden Schulwesen angezettelt hatte. Die beiden ersten Gesetzesvorlagen aus den Jahren 1836 und 1838 zeugen durchaus vom diesbezüglich guten Willen der Regierung, denn sie waren von dem Geist geprägt, der auch das von Guizot am 28. Juni 1833 eingebrachte Gesetz über die Freiheit des Primarschulwesens gekennzeichnet hatte: „das vereinte Handeln von Kirche und Staat als den beiden einzigen kompetenten Gewalten."[12] Die beiden Gesetzesvorlagen von Villemain aus den Jahren 1841 und 1844 sahen jedoch die Beibehaltung der Aufsicht über die Universitäten durch den Staat vor, insbesondere gegen die Ansprüche, welche die Leiter der bischöflichen Knabenseminare gestellt hatten. So brach eine Welle von Pamphleten[13] über die Universität herein, mit der die von Michelet und Quinet geführte und 1844 von Thiers gegen die Jesuiten wiederholte Attacke beantwortet wurde. Letztere wurden im Juli 1845 mit einem erneuten päpstlichen Beschluß zur Aufhebung ihres Ordens in Frankreich konfrontiert, eine Maßnahme, deren Umsetzung die Kultusbehörde hinauszögerte.

Der Pariser Erzbischof protestierte in einem gemeinsamen Schreiben der Bischöfe seiner Kirchenprovinz gegen Villemains zweite Gesetzesvorlage. Diese Aktion lief dem Artikel 4 der *Organischen Artikel* zuwiderlief. Der Minister wies ihn darauf hin und bekam die von 55 Bischöfen bezeugte Erwiderung: „Der Geist der Kirche ist ein Geist der Einvernehmlichkeit." Ende 1846 unternahm der Pariser Erzbischof einen ähnlichen Vorstoß, als er von den ihm unterstellten Bischöfen ihre Zustimmung zu einem Memorandum an den neuen Papst einholte, in dem er sich gegen die Schikanen der Behörden in der Verwaltung der Diözesen wandte. Auf der anderen Seite jedoch wandte er sich entschieden gegen die ultramontanen Tendenzen, für die seit Ende 1843 vor allem Nuntius Fornari stand. So widersetzte er sich der Exemtionsregelung, von der die Orden und das Domkapitel von Saint-Denis profitierten. 1843 zwang Rom ihn, eine Anordnung rückgängig zu machen, durch

---

[11] BOUDON, L'Épiscopat français 350.
[12] F. PONTEIL, Les Institutions de la France de 1814 à 1870, Paris 1966, 254. Hervorzuheben ist die Ambiguität des Begriffs der Unterrichtsfreiheit, der von den Verfassern der revidierten Charta als ein Mittel konzipiert war, um die Schule von der Vormundschaft der Kirche zu befreien, während die Katholiken ihn umgekehrt verstanden und so das Universitätsmonopol bekämpfen wollten.
[13] THUREAU-DANGIN, L'Église et l'État (s. Anm. 8) 326. 460f.

die er die Jesuiten seinem Klerus gleichgestellt hatte, und zwei Jahre später verdächtigte man ihn der Lauheit in der Verteidigung dieser Ordensmänner. [14]

Das Haupthindernis für ein gutes Funktionieren des Konkordats lag darin, daß jeder Bischof für seine Diözese volle Handlungsfreiheit beanspruchte, denn noch in dieser eingeschränkten Form eines bischöflichen Gallikanismus erkannte Minister Falloux eine hochmütige Formulierung aus der Feder des Bischofs von Coutances. [15] Dem Text des Konkordates zufolge waren diese Bischöfe Träger eines Teils der Staatsgewalt, und sie hatten keinerlei Probleme damit, diese anzuerkennen und sich auf sie zu stützen. So machten sie schließlich gegenüber der Masse der Pfarrverweser, die keine Unkündbarkeit genossen und versucht waren, sich Rückhalt in Rom zu holen, ihre Autorität geltend, um in diesem Punkt die Wiederherstellung des kanonischen Rechts zu fordern. Im Falle des erstarkenden Presbyterianismus in der Rhône-Furche und in Lothringen beriefen sich die Bischöfe auf das Konkordatsrecht, so Bischof Guibert von Viviers, der spätere Erzbischof von Tours und von Paris. [16] Sie waren darum aber nicht weniger bereit, die erneuten Anzeichen des Gallikanismus im Parlament anzuprangern, der im Bereich des Bildungswesens oder bei der Überwachung bischöflicher Publikationen in einer Art und Weise auf innerkirchliche Belange übergriff, die fatal an die Zivilverfassung des Klerus erinnerte. Daher wurde die wütende Verurteilung des von Dupin neu aufgelegten *Manuel de droit ecclésiastique* durch Kardinal Bonald vom 4. Februar 1845 von 53 Bischöfen unterstützt, während 25 es vorzogen, keine Stellung zu beziehen – eine Minderheit, zu der auch der Erzbischof von Paris gehörte! [17] Die von dem inkriminierten Autor nachdrücklich betriebene Sanktion gegenüber dem Vorrang Frankreichs war die zweite binnen weniger Jahre, die auf die Attacken gegen den „Neo-Gallikanismus" der Legisten abzielte. [18] Diese Hinterlassenschaft einer von manch einem als abgelaufen betrachteten Vergangenheit stand als zweites Hindernis dem Funktionieren der konkordatären Regierungsform im Wege, und diesmal kam es aus der Kultusbehörde.

Daraufhin erstarkten ultramontane Strömungen, die die Juli-Regierung als „von Lamennais geprägt" bezeichnete, um sie in Mißkredit zu bringen. Bekanntermaßen lenkte Nuntius Fornari während seiner Amtszeit von 1843 bis 1850 ihren Aufschwung. In der Kräftekonstellation während der Vorbereitungen zu den Wahlen vom August 1846 wurde die Kampagne, die Montalemberts *Comité pour la défense de la liberté religieuse* [Komitee zur Verteidigung der Religionsfreiheit] bei den Kandidaten führte, umfassend durch das Blatt *L'Univers* unterstützt, bei dem Louis Veuillot seine glänzende Karriere als Journalist begann. Die Wahl von 146 Abgeordneten, die sich für den Abschluß der Gesetzgebung zur Freiheit des weiterführenden Schulwesens eingesetzt hatten, führte zu Salvanys neuer Gesetzesvorlage (verabschiedet am 12. April 1847). Damit begann trotz der Kritik, die diese

---

[14] „Wir werden es in Frankreich niemals zulassen, daß man die Autorität der Bischöfe sozusagen zerstören muß, um diejenige des gemeinsamen Vaters aller Gläubigen zu erhöhen" (Brief vom 6. Oktober 1843), zitiert bei J. MARTIN, La Nonciature de Paris et les Affaires ecclésiastiques de France sous le règne de Louis-Philippe, Paris 1949, 298 f.

[15] LATREILLE, Nominations épiscopales (s. Anm. 10) 245 f.

[16] J. LAFON, Les Prêtres, les Fidèles et l'État, Paris 1987, 87. 156–158; vgl. auch J. BRUGERETTE, Le Prêtre français dans la société contemporaine I, Paris 1933, 82, sowie P. BARRAL, Un témoin du clergé concordataire, le vicaire général Dieulin, in: RHEF 178 (1981) 40.

[17] B. BASDEVANT-GAUDEMET, Le Jeu concordataire dans la France du XIXᵉ siècle, Paris 1988, 99–191.

[18] LAFON, Les Prêtres (s. Anm. 16) 127 f.

Anordnung bei einem Teil der Katholiken hervorrief, der Einzug des Klerus in die Bildungsinstitutionen. Obwohl nicht vor der Februar-Revolution darüber abgestimmt werden konnte, bereitete dieses Gesetz doch jener völligen Neuorganisation des öffentlichen Schulwesens auf der Grundlage der Freiheit den Weg, die die Zweite Republik anerkannte.[19]

Diese neue Regierung wollte sich in der Tat von den früheren autoritären Regierungen unterscheiden. So verschwand z. B. unter Berufung auf die Vereinigungsfreiheit die Verpflichtung, die Orden gesetzlich anzuerkennen, und die Besitztümer der Orden wurden mit einer jährlichen sogenannten „Steuer der toten Hand" belegt, wie sie für den Immobilienbesitz jeder juristischen Person galt (Gesetz vom 20. Februar 1849). Obwohl sie nach dem 2. Dezember angenommen worden war, sprach derselbe Geist aus der Verordnung vom 1. Januar 1852, mit der die gesetzliche Ermächtigung der Frauenorden von 1825 zugunsten einer einfachen Registrierung per Dekret aufgehoben wurde.

Diese Orientierung blieb nicht ohne Einfluß auf die Interpretation des Konkordats selbst.[20] Die Nationalversammlung hatte ein Kultuskomitee eingerichtet, in das die zu Abgeordneten gewählten drei Bischöfe und 13 Priester eintraten sowie andere Abgeordnete, die für ihre katholischen Überzeugungen bekannt waren, etwa Arnaud aus dem Département Ariège und Victor Pradié, der zum Sekretär des Komitees wurde.[21] Keine einzige seiner Gesetzesvorlagen kam in der Nationalversammlung zur Abstimmung, aber ihre Tendenz war deutlich zugunsten der Gemeindepfarrer und auf eine Lockerung der zwingenden Vorgaben des Konkordats ausgerichtet: So hatte das Komitee vorgeschlagen, die Mehrzahl der *Organischen Artikel* sollte abgeschafft werden und die Gemeindepfarrer wieder den Status der Unkündbarkeit erhalten, während über die Kandidaten für Bischofswahlen der übrige Klerus abstimmen sollte – ein Wahlverfahren, das das Konkordat auch bei den Laien in den Kirchenvorständen anwandte.

In diesem Klima konnte es nicht verwundern, daß die Erzbischöfe Anfang 1849 um das Zusammentreten einer Vollversammlung nachsuchten, ganz nach dem Vorbild der deutschen Bischofskonferenz, die einige Monate zuvor in Würzburg stattgefunden hatte. In seiner Antwort vom 17. Mai 1849 sprach sich der Papst für Provinzialkonzilien aus, wie sie das Konzil von Trient in einem dreijährigen Turnus vorgesehen hatte – eine Praxis, die unüblich geworden war.[22] So fanden in den Jahren 1849 bis 1873 in Frankreich 21 solcher Konzilien statt, die sich den großen Fragen von Theologie und Priesterausbildung widmeten, den Fragen des katholischen Schulwesens, der Beziehungen zwischen den Diözesen und den römischen Kongregationen, den Fragen von Liturgie und Seelsorge. Solange keine Gesamtstudie zu diesen Konzilien vorliegt, wird keine Aussage darüber möglich sein, in welchem Ausmaß ihre Entscheidungen im Sinne der römischen Zentralgewalt waren.[23] Es gibt jedoch Anzeichen für eine Bewegung, die sie im Klerus hervorriefen, wie

---

[19] E. LECANUET, Montalembert II, Paris 1895–1902, 169–176; vgl. auch L. TRENARD, Salvandy et son temps (1795–1857), Lille 1968, 816f.

[20] PONTEIL, Les Institutions (s. Anm. 12) 329. 442.

[21] Ebd. 328f.

[22] Vgl. L. CHEVAILLIER, CH. LEFEBVRE, R. METZ, in: G. LE BRAS – J. GAUDEMET (Hrsgg.), Histoire du droit et des institutions de l'Église en Occident XVII, Paris 1983, 136–142.

[23] Vier dieser Konzilien fanden zwischen 1850 und 1868 in Bordeaux statt. 1856–57 ernannte Rouland Landriot zum Bischof von La Rochelle und Boudinet zum Bischof von Amiens, um die Bischofsversammlungen von Bor-

etwa jener Bericht aus dem Jahre 1849 an Sibour über die Entchristlichung der Hauptstadt. [24] Abbé Jacquemet, der nach dem Tod von Affre Kapitularvikar geworden war und
später zum Bischof von Nantes ernannt wurde, hatte während der Juli-Monarchie einen
Präzedenzfall geschaffen, indem er 1838 die Initiative ergriffen und ein Provinzialkonzil in
der Diözese Aix-en-Provence einberufen hatte, wo er vor seiner Berufung nach Paris das
Amt des Generalvikars bekleidete. [25] Ganz zweifellos werden diese Konzilien zu Recht mit
den etwa einhundert Diözesansynoden verglichen, die zwischen 1850 und 1870 in Frankreich einberufen wurden. [26] Dieses regelrechte Wiedererwachen von Bischofsversammlungen ist sicher nicht ohne Zusammenhang zu sehen mit dem Vorschlag eines „allgemeinen
Konzils", der in Frankreich zunächst aus den Kreisen liberaler und „neo-gallikanischer"
Katholiken laut wurde.

Die repräsentativsten Persönlichkeiten dieser Kreise waren während der Zweiten Republik die kompetentesten Berater in den Belangen der Kirchenpolitik und der Bischofsernennungen: So beriet Maret als Anführer der Gruppe der Buchez-Anhänger, die er in der
Redaktion des Blattes *L'Ere Nouvelle* vereint hatte, General Cavaignac insbesondere in der
Nachfolge von Affre bei der Wahl von Sibour zum Bischof von Digne. Er war für seine positive Einstellung der neuen Staatsmacht gegenüber bekannt, vor allem aber als der Verfasser der *Institutions diocésaines*, und hatte sich offen für eine Erneuerung der Seelsorge erklärt, die er bei dieser Provinzialsynode unmittelbar unter Beweis stellte. Nach der Wahl
Louis-Napoleons übernahm Montalembert, der Führer der „katholischen Partei", diese Be-
raterrolle bei den Ministern de Falloux und in der Folge de Parieu bzw. den Abgeordneten
der Départements Maine-et-Loire und Cantal. [27]

Dank eines geschickten Kompromisses zwischen der Neigung von Thiers, der der Kirche nur das Primarschulwesen „preisgeben" wollte, und den Ultramontanisten hinter Parisis, die jede Aufsicht über die Universitäten ablehnten, konnte das Gesetz zur Freiheit des
weiterführenden Schulwesens abgeschlossen werden. Tatsächlich wurde diese Aufsicht
auf ein Minimum reduziert, während der Klerus an der Pyramide des Ausschusses beteiligt
war, der den Vorsitz für jede Stufe des Bildungswesens hatte. Pius IX. intervenierte
schließlich aufgrund des Kredits, den Montalembert sich bei ihm bezüglich der römischen
Frage erworben hatte. Jeder einzelne der damals ernannten Bischöfe wetteiferte nun in der
sofortigen Anwendung dieses Gesetzes, das somit als das Hauptziel der Kirchenpolitik der
Zweiten Republik erscheint. Von ihrer legitimistischen Überzeugung her – mitunter ganz
ausdrücklich wie Pie und Cousseau oder de Dreux-Brézé, manchmal moderater wie Dupanloup und Régnier – mußten sie, allen voran der Bischof von Orléans, den Akzent auf
die Ausübung der Freiheit der Kirche bei der Priesterausbildung legen und bei der christlichen Erziehung der Kinder des Bürgertums. Außer in der römischen Frage, in der er sich
für eine Reformpolitik im Kirchenstaat einsetzte, griff Louis-Napoleon nicht unmittelbar
in diese Politik ein. [28]

---

deaux und Reims in antiultramontaner Richtung zu beeinflussen (vgl. J. MAURAIN, La Politique ecclésiastique du
Second Empire, Paris 1931, 202).

[24] „In Paris ist die Religion rettungslos verloren": Y. DANIEL, Aux frontières de l'Eglise, Paris 1978.

[25] M. LAUNAY, Le Diocèse de Nantes sous le Second Empire I, Nantes 1982, 207.

[26] CHEVAILLIER u. a., in: Histoire du droit XVII (s. Anm. 22), 158.

[27] BOUDON, L'Épiscopat français (s. Anm. 1) 357f; vgl. auch J. MANCEAU, Mgr. Marie Dominique Auguste
Sibour, archevêque de Paris (1848–1857), Paris 1987.

[28] L. GRIMAUD, Histoire de la liberté de l'enseignement en France I–VI, Grenoble 1944–1954; vgl. auch

Der Staatsstreich vom Dezember 1851 zwang die katholische Führung zu einer schwierigen Entscheidung. Zunächst verhielten sich Dupanloup und die in Paris anwesenden Bischöfe ablehnend gegenüber der Revolte, denn Falloux und Armand de Melun waren verhaftet worden. Angesichts mehrerer Aufstände in den Provinzen forderte Montalembert jedoch von den Katholiken, sie sollten den Prinz-Präsidenten unterstützen; er selbst stimmte bei der Volksabstimmung mit „Ja". Falloux dagegen optierte für Stimmenthaltung.[29] Nachdem er am 29. Februar 1852 in die Gesetzgebende Versammlung gewählt worden war und den Treueid geleistet hatte, ging Montalembert kurze Zeit später auf Distanz zur neuen Regierung, denn die Beschlagnahmung des Besitzes des Hauses Orléans und die Abschaffung der Grundrechte ließen ihn seine Zustimmung zurücknehmen – die gegeben zu haben er sich immer als Fehler vorwarf – und erneut die Interessen der Kirche in Frankreich mit der Verteidigung der grundlegenden Freiheiten verknüpfen.[30] Das neue Blatt *Le Correspondant*, das 1855 von Broglie, Falloux, Montalembert, Lenormant, Cochin und Foisset organisiert wurde, diente als Sprachrohr dieser liberalen Opposition. Sie wurde zur Vorgängerin der liberalen Union, die sich Anfang der 60er Jahre aus den Salons und den Gelehrtenzirkeln hinaus verbreitete und zu einer Bewegung wurde, die dem Kaiserreich durchaus zu schaffen machte.

Die Übereinstimmung zwischen kaiserlicher Regierung und Kirche war nur gering, da sie lediglich auf politischer Opportunität beruhte, auf ihrer Allianz gegenüber dem drohenden sozialen Umsturz.[31] „Sind die Bischöfe nicht ebenso Männer der Regierung, die sie ernennt, wie auch Männer der Kirche, die sie einsetzt?" schrieb der Bischof von Viviers 1854 an den Kultusminister, und ausdrücklich wies er auf die Zusammenarbeit der beiden Gewalten bei der „Aufrechterhaltung der Ordnung" hin.[32] Gewiß waren die äußeren Anzeichen dieser Übereinstimmung auf den ersten Blick eklatant. Bei der allgemeinen Beschränkung der Freiheiten genossen Katholiken und Freimaurer als einzige die Vereins- und Versammlungsfreiheit. Die Kontakte nach Rom und die Aktivität des Nuntius, der sie verkörperte, wurden in keiner Weise behindert. Der Posten des Auditors der Rota, in dem ein juristisches Amt mit diplomatischer Repräsentanz verbunden war, wurde erneut von de Ségur bekleidet, einem blinden Prälaten, der aus seiner ultramontanen und monarchistischen Einstellung kein Geheimnis machte.

Die Persönlichkeiten jedoch, die nacheinander das Amt des Kultusministers bekleideten – der Hochschullehrer Fortoul und nach ihm die Juristen Rouland und Baroche – wollten die staatlichen Vorgaben und die *Organischen Artikel* in der Tradition von Portalis aufrechterhalten. Die Direktoren Tardif (ab 1854) und Hamille (ab 1856) sicherten in voller

---

G. CHENNESSEAU, La Commission extraparlementaire de 1849, Paris 1937, sowie L.-H. PARIAS (Hrsg.), Histoire générale de l'enseignement et de l'éducation en France, Bd. III: De la Révolution à l'école republicaine (1789–1930), hrsg. von F. MAYEUR, Paris 1981, 326–334.

[29] LECANUET, Montalembert III (s. Anm. 19) 30–41 sowie MAURAIN, Politique ecclésiastique (s. Anm. 23) 3–9.

[30] Am Ende des Jahres erschien die Broschüre *Les Intérêts catholiques au XIXe siècle*, auf die Dupanloup sogleich in seiner Pastoralinstruktion *La Liberté de l'Église* vom 3. Dezember einging.

[31] Das Scheitern der Verhandlungen zum kanonischen Statut der theologischen Fakultäten kommentiert Jean Maurain so: „In der Praxis funktionierte die konkordatäre Regierungsform nur, weil immer wieder Kompromisse eingegangen wurden, aber die latente Uneinigkeit zwischen dem Heiligen Stuhl und der französischen Regierung wurde manifest, sobald sich eine grundsätzliche Frage stellte" (Politique ecclésiastique [s. Anm. 23] 205).

[32] Ebd., 149.

Übereinstimmung mit ihrem Minister das Fortbestehen der obersten Kultusbehörde.[33] Auf dem heikelsten Gebiet, dem Bildungswesen, hatten die Orden (darunter auch die Jesuiten) zwar völlig freie Hand für die Entwicklung ihrer Schulen oder Kollegien, aber der Staat hatte sich nichtsdestoweniger die Oberaufsicht über die Gremien des öffentlichen Bildungswesens gesichert, dessen Mitglieder von ihm ernannt wurden. In den Jahren 1853–54 wurde die Aufsicht über die Bildungsanstalten selbst verstärkt. Insbesondere mit seiner Forderung nach einer kanonischen Einsetzung der staatlichen theologischen Fakultäten stieß Napoleon III. am Ende langwieriger Verhandlungen 1858 auf Ablehnung. Gleichzeitig wurde die Entsendung von Priesteramtskandidaten nach Rom, die dort ihr Studium abschließen sollten, durch die Einrichtung des französischen Seminars in Rom *(Saint-Louis-des-Français)* erleichtert, das von der äußerst ultramontan eingestellten *Ordensgemeinschaft vom Heiligen Geist* geleitet wurde.[34]

Was die Bischofsernennungen betraf, hatte die kaiserliche Verwaltung ihren Willen bekräftigt, ihre Prärogativen voll und ganz aufrechtzuerhalten. Sie lehnte jegliche Vorabsprache ab und folgte damit dem Rat des Dekans der Sorbonne, Maret, oder auch anderer gemäßigter Vertreter der gallikanischen Richtung, wie etwa der Erzbischöfe von Paris, Morlot und Darboy, oder von Vertretern der liberalen Richtung und Schülern von Maret wie Charles Lavigerie, der, nachdem er Auditor der Rota gewesen war, Anfang 1861 zum Bischof von Nancy ernannt wurde. Daher waren sogar während der autoritären Phase der Regierung die Ernennungen von Priestern ultramontaner Gesinnung in der Gesamtzahl der neuen Bischöfe eindeutig in der Minderheit.[35] Bezeichnend waren beispielsweise die Wahl des liberalen Theologen Ginoulhiac zum Bischof von Grenoble kurze Zeit nach dem Staatsstreich wie auch sein Aufstieg an die Spitze der Diözese Lyon zum Zeitpunkt des Konzils. Auch die Wahl des Generalvikars von Kardinal Morlot, Georges Darboy, zum Bischof von Nantes im August 1859 läßt eine deutliche Einflußnahme der Regierung erkennen, zumal der Bischof nur wenig später gegen den Willen Roms zum Erzbischof der Hauptstadt erhoben wurde.

Gewiß war das eigentliche Kriterium für diese Auswahl weniger eine Frage religiöser Art als die Garantie, daß man sich der Ergebenheit des zukünftigen Prälaten gegenüber der Regierung versichern wollte. Der Kaiser hatte beim Heiligen Stuhl durchgesetzt, daß Baillès von seinem Amt als Bischof von Luçon entbunden wurde, weil dieser der Regierung seit dem Staatsstreich mit notorischer Feindseligkeit begegnet war.[36] Zwar war de Dreux-Brézé, der Bischof von Moulins, 1857 wegen angeblichen Mißbrauchs der geistlichen Gewalt gegenüber der weltlichen verurteilt worden; dies geschah jedoch weniger aufgrund seiner Option für die Monarchie als vielmehr, weil er in provozierender Art und Weise seine gallikanische Einstellung als Bischof bekräftigt hatte.[37]

Die Taufe des Thronfolgers in Anwesenheit der höchsten kirchlichen Würdenträger am 14. Juni 1856 wurde zur strahlenden Demonstration dieser Einigkeit. Sie sollte auch die

---

[33] Léniaud, L'Administration des cultes (s. Anm. 9) 99–103.
[34] M. de Hédouville, Mgr de Ségur, sa vie, son action 1826–1881, Paris 1957; vgl. auch Y.-M. Hilaire, Note sur le recrutement des élèves du séminaire français de Rome, 1853–1914, in: ASRel 23 (1967), 135–140.
[35] Festgestellt von Boudon, der (in: L'Épiscopat français [s. Anm. 1] 463–466) Maurains Aussagen stark nuanciert. Zu den Bischofsernennungen Darboys; in Nancy und Paris vgl. ebd. 372. 468.
[36] Maurain, Politique ecclésiastique (s. Anm. 23) 86f.
[37] Lafon, Les Prêtres (s. Anm. 16) 123f.

letzte sein. [38] Beim Pariser Kongreß trug die Erwähnung der römischen Frage bereits den Keim des radikalen Zerwürfnisses zwischen kaiserlicher Politik und französischem Episkopat in sich. Das Vorspiel zur Einigung von Plombières bildete dann Raynevals Ablösung in der vatikanischen Botschaft im August 1857 durch den Duc de Gramont, einen Freund Cavours. Nichtsdestoweniger trat die Opposition gegen die Italienpolitik nach der Intervention des Kaisers in Italien offen zutage. Auslöser war die Konsolidierung der Revolutionsregierung in den Regionen der Romagna. Am 30. September 1859 veröffentlichte der Bischof von Orléans eine *Protestation*, welche die Risiken einer solchen Politik für die weltliche Gewalt insgesamt anprangerte. Fünfzehn Bischöfe schlossen sich der Veröffentlichung an. Billauts Ernennung zum Innenminister, gefolgt von Walewskis Ablösung im Außenministerium durch Thouvenel am 4. Januar 1860, erschien dann wie eine Erwiderung auf diese offene Opposition. Dies war der Auftakt zu einer neuen Art der Kirchenpolitik. [39]

2. Die Reorganisation der religiösen Kräfte und ihr Einfluß in der Gesellschaft

Priesterliche Betreuung und geographische Verteilung der religiösen Praxis

Weitgehend involviert bereits im Kaiserreich und in der Zeit der Restauration, begann der konkordatäre Wiederaufbau der Kirche Frankreichs unter der Juli-Monarchie seine Wirkung zu zeitigen: Die 2357 neugeweihten Priester des Jahres 1830 stellten in der Ordinationsstatistik des Jahrhunderts einen absoluten Spitzenwert dar und standen in erschütterndem Kontrast zu den antiklerikalen Demonstrationen in Paris und den Provinzen. Die zahlreichen Pfarrvakanzen konnten so rasch wieder beseitigt werden: Zwischen 1825 und 1875 entstanden mehr als 5000 Filialkirchen, [40] vor allem im Westen des Landes, aber nicht nur dort. [41] Ph. Boutry hat aufgezeigt, daß diese Wiederherstellung des früheren Netzwerks begleitet war von einer fieberhaften Bautätigkeit bei der Wiederherstellung und Neuerrichtung stolzer Kirchtürme und der Verlegung von Friedhöfen in die Randbezirke der Städte. [42] Wie etwa im Norden und Westen der Bretagne entstand eine neue religiöse Landschaft, Symbol der Wiederherstellung der dörflichen Kernzelle par excellence, der Parochie.

Große Unterschiede blieben jedoch bestehen. So wurden beispielsweise im Département Hérault nur zwei neue städtische Pfarreien gegründet, während es auf dem Land im selben Zeitraum 22 waren. [43] Die Seelsorger in den Großstädten bekamen immer mehr Pfarrmitglieder. In Marseille wuchs ihre Zahl 1862 auf 10 000 an, und in Paris lag ihre Zahl bereits 1836 bei 24 000. Im Gegensatz dazu verlief der Wiederaufbau in weiten Gebieten sehr viel weniger rasch, und hier blieben mehr als zehn Prozent der Pfarreien vakant. Wenn

---

[38] MAURAIN, Politique ecclésiastique (s. Anm. 23) 115.

[39] Ebd., 347–354. Am 22. Dezember erschien die Broschüre *Le Pape et le Congrès*.

[40] Vgl. den Aufsatz von C. LANGLOIS in: F. LEBRUN (Hrsg.), Histoire des catholiques en France du XVe siècle à nos jours, Paris ²1985, 299. – Zu den Ordinationsstatistiken siehe F. BOULARD, Essor ou déclin du clergé français, Paris 1950.

[41] Mit 112 Neugründungen in derselben Jahrhunderthälfte erlebte das Bistum Belley ein zahlenmäßiges Anwachsen seiner Pfarrgemeinden um ein Drittel, so daß sie nur noch um fünf Prozent unter der Zahl der Verwaltungsgemeinden lagen (vgl. P. BOUTRY, Prêtres et Paroisses au pays du curé d'Ars, Paris 1986, 32–36. 59–61).

[42] Ebd., 124–130.

[43] C. LANGLOIS, Histoire de la France religieuse XVIIIe-XIXe siècles III, Paris 1991, 311.

wir diese Daten mit anderen Indizien für einen Rückgang verbinden – etwa mit dem rückläufigen Nachwuchs für Priester und Ordensleute oder mit geringeren Zahlungen an die Propagandakongregation –, so zeichnet sich eine kontrastreiche religiöse Geographie ab, die C. Langlois kürzlich als das „duale Frankreich" beschrieben hat.[44] Damit meinte er eine Nation, in der für die soziale Angepaßtheit eine religiöse Praxis charakteristisch ist, die nur zu bestimmten Zeiten des Jahres an den hohen Festtagen und bestimmten Übergängen von einem Lebensabschnitt zum anderen geübt wurde (Taufe, Erstkommunion, Heirat, Begräbnis). Diese Situation lag im größten Teil des Pariser Beckens vor, das sich zwischen Touraine und Haute-Normandie im Westen bis zu den Ardennen und nach Burgund und in den Norden und Westen des Zentralmassivs erstreckt. Dieses Viereck „schwacher" religiöser Praxis verlängerte sich in den Regionen Aunis und Saintonge bis in die ländlichen Gebiete um Bordeaux und den Südwesten Aquitaniens, um sich schließlich mit dem Bogen der Mittelmeerküste zu treffen. Aus dieser Einteilung wird das langfristige Überdauern von Mentalitäten sichtbar, die sich auch in der geographischen Verteilung politischer und auf Wahlen bezogener Phänomene zeigten[45] und ein Jahrhundert später von den Zählungen der Kirchgänger bestätigt wurden. Tackett konnte nachweisen, daß diese Verteilung – mit nur geringen Abweichungen (im Département Hautes-Pyrénées) – mit der Verteilung der Zonen übereinstimmt, in denen eine Mehrheit der Weltpriester den am 27. November 1791 aufgezwungenen Unterwerfungseid unter die Zivilkonstitution des Klerus geleistet hatte.[46] In diesen Gegenden waren die sozialen Beziehungen im 19. Jh. durch die religiöse Indifferenz der Notablen geprägt, angefangen bei den Angehörigen jenes Bürgertums, das über ländliche Besitztümer verfügte, selbst aber nicht dort residierte, sondern seine Ländereien Gutsverwaltern anvertraute, und die mit den Angehörigen des städtischen Bürgertums – Juristen, Apothekern und Ärzten – einen ansteckenden Geist spöttischen Freidenkertums teilten. Sie legten ein Verhalten an den Tag, das jeden Umgang mit Angehörigen des Klerus ausschloß und jede von Eifer geprägte religiöse Praxis dem Spott der Mehrheit aussetzte.[47]

In den anderen Regionen, in denen die praktizierenden Katholiken die große Mehrheit stellten und wo mehr als drei Viertel der ihr unterstellten Bevölkerung der Pflicht zur Osterkommunion Folge leistete, wirkte sich der Konformismus umgekehrt aus: Selbst die am wenigsten Überzeugten hielten sich an die allgemeine Praxis, weil sie sich nicht dem Vorwurf aussetzen wollten, „nicht recht zu handeln". Sie hüteten sich aber, persönlichen Einsatz zu zeigen. Die Notablen – Landedelleute wie der Comte de Falloux oder die Hüttenbesitzer Schneider in Le Creusot, Benoist d'Azy in Fourchambault und schließlich die bürgerlichen Dynastien in der Textilindustrie Nordfrankreichs (Féron-Vrau) – übten eine „akzeptierte" Schutzherrschaft über die ländliche und die in der Industrie arbeitende Bevölkerung aus. Großzügig trugen sie zu Wohltätigkeitseinrichtungen und zum Unterhalt der Kirche bei und unterstützten die Autorität des Priesters durch ihre eigene – dies alles durchaus in der Überzeugung, ihr Einfluß gebe ihnen auch ein Interventionsrecht in innere

---

[44] Ebd., 310–315.
[45] R. REMOND, La Vie politique en France (1848–1879), Paris 1969, 80–85.
[46] T. TACKETT, La Révolution, l'Église, la France, Paris 1986; vgl. LANGLOIS, Histoire de la France religieuse (s. Anm. 43) 310f.
[47] R. GIBSON, A Social History of French Catholicism 1789–1914 (Christianity and society in the modern world), London – New York 1989, 196.

Angelegenheiten der Pfarrgemeinde. Damit provozierten sie jedoch beim Klerus die eifersüchtige Verteidigung seiner ureigenen Vorrechte.

In beiden Fällen herrschte in einer Gesellschaft, die noch zu drei Vierteln ländlich geprägt war, zwar keine Einigkeit, aber doch ein starker Korps-Geist, und dieser war für die Pfarrgemeinde ein konstitutives Element. Jedoch war eine Haltung, die einem offenen Ausdruck persönlicher religiöser Überzeugungen im Wege stehen konnte, durchaus verbreitet. Viele Bischöfe prangerten sie als „Furcht vor der Meinung der anderen" an und folgten darin Dupanloup. In den Regionen, in denen beide Ausprägungen sich begegneten – wie etwa im Gebiet um Dombes, wo die Heiligkeit des Pfarrers von Ars ausstrahlte –, war es ihm darum gegangen, diese Furcht vor der Meinung der anderen umzudrehen. Nach seiner Aussage war ihm dies nur gelungen, indem er eine „kollektive Bekehrung" der Bevölkerung erreichte, zu der seine persönliche Ausstrahlung ebenso beigetragen hatte wie der wachsende Pilgerstrom aus ganz Europa.[48]

Dieser religiöse Wiederaufbau erlebte bereits seit 1835 – mit dem Erfolg von Lacordaire, de Ravignan oder Gratry in ihrer Predigttätigkeit bei einer großen Zuhörerschaft von Männern und jungen Leuten – in den Städten zwei Höhepunkte: einen in den vierziger Jahren und einen zweiten in der Folge der Anwendung der *Loi Falloux*, die mit der autoritären Phase des Kaiserreiches zusammenfiel. Wesentliche Faktoren bei dieser Anstrengung zur Rechristianisierung waren eine Vergrößerung des kirchlichen Personalbestandes und Vermögens, Fortschritte in den caritativen sowie den Bildungseinrichtungen, insbesondere durch den Ausbau des Schulwesens und die Schaffung einer katholischen Presse, und schließlich die Entwicklung gemeinschaftlicher und persönlicher Formen der Frömmigkeit. Gestalt und Grenzen dieser Faktoren gilt es im einzelnen zu analysieren.

Auf den Spitzenwert von jeweils 2000 Ordinationen in den beiden ersten der dreißiger Jahre folgte ein gewisser Rückgang, und zwischen 1845 und 1865 pendelten sich die Zahlen um einen jährlichen Mittelwert von 1300 ein. Die Weltpriester hatten 1870 eine Gesamtzahl von 56 000 erreicht. Zwischen 1865 und 1905 sank der Durchschnitt auf 1500, und in manchen Regionen wie im Süden des Zentralmassivs, im Westen und Norden des Landes, in der Franche-Comté und in Savoyen bildete die Kurve des prozentualen Anteils der Priesterseminaristen in der Altersgruppe der 20–25jährigen regelrechte „Wassertürme" des Priesternachwuchses aus. Dies brachte eine rasche Verjüngung des Priesterstandes mit sich – der Anteil der über Sechzigjährigen fiel in den Jahren 1825 bis 1840 von 40 auf 11 Prozent – und eine geringere Zahl von Personen, deren Seelsorge dem einzelnen Priester oblag. Die Zahlen erreichten zwar nicht mehr den Wert von 1 : 500 wie im Jahre 1789, aber sie pendelten sich bei etwa 1 : 700 gegen Ende des 19. Jh. ein.[49] Hinter diesem Durchschnittswert verbargen sich jedoch gravierende Unterschiede. So hatte etwa das Bistum Coutances doppelt so viele Priester wie die riesige Diözese Bourges. Viele Priester, die auf der einen Seite überzählig waren, gingen sozusagen in die „Kolonisierung" priesterloser Diözesen wie Orléans oder Versailles, und dies warf sowohl Probleme der Koexistenz mit dem örtlichen Klerus wie auch der Integration in die Bevölkerung auf.[50] In sozia-

---

[48] BOUTRY, Prêtres et Paroisses (s. Anm. 41) 355.

[49] LANGLOIS, Histoire de la France religieuse (s. Anm. 43) 393; vgl. auch J.-O. BOUDON, Le Clergé dans la société française au XIXᵉ siècle, in: Historiens et Géographes, Nr. 341, 135–254.

[50] J. GADILLE, La Pensée et l'Action politiques des évêques français au début de la IIIᵉ République I, Paris 1967, 168.

ler Hinsicht waren die Seminaristen meist einfacher Herkunft, und somit stand die Finanzierung ihrer Ausbildung oft in Frage. Im Norden und Westen des Landes und im Zentralmassiv waren sie Söhne wirtschaftlich besser gestellter Bauern, während sie in den anderen Regionen überwiegend Söhne von Handwerkern, kleinen Kaufleuten, Hausangestellten und Tagelöhnern waren. Selbst in Regionen mit dem höchsten Anteil praktizierender Katholiken beklagten Bischöfe, daß die führenden Schichten immer seltener bereit seien, ihre Söhne in den Dienst der Kirche zu stellen.[51] Andererseits hatte diese einfache Herkunft der Priester den Vorteil, daß sie die Anklagen eines siegessicheren Bürgertums von der angeblichen Verbindung des Klerus mit den Anhängern des Ancien Régime widerlegte. Vor allem brachte sie den Pfarrklerus in eine gleichgestellte Situation mit den Bevölkerungskreisen, denen er entstammte, und korrigierte damit die Auswirkungen einer Priesterausbildung, die lange Jahre hindurch das Ziel verfolgt hatte, aus dem einfachen Priester einen besonderen Mann zu machen. Gewiß hatten die Bischöfe ihren Knabenseminarien besondere Bedeutung beigemessen, in denen die Elite ihres Klerus ganz allgemein in den klassisch-humanistischen Fächern ein höheres Niveau gehalten hatte.[52]

Sie hatten auch den Söhnen des Bürgertums den Zugang ermöglicht, die nicht in einen Orden eintreten wollten, um so eine soziale Mischung zu begünstigen, die dem Handikap der Isolierung des jungen Priesters abhelfen sollte. Die straffe Disziplin jedoch und die Strenge einer von zahlreichen Frömmigkeitsübungen betonten Lebensweise, wie sie sich Sulpizianer und Lazaristen auferlegten, brachten einen Priestertypus hervor, der, vom sozialen Leben abgeschnitten, im Schutz der Mauern seines Pfarrgartens inmitten seiner Bücher lebte. Pfarrer und Vikare einer großen Stadtgemeinde konnten ohne weiteres in Gemeinschaft leben, aber in den ländlichen Gegenden – vor allem in Regionen mit eher kirchenferner Bevölkerung, wo die materielle Armut des Pfarrverwesers nicht durch Ressourcen aus Nebeneinkünften ausgeglichen werden konnte – spielte eine solche priesterliche Gemeinschaftsfähigkeit eine sehr viel geringere Rolle. Auch waren die Risiken größer, daß der seelsorgerische Eifer erlahmte.[53] Daher beabsichtigten die Bischöfe und Generalvikare, gemeinschaftliche Lebensformen und sogar die des Ordens wieder aufleben zu lassen; vor allem aber ermutigten sie die Anhebung des geistigen Niveaus ihrer Priester.[54] Von der Jahrhundertmitte an gehörte die Entsendung einer wachsenden Anzahl von Seminaristen an das französische Seminar in Rom zum üblichen Verfahren der Stipendienvergabe an die Bedürftigsten und der Entsendung der Begabtesten in die bedeutendsten Ausbildungszentren der Hauptstadt und der Provinz.

Jean-Baptiste Dieulin, der 1847 vorzeitig als Generalvikar der Diözese Nancy verstarb (wo er als Platzhalter von Bischof Forbin-Janson wirkte, der ins Exil hatte gehen müssen), hatte die Züge des „guten Priesters" beschrieben: Dieser sollte sich ganz dem Studium von Bibel und Kirchenvätern, der „Wissenschaft des Priesters", hingeben und sich dabei auf eine Bibliothek stützen können. Sorgsam auf sein Gebetsleben und die Schönheit des Got-

[51] Hirtenbrief vom 10. April 1877, in: L. Pie, Opera XI, 455–478.

[52] L. Secondy, Place et rôle des petits séminaires dans l'enseignement secondaire en France au XIXe siècle, in: RHEF (1980) 243. Im Jahre 1851 waren es 130. 1898 wurden dort 12,6 Prozent der Schüler des weiterführenden Schulwesens unterrichtet (vgl. Boudon, L'Épiscopat [s. Anm. 1] 91, sowie in den *Mémoires* von J. Calvet die Einführung mit Abbé Molette, Lyon 1967, 33–44).

[53] Ansprache von Bischof Dupanloup am 23. Dezember 1876 (vgl. Gadille, La Pensée II [s. Anm. 50] 51 f.).

[54] M. Viller, Communautaire (vie) dans le clergé diocésain, in: Dictionnaire de spiritualité II (1953), Sp. 1156–1184.

tesdienstes bedacht, sollte er sich weiterhin dem Katechismusunterricht und seiner Pflicht als Beichtvater widmen, die er in einem Geist des Mitgefühls und einer von der Moral eines Liguori inspirierten Flexibilität ausübte – denn tatsächlich mußte sich der Priester der allgemeinen säkularisierten und von den Zielen eines „habgierigen Industrialismus" geleiteten Geisteshaltung bewußt sein und in seinem Handeln eher die Wege des Herzens beschreiten als die der Autorität. Die Tatsache, daß derartige Empfehlungen ausformuliert und weit verbreitet waren, zeigt zur Genüge, in welchem Maße das Bild des herrschsüchtigen Priesters korrigiert werden sollte, der ständig geneigt war, Tanz und Bälle zu untersagen und die Sünder von der Höhe seiner Kanzel herab anzuprangern.[55]

Dieser Vorwurf der Herrschsucht wurde gegen alle Ebenen der Hierarchie vorgebracht und war eines der Lieblingsthemen der Antiklerikalen. Nun bot jedoch der französische Bischof des 19. Jh. eher das Bild eines Hirten, der begierig war, die Bedürfnisse der Gemeinden unmittelbar kennenzulernen, und ab den vierziger Jahren die Verschickung detaillierter Fragebögen zur allgemein üblichen Praxis machte, um die Visitationsbesuche und Firmreisen zu steuern, die einen großen Teil seiner Zeit beanspruchten.[56] Von seinen Pfarrdekanen verlangte er Visitationsberichte, und wo er eine Ermessensautorität über die Pfarrverweser ausübte, drängte er sie mit Hilfe seiner Generalvikare zur permanenten Weiterbildung durch Kirchenkonferenzen, auf denen die Priester Referate zu Themen der dogmatischen Moraltheologie oder zu bestimmten Punkten der Kirchengeschichte zu halten hatten.[57] Die Verständigung unter den Bischöfen beschränkte sich auf einen nach Generationszugehörigkeit oder jeweiliger Tendenz speziellen aktiven Briefwechsel. Doch wenigstens innerhalb ihrer Diözese wollten die Bischöfe die Herren sein und sich ganz ihrer Residenzpflicht widmen, die nur von regelmäßigen *ad limina*-Reisen unterbrochen wurde. Oft verfaßten sie in leidenschaftlicher Treue zu ihrer Kirche ihre Pastoralinstruktionen persönlich und trugen sie in gewichtigen Gesamtausgaben zusammen. Diese erschienen entweder noch zu ihren Lebzeiten oder parallel zu den Biographien, mit deren Abfassung in der Regel einer der Sekretäre oder ein ehemaliger Generalvikar betraut wurde.[58]

Die neue Bedeutung der Frauenorden bildete den wichtigsten Umstand für die Wiederherstellung der kirchlichen Personalsituation im 19. Jh. Sie war zugleich Ursache und Folge jener „Feminisierung der Religion", von der Claude Langlois spricht.[59] Der Anteil der Ordensfrauen, der 1790 einem Drittel des französischen Klerus entsprochen hatte, stieg bereits 1830 auf 40 Prozent und erreichte 1876 mit etwa 130000 Mitgliedern 58 Prozent. Schätzungen zufolge traten binnen 80 Jahren an die 200000 Frauen in einen Orden ein. Langfristig führten etwa 400 Ordensgründungen – neben den wiedereingeführten Vereinigungen aus der Zeit des Ancien Régime – dazu, daß dieses Jahrhundert als ein „Zeital-

---

[55] J.-B. DIEULIN, Le Bon Curé au XIXe siècle ou le Prêtre considéré sous le rapport moral et social, Nancy ³1860. Vgl. auch M. LAUNAY, Le Bon Prêtre. Le Clergé rural au XIXe siècle, Paris 1986. Zur Herrschsucht des Klerus vgl. BOUTRY, Prêtres et Paroisses (s. Anm. 41) 367.

[56] Vgl. dazu die breit angelegten Untersuchungen mittels Fragebögen, die 1839 Devie im Bistum Belley, Rivet im Bistum Dijon sowie Dupanloup 1850 im Bistum Orléans durchführte (in: Répertoire des visites pastorales de la France contemporaine, 2 Bde., Paris 1978–1980).

[57] Y.-M. HILAIRE, Une chrétienté au XIXe siècle. La Vie religieuse du populations du diocèse d'Arras (1840–1914), Lille 1977, 277–279.

[58] J. GADILLE, L'Exercice de la fonction épiscopale dans l'Église concordataire de France, in: MiHiEc (1987) 417–430.

[59] LANGLOIS, Histoire de la France religieuse (s. Anm. 43) 292.

ter der Kongregationen"[60] beschrieben werden konnte. Das Phänomen war in statistischer Hinsicht derart beträchtlich, daß man es mit der Rate der ehelos lebenden Frauen in Zusammenhang bringen konnte, um das regionale Ausmaß zu erfassen.[61]

Viele dieser Kongregationen waren aus Gemeinschaften weltlicher junger Frauen entstanden, die in der Stadt, vor allem aber in den ländlichen Gebieten ein Priester zusammengerufen hatte, damit sie Kinder unterrichteten und sich um die Alten und Kranken in den von den kriegerischen Auseinandersetzungen der Revolution und des Kaiserreiches betroffenen Haushalten kümmerten. Als ihre Zahl immer weiter anwuchs, hatten sie den Status im Geist der *vita activa* arbeitender weltlicher Säkularinstitute erhalten: Er umfaßte ein Noviziat sowie zeitliche und ewige Gelübde und näherte sich somit mehr oder weniger dem Vorbild der regulären und sogar der Ordenskongregationen an.[62] Wie die Priester stammten auch die meisten Ordensfrauen aus Regionen, in denen praktizierende Katholiken die Bevölkerungsmehrheit stellten; doch im Unterschied zu den Priestern kamen sie ebenso aus Adel, Bürgertum und wohlhabendem Bauerntum sowie aus den unteren Volksschichten. Ihr dynamischer Schwung ermöglichte es ihnen, in den benachteiligten Stadtvierteln ebenso Fuß zu fassen[63] wie in Gegenden mit kirchenferner Bevölkerung – etwa im Languedoc und in der Provence, im Südwesten und in der Champagne.

Im Jahre 1860 arbeiteten zwei von drei Ordensfrauen im Primarschulwesen. Oft hatten sie ihren Grundschulen einerseits Lehrwerkstätten für eine handwerkliche Ausbildung der Allerärmsten angegliedert und andererseits ein kostenpflichtiges Internat für höhere Töchter, die sie in den Künsten zum angenehmen Zeitvertreib und in den Fächern einer Art ergänzenden Unterrichts ausbildeten. Andere leisteten Unterstützung im medizinischen Bereich und bildeten den Grundbestand des Pflegepersonals in Krankenhäusern. Sie arbeiteten auch in Frauengefängnissen, in Armenhäusern und Häusern der Jugendfürsorge. Mehrere Kongregationen schließlich konzentrierten ihre Aktivität auf die spirituelle Ebene und widmeten sich der ewigen Anbetung, wie z. B. die Schwestern von *Sacré Cœur de Picpus*, die *Servantes du Saint Sacrement* oder die Kongregation des *Cénacle*, die zunächst in Louvesc und später in Lyon von Thérèse Couderc (1805–1886) gegründet worden war, einer Dorfbewohnerin aus der Ardèche, die auf der Basis der *Exercitia spiritualia* Exerzitien organisierte und gestaltete.[64]

Diese Modelle erzieherischen und sozialen Handelns breiteten sich nun auch über die Grenzen Europas in jene Territorien aus, in die Frankreich sich seit dem 17. Jh. zur See und in Kolonien ausgedehnt hatte. Cléonisse Cormier, eine Tochter aus gutem Hause aus dem Département Sarthe, verließ 1858 das Kolleg *Sacré-Cœur de Picpus*, an dem sie unterrichtet hatte, um zunächst in Santiago de Chile und später in Bolivien und Peru bedeutende Unterrichtsanstalten zu gründen, die zu Brennpunkten französischen Einflusses wurden.

---

[60] C. LANGLOIS, Le Catholicisme au féminin, Paris 1984; vgl. auch den diesbezüglichen Beitrag des Autors in: ASRel 57, 40.

[61] DERS., Histoire de la France religieuse (s. Anm. 43) 329.

[62] Ebd., 321. Boutry spricht allein für das Bistum Belley von 600 Ordensfrauen in vier Kongregationen, von denen die Ortskongregation vom Heiligen Josef in Bourg die größte war.

[63] Etwa die berühmte Schwester Rosalie aus der Gemeinschaft der *Filles de la Charité* im Pariser Stadtviertel der Rue Mouffetard oder in Lyon in den Vierteln des linken Rhôneufers (vgl. B. TRUCHET, Les Congrégations dans la ville, Diss. masch., Lyon 1987).

[64] A. COMBES, La Bienheureuse Thérèse Couderc, fondatrice du Cénacle, Paris 1956 sowie P. DE LASSUS, Thérèse Couderc (1805–1885). La femme, la sainte, Lyon 1985.

Beachtung verdienen auch die Mitgliederzahlen der von Madelaine-Sophie Barat gegründeten *Sacré-Cœur*-Kongregation sowie der *Filles de la charité* und der *Kleinen Schwestern* in den Vereinigten Staaten. Schließlich ist auch der Aufruf des apostolischen Vikars von Agra an die *Sœurs de Jésus-Marie* zu nennen, der die Ordensfrauen 1839 – nach dem Tod ihrer Lyoner Gründerin, Claudine Thévenet (1774–1837) – ermunterte, den Töchtern der zum Christentum bekehrten Inderinnen ihre Art der Mädchenbildung zu vermitteln. So stellten noch vor dem Wirken spezieller Frauenorden in den ausländischen Missionen[65] bereits zahlreiche andere Kongregationen bis zu einem Drittel ihrer Mitglieder für diesen Dienst ab. Dies war der Ausgangspunkt für ihre spätere internationale Ausgestaltung.[66]

Viele dieser Eigenschaften zeichneten auch die Ordensgründungen auf männlicher Seite aus, angefangen bei den Ordensbrüdern, die in den ländlichen Gegenden unterrichteten. Sie wurden die *Kleinen Brüdern* genannt, um sie von ihren älteren Vorgängerorden in den christlichen Schulen zu unterscheiden. Entstanden in einem diözesanen Rahmen – wie die *Frères de Ploërmel* des Jean-Marie de Lamennais oder im Rahmen einer Pfarrgemeinde die Kleriker der Gemeinde Saint-Viateur in Vourles im Département Rhône, deren Gründer Louis Querbes (1793–1859) Pfarrer dieser Stadt war –, bildeten sie das religiöse Gegengewicht zum auf der *loi Guizot* basierenden Grundschul- und Berufsbildungssystem. Dem Vorbild von Ordensgemeinschaften folgten zahlreiche Kongregationen, sie sich speziell der Missionstätigkeit widmeten. Eine der größten waren die von Eugène de Mazenod unter dem Namen *Oblats de Marie Immaculée* gegründeten *Missionnaires de Provence*. Ausgehend vom *Collège secondaire de L'Assomption* in Nîmes gründete Emmanuel d'Alzon 1845 eine der *vita activa* verpflichtete Kongregation, die *Augustins de l'Assomption*, der ebenfalls eine großartige Entwicklung beschieden sein sollte. All diese neuen Orden arbeiteten auf dem Feld von Predigt und Unterricht, der Wohlfahrtseinrichtungen und des Pressewesens Seite an Seite mit den Angehörigen älterer Orden, die vielfach von Weltpriestern und deren Instituten als den Urhebern der Gegenreformation wiederhergestellt worden waren: mit Redemptoristen, Eudisten und in erster Linie den Jesuiten, deren Mitgliederzahlen sich 1880 in vier Ordensprovinzen in Frankreich auf insgesamt 3200 beliefen.[67] Die meisten dieser Kongregationen, Orden oder christlicher Männervereinigungen waren wie die Ordensfrauen ebenfalls in der sich ausdehnenden Mission tätig und stellten sich in einigen Kolonien den Ortsbischöfen[68] sowie den apostolischen Vikaren zur Verfügung.

---

[65] E. DUFOURQ, Les Aventurières de Dieu: trois siècles d'histoire missionnaire française, Paris 1993, 189–192 (vgl. auch 152, 158, 329).

[66] Dufourq schätzt die Anzahl der Ordensfrauen von 55 Frauenkongregationen, die auf französische Gründungen zurückgehen und in 80 außereuropäischen Ländern verbreitet waren, für das Jahr 1900 auf 19 000 bis 20 000, darunter 7000 bis 7500 Französinnen (vgl. E. DUFOURQ, Les Congrégations religieuses féminines hors d'Europe de Richelieu à nos jours. Histoire naturelle d'une diaspora IV, Diss. Paris 1993, 835–844).

[67] S. BURNICHON, La Compagnie de Jésus en France. Histoire d'un siècle (1814–1914) IV, Paris 1922. – Vgl. auch P. ZIND, Les Nouvelles Congrégations de frères enseignants en France (1800–1830), 1969, sowie die kürzlich erschienene Biographie von R. BONNAFOUS, Louis Querbes et les catéchistes de Saint-Viateur, Paris 1993. – Außerdem: Emmanuel d'Alzon dans la société et l'Église du XIXᵉ siècle: colloque d'histoire, decembre 1980, sous la direction de R. RÉMOND et É. POULAT, Paris 1982.

[68] Etwa die Jesuiten, die von Pavy und Lavigerie gebeten worden waren, deren Priesterseminar in Algier zu leiten.

Das Engagement der Laien

Zu diesem mächtigen klerikalen Rahmenwerk leistete auch der Laienstand seinen Beitrag, indem er durch Stiftungen z. B. Pfarrgebäude und Schulen finanzierte und seine Talente in einer nationalen und regionalen katholischen Presse einsetzte. Angehörige des Adels oder des Großbürgertums zögerten nicht, entgegen den Vorurteilen ihres Milieus oder von Familienangehörigen ihren Glauben zu bekennen. Dieselbe Unabhängigkeit im Auftreten und Urteilen bekundeten sie dem Klerus gegenüber in ihrem apostolischen und sozialen Handeln, dem sie nicht selten ihre Zeit und ihr Vermögen widmeten. So nahmen diese „Herren und Damen aus den Wohlfahrtseinrichtungen" lebendige Züge an, und sie waren damals in den reichen Stadtpfarreien in Paris und in den Provinzen ebenso zahlreich vertreten wie in den religiösen ländlichen Gegenden.

Unter ihnen lassen sich die Angehörigen eines Adels ausmachen, der ebensosehr regional verwurzelt wie sein Blick aufgrund von Reisen im Jugendalter und durch familiäre Allianzen auf den europäischen Horizont gerichtet war: So hatte ein Montalembert, der in England von seinem Großvater erzogen worden war, seit seiner Heirat mit einer Frau aus der Familie Mérode enge Verbindungen mit Belgien.[69] Gestalten wie Ferdinand Freiherr von Eckstein und Sophie Swjetschin sowie Antoine-Frédéric Ozanams italienischer bzw. Rios deutscher Gesichtskreis sind ebenso erhellend für jenen „katholischen Kosmopolitismus", in dem Frankreich einen Pol bildete.[70] Entsprechend der Tradition des vorhergehenden Jahrhunderts, nun aber im Zeichen des Glaubens, hatten die Frauen als Schriftstellerinnen wie als Hausherrinnen einen wichtigen Stellenwert. Die ersten Verbindungen zwischen Charlotte de Leyden, Marie de Menthon und Marie du Boÿs datierten noch aus ihrer gemeinsamen Zeit im Internat der *Dames du Sacré-Cœur* in Paris und aus dem Katechismusunterricht an der Madeleine-Kirche bei Dupanloup. Die erste dieser Frauen, die nach ihrer Heirat mit einem irischen Katholiken Lady Blennerhassett geworden war, beschritt einen ganz ähnlichen Weg wie ihre bayerische Landsmännin Maria von Arco-Valley, die John Dalberg-Acton geheiratet hatte. Für ihre Arbeiten zur Religionsgeschichte des 16. Jh. mußte sie ebenfalls auf die Kompetenz des berühmten britischen Historikers zurückgreifen und stand in fortdauerndem Briefwechsel mit der Marquise de Forbin d'Oppède.[71] Dank ihrer Verbindungen mit bedeutenden Familien jenseits der Alpen (etwa den Borghese und Salviati) konnten sie hinter den Kulissen des Konzils jene „merkwürdige internationale Gesellschaft" heranformen, von der J.-R. Palanque in diesem Zusammenhang spricht.[72]

Die *Académie française*, das Netz der Akademien in der Provinz, das Arcisse de Caumont, ein Notabel aus der Normandie, wieder eingerichtet hatte, die Salons in Paris und den anderen Großstädten, die Sommerresidenzen der Familie Veuillot in Pouliguen,

---

[69] Vgl. die Einführung von R. AUBERT zu: DERS. (Hrsg.), Correspondance Montalembert – Adolphe Dechamps 1838–1870, Löwen 1993, 7 f und bes. Montalembert et l'Europe, in: RHEF 156 (1970).

[70] J.-R. PALANQUE, Catholiques libéraux et gallicans en France face au Concile du Vatican (1867–1869), Aix-en-Provence 1962, 92 f.

[71] Vgl. A. DUMAINE, Lady Blennerhassett, la dernière européenne, in: Le Correspondant (1917) 430–453; M. J. ROUËT DE JOURNEL, Une Russe catholique, la Vie de Mme Swetchine (1782–1852), Paris 1953; J.-R. PALANQUE, Une Catholique libérale du XIXᵉ siècle, la marquise de Forbin d'Oppède, d'après sa correspondance inédite, Löwen 1981; J. GADILLE, Albert du Boÿs, ses souvenirs du concile du Vatican, Löwen 1968, 95–108.

[72] PALANQUE, Catholiques libéraux (s. Anm. 70), 161.

Charles Comte de Montalembert (1810–1870), einer der führenden Köpfe des politischen Katholizismus in Frankreich. – Antoine-Frédéric Ozanam (1813–1853), Professor für Literaturgeschichte an der Sorbonne in Paris, Hauptgründer des Vinzenzvereins.

Bourg-d'Iré im Anjou, La Roche-en-Brény in Burgund und La Combe im Dauphiné, wo Dupanloup im Oktober 1878 starb, waren ebenfalls Zentren für Studium und Austausch, regelrechte „christliche Landtage". [73] Oft waren sie Stützpunkte einer Opposition gegen die Zentralmacht und fanden politischen Ausdruck im „Komitee für Dezentralisierung", das sich in Nancy um Guerrier de Dumast, Foblant und Metz-Noblat gründete. [74] Besonders bedeutsam waren sie aber Ende 1844 in den achtzig Komitees zur Verteidigung der Glaubensfreiheit, die eine Kampagne für das katholische weiterführende Schulwesen führten und in denen sich die ersten Umrisse einer katholischen Partei abzeichneten. [75] Diese Einrichtungen förderten ebenfalls eine soziale Mischung zwischen Notablen und Söhnen des Bürgertums, die sich durch ihre Studien in den juristischen Fakultäten oder durch die Vorträge eines Lacordaire oder eines Gratry von ihrer Einstellung eines spöttischen Freidenkertums entfernt hatten. So repräsentierten Kolb-Bernard im Département Nord, Augustin Cochin in Paris, die Familien Thomasset und Guérin in Lyon, die Industriellen Lafarge und Vicat in der Ardèche bzw. in Grenoble und die Familie Régis in Marseille diese Kreise von Geschäftsleuten, die aktiv die kirchlichen Werke unterstützten. Für die Welt der Universität, des Verlagswesens und der Ateliers der Sakralkunst machten sich Männer wie Antoine-Frédéric Ozanam, Joseph Rambaud, Mame, Armand-Caillat und Saint-Marie-Perrin in der katholischen Gesellschaft des letzten Jahrhunderts einen Namen. [76]

---

[73] GADILLE, Albert du Boÿs (s. Anm. 71) 4 und PALANQUE, Catholiques libéraux (s. Anm. 70) passim.

[74] P. BARRAL, Guerrier de Dumast et le milieu nancéien, in: PALANQUE, Catholiques libéraux (s. Anm. 70) 227–238.

[75] Eine regionale Untersuchung dieser Komitees wäre erhellend, denn in der Bretagne scheinen sie recht aktiv gewesen zu sein (vgl. M. LAGRÉE, Religion et Cultures en Bretagne, Paris 1992, 368 f.), in Lothringen dagegen eher zurückhaltend.

[76] Vgl. zur Regionalgeschichte auch die Reihe *Histoire des diocèses de France*, Paris 1973–1976, neue Serie 1974 ff.

Die eng mit dem Jesuitenorden verbundene Kongregation der Vinzentiner (auch Lazaristen genannt) sowie die 1833 in Paris auf Initiative von drei jungen Laien, Emmanuel Bailly, Ozanam und Le Taillandier aus Lille, entstandene *Vinzenzkonferenz* waren der Schoß, aus dem diese katholischen Werke hervorgegangen waren. Man könnte beinahe versucht sein, die beiden gesellschaftlichen Kategorien katholischer Notablen auf sie beide aufzuteilen und auf die elitäre Rekrutierungsweise und den entsprechenden Geist der ersteren verweisen. Zwar trug letztere rasch in Ausbreitung und Mitgliedszahlen den Sieg davon, beide trennten sich jedoch niemals vollständig.[77] Eine umfassende Prosopographie der Gründer und Vorsitzenden der örtlichen *Vinzenzkonferenzen* liefe auf einen maßstabsgetreuen Querschnitt der Repräsentanten des katholischen Laienstandes im letzten Jahrhundert hinaus. Mit 276 Gruppen schon im Jahre 1848 waren sie ein Mittel, um die Aktionen des Laienstandes zu koordinieren – wie etwa in Rouen, wo sie die Wiege für das Haus der katholischen Werke waren.[78] Die „Mitbrüder" trafen sich im Rahmen der Pfarrgemeinden zum gemeinsamen Gebet und begünstigten über die materielle Hilfe hinaus persönliche Beziehungen zu den Armen.

Außerhalb dieser *Vinzenzkonferenzen* entstanden weitere Gemeinschaften, die sich den arbeitenden Klassen der Bevölkerung widmeten, wie etwa die Gesellschaften des heiligen Franz-Xaver, des heiligen Franz-Régis oder das *Krippenwerk*, das Firmin Marbeau 1844 in Chaillot gründete. Aus ihnen gingen teilweise die Jugendwerke hervor. Zwar wird die Bewegung der Jugendwerke in den unteren Schichten der Stadtbevölkerung mit Abbé Timon-David assoziiert, dem Verfasser einer weitverbreiteten Abhandlung über die *Méthode de direction des œuvres de jeunesse* (1859). Jedoch begründeten Vortragsredner wie Jean-Léon le Prévost und Clément Myionnet in Paris das *Œuvre des apprentis*, auf das die *Frères de Saint-Vincent-de-Paul* zurückgehen, eine Kongregation, die 1869 approbiert wurde. Hier arbeitete auch Maurice Maignen[79] mit, bevor er 1855 im Stadtviertel von Montparnasse eine *Association Notre-Dame-de-Nazareth* gründete (aus ihr wurde ein Kreis junger Arbeiter). Und der Vortrag, den Albert de Mun dort im Dezember 1871 hielt, bildete den Ausgangspunkt für das *Œuvre des cercles*. Diese Jugendwerke, von denen 1866 bereits 155 bestanden, sollten bis zum Ende des Jahrhunderts einen bemerkenswerten Aufschwung erleben: Ihre Zahl wuchs auf 4000 an. Davon waren fast die Hälfte Jugendwerke für Mädchen, die Armand de Melun und Schwester Rosalie während der Julimonarchie in Paris gegründet hatten. Es handelt sich hier um die ersten Formen der Jugendbewegungen, die mit den 1852 in Paris entstandenen *Unions chrétiennes de jeunes gens* auch die französischen Protestantinnen und Protestanten einbezogen hatten.[80]

Mit ihrer Umsetzung der Fürsorgepflicht der reicheren Schichten gegenüber den Benachteiligten zielten diese Werke eher auf eine Verbesserung als auf eine Veränderung der Gesellschaft ab. Sie waren jedoch der Ausgangspunkt für Engagement und Realisierung in sehr konkreter Hinsicht – etwa für die Einrichtung von Waisenhäusern, Irrenanstalten und

---

[77] C. PÉLISSIER – B. DUMONS, La Congrégation des Messieurs et la société de Saint-Vincent-de-Paul: Lyon sous la IIIᵉ République, sociologie comparée, in: RHEF (1992) 35–56.
[78] J.-P. CHALINE, Les Bourgeois de Rouen, une élite urbaine au XIXᵉ siècle, Paris 1982, 218f. sowie N.-J. CHALINE, Des catholiques normands sous la IIIᵉ République: crises, combats, renouveaux, Roanne 1985, 66–72.
[79] A. FOUCAULT, La Société de Saint-Vincent-de-Paul. Histoire de cent ans, Paris 1933. Zu ihren Fortschritten während Ozanams letzten Lebensjahren vgl. A. F. OZANAM, Correspondance IV, Paris 1992.
[80] R. LADOUS, Les Unions chrétiennes de jeunes gens, de 1848 à 1878, in: G. CHOLVY (Hrsg.), Les Mouvements de jeunesse chrétiens et juifs, Paris 1985, 125–140.

Altersheimen, *fourneaux économiques* und Gesellschaften zur Unterstützung auf Gegenseitigkeit.

Schulwesen und Presse

Selbstverständlich war die Schule das Hauptinstrument zur katholischen Beeinflussung der Jugend. Über die Haltung der von Montalembert mitgerissenen liberalen Katholiken hinausgehend, forderten die ultramontanen Flügel und eine Mehrheit der Bischöfe jetzt sehr viel offensiver das private Bildungswesen, weil sie das Universitätsmonopol beseitigen wollten. So hatte Emmanuel d'Alzon 1848 eine *Revue de l'enseignement chrétien* begründet, die der *loi Falloux* sehr kritisch gegenüberstand und deren zweite Folge im Jahre 1871 sich als das Sprachrohr einer „christlichen Liga" zur Durchsetzung eben dieses Zieles präsentierte. Nun ließ sich eine derartige Intransigenz aber kaum rechtfertigen, denn bereits die Anwendung des allgemeinen Rechts – das Terrain, auf dem Montalembert und seine Freunde verbleiben wollten – hatte schon zu einem fortschreitenden Zerfall dieses Monopols geführt.[81]

Für den Grundschulbereich hatte die in Artikel 1 der *loi Guizot* vorgesehene Pflicht zur Erteilung einer sittlichen und religiösen Unterweisung[82] den Behörden freigestellt, Ordensleute zu beschäftigen. Dies gestattete ein Mitwirken des Klerus in den meisten kommunalen Schulen. Außerdem hatten die Brüder der Schulorden ihre Grundschulen in den ländlichen Gebieten und ihren Berufsschulunterricht in den Städten sehr viel stärker ausgebaut. Daher nahmen ihre Einrichtungen in den Gegenden mit hohem Schulbesuch im Norden und in der östlichen Mitte des Landes einen beträchtlichen Prozentsatz der schulpflichtigen Jungen auf. Im Westen des Landes, wo die Alphabetisierungsraten von Mädchen und Jungen am weitesten auseinanderklafften, wurden die weitaus meisten Privatschulen geschaffen.[83]

Im Sekundarschulbereich hatte der Klerus außer in den Knabenseminarien die Leitung in einer gewissen Anzahl kommunaler Kollegien behalten, vor allem in den mittelgroßen Städten, wo man ihm wohlgesonnen war.[84] Der Aufschwung hatte mit der *loi Falloux* zu tun, deren Auswirkungen man so am Vorabend der republikanischen Schulgesetze ermessen konnte: 1878 waren etwa 100000 schulpflichtige Kinder auf öffentlichen Sekundarschulen (gegenüber 46000 im Jahre 1854), und 66000 Kinder besuchten katholische Schulen (einschließlich der Knabenseminarien) – gegenüber 41000 im Jahre 1854.[85] Schließlich hatte die *loi Falloux* die Aufsicht über die sozialen Behörden und über die Mitglieder des Klerus in den pyramidal aufgebauten Schulkomitees eingeführt, bis hinauf zum obersten Rat für das öffentliche Schulwesen, unter dessen 25 Mitgliedern nur acht Universitätsprofessoren waren. Es sei daran erinnert, daß gleich nach dem Ende des Zweiten Kaiserreiches ein Gesetzentwurf zum privaten Hochschulwesen vorgelegt worden war, der fünf Jahre später zur Einrichtung von fünf katholischen Universitäten führen sollte.

---

[81] Vgl. P. CHEVALLIER, La Séparation de l'Église et de l'école: Jules Ferry et Léon XIII, Paris 1981, 46.

[82] Diese Pflicht ist rechtskräftig festgelegt in der ministeriellen Dienstvorschrift vom 17. August 1851.

[83] Siehe die Karten im Anhang bei MAURAIN, Politique ecclésiastique (s. Anm. 23).

[84] Im Département Pas-de-Calais waren das z. B. Städte wie Boulogne, Arras und Saint-Omer.

[85] Einer von fünf Jungen wurde von Ordensleuten unterrichtet, aber jedes zweite Mädchen von Angehörigen einer Kongregation, die 63 Prozent der Grundschullehrerinnen ausbildete (vgl. C. LANGLOIS in: LEBRUN, Histoire des catholiques en France 325).

Die zeitgenössischen Katholiken wußten sich mit einem anderen Mittel zu bewaffnen, nämlich mit einer Meinungspresse, die rasch als ein verlängerter Arm des Erziehungswesens erschien. Der Weg war frei gemacht worden durch die Leserschaft, die der Zeitung *L'Avenir* trotz der kurzen Zeit ihres Erscheinens zugewachsen war. In Nancy hatte nämlich ein Priester, vom Geist de Lamennais inspiriert, ein Jahr später ein Blatt namens *Courrier lorrain* gegründet, das nach der Verurteilung seines Gründers durch Rom im September 1832 sein Erscheinen einstellte.[86] Durch den Schwung ihres Engagements und ihrer Ansichten hob diese Presse sich von den legitimistisch orientierten Blättern ab, die nur in einigen Salons und Lesesälen gelesen wurden, aber auch vom etwas akademischen Stil des ersten *Correspondant*.[87] Dieses Genre überdauerte dennoch das Jahr 1832 und wurde 1843 und erneut 1855 vom *Correspondant* übernommen, dem, Seite an Seite mit der *Revue des deux mondes*, eine mehr als hundertjährige Existenz beschieden war.[88]

Diese Presse verdankte ihre Leserschaft vor allem dem Umstand, daß sie mitten in der autoritären Phase des Kaiserreiches das einzige Organ der Opposition war. Ebenso verdankte die Zeitschrift ihre Autorität den katholischen Staatsmännern, die zur Zeit der *ordre moral* die Verantwortung übernommen hatten, denn ihr Einfluß wurde in der Entwicklung hin zu einer republikanischen Regierung deutlich, für die sie sich 1874 kurz vor der Abstimmung über Wallons Gesetzänderungsantrag ausgesprochen hatte.[89] Was den ersten Erfolg des Blattes *L'Univers* betrifft, so wurde dieser vor allem von der Kampagne für das private weiterführende Schulwesen getragen und später, nach der Annäherung an Napoleon III., von der Unterstützung der Kurie gegenüber den Angriffen, denen das Blatt von seinen Gegnern aus dem liberalen Katholizismus ausgesetzt gewesen war. Aufrechterhalten und ausgebaut wurde dieser Erfolg ferner durch Louis Veuillot (1813–1883), dem seit 1842 faktisch die Leitung der Zeitschrift oblag.[90] Als der zweifellos beste Prosaschriftsteller des letzten Jahrhunderts verstand er es, als der „halbamtliche Autor des Vatikans" zu erscheinen, und erwarb sich unter der Leserschaft von Pfarrverwesern und Pfarrern nahezu unbegrenzten Kredit. Dieser wuchs noch, als Veuillot 1860 und 1874 im Zusammenhang mit der römischen Frage von Suspendierungen betroffen war. Bischöfen zufolge, die mit seiner Richtung sympathisierten, war er „eine Institution innerhalb der Kirche".[91] Bis zum Ende prangerte Dupanloup dieses Blatt an als eine dunkle Macht, die den Sieg über das Wort der zuständigen bischöflichen Autoritäten davongetragen habe.[92]

Der interessanteste Punkt war jedoch sicher die Vervielfachung von Presseorganen in den Départements, für die sich die katholischen Notablen und die Mitglieder des Klerus im Namen der Dezentralisierung einsetzten. Foisset hatte diese Absicht in der Zeitschrift mit dem bezeichnenden Namen *Le Provincial* offen bekundet, die er in Dijon bereits 1828 gegründet hatte. Wie Ozanam begrüßte auch er 1845 die Gründung der *Gazette de Lyon* durch

---

[86] P. BARRAL, in: PALANQUE, Les Catholiques libéraux 229.

[87] M. PRÉLOT – F. GALLOUEDEC-GENUYS, Le Libéralisme catholique, Paris 1969, 69. 190.

[88] Die letzte Ausgabe datiert vom Oktober 1933; vgl. E. TROGAN, Le Centenaire du *Correspondant*, in: Le Correspondant 249, 1929.

[89] PRÉLOT – GALLOUEDEC-GENUYS, Le Libéralisme catholique (s. Anm. 87) 280–282 sowie H. PRADON, Le Rôle du *Correspondant* et les lois constitutionnelles de 1875, Diss. Paris 1952.

[90] M. L. BROWN, Louis Veuillot, French Ultramontan Catholic Journalist and Layman (1813–1883), Durham (North Car.) 1977, 64.

[91] Eine Formulierung von Parisis (ebd. 7).

[92] La Crise de l'Église, in: GADILLE, La Pensée II (s. Anm. 50) 78–82.

Léopold de Gaillard und empfahl ihm – allerdings vergebens –, er solle eine Linie vertreten, die sich von der der monarchistischen Parteien deutlich unterschied. Ebenso fand Montalembert Vergnügen daran, 1847 in der Zeitschrift *L'Espérance*, die seit 1840 von einer Gruppe von Katholiken in Nancy herausgegeben wurde,[93] „die beste katholische Zeitung" der Zeit zu sehen. Andererseits war seit Anfang der fünfziger Jahre eine Gründungsbewegung von Bistumszeitschriften entstanden, die sich noch ausweitete und 1893 insgesamt 70 Titel repräsentierte.[94] Sie waren unter der Bezeichnung *semaines religieuses* [religiöse Wochenblätter] bekannt und wurden allmählich zu den offiziellen Blättern des Klerus. Viele von ihnen gingen jedoch auf die Initiative von Laien zurück.[95] Dieser Aufschwung kann mit der Verbreitung verglichen werden, die thematisch spezialisierte Organe bestimmter Institute oder Wohlfahrtseinrichtungen erreichten, etwa die *Annales de la Propagation de la foi*, die *Annales de la Sainte-Enfance*, die *Revue de l'Orient chrétien* und schließlich die 1856 von Johannes Xaver Gagarin (1814–1882), einem konvertierten russischen Jesuiten und Mitglied des Salons von Madame Swjetschin, gegründete Zeitschrift *Études*.

Die Entwicklung dieser Presse enthüllte jedoch auch die wachsenden Meinungsverschiedenheiten unter den Katholiken seit der Zweiten Republik. So setzte etwa Dupanloup dem Blatt *L'Ere nouvelle*, dessen Team sich von der Redaktion des *Correspondant* abgespalten hatte, das frühere Blatt der Restauration, *L'Ami de la religion*, entgegen, das er im Herbst 1848 aufkaufte. In den Provinzen schloß die katholische Presse sich zumeist der Sache der Legitimisten an, so in Nancy, Lyon und Nantes, wo Cazenove de Pradines das Blatt *L'Espérance du peuple* gründete. Er setzte seinen ganzen Ehrgeiz daran, diese Presse in ihrer Gesamtheit unter der Flagge des Königs um dieses Blatt zusammenzuschließen. Diesem Vorhaben war aber kein Erfolg beschieden, denn in Nantes selbst blieb eine andere – antikirchliche – Zeitschrift, *Le Phare de la Loire*, seit ihrer Gründung im Jahre 1852 unbeirrbar bei ihrer Option für die Republik.[96]

Schließlich wirkten Kleriker und Notabeln bei der Verherrlichung der Frömmigkeitsformen zusammen, die nach außen hin diese Einmütigkeit in den christlichen Landstrichen demonstrierten. Mehrere Bischöfe, darunter Parisis im Département Pas-de-Calais und Rivet in Burgund, hatten die Priester ermutigt, sie sollten die älteste Vergangenheit ihrer Pfarrgemeinden wiederaufleben lassen. Daher erschienen nun zahlreiche Bücher, die die vergessenen Heiligen und Wallfahrtsorte wieder in Erinnerung riefen.[97] Darüber hinaus aber machten sich gelehrte Priester an die Bestandsaufnahme der lokalen Sprachvarianten und der archäologischen Überreste; damit folgten sie dem Beispiel von Daniel Haigneré, der 1861 ein *Dictionnaire topographique de l'arrondissement de Boulogne* verfaßt hatte. Vermutlich sollten wir in diese Reihe der Forschungen auch den *Félibrige* aufnehmen, ei-

---

[93] Brief vom 27. Mai 1847, zitiert von P. BARRAL, in: PALANQUE, Les Catholiques libéraux (s. Anm. 70) 234.

[94] Gründung in Avignon 1850, in Paris 1853, in Orléans 1855, in Lyon 1862. Vgl. E. POULAT, Les Semaines religieuses, approche socio-historique et bibliographique des bulletins diocésains français, Lyon 1973.

[95] In Lyon waren die beiden ersten dieser Blätter 1862 von A. Péladan und 1867 von M. Josserand gegründet worden (vgl. ebd., 13).

[96] LAGRÉE, Religion et Cultures (s. Anm. 75) 382. – Erwähnung verdient auch ein republikanisch orientiertes katholisches Blatt namens *Le Phare de la Manche*, das bereits 1837 mit Unterstützung eines Großteils des Klerus der Diözese Coutances gegründet wurde.

[97] Vgl. die genannten Dissertationen von HILAIRE (s. Anm. 57) und LAGRÉE (s. Anm. 75) sowie Y.-M. HILAIRE, Daniel Haigneré et les prêtres érudits du Boulonnais et de l'Artois, 1850–1890, in: RHEF (1985) 65–71. Siehe auch DERS. (Hrsg.), Benoît Labre. Errance et sainteté. Histoire d'un culte (1783–1983), Paris 1984, 165–173.

nen Dichterkreis zur Pflege und Erneuerung provençalischer Sprache und Literatur, den, inspiriert von einem christlichen Geist, Mistral, Roumanille und Aubanel im Mai 1854 in der Gegend von Gadagne gründeten.

Ein weiterer Ausdruck dieser Einmütigkeit war die Rückwendung zur christlichen Kunst des Mittelalters. Dazu zählen besonders Montalemberts Kampagnen gegen den zeitgenössischen „Vandalismus", gegen das Werk des Restaurators der Kirchen Saint-Séverin und Saint-Germain-l'Auxerrois, J.-B. Lassus (1807–1857), sowie gegen das Werk von dessen Kollegen Eugène Viollet-le-Duc, (1814–1879), der mit ihm zusammen die Arbeit in den Restaurationsateliers von Notre-Dame de Paris und der Sainte-Chapelle aufnahm. Die Anhänger von Neugotik und Neuromanik setzten sich durch, als sie nachweisen konnten, daß die Kosten von Bauten in diesen Traditionen noch unter denen für die Basiliken im griechischen Stil lagen, wie sie in den vorangegangenen Jahrzehnten in Mode waren. Die oben erwähnten Kampagnen zur Restaurierung machten zwar deutlich, daß es Spannungen gab zwischen den „hochgestellten Leuten" als Anhänger der alten Bauwerke und den Notabeln als Förderer der neuen Kirchen, aber es gelang doch letzteren, die Mehrheit für die Errichtung schmeichelhafterer Bauwerke zu gewinnen.[98]

In der Evangelisation behielt die Seelsorge weiterhin das Verfahren bei, das sie seit den Anfängen der Gegenreformation praktiziert hatte. Nach 1830 und besonders nach 1850 nahmen überall Volksmissionen ihre Arbeit wieder auf.[99] Mit ihnen waren die oben genannten Kongregationen und diözesane Missionare betraut, und sie drangen bis in die abgelegensten ländlichen Winkel vor. Bischof Parisis wollte auf 30 bis 40 Missionskampagnen pro Jahr kommen. Dabei wandte er sich mit der Bitte um Unterstützung an fünf Kongregationen und erbat auch die Mitwirkung belgischer Ordensleute.[100] Im Bistum Périgueux schätzten die Priester von den 123 Missionskampagnen der Kaiserzeit nur elf als „überflüssig" ein.[101] In einer Geisteshaltung, die der säkularen Welt mit Argwohn gegenüberstand, betonten die Prediger die moralischen Werte, die zu erlangenden Verdienste und die zu meidenden Gefahren. Der Akzent lag auf der öffentlichen Bezeugung der Glaubenspraxis und auf den Aspekten der Buße: Daher rangierten die Sonntagspflicht und die Pflicht zur Osterkommunion mit vorangehender Beichte vor der eucharistischen Praxis und dem persönlichen Gebet. Die Hirtenbriefe erinnerten oft an die Vorschrift der Sonntagsruhe und gaben einem Verstoß dagegen die Bedeutung eines Bruchs mit der Kirche. Die Bedeutung schließlich, die der Erstkommunion beigemessen wurde, konnte aufgrund der Verwechslung mit einem *rite de passage* zwischen Kindheit und Erwachsenen-Status (besonders bei den Jungen) zu einer endgültigen Aufgabe der eucharistischen Praxis führen.[102]

Tatsächlich schien sich diese Seelsorge über das Risiko der etwas förmlichen religiösen Praxis einer Vorschriften-Religion hinaus eher an die weibliche Hälfte der Bevölkerung zu wenden und ihr zu entsprechen. Die langen Stunden, die die Priester im Beichtstuhl ver-

---

[98] BOUTRY, Prêtres et Paroisses 117f. sowie B. DELPAL, Entre paroisse et commune. Les Catholiques de la Drôme au milieu du XIXᵉ siècle, Valence 1989, 60f. und DERS., La Construction d'église: un élément du détachement religieux du XIXᵉ siècle; DERS., Les Constructions des lieu de culte, du Moyen âge à nos jours, in: RHEF (1987) 67–73.
[99] LANGLOIS, Les Catholiques français 296.
[100] HILAIRE, Une chrétienté I 385.
[101] GIBSON, A Social History (s. Anm. 47) 251.
[102] Les Pratiques de la Confession (groupe de la Buissière), Paris 1983, 255f. sowie J. DELUMEAU (Hrsg.), La Première Communion, Paris 1987 und DERS., La Religion de ma mère, Paris 1992.

brachten, und die immer stärker verbreitete Praxis der Gewissensführung durch einen Beichtvater wurden als Angriffe auf eine moralische Autonomie empfunden, über deren Respektierung die aus der Französischen Revolution hervorgegangene Gesellschaft immer eifersüchtiger wachte. Die rigorose Durchsetzung von Vorschriften der Sexual- und Ehemoral zu einer Zeit, in der sich gleichzeitig die Praktiken der Geburtenkontrolle ausbreiteten, konnte für die Kirchenferne der Männer verantwortlich gemacht werden, und so machte sich Michelet 1844 zu deren Sprecher, indem er die Einmischung des Priesters in die intimsten Belange des Privatlebens der Familien anprangerte. [103]

Neue Vorgaben, die vom Geist eines Liguori inspiriert waren, empfahlen denn auch bereits Anfang der vierziger Jahre den Beichtvätern, sie sollten in diesen Bereich nicht mehr eingreifen; man wollte nämlich die Unterstützung der Frauen behalten, denen die Glaubenserziehung in den Familien oblag. [104] Auf der anderen Seite entstanden unter der Schirmherrschaft der Maristen – und später auch der Franziskaner und der Kapuziner – dritte Orden, die beiden Geschlechtern offenstanden und ihren Mitgliedern ein individuell gestaltetes Glaubensleben boten, das auf Exerzitien und eucharistischer Anbetung basierte. Der Jesuitenpater Gautrelet schuf 1841 den Apostolat des Gebets, in dessen Mittelpunkt der monatliche Eucharistieempfang in der Messe stand. Zwanzig Jahre später folgte ihm Pater Ramière, der das Werk im Zusammenhang mit der Seligsprechung der Marguerite-Marie Alacoque stark ausweitete. [105] In dieselbe Richtung ging auch die Gebetspraxis der nächtlichen Anbetung für die Männer. Zeugnisse für die Verbreitung, die die neue Spiritualität in breiten Kreisen der Bevölkerung gefunden hatte, waren schließlich die Fronleichnamsprozessionen auf den geschmückten und mit Altären verzierten Wegen und Straßen und in Südfrankreich die Darstellungen der Passion an der Spitze des Zuges der Bußfertigen.

Eine noch viel größere Eigentümlichkeit der Frömmigkeit des 19. Jh. war jedoch die Erneuerung der Marienverehrung und der Verehrung örtlicher Heiliger. Dies verwies auf eine Tradition, die noch hinter die Gegenreformation zurückging: In Limoges verehrte man den heiligen Martial, in Tours den heiligen Martin und die Heiligen Ferréol und Ferjeux in Besançon. Die Reihe der Heiligenerscheinungen, von denen Catherine Labouré aus ihrer Noviziatszeit bei den *Filles de la charité* berichtet, stand zunächst in der vinzentinischen Tradition, am Anfang der Reformen, die die aus ihr hervorgegangenen Kongregationen erleben sollten. Die Berühmtheit des Madonnenbildes auf dem wundertätigen Medaillon ging jedoch auf die Vereinigung (später Erzbruderschaft) vom Heiligen Herzen Mariä zurück, Ende 1836 nach einer Marienerscheinung geschaffen, die im Januar 1834 in Rom zur Konversion von Alphonse Ratisbonne geführt hatte. [106] Im Jahr 1860 starb der Gründer dieser Erzbruderschaft, der Pfarrer der Kirche Notre-Dame-des-Victoires; einige Jahre später, 1876, hatte die Vereinigung bereits 800 000 Mitglieder. [107] Aus ihrer Verbreitung ergibt sich, daß sie in der Umgebung von Paris in jeder dritten Pfarrgemeinde vertreten war. [108]

---

[103] „Du prêtre, de la femme, de la famille", kommentiert bei LANGLOIS, Les Catholiques français 317.

[104] R. GIBSON, Rigorisme et Liguorisme dans le diocèse de Périgueux, XVIIᵉ–XIXᵉ siècle, in: RHEF (1980) 315–342. Vgl. auch LANGLOIS, Histoire de la France religieuse (s. Anm. 43) 303–305.

[105] PH. BOUTRY – M. CINQUIN, Deux Pèlerinages au XIXᵉ siècle, Ars et Paray-le-Monial, Paris 1980, 177f.

[106] R. LAURENTIN, Vie authentique de Catherine Labouré, Paris 1980, 301–303.

[107] C. SAVART, Pour une sociologie de la ferveur religieuse, l'archiconfrérie de Notre-Dame-des-Victoires, in: RHE 59 (1964) 824–844.

[108] LANGLOIS, Histoire de la France religieuse (s. Anm. 43) 324.

1858 erlebte Bernadette Soubirous in der Grotte von Massabielle bei Lourdes mehrere wunderbare Marienerscheinungen. Schon kurz danach setzte ein Strom von Pilgern und Kranken zur Grotte mit der heilkräftigen Quelle ein. 1866 wurde die Krypta der Basilika über der Grotte geweiht. Pfarrer Lambert schickte diesen Stich von 1868 an Bernadette ins Kloster Saint Gildard.

Das Interesse, das die Marienerscheinungen 1846 in La Salette, 1858 bei der Grotte von Lourdes und 1871 in Pontmain im Département Mayenne hervorriefen, erstreckte sich auf die Seherinnen und Seher: Arme und ungebildete Bauernkinder, die die heilige Jungfrau als Adressaten ihrer Erscheinungen ausgewählt und denen sie unter dem Siegel des Schweigens eine Botschaft aufgetragen hatte. So zeigte sich in den Fällen von Mélanie und Bernadette das „Einbrechen des Glaubens der einfachen Leute in die kirchliche Spiritualität". [109] Diese Erscheinungen verliehen den Marienvereinigungen neuen Aufschwung, etwa der *confrérie du Rosaire* und den *Enfants de Marie*; so entstand der Marienmonat, und zugleich vervielfachte sich die Zahl der Kongregationen, die sich der Anrufung der heiligen Jungfrau unterstellten. Parallel zu dieser „Kanalisierung" der Marienverehrung durch den Klerus kam es jedoch zu weiteren Erscheinungen, zunächst durch einfache Ansteckungsübertragung, etwa im Falle der 150 Mariophanien im Bistum Valence zwischen März 1848 und Dezember 1849, über die man in Notre-Dame de la Salette berichtete und die Gegenstand einer Untersuchung wurden. Chartrousse, der Bischof von Valence, weigerte sich, sie als echt anzuerkennen (bezüglich La Salette war die Diskussion in vollem Gange), denn er sah darin nur den Ausdruck einer „verwilderten Religion", die den abgelegenen Schauplätzen einen Ruf der Heiligkeit einbringen sollte und den Beitrag des Klerus vernachlässigte. Aber belegt

---

[109] Boutry, Prêtres et Paroisses 504.

dieses Urteil nicht gerade, wie tief dieser neue kollektive Ausdruck der Religion im Volk verwurzelt war – ganz wie es bald darauf die Volksmassen von Lourdes zeigen sollten?[110]

Hier werden die gegensätzlichen Hindernisse deutlich, auf welche diese Seelsorge der Rechristianisierung stieß. Diesmal hatten sie mit jener archaischen Religiosität zu tun, von der Alain Corbin schreibt und wie sie in Berichten der Verwaltung Anfang der vierziger Jahre in den Départements Corrèze und Allier bezeugt sind.[111] Auch Gibson hat einen Zusammenhang hergestellt zwischen diesen Gegenden, in denen magische und abergläubische Einstellungen verbreitet waren – wie er sie im Westen des Départements Dordogne beobachtete, einer armen Region, die ans Limousin grenzte, den Westen des Hérault, an die Normandie und das Blésois. Corbin berichtet, wie sich der Klerus immer häufiger weigerte, die wundertätigen Quellen zu segnen und an nicht anerkannten Wallfahrten teilzunehmen, und schließlich vom Scheitern der ersten Versuche, ultramontane Formen der Frömmigkeit zu verpflanzen. In der Bretagne dagegen, wo der Klerus eher mit der Bevölkerung übereinstimmte, beteiligte er sich an der Vervielfachung der „pardons" zu Ehren obskurer örtlicher Heiliger, die in der Erinnerung des Volkes lebendig geblieben waren.[112] Nun trat aber diese von der Moderne provozierte archaische religiöse Mentalität in eben den Regionen, in denen der Einfluß der Kirche nur schwach ausgeprägt war, in einem gemeinsamen Antiklerikalismus an die Seite der Kritik, die von einer Mehrzahl der Männer gegen den kirchlichen Rigorismus vorgebracht wurde. Diese war eifersüchtig darauf bedacht, eine autonome Moral zu vertreten. Wie Louis Pérouas schrieb, stellte dies weniger eine Abwendung von der Moral als vom Klerus dar und von dem Vorbild, das er verewigte. Es war „ein Antiklerikalismus, der dem Unglauben den Weg ebnete."[113]

II. Die Protestanten

André Encrevé

Für die französischen Protestanten war die Mitte des 19. Jh. eine eher günstige Zeit. Mit gleichen Rechten wie die Katholiken genossen sie die allgemein von Erneuerung geprägte Atmosphäre in der Folgezeit der *Trois Glorieuses*, also der Revolutionstage der Juli-Monarchie, für die es z. B. bezeichnend war, daß liberale Katholiken ein Blatt wie den *L'Avenir* gründen konnten. Im übrigen waren sie nicht mit der Staatsmacht während der Restauration verbündet gewesen (das ist noch das wenigste, was man darüber sagen kann), und daher blieben sie von der Welle des Antiklerikalismus verschont, die zu Anfang der dreißiger Jahre etliche Regionen des Landes überrollte.[114] Recht große Schwierigkeiten mit der

---

[110] Delpal, Entre paroisse et commune (s. Anm. 98) 155–170: „Une revanche des humiliés?".

[111] A. Corbin, Archaïsme et modernité en Limousin au XIXᵉ siècle (1845–1880), Paris 1975, 623: „Die Bevölkerung im Norden des Départements Corrèze [...] fürchtet die bösen Geister mehr als Gott selbst."

[112] Lagrée, Religion et Cultures (s. Anm. 75) 298–300; vgl. auch Ozanam, Correspondance IV (s. Anm. 79) 160 (Brief vom 18. September 1850).

[113] L. Pérouas, Refus d'une religion – religion d'un refus en Limousin rural (1880–1940), Paris 1985, 202.

[114] Der berühmteste Vorfall ist die Plünderung des erzbischöflichen Palais in Paris am 15. Februar 1831 im Zusammenhang mit einer Meßfeier am Vortag in der Kirche Saint-Germain-l'Auxerrois zum Todestag des Duc de Berry (am 14. wurden auch Kirche und Presbyterium geplündert).

Staatsmacht verursachte ihnen für einige Jahre lediglich die politische Reaktion nach dem Staatsstreich vom 2. Dezember 1851.

Um 1850 umfaßte die protestantische Gemeinschaft schätzungsweise 850000 Menschen (davon 580000 Reformierte und 270000 Lutheraner), also nur 2,35 Prozent der französischen Gesamtbevölkerung. Sie waren geographisch sehr ungleich verteilt. Nördlich der Loire bestanden in nur wenigen Regionen große Gemeinden, etwa im Elsaß (vor allem Lutheraner, es gab aber auch Reformierte), in der Gegend um Montbéliard (in der ehemaligen Reichsgrafschaft des Hauses Württemberg mit französischsprachiger Bevölkerung war der Protestantismus fast ausschließlich lutherisch geprägt) und in Paris (etwa 30000 Reformierte und 10000 Lutheraner).[115] Südlich der Loire waren die protestantischen Gemeinden (fast ausschließlich Reformierte) in einer sichelförmigen Linie um das Zentralmassiv herum angesiedelt. Diese Linie begann in der Region Poitou-Charentes (in La Rochelle waren die hugenottischen Erinnerungen aus dem 17. Jh. nicht in Vergessenheit geraten), folgte dann dem Tal der Garonne und traf auf der Höhe der Montagne Noire auf das südliche Zentralmassiv, um schließlich den Großraum der Cevennen (die Départements Gard, Lozère und Hérault) zu erreichen und das Rhônetal entlang durch die Départements Ardèche und Drôme wieder in aufsteigender Richtung zu verlaufen.

Wie man sieht, handelt es sich dabei im wesentlichen um nur schwach industrialisierte Gebiete. Daher verwundert nicht, daß der Großteil der französischen Protestanten damals zur ländlichen und sogar zur bäuerlichen Bevölkerung gehörte. Gewiß gab es ein protestantisches Bürgertum,[116] allerdings nur in einigen Großstädten wie Paris, Nîmes, Straßburg, Bordeaux, Le Havre, Montpellier und insbesondere Mulhouse. In aktiver Teilnahme und oft an der Spitze fortschrittlicher Entwicklungen stehend, spielte dieses Bürgertum dort im allgemeinen eine bedeutende wirtschaftliche Rolle (so kannte jeder die „protestantische Bank" in Paris). Die Auffälligkeit dieses Bürgertums darf jedoch nicht darüber hinwegtäuschen, daß der Grundcharakter des französischen Protestantismus das ganze 19. Jh. hindurch massiv ländlich geprägt war – was im übrigen auch der damaligen ländlichen Gestalt Frankreichs überhaupt entsprach (1846 lebten 75 Prozent der französischen Bevölkerung auf dem Lande).

Ebenso wie die meisten ihrer katholischen Landsleute betrachteten viele französische Protestanten den Anfang der dreißiger Jahre als einen Neubeginn in vielfacher, unter anderem politischer, moralischer und religiöser Hinsicht. 1789 standen die Hugenotten geschwächt am Ende eines Jahrhunderts grausamer Verfolgungen (1685–1787). Gewiß hatte die Französische Revolution ihnen Freiheit und Gleichheit beschert, aber die Zeit hatte dennoch nicht ausgereicht, das protestantische kirchliche Personal wieder auf den früheren Stand zu bringen. Erst in den Jahren der Neuorganisation des religiösen Lebens in Frankreich unter Napoléon Bonaparte (1801–1802) konnten die jetzt staatlicherseits offiziell anerkannten protestantischen Kirchen wirklich neu anfangen.[117] Und erst weitere dreißig

---

[115] Zu vermerken ist auch das Bestehen verstreuter protestantischer Gemeinden in der Normandie (vor allem entlang der unteren Seine und in der Gegend von Caux) und in den Regionen Thiérache und Brie.

[116] Der im 16. und 17. Jh. zahlreiche protestantische Adel war im Anschluß an die Aufhebung des Edikts von Nantes (Verfolgungen und Emigration) beinahe ausgelöscht worden.

[117] Es ist darauf hinzuweisen, daß die *Organischen Artikel*, die die protestantischen Kulte betrafen, nicht aus Verhandlungen mit Vertretern der reformierten und der lutherischen Kirche hervorgingen, sondern von Napoleon auferlegt wurden. Außerdem enthielten diese *Organischen Artikel* zahlreiche Vorschriften, die für die Hugenotten sehr hinderlich waren (insbesondere die praktische Abschaffung der Nationalsynode). Dennoch akzeptierten sie

Jahre, also eine ganze Generation später, waren sie wieder imstande, ein normales kirchliches Leben zu führen. Zuvor war es unabdingbar notwendig, kirchliche und pastorale Rahmenbedingungen, mithin ein theologisches Ausbildungssystem zu schaffen und so den Pastorenstand wiederherzustellen, Kirchen wiederaufzubauen usw. Dies war umso nötiger, als die staatliche Macht ihnen während der Zeit der Restauration, in der der Katholizismus wieder Staatsreligion wurde, zwar nicht grundfeindlich, aber eben auch kaum freundlich gegenübergestanden hatte. All dies verstärkte den Eindruck einer Erneuerung, den im Sommer 1830 viele Franzosen empfanden. Ein berühmtes Zitat von Pastor Jean Pédézert bringt gut zum Ausdruck, welche Geistesverfassung zu Beginn der Juli-Monarchie herrschte: „Es waren damals wirklich gute Zeiten [...]. Frankreich erlebte eine neue Jugendzeit. Frankreich war von Zufriedenheit und Vertrauen erfüllt. Dem Land schien eine glückliche Zukunft zu winken. Diese Jahre sind für unser Land die schönsten dieses Jahrhunderts. Das Leben, ein edles Leben erfüllte die Seelen mit seinem üppigen Strömen. Auch die Religion schien neugeboren zu werden. Von neuem erlebte sie Begeisterung, und mit dem Glauben kehrte auch ihr ehrgeiziges Streben zurück. Sie träumte von Eroberungen, davon, wie das Evangelium von neuem die Seelen in Besitz nähme, wenn man es nur aus den amtlich vorgegebenen Rahmen befreite. Frankreich war reif und bereit für ein besseres religiöses Schicksal."[118]

Zwei Hauptprobleme stellten sich den Protestanten dabei jedoch in den Weg: zum einen das Problem ihrer Beziehungen zum Staat und zur französischen Gesellschaft, die damals zum weitaus größten Teil katholisch war, und zum anderen das Problem ihrer eigenen Entscheidungen in der kirchlichen Lehre. Tatsächlich erlebte die protestantische Theologie im 19. Jh. einen bedeutenden Aufschwung.[119] Die Nachkommen der Reformation gingen an eine Neuformulierung zahlreicher Aspekte der christlichen Lehre, damit sie sich in einer Sprache an ihre Zeitgenossen wenden konnten, die von diesen auch verstanden wurde. Zwar beteiligten sich die Hugenotten an dieser allgemeinen Bewegung der protestantischen Theologie, aber ihr besonderer Fall lag doch etwas anders. Tatsächlich hatte der französische Protestantismus vor 1685 mit bedeutenden Denkern voll und ganz seinen Platz in der theologischen Diskussion des europäischen Protestantismus eingenommen. Aber die Aufhebung des Ediktes von Nantes, die Vertreibung der Pastoren, die Verfolgungssituation und das damit einhergehende Leben im Untergrund hatten die Hugenotten vom übrigen Protestantismus abgeschnitten. Überdies hatten die protestantischen Gemeinden lange Zeit nur in großen Abständen die Anwesenheit von Pastoren genießen können, die im Untergrund arbeiten und den Ort ihrer Tätigkeit immer wieder wechseln mußten. Nun hatte ihre vorrangige Sorge in diesen Verfolgungszeiten nicht eben der Anpassung der Predigt an die neuen theologischen Erkenntnisse gegolten. Das bedeutete, daß die aus dem 18. Jh. hervorgegangene herrschende Theologie bis in die 20er Jahre hinein sehr stark von der Philosophie der Aufklärung beeinflußt war. Die Predigten ähnelten eher langen philosophischen Abhandlungen über sittliche Fragen. In den meisten Fällen wurde der Dogmatik des 16. und 17. Jh. kein ausdrücklicher Widerspruch entgegengesetzt, aber dennoch

---

diese, weil sie ihnen die rechtmäßige Anerkennung brachten und man sich eine relativ rasche Verbesserung davon versprach. Vgl. dazu D. ROBERT, Les Églises réformées en France (1800–1830), Paris 1961 sowie A. ENCREVÉ, Protestants français au milieu du XIXᵉ siècle: les réformés de 1848 à 1870, Genf 1986.

[118] J. PÉDÉZERT, Souvenirs et études, Paris 1888, 13f.

[119] Vgl. die Kapitel zur Entwicklung der protestantischen Theologie im 19. Jh.

bestand eine Tendenz, das Christentum auf einen mitunter romantisch eingefärbten Moralkodex zu reduzieren.

Die wichtigsten Repräsentanten dieser Strömung – die man „liberal" nannte, weil sie die
Bibel recht frei zu interpretieren beanspruchte – waren zu Anfang der dreißiger Jahre die
Pastoren Athanase Coquerel (1795–1868) – ein brillanter und hochgebildeter Geist, aber
kein Erneuerer – und Samuel Vincent (1787–1837). Letzterer war lange Zeit Pastor in
Nîmes und ein typischer Vertreter seiner Epoche: Er war ebenso von der Art und Weise geprägt, in der das 18. Jh. die theologischen Fragen anging (oft milderte er die überlieferten
dogmatischen Formeln ab), wie von der Romantik und Schleiermacher. Er wünschte sich,
die Christen möchten imstande sein, der Herausforderung durch die Erneuerung der profanen Wissenschaften zu begegnen. Zu diesem Ziel leitete er sukzessive das Erscheinen
mehrerer theologischer Zeitschriften, in denen er sich bemühte, die Entwicklungen des religiösen Denkens jenseits des Rheins mitzuverfolgen. Eine dieser Zeitschriften trug übrigens den bezeichnenden Titel *Mélanges de religion, de morale et de critique sacrée*, denn
geprägt vom 18. Jh. vertrat Vincent zwar die Auffassung, die Religion sei vor allem eine
(sittliche) Lebenspraxis, aber als Mann des 19. Jh. und Zeitgenosse der Anfänge der Wis-
senschaftsbewegung war er auch der Ansicht, die Christen dürften der wissenschaftlichen
Exegese (der Bibelkritik) nicht mit Desinteresse gegenüberstehen, und es gehöre zu den
ganz grundlegenden Pflichten der Theologen dieser Zeit, das Christentum in einer an die
moderne Welt angepaßten Ausdrucksweise darzustellen.

Im Lauf der zwanziger und dreißiger Jahre geriet diese liberale Strömung allmählich in
eine Konkurrenzsituation mit der Erweckungsbewegung. Diese wurde anfangs von ausländischen Pastoren verbreitet (vor allem aus der Schweiz und Großbritannien) und präsentierte sich oft als eine Rückkehr zur Lehre der Reformatoren des 16. Jh., die ihr zufolge
von den Liberalen verwässert worden war. Wie aber der Name, den die Vetreter dieser
Richtung wählten, deutlich zeigt, waren diese vor allem von einem Willen zum aktiven
Handeln geleitet: Sie wollten nämlich die Christen „aufwecken" und ihnen neues Leben
einhauchen. Die theologische Forschung interessierte sie weniger; sie tendierten eher zu
dogmatischen Ausdrucksweisen des 16. Jh. (eben denen der Reformatoren), und zwar *a
priori* und nicht in der Folge langer Studien, denn sie erwarteten von der Glaubenslehre
vor allem eine Orientierung für ihr Handeln in der Welt. Mit ihrem Ausdruck einer ge-
fühlsbetonten Spiritualität waren sie jedoch auch Männer ihrer Zeit. In ihren Liedern ergoß
sich ein geistliches Leben, das von den Regungen des Herzens getragen und recht entfernt
war von der unterkühlten Spiritualität der traditionellen hugenottischen Psalmen. Gewiegt
von der romantischen Atmosphäre, in der sie lebten, wandten sich die Anhänger der Erweckungsbewegung absichtlich an die Schichten des Unterbewußten und eher ans Gefühl
als an den Verstand (was sie scheinbar in die Nähe zu Schleiermacher rückte), und oft betonten sie ihren Abscheu vor der Sünde. Sie ließen es jedoch nicht bei der Klage über ihre
Sünden bewenden, sondern besangen auch das unendliche Erbarmen des gnädigen Gottes.
Ihre Hauptvertreter in den dreißiger und vierziger Jahren waren die Pastoren Adolphe Monod (1802–1856) in der reformierten und Franz Haerter (1797–1874) in der lutherischen
Kirche.

In ihrer gegenüber Natur und Fähigkeit des Menschen optimistischeren Einstellung
rückten die Liberalen – und darin waren auch sie Männer ihrer Zeit – den modernen gebildeten Menschen ins Zentrum ihrer Überlegungen, und angesichts der Entfaltung des Wissens (etwa der Entwicklung der historisch-kritischen Methode in der Exegese) hatten sie

keine Bedenken, die überlieferten Formulierungen und sogar die Glaubensüberzeugungen zu modifizieren. Die Vertreter der Erweckungsbewegung dagegen, die allmählich „Evangelikale" genannt wurden, stellten den Text der Bibel in den Mittelpunkt ihres gesamten Vorgehens. Wo die Entwicklung des Wissens sie dazu brachte, sich Fragen zu stellen, welche Gültigkeit den traditionellen Auslegungsweisen zukommen konnte (sie waren keineswegs ungebildet oder Feinde der Aufklärung), da griffen sie lieber auf die symbolische Auslegung zurück, als daß sie sie aufgegeben hätten.

Die Diskussion zwischen Evangelikalen und Liberalen verlief bis 1850 mitunter lebhaft, aber doch in normalen Bahnen. Obwohl manche die Abfassung eines Glaubensbekenntnisses verlangten (mit dem Ziel, den lehrmäßigen Neuerungen der Liberalen eine Grenze zu setzen), und trotz des Fehlens einer lehramtlichen Autorität in der reformierten Kirche[120] behauptete niemand, für die Mitglieder der einen oder der anderen Strömung sei in der Kirche kein Platz mehr.[121] Die gemäßigten Liberalen galten damals noch als konservativ und als die Erben des alten hugenottischen Protestantismus, dessen Qualitäten in einem Jahrhundert des Widerstands in der Verfolgung offenbar geworden waren. Sie stellten noch wie zu Anfang des Jahrhunderts die Mehrheit der französischen Protestanten. Die Evangelikalen gewannen jedoch nach und nach zahlreiche Anhänger, bis sie annähernd gleich stark waren wie die Liberalen.

Ab 1850 änderte sich die Lage. In diesem Jahr veröffentlichte Edmond Scherer (1815–1889) eine kleine Broschüre mit dem Titel *La Critique et la Foi*, in der er, beeinflußt von der deutschen Denkrichtung und besonders von Ferdinand Christian Baur und den Arbeiten der Tübinger Schule, behauptete, die neuen exegetischen Entdeckungen ließen den Glauben an die umfassende Inspiration der Bibel nicht zu. Es komme im Gegenteil darauf an, innerhalb des Bibeltextes eindeutig zwischen den inspirierten Passagen und denen, die nur von historischem Interesse seien, zu unterscheiden. Seine Thesen riefen eine umso heftigere Polemik hervor, als damals in Frankreich die Mehrzahl der Hugenotten und sogar der Pastoren bezüglich der theologischen Produktion in Deutschland nicht auf dem laufenden war und Scherer, der selbst aus dem extremen Lager der Evangelikalen stammte, sich allzu abrupt äußerte. Nun gründete im selben Jahr Timothée Colani (1824–1888) – ein zweiter Pastor, der mit Scherer befreundet war und ebenfalls aus dem evangelikalen Lager stammte – in Straßburg die *Revue de théologie et de philosophie chrétienne*[122] mit dem Ziel, die neuen Ergebnisse der deutschen Theologie den französischsprachigen Protestanten zugänglich zu machen. Scherer gehörte zu den wichtigsten Mitarbeitern dieser Zeitschrift.

Diese Initiativen hätten vermutlich keinen allzu heftigen Widerspruch hervorgerufen,

---

[120] Die *Organischen Artikel* erwähnten nicht die Nationalsynode der reformierten Kirche, die jedoch in dogmatischer Hinsicht die einzige anerkannte Autorität war. Insofern waren die reformierten Kirchen ein Körper ohne Kopf, und die wenigen Notlösungen, die ersonnen wurden, um dem abzuhelfen (insbesondere die „Pastoralkonferenzen", die nur halbamtlich waren und über keinerlei Autorität verfügten), vermochten in Fragen der Kirchenlehre nicht zu entscheiden.

[121] Indem sie die Versammlungsfreiheit nutzten, die seit der Revolution von 1848 bestand, hielten die Reformierten im September 1848 eine „Generalversammlung" ab (eine Art halbamtlicher Nationalsynode). Die gemäßigten Liberalen, die dort über eine knappe Mehrheit verfügten, widersetzten sich der Abfassung eines Glaubensbekenntnisses, aber das hatte keine dramatischen Folgen. Nur eine winzige Minderheit extremer Vertreter der Evangelikalen spaltete sich ab und gründete eine Freikirche. Diese fand jedoch nur eine sehr geringe Gefolgschaft.

[122] Da sie mehrfach ihren Namen wechselte, war sie unter der Bezeichnung *Revue de Strasbourg* bekannt.

wenn die beiden Männer sich auf ihr ursprüngliches Programm begrenzt und sich darum bemüht hätten, die gesamte Bandbreite der deutschen theologischen Produktion zugänglich zu machen. Das war jedoch nicht der Fall. Sehr bald beschlossen sie nämlich, nur die Arbeiten der extremen Liberalen bekanntzumachen und vor allem ihre eigenen Schlußfolgerungen zu publizieren. Jetzt begann Edmond Scherer, dessen rationalistischer Zug mit ihm durchging und der darin von Colani im allgemeinen unterstützt wurde, sehr persönlich gefärbte Aufsätze zu verfassen, in denen er die immer radikalere Entwicklung seines Denkens darlegte. Binnen weniger Jahre gelangte er zur Position des extremen Liberalismus und leugnete schließlich die meisten der Lehren, die im allgemeinen als für das Christentum wesentlich gelten. Bereits 1855 schrieb er kaum noch theologische Artikel im eigentlichen Sinne, und 1860, nachdem er zum Agnostiker geworden war, kehrte er Theologie und Kirche den Rücken. Die Publikation derartiger Aufsätze in einer Zeitschrift, die von protestantischen Theologen geleitet wurde und wo bezeichnenderweise die Namenszüge anderer Vertreter des extremen Liberalismus wie Albert Réville und Félix Pécaut zu finden waren, mußte natürlich heftigste Polemik hervorrufen. Diese fand ihren Ausdruck in der 1854 erfolgten Gründung der *Revue chrétienne*, einer sozusagen konkurrierenden Zeitschrift, die lange von dem evangelikalen Pastor Edmond de Pressensé (1824–1891) geleitet wurde und unter anderen die Namen von Jean-Frédéric Astié und Eugène Bersier trug. Aber obwohl die Polemik manchmal recht scharf war, blieb sie zwischen Evangelikalen und Liberalen in den fünfziger Jahren doch auf das Gebiet der Theologie begrenzt. Sie griff nicht auf den Bereich der Ekklesiologie über und zog also noch nicht das Leben der Kirche selbst in Mitleidenschaft.

Der Herrschaftsbeginn der Juli-Monarchie wurde von den Hugenotten positiv aufgenommen. Gewiß waren sie während der Restauration nicht verfolgt gewesen, aber die üblen Erinnerungen an die Verfolgungen unter den Königen des 17. und 18. Jh., an die Massaker an den Anhängern der Revolution und Napoleons während der *Terreur blanche* im Jahre 1815 (allein im Département Gard gab es mehr als hundert tote und einige tausend verletzte Protestanten) sowie die klerikale Ausrichtung der Regierung führten dazu, daß die meisten Hugenotten erleichtert aufatmeten, als Karl X. ins Exil ging. Andererseits verlor der Katholizismus unter Louis-Philippe seine Stellung als Staatsreligion. Die von der politischen Philosophie des Liberalismus getragene bürgerliche Monarchie stand auf Kriegsfuß mit der Hierarchie der römisch-katholischen Kirche und betraute Protestanten mit hohen politischen Ämtern. François Guizot, der bekannteste von ihnen, war in den dreißiger Jahren mehrmals Minister und von 1840 bis 1848 de facto Ministerpräsident. Der König verheiratete zwei seiner Töchter mit protestantischen Fürsten, und auch der Thronfolger heiratete eine Protestantin. Festzustellen ist demnach, daß das protestantische Bürgertum aus Vernunftgründen orléanistisch eingestellt war. Es handelte sich dabei nicht um eine tiefergehende Entscheidung, sondern war lediglich auf die gegebenen Umstände zurückzuführen.

Während dieser Jahre gab es zwischen den Protestanten und dem Staat keinen wirklichen Streitfall. Nach Einschätzung der Hugenotten lag der tatsächliche Stein des Anstoßes bei ihrer Wiedereingliederung in die nationale Gemeinschaft, d. h. in der Gleichstellung des Kultus und insbesondere darin, daß ihre Pastoren und Evangelisten die Möglichkeit bekamen, in allen politischen Gemeinden Frankreichs das Evangelium so zu verkünden, wie sie es verstanden, sogar in Gemeinden, in denen ursprünglich keine protestantische Gemeinschaft bestanden hatte. Nun akzeptierten die Hierarchie der katholischen Kirche und die Mehrheit der lokalen Behördenvertreter (zumeist Katholiken) zwar das Prinzip religiöser Toleranz (Gewissens- und Kultusfreiheit für die alten protestantischen Gemeinschaften), glaubten sich aber dennoch im Recht, wenn sie sich der protestantischen Evangelisation widersetzten. Da die Rechtsprechung diesbezüglich unklar war, stießen mehrere protestantische Evangelisten Anfang der vierziger Jahre auf Schwierigkeiten durch lokale Behörden (Gerichtsverfahren und Verurteilungen für unautorisiertes Abhalten religiöser Versammlungen). Im allgemeinen jedoch führte die Anrufung der Zentralgewalt dazu, daß die Kultusfreiheit respektiert wurde, und die Geister beruhigten sich. Dennoch scheint das protestantische Volk, das ebenfalls die ihm gelassene größere Freiheit zu schätzen wußte, seine Vorliebe für die Regierungsform der Republik beibehalten zu haben, die es sich aufgrund der Erinnerungen an die Französische Revolution sowie an die Massaker, von denen die Wiederherstellung der Monarchie (1815) begleitet war, kurz nach dem Sturz des Kaiserreiches zu eigen gemacht hatte.

Die Ausrufung der Republik 1848 wurde also von den meisten Hugenotten positiv aufgenommen, umso mehr, als die neue Regierung dafür sorgte, daß Freiheit und Gleichstellung des Kultus respektiert wurden. Dies galt besonders für die religiöse Versammlungsfreiheit, selbst als bereits ab Sommer 1848 die übrigen Arten von Versammlungen einer vorherigen Genehmigung bedurften. Aber mehr noch als wirklich Männer der Linken waren die Protestanten antikatholisch eingestellt. Daher war ihr Verhalten gegenüber Louis Napoleon in den einzelnen Regionen unterschiedlich, wie es sich bei den Wahlen zur gesetzgebenden Versammlung von 1849 zeigte. Im Südosten des Landes waren die Bonapartisten mit den klerikalen Royalisten verbündet; die Protestanten gaben ihre Stimme also den Republikanern, die ausreichend gut organisiert waren, um dieser feindlichen Koalition Widerstand zu leisten. In den Regionen von Poitou und Charentes dagegen waren die Bonapartisten eher die Gegner von Klerikalen und Adligen, und die Republikaner waren sehr viel weniger gut organisiert – die Protestanten stimmten also zugunsten der Bonapartisten. In beiden Fällen waren diese scheinbar gegensätzlichen Wahlentscheidungen vom selben konfessionellen Verteidigungswillen gelenkt.

Dieselbe politische Landschaft zeichnete sich 1851 ab. In den Départements Drôme, Ardèche und Gard beteiligten sich die Protestanten ohne Zögern an den republikanischen Erhebungen und stimmten beim Plebiszit mit „Nein". Der Kanton Vernoux (im Département Ardèche) war sogar der einzige ländliche Kanton in ganz Frankreich, in dem mehrheitlich mit „Nein" abgestimmt wurde (60 Prozent) – und seine Bevölkerung war mehrheitlich protestantisch (60 Prozent). In den Regionen Poitou und Charentes und im Südwesten überhaupt empörten sich die Protestanten jedoch nicht und stimmten beim Plebiszit mit „Ja", denn so dachten sie sich gegenüber eventuellen Übergriffen der Klerikalen wappnen zu können.

Dennoch waren die Jahre der autoritären Regierung bis 1859 für die protestantische Gemeinschaft eine recht beschwerliche Zeit. Damals lebte man tatsächlich unter dem diktatorischsten und klerikalsten Regime, das es im ganzen 19. Jh. in Frankreich gegeben hat. Daher stießen die protestantischen Evangelisten auf zahlreiche Schwierigkeiten, denn die Bischöfe fanden es absolut normal, die Polizei zu holen, wenn Pastoren in solchen Gemeinden religiöse Versammlungen abhielten, in denen früher keine protestantische Gemeinschaft bestanden hatte. Zu dieser Zeit unterstützten die lokalen Behörden ebenso wie die Regierung die katholische Hierarchie. Daher wurden in mehr als einer Region protestantische Kirchen und Schulen geschlossen und Evangelisten ins Gefängnis gebracht. Gewiß dürfen wir nicht übertreiben, denn diese Vorfälle betrafen „nur" ein paar tausend Menschen, und bereits 1859, nachdem der Kaiser seine taktische Allianz mit den Klerikalen aufgekündigt hatte, ließen die Schwierigkeiten nach. Dennoch hatten diese Erfahrungen die Hugenotten geprägt und die meisten von ihnen in ihrer republikanischen Überzeugung bestärkt.

Bibliographie

In den letzten dreißig Jahren ist eine so außergewöhnlich große Anzahl von Arbeiten zur Geschichte des französischen Katholizismus und Protestantismus erschienen, daß es kaum möglich ist, eine detaillierte Bibliographie zu erstellen. Wir beschränken uns daher auf die Nennung der kürzlich erschienen großen zusammenfassenden Darstellungen zur Religionsgeschichte Frankreichs, die Bibliographien enthalten. Darüber hinaus sind Hilfsmittel und repräsentative Werke der neueren Forschungsrichtungen genannt.

A. DANSETTE, Histoire religieuse de la France contemporaine, Paris 1965.

A. LATREILLE – R. RÉMOND, Histoire du catholicisme en France, Bd. 3, Paris 1962.

G. CHOLVY – Y.-M. HILAIRE, Histoire religieuse de la France contemporaine, Toulouse, Bd. 1: 1800–1880 (1985) und Bd. 2: 1880–1930, (1986) – mit detaillierter Bibliographie.

F. LEBRUN (Hrsg.), Histoire des catholiques en France du XVe siècle à nos jours, Toulouse 1985.

J. LE GOFF – R. RÉMOND, Histoire de France religieuse, Paris, Bd. 3 (1993) und Bd. 4 (1992).

J.-M. MAYEUR – J. BAUBEROT (Hrsgg.), L'Histoire religieuse de la France, XIXe–XXe siècle. Problèmes et méthodes, Paris 1975 – mit umfangreicher Bibliographie.

Hilfsmittel:

J.-M. MAYEUR – Y.-M. HILAIRE (Hrsgg.), Dictionnaire du monde religieux dans la France contemporaine, 9 Bde., Paris 1985–1996.

F. BOULARD e. a., Matériaux pour l'histoire religieuse du peuple français, XIXe–XXe siècle, Paris, Bd. 1 (1982), Bd. 2 (1987) und Bd. 3 (1992).

Unter den regionalgeschichtlichen Studien sind hervorzuheben:

P. BOUTRY, Prêtres et paroisses au pays du curé d'Ars, Paris 1986.

Y.-M. HILAIRE, Une Chrétienté au XIXe siècle? La vie religieuse des populations du diocèse d'Arras (1840–1914), 2 Bde., Lille 1977.

M. LAGRÉE, Religion et cultures en Bretagne 1850–1950, Paris 1992.

CHR. SORREL, Les catholiques savoyards. Histoire du diocèse de Chambéry (1890–1940), Chambéry 1995.

Zur Welt der Kleriker:

C. LANGLOIS, Le catholicisme au féminin. Les Congrégations françaises à supérieure générale en France au XIXe siècle, Paris 1984.

M. LAUNAY, Le Bon Prêtre. Le Clergé rural au XIXe siècle, Paris 1986.

Zu den intellektuellen und spirituellen Strömungen – über den Artikel von J. FONTAINE e. a., France, in: Dictionnaire de spiritualité V (1964), Sp. 785–1004, hinaus:

C. BRESSOLETTE, L'Abbé Maret. Le Combat d'un théologien pour une démocratie chrétienne (1830–1851), Paris 1977.

C. SAVART, Les Catholiques en France au XIXe siècle. Le Témoignage du livre religieux, Paris 1985.

Zum Protestantismus:

Actes du colloque François Guizot, hrsg. von der Société de l'Histoire du Protestantisme français, Paris 1976.

A. Encrevé (Hrsg.), Dictionnaire du monde religieux dans la France contemporaine, Bd. 5: Les Protestants, Paris 1993.

–, Protestants français au milieu du XIXᵉ siècle. Les réformés de 1848 à 1870, Genf 1986.

–, Les Protestants en France de 1800 à nos jours, Paris 1985.

R. Mandrou (Hrsg.), Histoire des protestants en France (darin die Beiträge von D. Robert und A. Encrevé), Toulouse 1977.

É. G. Léonard, Le Protestant français, Paris ²1953.

M. Lienhard, Foi et vie des protestants d'Alsace, Straßburg 1981.

S. Mours – D. Robert, Le Protestantisme en France du XVIIIᵉ siècle à nos jours, Paris 1972.

D. Robert, Les Églises réformées en France (1800–1830), Paris 1961.

H. Strohl, Le Protestantisme en Alsace, Straßburg 1950.

Zweites Kapitel

Belgien, Luxemburg und die Niederlande

VON ANDRÉ TIHON UND ANTON VAN DE SANDE

I. Belgien

1. Freie Kirche in einem freien Staat

Angespornt vom Beispiel Frankreichs, setzte die Revolution vom September 1830 dem holländisch-belgischen Gebilde ein Ende: Die niederländischen Truppen mußten Belgien verlassen, das zur eigenständigen Monarchie wurde und damit die auf dem Wiener Kongreß beschlossene ungeliebte Fusion zwischen den Niederlanden und Belgien in einem niederländischen Königreich aufhob. Der Widerstand gegen die Religionspolitik des niederländischen Königs Wilhelm I. – vor allem hinsichtlich des Religionsunterrichts – bestärkte die meisten Katholiken in der Überzeugung, die neuzeitlichen Freiheiten für das Wirken der Kirche in Anspruch zu nehmen[1]. Gegen die Eingriffe des Staates in das Erziehungswesen berief man sich auf die Freiheit des Unterrichts. Im Namen der noch fünfzehn Jahre vorher verurteilten Religionsfreiheit wurde die Unabhängigkeit der Kirche gegen jede staatliche Einmischung verteidigt. Der jungen freiheitlich denkenden Generation lag allerdings mehr an der Verwirklichung politischer Demokratie als an antiklerikaler Kampfstimmung. Auf der Grundlage gegenseitiger Anerkennung der von beiden Seiten festgehaltenen Freiheiten konnte eine Einigung erzielt werden: Freiheit der Kirche und des Unterrichtswesens für die einen, Meinungs- und Pressefreiheit neben der Betonung der Legislative gegenüber der Exekutive für die andern.

Um die Verteidigung der kirchlichen Interessen zu gewährleisten, setzten sich die Bischöfe energisch und wirkungsvoll für das Ziel einer katholischen Mehrheit in dem mit dem Verfassungsentwurf für den neuen Staat beauftragten Nationalkongreß ein, dem bereits zwölf Priester angehörten. Unter den Katholiken schwebte vor allem Vertretern des Adels und des hohen Klerus die Wiederherstellung der früheren Einheit von Thron und Altar vor. Für sie konnte eine vordergründige, aus taktischen Erwägungen sogar notwendige Anerkennung neuzeitlicher Freiheitsideen nur eine Übergangslösung darstellen. In der Überzeugung, daß die parlamentarische Regierung für die Durchsetzung christlicher Werte im öffentlichen Leben aufgeschlossen sei, war ein Großteil der gewählten Katholiken bereit, der Freiheit „in allem und für alle" Vertrauen zu schenken. Der vor allem im

---

Zu Kurztiteln vgl. die jeweilige Erstnennung bzw. die Bibliographie am Ende dieses Kapitels.

[1] Zur Haltung Roms vgl. Lettres de F. Capaccini, agent diplomatique et internonce du Saint-Siège au royaume uni des Pays-Pas (1828–1831), hrsg. von J.-P. DE VALK in Zusammenarbeit mit E. LAMBERTS, Brüssel – Rom 1983 (Analecta vaticano-belgica 2. Reihe/Abt. C, 5).

niederen Klerus und in den kleinbürgerlichen flämischen Volksschichten stark vertretene radikale Flügel strebte jedoch eine strikte Trennung von Staat und Kirche an[2].

Den kirchlichen Amtsträgern, die auf eine tragfähige, seit Joseph II., Napoleon und Wilhelm I. erprobte Widerstandstradition im Kampf gegen die Einmischungen der weltlichen Gewalt zurückgreifen konnten, lag besonders an der uneingeschränkten Organisationsfreiheit der Kirche – selbst unter Preisgabe einiger Privilegien und der Anerkennung der Freiheit anderer. Weder Einheit noch Trennung von Kirche und Staat, sondern gegenseitige Unabhängigkeit war das Motto: Der Klerus sollte nicht direkt in die Angelegenheiten des Staates eingreifen, ebensowenig die Regierung in kirchliche Fragen. Diese Zielvorstellungen verteidigte der Kapitularvikar (1831–1832) und spätere Erzbischof von Mecheln Engelbrecht Sterckx (1832–1867) in Rom. Seit November 1830 kamen die Bischöfe zu Beratungen über die Festlegung einer gemeinsamen Kirchenpolitik und Seelsorge angesichts der großen Zeitprobleme zusammen. Diese regelmäßigen, zum damaligen Zeitpunkt ersten Zusammenkünfte sollten trotz möglicher Divergenzen eine große Geschlossenheit der Kirche in Belgien ermöglichen.

Als Ergebnis eines Kompromisses führte die Verfassung von 1831 zur Wiedereinsetzung einer parlamentarischen Monarchie auf der Grundlage eines Wahlrechts, das auf Steuerzahler beschränkt war (ca. 46000 Wähler bei einer Bevölkerungszahl von mehr als vier Millionen), und bei gleichzeitiger Anerkennung der wichtigsten neuzeitlichen Freiheiten. Einige Artikel der Verfassung befaßten sich direkt mit den etablierten Religionsgemeinschaften, vor allem aber mit der katholischen Kirche. Die Freiheit der Kultusausübung einschließlich ihres Öffentlichkeitscharakters wurde garantiert. Der Staat verzichtete auf jede Intervention bei der Ernennung von Bischöfen und Geistlichen sowie auf die Kontrolle der Verbindungen mit Rom. Im Gegenzug konnte niemand zur Teilnahme an gottesdienstlichen Feiern gezwungen werden. Als einzige Einschränkung der Religionsfreiheit blieb jedoch die Verpflichtung bestehen, die kirchliche Trauung erst nach der standesamtlichen Eheschließung folgen zu lassen. Der Klerus konnte beim Staat die Bezahlung der Gehälter und Pensionen für die Kultusbeamten beantragen. Neben dem seit der napoleonischen Herrschaft anerkannten protestantischen und jüdischen Kultus ließ der König 1835 die Anglikanische Kirche und 1888 die protestantische Freikirche zu. Mit der Verfassung wurde auch die Unterrichtsfreiheit und die Unterordnung der Exekutive unter die Legislative hinsichtlich des Volksschulwesens garantiert. Die Regierung konnte nur innerhalb des gesetzlichen Rahmens handeln, während unter dem vorausgegangenen Regiment das Schulwesen zum Kompetenzbereich des Königs gehört hatte. In gleicher Weise gewährte die Verfassung den Vereinen, d. h. auch den religiösen Kongregationen, volle Freiheit, allerdings ohne das Zugeständnis des Erwerbes eigenen Besitzes.

Für die kirchlichen Führungsschichten standen zwei Strategien zur Verfügung: entweder die Zusammenarbeit mit der weltlichen Macht zu suchen, um ihren Einfluß auf die öffentlichen Institutionen zu erhalten, wenn nicht zu verstärken, oder ihre eigenen kirchli-

---

[2] Zum liberalen Katholizismus und seinen Gegnern vgl. neben den Arbeiten von Simon H. HAAG, Les origines du catholicisme libéral en Belgique (1789–1839), Löwen 1950; K. JÜRGENSEN, Lamennais und die Gestaltung des belgischen Staates. Der liberale Katholizismus in der Verfassungsbewegung des 19. Jh., Wiesbaden 1963; E. LAMBERTS, Kerk en liberalisme in het bisdom Gent (1821–1957). Bijdrage tot de studie van het liberaal-katolicisme en het ultramontanisme, Löwen 1972; DERS. (Hrsg.), De Kruistocht tegen het liberalisme. Facetten van het ultramontanisme in België in de 19e eeuw, Löwen 1984.

chen Anstalten auszubauen. Die erste Möglichkeit setzte ein Einverständnis mit den weltlichen Behörden unter Einschluß von Konzessionen und einer eingeschränkten Freiheit voraus – allerdings auch die Möglichkeit, auf alle Gesellschaftsschichten einzuwirken. Die zweite Option eröffnete größere Freiheiten, um die kirchlichen Ziele ungehindert zu verfolgen, dann allerdings unter Einsatz umfassender Geldmittel sowie mit dem Verzicht, umfassenden Einfluß auf die Bevölkerung zu nehmen. Anhänger des „Unionismus" wie Sterckx haben sich mit allen Mitteln für die Durchsetzung der ersten Lösung eingesetzt. Die „unnachgiebigen" Katholiken – so die Formulierung von Emile Poulat – bevorzugten dagegen den zweiten Weg.

In dem unionistischen Klima in der Zeit nach der Unabhängigkeit hielt der Staat eine Reihe von Vergünstigungen aufrecht, die dem gottesdienstlichen Leben schon von früheren Herrschaftssystemen zuerkannt worden waren[3]. Aufgrund der flächendeckenden Arbeit des Klerus, die sich vor allem in Flandern bei der Einflußnahme auf die Wahlen bemerkbar machte, wurde das Gewicht der Katholiken im Parlament gestärkt. Obwohl König Leopold I. Protestant war, begünstigte er die katholische Kirche, in der er das beste Bollwerk gegen den „revolutionären Geist" erblickte. Dieser Politik schlossen sich alle staatlichen Stellen an, in der vollen Überzeugung vom sozialen Nutzen der Religion. Trotz des Verbots, bei Nominierungen einzugreifen, ergaben sich Berührungspunkte bei der Ernennung von Bischöfen. 1834 gelang dem König die Errichtung einer Nuntiatur in Brüssel, womit er die Hoffnung verband, den Klerus besser kontrollieren zu können. Nach der Verurteilung Lamennais und dank gründlicher Propaganda der Behörden nahmen die „demokratischen" Priester Flanderns allmählich konservativere Positionen ein. Auch die Ultramontanen, die der Verfassung skeptisch gegenüberstanden, erkannten uneingeschränkt die sich für die Kirche aus dieser neuen Situation ergebenden Vorteile. So ergab sich die Entwicklung von einem vom Ideal einer Freiheit „in allem für alle" durchdrungenen katholischen Liberalismus zu einem liberalen Katholizismus, der die gewonnenen Freiheiten als Mittel zur Förderung der kirchlichen Interessen einsetzte.

Parlament und Regierung hatten eine Reihe von Maßnahmen ergriffen, die für die Kirche günstig waren. Gleich nach dem Regierungsantritt Leopolds I. im Jahre 1831 lud der Klerus die weltlichen Würdenträger zu einem *Te Deum* ein – ein Brauch, der sich bis in die Gegenwart erhalten hat. Als Zeichen für die Allianz zwischen weltlicher und geistlicher Gewalt wurde nach einem königlichen Erlaß vom 30. Dezember 1833 die Militärseelsorge organisiert. Der Erlaß vom 3. April 1839 regelte den generellen Dispens der Priesterseminaristen vom Militärdienst, und der Kriegsminister erinnerte am 1. Oktober 1840 – trotz der verfassungsmäßigen Fixierungen – an die nach wie vor bestehende Gültigkeit des Dekrets vom 24. Messidor des Jahres XII über die Verehrung des hl. Sakraments[4]. Die Kommunal- und Provinzialgesetze vom 30. März und 30. April 1836 übernahmen die Verpflichtungen aus dem napoleonischen Dekret vom 30. Dezember 1809, das den weltlichen Behörden den Unterhalt der Kirchenbauten, Bischofspaläste und Priesterseminare auferlegte. Neben den Pfarrern und Pfarrverwaltern erhielten auch die Kapläne und Vikare ab 1837 ein Staatsgehalt. Da es bei der Betreuung von Krankenhäusern, Altenheimen und Frauengefängnissen

---

[3] Zur liberalen Einschätzung dieser Frage vgl. A. MIROIR, L'État et les cultes en droit belge. Réflexions sur la nature de leurs rapports, in: Res publica 15 (1973) 725–745.
[4] Auch die Eidesformel bei Gericht schließt eine Anrufung Gottes ein. Vgl. CH. HUBERLANT, La Formule du serment en justice et la liberté religieuse, in: Annales de droit 28 (1968) 141–187.

an Personal und Finanzmitteln fehlte, mußten sich die Behörden an religiöse Kongregationen wenden. Dem besonders heiklen Bereich des Unterrichtswesens galt das Hauptaugenmerk des Klerus. Ab 1832 planten die Bischöfe die Gründung einer katholischen Universität zur Heranbildung einer kirchentreuen Elite, die nach der Genehmigung Roms 1834 unter der Kontrolle der Bischöfe eröffnet wurde[5]. Die Freimaurer reagierten darauf im gleichen Jahr mit der Gründung der freien Universität Brüssel. Mit der Schließung der Staatsuniversität von Löwen eröffnete das Gesetz von 1835 zur Organisation des akademischen Unterrichts den Katholiken die Möglichkeit, ihre ehemalige *alma mater* wiederherzustellen. Die Bischöfe bestanden nun nicht mehr auf der Einrichtung theologischer Lehrveranstaltungen an den beiden verbliebenen Staatsuniversitäten. Allerdings erhielten sie für Löwen nicht den Rechtsstatus, mit dem sie deren finanzielle Absicherung erreicht hätten.

Im Hinblick auf die Volksunterweisung wünschten einige Katholiken, daß sich die öffentliche Hand vollständig zurückhalten und der gesamte Unterricht von Einzelpersonen übernommen werden sollte. Seit der Unabhängigkeit hatten viele Lokalbehörden den Unterricht vernachlässigt. Aus der Überzeugung heraus, daß Freiheit allein nicht ausreiche und die Kirche nicht in der Lage sei, den Unterricht ohne staatliche Hilfe zu bestreiten, bemühten sich die Bischöfe um eine von den Liberalen geforderte rechtliche Absicherung, die ihrer Haltung entgegenkam. Das Gesetz von 1842 entsprach weitgehend den Forderungen der Bischöfe: Der unter der ausschließlichen Leitung von Priestern stehende Religionsunterricht war verpflichtend und praktisch auf die katholische Religion beschränkt[6]. Der Klerus erhielt ein wichtiges Kontrollrecht über das vom Staat organisierte Unterrichtswesen. Die Gemeinden konnten auch Schulen unter der Leitung von religiösen Kongregationen oder Privatpersonen zulassen. In der Praxis ergab sich eine für die Kirche vorteilhafte Auslegung des Gesetzes. Um nicht in zu große Konkurrenz zu den episkopalen Schulen zu geraten, konnte der Staat nur zwei Ausbildungsinstitute für Volksschullehrer einrichten, deren Leitung der Minister im übrigen Priestern übertrug.

Im Sekundarbereich vertrauten viele Gemeinden ihre höhere Schulen dem Klerus an, der selbst eigene Institute und kleine Seminare eröffnete. Fünfzehn Jahre nach der Unabhängigkeitserklärung standen zwei Drittel der 74 Schulen des Landes unter der Leitung des Klerus. Die im Mai 1845 zwischen der (mehrheitlich liberalen) Stadt Tournai und dem Klerus hinsichtlich der Leitung der dortigen höheren Schule getroffene Übereinkunft hatte Reaktionen der Antiklerikalen zur Folge[7].

Gerade diese fühlten sich angesichts des wachsenden Einflusses des Klerus auf die bürgerliche Gesellschaft in diesem besonders sensiblen Bereich besonders herausgefordert. Die antiklerikale Allianz war kurzzeitig durch die Zusammenarbeit vieler ihrer Anhänger mit dem ehemaligen Regime geschwächt worden. In der progressiven Verfassung einer starken liberalen Partei spielten Antiklerikale mit demokratischer und sozialer Tendenz neben den Freimaurerlogen eine zentrale Rolle. Im Hinblick auf das Erstarken der Freimaurerlogen verwiesen die Bischöfe Ende 1837 auf Anregung ihres Lütticher Kollegen Corneille Van Bommel, der kämpferischer als der Erzbischof eingestellt war, auf deren

---

[5] A. D'HAENENS (Hrsg.), L'Université catholique de Louvain. Vie et mémoire d'une Institution, Brüssel 1992.

[6] Zu diesem Thema gibt es eine umfangreiche Bibliographie. Vgl. das grundlegende Werk von J. LORY, Libéralisme et instruction primaire 1842–1879. Introduction à l'étude de la lutte scolaire en Belgique, 2 Bde., Löwen 1979.

[7] A. TIHON, Le Rôle du clergé séculier dans l'enseignement secondaire pour garçons dans le diocèse de Malines et la Belgique au XIXe siècle, in: RHE 72 (1977) 557–582.

Verurteilung durch den Vatikan. Diese Erklärung vertiefte den Graben zwischen Katholiken und Liberalen und machte die Freimaurer zur Vorhut antiklerikaler Opposition[8].

Im Juni 1846 formulierten die Liberalen auf einer Tagung ein klares Programm „der realen Unabhängigkeit der weltlichen Gewalt gegenüber der Kirche", vor allem auf dem Schulsektor, wobei sie die Einmischung der Kultusbeamten „kraft Autorität" ablehnten. Ihr Sieg bei den Wahlen von 1847 bestärkte sie in dieser neuen Politik.

Das Gesetz von 1850 über das Sekundarschulwesen schaltete trotz Zulassung des Religionsunterrichts jede Kontrolle durch den Klerus aus. Die Versöhnlichkeit und die Hartnäckigkeit des Kardinals Sterckx führten zu einem *modus vivendi* mit der liberalen Regierung. Die *Antwerpener Konvention* von 1854, die für die höhere Stadtschule geschlossen und mit königlichem Erlaß bestätigt wurde, billigte dem Klerus Garantien zu, die im Gesetz nicht vorgesehen waren. Diese vom guten Willen der Bischöfe und den Gemeindeverwaltungen abhängige Übereinkunft wurde allerdings von kaum mehr als der Hälfte der Schulen eingehalten.

Nach ihrer Rückkehr an die Macht (1855) versuchten die Katholiken, auch noch die Kontrolle über die staatliche Hochschulbildung sowie per Gesetz die Anerkennung privater Wohltätigkeitsstiftungen zu erreichen. Nachdem die Bischöfe und die Parteimitglieder der Rechten jedoch durch eine Publikation von François Laurent (Professor an der Genter Universität) und kritischen Äußerungen über das Bildungswesen von seinem Kollegen Henri Brasseur alarmiert worden waren, verlangten sie die Intervention des Ministers, die eine umfassende Debatte im Parlament auslöste[9]. Das Stiftungsprojekt widersprach der auf Laisierung ausgerichteten Wohltätigkeitspolitik der Liberalen, die seit 1847 das Monopol der Freizügigkeit den staatlichen Institutionen vorbehalten wissen wollten. Die 1857 im Zusammenhang mit der Vorlage dieses geplanten „Klostergesetzes" entstandenen Tumulte führten zum Sturz des katholischen Ministeriums und bedeuteten das definitive Ende der Unionspolitik. Daraufhin konnten die wieder an die Macht gelangten Liberalen ihre Politik der systematischen Säkularisierung der bürgerlichen Gesellschaft fortsetzen.

2. Kirchliches Leben

Zur Zeit der Unabhängigkeit erlebte das religiöse Leben auf dem Lande eine Blütezeit. So gab es z. B. 1829 in zwei Dritteln der 120 Kirchengemeinden von Brabant kaum zehn Gläubige, die nicht zur Osterbeichte gingen. In einer Kleinstadt wie Nivelles haben lediglich

---

[8] J. BARTIER, La Condamnation de la franc-maçonnerie par les évêques belges en 1837, in: La Revue nouvelle 48 (1968) 272–278. Vgl. auch J. MARX (Hrsg.), Maçonnerie, maçonneries. Conférences de la chaire Théodore Verhaegen 1983–1989, Brüssel 1990; H. HASQUIN (Hrsg.), Visages de la franc-maçonnerie belge du XVIIIe au XXe siècle, Brüssel 1983; E. WITTE – F.-V. BORN, Documents relatifs à la franc-maçonnerie belge au XIXe siècle 1830–1855, Löwen – Brüssel 1973; J. BARTIER, Laïcité et Franc-Maçonnerie, hrsg. von G. CAMBIER, Brüssel 1981; J.-J. HOEBANX, L'Implantation et l'expansion de la franc-maçonnerie à Bruxelles et en Wallonie des origines à 1980, in: Hommages à la Wallonie. Mélanges d'histoire, de littérature et de philologie wallonnes offerts à Maurice A. Arnould et Pierre Ruelle I, Brüssel 1981, 293–320. Zum laizistischen Denken allgemein H. HASQUIN (Hrsg.), Histoire de la laïcité, principalement en Belgique et en France, Brüssel 1981; Aspects de l'anticléricalisme du Moyen Age à nos jours, hommage à Robert Joly, hrsg. von J. MARX, Brüssel 1988; 1789–1989. 200 ans de libre pensée en Belgique, Charleroi: Centre d'action laïque 1989.

[9] Vgl. die ausführliche Schilderung über diesen Zwischenfall bei A. ERBA, L'Esprit laïque en Belgique sous le gouvernement libéral doctrinaire (1857–1870) d'après les brochures politiques, Löwen 1967, 47–113; vgl. auch J. ERAUW (Hrsg.), Liber memorialis François Laurent 1810–1887, Brüssel 1989.

etwa 100 von 3000 Bewohnern ihre österliche Christenpflicht nicht erfüllt. Weniger erfreulich war die Situation dagegen in den Großstädten. So zählte man in der Brüsseler Kirchengemeinde Saint-Jacques-sur-Coudenberg ein Drittel nichtpraktizierende Katholiken. Nicht besser sah es um diese Zeit in den Genter Kirchengemeinden aus: Die Zahl der Kirchenfernen schwankte dort zwischen einem Sechstel und 50 Prozent. Nach 1840 kamen in der gesamten Stadt 40 bis 50 Prozent der Bevölkerung der österlichen Christenpflicht nach.

Für die seelsorgerliche Betreuung der Gläubigen konnten die Bischöfe im allgemeinen auf einen zahlenmäßig ausreichenden und relativ jungen Klerus zurückgreifen – dank der vielfältigen Berufungen aus der holländischen Zeit (trotz der Schließung der Priesterseminare zwischen 1825 und 1830) und den Jahren nach der Unabhängigkeitserklärung. 1846 gab es in Belgien 5498 Weltpriester, d. h. umgerechnet einer auf 789 Einwohner. Ihr zahlenmäßiger Anstieg hielt allerdings nicht mit der Bevölkerungsentwicklung Schritt: 1910 gab es zwar bereits 7857 Priester – doch entsprach das inzwischen nur noch einem auf 945 Einwohner[10]. Wenn auch das Bildungsniveau der meisten Kleriker nicht sehr hoch war, so konnte ihre Sittlichkeit und Frömmigkeit, die ihre Bestärkung in den (1841 in Mecheln für verbindlich erklärten) jährlichen Exerzitien fand, als intakt bezeichnet werden. In den Jahren zwischen 1842 und 1848 organisierten die Bischöfe Zusammenkünfte von Dozenten der verschiedenen Diözesanseminare, um eine gediegene Grundausbildung des Klerus mit einer einheitlichen theologischen Orientierung zu erreichen[11]. Neben der 1834 gegründeten Theologischen Fakultät in Löwen eröffneten die Bischöfe 1844 in Rom das *Collegium Belgicum* (als erstes einer ausländischen Ortskirche) zur Weiterbildung von Spezialisten[12].

Den religiösen Kongregationen wurde in der Zeit der Unabhängigkeit die volle Freiheit zurückgegeben. Einige Orden, wie die Jesuiten, hatten allerdings schon unter der vorausgegangenen Regierung kontinuierliche Nachwuchsarbeit betrieben. Die Ordensmitglieder lebten entweder im inländischen Untergrund oder im ausländischen Exil. Ab 1830 kehrten sie nach Belgien zurück: nach den Jesuiten (1830)[13], die 1837 die Gesellschaft der Bollandisten wiederbegründeten, kamen in rascher Folge die Karmeliter (1831), Redemptoristen (1831), Kapuziner (1832), Franziskaner (1833), Prämonstratenser (1834) und Dominikaner (1835). Mit den *Priestern der Hl. Jungfrau* wurde 1834 die einzige Priesterkongregation des Landes ins Leben gerufen. Sie kümmerten sich um die Collèges in der Diözese Gent, wurden aber 1860, zwei Jahre nach dem Tod des Gründers, wieder aufgelöst. In der Folgezeit ergaben sich zahlreiche Berufungen von jungen Männern wie von Weltpriestern. Über die Abwanderungen und die in den Gemeinden entstandene Konkurrenz waren die Bischöfe beunruhigt, weil die Konventualen in ihren Kirchen eine soziale wie christliche Eliteschicht heranzogen[14]. Gewohnt, allein für die Seelsorge zuständig zu sein, bearg-

---

[10] Zu den statistischen Angaben hinsichtlich des Klerus und der Konventualen vgl. A. TIHON, Les Religieuses en Belgique du XVIIIᵉ au XXᵉ siècle. Approche statistique, in: Revue belge d'histoire contemporaine 7 (1976) 1–54. Zu den Berufungen männlicher Konventualen vgl. J. ART, De evolutie van het aantal mannelijke roepingen in België tussen 1830 en 1975. Basisgegeven en richtingen voor verder onderzoek, in: Revue belge d'histoire contemporaine 10 (1979) 281–370; DERS., Belgische mannelijke roepingen 1830–1975, in: Spiegel historiael 16 (1981) 157–162.

[11] Zu den Priesterseminaren vgl. J.-P. DELVILLE, Grand Séminaire de Liège 1592–1992, Lüttich 1992.

[12] A. TIHON, Le Collège belge à Rome, in: Bulletin de l'institut historique belge de Rome 50 (1980) 15–57.

[13] Les Jésuites belges 1542–1992. 450 ans de Comagnie de Jésus dans les provinces belges, Brüssel 1992.

[14] J. ART, Socio-religieuze achtergronden van de twist tussen seculiere en reguliere clerus rond 1850, in: Bulletin de l'institut historique belge de Rome 43 (1973) 663–691.

wöhnten die Bischöfe die Unabhängigkeit der Regularkanoniker. Zur Zerstreuung der bischöflichen Befürchtungen genehmigte der Hl. Stuhl die provisorische Oberleitung über die Konventualen in Belgien einem apostolischen Visitator, Franciscus Thomas Corselis, der 1834 vom Erzbischof aus dem belgischen Klerus berufen wurde und dieses Amt bis 1850 bekleidete[15].

Die heftigsten Spannungen stellten sich zwischen dem Erzbischof, den Priestern der Universität Löwen und den von den „Römern" unterstützten Jesuiten ein. Letztere warfen der Universität Löwen vor, ein Herd des Gedankengutes von Lamennais zu sein. 1843 gelang ihnen die Verurteilung des dort gelehrten „Traditionalismus", der Konflikt flackerte aber bis 1870 immer wieder auf. Im übrigen alarmierte die Ausweitung der Philosophievorlesungen in deren *Collège Notre-Dame-de-la-Paix* in Namur die Löwener.

Die Bischöfe verhielten sich abwartend den Ordenspriestern gegenüber, förderten die Entwicklung der Brüderkongregationen ausländischen Ursprungs (wie z. B. die christlichen Schulbrüder) oder lokaler Abstammung, wie die *Brüder der Nächstenliebe* von Gent, die 1810 gegründet wurden[16], die Josephiten, die einige Priester in ihren Reihen hatten (1817), oder die *Brüder der guten Werke* (1830). 1846 zählte man im Land 1472 belgische und 578 ausländische Ordensleute, 1910 waren es 5747 belgische Ordensangehörige und 4629 ausländische, darunter viele Franzosen, die durch die Combes-Gesetze vertrieben worden waren.

Noch beachtlicher gestaltete sich der Aufschwung bei den weiblichen Kongregationen. Viele von ihnen wurden von Weltpriestern oder Regularkanonikern gegründet (etwa 40 allein in der Genter Diözese) und waren ursprünglich konzipiert als kleine Frauengemeinschaft, die Schulunterricht erteilte oder Kranke pflegte. Da den staatlichen Verwaltungsbehörden qualifiziertes Personal und ausreichende Geldmittel fehlten, wandten sie sich erneut an die Nonnen. Diese bereits unter Napoleon begonnene Politik wurde unter der holländischen Regierung fortgesetzt und nach der Unabhängigkeit ausgeweitet. Bestes Beispiel dafür sind die *Schwestern der Nächstenliebe*, die 1804 durch Abbé Triest in einem Dorf gegründet und 1807 nach Gent berufen wurden. 1910 lebten 2579 Schwestern in Belgien. Bis zum Beginn des I. Weltkriegs gründeten die ausländischen *Schwestern der Vorsehung* 193 Schulen, nachdem sie sich 1822 in Belgien niedergelassen hatten und damals 1341 Mitglieder zählten[17]. 1846 betrug die Zahl der Mitglieder aller weiblichen Kongregationen zusammen 7528 Belgierinnen und 840 Nichtbelgierinnen; 1910 waren es 31 888 Belgierinnen und 15 531 Ausländerinnen, d. h., auf eine Schwester kamen 157 Einwohner[18].

Zur besseren seelsorgerlichen Betreuung der Gläubigen wurde 1834 die Diözese Brügge von der Diözese Gent abgetrennt, die mehr als 1 300 000 Einwohner umfaßte. Aufgrund der mit den weiten Entfernungen zusammenhängenden Schwierigkeiten waren die Bischöfe besonders an der Strukturierung von Landgemeinden interessiert. In den Großstädten hielt die Neugründung von Kirchengemeinden mit dem Bevölkerungswachstum nicht Schritt. In Brüssel stieg die Einwohnerzahl pro Kirchengemeinde von 7777 im Jahre 1830 bis zur

[15] A. De Cock, Mgr Franciscus Thomas Corselis en de apostolische visitatie der Belgische regulieren (1834–1850), in: Handelingen van het Genootschap voor geschiedenis *Société d'Émulation* te Brugge 108 (1971) 39–60.

[16] L. Cnockaert, Pierre-Joseph Triest 1760–1836. Le Vincent de Paul belge, Löwen 1974.

[17] P. Wynants, Les Sœurs de la Providence de Champion et leurs écoles (1833–1914), Namur 1984.

[18] A. Jacobus, De vrouwelijke religieuze roepingen in het bisdom Brugge (1802–1914). Evolutie en herkomst, in: Handelingen van het Genootschap voor geschiedenis *Société d'Émulation* te Brugge 116 (1979) 27–86.

Höchstzahl von 14 895 im Jahre 1890, um 1910 auf 12 698 zurückzugehen. Trotz der zunehmenden Zahl von Vikaren wurde die seelsorgerliche Arbeit immer schwieriger: Kamen
1830 auf einen Priester in den Kirchengemeinden 2134 Einwohner, so waren es 1890 schon
3723 und 1910 bereits 3716 Einwohner[19]. Diese Durchschnittswerte täuschen allerdings
über die wirklichen Verhältnisse hinweg, weil die Arbeiterviertel weit weniger begünstigt
waren und sich die meisten Klöster in den wohlhabenderen Stadtvierteln niederließen.

Mit der Herausgabe von Pastoralbriefen, vor allem zur Fastenzeit, verstanden sich die
Bischöfe als die ersten Lehrer ihrer Diözesanangehörigen. Sie kümmerten sich auch um
die Verbreitung neuer Katechismen, so in Mecheln (1842), Lüttich (1846), Namur und
Tournai. Die Diözesen Gent und Brügge führten den alten Katechismus von Mecheln aus
dem Jahre 1623 weiter. Zur Vereinheitlichung der Seelsorge versammelten die Bischöfe ab
1835 jährlich einmal die Dienstältesten ihrer Diözesen, die traditionsgemäß mit der Pastoralvisitation der Gemeinden beauftragt waren. Die Bischöfe besorgten auch den Neudruck
von Ritualen wie des *Pastorale Mechliniensis* von 1838.

Zur Wiederbelebung des Glaubenseifers und der Glaubenspraxis bei Kirchenfernen
organisierte der Klerus nach der Befreiung von der Unterdrückung durch die frühere
Regierung Gemeindemissionen. Laienpriester und Mönche rivalisierten dabei in ihrem
missionarischen Eifer. Von 1837 bis 1843 führte Abbé van Dale (Diözese Gent) 85 Gemeindemissionen durch. Die Redemptoristen brachten es im Jahresdurchschnitt auf
50 Gemeindemissionen in den Jahren zwischen 1841 und 1850, die Jesuiten auf etwa 30.
Der Erfolg dieser Missionierungen war nicht auf unmittelbare Wirkung beschränkt: Es
ging den Missionaren vor allem um Institutionen von Bestand, so die Wiederbelebung alter
oder Gründung neuer Bruderschaften, Gründung einer Kongregation der Jungfrau Maria,
einer Sonntagsschule oder einer Volksbücherei.

Die *Kongregationen der Hl. Jungfrau Maria* erhielten großen Zulauf. Bis 1907 wurden
in Belgien 2529 neu geschaffen, 79 für Männer, 560 für Jugendliche, 143 für Frauen und
1747 für junge Mädchen. Schon vor der Proklamation des Dogmas von der Unbefleckten
Empfängnis hatten 425 von 600 Kongregationen diesen Beinamen angenommen. 156 dieser Kongregationen wurden von den Jesuiten geleitet, in denen ein Großteil der Laienelite
herangebildet wurde.

In gleicher Weise entstanden und wuchsen neue kirchliche Organisationen. Nach seiner
Niederlassung in Belgien (1837) erwirkte der *François-Régis-Verein* in den Jahren 1839 bis
1867 die Regulierung von über 17 000 Ehen. Die von den Redemptoristen 1844 gegründete
Gemeinschaft der Hl. Familie zählte 1867 etwa 10 000 Mitglieder in Belgien und im Ausland, 1909 erreichte sie diese Zahl allein in Belgien. Um die Unterstützung armer Kirchen
in Form von Spenden liturgischer Gegenstände kümmerte sich die 1848 gegründete *Gemeinschaft der ewigen Anbetung*. Das in Gent 1852 von Laien für arme Familienväter ins
Leben gerufene *Œuvre Saint-Jean-Baptiste* hatte 80 Sektionen, die 1862 1400 Mitglieder
zählten. Einen raschen Aufschwung erlebte die von Jesuiten 1854 für bemittelte Handwerker und Arbeiter entstandene *Erzbruderschaft von Saint-François-Xavier*: 1863 zählte sie
ungefähr 100 000 Mitglieder in 54 Gemeindeausschüssen, davon 39 in Flandern, 11 in
Brüssel und lediglich vier in Wallonien. 1909 waren noch mehr als 67 000 Mitglieder in
308 Kreisen zusammengeschlossen, fast alle in den flämischen Diözesen Gent, Brügge und

---

[19] Fr. Houtart, Les Paroisses de Bruxelles (1801–1951). Législation, délimitation, démographie, équipement,
Löwen – Brüssel ²1955.

Mecheln. Ein Jahr später gründete ein Lütticher Vikar die *Arbeitergesellschaft Saint-Joseph*, deren Einfluß jedoch nur auf einige Provinzstädte beschränkt war.

Die 1841 ins Leben gerufene und von Paris 1845 anerkannte *Vinzenz-von-Paul-Gesellschaft* spielte eine wichtige Rolle in der Entfaltung und Organisation katholischer Werke des Landes [20]. Ihre Vitalität läßt sich an der Organisationsstruktur, der Qualität und Zahlenstärke der Mitarbeiter, an dem dichten Verflechtungsnetz sowie den zahlreichen Aktivitäten her ablesen. 1913 gehörten zu den 1302 Konferenzen des Landes 19363 Mitglieder. Von der direkten Hilfe für Arme durch Hausbesuche abgesehen, unterstützte die Gesellschaft die Gründung von Schulen und verschieder kirchlicher Organisationen und Bruderschaften. Sie förderte außerdem die Verbreitung wertvoller Literatur und vor allem die Schaffung von Hilfswerken für Jugendliche ab 1851. Das weibliche Pendant dazu bestand im *Œuvre des Dames de la Miséricorde*, das aus einer Gruppe junger Brüsseler Arbeiterinnen im Jahre 1840 hervorgegangen ist [21].

Diese Institutionen hatten hauptsächlich zum Ziel, die Bevölkerung vor antiklerikalen Einflüssen zu schützen. In dieser Perspektive veröffentlichten die Bischöfe am 5. August 1843 einen Gemeinschaftsbrief gegen die Verbreitung verderblicher Literatur, wobei sie unter diesen Begriff allerdings nicht nur die kirchenfeindliche Presse faßten, sondern fast die gesamte Literatur einschlossen [22]. In der unmittelbaren Zeit nach der Unabhängigkeitserklärung bemühten sie sich um den Aufbau einer katholisch geprägten Presse. Lange Zeit gelang es ihnen aber nicht, in eine auffallende Konkurrenz zu der antiklerikalen oder kirchenneutralen Presse zu treten.

3. Die protestantischen Kirchen

Die wenigen protestantischen Gemeinschaften, die sich unter dem Ancien Régime halten konnten, hatten ihre erste offizielle Organisationsform unter französischer Herrschaft erhalten, wobei die Präsenz von Holländern den Aufschwung des reformierten Kultus bewirkte. So besaßen wenigstens 56 Ortschaften am Vorabend der Unabhängigkeit ein protestantisches Gotteshaus. Einige Jahre später (1835) blieben nur noch fünfzehn Gemeinschaften mit etwa 6000 Mitgliedern und sieben Pfarrern übrig. In diesen schwierigen Jahren wurden sie vom König und den protestantischen Regierungsmitgliedern in seiner Umgebung unterstützt.

Auf Anregung des Pfarrers A. V. Richard versammelten sich die Delegierten der noch bestehenden Konsistorien am 22. und 23. April 1839 in Brüssel zur Konstituierung einer Synode und zur Gründung der Union der evangelisch-protestantischen Kirchen des Königreichs Belgien, die einige Wochen später von der Regierung genehmigt wurde. Die Union verwarf lange Zeit jede Form des Bekehrungseifers, gründete aber unter dem Einfluß der Erweckungsbewegung 1845 ein Evangelisationskomitee, um dem Wunsch von Katholiken

---

[20] Les Vincentiens en Belgique 1842–1992, neu hrsg. von J. DE MAEYER – P. WYNANTS, Löwen 1992.

[21] Contre les pauvretés, agir ensemble, réalisé par les Équipes d'entraide à l'occasion du 150e anniversaire de leur fondation en Belgique (1840–1990), Brüssel 1990.

[22] H. GAUS, Pers, Kerk en geschreven fictie. Graeiproblemen en conflicten in een democratiseringsproces (Gent 1836–1860), Brügge 1975; A. CORDEWIENER, Attitudes des catholiques et de l'épiscopat devant les problèmes posés par l'organisation de leur presse à Bruxelles (1831–1843), in: Revue belge d'histoire contemporaine 2 (1970) 27–43; E. WITTE, Het project tot omkoping van de Brusselse krant *L'émancipation* door het Belgisch episcopaat in 1838, in: Ebd., 45–54.

zu entsprechen, die sich von ihrer Kirche enttäuscht abgewandt, oder von suchenden Menschen, die sich von jeder religiösen Praxis entfernt hatten. 1865 bestanden so elf anerkannte Kirchen und acht Evangelisationszentren.

Im Umfeld der Erweckungsbewegung entstanden kurze Zeit nach der Unabhängigkeit neue Gemeinschaften pietistischer oder methodistischer Prägung. Am 16. November 1837 bildeten sie die *Belgische evangelische Gesellschaft*. Nach vielen Schwierigkeiten wurde diese Gesellschaft im Februar 1849 in die *Belgische christliche Missionskirche* umgewandelt, mit dem Zusammenschluß von elf Gemeinschaften, die bereits fünfzehn Jahre später auf 23 angewachsen waren. Sie lehnten jeden finanziellen Vorteil von seiten des Staates ab und verhielten sich im allgemeinen sehr abweisend gegenüber der römischen Kirche. Pfarrer L. Anet vom Kanton Waadt (Vaud) wurde ihr Generalsekretär und leitete sie 36 Jahre lang, wobei er zahlreiche Pfarrer aus der Schweiz berief. Die *Christliche Vereinigung junger Menschen* (YMCA) erwuchs 1853 aus der Erweckungsbewegung[23].

II. Das Großherzogtum Luxemburg

Das Gebiet des heutigen Großherzogtums Luxemburg wurde 1839 von Belgien abgetrennt, die Personalunion mit den Niederlanden wiederhergestellt. 1840 errichtete Rom im neuen Großherzogtum ein Apostolisches Vikariat. Wegen der Auseinandersetzungen mit den Liberalen mußte der erste Stelleninhaber – Jean-Théodore Laurent (1804–1884) – das Land 1848 verlassen. Nach langwierigen Verhandlungen schuf Pius IX. am 27. September 1870 eine eigene Diözese, die vom Staat allerdings erst 1873 anerkannt wurde[24]. Das Land blieb jedoch bis 1909 von der Propagandakongregation abhängig.

Wie in Belgien beschäftigte die für die Kirchenleitung Verantwortlichen besonders das Schulproblem. Per Gesetz wurde 1881 die Schulaufsicht durch die Geistlichen abgeschafft, auch wenn nach wie vor ein Priester Mitglied der Inspektionskommission war. Nach einer längeren, mit einer Übereinkunft 1898 erreichten Phase der Beruhigung verbot im Jahre 1912 ein Gesetz den Religionsunterricht an den Schulen.

Angesichts des wachsenden Antklerikalismus von seiten des liberal-sozialistischen Blocks gründeten die Katholiken 1903 den *Katholischen Volksverein* und 1912 auf politischer Ebene die *Rechtspartei*.

III. Niederlande

1. Die Kirchen

Seit dem 17. Jh. gab es in den Niederlanden einen religiösen Pluralismus, getragen von einem Klima relativer Toleranz. Von 1815 bis 1830 dominierten die Katholiken im Vereinigten Königreich – einschließlich des späteren belgischen Herrschaftsgebietes und der nörd-

---

[23] H.-R. BOUDIN, Histoire des Unions chrétiennes de jeunes gens (YMCA) en Belgique, Flavion 1983.
[24] E. DONCKEL, Die Kirche in Luxemburg von den Anfängen bis zur Gegenwart, Luxemburg 1950; J. GOEDERT, Jean-Théodore Laurent, vicaire apostolique de Luxembourg (1804–1884), in: J. MERSCHES, Biographie nationale du pays de Luxembourg 8 (1957) 207–600.

lichen Niederlande. Mit der Trennung von 1830 erlangte jedoch die reformierte Kirche der Niederlande *(Nederlandse Hervormde Kerk)* die Mehrheit. 1849 machte sie knapp 55 Prozent einer Gesamtbevölkerung von 3056000 Einwohnern aus, während der Dissidentenzweig – die *Gereformeerde Kerken* – lediglich 1,3 Prozent stellte. Die von der offiziellen Kirche seit der Synode von Dordrecht (1618/1619) getrennten Remonstranten brachten es auf 0,16 Prozent, die Lutheraner auf 2 Prozent, die gemäßigten Täufer (Mennoniten) auf gut 1,2 Prozent und die Juden auf knapp 2 Prozent. Sie repräsentierten also nur kleine religiöse Gemeinschaften. Mit 38 Prozent der Gesamtbevölkerung standen die Katholiken an zweiter Stelle der religiösen Gruppierungen. Im Süden des Landes gab es mit den Provinzen Nord-Brabant und Limburg geschlossene katholische Gebiete. Im Norden, jenseits der großen Flüsse, stellte der römische Katholizismus ein Viertel der Bevölkerung, vor allem auf dem flachen Land der Provinzen Holland und Utrecht. In der Stadt Utrecht waren die von Rom seit 1723 getrennten Altkatholiken (die *Oudbisschoppelijke Cleresie*) mit 0,2 Prozent nur sehr bescheiden vertreten.

Die belgische Revolution von 1830 hatte im Norden ein „klein-niederländisches" Nationalgefühl entstehen lassen, das den Ruhm des Goldenen Zeitalters pries und den protestantischen Charakter der Nation unterstrich. Seit 1796 existierte offiziell die religiöse Gleichstellung, die von den Protestanten in der Praxis allerdings nur schwer hingenommen wurde. Die antipäpstliche Haltung zog weite Kreise und erreichte 1853 ihren Gipfel in der Aprilbewegung gegen die Wiederherstellung der katholischen Diözesen.

Die Zufriedenheit der Katholiken mit den ihnen unter Wilhelm I. (1814–1840) und Wilhelm II. (1840–1849) eröffneten Entfaltungsmöglichkeiten äußerte sich in der Treue gegenüber dem weltlichen Herrscher. In der Tradition einer „Mentalität verborgener Kirche" suchten viele den Rückhalt in der Isolation, während sich eine Minderheit um Integration und Teilnahme am Leben des Volkes bemühte.

2. Religionspolitik

Als aufgeklärter Herrscher wollte Wilhelm I. ein über alle dogmatische Differenzen hinweg geeintes und dem Einfluß des Staates unterworfenes Christentum fördern. 1816 schrieb er der reformierten Kirche der Niederlande eine Verwaltungsordnung vor, die der Synode starkes Gewicht verlieh, wobei die Ortsgemeinden große Freiheit bei der Überwachung der Lehre und des Glaubensbekenntnisses bewahrten. Von dieser Zeit an übernahm der Staat die Besoldung der Pastoren *(predikanten)*, die an den Theologischen Fakultäten der staatlichen Universitäten von Leiden, Utrecht, Groningen und am Amsterdamer Athenäum ausgebildet wurden.

Der Staat bezahlte auch die Gehälter für die katholischen Priester im Gemeindedienst, die ihre Ausbildung in den 1799 eröffneten Priesterseminaren von Bois-le-Duc, Warmond, Heerenberg und Breda absolviert hatten. Mit dem Konkordat von 1827 wäre der Weg zur Wiederherstellung der Diözesen geebnet gewesen, wenn dessen Umsetzung nicht durch die belgische Revolution verhindert worden wäre[25]. Die Organisation der Kirche blieb somit unvollkommen. Nördlich der großen Flüsse lag die Leitung der Holländischen Mission in den Händen von Erzpriestern unter der Oberaufsicht eines Subpriors, dem In-

---

[25] DE VALK – LAMBERTS, Lettres de F. Capaccini (s. Anm. 1).

ternuntius von Den Haag. Ab 1833 übernahm Baron C. L. van Wijckerslooth als Titularbischof die liturgischen Funktionen; er hatte aber an der Leitung der Mission keinen Anteil. In den ehemaligen Gebieten der Generalität wurde Brabant auf die beiden Apostolischen Vikariate in Breda[26] und Bois-le-Duc verteilt. Nach der endgültigen Grenzfestlegung zwischen Belgien und den Niederlanden im Jahre 1840 wurde Roermond zum Apostolischen Vikariat für die Provinz Limburg erhoben, die ab diesem Zeitpunkt von der Diözese Lüttich abgetrennt wurde. Die apostolischen Vikare durften nur das Sakrament der Firmung verwalten.

Der seit 1840 aufgrund der Abdankung seines Vaters regierende Wilhelm II. war persönlich den Katholiken sehr gewogen, weil er ihre hierarchische Ordnung, Zucht und Autoritätshörigkeit sehr schätzte. Zu seinen Freunden zählte der Pfarrer von Tilburg, J. Zwijsen. Er hoffte darüber hinaus, die Belgier zurückzugewinnen und die Annäherung der Katholiken an die Liberalen zu verhindern. Letzteres gelang ihm in der Tat, denn die Katholiken mit der Neigung zum pragmatischen Liberalismus näherten sich den Verfechtern des strikten Liberalismus Thorbeckes erst nach dessen Tod.

Kurz nach seinem Regierungsantritt schaffte Wilhelm II. die Dekrete von 1814 und 1815 ab, mit denen die Rekrutierung der religiösen Orden verboten worden war. Wegen der starken antipäpstlichen Opposition wurden 1841 die mit dem Vatikan begonnenen Unterhandlungen zur Durchführung des Konkordats von 1827 ausgesetzt. Allerdings hatte der Papst im darauffolgenden Jahr die Bischofswürde den apostolischen Vikaren und Zwijsen als Weihbischof in Bois-le-Duc übertragen.

Eine grundlegende Verfassungsänderung im liberalen Sinn führte 1848 zu einer wirklich parlamentarischen Monarchie. Die Kirchen wurden vom Staat getrennt, Unterrichts-, Presse- und Versammlungsfreiheit anerkannt. Diese Änderungen berührten aber kaum die großen Volksmassen, die sich mehr für Religion als für Politik interessierten.

3. Spannungen innerhalb der reformierten Kirche

An der Universität wurde das protestantische Denken von der Philosophie des *common sense* beeinflußt, die Grundlage der Lehrmethode des Utrechter Professors Ph. W. van Heusde (1778–1839) war. Er versuchte, die Synthese zwischen Romantik und Rationalismus zu fördern. In großer Distanz zu Kant schloß er sich in seinem Geschichtsverständnis Lessing und Herder an. Es ging ihm darum, der Eigenart des niederländischen Volkes im Denken und Temperament zu folgen, das durch Schlichtheit, gesunden Menschenverstand und Religiosität geprägt war. Diese Grundorientierung hatte auch zutiefst die Theologen bestimmt, die 1835 die theologische Gesellschaft von Groningen gründeten. Im Gegensatz zur herrschenden Theologie des Supranaturalismus – einer Mischung aus der Treue zum herkömmlichen Bekenntnis und dem Wunsch, den Forderungen der Aufklärung zu entsprechen – verteidigten sie eine undogmatische Christologie. Ihr Hauptvertreter, P. Hofstede de Groot (1802–1886), brachte diese auf die lapidare Formel: *„Niet de leer maar de Heer"* („Nicht die Lehre, sondern der Herr!"). Der Christ sollte nicht durch die Autorität eines Glaubensbekenntnisses gebunden sein, sondern durch innere Erfahrung und die Überzeugung des Herzens. Ein derartiger Standpunkt mußte die Empfindungen der

---

[26] P. B. A. Melief, Joannes van Hooydonck, apostolisch administrator en vicaris van het vicariaat Breda (1827–1867), Tilburg 1987.

bekennenden Mitglieder der reformierten Kirche treffen und die orthodoxen Kreise zur Reaktion herausfordern.

Im Gegenzug zum Einfluß der Aufklärung und des Zeitgeistes drang die den Protestantismus in ganz Europa überziehende Erweckungsbewegung auch in den Niederlanden ein. Der Dichter und Historiker W. Bilderdijk (1756–1831), der seine Sicht des Christentums dem Rationalismus und Liberalismus entgegenstellte, beeinflußte zwei seiner wichtigsten Schüler: Isaac da Costa (1798–1860) und G. Groen van Prinsterer (1809–1876). Ersterer war ein ursprünglich portugiesischer Jude, der zum Protestantismus konvertierte und 1823 seine Schrift *Griefs contre l'esprit du siècle* veröffentlichte, während der zweite 1845 einen Vortrag über *Incroyance et Révolution* hielt, dessen Publikation im darauffolgenden Jahr auf großes Echo stieß. Diese antirevolutionären Äußerungen konnten und wollten ihre tiefe religiöse Bindung nicht verbergen und fanden daher große Zustimmung, denn die Frauen und Männer der Erweckungsbewegung waren zunächst Christinnen und Christen mit einem persönlichen Bekehrungserlebnis, meistens innerhalb ihrer eigenen Gemeinschaft. Ihre Versammlungen in kleinen, auf die Bibellektüre und die persönliche Beziehung zu Christus konzentrierten Gruppen stellten einen lebhaften Protest gegen die Lauheit der etablierten Kirche dar. Meistens kamen die Mitglieder dieser ganz unterschiedlichen Gruppen, die sich in den Städten des Königreichs (mit Amsterdam und Den Haag als Hauptzentren) trafen, aus den gutsituierten Bevölkerungskreisen. Trotz der Zurückhaltung gegenüber ihrer Kirche blieben sie ihr verbunden.

Einige Konventikel hatten sich jedoch von der offiziellen Kirche getrennt. 1834 unterzeichnete H. de Cock, Pfarrer in Ulrum, eine „Scheidungsurkunde" *(Afscheiding)* von der reformierten Kirche der Niederlande. Für ihn hatte diese Kirche den Weg der mit der Synode von Dordrecht 1618/1619 offiziell anerkannten Reformation verlassen. In der Tat tolerierte die Kirche Lehren, die mit den drei dogmatischen Bekenntnissen unvereinbar waren. Außerdem hatte sie die ehemalige Kirchenordnung durch eine hierarchische Struktur ersetzt, die mit dem 1816 vom König erlassenen Reglement durchgesetzt wurde.

Dieser „Aufstand der Frommen", der sehr bald auf die Verfolgung durch die weltliche Gewalt stieß (Verhaftungen, Einquartierung von Soldaten), breitete sich vor allem in den Dörfern im Norden des Landes aus. Nach einem Jahr zählten die verschiedenen Gemeinschaften – die sich vor allem aus den niederen Schichten der Landbevölkerung, aber auch aus ländlichen Honoratioren, die sich von der weltlichen Macht übergangen fühlten, zusammensetzten – etwa 20 000 Mitglieder. Aus religiösen, aber auch wirtschaftlichen Gründen emigrierten viele nach Amerika. Ihr zweiter, zur Separation übergegangener Pfarrer, H. P. Scholte, wurde der Gründer von Pella in Iowa[27]. Wenn auch die Verfolgung 1840 aufhörte, so waren die Gemeinschaften doch in mehrere Richtungen zerfallen. Die beiden, sich schon 1837 herauskristallisierenden wichtigsten Richtungen schlossen sich mit großer Mehrheit 1869 zur *Christlich-Reformierten Kirche (Christelijk Gereformeerde Kerk)* zusammen. Ihre Mitglieder entsprachen 1880 etwa 3,5 Prozent der Bevölkerung. 1854 gründeten die Erben der Separation in Kampen eine Schule für die theologische Bildung ihrer Pfarrer.

Im Vergleich zur Erweckungsbewegung lief die Groninger Bewegung nach 1840 auf eine moderne Orientierung hinaus, für die Religion und Philosophie der gleichen Wahrheit

---

[27] P. R. D. Stokvis, De Nederlandse trek naar Amerika (1846–1847), Leyden 1977.

verpflichtet sind. In Leiden war J. H. Scholten (1811–1885) ein Anhänger des deutschen Theologen und Exegeten David Friedrich Strauß, für den Christentum und Humanität die gleiche Relevanz besaßen.

Im Gegensatz zum Rationalismus der modernen Theologen unterstrichen die Konfessionellen in der Tradition der Erweckungsbewegung das Glaubensbekenntnis und die dogmatischen Formulierungen. Neben ihnen haben ethische Theologen wie N. Beets und D. Chantepie de La Saussaye mehr die persönliche Heilserfahrung hervorgehoben, den „ethischen Empirismus" der Tatsachen, der in der Lehre – ohne Beeinträchtigung des Glaubensbekenntnisses – theoretischen Ausdruck fand.

Auf politischem Gebiet hat die grundlegend antiorthodoxe und antirömische Groninger Richtung um 1850 zur Gründung einer großprotestantischen Partei geführt, die gelegentlich banale antikatholische Agitationen schürte. Der Antirevolutionär Groen van Prinsterer stand den Katholiken weit näher, betrachtete diese aber als Bürger zweiter Ordnung in den protestantischen Niederlanden.

4. Die Schulfrage

Das Problem der Kindererziehung trug zur Vertiefung der religiösen Spaltungen bei. Für die Schulbildung der Jugend hatte das Gesetz von 1806 der Zentralregierung eine bedeutende Rolle zuerkannt. Ein Inspektorengremium wurde mit der Überwachung aller öffentlichen wie privaten Schulen beauftragt. Für Privatschulen mußte eine Genehmigung von der staatlichen Regierung vorliegen, die aber nur schwer zu erhalten war. Die Leitung der öffentlichen Schulen blieb in den Händen der Lokalbehörden, die außerdem die oft schlechte Bezahlung der Volksschullehrer übernehmen mußten. Der Unterricht wie der Geist in den Schulen mußte „neutral" sein, d. h. nach dem damaligen Zeitgeist allgemein christlich, von konfessionellen Differenzen absehend. In der Praxis hing die Atmosphäre in den öffentlichen Schulen von der in der jeweiligen Gegend vorherrschenden Konfession ab – der Norden war protestantisch, der Süden katholisch. Während nun die Regierung die Verbreitung eines überkonfessionellen Christentums förderte, sahen darin einige Protestanten ein Mittel, den Dogmatismus der Kirchen zu bekämpfen.

Nach der Verfassung sollten die Schulen christlichen Charakter haben. 1842 hatte König Wilhelm II. den evangelischen und katholischen Geistlichen das Recht zugestanden, gegen Lehrbücher in den Schulen zu protestieren, die nicht der reinen Lehre entsprachen. Trotzdem verwarf Groen van Prinsterer den „neutralen" Charakter der öffentlichen Schulen, die sich – seiner Überzeugung nach – nicht mit einer pauschal-christlichen Prägung abgeben durften. Die öffentlichen Schulen sollten daher nach den verschiedenen Konfessionen aufgeteilt werden. Einer seiner Verwandten, J. Van der Brugghen, empfahl außerdem 1841 die Einrichtung konfessioneller Privatschulen[28].

Mit der ausdrücklichen Proklamation der Unterrichtsfreiheit erleichterte die Verfassung von 1848 die Gründung neuer Schulen. Die neue Ordnung der reformierten Kirche aus dem Jahre 1852 legte den Schwerpunkt auf die Gemeinschaften. Lokalvereine schlossen sich auf nationaler Ebene zur Verteidigung und Aufrechterhaltung der „wahren" Lehre und zur Planung von „Schulen mit der Bibel" zusammen. Diese Orientierung wurde jedoch bei

---

[28] J. BROUWER, Het binnenste naar buiten. Beginselen en activiteiten van Mr. J. J. L. van der Brugghen (1804–1863), Zutphen 1981.

weitem nicht von der Mehrheit der Protestanten geteilt, die den status quo gesichert wissen wollte.

Mit dem neuen Gesetz der Regierung Van der Brugghen (1857) über die Volksschulen wurden die Spannungen teilweise behoben. Im Prinzip sollten Privatschulen unter der Leitung der Eltern die Regel sein, die „gemischten" öffentlichen, allein vom Staat subventionierten Schulen dagegen die Ausnahme darstellen. Dieses Gesetz stärkte in der Tat die Stellung der öffentlichen Schule, die nun vom religiösen Standpunkt aus gesehen wirklich neutral geworden war. Allerdings wurde sie zum Ausgangspunkt eines Schulkrieges, der erst 1920 beigelegt werden konnte.

5. Wiederherstellung der katholischen Hierarchie

Viele Protestanten und Liberale blieben in hohem Maße antipäpstlich eingestellt. Trotz ihrer zahlenmäßigen Stärke nahmen die Katholiken in der Gesellschaft eine untergeordnete Stellung ein. 1848 allerdings verbesserte sich ihre politische Situation: Ohne Unterstützung der katholischen Vertreter Brabants und Limburgs waren die Liberalen unter der Führung von J. R. Thorbecke (1798–1872) nicht in der Lage, die Regierung zu übernehmen. Mit ihrer Beteiligung konnte der Minister aber die Verfassungsänderung durchbringen. Von diesem Zeitpunkt an manifestierten sich bei jeder Wahl die Spannungen zwischen den Katholiken, die ihr erstes politisches Programm für das ganze Land entworfen hatten, und den Protestanten.

Thorbecke erfuhr durch die reformierten und katholischen Kirchenbehörden viel Kritik wegen seiner Gesetzesvorlage von 1851 zur Unterstützung der Armen, das alle – vor allem kirchliche – Hilfsorganisationen der staatlichen Kontrolle unterwarf. Er unterschätzte auch das Nationalgefühl der Gläubigen, das nicht nur den zahlungspflichtigen Wählern, sondern vor allem der großen Masse des Volkes zu eigen war. Dies stellte sich besonders stark bei der Errichtung der Bischofssitze heraus[29]. Der Versuch des Ministers, die Bemühungen um die Wiederherstellung der Diözesen von Den Haag und nicht von Rom ausgehen zu lassen, scheiterte am Veto Wilhelms III., der 1849 den Thron bestiegen hatte. Auf Bitten der niederländischen Katholiken übernahm Pius IX., der offensichtlich ein Konkordat wünschte, aber mit diesem Vorhaben auf den Widerstand Thorbeckes stieß, die Initiative. Dieser wollte ganz einfach, daß die Regierung über die zu fällende Entscheidung informiert werde. Da der Internuntius Belgrado Schwierigkeiten befürchtete, unterließ er es auch, dem Minister den am 4. März 1853 veröffentlichten Text des päpstlichen Breves zu übermitteln[30].

Auch wenn die symbolträchtige Wahl für Utrecht – der ehemaligen erzbischöflichen Stadt, die streng protestantisch geworden war – als Sitz des neuen Erzbistums der alten Gebietseinteilung von 1559 entsprach, so waren doch die Calvinisten zutiefst und umso mehr betroffen, als der Text des Breves ganz direkt auf verletzende Formulierungen wie *calviniae haeresis gladius et furor* zurückgriff. In zahlreichen Pamphleten und Liedern drückte sich eine antikatholische Massenbewegung aus. Diese *Aprilbewegung* lief auf eine dem König bei seinem Besuch in Utrecht übergebene Petition mit 51 000 Unterschriften

---

[29] G. A. M. BEERKELAAR, Rond grondwetswijziging en herstel van de hiërarchie. De Hollandse katholieke jongeren (1847–1852), Hilversum – Antwerpen 1964.
[30] Trotz der Wiederherstellung der Diözesen behielt das Land den Status eines Missionslandes, das bis 1908 von der Propagandakongregation abhängig war.

hinaus, der daraufhin seine tiefe Verärgerung über die römische Initiative bestätigte. Für das ihm von den Protestanten entgegengebrachte Vertrauen zeigte er sich sehr aufgeschlossen, aber die Verfassung ließ seinerzeit keine Intervention zu. Die Ansprache des Königs kam einer Ablehnung der Politik Thorbeckes gleich, dem er nicht sonderlich gewogen war. Diesem blieb daraufhin nur noch die Abdankung. Entsprechend rasch ließ die antikatholische Hetze nach. Der sehr gemäßigte Pastoralbrief der allgemeinen Synodalkommission der reformierten Kirche räumte der katholischen Kirche das Recht ein, ihre hierarchische Struktur wiederherzustellen.

Diese Entwicklung führte zu einem erneuten Ausgleich zwischen den verschiedenen Richtungen des Protestantismus. Der neue liberal-konservative Minister ließ 1854 über ein weiteres Armengesetz abstimmen. Demnach blieb die Unterstützung der Armen privaten Institutionen vorbehalten, d. h. kirchlichen Einrichtungen, deren Statuten von den kommunalen Behörden gebilligt werden mußten und die dann mit staatlichen Subventionen rechnen konnten.

Die Zusammenarbeit zwischen den orthodoxen und antirevolutionären calvinistischen Anhängern Groen van Prinsterers und den Hochprotestanten des Utrechter Professors G. J. Mulder war nicht von langer Dauer. Es gelang ihnen nicht, eine Einigung darüber zu erreichen, das Regierungskabinett durch eine antirömische Koalition mit antiliberaler Tendenz zu ersetzen. In den Augen Groens stellte die Schulfrage ein Hindernis für die Allianz mit dem „Deisten" Mulder dar. Nach der Gesetzesabstimmung über das Volksschulwesen (1857) bestand nicht mehr die geringste Hoffnung auf eine Gründung einer antiliberalen Koalition, mit der die Verfassung von 1848 im konservativen Sinn nach den Vorstellungen Wilhelms III. hätte reformiert werden können.

6. Kirchliches Leben

Von der schnell zusammengebrochenen Opposition der Protestanten abgesehen, rief die Wiederherstellung der katholischen Hierarchie einige Schwierigkeiten im Norden des Landes hervor. Utrecht war nicht nur eine Bastion des Calvinismus, sondern auch Sitz des Erzbistums der Altkatholiken, die nur noch eine Gemeinschaft von 3000 Seelen bildeten. In der kurzen Zeit der Gründung von Bischofssitzen wurde diese *Oudbisschopelijke Cleresie* noch als „Gespenst" oder „Pest" apostrophiert. Zur Vermeidung von Reibereien blieb der Erzbischofssitz Utrecht in der Person von Zwijsen provisorisch mit dem Erzbistum Bois-le-Duc vereint. Mit Harleem im Norden, Breda und Roermond im Süden wurden drei weitere Diözesen geschaffen. Im Süden veränderte sich die Situation mit der Ablösung der apostolischen Vikariate durch die Diözesen kaum. In den ehemaligen Gebieten der Hollandmission dagegen führte die Errichtung dieser beiden Diözesen zu tiefgreifenden Umwälzungen. Bis zu diesem Zeitpunkt wurden nämlich viele kleine Missionsstationen von Ordensgeistlichen geleitet. Nun mußten Kirchenbezirke organisiert und die stark autonomen Lokalgemeinschaften in die Diözesanstruktur integriert werden. Ein Provinzialkonzil in Bois-le-Duc besiegelte 1865 diese Veränderung [31].

Die Männer- und Frauenorden und -kongregationen hatten sich schon vor der offiziellen

---

[31] J. C. P. VAN LAARHOVEN, Een kerkprovincie in concilie, Utrecht – Nimwegen 1965; DERS., Protestanten op het Provinciaal concilie van 1865, in: Archief voor de geschiedenis van de Katholieke Kerk in Nederland 10 (1968) 363–375.

Genehmigung im Jahre 1840 neu formiert. 1836 hatten die Redemptoristen ein Kloster in Wittem (in dem mit einer Übergangsregelung belgisch gebliebenen Teil Limburgs) gegründet. In Amsterdam gelang ihnen 1850 eine neue Ordensniederlassung. 1818 hatten die Jesuiten in Culemborg ein Kollegium eröffnet, das der Hollandmission gleichzeitig als kleines Seminar diente. 1842 richteten sie in Katwijk und 1851 in Sittard weitere Kollegien ein. Zwei Jahre vorher war Holland zur Vizeprovinz der *Societas Jesu* erhoben worden. 1837 eröffneten die Dominikaner ein Kloster in Uden, das sie 1840 nach Nimwegen verlegten, und 1858 richteten sie in Huissen mit dem *Theologicum* eine theologische Bildungsstätte ein. 1853 gründeten die Franziskaner nach ihrer Trennung von der belgischen Provinz ein *Theologicum* in Weert. Sie wollten ihrem Orden eine pastoralere Orientierung geben, während der Süden eher auf das kontemplative Leben ausgerichtet blieb. Die schon in der Vergangenheit sehr aktiven Prämonstratenser gründeten 1857 in Heeswijk eine kleine Kommunität. Gleichzeitig nahmen die weiblichen Kongregationen stark zu[32].

Obwohl die Niederländer ausgeprägte Kontakte mit den überseeischen Ländern unterhielten, entfaltete sich ihr missionarischer Eifer erst um die Mitte des 19. Jh. Le Sage ten Broek veröffentlichte in seinen Zeitschriften, die später von der Tageszeitung *De Tijd* abgelöst wurden, begeisternde Plädoyers für die Missionsaktivitäten. Aber das Hauptaugenmerk der Holländer galt lediglich den in den Kolonien lebenden Landsleuten. 1823 wurde allerdings der äußerst wohlhabende Van Wijckerslooth zum Missionsprokurator für Westindien ernannt, 1844 auch für Ostindien. Zwei Jahre zuvor wurde eine niederländische Ausgabe der *Annales de la Société pour la propagation de la foi* publiziert. Nach der Neueinteilung der Diözesen wurde die Missionstätigkeit intensiviert. 1858 reisten sieben Ursulinen nach Java aus, ein Jahr später zwei Jesuiten. 1869 brachen Dominikaner nach den Antillen auf. Bereits 1785 hatte die Kongregation für die Glaubensverbreitung Surinam und Holländisch-Guyana der holländischen Mission anvertraut. Bis 1865 widmeten sich etwa dreißig Priester dieser Missionstätigkeit, unter denen sich besonders Peerke Donders, der „Apostel der Leprakranken", auszeichnete, dem der Ruf der Heiligkeit anhing.

In der reformierten Kirche wurde 1797 eine Missionsgesellschaft gegründet. Die von der Groninger theologischen Richtung bestimmte Prägung konnte Groen van Prinsterer kaum gefallen, der 1858 eine neue Gesellschaft gründete, die sich der Verkündigung des Evangeliums in Übersee widmete und nur diejenigen als Mitglieder aufnahm, bei denen die Gottheit Christi Anerkennung fand.

Im Landesinnern verstärkte sich der Wille zur Christianisierung unter den Volksmassen, der bei den Protestanten durch die Neocalvinisten zum Tragen kam, bei den Katholiken durch Missionspredigten, die zum großen Teil den Redemptoristen anvertraut wurden. Eine strenge Religion neigt dazu, Volks- und Kirchweihfeste sowie Faschingsveranstaltungen abzuschaffen.

Die Katholiken befanden sich zu dieser Zeit im Aufwind. 1845 feierten sie in Amsterdam die 500. Wiederkehr des Abendmahlswunders und forderten damit antipäpstliche Reaktionen heraus. Bedeutender war die Gründung der *Erzbruderschaft der Heiligen Familie* durch die Redemptoristen, die bald 300 Sektionen und 1887 mehr als 100000 Mitglieder

---

[32] A. J. M. ALKEMADE, Vrouwen XIX. Geschiedenis van negentiende religieuze congregaties (1800–1850), Bois-le-Duc 1965. Ein historischer Abriß zu den weiblichen Kongregationen findet sich bei J. EUT, Verborgen vrouwen, vergeten vrouwen. Veranderende visie op de geschiedenis van negentiende-eeuwse zustercongregaties, in: Trajecta 1 (1992), 374–387.

zählte. Allerdings blieb das kulturelle und intellektuelle Leben der Katholiken bescheiden; Akademiker waren nur sehr spärlich vertreten. Das Niveau der Lehrangebote in den Priesterseminaren war sehr niedrig. Die Katholiken beklagten sich über den geringen Stellenwert in leitenden lokalen oder nationalen Funktionen, andererseits war die Anzahl fähiger Kandidaten aus ihren Reihen sehr begrenzt. Im Gegensatz zu diesen Forderungen entstanden in den 40er Jahren des 19. Jh. etwa vierzig „geheime" protestantische Vereine, um die Katholiken aus den offiziellen Funktionsstellen zu verdrängen, aber auch auf wirtschaftlichem Sektor zu boykottieren.

Die kulturelle Lethargie war kein Spezifikum der Katholiken. Das ganze Land war in eine intellektuelle Erstarrung verfallen, für die einer der Antihelden Potgieters zur Symbolfigur wurde: Jan Salier, der zu nichts nütze war, sich aber ungemein wichtig gab (1842). Im Vergleich zu den Nachbarländern war die Industrialisierung im Rückstand. Die Bildung der öffentlichen Meinung durch die Presse fiel fast gänzlich aus wegen der mit der Stempelgebühr für Zeitungen verbundenen Einschränkung. Die Gesellschaft blieb grundsätzlich von Vorschriften und Statusdenken geprägt.

Von alters her hatten die Kirchen eine bedeutende caritative Tätigkeit entwickelt. Neu ins Leben gerufene Gründungen waren von einem patriarchalischen Geist bestimmt. Die Erweckungskonventikel regten die Gründung von Werken der Nächstenliebe an. 1844 wurde in Utrecht ein Diakonissenhaus gegründet, deren Träger dauerhaft die Krankenpflege übernahmen. Pastor O. G. Heldring (1804–1876), sehr um die menschliche Förderung bemüht, wollte sich mit der ausschließlichen Sozialunterstützung nicht begnügen[33]. In Zetten (1848) und Hoenderloo (1851) engagierte er sich für die Gründung von Erziehungseinrichtungen für Jungen und Mädchen am Rand der Gesellschaft und für die Ausbildung von Handwerkern als Vorbereitung zur Auswanderung. In katholischen Kreisen fand 1846 die erste Konferenz der *St. Vinzenz-von-Paul-Gesellschaft* in Den Haag statt.

Bibliographie

Allgemeine Werke

R. AUBERT, 150 ans de vie des Églises, Brüssel 1980.
–, Kerk en godsdienst in de Zuidelijke Nederlanden (1815– ca. 1840), in: Algemene Geschiedenis der Nederlanden, Bd. 10, Haarlem 1983, 117–127.
J. ART, Kerk en religie (1844–1914), in: Algemene Geschiedenis der Nederlanden, Bd. 12, Haarlem 1977, 168–178.
E. DE MOREAU, Belgique, in: Dictionnaire d'histoire et de géographie ecclésiastique 7, Paris – Letouzey – Ané 1934, Sp. 723–748.
J. PIROTTE, Les Catholiques wallons depuis 1830. Pistes de recherche, in: J.-E. HUMBLET (Hrsg.), Jalons pour une histoire religieuse de la Wallonie, Brüssel 1984, 159–183.
–, Un siècle de l'Église catholique en Belgique (1830–1930), 2 Bde., Brüssel 1930 (immer noch lesenswert).
Von grundlegender Bedeutung sind die Arbeiten von A. SIMON, besonders: Le Cardinal Sterckx et son temps (1792–1867), 2 Bde., Wetteren 1950; Évêques de la Belgique indépendante (1830–1940), Sources d'archives (Centre interuniversitaire d'histoire contemporaine 21), Löwen – Paris 1961; Réunions des évêques de Belgique, 1830–1867 et 1868–1883, Procès-verbaux, 2 Bde., Löwen – Paris 1960. Seine Bibliographie wurde herausgegeben von G. BRAIVE – J. LORY, L'Église et l'État à l'époque contemporaine. Mélanges dédiés à la mémoire de Mgr. Aloïs Simon, Brüssel 1975, 7–18.

---

[33] A. VAN DER HOVEN, Ottho Gerhard Heldring–„Gezond Christendom", in: Krijgsknechten van zoodanigen veldheer, neu hrsg. von T. M. GILHUIS, Kampen 1976, 77–111.

Eine wichtige, wenn auch unvollständige Quellenedition: Lettres pastorales des évêques de Belgique (1800–1961), 8 Bde., Brüssel o.J. (hektogr.).

Diözesen

Von Brügge und Gent abgesehen liegen zu den meisten Diözesen keine neueren Veröffentlichungen vor.

J. ART, Herders en parochianen. Kerkelijkheidsgegevens betreffende het bisdom Gent (1830–1914), Gent 1979.
–, Kerkelijke structuur en pastorale werking in het bisdom Gent tussen 1830 en 1914, Kortrijk – Heule 1977.
M. CLOET – B. JANSSENS DE BISTHOVEN – B. BOUDENS (Hrsg.), Het Bisdom Brugge (1559–1984). Bischoppen, priesters, gelovigen, Brügge 1984.
M. CLOET (Hrsg.), Het Bisdom Gent (1559–1991). Vier eeuwen geschiedenis, Gent 1991.
Zu Lüttich vgl. die Einleitungen von A. DEBLON – P. GÉRIN – L. PLUYMERS, in: Les Archives diocésaines de Liège. Inventaire des fonds modernes, Löwen – Paris 1978.

Verschiedene Werke

M. CLOET – F. DAELMANS (Hrsgg.), Religion, Mentalité et Vie quotidienne. Histoire religieuse en Belgique depuis 1970. Actes du colloque des 23 et 24 septembre 1987, Brüssel 1988.
Colloque *Sources pour l'histoire religieuse de la Belgique* (Bruxelles, 30 nov.–2 déc. 1967), Époque contemporaine, Löwen – Paris 1968.
L. GENICOT (Hrsg.), Vingt ans de recherche historique en Belgique (1969–1988), Brüssel 1990.
A. TIHON, Les Recherches en histoire religieuse contemporaine de la Belgique francophone, in: L. COURTOIS – J. PIROTTE (Hrsgg.), Foi, Gestes et Institutions religieuses aux XIXe et XXe siècles, Louvain-la-Neuve 1991, 9–28.
J. A. VAN HOUTTE (Hrsg.), Un quart de siècle de recherche historique en Belgique (1944–1968), Löwen – Paris 1970.
S. VERVAECK, Bibliographie de l'histoire de Belgique (1831–1865), Löwen – Paris 1965.

Protestantismus

Biographies protestantes belges, Brüssel 1987–1988.
H. R. BOUDIN, Léopold Ier et les communautés protestantes en Belgique, in: Bulletin de la Société d'histoire du protestantisme belge 9 (1981) 237–268.
–, in Zusammenarbeit mit M. BLOK, Mémorial synodal de l'Église protestante unie de Belgique (1839–1992), Brüssel 1992.
E. M. BRAEKMAN, Cent cinquante ans de vie protestante en Belgique, in: Bulletin de l'histoire pour l'histoire du protestantisme belge 8 (1980), 197–212.
–, Histoire du protestantisme en Belgique au XIXe siècle I, Flavion 1988.
–, Le Développement du protestantisme en Hainaut (1802–1980), in: Recueil d'études d'histoire hainuyères. Mélanges Maurice – A. Arnould, Bd. 1, Mons 1983, 545–559.
J. PIROTTE, Percée et Stagnation d'une église protestante dans les milieux ouvriers wallons depuis 1837, in: RBPH 51 (1973) 371–380.
P. POUILLART – J. POUILLART-LALOUX, L'Évangélisation protestante dans le bassin industriel de Charleroi au XIXe siècle, in: L. COURTOIS – J. PIROTTE (Hrsgg.), Foi, Gestes et Institutions religieuses aux XIXe et XXe siècles, Louvain-la-Neuve 1991, 55–107.
J. PUISSANT, Foi et engagement politique. Quelques réflexions sur la signification sociale du Réveil protestant dans le Borinage, in: PHChr 11 (1982) 9–26.
P. WYNANTS, Autres cultes (1598–1985), Bd. 1, France – Belgique – Grand Duché, Namur 1987.

Verschiedene Kirchengemeinschaften

J. C. BOOGMAN, Het eerste ministerie Thorbecke 1849–1853, in: Algemene Geschiedenis der Nederlanden, Bd. 12, Haarlem 1977, 353–378.
J. A. BORNEWASSER, Kerkelijk verleden in een wereldlijke context, Amsterdam 1989 (wichtige Aufsatzsammlung zu bestimmten historischen Aspekten der verschiedenen Kirchengemeinschaften).
A. DE GROOT, Sociocultureel en godsdienstig leven in de Noordelijke Nederlanden (1813 – ca. 1840), in: Algemene Geschiedenis der Nederlanden, Bd. 11, Haarlem 1983, 84–106.
O. J. DE JONG, Nederlandse kerkgeschiedenis, Nijkerk ²1978.

J. A. DE KOK, Kerken en godsdienst: de school als motor van de verzuiling, in: Algemene Geschiedenis der Nederlanden, Bd. 13, Haarlem 1978, 145–155.

–, Kerken en godsdienst; het uiteengaan van kerk en school, in: Algemene Geschiedenis de Nederlanden, Bd. 12, Haarlem 1977, 232–250.

–, Nederland op de breuklijn Rome-Reformatie. Numerieke aspecten van prostestantisering en katholieke herleving in de Noordelijke Nederlanden (1580–1880), Assen 1964.

A. G. WEILER u. a. (Hrsgg.), Geschiedenis van de Kerk in Nederland, Utrecht – Anvers 1962.

H. KNIPPENBERG, De religieuze kaart van Nederland. Omvang en geografische spreiding van de godsdienstige gezindten van de Reformatie tot heden, Assen 1992.

Reformierte Kirchen

A. J. RASKER, De Nederlandse Hervormde Kerk vanaf 1795, haar geschiedenis in de negentiende eeuw, Kampen 1974.

J. REITSMA – J. LINDEBOOM, Geschiedenis van de Hervorming en de Hervormde Kerk der Nederlanden, La Haye ⁵1949.

Revolution und Trennung

W. BAKKER u. a., De Afscheiding van 1834 en haar geschiedenis, Kampen 1984.

J. KAMPHUIS, Isaac da Costa en de Afscheiding van 1834, Groningen 1975.

M. E. KLUIT, Het Protestantse Réveil in Nederland en daarbuiten (1815–1865), Amsterdam 1970.

L. H. MULDER, Révolte der Fijnen. De Afscheidung van 1834 als sociaal conflict en sociale beweging, Meppel 1973.

H. REESER, Réveil en Romantiek, Documentatieblad voor de Nederlandse kerkgeschiedenis na 1800, Bd. XII, 1989, 2–14.

G. J. SCHUTTE, De Afscheiding van 1834 herdacht, in: Bijdragen en mededelingen betreffende de geschiedenis der Nederlanden, 101 (1986) 400–416.

J. VAN DEN BERG u. a., Aspecten van het Réveil, Kampen 1980.

Andere theologische Bewegungen

E. H. COSSEE, Abraham van der Hoeven, 1798–1855. Een Remonstrants theoloog in de Biedermeiertijd, Kampen 1988.

K. EXALTO – W. VAN GORZEL – H. HARKEMA, Zij die bleven. Schetsen over leven en werk van acht predikanten die niet met de Afscheidung meegingen, Nijkerk 1982.

H. A. M. FIOLET, Een kerk in onrust om haar belijdenis. Een phaenomenologische studie over het ontstaan van de richtingenstrijd in de Nederlandse Hervormde Kerk, Utrecht 1953.

P. VAN ROODEN, Van geestelijke stand naar beroepsgroep. De professionalisering van de Nederlandse predikant (1625–1874), in: Tijdschrift voor sociale geschiedenis 17 (1991), 361–393.

J. VREE, De Groninger Godgeleerden. De Oorsprong en de eerste periode van hun optreden (1820–1843), Kampen 1984.

–, P. Hofstede de Groot en de vergadering der Evangelische Alliantie. Een beslissende episode uit de nadagen van Groninger richting en Réveil (1864–1867), in: Documentatieblad voor de Nederlandse Kerkgeschiedenis na 1800 14 (1991) 13–38.

A. VROON, Carel Willem Pape, 1788–1872. Een Brabants predikant en kerkbestuurder, Tilburg 1992.

Katholische Kirche

P. BRACHIN – L. J. ROGIER, Histoire du catholicisme hollandais depuis le XVIᵉ siècle, Paris 1974.

G. GORRIS, Le Sage ten Broek en de eerste faze van de emancipatie der katholieken, 2 Bde., Amsterdam 1947–1949.

A. F. MANNING, De betekenis van C. R. A. van Bommel voor de Noordelijke Nederlande, Utrecht – Anvers 1956.

L. J. ROGIER, Katholieke Herleving. Geschiedenis van katholiek Nederland sinds 1853, La Haye – Anvers ²1962.

–, Aspecten van katholieke emancipatie in de negentiende eeuw, in: Spiegel Historiael 13 (1978), 725–778. 786–788.

DERS. – N. DE ROOY, In vrijheid herboren. Katholiek Nederland 1853–1953, La Haye 1953.

J. H. J. M. WITLOX, De Katholieke Staatspartij in haar oorsprong en ontwikkeling geschetst, 2 Bde., Bois-le-Duc 1919–1927.

–, De staatkundige emancipatie van de Nederlandse katholieken 1848–1870, Bussum 1969.

Beziehungen zwischen Protestanten und Katholiken

A. A. DE BRUIN, Het ontstaan van de schoolstrijd. Onderzoek naar de wortels van de schoolstrijd in de Noordelike Nerderlande gedurende de eerste helft van de 19de eeuw. Een cultuurhistorische studie, Amsterdam 1985 (siehe die Kritik von J. A. BORNEWASSER, Een mystificerende „ontmythologisering" van de vroege schoolstrijd, in: TG 99 (1986) 205–213).

H. D. DE LOOR, Het antipapisme in protestantse kring: een godsdienstsociologische studie, in: Godsdienst: R. K.: herleeft het antipapisme of zijn de katholieken niet te vertrouwen, neu hrsg. von W. GODDIN, Baarn 1980, 139– 158.

H. RIGHART – A. DE BRUIN, Contributions dans *De zachte kant van de politiek*. Opstellen over politieke cultuur, réd. H. RIGHART, La Haye 1990.

A. VAN DE SANDE, Roomse buitenbeentjes in een protestantse natie? Tolerantie en antipapisme in Nederland in de 17e, 18e en 19e eeuw, in: Een schijn van verdraagzaamheid. Afwijking en tolerantie in Nederland van de zestiende eeuw tot heden, neu hrsg. von M. GIJSWIJT-HOFSTRA, Hilversum 1989, 85–106.

Drittes Kapitel

Die Britischen Inseln

VON JACQUES GADILLE*

I. Religiöse Probleme als Anzeichen für politische und soziale Spannungen

Anders als im Jahrhundert zuvor drängten zu Beginn der dreißiger Jahre religiöse Fragen in den Vordergrund des politischen Lebens in Großbritannien. Der Status der Kirchen und der von ihnen abhängigen Schulen bewegte die öffentliche Meinung, ein Phänomen, das zu einem der charakteristischen Merkmale des viktorianischen England werden sollte[1]. Denn was auf dem Spiel zu stehen schien, war nichts weniger als einer der Grundpfeiler der britischen Gesellschaft: Das *establishment* als Symbol für ihr organisches Gleichgewicht. War es vereinbar mit der Gleichheit aller vor dem Gesetz, einer Grundregel jedes repräsentativen Regierungssystems?

Einer der Gründe für diese Infragestellung war, daß man sich auf dem Höhepunkt der Industriellen Revolution befand, die – verbunden mit Umwälzungen in den Städten – die herkömmlichen, für das parlamentarische Regierungssystem grundlegenden hierarchischen Strukturen erschütterte. Die Flucht der Landbevölkerung in die Arbeitersiedlungen der Bergbaugebiete, Fabriken und Häfen ging Hand in Hand mit einem ungewöhnlichen Anwachsen der *dissenters*, derjenigen religiösen Gruppen, die nicht zur anglikanischen Kirche von England gehörten. Sie machten schließlich ein Fünftel der englischen Bevölkerung aus. An ihrer Spitze standen die Methodisten, die Anfang des Jahrhunderts von Jabez Bunting reorganisiert worden waren und denen fast zwei Drittel der Handwerker angehörten. Ihre Gotteshäuser, die vor allem in Bergbaugebieten und den Armenvierteln der Städte zu finden waren, hatten sich 1850 bereits verzehnfacht[2]. In der *United Free Church* zusammengeschlossen, wirkten sie entscheidend an der Ausbildung des viktorianischen Puritanismus mit. In Wales unterstützten die 125 000 calvinistischen Methodisten die lokalen Autonomiebestrebungen aktiv. Die von den Baptisten seit Ende des 18. Jh. besonders im Bereich der inneren (Sonntagsschulen) und äußeren Mission entfalteten Aktivitäten führten zu einem vergleichbaren Anstieg der Mitgliederzahlen und Gotteshäuser. Ähnlich

---

* Zu Kurztiteln vgl. die jeweilige Erstnennung. Für die Durchsicht der beiden England betreffenden Kapitel dieses Bandes sei an dieser Stelle Mme Christiane d'Haussy, Professorin an der Universität Paris Val-de-Marne, gedankt. Zur Bibliographie siehe DIES. – S. DAYRAS, Religion, Politique et Société en Grande-Bretagne, in: Revue française de civilisation britannique 6 (1991).

[1] E. R. NORMAN, Church and Society in England 1770–1970. A historical Study, Oxford 1976, 122; O. CHADWICK, The Victorian Church (An ecclesiastical history of England V, 1), London ²1970, Introduction, besonders 6.
[2] R. MARX, Religion et Société en Angleterre, de la Réforme à nos jours, Paris 1978, 127–131; J.-C. BERTRAND, Le Méthodisme, Paris 1971, 114–124.

dynamisch verlief auch die Entwicklung der Kongregationalisten, während die Unitarier, die nur zwei Prozent der *dissenters* ausmachten, ihre Stellung vor allem in den Reihen des Großbürgertums ausbauen konnten. Auch in Schottland wuchs die Protestbewegung gegen die presbyterianische Staatskirche. In Irland wiederum beschwor die beherrschende Stellung der anglikanischen Bistümer, verbunden mit der Armut der Bevölkerung auf lokaler Ebene, die Gefahr eines Bürgerkrieges herauf und führte sogar in England selbst zu einem ernstzunehmenden Ungleichgewicht: Die massive Einwanderung arbeitsuchender Iren in die bevölkerungsreichsten Städte führte zu einem steigenden Anteil der Katholiken an der Gesamtbevölkerung – er sollte von 1,2 Prozent zu Beginn auf fünf Prozent gegen Ende des Jahrhunderts steigen[3].

Dagegen verschlechterte sich die Lage der Kirche von England und der presbyterani-schen Staatskirche in Schottland zusehends. Da die Konvokationen (Synodalversammlun-gen) seit 1717 keine beratende Funktion mehr hatten, wurden sie nur selten einberufen, so daß die eigentliche Leitung der Kirche in die Hände von Laien überging. Dabei handelte es sich entweder um das Parlament, in dem die im Oberhaus sitzenden dreißig Bischöfe nur eine Minderheit bildeten, oder den königlichen Staatsrat *(Privy Council)*, der sich aus Zi-vilbeamten zusammensetzte. Aber abgesehen davon, daß die Staatskirche traditionell in drei Glaubensrichtungen gespalten war, durchlebte sie auch eine tiefe moralische Krise: Nach Schätzungen vernachlässigte 1831 bei einer Gesamtzahl von mehr als 15000 angli-kanischen Geistlichen ein Drittel der Pfarrer ihre Pflichten[4]. Den anderen schien die Kon-troverse mit den *dissenters* oft wichtiger zu sein als ihre Seelsorgetätigkeit.

Eine Reform schien also um so mehr geboten, als diese Kirche auf allen Ebenen aufs engste mit den politischen und sozialen Institutionen verflochten war. Sicher trug ihre po-litische Funktion keineswegs klerikale Züge, sondern versinnbildlichte vielmehr die Ein-heit des Glaubens als Grundlage der Einheit der Nation. Dieses Thema war damals gerade in einigen sehr publikumswirksamen Werken aufgegriffen worden. So veröffentlichte Co-leridge z. B. 1830 mit *On the Constitution of the Church and the State According to the Idea of Each* eine konservative Schrift zur Verteidigung der Hochkirche. Der junge Glad-stone teilte seine Ansichten, bis er 1838 selbst die Studie *The State in its Relations with the Church* herausbrachte, in der er nun eine flexiblere Haltung vertrat, da inzwischen durch erste gesetzliche Maßnahmen Ansätze zu einer Kirchenreform sichtbar geworden waren. Er warf sogar die Frage auf, ob das Staatskirchenwesen nicht nur eine Fassade darstelle, hinter der die kirchlichen Würdenträger mehr ihre eigennützigen Interessen verfolgten, als dem Gemeinwohl und der Gerechtigkeit zu dienen. Wie er hatte schon Thomas Arnold 1833 eine weniger starre, stärker auf eine Reform der Institution ausgerichtete Kirchenpo-litik befürwortet *(Principles of Church Reform)*. Außerdem kam der spätere Führer der Li-beralen 1838 den Forderungen der traktarianischen Bewegung nach, wenn er für ein auto-nomes Kirchenregiment und gegen Eingriffe der öffentlichen Gewalt in kirchliche Angelegenheiten eintrat.

---

[3] V. CONZEMIUS, Liberaler Katholizismus in England, in: M. SCHMIDT – G. SCHWAIGER, Kirchen und Liberalis-mus im 19. Jh., Göttingen 1976, 174. Conzemius beziffert die Zahl dieser irischen Einwanderer zwischen 1840 und 1900 auf 900000, wovon 400000 allein auf die Jahre zwischen 1841 und 1851 entfallen.

[4] MARX, Religion et Société (s. Anm. 2) 108.

1. Politische Eingriffe zur Reform der rechtlichen Stellung der Kirchen

Schon vor 1830 beabsichtigten die *Whigs* – die Partei der alten Parlamentsaristokratie –, sofort nach ihrer Machtübernahme eine größere wirtschaftliche Freizügigkeit durchzusetzen und gleichzeitig die verfassungsrechtlichen Grundlagen des öffentlichen Lebens so zu erweitern, daß sie dem Wunsch nach wirklicher Gleichheit aller Bürger und einer Sanierung des parlamentarischen Systems gerecht werden könnten. Premierminister Canning war 1827 gestorben, noch bevor er etwas gegen die religiöse Diskriminierung beim Zugang zu öffentlichen Ämtern machen konnte. So wurde der Gesetzesentwurf Lord Russells, die *Bill Test and Corporations*, die den bis dahin bestehenden Ausschluß der *nonconformists* von städtischen Ämtern aufhob, erst unter der konservativen Regierung Wellington im Mai 1828 angenommen. Im April 1829 stimmte das Parlament auch einer Gleichstellung der Katholiken zu. Nachdem man so die irische Opposition weitgehend zufriedengestellt hatte, kam man ihr mit dem *Disabilities Act*, der die Zahl der anglikanischen Bistümer in Irland reduzierte, noch weiter entgegen – freilich nicht ohne gleichzeitig den an den Besitz gebundenen Wahlzensus von 41 Schilling auf zehn Pfund anzuheben, um die Lage in Irland besser unter Kontrolle zu halten. Die zur gleichen Zeit im Mai/Juni 1832 von Lord Grey durchgeführte Wahlrechtsreform hatte nur begrenzte praktische Auswirkungen: Trotz einer nominellen Verdoppelung der Wahlberechtigten waren von 24 Millionen Gesamtbevölkerung nur 813 000 stimmberechtigt[5]. Nicht zu unterschätzen war allerdings ihre psychologische Wirkung. Da sich die Mehrheit der Bischöfe (sechzehn zu zwölf) im Oberhaus gegen dieses Gesetz ausgesprochen hatte, dessen liberale Tendenzen ihrer Meinung nach der notwendigen Glaubenseinheit des Königreiches abträglich waren, überzeugte die Zunahme städtischer Freiheiten die *dissenters* davon, im Sieg der Kommunen ihren eigenen zu sehen. So entstanden besonders in Schottland[6], aber auch in Irland Vereinigungen, die sich für eine Aufhebung des Staatskirchenwesens einsetzten.

Nicht alle Reaktionen bischöflicherseits auf die ersten Maßnahmen gegen religiöse Diskriminierungen waren negativ. In den Augen des Bischofs von York eröffnete das Gesetz von 1828 die Möglichkeit, sich frei einem Glaubensbekenntnis oder einer „geistig integren Kirche" anschließen zu können, ohne noch länger der Gefahr ausgesetzt zu sein, nur allzu praktische Kompromisse mit der politischen Macht zu schließen. 1831 beurteilte Bischof Copleston eine Zukunft positiv, in der die Kirche, ohne auf offiziellen Schutz angewiesen zu sein, eine weit sicherere Stütze in der öffentlichen Meinung finden würde[7].

Jedoch barg die Politik einer systematischen Gleichstellung aller religiösen Konfessionen auch ein doppeltes Risiko: zum einen die Gefahr des Wiederauflebens eines immer noch tief in den Massen verankerten Antipapalismus, zum anderen die Gefahr, den Staat durch die Übertragung schiedsrichterlicher Funktionen vor allem in konfessionell strittigen Fragen den Kirchen überzuordnen – entgegen den Wünschen all jener, die eine größere Freiheit der Kirchen forderten. Und schließlich waren die Regierungen auch keinesfalls geneigt, diese Politik bis zu der von den *dissenters* geforderten letzten Konsequenz durchzuziehen, nämlich einer Entstaatlichung der Kirchen in allen Bereichen. Besonders

---

[5] R. Marx, Histoire de l'Angleterre, Paris 1993, 391 f.
[6] So schlossen sich 1832 die Kongregationalisten von England und Wales zu einer Union zusammen (Marx, Religion et Société 122).
[7] Norman, Church and Society (s. Anm. 1) 83.

Lord Grey vertrat diese Ansicht, da seiner Meinung nach eine Reform kirchenintern durchgeführt werden sollte.

Folglich blieben die zeitgleich mit der Wahlreform von 1832 bezüglich der Kirchen getroffenen Maßnahmen bewußt fragmentarisch. Dennoch berührten sie sehr empfindliche Punkte: In Irland errichteten die *Whigs* 1831 ein Netz öffentlicher Grundschulen, in denen der Religionsunterricht auf der Grundlage einer *common christianity* (christlicher Grundwerte) erteilt wurde. Zwei Jahre später griff die Verwaltung in die Strukturen der anglikanischen Kirche in Irland ein, indem sie nicht nur jegliche Steuer zu deren Gunsten abschaffte, sondern auch acht Bistümer auflöste und eine ständige königliche Kommission einsetzte, die die Besitzungen und Einkünfte der verbleibenden Diözesen verwalten sollte. Dabei beklagten irische Katholiken und anglikanische Hochkirche übereinstimmend diese Verletzung der konfessionellen Selbstbestimmung der Schulen. Erzbischof Howley protestierte gegen Zentralisierungstendenzen bei der Kirchenverwaltung und prophezeite, daß ähnlich gerichtete Maßnahmen in England selbst unausweichlich folgen würden. Und tatsächlich erhielt die 1836 gebildete ständige Kommission für Angelegenheiten der englischen Kirche entsprechende Anweisungen[8]; ursprünglich aus dreizehn Mitgliedern – darunter zwei Erzbischöfen und drei Bischöfen – bestehend, wurde sie mit der Vorbereitung einer Reihe von Gesetzen beauftragt, die in den folgenden Jahren bis 1840 erlassen werden sollten. Der *Marriage Act* von 1836 ermächtigte die *chapels* (religiöse Gemeinschaften) der *nonconformists*, Ehen einzusegnen, und verlegte die Personenstandsregister von den Pfarreien in die örtlichen Verwaltungen, die man eben anläßlich eines neuen Gesetzes zur Eröffnung von Arbeitshäusern *(workhouses)* für Arbeitslose und Arme eingerichtet hatte. Gleichzeitig wurde eine weitere ständige Kommission zur Verwaltung der kirchlichen Einkünfte und Zehnten geschaffen[9]. Die sehr unpopuläre Kirchensteuer sollte dann 1868 endgültig abgeschafft werden.

Auf schulischer Ebene war auf Druck der *Central Society for Education*, die von den Vorzügen des staatlichen preußischen Grundschulsystems überzeugt war, einer Kommission des *Privy Council* für Erziehungsfragen das Recht übertragen worden, die Schulen zu inspizieren – wobei man allerdings den Bischöfen zugestand, diese Kontrolle ihrerseits zu überwachen[10]. Damals wurde auch die Londoner Universität gegründet, die auch Nicht-Anglikanern offenstehen sollte. Einer Übernahme der Schulen durch den Staat vermochten sich die *nonconformists* jedoch erfolgreich zu widersetzen. Die Durchführung des *Graham's Factory Act* von 1843 hätte dies erfordert, da das Gesetz vorsah, daß drei Stunden der täglichen Arbeitszeit der Kinder der Schule vorbehalten bleiben sollten. Innenminister Graham hatte geplant, die Schulmeister durch Komitees ernennen zu lassen, die paritätisch mit Anglikanern und *nonconformists* besetzt waren. Doch die Katholiken schlossen sich mit letzteren zusammen und starteten eine große, gegen diesen Vorschlag gerichtete Unterschriftenkampagne: Sie brachten mehr als zwei Millionen Unterschriften zusammen. Trotz bedeutender Zugeständnisse zum Schutz der Freiheiten der Anglikaner und anderer Grup-

---

[8] Ebd., 106f. und CHADWICK, The Victorian Church (s. Anm. 1) 47–59. 126–141.

[9] Vgl. CHADWICK, The Victorian Church (s. Anm. 1) 142.

[10] Anläßlich der ersten, 1833 allen Konfessionsschulen gewährten Subventionen wurde eine begrenzte Zahl von Inspektoren aufgestellt und im *Privy Council* (Geheimer Staatsrat) eine Kommission für Erziehungsfragen geschaffen. In den Schulen der anglikanischen *National Society*, die insgesamt 80 Prozent aller Konfessionsschulen ausmachten, waren diese Inspektoren *clergymen*, in denen der freikirchlichen *British Society* Laien.

pen zwangen die fortdauernden Widerstände die Regierung schließlich, ihren Entwurf zurückzuziehen. Mit ihrer Unterstützung übernahm es die *Central Society for Education*, in den Industriegebieten Schulen einzurichten. Die Kirchen dagegen, die primär dagegen opponiert hatten, mobilisierten ihre Kräfte erst relativ spät. Gleichwohl unterstanden 1850 vier Fünftel der vom Staat subventionierten Grundschulen der Kirche von England, von der auch seit 1838 Impulse zur Förderung höherer Handels- und Berufsschulen ausgingen[11].

Es wäre wohl dennoch nicht richtig, all diese Reformmaßnahmen im Rahmen einer Säkularisierungspolitik zu sehen. Sicher spiegelten sie den Wunsch wider, durch häufigeres Eingreifen der öffentlichen Hand Diskriminierungen der Anhänger der verschiedenen religiösen Konfessionen zu vermeiden oder sogar Versäumnisse der Staatskirche auszugleichen, die nur wenig für eine religiöse Betreuung der am stärksten benachteiligten Arbeiterklassen getan hatte. Aber dahinter stand keinerlei Feindseligkeit der Regierenden gegenüber kirchlichen Institutionen. Sie neigten höchstens dazu, liberale Tendenzen *(Broad Church)* innerhalb der anglikanischen Kirche zu fördern, die alle anderen Konfessionen solange bereitwillig akzeptierten, als sie selbst offiziell vom Staat gestützt wurden[12].

Wie Lord Grey betrieben auch Melbourne und Peel eine vorsichtige Politik, die das *establishment* respektierte. Die von ihnen auf diesem Gebiet durchgeführten Reformen waren offensichtlich weniger Teil eines Gesamtkonzepts als zweckdienliche Maßnahmen. Unter dem Einfluß seines evangelikal gesinnten Schwagers Lord Henley begnügte sich vor allem Peel damit, die Kirchen durch seine Maßnahmen dazu anzuregen, ihre Erneuerung selbst in Angriff zu nehmen. Unterstützt von einer starken konservativen Mehrheit, die im Januar 1835 gewählt worden war, distanzierte er sich vom reaktionären Flügel der äußersten Rechten der *Tories* und war – ähnlich wie die *Whigs* zu Beginn der dreißiger Jahre – zu politischen Kompromissen bereit. Dennoch lag auch ihm daran, im Sinne einer friedlichen Beilegung der religiösen Streitigkeiten die Forderungen der *dissenters* und Katholiken zu erfüllen. Da ihm die Interessen der Kirche am Herzen lagen, suchte er den Rat der Bischöfe, gerade weil er sich in kirchlichen Angelegenheiten weit weniger kompetent als in Wirtschaftsfragen fühlte. Den Widerstand des Klerus gegen die Einrichtung von Volksschulen, in dem er nur eine engstirnige Verzögerungstaktik sah, verurteilte er scharf. Die Regierung unter Lord John Russell, die ihm im Januar 1846 nach einer Spaltung der *Tories* folgte, verfügte über eine weit schmalere Mehrheit, so daß der neue Premierminister eine noch vorsichtigere Kirchenpolitik verfolgen mußte. Sein Wunsch, die Staatskirche vor allem in Irland gegen die Forderungen des katholischen Episkopats zu schützen, um so die offizielle Stellung des Staates zu stärken, stieß auch in den Reihen seiner eigenen Mehrheit – die sich aus Radikalen, *dissenters* und sogar irischen Katholiken zusammensetzte – keineswegs auf einhellige Zustimmung. So ergriff er, um deren Zusammenhalt erneut zu festigen, bereitwillig die Gelegenheit, die sich ihm anläßlich der Restauration der katholischen Hierarchie 1850 bot, um eine unbeugsame Widerstandshaltung einzunehmen[13].

---

[11] Im Oktober 1843 wurde ein *Congregational Board of Education* gegründet. Die für Erziehungsfragen zuständige Kommission Newcastle stellte in ihrem Bericht von 1861 fest, daß seit 1833 der Anteil des Staates am Unterhalt der Schulen viereinhalb Millionen Pfund betragen habe; die von anglikanischer Seite eingegangenen Spenden habe die Hälfte dieser Summe ausgemacht (G. I. T. MACHIN, Politics and the Churches in Great Britain 1832–1868 I, Oxford 1977, 112. 151–160).

[12] NORMAN, Church and Society 117.

[13] MACHIN, Politics and the Churches (s. Anm. 11) I 47–50. 182; NORMAN, Church and Society 148–151.

Die Wahlen im Juli 1851 verhalfen auch seinem Nachfolger Derby zu keiner stabileren Mehrheit. Auch dieser suchte in den zwei Jahren, die er sich an der Regierung halten konnte, ein sehr prekäres Gleichgewicht zwischen den verschiedenen Kirchen aufrechtzuerhalten. Denn er wurde stark unter Druck gesetzt, die Integration von Katholiken in gewissen Verwaltungsbereichen – Armee, Gefängnisse, *workhouses*, wo sie die Zulassung eigener Anstaltsgeistlicher forderten – auf ein Mindestmaß zu beschränken.

2. Die Reaktion der Kirchen auf die Reformpolitik

Die Traktatsbewegung und Newman. Antipäpstliche Strömungen

Die schärfste Kritik an der Kirchenpolitik kam von anglikanischer Seite. Die Hochkirchlichen prangerten die Stärkung der Staatsgewalt im kirchlichen Bereich an; die Evangelikalen beklagten die den Katholiken und den *dissenters* gemachten Zugeständnisse, da sie darin eine offizielle Ermutigung jener Gleichgültigkeit in religiösen Fragen sahen, die der allgemeinen Zeitströmung entsprach. Diese „apostolische" Grundlage bildete den Ausgangspunkt der berühmten Traktatsbewegung, als deren Begründer H. Froude und John Keble gelten. Letzterer – ein *fellow* des *Oriel College,* der seine Seelsorgetätigkeit in eine Landpfarrei verlegt hatte, war durch die Veröffentlichung einer Sammlung religiöser Gedichte, *Christian Year* (1827), bekannt geworden, in die er seine romantische Empfindsamkeit und warmherzige Persönlichkeit eingebracht hatte. Am 14. Juli 1833 prangerte er in einer Predigt *Über den Glaubensabfall der Nation (On National Apostasy)* das Gesetz an, das die Zahl der Bischofssitze in Irland staatlicherseits reduzierte: Hatte sich das Parlament dadurch nicht einer „offenkundigen Mißachtung der göttlichen Souveränität" schuldig gemacht? Einige Tage später schlossen sich ihm seine ebenfalls in Oxford lehrenden Freunde Pusey und Newman an, um mit ihm gemeinsam die Kampagne *Tracts for the Times* in die Wege zu leiten, in der sie übereinstimmend die theologische Auslegung der großen christlichen Dogmen durch die Kirchenväter und die apostolische Sukzession als die beiden Grundpfeiler anglikanischer Katholizität bezeichneten. Von Anfang an fand die Bewegung großen Anklang. Von den insgesamt neunzig Traktaten wurden siebzig – in kurzer und scharfer Form verfaßt – im Laufe der ersten beiden Jahre verbreitet. Die ersten Petitionen trugen die Unterschriften von 230 000 Familienvätern und 7000 Mitgliedern des Klerus. Später ebbte die Bewegung langsam ab. Die nun weniger zahlreichen Traktate wurden manchmal richtige kleine Abhandlungen. Pusey, ein gelehrter Spezialist für semitische Sprachen, der in Großbritannien die Methoden der deutschen Bibelexegese einführte, brachte seine ganze Gelehrsamkeit ein. Bald sollte jedoch Newman im Mittelpunkt der Bewegung stehen[14].

Dieser Sohn eines Londoner Bankiers verdankte seine Entdeckung Gottes im Alter von sechzehn Jahren, die er als seine „erste Bekehrung" bezeichnete, dem „evangelikalen"

---

[14] MACHIN, Politics and the Churches 79f. Zur Oxford-Bewegung vgl. CHADWICK, The Victorian Church (s. Anm. 1) 167–211 und DERS., John Henry Newman, Oxford 1983 [ins Franz. übers. von S. DAYRAS – C. D'HAUSSY, Paris 1989]; L. N. CRUMB, The Oxford Movement and its leaders. A Bibliography, Metuchen 1988; SH. GILLEY, Newman and his Age, London 1990; A. M. ALLCHIN, Newman, Keble et Pusey: la dynamique du Mouvement d'Oxford, in: Études newmaniennes 7 (1991) 5–26. Siehe auch Études newmaniennes 8 (Newman et l'histoire. Colloque de Chantilly 1990).

Einfluß eines seiner Lehrer. Als Student am *Trinity College* in Oxford hatte er sich die Ansichten Whatelys über die Notwendigkeit unabhängiger kirchlicher Institutionen zu eigen gemacht, deren Aufgabe es sei, authentisch Zeugnis von dem durch die apostolische Sukzession überlieferten Wort Gottes abzulegen. Nach der Wahl zum *fellow* von *Oriel* und seiner Ordination (1825) wurde er mit dem Vikariat von St. Mary betraut. Hier widmete er sich neben seiner Universitätslaufbahn auch der Seelsorge. Seine erste Arbeit über die Arianer des 4. Jh. (1833) brachte ihn mit dem Reichtum der Gedankenwelt der Kirchenväter und besonders der Alexandriner in Berührung, deren „Lehren in seinen Ohren wie Musik klangen". Aber schon hatten ihm seine *Parochial Sermons* zu großer Popularität verholfen. Die begleitenden Gedichte und Hymnen fanden weite Verbreitung[15].

So schien er auch am besten geeignet, jene These zu belegen, die in den bis Februar 1841 erschienenen neunzig Traktaten vertreten wurde: Das Wesen der Kirche von England drückt sich in ihren Dogmen, ihrer Sakramentenlehre und ihrer Liturgie sowie in der wahren apostolischen Sukzession aus. 1834 formulierte er das Konzept einer *via media* dieser Kirche zwischen Rom und dem Protestantismus, das sie in die Lage versetze, gemeinschaftsbildende Formen, Riten und Andachtsübungen, die bis auf die älteste christliche Tradition zurückreichten, einzubeziehen und so die wahre Katholizität zu verkörpern. Aus welchem Grund sollten Anglikaner künftig noch zur römischen Kirche übertreten?

Aber die Thesen der Traktarianer standen bald im Kreuzfeuer der Evangelikalen, die den Romanismus der Bewegung anprangerten, und der Liberalen, die jeden Dogmatismus, wie z. B. den Glauben an die Realpräsenz in der Eucharistie, ablehnten. Als Newman im neunzigsten Traktat vorschlug, die neununddreißig Glaubensartikel der Kirche von England aus der Sicht der katholischen Tradition zu interpretieren, kam es zum offenen Bruch. Sein Bischof untersagte ihm die Veröffentlichung weiterer Traktate. Newman flüchtete in die Einsamkeit von Littlemore, wo er sich nach langen und schmerzlichen Überlegungen im Oktober 1845 zum Übertritt in die katholische Kirche entschloß[16]. Er veröffentlichte zu diesem Zeitpunkt seinen *Essay on the Development of Christian Doctrine*, um sich von seinen Traktatsfreunden zu distanzieren, die in seinen Augen zu „rationalistisch" waren. Sein Übertritt wurde für die Kirche von England zu einem wirklichen Trauma. Pusey schrieb wenig später:

„Dies ist vielleicht das wichtigste Ereignis seit dem Zerfall der kirchlichen Einheit: daß eine solche Persönlichkeit – in unserer Kirche ausgebildet und von dem ihr innewohnenden Geiste Gottes geformt – in jene Kirche verpflanzt werden sollte. Wenn irgend etwas vermögen könnte, sie unsere guten Seiten entdecken zu lassen oder unsere irrigen Vorurteile ihnen gegenüber zu verringern, so ist es gewiß die Gegenwart einer solchen Person, die unter uns aufwuchs und zu solcher Reife gelangte, bevor sie uns um jener willen verließ [...]".[17]

Aus der Distanz kann man die Reichweite dieses Ereignisses auf lange Sicht gesehen besser beurteilen: Die Anglikaner wurden sich dadurch der historischen Dimension und

---

[15] Zusammen mit Newmans Universitätsreden besaßen sie einen Umfang von vier Bänden, und Newman sorgte nach 1870 selbst für ihre Neuauflage.

[16] Außer den bereits genannten Werken siehe auch die bemerkenswerte Synthese von S. DESSAIN, Présence de Newman, Paris 1993, die Übersetzung eines 1977 in Birmingham unter dem Titel *Newman's Spiritual Themes* erschienenen Werkes. S. Dessain ist der Herausgeber der einundzwanzig Bände der *Letters and Diaries* Newmans, Oxford 1961–1977.

[17] „Offener Brief an einen Freund", der weniger als vierzehn Tage nach der endgültigen Aufnahme Newmans in die römische Kirche veröffentlicht wurde (zit. nach ALLCHIN, Newman, Keble et Pusey [s. Anm. 14] 23).

Kardinal John Henry Newman

apostolischen Verwurzelung ihrer eigenen Tradition stärker bewußt. Ein erstes Anzeichen dafür sollte die Stärke der „ritualistischen" Strömungen sein, in die die Bewegung in ihrer letzten Phase mündete. Andererseits stellte aber auch der Übertritt Newmans zum englischen Katholizismus dessen Rigorismus in Frage und bereitete so seine Akkulturation in einer Gesellschaft vor, die ihn immer noch als Fremdkörper betrachtete. Newmans Ernennung zum Rektor der Universität Dublin – und die Definition, die er anläßlich dieser Gelegenheit von der Funktion dieser Institution gab – veranschaulichte dies sehr gut: Er empfahl, die Universität solle sich mehr darum bemühen, die Persönlichkeit der Studenten im christlichen Sinne zu formen, als ihnen eine rein formalistische Ausbildung zu geben[18]. Die ausführlichen Entgegnungen wiederum, mit denen er auf den Vorwurf reagierte, einer betont autoritär und traditionalistisch ausgerichteten Kirche anzugehören (in Briefen an Kingsley 1864, Pusey 1866 und schließlich an Gladstone nach der Definition der päpstlichen Unfehlbarkeit), konnten auch gegen Rom verwandt werden, wo diese Tendenzen immer mehr an Boden gewannen und die Gefahr einer Irreführung in sich bargen. Newman verteidigte sich gegenüber Kingsley, indem er in einem Zug sein berühmtes Glaubensbekenntnis niederschrieb, die *Apologia pro vita sua*, in der er seine Entwicklungstheologie auf eine Darstellung des Einwirkens Gottes auf sein eigenes Gewissen anwandte. Hieß dies aber nicht auch, daß er der Autorität der römischen Kirche den Wert dieses Gewissens und seines *sensus fidei* entgegensetzte? Wenig liebenswürdig war dagegen seine Antwort auf das *Eirenicon* Puseys, der zu einer Wiederherstellung der kirchlichen Einheit aufgerufen und Rom aufgefordert hatte, als Voraussetzung dafür seine Irrtümer zuzugestehen. Die Lehre von der Unfehlbarkeit des Papstes wiederum erkannte Newman innerhalb der vom

---

[18] Vgl. die Edition von I. T. KER, The idea of a university, defined and illustrated by John Henry Newman, Oxford 1976, und DERS., J. H. Newman, a Biography, Oxford 1988, sowie DERS., The Genius of J. H. Newman, Oxford 1989.

Konzil definierten Grenzen an, da er in ihr den Ausdruck eines religiösen Volksempfindens sah, das er dem Urteil der Gelehrten vorzog.

Insgesamt betrachtet war die Oxford-Bewegung deutlicher Ausdruck des Wunsches nach kirchlicher Erneuerung. Ihre Autorität beruhte auf ihrer Rückbesinnung auf die Apostolizität der Kirche. Aber zunächst vertiefte die Traktatsbewegung die Spaltungen innerhalb der anglikanischen Kirche noch. Als Reaktion darauf wie auch auf die liberalen Tendenzen der *broad churchmen* gründete ein harter Kern der Evangelikalen im Juni 1835 in Exeter Hall in London die *Protestant Association,* die in den folgenden Jahren zahlreiche Tochtergründungen im ganzen Land, vor allem im Arbeitermilieu, hervorbrachte. Ein markanter Vertreter dieser Bewegung war Lord Ashley, der spätere Earl of Shaftesbury (1851), das Idealbild eines Philantropen, der sich die Rettung der Kinder und Ärmsten im Arbeitermilieu zur Aufgabe setzte[19].

Auf der genau entgegengesetzten Seite vertrat eine liberale Fraktion die Ansicht, daß die Regierung mit ihren Reformen nicht weit genug gegangen sei. Wie die *dissenters* war auch sie der Überzeugung, daß deren logisches Ziel die Entstaatlichung der *Church of England* sein müsse. So entstand die sogenannte *Freiwilligkeitsbewegung,* die sich ebenfalls in London konstituierte: 728 Delegierte gründeten am 30. April 1844 die *British antistate Church Association,* besser bekannt unter der 1853 gewählten Kurzform *Liberation Society.* Diese Gesellschaft wandte sich gegen alle staatlichen Eingriffe in kirchliche Angelegenheiten, da sie in ihren Augen einer Beeinträchtigung göttlicher Vorrechte gleichkamen. Das Ansehen, das sie durch ihre Kampagnen erlangte, beunruhigte die Regierenden: „Sie wurde zu einer nationalen Institution, einer halbstaatlichen Rivalin der Staatskirche", schrieb der Historiker G. I. T. Machin[20].

Einen vergleichbaren Anklang fand bereits ein Jahr zuvor (Mai 1843) die Spaltung der presbyterianischen Kirche, der schottischen Staatskirche: Ein Drittel ihres Klerus, das heißt 474 von 1203 Pfarrern[21], beschlossen die Gründung einer schottischen Freikirche. Dieser bedeutende Schritt ermutigte die walisischen, irischen und englischen *dissenters.* Ein Bündnis zwischen *nonconformists* und freiwilligen Verbänden zeichnete sich ab, waren sie sich doch einig in ihrer Opposition gegen die von Peel getroffenen Maßnahmen, die sie für ungerecht hielten: Es handelte sich zum einen um jenes Gesetz, das im Juli 1844 den Unitariern, die nur eine kleine Minderheit darstellten, den Besitz von zweihundert Kapellen verbürgte, zum anderen um verschiedene Zugeständnisse zugunsten der Katholiken in Irland, deren wichtigstes die Garantie einer jährlichen Subvention von 26000 Pfund für das große Priesterseminar von Maynooth war, der bedeutendsten Ausbildungsstätte für den Klerus der Insel. Als Ausgleich sah sich London nun gezwungen, konfessionell gemischte Colleges in Irland einrichten, eine Politik, deren Krönung die Gründung von Queen's Colleges war, auf denen die erforderlichen Lehrer ausgebildet werden sollten. Es war nicht verwunderlich, daß diesmal die katholischen Bischöfe Irlands verstimmt waren[22].

---

[19] Vgl. CHADWICK, The Victorian Church (s. Anm. 1) 454 f., und die Biographie von G. FINLAYSON, The seventh Earl of Shaftesbury (1881–1885), London 1981. Zur evangelikalen Bewegung, die 1835 eine *Protestant Association* gründete, vgl. I. BRADELEY, The Call to Seriousness, the Evangelical Impact on the Victorians, London 1976.

[20] CHADWICK, The Victorian Church 163.

[21] Ebd., 224; vgl. zu den Gründen für dieses Auseinanderbrechen der Kirche von Schottland auch E.-G. LÉONARD, Histoire générale du protestantisme III, Paris 1964.

[22] MACHIN, Politics and the Churches (s. Anm. 11) 177 über die *Academical Institution Bill* (vom Mai 1845). Queen's Colleges wurden in Galway, Cork und Belfast eingerichtet.

Noch war die öffentliche Meinung nicht bereit, eine solche Politik des Ausgleichs zu würdigen, die eine neue Stufe auf dem Weg vom konfessionellen zum „liberalen"[23] Staat kennzeichnen und sich schließlich zu Beginn des 20. Jh. durchsetzen sollte. Antipäpstliche Ressentiments blieben auch weiterhin in der Bevölkerung sehr lebendig und stellten – wie Norman darlegte[24] – eine latente, immer wieder hervortretende Bedrohung dar. Das 1833 erlassene Verbot aller öffentlichen Prozessionen in Irland war symptomatisch für diese unterschwelligen Ängste. Die 1843 erfolgte Aufhebung des Verbots führte im Juli 1849 zu schweren Unruhen, die schließlich seine Erneuerung (1850–1872) zur Folge hatten[25]. Aber zunächst kam es, 1845 bedingt durch die Diskussion um die dem College von Maynooth zugesagten finanziellen Garantien, zu einer wahren Welle von Protesten: 2400 Petitionen – später sogar mehr als 8900 – wurden gegen diese Verfügung eingereicht[26].

Wenige Jahre darauf erschütterte die Affäre Gorham die Autorität der Bischöfe. Der evangelikalen Kreisen nahestehende Pfarrer Gorham hatte sich zum Sprachrohr einer besonderen Interpretation der Taufe gemacht, die sein Bischof, Dr. Phillpotts (Exeter), nach reiflicher Prüfung als häretisch verurteilt hatte. Er verweigerte Gorham daraufhin die erbetene Einsetzung in eine Pfarrei nahe des Bischofssitzes. Als dieser daraufhin beim *Privy Council* Einspruch gegen seine Verurteilung einlegte, erklärte der Staatsrat seine Lehre für rein und die Bitte um Zuweisung einer neuen Stelle für zulässig (März 1850). Dem Bischof lag nichts an einer Verschärfung des Konflikts, so daß er die Angelegenheit gütlich beilegte. Aber gerade das Ungewöhnliche dieser Situation rief viele Proteste hervor, u. a. die von Pusey, Keble und Wilberforce, die die Wiederherstellung der bischöflichen Autorität forderten: Wenn ein Bischof einen Glaubensirrtum zum Schutz seiner Herde und der ganzen Kirche nicht mehr bestrafen dürfe, wer könne dann noch zwischen Recht und Unrecht unterscheiden[27]?

Mitten in diesem verwirrenden Durcheinander beschloß Pius IX., die katholische Hierarchie in England wiederherzustellen. Angesichts dessen, was man sogleich als „päpstliche Aggression" bezeichnete, flammten die antikatholischen Ausschreitungen sofort wieder auf. Gewiß war Rom so vorsichtig gewesen, nur die dreizehn Missionsgebiete in Diözesen umzuwandeln, ohne sie den ursprünglichen Bischofssitzen zuzuweisen. Aber der übertrieben siegessichere Ton des Briefes, den Wiseman zur Feier dieses Ereignisses am 7. Oktober am Flaminischen Tor unterzeichnete, war wohl für diese ablehnende Reaktion mitverantwortlich. Die Stimmung wurde zusätzlich durch die scharfe Entgegnung der *Times* angeheizt, in der am nächsten Tag ein entsprechender Artikel erschien, vor allem aber durch den Brief Russells an den Bischof von Durham vom 4. November. Russell betonte darin, daß die römischen Maßnahmen mit dem Suprematieanspruch der Krone, den Rechten der anglikanischen Bischöfe und der „geistigen Unabhängigkeit der Nation" unvereinbar wären. Selbst der Erzbischof von Canterbury unterstrich daraufhin, wie unange-

---

[23] Dieser Gesichtspunkt wurde von Ch. Greville, einem *clerk* des *Privy Council*, in *The Past and Present Policy of England towards Ireland* (1845) entwickelt. Das Nebeneinander zweier Staatskirchen in Irland wurde von vielen Anglikanern und Katholiken anerkannt und sogar Gegenstand einer 1843 von Russell im Unterhaus eingereichten Gesetzesvorlage (NORMAN, Church and Society [s. Anm. 1] 35).

[24] DERS., Anti-Catholicism in Victorian England, London 1968.

[25] Ebd., 19.

[26] Eine bedeutende Gruppierung von *no-poperists* nahm dies auf den großen Londoner Versammlungen der Freiwilligkeitsbewegung *(Voluntaryism)* vom 30. April und 3. Mai 1845 zum Anlaß, um sich von dieser abzuspalten.

[27] CHADWICK, The Victorian Church 250–270.

messen diese Worte seien, und wies ohne große Mühe nach, daß man dann auch die Kirche von Schottland und alle Freikirchen, deren Autonomiebestrebungen völlig gerechtfertigt seien, des Übergriffs auf die Prärogativen der Krone bezichtigen könne. Er könne nichts Ungesetzliches an dieser päpstlichen Maßnahme finden, es sei denn, man wolle auf die alten Strafgesetze zurückgreifen! Gerade dies versuchte Russell aber, indem er den *Ecclesiastical Titles Act* im Parlament durchbrachte, der vorsah, die Ernennung für alle kirchlichen Stellen im ganzen Königreich der Krone vorzubehalten (1. Aug. 1851). Gladstone wandte sich sofort gegen diese Maßnahme, welche die Spannungen in Irland verschärfen mußte und dort auch sogleich zur Bildung einer *Catholic Defense Association* führte. Der Herzog von Newcastle lehnte daraufhin die Statthalterschaft von Irland ab, um das Gesetz nicht anwenden zu müssen. Dies trug unter anderem im folgenden Dezember zum Sturz des Kabinetts bei. Das Gesetz sollte nur auf dem Papier bestehen bleiben, bis Gladstone es schließlich 1871 abschaffte [28].

Dieser Versuch einer erneuten staatlichen Bevormundung der Kirche schien um so weniger angebracht, als gerade zu diesem Zeitpunkt die Kirchenzählung von 1851 – vor allem in den großen Ballungsräumen – einen alarmierenden Rückgang der sonntäglichen Kirchgänger verzeichnete, gegenüber gänzlich andersläufigen Tendenzen bei den *nonconformists* [29].

Unter diesen Umständen erschien es um so dringlicher, die ganz außer Gebrauch gekommene Instanz der Konvokationen zu reaktivieren, damit der Klerus offiziell und unabhängig von der Regierung seine Stimme erheben konnte. Tatsächlich traten dann die ersten Konvokationen der Erzdiözese Canterbury im Februar 1851 und im Februar 1852 in London zusammen, während die der Erzdiözese York erst 1861 mit einem Verzug von zehn Jahren einberufen wurden, da Erzbischof Murgrave sie ablehnte [30].

Nach den Regierungen Russell und Derby beherrschte von 1853 bis Mitte der sechziger Jahre zunächst eine Koalition zwischen Anhängern Peels und den Liberalen die politische Szene, die dann von einer homogenen liberalen Mehrheit, welche die Regierungen Palmerston unterstützte, abgelöst wurde [31]. So verfolgte man weiter eine Politik kirchlicher Reformmaßnahmen, zum einen durch eine Reihe von Einzelverfügungen – wie die Abschaffung der Eingangsprüfungen für *dissenters* und Katholiken zur Zulassung an den Universitäten –, zum anderen durch Regelungen von größerer Tragweite, etwa die Legalisierung der Scheidung und der kirchlichen Wiederverheiratung von Geschiedenen (begünstigt durch die Verlagerung gerichtlicher Entscheidungen in Ehefragen von den kirchlichen zu den Zivilgerichten im August 1855) oder die Abschaffung der Erwähnung des christlichen Glaubens in der Eidesformel, die zu einer Öffnung des Parlaments auch für Juden führte [32].

Die oppositionellen Strömungen beider Seiten verhärteten sich und neutralisierten sich zugleich gegenseitig. Auf der einen Seite führte die Freiwilligkeitsbewegung, die immer

---

[28] Als unmittelbare Folge des *disestablishment* in Irland.

[29] J. A. LESOURD, Les catholiques dans la société anglaise (1765–1865), Lille 1978, 895–910.

[30] CHADWICK, The Victorian Church 314. 324.

[31] Ebd., 469: „Die zehn Jahre der von den Whigs getragenen Regierung bewirkten gleichzeitig eine dauernde Machtsteigerung und einen Ansehensverlust der evangelikalen Partei." Palmerston sorgte für eine Erneuerung fast des ganzen Episkopats.

[32] Lionel Rothschild, der 1847 gewählt worden war, konnte so im Juli 1858 seinen Sitz im Parlament einnehmen (CHADWICK, The Victorian Church 484–486).

mehr an Einfluß verlor, einen beständigen Kampf gegen die Kirchensteuern[33] und zugunsten einer Entstaatlichung der Kirche in Irland[34]. Gladstone, der diese Strömungen immer mehr begünstigte und sich den *dissenters* annäherte, stieß in Oxford auf den Widerstand seiner eigenen Wähler und verlor 1865 seinen Sitz im Parlament. Auf der anderen Seite sammelten sich die Verteidiger der Prärogativen der Staatskirche und gewannen die Unterstützung Disraelis und des Oberhauses. Das Oberhaus widersetzte sich systematisch allen Gesetzesvorlagen zur Beseitigung der Diskriminierungen von *nonconformists* – wie ihrer Beteiligung an den Schulverwaltungen, ihrer religiösen Gleichstellung bei Begräbnissen, ihrer Zulassung zu öffentlichen Ämtern und zu ausnahmslos allen Diplomen der Universität Oxford. Ein ganzes Bündel von Vereinen jeglicher Couleur kämpften für die Verteidigung der Staatskirche, und 1864 machte ein Werk von sich reden, das die Fortschritte des Nonkonformismus als Kehrseite jener Medaille darstellte, die den Weg für eine Machtübernahme durch das einfache Volk vorbereitete[35]. Als Palmerston im Oktober 1865 starb, schien es, als wolle das viktorianische England all diesen gegensätzlichen Entwicklungen auf religiösem Gebiet, die seine Identität bedrohten, trotzen. Disraeli sprach es für viele aus: „Stellt nicht die Staatskirche in ihrer Integrität und trotz aller Spaltungen einen Teil unseres nationalen Erbes und einen natürlichen Rahmen für das gläubige Volk dar?"[36]

II. Lebendige Glaubenskraft zu Beginn des Viktorianischen Zeitalters

Diskussionen um kirchliche Fragen wurden deshalb so leidenschaftlich ausgetragen und nahmen einen so breiten Platz im politischen Leben ein, weil man sich der Rolle des Glaubens für das Leben der Nation intensiver bewußt geworden war. Diese Sehnsucht nach authentischen religiösen Lebensformen erfüllte nicht nur eine aufgeklärte Minderheit, sondern auch die Massen, die u. a. durch verschiedene Formen christlicher Sozialarbeit dafür sensibilisiert worden waren.

1. Verschiedene Strömungen innerhalb der großen Kirchen

In der Staatskirche war der Einfluß der Oxford-Bewegung weiterhin wirksam und führte zur Ausbildung des sogenannten Anglokatholizismus. Sein Ziel war die Verteidigung des Staatskirchenwesens gegenüber Eingriffen der öffentlichen Gewalt und eine Intensivierung der Katholizität der anglikanischen Kirche. Man ging sogar soweit, eine „institutionelle Verbindung" mit der römischen Kirche unter Wahrung der Traditionen und charakteristischen Eigenheiten der Kirche von England ins Auge zu fassen. In einem Brief an Lord Shrewsbury, der diese Idee bereits 1841 vorgebracht hatte, bestärkte Wiseman die englische Kirche in dieser Absicht. Die verschiedenen Ortskomitees zur Verteidigung dieser Position wurden 1869 in der *English Church Union* (EUC) zusammengefaßt, einer Stoß-

---

[33] Der Gesetzesvorschlag wurde mit nur einer Stimme Mehrheit im Februar 1861 abgelehnt.

[34] Im Dezember 1864 wurde die *National Associaton of Ireland* zur Verwirklichung dieses Zieles ins Leben gerufen.

[35] Das Werk stammte von R. Masheder (*fellow* in Cambridge) und trug den Titel *Dissent and Democracy: their Mutual Relations and Common Objects.*

[36] MACHIN, Politics and the Churches (s. Anm. 11) 316f.; vgl. auch W. PICKERING, Anglo-catholicism, New York 1989.

truppe der ritualistischen Bewegung, die von da an die Oxford-Bewegung ablösen sollte. Eine *Association of universal Prayer* (1838) und vor allem eine *Association for the promotion of the Union of the Christendom* (APUC, 1857) boten den Katholiken Verhandlungen an, um auf diesem Wege die *corporate reunion* zu verwirklichen. 1863 und 1864 riefen die Bischöfe von Brechin (Schottland) und Salisbury zu einer vorbereitenden Gebetskampagne auf. Vor allem Pusey sollte, wie bereits erwähnt, alle theologischen Implikationen in seinem *Eirenicon* (1865) darstellen. Neben der unsichtbaren Einheit, die durch den Glauben an Christus, den lebendigen Leib der Kirche, verkörpert und durch die apostolische Sukzession verbürgt werde, sei es möglich, die Einheit – wie in der Kirche der ersten nachchristlichen Jahrhunderte – auch unter päpstlicher Suprematie zu verwirklichen. So sollten die neununddreißig anglikanischen Artikel mit den Dekreten des Konzils von Trient in Übereinstimmung gebracht werden. Außerdem sei es, um die angestrebte Übereinstimmung zu erleichtern, angebracht, die römische Kirche von allen später hinzugekommenen Kultformen – wie dem Marien- und Heiligenkult – zu entrümpeln. Das Werk Puseys machte einen starken Eindruck auf Charles Wood, den zweiten Viscount Halifax, der durch seine Studien in Oxford mit den Ideen der Traktarianer in Berührung gekommen war. Er beschloß, auf eine politische Karriere zu verzichten, um seine ganze Kraft umsichtig, aber dennoch entschlossen der Verwirklichung dieser Aufgabe zu widmen [37].

Rom sollte allerdings den englischen Katholiken letztendlich verbieten, sich dieser anglokatholischen Bewegung anzuschließen. Das päpstliche Reskript vom 16. September 1864 bezeichnete die sogenannte *Branch Theory* als irrig, wonach die griechisch-orthodoxe, die römische und die anglikanische Kirche als die drei Zweige eines gemeinsamen Stammes als gleichwertig zu betrachten seien. Halifax selbst lehnte die Theorie daraufhin ebenfalls ab und übernahm 1867 die Leitung der APUC. Er akzeptierte sogar – anders als Pusey – die Unfehlbarkeit des Papstes, allerdings nur in genau umgrenzten Fällen und begründet auf die herkömmliche volkstümliche Überzeugung von der Macht der Wahrheit und der obersten Lehrgewalt. In dieselbe Richtung gingen auch Bemühungen des 1867 von Lee gegründeten *Order of Corporate Reunion*, einen Beweis für die Gültigkeit der anglikanischen Ordinationen (unter Hinweis auf die Legitimität der apostolischen Sukzession), zu erbringen [38].

Während diese Strömungen bei der Mehrzahl der englischen Katholiken – die sich, wie erwähnt, aus ca. 400 000 Mitte des Jahrhunderts eingewanderten Iren zusammensetzten – nur auf Mißtrauen stoßen konnten, wurden sie von den Konvertiten und den aus England selbst stammenden, aufgeklärten Katholiken positiv aufgenommen [39]. Thureau-Dangin konnte aufzeigen, wie stark das Bedürfnis dieser Familien katholischer Abstammung war, sich von der Außenwelt abzukapseln, um ihre eigenen religiösen Bräuche zu bewahren, da sie sich von Mitgliedern der *gentry*, treuen Hütern englischer Tradition, umgeben wußten. Man hat sogar von „Anglo-Gallikanismus" gesprochen, um ihr Mißtrauen gegen jeglichen

---

[37] R. LADOUS, L'Abbé Portal et la Campagne anglo-romaine (1890–1912), Lyon 1973, 4–41, und DERS., Monsieur Portal et les siens (1855–1926), Paris 1985, 34 f.

[38] Frederick George Lee, ein anglikanischer *clergyman*, der Pusey nahestand, hatte die Zeitschrift *Union* gegründet und sich an der Gründung der APUC beteiligt (LESOURD, Les catholiques [s. Anm. 29] 845).

[39] CONZEMIUS, Liberaler Katholizismus (s. Anm. 3) 174 beziffert die Zahl der Konvertiten zwischen 1842 und 1856 auf 444 Laien und 186 Priester.

Eingriff von außen, beispielsweise von Rom, zu kennzeichnen, der ihrer leicht verletzlichen Treue in irgendeiner Form hätte schaden können[40].

Aber gerade von Rom aus gab der bereits erwähnte Nicholas Wiseman, ein Vertreter dieser Familien, dem man die Leitung des 1818 wiedereröffneten englischen Kollegs anvertraut hatte, in seinen Fastenpredigten der Jahre 1835 (Rom) und 1836 (London) das Zeichen zum Aufbruch: Er rief darin seine Glaubensbrüder auf, die notwendige Öffnung zu vollziehen, der Kritik ein offenes Ohr zu leihen und Frömmigkeitsübungen in aller Öffentlichkeit zu tätigen, um so in der Tat die Umsetzung der ihnen seit 1829 garantierten rechtlichen Gleichstellung zu erreichen[41]. Die öffentliche Meinung war von diesen Stellungnahmen betroffen und dies um so mehr, als Wiseman nicht nur Beziehungen zu anglikanischen Kreisen geknüpft hatte, sondern auch im Laufe seiner Romreise zu Newman und den bekanntesten Vertretern des europäischen Denkens in München und Paris. Im Mai 1836 gründete er die *Dublin Review*, um sich die Unterstützung des irischen Katholizismus zu sichern. Chefredakteur wurde William George Ward, ein Laie, dem Wiseman den dogmatischen Lehrstuhl am großen Priesterseminar St. Edmond, *Old Hall*, anvertraut hatte. Als Wiseman im September 1850, zeitgleich mit der Ankündigung der Wiederherstellung der Hierarchie, zum Erzbischof von Westminster ernannte wurde, mußte er mit den heiklen Problemen fertig werden, die diese Restauration aufwarf. Als noch schwieriger erwies sich allerdings die Aufgabe, die große Masse seiner Pfarrkinder und die Minderheit der konvertierten Anglikaner unter einen Hut zu bringen. Zwar übernahmen letztere teilweise die konservativen Anschauungen der Mehrheit; wie Manning 1851 hatten auch sie in der römischen Kirche primär die Sicherheit einer Glaubenslehre gesucht, die sich als Hüterin der Wahrheit verstand. Aber die Mehrzahl hatte sich nicht von einer Kirche abgewandt, die ihrer Meinung nach zu stark von der Staatsgewalt abhängig war, um nun in der Kirche ihrer Wahl eine passive Rolle zu spielen. So wurden die klassischen Spannungen zwischen Traditionalisten und Liberalen innerhalb des europäischen Katholizismus durch die besondere Lage in England noch verschärft.

Ein besonders bemerkenswerter Vertreter dieses liberalen englischen Katholizismus war Richard Simpson, der 1844 *fellow* von *Oriel* und anglikanischer Priester wurde; zwei Jahre später konvertierte er nach einer kritischen Stellungnahme gegen seinen Bischof. Er ging ganz in seiner Karriere als Publizist auf, war in theologischen Fragen immer sehr bewandert und stand dem „Romanismus" der katholischen Hierarchie kritisch gegenüber. 1850 trat er der Redaktion des *Rambler* bei, den ein anderer Konvertit, Reverend John Capes, im Januar 1848 als Organ jener neuen Katholiken gegründet hatte, die sowohl das intellektuelle Niveau der englischen Katholiken heben als auch ihr freies Urteilsvermögens stärken wollten, um ihre allmähliche Integration in das soziale Gefüge zu erleichtern. In den Jahren 1856/57 kam es zu heftigen Auseinandersetzungen zwischen der Redaktion des *Rambler* einerseits und Wiseman und der *Dublin Review* andererseits: Der Erzbischof warf den Laien des *Rambler* die Behandlung theologischer Fragen und Übergriffe auf seine traditionellen Vorrechte vor. Die Zeitschrift ihrerseits kritisierte die scholastischen Methoden und die mangelnde Bereitschaft der für die *poor school* zuständigen Bischöfe, dort den Unterricht der

---

[40] Ebd., 175.
[41] Vgl. R. J. SCHIEFFEN, Nicholas Wiseman and the transformation of English Catholicism (1802–1865), Shepherdstown 1984; E. R. NORMAN, Roman Catholics in England, from the Elizabethan Settlement to the IInd Vatican Council, Oxford 1986.

Papst Gregor XVI. (1831–1846) erteilt vom Balkon der Peterskirche den Segen „urbi et orbi" (zeitgenössische Illustration). Mit diesem unmittelbar nach der Papstwahl und bei feierlichen Anlässen geübten Brauch brachen die Päpste zwischen 1890 und 1922, um so auf ihre Lage als „Gefangene im Vatikan" hinzuweisen.

Papst Pius IX., König Victor Emanuel II. und der Freiheitskämpfer Garibaldi marschieren im Gleichschritt. Zwar hat es eine solche Begegnung nie gegeben, doch in dieser zeitgenössischen Illustration drückte sich die Hoffnung zahlloser Italiener aus, nationale Einigung und Kirchentreue miteinander zu verbinden. Die Wirklichkeit sah anders aus. Als piemontesische Truppen am 20. November 1870 Rom eroberten, bedeutete dies das Ende des Kirchenstaats. Auch der Kirchenbann, den Pius IX. gegen die Eroberer schleuderte, erwies sich als wirkungslos.

Der französische Geistliche Felicité Robert de Lamennais (1781–1854) gilt als Begründer des liberalen Katholizismus und Verfechter der Idee einer christlichen Demokratie. Als seine Vorstellungen von Gregor XVI. 1832 zensuriert wurden, brach er mit Rom und wechselte ins Lager linker Sozialrevolutionäre.

Dieser Geist der Sozialrevolutionäre ist auch in der Menschenmenge spürbar, die als dämonisches Maskentreiben den „Einzug Christi in Brüssel im Jahre 1888" begleitet. Der belgische Maler James Ensor (1860–1949) schuf mit diesem Bild (Antwerpen, Königliches Kunstmuseum) eine fast beängstigende Vision kommender Sozialkämpfe. Das rote Schriftband „Vive la sociale" ist unübersehbar.

klassischen Fächer zuzulassen, während sie selbst gleichzeitig deren Umwandlung in Sekundarschulen forderten, die Jugendlichen aus Arbeiterkreisen offenstehen sollten.

Vom März bis Juli 1859 hatte Newman die Leitung der Redaktion des *Rambler* übernommen, bevor er vom Bischof von Birmingham zum Rücktritt aufgefordert wurde. Der Oratorianer sympathisierte mit der von der Zeitschrift vertretenen Grundlinie und veröffentlichte vor seinem Ausscheiden den berühmten Artikel *On Consulting the Faithful in Matters of Doctrine*, wo er, wie oben erwähnt, das Recht der einfachen Gläubigen betonte, zur Verteidigung des Glaubens innerhalb ihres Standes seelsorgerliche Aufgaben zu übernehmen [42].

Zusammen mit Simpson teilten sich nun Sir John Acton, der 1858 eingetreten war, und sein Freund Wetherell die Redaktionsarbeit. Acton stammte aus einer alten, in Aldenham (Shropshire) ansässigen begüterten katholischen Familie. Sein Vater, Enkel eines Premierministers von Neapel, stand im diplomatischen Dienst, seine aus einer deutschen Familie stammende Mutter war die Tochter des Herzogs Emmerich Joseph von Dalberg, eines Pairs von Frankreich. Als sie nach Johns Geburt Witwe wurde, heiratete sie Lord Granville, einen Parteiführer der Liberalen, der außer der Ausbildung auch die ersten Etappen der politischen Karriere seines Stiefsohns mitbestimmte. Acton war Schüler Dupanloups und Wisemans (in Oscott), bevor er zum Abschluß seiner Ausbildung nach München ging und dort von 1850 bis 1856 ein eifriger Schüler und Bewunderer Döllingers wurde. Geprägt von den Methoden der deutschen Geschichtswissenschaft, vor allem auf dem Gebiet der Kirchengeschichte, bereicherte er seine kosmopolitischen Beziehungen noch durch Reisen nach Rußland und in die Vereinigten Staaten, bevor er Maria von Arco-Valley, die Tochter eines bayerischen Grafen, heiratete [43].

Dank einer solchen Persönlichkeit konnte der *Rambler* natürlich seinen Leserkreis bedeutend erweitern, nicht nur wegen der internationalen Beiträge und sorgfältiger Rezensionen vieler in Europa erschienener Werke, sondern auch, weil Acton wissenschaftliche Auseinandersetzungen der reinen Polemik vorzog. Diese war freilich solange nicht aus den Spalten zu verdrängen, als Simpson noch der Redaktion angehörte. Sein Ausscheiden auf Drängen der Bischöfe im Jahre 1862 führte auch zu einer Änderung des Titels. Die neue Zeitschrift, *Home and Foreign Review*, brachte einen sehr positiven Bericht über den von Döllinger im September 1863 in München einberufenen Theologenkongreß. Als sich herausstellte, daß Rom eine gegenteilige Haltung einnahm, zog es die Redaktion – ähnlich wie die des *Avenir* 1831 – vor, das Erscheinen der Zeitschrift einzustellen.

Dennoch sollte man diesen ersten liberalen britischen Katholizismus – bei dem es sich um alles andere als eine breite religiöse Bewegung handelte – nicht als die Angelegenheit einiger weniger Laien abtun, die zwar glänzende Persönlichkeiten waren, aber letztlich Randerscheinungen blieben. Denn immerhin zählten außer Newman auch Angehörige der kirchlichen Hierarchie dazu, wie die englischen Bischöfe George Errington (Plymouth) und William Clifford (Clifton), die auf dem I. Vaticanum keine opportunistische Haltung einnahmen und sich Dupanloup und Darboy anschlossen, oder die irischen Bischöfe Moriarty (Kelly), ein enger Freund Newmans, sowie John Mac Hale (Tuam), die sich Wiseman beziehungsweise Cullen entgegenstellten.

---

[42] Conzemius, Liberaler Katholizismus (s. Anm. 3) passim.
[43] Ebd. Der Autor veröffentlichte auch eine kritische Edition des Briefwechsels zwischen Lord Acton und Döllinger: V. Conzemius, Ignaz von Döllinger – Lord Acton. Briefwechsel, 3 Bde., München 1971.

2. Gelebter Glaube

Um einzuschätzen, welcher Platz der religiösen Praxis in der britischen Gesellschaft der ersten Phase des Viktorianischen Zeitalters zukam, verfügen wir über eine einzigartige Zahlenbasis: die Volkszählung von 1851, bei der Horace Mann in ca. 34 400 Gotteshäusern eine Zählung der sonntäglichen Kirchgänger durchführen ließ. Obwohl die Umfrage nicht mit der nötigen Genauigkeit durchgeführt wurde, erlaubt sie die Feststellung, daß sich praktizierende und nichtpraktizierende Gläubige mit je 7,5 Millionen ungefähr die Waage hielten, und belegt, daß ca. 3 Millionen religiös nicht gebunden waren. An Hand einer Karte wird deutlich, daß die Zonen mit den niedrigsten Zahlen den großen städtischen Gebieten wie dem Londoner Raum mit seinen 1,36 Millionen Einwohnern oder dem *West Riding* (Yorkshire) entsprechen. In seinem Bericht bezeichnete Mann die Arbeiterschicht als „eine Welt für sich", zu der der *clergyman* nur sehr wenig Zugang habe. Die Armut, die Miete der Kirchenstühle *(pew rent)* wie auch die ungünstige Verteilung der Gotteshäuser wurden als Gründe für diese Lage angeführt. Jedenfalls schockierten diese aus heutiger Sicht recht günstigen Zahlen – belegen sie doch, daß immerhin die Hälfte der Bevölkerung praktizierende Gläubige waren – die damalige Öffentlichkeit, die in der Religion immer noch eine der Grundlagen der Nation sah[44].

Als man sich durch ihre Veröffentlichung 1854 der Tatsachen bewußt wurde, ging ein Ruck durch die ganze Bevölkerung, der sich zunächst in einer fieberhaften Bautätigkeit zur Errichtung neuer Kirchen äußerte. Diese Bestrebungen reichten bis in die Anfänge des 19. Jh. zurück[45], da man von 1800 bis 1851 2529 neue Kirchen erbaute hatte. Dennoch war es bis Ende des Jahrhunderts nicht möglich, mit der wachsenden Bevölkerungszahl Schritt zu halten[46]. Die *dissenters* verfügten 1851 über 5738 Gotteshäuser[47]. Die Katholiken konnten in den Jahren zwischen 1851 und 1886 dank der Initiativen Wisemans und Mannings die Zahl ihrer Gotteshäuser in London von 25 auf 85 erhöhen[48]. Wie die Schulen verdankte die Kirche auch diesen Reichtum an neuen Immobilien größtenteils der Freigebigkeit ihrer Gläubigen.

Ein weiteres Anzeichen dafür, wie lebendig der Glaube zu Beginn der Viktorianischen Ära in allen Kirchen war, stellte die Bildung einer wahren Flut freiwilliger Vereine dar, die sich um die neue Armut – als Folge von Landflucht und städtischer Industrialisierung – kümmerten. Dies minderte nicht die Bedeutung der Pfarrei als traditionellem Rahmen der Armenfürsorge[49], aber angesichts der Tatsache, daß immer weniger Leute ihren religiösen Pflichten nachkamen, ging man dazu über, sie auf den Straßen und öffentlichen Plätzen direkt anzusprechen. So hatten zu Beginn der fünfziger und sechziger Jahre Baptistenprediger wie Charles Spurgeon und John Cliffort oder Kongregationalisten wie Joseph Parker in London großen Zulauf. 1846 wurde zwischen den *nonconformists* und den anglikanischen Evangelikalen eine *Evangelical Alliance* geschlossen, deren weltweites Ziel die Verteidigung der Religionsfreiheit und der Kampf gegen das Elend sein

---

[44] Chadwick, The Victorian Church (s. Anm. 1) 363–369 und Lesourd, Les catholiques (s. Anm. 29) 895 f.

[45] Der Londoner Bischof J. Blomfield hatte dies schon 1836 für die Hauptstadt festgestellt.

[46] Norman, Church and Society (s. Anm. 1) 125.

[47] Davon waren 3077 nur provisorisch. Vgl. dazu J. A. Lesourd, Aspects de la vie religieuse en Angleterre pendant l'ère victorienne (1837–1901) II, Diss. masch. Nancy, 3.

[48] Lesourd, Les catholiques 930–933.

[49] Viele der *parsons* waren gewählte *poor laws guardians*.

sollte[50]. Zwei Jahre zuvor hatte der Laie George Williams die Y.M.C.A. *(Young Men's Christian Association)* gegründet, die zusammen mit der Y.W.C.A. *(Young Women's Christian Association)* für junge Mädchen eine der ersten Vereinigungen christlicher Jugendbewegungen mit weltweiter Ausrichtung werden sollte[51].

Um 1848 beteiligten sich auch Christen an den Veranstaltungen des Chartismus. Die Gruppe, die sich um den Theologen F. Dennison Maurice zusammen mit Malcolm Ludlow und Kingsley gebildet hatte, setzte ihre Tätigkeit bis in die fünfziger Jahre fort[52]. William Booth gründete 1865 in den allerärmsten Vierteln des *East End*, ohne Zustimmung der verantwortlichen methodistischen Stellen, jene christliche Missionsbewegung, aus der 1878 die berühmte *Heilsarmee* hervorgehen sollte. Einige Jahre zuvor (1857) hatte Ellen Ranyard die Grundlagen für die *London Bible and Domestic Mission* gelegt, die ihrem Charakter nach überkonfessionell war und auf den Prinzipien der Hilfe zur Selbsthilfe und der konzertierten Aktion zwischen Frauen aus dem Volk und wohltätigen Damen der Gesellschaft beruhte[53]. Von katholischer Seite hatten die *Vinzenzkonferenzen,* zu denen Ozanam kurz vor seinem Tod nach London gereist war, in zahlreichen Industriezentren Niederlassungen gegründet[54]. In Schottland hatte sich Robert Monteith, ein Laie mit starker persönlicher Ausstrahlung, den Kampf gegen das Elend der ungefähr 150000 Iren zum Ziel gesetzt, welche die Slums der großen Städte bevölkerten[55].

Auf schulischer Ebene räumte man zwar dem regelmäßigen Religionsunterricht in den Sonntagsschulen absoluten Vorrang ein, gründete jedoch daneben noch als besondere Institutionen, die für die jungen Arbeitslosen auf den Straßen bestimmt waren, die *Bettlerschulen*, die sich 1844 auf Initiative des Earl of Shaftesbury zusammenschlossen. Wiseman selbst gründete Schulen zur Aufnahme junger inhaftierter Iren nach ihrer Entlassung aus dem Gefängnis[56].

Seit den zwanziger Jahren entstanden immer mehr Selbsthilfevereine, und sogenannte „Bruderschaften" unternahmen verschiedentlich Versuche zur Wiederbesiedlung verlassener ländlicher Gebiete, indem sie dort Arbeitslose aus den Städten ansiedelten. Insgesamt wurden zwischen 1850 und 1860 144 neue Gesellschaften zur Verbesserung der Lebensbedingungen der Arbeiterklasse gegründet. Viele waren überkonfessionell und schlossen sich 1869 unter der Leitung des Earl of Shaftesbury zu einem allgemeinen Wohlfahrtsverband zusammen.

Im Ganzen gesehen ging dieses soziale Christentum in England ebensowenig wie auf

---

[50] Außerdem wurden 1851 beziehungsweise 1858 eine *Protestant Alliance* und eine *Evangelical Church of England Clerical and Lay Association* ins Leben gerufen.

[51] R. LADOUS, Les Unions chrétiennes de jeunes gens, de 1844 à 1878, in: G. CHOLVY, Mouvements de jeunesse, Paris 1985, 125–140. Die Allianz hatte sich auch ganz allgemein den Kampf gegen liberale Strömungen zum Ziel gesetzt. Vgl. J. W. EWING, Goodly Fellowship. A Centenary Tribute to the Life and Work of the World's Evangelical Alliance, 1846–1945, London 1946.

[52] CHADWICK, The Victorian Church 348–363. Die Gruppe veröffentlichte zwischen 1848 und 1854 die Zeitschrift *Politics for the People*. Siehe auch NORMAN, Church and Society 167 f.

[53] C. D'HAUSSY, Dames de charité et chaînon manquant: la *Ranyard Mission,* in: Revue française de civilisation britannique 6 (1991) 59–67.

[54] Correspondance d'Ozanam IV Paris 1992, 261–271, wo die Einführung der Konferenzen in England auf 1844 datiert wird.

[55] D'HAUSSY, Dames de charité (s. Anm. 53), die sich auf B. ASPINWALL, The Second Spring in Scotland, in: CleR 6 (1981) bezieht.

[56] Ebd.

Der Engländer William Booth (1829–1902) wirkte zunächst seit 1849 als Laienprediger der Methodisten. 1879 gründete er die *Salvation Army*, die *Heilsarmee*, mit der dieser Prediger und „General Gottes" sozialkaritative Aufgaben wie Suppenküchen und Nachtherbergen anging. Unsere Lithographie zeigt Booth bei einer Ansprache in Whitechapel.

dem überwiegenden Teil des Kontinents über das hinaus, was man als „barmherzige Werke" bezeichnen könnte. Jedoch erhoben sich nun auch Stimmen einiger Nationalökonomen (Chadwick, Sir John Simon) und Bischöfe (Blomfield in London, Wilberforce in Oxford), die ein Eingreifen des Staates forderten und den Egoismus der besitzenden Klassen anprangerten. Der Klerus unterstützte die ersten Gesetze, die in der Zeit zwischen 1848 und 1866 zur Verbesserung der hygienischen Verhältnisse (1848) und Sanierung verwahrloster Viertel (*Slum Clearance Act* von 1866) erlassen wurden, ebenso wie Gesetze gegen Alkoholismus und Prostitution. Eine stärkere Sensibilisierung für soziale Probleme wurde auch durch das Aufkommen einer populären Presse wie des *Working Man's Friend and Family Instructor* begünstigt, der von Handwerkern auf Initiative von Methodisten (1851) verfaßt wurde.

Außerdem beschäftigte sich auch die gehobene Presse mit sozialen Fragen: Sie war entweder von Kirchenmännern (wie der *British Quarterly* oder der von dem kongregationalistischen Abgeordneten Edward Miall gegründete *Non Conformist*) oder von Laien ins Leben gerufen worden (wie der *Leeds Mercury*[57], dessen Herausgeber, Vater und Sohn Baines, beide im Unterhaus saßen).

In der Mittelschicht, dem Bürgertum und dem Hofadel, der die Königin umgab, herrschte eine religiös verbrämte puritanische Moral vor. Sie bewirkte eine Art sozialen Konsens, der Unstimmigkeiten in religiösen Fragen ebenso überdeckte wie die Gleichgültigkeit ihnen gegenüber[58]. Diese Geisteshaltung wurde durch die sehr aktiven *Bible Society* und *Religious Tract Society* mit ihrer Verbreitung von Bibeln und religiösen Schriften noch gefördert. Sie fand auch ihren Ausdruck in dem neugotischen Stil, der durch Pugin (gestorben 1852) sogar in profane Gebäude wie die „städtische Kathedrale" von Manchester oder in die Innenausstattung reicher Wohnsitze Einzug hielt. Dabei wurde es allgemein üblich,

---

[57] Ebd.
[58] Vgl. Lesourd, Aspects de la vie religieuse III (s. Anm. 47). Die Zeitschrift *The Reasoner* erschien 1850 mit einer Auflage von nur 1000 Exemplaren (Marx, Religion et Société [s. Anm. 2] 102).

Kirchenfenster und Reproduktionen religiöser Gemälde zu verwenden, vor allem von Werken der Mitte des Jahrhunderts gegründeten präraphaelitischen Schule (oder Bruderschaft), der Maler wie Rossetti, Millais oder Holmund Hunt angehörten, dessen *The light of the World* – eine religiös inspirierte Darstellung – Ruskin sehr bewunderte[59]. Doch konnte man hinter dieser Fassade auch Anzeichen eines stärkeren persönlichen Engagements finden. Unter den Hochkirchlichen war eine sakramentale Erneuerungsbewegung mit täglicher Meßfeier und wöchentlichem Empfang der Eucharistie zu beobachten[60]. 1854 hatte Wilberforce in Cuddesdon eine Hochschule gegründet, um das Ausbildungsniveau des Klerus zu heben. Neben entsprechenden Initiativen von evangelikaler Seite wurde nun auch eine *Church pastoral aid Society* ins Leben gerufen, die den Laien die Möglichkeit bot, stärker Anteil an der Glaubensverkündigung zu nehmen. Dasselbe Ziel verfolgten auch Gladstone und Newman, letzterer besonders durch die Gründung seines Oratoriums in Birmingham. Pusey wiederum förderte seit 1845 das Aufkommen neuer Ordensgemeinschaften. Zwischen 1850 und 1880 wurden siebenundzwanzig Frauen- und zwei Männerorden gegründet. Ihre Tätigkeit erstreckte sich vor allem auf Waisenhäuser, Asyle für Arme oder Prostituierte (*St. John Baptist* in Clewer), Krankenhäuser (*St. John the Divine* mit Florence Nightingale) und nicht zuletzt die Schulen. Die in der protestantischen Tradition stehenden Diakonissen wurden von John Howson in der Kirche von England zum Einsatz in den Pfarreien eingeführt und 1862 erstmals vom Londoner Bischof Tait angestellt[61].

---

[59] D'HAUSSY, Dames de charité (s. Anm. 53).
[60] CHADWICK, The Victorian Church (s. Anm. 1) 514.
[61] Ebd., 503–511, und D'HAUSSY, Dames de charité.

Viertes Kapitel

Die Schweiz (1830–1860)

von Victor Conzemius

Der Einmarsch der französischen Truppen in die Schweiz im Jahre 1798 markierte das Ende des lockeren Staatenbundes von Städten und Länderorten der Alten Eidgenossenschaft. Der Versuch der Helvetischen Republik (1798–1803), über einen zentralistischen Einheitsstaat die Modernisierung des Landes in die Wege zu leiten, schlug fehl. 1803 stellte die Mediationsverfassung die alten staatenbündischen Strukturen wieder her, der Wiener Kongreß gab dem Land seine heutigen Grenzen[1]. Einzelne Kantone konnten im Sog der Revolution von 1830 liberale Verfassungen durchsetzen. Vor dem Hintergrund einer beschleunigten Industrialisierung und der Expansion des Handels trat die Frage der Neugestaltung des Staatenbundes stärker hervor. Dabei lebten die alten Spannungen zwischen den industrialisierten Stadt- und Mittellandkantonen – vorwiegend protestantisch – und den katholischen Alpenregionen in verschärfter Form auf. Das soziale und politische Konfliktpotential entlud sich 1847 im Sonderbundskrieg; er endete mit dem Sieg der Stadtkantone und ihrer Verbündeten[2]. Vordergründig erschien die Konfrontation als Konflikt zwischen protestantischer und katholischer Schweiz. Die zentralistische Agitation bediente sich kirchlich-religiöser Feindbilder (Aufhebung der Klöster, Jesuitenberufung nach Luzern im Jahre 1841) zur Stimmungsmache[3]. Die bundesstaatliche Verfassung, die 1848 durchgesetzt wurde, beließ den Kantonen eine weitgehende Selbständigkeit im kirchlichen und schulischen Bereich.

Der politische Umbruch zu Beginn des 19. Jh. traf die katholische Kirchenorganisation härter als diejenige der Reformierten. Die landeskirchliche Struktur der reformierten Kirche überdauerte die politischen Umwälzungen. Hingegen wurde die herkömmliche Bindung der deutschen Schweiz an das Bistum Konstanz aufgelöst. Es entstand ein gewisses kirchenrechtliches Vakuum. Bei der Festlegung neuer Diözesangrenzen geriet die katholische Kirche in langwierige Auseinandersetzungen mit den ausgeprägten Auffassungen staatlicher Kirchenhoheit[4]. Diese hatten in katholischen Kantonen im 18. Jh. theoretische

---

Zur Bibliographie siehe vierter Teil, viertes Kapitel „Die Schweiz (1860–1914)". Zu Kurztiteln in den Anmerkungen vgl. die jeweilige Erstnennung.

[1] H. Helbing, Handbuch der Schweizer Geschichte, Bd. 2, Zürich 1977; U. Im Hof, Geschichte der Schweiz und der Schweizer, Bd. 2, Frankfurt a. M. 1983; ders., Geschichte der Schweiz, Stuttgart ⁵1991. Zu den kirchlichen Auswirkungen vgl. R. Pfister, Kirchengeschichte der Schweiz III, Zürich 1984, 127ff.

[2] E. Bucher, Die Geschichte des Sonderbundskrieges, Zürich 1966.

[3] F. Strobel, Die Jesuiten und die Schweiz im 19. Jahrhundert. Ein Beitrag zur Entstehungsgeschichte des Schweizerischen Bundesstaates, Olten – Freiburg i. Br. 1954.

[4] V. Conzemius, 150 Jahre Diözese Basel. Wege einer Ortskirche aus dem Ghetto zur Ökumene (Vorträge der Aeneas Silvius-Stiftung an der Universität Basel 15), Basel – Stuttgart 1979; F. X. Bischof, Das Ende des Bistums

Rechtfertigung gefunden; in protestantischen Gebieten waren sie eng mit dem reformierten Selbstverständnis des politischen Gemeinwesens verbunden, das auch für das Seelenheil der Untertanen verantwortlich war[5].

In der Westschweiz wurden 1819 die Stadt Genf und die von Savoyen übernommenen Teile dem Bistum Lausanne (Bischofsresidenz in Freiburg) unterstellt. 1823 wurde das Doppelbistum Chur-St. Gallen reorganisiert. 1828 kam nach langen Verhandlungen zwischen den betroffenen Kantonen das Bistum Basel zustande (Bischofsresidenz in Solothurn), 1846 wurde St. Gallen als selbständiges Bistum errichtet. Die Auseinandersetzung um die Sicherung staatskirchlicher Hoheitsrechte lähmte weitgehend die Handlungsfähigkeit der ohnehin schlecht dotierten neuen Bischöfe. Bereits vor dem I. Vatikanischen Konzil kam es so zu einem Kulturkampf „avant la lettre"[6]. Treibende Kraft dieser Kirchenpolitik waren meist Politiker katholischer Herkunft, die sich der liberalen Bewegung angeschlossen hatten und in der Kirchenpolitik jene Linie durchzusetzen versuchten, die ihrem liberal-demokratischen Ethos entsprach. Die katholische Kirche, insbesondere das Papsttum und der 1815 wiederhergestellte Jesuitenorden (Wiedererrichtung von Kollegien in Brig, Freiburg, Luzern), boten wegen ihrer Opposition zu freiheitlichen Postulaten und ihrer reaktionären Politik ideale Zielscheiben. Römische Verlautbarungen wie z. B. die Enzyklika *Mirari Vos* von 1832, die in deutlicher Sprache die modernen Freiheiten, darunter Meinungsfreiheit und Pressefreiheit, verurteilte, oder der *Syllabus errorum* von 1864, waren Zeichen für die Fortschrittsfeindlichkeit der katholischen Kirche. 1834 versuchten die radikal-liberalen katholischen Politiker in den 14 Artikeln von Baden (bei Zürich) eine Kirchenreform durchzusetzen, die ihrem aufgeklärten Kirchenbild entsprach: Schaffung eines Schweizer Erzbistums, Synoden, staatliche Genehmigung kirchlicher Erlasse, staatliche Aufsicht über Seminare und Lehranstalten. Gregor XVI. verwarf diese Postulate in der Enzyklika *Commissum divinitus*. Damit war die Diskussion über eine national-kirchliche Kirchenreform vorläufig ad acta gelegt, jedoch nicht abgeschlossen[7].

Das Negativbild, das diese Politiker von ihrer Kirche zeichneten, färbte auf die dafür empfänglichen Radikalen protestantischer Konfession ab. Es bildete den Hintergrund für die kulturelle Isolation der Katholiken im neuen Bundesstaat. Für eine Zusammenarbeit der Reformierten konservativer Richtung – es gab sie in Basel und Bern – und der konservativen Katholiken, mit denen sie das Festhalten am Föderalismus und die Reserve gegenüber dem Zentralismus verband, bestanden keine Chancen[8]. Erst die politische Sammlung der Katholiken, zunächst auf kantonaler Ebene, dann auf Bundesebene, schuf die Voraussetzungen für die allmähliche Eingliederung des katholischen Volksteils in den Bundesstaat. Sie vollzog sich nach außen 1891 mit der Wahl des Innerschweizers Josef Zemp (1834–1908) als erstem katholisch-konservativen Politiker zum Bundesrat. 1913 stellte die *Katholische Volkspartei* einen zweiten Sitz im Bundesrat. Doch als Konfessionspartei,

---

Konstanz. Hochstift und Bistum Konstanz im Spannungsfeld von Säkularisation und Suppression (1802/03–1821/27), Stuttgart – Berlin – Köln 1989; M. Ries, Die Neuorganisation des Bistums Basel am Beginn des 19. Jahrhunderts (1815–1828), Stuttgart – Berlin – Köln 1992.
[5] J. Bruhin, Die beiden Vatikanischen Konzile und das Staatskirchenrecht der schweizerischen Bundesverfassung, Freiburg i. Ue. 1975.
[6] P. Stadler, Der Kulturkampf in der Schweiz, Zürich 1996.
[7] Ebd., 65 ff.; F. Glauser, Der Kanton Solothurn und die Badener Artikel, Solothurn 1960/61.
[8] H. Borner, Zwischen Sonderbund und Kulturkampf. Zur Lage der Besiegten im Bundesstaat von 1848 (Luzerner Historische Veröffentlichungen 11), Luzern 1981.

die angeblich ihre Direktiven unmittelbar aus Rom bezog, war sie bis weit ins 20. Jh. großem Mißtrauen ausgesetzt[9]. Im Gegensatz zu anderen Ländern, in denen es zur Gründung
einer katholischen Partei kam, z. B. in Deutschland, Österreich und Holland, war der Klerus in der Schweiz nicht parteipolitisch tätig.

1813 hatte Germaine von Staël in *De l'Allemagne* geschrieben: „Der Protestantismus
und der Katholizismus stammen nicht daher, weil es Päpste und einen Luther gab, sondern
Protestantismus und Katholizismus existieren im menschlichen Herzen; es sind moralische Kräfte, die sich innerhalb der Nationen entwickeln, weil sie in jedem Menschen existieren."[10] Diese versöhnliche Interpretation der beiden Konfessionen, die dem irenischen
Klima dieser Periode entsprach, wurde nach 1830 abgelöst von einer anderen, die bloß den
Protestantismus als Träger von Freiheit und Fortschritt im Christentum erscheinen ließ, die
katholische Kirche hingegen als Bollwerk der Restauration und einer stabilen Gesellschaftsordnung. Die katholische Kirche galt in den nachrevolutionären Umbrüchen einer
Reihe von Protestanten als feste Burg, die in spektakulären Konversionen zu ihr übertra-
ten. Der Berner Patrizier Karl Ludwig von Haller (1768–1852), der 1820 diesen Schritt
vollzog, erregte europäisches Aufsehen. Haller begründete die Staatstheorie der Restauration. Auch die Konversion des Bündner Dekans Balthasar von Castelberg (1748–1835)
und besonders diejenige des Schaffhauser Antistes Friedrich Emmanuel Hurter (1787–
1865) im Jahre 1844 vollzogen sich unter diesen Voraussetzungen und riefen Ängste in reformierten Kreisen hervor[11].

Im Protestantismus selber regten sich Kräfte, die gegen eine platte Gleichsetzung von
Kirche und Fortschrittsgedanken Einspruch erhoben und in den demokratischen Ideen die
Gefahr einer Einmischung des Staates in die Gewissenssphäre des Christen und Bürgers
sahen. Diese u. a. von England aus angeregte Bewegung des *Réveil*[12], der Erweckungsbewegung, faßte zuerst Fuß in der französischen Schweiz. Sie führte zur Abspaltung von den
Landeskirchen (Genf, Lausanne 1845 und Neuenburg 1873), zur Gründung der *Eglises li-
bres*, die im Gegensatz zu den *Eglises nationales* standen. Die 1832 in Genf gegründete
Société évangélique eröffnete eine eigene theologische Fakultät, die an der Verbalinspiration der Bibel festhielt. Alexandre Vinet, der größte und freieste Geist des *Réveil*, konzentrierte sein denkerisches Bemühen besonders auf das Verhältnis zwischen religiöser und
politischer Gesellschaft und wurde unter dem Eindruck der radikalen Kirchenpolitik zum
Anwalt der Trennung von Kirche und Staat[13].

Während die Anhänger des *Réveil* von ihren Gegnern als Obskurantisten gescholten
wurden, führte die Neubesinnung auf religiöse Erfahrung und Erweckung in der Reaktion
gegenüber einer als rationalistisch empfundenen Universitätstheologie zu einem Neuauf-
bruch kirchlicher Diakonie und zu einer Explosion von Hilfswerken jeglicher Art. *Réveil*
und Pietismus kam im Schweizer Protestantismus jene Rolle zu, die gewissermaßen der

---

[9] U. ALTERMATT, Der Weg der Schweizer Katholiken ins Ghetto. Die Entstehungsgeschichte der nationalen
Volksorganisationen im Schweizer Katholizismus 1848–1919, Zürich ³1995.
[10] G. DE STAËL-HOLSTEIN, De l'Allemagne, Bd. 3, Uppsala 1814, 232.
[11] A. LINDT, Protestanten – Katholiken – Kulturkampf. Studien zur Kirchen- und Geistesgeschichte des 19. Jahrhunderts, Zürich 1963, 21 ff.
[12] PFISTER, Kirchengeschichte (s. Anm. 1) 171 ff.; G. MÜTZENBERG, A l'écoute du Réveil, Saint Légier 1989.
[13] A. V. RAMBERT, Histoire de la vie et des ouvrages d'Alexandre Vinet, Lausanne 1912; R. LEUENBERGER, in:
S. LEIMGRUBER – M. SCHOCH, Gegen die Gottvergessenheit. Schweizer Theologen im 19. und 20. Jahrhundert,
Freiburg i. Br. 1990, 57–67.

Ultramontanismus im katholischen Raum erfüllte. 1831 wurde in Bern[14], 1839 in Zürich die *Evangelische Gesellschaft* als eigentlicher Inspirator sozialer und caritativer Initiativen gegründet. Sie wandte sich 1839 gegen die Berufung von David Friedrich Strauß nach Zürich und 1847 gegen diejenige von Eduard Zeller nach Bern. Die seit Beginn des Jahrhunderts ins Leben gerufenen Bibelgesellschaften – Basel machte 1804 den Auftakt – verstanden sich nach 1830 als Gegengewicht zu den als auflösend empfundenen Methoden der historischen Bibelkritik[15]. In Basel begründete Christian Friedrich Spittler, ein Anhänger des „Réveil", die *Basler Mission*; sie entwickelte sich besonders in Afrika und Indien zu einer der bedeutendsten protestantischen Missionsgesellschaften. In Basel entstand 1842 der *Basler protestantisch-kirchliche Hilfsverein*, der sich die Unterstützung der protestantischen Diasporagemeinden zum Ziel setzte. Ähnlichen Initiativen begegnen wir in Zürich, Neuenburg, Bern und Genf. Von den zahlreichen, im reformierten Raum ins Leben gerufenen Waisen- und Erziehungsheimen sei die 1827 gegründete Erziehungsanstalt des Pfarrers David Spleiß in Schaffhausen erwähnt. Pfarrer Theophil Passavant eröffnete 1832 in Basel eine *Leseanstalt für Handwerksgesellen und Lehrjungen*. Überregionale Bedeutung gewann die Pilgermission *St. Chrischona* in Basel als Ausbildungsstätte für Prediger[16].

Zwischen 1842 und 1848 entstanden die ersten Diakonissenhäuser in der Schweiz. Die Gründung der Mutterhäuser geht zurück in Bern auf Sophie von Wurstemberger und ihren Gatten Johann Friedrich Dändliker (1844), in Riehen bei Basel auf Christian Friedrich Spittler (1852), in Echallens und St. Loup (Waadt) auf Pfarrer Louis Germond (1796–1868). Weitere Häuser entstanden in Zürich-Neumünster und Zürich-Fluntern. Agénor und Catherine Valérie de Gasparin-Boissier riefen 1859 in Lausanne die Schule *La Source* für Krankenpflegerinnen ins Leben, Dorothea Trudel die Gebetsheilanstalt in Männedorf am Zürichsee. In der zweiten Hälfte des Jahrhunderts erlebte der Schweizer Protestantismus einen Aufschwung sozialer, Caritativer und pädagogischer Initiativen, die zwar nicht ausschließlich, aber doch hauptsächlich auf die Anregung das *Réveil* und des Pietismus zurückgingen: Altersheime, Kliniken, Rotes Kreuz, Temperenzgesellschaften. Freilich stellten diese Gründungen die sozio-ökonomischen Grundlagen des Pauperismus und der Verelendung nicht in Frage, sondern führten sie weitgehend auf die Lebensuntüchtigkeit der Betroffenen als Folge von Arbeitsscheu und Alkoholismus zurück[17]. Trotz dieser Einschränkung – erst gegen Ende des Jahrhunderts setzte ein Umdenken ein – hat der Schweizer Protestantismus zahlreiche philanthrophische Initiativen hervorgebracht, deren religiöser Charakter von der bald einsetzenden Übergabe an weltliche Gremien verdeckt wurde. Im Katholizismus blieben entsprechende Gründungen stärker an die Institution Kirche gebunden.

Auf der Ebene der Hochschulen gelang dem Schweizer Protestantismus die Errichtung theologischer Fakultäten, als sich neben Basel – der einzigen, seit dem 15. Jh. bestehenden Universität auf Schweizer Boden – die Akademien in Bern, Zürich, Genf, Lausanne und Neuenburg im Laufe des 19. Jh. zu Universitäten entwickelten. Innerhalb der Landeskir-

---

[14] R. DELLSPERGER u. a., Auf dein Wort. Beiträge zur Geschichte und Theologie der Evangelischen Gesellschaft des Kantons Bern im 19. Jahrhundert, Bern 1981; PFISTER, Kirchengeschichte (s. Anm. 1) 188 ff.

[15] PFISTER, Kirchengeschichte 260 ff.

[16] E. SCHMID u. a., Pilgermission Sankt Chrischona. Gestern – heute, Basel 1980; PFISTER, Kirchengeschichte 215 ff.

[17] D. SCHLATTER, Barmherzige Kirche. Geschichte der Diakonissenhäuser in der Schweiz, Bern 1944; Handbuch der reformierten Kirchen der Schweiz, Zürich 1962.

chen bildeten sich drei große theologische Richtungen heraus: die Evangelisch-Positiven, die Vermittler und die Freisinnigen. Nach der Jahrhundertmitte gewann die liberale Richtung der Reformer die Oberhand; 1867 konnten sie in Bern die Abschaffung des Apostolikums durchsetzen. Als Vermittlungstheologe zwischen den Richtungen erlangte der Basler Kirchenhistoriker Karl Rudolf Hagenbach (1801–1874) hohes Ansehen[18]. Aufs Ganze gesehen blieb der Schweizer Protestantismus im 19. Jh. Volkskirche mit enger Verwurzelung in der Bevölkerung. Doch in den Städten nahm der Kirchenbesuch in der 2. Hälfte des Jahrhunderts rapide ab (in Bern um 1870 gut 6 Prozent Gottesdienstbesucher an Sonntagen, 20 Prozent an Feiertagen)[19].

---

[18] LINDT, Protestanten – Katholiken – Kulturkampf (s. Anm. 11) 95 f.; K. GUGGISBERG, K. R. Hagenbachs Darstellung und Deutung der Reformation, in: M. GEIGER (Hrsg.), Gottesreich und Menschenreich. Festschrift E. Stähelin, Basel – Stuttgart 1969; PFISTER, Kirchengeschichte 359 f.
[19] O. FATIO, in: L. VISCHER – L. SCHENKER – R. DELLSPERGER, Ökumenische Kirchengeschichte der Schweiz, Freiburg i. Ue. – Basel 1994.

Fünftes Kapitel

Nordeuropa

von Christian Chanel

Nordeuropa war in der ersten Hälfte des 19. Jh. durch politische und wirtschaftliche Immobilität gekennzeichnet. Allein in Dänemark hatten sich der Liberalismus (durch eine liberale Regierung zwischen 1848 und 1852) und Anfänge einer lokalen Demokratie behaupten können. In Schweden und Norwegen kam der politische Wechsel erst nach 1859 allmählich in Gang. Die ländliche Gesellschaft hingegen veränderte sich schrittweise und tiefgreifend (so waren in Schweden um 1830 nahezu 85 Prozent aller Dörfer verschwunden). Kulturell entwickelte sich der Norden gleichfalls eigenständig. Man traf auf eine volkstümliche Romantik, die, getragen vom stadt- und landsässigen Bürgertum, zu einer nationalen kulturellen Tradition zurückgefunden hatte.

Diesem kulturellen Bild entsprachen in religiöser Hinsicht die volkstümlichen Bewegungen des religiösen Wiedererwachens, die zu Beginn des Jahrhunderts aufblühten. Ihr Einfluß prägte eine ganze Generation von Geistlichen, die mit der Aufklärung gebrochen hatte und aufs neue die Bibel[1] und die Traditionen des 17. Jh. entdeckte. Dieser Klerus fand auch bei den „bekehrten" Laien große Anerkennung, zumal diese den *Rationalisten* und ihren Werken[2] wie auch der Religionspolitik sehr kritisch gegenüberstanden, obgleich die bestehenden, die Religionsausübung einschränkenden Gesetze[3] nur sehr zurückhaltend[4] angewandt wurden.

I. Das Wiedererwachen volkstümlicher religiöser Bewegungen

1. Gemeinsame Merkmale in ganz Nordeuropa

Die volkstümlichen religiösen Bewegungen waren einer der bestimmenden religiösen Faktoren der Zeit. Außer Island, das sich dieser Entwicklung nicht anschloß, wiesen die nordeuropäischen Länder zahlreiche Übereinstimmungen auf: Da war die zunehmende

---

Zu Kurztiteln vgl. die jeweilige Erstnennung.

[1] Am Anfang der Gründung verschiedener Bibelgesellschaften standen die beiden englischen Missionare E. Henderson und J. Paterson, die der Krieg in Skandinavien festhielt; die Bibelgesellschaft in Finnland (1812) stand wie die Norwegens (1816) in enger Verbindung zur *British and Foreign Bible Society*.
[2] Die Separatisten in Nordschweden wandten sich gegen den *Katechismus* (1810) und das *Rituale* (1811) des Erzbischofs Lindblom; die neue religiöse Bewegung in Jütland wies den *Katechismus* von Balle (1791) und das *Buch der Psalmen* von 1798 zurück. Sie alle wollten die Wiederverwendung der Bücher des 17. und 18. Jh.
[3] Das Gesetz von 1726 über die *Konventikel* für Schweden und Finnland sowie das Gesetz von 1741 für Dänemark, Norwegen und Island sahen eine sehr strenge Kontrolle religiöser Zusammenkünfte von Laien vor.
[4] Vgl. A. Sandewall, Konventikel och sakramentsbestämmelser tillämpning i Sverige 1809–1900, Uppsala 1961. In Dänemark befürworteten die Kreise um Prinz Christian die ausschließliche Anwendung geistiger Waffen gegen die Anfechtungen von 1824 und 1840.

Aktivität und Tendenz zur geistlichen Selbstverwaltung bei den Laien innerhalb dieser Bewegungen, die sich aus weiten Teilen der Bevölkerung rekrutierten (freie Bauern, Handwerker und ländliche Händler, zahlreiche Vikare der Kirchspiele und andere Angehörige des niederen Klerus). Ihre individuelle Frömmigkeit förderte die Bekehrung und Rückkehr zu pietistischen und Herrnhuter Vorstellungen des 17. Jh.[5] Diese Strömungen waren innerhalb des Gefüges der Staatskirchen fortschrittlich organisiert, verfügten über eine demokratische Leitung und sahen ihr vornehmliches Ziel in der Verbreitung religiöser Schriften und der Bibel, der Unterstützung der Mission im Ausland[6] und allmählich, seit 1840–1850, auch in der *Inneren Mission* nach deutschem oder englischem Vorbild. Alle diese Merkmale erklären die häufige Feindseligkeit gegenüber den Amtskirchen und ihren Hierarchien sowie die Schärfe der Auseinandersetzung, die ganz im Gegensatz zu der vergleichbaren Situation der Herrnhuter und Pietisten des 18. Jh. stand, als man wesentlich toleranter und behutsamer miteinander umging. Dennoch erfuhr jedes Land in Nordeuropa trotz vieler gemeinsamer Anknüpfungspunkte und zahlreicher Kontakte zwischen den einzelnen Bewegungen seine eigene Entwicklung.

2. Regionaler Partikularismus in Schweden und Finnland

Schweden: eine schwierige Einheit

Die wiederauflebenden religiösen Bewegungen in Schweden waren regional äußerst vielfältig und prägten nachhaltig die religiöse Landschaft. Im Süden entfalteten sich die neuen Strömungen um Pfarrer herum, die in der pietistischen Tradition und treu zur Kirche standen[7]. Diese Pastoren stießen auf das Unverständnis seitens der bischöflichen Autorität, die ihnen häufig Steine in den Weg legte (Beförderungsstopp, häufige Versetzung und einstweilige Amtsenthebung wegen „Übereifers"). Doch nach und nach akzeptierten sie die Geistlichen in dem Maße, in dem diese mit Erfolg die neuen, volkstümlichen Bewegungen – man denke an die unkontrollierten, schwärmerischen Auswüchse von „Heulern" *(ropare)* – in vernünftigen Grenzen hielten. Die Bewegung Schartaus[8] hatte sich an der Westküste entfaltet und stieß, bevor sie sich in der ganzen Region ausbreiten konnte, auf Probleme mit dem Bischof von Göteborg, Carl F. af Wingård[9]. Der Einfluß des jungen,

---

[5] Die Herrnhuter befanden sich im Niedergang und sorgten oft für den Übergang von den alten pietistischen Bewegungen zu neu erwachenden Strömungen. Vgl. für Schweden H. PLEIJEL, Herrnhutism en Sydsverige, Lund 1925; zu Norwegen vgl. J. HOLDT, N. J. Holm (1778–1848), et blad av Brödre menigheden historia, Bergen 1937; zu Dänemark vgl. A. PONTOPPIDAN-THYSSEN, Herrnhutersamfundet i Christiansfeldt, Åbenrå 1984.

[6] In Schweden bestanden zwei Gesellschaften, in Lund und in Stockholm. In Norwegen schlossen sich die vielen Gesellschaften 1842 zusammen. Die rasche und ausgreifende Entwicklung in diesen beiden Ländern trug sehr zur lokalen Etablierung der neuen religiösen Strömungen bei.

[7] P. L. Sellergren (1768–1843) und sein Nachfolger P. Nyman in den Diözesen von Växjö und Kalmar zählen ebenso dazu wie J. Hoof (1768–1839), der von der katholischen Mystik inspiriert war, und später sein Schüler M. Landahl in der Gegend von Skara, wo sie mithalfen, den Einfluß von Swedenborg auszumerzen.

[8] Beeinflußt durch den Pastor H. Schartau (1757–1825) legte man hier das Gewicht auf die zentrale Rolle des Pastors und den absoluten Respekt des „Standes der Gnade" in allen Bereichen des religiösen Lebens. Vgl. G. NELSON, Den västsvenska kristendomtypen, Stockholm 1933.

[9] C. af Wingård (1781–1851), Bischof von Göteborg und später Erzbischof von Uppsala (1840–1851), brachte verschiedene pietistische Strömungen und eine „Kirche von unten" zusammen. Er beteiligte sich aktiv an Schriften der neuen religiösen Bewegungen, war jedoch den Anhängern Schartaus gegenüber streng, da sie die Ordnung der Diözese störten.

von Schartau beeinflußten Klerus wurde durch die Schaukelpolitik des Bischofs begünstigt: Zwischen 1830 und 1840 eroberte die Bewegung die ganze Diözese Göteborg und griff auf die angrenzenden Gebiete der Diözesen Skara, Växjö, Lund und Karlstad über. Hier wurde ein orthodoxes Bollwerk errichtet, gegen das alle anderen Bewegungen und Abweichler vergeblich anrannten. 1856 erhielt dieser Klerus mit dem Schartau-Anhänger Gustav D. Björck (1806–1888) einen eigenen Bischof. In der Diözese von Härnösand im Norden Schwedens lebten seit Ende des 18. Jh. separatistische Strömungen auf, deren Zunahme durch die allgemeinen Bedingungen der Region begünstigt waren[10]. In den Jahren nach 1840 verschärften diese Bewegungen ihre Kritik an der Kirche und konzentrierten sich auf eine neue Liturgie. Zu Beginn des Jahres 1848 vollzogen sie das Schisma, veranstalteten eigene, von Laien durchgeführte Kommunionfeiern und gründeten „freie Kongregationen" (*Pietå, Skellefteå, Luleå* etc.). In der Folgezeit jedoch verloren sie sich wieder: Einige dieser Gruppen traten zu den Baptisten über. Die Mehrheit fand in der evangelikalen Strömung Aufnahme, und nur wenige verfolgten weiterhin ihre abgeschottete Existenz.

Die andere, neue und große religiöse Strömung im Norden, die durchweg die Trennung von der Kirche verweigerte, bildete der *Laestadianismus*, benannt nach dem Pastor Lars Levi Laestadius (1800–1861)[11]. Nach seiner Bekehrung 1844 wurde er zum Mittelpunkt einer umfangreichen Bewegung, die sich über das ganze schwedische Lappland und den Norden von Finnland und Norwegen erstreckte. Diese Erweckungsbewegung stand auf einem rigoros pietistisch-lutherischen Boden und bediente sich typisch lappländischer Ausdrucksformen. Ihr Frömmigkeitsverständnis verband die „Furcht vor dem Gesetz" mit dem „Jubel über das Heil" und bot auch Platz für starke, emotionelle Regungen (Visionen, Trance und Ekstasen)[12]. Der moralische Druck war sehr groß und wandte sich vor allem gegen den Alkoholkonsum. Man wählte die Form des öffentlichen Bekenntnisses und der öffentlichen Lossprechung. Jeder Gläubige war verpflichtet, auf die Bekehrung anderer hinzuarbeiten. Damit räumte diese eigentlich klerikale Erweckungsbewegung auch den Laien einen großen Handlungsspielraum ein.

Neben den sich vor allem zwischen 1830 und 1840 ausbreitenden regionalen Bewegungen läßt sich die allmähliche Zunahme einer nationalen Erweckungsbewegung von Stockholm aus feststellen: Aus dem Zusammenspiel von pietistischen städtischen Eliten, die sich in der *Evangelischen Gesellschaft* (1809–1852) neu gruppiert hatten, der Bibelgesellschaft und der Tatkraft des Methodistenpfarrers George Scott entstand zwischen 1830 und 1842 der „Neu-Evangelismus"[13]. Als Opfer eines liberalen Ränkespieles mußte Scott das

---

[10] Der Zuschnitt der Pfarreien und der verstreuten Dörfer entstammt eigentlich dem Brauch des *byabön* (was annähernd mit „Pflicht zum Dorfgebet" übersetzt werden kann) und bedeutete seit Beginn des 17. Jh. die Abhaltung des Sonntagsgottesdienstes durch einen Laien, der aus der Bibel las, eine Predigt hielt und das Gebet leitete.

[11] Nach einer geradezu klassischen Karriere als humanistischer und botanisierender Pastor durchlitt er eine religiöse Krise, die die moralische Verkommenheit in seiner Pfarrei hervorgerufen hatte. Nachdem er durch einen Lappen zu der neuen religiösen Strömung im Norden bekehrt worden war, brach er mit seiner Vergangenheit und rief, ausgehend von Karesuando und Pajala, eine große religiöse Bewegung ins Leben. Vgl. O. BOREMANN – G. DAHLBÄCK, L. L. Laestadius och hans gärning, Stockholm 1965.

[12] Ein extremer Fall ereignete sich in Kautokeino in Norwegen (1852): Drei Personen wurden getötet und der Pastor gegeißelt. Die Bestrafung war sehr streng.

[13] G. Scott (1804–1874) war ein schottischer Methodistenpfarrer, den der Industrielle S. Owen nach Stockholm gerufen hatte, um sich einiger Glaubensbrüder anzunehmen.

Land verlassen und übertrug dem Laien Carl O. Rosenius [14] seine Nachfolge. Dank zahlreicher Reisen über das ganze Land und einer weiten Verbreitung der Zeitschrift *Pietisten* [15] erreichte Rosenius bald landesweiten Einfluß. Seine Predigt beruhte zu allererst auf dem lutherischen Grundsatz *sola gratia, sola fide* sowie auf der Ablehnung des pietistischen Moralismus. Er erteilte allen Trennungsversuchen gleichermaßen eine Absage und bekämpfte energisch alle baptistischen Tendenzen innerhalb der Bewegung. Dennoch blieb die Haltung des schwedischen Klerus dieser Erweckungsbewegung gegenüber geteilt. Auch die weitere Institutionalisierung im Rahmen der landesweiten evangelischen Stiftung *(Evangeliska Fosterlandsstiftelse)* 1856 diente nicht wirklich der Etablierung dieser Bewegung. Das Hauptproblem blieb die zunehmende Umwandlung der „Geschäftsträger" der Gesellschaft (beauftragt mit der Verteilung von Bibeln und Andachtsbüchern) zu Predigern, die teilweise mit den Pastoren konkurrierten. Trotz aller Versicherungen von Rosenius blieben Zweideutigkeiten. Insgesamt kamen der Süden und der Westen des Landes aufgrund des Potentials dieser nationalen Organisation der inneren – und später äußeren – Mission nicht zur Ruhe.

Finnland: die Kontinuität

Auch in Finnland bestand eine große regionale Vielfalt, die noch auf den pietistischen Traditionen des 18. Jh. beruhte. Häufig setzten sich die ersten auflebenden religiösen Strömungen in den späteren Erweckungsbewegungen fort. Diese Bewegungen breiteten sich vor allem unter der freien Landbevölkerung aus, die an ihre Autonomie gegenüber den religiösen Autoritäten gewohnt war (seit dem 17. Jh. hatte das schwedische *byabön* im ganzen Land Geltung). Auch die soziokulturellen ausländischen (d. h. schwedischen) Eliten blieben von dieser Bewegung nicht unberührt. Die bedeutendste religiöse Strömung entwickelte der Bauer Paavo Ruotsalainen [16] in dem zentral gelegenen Gebiet von Savolax. 1836 tauchte eine andere Erweckungsbewegung an der Ostküste (Österbotten) um die Pastoren J. Lagus und N. Malmberg [17] auf. Diese Strömung vereinigte sich mit der Bewegung von Savolax, die sich daraufhin bis zu den Theologiestudenten in Helsinki, den zukünftigen Trägern der Erweckung, ausbreiten konnte. Daneben behaupteten sich in den Jahren zwischen 1830 und 1840 zwei weitere Bewegungen: Die eine existierte in Karelien mit dem Pastor H. Renqvist, deren Anhänger sich insbesondere durch das Gebet auf den Knien (die „Demütigen") und einen sich in sichtbaren Werken manifestierenden Glauben (vor allem der Kampf gegen Alkohol) auszeichneten, was Ruotsalainen energisch verurteilte. Die zweite Bewegung war 1844 einer Abspaltung von Savolax um den Pastor F. G.

---

[14] C. O. Rosenius (1816–1868), Sohn eines pietistischen Pfarrers aus dem Norden, fand nach einer persönlichen Krise 1838 seinen Glauben bei Scott und wurde 1840 dessen Mitarbeiter. Vgl. S. LODIN, C. O. Rosenius, Stockholm 1956.

[15] Bei einer Auflage von 10000 Exemplaren bestand die Zeitschrift zu 80 Prozent aus Leitartikeln und Meditationen von Rosenius. Vgl. H. LENHAMMER, Budbäraren, Pietisten och Församlingsbladet, Uppsala 1981.

[16] P. Ruotsalainen (1777–1852) war vom Pietismus beeinflußt und betonte das „innere Bewußtsein als Christ". Als talentierter Redner kam er rasch zu Ansehen und erreichte einen einzigartigen Einfluß auf den Klerus. Vgl. T. KROOK, Lekmannahövding från Savolax, Wasa 1951.

[17] Die pietistische Bewegung im Westen wurde von einigen Pastoren wie dem „Romantiker" J. Lagus in Kajaloki um 1830 und dem Volksredner N. G. Malmberg bestimmt. Sie eröffneten kultivierte Zirkel am Hauptort der Bewegung von Savolax.

Hedberg entsprossen[18]. Alle diese Bewegungen, zu denen auch der *Laestadianismus* (der bereits bei Schweden behandelt wurde) gezählt werden muß, beteuerten ihrerseits ihre kritische Treue zur Staatskirche. Dennoch stießen sie auf Widerstand in den Diözesen, wo man jede russische Einmischung in ihre internen Angelegenheiten vermeiden wollte und deshalb von vornherein mit Strafen gegenüber jeder lokalen Unordnung reagierte[19]. Um 1850–1860 schienen sich diese Erweckungsbewegungen zu erschöpfen, und eine neue Generation von Geistlichen und Theologen, die den Wert der Amtskirche wieder für sich entdeckten, bildete sich heraus.

3. Wiedererwachende religiöse Strömungen in Dänemark und Norwegen

Dänemark: bedrohte Einheit

Zu Beginn des Jahrhunderts läßt sich ein gewisser Regionalismus innerhalb der Erweckungsbewegungen beobachten. Doch entfaltete sich in Dänemark bald eine landesweite, nationale Bewegung, die einen Gutteil der ersten Bekehrten zurückgewann: Bei dieser Bewegung handelte es sich um den *Grundtvigianismus*, der in Dänemark in religiöser, kultureller, politischer, sozialer und (aufgrund seiner Rolle bei der Ausbildung landwirtschaftlicher, genossenschaftlicher Kooperativen) auch wirtschaftlicher Hinsicht dauerhafte Spuren hinterließ. Nicolai F. S. Grundtvig (1783–1872) vollzog eine klassische religiöse Entwicklung, die ihn vom Rationalismus zu einer biblizistischen Orthodoxie am Anfang des neuen Jahrhunderts führte. Zwischen 1825 und 1830 ging er von der geläufigen orthodoxen Vorstellung weiter zu einer Synthese mit der Romantik, dem „mythologischen Historismus" und dem Nationalismus. Dies führte zu einer Sonderform aus Sakramentalismus, zentriert auf Taufe und Abendmahl, sowie der Ekklesiologie einer „Kirche von unten". Nach der Lektüre des Irenäus und einem langen Aufenthalt in England entwickelte Grundtvig eine Theologie, deren Mitte das „lebendige Wort" Gottes bildete, wie es sich in der örtlichen Gemeinde und im apostolischen Glaubensbekenntnis[20] sowie dem Bekenntnis zur Taufe und zum Abendmahl ausdrückte. Das „tote Wort" Gottes, das die Bibel weitergab, konnte mit seinen unterschiedlichen Auslegungen in Grundtvigs Verständnis keinen festen Boden für den Glauben der Gemeinde bilden. Konsequenzen zog Grundtvig zwischen 1840 und 1850 in verschiedenen Bereichen, vor allem in der Ekklesiologie[21] und der Erziehung der Staatsbürger[22]. Rasch breitete sich die Bewegung Grundt-

---

[18] F. G. Hedberg (1811–1893) entdeckte unter dem Einfluß des Schweden Rosenius erneut die Bedeutung von Luthers *sola fide* und kritisierte heftig den Pietismus. Seine Bewegung breitete sich im schwedisch beeinflußten Südwesten aus.

[19] Zu diesem Zweck wechselte man die Pastoren in den isolierten Pfarreien, vor allem auf den Åland-Inseln, wo sich 1850 eine solche Bewegung gegründet hatte. Öffentliche Prozesse wie der von Kalajoki 1838 gegen vier Pastoren und zweiundzwanzig Laien waren selten.

[20] J. C. Kierkegaard, der Bruder des Philosophen und 1858 erster Bischof in der Tradition Grundtvigs, versuchte zu beweisen, daß Jesus selbst diesen Text den Aposteln weitergegeben hatte. Vgl. J. J. JENSEN, Romantisme et christianisme au Danemark, in: Romantisme, Revue du XIXᵉ siècle 4 (1985) 111–124.

[21] Sein Werk *Idee über die Kirche* machte aus der Staatskirche eine bürgerliche Institution, die die freie und ungehinderte Religionsausübung garantierte und den Gläubigen lokal die freie Wahl von Pastor und Liturgie überließ. Vgl. K. THANNING, N. F. S. Grundtvig, Kopenhagen 1972.

[22] Es ging darum, den Menschen durch die bessere Kenntnis ihrer selbst und der Welt dazu zu verhelfen, Christen

vigs innerhalb der wohlhabenden, politisch aufstrebenden Landbevölkerung aus, der sich damit die Möglichkeit eröffnete, ihre geistliche Reife gegenüber Klerus und städtischen Eliten unter Beweis zu stellen. Darüberhinaus bot diese Bewegung die Möglichkeit, die Kinder auf den höheren Volksschulen, die seit 1844 gegründet worden waren, mit der nationalen und intellektuellen Kultur vertraut zu machen.

Allerdings fand sich ein Teil der alten Erweckungsbewegung nur schwer mit dieser Gedankenwelt und den immer profaner anmutenden Vorgehensweisen (Schulen, Bildungsgesellschaften und seit 1858 sogar eine politische Partei mit der nationalen Linken) zurecht. Diese traditionelle Strömung stand der Staatskirche sehr kritisch gegenüber und verstärkte ihre Haltung während des „Kirchenkampfes", den der Philosoph Sören Kierkegaard zwischen 1850 und 1855 führte[23]. 1854 folgte der allmähliche Bruch dieser Erweckungsbewegung mit Grundtvig und der Zusammenschluß mit einem Teil des bekehrten Klerus, der in der Gefolgschaft des Pastors Vilhelm Beck 1860 die *Gesellschaft der Inneren Mission Dänemarks* ins Leben rief. Diese war ein wahrer Ausdruck der Erweckungsbewegung und stand ganz in pietistischer und orthodoxer Tradition.

Norwegen: die bewahrte Einheit

Die schwedische „Kolonie" Norwegen glich auch weiterhin ihrem alten dänischen Mutterland. Allein die Erweckungsbewegung, die zu Beginn des Jahrhunderts in Verbindung zu örtlichen dänischen Erweckungsbewegungen stand, verkörperte die norwegische Form der Erweckung. Initiator der Bewegung war Hans Nielsen Hauge (1777–1824), Bauer und später Kaufmann, der das ganze Land bereiste und überall predigte. Er verkündete den absoluten Gehorsam gegenüber dem göttlichen Willen, die Bekehrung, die Unterwerfung unter das Gesetz im Sinne der Heiligung, aber auch eine auf die Berufung ausgerichtete Ethik, ferner die Ablehnung weltlicher Genüsse sowie materiellen Erfolg als Zeichen göttlichen Wohlgefallens. Treu folgten seine Schüler den Weisungen, die Hauge in seinem *Testament an meine Freunde* (1824) hinterlassen hatte: Sie bestanden auf der Treue zur Staatskirche und der Organisation von Gruppen von Gläubigen um die „Patriarchen" der Bewegung, die persönlich im *Testament* dazu auserkoren worden waren. Aufgabe dieser Patriarchen war es, eine strenge Kontrolle über die „Kolporteure und Prediger" sowie die

---

zu werden. Deshalb auch das Motto „Zuerst der Mensch, dann der Christ". Vgl. E. SIMON, Reveil National et Culture populaire en Scandinavie. La Genèse de la Höjskole nordique (1844–1878), Paris 1960.

[23] Sören Kierkegaard (1813–1855) beendete seine theologischen Studien nach langem Zögern 1841. Nachdem er die Berufung zum religiösen Schriftsteller bei sich entdeckt hatte, entwickelte er in einem ausführlichen Werk seit 1843 eine zunehmend radikale Kritik an der etablierten Kirche. Er berief sich auf die Verweigerung des religiösen Objektivismus. Für ihn war der theologische Hegelianismus H. L. Martensens nur dessen letzte Abwandlung. Kierkegaard verteidigte die Notwendigkeit einer persönlichen Beziehung zu Gott unter dem Zeichen einer Nachahmung Christi als Erretter und Vorbild. Der Mensch, der „Christ werden" muß, entdeckt die absolute Transzendenz Gottes, aber auch den „Skandal" eines existenziellen Glaubens, der den Verzicht fordert, Gott zu denken, und dazu antreibt, zumindest in Hinblick auf das Leiden und das Martyrium wie Christus zu werden – eine Forderung, die die Kirche zu leben und zu predigen vergessen hatte: „Die Christenheit hat das Christentum vergessen." Diese Tatsache öffnete das Tor zum gewaltsamen „Kampf um die Kirche" gegen den Bischof Martensen und einen großen Teil des dänischen Klerus zwischen 1854 und 1855. Sein Radikalismus brachte Kierkegaard den nicht sehr geschätzten Rückhalt der Liberalen und der Pioniere der *Inneren Mission* ein. Allerdings blieb der Einfluß im Land marginal. Vgl. N. THULSTRUP, Kierkegaard og Kirken i Danmark, Kopenhagen 1985, sowie J. NGUYEN VAN TUYEN, Foi et Existence selon Kierkegaard, Paris 1971.

Publikationen auszuüben. Überdies sollten sie die *adiaphora* zurückweisen und auf ein einfaches Leben nach dem Vorbild des reichen Kaufmannes J. Haugvalstad (1770–1850) aus Stavanger achten. Allmählich machte jedoch dieser Rigorismus einer mehr am Evangelium und Luthers *sola fide* ausgerichteten Vision des Glaubens Platz. Nachdem sie zu Beginn des Jahrhunderts stark unterdrückt worden war, fügte sich die Erweckungsbewegung immer besser in die Kirche und Gesellschaft ein: Zwischen 1830 und 1840 hatten die Haugianer bereits die Geschäftswelt und die Politik erobert[24]. Die zweite Generation stellte die Bewegung auf eine solide Basis[25] und weitete sie über ihr Herkunftsgebiet (den Südwesten) in Richtung Bergen und nach Osten hin aus. Dort konnte die ärmere Landbevölkerung für die Erweckungsbewegung begeistert werden, und man verband sich zu einem gemeinsamen Kampf für eine neue norwegische Sprache[26]. So wurde gleichzeitig die soziokulturelle Basis verbreitet. Die wesentliche Bedeutung dieser Bewegung lag vor allem darin, daß sie örtlichen, radikaleren Strömungen der Erweckung Einhalt gebot[27]. Trotz der zahlreichen Verbindungen zwischen beiden Ländern gelang dem dänischen *Grundtvigianismus* nur ein schwacher Vorstoß: W. A. Wexels (1797–1866), der Herold dieser Strömung, stieß sich vergeblich am gemeinsamen Widerstand von Haugianern und der neuen lutherischen Orthodoxie, die von Gisle Johnson seit Christiania entwickelt worden war[28].

II. Die Rückkehr zur Bibel und zum lutherischen Bekenntnis

Auch wenn die Erweckungsbewegungen das eigentümlichste Phänomen der Epoche in Skandinavien war, blieb es doch auf eine Minderheit in Bevölkerung und Klerus beschränkt. Gleichwohl mußten sich die Kirchen der Entwicklung ihrer Basis anpassen. Die Ausbildung neuer Theologien und, schon bald, eines nationalen Klerus[29] erleichterten diese Reaktion, auch wenn das Problem der Beziehungen zwischen Laien und Klerus in dieser Epoche nicht befriedigend gelöst wurde.

1. Die Eroberung der theologischen Fakultäten

Die allgemeine Unschlüssigkeit der Kirchen läßt sich sehr gut am typischen Beispiel der Entstehung zweier entgegengesetzter Traditionen in Schweden illustrieren. Das Land hatte

---

[24] So gehörte ihnen beispielsweise M. Grendahl (1775–1849) an, politischer Führer der Haugianer, Organisator der bäuerlichen Bewegung im Parlament und wohlhabender Geschäftsmann. Vgl. C. T. JONASSEN, The Protestant Ethic and the Spirit of Capitalism in Norway, in: ASR (1947) 676–686.

[25] Das erfolgte durch die Entwicklung von Missionsgesellschaften (vor allem der von Stavanger) nach 1830 und Enthaltsamkeitsgesellschaften (1836), der Beschäftigung von hauptberuflichen Predigern um 1850 und der Gründung eines Zentrums in Stavanger 1845.

[26] In den Jahren nach 1850 entwickelte I. Aasen im Gegensatz zur *riksmål,* die für zu dänisch gehalten wurde, eine „Landessprache" *(landsmål).* Sie wurde 1892 zweite offizielle Landessprache.

[27] Damit sind besonders die *stertroende,* die sich den alten Büchern zuwandten, von K. Spödervold zwischen Stavanger und Christiansand sowie der *Feigianismus* von H. Feigum, der sich mystischer und ekstatischer gab, im Zentrum des Landes gemeint.

[28] Die scharfe Polemik um den Katechismus Kaurin-Wexels zwang die Regierung zum Rückzug (1843–1852).

[29] Die Verpflichtung, das Universitätsdiplom in Theologie zu absolvieren, setzte sich allmählich in ganz Skandinavien (Schweden 1831), nicht aber in Island durch.

als einziges in Skandinavien zwei theologische Fakultäten. Der Norden unterschied sich mit seiner „Kirche von unten" in Uppsala deutlich von der „Amtskirche" des Südens in Lund. Beide Richtungen standen innerhalb eines gemeinsamen, streng konfessionellen Rahmens[30], aber die Ansichten kollidierten bei der Rolle der Laien, der Erweckungsbewegungen innerhalb der Kirche sowie der Organisation der Kirche selbst, zwei Punkten, die nicht voneinander zu trennen waren. Zwischen 1840 und 1850 nahm Uppsala[31] in Hinblick auf die Separatisten im Norden eine offene und gemäßigte Position ein und unterstützte diese Haltung durch institutionelle Reformen synodalen Stils. Diese Schule übte einen anhaltenden Einfluß auf den Norden und die Mitte des Landes aus, da die zweite Generation von Professoren weiterhin in der Kontinuität ihrer Vorgänger blieb. Der Klerus aus Uppsala zeichnete sich durch seine Aufgeschlossenheit gegenüber den Erweckungsbewegungen und ihren Kolporteuren unter den Laien aus. Man zögerte nicht, mit diesen Laien zusammenzuarbeiten, wenn es um die Ausschaltung der Konkurrenz dissidierender Kirchen ging. Dem standen die Lundianer gegenüber, die die Pastoren im Süden und Westen stellten und die sich nach dem Ende der rationalistischen Vorherrschaft um 1830 allmählich der deutschen konfessionellen Theologie anschlossen[32]. Für sie gründete sich die Kirche insgesamt wie auch als Institution auf das ordinierte Amt, das den Laien in den Hintergrund verwies. Die individuelle Religiosität konnte nicht die Basis einer Kirche sein, die ihre Einheit aus den Bekenntnisschriften bezog[33]. Diese Strömung einer „Kirche von oben" konnte sich bis Stockholm (einer national eingestellten Stadt) ausbreiten und stand um 1850 auf der Höhe ihres Ansehens, als H. Reuterdahl abwechselnd Minister für Religionsangelegenheiten und Erzbischof von Uppsala wurde. Diese Rivalität zwischen Lund und Uppsala bildete den eigentlichen Anknüpfungspunkt der schwedischen Reaktion auf die Aufklärung durch die Aufnahme von Beziehungen zu anderen nordischen Kirchen, deren Theologen einheitlicher agierten.

In den drei anderen Ländern[34] kam es zu einem schnellen Übergang von der Aufklärung zu Biblizismus, Konfessionalismus und Antirationalismus (dem Supranaturalismus). Mit der Gründung der Universität von Christiania 1811 kamen die Professoren Svend Hersleb und Sterner Sternersen nach Norwegen, später dann 1835–1836 ihre treuen, aber farblosen Schüler. 1850 entwickelte sich eine neue lutherische Orthodoxie, die der Erweckungsbe-

---

[30] Ein gemeinsame Linie entstand mit der Veröffentlichung des Werkes von D. F. Strauss über das *Leben Jesu*. Man nahm das Projekt einer gemeinsamen Zeitschrift in Angriff. Vgl. E. PETZÄLL, Straussdebatten i Sverige, Lund 1936.

[31] Zu den gemäßigten Vertretern zählten vor allem A. E. Knös (1801–1862), L. A. Anjou (1803–1884) und A. F. Beckman (1812–1894). Vgl. S. HANSON, Uppsala teologerna och Svenska Kyrkan 1840–1855, Uppsala 1980.

[32] Seit 1830 garantierte die Zusammenarbeit der Professoren M. E. Ahlmann (1773–1844), H. Reuterdahl (1795–1870) und J. H. Thomander (1798–1865), die alle den Ideen Kants und Schleiermachers positiv gegenüberstanden, den reibungslosen Übergang auf die Generation von E. G. Bring, A. N. Sundberg und V. Flensburg, allesamt Schüler Hegels oder des deutschen Neuluthertums (T. Kliefoth, F. J. Stahl). Vgl. E. WALLGREN, Individen och Samfundet, Lund 1959.

[33] Eine dynamische Konzeption des Glaubensbekenntnisses der Kirche: Unter dem Druck, die Glaubenserfahrung der Christen zu gegebener Zeit auszudrücken, machte die Kirche daraus einen Schatz, den sie in seiner Vollständigkeit bewahren wollte. Der Deutsche E. Sartorius hatte diesen Gedanken angeregt (1846 übersetzt).

[34] Island hatte im 18. Jh. den Pietismus ignoriert. Seine Eliten waren bis 1833 von der Aufklärung beeinflußt. Aufgrund seiner isolierten Lage verlief die Entwicklung in Island um einiges langsamer, und es kam lediglich zu einem Aufleben eines nationalen Wiedererwachens, das der Klerus initiiert hatte und das sich an die Stelle entsprechender religiöser Strömungen setzte. Mit der Einrichtung eines Priesterseminars 1847 setzte sich der theologische Einfluß H. L. Martensens dauerhaft durch.

wegung nahestand (Gisle Johnson und der Deutsche C. P. Caspari). In Finnland vollzog
sich 1828 mit der Verlegung der Universität von Turku nach Helsinki ein vergleichbarer
Wechsel. Da sich die „Generation von Turku" weigerte, die stattlichen Einkommen aus
Kapitelpfründen abzutreten, wurde sie durch jüngere Theologen ersetzt, die von Kant und
Schleiermacher beeinflußt waren. In Dänemark vollzog sich der Übergang erst spät, dafür
um so abrupter (1831–1833), und rief die Ankunft einer Vielzahl von Schülern des Pastors
Jakob P. Mynster auf den Plan [35]. Sie bildeten den konfessionellen Block einer „Kirche von
oben", die sich an die Vorgaben der Staatskirche anlehnte.

2. Der Generationswechsel innerhalb des Klerus

Zwischen 1820 und 1830 breiteten sich innerhalb des Klerus neue Ideen aus. Nicht zuletzt
aufgrund des Einflusses des Bischofs J. P. Mynster entstand in Dänemark zwischen 1834
und 1850 ein neuer Episkopat. Der letzte „Rationalist" verschwand 1847, und seit 1854 garantierte der neue Bischof von Seeland, H. L. Martensen, die Kontinuität des Erbes. Ganz
wie sein Lehrer Mynster profitierte er vom Wohlwollen des Hofes und der Regierung, die
mit der Ernennung der Bischöfe und Priester beauftragt war. Die Masse des Klerus scheint
dieser Veränderung nicht so schnell gefolgt zu sein: Nach Mynster waren 1850 noch
50 Prozent der Pastoren Aufklärer. In Norwegen verlief die Entwicklung entgegengesetzt.
Hier kam es zuerst zu einem Umschwung unter den Pastoren, dann erst bei den Bischöfen [36]. Die ersten neulutherischen Elemente der von Johnson geprägten Generation tauchten erst zwischen 1840 und 1850 auf. In Schweden erfolgte der Wechsel noch zögerlicher,
dann aber zunehmend progressiv, obwohl einige Bischöfe gegenüber der Neologie um
1820–1830 kritisch eingestellt waren (C. af Wingård in Göteborg 1818, J. J. Hedern 1829
in Karlstad und F. Franzen in Härnösand 1831). Noch herrschte das Bild des aufgeklärten
Gelehrten (selten ein Theologe) vor, der auf seinen Rang bedacht war, eine politische Rolle
spielen wollte und trotz eines toleranten Geistes wenig Verständnis für die Erweckungsbewegungen zeigte. Die Annäherung an die Orthodoxie blieb oberflächlich und bedeutete
keinen Akt der Bekehrung. Erst nach 1860 tauchte ein neuer Typ Bischof auf. Der Pfarrklerus wies eine wesentlich größere Vielfalt auf, sei es im Hinblick auf sein Alter, die theologische Ausbildung oder regionale und familiäre Traditionen (beispielsweise die Herrnhuter im Süden, die Swedenborgianer in Skara oder die Neupietisten im Norden). Um
1850 schien die Neologie im ganzen Land in die Minderheit geraten zu sein. In Finnland
war sie noch weniger widerstandsfähig. Mit dem Tod des Erzbischofs von Turku, Jakob
Tengström (1755–1832), endete diese Tradition innerhalb des Episkopats. Seine Nachfolger schlossen sich alle dem ringsum verbreiteten Supranaturalismus an und gaben sich
häufig einen markanten pietistischen Anstrich, der den Umgang mit den Erweckten erleichterte [37]. Der niedere Klerus blieb sozial und kulturell der konservativen Landbevölke-

---

[35] J. P. Mynster (1775–1854, Bischof von Seeland 1834), war von Kant beeinflußt, brach mit der Neologie und
nahm wieder Rekurs auf die Bibel. Als Parteigänger der Staatskirche wandte er sich mit bescheidenem Erfolg
gegen die Erweckungsbewegungen, den Rationalismus und die Liberalen. Vgl. N. MUNK-PLUM, J. P. Mynster
som kristen og teolog, Kopenhagen 1938.
[36] Die gemäßigt orthodoxe Generation, die Hersleb und Sternersen ausgebildet hatten, stellte um 1835 etwa
75 Prozent aller Pastoren, während der Episkopat nicht vor 1858 durch die Ernennungspolitik des Ministers
H. Riddervold von dieser Richtung durchdrungen werden konnte.
[37] Erzbischof E. G. Melartin (1780–1843), der „verpflichtet" war, in Kalajoki zu herrschen, zensierte weder die

rung verbunden und genoß oft den Respekt der bekehrten Laien. Erst um 1850 zeigte sich
der Klerus den Erweckungsbewegungen gegenüber kritischer. Diese Haltung war umso
bedrohlicher, als die religiöse Gesetzgebung sich noch nicht in einem liberalen Sinn weiterentwickelt hatte.

III. Der Fortschritt der religiösen Freiheit und des religiösen Liberalismus

Das 18. Jh. hatte bereits die Entwicklung zu mehr faktischer und rechtlicher Toleranz für
bestimmte Minderheiten in Gang gesetzt[38]. Das Echo der Julirevolution verstärkte 1830
die liberale Strömung, deren Ziele häufig mit denen der Erweckungsbewegungen zusammenfiel, die politisch nichtsdestotrotz zumeist konservativ eingestellt waren. Aus dem Zusammenspiel von städtischem Bürgertum, das zwar von der Aufklärung beeinflußt, jedoch
von der Romantik angezogen wurde, und unabhängiger Landbevölkerung erwuchs in Norwegen und Dänemark rasch die Religionsfreiheit. Seit 1845 wurden in Norwegen unter
den Liberalen diese Freiheit und die Rechte der „freien" Kirchen anerkannt. Dänemark
folgte 1849, als man die absolute Monarchie abschaffte und eine Verfassung verabschiedete, die eine teilweise Trennung von Kirche und Staat auf politischer und sozialer Ebene
garantierte[39], auch wenn die nationale Kirche (*Folkekirke* war ihr neuer Name) „wie jene
vom Staat unterstützt" wurde (§ 3). Schweden tat den entscheidenden Schritt erst nach langen Auseinandersetzungen (1848–1854) und einer starken konservativen Gegenbewe-
gung, die aus der Angst von 1848 resultierte. Man beschloß 1858 das Gesetz über die Konventikel und fügte ihm 1860 das Abspaltungsgesetz an. Allerdings stellten diese
ungenügenden Reformen weder die Liberalen noch die wirklichen oder potentiellen Dissidenten zufrieden[40]. In Finnland, dem alten schwedischen Territorium, kann man dasselbe
langsame Tempo feststellen. Seit den Jahren um 1840 gab es Reformideen, die die Bewegung einer „Kirche von unten" um den Professor L. Schaumann[41] verteidigten. Aber erst
mit der Liberalisierung des zaristischen Regimes unter Alexander II. wurden diese Ideen
seit 1860 zaghaft umgesetzt[42].
     Alle diese Reformen waren das Ergebnis der Übereinstimmung von Liberalen und Pie-

---

pietistischen Zeitschriften und Werke noch diejenigen der neu erwachten Strömungen. Er verhielt sich darin
ebenso wie sein „unterdrückender" Amtsbruder in Borga, C. G. Ottelin.

[38] Die Calvinisten siedelten sich im 17. Jh. aus wirtschaftlichen Gründen an. Die Juden ließen sich vor allem im
18. Jh. nieder und wurden per Gesetz 1782 in Schweden und Finnland, 1814 in Dänemark toleriert. Die schwedische Verfassung von 1809 schloß explizit die freie, individuelle Religionsausübung ein (§§ 2 und 16).

[39] Mit dem Tod Christians VII. (1848) beendete die Regierung den Absolutismus und errichtete echte Ministerien.
Das Kultusministerium wurde dem Liberalen D. G. Monrad (1811–1887) anvertraut. Die Führung der Geschäfte
blieb jedoch ein halbes Jahrhundert lang, von 1840 bis 1890, in den Händen eines einzigen Mannes, J. de Jonquiè-
res, der die Kontinuität in der Religionspolitik des Landes garantierte.

[40] Der Text vervielfachte die technischen und psychologischen Hemmnisse, wie der Gebrauch des Begriffes
„fremde Denominationen" für abgespaltene Kirchen belegt. Eine einzige Baptistenpfarrei forderte 1867 die staatliche Anerkennung. Ein neues Gesetz 1873 half kaum man mußte bis 1951 warten.

[41] L. Schaumann (1810–1877), zuerst Professor, dann 1865 Bischof, stand Schleiermacher, dem lutherischen Pietismus und dem deutschen Naturrecht nahe und betonte die Idee des christlichen Staates, der die Kirchen gleichzeitig beschützte und ihnen eine weitgehende Autonomie einräumte.

[42] Das Kirchengesetz von 1869 garantierte der Kirche und den Gläubigen mehr Freiheit. Bis zur Veröffentlichung
des ersten Gesetzes über die Separatisten mußte man jedoch bis 1889 warten.

tisten. Während die Liberalen Gesellschaft und Religion trennen wollten, ließ sich für die Pietisten der Glauben nicht verordnen; sie faßten ihn als individuelle Bekehrung auf, die eine Verbindung von Glaubensbekenntnis und Religionsausübung mit sozialen und staatsbürgerlichen Rechten unerträglich erscheinen ließ. Diese Idee der Trennung der beiden Bereiche setzte sich um 1830 bei den „wirklich Gläubigen" und einem Teil des Klerus fest. Der Klerus wurde sich immer mehr bewußt, daß die althergebrachten, staatlich sanktionierten Druckmittel[43] verbraucht waren, und beanspruchte deshalb größere Freiheit für die Kirche in ihrem Verhältnis zum Staat.

Zwischen 1830 und 1850 verstärkten sich unter dem Einfluß des synodalen Modells[44] die Forderungen nach einer Kirchenverfassung (in Dänemark und Norwegen) oder zumindest nach Änderungen des „Kirchengesetzes" von 1868 (in Schweden und Finnland). Anhänger des *status quo* und Reformer stritten sich heftig: in Schweden von 1833 bis 1846 und dann wieder seit 1853, in Norwegen zwischen 1842 und 1850, in Dänemark mit Unterbrechungen seit 1849, während Finnland sich seit 1852 an den Auseinandersetzungen beteiligte. Die Konservativen rekrutierten sich aus ganz verschiedenen Gruppen. Die dänischen und norwegischen *Grundtvigianer* befürchteten die Ausweitung der Macht des Episkopats ähnlich den Strömungen einer schwedischen und dänischen „Kirche von oben", die in der Verbindung von Thron und Altar die Basis des sozialen Gefüges gefunden hatten. Einige Liberale schreckten auch vor der Idee einer konservativen und im Volk einflußreichen Kirche zurück, die der Kontrolle des Parlaments zu entgleiten drohte. Letztlich blieben die Reformen zugunsten größerer Freiheiten für die Kirchen recht begrenzt. In Schweden und Finnland blieb das alte Gesetz von 1868 weiterhin in Kraft, und die Kirchen besaßen trotz der diesbezüglichen Bemühungen des schwedischen Klerus keine zentrale Machtposition[45]. Die Verfassung von 1849 ließ die Frage der zukünftigen Organisation der dänischen Nationalkirche in der Schwebe (ein entsprechendes, vages Versprechen wurde nie konkretisiert[46]), während die norwegische Kirche weiterhin vollkommen von Parlament und Regierung abhing und nur bis zur Diözesanebene hinauf organisiert blieb. Den Reformbedarf und die enge Verbindung zum Staat empfand der Pfarrklerus, der der Erweckungsbewegung zuneigte, als sehr negativ. Diese Pastoren standen im Zwiespalt zwischen ihrer Funktion als Staatsorgane und ihrer Überzeugung, im Dienste der „wahrhaft Gläubigen" zu stehen[47].

Das politische Bündnis zwischen den Erweckungsbewegungen und den Liberalen kaschierte nicht die tiefe Kluft zwischen den religiösen Ansichten der beiden Gruppen. Das

---

[43] Die schwedische Kirche spaltete sich über der Frage der Position zu den „Skandalen" der Ausweisung des Baptisten F. O. Nilsson 1850 und von sechs Frauen 1858, die zum Katholizismus übergetreten waren.
[44] In Schweden vertraten die Radikalen (die liberalen Pastoren des Südens, die der evangelischen Allianz nahestanden) das schottische Modell der *Free Church* (1843). Das preußische Modell (1844) gefiel hingegen besonders den Orthodoxen aus Uppsala (A. Tholuck besuchte Uppsala 1844).
[45] In Schweden wurde die Diskussion im Rahmen der Reform des Systems der politischen Repräsentation fortgeführt. Das führte 1866 zu einer Kirchensynode, die zwar vom Parlament abhängig war, jedoch in religiösen Fragen über ein Vetorecht verfügte. In Finnland kam es mit dem Gesetz von 1869 zu einer vergleichbaren Entwicklung.
[46] § 80 sah die Organisation einer Kirche *ved lov* vor, d. h. entweder „durch *ein* Gesetz" (eine Kirchenverfassung) oder „durch *mehrere* Gesetze" (entsprechende Reformen des Parlaments). Vgl. H. GLAEDEMARK, Kirkeforfatningsspörgsmaalet i Danmark indtil 1874, Kopenhagen 1948.
[47] Das größte Problem war die neuerliche Heirat Geschiedener durch den Pastor: Seit etwa 1820 stellte Grundtvig dieses Problem in Dänemark heraus. 1857 fand man mit einem unterschiedlichen Ritual eine Kompromißformel. In Norwegen unterzeichneten fünf Prozent des Klerus 1859 eine Petition gegen diese gesetzliche Verpflichtung.

aufgeklärte städtische Bürgertum bekannte sich eher zum aufkommenden religiösen Liberalismus als zu einem oft intoleranten Pietismus, der noch in der Tradition des „dunklen
Zeitalters" stand [48]. Vor 1860 war der religiöse Liberalismus am weitesten in Schweden
verbreitet. Einer seiner frühesten Vertreter war der große Dichter und Denker Erik G. Gei-
jer (1783–1847), der erklärte, er sei „als Christ sein eigener Herr". Daneben stand eine der
ersten Feministinnen, Frederika Bremer (1801–1865). Beide können dem gemäßigen Flügel zugerechnet werden. Mit Lars Hierta (1801–1872) wurde der religiöse Liberalismus
radikaler. Hierta veröffentlichte eine Übersetzung des Werkes *Das Leben Jesu* von
D. F. Strauss in seinem Journal *Aftonbladet*, dem 1830 gegründeten Organ der Liberalen in
der Hauptstadt. Diese „skandalöse" Veröffentlichung rief 1841 eine landesweite Polemik
hervor und endete erst mit dem Sieg Hiertas vor Gericht. Seit 1850 nahm diese Strömung
noch an Ausmaß zu. Die führenden Köpfe waren der Pastor Nils Ignell (1806–1864) [49],
S. A. Hedlund, Redakteur der anderen großen und liberalen Tageszeitung (*Göteborg Han-
delstidning*, dem Christentum gegenüber viel weniger kritisch eingestellt als das *Aftonbladet*) und vor allem der Schriftsteller Viktor Rydberg (1828–1895), Verteidiger eines Glaubens ohne Dogma und Kirche, der ein praktisches Christentum und die völlige religiöse
Freiheit vertrat. Zur selben Zeit lehrte in Uppsala der neue Vordenker der kulturellen und
politischen Eliten des Landes, der Philosoph Christopher J. Boström (1797–1866). Er vertrat einen christlichen Platonismus, der sich eng an den religiösen Liberalismus anlehnte,
aber philosophisch die Existenz der Staatskirche rechtfertigte [50].

Trotz des ideologischen Unterschieds zwischen diesen Gruppierungen und den Partei-
gängern der Erweckungsbewegungen kam es um 1860 noch nicht zum Bruch.

---

[48] J. L. Runeberg beispielsweise, der „König der Dichter", verkündete in Finnland einen ungesunden Pietismus
(1837), und die schwedischen Liberalen vertrieben G. Scott.
[49] Durch die Lektüre Schleiermachers und des Amerikaners W. E. Channing, den er 1845 übersetzt hatte, wurde
Ignell zum Liberalen und verteidigte ein praktisches Christentum, das sich „tätiger Liebe" und kultureller Offenheit zuwandte. Als fruchtbarer Autor weitete er seinen Einfluß in kultivierten Kreisen sehr aus.
[50] C. J. Boström, der „schwedische Platon", war von Kant und Hegel beeinflußt und stand in der Tradition der
idealistischen, schwedischen Philosophie. Politisch und sozial konservativ, wurde er mit seinem Platonismus und
seiner Kritik an den Dogmen der Kirche ein objektiver Verbündeter der Liberalen. Daran änderte auch sein wach-
sendes Ansehen als offizieller Philosoph Schwedens nichts. Vgl. S. NORDIN, Romantikens filosofi, Lund 1987.

Sechstes Kapitel

Italien – Zwischen Erneuerung und nationaler Frage (1830–1849)

VON JEAN-DOMINIQUE DURAND

Das religiöse Leben in Italien wurde – wohl stärker als anderswo – von der politischen Entwicklung bestimmt. Die Halbinsel wurde dauerhaft von den gärenden Ideen aus der Zeit der Aufklärung und der Französischen Revolution in Unruhe gehalten. Auf diesem Territorium, das 1830 [1] in acht Staaten aufgeteilt und nach dem abfälligen Votum Metternichs lediglich „einen geographischen Begriff" darstellte, waren die Bestrebungen zur Unabhängigkeit, Einheit und Freiheit auf dem Weg zur Verwirklichung eines Nationalstaates eng mit der religiösen Frage verbunden. Das religiöse Leben hatte so im Italien des 19. Jh. eine eigene Ausprägung erfahren, die besonders von Rom und dem Werden des Vatikanstaates, vom französischen und österreichischen Einfluß sowie der Einheitsbewegung bestimmt worden ist. Diese Besonderheit kam voll zum Tragen in der Zeit, als mit dem Neuguelfentum eine eigenartige, später gescheiterte Denkrichtung auftauchte, dann in der Entfaltung einer breiten und vielschichtigen „katholischen Bewegung" in Verbindung mit einer erstaunlichen Fähigkeit zur Einwirkung auf die Gesellschaft – im Sinn einer unnachgiebigen Verteidigung der Kirche und der Gewinnung der Gesellschaft für Christus unter der Leitung des Papstes. Dessen Verflechtung mit der Politik war in der Tat sehr intensiv: „Rom, wo Christus Römer ist" [2], liegt in Italien.

Die Prälaten der Kurie waren fast ausschließlich Italiener und gingen selbst unter Gregor XVI. mehrheitlich aus dem Kirchenstaat hervor: Nach Philippe Boutry waren 68 Prozent der Kardinäle *Statisti*-Prälaten [3]. Claude Prudhomme hat in seiner Untersuchung über die Arbeit der Propagandakongregation unter Leo XIII. herausgearbeitet, daß die dortigen Beamten fast alle Italiener waren und sogar „aus Rom und seiner Region" stammten [4].

Zu Kurztiteln vgl. die jeweilige Erstnennung bzw. die Bibliographie am Ende dieses Kapitels.

[1] Das Königreich Piemont-Sardinien, das dem österreichischen Kaiserreich angeschlossene Lombardo-Venetianische Königreich, die Herzogtümer Parma, Modena und Lucca (letzteres wurde 1847 dem Großherzogtum Toskana einverleibt), das Großherzogtum Toskana, der Kirchenstaat und das Königreich beider Sizilien. Daneben ist noch San Marino zu nennen.

[2] DANTE, Göttliche Komödie, Purgatorio XXXII, 102.

[3] PH. BOUTRY, La Restauration de Rome. Sacralité de la ville, tradition des croyances et recomposition de la Curie à l'âge de Léon XII et de Grégoire XVI (1814–1846), Bd. 2, Paris 1993. Zu Aufbau und Funktion der Kurie vgl. L. PASZTOR, L'histoire de la Curie romaine, problème de l'histoire de l'Eglise, in: RHE 64 (1969) 353–366 und vor allem DELRE, La Curia romana. Lineamenti storico-giuridici, Rom ³1970. Die wesentlichen Quellen liegen in den Jahrbüchern der Kurie vor: Notizie per l'anno … (bis 1859), Annuario pontificio (von 1860 bis 1870), La Gerarchia cattolica e la famiglia pontificia (dann nur „La Gerarchia cattolica") (von 1872 bis 1911) und Annuario pontificio (seit 1912).

[4] CL. PRUDHOMME, Stratégie missionnaire du Saint-Siège sous Léon XIII (1878–1903). Centralisation romaine et défis culturels, Rom 1994, 87.

Daran läßt sich die Unmöglichkeit ablesen, Religion von Politik, die Entwicklung des Landes von der Kirche, Rom von Italien zu trennen.

Besonders beachtenswert ist die Chronologie[5], weil verschiedene Ereignisse als Wendepunkte angesehen werden können, so die Ausrufung der Einheit Italiens 1861 und deren Abschluß mit der Einnahme Roms durch italienische Truppen am 20. September 1870. In der Tat ist die *svolta* (Wende) bereits um die Mitte des Jahrhunderts unter den Nachwirkungen von 1848 anzusetzen. Hinzu kommen die Weigerung Pius' IX., sich als italienischer Herrscher in dem vom König von Sardinien ausgelösten Unabhängigkeitskrieg zu engagieren, um die Lombardei und Venetien Österreich zu entreißen, die November-Revolution in Rom (1848), die Flucht des Papstes – all dies sind Ereignisse, die beachtliche Folgen mit sich brachten. Vier Hauptereignisse können festgehalten werden:

– 1849 hatte der Papst endgültig den Kampf gegen die gemäßigten oder radikalen italienischen Patrioten verloren.

– Die unglücklichen politischen Wechselfälle hatten den Papst verhärtet. Er mußte sich in der Folgezeit auf die Verteidigung seines Kirchenstaates konzentrieren, der als Garant für die Freiheit der Kirche und des Apostolischen Stuhles galt, und auf die bedingungslose Ablehnung einer aus der Revolution hervorgegangenen Welt, wie dies in der als irrig erklärten 80. These des *Syllabus* von 1864 zum Ausdruck kam: „Der römische Pontifex kann und muß sich mit dem Fortschritt, dem Liberalismus und dem neuzeitlichen Denken aussöhnen und abfinden."

– Piemont-Sardinien wurde damals zur Hoffnung und Zuflucht für alle Patrioten der Halbinsel, die von den verschiedenen 1849 wieder eingesetzten Monarchen verfolgt worden waren; der neue König Viktor-Emmanuel II. von Piemont-Sardinien konnte sich damals als alleiniger Vorkämpfer für die Freiheit und Einheit Italiens behaupten.

– Ein teilweise heftiger Antiklerikalismus, der sich mit den nationalen und liberalen Forderungen verband, fand seit dem Zwischenspiel der römischen Republik starke Verbreitung und wurde eine fundamentale Größe im religiösen Leben Italiens.

1849 begann die lange Periode der Ausschaltung des direkten politischen Einflusses der Kirche, der mit dem Zusammenbruch der neuguelfischen Pläne zusammenhing. Erst etwa hundert Jahre später konnte die Kirche – nach dem Fall des faschistischen Regimes und dem Ende des Zweiten Weltkriegs – ihren aktiven politischen Einfluß durch den Aufbau einer christlich-demokratischen Kraft wieder geltend machen[6].

I. Die Kirchen Italiens

Das Problem der Einheit stellte sich dem ganzen Land seit der Restauration, damit auch der katholischen Kirche, die in den 30er und 40er Jahren des 19. Jh. zwischen den einzelnen Staaten mit ganz unterschiedlichen politischen, administrativen und kulturellen Tradi-

---

[5] Von zahlreichen Untersuchungen abgesehen vgl. vor allem S. J. Woolf, Il Resorgimento italiano, 2 Bde., Turin 1981; A. Scirocco, L'Italia del Risorgimento 1800–1860, Bologna 1990; Sabbatucci – Vidotto, Storia d'Italia. – Mit großem Gewinn kann der Dizionario del Risorgimento nazionale, 4 Bde., Mailand 1930–1937 herangezogen werden.

[6] Jemolo, Chiesa e stato in Italia; J.-D. Durand, L'Église catholique dans la crise de l'Italie (1943–1948), Rom 1991.

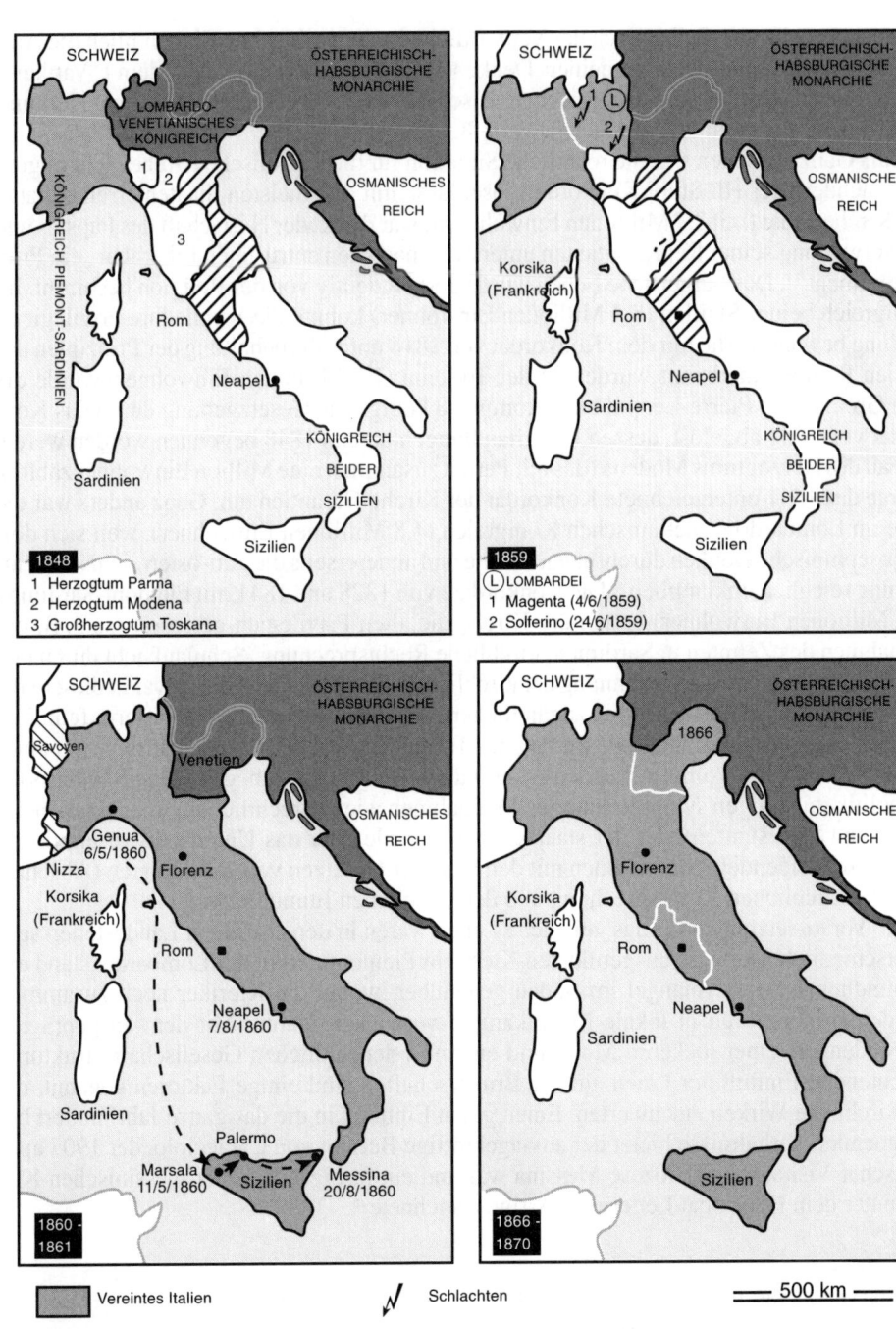

Die Entstehung des vereinten Italien.

tionen aufgeteilt war. Selbst nach der Verwirklichung der politischen Einheit blieb die Aufspaltung noch lange im allgemeinen Denken verankert, denn noch auf dem I. Vatikanischen Konzil wurden die italienischen Bischöfe nach ihrer geographischen Herkunft (bezogen auf die ehemaligen Staaten) verteilt.

Aufs Ganze gesehen war die rechtliche Situation für die katholische Kirche nicht ungünstig, nachdem der Hl. Stuhl Konkordatsabschlüsse mit den meisten Staaten erreicht hatte. Der Kirchenstaat (mit 2,7 Millionen Einwohnern) war direkt der Herrschaft des Papstes und der Verwaltung seiner Repräsentanten unterstellt, nach den entrüsteten Liberalen „ein Priesterregiment"[7]. Das bürgerliche Leben wurde dort eindeutig von der Religion bestimmt. Im Königreich beider Sizilien (8,4 Millionen Einwohner) konnte die Kirche ihre privilegierte Stellung bewahren, die mit dem Konkordat von 1818 unter Beibehaltung der Prinzipien des Ancien Régime anerkannt wurde[8]. In der Toskana (1,7 Millionen Einwohner) wurde die vom Großherzog Pierre-Léopold überkommene königliche Gesetzgebung durch das Konkordat von 1851 abgelöst, dessen Unterhandlungen bereits 1848 begonnen worden waren. Im Fall des Herzogtums Modena (das mit Parma zusammen eine Million Einwohner zählte), räumte das 1841 unterzeichnete Konkordat der Kirche Garantien ein. Ganz anders war die Lage im Lombardo-Venetianischen Königreich (4,8 Millionen Einwohner), weil sich dort das josephinische Denken durchsetzen konnte und andererseits die anti-österreichische Einstellung reichlich unklar blieb[9]. Die Konkordate von 1828 und 1841 mit Piemont-Sardinien (2,7 Millionen Einwohner) hatten der Kirche die alten Privilegien gesichert (so z. B. die Einnahmen des Zehnten in Sardinien, kirchliche Rechtsprechung, Schulaufsicht durch den Klerus, zivilrechtliche Anerkennung der kirchlichen Trauung). Allerdings war in diesem für französischen und Genfer Einfluß zugänglichen Staat liberales und ein dem Klerus feindlich gesinntes Denken dominant (wie im Fall des Turiner Erzbischofs Luigi Fransoni) mit einer in der Restauration vorherrschenden reaktionären Politik. 1848 begann eine Säkularisationspolitik mit einigen symbolträchtigen Maßnahmen wie der rechtlichen Emanzipation der Juden und Protestanten oder der staatlichen Kontrolle über das Unterrichtswesen, denen weit einschneidendere Maßnahmen mit den Siccardi-Gesetzen von 1850 folgten (Abschaffung der kirchlichen Rechtsprechung und der kirchlichen Immunitäten).

Die Voraussetzungen für das geistliche Leben waren in den einzelnen Landesteilen sehr unterschiedlich. Dem gut ausgebildeten Klerus in Piemont und in der Lombardei stand ein empfindlicher Priestermangel im Süden gegenüber, wobei die Kleriker noch zusammen mit den Honoratioren in lokale Machtkämpfe verwickelt waren. Mit dem ausgeprägten Sippendenken, einer lockeren Moral und einem in den südlichen Gesellschaftsstrukturen bedeutenden Einfluß der Laien auf die Bruderschaften sind einige Faktoren genannt, die das kirchliche Wirken erschwerten. Einen guten Einblick in die das ganze Jahrhundert bestimmenden Verhältnisse bietet der aussagekräftige Bericht von Caracciolo, der 1907 apostolischer Visitator der Diözese Messina war und ein farbiges Bild der messinischen Kirche unter dem Episkopat Letterio D'Arrigos zeichnete[10].

---

[7] G. MOLLAT, La Question romaine de Pie VI à Pie XI, Paris 1932, 128–190. Der Kirchenstaat wird darin vor allem unter politischen Aspekten behandelt.

[8] A. MERCATI, Raccolta di concordati su materie ecclesiastiche tra la Santa Sede e le autorità civili I, Vatikanstadt 1954.

[9] Das josephinische Regime sollte erst durch das Konkordat mit Österreich im Jahre 1855 abgemildert werden.

[10] P. BORZOMATI, Le congregazioni religiose del Mezzogiorno e Annibale Di Francia, Rom 1992, 202–221.

Das wirtschaftliche Gefälle, das sich aus dem Gegensatz zwischen Piemont auf dem Weg zur Modernisierung und dem Königreich beider Sizilien mit seinen rückständigen Landstrichen ergab, hatte starken Einfluß auf die seelsorgliche Tätigkeit. Dieses Gefälle ging aber auch auf kirchliche Strukturen zurück[11]. In den nördlichen Staaten kam die Spendenfreudigkeit der Gläubigen den zahlreichen Kirchengemeinden zugute, im Süden jedoch herkömmlicherweise den religiösen Orden und Kapiteln, deren Güter als Gemeinschaftsfonds verwaltet wurden. Man sprach von *redditizie*-Kirchen, deren Vermögen von einer festgelegten Anzahl von Ortspriestern verwaltet wurden, so daß kein Interesse bestand, die Kirchengemeinden zu vermehren. Die auf ihre Vorrechte bedachten und in dieser Funktion tätigen Priester hüteten sich, andere, nicht mit den örtlichen Familien verwandte Priester zuzulassen. Diese Priester ohne Teilhaberschaft mußten sich mit ihrem Lebensunterhalt eher schlecht als recht durchschlagen[12]. Bei diesen *redditizie*-Kirchen und den Bruderschaften trafen die verschiedensten Interessen der Adligen, die Sippenansprüche und die Machtkämpfe des ländlichen Bürgertums aufeinander.

Unterschiede lassen sich auch auf strukturellem Gebiet feststellen: In der Lombardei, in Piemont und Venetien gab es weitreichende Diözesen mit kleinen Kirchengemeinden, die sehr enge seelsorgliche Kontakte mit der Bevölkerung ermöglichten, im Kirchenstaat und im Königreich beider Sizilien dagegen eine verwirrende Vielzahl teilweise kleinster Diözesen, aber äußerst wenige Kirchengemeinden, die dann sehr weiträumig waren und zu viele Mitglieder hatten. Die meisten dieser Diözesen gingen auf das Mittelalter zurück; sie entstanden aus der Laune irgendeines Barons. Ihre geographische Ausdehnung war kaum Veränderungen unterzogen, weil die letzte Umstrukturierung erst durch das Konkordat mit den beiden Sizilien im Jahre 1818 erfolgte. Diese die Einigung Italiens überdauernde und bis ins 20. Jh. hineinwirkende Struktur stellt ein störendes Hindernis für das Apostolat dar, wie es 1902 von dem süditalienischen Bischof Monterisi deutlich zur Sprache gebracht worden ist:

„Eine der Schwierigkeiten für die rasche Erneuerung bei uns besteht in der territorialen Einteilung der Diözesen und Kirchengemeinden, die mir mangelhaft erscheint. Die Diözesen sind zu klein, die Kirchengemeinden zu groß […]. Daraus ergibt sich, daß die Diözesen, weil sie eben zu klein sind, nur mit Schwierigkeiten die fundamentalen Institutionen wie Priesterseminare, Domkapitel und Kurie aufbauen können; weil die Kirchengemeinden zu groß sind, können die Priester nur begrenzt auf das Volk einwirken"[13].

Die regionalen Unterschiede zeigten sich während der religiösen Erneuerung, die sich in den italienischen Staaten seit der Restauration vollzog. Der Katechismusunterricht wurde neu organisiert, Bruderschaften und fromme Vereinigungen neu belebt, und die großen Orden siedelten sich wieder an, einschließlich zahlreicher Neugründungen: Zwischen 1800 und 1860 entstanden 20 männliche und 120 weibliche neue Institutionen, von denen sich zwei Drittel der Erziehung widmeten. Die meisten befanden sich im Norden und in der Mitte der Halbinsel, vor allem in der Lombardei und Venetien (Verona, Brescia und Ber-

---

[11] G. DE ROSA, Vescovi, popolo e magia nel Sud, Neapel 1971, 266–272.
[12] DERS.– A. CESTARO, Territorio e società nella storia del Mezzogiorno, Neapel 1973, 410–415; G. GALASSO, L'autre Europe, Rom 1992, 440–442.
[13] Le difficoltà dell'Azione Cattolica nel Mezzogiorno d'Italia, La Patria (Ancona, 28.–30. April 1902), zit. nach M. MARIOTTI, Chiesa e società in Calabria nel secolo XX, Reggio de Calabria 1978, 9–30.

gamo waren die Zentren mit der größten Ausstrahlung [14]), während sich im Süden die jungen Mädchen offensichtlich mehr den Klöstern mit Klausur zuwandten [15]. Zur Unterstützung der Katechese gründete Vincenzo Pallotti (1795–1850) in den Jahren 1834/35 die *Gesellschaft des katholischen Apostolats*, während andererseits die Verbreitung gedruckter Unterrichtswerke aufblühte. Eines der bedeutendsten aus der damaligen Zeit war Antonio Riccardis *Dei mezzi di promuovere l'educazione religiosa in ogni classe di persone*, das 1831 in Bergamo erschien [16].

Italien war in der ersten Hälfte des 19. Jh. von der Säkularisationsbewegung noch wenig berührt. In diesem grundständig katholischen Land war die Religiosität tief verwurzelt und allgemein verbreitet. Mit der Restauration eröffnete sich die Möglichkeit für eine intensive Neubelebung des religiösen Lebens auf der Grundlage einer apokalyptischen Deutung der Revolution als göttlicher Strafe. Viele Pastoralbriefe der Bischöfe oder z. B. die berühmte Studie *Trionfo della S. Sede e della Chiesa contro gli assalti dei novatori combattuti e respinti colle stesse loro armi*, die 1799 von Mauro Cappellari – dem späteren Papst Gregor XVI. – veröffentlicht wurde, bezeugen dies. Sehr wirkungsvoll war auch der Einfluß von Bonald, de Maistre und dem frühen Lamennais, dessen Werke in Italien das traditionalistische, kontrarevolutionäre Denken befruchteten. Der Lamennais des *Essai sur l'indifférence* fand Verbreitung vor allem über den Theatinerpater Gioacchino Ventura, der dieses Werk ins Italienische übersetzte, und über die Jesuiten Luigi Taparelli d'Azeglio, Giovanni Perrone und Antonio Brescani [17]. Dagegen wurde die liberale Entwicklung Lamennais', und Venturas scharf bekämpft, und ihr Einfluß blieb beschränkt.

Die sich damals entfaltende Spiritualität verdankte sehr viel Alfonso di Liguori (1696–1787), der 1816 selig- und 1836 heiliggesprochen wurde, bevor er 1871 zum Kirchenlehrer erhoben wurde. Der Einfluß des „Heiligen der Aufklärung", für den das Gebet das vornehmliche Mittel des Heils und der Heiligung darstellte, war beachtlich, sowohl hinsichtlich seiner Christozentrik wie seiner Hoffnung auf Maria und der Mittel zur Vervollkommnung [18]. Unzählige Werke waren im Umlauf, die in seinem Gefolge die Verehrung Christi und Marias entfalteten, so beispielsweise das dreibändige, zwischen 1839 und 1842 in Rom veröffentlichte Werk *Le Bellezze della fede* Gioacchino Venturas, dessen zweibändige Veröffentlichung *La Madre di Dio, Madre degli uomini* (Rom 1841) oder etwa die in Palermo zwischen 1840 und 1843 herausgegebenen drei Bände *La scienza dell'uomo inte-*

---

[14] G. ROCCA, Aspetti istituzionali e linee operative nell' attività dei nuovi istituti religiosi, in: PAZZAGLIA, Chiesa e prospettive 173–198; DERS., Istituti religiosi in Italia tra Otto e Novecento, in: M. ROSA (Hrsg.), Clero e società nell'Italia contemporanea, Bari 1992, 207–256.

[15] Ebd. und G. ROCCA, Donne religiose. Contributo a una storia della condizione femminile in Italia nei secoli XIX–XX, in: Claretianum (1992).

[16] P. STELLA, Italia, in: DSp VII (1971), Sp. 2273–2284; G. VERUCCI, Per una storia del cattolicesimo intransigente in Italia dal 1815 als 1848, in: RST (1958) 251–285; D. VENERUSO, Tendenze e problemi della cultura cattolica tra il 1814 e il 1830, in: Studium (1967), 844–853.

[17] A. GAMBARO, Sulle orme del Lamennais in Italia. Il lamenesismo a Torino, Turin 1958; M. SANCIPRIANO, Lamennais in Italia. Autorità e libertà nel pensiero filosofico-religioso del Risorgimento, Mailand 1973; DERS., Lamennais et la philosophie italienne du Risorgimento, in: Actes du Colloque Lamennais 1982, (Cahiers mennaisiens 16–17), Brest 1984, 93–97; M. TESINI, Gioacchino Ventura. La Chiesa nell'età delle rivoluzioni, Rom 1988; J.-M. MAYEUR, Ventura et Lamennais, in: E. GUCCIONE (Hrsg.), Gioacchino Ventura e il pensiero politico d'ispirazione cristiana dell'Ottocento II, Florenz 1991, 525–533.

[18] J. DELUMEAU, Alphonse de Liguori, Pasteur et Docteur, Paris 1987; TH. REY-MERMET, Alfons von Liguori. Der Heilige der Aufklärung (1696–1787), Freiburg i. Br. 1987.

riore e delle sue relazioni con la natura e con Dio des Jesuiten Giuseppe Romano. Die Verkündigung des Dogmas von der *Immaculata Conceptio* (1854) traf Italien nicht unvorbereitet, sondern führte zur Intensivierung der weitverbreiteten marianischen Frömmigkeitsformen im Geist von Alfonso di Liguoris Werk *Glorie di Maria*, das ständig neu aufgelegt wurde[19].

Im Gegenzug zu der als Entweihung erlebten Besetzung Roms durch die Franzosen in den Jahren 1798/99 (und erneut 1808–1814) hatte sich eine Sicht von Rom entwickelt, die Philippe Boutry klar herausgearbeitet hat: unsterblich, universal, heilige Stadt, Stadt der Märtyrer, Sitz Petri, Hauptstadt der katholischen Welt. Seit der Restauration war die Stadt Gegenstand apologetischer Verteidigung „nach den vom Trienter Konzil und der antiprotestantischen Polemik überkommenen theologischen Kategorien"[20], die sich in der Folgezeit noch ausweiten sollte. Der Romkult erhielt eine neue Dimension mit dem von Leo XII. am 24. Dezember 1824 verkündeten 20. Heiligen Jahr – dem ersten seit 1775 und einzigen im 19. Jh.[21]

In diesem katholischen Italien bildeten die Protestanten eine extreme Minderheit. Nach der Volkszählung von 1861 gab es 32684 auf Piemont konzentrierte Protestanten, wovon sich allein 23378 in den drei Alpentälern von Pellice, Chisone und Germanasca (den sogenannten „Waldensertälern") in der Diözese Pinerolo niedergelassen hatten. Eine andere zahlenmäßig starke protestantische Gemeinschaft (etwa 3400 Gläubige) befand sich in der Toskana[22]. Piemont war demnach der Stützpunkt des italienischen Protestantismus und hatte gleichsam die Funktion einer „Kaderschmiede" für die Führungskräfte der evangelischen Kirche. Die zahlenmäßig geringe Präsenz erklärt möglicherweise den starken Zusammenhalt der reformierten Gemeinschaft[23].

Diese Waldenser waren Protestanten synodal-presbyteralen Typs, aber Nachfahren der mittelalterlichen Armen von Lyon, die seit dem 16. Jh. Zuflucht in den piemontesischen Alpentälern gesucht hatten. Mit der Waldensertafel *(Tavola)*, ihrem *Moderator* und ihren 14 Pfarrern war diese Gemeinschaft klar strukturiert. Da sie überwiegend auf dem Land lebten, zeigten sie eine starke soziale Homogenität. Dieser Zusammenhalt erklärt hinreichend den Mißerfolg des Bischofs Charvaz (1834–1847) von Pinerolo, dem trotz seiner intensiven Bemühungen und seiner Kenntnisse über die Waldenser nur wenige Bekehrungen gelangen. Seine Beschäftigung mit den Waldensern unterstreichen seine *Recherches historiques sur la véritable origine des vaudois et sur le caractère de leurs doctrines primitives* (1836) und die systematische Darstellung in dem *Guide du catéchumène vaudois* in fünf Bänden (1840–1850), einem apologetischen und polemischen Werk[24]. Im Gegen-

---

[19] Zur Analyse der italienischen Werke, die sich mit der Marienfrömmigkeit beschäftigen, vgl. J.-B. CAROL, De Corredemptione Beatae Virginis Mariae. Disquisitio positiva, Vatikanstadt 1950, 456–477.

[20] BOUTRY, La Restauration (s. Anm. 3) II 166 f.

[21] Ebd. 8–152. – PH. BOUTRY, La Tradition selon Léon XII. 1825, l'année sainte de la Restauration, in: J.-D. DURAND – R. LADOUS (Hrsgg.), Histoire religieuse. Histoire globale, histoire ouverte. Mélanges offerts à J. Gadille, Paris 1992, 279–299.

[22] SPINI, Risorgimento e protestanti 346. – Wertvolle Angaben finden sich bei J.-P. VIALLET, La Chiesa valdese di fronte allo Stato fascista 1922–1945, Turin 1985. – Zum Alltagsleben der Waldenser vgl. die beiden Fotobände mit Aufnahmen aus den Jahren 1880–1920, hrsg. von C. PAPINI, Come vivevano ... , 2 Bde., Turin 1980–1981.

[23] G. AUDISIO, Mgr Charvaz et les vaudois du Piémont, in: J.-D. DURAND – M. HUDRY – C. SORREL (Hrsgg.), Un évêque entre la Savoie et l'Italie. André Charvaz (1793–1870), précepteur de Victor-Emmanuel II, évêque de Pignerol, archevêque de Gênes, Chambéry 1994, 143–152.

[24] Ebd. und SPINI, Risorgimento e protestanti 195–198.

satz dazu hatten die Waldenser, die mit Begeisterung die Französische Revolution aufgenommen hatten, nach der Erweckung von 1825 und dem Einfluß des Neubekehrten Félix Neff missionarischen Eifer in Italien entwickelt. Sie wurden dabei von ausländischen protestantischen Glaubensbrüdern, vor allem von den Genfer Protestanten, unterstützt. Alexander Vinets Theorien über die religiöse Freiheit fanden ebenso große Verbreitung wie der Roman *Corinne* von Germaine de Staël. Auch Preußen zeigte sich mit seiner Protektion der kleinen Turiner Gemeinde von 800 Gläubigen präsent. An der Spitze stand Amedeo Bert, der in polemischer Auseinandersetzung mit Charvaz stand. Die englischen Anglikaner wie die amerikanischen Kirchen, die begeistert die Ereignisse von 1847–1849 verfolgten, unternahmen große missionarische Anstrengungen, die vor allem das Königreich der beiden Sizilien zum Ziel hatten[25].

II. Restauration und Reaktion

Während sich die Romagna als ein Teil des Kirchenstaates zur Revolte entschloß, wurde Mauro Cappellari – der Autor des *Trionfo della S. Sede e della Chiesa* – zum Papst gewählt. Er gab sich in bewußtem Rückgriff vor allem auf Gregor VII. (1073–1085), der als Vorkämpfer für die Rechte des Papsttums und der Freiheit der Kirche gegenüber den weltlichen Mächten galt[26], den Namen Gregor XVI. Seine Krönung fand am 6. Februar 1831 im Petersdom statt, nachdem zwei Tage vorher die vier Legationen aus dem nördlichen Teil des Staates (Bologna, Ferrara, Ravenna und Forlì) gegen die theokratische und absolutistische Herrschaft durch die Repräsentanten des Papstes rebelliert hatten. Eine Übergangsregierung in Bologna verkündete das Ende der weltlichen Herrschaft des Papstes. Die Bewegung weitete sich rasch auf die wichtigsten Legationsstädte, die Marken und Umbrien aus. Spoleto, Ancona und Perugia widersetzten sich; selbst Rom war bedroht. Am 26. Februar wurden in Bologna die vereinigten italienischen Provinzen ausgerufen und mit einer Verfassung versehen. Angesichts des Ausmaßes des Aufstandes konnte der Papst als weltlicher Herrscher die Ordnung nur mit einem Appell an die österreichische Armee wiederherstellen. Da er vom Schutz einer anderen politischen Macht zur Aufrechterhaltung seiner Autorität abhängig war, konnte er diese seinen Untertanen nur mit Gewalt aufzwingen, zumal er jede wesentliche Veränderung in der Herrschaftsform ablehnte. In den Jahren 1831 und 1832 wurden einige zaghafte Reformen durchgeführt, worauf eine lange Zeit des Stillstandes bis zu erneuten Aufständen in Rimini und Ancona in den Jahren 1845 und 1846 folgte, die das Ende des Pontifikats begleiteten.

Dieser vom konterrevolutionären Geist durchdrungene Papst lehnte mit seiner unnachgiebigen Haltung jedes Eingehen der Kirche auf das freiheitliche Denken ab. Im Juni 1832 verurteilte er den Aufstand in Polen, und am 15. August des gleichen Jahres verwarf er in der Enzyklika *Mirari vos* die Thesen von Lamennais', *L'Avenir*. Mit der Erneuerung der Bulle Pius' VII., die am 13. September 1821 die *carbonari* und andere Anhänger geheimer

---

[25] Ebd. 201–218.
[26] Zu Gregor XVI. und Italien vgl. die Anmerkungen von R. Aubert, Grégoire XVI, in: DHGE XXI (1986), 1445–1452; Ph. Boutry, Grégoire XVI, in: Dictionnaire historique de la papauté 1994, 767–773, E. Amann, Grégoire XVI, in: Dictionnaire de théologie catholique VI, 2 (1920), 1822–1836; D. Demarco, Il tramonto dello Stato pontificio. Il papato di Gregorio XVI, Neapel 1992.

Vereinigungen verurteilt hatte, organisierte er die systematische Unterdrückung freiheitlicher Gedanken im Kirchenstaat und unterstützte die italienischen Herrscher in ihrem eigenen Widerstand. Er wurde zum unbeugsamen Verteidiger der reaktionären Prinzipien gegenüber den mit der Französischen Revolution verbundenen Neuerungen. Auf dieser Linie lagen die Programme einiger Vereinigungen legitimistischer Prägung, wie die in Piemont zur Zeit der Restauration durch Pio Brunone Lanteri gegründete *Amicizia cattolica*[27], in der die Mitglieder dem Papst wie dem König Treue und Gehorsam schworen und sich dafür einsetzten, „jede Widerstandsbestrebung und die Kritik an den rechtmäßigen Regierungen zu verwerfen". Die Grundsätze dieser Laienorganisation wurden in der 1822 in Turin von Cesare d'Azeglio gegründeten Zeitschrift *L'Amico d'Italia* entfaltet. Auch andere Periodika – wie die in Modena erschienene *La Voce della Verità*, *La Voce della Ragione* (Pesaro) oder die 1828 in Lucca ins Leben gerufene *La Pragmalogia* – machten sich zum Sprachrohr dieser ganz bewußt antirevolutionären Positionen. Ein markanter Vertreter dieser Tendenzen war Monaldo Leopardi – der Vater des Dichters Giacomo Leopardi –, für den jegliche Revolution durch nichts zu rechtfertigen war, nicht einmal durch eine Tyrannei.

Diese harte Linie sollte jedoch nicht ausreichen, die Weiterentwicklung einer antiklerikalen Strömung zu bremsen, die ihre Wurzeln im Rechtsdenken des 18. Jh. hatte und auf die Verteidigung der Rechte des Staates gegenüber den Übergriffen der Kirche[28] abzielte. Diese Strömung war außerdem im italienischen Jansenismus beheimatet, der das Sprachrohr harter Kritik gegen Rom war[29]. Nach Jean-Pierre Viallet wurde der Antiklerikalismus damals „zu einer wichtigen Komponente der öffentlichen Meinung in den beiden italienischen Regionen, die fortan das äußerst wirksame Zentrum des italienischen Antiklerikalismus darstellten: die Emilia und die Romagna"[30]. Dieser Antiklerikalismus bezog sich auf die 1832 von Kardinal Albani veranlaßte Repression und stützte sich auf die Ablehnung der Politik der *zelanti*, der weltlichen Souveränität des Papstes und des *mal governo*, dem der Kirchenstaat unterworfen war. Aber dieser Antiklerikalismus war noch nicht gleichbedeutend mit einer antikatholischen Bewegung, da viele noch auf einen erneuerten Katholizismus hofften, der sich mit den Zeitströmungen aussöhnen würde.

III. Ausgleichsversuche

Eine Richtung im italienischen Katholizismus verschrieb sich dem Anliegen, mit absolutistischen und starr antirevolutionären Vorstellungen zu brechen sowie eine Aussöhnung zwischen moderner Gesellschaft und Christentum, Kirche und Staat, aber auch zwischen Vernunft und Glauben, Wissenschaft und Offenbarung zu erreichen[31]. Zwar wurde die Re-

---

[27] G. DE ROSA, Il Movimento cattolico in Italia. Dalla Restaurazione all'età giolittiania, Bari 1974 (Neudruck Rom 1988), 7–25.

[28] N. CASERTA, Dal giurisdizionalismo al liberalismo. Un secolo di travaglio della coscienza religiosa in Italia (1748–1848), Neapel 1969.

[29] M. VAUSSARD, Jansénisme et Gallicanisme aux origines religieuses du Risorgimento, Paris 1959.

[30] J.-P. VIALLET, L'Anticléricalisme en Italie (1867–1915), Paris 1991, 82.

[31] F. TRANIELLO, Italie: Conciliatorisme et Réformisme, in: DSp VII (1971), Sp. 2284–2293; DERS., Cattolicesimo conciliatorista. Religione e cultura nella tradizione rosminiana lombardo-piemontese (1825–1870), Mailand 1971; J. GADILLE (Hrsg.), Les Catholiques libéraux au XIXᵉ siècle, Grenoble 1974; E. PASSERIN D' ENTRÈVES, Il

volution verworfen, die Prinzipien von 1789 jedoch als Grundlagen für ein christliches Menschenverständnis angenommen. Unter dem Einfluß des Jansenismus des ausgehenden 18. Jh. und des schweizerischen Protestantismus faßten die katholischen Liberalen Italiens eine institutionelle Reform des Katholizismus ins Auge, um ihn den modernen Zeitströmungen anzupassen.

Für die liberale Prägung eines Teils des italienischen Katholizismus läßt sich beispielhaft auf Gioacchino Ventura verweisen, der sich in seiner Entwicklung – ähnlich Lamennais – in den Jahren zwischen 1830 und 1833 von restaurativen Kreisen gelöst hatte. Er war zu der Überzeugung gelangt – wie er auch an Belgien ablesen konnte –, daß die Versöhnung mit liberalen Ideen weder der katholischen Wahrheit noch dem Handeln der Kirche entgegenstand und auch nicht die kirchliche Zucht in Frage stellte. Die von ihm im Juni 1847 für Daniel O'Connell gehaltene Traueransprache war eine Lobeshymne auf die Demokratie, die er „taufen", d. h. auf den Grundlagen des Christentums aufbauen wollte. In seiner Traueransprache (November 1848) für die Opfer von Wien empfahl er Belgien als Vorbild für eine konstitutionelle Herrschaftsform, mit der die Religionsfreiheit garantiert werden könnte[32].

Francesco Traniello hat die Bedeutung der regionalen Wurzeln für den liberalen Katholizismus Italiens herausgearbeitet und drei Hauptgruppen unterschieden: die piemontesische, die lombardo-venetianische und die toskanische Gruppe[33]. In Piemont waren junge gebildete Aristokraten unter dem Einfluß der Romantik Träger dieses liberalen Ideals – wie Carlo Vidua, Santorre di Santarosa und vor allem Cesare Balbo, der 1844 seine *Speranza d'Italia* veröffentlichte[34].

In der Lombardei wurde der große, von der Aufklärung geprägte Schriftsteller Alessandro Manzoni (der unter dem Einfluß des Jansenismus zum Katholizismus konvertierte) berühmt durch seine *Osservazioni sulla morale cattolica* (1819) und seine fünf *Inni sacri* (Heilige Hymnen), die dem Lobpreis der großen Feste der Kirche galten: *La Risurrezione* (1812), *Il nome di Maria* und *Il Natale* (1813), *La Passione* (1814), *La Pentecoste* (1821). Seine Popularität ging auf seinen großen Roman *I Promessi Sposi* (Die Verlobten) zurück, den er 1821 begonnen und in den Jahren zwischen 1825 und 1827 in drei Bänden veröffentlicht hatte. Als entschiedener Verteidiger der Religion war er außerdem ein leidenschaftlicher Patriot, der mit seinen Tragödien *Il Conte di Carmagnola* (1820) und *Adelchi* (1822) die nationale Renaissance seines Vaterlandes einleitete. Gleichzeitig verurteilte er die weltliche Herrschaft des Papstes. Nachdem er von Viktor-Emmanuel II. 1862 zum Senator ernannt worden war, billigte er die Annexion Roms durch das Königreich Italien und wurde 1872 Ehrenbürger der Stadt Rom.

Der mit ihm eng befreundete Antonio Rosmini-Serbati war einer der großen Vordenker des *Risorgimento*. Als Gründer des *Istituto della Carità* (1828) war er auch ein Theologe und Philosoph von großem Format[35]. Er war vom katholischen Denken der Restauration

---

Cattolicesimo liberale in Europa e il movimento neoguelfo in Italia, in: Nuove questioni di Storia del Risorgimento et dell' Unità d'Italia, Mailand 1961, 565–606.

[32] GUCCIONE, Gioacchino Ventura (s. Anm. 17); TESINI, Gioacchino Ventura (s. Anm. 17).

[33] F. TRANIELLO, Le origini del cattolicesimo liberale, in: Da Gioberti a Moro. Percorsi di una cultura politica, Mailand 1990, 11–24.

[34] G. B. SCAGLIA, Cesare Balbo. L'Indipendenza d'Italia e l'avvenire della cristianità, Rom 1989.

[35] G. CAMPANINI, Antonio Rosmini. Il fine della società e dello Stato, Rom 1988; F. TRANIELLO, Riformismo e filosofia nella questione rosminiana, in: Cultura cattolica e vita religiosa tra Ottocento e Novecento, Brescia 1991,

Unter Pius IX. (1846–1878), der bewußt mit dem Tragen seiner päpstlichen Tiara den Anspruch auch auf die weltliche Macht des Vatikans betonte, verschärften sich die Spannungen zwischen Papst, Episkopat und Gläubigen vor allem durch das Dogma der päpstlichen Unfehlbarkeit, das dieser Papst gegen den Protest von rund 100 Konzilsvätern am 18. Juli 1870 während des Ersten Vatikanischen Konzils verkündete.

Mit dem Dogma der Unbefleckten Empfängnis Mariä, das Pius IX. am 8. Dezember 1854 feierlich verkündet hatte (zeitgenössische Illustration), gab der Papst, der vorher eine Stellungnahme der Bischöfe eingeholt hatte, der Marienverehrung in der katholischen Kirche neuen Auftrieb.

Für die evangelischen Christen und die in Amerika im 19. Jh. entstehenden christlichen Religionsgemeinschaften, u. a. der Mormonen und Adventisten, standen die Bibel und die Zehn Gebote im Mittelpunkt der Glaubensverkündigung. Die hier gezeigte Illustration der Zehn Gebote aus einem religiösen Erbauungsbuch des 19. Jh. belegt das sehr anschaulich.

geprägt und stand zunächst unter dem Einfluß von Haller und de Maistre, um dann zu einer Position zu gelangen, die auf die Wiederherstellung einer christlichen Philosophie abzielte, die den Herausforderungen der Zeit gewachsen sein sollte. Seine Schriften fanden ein nachhaltiges und breites Echo und übten ihren Einfluß auf die verschiedensten Kreise und Persönlichkeiten aus: Pius IX. hörte ihn gern zu Beginn seines Pontifikats, und er stand in Verbindung mit Bettino Ricasoli, Cavour und Ruggero Bonghi. Er begrüßte sowohl den Aufbau einer politischen Ordnung christlicher Prägung als auch ein kirchliches Reformprogramm, das die Kirche wieder auf den Weg zu ihrer ursprünglichen Schlichtheit zurückführen sollte. In *Delle cinque piaghe della Santa Chiesa* (Von den fünf Wunden der heiligen Kirche), seinem 1832 geschriebenen und 1848 überarbeiteten Hauptwerk, verurteilte er die mit äußeren (z. B. dem Gallikanismus) und inneren Ursachen verbundene Knechtschaft der Kirche. Er stellte fünf Ursachen heraus: den Bruch zwischen Klerus und Volk (wobei er die Aufnahme der Volkssprache in die Liturgie wünschte), die Krise des Klerikernachwuchses, die mangelhafte Geschlossenheit unter den Bischöfen, dann die ausschließlich den Politikern überlassene Ernennung der Bischöfe (er schlug dagegen eine *Wahl* durch Klerus und Laien vor) sowie die Verwendung der Kirchengüter. Diese „Wunden" legten nach seinem Urteil den Bruch der mystischen Einheit der Kirche offen. Da diese Wunden in den weltlichen Interessen der Kirche ihren Ursprung hätten, überdeckten sie ihre geistlichen und seelsorglichen Aufgaben. Außerdem müsse den Laien ein gebührender Platz neben der Hierarchie eingeräumt und die Freiheit der Kirche als eine Selbstbefreiung angestrebt werden.

Mit der Vorbereitung eines Verfassungsprojektes (1848) wandte sich Rosmini von der Vorstellung eines katholischen Staates ab. Er verwarf die konfessionelle Struktur einer Staatsreligion, weil sie den Zeitverhältnissen nicht mehr entspreche, und befürwortete dagegen die Verwirklichung eines politischen Systems christlicher Prägung, das jeden Despotismus ausschloß.

Die toskanische Gruppe verdankte Rosmini sehr viel, nahm aber gleichzeitig das Gedankengut des liberalen, von Gian Pietro Vieusseux vermittelten Genfer Protestantismus und des lokalen Jansenismus der Synode von Pistoia auf. Zu dieser Gruppe gehörten Raffaello Lambruschini, der sich für die Trennung von Kirche und Staat aussprach, der Historiker Gino Capponi und der große religiöse Poet Niccolò Tommaseo, der Psalmenübersetzer, Kommentator der Briefe der hl. Katharina von Siena und Bewunderer Savonarolas, dessen Vorstellungen eines demokratischen, antihierarchischen Katholizismus er teilte.

IV. Der Neuguelfische Traum

Mit Vincenzo Gioberti nahmen die Bestrebungen zur Öffnung des Katholizismus für die moderne Welt politisches und nationales Ausmaß an. Er verband als Priester und Professor an der Turiner Universität philosophische Reflexion mit politischer Aktion, wurde 1848 Präsident der piemontesischen Kammer, dann Minister für öffentliche Bildung und Ratspräsident (Dezember 1848–März 1849), schließlich Botschafter Piemonts in Paris. Unter

---

117–162; DERS., Rosmini e la tradizione dei cattolici liberali, ebd., 181–200; Politica e religione, in: Da Gioberti a Moro (s. Anm. 33) 25–42; Antonio Rosmini e il Piemonte. Studi e testimonianze, Stresa 1994; P. ZOVATTO, Storia e Teologia in Rosmini, in: RSRis (1994) 16–33.

dem Einfluß Giuseppe Mazzinis machte er sich die Sache der italienischen Einheit zu eigen. Er ging 1833 ins Exil nach Brüssel und veröffentlichte 1843 *Del primato morale e civile degli Italiani*. In diesem Werk entwickelte er die Vorstellung einer italienischen Konföderation – eine „Liga der italienischen Staaten", an deren Spitze er den Papst stellte, der
auch die Funktion eines Schiedsrichters in Europa einnehmen sollte. So entstand das Neuguelfentum, das den von Gioberti geteilten Überlegungen Venturas und Rosminis mit der
Sonderstellung des Papstes im Zentrum des neuen Verhältnisses zwischen Christentum
und moderner Kultur eine wichtige Variante einbrachte. Sein Einfluß war in den Jahren
1843 bis 1848 beachtlich, weil die Bündnislösung und die dem Pontifex Maximus übertra-
gene Leitung des nationalen *Risorgimento* den Weg frei machte, die katholische Welt für
die italienische Frage zu gewinnen und für einen Liberalismus zu interessieren, der in Italien vom Einfluß Voltaires und noch mehr vom Atheismus unberührt blieb. Der *Primato*
offenbarte sich nach Francesco Traniello als ein *Du Pape* mit anderen Vorzeichen[36], weil
der Papst darin zum „weltlichen Haupt Italiens" wurde. Mit *Prolegomeni del Primato*
(1845) und vor allem *Il Gesuità moderno* (1846–1847) trat er in polemische Auseinandersetzungen mit den Jesuiten vor allem hinsichtlich der Beziehungskonzepte zwischen Religion, Nationalität und Nationalstaat. Eine langanhaltende Debatte brachte ihn in Opposition zu Luigi Taparelli d'Azeglio, dem Autor des Werkes *Saggio teoretico di diritto
naturale appogiata sul fatto*, das zwischen 1840 und 1843 erschien[37]. Diese Publikation
sollte zu einer der lehrmäßigen Stützen für die unerbittliche Absage an die Trennung zwischen Kirche und Staat werden und somit das antiliberale Guelfentum aufbauen. Nach Taparelli lag der Ausgangspunkt für die Rechristianisierung der Gesellschaft nicht im nationalen Einheitswerk, sondern in der bürgerlichen Gesellschaft selbst als Gesamtheit von
Grundbestandteilen einer Einheit, die der territorialen und politischen Einheit vorausgehen
müsse[38]. Er lehnte jede Trennung von Staat und Gesellschaft ab, mit der die Religion vom
öffentlichen Leben ausgeschlossen wäre, ebenso wie jede Trennung zwischen politischer
und göttlicher Ordnung. Als Feind der absolutistischen Herrschaft mißtraute er in gleicher
Weise der Volkssouveränität, bei der die Macht von dem Willen des einzelnen abhängt, als
auch der parlamentarischen Regierungsform, bei der die Machtkämpfe erbittert ausgetragen werden und in der die numerische Überlegenheit das einzige Regulativ für das öffentliche Leben erscheint[39].

   Diese Debatten bildeten – unter dem Einfluß der stürmischen Gefühlsäußerungen der
Romantik – bei den großen Fragen, die damals die kulturellen Auseinandersetzungen beherrschten, eine Illustration für die gegenseitige Durchdringung politischer und religiöser
Probleme: Kirche und Volk, Katholizismus und Kultur, Autorität und Freiheit, Glaube und
Nation, während die Frage nach dem Verhältnis zwischen Kirche und Staat erst in dem
nachfolgenden Zeitabschnitt drängend wurde. Daß sich die Debatte somit vom strukturellen Aufbau der Nation im Umkreis von Rom auf die Vorrechte der Nation gegenüber der

---

[36] F. TRANIELLO, Idee e modelli di relazione tra Chiesa. Stato e società avanti il 1848, in: PAZZAGLIA, Chiesa e
prospective educative 11–34.
[37] F. TRANIELLO, La polemica Gioberti – Taparelli sull'idea di nazione e sul rapporto tra religione e nazionalità, in:
Da Gioberti a Moro, 43–62.
[38] DE ROSA, Il Movimento cattolico (s. Anm. 27) 29 f.; DERS., I Gesuiti in Sicilia e la Rivoluzione del' 48, Rom
1963.
[39] A. ACERBI, Chiesa e democrazia da Leone XIII al Vaticano II, Mailand 1991, 10–12. – M. R. DI SIMONE, Stato
e ordini rappresentativi nel pensiero di Luigi Taparelli d'Azeglio, in: RSRis (1976) 139–151.

Giuseppe Mazzini (1805–1872) – Vincenzo Gioberti (1801–1852). Zwei Persönlichkeiten, die von unterschiedlichen Ausgangspunkten zu Vordenkern der italienischen Einheits- und Freiheitsbewegung wurden.

Kirche verlagerte, hing mit dem Regierungsantritt eines neuen Papstes zusammen – und den damit verbundenen großen Hoffnungen hinsichtlich neuguelfischer Tendenzen, bevor diese abrupt in den Hintergrund rückten.

V. Das Trugbild Mastai Ferretti

Die Wahl vom 16. Juni 1846, die Kardinal Giovanni Maria Mastai Ferretti als Papst Pius IX. hervorbrachte, erweckte in liberalen wie patriotischen Kreisen die größten Hoffnungen[40]. Seine außergewöhnliche Popularität fand ihr Echo in dem ganz Italien durchziehenden Ruf: *„ Viva Pio nono! Coraggio Santo Padre!"*[41].

Der neue Papst entstammte einer Familie des niederen Adels aus den Marken, der auch für neue Ideen aufgeschlossen war. Drei seiner Brüder hatten an den Bewegungen von 1831 teilgenommen. Zum damaligen Zeitpunkt zeichnete er sich als Bischof von Spoleto durch große Mäßigung aus, die zu seinem Bedauern von Papst Gregor XVI. nicht geteilt wurde. Nach seiner Versetzung nach Imola (1832) im Zentrum der revoltierenden Romagna verfaßte er 1845 seine Gedanken über notwendige Reformen der Verwaltungsstrukturen des Kirchenstaates: *Pensieri relativi all' amministrazione pubblica dello Stato Pontificio*. Wenn er darin auch seine schroffe Ablehnung gegenüber den Liberalen zum Ausdruck brachte, so verwarf er ebenso die Extremposition der *zelanti* und suchte gleichzeitig nach einem versöhnlichen Mittelweg. Er ließ sich nicht vom Guelfentum vereinnahmen, war jedoch der Meinung, daß die Revolution mit anderen Mitteln als der Repression in Zaum ge-

---

[40] Die Historiographie zu Pius IX. ist sehr umfangreich. Hingewiesen sei vor allem auf die klassische Darstellung von R. AUBERT, Le Pontificat de Pie IX (1846–1878), Paris 1954 (Neuausgabe 1970) und G. MARTINA, Il pontificato di Pio IX, Turin 1970 und dessen Summa Pio IX (1846–1850), Rom 1974, 1–48.
[41] MOLLAT, La question romaine (s. Anm. 7) 200–202.

Die Erschießung des Priesters Ugo
Bassi, eines Gefolgsmannes
Garibaldis, am 18. August 1849 in
Bologna durch österreichische
Soldaten war ein Markstein im
Freiheitskampf Italiens. Gemälde
(um 1860) von A. Lanfredini,
Florenz, Biblioteca del
Risorgimento.

halten werden könne. Gleich nach seiner Wahl zum Papst griff er die Reform der päpstlichen Verwaltung auf und traf einige begrenzte, aber symbolträchtige Maßnahmen – wie die Amnestie für politische Gefangene (ab Juli 1846), die Schaffung eines Beratungsgremiums (im Jahre 1847), eines Stadtrates in Rom oder eines Ministerrates –, die von den Liberalen als Bestätigung ihrer Zielvorstellungen interpretiert wurden. Deren Begeisterung wurde selbst von Mazzini geteilt. So kristallisierte sich in dem für diese Zeit charakteristischen Enthusiasmus der Mythos eines liberalen Papstes heraus. Die Bischöfe Giuseppe Pecci von Gubbio und Kardinal Corsi von Jesi sprachen vom Anbruch einer neuen Ära. Der Mythos wurde durch den Beginn einer von Pius IX. eingeleiteten Modernisierung des Landes genährt: Der Plan zum Ausbau eines Eisenbahnnetzes wurde – als Symbol der Neuzeit[42] – aufgegriffen und das Projekt einer Zollunion als Vorstufe für eine Konföderation den italienischen Herrschern vorgeschlagen.

Pius IX. war jedoch entschlossen, über diese Maßnahmen nicht hinauszugehen. Hätten die Zeitgenossen seine erste Enzyklika *Qui pluribus* vom 1. November 1846 aufmerksam gelesen, so wären sie von den nachfolgenden Ereignissen weniger überrascht gewesen. Sie ordnete das Pontifikat in die traditionelle Linie ein, indem sie die religiöse Indifferenz und den Rationalismus verurteilte. Pius' IX. Handlungsweise brach freilich so gründlich mit der Schroffheit seines Vorgängers, daß sich alle Hoffnungen auf ihn konzentrieren konnten. Gegen seinen Willen wurde er zum Symbol des italienischen Erwachens, und ein wesentlicher Teil des Klerus verband mit ihm die Bewegung für die Einheit und Unabhängigkeit Italiens. Pius IX. verstärkte noch diese Tendenz, als er in seinem Bemühen zur Verhinderung des drohenden Krieges gegen Österreich in seiner Ansprache vom 10. Februar 1848 an die Rolle der Päpste zur Zeit der großen Invasionen erinnerte und dann ausrief: „O großer Gott, segne doch Italien und erhalte ihm das wertvolle Gut unter uns – den Glauben!" Von diesem Ausruf wurde allein die Bitte um die Segnung „Italiens" behalten. Dieses Italien war nicht mehr ein einfacher geographischer Begriff: Der Papst hatte diesem Land zur Existenz verholfen.

Während sich im März die Aufstände ausbreiteten und Piemont dem Krieg gegen Öster-

---

[42] Vgl. dazu G. MARON, Das 19. Jahrhundert. Gesellschaft – Staat – Kirche, in: H. BAIER (Hrsg.), Kirche in Staat und Gesellschaft im 19. Jh., Neustadt/Aisch 1992, 21–39.

Am 24. November 1848 besetzte eine aufgebrachte Volksmenge den Quirinalpalast, die damalige Papstresidenz. Die Römische Republik wurde ausgerufen. Pius IX. floh nach Gaeta, von wo er erst 1850 nach Rom zurückkehrte.

reich beitrat, forderten die Bischöfe (wie der Bischof von Florenz) zum Gebet für den Sieg Italiens auf und erlaubten den Priesterseminaristen (so z. B. in Mailand) den Kriegsdienst. Der Papst selbst war in die Enge getrieben: Als Staatschef konnte er nicht an einem Krieg gegen eine andere katholische Nation teilnehmen. Andererseits konnte er als Haupt der römisch-katholischen Kirche nicht riskieren, ein Schisma heraufzubeschwören und die Grundlagen des Evangeliums mit Füßen zu treten. Seine Entscheidung wurde mit der Ansprache vom 29. April 1849 publik: Demnach lehnte er jede Kriegsteilnahme ab – auch die Wahl zwischen zwei katholischen Völkern und die Führungsposition für eine „Republik des italienischen Volkes". Für die italienischen Patrioten war er daraufhin nur noch ein Verräter, ein Feind des Vaterlandes. Nach der Ermordung seines Premierministers Pellegrino Rossi am 24. November verließ Pius IX. Rom, um in Gaeta im Königreich beider Sizilien Zuflucht zu suchen. Damit überließ er das Gebiet der Römischen Republik Mazzini und Garibaldi.

Ein neuer Zeitabschnitt begann, in dem der Papst eine erbitterte Unnachgiebigkeit entwickelte und die Anhänger der Einheit einen militanten Antiklerikalismus – während gleichzeitig dieses „Zentrum des *sentire cattolico* und des *sentire liberale*" verschwand, das nach Roger Aubert die neoguelfische Bewegung ausmachte[43].

Bibliographie

Zur allgemeinen Einführung

G. CAROCCI, Giolitti e l'età giolittiana, Turin 1961.
G. SABBATUCCI – V. VIDOTTO (Hrsgg.), Storia d'Italia I: Le premesse dell'unità dalla fine del settecento al 1861, Bari 1994.
A. SCIROCCO, L'Italia del Risorgimento 1800–1860, Bologna 1990.
S. J. WOOLF, Il Risorgimento italiano, Turin 1981.

---

[43] R. AUBERT, Philipp Anton von Segesser et les divers aspects du catholicisme libéral de son temps, in: V. CONZEMIUS, Philipp Anton von Segesser, Paris 1991, 5–28.

Zu den religiösen Aspekten:

R. Aubert, Le Pontificat de Pie IX (1846–1878), Paris 1954 (Neuausgabe durch G. Martina, Il pontificato di Pio IX, Turin 1970).

G. Ghitollini – G. Miccoli (Hrsgg.), La Chiesa e il potere politico dal Medioevo all' età contemporanea, Turin 1986.

E. Guerriero – A. Zambarbieri (Hrsgg.), La Chiesa e la società industriale (1878–1922), (Storia della Chiesa XXII, 1.2), Mailand 1990.

G. Martina, Pio IX, 3 Bde., Rom 1974–1990.

S. Tramontin, Profilo di storia della Chiesa italiana dall' Unità ad oggi, Turin 1980.

Handbücher

Dizionario del Risorgimento Nazionale, 4 Bde., Mailand 1930–1937.

Dizionario Storico del Movimento Cattolico in Italia 1860–1980, hrsg. von F. Traniello – G. Campanini, 5 Bde., Casale Monferrato 1981–1984.

Zum religiösen Leben

Chiesa e religiosità in Italia dopo l'Unità 1861–1878. Atti del quarto Convegno di storia della Chiesa, La Mendola 31 agosto – 5 septembre 1971, 2 Bde., Mailand 1973.

F. Fonzi, I cattolici e la società italiana dopo l'Unità, Rom 1977.

R. Lill, Geschichte Italiens in der Neuzeit, Darmstadt [4]1994.

–, Der Kulturkampf in Italien und in den deutschsprachigen Ländern, Berlin 1993.

D. Menozzi, La Chiesa cattolica e la secolarizzarione, Turin 1993.

M. Rosa (Hrsg.), Clero e società nell' Italia contemporanea, Bari 1992.

G. Spini, Risorgimento e Protestanti, Mailand 1989.

G. Verucci, L' Italia laica prima e dopo l' Unità (1848–1876). Anticlericalismo, libero pensiero e ateismo nella società italiana, Bari 1981.

Zum katholischen Denken

O. Confessore, L' americanismo cattolico in Italia, Rom 1984.

M. Guasco, Fermenti nei seminari del primo 900, Bologna 1971.

L. Pazzaglia (Hrsg.), Chiesa e prospettive educative in Italia tra Restaurazione e Unificazione, Brescia 1994.

G. Rossini (Hrsg.), Aspetti della cultura cattolica nell' età di Leone XIII, Rom 1961.

P. Scoppola, Crisi modernista e rinnovamento cattolico in Italia, Bologna [2]1969.

F. Traniello, Cattolicesimo conciliatorista. Religione e cultura nella tradizione rosminiana lombardo-piemontese (1825–1870), Mailand 1971.

–, Da Gioberti a Moro. Percorsi di una cultura politica, Mailand 1990.

–, Cultura politica e vita religiosa tra Ottocento e Novecento, Brescia 1991.

Zur römischen Kurie

N. Del Re, La Curia romana. Lineamenti storico-giuridici, Rom [3]1970.

C. Prudhomme, Stratégie missionaire du Saint-Siège sous Léon XIII (1878–1903). Centralisation romaine et défis culturels, Rom 1994.

Zu den Beziehungen zwischen Kirche und Staat

La fine del potere temporale e il ricongiungimento di Roma all'Italia: Roma, 21–25 settembre 1970, Rom 1972.

A. C. Jemolo, Chiesa e Stato in Italia dalla unificazione a Giovanni XXIII, Turin 1965.

C. Marongiu Buonaiuti, Non expedit. Storia di una politica (1866–1919), Mailand 1951.

R. Mori, Il tramonto del potere temporale 1866–1870, Rom 1967.

A. Piola, La Questione Romana nella storia e nel diritto. Da Cavour al trattato del Laterano, Mailand 1969.

P. Scoppola, Chiesa e Stato nella storia d' Italia, Bari 1967.

G. Spadolini, L'opposizione cattolica da Porta Pia al' 98, Florenz 1954.

–, Le dite Rome. Chiesa e Stato fra '800 et '900, Florenz 1973.

M. Vassaud, La Fin du pouvoir temporel des papes, Paris 1964.

Zur katholischen Bewegung

A. Canavero, I cattolici nella società italiana. Dalla metà dell' 800 al Concilico Vaticano II, Brescia 1991.

A. Gambasin, Gerarchia e laicato in Italia nel secondo Ottocento, Padua 1969.

–, Il movimento sociale nell' Opera dei Congressi in Italia (1874–1904), Rom 1958.

B. Gariglio – E. Passerin d' Entrèves (Hrsgg.), Introduzione alla storia del Movimento cattolico in Italia, Bologna 1979.

F. Malgeri (Hrsg.), Storia del Movimento cattolico in Italia, 2 Bde., Rom 1980–1981.

G. de Rosa, Il Movimento cattolico in Italia. Dalla Restaurazione all' età giolittiana, Rom 1988.

M. Rossi, Le origini del partito cattolico. Movimento cattolico e lotta di classe nell' Italia liberale, Rom 1977.

P. Scoppola, Il modernismo politico in Italia: la Lega democratica nazionale, in: RSIt (1957) 61–109.

–, Dal neoguelfismo alla Democrazia cristiana, Rom 1963.

S. Tramontin, Carità o giustizia? Idee ed esperienze dei cattolici sociali italiani dell' 800, Turin 1974.

D. Veneruso, L' Azione Cattolica Italiana durante i pontificati di Pio X e di Benedetto XV, Rom 1983.

S. Zoppi, Dalla Rerum novarum alla Democrazia Cristiana di Murri, Bologna 1991.

Siebtes Kapitel

Die Iberische Halbinsel

von Antonio Matos Ferreira

Der revolutionäre Konflikt hat im gesamten 19. Jh. tiefe Spuren in der Gesellschaft der iberischen Staaten hinterlassen und auf allen Ebenen eine ebenso allmähliche wie umfassende Umgestaltung ausgelöst. Das Ende des Ancien Régime und die Einsetzung liberaler Herrschaftsformen hatten außerordentliche Bedeutung auch für den religiösen Bereich. Wenngleich sich in der politischen Entwicklung der beiden Staaten auf der Iberischen Halbinsel eine gewisse Parallelität einstellte, so haben doch die jeweiligen Wechselfälle die besonderen Voraussetzungen für die Entwicklung der katholischen Kirche herausgebildet, die auf der Iberischen Halbinsel im 19. Jh. die prägende Kraft darstellte. Am Beginn dieser Zeit des Umbruchs stand die Invasion französischer Truppen, die zu einer Beschleunigung der Veränderung sämtlicher Gesellschaftsschichten – vor allem hinsichtlich der Stellung von Religion und Kirche – führte. Diese Umstrukturierung ist zum großen Teil aus dem Erbe des königlichen Rechts nach 1700 und den Bestrebungen der Aufklärung zur religiösen Reform hervorgegangen und lief mit der politisch-liberalen Entwicklung parallel.

Der Übergang vom Ancien Régime zum liberalen Staat stellte einen langsamen Prozeß dar, der von Bürgerkriegen begleitet war und eine Aufspaltung der Gesellschaft auslöste. Die Reform der institutionellen Kirche wurde in diesem Prozeß sowohl als Notwendigkeit für die Konsolidierung der neuen Gesellschaft verstanden wie auch als Folge dieser Umgestaltung. War die Parallelität der religiösen Ereignisse in den Staaten der Halbinsel in gewisser Weise die Frucht der politischen Revolution innerhalb der beiden Königreiche, so war diese auch das Ergebnis der Haltung und Entscheidungen des Hl. Stuhls gegenüber der modernen Gesellschaft – in der Zeit nach der Französischen Revolution und im Zusammenhang der katholischen Restauration nach 1800.

Diese Periode begann in Portugal mit der liberalen Revolution von 1820, die sich bis zur Durchsetzung der Republik im Jahre 1910 fortsetzte und zu diesem Zeitpunkt zu einer von den radikalen Gruppen des politischen Liberalismus betriebenen Trennung von Kirche und Staat führte.

In Spanien versuchten die *Cortes*, die alten Reichsstände, durch eine Verfassung (Cádiz 1812) das politische System neu zu ordnen. Dieses war das gesamte Jahrhundert hindurch in der monarchischen Ausprägung und in den kurzen republikanischen Phasen nicht nur von politischen Auseinandersetzungen bestimmt, sondern auch vom Erstarken regionaler Widerstände gegen die Zentralregierung in Madrid – wie im Baskenland oder in Katalonien. Die Konsolidierung des liberalen Regimes gestaltete sich langsam und widersprüchlich. Zwischen 1860 und 1870 kristallisierte sich auf der Iberischen Halbinsel eine neue, vom Positivismus geprägte antiklerikale Generation heraus. In diesem Zusammenhang wurden religiöse Fragen grundlegend für den Konsolidierungsprozeß des Liberalismus, der dem gemäßigten liberalen Flügel eine bedeutende Rolle bei der Lösung sozio-politischer Konflikte und bei dem Bemühen um den sozialen Frieden zuschrieb.

Trotz der enormen Wirkung der Enteignungen, die in den Ländern der Iberischen Halbinsel vor allem die Kirchengüter betrafen, blieben die Gesellschaftsstrukturen des 19. Jh. im wesentlichen ländlich geprägt. Auch wenn der Industrialisierungsprozeß langsam voranging und begrenzt blieb, so trugen die Veränderungen der traditionellen sozialen Beziehungen doch dazu bei, die sozialen Fragen stärker in den Vordergrund zu rücken, ob es sich nun um die Stabilisierung der Gesellschaft oder um die Einmischung der Kirche handelte, die mit dem Aufbruch revolutionärer Strömungen regionaler, anarchistisch-gewerkschaftlicher oder sozialistischer Prägung konfrontiert wurde. Selbst wenn sich in katholischen Kreisen heftiger Widerstand gegen die moderne Gesellschaft herauskristallisierte, so führte das Auftauchen einer sozialen Protestbewegung und politischer Forderungen, mit denen die liberale Ordnung in Frage gestellt wurde, zu einer Annäherung zwischen der kirchlichen Restauration und den politischen Stabilisierungsbemühungen der gemäßigten Liberalen.

Mit dem 19. Jh. setzte auch der Statusverlust der iberischen Länder als Kolonialmächte ein. Die Unabhängigkeit der lateinamerikanischen Besitzungen veränderte in beachtlichem Maße die Lage der katholischen Kirche der iberischen Länder hinsichtlich ihrer missionarischen Sendung, auch wenn die beiden Herrscherhäuser darum bemüht waren, Gewinn aus der Tradition des Patronats *(padroado)* zu ziehen. Andererseits wurde die iberische Halbinsel als Missionsland für die verschiedenen Strömungen im Protestantismus angesehen. Dies führte zu heftigem Widerstand der katholischen Kirche, die in diesem zahlenmäßig begrenzten und peripheren Eindringen einen Angriff auf die traditionelle Religion und Gefahren für die gesamte Gesellschaft erblickte.

Der liberale Einbruch in die Gesellschaft hatte das Entstehen von Zentren protestantischer Evangelisation erleichtert. Mit der Abschaffung der Inquisition in Portugal und Spanien, der stetigen Ausweitung der Presse- und Meinungsfreiheit und dem Einfluß der Erweckungsbewegung der verschiedensten reformatorischen Ausprägungen konnte sich der Protestantismus auf der iberischen Halbinsel im 19. Jh. entfalten. Diese Entwicklung führte mit ganz unterschiedlichen Begründungen zu widersprüchlichen Reaktionen der katholischen Kirche oder einiger liberaler Gruppen, die damit argumentierten, daß nur der Katholizismus die Einheit der Gesellschaft garantiere. Die missionarische Aktivität des Protestantismus wurde in beiden Ländern ganz unterschiedlich verwirklicht: Nach 1800 lag Portugal politisch im englischen Einflußbereich. Dies trug dazu bei, daß das Eindringen des Protestantismus als Bedrohung für die Souveränität des Landes betrachtet wurde, besonders auf der Ebene kolonialer Konkurrenz (vornehmlich in Afrika). In Spanien verband sich die Gefahr religiöser Aufspaltung mit regionalistischen Tendenzen, so daß die Befürchtungen einer Zersplitterung des spanischen Staates nicht unberechtigt waren. In beiden Fällen erlebten die ersten organisierten Kundgebungen der Protestanten den Widerstand entweder des Katholizismus oder der politisch-liberalen Staatsgewalt. Die Unterdrückung des religiösen Dissidententums konnte jedoch den Aufbau und die Organisation protestantischer Zentren – vor allem in der zweiten Hälfte des 19. Jh. – nicht verhindern. Dieser Prozeß verlief langsam und war im wesentlichen auf die Städte beschränkt, dabei weitgehend peripher und minoritär[1].

Zu Kurztiteln vgl. die jeweilige Erstnennung bzw. die Bibliographie am Ende dieses Kapitels.

[1] Zu diesem ersten Aufschwung des neuzeitlichen Protestantismus auf der Iberischen Halbinsel vgl. Die Ge-

I. Portugal

Die Revolution von 1820 entsprach einem tiefgreifenden Veränderungsprozeß, in dem die Gewissensfreiheit anerkannt wurde und eine Verschiebung in der Legitimation der politischen Gewalt stattfand. Die Religion war nun nicht mehr die ausschließliche Stütze, mit der sich die Gesellschaft identifizierte und ihre innere Geschlossenheit begründete. Dieser Prozeß setzte sich bis zur Trennung von Kirche und Staat fort, die das Ergebnis der gesetzgeberischen Tätigkeit der Revolution von 1910 war. Während dieser Zeit blieb die Kirche in der Defensive und nahm unterschiedliche Positionen ein, so daß ihre Haltung nicht als einheitlich und homogen angesehen werden konnte.

Die von dem Ideal nationaler Erneuerung geprägte Revolution von 1820 sah in gleicher Perspektive ihre Beziehung zu Religion und Kirche. Der Geist der Aufklärung war eine der unterschwelligen Komponenten für die Leitgedanken, die den *Vintistas*-Reformen (während der Revolution von 1820) Gestalt gaben. Daraus folgte die Einschätzung der Religion als Möglichkeit der persönlichen Entfaltung des Individuums und des Staates als Rahmenstruktur für die soziale Verwirklichung des Individuums in der Gemeinschaft. Religion und Kirche wurden nicht in Frage gestellt, jedoch als reformbedürftige Größen betrachtet. Der Gesetzeserlaß vom 23. März 1821 unterband die Zulassung männlicher Novizen, am 7. April folgte die Aufhebung des Tribunals des Hl. Offizium.

Zu Beginn hatte sich die Kirche weitgehend der Erneuerungspolitik angeschlossen. Mehrere kirchliche Persönlichkeiten nahmen aktiv an der *Junta Provisional do Governo Soberano* oder an der Tätigkeit der *Cortes Constituintes* teil. Sowohl in den Debatten um die Verfassung als auch bei den nachfolgenden Gesetzesberatungen stand die Religionsfrage an erster Stelle. In diesen Debatten bewirkten jedoch die Orden und Kongregationen und die nationale Autonomie der Kirche von vornherein eine Polarisierung[2].

Obwohl ein breiter Konsens über die notwendige Reform der Kongregationen bestand, war man sich über Art und Umfang dieser Reformen uneinig. Für viele Liberale stellten die religiösen Orden nicht nur eine Möglichkeit zur persönlichen Lebensgestaltung des Individuums dar, sondern auch eine Quelle großer Verwirrungen innerhalb des Staates. Für die Kirche spielten die Kongregationen jedoch eine grundlegende Rolle, weil sie über diese ihren Einfluß auf die Gesellschaft in Unterricht und Bildung, Fürsorge und bestimmen Formen der Religiosität ausüben konnte. In den *Cortes Constituintes* verdiente gerade die Funktion des Laienpriesters in der Gesellschaft als Seelsorger *(cura de almas)* Anerkennung und Hochschätzung. Seine Eingliederung in die Gesellschaft und seine Tätigkeit wurden von der bischöflichen Autorität gebilligt, wenn auch die Debatte über das Recht der Bischofsernennung damals erst aufbrach. Hatte die Religion für die liberale Regierung moralische Bedeutung, so hatte sich die Kirche nach dieser Ausfassung zu fügen und der Souveränität der Nation unterzuordnen. Diese Widersprüche sollten sich noch verschärfen, als das Problem der Bischofsernennungen und die Einmischung des Staates in religiöse Angelegenheiten hinzukamen. 1823 fand die absolutistische Reaktion, bei der die liberale

---

schichte des Christentums Bd. 12, bearbeitet und herausgegeben von K. Meier, Freiburg – Basel – Wien 1992, 543–547.

[2] A. Mouta Faria, A condiçao do clero português durante experiência de implantaçao do liberalismo: as influências do processo revolucionário francês e seus limites, in: RPH 23 (1987), 301–331; dies., A hierarquia episcopal e o vintismo, in: Análise Social 27 (1992), 116f. 285–328.

Verfassung von 1821 wieder aufgehoben wurde, in vielen Bereichen der Kirche starke Unterstützung. Es stand fest, daß man in der Konfrontation zwischen Anhängern des Absolutismus und den Liberalen die Kirche unterstützen wollte, damit sie aktiver an der Dynamik der liberalen Regierung teilnahm.

Nach der Ratifizierung der Verfassungsurkunde im Jahre 1826 dankte Dom Pedro (König Peter IV. von Portugal, 1822–1831 als Peter I. Kaiser von Brasilien) zugunsten seiner minderjährigen Tochter Doña Maria (Maria II. da Gloria, zwischen 1834 und 1853 Königin von Portugal) ab. In diesem Zusammenhang erließ die Regierung ein Dekret, womit dem Patriarchen, allen Erzbischöfen und Bischöfen der Titel *Pair des Königreichs* zugesprochen wurde. Allerdings waren derartige Maßnahmen keine Garantie für die Mitwirkung der Kirche, wie die Regierung annahm. Sie sicherten der Kirche auch nicht die Verteidigung ihrer Interessen – weder als Institution noch hinsichtlich des Stellenwertes der Religion in der Gesellschaft.

Bei seiner Rückkehr nach Portugal (1828) ließ sich Dom Miguel de Bragança, der Bruder Peters IV. von Portugal und Führer der absolutistischen Partei, durch einen Staatsstreich zum absoluten Monarchen proklamieren. Diese Situation führte zu tiefen Spaltungen innerhalb der Kirche, und der politische Konflikt nahm deutlich religiöse Prägung an. Mit der miguelistischen Periode ging wegen der Verfolgung und Ausweisung von Kirchenmitgliedern (Klerikern wie Gläubigen), die für das liberale Ideal in hohem Maße aufgeschlossen waren, eine Entfremdung einher und gleichzeitig eine innere Konsolidierung der Gruppen, die dem Bündnis von Thron und Altar anhingen. Trotz der Unterstützung bestimmter kirchlicher Kreise für die Regierung Dom Miguels war die unmittelbare Lage für die Kirche in ihrer Gesamtheit wie auch für den Handlungsspielraum Roms unklar. Erst am 6. Mai 1828 gab der Apostolische Nuntius bekannt, daß er unter diesen Umständen seine diplomatische Tätigkeit für eingestellt erachte. Diese Haltung läßt das Zögern und die Vorsicht in der Position des Hl. Stuhls gegenüber der absolutistischen Restauration in Portugal erkennen.

Im August 1829 kehrten die ersten Jesuiten seit der von Marquis de Pombal betriebenen Ausweisung nach Portugal zurück. Diese Rückkehr – im Zusammenhang der weitreichenden Restauration des nachrevolutionären Katholizismus – war Ausdruck für eine verstärkt defensive kirchliche Haltung gegenüber dem Bündnis von Thron und Altar, die sich noch durch den Ausbau einer äußerst aggressiven katholischen Presse während des antiliberalen und gegen die Freimaurer gerichteten Kampfes intensivierte. Die Auseinandersetzungen und Konflikte hatte die Polarisierung zwischen den Gruppen, die unerbittlich den antiliberalen Kampf unterstützten, und den Parteien, die ihre Verfassungstreue erklärten, zur Folge. Mit der Wahl von Gregor XVI. zum Papst (1831) traten neue Verhältnisse ein, die eine Vertiefung der Spaltung bewirkten, vor allem im Zusammenhang mit der Ernennung neuer Bischöfe für mehrere Diözesen.

Der Kampf zwischen dem absolutistischen und liberalen Lager hat die Kirche entscheidend geprägt und in ihrer Mitte eine Vielfalt politischer und ideologischer Haltungen hervorgebracht, die während des ganzen Jahrhunderts ihren Einfluß auf die Katholiken ausüben sollten[3]. Die vakanten Bischofssitze und die Lage der Kirche in den verschiedenen

---

[3] A. Matos Ferreira, La Révolution française et le développement du catholicisme au Portugal: quelques questions et perspectives, in: La Révolution française vue par les Portugais, Paris 1990, 101–120; V. Neto, A emer-

Kolonialgebieten waren ernsthafte Herausforderungen. Gerade vor dem Hintergrund dieser Probleme versuchte die absolutistische Herrschaft in Portugal, ihre Legitimation beim Hl. Stuhl zu erreichen. Die liberalen Kräfte forderten ihrerseits in einem von Dom Pedro am 11. Juli 1831 an den Papst gerichteten Brief, daß der Pontifex dessen Legitimität anerkenne und die Usurpation seines Bruders verurteile. In diesem Kreuzfeuer bemühte sich die Kirche in der Person des Papstes, ihre Entscheidungen auf der ausschließlich lehrmäßigen und geistlichen Grundlage zu rechtfertigen. Diese Positionen wurden von Gregor XVI. in der 1831 veröffentlichten Bulle *Sollicitudo Ecclesiarum* dargelegt. Die Notwendigkeit der Nationalkirchen wurde darin betont, unabhängig von den Beziehungen zwischen den bestehenden Herrschaftsformen und dem Hl. Stuhl. Mit diesem Argument wurden die diplomatischen Beziehungen zwischen Rom und der Regierung Dom Miguels wieder aufgenommen. In rascher Folge wurden neue Bischöfe in Braga, Braganca, Evora, Elvas, Portalegre, Castelo Branco, Guarda, Pinhel ernannt, die von der absolutistischen Regierung in Übereinstimmung mit den Konkordatsbestimmungen vorgeschlagen worden waren. Durch Dom Pedro ließ die Reaktion der Liberalen nicht lange auf sich warten. Er versuchte diese Ernennungen zu verhindern und drohte mit dem Schisma, falls der Vatikan diese Bischöfe anerkennen sollte. Trotz – oder gerade wegen der Zurückhaltung des Papstes blieb die Konfrontation nicht aus.

Noch vor ihrem Siegeszug unternahm die liberale Regierung die Reform der kirchlichen Strukturen. Drei Momente charakterisierten diesen legislativen Prozeß in kirchlichen Fragen, der die Wechselfälle des Bürgerkrieges bis zum Sieg der Liberalen und bis zur Bestätigung Doña Marias II. auf dem portugiesischen Thron begleiteten. Noch 1832 bestimmte Mouzinho da Silveira die Auflösung von Kollegien und Klöstern auf den Azoren und organisierte die Kirchengemeinden in San Miguel. Mit der zwei Monate später (am 30. Juli 1832) beschlossenen Abschaffung des Zehnten traf er gleichzeitig eine Maßnahme, die für die Eingliederung der Kirche in die portugiesische Gesellschaft und ihre wirtschaftliche Autonomie entscheidend sein sollte: Er verpflichtete den Staat zum Unterhalt von Klerus und Kultus. Am 31. Juli 1833 wurde die *Commissão de Reforma Geral Eclesiástica* (Kommission zur allgemeinen Kirchenreform) gegründet, die im wesentlichen Disziplinarmaßnahmen traf und innerhalb der Kirche die Anerkennung der rechtmäßigen liberalen Regierung zu erreichen suchte. Kirchenvertreter – Regularkanoniker und Laienpriester, die der „usurpatorischen Partei" anhingen – wurden abgeurteilt. Die Bischofssitze wurden für vakant erklärt, ebenso wurde die Übergabe oder Nominierung der Kirchengüter durch die absolutistische Regierung ungültig gemacht. Alle kirchlichen Patronate *(padroados)* wurden abgeschafft, die Zulassung zu den etablierten Orden sowie zum Noviziat in Klöstern verboten, die Novizen selbst entlassen. Andererseits wurde die Gründung neuer Priesterseminare beschlossen. Der liberale Staat wollte mit der Einschränkung der wirtschaftlichen Autonomie der Kirche deren Einfluß als konstitutives Element des Ancien Régime reduzieren. Zudem bemühte er sich um den Aufbau eines Klerus, der zum Garanten für die Zusammenarbeit der Kirche mit der neuen Regierung werden konnte.

Gregor XVI. protestierte nicht nur gegen die von Dom Pedro angeordnete Ausweisung des Nuntius, sondern erklärte alle von ihm in Kirchenangelegenheiten erlassenen Dekrete

---

gência do Estado liberal e as contradiçoes político-eclesiásticas (1832–1848), in: Revista de História 8 (1988), 281–299.

für nichtig. Zwei Konzeptionen standen sich gegenüber: Die Unabhängigkeit der Kirche gegenüber dem Staat – verstanden als Recht der Kirche, ihre Interessen in der Gesellschaft uneingeschränkt aufrechtzuerhalten – und die Unterordnung der Kirche unter den Staat, mithin die königliche Konzeption. Die Konvention von Évora-Monte aus dem Jahre 1834 führte zur Beendigung des Bürgerkrieges und ergab den Sieg der liberalen Kräfte mit dem endgültigen Exil Dom Miguels. In den darauffolgenden Tagen wurden die bis dahin getroffenen gesetzlichen Fixierungen mit einem Dekret von Joaquim António de Aguiar vervollständigt. Demnach wurden alle Frauen- und Männerklöster, Kollegien, Hospize sowie die Häuser aller Regularorden abgeschafft und ihre Güter vom Staat eingezogen[4]. Andere Maßnahmen hatten zum Ziel, den Lebensunterhalt der Kleriker zu garantieren und die Ernennung zu den verschiedenen Kirchenämtern zu kontrollieren, die auch weiterhin der Notwendigkeit unterworfen waren, ihre Stellung während der Zeit der Usurpation zu rechtfertigen. Die soziale Bedeutung der Religion stand dabei nicht in Frage. In Artikel 6 der Verfassungsurkunde wurde anerkannt, daß „die katholische, apostolische römische Religion auch weiterhin die Religion des Königreiches" ist. Alle anderen Religionen wurden Ausländern in häuslichen oder privaten Gottesdiensten in eigens dafür bestimmten Häusern erlaubt, die jedoch nach außen hin nicht als Gotteshäuser in Erscheinung treten durften.

Somit war für die katholische Kirche der Status einer Staatsreligion gesichert, der jedoch darin seine Begrenzung fand, daß es nach Artikel 75 § 2 zur Kompetenz des Königs als Haupt der Exekutivgewalt gehörte, die „Bischöfe zu ernennen und für die kirchlichen Benefizien Sorge zu tragen" und nach § 14 „die Zustimmung zu den Konzilsdekreten zu erteilen oder zu verweigern – auch zu den apostolischen Sendschreiben und jeder anderen kirchlichen Anordnung, wenn sie nach vorheriger Genehmigung durch die *Cortes* nicht der Staatsverfassung widersprachen und die allgemeinen Vorschriften beachteten".

Ihre Verwurzelung und ihr Engagement verliehen der Kirche soziales, politisches und kulturelles Gewicht, das die Liberalen nicht umgehen konnten. In den überseeischen Territorien entfaltete die Kirche eine Tätigkeit, die sich mit der Souveränität des portugiesischen Reiches identifizierte. In diesem politischen Klima war die Haltung des Hl. Stuhls hinsichtlich der Patronate insofern bedeutsam, als er Druck auf die portugiesische Regierung ausüben konnte. Trotz aller Spannungen ab 1835 suchte die Regierung von Doña Maria die Beziehungen mit dem Vatikan wieder aufzunehmen, der jedoch die Verhandlungen hinzog. Während dieser Zeit wurden einige Diözesen wie Aveiro (1837) und Pinhel (1839) aufgegeben, neue gesetzliche Regelungen über das Existenzminimum der Kirchengemeinden entstanden, die das Verhältnis zwischen Ortsgeistlichen und Kirchenmitgliedern regeln sollten. Die Konflikte zwischen den *cartistas* und den *setembristas* – den beiden Richtungen, auf die sich die liberalen Kräfte verteilten – hatten ihre Auswirkungen auf das Verhalten der Kirche, die vor allem in ländlichen Gebieten starken Einfluß auf die Wahlen ausübte. Diese ländlichen Gebiete waren sehr traditionsgebunden und richteten sich nach den Aktivitäten des jeweiligen Ortsgeistlichen. Ein Teil des Klerus, der sich vorübergehend der „miguelistischen" Herrschaft angeschlossen hatte, unterstützte die *setembristas* im Kampf gegen die aus dem Bürgerkrieg siegreich hervorgegangene *cartista*-Regierung.

---

[4] A. M. DA SILVA analysiert in drei Beiträgen die politisch-juridischen Fragen und die ökonomischen wie geographischen Aspekte: A venda dos Bens Nacionais: a carta de lei de Abril de 1835, in: RPH 19 (1981), 60–115; RPH 20 (1983), 115–221 und in: Biblos 61 (1985), 403–452.

Die verschiedenen Regierungen radikaler Prägung versuchten zwar, die Trennung von Kirche und Staat zu überwinden, Normalität wurde allerdings erst zu Beginn der Regierung Costa Cabrals erreicht.

Die Wiederherstellung der Beziehungen zwischen Kirche und Staat (10. Mai 1841) war das Ergebnis eines langen Prozesses. Die portugiesische Regierung sah sich verpflichtet, die von Dom Miguel ernannten und vom Hl. Stuhl bestätigten Bischöfe anzuerkennen und bestimmte Benefizien für die Kirche wieder zu gestatten. Mit der Ankunft des Internuntius und apostolischen Gesandten Francisco Capaccini in Lissabon zu Beginn des Jahres 1842 begann in gewisser Weise eine neue Etappe, die ihren rechtlichen Ausdruck in der Unterzeichnung eines Konkordats vom 21. Oktober 1848 fand. Mit der Wiederaufnahme der Beziehungen zwischen der portugiesischen Regierung und dem Hl. Stuhl begann auch für die katholische Kirche eine neue Phase der Beziehungen zur liberalen Regierung und der konstitutionellen Monarchie. Die Versuche zur Verknüpfung des Liberalismus mit dem Katholizismus entsprachen jedoch nicht einer durchgängigen und homogenen Tendenz innerhalb der Kirche. Diese auf Ausgleich zwischen revolutionären und christlichen Werten bedachte Strömung, die eine Reform der kirchlichen Strukturen zur Festigung der gesellschaftlichen Regeneration befürwortete, kam vor allem im Wirken von Akademikern und ihren politischen wie sozialen Programmen zum Ausdruck. Im allgemeinen kamen diese Bemühungen jedoch mehr in literarischen Werken und einigen Pamphleten als innerhalb der Kirche selbst zum Tragen. Sie gingen eher von laikalen als von kirchlichen Kreisen aus, weil der liberale Katholizismus 1832 in der Enzyklika *Mirari vos* bekämpft wurde[5]. Ein wichtiges Sprachrohr für das Wirken der katholischen Gruppierungen war die Presse. Zahlreiche Periodika bekämpften die Theorien der modernen Gesellschaft und unterstrichen die Überlegenheit der Religion. Die Titel einiger dieser Publikationsorgane wie *O Católico, O Christianismo, O Religioso, A Voz da Religião* (Die Stimme der Religion), *O Povo* (Das Volk) oder *Revista Crista* lassen die von mehreren Kirchenmitgliedern (Priester wie Laien) entfaltete kämpferische Haltung auf dem bevorzugten Aktionsfeld der Liberalen erkennen. An dieser Aktion nahmen immer mehr Laien teil, woraus sich enge Verbindungen zwischen dem Handeln der Kirche und bestimmten politischen wie ideologischen Strömungen ergaben. Ein Beispiel dafür ist die Zeitung *A Nação* (1847–1917) mit königstreuem Profil, die gleichzeitig für die Verteidigung der Kirche und ihrer Lehre eintrat[6].

1843 bemühte sich die junge *Sociedade Católica Promotora da Moral Evangélica em toda a Monarquia Portuguesa* (Katholische Gesellschaft zur Förderung der biblischen Moral in der gesamten portugiesischen Monarchie) um die Sammlung und Mobilisierung der Katholiken zur Verteidigung der kirchlichen Interessen im Zusammenhang mit der liberalen Regierung[7]. Unter Respektierung der von der Regierung gebilligten Legalität gab

---

[5] A. M. Martins, Recepção em Portugal das encíclicas sobre o liberalismo: *Mirari vos. Quanta Cura e Immortale Dei*, in: LusSac 2. Reihe 1 (1989), 41–80.

[6] Zum Ausmaß der katholischen Aktivität in der Presse vgl. J. Azevedo – J. Ramos, Inventário da Imprensa Católica entre 1820 e 1910, in: LusSac 2. Reihe 3 (1991), 215–264.

[7] Der Triumph der liberalen Gesellschaft führte in dem Maße zum Auftreten einer „neuen Form eines katholischen Militantismus", als „er das bis dahin vor allem als äußere Aktion, als überseeische Mission verstandene Apostolat in das Landesinnere verlagert hat; er hat die Rolle der Laien gestärkt, nachdem das Aktionsfeld kirchlicher, religiöser und weltlicher Führungskräfte drastisch eingeschränkt worden war" (M. Clemente, Laicização da sociedade e afirmação do laicado em Portugal 1820–1840, in: LusSac 2. Reihe 3 (1991), 111–154.

diese Vereinigung vor, eine organisierte Aktionsform innerhalb der portugiesischen Gesellschaft zu sein. Trotz ihres geringen Echos stellte sie ein erstes katholisches Forum in der liberalen Gesellschaft dar.

Am 20. September 1845 wurde die Gründung einer Kommission beschlossen, deren Ziel es sein sollte, „die Verbesserung aller Angelegenheiten der kirchlichen Verwaltung vorzuschlagen". Bei diesen Maßnahmen wurde die Neuorganisation der kirchlichen Dienste und Strukturen einbezogen, besonders die Studien und der Lehrbetrieb in den Priesterseminaren. Verschiedene Gesetzesbestimmungen wurden in dieser Zeit erlassen, die mit der Gründung mehrerer Kommissionen die Position der Kirche wiederherstellen sollten. Diese Kommissionen sollten „die Verbesserung der legitimen Interessen der portugiesischen Kirche und ihres Klerus" fördern (1847) oder ein „allgemeines Gesetzesprojekt für den Klerus" vorbereiten (1848). Während dieser Zeit konnten sich – wenn auch nur schrittweise – mehrere religiöse Kongregationen ansiedeln. Die Niederlassung der *Irmãs da Caridade* (Schwestern der Nächstenliebe) wurde per Dekret vom Juli 1845 genehmigt. Der Neuaufbau des Jesuitenordens begann Ende 1848 mit dem Auftreten des Novizen Carlos João Rademaker.

Dieses Klima der Aussöhnung zwischen Kirche und Staat bedeutete aber nicht die Identifizierung der Kirche mit der Regierung. Mitglieder des Klerus waren aktiv an den Aufständen auf dem Lande beteiligt. Einige von ihnen hatten sich schon dem *setembrismo* (Septemberbewegung) als Protestform gegen die aus dem Bürgerkrieg siegreich hervorgegangene Regierung angeschlossen, wobei mehrere Anhänger das Ziel verfolgten, die Gesellschaftsstrukturen aus der Zeit vor der liberalen Revolution wiederherzustellen.

Die Unterdrückung der religiösen Orden hatte die Beziehungen zur Bevölkerung stark eingeschränkt. Die Grundlage für die kirchliche Präsenz wurde jedoch über den Weltklerus aufrechterhalten. Nachdem die Kirche Portugals mit der Enteignung von 1834 ihren Besitz verloren hatte, geriet sie weitgehend in wirtschaftliche Abhängigkeit von der liberalen Regierung und deren Religionspolitik. Die Auflösung der Orden veränderte auch die bisherige Stellung der katholischen Kirche auf kulturellem Gebiet, weil dadurch die wichtigsten Ausbildungs- und Studienzentren des Klerus verschwanden.

Der fortgesetzte Konflikt mit dem Hl. Stuhl zeigte, daß die Beziehung zwischen *Sua Majestade Fidelíssima* und dem Nachfolger Petri nicht mehr die gleiche wie in den vorausgegangenen Jahrhunderten war. Wenn auch das Königreich weiterhin katholisch blieb, so wurde die Nationalkirche im Vergleich zum allgemeinen Katholizismus eine Randerscheinung. Schließlich hatte die Religion mit ihrer Verwicklung in politische Auseinandersetzungen zur Spaltung der politischen Welt beigetragen, wie die Politik „partisanenhafte Tendenzen" in die religiöse Sphäre eingeschleust hatte. Eine tiefe Spaltung stellte sich in der Legitimitätssphäre zwischen Politik und Religion ein. Der Katholik gewann als Bürger neues Profil, das die Kirche vor große Herausforderungen stellte, nachdem die Regierung vor allem ab 1852 mit dem *Acto Adicional* und dem *rotativismo* in ihre Stabilitätsphase übergegangen war.

II. Spanien

Die französische Invasion (1808) und der Unabhängigkeitskrieg (1808–1814) waren zwei grundlegende Ereignisse zu Beginn des 19. Jh. in Spanien. Trotz der Instabilität der Macht Bonapartes bereiteten die politischen und kirchlichen Reformen der „französisierten" Politiker die von den spanischen Liberalen getragenen und von den *Cortes* in Cádiz ausgehenden Veränderungen vor: Abschaffung der Inquisition, Auflösung der religiösen Orden sowie die Protektion des Gemeindeklerus, Enteignung der Kirchengüter. Der Unabhängigkeitskrieg bedeutete folglich nicht nur einen Aufstand gegen die französischen Einflüsse, sondern auch eine mehr oder weniger bewußte Widerstandsbewegung gegen die Mißbräuche des Ancien Régime. Im Widerstand gegen die französische Herrschaft hatte sich aber auch eine religiöse Konzeption des Ancien Régime durchgesetzt, die mit einer kämpferischen und messianischen Theologie verbunden war, weil sie die Verteidigung der Gesellschaft mit einer Bewahrung der Religion gleichsetzte. Für viele Kleriker erschien der Konflikt wie ein Phänomen der Reinigung, das zu einem neuen Zeitalter der Religion und Moral führen konnte – verbunden mit einer nationalen Erneuerung. So sah sich die katholische Kirche Spaniens während des ganzen 19. Jh. in ihrer gesellschaftlichen Stellung dauerhaft durch die liberale und radikale Revolution bedroht. Sie schwankte zwischen Widerstand und Anpassung, um ihre Rechte zu verteidigen, die sie mit dem Gebot einer nationalen Erneuerung in Verbindung brachte.

1. Vom Widerstand bis zum Bruch mit den Liberalen

Die aus dem großen Aufstand gegen Napoléon als Regierung hervorgegangene *Junta Central* hatte 1809 die alten Reichsstände, die *Cortes*, zur Entscheidung über die Probleme der Gesellschaft und zu ihrer Erneuerung einberufen. Für die Kirche stellte diese Initiative eine Gelegenheit dar, ihre Freiheit gegenüber der Regierung zu sichern, gleichzeitig aber ihre gesetzlich fixierten und wirtschaftlichen Privilegien aufrechtzuerhalten, die sie seit Jahrhunderten in Anspruch nehmen konnte. Dagegen knüpfte die Religionspolitik der Liberalen an die Tradition der Bourbonenmonarchie an, die ausdrücklich das Recht des Staates festgeschrieben hatte, die Kontrolle über die Angelegenheiten der Kirche – mit Ausnahme der Lehre – auszuüben. Im Oktober 1810 verweigerte der Bischof Pedro Quevedo y Quintana von Orense den Treueeid vor den *Cortes* wegen seiner Vorbehalte gegen die auf der Nation oder dem König basierenden Souveränität. Diese Haltung verdeutlicht eine Auseinandersetzung auf der kirchlichen Ebene aus dem Jahre 1812 – zum Zeitpunkt der Annahme der neuen Verfassung von Cádiz – zwischen Befürwortern und Gegnern der neuen Ordnung. Die liberalen Abgeordneten waren von der Notwendigkeit überzeugt, die Inquisition abzuschaffen, was dann tatsächlich 1813 erfolgte. Diese Aufhebung der Inquisition stieß jedoch auf das tiefe Mißfallen derjenigen politischen Vertreter, die darin ein unentbehrliches Kampfmittel gegen die Ausbreitung revolutionärer, für Religion und Gesellschaft schädlicher Gedanken sahen. Ein anderes Betätigungsfeld der *Cortes* betraf die Reform des Regularklerus. Die Anhänger der Reformen waren sich bewußt, daß die Orden gegenüber der neuen Verfassungsordnung oppositionell eingestellt waren. Deshalb befürworteten sie, daß die Zahl der Kleriker den seelsorglichen, erzieherischen und caritativen Bedürfnissen des Königreichs angepaßt werden sollte. Orden, die entsprechende Bedingungen nicht annehmen wollten (vor allem die monastischen und die Bettelorden), hatten die Konsequenzen zu tragen. Befürwortet wurde die Schließung von Klöstern mit weniger als zwölf Mitgliedern. An jedem Ort sollte nur die Niederlassung einer bestimmten Kongregation erlaubt sein.

Die liberalen Abgeordneten von Cádiz proklamierten den Katholizismus als offizielle Staatsreligion. Diese Entscheidung wurde von mehreren Kirchenvertretern mißtrauisch aufgenommen, sahen sie doch darin eine subtile Strategie, den Sturz der Kirche und die Zerstörung der Religion herbeizuführen. Dieser Verdacht wurde durch antiklerikale Äußerungen und – in einigen Fällen – durch vage antireligiöse Verlautbarungen einiger Abgeordneter genährt. Als nun aber der spanische König Ferdinand VII. – der 1808 von Napoléon zur Thronentsagung gezwungen worden war – im März 1814 aus seinem französischen Exil zurückkehrte, führte er die absolute Monarchie wieder ein, machte alle Entscheidungen der *Cortes* von Cádiz rückgängig und hob die Verfassung wieder auf. Die mit seiner Restauration verbundenen Hoffnungen veranlaßten damals viele Kleriker, in der Rückkehr des Königs die Gelegenheit zur religiösen Erneuerung zu sehen[8]. Die Ablehnung des Papstes, die durch Napoléon Bonaparte und die *Cortes* von Cádiz erfolgten Bischofsernennungen anzuerkennen, führte im Jahre 1814 zu 21 vakanten Bischofssitzen und veranlaßte Ferdinand VII., neue Bischöfe zu bestimmen. Darunter befanden sich Persönlichkeiten, die als Feinde der liberalen Revolution bekannt waren.

Der Klerus protestierte gegen die Verkümmerung des religiösen Lebens und verurteilte die während der ersten liberalen Herrschaft zur Wirkung gelangten Lehre. Der Kampf Ferdinands gegen den Liberalismus und die Entschlossenheit der Kirche, die von ihr als libertinistisch erachteten Tendenzen abzuschaffen, führten zur Verbindung von Thron und Altar. Die Zusammenarbeit zwischen König und traditionalistischen Kirchenführern schloß auch Maßnahmen gegen Kleriker ein, die sich offen zu den Reformern von Cádiz bekannten. Trotzdem konnten diese Maßnahmen die für Veränderungen aufgeschlossenen Richtungen in der Kirche nicht beseitigen. Mit der liberalen Revolution gegen den absolutistisch herrschenden König traten sie erneut in Erscheinung.

Der Erfolg dieser liberalen Revolution im Jahre 1820 traf die Kirche unvorbereitet. Wegen der beharrlichen Forderung des Staates, alle Mitglieder des Säkular- und Regularklerus auf die Verfassung zu vereidigen und diese Verfassung während der Messe durch die Ortsgeistlichen erklären zu lassen, entstanden Spannungen zwischen den weltlichen und kirchlichen Behörden. Die Lage verschlechterte sich schlagartig, als die *Cortes* am 15. August 1820 die Auflösung des Jesuitenordens und den öffentlichen Verkauf ihrer Besitztümer zugunsten des Staatshaushaltes anordneten. Ein anderer Streitpunkt zwischen dem liberalen Staat und den überwiegenden Vertretern der Kirchenleitung bezog sich auf die Klostergesetzgebung *(ley de monacales)*. Allerdings war mit der Reform von 1820 nicht die totale Aufhebung des Regularklerus vorgesehen; es handelte sich vielmehr um den Versuch, die Verteilung der klösterlichen Einrichtungen und ihrer Mitglieder ausgeglichener zu gestalten. Diese Reformmaßnahmen für die Regularkanoniker veränderten neben anderen Entscheidungen (z. B. die gerichtlichen Ausnahmeregelungen für den Klerus) die Situation der Kirche innerhalb der Gesellschaft entscheidend.

Die kirchliche Gesetzgebung vom Herbst 1820 blieb für die Bischöfe unbefriedigend. 1821 regte sich der offene Widerstand der Kleriker gegen den liberalen Staat, wenn auch

---

[8] J. M. Cuenca Toribio, La Iglesia sevillana en la primera época constitucional (1812–1814), in: HispSac XV-29/1 (1962), 149–162.

noch in beschränktem Umfang. Die klerikale Komplizenschaft während des königlichen Aufstandes ließ den Staat aufgrund des wachsenden Einflusses äußerst radikaler Elemente immer repressiver werden. Mit der Schließung aller Konvente und Klöster Kataloniens fand der Kampf gegen die Ordensgeistlichen dann seinen Höhepunkt. Die zweite liberale Revolution wie ihre Religionspolitik hatten die Gegensätze verschärft, die innerhalb der Kirche seit Cádiz (1812) zutage getreten waren[9].

Trotz der Verringerung der staatlichen Zuschüsse blieben die Besitzungen des Weltklerus, von denen sein Unterhalt abhing, in Stadt und Land erhalten. Der Ordensklerus war dagegen weniger begütert. Die schwierige politische und wirtschaftliche Lage der liberalen Regierung hielt den Verkauf von Kirchengütern in engen Grenzen.

Die gemäßigten und radikalen Liberalen wollten die Kirche nach ihren eigenen Vorstellungen umgestalten, d. h. eine Kirche mit einem Klerus staatsbürgerlicher Gesinnung schaffen. Der Widerstand der kirchlichen Hierarchie und einiger Kleriker hatte jedoch einen Antiklerikalismus zur Folge, der sich in rhetorischen Attacken gegen die Kirche während der Parlamentsdebatten und in Pressekampagnen äußerte, die sich in dem Maße verstärkten, wie das liberale Experiment auf einen radikalen Kurs zusteuerte. Da die Liberalen mit der öffentlichen Meinung rechneten, um Druck auf die Kirche auszuüben, stellte das Auftreten eines ausgeprägten volkstümlich-städtischen Antiklerikalismus ein neues Phänomen dar.

Mit der erneuten Wiederherstellung der absolutistischen Herrschaft durch Ferdinand VII. (1823 durch das Eingreifen von Truppen der *Heiligen Allianz*) erhoffte die Kirche einmal mehr vom König die Wiedererlangung ihrer traditionellen Stellung in der spanischen Gesellschaft. Die politischen Ereignisse in den Jahren 1820 bis 1823 hatten jedoch der Kirche einen entscheidenden Rückschlag versetzt[10]. Mit der Annullierung der liberalen Kirchengesetzgebung war der König unverzüglich bemüht, den Interessen der Kirche entgegenzukommen. Die vagen theokratischen Hoffnungen, mit denen die Kirche ihren Kampf gegen die *Cortes* von Cádiz antrat, waren jetzt jedoch einem klareren Ziel gewichen, nämlich der Ausrottung des Liberalismus auf spanischem Boden. Der über die Weigerung des Königs, die Inquisition wieder einzuführen und die Dissidenten empfindlich zu schlagen, enttäuschte radikale Kirchenflügel suchte 1825 die langsame Annäherung an Don Carlos, den Thronerben und Bruder des Königs.

Nuntius Giustiniani und der Vatikan empfahlen den spanischen Kirchenvertretern eine Politik der Mäßigung, woraufhin viele von ihnen den königlichen Absolutismus unterstützten. Vor dem Hintergrund der klerikalen Komplizenschaft während der *pronunciamientos* (Putschversuche) von 1825 und 1827 mißtraute der König den radikalen kirchlichen Kreisen und sah in ihren Kampagnen für die Wiedereinführung der Inquisition eine Bedrohung für die Unabhängigkeit der Krone. Bis zu seinem Tod im Jahre 1833 gelang es ihm, die Hoffnungen der Radikalen auf ein noch repressiveres Regime zu vereiteln.

Bis 1833 stellte sich keine grundsätzliche Veränderung in der Lage des Weltklerus ein. Der Episkopat wurde weiterhin von einer Minderheit gut ausgebildeter Würdenträger beherrscht, die aber in intellektueller Hinsicht ihren Vorgängern unterlegen waren. Nachdem

---

[9] DERS., Processo de curas liberales en el Medina Sidonia (Cádiz) de 1823. Notas para el estudio de la segunda restauración de la España contemporánea, in: HispSac XXVI/51–52 (1973), 387–400.

[10] DERS., La Iglesia española en el trienio constitucional (1820–1823). Notas para su estudio, in: HispSac XVIII/362 (1965), 333–362.

die materiellen Rücklagen der Kirche aufgebraucht und deren geistige wie geistliche Vitalität untergraben waren, blieben ihr nur wenige eigene Finanzquellen während der langen Zeit der Auseinandersetzung mit dem Liberalismus. Angesichts einer zunehmenden Politisierung und Aufspaltung in Parteien setzte die Kirche ihre Hoffnungen weiterhin auf die absolute Monarchie, vor allem in die von den Anhängern Don Carlos' befürwortete äußerst radikale Regierungsform.

Mit dem Tod Ferdinands VII. 1833 trat der Kampf zwischen Kirche und Liberalismus in eine entscheidende Phase, weil dadurch die Reformisten mit ihren Forderungen in den Vordergrund rückten. Die „apostolische Partei" befürchtete, unter der Regentschaft von Maria-Christina (für die noch minderjährige Tochter Ferdinands und spätere Königin Isabella) könnten die Liberalen wieder an die Macht gelangen, und setzte sich daher für Don Carlos ein, wodurch ein bis 1839 dauernder Kampf innerhalb der Dynastie und eine Reihe von Bürgerkriegen ausgelöst wurde. Der Episkopat sah keinen Anlaß, sich vorschnell mit dem Carlismus zu identifizieren, schon gar nicht in den kritischen Phasen. Im Juni 1833 erkannte die spanische Kirchenleitung fast geschlossen die junge Prinzessin Isabella als Thronerbin an. Von Januar 1834 bis Juni 1835 betrieb die gemäßigte Regierung – trotz der Widerstände durch radikalere Kräfte – eine Politik, die auf der Reform der Ordensgeistlichen und auf der Verbesserung der wirtschaftlichen Verhältnisse des Gemeindeklerus im Sinn der Aufklärung bestand.

Im April 1834 wurde zur Klärung der Lage der Ordensgeistlichen eine königliche Kommission (Real Junta Eclesiástica) ernannt, die aus zehn Bischöfen und vier Laien bestand. Mit dieser Lösung war jedoch niemand zufrieden. Die Hoffnung auf eine begrenzte Kirchenreform kam schließlich am 17. Juli 1834 zum Erliegen, als in Madrid Aufstände ausbrachen, die den Tod von 78 Mönchen und die Zerstörung ihrer Klöster verursachten. Dieser „Tag der Infamie" war Auslöser für einen heftigen Antiklerikalismus.

Die Aufstände in der Provinz im Sommer 1835 begannen in Saragossa, breiteten sich auf die Regionen Katalonien, Valencia, Andalusien, Altkastilien sowie Galizien aus und waren zunächst gegen den Ordensklerus gerichtet. Damit wurde die Politik einer gemäßigten Kirchenreform bedeutungslos. Die revolutionären Ereignisse führten bis September 1835 zur Schließung der meisten Konvente und Klöster des Königreichs, als Juan Alvarez Mendizábal (1790–1853) die Regierung übernahm. Zu einem Zeitpunkt, an dem sich der Bürgerkrieg gegen die Carlisten verschärfte und sich schwerwiegende finanzielle Probleme einstellten, verkörperte er die große Hoffnung für die radikalen Liberalen. Mendizábal wollte mit seinem politischen Programm die Privilegien des Ancien Régime beseitigen; die schwierige politische Lage in den Jahren 1834/35 jedoch machte jede Reform zunichte. Mendizábal ließ zwar persönlich niemals Zweifel aufkommen, daß der liberale Staat katholisch sein müsse; auf ihn gingen jedoch andererseits die entscheidenden Maßnahmen der staatlichen Enteignung (desamortización) zurück. Mit der im großen Stil betriebenen Einziehung und dem Weiterverkauf von Gütern der Kirche und anderer Körperschaften, die seit dem Ancien Régime Besitztümer nachweisen konnten, sollte eine Basis von Grundeigentümern geschaffen werden, die an dem Fortbestand der liberalen Regierung interessiert waren. Das Verschwinden der meisten Männerorden gab dem Staat die Möglichkeit, seine Macht auf die beiden Bereiche der Wohlfahrtspflege und des Unterrichtswesens auszuweiten, in denen der Ordensklerus eine tragende Rolle gespielt hatte. Unter der radikalen Regierung (zwischen August 1836 und August 1837) entzog der Staat aus politischen Gründen den aus ihren Diözesen entfernten Bischöfen ihre Bezüge und ordnete an, daß die gegen die militärischen Pläne der Regierung während des carlistischen Krieges opponierenden Kleriker als Konspirateure zu gelten hätten. Der liberale Staat griff zwar nicht direkt die Besitztümer des Weltklerus an, führte aber trotzdem durch eine Gesetzgebung, die diese Güter als „national" deklarierte, eine vollkommene Kontrolle über ihre Finanzen ein.

Die Weigerung des Vatikans, neue Bischöfe für die vakanten Diözesen zu ernennen, entgegnete der Staat mit einem Mechanismus, der die Konflikte neu entfachte, die in den Jahren zwischen 1810 und 1813 sowie 1820 und 1833 die Kirche erschüttert hatten. Traditionellerweise stand den Domkapiteln das Recht zur Wahl der Diözesanverwalter zu, bis der Staat und der Vatikan die neuen Bischöfe bestimmt hatten. In diesem konfliktgeladenen Klima zwang die Regierung die Kapitel, die vom Vatikan abgelehnten Bischofskandidaten zu nominieren.

Ab 1834 waren die Beziehungen zwischen Papst Gregor XVI. (1831–1846) und dem liberalen Staat sehr angespannt. Da der Papst die Notwendigkeit erkannte, zwischen Isabella II. und Carlos V. eine neutrale Haltung einzunehmen, lehnte er es schließlich ab, sich eindeutig festzulegen. Damit entstand jedoch eine ausweglose Situation hinsichtlich der Bischofsernennungen für die vakanten Diözesen. Heftige Proteste des Papstes und die Verschlechterung der Beziehungen zwischen der Madrider Regierung und dem Hl. Stuhl lösten die Aufhebung des Jesuitenordens aus, so daß der Nuntius gezwungen war, im August 1835 seine Tätigkeit einzustellen. Die kirchliche Gesetzgebung von 1836 führte zum endgültigen Bruch, und am 1. Februar vollzog der Papst mit einem Angriff auf die Regierung im geheimen Kardinalskonsistorium den Abbruch der diplomatischen Beziehungen.

Die Rückkehr der Gemäßigten *(moderados)* an die Macht und das Ende des Bürgerkrieges 1839 (Vertrag von Vergara zugunsten Isabellas) machten den Weg zu einer Aussöhnung frei. Bei der Revolution im September 1840 unterlagen die Gemäßigten jedoch erneut. Der Aufstand der Progressiven *(progresistas)* brachte General Baldomero Espartero bis 1843 an die Macht. Zwischen 1841 und 1843 versuchte die Regierung, das progressive Ideal einer dem Staat untergeordneten Nationalkirche zu realisieren. Dieser Plan schloß nicht den vollständigen Abbruch der Beziehungen zum Papsttum ein, wenn auch viele Kleriker von einer schismatischen Situation sprachen. Entschlossen versuchte die Regierung, die Kontrolle über die kirchliche Verwaltung auszuüben, indem sie rigoros die Priester bestrafte, die in ihren Predigten die staatliche Politik kritisierten. Vor dieser viel ernsteren Bedrohung traten die Gründe völlig in den Hintergrund, die in früheren Zeiten die Bischöfe zu einer antirömischen Haltung veranlaßt hatten. Überall im Königreich, in den Städten wie in den entlegensten Orten bekundeten die Priester ihre glühende Verehrung für den Papst in einer Überfülle von Beiträgen in katholischen Zeitschriften. Der lange Zeit verstummte und im Kampf um die Kontrolle der Kirche zurückhaltende Gemeindeklerus sprach sich nun energisch für die Suprematie des Papsttums und für eine Kirche aus, die ihre Zukunft selbst gestaltete. Diese Revolte des Klerus entsprach auch einer Form des Widerstandes gegen die liberalen Bischöfe und die Diozesanverwalter. Seit der römischen Erklärung vom März 1841 mehrten sich die Vorfälle zwischen dem regierungsfreundlichen Klerus und der römischen Opposition.

1840 kam es aufgrund der politischen Umstände zu einer Überprüfung der Beziehungen zum Staat. Solange die carlistische Rebellion andauerte, bestand die schwache Hoffnung, daß die Union zwischen Absolutismus und Religion zum Sieg führen werde, d. h. zur Niederlage des Liberalismus und zur Erneuerung der ehemaligen Allianz von Thron und Altar. Das Scheitern des Carlismus machte jedoch diese Illusion zunichte. Im Klerus blieb die Sympathie für die Carlisten erhalten – vor allem in Regionen wie dem Baskenland, wo sich die Interessen der Kirche mit der Aufrechterhaltung lokaler Traditionen verbanden. Trotzdem ging der Kompromiß zwischen Kirche und Carlismus an der Realität vorbei. Der liberale Staat hatte die Oberhand gewonnen und der Nation neue Strukturen auferlegt.

Zwischen 1840 und 1843 war die Kirche ihrer bischöflichen Leitung beraubt (bei mehreren vakanten Bischofssitzen und nichtanerkannten Nominierungen); auch fehlte ihr jegliche Möglichkeit einer gemeinsamen Repräsentanz. Schrittweise setzte sie nun zu ihrer eigenen Verteidigung die Presse als eine Waffe ein, die sie selbst lange Zeit gefürchtet und bekämpft hatte. Die Kirche hatte nach 1824 zwar Zeitschriften und Tageszeitungen für ihre Zwecke genutzt, aber diese Presse hatte mit ihren triumphalistischen Äußerungen und Angriffen gegen den Liberalismus eine polemische Zielrichtung. So tauchte erst 1840 eine wirklich leistungsfähige Pressekultur auf.

Diese neue Presse – *La Revista Católica* (Barcelona), *El Católico* (Madrid) oder *La Cruz* (Sevilla) – hatte nun eine ganz andere Struktur. Die Veröffentlichung der staatlichen Kirchengesetzgebung, die Aufnahme von Nachrichten über die Regierungspolitik oder der Abdruck von Briefen, die an die Schriftleitung gerichtet waren, gaben dem isolierten Klerus das Gefühl der Einheit. Diese neue katholische Presse brachte auch eine Generation von Journalisten hervor, die mehr als alle anderen Kräfte den Widerstand gegen die Konstituierung einer Staatskirche förderten. Die Verteidigung des Glaubens wandelte sich in einen Aufruf zum Zusammenschluß der Kirchenvertreter, die realistisch die Lage der Kirche im liberalen Staat einschätzten. *El Católico* veröffentlichte am 26. Februar 1843 den Plan zur Bildung einer katholischen Vereinigung, in dem sich das Bestreben der Kirche konkretisierte, ihre Stellung innerhalb der politischen Ordnung zu festigen und „die katholische Religion zu verteidigen, die im Grundgesetz der Nation als Religion Spaniens verankert ist", und dies „mit den vom Gesetz erlaubten Mitteln".

Die neue realistische Haltung der Kirche zu Beginn der 40er Jahre des 19. Jh. war nicht nur eine Antwort auf den Erfolg der Regentschaft General Esparteros. Der Klerus hatte zum Teil begriffen, daß der Reichtum und die Privilegien der Vergangenheit nicht wiederhergestellt werden konnten. Maßgeblichen Anteil an dieser neuen Einstellung hatte der junge katalanische Intellektuelle Jaime Balmes (1810–1848)[11]. Wie Balmes waren auch andere – wie Romo Gamboa, der Bischof der Kanarischen Inseln – davon überzeugt, daß sich nur über realistische Verhandlungen zwischen liberalem Staat und Vatikan die Zukunft der Kirche sichern lasse. Im Sommer 1843 wurden die Grundlagen für den Kompromiß zwischen der Kirche und dem von der sozialen Revolution enttäuschten Bürgertum

---

[11] „Er hat den Liberalismus der Aufklärung als Erbe des protestantischen Individualismus verworfen. Er ließ dagegen den gesunden Liberalismus eines Menschen zu, der zu lieben versteht und der Freiheit dient. Eine geregelte und geordnete Freiheit, ehrenhaft und gemäßigt, die weit davon entfernt ist, sich gegen die weltliche Macht aufzulehnen, aber die ohne sie nicht existieren kann. [...] Balmes war einer der ersten, der in den konstitutionell-repräsentativen Regierungen Garanten für die katholische Freiheit gegen den Absolutismus der Fürsten und Regierungen erkannte. Der Sozialismus ist für ihn dagegen der oberste Feind der Freiheit und der Tradition, weil der nichts anderes als eine unerbittliche Gewaltherrschaft anstrebt. Balmes kann sich keine wirkliche Herrschaft ohne Autorität vorstellen. Wie alle anderen katholischen Autoren schließt er bei der Frage nach der Freiheit jede Willkürherrschaft aus und unterwirft die Autorität den Gesetzen der Vernunft." R. PORTUS, El poder civil en los escritos de Balmes, in: AST 36,1 (1963), 123–179, hier 127f.

gelegt. Dagegen war es im einzelnen viel schwieriger, einen Kompromiß zwischen Liberalismus und Kirche zu finden.

Die Organisation der Kirche vollzog sich 1843 unter der Dominanz der liberalen Reform. Insgesamt hatte die Zahl der Kleriker nicht zugenommen, wenn auch die ehemaligen Ordensgeistlichen eine Personalreserve für die Arbeit in den Kirchengemeinden darstellten. Die zahlenmäßige Verringerung der Priester ging allerdings nicht mit einer ausgewogenen finanziellen und personellen Verteilung einher. Der ultramontane und auf entlegene Landgebiete konzentrierte Gemeindeklerus hat sich in der Folgezeit durchgesetzt. Mit der Auflösung der religiösen Orden, dem Mangel an Weltklerikern und der liberalen Gesetzgebung war die Tätigkeit der kirchlich organisierten Wohlfahrtspflege und der kirchlichen Erziehung drastisch eingeschränkt worden. Außerdem hatte der liberale Staat durch die Auflösung der Orden und die Verringerung der staatlichen Zuschüsse für den Weltklerus die herkömmlichen Formen kirchlicher Wohltätigkeit reduziert. In den Augen der Kirchenvertreter entsprach dieser Wandel einem skandalösen Verzicht auf die traditionellen Normen einer christlichen Gesellschaft. Das Verschwinden der Ordensgeistlichen führte unweigerlich auch zu einer Abnahme des gottesdienstlichen Lebens in den Städten. Mit dem Verlust der Orden als den wichtigsten Trägern der Volksfrömmigkeit und der Evangelisation wurde die Verantwortung für die Förderung des Glaubens einem schlecht vorbereiteten Weltklerus übertragen. Außerdem hatte die Ausprägung einer individualistischen Gesellschaft den Verfall gemeinschaftlicher religiöser Einrichtungen beschleunigt, die ein Charakteristikum der vorausgegangenen Jahrhunderte gewesen waren. So wandelten sich z. B. die alten Bruderschaften allmählich zu einfachen religiösen Vereinen. Der Zusammenbruch der kirchlichen Organisation, die Auswirkungen des carlistischen Krieges in einigen Regionen und die allgemeine Armut der Kirche hatten die Verflachung des religiösen Lebens in den Städten beschleunigt, in denen der Glaube ohnehin schon wenig gepflegt wurde. Eine massenhafte Abkehr vom Christentum fand allerdings nicht statt.

Die Kleriker beklagten die Folgen des Jahrzehnts der liberalen Regierung, während die nachfolgenden (gemäßigten oder progressiven) Regierungen der Kirche durch die Aufrechterhaltung gegenseitiger Beziehungen die Möglichkeit gaben, sich den politischen und sozialen Umständen einigermaßen erfolgreich anzupassen. Das Ideal einer teilweise auf Spiritualität und Seelsorge eingeschränkten Kirche hatte die Oberhand gewonnen, wenn damit auch die Möglichkeit für eine Kirche im Dienst des Liberalismus vereitelt worden war. Zwischen 1833 und 1843 wurde die alte Struktur der spanischen Kirche aufgelöst[12]. Im wesentlichen trug die liberale Revolution von 1834–1843 politischen Charakter. Die alte hierarchisch und feudal gegliederte Gesellschaftsordnung war nun praktisch verschwunden. Den Geistlichen, die von der Unterordnung der Privatinteressen unter das Gemeinwohl und der Allgegenwart der Religion in allen Lebensbereichen als Gesellschaftsideal überzeugt waren, mußten die Handlungsformen in der liberalen Gesellschaft als skandalöse Abweichungen von den Vorbildern einer christlichen Gesellschaft erscheinen. Der von der liberalen Regierung aus wirtschaftlichen Gründen legitimierte Verkauf von

---

[12] „Trennung, die nichts anderes war als der Beginn eines Prozesses, dessen Hauptziele sich auf die Neutralität der Kirche als politischer Kraft konzentrierten, auf die Beziehungen zwischen weltlicher und geistlicher Gewalt auf der vom Ancien Régime vorgezeichneten Linie und auf die Unterstützung der weltlichen Gewalt durch die geistliche Gewalt" (J. M. CUENCA TORIBIO, La désarticulation de la Iglesia española del Antiguo Régimen [1833–1840], in: HispSac XX-39,1 (1967) 33–98, hier 39).

Kirchengütern und die Beseitigung der traditionellen Formen der Wohltätigkeit waren in den Augen der Kleriker Anzeichen für eine sich auflösende Gesellschaft, was ihre Feindschaft gegenüber der neuen Gesellschaftsordung noch verstärkte. Die politischen Umstände führten dann jedoch zu einer pragmatischen Aufwertung der Stellung der Kirche im liberalen Staat.

2. Die Kirche und der Triumph des Liberalismus

Nach dem Ende der Regentschaft Esparteros 1843 brachten die gemäßigten Regierungen zwischen 1844 und 1868 für die Kirche eine Erholung von den Wirren mit sich, unter denen sie seit 1834 zu leiden gehabt hatte. Trotzdem blieb die Annäherung zwischen den Gemäßigten und der Kirche eine angespannte und schwierige Union, die das Hauptproblem der Beziehungen zwischen der Kirche und der neuen sozialen wie auch politischen Ordnung nicht zu lösen vermochte.

Am 28. Januar 1844 wurden die Gesetze abgeschafft, die die Ausübung der kirchlichen Jurisdiktion beaufsichtigten. Für die Rückkehr der aus ihren Diözesen vertriebenen Bischöfe wurde Sorge getragen. 1845 wurde der Verkauf von Kirchengütern endgültig eingestellt und die Herstellung eines friedlichen Zustandes angestrebt. Die neue Verfassung von 1845 bekräftigte, daß „die Religion der spanischen Nation die katholische, apostolische, römische ist. Der Staat verpflichtet sich, den Kultus ihrer Geistlichen zu gewährleisten". Eine Übereinkunft mit der Kirche schloß auch die Unterstützung der Regierung durch den Klerus und eine Niederlage für den Carlismus in den Gegenden ein, in denen er populär war. Für die Kirche war ein Übereinkommen lebensnotwendig: 1846 hatten 29 der 61 Diözesen keinen Bischof, die Zahl der Kleriker an den einzelnen Domkapiteln war vermindert, die unregelmäßige Unterstützung durch die aufeinanderfolgenden Regierungen für die Priester und die Unterhaltung der Kirchen hatten eine Verarmung des Klerus und eine Verschlechterung der kirchlichen Bausubstanz zur Folge. Nach Überzeugung der Regierung wie der Kleriker konnte allein ein offizielles Übereinkommen mit dem Papst die verfahrene Situation zwischen Kirche und liberalem Staat beenden. Kaum vier Wochen nach der Übernahme der politischen Verantwortung schickte die Regierung einen diplomatischen Unterhändler zu Verhandlungen mit Papst Gregor XVI. nach Rom. Grundlage dieser Verhandlungen waren die Anerkennung Isabellas als legitimer Herrscherin des Königreichs, die Unterbindung des Verkaufs von Gütern des Weltklerus und der weiblichen Ordensgemeinschaften sowie die Anerkennung der päpstlichen Rechte bei Bischofsernennungen, die dem im Konkordat von 1753 fixierten Gewohnheitsrecht des königlichen Patronats nachgeordnet waren. Die verspätete Ratifizierung des Abkommens stieß in der öffentlichen katholischen Meinung auf Mißfallen, stellte aber den Kompromiß nicht in Frage. Mit der Wahl Pius' IX. wurden die komplexen und teilweise sehr schwierigen Verhandlungen fortgesetzt, die am 16. März 1851 zum Abschluß kamen.

Das Konkordat von 1851 war eine brauchbare Übereinkunft, mit der die Stellung der Kirche im liberalen Staat geregelt wurde. Die Kirche hatte demnach Isabella als Königin und die liberale Regierung als legitime politische Ordnung anerkannt. Die Kirche hoffte, daß die im Konkordat enthaltene Bestätigung des Katholizismus in Spanien den Staat dazu bringe, Initiativen in Fragen der religiösen Spaltung, der Erziehung, der sozialen Gewohnheiten und der Zensur zu unternehmen. Die Genehmigung eines Jesuitenseminars durch die Regierung im Jahre 1852, das der Ausbildung von Missionaren für die Kolonien galt, ermöglichte die Wiederaufnahme der Tätigkeit dieses Ordens in Spanien. Die an mehrere Diözesanseminare berufenen Jesuiten wurden zu Vorkämpfern des neuen missionarischen Aufschwungs in Spanien. Auch die besonders der Nächstenliebe und der Erziehung verpflichteten weiblichen Kongregationen wie die *Schwestern der Nächstenliebe* konnten sich entfalten. Zwischen 1844 und 1854 ließen sich neun Kongregationen nieder, darunter die *Kongregation von Sacré-Cœur* (1846) und die *Kongregation von Jesus und Maria* (1850).

Als 1854 die Herrschaft der Gemäßigten *(moderados)* fiel, übernahmen Espartero und seine *progresistas* erneut die Regierung. Unter diesen Umständen war es kaum wahrscheinlich, daß die Kirche die erreichten Vorteile behalten konnte. Die katholische Zeitung *La Cruz* regte die Gründung einer katholischen Wahlunion an, um „die katholische Religion zu verteidigen und die Bestimmungen des letzten Konkordats zu unterstützen". Die revolutionäre Koalition bewies, daß sie ebenso instabil wie die vorausgegangenen Regierungen war, und die Politik des neuen Regierung zeigte sich der Kirche gegenüber erneut radikal. Die Jesuiten hatten mit der Schließung des Loyola-Missionskollegs mitten in einer carlistischen Region als erste zu leiden. Daraufhin wurde die *Societas Jesu* nach Mallorca verlegt. Außerdem wurden die Bischöfe zur Umstrukturierung der Kirchengemeinden gezwungen und die Schließung der weiblichen Konvente mit weniger als zehn Nonnen angeordnet. Im Dezember 1854 wurde die Veröffentlichung der päpstlichen Bulle zum Dogma der *Immaculata Conceptio* verboten, wogegen die Zeitschrift *El Católico* in Madrid opponierte. Die von einigen befürwortete Trennung von Kirche und Staat ließ sich nicht verwirklichen, weil die Progressiven *(progresistas)* mit ihren Verbündeten nicht bereit waren, die Kontrolle über die Kirche zu verlieren. Der Klerus seinerseits witterte Gefahr durch den Protestantismus seit seinem Auftreten in Spanien in den 30er Jahren des 19. Jh. auf dem Umweg über englische Bibelvereine. In dieser Situation verlangten 33 Bischöfe durch abgeordnete Vertreter bei den *Cortes* die Aufrechterhaltung der „katholischen Union" des Königreichs. Zu Beginn des Jahres 1855 bewirkte allerdings die neue Gesetzgebung eine Verschlechterung der Beziehungen zwischen Kirche und Staat. Der Streit mit dem Hl. Stuhl veranlaßte den Staat zur Schließung des kirchlichen Ehegerichts und zur Intensivierung der Reformansprüche, u. a. hinsichtlich der Neuorganisation der Kirchengemeinden. Die weltlichen Behörden verlangten die Einhaltung der Anordnung, Priesterordinationen bis zur Realisierung der befürworteten Reformen auszusetzen.

Das Konkordat von 1851 war insofern ein Teilsieg für die Bischöfe, als die gemäßigte Staatsregierung auf die Einmischung in das innere Leben der Kirche verzichtete. Ab 1860 genehmigte die Regierung – zum ersten Mal seit Jahrzehnten wieder – die Einberufung von Diözesansynoden, um den Bischöfen Gelegenheit zu geben, „die Mißbräuche und den Verfall der Sitten" abzustellen, die sich im kirchlichen Leben eingeschlichen hätten. Die Stärkung der bischöflichen Autorität hatte zudem positive Auswirkungen auf den liberalen Staat. Gemäßigte und Progressive *(moderados* und *progresistas)* setzten auf die Hierarchie, damit die unnachgiebigen Päpste die Kirche nicht dazu benutzen konnten, die jeweils bestehende Regierung in Frage zu stellen.

Die damaligen Bischofsernennungen beendeten die ungeklärte Situation der Kirche unter der Herrschaft Königin Isabellas. Die meisten Bischöfe um die Mitte des 19. Jh. hatten zwar ihre Ausbildung an den kirchlichen Fakultäten der Universitäten erhalten; sie unterstützten jedoch eine wesentliche Veränderung, nämlich die Verlagerung der Priesterausbildung von den Universitäten an die Diözesanseminare. In den Jahrzehnten der liberalen Revolution hatten die Studenten damit begonnen, die Universitäten zugunsten der Priesterseminare aufzugeben, was in gewisser Weise einer intellektuellen Isolierung des Klerus gleichkam. Hinzu kam, daß durch die Verkürzung der Ausbildungszeit (zur schnelleren Verfügbarkeit) die Priester nur völlig unzureichend auf ihren Dienst vorbereitet waren. Die liberale Kirchenpolitik unterband die Allgegenwart der Kirche auf sozialem und kulturellem Gebiet, die sie in den vorangegangenen Jahrhunderten ausgezeichnet hatte. Der Verkauf von Kirchengütern und das fast vollständige Verschwinden der früher religiösen Institutionen vorbehaltenen Tätigkeiten stellte die Kirche um die Mitte des 19. Jh. vor die Aufgabe, ihre Handlungsfreiräume neu zu definieren. Der Pragmatismus, mit dem sie sich der politischen Wirklichkeit anzupassen suchte, kam in der Konfrontation mit den sozio-ökonomischen Veränderungen und einer säkularen Kultur zum Erliegen, die nun außerhalb der kirchlichen Kontrolle lag. In den Spannungen zwischen Kirche und liberalem Staat machte sich das konstante Unbehagen bemerkbar, man sei durch die soziale Auflösung einer Bedrohung ausgesetzt. Das schwierige Problem, das sich aus den wirtschaftlichen Veränderungen ergab, wurde zwar vom Klerus erkannt, ihm blieb jedoch die Einsicht in das wachsende Klassenbewußtsein der Industriearbeiter verwehrt. Damit entfernte sich der Klerus immer mehr von den Institutionen des liberalen Staates. Für die Kirche selbst ergaben sich daraus bedenkliche Folgen. Man betonte um die Mitte des Jahrhunderts die Wichtigkeit der Caritas, die von den *Schwestern der Nächstenliebe* und der 1849 in Spanien ansässig gewordenen *Sankt-Vinzenz-von-Paul-Gesellschaft* gepflegt wurde.

Der Sieg des Liberalismus veränderte auch die Rolle der Kirche im Erziehungswesen. Obwohl der liberalen Gesetzgebung auf diesem Sektor die Geschlossenheit fehlte und sie je nach den politischen Umständen veränderbar war, forderten die grundlegenden Gesetze vor 1868 – die *Ley de Educación Primaria* (Grundschulgesetz von 1838) und die *Leyes de Instrucción Pública* (1845–1857) – nicht die Ausgrenzung der Religion von den staatlichen Schulen. Sie ließen im Gegenteil das Interesse der Gemäßigten *(moderados)* am Religionsunterricht als Grundpfeiler bürgerlichen und sittlichen Verhaltens erkennen. Die Kirche verlangte aber absolute Freiheit zur Gründung ihrer eigenen Schulen und forderte das Recht ein, die Lehrpläne und die Anstellung der Lehrer an staatlichen Schulen zu kontrollieren.

Trotz der institutionalisierten Rolle der Kirche kann mit Sicherheit nicht von einer religiösen Erneuerung nach 1843 gesprochen werden. Erfolgreich hatte sie jedoch eine Reihe von Frömmigkeitsformen und Wege zur Evangelisation entwickelt, die weite Bevölkerungskreise erreichten – vom Bauernstand bis zum städtischen Bürgertum. Sie legte auf die Volksfrömmigkeit besonderen Wert, weil sie darin im Gegensatz zu den von der Aufklärung geprägten Tendenzen im vorausgegangenen Jahrhundert eine Möglichkeit zur Verankerung ihres Einflusses sah. Eine Reihe von Frömmigkeitsformen sprach die unterschiedlichsten Empfindungen an: Die ältesten Formen, wie die Herz-Jesu-Verehrung und die „vierzigstündige Eucharistie", erlebten eine Renaissance, daneben auch die von Antonio Maria Claret (1807–1870) – dem großen Vorkämpfer der Volksmission – geförderte Rosenkranzandacht. Zahlreiche Gruppen entstanden zur Pflege der Marienfrömmigkeit, z. B. der Verehrung des Hl. Herzens Mariens, und selbst aus dem Ausland übernommene Frömmigkeitsformen wie die Verehrung der Jungfrau von Lourdes blühten auf, die mit der Proklamation des Dogmas von der *Immaculata Conceptio* noch verstärkt wurden.

Die zunehmende Anerkennung der Volksfrömmigkeit durch die offizielle Kirche, die Wiedereinführung der Volksmission, die von den kirchlichen Behörden herkömmlicherweise zur Festigung des Glaubens eingesetzt worden war, begünstigten den Aufschwung der Religiosität in der liberalen Zeit. Die Neubelebung der Volksmission vor allem nach 1851 ging auf die Entscheidung der Bischöfe zurück, der in der Gesellschaft vorherrschenden „Unsittlichkeit und Gleichgültigkeit" zu begegnen. Die Kirche erkannte in der Missionierung das beste Mittel, um eine „vollständige moralische wie religiöse Erneuerung" zu erreichen. Im Rahmen dieser missionarischen Tätigkeit entstanden neue Institutionen und verschiedene katholische Vereinigungen wie z. B. die *Escuelas dominicales* (Sonntagsschulen), die *Sankt-Vinzenz-von-Paul-Gesellschaft,* die sich der Unterstützung Notleidender widmete, oder auch die 1842 in Madrid gegründete *Confraria de la Doctrina Cristiana,* die die religiöse Unterweisung in den Krankenhäusern, Gefängnissen und Waisenhäusern zum Ziel hatte. Das katechetische Anliegen der Kirche kam in der Veröffentlichung neuer Katechismen zum Ausdruck. Neben dem *Katechismus mit Erklärungen* von García Mazo (1837) oder von Claret (1848) entstand der *Catecismo de la doctrina cristiana* (Katechismus der christlichen Lehre) von Costa y Borrás (1858). Auffallend war auch die Belebung der Frömmigkeitsliteratur, die den Aufschwung der Religiosität und Spiritualität unterstützte. Mit der Volksreligion, besseren Möglichkeiten zur Evangelisation und der wachsenden Bedeutung neuer Vereinigungen war die Kirche in der Lage, ihr Wirken innerhalb der liberalen Gesellschaft fortzusetzen.

Bibliographie

Portugal

R. M. AFONSO DA COSTA, „O Mundo" e a questão religiosa (1900–1927), Lissabon 1990.

F. DE ALMEIDA, História da Igreja em Portugal, neu hrsg. von D. PERES, Bd. III/IV (1750–1910), Porto – Lissabon 1970.

J. AZEVEDO, Esboço de cronologia da História da Igreja em Portugal (1820–1910), Porto 1979, 157–209.

M. BRAGA DA CRUZ, As Origens da democracia cristã e o salazarismo, Lissabon 1980.

A. CARMO REIS, O Liberalismo em Portugal e a Igreja Católica. A época de Sua Majestade Imperial e Real D. Pedro, Lissabon 1988.

Os Católicos na sociedade portuguesa. Séculos XIXe/XX, Reflexão Cristã 68 (1990).

F. CATROGA, A Militância Laica e a Descristianiazação da Morte em Portugal (1865–1911), Coimbra 1988.

M. CLEMENTE, Nas Origens do Apostolado Contemporâneo em Portugal: A „Sociedade Católica" (1843–1853), Braga 1993.

M. AC. CRISTOVÃO, A Questão das Irmãs de Caridade. Estudo de opinião pública 1858–1862, Lissabon 1977.

D. S. DIAS BARBOSA, O Governo Português e a crise do Papado nos anos 1848–1870, Lissabon – Fátima 1979.

Dicionário de História da Igreja em Portugal (DHIP), 3 Bde., Lissabon 1980.

F. FARINHA NOGUEIRA, O Concílio do Vaticano I, sua projecção em Portugal à luz da imprensa católica portuguesa e da correspondência oficial (1867–1871), Coimbra 1970.

J. A. FERREIRA, Memorias para a História d'um Scisma (1832–1842), Braga 1916.

J. E. HORTA CORREIA, Liberalismo e Catolicismo. O problema Congregacionista (1820–1823), Coimbra 1974.

I. Z. P. LOUREIRO MARTINS, O pensamento social de „A cruz do operário" (1880–1888), Lissabon 1990.

S. J. MILLER, Portugal and Rome c. 1748–1830. An aspect of the catholic enlightenment, Rom 1978.

M. AC. NOGUEIRA, História da Provincia Portuguesa das Irmãs de Santa Doroteia 1866–1910, 2 Bde., Linhó 1967.

–, História da Revolução e dispersão da Província portuguesa, Lissabon 1973.

J. PINHARANDA GOMES, As duas Cidades (Estudos sobre o Movimento Social Cristão em Portugal), Lissabon 1990.

–, Os Congressos Católicos em Portugal, Lissabon 1984.

J. F. A. DE POLICARPO, O Pensamento Social do grupo católico „A Palavra" (1872–1913), 2 Bde., Coimbra – Lissabon 1977 – 1992.

M. A. RODRIGUES, Problemática religiosa em Portugal no século XIX, no contexto europeu, in: Análise Social 16 (1980) 407–428.

S. RODRIGUES, A Polémica sobre o Casamento Civil (1865–1867), Lissabon 1987.

E. SEABRA, A Igreja, as Congregações e a República (A Separação e as suas causas), Lissabon ²1914.

J. Seabra u. a., O CADC de Coimbra, a Democracia Cristã e os inícios do Estado Novo (1905–1934), Coimbra 1993.

–, Um século de cultura católica em Portugal, Lissabon 1984.

J. Serrâo (Hrsg.), Dicionário de História de Portugal, 4 Bde., Lissabon 1963–1971.

Sindicalismo Cristão em Portugal, in: Democracia e Liberdade, Neue Folge 37/38 (April–September 1986).

J. F. Trinidade Coelho, Manual Político do Cidadão Portuguez, Lissabon 1906.

M.-C. Volovitch, Le Catholicisme social au Portugal de l'encyclique *Rerum novarum* aux débuts de la République (1891–1913), Diss. Paris 1983.

Spanien

O. Alzaga Villaamil, La primera Democracia Cristiana en España, Barcelona 1973.

J. Andres-Gallego, La politica en España 1889–1913, Madrid 1975.

–, Pensamiento y acción social de la Iglesia en España, Madrid 1984.

D. Benavides, El fracasso social del Catolicismo Español. Arboleya-Martinez (1870–1951), Barcelona 1973.

W. J. Callahan, Church, Politics and Society in Spain 1750–1874, Cambridge 1984 (spanisch: Madrid 1989).

V. Carcel Orti (Hrsg.), História de la Iglesia en España V, Madrid 1979.

–, Léon XIII y los católicos españoles. Informes vaticanos sobre la Iglesia en España, Pamplona 1988.

C. Cardó, Histoire spirituelle des Espagnes. Etude historico-psychologique du peuple espagnol, Paris 1946.

J. Caro Baroia, Introducción a una historia contemporánea del anticlericalismo español, Madrid 1980.

J. M. Cuenca Toribio, Estudios sobre el catolicismo español contemporaneo, Cordoba 1990.

–, Estudios sobre la Iglesia andaluza moderna y contemporanea, Cordoba 1980.

–, Relaciones Iglesia-Estado en la España Contemporánea, Madrid ²1989.

Diccionario de Historia Eclesiástica de España (DHEE). Hrsg. von Q. A. Vaquero, 4 Bde. Madrid 1972–1975.

Documentos Colectivos del Episcopado Español 1870–1974, Madrid 1974.

P. Fullana Puigserver, El Catolicismo social a Mallorca (1877–1902), Barcelona 1990.

J. M. García Escudero, El Pensamiento de „El Debate". Un diário católico en la crisis de España (1911–1936), Madrid 1983.

L. Higueruela Del Pino, El Catolicismo liberal durante el trienio constitucional, in: Homage a los professores José M. Joves Zamora y Vicente Palacio Atard, Bd. 2, Madrid 1990, 403–422.

B. Jiménez Duque, La espiritualidade del siglo XIX español, Madrid 1974.

B. Journeau, Eglise et Censure en Espagne au milieu du XIXe siècle, in: Mélanges de la Casa de Velázquez, Bd. 24, Madrid, 209–233.

F. Lannon, Privilege, Persecution and Prophecy: the Catholic Church in Spain 1875–1975, Oxford 1987.

J. Massot i Muntaner, Aproximació a la Historia Religiosa de la Catalunya Contemporania, Barcelona 1973.

F. Montero García, El primero catolicismo social y la *Rerum novarum* en España (1889–1902), Madrid 1983.

M. Morale Muñoz, Los catecismos en la España del siglo XIX, Malaga 1990.

M. Revuelta Gonzales, Politica religiosa de los liberales en el siglo XIX (Trienio constitucional), Madrid 1973.

P. Riquelme Oliva, Iglesia y Liberalismo. Los Franciscanos en el Reino de Murcia (1768–1840), Murcia 1993.

C. Robles Muñoz, Insurrección o legalidad. Los católicos y la restauración, Madrid 1988.

–, Politica y clero en la Restauración. La crisis de 1881–1883, in: HispSac XXXVIII-78 (1986), 335–398.

S. H. School (Hrsg.), Historia del movimiento obrero cristiano, Barcelona 1964 [darin: Kapitel über Spanien von C. Marti u. a.]

F. Urbina, Le Catholicisme espagnol et le Processus de modernisation au XIXe siècle, in: SocComp 30 (1987), 211–222.

I. Villota Elejalde, La Iglesia en la sociedad española y vaca contemporaneas, Bilbao 1985.

Achtes Kapitel

Deutschland

I. Die katholische Kirche

VON VICTOR CONZEMIUS

Die Säkularisation von 1802/03 bedeutete das Ende der Reichskirche und der mit ihr verbundenen geistlichen Territorialherrschaft. Obwohl sie eine einschneidende Umwälzung der kirchlichen Verhältnisse darstellt, stand sie nicht unter kirchenfeindlichen Vorzeichen wie die Französische Revolution. Allerdings waren die materiellen Verluste sehr groß; 18 Fürstbistümer, ungefähr 80 reichsunmittelbare Abteien und mittelbare Stifte und mehr als 200 Klöster wurden aufgehoben. Im Bereich des Bildungswesens gingen allein 18 Universitäten unter. Nunmehr sollte der Landesherr, dem die geistlichen Territorien in ihrem ganzen Besitzstand zugeteilt wurden, als Schirmherr der Kirche für den Unterhalt des Kirchenwesens sorgen. Stärker als zuvor geriet die Kirche in die direkte Abhängigkeit des Staates, der seinen Hoheitsanspruch über die Kirche im Staatskirchentum durchzusetzen versuchte.

Zur Umverteilung der Territorien und zur Unterhaltsaufgabe des Staates bemerkte der preußische Kultusminister Karl Freiherr von Altenstein (1770–1840): „Der preußische Staat ist ein evangelischer Staat und hat über ein Drittel katholischer Untertanen. Es stellt sich richtig dar, wenn die Regierung für die evangelische Kirche sorgt mit Liebe, für die katholische Kirche sorgt nach Pflicht. Die evangelische Kirche muß begünstigt werden. Die katholische Kirche soll nicht zurückgesetzt werden – es wird für ihr Bestes pflichtgemäß gesorgt."[1] Umgekehrt galt diese Einstellung auch für katholische Landesherren im Umgang mit protestantischen Minderheiten.

1. Frei, aber unabhängig: Staatskirchentum und Reformkreise

Pläne, nach der Auflösung der Reichskirche eine deutsche Kirche unter einem Primas zu errichten, scheiterten. Schuld daran war nicht nur der Widerstand der römischen Kurie, die der Kardinalstaatssekretär Ercole Consalvi auf dem Wiener Kongreß vertrat. Auch die deutschen Mittelstaaten, insbesondere Württemberg und Bayern, die ihre Souveränitätsrechte bedroht sahen, erhoben Einwände. So blieb nur der Weg, die kirchlichen Verhältnisse durch Verträge mit den Einzelstaaten zu regeln. Bayern schloß 1817 mit der Kurie ein Konkordat ab, das dem König ein Nominationsrecht für die Bischofssitze einräumte und

---

Literaturverzeichnis siehe Vierter Teil, achtes Kapitel „Deutschland, 1. Die katholische Kirche".

[1] Zit. nach A. KLEIN, Die Personalpolitik der Hohenzollernmonarchie bei der Kölner Regierung. Ein Beitrag zur preußischen Personalpolitik am Rhein (Veröffentlichungen des Historischen Vereins für den Niederrhein, insbesondere das alte Erzbistum Köln 10), Düsseldorf 1967, 74.

DÄNEMARK

Apostolisches Vikariat des Nordens

① ② ④ ③

Frauenburg
ERMLAND

P R E U S S E N

Kulm

Gnesen
Posen

Osnabrück

Hildesheim

⑤

S C H L E S I E N

NIEDERLANDE

Paderborn
Münster

Breslau

⑥   ⑦

Köln

Fulda   ⑨   ⑧

Leitmeritz   Königgrätz

⑩ Limburg

Würzburg

Prag

Olmütz

Trier   ⑪ Mainz

Bamberg
KÖNIGREICH BAYERN
(Konkordat 1817)

Brünn

Speyer

KÖNIGREICH
WÜRTTEMBERG

ÖSTERREICHISCH - HABSBURGISCHE
MONARCHIE

Rottenburg

Regensburg

Linz   Wien

FRANKREICH

Augsburg   Salzburg   St. Pölten

Freiburg im
Breisgau

München

Klagenfurt   Graz

SCHWEIZ

Brixen   Marburg

Trient

Laibach
(Ljubljana)

Triest

KÖNIGREICH

SARDINIEN

LOMBARDO - VENETIANISCHES
KÖNIGREICH

OSMANISCHES
REICH

──── Grenzen des Deutschen Bundes

──── 200 km ────

──── Staatsgrenzen

- - - - Grenzen der Kirchenbezirke, sofern sie nicht
mit den Landesgrenzen übereinstimmen

6   Kurfürstentum Hessen

Erzbistum

1   Herzogtum Holstein

7   Bautzen (Apostolische Präfektur)

Bistum

2   Großherzogtum Mecklenburg

8   Königreich Sachsen

Bistum, direkt dem Hl. Stuhl
unterstellt

3   Großherzogtum Oldenburg

9   Thüringische Staaten

4   Königreich Hannover

10 Herzogtum Nassau

5   Herzogtum Anhalt (Apostolisches
Vikariat)

11 Großherzogtum Hessen

Die Kirche im Deutschen Bund.

das überkommene bayerische Staatskirchentum der Aufklärung mit den kurialen Ansprüchen äußerlich vereinte. Es hatte Geltung bis 1918.

Doch was als Entgegenkommen gegenüber katholischen Monarchen galt, war die Kurie nicht gewillt, protestantischen Herrschern zuzugestehen. Die protestantischen Staaten, denen auf dem Wiener Kongreß größere katholische Landesteile zugefallen waren – die Rheinprovinz und Westfalen z. B. waren an Preußen gekommen – begnügten sich mit einseitigen Landesgesetzen. Sie gingen von der Voraussetzung aus, daß die Kirche dem Staate untergeordnet sei (Subordinationstheorie) und nahmen die päpstlichen Zirkumskriptionsbullen, welche die diözesanen Verhältnisse neu regelten, in die staatlichen Erlasse auf. Die Subordinationstheorie, die die Kirche dem Staat unterordnete, widersprach dem kirchlichem Selbstverständnis. Konkret beinhaltete sie, daß Hirtenbriefe und bischöfliche Anordnungen staatlicher Genehmigung bedurften; der freie Briefverkehr der Bischöfe mit der Kurie war unterbunden. Die staatliche Reglementierung kirchlichen Lebens bot den Anlaß zu zahlreichen Konflikten zwischen Kirche und Staat.

Im Gegensatz zu Frankreich erlitt das Pfarreiwesen in Deutschland durch die Säkularisation keine Einbußen. Es gewann sogar teilweise an Dichte, da die Kirchen der säkularisierten Klöster und Stifte zu Pfarrkirchen umgewandelt wurden. An die Stelle der vormaligen geistlichen Patronatsherren traten die neuen Landesherren. Der Staat ernannte die Pfarrer, verwaltete das Kirchenvermögen, bestimmte die Bücher für den Religionsunterricht, entschied über die Ausbildung der Seelsorger und behielt sich das staatliche Plazet für alle kirchlichen Initiativen wie Volksmissionen und Wallfahrten vor.

Dieser Zustand blieb im wesentlichen bis zur Mitte des 19. Jh. bestehen. Impulse zur geistlichen Erneuerung durfte man zu diesem Zeitpunkt von den stark dezimierten Orden und Kongregationen nicht erwarten. Erst nach der Jahrhundertmitte erholten sie sich von ihrem Tiefstand. Die entscheidenden Anregungen gingen vielmehr von kirchlichen Erneuerungskreisen aus, die aus Laien und Geistlichen bestanden. Dazu zählten der noch in die Aufklärung hineinreichende Münsteraner Kreis um die Fürstin Amalie von Gallitzin (1748–1806), der Sailer-Kreis in Regensburg, der Görres-Kreis in München. Dazu kamen der Wiener Kreis um den Redemptoristen Clemens Maria Hofbauer (1751–1820) und der Mainzer um Joseph Ludwig Colmar (1760–1818) und Franz Leopold Liebermann (1759–1844). Gemeinsam war diesen Zentren der Kampf gegen das Staatskirchentum, sei es im aufgeklärten katholischen Bayern oder in Ländern mit protestantischen Herrschern. Am nachhaltigsten wirkte in der Öffentlichkeit in ultramontanem Sinne der Mainzer Kreis mit der Zeitschrift *Katholik* (1821–1918) – die zeitweilig wöchentlich, dann monatlich erschien –, sowie der Münchener mit den *Historisch-politischen Blättern* (1838–1922). Der Mainzer Kreis hatte die Verbindung von römischer Gesinnung und Volksnähe durch die aus dem Elsaß stammenden Bischöfe Colmar und Regens Liebermann gewissermaßen aus der ungebrochenen Katholizität des Elsaß importiert. Zu den Protagonisten des Münchener Kreises gehörten der zu seinen katholischen Ursprüngen zurückgekehrte ehemalige Jakobiner Joseph von Görres und der junge Kirchenhistoriker Ignaz von Döllinger. Hier reifte der Plan einer „katholischen Internationale" besonders in Richtung Frankreich. Doch die Verurteilung de Lamennais' im Jahre 1832, zu dem enge Verbindungen bestanden, bereitete dem Plan ein vorzeitiges Ende.

Einen Kontrast zu diesen Erneuerungsbewegungen bildeten Bestrebungen im südwestdeutschen Klerus, die Kirche an die liberalen und konstitutionellen Ideen des Bürgertums anzupassen. Diese Tendenzen knüpften an Reformkonzepte des 1827 von Rom kaltgestell-

Joseph von Görres (1776–1848)   Johann Adam Möhler (1796–1838).

ten ehemaligen Konstanzer Generalvikars Ignaz von Wessenberg (1774–1860) an, der eine deutsche Liturgie, Diözesansynoden und einen engeren Anschluß des Klerus an das Bildungsniveau deutscher Kultur gefordert hatte[2]. Teils in Weiterführung dieser Reformpostulate, teils in eigenwilliger Überspannung derselben, erlebten Baden und Württemberg 1828–31 einen „Zölibatssturm", mit dem zahlreiche Priester sich solidarisierten, in Freiburg i. Br. sogar alle Alumnen des Priesterseminars[3]. In Preußen kam es zu antizölibatären Manifestationen in den Diözesen Trier und Breslau. Diese Bestrebungen verloren an Rückhalt, als Johann Adam Möhler (1796–1838), der zuerst in Tübingen, dann in München lehrte, einer neuen Theologengeneration wieder eine Identifikationsmöglichkeit mit der Kirche und ihrer Kultur eröffnete. Auf eine einfache Formel gebracht: Der Kampf gegen das Staatskirchentum und der Einsatz für die gesellschaftlichen Anliegen des Kirchenvolkes ließen verstärkten Rückhalt in den eigenen Strukturen suchen und machten diese, darunter auch den Zölibat, akzeptabel[4].

Waren die bestehenden katholischen Bildungseinrichtungen auf universitärer Ebene durch die Säkularisation nahezu weggewischt worden, so schuf die Gründung theologischer Fakultäten an neuen Universitäten einen gewissen Ersatz. Die katholischen theologischen Fakultäten Bonn, Breslau, Tübingen, München und Würzburg verdankten ihre Existenz dem Bildungseifer der Landesfürsten. Als Kontaktstellen ermöglichten sie

---

[2] Zur umfangreichen Literatur über Wessenberg vgl. K. H. BRAUN, Kirche und Aufklärung. Ignaz Heinrich von Wessenberg (1774–1860), München 1989; Ignaz Heinrich Reichsfreiherr von Wessenberg. Briefwechsel mit dem Luzerner Stadtpfarrer und Bischöflichen Kommissar Thaddäus Müller in den Jahren 1801–1802, bearbeitet von M. WEITLAUFF – M. RIES, Basel 1994.
[3] A. FRANZEN, Die Zölibatsfrage im 19. Jahrhundert, in: HJ 91 (1971) 345–383; P. PICARD, Zölibatsdiskussion im katholischen Deutschland der Aufklärungszeit, Düsseldorf 1975; W. LEINWEBER, Der Streit um den Zölibat im 19. Jahrhundert, Münster 1978.
[4] Vgl. K. SCHATZ, Zwischen Säkularisation und Zweitem Vatikanum. Der Weg des deutschen Katholizismus im 19. und 20. Jahrhundert, Frankfurt 1986, 80.

langfristig eine Auseinandersetzung mit anderen Denktraditionen und bauten Sicherungen gegen eine völlige konfessionelle Einigung ein. So nahm der seit 1820 in Bonn dozierende Georg Hermes die Fragen Kants in sein theologisches System auf. Er bildete eine Generation eifriger Seelsorger heran, die auf die Vorbereitung von Predigt und Religionsunterricht besonderen Wert legten; sie kamen allerdings mit der Volksfrömmigkeit wenig zurecht. Ultramontan eingestellten Gegnern gelang es jedoch durch eine Denunziation in Rom, den „Hermesianern" – Hermes selber war 1831 gestorben – einen Prozeß beim Hl. Offizium anzuhängen; er schloß 1835 mit der Verurteilung des Hermesianismus ab. Der in völlig unzulänglicher Weise und am deutschen Episkopat vorbei geführte Prozeß diskreditierte die außer Frage stehende kirchliche Loyalität der Hermesianer, ohne daß Lehrabweichungen klar benannt wurden[5]. Kirchenpolitisch war hier ein Konflikt mit dem preußischen Staate vorprogrammiert. Dieser mußte zusehen – ein Plazet zur Veröffentlichung des päpstlichen Verurteilungsbreves wurde nicht angefragt –, wie der Erzbischof von Köln die staatsloyalen Hermesianer bedrängte.

2. Staat – Kirche: Konflikte und Potentiale der Volksfrömmigkeit

Die Ausbildung der Theologen an staatlichen Fakultäten war der streng kirchlichen Seite, die das Heil in einem engen Anschluß an Rom suchte, ein Dorn im Auge. Durch die Gründung und den Ausbau von Priesterseminaren versuchte sie ein Gegenmodell auszubauen, gleichsam als institutionelles Pendant zum Begriff des katholischen Dogmas[6]. Ein besonderer Verfechter dieser Seminaridee war Karl August Graf von Reisach, 1837 Bischof von Eichstätt, 1846 Erzbischof von München-Freising; er wurde 1855 wegen Konflikten mit dem bayrischen Staat nach Rom berufen.

   Während Reisach den kirchlichen Anspruch auf dem Gebiet der Priesterausbildung durchsetzen wollte, versuchte sein Amtsbruder Clemens August von Droste zu Vischering, seit 1836 Erzbischof von Köln, es in der Mischehenfrage. Die Mischehenpraxis erhielt eine besondere Aktualität, als 1815 die Rheinlande und Westfalen zu Preußen kamen und preußische Beamte – ausschließlich Protestanten – in großer Zahl in die vorwiegend katholischen Provinzen geschickt wurden. 1825 dehnte die Regierung eine in den preußischen Stammlanden als wirksame Maßregel gegen die Katholiken erlassene Bestimmung aus, derzufolge alle Kinder in der Konfession des Vaters zu erziehen seien[7].

   Im Seelsorgeklerus sah man das anders: Pfarrer Reinerz aus Krefeld schrieb am 7. Dezember 1825 an den Kölner Erzbischof: „Was soll am Ende aus dem Katholizismus in unserm Lande noch werden, wenn protestantische Beamte aus den alten Provinzen wie Bienenschwärme herüberschwärmen in die neuen, sich durch Ehebündnisse in die angesehensten und begütertsten katholischen Familien hineinarbeiten, kraft der Kabinetts-

---

[5] H. Schwedt, Das römische Urteil über Georg Hermes (1775–1831), Freiburg 1980.
[6] E. Garhammer, Seminaridee und Klerusbildung bei Karl August Graf von Reisach. Eine pastoralgeschichtliche Studie zum Ultramontanismus des 19. Jahrhunderts, Stuttgart – Berlin – Köln 1990. Ein konkretes Beispiel liefert N. Trippen, Das Seminar im Zeitalter der Restauration und des Hermesianismus (1825–1842), in: Ders. (Hrsg.), Das Kölner Priesterseminar im 19. und 20. Jahrhundert (Studien zur Kölner Kirchengeschichte 23), Siegburg 1988, 52–83.
[7] F. Heyer, Die katholische Kirche vom Westfälischen Frieden bis zum Ersten Vatikanischen Konzil (Die Kirche in ihrer Geschichte 4, Lf. 1), Göttingen 1963, 118.

Am 20. November 1837 wurde Clemens August Droste zu Vischering (1773–1845), Erzbischof von Köln, wie ein Verbrecher aus seinem Palais geholt und auf die Festung Minden gebracht. Dieses Ereignis war der Höhepunkt der „Kölner Wirren". Ihr Ursprung lag in der in Preußen geltenden Rechtsordnung, wonach eheliche Kinder in der Religion des Vaters zu erziehen seien. Diese Anordnung „zur Beschützung des evangelischen Glaubens" stieß in den überwiegend katholischen Rheinlanden, die seit 1815 zu einer preußischen Provinz wurden, auf schärfste Ablehnung. Als der Erzbischof von Köln auf dem kanonischen Recht bestand, wonach auch in Mischehen die Kinder katholisch zu erziehen seien, kam es zum erwähnten Eklat, den der preußische König Friedrich Wilhelm III. (Kg. 1797–1840) – rechtes Bild – schon ein Jahr später bedauern mußte.

order die Religion und mit dieser auch die Güter der Katholiken verschlingen und sich dadurch allmählich als die Protektoren des Landes aufwerfen?"

Zunächst nahmen die Bischöfe die Verfügung ohne Einspruch hin, weil ihnen am guten Einvernehmen zwischen Thron und Altar viel gelegen war. 1830 bestimmte Pius VIII., daß alle Mischehen, selbst diejenigen, die nicht vor dem katholischen Geistlichen geschlossen waren, gültig seien; doch dürfe der Priester – dieser fungierte vor der Einführung der Zivilehe (allgemein erst 1874/75) noch als Standesbeamter – nur „passive Assistenz" leisten und keinen Segen spenden. Dem preußischen Staat erschien diese Einschränkung als eine Mißachtung der protestantischen Christen. 1834 schloß er mit dem Kölner Erzbischof Ferdinand August Graf Spiegel eine Geheimkonvention, die das Versprechen katholischer Kindererziehung in eine allgemein gehaltene Zusicherung „religiöser Gesinnung" umwandelte.

Spiegels Nachfolger Droste zu Vischering, der bereits in Auseinandersetzungen mit den staatlichen Behörden in der Angelegenheit des Hermesianismus verwickelt war, kündigte 1837 die Geheimkonvention. Als er sich der Aufforderung des Oberpräsidenten der Rheinprovinz verschloß, von seinem Amt zurückzutreten, wurde er am 20. November 1837 ohne Prozeß verhaftet und in die Festung Minden abgeführt.

Entgegen bisheriger Gepflogenheiten wandte sich Papst Gregor XVI. an die Öffentlichkeit und prangerte den Gewaltakt an. Doch nicht der päpstliche Protest zündete, sondern derjenige des Münchener Publizisten Joseph von Görres. Görres verlieh in seiner Flugschrift *Athanasius* dem keineswegs volkstümlichen Droste – einer skurrilen, introvertierten Persönlichkeit[8] – einen Nimbus, der den Bischof zum Märtyrer verklärte. Wichtiger war jedoch, daß er über den Fall Droste hinaus die Katholiken aufforderte, ihre politischen und religiösen Rechte einzuklagen und durchzusetzen[9].

Das „Kölner Ereignis", wie der Zwischenfall genannt wurde, markiert eine Wende in der Geschichte des deutschen Katholizismus. Das bisher grundsätzlich nicht in Frage gestellte Zweckbündnis von Thron und Altar wurde von Görres relativiert: nicht etwa im Sinne einer Trennung von Kirche und Staat, wie Lamennais das in Frankreich gefordert hatte – für Görres war der Trennungsgedanke eine „nichtige, abgeschmackte, widersinnige und ganz und gar verwerfliche Irrlehre" –, sondern im Sinne einer Scheidung der Zuständigkeiten. Der Staat, der sich mit einer Konfession identifizierte, müsse der anderen einen Freiraum einräumen, in der sie nach ihrem Selbstverständnis und ihren organisatorischen Prinzipien frei schalten könne. Dazu gehörten vor allem die Fragen der Kirchendisziplin und der Lehre. Zusammenfassend: „Die ganze und volle Realisierung der feierlich gewährten Religionsfreiheit und der zugesagten politischen Gleichheit der Konfession in ihrem ganzen Umfang ohne Gefährde und Hinterhalt."

Die Signalwirkung des „Kölner Ereignisses" schlug sich in überraschenden biographischen Neuorientierungen nieder. Wilhelm Emmanuel Freiherr von Ketteler (1811–1877), Referendar in Münster/Westfalen, quittierte den Staatsdienst und begann das Studium der Theologie. Der preußische Geschäftsträger in Brüssel, Ferdinand Graf von Galen, brach seine diplomatische Karriere ab. Der gebürtige Koblenzer August Reichensperger (1808–1895), nach 1848 einer der Führer des politischen Katholizismus, bekehrte sich von einem lauen Christentum zu gläubiger Kirchlichkeit. Es gab sogar Konversionen von Protestanten zum Katholizismus.

Über den individuellen Raum hinaus griff die gesellschaftliche Programmatik, welche Görres skizziert hatte: Laien und Kleriker würden alle rechtlichen Mittel einsetzen, um den Staat zu friedlichem Einlenken zu bewegen, und zwar durch Protestaktionen, Wallfahrten, Vereinsbildungen und Petitionen. Der Anteil vor allem der jüngeren Kleriker an diesem Prozeß aktiver Meinungsbildung war groß; noch größer derjenige der Laien. Beim Kirchenvolk bestand große Bereitschaft, die von Görres aufgestellten Postulate als emanzipatorische Forderungen zu begreifen.

Unter König Friedrich Wilhelm IV. (1840–61), dem „Romantiker auf dem Königsthron", der im Gegensatz zu seinem Vorgänger den Katholiken wohlgesonnen war, wurde der Streit beigelegt. Die Regierung gab in der Mischehenfrage nach, verzichtete auf Plazetierung kirchlicher Erlasse und die formelle Ernennung von Bischöfen. 1841 wurde im preußischen Kultusministerium eine katholische Abteilung eingerichtet[10].

Freilich war dieser Aufbruch zu neuen Ufern mit einem Wiedererstarken des Konfessionalismus verbunden. Leopold von Ranke schrieb 1834 in der Vorrede zu seinen *Römischen*

---

[8] Während der Bonner Kirchenhistoriker Heinrich Schrörs 1927 Droste als geisteskranken Fanatiker schilderte, kommt eine neuere Biographie zu anderen Ergebnisse und unterstreicht das Planvolle in dessen kirchlicher Neuorientierung. Vgl. M. HÄNSEL-HOHENHAUSEN, Clemens August Freiherr Droste zu Vischering, Erzbischof von Köln (1773–1845). Die moderne Kirchenfreiheit im Konflikt mit dem Nationalstaat, 2 Bde., Egelsbach 1991.

[9] Die Schrift von Görres war nicht die einzige, die sich mit dem Kölner Ereignis befaßte. Eine diesbezügliche Titelsammlung, die das preußische Kultusministerium anlegte, umfaßt 282 Nummern. Vgl. H. HÜRTEN, Kurze Geschichte des deutschen Katholizismus 1800–1960, Mainz 1986, 71.

[10] Vgl. V. CONZEMIUS, Die Briefe Aulikes an Döllinger. Ein Beitrag zur Geschichte der „Katholischen Abteilung" im Preußischen Kultusministerium, Freiburg i. Br. 1968.

Päpsten[11], ihr Verhältnis zu den Deutschen errege keine Besorgnis mehr. „Die Zeiten, wo wir etwas fürchten konnten, sind vorüber, wir fühlen uns allzugut gesichert." Sechs Jahre später mußte er dieses Urteil revidieren. In Rom schlug Kardinal Luigi Lambruschini, Staatssekretär des autoritär-reaktionären Papstes Gregor XVI., einen forscheren Umgang mit den Mächten an. Die Anlehnung an den Papst wurde zum Rückhalt der katholischen Bewegung in Deutschland. In den theologischen Lehrbüchern wurden nun auf einmal päpstliche Prärogativen viel entschiedener als zuvor vertreten. Der Bischof von Breslau – Leopold Graf Sedlnitzky (1787–1871), ein Ireniker, der sich mit den verschärften Vorschriften in der Mischehenfrage nicht anfreunden konnte – legte 1840 auf päpstlichen Wunsch sein Amt nieder. Sedlnitzky konvertierte 1862 zum Protestantismus.

Das neue katholische Selbstbewußtsein erfaßte zunächst die Volksfrömmigkeit. Sie hatte sich teils über die Aufklärung hinaus gehalten, teils jedoch nur als Torso überlebt und war in gewissen Gegenden zum bloßen Ritual geworden. Was als Ausfluß dumpfen Aberglaubens verpönt war und von einzelnen Bischöfen ungern geduldet wurde, fand jetzt die Förderung der neuen Generation im Klerus. Intensivierter Kirchenbesuch, vermehrter Empfang der Sakramente, Zulauf zur Beichte, Wallfahrten, Prozessionen, Gründung von Bruderschaften, Vermehrung der Standesvereine sind äußere Zeichen dieser religiösen Revitalisierung. Im Zeichen nationaler und kirchlicher Versöhnung wurde 1842 in Köln das große Dombaufest begangen. König Friedrich Wilhelm IV., dem ernsthaft daran gelegen war, das öffentliche Leben mit christlichem Gedankengut zu durchdringen, nahm daran teil, ebenso zahlreiche deutsche Fürsten.

In dieser spätromantischen Phase artikulierte sich die katholische Volksreligion in ihrer Verbindung von individueller Frömmigkeit und gemeinschaftsbezogenem Erleben neu. Sie nahm jene Formen an, die als Massenreligiosität eine hohe gesellschaftliche Dynamik entfalteten. Die Volksmissionen, die seit der Jahrhundertmitte in Schwung kamen und vorwiegend von den Jesuiten und Redemptoristen professionell betreut wurden, entwickelten sich zu Höhepunkten des Gemeindelebens. In den vielfältigen Formen dieser Religiosität hatten Frauen einen besonderen Anteil, unverheiratete ebenso wie verheiratete, denen eine ihrem Stand entsprechende religiöse Rolle zugewiesen wurde. Die Rolle der Familie und diejenige der Frau als Mutter wurden zu Topoi christlicher Verkündigung im weitesten Sinne. Ein Kernsatz von Adolf Kolping (1813–1865), dem Gründer der Gesellenvereine, lautete, daß die Rettung der Gesellschaft in der Familie beginne; seit dem ausgehenden Jahrhundert hieß es dann, daß die christlichen Mütter die Gesellschaft retten würden. Religiöse Innerlichkeit und gesellschaftliche Aufgabe wurden eng miteinander verklammert und entfalteten eine hohe gesellschaftliche Dynamik. Das unterschied diesen Katholizismus von den Erweckungsbewegungen, die es in pietistischen Kreisen, aber auch in den zwanziger und dreißiger Jahren im katholischen Allgäu gegeben hatte.

Welches Potential in der Massenreligiosität lag, zeigte sich in der Wallfahrt zum Heiligen Rock in Trier, zu der Bischof Wilhelm Arnoldi im Jahre 1844 aufrief. Eine halbe Million Menschen – nach anderen Autoren[12] eine Million – pilgerten zum Trierer Dom, in

---

[11] L. VON RANKE, Die Römischen Päpste, Stuttgart 1953, 61.
[12] W. SCHIEDER, Kirche und Revolution. Sozialgeschichtliche Aspekte der Trierer Wallfahrt von 1844, in: ASozG 14 (1974) 419–454; R. LILL, Kirche und Revolution. Zu den Anfängen der katholischen Bewegung im Jahrzehnt vor 1848, in: ASozG 18 (1978) 565–575. Zur Bedeutung des Mittelalters für die Sammlung der deutschen Katholiken vgl. M. KLUG, Rückwendung zum Mittelalter? Geschichtsbilder und historische Argumentation

Feier der Grundsteinlegung
für den Weiterbau des
Kölner Doms am
4. September 1842.

dem der Hl. Rock, nach der Tradition die ungenähte Tunika Jesu Christi, ausgestellt war. Gegen Ende des 18. Jh. hatte ein Trierer Aufklärer geklagt, einem echten Freigeist müßten die Tränen in die Augen kommen, wenn er die vielen Kirchen und Klöster sehe, die sich in der alten Römerstadt breitgemacht hätten. Für die Pilger jedoch, die nach langen Tages- und Nachtmärschen mit Fahnen, Liedern und Rosenkranzgebeten in die Moselstadt einzogen, erschien Trier mit seiner von weitem sichtbaren Zahl von Kirchen, Kapellen und Klöstern als ein Bild des himmlischen Jerusalem, welches die christliche Botschaft als bleibende Wohnstätte nach der irdischen Pilgerschaft verhieß.

Gegen das Trierer „Götzenfest" formierte sich der Protest zweier schlesischer Kapläne namens Ronge und Czerski, die auf antirömischer, antihierarchischer und aufgeklärter Grundlage zur Bildung einer deutschen Nationalkirche aufriefen. Trotz großangelegter Propagandaaktionen und der Unterstützung durch bürgerliche Kreise gelang es dem *Deutschkatholizismus*, wie die Bewegung sich selbst nannte, nicht, eine lebensfähige kirchliche Gemeinschaft aufzubauen. Ihre rund 50000 Anhänger aus Schlesien, Sachsen und den Rheinlanden rekrutierten sich aus dem Bürgertum, insbesondere aus konfessionel-

im politischen Katholizismus des Vormärz, Paderborn 1995. – Zum Deutschkatholizismus: A. HOLZEM, „Kirchenreform" und „Sektenstiftung". Deutschkatholiken, Reformkatholiken und Ultramontane am Oberrhein 1844–1866 (Veröffentlichungen der Kommission für Zeitgeschichte, Reihe B 65), Paderborn 1994.

Die Wallfahrt nach Trier zur Ausstellung des Heiligen Rocks, der zuletzt vor 34 Jahren gezeigt worden war, führte 1844 mehr als eine halbe Million Katholiken in den Trierer Dom. Gemälde einer Pilgergruppe von A. G. Lasinsky.

len Mischehen; etwa ein Drittel war protestantischer Konfession. Bereits nach 1848 gingen die *Deutschkatholiken* in freireligiösen Gemeinschaften auf.

3. 1848: Der Durchbruch für die katholische Bewegung

Im Revolutionsjahr 1848 entfaltete sich die politische gesellschaftliche Dynamik des zu neuem Bewußtsein erstarkten Katholizismus. Die Katholiken wünschten nationale Einigung, traten für eine freiheitliche Verfassung und den Abbau polizeistaatlicher Reglementierungen ein. Das Vorbild der katholischen Sammlung in Frankreich, Irland und Belgien wirkte stimulierend; der Ruf „die Freiheit wie in Belgien" wurde in den Rheinlanden zum Slogan. In den wichtigsten Gruppierungen des Vormärz nahmen die Katholiken meist eine mittlere, vereinzelt eine linksrevolutionäre Position ein. Im demokratisch gewählten Frankfurter Parlament, das am 18. Mai 1848 in der Paulskirche in Frankfurt am Main zusammentrat, bildeten die katholischen Abgeordneten zwar keine geschlossene Fraktion. Jedoch sammelten sich etwa 60–70 Abgeordnete, keineswegs alle katholischen Abgeordneten [13], im *Katholischen Club*. Einer der Höhepunkte der Debatten bildete die Diskussion über die Kirchenfreiheit, bei der der Münchener Kirchenhistoriker Ignaz von Döllinger eine Rede hielt. Die Schlußfassung der Grundrechte, die am 27. Dezember 1848 verkündet wurden, berücksichtigte das Kernanliegen der katholischen Postulate nach selbständiger Ordnung der eigenen Angelegenheiten im Rahmen der Staatsgesetze. Insbesondere wurde das Recht der Beaufsichtigung des Religionsunterrichts durch die Geistlichkeit anerkannt.

Es war eine Übertreibung, daß Wilhelm Riehl, ein der Kirche nicht sonderlich wohlgesonnener Zeitgenosse, 1850 bemerkte, „von allen öffentlichen Autoritäten hat die Kirche allein vollwichtigen Einfluß aus unserer Revolution gewonnen. [...] Ihre Macht ist um das Zehnfache gewachsen." In der Tat scheiterte die Durchsetzung einer einheitlichen Reichsverfassung an den Gegensätzen zwischen der großdeutschen Richtung, die den Einbezug

---

[13] Unter den 822 Abgeordneten waren 31 katholische Geistliche, darunter die Bischöfe von Münster, Breslau, Ermland und Kulm.

Eröffnung der Nationalversammlung am 18. Mai 1848 in der
Frankfurter Paulskirche. Die
katholischen Abgeordneten – darunter der spätere Bischof Wilhelm
Emmanuel Freiherr von Ketteler
(1811–1877) und August Reichensperger (1808–1895), später
Mitbegründer der Zentrumspartei – schlossen sich hier zu einem
Katholischen Club zusammen, um
im Parlament die „Grundrechte"
der Kirche in gebührender Form
zu vertreten.

des Vielvölkerstaates Österreich-Ungarn wollte, und einer kleindeutschen Lösung. In
Preußen, das nunmehr die Führung in der Angelegenheit der deutschen Einheit übernahm,
konnte die katholische Kirche ihre Rechtsstellung verbessern. Der Kulturkampf der siebziger Jahre ließ später vergessen, daß Preußen in den 50er Jahren als Musterland der kirchlichen Freiheit in Deutschland gegolten hatte. Auch im süddeutschen Raum war das kirchliche Selbstbewußtsein gestärkt worden, obwohl in Württemberg und Baden ernstliche
Auseinandersetzungen mit dem Staatskirchentum die Regel waren. Langfristig lag der eigentliche Ertrag des Jahres 1848 darin, daß sich der deutsche Katholizismus auf verschiedenen Ebenen neu formierte und von den modernen demokratischen Rechtsmitteln Gebrauch machte, um seine Ziele zu erreichen. Auf eine vereinfachende Formel gebracht,
ließe sich sagen: Die Demokratie war der Schrittmacher des Ultramontanismus! Keine andere gesellschaftliche Gruppe hat beispielsweise das Instrument der Petition so eifrig benutzt wie die Katholiken. Auch Frauen, obwohl oder gerade weil sie kein Wahlrecht besaßen, kamen hier zum Zuge. Gewiß hatten auch partikulare lokal-kirchliche Interessen in
diesem Petitionssturm ihren Ort. Sie überwogen jedoch keineswegs. Vielmehr wurde das
ganze Spektrum sozialer und gesellschaftlicher Fragen zur Sprache gebracht und ließ die
soziale Funktion der Kirche hervortreten.

Die Dynamik des Revolutionsjahres erfuhr ihre Institutionalisierung in den katholischen
Vereinen und in ihren Generalversammlungen, den Katholikentagen. Am 23. März 1848
gründete der Mainzer Domkapitular Franz Adam Lenning in Mainz und Limburg einen
Centralverein für religiöse Freiheit, der alsbald unter dem Eindruck der liberalen Anfänge
Pius' IX. den Namen *Pius-Verein* annahm. Das Mainzer Modell fand rasche Verbreitung.
Gegen Jahresende waren diese Vereine bis nach Tirol, Wien und Schlesien verbreitet. In der
Diözese Rottenburg faßten sie zunächst nur langsam Fuß und holten dann rasch auf; Frei-
burg verzeichnete 100 000 Mitglieder in 400 Vereinen. Mitglieder und Delegierte gehörten
allen gesellschaftlichen Schichten an: Adlige, Offiziere, Arbeiter, Handwerker, Beamte.

Im Oktober 1848 fand die erste *Generalversammlung der katholischen Vereine* in Mainz

Zwei bedeutende Theologen der Tübinger Schule: Karl Josef von Hefele (1809–1893), Bischof von Rottenburg – Johann Baptist Hirscher (1788–1865).

statt. Es war dies der erste deutsche Katholikentag; er wurde fortan zu einer ständigen Einrichtung. Politische Ziele im Sinn einer politischen Partei verfolgten diese Vereine nicht; ebenso ging auch keine formell katholische Partei aus ihnen hervor. Hingegen waren die sozialen Aufgaben, die die Vereine sich stellten, breit gefächert. Neben sozialcaritativen Aufgaben, die vor allem durch die Gründung von *Vinzenzvereinen* gefördert werden sollten, sah der 2. Katholikentag in Breslau 1849 folgende Einrichtungen vor: Kleinkinderverwahranstalten, geeignete Unterrichtsprogramme für Lehrlinge und Gesellen, Lese- und Aufenthaltslokale für Lehrlinge, Gesellen und Meister sowie Volksbibliotheken. Für Parteien und Vereine der Zeit ungewöhnlich war der Beschluß: „Frauen werden als Hörende in den Verein aufgenommen."[14]

Nicht überall stieß diese Vereinseuphorie auf Begeisterung. Der Freiburger Pastoraltheologe Johann Baptist Hirscher (1788–1865), der eine Abneigung gegenüber Massenbewegungen hatte und wie die Liberalen dem Volke mißtraute, befürchtete Polarisierung und konfessionelle Absonderung. Er war der Meinung, daß man den kirchlichen Aufschwung zu sehr auf bürokratischem Wege suche, und befürwortete eine Wiederbelebung des kirchlich-synodalen Gedankens, für den er seit längerem warb. Die „unmäßige Katholisch- und Kirchlich Tuerei" hielt er für bedenklich und warnte vor „kirchlichen Privatvereinen".

Dennoch beschritt der deutsche Katholizismus diesen Weg. Hirschers Reformschrift *Die kirchlichen Zustände der Gegenwart,* die verdrängte Reformpostulate wie z. B. die Zölibatsfrage zur Sprache brachte, wurde 1849 indiziert. Der Vorwurf der Unkirchlichkeit, mit dem sich Hirscher bereits früher auseinanderzusetzen hatte, haftete ihm nun erst recht an. Zu Unrecht gewiß; doch diese Qualifizierung entsprach ganz der kirchlichen Reaktion, die Ende 1848 in Rom einsetzte und unter anderen auch einen Rosmini ins Abseits drängte.

---

[14] HÜRTEN, Kurze Geschichte (s. Anm. 8) 104.

Wichtig ist die Erkenntnis, daß die Laienführer der deutschen Kirche in Hirschers Reformideen kein Alternativmodell für ihren Handlungsbedarf sahen. Die Laienbewegung war
von unten gewachsen – zwar mit Unterstützung des niederen Klerus, doch ohne direkte
Geburtshilfe der Hierarchie. Angesichts der Bindung dieser Laien an die Kirche und ihre
selbstverständliche Hinnahme des kirchlichen Autoritätsanspruchs war für Befürchtungen
einer unkirchlichen Verselbständigung kein Platz.

Im Revolutionsjahr 1848 traten die deutschen Bischöfe erstmals in Würzburg zusammen, um unter dem Vorsitz des Kölner Erzbischofs Johannes von Geissel gemeinsam über
kirchenpolitische und innerkirchliche Fragen zu beraten. Die bessere Handlungsfähigkeit
des Episkopats und die Koordinierung der Kräfte waren zentrale Anliegen. Dem Sprach-
gebrauch der Zeit entsprechend, in der es um die Regelung der nationalen Frage ging, plädierte Ignaz von Döllinger für eine Nationalkirche und ein Nationalkonzil. Doch die nationale Begrifflichkeit weckte ungute historische Assoziationen in Rom; der negative
Bescheid der Kurie überrascht daher eigentlich nicht.

Die Persönlichkeiten: Kolping, Ketteler, Döllinger

Ging die Gründung der katholischen Vereine auf Laien zurück, so blieb deren Einfluß
doch im wesentlichen auf den regionalen Raum beschränkt. Einen Montalembert oder
einen O'Connell gab es in Deutschland nicht. Der Münchener Philosoph und Laientheo-
loge Franz von Baader (1765–1841) führte als erster den Begriff des Proletariers in die
deutsche Sprache ein; er lud den Klerus ein, nach dem mittelalterlichen Vorbild der
Schutzvögte die Schutzvogtei für die Industriearbeiter zu übernehmen. Franz Joseph von
Buß (1803–1878) war der erste Parlamentarier, der 1837 die soziale Frage in einem deutschen Parlament (Baden) zur Sprache brachte und eine entsprechende Gesetzgebung forderte. Heinrich Freiherr von Andlau (1803–1871), wiederholt Präsident deutscher Katholikentage, kann als Prototyp des ultramontan-konservativen Politikers gelten.

Die maßgeblichen Initiativen im sozialen, gesellschaftspolitischen und theologisch mei-
nungsbildenden Raum, die auf den gesamtdeutschen Katholizismus und darüber hinaus
wirkten, gingen jedoch auf Kleriker zurück. Adolf Kolping (1813–1865), ein Spätberufener, der als ehemaliger Schuhmachergeselle eine erfahrungsgesättigte Kenntnis des Milieus besaß, in dem er später wirken sollte, gründete 1848 in Köln den *Gesellenverein*[15]. Es
war die erfolgreichste Sozialinitiative seiner Zeit. Sie gab dem teilweise entwurzelten Ge-
sellen- und Handwerkerstand eine neue Orientierung. Kolpings volkspädagogisches
Schrifttum vermittelte dem Handwerker Selbstbewußtsein und bereitete ihn vor auf seine
Aufgabe in der Familie vor. Im Todesjahr Kolpings 1865 zählte der von ihm begründete
Gesellenverein, der sich rasch über den deutschsprachigen Raum hin nach Böhmen und
Kroatien, über deutsche Auswanderer nach den Vereinigten Staaten hinaus ausdehnte,
24 600 Mitglieder in 418 Vereinen. Das war das Fünffache der Mitglieder des von Ferdi-
nand Lasalle begründeten *Allgemeinen Deutschen Arbeitervereins.*

Hatte Kolping vor allem den Klerus, der dem lokalen *Gesellenverein* als geistlicher Berater zur Seite stand, für die soziale Frage sensibilisiert, so ging Wilhelm Emmanuel Freiherr von Ketteler (1811–1877), Bischof von Mainz, darüber hinaus und forderte eine plan-

---

[15] V. CONZEMIUS, Adolf Kolping, in: TRE XIX (1990) 376 ff.; H. J. KRACHT, Adolph Kolping. Priester, Pädagoge, Publizist im Dienst christlicher Sozialreform, Freiburg 1993.

Pfarrer Adolf Kolping (1813–1865) gründete 1849 in Köln einen Gesellenverein, aus dem 1851 der *Katholische Gesellenverein* und das übernationale *Kolpingwerk* erwuchsen.

mäßige staatliche Sozialpolitik. Auch er war Spätberufener[16] und besaß ein impulsives Temperament – als Korpsstudent hatte er bei einem Säbelduell die Nasenspitze verloren. Als Theologe hatte er den Kirchengedanken Johann Adam Möhlers (1796–1838) aufgenommen, als Gesellschaftspolitiker bleibende Anregungen aus dem kirchenpolitisch-kämpferischen Kreis der *Historisch-politischen Blätter* seines Münchener Studienortes empfangen. Nach seiner Priesterweihe 1844 wurde Ketteler Bauernpastor im westfälischen Hopsten. Im Frankfurter Parlament debütierte er zunächst auf der radikalen Linken, die u. a. für die Abschaffung des Adels plädierte, orientierte sich zur Mitte hin und wurde einer größeren Öffentlichkeit bekannt als Prediger bei verschiedenen Anlässen außerhalb der Paulskirche. Seine soziale Gedankenwelt entwickelt sich von sozialcaritativen Anfängen (Adventspredigten im Mainzer Dom 1848) über grundsätzliche Erörterungen zu den ökonomischen Voraussetzungen der Arbeiterfrage (1864) bis hin zum Eintreten für eine konsequente Sozialpolitik (1869 auf der Liebfrauenheide bei Offenbach). Dem „Arbeiterbischof" Ketteler lag aber auch daran, das Verhältnis von Kirche und Staat in einer für beide Partner annehmbaren Weise zu gestalten. Selber von Hause aus großdeutsch eingestellt, beschwor er die Katholiken, die Führungsrolle Preußens nach dem Sieg über Österreich 1866 zu akzeptieren und bereitete so ihre Integration ins deutsche Reich vor. In seinem letzten Lebensjahrzehnt geriet er in immer schärferen Gegensatz zum Liberalismus. Diese Auseinandersetzungen und der Streit um innerkirchliche Positionen auf dem I. Vatikanischen Konzil lenkten ihn von seinen zentralen Einsichten in die Priorität der sozialen Frage ab.

Kolping und Ketteler waren in München Hörer des Kirchenhistorikers Ignaz von Döllinger[17] (1799–1890) gewesen, der unter den Theologen seiner Zeit die wohl längste und stärkste Ausstrahlung in den öffentlichen Raum auch außerhalb der Kirche besaß. Als Mit-

---

[16] Literatur zu Ketteler bei E. Iserloh, Wilhelm Emmanuel von Ketteler, in: TRE XVIII (1989) 109–113.
[17] Vgl. V. Conzemius, Ignaz von Döllinger, in: TRE IX (1982) 20–26; G. Denzler – E. L. Grasmück, Geschichtlichkeit und Glaube. Gedenkschrift zum 100. Todestag Ignaz von Döllingers, München 1990.

Zwei entschiedene Gegner des „Unfehlbarkeitsdogmas": Wilhelm Emmanuel Freiherr von Ketteler, Bischof von Mainz – Ignaz von Döllinger, Gemälde von Franz Lehnbach.

glied des Görreskreises war er im Kampf gegen das Staatskirchentum geübt. Ein weiter Schüler- und Freundeskreis – Ch. de Montalembert, J. H. Maret, E. W. Gladstone, später J. D. Acton [18] – hielt ihn über die Entwicklungen im europäischen Christentum auf dem laufenden. In zahlreichen Gremien – als Mitglied des bayerischen Landtags (1845–47, 1849–51), 1868 Mitglied des Reichsrates auf Lebenszeit, Abgeordneter in der Frankfurter Nationalversammlung, Berater des deutschen Episkopats in Würzburg, Redner auf Katholikentagen – setzte er sich für die Verwirklichung kirchlich-gesellschaftspolitischer Postulate ein. Er war in der Tat der „Ajax des Ultramontanismus", wie Bischof Hefele von Rottenburg ihn später einmal nannte. Zunächst auf katholisch-konfessionelle Immediatziele fixiert, reifte jedoch bei ihm in den fünfziger und sechziger Jahren angesichts der kulturellen und wissenschaftlichen Überlegenheit des deutschen Protestantismus und seiner noch wachsenden Vormachtstellung die Einsicht, daß dies nur in Zusammenarbeit mit gutwilligen Protestanten geschehen könne. Der Überwindung der Kirchenspaltung war nicht mit allgemein gehaltenen Einladungen gedient, in den Schoß der römischen Mutterkirche zurückzukehren; vielmehr setzte sie ein Umdenken und gewissenhafte Erforschung der Ursachen der Trennung voraus. Den 1863 in München erstmals versammelten katholischen deutschen Theologen wies Döllinger diese Aufgabe zu, im Kontext einer neuen Wissenschaftsorientierung der Theologie. Er selbst konzentrierte sich auf die Geschichte der *Cathedra Petri,* deren positive Grundlagen er ausarbeiten wollte, ohne die Mitschuld an der Trennungsgeschichte zu verschweigen. Das real existierende Papsttum, das das Trennungsproblem nur vordergründig und formalistisch als Unterwerfung unter die Autorität des römischen Stuhles sah, trieb ihn anläßlich des I. Vaticanums in eine unüberwindliche Gewissenskrise.

---

[18] V. Conzemius (Hrsg.), Ignaz von Döllinger – Lord Acton. Briefwechsel 1850–1890, 3 Bde., München 1963–1971; ders., Ignaz von Döllinger – Charlotte Lady Blennerhassett, München 1981.

II. Der Protestantismus: Vom Vormärz zur deutschen Einheit

VON MARTIN GRESCHAT

1. Politische und rechtliche Faktoren

Nach der endgültigen Niederlage und Abdankung Napoleons im Juni 1815 kam auch die Neuordnung Europas auf dem Wiener Kongreß zum Abschluß[1]. Das Ziel war die Vernichtung des revolutionären Geistes in allen Formen sowie die möglichst weitgehende Wiederherstellung, also Restauration der Herrschaftsformen und Ordnungen des alten Europa. Das von beiden Zielsetzungen bestimmte, sorgfältig austarierte System – das man als „System Metternich" zu bezeichnen pflegt nach der Person seines entscheidenden Konstrukteurs, des österreichischen Politikers Clemens Lothar Wenzel Fürst von Metternich (1773–1859) – basierte auf dem Konzept des gleichberechtigten Nebeneinanders von fünf europäischen Mächten, nämlich England, Rußland, Frankreich sowie Österreich und Preußen. Die beiden letztgenannten Staaten gehörten auch dem neugegründeten Deutschen Bund an, einem Dachverband von insgesamt 39 souveränen deutschen Staaten. Die genannten fünf Großmächte verpflichteten sich, ihre Konflikte fortan einvernehmlich zu regeln und insbesondere gemeinsam allen revolutionären Tendenzen entgegenzutreten. Vor allem die Monarchen Rußlands, Österreichs und Preußens unterstrichen diese Zielsetzung durch die im September 1815 geschlossene „Heilige Allianz". Darin kam die damals weitverbreitete Überzeugung zum Ausdruck, daß dem Christentum eine wesentliche Kraft für die politische und soziale Stabilisierung innewohne.

Dieser Versuch der Befriedung Europas gelang allerdings nur begrenzt. In Deutschland fühlten sich die Regierenden zunehmend durch nationale Demonstrationen beunruhigt, die bei den Studenten mit mancherlei lauten, deutschtümelnden Übertreibungen einhergingen. Ihr Treffen auf der Wartburg im Oktober 1817 zur Erinnerung an Luthers Thesenanschlag sowie die Völkerschlacht bei Leipzig mochte als revolutionäre Aktion gelten. Ihre schlimmsten Befürchtungen fanden viele Politiker dann im März 1819 bestätigt, als der Theologiestudent Karl Ludwig Sand den als russischen Informanten bekannten Lustspieldichter August von Kotzebue ermordete. Die Antwort darauf bildeten die von Metternich entworfenen „Karlsbader Beschlüsse" des Deutschen Bundes im September 1819. Sie leiteten eine umfassende Verfolgung aller wirklichen und angeblichen Sympathisanten der Tat ein. „Demagogen" hießen sie, ebenso wie die bekanntermaßen national gesinnten Professoren. Eine Welle übler Denunziationen, Verhaftungen und Entlassungen überzog Deutschland. Damals verloren u. a. Ernst Moritz Arndt oder der Alttestamentler Wilhelm Martin Leberecht de Wette – der an die Mutter des hingerichteten Attentäters einen Trostbrief geschrieben hatte – ihr Amt.

In diesen unruhigen Jahren vollzog sich eine ebenso umfassende wie tiefgreifende politische und bürokratische Neuordnung in den meisten deutschen Staaten, welche auch die Kirchen betraf[2]. Ein besonders anschauliches Beispiel dafür bieten die Vorgänge in Preu-

---

Zu Kurztiteln vgl. die jeweilige Erstnennung bzw. die Bibliographie am Ende dieses Kapitels.

[1] Ich stütze mich im folgenden vor allem auf meine Darstellung: M. GRESCHAT, Christentumsgeschichte II. Von der Reformation bis zur Gegenwart, Stuttgart 1997.

[2] Grundlegend dazu ist E. R. HUBER, Deutsche Verfassungsgeschichte seit 1789, 8 Bde., hier Bd. 1 und 2, Stutt-

ßen. Zu diesem Staat hatten nach der Niederlage gegen Napoleon bei Jena und Auerstedt
(1806) noch rund fünf Millionen Einwohner auf etwa achtundfünfzigtausend Quadratkilometern gehört. 1815, nach dem Erwerb vor allem der Westprovinzen Westfalen und Rheinland – das sich bis in den Norden des heutigen Bundeslandes Rheinland-Pfalz und in das
Saargebiet erstreckte –, lebten dort rund 10,5 Millionen Menschen auf hundertachtund-
zwanzigtausend Quadratkilometern. Daraus erwuchsen enorme organisatorische Aufgaben, sowohl im Blick auf den Aufbau einer einheitlichen Verwaltung als auch der Integration ganz unterschiedlicher Territorien in einen Staat. Und das alles betraf im besonderen
Maße die Kirchen: nicht nur hinsichtlich ihrer Organisation und Administration, sondern
auch insofern, als nun erstmals seit der Reformation Protestanten und Katholiken mit gleichen religiösen und politischen Rechten in einem Staatswesen zusammenlebten. Im 18. Jh.
hatte es in weiten Gebieten Brandenburg-Preußens keine Katholiken mehr gegeben. Jetzt
stellten sie fast 30 Prozent der Bevölkerung. Ähnliches gilt für andere deutsche Staaten,
z. B. Württemberg – und umgekehrt für Bayern, zu dem jetzt die lutherischen Gebiete
Frankens gehörten.

Die Organisation und Verwaltung der kirchlichen Angelegenheiten geschah traditionell
durch den Staat – im Protestantismus ohnehin, aber weitgehend auch im Katholizismus.
Staatliche Beamte und Behörden regelten die Finanzen und Liegenschaften der Kirchen,
beaufsichtigten die Ausbildung und Anstellung der Pfarrer, das konfessionell gegliederte
Schulwesen und vieles mehr. Gerechtfertigt wurde dieses Vorgehen durch die sich mit dem
Absolutismus entwickelnde staatskirchenrechtliche Theorie des Territorialismus. Danach
gehörte zu den politischen Rechten eines Herrschers über sein Territorium auch die Oberhoheit über die Kirche – und zwar unabhängig von seiner Konfession. Dieses Modell hatte
die ältere Theorie des Episkopalismus verdrängt. Auch dieses basierte auf der Unterscheidung zwischen den *iura in sacra* – welche die geistliche und theologische Leitung der Kirche betrafen – und den *iura circa sacra*, den rechtlichen, wirtschaftlichen und administrativen Belangen der Kirche. Doch handelte es sich dabei, entsprechend den Bestimmungen
des Augsburger Religionsfriedens (1555), um eine Aufteilung der bischöflichen Gewalt
nach ihrer geistlichen Funktion einerseits und ihrer jurisdiktionellen andererseits. Während die erstere bei der Kirche verblieb, übernahm die letztere in protestantischen Territorien der Landesherr als das höchstgestellte Glied der Gemeinde. Faktisch freilich stützten
beide Theorien die Realität der Oberhoheit des Fürsten über die Kirche, also seinen Summepiskopat.

Im späten, bürokratischen Absolutismus bildeten die Kirchen also einen Teil der staatlichen Verwaltung. Was das bedeutete, veranschaulicht gut das Allgemeine Preußische
Landrecht von 1794. Danach gab es für den Staat als eigenständige Größe lediglich die
Pfarrgemeinde. Im Blick auf sie garantierte das Gesetzescorpus den religiös-theologischen
Bekenntnisstand und mithin Glaubens- und Gewissensfreiheit. Die Pfarrer waren Staatsbeamte und unterstanden insofern der staatlichen Aufsicht. In den für die religiöse und theologische Leitung der Gemeinden zuständigen Konsistorien saßen Juristen und Theologen,
das Gremium bildete eine Abteilung des Innenministeriums. Auf diesem Hintergrund vollzog sich nun nach 1815 in sämtlichen Staaten des Deutschen Bundes der Aufbau von einheitlichen evangelischen Landeskirchen. Sie existieren weithin bis heute, d. h. die heuti-

gart ²1990 und ³1988; E. R. Huber – W. Huber, Staat und Kirche im 19. und 20. Jh., 5 Bde., hier Bd. 1 und 2, Berlin ²1990.

gen Grenzen der Gliedkirchen der EKD stimmen im wesentlichen mit den damaligen politischen Grenzen in Deutschland überein.

Weil die Regierenden in der Restaurationszeit Religion und insbesondere das Christentum als eine elementare Kraft für das Zusammenleben der Menschen und die Stabilisierung der Gesellschaft begriffen, wollten sie eine in die staatliche Organisation eingebundene Kirche, die als Heilsanstalt agierte. Einen anderen Akzent setzten aufgrund derselben Überzeugung die preußischen Reformer um den Reichsfreiherrn Heinrich Friedrich Karl vom und zum Stein (1757–1831): Damit diese Kirche effektiv wirken könnte – urteilten sie –, müßte sie über ein bestimmtes Maß an kirchlicher Selbständigkeit verfügen, analog dem Bürgersinn, den Stein durch die städtische Selbstverwaltung entwickeln wollte. Der zu diesem Zweck von Schleiermacher entwickelte Plan zielte auf eine presbyterialsynodale Kirchenordnung, wodurch die Kirche von unten, von den Gemeinden her aufgebaut werden sollte, und zwar durch die Zusammenarbeit von Pfarrern und Nichttheologen auf sämtlichen Ebenen. Der Summepiskopat des Monarchen reduzierte sich bei diesem Modell auf einen repräsentativen Vorsitz. Realisieren ließ sich Schleiermachers Entwurf nicht. Aber die hier formulierten Überlegungen blieben dauerhaft lebendig.

Daß Gehorsam und Pflichttreue der Pfarrer in Grenzsituationen nicht genügten, war die Überzeugung des Königs und mehr noch der preußischen Reformer in den Freiheitskriegen. Denn ihrem Wunsch, die Erhebung gegen Napoleon religiös zu verstärken, war insgesamt kein großer Erfolg beschieden. Sicherlich fehlten die Prediger nicht, die vom Kreuzzug und einem heiligen Krieg sprachen. Aber die meisten, noch ganz eindeutig von der Aufklärung geprägt, empfanden und dachten kosmopolitisch und hatten dementsprechend Hemmungen, über einen schlichten, religiös getönten Patriotismus hinauszugehen. Der deutsche Nationalismus, der sich in den Jahren der französischen Besatzung und Unterdrückung entwickelte, war – jedenfalls zunächst – kein kirchliches Gewächs.

Wie sollte die evangelische Kirche in Preußen am sinnvollsten und zweckmäßigsten organisiert werden? Aus der lebhaften Diskussion über diese Frage schälten sich bald drei Problemkreise heraus: Es ging zunächst und vor allem um die Kirchenverfassung – aber bald auch um eine neue einheitliche Liturgie sowie um den Zusammenschluß, eine Union also zwischen der lutherischen und der reformierten Kirche.

Auf diesem Felde wurden zunächst einmal die Fakten geschaffen. Am 27. September 1817 rief Friedrich Wilhelm III. seine evangelischen Untertanen auf, am Reformationstag zusammen mit den Angehörigen der anderen evangelischen Konfession das Abendmahl zu feiern und so die Union zu vollziehen. Religiöse und politische Zielsetzungen verbanden sich in dieser Aufforderung des Monarchen. Es ging darin zum einen um den Aufbau einer einheitlichen evangelischen Kirche in Preußen; es ging zum andern um die Durchsetzung des alten Wunsches der reformierten Hohenzollern, den konfessionellen Gegensatz zu ihren mehrheitlich lutherischen Untertanen aufzuheben. Solche Trennungen schienen durch die Aufklärung, dann aber auch durch die Erweckungsbewegung ohnehin überholt. Insofern fand das Projekt der Union viel Zustimmung, besonders in den Westprovinzen. Natürlich fehlten auch Bedenken und Einsprüche nicht. Wie sehr der Unionsgedanke jedoch dem Geist der Zeit entsprach, belegt die Tatsache, daß bereits einige Wochen vor dem preußischen Beschluß im Herzogtum Nassau die Bekenntnisunion (Konsensusunion) eingeführt worden war, d. h. die Beseitigung der im Zeitalter der Reformation formulierten Lehrunterschiede zwischen Lutheranern und Reformierten. 1818 folgte die Pfalz. In Baden wurde die 1807 gebildete Verwaltungsunion – bei der also der Bekenntnisstand der jeweiligen Gemeinde erhalten blieb – 1821 in eine Konsensusunion umgewandelt. Unionskirchen entstanden auch in anderen deutschen Staaten wie z. B. in Rheinhessen, Hanau, Waldeck-Pyrmont oder Anhalt-Bernburg.

Die friedliche Ausbreitung der Union in Preußen behinderte, ganz gegen seinen Willen, dann der König selbst, indem er sie mit dem Projekt der Einführung einer Einheitsagende verband. Deren Schaffung und Durchsetzung wurde Friedrich Wilhelm III. immer wichtiger. So sehr der König bereit war, im Blick auf die Zusammenführung der beiden protestantischen Konfessionen Gewissensbedenken zu respektieren, so selbstverständlich sah er sich als oberster Bischof seiner Kirche berechtigt, eine einheitliche Liturgie zu verordnen. 1821/22 führte er sie per Dekret im Heer und in der Berliner Hofgemeinde ein und versuchte fortan, die Gemeinden in Preußen durch offiziösen Druck ebenso wie durch vielfältige Versprechungen zur Annahme dieser Agende zu bewegen. Dieses Vorgehen fügte dem Unionsgedanken schweren Schaden zu, weil sich nun die Opposition derjenigen, die aus konfessionellen Gründen die Union ablehnten, mit dem Widerstand derjenigen verband, die gegen den absolutistischen Eingriff des Königs in die kirchlichen Belange Front machten.

Auf der Strecke blieb bei alledem der Ausbau der Kirchenverfassung. Das Miteinander von obrigkeitlichen, pastoralen und gemeindlichen Elementen war 1816 dahingehend geregelt worden, daß einerseits Gemeindekirchenräte und über ihnen Synoden eingerichtet werden sollten, bis hinauf zu einer Generalsynode für das ganze Land. Andererseits jedoch verfügte der Monarch durch die von ihm berufenen Mitglieder der Konsistorien und mehr noch durch das neu geschaffene Amt des Generalsuperintendenten in jeder Provinz und schließlich durch die von der Krone ernannten Superintendenten über beträchtliche Möglichkeiten der Einflußnahme auf die Kirche. Nimmt man die vor allem in den östlichen Provinzen Preußens vorherrschende Abneigung der Pfarrer hinzu, Laien an der Leitung der Gemeinde zu beteiligen – wodurch aus den Kreis- und Provinzialsynoden bald reine Theologenversammlungen wurden –, wird die Vorherrschaft des Monarchen in dieser evangelischen Kirche vollends deutlich. Er selbst demonstrierte sie schließlich, als er sich 1823 weigerte, die Generalsynode einzuberufen. Dasselbe geschah mit den Provinzialständen, also im Bereich der staatlichen Verfassung. Friedrich Wilhelm III. fürchtete die Ausbreitung liberaler, „republikanischer" Gedanken in der Kirche ebenso wie im Staat. Deshalb förderte er die Verbindung des Konservatismus mit dem Christentum, die „Ehe von Thron und Altar", also Staatskirchen, die eine entsprechende Gesinnung in ihren eigenen Reihen ebenso wie im Volk produzieren sollten.

2. Die Erweckungsbewegung

Die Erweckungsbewegung war ein gesamteuropäisches und somit auch ein deutsches Phänomen. Bei den Erweckungsbewegungen in den Staaten des Deutschen Bundes handelte es sich nicht einfach um die Fortsetzung und Erneuerung des Pietismus – so vieles beide auch miteinander verband. In welchem Ausmaß andere Elemente zum Zuge kamen, variierte allerdings von Region zu Region. Zu berücksichtigen ist ferner, daß die Erweckungsbewegungen hier bereits in ihrer Blütezeit – die zwischen 1815 und 1830 lag – zunehmend verkirchlichten.

Faktisch unberührt von dieser religiösen Erneuerung blieben z. B. Mecklenburg, Oldenburg oder Thüringen. In Baden spielten neben den Nachwirkungen Jung-Stillings die Erweckungspredigten des zunächst noch katholischen Sailerschülers Aloys Henhöfer (1789–1862) eine wichtige Rolle. Ebenso konservativ, jedoch zugleich entschieden lutherisch gestimmt, wirkten Johann Heinrich Volkening (1796–1877) und seine Kollegen in Minden-Ravensberg. Sie prägten diese kirchliche Landschaft für Generationen. Ähnliches leistete Ludwig Harms (1808–1865) in der Lüneburger Heide. In Hermannsburg entstand auch eine Ausbildungsstätte für Missionare (1849).

In Hannover sammelte Pfarrer Ludwig Adolf Petri (1803–1873) einen Kreis gebildeter Erweckter, zu dem an führender Stelle der Jurist August von Arnswald (1798–1855) gehörte. Geistig offener zeigte sich zunächst der Emkendorfer Kreis um die Grafen Cai und Fritz von Reventlow. Mit ihnen verbunden waren August Twesten (1789–1876) an der Universität Kiel sowie vor allem Claus Harms (1778–1855), der zum Reformationsjubiläum 1817 Luthers 95 Thesen aktualisiert hatte. Neben volkstümlich erweckten Zügen begegnen allerdings auch hier bald die Charakteristika des konfessionellen Luthertums: die Hervorhebung der Bekenntnisschriften und die Betonung des kirchlichen Amtes mitsamt der Ablehnung aller Elemente einer presbyterial-synodalen Verfassung.

In Hamburg unterstützten führende Vertreter des Patriziats die Erweckungsbewegung. Neben dem Luthertum spielten englische Einflüsse eine wichtige Rolle, was z. B. die Gründung der ersten deutschen Baptistengemeinde (1834) durch Johann Georg Oncken (1800–1884) belegt oder die Einrichtung einer Sonntagsschule (1825) für arme Kinder durch den Pfarrer von St. Georg, Johann Wilhelm Rautenberg (1791–1865). Hier sammelte Johann Hinrich Wichern (1808–1881) seine ersten sozialen und pädagogischen Erfahrungen, bevor er 1833 das *Rauhe Haus* einrichtete. Aus dem gleichen sozialen Mitgefühl heraus gründete 1832 die aus der städtischen Oberschicht stammende Amalie Sieveking (1794–1859) einen *Weiblichen Verein für Armen- und Krankenpflege*.

Stark und dauerhaft prägten Erweckungen sodann das kirchliche Leben in Württemberg und am Niederrhein, im bayerischen Franken sowie in bestimmten Gebieten der ostelbischen Provinzen Preußens. In Württemberg überwogen die Verbindungen zum älteren Pietismus. Daneben bildeten sich stark apokalyptisch gestimmte erweckte Kreise, die den Schrecken der Endzeit durch die Trennung von der Staatskirche und die Auswanderung in ferne Gegenden meinten entgehen zu können. Der Weber Johann Georg Rapp (1768–1846) führte 1804 eine Gruppe von rund 600 Menschen, die im Sinne des urchristlichen Kommunismus zusammenlebten, in die USA. Ein anderer großer Treck brach 1816 nach Bessarabien und Kaukasien auf. Um die Bevölkerung im Lande zu halten, organisierte der erweckte Leonberger Bürgermeister Gottlieb Wilhelm Hoffmann (1771–1846) für diese Frommen die Gemeinde Korntal. Eine weitere Kolonie in demselben Geist entstand 1824 in Wilhelmstal. Eine beträchtliche Breiten- und Tiefenwirkung erlangte die württembergische Erweckungsbewegung dann durch eine neue Generation von Pfarrern, die bis in die Kirchenleitung aufstiegen. Ihr Repräsentant war der jung verstorbene Ludwig Hofacker (1798–1828), der mit enormem Erfolg das Evangelium als Gottes Gnadenangebot für ein neues Leben verkündete. Dem Wirken dieser Pfarrer gelang es, beträchtliche Teile der separatistischen Erweckten wieder an die Kirche heranzuziehen. Gleichzeitig wurden der Basler *Christentumsgesellschaft* engagierte Menschen zugeführt, die sich in einer Vielzahl von Vereinen und Gesellschaften betätigten – in der Mission, in der Produktion und Verteilung von Bibeln und frommer Literatur sowie in Heimen und Anstalten für gefährdete Jugendliche und Erwachsene, Kranke und Behinderte. 1845 existierten bereits 22 solcher „Rettungshäuser" im Land. Erfüllt von diesem Geist war auch Johann Christoph Blumhardt (1805–1880), der 1843 in seiner Gemeinde in Möttlingen Dämonen austrieb, bevor er 1852 in Bad Boll ein eigenes, von der Kirche unabhängiges Zentrum evangelikaler Frömmigkeit errichtete.

Stark beeinflußt vom reformierten Pietismus zeigten sich die erweckten Gruppen am Niederrhein und in Bremen. In Duisburg bildeten der Arzt Samuel Collenbusch (1727–1803) sowie die Brüder Johann Gerhard (1736–1777) und Friedrich Arnold Hasenkamp (1747–1795) einen Kreis, in dem es um Wiedergeburt und persönliche Heiligung im Geiste der mystischen Frömmigkeit Tersteegens ging. Beeinflußt wurde davon u. a. Christian Krafft (1784–1845), der dann als reformierter Prediger in Erlangen eine wesentliche Rolle bei der Entstehung der dortigen Erweckungsbewegung spielte. Die Erweckungen im Siegerland folgten stärker dem niederrheinischen Beispiel, während sich in den Gemeinden des Wuppertals, also vor allem in Elberfeld und Barmen, vielerlei religiöse Traditionen mischten; neben strengen reformierten Orthodoxen standen z. B. Anhänger Collenbuschs oder Tersteegens. Prediger wie Gottfried Daniel Krummacher (1774–1837) oder Hermann Friedrich Kohlbrügge (1803–1875) setzten sehr bewußt eigene Akzente. Charakteristisch für diese Erweckungsbewegung insgesamt war, daß sie durch alle sozialen Schichten hindurch Menschen erfaßte und in eigener Weise den kapitalistischen Unternehmer mit dem Fabrikarbeiter verband.

Die Eigenart der bayrischen Erweckungsbewegung resultierte aus den erwähnten reformierten Anregungen Kraffts, aus katholischen Anstößen, die Sailers Kapläne vermittelten, sowie aus dem Gedankengut der Nürnberger Gruppe der *Christentumsgesellschaft*. Hier hatte sich um den Kaufmann Johann Tobias Kiessling (1742–1824) und den Mineralogen Karl von Raumer (1783–1865) ein geistig regsamer Kreis gebildet, der sich neben religiösen Fragen intensiv mit der Literatur, Philosophie und Naturwissenschaft der Zeit befaßte. Ein zweites Zentrum bildete die Universität Erlangen. Hier vollzog sich dann auch der Übergang von der erweckten Frömmigkeit zur konfessionellen lutherischen Theologie *(Erlanger Schule)*.

In Berlin, der Hauptstadt Brandenburg-Preußens, existierten zu Beginn des 19. Jh. noch viele pietistische Grüppchen, die vor allem Menschen aus den unteren Schichten der Bevölkerung anzogen. Als attraktiver erwiesen sich für eine Gruppe junger Adeliger die Gottesdienste Johannes Jänickes (1784–1827), einem Prediger der Brüdergemeine. Er verfügte über Verbindungen zu englischen erweckten Kreisen und hatte auch eine Missionsschule organisiert. Das andere Zentrum der neuen Frömmigkeit bildete Hans Ernst von Kottwitz (1757–1843). Nachdem er große Teile seines Vermögens in Schlesien für Notleidende geopfert hatte, richtete er 1807 in Berlin eine *Freiwillige Beschäftigungsanstalt* ein. Seine Tatkraft beindruckte viele, auch solche, die seiner Frömmigkeit distanziert gegenüberstanden.

Vollends zum Durchbruch kam die neue Frömmigkeit in Berlin und Preußen, als einige der erwähnten jungen Adeligen im Winter 1816 nach München reisten, um sich über die von Sailer und seinen Kaplänen ausgehende katholische Erweckungsbewegung zu informieren. Tief beeindruckt kamen die Preußen zurück. Bekehrungen und weiterwirkende Anstöße waren die Folge. Einmal mehr zeigte sich hier der überkonfessionelle und zutiefst ökumenische Charakter der frühen Erweckungsbewegung.

Eine Mehrheit bildeten diese Frommen nie. Aber Männer wie Adolf von Thadden-Trieglaff (1796–1882), Moritz August von Bethmann Hollweg (1795–1877), dann die Gebrüder Leopold (1790–1861), Ludwig (1795–1877) und Otto von Gerlach (1801–

1849) oder Ernst von Senfft-Pilsach (1795–1882), deren Verbindungen bis zum Kronprinzen und späteren König Friedrich Wilhelm IV. (geboren 1795; König 1840–1861) reichten, verfügten über hinreichend Einfluß und Macht, um ihren Überzeugungen im engeren und weiteren Umkreis Gehör zu verschaffen. Auf ihren Gütern in Pommern, Brandenburg und in einem engeren Rahmen auch in West- und Ostpreußen setzten sich die Erweckungen unter der Landbevölkerung fort. Thadden gründete 1829 in Trieglaff eine Predigerkonferenz für erweckte Pfarrer. Da die Großgrundbesitzer mit dem Patronat über das Recht der Pfarrstellenbesetzung verfügten, handelte es sich dabei auch um ein Mittel, um die eigene religiöse Gesinnung in der Kirche durchzusetzen. Ebenso erfolgreich zeigten sich die Erweckten auf anderen Ebenen, in der Publizistik z. B. oder an den Universitäten. Die 1827 gegründete *Evangelische Kirchenzeitung* bildete bald unter der Leitung von Ernst Wilhelm Hengstenberg (1802–1869) weit über Preußen hinaus eine scharfe Waffe gegen alle liberalen Tendenzen in Kirche und Gesellschaft. 1830 versuchte Hengstenberg, durch eine gezielte Denunziation, Wilhelm Gesenius (1786–1842) und Julius August Wegscheider (1771–1849), die Repräsentanten des theologischen Rationalismus in Halle an der Saale, absetzen zu lassen. Auch in der preußischen Erweckungsbewegung überwogen jetzt die konservativen, wenn nicht sogar restaurativen Elemente. Zusammen mit Adel und Bauern dominierten in dieser Frömmigkeit agrarische Traditionen, Normen und Werte. In derselben Zeit verlor die evangelische Kirche weithin das gebildete sowie das wirtschaftlich führende Bürgertum.

Einen eigenen Weg ging die schlesische Erweckungsbewegung. Das führte zur Neuauflage alter Kampffronten, die zur Verstärkung einer harten Linie beitrug, zu einer der Union äußerst feindlich gegenüberstehenden lutherischen Neuorthodoxie.

Schlesien gehörte als eine von König Friedrich II. von Preußen Kaiserin Maria-Theresia abgerungene österreichische Provinz nicht im engen Sinn zum alten Preußen. In konservativen Kreisen war das lutherische Traditionsbewußtsein tief verwurzelt, die Treue zu den Hohenzollern jedoch bisweilen weniger. Ausdruck verliehen dieser Opposition, die sich zunächst gegen jede Relativierung des lutherischen Abendmahlverständnisses richtete, zwei Breslauer Professoren: der Theologe Johann Gottfried Scheibel und der Jurist Philipp Eduard Huschke. Scheibel war ein angesehener Prediger und Seelsorger, der eine beträchtliche Personalgemeinde um sich versammelte. Mit ihr zusammen lehnte er dann auch die neue Agende ab. 1830 kam es zum Bruch: Scheibel und sein Anhang weigerten sich, an dem feierlichen Gedenkgottesdienst zur Erinnerung an die Übergabe des Augsburger Bekenntnisses an Kaiser Karl V. (1530) teilzunehmen, weil diese Veranstaltung mit der Zustimmung zu Union und Agende verknüpft war. Die standhaften Lutheraner schlossen sich zusammen, ab 1831 forderten sie die Anerkennung als eigene lutherische Kirche. In Berlin verschleppte man zunächt bewußt die geforderte Stellungnahme. Der König und sein Kultusminister Altenstein hofften, die Angelegenheit werde sich von selbst erledigen. Tatsächlich spitzte sie sich zu einer Prinzipienfrage zu, wobei der spätabsolutistische Staat mit seinem Machtanspruch und das bedingungslose Festhalten an der als Wahrheit begriffenen religiösen und theologischen Überzeugung aufeinandertrafen.

Die lutherische Separation breitete sich über Schlesien hinaus nach Posen, Pommern sowie in die Provinz Sachsen aus. Friedrich Wilhelm III. verurteilte scharf die gesamte Bewegung: Die Union sei keine Konsensusunion, weshalb auch überzeugte Lutheraner in der preußischen evangelischen Kirche bleiben könnten. Separatisten jedoch werde er nicht dulden. Harte Geld- und Gefängnisstrafen wurden verhängt. Den Höhepunkt der brutalen

Machtanwendung bildete die mit Militär durchgesetzte Beschlagnahme der von separatistischen Lutheranern besetzten Kirche in Hönigern am 24. Dezember 1834.

Scheibel war inzwischen abgesetzt und vertrieben, ebenso die anderen Pfarrer, die ihm anhingen. Huschke organisierte die neue Freikirche. 1837 gestattete Friedrich Wilhelm III. ihren Mitgliedern die Auswanderung. Einige Tausende gingen nach Australien sowie in die USA. Sein Sohn Friedrich Wilhelm IV. riß sofort nach seinem Regierungsantritt 1840 das Steuer herum.

Die Rheinisch-Westfälische Kirchenordnung

In den neuen preußischen Westprovinzen, also im Rheinland und in Westfalen, lebten starke eigene kirchliche Traditionen. Sie verdichteten sich in der Selbstverwaltung der Gemeinden, ausgehend von der Zusammenarbeit des Pfarrers mit Ältesten, den Presbytern, in der Gemeinde und aufsteigend über die Kreissynoden – mit Pfarrern und Presbytern, geleitet vom Superintendenten – bis zur Provinzialsynode. Selbstbewußt wollte man auch unter der neuen preußischen Obrigkeit, die man als eine bewußt protestantische begrüßte, an dieser Organisation festhalten.

In Berlin war man dazu zunächst keineswegs geneigt. Der erste Entwurf für die neue Verfassung war entschieden konsistorial geprägt, zielte also auf eine rein von oben geleitete und bestimmte Kirche. Dagegen erhob sich sogleich lauter Widerspruch. 1817 und 1818 diskutierten die Pfarrer in den neu gebildeten Kirchenkreisen den königlichen Entwurf. Ihre Stellungnahmen erinnerten einerseits an die alten kirchlichen Rechte, brachten andererseits aber auch die zeitgenössischen Forderungen nach mehr Mitbestimmung zum Ausdruck. Im Mittelpunkt der Auseinandersetzungen stand dann vor allem das Festhalten an den Kreis- und Provinzialsynoden. An diesem Punkt bildeten die evangelischen Rheinländer und Westfalen eine geschlossene Front.

Die Auseinandersetzungen über Union und Agende überdeckten in den zwanziger Jahren das Problem. Mit der Union hatte man im Westen keine Schwierigkeiten, sie entsprach vielmehr einem längst gehegten Wunsch. Nicht so einfach verlief die Zustimmung zur neuen Agende. Aber auch hier hielten sich die Auseinandersetzungen in Grenzen.

Wesentlicher erschien die neue Kirchenordnung, die schließlich im März 1835 von Friedrich Wilhelm III. für die beiden Westprovinzen genehmigt wurde. Hierbei handelte es sich um eine Verbindung von konsistorialen und presbyterial-synodalen Elementen. Auf der Gemeindeebene standen weiterhin die Presbyter neben dem Pfarrer, der von der Gemeinde gewählt wurde. Von den Gemeinden baute sich die Kreissynode auf, an deren Spitze der Superintendent stand. Darüber erhob sich die Provinzialsynode, die sich ihren Präses selbst wählte. Neben diesem stand, als Ausdruck der konsistorialen Aufsicht, der Generalsuperintendent, unter ihm der Superintendent, der wiederum Vorgesetzter der Pfarrer war. In diesen beiden verband sich also die Kirche „von oben" mit der Kirche „von unten".

Theoretisch konnten sich aus dieser Zuordnung unterschiedlicher kirchenleitender Elemente sicherlich erhebliche Spannungen ergeben. Faktisch war dies jedoch kaum der Fall, denn im Selbstverständnis der evangelischen Christen in den preußischen Westprovinzen überwog die Überzeugung, die kirchliche Eigenständigkeit auch weiterhin praktizieren zu können. Und in Berlin war man klug genug, diese Überzeugung nicht durch einseitige Maßnahmen zu durchkreuzen.

3. Revolution und Reaktion

In den ersten Jahren seiner Regierung wirkte Friedrich Wilhelm IV. entschieden emanzipatorisch[3]. Der Protestantismus war nicht nur in der Lage, sich in der deutschen Auseinandersetzung zu behaupten, es bot sich ihm auch die Gelegenheit, eine aktive Rolle in der nationalen Bewegung zu übernehmen und möglicherweise einer friedlichen Revolution den Weg zu bahnen. Daß er diese Gelegenheit letztendlich nicht wahrnehmen konnte, hing zum Teil mit dem König selbst zusammen. Er weckte große Hoffnungen, enttäuschte sie aber alle. Als er 1861 nach vierjähriger Krankheit starb, dachten viele Protestanten nicht mehr daran, für die Synode zu kämpfen. Allen war bewußt, daß sich das nationale Schicksal irgendwo zwischen dem preußischen Landtag und König Wilhelm I. (von Preußen; ab 1871 zugleich Deutscher Kaiser) entscheiden sollte, und man debattierte heftig darüber, ob Bismarck ein halbes oder gar ein ganzes Jahr Minister bleiben würde. Wenn auch die Kirchen als Institutionen wenig Ansehen genossen, spielte der Glaube in seinen verschiedenen Ausprägungen weiterhin eine große Rolle im privaten und kollektiven Verhalten. Er führte die Gläubigen auch zu neuen Betätigungsfeldern, u. a. dem sozialen Christentum, das neben manche politischen Ambitionen trat.

Friedrich Wilhelm IV. als Auslöser von Streitigkeiten

Bei seinem Regierungsantritt 1840 war Friedrich Wilhelm IV. entschlossen, in freier Entscheidung das kirchenpolitische Chaos zu beheben, das sein Vater hinterlassen hatte. Er war der erste preußische König, der – nach dem Votum des Berliner Bischofs Otto Dibelius – einsah, daß „kirchliche Angelegenheiten eines Landes nicht wie die königlichen Wälder oder die staatlichen Archive verwaltet werden können". Nach der Beendigung des Agendenstreites regelte er die drängendsten kirchlichen Angelegenheiten. Die inhaftierten Pastoren wurden freigelassen, die ins Exil geschickten zurückgeholt. Eine für das ganze Königreich gültige Generalkonzession garantierte den die Union ablehnenden Lutheranern die gleichen Rechte und Würden wie den Gläubigen und dem Klerus der Unionskirche.

Die nun als „Altlutheraner" bezeichneten Angehörigen der lutherischen Separatisten konnten 1841 ihre erste Generalsynode in Breslau abhalten. Zur Wiederbelebung der Synoden in den östlichen Provinzen war ein längerer Zeitraum nötig. Die Kreissynoden wurden 1843 und die Provinzsynoden ein Jahr später in erweiterter Form einberufen. Neben den vom König ernannten hohen Kirchenfunktionären erhielten Pastoren Sitz und Stimme, die aus freien Wahlen der Kirchengemeinden hervorgegangen waren. Der König wollte der evangelischen Kirche größere Freiheit gewähren. Selbst auf den Summepiskopat gedachte er zu verzichten, wenn es nur der Kirche gelänge, sich organisch und lebendig selbst zu entfalten. Als Mittel dafür erschien ihm die Organisation einer evangelischen Hochkirche besonders geeignet: mit einer hierarchischen Bischofsverfassung, einer strengen Liturgie, aber weitherzig in dogmatischen Fragen. Doch ein solches Modell scheiterte am Widerstand sämtlicher evangelischer Kreise und Gruppen in Preußen.

Die strenge Staatskirchlichkeit seines Vaters lockerte Friedrich Wilhelm IV. immerhin

---

[3] Vgl. G. H. Zuchold, „Gerade so wie damals gebaut worden". Die Kirchenreformpläne Friedrich Wilhelms IV., Berlin 1989; F. W. Kantzenbach, Gerd Eilers und Kultusminister Eichhorn. Zur Beurteilung der Ära Friedrich Wilhelms IV. (1840–1848) und seines Ministeriums, in: O. Hauser (Hrsg.), Zur Problematik „Preußen und das Reich", Köln – Wien 1984, 247–297.

durch das Religionspatent vom 30. März 1847, das den Kirchenaustritt erleichterte und die Bildung eigener religiöser Gemeinden ermöglichte. Selbst gegenüber seinen katholischen Untertanen und dem Katholizismus insgesamt mühte er sich um Ausgleich und Verständigung. Auch deshalb ordnete er die Vollendung des Kölner Domes an. Dieser Dom war als Ort des katholischen Gottesdienstes doch auch ein im protestantischen Denken verankertes Nationaldenkmal: Der Protestantismus sah in der christlich-germanischen Ausprägung des gotischen Stils „ein wegbereitendes Strukturelement für die Freiheit und die Verinnerlichung der Reformation" im Gegensatz zur romanischen Kunst, in der sich die Priesterherrschaft verdichtete, während der Barock die Herrschaft des Papstes manifestiere[4]. Als Hochburg des Protestantismus schenkte Magdeburg zugunsten des Kölner Doms einen Ring, der Luther gehört haben soll. Bei der Einweihungsfeier verbanden sich romantische Träume des Königs mit den politischen Zielsetzungen der Liberalen, die einen Bund der preußischen Monarchie mit der deutschen Nation wünschten. Diese Deutung erschien so naheliegend, daß der eingeladene Metternich seine Teilnahme an der Einweihung absagte – ebenso wie der bayerische König Ludwig I.

Die Generalsynode

Um die Kirchenfrage zu regeln, berief Friedrich Wilhelm IV. eine Generalsynode für den 2. Juni 1846 ein. Im Einberufungsdekret führte er aus: „Will man der protestantischen Kirche wirksam und dauerhaft Hilfe zuteil werden lassen, so darf man sie nicht ausschließlich vom Kirchenregiment abhängig machen. Sie muß sich vornehmlich von innen her aufbauen und in ihrem Leben wie in ihrer Dynamik ihre eigenen Quellen finden"[5]. Die Frage war nur, ob die Kirche über genügend Leben und Energie verfügte, um diesem Aufruf zu entsprechen. In der großen, durch das königliche Dekret ausgelösten Erwartung zweifelte niemand daran. Die von der Öffentlichkeit leidenschaftlich verfolgten Debatten auf der Synode verliefen jedoch bald in gereizter Atmosphäre. Die Redegefechte nahmen politischen Charakter an. Öffnete die Kirche damit den Weg für den vereinigten preußischen Landtag, für eine repräsentative Versammlung der allgemeinen Willensäußerung?

Die Generalsynode war lediglich eine beratende Versammlung von 75 Persönlichkeiten, die entweder aufgrund ihres Amtes vom Monarchen ernannt oder von den Provinzialsynoden gewählt worden waren. Diese hohen Funktionäre, von denen die Hälfte aus Geistlichen, der andere Teil aus Nichttheologen bestand, vertraten sehr unterschiedliche theologische und kirchenpolitische Positionen. Die beiden Hauptthemen der Synode waren die Frage der einheitlichen Lehre innerhalb der Union sowie das Problem einer gesamtpreußischen Kirchenverfassung. Über die Berechtigung der Union herrschte inzwischen weitgehend Einverständnis. Jetzt ging es darum, das zu formulieren, was als zentrale Glaubensaussage gelten sollte und worauf der Kandidat bei der Ordination zu verpflichten war. Da sich für die Beibehaltung des Apostolikums keine Mehrheit fand, entwarfen die Professoren Dorner und Nitzsch, Vertreter der starken kirchlichen Mittelpartei, ein neues Ordinationsbekenntnis. Die konfessionelle Gruppe verhöhnte den Entwurf – mit Anspielung auf das Nicaenum, das erste Dogma der alten Kirche – als „Nitzschenum". Im Blick auf die

[4] TH. NIPPERDEY, Deutsche Geschichte 1800–1860, München [6]1993, 236.

[5] Auszug des königlichen Einberufungsdekrets, in: Verhandlungen der evangelischen General-Synode zu Berlin vom 2. Juni bis zum 29. August 1846, Bd. 1, Berlin 1846, 1.

Kirchenverfassung versuchte die Synode, die konsistorialen Elemente zugunsten der synodalen zurückzudrängen.

Friedrich Wilhelm IV. verabscheute solche Vorstellungen eines Aufbaus der Kirche von unten. Er ging über sämtliche Vorschläge der Generalsynode hinweg. Die gewünschte Periodizität ihrer Tagungen wollte er ebensowenig billigen wie diejenige der Stände. Mit beiden Verweigerungen förderte er die Opposition, die er gerade verhindern wollte.

Die Revolution von 1848/49

Der Ausbruch der Revolution im März 1848 kam überraschend. Von Frankreich aus breitete sie sich über die Staaten des Deutschen Bundes und weite Teile Europas aus. Die Regierungen stimmten überall sogleich der Presse- und Versammlungsfreiheit zu. Im Mai trat in Frankfurt am Main die Nationalversammlung zusammen, um Grundrechte und eine Verfassung für einen deutschen Bundesstaat zu erarbeiten. Als diese Texte vorlagen, hatten die alten Mächte in Wien und Berlin jedoch bereits gesiegt.

Im Protestantismus gab es keine einhellige Einstellung gegenüber der Revolution. Protestanten gab es in nahezu sämtlichen politischen und weltanschaulichen Lagern, von der Rechten bis zur Linken. Die spätrationalistischen „Lichtfreunde", die sich in den vierziger Jahren gegen die wachsende Macht der Orthodoxen in der Kirche gesammelt hatten, jubelten. Sie fanden in den liberalen und demokratischen Gedanken, die jetzt laut wurden, den Geist des Evangeliums. Genau umgekehrt urteilten die orthodoxen Kreise. Die große Mehrheit der Protestanten aber war vor allem verunsichert oder irritiert. Trotzdem gab es viele Initiativen, um neue Kirchenverfassungen zu erstellen, in denen die Gemeinden mehr Mitsprache und Mitverantwortung besitzen würden. Den landesherrlichen Summepiskopat dagegen wollten nur wenige abgeschafft wissen. Auffällig ist ferner, gerade im Vergleich zum Katholizismus, in welchem Ausmaß die Protestanten sich auf ihre jeweilige Landeskirche beschränkten. Hier wollte man die Freiheit der Kirche konkret ausbauen.

Trotzdem fehlten die Bemühungen nicht, über die landeskirchlichen Grenzen hinauszublicken und mit dem nationalen Zusammenschluß Schritt zu halten. Aus dem liberalen Lager kam der Vorschlag, eine allgemeine Synode aus allen Landeskirchen zusammenzurufen, die unter dem Schutz der Frankfurter Nationalversammlung eine evangelische Nationalkirche schaffen sollte. Mehr Aussicht auf Erfolg hatten die Versuche verschiedener theologischer und kirchenpolitischer Gruppen, einen Kirchenbund zu organisieren. Im Vorfeld des zu diesem Zweck für den September 1848 nach Wittenberg einberufenen Kirchentages kam es jedoch schon zu erheblichen Kontroversen. Die Rationalisten wollte man nicht mit heranziehen, die konfessionellen Lutheraner verweigerten die Mitarbeit, die Hochkonservativen in Preußen akzeptierten ebenfalls keinen Kirchenbund, sondern höchstens eine Konföderation der evangelischen Landeskirchen im Deutschen Bund. Daß die Wittenberger Tagung trotzdem kein völliges Fiasko wurde, lag an Johann Hinrich Wichern. In seiner großen Rede am 22. September trug der Leiter des *Rauhen Hauses* in Horn bei Hamburg seinen Plan einer „inneren Mission" vor. Diese Gedanken entfaltete und begründete er ein Jahr später in der Denkschrift *Die innere Mission der deutschen evangelischen Kirche*. Wichern wollte die Volkskirche umfassend erneuern, indem er neben das Pfarramt mit der erwecklichen, missionarischen Predigt die „Tat der rettenden Liebe" stellte. Dazu gehörte auch, daß Männer und Frauen sich an den Brennpunkten der sozialen und wirtschaftlichen Not zusammenschlössen, um Bedürftigen und Behinderten aller Art geistliche und leibliche Unterstützung zukommen zu lassen. Der 1849 gegründete *Central-ausschuß der inneren Mission* wirkte dann als Dachverband der ihm angeschlossenen Heime, Anstalten und Rettungshäuser, deren Arbeit er organisieren, koordinieren und in der Öffentlichkeit vertreten sollte.

Die Reaktion und die neue Ära

Die Trennung

In einem offensichtlich wichtigen Punkt stimmten die preußischen Verfassungen von 1848 und 1850 überein, nämlich in der Trennung von Kirche und Staat. Artikel 15 der Verfassung von 1850 übernahm wortgetreu Artikel 12 der Verfassung von 1848: Die Landeskirche – wie auch die römisch-katholische Kirche und die anderen religiösen Gemeinschaften – „regelt und verwaltet von jetzt an ihre Angelegenheiten selbständig"[6]. Dies bedeutete jedoch nicht die Loslösung der evangelischen Kirche vom Monarchen. Die Verfassung von 1850 verstärkte vielmehr die Macht des Köngis über die Kirche, denn der im selben Jahr eingerichtete *Evangelische Oberkirchenrat* (EOK) unterstand voll und ganz der Krone. Ernst Rudolf Huber urteilte zu Recht über diese Entwicklung: „Die ‚Trennung von Staat und Kirche' führte in Preußen nicht, wie die liberalen Verfechter dieses Prinzips gehofft hatten, zur Verstärkung des freiheitlich-volkskirchlichen, sondern zur Verstärkung des autoritär-behördenkirchlichen Moments im preußischen Protestantismus. [...] Wenn irgend es statthaft ist, die staatlich-politischen Kategorien auf die kirchlichen Einrichtungen und Funktionen anzuwenden, so ging in Preußen (wie auch in den anderen protestantischen Ländern) die Überwindung des staatlichen Absolutismus durch den modernen Verfassungsstaat zunächst Hand in Hand mit der Aufrichtung des kirchlichen Absolutismus in dem nun von der staatlichen Kontrolle gänzlich befreiten landesherrlichen Kirchenregiment".

Die neue Ära

Die Krankheit Friedrich Wilhelm IV. machte 1857 die Einsetzung des Thronfolgers, des Bruders des Königs, Prinz Wilhelm (I.), erforderlich. Noch konnte er jedoch kein eigenes Ministerium berufen, so daß die Herrschaft der Hochkonservativen mitsamt der insbesondere von Friedrich Julius Stahl vertretenen Konzeption des christlichen Staates andauerte. Doch ein Jahr später, 1858, als Wilhelm die Regentschaft übernahm, war diese Epoche vorüber. Der 1861 zum preußischen König gekrönte Wilhelm I. proklamierte eine „neue Ära", die sich klar vom altständischen Konservatismus und von den Idealen des christlichen Staates distanzierte. Wilhelm lebte eine echte persönliche Frömmigkeit. Umso schroffer erklärte er sich gegen deren Vermischung mit der Politik.

Bei der neuen Ära handelte es sich nicht um die Akzeptanz des Liberalismus. Es ging vielmehr um einen liberal getönten Konservatismus. Ganz in diesem Sinne agierte Bethmann Hollweg als Kultusminister. Der Spielraum war freilich eng, denn im Vordergrund standen bald die politischen Auseinandersetzungen der Krone mit den Liberalen, ausge-

---

[6] HUBER – HUBER, Staat und Kirche (s. Anm. 2) 36f.

fochten vor allem durch den Ministerpräsidenten Otto von Bismarck. Immerhin befaßten sich seit 1866 kirchliche Gremien und außerordentliche Synoden mit der Frage, ob und wie presbyterial-synodale Elemente auch in den östlichen Provinzen Preußens eingeführt werden könnten. Dieser Prozeß war überaus schwierig, weil eine Mehrheit in diesen Gebieten, wenn schon nicht die alten Zustände bewahren, so doch unbedingt den politischen und kirchlichen Liberalismus festhalten wollte, im Blick auf die Gesellschaft ebenso wie die eng mit ihr verflochtene Kirche. Hier war man konservativ und königstreu – in sämtlichen der evangelischen Kirche verbundenen sozialen Kreisen. Bismarck begriff man als den Repräsentanten der alten, weitgehend internalisierten Ordnung. Der Liberalismus erschien demgegenüber als bedrohlich und zerstörerisch, gerade auch hinsichtlich des von ihm proklamierten deutschen Nationalismus.

4. Der Protestantismus und die soziale Frage[7]

Die Vorläufer

Die Aufgaben der kirchlichen Institution waren eindeutig festgelegt. Als Staatskirchentümer hatten sie keine Möglichkeit – in Preußen ebensowenig wie in den anderen deutschen Staaten – darüber hinaus zu wirken. Die individuelle Nächstenliebe war natürlich geboten. Doch der Gerechtigkeit in einer von der Sünde beherrschten Welt Geltung zu verschaffen, war nicht die Aufgabe der Kirche – darin waren sich die Vertreter sämtlicher theologischen und kirchlichen Richtungen einig. Deshalb ging es den ersten Vertretern eines sozial engagierten Protestantismus auch nicht primär um soziale Reformen. Erfüllt vom Gedankengut der Erweckungsbewegung wollten sie vielmehr Seelen retten. Die Werke der Nächstenliebe – Waisenhäuser, Schulen, Krankenhäuser usw. – waren insofern der Verkündigung des göttlichen Wortes und der Verbreitung der Hl. Schrift nachgeordnet.

Zunehmend gewannen solche Werke jedoch an Bedeutung. Dies war der Fall bei Albrecht von der Recke-Volmerstein (1791–1878), der Findelkinder in einem von ihm gegründeten Heim aufnahm, oder bei dem Juristen und Pädagogen Christian-Heinrich Zeller (1779–1860), der Gründer einer Modellschule für arme Kinder wurde und Lehrer als Mitarbeiter gewann, die selbst eine entbehrungsreiche Kindheit hinter sich hatten. Ernst von Kottwitz (1757–1843), ein schlesischer Aristokrat, steckte sein ganzes Vermögen in den Aufbau von Manufakturen, in denen die Arbeiterinnen ohne Schaden für ihre Gesundheit und Menschenwürde arbeiten konnten[8]. Diese Vorläufer der evangelischen Sozialbewegung waren alle Laien, oft Aristokraten und ebenso konservativ wie in Frankreich der Vicomte de Meaux oder der Graf Albert de Mun. Als entschiedene Feinde des Kapitalismus wie des Sozialismus ließen sie sich von religiösen Motiven leiten, waren aber keine sozialen Erneuerer.

Auf sozialem Gebiet ergaben sich mit dem Auftreten der Diakonissen von Theodor Fliedner (1800–1864) Veränderungen. Fliedner war Pastor in Kaiserswerth, d. h. im preu-

---

[7] Zwei wichtige Gesamtdarstellungen: SHANAHAN, Der deutsche Protestantismus vor der sozialen Frage, und GRESCHAT, Das Zeitalter der Industriellen Revolution.
[8] Vgl. P. MASER, Hans Ernst von Kottwitz. Studien zur Erweckungsbewegung des frühen 19. Jahrhunderts in Schlesien und Berlin, Göttingen 1990; DERS., „Berathung der Armuth". Das soziale Wirken des Barons Hans Ernst von Kottwitz zwischen Aufklärung und Erweckungsbewegung in Berlin und Schlesien, Frankfurt a. M. 1991.

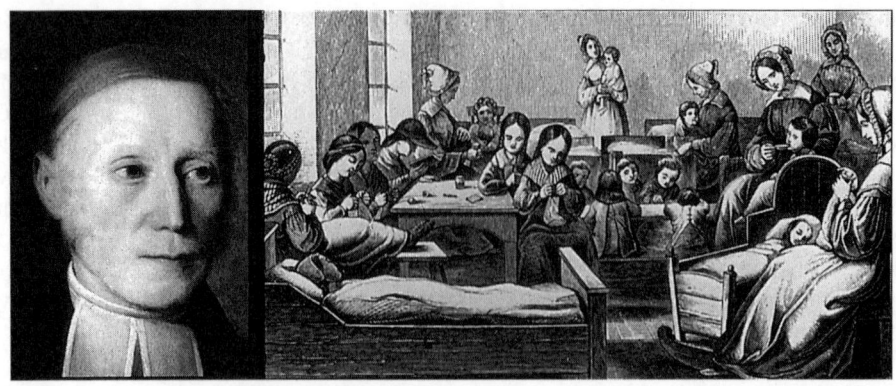

Der evangelische Pfarrer Theodor Fliedner (1800–1864), der auf einer Reise nach England (1823/24) menschliches Elend im Zuge der Industriellen Revolution, aber auch die Hilfen durch Frauen der methodistischen Bewegung erlebt hatte, eröffnete 1836 in Kaiserswerth eine *Pflegerinnen- und Diakonissenanstalt*. – Unser Bild zeigt Diakonissen einer Kinderkrankenstation, aus der sich der wie ein Orden geführte Verband der evangelischen Diakonissen entwickelte.

ßischen Rheinland. Zu Beginn hatte er sich um entlassene weibliche Strafgefangene gekümmert, dann ein Krankenhaus gegründet, wofür er „evangelische Pflegerinnen" ausbildete. Dies war der Ausgangspunkt für jene alte und doch so neue Institution der Diakonissen. Seine Diakonissen, die ab 1886 in der *Inneren Mission* und in Einrichtungen christlicher Nächstenliebe tätig wurden, waren nicht an Gelübde gebunden, mußten aber für die Zeit ihres Dienstes unverheiratet bleiben. Sie gehörten ihrem Mutterhaus an, das sie aussandte, wohin sie später auch zurückkehren konnten. Die Gründung entsprach dem Bedürfnis, den von den Trägern der evangelischen Sozialbewegung ins Leben gerufenen Institutionen zuverlässige Mitarbeiter zuzuführen. Der dem Neuluthertum zuzurechnende Pfarrer Wilhelm Löhe (1808–1872), der sich auch in der Bewegung der liturgischen und sakramentalen Erneuerung auszeichnete, hat in seinem fränkischen Pfarrhaus zu Neuendettelsau ebenfalls eine diakonische Einrichtung gegründet. Allmählich setzte sich bei ihren Mitgliedern das Leben in der Gemeinschaft mit einer Ordnung durch, die an die Regel der *Schwestern der Nächstenliebe* von Vinzenz von Paul erinnerte. Um 1870 hatte Löhe etwa 30 Häuser gegründet; sein Werk wurde von Friedrich Zimmer von Elberfeld aus weitergeführt[9]. Kaiserswerth unterstanden in derselben Zeit etwa doppelt so viele Häuser, keineswegs allein in deutschen Staaten.

Der Aufschwung der Diakonissen unterstrich die Rolle des Protestantismus reformierter Prägung oder des fränkischen Luthertums in der Gegend von Nürnberg, losgelöst von staatlichen Direktiven. Die Diakonissen breiteten sich von Kaiserswerth, von Neuendettelsau, aber auch von Bielefeld in Westfalen und anderen Orten aus. Die „Erweckung" war dort von tiefer Frömmigkeit getragen, volkstümlich und konservativ, wie es bei einfachen Volksschichten der Fall sein konnte, die den Umwälzungen der Großindustrie gegenüber feindlich eingestellt waren. Die Bewegung ist von einzelnen Pfarrern und ihren Gemein-

---

[9] Vgl. E. BEYREUTHER, Geschichte der Diakonie und Inneren Mission in der Neuzeit, Berlin 1984; E. SCHERING, Ordenserneuerung und Gestaltwerdung der Diakonie im Protestantismus des 19. Jahrhunderts, in: RoJKG 6 (1987) 115–132.

degliedern ausgegangen; geprägt waren sie in der Regel von konservativem Geistesgut. In diesen Zusammenhang gehört auch der große Koordinator der evangelischen sozialen Aktivitäten: Johann Hinrich Wichern.

Wichern und die Innere Mission [10]

Johann Hinrich Wichern (1808–1881) war, wie erwähnt, Teilnehmer am Wittenberger Kirchentag. Sein Lebenswerk ist stark von den Gedanken von Friedrich Julius beeinflußt worden. Dieser monarchisch und konservativ eingestellte Berliner Juraprofessor schrieb dem christlichen Staat die Aufgabe zu, „die christliche Lehre" in der sozialen und politischen Ordnung zu verwirklichen. Mit seiner Empfehlung, die Gesellschaft „mit der geringstmöglichen Bevormundung" [11] aufzubauen, hatte er bei den Philanthropen mehr Erfolg als bei den weltlichen Herrschern.

Wichern hatte in der Zeit vor der ihn erschütternden Märzrevolution als Hilfsgeistlicher bei dem sogenannten „Pfarrer der Armen", Johann Wilhelm Rautenberg, in Hamburg gewirkt. Von dort begann er seinen Kampf gegen die strukturelle Armut durch den Pauperismus. In seiner ersten Sozialeinrichtung, dem *Rauhen Haus*, nahm er verwahrloste Jugendliche auf und ließ ihnen eine Erziehung angedeihen. Er war hier nicht der einzige. Ihm wurde aber bewußt, daß die Werke der Nächstenliebe verstreut, improvisiert und in ihren Aktionen wie Rahmenstrukturen unregelmäßig waren. Zwar gab es viel guten Willen, aber wenig Erfahrung und organisatorischen Sachverstand. Er besaß nun die Genialität, die Zusammenarbeit starker Führungskräfte zu erreichen, die schon eigene Einrichtungen ins Leben gerufen hatten. Wichern verstand es, auf der Grundlage eines ganzen Bündels verschiedenartigster Initiativen eine koordinierte und dauerhafte Bewegung zu organisieren, die das Reich, Preußen und alle christlich-sozialen Bewegungen überlebte, die am Ende des 19. Jh. unter der Herrschaft Wilhelms II. entstanden sind. Man könnte seine Leistung als eine Institutionalisierung der Erweckungsbewegung bezeichnen. Sie trug jedenfalls dazu bei, das Erscheinungsbild des deutschen Protestantismus erheblich zu verändern.

Die *Innere Mission* verdient mit Recht diesen Namen, weil die sozialen Aufgaben dem Ziel untergeordnet waren, gegen die Entchristlichung zu kämpfen. Sie unterhielt Gruppen von Wanderpredigern und Kolporteuren zur Verbreitung von Bibeln, Traktaten und religiösen Schriften. Sie rief besondere Einrichtungen ins Leben, in denen die zur Konfirmation anstehenden Kinder eine entsprechende Unterweisung erhielten. In trägen Gemeinden wurden nach angelsächsischem Vorbild Sonntagsschulen organisiert und besondere religiöse Veranstaltungen, die an die *new measures* der englischen oder amerikanischen „Erweckten" erinnern.

Alle großen Gründungen der *Inneren Mission* hatten sowohl religiösen wie sozialen Charakter. Ihre *Jünglings-* wie *Jungfrauenvereine* mit ihren 500 000 Mitgliedern am Ende

---

[10] Vgl. neben BEYREUTHER, Geschichte der Diakonie und Inneren Mission, vor allem P. MEINHOLD, Wichern und Ketteler. Evangelische und katholische Prinzipien kirchlichen Sozialhandelns, Wiesbaden 1978. Die wichtigste Biographie zu Wichern stammt bis heute von M. GERHARDT, Johann Hinrich Wichern. Ein Lebensbild, 3 Bde., Hamburg 1927–1931. Außerdem ist man auf folgende Quellen angewiesen: J. H. WICHERN, Das Rauhe Haus, seine Kinder und Brüder, Hamburg ³1872; DERS., Die innere Mission der deutschen evangelischen Kirche. Denkschrift an die deutsche Nation, Hamburg ³1889; H. OLDENBERG, J. H. Wichern, sein Leben und Wirken, Hamburg 1884 und 1887.

[11] L. GALL, Bismarck. Ein Lebensbild, Bergisch Gladbach 1994, 59.

Johann Hinrich Wichern (1808–1881) richtete 1833 in Horn bei Hamburg eine Zufluchtsstätte für junge Menschen in Not ein. Diese Einrichtung, das sogenannte *Rauhe Haus*, in der die Jugendlichen handwerklich ausgebildet wurden und in familienähnlichen Gruppen zusammenlebten, bildete einen Markstein evangelischer Sozialreform und befruchtete u. a. die Bodelschwinghschen Anstalten von Bethel.

des 19. Jh. waren bisweilen auch Ausbildungsstätten für Katechetinnen und Katecheten. Ihre *Christlichen Vereine für Junge Männer* waren der Nährboden für Mitarbeiter der Geistlichen. Ihre *Herbergen zur Heimat* waren praktisch, kostengünstig und einladend, aber auch Horte der Erbauung. Alle Einrichtungen – die Kindergärten, Waisen- und Krankenhäuser, *Marthahöfe* (Wohnheime für junge Mädchen auf der Suche nach Arbeit), Unterkünfte für Arbeitslose, Dienste an entlassenen Strafgefangenen, das *Blaue Kreuz* gegen die Alkoholsucht, das *Weiße Kreuz* als Organisation gegen die Prostitution – widmete die *Innere Mission* dem Ziel der christlichen Erneuerung der Gesellschaft.

Das Hauptproblem war sowohl der Ausgleich zwischen geistlichem und sozialem Wirken als auch die Klärung der Beziehungen zwischen der Mission und den offiziellen Kirchen. In jeder Großstadt, auch in jedem kleinen Marktflecken, wo die *Innere Mission* mit Einrichtungen vertreten war, hatte sie einen Vereinsgeistlichen, der die Leitungsgremien der verschiedenen Vereine und Wohltätigkeitsinstitute koordinierte. Neben den Standortpfarrern hatte die *Innere Mission* noch eigene Reiseprediger. Sie alle konnten auf die Unterstützung von Evangelisten für die Predigtgottesdienste und – im Hinblick auf die caritativen Dienste – auf Diakonissen und auch „Brüder" zurückgreifen, die im allgemeinen aus dem Volk stammten (Arbeiter-, Handwerker- oder Bauernfamilien). Daneben standen Lehrer für die Erziehungsaufgaben und den Schutz der Jugend zur Verfügung. Am Ende des 19. Jh. gab es 13 000 Diakonissen und 2 000 Brüder.

Die Zeit nach Wichern

Unter den Nachfolgern Wicherns hat Friedrich von Bodelschwingh (1831–1910) Wege gebaut und geebnet [12]. Daß Bodelschwingh Geistlicher wurde, war fast schon außerge-

---

[12] Vgl. neben den Arbeiten von SHANAHAN, Der deutsche Protestantismus, und GRESCHAT, Das Zeitalter, auch M. GERHARDT, Friedrich von Bodelschwingh. Ein Lebensbild aus der deutschen Kirchengeschichte, 3 Bde., Bethel 1950–1958. Zu Bethel u. a. Gründungen vgl. das Zeitdokument von SIEBOLD, Kurze Geschichte und Beschreibung der Anstalten Bethel, Sarepta, Nazareth, Wilhelmsdorf und das Arbeiterheim bei Bielefeld, Bielefeld ²1894.

wöhnlich, weil seine Familienangehörigen eher unter Ministern, Botschaftern und Oberpräsidenten zu finden waren. Friedrich Bodelschwingh arbeitete zunächst in den Armenvierteln von Paris. Dann übernahm er in Bethel bei Bielefeld eine kleine Anstalt für
Epileptiker. Er baute diese Gründung aus, neben Krankenhäuser und Heime für Geistes-
kranke traten Diakonen- und Diakonissenanstalten, bald auch Sparkassen, Versicherungs-
und Pensionskassen, Baugesellschaften für Sozialwohnungen, 18 landwirtschaftliche
Anstalten und mehr als 2000 Verpflegungsstationen, in denen es für einen halben Tag oder
für mehrere Wochen Nahrung, Wohnung und Arbeit gab. Jede Anstalt war wiederum in
einzelne „allgemeine“, durch Gärten getrennte Häuser unterteilt. Grundprinzip war dabei,
daß die Kranken ein Recht auf Leben und die Gewißheit haben sollten, zu etwas nützlich
zu sein. Sie arbeiteten als Tischler, Sattler, Schuster, Schneider oder Landwirte, waren
aber auch Kassenangestellte und Sekretäre. Auch der Pfortendienst wurde von ihnen übernommen. Die Gesündesten halfen den Kränksten. Diese Therapie durch Arbeit, Vertrauen
und Solidarität wurde von Diakonissen und Brüdern überwacht, die in den Bielefelder
Anstalten ebenfalls ihre Ausbildung erhielten. Ein Teil der von Bethel übernommenen
Dienste ist mit den Dienstleistungen eines modernen Staates vergleichbar – jedenfalls
nach der Meinung Bodelschwinghs. Diese Gestalt vom Schlage Bismarcks forderte den
Staat immer wieder zur Hilfe durch gesetzliche Maßnahmen auf. Da er genug Beziehungen hatte, um sich Gehör zu verschaffen, verstand er es auch, an oberster Stelle dafür einzutreten, daß das beste Mittel im Kampf gegen die Revolution soziale Reformen seien. Er
gehörte zu denjenigen, die auf die Sozialgesetze des zweiten deutschen Kaiserreichs einigen Einfluß hatten.

Bethel war ein evangelisches Unterfangen im Kontext der *Inneren Mission*. Offensichtlich war aber Bodelschwinghs Hauptanliegen nicht die Neubelebung der Kirchengemein-

Angeregt durch das Wirken der *Inneren Mission* von Theodor Fliedner und Johann Hinrich Wichern (1808–1881)
wandte sich Friedrich von Bodelschwingh (1831–1910) dem Studium der evangelischen Theologie zu, wurde
1858 zum Pfarrer ordiniert und 1872 zum geistlichen Vorsteher der *Heil- und Pflegeanstalt für Epileptische* in
Bielefeld berufen. Die Entwicklung der Anstalten von Bethel – links eine Ansicht von 1885 – zur *Stadt der
Barmherzigkeit* erfolgte in Zusammenarbeit mit den Diakonen und Diakonissen und sorgte dafür, daß
Bodelschwinghs Lebenswerk bis heute lebendig ist.

den. Auf missionarischem Gebiet interessierte er sich für die äußere Mission, wobei er nicht der einzige war. Zunehmend bewegte das Problem der Kirchengemeinden dann die Gemüter, vor allem unter jungen, in der sozialen Bewegung engagierten Geistlichen. Sie begannen, religiöse Veranstaltungen auch für untere soziale Schichten einzurichten: Für Arbeiter, Matrosen, Eisenbahner, Kutscher, Dienstpersonal und Hotelangestellte. Allmählich setzte sich die Vorstellung durch, daß Berufsgemeinden neben den Ortsgemeinden existieren könnten, diese jedenfalls ergänzen müßten. Streng genommen wurde die Tatsache, daß die *Innere Mission* teilweise eine Art Nebenkirche bildete, nicht mehr als Fehlentwicklung oder Mißerfolg angesehen, sondern als eine Form christlichen Lebens, die losgelöst von den alten Strukturen gut an die Arbeitswelt in einem Deutschland angepaßt war, das sich auf dem Weg zur ersten Industrienation Europas befand.

Bibliographie

P. COLONGE, Présence de la Bible en Allemagne, in: C. SAVART – J.-N. ALETTI (Hrsgg.), Le monde contemporain et la Bible, Paris 1985.

G. GOETERS – J. ROGGE (Hrsgg.), Geschichte der Evangelischen Kirche der Union, Berlin 1992 (bisher 2 Bde.).

G. GOYAU, L'Allemagne religieuse – Le protestantisme, Paris 1898 (dt.: Das religiöse Deutschland, Einsiedeln 1906).

M. GRESCHAT, Das Zeitalter der Industriellen Revolution. Das Christentum vor der Moderne (Christentum und Gesellschaft 11), Stuttgart u. a. 1980.

J. E. GROH, Nineteenth-Century German Protestantism. The Church as Social Model, Washington 1982.

C. HINRICHS, Preußentum und Pietismus. Der Pietismus in Brandenburg-Preußen als religiös-soziale Reformbewegung, Göttingen 1971.

E. R. HUBER – W. HUBER, Staat und Kirche im 19. und 20. Jahrhundert, 5 Bde., Berlin 1973–1995.

T. KOOPS, Gehorsam und Widerstandsrecht in der Theologie des orthodoxen Luthertums, in: K. JÜRGENSEN – R. HANSEN (Hrsgg.), Historisch-politische Streiflichter, Neumünster 1971, 19–29.

K. KUPISCH, Quellen zur Geschichte des deutschen Protestantismus (1871–1945), Göttingen 1960.

–, Zwischen Idealismus und Massendemokratie. Eine Geschichte der evangelischen Kirche in Deutschland von 1815 bis 1945, Berlin 1963.

TH. NIPPERDEY, Deutsche Geschichte 1800–1866, München [6]1993.

–, Deutsche Geschichte 1866–1918, 2 Bde., München [3]1993–1995.

–, Religion im Umbruch: Deutschland 1907–1918, München 1988.

G. RIS, Der „kirchliche Konstitutionalismus". Hauptlinien der Verfassungsbildung in der evangelisch-lutherischen Kirche Deutschlands im 19. Jahrhundert, Tübingen 1988.

W. SHANAHAN, Der deutsche Protestantismus vor der sozialen Frage 1815–1871, München 1962.

R. VON THADDEN, Kirche im Schatten des Staates, Geschichte und Gesellschaft, Sonderheft 6: Preußen im Rückblick, Göttingen 1980.

J. WALLMANN, Kirchengeschichte Deutschlands seit der Reformation, Tübingen [5]1997.

Neuntes Kapitel

Österreich-Ungarn (1830–1860)

von Victor Conzemius

Unter den kontinentaleuropäischen Mächten war der Vielvölkerstaat Österreich, in dem Deutsche, Tschechen, Slowaken, Polen, Ruthenen, Magyaren, Rumänen, Slowenen, Kroaten, Serben und Italiener lebten, derjenige, der am meisten Interesse hatte, den Status quo des Wiener Kongresses zu erhalten. Als „konservatives Gewissen" Europas hatte sich Österreich daher nach 1815 gegen freiheitliche Bewegungen in den Völkern gestemmt und versucht, seinen Besitzstand zu verteidigen. Doch mußte es die Lombardei 1859 an Piemont, 1866 Venedig an das Königreich Italien abtreten und Ungarn gegenüber Zugeständnisse machen, die 1867 zur Ausrufung der Doppelmonarchie Österreich-Ungarn führten. Spannungsreich, doch mit unterschiedlichem Gefälle blieben die Beziehungen zu den nationalen Bewegungen der Polen, Tschechen, Ruthenen und Kroaten.

Mit der konservativen Grundstruktur des Staates inmitten zentrifugaler Kräfte ist die Geschichte der Kirche in der Habsburger Monarchie eng verbunden. Inmitten der Verschiedenheit der Völker und Konfessionen[1] bildete der Katholizismus eine Art Klammer, welche die auseinanderstrebenden Elemente zusammenhielt. In ihrer einheitstiftenden Funktion ließ die Kirche sich für staatliche Zwecke vorteilhaft einsetzen. Nun entsprang die Anhänglichkeit des Kaiserhauses, insbesondere Kaiser Franz Josephs I. (1848–1916), an die katholische Kirche nicht nur dynastischen Interessen, sondern persönlicher Überzeugung. Auf der Ebene der Regierungs- und Verwaltungsorgane überwogen jedoch Überlegungen des Interessenkalküls. Staatskanzler von Metternich (1773–1859) schätzte die Kirche als konservative Ordnungsmacht und trat allen liberalen und demokratischen Tendenzen, die in ihr aufbrachen, entschieden entgegen. Im Sinne der Weiterführung des Bündnisses von Thron und Altar stützte er sich auf Vertreter der Romantik wie Adam Müller, Friedrich Gentz und Karl Ernst Jarcke, die in die Dienste des österreichischen Staates getreten waren.

Innerlich fremd blieb dem gebürtigen Rheinländer Metternich der Josephinismus, das Staatskirchentum österreichischer Prägung. Weit über die Zeit Kaiser Josephs II. (1765–

Literaturverzeichnis siehe Vierter Teil, neuntes Kapitel „Österreich–Ungarn (1860–1914)".

[1] Für das Jahr 1869 ergibt sich für die cisleithanische Reichshälfte (d. h. für Österreich ohne Ungarn) bei einer Gesamtbevölkerung von 20 Millionen folgende Konfessionsstatistik: Römische Katholiken 16,25 Millionen (80,3 Prozent), griechische Katholiken 2,3 Millionen (11,5 Prozent), Griechisch-Orthodoxe 450000 (2,2 Prozent), Evangelisches Augsburger Bekenntnis 247000 (1, 2 Prozent), Evangelische Konfession Helvetischen Bekenntnisses (Reformierte) 104000 (0,5 Prozent), Juden 820000 (4,3 Prozent); bei einer Gesamtbevölkerung von 28,5 Millionen im Jahr 1910 ergaben sich keine großen Verschiebungen; es nimmt die Zahl der Konfessionslosen zu. Vgl. P. Leisching, Die römisch-katholische Kirche in Cisleithanien, in: A. Wandruszka – P. Urbanitsch, Geschichte der Habsburgermonarchie IV, Wien 1985, 88.

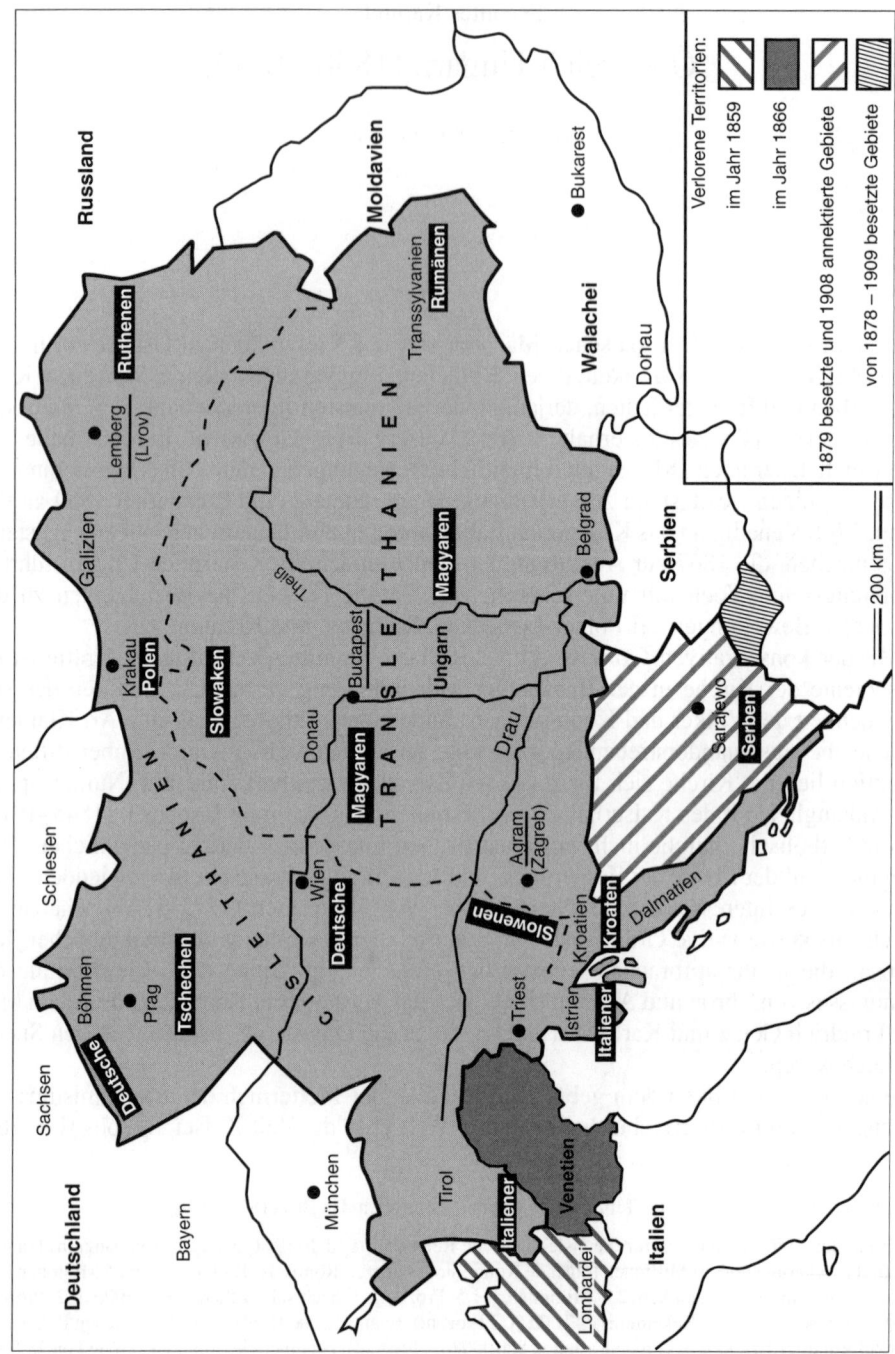

Die Nationalitäten in Österreich-Ungarn.

Verlorene Territorien:

im Jahr 1859

im Jahr 1866

1879 besetzte und 1908 annektierte Gebiete

von 1878 – 1909 besetzte Gebiete

200 km

1790) hinaus bestimmte der Josephinismus die Geschichte der Kirche in Österreich[2]. Es war ein System der Abhängigkeit der Kirche vom Staat, das die Kirche privilegierte, um sie besser kontrollieren zu können. In der kirchengeschichtlichen Literatur Österreichs wurde der Josephinismus teils als eine Art Sündenbock aller kirchlichen Defizite, teils ebenso einseitig als eine Art Reformbemühung im urkirchlichen Sinne angesehen. Die Ausschließlichkeit dieser Positionen wird dem Charakter vor allem des Spätjosephinismus nicht gerecht. Dieser hatte als bürokratische Domestizierung der Kirche seine Reformimpulse verloren und wurde als eingeschliffenes System der Beziehungen von Kirche und Staat zum Hemmschuh kirchlicher Reformen. Der Typ des Bischofs, der aus dem Privileg des kaiserlichen Nominationsrechts hervorging, war zumeist der des getreuen Staatsdieners.

Analog zu den Reformkreisen in Deutschland war Wien ein Zentrum der katholischen Romantik. Im Mittelpunkt stand der Redemptorist Clemens Maria Hofbauer (1751–1820). Zum Hofbauer-Kreis, der neue Mittel in der Seelsorge einsetzte – wie Hausbesuche, religiöse Heimabende, Krankenseelsorge, Leihbibliotheken –, gehörten Romantiker wie Friedrich Schlegel, Adam Müller, Clemens Brentano und Joseph von Eichendorff[3]. Im Episkopat gewann der kirchliche Restaurationsgedanke Unterstützung durch Bischöfe wie Gregor Thomas Ziegler von Linz (1827–1852) und Roman Sebastian Zängerle von Seckau (1824–1848). Bedeutendster Vermittler der Reformimpulse dieser Jahre in die neue Zeit war der jüdische Arzt und Konvertit J. E. Veith (1787–1870). Veith wurde 1821 Priester und übte als Domprediger, Publizist und Vereinsgründer einen anregenden Einfluß im Blick auf eine größere Verselbständigung des kirchlichen Lebens aus[4]. Er wollte insbesondere die Laienkräfte aktivieren und gründete im Revolutionsjahr 1848 den *Katholikenverein*. Er stand auch in Verbindung mit dem Wiener Philosophen und Weltpriester Anton Günther (1783–1863), der im Anschluß an den deutschen Idealismus aus anthropologischem Ansatz eine Neubegründung der Theologie versuchte. Günther geriet in Konflikt mit den Vertretern der Neuscholastik, die 1857 in Rom eine Verurteilung seines Systems als Semirationalismus erwirkten. In Verbindung mit Kardinal Friedrich von Schwarzenberg (1809–1885; 1836 Erzbischof von Salzburg, 1850 von Prag), der als Protektor des Güntherkreises galt, gelang es Veith, Günther zur Annahme des römischen Urteils zu bewegen. Ein Teil der mit Günther Sympathisierenden wandte sich der Neubelebung des Benediktinerordens zu, andere bewahrten die Anhänglichkeit an dessen philosophisch-theologische Grundkonzeption. Die Vertreter der letzteren Richtung an katholischen Fakultäten Deutschlands – die deutschen Erblande hatten nur in Wien eine katholisch-theologische Fakultät von universitärem Rang, Innsbruck wurde erst 1857 wiedererrichtet – schlossen sich nach 1870 der Altkatholischen Bewegung an.

Diese Entwicklung berührte Österreich-Ungarn allerdings nur am Rande. Hier wirkte sich die enge Verbindung von Thron und Altar, sei es in der Konzeption Metternichs oder im josephinischen Staatskirchentum, in zunehmendem Maße zum Schaden für die Kirche aus. Je länger diese Bindung dauerte, um so öfter wurde die Kirche als Komplizin des Metternichschen Zensur- und Spitzelsystems angesehen, das schließlich im Revolutionsjahr

---

[2] Zu den verschiedenen Interpretationen des Josephinismus vgl. ebd.
[3] E. Hosp, Kirche Österreichs im Vormärz 1815–1850, Wien – München 1971, 249 ff. 303 ff.
[4] Zu Veith vgl. E. Winter – M. Winter, Domprediger Johann Emanuel Veith und Kardinal Friedrich Schwarzenberg. Der Güntherprozeß in unveröffentlichten Briefen und Akten, Wien 1972.

1848 zusammenbrach. Klerusversammlungen in Wien, Prag und Salzburg plädierten gegen starke Widerstände aus dem eigenen Lager und der Josephiner für die Freiheit der Kirche vom Staat und für das Recht, ihre Angelegenheiten selbständig zu ordnen und zu verwalten. 1848 entstand in Wien die *Wiener Kirchenzeitung* und in Linz die *Theologisch-praktische Quartalschrift*. Die Verfassung vom März 1849 regelte die kirchlichen Angelegenheiten in diesem Sinne: Eine Bischofsversammlung in Wien (29. April–20. Juni 1849) unter dem Vorsitz von Kardinal Schwarzenberg stellte sich auf die neue Rechtslage ein. Die endgültige Regelung der Einzelfragen sollte einem Konkordat vorbehalten bleiben.

Die Konkordatsverhandlungen, an deren Abschluß der Wiener Erzbischof Joseph Otmei[5] sowie Kardinal Rauscher federführend beteiligt waren, kamen im August 1855 zum Abschluß. Wohl räumte der neue Vertrag endgültig mit dem Josephinismus auf: So wurde den Bischöfen freier Verkehr mit Rom zugestanden sowie ein gewisser Einfluß auf die Nomination der Bischöfe, die nach wie vor dem Kaiser vorbehalten blieb. Doch die Privilegien, die der Staat der Kirche zugestand, insbesondere die Geltung des kanonischen Rechtes und seiner Normen für die ganze Monarchie sowie Privilegien im Schulwesen, ließen das Konkordat als Neuauflage der alten Allianz von Thron und Altar erscheinen[6]. Auf das Konkordat schoß sich eine heterogene Gruppe von Gegnern ein: Josephinisten, Bürokraten, Liberale und Kleriker, die unzufrieden waren mit der größeren Abhängigkeit von den Bischöfen, die das Konkordat ihnen beschert hatte. In der Tat war es ein Pyrrhussieg, der langfristig gesehen zur kirchlichen Entfremdung breiter bürgerlicher Schichten führte und das Bild der Habsburgermonarchie als klerikal dominierter rückständiger Macht bestimmte. Das Februarpatent vom 26. 2. 1861 enthielt erste demokratische Ansätze. Die Fürsterzbischöfe erhielten Sitz und Stimme im Herrenhaus des Reichsrates und die Diözesanbischöfe im jeweiligen Landtag, ohne gewählt werden zu müssen. Der später in Österreich mit besonderem Nachdruck erhobene Vorwurf des „politischen Katholizismus" hat hier eine seiner Wurzeln. Nach dem Sieg Preußens über Österreich im *Deutsch-Österreichischen Krieg* (1866) machte sich der österreichische Kanzler, Graf Beust, daran, das Konkordat einseitig zu revidieren, und stufte in den Maigesetzen von 1868 den kirchlichen Einfluß in Ehe- und Schulsachen zurück.

Papst Pius IX., der vom Leitbild eines längst vergangenen christlichen Staatsideals her unerfüllbare Forderungen stellte, verurteilte die Maigesetze in seiner Ansprache vom 22. Juni 1868 mit ungewöhnlicher Schärfe und erklärte sie für ungültig. Der Münchener Kirchenhistoriker Ignaz von Döllinger kommentierte: „Was ist diese Allocution anderes als eine Kriegserklärung gegen alle Verfassungen zivilisierter Völker, gegen jede fremden Konfessionen erwiesene Gerechtigkeit, also im Grunde auch durch notwendigen Rückschlag eine an alle nichtkatholischen Mächte gerichtete Provokation, den unter ihnen stehenden Katholiken ihrerseits die rechtliche Gleichstellung zu verweigern."[7]

Eine Gelegenheit, das Konkordat aufzukündigen, bot sich nach der Proklamation der päpstlichen Unfehlbarkeit auf dem Ersten Vatikanischen Konzil. Unter dem Vorwand, der Vertragspartner sei ein anderer geworden, kündigte die Regierung am 30. Juli 1870 das

---

[5] E. WEINZIERL-FISCHER, Die österreichischen Konkordate von 1855 und 1933, Wien – München 1960.

[6] Zum Versuch, Österreich in der Konkordatsära zur katholischen Großmacht zu stilisieren, vgl. G. MAYER, Österreich als „katholische Großmacht". Ein Traum zwischen Revolution und liberaler Ära, Wien 1989.

[7] Döllinger an Charlotte Blennerhasset am 5. Juli 1868 (I. VON DÖLLINGER, Briefwechsel IV, München 1981, 327).

Konkordat. Das war das Ende des offiziell katholischen Gepräges der Monarchie, die sich in Gegensatz zur römischen Kirchenleitung gestellt hatte; verfassungsrechtlich kam der konfessionsneutrale Staat zum Durchbruch. Ein eigentlicher Kulturkampf blieb Österreich erspart, auch wenn es 1874 abermals zu Maigesetzen kam; sie hatten allerdings mit den preußischen nur den Namen gemeinsam[8]. Es kam auch zu keiner nennenswerten Protestbewegung gegen das Erste Vaticanum, wie das in Deutschland der Fall war[9]. Anders als dort gab es in Österreich keine Widerstandszentren; Gleichgültigkeit war verbreiteter als Feindseligkeit.

Überhaupt hatte der offene Katholizismus ein längeres Leben in der Habsburgermonarchie als andernorts. Die bedeutendsten Vertreter des österreichischen Episkopats – die Kardinäle Rauscher von Wien, Schwarzenberg von Prag, Simor von Gran (Primas von Ungarn), Bischof Stroßmayer von Djakovo[10] – gehörten auf dem I. Vatikanischen Konzil zur Opposition. In Ungarn wurde der Begriff „ultramontan" erst um 1870 in die Sprache eingeführt[11]. Auch Böhmen war von ultramontanen Vorstellungen unberührt geblieben. Tirol war das Land, in dem der Einfluß des Klerus sich im gesellschaftlichen Leben am unmittelbarsten erhalten hatte. Erst 1857 erhielt der Ultramontanismus mit der Übergabe der Theologischen Fakultät Innsbruck an die Jesuiten ein geistiges Zentrum. Wohl kam es in Fragen der Auslegung des Konkordats zu Konflikten einzelner Bischöfe mit staatlichen Organen – doch die ultramontane Bewegung brauchte noch Jahrzehnte, bis sie sich im politischen Raum durchzusetzen vermochte. Als Exponent des Widerstandes galt der Linzer Bischof F. J. Rudigier, der auf Grund seines scharfen Hirtenbriefes vom 7. 9. 1868 wegen des „Verbrechens der Störung der öffentlichen Ordnung" zu zwei Wochen Kerker verurteilt wurde. Der Kaiser begnadigte ihn jedoch.

---

[8] LEISCHING, Cisleithanien (s. Anm. 1) 57.
[9] Zur altkatholischen Bewegung in Österreich vgl. V. CONZEMIUS, Katholizismus ohne Rom. Die altkatholische Kirchengemeinschaft, Zürich 1969, 90–96.
[10] Vgl. die Biogramme in E. GATZ, Die Bischöfe der deutschsprachigen Länder 1785/1803–1945. Ein biographisches Lexikon, Berlin 1983. – Zu den Kardinälen Haynald und Simor vgl. G. ADRIÁNYI, Ungarn und das I. Vaticanum, Köln – Wien 1975.
[11] Vgl. K. SCHATZ, Vaticanum I 1869–1870, 3 Bde., Paderborn 1992–1994.

DRITTER TEIL

DIE ZEIT DER DEMOKRATIE
UND DER EUROPÄISCHEN EXPANSION
(1860–1914)

Erstes Kapitel

Theologie und Spiritualität in der katholischen Welt

VON JACQUES GADILLE

I. Die Erneuerung der Spiritualität

Zur Zeit des zweiten französischen Kaiserreiches stand der „Naturalismus" im Zentrum der Kritik der katholischen Kirche. Das geht aus den Synodalschreiben des Bischofs von Poitiers, Louis Edouard Pie, klar hervor. Als Reaktion auf diese Kritik erhoben die europäischen Intellektuellen die Ablehnung des „Übernatürlichen" zum Programm. Standardlektüre der jungen Garde der republikanischen Opposition[1] war das 1852 erschienene „Grünbuch" Emile Littrés, *Conservation, révolution, positivisme*, worin dieser sich gegen die spirituelle Dimension der Philosophie Auguste Comtes wandte. Unter dem Einfluß der deutschen Linkshegeliander und Rudolf Virchows kam es zu einer gewissen Verhärtung, wozu auch die (freilich in deformierter Form) rezipierten Lehren Charles Darwins beitrugen. Der französische Historiker und Geschichtsphilosoph Hippolyte Adolphe Taine veröffentlichte 1870 sein zweibändiges Werk *De l'intelligence*, eine Systematisierung seines psychologisch-deterministischen Denkansatzes und Schlüssel seiner historischen Arbeiten insgesamt. Emile Zola seinerseits vulgarisierte diesen Determinismus im Romanzyklus *Les Rougon-Macquart*, der Natur- und Sozialgeschichte einer dem Verfall geweihten Familie im Zweiten Kaiserreich. Einen ähnlichen Erfolg konnte dieser von Herbert Spencer noch verschärfte biologische Determinismus in Großbritannien verzeichnen. Nach dem Deutsch-Französischen Krieg von 1870/71 stand die deutsche Metaphysik in hohem Ansehen und führte zu dem, was Claude Digeon später in einer griffigen Formel als die deutsche Krise des französischen Denkens bezeichnet hat[2]. Im Philosophieunterricht löste der Kantsche Idealismus den Eklektizismus eines Victor Cousin ab, und Auguste Burdeau (1851–1893) verkörperte exemplarisch jenen Typus des Philosophieprofessors, den Maurice Barrès in *Les Déracinés* (1899) in der Person Bouteillers porträtierte. Der Erfolg der experimentellen Medizin sowie die aus wissenschaftlicher Forschung hervorgegangenen Techniken begründeten die immer stärker um sich greifende Überzeugung, der Rationalismus sei der Schlüssel zur Zukunft des Menschen und zu dessen künftigem Glück. Diese Überzeugung spiegelte sich in einer Reihe von Weltausstellungen wider, insbesondere 1889 – ein Jahrhundert nach der Französischen Revolution – unter den Bögen des stolzen Metallturmes, den Gustave Eiffel konstruiert hatte. Im selben Jahr veröffentlichte Marie-Jean Guyau *L'irréligion de l'avenir*, und Ernest Renan schickte sich an, ein bereits 1848

Zu Kurztiteln vgl. die jeweilige Erstnennung.

[1] L. CAPÉRAN, Histoire contemporaine de la laïcité française I, Paris 1957, Introduction.
[2] C. DIGEON, La crise allemande de la pensée française, Paris 1959.

verfaßtes Manuskript unter dem Titel *L'avenir de la science* zu veröffentlichen. Naturalismus, Kantscher Idealismus und Renanscher Dilettantismus verschmolzen und bildeten die herrschende Weltanschauung jener Zeit, die Romain Rolland später als „diese mephistophelischen achtziger Jahre"[3] bezeichnen sollte.

Diesen Philosophien, die kategorisch jede geoffenbarte Wahrheit ablehnten, hielten die Christen eine nicht weniger radikale Bekräftigung des Übernatürlichen entgegen, das für sie von der menschlichen Existenz nicht zu trennen war. In diesem Sinn äußerte sich der bereits erwähnte Bischof Pie von Poitiers 1876 vor Lourdes-Pilgern: „Das Übernatürliche hat ausgedient, behaupteten die Menschen des 19. Jahrhunderts. Doch nun schwillt das Übernatürliche an, nun quillt es über, nun drängt es aus Sand und Fels hervor, nun entspringt es der Quelle, nun kehrt es wieder und entfaltet sich in den lebendigen Wellen eines Stromes von Gebeten, Gesängen und Lichtern ..."[4]

In diesem Umfeld mußte die christliche Spiritualität, wollte sie sich mit ihren Gegnern messen, zur Stärke ihrer Quellen – Bibel und Mystik – zurückfinden und das Zeugnis der Bekehrung zu ihrer Antwort machen. Dazu gehörte die Wiedergeburt der katholischen Literatur. Die Anzeichen für diese Wiedergeburt sind bereits im ersten Teil des vorliegenden Bandes erwähnt worden. In Frankreich erfuhr die katholische Literatur vorab einen Aufschwung und konnte der neu entdeckten Religiosität eine breite Gefolgschaft sichern. Um die Etappen der spirituellen Erneuerung in der zweiten Hälfte des 19. Jh. zu rekonstruieren, gilt es folglich, die Quellen zu studieren, die wichtigen Personen – Kleriker und Laien –, die Denker, Künstler und Schriftsteller in Erinnerung zu rufen und sie schließlich mit den Ausdrucksformen kollektiver Volksfrömmigkeit in Zusammenhang zu bringen.

1. Kleriker als Seelenführer

In seiner 1985 erschienenen Untersuchung zur Bibel in der modernen Welt hat Claude Savart festgestellt, daß es im Katholizismus an Frömmigkeitswerken in Form von Bibelkommentaren mangelte. Erst um 1885 nahmen Veröffentlichungen dieser Art allmählich zu, wie etwa der zehnbändige, auch nach dem Krieg von 1870/71 neu aufgelegte *Retour à L'Évangile* des Maxime Caron belegt. 1905 setzte dann die Rückkehr zur Bibel ein[5]. Einige Priester und Mönche hatten die unablässige Bibelmeditation und die lebendige Vereinigung mit Jesus zum Mittel und Zweck des geistlichen Lebens erhoben. Der bereits erwähnte Antoine Chevrier, Autor des *Disciple*, ist ein anschauliches Beispiel dafür, wie diese Art von Spiritualität die pastorale Arbeit bereicherte. Für Charles L. Gay (1815–1892), einen der bedeutendsten geistlichen Autoren des 19. Jh., war diese „beständige und intensive" Meditation das Fundament seiner Schriften. Gay hatte seinen Wohnsitz in Poitiers, wo er Bischof Pie als Weihbischof zur Seite stand und den geistlichen Austausch mit den Prioren der Karmeliter von Poitiers und Limoges pflegte. 1883 kehrte er nach Paris zurück. Sein 1874 veröffentlichtes Werk *De la vie et des vertus chrétiennes considérées dans*

---

[3] R. ROLLAND, Péguy, 2 Bde., Paris 1944, zit. nach R. BESSÈDE, La crise de la conscience catholique dans la littérature et la pensée française à la fin du XIXe siècle, Paris 1975, 34.

[4] Predigt vom 3. Juli 1876 anläßlich des Festes Mariä Krönung in Lourdes, in: L. PIE, Opera IX, 341. – Bereits in den vierziger Jahren des 19. Jh. ist im deutschen Protestantismus eine dezidierte Rückkehr zum Übernatürlichen festzustellen.

[5] C. SAVART – J.-N. ALETTI, Le monde contemporain et la Bible. Bible de tous les temps VIII, Paris 1985, 99–101.

l'état religieux war „ein Ereignis"[6]. Gay legte dar, in welchem Maße die großen dogmatischen Wahrheiten das gesamte Leben erhellen können, und stellt Jesus Christus ins Zentrum seiner Aussagen, als Fundament der religiösen Einsicht: „Mein Buch – das ist Jesus Christus"[7]. Selbst nach Gays Tod nahm sein Einfluß noch zu, als 1896 sein unvollendet gebliebenes Werk *L'exposition théologique et mystique des psaumes* und zwischen 1902 und 1904 seine von Henri Bremond edierten *Lettres de direction spirituelle* veröffentlicht wurden.

Etwa um die gleiche Zeit verhalfen auch zwei herausragende Ordenspersönlichkeiten der Spiritualität zu vermehrtem Ansehen. Jean-Baptiste Chautard (1858–1935), der Erneuerer von Cîteaux, schrieb 1907 ein Buch für Ordensschwestern, die im Arbeitermilieu von Paris tätig waren. Das Werk erschien 1913 unter dem Titel *L'âme de tout apostolat*. Columba Marmion (1858–1923), Abt von Maredsous, veröffentlichte 1917 seine Schrift *Le Christ, vie de l'âme*. Beide beriefen sich auf die göttliche Kindschaft, um den Gläubigen die Wichtigkeit des Gebetes nahezubringen[8]. Einfache Priester, deren Schriften weniger bekannt waren, hatten mit ihrer Verkündigung oder durch ihr Amt als Beichtväter oder Seelenführer großen Einfluß. Zu ihnen gehört etwa Tardif de Moidrey (1828–1879), Missionar von La Salette, der für den jungen Léon Bloy prägend war; de Moidrey verfaßte einen allegorischen Kommentar zum alttestamentlichen Buch Rut, zu dem Paul Claudel das Vorwort schrieb. Das Wirken eines Henri Huvelin (1838–1910) ist von Lucienne Portier einfühlend dargestellt worden. Huvelins hohe religiöse und philosophische Bildung, vor allem aber seine spontane Herzlichkeit, erklären, weshalb dieser Absolvent der *Ecole supérieure*, Kommilitone von Léon Ollé-Laprune, mit den bedeutendsten Vertretern des Geisteslebens im Austausch stand: mit Emile Littré, den er zwischen 1879 und 1881 auf dem Weg zu seiner Konversion begleitete, mit Maurice Blondel, der durch ihn zu seiner Berufung als akademischer Philosoph fand, aber auch mit den Hauptakteuren des Modernismusstreits: Friedrich von Hügel, Alfred Loisy, Lucien Laberthonnière und Henri Bremond. Als Kirchenhistoriker, Prediger und Seelenführer galt Huvelins besondere Aufmerksamkeit dem von den Evangelisten und von Paulus vermittelten Jesus-Bild. „Man verlegt die Religion zu stark in die Frömmigkeitsgesten und zu wenig in die Lebensgrund", schrieb er. Gestützt auf die rheinischen und flämischen Mystiker des 14. Jh. stellte er das Gebet als einen „Zustand" dar[9].

Ebenfalls über eine außergewöhnliche Gefolgschaft im Pariser Intellektuellenmilieu verfügten zwei Priester der Katholischen Mission, Guillaume Puget (1847–1933) und Fernand Portal (1855–1926), deren Portraits uns Jean Guitton und Régis Ladous gezeichnet haben[10]. Ihr Einfluß ist weniger auf ihre Lehrtätigkeit an Seminaren zurückzuführen – Pouget wurde 1905 vom Unterricht suspendiert – als auf ihr seelsorgliches Wirken unter Studenten, Priestern und Philosophen. Pouget, ein Pionier des Ökumenismus, war in der Armenseelsorge tätig und, gemeinsam mit Laberthonnière, Gründer einer Gesellschaft, die sich die Erarbeitung einer neuen Verkündigungsstrategie zum Ziel gesetzt hatte. Beide ver-

---

[6] A. Rayez, Histoire spirituelle, [19]1904, 353.
[7] Brief an Ch. Gounod, zit. nach Y. Marchasson, Charles-Louis Gay, in: DSp VI (1967), 159–171, zit. 169.
[8] B. Martelet, Itinéraire spirituel de Dom Chautard, Paris – Freiburg i. Ue. 1967, 137–153. Savart, Le monde contemporain (s. Anm. 5) 103.
[9] L. Portier, Un précurseur, l'abbé Huvelin, Paris 1979, 191 und 230f.
[10] J. Guitton, Portrait de M. Pouget, Paris 1941; R. Ladous, M. Portal et les siens 1855–1926, Paris 1985.

einigten in ihrer Person Armut, eine ihre bäuerliche Herkunft spiegelnde Einfachheit und umfassende Bildung. Ihr heiligmäßiger Lebenswandel legte in der Pariser Intelligenz ein an der Spiritualität von Jean-Baptiste Marie Vianney, Pfarrer von Ars, orientiertes Zeugnis ab.

Gemeinsam war diesen Seelenführern das Bemühen, jeden Christen zu dem in ihm schlummernden und vom Wort befruchteten mystischen Leben zu erwecken. Pierre Pourrat[11] vermutet einen Zusammenhang zwischen dieser Spiritualität und den zwischen 1860 und 1900 sukzessive edierten Schriften der flämischen und spanischen Mystiker des 14. bis 16. Jh. sowie der stärker spezialisierten Werke einiger weiterer Priester. Es erstaunt deshalb nicht, daß einige dieser Persönlichkeiten auf mehrere echte Mystiker, von denen im folgenden die Rede sein wird, als prägende und begleitende Seelenführer einwirkten.

Unter ihnen nimmt John Henry Newman (1801–1890) aufgrund seiner internationalen Gefolgschaft eine Sonderstellung ein. Der berühmte englische Oratorianer war 1879 der erste von Papst Leo XIII. zum Kardinal ernannte Würdenträger. Newman war seiner Zeit weit voraus, und erst zehn Jahre nach seinem Tod am 11. August 1890 wurde die wahre Dimension seines Denkens erkannt. Sein Weg in den katholischen Priesterstand war das Ergebnis einer gründlichen theologischen Reflexion über die Geschichte der Kirche in den ersten Jahrhunderten, die er umfassend erforscht hatte. Er verwarf jede zwingende Rückbindung an die Autorität von Schrift und kirchlicher Institution und wies nach, daß die Ausgestaltung der dogmatischen Wahrheiten stets, auch in diesen ersten Jahrhunderten, auf verschlungenen Wegen vor sich gegangen war. Newman hatte sieben Kriterien erarbeitet, um den zwingenden Wandel der religiösen Ausdrucksformen in eine dem Inhalt der biblischen Offenbarung getreue Entwicklung einzubinden. Publiziert wurden seine Überlegungen 1845 unter dem Titel *An Essay on the Development of Christian Doctrine*. Bestätigung fand das Werk wenig später seitens der römischen Theologen, insbesondere Franzelins, anläßlich von Newmans Verteidigung seiner theologischen Dissertation, worin er die Hauptthemen seines Buches darstellte. Doch bei der Neuauflage des Buches im Jahr 1872 wurde die kühne, von Döllinger als zu subtil eingestufte Doktrin bemängelt. Im Gegensatz zu diesem deutschen Gelehrten lehnte Newman die Unfehlbarkeit des Papstes nicht ab. Aber er interpretierte sie als die negative Bedeutung der Petrus und seinen Nachfolgern von Jesus verheißenen Irrtumslosigkeit, nicht aber als die positive Bestätigung übertriebener Theologenmeinungen, die er ablehnte.

Nach der *defensio* seiner *Apologia pro vita sua* (1864) – ein Zeugnis der Aufrichtigkeit seiner Konversion als Antwort auf die Attacken des Gelehrten Kingsley in Cambridge – arbeitete Newman zwischen 1866 und 1870 an einer hochdifferenzierten Studie über die intellektuellen Bedingungen des Glaubensaktes, die unter dem Titel *An Essay in Aid of a Grammar of Assent* erschien. In diesem Werk verbindet Newman die anspruchsvolle Suche nach der rationalen Fundierung des Glaubens, insbesondere in Sachen historischer Bibelkritik, mit der Komplexität der Glaubenszustimmung zu einer Wahrheit, die wesensmäßig der Vereinnahmung durch den von den Ideologen der Aufklärungszeit verengten Rationalismus entgeht. Zwar räumt er der Vernunft den Vorrang ein, doch bettet er sie in

---

[11] P. POURRAT, La spiritualité chrétienne IV, 1947, 646. Die Ausgabe von 1947 erwähnt M. J. Ribot, P. Lejeune, A. M. Meyop, den Kanoniker Auguste Saudreau und dessen Werke *Degrés de la vie spirituelle* (2 Bde., 1896) und *État mystique* (1903), schließlich Auguste Poulain SJ, Spezialist für Johannes vom Kreuz und Verfasser des kontroversen Werkes *Les Grâces d'oraison* (1910, [10]1932).

eine synthetische Einschätzung ein, in der die Konvergenz der Probabilitäten Überzeugung schafft. Das nannte er *illative sense*[12]. Dieser *illative sense* bedarf der „Vermittlung der Zeit" in der religiösen Erkenntnis und im moralischen Gewissen des einzelnen. An dieser „existentiellen Apologetik", die bereits die Philosophie eines Blondel ankündigt, orientierte sich Léon Ollé-Laprune in seinem Hauptwerk *La certitude morale*. Newmans innovatives Denken in Theologie, Philosophie und Geschichte zeichnete sich durch eine lebendige spirituelle Empfindsamkeit von hohem poetischem Gehalt aus. Getragen vom geschärften Bewußtsein für das Elend des auf sich selbst zurückgeworfenen Menschen und für die Größe des um die Autonomie der Wissenschaften und des literarischen Schaffens bemühten Humanismus, öffnete sich Newmans Denken der „gegenwärtigen Abwesenheit des Unsichtbaren" und dem innern Dialog des Gebetes[13].

2. Laien als Promotoren der katholischen Literatur

Die nachstehenden Persönlichkeiten sind im Kontext der umfassenderen spirituellen Suche einer ganzen Generation zu betrachten: Philosophen, Schriftsteller und Künstler – meist Laien – wandten sich gegen die reduktionistischen Tendenzen des herrschenden wissenschaftsgläubigen Denkens und profilierten sich als Zeugen eines dem wissenschaftlichen Naturalismus entgegengesetzten „mystischen Naturalismus" (Joris-Karl Huysmans). Als vehemente Gegner des herrschenden Materialismus geißelten sie auch die Kompromisse der kirchlichen Institution mit der bürgerlichen Gesellschaft. Die repräsentativsten Vertreter dieser Mentalität waren Konvertiten, was auch erklärt, weshalb sie die von anderen Laientheologen bereits früher entwickelten „antimodernistischen" Aspekte des Christentums – Armut, Sühneleiden, Demut – strikt und unnachgiebig übernahmen. Das ist der Rahmen jener „reaktionären Revolution", die zu einer brillanten Wiedergeburt der katholischen Literatur führte[14]. In Paris hatte sie ihren Anfang genommen, doch ihre Ausstrahlung war an der Schwelle zum 20. Jh. international. Dichter, Schriftsteller, Schauspieler, Regisseure und Maler, unter der Bezeichnung „Symbolisten" zusammengefaßt, suchten die geistliche Realität lebensweltlich und formensprachlich umzusetzen. Frankreich war das dynamische Schaffenszentrum dieser Bewegung, doch kamen, insbesondere was die Philosophie anbelangt, auch äußere Einflüsse hinzu. Ihnen gilt nun unser Augenmerk in den beiden Perioden geistig-schöpferischer Produktivität der Jahre 1880–1890 und der Zeit nach 1900.

In den letzten beiden Jahrzehnten des 19. Jh. hatte sich der Einfluß des deutschen Denkens erneut durchgesetzt. Der nach Sedan 1870 einsetzende heftige Protest eines Fustel de Coulanges, eines Taine oder Renan gegen den Nationalismus Theodor Mommsens und Heinrich von Sybels wurde nun abgelöst durch das Interesse an der deutschen Geschichtswissenschaft, deren Entfaltung Gabriel Monod und Charles Seignobos, die Gründer der *Revue historique* (1878), aber auch Ernest Lavisse in seinen ersten Arbeiten, verfolgten. Beleg für diesen Einfluß ist die 1881 gegründete *Revue internationale de l'enseignement*.

---

[12] Vgl. die Definition dieses Begriffs bei R. AUBERT, Le problème de l'acte de foi, Löwen ²1952, 345, Anm.

[13] Vgl. auch J. COUPET, La personnalité chrétienne de Newman, d'après les sermons, in: Études newmaniennes 7 (1991) 27–40.

[14] Vgl. dazu B. GRIFFITHS, The Reactionary Revolution. The Catholic Revival in French Literature 1870–1914, London 1966.

Unter Berufung auf den Kantschen Idealismus und den Linkshegelianismus begannen Lucien Herr an der *École Normale Supérieure* und der von ihm beeinflußte Jean Jaurès – in enger Verbindung mit der 1889 in Paris gegründeten, marxistisch geprägten Zweiten Internationale [15] –, den Sozialismus neu zu strukturieren. Als Philosophielehrer hatte Burdeau in Nancy Barrès und am *Lycée Louis-le-Grand* in Paris Claudel unterrichtet. An der *Sorbonne* bekannten sich Boutroux, Lachelier und Ravaisson zum Neukantianismus. Doch der Erfolg der Romane von Paul Bourget (*Le Disciple*, 1889) und Maurice Barrès (*Les Déracinés*, 1899) ist Ausdruck der Abkehr von diesem Idealismus. An dessen Stelle trat eine aus Weltschmerz und luzidem Pessimismus gemischte Neuromantik [16]. Diese berief sich auf Schopenhauers Philosophie und begeisterte sich für die grandiose Tragik der vom Publikum begeistert aufgenommenen Wagner-Opern in Bayreuth [17]. Hinzu kam aber auch die nostalgische Sehnsucht und die vehemente Parteinahme für das Volk, wie sie bei Tolstoi, Gogol und Dostojewskij zum Ausdruck gelangten. Bekannt wurde deren Bedeutung durch das Werk *Roman russe*, das der Diplomat Eugène-Melchior de Vogüe 1886 von seinem Aufenthalt in St. Petersburg mitbrachte. De Vogüe verknüpfte das Theater Ibsens mit den russischen Autoren und deutete das Bewußtwerden des eigenen Materialismus oder die Revolte des Weltschmerzes als Symptome einer moralischen Wiedergeburt [18]. Unter dem Eindruck des diplomatischen Geschicks Papst Leos XIII. verkündete er ein Jahr später die Transformation des Papsttums, das sich allen Rassen öffnen und, nach der Lösung der Römischen Frage, zur internationalen Institution, zum sozialen Wortführer der Völker mutieren würde, zu „einem wahrhaft ökumenischen und gänzlich spirituellen Reich" [19]. 1889 veröffentlichte de Vogüe seinen berühmt gewordenen Aufsatz über die Weltausstellung. Darin erhob er den Dialog zwischen den gotischen Türmen der Kathedrale von Notre-Dame-de-Paris und dem stolzen Eiffelturm zum Symbol der Komplementarität der christlichen Werte, auf denen Europa erbaut wurde, und dem wissenschaftlich-technischen Fortschritt. Schließlich wurde durch de Vogüe in Frankreich allgemein bekannt, daß der Erzbischof von Baltimore 1887 den von den kanadischen Bischöfen zuvor verurteilten *Noble and Most Holy Order of the Knights of Labour* verteidigte. Neben dem „russischen Evangelium" machte die seelsorgliche Öffnung der amerikanischen Priester für die Demokratie und für die im Gefolge der Industrialisierung entstandene Armut deutlich, zu welcher Dynamik das Christentum jenseits aller Schwerfälligkeiten kirchlicher Apparate fähig war. Edouard Rod, ein Genfer Protestant, erhob de Vogüe nach dem Studium der *Idées morales du temps présent* zum „Lehrer der Jugend". Er zählte ihn neben Tolstoi und Paul Desjardins zu denjenigen, die auf den negativen Pessimismus der Epoche eine positive Antwort gäben.

Auf dem Hintergrund dieser äußeren Einflüsse trugen zwei junge französische Philosophen von ganz unterschiedlichen Ausgangspunkten her dazu bei, diesen spirituellen Aufbruch intellektuell zu strukturieren. Der eine war Henri Bergson, ein Autor jüdischer Her-

---

[15] A. KRIEGEL, Die II. Internationale (1889–1914), in: J. DROZ (Hrsg.), Geschichte des Sozialismus IX, Frankfurt a. M. 1976, 7–44. – Vgl. auch CH.-O. CARBONELL, Histoire et historiens. Une mutation historique des historiens français, Toulouse 1976.

[16] Ausdruck dafür ist etwa Zolas ironisch zu verstehender Romantitel *La joie de vivre* (1884).

[17] Revue wagnérienne, seit dem 8. Oktober 1885.

[18] Anders A. Leroy-Beaulieu, der das als „eine Art naiven Nihilismus" deutete; vgl. dazu R. TERNOIS, Zola et son temps, Lourdes – Rom – Paris – Paris 1961, 88.

[19] Ebd. 95.

kunft, dessen erfolgreiches Werk mit der Berufung an das *Collège de France* im Jahr 1900 und der Aufnahme in die *Académie française* im Jahr 1914 seine verdiente Krönung fand. Bergsons Erfolg ist auf seine Eloquenz und seine Formulierungsgabe zurückzuführen, aber auch auf sein Bemühen, sich strikt an die Erfahrungswissenschaften zu halten. Die experimentelle Psychologie war für ihn maßgeblich, besonders bei der Entdeckung und Darlegung des *élan vital* als schöpferischer und ordnender Instanz, deren Organ wiederum die „Intuition" im Zentrum des menschlichen Bewußtseins ist. Quelle seines Denkens war die griechische Philosophie, die parmenidische Dialektik des Einen und des Vielen sowie die Spekulation Plotins. Daraus schöpfte er seine Leitgedanken von der ständig sich erneuernden Schöpfung, der Doppelbewegung des *élan vital* und seiner Rückbildung. Bergson verwahrte sich gegen den Vorwurf des Monismus, ja des Pantheismus. Aufgrund dieser Unterstellung hatte der Vatikan Bergsons Werke 1907 auf den Index gesetzt. Als Antwort schrieb er 1912 an den angesehenen Philosophen und Apologeten Joseph de Tonquédec SJ: „Die Ausführungen in meinem Essay *Zeit und Freiheit* [*Essai sur les données immédiates de la conscience*, 1889] bringen die Tatsache der Freiheit ans Licht, jene in *Materie und Gedächtnis* [*Matière et mémoire*, 1896] machen, so hoffe ich, die Realität des Geistes greifbar, jene in *Schöpferische Entwicklung* [*L'évolution créatrice*, 1907] stellen die Schöpfung als ein Faktum dar …"[20]

Der andere einflußreiche Denker war Maurice Blondel, der Philosoph aus Aix-en-Provence. Seine Inspiration war christlich-augustinisch. Er orientierte sich auch an Maine de Biran und an zeitgenössischen Denkern, etwa Ravaisson und vor allem Ollé-Laprune, seinem Lehrer. *L'Action*, seine 1893 verteidigte Dissertation, mußte die Zensoren der *Sorbonne* schon von ihrem Gegenstand her vor den Kopf stoßen, zielte Blondel doch darauf ab, „die geschlossene Autonomie des Denkens" zu zerschlagen und den tätigen Willen in einer Dialektik der Interaktion zum Medium der Welterkenntnis zu erheben[21]. Die Analyse dieser existentiellen Notwendigkeit führte ihn einerseits zum Subjekt als dem integralen Teil der Objekterkenntnis, andererseits zu einer Fundamentalontologie. Der Pessimismus, ja das Nichts, konnte nur die sichtbare Kehrseite eines „Wesens" sein, dessen Abwesenheit selbst zum Einspruch wird[22]. Unter Einbezug von Sinn und Schicksal des menschlichen Lebens postulierte er wie Bergson den kontinuierlichen Schöpfungsakt. Er dachte ihn aber, in Anlehnung an das ignatianische Denken, als den im Zusammenspiel von menschlichem Willen und göttlicher Gnade konvergierenden kontinuierlichen Schöpfungsakt[23].

J.-F. Six bezieht sich auf Blondels *Carnets intimes* des Jahres 1886, wenn er von der „Konversion" des aus dem burgundischen Bürgertum stammenden Gläubigen spricht. Die drei Kriterien dieser Konversion – wie er sie selbst bezeichnete – definierte Blondel wie

---

[20] H. BERGSON, in: *Études* vom 20. Februar 1912; zit. nach C. TRESMONTANT, La crise moderniste, Paris 1979.

[21] „Das Verstehen ist ein transformatorischer Wille, und er gilt der Absicht, sich seinerseits in Handeln zu transformieren, um so wiederum zur Steigerung des Wollens beizutragen […]"; zit. nach R. VIRGOULAY, „L'Action" de M. Blondel (1893). Relecture pour un centenaire, Paris 1992, 67. Vgl. auch „L'Action", une dialectique du salut. Colloque du centenaire, Aix-en-Provence, März 1993, hrsg. von M. J. COUTAGNE, Paris 1994.

[22] Für Lucien Herr, Bibliothekar der *École Supérieure Normale*, „verdient es diese Dissertation, ein Erfolg zu werden: sie ist innovativ"; ebd. 41.

[23] VIRGOULAY, „L'Action" de M. Blondel (s. Anm. 21) 61 und 74, schlägt den Begriff der „gottmenschlichen Synergie" vor, wobei er sich auf Bernhards *Tractatus de gratia et libero arbitrio* bezieht. Vgl. auch J.-F. SIX, Dieu cette année-là, Paris 1986, 208.

folgt: Anerkennung der Schönheit und des Guten in der Welt gegen alle jansenistischen Formen des Verworfenseins; Entäußerung gemäß dem Evangelium; Begegnung mit den anderen im tätigen sozialen Aufbau, verstanden als Synthese der beiden erstgenannten Kriterien [24].

Eine ähnliche Dialektik ist in drei weiteren berühmten Konversionen zu erkennen: jene von Charles de Foucauld (1858–1916), von Thérèse Martin (1873–1897) und von Paul Claudel (1868–1955). Alle drei fielen ebenfalls auf das Ende des Jahres 1886; gemeinsam ist ihnen vor allem ein gewisser, gegen die Amtskirche gerichteter Antikonformismus.

Seiner klassischen Militärkarriere als Offizier der Kavallerie setzte Charles de Foucauld ein abruptes Ende und zog ihr ein aktives Engagement in Nordafrika vor. Krönung dieser Tätigkeit war sein Werk *Reconnaissance au Maroc*, das 1888 in Wissenschaftskreisen wohlwollend aufgenommen wurde. Bereits früher hatte der Autor die Kraft des traditionellen Islam erkannt, dessen Gebet eine ganze Gesellschaft strukturiert. Dieses Gebet verknüpfte de Foucauld mit der Macht des christlichen Liebesgebots, auf das er nach seiner Rückkehr durch seine Tante Madame de Bondy aufmerksam wurde. Durch sie lernte er Abbé Huvelin kennen, der ihn aufforderte, unverzüglich die Beichte abzulegen, und der ihn während 25 Jahren in seiner Suche nach einem Engagement leitete, das „die exakteste *imitatio Christi* war". Unter dem Einfluß der Spiritualität eines Pierre de Bérulle, aber auch von Franziskus und Theresia von Avila, begnügte sich de Foucauld nicht mit jener Entäußerung, die er im Trappistenkloster von Notre-Dame-des-Neiges und im Franziskanerinnenkonvent in Nazareth gesucht hatte, wo er als Gärtner eingetreten war. Er wurde erst 1901 zum Priester geweiht, nachdem er am 16. Mai 1900 die folgenden Worte an seinen Seelenführer gerichtet hatte: „Der von Euch bekehrte alte reumütige Sünder wünscht, seinen Lebensabend in der Wüste zu verbringen, im Namen des Heiligsten Herzens Jesu und mit dessen Bild auf der Brust." Doch der Eremit von Beni Abbès blieb nicht einsam, denn er wurde von der benachbarten Bevölkerung bedrängt. 1905 beschloß er, sie zu verlassen, um sich den Tuareg-Nomaden zuzuwenden. Foucauld ließ sich in Tamanrasset, auf den Höhen des Hoggar, nieder und widmete sich einerseits der eucharistischen Anbetung, andererseits seinen bemerkenswerten linguistisch-ethnologischen Studien über diese Wüstenberber. So gab er ohne jeden Hauch von Proselytentum prophetisches Zeugnis von der „Liebespräsenz" und legte den Grundstein zu einer *Union des frères et des sœurs du Sacré-Cœur*, die auch Laien offenstand, aber nur wenige Anhänger fand. Seine gelebte Praxis des „Sich-Versenkens" und der immer intensiveren Anerkennung des anderen verschaffte ihm indes bei den Tuareg unbestrittenes Gehör [25].

Vom gleichen Paradox geleitet, ging Theresia von Lisieux (Thérèse de l'Enfant-Jésus et de la Sainte-Face) zu Weihnachten 1886 ein eindeutig auf das Apostolat ausgerichtetes kontemplatives Engagement ein. Nachdem sie als Thérèse Martin am 8. September 1890 das Ordensgelübde bei den Karmeliterinnen von Lisieux abgelegt hatte, wurde ihr bald das Amt der Novizinnenmeisterin übertragen. Ihre aus den mystischen Quellen des Ordens schöpfende spirituelle Persönlichkeit fand, unterstützt von ihrer natürlichen Heiterkeit, in einer die Enge ihres Milieus übersteigenden Freiheit Ausdruck. Visionen am Dreifaltigkeitssonntag 1895 und Ostern 1896 halfen Theresia von Lisieux, jenen Weg der geistlichen

---

[24] Ebd. 209.
[25] J.-F. Six, L'itinéraire spirituelle du P. de Foucauld (Diss. 1958), Paris 1983; H. Didier, Petite vie de Charles de Foucauld, Paris 1993.

Die hl. Theresia von Lisieux
(1873–1897)

Kindschaft zu definieren, der ihrer tätigen Selbstaufopferung den Sinngehalt wahrer Liebe verlieh. Sie gelobte, die Wirksamkeit ihres Gebetes, das sie in den Dienst aller im Apostolat Tätigen stellte, über ihr schon bald durch Krankheit beendetes Erdenleben hinaus zu verlängern. Dieses Gelübde erklärt die schon bald beachtliche Gefolgschaft dieser Lichtgestalt außerhalb der Klostermauern[26].

Ebenfalls zu Weihnachten 1886 irrte ein von Materialismus und Pessimismus enttäuschter junger Student der Jurisprudenz, Paul Claudel, in Paris von Kirche zu Kirche, um die geistliche Musik und die festliche Liturgie zu genießen. Am 25. Dezember 1886 nahm er am Weihnachtshochamt in Notre-Dame-de-Paris teil: „Ich selbst stand in der Menge in der Nähe des zweiten Pfeilers am Choranfang, rechts auf der Seite der Sakristei. Da nun vollzog sich das Ereignis, das für mein ganzes Leben bestimmend sein sollte. In einem Nu wurde mein Herz ergriffen, *ich glaubte* … Ich hatte plötzlich das durchbohrende Gefühl der Unschuld, der ewigen Kindschaft Gottes, einer unaussprechlichen Offenbarung.“[27]

Dieses Glaubensgeheimnis, das Claudels Gefühlsleben, aber auch die Menschheitsgeschichte insgesamt durchdringt, fand ihren markanten Ausdruck in der symbolistischen Poesie, modellhaft vorgestellt in Arthur Rimbauds Werken *Illuminations* und *Une saison en enfer*, ebenso in der dramatischen Dichtung. Bereits vor der Jahrhundertwende war Claudels Werk zu beachtlichem Umfang gediehen und markierte den Auftakt jener Wiedergeburt der christlichen Literatur, die zusammen mit der bildenden Kunst zum mächtigen Instrument der Verbreitung der neuen Spiritualität wurde[28].

---

[26] SAINTE THÉRÈSE DE L'ENFANT-JÉSUS ET DE LA SAINTE-FACE [THERESE DE LISIEUX], Edition critique des œuvres complètes, 8 Bde., o. O. 1992; J.-F. SIX, Thérèse de Lisieux au Carmel, Paris 1973.

[27] P. CLAUDEL, Meine Bekehrung, in: Gesammelte Werke VI, Einsiedeln – Zürich – Köln 1962, 10f.; SIX, L'itinéraire spirituelle (s. Anm. 25) 169.

[28] „Nach und nach […] brach sich in meinem Herzen der Gedanke Bahn, daß Kunst und Dichtung auch etwas Göttliches sind.“ CLAUDEL, Meine Bekehrung (s. Anm. 27) 14.

Die drei Begründer dieser neuen Spiritualität zur Zeit des Zweiten Kaiserreiches waren der Kritiker Jules-Amédée Barbey d'Aurevilly, der Dichter Charles Baudelaire und der bretonische Schriftsteller Ernest Hello gewesen. Barbey d'Aurevilly hatte Plattheit und Mittelmaß der realistischen und naturalistischen Literatur vehement angegriffen. Zwischen 1868 und 1869 trug er maßgeblich zur Konversion Léon Bloys bei. Noch vehementer prangerte nun Bloy die Erniedrigungen, die die spirituellen Werte überall erfahren mußten, als Torheit und Abschaum an. Baudelaire, der Huysmans beeinflußte, machte deutlich, wie diametral die Werte der Dichtkunst dem bürgerlichen Konformismus entgegengesetzt waren. Hellos Übersetzungen der Angela da Foligno und des Jan van Ruysbroeck sowie sein Kommentar zum Realismus der Mystiker und der spirituellen Formensprache der Kunst (*L'Homme*, 1872) regte wiederum die neben Claudel repräsentativsten Zeugen dieser literarischen Wiedergeburt, die beiden Schriftsteller Bloy und Huysmans, nachhaltig an. Höhepunkt dieses Aufbruchs waren dann die Jahre zwischen 1880, als Paul Verlaine *Sagesse* publizierte, und 1895, als Huysmans mit *En route* den Weg seiner Bekehrung (von 1890 bis 1892) veröffentlichte. Entscheidend waren die Jahre 1884 bis 1886, die Jahre des Symbolistischen Manifests, das seinen Niederschlag in den Romanen *A rebours* von Huysmans und *Le Désespéré* von Bloy sowie schließlich in den Gedichten Arthur Rimbauds fand.

Die Wirkungsgeschichte dieser Werke läßt sich an einigen thematischen Schwerpunkten ablesen: akutes Sündenbewußtsein und geschärfte Wahrnehmung für das Böse im Innern des Menschen. Sie rechtfertigen eine Heilsökonomie, die den weltlichen Werten eine radikale Absage erteilt. In diese Heilsökonomie gehörten Sühneleiden, Armut, kindliche Tugenden. Höhepunkt dieser Dialektik der „Wiedergutmachung" war zweifellos Huysmans, *Sainte Lydwine de Schiedam* (1901), worin jene Gestalt verherrlicht wird, die in frei gewähltem Leiden die Verfehlungen anderer auf sich nimmt. Dieser Sinngebung entspricht auch das im Werk Bloys zentrale Armutsthema: Sie ist das Tor zur Vereinigung mit Gott (*La Femme pauvre*, 1897). Bloys Kritik der bürgerlichen Doppelmoral ist vernichtend (*L'Exégèse des lieux commun, Le Sang des pauvres*). In *Le Salut par les juifs* (1907) nahm er auch gegen den Antisemitismus Stellung[29].

Das Gegengewicht zu dieser Kritik bildet die Sehnsucht nach Heiligkeit, das Lob der heroischen monastischen Selbstaufopferung und die Meditation des Hereinbrechens des Übernatürlichen in den Gang der Geschichte an heiligen Orten wie La Salette, Grande Chartreuse, Lourdes und Chartres. All dies gerät zur Begeisterung über die Christenheit, die mittelalterliche Kunst, den Gregorianischen Choral – und zwar nicht im Sinne restaurativer Tendenzen, sondern als unvergleichlicher Ausdruck der christlichen Werte Kontemplation und Mystik.

In der zweiten Periode dieser geistig-schöpferischen Produktivität im anhebenden 20. Jh. hatten sich die Akzente der äußeren Einflüsse verschoben: Die wagnerische Romantik wurde abgelöst durch die Rückkehr zu den mittelalterlichen und klassischen Quellen, durch den als Kritik an germanischer Maßlosigkeit interpretierten Denkansatz Nietzsches. Goyaus Werk über die Religiosität in Deutschland vermittelte zwar neue Einsichten

---

[29] M. Arveiller – P. Glaudes (Hrsgg.), Léon Bloy, Cahiers de l'Herne, Paris 1988; vgl. dort insbesondere É. Poulat, La religion de Léon Bloy, 254–263. Für eine Gesamtdarstellung dieser literarischen Wiedergeburt vgl. Bessède, La crise de la conscience catholique (s. Anm. 3).

über den Zustand des dortigen Christentums[30], aber vor allem die russische Kultur wurde neu entdeckt: Schöpferische Kraft wird nicht bloß der zeitgenössischen russischen Oper zugeschrieben, sondern auch den eigentlich religiösen Werten der Orthodoxie und ihren sozialen Umsetzungen[31]. Schließlich wurde auch Newmans Denken, nachdem es zeitweilig in Vergessenheit geraten war, erneut aktuell dank der Biographien von Lucie Faure und Henri Bremond sowie der Neuauflagen von Paul Thureau-Dangins erstmals zwischen 1899 und 1906 erschienenem dreibändigem Werk *La Renaissance catholique en Angleterre*[32].

Im wesentlichen sollten aber die Anschauungen der ersten Periode Bestand haben und sich verfestigen. Der Konversion eines Charles de Foucauld nach der Begegnung mit dem maghrebinischen Islam entspricht jene von Louis Massignon in Mesopotamien am 3. Mai 1908 im Kontakt mit dem nahöstlichen Islam. Die Entdeckung des muslimischen Mystikers al-Halladj aus dem 10. Jh. war der Auftakt zu einem echten interreligiösen Austausch im Kontext des Begriffs der „Substitution" als Variante des Sühnebegriffs. Massignons historische Untersuchungen zu al-Halladj waren Huysmans gewidmet[33]. Einen ähnlichen Weg wie Theresia von Lisieux schlug die aus Dijon stammende junge Karmeliterin Elisabeth Catez ein, die ebenfalls sehr jung mit 26 Jahren starb. Die von Elisabeth von Dijon hinterlassenen geistlichen Schriften fanden schon bald Verbreitung: Ebenfalls dem Apostolat verpflichtet, fordern sie eine noch anspruchsvollere Aneignung der innertrinitarischen Vater-Sohn-Beziehung[34].

Francis Jammes, ein Schüler Claudels, preist seinerseits den Weg der geistlichen Kindschaft und der Gottesliebe zu seinen Geschöpfen. 1907 gründete Georges Dumesnil, ein zum Katholizismus konvertierter Professor aus Grenoble, das Blatt *L'Amitié de France*, in dem sich christlich gesinnte Schriftsteller zusammenfanden. Ab 1911 publizierten die von Robert Vallery-Radot geleiteten *Cahiers de l'Amitié de France* Texte von Claudel und Jammes, aber auch von „neuen" Autoren wie etwa François Mauriac, die dort ihr schriftstellerisches Debüt gaben[35]. Schließlich pflegte das im Quartier Montmartre wohnhafte Ehepaar Bloy in gewollter Entäußerung eine Gastfreundschaft, die Anstoß zu einigen berühmten Konversionen gab, etwa jener des Geologen Pierre Termier, vor allem aber zu der des jungen Philosophenpaares Jacques und Raïssa Maritain. Die beiden hatten sich enttäuscht von dem an der *Sorbonne* gelehrten seelenlosen Idealismus abgewandt, um sich

---

[30] G. GOYAU, L'Allemagne religieuse, 4 Bde., 1905–1909. Das Werk ist stark von der antiprotestantischen Haltung des Autors geprägt.

[31] Vgl. LADOUS, M. Portal (s. Anm. 10) 377, zu den Aufenthalten zwischen 1909 und 1911 von Portals Schülern in Kiew.

[32] Y.-M. HILAIRE, Thureau-Dangin et Newman, in: C. LEPELLEY – P. VEYRIRAS (Hrsgg.), Newman et l'histoire, Lyon 1992, 232, beziffert die Zahl der Publikationen in Frankreich über Kardinal Newman im Jahr 1906 auf 48. 1906 erschien der dritte Band von P. THUREAU-DANGIN, La renaissance catholique en Angleterre. – Zu Newmans Einfluß auf seine Zeit allgemein vgl. R. AUBERT, Les étapes de l'influence du cardinal Newman. Un précurseur longtemps méconnu, in: W. GRUBER u. a. (Hrsg.), Wissen, Glaube, Politik, FS Paul Asveld, Graz 1981, 125–138.

[33] Für Massignons Bericht über seine Konversion von 1911 an Claudel vgl. D. MASSIGNON, in: Islamochristiana 14 (1988) 127–199; J.-F. SIX (Hrsg.), Louis Massignon, Cahiers de l'Herne 1970; DERS., L'aventure de l'amour de Dieu. 80 lettres inédites de Charles de Foucauld à Louis Massignon, Paris 1993.

[34] H. U. VON BALTHASAR, Schwestern im Geist. Therese von Lisieux und Elisabeth von Dijon, Einsiedeln 1970; DERS., Therese von Lisieux. Geschichte einer Sendung, Olten 1950.

[35] L. MAUGENDRE, La renaissance catholique au début du XXᵉ siècle, 2 Bde., Paris 1963–1965.

erst Bergson und schließlich der intellektuellen Herausforderung des christlichen Glaubens zuzuwenden. Bloy eröffnete ihnen den Weg zu jener höheren, in Mystikern und Heiligen verkörperten Erleuchtung.

In ihrem Buch *Les Grandes Amitiés* stellt Raïssa Maritain fest, daß die jungen Erwachsenen von 1905 die sich immer klarer abzeichnende Kriegsgefahr nicht mehr ignorieren konnten [36]. Delcassés Demission infolge des Erscheinens des deutschen Kaisers Wilhelm II. in Tanger – die sogenannte Erste Marokkokrise – im Juni 1905 bewirkte, daß sich Charles Péguy vom Sozialismus seiner Jahre an der *École Normale Supérieure* abwandte, um zu seinen Wurzeln und damit zur Religion seiner Kindheit zurückzukehren. Péguy blieb Nonkonformist, und seine Religion mißfiel der Mehrheit der Katholiken; von P. Duployé wurde sie wie folgt beschrieben: „... als ungeheurer Respekt vor den Dingen, allen Dingen, und als Wunsch, Gott möge den Menschen nicht 'verfälschen', auf daß die zweite Schöpfung, die Schöpfung Jesu Christi, nicht auf Kosten der ersten, der Schöpfung des gesetzgeberischen Gottes geschehe..." [37] Den wohl berühmtesten Ausdruck fand Péguys Religionsverständnis in seiner Darstellung der Jeanne d'Arc in *Le Mystère de la charité* im Dezember 1909. Nach der Lektüre dieses Werkes bekehrte sich Péguys Freund Joseph Lotte. Lottes Weg steht exemplarisch für die Entwicklung einer Mehrheit der intellektuellen Jugend jener Zeit, wie die 1911 in der Zeitschrift *L'Opinion* von Agathon (Pseudonym von A. de Tarde und Henri Massis [38]) durchgeführte Umfrage bestätigt. Eine neue Version der Verknüpfung von religiösem Gefühl und vaterländischer Gesinnung bildete sich heraus. Exemplarisch dafür steht eine weitere Konversion, die insofern Aufsehen erregte, als sie der familiären Herkunft des Konvertiten zuwiderlief: Ernest Psichari (1883–1914), ein Enkel Renans, konvertierte im Dezember 1911. Psichari, Offizier in Mauretanien, wo er sich für die islamischen Bruderschaften interessierte, veröffentlichte nach seiner Konversion *L'Appel des armes* und *Voyage du centurion* – bereits in den Titeln kommt hier der kämpferische Gesinnungspatriotismus zum Ausdruck [39].

Es ist dies nicht die einzige Konvergenz, die dem aufmerksamen Beobachter des eindrücklichen Elans christlicher Spiritualität auffällt [40]. Der Rückkehr zum Christentum ist ein gemeinsamer Zug eigen, der vielleicht ihre Originalität ausmacht: Die einmal erkannte Wahrheit wird umgesetzt in ein persönliches Engagement, das der Verifizierung dieser Wahrheit in der Praxis dient. Das ist über Huysmans gesagt worden, dessen literarische Figur, der Baron des Essart, auf seiner Suche nach Gott schließlich den eigenen Schöpfer bekehrte, der sich allmählich mit ihm identifizierte.

---

[36] R. MARITAIN, Les grandes amitiés, New York 1941, 387; Neuauflage in: DIES., Œuvres complètes XIV, Freiburg i. Ue. 1993.

[37] P. DUPLOYÉ, La religion de Charles Péguy, Paris 1965, 625.

[38] Vgl. dazu MARITAIN, Les grandes amitiés (s. Anm. 36) 383, die aus dieser Umfrage die folgende Frage zitiert: „Ist der Sinn für das Göttliche nicht gewissermaßen eine höhere Form des Realitätssinns?" – Vgl. auch die Konversion Max Jacobs im Jahr 1909.

[39] Vgl. dazu S. FRAISSE, Psichari, in: Catholicisme XII (1988) 201–203.

[40] „Achten Sie auf diese wundersamen Übereinstimmungen. Jeder von uns befindet sich inmitten unendlicher und erstaunlicher Kombinationen. Würde Gott sie uns zu schauen geben, dann träten wir in einer von Schmerz und Wollust zugleich geprägten Mattigkeit in das Paradies ein." L. Bloy am 9. Juni 1906 an P. Termier, zit. nach MARITAIN, Les grandes amitiés (s. Anm. 36) 187.

3. Von der Spiritualität zur Volksfrömmigkeit

Wer sich mit dieser auf eine kleine kulturelle Elite begrenzten spirituellen Suche auseinandersetzt, dem stellt sich unvermeidlich die Frage nach den Verbindungen zur Volksfrömmigkeit jener Zeit. An der Antwort kann kein Zweifel bestehen: Diese Verbindungen sind ziemlich eng gewesen.

Im Zentrum dieses „spirituellen Realismus" stehen drei aus der Tradition übernommene Frömmigkeitsformen: die Herz-Jesu-Verehrung, die Marienfrömmigkeit und die franziskanische Spiritualität, die ihren Ausdruck in der Mystik des „Poverello" fand. Allen drei Frömmigkeitsformen schenkte Papst Leo XIII. stärkere Beachtung als seine Vorgänger. Zu einem besonders feierlichen Anlaß, nämlich am Vorabend des Heiligen Jahres 1900, weihte der Papst die Menschheit dem Herzen Jesu, in Erfüllung des ihm wiederholt vorgetragenen Wunsches von Marie du Divin-Cœur (1863–1899; Enzyklika *Annum sacrum* vom 25. Mai 1899). In der gleichen Zeit wurde in Rom, wie Achille Ratti, der künftige Papst Pius XI., bemerkte, die Fronleichnamsprozession besonders glanzvoll gefeiert. All diese Feierlichkeiten waren vom Wunsch getragen, das Königtum Christi möge den Gang der Welt beherrschen und die eschatologische Vision zum Durchbruch gelangen. Diese Vision entsprach durchaus dem Verständnis der individuellen und der universellen Sicht der Geschichte der meisten bereits erwähnten geistlichen Autoren. So betrachtet war es nur folgerichtig, daß Papst Leo XIII. fünfzehn Enzykliken über die Rosenkranzfrömmigkeit sowie den Schutz der Himmelskönigin und der Heiligen erließ. Signifikant war auch die Heiligsprechung von Benoît Labre im Jahr 1881, mit der das Ideal der Armut bekräftigt werden sollte. Außerdem veranlaßte der Papst die Generalversammlungen des franziskanischen Tertiarierordens und widmete ihnen seine besondere Aufmerksamkeit. Im Anschluß an die Enzyklika *Rerum novarum* beschlossen diese Versammlungen, vornehmlich in Frankreich, wirksame Maßnahmen zur Unterstützung der sozialen Werke [41].

Besonders eng gestalteten sich die Verbindungen zwischen der Frömmigkeit der Geisteselite und des Volkes in Frankreich. Das grandiose Zeichen dafür war 1870 der Wunsch der Nation, Frankreich möge dem Herzen Jesu geweiht werden, und die daraufhin realisierte Basilika *Sacré-Cœur* auf dem Montmartre – das Stein gewordene *ex voto*. In einer neueren Studie beziffert der Historiker Jacques Benoist die Zahl der großen Wallfahrten auf den Montmartre zwischen 1876 und 1892, also noch während der Bauzeit der Basilika, auf 3400. Im beginnenden 20. Jh. belief sich die durchschnittliche Pilgerzahl auf eine Million jährlich. Bereits 1894, drei Jahre nach der feierlichen Weihe des Gebäudes, konnte einer der ersten Leiter, P. Lemius, von Kardinal Rampolla und dann von Leo XIII. die weltweite Anerkennung der Gebets- und Bußvereinigung zu Ehren des Heiligsten Herzens Jesu erreichen, die sich im großen Maßstab der ewigen Anbetung verschrieben hatte. Montmartre, internationaler Begegnungsort und Hochburg der Dichter und Künstler, integrierte die Kuppeln der Basilika in die Pariser Landschaft. Die Topographie der vor 1914 weltweit dem Herz-Jesu-Kult gewidmeten großen Kirchen ist jüngst erstellt worden [42]. Léon Bloy, der trotz seiner Kritik am Entwurf und am regen Besuch des Monuments in den ersten Jahren des Jahrhunderts seinen Wohnsitz nach Montmartre verlegt hatte, pflegte

---

[41] Franciscanisme et société française, in: Actes de la Table ronde de Paris (Oktober 1982), RHEF 184 (1984) (J.-M. MAYEUR, Tiers ordre franciscain et catholicisme social en France à la fin du XIXᵉ siècle, 181–194).

[42] J. BENOIST, Le Sacré-Cœur de Montmartre. De 1870 à nos jours, 2 Bde., Paris 1992, I 749 f.

eine innige Herz-Jesu-Verehrung. In der eben erst geweihten Kirche empfingen Raïssa und Jacques Maritain zum ersten Mal die heilige Kommunion.

Ganz besonders innig aber verehrte Bloy, der große katholische Autor, die Madonna von La Salette – *die Weinende*. Er zog sie der Madonna von Lourdes und ihren Wunderheilungen vor. Bloy verband seine Ängste mit der bronzenen Madonna von La Salette, die der Bildhauer sitzend und das Haupt verängstigt in die Hände gestützt, dargestellt hat. Sie hatte Mélanie und Firmin, den beiden Bauernkindern, die geheimzuhaltende Botschaft vermittelt, über ein ungläubiges oder gegenüber der Liebe ihres Sohnes gleichgültig gewordenes Volk werde das Unglück hereinbrechen. Doch damals war Lourdes bereits eine der bedeutendsten Wallfahrtsstätten der Welt geworden und drohte La Salette den Rang abzulaufen. Bischof Laurence von Tarbes hatte den Journalisten Henri Lasserre (1828–1900), den das Lourdeswasser 1862 von seiner Blindheit geheilt hatte, damit betraut, die Visionen der Bernadette Soubirous aufzuzeichnen. 1892 erreichte sein 1869 veröffentlichtes Buch *Notre-Dame de Lourdes* die 125. Auflage und war bereits in 81 Sprachen übersetzt worden. Dieser Erfolg, vor allem aber der wachsende Pilgerstrom und die Aktivität des ärztlichen Prüfungsbüros waren Zola ein Dorn im Auge. Er widmete diesem Pilgerort den 1894 erschienenen ersten Teil seiner Trilogie *Les Trois villes*. Es war ein einseitiger Angriff auf die kollektive Illusion und den Kommerz, die von diesem Pilgerort Besitz ergriffen hatten. Darauf reagierte Lasserre mit Beleidigungen, Joris-Karl Huysmans – gewissermaßen zum „Anti-Zola" hochstilisiert – seinerseits mit einer Replik unter dem Titel *Les Foules de Lourdes* (1906). Seine Antwort war die konsequente Weiterführung seiner Rechtfertigung des Übernatürlichen und dessen Vorrang. Diese Rechtfertigung war Brennpunkt seines ganzen Werkes. Immerhin hatte Zola mit der Veröffentlichung seines provozierenden Romanes eine nie dagewesene Flut von Veröffentlichungen über die Wundergrotte bewirkt[43].

Die zahlreichen neueren Untersuchungen zum Pilgerort Amettes, dem Geburtsort Benoît Labres, und dem dortigen Kult sowie zur Bedeutung des franziskanischen Tertiarierordens in Frankreich überhaupt bestätigen die Popularität und Anziehungskraft der Wallfahrten. Nicht selten ist zudem eine Verknüpfung mit dem Herz-Jesu-Kult zu beobachten – so etwa bei Charles de Foucauld, aber auch bei dem Kanoniker Dehon, der dank seines 1878 gegründeten *Instituts der Priester des Herzens Jesu von Saint-Quentin* enge Beziehungen zu Leo XIII. knüpfte[44].

II. Die theologische Forschung

1. Der Neuthomismus. Eine päpstliche Initiative und ihre Folgen

Eine der ersten Amtshandlungen Papst Leos XIII. war der Erlaß der Enzyklika *Aeterni Patris* vom 4. August 1879. Die mit dem Untertitel *De philosophia christiana* versehene Enzyklika war der Versuch, die Pluralität der philosophischen Systeme mit einer Reaktuali-

---

[43] TERNOIS, Zola et son temps (s. Anm. 18) 378. Zu den Statistiken über Lourdes und den Höhepunkt des Besucherstroms zum 50. Jahrestag 1908 vgl. J. CHELINI – H. BRANTHOMME, Les chemins de Dieu. Histoire des pèlerinages chrétiens des origines à nos jours, Paris 1982, 333.

[44] Y. LEDURE (Hrsg.), *Rerum novarum* en France. Le père Dehon et l'engagement social de l'Église, Paris 1991.

sierung jener Harmonie zu überwinden, die Thomas von Aquin, *doctor angelicus*, zu seiner Zeit zwischen Offenbarung, Philosophie und den aristotelischen Wissenschaften realisiert hatte. Diese Rückkehr zur thomistischen Philosophie und ihren Quellen war für Gioacchino Pecci der Schlüssel zur Wiederherstellung einer mentalen und faktischen christlichen Sozialordnung – ein Entwurf, der nicht bloß auf Bewahrung, sondern auf Öffnung gegenüber den Errungenschaften der modernen Wissenschaften abzielte: „Wohlwollend und anerkennend nehmen wir alle nützlichen Entdeckungen entgegen, woher sie auch immer kommen mögen", war am Anfang des päpstlichen Dokumentes zu lesen[45].

Das Terrain für die Enzyklika hatten die Vorlesungen Matteo Liberatores vorbereitet, die der Student Pecci besucht hatte, und die Arbeiten zur *Summa theologica*, die in Italien seit 1874 von Pialanti koordiniert wurden, sowie, außerhalb Italiens, die Studien von Charles-Louis Gay[46]. Der Papst stützte sich auf die Untersuchungen von Giuseppe Pecci, dem von ihm zum Kardinal ernannten Bruder Gioacchinos, und von Salvatore Talamo, den Autor des *Rinnovamento del pensiero tomisto* (1877). Mit der Redaktion betraute er einen seiner ehemaligen Mitarbeiter in Perugia, Gabriele Boccali, der später mit der Errichtung der *Accademia Romana di S. Tommaso d'Aquino* betraut wurde. Der Papst überwachte die Redaktion des von ihm persönlich korrigierten Textes sorgfältig und bezog sich im Verlauf eines Jahres in schriftlichen und mündlichen Verlautbarungen immer wieder auf die Enzyklika, um so deren Bedeutung zu unterstreichen[47]. Eine dieser Verlautbarungen (*Motu Proprio* vom 10. Januar 1880) engagierte sich für die wissenschaftliche Ausgabe der Werke des Thomas von Aquin und seines Kommentators Cajetan. Für die von 1882 bis heute anhaltende Editionsarbeit wurde eine Kardinalskommission (mit de Luca, Simeoni und Zigliara) eingesetzt. Ihre ersten Texte entsprechen allerdings nicht den Maßstäben der historischen Kritik.

Zwar ist der Enzyklika zum Vorwurf gemacht worden, sie habe die Vielfalt des mittelalterlichen Denkens ignoriert und auf autoritativem Weg *eine* christliche Philosophie durchsetzen wollen. Dennoch war diese Rückkehr zu den Texten auch Ausdruck des Willens, unter Berufung auf das Vorgehen des Aquinaten eine falsche spekulative Scholastik zu überwinden und dadurch sowohl dem Rationalitätsanspruch als auch der geoffenbarten Wahrheit zum Recht zu verhelfen. Im übrigen lag die Enzyklika ganz auf der Linie der ersten Konstitution *De fide* des Ersten Vatikanischen Konzils.

Diese doppelte Absicht – den philosophischen Voraussetzungen des christlichen Glaubens und der christlichen Lebensführung zu mehr Kohärenz zu verhelfen und sich dabei auf das offene Vorgehen des Aquinaten zu berufen – fand ihre Bestätigung in der Vielfalt der aus dieser neuthomistischen Strömung hervorgegangenen Schulen. In Rom kamen die Lehrstühle der verschiedenen Kollegien an Schüler Liberatores, nämlich F. Satolli, G. Cornoldi, G. Scheffini, und an die späteren Kardinäle Camillo Mazzella und Louis Billot. Dieser lehrte seit 1885 am *Collegium Romanum*. Die Lehrstuhlinhaber betonten die Unwandelbarkeit der Tradition und hielten nichts von der historischen Dimension. Diese

---

[45] Diese Öffnung für die Moderne einer präkantischen Philosophie war erstaunlich; vgl. dazu die enge Interpretation von P. Thibault, Savoir et pouvoir. Philosophie thomiste et politique cléricale au XIXe siècle, Québec 1972, und die kritische Rezension des Werkes durch É. Poulat, in: ASSR 19/37 (1974) 5–22.

[46] Y. Marchasson, Mgr. Gay, Rom 1961. Zwischen 1874 und 1886 hatte die *Biblioteca per la storia del tomismo* 11 Bände veröffentlicht.

[47] R. Aubert, Le contexte historique et les motivations doctrinales de l'encyclique *Aeterni Patris*, in: Tommaso d'Aquino nel 1 centenario dell'enciclica *Aeterni Patris*, Rom 1981, 15–48.

Feststellung gilt ebenso für die Akademien von Parma, Modena, Sorrento und für die Seminare in und außerhalb Italiens.

In Rom selbst hatten es sich deutsche Theologen, der Jesuit Franz Ehrle und der Dominikaner Heinrich Denifle, zur Aufgabe gemacht, die Vielfalt des philosophisch-theologischen Erbes der Theologen aus der Zeit des Thomas von Aquin aufzuarbeiten[48]. In Deutschland war diese Richtung vertreten durch Clemens Baeumker in Breslau und Martin Grabmann. Johann Baptist Heinrich und dessen Schüler Paul Leopold Haffner, 1886 zum Bischof von Mainz ernannt, hatten den „Zweiten Mainzer Kreis" begründet, dessen brillantester Vertreter Matthias Joseph Scheeben war. Dort wurden die eher konservativ gesinnte *Görres-Gesellschaft zur Pflege der Wissenschaft im katholischen Deutschland* und eine thomistische Zeitschrift gegründet. Ein Schüler Baeumkers aus Belgien, Maurice de Wulf (1867–1947), begann auf Anregung seines Löwener Lehrers Mercier mit der Publikation einer *Histoire de la philosophie médiévale* (1900) und begründete 1901 die Reihe *Les philosophes belges*. Am besten verkörperte zweifellos Désiré Mercier (1851–1926), der künftige Kardinal und Erzbischof von Mecheln, jenen für die zeitgenössische Wissenschaft offenen Geist, den auch Leo XIII. fördern wollte. Nach seinem Studium in Paris, wo er die Psychiatrievorlesungen Charcots belegt hatte, wurde er 1882 auf den ein Jahr zuvor errichteten Lehrstuhl für thomistische Philosophie berufen (Breve vom 25. Dezember 1880). Er praktizierte einen lebendigen, für alle Aspekte der modernen wissenschaftlichen Forschung offenen Unterricht. Mercier war so erfolgreich, daß die belgischen Bischöfe das Projekt unterstützten, ein *Institut supérieur de Philosophie et de Science* zu errichten. 1889 kam es zur Gründung und seit 1894 zur Herausgabe der *Revue néoscholastique*, die schon bald internationalen Ruf besitzen sollte. Kardinal Mazzella hatte Vorbehalte gegenüber dem auf französisch gehaltenen Unterricht, doch sein Nachfolger an der Spitze der Studienkongregation, Kardinal Satolli, der Mercier große Wertschätzung entgegenbrachte, stellte die ursprünglichen Verhältnisse wieder her. Nach Auffassung von Roger Aubert ist es der Qualität dieser Lehrtätigkeit zu verdanken, daß Belgien vom Modernismusstreit nicht erfaßt wurde[49].

In Paris, wo dem Institut Catholique 1889 das kirchenrechtliche Baccalaureat in Philosophie verweigert wurde, stand dessen Direktor Maurice d'Hulst nicht unter dem Verdacht, der neuen Strömung feindlich gesinnt zu sein, hatte er doch die monatlichen Sitzungen der von ihm kurz zuvor gegründeten *Société Saint-Thomas-d'Aquin* präsidiert[50]. Im gleichen Sinn und Geist hatte der Marist Emile-Antoine Peillaube (1864–1934) 1900 die *Revue de philosophie* gegründet, sieben Jahre nach der Gründung der *Revue thomiste*[51] durch die Dominikaner von Saint-Maximin in Verbindung mit der 1889 in Freiburg in der Schweiz gegründeten Universität. An der Katholischen Universität in Toulouse, vor allem aber in Salamanca, wo sich der junge Marie-Joseph Lagrange nach 1880 direkt mit den

---

[48] R. AUBERT, Aspects divers du néothomisme sous le pontificat de Léon XIII, in: Aspetti della cultura cattolica nell'età di Leone XIII, FS Rossini, Rom 1961, 133–228.

[49] J.-P. HENDRICKX u. a. (Hrsgg.), Le Cardinal Mercier, 1881–1926. Un prélat d'avant-garde. Hommage au professeur Roger Aubert, Löwen 1994, bes. R. AUBERT, Désiré Mercier et les débuts de l'Institut de philosophie, ebd., 99–116.

[50] Zu d'Hulst vgl. A. BAUDRILLART, Vie de Mgr. d'Hulst, 2 Bde., 1912–1914, sowie CH. LEDRÉ, Hulst, in: Catholicisme. Hier, aujourd'hui, demain V (1962) 1064–1067. Zu Émile-Antoine Peillaube, vgl. F. FERRIER, Peillaube, in: Catholicisme X (1985) 1072f.

[51] Ähnliche Publikationen entstanden in Mailand, München, Trier usw.

Texten der *Summen* auseinanderzusetzen begann, wurde die große dominikanische Tradition des philosophischen und theologischen Thomasstudiums wiederbelebt.

Doch wäre es falsch, die Wirkung des päpstlichen Aufrufs zur Wiederentdeckung des Thomas von Aquin auf einige kirchliche Studienzentren zu beschränken. Zwei berühmte französische Konvertiten folgten diesem Ruf: Paul Claudel beschäftigte sich fünf Jahre lang mit der Analyse der *Summen*, bevor er seine poetologischen Regeln festlegte, bei denen er sich ausdrücklich auf seine Thomas-Studien berief. Jacques Maritains erste Publikationen kurz vor Ausbruch des Ersten Weltkrieges stellen eine Kritik an der Bergsonschen Philosophie im Lichte des Denkens des Aquinaten dar, das dann auch der Leitfaden seines gesamten Werkes werden sollte [52].

2. Weitere theologische Strömungen

Der Aufschwung der philosophischen Reflexion im Katholizismus jener Zeit, der unterschiedliche thomistische, ja sogar antithomistische Richtungen hervorbrachte, sei, so wird angenommen, Folge des Aufschwungs des Neuthomismus gewesen. Papst Leo XIII., der den Vorrang des Thomismus vor dem Ontologismus durchsetzen wollte, ließ der 1885 von den Jesuiten, insbesondere von Giovanni Maria Cornoldi, neu entfachten Kampagne gegen das Denken Antonio Rosmini-Serbatis freien Lauf [53]. Vier Jahre später wurde die Zeitschrift *Il Rosmini* auf den Index gesetzt und bereits am 7. März 1888 eine Verurteilung von vierzig Sätzen Rosminis veröffentlicht. Doch eine Gruppe von Laien um Belgarini führte die Zeitschrift weiter.

In Spanien nahmen Déodat de Basly und die Franziskaner den Scotismus wieder auf, während die Jesuiten die Tradition von Francisco de Suárez weiterführten. Vor allem aber wurde auf der Basis des Augustinischen Denkens eine neue Apologetik entwickelt, mit Blondels „Philosophie der Immanenz" als Ausgangspunkt [54]. Nach den Angriffen Schalms und Hyppolyte Gayrauds (1856–1911) wurde Blondel vor allem von Lucien Laberthonnière (1860–1932) in den *Annales de philosophie chrétienne* verteidigt. Der berühmte Oratorianer wollte die Einbindung der ganzen Person in die religiöse Erkenntnis aufwerten, während in seinen Augen der Thomismus durch einen übersteigerten Rationalismus und Extrinsezismus „die schöpferische Liebe denaturiert" und die Ausarbeitung einer Metaphysik der Person schwierig machte. Mit Portal gründete er vor der Trennung von Kirche und Staat die *Société d'études chrétiennes*, die – ohne jede polemische Absicht – fachlich gestützte philosophische und wissenschaftliche Forschungen religiös begleiten wollte [55]. In ihrem Bemühen, mit den nichtchristlichen Philosophen in einen Dialog zu treten und die Subjektivität der religiösen Erkenntnis aufzuwerten, stand ihnen in Frankreich Henri Bremond (1865–1933) sehr nahe. Bremond hatte bereits 1899 das Großprojekt einer *Histoire littéraire du sentiment religieux* entworfen und Newman unterbreitet. Vom gleichen Bemühen getragen war in Würzburg Hermann Schell (1850–1906), der sich ebenfalls um die

---

[52] „Unglück über mich, wenn ich nicht thomistisiere!" MARITAIN, Les grandes amitiés (s. Anm. 36) 463 f.

[53] Anlaß war die Kontroverse zwischen der *Scuola Cattolica* in Mailand und der Rosmini nahestehenden *Sapienzia* in Turin; vgl. dazu R. AUBERT, Il risvegio culturale dei cattolici, in: Storia della Chiesa, XXII, 2: La Chiesa e la Societa industriale (1878–1922), hrsg. von E. GUERRIERO und A. ZAMBARBIERI, Mailand 1990, 193–245, hier 220.

[54] Lettre sur les exigences de la pensée contemporaine en matière d'apologétique, in: APhC (Jan.–Juli 1896), kommentiert von L. LABERTHONNIÈRE. E. LECANUET, La vie de l'Église sous Léon XIII, Paris 1930, 504–524.

[55] P. BEILLEVERT, Laberthonnière, l'homme et l'œuvre, Paris 1972.

Annäherung des Christentums an Philosophie und moderne Wissenschaft bemühte. Schell veröffentlichte 1897 bzw. 1898 zwei Kleinschriften mit den bezeichnenden Titeln *Der Katholizismus als Prinzip des Fortschritts* und *Die neue Zeit und der alte Glaube.* 1901 und 1905 folgte dann eine zweibändige *Apologie des Christentums*[56]. Sein Werk wurde über die Grenzen Deutschlands hinaus bekannt. Es ist jenem „Reformkatholizismus" zuzuordnen, der sich dort zwischen 1894 und 1914 entwickelte. Diese Strömung wollte sich der defensiven und etwas verkrampften Haltung des Zentrums nach der Krise des Kulturkampfes wie auch den Nationalliberalen entgegenstellen. In Bamberg war anscheinend Joseph Müller, Herausgeber der Zeitschrift *Die Renaissance*, ihr führender Kopf. Er entwickelte ein umfassendes Reformprogramm für Liturgie, Seelsorge und die seiner Meinung nach in mancherlei Hinsicht allzu juristisch verfaßte Amtskirche überhaupt. Neben Schell gehörten auch Philosophen, Historiker und Archäologen dieser Strömung an, etwa Georg von Hertling [57] und Franz Xaver Kraus in Freiburg sowie Albert Ehrhard, Philipp Funk und Sebastian Merkle. Diese Intellektuellen standen den „Modernisten" nicht sehr fern, beriefen sich aber vor allem auf die in der Mitte des Jahrhunderts entstandene Front der deutschen Theologen gegen den Ultramontanismus.

Zu Recht unterscheidet Roger Aubert zwischen dieser Bewegung und dem *erklärten* Modernismus. Nachstehend wird der strikte Modernismus in Zusammenhang gebracht mit der Konfrontation von Offenbarung und Bibelkritik. Unter den neuen Religionswissenschaften war es die Bibelkritik, die den Offenbarungscharakter der Bibel am radikalsten in Frage zu stellen vermochte [58].

---

[56] A. BLANCHET, Henri Bremond 1865–1904, Paris 1975; H. HASSENFUSS, H. Schell als existentieller Denker und Theologe, Würzburg 1956.

[57] W. BECKER (Hrsg.), Georg von Hertling 1843–1919 (Beiträge zur Katholizismusforschung A 8), Paderborn 1993.

[58] AUBERT, Storia della Chiesa (s. Anm. 53) XXII, 2, 225f., sowie DERS., Modernisme, in: Catholicisme IX (1980) 448–455. – Zu den modernistischen Strömungen in Deutschland vgl. É. POULAT, Catholicisme, Démocratie et Socialisme. Le mouvement catholique et Mgr Benigni de la naissance du socialisme à la victoire du fascisme, Paris 1977, 418f.

Zweites Kapitel

Das protestantische Denken

VON ANDRÉ ENCREVÉ

Anders als in der ersten Hälfte des 19. Jh. erfuhr die protestantische Theologie zwischen 1860[1] und 1914 keine grundlegende Erneuerung. Den Hintergrund bildeten noch immer die bedeutenden begrifflichen und methodologischen Neuansätze der Jahre 1800 bis 1860 (Einführung des Begriffs der ethisch-religiösen Erfahrung, Entwicklung der historisch-kritischen Methode etc.). Die Periode von 1860 bis 1914 war demnach eher eine Zeit der Konsolidierung.

Deutlich zeichnete sich angesichts der rasanten Entwicklung wissenschaftlich-technischer Erkenntnisse jedoch die Konfrontation zwischen protestantischem Denken und der Moderne ab. Schon im 16. Jh. hatten die Reformatoren alles daran gesetzt, die philosophischen und wissenschaftlichen Erkenntnisse ihrer Zeit nicht auszublenden und ein der Neuzeit gemäßes Christentum zu präsentieren. Dies blieb auch weiter das vorrangige Erkenntnisinteresse der protestantischen Theologen. So suchte etwa Schleiermacher, wie bereits dargelegt, zu Beginn des 19. Jh. nach der Lösung des Problems, auch nach Kant noch Christ bleiben zu können. Ferdinand Christian Baur wiederum war bestrebt, die These von David F. Strauß zu widerlegen, die Geschichte sei nicht geeignet, den Glauben abzustützen. In der zweiten Hälfte des Jahrhunderts ergaben sich keine völlig neuen Fragestellungen, doch wurden die bereits bestehenden schärfer formuliert. Kühn geworden und ihrer selbst wie auch ihrer intellektuellen Fähigkeiten gewiß, gingen einige Denker so weit, die Unvereinbarkeit von christlichem Glauben und Wissenschaftlichkeit zu postulieren. In seinen *Erinnerungen aus meiner Kindheit und Jugendzeit (Souvenirs d'enfance et de jeunesse)* berichtet Ernest Renan, wie er kurz nach seiner Seminarzeit in Saint-Sulpice Marcellin Berthelot, den bedeutenden Chemiker und Politiker, kennengelernt habe, und schreibt dazu:

„Als wir einander näher traten, war uns nur noch eine innige Zuneigung zum Christenthum geblieben. Auch Berthelot hatte von seinem Vater her einen Rest christlicher Glaubenssatzungen sich bewahrt. Einige Monate genügten, um diese letzten Glaubensspuren einfach in den der Erinnerung an frühere Lebensperioden geweihten Raum unserer Seele zu bannen. [...] Die klare, wissenschaftliche Anschauung eines Weltalls, in welchem wahrnehmbar kein freier, dem Menschenwillen überlegener Wille herrscht, wurde in den ersten Monaten des Jahres 1846 der unerschütterliche Anker, an dem wir festhielten."[2]

Zu Kurztiteln vgl. die jeweilige Erstnennung bzw. die Bibliographie am Ende dieses Kapitels.

[1] 1860 ist für die protestantische Theologie kein Datum von besonderer Bedeutung.

[2] E. RENAN, Souvenirs d'enfance et de jeunesse (1883), Paris 1973 (dt.: Erinnerungen aus meiner Kindheit und Jugendzeit, Basel 1883, 334 f.).

Als Renan und Berthelot 1846 zu dieser Überzeugung kamen, standen sie damit noch ziemlich allein. In der zweiten Hälfte des Jahrhunderts jedoch stellte sich mit dem Aufkommen neuer wissenschaftlicher Disziplinen – Paläontologie, Philologie oder vergleichende Religionsgeschichte – die Frage nach dem Verhältnis von christlichem Glauben und Wissenschaftlichkeit auch einer weiteren gebildeten Öffentlichkeit. Diese Disziplinen, so formulierte Claude Langlois zutreffend, „stellen zugleich die angeblich in der Bibel enthaltene ‚Wahrheit' über den Ursprung der Erde und des Menschen, über die Profan- und die Religionsgeschichte, insbesondere die Geschichte Jesu, in Frage"[3].

Das waren nicht völlig neue Gedanken, hatte doch Schleiermacher bereits 1799 den Ehrgeiz, sich an die Gebildeten unter den Verächtern der Religion zu wenden. Doch nach 1860 wurde die Frage nach dem Verhältnis von Christentum und Wissenschaft erst eigentlich akut. Zur Bewältigung des Problems griffen die Protestanten im wesentlichen auf die bereits in der ersten Hälfte des Jahrhunderts erprobten, nun aber in intensiver Reflexion verfeinerten Argumentationen zurück. So gehörte etwa der Begriff der ethisch-religiösen Erfahrung weiterhin zu ihrem Repertoire. Dank der Aneignung des Begriffes konnten sich die protestantischen Theologen nun vorbehaltlos mit einer Reihe bisher wenig entwickelter Disziplinen befassen – wie etwa der Dogmengeschichte, der Philologie der semitischen Sprachen oder auch der historisch-kritischen Exegese. Wird nämlich der Glaube nicht mehr einfach aus der Theologie abgeleitet und dient die ethisch-religiöse Erfahrung der Reflexion über „das Wesen des Christentums" – um den Titel des berühmten Werkes von Adolf von Harnack zu übernehmen –, dann sind die Voraussetzungen für Forschungsfreiheit in Dogmatik, Geschichte und Exegese gegeben. Genau das erläuterte beispielsweise Albert Matter (1823–1907) in seinem Artikel *Expérience (Erfahrung)* in der *Encyclopédie des sciences religieuses*:

„[Historische Fakten] sind nur insofern Teil unserer eigenen Religion, als sie durch unsere Erfahrung bestätigt werden; wie angreifbar ihre Beglaubigung auch immer sein möge, gälten sie uns doch lediglich als Begriffe oder Überzeugungen, hätten wir nicht selbst deren Wahrheit und Wirksamkeit erfahren."[4]

Louis Auguste Sabatier (1839–1901), wie Albert Matter Professor an der Protestantischen Theologischen Fakultät in Paris, befaßte sich ebenfalls eingehend mit der *Theologie der Erfahrung*. Nach Sabatier[5] macht jeder Mensch lebensweltlich bedingte Leidenserfahrungen. Diese werden nur im Vertrauen auf Gott, den Schöpfer des Menschen wie der Natur, erträglich. Dieses Vertrauen ist wegen der Einzigartigkeit Christi, die wiederum im wesentlichen auf die Unverwechselbarkeit der individuellen religiösen Erfahrung zurückzuführen ist, einzig im Rahmen des Christentums möglich. Dazu meint Sabatier erläuternd, Jesus habe „Gott so gewiß im Alten Testament gefunden, so klar in der Natur gesehen, weil er ihn in sich selbst trug und mit ihm in einem ständigen inneren Dialog lebte":

„Es geht hier nicht um Erleuchtung, denn dieses Gottesbewußtsein wächst parallel zum persönlichen Bewußtsein und entfaltet sich mit Hilfe derselben Mittel, nämlich der tägli-

[3] F. Lebrun (Hrsg.), Histoire des catholiques en France, Paris 1980, 389f.

[4] A. Matter, Expérience, in: EScR IV 652; zit. nach F. Laplanche, Critique historique et expérience religieuse selon les théologiens protestants français du XIXe siècle, in: Christianisme et science. Études réunies par l'Association française d'histoire religieuse contemporaine, Paris – Lyon 1989, 8.

[5] Vgl. bes. A. Sabatier, Esquisse d'une philosophie de la religion d'après la psychologie et l'histoire, Paris 1897 (dt.: Religionsphilosophie auf psychologischer und geschichtlicher Grundlage, Freiburg 1898).

chen Erfahrung. Es läßt sich demnach sagen, daß ersteres letzteres niemals eliminiert. Es entäußert sich nicht seiner selbst, um Gott besser besitzen zu können. Im Gegenteil: Erst im Besitz des wahren eigenen Ichs kommt es in den ruhigen, vernünftigen und klaren Besitz Gottes. […] Im Moment, da es die höchste und lebendigste Idee von Gott hat, hat es auch das eindeutigste Gefühl für den Wert der menschlichen Person und deren unveräußerlicher Würde, so daß die normale Entwicklung des eigenen Bewußtseins gewissermaßen die fortschreitende und gleichzeitige Enthüllung des wahren Menschen wie des ewigen Gottes ist. […] Er [Jesus] fühlte sich als Sohn des Vaters und erahnte zugleich allmählich die Aufgabe, den Auftrag, diese göttliche Sohnschaft inmitten der Menschheit zu verwirklichen."[6].

Demnach ist für Sabatier wahrer Jünger Christi, wer in der Nachfolge Jesu imstande ist, für Gott die von Jesus vorgelebte Kindesliebe zu empfinden. Sabatier zog offenkundig das traditionelle Fundament der Christologie nicht in Zweifel. Er blendete die mit dem Dogma der zwei Naturen Christi verbundenen Probleme aus und versuchte, die herkömmliche antinomische Darstellung zu überwinden. Tatsache ist, daß dieser Gebrauch des religiösen Erfahrungsbegriffs im damaligen intellektuellen Klima nicht ohne Wirkung blieb. Dazu meint François Laplanche:

„[…] der der Christologie inhärente Dualismus der zwei Naturen ist überwunden, bedeutet doch die Heiligkeit Jesu den totalen Einbruch des Göttlichen ins Menschliche. Die Umbesetzung der metaphysischen Attribute Gottes auf moralische Attribute ermöglicht die Transformation der traditionellen Christologie in eine Überhöhung Jesu zum Idealtypus der Menschheit. Nach Meinung ihrer Autoren führt diese Transformation lediglich die von den Reformatoren inaugurierte Theologie fort: Obwohl biblisch und dem gläubigen Subjekt zugewandt, blieb diese dem von den Nachfolgern in eine solide Festung verwandelten scholastischen Begriffsgerüst verhaftet. Zum Zeitpunkt ihres Aufkommens macht dagegen diese Erfahrungstheologie den Gläubigen frei, sich den Herausforderungen der Kritik zu stellen."[7]

Damit waren freilich nicht sämtliche Fragen gelöst, denn nun galt es, sich die Frage nach dem Wesen der religiösen Erfahrung selbst zu stellen. Das tat etwa Ernst Troeltsch, der zu Beginn des 20. Jh. fragte, ob sie vielleicht nichts anderes als die bloß subjektive Manifestation der menschlichen Natur sei. Ritschl und Troeltsch, die beiden maßgeblichen Theologen des ausgehenden 19. und beginnenden 20. Jh., versuchten denn auch mit Hilfe des von ihnen konstruierten Systems den Beweis dafür zu erbringen, daß das an die Stelle der Gottes*idee* der natürlichen Theologie getretene Gottes*bewußtsein* einen der Grundaspekte des menschlichen Bewußtseins bilde. Dieses System forderte indes die Kritik geradezu heraus, denn was wird aus dem Begriff des transzendenten Schöpfergottes? Nach dem Ersten Weltkrieg griff etwa Karl Barth diese Frage auf und vertrat die Auffassung, die theologische Leistung des 19. Jh. lasse sich als Versuch einer Humanisierung des Christentums apostrophieren. Die in der zweiten Hälfte des 19. Jh. von den meisten Theologen angewandte Methode blieb jedoch nicht ohne Wirkung, ließ sie doch, anders als die Überzeugungen der Szientisten der Jahre 1850–1860, die Aussage zu, es bestehe kein Widerspruch zwischen Religion und Wissenschaft – weshalb die Theologie integrierender Bestandteil der modernen Kultur sei.

---

[6] Ders., Jésus-Christ, in: EScR VII 367.
[7] Laplanche, Critique historique (s. Anm. 4) 8 f.

Um die Entwicklung des religiösen Denkens im Protestantismus der Jahre 1860 bis 1914 nachzuzeichnen, wenden wir uns demnach zuerst jenen beiden Richtungen zu, die die großen Themen der ersten Hälfte des Jahrhunderts weiterführten und präzisierten, nämlich – verallgemeinernd gesagt – der aus Schleiermacher hervorgegangenen Richtung und der historisierenden Richtung in Fortsetzung der Baurschen Ansätze. Dann beschäftigen wir uns mit jenen Männern, die sich die Frage nach der Gültigkeit dieser Forschungsvorhaben gestellt haben, also hauptsächlich Albrecht Ritschl und Ernst Troeltsch[8].

1. Schleiermachers Erbe

Isaak August Dorner

Ein wichtiger Vertreter der Vermittlungstheologie war Isaak August Dorner (1809–1884), dessen langjährige Lehrtätigkeit ihn an verschiedene Universitäten führte: 1838 als außerordentlicher Professor in Tübingen tätig, wirkte er danach in Kiel, Königsberg, Bonn, Göttingen und ab 1862 in Berlin, wo er bis zu seinem Tod blieb. Sein Interesse galt zunächst der Person Christi. Mit ihr befaßt sich sein erstes, 1839 veröffentlichtes zweibändiges Werk *Die Entwicklungsgeschichte der Lehre von der Person Christi*[9]. 1867 folgte die *Geschichte der protestantischen Theologie besonders in Deutschland*, und von 1879 bis 1881 schließlich sein bekanntestes Werk, eine Dogmatik mit dem Titel *System der christlichen Glaubenslehre*. In seinen Schriften gelang Dorner eine eigenständige Verbindung von Schleiermacher und Hegel, was ihm zu Beginn seiner Laufbahn ein nicht unbeträchtliches Ansehen verlieh. Dorners Gelehrtheit war unumstritten, dennoch wurde er von vielen seiner Zeitgenossen heftig kritisiert. Als Vertreter der Vermittlungstheologie wollte er die traditionellen Glaubensformeln bewahren, präsentierte aber die Lehre in einer Form, die die Errungenschaften des Denkens des 19. Jh. integrierte – ein Standpunkt, dem weder Traditionalisten noch Neuerer vorbehaltlos zustimmen konnten[10].

Dorners Christologie, ein relativ komplexes System, gründete auf dem Prinzip, Gott und Mensch könnten zu wahrer Einheit gelangen: In Jesus Christus ist die Idee des Menschen vollkommen, im einzelnen Menschen indes nur unvollkommen verwirklicht – das entspricht ziemlich genau dem Hegelschen Prinzip einer gewissen Identität zwischen dem Endlichen und dem Unendlichen oder zumindest der Aussage, für Gott könne das Endliche keine unüberwindliche Grenze sein. Deshalb ist der Begriff eines „Gott-Menschen" völlig logisch: Gott und Mensch schließen sich gegenseitig keineswegs aus, sie sind vielmehr dazu gemacht, miteinander in Beziehung zu treten. Die von den Theologen integral zu verteidigende Trinitätslehre faßt demnach treffend zusammen, was der Christ von Gott wissen kann, sind doch die trinitarischen Personen in Wirklichkeit nichts anderes als drei Modi

---

[8] Wie jede Einteilung ist auch diese bis zu einem gewissen Grad willkürlich, denn die Theologen jener Zeit sind nicht eindeutig einzuordnen. Ritschl etwa war auch Historiker und begann seine Karriere als Anhänger Baurs. Die Einteilung dient demnach lediglich der besseren Übersicht.

[9] Eine umfangreichere zweite Auflage veröffentlichte Dorner zwischen 1845 und 1856.

[10] Vgl. dazu F. Lichtenberger, Histoire des idées religieuses en Allemagne depuis le milieu du XVIIIᵉ siècle jusqu'à nos jours, 3 Bde., Paris 1873: „In unseren Augen ist Dorner ein schlagendes Beispiel für die radikale Unfähigkeit der Vermittlungstheologie, die den Anspruch erhebt, das kirchliche Dogma zu versöhnen, ohne auch nur eine der traditionellen Glaubensformeln aufzugeben." (III 228) Dieses harte Urteil wurde bereits vor der Veröffentlichung von Dorners eigenständigsten Werken gefällt.

der Existenz Gottes. Und da sich Gott und Mensch in Jesus Christus begegnet sind, ist er der geeignete geistliche Führer der Menschheit. Ihn hat seine Doppelnatur vor der Sünde bewahrt, die Inkarnation dagegen ist nötig geworden aufgrund der Sünde, also durch das Bedürfnis, die Schöpfung zu vervollkommnen. Nach Auffassung des an Schleiermacher anknüpfenden spekulativen Theologen Dorner ist Gott der Welt gegenüber frei, die Kreatur indes empfindet ein Gefühl absoluter Abhängigkeit, was sie zur Einsicht führt, sie sei unfähig, sich selbst zum spirituellen Leben zu erheben. Von Christus geleitet, dem diese vermittelnde Rolle aufgrund seiner göttlich-menschlichen Natur zugewiesen ist, sind die Menschen in der Lage, den spirituellen Aufstieg zu verwirklichen. Dorner, der die traditionelle Lehre mit Hilfe komplexer Formeln beibehält, drückt sich in einem von Schleiermacher geprägten Stil aus. Sichtbar wird sein Bemühen, zu einem lebendigen, aus der innigen, ja romantischen Gemeinschaft mit Christus entstandenen Christentum zu gelangen.

Dorner ist indes eigenständiger, als auf den ersten Blick ersichtlich wird. Die kurze Darstellung seiner Christologie zeigt, daß seine Reflexion primär der Spekulation über Gott gilt. Noch deutlicher wird das in seinem *System der christlichen Glaubenslehre*. Zwar nimmt Dorner wie Schleiermacher den Glauben (also den Menschen) zum Ausgangspunkt, doch dann geht er umgekehrt vor. Denn für Dorner ist der Glaube nicht Realprinzip, sondern Erkenntnisprinzip. Fundament des Glaubens ist nicht die ethisch-religiöse Erfahrung, sondern die Wahrheit. Im Unterschied zu Schleiermacher, dem er im übrigen vorwirft, gegenüber der Trinität eine Indifferenz, wenn nicht sogar Feindseligkeit manifestiert zu haben, interessiert sich Dorner für die Lehrinhalte. In der Tat: Wie kann jemand, der sich explizit nicht für Glaubensinhalte interessiert, zur Gewißheit gelangen, daß es sich effektiv um den christlichen Glauben handelt? Beim Versuch, Schleiermacher und Hegel unter Beibehaltung eines dialektischen Schemas zu überwinden, unterscheidet Dorner drei Stufen des Glaubens. Die erste Stufe entspricht dem historischen, ja empirischen Glauben, der den Gliedern der verschiedenen christlichen Kirchen gemein ist, der aber den personalen Glauben unterdrücken kann. Die zweite Stufe ist der ideale und ewige Glaube, den der nach Gewißheit verlangende Christ in der Regel anstrebt. Der Widerspruch zwischen diesen beiden, in gewissem Sinn antinomischen Stufen löst sich in einer Synthese auf, der dritten Stufe der Glaubensgewißheit. Diese Stufe ist dann erreicht, wenn der Christ nicht mehr am Glauben, sondern an sich selbst zweifelt und die Unmöglichkeit der Selbstvergebung erkennt. Das führt ihn zur Kirche, die hier zu ihrer eigentlichen Rolle zurückfindet und ihm einen Eindruck von der Vertrauenswürdigkeit des Christentums vermittelt. Das führt ihn aber auch zur heiligen Schrift. Dazu erklärt Karl Barth:

„Begreift und bejaht nun das Subjekt das ihm so bereitgestellte Heil, nicht eigenmächtig, aber auch nicht träge, im Vertrauen, im Bewußtsein der Pflicht, das Vertrauen nicht versagen zu dürfen, dem Zug des Vaters zum Sohne gehorchend – dann schlagen Empfänglichkeit und Gnade im innersten Mittelpunkt der Persönlichkeit zusammen zu einem ‚neuschaffenden Lebensfunken‘ – ‚und der von der zuvorkommenden Gnade Ergriffene ist nun zu einem Ergreifenden, ja Besitzenden geworden‘.“ [11]

Hier zeigt sich, daß Dorner, all seinen Versuchen zum Trotz, mit der allgemeinen Fragestellung des 19. Jh. nicht wirklich bricht. Das Beispiel dafür ist eben seine Synthese von empirisch-historischem und subjektivem Glauben. Sein Werk bewegt sich auf zwei Ebe-

---

[11] K. BARTH, Die protestantische Theologie im 19. Jahrhundert. Ihre Vorgeschichte und ihre Geschichte (1947), Zürich ⁵1985, 528.

nen zugleich, einer subjektiven und einer objektiven. Häufig hat der objektive Faktor Priorität, was den Weg für einen möglichen Bruch mit dem Anthropozentrismus des 19. Jh. eröffnet. Dazu nochmals Karl Barth:

„Es war doch ein ganz erstaunliches Wagnis, wenn Dorner es unternahm, in seiner Lehre von der Relativität sowohl des empirisch historischen, wie des idealen Glaubens als der beiden ersten Stufen seiner Pisteologie schließlich den ganzen Schleiermacher und den ganzen Hegel zugleich in Klammer zu setzen [...] den wirklichen christlichen Glauben aber einerseits mit dem Zweifel des Subjektes an sich selbst, mit der göttlichen Traurigkeit, andererseits mit dem ihm begegnenden Wort Gottes, mit Schrift, Kirche und Sakrament anfangen zu lassen. Mit dem entscheidenden Auftreten dieser beiden Faktoren war der Kreis der Problematik, in dem sich die neuere Theologie bewegte und allein bewegen zu können und zu sollen meinte, für einen Augenblick zerrissen."[12]

Dorners Zeitgenossen sahen allerdings nicht, wie innovativ sein Vorgehen war – möglicherweise weil es sich, bildlich gesprochen, in der Hülle der alten Problematik präsentierte.

Die Erlanger Schule

Rückkehr zu den Glaubensbekenntnissen – so lautete weiterhin das Programm der Erlanger Schule. Ihr erklärtes Ziel war es, zum Denken der Kirchenväter zurückzufinden, vor allem aber die traditionelle Dogmatik wiederherzustellen, ohne allerdings die neuesten Errungenschaften, also die Verfahrensweisen der Philosophie des 19. Jh., auszublenden. Ihre bedeutendsten Vertreter nach 1850 waren insbesondere Thomasius und Frank.

Gottfried Thomasius (1802–1875), Professor in Erlangen, ist Verfasser einer *Christlichen Dogmengeschichte als Entwicklungsgeschichte des kirchlichen Lehrbegriffs*, 1874 und 1876 in zwei Bänden publiziert, sowie einer erstmals von 1852 bis 1861 in drei Bänden herausgegebenen Dogmatik mit dem Titel *Christi Person und Werk. Darstellung der evangelisch-lutherischen Dogmatik vom Mittelpunkte der Christologie aus*[13]. Thomasius, vor allem für seine christologischen Entwürfe bekannt, war der Autor der sogenannten *Kenosis-Lehre*[14]. Er erläutert, die Inkarnation des *Logos* müsse als Begrenzung seiner selbst verstanden werden, als Unterwerfung des *Logos* unter die Begrenztheit der menschlichen Existenz. Christus aber, die zweite trinitarische Person, habe vor seiner Herabkunft auf die Erde existiert; folglich sei die Inkarnation Resultat eines freien Willensentschlusses des trinitarischen Gottes, gründe aber ebenso auf der Liebe des Sohnes für die sündigen Menschen, des Sohnes, der sich freiwillig opfere, um das Erlösungswerk zu vollenden. Die Inkarnation sei demnach Ausfluß einer doppelten Bewegung, habe doch der Sohn, genauso wie der Vater, zur Schöpfung, insbesondere zur Schaffung des Menschen, beigetragen. Die Existenz eines Gott-Menschen sei demnach nur unter zwei Voraussetzungen vorstellbar. Die erste Voraussetzung ist die Erhöhung der menschlichen Natur durch die zweite trinitarische Person (die Vereinigung kann erst nach der Befreiung der menschlichen Natur von der Erbsünde erfolgen), also eine Art Vergöttlichung der menschlichen Natur. Die zweite

---

[12] Ebd. 529.
[13] Thomasius veröffentlichte zudem Arbeiten zu Origenes und zum Kolosserbrief.
[14] Dabei stützte sich Thomasius vornehmlich auf eine genaue Analyse der berühmten Verse 5 bis 11 im 2. Kapitel des Philipperbriefs.

Voraussetzung ist die Selbstbegrenzung des Göttlichen, die Annahme der menschlichen Natur durch den Sohn, die freiwillige Erniedrigung des Sohnes, der aus Liebe zu den Menschen handelt, um sie mit dem Vater zu versöhnen.

Diese keineswegs „orthodoxe", sondern höchst spekulative und durch zahlreiche Zitate der Kirchenväter (Origenes, Augustin usw.) untermauerte Konstruktion stieß jedoch schon bald auf Kritik, insbesondere von seiten Dorners. Thomasius, der für die Idee der Begrenztheit der göttlichen Natur eintrat, plädierte für eine Veränderung der Natur des *Logos*, eine von keinem Kirchenvater vertretene Lehre. Der Entwurf konnte einige Anhänger[15] gewinnen, wurde aber schon bald wieder verworfen, enthielt er doch einen inneren Widerspruch: Er versuchte die Gottheit Christi zu wahren, ging jedoch letztlich davon aus, der *Logos* werde erst dann Mensch, wenn er zu existieren aufgehört habe oder zumindest eine reduzierte, ihrer Spezifizität beraubte Existenz führe, und erst nach dem Tod Christi trete er vollkommen wiederhergestellt auf.

Interessant ist Thomasius' *Kenosis-Lehre* vor allem von ihrem Anliegen her. Sie stellt den Versuch dar, das traditionelle Dogma der Inkarnation zu verteidigen und zugleich den Einwänden der zeitgenössischen Theologie Rechnung zu tragen. In einem gewissen Sinn bedeutet sie die Weiterführung des Schleiermacherschen Unterfangens, trat doch für Schleiermacher in Jesus eher ein Prinzip als ein Mensch in Erscheinung. Schleiermachers Erben waren demnach gezwungen, sich mit der von ihm selbst mehr oder weniger ausgeblendeten christologischen Problematik zu befassen. Thomasius' Schwierigkeiten rührten auch daher, daß sein christologischer Ansatz die im 4. und 5. Jh. formulierten Dogmen zum Ausgangspunkt nahm; daß Thomasius auch ein Spezialist auf dem Gebiet der Dogmengeschichte war, mag hier mitgespielt haben. Die historische Forschung hatte indes bereits damals den Nachweis erbracht, daß die Kirchenväter nicht versucht hatten, eine historisch fundierte, auf Leben und Werk Jesu gestützte Dogmatik zu errichten. Den daraus entstehenden Widersprüchen konnte sich Thomasius nicht wirklich entziehen.

Thomasius' Nachfolger in Erlangen, Franz Hermann Reinhold Frank (1827–1894), der sich als moderner Theologe und als Verteidiger des christlichen Glaubens in seiner Integralität zugleich verstand, ist hauptsächlich als Autor dreier umfangreicher Werke bekannt: *System der christlichen Gewißheit* (1870–1873), *System der christlichen Wahrheit* (1878–1880) sowie *System der christlichen Sittlichkeit* (1884–1887). An die auf Schleiermacher zurückgehende Methode, nämlich an den Begriff der ethisch-religiösen Erfahrung anknüpfend, ging Frank vom religiösen Bewußtsein aus, das nach der Erfahrung der Konversion die Gewißheit besitzt, einen völlig neuen, den für den Menschen einzig normalen Status erlangt zu haben. Diese Bekehrung ist eine Gewißheit ermöglichende Wiedergeburt, schafft sie doch Verbindung mit Gott, der die Welt regierenden absoluten Kausalität. Mit Hilfe eines dialektischen Schemas – auch Frank verknüpfte Schleiermacher und Hegel – konzentrierte er sich dann darauf, die Modalitäten und Leitgrundsätze dieser Wiedergeburt zu beschreiben. Auf den Vorwurf des Subjektivismus antwortete er als guter Theologe des 19. Jh., sein Interesse für die Konversion rühre daher, daß seiner Auffassung nach Gott einzig durch sein Handeln am Menschen zu erkennen sei und deshalb der Kern der religiösen Erkenntnis durch die Analyse des Bewußtseins zugänglich werde. Von Interesse sind weniger Franks Argumentationen im einzelnen – oder seine vorab im Werk über die christ-

---

[15] Insbesondere die Professoren Wolfgang Friedrich Geß in Breslau, A. Grétillat in Neuenburg und André Arnal in Montpellier.

liche Wahrheit enthaltenen dogmatischen Aussagen – als vielmehr seine Hauptintention. Frank, wie Schleiermacher Religionspsychologe, versuchte wie dieser, der geistesgeschichtlichen Entwicklung insgesamt Rechnung zu tragen und zugleich die traditionelle Dogmatik (Übernatürliches, Transzendenz usw.) zu verteidigen.

Biblizisten

Das Anliegen der Biblizisten war ebenfalls die Verteidigung der biblischen Botschaft in ihrer Integrität, doch mangelte es der Strömung wegen ihres geringen Innovationspotentials an Resonanz. Für seine Zeitgenossen war einer der bekanntesten Vertreter Johann Tobias Beck (1804–1878), Professor in Basel und später in Tübingen. Sein Ansehen unter den Studenten verdankte er seiner starken Persönlichkeit, seiner Frömmigkeit, aber auch seiner Unabhängigkeit allen modischen theologischen Methoden gegenüber. Sein ganzes Werk ist darauf angelegt, das Vertrauen des Autors in die Bibel zu bezeugen[16]. Beck war mit der aus Schleiermacher hervorgegangenen Methode durchaus vertraut, doch seinem Verständnis nach riskierte eine Theologie, die der Offenbarung gegenüber auf Distanz geht, sich in Philosophie zu verwandeln. Die Theologie solle weder von einer aprioristischen Religionsdefinition noch vom spirituellen oder moralischen Lebensgefühl des einzelnen ausgehen, sondern vom Glauben. Den Glauben verstand Beck insofern als eine objektive Realität, als er eine nicht vom Menschen geschaffene Realität sei, die dank des geheimnisvollen Handelns Gottes am Menschen subjektiv werde. So machte er sich für ein lebendiges Christentum stark, wollte es aber auf einer kaum an der historischen Analyse der Bibeltexte interessierten Exegese fundiert wissen[17]. Das lief dem theologischen Trend der zweiten Hälfte des 19. Jh. völlig zuwider und schmälerte Becks Resonanz. Doch auch die Konservativen lehnten ihn ab, weil er sich zwar auf die Rückkehr zur Bibel berief, aber in einer Form, die manchen von ihnen als zu sehr an Schleiermacher orientiert galt.

Martin Kähler (1835–1912) verstand sich ebenfalls als biblischer Theologe, war jedoch ein modernerer, mehr dem Zeitgeist verpflichteter Denker, der die Geschichte nicht ausblendete und sich um Wissenschaftlichkeit bemühte[18]. Ebenfalls an Schleiermacher anknüpfend, erkannte er an, daß der Glaube vorab eine Erfahrung sei, wenn auch eine ausschließlich biblische Erfahrung. Für Kähler muß der Christ durch den Glauben wiederfinden, was die Apostel verkündet haben. Aus diesem Grund zweifelte er auch nicht an der Legitimität der wissenschaftlichen Bibelforschung. Dabei ist indes stets in Erinnerung zu behalten, daß das Neue Testament nicht eine Jesus-Biographie im modernen Wortsinn, sondern vorab ein Zeugnis des Glaubens der Apostel, ein für Jesus Christus abgelegtes Zeugnis ist. Diese Auffassung des Neuen Testaments öffnet den Weg für eine wissenschaftliche, also moderne Exegese. In seinen dogmatischen Aussagen indes blieb

---

[16] Becks wichtigste Publikationen sind: Einleitung in das System der christlichen Lehre oder propädeutische Entwicklung der christlichen Lehrwissenschaft, Stuttgart 1838; Die christliche Lehr-Wissenschaft nach den biblischen Urkunden, Stuttgart 1841; Die christliche Liebeslehre, 2 Bde., Stuttgart 1872–1874.

[17] Beck spricht von einer „pneumatischen Kritik", d. h. von einer Kritik, die von der Annahme ausgeht, der Schriftkanon sei von Gott gewollt und deshalb das Organ der absoluten Wahrheit, umfassender Ausdruck des göttlichen Denkens.

[18] Martin Kählers Hauptwerke sind: Die Wissenschaft der christlichen Lehre von dem evangelischen Grundartikel aus, Erlangen 1883; Der sogenannte historische Jesus und der geschichtliche biblische Christus, Leipzig 1892; Dogmatische Zeitfragen, 2 Bde., Gotha 1898.

Kähler ein strikter Anhänger der traditionellen Lehre, obwohl er die Errungenschaften der Historie in sein Denken integrierte. In seiner Schrift *Der sogenannte historische Jesus und der geschichtliche biblische Christus* geht er denn auch, in Wiederaufnahme eines bereits von D. F. Strauß untersuchten Themas, der Frage nach, ob der Christus des Glaubens mit Hilfe historischer Methoden wiedergefunden werden könne. Kähler beantwortet die Frage negativ, denn nach seiner Auffassung fällt die Würde der Gottessohnschaft Christi nicht unter historische Kategorien. Folglich betrachtet er es als ein Ding der Unmöglichkeit, ein Leben Jesu zu schreiben. Daraus zieht Kähler jedoch ganz andere Schlußfolgerungen als Strauß: Er ruft den Vertretern der historisch-kritischen Schule die Grenzen ihrer Wissenschaft in Erinnerung. Dennoch ist es den Biblizisten nicht gelungen, der Theologie neue Wege zu eröffnen.

2. Unabhängige Theologen

Es ist unmöglich, hier alle Theologen aufzuführen, die mehr oder weniger den von Schleiermachers Denken eingeschlagenen Wegen folgten und sich für Hegel interessierten. Unmöglich nicht zuletzt deshalb, weil viele von ihnen keiner Schule angehörten. Drei ganz unterschiedliche Theologen stehen hier beispielhaft für den Einfluß der Neuerungen in der ersten Hälfte des 19. Jh. und für das Bemühen, diese zu überwinden.

Alois Emanuel Biedermann

Alois Emanuel Biedermann (1819–1885), Professor in Zürich, bietet das Beispiel eines zwar stark von Hegel beeinflußten, aber nicht auf dessen Denken begrenzten Theologen. Sein 1869 publiziertes Hauptwerk trägt den Titel *Christliche Dogmatik*. Dort verwendete er die Hegelschen Kategorien und erhob den Anspruch, das christliche Dogma wissenschaftlich zu untersuchen. Er definierte es als eine lebendige Beziehung zwischen Gott und Mensch und knüpfte so an Schleiermachers religiöse Erfahrung an. Biedermanns *Dogmatik* ist wie üblich in drei Teile gegliedert. Im ersten, prinzipiellen Teil wird das Wesen der Religion dargelegt: Nach Biedermann handelt es sich um eine subjektive Beziehung zu Gott, die indes einen objektiven Grund hat: die dem endlichen Geist (Mensch) geltende Manifestation des in Christus geoffenbarten und durch die Kirche handelnden absoluten Geistes (Gott, dem er jede Persönlichkeit abspricht[19]). Der zweite Teil befaßt sich mit der christlichen Religion, d. h. mit jener Religion, die insofern das religiöse Bewußtsein Jesu (nicht aber dessen Person) zum Zentrum hat, als sie Ausdruck der durch das Prinzip der göttlichen Sohnschaft vermittelten Beziehung zwischen Gott und Mensch ist. Im dritten Teil legt Biedermann, der den Anspruch auf Wissenschaftlichkeit erhebt, eine kritische Abhandlung zur traditionellen Dogmatik der Kirche vor und schlägt eine Neuordnung der Lehre vor. Biedermanns Absicht war es demnach, Schleiermacher und Hegel zu verknüpfen und zugleich dem auf Wissenschaftlichkeit bedachten Zeitgeist Genüge zu tun. Ein nicht ganz einfaches Unterfangen, das nicht ohne Widersprüche auskam, wie Louis Perriraz feststellt:

„Biedermann will also nichts hören von der Persönlichkeit Gottes, obwohl alles, was er

---

[19] So schrieb er beispielsweise: „Nur der Mensch als endlicher Geist ist eine Persönlichkeit, Gott aber als absoluter Geist nicht." A. E. BIEDERMANN, Christliche Dogmatik, Berlin ²1884–1885, zit. II 547.

über Glaube und Gebet sagt, diesen Begriff impliziert. Wenn Gott lediglich absolutes Prinzip ist, dann entbehrt das religiöse Leben seiner Stütze und endet im Intellektualismus. So wird verständlich, daß das Böse ein von Gottes Weisheit gewolltes notwendiges Faktum ist. Doch von welchem Gott? Zwar spricht Biedermann von der Überwindung der Welt, von der Reinigung der Seele, dennoch ist nicht zu bestreiten, daß die Negation der Persönlichkeit Gottes ein authentisches Verständnis des biblischen Zeugnisses schwerwiegend behindert hat. Damit wird verständlich, daß er zu einer wahren dialektischen Akrobatik greifen mußte, um seine ganz realen religiösen Erfahrungen mit einer Philosophie zu verbinden, die denkbar schlecht geeignet ist, das innerste Wesen dieser Erfahrungen auszudrücken."[20]

Richard Adelbert Lipsius

Ebenfalls von Hegel, aber stärker noch von Schleiermacher beeinflußt, war Richard Adelbert Lipsius (1830–1892), der mit Ritschl einige Interessengebiete teilte. Wie Biedermann veröffentlicht er eine als wissenschaftlich verstandene Dogmatik[21]. Seinem Verständnis nach ist das Dogma die wissenschaftliche Darlegung des Glaubens der Kirche. Es ist deshalb nur folgerichtig, daß die Entwicklung von Dogma und Kirche parallel verläuft und die Dogmatik die verschiedenen Phasen des menschlichen Denkens und der menschlichen Psyche nachvollzieht.

Obwohl in eher polemischer Form gehalten – was auch auf das im ausgehenden 19. Jh. herrschende Geistesklima zurückzuführen ist –, mangelte es seiner Darstellung Gottes und des Ursprungs der Religion an Originalität[22]. Bemerkenswerter sind Lipsius' Überlegungen zum Glauben und zur Dogmatik, denn hier führt er ein moralisches Element ein. Dazu urteilt L. Perriraz zusammenfassend:

„Höhepunkt der Entfaltung des Glaubens ist das Christentum; in ihm gewinnt die Idee der Religion ihren ganzen Reichtum, und der Glaube gelangt zur vollkommenen Offenbarung Gottes. Hier wird die göttliche Heilsordnung in ihrer ganzen Kraft offenbar. Das Christentum ist der Glaube an die Offenbarung Gottes in Jesus Christus, dem Erlöser. Das Fundament dieses Glaubens ist die Gewißheit, daß in Christus die religiöse Beziehung sich als vollkommen geoffenbart hat und den Gläubigen und der Gemeinde zuteil geworden ist. Als Offenbarung der Gnade ist das Evangelium Jesu Christi untrennbar verbunden mit der moralischen Ordnung."[23]

So ist es denn Aufgabe des Dogmatikers, die Grundprinzipien des Christentums logisch, ja rational zu präsentieren und dessen Unverwechselbarkeit zu unterstreichen. Hier macht sich nicht nur Schleiermachers, sondern auch Kants Einfluß bemerkbar (die Rolle der christlichen Moral, nicht objektiver Aspekt der Attribute Gottes usw.). Lipsius' Theologie

---

[20] L. Perriraz, Histoire de la théologie protestante au XIXᵉ siècle, 4 Bde., Neuenburg 1949–1961, I 120f.

[21] R. A. Lipsius, Lehrbuch der evangelisch-protestantischen Dogmatik, Braunschweig 1876; Neuauflagen 1879 und (überarbeitet) 1893.

[22] Nach Lipsius erkennt der Mensch, sobald er sich seiner Überlegenheit gegenüber der Natur bewußt wird, seine Abhängigkeit von einer überweltlichen Macht, Gott. Zudem impliziert jeder religiöse Akt ein Selbstbewußtsein und ein Gottesbewußtsein usw. Formulierungen dieser Art lassen an Schleiermacher denken, den Lipsius vor allem über Schweitzers Werk kannte.

[23] Perriraz, Histoire de la théologie (s. Anm. 20) I 155.

entspricht demnach dem Zeitgeist. Sie ist gewissermaßen Vorbotin der eigenständigeren Theologie Albrecht Ritschls.

Louis Auguste Sabatier

Das Denken Auguste Sabatiers (1839–1901), des bedeutendsten protestantischen Theologen Frankreichs in der zweiten Hälfte des 19. Jh., ist differenziert und nuanciert. Sabatier war offen für die verschiedenen Aspekte des Geisteslebens seiner Zeit (insbesondere für die historisch-kritische Exegese) und bemüht, die Neuerungen der Lehre in allgemeinverständlicher Form darzulegen[24]. Sabatier, der als Professor für reformierte Dogmatik an der Protestantischen Fakultät in Straßburg, dann – von 1877 bis zu seinem Tod im Jahr 1901 – in Paris wirkte[25], gehörte ursprünglich dem evangelikalen Lager an. Er setzte sich von ihm ab, ohne es jedoch zu verleugnen, stellte er doch die traditionelle Dogmatik nicht ausdrücklich in Frage. Sabatier steht an der Schnittstelle mehrerer Einflüsse, und sein Denken läßt sich nicht einer bestimmten Gruppe zuordnen. Was Sabatier auszeichnet, ist sein apologetisches Bemühen. Es ging ihm vorab um die christliche Apologetik, wollte er doch der Theologie ihren Platz in der wissenschaftlich-intellektuellen Welt zurückgeben in einer Zeit, da Theologie diese in den Augen vieler französischer Intellektueller als überholt und mit einem bäuerlich-autoritären, der demokratischen und laizistischen Industriegesellschaft nicht zu vermitteIndem Gesellschaftstypus verbunden galt. Um eine *protestantische* Apologetik ging es ihm schließlich, versuchte er doch nachzuweisen, daß eine seriöse Geschichtsforschung zwangsläufig zum Schluß kommen mußte, allein der Protestantis-

---

[24] Mehrere Autoren haben sich mit Sabatier befaßt; vgl. dazu J. Viénot, Auguste Sabatier I: La jeunesse (1839–1879), Paris 1927 (Band II ist nie erschienen); G. Lasch, Die Theologie der Pariser Schule. Charakteristik des Symbolo-Fideismus, Berlin 1901; Th. Silkstone, Religion, Symbolism and Meaning. A Critical Study of the Views of Auguste Sabatier, Oxford 1968; B. Reymond, Auguste Sabatier et le procès théologique de l'autorité, Lausanne 1976.

[25] In der Regel wird der Name Sabatiers mit demjenigen des Lutheraners Eugène Louis Ménégoz (1838–1921) in Verbindung gebracht, der ebenfalls als Professor an der Fakultät in Paris wirkte – daher die Bezeichnung „Pariser Schule" oder „symbolo-fideistische" Schule für das Denken der beiden sich ergänzenden Männer. Ménégoz, ein weniger eigenständiger Denker als Sabatier, veröffentlichte ein Werk mit dem Titel *Réflexions sur l'Évangile du salut*, 1879, sowie mehrere Sammelbände: *Publications diverses sur le fidéisme*, 5 Bde., 1900–1921; *Le fidéisme et son application à l'enseignement chrétien traditionnel*, 3 Bde., 1909–1913. Er betont den auch für Luther wichtigen Begriff der *sola fide* und unterstreicht, das Wichtigste für den Christen sei der Glaube, das persönliche Glaubensleben, und zwar unabhängig von den Formulierungen, die er dank seines Verstandes und seiner seelischen Veranlagung zu erarbeiten vermöge. Ménégoz behauptet nicht, das Heil könne durch den Glauben ohne Überzeugungen erlangt werden, sei doch der Glaube nicht unabhängig von den Überzeugungen darstellbar; doch meint er, um eine seiner Formulierungen aufzunehmen, die Überzeugungen seien eher ein „pädagogisches Mittel". So gelangt er zu der Auffassung, den Formulierungen der Überzeugungen, insbesondere den detaillierten Glaubensbekenntnissen, komme keine entscheidende Bedeutung zu. Es ist der Glaube *an Jesus Christus*, der den sündigen Menschen rettet, doch Gott beschäftigt sich kaum mit den Sätzen, die Menschen ausarbeiten, um diesen Glauben zu definieren. Ménégoz' Einfluß auf die Pfarrerschaft war groß, weil sein wenig Weisungen erteilendes Denken den Erwartungen der Gemeindepfarrer insofern entsprach, als es ihnen gute Argumente für ihre Abneigung gegen theologische Auseinandersetzungen lieferte. Doch da Ménégoz seine Voraussetzungen nicht theoretisch begründete, gewann er unter den Universitätstheologen kaum Anerkennung. Er steht stellvertretend für eine Epoche, in der man der zahllosen Diskussionen über die Gottheit Christi, die Datierung des Johannesevangeliums oder über den jüdischen Messianismus überdrüssig war und versuchte, sich aus diesen Problemen und der damit verbundenen Polemik herauszuhalten. Das hätte aber nur dann gelingen können, wenn man die Fragestellung grundlegend erneuert hätte – was Ménégoz gerade nicht getan hat.

mus, eine nicht-autoritäre „Geistesreligion" – so der Titel von Sabatiers letztem Werk [26] –, sei der modernen Welt angemessen. Dazu schreibt François Laplanche:

„Zu Beginn der achtziger Jahre des letzten Jahrhunderts tritt der Protestantismus, indem er dem Dualismus von Glaube und Vernunft, von Wissenschaft und Religion, von theologischer Kultur und universitärer Kultur ein Ende setzt, als das Prinzip einer ‚Laienreligion' auf, um in den Worten Sabatiers zu sprechen. Die alte Theologie der Glaubensbekenntnisse, einmal destruiert, Stück für Stück gereinigt und wieder rekonstruiert, trat nun strahlend in Erscheinung und hatte in der Welt einen mehr als ehrenwerten Auftritt." [27]

Ob Sabatier tatsächlich „eine Art französischer Schleiermacher" war, wie Laplanche meint, darüber läßt sich streiten [28]. Sicher war Sabatiers Denken weniger innovativ, verdient aber gleichwohl Aufmerksamkeit. Sabatier war nicht der Begründer einer theologischen Richtung, vielmehr stand er mit dem – bei ihm fundamental wichtigen – Gebrauch des Begriffs der ethisch-religiösen Erfahrung in der direkten Nachfolge Schleiermachers. Doch galt sein Interesse auch der Historie, und er verstand es, den Errungenschaften der historisch-kritischen Exegese wie der Profangeschichte Rechnung zu tragen. Da Sabatier der Theologie ihren Ort in der modernen Zivilisation zuweisen wollte, integrierte er in seine Methode auch neue Denkansätze zur Intuition und zur unmittelbaren Bewußtseinswahrnehmung intellektueller Daten ohne vorgängige Transformation durch den Filter der Vernunft. Kurz danach sollten diese, vom amerikanischen Philosophen William James beinflußten Strömungen im Werk von Henri Bergson Ausdruck finden. Auf dieser Basis gelang es Sabatier, eine Theorie der religiösen Erkenntnis auszuarbeiten, die wie die wissenschaftliche Erkenntnis ihre eigenen Regeln hat und, wie jene, die Erlangung von Gewißheit ermöglicht.

Wer Sabatiers Vorgehen verstehen will, hält sich am besten an seinen theologischen Werdegang. Kurz nach seiner Berufung an die Protestantische Fakultät von Straßburg habilitierte er sich mit dem Thema *L'Apôtre Paul. Esquisse d'une histoire de sa pensée* [29]. Es ist eine seriöse, nicht unbedingt originelle Arbeit, die zeigt, daß Sabatier die Legitimität der Geschichte, insbesondere der historisch-kritischen Schule, grundsätzlich anerkennen will, sich aber mehr für die Untersuchung der paulinischen Lehre und der religiösen Erfahrung des Apostels interessiert als für die historische Analyse an sich. Die politischen Ereignisse verzögerten weitere wissenschaftliche Publikationen [30]. Bekannt wurde Sabatier im Kreis der Theologen durch einen 1880 erschienenen langen Jesus-Artikel in der von seinem Kollegen Frédéric Lichtenberger herausgegebenen *Encyclopédie des sciences religieuses* [31]. Von Interesse ist das im 19. Jh. heißumstrittene Thema des Artikels, aber auch die Methode sowie die Schlußfolgerungen.

---

[26] A. SABATIER, Les religions d'autorité et la religion de l'esprit, Paris 1904 (postum veröffentlicht); vgl. dazu REYMOND, Auguste Sabatier (s. Anm. 24).

[27] LAPLANCHE, Critique historique (s. Anm. 4) 13.

[28] Vgl. dazu F. LAPLANCHE, Louis Auguste Sabatier, in: A. ENCREVÉ (Hrsg.), Dictionnaire du monde religieux dans la France contemporaine V: Les Protestants, Paris 1993, 435–438, bes. 438.

[29] A. SABATIER, L'Apôtre Paul. Esquisse d'une histoire de sa pensée, Straßburg 1870. Bereits 1866 hatte er eine gelehrte Arbeit mit dem Titel *Essai sur les sources de la vie de Jésus* veröffentlicht.

[30] So z. B. die Annexion Elsaß-Lothringens durch Deutschland, die Ausweisung Sabatiers durch die deutschen Behörden, Schwierigkeiten bei der Gründung einer Protestantischen Theologischen Fakultät in Paris (1877 eröffnet) als Ersatz für die Straßburger Fakultät usw.

[31] Vgl. dazu EScR VII 341–401, sowie LAPLANCHE, Critique historique (s. Anm. 4) 12.

Als Schüler Schleiermachers weigerte sich Sabatier, von abstrakten dogmatischen, gewissermaßen aprioristischen Definitionen auszugehen, um dann daraus eine Reihe von Aussagen zu deduzieren; vielmehr griff er auf die induktive Methode zurück. Er analysiert ein Anzahl Elemente und kommt erst dann zu dogmatischen Definitionen. So beginnt denn der bereits erwähnte Artikel mit folgenden Worten: „Jesus Christus, Stifter der christlichen Religion" – eine kaum überbietbare Zurückhaltung, was die metaphysischen Attribute Christi betrifft. Sogleich wird hinzugefügt, es gehe um eine wissenschaftliche Untersuchung des Erscheinens Jesu auf Erden [32], weshalb sich der Autor weigere, „an das Leben Jesu von Nazareth andere Regeln als die für Biographien überhaupt gültigen" anzulegen [33]. Das klingt nach vorbehaltloser Legitimation der historisch-kritischen Methode und Bekräftigung des Ortes der protestantischen Theologie in Wissenschaft und Geisteswelt überhaupt. Doch, und das ist charakteristisch für Sabatiers Denken, schon folgt der Einwand: Zwar sei die Wissenschaft vorbehaltlos beizuziehen, doch müsse sie auch ihre eigenen Grenzen anerkennen und „sich der exakten Tragweite der von ihr gelieferten Erklärungen bewußt werden" [34].

Sabatier beginnt seinen Artikel mit einer historischen Untersuchung, worin er die neuesten Forschungsergebnisse zum Leben Jesu (nicht ohne Renans Jesus-Buch vehement zu kritisieren) und zu dessen Quellen (insbesondere der Datierung der Evangelien) präzise darlegt. Letztlich aber ist Sabatier nicht eigentlich Historiker. Er legt denn auch keine genaue Analyse über die Ausgestaltung des neutestamentlichen Kanons oder die paulinischen und petrinischen Einflüsse vor, sondern wendet sich dem zu, was er als die Einzigartigkeit Jesu betrachtet: dessen Aussagen über die göttliche Sohnschaft, die Sabatier in den Begriffen der den Jüngern vom Meister selbst vermittelten religiösen Erfahrung Christi analysiert. Dann präzisiert er:

„Das unterscheidende Merkmal Christi ist, daß er ein vollkommenes Gottesbewußtsein in die Welt gebracht und bis ans Ende bewahrt, sich nie von ihm getrennt gefühlt hat [...]. Er fühlte sich als Sohn des Vaters und erahnte zugleich allmählich die Aufgabe, den Auftrag, diese göttliche Sohnschaft inmitten der Menschheit zu verwirklichen." [35]

Dann fährt Sabatier fort:

„Er [Jesus] ist der Weg, die Wahrheit, das Leben. Dieses Gefühl der *göttlichen Sohnschaft*, das vom ersten Augenblick an Kraft und Freude seiner Seele ist – hier findet sich letztlich das innerste Bewußtsein Jesu. Es war für ihn kein Dogma, sondern eine sittliche Erfahrung im Alltag [...]. Doch auch hier trennt sich Jesus nur scheinbar vom Rest der Menschheit, um sie schließlich an sich zu ziehen. Er nennt Gott nicht bloß „meinen Vater",

---

[32] „Jesus ist ein Mensch gewesen und ist in einer historischen Zeit aufgetreten. Trotz des Heiligenscheins, den der Aberglaube des Volkes oder die spekulative Dogmatik seinem Haupt aufgedrückt haben mögen, darf doch die Wissenschaft nicht darauf verzichten, sein Erscheinen nach den die Menschheit regelnden allgemeinen Gesetzen zu erklären." EScR VII 342.

[33] Ebd.

[34] Ebd. Dann fügt Sabatier hinzu: „Die Wissenschaft könnte nur über eine vollkommen nichtige Persönlichkeit eine völlig befriedigende Erklärung abgeben. Doch je stärker diese Persönlichkeit ist, je mehr sie aus ihrem Milieu und ihrer Rasse herausragt, je mehr das Genie, das den Künstler, oder der Wille, der den Helden hervorbringt, sich ausbildet und wächst, um so tiefer wird das Geheimnis [...]. Daß das für die bedeutendste Persönlichkeit der Geschichte gilt und daß das Bewußtsein, das immer nur annähernd und analytisch vorgeht, die letztlich nur feststellen kann, erstaunt weiter nicht." Ebd.

[35] Ebd. 367.

sondern „unseren Vater, euren Vater": Auf dieser Erkenntnis Gottes als Vater, auf dem lebendigen Gefühl dieser göttlichen Sohnschaft baut er das gesamte neue Leben seiner Jünger auf [...] er schenkt den anderen, was er selbst in Fülle besitzt. Auf diese Weise ist sein
innerster Lebensgrund zum höchsten Gipfel seiner Offenbarung geworden, und das ist
auch die Tiefe des Evangeliums, das die Welt verändert hat."[36]

Diese Textsequenz zeigt anschaulich, wie die Erfahrungstheologie verstanden werden
kann. Dabei fällt auf, daß Sabatier sich zwar der klassischen dogmatischen Begrifflichkeit
über die metaphysischen Attribute Christi nicht bedient, diese aber auch nicht ausschließt.
Gleiches gilt für die Problematik der Auferstehung, mit der Sabatier seinen Artikel be-
schließt. Er vertuscht die den neutestamentlichen Berichten inhärenten Schwierigkeiten
nicht, thematisiert sie aber auch nicht eigens, sondern bedient sich der induktiven Methode, die von der Erfahrung der Apostel ausgeht und zur positiven Aussage über das Ereignis selbst kommt. So schreibt er:

„Die Kritik hat nicht nur dem tiefen und reflektierten Glauben der Jünger an die Auferstehung ihres Meisters, sondern auch der religiösen und moralischen Transformation
Rechnung zu tragen, die sich in ihnen zugleich vollzogen hat [...] und die Zeichen einer
objektiven Auferstehung ist. [Die Wissenschaft kann demnach] vor diesem nicht in unsere
Denkformen übersetzbaren Schöpfungsakt Gottes nur Halt machen. [Die Berichte sind
nicht wörtlich zu nehmen, und] das Erhabene und Liebliche am christlichen Glauben ist
nicht zu materialisieren [...]; sie zu verwerfen und zu tilgen wäre noch gravierender, hieße
das doch, die tiefsten Wahrheiten des Christentums zu opfern."[37]

Noch 1880 hält Sabatier der Erfahrungstheologie die Treue, allerdings nicht ohne die
Wissenschaft in all ihren Rechten anzuerkennen. Doch er hütet sich vor dem Angriff auf
die traditionelle Dogmatik. Dieses letztlich vermittelnde Verfahren zielt darauf ab, der
Theologie erneut den Status der Wissenschaftlichkeit zu verleihen, ohne indes die nach Sabatiers Auffassung noch immer fundamentale, doch möglicherweise unterschiedlich zu in-
terpretierende traditionelle Lehre aufzugeben. Trotzdem bleibt Sabatiers Standpunkt in
diesem Artikel ohne epistemologische Rechtfertigung.

Diese erkenntnistheoretische Rechtfertigung versucht Sabatier dann in einem 1897 veröffentlichten Werk zu liefern, dessen Titel bereits ein ganzes Programm ist – *Esquisse
d'une philosophie de la religion d'après la psychologie et l'histoire (Religionsphilosophie
auf psychologischer und geschichtlicher Grundlage)*. Das Werk ist gewissermaßen die
Einleitung zu einer freilich ungeschrieben gebliebenen Dogmatik, verstarb doch Sabatier
1901 im Alter von 62 Jahren. In seiner Religionsphilosophie wie auch in einigen anderen
Publikationen[38] versuchte er die drei Gräben zuzuschütten, die sich seiner Auffassung
nach zwischen Theologie und profaner Geisteswelt auftun: den Graben zwischen der auf
Gewißheiten angelegten Wissenschaft und dem von Ungewißheiten begleiteten Glauben;
den Graben zwischen der religiösen Lehre, die sich der von der Gemeinschaft der Christen
anerkannten Dogmen nicht entledigen kann, und der unverzichtbaren Autonomie des individuellen Bewußtseins, das allein die aufrichtige und überzeugte Zustimmung zum Christentum ermöglicht; den Graben schließlich zwischen der scheinbaren Beständigkeit der

---

[36] Ebd. 395.
[37] Ebd. 400.
[38] Vgl. bes. A. SABATIER, De la vie intime des dogmes et de leur puissance d'évolution, Paris 1889; DERS., La religion et la culture moderne, Paris 1897; DERS., La vie chrétienne et la théologie scientifique, Paris 1900.

Dogmen innerhalb der dem Individuum bemessenen Zeit und ihrer unbestreitbaren Fortentwicklung im Verlauf der Existenz der Kirche, also der Zugehörigkeit der Dogmen zur Geschichte.

Zur Lösung dieses dreifachen theoretischen Problems, so führt Sabatier aus, sei das von ihm bereits 1880 verworfene deduktive Verfahren gänzlich ungeeignet, führe es doch lediglich zu abstrakten Möglichkeiten, nicht aber zum *Wissen*, zur Gewißheit in religiösen Belangen[39]. Weil, so fügt er ganz im Sinne Schleiermachers bekräftigend hinzu, nicht die Dogmen (aprioristische Erkenntnis) die Religion erzeugen, sondern das religiöse Gefühl Ursprung der Dogmen sei. Dann allerdings ist die Dogmatik in erster Linie als Erforschung des religiösen Gefühls zu verstehen. Diese Erforschung kann aber nur unter Zuhilfenahme zweier Instrumente, der Psychologie und der Geschichte, als wissenschaftlich bezeichnet werden – der *Psychologie*, weil die persönliche Zustimmung zur christlichen Lehre und deren reflektierte Rezeption durch den einzelnen von dessen seelischer Befindlichkeit beeinflußt ist; der *Geschichte*, weil sie die Entfaltung des religiösen Gefühls erhellt, das sich den kulturellen Gegebenheiten seiner Zeit und folglich der historischen Analyse nicht entziehen kann. So verstanden, findet die Theologie ihren Ort innerhalb der wissenschaftlichen Welt wieder.

Indes genügt es nicht zu erklären, die Dogmatik sei eine Wissenschaft, nämlich die Wissenschaft von der religiösen Erfahrung, damit ihr dieser Status auch zuerkannt wird; unabdingbar ist vielmehr die dieser Wissenschaft angemessene Wissenstheorie. Hier aber gebührt der Geschichte, der historischen Kritik, völlige Forschungsfreiheit. So läßt sich, unter anderem, die Spreu vom Weizen trennen (die nachträglich hinzugekommenen mythologischen Legenden von der geschichtlichen Realität zur Zeit Christi und der Apostel); dank der so gewonnenen Einsicht in die gesellschaftlichen Verhältnisse erhellt sie zudem die Fortentwicklungen der Lehre innerhalb der Kirche. Gleichwohl kommt ihr lediglich der Status einer Hilfswissenschaft zu, denn sie ist unfähig, den moralischen Wert der christlichen Prinzipien richtig zu bewerten – etwas, was allein im Vermögen des religiösen Bewußtseins liegt. In Wirklichkeit, so Sabatier weiter, kann religiöse Erkenntnis nur symbolisch sein, weil sie sich auf einen transzendenten Gegenstand bezieht und weil der in einer bestimmten Zeit und Gesellschaft lebende Mensch unfähig ist, die nicht raumzeitlich bedingten göttlichen Wirklichkeiten unmittelbar zu erfassen. Das ist der Grund, weshalb der Mensch auf Symbole zurückgreift, die eine spirituelle Erfahrung oder unsichtbare Realitäten anschaulich zu machen versuchen. Doch die Symbole können keine fixen Größen sein, vielmehr entwickeln sie sich wie alle lebendigen Organismen, wie Sprache und Kultur: Weil sie einer bestimmten Zeit zugehören, einer gegebenen kollektiven Kultur und individuellen Psychologie angemessen sind, lösen sie einander im Verlauf der Zeit ab. Doch

---

[39] Dazu A. SABATIER, Esquisse d'une philosophie de la religion d'après la psychologie et l'histoire, Paris 1897 (dt.: Religionsphilosophie auf psychologischer und geschichtlicher Grundlage (1897). So beispielsweise: „Daß die Schlußfolgerung a priori uns zum Verständnis der abstrakten Möglichkeiten der Dinge dienen kann, geben wir ja gerne zu; aber wenn man darauf aus ist, nicht mehr wissen zu wollen, was Gott thun kann, sondern was er wirklich gethan hat, so ist es immerhin bescheidener und sicherer, durch geduldige Beobachtung die Phänomene und ihren regelmäßigen Verlauf darüber zu befragen, als die aprioristischen Schlußfolgerungen. Die Philosophie der Religion kann nur noch zwei Quellen haben: die Psychologie und die Geschichte. Besser als irgend jemand fühle ich die Unvollkommenheit der Gesichtspunkte, an welchen ich angelangt bin. Aber ich weiß auch, daß sie nur durch die Methode, deren Erzeugnis sie sind, geändert und verbessert werden können" (zit. nach dt. Ausgabe, XVII–XVIII).

darf ihre Fortentwicklung nicht die Beständigkeit des von ihnen Symbolisierten überdekken: der religiösen Grunderfahrung. Im übrigen dürfen die Theologen, die sich bei der Ausformulierung der Dogmen historisch bedingter symbolischer Systeme bedienen, nie aus den Augen verlieren, daß es eine grundlegende Ausformulierung des Dogmas gibt, auf die sie stets rekurrieren müssen: den Bibeltext. Er ist die unüberbietbare Norm, und zwar nicht aufgrund irgendeiner „pneumatischen" Wortinspiration, sondern weil in der Schrift der Gläubige dem lebendigen Jesus begegnet, der seinen Jüngern die eigene religiöse Erfahrung der göttlichen Sohnschaft vermittelt hat.

Sabatier verfaßte somit keine Dogmatik, sondern legte die Bedingungen ihrer Möglichkeit dar. Mit der Publikation seiner *Religionsphilosophie auf psychologischer und geschichtlicher Grundlage* setzte die Debatte um Sabatiers Theorien ein. Offensichtlich konnte sein „Symbolismus" nicht alle Probleme lösen; zudem blendete er den kollektiven, also kirchlichen Aspekt der christlichen Lehre zwar nicht gänzlich aus, schenkte ihm aber wenig Beachtung. Schließlich mutet seine Darstellung der religiösen Erfahrung mitunter etwas vage an. Dazu meint François Laplanche:

„[...] wenn Sabatier sich auf die Autorität der religiösen Erfahrung beruft, dann schwankt sein Denken zwischen der Kantschen Referenz und der Pascalschen Reminiszenz. Drängt sich Gott dem Bewußtsein wie das implizite Postulat moralischen Handelns auf oder wird er in einer Art mystischer Intuition wahrgenommen?"[40]

Dieses Werk begründete den Ruf Sabatiers – nicht zuletzt dank der zurückhaltenden Formulierungen, des betonten Respekts für den Bibeltext und der Weigerung, die traditionelle Dogmatik ausdrücklich zu verwerfen. Das sicherte ihm die Zustimmung der gemäßigten Vertreter des französischen Protestantismus, der damals in ein evangelikales und ein liberales Lager gespalten war[41]. Trotz seiner Bemühungen, das Fundament der theologischen Auseinandersetzung zu erneuern, blieb Sabatier letztlich dem allgemeinen Rahmen der von Schleiermacher inaugurierten Theologie verhaftet.

3. Geschichte und Exegese

In der Nachfolge Baurs

An dieser Stelle werden jene Autoren der zweiten Hälfte des 19. Jh. behandelt, die Baur nahestehen, sich aber schrittweise von seinen Schlußfolgerungen distanzierten[42].

---

[40] Laplanche, Louis Auguste Sabatier (s. Anm. 28) 436 f. Sabatier wurde zudem die Begrenztheit seiner Christologie vorgeworfen. Wird nämlich Jesus als ein einfacher Führer verstanden, so wird ein erheblicher Teil der neutestamentlichen Eschatologie hinfällig; vgl. dazu Reymond, Auguste Sabatier (s. Anm. 24).

[41] Erst postum erschien 1904 Sabatiers letztes Werk, *Les religions d'autorité et les religions de l'esprit*. Darin verglich er die katholische Kirche, die, gestützt auf Texte, Wunder, Konzilsbeschlüsse und unantastbare dogmatische Formeln, eine autoritäre Religion entwickelt, mit den protestantischen Kirchen, die auf der Autonomie des von sich aus zur Wahrheit findenden Denkens gründen. Weiter versuchte er das zu definieren, was er die *Religion des Geistes* nannte, nämlich die vom Heiligen Geist dem Bewußtsein vermittelte Wahrheit. Selbstverständlich steht für Sabatier der Protestantismus dieser Religion des Geistes am nächsten.

[42] Es werden nicht alle Autoren von historischen Untersuchungen zum Alten oder Neuen Testament zwischen 1860 und 1914 erwähnt. Dargestellt werden Autoren, die uns aufgrund ihrer Methoden wie ihrer Forschungsergebnisse für die Epoche repräsentativ erscheinen.

Karl Reinhold Köstlin

Zu dieser Gruppe von Autoren gehört der Tübinger Professor Karl Reinhold Köstlin (1819–1894), dessen Interesse vornehmlich den Evangelien galt[43]. Zwar behielt er Baurs Methoden in großen Zügen bei, legte aber bemerkenswerte Hypothesen zur Redaktion der Evangelien vor. Seiner Auffassung nach steht am Ursprung des Markusevangeliums ein heute verlorener Text, eine Art Proto-Markusevangelium petrinischer und semi-universalistischer Richtung. Aus der Verknüpfung dieses Textes mit den *logia* judenchristlicher Richtung entstand das Matthäusevangelium, das dann von Markus in der heute vorliegenden Form zusammengefaßt wurde. Bemerkenswert sind heute weniger seine Hypothesen über die wechselseitigen Beziehungen der Synoptiker – damals ein gängiger Topos – als seine Analyse der Reden Jesu in den Evangelien. In Absetzung von Strauß' Mythentheorie weist Köstlin nach, daß wir es mit historischen Texten zu tun haben – getreue Zeugnisse der Predigt Christi im Palästina des 1. Jh.

Gustav Volkmar

Zu erwähnen ist auch Gustav Volkmar (1809–1893), Professor in Zürich[44]. Von Interesse sind seine Untersuchungen zum Markusevangelium. Er weist nach, daß das Lukasevangelium vor dem Marcionevangelium entstanden und folglich die eine Zeitlang auch von Baur vertretene Theorie unhaltbar sei, wonach das Markusevangelium eine überarbeitete Version des Marcionevangeliums darstelle und das Lukasevangelium konsequenterweise in der zweiten Hälfte des 2. Jh. entstand. Um die Redaktion des Markusevangeliums zu erklären, nimmt er einen bereits von Bruno Bauer vertretenen Gedanken auf, kombiniert ihn mit Baurs Tendenzkritik und entwickelt die Hypothese eines ursprünglichen, inzwischen verlorenen Markusevangeliums, aus dem dann die vier kanonischen Evangelien teilweise, allerdings mit Modifikationen zugunsten der paulinischen Auffassungen, hervorgegangen seien. Nach Volkmar hatte ein Schüler des Paulus dieses gegen die Apokalypse gerichtete ursprüngliche Markusevangelium verfaßt. Auch die übrigen Evangelien seien in der Absicht verfaßt worden, das Judenchristentum zu bekämpfen. In den Augen Volkmars ist das Johannesevangelium, dessen Redaktion er in das 2. Jh. datiert, ein aus den Schriften des Märtyrers Justin hervorgegangener Text. Ihm gilt allein die Apokalypse als authentische Schrift. Volkmar steht für die extreme Richtung der Tübinger Schule.

Adolf Hilgenfeld

Adolf Hilgenfeld (1823–1907) stand nicht direkt in der Nachfolge Baurs. Hilgenfeld übernahm 1857 die Leitung der *Zeitschrift für wissenschaftliche Theologie,* des Nachfolgeorgans der von Baur und Zeller herausgegebenen *Theologischen Jahrbücher.* Er führte die Forschungen der Tübinger Schule weiter, doch setzte er sich für eine andere Methode ein und kam zu anderen Schlußfolgerungen: Er lehnte die von Baur eingeführte Tendenzkritik

---

[43] Vgl. bes. K. R. Köstlin, Der Ursprung und die Komposition der synoptischen Evangelien, Stuttgart 1853.
[44] G. Volkmars wichtigste Publikationen sind: Das Evangelium Marcions, Leipzig 1852; Die Religion Jesu und ihre erste Entwicklung, Leipzig 1857; Vom Ursprung unserer Evangelien, Zürich 1866; Die Evangelien, oder Marcus und die Synopsis der kanonischen und außerkanonischen Evangelien, Leipzig 1869; Jesus Nazarenus und die erste christliche Zeit nach den Schriftzeugnissen, Zürich 1881.

ab und ersetzte sie durch die umfassendere, sogenannte historisch-literarische Methode, die sich nicht auf die Untersuchung dogmatischer Tendenzen der kanonischen Texte beschränkte. Hilgenfeld stellte sich die Aufgabe, den wirklichen Autor, das Datum der Textredaktion usw. zu entdecken. Um dieses Ziel zu erreichen, analysierte er auch externe Zeugnisse, die historischen Umstände, die Gesamtheit der Quellen der kanonischen Bücher usw. So konnte er etwa die Auffassung vertreten, Paulus habe nie die Konfrontation mit der christlichen Gemeinde in Jerusalem gesucht; zudem seien Ausmaß und Dauer der Gegensätze zwischen Judenchristen und Heidenchristen von Baur überschätzt worden, und eine genaue Untersuchung der apostolischen Schriften bringe ein in seiner Komplexität von Baur unterschätztes Problem zutage.

Hilgenfelds Hauptinteresse galt der Datierung der Evangelien. Er erarbeitete ein vollständiges Schema zur Redaktion der kanonischen Evangelien, die er auf einen früheren Zeitpunkt als Baur verlegte [45]. Für Hilgenfeld wurden jene Elemente, die als Redaktionsgrundlage für das erste synoptische Evangelium dienten, in den Jahren 50 bis 60, vermutlich von Matthäus selbst, verfaßt. Der genaue Text „unseres" für die östlichen Kirchen verfaßten Matthäusevangeliums wiederum war in den Jahren 70 bis 80 anhand von Ergänzungen und Textmodifikationen erstellt worden (damit wird den Heiden Platz eingeräumt und zugleich der Vorrang der Juden beibehalten). Chronologisch betrachtet, stand nach Hilgenfeld das Markusevangelium an zweiter Stelle. Es wurde in den Jahren 80 bis 90 für die westlichen Kirchen geschrieben. Gegen Baur vertrat Hilgenfeld die Auffassung, Markus sei keineswegs eine Zusammenfassung von Matthäus und Lukas, vielmehr eine Zwischenstufe zwischen diesen beiden Evangelien, die den christlichen Universalismus darstelle. Das zwischen 100 und 110 außerhalb Palästinas verfaßte Lukasevangelium betone den paulinischen Universalismus. Die Redaktion des Johannesevangeliums wiederum wurde auf die Zeit um 130 verlegt. Hilgenfelds Schema stieß nicht auf einhellige Zustimmung, und bereits in den fünfziger Jahren des letzten Jahrhunderts betrachteten einige Kritiker – wie die heutigen Exegeten – den Markustext als frühestes Evangelium [46]. Hilgenfeld hat ein umfangreiches Werk hinterlassen, insbesondere eine Analyse der Paulusbriefe, worin er die Echtheit dreier Briefe nachweist. Hilgenfelds bleibendes Verdienst ist es, eine Reihe exegetischer Probleme gekonnt herausgearbeitet und die exegetische Methode vorangetrieben zu haben, indem er das Ungenügen der von Baur erarbeiteten Tendenzkritik aufdeckte.

Carl von Weizsäcker

Neben Hilgenfeld ist auch Carl von Weizsäcker (1822–1899) zu erwähnen, der als Professor in Tübingen lehrte und unter Beibehaltung der Grundprinzipien der Tübinger Schule

---

[45] Vgl. dazu bes. die folgenden Werke A. HILGENFELDS: Die apostolischen Väter. Untersuchungen über die unter ihrem Namen erhaltenen Schriften, Halle 1853; Die Evangelien nach ihrer Entstehung und geschichtlichen Bedeutung, Leipzig 1854; Die jüdische Apokalyptik in ihrer geschichtlichen Entwicklung, Jena 1857; Der Kanon und die Kritik des Neuen Testaments in ihrer geschichtlichen Ausbildung und Gestaltung, Halle 1863.

[46] Diese Meinung hatte bereits Johann Gottfried Herder im 18. Jh. vertreten. C. H. WEISSE, Die evangelische Geschichte kritisch und philosophisch bearbeitet, 2 Bde., Leipzig 1838, und G. WILKE, Der Urevangelist oder exegetisch kritische Untersuchung über das Verwandtschaftsverhältnis der drei ersten Evangelien, Dresden – Leipzig 1838, vertraten bereits 1838 gegen Strauß die frühe Entstehungszeit des Markusevangeliums. Wieder aufgenommen wurde die Problematik dann nach 1850 von Ewald, Reuss und Ritschl.

ebenfalls den Versuch unternahm, diese zu erweitern in der Absicht, ein richtigeres Bild der Redaktion des Neuen Testamentes und des Lebens der Frühkirche zu vermitteln. In seinem 1864 erschienenen Werk mit dem Titel *Untersuchungen über die evangelische Geschichte, ihre Quellen und den Gang ihrer Entwicklung* etwa analysiert er die Beziehungen der Evangelien untereinander, wobei er ebenfalls zur Lösung neigte, die drei synoptischen Evangelien seien aus einem heute verlorenen Urevangelium hervorgegangen. Später kam er zu dem Schluß, der den drei synoptischen Evangelien zugrundeliegende Urtext – nach ihm forschte auch Hilgenfeld – könne einzig das Markusevangelium sein, das sich durch weit größere literarische Einheit und Eigenständigkeit auszeichne als die beiden anderen. Seiner Auffassung nach sei jedoch Markus nicht die einzige Quelle, vielmehr gebe es eine andere Quelle (Q genannt), zusammengesetzt aus Reden Jesu und kurzen, der Situierung dieser Reden dienenden Verbindungstexten, die Weizsäcker in ihrer Originalform im Matthäusevangelium fand. Der Basistext der synoptischen Evangelien findet sich nach Weizsäcker in einem – in „unserem" Markusevangelium eingeschlossenen – Proto-Markus und in einer bei Matthäus bewahrten Sammlung von Reden. Neben diesen beiden grundlegenden Quellen sind der Einfluß der mündlichen Tradition und einige Sekundärquellen zu berücksichtigen.

Weizsäcker entwickelte zudem bemerkenswerte Hypothesen zum Verhältnis zwischen Paulus und den ersten Jüngern, zur Komplexität des Lebens der Frühkirche, zur Redaktion des Petrusbriefes, zur Apokalypse usw.[47] Es zeigt sich, daß Weizsäcker interessante Lösungsansätze vorgeschlagen hat, die die Kenntnisse über die Entstehung des Neuen Testamentes vorantrieben[48].

Albrecht Benjamin Ritschl

Albrecht Benjamin Ritschl (1822–1889) gehörte ursprünglich ebenfalls der Tübinger Schule an, setzte sich aber schon früh von ihr ab. Bekannt geworden ist er weniger durch seine exegetischen Arbeiten, obwohl die Bedeutung der ersten Untersuchungen in diesem Bereich nicht zu unterschätzen ist. 1846 erschien in Tübingen sein Werk *Das Evangelium Marcions und das kanonische Evangelium des Lucas,* worin er die schon bald selbst von Baur verworfene These vertrat, das Lukasevangelium sei eine spätere Bearbeitung des Marcionevangeliums in einem universalistischen Sinn – was sehr wohl mit den damals von Baur entwickelten Theorien übereinstimmte. Doch bereits mit der zweiten, 1857 erschienenen Ausgabe seines Buches über die *Entstehung der altkatholischen Kirche*[49] kam es zum Bruch mit Baur. Ausgehend von der Analyse des Markusevangeliums, das er seit 1851 für das ursprüngliche Evangelium hielt, vertrat er die Auffassung, Jesus selbst habe das jüdische Gesetz als ungenügend betrachtet und deshalb betont, sein Evangelium sei ein Lebensprinzip und kein Gesetz. Damit greift Ritschl Baurs Konstruktion des Gegensatzes von Paulinismus und Petrinismus frontal an und vertritt die Auffassung, zwar gehe Paulus, der die großen Reden Jesu wiederaufnimmt, mit seiner Betonung des Glau-

---

[47] Vgl. dazu C. VON WEIZSÄCKER, Das Apostolische Zeitalter der christlichen Kirche, Freiburg 1886.
[48] Für zusätzliche Information vgl. W. G. KÜMMEL, Das Neue Testament. Geschichte der Erforschung seiner Probleme (1958), Freiburg – München 1970.
[49] Das Buch erschien erstmals 1850. In vielen Punkten stimmte Ritschl damals noch mit Baur überein. Für die zweite Ausgabe wurde der Text stark überarbeitet.

bens etwas weiter als die übrigen Apostel, stelle sich ihnen aber nicht grundsätzlich entgegen. Letztlich ist für Ritschl das Christentum nicht ein Kompromiß zwischen Judenchristentum und Heidenchristentum, sondern die Fortentwicklung der paulinischen Lehre. Diese Lehre, deren heidenchristliche Tendenz er bestreitet, stellt Ritschl ausführlich dar. Seiner Meinung nach markieren nämlich alle Strömungen innerhalb der Frühkirche ihre Distanz zum Gesetz und zu den jüdischen Bräuchen. Das Christentum am Ende des 2. Jh. betrachtet Ritschl folglich als eine Art Schwundstufe der paulinischen Lehre, als eine Art Mischdoktrin, die auch das Alte Testament, die Reden Jesu und die Besonderheiten der verschiedenen Apostel integriert hat. Diese Modifikationen seien darauf zurückzuführen, daß das Christentum über die Grenzen Palästinas hinaus in eine heidnische Welt expandierte, wo das Alte Testament unbekannt gewesen und folglich der auf ihm aufbauende Paulinismus schlecht verstanden worden sei. Bereits 1857 ist Ritschls Denken demnach innovativ, und er zögert nicht, Baur zu kritisieren. Ritschls spätere Arbeiten befassen sich jedoch nicht mehr mit der Exegese[50].

Otto Pfleiderer

Der letzte hier zu erwähnende „Erbe" Baurs ist Otto Pfleiderer (1839–1908). Auch Pfleiderer ist trotz seiner Studien zur Frühkirche nicht in erster Linie Historiker[51]. In diesen Studien kritisierte er Baurs Gesamtschau der Entwicklung des Frühchristentums und seine übertriebene Gegenüberstellung von Paulinismus und Petrinismus[52]. Er entwickelte eine eigenständige Auffassung über den keineswegs auf das Heidenchristentum beschränkten Paulinismus. Im Anschluß an Ritschl nimmt er die Frage der Datierung der Bücher des Neuen Testamentes wieder auf. Nach der Analyse des Hebräerbriefes vertritt er gegen Baur die Auffassung, es handele sich nicht um einen judenchristlichen Text, der darauf angelegt sei, die den jüdischen Bräuchen verbundenen Gläubigen für den Paulinismus zu gewinnen: Seiner Auffassung nach kann anhand einer genauen Analyse der Frühkirche vielmehr der Nachweis erbracht werden, daß die ersten Christen Gesetz und Evangelium auf unterschiedliche Weise miteinander in Einklang zu bringen suchten. Zwar sei, so Pfleiderer, der Hebräerbrief ein judenchristlicher Text, doch ein in seiner Form von Philon und dem alexandrinischen Hellenismus beeinflußter, in seiner Grundintention indes paulinischer Text. So förderten Pfleiderers präzise Analysen bemerkenswerte, dem Verständnis der Frühkirche förderliche Elemente zutage, die Baurs Schlußfolgerungen noch weiter ins Abseits drängten.

Vor allem wurde Pfleiderer bekannt mit seinem 1878 erschienenen dogmatischen Werk, das den Titel *Religionsphilosophie auf geschichtlicher Grundlage* trägt. Hier versucht er, Geschichte und spekulative Dogmatik, gewissermaßen Baur und Schleiermacher, zu verbinden: So werde ein modernes Religionsverständnis möglich. Die Religion, so Pfleiderer, ist nicht das Produkt des Zufalls; in ihrer Form ist sie vielmehr Ausdruck der Religiosität

---

[50] Bereits das Buch selbst zeigt, daß Ritschl nicht in erster Linie exegetisch, sondern dogmatisch interessiert war.

[51] Vgl. O. PFLEIDERER, Der Paulinismus. Ein Beitrag zur Geschichte der urchristlichen Theologie, Leipzig 1873; DERS., Das Urchristentum, seine Schriften und Lehre, in geschichtlichem Zusammenhang beschrieben, Berlin 1887. Das letztgenannte Werk erlaubt es, Pfleiderer den der Religionsgeschichtlichen Schule nahestehenden Theologen zuzuordnen.

[52] So sah er etwa, anders als Baur, keinen grundlegenden Widerspruch zwischen dem 2. Kapitel der Apostelgeschichte und dem 2. Kapitel des Galaterbriefes.

einer Sozialgruppe, gründet doch die Religion weder auf dem bloßen Gefühl noch allein auf der Vernunft, sondern auf der Gesamtheit der menschlichen Geistestätigkeiten. Zwar ist der Ursprung der Religion im Gefühl absoluter Abhängigkeit zu suchen – das vertritt auch Schleiermacher –, dennoch ist es wichtig, die Fortentwicklung der Religion innerhalb der Geschichte zu verfolgen und so deren Logik einsichtig zu machen: ausgehend von den ursprünglich mythologischen Formen bis hin zu den Dogmen, Ausdruck der objektiven Glaubensrealität. So wurde etwa die Dreifaltigkeitslehre nicht aufgrund von metaphysischen Spekulationen schrittweise entwickelt, sondern aufgrund der durch Jesus Christus eingebrachten Versöhnungserfahrung; und die Trinitätslehre wiederum verlieh dieser Erfahrung, dieser Offenbarung Gottes als Liebe, ein philosophisches Fundament.

Es stellt sich heraus, daß Pfleiderer in seinen historischen Werken wie in seinen dogmatischen Schriften ein und dasselbe Ziel verfolgte: ein der modernen Welt zugängliches, mit den geistesgeschichtlichen Tendenzen seiner Zeit harmonierendes Christentum darzustellen.

Weitere Historiker

Nicht bloß die Vertreter der Tübinger Schule verfaßten historische Studien, auch andere, an keine Schule gebundene Theologen führten exegetische Probleme eigenständigen Lösungen zu.

Georg Heinrich August Ewald

Georg Heinrich August Ewald (1803–1875) war der Herausgeber der beinahe ausschließlich von ihm selbst verfaßten *Jahrbücher der biblischen Wissenschaft*[53]. Er war ein Einzelgänger und schwieriger Charakter, was die Beziehungen zu ihm nicht eben erleichterte[54]. Ewald war neben seiner Lehrtätigkeit in Tübingen und später in Göttingen auch politisch aktiv[55]. Er verfaßte zahlreiche exegetische Arbeiten zum Alten und zum Neuen Testament, war ein anerkannter Hebraist, insbesondere Verfasser einer 1827 publizierten hebräischen Grammatik[56]. Als Gegner der Tübinger Schule, der in seinen Büchern häufig einen leidenschaftlichen Stil pflegte, bekämpfte er Baur heftig, indem er beispielsweise bereits um die Mitte des 19. Jh. die Auffassung vertrat, das Markusevangelium sei das früheste Evangelium. Aus seiner Hand stammt auch ein interessantes Erklärungsschema zur Entstehung der Evangelientexte. In diesem Punkt steht er, seiner Überzeugung nach, in der Nachfolge Schleiermachers: Zuerst waren es die herumwandernden Evangelisten, die Jesu Taten und Reden mündlich tradierten; dann wurden einige Berichte über die wichtigsten Ereignisse

---

[53] Die Jahrbücher wurden 1848 von Heinrich Georg August Ewald gegründet.

[54] 1873 wird er von LICHTENBERGER, Histoire des idées religieuses (s. Anm. 10) III 134, folgendermaßen beschrieben: „Als wahrer diktatorischer Kopf erhebt er den Anspruch, über die Bibelwissenschaft zu herrschen, doch dank seines Ideenreichtums und seines eigenständigen Denkens hat er selbst seinen Gegnern fruchtbare Impulse gegeben."

[55] 1866 wurde er abgesetzt, weil er nach der Annexion Hannovers durch Preußen den Eid verweigerte.

[56] Nachstehend einige von EWALDS Werken: Die poetischen Bücher des alten Bundes erklärt, 4 Bde., Göttingen 1835–1839; Geschichte des Volkes Israel bis Christus, 7 Bde., Göttingen 1843–1859; Die drei ersten Evangelien, Göttingen 1850; Die Lehre der Bibel von Gott, oder Theologie des alten und neuen Bundes, 3 Bde., Leipzig 1871–1874.

im Leben Jesu niedergeschrieben; die eher kurzen Berichte wurden im hebräisch verfaßten Philippusevangelium zusammengefaßt, das wiederum nahezu vollständig ins Markusevangelium integriert wurde. Daneben entstand eine Sammlung der Reden Jesu, vom Evangelisten Matthäus auf hebräisch redigiert; dieser Text wurde anschließend von Markus und Lukas konsultiert. Ewalds Schema wird nicht immer wissenschaftlich untermauert, zuweilen mischen sich präzise Untersuchungen mit abenteuerlichen Hypothesen. Es half indes, die Problematik voranzutreiben, und einige von Ewalds Schlüssen wurden in der Folge akzeptiert[57]. Doch wegen ihres häufig polemischen Tones fanden Ewalds Schriften nur begrenzte Beachtung.

Édouard-Guillaume-Eugène Reuss

Der Franzose Édouard-Guillaume-Eugène Reuss (1804–1891), auch er ein an keine Schule gebundener, aber strikt argumentierender Theologe, war zweifellos der bedeutendste frankophone Exeget des 19. Jh.[58] Als Professor von 1838 bis 1888 an der Protestantischen Fakultät Straßburg tätig, beeinflußte Reuss Generationen von Studenten und Pfarrern. Viele seiner Publikationen erschienen in deutscher, einige auch in französischer Sprache, insbesondere seine zweibändige *Histoire de la théologie chrétienne au siècle apostolique* (Paris – Straßburg 1852). Reuss wollte seine Situation in Straßburg, aber auch seine Zweisprachigkeit nutzen, um die Erkenntnisse der Theologie, vorab die deutsche exegetische Forschung, einem französischsprachigen Publikum näherzubringen. Schon 1829, dann wieder 1836 und 1849–1850, bemühte er sich erfolglos um die Gründung einer französischsprachigen theologischen Zeitschrift. Zwischen 1850 und 1860 war er ein äußerst aktiver Mitarbeiter der *Revue de Strasbourg*[59], in der er Artikel von hoher Wissenschaftlichkeit publizierte[60]. Reuss, der Historiker, trug wesentlich zur Erneuerung der Exegese in Frankreich bei. Seine intellektuelle Stringenz und seine gemäßigten Formulierungen machten ihn auch in der internationalen exegetischen Bewegung zu einer bedeutenden Figur. Anders als viele andere hütete er sich vor voreiligen Aussagen darüber, welche Veränderungen seine exegetischen Entdeckungen im dogmatischen Bereich nach sich ziehen könnten. Vielmehr blieb er ein bescheidener Gelehrter, der nicht schockieren und der Bibel ihre ganze Autorität belassen wollte – was insbesondere in Frankreich zu seiner Ausstrahlung beitrug.

---

[57] Das gilt etwa in bezug auf das Johannesevangelium. Ewalds These, es sei ein aus der johanneischen Tradition stammender und später von einem Schüler ergänzter Text, wurde von Hase und Schweitzer aufgenommen.

[58] Zu Reuss vgl. CH. T. GEROLD, Édouard Reuss, notice biographique, Paris 1892; P. LOBSTEIN, Édouard Reuss. Notes et souvenirs, in: RHPhR 1 (1921) 428–445; J.-M. VINCENT, Leben und Werk des frühen Eduard Reuss, München 1990 (dieses Werk befaßt sich lediglich mit Reuss' Biographie bis 1842); E. JACOB, Édouard Reuss, un théologien indépendant, in: RHRhR (1991) 427–435; F. LAPLANCHE, Édouard-Guillaume-Eugène Reuss, in: ENCREVÉ, Dictionnaire (s. Anm. 28) 408–411.

[59] Die 1850 von Timothée Colani gegründete Zeitschrift stellte 1869 ihr Erscheinen ein. Da sie nacheinander verschiedene Namen trug (1850–1857 *Revue de théologie et de philosophie chrétienne*; 1858–1862 *Nouvelle Revue de théologie*; 1863–1869 *Revue de théologie*), wird sie ihres Erscheinungsortes wegen in der Regel *Revue de Strasbourg* genannt. Vgl. dazu A. ENCREVÉ, Protestants français au milieu du XIXe siècle, Genf 1986, 262–274 und 679–683.

[60] Vgl. etwa seinen 1860 erschienenen ausführlichen Artikel *Histoire du canon des Écritures saintes*, 193–384, den er in einem späteren Werk wieder aufnahm.

Reuss, der angesehene Hellenist und Hebraist[61], studierte in Straßburg, dann in Göttingen und Halle. Seine Hauptwerke sind *Die Geschichte der heiligen Schriften Neuen Testaments* (Halle 1842, dt.), *Histoire de la théologie chrétienne au siècle apostolique* (2 Bde., Paris – Straßburg 1852, frz.), *Histoire du canon des Écritures saintes dans l'Église chrétienne* (Paris – Straßburg 1863, frz.), *Geschichte der heiligen Schriften Alten Testaments* (Braunschweig 1881, dt.). Mit zwei weiteren Straßburger Professoren – Johann Wilhelm Baum (1809–1878) und Eduard Cunitz – arbeitete er an der Herausgabe von Calvins Werken im *Corpus Reformatorum* mit. Er verfaßte Artikel zur Geschichte der französischen Bibelausgaben im Mittelalter und im 16. Jh. Vor allem aber besorgte er zwischen 1876 und 1879 die Edition einer französischen Übersetzung der gesamten Bibel in 16 Bänden. Mit Gelehrtheit, intellektueller Redlichkeit und der ihm allseits zuerkannten maßvollen Form machte er eine französischsprachige Leserschaft in Einführungen und Kommentaren mit den Hauptergebnissen der Forschung in diesem Bereich bekannt.

1873 schrieb Frédéric Lichtenberger, der von 1864 bis 1871 ebenfalls in Straßburg wirkte, über seinen Kollegen Reuss: „[Er] will nichts als ein Historiker sein – das ist sein Ruhm, ja beinahe seine Eitelkeit. Mit Hilfe von Forschung, Scharfsinn und Unparteilichkeit die Kritik auf den Stand der Geschichte zu bringen – das ist sein Ehrgeiz."[62] Reuss, unabhängig und kaum vom Hegelianismus geprägt, stellte schon sehr früh, nämlich ab 1842, viele Behauptungen der Tübinger Schule in Frage. Selbstverständlich bestritt er nicht den Unterschied zwischen paulinischer und petrinischer Richtung, der für ihn wohl vorhanden, aber nicht der einzige Schlüssel zum Verständnis der Ausgestaltung des Neuen Testamentes wie der Geschichte der Frühkirche war. Ganz allgemein und in Übereinstimmung mit dem generellen Trend des 19. Jh. erklärte er, die biblischen Texte bezögen ihre Autorität nicht gestützt auf eine Tradition – eine durch Synagoge oder Kirche „bezeugte" Autorität –, sondern aus dem religiösen Appell, den jeder Mensch bei ihrer Lektüre empfindet. Bei Reuss besticht, so Edmond Jacob, die Seite des „intuitiv-mystisch Gläubigen"[63]. Dabei beläßt Reuss auch der wissenschaftlichen Untersuchung der Texte ihren Raum. Für ihn sind die Texte „Literatur", die wie jede literarische Gattung ihre Regeln besitzt und Spiegel einer Geschichte ist. Deshalb kann man die Bibel nicht erforschen, wenn man den kulturellen Kontext ignoriert, in dem sie entstanden ist.

Im Alten Testament, damals weit weniger Gegenstand von Kontroversen, machte Reuss zahlreiche Entdeckungen. So legte er beispielsweise bereits zu Beginn seiner Laufbahn dar, das Deuteronomium sei eine im 7. Jh. abgefaßte Redaktion der Gesetzgebung aus der Zeit Mose. Er wies auch nach, daß die meisten im Pentateuch erwähnten Gesetze sich in Wirklichkeit auf die gesellschaftliche Organisation der Juden nach der Rückkehr aus dem Exil beziehen[64]. Als Herausgeber der französischen Bibel stellte Reuss die traditionelle

---

[61] Prägend war der Unterricht von W. Gesenius (1785–1842), dem maßgeblichen Erneuerer der hebräischen Lexikographie zu Beginn des 19. Jh.

[62] LICHTENBERGER, Histoire des idées religieuses (s. Anm. 10) III 138.

[63] JACOB, Édouard Reuss (s. Anm. 58) 433. Jacob fügt hinzu: „Zwar hat er die Bibel eher mit den Begriffen von Geschichte und Literatur als mit dem Begriff des „Gotteswortes" definiert, doch hat er stets bekräftigt, die sie bildenden Schriften seien Ausdruck einer Offenbarung, deren Höhepunkte Mose und Jesus sind, die beide eine Spur gelegt und einen Weg eröffnet haben, auf welchem die Menschheit einen Sinn und die Welt eine Zukunft findet." Ebd. 435.

[64] Reuss' Untersuchungen zum Alten Testament beeinflußten einen seiner Schüler, Henri Graf, der gemeinsam mit Julius Wellhausen diese Forschungsansätze zum Pentateuch fortsetzen sollte: paralleles Studium der Entwicklung

Ordnung auf den Kopf und optiert für eine chronologische Abfolge – die Texte werden nach ihrer Entstehungszeit klassiert –, was ihrer Verbreitung eher hinderlich war. Ganz allgemein unterstrich er die allmähliche historische Entwicklung der religiösen Ideen innerhalb des Volkes Israel. Für das Neue Testament setzte er auf dieselben Methoden und stützte sich auch hier auf die sich wandelnden Mentalitäten innerhalb der Frühkirche. Bei Jesus hingegen stellte Reuss ganz eindeutig dessen Neuansatz, nicht aber dessen Rückbindung an das Judentum in den Vordergrund. Was die Redaktion der synoptischen Evangelien betrifft, so kam er zu dem ziemlich modernen Schluß, Markus sei das früheste Evangelium. Reuss erläutert, Markusevangelium wie Matthäusevangelium seien nicht in ihrer ursprünglichen Form auf uns gekommen, sondern enthielten ältere Quellen: eine Sammlung der *logia* Jesu und einen Bericht über dessen Wirken. Seiner Auffassung nach ist einzig Lukas, der die beiden anderen Synoptiker wie einige ergänzende Texte kannte und benutzte, in der ursprünglich redigierten Form auf uns gekommen [65]. Anfänglich sprach sich Reuss für die Authentizität des Johannesevangeliums aus, doch dann änderte er seine Meinung. Dazu François Laplanche:

„Am Johannesevangelium überrascht Reuss der Widerspruch zwischen der Genauigkeit der Berichte und dem stark theologisch konstruierten Charakter der Reden. Für Reuss besteht die naheliegendste Lösung dieser Aporie in der Hypothese, die Redaktion des vierten Evangeliums gehe auf einen Jünger des Johannes zurück, der sich auf die Erinnerungen des Johannes stützte, aber zu einer Zeit schrieb, da die christliche Kirche mit dem Judentum völlig gebrochen hatte." [66]

Doch mit seiner These, das Markusevangelium sei das früheste Evangelium und das Johannesevangelium habe ein Jünger des Apostels verfaßt, widersprach Reuss nicht bloß Strauß, sondern der Tübinger Schule, behauptete er doch damit, die Evangelien seien historische Zeugnisse des Handelns Jesu. Daran zeigt sich die Bedeutung des Exegeten Reuss.

Nicht von ungefähr weigerte sich Reuss, eine eigentlich biblische Theologie zu verfassen, mißtraute er doch der Metaphysik. Dennoch finden sich in seinen Schriften einige mehr oder weniger implizite Hinweise zu diesem Thema. So verschleiert er etwa keineswegs, daß die neutestamentlichen Texte sich von ihrem theologischen Gehalt her ganz beträchtlich unterscheiden und deshalb die klassischen großen dogmatischen Aussagen, die in der Bibel in dieser Form nicht auftauchen, Resultate einer Konstruktion sind, die sich teilweise durch die Geschichte der Frühkirche und die Fortentwicklung der in ihr ausgedrückten religiösen Vorstellungen erklären läßt. Die in den heiligen Texten enthaltenen Irr-

---

des hebräischen Gesetzes und der Geschichte des jüdischen Volkes, wobei eines das andere beleuchtete. Wellhausen verfaßte zudem bemerkenswerte Arbeiten zum Neuen Testament, so z. B. eine *Einleitung in die drei ersten Evangelien*, Berlin 1905.

[65] In der Einleitung zum ersten Band seiner Edition des Neuen Testamentes (1876), 88–90, erläutert Reuss: „Die meisten Systeme, die einst ausgedacht wurden, um das Verhältnis von Ursprung und Abhängigkeit der ersten drei Evangelien zu erklären, haben ihr Ziel verfehlt, weil sie nur die Bücher, so wie wir sie heute kennen, in ihre Überlegungen einbezogen haben [...]; in einem gewissen Sinn ist jedes unserer drei Evangelien eine der Quellen eines anderen: Markus für Matthäus und Lukas; Lukas und Matthäus für Markus – selbstverständlich für dessen aktuelle Form. Die Kritik [...] irrte vor allem dann, wenn sie einräumte, der Verfasser des dritten Evangeliums habe aus dem ersten geschöpft; sie hätte vielmehr sagen müssen, ihm und dem Verfasser des dritten Evangeliums seien die beiden Hauptquellen gemeinsam gewesen, doch hätte jeder sie in einer anderen Form gekannt."

[66] LAPLANCHE, Reuss (s. Anm. 58) 409.

tümer, Widersprüche und Grenzen machen deutlich, daß die Verfasser dieser Texte Kinder ihrer Zeit waren. Aus diesem Grund stellte sich Reuss die Inspiration der heiligen Autoren nicht wesentlich anders als die Wirkung des Heiligen Geistes auf jeden Christen überhaupt vor. Und ganz auf der Linie der Erfahrungstheologie des 19. Jh. vertrat er die Auffassung, die innere Erfahrung jedes Gläubigen verleihe der Schrift ihre Autorität. Analog dazu ist seine gemäßigte Position in der Frage der Wunder – hier lehnte er sowohl die rein „mythische" Interpretation als auch die schlicht „naturalistische" Erklärung ab –, besonders aber in der Frage der Auferstehung Christi. Seinem Verständnis nach ist der Sinn der Wunderberichte in erster Linie ein theologischer. Dazu schreibt François Laplanche: „Das Verständnis der Berichte bleibt schwierig, die Beschaffenheit des auferstandenen Leibes entgeht den Kategorien unserer Vernunft, doch die Verkündigung der Auferstehung bildet bereits in den Anfängen der Kirche das Fundament der apostolischen Predigt."[67] Reuss ist insofern seiner Zeit verpflichtet, als er eine wissenschaftliche Geschichte des Bibeltextes verfassen will, ohne die eigentliche Basis der Theologie des 19. Jh., die ethisch-religiöse Erfahrung, aufgeben zu müssen. Das erklärt, einmal abgesehen von der Qualität seiner Untersuchungen, seine Bekanntheit in Frankreich und in Deutschland, aber auch in anderen Ländern, etwa in Großbritannien.

Karl Theodor Keim

Anders als Reuss widmete sich Karl Theodor Keim (1825–1878) einem begrenzten Forschungsbereich. Erwähnenswert ist sein Werk, weil es eines der Themen, mit denen sich das 19. Jh. leidenschaftlich auseinandersetzte, anschaulich darstellt: das Leben Jesu[68]. Bekannt wurde Keim, der erst in Zürich, dann in Gießen und Berlin lehrte, mit Monographien, etwa 1860 über den Reformator Ambrosius Blaser oder 1862 über Kaiser Konstantin. Dann spezialisierte er sich auf die Leben-Jesu-Forschung und veröffentlichte 1865 eine erste Publikation mit dem Titel *Der geschichtliche Christus*, die er dann zu einem großen dreibändigen, zwischen 1867 und 1872 in Zürich erschienenen Werk ausweitete: *Geschichte Jesu von Nazareth*. 1873 schrieb Frédéric Lichtenberger, seiner Meinung nach sei dieses Buch „eines der vollständigsten, sorgfältigsten und geistreichsten Bücher zum Leben Jesu"[69]. Auguste Sabatier wiederum meinte 1888:
„ Keims Werk bleibt das Monument dieser letzten Periode [der Leben-Jesu-Forschung]; es bietet sich an als die Frucht der ausdauernden Forschungsarbeiten der modernen Kritik und als der beste Beweis für die von ihr endlich erzielten partiellen, aber durchaus positiven Ergebnisse."[70]
Keim hatte bei Baur studiert, was ihn indes nicht davon abhielt, die Tübinger Schule, der er in gewisser Hinsicht verbunden war, in vielen Punkten zu kritisieren. Wie Baur wei-

---

[67] Ebd. 410.
[68] In seinem 1880 in der *Encyclopédie des sciences religieuses* erschienen Jesus-Artikel zählte Auguste Sabatier 33 wichtige Werke dieser Art auf, angefangen bei Reimarus, dessen Werk Lessing in Bruchstücken zwischen 1774–1778 in den Wolfenbütteler Fragmenten veröffentlichte, bis hin zu Karl Wittichens Buch *Leben Jesu in urkundlicher Darstellung* (1864). Es handelt sich dabei allerdings um eine kleine Auswahl. Zu Beginn des 20. Jh. erfaßte Albert Schweitzer mehrere hundert Leben Jesu; vgl. A. SCHWEITZER, Von Reimarus zu Wrede. Eine Geschichte der Leben-Jesu-Forschung, Tübingen ²1913.
[69] LICHTENBERGER, Histoire des idées religieuses (s. Anm. 10) III 141.
[70] A. SABATIER, Jésus, in: EScR VII 348.

gerte er sich etwa, dem Johannesevangelium einen historischen Wert zuzuschreiben, und stützte sich bei der Rekonstruktion von Jesu Auftrag einzig auf die Synoptiker, insbesondere auf das Matthäusevangelium, das er für das früheste hielt. Im übrigen warf er der Tübinger Schule vor, sich immer dann, wenn Texte fehlten, von leeren Hypothesen leiten zu lassen und die den eigenen Annahmen zuwiderlaufenden Texte nicht völlig zu respektieren.

Keim, ein gewandter Gelehrter, nahm Jesus selbst, dessen Charakter und allmähliche Entwicklung zum Ausgangspunkt, um das damals zentrale Problem des messianischen Aspekts von Jesu Auftrag – für jene, die die Vorstellung eines besonderen Auftrages Christi ablehnten, Kalkül eines Irren oder Traum eines Ehrgeizigen[71] – einer Lösung zuzuführen. So vertrat Keim die Auffassung, zwar sei Jesus ein Mensch, aber er sei auch ein Wunder, die Realisierung eines spezifischen Gedankens Gottes und folglich dessen Offenbarung innerhalb der Menschheit. Deshalb stellte Keim auch die Auferstehung nicht in Frage, schien sie ihm doch durch solide historische Zeugnisse belegt. Von diesem Ansatz her unterstrich er insbesondere die allgemeinen Lebensbedingungen im Israel des 1. Jh., die damals in der jüdischen Gemeinde hoch im Kurs stehenden messianischen Ideen und deren Verknüpfung mit den messianischen Aspekten des Auftrags Christi. Keims Bemühen war folglich ein doppeltes: im Rückgriff auf wissenschaftliche Methoden ein gelehrtes Werk auszuarbeiten, aber zugleich den Nachweis zu erbringen, daß die korrekt interpretierten Evangelien ein Bild des Lebens Jesu bieten, das keineswegs im Widerspruch zu Glaube und Frömmigkeit steht. Ist das nicht eines der genuin protestantischen Anliegen der zweiten Hälfte des 19. Jh.?

Heinrich Julius Holtzmann

Heinrich Julius Holtzmann (1832–1910), ein weniger eigenständiger Denker, wirkte als Professor in Heidelberg und dann, seit 1874, in Straßburg. Bekannt wurde er vor allem mit seinen Untersuchungen zu den synoptischen Evangelien und zur Entstehung des Neuen Testamentes allgemein[72]. In seinen Arbeiten unterstreicht er die Bedeutung des Apostels Paulus, der seiner Meinung nach die Botschaft Jesu am besten begriffen hatte. In bezug auf Entstehung und wechselseitige Abhängigkeit der synoptischen Evangelien nahm er einen gemäßigten Standpunkt ein, der in großen Zügen dem allgemeinen Schema entsprach, das sich gegen Ende des 19. Jh. allmählich aus den verschiedenen exegetischen Veröffentlichungen herauskristallisierte. Wie Weizsäcker, aber unabhängig von ihm, verteidigte er die Priorität des Markusevangeliums, das er, neben einigen unbedeutenderen Quellen, als Hauptquelle der beiden anderen Synoptiker betrachtete. Deshalb unterstrich er die Bedeutung der Chronologie bei Markus, insbesondere der Etappen, die allmählich zur Offenba-

---

[71] Ernest Renan etwa gelang es nicht, sich aus diesem Dilemma zu befreien. In seiner Dissertationsschrift versuchte T. COLANI, *Jésus-Christ et les croyances messianiques de son temps*, Straßburg 1864, das Problem mit der Auffassung zu lösen, Jesus habe sich gar nicht als Messias verstanden. Doch von Beginn an überzeugte diese Darstellung die Exegeten nicht.

[72] Dazu eine Auswahl aus HOLTZMANNS Werk: Kanon und Tradition. Ein Beitrag zur neueren Dogmengeschichte, Ludwigsburg 1859; Die synoptischen Evangelien. Ihr Ursprung und ihr geschichtlicher Charakter, Leipzig 1863; Die Pastoralbriefe, Leipzig 1880; Lehrbuch der historisch-kritischen Einleitung in das Neue Testament, Freiburg 1885; Lehrbuch der neutestamentlichen Theologie, 2 Bde., Freiburg – Leipzig 1897; Die Entstehung des Neuen Testaments, Tübingen 1906.

rung Jesu als Messias führten. Diese Vorstellungen stießen selbstverständlich nicht überall auf Zustimmung[73].

Adolf von Harnack

Der letzte Historiker, der hier präsentiert wird, ist Adolf von Harnack (1851–1930). Harnack, zu Beginn des 20. Jh. ein hochberühmter Theologe, war gut – einige sagen allzu gut – in die deutsche Kultur und Gesellschaft seiner Zeit integriert. Das ist vermutlich darauf zurückzuführen, daß er es, wie Keim, verstand, wissenschaftliches Vorgehen und große Gelehrtheit mit gemäßigten Ansichten über die Lehre mit ständigem Bemühen um persönliche Frömmigkeit zu verbinden. Seiner Auffassung nach führte die historisch-kritische Methode keineswegs zu einer radikalen Infragestellung, sondern ganz im Gegenteil zu einer Aktualisierung des Glaubens, indem sie diesen auf wissenschaftlich bewiesene geschichtliche Fakten gründete und so allen gebildeten Menschen seiner Zeit vertretbar machte. Als Professor in Gießen und später in Berlin wurde Harnack zwischen 1886 und 1890 mit der Publikation eines dreibändigen *Lehrbuchs der Dogmengeschichte* bekannt, das ihn als einen der bedeutendsten Historiker seiner Generation auswies. Das Werk war Harnacks Entgegnung auf Baur, den Verfasser der ersten im 19. Jh. erschienenen Dogmengeschichte[74]. Baur, auch in diesem Bereich von Hegel beeinflußt, begriff *das Dogma* als Ausdruck der christlichen Wahrheit, erarbeitet von der kirchlichen Autorität. *Dogmen* wiederum waren in seinen Augen spezielle Ausdrucksformen, die die langsame Entwicklung des Glaubens der Kirche darlegten[75]. Harnack, der sich mehr an Gottfried Thomasius[76] orientierte, ging die Fragestellung von einem ganz anderen Ansatz her an. Sein besonderes Anliegen war es, darzulegen, wie und unter welchen Einflüssen sich die Dogmen herausgebildet hatten. Thomasius hingegen hatte sich mehr oder weniger mit der einfachen Beschreibung begnügt. Harnacks *Lehrbuch der Dogmengeschichte* hat drei Teile. Der erste Teil ist der Entstehung der Dogmen von der apostolischen Zeit bis ins 4. Jh. gewidmet, der zweite Teil befaßt sich mit den Auseinandersetzungen innerhalb der griechischen Kirche vom Nizänischen Konzil (325) bis zur zweiten Synode von Konstantinopel (787). Der dritte Teil ist der Untersuchung der dogmatischen Auseinandersetzungen in der Westkirche gewidmet. Zur Erklärung der Entwicklung unterscheidet Harnack klar

---

[73] Vgl. dazu bes. W. Wrede, Das Messiasgeheimnis in den Evangelien. Zugleich ein Beitrag zum Verständnis des Markusevangeliums, Göttingen 1901.

[74] F. Ch. Baur, Lehrbuch der christlichen Dogmengeschichte, Stuttgart 1847; nach seinem Tod veröffentlichte Baurs Sohn seine Vorlesung über die Dogmengeschichte unter dem Titel *Vorlesungen über die christliche Dogmengeschichte*, 3 Bde., Leipzig 1865–1867.

[75] In seinem *Lehrbuch der christlichen Dogmengeschichte* suchte Baur die Entwicklung, aber auch die Einheit des Glaubens nachzuweisen. Denn das Dogma ist die Manifestation des Heiligen Geistes, der sich dem Bewußtsein darstellt und sich in dialektischer Weise entwickelt. Die Kritik an dieser Methode blieb nicht aus, und Baur mußte sich im Zusammenhang mit diesem, aber auch mit einigen anderen Werken den Vorwurf gefallen lassen, er opfere die Menschen der Idee. In dieser Hinsicht kritisierte besonders Ritschl Baurs Auffassung.

[76] Zwischen 1874 und 1876 veröffentlichte G. Thomasius *Die christliche Dogmengeschichte als Entwicklungsgeschichte des kirchlichen Lehrbegriffs*, 2 Bde., Erlangen 1874–1876. Gegen Baur vertrat er die Auffassung, die Dogmengeschichte sei keine ständige und unausweichliche Entwicklung, sondern sie beginne erst nach dem Tod der Apostel; die apostolische Zeit sei die Zeit der Offenbarung. Er betrachtete folglich die Dogmengeschichte als eine Entwicklung der Lehre der Kirche – insbesondere die Ausgestaltung der lutherischen Lehre –, als die innere Seite der Kirchengeschichte, deren äußere Seite die Dogmatik ist.

zwischen den Dogmen und dem Evangelium – das ist zugleich eine Antwort an jene, die sich fragen, welche Folgen für den Glauben die Darstellung der dogmatischen Variationen und der äußerst heftigen Debatten im Zusammenhang mit der Erarbeitung der Dogmen haben könnte. Nach Harnack ist die Botschaft Christi, das Evangelium, und nicht das Dogma das Zentrum der christlichen Religion. Doch diese „Gute Nachricht" entsteht und entfaltet sich in der ihr gänzlich fremden griechisch-römischen Welt. Sie sieht sich demnach gezwungen, diesem seinerseits komplexen und nicht einheitlichen Milieu ziemlich unterschiedliche Elemente zu entlehnen. Für Harnack sind die Dogmen letztlich das Ergebnis einer allmählichen Hellenisierung der biblischen Botschaft: eine drei Jahrhunderte während Entstehungszeit, die zu einem Resultat führt, das dem Evangelium in seiner Form, nicht aber in seinem Grundgehalt fremd ist[77]. Da das griechisch-römische Reich selbst keineswegs einheitlich war, verlief die Erarbeitung der Dogmen unter Berücksichtigung ganz unterschiedlicher Materialien. Daher die zahlreichen Debatten, Versuche, Irrtümer, Rückschritte usw., bevor die Ausformulierung der Substanz des Evangeliums in hellenisierter Form gelang. Mit der vertieften Reflexion über die Lehre im Westen, insbesondere bei Augustin, veränderte sich die dogmatische Entwicklung (Überlegungen zum Verhältnis von Sünde und Gnade, von Freiheit und göttlicher Allmacht). Da aber Augustin die griechische Ontologie beibehielt, ging es damals eher um eine Abweichung als um eine eigentliche Modifikation[78]. Deshalb bleibt es legitim, von den Dogmen als von einer Hellenisierung der ursprünglichen Botschaft Christi, nämlich des Evangeliums, zu sprechen[79]. Generell haben die Dogmen im übrigen nach Harnacks Auffassung ihre Bedeutung größtenteils verloren: In der Ostkirche tritt an ihre Stelle die Liturgie, in der römisch-katholischen Kirche die Autorität der kirchlichen Hierarchie und in den protestantischen Kirchen die im 18. Jh. einsetzende allmähliche Rückkehr zum Evangelium[80].

Zuweilen wird Harnack vorgeworfen[81], er habe die Hellenisierung zu sehr betont und

---

[77] In seiner *Dogmengeschichte* definierte Harnack diesen Grundgehalt der biblischen Botschaft nicht; er sollte dies 1899/1900 in seinen Vorträgen über das Wesen des Christentums tun.

[78] Harnack erwähnte auch die theologischen Auseinandersetzungen des Mittelalters, die er als Ergebnis der inneren Widersprüche der abendländischen Dogmatik sieht. Diese hat darüber hinaus den Nachteil, der Kirche, die fortab als Hüterin des Dogmas *(depositum fidei)* gilt, große Autorität zu verleihen.

[79] In dieser Hinsicht unterstreicht Harnack die Rolle der Gnostiker. PERRIRAZ, Histoire de la théologie (s. Anm. 20) I 200 faßt Harnacks Argumentation in den folgenden Worten zusammen: „Im ersten, wichtigsten und innovativsten Band spricht Harnack von der Vorbereitung der Dogmen, Resultat einer schleichenden Deformation des Evangeliums, das als Lehre verstanden wird, die geeignet ist, das Leben des einzelnen nach dem Modell der griechischen Moralisten und Philosophen zu regeln. Hier haben die Gnostiker eine erstrangige Rolle gespielt, indem sie das herbeiführten, was Harnack ,eine akute Verweltlichung des Christentums' nennt. Dieser Versuch, der dem Christentum sein geschichtliches Fundament entzogen und so dessen Untergang herbeigeführt habe, wurde von der Kirche unter der Führung der antignostischen Väter Irenäus, Tertullian, Clemens von Alexandria, Origenes und anderen mit ihnen abgewehrt. Doch trotz ihres Bemühens, zur Schrift zurückzukehren, machen auch diese Männer aus dem Evangelium eine Verhaltensregel, die sich ebenso an den Verstand wie an Herz oder Willen richtet."

[80] Harnack erklärt, wohl hätten die Reformatoren des 16. Jh. in Absetzung von den Dogmen der römischen Kirche zum Evangelium zurückkehren wollen, doch hätten die soziokulturellen Gegebenheiten im Europa des 16. und 17. Jh. zur Erarbeitung einer Art protestantischer Scholastik geführt, und erst im 18. Jh. habe eine Verwerfung der „Orthodoxie" eingeleitet werden können.

[81] Vgl. dazu bes. F. CUMONT, Les religions orientales et le paganisme romain, Paris 1907 (dt.: Die orientalischen Religionen im römischen Heidentum, Leipzig 1910), sowie W. BOUSSET, Hauptprobleme der Gnosis, Göttingen 1907.

Adolf von Harnack (1851–1930).

die Bedeutung des semitischen Orients für die ersten Jahrhunderte des Christentums heruntergespielt. Fest steht indes, daß Harnack mit diesem Werk eine kohärente Sicht und Erklärung der Dogmenbildung und -entwicklung bringt, die aufgrund der grundlegenden Unterscheidung zwischen Dogmen und Evangelium die ungehinderte und von Zwängen befreite, mit anderen Worten die wissenschaftliche Untersuchung der Geschichte und Variationen der von der Kirche definierten Dogmen erlaubt, ohne Glauben oder Frömmigkeit zu gefährden. Doch für sich allein genommen genügt diese Gesamtschau der Geschichte des Christentums nicht. Die Frage bleibt, was die Botschaft Christi, das Evangelium, überhaupt sei, zu dem die Christen des 18. Jh. nach Harnacks Auffassung zurückgefunden haben. Dieser Frage geht er in einer schmalen Schrift nach – entstanden aus einer Reihe von 16 Vorlesungen, im Wintersemester 1899/1900 vor den Studenten aller Fakultäten, also nicht bloß der theologischen Fakultät der Universität Berlin, gehalten –, die er 1900 unter dem Titel *Das Wesen des Christentums* in Leipzig publizierte[82]. Daß das Buch ein Erfolg wurde, hängt einerseits mit der Bekanntheit Harnacks, andererseits auch mit seinem transparenten, leicht verständlichen Stil zusammen[83].

Es handelt sich um ein populärwissenschaftliches Werk, in dem er die bereits in seinem *Lehrbuch der Dogmengeschichte* entwickelte Thematik teilweise erneut aufnimmt. Bemerkenswert ist der Versuch, das Evangelium zu definieren. Unter dem Einfluß Ritschls verweigert sich Harnack der philosophischen Spekulation über das Christentum und begibt sich auf den Boden der Geschichte. Denn, so Harnack, das Wesen der Religion falle zwar in den Kompetenzbereich der Philosophie, das Wesen des Christentums hingegen, das Evangelium, besitze geschichtliche Realität.

Harnack beginnt damit, sein Vorhaben zu rechtfertigen – was ihm beiläufig erlaubt, die

---

[82] Auch später veröffentlichte Harnack bemerkenswerte exegetische Arbeiten, so etwa 1906 sein Werk *Lukas der Arzt, der Verfasser des dritten Evangeliums und der Apostelgeschichte*, Leipzig 1906, worin er die Echtheit der Apostelgeschichte zu verteidigen suchte. Zu erwähnen ist auch eine Reihe zur neutestamentlichen Thematik mit dem Generaltitel *Beiträge zur Einleitung in das Neue Testament*, Leipzig 1906–1916, sowie *Entstehung und Entwicklung der Kirchenverfassung und des Kirchenrechts in den ersten beiden Jahrhunderten*, Leipzig 1910.

[83] In drei Jahren wurden 50000 Exemplare verkauft (100000 in zehn Jahren), das Buch in 15 Sprachen übersetzt.

von den historisch-kritischen Untersuchungen Verunsicherten zu beruhigen. Er erläutert,
die historische Analyse sei wichtig, weil sie einsichtig mache, weshalb trotz der im Verlauf
der Jahrhunderte festzustellenden vielfältigen Fortentwicklungen der Lehre der Versuch
legitim ist, das Wesen des Christentums zu entdecken. Das Handeln Jesu beschränkt sich
nämlich nicht auf die Verkündigung. Durch seine Person wirkt er auf die Jünger ein, die
dann ihrerseits ihre Erfahrung an ihre Nachfolger weitergeben[84]. An die Jünger hatte sich
Jesus in einer ihnen verständlichen Sprache gewandt; aus diesem Grund scheint das Evangelium in seiner Verkündigung mit dem damals im Judentum vorherrschenden Weltbild
vermischt zu sein – deshalb auch die Geschichten über Dämonen und Besessenheit. Damit
das Evangelium mit dem Untergang dieses Weltbildes nicht verschwindet, mußte es sich
notwendigerweise verändern. Dazu erläutert Harnack: „Die Kirchengeschichte zeigt bereits in ihren Anfängen, daß das ‚Urchristentum' untergehen mußte, damit das ‚Christentum' bliebe."[85] Es sind diese aufeinanderfolgenden Metamorphosen, die seinen Fortbestand sichern. Doch gilt es auch, nach seinem dauerhaften Wesen zu suchen, trotz der
zeitgeschichtlichen Hüllen. Denn der Mensch ist ein in einer bestimmten Epoche und an
einem bestimmten Ort lebendes gesellschaftliches Wesen, dem das Evangelium in einer
dieser Epoche und diesem Ort angepaßten Form präsentiert werden muß; der Mensch ist
aber zugleich ein von seiner Epoche unabhängiges, mit einer inneren Persönlichkeit versehenes Wesen, an das sich das Wesen des Christentums wendet. Denen, die die Ansicht vertreten, „das Evangelium sei erhaben und groß und sei gewiß eine heilsame Kraft in der Geschichte gewesen, aber es sei untrennbar verknüpft mit einem längst überwundenen Welt-
und Geschichtsbilde," gibt Harnack zur Antwort:

„Gewiß, es ist ein ganz anderes Welt- und Geschichtsbild als das unsrige, mit welchem
das Evangelium verbunden ist, und wir können und wollen dieses Bild nicht wieder zu-
rückrufen; aber ‚untrennbar' ist es nicht mit ihm verknüpft. Ich habe zu zeigen versucht,
welches die wesentlichen Elemente im Evangelium sind, und diese Elemente sind ‚zeitlos'.
Aber nicht nur sie sind es; auch der ‚Mensch', an den sich das Evangelium richtet, ist ‚zeitlos', d. h. es ist der Mensch, wie er, trotz allem Fortschritt der Entwicklung, in seiner inneren Verfassung und in seinen Grundbeziehungen zur Außenwelt immer derselbe bleibt.
Weil dem so ist, darum bleibt dieses Evangelium auch für uns in Kraft."[86]

Nach Harnack läßt sich demnach das Wesen des Christentums in drei Themen zusammenfassen: die Idee der Vaterschaft Gottes und, als Gegenstück, der unendliche Wert der
Menschenseele; die Brüderlichkeit der Menschen, die aus dem Gebot der Liebe hervorgeht
und die Vorstellung einer größeren Gerechtigkeit beinhaltet; schließlich das Reich Gottes,
dessen Kommen die Menschen erwarten[87]. Die unterschiedliche Deutung dieses Reiches,

---

[84] Harnack erklärt, es genüge nicht, „lediglich das Bild Jesu Christi und die Grundzüge seines Evangeliums darzustellen […], weil jede große, wirksame Persönlichkeit einen Teil ihres Wesens erst in denen offenbart, auf die sie
wirkt […]. Man muß den Reflex und die Wirkung ins Auge fassen, die sie in denen gefunden hat, deren Führer und
Herr sie geworden ist." A. VON HARNACK, Das Wesen des Christentums (1900), Gütersloh ²1985, 17 f.

[85] Ebd. 20.

[86] Ebd. 93.

[87] Zu Beginn seiner Schrift zitiert Harnack die drei Elemente in einer anderen Ordnung: „Erstlich, das Reich Gottes und sein Kommen, Zweitens, Gott der Vater und der unendliche Wert der Menschenseele, Drittens, die bessere
Gerechtigkeit und das Gebot der Liebe"; ebd. 40. An anderer Stelle indes hält er sich an die eben zitierte Ordnung,
so etwa: „Das Evangelium ist eine soziale Botschaft von heiligem Ernst und erschütternder Kraft; es ist die Verkündigung der Solidarität und Brüderlichkeit zugunsten der Armen. Aber diese Botschaft ist verbunden mit der

das in der Verkündigung Jesu einen hohen Stellenwert besitzt, lehnt Harnack ab; die bereits in der jüdischen Mentalität jener Zeit vorhandene eschatologische Vision bewahrt er jedoch und begreift sie in einer neuen, auf Innerlichkeit gerichteten Interpretation. Das erlaubt Harnack die Einführung des Erfahrungsbegriffs: In seinen Augen muß der Christ heute zu der von den Aposteln gemachten Erfahrung zurückfinden, wenn auch in anderer Form: indem er das verinnerlicht, was die Apostel dramatisierten, betonten sie doch die eschatologische Seite des Reich-Gottes-Begriffs, während für den Christen heute die Dimension der Innerlichkeit vorrangig ist. Dazu bemerkt Emile Poulat:

„In dem auf die Innerlichkeit zurückgeworfenen Christen brennt das gleiche Feuer, doch mit dem geschichtlichen Abstand gelingt es ihm heute, sich über jene vorläufige Ankündigung zu erheben, die den ersten Jüngern Zeichen dafür war, daß sich das Reich Gottes tatsächlich in ihrer Mitte ereignet hatte. Seither ist die Religion auf ihrem höchsten Stand. Mit der Verkündigung der Seligpreisungen, in denen der Ruf des Vatergottes und der unendliche Wert der menschlichen Seele zum Ausdruck kommen, hat die *universale Geschichte* der Menschheit wahrhaft begonnen."[88]

Diese kurze Darstellung macht deutlich, was die Schrift für ein breiteres Publikum so attraktiv machte[89]: Sinn für die historisch-kritische Analyse, die sich als für den Glauben ungefährlich erweist – vielmehr trägt sie dazu bei, das Vorhandensein von Textstellen zu rechtfertigen, die in den Augen einiger eher Hindernisse sind – und die zudem den Hunger nach wissenschaftlicher Erkenntnis stillt; Einfachheit der beiden zentralen Begriffe – Vaterschaft Gottes und Brüderlichkeit der Menschen oder, wie Harnack in seinen Schlußfolgerungen selbst formuliert: „Die Religion, nämlich die Gottes- und Nächstenliebe, ist es, die dem Leben einen Sinn gibt"[90] –, die deshalb selbst von jenen übernommen werden können, die vor langwierigen theologischen Untersuchungen zurückschrecken; sodann der Gebrauch des Begriffs der ethisch-religiösen Erfahrung als Glaubensfundament, was an das den Reformatoren so wichtige innere Zeugnis des Heiligen Geistes erinnert; Aufruf zum Handeln in der Welt, aber in einer für die geltende Sozialordnung annehmbaren Form. Das Evangelium weist einen neuen gesellschaftlichen Weg, denn, so Harnack, „niemals [...] ist eine Religion mit einer so tatkräftigen sozialen Botschaft aufgetreten und hat sich so stark mit ihr identifiziert wie im Evangelium"[91]. Dennoch war Jesus kein Sozialreformer, und es läßt sich aus dem Evangelium keine Soziallehre ableiten, denn wäre dies der Fall, so wäre diese unweigerlich mit einer bestimmten Zeit und einem bestimmten Land verbunden. Zudem richtet sich das Evangelium an den inneren Menschen und damit an das Gewissen. Diese Sicht der Dinge ist unmittelbar mit der protestantischen Kultur verbunden, ist doch, nach protestantischem Verständnis, der Mensch angesichts der Bibel (also angesichts Gottes) und angesichts des sozialen Handelns auf sich allein gestellt und ohne vermittelnde Instanz:

Anerkennung des unendlichen Wertes der Menschenseele, und sie ist eingebettet in die Predigt vom Reiche Gottes." Ebd. 68.

[88] É. POULAT, Histoire, dogme et critique dans la crise moderniste, Paris 1979, 51.

[89] Der zweite Teil des Buches (die acht letzten Vorlesungen) befassen sich im wesentlichen mit Harnacks Verständnis der Kirchengeschichte. Hier faßte er vornehmlich die bereits in der Dogmengeschichte entwickelten Vorstellungen zusammen.

[90] VON HARNACK, Das Wesen des Christentums (s. Anm. 84) 175.

[91] Ebd. 66. Harnack fährt fort: „Inwiefern? Weil mit dem Worte: ‚Liebe deinen Nächsten wie dich selbst‘ hier wirklich Ernst gemacht ist."

„[…] das Evangelium richtet kein irdisches Reich auf. Diese Worte [...] verbieten jedes direkte und gesetzliche Eingreifen der Religion in irdische Verhältnisse. Positiv aber sagt uns das Evangelium: [...] es gibt nur *ein* Verhältnis und *eine* Gesinnung für dich, die unverbrüchlich bleiben sollen [...] ein Kind Gottes und Bürger seines Reiches zu sein und Liebe zu üben. Dir und deiner Freiheit ist es überlassen, wie du im irdischen Leben dich zu bewähren hast und in welcher Weise du deinem Nächsten dienen willst."[92]

Das ist nicht unbedingt originell. Das Hauptinteresse des Buches liegt vielmehr in der Synthese, faßt doch Harnack das Grundanliegen des 19. Jh. zusammen.

4. Erneuerungsversuche in der Theologie

Ritschl und seine Schule

Albrecht Benjamin Ritschl

Albrecht Benjamin Ritschl (1822–1889), ein frühreifer und brillanter Student, wirkte erst in Bonn, dann ab 1864 in Göttingen als Professor. Ritschl ist der Autor der letzten großen theologischen Synthese des 19. Jh. Es wäre übertrieben, ihn mit Schleiermacher zu vergleichen – er besitzt weder dessen Originalität noch dessen Gefolgschaft –, doch ist seine Bedeutung nicht zu unterschätzen. Ritschls erklärtes Ziel war es, die christliche Lehre unter den materiellen und intellektuellen Gegebenheiten im letzten Viertel des 19. Jh. zu überdenken. In einer Welt des schnellen wirtschaftlichen und gesellschaftlichen Wandels, in der die Religion ihre Evidenz verloren hatte, war Ritschl der Auffassung, „die spezifisch moderne Aufgabe der Theologie bestehe darin, den christlichen Glauben so darzustellen, daß er vor dem modernen Wahrheitsbewußtsein zu bestehen vermag"[93].

Wie bereits dargelegt, war Ritschl anfänglich an historischen Untersuchungen interessiert, wandte sich dann aber um 1860 der Systematischen Theologie zu und publizierte zwischen 1870 und 1874 sein dreibändiges Hauptwerk *Die christliche Lehre von der Rechtfertigung und Versöhnung*. Darin verbindet er Dogmengeschichte, biblische Theologie und systematische Konstruktionen. Zwischen 1880 und 1886 erschien eine breitangelegte *Geschichte des Pietismus* in drei Bänden, eine heftige Kritik am Pietismus[94]. 1881 veröffentlichte er als Antwort auf die Kritiker seines Systems eine Verteidigungsschrift seiner Epistemologie unter dem Titel *Theologie und Metaphysik*[95].

In den Jahren 1880 bis 1890 genoß Ritschls Theologie breite Anerkennung. Doch bald

---

[92] Ebd. 75.

[93] D. LANGE, Entre foi et histoire, quels fondements pour la théologie? Wilhelm Herrmann et Ernst Troeltsch, héritiers d'Albrecht Ritschl, in: P. GISEL u. a. (Hrsgg.), Albrecht Ritschl. La théologie en modernité. Entre religion, morale et positivité historique, Genf 1991, 179. Zu Ritschl vgl. auch G. BALDENSPERGER, La théologie d'Albrecht Ritschl, in: RThPh 18 (1883) 511–529 und 617–634; eine umfassende Bibliographie findet sich im bereits erwähnten, von P. Gisel u. a. herausgegebenen Sammelband.

[94] 1875 veröffentlichte er eine schmale Schrift mit dem wohl nicht zufällig gewählten Titel *Unterricht in der christlichen Religion*. Es handelt sich um eine recht gedrängte und deshalb nicht immer leicht verständliche Zusammenfassung seines Hauptwerkes *Rechtfertigung und Versöhnung* für Gymnasiasten.

[95] 1874 erschien auch ein polemisches, gegen Schleiermacher gerichtetes Buch Ritschls mit dem Titel *Schleiermachers Reden über die Religion und ihre Nachwirkungen*, Bonn 1874. Daneben verfaßte Ritschl einige weniger bedeutende Werke. Die meisten seiner Publikationen wurden mehrmals aufgelegt.

nach dem Ersten Weltkrieg brach die Rezeption seines Denkens ab, denn es war nach dem Urteil vieler dem Zeitalter Bismarcks gegenüber zu unkritisch. Ganz besonders kritisch zeigte sich Karl Barth in seinem Werk *Die protestantische Theologie im 19. Jahrhundert.* Nach Barth verzichtete Ritschl auf eines der Anliegen des 19. Jh.: den Versuch, die Aufklärung zu überwinden. Dazu führt er aus:

„Er [Ritschl] greift vielmehr energisch auf die theoretische und praktische Philosophie der vollendeten Aufklärung, d. h. aber auf einen entscheidend als antimetaphysischen Moralisten interpretierten Kant zurück [...]. So klar hat sich vielleicht außer dem einen Wegscheider keiner vor und nach Ritschl dahin ausgesprochen, daß der moderne Mensch vor allem im besten Sinn vernünftig leben will und daß das Christentum ihm nur eine große Bestätigung und Bestärkung eben darin bedeuten kann."[96]

Letztlich steht für Karl Barth Ritschl als Beispiel einer Theologie, die sich allzusehr auf ihre Rolle innerhalb der Kultur ihrer Zeit einläßt und deshalb auf ihre eigentliche Aufgabe verzichtet. Ein parteiisches, heute oft als übertrieben eingestuftes Urteil[97], das, gemäß den Ausführungen von D. Korsch und J.-M. Tétaz, zudem direkt mit Barths Verständnis der Rolle der Theologie gekoppelt ist:

„Außer man mache sich das Barthsche Programm einer Theologie zu eigen, die nur dann bei ihrer Sache bleibt, wenn sie darauf verzichtet, die epistemischen und kulturellen Bedingungen ihres Diskurses zu erklären, bleibt die von Ritschl aufgeworfene zentrale Frage weiterhin aktuell: Wie kann die Theologie den positiven Inhalt des christlichen Glaubens entfalten und zugleich der der kirchlichen Verkündigung zukommenden kulturellen Verbindlichkeit gerecht werden?"[98]

Das ist in der Tat Ritschls Anliegen, der sich in erster Linie einem epistemologischen Problem zuwandte. Für Schleiermacher liegt der Ursprung der Dogmatik, wie erwähnt, im Gottesbewußtsein jedes durch Jesus Christus in die Präsenz Gottes gestellten Menschen. Ritschl hingegen unterstreicht die Rolle der christlichen Gemeinschaft. Wohl impliziert das Christentum eine personale Beziehung zu Gott. Das wiederum setzt eine Theorie der religiösen Erkenntnis voraus, weshalb Ritschl, in der Nachfolge Kants, die Unterscheidung zwischen Metaphysik und Dogmatik treffen muß. Die Metaphysik wie auch die wissenschaftliche Erkenntnis geht von der sinnlichen Erfahrung aus und beschreibt einzig die Verknüpfung der Phänomene, während die Dogmatik auf dem beruht, was Ritschl „Werturteile" nennt. Die religiöse Erkenntnis gründet folglich auf „praktischen Gegebenheiten, d. h. auf der moralischen Erfahrung – Kants Hauptargumentation", wie Henri Dubois darlegt[99]. Denn, so Ritschl, der Mensch kann die Dinge an sich nicht erkennen; zu erkennen vermag er einzig die Beziehungen, die sie mit ihm unterhalten, vorausgesetzt, die Dinge manifestieren sich dem Menschen so, wie sie an sich sind. Deshalb die Unmöglichkeit,

---

[96] BARTH, Protestantische Theologie (s. Anm. 11) 599. Gleichwohl erkennt Barth das „Verdienst" von Ritschls Denken an, aufgedeckt zu haben, daß die Theologie des 19. Jh. sich auf dem falschen Weg befand: „Es ist Ritschls großes Verdienst, durch seine Reaktion die Möglichkeit einer Preisgabe des Schleiermacher-Hegelschen Ansatzes auf den Plan geführt und damit den Ausgangspunkt der ganzen Entwicklung, die vollendete Aufklärung, auf einen Augenblick scharf beleuchtet zu haben, um dann doch faktisch zu zeigen, daß die Theologie, wenn sie sich nicht allzusehr bloßstellen wollte, unter Voraussetzung jenes Ausgangspunktes nur mit dem Schleiermacher-Hegelschen Ansatz arbeiten konnte [...]." Ebd. 600.

[97] Vgl. dazu GISEL, Albrecht Ritschl (s. Anm. 93).

[98] D. KORSCH – J.-M. TÉTAZ, Introduction. Positivité et culture, in: Ebd. 23 f.

[99] H. DUBOIS, De Kant à Ritschl, un siècle d'histoire de la pensée chrétienne, Neuenburg 1925, 101.

ausgehend von einem allgemeinen Religionsbegriff das Christentum zu beschreiben –
was die Idee der natürlichen Religion überhaupt ausschließt[100]. Vielmehr gilt es – und damit will Ritschl der Theologie ein solides Fundament verleihen –, vom historischen Faktum der Offenbarung auszugehen. Gotteserkenntnis ist nur möglich dank der Offenbarung, einem historisch datierbaren Ereignis, nämlich der Verkündigung des Evangeliums
durch Jesus Christus in Palästina im 1. Jh. Die übrigen Religionen hingegen sind letztlich
bloß eine zum Christentum hinführende Pädagogik. Doch wie läßt sich die Aussage legitimieren, das Evangelium sei tatsächlich die Offenbarung Gottes? Dazu erklärt Dietz
Lange:

„Offenkundig ist das religiöse Subjekt nicht in der Lage, empirisch nachzuweisen, daß
die Geschichte Jesu Offenbarungsqualität besitzt, aber mit einem Werturteil kann es das
feststellen. Dieses Urteil wird vom Glauben ebenso zuverlässig gestützt, wie es die empirische Erkenntnis täte; denn Gottes Endbestimmung der Welt geht klar aus der Verkündigung Jesu hervor, weshalb die Anerkennung der Gültigkeit letztlich eine Frage der Entscheidung ist."[101]

Dies gilt gerade deshalb, weil davon auszugehen ist, daß die Schriften des Neuen Testaments die Verkündigung Christi wahrheitsgetreu darstellen, stehen sie doch in Einklang
mit den Texten des Alten Testaments. Dieses Argument hat überdies den Vorzug, daß es
dem Menschen des ausgehenden 19. Jh. eine im Vergleich zur Inspiration leichter zugängliche Rechtfertigung der Schriftautorität anbietet. Ritschl setzt an die Stelle der Inspiration
die wissenschaftlich-historische Untersuchung des Alten und Neuen Testaments.

Auf diese Definitionen gestützt, setzt Ritschl an zur Analyse des Wesens der christlichen Religion überhaupt. Seiner Auffassung nach ist sie vorab eine moralische Religion,
deren Ziel die Errichtung des Reiches Gottes ist[102], in welchem die Nächstenliebe verwirklicht wird. Das Reich Gottes ist auch das Reich der Liebe, weil Gott die Liebe ist
(Ritschl setzt also an die Stelle der metaphysischen Definition Gottes als des Absoluten
eine moralische Definition der Wesens des Göttlichen überhaupt) und weil die Realisierung des Gottesreiches die Realisierung des göttlichen Denkens im Hinblick auf die
Menschheit ist.

Dieser Reich-Gottes-Begriff hat bei Ritschl eine religiöse und eine moralische Dimension. Er ist für sein Denken zentral, wie D. Korsch ausführt:

„Ritschl hat den gesamten Inhalt der Dogmatik in der bereits vom Titel angegebenen
Richtung *[Rechtfertigung und Versöhnung]* versammelt. Seiner Auffassung nach ist es
nicht möglich, vom Reich Gottes anders als mit Bezug auf dessen geschichtliche Ankunft
unter den Menschen zu sprechen. In diesem Kontext sind drei Elemente wichtig. Erstens
ist das Reich Gottes ungenügend bestimmt, wird es nur als transzendentale Idee verstanden, deren Verwirklichung den Individuen überlassen wäre: Entweder existiert das Reich
Gottes wahrhaftig und wirklich, oder es existiert überhaupt nicht. Zweitens muß dieses

---

[100] Vgl. dazu den Beitrag von F. WAGNER, Le problème de la théologie naturelle chez Albrecht Ritschl, in: GISEL
(Hrsg.), Albrecht Ritschl (s. Anm. 93) 35–60. In dieser Hinsicht zeigt sich Ritschl Schleiermacher gegenüber
äußerst kritisch.

[101] LANGE, Entre foi et histoire (s. Anm. 93) 165.

[102] Das Folgende macht den Einfluß Ritschls auf Harnacks Denken deutlich, wie es in *Das Wesen des Christentums*
zum Ausdruck kommt. Eine Darstellung Harnacks wäre auch an jener Stelle – im Anschluß an Ritschl – zu rechtfertigen gewesen. Seine Einreihung unter die Historiker und Exegeten ist darauf zurückzuführen, daß Harnacks
Denken in diesem Bereich durchaus eigenständig ist.

Reich innerhalb der Menschheitsgeschichte historisch errichtet sein. Sein historischer Charakter verbietet es demnach, es als eine lediglich ideelle und ewige Realität zu verstehen. Drittens schließlich ist zu unterstreichen, daß diese Errichtung in der Widerständigkeit der Welt vor allem anderen eine Errichtung inmitten der Menschen ist."[103]

Jesus Christus ist, als Offenbarer der göttlichen Liebe, der Gründer des Gottesreiches. Doch ist er auch der Erlöser der Menschen, denn am Reich teilzuhaben ist nicht möglich, ohne von der Sklaverei der Sünde erlöst zu sein, ohne an der Versöhnung teilzuhaben – darin verwirklicht sich das göttliche Denken dem Menschen gegenüber. Damit stellt sich die Frage nach dem von Ritschl neu interpretierten Wesen der Sünde. Gegen Augustin und die Lehre von der Erbsünde, die im ausgehenden 19. Jh. von vielen Menschen als zu abstrakt und deshalb wenig glaubwürdig empfunden wurde, interpretiert Ritschl die Sünde als einen Akt, als einen menschlichen Akt, der sich dem Handeln im Reich Gottes widersetzt, d. h. einen Akt, der im Sinn der Suche nach einem persönlichen Vorteil verläuft. Er ist aber zugleich ein Zeichen der Feindschaft Gott gegenüber. Die Folge davon ist eine Einschränkung der Kindschaftsrechte des Menschen, also seine Knechtung durch das Böse – die Beeinträchtigung seiner Freiheit. Zwar ist die Sünde als individueller Akt vorab ein Akt der Ignoranz. Aber so wie alle Menschen den Versuchungen der Gesellschaft ausgesetzt sind, so existiert eine Art „Reich des Bösen" – als Folge der Wechselwirkung der Handlungen der sündigen Menschen. Mit dieser Erklärung ersetzt Ritschl die klassische Erbsündenlehre. Dennoch ist die Sünde nicht unentrinnbares Los: Der Mensch vermag die Macht der Sünde durch einen Willensentschluß zu brechen und zu dem zu gelangen, was Ritschl Rechtfertigung nennt. Rechtfertigung ist „der Wille Gottes, den Sünder, der Christi Werk anerkennt, in seine Gemeinschaft aufzunehmen"[104]. Es ist eine individuelle Rechtfertigung, die es dem Menschen erlaubt, am Reich Gottes mitzuwirken und die zu ihrer einzigen Voraussetzung den Glauben, das Vertrauen in die göttliche Gnade hat[105]. Diese Rechtfertigung ermöglicht Versöhnung. Karl Barth faßt Ritschls Denken in folgenden Worten zusammen:

„Die vollzogene Versöhnung besteht darin, daß Gott sich dem Gläubigen als Vater gegenüberstellt und ihn zu dem völligen Vertrauen eines Kindes berechtigt [...], ihm die geistige Herrschaft über die Welt gibt und ihn in die Arbeit im Reiche Gottes stellt. Dieser Stand ist der Stand der christlichen Vollkommenheit. Er besteht religiös im Glauben an die göttliche Vorsehung, in der Demut, in der Geduld und im Gebet, sittlich in der Betätigung im Beruf und in der persönlichen Tugendbildung [...]. Die Versöhnung ist Ereignis in der christlichen Gemeinde als in der Gemeinde der Gläubigen, und der Glaube ist eben der Glaube an die göttliche Rechtfertigung, die den Menschen aus einem Sünder grundsätzlich zu einem Nicht-Sünder macht [...]. Rechtfertigung nun heißt nicht Beseitigung der den Einzelnen beherrschenden Macht der Sünde – diese muß durch seinen Willensentschluß

---

[103] D. Korsch, Le Royaume de Dieu comme révélation rationnelle, in: Gisel (Hrsg.), Albrecht Ritschl (s. Anm. 93) 69.

[104] Dubois, De Kant à Ritschl (s. Anm. 99) 107.

[105] Damit ist das Problem der Person Christi und seiner Rolle in der Erlösung gestellt. Ritschl lehnte die klassische Lehre von den zwei Naturen ab und behauptete in Anwendung seiner Grundprinzipien, der Mensch sei nur in der Lage zu erkennen, was Christus *für ihn* ist, nicht aber, was er *an sich* ist. Die Neuinterpretation der traditionellen Lehre führte dazu, daß für Ritschl die Gottheit Christi nicht eine Frage der Substanz, sondern eine Frage des Willens ist. Dazu H. Dubois: „Der Wille Christi, dem göttlichen Willen zu gehorchen, stets und bis in den Tod hinein zu gehorchen, ist das Geheimnis seiner Person und seines Werkes zugleich." Ebd. 106.

bekämpft und beseitigt werden, ein Vorgang, auf den die religiöse Erlösung nur vorbereiten kann."[106]

Hier ist ein zentraler Punkt in Ritschls Denken erreicht: Um am Werk Christi teilzuhaben – gewissermaßen um Gott so zu gehorchen, wie es Christus getan hat –, braucht der
einzelne die Kirche, aber nicht die Kirche als Institution, sondern als Gemeinschaft der
Gläubigen. Für Ritschl ist nämlich die Kirche Primärsubjekt des Glaubens, denn obwohl
der Glaube unsichtbar, unbeweisbar und einzig durch die Kraft des Heiligen Geistes ermöglicht ist, verfügt er über eine greifbare Realität: die Kirche, in der das Evangelium verkündet wird – eine Art Weiterführung von Christi Werk. In der Kirche tritt der Gläubige
demnach in Beziehung zu Christus, dort erhält er die Gewißheit, gerettet zu sein. Um keine
Mißverständnisse aufkommen zu lassen, sei betont, daß für Ritschl die Kirche in keiner
Weise eine Heilsanstalt ist; ganz im Gegenteil: Gerade weil die Kirche über die Rechtfertigung als eine bereits gewährte Gabe verfügt, gerade weil sie eine bereits erlöste Gemeinschaft darstellt, sind ihre Glieder des Heils, d. h. ihrer Beziehung zu Gott, gewiß. Doch
handelt es sich um eine Rechtfertigung, die mit Ritschls Gottesdefinition (Gott ist die
Liebe) korrespondiert, wird sie doch durch die göttliche Gnade umsonst gewährt, und
zwar, so präzisiert er, im Sinne der Reformatoren verstanden. Damit entzieht er dem Begriff der Rechtfertigung ausdrücklich alles, was, in Anlehnung an eine mögliche Interpretation des 17. Jh., an ein juridisches Verständnis erinnern könnte. Die Rechtfertigung wird
dann zur Versöhnung, wenn der Mensch es akzeptiert, gerechtfertigt zu sein[107], d. h. wenn
er seinen Willen kundtut, am Reich Gottes, einer im wesentlichen moralischen Realität,
mitzuwirken. Der Christ zeigt demnach auch im Alltag, in der profanen Arbeit, seine Bereitschaft, an der Verwirklichung des Reiches der Liebe mitzuwirken. Die Kirche wiederum ist eine „Vorbereitungsschule" (H. Dubois) auf das Reich Gottes und ermöglicht
dank des dort herrschenden Geistes die Entfaltung des christlichen Lebens. Dabei bemüht
sich jeder Christ, dem Beispiel Christi zu folgen, ganz besonders im Gehorsam gegenüber
dem göttlichen Willen – das wiederum bedeutet, daß er die Mühsal des täglichen Lebens
erträgt und vertrauensvoll das Kommen des Reiches erwartet.

Es geht nicht an, Ritschls Denken auf eine Apologie der bürgerlichen Moral und der
Bismarckschen Gesellschaft zu reduzieren, weil Ritschls Aufwertung der Rechtfertigungs-
lehre direkt an die Lehre der Reformatoren anschließt und weil sein Versuch, die meisten
großen dogmatischen Aussagen neu zu formulieren, sehr viel breiter angelegt ist und im
Dialog mit dem Zeitgeist steht. Sein Ziel ist es, die Theologie auf solide, einer Mehrheit
zugängliche Grundlagen zu stellen. Dabei betont er den geschichtlichen Aspekt der Offenbarung (seine ersten, historischen Arbeiten beweisen Ritschls Kompetenz auf diesem Gebiet). Das sichert ihm die wissenschaftliche Folgerichtigkeit und erlaubt ihm, die stets
heikle Frage der Verifizierung der Begründung seiner Annahmen in den Bereich des praktischen Lebens, der Moral, zu verschieben.

Doch Ritschls Theologie vermag nicht alle Probleme zu lösen. So genügt es etwa nicht,
die Geschichtlichkeit der Offenbarung zu postulieren, um Glaubwürdigkeit und Gültigkeit

---

[106] BARTH, Protestantische Theologie (s. Anm. 11) 601 f.
[107] Es ist durchaus vertretbar, daß aus eben diesem Grund die Vorstellung des Zornes Gottes bereits im Alten Testament wenig entwickelt worden ist. Im Neuen Testament wird sie lediglich in einer eschatologischen Perspektive
beibehalten: im Hinblick auf den Menschen, der sich der Offenbarung Jesu Christi bewußt verweigert hat. Doch
wird das Los derer, die das Reich ablehnen, von Ritschl kaum präzisiert.

der Bibel evident zu machen. Vor allem aber erscheint es, so Dietz Lange, „zweifelhaft, ob die subtile Unterscheidung zwischen der Rechtfertigung als Mittel und als Bedingung des ethischen Lebens genügt, um die Auflösung des christlichen Glaubens in Moral verhindern zu können" [108].

Wilhelm Herrmann

Aus Ritschls breitangelegtem und ambitiösem Forschungsprojekt ging eine Schule hervor [109]. Ihr bedeutendster Vertreter ist Wilhelm Herrmann (1846–1922), selbst ein innovativer Kopf. Herrmann, Professor in Marburg [110], ist geprägt von der lutherischen Frömmigkeit, aber auch von der Frömmigkeit Tholucks. Herrmann hatte sich anfänglich für die Vermittlungstheologie interessiert und bei Tholuck in Halle studiert. Nach dem Studium der Hauptwerke Ritschls brach er um 1875 mit der Theologie Tholucks. Dennoch blieb er in gewissem Sinne ihrem Frömmigkeitstypus treu, was ihn unmittelbar von Ritschl unterscheidet.

1876 veröffentlichte er sein erstes nennenswertes Werk, eine Schrift mit dem Titel *Die Metaphysik in der Theologie*. Dort nimmt er die von Ritschl verteidigte Thematik auf, wonach die religiösen Realitäten einer ganz anderen Ordnung angehören als die metaphysischen. Daneben polemisiert er heftig gegen Pfleiderer und Dorner [111]. Im Jahr 1879 erschien sein Werk *Die Religion im Verhältnis zum Welterkennen und zur Sittlichkeit* [112], worin er die bereits in seiner drei Jahre zuvor veröffentlichten Schrift angedeutete Thematik über die grundlegenden Differenzen von Religion und wissenschaftlicher Erkenntnis entwickelt. Sein bekanntestes Buch veröffentlichte Herrmann 1886. Es trägt den Titel *Der Verkehr des Christen mit Gott im Anschluß an Luther dargestellt* und ist eine Reflexion über den Glauben anhand einiger Themen Luthers, aber auch die Widerlegung dessen, was Herrmann als die Überreste hergebrachter scholastischer Topoi in der Lehre des Reformators betrachtet. Es handelt sich weniger um eine Arbeit über Luther als um eine von Luthers Erfahrung ausgehende Reflexion. 1901 schließlich erschien Herrmanns *Ethik*, eine Art Zusammenfassung seines Gesamtwerkes.

Am Anfang der Laufbahn Herrmanns stand die epistemologische Reflexion. Von Ritschl übernahm er die Vorstellung, Gotteserkenntnis sei einzig über geschichtliche Offenbarung, nicht aber über metaphysische Spekulation möglich, allerdings nicht ohne einige persönliche Akzente zu setzen, war er sich doch der Tatsache bewußt, daß die histori-

---

[108] LANGE, Entre foi et histoire (s. Anm. 93) 168. Für Ritschl „sind die Absicht, die Gott mit der Welt verfolgt, und die aus dem menschlichen Tun hervorgehende Transformation der Welt praktisch völlig deckungsgleich. Man macht es sich allzu einfach, wenn man mit Karl Barth erklärt, diese Deckungsgleichheit sei einfach Ausdruck der bürgerlichen Realität [...]. Man kann nicht sagen, für Ritschl bestätige Gott die bürgerliche Lebensführung, doch ist die Aussage korrekt, gemäß Ritschl bestätige eine solche Lebensführung die Offenbarung Gottes. Die Beurteilung von Ritschls Theologie unterstreicht, wie prekär eine solche Unterscheidung ist." DERS., La compréhension de la „Révélation" chez Albrecht Ritschl et Karl Barth, in: Ebd. 95 f.

[109] Wichtige Vertreter dieser „Ritschlschen Schule" sind neben Herrmann u. a. Harnack, Kattenbusch, Lobstein, Schürer und Wendt.

[110] Für eine ausführliche Darstellung von Herrmanns Leben und Werk vgl. M. GOGUEL, Wilhelm Herrmann et le problème religieux actuel, Paris 1905.

[111] Daraus entwickelte sich eine Polemik, die insbesondere in den *Theologischen Studien und Kritiken* ausgetragen wurde.

[112] W. HERRMANN, Die Religion im Verhältnis zum Welterkennen und zur Sittlichkeit, Halle 1879.

sche Kritik Ritschls Biblizismus gefährden konnte. Mit Hilfe einer Argumentation, die
zuweilen an Schleiermachers Erfahrungstheologie erinnert, unterscheidet er zwischen der
wissenschaftlichen Erkenntnis, die auf einer objektiven Wahrnehmung der Dinge beruht,
und der religiösen Erkenntnis, die sich auf eine unmittelbare persönliche Erfahrung
stützt – womit sie der Kritik entzogen sei. Gemäß Herrmann hat die Theologie den Glauben zu ihrem Gegenstand. Seine Absicht, so faßt Maurice Goguel zusammen, war es zu
zeigen, „wie der Glaube entsteht, worauf er beruht und welche Folgen er für das Leben des
Gläubigen hat"[113]. Denn die Religion entsteht nicht aus dem Bedürfnis nach Erkenntnis,
vielmehr ist sie „die Selbstbestätigung der Person, die sich der Natur gegenüber selbst als
Zweck setzt"[114]. Doch wäre die Religion für den Menschen nicht wirklich existent, würde
ihm nicht ein neuer Faktor, die Offenbarung Gottes, die Realisierung seines religiösen Lebens ermöglichen[115]. Doch was ist Offenbarung? Für Herrmann ist sie die Person Christi,
und er erläutert, daß es „das Faktum ist, woran der Mensch Gottes Eingreifen in sein Leben
erkennt und das, einmal erkannt, sein Denken und sein Handeln bestimmt"[116]. Dieses Faktum aber ist die Person Jesu, kann doch der Christ einzig in der Person Christi Gott wahrhaftig schauen. Doch der Mensch gelangt nicht dank persönlicher Anstrengung zur
Erkenntnis Jesu: „Es ist nicht jedem Mensch gegeben, das persönliche Leben Jesu zu
schauen; wir sehen es erst dann, wenn es Gott gefällt, seinen Sohn in uns zu offenbaren."[117]

Aus diesem Grund sind die von der traditionellen Theologie Christus verliehenen, mit
seinem inneren Leben nicht verbundenen metaphysischen Attribute letztlich bloß leere
Formeln. Die Offenbarung wiederum ist kein Lehrgebäude, zu dem sich der Mensch selbst
dann bekennen müßte, wenn er sich innerlich davon entfernt hat. Oder, in den Worten
Herrmanns: Die Maxime des von der Offenbarung ergriffenen Menschen heißt nicht:
„Glaube alles", sondern „Glaube nur das, was das Faktum, das du siehst, dir zu glauben gebietet"[118]. Hier stoßen wir wieder auf Herrmanns Grundaussage, wonach es klar zwischen
wissenschaftlicher und religiöser Erkenntnis zu unterscheiden gelte, ist doch die Religion
seiner Meinung nach kein Modus des Welterkennens, sondern eine Lebensweise: daher
das von Herrmann geknüpfte Band zwischen Religion und Moral. Dazu urteilt zusammenfassend Louis Perriraz:

„Beide [Moral wie Religion] wollen dem Menschen seinen Wert verleihen und ihn über
die Natur erheben. Doch die Religion fügt der Moral ein Element bei, das ihn höher trägt.
Weil das Sittengesetz in seiner Fülle in Jesus Christus offenbar geworden ist, ist das Christentum die absolute Religion."[119]

Es handelt sich hier um eine ziemlich moderne Auffassung über Glauben und Offenba-

---

[113] GOGUEL, Wilhelm Herrmann (s. Anm. 110) 22.
[114] Ebd.
[115] „Die Quelle unserer religiösen Erkenntnis ist für uns weder unsere Sittlichkeit noch irgendeine Metaphysik,
sondern die Offenbarung. So nennen wir eine Tatsache, in der wir die Manifestation des göttlichen Willens im Hinblick auf unser Heil erkannt haben", schreibt HERRMANN, Die Religion im Verhältnis zum Welterkennen
(s. Anm. 112); zit. nach GOGUEL, Wilhelm Herrmann (s. Anm. 110) 68. In einem späteren Text präzisiert Herrmann: „In dieser Welt müssen wir in Berührung mit Tatsachen kommen, die uns den Mut zum Glauben verleihen,
Gottes Vorsehung dringe in den Bereich unseres irdischen Lebens ein und lasse uns nicht untergehen." Ebd.
[116] Ebd. 69.
[117] Ebd. 70.
[118] Ebd. 71.
[119] PERRIRAZ, Histoire de la théologie (s. Anm. 20) I 175.

rung, erkennt sie doch einerseits die Legitimität der historisch-kritischen Forschungen und andererseits das Festhalten an einer eher traditionellen persönlichen Frömmigkeit an. Dazu führt Dietz Lange im Blick auf Herrmann aus:

„Der Glaube beruht weder auf einem übernatürlichen Wunder noch auf historischen, von einer naturalistischen Wahrnehmung auf Distanz gebrachten Ereignissen, sondern auf der Tatsache des ‚inneren Lebens Jesu‘. Zwar ist diese Gründung einer wissenschaftlich-objektiven Beschreibung nicht zugänglich, doch kann diese ihrerseits die Möglichkeit nicht ausschließen." [120]

Aus diesem Grund mißt denn auch Herrmann der christlichen Gemeinschaft weniger Bedeutung zu als Ritschl, ist es doch in erster Linie das Individuum, das Gott in Jesus Christus begegnet [121].

Herrmann, der in gewissem Sinne zu Luthers Erfahrung zurückzufinden sucht, will die bei Luther zentrale Lehre der Rechtfertigung durch den Glauben auf den Bereich des Denkens anwenden – deshalb auch seine Auffassung, der Glaube *könne* auf keiner äußeren Autorität, weder Kirche noch biblischem Kanon, beruhen. Herrmann nimmt sich gegenüber dem biblischen Text, ja gegenüber den großen traditionellen dogmatischen Aussagen viel Freiheit heraus, obwohl er sich kaum für die Probleme der Kritik interessiert, ist doch in seinen Augen der Glaube der primäre Erkenntnismodus. Damit wird verständlich, weshalb er sich gegen den Gebrauch der Metaphysik im religiösen Bereich wendet (und gegen Pfleiderer polemisiert), denn für Herrmann kann die Existenz Gottes nicht dialektisch bewiesen werden, vielmehr läßt ein Akt des Vertrauens in die Offenbarung diese Existenz erfahrbar werden. Ein solches Glaubensverständnis interpretiert den Glauben immer als einen irgendwie angefochtenen Glauben – und nimmt darin die Fragen vieler Intellektueller im ausgehenden 19. Jh. auf.

Herrmann und Ritschl unterscheiden sich auch in ihrer Auffassung über das Verhältnis von Glaube und Moral. Herrmanns Ethik kann nicht als individualistisch bezeichnet werden, doch wird auch hier, analog zur eigentlichen religiösen Sphäre, zuerst dem Individuum Rechnung getragen. Ist es doch der Glaube, der den Menschen zu moralischem Handeln bewegt. Dieses, so erläutert Maurice Goguel, „erscheint ihm als ein Dienst an Gott, und außerhalb dieses Dienstes kann er sich ihm nicht wahrhaftig zuwenden […]. Der Glaube führt hin zur Gottesliebe und zur Nächstenliebe, die eng mit ihm verbunden ist" [122]. Herrmann wiederum schreibt: „Man muß gänzlich mit der Vorstellung brechen, das moralische Handeln dränge den Christen dazu, etwas anderes als einen dem Glauben innewohnenden Antrieb zu manifestieren. Die wahre Formel der christlichen Moral lautet: der durch die Liebe handelnde Glaube." [123] Letztlich ist die Würde jedes Christen die Grundlage der Moral, innere Wirkung des inneren Lebens Jesu, während die Rolle der christli-

---

[120] Lange, Entre foi et histoire (s. Anm. 93) 169.

[121] Herrmann setzt sich mit Blick auf den Begriff des „Werturteils" von Ritschl ab und spricht lieber von Wahrhaftigkeit, die die Realität so nimmt, wie sie ist. „Hier", so D. Lange, „genauso wie in der Reflexion über die Tatsache des ‚inneren Lebens Jesu‘ sind die von Ritschls Theologie übernommenen positivistischen Züge zwar nicht gänzlich verschwunden, doch merklich zurückgebunden. Diese Tatsache gilt in gewisser Weise als ein von den Stürmen geschützter Bereich, doch ruft Herrmann eindringlich in Erinnerung, daß diese Tatsache niemals von irgendeiner äußeren Autorität, und sei es die kirchliche Lehre oder der biblische Kanon, gesichert werden kann." Ebd. 170.

[122] Goguel, Wilhelm Herrmann (s. Anm. 110) 113.

[123] Zit. nach ebd.

chen Gemeinde lediglich in der Vermittlung des inneren Lebens Jesu durch die Glieder dieser Gemeinde zum Tragen kommt. Doch – und hier findet sich der Bezug zur Aussage Luthers, der Mensch könne nur im Lichte des göttlichen verdammenden Gesetzes zum Erlösungsglauben gelangen – für Herrmann ist klar, daß die Moral nicht von sich aus zum Glauben führt. Dazu erläutert Maurice Goguel:

„Der religiöse Charakter der Moral ergibt sich daraus, daß das auf rein rationaler Ebene unerreichbare Ideal dank der Religion konkrete Wirklichkeit wird. Der Mensch kann die Vorstellung eines moralischen Lebens entwerfen, der Christ allein kann es leben, dank der Erlösung durch Jesus Christus, der aus ihm einen neuen Menschen macht. Das Christentum richtet sich nur an Menschen, die moralische Kämpfe kennen. Dieses Phänomen läßt sich nicht exakt beschreiben, es ist nur über die persönliche Erfahrung zugänglich."[124]

Herrmann unterscheidet sich demnach in manchen Punkten von Ritschl. Im Zuge der Abwendung von Kant kommt es zu einer Annäherung an Schleiermacher. Bemerkenswert ist zudem, daß Herrmann, ausgehend von einem neuen Verständnis der lutherischen Lehre vom Heil durch den Glauben, die Theologie zu rekonstruieren versucht. In Dietz Langes Einschätzung liegt hier „der bedeutendste Beitrag Herrmanns", gelinge es ihm doch, „den christlichen Glauben mit dem modernen Wahrheitsverständnis übereinstimmen zu lassen, ohne sich auf fragwürdige und unwürdige Anpassungsmanöver einlassen zu müssen"[125]. Im übrigen gilt Herrmanns Interesse dem angefochtenen Glauben, der Entstehung des Glaubens und nicht so sehr dem ungestörten Glaubensbesitz, was Ausdruck sowohl der Verunsicherungen wie der religiösen Vitalität am Ende des 19. Jh. ist.

Herrmann bekräftigte in diesem Zusammenhang stets die Ausschließlichkeit der Offenbarung Gottes in Jesus Christus, doch zur Auseinandersetzung mit den diesbezüglichen Einwänden aus den Reihen der *Religionsgeschichtlichen Schule* kam es nicht.

Historiographische Neuansätze – die *Religionsgeschichtliche Schule*

Noch am Ende des 19. Jh. neigten nicht wenige kirchengeschichtlich interessierte Theologen – bewußt oder unbewußt – zu der Annahme, das Wunder des Erscheinens Christi auf Erden sei derart, daß die Geschichte der christlichen Anfänge isoliert untersucht werden könnte. Doch bereits um 1860[126] wurden sich einige Forscher zweier Elemente bewußt: Zum einen entwickelte sich das Christentum praktisch zeitgleich im jüdischen Milieu, wo es ursprünglich entstanden war, und im griechischen Milieu, mit dem es bereits in den ersten Jahren in Berührung kam. Zum anderen war das Christentum in diesen beiden unterschiedlichen Kulturkreisen erfolgreich, obwohl es weder über klare kirchliche Strukturen noch über eine präzis definierte Lehre verfügte. Im Grunde genommen, so Maurice Goguel, „war das griechische Christentum nicht die Anpassung einer Religion an ein neues Milieu, sondern die Entwicklung, in griechischem oder hellenisiertem Milieu, eines auf jüdischem Boden entstandenen religiösen Prinzips, das seine Hauptentwicklung auf griechischem Boden nahm"[127]. Um festzustellen, wie eigenständig, aber auch wie stark von außen beeinflußt das Christentum im 1. Jh. war, wurde es nun zwingend, auch das

---

[124] Ebd. 122.
[125] Ebd. 172.
[126] Selbstverständlich handelt es sich nur um einen ungefähren Zeitpunkt.
[127] M. Goguel, Jésus et les origines du christianisme. La naissance du christianisme, Paris 1946, 29.

Judentum und die heidnischen, vor allem griechischen, aber auch orientalischen Religionen zu untersuchen. So entstand um die Jahrhundertwende, was man die *Religionsgeschichtliche Schule* nennt. Einige Vertreter dieser Schule, die vergleichende Geschichte [128] betrieb, etwa Hermann Gunkel, glaubten, mit der Aussage, das Christentum sei eine synkretistische Religion, zahlreiche Probleme lösen zu können – was zwar neue Probleme nach sich zog [129], aber zugleich auch neue Perspektiven eröffnete, im Bereich der Exegese wie der Dogmatik. Wollte man die Sache radikal zu Ende denken, riskierte man dann nicht die Auflösung der Unverwechselbarkeit des Christentums?

Frankreich und Holland

Vor allem Forscher im deutschsprachigen Raum, aber auch in Frankreich und in Holland, wandten sich religionsgeschichtlichen Fragen zu. Zu den Vorläufern gehörten Adolf Hilgenfeld, der bereits 1857 eine Studie über die jüdische Apokalyptik und deren Zusammenhang mit den Anfängen des Christentums veröffentlicht hatte [130], und Adolf Hausrath, der in einer umfassenden, zwischen 1868 und 1874 veröffentlichten Studie den Versuch unternommen hatte, das Neue Testament in den Kontext des 1. Jh. einzubetten [131]. 1864 verteidigte der Franzose Timothée Colani (1824–1888) in Straßburg unter dem Vorsitz von Edouard Reuss seine Dissertationsschrift mit dem Titel *Jésus-Christ et les croyances messianiques de son temps* (worauf er an der Protestantischen Theologischen Fakultät Straßburg zum Professor ernannt wurde); 1871 reichte Maurice Vernes (1845–1923), an der gleichen Fakultät und ebenfalls unter dem Vorsitz von Reuss, eine Lizentiatenthese ein mit dem Titel *Le peuple d'Israël et ses espérances relatives à son avenir depuis les origines jusqu'à l'époque persane* (publiziert in Paris 1872), 1874 habilitierte er sich in Montauban mit dem Werk *Histoire des idées messianiques depuis Alexandre jusqu'à l'empereur Hadrien* (publiziert in Saint-Denis 1874). Darin kritisierte Vernes jene Theologen, die anscheinend vergessen hatten, daß Jesus weder Hegel noch Schleiermacher gelesen hatte

---

[128] H. Gunkel schreibt, die religionsgeschichtliche Forschung sei sich der Tatsache bewußt geworden, „daß die *Religion*, auch die *biblische* Religion, wie alles Menschliche ihre *Geschichte* hat", daß darum „die religionsgeschichtliche Betrachtung […] in dem beständigen Aufachten auf den geschichtlichen Zusammenhang jeder einzelnen religiösen Erscheinung" bestehe. Zit. nach KÜMMEL, Das Neue Testament (s. Anm. 48) 392.

[129] In diesem Zusammenhang bemerkt M. Goguel – in der Folge von Richard Reitzenstein, der selbst der *Religionsgeschichtlichen Schule* zuzurechnen ist –, daß seiner Auffassung nach „ein Element einer Religion nur dann Eingang in eine andere Religion findet, wenn es dort ein seiner Entfaltung förderliches Terrain vorfindet, d. h. wenn es etwas bereits Vorhandenem entspricht. Um die Tragweite solcher Anleihen – vorausgesetzt, daß sie überhaupt stattgefunden haben – zu beurteilen, genügt der Vergleich von Vorstellungen, Riten, Formeln oder Institutionen nicht, vielmehr ist zu untersuchen, was damit ausgedrückt und gemeint ist, ob Erfahrungen und Gefühle, die in der Religion das Wesentliche sind, auf beiden Seiten die gleichen sind; mit anderen Worten, es geht darum, zu erkennen, ob eine Durchdringung des Christentums mit griechischen Religionselementen stattgefunden hat oder ob dem Hellenismus lediglich einige Ausdrucksformen entlehnt worden sind." GOGUEL, Jésus et les origines du christianisme (s. Anm. 127) 30, wo sich Goguel auf einen Artikel von R. REITZENSTEIN, Religionsgeschichte und Eschatologie, in: ZNW 13 (1912) bezieht.

[130] A. HILGENFELD, Die jüdische Apokalyptik in ihrer geschichtlichen Entwicklung. Ein Beitrag zur Vorgeschichte des Christentums nebst einem Anhange über das gnostische System des Basilides, Jena 1857. Hilgenfeld sah in der jüdischen Apokalyptik einen Brückenschlag zwischen den alttestamentlichen Weissagungen und dem Christentum. Nitzsch scheint als erster den Begriff „Apokalyptik" verwendet zu haben.

[131] A. VON HAUSRATH, Neutestamentliche Zeitgeschichte, 3 Bde., Heidelberg 1868–1874.

und daß er sich in seinen Reden und Gleichnissen an Juden des 1. Jh. richtete[132]. In der Folge sollte sich Maurice Vernes in Frankreich für das Studium der Religionsgeschichte[133] stark machen. 1880 gründete er die *Revue de l'histoire des religions*, und 1886 veröffentlichte er sein Werk *L'histoire des religions. Son esprit, sa méthode et ses divisions. Son enseignement.* Doch trotz einiger Arbeiten des Pfarrers und späteren Professors am *Collège de France*, Albert Réville[134], und seines Sohnes, Jean Réville[135], kann man nicht von einer eigentlichen französischen *Religionsgeschichtlichen Schule* sprechen.

In Holland hingegen entstand in den siebziger Jahren des 19. Jh. eine *Religionsgeschichtliche Schule*. Äußerer Anlaß war das Gesetz vom 18. April 1876, das die vier protestantischen theologischen Fakultäten an den staatlichen Universitäten säkularisierte[136]. Zu erwähnen sind hier insbesondere vier Theologieprofessoren der Universität Leiden: Jan Scholten (1811–1885), gewissermaßen ein Vorläufer, veröffentlichte bereits um die Mitte des Jahrhunderts bemerkenswerte exegetische Arbeiten, worin sich seine Entwicklung von einem eher konservativen Standpunkt zur vollständigen Übernahme der kritischen Erkenntnisse spiegelt[137]. Cornelis Petrus Tiele (1830–1902)[138], erster Inhaber des 1877 geschaffenen Lehrstuhls für Allgemeine Religionsgeschichte an der Universität Leiden, ver-

---

[132] Vernes kritisierte insbesondere Colanis oder Reuss' Darstellung des Reiches Gottes, die seiner Auffassung nach anachronistisch ist und die unter den Juden des 1. Jh. herrschenden messianischen Vorstellungen ausblendet.

[133] Maurice Vernes, der später mit dem Agnostizismus sympathisierte, trennte sich allmählich von der deutschen historischen Schule wie von den Positionen der niederländischen Theologen, von denen noch die Rede sein wird. Als Studienleiter der religionswissenschaftlichen Abteilung der *École Pratique des Hautes Études* in Paris von 1886 bis 1892, wo er den Lehrstuhl für die Geschichte der Religion Israels und der westlichen Semiten innehatte, vertrat er die Auffassung, Religionsgeschichte sei an der Universität wie eine profane Wissenschaft zu lehren, also unabhängig von der Kirche. Auf Kritik stießen viele seiner Arbeiten der letzten beiden Jahrzehnte des 19. Jh., worin er unter anderem die Auffassung vertrat, alle Texte des Alten Testaments seien nachexilisch (vgl. bes. *Les résultats de l'exégèse biblique*, Paris 1891). Später kam er zu weniger radikalen Schlüssen (vgl. bes. *Les emprunts de la Bible hébraïque au grec et au latin*, Paris 1914). Zu Vernes und seiner Rolle in den achtziger Jahren des 19. Jh. vgl. P. CABANEL, L'institutionnalisation des „Sciences religieuses" en France (1879–1908). Une entreprise protestante?, in: BSHPF 140 (1994) 33–80.

[134] Albert Réville (1826–1906) war von 1852 bis 1880 Pfarrer der wallonischen Kirche in Rotterdam (d. h. der von den aus Frankreich geflüchteten Hugenotten gegründeten französischen Kirche). 1880 wurde er auf den neugeschaffenen Lehrstuhl für Religionsgeschichte am *Collège de France* berufen, für den auch M. Vernes kandidiert hatte. Réville veröffentlichte mehrere Werke zur Dogmengeschichte, inbesondere eine *Histoire du dogme de la divinité de Jésus-Christ*, Paris 1869, ein zweibändiges Leben Jesu mit dem Titel *Jésus de Nazareth. Étude critique sur les antécédents de l'histoire évangélique et la vie de Jésus*, Paris 1897, sowie Bücher über nichtchristliche Religionen, etwa *La religion chinoise*, Paris 1889.

[135] Jean Réville (1854–1908) leitete die *Revue de l'histoire des religions* von 1884 bis zu seinem Tod im Jahre 1908. Er verfaßte neben anderen Werken eine Doktorthese mit dem Titel *La religion à Rome sous les Sévères, étude du syncrétisme dans l'Empire romain*, Paris 1886. Ab 1886 lehrte Jean Réville an der *École Pratique des Hautes Études*, ab 1894 an der Protestantischen Theologischen Fakultät in Paris. 1907 wurde er auf den Lehrstuhl seines Vaters am *Collège de France* berufen. Postum erschienen ist 1909 sein Werk *Les phases successives de l'histoire des religions.*

[136] Generell wurden in Europa religionsgeschichtliche Lehrstühle errichtet; vgl. dazu É. POULAT, Liberté, laïcité. La guerre des deux France et le principe de la modernité, Paris 1987, 316.

[137] Vgl. dazu J. H. SCHOLTEN, Historisch-kritische Inleiding tot de schriften des N. Testaments, Leiden 1856, sowie DERS., Het Evangelie naar Johannes, Leiden 1864 (dt.: Das Evangelium nach Johannes, Berlin 1867). Allmählich machte sich Scholten zum Wortführer der Opposition gegen die Schule von Groningen, die die Rückkehr zu den klassischen Dogmen und vor allem zu den traditionellen christologischen Definitionen postulierte. Er setzte sich auch mit dem calvinistischen Begriff der Prädestination und seiner Verbindung mit der christlichen Lehre auseinander.

[138] Zu C. P. Tiele vgl. den Nekrolog in: RHR (1902) 70–75.

faßte neben anderen Werken eine *Vergelijkende geschiedenis der Egyptische en Mesopotamische godsdiensten*; *Vergleichende Geschichte der alten Religionen Ägyptens und der semitischen Völker* (Amsterdam 1869–1872) und eine *Geschiedenis van den godsdienst tot aan de Heerschappij der wereldgodsdiensten*; *Entwurf einer Religionsgeschichte bis zum Triumph der Universalreligionen* (1876). Diese Beschreibung der Großreligionen der Antike avancierte schon bald zu einem in viele Sprachen übersetzten Klassiker[139]. Ebenfalls zu erwähnen ist Abraham Kuenen (1828–1891), den Sabatier 1898 als den Begründer „der historischen exegetischen Methode" bezeichnete, „deren Anwendung in allen Fakultäten und für ausnahmslos alle Texte obligatorisch geworden ist – das moderne Brevier jedes kritischen Geistes"[140]. Bekannt wurde Kuenen durch seine Untersuchungen zum Alten Testament und zur Religion des Volkes Israel[141], doch veröffentlichte er auch komparatistische Arbeiten, etwa *Religion nationale et religion universelle: Islam, israélisme, judaïsme et christianisme, bouddhisme* (London 1882)[142]. Erwähnt sei schließlich der von Hugenotten abstammende Pierre Daniel Chantepie de La Saussaye[143], der ein auf deutsch verfaßtes *Lehrbuch der Religionsgeschichte* (Freiburg 1887–1889) veröffentlichte[144]. Dank der über die wallonischen Kirchen vorhandenen Beziehungen zwischen Holland und Frankreich wurden die auf holländisch verfaßten Werke ins Französische übersetzt – insbesondere von Albert Réville, der während seines Wirkens als Pfarrer in Rotterdam mit diesen Autoren in Berührung kam[145]. Sie fanden in Frankreich eine beachtliche Verbreitung.

Deutschland

Trotz einiger früher religionsgeschichtlicher Arbeiten in Frankreich und Holland kam es hauptsächlich in Deutschland, den Stammlanden der protestantischen Theologie des 19. Jh., zum Aufstieg der *Religionsgeschichtlichen Schule*[146]. Zu ihren Vorläufern gehörte Emil Schürer (1844–1910), der 1874 in Leipzig ein *Lehrbuch der neutestamentlichen Zeitgeschichte* veröffentlichte, worin er den Einfluß des Judentums auf das Urchristentum

---

[139] Tiele ist auch der Autor einer zweibändigen *Einführung in die Religionswissenschaft*, Gotha 1889–1901 (Erstpublikation London und Edinburgh 1897–1899). Es handelt sich hier um Vorlesungen, die Tiele im Rahmen der *Gifford-Lectures* in Edinburgh hielt. Dort zeigt sich sein Talent zur Analyse des religiösen Lebens, allerdings mußte er sich auch mangelnden philosophischen Tiefgang vorwerfen lassen. Tiele verfaßte zudem Arbeiten über die assyrische Religion und über asiatische Religionen arischer Völker.

[140] A. Sabatier, Les Facultés de théologie protestantes et les études scientifics dans les Universités, in: Revue internationale de l'enseignement 17/35 (1898) 406.

[141] A. Kuenen, Historisch-kritsch onderzoek naar het outstaan en de verzameling van den boeken des ouden verbonds, 3 Bde., Leiden 1861–1865 (dt.: Historisch-kritische Einleitung in die Bücher des alten Testaments hinsichtlich ihrer Entstehung und Sammlung, Leipzig 1887–1894); De godsdienst von Israël tot den ondergang van den Joodischen Staat, Haarlem 1869–1870; De profeten en de profetie onder Israël, Leiden 1875.

[142] Das Werk erschien auf englisch (und holländisch), basierte es doch auf Vorlesungen im Rahmen der *Hibbert-Lectures*.

[143] Chantepie de La Saussaye war Professor in Amsterdam und lehrte auch in Leiden.

[144] 1871 hatte er in Utrecht sein Buch *Methodologische Bijdrage tot het onderzoek naar den oorsprung van den godsdienst* über den Ursprung der Religion publiziert.

[145] A. Réville übersetzte Bücher von Tiele und Scholten; Maurice Vernes, der ebenfalls in Holland weilte, übersetzte Arbeiten von Tiele und Kuenen. Die Namen dieser Autoren wurden in der *Revue d'histoire des religions* von Maurice Vernes, Jean Réville etc. häufig zitiert.

[146] Zu dieser Thematik vgl. das bereits erwähnte Buch von Kümmel, Das Neue Testament (s. Anm. 48).

betonte [147]. Zu den Vorläufern gehörte auch der bereits erwähnte Otto Pfleiderer: In seinem 1887 erschienenen Buch *Das Urchristentum* erklärte er die Theologie des Paulus aus der Verknüpfung von pharisäisch-jüdischem und hellenistisch-jüdischem Gedankengut mit dem Auferstehungsglauben der ersten Christen, in der Annahme freilich, die Kirche habe nach Paulus' Tod die pharisäischen Elemente ausgeschieden [148]. Bemerkenswert ist weniger Pfleiderers Argumentation im einzelnen als sein Wille, eine theologische Sicht der neutestamentlichen Forschung durch ein historiographisches Verfahren zu ersetzen [149].

Hermann Gunkel

Die eben erwähnten Autoren sind als Vorläufer einzustufen. Ihre Arbeiten betonen die Verbindungen zwischen den in der frühen Kirche entwickelten religiösen Vorstellungen und den in ihrer hellenistischen Umgebung wie in der jüdischen Apokalyptik der damaligen Zeit vorhandenen Auffassungen. Ohne diesen Untersuchungsstrang zu vernachlässigen, erforschten die nun zu präsentierenden Hauptvertreter der Religionsgeschichtlichen Schule auch die griechische Religion selbst, und zwar vor allem in ihren synkretistischen Aspekten – waren sie doch der Auffassung, diese Religion habe in den Anfängen des Christentums eine überragende Rolle gespielt [150]. Einer der bedeutendsten Vertreter war Hermann Gunkel (1862–1932). Bekannt wurde er mit seinem 1888 in Göttingen erschienenen Werk *Die Wirkungen des heiligen Geistes nach der populären Anschauung der apostolischen Zeit und nach der Lehre des Apostels Paulus*, worin er der Frage nachgeht, ob Paulus vom palästinischen oder vom hellenistischen Judentum beeinflußt gewesen sei. 1895 veröffentlichte er eine dem ersten und dem letzten Buch der Bibel gewidmete Studie mit dem Titel *Schöpfung und Chaos in Urzeit und Endzeit. Eine religionsgeschichtliche Untersuchung über Gn. 1 und Ap. Joh. 12*. Gestützt auf die Forschungen einiger Assyrologen sowie durch den Vergleich zwischen Bibel und orientalischen Religionen gelangte Gunkel dort insbesondere zu dem Schluß, der Schöpfungsbericht sei weder jüdischen noch christlichen Ursprungs, sondern erkläre sich aus dem Einfluß babylonischer, den Juden in ihrer eschatologischen Version bekannten Schöpfungsmythen. Dazu entwickelt er eine Methodologie und führt mit Blick auf den Text der Apokalypse aus, bei Anleihen aus fremden Mythen würden häufig einige Elemente nicht völlig assimiliert, sondern beibehalten. Der-

---

[147] Die zweite, erweiterte zweibändige Auflage trug den Titel *Geschichte des jüdischen Volkes im Zeitalter Jesu Christi*, Leipzig 1886–1890.

[148] In der zweiten, 1902 erschienenen Auflage des Buches führte Pfleiderer aus, Jesus habe lediglich das nahe Kommen des Reiches Gottes verkündigt. Damit wurde die Alte Kirche für die Darstellung Jesu als Messias verantwortlich gemacht.

[149] In diesen Zusammenhang gehört auch das Buch von C. F. G. HEINRICI, Das zweite Sendschreiben des Apostels Paulus an die Korinthier erklärt, Berlin 1887. Heinrici vergleicht häufig paulinische Formulierungen mit dem zeitgenössischen griechischen Denken – eine bereits vom Engländer EDWIN HATCH in seinem 1880 erschienenen Buch entwickelte Methode (dt.: *Die Gesellschaftsverfassung der christlichen Kirchen im Altertum*, Gießen 1881). Dort werden die ersten christlichen Gemeinden als von den übrigen damaligen religiösen Vereinigungen nicht grundsätzlich verschiedene Sonderformen dargestellt. Ebenfalls der Darstellung der Verbindung zwischen paulinischem und hellenistischem Denken gewidmet ist das Werk von O. EVERLING, Die paulinische Angelologie und Dämonologie. Ein biblisch-theologischer Versuch, Göttingen 1888.

[150] Zu dieser Thematik vgl. G. W. ITTEL, Urchristentum und Fremdreligionen im Urteil der Religionsgeschichtlichen Schule, Erlangen 1956.

artige Elemente seien identifizierbar, was dann den Nachweis erlaube, daß es sich tatsächlich um externe Anleihen handelt.

In einer allgemeineren religionsgeschichtlichen Studie aus dem Jahr 1903[151] kommt Gunkel zu dem Schluß, das Christentum sei eine synkretistische Religion, wovon er allerdings das Evangelium selbst ausdrücklich ausnimmt. Anhand des Beispiels der paulinischen Christologie, in der er orientalische Vorstellungen ausmacht, die zuerst vom Judentum übernommen und dann auf die Person Jesu übertragen wurden, verficht er die These, daß „die neutestamentliche Religion bei ihrer Entstehung und Ausbildung in wichtigen, ja in einigen wesentlichen Punkten unter dem entscheidenden Einflusse fremder Religionen gestanden hat und daß dieser Einfluß zu den Männern des Neuen Testamentes durch das Judentum hindurch gekommen ist"[152]; Gunkel betrachtet das Judentum ebenfalls als eine synkretistische Religion. Diese Schlußfolgerung schien manchen Forschern bedenkenswert, stieß aber auch Zeitgenossen vor den Kopf, obwohl Gunkel die Einzigartigkeit der Botschaft Christi zu bewahren suchte[153].

Wilhelm Bousset

Auch Wilhelm Bousset (1865–1920) war ein wichtiger Vertreter der *Religionsgeschichtlichen Schule*. Bereits in seinem 1902 erschienenen Buch *Jesu Predigt in ihrem Gegensatz zum Judentum. Ein religionsgeschichtlicher Vergleich* verfocht er die These, ein wahres Verständnis von Jesu Verkündigung setze das Studium der Ideen, ja der Mentalitäten im Judentum des 1. Jh. voraus – wobei er allerdings die Überzeugung nicht aufgab, die Botschaft Jesu müsse vor allem als Gegensatz zum Judentum jener Zeit verstanden werden. Wie andere Anhänger der *Religionsgeschichtlichen Schule* beschäftigte er sich mit dem Denken des Evangelisten Johannes, das häufig als das eigenständigste Denken gilt und deshalb im Neuen Testament vom komparatistischen Standpunkt her am ergiebigsten ist. 1895 veröffentlichte Bousset dann eine gründliche, das späte Judentum wie die mittelalterliche Kirche umfassende Studie zur Vorstellung des Antichrists[154], der Darstellung des Gegenspielers Gottes am Ende der Zeiten. Darin kommt er zu dem Schluß, hinter diesem Bild stehe der alte Mythos des zum falschen Messias uminterpretierten primitiven Drachen. Wie Gunkel achtet auch Bousset darauf, die Botschaft Jesu aus der vergleichenden Religionsgeschichte auszuklammern, und führt an, mit Hilfe seiner Methode könne auch die Eigenständigkeit des neutestamentlichen Textes herausgearbeitet werden. Doch wurde ebenso behauptet, sein Ansatz führe zur Auflösung der Eigenständigkeit des Christentums. Dazu trug auch bei, daß er in seinem 1903 erschienenen Werk *Die Religion des Judentums*

---

[151] H. GUNKEL, Zum religionsgeschichtlichen Verständnis des Neuen Testaments, Göttingen 1903.

[152] Ebd., zit. nach KÜMMEL, Das Neue Testament (s. Anm. 48) 325.

[153] Zu den Autoren, die Gunkel relativ nahestanden, gehört Albert Eichhorn, der 1898 eine Untersuchung über die Sakramente veröffentlichte, worin er die Beeinflussung der neutestamentlichen Abendmahlsberichte durch die in der Urkirche erarbeiteten Dogmen nachzuweisen suchte; vgl. dazu A. EICHHORN, Das Abendmahl im Neuen Testament, in: HCW 36 (1898). In diesen Zusammenhang gehören auch Wilhelm Heitmüllers Forschungen zu Taufe und Abendmahl; vgl. dazu W. HEITMÜLLER, „Im Namen Jesu". Eine sprach- und religionsgeschichtliche Untersuchung zum Neuen Testament, speziell zur altchristlichen Taufe, Göttingen 1903, sowie DERS., Taufe und Abendmahl bei Paulus. Darstellung und religionsgeschichtliche Beleuchtung, Göttingen 1903.

[154] W. BOUSSET, Der Antichrist in der Überlieferung des Judentums, des neuen Testaments und der alten Kirche. Ein Beitrag zur Auslegung der Apokalypse, Göttingen 1895.

im neutestamentlichen Zeitalter, einer Studie der gesamten Tradition des späten, häufig nicht-rabbinischen Judentums, Gunkels Ansatz über den entscheidenden Einfluß fremder Religionen auf das Judentum [155], aber auch auf das Christentum, weiterentwickelte. Dabei vertrat er beispielsweise die Auffassung, die von der iranischen Religion beeinflußte jüdische Apokalyptik habe dem Evangelium den Weg eröffnet. Zugleich unterstrich er die Einzigartigkeit des Evangeliums, das er als ein „Wunder"[156] darstellte – was ihm als Beibehaltung theologischer Überlegungen innerhalb der Historie angekreidet wurde.

Diese radikale Sicht sollten weitere Forscher nuancieren, etwa Richard Reitzenstein, der 1912 die Auffassung vertrat, um von der Beeinflussung einer Religion durch eine andere sprechen zu können, genüge es nicht, Anleihen *festzustellen*; vielmehr gelte es, ein identisches Verständnis der übernommenen Elemente *zu beweisen*. Reitzenstein, der Spezialist für orientalische Religionen und deren Einfluß auf den hellenistischen Mystizismus war[157], konnte ermessen, daß mit der Verwendung gleicher Begriffe in unterschiedlichem Kontext ein ganz unterschiedliches Tiefenverständnis einhergehen konnte. Dennoch beschreibt er Paulus in seinem 1910 erschienenen Buch *Die hellenistischen Mysterienreligionen, ihre Grundgedanken und Wirkungen* als einen hellenistischen Mystiker, der die hellenistischen Texte gelesen hat und deren Auffassung über die Dualität der Person übernimmt. Trotz etlicher Nuancen stellt er Paulus als stark vom hellenistischen Heidentum beeinflußt dar. Damit wird klar, daß die Autoren der *Religionsgeschichtlichen Schule* aufgrund ihrer Untersuchungen teilweise zu Schlüssen kamen, die stark von den traditionellen Darstellungen abwichen.

Die neutestamentliche Eschatologie

Ohne auf die in diesem Zusammenhang entbrannte Polemik im einzelnen einzugehen, gilt es, sich dem damals heißumstrittenen Thema der neutestamentlichen Eschatologie und ihrer Verbindungen mit den übrigen zeitgenössischen Religionen zuzuwenden, und zwar mit Blick auf die zu jener Zeit umfangreiche Leben-Jesu-Literatur und auf die eher fortschrittliche Reich-Gottes-Theorie Ritschls[158]. Diese Frage ist im übrigen direkt verknüpft mit den eben erwähnten Untersuchungen zu Frühchristentum und Spätjudentum.

---

[155] Seiner Auffassung nach war der Kern der von den Juden des 1. Jh. gelebten Religion hellenistisch beeinflußt, und zwar selbst in Palästina und nicht etwa bloß in Alexandria.

[156] Vgl. dazu W. BOUSSET, Die jüdische Apokalyptik, ihre religionsgeschichtliche Herkunft und ihre Bedeutung für das neue Testament, Berlin 1903. In seinem Werk *Hauptprobleme der Gnosis*, Göttingen 1907, verfeinerte Bousset seine Methode und erklärte, das Christentum sei nicht bloß über das Judentum von fremden Religionen beeinflußt worden. Diese Frage wurde aufgenommen von M. DIBELIUS, Die Geisterwelt im Glauben des Paulus, Göttingen 1909. Vgl. auch W. BOUSSET, Kyrios Christos. Geschichte des Christusglaubens von den Anfängen des Christentums bis Irenaeus, Göttingen 1913, worin er besonders den auf Jesus angewandten Titel des „Menschensohnes" und seine möglichen Beziehungen zu den ersten christlichen Gemeinden außerhalb Palästinas, also zu griechisch-hellenistischen Gemeinden, untersuchte.

[157] Vgl. dazu R. REITZENSTEIN, Zwei religionsgeschichtliche Fragen nach ungedruckten griechischen Texten der Straßburger Bibliothek, Straßburg 1901. Hier versucht Reitzenstein, das Problem der orientalischen Einflüsse auf das frühe Christentum, vermittelt durch die griechische Religion in hellenistischer Zeit, zu klären.

[158] Es sei daran erinnert, daß der Franzose Maurice Vernes in diesem Bereich (liberale oder semiliberale Kritik des Jesus-Bildes) ein Vorläufer war. Bereits 1874 griff Vernes in seiner Dissertationsschrift die dem Nazarener von Colani oder Reuss unterstellte Reich-Gottes-Vorstellung auf und vertrat die Auffassung, Jesus kündige keineswegs ein inneres und universales, sondern ein bald kommendes Reich an. Dazu schreibt Vernes beispielsweise: „Wenn eine jahrhundertealte Tradition übereinstimmend in einem ganz bestimmten Sinn zum Ausdruck kommt,

Wilhelm Baldensperger

Einer der ersten, der sich – nach Maurice Vernes – diesen Fragen zuwandte, war der Elsässer Wilhelm Baldensperger (1856–1936) in seiner 1888 erschienenen Lizentiatenthese *Das Selbstbewußtsein Jesu im Lichte der messianischen Hoffnungen seiner Zeit* (Straßburg 1888) [159]. Er kritisiert die seit Baur klassische Sicht, wonach Jesu Erwartung seiner baldigen Wiederkunft unmöglich und auf diese Weise Jesus aus dem Zusammenhang der messianischen Glaubenswelt des Judenstums des 1. Jh. herausgelöst worden sei. In seinem Buch vertritt Baldensperger, in Übereinstimmung mit der generellen Linie der *Religionsgeschichtlichen Schule*, die Auffassung, um Jesu Botschaft zu verstehen, dürfe man sie nicht aus ihrem Kontext herausreißen und müsse insbesondere dem jüdischen Glauben jener Zeit Rechnung tragen. Für Baldensperger impliziert die jüdische Apokalyptik die Loslösung von irdisch-politischen Idealen, Jesu Reichspredigt wiederum habe unleugbar eine messianisch-eschatologische Färbung. Dennoch stellt er die Unverwechselbarkeit der Botschaft Jesu nicht in Frage, denn in seinem Verständnis des Messiaswerkes unterscheide sich Jesus vom Judentum. Dieses Werk ist allein von religiösen Motiven getragen und entwindet sich im Evangelium der Eschatologie, um in die Soteriologie einzumünden. Eine gemäßigte, mehr dogmatische als historische Schlußfolgerung, die dennoch neue Forschungshorizonte eröffnete.

Johannes Weiss

Einige Jahre später behandelte Johannes Weiss (1863–1914) in seiner 1892 erschienenen Schrift *Die Predigt Jesu vom Reiche Gottes* eine ähnliche Thematik. Die zweite, 1900 erschienene Auflage der Schrift war eigenständiger und gab Anlaß zu zahlreichen Polemiken [160]. Anhand einer ausschließlich exegetischen Analyse kommt Weiss in seinem Werk zu dem Schluß, Ritschls Gedanke vom Reiche Gottes und die Reich-Gottes-Idee in der Verkündigung Jesu seien zwei sehr verschiedene Dinge, zudem sei in der Verkündigung Jesu das Gottesreich nahe und der Einfluß des Alten Testaments wie des Judentums der damaligen Zeit spürbar, und zwar vor allem dort, wo Jesus von seiner baldigen Wiederkunft spricht [161]. Diese Darstellung, die einige den Menschen des ausgehenden 19. Jh. fremd anmutende Aspekte betonte, mußte von liberalen Theologen – wie z. B. William Wrede – schlecht aufgenommen werden.

---

dann steht niemandem das Recht zu, außer es fände sich eine explizite gegenteilige Äußerung, diesem Ausdruck im Munde derjenigen, die ihn verwenden, einen völlig anderen Sinn zu unterstellen. Doch, um auf den Reichgottesbegriff zurückzukommen, gibt es etwas Unterschiedlicheres als die Vorstellung eines plötzlichen, kurzfristigen Hereinbrechens des messianischen Zeitalters und die Vorstellung einer langen und langsamen Durchdringung der Welt mit einem Ferment, dessen Einfluß nur in Übereinstimmung mit den Gesetzen einer organischen Entwicklung spürbar wird?" M. VERNES, Histoire des idées messianiques depuis Alexandre jusqu'à l'empereur Hadrien, Saint-Denis 1874, 178; zit. nach LAPLANCHE, Critique historique (s. Anm. 4) 13 f.

[159] Baldenspergers häufig innovatives Werk macht ihn zu einem Vorläufer der *formgeschichtlichen Schule*.

[160] Vgl. dazu bes. KÜMMEL, Das Neue Testament (s. Anm. 48) 290 f.

[161] Im gleichen ideengeschichtlichen Zusammenhang steht auch das Buch von R. KABISCH, Die Eschatologie des Paulus, Göttingen 1893. Kabisch bediente sich einer ähnlichen Methode wie Weiss, nämlich der bloßen exegetischen Analyse, und vertrat die These, die Eschatologie des Paulus sei von den Vorstellungen des Judentums jener Zeit abhängig. Auch sein Buch wurde von den Liberalen schlecht aufgenommen.

Albert Schweitzer

Es war vor allem Albert Schweitzer (1875–1965) – der berühmte Theologe, Historiker, Mediziner, Missionar (in Lambarene, Gabun), Organist und Musiker –, der in seinen zu Beginn des 20. Jh. veröffentlichten Werken eine allgemeinere Theorie entwickelte: *Das Abendmahl im Zusammenhang mit dem Leben Jesu und der Geschichte des Urchristentums*[162]; *Von Reimarus zu Wrede. Eine Geschichte der Leben-Jesu-Forschung* (Tübingen 1906)[163]; *Geschichte der paulinischen Forschung von der Reformation bis auf die Gegenwart* (Tübingen 1911)[164]. Bereits zu Beginn stellt Schweitzer, der Begründer der „konsequent eschatologischen" Deutung, das Problem einfach dar: Jesus habe entweder eschatologisch oder uneschatologisch gedacht, aber nicht beides zugleich. Daraus schließt er, Jesus habe das bald kommende übernatürliche Gottesreich verkündet und sich für den kommenden Messias gehalten. Um zu diesen Schlußfolgerungen zu gelangen, stützt sich Schweitzer vor allem auf die Exegese des Markusevangeliums und der großen Jesusreden bei Matthäus – um den geschichtlichen Jesus wiederzufinden – sowie auf die Exegese der echten Paulusbriefe und der Apostelgeschichte – um die historische Urkirche wiederzufinden. Seiner Auffassung nach wird das Leben Jesu nur dann verständlich, wenn man es im Lichte einer Erwartung des *baldigen* Kommens des Gottesreiches erklärt. Mit Hilfe dieses „Schlüssels" konnte er alle Probleme lösen, vor die das Leben Jesu stellt. Maurice Carrez faßt Schweitzers Schema in folgenden Worten zusammen:

„Jesus scheitert mit seiner Verkündigung des nahen Kommens des Reiches Gottes, seiner künftigen Stellung als Sohn Gottes und der daraus resultierenden Interimsethik[165]. Dieser Aufschub der unmittelbaren Parusie, bei der Rückkehr der Jünger von ihrem Auftrag sichtbar (Mt 10, 23), bewegt Jesus dazu, das messianische Leiden auf sich zu nehmen. Er allein nimmt die Leiden auf sich, um die anderen mit Gott zu versöhnen. Seine Leiden werden ihm dann die Würde des Sohnes Gottes verleihen."[166]

Auch die Urkirche ist von der Unmittelbarkeit der anscheinend durch die Auferstehung Jesu angezeigten Parusie überzeugt. Wenn dann nach Jahren das Eingeständnis fällig ist, daß Christus nicht unmittelbar zurückkehrt, dann wird „das Problem der aufgeschobenen Unmittelbarkeit mit der Vorstellung gelöst, zwischen dem Tod und der aufgeschobenen Parusie finde ein Ereignis von überragender eschatologischer Bedeutung statt: der Empfang des Heiligen Geistes, ein bereits in der Weissagung des Propheten Joel angekündigtes Zeichen"[167]. Hier zeichnet sich ein Jesusbild ab, das dem in der Regel von den liberalen

---

[162] Das Buch erschien in zwei Heften: *I: Das Abendmahlsproblem auf Grund der wissenschaftlichen Forschung des 19. Jh. und der historischen Berichte; II: Das Messianitäts- und Leidensgeheimnis. Eine Skizze des Lebens Jesu*, Tübingen – Leipzig 1901.

[163] Dieses umfangreiche und gelehrte Werk (die zweite, 1913 erschienene Auflage ist noch umfassender) behandelt die zahlreichen, seit dem Ende des 18. Jh. verfaßten Lebensbeschreibungen Jesu, enthält aber auch eigene Positionen zur eschatologischen Problematik.

[164] Bereits zu jener Zeit trug sich Schweitzer mit dem Gedanken, über die paulinische Mystik zu schreiben, doch persönliche Umstände – und der Erste Weltkrieg – brachten es mit sich, daß das Werk *Die Mystik des Apostels Paulus* erst 1930 in Tübingen erschien.

[165] Der Begriff „Interimsethik" wurde auch von J. Weiss, insbesondere im Zusammenhang mit der Bergpredigt, entwickelt, die nach Weiss und Schweitzer nicht als eine im Alltag zu befolgende Moral, sondern als allein wegen des Ernstes der Stunde zu befolgende „interimistische" Vorschriften zu interpretieren ist; vgl. dazu bes. J. JEREMIAS, Die Gleichnisse Jesu, Zürich 1947, 22–25.

[166] M. CARREZ, Albert Schweitzer, in: ENCREVÉ, Dictionnaire (s. Anm. 28) 455–457, zit. 456.

[167] Ebd.

Theologen entworfenen Bild eines „vernünftigen", den Menschen des aufkommenden 20. Jh. zugänglichen Jesus keineswegs entspricht[168] – daher auch die heftige Kritik an die Adresse Schweitzers[169].

Die radikalisierte historisch-kritische Methode

Julius Wellhausen

Julius Wellhausen (1844–1918), ein Vertreter der radikal historisch-kritischen Methode, war ein entschiedener Kritiker Schweitzers. Der Verfasser innovativer Arbeiten zum Alten Testament[170] veröffentlichte 1894 ein Buch mit dem Titel *Israelitische und jüdische Geschichte*, worin er das Portrait eines „liberalen" Jesus mit einer nichteschatologischen, ja nicht einmal messianischen Verkündigung zeichnet. Seinem Verständnis nach hat die Frühkirche Jesus den Messiastitel verliehen. Einige Jahre danach – es war auch die Gelegenheit, seine Jesus-Darstellung zu rechtfertigen – vertrat er in seiner *Einleitung in die drei ersten Evangelien* (1905)[171] die Auffassung, die ersten drei Evangelien könnten nicht als geschichtliche Quellen des Lebens Jesu betrachtet werden, vielmehr seien sie einzig Zeugnisse des messianischen Glaubens der Frühkirche. In kategorischer Ablehnung der konsequenten Eschatologie Schweitzers verficht Wellhausen die These, Jesus habe sich einzig als Lehrer betrachtet und den von seinen Jüngern verliehenen Messiastitel nur angenommen, um dem Volksglauben der Juden seiner Zeit zu entsprechen[172]. Die Folge davon war, daß Wellhausen zwar die Methoden der *Religionsgeschichtlichen Schule* ablehnte, aber dennoch ein ziemlich ähnliches Jesus-Bild zeichnete.

William Wrede

Zu Beginn des 20. Jh. war wohl William Wrede (1859–1906) der repräsentativste Vertreter der radikalen historisch-kritischen Methode. Bereits 1901 vertrat er in seinem vielbeachteten Buch *Das Messiasgeheimnis in den Evangelien. Zugleich ein Beitrag zum Verständnis des Markusevangeliums*[173] die Auffassung, das von den „liberalen" Historikern

---

[168] Doch dabei ließ es Schweitzer nicht bewenden. Er beschreibt Paulus als Apostel, der ebenfalls an die – trotz ihres Aufschubs – nahe Parusie glaubt und verkündet, Jesu Auferstehung sei das Zeichen eines von außen nicht sichtbaren, in Gang befindlichen endgültigen Wandels, weshalb Paulus die Mächte und Gesetze der alten Welt als wertlos einschätzt – daher auch sein Konflikt mit der judenchristlichen Richtung. Als Antwort auf seine Kritiker, die ihm den Vorwurf machten, er blende das hellenistische Umfeld der Anfänge der Kirche aus, antwortete Schweitzer, das paulinische Denken sei in die jüdische Apokalyptik eingebettet; die Hellenisierung des Christentums setze erst nach Paulus ein. Spuren davon ließen sich im Johannesevangelium finden.

[169] Vgl. dazu W. G. KÜMMEL, Heilsgeschehen und Geschichte, in: MThSt NS 3 (1965) 328ff.

[170] Vgl. bes. J. WELLHAUSEN, Geschichte Israels, Berlin 1878, wo er anhand neuer Hypothesen über die Quellen des Pentateuch einen neuen Blick auf die Geschichte des Volkes Israel wirft.

[171] Hier synthetisiert Wellhausen frühere Arbeiten: *Das Evangelium Marci übersetzt und erklärt*, Berlin 1903; *Das Evangelium Matthaei übersetzt und erklärt*, Berlin 1904; *Das Evangelium Lucae übersetzt und erklärt*, Berlin 1904.

[172] Sein Jesus-Porträt ist folglich etwas widersprüchlich, stellte er ihn doch auf der einen Seite als einen Juden und nicht als Christus dar, während er auf der anderen Seite behauptete, charakteristisch für Jesus sei das nicht-jüdische Element.

[173] Bekanntlich führte Schweitzer im Titel seines Buches über die Leben-Jesu-Forschung den Namen Wredes an:

verteidigte messianische Bewußtsein Jesu könne im Markusevangelium nicht nachgewiesen werden; vielmehr sei der von der Urkirche erarbeitete und später in das Leben Jesu eingeführte Begriff des „Messiasgeheimnisses" die Grundlage dieses Evangeliums. Deshalb könne das Neue Testament nicht als Grundlage für eine wissenschaftliche Erforschung des Lebens Jesu dienen. Wrede stellt gewissermaßen die konservativen Theologen und die „liberalen" Theologen, die ein psychologisches Jesus-Portrait erarbeitet hatten, auf die gleiche Ebene. Doch mit ihm findet auch die Rückkehr – mit ganz anderen Methoden – zum „Skeptizismus" eines Strauß statt[174].

So ergibt sich, daß die verschiedenen Versuche zur Erneuerung der neutestamentlichen Geschichte im Übergang vom 19. zum 20. Jh. letztlich mehr Fragen aufwerfen als beantworten, zumal die *Religionsgeschichtliche Schule* die Unverwechselbarkeit des Christentums in Gefahr brachte. – Die dogmatische Reflexion wird dann versuchen, die offenen Fragen zu beantworten.

Ernst Troeltsch

Für viele symbolisiert Ernst Troeltsch (1865–1923), der letzte bedeutende Theologe des 19. Jh., das Scheitern der dogmatischen Bemühungen dieser Zeit. Als Professor für Systematische Theologie seit 1894 an der Universität Heidelberg tätig[175], beschloß er 1915, seine Theologieprofessur aufzugeben und an der Universität Berlin den Lehrstuhl für Kultur-, Geschichts-, Gesellschafts- und Religionsphilosophie sowie christliche Religionsgeschichte zu übernehmen. Bei genauerer Betrachtung erweisen sich die Dinge als komplizierter[176], stehen doch Troeltschs dogmatische Überzeugungen schon vor 1915 fest[177]. Dennoch ist sein Wechsel an die Philosophische Fakultät nicht ohne Bedeutung, wie etwa Paul Tillich bemerkt:

„Und doch wäre es falsch, diesen Weg von der Theologie zur Philosophie einfach als den Weg vom Absoluten zum Relativen zu deuten. Eher das Gegenteil ist richtig. Nachdem er [Troeltsch] mit den Waffen der philosophischen Kritik die falschen Absolutheiten in der Theologie beseitigt hatte, kämpfte er auf dem Boden der Philosophie um so leidenschaftlicher um eine echte Absolutheit, ohne sie freilich zu finden."[178]

Doch sollte man sich hüten, Troeltsch, wie es manchmal geschieht, in diese Rolle zu zwängen. Troeltsch ist deshalb zu einer „paradigmatischen Figur"[179] geworden – um eine

---

Von Reimarus bis Wrede. Nach Schweitzer stellt Wredes Buch demnach eine wesentliche Etappe dieser Forschung dar.

[174] Gerade auch weil Wrede in seinem schlicht mit *Paulus* betitelten Buch (Tübingen 1904) diesen Apostel als den wahren Stifter des Christentums als Erlösungsreligion bezeichnete.

[175] Zuvor hatte Troeltsch als Privatdozent in Göttingen (1891) und von 1892 bis 1894 als außerordentlicher Professor für Systematische Theologie an der Universität Bonn gewirkt.

[176] Bereits seit 1910 lehrte er in Heidelberg gleichzeitig an der Theologischen und an der Philosophischen Fakultät.

[177] Auch das Zögern der kirchlichen Behörden, der Ernennung Troeltschs als Theologieprofessor in Berlin – auf Schleiermachers Lehrstuhl – zuzustimmen, führte zur Eingliederung von Troeltschs Lehrstuhl in die Philosophische Fakultät.

[178] P. TILLICH, Ernst Troeltsch. Versuch einer geistesgeschichtlichen Würdigung (1924), in: Gesammelte Werke XII, Stuttgart 1971, 166–174, zit. 166.

[179] C. THEOBALD, Troeltsch et la méthode historico-critique, in: P. GISEL (Hrsg.), Histoire et théologie chez Ernst Troeltsch, Genf 1992, 243.

Formulierung von Christoph Theobald aufzunehmen –, weil er versuchte, die Theologie in der Folge der von den Vertretern der *Religionsgeschichtlichen Schule* aufgeworfenen Fragen zu transformieren, und zwar mit dem Ziel, einen Beitrag zur Erarbeitung eines modernen Christentums zu leisten [180].

Zu Beginn der neunziger Jahre des letzten Jahrhunderts war Troeltsch einer jener jungen Privatdozenten in Göttingen, die die *Religionsgeschichtliche Schule* gründeten [181], als deren Dogmatiker er galt. Das Nachdenken über die Möglichkeit oder Unmöglichkeit, dem Christentum einen ausschließlichen und absoluten Wert zuzuschreiben – den Anstoß gaben die Forschungen der Vertreter dieser Schule [182] – führte Troeltsch dazu, das Christentum neu zu denken [183].

Letztlich versuchte Troeltsch wie Schleiermacher und Ritschl vor ihm oder Barth nach ihm – wenn auch in ganz anderer Weise als Barth –, das Verhältnis von Christentum und Moderne zu klären, war doch sein eigentliches Anliegen die Zukunft des Christentums. In den Augen Troeltschs handelte es sich insofern um eine aktualisierte Wiederaufnahme von Schleiermachers Programm, als er wie dieser die Tatsache in sein Denken integriert, daß sich seit dem 18. Jh. das „moderne" Denken als von jenen Institutionen oder Lehren unabhängig betrachtet, die mit Vernunft oder Wissenschaft nicht in Einklang zu bringen sind.

Troeltsch, in seinen Anfängen ein durchaus unabhängiger Schüler Ritschls, stellte sich zuerst ein epistemologisches Problem. 1900 veröffentlichte er dazu einen kurzen Essay mit dem Titel *Über historische und dogmatische Methode in der Theologie* [184]. Als Kritiker der damals noch weitgehend gebräuchlichen dogmatischen Methode führt Troeltsch aus, daß diese sich darstelle, als sei sie fähig – weil angeblich im Besitz eines Autoritätsprinzips –, der Relativität der menschlichen Erkenntnis zu entgehen. Sie beanspruche für das Christentum einen wundersamerweise von vornherein außerhalb der geschichtlichen Kontingenz liegenden Charakter. Aus diesem Grund versuche sie nicht, eine den allgemeinen Tendenzen des Zeitgeistes entsprechende christliche Lehre neu zu erarbeiten. Umgekehrt vertreten die Anhänger der historischen Methode – auf die sich die Vertreter der *Religionsgeschichtlichen Schule* berufen – die Auffassung, es sei nicht legitim, die biblischen Texte anders als die übrigen Texte der Antike zu behandeln. Nach Troeltsch gründet diese Methode auf drei Grundbegriffen: dem kritischen Geist, der zu einer veränderten Haltung jeder Überlieferung gegenüber führt; der Analogie, die er als den „Schlüssel zur Kritik" bezeichnet; der Wechselwirkung [185], die die Einbettung des Christentums in die Menschheits-

---

[180] Bekannt ist Troeltsch auch durch seine Beiträge zur Soziologie, doch hier interessieren in erster Linie seine theologischen Schriften.

[181] Zu dieser Gruppe gehörten insbesondere J. Weiss, H. Gunkel, W. Bousset, W. Wrede, aber auch A. Rahlfs.

[182] In der Regel warfen die Vertreter der *Religionsgeschichtlichen Schule* dieses Problem nicht selbst auf. Meist blendeten sie das Evangelium aus ihren Analysen aus. Doch trugen ihre Forschungen wesentlich zu einer Veränderung der Perspektiven bei.

[183] Troeltsch schrieb 1922, sein 1902 erschienenes Buch sei „der Keim alles Weiteren". E. TROELTSCH, Meine Bücher, in: Gesammelte Schriften, 4 Bde., Tübingen 1912–1925, IV 9.

[184] Der Essay wurde 1900 publiziert; vgl. dazu E. TROELTSCH, Gesammelte Schriften II 729–753.

[185] Troeltschs allgemeine Auffassung zu diesem Gegenstand faßt Ch. Theobald folgendermaßen zusammen: „Das Prinzip der *Analogie*, ‚Schlüssel zur Kritik' [Troeltsch], ist nicht bloß das wichtigste Mittel, um die Wahrscheinlichkeit eines überlieferten Ereignisses oder Gegenstandes zu ermessen, sondern ermöglicht der historischen Erkenntnis auch, von etwas bereits Bekanntem zum Verständnis des Unbekannten fortzuschreiten". THEOBALD, Troeltsch (s. Anm. 179) 249. Den historischen Grundbegriff der Wechselwirkung wiederum definierte Troeltsch wie folgt: „die Wechselwirkung aller Erscheinungen des geistig-geschichtlichen Lebens, wo keine Veränderung

geschichte überhaupt, vor allem aber in die Geschichte ihrer religiösen Manifestationen erlaubt. Im ausgehenden 19. Jh. nun würden diese beiden Methoden nicht zusammenarbeiten, sondern, obwohl der durch ihre Koexistenz aufgeworfenen Probleme durchaus bewußt, getrennt vorgehen – weil ihnen die Lösung dieser Probleme nicht gelungen sei. Edmond Vermeil faßt Troeltschs Denken zu diesem Punkt folgendermaßen zusammen:

„Um den Frieden in den beiden Lagern zu erhalten, mußte die Geschichte den Absolutheitscharakter des Christentums anerkennen und die Dogmatik sich damit begnügen, von der Geschichte die einfache objektive Beschreibung der religiösen Schöpferpersönlichkeiten zu verlangen. Doch konnte sich keine der beteiligten Parteien zu den geforderten Konzessionen durchringen." [186]

Troeltsch versucht diesen Gegensatz zu überwinden: endgültiger Ausschluß der dogmatischen Methode und Anerkennung der historischen Methode bei gleichzeitiger Anpassung, d. h. Ablehnung des von einigen Historikern vertretenen Relativismus.

„Ja, ich kann geradezu sagen", so Troeltsch, „es ist das Wesen meiner Anschauung, daß sie den historischen Relativismus, der nur bei atheistischer oder religiös-skeptischer Stellung die Folge der historischen Methode ist, rundweg bestreitet und die Aufhebung dieses Relativismus durch die Auffassung der Geschichte als einer Entfaltung der göttlichen Vernunft verlangt." [187]

Wenn die historische Methode, so fügt er hinzu, der Theologie einige Probleme aufzugeben scheint, dann nur deshalb, weil sie in ihren Anfängen steht. Besser verstanden und besser beherrscht, wird sie der Theologie ihre wesentlichen Stoffe liefern, denn für Troeltsch impliziert die historische Methode eine veränderte Haltung gegenüber der Vergangenheit, aber auch gegenüber Gegenwart und Zukunft. Das wiederum zieht die Rekonstruktion des Begriffs des Wesens des Christentums nach sich.

Diesen Versuch unternahm Troeltsch 1903 mit seinem Essay *Was heißt „Wesen des Christentums"?* [188]. Gegen Harnack, der das Wesen des Christentums gewissermaßen als einen seit dem 1. Jh. stabil gebliebenen, wenn auch von einer veränderbaren „Hülle" umgebenen „Kern" betrachtet, vertritt Troeltsch die Auffassung, aufgrund der Wechselwirkung aller Erscheinungen sei das Wesen des Christentums keinesfalls etwas in der Geschichte Unwandelbares. Seiner Meinung nach verändert sich das Wesen des Christentums ganz im Gegenteil unablässig in der Funktion von Räumen und Epochen. Das eröffnet wohl den Weg zur Erforschung der verschiedenen christlichen Kirchen und untersagt es, die aufeinanderfolgenden Orthodoxien als das Wesen des Christentums dieser oder jener Epoche zu betrachten, gibt den Theologen aber auch gravierende Probleme auf.

Trotz seiner Kritik an der dogmatischen Methode gelingt es Troeltsch nicht, das dogma-

---

an einem Punkte eintreten kann ohne vorausgegangene und folgende Änderung an einem anderen, so daß alles Geschehen in einem beständigen korrelativen Zusammenhange steht und notwendig einen Fluß bilden muß, indem Alles und Jedes zusammenhängt und jeder Vorgang in Relation zu anderen steht." TROELTSCH, Über historische und dogmatische Methode (s. Anm. 184) 733.

[186] E. VERMEIL, La pensée religieuse de Troeltsch, Genf 1990, 25 (Neudruck einer bereits 1921 in RHPhR 1 erschienenen Studie).

[187] TROELTSCH, Über historische und dogmatische Methode (s. Anm. 184) 747.

[188] Diese Auseinandersetzung ist in einem allgemeineren Kontext zu sehen. Zur selben Zeit baute nämlich Max Weber den Begriff des „Idealtypus" auf als Reaktion auf den Begriff des Wesens, den er als zu sehr in Werturteile verstrickt betrachtete.

tische Vokabular aus seinen Aussagen auszumerzen[189]. Das veranschaulicht treffend der zuweilen an Troeltsch gerichtete Vorwurf, er verfüge über eine bemerkenswerte Fähigkeit, wichtige Probleme zu erfassen, sei aber zu deren Lösung weniger fähig. Die zu Beginn seiner wissenschaftlichen Laufbahn entworfene Geschichtsphilosophie ist denn auch von der konkreten Praxis der historischen Methode ziemlich weit entfernt.

Troeltsch arbeitete weiterhin an der Ausgestaltung einer in die Geschichte eingebetteten neuen Theologie und befaßte sich in der Folge mit den individuellen religiösen Realitäten. Beim Versuch, die Universalität der religiösen Praxis zu erfassen – und zwar selbst in modernen Gesellschaften, in denen sie nicht mehr die ihr im Mittelalter zugefallene Rolle spielt –, wandte sich Troeltsch der Analyse des Ursprungs der Religion des einzelnen zu, wobei er die Hypothesen Kants und Schleiermachers zu überwinden suchte. Zu diesem Vorgehen bemerkt Louis Perriraz:

„Troeltschs kritischer Idealismus versucht die Bewußtseinsfaktoren von den autonomen Werten des Geistes zu unterscheiden. Nehmen wir doch in den Manifestationen des subjektiven Bewußtseins die Präsenz einer das Individuum überragenden rationalen Notwendigkeit wahr; das hatten Kant und Schleiermacher verstanden, als sie vom *kategorischen Imperativ* resp. vom *Gefühl absoluter Abhängigkeit* sprachen. Beide haben die Frage nach dem religiösen Apriori gestellt, ohne freilich ihre Argumentation zu Ende zu führen."[190]

In einem 1904 in Amerika gehaltenen Vortrag mit dem Titel *Psychologie und Erkenntnistheorie in der Religionswissenschaft*[191] – ein bezeichnender Titel, wie sich herausstellen wird – verwendet Troeltsch diesen Begriff des religiösen Apriori. Es handelt sich um einen zentralen, aber auch komplexen Begriff, den es zu präzisieren gilt. In seinem Text versucht Troeltsch, die Autonomie der Religion festzumachen, und zwar sowohl in Abgrenzung gegen den soziologischen Positivismus, der selbst im religiösen Bereich alles durch einfache Fortentwicklung der sozialen Strukturen erklären will, als auch gegen einen Idealismus, der sich, wie Ulrich Barth schreibt, „der Rechtfertigung der Religion im Rahmen einer Geistestheorie" widmet, womit die Religion Gefahr läuft, zu einem „einfachen Epiphänomen des reinen Begriffs"[192] zu verkommen – und ihr den Verdacht auf Illusion einträgt. Troeltsch lehnt auch die Hypothesen eines William James ab, der nach Edmond Vermeils

---

[189] Troeltsch analysierte die historische Methode zuverlässiger als die dogmatische Methode, die bei ihm etwas vage blieb. In seinem bereits zitierten Artikel kommt Ch. Theobald zu dem Schluß, man könne Troeltsch in seiner Analyse des Verhältnisses von historisch-kritischer Methode und Wesen des Christentums kaum folgen: „Wohl zeigt Troeltsch gegenüber der ursprünglichen Komplexität der *christlichen Figur*, die seiner Meinung nach von paradoxen Gegensätzen und Spannungen durchdrungen ist, eine neue Sensibilität; [doch] zwischen dem dogmatischen Urteil der christlichen Gemeinde über sich selbst und dem Urteil, das der Historiker aufgrund ihrer Einbettung in die Gesamtheit dieser historischen Bedingungen über sie fällt, tut sich ein zu kategorischer Gegensatz auf. Haben die beiden Urteilsformen und Beziehungsstile mit der ,Außenwelt' in den Gemeinschaftsbildungen des Christentums nicht seit jeher nebeneinander koexistiert und dabei ganz besondere Beziehungsmodi gefunden? Troeltsch betont die Mischung zwischen absolut und relativ im Wesen des Christentums. Könnte man das Absolute nicht als die paradoxe Manifestation eines Kommunikationsstils auffassen?" THEOBALD, Troeltsch (s. Anm. 179) 267.

[190] PERRIRAZ, Histoire de la théologie (s. Anm. 20) I 201.

[191] Der Vortrag wurde 1905 in Tübingen veröffentlicht. Der Untertitel präzisiert, daß die *Bedeutung der Kantischen Religionslehre für die heutige Religionswissenschaft* untersucht wird. Troeltsch stellte sein Denken demnach ausdrücklich in die Nachfolge Kants.

[192] U. BARTH, Troeltsch et Kant, *A priori* religieux et philosophie de l'histoire, in: GISEL, Histoire et théologie (s. Anm. 179) 65.

Formulierung „die Religionsphilosophie faktisch auf die Physiologie" zurückführt und dessen „radikaler Empirismus jedes Apriori ausschließt"[193].

Troeltsch seinerseits geht von einer an Schleiermacher erinnernden Religionsdefinition aus. Seiner Meinung nach, so Ulrich Barth, „bedeutet die Religion für den menschlichen Geist, sich an eine Realität zu ‚binden', die das Bewußtsein transzendiert und durch deren Macht sich der menschliche Geist konditioniert sieht"[194]. Aber sie ist auch der Ort der Selbstreflexion des Individuums, das darüber nachdenkt, wie es sich als Subjekt konstituieren kann[195]. Das führt Troeltsch dazu, die Existenz eines religiösen Apriori in jedem Menschen anzunehmen. Denn die Religion gehört zu den apriorischen Notwendigkeiten des menschlichen Bewußtseins, weil, so Edmond Vermeil, „die lebendige Beziehung zwischen dem Bewußtsein und dem immanenten Absoluten in jeder Religion fundamental ist"[196]. Im Zusammenhang der Kantschen Religionslehre bemerkt Troeltsch dann:

„Sie [die Kantsche Religionslehre] hat das apriorische Bewußtseinsgesetz zu suchen, das sich in der Tatsächlichkeit des religiösen Lebens äußert, und hat an diesem Bewußtseinsgesetz den letzten für die Wissenschaft erreichbaren Grund für die Feststellung des Wahrheitsgehaltes der Religion und eben damit auch ein Mittel der kritischen Reinigung und Fortentwicklung der naturwüchsigen psychologischen Religion."[197].

Denn Troeltsch, der Ritschls Theorie des Werturteils für ein mehr oder weniger wirkungsloses Postulat hält, will – und das ist der Rückgriff auf seinen Vortragstitel – „der Religion ein epistemologisches Fundament sichern, indem er sie auf einer Theorie des menschlichen Subjekts gründen läßt"[198]. Zu diesem Zweck versucht er, die Unabhängigkeit der religiösen Phänomene festzustellen, und zwar ausgehend von der Analyse der Religionspsychologie, die spezifisch psychologische Merkmale der religiösen Phänomene sichtbar macht. Das erlaubt ihm die Unterscheidung zwischen Religion und Kultur, indem er, so Jean-Marc Tétaz, „die handelnde Präsenz des Göttlichen als jenes Kriterium identifiziert, das ein psychologisches Phänomen als wesentlich religiös qualifiziert"[199]. Doch damit erübrigt sich die epistemologische Reflexion keineswegs, denn die psychologische Analyse führt lediglich zur empirischen Feststellung der Existenz von Religion, erlaubt aber keinen Rückschluß auf deren Wahrheitsgehalt.

In seinem komplexen epistemologischen Versuch wendet sich Troeltsch dann dem religiösen Apriori zu, welches sich in psychischen Erlebnissen und Zuständen aktualisiert, und begreift diese Zustände als „die Hervorbringung der wirklichen Religion im Zusammentritt

---

[193] E. Vermeil, La pensée religieuse (s. Anm. 186) 28.

[194] Barth, Troeltsch et Kant (s. Anm. 192) 65.

[195] Hier kritisiert Troeltsch Feuerbach;s Religionsthesen; vgl. dazu J.-M. Tétaz, Religion et conscience historique, in: E. Troeltsch. Religion et histoire, hrsg. von J.-M. Tétaz, Genf 1990, 28.

[196] Vermeil, La pensée religieuse (s. Anm. 186) 28.

[197] E. Troeltsch, Psychologie und Erkenntnistheorie in der Religionswissenschaft, Tübingen 1905, 27.

[198] Lange, Entre foi et histoire (s. Anm. 93) 175.

[199] Tétaz, Religion et conscience historique (s. Anm. 195) 29. Tétaz präzisiert, daß Troeltsch „das Identifikationskriterium des Religiösen als autonome Dimension des psychischen Lebens feststellen will. Doch die Vielfalt der aus dem Religiösen hervortretenden psychischen Phänomene erlaubt es nicht, das über die Reduktion dieser Vielfalt auf eine spezifische Form oder eine besondere Fähigkeit zu erreichen [...]. Troeltsch sucht nach einem jede psychische Form religiöser Erfahrung bestimmenden Merkmal"; ebd. 29. Für Troeltsch ist die Autonomie der Religion nicht an eine Form der Erfahrung geknüpft, sondern „an einen *intentionalen Gehalt*, der zwar nicht immer ausgedrückt wird, der aber durch die von der Religionspsychologie eingesetzte analytische Beschreibung stets erkannt werden kann"; ebd. So wird die Unterscheidung von Religion und Kultur möglich.

des rationalen Gesetzes und der konkreten, individuellen psychischen Tatsächlichkeit"[200]. Troeltsch kann demnach auf die empirische Erfahrung der aktualisierten Religion nicht verzichten, was die Tragweite seines Vorgehens verringert. Dazu erklärt Jean-Marc Tétaz:

„Es kann nicht darum gehen, die Existenz des realen Objektes zu beweisen, welches zu erfahren das religiöse Bewußtsein behauptet. Die Tragweite der erkenntnistheoretischen Theorie beschränkt sich strikt darauf, die Rationalität der religiösen Erfahrung mit dem Hinweis auf ihre konstitutive Dimension für die Vernunfttheorie festzustellen. Deshalb kann Troeltsch diese Untersuchung unter dem Titel des religiösen Apriori führen, des religiösen Apriori als konstitutives Moment des religiösen Bewußtseins und als normativ-regulierende Dimension der religiösen Erfahrung."[201]

Dazu meint Edmond Vermeil:

„Mit dem Problem des religiösen Apriori stellt sich auch die Frage nach dem Verhältnis von Psychologie und Erkenntnistheorie, von psychologischer Kausalität und produktiver Wertevernunft. Es gibt in uns eine schöpferische Kraft, die sich nicht psychologisch ableiten, sondern bloß analysieren läßt. Der Begriff des Apriori ist Ausdruck der relativen Unabhängigkeit der Vernunft, der universellen Notwendigkeit, die sie von den psychologischen Kontingenzen trennt, des Dualismus zwischen Rationalem und Gegebenem, des Mischcharakters des Lebens."[202]

Das Problem des Wahrheitsgehalts von Religion läßt sich demnach anhand dieser Synthese von Psychologie und Epistemologie lösen. Das wiederum impliziert eine Absetzung von der Kantschen Empirismustheorie[203] und ermöglicht es Troeltsch, das religiöse Apriori als Prinzip der Einheit der Vernunft darzustellen[204]. Gleichwohl scheint der Theologe Troeltsch nicht alle durch diese Synthese aufgeworfenen Probleme gelöst zu haben, was Ulrich Barth zu der Feststellung führt: „Bei Troeltsch ist der Begriff des religiösen Apriori nicht mehr als eine überzeugende programmatische Formel."[205]

Troeltsch erkennt selbst an, daß das religiöse Apriori eher ein konstitutives Gesetz als eine Realität ist; oder, wie er selbst formuliert, es handelt sich um ein „rein formales Apriori", das „sich stets auf die psychische Inhaltlichkeit zu beziehen hat"[206]. Das führt Troeltsch dann zu einer beschreibenden Analyse der gelebten Religion. Daher stammt auch sein Interesse für die historischen Religionen und die allgemeine Religionsgeschichte[207].

---

[200] TROELTSCH, Psychologie und Erkenntnistheorie (s. Anm. 197) 47.
[201] TÉTAZ, Religion et conscience historique (s. Anm. 195) 30f.
[202] VERMEIL, La pensée religieuse (s. Anm. 186) 30.
[203] Für zusätzliche Informationen zum Verhältnis von Troeltsch und Kant vgl. BARTH, Troeltsch et Kant (s. Anm. 192) 63–99.
[204] Vgl. dazu TÉTAZ, Religion et conscience historique (s. Anm. 195) 32: „Die Einheit der Vernunft ist die logische Bedingung ihrer Existenz, obwohl die moderne Instrumentalisierung der Vernunft die Aufsplitterung in Teilrationalitäten bewirkt. Das religiöse Apriori ist dann die Modalität einer Selbstbezüglichkeit der Vernunft, die so gestaltet ist, daß sie deren Einheit garantiert, und zwar trotz der unumgänglichen Entfremdung der Vernunft in der Moderne […], denn es trifft zu, daß die Religion ‚eine Tat der Freiheit und ein Geschenk der Gnade' ist". Das letzte Zitat stammt aus TROELTSCH, Psychologie und Erkenntnistheorie in der Religionswissenschaft (s. Anm. 197) 41.
[205] BARTH, Troeltsch et Kant (s. Anm. 192) 75.
[206] TROELTSCH, Psychologie und Erkenntnistheorie in der Religionswissenschaft (s. Anm. 197) 41.
[207] VERMEIL, La pensée religieuse (s. Anm. 186) 31, kommentiert Troeltschs Vorgehen wie folgt: „Wenn es gelingt, die Existenz und sogar die einfache Möglichkeit von qualitativ unterschiedlichen geistlichen Realitäten festzustellen, dann stellt sich die Religion nicht mehr als ein rein historisches und vorübergehendes Faktum dar."

Solche Untersuchungen führen Troeltsch wie selbstverständlich dazu, sich die Frage nach der Unverwechselbarkeit des Christentums zu stellen. Dieser Frage ist sein wohl berühmtestes, 1902 erschienenes Buch *Die Absolutheit des Christentums und die Religionsgeschichte* gewidmet[208]. Womit befaßt sich Troeltsch in seinem von ihm selbst hochgeschätzten Werk, das er als die Quelle aller seiner späteren Arbeiten betrachtet?[209] Als erstes führt er aus, beim Studium der Geschichte des Christentums sei stets in Erinnerung zu behalten, daß der Anspruch des Christentums, in religiösen Angelegenheiten absolute Norm zu sein, erst im 2. Jh. bei Irenäus und Tertullian aufgetreten sei, und zwar in Absetzung von den Gnostikern und den Anhängern des hellenistischen Synkretismus, also letztlich in apologetischer Absicht. Doch erlaubt es die Geschichte des Christentums, diese Sicht zu übernehmen? Die Profangeschichte ihrerseits ignoriert die absoluten Normen und die universellen Gesetze. Sie bringt nicht eine Folge von regelmäßig aufeinanderfolgenden Religionen zur Darstellung. Vielmehr ist eine Parallelentwicklung von Religionen, etwa in Indien und im Fernen Osten, zu beobachten, die ihnen ursprünglich fremde Elemente integriert. Wie könnte ein einziger und ewiger Wert (so stellt sich das Christentum selbst dar) inmitten der sich wandelnden Werte, nämlich der kulturellen Gegebenheiten der Völker, existieren? Dazu Troeltsch: „Die Konstruktion des Christentums als der absoluten Religion ist von historischer Denkweise aus und mit historischen Mitteln unmöglich"[210]. Vielmehr ist das Christentum „in allen Momenten seiner Geschichte eine rein historische Erscheinung"[211].

Doch welches Interesse besteht dann noch am Christentum? Troeltsch wendet sich den auf der Erde entstandenen großen Universalreligionen zu (Judentum, Christentum, Islam, Buddhismus etc.) und vergleicht sie miteinander. Doch um zu einer Beurteilung zu gelangen, braucht es eine Norm. Diese kann anhand des in den verschiedenen Religionen entdeckten gemeinsamen Ziels oder geteilten Ideals bestimmt werden: Loslösung von der vorgefundenen Wirklichkeit und Bekräftigung des in der Beziehung von Gott, Welt und Seele sich „verwirklichenden höheren, überweltlichen Lebens"[212]. Dazu Troeltsch:

„Aber unmittelbare wirkliche Vergleichung verlangen nur die großen Universalreligionen mit ihrer deutlich in die Sinnenwelt hineintretenden übersinnlichen Welt absoluter, jenseitiger religiöser Güter. Erst sie brechen mit der natürlichen Gebundenheit der Religion an Staat, Blut und Ort und mit der Verflechtung der Gottheit in Naturkräfte und Naturerscheinungen. Erst in ihnen tritt eine höhere, geistige, ewige Welt der Sinnenwelt geschlossen gegenüber und erwächst daher erst der Religion die volle, alles auf sich beziehende Kraft."[213]

So wird es möglich, die Religionen anhand dieser Norm zu vergleichen. Unter diesem

---

Sie stellt einen zivilisatorischen Wert *sui generis* dar. Ihrem Wesen nach ist sie ewig. Dann genügt es, sie zu analysieren und mit den anderen zivilisatorischen Werten zu konfrontieren. Man wird den Bereich der religiösen Phänomene ohne rationalistische Vorurteile unvoreingenommen angehen können. Der kritische Idealismus verleiht der Religionswissenschaft ihre völlige Unabhängigkeit."

[208] E. TROELTSCH, Die Absolutheit des Christentums und die Religionsgeschichte, Tübingen 1902. Eine zweite, leicht modifizierte Ausgabe ist 1912 erschienen. Zitiert wird nach der dritten unveränderten Auflage von 1929.

[209] So schrieb er bekanntlich: „Das Buch ist der Keim alles Weiteren"; auch zit. von J. WAARDENBURG, L'histoire des religions et le caractère absolu du christianisme. La théorie troeltschienne est-elle pertinente?, in: GISEL, Histoire et Théologie (s. Anm. 179) 214, Anm. 2.

[210] TROELTSCH, Die Absolutheit des Christentums (s. Anm. 208) 20.

[211] Ebd. 42.

[212] Ebd. 71.

[213] Ebd. 67.

Gesichtspunkt nun besitzt das Christentum, dem Troeltsch den Absolutheitscharakter abgesprochen hat, das, was er „Höchstgeltung" nennt, weil es allein den Bruch der höheren und der niederen Welt radikal vollzogen hat und persönliches Handeln ermöglicht. Dazu Troeltsch:

„Die Gesetzesreligionen [Judentum, Islam] verkünden den göttlichen Geisteswillen, aber sie lassen den natürlichen Menschen selbst die Welt überwinden. Die nicht-christlichen Erlösungsreligionen verzehren die Welt und den Menschen in Gottes Substanz, aber verlieren damit auch jeden Gehalt und positiven Sinn im Wesen Gottes. Nur das Christentum hat diesen Rest der naturreligiösen Empfindung überwunden und eine lebendige Gottheit geoffenbart, die Tat und Wille ist im Gegensatz zu allem bloß Seienden, die die Seele entzweit mit dem bloß Seienden und in dieser Entzweiung mit sich vereinigt, um sie geborgen und getröstet wie von Schuld und Trotz gereinigt in der Welt wirken zu lassen zum Aufbau eines Reiches rein persönlicher Werte oder des Reiches Gottes. So muß das Christentum nicht bloß als der Höhepunkt, sondern auch als der Konvergenzpunkt aller erkennbaren Entwicklungsrichtungen der Religion gelten."[214]

Doch ist nicht zu beweisen, so Troeltsch weiter, daß das Christentum der letzte Höhepunkt bleiben wird, und theoretisch ist die Möglichkeit einer höheren Offenbarung nicht auszuschließen. Obwohl es nicht als eine absolute, wandellose fertige Wahrheit betrachtet werden darf (die historische Methode verbietet es, einer geschichtlichen Realität diese Merkmale zuzuschreiben), ist doch das Christentum zur Zeit die höchste Religion.

In diesem Werk zeigt sich Troeltsch als bedeutender Historiker. Doch da es ihm nicht gelungen ist, aufgrund empirischer Untersuchungen allein eine Norm zu etablieren[215] – was keineswegs erstaunt –, ist er gezwungen, auf das ethische Postulat des persönlichen Handelns zurückzugreifen, um seine Schlußfolgerung über die Höchstgeltung des Christentums zu formulieren. Zu diesem Zweck führt er den Begriff der Persönlichkeit und der Individualität ein, die er gewissermaßen als „den Stellvertreter des Jenseits im Diesseits"[216] betrachtet: Der Vorzug des Christentums ist darauf zurückzuführen, daß es die Entfaltung einer persönlich-sittlichen Religiosität am besten ermöglicht. Dagegen ist einzuwenden, diese Wahl spiegele einen bestimmten Zivilisationstypus wider und besitze keine universelle Geltung[217].

Troeltschs Interesse an der Ethik führt dazu, daß er sich in der Folge vornehmlich diesem Fragenkomplex zuwendet. 1912 veröffentlicht er ein umfangreiches und berühmtes Werk mit dem Titel *Die Soziallehren der christlichen Kirchen und Gruppen*. Hier erweist sich Troeltsch als einer der Begründer der Religionssoziologie[218]. Es handelt sich gewis-

---

[214] Ebd. 72 f.

[215] Diese Argumentation bezeichnet PERRIRAZ, Histoire de la théologie (s. Anm. 20) I 190, als ungenügend und führt aus: „Er [Troeltsch] hat nachgewiesen, daß die Geschichte allein unfähig ist, das innere Leben zu nähren und die Konflikte des Denkens zu lösen. Deshalb ist sie auf eine Philosophie angewiesen, die sie aufklärt und der Evolution ein Ziel setzt. Das tut Troeltsch, wenn er sagt, das Christentum sei die höchste Religion und Jesus die gewisseste Heilsgrundlage. Er hat versucht, die historische Methode mit einer Philosophie zu korrigieren, in der die christliche Erfahrung eine inspiratorische Rolle gespielt hat."

[216] Die Formulierung stammt von T. RENDTORFF, Religion et histoire, in: GISEL, Histoire et Théologie (s. Anm. 179) 281.

[217] In einer Schrift mit dem Titel *Die Bedeutung der Geschichtlichkeit Jesu für den Glauben*, Tübingen 1911, anerkennt Troeltsch, die Höchstgeltung des Christentums sei auf den euro-amerikanischen Kulturkreis begrenzt.

[218] Das für unseren Zusammenhang weniger wichtige Werk wird hier nur kurz behandelt, obwohl es nicht wenig zu Troeltschs Ansehen beigetragen hat.

sermaßen um eine weder auf eine Epoche noch auf eine Konfession begrenzte Sozialge-schichte der Christen. Ausgangspunkt ist das Evangelium, dann wird etappenweise die Entwicklung bis ins 18. Jh. behandelt. Jeder Etappe (Paulus, Frühkatholizismus, Luther-tum, Calvinismus usw.) entspricht eine besondere, mit der Gesellschaft jener Zeit verbun-dene Ethik. Entwickelt werden auch die Gegensätze zwischen den verschiedenen Richtun-gen und Gemeinschaften. Mit Hilfe einer teilweise von Max Weber übernommenen Typologie unterscheidet er drei Typen der Sozialgestalt des Christlichen: die Kirche (Volkskirche, die mit dem Staat verbundene Kirche oder die freie Kirche), die Sekte und die Mystik. Er unterstreicht vor allem den Gegensatz von Sekte und Kirche, was uns, so Jean Séguy, zu einem „glanzvollen Tableau der mittelalterlichen und modernen Sekten verhilft, dem ersten, das ohne die normative Begrifflichkeit von Orthodoxie und Heterodo-xie auskommt"[219]. Wohl markiert Troeltsch eine gewisse Präferenz für den Typus „Kir-che"[220], unterstreicht aber auch die Bedeutung der „Sekten", insbesondere mit Blick auf die Forderung nach Gewissensfreiheit. Was die Möglichkeit der Verwirklichung des sozia-len Ideals der christlichen Reich-Gottes-Ethik insgesamt zu Beginn des 20. Jh. betrifft, so scheint Troeltsch eher skeptisch zu sein. Getreu seiner bereits 1902 festgelegten Norm be-schließt er sein Werk wie folgt:

„So wird auch die jetzige und kommende christliche Ethik eine Anpassung an die Lage sein und nur das Mögliche wollen. Darin ist die unaufhörlich vorwärts treibende Spannung und ebenso die Unvollendbarkeit der ethischen Arbeit begründet [...]. Es bleibt dabei – und das ist das alles zusammenfassende Ergebnis –, das Reich Gottes ist inwendig in uns. Aber wir sollen unser Licht in vertrauender und rastloser Arbeit leuchten lassen vor den Leuten, daß sie unsere Werke sehen und unseren himmlischen Vater preisen. Die letzten Ziele aber alles Menschentums sind verborgen in seinen Händen."[221]

1915 verließ Troeltsch Heidelberg und übernahm den Lehrstuhl für Religionsphilo-sophie in Berlin. Sein geschichtsphilosophisches Hauptwerk, das mehrere Arbeiten zur Ge-schichtstheorie im allgemeinen versammelt, erschien 1922 unter dem Titel *Der Historis-mus und seine Probleme*[222]. Troeltsch untersucht auch hier das Verhältnis zwischen der Absolutheit der Wahrheit und der von der Geschichte einzig erreichbaren Relativität und entwirft eine Geschichtsphilosophie, aus der die Theologie zwar nicht verbannt, aber doch in den Hintergrund gedrängt wird. Sein Interesse gilt nicht nur der Religionsgeschichte, sondern auch der Geschichtsproblematik insgesamt. Noch immer beschäftigt er sich mit den bereits in seinen früheren Werken behandelten Fragen, insbesondere mit der Tatsache, daß „der universalgeschichtlichen Entwicklung Sinneinheit und Sinnbeziehung unent-behrlich ist"[223]. Doch da die Geschichte nicht abgeschlossen ist, genügt die einfache histo-rische Analyse nicht. Daraus folgt, so Troeltsch, daß die Geschichtsphilosophie „das Werk

---

[219] J. Séguy, Ernst Troeltsch ou De l'essence de la religion à la typologie des christianismes, in: ASRel 13 (1968) 10.

[220] Troeltsch ist der Auffassung, die Kirchen müßten sich in ein „Gehäuse" verwandeln, das der Freiheit der ver-schiedenen christlichen Auffassungen einen Schutzraum bietet und so der freien Religion der Persönlichkeit Raum zur Entfaltung läßt.

[221] E. Troeltsch, Die Soziallehren der christlichen Kirchen und Gruppen (1912), Gesammelte Schriften I, Tübin-gen 1923, 986.

[222] E. Troeltsch, Der Historismus und seine Probleme I: Das logische Problem der Geschichtsphilosophie, in: Gesammelte Schriften III, Tübingen 1922.

[223] Ebd. 692.

eines reinen Schauens […] und einer willensmäßigen Festlegung auf bestimmte Zukunfts-ziele zugleich" ist[224]. Die hier waltende ethische Absicht ist klar. In einem kurz zuvor ver-öffentlichten Aufsatz mit dem Titel *Die Krisis des Historismus* führt Troeltsch dann auch aus, daß „es kein bloß wissenschaftliches, sondern ein praktisches Lebensproblem" ist[225]. Folglich gilt es, die historischen Verwerfungen zu beobachten und sich der sie leitenden Prinzipien bewußt zu werden, um zum Handeln in der Welt fähig zu sein[226].

Gleichwohl scheint Troeltsch, um die bereits zitierte Formel Paul Tillichs nochmals auf-zunehmen, in diesem Werk das Absolute nicht gefunden zu haben, das er seit den Anfän-gen seiner Karriere suchte. Sein plötzlicher Tod im Jahr 1923 erlaubte es ihm nicht, sich auf ganz anderen Wegen zu erklären – die dann Karl Barths dialektische Theologie nach dem Ersten Weltkrieg erforschte.

Bibliographie

Neben den bereits für die Zeit von 1830 bis 1860 erwähnten Werken sind zu konsultieren:

H.-G. DRESCHER, Ernst Troeltsch. Leben und Werk, Göttingen 1991.

P. GISEL (Hrsg.), Histoire et Théologie chez Ernst Troeltsch, Genf 1992.

P. GISEL u. a. (Hrsgg.), Albrecht Ritschl, La théologie en modernité: Entre religion, morale et positivité historique, Genf 1991.

M. GRESCHAT (Hrsg.), Gestalten der Kirchengeschichte, Bd. 10/1 und 10/2: Die neueste Zeit III und IV, Stuttgart [2]1994.

E. HIRSCH, Geschichte der neuen evangelischen Theologie, Bd. 5, Gütersloh [2]1960.

G. LASCH, Die Theologie der Pariser Schule, Charakteristik des Symbolo-Fideismus, Berlin 1901.

B. REYMOND, Auguste Sabatier et le procès théologique de l'autorité, Lausanne 1976.

TH. SILKSTONE, Religion, Symbolism and Meaning. A Critical Study of the Views of Auguste Sabatier, Oxford 1968.

E. TROELTSCH, Gesammelte Schriften, 4 Bde., Tübingen 1912–1925.

C. WELSH, Protestant Thought in the Nineteenth Century, 2 Bde., [2]1989.

---

[224] Ebd.

[225] E. TROELTSCH, Die Krisis des Historismus, in: Die Neue Rundschau 33/1 (1922) 572–590, zit. 586.

[226] Und zwar gerade deshalb, weil für Troeltsch, wie T. Rendtorff ausführt, „die Kulturgeschichte die Geschichte der Loslösung, der Verselbständigung und der Vergeistigung ‚aller einst konkreten und individuellen, überdies stark soziologisch bedingten Kulturgehalte ist'. Dieser Prozeß der Differenzierung und Emanzipation ist ‚eine der Grundtatsachen aller Geschichte'. Die praktische Kulturaufgabe der Gegenwart besteht darin, ‚dem ideologischen Gehalt einen neuen soziologischen Leib zu schaffen', der die euro-amerikanische Kultur trägt […]. Die Kirchen werden insofern ein kultureller Faktor sein, als sie in der Lage sein werden, der freien Religiosität Raum zu bieten. Denn aus dieser Religiosität oder, genauer, aus dieser Idee der Persönlichkeit entstehen die innere Kraft und die Überzeugung, aus der jener Mut entsteht, der die Zukunft wagt, jenseits allem historistischen Skeptizismus und aller materialistischen Brutalität." RENDTORFF, Religion et histoire (s. Anm. 216) 284f.

Drittes Kapitel

Missionstheologien – Anfänge des Ökumenismus

VON JACQUES GADILLE UND JEAN-FRANÇOIS ZORN

I. Christentum und Zivilisation

Mit den neuen Transportmitteln zu Land und zu Wasser intensivierten sich die Migrationsbewegungen der Europäer. Im Zuge dieser erhöhten Mobilität universalisierte sich das Missionsfeld und zwang die Theologen, ihr Kirchenverständnis zu überdenken. Die konfessionellen Partikularismen wirkten anachronistisch, und innerhalb der protestantischen Kirchen nahmen die Einigungsbestrebungen markant zu. Für die römisch-katholische Kirche wiederum weist Claude Prudhomme nach, daß sich auf dem Höhepunkt des Zentralismus zugleich die weltweite Mission dynamisierte – ein Vorgang, der vor allem dem Denken Leos XIII. zuzuschreiben ist [1].

Die Mission wurde nun Teil der diplomatischen Strategien im Kampf um die koloniale Vorherrschaft der europäischen Nationen. Parallel dazu gaben die Missionserfahrungen erste Anstöße in Richtung der Einheit der Kirchen. Im Umfeld der weltweiten Missionstätigkeit zeichneten sich dann auch innerhalb der protestantischen Kirchen die ersten Anfänge der Ökumene ab.

1. Die Berliner Kongokonferenz

Zu Beginn des Jahres 1885 begrüßte Alfred Boegner, der Leiter der *Société des missions évangéliques de Paris*, die Berliner Kongokonferenz (auch *Afrikanische Konferenz* genannt), „in der das künftige Schicksal des Schwarzen Kontinents untersucht und geregelt wird [...]. Im Zeitplan der Geschichte hat die Stunde der Mission geschlagen." Aus zeitlicher Distanz präzisierte dann 1929 sein Neffe Marc Boegner [2], die Generalakte der Kongokonferenz sei „das erste diplomatische Instrument zur Anerkennung eines internationalen Missionsrechtes" gewesen. Artikel 6 der Generalakte stipulierte „Bestimmungen hinsichtlich des Schutzes der Eingeborenen, der Missionare und Reisenden sowie hinsichtlich der religiösen Freiheit". Dieser Artikel spiegelt die Grundabsicht wider, wie sie Bismarck in seiner Einladung und dann am 15. November 1884 anläßlich der Eröffnung der Konferenz der fünfzehn Mächte der nördlichen Hemisphäre formuliert hatte:

„Bei der Einladung zur Konferenz ist die Kaiserliche Regierung von der Überzeugung

---

Zu Kurztiteln vgl. die jeweilige Erstnennung.

[1] C. PRUDHOMME, Stratégie missionnaire du Saint-Siège sous Léon XIII (1878–1903). Centralisation romaine et défis culturels, Rom 1994, 375 f; zur Berliner Kongokonferenz vgl. ebd. 495.

[2] M. BOEGNER, Les missions protestantes et le droit international, Paris 1929, 65 ff.

geleitet worden, daß alle eingeladenen Regierungen den Wunsch teilen, die Eingeborenen Afrikas der Zivilisation zuzuführen, indem man das Innere dieses Kontinents dem Handel geöffnet, seinen Bewohnern die Mittel, sich zu bilden, verschafft, die Missionen und die Unternehmungen zur Verbreitung nützlicher Kenntnisse fördert und die Unterdrückung der Sklaverei, besonders des Negerhandels, deren allmähliche Abschaffung schon auf dem Wiener Kongreß von 1815 als eine heilige Pflicht aller Mächte erklärt worden ist, vorbereitet."[3]

In diesem Sinne legte dann die Generalakte vom 26. Februar 1885 fest:

„Alle Mächte, welche in den gedachten Gebieten Souveränitätsrechte oder einen Einfluß ausüben [...], werden ohne Unterschied der Nationalität oder des Kultus alle religiösen, wissenschaftlichen und wohlthätigen Einrichtungen und Unternehmungen schützen und begünstigen, welche zu jenem Zwecke geschaffen und organisiert sind, oder dahin zielen, die Eingeborenen zu unterrichten und ihnen die Vortheile der Civilisation verständlich und werth zu machen. Christliche Missionare, Gelehrte, Forscher, sowie ihr Gefolge, ihre Habe und ihre Sammlungen bilden gleichfalls den Gegenstand eines besonderen Schutzes."[4]

Der soziale Status eines „privilegierten Helfers der Kolonisierung" in deren „zivilisatorischer" Funktion, der den Missionen in diesem Text zugewiesen wird, wurde von Leo XIII. zurückhaltend aufgenommen. Die Kongokonferenz hatte gezeigt, daß der Heilige Stuhl diplomatisch isoliert war. Einigermaßen paradox mutet an, daß es der Vertreter der italienischen Regierung, Launay, war, der die Initiative zum späteren Artikel 6 ergriffen hatte und so den Schutz der italienischen Missionare als seinen Erfolg verbuchen konnte. Dieser Sachverhalt mußte den Papst dazu bewegen, bei den Behörden der Länder, in denen die Missionare tätig waren, direkte diplomatische Schritte einzuleiten, ja sogar Beziehungen mit ihnen aufzunehmen. War dies das Mittel, sich der jeweiligen Schutzmächte zu entledigen, insbesondere der Frankreich zuerkannten Schirmherrschaft über die katholische Mission?

2. Die neuen Kampagnen gegen die Sklaverei

Artikel 9 der Generalakte sah die Abschaffung des Sklavenhandels vor. Nach Unterbrechung der Schiffswege im Westen war der Sklavenhandel nach Osten ausgewichen und verlief nun auf dem Landweg südlich der Sahara nach dem Handelsplatz im Sultanat Sansibar.

Charles Martial Allemand Lavigerie (1825–1892), Erzbischof von Algier, eine starke Persönlichkeit und bereits 1868 mit der apostolischen Delegation zur Evangelisierung Schwarzafrikas betraut, ergriff nun die Initiative zu einer neuen Kampagne gegen die Sklaverei. Als Gründer der *Société des missionnaires de Notre-Dame d'Afrique* (1868, später *Weiße Väter* genannt) wurde er von den Missionaren schon bald über das Ausmaß des über lokale Mächte in Ostafrika getätigten Handels informiert. Kurz nach der vom belgischen König Leopold II. 1876 in Brüssel einberufenen Versammlung der *Internationalen Kongo-*

---

[3] Die Ansprachen des Fürsten Bismarck 1848–1894, hrsg. von H. v. POSCHINGER, Stuttgart – Leipzig – Berlin – Wien 1895, 109–113, zit. 110. C. PRUDHOMME, Stratégie missionnaire (s. Anm. 1) 455.
[4] Generalakte der Berliner Kongokonferenz vom 26. Februar 1885, in: Weißbuch. Vorgelegt dem deutschen Reichstage in der 1. Session der 6. Legislaturperiode, 3. Teil, Berlin 1885, Nr. 44, 52–70, zit. 58.

assoziation (IKA) hatte er auf eine Anfrage von Kardinal Franchi, Präfekt der Propaganda-Kongregation, in einem vom 2. Januar 1878 datierten Memorandum geantwortet und dabei die Idee „eines mächtigen Kreuzzuges des Glaubens und der Menschheit" gegen die Wiederaufnahme des Sklavenhandels lanciert. In seinem Vorschlag fällte er zudem ein hartes Urteil über die *Association de Bruxelles*, die in seinen Augen kurz davor stand, die Kontrolle über den Handel im gesamten Kongobecken an sich zu reißen. Dazu sein Kommentar:

„‚Die Fahne der Sklaverei', vor der Kongokonferenz von Brüssel hochgehalten, wurde in der Folge ‚nicht gerade eingezogen, aber doch in den Hintergrund gerückt'. Das ist die günstige Gelegenheit: Die Kirche soll sich des zurückgelassenen Emblems annehmen, die Sklaverei feierlich verurteilen und so eine Öffentlichkeit für sich gewinnen, die von ihren Gegnern monopolisiert werden sollte."[5]

Renault erinnert daran, daß diese Frage Lavigerie unablässig beschäftigte: Er kam 1881 und 1886, vor allem aber 1888 darauf zurück, als Leo XIII. eine Enzyklika vorbereitete, um die vom soeben gegründeten brasilianischen Staat beschlossene Aufhebung der Sklaverei zu begrüßen und zur Nachahmung zu empfehlen (*In plurimis* vom 5. Mai 1888). Bereits am 16. Februar 1888 hatte sich Kardinal Lavigerie in folgenden Worten an Leo XIII. gewandt: „Für mich ist es Pflicht und für Eure Heiligkeit eine erneute Gelegenheit, in den Augen der Welt den Heiligen Stuhl mit einer Initiative zu ehren, die zu ergreifen er heute allein fähig ist [...]."[6]

Mit ausdrücklicher Unterstützung des Heiligen Stuhls startete er 1888 eine Vortragsreihe, die ihn in die wichtigsten Städte Europas führte: Saint-Sulpice in Paris am 1. Juli, Prince's Hall in London am 31. Juli (auf Einladung der *Anti-Slavery Society*). Am Londoner Treffen, vom früheren Außenminister Leveson-Gower, Earl of Granville präsidiert, nahmen bedeutende kirchliche Persönlichkeiten teil. Katholiken, Anglikaner und Quäker besaßen im Ausschuß der *Anti-Slavery Society* die Mehrheit. Lavigerie betonte, es seien die Briten gewesen, die als erste der Sklaverei in Westindien den Kampf angesagt hätten. Namentlich nannte er William Wilberforce (1759–1833), Thomas Clarkson (1760–1846) und Sir Thomas Fowell Buxton (1786–1845) und erinnerte daran, daß letzterer der Gründer der Gesellschaft war, die ihn eingeladen hatte. Er beklagte, nach der Abschaffung der Sklaverei in Amerika und der Unterbindung des Sklavenhandels in Richtung Asien hätten sich die „christlichen Nationen" kaum mehr mit dem Problem befaßt. Laut Lavigerie war es David Livingstones (1813–1873) Verdienst gewesen, die Welt auf die Sklaverei in Afrika aufmerksam gemacht zu haben. Geschickt schloß er seine Ausführungen mit dem Zitat auf dem berühmten Epitaph Livingstones in der Londoner Westminster-Abtei[7]: „[...] Dreißig Jahre lang war sein Leben in unermüdlichen Anstrengungen der Evangelisierung der eingeborenen Stämme, der Erforschung unentdeckter Länder, der Bekämpfung des ruchlosen Sklavenhandels gewidmet." Auf der Grabplatte steht auch ein Wort Jesu aus Joh 10: „Ich habe noch andere Schafe, die sind nicht aus diesem Stall. Auch die werde ich herführen, und sie werden meine Stimme hören."

---

[5] F. RENAULT, Lavigerie, l'esclavage africain et l'Europe (1868–1892), 2 Bde., Paris 1971, I 167; DERS. – S. DAGET, Les traites négrières en Afrique, Paris 1985.

[6] PRUDHOMME, Stratégie missionnaire (s. Anm. 1) 389.

[7] J.-F. ZORN, Le grand siècle d'une mission protestante: La Mission de Paris de 1822–1914, Paris 1993, 40, sowie DERS., Le combat anti-esclavagiste chrétien au XIXe siècle, in: BSHPF 139 (1993) 635–652. Inschrift zit. nach J. MAISCH, Gute Nachricht allen Völkern. Bilder aus der evangelischen Missionsgeschichte, Stuttgart 1988, 78f.

In London sprach Lavigerie vor einem besser informierten und militanteren Publikum als in Paris. Mit seinen präzisen und gut belegten Ausführungen versuchte er, mögliche Kritik aus den Reihen der Protestanten von vornherein abzublocken. Zum einen wurde nämlich kritisiert, die katholische Kirche mache sich nun lauthals zur Vorreiterin im Kampf gegen die Sklaverei, nachdem sie früher selbst in den Sklavenhandel verwickelt gewesen sei. Zum anderen wurde moniert, Lavigerie sei stets für das Zusammengehen von militärischer und missionarischer Aktion eingetreten[8]. Für den bedeutenden deutschen Missionswissenschaftler und Reiseprediger Gustav Warneck (1834–1910) war der „moderne Kreuzzug" des Kardinals lediglich ein gefährliches und ineffizientes Kriegsspiel im Kampf gegen die Sklavenkarawanen. Dieser könne nur den Haß der Afrikaner auf die Europäer verstärken, den religiösen Fanatismus steigern und in Afrika einen Religionskrieg entfachen[9].

Der Kardinal setzte seine Vortragsreise in Brüssel, in Deutschland und in Italien fort. Überall entstanden auf seine Anregung hin Antisklaverei-Komitees. In der Schweiz, wo im Januar 1889 ein solches Komitee gegründet wurde, existierte bereits seit langem eine Antisklaverei-Gesellschaft, mehrheitlich mit protestantischen Mitgliedern. Für den 3. August 1886 war ein internationaler Kongreß in Luzern geplant, doch da die Katholiken dort, wie Mermillod vermerkte, vermutlich in der Minderheit gewesen wären, beschloß Lavigerie unter dem Vorwand, in Frankreich fänden am selben Tag die Wahlen für den *Conseil général* statt, das Kongreßdatum zu verschieben. Konnte es eine offizielle Annäherung nicht nur an die Anglikaner, sondern auch an die „Evangelikalen" geben? Schließlich fand der Kongreß am 22. und 23. September 1890 in Paris statt – in Abwesenheit des schweizerischen Komitees, das einzuladen man vergessen hatte.[10]

In protestantischen Kreisen erregte die Angelegenheit einiges Aufsehen und führte zu Spaltungen. Die Zeitschrift *Église libre* verurteilte „eine jener offiziösen Lügen, die die römische Kasuistik als läßliche, wenn nicht gar als verdienstvolle Sünde behandelt, sofern sie *ad maiorem Dei gloriam* geschieht". Gemäßigter, aber ohne die antiökumenischen „freikirchlichen" Kreise zu schonen, geißelte der Schweizer Korrespondent der *Revue chrétienne* „die extreme Rechte des Katholizismus und des Protestantismus, [die] sich im selben Haß und mit denselben Vorurteilen begegnet sind, obwohl die Abschaffung des Sklavenhandels eigentlich das Einvernehmen von Kirchen und Parteien erfordert"[11].

Das Unternehmen, das für Afrika wie für die protestantische Mission als gefährlich eingestuft wurde, stieß auch in der protestantischen Presse Frankreichs auf Kritik, die jedoch erstaunlich moderat ausfiel. Edmond de Pressensé etwa schrieb in der *Revue chrétienne*: „Ohne auf seine eigentlichen Absichten einzugehen, segne ich Kardinal Lavigerie in seinem römischen Purpur, weil seine empörte Stimme das Gewissen Europas wachgerüttelt hat; wir können ihm für den Kongreß in Brüssel, falls dieser sein Ziel erreicht, nicht genügend dankbar sein."[12]

Sogar F.-H. Krüger, Berichterstatter des *Journal des missions évangeliques*, dem Kardi-

---

[8] ZORN, Le grand siècle (s. Anm. 7) 41.
[9] G. WARNECK, Ein moderner Kreuzzug, in: AMZ 15 (1888) 497f.
[10] RENAULT, Lavigerie (s. Anm. 5) II 259f.
[11] L. RUFFET, Le Congrès de Lucerne, in: L'Église libre, August 1889, 258.
[12] Zit. nach ZORN, Le grand siècle (s. Anm. 7) 42.

nal gegenüber grundsätzlich kritisch eingestellt, mußte beim Tod des Würdenträgers einräumen:

„Dieser Prälat, Doktor der Sorbonne, Diplomat, Primas von Afrika, hat vorgelebt, daß es stets das Apostolat unter den Heiden sein wird, das den echten Christen zutiefst fasziniert, ihn zutiefst begeistert und ihn schließlich über sich hinauswachsen läßt."[13]

Lavigerie seinerseits räumte anläßlich der Abreise von fünf Weißen Vätern nach Zentralafrika ein, daß seit zwanzig Jahren „Missionare häretischer Sekten [sic!] aus England, Deutschland oder Amerika in unbekannte Regionen Afrikas vorgestoßen sind, großmütig alles Leiden auf sich genommen, dem Tod getrotzt und ihn erwartet haben, während es keinem katholischen Priester in den Sinn gekommen wäre, ihnen voranzugehen oder zu folgen"[14].

Hauptabsicht des Erzbischofs war es gewesen, mit seiner öffentlichen Kampagne die offizielle Intervention der Staatengemeinschaft zu provozieren. So erklärte er ausdrücklich im Oktober 1888:

„Die Regierungen aller Länder, selbst die absolutistischsten, gehorchen der öffentlichen Meinung, wenn diese sich ständig aktiv einmischt [...]. Unser Auftrag ist es, dank unserer Sachkenntnis in den Herzen der Menschen Mitleid zu erregen [...]. Am Tag, an dem die Öffentlichkeit für diese Sache gewonnen sein wird, wird sie sich ihrer annehmen."[15]

Ein Jahr danach tagten auf Einladung Großbritanniens Vertreter von sechzehn Staaten sowie des Sultanats von Sansibar von November 1889 bis Juli 1890 in Brüssel. Lavigerie wandte sich an die Konferenz und forderte sie auf, gegen den aufständischen Mahdi (Muhammad Ahmad bin Abdallah, 1844–1885) vorzugehen, der weiterhin Buganda bedrohte, wo sich die christlichen Missionen mit einem Stimmungsumschwung der örtlichen Machthaber konfrontiert sahen. Der Kardinal hatte durch den internationalen Erfolg seiner mit größtem persönlichen Einsatz geführten Kampagne an Ansehen gewonnen. Das erkannten auch die meisten Protestanten an. Lavigeries Kampagne rüttelte ihr etwas erlahmtes Gewissen auf, den Kampf gegen die Sklaverei weiterzuführen. Innerhalb der *Evangelischen Allianz* führte sie sogar zu einer Klärung der Positionen, die zugunsten der gemäßigten evangelischen Protestanten ausfiel. Bei der ökumenischen Konferenz der *Evangelischen Allianz*, die sich am 10. April 1891 in Florenz versammelt hatte, stand die Frage der Sklaverei auf der Tagesordnung. Schließlich verabschiedete die Konferenz eine Resolution, worin sie die verschiedenen Gruppen einlud, „auf der Basis des Evangeliums unverzüglich die Schaffung von nationalen Vereinigungen gegen die Sklaverei zu betreiben. Sie würde es begrüßen, wenn sich solche Vereinigungen, falls möglich, zu gemeinsamem und wahrhaft christlichem Handeln zusammenschlössen". Die Resolution war möglich geworden im Anschluß an ein ausführliches Referat Louis Ruffets, Professor für Kirchengeschichte an der Fakultät für Protestantische Theologie in Genf und militanter Abolitionist, der über „die Pflicht der evangelischen Christen in der Frage der Sklaverei in Afrika" gesprochen hatte. Er berief sich auf Lavigeries Kampagne, rief die Protestanten zur Nachahmung auf und bat sie, die sterile Diskussion darüber, ob es die protestantischen Kirchen gewesen seien, die sich als erste in diesem Kampf engagiert hätten, außer acht zu lassen: Denn nun gehe es darum, die schmerzliche Isolation der wenigen angelsächsischen Missionare zu

---

[13] F.-H. Krüger, Chronique des missions, in: JME 68 (1893) 39.
[14] Lavigerie, Écrits d'Afrique, Alger – Paris 1966.
[15] Zit. nach F. Renault, Le cardinal Lavigerie, Paris 1992, 569.

durchbrechen, die sich vor Ort diesem Kampf widmeten. Die evangelischen Christen müßten sich einigen, um „eine Armee der tätigen Liebe auszuheben, ein Goldenes Kreuz neben dem Roten und dem Blauen Kreuz zu errichten, als Symbol der Erlösung der Seelen und des Leibes". Das vereinte Handeln der Gegner der Sklaverei und der Missionare sollte den Afrikanern vor Augen führen, daß das Christentum „nicht wie der Araber mit Feuer und Schwert, sondern mit heilender und bewahrender Liebe" zu ihnen kam.

Nach seiner Rückkehr in die Schweiz wurde Ruffet von der Delegiertenkonferenz der *Evangelischen Allianz* beauftragt, eine *Hilfsgesellschaft für afrikanische Sklaven* ins Leben zu rufen, die schließlich am 4. Februar 1892 die an ihren konfessionellen Spannungen zerbrochene *Schweizerische Antisklaverei-Gesellschaft* ablöste. 1898 entsandte diese Gesellschaft den Arzt Roderich de Prosch und den Missionar Samuel Junod an den Unterlauf des Senegal, wo französische Missionare zwanzig Jahre zuvor in Saint-Louis eine Zufluchtsstätte für Angehörige des Volkes der Bambara errichtet hatten, die vor ihren muslimischen Herren geflüchtet waren. Von seiten Proschs kam der Einwand, das neue Heimprojekt sei angesichts der von der Verwaltung errichteten Freiheitsdörfer hinfällig. Hinzu kam, daß er auf die Binnensklaverei, die inzwischen stärker ins Gewicht fiel als der eigentliche Sklavenhandel, nicht richtig zu reagieren vermochte. Die schweizerische Hilfsgesellschaft folgte ratlos den Schlußfolgerungen von Proschs Bericht. Sie beschloß die Selbstauflösung und stellte ihre beiden Vertreter der *Pariser Mission* zur Verfügung. Es sollte nicht lange dauern, bis an die Stelle des ersten Heims eine autonome Kirche trat, die die einst versklavten Bambara um eine von ihnen 1904 errichtete Kapelle versammelte. Das in Bordeaux ansässige Unterstützungskomitee dieser Kirche löste sich 1909 auf[16].

So endete zeitgleich das abolitionistische Engagement der französischen und der Schweizer Protestanten, die sich um einige Persönlichkeiten aus Politik und Kirche, unter ihnen Henri Dunant (1828–1910), den berühmten Gründer des *Roten Kreuzes*, gruppiert hatten. Die Episode ist bezeichnend für das Zögern der Protestanten im ausgehenden 19. Jh., die sich nicht im klaren waren über die Rechtmäßigkeit des Kampfes gegen die Sklaverei, der antiislamische Züge anzunehmen drohte. Der Vorgang zeigt aber auch, daß sich, obschon langsam und nur zögerlich, ein ökumenisches Bewußtsein anbahnte.

II. Mission und Kolonisierung

Der Kampf gegen die Sklaverei und die Beteiligung der christlichen Missionen an der kolonialen Expansion fand vor dem Hintergrund der Auseinandersetzung über die Kirche, der „Trägerin der Zivilisation", statt. In diesem Sinn war die missionarische Tätigkeit ein privilegierter Aspekt jener Harmonisierungsstrategie zwischen Kirche und moderner Gesellschaft, auf die das ganze Trachten Leos XIII. ausgerichtet war: „So weit der menschliche Verstand in der Lage ist", schreibt er 1894, „die Ereignisse zu beurteilen, so scheint es evident, daß Gott Europa mit der Aufgabe betraut hat, die Wohltaten der christlichen Zivilisation in der Welt zu verbreiten."[17] Hatte er nicht bereits zu Beginn seines Pontifikats die

---

[16] B. GIRARDIN, Le mouvement anti-esclavagiste genevois, de 1860 à 1900, et son écho en Suisse, in: Genève – Afrique 22/2 (1984) 14–36.
[17] *Praeclara gratulationis* vom 20. 6. 1894, zit. nach PRUDHOMME, Stratégie missionnaire (s. Anm. 1) 395.

Kirche zur „Amme, Herrscherin und Mutter der Zivilisation"[18] erhoben? Dieser Überzeugung war nicht nur Kardinal Lavigerie, sondern die Missionare insgesamt. Auf seiten der protestantischen Kirchen wirkten vor allem amerikanische Intellektuelle als Bannerträger der weltweiten Missionsarbeit und der kirchlichen Einigungsbestrebungen, so etwa James S. Dennis, R. E. Speer und John R. Mott (1865–1955), die sich für diese Konvergenz von sozialem, erzieherischem und juristischem Fortschritt einerseits und missionarischem Werk andererseits einsetzten[19]. Diese von liberalen Theologen vorbehaltlos unterstützte Sicht stieß bei jenen, die auf den Vorrang des Bekehrungswerkes pochten, auf gewisse Bedenken, implizierte sie doch tatsächlich eine Ambivalenz, gegen die weitsichtige Leute wie Lavigerie reagierten: Vernachlässigung der einheimischen Kultur und Durchsetzung des „westlichen Kulturmodells" im Zuge der christlichen Glaubensverkündigung. Diese Ambivalenz wurde immer dann manifest, wenn aus dem Nebeneinander eine aktive Unterstützung der Kolonialmächte und ihrer Interessen resultierte. Zu Recht bemerkt C. Prudhomme, zu diesem Thema lägen von seiten Leos XIII. keinerlei systematische theologische Reflexionen, sondern lediglich Gelegenheitsantworten vor. Bei den Protestanten hingegen fiel die Reaktion eindeutiger aus. Einige Monate vor der Berliner Kongokonferenz hatte die französische Regierung verlangt, die britischen Missionare auf Madagaskar seien nach dem Handstreich gegen Tamatave abzuziehen und durch Pfarrer zu ersetzen. Alfred Boegner hatte dieser Bitte nicht entsprochen, weil er „das Einhergehen von militärischen Aktionen und religiöser Tätigkeit" ablehnte[20]. 1887 sollte dann François de Mahy, Deputierter von La Réunion, den französischen Protestanten in diesem Zusammenhang mangelnden Patriotismus vorwerfen. Daraufhin antworteten die Leiter der *Pariser Mission* öffentlich, „es gibt eine andere Kolonialpolitik, die allen Menschen ihre Rechte zuerkennt: Sie eröffnet ihnen die Reichtümer ihres eigenen Landes; sie lehrt sie, aus ihnen Nutzen zu ziehen. Sie geht mit ihnen freundschaftliche Verbindungen ein. Sie pflegt regen Austausch mit ihnen. Dieser bringt ihnen Wohlstand, bereichert aber auch das Mutterland und sichert seinen Kindern das tägliche Brot, das deshalb so gut schmeckt, weil es nicht die Frucht von Ungerechtigkeit ist."

Angesichts der erneut entfachten antiprotestantischen und 1893 besonders virulenten Kampagne des Deputierten Mahy in dieser Angelegenheit begnügte sich der Ausschuß der *Société des missions évangeliques de Paris* nicht mit einer energischen Antwort. Vielmehr ergriff er die Gelegenheit und entsandte Pfarrer, um vor Ort zu untersuchen, unter welchen Bedingungen man die Beziehungen zwischen den ausländischen Missionen und der französischen Verwaltung gewährleisten könnte. In der Zwischenzeit hatte sich nämlich der internationale Status der französischen Präsenz auf Madagaskar präzisiert: 1896 wurde Madagaskar zur französischen Provinz erklärt. Der Missionsdelegation von 1896 gab der Ausschuß den Auftrag, „zu versuchen, das Vorurteil abzubauen, Frankreich sei mit dem Katholizismus identisch, die Anpassung des madagassischen Protestantismus an die veränderte Situation zu fördern und dessen freie Entfaltung zu sichern". Damit war der Weg frei für eine positive Antwort auf die offizielle Anfrage, die Generalgouverneur Joseph Si-

---

[18] *Inscrutabili Dei consilio* vom 28. 5. 1878, zit. nach PRUDHOMME, Stratégie missionnaire (s. Anm. 1) 377.

[19] W. R. HUTCHINSON, Un contrepoids moral de l'impérialisme: les Américains et la promotion de la „civilisation chrétienne" 1880–1910, in: Missionary Ideologies in the Imperialist Era, 1880–1920, Bogtrykkergarden (Dän.) 1982, 167–178.

[20] ZORN, Le grand siècle (s. Anm. 7) 182–192.

mon Gallieni kurze Zeit später mit Blick auf eine mögliche Intervention an die *Pariser Mission* richtete. Doch schon bald sollte die Zeit kommen, da sich die madagassischen Protestanten auf internationaler Ebene gegen die ungebührlichen Hoheitsansprüche der Nachfolger Gallienis zur Wehr setzen mußten[21].

Die Zusammenarbeit mit den lokalen Verwaltungen stellte für die Missionen eine Herausforderung dar, auf die sie ganz unterschiedlich reagierten, wie die Darstellung ihrer Tätigkeit vor Ort erweisen wird.

In Deutschland und Großbritannien, zwei bedeutenden Nationen mit beachtlicher protestantischer missionarischer Tradition, sind zwischen Mission und Kolonisierung durchaus vergleichbare Spannungsfelder auszumachen. Im Februar 1885 warf das anglikanische Missionsblatt *Church Missionary Intelligencer and Record* in einem polemischen Artikel dem protestantischen Deutschland vor, es in einer Zeit, da das Land „in die Arena der Kolonisation getreten ist", an evangelischem Missionsgeist fehlen zu lassen[22]. Ein Jahr später, auf dem Höhepunkt der kolonialen Euphorie, wurden hier dann zwei Missionsgesellschaften gegründet, die *Gesellschaft für evangelisch-lutherische Mission in Ostafrika* und die *Evangelische Missionsgesellschaft für Deutsch-Ostafrika*. Wie in Frankreich wurden auch in Deutschland sofort Stimmen laut, die die Verantwortlichen der neuen Gesellschaften vor einer „Nationalisierung" der Werke warnten bzw. davor, daß diese in den Dienst der wirtschaftlichen und politischen Interessen Deutschlands gestellt würden[23]. Auf die Unterstellung des anglikanischen Polemikers in genanntem Missionsblatt, die deutsche Religionswissenschaft bedeute den Tod des missionarischen Geistes, versuchte der Missionswissenschaftler Warneck, auf theologischer Ebene zu antworten. Er bestreite dies, obwohl nicht zu übersehen sei, daß die liberalen theologischen Kreise sehr nationalistisch eingestellt seien. Zudem könnten die zwischen den Kolonialmächten, insbesondere zwischen Großbritannien und Deutschland, tatsächlich herrschenden starken Spannungen niemals auf das vom Geist des evangelischen Internationalismus getragene Missionswerk übergreifen[24].

China schließlich – Schauplatz starker missionarischer Expansion sowie rivalisierender imperialistischer Interessen – war kurz nach der Jahrhundertwende Gegenstand einer aufschlußreichen Kontroverse. Henri Joly, Mitglied des Pariser Kapitels, veröffentlichte 1907 ein umfangreiches Werk mit dem Titel *Les Missions d'Extrême-Orient*, in dem er nachwies, wie erfolglos die Mission in China geblieben war, verglichen mit der ebensolangen Christianisierungsphase der römischen Welt in den ersten vier Jahrhunderten unserer Zeitrechnung. Schuld daran war seiner Meinung nach nicht der mangelnde Eifer der Missionare, sondern ihre unangemessenen Methoden. Das gelte insbesondere für die Jesuiten, die die breiten Bevölkerungsschichten vernachlässigt, sich auf die Bekehrung der gebildeten Schicht beschränkt und insbesondere den Ortsklerus in untergeordneten und niederen Positionen belassen hätten. Das Werk rief vor allem innerhalb der Gesellschaft Jesu einen Sturm der Entrüstung hervor, weckte aber auch das Interesse des belgischen Lazaristen

---

[21] H. VIDAL, La séparation des Églises et de l'État à Madagascar, Paris 1970, 37–126.

[22] G. WARNECK, Ein englisches Urteil über den Einfluß der deutschen Kolonialpolitik auf die Mission, in: AMZ 12 (1885) 140–145, zit. 142.

[23] Vgl. dazu W. HOLSTEIN, Les protestants allemands, in: M. MERLE (Hrsg.), Les Églises chrétiennes et la décolonisation. Cahiers de la Fondation nationale des sciences politiques, Paris 1967, 284f.

[24] WARNECK, Ein englisches Urteil (s. Anm. 22) 144.

Vincent Lebbe (1877–1940), der eine stärker auf die chinesische Mentalität ausgerichtete Seelsorgestrategie verfolgte und die Schirmherrschaft der ausländischen Regierungen anprangerte. Von Joly übernahm er das Programm der „vollständigen Hierarchie", d. h. einer auch den Episkopat umfassenden chinesischen Geistlichkeit. Diese Forderung erfüllten dann zwanzig Jahre später die Verantwortlichen der katholischen Kirche, die mit Lebbe der Meinung waren, Joly habe, obwohl nie in der Überseemission tätig, die Schwachstelle des mit dem europäischen Zivilisationsmodell in außereuropäische Länder exportierten Christentums aufgedeckt. In den Augen der Vertreter der verschiedenen Kulturen, die – wie Lavigerie geahnt hatte – allein in der Lage waren, eine echte Ortskirche aufzubauen, blieb das Christentum, besonders in China, eine fremde Religion[25].

III. Erste Annäherungen der Kirchen im Hinblick auf die Einheit der Christen

Ziel der Annäherung der Kirchen war der Zusammenschluß der protestantischen Missionsgesellschaften, die, anders als die Kirchen, überkonfessionell strukturiert waren. Seit 1860 gab es regelmäßige Versammlungen auf weltweiter oder kontinentaler Ebene, wobei es insbesondere um die Aufteilung der Missionsterritorien ging. Anläßlich der dritten Weltmissionskonferenz von 1888 in London wurden ökumenische Grundsätze erarbeitet, die *comity agreements*, das gute Einvernehmen betreffend. Gemäß diesem Grundsatz wurden unter Berücksichtigung der Umstände, des Gebietes und der Verbreitung des Missionswerkes in einem Land die „Missionsfelder" festgelegt. Dem Geist der *Evangelischen Allianz* entsprechend, die die Beziehungen zwischen den protestantischen Missionsgesellschaften regelte, sollten diese *comity agreements* helfen, die konfessionellen und nationalen Differenzen der Gesellschaften zu überwinden, um, wie Alfred Boegner, Leiter der *Pariser Mission*, formulierte, „das Eindringen in das Arbeitsfeld anderer zu unterbinden"[26].

Theoretisch gibt es kaum Gemeinsamkeiten zwischen diesen *comity agreements* und dem katholischen *ius commissionis*, war doch die jeweilige kirchliche Autorität von ganz anderer Natur: hierarchisches System unter der Autorität der Propaganda-Kongregation auf der einen, einvernehmliches, nur der Konferenz verpflichtetes System auf der anderen Seite. Gleichwohl sahen sich die beiden Prinzipien bald mit der Realität der politischen und konfessionellen Grenzen konfrontiert, was nach der Aufteilung der Kolonien in der Folge der Berliner Kongokonferenz noch durch den Gedanken der territorialen Abgrenzung verschärft wurde. Diese Entwicklung brachte die Mission in die Gefahr, ihre universalistischen Züge zu verlieren. 1900 fand in New York eine noch wichtigere Konferenz statt, die sich – ein Novum – auf die imposante statistische und kartographische Arbeit von J. S. Dennis stützen konnte. Die Folge davon war, daß sich die protestantische Missionsbewegung stärker organisierte und mit großer Sorgfalt eine weitere Weltkonferenz vorbereitete, die allgemein als die Geburtsstunde der ökumenischen Bewegung gilt. Die Konferenz versammelte im Juni 1910 in Edinburgh 200 Vertreter von 150 Missionsgesellschaften, mehrheitlich Europäer und Nordamerikaner. Vorbereitet worden war die Konferenz in

---

[25] M. Cheza, Le débat autour des thèses du chanoine Joly (1847–1909), in: Sciences de la mission et formation missionnaire au XXe siècle, Lyon 1992, 53–66.
[26] A. Boegner, La troisième conférence universelle des missions, in: JME 63 (1888) 321f.

den betroffenen Ländern durch acht Kommissionen, die sich auf eines der folgenden Themen spezialisiert hatten: 1. Die Ausbreitung des Evangeliums über die nichtchristliche Welt; 2. Die Kirche auf dem Missionsfeld; 3. Die Missionsschule und die Christianisierung des nationalen Lebens; 4. Die Botschaft der Mission im Blick auf die nichtchristlichen Religionen; 5. Die missionarische Vorbildung; 6. Die Grundlage der Mission in der Heimat; 7. Mission und Regierung; 8. Zusammenarbeit und Förderung der Einheit[27].

Der Bericht der achten Kommission beschäftigte sich in zwei Phasen mit Fragen der Zusammenarbeit und der Einheit: Es ging um die Definition eines Grundsatzes als Fundament der Zusammenarbeit von Missionsgesellschaften mit dem Ziel, „in jedem nichtchristlichen Land eine einzige und ungespaltene Kirche Christi wachsen zu sehen". Dieses in Edinburgh bekräftigte Prinzip entspricht völlig den bereits 1888 verabschiedeten *comity agreements*. In Anbetracht der Unterschiedlichkeit der in unmittelbarer Nähe voneinander tätigen Missionsgesellschaften und der daraus entstehenden Konflikte sollte dieses Prinzip in territoriale Begrenzungen umgesetzt werden, die das Tätigkeitsfeld jeder Gesellschaft festlegten. Doch auch die Zusammenarbeit sollte weitergeführt und vertieft werden, weshalb die Konferenz von Edinburgh die regelmäßige Abhaltung von kontinentalen Konferenzen sowie gemeinsame Tätigkeiten empfahl, insbesondere was die Übersetzung der Bibel, die Erziehung, ja sogar die theologische Ausbildung und die Evangelisation betraf.

Was die Idee des Zusammenschlusses und der Einheit einheimischer Kirchen angeht, so gab es ermutigende, aber vorerst noch begrenzte Erfahrungen und Versuche. Vor allem in China stieß die Idee einer sämtliche protestantischen Denominationen umfassenden Kirche auf fruchtbaren Boden. Doch bevor es soweit war, mußten sich in China wie in den übrigen Ländern Presbyterianer, Anglikaner, Methodisten und Lutheraner zuerst innerhalb ihrer eigenen Denomination zusammenschließen; das war zumindest die dringliche Bitte der asiatischen Delegierten der Konferenz von 1910. Versuche in diese Richtung wurden in Japan, in China und in Indien unternommen. Der gleiche Elan führte 1911 bzw. 1913 zur Gründung der *Conseils intermissionnaires* im Belgisch-Kongo bzw. auf Madagaskar.

Die Konferenz von Edinburgh hatte gezeigt, welche Schwierigkeiten den Protestanten aus ihrer Spaltung erwachsen würden. Um sie zu überwinden, war im Anschluß an die Arbeit der achten Kommission ein international und interkonfessionell besetzter Fortsetzungsausschuß mit 35 Mitgliedern geschaffen worden. Sein Zweck war unter anderem, „den Missionsausschüssen immer dann zur Verfügung zu stehen, wenn sich diese zu gegenseitigem Austausch und gemeinsamen Aktivitäten zusammenfinden wollten"[28]. Nach Auffassung seiner Gründer – zu ihnen gehörte auch Alfred Boegner aus Frankreich – war dieser Ausschuß eine Etappe auf dem Weg zur Bildung einer ständigen internationalen Kommission der protestantischen Missionen. Dieses Ziel sollte erst 1921 in Lake Mohonk im Bundesstaat New York mit der Gründung des *Internationalen Missionsrates* erreicht werden.

Zwei Persönlichkeiten, Mitglieder der christlichen Studentenbewegung, hatten in der Vorbereitungsphase aktiv mitgewirkt und bekleideten nun eine entscheidende Stellung in diesem Fortsetzungsausschuß: John R. Mott (1865–1955) und Joseph H. Oldham (1865–

---

[27] R. ROUSE – S. C. NEILL, Geschichte der Ökumenischen Bewegung 1517–1948, 2 Bde., Göttingen 1958–1963, 486–497. ZORN, Le grand siècle (s. Anm. 7) 687–704.
[28] M. SPINDLER, International Missionary Council, in: DHGE XXV (1995).

1955). Parallel dazu entstanden zwei weitere ökumenische Bewegungen: *Life and Work (Praktisches Christentum)* und *Faith and Order (Glaube und Kirchenverfassung)*. Letztere setzte sich für die Annäherung der Kirchen auf dem Fundament der Lehre sowie der Kirchenordnung ein. Pionierhaft tätig waren hier Mitglieder der amerikanischen Episkopalkirche: die Bischöfe Charles H. Brent (1862–1929) und C. I. Anderson sowie Robert Gardiner (1855–1924), ein Laie, der das Generalsekretariat leitete. Innerhalb eines Jahres erreichten sie die Zustimmung von 18 amerikanischen Kirchen zu dem von einer erweiterten Versammlung im Mai 1913 in New York festgelegten Einigungsplan auf der Basis eines gemeinsamen Glaubensbekenntnisses. Jede Kirche war frei, diesen Vorschlag anzunehmen oder nicht, doch sollte sie sich zumindest Christi Aufruf zur Einheit verpflichtet wissen [29].

Gardiner war kurz vor Ausbruch des Ersten Weltkrieges sogar nach Europa gereist, um dort bei katholischen Persönlichkeiten zu sondieren, ob sie bereit seien, sich als Unterhändler beim Vatikan zu verwenden. So kam es beispielsweise zu einem Treffen mit Fernand Portal, der zu jener Zeit im Zentrum eines Beziehungsgeflechts Gleichgesinnter stand, die den Dialog mit den protestantischen Kirchen in Europa und den orthodoxen Kirchen in Rußland und im Orient aufnehmen wollten. Portal war durch eine Meinungskampagne bekannt geworden, die mit der Veröffentlichung – unter dem Pseudonym Dalbus – einer Schrift mit dem Titel *Les ordinations anglicanes* begonnen hatte und in zwei Zeitschriften, *Revue anglo-romaine* und später *Revue catholique des Églises*, weitergeführt wurde. Diese Kampagne wurde von Portal und Lord Charles Lindley Wood Halifax (1839–1934), die eine innige Freundschaft verband, gemeinsam geführt [30]. Schon bald gelang es, zwischen Canterbury und Rom offiziell die Frage nach der Gültigkeit der anglikanischen Weihen seit dem Bruch im 16. Jh. zu stellen. Louis Duchesne (1843–1922), der neue Leiter der *École Française de Rome*, investierte im Rahmen der von Leo XIII. einberufenen Kommission zur Untersuchung dieser heiklen Frage seine ganze Kompetenz als Historiker. Für Duchesne war es die Gelegenheit, öffentlich das historische Fundament der „ökumenischen Liebe" des Bischofs von Rom wie der Universalität seiner Jurisdiktion herauszuarbeiten [31]. Doch da die Kardinalskommission die Frage in der Enzyklika *Apostolicae curae* im September 1896 (vgl. unten) negativ entschied, gab Portal das Ziel einer sichtbaren Vereinigung der Kirchen allmählich auf. Im kirchlichen Untergrund arbeitete er nun an der Bildung eines aus Akademikern und Geistlichen bestehenden Gelehrtenkreises, der fähig wäre, den Dialog mit Angehörigen anderer Konfessionen aufzunehmen. Daneben widmete er sich der Armenseelsorge, die schon bald seine ganzen Kräfte beanspruchte. „Die Einheit, die nun vorbereitet wird, wird von innen kommen", schrieb Portal in Anlehnung an seinen Schüler Abbé Gratieux: „Die Christen müssen sich Christus nähern, um sich einander anzunähern." Dieser auf der Nachahmung Christi beruhende „Konvergenz-Ökumenismus" setzte einen langen Atem voraus, um eine Geisteshaltung zu verändern, die den „Glaubenswahrheiten" den Vorrang vor der „Theologie" und ihren Kontroversen einräumte. Dieser Auftrag sollte im Respekt vor der Eigenart jedes Partners erfüllt werden – was 1912 in Portals prophetischen Worten seinen Ausdruck fand:

„Die Latinisierung der Welt ist kein Ideal; auf diesem Weg wird die Kirche nicht katho-

[29] C. H. Hopkins, John R. Mott, 1865–1955. A Biography, Grand Rapids (Mich.) 1979.
[30] R. Ladous, M. Portal et les siens 1855–1926, Paris 1985.
[31] B. Waché, Monseigneur Louis Duchesne (1843–1922), Rom 1992, 329–402.

lisch werden, vielmehr muß sie jeder Rasse die Möglichkeit geben, dem christlichen Leben auf ihre Weise Ausdruck zu verleihen."[32]

Diese wenigen Linien legten die Grundzüge eines neuen theologischen Ansatzes für die Kirche und ihren Auftrag fest. Zur selben Zeit hatte der junge Theologe Louis Capéran (1884–1962) aus Toulouse mit *Le problème du salut des infidèles. Essai historique* (1912)[33] eine wichtige Dissertation zur Heilsfrage der Heiden vorgelegt. Gestützt auf eine Untersuchung der gesamten christlichen Tradition und insbesondere auf Thomas von Aquins *De veritate*, verwarf er die restriktive Interpretation der alten Formel „Außerhalb der Kirche gibt es kein Heil". Die wahre Kirche, so Capéran, versammele in derselben, von ihrem Haupt und Bräutigam Jesus Christus belebten Geistesfamilie „alle Gerechten der alten und der neuen Zeit", um mit Israel „den idealen Gottesstaat"[34] zu bilden. Diese Sicht entsprach keineswegs derjenigen Roms, deren Wortführer in dieser Angelegenheit zwischen 1919 und 1923 Kardinal Louis Billot (1846–1931) sein sollte[35].

IV. Die Anfänge der Missionswissenschaft

Die Begründer der unmittelbar mit der Theologie der Kirche verknüpften Missionswissenschaft waren Alexander Duff (1806–1878), erster Inhaber des Lehrstuhls für *Evangelistic Theology* an der Universität Edinburgh, und Pfarrer Gustav Warneck (1834–1910), für den kurz vor seinem Tod ein Lehrstuhl für Missionswissenschaft in Halle eingerichtet wurde. In seiner in drei Bänden (von ihm ‚Abteilungen' genannt) zwischen 1892 und 1905 publizierten *Evangelischen Missionslehre. Ein missionstheoretischer Versuch* forderte Warneck für den Missionsbegriff eine zentrale Funktion. Dieser sollte die wichtigsten Zweige der Theologie beleuchten: Dogma, Moral, Geschichte und Anthropologie. Warneck vertrat die Auffassung, die Evangelisation übersteige die konfessionellen Grenzen und gehe alle Menschen in ihrer individuellen Existenz wie in ihrer kollektiven Geschichte an. Trotzdem definierte er die Mission als einen Auftrag, der sich auf die „Pflanzung und Organisation" einer mit der Bekehrung der Nichtchristen betrauten Kirche beschränkte[36]. Sein Einfluß ging weit über Deutschland hinaus. In seinem Bericht an die *Londoner Missionskonferenz* von 1888 empfahl er die Errichtung eines Koordinationszentrums der Missionen, ein nach der Konferenz von Edinburgh aufgegriffenes und realisiertes Projekt. Er war zusammen mit J. S. Dennis der Begründer der amerikanischen Schule für Missionsstatistik und -kartographie. Selbst der Vertreter der katholischen Missionswissenschaft, der Elsässer Josef Schmidlin (1876–1944), für den die preußische Verwaltung 1911 einen Lehrstuhl in Münster in Westfalen schuf, berief sich auf ihn – und war es auch nur, um dem Vorwurf des Hallenser Missionswissenschaftlers zu begegnen, den Katholiken fehle es gänzlich an Missionsliteratur. Schmidlin seinerseits hatte einen nicht unbedeutenden Einfluß auf die

---

[32] Brief von F. Portal an Mad. Galice vom 27. August 1912, in: Ladous, Portal (s. Anm. 30) 263.

[33] Eine erweiterte Neuauflage erschien 1934.

[34] Ebd. II 60: „Der wahre Bereich der Kirche deckt sich nicht mit ihrem sichtbaren Besitz."

[35] La Providence divine et le nombre infini d'hommes hors de la voie normale du salut, in: Études (Okt. 1919 – Aug. 1923).

[36] Th. Sundermaier, Theologie der Mission, in: Lexikon missionstheologischer Grundbegriffe, Berlin 1987, 470–472.

Anfänge der italienischen Missionswissenschaft. Er betonte die Zugehörigkeit zur Kirche durch Bekehrung und Taufe, einer Kirche, die er mit dem Reich Gottes identifizierte [37].

Zwei Ansätze beherrschten die Anfänge der Missionswissenschaft: der historische und der ethnologische Ansatz. Ersterer wird meisterhaft dargestellt von Adolf von Harnack (1851–1930), Professor für Kirchengeschichte an der Universität Berlin, in seinem Werk über *Die Mission und Ausbreitung des Christentums im Mittelmeerraum in den ersten drei Jahrhunderten*. Es erschien 1902, zwei Jahre nach der Publikation seines wohl berühmtesten Werkes, *Das Wesen des Christentums*, und wurde dreimal neu aufgelegt. Der zweite, ethnologische Ansatz war zweifellos der fruchtbarste, verband er doch die Missionswissenschaft mit einer anderen neuen Religionswissenschaft, der Kulturanthropologie. Die bedeutendste Persönlichkeit dieser zweiten Richtung war der Priester und Ethnologe Wilhelm Schmidt SVD (1868–1954), der am Missionsseminar in Mödling bei Wien, seit 1921 an der Universität Wien lehrte. International bekannt wurde er 1906 mit der Gründung der Zeitschrift *Anthropos*, in der zwischen 1908 und 1912 eine von ihm angeregte bedeutende Kollektivuntersuchung über den Ursprung der Gottesidee veröffentlicht wurde. Anhand strenger Beobachtung konstruierte er die These des ursprünglichen Monotheismus aller sogenannten „primitiven" Völker. In Zusammenarbeit mit Frédéric Bouvier machte er den Klerus und das europäische Bildungsbürgertum mit der vergleichenden Religionswissenschaft bekannt, indem er 1911 und 1913 in Löwen die ersten *Internationalen Wochen für Religionsethnologie* organisierte. Diese trugen dann viel dazu bei, daß sich die Missionare eine Meinung über die Notwendigkeit des Einbezugs lokaler Kulturen in das Christentum bildeten [38]. Schmidts Forschungen waren vor allem für jene Missionare von Bedeutung, die sich schon immer mit dem wissenschaftlichen Studium der Sprache, der Bräuche und der Geschichte jener Völker befaßt hatten, bei denen sie lebten. Erwähnt seien stellvertretend für viele andere die Namen zweier französischer Mitglieder der *Kongregation der Väter vom Heiligen Geist*, die im Westen bzw. im Osten Äquatorialafrikas tätig waren: Charles Sacleux, der bedeutende Spezialist für Suaheli-Sprache und -Kultur, und Alexandre Le Roy, Autor einer 1909 erschienenen *Religion des primitifs* [39].

---

[37] K. Müller, Josef Schmidlin (1876–1944). Papsthistoriker und Begründer der katholischen Missionswissenschaft, Nettetal 1989. Vgl. auch W. Henkel, Centre de recherches germaniques, in: Sciences de la mission (s. Anm. 25) 88–94.

[38] J. Pirotte, Pierre Charles à Louvain, in: Ebd. 69f. Vgl. auch R. Aubert, Aux origines des semaines d'ethnologie religieuse, in: J.-P. Hendrickx u. a. (Hrsgg.), Le cardinal Mercier (1881–1926). Un prélat d'avant-garde. Hommage au professeur Roger Aubert, Löwen 1994, 141–166.

[39] H. Leclère, Le Roy, in: Catholicisme VII (1972) 443–448, sowie J. Gadille, Sacleux, in: Catholicisme XIII (1991) 263f. Im deutschen Raum begann Wilhelm Schmidt 1912 mit der Veröffentlichung von *Der Ursprung der Gottesidee*.

Viertes Kapitel

Modernismus und Religionswissenschaften

VON JACQUES GADILLE

Seit den Gebrüdern Lamennais waren aufgeklärte Geistliche stets bestrebt gewesen, sich auf der Höhe der wissenschaftlichen Anforderungen ihrer Zeit zu halten. Um so schmerzlicher wurde ihnen bewußt, daß die Kluft zwischen dem Unterricht in den Seminaren und dem insbesondere in Deutschland zu beobachtenden wissenschaftlichen Fortschritt in den Disziplinen Kirchengeschichte und Bibelkritik immer größer wurde. Bereits in den sechziger Jahren des 19. Jh. hatte Renans *Leben Jesu* in Frankreich keine dem Gegenstand angemessene Widerlegung gefunden[1].

I. Christliche Antworten auf die Herausforderung der Wissenschaft

Nie hatte es dem bedeutenden Priesterseminar Saint-Sulpice in Paris an kompetenten Sprachgelehrten gemangelt, die die authentischste Textversion der Heiligen Schrift zu eruieren verstanden: Jean-Baptiste Glaire und Antoine Garnier, A. Le Hir und Fulcrand Vigouroux. Vigouroux' *Bible polyglotte*, abgelöst durch die Übersetzungen des Kanonikers A. Crampon (1826–1894), wurde immer wieder neu aufgelegt und erreichte 1917 die 14. Auflage. Doch war die Trennung zwischen dem Textstudium und dem dogmatischen Kommentar eben dieser Texte völlig undurchlässig und ließ kaum Raum für eine historische Betrachtungsweise. Maßgeblich auf dem Gebiet der Kirchengeschichte war noch immer das mittelmäßige Handbuch Joseph Darras' (1824–1878), das sich auf die überholte Chronologie von Jacques Bénigne Bossuets *Discours sur l'histoire universelle* stützte.

Hinter diesem Manko stand indes die viel gravierendere Diskrepanz zweier Weltanschauungen: auf der einen Seite jene Sicht, die die Schrift und ihre theologische Kommentierung durch die sich als Hüterin der Schriftorthodoxie begreifenden Kirche wörtlich nahm und sie sogar als naturwissenschaftlichen Erklärungsgrund der Welt und ihrer Geschichte betrachtete; auf der anderen Seite jene Sicht, die aus den jüngsten Forschungsresultaten der Kritik und der Wissenschaft ein ganz anderes, evolutives und durch die Kenntnis anderer Religionen erweitertes Bild der Antike ableitete – einer Antike, die sich in der

---

Zu Kurztiteln vgl. die jeweilige Erstnennung.

[1] In seiner Schrift *M. Renan réfuté par les rationalistes allemands* und in einer Vorlesung an der Sorbonne zum Thema *Les Évangiles et la critique au XIXe siècle* (1863 veröffentlicht und 1870 neu aufgelegt) hatte Charles Meignan, Bischof von Châlons, Renans Kritik relativiert. Loisy war einer der Seminaristen, die er ermutigt hatte, das Studium der historischen Exegese in Paris weiterzuführen; vgl. dazu H. BOISSONNOT, Le cardinal Meignan, Paris 1899, 200–248.

Regel nicht auf die semitischen Religionen beschränkte. Dazu äußerte sich etwa Alfred Loisy 1903 wie folgt:

„Legt der heutige Wissensstand über das Universum nicht eine Kritik des Schöpfungsbegriffs, jener über die Geschichte eine Kritik des Offenbarungsbegriffs, jener über den sittlichen Menschen eine Kritik des Erlösungsbegriffs nahe? Von den Mitmenschen werden wir aufgefordert, ihnen Gott und Christus zu erklären, weil unsere Definitionen teilweise in einer ihnen fremden Sprache formuliert sind. Eine Übersetzung drängt sich auf."[2]

Damit war die Versuchung gegeben, dem in defensiver Haltung verharrenden und um die Bewahrung eines unantastbaren Corpus von „Wahrheiten" bemühten theologischen Immobilismus eine Wahrheit entgegenzusetzen, die so anpassungsfähig war, daß sie die Fragen der Zeitgenossen zu beantworten vermochte. Daher die Bezeichnung „Modernisten", die den Anhängern dieser „Anpassung" in den ersten Jahren des 20. Jh. von einigen gegen Romolo Murri polemisierenden italienischen Publizisten verpaßt wurde. Die Bezeichnung wurde erst von Theologen, 1905 dann von den Bischöfen der Provinzen Turin und Vercelli[3] übernommen. Unter dem jungen Klerus war der Wunsch nach einer Erneuerung des Studiums laut geworden, eine Entwicklung, die in Frankreich bereits um 1880 eingesetzt hatte. Die daraus entstehenden Spannungen hatten sich in den letzten Jahren des Pontifikats Leos XIII. verstärkt und gediehen nach der Wahl des neuen Papstes Mitte 1903 zu einer eigentlichen Krise.

Am stärksten von dieser Krise betroffen waren jene Bereiche, die am engsten mit dem Offenbarungsgut zusammenhingen – Geschichte der ersten Jahrhunderte der Kirche, Exegese oder „Erklärung" der Bibeltexte unter Einbezug der ihnen zugesprochenen „Irrtumslosigkeit". Doch allgemeiner gesehen war die Krise Ausfluß einer Konfrontation des religiösen Wissens mit der aus den neuesten wissenschaftlichen Entdeckungen hervorgegangenen Weltsicht oder „Naturphilosophie". Zwei „Geistesverfassungen"[4] standen sich gegenüber: die Unterwerfung unter die kirchliche Obrigkeit auf der einen Seite, auf der anderen Seite der Anspruch auf Autonomie der historischen, exegetischen und philosophischen Kritik und auf die eben dieser Obrigkeit in geduldigem Bemühen abgerungene politische Autonomie. Diese zweite Richtung wollte sich einer römischen Kirche gegenüber behaupten, die „als ein im geschlossenen Kreislauf funktionierendes Werkzeug des Wissens, der Macht und der Pflicht funktionierte"[5]. Es war, so Loisy 1935 im Rückblick, „ein Versuch zur Reform der Kirche – angefangen bei ihrem intellektuellen Regiment"[6]. So betrachtet, handelte es sich um eine eigentlich kulturelle, wenn auch auf eine Geisteselite von Klerikern und Laien beschränkte Krise. Die Laien zeigten nämlich zumindest bis 1903 eine gewisse Solidarität und bildeten in Westeuropa eine Art internationalen Zirkel.

---

[2] A. Loisy, Autour d'un petit livre, Paris 1903, 155f; zit. nach É. Poulat, Histoire, dogme et critique dans la crise moderniste, Paris 1962, 177.

[3] Vgl. dazu R. Aubert, Die modernistische Krise, in: Handbuch der Kirchengeschichte, hrsg. von H. Jedin, Bd. VI, 2 (1973), 435–500.

[4] Poulat, Histoire, dogme et critique (s. Anm. 2) V f. (Vorwort zur 2. Auflage von 1978), sowie R. Virgoulay, Les courants de pensée du catholicisme français. L'épreuve de la modernité, Paris 1985, 115, mit Hinweis auf Léonce de Grandmaison.

[5] Poulat, Histoire, dogme et critique (s. Anm. 2) III.

[6] Brief vom 18. März 1935, in: R. Boyer de Sainte-Suzanne, Alfred Loisy entre la foi et l'incroyance, Paris 1968, 39.

1. Die historisch-kritische Methode

Die Anwendung der historisch-kritischen Methode auf die Kirchengeschichte wurde in Tübingen bis zum Tod Hefeles im Jahre 1893 und unter seinem Nachfolger Franz Xaver Funk (1840–1907) praktiziert, in München dann unter Döllinger und seinen Schülern weiterverfolgt, zu denen auch der Archäologe Franz Xaver Kraus (1840–1901) gehörte. Erwähnt seien auch die Studien Albert Ehrhards (1862–1940) zur Hagiographie der griechischen Kirche, die im Zusammenhang der Arbeiten der Bollandisten zu sehen sind: Charles de Smedt, Autor der *Principes de critique historique* (Lüttich 1883), sowie dessen Nachfolger Hippolyte Delehaye. In Rom befaßte sich Joseph Hergenröther unter Heranziehung der im *Archivio Segreto* aufbewahrten Dokumente mit der Kirchengeschichte. Er wurde 1879 zum Kardinal ernannt, kurz bevor der dritte und letzte Band seines *Handbuchs der allgemeinen Kirchengeschichte* (1876–1880) erschien. Vor allem aber begann Ludwig von Pastor 1886 mit der Publikation seiner sechzehnbändigen *Papstgeschichte*; Pastor wurde 1901 zum Leiter des *Österreichischen Historischen Instituts* in Rom ernannt[7].

In diesen wissenschaftlichen Kreisen galt Louis Duchesne (1843–1922) schon bald als eine anerkannte Autorität. Duchesne, Schüler und Freund des berühmten Archäologen und Epigraphisten Giovanni Battista de Rossi (1822–1894), verdankte es seinen offiziellen Lehraufträgen, seiner Stellung als Direktor der *École Française de Rome* von 1895 bis zu seinem Tod im Jahr 1922 und schließlich seiner Mitgliedschaft in zwei Akademien, daß er sein Hauptwerk zu einem guten Ende führen konnte: die wissenschaftliche Ausbildung der Geistlichkeit, um deren Wissen über die Ursprünge der Kirche und der Ortskirchen zu erweitern[8]. Auf die Edition des *Liber pontificalis* zwischen 1886 und 1892, dessen Kommentar Mommsen in seiner eigenen Edition von 1898 hohes Lob zollte, folgten die *Topographie romaine* sowie die *Fastes épiscopaux de l'ancienne Gaule*. Diese Veröffentlichungen waren für ihn die Gelegenheit, der überspitzten Kritik der deutschen Spezialisten Georg Waitz und Richard Adelbert Lipsius seine gemäßigtere, durch archäologische Befunde nuancierte Sicht darzulegen. Die Synthese seiner Forschungsarbeit legte Duchesne in der dreibändigen *Histoire ancienne de l'Église* vor, die sich mit den ersten fünf Jahrhunderten der Kirchengeschichte befaßt.

Doch mit all seinen Publikationen stieß Duchesne auf den Widerstand der Hierarchie, die ihm vorwarf, seine Gegenüberstellung von historischer Kritik und der in ungebrochener Volksfrömmigkeit beglaubigten Tradition – etwa in der Frage der Apostolizität der Kirche Galliens – sei ein „Werk der Zerstörung". Er wies den Vorwurf des Traditionsverächters vehement zurück, hielt aber hartnäckig an der notwendigen Unterscheidung zwischen Forschungsvorhaben und apologetischem Interesse fest. Von Maurice d'Hulst, seinem Vorgesetzten am *Institut Catholique de Paris*, verteidigt, nutzte er geschickt seine Zugehörigkeit zum Lehrkörper dieses Instituts sowie der *École Pratique des Hautes Études*, die die Funktion der aufgehobenen offiziellen theologischen Fakultät übernehmen wollte. Schließlich war Duchesne im Rahmen der IV. Sektion tätig, denn noch war die später von Jean Réville in antiklerikalem Geist geführte religionswissenschaftliche V. Sektion

---

[7] In der Folge eines Konflikts mit dem Münchener Mediävisten Hermann von Grauert kam es zum Austritt Pastors aus der Redaktion des *Historischen Jahrbuches*; vgl. dazu O. KÖHLER, Das Lehramt und die Theologie, in: Handbuch der Kirchengeschichte, hrsg. von H. JEDIN, Bd. VI, 2 (1973), 316–387, hier 330, Anm. 7.

[8] B. WACHÉ, Monseigneur Louis Duchesne (1843–1922), Rom 1992.

nicht gegründet[9]. Nie verlor Duchesne die aus seiner bretonischen Herkunft geschöpfte Verbundenheit mit dem Glauben des einfachen Volkes und der kirchlichen Ordnung. Klug und geistreich hielt er dem antimodernistischen Gewitter stand; die auf Betreiben der Kardinäle Gaetano de Lai und Louis Billot 1912 erfolgte Indizierung seines letzten Werkes blieb ihm freilich nicht erspart (siehe unten). Nach den Worten Duchesnes selbst hatte ihm ein Jahr zuvor Étienne Lamy bei der Aufnahme in die *Académie Française* geschadet: Zwar hatte er Duchesne gelobt, der „Vermengung" vermieden habe, weil er „weder den prüfenden Geist in die Regionen des Glaubens noch den autoritären Geist in das Studium der Geschichte hineingetragen" habe, aber dennoch Duchesnes Werk als „etwas allzu menschlich"[10] eingestuft. Trotzdem trug Duchesnes Wissenschaftlichkeit vor allem in universitären Kreisen[11] den Sieg davon, und er verstand es, Exegeten wie Batiffol, Loisy und Tixeront[12] in der historischen Wissenschaft auszubilden.

2. Die Bibelkritik

Daß Deutschland vom Modernismusstreit nicht erfaßt wurde, hat möglicherweise damit zu tun, daß dort die Anwendung der historischen Kritik auf die Heilige Schrift seit langem praktiziert wurde und folglich nicht überraschen konnte. Die Forschungen deutscher Gelehrter setzten auch in diesem Bereich Maßstäbe – etwa die Arbeiten Hermann Gunkels (1862–1932), der in den Bibeltexten die Unterscheidung zwischen Geschichte und Volksliteratur zu treffen suchte und der 1895 die formgeschichtliche Methode begründete[13]. Die von Wilhelm Nowack in Göttingen herausgegebenen Textsammlungen zum Alten Testament und die neutestamentlichen Forschungen von Holtzmann, Weizsäcker, Wrede und Harnack dienten als Materialien und Leitlinien. Die archäologischen Funde Gratefends und seiner Nachfolger in Anatolien und Palästina, die Grabungen im Tal des Euphrat wie auch jene des Engländers William Matthew Flinders Petrie in Ägypten und Palästina und jene von Evans auf Kreta eröffneten schließlich unmittelbaren Zugang zu Erkenntnissen über die Milieus, in denen sich die in der Bibel fixierten Traditionen entwickelt hatten.

Nach dem Tod Ernest Renans am 2. Oktober 1892 wollte Bischof d'Hulst die „biblische Frage" abschließend klären[14]. Er wies nach, daß die Forschung in Frankreich in diesem Bereich nicht untätig geblieben war. Der Respekt vor der Lehre der Irrtumslosigkeit der Offenbarung mußte jedoch mit strikter historischer Forschung einhergehen. D'Hulst beschränkte sich darauf, die Frage zu stellen, ohne sie in ihrem Kontext zu erörtern. Die von ihm skizzierte „offene Schule" stieß allerdings auf Widerspruch und sah sich zudem im anhebenden 20. Jh. mit dem Vorwurf „protestantischer Infiltration des französischen Klerus" konfrontiert[15]. Kurz zuvor war anläßlich des vierten internationalen katholischen Gelehrtenkongresses in Freiburg in der Schweiz 1897 der Konflikt zwischen zwei exegetischen

---

[9] Jean Réville weigerte sich 1880, an der Zeitschrift Maurice Vernes' mitzuwirken; vgl. dazu ebd. 108.
[10] Ebd. 570f.
[11] E. Lavisse unterstützte Duchesnes Kandidatur für die *Académie Française*.
[12] Den „modernisierenden" Kreisen gegenüber ging Duchesne auf Distanz.
[13] C. SAVART – J.-N. ALETTI, Le monde contemporain de la Bible, Paris 1985, 380–382 und 441f.
[14] M. D'HULST, La question biblique, in: Le Correspondant (1893) 201–251.
[15] So J. Rivière SJ im Jahr 1901.

Richtungen aufgebrochen: den „scholastischen" und den „kritischen Theologen"[16]. Letztere waren mit zwei Referenten vertreten, die eine Interpretation der ältesten biblischen Bücher, Pentateuch-Hexateuch, vortrugen: Baron Friedrich von Hügel (1852–1925) und der Dominikaner Marie-Joseph Lagrange (1855–1938). Die leitenden Köpfe dieser Schule waren anerkanntermaßen von Hügel und der französische Priester Alfred Loisy (1857–1940).

Baron Friedrich von Hügel, Sohn eines österreichischen Diplomaten und einer Schottin, lebte in London, hielt sich aber häufig auf dem Kontinent auf, wo ihn Abbé Huvelin in seinem christlichen Glauben bestärkt und aufgefordert hatte, sein Talent als „Kommunikator" zu nutzen. Um den großzügigen und liebenswürdigen von Hügel gruppierte sich ein vom selben wissenschaftlichen Ideal getragener Kreis junger Geistlicher. Von Hügel, der Autodidakt, hatte sich mit Religionswissenschaft befaßt und sich echte exegetische Kompetenz angeeignet. In seiner Person verband sich eine ganz von deutscher Ernsthaftigkeit geprägte Gelehrtheit mit dem von seinen britischen Vorfahren geerbten praktischen Sinn und einer differenzierten Einschätzung von Menschen und Situationen. Von Hügels umfangreiche Korrespondenz zeugt von seinen philosophischen Qualitäten – er machte 1891 Blondel mit Newman bekannt – und seiner Vorliebe für die großen geistlichen Autoren, die in seinem Meisterwerk über Katharina von Genua 1909 ihren Ausdruck fanden[17]. Er nutzte seine Beziehungen zur europäischen Aristokratie und seinen vor allem in Italien hohen Kredit bei der kirchlichen Obrigkeit, um unentwegt seine Freunde gegen die drohende Verurteilung ihrer Schriften zu verteidigen.

Alfred Loisy beendete seine exegetische Ausbildung am *Institut Catholique*, wo er 1881 mit dem Lehrstuhl für biblische Studien betraut wurde. Er initiierte ein systematisches Programm von Kommentaren zu den alt- und neutestamentlichen Texten, zur Geschichte Israels und zur Historiographie der Exegese[18]. Zugleich war er Herausgeber der Zeitschrift *L'enseignement biblique*, die dann 1895 von der *Revue d'histoire de littérature religieuse* abgelöst wurde. 1893 hatte er in *L'enseignement biblique* die These d'Hulsts aufgenommen, die Notwendigkeit einer historischen Lektüre der Bibel unterstrichen und sich gegen den theologischen Begriff der „absoluten Irrtumslosigkeit" der Bibel ausgesprochen. Die Irrtumslosigkeit, so führte er aus, sei „mit der Unfehlbarkeit der diese Irrtumslosigkeit interpretierenden Kirche zu koordinieren". Das war kurz vor der Veröffentlichung der Enzyklika *Providentissimus Deus* (siehe unten). Daraufhin beschlossen die bischöflichen Schirmherren des *Institut Catholique*, Loisy den Lehrstuhl zu entziehen. Gleichwohl hielt Loisy hartnäckig an seinem Programm fest. 1900 wurde er an die *École Pratique des Hautes Études*, 1909 schließlich an das *Collège de France* auf den Lehrstuhl für Religionsgeschichte berufen. Bekannt wurde Loisy durch seine im November 1902 veröffentlichte Schrift *L'Évangile et l'Église*, worin er Adolf von Harnacks einige Monate zuvor in französischer Übersetzung erschienenes Werk *Das Wesen des Christentums* zu widerlegen suchte. Loisy, dem französischen Exegeten, lag daran, der geschichtlichen Interpretation des *Urchristentums* durch den deutschen Lutheraner und Gelehrten zu widersprechen: Die Frühkirche sei dem „Wesenskern" der biblischen Botschaft keineswegs untreu geworden, vielmehr habe sie

---

[16] So der Kommentar von L. DE GRANDMAISON, in: Études. Revue fondée par les pères de la Compagnie de Jésus 71 (1898).
[17] F. VON HÜGEL, The Mystical Element, 2 Bde., London 1909.
[18] Die erste Veröffentlichung fällt ins Jahr 1890; vgl. dazu SAVART – ALETTI, Le monde contemporain de la Bible (s. Anm. 13) 397 und 418–421.

dessen Inhalt umgesetzt und vermittelt. In den auf die Bedürfnisse und die Geistesverfassung jener Zeit abgestimmten Antworten komme die göttliche Kraft der Botschaft ungeschmälert zum Ausdruck. Dieses Vermögen, die aus den Ursprüngen geschöpfte göttliche Kraft in Kult und Kirche dauerhaft zu bewahren, dieses Werden habe als das Wesen des Christentums zu gelten. Als Antwort auf die negativen Reaktionen auf sein Werk hatte Loisy auf Anraten des Erzbischofs von Albi, Mignot, in sechs Schreiben seinen Standpunkt erläutert und dabei die vier zentralen Themen aufgezeigt, die für Theologen und Exegeten beim Aufbau einer Christologie leitend sein sollten. Die Texte wurden im Oktober 1903 unter dem Titel *Autour d'un petit livre* veröffentlicht. Schon bald folgte die Anwendung seiner Thesen auf das vierte Evangelium. Zur Krise kam es wegen der „gewaltigen Wirkung", die diese „beiden roten Büchlein" beim jüngeren Klerus und in Rom zeitigten. Prompt erfolgten denn auch die Verurteilungen. Kritisch äußerten sich aber auch einige Freunde, die Loisys Standpunkt bisher geteilt und ihn unterstützt hatten: Lagrange lehnte eine Konzeption ab, die zwischen Kirchenstiftung und Jesus unterschied, „der nur dank der Transformation des ursprünglichen Glaubens Gott geworden war"; Maurice Blondel seinerseits bemängelte in seinem 1904 erschienenen Werk *Histoire et dogme* den Historismus von Loisys Auffassung und schlug vor, dem theologischen Immobilismus oder „Extrinsezismus" den vermittelnden Begriff der „wohlverstandenen Tradition" entgegenzustellen.

In der französischen exegetischen Forschung gab es eine „konservative Schule", der – in Anlehnung an Loisys Bonmot über das „Syndikat Batiffol – Lagrange" – der Rektor des *Institut Catholique de Toulouse* und der Direktor der *École Biblique* von Jerusalem zugeordnet wurden. In Wahrheit hatte Louis Batiffol (1861–1929) das *Bulletin de littérature ecclésiastique* zum Kampfinstrument gegen jede von der offiziellen Version abweichende Interpretation gemacht, wobei auch Lagrange nicht verschont blieb. Lagrange wiederum blieb der thomistischen Tradition der strikten Unterscheidung der Forschungsebenen treu. Im Rahmen der von ihm 1891 gegründeten *Revue biblique* wollte er wie Duchesne eine kritische Arbeit vorantreiben, und zwar unter Einbezug des Umfeldes des Nahen Ostens und der Resultate der Grabungen, die er gemeinsam mit Archäologen anderer Nationen vor Ort leitete. Im November 1902 hatte Lagrange in Toulouse eine Reihe von Vorträgen zur „historischen Methode" gehalten und bei dieser Gelegenheit seine berühmte Unterscheidung zwischen den literarischen Gattungen vorgestellt, die in der Bibel nur dem Anschein nach Geschichte waren. Zugleich verlieh er der Kirche als Schriftinterpretin volles Gewicht, zog die Grenze ihrer Autorität jedoch bei den Bibeltexten selbst und den unbestrittenen Zeugen, den Evangelisten, innerhalb der Vielfalt der Gemeinden, aus der jeder von ihnen hervorgegangen war. Trotz der Verdächtigungen und Attacken, denen Lagrange – insbesondere von seiten der Gesellschaft Jesu (Delattre und Fonck) – schon zu Beginn des Pontifikats Pius' X. ausgesetzt war, setzte er seine auf die Genesis und die übrigen alttestamentlichen Bücher gerichteten linguistischen und archäologischen Studien fort. Lagrange mußte seine Bereitschaft zum priesterlichen Gehorsam immer wieder strapazieren, um sich schweigend allen Sanktionen unterwerfen zu können, die so weit gingen, daß er Jerusalem verlassen mußte und am Ende dieser Leidenszeit von 1907 bis 1912 mit einem Publikationsverbot belegt wurde. Wie schwer ihm das Schweigen dazu fiel, zeigen seine von Benoît veröffentlichten *Souvenirs personnels*[19].

---

[19] P. BENOÎT (Hrsg.), Le père Lagrange au service de la Bible. Souvenirs personnels, Paris 1967. – C. THEOBALD, Le père Lagrange et le modernisme, in: Naissance de la méthode critique, Paris 1992, 49–66.

Drei Ordensmänner, die dem „progressiven", Loisy nahestehenden Flügel der Modernisten zuzuordnen sind, wurden zur gleichen Zeit mit Sanktionen belegt: die beiden Jesuiten George Tyrrell und Henri Bremond sowie der Oratorianer Lucien Laberthonnière. Keiner der drei befaßte sich mit Exegese, obwohl Tyrrell durch von Hügel in die Problematik, mit der die Exegese die Kirche konfrontierte, eingeführt worden war und Bremond ein begeisterter Hörer von Loisys Vorlesungen an der *École Pratique des Hautes Études* gewesen war. Ihr Mitwirken in der Modernistenbewegung ist darauf zurückzuführen, daß allen – Bremond sogar dramatisch – bewußt war, daß sich die Amtskirche angesichts der religiösen Bestrebungen der Gläubigen in eine unmögliche Lage hineinmanövriert hatte. Alle drei betonten zudem die Bedeutung der Botschaft mystischer Autoren. Daher rührte ihr gemeinsames Anliegen einer radikalen Erneuerung der Kirchenleitung, damit die Kirche zur authentischen Zeugenschaft für die Werte des Evangeliums zurückfände.

Die treffendsten Kritiken in dieser Hinsicht stammen von George Tyrrell (1861–1909), dem zum Katholizismus konvertierten anglikanischen Iren, der als talentierter Volksprediger, Seelenführer und geistlicher Autor bekannt wurde. Seine 1902 unter einem Pseudonym veröffentlichten Broschüren *Religion as a Factor of Life* und *The Church and the Future* hatten vor allem in Frankreich und Italien großen Einfluß auf die akademische Jugend. Nachdem seine Autorschaft feststand, wurde er 1906 aus dem Jesuitenorden entlassen und nach seinem Protest gegen die Enzyklika *Pascendi dominici gregis* exkommuniziert. Es folgte eine Auseinandersetzung mit Kardinal Mercier, der Tyrrell als den Prototyp des in der Enzyklika angeprangerten Häresiarchen bezeichnete. Darauf antwortete Tyrrell mit der Schrift *Medievalism*, einer Kritik an der rigiden Orthodoxie. Kurz danach starb er. Henri Bremond (1865–1933), der seinen Freund religiös begleitet und für ein christliches Begräbnis gesorgt hatte, wurde mit der Suspension *a divinis* bestraft[20].

Nach Henri Bremonds freiwilligem Austritt aus der Gesellschaft Jesu im Jahre 1904 festigte sich die Freundschaft zwischen Tyrrell und Bremond, hatte dieser doch bei Tyrrell und in den Gesprächen mit Maud Petre, einer Theologin und gemeinsamen Freundin, Zuflucht gefunden. Bremond hatte 1897–1899 sein drittes Jahr in Aix-en-Provence absolviert, wo er Blondel kennenlernte, eine Freundschaft, die 34 Jahre dauern sollte. Über Blondel wurde Bremond mit von Hügel bekannt, den er genauso schätzte wie Tyrrell. Von Hügel bestärkte den jungen Franzosen in seinem Interesse für die „Psychologie des Glaubens" und empfahl ihm das Studium der englischen Mystiker. Bremonds erste Publikation aus dem Jahr 1901 *(L'inquiétude religieuse)* befaßte sich mit der Oxford-Bewegung. Ihr folgte ein Werk zu Leben und Denken Henry Newmans. A. Blanchet hat nachgewiesen, daß Bremond bereits damals vorhatte, den Aufbruch der französischen Schule der Spiritualität des 17. Jh. wissenschaftlich zu analysieren, später publiziert unter dem Titel *Histoire littéraire du sentiment religieux*. Gegen die damals herrschende verengte Sicht – er fand die Angriffe gegen Lagrange in den *Études* unerträglich – rechtfertigte Bremond die ihm unterstellte Absicht, ein „christlicher Sainte-Beuve" zu sein. Die Zeit sei gekommen, „die in den Herzen der Heiligen lebendige Lehre ans Licht zu bringen"; nur so sei der Verlauf des Lebens Christi in der Geschichte angemessen wiederzugeben[21]. Nachdem er Loisy gegen die von Blondel vorgebrachten Vorbehalte in Schutz genommen und 1907 von der Index-Kongregation wegen seiner Werke über Newman gewarnt worden war, befaßte sich

---

[20] Aubert, Die modernistische Krise (s. Anm. 3) 463–466.
[21] A. Blanchet, Henri Bremond 1865–1904, Paris 1975, 112f.

Bremond nun intensiv mit den großen geistlichen Autoren des 17. Jh. Bei Ausbruch des Ersten Weltkrieges lag der erste Band seines bedeutenden Werkes druckreif vor. Doch seine 1912 veröffentlichte Biographie über Jeanne de Chantal war unverzüglich indiziert worden: mit einem am 5. Mai 1912 erlassenen Dekret, das auch die *Annales de philosophie chrétienne* umfaßte, deren regelmäßiger Mitarbeiter er war, und so den Untergang der angesehenen Zeitschrift herbeiführte.

Lucien Laberthonnière (1860–1932), seit 1905 Herausgeber der *Annales de philosophie chrétienne*, wurde ebenfalls zum Schweigen verurteilt. Er hatte 1899 von Hügel kennengelernt und gehörte seither dem von Bremond erwähnten „europäischen Kreis der Modernisten" an, dessen Mitglieder sich nun um die Verbreitung von Laberthonnières Ideen bemühten[22]. Der von ihm vertretene christliche Personalismus und die Gnadentheologie, die er gegen die in den Handbüchern der Seminare formalisierte thomistische Lehre vertrat, stimmten mit den Ansichten seiner Freunde überein. Im Januar 1905 gründete Laberthonnière die *Société d'Études Chrétiennes*, deren Sekretariat sein Schüler Louis Canet, ein Laie, führte[23]. Ihr Zweck war es, einerseits die „Besonderheit des Christentums" auf der Ebene des Denkens herauszuarbeiten – nämlich eine eigene Anthropologie und Metaphysik zu definieren – und andererseits die Christen der verschiedenen Konfessionen zu einigen. Laberthonnière legte seine Ansichten in den unverzüglich auf den Index gesetzten Werken *Essai de philosophie religieuse* und *Réalisme chrétien* dar. In seiner 1901 veröffentlichten *Théologie de l'éducation* sowie in einer umfangreichen, erst postum publizierten Reflexion über die christliche Staatsführung fand sein Denken konkrete Anwendung. Bis zu seinem Tod hielt er sich an das ihm auferlegte Schweigen; in dieser Hinsicht unterschied er sich vom „linken Flügel" der Modernisten in Frankreich. Diesem gehörten Mitglieder des Klerus an, die sich mehr oder weniger offen von der Kirche distanzierten[24], etwa Albert Houtin, der erste Historiker der Bewegung, Joseph Turmel, Maurice Sartiaux, vor allem aber Marcel Hébert, der sich dann zum Agnostizismus bekannte.

In Italien schließlich, wo sich von Hügel häufig aufhielt, entwickelte sich eine ganz eigenständige Spielart des Modernismus: Dort war er eine keineswegs auf intellektuelle Kreise beschränkte Größe, sondern eine Massenbewegung, die Einfluß auf Klerus und Volk, aber auch auf die Politik und die sozialen Werke ausübte[25].

Pietro Scoppola unterscheidet drei regional unterschiedlich verbreitete modernistische Gruppierungen mit unterschiedlichen Zielen. Die erste Gruppe verfügte in ganz Mittelitalien über großen Einfluß und hatte sich die Hebung des Bildungsniveaus an kirchlichen Studienzentren zum Ziel gesetzt. Ihr zuzurechnen ist der junge Priester Salvatore Minocchi (1869–1943), Spezialist für semitische Sprachen an den Universitäten von Florenz und Pisa, der Zeitschriften von hohem wissenschaftlichen Rang herausgab, seit 1901 insbeson-

---

[22] R. Eucken, Professor in Jena, hatte Laberthonnière und Blondel in Deutschland bekannt gemacht; vgl. dazu P. BEILLEVERT, Laberthonnière. L'homme et l'œuvre, Paris 1972, 22.

[23] Ebd. 24.

[24] Loisy hingegen hatte sich laut den Aussagen Henri Bremonds nie von der katholischen Kirche lossagen wollen; vgl. dazu H. BREMOND [Pseud. Sylvain Leblanc], „Un clerc qui n'a pas trahi". Alfred Loisy d'après ses mémoires 1931. Une œuvre clandestine d'Henri Bremond. Édition critique et dossier historique par É. POULAT (Uomini e dottrine 18), Rom 1972.

[25] AUBERT, Die modernistische Krise (s. Anm. 3) 467–474. Vgl. auch P. SCOPPOLA, Crisi modernista e rinnovamento cattolico in Italia, Bologna 1961.

dere die *Studi religiosi* [26]. Giovanni Genocchi (1860–1928), Missionar vom Heiligsten Herzen Jesu von Issoudun, der in Rom eine bedeutende Bibliothek zusammengetragen hatte, versammelte einen Kreis von Gelehrten, Prälaten und ausländischen Fachleuten um sich. U. Fracassini (1862–1950), Superior des Seminars von Perugia, war 1903 zum Konsultor der Bibelkommission berufen worden. Der brillanteste Kopf dieser Gruppe war jedoch Ernesto Buonaiuti (1881–1946), Professor am Priesterseminar in Rom. Er hatte 1905 die *Rivista storico-critica delle scienze teologiche* gegründet und, als Antwort auf die Enzyklika *Pascendi dominici gregis*, ein „Programm der Modernisten" veröffentlicht, worin er in Anlehnung an Tyrrell die eschatologische Dimension des Christentums mit dem Projekt der sozialen Förderung in Zusammenhang brachte und das Ideal einer weniger doktrinären Kirche entwarf. Zu dieser Gruppe stieß auch der ligurische Barnabit Giovanni Semeria (1867–1931), der 1897 eine höhere kirchliche Schule gegründet hatte, auf deren Lehrplan wissenschaftliche Ausbildung und Sozialarbeit standen.

Promotor der zweiten, radikaleren und stärker politisch ausgerichteten Gruppe war der junge römische „demokratische Priester" Romolo Murri (1870–1944), der 1898 die *Cultura sociale* gegründet hatte, um dem Konservatismus der *Opera dei Congressi* entgegenzuwirken und ihr einen praktischen Zweck zu verleihen. Im August 1902 hatte er in San Marino einen kämpferischen Vortrag zum Thema *Freiheit und Christentum* gehalten, der beim jüngeren Klerus große Wirkung zeitigte. Dieser forderte nun eine Verjüngung der kirchlichen Institutionen und eine „Rückkehr zum Evangelium". Das Resultat war ein politisches und soziales Aktionsprogramm (die *Lega democratica nazionale*), das nicht mehr wirklich religiös orientiert war [27].

Die dritte Gruppe schließlich war vornehmlich in der Lombardei aktiv. Sie vertrat einen mittleren Weg im Sinne von Rosmini-Serbatis Reformprojekt und in Verbindung mit der katholischen Reformbewegung nördlich der Alpen. Ihr Sprachrohr war die Zeitschrift *Rinnovamento*, 1907 in Mailand gegründet, mit dem Chefredakteur Stefano Jacini [28]. In Antonio Fogazzaros 1905 veröffentlichtem Roman *Il Santo* kam das Engagement dieser Gruppe im Bereich der Volksbildung zum Ausdruck; der Roman trug wesentlich dazu bei, das von sozialem Engagement geprägte Gedankengut dieser für die italienischen Modernisten typischen Gruppe zu verbreiten.

3. Die Naturwissenschaften

Während die Kritik der traditionellen Methoden in der Kirchengeschichte und Exegese eher die Angelegenheit von Spezialisten war, spielte sich die Konfrontation von Christentum und wissenschaftlicher Erkenntnis auf breiterer Basis ab. Ausgangspunkt war das Postulat, die auf experimenteller Beobachtung gründende wissenschaftliche Erkenntnis sei jener Erkenntnis überlegen, die auf der Offenbarungsautorität und auf kirchlicher Überwachung basiere. Anders als noch vor dem Ersten Vatikanischen Konzil war diese Konfron-

---

[26] A. AGNELETTO, S. Minocchi, vita ed opere, 1865–1943, Brescia 1964.

[27] M. GUASCO, Romolo Murri e il modernismo, Rom 1968. Vgl. dazu auch die Stellungnahme von A. GIOVAGNOLI, Cultura cattolica e crisi modernista, in: Storia della Chiesa XXII, 2: La Chiesa e la Società industriale (1878–1922), hrsg. von E. GUERRIERO und A. ZAMBARBIERI, Mailand 1990, 247–269, hier 247f.

[28] Eine Parallele dazu ist die zwischen 1905 und 1907 in Lyon erscheinende Zeitschrift *Demain*. Vgl. dazu B. COMTE, Un rassemblement de catholiques libéraux: la naissance à Lyon de la revue *Demain* (1905), in: Les catholiques libéraux au XIXᵉ siècle, Grenoble 1974, 239–280.

tation nun nicht mehr auf die theologisch-philosophische Auseinandersetzung begrenzt; vielmehr war sie jetzt auf die wissenschaftlichen Entdeckungen und die daraus resultierenden neuen Weltanschauungen fokussiert. Diese stellten nicht bloß einzelne Bibelstellen, sondern den Schöpfungsprozeß, ja die Schöpfungsidee überhaupt mitsamt der Einbindung des Menschen in diesen Prozeß in Frage.

Das war die Auswirkung von Charles Darwins berühmtem Werk *On the Origin of Species by Means of Natural Selection* (dt.: *Von der Entstehung der Arten*, 1860), worin er im November 1859 von seinen Beobachtungen über die südamerikanische Fauna berichtete, die er zwischen 1831 und 1836 auf seiner Schiffsreise mit der *Beagle* gemacht hatte. Darwin widerlegte nicht nur Georges Cuviers (1769–1832) Auffassung über Artenkonstanz und -heterogenität, sondern überbot auch Lamarcks Transformismus. Darwin postulierte eine lange Evolutionskette, in der die Natur eine Selektion vornimmt, bei der jene Arten überleben, die ihrer Umwelt am besten angepaßt sind. Am Ende dieser Kette steht der Mensch, dessen Rassenunterschiede Darwin auf die biologischen Mechanismen der Vererbung zurückführte, wie er in einem weiteren, 1871 erschienenen Werk *The Descent of Man and Selection in Relation to Sex* (dt.: *Die Abstammung des Menschen und die geschlechtliche Zuchtwahl*, 1871) darlegte. Weissmann und Haeckel vertieften Darwins Forschungsergebnisse und entwickelten auf dieser Basis in den achtziger Jahres des 19. Jh. den „Neodarwinismus".

Parallel dazu rückten die humanpaläontologischen Forschungen das Auftreten des Menschen in immer entferntere Zeiträume. Auf Lyells Fossilienfunde von Werkzeugen in Großbritannien und von Boucher de Perthes – sein dreibändiges Werk *Antiquités celtiques et antédiluviennes* erschien zwischen 1846 und 1864 – folgte die Entdeckung des Pithecanthropus auf Java durch Dubois im Jahr 1889 sowie der Neandertalerkultur an mehreren Fundorten in Westeuropa[29]. Diese Beobachtungen wurden Gegenstand materialistischer Interpretationen, was etwa die Familie Boucher de Perthes' dazu bewog, die bei seinem Tod im Jahre 1868 noch unveröffentlichten Manuskripte aus Angst vor einem Skandal zurückzuhalten. 1862 erschien Darwins *On the Origin of Species* in französischer Übersetzung, übersetzt von Clémence Royer, einer Freundin des jungen Arztes Georges Clemenceau. Sie stellte der Arbeit Darwins ein stark ideologisch gefärbtes Vorwort voran, in dem sie das Werk einer dem Autor eher fremden positivistischen und naturalistischen Philosophie unterordnete. Individuelle Ethik, soziales Verhalten und politische Verhaltensregeln seien diesen organischen Evolutionsgesetzen zu unterwerfen; es gelte, sie besser kennenzulernen, um sie dann entsprechend beeinflussen zu können[30].

Von Anfang an wurde die Auseinandersetzung durch positive oder negative Vorurteile beeinflußt. Entsprechend ausgeschlachtet wurde etwa der heftige Schlagabtausch zwischen Thomas Henry Huxley, einem Kollegen und Freund Darwins, und dem anglikanischen Bischof von Oxford, Samuel Wilberforce, Sohn des Anführers der Abolitionisten, anläßlich des jährlichen Treffens der *English Association for the Progress of Science* am 30. Juni 1860[31]. Für Huxley war diese Kontroverse zwischen einem Kirchenmann und ei-

---

[29] Vgl. dazu A. Varagnac (Hrsg.), Der Mensch der Urzeit. 600000 Jahre Menschheitsgeschichte, Düsseldorf 1960.

[30] G. Fraisse, Clémence Royer, philosophe et femme de sciences, Paris 1985, 30–39. Das erwähnte Vorwort ist dort publiziert, vgl. 127–164.

[31] Zu dieser Auseinandersetzung vgl. J. R. More, The Post-Darwinian Controversies. A Study of the Protestant

nem Mann der Wissenschaft beispielhaft für den diametralen Gegensatz zweier Kulturen, von denen die eine zum Untergang verurteilt sei. Doch das war eine trügerische Konstruktion, fand doch die eigentliche Auseinandersetzung innerhalb der Wissenschaft selbst statt. Den Beweis dafür lieferte die seit 1869 wachsende Entfremdung zwischen Huxley und einem seiner jungen Schüler, Saint George Jackson Mivart (1827–1900). Unter dem Einfluß der Oxford-Bewegung war der Protestant Mivart zum Katholizismus konvertiert; auf der Suche nach wissenschaftlicher Wahrheit übernahm er Darwins Hypothesen. Schwierigkeiten bereitete ihm jedoch das Gefälle zwischen dem Evolutionsschema der natürlichen Selektion und dem Auftreten der dem Menschen eigenen intellektuellen und moralischen Eigenschaften, insbesondere aber seiner Fähigkeit, in den natürlichen Erscheinungen eine diese Phänomene übersteigende Vernünftigkeit wahrzunehmen – die auf Transzendenz oder zumindest auf die Idee einer Transzendenz zu verweisen schien. Diese Zweifel legte er 1871 in seinem Werk *On the Genesis of Species* dar; es folgten fünf weitere Schriften, in denen er sich allmählich von Darwins Ansicht über den menschlichen Geist trennte, aber dessen Evolutionshypothese zur Erklärung der Geschichte des Tierreiches und des menschlichen Körpers beibehielt. Mehr noch, er wies nach, daß die evolutionistische Sicht der Schöpfung mit der ältesten christlichen Tradition, von Augustin über Thomas bis Suarez, durchaus vereinbar sei. Bezeichnenderweise stießen seine von den Darwinisten abgelehnten Ausführungen bei Papst Pius IX. erst auf Zustimmung, bevor sie dann auf den Index gesetzt wurden. Mivart selbst zog den Zorn des gefürchteten Kardinals Herbert Alfred Vaughan auf sich und wurde exkommuniziert.

Zwischen einer konservativen Kirche und einem Darwinismus „strikter Observanz" gab es also eine mögliche dritte Position, die das wahre Verhältnis von Religion und Wissenschaft definieren wollte. Das zeigt die Rezeptionsgeschichte des Darwinismus, die im folgenden mit den den einzelnen Ländern entsprechenden Nuancen dargestellt wird.

Im angelsächsischen Raum kamen die ersten Vorbehalte aus den Reihen bekannter Anatomisten, von Louis Agassiz in den USA und Richard Owen, einem Freund Darwins, der die Unantastbarkeit der Arten verteidigte. Doch die jungen Schüler Agassiz' an der Universität von Harvard sagten sich schon bald von ihrem Lehrer los. Daß der Darwinismus weitgehend in die amerikanische Kultur integriert wurde, macht der Erfolg der Schriften von John Fiske (1842–1902) deutlich[32]. Insbesondere dem Einfluß A. L. Moores in Oxford ist es zu verdanken, daß die der anglikanischen Kirche nahestehenden Kreise, aber auch die englischen Katholiken ihre aus der Tradition hergeleiteten Einwände überwinden konnten.

In Kontinentaleuropa stießen die evolutionistischen Thesen in den Kreisen des deutschen (Erich Wasmann SJ), vor allem aber des belgischen Katholizismus kaum auf Widerstand. In Löwen erhielt St. George Mivart sogar einen Lehrauftrag, und Dekan Dordelot nahm 1909 an den Feiern zum 100. Geburtstag Darwins teil. Auffallend schnell erfolgte die Rezeption in den offiziellen wissenschaftlichen Kreisen und in den Akademien Ita-

---

Struggle, Cambridge 1979; H. W. PAUL, Religion and Darwinism. Varieties of Catholic Reactions, in: TH. F. GLICK (Hrsg.), The Comparative Reception of Darwinism, Austin 1974, 403–436; J. M. GRUBER, A Conscience in Conflict. The Life of Saint George Jackson Mivart, New York 1960.

[32] J. FISKE, The Destiny of Man. The Manifest Destiny (1885) (dt.: Die Bestimmung des Menschen im Lichte seines Ursprungs betrachtet, Leipzig 1890). H. S. COMMAGER, Der Geist Amerikas. Eine Deutung amerikanischen Denkens und Wesens von 1880 bis zur Gegenwart, Zürich 1952, Kap. 4: John Fiske und die Evolutions-Philosophie.

liens. 1864 übersetzt, kannte Darwins *On the Origin of Species* schon bald eine breite Leserschaft. Die Vorbehalte kamen von seiten der Jesuiten der *Civiltà cattolica*[33] und der *Accademia Romana di S. Tommaso d'Aquino*. Letztere veröffentlichte im zweiten Band ihrer
Acta einen Aufsatz Camillo Mazzellas, worin dieser Darwin die thomistische Unterscheidung der Arten entgegenhielt.

In Spanien und vor allem in Frankreich brauchte es länger, bis katholische Kreise Darwins Thesen teilweise übernahmen. Das hing vermutlich auch mit der politischen Konstellation und ihren akuten ideologischen Konflikten zusammen. Außerdem waren unter den
Spezialisten die Katholiken eine verschwindende Minderheit. Ihnen stand die große Mehrheit der Mediziner und Biologen gegenüber, die den materialistischen Standpunkt vertrat,
den Agnostizismus von Lehrern wie Robin oder Claude Bernard übernahm oder sich auf
die ideologischen Voraussetzungen des Chemikers Marcellin Berthelot berief. Berthelot,
ein langjähriger Freund Renans, übernahm dessen Glaube an die „wissenschaftliche Organisation der Menschheit". Zwar hatte Louis Pasteurs Widerlegung der Theorien Pouchets
über die Spontanzeugung 1861 die Zustimmung der *Académie des Sciences* erhalten, doch
Verbreitung fanden Pasteurs Ideen eigentlich erst nach 1876. Hartnäckig hielt sich die
Überzeugung, Leben könne nicht bloß aus dem Lebendigen entstehen, sondern auch aus
der Kombination stofflicher Elemente. Die eigentliche Wende brachte die Widerlegung der
Engführung von Positivismus und Szientismus durch Pasteur in seiner Inaugural-Rede am
27. April 1882 vor der *Académie Française*. Von wissenschaftlichen Kreisen einmütig ab-
gelehnt wurden hingegen die vehementen Widerlegungen der Evolutionstheorie durch die
Jesuiten Farges und Bonniot in der Zeitschrift *Études*.

Die Lage änderte sich, als sich zahlreiche Wissenschaftler, die sich durch ihre wissenschaftlichen Arbeiten ausgezeichnet hatten, öffentlich zum christlichen Glauben bekannten. Entscheidend war zudem, daß die Naturwissenschaftler selbst den Szientismus einer
erkenntnistheoretischen und philosophischen Kritik unterwarfen.

Eine Pionierrolle spielte in dieser Hinsicht Maurice d'Hulst. Er verfaßte 1883 eine Art
Manifest über den christlichen Auftrag der Wissenschaft[34]. Auch verstand er es, am *Institut
Catholique* Wissenschaftler um sich zu sammeln, die mit ihren Arbeiten den dortigen bescheidenen Laboratorien alle Ehre machten. Der Polytechniker und Ingenieur Albert de
Lapparent (1839–1908) verfaßte neben seinen geologischen Werken zwei Monographien,
in denen er wissenschaftliche Zwecke und religiöses Leben miteinander in Einklang
brachte: *Science et apologétique* (1905) und *La Providence créatrice* (1907). Der Physiker
und Mediziner Édouard Branly (1844–1940) forschte an der Naturwissenschaftlichen Fakultät und am *Institut Catholique*; berühmt wurde er als Erfinder eines Fritters für die
drahtlose Telegraphie. Der Chemiker und Ingenieur Georges Lemoine (1841–1922) war
erster Inhaber des Lehrstuhls für Chemie. Alle drei wurden in die *Académie des Sciences*
aufgenommen. Rektor d'Hulst war auch der Initiator der internationalen katholischen Gelehrtenkongresse, deren Patronat Papst Leo XIII. übernahm. Er selbst erlegte sich im Bereich der Biologie vorsichtige Zurückhaltung auf, doch wurde die Frage der Evolution der
Arten auf dreien dieser Kongresse in Vorträgen und Diskussionen behandelt. 1897 hielt der
amerikanische Jesuit J. Zahm einen Vortrag zum Thema *Evolution und Theologie*; in der
Diskussion unterstrich Pierre Duhem, die Theologen müßten sich unbedingt die in diesen

---

[33] Zwei kritische Artikelserien in den Jahren 1871–1872 und 1879.
[34] M. D'HULST, La mission chrétienne de la science, Dezember 1883.

Fragen nötige wissenschaftliche Kompetenz aneignen. An der Katholischen Fakultät in Lille lehrten der Botaniker Nicolas Boulay und der Biologe Giard – in mancherlei Hinsicht Pioniere des Darwinismus in Frankreich. An zwei Vorläufer außerhalb der höheren katholischen Lehranstalten sei erinnert, an Paul de Broglie und sein Werk *Le positivisme et la science expérimentale* (1881) und an Denys Cochins mehrmals aufgelegtes Werk *L'évolution et la vie*.

Um die Jahrhundertwende schließlich waren mehrere christliche Paläontologen tätig: die Gebrüder Bouyssonie in Brive, zwei Geistliche, die 1908 die Neandertaler-Grabstätte von La Chapelle-aux-Saints entdeckten; Henri Breuil, dessen *spiritus rector* und Lehrer in Saint-Sulpice Jean Guibert war, der ihm den Kontakt mit Albert Gaudry, dem berühmten Direktor des *Muséum National d'Histoire Naturelle*, vermittelte. Gaudry bekräftigte auf wissenschaftlicher Ebene die theologische These der Schöpfung als eines auf die Dauer der geologischen Zeiten angelegten Aktes. Schließlich Pierre Teilhard de Chardin, der im Verlauf seines Theologiestudiums (1909–1910) „die Evolution entdeckte" und eine Christologie nach Maßgabe der von ihm bereits erahnten Kosmogenese entwarf. Bestimmend für Teilhard de Chardins erste paläontologische Forschungen nach seinen Studienjahren in Paris kurz vor Ausbruch des Ersten Weltkrieges waren weniger die von ihm belegten Vorlesungen als vielmehr die persönlichen Kontakte zu Marcellin Boule im *Muséum* oder zu Henri Breuil sowie vor allem seine ersten internationalen Grabungsexpeditionen in Nordspanien [35].

Wichtiger noch als dieser Beitrag christlicher Wissenschaftler war die Kritik, mit der Wissenschaftler und Wissenschaftsphilosophen die Eigenart und die Grenzen der wissenschaftlichen Gewißheit systematisch präzisierten. Vorreiter waren die Neukantianer an der Sorbonne: Lachelier (1832–1918; *Le Fondement de l'induction*, 1871) beeinflußte Émile Boutroux (1845–1921), der 1874 sein Werk *De la contingence des lois de la nature* verfaßte. Boutroux veröffentlichte 1895 eine Reihe von Vorlesungen zum *Begriff des Naturgesetzes*, worin er nachwies, daß dessen Notwendigkeit in unserem Geist angelegt sei, nicht aber auf die Natur übertragen werden könne. Seine Ausführungen erregten auch deshalb Aufmerksamkeit, weil zu Beginn des Jahres ein Artikel Brunetières eine heftige Debatte über das „Scheitern der Wissenschaft" ausgelöst hatte. In Wirklichkeit ging es Brunetière – unter dem Einfluß seiner Unterredung mit Papst Leo XIII. 1894 – nicht um Ablehnung der unbestrittenen Erfolge der Wissenschaft auf ihrem eigenen, eng umgrenzten Forschungsgebiet, sondern um ihre Unfähigkeit, die Entfaltung der Person zu sichern und die großen Fragen der Moral zu beantworten. Émile Boutroux widmete dieser Problematik ein ganzes Buch: *Science et religion dans la philosophie contemporaine* (1908) [36]. Zu jenem Zeitpunkt sollten zwei weitere Autoren die wissenstheoretische Analyse vorantreiben: Henri Poincaré und Édouard Le Roy. Henri Poincaré (1854–1912), der berühmte, auf mathematische Astronomie spezialisierte Mathematiker, veröffentlichte zwischen 1902 und 1909 drei Werke, in denen er sich strikt an die Anwendung der mathematischen Gesetze und Methoden auf ihren Gegenstand, die materiellen Erscheinungen der physischen Welt, hielt [37]. Der Wissenschaftsphilosoph Édouard Le Roy (1870–

---

[35] R. D'OUINCE, Un prophète en procès I: Teilhard dans l'Église de son temps, Paris 1970, 29–83.

[36] Vgl. dazu H. W. PAUL, The Edge of Contingency. French Catholic Reaction to Scientific Change from Darwin to Duhem, Gainesville 1979.

[37] H. POINCARÉ, La science et l'hypothèse (1902) (dt.: Wissenschaft und Hypothese, Leipzig 1904); DERS., La

1954), von dem sich Poincaré trennte, schrieb diesen wissenschaftlichen Gesetzen Kontingenz, ja Willkür zu. Analog dazu hatte er die religiösen Dogmen behandelt, die er als vorläufige Formulierungen betrachtete, deren Funktion allein darin bestehe, die Praxis zu stützen[38].

Verkörpert wurde diese Suche nach einer harmonischen Verbindung von wissenschaftlichem Geist und religiösem Glauben von zwei hervorragenden Gelehrten: Pietro Maffi (1858–1931) in Italien und Pierre Duhem (1861–1916) in Frankreich. Maffi, Erzbischof von Pisa, wurde gleichzeitig mit Désiré Mercier 1907 von Pius X. zum Kardinal ernannt[39]. Sein Spezialgebiet war die Astronomie, und Pius X. hatte ihn mit der Leitung des im November 1910 wiedereröffneten vatikanischen Observatoriums betraut. Maffi leitete seit 1900 die *Rivista di fisici, mathematica e scienze naturali*, die fern von jeder Apologetik die Zeugnisse christlicher Gelehrter wie Volta, Cauchy, Pasteur oder Chevreul veröffentlichte. Mit Giuseppe Toniolo (1845–1918) gründete er 1899 die bis 1906 äußerst aktive *Società cattolica scientifica*. Er setzte sich ein für die Gründung einer internationalen Vereinigung für den wissenschaftlichen Fortschritt unter den Katholiken[40]. Schließlich beschäftigte er sich mit der Wissenschaftsgeschichte des 16. und 17. Jh. und stellte den Fall Galilei in ein neues Licht.

Pierre Duhem, ein französischer Professor der Physik, gewann auf dem Gebiet der Thermodynamik internationalen Ruf. Duhem war aber auch Philosoph, Mitschüler Blondels an der *École Normale Supérieure*, und ein großer Wissenschaftshistoriker[41]. 1892 veröffentlichte er in der Brüsseler *Revue des questions scientifiques* eine erste Studie über physikalische Theorien *(Quelques réflexions au sujet des théories physiques)*, denen er Symbolwert zusprach: Für das Experiment unbestrittenermaßen nützlich, seien sie selbst unbeweisbar. In seinen Augen stellte dies wissenschaftliche Erkenntnis und theologische Erkenntnis auf die gleiche Ebene. Umgekehrt war er sich mit Blondel über die Nutzlosigkeit der Wissenschaft in apologetischer Absicht einig: „Gegenstand und Wesen der physikalischen Theorie [sind] den religiösen Dingen fremd und haben keinerlei Berührungspunkte mit ihnen“, schrieb er in seinem Artikel *Physique du croyant*, der in der Oktober/November-Nummer 1905 der damals von Laberthonnière herausgegebenen *Annales de philosophie chrétienne* erschien, deren regelmäßiger Mitarbeiter Duhem war. Sein Werk *Théorie physique, son objet et sa structure* (1906) entwickelte diese Perspektive, indem es sorgfältig die rationalen Methoden je nach Erkenntnisbereich oder Erkenntnisordnung unterschied. Dann begann Duhem mit einer hochgelehrten Arbeit über die Geschichte des wissenschaftlichen Denkens von den Griechen bis Newton unter dem Titel *Système du monde*. Das zehnbändige Werk erschien mehrheitlich postum zwischen 1913 und 1954.

---

valeur de la science (1905) (dt.: Der Wert der Wissenschaft, Leipzig 1906); DERS., Science et méthode (1909) (dt.: Wissenschaft und Methode, Leipzig 1914).

[38] Vgl. dazu H. LECLÈRE, Le Roy, in: Catholicisme VII (1972) 443–448.

[39] M. ANDREAZZA u. a., Il cardinale Pietro Maffi, arcivescovo di Pisa, Pisa 1983.

[40] Ebd. 41. Die Vereinigung war in fünf Sektionen gegliedert: Religion, Philosphie (Alessi), Sozialökonomie, Recht und Politik (Toniolo), Physik, Naturwissenschaften und Mathematik (Maffi), Geschichte (F. Ehrle), Philosophie, Literatur und Kunst (G. Poletto). Diese Versuche wie auch die Laufbahn A. Gemellis sind in den Zusammenhang der langwierigen Entstehungsgeschichte der *Päpstlichen Akademie der Wissenschaften* zu stellen; den Anstoß gab Leo XIII.; Vgl. dazu R. LADOUS, Des Nobel au Vatican. La fondation de l'Académie pontificale des Sciences, Paris 1994, 19 f. und 40–43.

[41] S. M. JAKI, Uneasy Genius: The Life and Work of Pierre Duhem, Den Haag 1984.

Duhem wollte beweisen, daß das Denken des christlichen Mittelalters im Vergleich zur antiken Wissenschaft keineswegs einen Rückschritt darstellte, daß es vielmehr das antike Denken aus seinen Blockierungen gelöst und den Weg für das Verständnis der Himmelsbewegungen wie der Geologie und der Geodynamik freigemacht hatte[42].

Duhem glaubte, eine überraschende Analogie zwischen der Aristotelischen Physik und der modernen physikalischen Theorie entdecken zu können, verwiesen doch beide auf eine Ordnung der Natur, auf ein außerhalb der Symbolbegriffe des Geistes liegendes „Wesen". Alle religiöse Erkenntnis aber verweise ebenfalls auf das „Wesen" Gottes, als Person begriffen; ihr Gegenstand sei, nach den Worten Le Roys, nicht beweisbar, wohl aber in asketisch-sittlicher Praxis oder im Erfahrungswissen der Mystik erlebbar[43]. Auffallend ist, wie Émile Poulat feststellt[44], daß die Beobachtungen der klinischen Psychopathologie in der *Salpêtrière*, auf denen Zola seinen naturalistischen Roman aufbaute, damals als Träger einer auf mystische Zustände fokussierten Fragestellung fungierten. Dabei wollte man herausfinden, ob es sich um das „Privileg" einer Elite von Heiligen handelte oder ob diese Zustände sich in der Tiefe jeder gläubigen Seele fänden und in den Formen der Volksfrömmigkeit zum Ausdruck kämen. Diese Sicht vertrat etwa H. Delacroix (1873–1937), Autor einer Dissertation über Meister Eckhart, auf die dann 1906 seine Werke *Études d'histoire et de psychologie du mysticisme* und *Mystiques chrétiens* folgten[45]. In diesem Sinn wirkte auch der Einfluß des Behaviorismus des amerikanischen Philosophen William James (1842–1910) und, direkter noch, die Arbeiten des belgischen Wissenschaftlers und Jesuiten Auguste Poulain.

Es waren diese christlichen Antworten auf die wissenschaftliche „Herausforderung", die es Boutroux erlaubten, 1908 zu schreiben, die Mystik sei der Lebensborn, in dem sich die von Scholastik und Formalismus bedrohten Religionen erneuerten.

II. Die Reaktion Roms

Wie reagierten die Kirchen auf diese vielfältigen Forschungsvorhaben? Die protestantischen Kirchen akzeptierten in der Regel Säkularisierung und Kritik, solange die Transzendenz des geoffenbarten Wortes nicht in Frage gestellt wurde. In ihren Reihen gab es keinen Modernismusstreit. Bekanntlich sprach die antimodernistische Polemik von „protestantischer Infiltration" des katholischen Klerus, obwohl gemäß Émile Poulat höchstens von „kollateralen" Einflüssen die Rede sein konnte. In der Tat war diese „Reformbewegung" ein Spezifikum der katholischen Kirche, die eine defensive, unter Pius X. radikalisierte Haltung entwickelte. Doch bereits in den letzten Jahres des Pontifikats Leos XIII. hatte sich eine deutliche Verhärtung gegenüber Initiativen in den Bereichen Ökumenismus, Pastoral und Exegese angebahnt. Diese Abwehr kontrastierte mit der außerordentlichen Öffnung, die kurz zuvor, zwischen 1890 und 1893, die Sozialpolitik und die Ralliementpoli-

---

[42] Ebd. 397–400, Brief vom 21. Mai 1911 an Bulliot, den er zur Aufnahme eines naturphilosophischen Lehrgangs am *Institut Catholique de Paris* beglückwünschte. Er schlug vor, das Programm auf zwei Lehrstühle zu verteilen, einen für Wissenschaftsphilosophie und einen für Wissenschaftsgeschichte.

[43] É. LE ROY, Comment se pose le problème de Dieu, in: Revue de métaphysique et de morale (1907).

[44] É. POULAT, Critique et mystique, Paris 1984.

[45] Ebd. 293.

tik, aber auch die Dialogversuche mit den Ostkirchen signalisiert hatten. Hier gilt es nun, die sukzessive Verhärtung der Reaktion Roms nachzuzeichnen.

1. Der Eucharistische Kongreß von Jerusalem und die Frage der anglikanischen Weihen. Der Internationale Religionskongreß und der Amerikanismus

Es ist bereits dargelegt worden, wie sich protestantische Christen und einige katholische Priester im Rahmen der Auseinandersetzungen über die Theologie und ihren Auftrag für die Mission einsetzten. Wie wurden diese Initiativen in Rom aufgenommen?

Papst Leo XIII. bekräftigte mehrfach seine Bemühungen um die Einheit der Christen[46]. Er hörte auf jene, die ihm wie Lavigerie rieten, eine die Persönlichkeit der Ortskirchen respektierende Einheit aufzubauen, insbesondere in Richtung auf die mit Rom unierten Ostkirchen. Den „getrennten Brüdern" gab er zu verstehen, es sei sein Wunsch, mit ihnen in einen echten Dialog zu treten – ein Kontrast zu den knappen Aufforderungen seines Vorgängers am Vorabend des Ersten Vatikanischen Konzils, in den Schoß der Kirche zurückzukehren.

Im Jahre 1893 fand dieses Bemühen seinen wohl konkretesten Ausdruck. Vom 13. bis 20. Mai 1893 fand in Jerusalem der *Achte Eucharistische Weltkongreß* mit mehr als 1500 Teilnehmern statt, unter ihnen mehrere Patriarchen der unierten Kirchen und rund 30 griechisch-orthodoxe Priester und Mönche. Angesichts der Tragweite der Veranstaltung wandte sich Portal an Lord Halifax und schrieb, nun sei der Moment gekommen, die Frage der Gültigkeit der anglikanischen Weihen zu stellen. Am 11. September 1893 schließlich eröffnete Kardinal Gibbons in Chicago das *Weltparlament der Religionen*. Doch bereits nach einem Jahr machten sich erste Anzeichen für ein Abflauen dieses Elans bemerkbar.

Claude Soetens hat sorgfältig recherchiert, auf welcher Basis nach langwierigen Vorbereitungen der Eucharistische Kongreß im heiligen Land schließlich zustande kam[47]. Von Bedeutung war der neue Ansatz im Verhältnis zu den östlichen Christenheiten, wie ihn die beiden bedeutenden Gründerpersönlichkeiten Lavigerie und d'Alzon praktizierten. Der Erzbischof von Algier hatte 1878 erreicht, daß ihm die Aufsicht über die St.-Anna-Kirche in Jerusalem übertragen wurde. Dort hatte er zwei Seminare gegründet, in denen melkitische Priester und Lehrer unter Respektierung ihres Ritus ausgebildet wurden. Sie sollten dann den Dialog mit den getrennten Kirchen aufnehmen. Zu den bereits bestehenden Gründungen der Assumptionisten fügte François Picard, der Nachfolger d'Alzons, jene von *Notre-Dame-de-France* hinzu, die dem Empfang der von ihm reorganisierten Pilgerfahrten in die heilige Stadt dienen sollte. Das Haus beherbergte schon bald rund 30 Studenten, die die Vorlesungen der eben erst gegründeten *École Biblique* von Jerusalem besuchten und ihre Kenntnisse des christlichen Orients erweiterten.

Die Idee des Kongresses geht auf einen Vorschlag der Assumptionisten zurück, die Umsetzung des Projekts wiederum auf Bischof Doutreloux von Lüttich, der das Präsidium des Ständigen Komitees für Eucharistische Kongresse übernommen hatte. Der Papst war entschlossen, dem religiösen Ereignis die größtmögliche Feierlichkeit zu verleihen, weshalb

---

[46] R. F. ESPOSITO, Leone XIII e l'Oriente christiano, 1961, 412, erfaßte dreizehn Schreiben und rund zwanzig Ansprachen Leos XIII. zu diesem Thema.

[47] C. SOETENS, Le Congrès eucharistique international de Jérusalem (1893) dans le cadre de la politique orientale du Pape Léon XIII, Löwen 1977.

er zuvor die Zustimmung der Hohen Pforte und der Patriarchen der Ostkirchen eingeholt hatte. Der zum päpstlichen Legaten ernannte Kardinal Langénieux, Erzbischof von Reims, führte den Auftrag im Sinne seines kurz zuvor verstorbenen Freundes Lavigerie weiter und intensivierte in Jerusalem und Konstantinopel mit der Unterstützung Abt Pellegrinis von Grottaferrata und seines Generalvikars Péchenard die Höflichkeitsbeziehungen zu den griechischen Patriarchen. Er nahm auch geflissentlich die Beschwerden der Patriarchen der unierten Kirchen über ihre mangelnden materiellen wie personalen Ressourcen und über ihre unbequeme Lage zwischen lateinischen Missionaren und der griechischen Hierarchie entgegen. Am Schluß seines Berichtes über diese Kontakte schlug der Legat vor, der Papst möge den unierten Kirchen in einer Enzyklika die nötigen Zusicherungen geben und eine eigene Propagandakommission zur Untersuchung der zu treffenden Maßnahmen einberufen. Das Resultat war der Apostolische Brief *Praeclara gratulationis* vom 20. Juni 1894. Er verband den Aufruf zur Wiedererrichtung der Einheit mit der Versicherung, Riten, Rechte und Privilegien der Ostkirchen zu wahren. Im Herbst folgte dann eine Reihe von Konferenzen in Rom, an denen die unierten Patriarchen teilnahmen. Ihnen wurde versichert, die Eigenständigkeit ihrer Liturgie und Kirchenordnung bleibe gewahrt, auf eine Angliederung an die lateinische Form werde verzichtet (*Orientalium dignitas* vom 30. November 1894). Schließlich wurde eine Kardinalskommission unter dem Vorsitz von Kardinal Ledóchowski geschaffen, um diese rechtliche Anerkennung faktisch umzusetzen. Diese Kommission trat bis zum Ende des Pontifikats zu 22 Sitzungen zusammen. So wurde der institutionelle Rahmen für eine Verständigung geschaffen, während in den Kollegien in Rom und Jerusalem sowie in den Zeitschriften über den christlichen Orient an der Vertiefung der gegenseitigen Kenntnisse gearbeitet wurde.

Doch bereits im Herbst 1894 machte sich heftiger Widerstand gegen diese Neuansätze bemerkbar: zum einen von seiten des lateinischen Patriarchen in Jerusalem, Ludovico Piavi, der die Vorbehalte der „Lateiner" ausdrückte – etwa der mit der Kustodie der Heiligen Stätten betrauten Franziskaner; zum anderen von seiten des neuen Patriarchen von Konstantinopel, Anthimos VII., der in seinem Schreiben vom 7. Dezember 1895 alle Bestrebungen in diese Richtung strikt ablehnte. Daß die Repliken nicht auf sich warten ließen, zeigt etwa die feierliche Bekräftigung des römischen Primats in der Enzyklika *Satis cognitum* vom 29. Juni 1896[48].

Zur selben Zeit verhärtete sich die päpstliche Strategie auch in der Frage der anglikanischen Weihen. Die zur Beurteilung ihrer Rechtmäßigkeit einberufene Kardinalskommission kam in den ersten Tagen des Monats Juli 1896 zu einem negativen Schluß. Dieser wurde am 13. September in der Bulle *Quod Apostolicae curae* veröffentlicht, für deren scharfen Ton Kardinal Mazzella verantwortlich zeichnete. Die Bulle erklärte die seit dem Ordinale von 1549 durchgeführten Weihen „für absolut null und nichtig", weil dieser Text in der Absicht verfaßt worden sei, den Bruch herbeizuführen. Die in Shrewsbury[49] und im folgenden Sommer dann in der Lambeth-Konferenz versammelte anglikanische Hierar-

---

[48] Ein Jahr später empfahl der Papst die Zuflucht zum Gebet (*Divinum illud munus* vom 9. Mai 1897). Unter dem Pontifikat Pius' X. gingen die Bestrebungen zur Annäherung der Kirchen weiter. Symbol dieser Bemühungen waren die auf eine Anregung des griechisch-benediktinischen *Athanasius-Kollegs* in Rom zurückgehenden Feierlichkeiten zum 1500. Todestag Johannes Chrysostomos', die die Garantien Leos XIII.; bekräftigten. Höhepunkt war eine am 12. Februar 1908 unter dem Vorsitz des Papstes durchgeführte Feier nach östlichem Ritus. Doch folgten restriktivere Maßnahmen.

[49] Schreiben *Sapiens officio* vom 19. Februar 1897.

chie bestritt diese Absicht. Sie verlegte die Diskussion auf eine diese enge Fragestellung überschreitende geschichtliche Ebene und eröffnete, vorgängig zur Prüfung der Modalitäten der Interkommunion und der gegenseitigen Anerkennung der Ämter, die Debatte über die Ausübung der Autorität in der Kirche. Die Konferenz brach allerdings den Dialog nicht gänzlich ab und erklärte, „sie warte geduldig auf eine günstigere Gelegenheit und sehe hoffnungsvoll in die Zukunft"[50]. Dieser Ton kontrastierte scharf mit der Schroffheit Erzbischof Herbert Alfred Vaughans von Westminster, der die Diskussion ganz im Gegenteil als endgültig abgeschlossen bezeichnete. Wie die Mehrheit der englischen Katholiken fühlte er sich in dieser Angelegenheit übergangen, die in seinen Augen lediglich ein suspektes Manöver war[51]. Ein weiteres Mal war der Versuch einer Annäherung an lokalen Widerständen gescheitert.

Eine ähnliche Entwicklung ist bei jener Affäre festzustellen, die unter der Bezeichnung „Amerikanismus" figuriert – und zwar in Anlehnung an den Titel des 1898 veröffentlichten Angriffs von C. Maignen auf Isaac Thomas Hecker[52]. Stein des Anstoßes war eine Reihe von Direktiven, die Hecker, der Gründer der amerikanischen Kongregation der Paulisten, seinen Mitbrüdern gegeben hatte: Die Wirksamkeit der pastoralen Tätigkeit in einem Land mit ganz anderer Vergangenheit als Europa gebiete den Einsatz von neuen Formen der Kommunikation; nicht Disziplin und autoritäre Methoden seien gefragt, sondern eine vom Heiligen Geist dem Gewissen jedes Christen inspirierte Kreativität. Vorrangig sei der Dialog mit den anderen Konfessionen. Vom gleichen Geist getragen war auch das Weltparlament in Chicago, das die Unterstützung der bekanntesten Bischöfe der Vereinigten Staaten gefunden hatte: Ireland (St. Paul), Gibbons (Baltimore), Kena, Rektor der katholischen Universität von Washington.

Anfänglich hatte Leo XIII. diese neuen Methoden begrüßt (Apostolischer Brief *Longinqua Oceani spatia* vom 6. Januar 1985) und den Paulisten sein Vertrauen ausgesprochen (Brief an Francesco Satolli vom September 1895). 1897 wurde die Frage erneut aktuell, als Félix Klein, Nachfolger Loisys am *Institut Catholique de Paris*, die Übersetzung einer Biographie Walter Elliots über Isaac Thomas Hecker veröffentlichte. Daß sechs Auflagen des vor allem im Klerus erfolgreichen Buches so rasch verkauft waren, beunruhigte Bischof Turinaz von Nancy. Zusammen mit den Pariser Jesuiten hatte der Prälat die Meinungskampagne unterstützt, die mit Charles Maignens Schrift gegen Hecker ihren Anfang nahm. In einem Schreiben an Kardinal Gibbons verurteilte Leo XIII. nun mehrere dem „Amerikanismus" unterstellte Sätze – etwa den Vorrang der tätigen Tugenden vor den kontemplativen (insbesondere im Rahmen der Ordensgemeinschaften, die auf die ewigen Gelübde verzichten sollten); den Verzicht auf die autoritäre Durchsetzung von Vorschriften, und zwar vor allem dann, wenn diese jenseits der Möglichkeiten des durchschnittlichen Gläubigen lagen; die radikale Reform der Seelsorgemethoden unter Nichtchristen.

Ireland und Gibbons begaben sich nach Rom, um dort zu versichern, kein amerikanischer Katholik würde derartige Irrtümer vertreten. Gleichwohl wurde die inkriminierte Biographie aus dem Verkauf gezogen. Mehrere zeitgenössische Historiker sahen in den verurteilten Sätzen bereits die Vorwegnahme der unter der Bezeichnung „Modernismus" inkriminierten Sätze.

---

[50] R. Ladous, L'abbé Portal et la campagne anglo-romaine 1890–1912, Lyon 1973, 363–365.

[51] Ebd. 45 (Wiedergabe des Textes); für Ergänzungen vgl. Waché, Duchesne (s. Anm. 8) 382f.

[52] Der Titel lautete *Études sur l'américanisme: le père Hecker est-il un saint?*

2. Der Kampf gegen den Modernismus. Der Integralismus

Leo XIII. hatte Verständnis für die Anliegen der historischen Bibelkritik gezeigt und 1880 beschlossen, das *Archivio segreto* den Forschern aller Konfessionen zugänglich zu machen. Er empfahl ihnen sogar, sich strikt den Regeln der Wahrheitssuche zu unterstellen und sich peinlich genau an die Dokumente zu halten[53]. Ein Jahr danach wurde die Schule für Paläographie in das Vatikanische Archiv integriert.

Die Enzyklika *Providentissimus Deus* vom 18. November 1893 über das Bibelstudium wiederholte den Grundsatz der Irrtumslosigkeit der Schriftinspiration und verwies auf die entsprechenden Kommentare der Kirchenväter. Doch forderte sie auch zu Sprachstudien und zur Anwendung einer gesunden Kritik auf, um aufzudecken, daß die im heiligen Text enthaltenen Weltbilder nur eine dem jeweiligen Zeitgeist entsprechende äußere Hülle sind. So tat sich eine Bresche[54] auf für mehrere Forschungsgebiete, gewissermaßen als Bestätigung für die Gründer der *École Biblique* in Jerusalem.

Die bereits 1895 einsetzende und bis zum Ende des Pontifikats Leos zunehmende Verhärtung betraf die ersten innerkirchlichen Reformvorschläge, doch fehlte es nicht an weiteren Warnzeichen: 1898 wurden mehrere Werke Herman Schells auf den Index gesetzt, die Enzyklika *Depuis le jour* vom 8. September 1899 warnte den französischen Episkopat vor einigen „abweichlerischen" Tendenzen in der französischen Geistlichkeit[55]. Nach dem Tod Kardinal Mazzellas im Jahr 1900 entspannte sich die Lage; die 1902 eingesetzte päpstliche Bibelkommission wurde, ebenfalls im Sinne dieser Entspannungspolitik, so zusammengesetzt, daß die verschiedenen Richtungen ausgewogen vertreten waren. Bemerkenswert ist, daß auf die Verurteilung von Loisys *L'Évangile et l'Église* durch Kardinal Richard keine Sanktionen Roms oder weiterer Bischöfe folgten.

Das änderte sich mit der Wahl Giuseppe Melchior Sartos zum Papst. Sarto gab sich den Namen Pius X. Loisys Broschüre *Autour d'un petit livre* wurde mit Unterstützung der meisten französischen Bischöfe unverzüglich verurteilt. Auf die Inaugural-Enzyklika *E supremi pontificatus cathedra* (4. Oktober 1903) folgten päpstliche Texte, die Ausdruck des Willens waren, vor allem in den Seminaren die Unterwerfung unter die überlieferten Formen der religiösen Wahrheit wiederherzustellen. Bis zum Frühjahr 1907 wurden 24 Werke bekannter Autoren indiziert, von Houtin über Laberthonnière bis Fogazzaro[56]. Auch die Bibelkommission agierte nun zunehmend repressiv: Giovanni Genocchi wurde von seiner Lehrtätigkeit suspendiert. Als direkte Konkurrenz zur *École biblique* errichteten die Jesuiten das *Päpstliche Bibelinstitut* in Jerusalem.

Doch die eigentliche Verhärtung vollzog sich ab Mitte des Jahres 1907 im Kontext der Trennung von Kirche und Staat in Frankreich und des Aufschwungs der *Sozialistischen Internationale*. Die Abwehrhaltung des Papstes und seiner engsten Mitarbeiter – der Kardinäle Raphael Merry del Val, Gaetano de Lai, Präfekt der mit größeren Machtbefugnissen ausgestatteten Konsistorial-Kongregation, und Louis Billot – diesen Problemen gegenüber kam einer Panikreaktion gleich: Von Juli 1907 bis August 1914 hat S. Tramontin 65 Indizierungen erfaßt, verbunden mit persönlicher Exkommunikation jener Laien und Geistlichen, die als besonders kompromittiert galten.

---

[53] O. KÖHLER, Das Lehramt und die Theologie (s. Anm. 7) 341–344.
[54] So R. AUBERT, I cattolici alla morte di Pio IX, in: Storia della Chiesa XXII, 1 (s. Anm. 27) 35–58, hier 40–42.
[55] E. LECANUET, La vie de l'Église sous Léon XIII, Paris 1930, 597.
[56] S. TRAMONTIN, La repressione del modernismo, in: Storia della Chiesa XXII, 2 (s. Anm. 27) 271–292.

Nach dem gleichen Verfahren, das Pius IX. Ende 1864 angewandt hatte, ergänzte der Heilige Stuhl die Veröffentlichung der Enzyklika *Pascendi dominici gregis* vom 8. September 1907 mit einem Syllabus 65 verdammenswerter Sätze (Dekret *Lamentabili sane exitu* vom 17. Juli 1907). Die Enzyklika bezeichnet den Modernismus als „Gefäß aller Häresien"; seine Wurzeln seien lügnerische Doppelzüngigkeit und stolze Überheblichkeit über die höchsten anerkannten Autoritäten. Von der exzessiven Wortwahl abgesehen, fällt auf, daß in diesen 65 verurteilten Sätzen – vier Fünftel stammen aus Loisys, ein Fünftel aus É. Le Roys und Tyrrells Schriften – zwei Denksysteme aufeinanderprallen, die beide, ohne zu konvergieren, ihrer je eigenen Logik folgen. S. Sabatier konnte damals von einer „Karikatur" sprechen, in der sich die anonym getadelten Personen nicht wiederzuerkennen vermochten. Émile Poulat hat den Mechanismus dieser in sich widersprüchlichen Dialektiken dargelegt [57].

Rom begnügte sich nicht mit der Verurteilung der 65 Sätze, sondern errichtete auch ein verstärktes Überwachungssystem. Die Folge davon war die Denunzierung von Persönlichkeiten, denen leichtfertig „modernisierende" Abweichungen unterschoben wurde, wie Kardinal Ferrari, Erzbischof von Mailand, 1908 in seinem Fastenbrief bemerkte. Unterstützt wurde diese Haltung von der antimodernistischen Presse („Stampa di concentrazione"), die in mehreren Ländern Europas blühte und der gegenüber die moderatere Presse („Stampa di penetrazione"), welche mit denjenigen den Dialog suchte, die sich am Rande der Kirche bewegten, einen schweren Stand hatte. Pius X. begünstigte ganz offen die antimodernistische Presse, insbesondere die in Florenz von A. Cavallanti herausgegebene *Unità cattolica* [58]. Er förderte die Aktivitäten der *Corrispondenza romana*, die Umberto Benigni (1862–1934), ein umtriebiger, journalistisch und wissenschaftlich tätiger Priester, 1907 gegründet hatte – ein Jahr, nachdem er mit Unterstützung des Staatssekretärs zum Untersekretär der Kongregation für außerordentliche kirchliche Angelegenheiten ernannt worden war. Diese war gewissermaßen eine rudimentäre Presseagentur, die Informationen über die katholische Publikationen in verschiedenen Ländern sammelte und auch vertrieb. Schließlich stand diesem Netz eine Vereinigung zur Seite, die nie kanonischen Status erhielt: *„La Sapinière"* (Tarnbezeichnung, eigentlich *Sodalitium Pianum*), 1909 ins Leben gerufen. Émile Poulat hat ihre im Ersten Weltkrieg von den Deutschen in Belgien konfiszierten Archive systematisch ausgewertet und so Licht in dieses zweite Netz gebracht: *La Sapinière* verfügte nur über geringe Mittel und zählte nie mehr als 50 Mitglieder, bezog jedoch ihre Macht aus den offiziösen Ermutigungen und aus der Geheimhaltung ihrer Aktivitäten, die das Klima der Verdächtigungen weiter schürte [59]. Offiziell forderte der Heilige Stuhl die Bischöfe auf, überall „Überwachungskommissionen" zu schaffen, und erklärte, außer in Deutschland, den „Antimodernisteneid" weltweit für obligatorisch, der Kleriker und Seminaristen zwang, die Verurteilungen von 1907 zu unterschreiben [60]. Lediglich 40 Personen verweigerten den Eid, doch wurde die Maßnahme von vielen als schwerer Eingriff in die Forschungsfreiheit betrachtet. Von diesem Zeitpunkt an beschleunigte sich der

[57] POULAT, Histoire, dogme et critique (s. Anm. 2) 111.
[58] Der moderateren Presse ließ er am 2. Dezember 1912 ein warnendes Breve zukommen. Vgl. dazu M. MACCARRONE, Monsignor Duchesne e la Curia romana, in: Monseigneur Duchesne et son temps, Rom 1975, 429.
[59] É. POULAT, Intégrisme et catholicisme intégral. Un réseau secret international antimoderniste: la „Sapinière" (1909–1921), Tournai 1969, bes. 70–73.
[60] Motu proprio *Sacrorum antistitum* vom 1. September 1910.

Rhythmus der persönlichen Verurteilungen[61]. Verdächtigungen lasteten auch auf Blondel und Laberthonnière, die anläßlich der *Semaine Sociale* in Bordeaux im Jahre 1909 den von der *Action française* in gefährlichem Maße betriebenen „extrinsezistischen" Ansatz der Religion in der Politik angegriffen hatten. Schließlich waren sogar höchst ehrwürdige Institutionen bedroht: Die Bollandisten, die dank Kardinal Merciers Intervention geschützt wurden, die *École Biblique* in Jerusalem und die *Revue biblique*. Ihr Leiter Lagrange wurde gezwungen, Jerusalem zu verlassen und für ein Jahr nach Frankreich zurückzukehren. Nur seinen respektvollen Treuebeteuerungen ist es zu verdanken, daß er sein Werk fortsetzen konnte. Trotz aller Strenge konnte sich der Papst bisweilen für den Wert und die Aufrichtigkeit der Diener der Kirche empfänglich zeigen – so wie er es gegenüber dem Barnabiten Giovanni Semeria tat.

Damit stand die Krise auf ihrem Höhepunkt. Es gab Anzeichen, daß man sich kurz vor Ausbruch des Ersten Weltkrieges der verheerenden Auswirkungen dieser übertrieben defensiven Strategie bewußt wurde. Kardinal Merry del Val entzog Benigni seine Unterstützung; die Gesellschaft Jesu bereitete den bevorstehenden Richtungswechsel mit eindeutigen Stellungnahmen vor[62]. Doch allein der Tod vermochte Pius X. daran zu hindern, seinen „letzten Kampf" auszutragen – den Kampf gegen den „sozialen Modernismus", dessen Schauplatz nicht mehr Frankreich und Italien, sondern Deutschland mit der heiklen Frage der konfessionell „gemischten Gewerkschaften" war.

Mit bisher unbekannten Problemen und einer akuten Krise konfrontiert, hatte das Papsttum erneut den Weg der disziplinarischen Unterwerfung unter ein kompaktes, anscheinend ein für allemal von oben festgelegtes Lehrgefüge gewählt. Diese Strategie wirkte auf einfache Gemüter besänftigend, brachte jedoch, wie zu Zeiten Pius' IX., schwerwiegende Nachteile mit sich – nicht zuletzt durch die Instrumentalisierung der „Orthodoxie" durch mehr oder weniger geheime Mächte. Geboten war ein neuer Modus der Zugehörigkeit zur Kirche, fällig war ein neues Verhältnis der Kirche zu der nach Wahrheit suchenden „Welt". Das allerdings setzte einen langwierigen geistigen Wandlungsprozeß voraus, den damals lediglich eine Minderheit von Bischöfen und Theologen erahnte[63].

---

[61] Etwa das Dekret vom 5. Mai 1913 der Index-Kommission gegen Bremonds Werk *Sainte-Jeanne de Chantal*; vgl. dazu A. BLANCHET, Histoire d'une mise à l'Index, la *Sainte-Chantal* de l'abbé Bremond, Paris 1967.

[62] AUBERT, Die modernistische Krise (s. Anm. 3) 500.

[63] In dieser Hinsicht besteht ein Zusammenhang zwischen dem Bericht Mignots an Benedikt XV. vom Oktober 1914 und der Enzyklika *Ad beatissimi* vom 1. November 1914. Vgl. dazu C. LEDRÉ, Intégrisme, in: Catholicisme V (1962) 1830, sowie die Analyse der Reaktion von Benedetto Croce im Oktober 1907, in: TRAMONTIN, Storia della Chiesa (s. Anm. 56) 282 f.

Fünftes Kapitel

Der Höhepunkt des Antiklerikalismus –
Die Strategien Leos XIII. und Pius' X.

VON JACQUES GADILLE

Am 20. September 1870 wurde Rom durch die über die *Porta Pia* eindringenden italienischen Truppen besetzt. Die Eroberung des Kirchenstaates erschütterte die an den beiden Extremen des politischen Spektrums angesiedelten Kräfte in Europa: Agnostiker und katholische Rechte. Für gewisse Kreise bedeutete die „Entsakralisierung" Roms die Rückgabe des gewaltigen Erbes der Menschheit, das die weltliche Macht der Päpste während zwei Jahrtausenden „mit Beschlag belegt" hatte, an eine im wesentlichen auf diesem Erbe gegründete Kultur[1]. Rom verkörperte zudem die Einheit des Königreichs Italien unter dem Haus Savoyen und seinen „liberalen" Regierungen und besaß Symbolwert für die Freidenker und Freimaurer, deren Internationalen dort schon bald einen Kongreß abhielten und 1882 anläßlich Garibaldis Tod seinen „Triumph" in Anlehnung an antike Rituale feierten[2].

In Frankreich wurde die Tragweite des Ereignisses von den Katholiken je nach Standpunkt ganz unterschiedlich eingeschätzt. Kardinal Guibert, seit kurzem Erzbischof von Paris und „gemäßigter" Ultramontanist, widmete dem Ereignis einen in apokalyptischem Ton gehaltenen Fastenbrief, worin er die Gefangenschaft des alten Papstes mit der Passion Jesu unter den Schmähungen der politischen Mächte verglich und die Freiheitsberaubung des Heiligen Vaters als den Ruin aller politischen Legitimität darstellte[3]. Auf die Verherrlichung der geistlichen Jurisdiktion der Päpste – in einem ökumenischen Konzil in der Basilika St. Peter vollzogen – folgte mit der Einnahme Roms die größte Erniedrigung einer weltlichen Verwaltung, deren vitale Organe, etwa das Staatssekretariat, sich vom Quirinal in die Vatikanstadt zurückziehen mußten[4]. Die beiden Staaten standen sich nun definitiv gegenüber; mehr noch, die *politische* Macht erhob den Anspruch, die andere einzuschließen, und bot zugleich „Garantien" für ihr freies Funktionieren an, die unverzüglich zurückgewiesen wurden (13. bis 15. Mai 1871).

Zu Kurztiteln vgl. die jeweilige Erstnennung bzw. die Bibliographie am Ende dieses Kapitels.

[1] Siehe besonders die beiden von Charles Renouvier gegründeten Zeitschriften *La Critique philosophique* (seit 1872), später dann *La Critique religieuse* (ab 1878); vgl. dazu L. CAPÉRAN, Histoire contemporaine de la laïcité française I, Paris 1957, XIIIf.

[2] Garibaldi wurde zur mythischen Figur, nachdem er von den Freiwilligen des Südostens an die Spitze ihrer Bewegung gesetzt, ins Parlament gewählt und später daraus ausgeschlossen worden war; er verkörperte die Antithese der „Republik der Notabeln".

[3] Fastenbrief vom 15. März 1872 über „die Verletzung der Rechte der Kirche und unseres Heiligen Vaters, des Papstes", in: *Semaine religieuse* vom 16. März 1872.

[4] Zahlreiche dieser Organe waren nun hinfällig geworden; vgl. dazu R. AUBERT, I cattolici alla morte di Pio IX, in: Storia della Chiesa XXII, 1: La chiesa e la società industriale (1878–1922), hrsg. von E. GUERRIERO – A. ZAMBARBIERI, Mailand 1990, 35–59, hier 58.

Am 20. September 1870 kapitulierten die päpstlichen Truppen in Rom vor den Truppen des Königreichs Italien.

Das Ende der Christenheit und die Konfrontation zweier „autonomer" Staaten – dieses Thema behandelte der Erzbischof von Perugia, Kardinal Pecci, kurz vor seiner rasch erfolgten Wahl auf den Stuhl Petri am 20. Februar 1878 in zwei berühmten Hirtenbriefen über die Kirche und die Zivilisation[5]. Der Name Leo XIII. war Ausdruck des Willens, die politische Autorität des Heiligen Stuhls zu bewahren. Der Papst verschloß sich dem wissenschaftlichen Fortschritt und der daraus resultierenden Zivilisation keineswegs, doch zeigte er auf, daß beides von der auf der Zusammenarbeit mit der Kirche beruhenden moralischen Vervollkommnung der Menschen nicht zu trennen war. Zwar verteidigte er den Begriff der „christlichen Zivilisation" auf einem strikten Lehrfundament[6] und übte Kritik an den dem reformatorischen Geist anzulastenden Verirrungen, dennoch plädierte er für die Harmonisierung von Glaube und Wissen. Trotz der „Invasion" säkularer Mächte in den Kompetenzbereich der Kirche betrachtete er die Koexistenz von bürgerlicher und religiöser Gesellschaft auf der Basis der Verteidigung von Gewissensfreiheit und Gerechtigkeit als möglich. Sein Fazit lautete: „Wir können nicht anders, als die Freunde und Förderer der wahren Zivilisation zu sein"[7].

Diese neuen Akzente setzte der Nachfolger Pius' IX. in einer Welt, die inzwischen mehrheitlich gegen die Einmischung der Kirche in die Politik war. Der „Antiklerikalismus" – ein erstmals von Ernest Renan im Zusammenhang mit den französischen Wahlen

---

[5] *L'Église catholique et le XIXe siècle* vom 12. Februar 1876, *L'Église et la civilisation* vom 6. Februar 1877 und 10. Februar 1878, in: Œuvres pastorales de Mgr. Pecci, Paris 1888, 276–385.

[6] Insbesondere seine Bezüge auf den Abgeordneten der gemäßigten Liberalen Juan Donoso Cortés und seine Bewunderung für Innozenz III. waren geprägt von der Sehnsucht nach der mittelalterlichen Christenheit; vgl. dazu R. AUBERT, Leone XIII, tradizione e progresso, in: Storia della Chiesa XXII, 1 (s. Anm. 4) 61–106, hier 73.

[7] Hirtenbrief vom 10. Dezember 1878, in: Œuvres pastorales de Mgr Pecci (s. Anm. 5) 355 f.

vom Mai 1869 gebrauchter Neologismus – schien damals, in Frankreich und anderen katholischen Staaten vor allem, eine derartige Leidenschaftlichkeit und Verbreitung angenommen zu haben, daß ein guter Beobachter, wie etwa Montalembert kurz vor seinem Tod, nur sein Erstaunen zum Ausdruck bringen konnte[8]. Es ist wichtig, sich diesen Höhepunkt in den letzten drei Jahrzehnten des 19. und den ersten Jahrzehnten des 20. Jh. zu vergegenwärtigen, um die Umsetzung des von Leo XIII. bereits vor seiner Wahl angedeuteten Programms beurteilen zu können.

I. Politische und soziale Geographie des Antiklerikalismus am Ende des Pontifikats Pius' IX.

Einer der ersten deutschen Vertreter des utopischen Sozialismus, der Linkshegelianer Moses Hess, der auch Marx und Engels in ihren Anfängen beeinflußte[9], hat die unterschiedlichen nationalen Loslösungsstrategien der Europäer von der Kirche skizziert. In seinem Werk *Die europäische Triarchie* von 1841 unterscheidet Hess drei verschiedene Formen der Loslösung: eine philosophische Form mit den beiden idealistischen und materialistischen Extremen, die den deutschen Atheismus hervorbringt; eine „soziale" Form, die, von den Radikalen bis zu den ersten englischen Sozialisten, den Aufstand der Arbeitermassen gegen das Establishment der Kirche von England und der Schottischen Kirche inspiriert; schließlich eine „multitudinistische" Form, die die Komplexität des Phänomens in Frankreich zum Ausdruck bringen soll. Impliziert ist damit auch der zeitliche Vorrang des „französischen Modells" aufgrund der Auswirkungen der Französischen Revolution und ihres letztlich fruchtbaren Erbes, auf das sich beispielsweise Jules Ferry, der Begründer der obligatorischen laizistischen Schule, zu Beginn der Dritten Republik berufen sollte. Es stellt sich sogar die Frage, ob nicht der mit der politischen Säkularisierung identifizierte Antiklerikalismus eine französische Sonderform sei[10]. Als äußerst lebendig und ansteckend hat sich in dieser Hinsicht das in den Überlebenden der *Grande Armée* verkörperte Ideal der *„Grande Nation"* erwiesen, nämlich das Ideal einer „kommunalistischen" Demokratie als Basis einer demokratischen Allianz oder Föderation der Völker, aus der dann ein anarchistischer Sozialismus hervorgehen sollte: Von der *Carboneria* zu Mazzinis Vereinigung *Junges Europa* und zu Garibaldi hat dieser Linksrepublikanismus dazu beigetragen, im Volk die Feindseligkeit gegenüber dem mit dem Ancien Régime verbundenen Bild des Priesters, des „Jesuitismus" und des Mönchs zu verbreiten. Dabei handelt es sich indes um eine eng gefaßte, noch minoritäre Form des Antiklerikalismus.

Die Ausweitung des Antiklerikalismus in der zweiten Hälfte des 19. Jh. ist mit dem Aufkommen der Nationalstaaten gekoppelt. Diese setzten die Ablehnung des römischen Einflusses als patriotisches Element ein, wenn es darum ging, die Wähler für die „modernen" Regierungen zu mobilisieren. Letztere griffen in den katholischen Ländern auf das bewährte Arsenal der gallikanischen oder josephinischen Legalisten zurück, ja auf die ein-

---

[8] E. LECANUET, Les dernières années du pontificat de Pie IX, Paris 1931, 44 f. Vgl. dazu eine vergleichende Studie der unterschiedlichen Ausprägungen des Antiklerikalismus in Europa, in: European Studies Review 13 (1983).
[9] H. DESROCHE, Socialisme et sociologie religieuse, Paris 1965, 20 f.
[10] R. RÉMOND, L'anticléricalisme en France, de 1815 à nos jours, Paris 1976, 55 f. – Zum Ursprung des Worts vgl. J. MAURAIN, La Politique ecclésiastique du Second Empire de 1852 à 1869, Paris 1930, 960.

Die italienischen Revolutionäre
Armellini, Mazzini (Mitte) und
Graf Arelio Saffi.

stigen Privilegien des spanischen oder portugiesischen Patronats, das von den neuen unabhängigen Staaten in Lateinamerika bestätigt wurde. In den mehrheitlich protestantischen Ländern in Mittel- und Nordeuropa verstärkte der Bismarcksche Kulturkampf eine auf die Autorität des Staates bedachte Politik. Neu war indes das kulturelle Moment[11]. Es ging darum, die Bestrebungen des Mittelstandes zu unterstützen, der traditionellen Notabilität die Macht zu entreißen, aber auch den Aspirationen des Landvolkes, der Gewerbetreibenden und der Fabrikarbeiter nach sozialem Aufstieg und nach Anerkennung der eigenen Würde entgegenzukommen. So wird verständlich, warum der allgemeine Zugang zur Bildung im Rahmen einer durch den Staat von der Kontrolle der Kirche befreiten Schule, insbesondere auch für Mädchen, ein derart zentrales Anliegen war. Im Rußland Alexanders II., in Belgien und Frankreich wie auch im viktorianischen England wurden Schulgesetze erlassen, die der Verbreitung einer wissenschaftlichen oder „positiven" Kultur, Trägerin von Fortschritt und allgemeinem Wohlstand, den Vorrang einräumten[12].

Die Demokratisierung des Aufklärungsideals, das wachsende Ansehen des laizistischen Lehrers und seiner „experimentellen" Pädagogik gegenüber dem katholischen oder protestantischen Pfarrer erklärt den linken Vormarsch und den Antiklerikalismus in einigen traditionell kirchentreuen Regionen in Oberbayern, im Jura, im Anjou oder in der Bretagne[13]. Schließlich wurde dieser Antiklerikalismus von seinem Gegenpol genährt, dem Klerikalismus. Paradox ist, daß der Klerikalismus einherging mit einer Schwächung der seelsorglichen Betreuung, mit einer, verglichen mit dem Ende des 18. Jh., dramatischen Abnahme des Weltklerus in Frankreich, Italien und Spanien, wo er sich um zwei Drittel reduzierte. Zu dieser zahlenmäßigen Einbuße kamen zusätzliche Erschwernisse: die häufig mangelhafte Ausbildung der Priester in geschlossenem Milieu, die Entsendung der weniger be-

---

[11] Treffend dazu die vom Abgeordneten Rudolf Virchow geprägte Formel vom „Kulturkampf" im Sinne eines Kampfes für die Kultur.

[12] Von allgemeinem Interesse ist die mit einem Vorwort von A. Siegfried versehene und 1983 neu aufgelegte Monographie von R. THABAULT, Mon village. Nicht zu übersehen ist indes, daß das Schulwesen noch immer auf einem weiten Netz von christlichen Schulen gründete, die, wie etwa in Großbritannien, vom Staat subventioniert wurden.

[13] Vgl. dazu I. FARR, From Anticatholicism to Anticlericalism: Catholic Politics and the Peasantry in Bavaria, 1850–1900, in: European Studies Review 13 (1983) 249–269; M. LAGRÉE, Religion et cultures en Bretagne, 1850–1950, Paris 1992, 239 und 359f.

gabten in die entlegensten Orte der Diözesen, schließlich die mangelhafte Seelsorgestruktur in den Arbeitervorstädten. Die französischen Bischöfe, denen Léon Gambetta, der 1870 in Frankreich die Republik proklamierte, ihre Prunkentfaltung und Herablassung vorwarf, erkannten schon bald, daß bereits die einfache Empfehlung eines Kandidaten den gegenteiligen Effekt hatte und Ablehnung gegenüber dem „Regiment der Pfarrer" auslöste. *A contrario* erklärt dies den Erfolg der „Diplomatie" Leos XIII. in diesen Belangen. Diese stand ganz unter dem Zeichen der vorsichtigen Zurückhaltung und Höflichkeit und war geeignet, die Aggressionen zu entschärfen und den päpstlichen Protesten, waren die Grenzen nach Ansicht des Papstes einmal überschritten, zusätzliches Gewicht zu verleihen.

Bevorzugtes Untersuchungsobjekt in einer vergleichenden Studie stellen die Verbreitungskanäle dieses „sozialen Atheismus"[14] dar: Die Orte der Kommunikation – etwa die wie Pilze aus dem Boden schießenden, häufig auch sonntags geöffneten Kneipen – sind im Zusammenhang des kollektiven Arbeitsrhythmus zu sehen, der die Einhaltung der Sonntagsruhe beeinträchtigte; die mündliche Tradition, in der die Heiligenvita durch das satirische Chanson abgelöst wurde, welches seinerseits mehr und mehr durch auflagenstarke und billige Presseerzeugnisse für das Volk verdrängt wurde; die vermittelnden Berufe, die die neuen Ideen verbreiteten: Notare oder Ärzte, Pferdehändler oder Handlungsreisende, nicht zu vergessen die Lehrer. Aufgabe der letzteren war es, den neuen Geist zu formen, ohne ihm zwangsläufig eine aggressiv antiklerikale Konnotation zu verleihen. Ihren Beitrag leisteten auch die übrigen Bildungsinstitutionen, insbesondere die höheren Lehrerbildungsanstalten, aber auch die Armee, die den Kampf gegen den Analphabetismus ergänzte. Als ansteckendes Beispiel wirkte auch eine besonders umfassende Gesetzgebung, etwa die berühmten Maigesetze Bismarcks, an die die Internationalen der Freimaurerlogen und der Freidenkerzirkel anknüpften. Die soziale Zusammensetzung dieser Kreise ist ein Gradmesser für die Verbreitung des Antiklerikalismus.

So wäre es möglich, von Kulturraum zu Kulturraum die spezifischen Merkmale der Feindseligkeit eines Landes oder einer Region gegenüber den Kirchen zu erfassen. Beim gegenwärtigen Forschungsstand geht es darum, die großen Linien aufzuzeigen. Einiges spricht für die Annahme, der Antiklerikalismus habe sich vornehmlich in den romanischen Ländern verbreitet, wo die lange Vergangenheit einer katholischen Majoritätskirche als Erklärungsgrund für eine Reaktion auf die Überwachung des öffentlichen und gesellschaftlichen Lebens durch den Klerus dienen könnte. Das scheint sich am Beispiel Italiens zu bewahrheiten, wo die physische Nähe des Papstes, die ständig zunehmende Flut der Pilger in den Basiliken Roms und vor allem die Ablehnung jedes Kompromisses im *non expedit* zur Römischen Frage ganz spezielle Umstände schuf. Die Anziehungskraft des Kulturkampfes auf die Liberalen, aber auch die Aktivität der Freimaurer- und der Freidenkerlogen und die Verbindungen mit dem französischen Antiklerikalismus begünstigten eine Allianz, die zum Zeitpunkt des Tunesienfeldzuges von 1881 manifest wurde[15]. Die Zugehörigkeit Agostino Depretis' zu den Freimaurern, das Tandem Lemmi und Francesco Crispi – Lemmi reorganisierte das Freimaurertum – waren mit ein Grund für die Schübe antiklerikaler Gesetzgebung durch das Haus Savoyen. Die immer bürgerlicher zusammengesetzten Logen waren

---

[14] So der Titel einer 1866 erschienenen Broschüre von Bischof Dupanloup, L'athéisme et le péril social – Ausgangspunkt eines soziologischen Ansatzes seiner Pastoral.
[15] Diese Allianz gegen den Tunesienfeldzug begrüßte Renan in seinen Briefen vom 15. Mai und 28. Oktober 1881; vgl. E. RENAN, Correspondance II.

Diese Illustration (um 1859) in einem französischen Katechismus ist eine Allegorie zum Thema „Sonntag". Die Kirchgänger, die den steilen Weg zur Kirche im oberen Bildteil gehen, „heiligen" den Sonntag, die Menschen im Wirtshaus (links unten) und die Fabrikarbeiter (rechts) „entheiligen" ihn. Das Bild ist typisch für die Einstellung der französischen Kirche, die durch solche „Mahnbilder" der Kirchenferne von Arbeiter- und Bürgertum zu begegnen suchte, die Ausbeutung der Arbeiter in dieser Zeit des Frühkapitalismus jedoch übersah.

indes vor allem in Ligurien und im einstigen Königreich Neapel aktiv, während sich der Antiklerikalismus der Unterschichten im früheren Kirchenstaat, in der Emilia und der Romagna, schließlich in Rom selbst verbreitete, wo er 1907 die Stadtregierung übernahm.

In Spanien läßt sich die Verbreitung der antiklerikalen Literatur und Presse in den sechziger Jahren des 19. Jh. verfolgen, eine Entwicklung, die schließlich zum *sexenio revolucionario* führte: Mit der Ausweisung der Jesuiten inauguriert, gipfelte es in der Festschreibung der Trennung von Kirche und Staat in der Verfassung von 1873. Doch die Restauration der Monarchie verhinderte die Anwendung, und der Verfassungstext von 1876 stellte die mit dem Konkordat von 1851 geschaffene Situation wieder her. Der erneute antiklerikale Gewaltausbruch in der *„semana trágica"* in Barcelona im Juli 1909 war auf wirtschaftliche Gründe zurückzuführen, doch der Prozeß und die Hinrichtung Francisco Ferrers, der eine *escuela moderna* und ein weltliches Hilfswerk gegründet hatte, riefen in ganz Europa Aufsehen hervor.

Kurz danach wurde Portugal von einer heftigen antiklerikalen Krise erfaßt: Nach der Ausrufung der Republik am 3. Oktober 1910 beschloß die Regierung im Jahr danach die Trennung von Kirche und Staat. Dabei wurde der französische Gesetzestext übernommen und verschärft, was schließlich 1913 zum Abbruch der diplomatischen Beziehungen mit dem Vatikan führte[16].

Die Krisen zwischen der Kirche und den in die Unabhängigkeit entlassenen Staaten Lateinamerikas stellen gewissermaßen die Fortführung dieses spanischen und portugiesischen Antiklerikalismus dar. Als erster lateinamerikanischer Staat beschloß Kolumbien 1853 die Trennung von Kirche und Staat. In Mexiko war die Proklamation Juan Alvarez', im Jahre 1855 Auftakt zu einem langen, von 1857 bis 1862 dauernden Bürgerkrieg, in dessen Verlauf die Kirche ernsthafte Attacken und eine Reihe kirchenfeindlicher Gesetze erdulden mußte. Dagegen protestierte Pius IX. im September 1861[17]. Auch die Regierungszeit Kaiser Maximilians mit ihrem tragischen Ausgang war geprägt von josephinisch inspirierten Maßnahmen zur Einschränkung der kirchlichen Aktivität. Eine Periode der Stabilisierung bahnte sich an mit der *pace porfiriana* von 1876 bis 1911, nur unterbrochen von einigen antiklerikalen Krisen zu Beginn der achtziger Jahre.

In den meisten Republiken Zentralamerikas, in Guatemala, El Salvador und Nicaragua, beherrschte der Antiklerikalismus die siebziger Jahren des 19. Jh.[18]. Gleiches gilt für die Staaten im Süden und für Brasilien, wo das positivistisch inspirierte Freimaurertum zwischen 1872 und 1875 eine Krise auslöste, bis dann 1891 eine „gemäßigte" Trennung durchgeführt wurde.

Erst relativ spät wurde in Frankreich eine antiklerikale Gesetzgebung verabschiedet. Die Übergangsperiode des *Ordre Moral* zwischen dem Sturz des Zweiten Kaiserreiches und der Einsetzung der parlamentarischen Republik mit den Gesetzen vom 30. 1., 24. 2. und 16. 7. 1875, die man als die Verfassung der Dritten Republik bezeichnet, verzögerte und verschärfte zugleich die antiklerikale Gesetzgebung – und zwar als Reaktion auf einen Ausnahmezustand, der das Versammlungsrecht und das Vereinsrecht auf die Katholiken allein beschränkt hatte.

In den letzten Jahren des Zweiten Kaiserreiches hatte der Antiklerikalismus im Volk Auftrieb erhalten. Das fand seinen Niederschlag in der Presse und in einigen von der Presse organisierten Unterschriftensammlungen, die sogar im kaiserlichen Gefolge (Prinz Jérôme) Unterstützung fanden. Der Höhepunkt war nach der Niederlage von Sedan erreicht, mit der Kommunebewegung in der Provinz, insbesondere in Lyon im September 1870, dann in Paris zwischen März und Mai 1871. An der Erschießung der Geiseln, an ihrer Spitze Erzbischof Darboy, aber auch an den Gerüchten über schwarze Messen in der Krypta der Kirche Saint-Laurent läßt sich ermessen, wie stark sich die Bewohner der Arbeiterviertel in Paris von der Religion entfernt hatten[19].

In den sechziger Jahren wurde auch das literarische Schaffen und die universitäre Forschung von einer Reihe von Konflikten dominiert, die sich an der Einmischung der Kirche entzündet hatten: Ernest Renan war nach der Veröffentlichung seines Werkes *La vie de Jésu* (1863) der Lehrstuhl am *Collège de France* entzogen worden. Der Bischof von Orléans hatte sich erfolgreich der Wahl Littrés in die *Académie Française* widersetzt und führte eine heftige Meinungskampagne gegen Victor Duruy, der Abendkurse für junge Mädchen hatte einrichten wollen. Damit kam im Frühjahr 1870 die Freiheit der höheren Lehrtätig-

---

[16] R. Aubert, Chiesa e stati europei: Spagna e Portogallo, in: Storia della Chiesa XXII, 1 (s. Anm. 4) 386–398.

[17] J. Schmidlin, Papstgeschichte der neuesten Zeit, 3 Bde., München 1933–34, II 151f.

[18] Vgl. zu dieser Kulturkrise W. Henkel, in: Storia della Chiesa XXIV, 479–639.

[19] Rémond, L'anticléricalisme en France (s. Anm. 10) 169f.

Die Pariser Kommune erschießt am 24. Mai 1871 im Gefängnis *La Roquette* Georges Darboy, den Erzbischof von Paris, und fünf weitere Geiseln, darunter vier Priester.

keit und das republikanische Programm in Sachen laizistische Erziehung, insbesondere der Mädchen, auf die Tagesordnung. In diesem Kontext hielt Sainte-Beuve im Namen der großen romantischen Schriftstellergeneration am 18. Mai 1868 im Senat eine aufsehenerregende Rede: Er machte sich zum Wortführer „einer großen Diözese [...], die ganz Frankreich, die ganze Welt umfaßt [...], die Tausende von Deisten, Spiritualisten und Anhänger der sogenannten Naturreligion, Pantheisten, Positivisten, Anhänger der reinen Wissenschaft zählt [...]"[20].

Für den Wahlkampf schließlich hatte Léon Gambetta (1838–1882) den republikanischen Kandidaten für die Wahlen vom Mai 1869 mit seiner programmatischen Rede in Belleville als Parole die Trennung von Kirche und Staat ausgegeben. Nach 1870 machten die Interventionen des Bischofs von Nîmes gegen die Gesetze des preußischen Kulturkampfes im Jahr 1874 und des Bischofs von Nevers gegen die Gesetzgebung Pasquale Mancinis (1817–1888) im Jahr 1877 nicht bloß die diplomatische Isolierung Frankreichs deutlich, sondern forderten die Anschuldigung gegen die Katholiken, sie würden Kriegshetze betreiben, geradezu heraus. Die zweite Intervention löste die Regierungskrise vom 16. Mai 1877 aus, die Léon Gambetta mit den berühmt gewordenen Worten seines Freundes Alphonse Peyrat einleitete: „Der Klerikalismus, das ist der Feind!" Die Bestätigung des republikanischen Wahlsieges erlaubte die Umsetzung eines Gesamtprogramms zur Säkularisierung der Gesellschaft, angefangen mit der Laisierung der Schule und dem Kampf gegen Orden und Kongregationen[21]. Signifikant ist in dieser Hinsicht die Parallele zur Gesetzgebung Walthère Frère-Orbans in Belgien vom Juli 1879. Es ist erwiesen, daß das Verbot und die von den belgischen Bischöfen damit verbundene Androhung von Exkommunikationen – im Gegensatz zur Weigerung ihrer französischen Amtskollegen, sich im Kampf um die Schule zu engagieren – die Abnahme der Osterbeichte beschleunigt hatten. In diesem Zusammenhang kann J. Lory von „klerikaler Entchristianisierung" sprechen[22].

---

[20] Ebd. 161.
[21] CAPÉRAN, Histoire contemporaine de la laïcité française I (s. Anm. 1) 65 f.; A. THUILLIER, Aux origines du 16 mai 1877, in: RHEF 1975, 37–60.
[22] J. LORY, Un cas de ‚déchristianisation cléricale' en Belgique: le fléchissement de la communion pascale consécutif à la guerre scolaire, 1879–1884, in: CH 9 (1964) 111–113.

In Frankreich, wo die Trennung von Kirche und Staat ebenfalls der Logik der damaligen Politik entsprach, aber von der Mehrheitspartei der ‚Opportunisten' (liberale Republikaner) hinausgezögert wurde, erlaubte das Konkordat die Überwachung der Kirche und die Ausbildung eines „nationalen Klerus" – so lautete Gambettas Parole. Das Gesetz vom 6. Dezember 1905 war Resultat besonderer Umstände. Es wurde in der Folge zweier stark an das Nationalgefühl appellierender Krisen angenommen: Boulangismus und die Affäre Dreyfus.

In den von der deutschen oder angelsächsischen Kultur beeinflußten Ländern Zentral- und Nordeuropas waren mit der Reformation häufig territorial begrenzte Landeskirchen entstanden. Die in Großbritannien wie in Preußen und Österreich-Ungarn zwischen 1820 und 1870 schrittweise vollzogene gesetzliche Anerkennung des religiösen Pluralismus hatte zur Verbreitung des Katholizismus, besonders in seinen ultramontanen Formen, beigetragen – nicht ohne „antipapistische" Reaktionen hervorzurufen, wie etwa diejenige Lord Russells auf die Wiederherstellung der katholischen Hierarchie in England. Die österreichische Niederlage von Königgrätz hatte den Rückgang der ultramontanen Einflüsse und den Wahlsieg der Liberalen zur Folge. Deren Vertreter Friedrich Ferdinand Graf von Beust hatte als österreichischer Reichskanzler und Außenminister seit 1868 eine Reihe von Maßnahmen zur Verstärkung der Kontrolle des Staates über Schule und Privatrecht getroffen. Signifikant ist auch, daß die Aufkündigung des Konkordats von 1855 und die Entsendung eines österreichischen Botschafters in den Quirinal praktisch unmittelbar auf die päpstliche Unfehlbarkeitserklärung und die Einnahme Roms folgten[23]. Parallel dazu können die zwischen 1868 und 1876 von Minister Jolly in Baden getroffenen Maßnahmen als Vorläufer einer hoheitsrechtlichen Kirchenpolitik in Deutschland betrachtet werden. Sie dienten den Regierungen von Hessen-Darmstadt und Sachsen als Modell, aber vor allem der Regierung Bayerns, wo Ministerpräsident Johann Lutz gegen eine eher „klerikal" eingestellte Mehrheit an der Spitze einer liberalen Minderheitsregierung stand, die eine gegenüber der Kirche von Mißtrauen geprägte Politik betrieb[24].

Aus diesem Kontext ging eine besondere Form des Antiklerikalismus hervor: der Kulturkampf. Bismarck, seit 1866 mit den Liberalen verbündet, instrumentalisierte den Kampf gegen die ultramontanen Tendenzen in Preußen auch mit der Absicht, die Einheit Deutschlands (insbesondere in den Randregionen Posen, Bayern und Elsaß-Lothringen) voranzutreiben und Frankreich mit der Annäherung an das Königreich Italien vollends zu isolieren[25]. Im Juni 1871 beschloß er, die im März mit der Anerkennung des Deutschen Reiches durch den Heiligen Stuhl angebahnten freundlichen Beziehungen abzubrechen. Gelegenheit dazu bot ihm die abschlägige Antwort auf seine Bitte, der Vatikan möge der Zentrumspartei in der Römischen Frage Schweigen gebieten[26]. Als erste Maßnahme unterstützte Bismarck die Altkatholische Kirche gegen Bischof Philipp Krementz von Ermland,

---

[23] Am 25. Juli 1870 erklärte Rom dem österreichischen Minister, noch nie habe die Verkündigung eines Dogmas eine Innovation dargestellt; vgl. dazu G. MARTINA, Pio IX (1867–1878), Rom 1990, 411 ff.

[24] Zwischen 1871 und 1890 entwickelte der Mittelstand in Niederbayern einen nach 1890 auch unter den Bauern verbreiteten Antiklerikalismus, der gegen das „patriarchale" und klerikale Zentrum gerichtet war; vgl. dazu FARR, From Anticatholicism to Anticlericalism (s. Anm. 13).

[25] Vgl. dazu W. BECKER, Chiesa e stati europei: Germania, in: Storia della Chiesa XXII, 1 (s. Anm. 4) 399–406, sowie T. NIPPERDEY, Deutsche Geschichte 1866–1918, II: Machtstaat vor der Demokratie, München 1992.

[26] Anlaß war die Veröffentlichung eines Schreibens des Staatssekretärs an Bischof Ketteler, worin den deutschen Katholiken die freie Meinungsäußerung eingeräumt wurde.

1875 stellte die Zeitschrift *Kladde-radatsch* die Situation des Kultur-kampfes in einer Karikatur dar. Sie zeigt den preußischen Kanzler Bismarck beim Schachspiel mit Pius IX., der die Partie in wenigen Zügen verloren zu haben scheint.

der Sanktionen gegen die mit den Altkatholiken sympathisierenden Priester ergriffen hatte. Verboten wurde den Bischöfen zudem jede Kritik an der Regierung – der berühmte „Kanzelparagraph" vom 10. Dezember 1871. Die Maßnahme war der Auftakt zur systematischen Einengung der katholischen Kirche in Deutschland durch den zu Beginn des Jahres 1872 zum Kultusminister ernannten Juristen Adalbert Falk. Zwischen März und Juli 1872 wurden die Verstaatlichung des Primarschulwesens vollzogen, den Priestern das Inspektionsrecht abgesprochen und die Ordensleute vom staatlichen Schulbetrieb ausgeschlossen. Zudem war eine Säkularisierung der Schulprogramme vorgesehen, die auch bei zahlreichen Liberalen Besorgnis hervorrief. Nach der Aufhebung der katholischen Abteilung im Kultusministerium wurden schrittweise die Garantien der Artikel 15 und 18 der Preußischen Verfassung von 1850 beschnitten und so die auf die deutschen Katholiken abzielende Anpassungspolitik eingeleitet. Beschleunigt wurde die Krise durch die Weigerung, Kardinal von Hohenlohe als Botschafter des Reiches beim Heiligen Stuhl zu akkreditieren. Zu jenem Zeitpunkt unterbreitete Bismarck allen Kanzleien den Vorschlag einer Verständigung im Hinblick auf das kommende Konklave, um der völligen Unterordnung des Kardinalskollegiums unter eine päpstliche Verwaltung entgegenzuwirken, die seiner Auffassung nach inzwischen völlige Ermessensfreiheit besaß[27].

1873 leitete der Kanzler die Verabschiedung der „Maigesetze" ein, die einen schwerwiegenden Eingriff in die auf dem kanonischen Recht beruhende Kirchenverfassung darstellte. Sie sahen die Einführung eines obligatorischen Staatsexamens für die künftige Geistlichkeit, die Aufhebung der Offizialate sowie die Errichtung eines Gerichtshofes für kirchliche Angelegenheiten mit Disziplinargewalt über die Geistlichen vor (1873). Die Bistumsverweser wurden im Fall einer Sedisvakanz durch staatliche Kommissare ersetzt, die obligatorische Zivilehe eingeführt (1874). Schließlich wurden die Orden und Kongregationen aus Preußen ausgewiesen, den Gemeinden das Recht eingeräumt, ihren Pfarrer zu wählen und das Kirchengut zu verwalten (1875), endlich der Treueid der Beamten auf die Geistlichen ausgedehnt.

---

[27] Als die Stellungnahme im Dezember 1874 öffentlich bekannt wurde, bekräftigten die deutschen Bischöfe in einer gemeinsamen Antwort vom Februar 1875, die päpstliche Unfehlbarkeit ändere nichts an ihrer Rolle als Lehrer des Glaubens und an ihrer Qualität als Nachfolger der Apostel.

Zwar gab der Reichskanzler Otto von Bismarck am 2. Februar 1870 im Preußischen Landtag (hier eine Skizze) eine Erklärung zugunsten der Katholiken ab – „eine Erschütterung des Vertrauens von acht Millionen Katholiken würde ein Nachteil für die Dynastie sein" – doch im Herbst 1870 brach der „Kulturkampf" des preußischen Staates gegen die Kirche, ihre Institutionen und Mitglieder aus. – Bischof Konrad Martin von Paderborn (links) wurde wegen Mißachtung des Kanzelparagraphen 1874 von der preußischen Regierung abgesetzt und inhaftiert. Zwar konnte er entfliehen, doch starb er – ein Märtyrer des Kulturkampfs – 1879 im Exil.

Nach Rücksprache mit dem Heiligen Stuhl akzeptierten die deutschen Bischöfe den Treueid, verbunden mit einer „Treueerklärung zu den Gesetzen Gottes und der Kirche". Doch in allen anderen Punkten hielten sie sich an die vom Mainzer Bischof Ketteler anläßlich der Fuldaer Versammlung im Herbst 1872 ausgegebene Parole des passiven Widerstands. Diese Haltung hatte 1874 die Verhaftung mehrerer Bischöfe zur Folge. Verhaftet wurden Bischof Ledóchowski von Posen, der darauf bestanden hatte, den Kindern den Katechismusunterricht in ihrer polnischen Muttersprache zu erteilen, die Bischöfe Melchers von Köln, Martin von Paderborn, Eberhard von Trier und Brinkmann von Münster. Schon bald waren die meisten Bischofssitze in Preußen vakant, die Schulen und Seminare geschlossen und die Seelsorge schwer beeinträchtigt.

Pius IX. reagierte mit Unnachgiebigkeit und ermutigte den Widerstand. In der Bulle *Etsi multa luctuosa* vom 21. November 1873 verglich er den Kulturkampf mit den Angriffen, denen sich die Kirche in vielen Regionen der Welt ausgesetzt sah. Der Papst stand in regem Austausch mit den deutschen Kardinälen; Ledóchowski und Melchers, die nach ihrer Verhaftung ins Exil gezwungen wurden, ernannte er zu Kurienkardinälen. Er exkommunizierte all jene, die die Kulturkampfgesetze anwandten, und enthob die Gläubigen von ihrer Gehorsamspflicht ihnen gegenüber (Enzyklika *Quod numquam* vom 5. Oktober 1875). In einem persönlichen, von der Presse publik gemachten Schreiben an Kaiser Wilhelm vom 7. August 1873 hatte Pius daran erinnert, daß „jeder, der die Taufe empfangen hat, in irgendeiner Weise dem Papste angehört". Darauf antwortete der Kaiser in einem Schreiben vom 3. September 1873: „Der evangelische Glaube, zu dem ich mich, wie Eurer Heiligkeit bekannt sein muß, gleich meinen Vorfahren und mit der Mehrheit meiner Untertanen be-

1868 fand in Bamberg die XIX. Generalversammlung der katholischen Vereine Deutschlands statt, die – von Pius IX. in einem Schreiben vom 20. Juli 1868 ausdrücklich begrüßt – eine machtvolle Demonstration des deutschen Katholizismus darstellte.

kenne, gestattet uns nicht, in dem Verhältnis zu Gott einen anderen Vermittler als unsern Herrn Jesum Christum anzunehmen." Die in diesem Fall gewissermaßen auf die Spitze getriebene Strategie der Standhaftigkeit zeitigte nicht nur negative Folgen, hatten sich doch die Beziehungen zwischen Pius IX. und dem deutschen Episkopat nun wieder verstärkt. Die Gläubigen reagierten mit der Gründung von Vereinigungen wie dem Bonifatiusverein, der die Gemeindehilfe sicherte und über stetig wachsende finanzielle Mittel verfügte. In Deutschland wie in Italien war die Bildung solcher Laienvereinigungen vom Vatikan unterstützt worden, allerdings mit der Auflage, sich der bischöflichen Kontrolle zu unterstellen und politisch Zurückhaltung zu üben. Bischof Franzelin etwa hatte die katholische Gruppierung von Münster von ihrem Plan abbringen können, sich zivilrechtlich zu verteidigen, während Pius IX. dem Verein der katholischen Jugend Italiens verboten hatte, sich parlamentarisch zu betätigen[28]. Die Zentrumspartei wiederum konnte ihre Fraktion im Reichstag ab 1874 merklich verstärken. Angesichts der Desorganisation der Kirche und dem Aufschwung des Sozialismus nahm die Zahl der Gegner Bismarcks zu, vor allem unter den preußischen Konservativen. Selbst diejenigen, die seine Politik bisher unterstützt hatten, zögerten nun, sie weiterzuverfolgen. Damit waren die Voraussetzungen zur Entschärfung des Konflikts gegeben – eine Gelegenheit, die dann Leo XIII. ergreifen sollte.

Unmittelbares Echo fand der Kulturkampf in der Schweiz. Ein Teil der katholischen Geistlichkeit und die national gesinnten Katholiken hatten sich gegen die Unfehlbarkeitserklärung ausgesprochen. In der Tradition von Wessenberg entstand durch den Impuls des Luzerner Theologieprofessors Eduard Herzog (1841–1924) die *Christkatholische Kirche*. Sie scharte jene Priester um sich, die jetzt – wie der berühmte Pariser Prediger Hyacinthe Loyson[29] – mit der katholischen Kirche brachen. Die neue Bundesverfassung vom 29. Mai 1874 räumte den politischen Behörden die Befugnis ein, Maßnahmen zum Schutz der Bürger gegen Übergriffe von seiten der Kirche zu erlassen: Die Jesuiten und die mit ihnen verbundenen Kongregationen wurden verboten, die Zivilehe für obligatorisch erklärt und der Primarunterricht unter staatliche Aufsicht gestellt. Auch personenbezogene Verbote wur-

---

[28] Martina, Pio IX (1867–1878) (s. Anm. 23) 369–410.
[29] L. Portier, Le dossier Hyacinthe Loyson (1827–1912), Louvain-la-Neuve 1982.

den erlassen. Gaspard Mermillod wurde im September 1872 seines Amtes als Pfarrer und Generalvikar von Genf enthoben – woraufhin ihn der Papst unverzüglich zum Apostolischen Vikar in Genf ernannte. Der Bischof von Basel, Eugen Lachat, wurde abgesetzt und aus seiner Solothurner Residenz vertrieben, weil er sich geweigert hatte, die Anti-Infallibilisten (Unfehlbarkeitsgegner) im Amt zu belassen. Der Kanton Bern ging gegen die Priester im Jura vor, die dem abgesetzten Bischof Lachat die Treue hielten; 84 Priester wurden aus der Schweiz ausgewiesen. Auch Bischof Mermillod wurde des Landes verwiesen. Als Pius IX. dagegen protestierte, wurde der Nuntius im Dezember 1873 zur unerwünschten Person erklärt. Die breite Zustimmung zur neuen Verfassung in der Bevölkerung verstärkte den Bruch noch zusätzlich. Doch erhielt die katholische Bevölkerung zwischen 1874 und 1878 erneut das Recht, in den nichtkatholischen Kantonen Priester ihrer eigenen Überzeugung zu bekommen. 1876 weihte der altkatholische Bischof Joseph Hubert Reinkens den zuvor von einer christkatholischen Synode ernannten Eduard Herzog in Olten zum Bischof.

Der liberale Katholik Philipp Anton von Segesser, der sich vergeblich um eine Annäherung der Gemäßigten beider Lager bemüht hatte, widmete dem Kulturkampf sein letztes, 1875 erschienenes Werk. Mit ausgesprochenem Geschichtssinn begabt, warf er ein neues Licht auf den Konflikt, indem er diesen nicht auf die Diskussion über die Unfehlbarkeit des Papstes beschränkte. Vielmehr ging es nach Segesser um die Konfrontation zweier Institutionen, Staat und Kirche, die sich beide zu unbedingter Herrschaft über die Gesellschaft berufen fühlten. Die staatlichen Unterdrückungsmaßnahmen zeigten in seinen Augen, daß „die Idee des modernen absoluten Staates […] nicht nur zum Katholizismus, sondern zu allen positiv christlichen Konfessionen" im Gegensatz steht. In dieser Auseinandersetzung zwischen moderner Kultur und Christentum konnte für Segesser der Freiheitsraum nur in der fruchtbaren Spannung zwischen beiden Mächten gewahrt werden:

„Nicht der Kulturstaat, sondern allein der Rechtsstaat entspricht dem Fortschritt der Zivilisation und der menschlichen Freiheit. Denn jener führt mit Notwendigkeit zum Absolutismus in seiner schroffsten Form, zur Knechtung des Geistes."[30]

Erwähnt seien schließlich zwei weitere Ableger dieser Krise im Nordwesten Europas: in den Niederlanden und in Großbritannien. In den Niederlanden folgten auf den Abbruch der diplomatischen Beziehungen zum Heiligen Stuhl durch die Regierung Thorbecke zu Beginn des Jahres 1872 der Sieg der Liberalen und das Gesetz von 1878 zur Laisierung des Schulwesens – Schlußpunkt anhaltender Spannungen in der Schulfrage[31]. In Großbritannien spiegelte sich der Konflikt in der Unterstützung der Bismarckschen Politik durch Lord Russell und die anglikanischen Kreise wider. Am deutlichsten kam er indes im emotionalen Plädoyer William Ewart Gladstones für die liberalen Katholiken zum Ausdruck. Doch der Widerstand der irischen Bischöfe hatte Gladstones Projekt einer gemischtkonfessionellen Universität in Dublin im Parlament zu Fall gebracht und 1874 zu seiner Demission als Premierminister geführt. Von einem Besuch bei Döllinger in München nach England zurückgekehrt, verfaßte Gladstone eine Streitschrift, worin er unter Berufung auf die Verurteilung der Maigesetze durch den Papst erklärte, die Zustimmung der englischen

---

[30] Zit. nach V. Conzemius, Philipp Anton von Segesser (1817–1888). Demokrat zwischen den Fronten, Zürich – Einsiedeln – Köln 1977, 190 und 205 f.

[31] R. Aubert, Chiesa e stati europei: Francia, Belgio, Olanda e Lussemburgo, in: Storia della Chiesa XXII, 1 (s. Anm. 4) 337–386.

Katholiken zu den Dekreten des letzten Konzils sei mit ihrer Treue zur Krone unvereinbar – sollten sie je in eine ähnliche Lage geraten wie die deutschen Katholiken[32]. Das Pam-
phlet fand große Beachtung und veranlaßte Manning, Newman und John Acton, Historiker
und Freund Döllingers, öffentlich darauf zu antworten. Newman formulierte seine Antwort in einer zweihundertseitigen Abhandlung, deren strikte Argumentation die Ängste
seiner Landsleute zu besänftigen vermochte. Die politische Tragweite des neuen Dogmas
faßte er sehr eng und verneinte beispielsweise, daß der *Syllabus* die Lehrautorität des Papstes verpflichtend mache. Newman verteidigte die Autonomie des Gewissens in jenem
weiten, der päpstlichen Unfehlbarkeitskompetenz entzogenen Bereich und prangerte die
Unverantwortlichkeit der extremen Ultramontanen an, „die die Wahrheiten in ihrer para-
doxesten Form ausformuliert und die Prinzipien derart überspannt haben, daß die Saite
kurz vor dem Zerspringen ist"[33].

II. Die Päpste und die antiklerikale Krise

1. Leo XIII.

Papst Leo XIII. war, gestützt auf eine weitsichtige politische Theologie, so geschickt, Festigkeit im Bereich der Lehre mit großem diplomatischem Talent zu verbinden. So vermochte er jene Konfliktsituationen zu entschärfen, die aufgrund der entschiedenen Einfor-
derung der Rechte der Kirche entstanden waren.

Die fünf großen „politischen" Enzykliken Leos XIII. bilden ein Korpus von eindrücklicher Kohärenz[34]. Sie beruhen auf der grundlegenden Unterscheidung des Aquinaten zwischen Naturrecht und kanonischem Recht im Zusammenhang mit der dem Staat zuerkannten Unabhängigkeit in den ihm – gemäß der Aristotelischen Auffassung – eigenen
Angelegenheiten[35]. Diese Theologie war dennoch zutiefst geprägt von der Intransigenz gegenüber der aus einer Revolution hervorgegangenen Autorität. Bereits in seinen ersten Enzykliken des Jahres 1878 verurteilte Leo XIII. die „absoluten Egalitarismen" und die
These des *Gesellschaftsvertrags* über den menschlichen Ursprung der Autorität. Dabei berief er sich auf den *Syllabus*[36]. In der Enzyklika *Diuturnum illud* über den Ursprung der
staatlichen Macht betonte er die Notwendigkeit der Anerkennung der einzigartigen Autorität Gottes durch die politischen Mächte. *Immortale Dei* – über die „christliche Struktur
der Staaten" – wandte sich gegen den Rationalismus und den hoheitsrechtlichen Anspruch,
das Kirchenrecht schaffen oder überwachen zu können. Die Kirche wird – im Gegensatz
zu den aus Reformation und Aufklärung hervorgegangenen irrtümlichen Auffassungen –
als vollkommene Gesellschaft, als Schöpferin der christlichen Zivilisation dargestellt. Die
verschiedenen Regierungsformen werden relativiert und die „Hypothese", d. h. der Kom-

---

[32] P. Thureau-Dangin, La renaissance catholique en Angleterre, 3 Bde., Paris 1906, III 155 f.

[33] Brief vom 27. Dezember 1874 an den Herzog von Norfolk; zit. nach ebd. 171 f.

[34] *Quod apostolici muneris* (1878), *Diuturnum illud* (1881), *Nobilissima Gallorum Gens* (1884), *Immortale Dei*
(1885), *Libertas* (1888). Wichtige Überlegungen zur politischen Theologie Leos XIII. verdanken wir P. L. de
Vaucelles, Catholiques entre monarchie et république. Mgr Freppel et son temps, Paris 1995.

[35] Unter dem Einfluß von Dominikanertheologen wie Kardinal Mazzella konnte der Papst ohne Schwierigkeiten
die demokratische Ordnung anerkennen.

[36] *Inscrutabili Dei consilio.*

Leo XIII., Gemälde (1884) von
Franz Lehnbach.

promiß mit den der religiösen Gesetzgebung indifferent gegenüberstehenden Staatsformen, als das „geringere Übel" festgeschrieben. Ein Jahr zuvor hatte sich die Enzyklika *Humanum genus* vom 20. April 1884 mit den verheerenden Einflüssen des Freimaurertums befaßt. Doch lassen sich in den späteren Enzykliken *Immortale Dei*[37] und *Libertas praestantissimum* neue Akzente entdecken: Nun erhält die Freiheit erstmals eine positive Konnotation, geht es doch um die Anerkennung der religiösen Gewissensfreiheit durch den Staat – was von der Kirche selbstverständlich begrüßt wird. In *Sapientiae christianae* werden die Werte der Demokratie und des wissenschaftlichen Fortschritts erneut unterstrichen.

Die letzten Texte der neunziger Jahre des 19. Jh. über die Beziehungen zu den Regierungen sind unbestreitbar geprägt von dem Willen, sich den Erwartungen der industrialisierten Gesellschaften zu öffnen: *Rerum novarum* (15. Mai 1891) verurteilte den Sozialismus, aber auch den unbegrenzten Liberalismus. In ihrer Absicht bereitete sie die Enzyklika *Au milieu des sollicitudes* vom 17. Februar 1892 vor, die sogenannte „Ralliement"-Enzyklika an die Adresse Frankreichs. Die Enzyklika *Graves de communi* vom 18. Januar 1901 wiederum interpretiert Pietro Scoppola dahin, daß sie der Vereinsbildung, insbesondere der gewerkschaftlichen, Priorität einräumt – erstes konstitutives Element des von der Enzyklika geforderten wohltätigen Einwirkens des Christentums auf die Gesellschaft[38].

---

[37] Der Erzbischof von Algier, Lavigerie, mit dem die Enzyklika *Immortale Dei* abgesprochen worden war, kommentierte sie mit folgenden Worten: „Wir wollen unser Zeitalter, das Land, in dem wir leben, lieben […]. Lassen wir nie Zweifel darüber aufkommen, daß wir gewillt sind, an jedem echten Fortschritt teilzuhaben, am Fortschritt der Sitten, am Fortschritt der Wissenschaften, der dazu dient, ihren Schöpfer besser bekannt zu machen und das gegenwärtige Leben derjenigen zu erleichtern, die leiden." Pastoralbrief vom Januar 1886.
[38] P. SCOPPOLA, Chiesa e democrazia in Europe e in Italia, in: Storia della Chiesa XXII, 1 (s. Anm. 4) 203–238, hier 212.

Die Eigenständigkeit dieses Pontifikats läßt sich weniger an den festgelegten Grundsätzen als vielmehr am neuen Regierungsstil der Kirche ablesen, den Leo XIII. aufgrund seiner Persönlichkeit durchsetzte. Von seiner Familie aus dem Sieneser Kleinadel hatte Gioacchino Pecci einen natürlichen Sinn für Autorität geerbt, den er vorerst in den Dienst lokaler Institutionen und der Ortsbevölkerung stellte[39]. Nach seiner Priesterweihe 1837 im Alter von 27 Jahren hatte er diplomatische Funktionen inne. Während seiner Zeit als Nuntius in Brüssel 1843–1845 entdeckte er das Engagement der belgischen Katholiken im Parlament und in der Presse, aber auch ihr Bemühen, die intellektuelle und geistliche Ausbildung des Klerus zu verbessern. In dieser Beziehung nahm er sich das Reformwerk des großen Papstes des 18. Jh., Benedikts XIV., zum Vorbild. Kurz nach seiner Rückkehr aus Brüssel 1846 zum Bischof von Perugia, 1853 dann zum Kardinal ernannt, lebte er dort in Erfüllung seines bischöflichen Amtes eher zurückgezogen. Er teilte die Sympathie Pius' IX. für das *Risorgimento* nicht und wies auf die Irrtümer hin, die zu den Unruhen in der römischen Republik geführt hatten. In der Römischen Frage blieb er unnachgiebig und versuchte unablässig, den Regierungen eine internationale Regelung abzutrotzen, die die Wiederherstellung der weltlichen Macht der Päpste garantierte. Doch mit demselben Sinn für die Autorität der Kirche bekämpfte er innerhalb der Kurie die Parteigänger der extremen Konservativen und scharte die kirchliche Regierung um eine verantwortungsvolle Hierarchie[40]. Er drängte die Bischöfe, sich gegenseitig zu konsultieren, präsidierte 1899 in Rom persönlich der ersten Konferenz des lateinamerikanischen Episkopats und holte in wichtigen Angelegenheiten regelmäßig den Rat des Kardinalskollegiums ein[41]. Doch verstärkte das Pontifikat auch die Zentralisierungsbestrebungen der katholischen Kirche, ersichtlich am wachsenden Pilgerstrom und an den grandiosen Feierlichkeiten der Jubeljahre 1888, 1893, 1900 und 1902. Der Wunsch, der Stimme des Heiligen Stuhles im Konzert der Nationen und der Kirche in den modernen Gesellschaften Gewicht zu verleihen, verband sich mit den Anstrengungen des Papstes, die Einheit der Kirchen wiederherzustellen (siehe oben).

Bestimmend für die Vision Leos XIII. war das Ideal einer neuen Christenheit und die Verherrlichung der christlichen Zivilisation[42]. Gleichwohl war er überzeugt, die Kirche erfülle ihren Auftrag inzwischen in einem Umfeld, das der „Hypothese" – d. h. einem Einvernehmen mit den Bestrebungen der modernen Gesellschaften – mehr Spielraum biete, könnten doch die wertvollen Seiten der Moderne der Offenbarung nicht widersprechen. „Die moderne Welt christianisieren, die christliche Welt modernisieren" – diese Formel Joseph Schmidlins zum Leoninischen Programm ist nur dann akzeptabel, wenn jede liberale Konnotation entfällt[43].

Dringlich war nun, Konflikte zu entschärfen und – unter Vermeidung unnötiger Prote-

---

[39] L. DEHON, Léon XIII (Aufsatz vom September 1903), in: Œuvres sociales, les articles, Neapel 1978, 635–642. Vgl. auch AUBERT, Leone XIII (s. Anm. 6) 61–106.

[40] Er machte sich die Sicht Dupanloups zu eigen, die dieser anonym in der von Pitra auf den Index gesetzten Schrift La crise de l'Église dargelegt hatte; vgl. dazu J. GADILLE, La Pensée et l'Action politiques des évêques français au début de la IIIe République, 2 Bde., Paris 1967, II 78.

[41] Er ernannte 80 Kardinäle italienischer und 60 anderer Nationalität.

[42] Im Zusammenhang der Überführung der Gebeine Innozenz' III. spricht O. KÖHLER, Der Weltplan Leos XIII., in: Handbuch der Kirchengeschichte, hrsg. von H. JEDIN, Bd. VI, 2 (1973) 22, in Anlehnung an R. Aubert sogar von der „Versuchung zur Theokratie".

[43] SCHMIDLIN (s. Anm. 17); É. POULAT qualifiziert dieses Programm als antimodern.

ste – auf eine höfliche Anerkennung der bestehenden Regierungen zu setzen. Verhandlungen über alle anstehenden Fragen wurden eröffnet, sofern sie nicht in den strikt kirchlichen Kompetenzbereich fielen. Leo XIII. drängte die Laien nicht so sehr zu politischen Zusammenschlüssen auf konfessioneller Ebene, also zur Gründung katholischer Parteien, als vielmehr dazu, sich unter der Leitung von Bischöfen in Sozialwerken zu organisieren und unter Konservativen jeder Provenienz eine Wählerfront vorzubereiten, die in Verbindung mit den gemäßigten Liberalen die Mehrheit erringen und so die Aufhebung der antiklerikalen Gesetzgebung herbeiführen könnte.

An diesen Leitlinien orientierte sich die von Leo XIII. aufgrund der herrschenden internationalen Konstellation initiierte Diplomatie. In Zusammenarbeit mit dem Staatssekretariat gelang es Leo XIII., den zentralen Konflikt mit Bismarck zu lösen. Dabei wurde er unterstützt von den Kardinälen Franchi und Nina, ab Herbst 1880 vom früheren Nuntius in Wien, Ludovico Jacobini, und schließlich, zwischen Juli 1885 und April 1887, vom Sekretär der dem Papst persönlich unterstellten Kongregation für außerordentliche kirchliche Angelegenheiten, Galimberti. Daß Mariano Rampolla, der damalige Nuntius in Madrid, mit 44 Jahren zum Staatssekretär ernannt wurde, markiert eine bedeutsame Wende im Pontifikat: Die Annäherung an Frankreich entsprang weniger der Enttäuschung über die zentralen Mächte als der Überzeugung, daß in einer von der öffentlichen Meinung beherrschten Welt die demokratischen Regierungsformen den Sieg davontragen würden[44]. Es war dies der Anfang der Ralliement-Politik, die dann in der Enzyklika *Au milieu des sollicitudes* vom 17. Februar 1892 entwickelt wurde. Vorsichtig und zögernd angegangen, mündete sie in eine Wahlniederlage der französischen Katholiken. Doch die kaum ein Jahr zuvor veröffentlichte Sozialenzyklika begann ihre Wirkung zu entfalten: Es entstand eine von vielfältigen Werken und neuen Initiativen geprägte katholische Bewegung. Sie war das Maß jenes „wohltätigen Einwirkens" auf die Gesellschaft, das die Enzyklika von 1901 den Katholiken angesichts der blockierten politischen Lage in Frankreich wie in Italien empfehlen sollte.

In den letzten Jahren des ein Vierteljahrhundert dauernden Pontifikats dominierten dann defensiver Geist und Immobilismus. Anzeichen dafür war die Verurteilung des Amerikanismus (siehe oben), obwohl der Papst eigens präzisiert hatte, die Verurteilung habe keineswegs die Initiativen der sozialgesinnten französischen Katholiken im Visier[45]. Doch die Politik des *Bloc républicain*, der in Frankreich schließlich die Trennung von Kirche und Staat durchsetzte, mußte in der Kurie die erneute Einflußnahme des *partito piano* begünstigen, der gegen die Politik der Öffnung agierte, für die Rampolla und Ferrata, der 1896 zum Kardinal ernannte vormalige Nuntius von Paris, eintraten.

Im Folgenden wird die Umsetzung dieser politischen Leitlinien in großen Zügen nachgezeichnet. Was Preußen betrifft, so vertraute der Heilige Stuhl auf die Annäherung zwischen Bismarck und den Konservativen. Die Taktik des Kanzlers bestand darin, die parlamentarische Opposition des *Zentrums* durch direkte Verhandlungen mit dem Papst und dessen Repräsentanten zu umgehen. Erste Gespräche zwischen Bismarck und Kardinal Nina wurden durch Nuntius Jacobini in Wien vermittelt. Im Juli 1879 wurde Falk abgelöst;

---

[44] „Die öffentliche Meinung ist heute die wahre Königin der Welt, so bemerkte ich zu Eurer Heiligkeit, und es gefiel Ihr, meiner Meinung zu sein"; so Lavigerie in einem Memorandum vom September 1888 an Leo XIII.; zit. nach F. Renault, Le cardinal Lavigerie, Paris 1992, 470.

[45] Brief vom 8. September 1899.

Georg Kopp, seit 1881 Bischof von Fulda, später Kardinal und Fürstbischof von Breslau, hatte großen Anteil an der Beendigung des Kulturkampfes. Der König von Preußen berief ihn in das Herrenhaus, wo er als Mittelsmann zum Heiligen Stuhl fungieren sollte.

an seine Stelle trat der Konservative Robert von Puttkammer, der den kirchlichen Institutionen mehr Freiraum verschaffen wollte.

Die ersten Maßnahmen zur Wiederherstellung der katholischen Kirche in Preußen waren Gegenstand zweier Gesetze vom 19. Juni 1880 und vom 31. Mai 1882: Sie ermöglichten die Besetzung der vakanten Pfarreien – das waren in Preußen etwa ein Viertel aller bestehenden. Im Februar 1882 wurde die preußische Gesandtschaft beim Heiligen Stuhl wiedererrichtet und ihr erster Leiter, Kurt von Schlözer, ein guter Kenner der römischen Verhältnisse, nahm Gespräche mit dem zum Staatssekretär aufgestiegenen Kardinal Jacobini und später mit Galimberti auf, die in den nächsten fünf Jahren fortgeführt wurden. Dem Papst wurde das Recht auf direkte Bischofsernennungen zugestanden. Leo XIII. ernannte daraufhin Persönlichkeiten verschiedener, eher ultramontaner Tendenzen, etwa den Elsässer Michael Felix Korum für Trier und Georg Kopp für Fulda. Kopp, der dem *Zentrum* nicht sehr günstig gesinnt war, gelang es, die definitive Beilegung des Konflikts zu beschleunigen.

Im Kontext der neu entbrannten deutsch-französischen Krise willigte der Papst 1885 in den Rücktritt Melchers' ein, den er zum Kurienkardinal ernannte. Auf den Stuhl des Kölner Erzbischofs wurde Bischof Philipp Krementz von Ermland erhoben, der zwar ebenso gesinnt, doch kompromißbereiter war. Unverzüglich gab der Papst der Bitte Bismarcks statt, im Streit mit Spanien um die Karolineninseln zu vermitteln. Über die beiden „Friedensgesetze" vom 21. Mai 1886 und 29. April 1887 wurden Geheimverhandlungen auf höchster Ebene geführt. Die Gesetze schlossen den Staat von der Theologenausbildung und der kirchlichen Rechtsprechung weitgehend aus und schränkten die staatliche Kontrolle über die kirchlichen Ernennungen stark ein. Nicht aufgehoben wurde die Verpflichtung zur Abgabe einer Loyalitätserklärung bei der Besetzung einer Pfarrstelle. Mehrere Orden wurden in Deutschland wieder zugelassen – die Jesuiten allerdings erst 1917. Beibehalten wurden die staatliche Kontrolle über das Schulwesen, die obligatorische Zivilehe,

Papſt Leo XIII. als Schiedsrichter in der Karolinenfrage zwiſchen Deutſchland und Spanien fällt ein wahrhaft Salomoniſches Urtheil über die Theilung des Schmerzenskindes, ſo daß beide Parteien befriedigt ausrufen: Schneiden Sie zu!

Leo XIII. suchte während seines Pontifikats eine Wiederherstellung des Kirchenstaats (wenn auch in reduzierter Form) zu erreichen. Hilfe erhoffte er sich vom deutschen Kaiserreich, wo Bismarck zur Beilegung des Kultur-kampfes eine Versöhnung mit den Katholiken anstrebte. Geschickt spielte er dem Papst die Schiedsrichterrolle in dem deutsch-spanischen Streit um die Karolinen-Inseln zu, die hier eine deutsche Karikatur von 1855 lächerlich macht, machte jedoch in der Frage des Kirchenstaats dem Papst keine Zugeständnisse.

der „Kanzelparagraph" und einige Einschränkungen der kirchlichen Autonomie. Die für die Kirche relativ vorteilhafte Beilegung des Kulturkampfes verstärkte das internationale Ansehen Leos XIII. – eine Karte, die er dann gegen die unfreundliche Politik Crispis aus-spielte. Auf seiten der deutschen Protestanten herrschte das Gefühl, der Kanzler habe vor den katholischen Forderungen kapituliert[46].

In der Schweiz, in der die Krise besonders heftig gewesen war, entspannte sich die Lage, als am 26. November 1882 im Referendum das vor allem von Bundesrat Karl Schenk stark unterstützte Bundesgesetz über das Unterrichtswesen verworfen wurde. Das war der Aus-gangspunkt einer konservativen Vorherrschaft, die auch von der protestantischen Wähler-schaft mitgetragen wurde. Auf Antrag des Bundesrates wurde Bischof Lachat 1884 mit der Apostolischen Administration des Kantons Tessin betraut, bevor dann 1888 der Tessin als Immediatbistum mit der Diözese Basel verbunden wurde. 1883 wurde das Apostolische Vikariat in Genf aufgehoben; es entstand das Bistum Lausanne–Genf unter Bischof Gas-pard Mermillod mit Sitz in Freiburg i. Ue. Mermillod wurde später als Kurienkardinal nach Rom berufen, um die Verhandlungen im Zusammenhang mit der Gründung der ka-tholischen Universität Freiburg zu begleiten. Auch hier trug die katholische Bewegung den Sieg über den relativ spät erfolgten politischen Zusammenschluß der Schweizer Katholi-ken (1912) davon, während unter dem Einfluß von Kaspar Decurtins der 1888 gegründete *Verband katholischer Männer- und Arbeitervereine der Schweiz* erstarkte.

---

[46] Die Bildung des *Evangelischen Bundes* in Deutschland im Jahr 1884 ist Anzeichen für die erneut entbrannten konfessionellen Spannungen.

Leo XIII. empfängt 1888 den deutschen
Kaiser zur Audienz. Das Ergebnis war
eine deutliche Abkühlung der Beziehungen auf beiden Seiten.

Dieselbe Entwicklung ist auch im benachbarten Österreich zu beobachten, wo der *Katholische Volksverein* seine Basis erweitern konnte, und zwar in einem dem deutschen Einheitsdenken zuwiderlaufenden Sinn. Ab 1877 hatten sich die Katholikentage eher für einen Ausgleich zwischen den beiden Mächten ausgesprochen[47].

In Ungarn wurden zwischen 1884 und 1895 die Zivilehe und ein die Rechte der Katholiken in Mischehen einschränkendes Gesetz eingeführt. 1910 errangen die Katholiken im Königreich Groß-Ungarn die Mehrheit; sie behielten die Kontrolle über das Schulwesen und organisierten sich in einer Volkspartei sowie einer stärker sozial ausgerichteten Arbeiterunion[48].

Zur Entschärfung der antiklerikalen Opposition in West- und Südeuropa wie auch in Lateinamerika adaptierte Leo XIII. seine politischen Richtlinien an lokale Verhältnisse. Das geschah beispielsweise in den Niederlanden, wo es nach Jahrhunderten der Gegnerschaft zu einer Annäherung zwischen Katholiken und Calvinisten kam, um von der Regierung die erneute Einführung der 1878 aufgehobenen Subventionierung der konfessionellen Schulen zu erwirken. Für ihren Zusammenschluß orientierten sich die Katholiken am Zentrumsmodell. 1889 waren ihre Bemühungen von Erfolg gekrönt. Unter dem Einfluß des Priesters H. J. M. Schaepman (1844–1903) gründeten die Katholiken 1896 eine katholische Partei, die *Katholieke Staatspartij*. In Belgien hatten die Bischöfe allen Gläubigen die Exkommunikation angedroht, die sich dem 1879 eingeführten Gesetz über die Säkularisierung des Unterrichts unterwerfen würden. Zwar beurteilte Leo XIII. die unter Einfluß von Kardinal Dechamps zustande gekommene bischöfliche Reaktion als übertrieben, doch distanzierte er sich nicht ausdrücklich von ihr, so daß die belgische Regierung die diploma-

---

[47] W. Becker, Chiesa e stati europei: Austria-Ungheria, in: Storia della Chiesa XXII, 1 (s. Anm. 4) 407–414, hier 411–413.
[48] Ebd. 413 f.

tischen Beziehungen mit dem Heiligen Stuhl abbrach. Sie wurden 1884 wiederhergestellt, nachdem eine Koalition von liberalen Katholiken und der nationalen Rechten gesiegt hatte. Bischof Ferrata, Nuntius von 1884 bis 1889, war aktiv an der Annahme einer neuen, gemäßigten Schulgesetzgebung beteiligt, die jede Gemeinde frei über den Religionsunterricht entscheiden ließ. Über diese bis zum Ersten Weltkrieg dauernde Machtstellung der Katholiken in der Politik zeigte sich der Papst äußerst befriedigt[49].

In Frankreich war die Schulfrage, verknüpft mit der Frage der religiösen Kongregationen, nach 1879 ein wichtiger Verhandlungsgegenstand der republikanischen Mehrheit. Leo XIII., unterstützt von Nuntius Czacki und Bischof Lavigerie, den er 1882 zum Kardinal erhob, versuchte die Durchsetzung der Gesetze vom März 1880 über das Unterrichtsverbot der nicht autorisierten Kongregationen dadurch zu verhindern, daß er den Vorschlag einer „Treue- und Anerkennungserklärung" gegenüber den Institutionen des Landes" einbrachte. Der Versuch des Papstes scheiterte an einer Indiskretion in der ultramontanen Presse, in die auch ein Mitglied des Episkopats verwickelt war. Dieser Zwischenfall war dem Papst eine Warnung, alles zu verhindern, was die leidenschaftliche Kontroverse hätte neu entfachen können. Bischof Freppel von Angers, der zu jener Zeit in die Kammer gewählt wurde, kämpfte verbissen gegen die bis 1889 verfolgte Säkularisierungspolitik. Signifikant ist indes, daß er keinen „Schulkrieg" entfachen wollte, als das Gesetz vom 28. März 1882 erlassen wurde. Leo XIII. verstand es, Gambetta und Jules Ferry mit öffentlichen Protesten und der Aufkündigung der französischen Schirmherrschaft über die katholische Mission zu drohen, um so die aggressive Laizität zu bremsen und die Aufhebung des Konkordats zu verhindern[50]. Die französischen Katholiken ihrerseits waren bereits vor den Wahlen vom Herbst 1885 aufgerufen worden, ein Bündnis mit den gemäßigten Republikanern anzustreben (Enzyklika *Nobilissima Gallorum Gens*) – vor der Wahl mußte Albert de Mun sein Projekt einer katholischen Partei aufgeben[51]. Nach dem Scheitern des Boulangismus schien die Zeit gekommen, einen weiteren Schritt zu tun und die Annäherung an Frankreich mit der Aufforderung an die Katholiken zu verbinden, ihre politischen Präferenzen zurückzustellen und „ihre Kräfte zu vereinen, um eine Mehrheit von Männern mit religiösen Prinzipien und Gefühlen in die Kammern zu bringen"[52]. Doch Kardinal Lavigerie, der sich zum Sprecher des Papstes gemacht hatte, wurde heftig angegriffen, zum einen von katholisch-legitimistischen Kreisen, von denen sich Albert de Mun bei dieser Gelegenheit trennte; zum anderen von einigen seiner Amtsbrüder, angeführt von Kardinalerzbischof Richard von Paris.

Nach der Erklärung von Spuller über den „neuen Geist" wurde in den Jahren 1895–1896 im Hinblick auf die Wahlen von 1898 die Ralliement-Politik – in Form eines Wahlbündnisses mit dem Katholiken Étienne Lamy an der Spitze – wiederaufgenommen, scheiterte jedoch, weil die katholische Öffentlichkeit kaum auf eine solche Entwicklung vorbereitet war. Torpediert wurde sie aber auch von den Assumptionisten, die parallel ein Netz von sogenannten „Gerechtigkeits- und Gleichheitskomitees" geschaffen hatten. So waren sie die

---

[49] R. Aubert, Chiesa e stati europei: Belgio, in: Storia della Chiesa XXII, 1 (s. Anm. 4) 366–377, hier 371, Anm. 113.

[50] P. Chevallier, La séparation de l'Église et de l'école. Jules Ferry et Léon XIII, Paris 1981, passim.

[51] P. Levillain, Albert de Mun. Catholicisme français et catholicisme romain du syllabus au ralliement, Rom 1983, 842–867.

[52] Note Leos XIII. von Ende November 1890 an die Bischöfe. Vgl. dazu X. de Montclos, Le Toast d'Alger. Documents 1890–1891, Paris 1966, 103f.

ersten Opfer des Scherbengerichts über die Kongregationen – Vorspiel zur Trennung von Kirche und Staat. Die päpstliche Politik war gescheitert an den zutiefst gespaltenen und hoffnungslos nostalgischen Katholiken Frankreichs.

In Italien hatte der Papst bereits am 22. Februar 1879 jenen Katholiken eine Absage erteilt, die die Aussöhnung mit der Regierung Depretis suchten. Die ständig wiederholte Forderung nach einem von den Großmächten garantierten Status territorialer Unabhängigkeit war der eigentliche Anlaß für die an die *Opera dei Congressi* herausgegebene politische Protest- und Nichtbeteiligungs-Parole. In den Beziehungen zum Quirinal wechselten denn auch Zeiten relativer Ruhe mit akuten Krisen, beispielsweise ausgelöst durch die Zwischenfälle im Sommer 1881, die Gesetzgebung Crispis seit dem Sommer 1887 oder die blutigen Unruhen von Mailand im Jahr 1898.

In den Beziehungen zu Portugal folgte auf das Abkommen im Konflikt über die Patronatsrechte (den *padroado*) und über das „Schisma von Goa" eine Zeit relativer Ruhe. Die diplomatischen Beziehungen wurden unverzüglich wiederaufgenommen. Die Folge davon war eine starke intellektuelle und spirituelle Erneuerung innerhalb der Geistlichkeit sowie das Engagement laizistischer Notabeln, die sich in den Reihen des antiklerikalen und freimaurerischen Bürgertums Gehör verschaffen konnten[53].

Zu verzeichnen ist, daß mit denselben Methoden in mehreren lateinamerikanischen Staaten ähnliche Resultate erzielt wurden: Die Ermutigung zu einem auf Sozialwerken und aktiver Seelsorge basierenden *nuevo catolicísmo* führte zu jenem Höhepunkt, den die erste Konferenz von 13 Erzbischöfen und 41 Bischöfen Lateinamerikas in Rom vom 28. Mai bis 9. Juli 1899 darstellt. Auch in Lateinamerika wurde an die Schiedsrichterrolle des Papstes appelliert – analog zum Konflikt zwischen Spanien und Deutschland über die Karolineninseln –, um die Grenzstreitigkeiten zwischen Chile und Argentinien sowie zwischen Brasilien und Bolivien beizulegen[54].

Damit ist ein wesentlicher Punkt der Leoninischen Diplomatie berührt: die Absicht des Papstes, an die internationale Rolle des Papsttums in den glänzendsten Zeiten der „christlichen Zivilisation" anzuknüpfen. Das hatte er in einer seiner ersten Enzykliken, *Diuturnum illud*[55], formuliert, und er nutzte die seltenen Gelegenheiten, diese Absicht in die Tat umzusetzen. Als beispielsweise Brasilien 1888 die Sklaverei abschaffte, verurteilte er in einer Enzyklika die Unmenschlichkeit der Sklaverei und die schändliche Weiterführung des Sklavenhandels. Auf Anraten Lavigeries beauftragte er den Erzbischof von Algier, sich an die Spitze einer tatkräftigen Kampagne gegen die Sklaverei zu stellen, die aus dem Missionsprälaten einen Wanderprediger in den wichtigsten Städten Europas machen sollte. Diese im Kontext der Gedenkfeiern zur Französischen Revolution von 1789 geführte Kampagne mündete in eine internationale Konferenz, die von November 1889 bis Juli 1890 in Brüssel tagte. Dort gab Lavigerie eine offizielle Erklärung ab, und es wurden wirksame Maßnahmen gegen die Wiederaufnahme des Sklavenhandels vom Sudan in Richtung Daressalaam beschlossen. Als zehn Jahre später auf Initiative des Zaren die *Erste Haager Friedenskonferenz* – sie führte schließlich zur Errichtung des *Ständigen Internationalen Schiedsgerichtshofs* in Den Haag – einberufen wurde, sagte Leo XIII. als Antwort auf die Einladung Königin Wilhelmines nicht bloß die erbetene „moralische Unterstützung" zu,

---

[53] Im März 1901 wurde der Antiklerikalismus erneut virulent, er richtete sich gegen Klöster.
[54] Storia della Chiesa XXIV, 599 und 578.
[55] O. Köhler, Der Weltplan Leos XIII. (s. Anm. 42) 22 f.

sondern bot an, „dabei effektiv mitzuwirken"[56]. Erwähnt sei schließlich auch die Ermutigung für die auf Initiative von Maurice d'Hulst zustande gekommenen regelmäßigen internationalen katholischen Gelehrtenkongresse, die zwischen 1888 und 1900 nicht weniger als fünf Sessionen abhielten (vgl. oben).

So wird deutlich, in welchem Maße das politische Geschick Leos XIII. dem Heiligen Stuhl weit über katholische Kreise hinaus internationales Ansehen verschafft hat – in scharfem Kontrast zur wachsenden Isolierung des Vatikans in den letzten Amtsjahren seines Vorgängers. Als am 20. Juli 1903 der Tod Leos XIII. verkündet wurde, ordnete die italienische Regierung eine Art Staatstrauer an[57].

2. Pius X.

Als am 4. August 1903 Giuseppe Sarto, Patriarch von Venedig, zum Papst gewählt wurde, stellte sich unmittelbar der Eindruck ein, auf den Diplomaten folge nun ein „Hirte". Erstmals wurde ein Kardinal mit der Tiara gekrönt, der niemals ein Kurienamt innegehabt, jedoch alle Stufen einer priesterlichen Laufbahn durchlaufen hatte[58]. Der 68jährige Papst stammte aus der Diözese Treviso, dem zutiefst christlichen Veneto. Als Alumne im Seminar von Padua, das als eines der besten der ganzen Halbinsel galt, empfing er eine strenge Ausbildung im Geiste des priesterlichen Ideals Alfonso Maria di Liguoris. Zuerst wirkte er als Vikar in einer ländlichen Pfarrei, dann als Pfarrer in der größeren Gemeinde Sanzano und als Seminardirektor, schließlich als Bischof der Diözese Mantua (1884), die er sanierte. Was ihn auszeichnete, war die präzise Ausübung seines Hirtenamtes, seine Güte, sein Einsatz für die Sozialwerke auf dem Land wie in den Industriegebieten und nicht zuletzt seine Sorge um die Hebung des intellektuellen Niveaus und der Frömmigkeit seines Klerus. Als er 1893 zum Patriarchen von Venedig und von Leo XIII. zum Kardinal ernannt wurde, erwies er sich als Vertreter lehrmäßiger Festigkeit und zugleich als geschickter Politiker; er förderte das Bündnis zwischen Katholiken und gemäßigten Liberalen im Kampf gegen antiklerikale und sozialistische Pressionen.

Im Vatikan wandte er die gleichen Methoden an, brach mit der feierlichen Strenge seines Vorgängers und führte dort einen bescheideneren Lebensstil ein. Er öffnete die Tore des Vatikans für das Volk, das ihn besuchte, und vermittelte so das Bild eines zuvorkommenden und an den Menschen interessierten Priesters, der sich um die Förderung der geistlichen Bildung seiner Besucher sorgte. Neben umfassender Bildung – besonders gut war er über die Ereignisse in Italien und Frankreich informiert – zeichnete er sich durch klares Urteil und standfeste, ja autoritäre Entschlüsse aus, vor allem dann, wenn es um schwierige Entscheidungen ging.

Seine Namenswahl war Ausdruck seines Willens, an jenen Papst anzuknüpfen, der die Irrtümer des Liberalismus verurteilt hatte. Er verhehlte nicht, daß er ein eifriger Leser der Werke Bischofs Pie von Poitiers war, der den philosophischen und politischen Naturalismus angeprangert und jenes Pauluswort ins Zentrum seines seelsorglichen Wirkens gestellt hatte, das Pius X. übernahm: *Instaurare omnia in Christo*.[59] Das christliche öffentli-

---

[56] Ebd. 23.
[57] Aubert, Leone XIII (s. Anm. 6) 105 f.
[58] Ebd. 107–154; G. Romanato, Pio X. La vita di papa Sarto, Mailand 1992.
[59] Es besteht ein Zusammenhang zwischen einer der ersten Enzykliken Pius' X. anläßlich des 1300. Todestages

Papst Pius X. (1903–1914).

che Recht – die „These" – sollte über die Zustimmung zu den Säkularisierungsmaßnahmen siegen – Maßnahmen, die er als Angriff auf die christliche Sozialordnung einstufte
(Enzyklika *Jucunda sane*). Er schien die Mißerfolge der Verhandlungs- und Kompromiß-
politik seines Vorgängers erkannt zu haben. Seine Wahl war ein klarer Ausdruck dieser
Wende gewesen: Der spanische Kardinal Merry del Val, der junge Sekretär des Konklave,
hatte sich zum Sprecher der Gegnerschaft Österreichs gegen die Kandidatur Kardinal
Rampollas gemacht. Bereits im Oktober 1903 wurde Rampolla unerwartet vom hohen
Amt des Staatssekretärs entbunden, das dem jungen Merry del Val und damit zum ersten
Mal einem nicht aus Italien stammenden Kardinal übertragen wurde[60]. Bereits in den Anfängen des Pontifikats wurde die Bibelkommission neu strukturiert und in eine Art Tribu-
nal zur Beurteilung exegetischer Fragen aus doktrinärer Sicht umgewandelt. Es war ein
Anliegen des Papstes, die Einheit der Lehre zu unterstreichen, angefangen bei der Schrift-
interpretation. Seine Vorbehalte gegen den Liberalismus oder politischen Modernismus
hatten denselben Ursprung wie seine Ablehnung des theologischen Modernismus und dessen, was er in der Folge „sozialen Modernismus" nennen sollte (vgl. oben). In diesem Bereich entwickelte sich im Verlauf seines elfjährigen Pontifikats „eine etwas manichäische
Strenge, die sich in den letzten Jahren zunehmend verstärkte"[61].
    Ausdruck dieser Verhärtung waren die Maßnahmen gegen die Französische Republik
im Zusammenhang mit der Trennung von Kirche und Staat und gegen Romolo Murri zwischen Juli 1906 und März 1909. Noch verstärkt wurde die Intransigenz durch den Einfluß
einiger Männer im Umkreis des Papstes: die Mitglieder des päpstlichen Privatsekretariats,
einige von Bressan angeführte venezianische Geistliche sowie die Kardinäle Vives y

---

Gregors des Großen (*Jucunda sane* vom 12. März 1904) und der Thematik, die Bischof Pie nach seiner Ernennung
in seinem ersten Hirtenbrief vom 25. November 1849 entwickelt hatte; vgl. dazu L. Pie, Opera I, 96–119.
[60] Seine Sprachkenntnisse und seine Reisetätigkeit verliehen Merry del Val besondere Kompetenz in Fragen der
europäischen Politik; vgl. dazu Aubert, Pio X tra restaurazione e reforma, in: Storia della Chiesa (s. Anm. 4)
107–154, hier 144–147.
[61] R. Aubert, Rezension von G. Romanato, Pio X, in: RHE 87/1 (1992) 858–862, zit. 861.

Tutó – ein spanischer Kapuziner und Präfekt der Ordenskongregation –, Gaetano de Lai – Präfekt der Konsistorial- und der Konzilskongregation – und Merry del Val, dessen Befugnisse als Staatssekretär erweitert worden waren. Von der quasi-inquisitorischen Überwachungsrolle Umberto Benignis und seines *Sodalitium pianum* im Zusammenhang mit dem theologischen Modernismus ist bereits die Rede gewesen (siehe oben). In den letzten Jahren nahm Benignis Einfluß indessen ab, einerseits wegen seiner veränderten persönlichen Beziehungen zum Staatssekretär, andererseits wegen der zunehmenden Widerstände und Proteste gegen diese Überwachung überhaupt.

Daß die Geschäfte der Kirche in den Händen einer kleinen Gruppe von Männern lagen, die das Vertrauen des Papstes genossen, ist sicherlich der negative Aspekt des päpstlichen Willens, die Kurie zu reorganisieren. Diese Reorganisation, Höhepunkt des römischen Zentralismus, zielte darauf ab, eine seit dem Konzil von Trient unverändert gebliebene zentrale Verwaltung effizienter zu gestalten[62]. Sie spiegelte aber auch den Willen des Papstes wider, aus nächster Nähe unmittelbar am Leben der Kirche teilzuhaben. Komplexität und Ausmaß des päpstlichen Amtes machten die Realisierung dieses Anspruches jedoch in gewisser Hinsicht unmöglich. Die wenigen Ratgeber bildeten eher einen Schutzschild und hinderten den Papst daran, eine nuancierte und zugleich globale Sicht der Dinge zu entwickeln.

Bei allen Vorbehalten war die Gesamtreform der Zentralgewalt der Kirche eine beachtliche Pioniertat. Sie war eingebettet in die Neuordnung des Kirchenrechts mit der Reform des *ius canonicum* als Kernstück. Zu Beginn des Pontifikats angekündigt, wurde diese Reform vom Papst persönlich begleitet. Sein Verdienst ist es, daß er das Werk einer von einem „neuen" Mann präsidierten Kommission anvertraute, Pietro Gasparri, der es verstand, das gewaltige Vorhaben bis zum Tode des Papstes zu Ende zu führen. Politisch gesehen waren die Folgen bedeutsam: größere Klarheit in der Zuständigkeit der Kongregationen oder Dikasterien; Aufwertung der wichtigsten Kongregationen (Konsistorialkongregation, Staatssekretariat, Indexkongregation, Propagandakongregation). Die Jurisdiktion der letzteren wurde auf die Missionsgebiete beschränkt, jedoch die Kardinalskommission für östliche Angelegenheiten integriert – was einer Auflösung derselben gleichkam. Mit diesen Maßnahmen verstärkte sich die Delegation der päpstlichen Macht in Richtung auf die Kongregationen. Der Kompetenzbereich der aus den Reihen der Bischöfe oder Ordensoberen ausgewählten Nuntien wuchs unentwegt und machte aus ihnen die ständigen Vermittler zwischen Vatikan und Lokalepiskopat. Die Unterstellung der Tätigkeit der Lokalkirchen unter den Heiligen Stuhl wurde verstärkt, insbesondere mit dem Instrument der *ad limina*-Besuche, in deren Rahmen die Bischöfe dem Heiligen Stuhl Rechenschaft über ihre Amtsführung ablegen mußten. Schließlich war der Papst besonders darauf bedacht, daß auf der Ebene von Wirtschaft und Gesellschaft, Familie und Spiritualität, aber auch Politik zunehmend Werke geschaffen wurden, die die Laien in den Kirchendienst einbanden. Doch diese Aufwertung der „Katholischen Aktion" war an präzise Bedingungen geknüpft: ständige enge Begleitung durch die kirchlichen Autoritäten[63], Zwang zur Konfessionalität, Unterordnung des Laienwesens, zuweilen rücksichtslos eingefordert, unter die Repräsen-

---

[62] G. Feliciani, La codificazione del diritto canonico e la riforma della Curia romana, in: Storia della Chiesa XXII, 2 (s. Anm. 4) 293–318.

[63] Zur Bedeutung dieser Aufwertung vgl. C. Molette, L'association catholique de la jeunesse française, Paris 1968, 519.

tanten der lehrenden Kirche[64]. Die Aufforderung an die Laien, sich zu engagieren, schloß auch Wahlkompetenzen mit ein. Die Folge davon war die Lockerung des *non expedit*, dessen Prinzip Pius X. zu Beginn seines Pontifikats am 31. Mai 1904 in Erinnerung gerufen hatte – was freilich kaum Beachtung fand, sobald der Ortsbischof als allein zuständig befunden wurde.

Die erste Sorge des neuen Papstes galt der inneren Konsolidierung der Kirche, vornehmlich im Bereich der Lehre und der intellektuellen und spirituellen Ausbildung von Geistlichen wie Gläubigen – in der tieferen Absicht, die Kirche gegen mögliche Aggressionen von außen zu verteidigen. Das Bemühen seines Vorgängers um Einvernehmen und Harmonie zwischen kirchlicher und ziviler Gesellschaft erwies sich nun als suspekt. Annäherung hieß nun nicht mehr Suche nach einem Kompromiß, sondern konnte nur noch das Resultat gegenseitiger Anerkennung auf der Basis von Intransigenz und wechselseitig verpflichtenden Zwängen sein. Nicht unwichtig ist in diesem Zusammenhang, daß Pius X. zu Beginn seines Pontifikats wohl Verhandlungsgeschick besaß, nicht aber über diplomatische Erfahrung und das Gespür seines Vorgängers für die Strategien auf dem internationalen Parkett verfügte.

Die neue Situation läßt sich an zwei gegensätzlichen Fällen verdeutlichen: dem Bruch mit Frankreich und der stillschweigenden Versöhnung mit dem Königreich Italien. In Frankreich setzte die Mehrheit des *Bloc républicain* das bis dahin strikteste Trennungsgesetz durch. Der kurz vor dem Tod Leos XIII. anläßlich des Besuchs des Präsidenten der Republik, Émile Loubet, in Rom signalisierte Abbruch der diplomatischen Beziehungen wurde im Juli 1904 tatsächlich vollzogen. Parallel dazu erfolgte die Ausweisung der Kongregationen und die einseitige Aufkündigung des Konkordats. Doch nach dem Sturz der Regierung Combes bot sich mit dem von Aristide Briand ausgearbeiteten liberaleren, die Vorrechte der Bischöfe und die Rechte der Kirche besser wahrenden Gesetzesentwurf über die Trennung von Kirche und Staat die Gelegenheit für einen Kompromiß, für den auch die französischen Bischöfe eintraten. Papst Pius X. blieb jedoch bei seiner Weigerung, trotz der befürwortenden Haltung mehrerer Kardinäle, unter ihnen Rampolla. Es folgten die Enzykliken *Vehementer nos* und *Gravissimo officio* vom 11. Februar bzw. 10. August 1906: Sie untersagten dem Klerus, sich dem Trennungsgesetz zu unterstellen, und hatten zur Folge, daß sich die Pfarrer aller materiellen Ressourcen entledigt und – gemeinsam mit den Gläubigen – als „Benutzer" der Kirchen „ohne Rechtstitel" sahen. Dieser harte Widerstand zwang die Katholiken Frankreichs, sich selbst zu organisieren und auf Diözesanebene Schulen und Institutionen zu errichten; er zwang aber auch die Regierung, Kultusfreiheit und Bewegungsfreiheit dieser Institutionen voll zu respektieren und die Verantwortung für die von ihr geschaffene, durch die Unnachgiebigkeit des Papstes verhärtete Situation zu übernehmen.

In Italien verlief die Entwicklung seltsamerweise genau umgekehrt – trotz der Ermutigung, die das französische Modell der Trennung von Kirche und Staat für die antiklerikalen Kräfte in Italien darstellte, und trotz der Säkularisierungswelle, die die Übernahme der Stadtregierung Roms durch die extreme Linke im Jahr 1907 auslöste. Diese Entwicklung ist der Mäßigung Giolittis zu verdanken, der sich gegen eine Kandidatur Rampollas ausgesprochen hatte. Giolitti, der seit November 1903 dem Ministerium vorstand, verfocht eine

---

[64] Enzykliken *Il fermo proposito* vom 11. Juni 1905 und *Vehementer nos* vom 11. Februar 1906.

Politik der Wahrung der Unabhängigkeit von Staat wie Kirche. Begünstigt wurde diese Linie durch zwei Krisen, die die äußersten Flügel beider Seiten erschütterten: Zum einen beschloß der Papst im Juli 1904 die Auflösung der von inneren Spaltungen heimgesuchten *Opera dei Congressi* und die Unterstützung einer Wahlunion, deren Statuten zu Beginn des Jahres 1906 angenommen wurden. Sie sahen die Gründung einer Katholischen Wahlunion vor, bei der es darum ging, die politische Autonomie der Laien zu verhindern und im Auftrag des Ortsbischofs von Fall zu Fall einzelne Kandidaturen zu unterstützen[65]. Zum anderen kam es 1908 in den Reihen der in Rom dominierenden Freimaurer wegen der gemäßigten Politik Giolittis in Sachen Schulgesetzgebung zu einer Spaltung. Bei den Wahlen von 1909 und 1913 nahm deshalb die Vertretung der von der Kirche unterstützten Kandidaten wie auch die Zahl der von Katholiken unterstützten liberalen Abgeordneten zu. So kam es zu einer Koexistenz der beiden antagonistischen Kräfte. Während in Italien die Forderung nach konfessionellen Laienorganisationen die Beziehungen zwischen den beiden Mächten eher verbesserte, verschlechterten sie sich in Deutschland, wo der Tradition des *Zentrums* gemäß an interkonfessionellen Gewerkschaften festgehalten wurde – was zu einer schweren Krise führte.

Der Heilige Stuhl reagierte kaum auf die vielfältigen internationalen Krisen und die zunehmenden Spannungen auf dem Balkan nach 1909. Vielmehr stand er selbst im Sog nationalistischer Strömungen, angefangen in Italien, das in den Jahren 1911 und 1912 einen Eroberungsfeldzug in Tripolitanien führte. Einzig gegen die Interpretation einiger Zeitungen, der Krieg gegen die Türkei sei ein antiislamischer Kreuzzug, erhob der *Osservatore romano* seine Stimme. In Frankreich wurde die Seligsprechung der Jungfrau von Orléans im Jahre 1909 und die Verurteilung der Bewegung *Le Sillon* 1910 von der damals voll im Aufschwung befindlichen und in Kurienkreisen auf viel Sympathie stoßenden *Action française* ausgenutzt. Charles Maurras' Denken wurde, angeregt durch die Untersuchung einiger französischer Bischöfe, von der Indexkommission überprüft, worauf es im Januar 1914 zur Verurteilung von fünf seiner Werke und der Zeitschrift *L'Action française* kam. Doch gemäß dem Ratschlag des Erzbischofs von Lyon, des intransigenten Kardinals Sevin, wurde der Beschluß nicht veröffentlicht[66]. Die katholischen pazifistischen Bewegungen – in Belgien durch die *Ligue pour la Paix* und in Frankreich durch den Lyoner Ingenieur A. Vanderpol vertreten – wurden von der katholischen Öffentlichkeit des geheimen Einverständnisses mit der anarchistischen Internationale verdächtigt und vom Vatikan in keiner Weise gefördert[67].

Als dann nach der Ermordung von Erzherzog Franz Ferdinand im Juni 1914 der österreichisch-serbische Konflikt ausbrach, zirkulierten Gerüchte über die Parteinahme des Heiligen Stuhls für die Zentralmächte. Zuzuschreiben war dies der erklärten Sympathie des Papstes und seines Staatssekretärs für die Habsburger Monarchie und den Vorbehalten gegenüber einer möglichen slawischen Expansion auf dem Balkan. Zwar ist aufgrund der Aktenlage nicht zu eruieren, wie berechtigt oder unberechtigt diese Gerüchte waren; Tatsache ist indes, daß der Heilige Stuhl nicht jenen politischen Rückhalt hatte, der es ihm erlaubt hätte, die zur Verhinderung des Krieges nötigen Schritte einzuleiten. Das Rund-

---

[65] Enzyklika *Editae saepe* vom 26. Mai 1910.
[66] A. Latreille, La première condamnation de l'*Action française*: une consultation de Mgr. Sevin, archevêque de Lyon en 1913, in: CH (1973) 249–262.
[67] B. Comte, Vanderpol, in: Lyon Dict., 406f.

schreiben *Europa fere* vom 2. August 1914 ist ein eher bedeutungsloser Aufruf zum Gebet. Zudem erlaubte es der angeschlagene Gesundheitszustand dem Papst nicht mehr, mutige Initiativen zu ergreifen. Pius X. starb in der Nacht vom 20. auf den 21. August 1914, zermürbt von der Angst vor der Katastrophe, die nun über Europa hereinbrach[68].

Bibliographie

Zu den päpstlichen Initiativen

Aspetti della cultura cattolica nell'Età di Leone XIII, Rom 1961.

R. Aubert, Leone XIII, tradizione e progresso; Pio X tra restaurazione e reforma, in: Storia della Chiesa XXII, 1: La chiesa e la società industriale (1878–1922), hrsg. von E. Guerriero – A. Zambarbieri, Mailand 1990, 61–106; 107–154.

C. Prudhomme, Stratégie missionnaire du Saint-Siège sous Léon XIII (1878–1903). Centralisation romaine et défis culturels, Rom 1994.

G. Romanato, Pio X. La vita di Papa Sarto, Mailand 1992.

Zu Kardinal Mercier und R. Auberts Geschichtswerk

J.-P. Hendrickx u. a. (Hrsgg.), Le cardinal Mercier, 1881–1926. Un prélat d'avant-garde. Hommage au professeur Roger Aubert, Löwen 1994.

Zum Einfluß Kardinal Newmans

R. Aubert, Les étapes de l'influence du cardinal Newman. Un précurseur longtemps méconnu, in: W. Gruber u. a. (Hrsgg.), Wissen, Glaube, Politik. FS Paul Asveld, Graz 1981, 125–138.

C. S. Dessain, Newman's Spiritual Themes, 1977.

Newman et l'Histoire. Actes du colloque 1990 de l'Association française des amis de John Henry Newman, sous la direction de Claude Lepelley (Études newmaniennes 8 und 9), Lyon 1992.

Zur Haltung der Kirchen gegenüber sozialen und intellektuellen Bewegungen

B. Griffiths, The Reactionary Revolution: The Catholic Revival in French Literature 1870–1914, London 1966.

J.-M. Mayeur, Catholicisme social et Démocratie chrétienne. Principes romains, expériences françaises, Paris 1986.

–, Des partis catholiques à la démocratie chrétienne, XIXe–XXe siècle, Paris 1980.

É. Poulat, Histoire, dogme et critique dans la crise moderniste, Tournai 1962, ²1979.

–, Intégrisme et catholicisme intégral. Un réseau secret international antimoderniste: la „Sapinière" (1909–1921), Tournai 1969.

–, Catholicisme, Démocratie et Socialisme. Le mouvement catholique et Mgr. Benigni de la naissance du socialisme à la victoire du fascisme, Tournai 1977.

C. Savart – J.-N. Aletti, Le monde contemporain et la Bible. Bible de tous les temps VIII, Paris 1985.

C. Tresmontant, La crise moderniste, Paris 1979.

---

[68] Vgl. dazu Aubert, Pio X (s. Anm. 60) 151–154, sowie ders., Il pontificato di Benedetto XV, in: Storia della Chiesa XXII, 1 (s. Anm. 4) 155–200, hier 155.

Sechstes Kapitel

Die soziale Frage

von Jean-Marie Mayeur

Die Industrialisierung und die damit verbundenen Probleme stellten die christlichen Konfessionen vor neue Herausforderungen. Die Sorge um die Armen war schon immer eines ihrer Hauptanliegen gewesen, doch mit dem Industriezeitalter nahm die Armut bisher unbekannte Dimensionen an. Allein auf der Basis caritativer Initiativen einzelner oder der Liebeswerke ließ sie sich nicht mehr bewältigen. Diese Einsicht wuchs in den protestantischen wie in den orthodoxen Kirchen heran; im vorliegenden Band wird ihre Entstehung in den nach geographischen Gesichtspunkten aufgeteilten Beiträgen erörtert. Die römisch-katholische Kirche zeichnet sich dadurch aus, daß sie durch die Intervention des Lehramtes die Grundsätze einer innerhalb der Gesamtkirche verbreiteten Soziallehre festgelegt hat.

Zahlreiche Studien sind dem sozialen Katholizismus in der zweiten Hälfte des 19. und in den ersten Jahrzehnten des 20. Jh. gewidmet[1]. Bereits kurz nach dem Erscheinen der Enzyklika *Rerum novarum* zog der junge Christdemokrat Georges Goyau – schon damals (in Anlehnung an mittelalterliche Päpste) unter dem Pseudonym Léon Grégoire – eine engagierte, noch immer wertvolle Bilanz unter dem Titel *Le Pape, les catholiques et la question sociale*. Beinahe vierzig Jahre später befaßte sich Alcide de Gasperi – wegen des faschistischen Regimes unter einem Pseudonym – mit „der Zeit und den Menschen, die *Rerum novarum* vorbereitet haben"[2]. Der künftige Staatsmann analysierte scharfsinnig die verschiedenen im sozialen Katholizismus vorhandenen Strömungen und die hier und dort ergriffenen Initiativen: Sektion Sozialwirtschaft der *Opera dei Congressi* in Italien, Christlich-Soziale in Österreich-Ungarn und in Deutschland innerhalb der Sozialdemokratischen Partei sowie der Zentrumspartei, Studiensektion des *Œuvre des Cercles Catholiques d'Ouvriers* in Frankreich, *Union Catholique d'Études Sociales et Économiques à Fribourg*, 1884 gegründet – allesamt Orte der Reflexion und Aktionszentren, die Einfluß auf den Heiligen Stuhl ausübten. Anatole Leroy-Beaulieu, ein aufmerksamer Beobachter, stellte in einer nach dem Erscheinen von *Rerum novarum* in der *Revue des deux mondes* veröffentlichten Artikelserie *La papauté, le socialisme et la démocratie* fest: „Zu keiner

---

Zu Kurztiteln vgl. die jeweilige Erstnennung bzw. die Bibliographie am Ende dieses Kapitels.

[1] Als bibliographische Basis dienen die Ausführungen von R. Aubert, Le christianisme social, vorgetragen anläßlich des XIII. Kongresses für Geschichtswissenschaften, Moskau 1970, sowie dessen Beitrag zur *Nouvelle Histoire de l'Église*; vgl. auch P. Misner, Social Catholicism in Europe from the Onset of Industrialization to the First World War, New York 1991. Anläßlich des 100. Jahrestages des Erscheinens von *Rerum novarum* haben zahlreiche Kolloquien stattgefunden, auf die später verwiesen wird.
[2] A. de Gasperi, Vita e pensiero, hrsg. von G. Andreotti, Mailand 1984.

Epoche verfügten die Laien über mehr Einfluß in der Kirche; und mit den Laien drangen auch die Anliegen der profanen Welt in das Heiligtum ein." Und er fügte hinzu: „Die Anstöße gingen öfter von den Gliedern als vom Haupt aus [...]. Sie sind in der Regel von jenseits der Berge oder von jenseits der Meere gekommen." Diese letzte Anspielung bezieht sich auf die amerikanischen Katholiken und Kardinal Gibbons. Genau diese Interventionen sozial gesinnter Katholiken waren es, die den Schiedsspruch und die Klärungsversuche Roms notwendig machten. Noch vor 1880 sollten sich die innerkatholischen Kontroversen, ja Konflikte über die soziale Frage intensivieren.

Die Auseinandersetzungen drehten sich um den Status des Eigentums, das Wesen des Kapitalismus, den Anteil der Staatsintervention, die Rolle der Gewerkschaften und die Konfessionalität der Arbeitervereine. Einzig ein extremer Flügel stellte das Recht auf Eigentum in Frage. Ihm gehörte ein Teil der Christlich-Sozialen in Österreich an[3], aber auch jene Katholiken in den Vereinigten Staaten, die die Ideen des Bodenreformers Henry George aufgriffen, der 1879 in seinem Werk *Progress and Poverty* (dt. *Fortschritt und Armut*) die Forderung nach Besteuerung des Grundeigentums aufgestellt hatte. Ein weiteres Thema war der Antikapitalismus, die Verurteilung der „angeblichen Produktivität des Kapitals" und des Wuchers. Ein beachtliches, allerdings kontroverses Echo fand diese Thematik in der *Union Catholique de Fribourg* und innerhalb der Studiensektion des *Œuvre des Cercles Catholiques d'Ouvriers*. Hingegen befürworteten alle diese Gruppierungen das Eingreifen des Staates in die Wirtschaft, und zwar nicht nur, um den Auswüchsen der liberalen Wirtschaft entgegenzuwirken, sondern um das Gemeinwohl durch den staatlichen Schiedsspruch zwischen Arbeitgebern und Arbeitnehmern und insbesondere bei der Festlegung des Mindestlohnes durchzusetzen. Um diese zentralen Fragen drehten sich die Auseinandersetzungen zwischen den in der Schule von Angers versammelten Befürwortern eines gemäßigten Liberalismus – Bischof Freppel, dem Wirtschaftswissenschaftler Claudio Jannet, dem belgischen Wirtschaftswissenschaftler Charles Périn – und der Schule von Lüttich, die auf die Unterstützung von Ortsbischof Doutreloux zählen konnte. Der internationale Kongreß von Lüttich 1890 brachte den Antagonismus der beiden Schulen an den Tag.

Eine weitere Kontroverse entzündete sich an der Gewerkschaftsfrage. Die liberalen, aber nicht individualistischen Katholiken der Schule von Angers befürworteten freie, nicht auf staatliche Intervention hin entstandene Gewerkschaften. Durch ihr Festhalten an vermittelnden Instanzen unterschieden sie sich von den reinen Liberalen. Nach ihrer Meinung sollten es gemischte Gewerkschaften sein, in denen Arbeitgeber und Arbeiter vertreten waren, in Anlehnung an das Beispiel der Versuche der *Association Catholique des Patrons du Nord*[4]. Anders die österreichischen Christlich-Sozialen und La Tour du Pin und seine Freunde in Frankreich. Sie befürworteten die obligatorische Gewerkschaft unter der Ägide des Staates. Das Gewerkschaftsregime sollte das Fundament der christlichen Sozialordnung sein. Die regionalen Kammern wie die Gewerkschaftskammer sollten den Auftrag haben, die Interessenvertretung zu wahren – Gegenstück zum allgemeinen Stimm- und Wahlrecht des einzelnen. Albert de Mun ging weniger weit und erhoffte sich einzig die Pri-

---

[3] J. Lösewitz legt deren Ideen in der *Association catholique* vom 15. Februar 1886 dar; die Desavouierung durch Albert de Mun folgte unverzüglich.
[4] Vgl. dazu R. TALMY, Une forme hybride du catholicisme social: l'Association catholique des patrons du Nord, Lille 1961.

Albert Comte de Mun (1841–1913),
einer der frühesten und wichtigsten
Sozialtheoretiker innerhalb des
französischen Katholizismus.

vilegierung der Gewerkschaften. Diese Themen werden hier deshalb genannt, weil sie in der damaligen katholischen Welt schon bald eine wichtige Rolle spielen sollten.

Die Forderung nach getrennten Arbeitervereinen, vor allem nach nicht konfessionell organisierten, kam zuerst aus den Vereinigten Staaten. Die Diskussionen um den *Noble and Most Holy Order of the Knights of Labor*, das von Kardinal Gibbons, Erzbischof von Baltimore, an den Präfekten der Propaganda-Kongregation, Kardinal Simeoni, herangetragene Ersuchen, eine Verurteilung abzuwenden – beides trug im Vorfeld von *Rerum novarum* wesentlich zur Debatte bei.

Vor der inhaltlichen Erörterung von *Rerum novarum* gilt es auf die ersten Interventionen Leos XIII. in der sozialen Frage zurückzukommen. Noch als Bischof von Perugia skizzierte Kardinal Pecci in seinen Fastenbriefen von 1877 und 1878 über Kirche und Zivilisation Themen, die dann in *Rerum novarum* Eingang finden sollten: Verurteilung des Wuchers, Bekräftigung des Wertes der Arbeit, Verurteilung der „modernen nationalökonomischen Schulen", wobei der Mensch und die Maschine gleichermaßen bewertet werden. Die ungeschminkte Beschreibung der Lebensbedingungen der Arbeiter beruhte zum Teil auf den Erfahrungen Peccis als Nuntius in Brüssel. Der Antagonismus einer Gesellschaft, in der sich „die jeglicher Zukunftshoffnung Beraubten" und die „kleine Zahl derjenigen, denen das Glück hold ist", gegenüberstehen, findet auch in *Rerum novarum* Eingang. Doch in diesem Dokument, das den von den Jesuiten der *Civiltà cattolica*, insbesondere Taparelli und Liberatore, entwickelten Ideen viel verdankt, schlug der künftige Papst lediglich moralische Lösungen vor. Gleiches gilt für seine erste Enzyklika *Quod Apostolici muneris* vom 28. Dezember 1878: Verurteilt wird hier „die Sekte jener Menschen, die sich mit unterschiedlichen, beinahe barbarischen Namen bezeichnen, wie Sozialisten, Kommunisten, Nihilisten". Fünf Jahre später, in *Humanum genus* vom 20. April 1884 über das Freimaurertum, schien es dem Papst opportun, zu jenen „Arbeitervereinen" zurückzukehren, „die dazu da sind, unter der Schirmherrschaft der Religion die Interessen der Arbeit und die Sitten der Arbeiter zu schützen". Drei Jahre später sprach er vor den auf die Initiative des *Œuvre des Cercles Catholiques d'Ouvriers* versammelten Arbeitgebern von der Intervention der „Staatsmacht", sobald „die Moral, die Gerechtigkeit, die Menschenwürde, das häusliche Leben des Arbeiters" bedroht seien. Es war folglich keineswegs erstaunlich, daß Kaiser Wilhelm II. den Papst bat, an der Berliner Konferenz über die Lebensbedingungen der Arbeiterschaft teilzunehmen. Das bot Leo XIII. die Gelegenheit, in einem vom 14. März 1890 datierten Schreiben auf die bereits erwähnten Themen zurückzukommen. Dank der Studien von G. Antonazzi ist die Entstehungsgeschichte von *Rerum novarum* bekannt[5]; angeregt wurde diese Arbeit 1951 durch D. Tardini, einen engen Mitarbeiter Papst Pius' XII. In einem langen Prozeß entstanden, verdankt die Enzyklika wesentliche Impulse den Arbeiten zweier an der thomistischen Erneuerung beteiligter Theologen: dem Jesuiten Liberatore und dem Dominikaner Kardinal Zigliara. Auf das erste, im Juli 1890 von Liberatore erstellte Schema folgte im September ein von Zigliara erarbeiteter Text. Ein drittes Schema Zigliaras wurde von Mazzella und Liberatore überarbeitet. Die lateinische Übersetzung lag in den Händen zweier enger Mitarbeiter des Papstes, der Bischöfe Volpini und Boccali; letzterem oblag die Übersetzung der Schlußfassung. Auf Geheiß des Papstes wurden im letzten Augenblick gewichtige Änderungen vorgenommen, etwa jene, die auf Bitte von Kardinal Gibbons die Legitimität getrennter Arbeitervereine nicht ausschließt. Einige Ausführungen zum Lohn und zum Familienlohn fielen in der Endfassung vorsichtiger aus als im ersten Schema. Dieses war stark korporatistisch gefärbt, während Zigliaras Text die Freiwilligkeit der Berufsverbände betonte und die staatliche Intervention skeptischer bewertete[6].

Das Bild, das Leo XIII. von der Gesellschaft am Ende des 19. Jh. entworfen hat, ist noch präsent: „Das Kapital ist in den Händen einer geringen Zahl angehäuft, während die große Menge verarmt. [...] Unzählige [führen] ein wahrhaft gedrücktes und unwürdiges Dasein"; dieses Schicksal trifft meist die „niederen Klassen". Die Zerstörung der alten Korporationen, die zunehmende Säkularisierung des staatlichen Lebens und „ein habgieriger Wucher" haben dazu beigetragen, daß „die Arbeiter allmählich der Herzlosigkeit reicher Besitzer [...] isoliert und schutzlos überantwortet wurden. [...] So konnten wenige übermäßig Reiche einer Masse von Besitzlosen ein nahezu sklavisches Joch auflegen." Die Enzyklika ignoriert die Realität der Klassenkonflikte keineswegs, doch ihre Interpretation der sozialen Realität trägt dem Aufkommen der Mittelklassen keinerlei Rechnung. Die Kritik am Sozialismus stützt sich auf zwei Gründe: die Infragestellung des „Rechts zum Besitz privaten Eigentums," das der Mensch „von der Natur erhalten" hat, die Infragestellung der Familie, deren Rechte und Pflichten den Vorrang haben, weil sie „sowohl der Idee als der Sache nach früher ist als die bürgerliche Gemeinschaft".

Der Papst bekräftigt die Legitimität des Eingreifens der Kirche im sozialen Bereich, kann sie doch zur Versöhnung der Reichen mit den Armen beitragen und beide Klassen zur Befolgung der Vorschriften der Gerechtigkeit hinführen. Die Besitzenden und Arbeitgeber müssen die „persönliche Würde" *(dignitatem personae)* der Arbeiter stets heilig halten. Der Staat wiederum ist dann zum Eingreifen berechtigt, wenn es um den Schutz der „staatlichen Gesamtheit oder einzelne Stände" geht. Doch werden die Grenzen dieser staatlichen

---

[5] G. Antonazzi, L'Enciclica *Rerum novarum*: Testo autentico e redazioni preparatorie dei documenti originali, Rom 1957, sowie ders. – G. De Rosa (Hrsgg.), L'Enciclica *Rerum novarum* e il suo tempo, Rom 1991. [Einführung und kritische Edition des Textes in lateinischer und italienischer Sprache].

[6] Vgl. G. Jarlot, Doctrine pontificale et Histoire. L'enseignement social de Léon XIII, Pie X et Benoît XV vu dans son ambiance historique, Rom 1964; ders., Les avant-projets de *Rerum novarum* et les anciennes corporations, in: NRTh (1959) 60–77.

AD VENERABILES FRATRES
PATRIARCHAS, PRIMATES, ARCHIEPISCOPOS, EPISCOPOS
ALIOSQUE LOCORUM ORDINARIOS
PACEM ET COMMUNIONEM CUM APOSTOLICA SEDE HABENTES

DE CONDITIONE OPIFICUM

LEO PP. XIII

VENERABILES FRATRES

SALUTEM ET APOSTOLICAM BENEDICTIONEM

RERUM novarum semel excitata cupidine, quae diu quidem commovet civitates, illud erat consecuturum ut commutationum studia a rationibus politicis in oeconomicarum cognatum genus aliquando defluerent. Revera nova industriae incrementa novisque euntes itineribus artes: mutatae dominorum et mercenariorum rationes mutuae: divitiarum in exiguo numero affluentia, in multitudine inopia: opificum cum de se confidentia maior, tum inter se necessitudo coniunctior praeterea versi in deteriora mores, effecere, ut certamen erumperet.

In quo quanta rerum momenta vertantur, ex hoc apparet, quod animos habet acri expectatione suspensos: idemque ingenia exercet doctorum, concilia prudentum, conciones populi, legumlatorum iudicium, consilia principum, ut iam caussa nulla reperiatur tanta, quae teneat hominum studia vehementius.

Itaque, proposita Nobis Ecclesiae caussâ et salute communi, quod alias consuevimus, Venerabiles Fratres, datis ad vos litteris *de imperio politico, de libertate humana, de civitatum constitutione christiana,* aliisque non dissimili genere, quae ad refutandas opinionum fallacias opportuna videbantur, idem nunc faciendum *de conditione opificum* iisdem de caussis duximus. Genus hoc argumenti non semel iam per occasionem attiginus: in his tamen litteris totam data opera tractare quaestionem apostolici mune-

Die erste Seite der Enzyklika *Rerum novarum* vom 15. Mai 1891, in der Leo XIII. sehr fortschrittlich die Prinzipien der katholischen Sozialpolitik darlegt.

Intervention klar abgesteckt: „Nur soweit es zur Hebung des Übels und zur Entfernung der Gefahr nötig ist, nicht aber weiter, dürfen die staatlichen Maßnahmen in die Verhältnisse der Bürger eingreifen." Die angeführten Beispiele – Dauer und Bedingungen der Arbeit – zeigen, daß sich der Papst kaum vom gemäßigten Liberalismus der Schule von Angers absetzt. Von derselben Zurückhaltung zeugt die Einschätzung, die öffentliche Hand könne das Recht auf Privatbesitz nicht aufheben, „sondern nur seine Handhabung regeln und mit dem allgemeinen Wohl in Einklang bringen". Was die Löhne betrifft, so bekräftigt der Papst eine „Forderung der natürlichen Gerechtigkeit [...], die nämlich, daß der Lohn nicht etwa so niedrig sei, daß er einem genügsamen, rechtschaffenen Arbeiter den Lebensunterhalt nicht abwirft". Damit sich aber in diesen Fragen die öffentliche Gewalt „nicht in ungehöriger Weise einmische, so erscheint es in Anbetracht der Verschiedenheit der zeitlichen und örtlichen Umstände durchaus ratsam, jene Fragen vor die Ausschüsse [Arbeitervereinigungen, Arbeiterverbände] zu bringen, von denen Wir unten näher handeln werden". Für Leo XIII. drängt sich angesichts der Gefahr des Etatismus, der zum Sozialismus führen könnte, der Rückgriff auf die subsidiären Körperschaften auf.

In der Anerkennung dieser subsidiären Körperschaften – und hier treffen sich, was oft übersehen wird, die Katholiken der Schulen von Lüttich und von Angers – liegt für den Papst die Lösung der sozialen Frage. Die Korporationen, die in der Vergangenheit „eine gedeihliche Wirksamkeit entfaltet" haben, werden die Überwindung der sozialen Konflikte ermöglichen. Für Leo XIII. ist es erfreulich, „daß in unserer Zeit mehr und mehr Vereinigungen jener Art entstehen, sei es, daß sie aus Arbeitern allein oder aus Arbeitern und Arbeitgebern sich bilden". Bekanntlich ist die erste Eventualität unter dem Druck Kardinal Gibbons, vom Papst persönlich hinzugefügt worden. Da die Arbeitervereinigungen in der Regel „auf die Religion keine Rücksicht" nehmen, ist es Aufgabe der christlich gesinnten Arbeiter, sich „in gut organisierten Vereinigungen" zusammenzuschließen – diese Formulierung öffnet den Weg für christliche Gewerkschaften. Allerdings lehnt der Papst die von einigen Christlich-Sozialen vertretene Idee von obligatorischen, staatlich organisierten Vereinigungen ab.

Die Enzyklika stieß auch außerhalb der katholischen Welt auf ein beträchtliches Echo. Die Kommentatoren waren sich darin einig, daß Leo XIII. mit seiner Hinwendung zum Volk und zur Demokratie mit den konservativen Kräften brach und sich den Massen zuwandte. So sollte das Papsttum die verlorene Ausstrahlung zurückgewinnen. In den Augen der Zeitgenossen überstieg die Tragweite der Enzyklika bei weitem das, was wir heute Soziallehre nennen würden. Zur Diskussion stand die Haltung der Kirche gegenüber der „modernen Gesellschaft" insgesamt. Nach der Meinung Leos XIII. hatten die kirchliche Soziallehre und das christliche soziale Handeln indirekt zur Bildung von Institutionen beizutragen, die der christlichen Sittlichkeit förderlich wären, um die Basis für eine Art neue Christenheit zu legen, die ebenso blühend sein sollte, wie es die italienischen Stadtstaaten des ausgehenden Mittelalters waren, als die Kirche „alle Teile des Sozialkörpers durchdrang" (Enzyklika *Libertas* vom 20. Juni 1888). Leo XIII. hatte sich die Kritik der intransigenten Katholiken am Liberalismus und an der liberalen Wirtschaft zu eigen gemacht. Doch erstmals befaßte sich Rom nicht mehr bloß im Zusammenhang von moralischen Verurteilungen, sondern im Rahmen einer Gesamtanalyse mit der sozialen Frage und bot auch Lösungsprinzipien an.

Was die Familie, die Auffassung über die subsidiären Körperschaften, die Ablehnung des liberalen Individualismus sowie der säkularisierten Gesellschaft und des Sozialismus betrifft, bildete sich in der katholischen Welt im Zusammenhang mit *Rerum novarum* eine Art Konsens heraus. Doch ließ die Enzyklika, ein Kompromiß zwischen ganz verschiedenen Interessen, manche Fragen offen; diese zeigen an, entlang welcher Linien der Bruch innerhalb des sozialen Katholizismus seit 1891 verlief[7]: Die Kontroversen und Spannungen um den Familienlohn, den Mindestlohn, den Umfang der staatlichen Intervention, das Gewerkschaftswesen und den Kapitalismus sollten ständig zunehmen und schließlich zu neuen Interventionen Roms führen. Entscheidend aber war, daß der „erste offizielle Leitfaden des sozialen Katholizismus vorgegeben" war, wie Roger Aubert bemerkt. Im ultramontanen Klima der damaligen Zeit wurde die Enzyklika als „soziales Dogma" (Georges Goyau) interpretiert; der soziale Katholizismus trat als dritter Weg zwischen Liberalismus und Sozialismus auf.

Die an verschiedenen Orten gemachten Erfahrungen des sozialen Katholizismus werden an anderer Stelle behandelt, können sie doch nicht aus dem sie bedingenden nationalen Kontext herausgerissen werden. Hier geht es darum, die großen Linien der Soziallehre der Kirche nach *Rerum novarum* nachzuvollziehen. Bereits am Ende des Pontifikats

---

[7] Noch immer hilfreich ist die Darstellung von M. Turmann, Le développement du catholicisme social depuis l'encyclique *Rerum novarum*. Idées directrices et caractères généraux, Paris ²1909.

Leos XIII. wurden einige Warnungen laut. Auf offene Ablehnung der konservativen Katholiken stießen die „Christdemokraten" in Belgien, Frankreich und Italien mit ihrer Forderung nach einer, den traditionellen Hierarchien diametral entgegengesetzten, egalitären sozialen Demokratie und ihren Bestrebungen nach demokratischem politischem Engagement. Leo XIII., der den Begriff der christlichen Demokratie in dem von dem italienischen Katholiken Giuseppe Toniolo ursprünglich definierten sozialen Sinn verstand, begrenzte dessen Gebrauch in der Enzyklika *Graves de communi* vom 18. Januar 1901[8]. Positiv beurteilte der Papst die Benennung *„actio christiana popularis"* und „Christlich-Soziale"; er stellte fest, der Begriff der „christlichen Demokratie" errege bei „vielen ehrlichen Leuten" wegen seiner „Zweideutigkeit und Gefährlichkeit" Anstoß. Nachdrücklich unterschied er zwischen „Sozialdemokratie" (d. h. demokratischem Sozialismus) und „christlicher Demokratie". Der Papst betrachtete es zudem als „verdammenswert, den Begriff der christlichen Demokratie in das Politische zu verdrehen". Zwar bezeichne das Wort „die Volksherrschaft", doch „unter den gegenwärtigen Umständen ist es nur dann zu gebrauchen, wenn man ihm jeglichen politischen Sinn nimmt und darunter nur mildtätige christliche Aktion für das Volk versteht". Neben die Angst, die italienischen Christdemokraten könnten sich trotz des *non expedit* am politischen Leben beteiligen, trat das Bemühen, die Kirche nicht an eine bestimmte Regierungsform zu binden. Weiter sorgte sich der Papst, die Christdemokratie könnte „die höheren Klassen" beiseite lassen und so die Aufforderung des Christentums zur Einheit *aller* sozialen Klassen vernachlässigen. Der Papst erinnerte an „das Gesetz der gegenseitigen Liebestätigkeit, die so etwas wie die Krönung des Gesetzes der Gerechtigkeit ist", und lobte die alten Wohltätigkeitsinstitutionen. Zwar ließ der Papst neben dem Begriff der christlichen Demokratie weiterhin den Begriff der „christlichen Aktion des Volkes" gelten, doch begrenzte er die Tragweite des Begriffs mit einer Bestätigung der traditionellen Lehre, die zugleich eine Warnung war. Am Ende des Pontifikats Leos XIII. zeichneten sich demnach bereits die Positionen Pius' X. ab.

Der einstige Patriarch von Venedig, der die von Paganuzzi verkörperte Linie der *Opera dei Congressi* der italienischen Katholiken befürwortet hatte, blieb – trotz des von der Historiographie vermittelten Bildes – den Hauptanliegen des sozialen Katholizismus treu, der auch unter diesem Pontifikat auf Erfolgskurs blieb. Zu Beginn des Pontifikats erweckte Pius X., der einstige Landpfarrer bescheidener Herkunft, bei vielen Geistlichen und politisch aktiven Laien den Eindruck eines „sozialen" Papstes. Doch war der Papst bemüht, die Einheit der Katholiken zu bewahren und jede Vermengung von Religion, Politik und Sozialem zu unterbinden. In diesem Sinne legt die Enzyklika *Il fermo proposito* aus dem Jahr 1905 die Bedingungen der *Katholischen Aktion* fest, um deren Abgleiten in ein soziales und politisches Engagement zu vermeiden. Diese rein religiösen Begründungen tragen wesentlich dazu bei, die Stellungnahmen Pius' X. zu erhellen, der im übrigen den demokratischen Orientierungen gegenüber feindlich gesinnt war. Bereits am 18. Dezember 1903 hatte er in einem *Motu proprio* über die Katholische Aktion nach dem 19. Kongreß der italienischen Katholiken in Bologna angesichts der „zuweilen allzu lebhaften Polemiken" einen Abriß von neunzehn Artikeln aus den Texten Leos XIII. präsentiert. Die Darstellung betonte eher jene Aspekte der Lehre Leos XIII., die der traditionellen Lehre der Kirche

---

[8] Vgl. dazu G. Martina, La prima redazione dell'enciclica *Graves de communi*, in: RSCI (1962) 492–507. Kardinal Cavagnis, Autor des ersten Entwurfs, hatte dem Text eine deutlich konservativere Richtung gegeben, die dann vom Papst persönlich korrigiert wurde.

entsprachen – etwa die aus *Quod Apostolici muneris* übernommene Aussage, die Ungleichheit in der Gesellschaft entspreche der von Gott erstellten Ordnung.

Besonders aufmerksam verfolgte Pius X. die integralistischen Pressionsversuche gegen die christliche Demokratie und den „sozialen Modernismus". Wie Émile Poulat[9] nachgewiesen hat, stammen zahlreiche dieser Integralisten, etwa Umberto Benigni, wie die Christdemokraten aus der Welt des intransigenten, antiliberalen sozialen Katholizismus; nun bekämpften sich „die feindlichen Brüder" in einem unerbittlichen Kampf[10]. Zwei Episoden sind bezeichnend für dieses Klima am Ende des Pontifikats Pius' X. und für den Angriff Roms auf gewisse Tendenzen des sozialen Katholizismus: Der Brief *Notre charge apostolique* an *Le Sillon* (dt. „die Furche") vom 25. August 1910 und die Enzyklika *Singulari quadam* von 1912 über die interkonfessionellen Gewerkschaften. Das erste, von französischen Bischöfen inspirierte Dokument lobte die „guten Zeiten des *Sillon*, der katholischen Jugendbewegung, „die inmitten der Arbeiterklasse das Banner Jesu Christi hochgehalten hat". Waren die Anhänger des *Sillon* anläßlich ihrer Pilgerfahrt nach Rom nicht von Papst Pius X. und Kardinal Merry del Val empfangen worden? Doch dann, so Pius X. weiter, hatte sich *Le Sillon* in eine gefährliche Richtung bewegt. Die Bewegung begann, für die soziale Demokratie und die Idee der Gleichheit zu plädieren, begab sich auf den Boden der Politik und behauptete, „sich der Leitung der kirchlichen Autorität zu entziehen". Man identifizierte die Botschaft des Christentums mit dem demokratischen Ideal, arbeitete mit Ungläubigen zusammen. Kurz, *Le Sillon* mußte sich die zweifache Anschuldigung des Liberalismus und des sozialen Modernismus gefallen lassen[11]. Das römische Schreiben warf *Le Sillon* immer wieder vor, sich auf politischer und sozialer Ebene von der Lehre Leos XIII. abgesetzt zu haben und mit der Revolution zu paktieren. Das gibt einen Hinweis auf die Härte der Verurteilung. Bekanntlich unterwarfen sich Sangnier und seine Freunde dem päpstlichen Entscheid, indem sie ihre Tätigkeit auf politischer oder sozialer Ebene weiterführten, aber darauf achteten, der Kritik Pius' X., sie würden die *Katholische Aktion* mit sozialer und politischer Aktion gleichsetzen, keinerlei Angriffsfläche mehr zu bieten.

Der „Gewerkschaftsstreit" in Deutschland, nämlich die Opposition zwischen der Linie von Köln, die interkonfessionelle Gewerkschaften mit Katholiken und Protestanten befürwortete, und der Linie von Berlin, die für konfessionelle Gewerkschaften eintrat, bewirkte angesichts der Spaltungen im deutschen Episkopat den Erlaß der päpstlichen Enzyklika *Singulari quadam* vom 24. September 1912[12]. Der Papst, ein Befürworter der Berliner Linie, bekräftigte das Prinzip der konfessionellen Gewerkschaften, räumte aber ein, interkonfessionelle Gewerkschaften seien „angesichts der besonderen Lage der katholischen Kirche in Deutschland" zu dulden. Die Bischöfe wurden aufgerufen, darüber zu wachen,

---

[9] É. POULAT, Intégrisme et catholicisme intégral. Un réseau secret international antimoderniste: la „Sapinière" (1909–1921), Tournai 1969, sowie DERS., Catholicisme, démocratie et socialisme. Le mouvement catholique et Mgr. Benigni de la naissance du socialisme à la victoire du fascisme, Tournai 1977.

[10] P. DROULERS, Politique sociale et intégrisme. Le P. Desbuquois et l'Action populaire. Débuts. Syndicalisme et intégristes, 1903–1918, Paris 1969.

[11] Vgl. dazu J. CARON, Le Sillon et la démocratie chrétienne, 1894–1910, Paris 1967.

[12] Neben allgemeinen Darstellungen vgl. P. DROULERS, Politique sociale et christianisme (1894–1910), Paris 1967. Ebenfalls zu konsultieren sind die Arbeiten von Émile Poulat und W. LOTH, Katholiken im Kaiserreich. Der politische Katholizismus in der Krise des wilhelminischen Deutschlands, Düsseldorf 1984 [Kap. 5: Die Niederlage der „Demokraten"].

daß die Mitgliedschaft von Katholiken in interkonfessionellen Gewerkschaften ihnen keinen „Schaden" zufüge. Die Minderheitssituation der Katholiken im Deutschen Reich, die Pressionen der Zentrumsführer, die Demarchen eines Teils des Episkopats bewirkten, daß sich Pius X. trotz der Kampagne der Integralisten mit interkonfessionellen Gewerkschaften abfand. Die Toleranz der Bischöfe, so die Formel Wilfried Loths, interpretierte die vom Papst vorgesehene sehr restriktive Ausnahme als Anerkennung des *Status quo*. In der Folge ließ Pius X. den Breslauer Kardinal Kopp wissen: „tolerare non è approvare". Hier ist nicht der Ort, sich mit dem Gewerkschaftsstreit zu befassen, der den deutschen Katholizismus vor eine Zerreißprobe stellte, doch gilt es zu ermessen, wie weit sich Pius X. und die Kurie in dieser Frage von der Mehrheit des deutschen Episkopats entfernt hatten.

Rom bemühte sich in anderen kontroversen Fragen, die eigene Lesart der Soziallehre zu bekräftigen. So beglückwünschte etwa Kardinal Merry del Val am 3. Januar 1913 Albert de Mun und das *Œuvre des Cercles* wie folgt:

„Mangelt es an jenem Geist, den Eurem Werk einzuhauchen Ihr verstanden habt, läßt sich dann nicht beispielsweise beobachten, wie der Bereich der Gerechtigkeit mehr als nötig auf Kosten der Mildtätigkeit ausgeweitet wird, wie das Recht auf Eigentum dessen Gebrauch untergeordnet wird [...], wie Rechte und Pflichten dort künstlich geschaffen werden, wo das Naturrecht die Freiheit bekräftigt?"

Dieses Schreiben ist Ausdruck einer Interpretation der Lehre Leos XIII., die sich von derjenigen nicht nur der Christdemokraten, sondern zahlreicher sozialer Katholiken vieler Länder unterscheidet. Die Pressionen von dieser Seite hinderten Pius X. kurz vor seinem Tod daran, seine Warnungen noch zu verstärken. 1914 hatte das römische Lehramt trotz einiger Rückschritte und Interpretationskonflikte die großen Linien einer Lehre im wirtschaftlichen und sozialen Bereich formuliert. Wie Roger Aubert bemerkt, konnte die starke Zurückhaltung Pius' X. gegenüber gewissen Entwicklungen innerhalb des sozialen Katholizismus die Verbreitung der unter Leo XIII. entstandenen Initiativen nicht verhindern – das bezeugt die Geschichte der katholischen Sozialbewegung in den verschiedenen Ländern.

Bibliographie

Nachstehend werden nur allgemeine Werke, nicht aber geographisch begrenzte Studien erwähnt.

G. ANTONAZZI, L'Enciclica *Rerum novarum*: Testo autentico e redazioni preparatorie dei documenti originali, Rom 1957.

A. ANTONAZZI – G. DE ROSA (Hrsgg.), L'Enciclica *Rerum novarum* e il suo tempo, Rom 1991 (mit kritischer Edition des Textes in lateinischer und italienischer Sprache).

R. AUBERT, Le christianisme social, vorgetragen anläßlich des XIII. Kongresses für Geschichtswissenschaften, Moskau 1970.

J.-Y. CALVEZ – J. PERRIN, Église et société économique. L'enseignement social des papes de Léon XIII à Pie XII, Paris 1959.

G. JARLOT, Doctrine pontificale et Histoire. L'enseignement social de Léon XIII, Pie X et Benoît XV vu dans son ambiance historique, Rom 1964.

R. KOTHEN, La pensée et l'Action sociale des catholiques, 1789–1944, Löwen 1945.

J.-M. MAYEUR, Catholicisme social et démocratie chrétienne. Principes romains et expériences françaises, Paris 1986.

P. MISNER, Social Catholicism in Europe from the Onset of Industrialization to the First World War, New York 1991.

J. N. MOODY, Church and Society: Catholic Social and Political Thought and Movements 1789–1950, New York 1953.

É. Poulat, Intégrisme et catholicisme intégral. Un réseau secret international antimoderniste: la „Sapinière" (1909–1921), Tournai 1969 (kritische Publikation mit einer umfassenden Einleitung).

–, Catholicisme, démocratie et socialisme. Le mouvement catholique et Mgr. Benigni de la naissance du socialisme à la victoire du fascisme, Tournai 1977.

M. Turmann, Le développement du catholicisme social depuis l'encyclique *Rerum novarum*. Idées directrices et caractères généraux, Paris ²1909.

VIERTER TEIL

DAS CHRISTENTUM IN EUROPA
VON 1860 BIS ZUM ERSTEN WELTKRIEG

Erstes Kapitel

Frankreich

VON André Encrevé, Jacques Gadille und Jean-Marie Mayeur

I. Die Katholiken

1. Die Kirchenpolitik des Staates vom liberalen Kaiserreich bis zur laizistisch geprägten Republik

Vorbereitet durch die personellen Veränderungen an der Spitze der Regierung Ende 1859, formulierte das auf Anregung François Eugène Hamilles im April 1860 von Gustave Rouland verfaßte Memorandum die zukünftige staatliche Linie im Umgang mit der französischen Kirche und ihrer Opposition gegen die Rom-Politik der Regierung. Das Memorandum empfahl eine Einschränkung der Befugnisse der Kongregationen, den Ausbau des staatlichen Primarschulsystems, eine Kontrolle der aus Rom stammenden Schreiben sowie besondere Aufmerksamkeit bei den Bischofsernennungen. Die Bezüge des niederen Klerus sollten dagegen angehoben werden, um sich diesen (im Gegensatz zu den Bischöfen) geneigt zu machen. Die ultramontane Presse schließlich sollte einen Maulkorb erhalten, die Verbände männlicher Laien streng überwacht werden[1].

Dieses Programm wurde in fast allen Punkten befolgt. Seine erste Umsetzung im Persigny-Runderlaß vom 16. Oktober 1861 schaltete die Vinzenzkonferenzen aus, deren Anzahl um wenigstens 400 zurückging[2]. Das Blatt *L'Univers* durfte zwischen 1860 und 1867 nicht erscheinen. Dagegen erlebte die antikirchliche Presse einen großen Aufschwung, die Wellen der Feindschaft gegenüber der Kirche verstärkten sich noch – wie z. B. der Erfolg der Komödie *Le Fils de Giboyer* von Emile Augier im Jahre 1862 zeigte[3]. Jean Maurain hat die besonderen Maßnahmen, die von 1860 an ergriffen wurden, um die Ausbreitung der Kongregationen zu verhindern und ihre finanziellen Ressourcen zu beschneiden, detailliert aufgeführt: Sechs Minister berieten in einer Untersuchungskommission, die diese Überwachung definieren sollte[4]. Zugleich wurden auf der Grundlage des alten Verbotes, an eine geistliche Gerichtsbarkeit zu appellieren *(Appel comme d'abus)*, administrative

---

Zu Kurztiteln vgl. die jeweilige Erstnennung bzw. die Bibliographie am Ende dieses Kapitels.

[1] J. Maurain, La Politique ecclésiastique du Second Empire de 1852 à 1869, Paris 1930, 446f.

[2] Ebd. 489. Vgl. ebd. 120 (Anm.): Im Jahre 1861 waren es noch 1549 Konferenzen gewesen. Hamille sprach von einer „riesigen Organisation".

[3] P. Pierrard, Louis Veuillot et la polémique cléricale autour de la comédie d'Emile Augier, Le Fils de Giboyer (1862–1863), in: J.-D. Durand – R. Ladous (Hrsg.), Histoire religieuse. Histoire globale, histoire ouverte. Mélanges offerts à J. Gadille, Paris 1992, 481–486.

[4] Maurain, La Politique (s. Anm. 1) 463–475.

und strafrechtliche Sanktionen abgestimmt, um die mehr oder weniger verhüllten Stellungnahmen des Klerus gegen Napoleon III. und seine Italienpolitik zu unterbinden. Der Bischof von Poitiers, der in einem Hirtenbrief vom 22. Februar 1861 das „Modell" vorgegeben hatte, indem er den Kaiser mit Pilatus verglich, wurde von der Verwaltung regelrecht unter Quarantäne gestellt, ganz in der Art des Verfahrens, das 1857 gegen den Bischof von Moulins in Gang gesetzt worden war. Die Praxis, ihre Bezüge auszusetzen, wurde gegenüber einigen Priestern des Bistums Poitiers wiederaufgenommen, und in den Gegenden, wo der Klerus eine feindselige Haltung gegenüber der Regierung eingenommen hatte, wurden Rechtsverstöße wie auch verbale Übertretungen seiner Angehörigen vor die zivilen Gerichtsinstanzen gebracht[5]. Die Tendenz der Bischofsernennungen, die bereits unter Rouland deutlich geworden war, trat unter Pierre Jules Baroche (1802–1870) noch stärker zutage: Nachweislich waren die meisten Prälaten, die auf dem Konzil nicht opportunistisch auftraten, seit 1859 ernannt worden. Bereits am 24. Juni 1865 konnte der Erzbischof von Tours mit Unterstützung von drei Mitbischöfen den Vorschlag machen, auf der Tagesordnung des bevorstehenden Konzils solle auch das Ernennungsrecht stehen, das der weltlichen Macht in Frankreich durch das Konkordat gewährt worden war[6]. Baroche, der dem Staat öffentlich das Recht vorbehalten hatte, das Konkordat von 1801 aufzukündigen, falls die Kirchenstrukturen sich zu stark änderten, griff schließlich auch in die Verbindungen mit Rom ein: Er untersagte im Januar 1865 die Veröffentlichung der Enzyklika *Quanta Cura* und des *Syllabus* und verwies den Fall der beiden Prälaten, die dagegen verstoßen hatten – der Bischof von Moulins sowie der Erzbischof von Besançon – an ein weltliches Gericht[7].

Man stand am Vorabend des Abkommens, das am 15. September 1864 zwischen Frankreich und Italien „ohne Kenntnis des Heiligen Stuhls" geschlossen wurde und das den französischen Truppen eine Frist von drei Jahren für den Abzug aus Rom einräumte. 1865 war auch das Jahr, in dem der Konflikt zwischen Pius IX. und dem Erzbischof von Paris über die Exemptionen der Ordensleute seinen Höhepunkt erreichte[8]. Im Jahre 1868 hatte Baroche in seiner Rede vom 20. April vor der gesetzgebenden Versammlung jedoch die Position des Papstes in dieser Angelegenheit wie auch bezüglich des Ausschlusses aller Repräsentanten der Staatsgewalt vom bevorstehenden Konzil in der Einberufungsbulle kritisiert. Er bekräftigte, diese Tendenzen wiesen seiner Ansicht nach sehr stark in die Richtung einer Trennung von Kirche und Staat. Nun aber stelle er die Frage, „für wen diese Trennung wohl gefährlicher und verhängnisvoller ist, für die Kirche oder für den Staat"[9]. Wie sich zeigte, deuteten all diese Anzeichen eines neu erwachenden Gallikanismus im Klerus der Hauptstadt und in Regierungskreisen in die Richtung der von der Regierung geförderten Veröffentlichung des umfangreichen zweibändigen Werkes *Les Conciles généraux dans l'Eglise* im Sommer 1869[10]. Die große Mehrheit der Bischöfe, darunter auch die „liberalen", setzten diesen Gallikanismus jedoch in dem Maße stärker mit der Unterwerfung unter eine weltliche Macht gleich, als deren Politik zugunsten der Vereinigung Italiens zur Nach-

---

[5] J. Lafon, Les Prêtres, les Fidèles et l'Etat, Paris 1987, 183–187. 234–238. Zum Runderlaß von Delangle vom 8. April 1861 vgl. Maurain, La Politique 500f.

[6] Maurain, La Politique 804.

[7] Lafon, Les Prêtres (s. Anm. 5) 178–183.

[8] Vgl. den Brief Pius' IX. an Monsignore Darboy vom 26. Oktober 1865.

[9] Maurain, La politique 886.

[10] R. Aubert, Le Pontificat de Pie IX, Paris 1954, 319.

sicht gegenüber antikirchlichen Äußerungen bis zu Angehörigen der Kaiserfamilie tendierte[11]. Dieser Mißkredit des politischen Gallikanismus mußte die Überbleibsel des Gallikanismus auf seiten der Bischöfe, die mit ihm sympatisierten, auflösen, die im niederen Klerus sehr starken ultramontanen Strömungen freisetzen sowie seine kritische Haltung gegenüber dem Konkordat verschärfen.

Diese Entwicklung verstärkte sich in dem Maße, in dem Napoleon III. seine Italienpolitik revidieren mußte und in dem die Opposition der Liberalen, der Republikaner und der Arbeiterschaft wuchs. Thouvenels Abgang im Jahre 1862 beendete die krisenhafte Situation. Das Anwachsen der Opposition anläßlich der Diskussion der *Adresse* und nach den Wahlen von 1863 zeigte sich sowohl im Erwachen der *Partei der Ordnung* wie in der Zunahme der politischen Konflikte zwischen Priestern und Lehrern der Primarschulen. Der zunehmenden Schwäche des Regimes nach 1865 entsprach die Konsolidierung der konservativen Kräfte im Innern. Der Umsetzung des September-Abkommens und Garibaldis Angriff auf den Kirchenstaat folgte ein erneutes Eingreifen des Kaisers zu dessen Verteidigung. Nachweislich war es kein Zufall, daß die Schlacht von Mentana im November 1867 und Dupanloups Offensive gegen Victor Duruy sowie sein Programm einer speziellen Mädchenbildung zeitlich zusammenfielen[12]. Napoleons III. Engagement zur Verteidigung der Kirche schien geeignet, erneut den Kampf gegen das Monopol der Universitäten aufzunehmen. In unmittelbarer Konsequenz aus dem zweiten Erfolg der Opposition bei den Wahlen vom Mai 1869 wurden beide, Baroche und Duruy, entlassen. Insbesondere sanktionierte dieser Erfolg eine allmähliche Rückkehr zur politischen Situation des Jahres 1849: „auf der einen Seite die Republikaner und auf der anderen die vom Klerus unterstützte Partei der Ordnung"[13]. Sechs der acht Ministerposten im Kabinett vom 2. Januar 1870 waren mit Katholiken besetzt, darunter auch der Posten des Außenministers, den während der Zeit der Konzilsberatungen Graf Napoléon Daru bekleidete. Bezüglich der Kirchenpolitik plante Emile Ollivier als Jurist und Liberaler, mit der Politik der überwachten Freiheit zu brechen, die während der längsten Zeit des Kaiserreiches den Kirchen gegenüber praktiziert worden war. Er wollte diese als eigenständige Rechtspersonen respektieren, und da er den Gallikanismus als unzeitgemäß betrachtete, stellte er die Tendenz zur Zentralisierung und zur Autonomie, wie sie die ultramontanen Strömungen den weltlichen Gewalten gegenüber forderten, als eine Tatsache hin. In diesem Sinn hatte er 1868 bei der gesetzgebenden Körperschaft interveniert, als er sich im Blick auf die offizielle Frage der Repräsentation auf dem Konzil von Baroche getrennt hatte[14]. Seine über jeden „Verdacht" bezüglich des Kirchenrechts erhabene Politik der Nichteinmischung sollte sich in den Monaten Februar und März des Jahres 1870 gegen die Pressionen durchsetzen, die sein Außenminister auf Anraten einflußreicher Angehöriger der Minderheit hinsichtlich eines offiziellen Protestes zum Schema *De Ecclesia* ausübte und die begleitet waren von der Drohung, das Konkordat aufzukündigen[15]. Wie er glaubte, hätte jegliche Einmischung die Regierung, die durch ihre in Rom anwesenden Truppen die Freiheit der Konzilsberatungen

---

[11] Dies bezog sich auf Fürst Jérôme und seinen Kreis und auf den Salon der Fürstin Mathilde.

[12] F. MAYEUR, Les évêques français et Victor Duruy: les cours secondaires de jeunes filles, in: RHEF (1971) 267–304.

[13] J. MAURAIN, La Politique 936.

[14] E. OLLIVIER, L'Eglise et l'Etat au concile du Vatican, Bd. 1, Paris ²1877, 387–402, sowie J. GADILLE, Emile Ollivier et l'Eglise catholique, in: A. TROISIER DE DIAZ (Hrsg.), Regards sur Emile Ollivier, Paris 1985, 283–306.

[15] J. GADILLE, Albert du Boÿs, Löwen 1968.

schützte, in eine unhaltbare Situation gebracht. Um dies zu vermeiden, übernahm er nach Darus Rücktritt in der Frage des nächsten Plebiszits selbst das Ressort des Außenministers. Bei alledem machte er jedoch kein Hehl daraus, daß er persönlich lieber eine konziliantere Entwicklung der Kirchen hinsichtlich der Freiheiten der Moderne gesehen hätte. In diesem Sinne bat er François Guizot, den Vorsitz in einer außerparlamentarischen Kommission zur Vorbereitung eines Gesetzes über die Freiheit der höheren Bildung zu übernehmen. Sie sollte an die Arbeiten jener Kommission anknüpfen, die 1849 zum selben Thema dem Grafen Louis-Mathieu Molé übertragen worden war. [16] Um ihren Präsidenten waren Berühmtheiten aus der geistigen und geistlichen Welt versammelt – wie Lucien Anatole Prévost-Paradol und Albert de Broglie, der Oratorianer Adolphe Louis Albert Perraud und der Dominikaner Eugène Captier. Zwar wurden die Verhandlungen der Kommission durch die Frage der Verleihung der akademischen Grade aufgehalten. Doch ihre Empfehlungen und der Geist, der sie geprägt hatte, wurden bereits im Juli 1871 von Graf Jaubert und später von Laboulaye im Rahmen einer von der Nationalversammlung gebildeten ähnlichen Kommission wieder aufgegriffen.

Tatsächlich frappiert die große Kontinuität, die sich trotz der Zäsur durch die Niederlage der Pariser Commune und trotz des Sieges der Monarchisten bei den Wahlen vom Februar 1871 zwischen der letzten Phase des Kaiserreiches und den fünf Jahren des Übergangsregimes der Nationalversammlung erkennen läßt. Die enttäuschten Hoffnungen auf eine rasche Wiedererrichtung der Monarchie und die bei jeder Teilwahl andauernden Erfolge der Republikaner veranlaßten die Abgeordneten der Katholiken in der Nationalversammlung – Dupanloup, Broglie und Charles Chesnelong genossen höchste Reputation –, sich vorrangig auf die Verabschiedung der Organischen Gesetze zu konzentrieren, die einen Schutz für die Zukunft darstellen sollten. Denn man war sich bewußt, wie unsicher die im Februar 1871 gewählte Mehrheit war [17]. Adolphe Thiers und Jules Simon unterstützten (im Wissen um die Erschütterungen „des Schreckensjahres") diese Politik, obgleich sich die Pläne Simons für eine kostenfreie obligatorische Primarschule mit den gegnerischen Petitionskampagnen stoßen mußten, die bereits einen Vorgeschmack auf die Auseinandersetzungen Anfang der 80er Jahre gaben. So scheiterte er schließlich an der erklärten Opposition des Bischofs von Orléans.

Dennoch gelang es den Konservativen nicht, ein Organisches Gesetz bezüglich der Primarschule durchzubringen, das die völlige Freiheit gegenüber dem Staat und stattdessen die Aufsicht durch die Bischöfe festgeschrieben hätte. Die Kampagnen der *Unterrichtsliga zur Verteidigung des öffentlichen Schulwesens* fanden ein zu großes Echo bei den Départementsvertretungen, sogar in stark christlich geprägten Gebieten wie der Franche-Comté [18]. Von da an beließ man es beim Kompromiß des Gesetzes von Falloux, dessen Vorgaben bezüglich der Zusammensetzung des Volksbildungsrates das Gesetz vom 26. März 1873 bekräftigte. Die große Errungenschaft im Bildungsbereich war dann das am 12. Juli 1875 verabschiedete Gesetz zur Einrichtung der katholischen Universitäten. Auch dieses Gesetz war eine Frucht des Kompromisses zwischen einem Vorschlag der katholischen

---

[16] Im Mai 1868 war ein erster durch Girauds Petition unterstützter Antrag beim Senat abgelehnt worden (vgl. MAURAIN, La Politique, 850–864).

[17] J. GADILLE, La Pensée et l'action politique des évêques français au début de la IIIe République, Bd. 1, Paris 1967, 302–305.

[18] Ebd. 338f.

Mit der Gründung des Deutschen Kaiserreiches, auf dessen Entstehung vor allem
der preußische Kanzler Otto von Bismarck (1815–1898) zielstrebig hingear-
beitet hatte – unser Bild unten zeigt Anton
von Werners Gemälde, auf dem Großherzog Friedrich I. von Baden am 18. Januar
1871 im Spiegelsaal von Versailles das
Hoch auf Kaiser Wilhelm ausbringt –,
ergeben sich für die Katholiken in
Deutschland schon bald erhebliche Probleme. Denn im „Kulturkampf" suchte
der preußische Staat von 1871–1878 die
vermeintlich staatsbedrohende Macht der
Kirche, des Papstes und der Zentrumspartei durch verschiedene Gesetze, Ordens-
verbote sowie die Sperrung von Zuschüs-
sen zu brechen. – Einer der Hauptvertreter
der Kirche in diesem Kulturkampf war
der Mainzer Bischof Wilhelm Emanuel
von Ketteler (1811–1877). Er gilt auch als
Initiator der katholischen Sozialbewegung, deren Gedanken durch die Sozial-
Enzyklika *Rerum novarum* Leos XIII.
1891 voll bestätigt wurden.

Die Feiern zur Vollendung des Kölner Doms 1880, an denen
auch Kaiser Wilhelm I. teilnahm, waren weniger kirchlich
orientiert, eher eine Demonstration der aus romantischem
Geist und deutscher Mittelalterverehrung erreichten Vollendung (seit 1840) dieses größten gotischen Bauwerks in
Deutschland.

Während der Kölner Dom in Formen der mittelalterlichen
Gotik vollendet wurde, ist der Bau der Kirche „La sagrada
familia" in Barcelona, den Antonio Gaudi von 1883–1926
errichtete (unvollendet), ein Denkmal moderner Kirchen-
baukunst, die zwar auf der Sakralbaukunst der Gotik fußt,
diese aber sehr originell umformte.

Komitees – eingebracht von Chesnelong – und den Verfechtern des Monopols der staatlichen Universitäten, die jegliche Konkurrenz ablehnten. Dupanloup näherte sich dem linken Zentrum an, jenen gemäßigten Republikanern, die durch den Vorsitzenden der Kommission, Laboulaye, repräsentiert waren. Vor der Abstimmung rückte Laboulaye das zukünftige Gesetz in die Perspektive einer „offenen Republik", in der die Konkurrenz und der Wettstreit zwischen den verschiedenen Denkrichtungen und wissenschaftlichen Instituten oder Fakultäten gefördert werden sollten, so daß sie sich gegenseitig inspirierten. Die heikle Frage der Verleihung akademischer Grade wurde durch die Einsetzung gemischter Prüfungsausschüsse gelöst[19].

Dasselbe Bemühen um die Beteiligung der katholischen Kirche an den bedeutenden gesellschaftlichen Institutionen im Sinne einer „religiösen und sozialen Verteidigung" prägte die Wiederherstellung der 1830 abgeschafften Institution von Militärgeistlichen und ihrer Hierarchie[20]. Im Mai 1873 wurde ebenso die Beteiligung verschiedener Vertreter des Klerus an den Kommissionen des Krankenhauswesens ins Auge gefaßt. Schließlich verfügte das Innenministerium 1874 auch wieder die Kontrolle des Pressewesens, zu deren Gegenstand das Blatt *L'Univers* ebenso wurde wie die republikanischen Tageszeitungen[21]. Die ziemlich knappe Abstimmung zur Anerkennung der Gemeinnützigkeit für die Basilika *Sacré-Cœur* am 24. Juli 1873 machte allerdings die Grenzen deutlich, die einer Erfüllung der Wünsche der Katholiken durch die Nationalversammlung gezogen waren[22].

Eine derartige Gesetzgebung „sittlicher Art", die nur akzeptiert werden konnte, wenn sie nicht als auf den „Rechten" der Kirche basierend erschien, rief unverzüglich äußerst lebhafte Kritik bei der „leichten Kavallerie" hervor, d. h. bei den intransigenten Katholiken. Daher ging es gegen sie ebenso wie gegen die Radikalen, wenn sich die liberalen Katholiken aus der Denkrichtung des *Correspondant* nun dem linken Zentrum annäherten, um das System der siebenjährigen Regierungsamtszeit aufzustellen. Das linke Zentrum seinerseits gestaltete die Regierungsform der Republik mit zwei Kammern; entsprechend wurden die Gesetze zur Organisation der öffentlichen Gewalten im ersten Halbjahr 1875 gestaltet[23].

Drei Jahre noch schützten dieselbe Strategie und dieselbe parlamentarische Koalition, diesmal im Senat, die Gesetzgebung der Nationalversammlung vor der Flut der Anträge, die der neuen Mehrheit in der Abgeordnetenkammer von Sitzungsbeginn an gestellt wurden, so William Henry Waddingtons Projekt vom 23. März 1876 zur Abschaffung der gemischten Prüfungsausschüsse und zur Umgestaltung des Obersten Volksbildungsrates, der Antrag von Lacretelle (unterstützt von Jules Ferry) zur kostenfreien, obligatorischen und laizistischen Primarschule und schließlich eine ganze Reihe von Maßnahmen, die der einige Zeit zuvor verabschiedeten Gesetzgebung widersprachen und den Einfluß der Kirche auf die Gesellschaft eingrenzen sollten – und zwar in der Perspektive der Trennung von Kirche und Staat[24]. Der erste Antrag wurde im folgenden Juli mit sehr knapper Mehrheit

---

[19] Ebd. 345.
[20] Die vom Staat ernannten Militärgeistlichen sollten dem Diözesanbischof des Garnisonsstandortes unterstellt sein.
[21] Ebd. 271 f. und 347.
[22] Mit 382 von 680 Stimmen, also einer Mehrheit von 56 Prozent (vgl. J. BENOIST, Le Sacré-Cœur I, Paris 1992, 292).
[23] GADILLE, La Pensée I (s. Anm. 17) 294–320.
[24] Antrag Boysetts vom 24. November 1876. Vgl. ebd. II 36.

Die Basilika *Sacré-Cœur* auf dem Montmartre in Paris wurde ab 1873 in romanisch-byzantinischem Stil erbaut. Die Verehrung des Herzens Jesu, dem die Kirche geweiht ist, geht zurück auf die Visionen der Ordensfrau Marguerite-Marie Alacoque (1647–1690) in Paray-le-Monial, die 1864 selig-, 1920 heiliggesprochen wurde. Unter Pius IX. wurde das Herz-Jesu-Fest 1856 allgemein eingeführt.

im Senat abgelehnt[25]. Immer häufiger griff man auf die Vorrechte des Präsidenten zurück, um den Angriffen der Mehrheit ein rasches Ende zu machen, insbesondere in den Kolumnen des von Dupanloup protegierten Blattes *La Défense religieuse et sociale*[26]. Obwohl sie im Parlament über die Mehrheit der Abgeordneten verfügte, wurde Jules Simons Regierung am 16. Mai 1877 entlassen, weil sie sich bezüglich der Pressefreiheit dieser Mehrheit angeschlossen hatte. Zum offenen Ausbruch der Krise war es jedoch über die Römische Frage gekommen – ein Thema, das sich die liberalen Katholiken nicht ausgesucht hatten[27]. Sogar die Bischöfe sahen ein, daß die Kirche keine Mehrheit im Parlament zu ihrer Verteidigung finden würde. Die Wahlniederlage, die daraus im Oktober 1877 folgte, verhärtete nur noch die Überzeugung der Republikaner von der Größe der Bedrohung, die der „Klerikalismus" für die erst kurze Zeit bestehenden Institutionen darstelle. Das Jahr 1878, das Todesjahr Bischof Dupanloups, stand ganz im Zeichen der Auseinandersetzungen über das Schulwesen und über das Erbe der Französischen Revolution – Vorspiel zu der großen antikirchlichen Offensive, die mit dem Entstehen einer neuen Senatsmehrheit und der Ablösung Marschall Mac Mahons durch Jules Grévy als Staatspräsident freien Lauf erhalten sollte.

In diesem Kontext wird die Kontinuität der Politik der folgenden Regierungen bezüglich des wachsenden Einflusses und der immer stärker werdenden katholischen Interessen (bis 1878 und auch noch danach) deutlich an der Tätigkeit der mächtigen und quasi auto-

---

[25] Mit 144 gegen 139 Stimmen.
[26] GADILLE, La Pensée II 53 f.
[27] Mgr. Dupanloup et les Problèmes politiques de son temps, vgl. L. GIRARD, Dupanloup parlementaire et les débuts de la IIIe République, Orléans 1980, 109–123.

nomen obersten Kultusbehörde[28]. Diese handelte als eine Art Schiedsgericht, juristisch abgestützt durch die Sektionen des Staatsrats und geführt von den einzelnen Abteilungsleitern Tardif und Emile Léopold Flourens, der den Titel eines leitenden Direktors trug. Flourens (1841–1920) unterhielt im übrigen vertrauliche Kontakte zu den einflußreichsten Angehörigen des Episkopats, sogar zu dessen ultramontanem Flügel, speziell Louis Pie und Bourret. In der Folge (von der Regierung Jules Simon bis zur Regierung Dufaure) bestärkten die Minister diese Verwaltung noch darin, sich der Übertreibungen der „Neo-Ultramontanisten" wie auch der republikanischen Mehrheit zu enthalten.

Abweichend von der Regierungsform des Belagerungszustandes war den religiösen Organisationen Vereins- und Versammlungsfreiheit gewährt worden – für katholische Arbeiterzirkel, katholische Komitees und die Union der Werke für die Arbeiterschaft – allerdings unter der Bedingung, daß sie sich weder auf nationaler Ebene zusammenschlossen noch in politische Fragen einmischten[29]. Zwischen 1876 und 1878 war die Überwachung dieser Vereinigungen zwar durch den Druck der Parlamentsmehrheit verschärft worden, die eine Untersuchung der religiösen Kongregationen verlangte[30]. Man war jedoch wieder zur Praxis der Vorabkonsultation zurückgekehrt, und die Verbindungen mit der Nuntiatur waren höflich, wenn auch die Regierung ihre Vorrechte hinsichtlich der Bischofsernennungen aufrecht erhielt. 1874 verbesserte sich der Kontakt sogar noch mit der Ablösung des Nuntius Flavio Chigi durch Kardinal P. Meglia, der der Schule von dessen Vorgänger Antonio Garibaldi entstammte. Bei seiner Einsetzung gab Leo XIII. Meglia sogar die Anweisung, sich zum Nutzen der Bischöfe bei seinen Interventionen einzuschränken. Vor allem aber beschloß er im Juli 1879, Wladimir Czachi zum Nuntius in Paris zu machen. Dieser Nachkomme einer alten polnischen Familie nahm Domenico Ferrata mit, seinen späteren Nachfolger als Nuntius. Czachi, früherer Sekretär der Studienkongregation und später der Kongregation für außerordentliche kirchliche Angelegenheiten, in der ihm Kardinal Mariano Rampolla nachfolgte, war eine starke Persönlichkeit und verfügte über enge Kontakte zu den Staatssekretären, namentlich zu Kardinal Jacobini, der im Dezember 1880 diesen Posten erhalten hatte[31].

Sein Verhandlungsgeschick und seine Arbeitsleistung machten Czachi zum geeigneten Mann für das Werk einer Gesetzgebung zur „Verteidigung der Republik", die in Wiederaufnahme der Projekte von 1876 dem laizistischen Schulwesen unter Ausschluß der nicht anerkannten religiösen Kongregationen die Priorität gab. Der Papst hatte ihm vorgeschrieben, seine Kontakte mit den Regierungsverantwortlichen auszubauen, aber auf Abstand zu den politischen Gruppen zu bleiben, „um jeden Bruch zu vermeiden, dergestalt, daß wenn es zum Bruch kommen sollte, dies sofort auf diejenigen zurückfallen muß, die den Anlaß dazu gegeben haben [...]"[32]. Die Erfordernisse der Außenpolitik, die diplomatische Isolation Frankreichs und die Verstärkung der Tripelallianz ließen diesen Willen zur Konfliktvermeidung für beide Seiten angeraten sein. Sie führten zu dem, was man als „Prärallement" bezeichnet hat. Erzbischof Lavigerie von Algier übernahm 1880 die Rolle des

---

[28] Das Budget dieser Behörde war größer als das des Justizministeriums, das ihr nachgeordnet war. Vgl. J. M. Leniaud, L'Administration des cultes pendant la période concordataire, Paris 1988.

[29] Gadille, La Pensée I (s. Anm. 17) 291.

[30] Vgl. den Bericht von Guichard vom 27. November 1876, ebd. II 37–39.

[31] Y. Marchasson, La Diplomatie romaine et la République française à la recherche d'une conciliation (1879–1880), Paris 1974, 71–77.

[32] Ebd. 75 f.

aktiven Vermittlers, um im Sinne einer Konfliktvermeidung vorzuschlagen, wie die Umsetzung der Dekrete zur Ausweisung der Kongregationen pariert werden sollte: durch eine
Loyalitätserklärung der Kongregationen an die Adresse der staatlichen Institutionen. Angesichts dieses Engagements hatten sich der protestantische Ministerpräsident Charles de
Freycinet und sein Innenminister Ernest Constans nach der Ausweisung der Jesuiten mit
einem Aufschub für die übrigen Kongregationen einverstanden erklärt. Bischof Charles-
Emile Freppel von Angers jedoch, der soeben zum Abgeordneten für das Département Finistère gewählt worden war, widersetzte sich der Loyalitätserklärung, deren Wortlaut die
von François Alexandre de La Bouillerie, dem Koadjutor von Bordeaux, abhängige Zeitung *La Guïenne* veröffentlicht hatte. Diese Bekanntmachung zog den Sturz des Ministers
sowie die zweite Phase der Umsetzung der Dekrete vom 30. März 1880 nach sich[33].

Der Vorfall war bezeichnend für den Widerstand, den die neue Politik des Papstes hervorrief. Dieser Widerstand gewann Gestalt in der systematischen und mutigen Opposition, die der Bischof von Angers auf der Tribüne des Abgeordnetenhauses ein Jahrzehnt
hindurch bis zu seinem Tode 1891 leistete. In seinen Augen realisierte die antikirchliche
Gesetzgebung innerhalb der Gesellschaft de facto eine Trennung von Kirche und Staat,
der unweigerlich auch eine Trennung de iure folgen würde[34]. Die Verfolgung einer Be-
schwichtigungspolitik erforderte also doppelte Standfestigkeit. Diese zeigte sich drei
Jahre später, als die Krise mit der Anwendung des Gesetzes vom 28. März 1882 über die
obligatorische und laizistische Primarschule einen zweiten kritischen Punkt erreichte. Die
Opposition der Bischöfe richtete sich nicht gegen das Gesetz an sich, sondern gegen die
Lehrbücher zur Staatsbürgerkunde, und so forderten sie, einige dieser Bücher, die indiziert worden waren, zurückzuziehen. Die Hirtenbriefe von fünf Bischöfen waren vor
den Staatsrat gebracht und ihre Verfasser mit einer Aussetzung ihrer Bezüge bestraft worden; ebenso die etwa zweitausend Priester, die ihr Veto gegen die Schulen eingelegt hatten[35].

Erneut wurde Lavigerie vom Papst mit einer Vermittlungsmission bei der Regierung
und mit der Aushandlung eines Kompromisses betraut, nämlich der Aufhebung der Sanktionen gegen die inkriminierten Lehrbücher, sobald diese korrigiert wären. Ferrys Brief an
die Lehrerschaft der Primarschulen, der den Laizismus im Sinne einer „Neutralität" verstand, die das Gewissen der Kinder respektierte (17. November 1883), war die eine Seite
dieses Kompromisses. Die andere war das Protestschreiben Leos XIII. an Jules Grévy vom
12. Mai des vorausgegangenen Jahres: Unnachgiebig in der Anprangerung der Laizisie-
rungsmaßnahmen (Kampf gegen die Orden, laizistische Ausrichtung des Schulwesens,
Gesetzesvorhaben zur Ehescheidung, Aufhebung der Freistellung der Kleriker vom Militärdienst, Gesetzesvorhaben zur Aufhebung des Konkordats etc.), blieb das Schreiben in
seiner vertraulichen Form doch bewußt moderat[36]. Jules Grévy antwortete: „In diesem ver-

[33] GADILLE, La Pensée II 167.
[34] Ebd. 233. Vgl. auch B. PLONGERON (Hrsg.), Catholiques entre monarchie et république. Mgr. Freppel en son
temps 1792 – 1892 – 1992. Actes du colloque national de l'Université Catholique de l'Ouest Angers 23–25 septembre 1992, Paris 1994.
[35] B. BASDEVANT-GAUDEMET, Le Jeu concordataire dans la France du XIXᵉ siècle, Paris 1988; DIES., Ecole publique, école privée. L'Episcopat devant le Conseil d'Etat en 1883, in: RHEF 74 (1988) 245–259.
[36] Die Position, die Ferry in seinem Brief vom 17. November an die Lehrerschaft der Primarschulen bezogen hatte,
wurde im Vatikan kritisiert. Vgl. F. RENAULT, Aux origines du Ralliement. Léon XIII et Lavigerie (1880–1890),
in: RH (1990–1992) 395 f.

hängnisvollen Konflikt widerstreitender Leidenschaften vermag ich leider nur sehr wenig gegen die Feinde der Kirche auszurichten. Eure Heiligkeit vermag dagegen viel gegen die Feinde der Republik auszurichten." Die Enzyklika *Nobilissima Gallorum Gens* vom 8. Februar 1884 griff dieses Schreiben zugleich im Sinne des Einspruchs und im Ton herzlichen Vertrauens auf, das sie hinsichtlich der französischen Nation zum Ausdruck brachte. Nochmals intervenierte der Erzbischof von Algier und verhinderte, daß die Antwort des Episkopats in Form eines gemeinsamen Briefes verfaßt wurde, wodurch sich die Bischöfe einem Wiederaufflammen der Polemik ausgesetzt hätten. Der Heilige Stuhl hatte bereits eine Position der Annäherung bezogen und empfohlen, die Antworten nach den einzelnen Kirchenprovinzen aufzuteilen.

Derselbe Wunsch nach Übereinkunft zwischen Staat und Kirche ist auch für die übrigen Streitpunkte spürbar: Hinsichtlich der Bischofsernennungen wurde das Verfahren der vorherigen Absprache beibehalten[37]. Die Strategie der Regierung bestand in der Bestallung „gemäßigter" Prälaten in denjenigen Diözesen, in denen der legitimistische Flügel der Ultramontanen die größte Aktivität entfaltete – Guilbert in Amiens und später in Bordeaux, Meignan in Arras und danach in Tours und Bellot des Minières in Poitiers, wo Leo XIII. die Autorität des Nachfolgers von Kardinal Pie angesichts der Intrigen der ortsansässigen Legitimisten stützte. In der Haushaltsdebatte übte die Regierung Druck auf die Parlamentsmehrheit aus, damit in den Jahren 1882 und 1885 die Reduzierung der Kredite für mehrere Diözesen zurückgenommen wurde, speziell für die Diözese Algier[38]. Jacobini schließlich beteiligte sich an einer Wiederaufnahme der Verhandlungen über die kirchenrechtliche Einrichtung von staatlichen theologischen Fakultäten. Die Verhandlungen scheiterten aufgrund der insbesondere von den Erzbischöfen von Paris und Lyon geäußerten Befürchtungen, diese Fakultäten könnten die Funktion haben, die kirchlichen Studien und die Nominierungen zu den wichtigsten Ämtern staatlicherseits zu kontrollieren[39].

Der Wunsch nach Verständigung erscheint somit als eine nur schwache Stütze für die Aufrechterhaltung eines immer rissiger werdenden konkordatären Systems. Es gab nicht weniger als fünf Versuche zu seiner Abschaffung, die seit 1879 der Abgeordnetenkammer vorgelegt wurden, und dies rechtfertigte die Schaffung einer Kommission unter dem Vorsitz von Paul Bert, deren Beratungen von März 1882 bis Mai 1883 stattfanden. Bert folgte zwar schließlich in seinen Folgerungen der Einschätzung der Regierung und von Flourens, eine Trennung von Staat und Kirche wäre „katastrophal"[40]; er ließ sich dabei aber im wesentlichen von Opportunitätserwägungen leiten: der Furcht vor der Unzufriedenheit der bäuerlichen Bevölkerung, die dann zum Unterhalt der Priester beizutragen verpflichtet wäre, der Aufhebung jeder staatlichen Kontrolle über die Kirche etc. Die katholischen Mitglieder der Konkordatskommission hatten vorausgesagt, in politischer Hinsicht sei die Trennung von Staat und Kirche unvermeidlich, wenn es nicht gelinge, wieder zum „Geist der religiösen Befriedung" zurückzufinden, der im Gegensatz zur Zivilkonstitution des Klerus beim Konkordat von 1801 Pate gestanden hatte[41].

---

[37] J.-O. BOUDON, L'épiscopat français de l'époque concordataire (1802–1905). Origines, formation, désignation, Diss. masch., Paris 1991, 396 zufolge waren zwei Drittel der zwischen 1879 und 1883 ernannten Bischöfe Anhänger der Republik.
[38] F. RENAULT, Lavigerie, Paris 1992, 407f.
[39] J. GADILLE, La Pensée II (s. Anm. 17) 134–136.
[40] Ebd. 121.
[41] „Die in Frankreich praktizierte Politik wird sich in Richtung einer Verfolgung weiterentwickeln und einen

2. Vitalität des religiösen Lebens am Ende des Jahrhunderts

Den Anhängern des konkordatären Systems erschien sein Zerbrechen in juristischer Hinsicht wie eine Ehescheidung von Kirche und Gesellschaft, eine Scheidung, die Anfang der 60er Jahre ausgesprochen worden war und sich, begünstigt durch die „Liberalisierung" des Kaiserreiches und die Romkrise, noch verschärft hatte. Eine Bestandsaufnahme dieser Scheidung wurde auf der untersten Ebene – der Pfarrgemeinde – vorgenommen. Sie wurde fast überall als das Ende der geistlichen und kommunalen Gemeinsamkeit als der Quelle eines bis dahin vorherrschenden religiösen Konformismus erlebt. Philippe Bouty, der diese Diagnose für die Landstriche des Département Ain gestellt hat, greift mit seiner Analyse weiter aus, wenn er sie in verallgemeinernder Form mit Renans Beobachtung von 1883 in Zusammenhang bringt: „In unserer Zeit endet ein bestimmter Stand der Dinge, und wir dürfen uns nicht wundern, daß dies einige Erschütterungen mit sich bringt. Es gibt keine gläubigen Massen mehr [...]. Die Religion ist unwiderruflich zu einer Sache des persönlichen Geschmacks geworden."[42] Von nun an wurde das dörfliche Leben vom Zusammentreffen unterschiedlicher (politischer) Optionen beherrscht, deren Ausdruck durch das allgemeine Wahlrecht gefördert wurde. Selbst in den Regionen, wo die praktizierenden Katholiken die Mehrheit bildeten, waren sie die „Kirchenpartei", konnten sich im Zweiten Kaiserreich jedoch zugunsten der offiziellen Kandidaten aussprechen – oder sogar, entgegen den Empfehlungen des Klerus, für die Republikaner. Im Département Manche hob François de Tocqueville 1872 diese Bandbreite der politischen Ansichten unter der Landbevölkerung als eine bemerkenswerte Tatsache hervor[43]. In den Regionen Zentralfrankreichs, die ein geringeres religiöses Interesse aufwiesen, spiegelten die republikanischen und bonapartistischen Wählerstimmen den Einfluß eines Lamennais oder sozialistischer Utopien, die die Wanderarbeiter aus Paris oder Lyon mitbrachten, wie etwa in Bourganeuf im Département Creuse, der Hochburg des Freimaurers Martin Nadaud[44]. Die Kolportageliteratur und in noch größerem Maßstab die Groschenblätter verbreiteten seit den 60er Jahren die Volksausgabe von Renans *Leben Jesu* und die Weltanschauungen des Darwinismus und Positivismus, „echtes Wissen" im Gegensatz zur biblischen Geschichte, wie es Pierre Larousse in den Jahren 1866 bis 1876 in den dreizehn Bänden seines *Grand Dictionnaire universel du XIX*ᵉ siècle in ein System brachte[45]. Die traditionellen Honoratioren verloren ihren Einfluß[46] zugunsten jener „neuen sozialen Schichten", deren Auftreten Gambetta 1878 in seiner Ansprache in Romans begrüßte. Geschäftsleute, Ärzte und ortsansässige Juristen waren empfänglich für die Parolen der Freidenker-Gesellschaften und der Freimau-

---

Bruch mit der Kirche heraufbeschwören", sagte Lavigerie Anfang 1884 voraus. „Die Regierung selbst wünscht dies nicht, sie wird aber dazu gedrängt durch Leidenschaften, über die sie keine Kontrolle hat."

[42] Auszugsweise zitiert aus dem Vorwort Renans zu *Souvenirs d'enfance et de jeunesse* (1883), als Fazit von PH. BOUTRY, Prêtres et Paroisses au pays du curé d'Ars, Paris 1986, 649.

[43] Er war im Juli 1871 als republikanischer Abgeordneter für das Département Manche gewählt worden (vgl. PH. GOUAULT, Comment la France est devenue républicaine, Paris 1954, 123). – Vgl. auch G. LE BRAS, L'Eglise et le Village, Paris 1976, 13.

[44] A. CORBIN, Archaïsme et modernité en Limousin au XIXᵉ siècle (1845–1880) II, Paris 1975, 758–790 („Diversité et Hétérogénéité de la gauche en Limousin").

[45] BOUTRY, Prêtres et Paroisses (s. Anm. 42) 584; C. LANGLOIS, Histoire religieuse III, Paris 1991, 167 f.

[46] BOUTRY, Prêtres et Paroisses 584 („La Paroisse éclatée"). In den westlichen Landesteilen stellten die Präfekten fest, daß der Einfluß, den die von der Krise betroffenen Honoratioren verloren, auf die Priester überging (GADILLE, La Pensée I 185).

rer-Logen, die damals nicht so sehr hinsichtlich ihrer Anzahl oder ihrer Mitgliederzahlen einen Aufschwung erlebten als vielmehr in ihrem in den 70er Jahren offen erklärten religiösen Agnostizismus[47].

Paradoxerweise zeigte sich in diesem Zusammenhang einer militanten und rasch vorherrschenden Säkularisation eine verstärkte christliche Vitalität, die immer klarer kämpferische Verteidigungspositionen bezog, besonders durch die zentrale Neuorganisation der Wohltätigkeitseinrichtungen. Diese Vitalität war jedoch auch imstande, ein altes Modell der Seelsorge zu erneuern, das sie immer deutlicher als überholt erkannte, und stattdessen einen neuen Typus des Priesters und neue Arten von Laienorganisationen hervorzubringen. Diese beiden Aspekte seien nacheinander genauer betrachtet.

Die Vektoren des Bruchs der Einmütigkeit innerhalb des Katholizismus

Die Schule

Die Konkurrenzsituation zwischen Ordensangehörigen und Laien im öffentlichen Schulwesen mit der Koexistenz zweier Schulsysteme gab Anlaß zu immer häufigeren Beschwerden, selbst in Regionen mit einem starken Bevölkerungsanteil praktizierender Katholiken – wie etwa im Département Doubs[48]. Der prozentuale Anteil der Ordensangehörigen nahm zwar zugunsten der Laien etwas ab, doch in den Marktflecken und Städten mittlerer Größe blieb die Konkurrenz bestehen, und hier verschärfte sich die Spannung wegen des höheren Schulgeldes. Neue Nahrung erhielt der Konflikt jedoch vor allem dadurch, daß systematisch neue katholische Schulen geöffnet wurden – im Département Pas-de-Calais von den *Sœurs de la Sainte-Famille* aus Amiens oder von den *Sœurs de la Providence* aus Arras, ebenso auch in den westlichen Landesteilen. Gleich nach dem Tod von Jean-Marie de Lamennais im Jahre 1860 erlebte seine Vereinigung der *Frères de Ploërmel* eine große Ausbreitung in die östlichen Teile der Bretagne hinein, die bis dahin mit nur wenigen Schulen versorgt waren. Damit war der Wettkampf eröffnet zwischen den beiden gegensätzlichen Anschauungen in religiösen Dingen, die in den beiden Lehrerbildungsanstalten, nämlich der in Rennes und derjenigen der Patres, vertreten wurden[49]. In zahlreichen Gemeinden wurde der weltliche Lehrer der öffentlichen Schule aufgrund des Quasi-Monopols der katholischen Schule an den Rand gedrängt.

Umgekehrt verhielt es sich in Gegenden, die von einer eher konformistischen „Saisonreligiosität" geprägt waren. Hier benahmen sich die städtischen Behörden gegenüber den Ordensangehörigen oft schikanös: Im Département Var zum Beispiel bildete 1878 eine rapide Zunahme der vor den Staatsrat gebrachten Konfliktfälle das Vorspiel zur von Jules Ferry gesetzlich vorgeschriebenen Befreiung der Schule von religiöser Bindung[50]. Dieser

---

[47] Vgl. L. Capéran, Histoire contemporaine de la laïcité française I, Paris 1959, 1–30, und L. Legrand, L'Influence du positivisme dans l'œuvre scolaire de Jules Ferry, Paris 1961.

[48] Vgl. A. Latreille, Autour d'une aumônerie d'école normale: prêtres et instituteurs dans les dernières années du Second Empire, in: RHEF 39 (1953) 46–63. – Da sich die öffentliche Meinung dort zugunsten der öffentlichen Schule aussprach, verlief die Entwicklung in Richtung der Ausbildung von Laien zu Lehrerinnen und Lehrern. Die Frauen erhielten bei den Nonnen der *Charité* in Besançon eine christliche Ausbildung, die Männer an Grays Anstalt.

[49] M. Lagrée, Religion et cultures en Bretagne (1850–1950), Paris 1992, 363; Y. M. Hilaire, Une chrétienté au XIXe siècle?, Paris 1977, 360.

[50] Gadille, La Pensée II 87 f.

Schulstreit fand dann auch seinen Ausdruck darin, daß auf der Gegenseite in den letzten Jahren des Zweiten Kaiserreichs Jean Macés *Ligue de l'Enseignement* und unter Leitung von Louis Joseph Cornudet, Denys Cochin und Armand de Melun die *Société générale d'éducation et d'enseignement* geschaffen wurden – ebenso wie in ihrer späteren Konfrontation in einer Kampagne gegensätzlicher Petitionen im Jahre 1872 anläßlich des Projektes von Jules Simon zum Primarschulwesen[51]. 1876 leiteten die Jesuiten 29 Kollegien (wovon 13 erst nach 1870 gegründet worden waren) sowie Schulorden mit örtlichen Niederlassungen, wie etwa die Priester-Gesellschaft von Saint-Bertin in Arras. Auf dieser Ebene des weiterführenden Schulwesens erhob sich nun gegen sie der Vorwurf, sie träten in Konkurrenz zu den Gymnasien und spalteten die Jugend. Seit Victor Duruy in den Großstädten öffentliche weiterführende Lehrgänge eingerichtet und die Bischöfe lebhaft dagegen protestiert hatten, wurde dieser Aspekt zum Lieblingsthema der jungen republikanischen Opposition: Ferry selbst nahm sich der Frage in seiner programmatischen Rede im Molière-Saal im April 1870 an[52]. Nun rief eine Infragestellung der Vorherrschaft der Kongregationen in den Mädcheninternaten die Infragestellung der Kongregationen überhaupt hervor, deren wichtigstes Betätigungsfeld das Unterrichten war, gefolgt von der Krankenpflege – und diese wurde ihrerseits Anfang der 80er Jahre zum Gegenstand von Säkularisierungsmaßnahmen.

Das Pressewesen

Mit der Wiederzulassung des Blattes *L'Univers* und den Maßnahmen zur Liberalisierung des Presserechts in den Jahren 1867–1868 erreichten die katholischen Zeitschriften im folgenden Jahrzehnt einen Höhepunkt. Für 52 Départements nannten amtliche Statistiken 80 Blätter, bei denen zu Anfang der 70er Jahre Angehörige des Klerus regelmäßig mitarbeiteten. Etwa 50 Blätter wurden unter der Rubrik „klerikal und legitimistisch" aufgeführt, aber ihre Auflage betrug nur 2,5 Prozent der Gesamtauflage der Provinzpresse[53]. Regionale Zeitschriften wie der *Propagateur du Nord et du Pas-de-Calais* (gegründet 1861 von katholischen Textilindustriellen), der *Nouvelliste de Lyon* (gegründet von Joseph Rambaud und den Männern aus den Lyoner Wohltätigkeitseinrichtungen) oder der *Courrier du Finistère*, ein in den Jahren 1879–1880 gegründetes Wochenblatt, hatten eine vielversprechende Zukunft vor sich[54]. Alle diese Gründungen motivierte der Wille, die preiswerte Nachrichtenpresse zu konterkarieren, die sich damals mit Blättern wie *Le Petit Lyonnais, Le Petit Méridional, La Petite Gironde* usw. von Paris aus in die Provinzen ausbreitete. Um ihnen etwas entgegenzusetzen, mußten sich die katholischen Blätter den neuen technischen Zwängen unterwerfen, ein breiteres Themenspektrum bieten und einen Stil finden, dessen integrierender Bestandteil die Polemik sein sollte.

Dieser Kampfgeist wuchs nun aber auch unter den katholischen Zeitschriften selbst, und so brüstete sich *L'Univers*, das Presseorgan der „wahren Katholiken" zu sein, im Gegensatz zu jenen „Liberalen", die sich der Kirchenspaltung beim Konzil schuldig gemacht hät-

---

[51] Ebd. I 329, und Capéran, Histoire contemporaine I (s. Anm. 47) 26 f.
[52] Capéran, Histoire contemporaine I 45, und L. Legrand, L'Influence (s. Anm. 47) 113–137.
[53] Gadille, La Pensée I, 347 f.
[54] Y.-M. Hilaire, Une chrétienté (s. Anm. 49) 325 f.; L. de Vaucelles, Le *Nouvelliste de Lyon* et la Défense religieuse (1879–1889), Lyon 1971; M. Lagrée, Religion et Cultures (s. Anm. 49) 391 f.

ten. Verbale und persönliche Angriffe nahmen ein solches Ausmaß an, daß Pius IX. seine Redakteure 1872 an die Pflicht der Nächstenliebe erinnern mußte[55]. In der Provinz fochten Falloux und Freppel ihre Gegnerschaft mittels der Blätter *L'Union de l'Ouest* einerseits und *L'Etoile*, dann *L'Anjou* andererseits aus, die vom Bistum unterstützt wurden. Selbst unter den liberalen Katholiken entstanden Streitigkeiten: Die Redaktion des *Correspondant* polemisierte gegen den von Krankheit und Alter geschwächten Montalembert[56], und 1869 lancierten bekannte Autoren das Blatt *Le Français* parallel zu dem für den Klerus bestimmten *Journal des villes et des campagnes*[57]. Zur Zeit des Konzils und der Nationalversammlung bekundete der Bischof von Orléans ein derartiges Mißfallen über die Ausrichtung dieses Blattes, daß er 1876 eine eigene Zeitschrift mit dem bezeichnenden Namen *La Défense religieuse et sociale* ins Leben rief. Diese Zeitschrift machte Gambetta auf der Tribüne der Abgeordnetenkammer zu seiner Zielscheibe, als er am 5. Mai 1877 seine berühmte Philippika gegen den Klerikalismus hielt[58].

Die Versuche eines nationalen und internationalen Zusammenschlusses der katholischen Wohltätigkeitseinrichtungen

Adolphe Baudon, der bis 1886 den Vorsitz der Vinzenzkonferenzen führte, hatte sich schon seit 1886 um die Schaffung zentraler Organisationen bemüht, um die Wohltätigkeitseinrichtungen der einzelnen Diözesen nach dem Vorbild der Zentralbüros für die Auslandsmissionen auf nationaler Ebene zu koordinieren[59]. Unterstützt wurde er von anderen Vertretern der Pariser Wohltätigkeitseinrichtungen, dem Arzt Frédault und Léon Pagès, von Ordensleuten wie d'Alzon und dem Eudisten-Pater Le Doré sowie von Prälaten, die dafür bekannt waren, daß sie Wohltätigkeitseinrichtungen und Einrichtungen der Sozialarbeit im Sinne des Ultramontanismus unterstützten: Louis-Gaston de Ségur und Gaspard Mermillod. Zusammen mit Louis Veuillot besprachen sie während der ersten Monate des Jahres 1870 in Rom mit gleichgesinnten Prälaten – wie Kardinal Pitra und den Erzbischöfen von Baltimore und Westminster, Spalding und Manning – das Projekt eines „Verbandes einflußreicher Laien, der sich weltweit ausdehnen und die Freimaurer bekämpfen sollte"[60]. Die Idee bestand darin: Angesichts der bedrohten weltlichen Macht des Papstes und angesichts der wachsenden Feindseligkeit der Regierungen komme es darauf an, die katholischen Kräfte in einer Reihe nationaler Verbände um ein römisches Zentrum herum zu bündeln, um so ihre Organisation und finanzielle Versorgung abzusichern. Die im folgenden Oktober von Mermillod gegründete Zeitschrift *La Correspondance de Genève* sollte als Verbindungsorgan dienen und die wechselseitige Information sicherstellen. Und im Januar 1872 schrieb der Auditor der Rota an die französischen Bischöfe, um sie zur Einrichtung lokaler Komitees nach dem Vorbild der von Herzog Salviati aufgebauten Gesellschaft zur Wahrung der katholischen Interessen zu ermutigen.

---

[55] Breve vom 13. April 1872. Vgl. E. LECANUET, L'Eglise de France sous la IIIe République I, Paris 1931, 164, und GADILLE, La Pensée I (s. Anm. 17) 261.

[56] DERS., Montalembert III, Paris 1902.

[57] B. MAL, Le Français, étude d'un journal catholique libéral, Diss. masch., Lyon o.J.

[58] GADILLE, La Pensée II 65 f.; LECANUET, L'Eglise I (s. Anm. 55) 534, sowie CAPÉRAN, Histoire contemporaine I (s. Anm. 47) 61 f.

[59] J. SCHOLL, Un disciple de saint Vincent de Paul au XIXe siècle, Adolphe Baudon (1819–1888), Paris 1897.

[60] GADILLE, La Pensée I 240. 242.

So entstanden die katholischen Komitees, auf deren erstem Kongreß im April 1872 etwa vierzig örtliche Komitees mit dreihundert Delegierten vertreten waren. Aber abgesehen von Ausnahmen – wie dem Pariser Komitee, dem einflußreiche Abgeordnete wie Keller, Chesnelong, Baron de Mackau und Graf de Belcastel angehörten und das auf mehrere Gesetzesvorhaben Einfluß nahm[61], sowie den Regionalverbänden Nord- und Südfrankreichs – war ihnen nur eine kurze Lebensdauer und geringe Wirksamkeit beschieden. Ihr Handikap bestand darin, daß sich in ihnen die örtlichen „Honoratioren" zusammenfanden, die in politischer Hinsicht ultraroyalistisch und in religiöser Hinsicht ultramontan eingestellt waren und deswegen von vielen Kirchenführern, allen voran dem Pariser Erzbischof, Kardinal Guibert, auf Distanz gehalten wurden[62].

Dieses Handikap wirkte sich auch auf andere Zusammenschlüsse aus, so auf das Zentralbüro der *Œuvres ouvrières*, das unter der Leitung von de Ségur Nationalkongresse in Nevers und später in Nantes organisierte, auf die katholischen Arbeiterzirkel, die den Patronat der herrschenden Klassen über die arbeitende städtische Bevölkerung predigten, und schließlich auf die *Association Notre-Dame du Salut* als den Kern eines im August 1872 unter der Ägide des Erzbischofs von Grenoble in La Salette gegründeten Generalrats für das Pilgerwesen. Dieser organisierte unter Leitung des Vicomte de Damas und des Herzogs de Chaulnes, angeregt von Ordensvertretern der Assumptionisten wie Picard[63], nationale Wallfahrten zu den berühmten heiligen Stätten, etwa nach Lourdes, nach Chartres im Mai 1873 und vor allem im Folgemonat nach Paray-le-Monial. Im Namen von einhundertfünfzig ihrer Kollegen weihten fünfzig Abgeordnete der Volksversammlung diese feierlich dem Heiligsten Herzen Jesu. Ein paar Wochen später wurde die Debatte über ein Gesetzesvorhaben eröffnet, das darauf abzielte, dem Bau der Basilika dieses nationalen Gelübdes die Unterstützung der Volksvertretung zu sichern.

Bis zum Ende des Jahres 1873 und noch in den darauffolgenden Monaten hielt der Eifer der Wallfahrer in Paray-le-Monial an[64]; besonders der zweihundertste Jahrestag der Erscheinungen des Herrn vor Marguerite-Marie Alacoque im Jahr 1875 wurde prunkvoll begangen. Wir sollten die Bedeutung dieser Wallfahrt daher nicht auf den eher politisch geprägten Vorstoß der Parlamentarier im Juni 1873 reduzieren. Ganz im Gegenteil: Das nationale Gelöbnis an das Heiligste Herz Jesu, der Jubel der elsässisch-lothringischen Pilger in Lourdes am 6. Oktober 1872 und die Anrufung der heiligen Jungfrau durch den Bischof von Nancy bei der Krönungsfeier in Notre-Dame-de-Sion[65] im August 1873 für die Wiedergewinnung der verlorenen Provinzen verliehen den beiden bedeutendsten katholischen Frömmigkeitsbezeugungen des Jahrhunderts auch eine patriotische und nationale Dimension. Durch die enge Verbundenheit des Katholizismus mit der Verehrung der Größen des christlichen Frankreich schien ein Konsens erreicht, der über die jeweiligen partei-

---

[61] Insbesondere bezüglich der Militärgeistlichen und des weltlichen höheren Schulwesens.

[62] GADILLE, La Pensée I 243 f.

[63] Die 1872 gegründete Zeitung *Le Pèlerin* mußte eine große Leserschaft haben, seit der Vinzentinerpater Bailly 1876 die Leitung übernommen hatte (vgl. C. SOETENS, Le Père d'Alzon, les Assomptionnistes et les Pèlerinages, in: Emmanuel d'Alzon dans la société et l'Eglise du XIXᵉ siècle (Colloque d'histoire 1980), Paris 1982, 301–321, und J. LEBRUN, Le Père Vincent-de-Paul Bailly, in: Cent ans d'histoire de *La Croix* (1883–1983), Paris 1988, 37–45).

[64] 1873 wurde ihre Zahl auf etwa 200000 geschätzt. Vgl. PH. BOUTRY – M. CINQUIN, Deux pèlerinages au XIXᵉ siècle: Ars et Paray-le-Monial (Bibliothèque Beauchesne. Religions société politique 8), Paris 1980, 211–214.

[65] GADILLE, La Pensée I 235. 269.

lichen Optionen hinausging. Der architektonische Stil der drei Basiliken, die in Marseille, Fourvière (Lyon) und auf dem Montmartre diesen doppelten Kult versinnbildlichen sollten, verstand sich als ganz entschieden auf Neuerung bedacht, christlich, aber doch eklektisch, und vermied eine sklavische Abhängigkeit von den Stilformen der Vergangenheit[66]. Eben diese Bedeutung haben diese Bauwerke im Lauf der Jahre auch bekommen, indem sie sich in die Landschaft der größten Städte Frankreichs einfügten.

Aber zunächst, im Zusammenhang mit der blutigen Niederschlagung der Pariser *Commune* und der Bemühungen zur Restauration der Monarchie, konnten die Ambiguität und die Hypothek einer politischen Interpretation der Weihe einer zwar respektablen, aber doch partikularen Sicht der Nationalgeschichte nicht ausgeräumt werden. Dies belegen im Verlauf der Debatte um die Basilika *Sacré-Cœur* weniger die flammenden Tiraden eines A. Corbon als vielmehr die maßvollen Einwände des protestantischen Pastors Edmond de Pressensé oder des Juristen Bertauld bezüglich der Gefahren, die religiöse Erneuerung mit der Restauration des früheren kirchlichen Establishments zu verwechseln. Hinzu kam, daß der seit den letzten Jahren des Zweiten Kaiserreiches so heftige Antiklerikalismus im Volk in Gestalt von Anzüglichkeiten und Reibereien anläßlich der Rückkehr der Wallfahrer aus Lourdes oder La Salette neu erwachte[67].

Die Bischöfe waren sich völlig darüber im klaren, wie geteilt die Meinungen waren, denn in der Angelegenheit der Basilika *Sacré-Cœur de Montmartre* legte der Pariser Erzbischof eine von den Initiatoren des Projekts als übertrieben empfundene Umsicht und Diskretion an den Tag. 1874, zur selben Zeit, als er den Informativprozeß zur Seligsprechung der Jeanne d'Arc in Gang setzte, veröffentlichte der Bischof von Orléans einen Hirtenbrief über die „zeitgenössischen Weissagungen", in dem er die Auswüchse bei Frömmigkeitsübungen und Weissagungen geißelte, die in der Volksfrömmigkeit um sich gegriffen hatten[68].

Die Katholiken hatten von einer günstigeren politischen Konstellation profitiert und versucht, ihre Wohltätigkeitseinrichtungen und die neuen Formen der Frömmigkeit auf nationaler Ebene zu verbreiten und zu reorganisieren. Sie mußten jedoch rasch erkennen, daß diesen Bemühungen enge Grenzen gezogen waren.

Die Entwicklung der Frömmigkeitspraxis im geographischen Vergleich und die Suche nach neuen Formen der Seelsorge

Binnen weniger Jahre schwand die politische Gunst der Stunde, wie sie die „Republik der Herzöge" geboten hatte, und machte in der Abgeordnetenkammer und darauf im Senat einer Mehrheit Platz, die in der Tradition der Französischen Revolution entschlossen war, eine Politik zur Verteidigung der Republik fortzusetzen und die „Übergriffe des Klerus" zu unterbinden.

Die Ausrichtung der Wählerschaft mußte die geographischen Kontraste der religiösen

---

[66] Zu Pierre Bossan und seiner Bekehrung in Ars vgl. BOUTRY, Prêtres et Paroisses (s. Anm. 42) 143–146. Vgl. auch E. HARDOUIN-FUGIER, Voir et revoir Fourvière, 1988, sowie BENOIST, Le Sacré-Cœur I (s. Anm. 22) 320–338.

[67] BENOIST, Le Sacré-Cœur I 284–289; GADILLE, La Pensée I 350. 235.

[68] J.-M. MAYEUR, Mgr. Dupanloup et Louis Veuillot devant les prophéties contemporaines en 1874, in: RHSp 48 (1972) 193–200.

Praxis verschärfen: So ließ sich noch zu Lebzeiten des Senators und Bischofs von Orléans die Bilanz seiner bemerkenswerten seelsorglichen Strategie, die statistisch von seinen Archidiakonen überprüft wurde, in folgender Feststellung zusammenfassen: Die Bemühungen zum religiösen Wiederaufbau hatten in den „guten Regionen" Fortschritte gebracht, jedenfalls bis 1865, als ein normaler Rückgang an praktizierenden Katholiken in den jüngeren Generationen spürbar geworden war; anderswo jedoch hatte sich an einer mittelmäßigen Situation nichts geändert[69]. Nutzung und Vergleich des verfügbaren Materials erlauben es, diese Feststellung zu verallgemeinern. In den Gegenden (den ausgedehntesten), in denen der „Saison-Katholizismus" vorherrschte, gingen auch am Osterfest nur sehr wenige Männer zur Kirche, und auch bei den Frauen machte sich eine rückläufige Tendenz bemerkbar, so daß außer in den Regionen der Mittelmeerküste, wo er sehr groß blieb, der statistische Abstand zwischen Männern und Frauen schrumpfte. Die Hinweise auf ein tatsächlich erloschenes religiöses Interesse bestimmter Teile der Bevölkerung traten deutlich zutage: Die Fristen zwischen Geburt und Taufe der Kinder wurden länger oder die Kleinkindertaufe ganz aufgegeben, Ehen nur zivilrechtlich geschlossen und die Anwesenheit eines Priesters am Bett Sterbender abgelehnt. Diese Anzeichen waren in den Vierteln mehrerer Großstädte wie Marseille zu beobachten, in den erst kürzlich eingemeindeten östlichen und nördlichen Arrondissements von Paris und sogar in Städten mit einer praktizierenden Bevölkerungsmehrheit wie Lyon. Die Diözesen Sens und Troyes, das gesamte westliche Zentrum des Zentralmassivs und in der Verlängerung die beiden Regionen der Charente und bestimmte Gegenden Aquitaniens wiesen diese Symptome auf. In der Region Entre-deux-Mers machten 1913 die Zivilbestattungen bis zu fünfzig Prozent aller Bestattungen aus, in Paris etwa dreißig Prozent.

Andererseits zeichneten sich die Regionen, in der die praktizierenden Katholiken die Bevölkerungsmehrheit stellten, durch eine Zunahme der ohnehin hohen und oft ähnlichen Prozentzahlen der österlichen Kirchgänger und der regelmäßigen Meßbesucher aus – so in der Bretagne. Diese Zunahme war selbst in den Regionen der Loiremündung zwischen Nantes und Saint-Nazaire gegeben, ebenso bei den Bevölkerungsteilen der Küstenzone, außer in Lorient und Brest. Dasselbe war im Département Nord mit Ausnahme der Bergbaugebiete zu beobachten, in den an Deutschland gefallenen Regionen Elsaß und Lothringen, die sich vom französischen Teil Lothringens unterschieden, und schließlich in den hochgelegenen Gegenden im südlichen Zentralmassiv, der „südfranzösischen Bretagne". Am Rand dieser Regionen wurden die Grenzen deutlich, etwa zwischen Languedoc und dem Osten Aquitaniens und zwischen dem östlichen und dem westlichen Teil der Diözese Le Mans oder den Bergen um Lyon und dem linken Rhôneufer. In den Erzbergbaugebieten des Département Tarn und an der Loire blieb durch den Zustrom christlich geprägter Bevölkerungsteile eine höhere Quote österlicher Kirchgänger bestehen. Das religiöse Desinteresse der Masse der Arbeiter ist überschätzt worden, vor allem in der städtischen Handwerkerschaft. In den meisten Fällen jedoch gaben die durch eine definitive Landflucht entwurzelten Migrantinnen und Migranten die religiöse Praxis ganz auf, ebenso wie jene Angehörigen einer „sechsten Diözese" der Bretagne, die keinen „heimatlichen" Zusammenhalt mehr genossen[70]. Dennoch zeigt sich in dieser Dichotomie der religiösen Verhal-

---

[69] C. MARCILHACY, Le Diocèse d'Orléans sous l'épiscopat de Mgr. Dupanloup (1849–1878), Paris 1962.
[70] F. BOULARD, „La Déchristianisation de Paris. L'Evolution historique du non-conformisme", in: ASRel (1971)

tensweisen keine geradlinige Entwicklung, die unabdingbar mit dem Rückgang des religiösen Gefühls im selben Maße verbunden gewesen wäre, wie die „Modernität" in den entlegensten Landstrichen zunahm. Vielmehr wurde hier ein Kontrast sichtbar zwischen kulturell unterschiedlich geprägten Regionen, deren eigentümliche religiösen Ausdrucksmittel sich leicht ins andere Extrem verkehren konnten: So wurden im Innern religiös „geschwächter" Gebiete – wie Aquitaniens und der westlichen Normandie [71] – Anzeichen für eine zahlenmäßige Wiederzunahme der praktizierenden Katholiken festgestellt. Schließlich gab es auch Hinweise auf eine generelle derartige Zunahme, die sich in den ersten Jahren des 20. Jh. abzeichnete [72].

Damals wurde man sich auch der zunehmenden Lauheit in den Einstellungen zur Religion bewußt, die der althergebrachten Vorstellung von einem „christlichen Frankreich" zuwiderlief [73]. Dieser Bewußtwerdungsprozeß ging Hand in Hand mit der Änderung eines Seelsorgemodells, das auf die dörfliche Kirchengemeinde zugeschnitten gewesen war und das sich nun, wenn schon nicht als überholt, so doch als für die neuen Formen sozialen Lebens nicht mehr angemessen erwies. Diese Änderung war die Frucht eines langen Arbeitsprozesses, der um die Wende der 70er und 80er Jahre angesichts der Herausforderung durch die Änderung der politischen Konstellation eingesetzt hatte: So trat an die Stelle des „guten Priesters", der ein Pfeiler der etablierten Gesellschaft, Leser der Zeitschrift *L'Univers* und Vorkämpfer für die Wahrheit und die Rechte der Kirche gewesen war, der Vertreter eines neuen Priestertypus, der das Mißtrauen gegenüber den Erwartungen seiner Zeitgenossen ablegte und dem weniger an Politik lag als daran, sich in sozialer Hinsicht in der Nähe der am stärksten Benachteiligten einzubringen. Auf der anderen Seite traten die Honoratioren und Vertreterinnen der Wohltätigkeitseinrichtungen allmählich hinter dem Typus des in den Jugendverbänden ausgebildeten „Aktivisten" zurück, der mit den Priestern, den Anstaltsgeistlichen und den Vertretern der kirchlichen Hierarchie in neuen Formen von sozialer Integration und Bildung zusammenarbeitete [74].

Auf der Seite der einfachen Gemeindepfarrer personifizierte sich dieser neue Kurs in einigen Männern, denen große Ausstrahlung bestimmt war. In Paris war dies zum Beispiel Georges Frémont, Sohn eines Wagenmachers aus der Gegend von Poitiers, der sich gegen die abgeschottete Ausbildung im Knabenseminar von Montmorillon wandte und von Bischof Pie ein Stipendium erhielt, mit dem er seine kirchliche Ausbildung am Institut von Saint-Sulpice absolvieren konnte. Nach seiner Priesterweihe im Jahre 1876 war Frémont einer der sechs Priester aus der Pfarrei *des Quinze-Vingts* im Pariser Stadtteil Faubourg Saint-Antoine, die für siebenunddreißigtausend Seelen zuständig waren. In seiner berühmten Rede in Chartres im Jahre 1878 machte er deutlich, daß er mit der von de Mun vertre-

---

[69]–98, und DERS. (Hrsg.), Matériaux pour l'histoire religieuse du peuple français I, Paris 1982, 211, und III, Paris 1992, 145.

[71] M. LAGRÉE, Religion et Cultures (s. Anm. 49) 333 f.; G. CHOLVY, La Religion en France de la fin du XVIIIᵉ siècle à nos jours, Paris 1991; BOULARD, Matériaux III (s. Anm. 70) 60.

[72] Ebd., Matériaux III 12, Anm. 14.156; II (Paris 1987) 61; I 19; CHOLVY, La Religion en France (s. Anm. 71) 130 f.

[73] Vgl. die ersten religionssoziologischen Untersuchungen in der Zeitschrift *Revue catholique des Eglises* in den ersten Jahren des 20. Jh. sowie E. POULAT, Journal d'un prêtre d'après-demain, Tournai 1961, 31–65.

[74] M. LAUNAY, Le Bon Prêtre, Paris 1986, 275–277; BOUTRY, Prêtres et Paroisses (s. Anm. 42) 567 f.; G. CHOLVY, De l'homme d'œuvre au militant: Une évolution dans la conception du laïcat catholique en France depuis le XIXᵉ siècle, in: MiHiEc 7 (1985) 215–242.

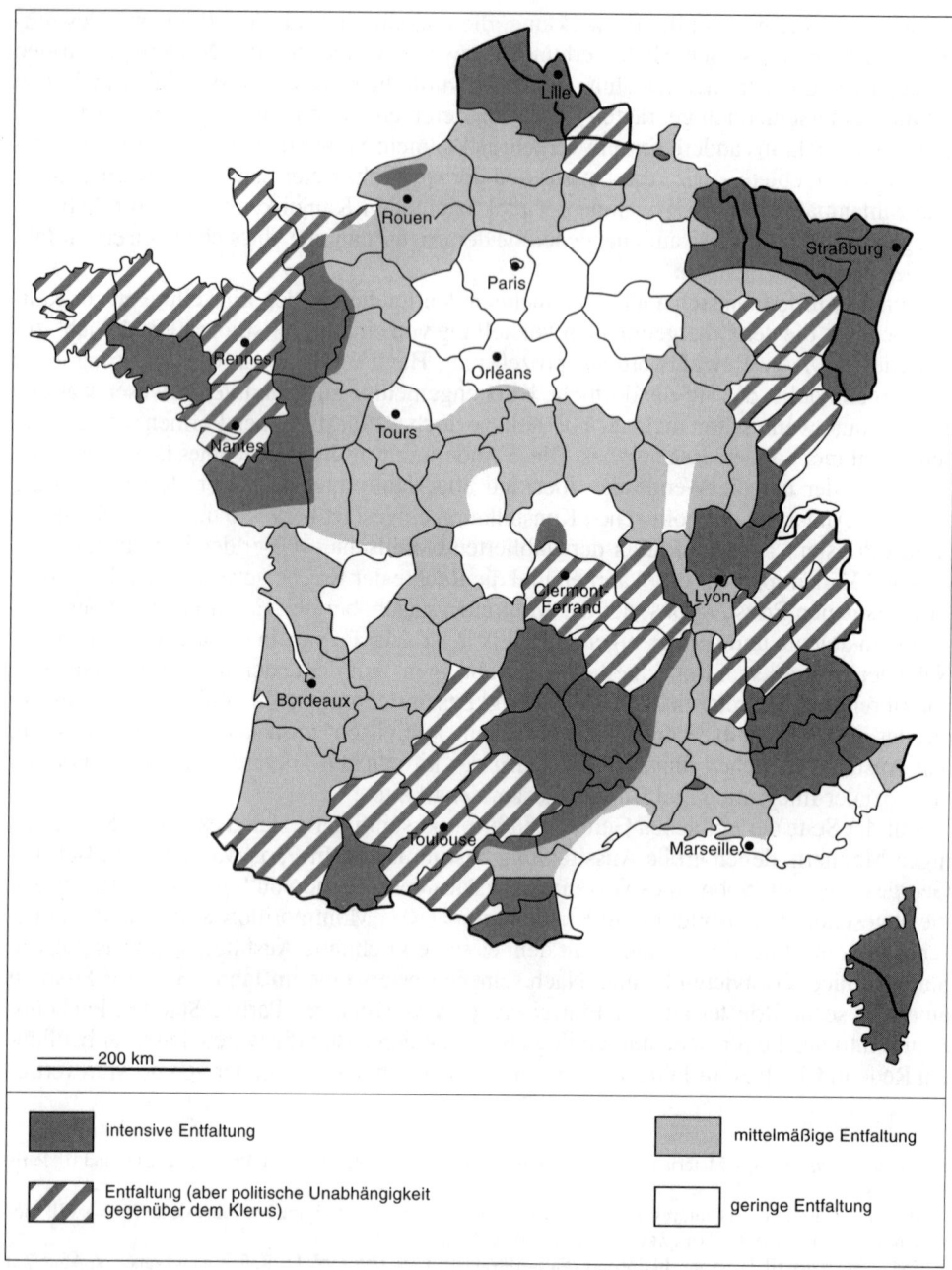

Die Entfaltung des religiösen Lebens in den Diözesen Frankreichs (nach G. Cholvy und Y.-M. Hilaire, *Histoire religieuse de la France contemporaine* I, Toulouse 1985).

Legend:
- intensive Entfaltung
- Entfaltung (aber politische Unabhängigkeit gegenüber dem Klerus)
- mittelmäßige Entfaltung
- geringe Entfaltung

Map labels: Lille, Rouen, Straßburg, Paris, Rennes, Orléans, Nantes, Tours, Clermont-Ferrand, Lyon, Bordeaux, Toulouse, Marseille

200 km

tenen „kontrarevolutionären" Position nicht übereinstimme; es brauche die arrogante, gehässige und verletzende Polemik nicht länger, wie sie *L'Univers* verbreite; ihre Zeit sei abgelaufen. Es gelang ihm, große Arbeiterversammlungen zu Vorträgen zu organisieren, die er im Jahr darauf veröffentlichte und 1883 in den Fastenpredigten in der Kirche Saint-Ambroise vor einer noch größeren Zuhörerschaft weiter ausführte.

Bezeichnend ist auch der parallel dazu verlaufende Weg eines anderen jungen Priesters, Léon Dehon, dem Sohn eines reichen Viehzüchters aus Thiérache. Nach seiner Priesterweihe 1869 in Rom, wo er die Konzilsberatungen aus der Nähe miterlebte, wurde er im November 1871 der Domgemeinde in Saint-Quentin zugewiesen, wo ihm mit sechs anderen Priestern die Seelsorge für fünfunddreißigtausend Einwohner oblag. Sein Eifer, den Jugendlichen eine umfassende christliche Bildung zuteil werden zu lassen, führte zur Gründung eines Jugendwerks in Verbindung mit einer weiterführenden Schule. Nachdem er an einem Kongreß des Verbandes der Wohltätigkeitseinrichtungen teilgenommen hatte, führte er eine Umfrage auf Diözesanebene durch und begründete damit die Zusammenarbeit mit Léon Harmel, die in der Folgezeit noch intensiver wurde. Bald jedoch empfand er das Bedürfnis, gemeinsam mit seinen Mitbrüdern sein spirituelles Leben zu vertiefen. Dieser Wunsch führte zur Gründung des *Institut des Prêtres du Sacré-Cœur de Saint-Quentin*, das 1884 von Rom approbiert wurde. Ohne auf die Perspektive der „Opfermystik" zu verzichten, an der sich die Vereinigung in ihren Anfängen orientiert hatte, löste ihr Gründer doch einen „Akzentwechsel" aus, wobei der Schwerpunkt wieder auf Jugendarbeit und sozialem Engagement lag[75].

Nun hatte zur selben Zeit im Institut *La Providence du Prado*, das nach 1870 zu einer im Milieu des einfachen Volkes arbeitenden Priestergesellschaft geworden war, eine ganz ähnliche Strömung vorgeherrscht. Bevor er im Oktober 1879 mit 52 Jahren starb, hatte Antoine Chevrier für die vier Priester seines Instituts, die zwei Jahre zuvor nach Rom beordert worden waren, ein Handbuch verfaßt, in dem er seine Ansichten zum Priestertum zusammenfaßte; eine hektographierte Ausgabe war unter dem etwas provozierenden Titel *Le Prêtre selon l'Evangile ou le Véritable Disciple de Notre Seigneur Jésus-Christ* in Umlauf gewesen[76]: Wer Christus und den Aposteln in größtmöglicher Vollkommenheit nachfolgen wolle, brauche nur den Geist der Armut anzunehmen, wie er unter den Armen selbst gelebt wurde. Eine der Anweisungen präzisierte nun aber, das Engagement unter den Armen müsse Vorrang haben vor der spirituellen Bildung, und die spirituellen Gnadengaben würden sich dann „wie eine Dreingabe" daraus ergeben. Die Anfänge des *Prado* waren bescheiden, aber seine Spiritualität eines sozialen Engagements des Priesters begann sofort auszustrahlen[77].

Mehrere Bischöfe hatten den Gedanken geäußert, die Laien zur Erfüllung der apostolischen Dienste heranzuziehen, insbesondere der Bischof von Bayeux, Hugonin, einer der „theologischen Köpfe" des Episkopats[78]. Eine der letzten Direktiven, die Pater d'Alzon

---

[75] A. SIEGFRIED, L'Abbé Frémont (1852–1912) I, 92. 148; Y. LEDURE, Petite vie du P. Dehon, Fondateur des prêtres du Sacré-Cœur de Saint-Quentin, Paris 1993, 103f.

[76] J.-F. SIX, Un prêtre, Antoine Chevrier, fondateur du Prado, Paris 1965 (Erstveröffentlichung 1889), 373f. 418f.

[77] Ebd. 443f. Antoine Crozier, der in Lyon seinen priesterlichen Dienst versah, trat nach der Lektüre des Werks in den *Prado* ein. Auch er, der bereits ein bekannter geistlicher Autor war, machte sich zum Vorkämpfer dieser Einrichtung und beeinflußte direkt die Berufung eines Charles de Foucauld zum Wüstenleben, indem er ihm beim Aufbau seiner weltweiten apostolischen Vereinigung half.

[78] GADILLE, La Pensée I (s. Anm. 17) 201; C. MOLETTE, L'Association catholique de la jeunesse française (1886–1907), Paris 1968, 75.

seinen Assumptionisten gegeben hatte, lautete, angesichts des Fehlschlags der politischen Unternehmungen der Katholiken das Unterfangen einer Evangelisation der Gesellschaft erneut zu beginnen, indem sie sich der Jugend und der volksnahen Presse widmeten[79].

Die *Frères des écoles chrétiennes* hatten damals den größten Erfolg bei der Gründung von Jugendverbänden, und im Mai 1882 beschlossen sie, ihnen eine apostolische Ausrichtung zu geben, indem sie den soeben heiliggesprochenen Benoît Labre zu ihrem Schutzpatron machten: Der neue Heilige stand nämlich für die Geltendmachung der spirituellen Werte und der Rechte der Armen in einer vom Profitdenken geleiteten modernen Welt. Er lehrte vor allem den Kampf gegen die Furcht vor der Meinung anderer, um stattdessen von der christlichen Botschaft in solchen Milieus Zeugnis abzulegen, die ihr insgesamt feindlich gegenüberstanden. Die „Benoît-Labre"-Schulen stellten die Quelle dar, aus der der ersten christlichen Gewerkschaftsbewegung ihre Kader zuflossen[80].

In dieses Jahr 1882 fiel auch der Aufschwung, den die *Dritten Orden* der Franziskaner bei der Rekrutierung ihrer Mitgliedschaft erlebten, die zu neun Zehnteln aus Frauen bestand. Denn sie übten dieselbe Funktion in der Arbeit mit jungen Mädchen aus[81]. Unterstützt von Charles Maignen, dem Neffen von Maurice Maignen, verwirklichte Albert de Mun schließlich 1886 sein Projekt, das noch aus den Anfängen des *Œuvre des cercles catholiques d'ouvriers* stammte: den Zusammenschluß junger Studenten. Nach dem gemeinsamen Gebet sollten sie über die „Rolle der Kirche bei der wirtschaftlichen und sozialen Entwicklung der Staaten" diskutieren und gleichzeitig mit der Erfüllung ihrer staatlichen Aufgaben „ihren Eifer für das Heil der Seelen" lebendig erhalten[82]. Kurze Zeit später wurde die *Association catholique de la jeunesse française (ACJF)* gegründet. Damit nahm seinen Anfang, was sich zu einer echten „katholischen Bewegung" entfalten und während der Zeit der Trennung von Staat und Kirche eine Art Höhepunkt erleben sollte.

3. Von der Aussöhnung zur Trennung

In der Zeit zwischen der Abstimmung über die laizistische Gesetzgebung bis zum Ausbruch des Ersten Weltkrieges verlief die Geschichte des französischen Katholizismus vielschichtig und mitunter dramatisch. Denn schließlich standen am Ende dieses Zeitraums die Trennung von Staat und Kirche, mit der die traditionellen Bindungen zwischen beiden endeten, und die Krise des Modernismus, die zahlreiche Kleriker, aber auch die Laien betraf. Als Gegengewicht zur Strömung der Entchristlichung traten jedoch andererseits neue seelsorgerische Initiativen klar zutage; angesichts der drängenden sozialen Frage konnte der soziale Katholizismus sein Publikum vergrößern, und auf nationaler Ebene entstanden kirchliche Wohltätigkeitseinrichtungen und Vereinigungen. So zeichneten sich bereits eine ganze Reihe der Charakterzüge ab, die den französischen Katholizismus des beginnenden

---

[79] Ch. Monsch, La Naissance de *La Croix*, in: Cent Ans (s. Anm. 63) 21–36; Soetens, Le Père d'Alzon (s. Anm. 63) 279–297.

[80] M. Launay, Les *Saint-Labre* à leurs débuts (1882–1900), in: Y. M. Hilaire (Hrsg.), Benoît Labre. Errance et sainteté. Histoire d'un culte (1783–1983), Paris 1984, 117–132; M. Launay, Le syndicalisme chrétien en France de 1885 à nos jours I, Paris 1984, 50.

[81] Cl. Savart, Essai de description du tiers ordre franciscain en France dans la seconde moitié du XIXᵉ siècle, in: RHEF 70 (1984) 167–180.

[82] C. Molette, L'*ACJF* comme mouvement, in: G. Cholvy (Hrsg.), Mouvements de jeunesse chrétiens et juifs. Sociabilité juvénile dans un cadre européen (1799–1968), Paris 1985, 83–108, hier 85.

20. Jh. prägten. Eindeutig ist zunächst auf die in diesen Jahren so entscheidende Entwicklung in den Beziehungen von Kirche und Staat einzugehen, bevor die einzelnen Elemente der Kontinuität sowie die tiefgreifenden Veränderungen im Leben der französischen Katholikinnen und Katholiken im einzelnen untersucht werden können.

In den Jahren nach der Abstimmung über Ferrys Gesetze stand die „religiöse Frage", nämlich die Diskussion über Rang und Stellenwert der Kirche innerhalb der Gesellschaft nicht im Zentrum der politischen Auseinandersetzungen. Viel größere Aufmerksamkeit zogen die Krise des Boulangismus und das Aufkommen der sozialen Frage und des Sozialismus auf sich. Ein liberaler, aber nicht sektiererischer Flügel der „republikanischen Partei" hatte jetzt andere Sorgen als die Fortführung des Kampfes gegen die Kirche. Diese Einschätzung teilten Ferry, Jacques Eugène Spuller (der frühere Mitstreiter Gambettas) und Sadi Carnot, der im Dezember 1887 das Amt des Staatspräsidenten bekleidete[83]. Alle spürten, wie notwendig eine Beruhigung der Situation war. Ferry räumte dies nach den Wahlen des Jahres 1885 ein, die von einem Wiedererstarken der Konservativen geprägt waren. Er machte dafür das unkluge Verhalten der Republikaner gegenüber der Kirche verantwortlich. Angesichts ihrer radikalen und sozialistischen Gegner wollten er selbst wie auch seine Anhängerschaft eine Unterstützung moderater rechter Kreise nicht ausschließen, wenn diese die Republik anerkannten. Tabu war für sie dagegen die laizistische Gesetzgebung, die Ferry als den „ehernen Stützpfeiler" der republikanischen Partei bezeichnete.

Dieser neuen Konstellation auf der Linken stand eine tief gespaltene katholisch-konservative Welt gegenüber. Sie war in Vertreter der drei Traditionen gespalten, die die politischen Herrschaftsformen im Frankreich des 19. Jh. verkörperten: die legitimistische, die orléanistische und die bonapartistische Richtung. Für die Sache der Legitimisten, die mit einem Teil der katholischen Welt so tief verbunden gewesen war, fand sich nach dem Tod des Comte Henri Charles de Chambord 1883 kein Bewerber mehr. Einige orientierten sich um und wurden zu Anhängern des Comte de Paris als dem Prätendenten der Orléanisten, viele aber setzten ihre Priorität auf die „Verteidigung der Religion" und klammerten die Frage der Regierungsform aus. Manche gelangten sogar zu dem Schluß, in Ermangelung eines Königs liege die legitime Gewalt nunmehr beim Volk, und eine Republik, wenn sie denn einmal christlich geworden sei, könne akzeptiert werden. Diese Einstellung vertrat Henri Lorin, der, wie wir noch sehen werden, die Graue Eminenz des sozialen Katholizismus war. Orléanisten und Bonapartisten gaben ihrerseits die Hoffnung auf eine Restauration nicht ganz auf. Sie gerierten sich als die Verteidiger der kirchlichen Interessen und widersetzten sich jedem Gedanken an eine „katholische Partei" – etwa im Jahre 1885, als Albert de Mun einen entsprechenden Versuch unternahm. Dieser erhielt jedoch keine Zustimmung aus Rom, da man dort befürchtete, die Gruppierung könne als eine kirchliche empfunden werden, während die Kirche sich mit keiner Partei identifizieren wollte[84]. Während der boulangistischen Krise hofften die Führer der Union der rechten Parteien wie auch Baron de Mackau, sie könnten sich in ihrem Kampf gegen die Regierung der Popularität des Generals bedienen, der von einer Welle des Antiparlamentarismus getragen

---

[83] Zum Überblick über die politische Geschichte dieser Zeit sei auf J. Gadille, Vie politique sous la IIIe République, Paris 1984, verwiesen.

[84] Zu dieser Angelegenheit vgl. H. Rollet, Albert de Mun et le parti catholique, Paris 1947, und Ph. Levillain, Albert de Mun, Rom 1983.

wurde. Diese knappe Analyse gilt jedoch nur für die konservativen Notabeln, die ihrer Vorliebe für eine Dynastie treu blieben. Faktisch waren sich viele der Unmöglichkeit einer Restauration bewußt, der Republik jedoch feindlich gesonnen, sobald diese sich mit dem antikirchlichen Jakobinertum identifizierte, und so schlossen sie sich der Verteidigung der Religion an und ließen die Frage der Regierungsform beiseite.

In diesem Zusammenhang traf Roms Aufforderung zur Aussöhnung ein. Zeigen wir kurz nochmals deren Ursprünge[85]: Seit seiner Inthronisation hatte Leo XIII. in seinen Beziehungen zur französischen Republik Zurückhaltung gezeigt. Er hielt es nicht für wünschenswert, den gewaltsamen Protest gegen die laizistische Politik zu ermutigen. Wiederholt hatte er zu verstehen gegeben, die französischen Katholiken müßten die staatlichen Institutionen akzeptieren. In seiner Enzyklika *Immortale Dei* vom 1. November 1885 wiederholte er zwar die Verurteilung der aus dem 18. Jh. stammenden „modernen Prinzipien zügelloser Freiheit", bekräftigte jedoch, daß „die Lehren der Kirche" nicht „irgendeine der verschiedenen Regierungsformen verurteilen".

Die Sache der Kirche schien ihm nicht unbedingt mit der Monarchie verbunden zu sein. Zu diesen Erwägungen kamen Befürchtungen diplomatischer Art. Leo XIII. blieb hinsichtlich der römischen Frage unnachgiebig: Das Ende der weltlichen Macht ließe dem Heiligen Stuhl nicht die zur Erfüllung seiner Mission erforderliche Unabhängigkeit. Der Papst wollte die römische Frage auf eine internationale Ebene bringen und die Regierungen dazu bewegen, auf Italien Druck auszuüben. Nach der Beilegung des *Kulturkampfes* hatte Rom sich vergeblich bei Bismarck um eine Lösung bemüht. Im Jahre 1887 eröffnete die Ernennung von Kardinal Rampolla zum neuen Staatssekretär eine Möglichkeit der Annäherung an Frankreich, das trotz seiner antikirchlichen Einstellung das Konkordat nicht in Frage gestellt hatte und die katholischen Missionen schützte. Gambetta hatte es ausgesprochen: „Der Antiklerikalismus ist kein Exportartikel." Am 22. Mai 1888 erinnerte die Propagandakongregation die Christen im Orient und insbesondere die Ordensangehörigen an ihre Pflicht, die Vertreter Frankreichs um ihren Schutz zu bitten: „Die Schirmherrschaft Frankreichs im Orient ist seit Jahrhunderten in Kraft [...]; und sie muß überall, wo sie besteht, auch in religiöser Hinsicht gewahrt bleiben." In einem langen Brief an seinen Freund Joseph Bourret, den Bischof von Rodez, legte Kardinal Lavigerie nach dem diplomatischen Toast die internationale Dimension der Aussöhnung dar: Der von Feinden umringte Heilige Stuhl könne sich auf keine Großmacht stützen; weder auf Italien, das seinen Ruin herbeiführen wolle, noch auf Deutschland, das durch und durch protestantisch sei, noch auf Österreich, das immer noch von Josephinismus und Cäsarismus geprägt sei. Nach allem und trotz allem, was geschehen sei, sehe der Heilige Stuhl nur eine einzige mögliche Allianz, nämlich die mit Frankreich.

Leo XIII., der nicht gleich persönlich eingreifen und seinen Kurs bekanntgeben wollte, wandte sich nach einigen erfolglosen Vorstößen an Kardinal Lavigerie. Nach einem Treffen mit dem französischen Staatspräsidenten Carnot und dem Staatsratsvorsitzenden Freycinet begab dieser sich nach Rom und führte zwischen dem 10. und dem 16. Oktober 1890 drei Unterredungen mit dem Papst. Lavigerie war damals fünfundsechzig Jahre alt, ehemaliger Professor der Kirchengeschichte an der theologischen Fakultät der Sorbonne. Er ge-

---

[85] Vgl. X. DE MONTCLOS, Le Toast d'Alger, Paris 1966. Herangezogen werden können auch die *Mémoires* des Kardinals D. FERRATA, Ma nonciature en France, Paris 1922, und E. SODERINI, Il pontificato di Leone XIII, Bd. 2, Mailand 1933.

hörte somit einer aufgeklärten Strömung des Pariser Katholizismus an, war mit dem Dogmatiker Henri Louis Charles Maret befreundet und sorgte sich wie dieser um einen Ausgleich zwischen der Kirche und den 1789 errungenen Freiheiten. Seit 1863 Bischof von Nancy, 1866 Erzbischof von Algier, Ordensgründer der Afrikamissionare, der *Weißen Väter*, und 1882 zum Kardinal ernannt, stand diese den Ansichten des Papstes voll und ganz ergebene Persönlichkeit im Vordergrund des Geschehens.

Am 12. November 1890 brachte der Kardinal am Ende eines Essens zu Ehren der Offiziere des französischen Mittelmeergeschwaders einen Toast auf die Einheit der Franzosen aus. „In der Gewißheit, von keiner autorisierten Seite deswegen eine Mißbilligung erfahren zu müssen", erinnerte er daran, daß die Kirche „weder den Verzicht auf die Erinnerung an die Herrlichkeit der Vergangenheit" verlange „noch auf die Empfindung von Treue und Dankbarkeit, die allen Menschen zur Ehre gereichen [...]: Wenn ein Volk seinen Willen jedoch klar und deutlich kundgetan hat, und wenn eine Regierungsform an und für sich in nichts – wie es Leo XIII. noch kürzlich verkündet hat – den Prinzipien widerspricht, die als einzige die christlichen und zivilisierten Nationen lebendig erhalten können; wenn es, um unser Land vor den drohenden Abgründen zu bewahren, der vorbehaltlosen Zustimmung zu dieser Regierungsform bedarf, dann kommt der Augenblick, an dem wir endlich die Prüfung für beendet erklären und, um unseren Zerwürfnissen ein Ende zu bereiten, alles opfern müssen, was zu opfern Gewissen und Ehrgefühl gestatten, was sie jedem von uns um unserer Vaterlandsliebe willen zu opfern befehlen."

Als seine Gäste aufbrachen, ließ der Kardinal den Fanfarenzug der Schüler der *Weißen Väter* die *Marseillaise* spielen, wie es in den französischen Missionen üblich war. Das Ereignis fand sofort ein außergewöhnliches Echo in der Presse sowie der politischen Welt und rief in der katholischen Welt äußerst heftige Polemiken hervor. Die gemäßigten republikanischen Zeitungen brachten dagegen ihre Zufriedenheit zum Ausdruck, die Radikalen witterten eine List. Die konservative Presse reagierte kritisch bis offen feindselig. Die gemäßigte royalistische Tageszeitung *Le Monde* beurteilte die Republik als „noch immer mit einem Verfolgungsregime identisch". Sich für sie auszusprechen, dazu sei die Zeit noch nicht reif. In dem ultramontanen Blatt *L'Univers*, das hinsichtlich der Regierungsform indifferent eingestellt war, schätzte Eugène Veuillot, der Bruder des berühmten Polemikers, die Dinge so ein, daß Lavigerie keine „absolute Unterwerfung" verlangt habe; es sei nämlich kaum „verlockend", sich einem Regime anzuschließen, „das sich schon morgen wieder in einem Jules Ferry verkörpern kann." *La Croix*, die volksnahe Tageszeitung der Assumptionisten, gedachte dem päpstlichen Kurs zu folgen, ohne sich für eine bestimmte Regierungsform auszusprechen, und sah sich innerhalb des „katholischen Terrains" angesiedelt. Dem bonapartistischen Pamphletisten Paul de Cassagnac zufolge, der in *L'Autorité* schrieb, hatte Lavigerie vergessen, daß die Freimaurerei „die eigentliche Staatsreligion dieser Regierung" sei.

Damit zeichneten sich bereits die Einstellungen ab, die deutlich sichtbar werden sollten, als der römische Kurs klarer erkennbar wurde. In diesem Stadium der Entwicklung schien der Kardinal isoliert zu sein. Die Bischöfe schwiegen in ihrer übergroßen Mehrheit, ob sie sein Eingreifen nun für ungeschickt oder für inopportun hielten – mit Ausnahme von vier Stimmen, von denen sich zwei positiv und zwei negativ äußerten. In der Zeitung *L'Anjou* wies ein auf Bischof Freppel, den Abgeordneten des Départements Finistère, zurückgehender anonymer Artikel Lavigeries Äußerungen zurück: „Der Wahlspruch der Republik ist der ,soziale Atheismus'"; die Republikaner, so hieß es weiter, akzeptierten eine Beteiligung der Katholiken an der Regierung nur unter der Bedingung, daß diese mit den Schulgesetzen und dem Gesetz über den Militärdienst der Kleriker einverstanden wären. Lavigeries „Illusion" bestehe darin „zu glauben, die Republik sei in Frankreich lediglich eine Regierungsform, wie sie das anderswo ist, etwa in der Schweiz oder den Vereinigten Staaten", während sie doch „eine antichristliche Doktrin ist, mit der Grundidee der Laizisierung oder Säkularisierung aller Gesetze und aller Institutionen." Für zahlreiche Katholiken las sich die Argumentation des Bischofs von Angers völlig überzeugend. Die laizistischen Gesetze erschienen ihnen auch als eine nur vorläufige Regelung inakzeptabel. Würden es die Republikaner auf der anderen Seite denn akzeptieren können, daß sich ihnen Männer anschlössen, die den „ehernen Stützpfeiler" der Republik nicht akzeptierten, wie es Jules Ferry am 21. November 1890 ausgedrückt hatte? Hier lag die zentrale Schwierigkeit des *Ralliement*.

Leo XIII. akzeptierte die Vorbehalte und die Feindseligkeit nicht, mit der die meisten französischen Katholiken auf den „Toast von Algier" reagierten, und so rief der Assistent des Jesuitengenerals die Zeitschrift *Etudes* zur Ordnung: Der Papst habe sich nämlich beklagt, daß sie sich „derart ablehnend zu den von Kardinal Lavigerie dargelegten Gedanken"[86] geäußert hatte. Angesichts der Verwirrung in der katholischen Öffentlichkeit rief Kardinal Richard, der Erzbischof von Paris, am 2. März 1891 in einer *Réponse à d'éminents catholiques qui l'ont consulté sur leur devoir social dans les circonstances actuelles* [„Antwort an prominente Katholiken, die ihn bezüglich ihrer Bürgerpflicht in den derzeitigen Umständen um Rat gefragt hatten"] zu einer Einigung auf konstitutioneller Ebene auf, zugunsten einer Verteidigung der religiösen Freiheit und jenseits jeglicher „Parteinennung". Die Mehrzahl der Bischöfe stimmte diesem Dokument zu, das von den Monarchisten nicht die Aufgabe ihrer Parteizugehörigkeit verlangte. Beim XX. Kongreß der katholischen Komitees dankte Senator Chesnelong dem Kardinal, daß er den Monarchisten nicht „die loyale Treue zu ihren Überzeugungen und Erwartungen"[87] untersagt habe, und sprach sich für eine Einigung der Katholiken aus. Der Kardinal forderte ihn daraufhin als den Vorsitzenden des Komitees zur Verteidigung der Religion auf, dieses auszuweiten. Das Zentralkomitee der Union des christlichen Frankreich trat unter Vorsitz von Chesnelong und mit den Vizepräsidenten Emile Keller, Baron de Mackau, Albert de Mun und d'Herbelot als eine neue konservative Gruppierung auf den Plan. Der Comte d'Haussonville, der dem Comte de Paris freundschaftlich verbunden war, vermutete, die monarchistischen Kandidaten bei den nächsten Wahlen seien „dieselben wie die der Komitees der Union des christlichen Frankreich".[88]

In ihrer auf die Initiative des Erzbischofs von Reims, Kardinal Langénieux, zustandegekommenen und von Maurice d'Hulst, dem Rektor des *Institut Catholique de Paris*, ausformulierten öffentlichen Erklärung vom 16. Januar 1892 zogen die fünf französischen Kardinäle zwar eine schonungslose Bilanz der republikanischen Politik gegenüber der Kirche, forderten die Katholiken aber dennoch zur Anerkennung der eingesetzten Institutionen auf. Der Aussage des Nuntius zufolge hatte jedoch ein bestimmter Satz in Rom Besorgnis hervorgerufen, nämlich die Bekräftigung: „Die materiellen und moralischen Vorteile des

---

[86] Vgl. die Denkschrift von C. DONZEL, Les *Etudes*, Paris 1993, 70.

[87] LECANUET, L'Eglise I (s. Anm. 55) 413f.

[88] Rede vom 19. Juli 1891 in Toulouse. Der Führer der orléanistischen Partei erklärte sein *non possumus* bezüglich des Toasts von Algier.

Konkordats gehören nicht zu denen, denen in jedem Fall der Vorzug zu geben ist." Fünf-
undsiebzig Bischöfe unterzeichneten das Dokument, das eher implizit „ein weiterer Schritt
in die vom Papst gewiesene Richtung" war (E. Lecanuet). Dieser griff mit seiner in französischer Sprache verfaßten und am Abend des 19. Februar 1892 veröffentlichten Enzyklika *Au milieu des sollicitudes* vom 16. Februar unmittelbar in den Lauf der Dinge ein.
Zwei Tage zuvor hatte der Papst in der Zeitung *Le Petit Journal* in einer Entgegnung an
den Journalisten Ernest Judet unter Verweis auf das Beispiel der Vereinigten Staaten bekräftigt: „Die Republik ist eine ebenso legitime Staatsform wie jede andere."

Die Enzyklika forderte zur Anerkennung der Republik auf. Gewiß bestand eine religionsfeindliche Gesetzgebung: „Die ehrbaren Leute müssen sich fest zusammenschließen,
um mit allen legalen und ehrlichen Mitteln die fortschreitenden Übergriffe der Gesetzgebung zu bekämpfen." Abschließend forderte der Papst die Katholiken auf, das Konkordat
nicht in Frage zu stellen, denn in Frankreich müsse die Trennung von Staat und Kirche zu
schwerwiegenden Konsequenzen führen. Hier lag einer der Gründe für die Intervention
des Papstes. Angesichts der von der Enzyklika ausgelösten Angriffe wandte er sich am
3. Mai in seinem Schreiben *Notre consolation* an die französischen Kardinäle und wiederholte seine Instruktionen: „Akzeptieren Sie die Republik. Begegnen Sie ihr mit Respekt
und Unterwerfung als der Repräsentantin der von Gott stammenden Macht." Am 12. Mai
überbrachte Kardinal Rampolla der einundzwanzigsten Versammlung der Katholiken den
Segen des Papstes im Vertrauen darauf, „sie würden sich den Richtlinien seiner letzten
Schreiben entsprechend verhalten". Doch anstatt den päpstlichen Vorgaben zu folgen, erklärten die Führer der *Union de la France chrétienne* (de Mun und Veuillot hatten diese
nach Erscheinen der Enzyklika verlassen) ihren Rücktritt, „da der politisch neutrale Boden
[…] den Wünschen des Heiligen Vaters offensichtlich nicht mehr entspricht." Die katholischen Notabeln wie Louis Buffet, Charles Chesnelong und Emile Keller zogen sich aus
den religiösen Verteidigungskämpfen zurück. Aus Hochachtung für Rom schlossen sie
sich nicht dem Lager der „Widerspenstigen" um Paul de Cassagnac und den Comte
d'Haussonville an – aber auch nicht den Anhängern der Aussöhnung. Der Kurs Roms
wurde durchweg nicht ohne Gewissenskämpfe akzeptiert. Das in Lille erscheinende, den
Legitimisten nahestehende Blatt *La Vraie France* formulierte es in seiner Ausgabe vom
3. Juni 1892 so: „Man verlangt von uns, unsere aktive Treue einer verlorenen Sache zu opfern." Ebenfalls in Lille erklärte Albert de Mun drei Tage später, daß er zwar mit den ab-
verlangten „Opfern" einverstanden sei, aber er wiederholte, was er bereits auf dem Regio-
nalkongreß der *ACJF* vom 22. Mai in Grenoble gesagt hatte: Er sei entschlossen, sich der
vom Kirchenoberhaupt vorgegebenen Richtung entsprechend zu verhalten. Etwa zwanzig
seiner royalistischen Kollegen aus der Volkskammer forderten in einer anonymen Erklärung, mit der sie sich „der unfehlbaren Autorität des Heiligen Stuhles in Glaubensdingen"
unterwarfen, „als Staatsbürger" das Recht auf eine eigene Stellungnahme bezüglich der
Regierungsform. Der letzte Vertreter des Comte de Chambord im Département Aisne,
René de La Tour du Pin, schloß sich dieser Erklärung an; damit verfolgte ein Flügel der katholischen Bewegung die Aussöhnung nicht weiter.

So änderte sich durch das Eingreifen des Papstes die ideologische Landschaft des französischen Katholizismus – und darauf sollte hier verwiesen werden. Von jetzt an können
wir in Vereinfachung komplexer Diskussionen mehrere Haltungen unterscheiden. Die
„Widerspenstigen" lehnten die Aussöhnung ab. Indem sie zwischen den Lehren der Kirche
und dem politischen Engagement des Staatsbürgers unterschieden, knüpften sie an eine

gallikanische Tradition an. Sie versäumten es auch nicht, vor dem schlecht informierten derzeitigen Papst an seinen Vorgänger zu appellieren; so verfuhren bestimmte Mitarbeiter der Zeitung *L'Univers* im Umfeld von Elise Veuillot, die das Blatt *La Vérit* gründeten.

Zahlreiche Katholiken gehorchten Rom und akzeptierten die staatlichen Institutionen, wenn schon nicht die Republik als solche, und klammerten die Frage der Regierungsform aus, indem sie sich auf das Feld der Verteidigung der Religion zurückzogen. Diese Haltung teilte zweifelsohne die Mehrheit der Bischöfe, der Kleriker und Laien, die der *Union de la France chrétienne* folgten. Die Assumptionisten von der Tageszeitung *La Croix*, Albert de Mun und seine Freunde von der *Ligue de défense catholique et sociale* gingen noch einen Schritt weiter und schlossen sich ganz der Republik an. Aber sie hegten den Wunsch, diese möge eine „christliche" Republik sein, die auf religiöser und sozialer Ebene deutlich von den Lehren der Kirche geprägt sein und zugleich von der laizistischen Gesetzgebung absehen sollte. Männer wie Jacques Piou, der in der Abgeordnetenkammer die kleine Gruppe der später in „republikanische Rechte" umbenannten „konstitutionellen Rechten" gegründet hatte, und Etienne Lamy, ein früherer republikanischer Abgeordneter mit sehr guten Beziehungen in Rom, wußten, daß die Anhänger der Aussöhnung – wenn sie nicht als Klerikale erscheinen, sondern von den Republikanern akzeptiert werden wollten – sich mit der laizistischen Gesetzgebung abfinden mußten und allenfalls darauf achten konnten, daß diese nicht engstirnig angewandt wurde. Die Christdemokraten schließlich, wie übrigens auch Albert de Mun, schlossen sich im Unterschied zu den konservativen Liberalen von der Art Pious in ihrem Streben nach einer christlichen sozialen Republik den beiden Enzykliken zur Aussöhnung und zur sozialen Frage an. Damit waren unterschiedliche Lesarten der Aussöhnung gegeben, welche die internen Mehrdeutigkeiten und Konflikte verständlich machen. So stieß etwa Etienne Lamys Wählervereinigung am Vorabend der Wahlen von 1898 auf den Widerspruch der mit den Assumptionisten von *La Croix* verbundenen Komitees für Recht und Gleichheit. Die „Wiederspenstigen" andererseits entfesselten ihre Polemik angesichts der „Sticheleien" der Republikaner und anläßlich des Steuergesetzes über die Pauschalabgaben für die Kongregationen oder des Gesetzes über die Betriebsbuchführung der Kirchenvorstände – und ihnen folgten alle, für die die Verteidigung der Religion an erster Stelle stand. In diesem Moment bemühte sich Rom um eine Beilegung der Konflikte.

Das Hauptproblem bestand darin, welche Konsequenzen die Aussöhnung haben würde. Ihre Anhänger bildeten in der Abgeordnetenkammer nur eine Minderheit von etwa dreißig Gewählten im Jahre 1893, und 1898 waren es kaum mehr. Die übrige Rechte jedoch bezeichnete sich bis auf einen Flügel von Unbeugsamen nicht mehr als monarchistisch. Die Rechte und die Anhänger der Aussöhnung unterstützten den gemäßigten Republikaner Jules Méline und seine Regierung der Mitte. Einer Formulierung Spullers zufolge, ein früherer Mitstreiter Gambettas und 1894 Minister für Bildung und Kultusangelegenheiten, hielt in den Beziehungen zwischen Kirche und Staat allmählich ein „neuer Geist" Einzug, der eine Rückkehr der Kongregationen begünstigte. Das Wiederaufflammen der antikirchlichen Kämpfe um die Jahrhundertwende führte mitunter zu der Auffassung, die Aussöhnung sei gescheitert; dies hieße jedoch die dauerhaften Veränderungen unterschätzen, die in der Welt des französischen Katholizismus ausgelöst worden waren. Wie Denys Cochin, ein Orléanist, der sich dem päpstlichen Kurs angeschlossen hatte, zehn Jahre später an Erzbischof John Ireland schrieb: „Das Wort Leos XIII. wurde so deutlich und sogar noch klarer vernommen, als es jemals für das Wort eines Papstes in irgendeinem anderen Land der Fall war, wenn er politische Empfehlungen aussprach. Seither gab es in Frankreich weder eine Kampagne von monarchistischer Seite noch eine monarchistische Partei im eigentlichen Sinn."[89]

Aus zweierlei Gründen konnte die Aussöhnung jedoch nicht ihre vollen Früchte tragen: wegen der antikirchlichen Kampagnen und wegen der Folgen der Dreyfus-Affäre. In den Augen der Radikalen war die Aussöhnung nur eine List der Kirche gewesen, um von neuem ihren politischen Einfluß auszubauen, denn sie begünstigte den Aufschwung des privaten Schulwesens und der Kongregationen. Diese These fand Anklang in einem Teil der gemäßigt republikanischen Welt, dem daran lag, nicht für klerikal gehalten zu werden – wie sich bei den Wahlen von 1898 zeigte. In dieser Hinsicht ist zu bestätigen, daß das Wiederaufkommen des Antiklerikalismus der Dreyfus-Affäre vorausging. Diese sollte jedoch die Leidenschaften anstacheln.

Die Haltung der Katholiken in der Affäre um den unberechtigten Spionagevorwurf gegen den jüdischen Offizier Alfred Dreyfus (1898–1899) wird mitunter stark vereinfacht dargestellt, sogar so weit, daß sie als die Hauptgegner von Dreyfus erscheinen. Hier ist jedoch eine nuanciertere Sicht der Dinge erforderlich.[90] Unbestreitbar standen die Katholiken in ihrer großen Mehrheit Dreyfus feindlich gegenüber, und in diesem Punkt unterschieden sie sich kaum von der Meinung der französischen Bevölkerung allgemein. Wie andere Gruppen der französischen Gesellschaft teilten sie einen diffusen Antisemitismus. Dieser wurde von der traditionellen kirchlichen Lehre von den Juden als „Gottesmördern" und im Falle der Anhänger des sozialen Katholizismus von einem ökonomisch geprägten Antisemitismus genährt – ebenso wie bei den Sozialisten. Allerdings war zu beobachten, daß eine bestimmte Anzahl von Katholiken – wie etwa Anatole Leroy-Beaulieu[91] und Denys Cochin – den Antisemitismus mißbilligten. Letzterer schloß sich übrigens nicht dem Lager der Dreyfus-Verteidiger an, weil er das Militär als Institution nicht in Frage stellen wollte. Jenen „Dreyfusards" folgte eine Minderheit aus dem *Comité catholique pour la défense du droit*, das von dem Jura-Professor Paul Viollet gegründet worden war. Die Bischöfe äußerten sich nicht, was ihnen die Nationalisten und die antisemitischen „Antidreyfusards" ebenso vorwarfen wie die katholischen „Dreyfusards". Nachdem sich die belastenden Papiere als Fälschung herausgestellt hatten, erschien eine Revision des Urteils unvermeidlich. Das war jedenfalls die Einstellung des Blattes *L'Univers*, dessen Meinungsbildung nicht anders verlief als die der Bevölkerungsmehrheit. Wenn sich dennoch das Bild eines französischen Katholizismus eingeprägt hat, der untrennbar mit der gegen Dreyfus gerichteten Einstellung verbunden war, so ist dies ganz erheblich auf den Einfluß der Pariser Zeitung *La Croix* und ihrer Tochterredaktionen in der Provinz zurückzuführen[92], der Blätter der militanten Christdemokraten und der Vertreter des sozialen Katholizismus. Die lautstärksten und sichtbarsten Meinungsbezeugungen der Katholiken verfestigten das herrschende Bild. Da die Einstellung der „Antidreyfusards" andererseits ebenso zum Antiklerikalismus tendierte – man hielt die Kirche und die Komplotte des Je-

---

[89] D. Cochin an Monsignore Ireland am 17. Januar 1907 (Cochin-Archiv). Er vertrat die Ansicht, die Historiker sollten „dieses unerhörte Ergebnis bewundern", anstatt „es für unzureichend zu erklären".

[90] Noch immer ist der Rückgriff auf die Analysen von L. Capéran, L'Anticléricalisme et l'Affaire Dreyfus (1897–1899), Toulouse 1948, notwendig. Vgl. auch J.-M. Mayeur, Les Catholiques dreyfusards, in: RH (1979), 337–360, sowie ders., in: Dictionnaire de l'affaire Dreyfus, Paris 1994.

[91] Israël chez les nations, Paris 1893.

[92] P. Sorlin, La Croix et les Juifs, Paris 1967, sowie D. Delmaire, Antisémitisme et Catholiques dans le Nord pendant l'affaire Dreyfus, Lille 1991.

suitenordens für die Schuldigen an der Affäre – wie zum Antimilitarismus – denn als der zweite Schuldige galt das Militär, das als Verbündeter der Kirche dargestellt wurde –, unterschieden sich die Katholiken sehr oft nicht vom Lager der „Antidreyfusards". Im Gegensatz dazu prangerten Vertreter der katholischen Linken mit der übrigen Linken die gegen Dreyfus gerichtete Einstellung des Klerikalismus an.

Die wichtigste Konsequenz der Dreyfus-Affäre war die Spaltung der gemäßigten Republikaner in „Dreyfusards" und „Antidreyfusards" und die Rückkehr zum Kampf der politischen Blöcke, Linke gegen Rechte. Die Regierung der „Verteidigung der Republik" unter Pierre Waldeck-Rousseau, einem gemäßigten Republikaner, der sich auf eine Links-Koalition stützte, holte zum Schlag aus gegen die „moines ligueurs" und die „moines d'affaires", d. h. die Ordensleute in der Heiligen Liga und die Ordensleute, die sich als Geschäftsmänner gerierten. Nach einem Gerichtsprozeß wurde der Orden der Assumptionisten aufgelöst. Insbesondere ließ Waldeck das Gesetz vom 1. Juli 1901 über die Verbände verabschieden, das – abgesehen von den Bestimmungen über die religiösen Kongregationen – liberal gehalten war[93]. Aufgrund von Artikel 13 dieses Gesetzes mußten sie einen vom Parlament zu genehmigenden Zulassungsantrag stellen. Indem er so der einfachen Toleranz gegenüber der Mehrheit der Männerorden und einem Teil der Frauenorden ein Ende setzte, beabsichtigte Waldeck, zu einem „Ordenskonkordat" zu kommen. Er beschränkte sich auf die Anwendung von Zwangsmaßnahmen gegen einige bestimmte Kongregationen, um seiner parlamentarischen Mehrheit Genugtuung zu verschaffen. Artikel 14 des Gesetzes untersagte den Angehörigen nicht zugelassener Kongregationen die Lehrtätigkeit. Bei den Wahlen von 1902 ging es um die religiöse Frage, und dem Block der Linken standen die Waldeck-Rousseau feindlichen Progressisten gegenüber, die Nationalisten und die katholischen Anhänger der Aussöhnung, die mit Jacques Piou und Albert de Mun als den letzten Streitern für die Sache des Monarchismus soeben die Partei der *Action libérale populaire* gegründet hatten. Dieser Partei gelang der Durchbruch nicht; es fehlten ihr 200 000 Stimmen. Das Mehrheitswahlrecht mit zwei Wahlgängen führte zu einer starken antikirchlichen Mehrheit. „Sie sind zu viele", soll Waldeck angesichts des Erfolges der Radikalen gesagt haben. Damit begann, einer Formulierung des antiklerikalen Schriftstellers Anatole France zufolge, die „zweite Kampagne des Laizismus".

Emile Combes, der Präsident der Gruppe der demokratischen Linken im Senat, schritt zur Regierungsbildung. Nach einem Theologiestudium, das er vor der Priesterweihe abgebrochen hatte, war er Arzt geworden und später Senatsabgeordneter des Département Charente-Inférieure. Antiklerikal und der römisch-katholischen Kirche gegenüber feindlich eingestellt, bekannte er sich zu einem den Ideen eines Edgar Quinet nahestehenden deïstischen Spiritualismus. Er hielt die Trennung von Kirche und Staat für inopportun und vorschnell – obwohl doch seine Politik genau darauf hinauslaufen sollte. Er genoß in den französischen Provinzen eine unbestreitbare Popularität, und radikale antiklerikale Strömungen unterstützten seine gegen die Kongregationen gerichtete Politik. Auch die Freimaurerlogen, die Freidenkergesellschaften, die ihre Mitglieder durch ein demokratischeres Verfahren rekrutierten, sowie die im Zusammenhang der Dreyfus-Affäre entstandene Menschenrechtsliga waren der Politik Combes' förderliche Gruppierungen. Combes ließ – in Anwendung des Vereinigungsgesetzes und ohne Rücksicht auf die von Waldeck ge-

[93] P. SORLIN, Waldeck-Rousseau, Paris 1966.

machten Zusicherungen – die Ordensschulen schließen, die vor *und* nach der Verabschiedung des Gesetzes von 1901 gegründet worden waren. Insbesondere in der Bretagne rief das heftigen Protest hervor, und es kam auch zu einzelnen Zwischenfällen. Zumal in den Monaten März bis Juli 1903 ließ Combes 54 von 64 Zulassungsanträgen von Männerorden sowie 81 von 394 Anträgen von Frauenorden durch die Abgeordnetenkammer ablehnen. [94] Sie wurden ebenso wie die nicht zugelassenen Kongregationen aufgelöst, die keinen Antrag gestellt hatten: insgesamt 86 Männer- und 211 Frauenkongregationen. Ein Teil von ihnen ging ins Exil. Andere entließen ihre Mitglieder ins weltliche Leben. Einzig die Missionsinstitute waren nicht betroffen: Unter den Männerorden waren die Lazaristen, die *Pères du Saint-Esprit* und die Mitglieder der Missionsstationen im Ausland seit dem Zweiten Kaiserreich anerkannt. Für die übrigen Missionsinstitute, so auch für die Missionsstationen in Afrika und den Orden der *Weißen Väter*, war das Anerkennungsverfahren noch „anhängig". In seinem Eifer, einen Schlag gegen das Ordensschulwesen zu führen, ließ Combes dann auch die nicht anerkannten Lehranstalten anerkannter Kongregationen schließen. Als End- und Höhepunkt des Kampfes gegen die Kongregationen untersagte das Gesetz vom 7. Juli 1904 diesen schließlich jegliche Lehrtätigkeit. Diejenigen Kongregationen, die „ausschließlich als Schulorden" zugelassen waren, mußten „binnen längstens zehn Jahren geschlossen" sein. Auch ihre Noviziate mußten geschlossen werden, „mit Ausnahme derer, die das Personal für französische Schulen im Ausland ausbildeten, in den Kolonien und den Ländern unter französischem Protektorat". Diese auf Georges Leygues zurückgehende Abänderung bestätigte erneut, daß der Antiklerikalismus – Gambettas Formulierung entsprechend – „kein Exportartikel" war. In seiner Rede in Auxerre am 4. September 1904 hielt Combes sich die Schließung von 13 904 Lehranstalten zugute.

Combes' Politik führte nicht als solche zur Trennung von Staat und Kirche, denn darauf kam es dem Staatspräsidenten nicht an. Das Anschwellen der antiklerikalen Leidenschaften und das Klima der sich ständig verschlechternden Beziehungen zwischen Kirche und Staat ließen es jedoch fraglich erscheinen, ob das Konkordatssystem aufrecht erhalten werden konnte. Die Kampagnen für eine Trennung von Staat und Kirche fanden in der öffentlichen Meinung der Republik immer stärkeren Anklang. Mehrere Zwischenfälle führten dann zum Abbruch der diplomatischen Beziehungen mit dem Heiligen Stuhl. Der auf Aussöhnung bedachte Pius X. hatte der Streichung des Wortes *nobis* in den Bullen zur Bischofsernennung zugestimmt, und jetzt bestand die französische Regierung darauf zu bekräftigen, sie habe ein Ernennungsrecht *(nominavit)* und nicht lediglich ein Vorschlagsrecht *(nobis nominavit)*. Rom dagegen bestand auf einer Vorabsprache mit dem Nuntius, die Combes abschaffen wollte. Dem Besuch von Staatspräsident Loubet beim italienischen König im April 1904 schließlich folgte eine Protestnote des Heiligen Stuhls an die päpstlichen Kanzleien. Sie wurde in der Zeitung des Sozialisten Jean Jaurès, *L'Humanité*, veröffentlicht und führte zu einem umso heftigeren Skandal, als ein Satz des an die französische Regierung überbrachten Schreibens bekräftigte, die Belassung des Nuntius in Paris hänge „von äußerst schwerwiegenden Beweggründen ab, denen in jeder Hinsicht besonderer Stellenwert und besonderes Wesen zukommen". Der Skandal war so groß, daß die Regierung den Botschafter abberief.

---

[94] Hierzu können wir noch immer auf die sehr zuverlässigen Klarstellungen von L. Capéran, L'Invasion laïque. De l'avènement de Combes au vote de la Séparation, Paris 1935, zurückgreifen; vgl. auch M. Larkin, Church and State after the Dreyfus Affair – The Separation issue in France, London 1974.

Dann wurden überraschend zwei Bischöfe, Geay aus Laval und Le Nordez aus Dijon[95], vor das Heilige Offizium zitiert: Sie waren Republikaner und unterhielten nur mäßig gute Verbindungen zu ihren Gläubigen und ihrem Klerus. Die heftigsten Anklagen wurden laut, und so warf man ersterem eine zu enge Freundschaft mit der Oberin des dortigen Karmeliterinnenklosters vor, dem zweiten, er sei ein Freimaurer. Seine Seminaristen weigerten sich, von ihm die Priesterweihe zu empfangen. Das päpstliche Staatssekretariat forderte die beiden Bischöfe unter Androhung der Suspendierung auf, sich zu verteidigen. Die französische Regierung dagegen verlangte, sie sollten sich weigern. Am 30. Juli 1904 kündigte der Bevollmächtigte Frankreichs gegenüber Kardinal Merry del Val an, die Regierung beabsichtige, die diplomatischen Beziehungen zu beenden[96].

Der Abbruch der diplomatischen Beziehungen bedeutete nicht notwendig auch die Trennung von Kirche und Staat. Doch das Gewicht der Kräfte, die das Werk des Laizismus zu vollenden wünschten, das Bestreben von Sozialisten wie Jaurès, das „unbestreitbare Problem der Beziehungen von Kirche und Staat" zu lösen, die Entwicklung der Radikalen und ganz einfach die Sachzwänge brachten schließlich Combes selbst dazu, daß er am 10. November 1904 einen Gesetzentwurf zur Trennung von Staat und Kirche vorlegte. Nach Combes' Sturz, den ein Teil seiner Anhängerschaft im Stich gelassen hatte, da sie von seinem autoritären und fanatischen Vorgehen genug hatten, bildete Maurice Rouvier (1842–1911) eine neue Regierung, und diese verabschiedete ein Trennungsgesetz, das, Péguys Formulierung zufolge, „in einem Combes nahestehenden Geist konzipiert, aber in einem sehr viel republikanischeren Geist umgesetzt wurde". Mit Unterstützung eines hohen protestantischen Beamten, Louis Méjan[97], der Kontakt mit den gemäßigten Katholiken aufgenommen hatte, bemühte sich der Journalist, Rechtsanwalt und Sozialist Aristide Briand, ein im Unterschied zu Combes' Projekt liberales Gesetzeswerk zu schaffen. Der größte Teil der Debatte bezog sich auf Artikel 4, der den Übergang des Besitzes der öffentlichen Kultuseinrichtungen an „Kultgemeinschaften" regelte. Nach lebhaften Diskussionen und trotz der Opposition der Antiklerikalen, die durch diese Regelung innerkirchlichen Schismen Vorschub zu leisten beabsichtigten, wurde beschlossen, diese Vereinigungen sollten sich „den allgemeinen Organisationsvorschriften des Kultus [entsprechend verhalten], dessen Bestand zu wahren sie anbieten." Die Proteste der Antiklerikalen gegen eine Regelung, die auf Männer zurückging, die sie als „socialo-papalins" brandmarkten, nämlich Briand und Jaurès, führte zur Einfügung eines Artikels 6 (in späterer Zählung Art. 8), der eine Intervention des Staatsrates in Streitfällen zwischen Kultgemeinschaften um die Zuweisung der Kirchengüter vorsah. Diese Regelung war ein schwerer Schlag für das Vertrauensklima in der katholischen Welt. Die Grundzüge des am 9. Dezember 1905 verabschiedeten Gesetzes stehen bereits in den beiden ersten Artikeln:

„*Artikel 1*: Die Republik garantiert die Gewissensfreiheit. Sie sichert die freie Ausübung der Kulte zu, eingeschränkt lediglich wie im folgenden im Interesse der öffentlichen Ordnung festgelegt:

---

[95] Vgl. dazu M. DENIS, L'Eglise et la République en Mayenne (1896–1906), Paris 1967, und J. MAÎTRE, Les stigmates de l'hystérique et la peau de son évêque. Laurentine Billoquet (1862–1931), Paris 1993. Die Titelheldin war zusammen mit dem Domprediger von Dijon die treibende Kraft in der Intrige gegen Le Nordez.

[96] Vgl. das Weißbuch des Heiligen Stuhls, La Séparation de l'Eglise et de l'Etat en France. Exposé et documents, Verlag der *Questions actuelles*, 1906.

[97] Vgl. V. L. MÉJAN, La Séparation des Eglises et de l'Etat. L'œuvre de Louis Méjan, Paris 1959.

Artikel 2: Die Republik erkennt keinen Kult an, noch entlohnt oder subventioniert sie ihn. Demzufolge werden am 1. Januar nach Verabschiedung des vorliegenden Gesetzes alle Ausgaben zur Religionsausübung aus den Budgets des Staates, der Départements und der Kommunen gestrichen. Dennoch können in den entsprechenden Budgets weiterhin Ausgaben eingeplant werden, die für die Anstaltsseelsorge und für die freie Religionsausübung in öffentlichen Einrichtungen wie Gymnasien, Kollegien, Schulen, Krankenhäusern, Obdachlosenasylen und Gefängnissen bestimmt sind."

Auf protestantischer und jüdischer Seite verursachte das Gesetz keine Anwendungsprobleme. Die katholische Welt dagegen spaltete sich im Blick auf die Frage der Einrichtung von Kultgemeinschaften. Sollte man sie akzeptieren, wie es die liberalen und die gemäßigten Katholiken, zahlreiche Laien und die Mehrheit der Bischöfe wollten? Oder sollte man zusammen mit den intransigenten Katholiken ein Gesetz ablehnen, das, wie die Erfahrung oftmals gezeigt hatte, in jedem Falle verschärft werden und trotz seines liberalen Äußeren zur Verfolgung führen könnte, ein Gesetz schließlich, das trotz seines Artikels 4 durch die Schaffung von Kultgemeinschaften zur Laizisierung der Kirche führen würde? Auf dem Kongreß der *Action libérale populaire* am 17. Dezember 1905 rief Albert de Mun: „Wir werden nicht den loyalen Versuch der Apostasie machen, wir werden nicht den loyalen Versuch machen, Gott zu hassen." Die Haltung des Abgeordneten aus dem Département Finistère zeigt, daß ein Teil der Anhänger der Aussöhnung jetzt mit den früheren „Widerspenstigen" gemeinsame Sache machte, nämlich der Großteil der katholischen Presse und zahlreiche Aktivisten der katholischen Organisationen. In Rom äußerte sich Pius X. nicht sofort. Doch als in Paris die ersten Anzeichen für einen vom Klerus verurteilten Widerstand gegen die vom Gesetz vorgesehene Inventarisierung der kirchlichen Besitztümer sichtbar wurden, scheint dies die Veröffentlichung der Enzyklika *Vehementer nos* vom 11. Februar 1906 beschleunigt zu haben. Der Papst verurteilte das Prinzip der Trennung und ein Gesetz, das „die Verwaltung und die Aufsicht über den öffentlichen Kultus nicht der durch unseren Heiland von Gott eingesetzten hierarchischen Körperschaft [überträgt], sondern einer Vereinigung von Laien." Der Papst kündigte an, praktische Instruktionen werde er zu gegebener Zeit übersenden.

In diesem Augenblick nahmen die Proteste gegen die Inventarisierung (im Blick auf eine Zuweisung der kirchlichen Besitztümer) in einigen christlich geprägten Gegenden – etwa in Flandern, im Département Haute-Loire und im Westen – gewalttätige Züge an. Der Tod eines Demonstranten in Boeschèpe im Département Nord führte am 6. März 1906 zum Sturz der Regierung. Georges Clemenceau konnte als neuer Innenminister die Lage beruhigen, indem er sich weigerte, „wegen zwei Kerzenleuchtern" das Leben eines Polizisten aufs Spiel zu setzen. Briand, der um eine Durchführung der gesetzlichen Regelungen besorgt war, wurde Minister für Volksbildung und Kultusangelegenheiten. Die Frage der Kultgemeinschaften blieb offen. Die „kompromißbereiten" Katholiken unternahmen einen letzten Versuch, Rom und die Bischöfe zu überzeugen, und am 26. März publizierte *Le Figaro* die durch eine Indiskretion bekanntgewordene „Bittschrift an die Bischöfe", die, da zahlreiche ihrer dreiundzwanzig Unterzeichner Mitglieder der Akademien waren, schon bald als der „Brief der Grünen Kardinäle" bezeichnet wurde. Das Unternehmen ging auf Ferdinand Brunetière zurück, den Schriftleiter der *Revue des Deux Mondes*, und Männer aus seiner Umgebung, namentlich Denys Cochin, Georges Goyau und Anatole Leroy-Beaulieu. Ohne dem Gesetz zuzustimmen, forderten sie zur Nutzung der „organisatorischen Möglichkeiten" auf, die das Gesetz bot. Albert de Mun widersetzte sich „der Stimme der Prominenten, der Großen und Gewandten" und stellte ihnen das zum Widerstand entschlossene katholische Volk gegenüber. Jacques Piou, Anführer der *Action libérale*, und Jean Lerolle, Präsident der *Action catholique de la jeunesse française*, trugen ihm ihre Unterstützung an. Im übrigen spekulierten die katholischen Aktivisten auf einen Erfolg bei den Wahlen zur gesetzgebenden Versammlung im Mai 1906. Dort konnte der „Block" in der Tat einen Zuwachs verzeichnen, wenn sich auch die Programme der Gewählten klar für eine Mäßigung in der Anwendung des Gesetzes aussprachen.

In dieser Zeit, als das Klima von Meinungsverschiedenheiten unter Katholiken und einer tiefen Sorge um die Zukunft bestimmt war, wurde im Erzbistum Paris die erste Vollversammlung der Bischöfe eröffnet, die vom 30. Mai bis 1. Juni 1906 tagte. Mit 72 gegen 2 Stimmen verurteilten die Bischöfe die Prinzipien des Gesetzes und erklärten ihre Zustimmung zur Enzyklika *Vehementer nos*. 48 gegen 26 Stimmen jedoch sprachen sich für die Bemühung um einen *modus vivendi* aus, und 56 gegen 18 schlossen sich dem Projekt kanonischer und legaler Vereinigungen an, das Marie-Joseph Fulbert-Petit, der Erzbischof von Besançon, vorgeschlagen hatte. Damit setzten sich die Gemäßigten, zu denen auch Léon Adolphe Amette, der Koadjutor des Pariser Erzbischofs, gehörte, gegen die Intransigenten durch. Rom wollte sich jedoch die von den französischen Bischöfen empfohlene Lösung nicht zu eigen machen. Die vom 10. August 1906 datierende Enzyklika *Gravissimo Officii* untersagte die Anerkennung der Kultgemeinschaften und eines „Unterjochungsgesetzes", solange keine Anerkennung der „göttlichen Verfassung der Kirche und der unveränderlichen Rechte des römischen Pontifex und der Bischöfe" gegeben sei. Hier wurde der Hauptgrund für die Haltung Roms sichtbar: nämlich die erklärte Absicht der französischen Regierung, den Heiligen Stuhl nicht zu beachten, und das mangelnde Vertrauen in Gesetzesregelungen, die nur unzureichende Garantien boten. Die Regierung war dem Druck der Antiklerikalen ausgesetzt und weigerte sich, mit dem Heiligen Stuhl in Verhandlungen zu treten – was dessen Unbeugsamkeit noch verschärfte.

Um nicht der Anklage der Verfolgung Vorschub zu leisten, gestattete Briand die Religionsausübung ohne die Bildung von Kultgemeinschaften, indem er das Gesetz von 1881 über die Versammlungen in der Öffentlichkeit anwandte. Pius X. untersagte es, die gesetzlich vorgesehene Erklärung abzugeben. Clemenceau, der seit kurzem das Amt des Ratspräsidenten bekleidete, ließ den noch in Paris verbliebenen Auditor der Nuntiatur ausweisen. Auf der anderen Seite jedoch strich die Regierung die früher geforderte Erklärung. Schließlich gewährte das Gesetz vom 2. Januar 1907 den Départements und den Gemeinden die freie Verfügung über Erzbischofs- und Bischofssitze sowie über Presbyterien und Seminare, auf die keine Kultgemeinschaft Anspruch erhoben hatte. Die nicht beanspruchten Güter sollten den kommunalen Hilfs- und Wohltätigkeitsanstalten zufallen. Die für Gottesdienstfeiern verwendeten Gebäude sollten weiterhin „den Gläubigen und den Geistlichen für die Ausübung ihrer Religion zur Verfügung stehen". Ein neues Gesetz vom 13. April 1908 regelte die noch offene Streitsache der Vererbung des Kirchengutes und machte die Kirchen zu Kommunalbesitz, ganz gleich, ob es sich dabei um Gemeindekirchen handelte oder um Kirchen, die bis zum Jahre 1906 Eigentum einer Stiftung waren. Insgesamt verlor die Kirche Frankreichs ihr Erbe. Dafür aber war sie nun gegenüber der weltlichen Macht ungebunden, und der Wille der Regierenden, nicht als Verfolger zu erscheinen, führte sie in der Anwendung des Gesetzes zu größerer Liberalität, als es vorhersehbar gewesen war. In dieser Hinsicht hatte Pius X. Briand durch seine Unnachgiebigkeit zu einer liberalen Politik gezwungen.

Das Schulwesen

Es entspräche nicht den Tatsachen, wollte man behaupten, daß nach dem Beschluß der Trennung von Kirche und Staat die Auseinandersetzungen zwischen der Republik und der Kirche beigelegt gewesen wären. Faktisch verlagerte sich der Kampf nur auf einen anderen Schauplatz: die Schulfrage. Die Antiklerikalen hatten geglaubt, mit den Maßnahmen gegen die Kongregationen könnten sie dem katholischen Privatschulwesen den entscheidenden Schlag versetzen. Tatsächlich wuchs aber das öffentliche Schulwesen nur um fünf Prozent gegenüber den Zahlen der Jahre 1901 bis 1906[98]. Von nun an stellte die antiklerikale Linke das Unterrichtsmonopol und die Aufhebung von Falloux' Gesetzgebung ins Zentrum ihrer Forderungen. Diese Vorhaben erschienen jedoch sogar der laizistischen Welt selbst, etwa den gemäßigten Republikanern und einem Teil der Radikalen, darunter Clemenceau, als ein Angriff auf die Liberalität; sie blieben erfolglos. In der katholischen Welt gab der Diözesanklerus aufgrund der Säkularisierung der Kongregationen dem privaten Schulwesen eine besondere Bedeutung. Die Vereinigungen von Familienvätern entwickelten sich, und sehr rasch bemühten sich die Bischöfe, hier Einfluß zu gewinnen. Insbesondere sie waren es, die mehrheitlich die Katholiken immer deutlicher aufforderten, ihre Kinder auf die Privatschulen zu schicken. Andere – vor allem in Diözesen mit nur schwach ausgebildetem Privatschulwesen – bestanden sehr viel klarer auf der Wahrung der weltanschaulichen Neutralität in den weltlichen Schulen.

Die gemeinsame Erklärung der Bischöfe vom 29. September 1908 rief nochmals die katholischen Grundprinzipien in Erinnerung und forderte dann die Eltern auf, „alle legalen Mittel [anzuwenden], um aufrechtzuerhalten, was wir in Ermangelung eines treffenderen Ausdrucks als ehrenhafte Neutralität bezeichnen wollen." Den intransigenten Katholiken und Rom erschien dieser Text nicht energisch genug, und Rom ließ von Kardinal Paulin-Pierre Andrieu aus Bordeaux einen Hirtenbrief verfassen, der das Prinzip der Neutralität verurteilte, das nur aus sehr ernsten Beweggründen toleriert werden dürfe. Diese am 14. September 1909 veröffentlichte Erklärung war in ihrer Endfassung nicht allen Bischöfen zur Unterzeichnung vorgelegt worden, denn die ganze Angelegenheit zeigte deutlich die Absicht Roms, in das Leben der französischen Kirche einzugreifen. Bestrebt, einen Schulkampf zu vermeiden, präzisierten einige Bischöfe den Verbindlichkeitsgrad der Erklärung: So schrieb Erzbischof Amette von Paris an die Mitglieder seines Klerus, die Bischöfe wollten nur die Anwendung des Gesetzes erreichen, das „in der Schule jede Beleidigung des religiösen Empfindens verbietet". Dennoch wurden gegen manche Bischöfe seitens weltlicher Lehrer gerichtliche Maßnahmen angestrengt, weil sie die Schule und gewisse Schulbücher angegriffen hätten. Andererseits entwickelte sich eine von der *Action populaire* in Reims und der *Action libérale populaire* unterstützte Kampagne für eine proportionale Aufteilung des Schulwesens, wodurch den Privatschulen je nach Proportion ihrer Schülerzahl eine staatliche Unterstützung zukommen sollte. Damit war die Schulfrage jedoch weit davon entfernt, an Brisanz zu verlieren. Sie gewann in den Jahren der Vorkriegszeit sogar noch an Bedeutung.

---

[98] A. Lanfrey, Les Catholiques français et l'Ecole (1902–1914), 2 Bde., Paris 1990.

Die katholische Bewegung

Welche Konsequenzen hatte die Trennung von Kirche und Staat für die Kirche Frankreichs? Unbestritten genoß sie jetzt einen Zuwachs an Freiheit, insbesondere bei der Einrichtung neuer Pfarreien in den städtischen Ballungsgebieten. Das wird am Beispiel Paris deutlich, wo zwischen 1905 und 1914 vierundzwanzig Pfarreien und zahlreiche Kapellen errichtet wurden. Auf der anderen Seite standen beträchtliche materielle Verluste. Vor allem der geänderte Rechtsstatus der Kirche und die antiklerikal aufgeladene Atmosphäre führten in den Vorkriegsjahren zu einem spürbaren Rückgang der Berufungen zum geistlichen Stand. Hatte, allgemeiner gefragt, die laizistische Politik zu Beginn des Jahrhunderts zur „Entchristlichung" Frankreichs beigetragen, wie es viele Zeitgenossen annahmen? Zur Beantwortung einer solchen Frage lassen sich nur einzelne Elemente zusammentragen. Die Entchristlichung hatte schon früher eingesetzt, und Politik kann auf dieser Ebene keine unmittelbaren Folgen haben. So ist es wahrscheinlich, daß die Trennung von Kirche und Staat und der Kampf gegen die Kongregationen in kirchenfernen Regionen eine bereits in Gang gekommene Entwicklung noch unterstrichen. In weiterhin christlich geprägten Regionen mit einem hohen Anteil praktizierender Katholiken jedoch verstärkten die Angriffe auf die Kirche eher noch die Bindung an sie und trugen dazu bei, daß noch stärker als in der Vergangenheit die katholische Sache mit derjenigen der konservativen und insofern der Verteidigung der Religion gleichgesetzt wurde. Die Gegensätze, die sich in der geographischen Aufteilung der religiösen Einstellung der französischen Bevölkerung bereits langfristig gezeigt hatten, traten jetzt nur noch schärfer hervor. Zugleich vollzogen sich innerhalb der verschiedenen gesellschaftlichen Gruppen bereits erwähnte Entwicklungen: in Teilen des Bürgertums die Rückwendung zur Kirche und die Infragestellung der bis dahin vorherrschenden Werte der Naturwissenschaften und des Fortschritts im Zusammenhang mit dem Aufschwung der katholischen Bewegungen in den 90er Jahren; zunehmende Kirchenferne in der bäuerlichen Welt, abgesehen von bestimmten eng eingrenzbaren Gegenden; Indifferenz und sogar Feindseligkeit in den Milieus der Arbeiterschaft, abgesehen von einigen gläubig gebliebenen Minderheiten. Die „Mittelschichten", deren Entwicklung damals deutlich wurde, waren oft besonders empfänglich für die Werte der republikanischen und laizistischen Linken. Aus einem Teil dieser Schichten gingen jedoch auch jene christlichen Aktivisten hervor, die binnen kurzem die Notabeln ablösen sollten.

Eine der bemerkenswertesten Veränderungen im französischen Katholizismus zwischen Jahrhundertwende und Erstem Weltkrieg bestand zweifellos in der Tendenz, sich erneut zusammenzuschließen und zu organisieren. Diese Entwicklung belegt die wachsende Anzahl von Kongressen und Prozessionen wie 1896 in Reims zur Gedächtnisfeier des 1400. Jahrestages der Taufe Chlodwigs. Der weltliche Klerus stand dieser Entwicklung nicht fern. So fanden auf Inititiative Lemires 1896 in Reims und 1900 in Bourges Kirchenkongresse[99] statt, die einen Teil der Bischöfe veranlaßten, den Vorwurf des Presbyterianismus zu erheben. Andere warfen diesen Kongressen, auf denen die „demokratischen Pfarrer" sich zugleich für die Enzyklika zur Aussöhnung und für die Enzyklika *Rerum novarum* aussprachen, vor, sie hätten sich der Christdemokratie angeschlossen.

Die bedeutsamste Tatsache ist jedoch der Aufschwung der Laienbewegungen. Sie stütz-

---

[99] R. Rémond, Les Deux Congrès ecclésiastiques de Reims et de Bourges 1896–1900, Paris – Sirey 1964.

ten sich auf Studien- und Diskussionszirkel, aber auch auf sozial und sogar politisch engagierte Kreise, die sich in den 90er Jahren im Umfeld eines Jugendwerks, einer Vinzenzkonferenz oder einer Pfarrgemeinde entwickelten. Im Kielwasser des von Albert de Mun begründeten *Œuvre des cercles catholiques d'ouvriers* schuf Robert de Roquefeuil 1886 die *Association catholique de la jeunesse française (ACJF)*. Diese wollte unter dem Motto „Frömmigkeit, Studium, Handeln" einen christlich-sozialen Orden gründen. Anfangs wandte man sich an die jungen Absolventen der Jesuiten-Kollegien. Um die Jahrhundertwende und unter dem Vorsitz von Henri Bazire, der wie seine Nachfolger Jean Lerolle und Pierre Gerlier Anwalt war, wurde die Vereinigung demokratischer, und jetzt saßen neben den Studenten auch Angestellte, Bauern und Arbeiter aus den Jugendwerken [100]. 1914 gehörten der Vereinigung 3000 Gruppen mit 140000 Mitgliedern an. Einer Formulierung von Henri Bazire zufolge begriffen sie sich als „sozial, weil katholisch", und durch ihre Kongresse und Veröffentlichungen trugen sie zur Ausbreitung des sozialen Katholizismus bei, in einer reformistischen Art und Weise, die der *Action populaire* als einem Studien- und Informationszentrum der Jesuiten nahestand [101]. Die *ACJF* stand ebenfalls in engem Kontakt mit der *Action libérale populaire*, der Partei Jacques Pious. Daraus erklärt sich die feindselige Abneigung, die dieser Vereinigung sowohl von den katholischen Integralisten wie auch vom *Sillon*, der von Marc Sangnier gegründeten Bewegung, entgegengebracht wurde.

Anfangs war *Le Sillon* eine Zeitschrift, die 1894 von den Schülern des *Collège Stanislas* begründet worden war. Einer ihrer Mitarbeiter war ein Absolvent der *Ecole Polytechnique*, Marc Sangnier. Um die Jahrhundertwende wurde aus dieser an philosophischen, literarischen und gesellschaftlichen Fragen ausgerichteten Publikation das Organ einer Bewegung, deren Anführer Marc aufgrund seiner charismatischen Persönlichkeit wurde und die mit dem Entstehen regionaler *Sillons* ihr Publikum auf nationaler Ebene fand. Die Studienzirkel des *Sillon* [102] wandten sich an ein Publikum aus Studenten, Angestellten und sogar Arbeitern. Sie waren demokratischer getönt als die *ACJF*, mit der sie oft in einer Konkurrenzbeziehung standen. Allmählich legte die Bewegung ihren Schwerpunkt auf die politische Bildung und die Suche nach einer „neuen Politik", die auf Demokratie – verstanden als Teilhabe und Verantwortung – beruhen sollte. Am Ende des Jahrhunderts erstreckte sich das Publikum des *Sillon* bis in die Priesterseminare. Dies rief Beunruhigung sowohl bei den Bischöfen als auch beim Papst hervor, der der Bewegung zunächst recht positiv gegenüber gestanden hatte.

Die beiden Bewegungen, *Sillon* und *ACJF*, bildeten zwar sehr viele Aktivisten aus, die sich auf ihren Einfluß beriefen. Dies darf aber nicht über eine komplexere Wirklichkeit hinwegtäuschen, in der Jugendwerke, Sportverbände und Studienzirkel, die sich gegen die Bevormundung durch Paris auflehnten – wie etwa die Freunde der *Chronique des comités du Sud-Est* in Lyon (später *Chronique sociale de France*) – dicht nebeneinander arbeiteten [103]. Auch die katholischen Frauenverbände sind zu erwähnen. In Lyon wurde 1901 die

---

[100] C. Molette, L'Association catholique de la jeunesse française (1886–1907), Paris 1968.

[101] P. Droulers, Politique sociale et Christianisme. Le Père Desbuquois et l'Action populaire. Débat, syndicalisme et intégristes (1903–1918), Paris 1969.

[102] J. Caron, Le Sillon et la Démocratie chrétienne (1894–1910), Paris 1967, und M. Barthélémy-Madaule, Marc Sangnier (1873–1950), Paris 1973.

[103] Ch. Ponson, Les Catholiques lyonnais et la Chronique sociale, Lyon 1979.

in der Tradition der Intransigenten stehende *Ligue des femmes françaises* gegründet, während die 1902 in Paris entstandene *Ligue patriotique des Françaises* der *Action libérale* nahestand[104]. Mit mehr als 500 000 Frauen war dies in der Vorkriegszeit der bedeutendste Verband; er wirkte im Sozial- und Bildungsbereich der Pfarrgemeinden. So ist eine allgemeine Tendenz der Katholiken zu verzeichnen, sich in Organisationen zusammenzuschließen. Diese Tendenz führte durch die Ermunterung Pius' X. zum Entstehen katholischer Diözesanverbände in etwa zwanzig Diözesen. Der Umstand, daß manche davon auch politisch aktiv wurden, erklärt das Unbehagen einiger Bischöfe, die darauf bedacht waren, dem Antiklerikalismus keine neue Nahrung zu geben.

In den beiden Jahrzehnten zwischen der Enzyklika *Rerum novarum* (veröffentlicht am 15. Mai 1891) und dem Vorabend des Ersten Weltkrieges erlebte der soziale Katholizismus einen großen Aufschwung. Die Enzyklika fand lebhaften, in der Geschichtsschreibung manchmal unterschätzten Anklang[105]. Während die *Cercles catholiques d'ouvriers* von Albert de Mun und La Tour du Pin, die bei den Legitimisten Anklang gefunden hatten, eher zurückzufallen schienen und die Schule eines Le Play sich mit der Zeitschrift *La Réforme sociale* vor allem an paternalistisch eingestellte Notabeln wandte, entstand eine zweite Christdemokratie[106]. Dem Einfluß der ersten Christdemokratie des Jahres 1848 verdankt sie weniger als der Schule Albert de Muns und Le Plays. Doch stimmten die Priester und Aktivisten dieser zweiten Christdemokratie, die zumeist aus der Mittelschicht kamen, zwar mit der Kritik des konservativen sozialen Katholizismus sowohl am liberalen Individualismus als auch am Sozialismus überein, sie teilten aber nicht seine hierarchische und konservative Sicht der Gesellschaft. Sie standen der Sozialdemokratie aufgeschlossen gegenüber, befürworteten eher getrennte als gemischte Gewerkschaften und wünschten die Teilhabe an der Unternehmensleitung. Sie gestanden dem Staat ein gewisses Interventionsrecht zu und unterschieden sich darin nicht von der Schule Albert de Muns. Andererseits aber widersprachen sie damit den sozialen Katholiken der *Schule von Angers*, so benannt nach ihrem Förderer Charles-Emile Freppel, dem Bischof von Angers, die der Bewegung der *Réforme sociale* nahestand. Diese hatte über die wirtschaftswissenschaftlichen Lehrstühle an den katholischen Fakultäten von Angers, Lille, Lyon und Paris einen großen Einfluß. In den unterschiedlichen Interpretationen der Enzyklika *Rerum novarum* traten somit die Spaltungen unter den sozialen Katholiken zutage.

Die Christdemokraten wollten „zum Volk gehen" und „die Kirche mit dem Volk aussöhnen"; ihr Projekt war damit sozialer und missionarischer, nicht in erster Linie politischer Art. Sie akzeptierten jedoch die Republik, und ein Teil von ihnen engagierte sich in den politischen Kämpfen, so die beiden „demokratischen Pfarrer" Lemire und Gayraud, die 1893 im Département Nord und 1897 im Département Finistère als Abgeordnete gewählt wurden. Beim Kongreß der Christdemokraten 1896 in Lyon wurde sogar eine kurzlebige

[104] S. FAYET-SCRIBE, Associations féminines et catholicisme. De la charité à l'action sociale XIXᵉ–XXᵉ siècle, préface d'Emile Poulat, Paris 1990.

[105] Die Gedenkfeiern zum hundertsten Jahrestag der Enzyklika bildeten den Auftakt zu einer Reihe von Tagungen, die unsere Kenntnis dieser Geschichte präziser gemacht haben, etwa *Cent ans de catholicisme social dans la région du Nord*, in: Revue du Nord (1991); *Cent ans de catholicisme social à Lyon et en Rhône-Alpes*, Paris 1992, sowie Y. LEDURE (Hrsg.), *Rerum novarum* en France. Le Père Dehon et l'enseignement social de l'Eglise, Paris 1991.

[106] M. MONTUCLARD, Conscience religieuse et Démocratie. La Deuxième Démocratie chrétienne en France 1891–1902, Paris 1965, sowie J.-M. MAYEUR, Un prêtre démocrate, l'abbé Lemire (1853–1928), Paris – Tournai 1968.

Adolf von Menzels Gemälde „Das Eisenwalzwerk"
(1875, Berlin, Staatliche Museen) ist ein Symbolbild
der Industriellen Revolution, die im 19. Jh. die
Arbeitswelt radikal veränderte und für Kirche und
Staat mit der sozialen Frage eine Fülle von brennenden
Problemen brachte. – 1894 gründeten Bergarbeiter des
Ruhrgebiets die erste christliche Gewerkschaft, bei der
Katholiken wie Protestanten Mitglieder werden konnten. Ein Hauptgegner dieser Gewerkschaft, die jede
Einmischung der Kirche in ihre Belange ablehnte, war
der konservative Breslauer Kardinal Georg von Kopp
(1837–1914). In der satirischen Zeitschrift „Simplizis-
simus", die den Repräsentanten beider Kirchen vorwarf, ihre Aufgabe des Schutzes der Armen und
Schwachen verraten zu haben und statt dessen christliche Gewerkschaften bekämpften, erschien am
16. Februar 1914 diese Zeichnung von W. Schulz mit
der Überschrift „Kardinal, bleib bei deinem Rosenkranz". Die Unterschrift lautete: „Was weißt Du von
Arbeit?! Oder kannst Du vielleicht katholische
Schwielen von protestantischen unterscheiden?"
Oswald von Nell-Breuning sagt zu dem von Kardinal
Kopp mitverschuldeten Gewerkschaftsstreit, er habe
„wie kaum etwas anderes dazu beigetragen, gläubige
Arbeiter ihrer Kirche zu entfremden".

Die christliche Kunst des 19. Jh. war von einer erschreckenden Zeitferne geprägt. Das Bild „Der Triumph der Religion in den Künsten" (1831/40, Frankfurt, Städelsches Kunstinstitut), das sich kompositionell an Raffaels Fresken „Disputa" und „Schule von Athen" anlehnt, ist zwar vom Titel her programmatisch, zeigt auch eine ganze Reihe von Künstlern wie König David, den Sänger und Lukas, den Madonnenmaler, zu Füßen der Maria mit Kind, Dürer, Raffael, Giotto, Leonardo, Holbein und Dante, doch als Ganzes bleibt das Gemälde blutleer und konstruiert.

christdemokratische Partei gegründet. Das Interesse der Bewegung galt jedoch hauptsächlich dem Gedeihen der Studienzirkel, der verschiedenen Wohltätigkeitseinrichtungen, der Publikationen, Zeitschriften und Tageszeitungen (*La Démocratie chrétienne* des Abbé Six in Lille und *La Justice sociale* des Abbé Naudet in Paris), die im Umfeld der Bewegung entstanden waren. In Nordfrankreich, in der Bretagne, in der Gegend um Lyon, in der Champagne und in Bordeaux entfalteten diese Gruppen eine so lebhafte Aktivität, daß die auf ihr Echo im Volk bedachten Sozialisten unruhig wurden.

Seit der Jahrhundertwende fand die Bewegung ein weniger großes Publikum, denn sie war zum Opfer der Feindseligkeit gewisser Bischöfe und der Warnungen des Papstes geworden, der in seiner Enzyklika *Graves de communi* die Christdemokratie auf ein „wohltätiges soziales Handeln zugunsten des Volkes" reduziert hatte. Sie war aber auch dem Zusammenspiel einer Anzahl ihrer Aktivisten mit der antisemitischen Bewegung zum Opfer gefallen. Tatsächlich machten sich zahlreiche Christdemokraten und soziale Katholiken, darunter auch La Tour du Pin, einen Antisemitismus zu eigen, der auf der Anprangerung des „jüdischen Kapitalismus" basierte. Dieses Abdriften eines Teils der christdemokratischen Bewegung in den Nationalismus der „Antidreyfusards" war einer der Gründe für ihren Niedergang. Die Priester und Laien jedoch, die sich der Christdemokratie angeschlossen hatten, verblieben in jenem nebelhaften Gebilde, das der soziale Katholizismus zu Anfang dieses Jahrhunderts darstellte. Dieser Terminus ist übrigens der treffendste, der sich dann auch gegenüber den Bezeichnungen „Christdemokratie" oder „christlicher Sozialismus" durchsetzte.

Auf die Anfänge der Jugendorganisationen *Sillon* und *ACJF*, die die großen Themen des sozialen Katholizismus verbreiteten, wurde bereits eingegangen. Ebenfalls zu Beginn des Jahrhunderts entstanden die *Action populaire* der Jesuiten als ein Bildungs- und Informationszentrum zur Verbreitung der katholischen sozialen Ideen sowie die Institution der *Semaines sociales*. Diese gingen auf die Initiative von Marius Gonin aus Lyon und Henri Lorin aus Paris zurück, die Graue Eminenz des sozialen Katholizismus. Auf ihren Studientreffen, die regelrechte Wanderuniversitäten darstellten, begegneten sich Hunderte von Teilnehmern. Gewiß waren diese Einrichtungen auch Gegenstand heftiger Kritik seitens der integralistischen Kreise – und diese Kritik fand auch in Rom Gehör. Gewiß, den *Sillon* traf das Schreiben, *Notre charge apostolique* Pius' X. vom August 1910, das ihm Liberalismus und „sozialen Modernismus" vorwarf. Aber die Mitglieder des *Sillon* unterwarfen sich und setzten ihr Werk fort, die einen auf sozialer, die anderen auf politischer Ebene (wie es für Sangnier selbst der Fall war). Diese mitunter dramatischen Konflikte – etwa die Auseinandersetzung um Lemire, der sich weigerte, sich aus dem öffentlichen Leben zurückzuziehen und daraufhin 1914 vom Bischof von Lille suspendiert wurde – dürfen dennoch nicht den Blick auf eine größere Realität verstellen: die Fortführung der Arbeit und das wachsende Publikum des sozialen Katholizismus während des Pontifikates Pius' X. Bemerkenswert ist, daß von jetzt an in einem Teil der Priesterseminare[107] und *Instituts Catholiques* Lehrveranstaltungen zur kirchlichen Soziallehre stattfanden. Alles in allem waren zwischen den Pontifikaten Leos XIII. und Pius' X. mehr Kontinuitäten als Brüche festzustellen.

Daß das Pontifikat Pius' X. in Frankreich in „düsteren Farben" gezeichnet wird, hat

---

[107] PH. LÉCRIVAIN, La formation sociale dans les séminaires à la Belle Epoque, sowie D. MAUGENEST, Le Mouvement social catholique en France au XXᵉ siècle, Paris 1990.

zwei Hauptgründe: nämlich die tatsächliche oder vermutete Rolle der „integralistischen" Netzwerke und der der neo-monarchistischen Schule der *Action française* zugesprochene Einfluß. Anfangs bezeichnete der Terminus „Integralismus" eine Partei in Spanien, die sich auf den *Syllabus* berief; in Frankreich hatte das Wort eine polemische Bedeutung und bezeichnete diejenigen, die sich in den Augen ihrer Gegner einer wissenschaftlichen Öffnung in der Exegese sowie in politischer und sozialer Hinsicht widersetzten. Die Integralisten nannten sich „integrale" Katholiken. Die Bruderschaft *Saint Pie V* (*Sodalitium pianum* – daher der geläufige Name *La Sapinière*), die den Papst aus der Zeit des Sieges bei Lepanto zum Schutzpatron hat, wurde 1909 von Umberto Benigni gegründet, einem Historiker aus den Reihen des sozialen Katholizismus, von 1906 bis 1911 – als es zum Bruch mit Merry del Val kam – Untersekretär der Kongregation für außerordentliche kirchliche Angelegenheiten. Er gründete ein religiöses Nachrichten-Bulletin, *La Corrispondenza romana*, aus der später *La Correspondance de Rome* wurde. Wie Emile Poulat aufzeigen konnte, hatte dieses Netzwerk nie mehr als fünfzig Mitglieder[108]; diese aber verfügten über großen Einfluß als Berater der römischen Kongregationen oder als Journalisten – ob Kleriker oder Laien –, und alle verteidigten äußerst streng die kirchliche Orthodoxie und beargwöhnten alles, was ihnen als Abweichung erschien. Einrichtungen wie die *Semaine religieuse* Delassus' in der Diözese Cambrai, die Publikation *Critique du libéralisme* des früheren Jesuiten Barbier, Henri Merliers Blatt *La Vigie* mit seinem Selbstverständnis als „römisch-katholisches integrales Organ" und die Zeitschrift *Les Questions actuelles*, bei der der Assumptionist Salvien mitarbeitete, leiteten die Informationen weiter, die sie von *La Correspondance de Rome* erhielten.

Die Angriffe der Integralisten auf die *Action populaire* und die *Semaines sociales* zogen eine heftige Erwiderung in der Ausgabe der *Etudes* vom 5. Januar 1914 nach sich, in einem von Emonet und de Grandmaison verfaßten Aufsatz unter dem Titel *Critiques négatives et Tâches nécessaires* [„Negative Kritik und notwendige Aufgaben"]. Sie prangerten „eine Handvoll Publizisten ohne jedes Mandat" an. Vierunddreißig Bischöfe brachten ihre Genugtuung über diese Stellungnahme zum Ausdruck[109]. Als Gegner des „sozialen Modernismus" mußten die Integralisten sich auf der anderen Seite auch der *Action française* mit ihrem Agnostizismus und ihrer Prioritätensetzung im Bereich der Politik widersetzen. Die *Action française* und die Integralisten trafen sich in einer gemeinsamen Vision, die namentlich auf dem gut dokumentierten systematischen Werk von Louis Canet[110] basierte. Faktisch jedoch war die Allianz beider Gruppen nicht ganz eindeutig. Beide teilten die Feindschaft gegenüber dem Liberalismus und allen Arten des Modernismus. Noch über diesen kleinen Kreis der Integralisten hinaus betrachteten die intransigenten Katholiken Charles Maurras und seine Schule als die Speerspitze im Kampf gegen die laizistische Republik. Der Positivismus und der Agnostizismus Maurras' und seiner Freunde[111] wurden

---

[108] E. POULAT, Intégrisme et Catholicisme intégral. Un réseau secret international antimoderniste: *La Sapinière* (1909–1921), Paris – Tournai 1969.

[109] P. DROULERS, Politique sociale et Christianisme (s. Anm. 101) 340. Kardinal Sevin von Lyon verhielt sich zwar reserviert, doch die Bischöfe de Cabrières von Montpellier und Amette von Paris erklärten ihr Einverständnis.

[110] Erschienen unter dem Pseudonym „Nicolas Fontaine" mit dem Titel *Saint-Siège, Action française et Catholiques intégraux*, Paris 1928.

[111] Bis zum Erscheinen der wichtigen Dissertation von J. PRÉVOTAT, *Catholiques français et Action française* vgl.

häufig verkannt. Dagegen wurde diese Allianz vom Erbe des Traditionalismus begünstigt, nämlich dem Willen zur Verteidigung der Religion – wie im übrigen auch der Nationalismus. Tatsächlich war das Echo, das die leidenschaftliche nationalistische Begeisterung im französischen Katholizismus am Beginn dieses Jahrhunderts fand, eines seiner charakteristischen Merkmale. Im selben Zuge entdeckten zahlreiche Konvertiten der Vorkriegsjahre von neuem die nationalen und religiösen Werte. Alle diese Gründe können den Anklang erklären, den die *Action française* fand.

II. Der Protestantismus

Für die französischen Protestanten stellte die zweite Hälfte des 19. Jh. eine kontrastreiche Zeit dar. Mit dem Verlust des Elsaß und eines Teils Lothringens nach 1871, wo zahlreiche Protestanten lebten, nahm die zahlenmäßige Bedeutung ihrer Gemeinschaft ab und wurde in der Volkszählung von 1872 auf etwa 580000 Personen geschätzt, d. h. 1,6 Prozent der Gesamtbevölkerung[112]. Außerdem waren die Unterschiede in der Lehre so groß, daß sie faktisch auf ein Schisma innerhalb der protestantischen Kirche hinausliefen. Auf politischer Ebene dagegen entsprach der Herrschaftsantritt einer laizistischen und antiklerikalen Republik den Vorstellungen der großen Mehrheit und gestattete ihnen, eine nicht zu übersehende Rolle in der Gesellschaft zu spielen.

Diese Jahre brachten die Ausbreitung des Streites zwischen Evangelikalen und Liberalen. Noch bis 1860 hatten die immer radikaleren Behauptungen der extremen Liberalen (oft publiziert in der *Revue de Strasbourg*) für einen recht heftigen Theologenstreit und für das Erscheinen einer Konkurrenz-Zeitschrift gesorgt, der *Revue chrétienne* – auch wenn diese ihr Interesse nicht auf die Theologie konzentrierte. Danach aber war die Diskussion im wesentlichen von den Theologen geführt worden. In den folgenden Jahren führten diese ihre Auseinandersetzung fort, umso mehr, als Edmond Scherers Rückzug aus der theologischen Arena die Schärfe des Streites nicht minderte, in dem sich nun insbesondere Albert Réville (1826–1906) hervortat[113]. Dennoch machte sich in dieser extrem liberalen Strömung langsam eine gewisse Atemnot bemerkbar, da sie immer noch nicht versuchte, die deutschsprachige theologische Produktion in ihrer Gesamtheit bekanntzumachen, sondern eher zugunsten der extrem liberalen Positionen stritt, die sich immer weiter von den traditionellen Lehrmeinungen entfernten. Timothée Colani, der Herausgeber der Zeitschrift, flüchtete sich überdies zuerst auf das Gebiet der Moral, dann schrieb er immer weniger, und schließlich beendete er das Erscheinen der *Revue de Strasbourg* im Jahre 1869. Scherers Beispiel folgend, kehrte er bald darauf der Theologie und der Kirche den Rücken. Im Grunde genommen hatten sich die französischen Vertreter des extremen Liberalismus, von denen die meisten ebenfalls in den 60er und 70er Jahren Theologie und Kirche verließen,

---

die die *Action française* betreffenden Beiträge von DERS., in: G. CHOLVY – Y.-M. HILAIRE (Hrsgg.), Histoire religieuse de la France contemporaine II, Toulouse 1986, 126–138.
[112] Bei der Volkszählung von 1872 wurden damals in Frankreich 468000 Protestanten gezählt, 80000 Lutheraner und 33000 Mitglieder kleinerer protestantischer Kirchen (Freikirchen, Baptisten etc.).
[113] Edouard Reuss, einer der bemerkenswertesten protestantischen Exegeten des 19. Jh., ließ in der *Revue de Strasbourg* weiterhin äußerst interessante Aufsätze veröffentlichen. Da sie jedoch in wissenschaftlichem Stil abgefaßt waren, verursachten sie kaum polemische Auseinandersetzungen, und Reuss bemühte sich auch nicht, aus ihnen radikale dogmatische Schlußfolgerungen zu ziehen.

in einem Widerspruch fangen lassen. Mit der rühmlichen Ausnahme von Eduard Reuß waren sie keine Gelehrten, die lange und mühsame Forschungen anstellten, bevor sie ihre Ergebnisse veröffentlichten. Daher fiel es ihnen sehr schwer, große durchstrukturierte und kohärente dogmatische Systeme zu entwerfen. So konnten sie, wenn sie die theologische Debatte bereichern wollten, nur auf das Gebiet der christlichen Philosophie ausweichen[114]. Das war sicher klug, konnte aber nicht als theologische Forschung gelten. Und da ihre Voraussetzungen rationalistisch waren und – um es mit einer Formulierung Scherers zu sagen – da „die Religion nicht evident ist", gelangten sie während der ersten Zeit oft – wenn auch in einer etwas wissenschaftlicheren Art – zum Rationalismus des 18. Jh. Später hörten sie auf, theologische Werke zu veröffentlichen, wobei es manchmal auch noch eine Zwischenphase gab (wie bei Albert Réville, der in den 60er Jahren eher die Arbeiten anderer Autoren popularisierte).

Im evangelikalen Lager dagegen waren die 60er und 70er Jahre eine Zeit des organisatorischen Aufbaus, in der nach der Erschütterung durch die Neuerungen Scherers und Colanis die Anhänger des evangelikalen Protestantismus ihre Widerstandsfähigkeit demgegenüber entdeckten, was sie für liberale Angriffe hielten. Edmond de Pressensé, der Herausgeber der *Revue chrétienne*, beschloß schon 1861, diese Zeitschrift durch die Herausgabe eines bescheidenen *Supplément théologique* zu ergänzen. 1863 erhielt dieses den weniger blassen Namen *Bulletin théologique*, bevor es dann 1870 zu einer eigenständigen *Revue théologique* wurde – zu einem Zeitpunkt, als die *Revue de Strasbourg* ihr Erscheinen einstellte: Niemand übersah den Symbolgehalt. Pressensé konnte die meisten Professoren der theologischen Fakultät von Montauban zur Mitarbeit bewegen (namentlich H. Bois, J. Monod und F. Bonifas), aber auch Berühmtheiten aus dem evangelikalen Lager der französischen Schweiz (beispielsweise Ch. Secrétan und F. Godet) und einige Professoren der theologischen Fakultät von Straßburg (unter anderem F. Lichtenberger, den späteren Dekan der theologischen Fakultät von Paris, und A. Sabatier). Im übrigen hatten die führenden Köpfe des evangelikalen Lagers begriffen – und darin folgten sie dem Rat ihres wichtigsten französischsprachigen Inspirators, des Schweizers Alexandre Vinet –, daß sie sich über die theologische Produktion ganz Europas (im wesentlichen aber Deutschlands) auf dem laufenden halten mußten, wenn sie imstande sein wollten, den Liberalen etwas entgegenzusetzen. Sie wichen also den tiefgreifenden Fragen nicht aus, die durch Schleiermachers und Baurs Neuerungen aufgeworfen wurden; die meisten von ihnen sprachen deutsch, und viele hatten einen Teil ihres Studiums in Deutschland absolviert. Da sie selbst im allgemeinen keine Erneuerer waren, machten sie sich zum Echo der gemäßigten evangelischen Lösungsansätze, die von der anderen Seite des Rheins zu diesen Fragen beigesteuert wurden. Sogar die Veröffentlichung einiger Aufsätze von berühmten deutschen Professoren wie Isaac August Dorner aus Göttingen oder Eduard Herzog aus Erlangen (natürlich vor 1871) war zu verzeichnen.

Die Diskussion um die kirchliche Lehre verlief also lebendig und ernsthaft. An und für sich hätte sie das Leben einer protestantischen Kirche nicht beunruhigen müssen. Gleichzeitig wurde jedoch eine tiefgreifende Diskussion zu Fragen der Ekklesiologie geführt. Tatsächlich wurden die extremen Liberalen seit 1860 immer kühner. Sie gewannen Anhänger unter den Pastoren, die ihre wichtigsten Neuerungen in vereinfachter und daher oft

---

[114] Hier sei an den ursprünglichen Namen der *Revue de Strasbourg* erinnert: *Revue de théologie et de philosophie chrétienne*.

provozierender Art und Weise popularisierten. Daran nahmen wiederum die Evangelikalen Anstoß. Zwar gab es unter den Pastoren nur wenige extreme Liberale; diese aber sorgten für großes Aufsehen. Das beschwor eine Krise herauf, da die gemäßigten Liberalen – weit davon entfernt, deren Lehrmeinungen zu teilen – völlig überzeugt waren, die extremen Liberalen müßten eine Daseinsberechtigung in der Kirche haben – auch wenn sie ausgerechnet am Ostersonntag von der Kanzel herab die Auferstehung Christi leugneten. Die Evangelikalen waren jedoch im Gegenteil der Meinung, sie würden ihrem Glauben untreu, wenn sie zuließen, daß in der Kirche – und noch dazu von Pastoren – Lehrmeinungen vertreten wurden, die sie als absolut zerstörerisch für den christlichen Glauben betrachteten.

Hätte die reformierte Kirche[115] noch über ihre ursprünglichen Institutionen verfügt, so hätte die Nationalsynode als lehramtliche Instanz den Streit um die Legitimität oder Illegitimität der Predigt des extremen Liberalismus in der Kirche entscheiden können. Napoléon Bonaparte hatte sich jedoch geweigert, diese Institution in die *Organischen Artikel* von 1802 aufzunehmen. Daher war in Ermangelung einer Synode kein Organ in der Lage, in einer derartigen Debatte zu entscheiden – wodurch diese nur noch stärker vergiftet wurde. Allmählich zeigte sich, daß die reformierte Kirche von einer Spaltung bedroht war: Denn die evangelikale und die liberale Richtung vertraten zwei unvereinbare Ekklesiologien. Die Liberalen hielten daran fest, daß die Akzeptanz der freien Auseinandersetzung mit den biblischen Schriften (wie sie die extremen Liberalen praktizierten) die Zugehörigkeit zum Protestantismus ausmache – während die Evangelikalen darauf bestanden, daß man kein Protestant sein könne, ohne eine gewisse Anzahl grundlegender Lehren zu akzeptieren. Sie forderten daher die Ausformulierung eines Glaubensbekenntnisses (ein Exposé der grundlegenden protestantischen Glaubenslehren), das recht weit gefaßt sein sollte, damit ihm alle gemäßigten Liberalen zustimmen konnten; das zugleich aber auch so präzise formuliert sein sollte, daß die extremen Liberalen es nicht unterzeichnen konnten. Mit dieser Zielsetzung forderten sie von der Regierung die Einberufung einer in den *Organischen Artikeln* nicht vorgesehenen Nationalsynode (obwohl diese sie auch nicht explizit abgeschafft hatten) als der einzigen Instanz, die in der Lage sein würde, ein Glaubensbekenntnis abzufassen und verpflichtend zu machen.

Die Regierung zögerte natürlich, eine derartige Entscheidung zu treffen – um so mehr, als sich die Liberalen, die sich in der Minderheit wußten (denn die kühnen Vorstöße der Vertreter des extremen Flügels hatten viele Protestanten auf Abstand zur liberalen Strömung gehen lassen), der Einberufung einer Synode widersetzten. Angesichts immer zahlreicherer Zwischenfälle beschloß Napoleon III. dennoch 1870, eine reformierte Nationalsynode einzuberufen. Es war jedoch zu spät für eine Wiedervereinigung innerhalb der Kirche: Der Streit hatte schon so lange gedauert, daß die Positionen beider Lager sich ra-

---

[115] Diese Debatte betraf zwar auch die Lutheraner, doch spitzte sie sich dort nicht derart dramatisch zu. Tatsächlich waren die mehrheitlich im Elsaß wohnenden Lutheraner vom Edikt von Nantes nicht betroffen gewesen, hatten bei seiner Aufhebung also auch keine Verfolgungsmaßnahmen erlitten. Zwar waren sie von Ludwig XIV. und der römisch-katholischen Kirche heftig schikaniert worden, hatten aber nie ihre Kultusfreiheit verloren und waren mit den geistigen Strömungen in Deuschland in Verbindung geblieben. Da ihnen die Gewohnheit der theologischen Diskussion nicht abhanden gekommen war, nahmen diese Debatten in ihren Reihen keinen so verbissenen Verlauf, wie wir es von den Reformierten her kennen. Andererseits wiesen die Kirchenstrukturen, die Bonaparte den Lutheranern 1802 aufgezwungen hatte, Entscheidungsinstanzen auf (vor allem das Direktorium), die durchaus fähig waren, dogmatische und ekklesiologische Streitfälle zu entscheiden. Auch von daher nahm die Auseinandersetzung keine allzu großen Dimensionen an.

dikalisiert hatten. Zunächst war das Zusammentreten der Synode 1870 durch den deutsch-französischen Krieg verhindert worden; so fand sie schließlich vom 6. Juni bis 10. Juli 1872 statt. Wie abzusehen war, befanden sich die gemäßigten und extremen Liberalen in der Minderheit (sie stellten etwas mehr als ein Drittel der Delegierten), und so verabschiedete die Synode ein Glaubensbekenntnis, das mitzutragen die Liberalen sich weigerten[116]: nicht, weil sie ihren Glauben nicht hätten bekennen wollen, sondern weil sie ganz allgemein das Prinzip obligatorischer Glaubensbekenntnisse ablehnten. Beim Abschluß der Synode waren die Evangelikalen recht zufrieden.

Der Streit war durch die Synode natürlich nicht beigelegt. Tatsächlich hatte es die Regierung, als sie die Einberufung einer nationalen Synode bewilligte, bei der Feststellung bewenden lassen, daß eine solche Versammlung durch die *Organischen Artikel* gar nicht abgeschafft gewesen war. Der Gesetzestext war jedoch nicht geändert worden, und so war der juristische Status bzw. die Weisungsbefugnis der Synode durch keinen dieser Artikel genauer definiert; mithin erhielten ihre Beschlüsse keine Gesetzeskraft. Als die Evangelikalen nun von der Regierung die Umsetzung der Synodalbeschlüsse verlangten, konnte ihnen aus diesem Grund nicht entsprochen werden. Kampfesmüde beschlossen sie 1879, auf staatliche Unterstützung zu verzichten. Sie errichteten ihre eigene, inoffizielle Synodalorganisation und forderten die Kirchen, die ihre Grundsätze teilten, zur Mitgliedschaft auf. Im November 1879 konnte die erste inoffzielle Synode der evangelikalen Richtung zusammentreten; ihre Delegierten repräsentierten etwa zwei Drittel der französischen Protestanten. 1882 übernahmen die Liberalen dieses Modell, beließen es aber bei lockereren Strukturen. Damit war das Schisma besiegelt, das erst 1938 beseitigt wurde, als die Liberalen das Prinzip obligatorischer Glaubensbekenntnisse akzeptierten[117].

Bezüglich der Lehre tauchte in den 80er Jahren eine neue Strömung auf, die „symbolofideïstisch" genannt wurde und im wesentlichen von zwei Professoren der theologischen Fakultät von Paris ausformuliert worden war: Auguste Sabatier (1839–1901) und Eugène Ménégoz (1838–1921). Beide entstammten dem evangelikalen Lager. Sie suchten den Streit zwischen Evangelikalen und Liberalen zu überwinden, indem sie die Grundprinzipien verwarfen, die zu diesem Streit geführt hatten. So hielt Ménégoz daran fest, daß für einen Christen das Wichtigste der Glaube sei, das persönliche religiöse Leben, unabhängig von den Formulierungen, die auszuarbeiten ihm seine Intelligenz ermöglichte. Sabatier tendierte eher in die Richtung der Metaphysik und trat als Verteidiger der induktiven Methode in der Theologie auf. So lehnte er die von außen auferlegten Formulierungen ab, da diese von einer bestimmten Anzahl abstrakter Prinzipien abgeleitet seien. Er selbst nahm im Gegenteil die historischen Angaben über das Leben Jesu, sein Werk und seinen Stellenwert im täglichen Leben zum Ausgangspunkt und gelangte von da aus zu lehrhaften Aussagen. Für ihn waren die dogmatischen Formulierungen jedoch von nur begrenztem Wert: Denn Gott sei dem Menschen zu weit überlegen, als daß man ihn in von Menschen erdachten Formulierungen einschließen könnte. Daher griff Sabatier auf Symbole zurück, die spi-

---

[116] Das Glaubensbekenntnis wurde mit 61 gegen 45 Stimmen angenommen. Es war vorgesehen, daß es nur den neuernannten Pastoren der reformierten Kirche abverlangt werden sollte, so daß niemand entlassen werden mußte.
[117] Festzuhalten ist auch, daß der Verlust des Elsaß 1871 die Lutheraner zu einer Änderung ihrer Institutionen zwang. 1872 beriefen sie zu diesem Zweck eine nationale Synode ein, die ein Reorganisationsvorhaben entwickelte. Es wurde 1879 offiziell umgesetzt und sah die regelmäßige Abhaltung von Synoden vor – für den französischen Protestantismus eine Neuerung.

rituelle Realitäten erfahrbar machen konnten, während diese selbst sich der unmittelbaren Erkenntnis entzogen.

Natürlich konnte die Entwicklung der „symbolo-fideïstischen" Strömung nicht jeglichen Streit zwischen Evangelikalen und Liberalen beilegen, auch wenn sie den Vorteil brachte, die dogmatischen Formulierungen und damit die daraus resultierenden Konflikte zu relativieren. Dennoch war die Polemik im französischen Protestantismus seit den 80er Jahren sehr viel schwächer. Dies rührte jedoch auch vom Verschwinden des extrem liberalen Flügels her: Die meisten seiner Vertreter waren Agnostiker geworden und hatten im Lauf der 70er Jahre die Kirche aus eigenem Antrieb verlassen. Aus diesem Grunde bestand allmählich wieder eine Situation wie während der ersten Hälfte des Jahrhunderts: zwei Strömungen, die miteinander debattierten, ohne den gegenseitigen Ausschluß anzustreben. Damit erschien bereits seit den 90er Jahren eine Wiedervereinigung vorstellbar[118].

Die Gelegenheit dazu bot sich 1906 mit der Trennung von Staat und Kirche[119]. Die Unwägbarkeiten, die diese mit sich brachte (die Protestanten waren ihr grundsätzlich keineswegs abgeneigt, sie bedeutete aber dennoch einen Sprung ins Ungewisse), verbunden mit den vorhergehenden langen Jahren der Polemik, führten zum Fortbestand der geteilten Meinungen – dies eher hinsichtlich personeller Fragen als aus tiefgreifenden Gegensätzen in der Lehre. Eine Zeit lang vertiefte sich die Spaltung unter den Protestanten sogar noch. Tatsächlich hatten diejenigen, die das Gesetz der Trennung von Staat und Kirche akzeptierten, im Jahre 1906 Verbände von Kultusvereinigungen geschaffen: die *Union nationale des Eglises réformées évangéliques* (für die evangelikale Strömung, zu der noch immer etwa zwei Drittel der Gläubigen zählten), die *Union nationale des Eglises réformées unies* (für die liberale Strömung) und die oft „Union de Jarnac" genannte *Union nationale des Eglises réformées*, die aus gemäßigten Protestanten bestand, die die Spaltungen ablehnten. 1912 wurde die Lage allerdings einfacher, da sich die Liberalen und die Vertreter der „Jarnac"-Strömung innerhalb der *Union nationale des Eglises réformées* als eine Gruppe mit pluralistischem Selbstverständnis vereinigten. Andererseits erforderten die Verhandlungen mit den staatlichen Behörden zur Anwendung des Gesetzes über die Trennung von Kirche und Staat den Beginn einer allgemeinen Vereinigung des französischen Protestantismus. Bereits in den Jahren 1905–1906 wurde ein vorläufiger Rat geschaffen, und 1909 erfolgte die offizielle Gründung der *Fédération protestante de France* als eine Art Konföderation mit dem Ziel des Zusammenschlusses der französischen protestantischen Kirchen. Unter streng materiellen Gesichtspunkten wurde der Wegfall der staatlichen Unterstützung recht leicht verkraftet, denn für den französischen Protestantismus stellte es sich als eine Rückkehr zu den Ursprüngen dar (nur zwischen 1802 und 1905 war staatlicherseits eine Unterstützung gewährt worden).

Die zweite Hälfte des 19. Jh. war von einer fortschreitenden Verbesserung in den Beziehungen zwischen Kirche und Gesellschaft geprägt. Tatsächlich konnten im Laufe der 60er Jahre allmählich die Schwierigkeiten ausgeräumt werden, denen die protestantischen erweckten Evangelikalen gegenübergestanden hatten. Freilich war auch die Regierung Napoleons III. – die wegen ihrer Italienpolitik mit der Hierarchie der katholischen Kirche zer-

---

[118] Ende der 90er Jahre wurden mehrere gemeinsame Versammlungen mit dieser Zielsetzung abgehalten, allerdings ohne Erfolg.

[119] Diese Frage soll an dieser Stelle nicht aufgegriffen werden; wir belassen es bei Hinweisen zu ihren Auswirkungen auf die Protestanten.

stritten war – sehr viel weniger gewillt, diese zufriedenzustellen; die Protestanten fühlten sich dadurch eindeutig freier. Im großen und ganzen blieben die großen Züge ihrer politischen Haltungen jedoch unverändert: Die Wahlergebnisse zeigen eindeutig, daß die Protestanten im Südosten des Landes ihren früheren republikanischen Überzeugungen treu blieben; im Westen und Südwesten gaben sie weiterhin den bonapartistischen Kandidaten ihre Stimme – allerdings waren letztere dort antiklerikal eingestellt; die republikanische Partei verfügte in diesen Gegenden kaum über eigene Organisationen.

Der Übergang zur Republik gefiel natürlich den meisten Hugenotten. Diese politische Wahl fiel ihnen umso leichter, als die führenden Köpfe der Republikaner eine antiklerikale Politik vertraten. Gewiß lassen sich einzelne royalistisch eingestellte Protestanten nennen (etwa Conrad de Witt, Schwiegersohn von François Guizot und Abgeordneter für das Département Calvados). Doch im allgemeinen waren die französischen Protestanten früher und zahlreicher Anhänger der Republik als ihre katholischen Mitbürger. Tatsächlich stand nichts in der protestantischen Lehre einer Übernahme der politischen Demokratie entgegen, im Gegenteil: Es gab durchaus Bezüge zwischen dem Grundsatz des allgemeinen Priestertums und der presbyterial-synodalen Struktur der Kirche und den Grundelementen der politischen Demokratie. Daß die katholische Kirche andererseits sich lange der Republik widersetzte, konnte den Protestanten nur gelegen kommen, da sie ständig argwöhnten, die katholische Kirche hege, was sie betraf, finstere Pläne (sie werde zumindest das Prinzip der Religionsfreiheit nicht akzeptieren und auf der Stufe einfacher Toleranz stehenbleiben). Insofern war, solange die politische Auseinandersetzung im wesentlichen im Kampf zwischen Vertretern der klerikalen und der antikirchlichen Richtung bestand, also bis 1914, der weitaus größte Teil der Protestanten selbstverständlich im republikanischen Lager zu finden.

Ist daraus aber, wie es gewisse antiprotestantische und antirepublikanische Polemiker (etwa Charles Maurras) getan haben, der Schluß zu ziehen, die Protestanten hätten damals ganz entscheidend das politische Leben Frankreichs beeinflußt? Das hieße eine Karikatur entwerfen. Gewiß ist ein Beispiel nach wie vor berühmt: Die Regierung Waddington (4. Februar bis 28. Dezember 1879) war die erste Regierung, die gebildet worden war, nachdem die Republikaner alle Machtorgane erobert hatten. Hier war die Hälfte der Minister protestantisch, obwohl die Hugenotten weniger als 2 Prozent der französischen Bevölkerung ausmachten. Aber abgesehen davon, daß bei der Zusammensetzung einer Regierung immer auch der Zufall seinen Anteil hat, waren diese Minister nicht im geringsten wegen ihrer Konfessionszugehörigkeit ausgewählt worden. Und diese Regierung hat keineswegs eine „protestantische Politik" gemacht. Zwar waren die Hugenotten in den führenden Kreisen der republikanischen „Partei" recht zahlreich vertreten, doch hatten sie nur einen sehr geringen Anteil an den politischen Funktionären. Zwischen 1871 und 1914 war kein Protestant Staatspräsident oder Präsident der Abgeordnetenkammer, und die Protestanten stellten nur drei Ratspräsidenten (einmal William Henry Waddington, viermal Charles de Freycinet und einmal Gaston Doumergue) sowie zwei Senatspräsidenten (Léon Say und Philippe Elie Le Royer). Im übrigen ist in einem demokratischen Land mit freien Wahlen, in dem die überwältigende Mehrheit der Bevölkerung katholisch ist, allein schon die Vorstellung einer „protestantischen Politik" sinnlos.

Übrig bleiben einige Bereiche, in denen die Ideologie eine große Rolle spielte und denen die Protestanten ihren Stempel hätten aufdrücken können – etwa das Feld der Laizisierung des Bildungswesens oder die Dreyfus-Affäre. Zwischen 1871 und 1914 gab es jedoch

nur zwei protestantische Bildungsminister: Waddington (März 1875 bis Mai 1877) und
Doumergue (1909–1910) – und ersterer nutzte die Situation in keiner Weise zu einer Reform des Bildungswesens, das einige Jahre später von Jules Ferry, einem Agnostiker katholischer Herkunft, laizisiert wurde. Gewiß gab es in Jules Ferrys Umgebung einige liberale Protestanten (etwa Ferdinand Edouard Buisson, Félix Pécaut und Jules Steeg); doch
sollten wir uns vor jeder Verallgemeinerung hüten, denn in absoluten Zahlen gerechnet
waren die aktiven Protestanten im Bildungswesen nicht sehr zahlreich. Ihr Einfluß auf das
Schulwesen der III. Republik beruhte eher auf der Untätigkeit der Katholiken, die sich anfangs von der „Schule ohne Gott" fernhielten. Die Protestanten waren somit für die Republikaner nützlich, da sie eine Lücke schlossen. Bei näherem Hinsehen läßt sich allerdings
in den 80er Jahren eine Protestanten und nichtprotestantischen Republikanern gemeinsame Sensibilität feststellen: Die einen wie die anderen waren von der ultramontanen Entwicklung des Katholizismus schockiert, da er einen Gesellschaftstypus zu begünstigen
schien, der der modernen, aufgeklärten und demokratischen Gesellschaft diametral entgegengesetzt war – wie sie ihn herbeiwünschten und den sie durch die Reform des Bildungswesens zu schaffen und zu konsolidieren versuchten. Diese Gemeinsamkeit war jedoch
eher zufällig, und nach 1900 war kaum noch ein protestantischer Einfluß im Bildungswesen zu bemerken.

Bezüglich der Dreyfus-Affäre ergeben sich ganz ähnliche Folgerungen. Gewiß spielten
einige Protestanten in der Affäre eine auffällige Rolle (etwa Georges Louis Leblois, Daniel
Nicolas Auguste Scheurer-Kestner und Guillaume Monod). Gewiß ist in den protestantischen Blättern kein einziger Artikel gegen Dreyfus zu finden, und die sehr wenigen Protestanten, die sich zur Revision des Dreyfus-Prozesses ablehnend äußerten, mußten sich an
Blätter unter katholischer Leitung wenden. Gewiß fielen zahlreiche Pastoren und Theologiestudenten durch ihre Stellungnahmen zugunsten von Dreyfus auf. Dennoch war die
überwältigende Mehrheit der französischen „Dreyfusards" katholischer Herkunft – wie die
überwältigende Mehrheit der französischen Bevölkerung überhaupt.

Dennoch trifft es zu, daß die Mehrzahl der Protestanten sich nun auf der Linken des politischen Kräftespiels angesiedelt sahen. Es handelte sich dabei aber eher um eine politische (republikanische und antiklerikale) als um eine soziale Linke. Im übrigen ist zu bemerken, daß es in Frankreich zwar protestantische Proletarier gab (mit Ausnahme der
Region Sochaux-Montbéliard), aber kein protestantisches Proletariat. Daher fanden die
wenigen Initiatoren der christlich-sozialen Bewegung, die im Lauf der 80er und 90er Jahre
auftauchten – hauptsächlich Tommy Fallot (1844–1904), Charles Gide (1847–1932), Elie
Gounelle (1865–1950) und Wilfred Monod (1867–1943) – kein sehr großes Publikum. Sie
riefen im allgemeinen keine lebhafte Gegnerschaft hervor, doch verfügte ihre Bewegung
auch über keine große Anhängerschaft. Zweifellos war die ländliche Verwurzelung des
französischen Protestantismus noch viel zu stark, als daß er sich von den Problemen unmittelbar betroffen gefühlt hätte, die die Entwicklung der Industriellen Revolution mit sich
brachte.

In einer allgemeineren Hinsicht ist jedoch festzustellen, daß der Beginn und die Einwurzelung der republikanischen Regierungsform den Vorstellungen der französischen Protestanten im wesentlichen entsprachen – und daher für ihre Wiedereingliederung in die nationale Gemeinschaft eine bedeutsame Etappe darstellten.

Bibliographie

Über die genannten Titel hinaus, die wertvolle Bibliographien enthalten, seien folgende Werke genannt:

E. LECANUET, L'Eglise de France sous la IIIe République, 4 Bde., Neuaufl. Paris 1931. (Die zu Beginn des Jh. verfaßten Bände bleiben unübertroffen.)
L. CAPÉRAN, Histoire contemporaine de la laïcité française, 3 Bde., Paris 1957–1961.
M. LARKIN, Church and State after the Dreyfus-Affair. The Separation issue in France, London 1974.

Zum Protestantismus:

J. BAUBEROT, Le Retour des Huguenots, Paris und Genf 1985.
–, Un christianisme profane?, Paris 1978.
A. ENCREVÉ – M. RICHARD (Hrsgg.), Actes du colloque *Les Protestants dans les débuts de la IIIe République*, Paris 1979.
L. GAGNEBIN, Christianisme spirituel et Christianisme social. La Prédication de Wilfred Monod, Genf 1987.
–, Histoire des protestants en France, Toulouse 1977. (Sammelband, darin die Kapitel von A. ENCREVÉ und J. BAUBEROT).
S. SCHRAM, Protestantism and Politics in France, Alençon 1954.

Zweites Kapitel

Belgien und Niederlande

VON ANDRÉ TIHON – ANTON VAN DE SANDE

I. Belgien

ANDRÉ TIHON

1. Sieg der Liberalen und Ausbreitung des Ultramontanismus

Der Sturz der Regierung Pieter de Deckers aufgrund des „Klostergesetzes" 1857 läutete das endgültige Ende der Unionspolitik ein. Trotz innerer Spannungen setzte die liberale Partei ihre Säkularisationspolitik fort, die kurzzeitig auf nationaler Ebene durch die Rückkehr der Liberalen in die Opposition (1870 bis 1878) unterbrochen worden war. Die liberale Politik führte 1879 zum Gesetz über das Grundschulwesen, das einen erbitterten Schulstreit auslöste. Die Katholiken kämpften geschlossen für die Bewahrung ihrer Stellung in der bürgerlichen Gesellschaft, vor allem aber für den Ausbau ihrer eigenen Schulen – trotz des Konflikts zwischen den Liberalen und den Ultramontanen.

Die Politik einer Laisierung der Gesellschaft ging auf die Initiative verschiedener laizistischer Gruppen zurück. Im Oktober 1854 hatte die Freimaurerei aus der *Ordnung des Großorients* den Artikel 135 gestrichen, der die Erörterung politischer und religiöser Fragen bei den Sitzungen untersagte. Im gleichen Zeitraum entstanden mehrere rationalistische Gesellschaften: die von den Gründern und Geächteten des Zweiten Kaiserreichs ins Leben gerufene „Befreiung", die aus einer Spaltung im Jahre 1857 hervorgegangenen *Solidaires* und vor allem *La Libre Pensée* (Januar 1863), die damals ihre Mitglieder aus den mittleren und unteren Schichten des Bürgertums gewann. Diese verschiedenen Vereinigungen konzentrierten sich in der Öffentlichkeit zunächst auf die Durchsetzung weltlicher Bestattungen. Sie interessierten sich jedoch für alle Bereiche des öffentlichen Lebens, besonders für die Schulbildung – wie die „Unterrichtsliga", die im Dezember 1864 aus der *Libre Pensée* hervorgegangen ist.

In der jungen Generation orientierten sich viele an den demokratischen Zielen und gingen – oftmals unter dem Einfluß des Positivismus – vom ursprünglichen Antiklerikalismus zu einer antikatholischen Haltung (wenn nicht gar zum Atheismus) über, die noch durch den Aufschwung des Ultramontanismus und die reaktionäre Einstellung des Vatikans gefördert wurde. Nach ihrer Spaltung in eine radikal-fortschrittliche und eine konservativ-doktrinäre Richtung konnte die liberale Partei ihre Einheit nur über eine antiklerikale und laizistische Politik wiedergewinnen. 1859 forderte der 1865 zum Justizminister avancierte Jules Bara in seinem *Essai sur les rapports de l'État et des religions au point de vue constitutionnel* die strikte Trennung von Kirche und Staat.

Das mit hohem Symbolwert besetzte Friedhofs- und Beerdigungsproblem löste über 40 Jahre lang heftige Kontroversen aus [1]. Ab 1860 sorgte die Zunahme weltlicher Bestattungen und die Beerdigung von Bürgern in geweihter Erde, denen von der Kirche die Friedhofs-abteilung für „Verdammte" zugewiesen worden war, für reichlichen Zündstoff. Seit 1862 stellten liberale Minister die verfassungsmäßige Gültigkeit von Artikel 15 des Dekrets vom 23. Prairial des Jahres XII in Frage, dem gemäß Friedhöfe in abgegrenzte Bereiche für die einzelnen Glaubensgemeinschaften einzuteilen waren. Ein Jahr später wurde in einer Peti-tion und mit der Vorlage von 750000 bis 800000 Unterschriften der Fortbestand der bis-herigen Regelung verlangt. Ohne jede Gesetzesänderung, aber mit einer Reihe von Maß-nahmen und Gerichtsbeschlüssen wurden die Friedhöfe – trotz wiederholter Einsprüche von Rom – nach und nach säkularisiert. Eine kirchliche Lösung zeichnete sich erst 1890 ab, als die Bischöfe vom Papst einen Dispens für die Einsegnung von Einzelgräbern erbaten.

Die Regierung wollte in gleicher Weise ihre Kontrolle über die Besitzverwaltung der Religionsgemeinschaften verstärken: 1861 kündigte sie die Reform des *Kirchenfabrikde-krets* von 1809 an. Ein 1863 eingereichter Vorschlag führte schließlich 1870 zu einer ge-setzlichen Kompromißlösung. Zur Unterstützung des öffentlichen Schulwesens billigte das 1864 angenommene Gesetz alle neuen Stipendien den von staatlichen Stellen geleite-ten Schulen zu (abgesehen von den für die Priesterausbildung bestimmten Stipendien) und beauftragte Provinzkommissionen mit der Zuteilung der alten Stipendien, die meistens der Universität Löwen zugute kamen. Der König wartete ein Jahr, bevor er das Gesetz unter-zeichnete, und 1869 akzeptierten die Bischöfe schließlich die für Priesterseminare vorge-sehenen Stipendien.

In der Defensive wuchs das Zusammengehörigkeitsgefühl der Katholiken [2]. Der Löwe-ner Professor Jean Moeller empfahl unter dem starken Eindruck, den die jährlichen Ver-sammlungen der deutschen Katholiken hinterlassen hatten, deren Beispiel aufzunehmen. Mit der Einwilligung des Erzbischofs organisierten einige Laien und vor allem Édouard Ducpétiaux eine Großveranstaltung, um die Katholiken zu stärken und ihre Isolation durch die Vermehrung und Koordinierung katholischer Organisationen aufzuheben. Der erste Kongreß in Mecheln vom 18. bis 23. August 1863 war geprägt von der berühmten Rede Montalemberts über die „freie Kirche im freien Staat", die in der Öffentlichkeit begeistert aufgenommen wurde, jedoch den Zorn der Ultramontanen weckte. Trotz der hervorgerufe-nen Unruhen erreichte dieser Kongreß (wie die entsprechenden Veranstaltungen in den Jahren 1864 und 1867) das von den Initiatoren anvisierte Ziel.

Zur Unterstützung des Vatikan wurde auf den Kongressen die Ausweitung der 1859 von Mitgliedern der Vinzenz-von-Paul-Gesellschaft begonnenen Sammlung des Peterspfen-nigs auf alle Diözesen angeregt. Bald darauf bewarben sich viele junge Männer für den

---

Zu Kurztiteln vgl. die jeweilige Erstnennung bzw. die Bibliographie am Ende dieses Kapitels.

[1] Vgl. dazu die beiden Stellungnahmen aus neuerer Zeit: E. LAMBERTS, De kerkhovenkwestie, in: L'Initiative publique des communes en Belgique 1795–1940, 12. internationales Colloquium (Spa, 4.–7. September 1984), Actes II, Brüssel 1986, 785–792; G. MALEVEZ, La „bonne mort" ou „la mort libre"? La municipalisation des inhu-mations à Bruxelles-Ville, in: L. COURTOIS – J. PIROTTE (Hrsgg.), Foi, Gestes et Institutions religieuses aux XIXe et XXe siècles, Louvain-la-Neuve 1991, 41–45.

[2] Vgl. zu den Kongressen und der Entwicklung der Hilfswerke die unveröffentlichte Dissertation von J.-L. SOETE, Structure et organisation de base du Parti catholique en Belgique (1863–1884), Katholische Universität Löwen 1989.

Dienst in der päpstlichen Garde[3]. Daneben fanden verschiedene Werke zur Förderung der Mission, zur Ausbreitung des Katholizismus im Orient oder zur Bekehrung der Juden Unterstützung.

Die Kongresse befürworteten die Organisation von Exerzitien, den Aufbau einer Gemeindemission und die Veranstaltung von Wallfahrten. Sie ermutigten zur Gründung von Bruderschaften (wie z. B. der Bruderschaft der Hl. Barbara), um ein Gegengewicht zu den rationalistischen Gesellschaften für weltliche Beerdigungen zu schaffen und um damit würdige kirchliche Bestattungen für Arme zu gewährleisten. Sie forderten die Katholiken auf, ihren Einfluß zur Heiligung des Sonntags geltend zu machen. Außerdem regten sie auch den Ausbau von Jugendwerken und anderer Vereine an, die einige Jahre vorher zur sittlichen Hebung der Arbeiterklasse ins Leben gerufen worden waren. Zur Unterstützung dieser Werke wurde 1867 von Industriellen und Juristen der *Bund der katholischen Arbeitergesellschaften Belgiens* gegründet.

Die Schulbildung war das zentrale Anliegen auf dem Katholikenkongreß von 1863, auf dem auch die Vorstellung von der ergänzenden Funktion des Staates auf dem Erziehungssektor herausgestellt wurde. Vier Jahre später wurde die ultramontane Parole der „Schule ohne Staat" entschieden verteidigt. Die Tagungsteilnehmer bekundeten ihre Absicht, Organisationen wie den *Crédit de la Charité* zu fördern, der 1855 zur finanziellen Unterstützung der katholischen Schulen gegründet worden war. In gleicher Weise wünschten sie eine Verbesserung der religiösen Erziehung der Jugendlichen. Einige wollten sogar die Lektüre heidnischer Autoren aus dem Lateinunterricht verbannt wissen.

Zur Rechristianisierung der Gesellschaft sollte neben der christlichen Kunst auch die Kirchenmusik erneuert werden. Unter dem Einfluß des englischen *gothic revival* und der nostalgischen Rückbesinnung auf das kirchliche Leben des Mittelalters förderten Künstler aus Brügge und Gent die neugotische Bewegung und die Gründung von St.-Lukasschulen, um ihre Ziele zu verwirklichen[4].

Da die Katholiken auf dem Gebiet der öffentlichen Meinungsbildung Nachholbedarf hatten, bemühten sich die Katholikenkongresse auch intensiv um das Pressewesen, indem sie die Finanzierung und Verbreitung von katholischen Zeitungen ebenso in ihr Programm aufnahmen wie die Gründung einer eigenen Zeitschrift – der seit 1865 erscheinenden und bis heute existierenden *Revue générale*[5].

Um die Gläubigen vor schädlichen Einflüssen zu bewahren, beschlossen die Tagungsteilnehmer den Ausbau von Kulturzirkeln, von denen es bereits 1853 einige in Belgien gab. Der in Paris 1850 gegründete *Cercle catholique du Luxembourg* diente dabei als Vorbild. Rasch wurden zahlreiche Zirkel gebildet, die sich zu einem Bund zusammenschlossen, der bereits im Gründungsjahr 1868 27 Gruppen zählte, 115 im Jahre 1884. Diese Zirkel veranstalteten Vorträge und literarische Lesungen, richteten Bibliotheken ein, schufen Kirchenchöre und Musikkapellen oder Schauspielgruppen. Neben ihrer Unterhaltungsfunktion hatten sie aber auch politischen Charakter und wurden zur Grundlage für eine spätere katholische Partei.

---

[3] Vgl. J. LORETTE, Historiographie des zouaves pontificaux belges (1860–1980), in: Actes du colloque d'histoire militaire belge (1830–1980), Brüssel 1981, 151–163.

[4] J. DE MAEYER (Hrsg.), De Sint-Lucasscholen en de neogotiek 1862–1914 (Kadoc-Studies 5), Löwen 1988.

[5] N. PIEPERS, La Revue générale de 1868 à 1940. Essai d'analyse du contenu (Centre inter-universitaire d'histoire contemporaine 52), Löwen – Paris 1968.

Der erste Katholikenkongreß von Mecheln wurde von den liberalen Katholiken bestimmt, während bei den nachfolgenden Tagungen die Ultramontanen stärker in den Vordergrund traten[6]. Die ehemaligen Anhänger des Bündnisses von Kirche und Staat und der Oberherrschaft der Kirche über den Staat fanden sich allmählich mit der neuen Situation für den belgischen Katholizismus ab, gingen jedoch angesichts der harten politischen Linie nach der Machtübernahme der Liberalen im Jahre 1847 erneut in die Offensive.

An der Spitze der ultramontanen Bewegung standen zwei Führungspersönlichkeiten: Joseph de Hemptinne, ein Genter Industrieller, und Charles Périn, Professor für Jura und Volkswirtschaft an der Universität Löwen. Ersterer trat als äußerst aktives Mitglied der *St.-Vinzenz-von-Paul-Gesellschaft* auch finanziell für den Ausbau katholischer Werke und einer katholischen Presse ein. 1853 gründete er mit anderen Vinzentinern *Le Bien public*, das wichtigste ultramontane Publikationsorgan für ganz Belgien. Nachdem er durch die Enzyklika *Quanta cura* in seinen theokratischen Überzeugungen bestärkt worden war, gab er seinen Posten als Provinzialrat auf, der mit dem Treueeid auf die Verfassung verbunden war. Seit dessen Gründung Ende 1870 arbeitete er am von Gaspard Mermillod geleiteten *Comité de défense catholique* in Genf mit. Auf Anraten Pius' IX., der ihn zum römischen Grafen ernannte (1873), gründete Hemptinne 1871 die *Kreuzfahrer von St.-Peter*. 1874 unterstützte er die neue Wochenzeitschrift *La Croix*. Charles Périn war 1868 vom Papst empfangen worden und fühlte sich von ihm zur Mission berufen. Er wurde Präsident der 1875 vom Grafen de Villermont ins Leben gerufenen St.-Michaels-Bruderschaft zur „Wiederherstellung des sozialen Reiches Jesu Christi".

Die Ultramontanen attackierten – nicht selten unterstützt von den Bischöfen von Tournai, Lüttich und Namur – die 1870 wieder an die Macht gelangte katholische Rechte wegen ihrer mangelnden Kampfbereitschaft[7]. Kardinal Victor Dechamps (1867–1883) gelang es kaum, den Feuereifer der Ultramontanen einzudämmen. Nachdem Pius IX. in einer Ansprache an Pilger aus Mons offensichtlich die verfassungsmäßige Verpflichtung verurteilt hatte, daß die standesamtliche Eheschließung der kirchlichen Trauung vorausgehen müsse, nahm Hemptinne gegen den Willen der meisten Bischöfe eine Petition zur Verfassungsrevision in Angriff[8]. Ein Jahr später versuchten Charles Périn und der Bischof von Tournai, Edmont Hyacinthe Dumont, die Veröffentlichung des Werkes *L'Église et l'État* von Chanoine Moulart zu verhindern, in dem liberal-katholische Tendenzen zum Ausdruck kamen. Nur dem Beginn des Pontifikats Leos XIII. verdankt dieses Buch seine Publikation.

Im Vorlauf der Wahlen vom Juni 1878 eröffneten die Ultramontanen ihre Kampagne mit einer anonymen Broschüre (aus der Feder Arthur Verhaegens), in der sie die Katholiken aufriefen, „auf den Wahllisten nur die Kandidaten zu berücksichtigen, die zur Verteidigung der Kirche entschlossen sind und die Freiheit der Kirche zur Basis der Sozialordnung machen". Nach dem Sieg der Liberalen und dem Appell Leos XIII. zur Respektierung der Verfassung verlagerten sie sich auf den Widerstand gegen Maßnahmen der neuen Regierung und auf die Organisation einer wahrhaft katholischen Partei, um die konservative und

---

[6] E. Lamberts (Hrsg.), De Kruistocht tegen het liberalisme. Facetten van het ultramontanisme in België in de 19e eeuw (Kadoc Jaarboek 1983), Löwen 1984.
[7] K. Van Isacker, Werkelijk en wettelijk land. De katholieke opinie tegenover de rechterzijde (1863–1884), Antwerpen – Brüssel 1955.
[8] E. Lamberts, Une offensive de Pie IX et des ultramontains radicaux contre la législation matrimoniale en Belgique (1875), in: RHE 79 (1984) 50–78.

konstitutionelle Rechte zu verdrängen. Erst mit der Ablösung und der anschließenden Absetzung ihres aktivsten Repräsentanten, Bischof Dumont von Tournai, durch den Papst ließen die Spannungen unter den Katholiken nach.

Im Januar 1879 legte Erziehungsminister Pierre van Humbeeck einen Gesetzesentwurf vor, der auf eine Laizisierung und eine ausschließlich staatliche Kontrolle über das Volksschulwesen hinauslief[9]. Als Antwort auf die heftigen Gegenreaktionen verfaßten die Gesetzesinitiatoren einen abschwächenden Kommentar, ohne jedoch den Gesetzestext abzuändern. Obwohl der Religion ein fester Platz in der Schule eingeräumt wurde, kämpften die Katholiken mit aller Macht gegen dieses „Gesetz des Unheils". Im Februar ordneten die Bischöfe in ihrem gemeinsamen Hirtenbrief für alle Gemeinden an, jeden Sonntag folgendes Gebet sprechen zu lassen: „Bewahre uns, Herr, vor Schulen ohne Gott und vor Lehren ohne Glauben!" In einem weiteren Hirtenbrief, der zwischen der Gesetzesabstimmung in der Kammer und der Vorlage beim Senat zur Veröffentlichung kam, lehnten die Bischöfe alle öffentlichen Volksschulen ab. Trotz vieler Appelle zur Mäßigung seitens der parlamentarischen Rechten und des Papstes wurden ihre Äußerungen nach dem Erlaß des Gesetzes noch schärfer. Angesichts der Unnachgiebigkeit der Bischöfe und der vergeblichen Einflußnahme Roms brach die Regierung die diplomatischen Beziehungen zum Hl. Stuhl ab. Neben dem Scheitern der Katholiken bei den folgenden Wahlen hatte diese Maßnahme eine langfristige Abnahme des Gottesdienstbesuches zur Folge. Es entstand eine Bewegung der „klerikalen Entchristlichung", die Auswirkungen über diesen Streit hinaus hatte[10].

Von 1879 bis 1884 gründeten die Katholiken auf Betreiben der Nationalunion 3385 Schulen. Starke Unterstützung ging dabei von den zumeist dem Adel angehörenden Grundbesitzern aus, die 43 Prozent der 150 von den *Schwestern der Vorsehung* unterhaltenen und in dieser Zeit gegründeten Schulen finanzierten. Der Erfolg war beachtlich: Ende 1880 besuchten sechs von zehn Kindern (gut 580000) die katholischen und nur vier von zehn (gut 380000) die öffentlichen Schulen. Dabei ergab sich ein deutliches Gefälle zwischen Flandern (mit den meistbesuchten katholischen Schulen), Wallonien (mit gleichen Schülerzahlen in den ländlichen Provinzen von Namur und Luxemburg) und den Provinzen von Lüttich und Hainaut, wo die katholischen Schulen in der Minderheit waren. Trotz dieser Entwicklung setzte die Regierung ihre Bemühungen um das staatliche höhere Schulwesen fort. Das Gesetz von 1881 führte zu einer Zunahme von Schulen für Jungen und zur Gründung der ersten Mädchenschulen, ohne den gesetzlichen Status der Religion in Frage zu stellen. Der Klerus verschwand aus fast allen öffentlichen Schulen.

Die Umkehrung der Mehrheitsverhältnisse bei den Wahlen vom Juni 1884[11] hatte mehrere Gründe: das Organisationstalent der Katholiken, das sich mehr auf wirtschaftlichem als auf religiösem Gebiet bemerkbar machte, die Zulassung einer großen Anzahl von Wählern aus den mittleren und kleinbürgerlichen Volksschichten und die Unzufriedenheit eines Teils des liberalen Wählerpotentials mit der Regierung und dem radikalen Parteiflügel.

---

[9] Vgl. J. Lory, La Résistance des catholiques belges à la „loi de malheur" (1879–1884), in: Revue du Nord 67 (1985) 729–747.

[10] Ders., Un cas de déchristianisation cléricale en Belgique: le fléchissement de la pratique pascale consécutif à la guerre scolaire (1879–1884), in: Cahiers d'histoire 9 (1964) 111–113.

[11] E. Lamberts – J. Lory (Hrsgg.), 1884: un tournant politique en Belgique. Colloque, Bruxelles, 24. 11. 1984 (Publications des facultés universitaires Saint-Louis, „Travaux et Recherches" 7), Brüssel 1986.

Nach ihrer Rückkehr an die Macht stimmten die Katholiken auf Veranlassung des intransigenten Flügels über ein Gesetz der Vergeltung ab, das den Kommunen weitgehende Autonomie zubilligte. Dieses Gesetz rief heftigen Widerstand der Liberalen hervor und führte zu tumultartigen Demonstrationen. In Anbetracht des Wiedererstarkens der Liberalen bei den Kommunalwahlen entließ der König die radikalsten katholischen Minister. Ihr Ausscheiden wirkte beruhigend auf die Gemüter. Dennoch sollten sich in der Folge die Katholiken dreißig Jahre lang an der Macht halten. Gründe für ihren Erfolg waren der Einfluß der Religion, die Angst vor dem Sozialismus und die Kampagnen des Klerus, aber auch die Konstituierung einer starken Partei, die sich für die Interessen ihrer Wähler einsetzte. Mäßigend wirkten auch die 1885 unter schwierigen Umständen wiedereingerichtete Nuntiatur[12] und ebenso die Erzbischöfe von Mecheln: die Kardinäle Pierre Lambert Goossens (1883–1906) und Désiré Joseph Mercier (1906–1926).

Auf schulischem Gebiet bemühte sich die Regierung um die Wiedereinrichtung des Religionsunterrichts, doch die meisten kommunalen Schulen in den Großstädten mußten – trotz des Gesetzes von 1895 – darauf verzichten. 1911 war jeder zwanzigste Schüler vom Religionsunterricht befreit, und jeder achte besuchte eine Schule, an der es keinen Religionsunterricht gab. Im Sekundarbereich besuchten die meisten Jungen katholische Schulen, die seit dem Schulstreit starken Zuwachs erfuhren. 1911 wurden 63 Prozent aller Schüler der Diözese Mecheln in katholischen Schulen unterrichtet.

2. Soziale Probleme

Im Verlauf der fortschreitenden Industrialisierung Belgiens seit Beginn des 19. Jh. bildeten sich in der Gegend von Lüttich und Charleroi, in Mittelbelgien und im Borinage große Industriezentren des Kohlebergbaus und der Metallverarbeitung; die Textilindustrie hatte ihre Standorte in Verviers und Gent. Brüssel zog als Hauptstadt die weiterverarbeitende Industrie und die Luxusgüterindustrie an sich. Außerdem begünstigte der Antwerpener Hafen die Entwicklung einer Arbeiterklasse.

Die Arbeiterschaft war der Kirche durch deren Bündnis mit den wohlhabenden Bürgerschichten weitgehend entfremdet worden. Sie bildete Organisationsformen, die von den verschiedenen Richtungen des Sozialismus ausgingen und oft vom Antiklerikalismus geprägt waren: Genossenschaften, Versicherungsgesellschaften und Gewerkschaften und schließlich die belgische Arbeiterpartei, die im Jahre 1885 gegründet wurde. Nach den von der Armee rigoros niedergeschlagenen Streiks im Jahre 1886 wurde den katholischen Kreisen das ganze Ausmaß der sozialen Probleme bewußt.

Seit den 40er Jahren reagierten die Katholiken auf die Not der von der Wirtschaftskrise hart betroffenen Volksschichten. In der Sorge um die Aufrechterhaltung der sozialen Stabilität standen die Mitglieder der St.-Vinzenz-von-Paul-Gesellschaft mit der Gründung von Jugendgruppen zur materiellen Hilfe und zur moralischen Unterstützung bereit. Andere, wie Edouard Ducpétiaux, der spätere Organisator der Tagungen von Mecheln, oder die beiden Franzosen François Huet (Professor an der Genter Universität) und Charles de Coux (Professor an der Universität Löwen) sprachen sich für Sozialreformen aus. Wie Ducpétiaux setzte sich auch de Coux für die Erneuerung der Berufsverbände und am Be-

---

[12] Vgl. dazu Kardinal D. Ferrata, Mémoires, Bd. 1, Rom 1920, 245–422.

ginn seiner Laufbahn für die Teilnahme der Arbeiter an der Politik ein. Diese Sensibilität für soziale Probleme nahm allerdings nach dem Wiederaufschwung der Wirtschaft und dem Sieg des wirtschaftlichen Liberalismus in den Jahren nach 1850 ab.

In seinem Buch *De la richesse dans les sociétés chrétiennes* (1861) bekämpfte der Ultramontanist Charles Périn den Materialismus auf der Grundlage des wirtschaftlichen Liberalismus und schlug als Idealziel eine „freie und christliche Körperschaft [vor], in der Arbeitgeber und Arbeitnehmer vereinigt sind, um Frieden und Fortschritt durch großzügige Bemühungen der Nächstenliebe und des Verzichts unter der gesetzlichen Garantie der Justiz zu verwirklichen". Er lehnte allerdings jede Intervention des Staates auf wirtschaftlichem und sozialem Gebiet ab. Sein Denken sollte später die Schule von Angers beeinflussen.

Der im Anschluß an den Katholikentag von 1867 in Mecheln beschlossene Bund der katholischen Arbeitervereinigungen hielt sich zunächst an eine Lösung, die ausschließlich an die Moral des einzelnen appellierte: Alle Probleme, so meinte man, ließen sich mit der Nächstenliebe und der Erfüllung der Christenpflicht eines jeden einzelnen beheben. Die äußerst patriarchale Sicht der sozialen Tätigkeit bei den Oberschichten setzte sich auch bei den Konservativen durch.

Unter dem Einfluß deutscher, österreichischer und französischer Strömungen erarbeitete der Sozialkatholizismus in den Jahren nach 1880 die ideologische Grundlage für sein Handeln. Es ging dabei vor allem um das Genossenschaftswesen. Es galt, eine organisch, solidarisch, hierarchisch und christlich aufgebaute Gesellschaft wiederherzustellen, die mit der Revolution von 1789 zerstört worden war. Dieses Ideal kam auch bei den Tagungen des Sozialwerkes von Lüttich in den Jahren 1886, 1887 und 1890 sowie bei den in dieser Zeit entstandenen christlich-sozialen Organisationen – beim *Boerenbond* für die flämischen Bauern (1890) und den Anfängen der demokratischen Liga Belgiens (1891) – zum Ausdruck.

Infolge der Streikbewegungen des Jahres 1886 wurden die großen Sozialprobleme auf den Lütticher Katholikentagen behandelt, die von den ehemaligen Direktoren der Nationalunion für die Beseitigung von Beschwerden organisiert und vom örtlichen Bischof Doutreloux geleitet wurden. Im Zentrum der Diskussionen standen die Rolle des Staates und der Rückhalt am Gesetz, die Frage nach gerechtem Lohn und die Stellung der Arbeiter in der Gesellschaft. 1886 leitete Victor Brants, einer der Gründer der belgischen Gesellschaft für angewandte Studien der Sozialökonomie (1881), der sich an den Thesen Le Plays orientierte, die Sektion für wirtschaftliche Werke, während Charles Woeste als konservativer Führer der Rechten Untersuchungen über die Gesetzgebung betreute. Bei den verschiedenen Tagungen traten starke Spannungen zwischen Gegnern und Anhängern der staatlichen Intervention und der Fixierung eines Mindestlohns auf, für den sich Antoine Pottier einsetzte. „Demokraten" wie der Historiker Godefroid Kurth oder die Anwälte Michel Levie und Arthur Verhaegen forderten eine aktive Beteiligung der Arbeiter in der Gesellschaft. Professor Georges Helleputte setzte sich an der Universität Löwen für das Genossenschaftsideal ein; er konnte auf reiche Erfahrungen zurückgreifen, die er in Flandern gemacht hatte. Vorbehalte wurden dagegen von Wallonen erhoben, die vor allem mit den Problemen der Großindustrie konfrontiert waren. Sie verteidigten den Plan reiner Arbeitergewerkschaften. Der Kongreß von 1890 widmete einen großen Teil seiner Arbeit der Notwendigkeit internationaler Konventionen zur Arbeitsordnung.

Die großen Leitlinien dieser Tagung prägten die Aktionen der Katholiken: Klerikalismus, Antisozialismus, in abgeschwächter Form Antiliberalismus, Genossenschaftswesen und der Arbeiterapostolat. Soziales Wirken sollte unter der Leitung des Klerus stehen. In diesem Sinn gestaltete sich auch das zunehmende Engagement der Bischöfe. Sie regten die Gründung neuer Hilfswerke an und ernannten bald darauf besondere Geistliche als Leiter der Sozialwerke wie auch Beauftragte auf Diözesanebene. In Lüttich wandte sich Doutre-loux an die Salesianer [13] und regte 1894 die Entstehung einer Kongregation der Arbeiter-priester an, die sich dem Apostolat unter den Arbeitern widmete [14]. Ab 1891 organisierten die Jesuiten geschlossene Exerzitien für Arbeiter und eröffneten das Haus *Notre-Dame-du-Travail* in Fayt-lez-Manage, bald darauf fünf weitere Begegnungsstätten; von 1891 bis 1907 wurden so über 2100 Exerzitien mit 78000 Teilnehmern abgehalten.

Die klar antisozialistisch ausgerichtete Enzyklika *Rerum novarum* vom Mai 1891 diente als Grundlage und Rechtfertigung für das soziale Handeln der Katholiken, das jetzt weit über caritative Unterstützung hinausging und nach mehr Gerechtigkeit strebte. An drei Punkten ergaben sich aber Probleme, die von erbitterten Diskussionen begleitet wurden: Umstritten waren das „entweder aus einzelnen Arbeitern bestehende oder gemischte" Ge-nossenschaftswesen, die Frage nach dem gerechten Lohn und die Rolle des Staates. Die im September in Mecheln abgehaltene Generalversammlung bestand auf der Unterstützung christlicher „Korporationen", ohne dieses Problem dezidiert anzusprechen. Auch die in je-der Richtung unentschlossenen Bischöfe wurden in ihrem gemeinsamen Hirtenbrief zur Enzyklika (Januar 1892) nicht deutlicher.

Die im März von Helleputte angeregte demokratische Liga Belgiens, die an die Stelle des ehemaligen Bundes der katholischen Arbeiterwerke trat und bei der Versammlung in Mecheln Anerkennung fand, vereinigte die verschiedenen Tendenzen. Ihre maßgeblichen Anführer verlangten eine Reform des Wahlrechts – 1892 gab es nämlich in Belgien unge-fähr 130000 steuerpflichtige Wähler bei mehr als sechs Millionen Einwohnern. Unter dem Druck öffentlicher Demonstrationen ließ das Parlament 1893 das allgemeine Wahlrecht mit Mehrheitswahl zu, das allen Männern das Wahlrecht einräumte, eine Zweit- oder Dritt-stimme den Familienvätern, Grundbesitzern sowie den Titelinhabern im gymnasialen oder akademischen Lehrbetrieb. Diese Veränderung ermöglichte den Sozialisten den Einzug ins Parlament, wobei sie die Liberalen hinter sich ließen. Dies schuf aber auch Spannungen in-nerhalb der katholischen Partei, in der die Konservativen jeden Vertreter einer anderen Richtung auszuschalten versuchten. Sie hatten mit dieser Politik in Lüttich Erfolg, wäh-rend sie in Verviers von Doutreloux gezwungen wurden, auf eine Einheitsliste Pottier zu setzen, der jedoch nicht gewählt wurde.

Noch angespannter war die Lage in Alost, dem Stammwahlkreis des konservativen Füh-rers Charles Woeste. Dort wurde im Juli 1893 eine christliche Volkspartei gegründet, deren Programm Adolphe Daens entworfen hatte. Er fügte dem Wahlprogramm der Arbeiter in der Linie von *Rerum novarum* flämische Forderungen hinzu. Es handelte sich tatsächlich mehr um eine Volkspartei als um eine Arbeiterpartei, die Rückhalt vor allem beim flämi-schen Kleinbürgertum fand. Dieses Bürgertum wollte die Vorherrschaft der *fransquillons* erschüttern, deren große Mehrheit die steuerpflichtigen Wähler in Flandern stellte. 1894 wurde Daens neben Woeste gewählt, und seine Partei konnte sich in Flandern durchsetzen.

---

[13] A. DRUART, Les Origines des œuvres salésiennes en Belgique (1891–1914), in: Salesianum 38 (1976) 653–683; DERS., Les Salésiens et le service des jeunes en Belgique (1891–1914), in: Congrès de Comines. XLVᵉ Con-grès de la Fédération des cercles d'archéologie et d'histoire de Belgique et Iᵉʳ Congrès de l'Association des cercles francophones d'histoire et d'archéologie de Belgique (23.–31. V. 1980), Actes III, 1983, 369–376.

[14] Abbé PIRE, Histoire de la Congrégation des Aumôniers du travail, Brüssel 1942.

Unter dem Druck der Konservativen forderte der Papst in einem offenen Brief und in Geheiminstruktionen vom Juli 1895 (ebenso wie die Bischöfe) die Einheit der Katholiken. Sie empfahlen gemischte Arbeitervereinigungen, lehnten die politische Autonomie der Demokraten ab und untersagten den Priestern die Übernahme eines politischen Amtes. Abbé Pottier zog sich nach und nach aus der Politik zurück und wirkte bis zu seinem Tod als Professor am römischen *Collegium Leoninum*, während sich in Flandern die Anhänger Daens' 1897 in einer flämisch-christlichen Volkspartei vereinigten, um der als zu frankophil eingestellten demokratischen Liga Paroli zu bieten. Nach der Suspendierung durch den Bischof (1897) zog sich Daens für einige Zeit aus der Politik zurück, wurde jedoch 1898 Parteivorsitzender und von 1904 bis zu seinem Tod Mitglied der Repräsentantenkammer. Seine Partei verbündete sich regelmäßig mit der antiklerikalen, sozialistischen oder liberalen Linken. Später verlor die Bewegung an Einfluß in Wallonien – abgesehen von Lüttich, wo sich die unabhängigen Christdemokraten bei der Wahl von 1908 präsentierten. Innerhalb der katholischen Partei erhielten die Demokraten, deren Unterstützung seit Bestehen der Mehrheitswahl im Jahre 1893 und der Verhältniswahl im Jahre 1898 notwendig war, bescheidenen Einfluß, der ihnen nach und nach die Vertretung im Parlament und schließlich ab 1907 Ministerposten einbrachte.

Dem politischen Einfluß ging der Erfolg der Hilfswerke voraus. Da sich die Vereinigungen für gegenseitige Hilfe an alle Sozialschichten wandten und die Zielsetzungen des sozialen Friedens teilten, erhielten sie breite Unterstützung. Ihr „christlicher" Charakter wurde dabei noch unterstrichen. 1906 gründeten sie einen Nationalbund. In Flandern hatte die Genossenschaftsbewegung großen Erfolg, die sich um Arbeiter, Handwerker, Händler, kleinere Arbeitergeber und Bauern kümmerte. Auf diese Gruppen waren später auch die katholischen Verbände für die Mittelschichten ausgerichtet, die 1919 einen Nationalbund konstituierten. In dieser Perspektive wurde 1890 auch der *Boerenbond* als Vertreter der geistigen und materiellen Interessen der flämischen Bauern ins Leben gerufen. Die von den Sozialisten stark geförderten Verbrauchergenossenschaften fanden jedoch in katholischen Kreisen weit weniger Anerkennung, weil sie in ihnen eine Konkurrenz für die Kleinhändler sahen. Es gelang jedoch einigen dieser Genossenschaften, sich in Wallonien und Flandern zu behaupten.

An vielen Orten blieben die christlichen Gewerkschaften gemischte Vereinigungen mit geringem Kampfgeist und stark antisozialistischer Prägung. Das läßt sich deutlich an der antisozialistischen Liga der Baumwollarbeiter ablesen, die 1886 in Gent als rein christliche Arbeitergewerkschaft gegründet wurde. Den gemischten Gewerkschaften von Arbeitgebern und Arbeitnehmern war kein Erfolg beschieden. Zur gleichen Zeit nahmen andere Gewerkschaften ihre Tätigkeit auf und organisierten sich schon vor der Gründung des Generalsekretariats der christlichen Berufsvereinigungen in Gent (1904) in Berufsverbänden. Diese Institution ging auf die Initiative des Dominikanerpaters Georges Ceslas Rutten zurück, der seine Ausbildung an der kurz nach der Veröffentlichung von *Rerum novarum* gegründeten *Akademie für Politik und Sozialwissenschaften* erhalten hatte. Unterstützt wurde er seit dessen Amtsübernahme von Erzbischof Désiré Mercier, der auch Victoire Cappe ermutigte, 1908 einen Nationalbund für die Frauenhilfswerke ins Leben zu rufen. Diese Organisationen bildeten somit allmählich das katholische Pendant zu den laizistischen, vor allem sozialistischen Stützpfeilern. Auf beiden Seiten wurden die Volksmassen in allen Lebensstationen betreut – von der Wiege bis zur Bahre.

Die Spannungen zwischen Klerikalen und Antiklerikalen kamen in gleicher Weise in der flämischen Bewegung zum Ausdruck, die Mitglieder der Mittelschichten in Opposition zur frankophonen Aristokratie und des frankophonen Bürgertums in Flandern und Brüssel brachte. 1875 bildeten die Katholiken ihre eigene Vereinigung, den *Davidsfonds* – benannt nach Jan-Baptist David – als Konkurrenz zu dem 1851 gegründeten und durchgehend liberal ausgerichteten *Willemsfonds*[15]. Auf die von einem Großteil des Klerus mitgetragenen flämischen Forderungen versuchten die Bischöfe oftmals mäßigend einzuwirken, um die Spaltung der katholischen Partei – nach einigen von ihnen die Spaltung des Landes – zu verhindern.

3. Die Herausforderungen der Naturwissenschaft und des neuzeitlichen Denkens

Die 1834 gegründete katholische Universität von Löwen war vor allem eine Berufshochschule, die zur Heranbildung katholischer Führungskräfte in der Gesellschaft bestimmt war[16]. Neben den fünf traditionellen Fakultäten – Theologie, Philosophie und Philologie, Jura, Medizin und Naturwissenschaften – wurden gleichwertige Studiengänge für Volkswirte (1865), Diplomlandwirte (1878) oder Handelskaufleute (1897) eingerichtet. Unmittelbar nach der Veröffentlichung der Enzyklika *Rerum novarum* gründete man die *Akademie für Politik- und Sozialwissenschaften* (1892) zur Ausbildung hoher Beamter und Politiker im Dienst der katholischen Partei. An dieser Universität war ungefähr ein Drittel aller Studierenden des Landes eingeschrieben, deren Zahl von 490 im Jahre 1839 auf 2880 im Jahre 1914 anstieg.

Eine allmähliche Veränderung vollzog sich in den Jahren nach 1870 mit der fortschreitenden Einführung praktischer Forschungszweige in den Naturwissenschaften, die auf die Initiative des Chemikers L. Henry und des Biologen Chanoine Carnoy zurückgingen. Jean-Baptiste Abbeloos war als Rektor der Universität (seit 1887) von der Notwendigkeit überzeugt, daß sich katholisches Denken den fortschrittlichen Methoden sowohl in den historischen Disziplinen wie in den Naturwissenschaften zu öffnen habe. Über eine wirkungsvolle Nominierungspolitik und in Anlehnung an das Universitätsgesetz von 1890 verwandelte er die *Alma Mater* in eine Institution, an der wissenschaftliche Forschung die Lehre ergänzte.

1882 wurde auf Veranlassung von Papst Leo XIII. eine Vorlesung über „die hohe Philosophie des hl. Thomas" eingerichtet. In seinen Anweisungen für den Dozenten erklärte der Papst, daß „sich dieser darum bemühen muß, die Philosophie vor allem in ihren Beziehungen zu den wissenschaftlichen und sozialen Problemen" darzustellen. Désiré Mercier (der später Kardinal wurde) entsprach diesen Empfehlungen und orientierte seine Vorlesung am modernen neuzeitlichen Denken. Damit hatte er auch bei den nichttheologischen Studenten Erfolg. 1889 eröffnete er mit Genehmigung des Papstes ein Spezialinstitut, an dem vergleichende Studien zwischen thomistischem Denken und den neuen experimentellen Wissenschaften betrieben wurden[17]. 1892 übertrug ihm der Papst die Vollmacht zur Grün-

---

[15] L. WILS, Hondernd jaar Vlaamse Beweging I: Geschiedenis van het Davidsfonds tot 1914, Löwen 1977.

[16] A. D'HAENENS (Hrsg.), L'Université catholique de Louvain. Vie et mémoire d'une institution, Brüssel 1992.

[17] R. AUBERT, Désiré Mercier et les débuts de l'institut de philosophie, in: RPL 88 (1990) 147–167; J. LADRIÈRE, Cent ans de philosophie à l'institut supérieur de philosophie, in: ebd., 168–213; K. WILS, Het verbond tussen geloof en wetenschap bedrigd. Het Leuvens Hoger Instituut voor Wijsbegeerte en het positivisme (1889–1914), in: Trajecta 1 (1992) 388–408.

dung eines Priesterseminars. Damit konnte er Druck auf die Bischöfe ausüben, die schließlich mit dem nach Leo XIII. benannten Priesterseminar zur Gewährleistung einer gediegenen philosophischen Grundlage für die geistliche Elite einverstanden waren.

Merciers Bestreben, die Autonomie der Philosophie gegenüber der Theologie zu wahren, sowie seine Aufgeschlossenheit für neuzeitliche Denkströmungen schreckte jedoch bestimmte römische und belgische Kreise ab. Die Gründung der *Revue néoscolastique* (1894) unterstrich seine internationale Ausstrahlung, trug aber nicht zur Verringerung der Angriffe seiner Gegner bei. Nach einem langandauernden Konflikt war die Zukunft des Universitätsinstituts und die Stellung Merciers im Jahre 1898 endgültig gesichert. Wie J. Ladrière formulierte, verpflichtete sich der Löwener Neuthomismus „einem vierfachen Anliegen: das Wesentliche herauszustellen, dies in moderner Sprache auszudrücken, engen Kontakt mit der Wissenschaft zu pflegen und Position in den philosophischen Debatten der Gegenwart zu beziehen".

Am Ende der 80er Jahre des 19. Jh. blieb die Lehre an der Theologischen Fakultät – Fundamentaltheologie, Dogmatik und Moral – im traditionellen Rahmen, während in den exegetischen Fächern ein deutlicher Rückstand zu verzeichnen war. Allein das Studium der orientalischen Sprachen, das einer alten, von Johannes Theodorus Beelen bei der Neuordnung der Universität wieder aufgenommenen Löwener Tradition entsprach, sowie die Einführung eines Patrologie-Kurses (1879) und einer „praktischen kirchengeschichtlichen Übung" (1890) von Bernard Jungmann verließen die „lehrmäßigen" Strukturen. Die große Wende trat am Ende des Jahrhunderts mit der Ernennung junger Professoren ein, die – nach Chanoine Aubert [18] – ihren Forschungen und ihrer Lehre einen „vorsichtig progressiven" Charakter verliehen. Albin van Hoonacker wandte sich der historisch-kritischen Erforschung des Alten Testaments zu, Alfred Cauchie führte praktische Übungen zur Kirchengeschichte ein, die nichts von einem rein apologetischen Anliegen erkennen ließen, und nahm daneben seine Lehrverpflichtungen an der Philosophischen Fakultät wahr. Mit Paulin Ladeuze gründete er 1900 die *Revue d'histoire ecclésiastique*, deren Bibliographie das Bemühen verdeutlicht, die Kirchengeschichte in den Kontext der verschiedenen Forschungszweige der Humanwissenschaften zu stellen. Da er als Patrologe gleichzeitig exegetische Vorlesungen über das Neue Testament zu halten hatte, wagte er einige Thesen über die Struktur der Evangelien, die ihm den Argwohn Roms einbrachten. Die Fakultät war in der Lehre solide und für die positive Theologie zugänglich, behutsam im Hinblick auf philosophische und spekulative Probleme, während in Dogmatik und Fundamentaltheologie die Professoren nicht gerade an Originalität herausragten. Insgesamt gesehen konnten die Theologen die modernistische Krise ohne große Schwierigkeiten überstehen. Sie fanden auch Rückhalt bei Rektor Hebbelynck (1898–1909), einem ehemaligen Ordinarius der Theologie, der seiner Veranlagung nach eher konservativ eingestellt war, und bei Kardinal Mercier. Trotz aller Vorbehalte des Vatikans wurde Ladeuze im Jahre 1909 Rektor. Während seiner langen Amtszeit (1909–1940) blieb er seinem Hauptanliegen treu, die wissenschaftliche Forschung an der Universität heimisch zu machen.

Die wichtigsten religiösen Orden haben ihre theologischen Ausbildungsstätten, die kaum Innovationen zuließen, neu organisiert. Die Theologie blieb dort allzu spekulativ,

---

[18] R. AUBERT, Le Grand Tournant de la Faculté de Théologie de Louvain à la veille de 1900, in: Mélanges offerts à M.-D. Chenu, maître en théologie, Paris 1967, 73–109.

ohne enge Bindung an die Hl. Schrift[19]. In der Apologetik machte jedoch der Redemptorist
Victor Dechamps (1810–1893), der spätere Erzbischof von Mecheln und einer der Wortführer der päpstlichen Unfehlbarkeit auf dem I. Vatikanischen Konzil, sein Bemühen deutlich, von den Bedürfnissen des Menschen auszugehen: Der „inneren Tatsache" entspreche
die „äußere Tatsache" der katholischen Kirche, die in ihrer aktuellen Ausprägung wie die
Antwort Gottes auf den Ruf des Menschen erscheine[20].

In der praktischen Theologie konzentrierte sich die 1869 von dem späteren Kapuziner
Chanoine Loiseaux gegründete *Nouvelle Revue théologique* auf die Morallehre und das
kanonische Recht. Um diese Zeit trat an die Stelle des überkommenen Rigorismus eine etwas flexiblere Morallehre. Als Zeichen der Erneuerung kann angesehen werden, daß alle
Diözesen zwischen 1896 und 1907 ihre eigenen Zeitschriften für den Klerus herausbrach-
ten. Kardinal Mercier förderte zudem in seinen Vorträgen für Seminaristen und Priester die
Spiritualität des Diözesanklerus[21].

Zur Auseinandersetzung mit dem Positivismus und als Versuch, in der Praxis nachzuweisen, daß zwischen Glaube und Vernunft kein echter Gegensatz besteht – wie das I. Vaticanum lehrt –, gründeten Katholiken die *Wissenschaftliche Gesellschaft von Brüssel*. Neben Professoren der Universität Löwen und anderer Orte sowie französischer *Instituts
catholiques* spielten vor allem Jesuiten (wie der erste Sekretär I. Charbonelle) eine tragende Rolle. Jedes Jahr hielt die Gesellschaft mehrere Sitzungen ab, an denen besonders
belgische und französische Gelehrte teilnahmen. Sie veröffentlichte seit ihrem Gründungsjahr die *Annales*, seit 1877 die *Revue des questions scientifiques*.

Am Ende des 19. Jh. wurde eine Zeitschrift der „theologischen Kontroverse" begründet,
die 1903 als *Revue apologétique* erschien. 1909 wurde Abel Brohée mit dem Sekretariat
der kirchlich-apologetischen Werke betraut, denen er über Studienkreise im positiven Sinn
als theologische Begegnungsstätten Neuorientierung verlieh und die er nach dem französischen Vorbild der *ACJF* zu koordinieren suchte. Seine Initiative wurde zur Grundlage für
die *Action catholique* der belgischen Jugend nach dem I. Weltkrieg[22].

4. Religiöses Leben

Nach 1870 zeigten sich die Bischöfe über den Rückgang praktizierender Katholiken in den
Großstädten und Industriezentren beunruhigt. Die Situation war freilich regional sehr unterschiedlich. Am Vorabend des Ersten Weltkrieges lag z. B. der Anteil der katholischen
Christen, die in den ländlichen Gemeinden der Diözese Brügge ihrer österlichen Pflicht
nicht mehr nachkamen, unter 0,15 Prozent[23]. Wenn der Durchschnitt von anderthalb auf
gut 4 Prozent in der gesamten Diözese anstieg, so lag dies an den nichtpraktizierenden Ka-

---

[19] Vgl. C. DUMONT, L'enseignement théologique au collège jésuite de Louvain, Louvain 1838 – Bruxelles 1988,
in: NRTh 111 (1989) 556–576.

[20] B. HIDBER, Glaube – Natur – Übernatur. Studien zur Methode der Vorsehung von Kardinal Dechamps, Frankfurt 1978.

[21] Vgl. F. VAN STEENBERGHEN, Le Prêtre diocésain d'après le cardinal Mercier, in: Le Cardinal Mercier, fondateur
de séminaire, Löwen 1951, 57–89.

[22] R. AUBERT, Organisation et caractère des mouvements de jeunesse en Belgique, in: La Gioventù cattolica dopo
l'Unità (1868–1968) (Politica e Storia 28), Rom 1972, 272–323.

[23] W. ROMBAUTS, Het paasverzuim in het Bisdom Brugge (1840–1911) (Centre interuniversitaire d'histoire contemporaine 62), Löwen – Paris 1971.

tholiken in einigen Stadt- und Arbeitergemeinden, vor allem in Ostende (ein Drittel der Gläubigen). In den meisten Landgemeinden der Diözese Gent lag der sonntägliche Gottesdienstbesuch immer noch über 90 Prozent; allein in der Bischofsstadt aber gingen kaum mehr als vier von zehn Einwohnern zur Osterbeichte. In Wallonien war die Lage allgemein schlechter. In der Arbeitergemeinde Seraing [24] besuchten schon vor dem Ersten Weltkrieg weniger als die Hälfte der Einwohner die Ostermessen, nur jeder fünfte den Sonntagsgottesdienst. Der Anteil der nichtgetauften Kinder lag bis 1880 unter fünf Prozent, erhöhte sich zwischen 1900 und 1910 auf ungefähr 15 Prozent und erreichte 1912 seinen Höhepunkt mit 28 Prozent, um nach dem Krieg wieder abzunehmen. Zwischen 1872 und 1914 erhöhte sich der Prozentsatz der standesamtlichen Trauungen von unter 1 auf 49 Prozent. 1904 blieben dagegen im Landgebiet von Luxemburg allgemein weniger als fünf Prozent der Sonntagsmesse fern, im Hinterland von Namur 12 Prozent, bis zu 35 Prozent allerdings in den Industriegemeinden. Unter den praktizierenden Christen waren die Männer deutlich weniger vertreten als die Frauen: 1904 waren unter den Meßbesuchern der ganzen Diözese fast vier Fünftel Frauen.

Schrittweise wurde den Gläubigen die Liturgie nähergebracht [25]. Treibende Kraft war hierbei die 1872 von Beuroner Mönchen gegründete Abtei Maredsous. 1882 veröffentlichte dort Gérard von Caloen ein *Missel des fidèles* (Missale für Gläubige), das die Paraphrasierung Prosper Guérangers zum Meßordinarium enthielt (die Übersetzung war verboten). Die eucharistische Frömmigkeit wurde durch internationale Tagungen angeregt. Bis zum Ersten Weltkrieg wurden fünf dieser Tagungen in Belgien abgehalten, die erste 1881 in Lille. Lambert Beauduin, der als Diözesanpriester zunächst in die Kongregation der Arbeiterpriester, dann in die Benediktinerabtei Mont-César eintrat, bemühte sich um die liturgische Erneuerung auf Gemeindeebene. Sein berühmter Vortrag auf dem Katholikentag von Mecheln im Jahre 1909 über „Das wahre Gebet der Kirche" fand seine Fortsetzung in der Gründung der liturgischen Zeitschrift *La Vie liturgique* (1909) zur Weiterbildung des Klerus.

Das Gottesbild nahm menschliche Züge an; die Vorstellung von Gott als Rächer, der seinen Zorn in Katastrophen erkennen läßt, verschwand allmählich. Einen entsprechend größeren Stellenwert erhielt damit auch Jesus Christus in den Predigten [26]. Eine feinfühligere Frömmigkeit kam auch in der kirchlichen Kunst zum Ausdruck, die sich nicht auf die Volksfrömmigkeit beschränkte [27].

Ab 1880 machte sich in Wallonien ein starker Geburtenrückgang bemerkbar, in ganz Belgien mit Beginn des 20. Jh. Für den damaligen Klerus war dies ein Zeichen für den Verfall der Sittlichkeit; dagegen empfahl Abbé Lecomte den Beichtvätern als promovierter

---

[24] L. DE SAINT-MOULIN, Contribution à l'histoire de la déchristianisation. La pratique religieuse à Seraing depuis 1830, in: Annuaire d'histoire liégeoise 10 (1967) 33–127.

[25] A. HAQUIN, Dom Lambert Beauduin et le renouveau liturgique (Recherches et synthèse. Section d'histoire 1), Gembloux 1969.

[26] A. TIHON, Dieu dans les mandements de carême des archevêques de Malines (1803–1926), in: Qu'est-ce que Dieu? Philosophie/Théologie. Hommage à l'abbé Daniel Coppieters de Gibson (1929–1983) (Publications des facultés universitaires Saint-Louis 33), Brüssel 1985, 651–684.

[27] Zum komplexen Beitrag der Bildbetrachtung für die Kenntnis der kirchlichen Frömmigkeit vgl. das grundlegende Werk von J. PIROTTE, Images des vivants et des morts. La Vision du monde propagée par l'imagerie de dévotion dans le Namurois (1840–1965) (Université catholique de Louvain. Recueil de travaux d'histoire et de philologie, 6. Reihe/Fasc. 34), Louvain-la-Neuve – Brüssel 1987.

Naturwissenschaftler, die periodische Enthaltsamkeit als Beichtrat weiterzugeben. Sein Buch von 1873 wurde nach einer Entscheidung des Hl. Offiziums vom Buchmarkt zurückgezogen, einige Jahre später aber vom Hl. Poenitentiarium approbiert[28]. Die Scheidungsquote blieb zunächst sehr gering, verzehnfachte sich allerdings zwischen 1866 und 1910.

Zur Bewahrung der Gläubigen vor schädlichen Einflüssen vermehrte der Klerus die katholischen Hilfswerke. In Turnhout, Hauptort des Antwerpener Landes mit 24000 Einwohnern, gründete der Klerus (etwa 15 Laienpriester im Jahre 1910) neben einem Sekretariat soziale Hilfswerke mit Pensionskassen und verschiedenen Versicherungsanstalten – ungefähr 25 verschiedene Vereinigungen, die Schulen nicht mitgezählt.

5. Missionen

In den letzten Jahrzehnten des 19. Jh. erlebte der Einsatz der Belgier für die äußere Mission – obwohl längst vorher wirksam – einen großen Aufschwung. Bereits 1804 brach der Genter Priester Charles Nérincx zur Indianermission nach Nordamerika auf. Diese Region wurde damit auch zum ersten Zielgebiet der von Belgien aus betriebenen Mission[29]. Nérincx wurde von den Jesuiten abgelöst, von denen Pierre De Smet als „Apostel der Rocky Mountains" der berühmteste war. Es folgten bald die Redemptoristen, die *Oblaten der Unbefleckten Jungfrau Maria* und die *Schwestern Unserer Lieben Frau von Namur*. 1857 gründeten die Bischöfe in Löwen ein Amerikanisches Seminar, in dem belgische und europäische Laienpriester für den Missionsdienst in den Vereinigten Staaten vorbereitet wurden und amerikanische Seminaristen eine gründliche Ausbildung in Europa erhielten[30].

Zwei Jahre später gründeten belgische Jesuiten ihre erste Missionsstation in Indien. Ihnen folgten 1888 die Kapuziner und 1908 die Karmeliter. 1862 gründete der Militärgeistliche Th. Verbist zur Missionierung Chinas die *Kongregation des Unbefleckten Herzens Mariens* – besser bekannt unter dem Namen des Mutterhauses als *Scheutvelder Missionare*. Ihnen übertrug der Vatikan auch die Mongolenmission[31]. 1872 gründeten die Jesuiten in Turnhout eine Predigerschule für die Nachkommen armer Familien, die sich in der Missionsarbeit engagieren wollten, wobei ihnen die Wahl der Kongregation freistand. Ein Jahr später fuhr Damian de Veuster von der Kongregation der *Sacrés-Cœurs-de-Picpus* mit dem Schiff auf die Insel Hawaii, wo er zum Apostel der Leprakranken wurde und schließlich 1889 selbst dieser schrecklichen Krankheit zum Opfer fiel[32].

Mit der Inbesitznahme des Freistaates Kongo 1884/85 verstärkte König Leopold II. seine Bemühungen um belgische Missionare mit dem Ziel, in seinem Herrschaftsgebiet ausländische Einflüsse auszuschalten. Er gewann schließlich die *Scheutvelder Missionare*, denen Leo XIII. das Staatsvikariat übertrug – mit Ausnahme des Nordostens, wo bereits die Dominikaner ihre Missionsstationen unterhielten. Bald darauf folgten andere Orden,

---

[28] J. Stengers, Les Pratiques anticonceptionnelles dans le mariage au XIXᵉ et au XXᵉ siècle: problèmes humains et attitudes religieuses, in: Revue belge de philologie et d'histoire 69 (1971) 403–481. 1119–1174.

[29] E. de Moreau, Les Missionnaires belges de 1804 jusqu'à nos jours, hrsg. von J. Masson, Brüssel ²1944.

[30] R. Aubert, Le Collège américain à Louvain (1857–1957), in: EThL 33 (1957) 713–729.

[31] D. Verhelst – H. Daniels (Hrsgg.), Scheut hier et aujourd'hui. L'Histoire de la congrégation du Cœur-Immaculé-de-Marie (1862–1987) (Verbistiana 2), Löwen 1993.

[32] R. Boudens (Hrsg.), Rond Damiaan. Handelingen van het colloquium n. a. v. de honderdste verjaardag van het overlijden van pater Damiaan, 9–10 maart 1989 (Kadoc-Studies 7), Löwen 1989. G. Daws, Damian de Veuster. Den Aussätzigen ein Aussätziger geworden, Freiburg – Basel – Wien 1988.

denen Rom die vom Vikariat Kongo losgelösten Gebiete zuwies: 1893 die Jesuiten (sie bauten Hauskapellen), Trappisten 1894, Priester des Hl. Herzens 1879 usw. Auch weibliche Kongregationen ließen sich in der gleichen Zeit nieder, zunächst die 1891 ausgesandten *Sœurs de la charité* von Gent[33]. 1920 arbeiteten 472 Priester, 11 Scholastiker, 234 Brüder und 283 Nonnen im Kongo.

1906 wurde eine Übereinkunft zwischen dem Vatikan und dem unabhängigen Staat getroffen, um das Wirken der Missionare vor allem auf schulischem Gebiet durch die Zuweisung von Ackerland zu erleichtern. Diese Übereinkunft wurde bei der Umwandlung des unabhängigen Staates in eine belgische Kolonie (1908) beibehalten.

Zur Unterstützung der Hilfswerke gründeten die Kongregationen zahlreiche Zeitschriften, in denen sich die Spannungen zwischen Katholiken und Protestanten niederschlugen. Neben stark patriarchalen Tendenzen waren diese Zeitschriften von einer einseitigen und romantischen Sicht des missionarischen Ideals geprägt. Der Wille zur Ausbreitung der Kirche und des Evangeliums sowie zur Übertragung des Heils auf die Heiden wurde durch das zentrale Anliegen der sittlichen Erneuerung und des kulturellen Fortschritts ergänzt[34].

6. Der Protestantismus

1865 zählten die beiden protestantischen Kirchen – die staatlich subventionierte Union der protestantischen Kirche Belgiens *(Union des Eglises évangéliques de Belgique)* sowie die unabhängige, betont evangelikal ausgerichtete belgische Missionskirche *(Eglise chrétienne missionnaire belge)* – zusammen ungefähr 25 000 Mitglieder[35]. Im gleichen Jahr veröffentlichte Pfarrer Th. Bost aus Verviers sein Werk *Le Protestantisme libéral*, das zahlreiche Reaktionen und heftige Spannungen zwischen den beiden Kirchen auslöste[36]. Aus dem Kreis der Liberalen riefen Graf Eugène Goblet d'Alviella und Émile de Laveleye eine Bewegung zugunsten ihrer Strömung ins Leben. Mitten im Schulstreit wurde 1881 eine liberale protestantische Kirche *(Eglise libérale de Belgique)* gegründet, die 1889 staatlich anerkannt wurde.

Zu diesem Zeitpunkt entstanden mehrere neue Glaubensrichtungen. Aus einer Spaltung der Missionskirche entwickelte sich eine Brüderversammlung, die 1878 in zwei Gruppen zerfiel – eine mit „weiter" Tendenz, die 1909 fünf Gemeinschaften zählte, und eine zweite mit „enger" Orientierung und sieben Gemeinschaften. In Brüssel trennte sich 1872 die Gruppe des *Observatoire* von der Missionskirche und schloß sich zwei Jahre später den Methodisten an. Ein Jahr später gründete die *Stads- en Landsevangelisatie Silo* ein flämisches Institut zur Ausbildung von Evangelisten, das u. a. der Maler Vincent van Gogh besuchte. Diese Vereinigung eröffnete später einige Evangelisationszentren in Brüssel und in Flandern.

---

[33] Z. A. ETAMBALA – L. VINTS, 100 jaar Zusters van Liefde in Zaïre (1889–1991), Tielt – Löwen 1992.

[34] J. PIROTTE, Périodiques missionnaires belges d'expression française. Reflets de cinquante années d'évolution d'une mentalité (1889–1940) (Université de Louvain. Recueil de travaux d'histoire et de philologie, 6. Reihe/Fasc. 2), Löwen 1973.

[35] Als bibliographische Ergänzung zum vorausgehenden Kapitel vgl. E. M. BRAEKMAN, Le Protestantisme en Belgique sous Léopold II (1865–1909), in: XLVᵉ congrès de la Fédération des cercles d'archéologie et d'histoire de Belgique. Congrès de Comines, 28.–31. VIII. 1980, Actes III, Comines 1982, 195–208.

[36] S. SAUTTER-KEULEMANS, Théophile Bost et le „Protestantisme libéral", in: Bulletin de la Société d'histoire du protestantisme belge 6 (1975) 165–202.

Die Heilsarmee machte sich 1899 in Belgien bemerkbar, wo sie bis zum Ersten Weltkrieg elf Stationen und zwei Sozialeinrichtungen aufbaute. Außerdem wurden ab 1893 vier
Baptistengemeinden gegründet. Die Aufspaltung der reformierten Kirche der Niederlande
(Nederlandse Hervormde Kerk) hatte auch auf Belgien Auswirkungen, denn 1898 schloß
sich eine Brüsseler Gemeinde der neuen Richtung der *Gereformeerde Kerken in Nederland* an.

Um 1897 hatten die beiden Hauptrichtungen – die Kirchenunion und die Missionskirche – eine Annäherung erreicht, die 1904 zu einer Fusion ihrer historischen Kommissionen in einer historischen Gesellschaft des belgischen Protestantismus führte, 1906 zur
Gründung einer protestantischen Diakonissenanstalt und 1910 zur Gründung einer belgischen Gesellschaft protestantischer Missionen im Kongo.

Bibliographie

Zur Bibliographie vgl. auch Zweiter Teil, Zweites Kapitel 1.

Allgemeine Bibliographie

J. ART, Documents concernant la situation de l'Église catholique en Belgique en vue du concile de Vatican I
(1869–1870), in: BIHBR 48/49 (1978/79) 353–563.
– Les Réunions des évêques de Belgique (1884–1900) vues à travers les archives de la Nonciature de Bruxelles, in:
BIHBR 51 (1981) 197–349.
J. DE BELDER – J. HANNES, Bibliographie de l'histoire de Belgique (1865–1914) (Centre interuniversitaire d'hi-
stoire contemporaine, Cahiers 38), Löwen – Paris 1965.

Zu den Bischöfen

M. BECQUÉ, Le Cardinal Dechamps, 2 Bde., Löwen 1956. Über Goossens liegt keine neuere Biographie vor. Zu
Kardinal Mercier siehe:
R. AUBERT, Le Cardinal Mercier (1851–1926). Un prélat d'avant-garde, Louvain-la-Neuve 1994.
R. BOUDENS, Kardinaal Mercier en de Vlaamse Beweging, Löwen 1975.
A. SIMON, Le Cardinal Mercier, Brüssel 1960.

Zum Arbeiterproblem

P. GÉRIN, 1886 et le monde catholique, in: 1886. La Wallonie née de la grève? (Colloque organisé à l'université de
Liège, les 29 octobre, 14 et 29 novembre 1986), Brüssel 1990, 51–70.
J.-L. JADOULLE, La Pensée de l'abbé Pottier (1849–1923). Contribution à l'histoire de la démocratie chrétienne en
Belgique (Université de Louvain. Recueil de travaux d'histoire et de philologie, 6. Reihe/Fasc. 40), Louvain-la-
Neuve – Brüssel 1991.
E. LAMBERTS (Hrsg.), Een kantelend tijdperk. Une époque en mutation. Ein Zeitalter im Umbruch (1890–1910)
(dreisprachig: niederländ., franz., dt.), Löwen 1992.
J. PUISSANT, Démocratie, Socialisme et Anticléricalisme, ou inversement (Belgique XIXe siècle), in: Aspects de
l'anticléricalisme du Moyen Age à nos jours. Université libre de Bruxelles. Institut d'Étude des religions et de la
laïcité, Colloque international, 2. –3. Juni 1988 (Problèmes d'histoire du christianisme 18), Brüssel 1988, 135–
147.
K. ROTSAERT, Het Daensisme in West-Vlaanderen (Vlaams historisch studies 6), Brügge 1989 (Lit.).
P. WYNANTS – E. GERARD (Hrsgg.), Histoire du mouvement ouvrier chrétien en Belgique 1891–1991 (Kadoc-
Studies 11), 2 Bde., Löwen 1991 (grundlegend, mit umfangreicher Bibliographie).

Zu den anderen sozialen Schichten

S. JAUMAIN – E. GAIARDO, „Aide-toi et le gouvernement t'aidera". Les Réponses de l'État à la crise de la petite
bourgeoisie (1880–1914), in: Revue belge d'histoire contemporaine 19 (1988) 417–471.
L. VAN MOLLE, Chacun pour tous. Le Boerenbond belge 1890–1990 (Kadoc-Studies 9), Löwen 1990.

CL. VERMAUT, Tot Uw dienst. Honderd jaar christelijke middenstandsbeweging in West-Vlaanderen, Brügge 1991.

Zur verzuiling („Versäulung"), d. h. der Spaltung der Gesellschaft entlang den ideologischen Strömungen

H. POST, Pillarization. An Analysis of Dutch and Belgian Society, Gower 1989.
H. RIGHART, De katholieke zuil in Europa. Het ontstaan van verzuiling onder Katholieken in Oostenrijk, Zwitserland, België en Nederland, Amsterdam 1986.
A. C. STRIKWERD, The Divided Class: Catholics vs. Socialists in Belgium (1880–1914), in: Comparative Studies in Society and History 30/2 (1988) 333–359.
Tussen bescherming en verovering. Sociologen en historici over zuilvorming (Kadoc-Studies 6), Löwen 1988.
Verzuiling – „Pilarisation", in: Revue belge d'histoire contemporaine 13 (1982) 1–176.

II. Niederlande

VON ANDRÉ TIHON – ANTON VAN DE SANDE

Der Zeitabschnitt zwischen 1860 und dem Ersten Weltkrieg war von einer wachsenden Konfessionalisierung der Politik bestimmt. Konfessionelle (protestantische wie katholische) Parteien vereinigten sich zur Unterstützung rein kirchlicher Schulen und zur Ausweitung des Wahlrechts. Die Emanzipation der kleinen Leute und die Entwicklung des Gewerkschaftswesens veränderten die Gesellschaftsordnung grundlegend. Ein neues Gleichgewicht entstand auf der Basis der *verzuiling* („Versäulung"), basierend auf den beiden großen Konfessionen und dem laizistischen Milieu. Die Ablehnung jeder Zugehörigkeit zu einer kirchlichen Institution – ein bis dahin außergewöhnliches Phänomen – gewann immer mehr an Bedeutung, so daß bei der Volkszählung von 1879 für die *onkerkelijken* (die keiner Kirche angehörten) eine neue Rubrik eingeführt werden mußte. Ihre Anzahl war zum damaligen Zeitpunkt unbedeutend (gut 12000 von 4 Millionen Einwohnern), stieg aber bis 1909 auf fünf Prozent der Bevölkerung an. Nach Überwindung der politischen und wirtschaftlichen Stagnation zwischen 1850 und 1860 erlebte das Land bis 1895 rasche Veränderungen, ehe ab 1914 eine Phase gemäßigten Fortschritts eintrat.

1. Die Schule im Zentrum politischer Auseinandersetzungen

Abgesehen von dem kurzen Intermezzo in den Jahren 1866–1868 folgten liberale Regierungen (die erste mit Thorbecke von 1862 bis 1866) und Wirtschaftskabinette aufeinander. Sie förderten Freiheit und Wachstum in der Wirtschaft und betrieben den Ausbau von Verkehrsmitteln, die Liberalisierung des Pressewesens (1869), die Abschaffung der Stempelgebühr und die Verbesserung des Unterrichtswesens.

Das Gesetz von 1857 schränkte bei voller Anerkennung der Unterrichtsfreiheit die staatlichen Unterstützungen für öffentliche, neutral gewordene Schulen ein. Infolgedessen erhielt ein Großteil der jungen Generation eine Erziehung, bei der die religiöse Grundlage aus der Lebenswirklichkeit verdrängt wurde. Guillaume Groen van Prinsterer (1801–1876) als Vorkämpfer der protestantischen Erweckung kündigte daraufhin eine Verschärfung des Schulstreites an.

Nach anfänglicher Zusammenarbeit distanzierten sich die Katholiken immer mehr von den Liberalen – vor allem nach der Verurteilung des Liberalismus durch die Enzyklika *Quanta cura* und den *Syllabus* und angesichts der zunehmend laizistischen Orientierung ihrer Anhänger. Ermutigt durch die Lehren Pius' IX. und gestärkt durch die Empfehlungen der Synode von 1865 forderten die Bischöfe in einer Instruktion vom 23. Juli 1868 für katholische Schüler das Recht, an katholischen Schulen unterrichtet zu werden. Gleichzeitig rieten sie den Eltern ab, ihre Kinder in öffentliche Schulen zu schicken. Seit 1865 gründeten die Katholiken eigene Schulen, deren Zahl zwischen 1868 und 1887 von 42 auf 266 stieg. Der Bruch mit den Liberalen war besiegelt, als diese – gegen den Willen Thorbekkes – 1871 die Vertretung der Niederlande beim Vatikan zurückzogen. Schon im Jahr zuvor war im nördlichen Brabant eine Wählergemeinschaft entstanden, die auf die Ausschaltung der liberalen Katholiken aus der Kammer abzielte.

Mit dem neuen Gesetz von Minister Johannes Kappeyne van de Coppello zum Volksschulwesen (1878) verbesserte sich die finanzielle Lage der öffentlichen Schulen erheblich, wenn auch – trotz zweier getrennter Petitionen mit der Unterschrift von 300 000 Protestanten und 164 000 Katholiken – weiterhin jede Unterstützung von Privatschulen abgelehnt wurde. Von protestantischer Seite wurde die Petition von Abraham Kuyper (1837–1920), einem Schüler Groens, in die Wege geleitet, der im gleichen Jahr die *Antirevolutionäre Partei (Antirevolutionnaire Partij / ARP)* ins Leben rief. Schon 1872 hatte er zur Verbreitung seiner Grundgedanken die Zeitschrift *De Standaard* gegründet, deren Eigentümer und Chefredakteur er war.

Bei den Katholiken hat die 1870 gegründete Wählerunion eine defensive und abweisende Haltung eingenommen – bis zum Auftreten von Hermann Schaepman (1844–1903), Chefredakteur der Tageszeitung *De Tijd* und Mitarbeiter bei *De Wachter*, seit 1880 auch Mitglied der Zweiten Kammer. Der Wahlspruch dieses ultramontanen Verehrers von Joseph de Maistre und Joseph Görres, der auch ein großer Redner war, lautete: *Credo – pugno*. Es lag ihm daran, die katholischen Vertreter durch einen Zusammenschluß in einer Partei nach dem Vorbild der deutschen Zentrumspartei zu aktivieren, um für die Emanzipation ihrer Glaubensbrüder eintreten zu können. In seiner Veröffentlichung *Un parti catholique, un essai de programme* (1883) stellte er die Gründung einer echten, aber nicht klerikalen katholischen Partei heraus, die für die Unterrichtsfreiheit und die Ausweitung des Wahlrechts kämpfen sollte.

1885 löste das numerische Gleichgewicht zwischen Konfessionellen und Liberalen eine Patt-Situation im Parlament aus; doch konnte diese Schwierigkeit durch gegenseitige Konzessionen überwunden werden. Die Liberalen stimmten zu, Privatschulen subventionieren zu lassen, und die Konfessionalisten unterstützten die Verfassungsreform von 1887, die eine Ausweitung des Wahlrechts bewirkte. Damit gewannen die *Antirevolutionäre Partei* wie die Katholiken bei den Wahlen im darauffolgenden Jahr an Boden. Von 1888 bis 1913 hatten die vor allem im Süden gewählten katholischen Vertreter ein Viertel der Sitze in der Kammer inne. Die fortschreitende Organisierung zeigte sich 1891 mit der Gründung eines Clubs für katholische Repräsentanten in der Zweiten Kammer, dessen Programmentwurf 1897 von den Wählergemeinschaften angenommen wurde. Aber noch 1904 nahmen die Katholiken Nordbrabants nicht an der allgemeinen Liga katholischer Wählergemeinschaften teil[37].

Im Norden trotzte Schaepman der antipäpstlichen Stimmung in der *Antirevolutionären*

---

[37] Vgl. J. A. BORNEWASSER, De katholieken van Nederland en hun politieke partij. Verschuivingen in de argumenten pro, in: AGKKN 32 (1990) 183–215.

Partei, bevor er sich mit der *ARP* verbündete. Die erste, aus konfessionellen Parteien gebildete Koalitionsregierung unter Aeneas Baron Mackay (1888–1891) ließ mit der Unterstützung von 16 Liberalen über das Schulgesetz abstimmen, das Zuschüsse zum Gehalt der Sonderschullehrer vorsah. Mit einer Reihe von Gesetzen wurde die Unterstützung für Privatschulen intensiviert, bis die Verfassung von 1917 und das Gesetz von 1920 die beiden Schultypen als gleichberechtigt anerkannte. Der Prozentsatz der Schüler, die konfessionelle (protestantische oder katholische) Schulen besuchten, stieg zunächst langsam an, von 20 Prozent im Jahre 1862 bis 23 Prozent im Jahre 1875, erhöhte sich dann rasch auf 31 Prozent (1895), um im nachfolgenden Jahrzehnt konstant zu bleiben (33 Prozent im Jahre 1905). Die letzten Gesetze führten zu einem neuen Aufschwung: So waren 1914 knapp 42 Prozent der Schüler in Privatschulen angemeldet. Im herkömmlichen höheren Schulwesen behielt die staatliche Schule – von den kleinen Seminaren abgesehen – bis zu Beginn des 20. Jh. gleichsam eine Monopolstellung. Noch 1915 erhielten 67,3 Prozent von 4810 Schülern ihre Ausbildung an staatlichen Schulen, 15,6 Prozent an protestantischen und 17,1 Prozent an katholischen Schulen.

2. Orthodoxie und Moderne in den Kirchen der Reformation

In protestantischen Kreisen führte der Versuch, Glauben und modernes Denken in Einklang zu bringen, in mehreren Fällen zur Abkehr vom Christentum, so 1862 bei Conrad Busken Huet (1826–1886) und 1865 bei Allard Pierson (1831–1896). Einige Jahre zuvor (1861) hatte Eduard Douwes Dekker (1820–1887), Autor von *Max Havelaar*, unter dem Pseudonym „Multatuli" seine Schrift *Prière de l'ignorant* veröffentlicht, die ihn zu einem der ersten Vertreter des Atheismus in den Niederlanden werden ließ. Die meisten Protestanten liberaler Prägung blieben zwar in der reformierten Kirche, wurden jedoch von einem Großteil der Gläubigen mit Argwohn betrachtet.

1867 erhielten alle praktizierenden Christen der reformierten Kirche der Niederlande in den bis dahin ausschließlich von Adligen besetzten Wahlgremien das Wahlrecht, das ihnen großen Einfluß auf die Leitung sozialer Einrichtungen und bei der Ernennung von Geistlichen verlieh. Diese Ausweitung der Wählerschaft bedeutete das Ende für die theologische Richtung von Groningen[38] und löste Spannungen zwischen den Vertretern der Moderne und der Orthodoxie aus. Vielfach wurden Studenten, die bei dem modernen Exegeten Joannes Henricus Scholten (1811–1885) hörten und die leibliche Auferstehung Jesu Christi bezweifelten, in den Ortsgemeinden abgelehnt.

Hinsichtlich der Pfarrerausbildung wollten konservative Politiker wie der Minister Jan Heemskerk die Theologischen Fakultäten an den staatlichen Universitäten abschaffen, weil die Verfassung von 1848 die Trennung von Kirche und Staat proklamiert hatte. Das Gesetz von 1876, in dem das Amsterdamer Athenäum in eine Universität umgewandelt wurde, war das Ergebnis eines Kompromisses. An den Universitäten verblieb die wissenschaftliche Beschäftigung mit der Religion, während die dogmatische und seelsorgliche Ausbildung der Geistlichen den Kirchen übertragen wurde. Die reformierte Kirche konnte ihre eigenen kirchlichen Professoren an den Theologischen Fakultäten ernennen.

---

[38] J. Vree, P. Hofstede de Groot en de vergadering der Evangelische Alliantie. Een beslissende episode uit de nadagen van Groninger richting en Reveil (1864–1867), in: Dokumentatieblad Nederlandse Kerk na 1800 14 (1991) 13–38.

Da die Modernen mehrheitlich in der Synode vertreten waren, wollte Kuyper eine Vereinigung zum Aufbau eines eigenen akademischen Lehrbetriebs auf orthodoxer Grundlage gründen. Angesichts des Fortschritts der neuen theologischen Richtungen war schon 1864 eine von Groen inspirierte konfessionelle und evangelikale Vereinigung entstanden, auf die ab 1866 Zusammenkünfte moderner Theologen folgten. Auf Anregung Kuypers wurde 1880 eine freie Universität in Amsterdam zur Ausbildung von Geistlichen in der orthodoxen Tradition eröffnet.

Auseinandersetzungen blieben nicht aus, weil die an der freien Universität ausgebildeten und von den Ortsgemeinden der reformierten Kirche gewählten Pfarrer niemals die Bestätigung durch die Synode erhalten hatten. So wurde die erste Gemeinde (in Kootwijk), die einen ehemaligen Amsterdamer Studenten berief, zum Verlassen der offiziell anerkannten Kirche gezwungen, der bald weitere Gemeinden folgten. Dieser Konflikt, der sich vor allem auf Kirchengüter, Kirchengebäude und Pfarrhäuser bezog, war schon vorher in Amsterdam ausgebrochen, wo Kuyper in Voraussicht kommender Schwierigkeiten die Bestimmungen von 1875 abändern ließ. 1885 lehnten es die Gemeindeältesten ab, Mitglieder aufzunehmen, die den Katechismusunterricht moderner Geistlicher besucht hatten. Die oberste Kirchenbehörde überraschte die Gemeinschaft 1886 mit der Suspendierung und dem nachfolgenden Ausschluß von 80 Gemeindegliedern, darunter auch Kuyper. Der Amsterdamer Kirchenrat reagierte darauf mit einer Tagung, bei der die Klagenden *(doleren-den)* gegen einen derartigen Ausschluß protestierten. Diese Gruppe wollte sich keineswegs von der reformierten Kirche trennen, sondern vielmehr zu ihrer ursprünglichen, vom Joch der Zentralsynode befreiten Organisation zurückkehren[39]. Die zahlreichen Konflikte um den Besitz der Kirchen und Pfarrhäuser endeten oft vor den Gerichtshöfen, die ihre Urteile immer zugunsten der etablierten Kirche fällten.

1892 vereinigten sich die Klagenden mit der Mehrheit der Protestanten, die aus der Separation von 1834 hervorgegangen war. Sie repräsentierte zunächst 3,5 Prozent der Bevölkerung im Jahre 1879, 8 Prozent im Jahre 1889[40]. Zusammen bildeten sie die Reformierte Kirche der Niederlande *(Gereformeerde Kerken van Nederland)*. Die Verwendung des Plurals zeigte den Entschluß, das Hauptgewicht auf die Ortsgemeinden und nicht auf die Zentralbehörde zu legen.

Nicht alle opponierenden Kreise verließen jedoch die etablierte Kirche, und durch diese in der Kirche verbliebenen Mitglieder gewann die orthodoxe Richtung an Einfluß. Pastor Ph. J. Hoedemaker, der zunächst mit Kuyper an der freien Universität zusammengearbeitet hatte, blieb in der reformierten Kirche, die er von innen her erneuern wollte, weil für ihn die Kirche eine Volkskirche bleiben sollte, nicht einfach eine Vereinigung von Gläubigen. Die ehemals von Groen ins Leben gerufene konfessionelle Vereinigung wurde von ihrer eigenen Rechten überholt. Ein Reformierter Bund *(Gereformeerde Bond)* entstand 1906 zur Befreiung der reformierten Kirchen *(Hervormde)* der Niederlande als Reaktion auf die Broschüre eines Pastors, der die Lehre Buddhas empfahl. Sie wurde 1909 in den *Reformierten Bund zur Verbreitung des Evangeliums in der Reformierten Kirche der Niederlande* umgewandelt, der zur Auslegung der Hl. Schrift in der Tradition der Dordrechter Synode zurückkehrte und ein ausgesprochen asketisches Leben empfahl.

---

[39] De Doleantie van 1886 en haar geschiedenis, neu hrsg. von W. BAKKER, Kampen 1986.
[40] Ein Teil der *Afgescheiden* (Getrennten) schloß sich dieser neuen Gemeinschaft nicht an. 1909 entsprachen sie 1,1 Prozent der Bevölkerung, während die neue Konfession 8,4 Prozent ausmachte.

Einige liberale Protestanten gingen zu den *Remonstranten* über, einer Minderheit, deren Mitgliederzahl sich allerdings von 1870 bis 1909 verdreifachte (von 0,15 Prozent auf 0,5 Prozent der Gesamtbevölkerung). Andere blieben in der reformierten Kirche. So wollten die Anhänger der „jungen ethischen" Richtung dort ihr Leben nach eigenem Stil führen und gleichzeitig „historische Christen" bleiben.

Außerdem entstanden neue, aus England, Deutschland oder Amerika kommende Gemeinschaften wie die Baptisten, die Apostolischen Kirchen, die Heilsarmee oder die Pfingstbewegung. Ihre Mitgliederzahl entsprach zusammen mit einigen Dissidentengruppen unter 1 Prozent der Bevölkerung im Jahre 1909.

3. Katholische Kirche und moderne Welt

Der Anteil der Katholiken nahm am Ende des 19. Jh. ab und ging von 38,5 Prozent (1839) auf 35 Prozent in den Jahren 1899 und 1909 zurück. Numerisch waren sie stärker im Nordosten als im Süden vertreten. Im Norden gehörten ihre Mitglieder zu den Mittelschichten und dem Bauernstand, im Süden konzentrierten sie sich vor allem in den wenig fruchtbaren Gegenden, die vom wirtschaftlichen Aufschwung kaum berührt wurden. Bei entsprechend fehlenden Berufsaussichten führten dort Spätehen zu einem Geburtenrückgang.

Wenn die Katholiken auch mehr als ein Drittel der Gesamtbevölkerung stellten, so spielten sie doch im öffentlichen Leben des Landes nur eine untergeordnete Rolle. Ihr kultureller Einfluß verstärkte sich allmählich im Verlauf des 19. Jh. dank einiger aus dem Norden des Landes stammender Persönlichkeiten.

Der in Amsterdam geborene Josephus Albertus Alberdingk Thijm (1820–1889) war als Kaufmann und gelehrter Autodidakt einer der Vorkämpfer des Katholizismus[41]. In seinen Schriften und Vorträgen über Geschichte, Literatur und Kunst unterstrich er die Bedeutung der Katholiken für sein Heimatland, wobei er auch den Dialog mit den Nichtkatholiken suchte. Er förderte das Werk seines Schwagers aus Limburg, des Architekten Petrus Josephus H. Cuypers (1827–1921), der zum Initiator der Neugotik als Ausdruck des katholischen Mittelalters wurde. Sein Ideal fand Verwirklichung in der Restaurierung und dem Bau zahlreicher Kirchen, daneben in weltlichen Bauten – wie dem 1876 begonnenen und 1885 eingeweihten Rijksmuseum oder dem Amsterdamer Zentralbahnhof. Bereits diese ersten Werke verdeutlichen den von den Katholiken im kulturellen Leben des Landes gewonnenen Stellenwert. Nach 1870 beschwerten sich Thijm, Cuypers und Victor De Stuers (in seiner Funktion als Direktor der schönen Künste) beim Innenministerium über die protestantische Dominanz im niederländischen Kulturleben. Thijm beeinflußte auch den Maler Antoon Derkinderen (1859–1925), dessen Hauptwerk von 1888, die *Prozession des Sakramentswunders*, von den Fondsverwaltern der Amsterdamer Beginen abgelehnt wurde und erst 1929 ausgestellt werden konnte. Das große Choralwerk des Musikers Alphonse J. Diepenbroick, seine 1891 vollendete *Messe*, wurde erst 1916 aufgeführt. Katholische Kreise begegneten diesen neuen Strömungen mit starken Vorbehalten. Andererseits traten Künstler zum katholischen Glauben über, wie der Maler Jan Th. Toorop (1858–1928), ein

---

[41] J. A. Alberdingk Thijm (1820–1889). Erflater van de XIXe eeuw, neu hrsg. von P. A. M. GEURTS u. a. (Katholiek Documentatie Centrum voor de bestudering van het Nederlands katholicisme in de XIXe en XXe eeuw. „Bronnen en Studies" 24), Baarn 1992.

Freund Derkinderens, oder der Architekt A. J. Kropholler (1881–1973), der sich nach dem Krieg vom neugotischen Stil abwandte und einen neuen Kirchentyp einführte.

Auf Anregung Thijms wollte auch der Landarzt Willem Nuyens die historische Rolle der Katholiken aufwerten. In seiner von den Protestanten kritisierten *Histoire des troubles aux Pays-Bas* unterstrich er den vornehmlich politischen und nichtreligiösen Ursprung der Revolte im 16. Jh. und charakterisierte Wilhelm von Oranien mit vernichtenden Urteilen. Auch die nationalen Gedenkfeiern zum Achtzigjährigen Krieg (1568–1648) lösten scharfe Kontroversen zwischen katholischen und protestantischen Historikern aus.

Einige Laien öffneten sich zwar der modernen Kultur, aber nur wenige Katholiken besuchten die Universität. Noch im Jahre 1900 stellten sie nur acht Prozent der Studenten und einen einzigen von 209 Professoren. Die Priesterausbildung verlief in traditionellen Bahnen, d. h. mit geringer wissenschaftlicher Fundierung. Die Erneuerung des Thomismus kam im Wirken des Dominikaners Joannes de Groot (1848–1922) zum Tragen, der 1894 Professor an der Amsterdamer Universität wurde, daneben durch J. Th. Beyssens (1864–1945), der 1909 einen Ruf als Professor an die Utrechter Universität erhielt. Der überwiegende Teil der akademischen Lehrer blieb jedoch den herkömmlichen Lehrstrukturen treu. Die von J. Bos und dem ehemaligen Lehrer Johannes Wilhelmus Thompson (1839–1924) in Rotterdam 1868 gegründete populistische Zeitschrift *De Maasbode*, die 1885 zur Tageszeitung wurde, verschrieb sich sklavisch und engstirnig der von Veuillot vorgezeichneten Linie.

1899 wurden neue Akzente gesetzt. So gründeten Jugendliche einen *Klarenbeek-Klub*, der sich nach dem Ort ihrer Zusammenkünfte nannte. Ein Jahr später brachten sie eine Monatszeitschrift heraus, deren Titel *Van Onze Tijd* das Bestreben offenbarte, mit der Zeit zu gehen. 1904 entstanden zwei intellektuelle Vereinigungen: die apologetische Petrus-Canisius-Gesellschaft und die Vereinigung zur Förderung und praktischen Anwendung der Wissenschaften unter den holländischen Katholiken. Neben mehreren Priestern wurde sie bald zur Zielscheibe heftiger Angriffe seitens der Fundamentalisten. Obwohl die Katholiken vom Modernismus kaum berührt wurden, führte *De Maasbode* eine Kampagne gegen ihn und gegen die Tageszeitung *De Tijd*, die lediglich den neuen Zeitströmungen etwas offener gegenüberstand. Mit der Unterstützung des Haarlemer Bischofs A. J. Callier griff er den Chefredakteur von *De Tijd*, P. Geurts, an, der daraufhin entlassen wurde. Er wurde von *De Maasbode* sogar noch attackiert, als er zum Lehrer an das Priesterseminar von Roermond berufen worden war. Auch der Kleriker H. A. Poels (1868–1948) war scharfer Kritik durch diese Zeitung ausgesetzt, nachdem seine Ansichten über das Alte Testament einigen Traditionalisten mißfallen hatten. Trotz dieser Angriffe wurde er von Leo XIII. in die Vatikanische Bibelkommision berufen. Weitere Intrigen zwangen ihn jedoch, 1910 seine Tätigkeit an der Universität Washington aufzugeben. Nach seiner Rückkehr in die Niederlande spielte er eine große Rolle auf sozialem Gebiet.

4. Soziale Probleme

Nach den wirtschaftlichen Schwierigkeiten, die zahlreiche Niederländer zur Emigration gezwungen hatten, brachte die Industrialisierung neue Probleme mit sich. Die Kirchen reagierten darauf zunächst mit ausschließlich caritativen Maßnahmen. Mit dem allmählichen Abklingen des Schulstreites verlagerten sich die Konflikte innerhalb der Parteien jedoch zunehmend auf die sozialen Probleme.

In der zweiten Hälfte des 19. Jh. entstanden Vereinigungen zum Schutz der Arbeiter. So gründeten 1871 die fortschrittlichen Liberalen und eine Gruppe orthodoxer Protestanten die Generalunion der niederländischen Arbeiter als Gegengewicht zur Ersten Internationale. Wegen des Schulstreites kam es 1876 zur Abspaltung der Christen und der Gründung des *Patrimoniums*. Nach dessen Meinung hatte die Verschlechterung der sozialen Beziehungen ihren Ursprung in der Entchristlichung der Gesellschaft. Die Zusammenarbeit zwischen Arbeitgebern und Arbeitnehmern mußte wiederhergestellt werden.

Einige Jahre später entstand im Anschluß an den Sozialen Kongreß von 1891 eine Arbeitgebervereinigung unter der Bezeichnung *Boaz*. Kuyper, dem Initiator, lag nicht an einer speziell protestantischen Organisation, weil er den christlichen Charakter in einem neutralen Bund besser verwirklicht sah. Wenn auch der protestantische Einfluß beachtlich war, so orientierten sich doch viele Ortsgruppen an liberalen Grundgedanken. 1917 teilte sich *Boaz* in drei klar protestantisch geprägte Vereinigungen für die Bauern, die Mitglieder der Mittelschichten und die Arbeitgeber auf.

In katholischen Kreisen sind die sozialen Problem erst relativ spät aufgegriffen worden, zunächst im Rahmen genossenschaftlicher Strukturen. In der Diözese Haarlem stand die 1888 in Amsterdam gegründete römisch-katholische Volksliga allen Schichten offen. Andererseits gründete Alphonse Ariëns (1860–1928) in Enschede (Diözese Utrecht) eine römisch-katholische Union der Textilarbeiter und Hermann Schaepman einen Diözesanverband römisch-katholischer Arbeitervereinigungen. Die Organisationen der Diözesen Haarlem und Utrecht bekämpften sich zunächst gegenseitig. Nachdem jedoch die Enzyklika *Rerum novarum* die Gründung von Arbeitergewerkschaften zugelassen hatte, näherten sich beide Richtungen einander an. In den drei Diözesen der südlichen Niederlande entstanden katholische Berufsverbände erst relativ spät. Mit Unterstützung des Bischofs von Bois-le-Duc gründete der Prämonstratenserpater Gerlacus van den Elsen 1896 die christliche Bauernliga Nordbrabants, die im Grunde eine katholische Vereinigung war, während sein Ordensbruder Joseph Jean Nouwens 1902 in De Hanze eine Vereinigung für die Mittelschichten ins Leben rief.

Als Reaktion auf eine interkonfessionelle Organisation von Textilarbeitern *(Unitas)*, die 1896 gegründet und 1906 von den Bischöfen abgelehnt worden war, entstand in der Diözese Bois-le-Duc im gleichen Jahr ein katholischer Diözesanverband. Die geplante Form gewerkschaftlicher Organisation – allgemeiner Verband oder einzelne Berufsverbände – führte zur Opposition zwischen zwei Richtungen in der katholischen Sozialbewegung: In Limburg, das durch die Eröffnung des Kohlebergbaus starke Veränderungen erfuhr, übernahm Poels eine Führungsrolle: Mit dem Arbeitsgesetz von 1909 ist der Name des Juristen Petrus Josephus M. Aalberse (1871–1948), Gründer des *Hebdomadaire social catholique* und Mitglied der Kammer seit 1903, verbunden. 1905 regte er die „Sozialwochen" in Utrecht an.

Auf politischer Ebene gewann die Sozialbewegung immer mehr an Bedeutung. 1896 gelang es Schaepman, die Katholiken unter einem Programm auf der Basis von *Rerum novarum* zu vereinigen. Nach seinem Tod ging die Leitung der Partei auf Willem Hubert Nolens (1860–1931) über, der Dozent am Priesterseminar von Rolduc und seit 1896 Mitglied der Kammer war.

Einige Jahre zuvor (1891) hatte *Patrimonium* ein Sekretariat für christliche Arbeiter eingerichtet, das Katholiken und Protestanten verband, und 1907 die „nationale christliche Berufsvereinigung" *(Christelijk Nationaal Vakverbond)* ins Leben gerufen. 1908 gründe-

Pater Arnold Janssen (1837–1905), Stifter der
Gesellschaft des göttlichen Wortes und Gründer
des Missionshauses Steyl.

ten die Bischöfe, die sich bis dahin auf Diözesanverbände gestützt hatten, ein Nationalbüro
für katholische Berufsorganisationen.

Die Emanzipation der Katholiken, die Konfessionalisierung der Schulen wie der Sozial-,
Arbeiter-, Bauern- oder anderer Verbände – als Reaktion auf die neutralen oder sozialistischen Organisationen – führten zur Herausbildung von drei Säulen protestantischer, katholischer oder laizistischer Prägung, von denen die Gesamtgesellschaft bestimmt wurde.
Diese „Säulenstruktur" prägte das soziale Leben des Landes bis in die sechziger Jahre des
20. Jh. hinein.

5. Beziehungen zur Universalkirche

Wenn die Katholiken auch eher Holländer als „Römer"[42] waren, so zeigten sie doch große
Verehrung für den Papst. Bei der Verteidigung des Vatikanstaates stammten mehr als 3000
(der insgesamt 10000) Mitglieder der päpstlichen Garde aus den Niederlanden. Während
die Katholiken in Amsterdam eine Großveranstaltung zur Feier des 25jährigen Pontifikats
Pius' IX. organisierten, erlangte die *Oudbisschoppelijke Cleresie* von Utrecht neues Gewicht. Gegner des I. Vatikanums schlossen sich der ehemaligen *Utrechter Kirche* an, deren
Mitglieder sich von diesem Zeitpunkt an als Altkatholiken bezeichneten. 1889 verfaßten
die altkatholischen Bischöfe der Niederlande, Deutschlands und der Schweiz eine gemeinsame Erklärung, in der die alte Tradition der Kirche bestätigt und die Entscheidungen des
Konzils verworfen wurden.

---

[42] Zur Haltung der kirchlichen Behörden vgl. J.-P. DE VALK, Meer Hollands dan Paaps? De Nederlandse kerkprovincie en „Rome" in de tweede helft van de negentiende eeuw, in: AGKKN 27 (1985) 140–156.

Starke Ausbreitung erfuhr die äußere Mission. Ab 1865 engagierten sich Missionare bei den *Scheutisten*, einem Institut belgischen Ursprungs. 1875 wurde die *Gesellschaft des göttlichen Wortes*, eine deutsche Kongregation, in Steyl auf niederländischem Boden gegründet. Auch die *Lazaristen*, die *Patres des Hl.-Herzens*, die *Kongregation von Mill Hill*, die *Dominikaner* wie die *Montfortianer* gründeten nach 1880 Missionshäuser in den Niederlanden. Zwischen 1851 und 1860 wurden nur 42 Missionare ausgesandt, doch wuchs ihre Zahl von Jahrzehnt zu Jahrzehnt, auf 147 in den Jahren zwischen 1881 und 1890, schließlich auf 248 zwischen 1891 und 1900.

Bibliographie

Zur Bibliographie vgl. auch Zweiter Teil, Zweites Kapitel 1.

Zur sozialen Frage

Bronnen van de katholieke arbeidersbeweging in Nederland. Toespraken, brieven en artikelen van Alphons Ariëns (1887–1901), Baarn 1982.

P. LUYKX, Een eeuw Nederlands katholicisme en Rerum novarum, in: Documentatieblad voor de Nederlandse Kerkgeschiedenis na 1800 14 (1991) 23–37.

P. MEURKENS, Sociale verandering in het oude Kempenland (1840–1910). Demografie, economie en cultur van een préindustriële samenleving, Nimwegen 1984.

J. PERRY, Roomsche kinine tegen roode koorts. Arbeidersbeweging en katholieke kerk in Maastricht 1880–1920, Amsterdam 1983.

Zur „Versäulung"

J. C. H. BLOOM – C. J. MISSET (Hrsgg.), „Broeders sluit u aan". Aspecten van verzuling in zeven Hollandse gemeenten, Amsterdam – Diemen 1985.

J. A. BORNEWASSER, De katholieke zuil in wording als object van „columnologie", in: Kerkelijk verleden, 289–323.

„Discussie over verzuiling", Bijdragen en mededelingen betreffende de geschiedenis der Nederlanden 100 (1985) 52–77.

H. RIGHART, De katholieke zuil in Europa. Het ontstaan van verzuiling onder Katholieken in Oostenrijk, Zwitserland, België en Nederland, Amsterdam 1986.

– Politieke geschiedenis en politieke cultuur, in: DERS. (Hrsg.), De zachte kant van de politiek. Opstellen over politieke cultuur, Den Haag 1990, 11–26.

Tussen bescherming en verovering. Sociologen en historici over zuilvorming (Kadoc-Studies 6), Löwen 1988.

Drittes Kapitel

Die britischen Inseln

VON JACQUES GADILLE

I. Die Auswirkungen religiöser Fragen auf das politische Leben: das „Disestablishment"

Die Schulfrage, der Fortschritt der Wissenschaften und die Gesetzgebung in Privat- und Kirchenrechtsfragen führten jenseits des Kanals zu politischen Spannungen, nicht unähnlich jenen, die die übrigen Staaten Europas spalteten. Allerdings erfolgte hier keine so starke Radikalisierung, weil keine der politischen Parteien eindeutig konfessionell oder antiklerikal festgelegt war. So zählte die *Labour Party* bei ihrer Gründung 1893 zahlreiche *dissenters* in ihren Reihen, und ihr Führer Keir Hardie war ein überzeugter Kongregationalist. Die Kirchen übten ihren politischen Einfluß häufig mit Hilfe konfessionell gemischter Gruppen aus, die über persönliche Beziehungen auf die Parlamentarier einwirkten. Mag es auch im Rahmen von Wahlkampagnen zu bindenden Stellungnahmen der Kirchen in bestimmten Fragen gekommen sein, so waren doch die meisten Bischöfe der Meinung, daß politisches Engagement die Gewissenssache jedes einzelnen sei: „Think for yourselves!", forderte zum Beispiel Bischof Basil Jones 1879 auf einem Arbeitertreffen in Swansea[1].

Die Haltung politischer Gruppierungen und ihrer Führer zu überkonfessionellen Fragen war selten einmütig, vor allem in bezug auf das Kernproblem des *Disestablishment*, der Trennung von Kirche und Staat. Wie oben dargelegt, hatte man sich schon zu Beginn der sechziger Jahre um eine Verankerung des religiösen Pluralismus in der Gesetzgebung und eine Nichteinmischung des Staates in Fragen religiöser Gewissensentscheidungen bemüht. Als Beispiele können hier die Zulassung der Juden zum Unterhaus, der Freispruch der Redakteure der *Essays and Reviews* und Bischof John William Colensos durch das kirchliche Komitee des *Privy Council* (1864/65) sowie schließlich die Streichung des ausdrücklichen Bekenntnisses zum christlichen Glauben in der von den neuen Parlamentariern zu beschwörenden Eidesformel genannt werden – letztes eine Maßnahme, die zwischen 1866 und 1868 auch auf die obersten Beamten ausgedehnt werden sollte. Alle diese Verfügungen konnte man auch als Angriffe auf die offizielle Stellung der *High Church* interpretieren. Im Juli 1868 wurde zudem die obligatorische Erhebung von Kirchensteuern zu ihren Gunsten nach langen kontroversen Diskussionen abgeschafft.

Im übrigen wachte Königin Viktoria (Regentin 1837–1901) persönlich darüber, daß das

---

Zu Kurztiteln vgl. die jeweilige Erstnennung.

[1] E. R. NORMAN, Church and Society (1770–1790). A historical Study, Oxford 1976, 187.

Prinzip des Staatskirchentums als solches nicht in Frage gestellt wurde. Im ganzen Land entstanden in diesen Jahren spontan Vereine zur Verteidigung der Staatskirche. Und wenn auch Benjamin Disraeli (1804–1881) persönlich in der Kirchenfrage keine klare Position bezog[2], so stützte sich doch seine konservative Partei zur Aufrechterhaltung des verfassungsrechtlichen Status quo auf eben diese Vereine und das Oberhaus. Gerade zwischen 1886 und 1906, als die Konservativen das politische Leben in Großbritannien bestimmten, war der Plan einer Trennung von Staat und Kirche sowohl in Schottland als auch in England selbst sehr umstritten, während sich die *dissenters* besonders in Wales offen dafür aussprachen.

Bei den Liberalen konnte William Ewart Gladstone (1809–1898) seine Forderung nach einer volkstümlicheren und zeitgemäßeren Kirche durchsetzen. Eines der wichtigsten Anliegen der Zeit war andererseits die Ablehnung jeglicher staatlichen Einmischung in kirchliche Fragen. Die Traktarianer hatten ihn davon überzeugt, daß den Kirchen ein Rückgriff auf ihre eigenen geistlichen Ressourcen nur zum Vorteil gereichen könne. Gladstone war sogar noch weiter gegangen als z. B. der Führer der *Oxfordbewegung*, Edward B. Pusey (1800–1882), indem er anerkannte, daß die zugunsten der Staatskirche obligatorisch eingezogene Steuer abgeschafft werden müsse, und indem er eine Abtretung eines Teils ihrer Liegenschaften an andere Kirchen empfahl. Eine Ausdehnung des *Disestablishment* auf alle Bereiche lehnte er jedoch ab, da er, solange die Gleichstellung aller Konfessionen gesichert war, an einer Teilhabe der religiösen Kräfte an der Ausübung der öffentlichen Gewalt – vor allem durch die Schulen – durchaus interessiert war[3].

In seinen Ansichten stimmte er mit den *dissenters* überein, so daß er 1865, nach seiner Wahlschlappe in Oxford, ein noch engeres Wahlbündnis mit ihnen einging und seine Bindungen zur *Liberation Society* verstärkte; ebenso versicherte er die 1864 gegründete *National Association of Ireland* sofort seiner Sympathie.

Da seine liberalen Freunde geteilter Meinung über den Plan einer Parlamentsreform waren, wurde diese am 18. März 1867 von Disraeli durchgeführt. Allerdings war sie nur von begrenzter Tragweite, da die Neuaufteilung der *rotten boroughs*, der überkommenen Wahlkreise, Stückwerk blieb. Trotzdem wirkte sich das nun größere Gleichgewicht der Kräfte, das durch die Übertragung des Stimmrechts mehrerer Grafschaften auf die großen Ballungszentren entstanden war, zugunsten der *dissenters* aus. Auf dieser Grundlage sicherten die Wahlen vom Dezember 1868 den Liberalen eine Mehrheit von 110 Sitzen, wovon ein Gutteil auf die Nonkonformisten entfiel. Die Schotten und Waliser, aber auch die katholischen Bischöfe hatten sich zu ihren Gunsten eingesetzt[4]. Da sich eine Fraktion der Konservativen für die Entstaatlichung der anglikanischen Kirche in Irland ausgesprochen hatte, wurde dieser Punkt vorrangig behandelt: Ein entsprechendes Gesetz wurde am 26. Juli 1869 verabschiedet.

Die vorbereitenden Verhandlungen mit der *Liberation Society* waren auf der Basis der Ablehnung jeglicher Form des Staatskirchentums geführt worden. Gladstone seinerseits war bereit, sowohl der Kirche von England als auch der katholischen Kirche staatskirchli-

---

[2] G. I. T. MACHIN, Politics and the Churches in Great Britain, 2 Bde., Oxford 1977–1987, II 69 f.

[3] Ebd., I 325 f. Vgl. auch P. BUTLER, Gladstone. Church, State and Tractarianism. A Study of his religious ideas and attitudes (1809–1859), Oxford 1982; J. P. PARRY, Democracy and Religion: Gladstone and the Liberal Party (1867–1875), Cambridge 1986.

[4] MACHIN, Politics I (s. Anm. 2) 375.

che Rechte zuzuerkennen, um den irischen Katholiken zur Entschärfung der nationalen
Frage soweit wie möglich entgegenzukommen. Aber die katholischen Bischöfe kamen
ihm zuvor, indem sie diese Lösungsmöglichkeit ausschlossen. So übernahm der Premierminister den Plan einer generellen Trennung von Staat und Kirchen in Irland und ging sogar soweit, alle Pläne zur Gründung einer staatlich anerkannten konfessionellen Universität zurückzuweisen. Er setzte sich gegen das Oberhaus durch, dessen ablehnende Haltung
durch Straßendemonstrationen unterstützt wurde, widersetzte sich aber andererseits auch
dem Wunsch verschiedener *dissenters*, ihren Sieg durch eine Ausweitung des *Disestablishment* auch auf andere Regionen, vor allem auf Wales, voll auszuschöpfen. Die irischen Bischöfe weigerten sich, die walisischen Forderungen zu unterstützen, und der Erzbischof von Westminster, Henry Edward Manning (1808–1892), versicherte Gladstone,
daß er persönlich das System des Staatskirchentums als Schutzwall gegen Säkularisierungstendenzen betrachte[5].

Viele machten diese Frage von einem direkten Engagement des Staates in der Schulpolitik abhängig. 1869 war in Birmingham auf Initiative von Jessie Collings, Dixon und Joseph Chamberlain eine *National Education League* gegründet worden[6]. Sie setzte sich für
eine weltliche Pflichtschule ein, die der Aufsicht der örtlichen Behörden unterstehen sollte.
Als Reaktion darauf forderte eine *Education Union* der Hochkirche den Fortbestand kirchlicher Privatschulen. Premierminister Gladstone plädierte für ein Nebeneinander beider
Schulsysteme. Gewiß segnete der *Forster Act* vom 9. August 1870 die Übernahme der
Verantwortung für das Schulwesen durch die öffentliche Hand offiziell ab: Die von den gewählten örtlichen Volksvertretern abhängigen *School Boards* sollten Mittel auftreiben, um
ein Schulnetz gehobenen Niveaus aufzubauen, in dem auch Unterricht in *common Christianity* erteilt werden sollte. Die *Cowper-Temple Clause*, der sogenannte Gewissensvor-
behalt, erlaubte es den Eltern, ihre Kinder auf Wunsch von diesem Religionsunterricht
fernzuhalten. Er unterlag auch nicht der obligatorischen Schulinspektion, die nur die
Schulverwaltungen und den Unterricht in den weltlichen Fächern betraf. Diese Neuerungen stießen nicht nur auf den Widerstand der Staatskirchen, sondern auch der *dissenters* –
speziell an Orten, in denen das Schulmonopol in der Hand der Freikirchen lag – und der radikalen Anhänger der *National Education League*, die für eine vollständige Säkularisierung des Erziehungswesens eintraten. Als Reaktion darauf entstand eine Bewegung zugunsten der *Voluntary* oder *Church Schools*. Bald zeigte sich jedoch, daß die *Board
Schools* besser ausgestattet waren und größeres Ansehen gewannen. Ergänzt wurde diese
Reform noch durch die erstmalige Abschaffung der Eingangsprüfungen (die bis dahin
Nicht-Anglikanern den Zugang zu den alten Universitäten versperrt hatten), die Subven-
tionierung von Konfessionsschulen und den Plan zur Errichtung einer überkonfessionellen
Universität in Dublin – ein Plan, der allerdings am Widerstand der katholischen irischen
Bischöfe scheitern und Gladstone 1874 zum Rücktritt zwingen sollte[7].

Die liberale Partei verlor die Wahlen; die Konservativen verfügten jetzt über eine Mehrheit von fünfzig Sitzen. Um den Evangelikalen und einigen *Churchmen* entgegenzukommen, plante Disraeli sofort die Einführung eines örtlichen Schiedsverfahrens zur Lösung

[5] Ebd., II 30.
[6] Nach dem Vorbild der *Birmingham Education Society*, die einen kostenlosen Pflichtunterricht in einer religiös
neutralen Schule forderte (NORMAN, Church and Society [s. Anm. 1] 205).
[7] MACHIN, Politics II 32f.

jener Streitfälle, die sich infolge von Initiativen der Ritualisten häuften. Sie sollten an ein Gericht unter Vorsitz des jeweiligen Bischofs verwiesen werden, vorbehaltlich des Rechtes, beim Erzbischof Berufung einzulegen. Doch dieser *Worship Regulation Act* vom 3. August 1874 fand keine Anwendung, stieß er doch sowohl bei den Konservativen als auch bei den Liberalen und *dissenters* auf Widerstand, da er zum einen entgegen dem Wunsch der meisten Gläubigen den Anschein erweckte, die Liturgie vereinheitlichen zu wollen, zum anderen aber und vor allem, weil er zu sehr an reglementierende Eingriffe anderer europäischer Staaten in Kultusangelegenheiten erinnerte[8].

Die Kritik des *Establishment* offenbarte ein latentes gesellschaftliches Problem: den bestimmenden Einfluß der *gentry* auf das Leben der örtlichen Pfarrgemeinden und die Ernennung der *parsons*, der anglikanischen Pfarrer. Die Krise der Landwirtschaft verschärfte die Situation. Die konservative Regierung hob das Patronatsrecht in Schottland auf, wo die Stellung der Staatskirche, d. h. hier der presbyterianischen Kirche, am umstrittensten war. Dennoch empfanden sowohl die abtrünnige *United Presbyterian Church* als auch die Episkopalkirche diese Maßnahme angesichts der in Irland verfügten radikalen Trennung von Kirche und Staat als ungenügend. So spitzte sich die Lage in Schottland bis zum Ende des Jahrhunderts erneut zu[9].

Davon profitierten indirekt die Liberalen: Bei den 1879 aufgrund der öffentlichen Kritik an der Regierungspolitik Disraelis ausgeschriebenen Wahlen gewann Gladstone eine Mehrheit von fünfzig Stimmen zurück. Während sich die Katholiken immer mehr den Konservativen anschlossen, traten die Radikalen, die *dissenters*, in noch größerem Umfang der neuen Mehrheit bei. Obwohl die Liberalen sich hüteten, in irgendeiner Form für das *Disestablishment* einzutreten – was ja nur ihren Gegnern genützt hätte –, versprachen sie eine wirkliche Demokratisierung des politischen Lebens. Die Reform von 1884/85 führte dann auch zu einer Neuverteilung der Parlamentssitze und einer bedeutenden Erweiterung der Wahlfreiheit. In Irland ließen sich die Liberalen auf politische Reformen ein. Das war eine heikle Frage, die Gladstone nicht nur mit den Forderungen der nationalen Liga konfrontierte, welche die 1883 von O'Connor gegründete *Home Rule Confederation* abgelöst hatte, sondern auch mit der Gewalt terroristischer Attentate[10]. Diese Verschärfung der Lage führte zu einer tiefen Spaltung der Liberalen und dem Austritt der Unionisten, die diese *Home Rule* ablehnten, während sie für Gladstone in der Logik des *Disestablishment* der anglikanischen Kirche in Irland begründet lag.

Ein weiterer Zankapfel wurde von den Konservativen geschickt ausgespielt: die Klage des Abgeordneten Charles Bradlaugh, der seinen Sitz verloren hatte, weil er sich öffentlich zum Atheismus bekannt hatte. Die *Church Defence Institution*, unterstützt von den Liberalen, initiierte heftige Petitionskampagnen gegen ihn, während die Angehörigen der *High Church* und ihre Presseorgane, wie der *Guardian*, kurioserweise die Haltung des Abgeordneten im Namen der Gewissensfreiheit verteidigten, die – wie sie vorbrachten – doch auch umgekehrt eine Bekehrung von materialistischen Ansichten nicht ausschloß[11]. Im Herbst 1884 schlossen sich auch die katholischen Bischöfe der Opposition an, indem sie die Fi-

---

[8] Ebd. 74; Halifax ging sogar soweit, dabei von „Kulturkampf" zu sprechen.
[9] A. L. DRUMMOND – J. BULLOCH, The Church in Victorian Scotland, 2 Bde., Edinburgh 1975–1978.
[10] So 1882 das Attentat im Phoenix Park in Dublin.
[11] Die Frage wurde 1887–1888 durch den *Affirmation Act* geregelt, der künftig jeden Eingriff der öffentlichen Hand in Gewissensfragen ausschloß, gemäß dem richtungsweisenden *Parliamentary Oaths Act* von 1866.

nanzierung der Konfessionsschulen mit Geldern örtlicher Kassen forderten, um so bestehende Ungleichheiten zwischen den kirchlichen Privatschulen, den *Voluntary Schools*, auszugleichen [12].

Die rasch aufeinander folgenden Wahlen von 1885 und 1886, die eine kurzlebige dritte Regierung Gladstones einrahmten (zwischen Februar und Juni 1886) besiegelten die schwere Niederlage der Liberalen. Die öffentliche Meinung mit ihren immer noch eindeutig antipäpstlichen Tendenzen fürchtete, daß die irische *Home Rule* unausweichlich zu einem weiteren *Establishment* zugunsten der Katholiken führen würde. So wurden die beiden folgenden Jahrzehnte von den Konservativen beherrscht, mit Ausnahme einer Periode von drei Jahren, in der Gladstone seine vierte Regierung (1892–1894) bilden konnte. Er verdankte dies der Unterstützung des *Evangelical free Church Council* – der durch die Einbindung der Freikirchen in einen Zentralverband eine Entwicklung eingeleitet hatte, die 1896 in der Gründung des *National Council of the Evangelical free Church* in Nottingham gipfelte. An der Spitze der Forderungen dieser Bewegung stand der Wunsch nach Einführung einer vollständigen Trennung von Kirche und Staat. Doch die öffentliche Meinung war weniger denn je gewillt, das zu erfüllen. Die *dissenters* und besonders die *Liberation Society* mußten trotz aller Bemühungen um Koordination feststellen, daß sie nur noch sehr geringe Fortschritte machten. Eine Politik der schrittweisen Reformen, die nach und nach die Diskriminierung von Nicht-Anglikanern aufhob [13], machte schließlich allgemeine Maßnahmen überflüssig – die zudem von der Königin, zu diesem Zeitpunkt auf dem Höhepunkt ihres persönlichen Ansehens, entschieden abgelehnt wurden. Dies ging Hand in Hand mit einem wachsenden Desinteresse der öffentlichen Meinung an kirchlichen Fragen, die von den durch die Depression ausgelösten wirtschaftlichen, kommerziellen und sozialen Problemen in den Hintergrund gedrängt wurden: Der Aufstieg der Sozialisten war in dieser Hinsicht symptomatisch.

Jedenfalls konnte die aus den Wahlen von 1895 hervorgegangene konservative Mehrheit, die solideste seit den dreißiger Jahren (setzte sie sich doch aus 340 konservativen Abgeordneten und 71 liberalen Unionisten zusammen) eine Rückkehr zur Subvention der *Voluntary Schools* durch die Erhebung örtlicher Abgaben versuchen (April 1897). Dieser Maßnahme folgte im Dezember 1902 eine allgemeine Verfügung, welche die Kontrolle der staatlichen Schulen den Grafschaften und Stadträten übertrug und dieses Finanzierungs- und Kontrollsystem auch auf das Sekundarschulwesen und die *Voluntary Schools* ausdehnte. Eine solche Kehrtwendung löste eine starke Protestbewegung freikirchlicher Verbände und des in der Person von Lloyd George neu erstarkten walisischen Nonkonformismus aus. Er sollte dieser Protestbewegung eine gefährliche politische Dimension geben. Die Kampagne wurde noch durch die Fortschritte der ritualistischen Bewegung angeheizt, die zum Gegenstand einer parlamentarischen Untersuchung werden sollten, deren Bericht am 2. Juli 1906 veröffentlicht wurde [14]. Im Vordergrund des Interesses stand jedoch vor allem die Schulfrage. Eine Bewegung formierte sich im ganzen Land, die zur Weigerung der Abführung von Steuern aufrief. Und angesichts der Nachwahl in Brighton im April 1905, die mit einer Wahlschlappe der Konservativen endete, wurden die libera-

---

[12] Rundbrief Mannings und vierzehn anderer englischer und walisischer Bischöfe vom 31. Oktober 1884.

[13] *Burial Amendment Act* von 1880; Reform der Pfarrverwaltungen zwischen 1891 und 1894.

[14] Vgl. MACHIN, Politics II (s. Anm. 2) 234–255. 293. Zum Ritualismus vgl. J. BENTLEY, Ritualism and Politics in Victorian Britain. The Attempt to legislate for Belief, Oxford 1978.

len und radikalen Kandidaten beauftragt, eine öffentliche Kontrolle der Schulen und den Verzicht auf jegliche Überprüfung der religiösen Überzeugungen künftiger Lehrer durchzusetzen[15].

Bei den Wahlen im Januar 1906 löste eine Mehrheit von 400 liberalen und radikalen Abgeordneten (einschließlich 53 sozialistischer Abgeordneter bzw. Gewerkschaftler) die Konservativen ab: eine so starke Mehrheit hatte man seit 1832 nicht mehr gesehen. Die politischen Bedingungen für eine Rückkehr zu den Bestimmungen des *Forster Act* schienen nun gegeben. Aber die Nonkonformisten, die jede Subvention der *Voluntary Schools* oder der Konfessionsschulen ablehnten, sahen sich dem erbitterten Widerstand der Katholiken gegenüber, die eben diese Zuschüsse für ihre Schulen forderten. Und gerade die katholischen Verfechter der *Home Rule* garantierten der Regierung in der Frage der irischen Autonomie eine parlamentarische Mehrheit. Gleichzeitig stießen jedoch alle Kompromißvorschläge, die zwischen 1906 und 1908 eingebracht wurden und den Wünschen der Katholiken bezüglich des Religionsunterrichts in den Schulen weitgehend entgegenkamen, auf den Widerstand des Oberhauses. Also hielt man daran fest, die Höhe der Subventionen vom lokalen Steueraufkommen abhängig zu machen – von Steuern also, die weiterhin boykottiert wurden[16].

Ebenso wie durch das *Disestablishment* der Anglikanischen Kirche in Wales und die irische *Home Rule* wurde auch durch die Schulfrage das verfassungsrechtliche Problem einer Einschränkung des Vetorechts des Oberhauses wieder in den Blickpunkt gerückt und erfuhr durch die Ablehnung des Haushalts von 1909 noch eine besondere Zuspitzung: Die beiden Abstimmungen von 1910 sicherten der Regierung den Sieg in dieser Frage, wobei von fünfzehn Bischöfen dreizehn dafür stimmten. Letztlich führte dieser Erfolg auch zur Durchsetzung der beiden Gesetze über die *Home Rule* (1912) und die Abtrennung der vier walisischen Bistümer von der Konvokation von Canterbury (Mai 1914). Die Anwendung beider Gesetze wurde lediglich durch den Krieg verzögert[17].

Obwohl diese Erfolge recht ungleichgewichtig waren, blieb die Grundtendenz in den Beziehungen zwischen Staatsgewalt und Kirchen auch 1914 die gleiche: Man versuchte, die Gleichbehandlung der verschiedenen religiösen Konfessionen in die Tat umzusetzen, den religiösen Pluralismus zu akzeptieren und anzuerkennen, daß der Gesetzgeber für Fragen, die in die Gewissensentscheidung des einzelnen fielen, einfach nicht zuständig war.

So war das *Disestablishment* der walisischen Kirchen von Lloyd George in seine Wahlplattform aufgenommen worden. Bereits 1906 hatte eine königliche Kommission einen Bericht vorbereitet, aus dem hervorging, daß nur noch ein Drittel der Gesamtbevölkerung in Wales der Staatskirche angehörte. Vor diesem Hintergrund wurde der Gesetzentwurf mit großer Mehrheit im Unterhaus angenommen, obwohl das Oberhaus aus Prinzip das Votum des Unterhauses zweimal zurückwies. Einzig der Parlamentsreform war es zu verdanken, daß der Beschluß schließlich durchging. 1912 wollte Erzbischof Randall Thomas Davidson (1848–1930) die Konvokation von Canterbury dazu bestimmen, den Plan zu durchkreuzen, scheiterte aber am Widerspruch dreier seiner Mitbrüder, der Bischöfe von Oxford, Hereford und Lincoln[18]. Dennoch konnte diese – durch die gegebenen örtlichen

---

[15] MACHIN, Politics II 271.
[16] Ebd. 284 f.
[17] Ebd. 310.
[18] NORMAN, Church and Society (s. Anm. 1) 277.

Bedingungen gerechtfertigte – Trennung von Kirche und Staat keineswegs als Präzedenzfall für ganz Großbritannien gelten.

II. Soziales Engagement und religiöse Vitalität als Reaktion der Kirchen auf die wachsende Gleichgültigkeit gegenüber religiösen Fragen

1. Glaubenszweifel

Als John Henry Newman (1801–1890) am 2. Oktober 1873 ein neues katholisches Priesterseminar in der Diözese Birmingham einweihte, warnte er die künftigen Priester, daß
die Gleichgültigkeit gegenüber dem Christentum bislang ungeahnte Ausmaße angenommen habe und daß nun fast überall die Rede vom Aufbau einer Gesellschaft sei, in der es
für die göttliche Offenbarung keinen Raum mehr gebe. Er prophezeite ihnen: „Ihr werdet
eine Welt vorfinden, in die vorher noch kein Priester eingedrungen ist". Als er einige Jahre
später den Kardinalshut empfing, prangerte er die Tendenz zum Agnostizismus an, diesem
Kind des Rationalismus, der das Wissen von Gott als für die Vernunft nicht zugänglich ansah. Hatte er selbst doch gerade diesen Irrtum des religiösen Liberalismus, der im England
seiner Zeit so verbreitet war, sein Leben lang bekämpft[19].

Anders als auf dem Kontinent lagen die Ursachen der Krise nicht im Widerspruch zwischen biblischer Offenbarung und neuesten wissenschaftlichen Erkenntnissen begründet.
Denn die britischen Gelehrten hatten sich schon sehr früh gegen die bedauerliche Verwechslung von wissenschaftlichen Gegebenheiten und antireligiöser Ideologie gewandt,
die mit Wissenschaft nicht das Geringste zu tun hatte. Der Chemiker Herbert MacLeod
hatte 1864 eine öffentliche Umfrage über die notwendige Differenzierung zwischen Wissenschaft und Religion und über die Möglichkeiten, beide in Einklang zu bringen, angeregt. Er erhielt die Unterschriften von 716 Koryphäen, unter anderen die des britischen
Physikers James C. Maxwell[20]. Selbst Charles Darwin rückte nur allmählich vom christlichen Glauben ab, aber keineswegs aufgrund seiner großen wissenschaftlichen Hypothesen, sondern wegen der offensichtlichen Schwäche der üblichen Apologetik. Frederick
Temple, der in seinen *Bampton lectures* in Oxford die Evolution der Lebewesen verteidigte, wurde 1869 von Gladstone zum Bischof von Exeter ernannt.

Schwierigkeiten ergaben sich vor allem aus der Anwendung der historischen Kritik auf
die Heilige Schrift und das Problem ihrer göttlichen Inspiration. Zwischen 1873 und 1878
übersetzte T. H. Green vom *Balliol College* die Werke der Tübinger Schule, Ferdinand
Christian Baurs und seiner Schüler. Wie Newman bemühte sich auch Green, die durch die
Bibelexegese aufgeworfenen Schwierigkeiten von der eigentlichen Glaubenspraxis fernzuhalten. Frederick Temple und Benjamin Jowett dagegen hatten in den sechziger Jahren
Aufsehen erregt, als sie in der Sammlung *Essays and Reviews* gerade diese Schwierigkeiten erörterten[21]. Eine von Joseph Barber Lightfoot (1828–1889) in Cambridge geleitete

---

[19] S. DESSAIN, Présence de Newman, [frz. Übers. Paris 1993], 146–150, der die *Catholic Sermons of Cardinal Newman*, 1957, 112–133 zitiert; W. WARD, The life of John Henry Newman II, London 1912, 462.

[20] O. CHADWICK, The Victorian Church II (1869–1901), London ²1972, 7f.

[21] Im Rahmen des Urteilsspruches von Lushington (Juni 1862) waren die beiden Priester Williams und Wilson auf ein Jahr von ihren Ämtern suspendiert worden, weil sie die Verbalinspiration der Bibel abstritten. Dagegen waren

Gruppe veröffentlichte 1874/75 anonym drei Bände, in denen das Konzept einer übernatürlichen Religion kritisch durchleuchtet wurde. Ende 1889 wurde das Problem in der von Charles Gore herausgegebenen Sammlung *Lux Mundi* wieder aufgegriffen. Gore verteidigte darin die Notwendigkeit, das Wort Gottes in einer den Zeitgenossen leichter zugänglichen Sprache wiederzugeben, da gerade darin der Sinn von Mythen und Gleichnissen liege, die so eng mit der menschlichen Natur Christi verknüpft seien[22]; das Werk erreichte ein Dutzend Neuauflagen.

Das zweite Problem, mehr seelsorgerischer Natur, betraf die persönliche Gewissensentscheidung jedes einzelnen: Konnte ein Priester im Amt bleiben, wenn er selbst den Offenbarungscharakter der Heiligen Schrift, die Echtheit der Wunder und sogar die Fleischwerdung und Auferstehung Christi bezweifelte? Erste Anzeichen für das Gewicht solcher Zweifel zeigten sich, als der *Clerical Disabilities Act* von 1870 jedem Pfarrer, dem es an persönlicher Überzeugung mangele, die Möglichkeit zum Rücktritt von seinem Amt bot. In ihrem Roman *Robert Elsmere* (1888) baute Mrs. Humphrey Ward das Thema weiter aus. Die Nichte des Dichters Matthew Arnold hatte Nachforschungen über die ersten christlichen Jahrhunderte in Spanien angestellt, bevor sie mit der deutschen historischen Kritik in Berührung kam und ihren Glauben verlor. Ihr Roman, der den Rücktritt eines *clergyman* schilderte, der sich „ohne Rückendeckung" auf eine Evangelisierung im ganz entchristlichten Arbeitermilieu des Londoner *East End* eingelassen hatte, beruhte auf Tatsachen[23]. Auch der große Einfluß des Dichters Algernon Charles Swinburne, die vereinten Anstrengungen von George Eliot, John Morley und Leslie Stephen, zwischen Religion und Moral zu unterscheiden und ein Ersatzideal aufzubauen, waren symptomatisch für den Ernst dieser Krise. Zeitschriften wie der *Spectator* oder der *Guardian* verschafften dieser Krise eine breite Resonanz[24]. Den Schlußpunkt setzte zweifelsohne der von den Arbeitern von Northampton 1886 gewählte populäre Abgeordnete Bradlaugh, ein Agnostiker, der sich weigerte, den von jedem Abgeordneten geforderten Eid abzulegen, und schließlich doch die Erlaubnis erhielt, seinen Sitz einzunehmen. Diese Affäre hielt das ganze Land in Atem.

Die Diskussion flaute in den neunziger Jahren ab – zum einen, weil „Ungläubigkeit" nun ein anerkannter Status war, zum andern aber und vor allem, weil nun bedeutende exegetische Werke zur Heiligen Schrift vorlagen. Zunächst erkannte man, daß eine linguistische Überarbeitung des Neuen Testaments in der vorliegenden Fassung von König Jakob unerläßlich war. Im Mai 1870 wurden Frederick Henry Scrivener und Fenton John Hort von der Konvokation von Canterbury mit der Revision des Textes beauftragt; bis zum Abschluß der Arbeiten im November 1880 befaßte man sich in vierhundert Versammlungen damit. Dasselbe Problem, das sich auch für das Alte Testament stellte, beschäftigte die Spezialisten von 1860 bis 1885. Die 1804 gegründete Bibelgesellschaft unterstützte seit 1860 die jährliche Verbreitung von einer Million gedruckter Bibeln – eine Zahl, die durch die 1859 von John Carrell herausgegebene populäre *Illustrated Family Bible* noch verdop-

---

sie von den anderen Anklagen freigesprochen worden, so daß nun genug Freiraum für kritische Überlegungen übrig blieb (ebd. 80 f.).

[22] Ebd. 68–72. 101 f.

[23] Ebd. 120 f. 141 f. Vgl. auch W. S. PETERSON, Victorian Heretic. Mrs Humphrey Ward's Robert Elsmere, Leicester 1976.

[24] CHADWICK, The Victorian Church (s. Anm. 20) 123.

pelt wurde. Frederic William Farrar (1874) und Alfred Edersheim (1883) – ein konvertierter Jude, der anglikanischer Priester geworden war – verfaßten Lebensbeschreibungen
Jesu, letzterer unter Heranziehung jüdischer Quellen. Das allgemeine Interesse blieb jedoch nicht nur auf das Christentum beschränkt; man wandte sich auch der vergleichenden
Religionswissenschaft zu. Eines ihrer wohl bemerkenswertesten Erzeugnisse waren die
fünfzig Bände über die heiligen Bücher des Orients, die Max Müller, ein deutscher Gelehrter aus Dessau, der in Oxford einen Lehrstuhl für Sanskrit innehatte, seit 1879 herausgab[25].
Gewiß kann man mit Chadwick annehmen, daß das im Dezember 1891 von den höchsten
Würdenträgern der Staatskirche und der evangelikalen Kirchen unterzeichnete feierliche
Glaubensbekenntnis an die historische Wahrheit der Heiligen Schrift und die Unfehlbarkeit Jesu der Krise ein Ende setzte[26]. Diese Beruhigung der Lage trug sicher auch dazu bei,
daß die anglikanische Geistlichkeit und die britischen Theologen und Exegeten angesichts
der eigentlichen modernistischen Krise der beiden ersten Jahrzehnte des 20. Jh. eine versöhnliche Haltung einnahmen.

Dem Denken Newmans kam bei dieser Suche nach einer christlichen Sprache, die der
zeitgenössischen Mentalität angepaßt war, eine zentrale Rolle zu. Sein wiedergewonnener
Einfluß zeigte sich – früher noch als im übrigen christlichen Europa – im Schoß der anglikanischen Kirche, trotz der von Charles Gore gegen ihn vorgebrachten Vorbehalte. Chadwick datiert diese Bewegung auf die Zeit nach 1885. Die öffentliche Meinung in Großbritannien schätzte an diesem alten Kardinal, daß „etwas an ihm nicht italienisch, ja vielleicht
nicht einmal richtig papistisch"[27] sei. Häufige, ständig verbesserte Neuauflagen seiner Predigten und anderer Werke wie *The Idea of a University* (deren letzte, von ihm selbst stark
überarbeitete Ausgabe 1889 erschien) boten genügend Stoff zur Wiederbelebung jener
christlichen Apologetik, deren Schwäche Darwin so beklagt hatte. Zunächst schlug
Newman vor, der göttlichen Inspiration der Heiligen Schrift einen erweiterten und begrifflich umfangreicheren Sinngehalt zuzuschreiben – womit er bereits Vorstellungen des
Zweiten Vatikanischen Konzils vorwegnahm. Generell lud er seine Leser ein, sich im
Grunde ihres Gewissens auf eine geistige Suche zu begeben, auf die Suche nach persönlicher Heiligung, eine Suche, die parallel zu den Bemühungen der Wissenschaft um Eroberung immer neuer Gebiete verlaufen sollte und nicht im Wettstreit mit ihnen.

Dagegen beklagte er den „Nihilismus der Katholiken"[28] und diagnostizierte ihr religiöses Desinteresse als die eigentliche Ursache der sozialen Probleme. Er rief zu mehr Vertrauen in die von Gott gewollten tragenden Geistesströmungen seines Jahrhunderts auf,
riet den Laien zu mehr Engagement und lud sie ein, der Kontemplation breiteren Raum
einzuräumen, dieser „ganzheitlichen Inanspruchnahme all unserer Fähigkeiten" – Töne,
die erstaunlich „modern" anmuten und bis in unsere Tage Früchte tragen.

Newman hatte das Fehlen grundsätzlicher Untersuchungen über die Freiheit beklagt.
Sir John Acton (1834–1902) machte sich nach dem I. Vaticanum an die Ausführung die-

---

[25] Ebd. 35. In den Jahren 1902 und 1903 hielt der konvertierte Inder Brahmanandhav Upadhyay an mehreren großen englischen Universitäten verschiedene Vorträge über die Beziehungen zwischen Hinduismus und westlichem
Denken.

[26] Ebd. 104.

[27] O. CHADWICK, John Henry Newman [frz. Übers.], 116.

[28] In einem Brief an Leo XIII. (1882), zit. nach DESSAIN, Présence de Newman (s. Anm. 19) 41. Eine zentrale
Rolle spielte der Einfluß des Dichters Hopkins für diese Intensivierung geistigen Denkens auf den Spuren
Newmans (vgl. Anm. 54).

ses großen Plans und entwarf das Gerüst zu einer *Geschichte der Freiheit*[29]. Wie der französische Historiker Jules Michelet in den Jahren 1830/31 sah auch er in der Freiheit den Leitfaden, der seit der Antike und unter dem Einfluß des Christentums vom organischen Fortschritt der Gesellschaft Zeugnis ablegte, einem Fortschritt in Richtung auf „mehr geistige Klarheit – durch leidenschaftlichen Forschungseifer und den Kampf gegen den Irrtum – und eine Emanzipation der Menschen"[30]. Er verteidigte einen lehrmäßigen Liberalismus, der in seinen Augen das religiöse und politische Leben bestimmte: „Die Freiheit", schrieb er, „steht am Anfang jeder wahren Religion, sie ist die Voraussetzung jedes verinnerlichten Katholizismus". In der Politik „werde sie an der Summe der Sicherheiten gemessen, welche die Minderheiten genießen". Um diese, ihrer Natur entsprechend moralische Grundidee ordnete er unablässig eine immense Fülle von Materialien an, wie er sie in den ungefähr 59 000 Bänden vorfand, die er in seiner Bibliothek zu Aldenham geduldig zusammengetragen und durch eine Sammlung von Originalen ergänzt hatte. 1885 war er einer der Mitbegründer des *English Historical Review*. Nach seiner Ernennung zum *Regius professor* für neuere Geschichte in Cambridge zehn Jahre später gewann er die Mitarbeit von annähernd hundert Spezialisten aus allen Ländern für seinen Plan einer Gesamtdarstellung der Geschichte der letzten vierhundert Jahre. Als Sir John Acton im Juni 1902 starb, waren die beiden ersten Bände der *Cambridge Modern History* im Druck[31].

2. Das soziale Engagement der Kirchen

Indessen forderten alle Kirchen unter dem Eindruck der Auswirkungen der tiefen Rezession der achtziger Jahre – André Siegfried sprach vom Übergang der englischen Wirtschaft zu einem heute wohl als „postindustriell" zu bezeichnenden System – ihre Anhänger auf, durch dirigistische Maßnahmen, die einer radikalen Kritik am Liberalismus und individuellem Unternehmertum entsprangen, die Öffnung des *Welfare State* für alle durchzusetzen. Innerhalb der Hochkirche nahmen diese Tendenzen 1889 in der *Christian Social Union* (CSU) Gestalt an, die selbst aus einer geistigen Bewegung hervorgegangen war, die von Theologen der beiden größten englischen Universitäten – Maurice, Seeley, Lightfoot, Westcott, Hort etc. – mitgetragen wurde. Nach und nach schlossen sich ihr auch Vertreter der kirchlichen Hierarchie an[32], wie z. B. der spätere Bischof von Durham, Hundley Moule, der zu diesem Zeitpunkt in Cambridge Theologie lehrte. Die Führung übernahm Charles Gore, der damit jene unter der Bezeichnung „liberaler Katholizismus" *(liberal catholicism)* bekannt gewordene, christlich-soziale Bewegung aus der Taufe hob, die sich in ihren spezifisch britischen Zügen wesentlich von der gleichnamigen Bewegung auf dem

---

[29] J. ACTON, History of Freedom and other Essays, London 1916.
[30] Ebd. 375f. Vgl. auch V. CONZEMIUS, Les Foyers internationaux du catholicisme libéral hors de France au XIXe siècle, in: Les Catholiques libéraux au XIXe siècle. Actes du Colloque international d'histoire religieuse de Grenoble des 30 sept.oct. 1971 (Collection du Centre d'Histoire du Catholicisme 11), Grenoble 1974, 41–44; DERS., Propheten und Vorläufer. Wegbereiter des neuzeitlichen Katholizismus, Zürich – Einsiedeln – Köln 1972, 136–158.
[31] Bei seiner Antrittsvorlesung begrüßte er, daß Geschichte nun als Wissenschaft betrieben werde, betonte aber trotzdem nicht weniger den bestimmenden Einfluß der Handlungsprinzipien außerhalb des Bereichs der reinen Ereignisse auf ihren Lauf (11. Juni 1896). Vgl. J. ACTON, Lectures on modern history, London 1906 (Repr. 1950).
[32] NORMAN, Church and Society (s. Anm. 1) 221 f.

Kontinent unterscheiden sollte[33]. 1892 gründete er in Mirfield eine Gemeinschaft, die sich gleichermaßen mit religiösen, wissenschaftlichen und sozialen Fragen beschäftigte. Unter seinem Nachfolger Walter Frere wurde sie zum Treffpunkt von Priestern und Gewerkschaftlern – war Frere doch bekanntermaßen einer der führenden Köpfe moderner Tendenzen jenseits des Kanals. 1898 brachte Gore das Sammelwerk *Essays in Aid of the Reform of the Church* heraus, in dem er eine Chance zur Erneuerung der Kirche einzig in einem stärkeren Engagement für mehr soziale Gerechtigkeit sah.

Gore beeinflußte viele Kleriker, vor allem im Norden Englands, im Londoner *East End*, aber auch in den *university settlements*, die in großen Industriestädten wie Oxford (Gruppe Bown) oder Birmingham (Gruppe Penchard) gegründet worden waren. Manche dieser sozial engagierten Priester sollten durch ihr Engagement und ihre Ideen Berühmtheit erlangen, so Lewis Donaldson, Verfasser des Ausspruchs „Das Christentum ist die Religion, deren praktische Umsetzung der Sozialismus ist", der im Juni 1905 einen Marsch der Arbeitslosen von Leicester nach London organisierte[34], oder der populäre Prediger der Arbeiterpfarrei von Worcester und spätere Bischof von Manchester (1922), William Temple, der sich für eine „neue Reformation" zur Veränderung der wirtschaftlichen und sozialen Strukturen aussprach, die einem wahrhaft christlichen Leben entgegenständen. Er interpretierte die Rolle der protestantischen Ethik neu, um so die Vorstellung von der Katalysatorfunktion des Calvinismus für die Ausbildung des Kapitalismus abzulösen[35]. Die Bandbreite der Bemühungen, die bittere Not in den Unterschichten zu lindern, reichte von Sozialreformern, Theologen und Pfarrern bis zu eindrücklichen Einzelgestalten, für die exemplarisch William Booth (1829–1902) stehen mag, der Gründer der Heilsarmee (1879). Von den Methodisten trennte er sich, weil er sie ebenso hoffnungslos verbürgerlicht fand wie alle anderen Kirchen. Darum ließ er das Evangelium von Slumbewohnern der Unterschichten in den Industriestädten in aller Drastik und mit unorthodoxen musikalischen Mitteln predigen. Nach einem steilen Aufstieg – um 1900 hatte die Heilsarmee ca. 100 000 Mitglieder – stagnierte die Organisation.

So wurde die Regierungszeit König Eduards VII. (1901–1910) von offiziellen Stellungnahmen der Hochkirche beherrscht. Von den Konvokationen von Canterbury (1906, 1907) über die Konferenz von Lambeth (1908) bis zum *Pananglican Congress* stand immer wieder das Problem auf der Tagesordnung, daß die Kirchen zu wirtschaftlichen und sozialen Fragen moralisch Zeugnis abzulegen hätten. Außerdem beschäftigte man sich mit konkreten Maßnahmen zur Verbesserung der Wohnsituation der Arbeiter, indem man die Abführung von Steuern durch die Besitzer städtischer *Slums* forderte[36]. An der Spitze dieser Bewegung stand das *Student Church Movement*, das 1892 unter dem Einfluß nonkonformistischer amerikanischer Theologen wie Francis Greenwood Peabody (1847–1936) aus Harvard gegründet worden war. 1906 konstituierte sich unter dem Vorsitz von Reverend Algernon West eine *Church Socialist League*, die ein Bündnis mit der *Labour Party* und die Unterstützung der Gewerkschaften durch die kirchliche Presse befürwor-

---

[33] R. LADOUS, Monsieur Portal et les siens 1855–1926, Paris 1985, 222–226.

[34] NORMAN, Church and Society 257. Der Erzbischof von Canterbury weigerte sich, ihn auf seinem Sitz in Lambeth zu empfangen.

[35] Ebd. 228. William Temple gab ein Sammelwerk zu diesem Thema heraus, das 1917 unter dem Titel *Competition* erschien (ebd. 224).

[36] Der Bischof von Hereford hatte eine Gesetzesänderung in diesem Sinne vorgeschlagen (ebd. 223).

tete. Ein typisches Beispiel für das Eindringen der Kritik an der Freihandelspolitik bis in die höchsten Kreise der britischen Gesellschaft zu Beginn unseres Jahrhunderts war 1910 die Gründung des *Center of social Christianism in England* in Thaxted durch Lady Warwick und einen Enkel des Grafen von Gainsborough, das bald 1200 Anhänger zählen sollte [37]. Gewiß rührten sich genügend Widerstände gegen diesen Ruf nach staatlichem Dirigismus in wirtschaftlichen Angelegenheiten [38] wie auch überhaupt gegen jedes politische Engagement der Kirche. Norman legt dar, daß sich sogar Charles Gore und William Temple reserviert verhielten, und betont, daß die Vermittlungsangebote der Kirche anläßlich der großen Streiks vor Kriegsausbruch (1910–1914) noch nicht genügend untersucht seien [39].

Auch in anderen Kirchen zeigten sich ähnliche Tendenzen in methodistischer Tradition. Paradoxerweise trug aber gerade das soziale Engagement der Staatskirche, die damit eine der wichtigsten und originellsten Forderungen des methodistischen Programms übernahm, viel zur damaligen Krise des Methodismus bei.

Auch für die katholische Kirche als Sprachrohr von Millionen eingewanderter Iren, die den am stärksten benachteiligten Teil der Industriearbeiterschaft ausmachten, war diese Ausrichtung selbstverständlich. Erzbischof Henry Edward Manning (1808–1892) ging mit gutem Beispiel voran. Er stammte aus wohlhabenden Kreisen der *City*, war Schüler in Harrow und am *Balliol College* und schloß sich der *Oxfordbewegung* an, bevor er schließlich im April 1851 auf den Spuren Newmans und unter dem Einfluß seiner Schriften den Rock des anglikanischen gegen den eines römisch-katholischen Priesters tauschte. Als Koadjutor Kardinal Nicholas Wisemans (1802–1865) in Westminster, der ihn in die römisch-katholische Kirche aufgenommen hatte, machte sich Manning an den Ausbau des von seinem Erzbischof geschaffenen Netzes von Grundschulen, das zum Ausgangspunkt zahlreicher Wohltätigkeitseinrichtungen werden sollte. Nachdem er im April 1865 von Pius IX. zum Nachfolger Wisemans designiert worden war, verstärkte er diese populäre Pastoralarbeit noch, untergliederte zur Erleichterung der Seelsorgeaufgaben die zu großen Pfarreien durch die Schaffung von „Missionen" in den einzelnen Stadtvierteln und trat seit 1884 selbst immer häufiger für die Forderungen der Arbeiter ein; so unterstützte er den langen Streik der Londoner Docker 1889. 1890 war Manning zusammen mit dem Schweizer Publizisten Kaspar Decurtins und den Kardinälen James Gibbons und Pierre Lambert Goossens an der Entstehung der sozialen Bewegung und an der Vorbereitung der Sozialenzyklika Leos XIII. beteiligt.

1875 zum Kardinal erhoben, verkörperte Manning eine Strömung, die nach seinem Tode mit dem Sohn des Erzbischofs Benson, Robert Hugh (1871–1914), Berühmtheit erlangen sollte. Auch Hugh, ein sozial engagierter anglikanischer Priester in den Londoner Vororten, schloß sich nach der Lektüre der Schriften Newmans der römischen Kirche an. Nach seiner Ernennung zum Vikar von Notre-Dame in Cambridge bemühte er sich in uto-

---

[37] Ebd. 247.
[38] In diesem Sinn äußerte sich der Historiker N. Figgis, der ein Mitglied der *Mirfield-Gemeinschaft* geworden war, 1911 in seinem Vortrag *Churches in the Modern State* in Gloucester (ebd. 149 f.).
[39] G. Antonazzi – G. de Rosa (Hrsgg.), L'enciclica Rerum novarum e il suo tempo, Rom 1991, 13 f. Zu Kardinal Manning vgl. M.-L. Garnier-Azais, Prélat des ouvriers, le cardinal Manning (1808–1892), Paris 1939; V. A. Mac Clelland, Cardinal Manning, His public Life and Influence (1865–1892), New York 1962; R. Gray, Cardinal Manning. A biography, New York 1985.

" RAISING THE (TRADE) WIND."

Cardinal Manning. "There, that's right! Both be Reasonable, and work together.
Bless you, my Children !"

Das Eingreifen Kardinal Mannings in den Dockarbeiterstreik von 1889 wird hier von dem Karikaturisten der satirischen Zeitschrift *Punch* bewußt als Auftrieb für den Exporthandel mißdeutet.

pischen Romanen und apologetischen Schriften darum, die „pantheistische Humanitätsduselei" (L. Chaigne) anzuprangern und im Gegenzug die Stärke christlicher Entsagung zu verherrlichen.

3. Andere Formen lebendiger Glaubenskraft

Diese Reformbestrebungen der Kirchen waren auf institutioneller Ebene in ganz Großbritannien zu beobachten und äußerten sich auch in anderen Zeichen lebendiger Glaubenskraft.

Die Einberufung der Konvokationen von Canterbury (1851) und York (1860) entsprach der allgemeinen Tendenz zur Wiederbelebung der Diözesansynoden: Der Bischof von Ely, Harold Brown, ging Mitte der sechziger Jahre mit gutem Beispiel voran[40]. 1882 hatten nur drei Diözesen noch keine Synoden einberufen, darunter London, dessen Bistum einfach zu groß war. Aber wenn diesen Konferenzen auch keine Entscheidungskompetenz in Fragen des Glaubens oder der Lehre zustand, so boten die Zusammenkünfte doch sowohl Klerikern als auch Laien die Möglichkeit, gleichberechtigt über Fragen der Kirchenorganisation zu diskutieren. Kirchenversammlungen, die 1861–1862 zunächst in Cambridge, dann in Oxford abgehalten wurden, akzeptierten sogar die Beteiligung von Frauen. Die Konvokation von Canterbury als höchste Instanz organisierte 1885 ein gesondertes Synodaltreffen für Laien, das seine Entsprechung 1892 auf der Konvokation von

---

[40] Chadwick, The Victorian Church (s. Anm. 20) 359f.

York fand. Erstmals tagten Klerus und Laien im Juli 1894 gemeinsam in diesen beiden höchsten Versammlungen ihrer Kirche. Trotz seiner Zugehörigkeit zur presbyterianischen Kirche förderte Balfour diese Bewegung tatkräftig[41]. 1903 wurde ein *Representative Church Council* gegründet, dessen Aufgabe darin bestand, die Eigenständigkeit der Kirchenführung zu garantieren. Ihm unterstand eine erzbischöfliche Kommission, die Vorschläge zur Reorganisation der Beziehungen zwischen den beiden Gewalten ausarbeiten sollte. Den Vorsitz führte Lord Selborne, Vizepräsident der *Church Reform League*; Balfour, der ihr als Mitglied angehörte, machte kein Geheimnis aus seiner Überzeugung von der notwendigen Unabhängigkeit der geistlichen Gewalt[42]. Dasselbe Prinzip wurde also diesseits und jenseits des Kanals in die Tat umgesetzt, wenn auch auf sehr unterschiedliche Art und Weise!

Die Konferenzen von Lambeth wiederum fanden seit September 1867 regelmäßig alle zehn Jahre statt. Sie sollten schließlich zum Sinnbild für die ganze Anglikanische Kirchengemeinschaft *(Anglican Communion)* werden. Denn selbst wenn ihre Beschlüsse für die einzelnen Kirchen nicht rechtlich bindend waren, fand ihre moralische Autorität doch umgehend Anerkennung, so daß ihre Schiedsrichterrolle in Fragen der kirchlichen Lehre oder Ethik vor allem Auswirkungen auf den Fortschritt der ökumenischen Bewegung hatte[43].

Diese offizielle Anerkennung eines eigenen, autonomen Status blieb nicht auf die englische Hochkirche beschränkt. Auf derselben Linie lagen auch die langwierigen Verhandlungen, die gerade noch vor dem Krieg zu einer Trennung zwischen Kirche und Staat in Wales führten. Hatte Kardinal Paul Cullen (1803–1878) in Irland noch eine betont defensive Haltung eingenommen, während sich die britische Obrigkeit als Folge der Wiederherstellung der katholischen Hierarchie abweisender denn je verhielt, so war nun das Auftreten der Bischöfe bewußt verbindlich, was auch in der Wahl des gemäßigten Edward McCabe (1816–1885) zum Nachfolger Cullens (1878) seinen Ausdruck fand. Nach dem Scheitern der *Home Rule* und dem Rücktritt Gladstones 1886 stellten sich die Bischöfe einmütig hinter die *Irish National Land League* und ihren geschickten Führer, Charles Stewart Parnell (1846–1891). Sowohl der Bischof von Coshel, Thomas William Croke, als auch der Erzbischof von Dublin, William Walsh, schlossen einen Pakt mit Parnell auf der Grundlage einer Garantie für den Erhalt des katholischen Unterrichts. In den Jahren 1886 bis 1888 unterstützten sie aktiv den *Plan of Campaign* der irischen Pächter, der die konservative Regierung zu Fall brachte. Zwar sprach sich Rom 1888 gegen diese Form des Kampfes aus, so daß die bischöfliche Front abbröckelte – was unter anderem Ende 1890 zum Sturz Parnells führte; aber das eingeführte konstitutionelle System überlebte die Krise und sollte durch das Gesetz von 1912 definitiv bestätigt werden. Der Kirche wurde darin der Platz, den sie sich im irischen „Nationalstaat" erkämpft hatte, zuerkannt. Ab 1908 erhielt die katholische Universität öffentliche Mittel. Doch warf dieser irische Katholizismus gerade durch die hohe Zahl irischer Auswanderer nach England – 1900 waren es an die 900 000 – auch in England und Schottland beträchtliche Probleme

---

[41] Gleiche Tendenzen zeigten sich auch bei den Freikirchen wie den Methodisten, die seit 1878 die Teilnahme von Laien bei ihrer Generalversammlung akzeptierten.

[42] Der *Enabling Act* von 1919 übertrug dieser Kommission legislative Gewalt in kirchlichen Angelegenheiten.

[43] R. ROUSE – S. C. NEILL, A history of the Ecumenical Movement I, London ²1967, 264 ff. (dt.: Geschichte der ökumenischen Bewegung 1517–1948 [Theologie der Ökumene 6], Göttingen 1957–58).

auf: Die Ausbildung regelrechter städtischer Ghettos sollte noch 1906 in Liverpool zu schweren antipäpstlichen Ausschreitungen führen[44].

In Schottland hatten sich die Gegensätze anläßlich der späten Wiederherstellung der katholischen Hierarchie verschärft: 1878 waren zwei Erzbistümer und vier Bistümer geschaffen worden. Dennoch sollte die autonome Stellung der beiden großen presbyterianischen Kirchen, die 1874 durch die Abschaffung des Patronatsrechts zur Besetzung kirchlicher Stellen besiegelt worden war, zu einer Annäherung beider Kirchen führen, die durch die Vermehrung der kleinen Ortsgemeinden noch begünstigt wurde: Die Wiedervereinigung war schließlich das Werk einer Reihe von Zusammenkünften, die zwischen 1908 und 1914 in Edinburgh stattfanden. 1929 sollte sie erneut besiegelt werden[45].

Welchen Einfluß konnten diese wieder in den Besitz ihrer eigenen Handlungsfähigkeit gelangten Kirchen auf die Gesellschaft in der Zeit Viktorias I. und Eduards VII. ausüben? Wie bereits erwähnt, legten alle Kirchen größten Wert auf das soziale Betätigungsfeld der Schule. 1890 schätzte man die Zahl der *Voluntary Schools* auf ungefähr 14 500[46]. Die Lambeth-Konferenz von 1908 bekräftigte das Festhalten der *High Church* an der Konfessionsschule, trotz der von Steward Headlam vorgebrachten Argumente zugunsten der allgemeinen Einführung eines weltlichen Schulsystems. Aktionen der irischen Bischöfe und Mannings in England ließen erkennen, daß dies auch das Hauptanliegen der Katholiken war. Dabei stand Cornelia Connelly (1809–1879), die Gründerin des Schulordens vom Kinde Jesu, dem Erzbischof von Westminster zur Seite[47]. Rom seinerseits hob 1894/95 die Verbote für Katholiken auf, sich an den großen englischen Universitäten einzuschreiben[48].

Die Schaffung einer Vielzahl neuer Wohlfahrtseinrichtungen, die sich aller Formen gesellschaftlicher Ausgrenzung – wie Armut, Prostitution und Alkoholismus – annahmen, eröffnete einen weiteren kirchlichen Wirkungskreis. Mehr als 500 Wohltätigkeitsvereine wurden gegründet, darunter die Heilsarmee, die unter der Leitung von William Booth ihre definitive Form gefunden hatte: Sie dehnte ihre Aktionen auf die Dominions und Europa aus. Lord Ashley förderte die Entstehung ähnlicher Vereine im evangelikalen Zweig der anglikanischen Kirche. Zahlreiche Frauen engagierten sich in den verschiedensten sozial-caritativen Bereichen: Hier entstand eine der frühesten Plattformen feministischer Forderungen, die die ersten Jahrzehnte dieses Jahrhunderts beherrschen sollten[49].

Ausdruck für die wiedergefestigte Stellung der Kirchen in der englischen Gesellschaft dieser Zeit war auch die große Zahl von Pfarrkirchen oder Klöstern, die erbaut oder erneu-

---

[44] MACHIN, Politics II (s. Anm. 2) 252 f.; zu Irland vgl. E. LARKIN, The roman Catholic Church of the modern Irish State (1878–1891), 3 Bde., Philadelphia 1975–1979.

[45] DRUMMOND – BULLOCH, Victorian Scotland II (s. Anm. 9).

[46] NORMAN, Church and Society 207.

[47] Zu Cornelia Connelly vgl. die Biographie von R. FLAXMAN, London 1991.

[48] Die Voraussetzung war die Zulassung katholischer Studentenseelsorger (CHADWICK, The Victorian Church [s. Anm. 20] 458).

[49] Vgl. F. K. PROCHASKA, Women and Philanthropists in nineteenth-century England, Oxford 1980, und B. HEENEY, The Beginnings of Church Feminism: Women and the Councils of the Church of England 1897–1919, in: Journal of Ecclesiastical History 33 (1982) 89–109. Auf breiter Basis wurde zwischen 1909 und 1911 eine Aktion zur Hebung der gesellschaftlichen Moral durchgeführt, als die Frage der Scheidung zur Diskussion stand (1917 wurde das entsprechende Gesetz verabschiedet). Ein halbes Dutzend Bischöfe bildeten zusammen mit R. MacDonald und Beatrice Webb einen *National Council of Public Morals* (NORMAN, Church and Society 267).

ert wurden[50]. Die Beliebtheit dieser flamboyanten Neugotik oder des bei der Errichtung von universitären oder städtischen Bauten bevorzugten Renaissancestils begründete den Ruf der Architekten Sir Gilbert Scott und William Butterfield[51].

Ein Zeichen für das Wiederaufleben gemeinschaftlicher Formen des christlichen Lebens war die Gründung einer monastischen Gemeinschaft von neunzehn Mitgliedern im Jahre 1906 durch Aelred Carlyle auf den Caldey Inseln, die 1912 bereits 35 Mitglieder umfaßte. Die im Schoße des Anglo-Katholizismus entstandene Gemeinschaft befolgte einen der römischen Liturgie sehr nahestehenden Ritus mit einem Missale, der Anbetung des heiligen Altarsakraments und der Marienverehrung. Als Charles Gore sie 1914 ausdrücklich zur Aufgabe dieser Praktiken aufforderte, zog die Gemeinschaft es vor, geschlossen zur katholischen Kirche überzutreten[52].

Mochten sich auch um die Jahrhundertwende bei der Elite des Klerus und der britischen Gesellschaft die Anzeichen für einen neuerweckten Glaubenseifer häufen, so stellte diese eben doch nur eine elitäre Minderheit dar[53]. Die Masse der Bevölkerung schien dagegen eher geneigt, die in den achtziger Jahren aufgekommenen Glaubenszweifel zu verinnerlichen. Die kirchlichen Berufungen gingen deutlich zurück, während gleichzeitig, wie mehrere Beobachter hervorhoben, das intellektuelle Niveau des Klerus sank[54]. Was die Glaubenspraktiken der Gläubigen betraf, so stellte 1906 eine parlamentarische Untersuchung über die Riten fest, daß einerseits die Teilnahme an den sonntäglichen Gottesdiensten nachgelassen hatte, andererseits aber eine wachsende Neigung zu attraktiveren und festlicheren liturgischen Formen bestand – eine Tendenz, die in Schottland und England gleichermaßen zu beobachten war. Dieses Ergebnis wurde durch den wachsenden Zuspruch, den die von Lord Charles Lindley Halifax (1839–1934) geführte Kampagne fand, noch bestätigt, ebenso durch die immer zahlreicheren Beitritte zu seiner *English Church Union* (ECU)[55].

Nun stellte sich heraus, daß das durch die Oxford-Bewegung in den dreißiger Jahren angeregte Streben der Kirchen nach größerer Handlungsfreiheit gegenüber der Staatsgewalt letztendlich ausschlaggebend dafür gewesen war, daß sie zumindest teilweise ihren Einfluß in der herrschenden Industriegesellschaft zurückgewinnen konnten, die bereits alle Symptome einer schweren Krise zeigte. Die eigentliche Reform jedoch, die Trennung von Staat und Kirche in Schottland, Irland und Wales zu Lasten der *High Church*, zeigte kei-

---

[50] CHADWICK, The Victorian Church 472, sieht dies als Zeichen für ein starkes religiöses Bedürfnis der Bevölkerung.

[51] Zu den Architekten W. Butterfield und Gilbert Scott vgl. die jeweiligen Biographien von P. THOMPSON (London 1971) und D. COLE, The work of Sir Gilbert Scott, London 1980.

[52] R. M. KOLLAR, Anglo-catholicism in the Church of England 1895–1913: Abbot Aelred Carlyle and the Monks of Caldey Islands, in: Harvard Theological Review 76 (1983) 205–224.

[53] „Selbst wenn die Gesellschaft noch stärker verweltlicht wäre, wären wirklich religiöse Menschen nicht weniger fromm." (CHADWICK, The Victorian Church 466). Angeführt sei hier nur der Einfluß eines anderen Schülers Newmans, der in die Gesellschaft Jesu eingetreten war: Gerard Hopkins, dessen Gedichte stark von seinem theologischen Denken und einer gehobenen Mystik geprägt waren. Vgl. J.-G. RITZ, Le poète Gerard Manley Hopkins SJ (1844–1889). Sa vie et son œuvre, Diss. Paris 1964; A. THOMAS, Hopkins, Gerard Manley, in: DSp VII,1 (1969) 743–745.

[54] Vgl. A. HAIG, The Victorian Clergy, London 1984.

[55] CHADWICK, The Victorian Church 365, sieht in ihm den Typus des *ecclesiastical layman*, der durch private Initiativen innerhalb der Kirche einen viel größeren Einfluß ausübte, als wenn er sich mit einem Sitz im Parlament begnügt hätte.

nerlei Auswirkungen auf den Status der Kirche in England selbst. Figgis meinte, sie sei ohne Bedeutung [56] gewesen. Gladstone teilte seine Ansicht, obwohl er es im Laufe seiner „liberalen" Entwicklung für unerläßlich erachtet hatte, den Kirchen die Freiheit zur Durchführung ihrer eigenen Reform zu geben. Trotzdem legte er Wert darauf, daß die politisch Verantwortlichen am religiösen Charakter staatlicher Gewalt festhielten, selbst wenn sie dabei die Meinungsvielfalt in diesem Bereich berücksichtigen und das demokratische Leben damit in Einklang bringen mußten. William Temple protestierte 1906 gegen die Vorstellung vom Staat als reiner Verwaltungs- und Polizeimaschinerie: „Im tiefsten Inneren seines Wesens", betonte er, „ist der Staat ein religiöses Organ, dessen oberste Verpflichtung die Ausübung religiöser Funktionen ist". Einige Jahre später sollte der zentrale Kirchenrat für Angelegenheiten der Verteidigung und des Erziehungswesens in das gleiche Horn blasen, als er erklärte, daß das *Establishment* keineswegs ein Privileg sei, sondern dazu bestimmt, „den großen und schweren geistigen Schaden von der Nation" abzuwenden, „der entstände, wenn das Organ, durch den dieser Geist sich auszudrücken vermag, verworfen würde". Als das *Disestablishment* in Wales auf der Tagesordnung stand, war es der Erzbischof von York, C. G. Lang, der in einer vielbeachteten Rede 1913 die moralische Person des Staates verteidigte, „dessen vertrauter Charakter unser Leben und unsere Individualität formt und einrahmt". Denn als Erbe einer fernen Vergangenheit komme ihm eine religiöse Dimension zu, an die man besser nicht rühren solle [57].

Der Einfluß, den die Kirchen auf die öffentliche Meinung und die Gesellschaft des Industriezeitalters ausübten, kann als pragmatisch und subtil qualifiziert werden. Das entsprach ganz dem britischen Denken, stand jedoch in diametralem Gegensatz zu dem, was man in Frankreich unter Trennung von Staat und Kirche verstand, zumindest was das juristische und ideologische Rüstzeug dafür betraf.

---

[56] Norman, Church and Society (s. Anm. 1) 272.
[57] Ebd. 278.

Viertes Kapitel

Die Schweiz (1860–1914)

von Victor Conzemius

In den radikal oder liberal regierten Kantonen der Schweiz verschlechterte sich seit den 60er Jahren das politische Klima für die katholische Kirche. Ursachen dafür waren auf der einen Seite Verlautbarungen der römischen Kurie, die mit ihren pauschalen Verurteilungen (dem *Syllabus* von 1864) und rigiden Forderungen (den Mischehenvorschriften, dem Verbot, Protestanten auf katholischen Friedhöfen zu bestatten etc.) in einem konfessionell gemischten Land Anstoß erregen mußten. Andererseits ließen radikale Behörden keine Gelegenheit aus, die Kirche durch Kontrollvorschriften zu schikanieren und durch gezielte Klosteraufhebungen zu schwächen. Zwischen 1840 und 1876 wurden in der Schweiz etwa 60 Klöster und Stifte aufgehoben[1]. Unter diesen Voraussetzungen wirkte das Erste Vatikanische Konzil 1869/70 mit seiner in den Augen der Öffentlichkeit zentralen Definition der päpstlichen Unfehlbarkeit und des Jurisdiktionsprimats in hohem Maße aufreizend und konfliktverschärfend. Hingegen war das Konzilsprogramm, das der konservative Luzerner Politiker Philipp Anton von Segesser (1817–1888) in seiner Broschüre *Am Vorabend des Conzils* entwarf – Konzil und Wiedervereinigung, Rechte der Laien in der Kirche, Dezentralisation, Hierarchie der Wahrheiten, Geschichtlichkeit dogmatischer Aussagen – eine Utopie, die ihrer Zeit weit vorauseilte[2]. Sie entsprach weder den Vorstellungen der römischen Kirchenleitung oder maßgeblicher Theologen und Bischöfe, noch kam sie den extremen Forderungen nationalkirchlich gesinnter Katholiken entgegen, die eine romfreie katholische Kirche anstrebten. Der Anlaß hierzu bot sich Ende 1872, als der Basler Bischof Eugène Lachat (1819–1886) nach langem Zögern den Pfarrer Paulin Gschwind von Starrkirch-Dulliken bei Olten (Solothurn) exkommunizierte, der öffentlich gegen das Unfehlbarkeitsdogma auftrat[3]. Daraufhin setzte am 29. Januar 1873 die Diözesankonferenz, ein von den Bistumskantonen bestelltes staatliches Kontrollgremium, den in Solothurn residierenden Bischof ab und wies ihn aus dem Kanton aus. Als die Pfarrer des seit dem Wiener Kongreß dem Kanton Bern zugehörigen französischen Jura ihre Treue zum Bischof bekundeten, setzte die Regierung auch die Pfarrer ab und wies sie aus dem Kanton

---

Zu Kurztiteln vgl. die jeweilige Erstnennung bzw. die Bibliographie am Ende dieses Kapitels.

[1] Zum schleichenden Kulturkampf vgl. Stadler, Der Kulturkampf in der Schweiz; Conzemius, Die Berichte „ad limina".

[2] Zu Segesser vgl. die Bibliographie am Ende des Kapitels. – Die Ende 1869 gedruckte Broschüre *Am Vorabend des Conzils* ist zugänglich bei Ph. A. von Segesser, Sammlung kleiner Schriften I, Bern 1887, 390–454. Zur Bewertung vgl. K. Schatz, Vaticanum I (1869–1870), Paderborn 1992, I 229 ff.

[3] V. Conzemius, Der geistesgeschichtliche Hintergrund des Christkatholizismus. Zur Entstehung der christkatholischen Pfarrei Olten, in: ZSKG 60 (1966) 122–170.

aus. An ihre Stelle wurden französische Geistliche, die meist wegen Disziplinarfragen mit ihren Bischöfen in Konflikt geraten waren und teilweise bereits ihr Amt aufgegeben hatten, als Staatspfarrer eingesetzt. Darüber kam es zu Unruhen, in deren Verlauf die Regierung Truppen im Jura einquartierte[4]. Auch in Genf, dessen katholischer Bevölkerungsanteil seit 1815 gestiegen war (1860: 50,9 Prozent), kam es zu einem Kirchenstreit. Der umtriebige Genfer Generalvikar und Weihbischof Gaspard Mermillod, der auf dem Konzil als Befürworter päpstlicher Prärogativen aufgetreten war, wurde am 16. Januar 1873 von Pius IX. unter Umgehung der Genfer Regierung zum Apostolischen Vikar für den Kanton Genf – kirchlich gehörte Genf zur Diözese Lausanne-Fribourg – ernannt. Am 17. Februar 1873 wurde Mermillod aus der Schweiz ausgewiesen. Im Gegenzug zum geharnischten päpstlichen Protest hob der Bundesrat am 12. Dezember 1873 die Nuntiatur auf[5].

Nachhaltige Spuren hinterließ der Kulturkampf in der Schweizer Verfassung. Die Verfassungsrevision von 1874 verschärfte den bereits 1848 erlassenen Jesuitenparagraphen und dehnte ihn auf die Gründung oder Wiederherstellung von Klöstern aus; die Errichtung neuer Bistümer wurde der Genehmigung des Bundes unterstellt. Nun konnte auch das seit vielen Jahren von freisinnigen Katholiken immer wieder erwogene katholische Nationalbistum verwirklicht werden. Ihre Führer, zu denen neben dem Berner Staatsrechtler Walter Munzinger († 1873) der Aargauer Politiker Augustin Keller (1805–1883) gehörte, schufen die staatsrechtlichen Voraussetzungen für ein christkatholisches Bistum mit synodal-episkopaler Verfassung. Erster Bischof, der vom deutschen altkatholischen Bischof Joseph Hubert Reinkens geweiht wurde, war der Luzerner Theologieprofessor Eduard Herzog (1841–1924). Noch vor der Bischofswahl und vor seiner Anerkennung durch den Bundesrat errichtete der Kanton Bern 1874 – in Überschätzung der zahlenmäßigen Bedeutung der Protestbewegung gegen das Konzil (etwa 30–40000, 1993 12000 Mitglieder) – eine Theologische Fakultät[6].

Sieht man von den langwierigen Rechtsstreitigkeiten und Prozessen wegen der Ausscheidung des Vermögens in den betroffenen Pfarreien ab – Bischof Lachat, seit seiner Absetzung in Luzern im Exil, wurde 1885 Apostolischer Administrator des Tessin[7], Titularbischof Gaspard Mermillod 1883 Bischof von Lausanne-Genf, 1890 Kardinal – erlitt das kirchliche Leben keinen Schaden durch den Kulturkampf. Vielmehr trugen die Auseinandersetzungen dazu bei, den partikularistischen Schweizer Katholizismus[8] zu größerer Einheit zusammenzuführen. Das geschah unter ultramontanem Vorzeichen und unter Ausscheidung des radikalen, teilweise auch des gemäßigt nichtklerikalen Flügels. Zwei „Typen" von Katholizismus bildeten sich heraus: derjenige der Stammlande, die vom Kul-

---

[4] STADLER 381; zur Traditon des Jura vgl. BAUMER, Pèlerinages jurassiens.

[5] STADLER 305f.

[6] KÜRY, Die altkatholische Kirche; K. STALDER, Die christkatholisch-theologische Fakultät. Ihr Selbstverständnis, in: Hochschulgeschichte Berns 1528–1984. Zur 150-Jahr-Feier der Universität Bern 1984, Bern 1984, I 187–200.

[7] Die Täler des Kantons Tessin (Ambrosianische Täler) unterstanden bis 1803 den Bistümern Mailand und Como. 1859 verfügte der Bundesrat auf Drängen der radikalen Tessiner Regierung die Aufhebung der Jurisdiktion der ausländischen Bischöfe. Doch erst 1885/88 kam es zur Errichtung der Apostolischen Administratur Lugano (seit 1971 eigenes Bistum). Vgl. MORETTI, La chiesa nell'Ottocento.

[8] Die Schweizerische Bischofskonferenz, 1863 von dem Kapuziner Theodosius Florentini gegründet, besaß bis zum II. Vaticanum wenig Eigendynamik und Eigeninitiative. Vgl. R. ASTORRI, La conferenza episcopale svizzera. Analisi storica e canonica, Freiburg i.Ue. 1988.

turkampf direkt nicht betroffen waren, und der der Diaspora. Seit der Gewährung der Niederlassungsfreiheit wurden die traditionell reformierten Städte wie Zürich, Basel, St. Gallen, Genf oder Winterthur dank ihrer Beschäftigungsmöglichkeiten zum Einzugsgebiet der vorwiegend katholischen Bergkantone (Zürich: 1860 4,2 Prozent Katholiken, 1970 36,7 Prozent; Basel 1860 24 Prozent, 1970 40,7 Prozent) und der Nachbarregionen Baden, Elsaß, Österreich und Savoyen[9]. Gegen Ende des Jahrhunderts kamen Italiener hinzu, die im Ausbau des Eisenbahnnetzes beschäftigt waren. Die katholischen Pfarreien, die in den Industriezentren entstanden, boten diesen Einwanderern eine erste Kontakt- und Integrationsstelle. Auch wenn man, ausgehend von einer Beobachtung für Basel, davon ausgeht, daß etwa ein Drittel dieser Einwanderer, trotz der rigorosen kirchlichen Vorschriften bei Mischehen, sich in der zweiten Generation ihrer Umgebung anpaßten und reformiert oder kirchendistanziert wurden[10], blieb die Mehrzahl von ihnen ihrer Herkunftskirche verbunden und machte von der reichen Palette von Sozialisationsmöglichkeiten Gebrauch, die der Ausbau der Pfarreien ihnen bot[11].

Analog zu deutschen und anderen Vorbildern entwickelte sich ein Organisations- und Vereinswesen, das Parallelen zum holländischen *Verzuiling* aufweist. 1857 entstand der *Pius-Verein* als Vorläufer des *Katholischen Volksvereins*, dem Dachverein der katholischen Verbände[12], 1863 die *Inländische Mission* als Unterstützungsverein für die Anliegen der Diaspora. Weitere Gründungen erfolgten in rascher Folge: 1853 der *Gesellenverein*, 1863 die *Schweizerische Bischofskonferenz*, 1887/88 der *Verband der Männer- und Arbeitervereine*, 1888 die *Fédération des cercles et sociétés catholiques de la Suisse Romande*, 1901 die *Caritas*, christliche Gewerkschaften sowie eine Vielfalt von Standesorganisationen auf Pfarrebene. Seit 1903 wurden gesamtschweizerische Katholikentage durchgeführt[13]. 1912 kam es zur Gründung des *Schweizerischen katholischen Frauenbundes*.

Männer- und besonders Frauenkongregationen erlebten einen außergewöhnlichen Zulauf. Neben französischen Gemeinschaften, die sich im Lande niederließen, konnten Schweizer Kongregationen sich auch außerhalb der Schweiz ausbreiten: Baldegg (1830 gegründet), Menzingen[14] (1844), Ingenbohl (1856 gegründet, 1865 295 Schwestern in 87 Niederlassungen, 1900 3100 Schwestern in 617 Niederlassungen). Im praxisorientierten Schweizer Katholizismus leisteten im 19. Jh. die Frauen den gesellschaftlich relevantesten Beitrag[15].

Auf der Ebene der Gymnasialschulen sprangen die Benediktiner für die 1848 des Landes verwiesenen Jesuiten ein. Ein Problembewußtsein für die Notwendigkeit der Gründung einer Hochschule und der akademischen Ausbildung des Klerus im eigenen Land be-

---

[9] Grundlegend: ALTERMATT, Katholizismus und Moderne.

[10] TH. GANTER, Volkskundliche Probleme einer konfessionellen Minderheit. Dargestellt an der römisch-katholischen Diaspora der Stadt Basel, Winterthur 1970.

[11] ALTERMATT, Katholizismus und Moderne 181 f.

[12] STEINER, Der Piusverein der Schweiz; F. PANZERA, L'Associazione di Pio IX nel Ticino (1861–1899), in: ZSKG 86 (1992) 187–216.

[13] A. IMSTEPF, Die schweizerischen Katholikentage 1903–1954. Geschichte, Organisation, Programmatik und Sozialkultur, Freiburg i.Ue. 1987.

[14] M. CRUCIS DOKA, Das Schulwesen der Lehrschwestern vom Hl. Kreuz in Menzingen, Kanton Zug (1844–1874), Freiburg i.Ue. 1963.

[15] V. CONZEMIUS, Schweizer Katholizismus weiblich. Die Kongregationen von Menzingen und Ingenbohl im Kontext ihrer Entstehung, in: StZ 207 (1989) 181–192.

stand nur in ultramontanen Kreisen. 1890 wurde die Universität Fribourg als kantonale Hochschule gegründet; der Dominikanerorden, der die Theologische Fakultät übernahm, erhielt eine Monopolstellung[16]. Die intellektuelle Getto- und Abwehrsituation verwehrte den Katholiken den Anschluß an die schweizerische Nationalkultur. Zwar fanden der Franziskanerpater Grégoire Girard (1765–1850)[17] als Pädagoge – sozusagen als ein katholischer Pestalozzi – und der Kapuziner Theodosius Florentini (1808–1865) aufgrund seines sozialen Engagements[18] („macht die Fabriken zu Klöstern") Anerkennung über die Konfessionsgrenzen hinaus. Doch hat der Schweizer Katholizismus keine Persönlichkeit hervorgebracht, die den aus der reformierten Welt hervorgegangenen und in der deutschsprachigen Literatur verwurzelten Schriftstellern gegenübergestellt werden könnte. Jeremias Gotthelf (1797–1854), reformierter Pfarrer in Lützelflue, der Schriftsteller Conrad Ferdinand Meyer (1825–1898) oder Jakob Burckhardt (1818–1897), Sohn eines reformierten Pfarrers, sind Repräsentanten dieser engen Symbiose zwischen Protestantismus und eidgenössischer Kultur im 19. Jh.

Die föderative landeskirchlich-kantonale Organisation des schweizerischen Protestantismus kam der demokratisch-liberalen politischen Strömung der Zeit mehr entgegen als die hierarchisch-pyramidale Struktur des Katholizismus. Auch in den traditionell katholischen Kantonen – Fribourg, Luzern, Tessin, Innerschweiz – bildete sich eine protestantische Diaspora, wobei die wirtschaftliche Überlegenheit des protestantischen Volksteils hier stärker in Erscheinung trat als umgekehrt in der katholischen Diaspora. Diese konfessionelle Durchmischung vollzog sich auf protestantischer Seite zögernder als auf der katholischen. Im übrigen erreichte der Schweizer Protestantismus einen hohen Sozialisationsgrad, der denjenigen der Katholiken wohl noch übertraf: *Schweizerisches Blaues Kreuz* (1877), *Zwingli-Verein* (1897), *Schweizerischer Verein für freies Christentum* (1871), *Verband christlicher Hospize* (1895), *Verein für Sonntagsfeier, Schweizerischer Bund vom Weißen Kreuz* (1892, gegen die Prostitution gerichtet). Freie evangelische Schulen, Lehrerseminare und Erziehungsheime (z. B. Bern 1854 und 1859, Zürich 1869 und 1888) wurden von bibelgläubiger Seite gefördert. Der Unterricht in den zahlreichen Sonntagsschulen wurde meist von Laien durchgeführt. Nach englischem Vorbild bildeten sich *Christliche Vereine Junger Männer* (CVJM) in Bern 1834, St. Gallen 1853, Aarau 1854, Lausanne und Neuchâtel 1852. Henri Dunant, der Gründer des *Roten Kreuzes* (1863), begründete mit Freunden einen solchen Verein in Genf. Der entsprechende weibliche Zweig (CVJT) ist bereits vor 1875 in der Schweiz nachweisbar.

Auch in der schweizerischen Frauenbewegung – *Schweizerischer Gemeinnütziger Frauenverband* (1889), *Bund Schweizerischer Frauenorganisationen* (1899) – spielten die aus konfessionsspezifischen protestantischen Verbänden kommenden Frauen eine bedeutsame Rolle.

Neben diesen meist gesamtschweizerischen Initiativen entstanden in den Kantonskirchen zahlreiche Zusammenschlüsse und Hilfsorganisationen. Ein erster loser Zusammen-

---

[16] R. RUFFIEUX u. a. (Hrsgg.), Histoire de l'université de Fribourg, Suisse (1889–1989). Institutions, enseignements, recherches, 3 Bde., Freiburg i.Ue. 1991–1992. Wichtig und grundlegend: D. BARTHÉLEMY, Idéologie et Fondation (Etudes et documents sur l'histoire de l'université de Fribourg), Freiburg i.Ue. 1991.

[17] A. DAGUET, Le Père Girard et son temps, 2 Bde., Paris 1896; Mélanges Père Girard, Freiburg i.Ue. 1950.

[18] A. BÜNTER, Die industriellen Unternehmungen von P. Theodosius Florentini, Freiburg i.Ue. 1962; V. CONZEMIUS, Theodosius Florentini, in: DHGE 17 (1971) 602–609.

schluß dieser regionalen Initiativen bildete sich 1858 in der jährlichen Konferenz der reformierten Kirche der Schweiz. Doch erst nach dem Ersten Weltkrieg, am 7. September 1920, kam es zur Gründung des schweizerischen *Evangelischen Kirchenbundes.*

Früher als im katholischen Raum faßte bei den Reformierten der Gedanke der Mission in nichtchristlichen Ländern Fuß. Die 1815 in Basel gegründete Missionsgesellschaft – auch sie eine Frucht des neueren Pietismus – nahm 1828 die Arbeit in der britischen Kronkolonie Goldküste auf, 1834 in Indien, 1847 in China, nach 1884 in Kamerun. Auch in der Westschweiz, in Genf, Lausanne und Neuchâtel bildeten sich Missionsgesellschaften, die teils in Zusammenarbeit mit der *Pariser Mission* (1822), teils in eigener Regie Aufgaben in Übersee übernahmen. Hinzuweisen ist auch darauf, daß in der Westschweiz enge Kontakte mit dem französischen Protestantismus bestanden. Dies gilt nicht nur für die akademisch-universitäre Ebene, sondern auch für die pastorale Kooperation zwischen den Kirchen. Besonders im 20. Jh. übernahmen Westschweizer Pastoren Seelsorgeaufgaben in französischen Pfarreien. In der deutschsprachigen Schweiz war der Kontakt insbesondere mit dem schwäbischen Pietismus bis zum Ersten Weltkrieg verhältnismäßig eng; auf der Ebene der theologischen Fakultäten entwickelte sich ein fruchtbarer Austausch.

Für den Schweizer Katholizismus, der durch größere Geschlossenheit gekennzeichnet ist, läßt sich ein solcher grenzüberschreitender Austausch nicht nachweisen: Die Gettosituation des Katholizismus innerhalb der schweizerischen Gesellschaft ließ nur eine Konzentration auf den konfessionellen Binnenraum zu. In der zweiten Hälfte des 19. und besonders im 20. Jh. holten die Katholiken ihren Rückstand im Missionswesen allmählich auf.

Während die Katholiken sich als Sondergesellschaft behaupteten, glichen sich die Reformierten der Entwicklung der bürgerlichen Gesellschaft an und setzten das verbürgerlichte Christentum weitgehend mit dem Evangelium gleich. Gegen diese Verbürgerlichung oder Reduktion des Christentums auf eine bürgerliche Religion erhoben sich zu Beginn des 20. Jh. einzelne Stimmen, die die Not der aus der bürgerlich-bäuerlichen Welt herausgefallenen Fabrikarbeiter spürten und die Notwendigkeit einer gerechteren Wirtschaftsordnung erkannten. Eine Pionierrolle kommt dem Zürcher Neumünsterpfarrer Hermann Kutter (1863–1931) und dem Basler Münsterpfarrer Leonard Ragaz (1869–1945) zu. Sie wirkten im Sinne eines religiösen Sozialismus und beeinflußten u. a. den jungen Karl Barth.

Literatur

Übersichtswerke zur Schweizer Kirchengeschichte

F. CITTERIO – L. VACCARO, Storia religiosa della Svizzera, Mailand 1996.

S. LEIMGRUBER – M. SCHOCH, Gegen die Gottvergessenheit. Schweizer Theologen im 19. und 20. Jh., Basel – Freiburg i. Br. – Wien 1990.

R. PFISTER, Kirchengeschichte der Schweiz III, Zürich 1984.

TH. SCHWEGLER, Geschichte der katholischen Kirche in der Schweiz. Von den Anfängen bis auf die Gegenwart, Stans ²1943.

L. VISCHER – L. SCHENKER – R. DELLSPERGER, Ökumenische Kirchengeschichte der Schweiz, Freiburg i.Ue. – Basel 1994.

Katholizismus: Sozialgeschichte

U. ALTERMATT, Der Weg der Schweizer Katholiken ins Ghetto. Die Entstehungsgeschichte der nationalen Volksorganisationen im Schweizer Katholizismus 1848–1919, Zürich ²1991.

–, Katholizismus und Moderne. Zur Sozial- und Mentalitätsgeschichte der Schweizer Katholiken im 19. und 20. Jh., Zürich ²1991.

V. Conzemius, Philipp Anton von Segesser (1817–1888). Demokrat zwischen den Fronten, Zürich – Einsiedeln – Köln 1977.

– (Hrsg.), Briefwechsel Philipp Anton von Segesser (1817–1888), Bd. 1–6, Zürich – Einsiedeln – Köln (ab Bd. 6: Freiburg i.Ue.) 1983–1994.

A. Steiner, Der Piusverein der Schweiz. Von seiner Gründung bis zum Vorabend des Kulturkampfes 1857–1870, Stans 1961.

M. Stierlin, Die Katholiken im Kanton Zürich 1862–1875 im Spannungsfeld zwischen Eingliederung und Absonderung, Zürich 1996.

Kulturkampf

J. Bruhin, Die beiden vatikanischen Konzile und das Staatskirchenrecht der schweizerischen Bundesverfassung. Theologische Überlegungen zum Verhältnis von Kirche und Staat, Freiburg i.Ue. 1975.

V. Conzemius (Hrsg.), Die Berichte „ad limina" der Bischöfe von Basel von 1850–1905 (Religion – Politik – Gesellschaft in der Schweiz 5), Freiburg i.Ue. 1991.

–, Katholizismus ohne Rom. Die altkatholische Kirchengemeinschaft, Einsiedeln 1969.

–, Der Kulturkampf in der Schweiz. Sonderfall oder Paradigma?, in: Rottenburger Jahrbuch für Kirchengeschichte 15 (1996) 27–42.

U. Küry, Die altkatholische Kirche. Ihre Geschichte, ihre Lehre, ihre Anliegen, Stuttgart 1966.

A. Lindt, Protestanten – Katholiken: Kulturkampf. Studien zur Kirchen- und Geistesgeschichte des 19. Jh., Zürich 1963.

M. Pfeiffer, Der Kulturkampf in Genf (1864–73) mit besonderer Berücksichtigung der Ausweisung von Bischof Mermillod, Zürich 1970.

F. Python, Mgr. Etienne Marilley et son clergé à Fribourg au temps du Sonderbund 1846–1856 (Etudes et recherches d'histoire contemporaine 10), Freiburg i.Ue. 1987.

P. Stadler, Der Kulturkampf in der Schweiz. Eidgenossenschaft und katholische Kirche im europäischen Umkreis 1848–1888, Frauenfeld 1984. (grundlegend)

Volkskultur

I. Baumer, Pèlerinages jurassiens. Le Vorbourg près Délémont (Suisse). Histoire d'une chapelle et de son pèlerinage du Moyen-Age au XXᵉ siècle. Une étude de traditions religieuses, Porrentruy 1976.

P. Hugger (Hrsg.), Handbuch der schweizerischen Volkskultur, 3 Bde., Zürich 1992.

Kirchenbau, kirchliche Kunst und Musik

F. Brentini, Bauen für die Kirche. Katholischer Kirchenbau des 20. Jh. in der Schweiz, Luzern 1994.

M. Hofer, Die Gesang- und Gebetbücher der Schweizerischen Diözesen. Eine geschichtliche Untersuchung, Freiburg i.Ue. 1965.

A. Meyer, Neugotik und Neuromantik in der Schweizerischen Kirchenarchitektur des 19. Jh., Zürich 1973.

Ich male für fromme Gemüter. Zur religiösen Schweizer Malerei im 19. Jh., Kunstmuseum Luzern 1985 (Ausstellungskatalog).

Tessin

A. Moretti, La chiesa nell'Ottocento. La questione diocesana (1803–1884), Locarno 1985.

Diözesen und Nuntiatur

V. Conzemius, Die Nuntiatur im neuen Bundesstaat, in: ZSKG 88 (1994) 49–74.

C. Dora, Augustinus Egger von St. Gallen (1833–1906). Ein Bischof zwischen Kulturkampf, sozialer Frage und Modernismusstreit, St. Gallen 1994.

U. Fink – S. Leimgruber – M. Ries, Die Bischöfe von Basel 1794–1995, Freiburg i.Ue. 1996.

Helvetia Sacra Abt. I, Bde. 1–4, Basel 1972ff.

Schweizer Protestantismus

S. LEIMGRUBER – M. SCHOCH, Gegen die Gottvergessenheit. Schweizer Theologen im 19. und 20. Jh., Freiburg 1990.

R. PFISTER, Kirchengeschichte der Schweiz III, Zürich 1984.

L. VISCHER – L. SCHENKER – R. DELLSPERGER, Ökumenische Kirchengeschichte der Schweiz, Freiburg – Basel 1994.

Einzelprobleme

O. BLANC, Catholiques et protestants dans le pays de Vaud. Histoire et population 1536–1986, Genève 1986.

R. CENTLIVRES, La crise ecclésiastique neuchâteloise de 1873, in: Musée neuchâteloise 1973, 49–131.

R. CENTLIVRES – J.-J. FLEURY, De l'Église d'État à l'Église nationale (1839–1963), Lausanne 1963.

R. DELLSPERGER, Johann Peter Romang (1802–1875). Philosophische Theologie, christlicher Glaube und politische Verantwortung in revolutionärer Zeit, Bern – Frankfurt 1975.

R. DELLSPERGER – M. NÄGELI – H. RAMSER, Auf dein Wort. Beiträge zur Geschichte und Theologie der Evangelischen Gesellschaft des Kantons Bern im 19. Jh. Zum 150jährigen Bestehen der Evangelischen Gesellschaft, Bern 1951.

K. GUGGISBERG, Der freie Protestantismus. Eine Einführung, Bern – Stuttgart [2]1952.

H. HAUZENBERGER, Basel und die Bibel. Die Bibel als Quelle ökumenischer, missionarischer, sozialer und pädagogischer Impulse in der ersten Hälfte des 19. Jh. (Jubiläumsschrift der Basler Bibelgesellschaft), Basel 1996.

–, Einheit auf evangelischer Grundlage. Von Werden und Wesen der Evangelischen Allianz, Gießen – Zürich 1986.

T. KACHEL, Die Saat geht auf. Das Werden und Wachsen der Basler Bibelgesellschaft, Basel 1981.

G. KELLER, Werken und Wirken der Evangelischen Gesellschaft des Kantons Schaffhausen von 1873–1923, Schaffhausen 1924.

A. LINDT, Die *Evangelische Gesellschaft* in der bernischen Gesellschaft und Geschichte des 19. Jh., in: Gesellschaft und Gesellschaften, Festschrift zum 65. Geburtstag von Ulrich Im Hof, Bern 1982, 409–419.

–, Leonhard Ragaz. Eine Studie zur Geschichte und Theologie des religiösen Sozialismus, Zollikon 1957.

M. MATTMÜLLER, Die reformierte Basler Kirche vor der Herausforderung der Neuzeit, in: H. R. GUGGISBERG – P. ROTACH (Hrsgg.), Ecclesia semper reformanda, Basel 1980, 76–99.

–, Leonhard Ragaz und der religiöse Sozialismus. Eine Biographie, 2 Bde., Zollikon – Zürich 1957–1968.

G. MÜTZENBERG, A l'écoute du Réveil, Saint-Légier 1989.

G. SCHMID, Die Evangelisch-Reformierte Landeskirche des Kantons Zürich, Zürich 1954.

E. STAEHELIN, Die Christentumsgesellschaft in der Zeit der Aufklärung und der beginnenden Erweckung II (ThZ Sonderbd. 4), Basel 1974.

E. VISCHER, Das Werk der schweizerischen protestantisch-kirchlichen Hilfsvereine 1842–1942, Basel 1944.

Fünftes Kapitel

Nordeuropa

VON CHRISTIAN CHANEL

Seit Beginn der 60er Jahre des 19. Jh. beschleunigten sich die politischen, sozialen und wirtschaftlichen Umwälzungen in Nordeuropa. Die Entwicklung der einzelnen skandinavischen Länder verlief immer mehr in unterschiedliche Richtungen. In Dänemark begünstigte der Verlust der Herzogtümer Schleswig und Holstein eine Konzentration auf die wirtschaftliche Entwicklung und eine nationale Renaissance, verzögerte aber auch den Demokratisierungsprozeß und stärkte so die Monarchie bis zum Sieg der Linken und des Parlamentarismus 1901. In Schweden entwickelten sich die politischen Verhältnisse zunächst ähnlich träge, doch gingen dort mit der Modernisierung der Wirtschaft sehr rasch tiefgreifende soziale Änderungen einher. Der Schock über den Verlust Norwegens 1905 führte zum Wechsel vom konservativen aristokratischen System zur parlamentarischen Demokratie. Norwegen hatte seine Trennung von Schweden um 1860 eingeleitet und verschärfte den Kampf um Unabhängigkeit und Demokratie mit Hilfe einer im wesentlichen bäuerlichen Linken. Nur Finnland blieb wirtschaftlich wie politisch im Schlepptau Schwedens. Nach einer längeren Zeit der Autonomie kam es sogar zu Russifizierungsversuchen. Erst nach 1905 vollzog das Land den eigentlichen Übergang ins 20. Jh.

Die Reaktionen auf die neuen Herausforderungen, die die moderne Welt an das Christentum stellte, waren ganz unterschiedlich und trugen dem jeweiligen Erbe und den spezifischen sozio-politischen Bedingungen Rechnung.

I. Die neuen Herausforderungen

1. Die Ausdehnung des religiösen Liberalismus

Seit 1860 breitete sich in Schweden der religiöse Liberalismus aus und leitete um 1880 den Niedergang des staatlichen Luthertums ein. Den wirklichen Durchbruch dieser liberalen Konzeption kennzeichnet in Schweden das Werk *Der Unterricht der Bibel über Christus* (1862) von Victor Rydberg [1]. Es sprach vor allem die kulturellen Eliten an, die sich auf diesem Umweg mit einer – gewissermaßen „gereinigten" und „enttheologisierten" – Form des Christentums aussöhnten, dem die Polemiken von Christopher Jacob Boström (1797–1866) gegen die Hölle, den Teufel und die Strafen des Himmels den Weg bereitet hatten.

Zu Kurztiteln vgl. die jeweilige Erstnennung.

[1] Trotz seiner stilistischen Schwächen erreichte das recht polemisch gehaltene Werk großen öffentlichen Erfolg. Vgl. E. ROHDE, Den religiösa liberalismen, Stockholm 1935, 163–184.

Ein vergleichbares Verlangen nach einer Entmythologisierung der Religion fand sich auch bei dem Philosophen Pontus Wikner[2]. Die unitarische Strömung war, beeinflußt von dem Amerikaner Theodor Parker (übersetzt 1862), in ihrer Kritik entschiedener, antiklerikaler. Sie wurde insbesondere von Klas Pontus Arnoldson (1844–1916, Friedensnobelpreis 1908) Ende der 70er Jahre vertreten, überdauerte jedoch weder den Aufstieg der liberalen Theologie noch die allmähliche Wiedervereinigung der „Boströmianer" mit der Staatskirche.

In Dänemark und Norwegen hatte der religiöse Liberalismus nur geringen Einfluß. In Dänemark duldete man einige wenige unitarische Zentren, und in Norwegen gab es um 1895 lediglich eine Gemeinschaft um Kristofer Janson (1841–1917). In Finnland formierten sich die „Liberalen" früher und konnten sich aufgrund ihrer Verbindungen zu Schweden in den 70er Jahren[3] behaupten.

2. Der „kulturelle Radikalismus"

Um 1880 trat der religiöse Liberalismus allmählich in den Hintergrund und machte kritischeren und „moderneren" Strömungen Platz. Dieser Radikalisierungsschub war vom Darwinismus[4], dem Positivismus[5], dem Utilitarismus[6], aber auch der Kritik Kierkegaards[7] beeinflußt und fand seit den 70er Jahren vor allem durch die (örtliche) Presse und Literatur allgemeine Verbreitung[8]. Die großen Schriftsteller verwarfen Kirche und historisch gewachsenes Christentum aufs heftigste[9]. Ihre politische Entsprechung war die radikale Linke, die sich jetzt voll zu entfalten begann (beispielsweise die „europäische Linke" in Dänemark oder die *Verdandi-Gesellschaft* in Schweden). In den 90er Jahren ist ein Abflauen des kulturellen Radikalismus in Literatur und Wissenschaft festzustellen[10], das mit der Wiederentdeckung der Mystik und einer Zuwendung der Eliten zum Katholizismus einherging. Einen allgemeinen Richtungswechsel stellte dies jedoch nicht dar; allein die Tonart der Polemik wurde maßvoller.

---

[2] P. Wikner (1837–1888), Autor der *Pensées et Interrogations sur le Fils de l'homme* von 1872, verteidigte eine laizistische, humanistische und nicht-theologische Frömmigkeit. Vgl. ebd. 295–347.

[3] Die Tageszeitung *Wasabladet* veröffentlichte zwischen 1859 und 1861 eine Reihe von Artikeln von R. Aloenius, der für ein praktisches und subjektives Christentum eintrat. Der Einfluß von Renan, Parker und Rydberg verstärkte die Strömung um 1870.

[4] Die Werke Darwins wurden 1871 ins Schwedische und 1872–1875 ins Dänische übersetzt. Vgl. T. SIMONSON, Face to Face with Darwinism, Lund 1958.

[5] Der Schwede A. Nyström (1842–1931) übersetzte Comte 1875 und gründete 1879 eine positivistische Gesellschaft.

[6] Mill wurde 1870 ins Dänische und 1881 ins Schwedische übersetzt. V. Lennstrand gründete 1888 in Schweden eine utilitaristische Gesellschaft.

[7] Vor allem durch die Vermittlung des Schriftstellers und dänischen Polemikers G. Brandes (1842–1927), dessen Einfluß sich über den ganzen Norden erstreckte.

[8] In Norwegen waren 1890 mehr als 13 000 Personen „ohne Kirche". 1875 waren es 31 gewesen.

[9] Vornehmlich H. Ibsen in Norwegen, G. Brandes in Dänemark und A. Strindberg in Schweden.

[10] Die Schriftsteller der „Generation der 90er Jahre", beispielsweise Selma Lagerlöf, entdeckten die regionalen, volkstümlichen und religiösen Wurzeln der schwedischen Nationalkultur.

3. „Soziale Frage" und Säkularisierung

Den neuen sozialen Schichten, die durch die wirtschaftlichen Umwälzungen in den Städten und auf dem Land entstanden waren, schienen die Kirchen gleichgültig zu sein. Die Verarmung eines Teils der Landbevölkerung – fast die Hälfte der 2,7 Millionen schwedischen Landwirte war bedürftig –, der oft in entlegenen Winkeln der Pfarreien lebte, und die rasche Zunahme der Arbeiter im Dunstkreis der Städte oder Industriestandorte, die auf freiem Feld aus dem Boden gestampft worden waren (Bahnhöfe, Sägemühlen, Bergwerke etc.), brachten sehr schnell das Problem der religiösen Betreuung mit sich [11]. Die Staatskirchen reagierten einerseits nicht flexibel genug auf die neue Situation, andererseits litten sie aber auch unter der unglücklichen Ausgabenpolitik von Regierung und Parlament für diese neuen Bereiche. Dadurch verloren die Kirchen faktisch an Einfluß, und der Weg wurde frei für den Sozialismus [12] und separatistische religiöse Strömungen. Der fehlende Kontakt der Kirchen zu den neuen sozialen Schichten hatte einen dramatischen Rückgang der alltäglichen religiösen Praxis – abgesehen von der Feier der kirchlichen Hochfeste – zur Folge [13].

Die Säkularisierung der Gesellschaft Skandinaviens wurde durch die zunehmende Trennung von Kirchen und Staat noch beschleunigt [14] – auch wenn aus der Sicht des liberalen Betrachters die Bindungen (beispielsweise im Schulbereich) immer noch sehr eng – für manchen zu eng – waren. Die Kirchen brachten den „neuen Bewegungen" nur sehr wenig Verständnis entgegen. Der Klerus schien sich die Bedeutung der Arbeiterfrage nicht vor Augen zu führen; die Geistlichen orientierten sich eindeutig „nach rechts" [15]. Das anhaltende Klima sozialer Diskriminierung innerhalb der Kirchen verstärkte so die allgemeine Ansicht, daß der „kleine Mann" hier keinen Platz habe [16]. Auf diese Weise wurde die Kluft zur modernen Gesellschaft noch größer [17].

II. Die Reaktion der religiösen Erweckungsbewegungen

Trotz ihrer größeren Geschmeidigkeit fanden sich die Bewegungen der Erweckung gleichermaßen mit den Problemen der Anpassung an die moderne Gesellschaft konfrontiert.

---

[11] B. Gustafsson, Småkyrkorölesen, Stockholm 1955, 159f. zeigt die Situation in Kopenhagen und Stockholm. In Stockholm wuchs die Zahl der Einwohner pro Kirchengemeinde zwischen 1840 und 1900 von 8400 auf mehr als 30000.

[12] Seit 1876 in Dänemark, um 1887 in Norwegen, 1889 in Schweden und erst 1899 in Finnland.

[13] Die Verhältnisse in Schweden sind besser bekannt seit C. H. Martling, Kyrkosed och sekularisering, Stockholm 1961; V. Rundgren, Statistika studier rörande Svenska Kyrkan, Stockholm 1897; A. Bächström, Nattvardsseden förändring under 1800–talet, in: Kyrkohistorisk årsskrift (1984) 140–155.

[14] Die Trennung weltlicher und religiöser Einrichtungen vollzog sich örtlich und landesweit in Schweden zwischen 1862 und 1866, in Finnland 1869. In Island verlor der Klerus seinen Einfluß nach 1880.

[15] Beispielsweise die Appellation von 250 Ordensleuten zugunsten der Rechten anläßlich des 400. Geburtstags Martin Luthers (1883) oder das Projekt einer christlichen dänischen Union, die Arbeitgeber und Arbeitnehmer zusammenbringen sollte. Die dänische *Innere Mission* befürwortete diese Idee seit dem großen Streik von 1899.

[16] Vgl. B. Gustafsson, Kyrkoliv och samhällsklass i Sverige omkring 1889, Stockholm 1950. Er kommt zu dem Schluß, daß das religiöse Leben in der Staatskirche exakt die soziale Polarisierung widerspiegelte und die Klassenunterschiede verstärkte.

[17] In Schweden wies die 1879 aus Amerika stammende Enthaltsamkeitsbewegung, die landesweit 160000 Mitglieder zählte, 1908 alle christlichen Bezüge in den eigenen Statuten zurück. Die Kirche verweigerte ihr jede Anerkennung.

Eine Umwandlung und Neuordnung der kirchlichen Strukturen war zwar oft notwendig, konnte aber durchaus auch neue Trennungen und alte separatistische Neigungen hervorrufen. Insofern stand das Ende des 19. Jh. unter dem doppelten Zeichen der Institutionalisierung wie der Trennungen innerhalb der Erweckungsbewegungen.

1. Der Aufstieg der „freien Kirchen" in Schweden

In Schweden ging der Prozeß der Zersplitterung am weitesten. Die ausländischen Denominationen (vor allem Baptisten und Methodisten) nahmen stark zu; ein Schisma ging mitten durch die Bewegung der nationalen Erweckung.

Die wichtigsten nicht-lutherischen Kirchen, die vor 1860 nur zaghaft entstanden waren[18], fügten sich in den 60er Jahren – nicht zuletzt dank der finanziellen und personellen Unterstützung durch die amerikanischen Mutterorganisationen – endgültig in das religiöse Umfeld Schwedens ein: A. Wiberg (1816–1887) organisierte, aus den Vereinigten Staaten zurückgekehrt, seit 1857 die schwedischen Baptisten, deren Zahl von 2100 auf 59000 im Jahre 1914 wuchs. Dieser Anstieg läßt sich nicht zuletzt auf die weiter fortentwickelte Institutionalisierung seit 1860 zurückführen. Bei den schwedischen Methodisten spielte V. Witting (1825–1906) unter vergleichbaren Bedingungen dieselbe Rolle. Die Methodisten hatten 1914 eine Mitgliederzahl von 17000 erreicht. Die Baptistenbewegung spaltete sich rasch: Nach 1872 organisierten sich die *Freien Baptisten* um H. Åkesson im Zentrum und im Süden des Landes. Gleichfalls im Zentrum entwickelten sich unter Führung des Industriellen Edvard L. M. Hedin (1856–1921) 1887 die *Union der Heiligung (Helgelseförbund)* und die *Missionsgesellschaft von Örebro* 1892 um John Ongman (1844–1931). Die endgültige Aufsplitterung vollzog sich zwischen 1907 und 1910 mit dem Vordringen der *Pfingstbewegung* um Levi Pethrus (1884–1974) in Stockholm und Örebro. Alle diese Strömungen mit ihren fremden Namen – und die Liste ist nicht vollständig – knüpften an bereits vorhandene örtliche religiöse Bewegungen an und sprachen gleichermaßen die neue Landbevölkerung und den Mittelstand in den Kleinstädten an, die sich in einem tiefgreifenden sozialen und wirtschaftlichen Umbruch befanden.

Die rechtliche Position dieser Kirchen war nicht eindeutig geklärt. Allein die Methodisten akzeptierten die gesetzliche Anerkennung der Dissidenten von 1873 und forderten für sich dieselbe Anerkennung wie die Staatskirche. Die Baptisten verweigerten einen solchen Schritt, da sie ihn für unvereinbar mit ihrer Auffassung von Kirche hielten[19]. Die entstehenden Auseinandersetzungen weiteten sich durch eine sehr aktive „andersdenkende" Presse und die Allianz der freien Kirchen mit den Liberalen der Zweiten Kammer nach 1884 noch aus. Die Erste Kammer blieb unter dem Einfluß von Bischof Gottfrid Billing (1841–1925), der dort von 1889 bis 1912 ohne Unterbrechung saß, die Bastion des „klerikalen Konservativismus". An ihm scheiterten alle Reformprojekte.

Die dominierende Richtung der schwedischen Erweckungsbewegung fand ihr Zentrum

---

[18] Die erste Baptistengemeinde entstand 1848 in Halland, 1854 folgte eine weitere, aktivere, in Stockholm. Einige Methodisten gründeten um 1850 örtliche Gruppen in Gotland und im Westen.

[19] Der Staat kann den religiösen Wert einer Organisation nicht bemessen. Das anzunehmen, hieße gleichzeitig, die Möglichkeit einer Staatskirche zu akzeptieren. Diese Weigerung stand am Anfang der Auseinandersetzung über die Modalitäten der Eintragung in die staatlichen, nicht-lutherischen Taufregister zwischen 1894 und 1898 sowie der Teilnahme der Baptistenkinder am Religionsunterricht in den Schulen (1903).

in der von Carl O. Rosenius 1856 gegründeten und geleiteten *Evangeliska Fosterlandsstiftelsen* (EFS). Mit dem Bruch der EFS in eine der Kirche und dem Vermächtnis von Rosenius treuen Strömung einerseits und in eine separatistische andererseits, die aus dem Zusammenspiel von „eucharistischem Widerspruch" der Basis[20] und der theologischen Polemik an der Spitze[21] entstanden war, wurde die Situation um 1878 noch komplexer. In diesem Jahr beschlossen der Lektor Paul P. Waldenström (1838–1917) und der Pastor Erik Jacob Ekman (1842–1915) die Gründung einer schwedischen Missionsvereinigung *(Svenska Missionsförbundet, SMF)*. Diese Vereinigung verstand sich in entschiedener Abgrenzung zur EFS und zur Staatskirche als religiöse Gesellschaft, die allen offenstand: ohne konfessionelle Schranken oder festgelegte Dogmen, jedoch evangelikal gestimmt und ansatzweise dem Geist der evangelischen Allianz folgend. Für die SMF stellte sich die Frage nach der staatlichen Anerkennung nicht, auch wenn sie sich allmählich ganz wie eine Kirche organisierte (100000 Mitglieder im Jahr 1914). Gerade diese rechtliche Unbestimmtheit verstärkte die vielschichtigen Beziehungen zwischen den Erweckungen und der Kirche[22], trotz des Aufkommens ökumenischer Bewegungen[23].

Für die Staatskirche geriet die Situation lokal rasch außer Kontrolle. Was sollte man mit diesen Abweichlern machen, die die lutherische Kirche nicht verlassen wollten und somit verschiedene Verpflichtungen hatten (Taufe, Konfirmation, schulischen Katechismusunterricht, kirchliche Hochzeit und Beerdigung), die zu erfüllen sie sich jedoch weigerten?

2. Zwei konkurrierende Strömungen der Erweckungsbewegung in Dänemark

Die Dänen kannten ebenfalls eine Trennung der erweckten Gruppen, doch hielt sie sich in Grenzen und mündete nicht in eine wirkliche Trennung von der Staatskirche[24]. Die *Innere Mission Dänemarks* wuchs, 1860/61 von Pastor Vilhelm Beck (1829–1901) angeführt, schnell und beständig[25], verteilte sich dann aber immer mehr auf andere religiöse Strömungen und die moderne Kultur. Nach dem unvermittelten Bruch 1869 mit den Grundtvigianern suchte die Gesellschaft Vilhelm Becks die Erneuerung mit dem rechten Flügel von *Bethesda*, mit dem es zwischen 1886 und 1896 zu einigen Treffen kam. Doch zwischen 1892 und 1896 zerbrach die Allianz, und die Polemiken überstürzten sich[26]. Das Gesetz über die

---

[20] Nach der Abspaltung von Riseberga 1860 gewann eine Bewegung, die der Industrielle O. G. Hedengren organisiert hatte, die Oberhand im Zentrum des Landes und konnte sich auf Gruppen von Laien stützen. Diese wurden von „bekehrten" Pastoren geleitet, die getrennte Kommunionen für die „Gläubigen" veranstalteten. Seit 1872 kam es zur Vereinigung dieser Gruppen.

[21] 1872 veröffentlichte P. P. Waldenström im *Pietisten* einen Artikel, der das lutherische Konzept der „Aussöhnung" wieder aufnahm. Die sich daraus entwickelnde Debatte breitete sich rasch über die lokalen Gruppierungen der EFS aus und spaltete die Laien untereinander.

[22] Beispielsweise der Fall der Gesellschaft von Jönköping, die auf Distanz zur SMF und zur EFS blieb, ohne jedoch mit einer der beiden zu brechen. Vgl. G. ÅBERG, Enhet och frihet, Lund 1972.

[23] Nach dem Besuch Lord Radstocks 1879 fand sich ein sehr aktiver Kreis innerhalb der höheren Gesellschaft, vor allem bei Prinz O. Bernadotte und der Armee. Dieser Kreis stand bereits in Kontakt zu den verschiedenen Strömungen der Erweckungsbewegung und am Beginn der evangelischen Allianz und der christlichen Jugendvereinigungen.

[24] Die Baptisten organisierten sich vor 1860 und konnten sich halten. Methodisten kannte man seit 1865, doch blieben sie zurückgezogen.

[25] Zwischen 1862 und 1901 wuchs die Zahl der Geschäftsträger von 4 auf 160. Dazu kamen 370 Missionshäuser und 525 Sonntagsschulen. Sie kontrollierte die dänische Missionsgesellschaft und die UCJG.

[26] Vor allem die „Affäre von Harboöre", die durch die als „inhuman" bewertete Rede eines Pastors der Gesell-

Wahl der Pfarrgemeinderäte von 1903 öffnete der Bewegung den Weg, sich noch besser zu etablieren und jeder Trennung von der Kirche eine Absage zu erteilen. Da die Kirche von der Bewegung profitierte, war man dort bemüht, sie zu erhalten. Vielleicht begünstigte auch die Art der Anwerbung von Gefolgsleuten diese Integration: Man wandte sich immer mehr der ländlichen Mittelklasse zu und ließ von der ärmeren Landbevölkerung ab.

Die Grundtvigianer blieben treue Anhänger des *status quo* mit der Kirche. Um 1860 erreichte die Strömung ihren Höhepunkt: Nun war sie wirklich national, verfügte über einen demokratischen Flügel um den politischen Führer Sofus Högsbro (1822–1902) und den Lehrkörper der höheren Volksschulen[27] sowie einen kirchlichen Flügel. Dieser hatte sich aus den zahlreichen Pastoren und Studenten gebildet, die vom „Heros" der Bewegung, Pastor Vilhelm Birkedal (1809–1892), beeinflußt waren. Nachdem Birkedal seines Amtes enthoben worden war, hatten seine Pfarrkinder und die Bewegung 1866 für ihn eine „freie Pfarrei" in Ryslinge gegründet. Mit Nicolai Grundtvigs Tod 1872 zerbrach allmählich auch die von ihm ins Leben gerufene Erweckung, die mit Erfolg einige seiner Ideen in Staat und Gesellschaft hatte verankern können[28]. Der Schnitt erfolgte letztlich aufgrund des politischen Richtungsstreits der beiden Flügel[29] zwischen 1876 und 1881, der sich auf die Theologie ausweitete, als die „Neu-Grundtvigianer" beschlossen, den Weg der Verbindung mit der modernen Kultur zu beschreiten. Diese Strömung, die sich um Morten Pontoppidan (1851–1931) gesammelt hatte, ordnete sich politisch dem linken Lager zu und war von der liberalen deutschen Theologie und den Ansichten Kierkegaards beeinflußt. Man zögerte jedoch nicht, auch mit radikalen Freidenkern in Kontakt zu treten (etwa anläßlich eines Treffens in Sagatun in Norwegen 1886). Nach einer gewissen Zeit an der Seite der *Inneren Mission* (Bethesda 1886), ergriffen die alten „Grundtvigianer" wieder die Initiative und organisierten sich 1898 innerhalb der *Kirchengesellschaft (Kirkeligt Samfund)*. Ein tolerantes Programm wurde von Jörgen Herman Monrad (1848–1903) und dem neuen Bischof von Seeland, Skat Rördam, ausgearbeitet. Beide neigten zu einer „toleranten, nationalen Kirche", unter deren Dach sich alle Strömungen zusammenfinden konnten. Mit Unterstützung der Links-Regierung wurde aus der dänischen Kirche gemäß dieser Idee die eigenartige, einem Schirm gleichende Kirche, die sie bis heute geblieben ist.

3. Der Aufstieg der Laien in Norwegen und Finnland

Aufgrund des wachsenden Einflusses der Bewegungen von Hauge und Johnson erleichterten diese voneinander abweichenden erwecklichen Strömungen den Aufstieg der Laien in Norwegen[30]. Nach der Ernennung zum Theologieprofessor beendete Gisle Johnson

---

schaft hervorgerufen wurde. Dieser Geistliche hatte anläßlich der Seebestattung von Seeleuten gesprochen, die nicht alle „bekehrt" (1893–1894) waren. Ebenso die Attacken v. Becks gegen die Universität und sein berühmter Ausspruch: „Auf die Knie, Professoren! Auf die Knie vor der Bibel!" (1896).

[27] Der Besuch dieser Schulen stieg von 730 Schülern 1864 auf 4600 Schüler 1883. Damit wurden 15 Prozent jeder Jahrgangsstufe der Kinder der Landbevölkerung erreicht.

[28] Grundlegend war das Gesetz von 1868 über die gewählten Kirchsprengel *(valgmenighet)*, das einer Reihe von Familien gestattete, eigene Pfarreien zu gründen, die von einem (frei gewählten) Pastor der Staatskirche versehen wurden. Die erste dieser Pfarreien war Ryslinge; etwa 30 andere folgten.

[29] Der kirchliche Flügel warf dem demokratischen Flügel die Allianz nach links mit den Liberalen vor. 1881 wurde der Bruch in Askov bei einer Debatte über die Festlegung der „Religionspolitik" der Bewegung vollzogen.

[30] Die Baptisten riefen 1877 ihre erste Konferenz zusammen. Die Methodisten zählten 1880 nur 2800 Mitglieder, und die Mormonen hatten nur kurz, zwischen 1860 und 1870, Erfolg.

(1822–1894) seine Predigtreisen, um sich ganz der Ausbildung einer neuen Generation von Pastoren zu widmen. Seit 1865–1875 kamen 40 Prozent des Klerus aus dieser Gruppe, 65 Prozent erklärten sich als „orthodoxe Pietisten". Die neue Strömung war so stark, daß sich die alten Grundtvigianer erneut zusammenfanden und die von Hauge geprägten Zirkel allmählich die Gesellschaften der *Inneren Mission* aufnahmen, die zwischen 1855 und 1865 von Johnsonianern gegründet worden waren. Aus Anlaß der nationalen Wiedervereinigung dieser Gesellschaften in Christiana 1868 beschloß man (unter dem Einfluß des schwedischen Modells [31]) die Einrichtung einer Luther-Stiftung *(Lutherstiftelse)* mit Johnson an der Spitze. Sie vereinnahmte sehr schnell die lokalen Gesellschaften [32]. Währenddessen kritisierten die Laien im Westen (Bergen) seit 1870 die zunehmende Klerikalisierung der Erweckungsbewegung und versuchten, die Revision der Statuten in Richtung einer „Kirche von unten" durchzusetzen [33]. Nach einer als ungenügend empfundenen Umwidmung der *Lutherstiftelse* 1891 (fortan trug sie den Namen *Norwegische lutherische Gesellschaft für innere Mission*) distanzierte sich der Westen und gründete 1898 eine eigene Gesellschaft *(Union der inneren Mission des Westens)*. Dennoch blieb der Westen trotz einiger separatistischer Tendenzen zwischen 1907 und 1910 der Kirche treu und kooperierte mit der anderen Gesellschaft.

Dieselbe Feststellung kann man für Finnland treffen. Zu Beginn der 60er Jahre ging der Klerus auf Distanz zu den volkstümlichen religiösen Bewegungen. Unter dem Einfluß der biblischen Theologie des Deutschen Johann Tobias Beck (1804–1878) hatte der Klerus den Wert von Kirche für sich wiederentdeckt. Währenddessen fand der „Pietismus" in Kirche und Klerus weite Verbreitung. Seit etwa 1870 erleichterte diese pietistische Atmosphäre eine Renaissance der alten religiösen Strömungen innerhalb einer neuen Generation von Geistlichen, die der modernen Gesellschaft und Anstößen von außen offener gegenüberstanden [34]. Zuerst reagierten die „Evangelischen" um G. H. Hedberg, der seine Bewegung 1873 nach dem schwedischen Modell der EFS innerhalb der evangelisch-lutherischen Vereinigung *(Lutherska Evangeliska Föreningen)* ausgerichtet hatte. Die Gesellschaft mit Sitz in Helsinki breitete sich über den ganzen Süden des Landes aus [35]. Um 1880 lebte die Bewegung von Savolax unter dem Pastor W. Malmivaara [36] und dem Bauern J. Malkamäki wieder auf: Die neugegründete *Innere Missionsgesellschaft (Herättäjä, die „Erweckungsbewegung")* organisierte ausgedehnte, landesweite Sommertreffen und ver-

---

[31] H. Lundborg, einer der Gründer der schwedischen EFS, war bei dieser Zusammenkunft anwesend. Einige Prediger hatten die Ideen und Schriften von C. O. Rosenius verbreitet (1861 übersetzt).

[32] Die Zahl der Geschäftsträger stieg von vier im Jahr 1866 auf 80 in 1876. Die Stiftung besaß eine große Bedeutung und verbreitete mit Hilfe der freien Kirchen Schottlands Bibeln und Devotionalienliteratur (zehn Millionen Ausgaben in 25 Jahren).

[33] Sie erreichten 1876 mehr Freiheiten für die Kolporteure und 1888 (mit Unterstützung des Ministers S. Sverdrup) über eine Abstimmung die Erlaubnis zur Laienpredigt in den Kirchen. 1913 gestattete ein neues Gesetz sogar die Kommunionfeier außerhalb der Kirchen.

[34] Der Einfluß von C. O. Rosenius erstreckte sich auf die „erweckten" Zirkel von Åland und Turku um 1869 und 1870. Die Erweckungsbewegung verfing 1879 bei dem Besuch von Lord Radstock auch bei den Eliten. Vgl. WEJRD, Från konventikel och väckelse til friförsamling och denomination, Uppsala 1984, 28–86.

[35] In den Jahren um 1890 wurde sie durch eine tiefgreifende Krise zwischen Pastoren und Laien erschüttert, die über die Kontrolle der Gesellschaft stritten. Obschon zahlreiche Pastoren daraufhin die Gesellschaft verließen, kam es nicht zum Schisma.

[36] Als Sohn des Pastors N. G. Malmberg folgte er der finnisch orientierten Strömung, die bei den schwedischen Intellektuellen über einen sehr starken Rückhalt verfügte, und änderte seinen Familiennamen finnisch ab.

breitete die eigenen Ideen in finnischen Monatsschriften. Die Laestadianer ihrerseits stießen seit 1870 mit Nachdruck in den Süden vor und erreichten sogar St. Petersburg und Narwa. Allerdings vergrößerte dieses Wachstum auch die Spannungen zwischen „alter" und „neuer" Erweckungsbewegung [37]. Um 1885 nahm die Bewegung eine zunehmend kritische Haltung gegenüber der Kirche ein, ohne daß es jedoch zum Bruch gekommen wäre. Insgesamt fügten sich die Erweckungsbewegungen besser in die finnische Gesellschaft ein; die wenigen Dissidenten entstammten alle der Schweden zugeneigten städtischen Minderheit [38]. Die Ausbreitung dieser freien Kirchen wurde vor allem von der russischen Gesetzgebung gehemmt, die auch in Finnland die orthodoxe Kirche protegierte.

III. Anpassung und Widerstand der Kirchen

In Auseinandersetzung mit der modernen Welt und der Entfaltung der Erweckungsbewegungen suchten die etablierten Kirchen nach neuen Wegen und Formen ihrer Arbeit, die der entstehenden städtischen Gesellschaft besser angepaßt waren. Manche Kirchen verteidigten mit gewissem Erfolg die althergebrachten Methoden, während andere nach dem Vorbild der deutschen liberalen Theologie nach maßvollen Kompromissen zwischen Kirche und Moderne suchten oder mittels Bekräftigung ihrer „Rechtgläubigkeit" die Anerkennung als Nationalkirche anstrebten.

1. Die Rückeroberung der Städte und der Arbeiterschaft

Die Umbruchsituation zwang alle Christen, nach neuen Methoden der täglichen pastoralen Arbeit zu suchen. Einen Eckpfeiler bildete dabei besonders die Evangelisierung mittels der Predigt, die vielfach auch in Verbindung mit der kirchlichen Sozialarbeit stattfand. In Dänemark wurden sich einige Laien und Pastoren der sozialen Mißstände bewußt und schritten 1872 zur Tat, beeinflußt von dem Deutschen Johann Hinrich Wichern und den Ideen des Bischofs Hans Lassen Martensen (1808–1884), dessen *Ethik*, 1871 veröffentlicht, zur theoretischen Grundlage vieler skandinavischer Theologen wurde. Die Vorgehensweise der *Inneren Mission* von Kopenhagen [39] in der Tradition von Wichern und Martensen wurde von der *Inneren Mission Dänemarks* unter Vilhelm Beck aufgrund der Ablehnung caritativer Anstalten harsch kritisiert. Schließlich mündete diese Opposition 1890 in die

---

[37] Die „neue Erweckung" um P. Hanhivaara gewann vor allem im Norden an Boden. Seit 1875 versuchte man vergebens, die Spannungen zu schlichten. Schließlich zerbrach die Bewegung in fünf Teile, von denen allerdings keiner mit der Kirche brach.

[38] 1889 entstand die freie Mission nach dem schwedischem Vorbild der SMF. Vgl. WEJRD, Fran konventikel (s. Anm. 34). Der Baptismus erstreckte sich nach 1856 etwas über Åland hinaus, der Methodismus war seit 1880 überall vertreten. Die Pfingstbewegung setzte nicht vor 1911 ein. Alle profitierten bei ihrer Organisation von dem Gesetz von 1889 über die Dissidenten.

[39] Um 1876 reorganisierte der Pastor H. Stein (1848–1900) die *Gesellschaft der Inneren Mission* in Kopenhagen (gegründet 1865) und machte daraus eine kraftvolle, sich auch in anderen Städten ausbreitende Bewegung. Er förderte die Einrichtung diakonaler Strukturen und die Errichtung von Kirchen.

Einrichtung eines „Kirchenfonds"[40] *(Kirkefond)* durch den Pastor Henry Ussing (1855–1943) und den Nationalökonomen Harald Westergaard (1853–1936).

Dasselbe Schwanken zwischen zwei Wegen kann man in Schweden feststellen[41], wo sich bald die „diakonale" Lösung Wicherns durchsetzte (von der Einrichtung in Ersta 1864 bis zu jener in Varsta 1912). Ihre zunächst medizinische Zielsetzung weitete sich um 1880 auf die Arbeit in den Gemeinden generell aus und beeinflußte später, 1890, auch das Modell des dänischen *Kirkefond* der „kleinen Kirchen"[42]. Norwegen und Finnland folgten diesen Initiativen nur zögerlich und zurückhaltend, da das Problem in diesen Ländern nicht in gleichem Maße akut war.

Das soziale Christentum fand eine andere Antwort auf die Frage nach dem Kontakt zur Arbeiterschaft[43], doch dauerte es bis zum Ende des 19. Jh., bis sich Organisationsstrukturen herausbildeten und Lösungen formuliert wurden. Einmal mehr ging die Bewegung vor allem von Dänemark aus, wo die Einflüsse von außen (vornehmlich aus England) am meisten zu spüren waren; 1899 gründete H. Westergaard ein Komitee zur sozialen Information in der Kirche, das 1913 als Basis des theologisch liberaleren, christlich-sozialen Verbandes diente[44]. In den anderen Ländern setzte sich diese Bewegung nur am Rande fort, in Schweden etwa um den liberalen Laienprediger Natanael Beskow. In Finnland entdeckten einige junge Theologen zur gleichen Zeit Albrecht Ritschl (1822–1889) sowie die evangelischen Sozialisten in Deutschland. All diese Gruppen und Einzelpersonen versuchten, den Kontakt zu den Arbeitern wiederherzustellen. Sie arbeiteten mit den Gewerkschaften (mit denen sie aber nur selten konkurrierten) und sogar mit den sozialistischen Parteien[45] zusammen, einerseits, um die soziale Relevanz der Botschaft Christi bekannt zu machen, die häufig in einem liberalen Sinne interpretiert wurde, andererseits, um durch sie den Sozialismus von „fremden", insbesondere materialistischen Bestandteilen zu säubern.

2. Der liberale Kompromiß

Angesichts des drohenden Bruchs von Christentum und Kultur der Moderne wandten sich einige Theologen in Skandinavien Lösungsmöglichkeiten zu, die deutsche, liberal genannte Theologien anboten. Doch blieb diese Erscheinung sehr begrenzt und eher elitär.

Von den vier Kirchen besaß nur die norwegische eine starke und tiefgreifende Strömung liberaler Theologie innerhalb ihres Klerus. Die deutschen Ideen waren gleichzeitig und auf

---

[40] Unter dem Einfluß der sozialistischen Christen in England und der Erfahrungen des Pastors A. Stoecker in Berlin veranlaßte diese Einrichtung seit 1892 den Bau von Kapellen in den Stadtvierteln und trug insgesamt zur Verbesserung der religiösen Rahmenbedingungen in Kopenhagen bei. Vgl. GUSTAFSSON, Kyrkoliv (s. Anm. 16) 38–158.

[41] Das Begreifen der sozialen Umstände folgte erst später, etwa um 1890.

[42] Die Gesellschaft der kirchlichen Seelsorge, gegründet 1893 von C. Alm, orientierte sich nach 1897 am dänischen Vorbild. Vgl. GUSTAFSSON, Kyrkoliv (s. Anm. 16) 159–187.

[43] Einige zeitgenössische sozialistische Pioniere hinterließen kaum Spuren, beispielsweise der Norweger H. Halling zwischen 1848 und 1850 oder der Däne C. Rimmestad um 1872.

[44] Unter der Leitung des Professors V. Ammundsen (1875–1936) zählte der Verband 1914 700 Mitglieder, darunter 120 Pastoren. Vgl. J. H. SCHØRRING, Kristendom og socialt engagement. V. Ammundsen og hans samtid, Kopenhagen 1980.

[45] Beispielsweise die „Treffen von Johannisdal", die der schwedische Pastor A. Luttemann 1912–1913 organisierte, oder die Unterstützung der Streikenden von 1899 in Dänemark und von 1909 in Schweden, schließlich die Tendenz einiger Pastoren zur sozialdemokratischen Partei (A. Klefbeck 1907 in Schweden, seit 1912 Abgeordneter).

demselben Weg wie der Positivismus und der religiöse Liberalismus[46] nach Skandinavien gekommen. Sie beruhten auf der Bibelkritik sowie der Relativierung der Dogmen und stießen – trotz der Bemühungen um Anpassung durch den Theologen Fredrik Petersen (1839–1903), der sich nach 1880 zu einem „kritischen Konservativismus" bekannte[47] – in der Kirche und den Erweckungsbewegungen auf entschiedenen Widerstand. Gleichwohl kam es 1896 in Folge der Berufung dreier Liberaler an die theologische Fakultät zu einem entschiedenen Wechsel[48]. Die Stellen waren aufgrund eines Streits zwischen „linker" Regierung und Kirche lange Zeit vakant gewesen. Die hohe liberale Repräsentanz an der Universität ging mit der Entstehung einer Gruppe Liberaler innerhalb des Klerus einher, die zum Teil Anhänger Johnsons, zum Teil Schüler F. Petersens waren[49]. 1913 hing schon ein Siebtel aller Pastoren der liberalen Theologie an. Dieser rasch zunehmende Einfluß stieß bald auf den Widerstand des orthodoxen Klerus und der Erweckungsbewegungen. 1902 griff Bischof Johan Christian Heuch (1838–1904) die gesamte liberale Strömung an und löste eine landesweite Debatte aus, die in der Berufung des sehr liberalen Johannes Ording (1869–1929) an die Fakultät gipfelte. Die Konservativen hatten zwischen 1903 und 1906 die Berufung trotz ihres langanhaltenden Widerstandes nur verzögern können. Weit entfernt von jeglicher Annäherung gründete das orthodoxe Lager nun eine eigene, freie Fakultät (die *Menighedsfakultet*). Diese Einrichtung hatte großen Erfolg und wurde 1913 im Hinblick auf die Anerkennung der akademischen Grade mit der staatlichen Fakultät gleichgestellt. Als ernstzunehmende Konkurrenz zur staatlichen Fakultät trug sie ihren Teil zu der fast ein halbes Jahrhundert dauernden Spaltung bei.

Auch in Schweden konnten sich die liberalen Ideen unter den Theologen und Pastoren ausbreiten. Von Stockholm aus erreichte die liberale Strömung in den Jahren um 1890 Uppsala[50] und um 1900 Lund. Motor dieser Verbreitung war der Professor M. Pfannenstil (1858–1940), der Begründer der Zeitschrift *Das Christentum in unserer Zeit* (1906) sowie der theologischen Gesellschaft in Lund (1907). 1910 fand eine von Theologen aus Uppsala und Lund organisierte gemeinsame nationale Tagung von Liberalen in Örebro statt, die die unterschiedlichen Ansichten und die Grenzen der Strömung zum Gegenstand hatte. Zweifelsohne bedingte gerade diese Anerkennung der Grenzen den maßvollen Ton in der Auseinandersetzung mit dem orthodoxen Lager.

In Dänemark stieß sich die neue Theologie nach einer ersten Einführung der kritischen Methodik durch den Exegeten Frants Buhl (1850–1932) und seine unmittelbaren Schüler an beiden großen Erweckungen und konnte sich nur an der Fakultät sowie bei einigen isolierten Pastoren halten[51]. Finnland schien von diesem Phänomen noch weniger berührt zu

---

[46] Durch Vermittlung von Kr. Janson, Bj. Björnsson oder der Übersetzung von J. Wellhausen 1889 in einer populären Reihe, die Zola, Darwin, Tolstoi etc. veröffentlichte.

[47] Er war von Kierkegaard, Ritschl (dem er 1892 seine Vorlesungen widmete) und Harnack beeinflußt und forschte, „wie die Kirche den Atheismus bekämpfen könne" (Thema einer Konferenz von 1880).

[48] Es handelte sich um S. Michelet (1863–1942), der die Bibelkritik einführte, um L. Brun (1870–1950), der an den apologetischen Wert der historischen Kritik glaubte, und um A. Brandrud, der von Harnack beeinflußt war.

[49] T. Klaveness, ein Anhänger von Johnson, fand um 1880 zum Liberalismus und begründete die Zeitschrift *For Kirke og Kultur*. „Petersenianer" waren vor allem J. Gleditsch (1860–1931) und O. Jensen (1856–1918).

[50] Vater der Strömung war der *pastor primarius* Stockholms, F. Fehr (1849–1985), der N. Söderblom (1866–1931), N. J. Göransson (1863–1940) und den radikalsten, S. Fries (1867–1914), alle drei aus Uppsala, ermutigte. Er war nicht der einzige, der keinen Lehrstuhl erhielt. T. Stegerstedt, Schüler Söderbloms, wurde von den Konservativen die Professur in Uppsala verweigert: Man nahm seine Doktorarbeit nicht an.

[51] F. C. Karup (1851–1931) veröffentlichte eine sehr liberale *Philosophie der Religion* und gründete eine Vereini-

sein: Die Exegeten, eher Sprachwissenschaftler als Historiker, blieben bis zur Jahrhundertwende sehr vorsichtig.

3. Erstarken und Anpassung des Konfessionalismus

In der Verweigerung von Zugeständnissen an die Welt der Moderne entwickelten sich die
konfessionellen Strömungen unterschiedlich fort. Sie waren eingezwängt zwischen den
Attacken der „Radikalen", den liberalen Theologen und den Vertretern verschiedener Erweckungsbewegungen. In Norwegen und in Finnland konnte sich der Konfessionalismus
am besten behaupten – sei es durch ein Bündnis mit der Erweckung (Norwegen) oder
durch eine Festigung des theologischen Unterbaus (Finnland).

In Finnland entdeckte man seit etwa 1850 die Theologie des Deutschen J. T. Beck.
Nachdem A. K. Kihlmann (1825–1904) sie im Land bekannt gemacht hatte, wurde sie
durch eine in den 60er Jahren rege wirkende Generation von Geistlichen zur „normalen
Theologie der Kirche von Finnland"[52]. Dieser neue Klerus zeigte sich im Hinblick auf die
Erweckungsbewegung hinreichend kritisch und der russischen Macht gegenüber sehr folg-
sam, was ihn allmählich von der finnischen nationalen Bewegung zu Beginn des Jahrhunderts abdrängte. Trotz dieses orthodoxen Bollwerks blieb Platz für maßvollere Lösungen
wie derjenigen von A. Granfelt und C. H. Råbergh[53]. Anders verhielt es sich in Norwegen.
Dort bewegte sich um 1890 die konfessionalistische Strömung einer „Kirche von oben"
des Bischofs J. C. Heuch[54] schnell in Richtung einer strategischen (und theologischen) Allianz mit der Erweckungsbewegung Hauges und Johnsons. Diese Entwicklung führte zu
einer zunehmenden Radikalisierung der Positionen und bereitete der Polarisierung des religiösen Lebens in Norwegen den Weg.

In Schweden und Dänemark stand der Konfessionalismus noch sehr in der Kontinuität
der 30er Jahre. Das erklärt wohl auch seine geringere Bedeutung in der Auseinandersetzung mit den modernen Ideen[55]. In Dänemark konnte sich die Linie „Mynster-Martensen"
auf einen bis 1895 mehrheitlich orthodoxen Episkopat[56] und einen Teil der Pastoren stützen, die von Martensens Ideen beeinflußt waren[57]. Dennoch verlor diese Strömung, trotz

---

gung für die Freiheit von Forschung und wirklichem Christentum. Der Pastor Arboe Rasmussen (1866–1944) lag
bis 1920 mit seinem Bischof im Streit.

[52] Das waren vor allem C. G. von Essen (1815–1895), A. W. Ingman (1819–1877), Übersetzer von Beck, und insbesondere G. Johansson (1844–1930), Professor, später Bischof von Kuopio und zuletzt Erzbischof von Turku. Er
war der „bedeutendste Beckianer des Nordens". Vgl. E. MURTORINNE, 1988.

[53] C. H. Råbergh (1838–1920), Professor und dann Bischof von Porvoo, verteidigte Beck gegenüber einem kritischen Konfessionalismus. Er war vor allem von dem Tübinger Katholiken C. J. Hefele beeinflußt. Der Theologieprofessor A. Granfelt (1818–1892) war vom Dänen Martensen beeinflußt und veröffentlichte 1861 eine Dogmatik,
die für fast ein ganzes Jahrhundert ein Standardwerk blieb.

[54] J. C. Heuch (1838–1904), seit 1889 Bischof von Christiansand, war aufgrund seiner Beschwerden gegen die
Liberalen und Radikalen seit 1789 bei den Erweckten sehr populär. Ebenfalls von Martensen beeinflußt, brachte er
das „gute Wort" nach Schweden und Dänemark (1887–1888).

[55] H. L. Martensen äußerte sich in Dänemark nicht zum Darwinismus und zum Positivismus, bedachte jedoch
G. Brandes mit antisemitischen Beschimpfungen.

[56] H. L. Martensen und später B. J. Fog in Kopenhagen, J. Swane in Viborg, P. E. Lind und später Schousboe in
Aalborg, H. Stein und später Sthyr in Fionie etc.

[57] Der Katechismus C. F. Balslevs wurde zum „klassischen Ausdruck der dänischen Theologie des 19. Jh." (mit
mehr als 340 Ausgaben bis 1960 und 4 Millionen verbreiteten Exemplaren). Er spiegelte das Gedankengut
Martensens wieder. Vgl. J. H. SCHÖRRING, H. L. Martensen – Teologi og filosofi, Kopenhagen 1974.

ihres Rückhalts in den Reihen der Kirche und der hohen Verwaltung, an Einfluß gegenüber den Erweckungsbewegungen. Als „dritte Strömung" bezeichnet, schwankte sie zwischen einer umfassenden Allianz der konservativen Kräfte (Treffen von Bethesda 1886) und der Rolle als Zünglein an der Waage. Letztere Option entfiel 1899 mit der Gründung des *Kirkeligt Centrum*, das der „Stamm sein sollte, der die anderen Äste trägt", und eine der Kultur und allen Dänen jeden Glaubensbekenntnisses offenstehende Kirche ohne Kontrolle durch den lokalen Klerus verkörpern sollte.

In Schweden standen sich die beiden konfessionalistischen Schulen weiterhin uneins gegenüber. Das strahlte bis zum Ende des Jahrhunderts auf die jeweiligen Anhänger und das ganze Land aus, bis sich die Situation zwischen 1900 und 1910 entspannte. Die Auseinandersetzung schwoll während der Kirchensynode 1866 nochmals an. Lund präzisierte allmählich seine Ekklesiologie[58] und weitete seinen Einfluß über Schweden aus, da seine Lehrer an die Spitze verschiedener Diözesen[59] berufen wurden. Die letzte große Auseinandersetzung fand auf der Synode von 1893 statt, als es um die Überarbeitung eines Verzeichnisses der Bekenntnisschriften ging, ein Projekt, das Uppsala und das Parlament in Angriff genommen hatten und das von Lund bekämpft wurde[60]. Lund setzte sich zuletzt mit zwei Stimmen Mehrheit durch. Dieser Sieg der Schule einer „Kirche von oben" leitete zwar den Verfall der Tradition Uppsalas ein, doch blieb trotz regionaler Rivalitäten der Konfessionalismus im Klerus und in der regierenden Rechten verhaftet.

4. Die Wiederentdeckung der Kirche: das schwedische Beispiel

1910 war der deutsche evangelische Theologe Wilhelm Herrmann (1846–1922) auf einem Besuch in Uppsala erstaunt über das schwedische Interesse an der Ekklesiologie. Er beglückwünschte die schwedischen Theologen, „die Zeit zu finden, sich mit diesen Dingen auseinanderzusetzen". Die Ironie dieser Worte zeigt die ganze Ursprünglichkeit der Haltung Uppsalas, repräsentiert von den Professoren Nathan Söderblom, Einar Billing und N. J. Göransson etc.[61] Diese Theologen vereinten moderne historische Kritik, alten Idealismus und nationale Romantik und versuchten, dem Christentum seinen Platz als Religion und als historische Realität wieder einzuräumen und damit die religiösen Grundlagen der Staatskirche zu festigen.

Diese „Wiederentdeckung der Kirche" vereinigte die Sorgen der Gemeindebewegung, die von einigen Pastoren seit 1890 entwickelt und von Erfahrungen in Deutschland[62] ebenso beeinflußt war wie von den Versuchen zur Einführung diakonischer Strukturen in

---

[58] Man verkündete den ausschließlich religiösen Inhalt der Staatskirche, die allen offenstand, die gewisse disziplinarische Erfordernisse respektierten.

[59] H. Reuterdahl in Uppsala (1856–1870), W. Flensburg in Lund (1865–1897), A. N. Sundberg in Karlstad und später in Uppsala (1870–1900), E. G. Bring in Linköping (1861–1884) und G. Billing in Västeras und später in Lund (1898–1925).

[60] Es ging um die Angleichung des Gesetzes von 1868, das das Konkordienbuch zitierte, mit der Verfassung von 1809, die dieses Buch nicht in ihrem Verzeichnis führte. Vgl. A. WERNER, Bekännelsetrogen frihet, Stockholm 1957.

[61] N. Söderblom, ernannt 1901, brachte neuen Wind in die theologische Fakultät und vermittelte den Studenten wieder Vertrauen. E. Billing (1871–1939) lieferte die soliden (vor allem ekklesiologischen und ethischen) Grundlagen dieser Renaissance. Mit der Ankunft von N. J. Göransson gewann die neue Generation 1909 die Oberhand.

[62] W. Löhe in Neuendettelsau, Th. Harnack und sein *Kirchspiel als Gegenstand der Mission* oder die Ideen von E. Sulze, dessen Werk *Die evangelische Gemeinde* 1893 übersetzt wurde.

den schwedischen Pfarreien[63]. Diese Bewegung bot Laien neue Formen der Beteiligung am religiösen Leben und befürwortete eine Vertiefung des kirchlichen Bewußtseins der Gläubigen. Zu Beginn des neuen Jahrhunderts erfolgte die Organisation auf Diözesanebene (1906 in Kalmar), später auch auf nationaler Ebene (1908 mit der Generalversammlung der Kirche und 1910 mit dem schwedischen Diakonie-Büro). Bei den Treffen von Huskvarna wurde 1907/08 die studierende Jugend für das Projekt gewonnen. Sie warf sich seit 1909 in eine Reihe von „Kreuzzügen", um dem christlichen schwedischen Volk die Liebe zur nationalen Kirche näherzubringen[64]. Diese Bewegung einer „jungen Kirche" *(Ungkyrkorörelse)* konnte sich rasch im religiösen Leben des Landes etablieren[65]. Die Berufung Söderbloms auf den Lehrstuhl von Uppsala war mehr der Sieg dieser Strömung als der liberalen Theologie, als deren typischer Vertreter Söderblom nicht länger gesehen werden wollte. Er war eher das Symbol einer Kirche, die nach der Wiederentdeckung ihrer „Rechtgläubigkeit" eine neue Berechtigung in der Entwicklung ihrer äußeren Beziehungen suchte[66].

Die Neuorientierung Schwedens bildete zu dieser Zeit die Ausnahme in Nordeuropa, das ansonsten zwischen einem wiederauflebenden Pietismus und einem eher defensiv denn offensiv eingestellten orthodoxen lutherischen Konfessionalismus gespalten war.

---

[63] Dies versuchten z. B. die Pastoren E. Hüeman in Falkenberg und N. Lövgren in Gävle (zu ihm vgl. H. NYBERG, Från Väckelse miljö till Kyrkomedvetande i kyrkokris, Uppsala 1975) sowie der Bischof C. H. Rundgren in Karlstad (alles zwischen 1892 und 1894).

[64] Der erste „Kreuzzug" erfolgte 1909 mit 56 Studenten in 243 Pfarreien, der zweite brachte 76 Jugendliche zusammen, die 413 Pfarreien aufsuchten. 1911 wandte sich die Bewegung in kleinerem Rahmen dem Arbeitermilieu zu.

[65] Viele Freiwillige erfüllten die Bewegung der jungen Studenten erneut mit Leben, provozierten aber die Abkehr aller Nicht-Lutheraner. Die Zeitschrift *Vår Lösen* erreichte 10 000 Abonnenten, und M. Björkquist (1884–1985) gründete eine Volkshochschule in Hampnäs und später in Sigtuna. Vgl. A. TERGEL, Fran konfrontation till institution – Ungkyrkorörelse 1912–1917, Uppsala 1974.

[66] Unter dem Einfluß Söderbloms und Billings akzeptierte die Kirche 1908 endlich die ausgestreckte Hand der Anglikaner (vgl. G. H. LYTTKENS, The growth of swedish-anglican intercommunion [1833–1922], Lund 1970). So öffnete man sich der panlutherischen Bewegung, die der Bischof von Visby, K. H. G. von Scheele, seit Ende des 19. Jh. leitete. Vgl. S. HIDAL, K. H. G. von Scheele: prelat, pilgrim, politiker, Visby 1977.

Sechstes Kapitel

Die Kirche auf der Suche nach dem verlorenen Italien

VON JEAN-DOMINIQUE DURAND

Mehr noch als im vorausgegangenen Zeitabschnitt hat der Einfluß der politischen Macht-blöcke die Entwicklung des Christentums in Italien bestimmt – vor allem bei der Lösung der römischen Frage[1]. In der Auseinandersetzung mit der Einigungsbewegung, die zwischen 1859 und 1870 zum Abschluß kam, engagierten sich die Päpste Pius IX., Leo XIII. und Pius X. in einem unerbittlichen Kampf gegen die als schädlich eingestuften Lehren der Moderne: den Liberalismus, den Rationalismus, den Modernismus innerhalb der Kirche, den Sozialismus und den Einheitsstaat, der mit der Zerstörung der weltlichen Macht des Papstes Wirklichkeit wurde. Dabei genügte es nicht, in der emotional aufgeheizten Atmosphäre Verurteilungen auszusprechen; es galt vor allem, moderne Organisationsformen aufzubauen und Inhalte vorzuleben, die die italienische Gesellschaft nach 1878 wieder für das Christentum zu gewinnen vermochten. Damit sollte eine Antwort auf die politischen, sozialen und wirtschaftlichen Herausforderungen der Zeit gefunden werden. Die gegenseitige Abhängigkeit von Politik, Kultur und Religion *stricto sensu* blieb ein Hauptmerkmal dieses Zeitabschnitts.

I. Voraussetzungen für das religiöse Leben

Bis zur Verwirklichung der politischen Einheit des Landes konnte sich das Handeln der Kirche auf die einzelnen italienischen Staaten konzentrieren. Sie konnte ihre privilegierte Stellung im Königreich beider Sizilien aufrechterhalten; auch in der Lombardei und Venetien verbesserte sie sich durch das mit Österreich geschlossene Konkordat von 1855, das das Ende der josephinischen Herrschaft kennzeichnet, entscheidend. Die gleiche Situation ergab sich in der Toskana mit dem Konkordat vom 25. April 1851. Andererseits wurde in Piemont-Sardinien ein Laisierungsprogramm durchgeführt, das die Emanzipation der Pro-

---

Zu Kurztiteln vgl. die jeweilige Erstnennung.

[1] Zur römischen Frage siehe die bibliographischen Ergänzungen von D. VENERUSO, Stato e Chiesa, in: Bibliografia dell'età del Risorgimento II, Florenz 1972, 600–648. – Von den zahlreichen Veröffentlichungen: La fine del potere temporale e il ricongiungimento di Roma all' Italia (Instituto per la storia del risorgimento italiano. Biblioteca scientifica. Atti der congressi 13), Rom 1972; A. C. JEMOLO, Chiesa e Stato in Italia dalla unificazione a Giovanni XXIII, Turin 1965; R. MORI, Il tramonto del potere temporale 1866–1870, Rom 1967; A. PIOLA, La questione Romana nella storia e nel diritto. Da Cavour al Trattato del Laterano, Mailand 1969; P. SCOPPOLA, Chiesa e Stato nella storia d'Italia, Bari 1967; G. SPADOLINI, Le due Rome. Chiesa e Stato fra '800 e '900, Florenz 1973; M. VAUSSARD, La Fin du pouvoir temporel des papes, Paris 1964; G. MARON, Die römisch-katholische Kirche von 1870 bis 1970, in: K. D. SCHMIDT – E. WOLF (Hrsg.), Die Kirche in ihrer Geschichte IV, Göttingen 1972.

testanten und der Juden ebenso einschloß wie die staatliche Kontrolle des Unterrichtswesens. Diese Politik führte zu Spannungen mit der Kurie, wobei den von Antonio Rosmini-Serbati, Graf Luigi Siccardi und dem Erzbischof von Genua, Andrea Charvaz, geführten Verhandlungen der Erfolg versagt blieb. Ohne Rücksicht auf die Proteste aus Rom brachte Siccardi 1850 nach seiner Wahl zum Justizminister Gesetze zur Abstimmung, mit denen die kirchliche Gerichtsbarkeit und die kirchlichen Immunitäten verlorengingen. 1851 wurde der Zehnte in Sardinien abgeschafft und die Einführung der Zivilehe erprobt. Am 29. Mai 1855 kam es zur Abstimmung über das sogenannte „Klostergesetz", das teilweise die Stiftskapitel und die nicht auf Krankenpflege und Unterricht spezialisierten religiösen Orden aufhob. Davon waren 604 kirchliche Einrichtungen betroffen. Die sardischen Politiker strebten in der Tat eine Trennung von Staat und Kirche an, ohne jedoch das missionarische Wirken der Kirche auf sozialem Gebiet beeinträchtigen zu wollen. Diese Absicht kam in Camillo di Cavours Motto von der *libera Chiesa in libero Stato* zum Ausdruck. Die vorgezeichnete Politik wurde ungeachtet der persönlichen Beziehungen zwischen Pius IX. und Victor-Emmanuel II. wirksam, die direkt oder über die Vermittlung durch Andrea Charvaz (1793–1870), Tommaso Ghilardi, den Bischof von Mondovì, oder Don Giovanni Bosco (1815–1888) aufrechterhalten worden sind[2].

Im Vatikanstaat folgte auf die Rückkehr des Papstes eine konsequente Restauration und die Überarbeitung der seit 1846 eingeführten Reformen. Die entschiedene Frontstellung des Papstes gegen Pressefreiheit und Parlamentarismus führte zum Zerwürfnis mit der liberalen Öffentlichkeit. Pius IX. war jedoch zugleich ein weltlicher Herrscher, der den Fortschritt im Kirchenstaat vorantrieb. Dieses Bemühen läßt sich an der Förderung wichtiger öffentlicher Bauarbeiten ablesen (z. B. des Eisenbahnbaus der Strecke Rom–Frascati und Rom–Civitavecchia), an seinem nachhaltigen Einsatz für das Unterrichtswesen oder an seiner viermonatigen Reise (vom 4. Mai bis 5. September 1857) durch den Norden seines Staatsgebietes (Umbrien, die Marken, Emilia-Romagna), selbst bis Modena und Florenz.

Die Verwirklichung der Einheit[3] ergab die Ausweitung der piemontesischen Politik auf die ganze Halbinsel, die nacheinander auf dem Liberalismus sowie einem ausgeprägten Antiklerikalismus aufbauen konnte und von der Unnachgiebigkeit des Vatikans profitierte. Ein imposantes Gesetzeswerk verfolgte die Absicht, Religion und Glaube auf die rein spirituelle Ebene zu beschränken. In den 60er Jahren des 19. Jh. beschäftigten sich nicht weniger als 140 Zirkulare mit kirchlichen Abgelegenheiten[4]. Dabei stellten sich aber einige Inkonsequenzen ein, da die Regierungen zwischen der neuen Gesetzlichkeit und der totalen Trennung, zwischen dem Wunsch nach Instrumentalisierung der Religion – sprich der Bewahrung eines moralischen Wertekodex – und strikter religiöser Neutralität schwankten[5]. 1866 wurde die Zivilehe eingeführt, die Gesetze vom 7. Juli 1866 und vom 15. Au-

---

[2] Über die Beziehungen Pius' IX. zu den italienischen Staaten am Vorabend der Einigung vgl. G. MARTINA, Pio IX (1851–1866), Rom 1986, 1–84.

[3] Die Einigung vollzog sich schrittweise ab 1860, nachdem Österreich mit dem Waffenstillstand von Villafranca (18. Juli 1859) die Lombardei abgetreten hatte. Am 18. Februar 1861 begann die erste Legislaturperiode des Königreichs Italien, und am 17. März wurde Victor-Emmanuel II. *„durch die Gnade Gottes und den Willen der Nation"* zum König proklamiert. Venetien wurde 1866 annektiert, Rom im Jahre 1870.

[4] J.-P. VILLALET, L'Anticléricalisme en Italie (1867–1915), Diss. Paris 1991, 108; F. MARGIOTTA BROGLIO, Legislazione e vita della Chiesa (1861–1878), in: Chiesa e religiosità in Italia dopo l'Unità (1861–1878). Atti del quarto Convegno di Storia della Chiesa, La Mendola 31 agosto – 5 settembre 1971. Relazioni I, Mailand 1973, 101–146.

[5] G. VERUCCI, Anticlericalismo e laicismo negli anni del *Kulturkampf*, in: R. LILL – F. TRANIELLO (Hrsgg.), Il

gust 1867 hatten die Auflösung von mehr als 700 kirchlichen Häusern und die Vertreibung von ungefähr 12 000 Ordensangehörigen zur Folge. 1869 wurden die Kleriker vom Militärdienst entbunden, 1877 der Religionsunterricht aus dem Kanon der Pflichtfächer an den Volksschulen gestrichen. Auf das schwierige Problem des *exequatur* und des Bischofseides reagierte der Papst mit der Weigerung, die durch Tod oder Exil des Stelleninhabers vakant gewordenen Bischofssitze neu zu besetzen. Zu den 108 im Jahre 1865 vakanten Diözesen gehörten Mailand, Bologna und Turin[6]. Diese Krise um das Bischofsamt läßt sich deutlich an der Turiner Diözese verfolgen, deren Erzbischof Luigi Fransoni im September 1850 von den piemontesischen Behörden auf Lebenszeit verbannt wurde.

Andererseits war das Gesetz vom 13. Mai 1871, das „die Unabhängigkeit des Pontifex Maximus und die ungehinderte Ausübung der geistlichen Autorität des Hl. Stuhls" garantierte, auf eine Beilegung des Konflikts bedacht. Dieses einseitig erlassene und widerrufbare Gesetz war für den Papst, der sich selbst als Gefangener des Vatikan bezeichnete, unannehmbar. Allerdings räumte es der katholischen Kirche einen beachtlichen Handlungsspielraum in Italien ein.

Die allgemeine antipäpstliche und antiklerikale, ja religionsfeindliche Ausrichtung der folgenden Regierungen mußte bei den italienischen Katholiken den Eindruck hinterlassen, daß sie sich im eigenen Land im Belagerungszustand befanden. Dieser Ausnahmezustand wurde noch durch einen gefährlichen Antiklerikalismus in Teilen der Bevölkerung verstärkt, der sich im Übergriff auf den Leichnam Papst Pius' IX. bei seiner Überführung in die Basilika San Lorenzo-fuore-le-muri (in der Nacht vom 12. auf den 13. Juli 1881) manifestierte. Als Beleg für diese starke antiklerikale Haltung lassen sich auch das Strafgesetzbuch Giuseppe Zanardellis von 1889, dessen Einzelbestimmungen gegen die „Mißbräuche der Priester" gerichtet waren und tatsächlich auf die freie Wortverkündigung abzielten, sowie die antiklerikale Demonstration bei der Einweihung der Statue für Giordano Bruno in Rom am 6. Juni 1889 anführen. Neben der Vermehrung von antiklerikalen, freidenkerischen und rationalistischen Flugblättern und Schriften ist in diesem Zusammenhang auch das harte Vorgehen gegen die unbeugsame Zeitung *Osservatore Cattolico* zu erwähnen: Im Mai/Juni 1898 wurde ihr Schriftleiter Davide Albertario festgenommen und zu einer dreijährigen Gefängnisstrafe verurteilt[7]. Ein schlagendes Beispiel für die antichristliche Stimmungslage (einschließlich der damit verbundenen Ausschreitungen) ist der 1865 von Giosuè Carducci veröffentlichte *Inno a Satana* (Satanshymnus) auf der Grundlage heidnischer Vorstellungen, dessen Strophen von unzähligen Freidenkern auswendig gelernt wurden[8].

Giorgio Spini hat auf den Einfluß dieses von der Regierung und den Volksschichten getragenen Antiklerikalismus auf das Wirken der Katholiken in Italien aufmerksam gemacht:

„Kulturkampf" in Italia e nei paesi di lingua tedesca, Bologna 1992, 31–68; DERS., Anticlericalismo, libero pensiero e ateismo nel movimento operaio e socialista italiano (1851–1878), in: Chiesa e religiosità (s. Anm. 4) II 177–224. Vgl. P. SCOPPOLA, Laicismo e anticlericalismo, in: ebd. 225–274; F. FONZI, Stato en Chiesa, in: Nuovi questioni di storia del Risorgimento e dell'Unità d'Italia, Mailand 1969, 325–388.

[6] F. FONZI, I Vescovi, in: Chiesa e religiosità III 32–58; M. BELARDINELLI, Il conflitto per gli Exequatur (1871–1878), Rom 1972; A. MONTICONE, L'episcopato italiano dall'Unità al Concilio Vaticano II, in: M. ROSA (Hrsg.), Clero e società nell'Italia contemporanea, Bari 1992, 257–330.

[7] A. CANAVERO, Albertario e „L'Osservatore Cattolico", Rom 1988; U. LEVRA, Il colpo di Stato della borghesia. La crisi politica di fine secolo in Italia 1896–1900, Mailand 1975.

[8] J.-P. VIALLET, L'Anticléricalisme 1134 f.

„Die Kirchengeschichte des 19. und 20. Jh. läßt sich unmöglich verstehen, wenn man nicht den damaligen Großangriff auf die traditionellen Überzeugungen und kirchlichen Einrichtungen zur Kenntnis nimmt"[9]. Jean-Pierre Viallet hat dies in seiner detaillierten Untersuchung zur Auswirkung des Antiklerikalismus eindeutig bestätigt[10].

Zur gleichen Zeit, als die katholischen Positionen durch den Triumph des Laizismus bedroht waren, erlebte der Protestantismus – wenn er auch eine Minderheit blieb – einen beachtlichen Aufschwung. Die Volkszählung von 1871 ergab, daß die Zahl der Protestanten, die nun ihre Abgeschiedenheit in den Alpentälern aufgegeben hatten, innerhalb von zehn Jahren von 32 684 auf 58 651 angewachsen war. So ließen sich in Rom 4146 Protestanten nieder, in Neapel 9522 und in Sizilien 6755. In gewisser Weise haben sie die Einigungsbewegung begrüßt, weil sie darin eine Chance für ihre eigene freie Entfaltung erkannten. Viele der überzeugten Protestanten mußten ins Exil gehen, um den Repressionen der Restauration (1849) auszuweichen. Ihr bevorzugtes Ziel war die Schweiz, wo sie sich stabilisieren konnten. Der italienische Protestantismus der zweiten Hälfte des 19. Jh. war dynamisch und ein Garant für die Entstehung eines „evangelischen" Italien[11].

Die politische Einigung Italiens hatte weder eine Neuordnung der zahlreichen und versprengten Diözesen noch eine organisatorisch fixierte nationale Konzentration der Bischöfe zur Folge. Ab 1848 wurden regionale Tagungen abgehalten. In Piemont ergriff Charvaz 1841 die Initiative zur Sammlung der Bischöfe aus den Nachbardiözesen um Pinerolo, um aktuelle Probleme zu erörtern. 1844 beschloß er, Protokolle über die beschlossenen Entscheidungen verfassen zu lassen. Die Bischöfe der Kirchenprovinz Turin veröffentlichten im Juli 1849 einen ersten gemeinsamen Pastoralbrief.

Auch in dieser Hinsicht spielte das I. Vatikanische Konzil eine bedeutende Rolle: Dort waren die Bischöfe der gesamten Halbinsel acht Monate versammelt und somit in der Lage, die Vereinigung der Hilfswerke und Organisationen der militanten Katholiken vorzubereiten[12]. In der Folgezeit förderte auch Leo XIII. die Zusammenkünfte der Bischöfe, nachdem die Konstitution *Alcuni Arcivescovi* vom 24. August 1889 die italienischen Bischöfe auf Konzilsregionen verteilt und jeweils ein jährliches Treffen vorgeschrieben hatte. Zwischen 1860 und 1914[13] wurden zudem 95 Diözesansynoden abgehalten mit dem Ziel, den Problemen der Zeit zu begegnen, den Katechismusunterricht aufzubauen, die Ausbildung der Kleriker und die Organisation der Laien zu fördern sowie die Neustrukturierung der Kirchengemeinden, vor allem in den von der städtischen Expansion betroffenen Diözesen, aufzugreifen. Beispielhaft dafür ist die Diözese Rom, deren Entwicklung dank der von Pius IX. 1904 durchgeführten apostolischen Visitation – der ersten nach 100 Jahren – gut dokumentiert ist: 15 Kirchengemeinden im Stadtzentrum wurden aufgehoben, dafür 16 in der Peripherie neu gegründet[14].

---

[9] G. SPINI, Gli studi storico-religiosi sui secoli XVIII–XX, in: La storiografia italiana negli ultimi vent'anni, Mailand 1970, II 1266; zit. nach VIALLET, L'Anticléricalisme 29 f.

[10] VIALLET, L'Anticléricalisme 2813. Vgl. auch VERUCCI, Anticlericalismo (s. Anm. 5); DERS., L'Italia laica prima e dopo l'Unità (1848–1876). Anticlericalismo, libero pensiero e ateismo nella società italiana, Bari 1981; P. SCOPPOLA, Laicismo (s. Anm. 5).

[11] G. SPINI, Risorgimento e protestanti, Mailand 1989, 334–351.

[12] R. AUBERT, L'Église en Italie avant et après Vatican I, in: Chiesa e religiosità (s. Anm. 4) I 3–31.

[13] S. FERRARI, Sinodi e concili dall'Unificazione al nuovo secolo, in: Storia della Chiesa XXII: La Chiesa e la Società industriale (1878–1922), hrsg. von E. GUERRIERO und A. ZAMBARBIERI, Mailand 1990, II 83–100.

[14] F. IOZZELLI, Roma religiosa all'inizio del Novecento, Rom 1985.

Ein ähnlich intensives Bemühen galt der gründlichen Ausbildung des Klerus, die Pius IX. anläßlich der Gründung des *Seminario Pio* in Rom (1853) thematisierte. Dieses Institut war für die Aufnahme von Seminaristen aus den Diözesen des Vatikanstaates bestimmt[15]. Die Gesamtentwicklung lief allerdings auf eine Abkapselung von der laizistischen Kultur hinaus und schuf somit eine Mentalität der Verweigerung gegenüber der modernen Welt. Zwar war Pius X. bestrebt, das Lehrangebot in den Priesterseminaren zu erweitern (Enzyklika *Pascendi* vom September 1907), doch blieb man im wesentlichen bei den von Karl Borromäus nach dem Trienter Konzil fixierten Rahmenbedingungen[16]. Ziel war die Heranbildung eines frommen, in sich geschlossenen und der Hierarchie treu ergebenen Klerus – nach dem vom I. Vaticanum empfohlenen Vorbild, das Pius X. 1908 in seiner Ermahnung an den katholischen Klerus *(Haerent animo)* vergegenwärtigte. Der Seminarist lernte den vorbildlichen Priester als einen Mann der Heiligkeit kennen, in einer abgehobenen und von der Welt getrennten Stellung. Zur Priesterausbildung gehörte die Verurteilung der modernen Welt auf der Linie des *Syllabus*, die den zukünftigen Priester dazu brachte, sich auf eine Verteidigungsposition gegen die satanischen Ausprägungen der Moderne zurückzuziehen.

Das Pontifikat Pius' X. war auch von Bemühungen zur Verbesserung der Ausbildung im Mezzogiorno und im ehemaligen Kirchenstaat geprägt, die mit der Gründung von regionalen Priesterseminaren und (im Falle zu kleiner Diözesen) der Bündelung von Kräften und Mitteln erreicht werden sollte. Die ersten Priesterseminare wurden 1908 in Chieti für die Abruzzen-Diözesen und in Lecce für Apulien gegründet. 1911 folgten Anagni für Latium und die um Rom gelegenen Diözesen, 1912/13 Catanzaro für Kalabrien und Assisi für Umbrien[17].

Dieses Streben nach Zusammenhalt und Stärke zeigte sich auch in der römischen Zentralisierung, die mit der Proklamation des Unfehlbarkeitsdogmas besonders akzentuiert worden war. Die mit dem Dogma verbundene Verpflichtung für Bischöfe, Priester und Gläubige, im Papst die oberste Entscheidungsinstanz für die göttliche Wahrheit anzuerkennen, wurde in der Konstitution *Sapienti concilio* Pius' X. vom 29. Juni 1908 bekräftigt und trug als ein Grundanliegen katholischen Denkens der Jahrzehnte nach der nationalen Einigung zur Exponierung der römischen Kirche bei. Die inhaltlichen Bestandteile dieses Kirchenverständnisses, die es erlaubten, daß die Bischöfe der ehemaligen italienischen Einzelstaaten nicht zu einem italienischen, sondern zu einem römischen Episkopat unter der Autorität des römischen Bischofs zusammenwuchsen, wurden nach und nach von Päpsten zusammengetragen, die mehr auf Gehorsam und Zusammenhalt als auf seelsorgliche Originalität bedacht waren[18]. Diese Entwicklung wurde nicht zuletzt dadurch verstärkt, daß

---

[15] M. GUASCO, Formazione del clero e istanze pastorali-educative del magistero ecclesiastico, in: L. PAZZAGLIA (Hrsg.), Chiesa e prospettive educative in Italia tra Restaurazione e Unificazione, Brescia 1994, 67–82; DERS., La formazione del clero: i seminari, in: G. GHITOLLINI – G. MICCOLI (Hrsgg.), La Chiesa e il potere politico dal Medioevo all'età contemporanea, Turin 1986, 629–715. – Zur Klerusausbildung unter Pius IX. vgl. MARTINA, Pio IX (1851–1866) (s. Anm. 2) 245–259; F. TRANIELLO, Cultura ecclesiastica e cultura cattolica. Scuole ecclesiastiche e cultura teologico-filosofica, in: Chiesa e religiosità (s. Anm. 4) II 3–28.

[16] M. GUASCO, Fermenti nei seminari del primo 900, Bologna 1971.

[17] L. MARINELLI, Pontifici seminari regionali d'Italia. Investigazioni storico-giuridiche sulla loro personalità, Rom 1963.

[18] G. MICCOLI, Chiesa e società in Italia dal concilio Vaticano I (1870) al pontificato di Giovanni XXIII, in: Storia d'Italia V: I documenti, Turin 1973, 1497–1548. – Zum Hl. Stuhl und zum Episkopat: G. BATTELLI, Santa Sede e vescovi nello Stato unitario. Dal secondo Ottocento al primi anni della Repubblica, in: GHITOLLINI – MICCOLI, La

Pius IX. infolge der mit dem *exequatur* verbundenen Krise nach dem Konzil sehr viele Bischöfe ernennen konnte: Zwischen 1871 und 1873 wurden 122 Würdenträger ernannt, die dem obersten Lehramt des Papstes und der Ausbildung an römischen Universitäten vorbehaltlos zustimmten und so die Treue des Episkopats garantierten [19]. Dagegen bewirkte ohne Zweifel die vermittelnde Einstellung der Erzbischöfe von Genua und Mailand, Andrea Charvaz und Luigi Nazari di Calabiana, gegenüber dem Einheitsstaat, daß sie nicht mit der Kardinalswürde bedacht wurden. Auch Leo XIII. trug dafür Sorge, daß nur Bischöfe ernannt wurden, die dem Thomismus verpflichtet, für die soziale Frage aufgeschlossen und dem obersten Lehramt ergeben waren.

Rom gelang es somit, dem katholischen Denken in Italien klare Konturen zu verleihen, die ab 1878 durch die von Leo XIII. bewußt angestrebte Rückkehr zum Thomismus bestimmt waren [20]. Vorbereitung und Unterstützung erhielt der Papst dabei von den Jesuiten, vor allem in Neapel durch Luigi Taparelli d'Azeglio, Matteo Liberatore, Gaetano Sanseverino sowie den Philosophen Giovanni Cornoldi, der als Gründer der *Accademia filosoficomedica di S. Tommaso* in Bologna und der Zeitschrift *La Scienza italiana* (1876) bekannt geworden ist [21]. Ab 1862 erschienen mehrere thomistische Lehrbücher wie *Il Rinnovamento del pensiero tomistico* von Salvatore Talamo (1877), dessen Gedanken in den Text der Enzyklika *Aeterni Patris* (4. August 1879) einflossen [22]. Ein weiteres Zentrum des italienischen Thomismus war das *Collegio Alberoni* in Piacenza, das unter der Leitung von Vicenzo Buzzetti die Zeitschrift *Divus Thomas* veröffentlichte. Der Thomismus wurde in den Priesterseminaren durch die von Giuseppe Toniolo 1889 gegründete *Unione cattolica per gli Studi sociali* eingeführt und vertieft, später durch die von Agostino Gemelli 1909 ins Leben gerufene *Rivista di Filosofia neo-scolastica* [23], während Talamo und Toniolo bereits 1893 mit der *Rivista Internazionale di Scienze Sociali* ein weiteres großes Periodikum gegründet hatten [24].

Antonio Rosmini war nach einer ersten Verwarnung im Jahre 1849 der Verurteilung durch die Indexkongregation 1854 entgangen. Das Dekret vom 14. Dezember 1887 verwarf jedoch 40 seiner Thesen, die mit liberalen Tendenzen identifiziert wurden. Im Juni 1889 und im Februar 1890 wurden die Zeitschriften *Il Rosmini* und *Il Nuovo Rosmini* auf den Index gesetzt [25]. Diese Indizierung war das Vorspiel zur Verurteilung des Amerikanismus 1899, der

---

Chiesa e il potere politico (s. Anm. 15) 806–854. – Zur Vorstellung vom römischen Episkopat: A. RICCARDI, Chiesa di Pio XII o Chiese italiane?, in: Le Chiese di Pio XII, 1986, 21–52.

[19] A. MONTICONE, L'episcopato: I vescovi meridionali (1861–1878), in: Chiesa e religiosità (s. Anm. 4) III 59–100; F. FONZI, I vescovi, ebd. 32–58.

[20] Vgl. zu diesem Plan Leos XIII. A. ACERBI, Chiesa e democrazia da Leone XIII al Vaticano II, Mailand 1991, 3–83. – Zur Theologie: F. TRANIELLO, Scuole ecclesiastiche e cultura teologica dopo l'Unità, in: Cultura cattolica e vita religiosa tra Ottocento e Novecento, Brescia 1991, 89–116. – Zum Thomismus: R. AUBERT, Aspects divers du néothomisme sous le pontificat de Léon XIII, in: G. ROSSINI (Hrsg.), Aspetti della cultura cattolica nell'età di Leone XIII, Rom 1961, 133–227; DERS., Le contexte historique et les motivations doctrinales de l'encyclique *Aeterni Patris*, in: Tommaso d'Aquino del I Centenario dell'enciclica „Aeterni Patris", Rom 1981, 15–48.

[21] Eine gute Dokumentation über die Einführung des Thomismus in Italien ist der umfangreiche Briefwechsel zwischen Liberatore und Cornoldi. Vgl. G. MELLINATO, Carteggio inedito Liberatore – Cornoldi in lotta per la filosofia tomistica durante il secondo Ottocento, Vatikanstadt 1993.

[22] A. PIOLANTI, La Filosofia Cristiana in Mons. S. Talamo, ispiratore della „Aeterni Patris", Vatikanstadt 1986.

[23] M. MANGIAGALLI, La *Rivista di Filosofia neo-scolastica* (1909–1959) I, Mailand 1991.

[24] F. DUCHINI – D. PARISI (Hrsgg.), Indici cinquantennali (1893–1942) della *Rivista Internazionale di Scienze Sociali*, Mailand 1993.

[25] F. TRANIELLO, Rosmini et la tradizione dei cattolici liberali, in: Cultura cattolica (s. Anm. 20) 181–200. – G. MARTINA, Pio IX (1846–1850), Rom 1974, 372–376; DERS., Pio IX (1851–1866), 595–611.

sich in um Ausgleich bemühten Kreisen über die Zeitschrift *La Rassegna nazionale* und ihre Mitherausgeberin, die Gräfin Sabina di Parravicino Revel, ausgebreitet hatte. Die Gräfin unterhielt einen intensiven Briefwechsel mit John Ireland und Denis O'Connell[26].

Zu Beginn des 20. Jh. begann der Kampf gegen den Modernismus. Diese Denkrichtung hatte – wie auch in anderen Ländern – zuerst die biblische Exegese der Theologen Giovanni Semeria, Francesco Faberi, Umberto Fracassini und Giovanni Genocchi beeinflußt. 1896 wurde in Rom die *Società di Studi biblica* gegründet, dann 1901 in Florenz die *Studi religiosi, Rivista critica e storica promotrice della cultura religiosa in Italia*. Diese von Salvatore Minocchi ins Leben gerufene Zeitschrift verstand sich als Vorkämpferin für die Erneuerung der religiösen Kultur in Italien. Im Januar 1905 erschien in Rom die von Giuseppe Bonaccorsi und Ernesto Buonaiuti angeregte *Rivista storico-critica delle scienze teologiche*. Semeria machte sich Gedanken über geeignete Predigtformen, die den Problemen der Zeit und der kulturellen Entwicklung des Landes besser angepaßt waren. In Genua gründete er eine *Scuola di religione* für Laien und legte seine Vorstellungen in den Publikationen *Venticinque anni di storia del cristianesimo* (1900), *Il primo sangue cristiano* (1901) und *Dogma, gerarchia e culto nella Chiesa primitiva* (1903) dar.

Auch Laien nahmen an dieser Bewegung teil und brachten 1907 in Mailand die Zeitschrift *Il Rinnovamento* unter Beteiligung von Alessandro Casati, Tommaso Gallarati Scotti und Stefano Jacini heraus. Zu ihnen gehörte auch Antonio Fogazzaro, der Autor des Romans *Il Santo* (1905), in dem er vier die Kirche zerstörende „böse Geister" beschwor – den Geist der Lüge, der Habsucht, der Unbeweglichkeit und des Machtstrebens – und dem Klerus den Geist der Armut, der Demut und des Verständnisses empfahl. Im Oktober 1906 wurde das Werk auf den Index gesetzt.

Der Modernismus war in Italien bald stark vertreten und machte auch vor den Priesterseminaren nicht Halt[27]. Die durch den Erfolg der Bewegung in Rom geweckten Befürchtungen zogen Repressionen nach sich: Hinter den zahlreichen Exkommunikationen, Indizierungen und Lehrentpflichtungen stehen oft tragische Einzelschicksale[28]. Vor dem Hintergrund des Dekrets *Lamentabili* (17. Juli 1907) und der Enzyklika *Pascendi* (8. September 1907) führten diese Repressionen zum Scheitern der religiösen Reformbewegung. Der inquisitorische Eifer der Fundamentalisten und das von Umberto Benigni wieder aufgegriffene Denunziantentum[29] verhinderten den freien Gedankenaustausch und die Entfaltung theologischer Studien.

Die Anhänger einer an Heiligtümer, Lokaltraditionen und Schutzheilige gebundenen Volksfrömmigkeit organisierten Wallfahrten, die stark von Äußerlichkeiten, Wunderglauben und der Rückkehr zu heidnischen Ritualisierungen (unter Einschluß von Zauberpraktiken) geprägt waren. In Süditalien wurde diese Frömmigkeit von einer Gesellschaft getragen, deren wirtschaftliche Verhältnisse sehr angespannt waren. Die Gebete, die die engen Beziehungen zwischen der Jungfrau Maria und Gott, zwischen Gott, den Aposteln und

---

[26] O. CONFESSORE, L'Americanismo cattolico in Italia, Rom 1984.

[27] M. GUASCO, Fermenti nei seminari (s. Anm. 16); P. SCOPPOLA, Crisi modernista e rinnovamento cattolico in Italia, Bologna 1969. – Zum Modernismus in Italien vgl. die zahlreichen Veröffentlichungen des *Centro studi per la Storia del Modernismo* in Urbino, der Lorenzo Bedeschi viel verdankt.

[28] S. TRAMONTIN, La repressione del modernismo, in: Storia della Chiesa (s. Anm. 13) II 271–291.

[29] E. POULAT, Intégrisme et Catholicisme intégral. Un réseau secret international antimoderniste: la „Sapinière" (1909–1921), Paris – Tournai 1969; DERS., Catholicisme, Démocratie et Socialisme. Le mouvement catholique et Mgr Benigni de la naissance du socialisme à la victoire du fascisme, Paris – Tournai 1977.

Heiligen betonten, waren typisch für eine vom Adel und seiner Klientel beherrschten Gesellschaft[30].

Die von der Kirchenleitung empfohlenen Frömmigkeitsformen richteten sich mit der Einführung des 1844 von dem Franzosen Xavier Gautrelet begründeten Gebetsapostolats sehr stark auf Christus, auf die Förderung des Herz-Jesu-Kultes, den von Pius X. angeregten häufigen Kommuniongang sowie die Kinderkommunion, schließlich auf die wachsende Bedeutung der Kreuzwegfrömmigkeit *(via crucis)*. Die Definition des Dogmas von der *Immaculata Conceptio* (1854) trug zur Intensivierung der dann von Leo XIII. noch stärker betonten Marienfrömmigkeit bei. Mit der Enzyklika *Supremi apostolato* vom 1. September 1883 erklärte Leo XIII. den Monat Oktober zum Marienmonat *(ottobre mariano)* und widmete nicht weniger als 13 Enzykliken der Gottesmutter und dem Rosenkranz[31].

Daneben gewann die Verehrung des mit Italien identifizierten Papstes seit etwa 1830 immer mehr an Bedeutung[32]. Diese „Mystik des Papsttums"[33] hatte ihren Ursprung bei Joseph de Maistre und bei Gioberti als Verfasser des *Primato*, erhielt aber auch starke Impulse durch das I. Vaticanum und die nationale Einheit. Die Person des Papstes, des „erhabenen Gefangenen", wurde gar zum Ziel von Wallfahrten. Diese Frömmigkeit förderte die Autorität Roms über die Diözesen, während sich die Katholiken am Papst als ihrer Leitfigur orientierten.

Der katholische Klerus

Datum der Volkszählung	Bevölkerung	Säkularklerus	Regularklerus				Prozentsatz auf 1000 Einw.		
		Priester und Seminaristen	Männer	Frauen	Insgesamt	Insgesamt	Männer	Frauen
1871	26 801 154	100 525	9163	29 708	139 396	5,20 %	4,09 %	1,10 %
1881	28 459 628	84 834	7191	28 172	120 197	4,22 %	3,23 %	0,99 %
1901	32 475 253	68 844	7792	40 251	116 887	3,60 %	2,36 %	1,24 %

Quelle: T. Salvemini, Statistica ecclesiastica con speciale riguardo al clero secondo icensimenti *generali della popolazione*, Ferrara 1941, 24.

---

[30] P. Borzomati, Per una storia della devozione mariana in Calabria nell'età contemporanea, in: Studi storici sulla Calabria contemporanea, Chiaravalle Centrale 1972, 171–194; ders., Per una storia della pietà nel Mezzogiorno d'Italia tra Ottocento e Novecento, in: La società religiosa nell'età moderna, Neapel 1973, 613–622. Vgl. auch C. Naro, Per una storia della spiritualità in Sicilia in età contemporanea, in: F. Flores d'Arcais (Hrsg.), La Chiesa di Sicilia dal Vaticano I al Vaticano II, Caltanissetta – Rom 1994, 483–547; M. Petrocchi, Schema per una storia della spiritualità italiana nell'Ottocento e nel Novecento, in: Ders., Storia della spiritualità italiana (sec. XIII–XX), Rom 1984, 511–578; G. Galasso, L'autre Europe, Rom 1992.

[31] 1876 weihte der damalige Bischof von Perugia, Pecci, seine Diözese dem Herzen Jesu und ein Jahr später der *Immaculata Conceptio*. Vgl. G. Martina, Problemi storiografici e metodologici sull'episcopato Pecci, in: E. Cavalcanti (Hrsg.), Studi sull'episcopato Pecci a Perugia (1846–1878), Neapel 1986, 51–106.

[32] Petrocchi, Schema (s. Anm. 30); A. Zambarbieri, La devozione al Papa, in: Storia della Chiesa (s. Anm. 13) II 9–81.

[33] A. Gambasin, Italie. Après l'unification, in: Dictionnaire de Spiritualité VII, 2 (1971) 2303–2311.

Don Giovanni Bosco (1815–1888) widmete sich als Priester der Erziehung verwahrloster Jungen, gründete mit seinen Zöglingen die meist „Salesianer" genannte *Fromme Gesellschaft vom hl. Franz von Sales*. Don Bosco wurde 1934 heiliggesprochen.

Trotz einer deutlichen Verringerung des Klerus nach 1871 blieben die kirchlichen Strukturen intakt. Die angeführten Zahlen unterstreichen die Dynamik vor allem der weiblichen Kongregationen. Die gesetzlich verordneten Aufhebungen verhinderten weder deren Ausbreitung noch Neugründungen, die eine bemerkenswerte Vitalität bezeugen[34]. Aus einer unüberschaubaren Anzahl kann man die Salesianer Don Boscos herausheben, die *Piccola Opera Divina Providenza* des Don Luigi Orione, die von Don Giacomo Alberione 1914 gegründete *Pia Società San Paolo* zum Aufbau des Presseapostolats, das *Institut der Kleinen St.-Josephs-Schwestern*, die Gründungen von Giacomo Cusmano in Sizilien, von Eugenio Montemurro in Apulien, Annibale Di Francias in Messina oder Bischof Giovanni Battista Scalabrinis von Piacenza für die Emigranten[35].

Die Verteilung der Kongregationsniederlassungen auf ganz Italien läßt die Schwierigkeiten im Süden ebenso erkennen wie die ungleiche Streuung der Diözesansynoden: Das kirchliche Reorganisationswerk im Mezzogiorno war eindeutig im Hintertreffen. Die wirtschaftlichen Verhältnisse der Kirchengemeinden trugen nicht zur Verbesserung der Lage

---

[34] G. Rocca, Istituti religiosi in Italia tra Otto e Novecento, in: M. Rosa (Hrsg.), Clero e società nell'Italia contemporanea, Bari 1992, 207–256; ders., Donne religiose. Contributo a una storia della condizione femminile in Italia nei secoli XIX–XX, in: Claretianum (1992).

[35] A. Auffray, Un grand éducateur, saint Jean Bosco, Lyon – Paris 1947; F. Traniello, Don Bosco nella storia della cultura popolare, Turin 1987; P. Stella, I Salesiani e il movimento cattolico in Italia fino alla prima guerra mondiale, in: Ricerche storiche salesiane (1983) 223–251; M. Midali (Hrsg.), Don Bosco nella storia, Rom 1990; vgl. La figura e l'opera di don Orione (1872–1940), Mailand 1994; A. Ugenti (Hrsg.), La sfida di don Alberione, Casale Montferrato 1989; M. T. Falzone, Giacomo Cusmano, Caltanissetta – Rom 1992; D. Veneruso, La congregazione delle Piccole Figlie di San Giuseppe dalle origini al 1932, Turin 1994; P. Borzomati (Hrsg.), Eustachio Montemurro. Un protagonista del Mezzogiorno tra poveri ed emarginati, Turin 1994; ders., Le congregazioni religiose nel Mezzogiorno e Annibale Di Francia, Rom 1992; ders. (Hrsg.), Annibale Di Francia, Caltanissetta – Rom 1993; Annibale Di Francia. La Chiesa e la povertà, Rom 1992; M. Francesconi, Giovanni Battista Scalabrini, vescovo di Piacenza e degli emigrati, Rom 1985; G. Rosoli (Hrsg.), Scalabrini tra vecchio e nuovo mondo, Rom 1989.

bei, nachdem per Gesetz vom 15. August 1867 die Kirchengemeinden zwar erhalten, die Kapitel jedoch aufgelöst, die Kirchengüter eingezogen und dadurch sowohl das System der *redditizie*-Kirchen als auch der kirchliche Reichtum im Süden zerstört worden waren. Andererseits haben die Untersuchungen Pietro Borzomatis für das ausgehende 19. Jh. die soziale Präsenz der real wachsenden Kirche wie auch den Beginn einer deutlichen Bewußtwerdung der süditalienischen Frage im Katholizismus herausgestellt[36].

II. Die Zeit der Verweigerungen (1850–1878)

Die Entwicklungen in der römischen Frage, die über das Parlament und die Presse verbreitete laizistische Ideologie, der Antiklerikalismus sowie das Proselytentum der protestantischen Kirchen ließen im italienischen Katholizismus das Gefühl einer drohenden Katastrophe entstehen, die allein von der göttlichen Vorsehung abgewendet werden könnte. Daraus resultierten die Vorstellung einer belagerten Festung und zahlreiche, in eschatologischem Tenor gehaltene Verurteilungen, die charakteristisch für die meisten katholischen Verlautbarungen der Jahre zwischen der nationalen Einigung und dem Beginn des Pontifikats Leos XIII. 1878 waren[37].

1. Verurteilungen

Die Verurteilung der *Cinque piaghe* Rosminis (1849) zeigt die theologische Geschlossenheit, deren Konsequenz die Verdrängung der modernen Tendenzen im italienischen Katholizismus war[38]. Wenn Rosmini auch 1854 der zweiten, von den Jesuiten geforderten Verurteilung entging, so wurde er doch weiterhin mit dem verabscheuten Liberalismus identifiziert, mit einer der Anschauung Pius' IX. weit entfernten Sicht der Kirche[39]. Rosmini war so den Angriffen der halbamtlichen *Civiltà cattolica* und des intransigenten *Osservatore cattolico* Albertarios ausgesetzt.

Die mit dieser Verurteilung verbundenen seelsorglichen Zielsetzungen sind in den Enzykliken *Qui pluribus* (1846) und *Nostis et Nobiscum* (8. Dezember 1849) festgehalten und wurden in der päpstlichen Ansprache *Maxima quidem laetitia* vom 9. Juni 1862 bestätigt. Pius IX. unterstrich darin, daß der Papst sein geistliches Wirken ohne weltliche Macht nicht frei ausüben könne. Die seelsorglichen Anliegen des Pontifex fanden ihren Höhepunkt in *Quanta cura* und dem *Syllabus*, der zwar allgemeine Gültigkeit beanspruchte, aber ganz offenkundig italienischen Zuschnitts war. Im übrigen war die Idee einer offiziellen Verurteilung der Irrtümer der Moderne schon 1849 auf einer in Spoleto abgehaltenen Synode der umbrischen Bischöfe zur Sprache gekommen[40]. Der Episkopat als ganzer übernahm die Verurteilung der Irrtümer und Verfehlungen des Revolutionsgeistes, des Li-

---

[36] P. Borzomati, Chiesa e società meridionale. Dalla Restaurazione al secondo dopoguerra, Rom 1982; ders., Itinerari spirituali nell'Italia contemporanea, Caltanissetta – Rom 1993.

[37] C. Prandi, Le Catholicisme italien à l'époque de l'unité: apocalypse et compromis, in: Archives de sciences sociales des religions 58 (1984) 67–83.

[38] G. Miccoli, Fra mito della Cristianità e secolarizzazione, Genua 1985, 53 f.; G. Martina, Pio IX (1846–1850) (s. Anm. 25) 372–376.

[39] Ebd. 374.

[40] A. Canavero, I cattolici nella società italiana. Dalla metà dell'800 al Concilio Vaticano II, Brescia 1991, 31.

beralismus und der neuen Zeit, in denen sie ein Werk des Teufels sahen[41]. Diese Überzeugungen setzten sich auch im niederen Klerus fort: Die Strafe Gottes, die Verteidigung des Papstes und die Zurückweisung der gegenwärtigen bösen Zeiten waren die Hauptthemen der Predigten[42]. Dies entsprach – wie Giovanni Miccoli feststellte[43] – der Rückzugsphase in die Sakristei.

Die Doppelinschrift auf dem Denkmal für Victor-Emmanuel II. in Rom, das 1885 begonnen und 1911 zu Ehren des Vaterlandes eingeweiht wurde – *Patriae unitati, civium libertati* – nahm sich in der Hauptstadt des Katholizismus wie eine zweifache Provokation aus[44]. Pius IX. setzte der politischen und kulturellen Entwicklung Italiens ein unnachgiebiges *non possumus* entgegen und sprach (in der Enzyklika *Respicientes* vom 1. November 1870) die Exkommunikation über jeden aus, der am Sturz der weltlichen Macht des Papstes und an der Einnahme Roms Anteil genommen hatte. Es war unmöglich, sich mit einer Revolution abzufinden, die per definitionem satanisch war[45]. Diese Weigerung begründete den intransigenten Kurs. Ein Beispiel für diese Verweigerungshaltung sind die Bischöfe beider Sizilien: In den Monaten, die auf die Annexion folgten, traten sie in aktiven Widerstand gegen die neue politische Ordnung und nahmen einen wahrhaften „*Te Deum*-Krieg" auf, mit dem sie beim Volk Proteste auslösten. Nicht ganz zu Unrecht klagten die neuen Präfekten sie als *borbonici* und Reaktionäre an[46].

Der Verzicht auf das Ideal eines katholischen Staates, wie es verschiedentlich in Konkordatsverhandlungen zur Sprache kam, war umso schmerzlicher zu verkraften, als viele Kirchenvertreter eben nicht von der Endgültigkeit des nationalen Einigungsprozesses überzeugt waren. Zudem war es oft unmöglich, zwischen echtem Antiklerikalismus und gemäßigten Maßnahmen zu unterscheiden, die auf eine Abgrenzung der jeweiligen Aktionsfelder von Kirche und Staat hinausliefen. Gerade auf diesem mangelnden Verständnis beruhte die radikale kirchliche Ablehnung des neuen Staates und seiner Werte: Mit einem Staat, der die Rechte der Kirche verletzte, war jeder Konsens und jede Übereinkunft ausgeschlossen. So kristallisierte sich vor den ersten nationalen Wahlen im Jahre 1861 eine

---

[41] D. MENOZZI, Lettere pastorali dei vescovi dell'Emilia-Romagna, Genua 1986; B. BOCCHINI CAMAIANI – D. MENOZZI (Hrsgg.), Lettere pastorali dei vescovi della Toscana, Genua 1990; D. DEL PRETE, Lettere pastorali dei vescovi dell'arcidiocesi di Brindisi e della diocesi di Ostuni e dell'arcidiocesi di Lecce; Lettere pastorali dei vescovi di Nardò e Gallipoli, in: Itinerari di Ricerca Storica (1988) 335–389; (1989) 287–353; (1990) 41–105; W. CRIVELLIN – G. TUNINETTI (Hrsgg.), Lettere pastorali dei vescovi torinesi, in: Quaderni del Centro Studi C. Trabucco 17 (1992).

[42] G. BATTELLI, Clero secolare e società italiana tra decennio napoleonico e primo Novecento. Alcune ipotesi di relettura, in: ROSA, Clero e società (s. Anm. 6) 43–123.

[43] G. MICCOLI, Vescovo e re del suo populo. La figura del prete curato tra modello tridentino e risposta controrivoluzionaria, in: G. GHITOLLINI – G. MICCOLI (Hrsgg.), La Chiesa e il potere politico (s. Anm. 15) 883–928; F. MARGIOTTA BROGLIO, Legislazione italiana e vita della Chiesa (1861–1878), in: Chiesa e religiosità (s. Anm. 4) I 101–146; A. GAMBASIN, Gerarchia e laicato in Italia nel secondo Ottocento, Padua 1969.

[44] R. AUBERT, L'Église en Italie (s. Anm. 12).

[45] P. G. CAMAIANI, Il diavolo, Roma e la Rivoluzione, in: Rivista di Storia e Letteratura religiosa 8 (1972) 485–516; Motivi e riflessi religiosi della Questione romana, in: Chiesa e religiosità (s. Anm. 4) II 65–128. Zu den Tendenzen im Klerus von Palermo vgl. auch F. M. STABILE, Il clero palermitano nel primo decennio dell'unità d'Italia (1860–1870), Palermo 1978.

[46] B. PELLEGRINO, Vescovi „borbonici" e Stato Liberale (1860–1861), Bari 1992 (Neuauflage von *Chiesa e rivoluzione unitaria nel Mezzogiorno. L'episcopato meridionale dall'assolutismo borbonico allo Stato borghese [1860–1861], Rom 1979*). – In der Folgezeit vertraten die süditalienischen Bischöfe einen konservativen Vermittlungskurs.

Haltung heraus, die zum Wahlboykott aufrief. Giacomo Margottis Devise „né eletti, né elettori" („keine Wahlen, keine Gewählten") hatte die Durchschlagskraft eines so einfachen wie eingängigen Wahlspruchs. Vor dieser schwierigen Entscheidung zeigte der Vatikan große Unentschlossenheit. Einige Katholiken wie Vito D'Ondes Reggio, Cesare Cantù oder Augusto Conti waren ins Parlament eingezogen. Auf die Anfrage besorgter Bischöfe antwortete das Hl. Poenitentiarium 1866, Katholiken könnten sehr wohl Abgeordnete werden, jedoch unter der Voraussetzung, daß dem Treueeid auf König und Verfassung die Formulierung „die göttlichen und kirchlichen Rechte ausgenommen" hinzugefügt werde. Schließlich entschied sich die Hl. Kongregation der außerordentlichen kirchlichen Angelegenheiten am 30. Januar 1868 für das *„non expedit"* („es geht nicht an") mit der Absicht, Katholiken von der Beteiligung an politischen Wahlen abzuhalten[47]. Man darf jedoch die Tragweite dieser Verlautbarung nicht überbewerten, weil zur damaligen Zeit das Wahlrecht nur etwa zwei Prozent der Bevölkerung zustand, während administrative, kommunale und Provinzwahlen ausgenommen waren. Wohl aber war diese Entscheidung in psychologischer Hinsicht bedeutsam, weil sie einmal mehr den Willen des Papstes dokumentierte, die Katholiken herauszuheben, die Teilnahme an Parlamentsdebatten (als bevorzugtem Ort für Kompromisse) zu verhindern, um sich selbstbewußt auf unverzichtbare Positionen zurückzuziehen. Auch die Ablehnung des Garantiegesetzes von 1871 durch den Vatikan entsprach dieser Geisteshaltung.

Ein treffendes Beispiel dafür war die Mortara-Affäre, die 1852 und in den folgenden Jahren zum wichtigsten Ereignis wurde. Edgardo Mortara wurde 1851 in Bologna als Sohn einer jüdischen Familie geboren und aufgrund einer lebensbedrohlichen Krankheit heimlich von der christlichen Haushälterin getauft. Nach seiner Genesung wurde er der Familie entzogen und in Rom auf Kosten der Kirche erzogen. Dies löste eine Lawine leidenschaftlicher Polemik aus, hinter denen der Papst einen gemeinen Angriff gegen die „belagerte Stadt", nicht aber eine Diskussion über die grundlegende Frage nach der Religionsfreiheit sah – denn diese Diskussion konnte für ihn nicht stattfinden[48]. Die gleiche Geisteshaltung wird schließlich bei der Mythenbildung um Garcia Moreno erkennbar, den 1875 ermordeten Präsidenten Ecuadors, der zum Erneuerer der christlichen Gesellschaft gegen die liberale Gottlosigkeit hochstilisiert wurde[49].

2. Scheitern der Ausgleichsverhandlungen

In diesem Klima war kein Platz für gemäßigte, auf Ausgleich bedachte Positionen. Und trotzdem tauchten viele „konziliatorische" Initiativen auf, die vor allem über die Gründung neuer Zeitschriften bekannt geworden sind: Dem 1862 in Turin von Carlo Passaglia gegründeten *Il Mediatore* folgten 1866 *La Pace*, in Mailand *Il conciliatore*, der von Stanislao Biancardi herausgegebene *L'esaminatore* in Florenz, in Neapel *L'emancipatore cattolico* des Dominikaners Luigi Prota-Giurleo sowie *L'Araldo cattolico* in Lucca. Mit der wohlwollenden Unterstützung von Erzbischof Charvaz wurden 1863 die *Annali cattolici* ge-

---

[47] G. MARTINA, Pio IX (1867–1878), Rom 1990, 273–277; G. SPADOLINI, L'opposizione cattolica da Porta Pia al'98, Florenz 1954; C. MARONGIU BUONAIUTI, Non expedit. Storia di una politica (1866–1919), Mailand 1951.
[48] MARTINA, Pio IX (1851–1866) (s. Anm. 2) 31–35.
[49] M. GRANATA, L'intransigentismo cattolico e il mito di Garcia Moreno, in: Bollettino dell'Archivio per la Storia del Movimento Sociale Cattolico in Italia (1984) 44–57.

gründet und 1866 in *La Rivista universale* umbenannt. Die Feindschaft der von Charvaz'
Nachfolger Magnasco unterstützten unnachgiebigen Partei von Genua veranlaßte die Verlegung der Zeitschrift nach Florenz, wo sie nach erneuter Umbenennung im Jahre 1878 als
La Rassegna nazionale von Manfredi Da Passano herausgegeben wurde[50]. Schriftleiter der
1871 in Bologna entstandenen Zeitschrift *Il Rinnovamento cattolico* war Giacomo Cassini,
ein Verwandter Carlo Passaglias.

Diese Zeitschriften, die sich stark auf den belgischen Katholizismus und auf Montalembert stützten, waren der Vorstellung verpflichtet, daß ein Übereinkommen zwischen Kirche
und Staat möglich sei: Den Verzicht auf weltliche Macht hielten sie für annehmbar, ja wünschenswert, und befürworteten innerkirchliche Reformen, die vor allem den Laien mehr
Verantwortung übertragen sollten. So begrüßte Pater Passaglia eine an den Papst gerichtete
Petition, die sich für dessen Verzicht auf die weltliche Macht aussprach. Dieses Dokument
hatte beachtlichen Erfolg, da es von nahezu 9000 Kirchenvertretern unterzeichnet worden
war[51]. Außerdem zirkulierten Broschüren wie z. B. *Della rinascità cattolica. Narrazione
d'un alunno di Propaganda fide* (1862) des Grafen Terenzio Mamiani oder *Pro causa italiana ad episcopos catholicos autore presbytero catholico* (1861) von Passaglia. Daneben
bemühten sich auch andere Kirchenvertreter um die Beziehungen zwischen Staat und Kirche: Luigi Tosti, Benediktiner von Monte Cassino, war – wie Passaglia – zeitweise Mittelsmann zwischen Cavour und Pius IX. Der Kanoniker Guglielmo Audisio schloß sich in
seiner 1876 veröffentlichten Studie *Della società politica e religiosa rispetto al secolo XIX*
Cavours Formel von der freien Kirche im freien Staat an. Der Jesuit Carlo Maria Curci,
Gründer von *La civiltà cattolica* und Verfechter der harten Linie, ließ sich für die versöhnliche Richtung gewinnen[52]. Er fand dabei auch Unterstützung bei den Bischöfen, so bei
Andrea Charvaz in Genua[53], Giovanni Corti in Mantua, Gennaro Di Giacomo in Alife, Geremia Bonomelli in Cremona und Giovanni Battista Scalabrini in Piacenza, Limberti in
Florenz und Caputo in Ariano. Bischof Luigi Moreno aus Ivrea gründete in den Jahren
1848/49 die Zeitung *L'Armonia della religione con la civiltà*, die er – wie der Titel bereits
erkennen läßt – für sein ehrgeiziges Programm einsetzte, Katholiken in die Politik zu integrieren[54]. Unter der Leitung Giacomo Margottis wurde diese Zeitung später – trotz kritischer Einwände Morenos – das Sprachrohr für die intransigente Richtung bis 1863. Im
gleichen Jahr schied Margotti aus und gründete auf Veranlassung Pius' IX. *L'Unità cattolica* auf der Grundlage apologetischer Tendenzen, während *L'Armonia* ihre ursprünglichen
Zielsetzungen wieder aufnahm und 1865 die Katholiken zur Wahlbeteiligung aufrief. In

---

[50] M. L. Trebiliani, La nascità dell' *Esaminatore* nel 1864: proposta per una riforma della Chiesa, in: Rivista di
Storia della Chiesa in Italia 37 (1983) 53–71; O. Confessore, I cattolici e la „fede nella libertà", „Annali cattolici", „Rivista universale", „Rassegna nazionale", Rom 1989; F. Traniello, Cattolicesimo conciliatorista. Religione e cultura nella tradizione rosminiana lombardo-piemontese (1825–1870), Mailand 1970.
[51] J.-P. Viallet, L'Anticléricalisme 204. Nach R. Aubert, Le Pontificat de Pie IX (1846–1878), Paris 1952, 99
lagen die Unterschriften von 8176 Diözesanpriestern und 767 Ordensgeistlichen vor.
[52] G. Mucci, Il primo direttore della „Civiltà cattolica". Carlo Maria Curci tra la cultura dell'immobilismo e la cultura della storicità, Rom 1986; ders., Carlo Maria Curci. Il fondatore della „Civiltà cattolica", Rom 1988. Vgl.
auch J.-D. Durand, „La Civiltà cattolica", in: Dictionnaire historique de la papauté, Paris 1994, 357–360;
J. F. Dante, Storia della „Civiltà Cattolica" (1850–1891). Il laboratorio del Papa, Rom 1990.
[53] J.-D. Durand – M. Hudry – C. Sorrel (Hrsgg.), Un évêque entre la Savoie et l'Italie. André Charvaz (1793–
1870), précepteur de Victor-Emmanuel II, évêque de Pignerol, archevêque de Gênes, Chambéry 1994.
[54] L. Bettazzi, Obbediente in Ivrea. Monsignore Luigi Moreno vescovo dal 1838 al 1878, Turin 1989; A. Majo,
La Stampa cattolica in Italia. Storia e documentazione, Casale Monferrato 1992, 25–45.

Mailand hatte sich der unter dem Einfluß Giobertis stehende Erzbischof Luigi Nazari mit dem *Osservatore cattolico* Albertarios auseinanderzusetzen. Er gehörte wie Moreno zur Minderheit der Unfehlbarkeitsgegner auf dem Konzil.

In der Nachfolge der liberalen Katholiken und der Schüler Rosminis suchten die auf Ausgleich Bedachten nach einer Aussöhnung zwischen Glaube und Vernunft, Katholizismus und Freiheit, Frömmigkeit und Patriotismus. Sie befürchteten im Falle einer Abkapselung der Kirche von der Moderne negative Folgen für die Religion. Diese Richtung erreichte zwar einen Teil des Klerus – wie der Erfolg der Petition Passaglias zeigte[55] – und fand Unterstützung bei Bischöfen und in intellektuellen Kreisen, konnte aber in den breiten Volksschichten nicht Fuß fassen. Der Versöhnungskurs geriet schnell unter Kontrolle und wurde durch päpstliche Verlautbarungen – von der Ansprache *Maxima quidem laetitia* (1862) bis zum *Syllabus* – und durch Direktiven der Hierarchie unterdrückt. Einige Anhänger der verurteilten Bewegung verließen sogar die Kirche[56].

3. Intransigenz und Neuorganisation

Die Formierung der intransigenten Richtung zum Aufbau einer starken Verteidigungsphalanx der „belagerten" Kirche um den Papst vollzog sich auf zwei Ebenen: in der Presse und durch das militante Auftreten von Laien.

Die Presse, deren Bedeutung Pius IX. in der Enzyklika *Nostis et nobiscum* vom 8. Dezember 1849 hervorhob, war ein bevorzugtes Terrain für den bevorstehenden Kampf. Auf Betreiben Margottis wurde *L'Armonia* zum Symbol für die schroffe kirchliche Opposition gegen das liberale Regime, die mit deutlichen Worten gegen die Laisierungsgesetze zu Felde zog und, nach der leidvollen Erfahrung mit Giacomo Margotti, dessen rechtmäßige Wahl im Jahre 1857 von Cavour annulliert worden war, für den Wahlboykott der Katholiken 1861 sorgte. 1863 stellte Margotti sein polemisches Talent der neuen Tageszeitung *L'Unità cattolica* zur Verfügung, die bis 1923 der Inbegriff für die harte Auseinandersetzung werden sollte[57]. Diese Zeitung erlangte nationale Bedeutung, die durch die Umsiedlung nach Florenz im Jahre 1863 unter dem dortigen Herausgeber Giuseppe Sacchetti unterstrichen wurde. In den unterschiedlichsten Diözesen entstand eine Vielzahl von Zeitungen. So erschien zwischen 1856 und 1866 in Venedig *La Libertà cattolica*, die im Anschluß an die Annexion Venetiens nach Neapel verlagert wurde. 1867 entstand die Tageszeitung *Il Veneto cattolico*. In Bologna wurden *L'Eco delle Romagne* (1861–1863), dann *Il Patriota cattolico* (1864–1867) und *L'Áncora* (1868–1879) publiziert. In Florenz wurde *Lo Spettatore* 1862 gegründet, in Mailand war Davide Albertario für den 1864 gegründeten *Osservatore cattolico* verantwortlich, in Modena Pietro Balan für den *Messagero di Modena*; in Palermo erschien ab 1868 *L'Ape Iblea*, die 1871 den Titel *La Sicilia cattolica* erhielt, *La Discussione* in Neapel, *La Voce della verità* in Rom[58] und die in Genua

---

[55] Aubert, Le Pontificat de Pie IX (s. Anm. 51) 99.

[56] Zur Verfolgung liberaler Tendenzen und der Bestrebungen zu einer demokratischen Reform innerhalb der Kirche sei auf das Beispiel der Diözese Padua verwiesen (A. Gambasin, Il clero padovano e la dominazione austriaca [1859–1866], Padua 1967).

[57] B. Gariglio, La stampa quotidiana torinese del Risorgimento, in: Quaderni del Centro Studi C. Trabucco 20 (1993) 9–32.

[58] F. Malgeri, La stampa cattolica a Roma dal 1870 al 1915, Brescia 1965.

1873 mit Unterstützung des Erzbischofs Magnasco gegründete Zeitschrift *Il Cittadino*. All diese Publikationsorgane vertraten die Farben der unnachgiebigen Partei.

Hervorzuheben ist hier vor allem *La Civiltà cattolica*, in der sich die Jesuiten als tatkräftigste Verteidiger der weltlichen Macht des Papsttums und als entschiedene Gegner des Regimes zu Wort meldeten. Auf Anregung Curcis und mit Unterstützung Pius' IX. wurde die Publikation im Jahre 1850 aufgenommen. Die Mitglieder des vorbereitenden Redaktionsteams stammten alle aus der *Societas Jesu*: Luigi Taparelli d'Azeglio, Antonio Bresciani, Matteo Liberatore, Giuseppe Oreglia, Francesco Pellico und Carlo Piccirillo. Curci definierte die Zeitschrift als „Heilmittel" gegen das Böse im Sinn einer Rückführung der Gesellschaft auf ihre christlichen Quellen. Aufgrund ihrer redaktionellen Qualitäten und der engen Beziehungen zum Papst, dessen halbamtliches Sprachrohr sie wurde, gelangte die Zeitung bald zu maßgeblichem Einfluß. Mit dem von Leo XIII. in der Konstitution *Sapienti consilio* vom 8. Juli 1889 bestätigten Breve vom 12. Februar 1866 setzte Pius IX. das Redaktionsteam *perpetuamente* ein. Demnach bildeten die Redakteure eine förmliche Gemeinschaft, die nicht von der Jesuitenprovinz, sondern direkt vom Jesuitengeneral abhängig war. Dieses beispiellose Privileg zeichnete die Zeitschrift als autonome Institution innerhalb des Ordens aus, womit ihre zentrale Rolle noch verdeutlicht wurde[59].

Diese Presselandschaft verbreitete eine geistige Haltung, die den Papst als Heerführer, die Geistlichen als Generäle und die Gläubigen als Soldaten sah, erzeugte daneben aber auch (mit Blick auf die Welt) eine Untergangsstimmung. In aggressiven und polemischmartialischen Wendungen griff sie die Regierung ebenso an wie die Antiklerikalen und die „versöhnlichen" Katholiken. Zur finanziellen Unterstützung trugen Bischöfe wie Luigi Nazari di Calabiana, Geremia Bonomelli oder Giovanni Battista Scalabrini bei. Ein gutes Beispiel für den Tenor der Zeit bietet die berühmte Rede Albertarios auf dem 4. Katholikentag von Bergamo im Oktober 1877: „Vor allem sind wir zum Kampf aufgerufen, zum edelmütigen, rastlosen und kompromißlosen Kampf [...]. Um energisch kämpfen zu können, müssen wir den Feind hassen [...] mit allen Kräften des Geistes hassen, immerzu hassen".

Da die Presse zur Vereinigung der Katholiken blies, blieb noch die Aufgabe der Organisation der Laien, der *milites Christi*, denen mit der Gründung der *Opera dei congressi* (1874/75) als einer Art nationalem Koordinationszentrum Rahmenstrukturen gegeben wurden. Zwischen 1865 und 1874 entstanden die unterschiedlichsten Laienorganisationen, als erste 1866 die *Associazione cattolica italiana per la difesa della Libertà della Chiesa in Italia*. Auf Anregung des Grafen Giovanni Acquaderni und Mario Fanis wurde 1868 in Bologna die *Società della gioventù italiana* mit dem Ziel ins Leben gerufen, die Jugend zum Kampf gegen die Freimaurerei zu vereinigen, der linientreuen Presse zur Ausbreitung zu verhelfen, den Peterspfennig einzusammeln, Gottesdienst und Katechese zu fördern und schließlich die Marienkongregationen und die *Vinzenz-von-Paul-Konferenzen* zu unterstützen. Nach der Genehmigung durch Pius IX. konnte sich die Gesellschaft auf der ganzen Halbinsel ausbreiten[60].

Kurz nach der Einnahme Roms im Dezember 1870 gründete Curci mit dem Fürsten

---

[59] J.-D. DURAND, La „Civiltà cattolica" (s. Anm. 52); F. DANTE, Storia della „Civiltà cattolica" (s. Anm. 52).

[60] L. OSBAT – F. PIVA (Hrsgg.), La „Gioventù cattolica" dopo L'Unità (1868–1968), Rom 1972. Vgl. vor allem D. VENERUSO, La „Gioventù cattolica" e i problemi della società civile e politica italiana dall'Unità al fascismo (1867–1922), 3–137.

Chigi die *Società romana per gli interessi cattolici*. 1872 wurde in Florenz die Keimzelle für den Bund katholischer Werke (die *Società promotrice cattolica delle buone opere*) gegründet, während *La Civiltà cattolica* in einer Artikelreihe zur Einigung aller Kräfte aufrief.

Im Juni 1874 organisierte Giambattista Paganuzzi in Venedig den ersten Katholikenkongreß – vergleichbar etwa mit den deutschen *Katholikentagen* oder den Tagungen im belgischen Mecheln, an denen der Bologneser Advokat und Journalist Giambattista Casoni als einer der Promotoren derartiger Treffen in Italien teilnahm. Auf seinen Reisen hatte sich Casoni mit den organisatorischen Strukturen der katholischen Union Belgiens, des deutschen *Katholischen Vereins* und des schweizerischen *Piusvereins* vertraut gemacht. In Venedig verlas Vito D'Ondes Reggio eine *„Intransigenz-Erklärung"* – ein Exposé von Grundsätzen, das in der Folgezeit bei der Eröffnung jedes Kongresses vorgetragen werden mußte. „Der Kongreß ist katholisch und nichts anderes als katholisch", erklärte er und definierte das oberste Lehramt der Kirche als Grundlage für die religiöse Erneuerung Italiens.

Bei dem ein Jahr später in Florenz abgehaltenen zweiten Kongreß wurden die *Opera dei congressi* konstituiert (und 1881 mit dem Zusatz *„e dei comitati cattolici in Italia"* versehen), deren Entfaltung sich auf einen weitgehend erneuerten Episkopat stützen konnte[61]. Ein Jahr zuvor hatte Giuseppe Sacchetti die Grundlinien dieses Werkes in Venedig vorgestellt: „Bitten wir Gott darum, daß die Revolution morgen stirbt, und laßt uns darauf hinarbeiten, als ob sie immer weiterbestehen würde!" Nach seinen Worten war die „Ära der Illusionen" und der Hoffnungen zu Ende. Es galt, eine Organisation aufzubauen, die zur Offensive fähig war, unter der Kontrolle der kirchlichen Autorität stand und in Gemeinde-, Diözesan- und Regionalgremien aufgegliedert war (neben Sondersektionen mit einem ständigen Kommitee an der Spitze), wobei jede dieser Unterabteilungen militante Aktionsformen übernehmen sollte[62].

Von Beginn an war Venetien das Zentrum des Werkes, das prädestinierte Gebiet für das katholische Vereinswesen, während es im Süden nur schwer Fuß fassen konnte, weil die dortige Aufsplitterung in winzige Diözesen für die Unterstützung einer militanten Aktion ungeeignet war und ihre Organisationsform auf den Widerstand traditioneller Strukturen der Bruderschaften stieß.

Mit der Gründung des Kongreßwerkes trat eine Wende ein, die sich ab 1878 unter Leo XIII. noch deutlicher herauskristallisierte: An die Stelle der Hoffnung auf den von der Vorsehung eingeleiteten Sturz des Regimes trat die Dynamik eines erneuerten Apostolats. Auf dem Kongreß von Modena im Oktober 1879 (unter dem Vorsitz von Scipione Salviati) wurde eine Tagesordnung beschlossen, die auf Protestaktionen zugunsten eines konstruktiven Programms verzichtete. Die Zeit für die Eroberung der Gesellschaft war gekommen. Die Generation Leos XIII. gab die Enge kirchlicher Abgrenzung auf.

---

[61] GAMBASIN, Gerarchia e laicato (s. Anm. 43); G. DE ROSA, Il movimento cattolico in Italia. Dalla Restaurazione all'età giolittiana, Bari 1966. Als bedeutende Gesamtdarstellung vgl. F. TRANIELLO – G. CAMPANINI (Hrsgg.), Dizionario storico del movimento cattolico in Italia (1860–1980), 5 Bde., Casale Monferrato 1981–1984; vgl. auch A. CANAVERO, I cattolici (s. Anm. 40).

[62] A. GAMBASIN, Il movimento sociale nell'Opera dei Congressi in Italia (1874–1904), Rom 1958.

III. „Instaurare omnia in Christo" (1878–1914)

Obwohl Leo XIII. in der Kontinuität der unnachgiebigen Richtung stand, hat er im Vergleich zu seinem Vorgänger neue Akzente gesetzt. Er unterschied sich von Pius IX., diesem aus dem ländlichen Italien hervorgegangenen und in vielerlei Hinsicht an der Vergangenheit orientierten Mann der Kirche, durch ein geschärftes Verständnis für die neue Wirklichkeit, das er sich in der Zeit seiner Nuntiatur in Brüssel (1843–1846) und seines Bischofsamtes in Perugia (1846–1878) erworben hatte. Diese Sensibilität kommt in seinen Pastoralbriefen von 1877/78 *La Chiesa e la civiltà* klar zum Ausdruck[63]. In ihnen läßt sich die kompromißlose Ablehnung des Liberalismus auf der Linie des *Syllabus* ablesen, gleichzeitig aber auch die Überwindung der durch den amtierenden Papst auferlegten Unbeweglichkeit. Nach seinem Verständnis konnte die Kirche nicht weiterhin in der Defensive verharren. Deshalb bemühte er sich zu Beginn seines Pontifikats, von der Rolle des belagerten Märtyrers abzurücken, in der sich Pius IX. gesehen hatte. Sehr schnell bekräftigte er seinen Willen, eine christliche Gesellschaft auf der Grundlage eines Programms aufzubauen, dessen theologische Basis die Rückkehr zu Thomas von Aquin bildete, wie die Enzyklika *Aeterni Patris* belegt. Leo XIII. fragte nach den notwendigen Anpassungen, ohne deswegen das Erbe der unnachgiebigen Richtung zu verleugnen. Ganz im Gegenteil fand diese eine erhebliche Bestärkung durch seine Fähigkeit, auf die von der Gesellschaft vorgegebenen Erwartungen angesichts der Zeitprobleme einzugehen. Nach 1903 setzte Pius X. mit seinem eigenen Stil die Italienpolitik Leos XIII. fort.

1. Vom Versöhnungskurs zur klerikal-gemäßigten Richtung

Leo XIII. zeigte in der römischen Frage große Entschlossenheit, weil er von der Untrennbarkeit weltlicher Besitzansprüche und der Handlungsfreiheit der Kirche überzeugt war[64]. Trotzdem wünschten sich viele Katholiken angesichts der Konsolidierung des neuen Staates einen Kompromiß und eine Einigung, ohne dabei ihre Treue zum Papst aufgeben zu müssen. So empfahl Curci 1878 den Katholiken in seinem Werk *Il moderno dissidio tra la Chiesa e l'Italia*, sich mit der vorgegebenen Situation abzufinden und politisch aktiv zu werden. Die Grundgedanken dieser Schrift griff der Benediktiner Tosti in seiner kleinen Veröffentlichung *La Conciliazione* (1887) auf.

Die Annäherung an die konservativen Strömungen und der Gedanke an die Gründung einer für Katholiken akzeptablen Partei waren gerade in einer Zeit angebracht, in der sich der Sozialismus noch weiter auszubreiten schien und die anarchistische Gewalt Italien heimsuchte. Zwischen dem 16. und 21. Februar 1879 trafen sich in Rom mehrere katholische und liberale Persönlichkeiten im Palast des Grafen Paolo Campello della Spina und beim Fürsten Paolo Borghese mit der Absicht, ein gemeinsames Programm auf der Basis

---

[63] M. LUPI, Gioacchino Pecci „La Chiesa e la Civiltà". Lettere pastorali del 1877 e del 1878, Perugia 1991; R. AUBERT, Léon XIII avant son pontificat, in: CAVALCANTI, Studi sull'episcopato Pecci (s. Anm. 31) 19–50.

[64] F. FONZI, I cattolici e la società italiana dopo l'Unità, Rom 1977; DERS., La Chiesa e lo Stato italiano, in: Storia della Chiesa (s. Anm. 13) I 273–335; D. MENOZZI, Chiesa e società in Italia durante il *Kulturkampf*, in: La Chiesa cattolica e la secolarizzazione, Turin 1993, 107–135. Zahlreiche Quellentexte finden sich bei P. SCOPPOLA, Dal neoguelfismo alla Democrazia cristiana. Antologia di documenti, Rom 1963; E. PASSERIN D'ENTRÈVES, L'eredità della tradizione cattolica risorgimentale, in: ROSSINI, Aspetti della cultura (s. Anm. 20) 253–287.

der Anerkennung der „vollendeten Tatsachen" zu formulieren[65]. Zwar fanden im März und
April (mit Zustimmung des Kardinalstaatssekretärs Lorenzo Nina) weitere Zusammenkünfte statt, doch fanden sie keine tragfähige Plattform der Verständigung. Weitere Gründe
für ihr Scheitern waren die Angriffe der Intransigenten wie der Antiklerikalen, aber auch
das Mißtrauen des Papstes.

Die Anhänger einer Kompromißlösung ließen sich dadurch jedoch nicht entmutigen. Ihr
Sprachrohr wurde *La Rassegna nazionale*, die in Florenz unter der Schriftleitung von
Manfredi Da Passano die Aktion der *Rivista universale* fortsetzte. Dieser Kreis verstand
sich als „katholisch mit dem Papst, liberal mit der Verfassung" und gab das im Juni 1886
vorgeschlagene „konservative Programm" als „treu katholisch und aufrichtig italienisch"
aus[66]. Auch andere Publikationsorgane nahmen sich der Problematik an und trugen zur
Verbreitung des „Amerikanismus" bei, d. h. der Vorstellung der Trennung von Kirche und
Staat und der Absicht, den Klerus von politischer Tätigkeit fernzuhalten: in Rom die 1881
gegründete Zeitschrift *La Rassegna italiana* und die 1886 ins Leben gerufene Mailänder
Tageszeitung *La Lega lombarda*[67].

Die Wahlreform von 1882, die die Zahl der Wahlberechtigten erhöhte, warf erneut die
Frage nach der Beteiligung an politischen Wahlen auf. Die Konservativen aller Schattie-
rungen waren besorgt um das Wahlrecht der Katholiken; selbst die Intransigenten befürchteten, daß eine dauerhafte Wahlenthaltung soziales Desinteresse und mangelndes Engagement unter den Katholiken begünstigen könnte. Die Formel „Wartestand in der
Enthaltung" besagte, daß der Zeitpunkt für die Aufhebung des *non expedit* noch nicht erreicht war, die Vorbereitung für den Ernstfall (Einsatz in den Bewegungen und Werken,
Ausbildung für öffentliche Aktionen) jedoch geboten war. In der Tat wurde das *non expedit* durch die Enzyklika *Immortale Dei* vom 1. November 1885 und durch das Hl. Offizium
am 30. Juli 1886 bestätigt. Die Haltung in der Frage der weltlichen Macht wurde mit Nachdruck in dem päpstlichen Schreiben vom Juni 1887 an Kardinal Mariano Rampolla wiederholt – als Antwort auf die Verhärtung der Regierung gegenüber der Kirche. Der Konziliatorismus erlitt erneute Rückschläge, die unnachgiebigen Positionen dagegen wurden
bestärkt, wie die Maßnahmen gegen die Rosminianer zwischen 1888 und 1890 belegen.
Mithin schien Ende der 80er Jahre jeder Versuch zur Aufhebung des *non expedit* zum
Scheitern verurteilt. So wurde Tosti in einer schriftlichen, vom *Osservatore romano* veröffentlichten Stellungnahme zum Widerruf gezwungen. Der in *La Rassegna nazionale* vom
1. März 1889 abgedruckte Beitrag *Roma e l'Italia e la realtà delle cose. Pensieri di un pre-
lato italiano* Bischof Geremia Bonomellis von Cremona wurde auf den Index gesetzt, Bonomelli zum öffentlichen Widerruf verurteilt.

Auf lokaler, gemeindlicher und provinzialer Ebene haben sich jedoch viele Verbindungen ergeben – oft mit Unterstützung der Bischöfe, die vor Ort eine realistische, d. h. den
weltlichen Behörden gegenüber konziliante Politik ermöglichten, wie im Fall von
Guglielmo Sanfelice in Neapel, Geremia Bonomelli in Cremona, Gaetano Alimonda in
Turin, Giovanni Battista Scalabrini in Piacenza, Giuseppe Sarto in Mantua, später in

---

[65] G. IONESTI, Il tentativo conciliatorista del 1878–1879. Le riunioni romane di Casa Campello, Rom 1988.
[66] O. CONFESSORE, Conservatorismo politico e riformismo religioso. La „Rassegna nazionale" dal 1898 al 1908,
Bologna 1971; CONFESSORE, I cattolici e la „fede nella libertà" (s. Anm. 50) 186–198.
[67] G. LICATA, La „Rassegna nazionale". Conservatori e cattolici liberali italiani attraverso la loro rivista (1879–
1915), Rom 1968.

Venedig[68]. Insofern war die Frage nach der Beteiligung der Katholiken bei den politischen Wahlen offen. Nun führte aber die Krise des liberalen Staates am Ende des 19. Jh. das Regime dazu, eine Einigung mit der Kirche hinsichtlich sozialer Fragen anzustreben. Francesco Crispi, Giovanni Giolitti, Antonio Di Rudiní intensivierten ihre Annäherungsbemühungen, um die Zulassung der Katholiken bei den Wahlen zu erhalten und damit die Wahlerfolge der Sozialisten zu unterbinden. Andererseits konnten sie die unnachgiebige Haltung der obersten Kirchenleitung in wirtschaftlichen und sozialen Fragen nicht teilen. So schwankte die liberale Politik zwischen Einigungsbestrebungen und Verhärtung.

1895 erinnerte Leo XIII. erneut an die Notwendigkeit des Fernbleibens von den Wahlen. Der Erfolg dieser Anweisung läßt sich nur schwer ausmachen. Zwischen 1861 und 1900 lag die Wahlbeteiligung zwischen 50 und 60 Prozent; sie war jedoch in Gegenden mit starker Verwurzelung des Kongreßwerkes weit geringer, im Süden dagegen, in dem das Werk relativ schwach vertreten, die unnachgiebige Haltung jedoch weit verbreitet war, höher (zwischen 60 und 70 Prozent).

Die Neigung der Katholiken, an den politischen Wahlen teilzunehmen, schien sich unter dem Sarto-Papst zu verstärken. Die Entwicklung der liberalen Mehrheit unter Giolitti, der den schroffen Positionen Di Rudinís und Crispis fernstand, und die Furcht vor dem Sozialismus führten nach der Formulierung Giovanni Spadolinis zur „leisen Versöhnung"[69]. Wenn auch der neue Papst im Oktober 1904 mit einem *nihil innovetur* ein Memorandum Bonomellis verwarf, der die Gefahren des Sozialismus beschwor und zur Beseitigung des *non expedit* aufrief, so ließ er doch schließlich im darauffolgenden Monat die Kandidatur von Katholiken bei politischen Wahlen zu. Bedingung war allerdings, daß sie im Fall ihrer Wahl „abgeordnete Katholiken" und keine „katholischen Abgeordneten" blieben[70]. In der Lombardei wurden drei Katholiken gewählt, d. h. praktizierende Christen, die in katholischen Bewegungen oder Werken tätig waren: Carlo Ottavio Corneggia in Mailand, Agostino Cameroni in Treviglio und Giuseppe Piccinelli in Bergamo.

Das *non expedit* war deswegen keinesfalls aufgehoben: Pius X. wollte das Problem von Fall zu Fall behandeln und wiederholte diese Einstellung 1905 in *Il fermo proposito*. 1909 wurden 21 Abgeordnete gewählt, darunter Filippo Meda, dem eine dem deutschen *Zentrum* vergleichbare Partei vorschwebte, die den Ausgleich mit den Liberalen ermöglichen sollte[71]. Nachdem 1912 eine erneute Ausweitung der Wählerschaft erfolgt war – was einem nunmehr nahezu allgemeinen Wahlrecht für Männer gleichkam –, beauftragte der Papst Graf Ottorino Gentiloni als Vorsitzenden der Wählerunion der katholischen Aktion mit der Klärung der wahlpolitischen Fragen. Ein Jahr später gelang ihm eine als „Gentiloni-Pakt" bezeichnete Übereinkunft, mit der die Unterstützung der Giolitti-Kandidaten durch katholische Verbände vorgesehen war (eigentlich der Kandidaten aller verfassungs-

---

[68] Der spätere Papst Pius X. war von 1884 bis 1893 Bischof von Mantua, dann Patriarch von Venedig bis 1903. Vgl. dazu G. Romanato (Hrsg.), Pio X. Un papa e il suo tempo, Mailand 1987, 117–137. 143–168.

[69] G. Spadolini, Giolitti e i cattolici (1901–1914), Florenz 1960. – Allgemein: G. Carocci, Giolitti e l'età giolittiana, Turin 1961; ders., Storia d'Italia dall'Unità ad oggi, Mailand 1975.

[70] G. Formigoni, I cattolici deputati (1904–1918). Tradizione e riforme, Rom 1988.

[71] Diese 21 gewählten Abgeordneten verteilten sich auf folgende Regionen: neun in der Lombardei, je drei in Venetien und in der Emilia, zwei im Piemont, je einer in Ligurien, Kalabrien, Sizilien und Sardinien. – Zu Filippo Meda vgl. G. de Rosa, Filippo Meda e l'età liberale, Florenz 1959; G. Formigoni (Hrsg.), Filippo Meda tra economica, società e politica, Mailand 1991; S. Trinchese, Governare dal Centro. Il modello tedesco nel „cattolicesimo politico" italiano del '900, Rom 1994, 10–14.

mäßigen Parteien, wenn sie sich zu einer antisozialistischen Einstellung bekannten). Daran war die Bedingung geknüpft, daß sie ein Sieben-Punkte-Programm zur Verteidigung der Religion unterschrieben: Widerstand gegen jedes für die Kongregationen und die katholische Unterweisung schädliche Gesetz, Verteidigung der Familie gegen die Einführung des Scheidungsrechtes und Einsatz für die „Umsetzung der Gerechtigkeit in den sozialen Beziehungen". Das *non expedit* wurde somit in 330 von 508 Wahlgremien beseitigt und nur dort weiter aufrechterhalten, wo eine Übereinkunft nicht erreicht werden konnte. 43 dem katholischen Umfeld zugehörige Abgeordnete wurden daraufhin gewählt; sie bildeten jedoch keine homogene parlamentarische Gruppe. 228 Abgeordnete wurden mit der Unterstützung von Katholiken gewählt. Die klerikal-gemäßigte Richtung wurde zu einer bedeutsamen und dauerhaften Größe im politischen und religiösen Leben Italiens[72]. Damit ging eine Entwicklung zu Ende, die vom liberalen Katholizismus über den Konziliatorismus und kompromißfreudige Tendenzen zu klerikal-gemäßigten Übereinkünften im Sinn einer Einigung zwischen zwei „Parteien" – der klerikalen und der gemäßigten – auf konservativer Grundlage führte. Diese Lösung wurde von verschiedenen Kommunen (vor allem in Mailand) seit Ende des 19. Jh. praktiziert.

Zwar mußte man noch bis 1916 warten, bis mit Filippo Meda der erste gewählte Katholik Mitglied der italienischen Regierung wurde. Trotzdem hatten die Katholiken ihre politische Stärke bewiesen. Autonome Kandidaturen hätten einen Umsturz in der politischen Landschaft ausgelöst, der dann 1919 mit dem Auftauchen der von Luigi Sturzo gegründeten Volkspartei auf der politischen Bühne erfolgte.

2. Bewegung oder Partei?

Die Gefährdung der Ausgleichsbemühungen am Ende der 80er Jahre entsprach der Entwicklung der im Kongreßwerk verkörperten intransigenten Bewegung. Das Kongreßwerk erlebte nach 1878 einige schwierige Jahre, verbunden mit Hoffnungen auf einen Ausgleich, der dem militanten Enthusiasmus gerade nicht entgegenkam. Außerdem ergaben sich Organisationsprobleme und Schwierigkeiten mit den Beziehungen zu den zahlreichen katholischen Verbänden. Die 1883 veröffentlichten Statuten hatten die Ziele festgelegt: „Das katholische Werk der Kongresse und Komitees wurde mit dem Ziel konstituiert, Katholiken und katholische Verbände Italiens in einer gemeinsamen und koordinierten Aktion zu vereinigen, zur Verteidigung der Rechte des Hl. Stuhls und der religiösen wie sozialen Interessen der Italiener, entsprechend den Wünschen und Anregungen des Pontifex Maximus und unter dem Schutz des Episkopats und des Klerus".[73]

Unter der autoritären Leitung des Venezianers Giambattista Paganuzzi wurde die Orga-

---

[72] O. CONFESSORE, Il cleromoderatismo, in: F. MALGERI (Hrsg.), Storia del Movimento cattolico in Italia, Rom 1980, II 121–182.

[73] Vgl. dazu TRANIELLO – CAMPANINI, Dizionario storico (s. Anm. 61); Bollettino dell'Archivio per la storia del movimento sociale cattolico in Italia, Mailand 1966ff. Von der nahezu unüberschaubaren Literatur seien erwähnt: A. GAMBASIN, Il movimento sociale (s. Anm. 62); G. DE ROSA, Il Movimento (s. Anm. 61); G. CANDELORO, Il Movimento cattolico in Italia, Rom 1953; B. GARIGLIO – E. PASSERIN D'ENTRÈVES (Hrsgg.), Introduzione alla storia del Movimento cattolico in Italia, Bologna 1979; M. ROSSI, Le origini del partito cattolico. Movimento cattolico e lotta di classe nell'Italia liberale, Rom 1977; F. MALGERI (Hrsg.), Storia del Movimento cattolico in Italia, 2 Bde., Rom 1980–1981 (darin vor allem S. TRAMONTIN, L'intransigentismo cattolico e L'Opera dei congressi, I 1–229); S. AGÒCS, The Troubled Origins of the Italian Catholic Labor Movement (1878–1914), Detroit 1988.

nisation beachtlich verstärkt und durch die in *Rerum novarum* (1891) gegebenen Anstöße begünstigt.

Das Werk war auf die einzelne Kirchengemeinde ausgerichtet, die nach dem Willen Paganuzzis zum Zentrum der Aktivitäten und zum Ausgangspunkt für die Rückgewinnung der Gesellschaft werden sollte. Es blieb streng hierarchisch organisiert mit Gemeinde-, Diözesan- und Regionalkomitees und der zentralen Leitung in den Händen des Ständigen Komitees und des Vorstandsrates. Auch die klerikale Strukturierung wurde erweitert, wobei die ständigen Sektionen in Gruppierungen mit fünf Unterabteilungen aufgegliedert wurden: 1. Organisation und allgemeine Aktion: Jugendliche, der 1896 gegründete katholische Universitätsbund (FUCI), weibliche Verbände, Kultus und Wallfahrtswesen, Wahlen; 2. Christliche Sozialökonomie, soziale und wirtschaftliche Hilfswerke (landwirtschaftliche Kassen, Arbeiterkreise, Genossenschaften), Emigration; 3. Erziehung und Unterricht; 4. Pressewesen; 5. Christliche Kunst. Diese Strukturen machten das Werk zu einem außerordentlich dynamischen und verzweigten katholischen Verbandswesen. 1897 bestanden 17 Regionalkomitees, 188 Diözesankomitees, 3982 Gemeindeausschüsse, 708 Jugendsektionen, 17 Universitätskreise, 588 landwirtschaftliche Kassen, 688 Arbeitergesellschaften, 24 Tageszeitungen und 155 Zeitschriften. Trotzdem blieb die regionale Verwurzelung unterschiedlich.

Mit Erstaunen erkennt der Beobachter den Einfluß, die Anpassungsfähigkeit und Fähigkeit dieser Organisation, auf die vielfachen Bedürfnisse zu reagieren. Kein Bereich schien außer acht geblieben zu sein: Die religiösen und geistlichen Aktivitäten (liturgische Feiern, Wallfahrten, Aufbau von Kirchen und Oratorien, Sammlung des Peterspfennigs etc.) grenzten an den kämpferischen Geist der Caritas in ihrer klassischen Form. Große Beachtung fand das Pressewesen, das mit der Gründung zahlreicher Wochenzeitschriften auf Diözesanebene bedeutenden Zuwachs erfuhr[74]. Das Interesse konzentrierte sich auf wirtschaftliche Einrichtungen in einer Zeit, in der die soziale Frage mit der Industralisierung und der Agrarkrise sehr in den Blickpunkt gerückt war. Man gründete Genossenschaften, landwirtschaftliche Kassen[75], Versicherungsanstalten und Unterstützungsgesellschaften. Die Enzyklika *Rerum novarum* vom 15. Mai 1891 nahm dabei den Rang einer „großen Sozialcharta" ein[76] und gab den Anstoß zu einem Aufschwung des sozialen Engagements unter den italienischen Katholiken, zu einem tieferen Verständnis für soziale und wirtschaftliche Probleme. Es kam zur Gründung von Banken – wie der *Piccolo Credito bergamasco* (1891), der Bank *San Liberale* in Treviso (1892), der *Banca cattolica padovana* (Padua) und der *Banca cattolica vicentina* im Jahre 1893[77] sowie der Bank *San Marco* in Venedig (1895) und des *Piccolo Credito romagnolo* (1896). In der Diözese Brescia entstanden Genossenschaftsbanken mit Filialen für die Alpentäler. Ab 1892 unterstützte die zweite Ab-

---

[74] A. Majo, La stampa cattolica (s. Anm. 54) 65–70.

[75] P. Cafaro, Per una storia della cooperazione di credito in Italia. Le casse rurali lombarde (1883–1963), Mailand 1985; S. Tramontin, La figura e l'opera sociale di Luigi Cerutti. Aspetti e momenti del movimento cattolico nel Veneto, Brescia 1968; L. Trezzi – M. Gallo (Hrsgg.), Protagonisti e figure della cooperazione cattolica (1893–1963), Rom 1970; J.-D. Durand, Les Débuts des caisses rurales en Italie: entre intransigeantisme et action économique (1892–1914), in: M. Aubrun (Hrsg.), Entre idéal et réalité. Actes du Colloque International. Finances et Religion du Moyen Age à l'Epoque Contemporaine, Clermont-Ferrand 1994, 315–329.

[76] S. Tramontin, La Rerum novarum e il Congresso di Vicenza, in: Bollettino dell'Archivio per la storia del movimento sociale cattolico in Italia 3 (1968) 90–114.

[77] G. De Rosa, Una banca cattolica fra cooperazione e capitalismo. La Banca Cattolica del Veneto, Bari 1990.

teilung des Werkes unter dem Vorsitz von Graf Stanislao Medolago Albani und unter der Mitwirkung von Nicolò Rezzara die rasche Ausbreitung ländlicher Kassen und Arbeitergesellschaften in allen Regionen, mit der Unterstützung von Luigi Sturzo[78] bis nach Sizilien und von Carlo De Cardona in Kalabrien[79]. Die ländlichen Kassen waren in ein ganzes Netz katholischer Organisationen einbezogen, die sich um alle Arbeitsformen der Landwirte kümmerten: Verbrauchergenossenschaften zur Preiskontrolle, Erzeugergenossenschaften (Winzervereinigungen, Gemeinschaftsmühlen, Molkereigenossenschaften, Gemeinschaftsbäckereien) und Gemeinschaftsapotheken. 1895 wurden diese sozialen Einrichtungen im Anschluß an den Turiner Katholikenkongreß mit der Gründung einer katholischen Versicherungsgesellschaft gegen Hagelschlag abgerundet, die später auch Brandgefahren einbezog.

Das Schulwesen wurde in gleicher Weise berücksichtigt: So entstand 1893 auf Veranlassung Giuseppe Tovinis, dem Vorsitzenden der Abteilung „Erziehung und Unterricht" im Kongreßwerk, die Zeitschrift *Scuola Italiana Moderna* für die Fortbildung der Grundschullehrer. Am 13. Mai 1904 rief das Kongreßwerk den Verlag *La Scuola* ins Leben, der sich auf schulische Fragen spezialisierte[80].

Theoretiker und aktivster Verfechter des italienischen Sozialkatholizismus war Giuseppe Toniolo, Professor für Volkswirtschaft an der Universität von Pisa[81]. Er gründete 1889 (mit Unterstützung Medolago Albanis und des Kongreßwerks) die *Unione Cattolica per gli Studi sociali*, 1893 (zusammen mit Salvatore Talamo) dessen offizielles Publikationsorgan, die *Rivista Internazionale di Scienze Sociali*. 1894 verabschiedete die *Unione* auf dem Mailänder Kongreß das sogenannte „Mailänder Programm" *(Programma dei cattolici di fronte al socialismo)*, das wegen seiner kühnen Thesen großes Echo erfuhr. Dieses Programm forderte soziale Gerechtigkeit, verteidigte das Privateigentum (bei gleichzeitiger Betonung der damit verbundenen sozialen Verpflichtung) und sprach sich für die Körperschaften aus, ohne die „reinen Arbeiterberufsverbände" auszuklammern. Daneben befürwortete es die Idee der Gewinnbeteiligung. Mit seiner sozialwissenschaftlichen Zeitschrift verstand es Toniolo außerdem, den italienischen Sozialkatholizismus für ausländische Unternehmungen zu öffnen, z. B. für die Aktivitäten Kettelers in Deutschland oder Eugène Duthoits, Henri Lorins und Marius Gonins in Frankreich.

Die in vielerlei Hinsicht beachtlichen Erfolge konnten das Kongreßwerk jedoch nicht vor Rückschlägen schützen. 1898 wurde es durch die gewaltsame Unterdrückung von seiten der Regierung Di Rudinís erschüttert: Militante Katholiken wurden gefangengenommen, Regional-, Diözesan- und Gemeindekomitees, Jugendgruppen und universitäre Kreise aufgelöst; das Werk konnte sich davon nicht mehr vollständig erholen. Zudem beeinträchtigten es innere Spaltungen. Mindestens vier Tendenzen zeichneten sich ab: Die unnachgiebige Richtung Paganuzzis wollte dem liberalen Staat gegenüber autonom blei-

---

[78] A. CAMMARATA, Le Casse rurali in Sicilia, Rom 1952; neu hrsg. in: Scritti sul sindicalismo e la cooperazione, San Cataldo 1986.

[79] L. INTRIERI, Don Carlo De Cardona e il movimento delle Casse Rurali in Calabria, Cosenza 1985.

[80] F. MALGERI, La nascità di „S. I. M." nella realtà culturale e politica di fine Ottocento, in: Scuola Italiana Moderna, Juni 1994, 33–48. – Zu Tovini: Giuseppe Tovini nel suo tempo, Brescia 1978; A. CISTELLINI, Giuseppe Tovini, Brescia 1954 (ND 1995).

[81] P. PECORARI (Hrsg.), Giuseppe Toniolo tra economia e società, Udine 1990 (dort vor allem S. TRAMONTIN, Giuseppe Toniolo e il movimento cattolico, 181–213); P. PECORARI, Toniolo. Un economista per la democrazia, Rom 1991.

ben, die Gruppe um Giuseppe Toniolo, Nicolò Rezzara und Radini Tedeschi strebte nach einem intensiveren sozialen Engagement und befürchtete, daß die Existenz zahlloser Organisationen falsche Illusionen wecke. Sie verlangte daher, daß die Organisationen nicht nur Aktionszentren, sondern auch die Basis einer neuen Gesellschaft, der Weg zur Neuordnung der Gesellschaft seien[82]. Die kompromißbereiten Konservativen strebten nach einer Einigung mit den Vertretern des Staates und schreckten vor allzu gewagten Initiativen zurück. Andere – wie Filippo Meda – suchten eher nach einem Weg vom örtlichen Engagement zur politischen Wahl. Schließlich gab es noch die christlich-demokratische Richtung.

Unter der Leitung des jungen Priesters Romolo Murri trat eine neue Generation auf, die der unnachgiebigen Richtung verpflichtet war, aber stets ihre Distanz zu dem ehrenwerten, aber reformbedürftigen (weil unzeitgemäßen) Werk unterstrich. Murri und seine Freunde verfolgten eine Linie, die sich von der Verteidigung der kirchlichen Rechte entfernte. Sie akzeptierten den Streik als Aktionsform und gründeten Arbeitsligen oder Arbeitsagenturen, die an den Gewerkschaftskämpfen teilnahmen. Sie verbreiteten ihre Vorstellungen über mehrere Zeitungen: in dem 1897 von Giovan Battista Valente gegründeten *Il Populo italiano*, in dem seit 1901 erscheinenden *Il domani d'Italia* und vor allem in *Cultura sociale politica e letteraria* (seit 1898), in der Murri die *„propositi da parte cattolica"* veröffentlichte. Die Synthese dieser Vorschläge findet sich in den 12 Punkten des von Valente und Francesco Invrea abgefaßten und am 15. Mai 1899 zum achten Jahrestag von *Rerum novarum* veröffentlichten „Turiner Programms". Dies war das erste wirklich politische Programm der Democrazia cristiana[83]. Es sah die Strukturierung der Gesellschaft in korporativen Berufsverbänden vor, die administrative Dezentralisierung auf kommunaler und regionaler Ebene, Wahlen nach dem Verhältniswahlrecht, das Volksreferendum, eine Gesetzgebung zum Schutz der Arbeit, Aufrechterhaltung der ländlichen Kleinbetriebe, progressive Steuersätze, Verminderung der militärischen Ausgaben und die allgemeine Abrüstung. Mit großem polemischem Talent griff Murri den bürgerlichen Staat an und warf dem Werk Unbeweglichkeit vor.

Ab 1901 stieß die Murri-Richtung auf vielfältige Schwierigkeiten. Leo XIII. wollte die Vereinnahmung der Religion durch die Politik verhindern und die christliche Demokratie auf soziale Aktivitäten beschränken, mithin deren Ausgreifen auf die politische Ebene unterbinden. Er rief auch ins Bewußtsein, daß ein Engagement der Katholiken in der Gesellschaft nur im Rahmen einer Unterordnung unter die Hierarchie geschehen könne. Diesem Ziel waren die Enzyklika *Graves de communi* vom 18. Januar 1901 und die *„Instruktionen zur christlich-populären oder christlich-demokratischen Aktion in Italien"* verpflichtet, die am 27. Januar 1902 von der Hl. Kongregation der außerordentlichen Kirchenangelegenheiten veröffentlicht wurden und durch das *Motu proprio* Pius' X. vom 18. Dezember 1903 Bestätigung fanden. Mit der Definition der christlichen Demokratie als *„benefica in populum actio christiana"* wollte Leo XIII. den politisch-religiösen Unklarheiten ein Ende setzen. Einige Zeit vorher schon hatte Toniolo auf Bitten des Papstes eine ähnliche Charakterisierung der christlichen Demokratie (als Verteidigung der Volksinteressen) in einem Beitrag der *Rivista Internazionale di Scienze Sociali* aus dem Jahre 1897 vorgelegt.

---

[82] S. Tramontin, Carità o giustizia? Idee ed esperienze dei cattolici sociali italiani dell'800, Turin 1974.

[83] A. Zussini, I programmi della prima democrazia cristiana e il programma di Torino (1899), in: B. Gariglio (Hrsg.), Cristiani in politica. I programmi dei movimenti cattolici democratici, Mailand 1987, 15–38; M. Guasco, Romolo Murri. Tra la „Cultura sociale" e „Il Domani d'Italia" (1898–1906), Rom 1988.

Brachte Leo XIII. den Christdemokraten Wohlwollen entgegen, indem er ihr Handeln als „Tatsache unleugbarer Bedeutung" und als „nützlichen Beitrag" ansprach[84], so war Pius X., der den Kampf gegen den Modernismus zum großen Anliegen seines Pontifikats erklärte und über Entwicklungen besorgt war, die einem gefährlichen Abgleiten gleichkamen[85], in seiner Haltung weit vorsichtiger. Das *Motu proprio* von 1903 bestand auf der notwendigen Einheit der Katholiken und warf den Christdemokraten implizit vor, sie brächten Gärstoffe einer anstößigen Teilung ein.

Murri strebte in der Tat eine von der Hierarchie losgelöste Aktion an – und damit auch die Revision des Grundsatzes der Enthaltung katholischer Christen vom politischen Leben. Er empfahl den Katholiken, sich der modernen Welt zu stellen, anstatt von einer mythenbehafteten Rückkehr zu einer hypothetischen *unanimitas christiana* zu schwärmen. Die christliche Demokratie Murris vereinigte in sich eine grundlegende Erneuerung des Engagements der Katholiken, aber auch einen Teil religiöser Erneuerung und Kritik an der Kirche. Seine Angriffe konnten schonungslos sein, wie z. B. in seinem berühmten Aufsatz von 1902 über den *Crollo di Venezia* (den „Sturz Venedigs"). Er verglich darin Paganuzzi als Alterspräsidenten des katholischen Werkes mit dem kurz zuvor eingestürzten Campanile von San Marco in Venedig.

Die Einheit des Werkes konnte jetzt nur schwer aufrechterhalten werden, und das von Leo XIII. an den Tarenter Kongreß vom September 1901 gerichtete Breve, in dem er seinen Willen kundtat, alle Christdemokraten – verstanden als „eine Gruppe junger Menschen mit frischen Kräften und gestähltem Willen" – in diese Organisation zu integrieren, war ganz offenkundig unzureichend. Die Ablösung Paganuzzis durch den gemäßigten und aufgeschlossenen Grafen Giovanni Gròsoli (1859–1937) im Oktober 1902 schien den Zusammenhalt wieder zu sichern. Doch brachen die Gegensätze zwischen den Christdemokraten und der von Paganuzzi geführten unnachgiebigen Richtung auf dem 19. Kongreß in Bologna (November 1903) wieder auf.

Der auf die Einheit der Katholiken zum Schutz des *depositum fidei* vor den Angriffen der Moderne bedachte Pius X. griff zu einer Radikallösung: Am 30. Juli 1904 wurde das Werk aufgelöst und die katholische Aktion unter strenge Kontrolle der Hierarchie gestellt, die er allein für befähigt hielt, „omnia instaurare in Christo" (gemäß der Enzyklika *Il fermo proposito* vom 5. Juni 1905)[86].

Drei „Unionen" schlossen in der Folgezeit die Katholiken zusammen: die *Unione popolare fra i cattolici italiani*, die *Unione economica-sociale dei cattolici italiani* und die *Unione elettorale cattolica italiana*. Jede Union war der anderen gegenüber autonom, auch bestand keine Zentralgewalt.

Das von Toniolo entworfene Programm der ersten Union schloß jede Autonomie der Laien gegenüber der Hierarchie aus. Sie war verantwortlich für alle Fragen der Organisation, Erziehung und Propaganda. Ihr kam das Verdienst zu, die „Sozialen Wochen" ins Leben gerufen zu haben, die zum ersten Mal 1907 in Pistoia abgehalten wurden[87]. Die FUCI gehörte zur Volksunion, während die von Filippo Tolli geleitete Wahlunion für die Koor-

---

[84] S. Zoppi, Dalla „Rerum novarum" alla democrazia cristiana di Murri, Bologna 1991, 209f. 214.

[85] D. Menozzi, La Chiesa cattolica e la secolarizzazione (s. Anm. 64) 145.

[86] D. Veneruso, L'Azione cattolica italiana durante i pontificati di Pio X e di Benedetto XV, Rom 1983, 3–75.

[87] G. Romanato, Pistoia 1907 l'inizio delle Settimane Sociali, in: Il cammino delle Settimane Sociali, Rom 1989, 19–36; Le Settimane Sociali. 90 anni di storia dei Cattolici italiani, Rom 1989.

dinierung der katholischen Wahlverbände zuständig war, deren Hauptziel die Beteiligung bei den administrativen Wahlen darstellte. Die Wahlergebnisse von 1905, 1910 und 1914 fielen für die Katholiken günstig aus, denen nun die Verwaltung in den Großstädten Mailand, Rom, Padua, Genua, Bologna und Ferrara sowie in einer Vielzahl ländlicher Kommunen oblag. Die Wahlunion hatte schließlich die Aufhebung des *non expedit* zu kontrollieren.

Die Wirtschafts- und Sozialunion stand weiterhin unter der Leitung Medolago Albanis, mit Nicolò Rezzara als Sekretär. Daran angegliedert war der riesige Komplex der ländlichen Kassen, Arbeiterverbände, Unterstützungskassen, Banken und Genossenschaften. 1909 formierten sich Arbeitergewerkschaften im Textilgewerbe und bei den Eisenbahnern, 1911 entstanden Angestelltengewerkschaften. Auch das *Segretario Generale delle Unioni professionali*, das nach dem Krieg zum „weißen Bündnis" werden sollte, nahm allmählich Strukturen an. Dieses erste christliche Gewerkschaftsforum, das 1909 die streikenden Arbeiter von Ranica in Schutz nahm, wurde von Bischöfen wie Luigi Pellizzo in Padua oder Radini Tedeschi in Bergamo unterstützt[88].

Die *Società della Gioventù Cattolica Italiana* konnte als Organisationsform der katholischen Jugend ihre Autonomie gegenüber dem Kongreßwerk wahren. Sie stand seit 1900 unter der Leitung von Paolo Pericoli und kümmerte sich um alle die Jugendlichen betreffenden Aktivitäten. 1908 entstand mit der von Maria Cristina Giustiniani Bandini gegründeten *Unione fra le donne cattoliche* eine neue Organisation[89]. Sie entsprach dem Wunsch Pius' X., daß Frauen ihren Einfluß über die Familie hinaus geltend machen sollten. Sie sollten aktiv an dem von der Kirche beabsichtigten Plan der christlichen Erneuerung teilnehmen, den sozialistisch geprägten Feminismus direkt bekämpfen und die vom Laizismus bestrittenen Ideale von Familie und Religion verteidigen. Ein positives Beispiel für diese Aktion stellt die 1901 von Elena Da Persico in Mailand gegründete Zeitschrift *L'Azione muliebre* dar[90]. Die Union unterstützte die ersten weiblichen katholischen Berufsverbände, die sich unter den Telefonistinnen und Krankenschwestern herausbildeten.

Während sich diese neuen Organisationsformen der katholischen Aktion darum bemühten, die vom Kongreßwerk nicht abgedeckten Freiräume in einem vom Papst vorgegebenen Rahmen auszufüllen – der allerdings der autonomen Laienbewegung jede Berechtigung absprach –, setzte Romolo Murri seine Aktivitäten fort und gründete im November 1905 mit der *Lega democratica nazionale*[91] eine nationale Bewegung. Da er sich in vollständiger Unabhängigkeit gegenüber der Hierarchie gegen die allgemeine Entwicklung stellte, war sein kühnes Unterfangen nur von kurzer Dauer. Am 28. Juli 1906 wurde den Klerikern in der Enzyklika *Pieni l'animo* verboten, seiner Bewegung beizutreten. Murri wurde 1907 suspendiert und 1909 exkommuniziert, nachdem er zum Abgeordneten in der Romagna gewählt worden war. Diese Erfahrungen waren zwar schmerzlich für die Christdemokraten, bildeten jedoch eine Entwicklungsstufe von großer Bedeutung: Einige der Verdienste Murris waren die Bewußtseinsbildung für die Beziehungen zwischen Laien und

---

[88] P. Gios (Hrsg.), Le scelte pastorali della Chiesa padovana (1883–1982), Padua 1992, 90–94.

[89] C. Dau Novelli, Società, Chiesa e associazionismo femminile. L'Unione fra le Donne cattoliche d'Italia (1902–1919), Rom 1988.

[90] A. Pasoni, Elena Da Persico: una donna nella storia. Il suo contributo al sorgere del femminismo cattolico, Rom 1991.

[91] P. Scoppola, Il modernismo politico in Italia: la Lega democratica nazionale, in: Rivista Storica Italiana 69 (1957) 61–109.

Staat, zwischen Demokratie und Katholizismus und für die Eigenständigkeit der Gläubigen innerhalb der politischen Welt.

Dieser Erfahrungsbereich war jedoch noch lange nicht abgeschlossen. 1911 wurde mit der von Eligio Cacciaguerra und Giuseppe Donati gegründeten christlich-demokratischen Liga eine neue Organisationsform geschaffen. Vor allem entwickelte Luigo Sturzo, ein sizilianischer Priester aus der Gefolgschaft Murris, neue Ideen, die nach dem Krieg zum Tragen kamen. Seine 1897 in Caltagirone gegründete Zeitung *La Croce di Constantino*, sein „Gemeindeprogramm für Katholiken" und seine Aktion auf Gemeindeebene[92] stellten die großen Linien heraus, die nach 1918 zu einer Volksbewegung führten: Unterscheidung zwischen Partei, politischer Aktion und Kirche, soziale Solidaritätsgemeinschaft, politische Demokratie, konsequente Beachtung der lokalen, besonders der kommunalen Autonomie, mit der die Achtung des Individuums in seinem Verhältnis zum Staat garantiert werden konnte.

Hinter diesem dialektischen Verhältnis zwischen Partei und kirchlicher Bewegung lassen sich die Schwierigkeiten erkennen, Methoden und Strategien für die christliche Durchdringung der italienischen Gesellschaft zu entwickeln. Unter Pius X. verschanzte sich die Kirche in Italien hinter Abwehrpositionen und verwarf den Geist der Neuerungen – auch wenn die unter Leo XIII. entstandenen Initiativen fortgeführt wurden, die schließlich unter Benedikt XV. Früchte trugen.

---

[92] U. Chiaramonte, Il municipalismo di Luigi Sturzo pro-sindaco di Caltagirone (1899–1920), Brescia 1992.

Siebtes Kapitel

Spanien und Portugal

VON ANTONIO MATOS-FERREIRA

I. Portugal in den Jahren nach 1860

1. Katholische Restauration im Kontext der konstitutionellen Monarchie

In der zweiten Hälfte des 19. Jh. ging die Kirche allmählich von einer Ablehnung des Regimes zur Kooperation über und war schließlich den Angriffen der monarchischen Opposition ausgesetzt. Dieser neuen Präsenz innerhalb der Gesellschaft entsprachen kirchliche Aktivitäten vor allem in den stark bevölkerten Gegenden. In ländlichen Gebieten war das Glaubensleben der großen Mehrheit der Christen Bestandteil ihrer traditionellen Kultur innerhalb der Sakramentspraxis und im Rahmen der öffentlichen Ausdrucksformen dieser Religiosität.

Viele Maßnahmen der Regierung betrafen kirchliche Angelegenheiten. Einige zielten darauf ab, die Einmischung der Kirche im sozialen und politischen Bereich zu kontrollieren, mit anderen wiederum sollte der Beitrag der Kirche in diesen Bereichen gefördert werden. Besondere Bedeutung wurde der Ausbildung des Klerus beigemessen, was mit der im April 1845 beschlossenen Neuorganisation der Priesterseminare zum Ausdruck kam. Sie schloß die Rückkehr verschiedener religiöser Orden ein, denen in der Folgezeit einige Institutionen der Klerusausbildung übertragen wurden. Weitere gesetzliche Fixierungen im Jahre 1857 betrafen die innere Struktur der Priesterseminare und die diesbezüglichen staatlichen Unterhaltszuweisungen. Diese Aufgaben rechtfertigten – neben der Missionsarbeit und dem Fürsorge- und Erziehungswesen – die allmähliche Neueingliederung einiger religiöser Kongregationen, wie der Lazaristen 1857 oder der Jesuiten 1858 im *Collegio Campolido* (Lissabon). Im Jahre 1861 eröffneten die Franziskaner ihr Priesterseminar in Varatojo wieder[1]. Diese Entwicklung setzte sich bis zum Ende des 19. Jh. fort, wobei mehrere der Vereinigungen oder Kongregationen neue Aktionsformen auszuarbeiten suchten. Allerdings sollte dieses progressive und wirkungsvolle Eindringen religiöser Orden energische Reaktionen bei den verschiedensten liberalen Richtungen auslösen. Eine der erbittertsten Kontroversen wurde ab 1858 um die auf französischen Ursprung zurückgehenden *Irmãs da caridade* (Schwestern der Nächstenliebe) geführt.

Den Regierungen lag besonders an der Beteiligung der Missionsarbeiter in den portugiesischen Kolonien. Mit einem 1856 veröffentlichen Dekret wurden die Lebensbedingun-

---

Zu Kurztiteln vgl. die jeweilige Erstnennung.

[1] A. MONTES, A Restauração da Província Franciscana de Portugal em 1891, in: Archivo ibero-americano 42 (1982) 509–560.

gen jener Priester des Königreichs verbessert, die zum Dienst nach Asien auswanderten. Diese Anordnung wurde später auch auf andere portugiesische Kolonien ausgeweitet. Die Ausübung der portugiesischen Schirmherrschaft *(padroado)* im Orient regelte 1857 das zwischen Portugal und dem Hl. Stuhl geschlossene Konkordat. Da jedoch der Klerus des Königreichs nicht ausreichte, mußte man auf religiöse Institute wie die 1866 nach Portugal gekommenen *Padres do Espíritu Santo* (Priester des Hl. Geistes) oder auf die seit 1881 angesiedelten *Irmãs de S. José de Cluny* (St. Josephs-Schwestern von Cluny) zurückgreifen. Die Erlaubnis zur Niederlassung in Moçambique wurde 1881 den Jesuiten und 1898 den Franziskanern erteilt. Gerade diese Maßnahmen entsprachen in gewisser Weise einer Reaktion auf die vom Vatikan im Memorandum von 1885 angesprochenen Probleme zur Situation der katholischen Missionare Portugals. In diesem Zusammenhang führte das gegenseitige Interesse von Kirche und Staat in Portugal zur Vertiefung ihrer Beziehungen, die 1886 mit der Unterzeichnung eines Konkordats zum Ausdruck kam. Dieses Konkordat wurde in den Jahren 1887, 1890 und 1891 revidiert und fortlaufend ergänzt.

Hatte sich in den Beziehungen zwischen Kirche und Staat eine Normalisierung eingestellt, so verlagerten sich jetzt die Spannungen deutlich auf die Ebene der bürgerlichen Gesellschaft: Über ihre Presse und Organisationen zeigte sich die Kirche antiliberal und feindselig gegenüber dem Freidenkertum und religions- wie kirchenkritischen Positionen, die sich zunehmend in der Gesellschaft bemerkbar machten. Diese Entschlossenheit offenbarte sich auch in Zusammenhang mit der Diskussion über Zivilehe und kirchliche Trauung anläßlich der Kodifizierung des bürgerlichen Rechts (1865) oder in Zusammenhang mit der Organisation öffentlicher Demonstrationen.

Die Verwirklichung der *Conferências do Casino* im Jahre 1871 stellt eine Etappe in diesem Prozeß dar. Dieses Ereignis kennzeichnete nicht nur das Auftreten einer militanten Generation, sondern auch den Bruch einiger Persönlichkeiten des öffentlichen Lebens mit dem monarchischen Regime, der in der Gründung des *Centro republicano* 1873, der republikanischen Partei *(Partido republicano)* oder auch bei der Entstehung der sozialistischen Partei Portugals Gestalt annahm. Auf der Grundlage von Art. 6 der Verfassungsurkunde setzte die Regierung die Konferenzen außer Kraft und ließ damit den Einfluß der Kirche in der öffentlichen Debatte über die Verbindung von Religion und portugiesischer Kultur erkennen.

Der Einfluß der Kirche reichte jedoch noch viel weiter. So wurde der Einsatz der kirchlichen Presse und vor allem der Kanzel als Einflußfaktor für politische Wahlen beargwöhnt. Eine Regierungsanordnung von 1857 legte den Priestern nahe, sich jeder Einflußnahme bei Wahlen und politischen Entscheidungen zu enthalten. Ganz allmählich entstanden katholische Verbände, die – wenn auch von religiösen Kongregationen unterschieden – über die katholische Erziehung und die Mobilisierung ihrer Mitglieder in mehreren Bereichen aktiv geworden sind: Presse, öffentliche Demonstrationen, Kongresse, Sozialwerke und Wohlfahrtsvereine oder auch Arbeiterverbände.

Der Antiklerikalismus kristallisierte sich als Programmpunkt der regierungsfeindlichen Kräfte heraus – vor allem bei den Republikanern, die ihn zunehmend in den politischen Auseinandersetzungen instrumentalisierten. Für sie bedeutete der Widerstand gegen die Kirche eine eindeutige Ausrichtung ihres Kampfes, weil auf diese Weise ihre konservativen Gegner mit den von kirchlichen und klerikalen Strukturen abhängigen Organisationen identifiziert werden konnten. Eine Komponente dieses Antiklerikalismus war die Feindschaft gegenüber den Kongregationen. Bei der Hundertjahrfeier des Todes des Marquis de

Pombal im Jahre 1882 war das Anwachsen der feindseligen Haltung gegen die Jesuiten unverkennbar.

Gelegentlich entschlossen sich die Regierungen zu Maßnahmen gegen die Tätigkeit der Kirche, vor allem hinsichtlich der Präsenz religiöser Orden. So suchten sie einigen Kritikpunkten der republikanischen Opposition zu entsprechen, um die Aktivitäten mehrerer religiöser Institutionen einzuschränken und zu kontrollieren. Diese Einstellung kommt in dem von der Regierung Ernesto Rodolfo Hintze Ribeiros erlassenen Dekret vom 18. April 1910 wie auch in Maßnahmen der Regierung António Teixera de Sousas am Vorabend der republikanischen Revolution zum Tragen.

Der Antiklerikalismus wurde zu einem Instrument des politischen Kampfes und der Propaganda, das sowohl die oppositionellen Kräfte wie auch die monarchischen Regierungen einsetzten.

In den 70er Jahren kristallisierte sich allmählich eine katholische Vereinsbewegung heraus. Vom 27. Dezember 1871 bis zum 5. Januar 1872 fand in Porto die *Assembleia dos oradores e escritores católicos* (Versammlung der katholischen Redner und Schriftsteller) statt, die als erster Katholikenkongreß Portugals betrachtet werden kann. Auf dieser Versammlung kamen einige der Persönlichkeiten zu Wort (vor allem Laien), die Denken und Handeln der katholischen Bewegung während der zweiten Hälfte des 19. Jh. geprägt haben[2]. Nach dieser Initiative trat die *Associação Católico do Porto* (der katholische Verband von Porto) hervor, die ab 1872 die Veröffentlichung der Zeitung *A Palavra* unterstützte. Dieses Blatt gewann großen Einfluß auf katholische Kreise und sollte in gewisser Hinsicht zum Sprachrohr der katholischen Sozialbewegung werden.

In lockerer Folge wurden weitere Unternehmungen begonnen. So wurde 1879 in Lissabon die *Associação Promotora de Operários* (Verband zur Förderung der Arbeiter) mit dem Ziel sozialer Absicherung und Unterstützung gegründet. Der Wirkungskreis dieses Verbandes blieb zwar begrenzt, weil außerhalb der Hauptstadt nur noch in Setúbal ein Zentrum aufgebaut werden konnte. Doch trugen seine Aktivitäten – über Konferenzen, Pressebeiträge und Veröffentlichungen wie *A Cruz do Operário* (Das Kreuz des Arbeiters), in denen eine antisozialistische Apologetik vertreten wurde – dazu bei, katholischen Kreisen das Arbeiterproblem zu vermitteln. Die lehramtlichen Äußerungen Leos XIII. und die Vermittlung seiner Nuntien förderten zudem die Aktivitäten der portugiesischen Katholiken.

Die Sicht eines ganzheitlichen Katholizismus und das Bestreben, die Gesellschaft dazu zu bringen, in der Religion (besonders in der katholischen) den richtigen Halt gegen den „Haß auf die gegenwärtige Gesellschaft" zu erkennen, fand in Manuel Correira de Bastos Pina, dem Bischof von Coimbra, einen begeisterten Vertreter. Inspiriert von der Enzyklika *Aeterni Patris* (1879), begann er im gleichen Jahr im Priesterseminar seiner Diözese eine Vorlesung über thomistische Philosophie und gründete nach dem Vorbild des spanischen Kardinals Zeferino Gonzáles die Thomas-von-Aquin-Akademie (1880), deren Publikationsorgan *Instituições Cristãs* (ab 1883) eine „philosophische Erneuerung" anstrebte. Da Coimbra damals die einzige Universitätsstadt des Landes war, verdeutlichen diese Initiativen das Anliegen, eine katholische Elite aus mehreren Regionen heranzubilden – und dies an einem Ort, an dem sich positivistische und sozialistische Vorstellungen bemerkbar

---

[2] M. CLEMENTE, O Congresso Católico do Porto (1871–1872) e a emergência do laicado em Portugal, in: Lusitania Sacra 2. Reihe 1 (1989) 179–195.

machten. In der gleichen Zeit (1880) wurde von Pater Sena de Freitas in Coimbra eine *St.-Vinzenz-von-Paul-Konferenz* gegründet.

Das soziale Problem wurde im wesentlichen als eine moralische Krise und die Religion als ihre einzig wahre Lösung betrachtet. Zu Beginn der 80er Jahre wurden die Unternehmungen aus dem Ausland bekannt – wie die Idee der Arbeiterkorporationen Léon Harmels oder Albert de Muns sowie die katholischen Arbeiterkreise oder auch das katholische Kongreßwerk in Italien. Die sozialen und wirtschaftlichen Verhältnisse in Portugal besaßen damals allerdings ein anderes Ausmaß, das der Einwirkung der katholischen Bewegung auf das Volk Grenzen setzte. Mit der Veröffentlichung von *Rerum novarum* (1891) erhielt die soziale Frage jedoch besonderes Gewicht [3]. In seinem am 3. November 1891 veröffentlichten Pastoralbrief versuchte Kardinal Amérigo Ferreira dos Santos Silva, die Inhalte der Enzyklika Leos XIII. auf die portugiesischen Verhältnisse zu übertragen. Auch andere kirchliche Würdenträger riefen in ihren Fastenhirtenbriefen 1892 zur Organisation der Katholiken gemäß den päpstlichen Leitlinien auf. Die portugiesischen Bischöfe verurteilten den sich in der portugiesischen Gesellschaft vollziehenden Laisierungsprozeß. Viele Kirchenvertreter verstanden die soziale Frage und das Arbeiterproblem aber nach wie vor als eine Frage der Moral, deren Lösung nur in der Religion und in der Nächstenliebe gefunden werden könne. Von dieser Vorstellung war auch ein auf dem Zusammenschluß der Katholiken und dem Aufbau eines katholischen Verbandswesens basierendes Mobilisierungsprogramm getragen, das den Arbeiter befähigen sollte, „gut" zu sein, d. h. die Familie als Grundlage der Gesellschaft aufrechtzuerhalten, das Eigentum zu verteidigen und die Bildung zu fördern, damit die Prinzipien der Religion wieder Eingang in die Gesellschaft finden konnten.

Manuel Frutuoso da Fonseca gründete 1898 in Porto mit Unterstützung des dortigen Bischofs den ersten katholischen Arbeiterkreis *(Círculo Católico de Operários)*. Unter Mithilfe der Zeitung *A Palavra*, die ab 1899 das zur Verbreitung der Ziele und Aktivitäten der *Círculos Católicos Operários* bestimmte Beiblatt *Grito do Povo* (Aufschrei des Volkes) herausgab, entstanden überall im Land neue Kreise, vor allem im Norden des Tejo und in Setúbal. 1902 zählten die *Círculos Católicos de Operários* 5000, 1903 6000 und 1907 12 000 Mitglieder.

Die katholische Presse und die Aktivitäten des Klerus waren entscheidend für den Ausbau der katholischen Sozialbewegung. In dieser Phase versuchte die Bewegung, ihr ethisches Programm sozialer Beziehungen auf der Grundlage einer Aktion mit „realistischen und erreichbaren" Forderungen zu verwirklichen, das in einer klassenübergreifenden Konzeption des Verhältnisses von Kapital und Arbeit seinen Ausdruck fand. Diese Einstellung der Katholiken zur Arbeiterfrage stieß auf heftigen Widerstand einiger republikanischer Gruppierungen und auch anarchistisch-gewerkschaftlicher Kräfte. Sie verurteilten vor allem die Vereinnahmung der Arbeiter und ihres Kampfes durch die Kirche.

In den Jahren, die der Veröffentlichung der päpstlichen Enzyklika vorausgingen, wurden einige Initiativen zur Mobilisierung der Katholiken ergriffen. Das Schreiben Leos XIII. vom 14. September 1886 an die portugiesischen Bischöfe rief zur Einheit der Katholiken auf: „Verhängnisvoll [ist] der Irrtum aller derjenigen, die nicht klar zwischen religiösen und bürgerlichen Angelegenheiten unterscheiden und [...] im Namen der Religion für politische Parteien eintreten". Wie bei anderen Nationalkirchen bestand der Pon-

---

[3] J. PINHARANDA GOMES, A recepção da encíclica Rerum Novarum em Portugal (1891–1900), in: Humanística e Teologia 12 (1991) 203–261.

tifex auf der Notwendigkeit, die politischen Spaltungen in den Hintergrund zu stellen. Auf der Linie dieses Appells wurden im April 1889 und 1891 zwei Katholikentage in Porto und Braga abgehalten, die bekannte Persönlichkeiten der katholischen Verbände und des katholischen Pressewesens der damaligen Zeit zusammenführten.

Die im Zusammenhang mit dem englischen Ultimatum (1890) und dem ersten Versuch einer republikanischen Revolution in Porto (31. Januar 1891) ausgelösten Unruhen trugen schließlich entscheidend dazu bei, daß die Bischöfe in ihren seelsorglichen Bemühungen auf die Krisenstimmung in der Gesellschaft eingingen. In diesem Kontext kristallisierte sich ein katholischer Nationalismus heraus, der seine Basis in der Übereinstimmung von legitimistischen Vorstellungen der Nation mit der Durchsetzung nationaler Erneuerung als sozialer und politischer Voraussetzung für den Fortschritt fand.

1891 kam mit Domenico Jacobini, dem bekannten Förderer der katholischen Bewegung in Rom, ein neuer Nuntius nach Lissabon. Während seiner Amtszeit (bis 1896) drängte er die portugiesische Kirchenleitung zur Mobilisierung der Katholiken vor allem hinsichtlich der sozialen Frage. In den letzten Jahren des 19. und im ersten Jahrzehnt des 20. Jh. (bis zur Entstehung der Republik) erhielt die katholische Sozialbewegung ihre Rahmenstruktur. Sie nahm komplexere Gestalt an und erreichte eine größere Verankerung im sozialen Netz. Dieser Zeitabschnitt war geprägt von der Aktivität zahlreicher Initiativen und der Entstehung unterschiedlichster Organisationen. So wurden Vereine für Jugendliche und Frauen ins Leben gerufen: das Akademische Zentrum der christlichen Demokratie *(Centro Academico da Democracia Cristã / CADC)* 1901, der Verein zur Förderung der öffentlichen Bildung 1902 *(Associação Promotora da Instrução Pública),* der 1907 zur *Liga der sozialen Aktion (Liga de Acção Social)* wurde, oder die Katholische Jugend Lissabons *(Juventude católica lisbonense)* 1908.

Ab 1906 wurden jährlich bis zur Gründung der Republik (1910) Kongresse der Volksversammlungen *(Congressos das Agremiações Populares)* abgehalten, an denen Priester und Laien als wesentliche Initiatoren der katholischen Bewegung teilnahmen. So bildete sich allmählich eine organische Bewegung mit dem Anspruch auf Volksnähe heraus. Sie integrierte ein Netz von Verbänden und Organisationsformen mit dem Ziel, das soziale Gleichgewicht herzustellen, Reformen zur sozialen Befriedung durchzuführen und die Religion zur Grundlage der sozialen Ordnung zu machen.

Die katholische Bewegung hat mit ihren Aktivitäten auf sozialem Gebiet zur Einigung der verschiedensten Positionen der Katholiken auf politischer Ebene geführt. Am politischen Leben der konstitutionellen Monarchie waren immer auch katholische Kleriker und Laien beteiligt. Die katholische Kirchenleitung war in der obersten Kammer des Parlaments ebenso vertreten wie einflußreiche katholische Persönlichkeiten; Katholiken wirkten in mehreren Regierungen und auch in den Parteien mit. Ein Unterschied in der Grundhaltung trennte die legitimistische Richtung, für die die Religion ein Element der Sammlung darstellte, vom katholischen Verbandswesen, das mit seinen Aktivitäten als Gruppe sozialen Druck auf die politische Regierung auszuüben suchte, um Veränderungen im Sinn der katholischen Lehre zu erreichen. Dieser Konflikt setzte sich bis zum Ende der konstitutionellen Monarchie fort und entschied letztendlich über die Zustimmung der Katholiken zur monarchischen oder republikanischen Regierungsform.

In der Frage der Gründung einer katholischen Partei kristallisierten sich allmählich zwei Positionen heraus: Die eine Gruppe stimmte der Verbindung mit der katholischen Sozialbewegung in der Absicht zu, die Katholiken, die sich in unterschiedlichen Organisationen auf die Prinzipien der Religion beriefen, im Parlament zu einigen. Für die andere Gruppe war der Status des getauften Christen Grundlage für die Zugehörigkeit zu einer repräsentativen Partei aller Katholiken. Diese Positionen kamen deutlich 1879 in der katholischen Presse zum Ausdruck, vor allem in *A Palavra* und in *A Nação*. Im Zusammenhang mit der Verfassungsreform wurde 1884 die *Katholische Union Portugals (União Católica Portuguesa)* gegründet, die mit der Nominierung ihrer Kandidaten in den Wahlkreisen von Braga und Porto scheiterte und von den Legitimisten heftig attackiert wurde. Eine ähnliche Initiative im Jahre 1892 endete ebenfalls mit einer vernichtenden Niederlage. Leo XIII. verurteilte in seinem Sendbrief *Per gratia nobis* vom 14. September 1886 die Inanspruchnahme der Religion und der religiösen Frage durch die Politik, weil dadurch die Beziehungen der Kirche Portugals zur Regierung wie auch das Gedeihen der katholischen Organisationen selbst gefährdet seien.

Die von Leo XIII. vorgegebene Bündnispolitik fand – trotz mancher Widerstände in gewissen katholischen Kreisen Portugals – ihr Echo in der Rede des Bischofs Manuel Correira de Bastos Pina im Jahre 1894 vor der Pairs-Kammer *(Câmara dos Pares)*. Er brachte die Achtung vor der etablierten weltlichen Regierung und die Anerkennung für das politische Engagement eines großen Teils des Klerus bei den Partisanenkämpfen des Bürgerkrieges zum Ausdruck. Weiterhin betonte er, daß der Wunsch der Kirche nicht auf die Bildung einer ausschließlich katholischen Partei hinauslaufe – nicht etwa, weil sie dazu nicht imstande wäre, sondern weil eine derartige Partei in einem katholischen Land ein Element der Spaltung und Trennung darstellen würde.

Die legitimistische Richtung trat mit der Gründung des *Katholisch-parlamentarischen Zentrums (Centro católico parlamentar)* durch Casal Ribeiro, Barros Gomes und Jacinto Cândido (unterstützt vom Bischof von Coimbra und der Zeitung *Correiro Nacional* mit ihrem Schriftleiter Quirino de Jesus) deutlich in den Hintergrund. Der *Centro Católico* wollte mehr sein als eine Partei, nämlich eine überparteiliche parlamentarische Fraktion als Erscheinungsform einer großen katholischen Union.

In dieser Zeit der fortschreitenden Radikalisierung des öffentlichen Lebens traten innerhalb der katholischen Kräfte zwei rivalisierende Richtungen auf. Die *Círculos católicos de operários*[4] unterstrichen die soziale Komponente der Aktivitäten katholischer Vereinigungen und werteten die demokratischen Formen der Beteiligung durch das Volk auf. In dieser Perspektive sind die Gründung des *Centro academico da democracia cristã* in Coimbra (1901), die Veranstaltung mehrerer Kongresse der *Democracia cristã* (1906 bis 1908) und die Entstehung von Zeitschriften wie *Estudos Sociais*[5] zu würdigen. Andererseits setzte sich Jacinto Cândido mit Unterstützung des Jesuitenordens für die Gründung der nationalistischen Partei *(Partido nacionalista)* im Jahre 1903 ein. Mit dem Entstehen von Parteizentren in Lissabon, Porto und Braga wuchs ein Wahlforum heran, das sich der Verteidigung nationaler Interessen und der Sammlung konservativer Kräfte gegen die Ausbreitung der Republikaner mit dem Ziel verschrieb, das Aktionsprogramm zugunsten von Religion und Kirche in Gang zu bringen und zu legitimieren.

---

[4] M.-C. VOLOVITCH, Quelques aspects importants du catholicisme social au Portugal entre 1890 et 1910, in: Utopie et Socialisme au Portugal au XIXe siècle, Paris 1982, 207–254.
[5] J. SEABRA, O impacto do modernismo em Portugal: o caso dos *Estudos sociais*, revista catolica mensal, in: O CADC de Coimbra, a democracia cristã e os inícios do Estado novo (1905–1934), Coimbra 1993, 15–81 [Sammelband].

Diese beiden Richtungen konnten sich nebeneinander entfalten, bis im Jahre 1908 – mitten in der Krise des monarchischen Regimes – die Nationalisten den Anspruch erhoben, die Aktivitäten der verschiedenen Vereinigungen und Zentren christlicher Demokratie im Sinn einer katholischen Einheitsbewegung zu kontrollieren. Die Konfrontation wurde in den polemischen Auseinandersetzungen (1908) zwischen der von den Franziskanern von Montariol (Braga) herausgegebenen christlich-demokratischen Zeitschrift *A Voz de Santo Antônio* und der jesuitischen Zeitschrift *Novo Mensageiro do Coração de Jesus* ausgetragen. Dieser Konflikt fand sein Ende mit der von Rom veranlaßten Einstellung von *A Voz de Santo Antônio* wegen modernistischer Tendenzen[6]. Es ging hier offensichtlich weder um eine bloße Auseinandersetzung zwischen zwei religiösen Orden (Franziskaner und Jesuiten) noch um den sozialen Einfluß ihrer Zweiggründungen im dritten Franziskanerorden *(Ordem Terceira de S. Francisco)* oder im Gebetsapostolat *(Apostolado de Oração)*, sondern vielmehr um das Aufeinandertreffen zweier Konzeptionen zur Eingliederung der Katholiken in die Gesellschaft. Dies war ein politischer Konflikt, aber auch ein Konflikt zwischen zwei unterschiedlichen Wahrnehmungen der Verbindung von Politik und Religion. Den katholischen Nationalisten standen auf der anderen Seite die Christdemokraten gegenüber.

2. Die republikanische Revolution: Laisierung der Gesellschaft und katholische Reaktion (1910–1913)

Für die Republikaner war die religiöse Frage zu einem entscheidenden Punkt in ihrer Politik und im Kampf gegen die Monarchie geworden. Das zentrale Element für die republikanische Propaganda und Frontstellung stellte der Antiklerikalismus in seiner freimaurerischen und jakobinischen Spielart dar. Der antiklerikale Charakter trat mit den ersten Anzeichen der Revolution (am 5. Oktober 1910) zutage, nachdem mehrere Mitglieder des Klerus Opfer von Mißhandlungen geworden, in Gefangenschaft geraten und zwei von ihnen von Radikalen ermordet worden waren. Die Vorfälle blieben nicht auf Lissabon beschränkt[7]. In dieser politischen Konstellation ließen gesetzgeberische Maßnahmen der Übergangsregierung zu religiösen und kirchlichen Fragen nicht auf sich warten. Sie waren von zwei Grundzügen bestimmt: der Wiederaufnahme antiklerikaler Gesetze (vor allem hinsichtlich der religiösen Kongregationen) und der Laisierung des sozialen wie politischen Lebens in Portugal.

Die portugiesischen Bischöfe veröffentlichten im Februar 1911 einen vom 24. Dezember 1910 datierten Hirtenbrief, in dem sie einerseits den Grundsatz der geschuldeten Anerkennung der rechtmäßigen weltlichen Macht wiederholten, andererseits aber auch die Unmöglichkeit einer Zusammenarbeit von Katholiken mit den Feinden des Katholizismus bekräftigten und an die Bemühungen appellierten, „mit allen legalen und moralisch vertretbaren Mitteln – im Rahmen des Möglichen – die Sache der Religion und der Laien zu fördern und geschlossen dafür einzutreten, von der Gesetzgebung alles auszuschließen,

---

[6] J. F. DE ALMEIDA POLICARPO, Anteprojecto de um laicismo cristão, in: Revista cultura-história e filosofia 4 (1985) 143–218.
[7] V. NETO, A Questão Religiosa na Iª República. A posição dos padres pensionistas, in: Revista de história das ideias 11 (1989) 373–443; J. RAMOS, A Igreja e a I República – a reacção católica em Portugal às leis persecutórias de 1910–1911, in: Didaskália 13 (1983) 255–257.

was dieser Sache entgegenstehen könnte"[8]. Die Regierung versagte jedoch diesem gemeinsamen Hirtenbrief die Zustimmung und verbot seine Verlesung. Da sich der Bischof von Porto, Antonio Barroso, dieser Entscheidung nicht beugen wollte, wurde er nach Lissabon zitiert und seines Bischofsamtes enthoben, wobei die Diözese – wie im Todesfall – als vakant betrachtet wurde. Das Einschreiten Roms ließ nicht lange auf sich warten. Am 15. März unterstützte Pius X. in einem Sendschreiben die Entscheidung der portugiesischen Bischöfe und wiederholte die Grundlinien der in ihrem Hirtenbrief vertretenen Überzeugungen.

Der Hl. Stuhl hatte sich von Anfang an dem revolutionären Regime gegenüber distanziert verhalten. Nach dem Abbruch der diplomatischen Beziehungen am 5. Oktober verließ der Nuntius Lissabon am 20. Oktober und übergab die Nuntiatur einem Geschäftsträger. Der aus Spanien stammende Kardinal Merry del Val verfolgte mit äußerstem Mißfallen die republikanische Revolution in Portugal im Hinblick auf ihre möglichen Auswirkungen auf die Republikaner in den übrigen Gebieten der Iberischen Halbinsel, aber auch aufgrund der Erinnerung an die Erfahrungen, die die Kirche in Frankreich einige Jahre zuvor hatte machen müssen. Zur eigentlichen Konfrontation kam es mit der Proklamation des 196 Artikel umfassenden Trennungsgesetzes am 20. April 1911. Die Religionsfreiheit bildete darin die argumentative Grundlage für die Notwendigkeit eines national gesinnten Klerus, die Kontrolle seiner Ausbildung, das Augenmerk der Zivilregierung auf die Kirchengüter und die Einschränkung der Verbandstätigkeit über mildtätige und soziale Werke hinaus. Die hierarchische Dimension der Kirche wurde damit faktisch übergangen; die weltliche Gewalt erlangte im Gesetz die Oberhand über die kirchliche Hierarchie und beanspruchte deren Unterordnung unter den Staat. Wenn auch einige katholische Gruppen die Rechtmäßigkeit der Trennung von Staat und Kirche anerkannten, so konnten sie den Anspruch auf Einmischung in die inneren Angelegenheiten der Kirche nicht akzeptieren[9].

Die portugiesischen Bischöfe verfaßten am 5. Mai ein gemeinsames Protestschreiben gegen die übertriebenen Härten des Trennungsgesetzes. Sie entrüsteten sich über die Enteignung von beweglichen und unbeweglichen Gütern der Kirche, der man den Status einer Rechtsperson entzog, sodann über die Einmischung des Staates in die Priesterausbildung, über das Verbot, die Soutane außerhalb gottesdienstlicher Handlungen zu tragen, schließlich über die Einschränkung öffentlicher Gottesdienste und Glaubensdemonstrationen sowie der Gründung „gottesdienstlicher Vereinigungen". Das Gesetz wurde als „Aufruf zur Zuchtlosigkeit und Unmoral" betrachtet, da es die Zuteilung von Renten an Witwen und eheliche wie uneheliche Kinder von Priestern vorsah, was einen direkten Angriff auf die zölibatäre Ordnung darstellte. Die Aufhebung religiöser Vereinigungen und das Verbot entsprechender Neugründungen unterstrichen noch den Zwangscharakter und den feindseligen Grundtenor des Gesetzestextes. Pius X. sagte dem portugiesischen Episkopat seine volle Unterstützung zu. In seiner auf den 24. Mai datierten und der gesamten katholischen Welt zugeleiteten Enzyklika *Jamdudum in Lusitania* verurteilte er den Wortlaut des Tren-

---

[8] Pastoral Collectiva do Episcopado Português ao clero e aos fiéis de Portugal, Guarda 1911; M. de O. Chaves e Castro, A Pastoral Collectiva do Episcopado Português ao clero e fiéis de Portugal de 24 de Janeiro [Dezember] de 1910 e o Beneplácito do estado, Coimbra 1911.

[9] J. A. Moreira d' Almeida, A Separação do Estado e das Egrejas (Lei de 20 de Abril de 1891), Lissabon 1911; D. Pinto Coelho, As Reclamações dos Católicos, Lissabon 1913.

nungsgesetzes, wiederholte die kirchliche Lehre von den Beziehungen zwischen Kirche und Staat und versicherte die portugiesischen Bischöfe seines Beistands.

Am 30. Juni wurden die Gesetze über die Sakramentsverwaltung erlassen, am 1. Juli sollten sich die kirchlichen Würdenträger – mit Inkrafttreten des Trennungsgesetzes – dazu äußern. Nachdem am 21. Juli der Zahlungsaufschub für die Renten der katholischen Kirchendiener verlängert worden war, brach der Konflikt offen aus; der Widerstand gegen die Gesetzgebung zog immer weitere Kreise. Unverzügliche Sanktionen gegen die Bischöfe waren die Folge. Mehrere katholische Gruppen (vor allem in den nördlichen Landesteilen) schlossen sich der monarchischen Opposition an. Zwischen November 1911 und März 1912 wurden alle Bischöfe für zwei Jahre ausgewiesen und ins Exil geschickt. Damit waren sie gezwungen, die unmittelbare Leitung ihrer Diözesen aufzugeben.

Das Trennungsgesetz wurde zwar von den radikalsten Regierungsvertretern begrüßt, doch rief die durch dieses Gesetz ausgelöste Protestbewegung bei den politischen Kräften der neuen Regierung auch bedenkliche Spaltungen hervor. Immerhin unternahmen die gemäßigten republikanischen Regierungskreise zahlreiche Aussöhnungsversuche mit der Kirche. So schlug der Regierungspräsident Manuel Arriaga 1912 eine Amnestie für die portugiesischen Bischöfe vor – was jedoch am Widerstand Afonso Costas scheiterte. Bernardino Machado bemühte sich 1914 (allerdings vergeblich) um die Wiederaufnahme der diplomatischen Beziehungen zum Vatikan. In gewisser Hinsicht führte die Verfolgung zur Erstarkung der Kirche und zur Fixierung neuer Handlungsperspektiven. Da die katholische Sozialbewegung durch innere Richtungsstreitigkeiten am Ende der Monarchie gespalten war, konnte sie der republikanischen Repression nicht standhalten. Dagegen konzentrierten sich die Jugendgruppen (vor allem im universitären Bereich) ab 1912 auf einen Neuaufbau und erreichten am 20. April eine Nationalvereinigung der katholischen Jugend Portugals. Diese Dynamik trug im darauffolgenden Jahr dazu bei, daß in Coimbra der erste Kongreß des noch jungen katholischen Jugendverbandes stattfinden konnte. Eine neue Generation katholischer Führungspersönlichkeiten trat in den Vordergrund, unter denen sich besonders der spätere Patriarch von Lissabon, Manuel Gonçalves Cerejeira, und der künftige Ratspräsident des neuen Staates, Antonio de Oliveira Salazar, auszeichneten.

In einem Schreiben vom 15. März 1913 an den Präsidenten der portugiesischen Republik verurteilten die Bischöfe erneut die Behandlung der Kirche. Allerdings beschränkte sich der Episkopat nicht auf dieses Vorgehen nach außen: Am 10. Juni wandte er sich mit einem dringenden Appell an die portugiesischen Gläubigen zur „Vereinigung der Katholiken", um in der Öffentlichkeit aktiv für die Interessen der Kirche eintreten zu können. Die Bischöfe hatten zunehmend an Einfluß gewonnen und wandten sich – wenn Rückschlüsse aus der Anzahl der kollektiven Hirtenbriefe aus dieser Zeit statthaft sind – immer stärker an die Öffentlichkeit.

Die Kirche in ihrer Gesamtheit und die portugiesische Kirchenleitung im besonderen hatte nicht nur den Kampf gegen die republikanische Regierung aufzunehmen, sondern mußte sich auch von den monarchischen Kräften absetzen. Nach Ansicht einiger katholischer Gruppen verschmolzen die Interessen der Kirche mit den Zielen der monarchischen Restauration; diese Verwicklung schwäche die Kirche gegenüber den antiklerikalen Angriffen. Andere wiederum, die einem Dialog mit dem neuen Regime zugänglicher waren, waren sich mit Blick auf die Vergangenheit bewußt, daß die Monarchie keine Garantie für den Handlungsfreiraum der Kirche darstellte. In diesem Konflikt konnte sich schließlich die Zusammenarbeit mit der Regierung in dem Maße durchsetzen, wie die Kirche in ihrer hierarchischen Erscheinungsform die Rechtmäßigkeit des republikanischen Regimes nicht in Frage stellte. Trotzdem bestand sie auf der Organisation und Vereinigung der Katholiken, um im öffentlichen Leben präsent zu sein, vor allem durch eine parteiübergreifende parlamentarische Aktion zur Verteidigung der kirchlichen Interessen, gestützt auf einen mäßigenden Einfluß auf das soziale und politische Leben und den traditionellen Patriotismus.

In einer zutiefst von ländlichen Strukturen geprägten Gesellschaft stellte die Religiosität einen *modus vivendi* dar, in dem sich der Glaube in einer Vielzahl öffentlicher wie privater Frömmigkeitsformen mit dem alltäglichen Leben verband, von denen einige von der Kirche weder kontrolliert noch einbezogen wurden. Neben der Messe kam dem Sakramentsgebrauch der Taufe und der kirchlichen Trauung sowie der Beerdigungszeremonie nicht die gleiche Bedeutung zu. Die Kasualgebühren verhinderten teilweise die Teilnahme des breiten Volkes. Von der kirchlichen Taufe und der Beerdigung abgesehen, umgingen die ärmsten Bevölkerungsschichten oft die Kulthandlungen. Damit war jedoch nicht das Fernbleiben der Bevölkerung bei religiösen Festen, Prozessionen oder Wallfahrten gemeint. Allerdings äußerte sich diese Volksfrömmigkeit eher als kulturelles Phänomen, weniger als Frucht einer bewußten Erkenntnis.

Mit der Einsetzung des republikanischen Regimes und schon vorher unter der Monarchie stieß die Kirche vielfach auf Schwierigkeiten, die Gemeinden mit Priestern zu versorgen. Seit den durch die Trennung für den Lehrbetrieb an den Priesterseminaren auferlegten Beschränkungen war ausreichender Priesternachwuchs in einigen Diözesen noch schwieriger zu erreichen. Zahlreiche Gemeinden – vornehmlich in ländlichen Gebieten – mußten ihre Kirchen schließen oder über mehrere Jahre hinweg ohne Priester auskommen. Mit der in der Republik eingeführten Verpflichtung zur standesamtlichen Registrierung verlor der Priester seine herkömmliche Verwaltungsfunktion, woraus sich gravierende Probleme für seinen Unterhalt ergaben.

In ihren Hirtenbriefen unterstrichen die Bischöfe die Tatsache, daß „die portugiesische Bevölkerung mehrheitlich katholisch" ist. Als Identifikationskriterium erkannten sie die Völksfrömmigkeit an, auch wenn sie behaupteten, oftmals an der Durchsetzung der kirchlichen Autorität gehindert zu werden.

In der portugiesischen Kirche trafen die offizielle Religion und die Volksfrömmigkeit klar erkennbar in der Marienverehrung zusammen. Mitten im Ersten Weltkrieg und während innenpolitischer Auseinandersetzungen fanden 1917 die Marienerscheinungen von Fátima statt. Diese Ereignisse offenbarten vor allem, daß die katholische Religion über alle Konflikte der Kirche mit dem Staat hinaus noch auf andere Dimensionen der Identifikation und Mobilisierung zurückgreifen konnte. Die 1918 erfolgte Seligsprechung Nuno Álvares Pereiras, des Karmeliters und königlichen Heerführers des ausgehenden 14. Jh., unterstrich die Beziehungen zwischen der Kirche und dem „Heil des Vaterlandes". Dieser Prozeß stand auch im Zusammenhang mit einer Sicht des Christentums als einem Ideal zur gesellschaftlichen Veränderung. Allerdings eignete diese Haltung im wesentlichen einer geistigen Elite, die in ihrem Engagement für die katholische Sozialbewegung danach strebte, ein neues Bewußtseins bei den Katholiken zu erwecken.

II. Das religiöse Leben in Spanien
von der Revolution von 1868 bis zum Beginn des 20. Jh.

1. Die Schwierigkeiten der Kirche zwischen 1868 und 1874

Mit der „glorreichen" Revolution von 1868 begann eine sechs Jahre dauernde Zeit innerer Unruhen. Das Eingreifen örtlicher Revolutionsausschüsse brachte in ihrem Verlauf eine Übergangsregierung an die Macht, deren herausragende Führungspersönlichkeiten die Generäle Francisco Serrano (von der liberalen Union) und Juan Prim (von der Fortschrittspartei) waren. Beide setzten sich für ein umfangreiches demokratisches Programm mit allgemeinem Wahlrecht und Presse- und Versammlungsfreiheit ein. Dieses Programm stieß jedoch bei den unterschiedlichsten kirchlichen Gruppierungen auf heftigen Widerstand[10].

In Auseinandersetzung mit der schweren Wirtschaftskrise sah sich die neue Regierung gezwungen, gegen die seit 1869 wirkende und 1872 in eine Rebellion großen Stils mündende carlistische Opposition und gegen die nicht weniger aktiven Republikaner vorzugehen. Außerdem hatte die Revolution den sozialen Unruhen in den Industriestädten und den südlichen Landesteilen den Kampf angesagt. Ganz unterschiedlich fielen jedoch die jeweiligen örtlichen Maßnahmen gegen die Kirche aus, die vom Grad der jeweiligen Radikalität abhingen. Im Herbst 1868 brach der Antiklerikalismus im Volk aus, den der gemäßigte Staat vorher noch zu kontrollieren verstanden hatte.

Die ersten von der Übergangsregierung ergriffenen Maßnahmen gegen die Kirche im Oktober 1868 entsprachen in gewisser Weise der Wiederaufnahme bereits bekannter politischer Handlungsmuster. Die Regierung gab an, die Kirche für ihre engen Beziehungen zur Monarchie Isabellas II. bestrafen zu wollen. Allerdings fanden die republikanischen Forderungen nach einer klaren Trennung von Kirche und Staat nur geringe Unterstützung. Die übrigen Vertreter der Koalitionsregierung blieben weiterhin der liberalen Tradition verbunden, dergemäß zwischen Staat und Kirche offizielle Bindungen bestehen sollten.

Mit der Eröffnung der *Cortes* vom 11. Februar 1869 konzentrierte sich das öffentliche Interesse auf die Debatte über die neue Verfassung. Von Anfang an übten die Republikaner vor dem Hintergrund der Zielvorstellung „einer freien Kirche in einem freien Staat" Druck aus, der auf die Trennung von weltlicher und kirchlicher Sphäre, auf das Ende der finanziellen Unterstützung der Kirche durch die Regierung und die Abschaffung der herkömmlichen Regalien des Staates hinauslief. Während jedoch die republikanischen Führer Francisco Pi y Margall und Emilio Castelar energisch für die Trennung von Kirche und Staat eintraten, waren die Koalitionsparteien auf einen Bruch mit der liberalen Tradition nicht vorbereitet.

Das Manifest von 1870 schlug eine zweite, auf den Widerstand des Klerus stoßende Veränderung vor. Darin wurde nämlich behauptet, daß die „Unterrichtsfreiheit eine der hauptsächlichen von der Revolution geforderten Reformen" darstelle. Im Dezember gründete eine Gruppe katholischer Persönlichkeiten, die mit den gemäßigten Konservativen

---

[10] J. M. Cuenca Toribio, El episcopato catalán ante la Revolución de 1868, in: Analecta sacra tarraconensia 40 (1967) 159–185. In diesem Aufsatz geht der Verfasser auch auf das Verhalten der galizischen Bischöfe ein. Zur Frage nach der Religionsfreiheit siehe J. J. Rodriguez Gonzales, La sociedad española ante la libertad religiosa 1869. Valoración cuantitativa, in: Hispania sacra 39 (1987) 239–296; P. Drochon, Une polémique sur l'Inquisition en 1869, ebd. 117–137.

und den Carlisten in Verbindung stand, den katholischen Verband Spaniens „zur Ausbreitung und Verteidigung der Lehre, kirchlicher Institutionen und des sozialen Einflusses der Kirche, vor allem von deren Freiheit und der katholischen Einheit Spaniens [...] mit friedlichen Mitteln und unter dem Schutz des Gesetzes".

Die gesetzlich fixierte Zulassung der religiösen Toleranz gab Anlaß zu einer deutlichen Verschlechterung der Beziehungen zwischen weltlichen und kirchlichen Behörden. Mehrere Bischöfe verweigerten den Eid auf die Verfassung, die meisten Vertreter des Klerus widersetzten sich den Entscheidungen der *Cortes* und der Regierung, wobei diese Haltung noch durch die Auflösung des I. Vatikanischen Konzils und die Einnahme Roms[11] gefördert wurde; eine Sonderstellung nahm lediglich Bischof Andrés Rosales von Almería ein. Die allgemeine Gültigkeit der Zivilehe ab 1870 und das Bestreben der Regierung, die Friedhöfe unter ihre Kontrolle zu bringen, lösten Angriffe der Kirchenleitung und den Widerstand des Gemeindeklerus aus, wobei mehrere Zwischenfälle dem volkstümlichen Antiklerikalismus eine neue Dimension verliehen.

In den letzten 18 Monaten der demokratischen Monarchie (Juli 1871–Februar 1873) waren die Beziehungen zwischen den weltlichen und kirchlichen Behörden sehr angespannt. Die Auflösung der Koalitionsregierung von 1868, die Unbeliebtheit von König Amedéo, die Fortdauer der carlistischen Rebellion sowie erneute wirtschaftliche und soziale Schwierigkeiten führten zum Ende der konstitutionellen Monarchie. Die Proklamation der 1. Republik am 11. Februar 1873 wurde von den meisten Klerikern und der katholischen Presse mit Gleichgültigkeit aufgenommen[12].

Angesichts der Autonomiebestrebungen von extremistischen Anhängern des Föderalismus, die teilweise unberechtigt als antiklerikale Fanatiker betrachtet worden sind, waren Kirche und Republik von einem gemeinsamen Interesse geleitet. Der Beginn des Föderalismus wurde von den spanischen Republikanern zwar akzeptiert, das Problem seiner praktischen Verwirklichung führte jedoch zu Uneinigkeiten. Mit dem Aufstand der Textilarbeiter von Alcoy (9. Juli) verstärkten sich die Befürchtungen einer drohenden Katastrophe seitens des Klerus. Letztlich gab es keine Anzeichen für die Ausweitung der Gebietsrevolte und der sozialen Wirren zu einer Revolution, doch begrüßte die Kirche die Unterdrückung dieser Aufstände durch die Zentralregierung. Diese Haltung kam nicht einer Aussöhnung mit der Republik gleich, war aber ein Beweis dafür, daß die Verteidigung der damaligen Gesellschaftsordnung Anerkennung durch die Vertreter der Kirche fand.

Die Identifizierung des Carlismus mit dem militanten Katholizismus führte zur Unterstützung der Revolte beim Gemeindeklerus Nordspaniens; mehrere Priester schlossen sich gleich zu Beginn der Rebellion an. Allerdings behielt die Kirchenleitung ihre bekannten Vorbehalte gegen die carlistische Rebellion bei. Einige Bischöfe (so die Bischöfe von Cartagena und Landeira) hofften auf den Sieg Karls VII., aber nur sehr wenige unter ihnen bekannten sich aktiv zu den Aufständischen, mit Ausnahme von Bischof Caixal von Urgel, der schließlich Generalkaplan der Armeen des Thronfolgers wurde. Die nachhaltigen Siege der Carlisten (im Frühjahr und Sommer 1873) verbitterten die Opponenten gegen

---

[11] J. Martín Tejedor, España y el concilio Vaticano I, in: Hispania sacra 20 (1967) 99–175.

[12] „Die Proklamation der ersten spanischen Republik war für die spanische Hierarchie ein neuer Grund zur Sorge [...]. Allerdings waren die Bischöfe bestrebt, offiziell den republikanischen Behörden mit Achtung und Würde zu begegnen – wie immer in der Hoffnung auf eine günstige Veränderung." V. Carcel Ortí, Los obispos españoles ante la revolución de 1868 y la Primera República, in: Hispania sacra 28 (1975) 339–422, hier 418.

eine absolutistische Restauration und vertieften die Feindschaft gegen den Klerus in den Gebieten, in denen es zu militärischen Auseinandersetzungen gekommen war.

Auch die politischen Auseinandersetzungen innerhalb der anticarlistischen Reihen verstärkten die Vorbehalte des Volkes gegen den Klerus. Die extremistisch-föderalistischen Republikaner und die Revolutionäre der I. Internationale widersetzten sich in Barcelona der Nationalregierung und hätten fast einen unabhängigen „Kanton" gegründet. Während der politischen Wirren zwischen März und Juli besetzten die Revolutionsanhänger einige Kirchen. Die katholische Presse vertrat die Meinung, daß die Unruhen zu noch weitreichenderen Ausschreitungen führen könnten, doch die regierungstreuen Kräfte blieben Herr der Lage und konnten eine allgemeine Gewaltanwendung gegen Klerus und kirchliche Gebäude verhindern. Die Vertreter der katalanischen Kirchenleitung waren sich bewußt, daß ein Anschluß an die carlistische Partei und der Bruch mit der Republik die Kirche noch größeren Gefahren aussetzen würde. Weder die Kirche noch die gemäßigten Republikaner konnten es sich leisten, sich gegenseitig zu provozieren.

Die Ereignisse des Sommers 1873 konnten das Verlangen nach einer Trennung von Kirche und Staat nicht unterdrücken. Die Regierung legte unter dem noch amtierenden Präsidenten Pi y Margall einen neuen Verfassungsentwurf vor, der sich in Art. 35 für die Trennung aussprach. Am 1. August wurde – schon unter der Präsidentschaft Nicolás Salmeróns – ein Gesetzesentwurf vorgelegt, der jedoch kein radikales und antiklerikales Dokument darstellte, wie die Kritiker meinten. Der Staat verzichtete auf seine Ansprüche auf den kirchlichen *padroado* und auf die übrigen Regalien, deren Nutznießer die spanischen Regierungen jahrhundertelang im kirchlichen Bereich gewesen waren. Er anerkannte das Recht der Kirche, ihre Angelegenheiten „in völliger Unabhängigkeit" zu regeln und Güter zu besitzen, die den allgemeinen spanischen Gesetzen unterlagen. Er stimmte der Subventionierung von Frauenkongregationen gemäß den Bestimmungen des Konkordats von 1851 und den vertraglichen Fixierungen zum Unterhalt der Kirchengebäude zu. Artikel 37 des Verfassungsentwurfs verbot jegliche finanzielle Unterstützung des Staates für die Kirche. Der Gesetzesentwurf war zweideutig und gab vor, nachträglich Zusatzbestimmungen auszuarbeiten. Der Kirche wurde auch zugesagt, daß die für religiöse Zwecke verwandten Gebäude auch weiterhin ihrer Bestimmung dienen sollten, wenn auch die als Kunstdenkmäler eingestuften Gebäude unter die Schirmherrschaft des Staates gestellt werden mußten.

Die kirchliche Meinung wandte sich zwar gegen die Vorschläge des Trennungsgesetzes, begann aber zum ersten Mal in der Geschichte der spanischen Kirche, den Stellenwert ihrer herkömmlichen Beziehung zum Staat zu reflektieren[13]. Die öffentliche Bekanntmachung der Gesetze rief heftige Reaktionen der Kirchenvertreter hervor, die darin einen Angriff auf die katholische Kirche sahen. Dennoch waren sie der Meinung, sie sollten sich vom Staat befreien. Die Aussicht auf den Verlust der finanziellen Unterstützung war beunruhigend und rief ins Bewußtsein, daß die Zahlungsanweisungen seit 1868 unregelmäßig erfolgten und die Kirche gezwungen war, den Ausgleich mit eigenen Mitteln zu bewerkstelligen.

Im September 1873 übernahm Emilio Castelar die Präsidentschaft. Von allen Präsidenten der Republik war er am wenigsten antiklerikal eingestellt. Seine Entscheidung, die

---

[13] RODRIGUEZ GONZALES, La sociedad española (s. Anm. 10).

letzten Spuren der „Kantons"-Revolte wie der sozialen Unruhen zu beseitigen, kam der von der Gefahr einer Revolution aufgeschreckten Kirche entgegen. Obwohl starke Spannungen zwischen weltlichen und kirchlichen Behörden aufgrund konkreter Probleme bestanden, wurde über den Entwurf des Trennungsgesetzes nicht abgestimmt. Kirche und Staat blieben also während der kurzen Geschichte der Republik vereint.

Castelar hoffte, die katholische Unterstützung für die Regierung zu gewinnen, indem er Verhandlungen mit dem Papst zur Wiederbesetzung der zahlreichen seit 1868 vakanten Bischofssitze aufnahm. Mit dem Erfolg dieser Verhandlungen konnte der Präsident der Republik erreichen, wozu König Amedéo nicht in der Lage gewesen war. Zu den von Castelar vorgeschlagenen Bischofskandidaten gehörten Persönlichkeiten, die dann in der zweiten Hälfte des 19. Jh. die spanische Kirche prägten: Victoriano Guisasola y Menendez (1852–1920), der später als Erzbischof von Toledo zu den wenigen für die Arbeiterfrage aufgeschlossenen Kirchenfürsten gehörte, dann Zeferino Gonzáles (1831–1894), ein Intellektueller des Dominikanerordens, der für die Erneuerung der neuthomistischen Studien verantwortlich war, und der von der Diözese Barcelona empfohlene Joaquin Lluch, der schon als Bischof von Salamanca gezeigt hatte, daß sich die Kirche, wenn sie Zurückhaltung übte, innerhalb der neuen liberalen Gesellschaft halten konnte. Trotzdem scheiterte Castelar mit seiner Absicht, eine konservative Republik aufzubauen, die in gewisser Weise von der Kirche und den eine Revolution befürchtenden Volksklassen hätte angenommen werden können. Die Gründe für dieses Scheitern lagen in den Streitigkeiten innerhalb der republikanischen Reihen, in der Fortsetzung der carlistischen Revolution und im Kubakrieg.

2. Die katholische Restauration

Am 3. Januar 1874 führte eine politische Krise zur Abdankung des Präsidenten und damit auch zur Beendigung des republikanischen Experiments. Die Vorstellung einer Restauration wuchs in einer durch sechsjährige Revolutions- und Kriegszeit erschöpften Nation auch dank der Bemühungen des gemäßigten Antonio Cánovas del Castillo (1828–1897). Am 29. Dezember des gleichen Jahres führte ein Militärputsch *(pronunciamiento)* zur Wiedereinsetzung der Bourbonenmonarchie in der Person Alfonsos XII. Dieser politische Wechsel wurde von breiten katholischen Bevölkerungsschichten mit großer Hoffnung aufgenommen, abgesehen von den Kreisen, die für die carlistische Sache kämpften.

Die Kirche hatte zwischen 1868 und 1874 schwer gelitten. Die Zahl der Berufungen zum Priesteramt hatte abgenommen, 1873 waren 16 Diözesen ohne Bischof, und die kirchlichen Finanzen waren aufgrund der Bankrotterklärungen der aufeinanderfolgenden Regierungen in vollkommener Unordnung. Trotz der beendeten finanziellen Unterstützung des Staates konnte die Kirche teilweise die Verringerung der Pensionen mit Hilfe von Schenkungen durch Gläubige auffangen. Sie sehnte sich nach einer christlichen Erneuerung der Gesellschaft, d. h. nach einer Intensivierung von Religiosität und Sittlichkeit[14].

---

[14] Zu dieser Zeit bestanden drei verschiedene Generationen von Bischöfen nebeneinander. „Die Handlungen dieses Episkopats als Wächter und Förderer des gesamten kirchlichen und religiösen Lebens der Nation haben – wenn auch weiterhin auf der traditionellen Linie – eine größere Öffnung bewirkt, die sich gleichzeitig mit der liberalen Ideologie Cánovas' vollzog; mangelndes Verständnis oder geringe Dialogbereitschaft haben in einigen Fällen ganz

Das politische Verfassungswerk der bourbonischen Restauration versuchte eine offenere Ausrichtung des Staates. Mit gewissen Einschränkungen respektierte das Regime die herkömmlichen liberalen Rechte (z. B. die Pressefreiheit) und suchte die übertriebenen Härten gegen Dissidenten zu umgehen.

Die Restauration war bestrebt, die internationale Anerkennung Alfonsos XII. zu erreichen. Der Vatikan ging rasch auf diesen Wunsch nach Aussöhnung und Verhandlungen ein. In den ersten Maitagen 1875 übergab der Nuntius dem König sein Beglaubigungsschreiben. Unter Alfonso XII. erkannte der Vatikan das Patronatsrecht *(padroado)* des Königs im vollen Umfang an, jedoch unter dem Vorbehalt einiger Bischöfe (wie z. B. des Bischofs von Salamanca). Ab 1874 erlaubten die verschiedenen Regierungen die Rückkehr der religiösen Orden unter Umständen, die den Ordensklerus am Ende des 19. und zu Beginn des 20. Jh. vor ebenso ernsthafte Probleme stellte wie am Ende des Ancien Régime. Die konservativen Kabinette nach 1874 lehnten jede Anerkennung einer wirtschaftlichen Verpflichtung gegenüber den etablierten Orden ab. Diese Politik als Folge des verbliebenen Liberalismus der neuen liberal-konservativen Partei von Cánovas del Castillo bedeutete, daß die Ordensgeistlichen auf Spenden des katholischen Stadtbürgertums angewiesen waren. Der Regularklerus nahm sehr schnell seine herkömmliche Rolle wieder ein, die stark von einer unnachgiebigen Haltung im Kampf gegen Säkularismus, Liberalismus, Freimaurerei, Sozialismus, Republikanertum und Protestantismus bestimmt war und unter diesen Umständen den Streit um die Kongregationen neu entfachte.

Die Kirche hat offensichtlich beträchtliche Vorteile aus der versöhnungsbereiten Politik des Staates gezogen. Die Verfassung von 1876 bestätigte die Konfessionalität des Staates und ließ die religiöse Toleranz nur in stark verminderter Form zu. Die Regierung verpflichtete sich zur Einhaltung ihrer Pensionsverpflichtung gegenüber dem Klerus und hob die der Kirche seit 1868 auferlegten Beschränkungen bei der Gründung von Schulen auf. Die wiederhergestellte Monarchie suchte auch die Unterstützung durch das Papsttum, indem sie 1875 die diplomatischen Beziehungen mit Rom verbesserte. Cánovas war jedoch nicht gewillt, dem kirchlichen Drängen auf volle Wiederherstellung der Privilegien vor 1868 nachzugeben.

Auch wenn die Kirche offiziellen Status besaß und die neue Verfassung den kirchlichen Vertretern 19 Sitze im Senat eingeräumt hatte, so wollte Cánovas doch den direkten politischen Einfluß des Klerus durch den Ausschluß der Kirche vom Kongreß als der wichtigsten politischen Kammer verringern. Der Staat behielt seine herkömmlichen Befugnisse über die kirchlichen Finanzen und das Patronatsrecht über die Kirche bei. Er überging fast durchgehend die Forderungen, Maßnahmen gegen die protestantische Minderheit zu ergreifen. Trotz ihrer Differenzen stimmten die beiden liberalen Parteien – als Erscheinungsformen des Zweiparteiensystems der neuen konstitutionellen Regierung – darin überein, die wichtigsten Errungenschaften des Liberalismus im 19. Jh. aufrechtzuerhalten. Auch wenn Cánovas Vorbehalte gegen das demokratische Programm der Liberalen hatte, hing der Fortbestand des konstitutionellen und parlamentarischen Regimes vom Gleichgewicht dieser beiden politischen Formationen ab. Unter der Leitung Práxede Mateo Sagastes (1827–1903) griff die liberale Partei als politische Erbin der Fortschrittlichen die Kirche heftig an. Trotzdem vertraten die beiden Parteien weiterhin eine vergleichbare Kirchenpo-

---

unterschiedliche Konflikte ausgelöst." M. F. NúÑEZ MuÑoz, El episcopado español en los primeros años de la Restauración (1875–1880). Nombramiento de obispos, in: Hispania sacra 27 (1974) 285–363, hier 363.

litik, die auf der Notwendigkeit einer Aussöhnung mit der Kirche basierte – innerhalb der für einen konstitutionellen und parlamentarischen, auf liberalen Prinzipien aufgebauten Staat möglichen Grenzen. Die aufeinanderfolgenden Regierungen der Restauration bemühten sich um eine ausgewogene Haltung, die auf den Ausgleich zwischen den kirchlichen Ansprüchen und den politischen Gegebenheiten des neuen Regimes bedacht war. Von einigen Ausnahmen abgesehen, unterstützte die Kirche diese Regierung. Die Bischöfe wußten die Wiederzulassung der religiösen Orden und die finanzielle Unterstützung durch den Staat zu schätzen; auch begrüßten sie ein politisches System, das offensichtlich Schutz vor der Gefahr einer sozialen Revolution bot [15].

Trotz dieser Anerkennung war die spanische Kirche in ihrer Gesamtheit antiliberal eingestellt. Im Rahmen der konstitutionellen Monarchie hat sie allerdings weitreichende Anstrengungen zur Erneuerung angestellt [16]. Zu Beginn der Restauration verteilte sich das katholische Lager politisch auf drei Gruppierungen: den politisch-legitimistischen Carlismus Ramón Nocedals, den religiös-antiliberalen Carlismus und die dynastischen oder konstitutionellen Katholiken. Die Gründung der katholischen Union im Jahre 1881 unter Leitung Alejandro Pidals fiel zeitlich mit einer Krise um die Stellung Nocedals innerhalb der carlistischen Bewegung zusammen [17]. Die von Kardinal Moreno und Nuntius Rampolla unterstützte katholische Union traf insofern auf einige Vorbehalte Leos XIII., als sie die Differenzen zwischen den verschiedenen katholischen Gruppierungen verstärkte. Diese Organisation zielte darauf ab, den Gegensatz zwischen den traditionalistischen Katholiken und den unter Beihilfe Cánovas' mit der Regierung verbundenen Katholiken im Bemühen zu verringern, Frieden in der Gesellschaft zu erreichen und soziale wie revolutionäre Ausbrüche einzudämmen. Aufs Ganze gesehen konnten die Pläne Cánovas' nur teilweise verwirklicht werden.

Intellektuelle Bemühungen lagen der Einstellung der spanischen Katholiken zugrunde. So fanden während der Restauration die Theorien Juan F. Donoso Cortés' (1809–1853), des unbeugsamen Kritikers des Liberalismus, starkes Echo in intellektuellen katholischen Kreisen. Als weitere einflußreiche Persönlichkeit ging Marcelino Menéndez y Pelayo (1856–1912) von der These aus, daß die Kirche die Basis für den Ruhm des Landes darstelle. Er entwarf ein radikal-konservatives Programm. In anderer Perspektive griff der Dominikaner Zeferino Gonzáles die von Leo XIII. angeregte Erneuerung auf.

Das Einschreiten Leos XIII. zu Beginn seines Pontifikats bedeutete – trotz Spaltungen – eine größere Öffnung der Katholiken für die konstitutionelle Monarchie. So rief der Papst in seinem auf den 8. Dezember 1882 datierten Sendschreiben *Cum multa* die spanischen Katholiken zur Einheit auf und verurteilte alle diejenigen, die ihre Zugehörigkeit zum Katholizismus parteipolitisch ausnutzten. Er erinnerte auch an die unerläßliche Unterwerfung der Katholiken unter ihre Bischöfe und bekräftigte die Notwendigkeit zur Bildung katholischer Verbände, die ihre Mitglieder aus ganz verschiedenen politischen Richtungen zusammenführen und ihre wesenhaft religiöse Zielsetzung nicht aus den Augen verlieren

---

[15] Die Restauration offenbarte sich als „Rückkehr zu einer Religion, die systematisch verfolgt worden war". C. ROBLES MUÑOZ, Catolicismo antiliberal y Restauración (1875–1876), in: Hispania sacra 45 (1993) 707–737.

[16] Gegenüber dem allgemeinen Bewußtsein der Entchristlichung in der spanischen Gesellschaft strebte die Kirche nach einer dynamischen „Union der Katholiken" – nicht in streng politischem Sinn, sondern in Form eines Prozesses zum Neuaufbau der sozialen Moral und der Rückkehr zur katholischen Religion. Vgl. DERS., Religiosidad, moralidad y descristianización en la España posterior a 1868, in: Burgense 26 (1985) 441–491.

[17] DERS., La Union Católica. Su significación y fracasso, in: Burgense 28 (1987) 109–168.

sollten. Zum Schluß machte er deutlich, daß die Abhaltung von Bischofskonferenzen auf Provinzebene unabdingbar sei[18]. Allerdings führten die Differenzen unter den Bischöfen (so zwischen dem Primas von Toledo und dem Bischof von Barcelona) zu einer unterschiedlichen Lesart der Verlautbarung, weil jede dieser katholischen Gruppierungen die päpstliche Unterstützung für ihre Position beanspruchte. Die Vorbereitung einer Pilgerfahrt nach Rom, die von der politischen Zentralgewalt (vor allem von der Regierung Praxede Mateo Sagastas) als Versuch zur Neuorganisation der carlistischen Kräfte gewertet wurde, fand auch das Mißtrauen einiger katholischer Vereinigungen. Damit war aber das Scheitern eines Organisationsversuchs aller Katholiken zur damaligen Zeit vorgezeichnet. Die späteren Stellungnahmen Leos XIII. – 1885 in *Immortale Dei* und 1888 in *Libertas*, vor allem aber im Rahmen seiner Bündnispolitik – ermöglichten eine andere Sicht der politischen Fragen. Trotz der Bedeutung und Verbreitung der carlistischen Kräfte ging die Tendenz dazu, sie in den Hintergrund zu drängen.

Leo XIII. stieß mit seiner Versöhnungspolitik nicht überall auf wohlwollende Aufnahme. Die spanischen Bischöfe ließen sich – ohne direkten Oberhirten – von den Nuntien leiten, die eine fundamentalistische Herrschaft über den Katholizismus in Spanien verhinderten[19]. Nach der Nominierung Rampollas zum Staatssekretär (1887) verschärften sich die Spannungen unter den spanischen Katholiken, weil man in ihm eine Stütze Roms für diejenigen sah, die mit dem liberalen Regime paktierten. Die Situation in Spanien (wie in anderen Ländern) hatte Leo XIII. dazu geführt, seine Entscheidungen lehrmäßig zu untermauern, den Katholiken die Integration in die bestehenden Institutionen zu empfehlen – auf der Grundlage der Anerkennung der politischen Freiheit aller Katholiken, aktiv in der einen oder anderen Partei tätig sein zu können. Die Haltung Leos XIII. war klar: Unterscheidung zwischen Religion und Politik zur Beseitigung der Hypothek, die der Carlismus für den Katholizismus darstellte. Der Papst bekräftigte erneut seine Friedensmission, mit der die Kirche in ihren Beziehungen zu den politischen Institutionen, zu den Nationen und sozialen Schichten festgelegt sei. Allerdings schränkte das dominante antiliberale Klima die Handlungsfreiheit der katholischen Kreise ein, die eine stärkere Präsenz der Katholiken im Spanien der Restauration möglich gemacht hätten. Angesichts der Herausforderungen durch die Laien legte die Kirche – auf dem Erziehungs- oder kulturellen Sektor neben der Klerusausbildung – Wert auf die Entfaltung einer eindeutigen Apologetik[20].

Als Antwort auf die antikatholischen Aktivitäten kristallisierte sich eine katholische Aktion zur Verteidigung der Religion in einer Gesellschaft heraus, in der sie auf einen mehr privaten Bereich zurückgedrängt werden sollte. Dies war einerseits eine Frucht des Liberalismus und der Durchsetzung eines säkularen Staates, andererseits ein Ergebnis der Neudefinierung des kirchlichen Status innerhalb dieser Gesellschaft. Mit der durch den Kubakrieg und den Aufstand auf den Philippinen (1897–1898) ausgelösten Krise entstand eine patriotische Begeisterung, der sich die Katholiken mit der Zielsetzung einer nationa-

---

[18] Ders., La *Cum multa* de Léon XIII y el movimiento católico en España (1882–1884), in: Hispania sacra 39 (1987) 297–348.
[19] V. Carcel Ortí, El Archivo del nuncio Mariano Rampolla (1883–1887), ebd. 747–788; ders., El Archivo del nuncio Angelo di Pietro (1887–1893), in: Hispania sacra 41 (1989) 183–226.
[20] F. Monero Garcia, Propaganda católica y Educación Popular en la España de la Restauración, in: Écoles et Églises en Espagne et en Amérique latine. Aspects idéologiques et institutionnels, Tours 1988, 265–279.

len Erneuerung anschlossen. Diese Problematik trat beim Kongreß in Burgos 1898, auf dessen Verhandlungen der kurz zuvor zum Kardinal ernannte Antonio María Cascajares y Azar (1834–1901) großen Einfluß gewann, deutlich in den Vordergrund. Das allgemeine Wahlrecht und der Aufruf zur Union der Katholiken in Verbindung mit dem Erneuerungsprogramm regte Kandidaturen der „Union der Katholiken" oder der „unierten Katholiken" zur Verteidigung der kirchlichen Rechte an, denen aber wegen der Spaltung unter den Katholiken eine solide Basis fehlte.

Schon um die Jahrhundertwende war den spanischen Katholiken der Wiederaufbau ihrer Rahmenstrukturen gelungen. Der Ordensklerus nahm an der von den Jesuiten, Dominikanern und Augustinern getragenen kulturellen Erneuerungsbewegung teil. Auf ihre Bemühungen gehen so bedeutende Leistungen wie das Pontifikalseminar von Comillas zurück, das 1904 zur Universität ausgebaut wurde, die Wiederbelebung des Thomismus durch das Engagement und Werk Kardinal Zeferino Gonzáles', und anderer Theologen des Dominikanerordens, dazu verschiedene Publikationen wie das von den Augustinern herausgegebene Werk *La Ciudad de Dios* (1891).

Die Stellung der religiösen Kongregationen innerhalb der Kirche und in der spanischen Gesellschaft bildete das Zentralthema des Katholikenkongresses von Santiago im Jahre 1902. Wenn auch Regular- und Säkularklerus vergleichbaren sozialen Schichten entstammten, so unterschieden sie sich doch am Ende des 19. Jh. deutlich voneinander. Der Regularklerus begann, sich um die kulturelle Bewegung des Landes zu kümmern, und hatte eine weit größere Ausstrahlung als der eher bürokratische Diözesanklerus.

Vor der Veröffentlichung der Enzyklika *Rerum novarum* gab es keine katholische Sozialbewegung im eigentlichen Sinne. Diese Tatsache trat auf dem ersten Katholikenkongreß von Madrid 1889 klar zutage. Die unmittelbare Reaktion auf die Enzyklika war im spanischen Katholizismus gering[21]. Allerdings entstanden in den letzten Jahren des 19. und im ersten Jahrzehnt des 20. Jh. Berufsverbände und wirtschaftliche Institutionen in katholischen Kreisen. Nach und nach nahm eine katholische Bewegung Gestalt an, die sich an der übergeordneten Vorstellung einer Rechristianisierung der Gesellschaft orientierte.

Der erste ernstzunehmende Versuch der Verankerung der Kirche in der von der Industrialisierung geprägten Arbeiterwelt der spanischen Gesellschaft geht auf den Jesuiten Antonio Vicent (1837–1912) zurück. Sein Handeln stand von Anfang an unter dem Leitgedanken, die Harmonie zwischen den verschiedenen Volksschichten sowie den sozialen Frieden wiederherzustellen. Vicent wurde der Gründer der katholischen Arbeiterkreise *(Círculos católicos de obreros)*, die in vielen Orten (von den östlichen Landesteilen abgesehen) lediglich einzelne verstreute Experimente darstellten und im katholischen Bewußtsein keinen bleibenden Eindruck hinterließen. 1893 wurde in Madrid der Nationalrat der katholischen Arbeitergenossenschaften *(Consejo nacional de las corporaciones católicos de obreros)* mit dem Ziel gegründet, diesen Kreisen und anderen eher sporadisch entstandenen Experimenten eine gewisse Einheit in ihren Programmen und Aktionen zu verleihen. Genau in dieser Zeit verstärkte sich die korporative Ausrichtung dieser Kreise. Vicent konzentrierte ab 1897 seine Aktivitäten auf die Bildung landwirtschaftlicher Organisationen. In seinem fortgesetzten Bemühen um die Existenz gemischter Organisationen im ländlichen Raum gab er jedoch ab 1905 zu erkennen, daß im industriellen Bereich die Ar-

---

[21] F. MONTERO GARCÍA, La 1ª recepción de *Rerum novarum* por el Episcopado Español (1890–1895), in: Hispania sacra 34 (1982) 71–110.

beitergewerkschaften von den Arbeitgeberverbänden getrennt werden müßten. Die Bewegung begann Auswirkungen auf das gesamte nationale Leben zu gewinnen; ihr Einfluß verbreitete sich zunächst durch das Wirken des Klerus. Seine Aktivität erlangte ab 1900, zusammen mit den in mehreren spanischen Diözesen entstandenen Diözesanversammlungen, nationale Ausweitung, um im Klerus das Bewußtsein für das soziale Problem zu wecken. Die Aktion Vicents führte auch zur Organisation von Nationalkongressen der Katholiken, die in Madrid (1889), Saragossa (1890), Sevilla (1892), Tarragona (1894), Burgos (1899) und Santiago de Compostela (1902) stattfanden.

Auch die sozialen Wochen erhielten in Spanien wertvolle Anregungen durch Vicent, vor allem der 1893 eingesetzte *Consejo nacional de las corporaciones católicas obreras* unter der Leitung des Claudio López y Brus (1883–1925), Marquis de Comillas, dem angesehenen Protagonisten des Sozialkatholizismus. Dieser leitete, zusammen mit dem *Zentrum sozialer Abwehr* in Madrid, die sozialen Wochen nach deutschem und französischem Vorbild in die Wege, die damals in Madrid (1906), Valencia (1907), Sevilla (1908), Santiago (1909), Barcelona (1910) und Pamplona (1912) durchgeführt wurden. Die ersten Schritte waren schwierig, da der streng katholische Charakter, den Vicent seinem Werk zugrundelegte, es in vollständige Abhängigkeit von der kirchlichen Hierarchie brachte. Nur mit geringen Unterschieden zu einer streng apostolischen Bewegung wollten diese Werke offensichtlich eine katholische Welt innerhalb einer vom Liberalismus geprägten Gesellschaft begründen. Diese Zielsetzung hatte aber polemische Reaktionen innerhalb der Kirche und der Gesellschaft im allgemeinen zur Folge. Das den sozialen Aktivitäten der Katholiken vorgeordnete körperschaftliche Ideal ermöglichte in dieser Phase oftmals Manipulationen der Kreise durch die Arbeitgeberschaft. Das überstürzte Bemühen um die Herstellung des sozialen Friedens zwischen den Volksklassen (mittels Zusammenschluß in gleichen Körperschaften) verhinderte ein eingehendes Verständnis für die Eigenart der eigentlichen sozialen Konflikte. In gleicher Weise führte die Aktion Maximiliano Arboleya-Martinez' (1870–1951), des Protagonisten der sozialen Frage, zur Organisation von Arbeitergewerkschaften. 1914 gründete er in Oviedo die *Casa del pueblo* (Haus des Volkes) als Institution dieser Aktion für das Volk und verteidigte die Bildung autonomer Gewerkschaften. All diese Initiativen unterstrichen die Existenz katholischer Strömungen, die unterschiedlichen Einstellungen zu Funktion und Stellenwert von Religion und Kirche in der Gesellschaft entsprachen. Diese Differenzierungen beeinträchtigten jedoch auch die Entwicklung des Sozialkatholizismus.

Die Verstärkung regionaler Tendenzen (vor allem in Katalonien) erschütterte außerdem – in Verbindung mit dem wachsenden Einfluß der Republikaner und Sozialisten ab 1900 – den unsicheren Konsens, der die konstitutionelle Monarchie funktionsfähig machte. Die fortschreitende Zersplitterung des Staates der Restaurationszeit rief auf seiten der Kirche eine abwartende Haltung hervor. Ihre privilegierte Stellung konnte die bestehenden Schwierigkeiten nicht verwischen, hier vor allem ihre Unfähigkeit, sich einer zunehmend städtischen und säkularen Gesellschaft anzupassen, die klare Anzeichen einer Abkehr vom Katholizismus erkennen ließ.

Am Rande der politischen Rivalität zwischen den katholischen Parteien, Carlisten, Fundamentalisten und Unionisten entsprachen die jeweiligen Einstellungen zum Liberalismus und zum liberalen Staat in gewisser Weise den unterschiedlichen Einschätzungen der sozialreformerischen Orientierungen. Während die Fundamentalisten auf der strengen Konfessionalität der katholischen Sozialwerke bestanden, übernahmen die Neuthomisten mit ihrer größeren Flexibilität gegenüber dem Liberalismus in stärkerem Maße den Grundsatz einer nichtkonfessionellen Zusammenarbeit.

Neben der politischen Spaltung der Katholiken tauchte ein anderes Problem auf: Sollten die Katholiken eine autonome Organisation bilden oder nicht? Sollten sie als eigene Kraft innerhalb der konservativen Partei agieren, obwohl sie durch ihre antiliberalen Positionen mit großen Vorbehalten bedacht wurden?

In den Jahren nach 1902 bildete der Status der religiösen Kongregationen das Hauptthema der Kirchenpolitik der konservativen oder linksliberalen Regierungen, das nach der Rückkehr der Missionare aus Kuba und den Philippinen immer drängender wurde. Pius X. versuchte in seinem Breve *Inter catholicos Hispaniae* die Spannungen zwischen den katholischen Richtungen hinsichtlich der Zusammenarbeit mit der Regierung zu überwinden und das Engagement der Katholiken unabhängig von der politischen Grundausrichtung des Regimes zu stärken. Diese Debatte spiegelte sich in den publizistischen Äußerungen der beiden Jesuiten García Villada und Minteguiaga in *Razón y fe* (Vernunft und Glaube) wider und führte zunächst innerhalb des Jesuitenordens und dann ab 1907 auf Initiative des Jesuiten Ángel Ayala zur *Asociación católica nacional de propagandistas*, die ursprünglich als Verband der „jungen Propagandisten" angelegt war. Die Initiativen von Ayala – in Verbindung mit Ángel Herrera Oria (1886–1968) bildeten die Keimzelle einer christlich-demokratischen Position, die eine Organisation für „Männer der Aktion" zum Ziel hatte. Trotz der Unfähigkeit, in den 90er Jahren eine katholische Partei zu begründen, trat dieser Verband (ACNP) mit dem Anspruch auf, der Keim einer katholischen politischen Kraft zu sein, die sowohl als Gruppe Druck ausüben konnte als auch gleichzeitig den Kern einer zielgerichteten Wahlbeeinflussung repräsentierte. Damit sollte die Auswahl geeigneter Führungspersönlichkeiten für das Einwirken auf die Gesellschaft in organisierter und geschlossener Form erreicht werden. Da dieser Verband der juridischen und institutionellen Seite der Regierungsform kaum besondere Beachtung schenkte, konnte er der Bündnispolitik Gestalt verleihen und die Katholiken wirkungsvoller vereinen.

Am Ende des 19. und zu Beginn des 20. Jh. ergab sich jedoch erneut eine antiklerikale Konfliktstimmung. Mit dem Problem von Funktion und Sozialstatus der religiösen Kongregationen und des Unterrichtswesens tauchte der Antiklerikalismus wieder auf der politischen Bühne auf. Die antiklerikale Problematik im ersten Jahrzehnt des 20. Jh. konzentrierte sich vor allem auf die Situation der religiösen Institute. Beabsichtigt war die Unterordnung der Kongregationen unter eine einheitliche Gesetzgebung und die Suprematie der politischen Gewalt. In der Auseinandersetzung um das Unterrichtswesen brach der Konflikt im November 1901 zwischen Erzbischof Marcelo Spinola von Sevilla und Erziehungsminister Graf Ramanones auf. Der Sturz der liberalen Regierung machte die Konvention von 1908 zunichte, gemäß der eine spanisch-vatikanische Kommission unter Vorsitz des Erzbischofs von Toledo zur Lösung der Kloster- und Schulproblematik gebildet worden war. Trotz aller Bemühungen begann mit der berühmten *ley del Candado* vom 24. Dezember 1910 eine äußerst kritische Phase in den Beziehungen zwischen Kirche und Staat. Das Gesetz untersagte faktisch für einen Zeitraum von zwei Jahren die Residenz neuer Kongregationen in Spanien, sofern sie nicht die Genehmigung durch die Regierung erhalten hatten. Ministerpräsident José Canalejas (1910–1912) schaffte außerdem den religiösen Eid ab, beschränkte den Religionsunterricht an öffentlichen Schulen und entließ den Botschafter des Vatikans. Der Konflikt brachte den volkstümlichen Antiklerikalismus und die katholische Reaktion in Frontstellung. Die legislativen Maßnahmen ließen aber auch ein größeres Bewußtsein für die notwendige Bündelung der Kräfte unter den Katholiken entstehen.

Die Reaktionen der Katholiken auf den Bruch der Beziehungen zwischen Regierung und Vatikan waren zunächst tumultartig und führten zu allmählicher gegenseitiger Beschwichtigung und schließlich zur Wiederaufnahme der Beziehungen im Jahre 1913. Anläßlich des *Eucharistischen Kongresses* von Madrid (1911) weihte die Kirche König und Volk dem Hl. Herzen Jesu. Diese Weihe wurde nach dem Krieg (1919) in feierlicher Form vom Monarchen wiederholt. So ergab sich schließlich zwischen der konstitutionellen Monarchie, die auf die Mitarbeit der Kirche bei der Herstellung des sozialen Friedens angewiesen war, und der öffentlichen Meinung in Spanien die Verbindung zu einer katholischen Nation – ein Ideal, das auch von der katholischen Kirche in ihrem Bestreben getragen wurde, die Gesellschaft zu rechristianisieren.

Achtes Kapitel

Deutschland

I. Die katholische Kirche

von Victor Conzemius

Der Zusammenschluß der deutschen Katholiken im Jahre 1848 hatte auch den Episkopat in Würzburg zum ersten Mal zu einer gemeinsamen Beratung zusammengeführt. Auf der zweiten Tagung, die 1867 in Fulda stattfand, konstituierte sich die Versammlung als nationale Bischofskonferenz. Zu Beginn des Kulturkampfes bürgerte sich die Abhaltung einer jährlichen Zusammenkunft ein, beschränkt allerdings auf den preußischen Episkopat. Damit hatte der deutsche Episkopat einen organisatorischen Vorsprung gegenüber denjenigen anderer europäischer Länder, deren Bischöfe meist bis zum II. Vaticanum kein institutionalisiertes Kontaktorgan besaßen. Durch die Absprache des Verhaltens gegenüber den Regierungen (aktuell besonders zur Zeit des Nationalsozialismus), durch die Stellungnahme zu gesellschaftlichen Problemen und, in beschränkterem Maß, durch die Abstimmung des Umgangs mit Rom sollte diese Einrichtung bleibende Bedeutung gewinnen.

Ein Testfall war die Ankündigung des I. Vaticanums[1], die mit der Aussicht auf neue Papstdogmen einherging. Die Mehrheit der deutschen Bischöfe hatte zwischen 1830 und 1845 studiert, ein Zeitraum, in dem in der zeitgenössischen Ekklesiologie die organische Einheit von päpstlichem Primat und Episkopat, wie Johann Adam Möhler (1796–1838) sie vertreten hatte, eine Selbstverständlichkeit war. Für isolierte Vorrechte des Papstes, wie die römische Richtung sie propagierte, war bei diesen Männern keine Begeisterung vorhanden. Unter den deutschen Bischöfen gab es nur vier ultramontan gesinnte; die anderen bildeten auf dem Konzil in Verbindung mit Vertretern des Episkopats Österreich-Ungarns den harten Kern der Antiinfallibilisten[2]. Im September 1869 richteten die Bischöfe, neben einem allgemein gehaltenen Hirtenbrief an die Gläubigen zum Konzil, ein Schreiben an Pius IX. mit der Bitte, er möge von einer etwaigen Unfehlbarkeitsdebatte Abstand nehmen. Durch eine Indiskretion gelangte der Brief an die Presse. Er sollte dem Ansehen der Bischöfe nach dem Konzil großen Schaden zufügen, da er den Eindruck erweckte, sie hätten nicht den Mut gehabt, zu ihrer früheren Überzeugung zu stehen.

Exponent des deutschen Episkopats auf dem Konzil war der Mainzer Bischof Wilhelm Emmanuel von Ketteler (1811–1877). In bemerkenswerten Voten, z. B. am 23. Mai und

---

Zu Kurztiteln vgl. die jeweilige Erstnennung bzw. die Bibliographie am Ende dieses Kapitels.

[1] Vgl. Lill, Bischofskonferenzen; E. Gatz (Hrsg.), Akten der Fuldaer Bischofskonferenz I-III, Mainz 1979–1985.

[2] Zum folgenden vgl. Schatz, Vaticanum I.

am 25. Juni 1870, gab er nicht nur zutreffende Analysen des antiabsolutistischen, demokratischen Zeitempfindens, sondern warnte auch mit guten theologischen Argumenten vor Formulierungen, die die organische Einheit von Primat und Episkopat verdunkelten. Demgegenüber bewegte sich die Argumentation des 1869 zum Bischof von Rottenburg ernannten Tübinger Konzilshistorikers Karl Josef von Hefele (1809–1893) stärker im Bereich historischer Kritik. Für die Situation, die der deutsche Episkopat nach seiner Rückkehr aus Rom zu gewärtigen hatte, ist bezeichnend, daß Hefele, der vor dem Konzil eine Definition der päpstlichen Unfehlbarkeit für unmöglich gehalten hatte, nun an seinen Rücktritt dachte. Erst am 10. April 1871 veröffentlichte er die Konzilsbeschlüsse in seiner Diözese[3].

Bereits vor dem Konzil setzte in Deutschland eine Polarisierung ein, die nach seinem Abschluß eine Kirchenspaltung hervorrief. Zwei Voraussetzungen haben besonders dazu beigetragen: einmal die stärkere Sensibilisierung der deutschen akademischen Theologie in Richtung Dialogfähigkeit mit dem protestantischen Umfeld, das je länger, je mehr zur beherrschenden Strömung im deutschen Geistesleben wurde. Auf solche Versuche, wie sie z. B. Georg Hermes (1775–1831) oder der Wiener Theologe Anton Günther (1783–1863) und dessen deutsche Schüler unternahmen[4], reagierten die römisch-kirchlichen Instanzen negativ. Der *Syllabus* von 1864 und neuerliche Bestrebungen, die Priesterausbildung ins Ghetto einer reinen Seminarerziehung zu verlegen, erregten Ängste, die wenig Gutes für das kommende Konzil erhoffen ließen. In dieser Situation bot die Annäherung an den Staat die einzige, freilich höchst zwiespältige Möglichkeit, die von Rom bedrohte Freiheit der theologischen Forschung zu schützen.

Der Münchener Kirchenhistoriker Johannes Joseph Ignaz von Döllinger (1799–1890), der in den 60er Jahren dieses Dilemma verspürte, unternahm es, durch Einwirken auf staatliche Stellen und durch Beeinflussung der öffentlichen Meinung die ultramontan-papalistische Richtung unter Druck zu setzen. Zwar scheiterte die von ihm angeregte Zirkulardepesche des bayerischen Ministerpräsidenten Chlodwig Fürst Hohenlohe-Schillingsfürst (1819–1901), die europäischen Mächte 1869 zu Präventivmaßnahmen gegen das Konzil zu bewegen. Ein voller, wenn auch zweischneidiger Erfolg wurde jedoch sein publizistisches Bemühen, dem Konzil und seinen etwaigen Beschlüssen von vornherein die Glaubwürdigkeit zu nehmen. Seine unter dem Pseudonym „Quirinus" veröffentlichten Konzilsberichte, für die sein in Rom anwesender Schüler Lord Acton das Grundmaterial lieferte, stellten die römische Bischofsversammlung als einen vom Papst und der Kurie manipulierten Konvent dar. Er entbehre der notwendigen Freiheit der Beschlußfassung und offenbare letztlich nur die völlige Hilflosigkeit und theologische Unwissenheit der Bischöfe. Der große publizistische Erfolg dieser *Briefe vom Concil* – die *Augsburger Allgemeine Zeitung*, die die *Briefe* veröffentlichte, soll 10 000 Abonnenten gewonnen haben –, fixierten das liberal und national gesinnte protestantische Bildungsbürgertum noch stärker auf ein bereits bestehendes Negativbild der katholischen Kirche[5]. Die Panikstimmung, in der Döllinger sich befand und die er selbst kräftig miterzeugt hatte, verstärkte die theologischen Schwierigkeiten, die die Papstdogmen vom 18. Juli 1870 ihm bereiteten. Von diesen Vor-

---

[3] H. WOLF (Hrsg.), Zwischen Wahrheit und Gehorsam. Carl Joseph v. Hefele (1809–1893), Ostfildern 1994.

[4] Zu Günther vgl. das Kapitel „Österreich (1860–1914)".

[5] V. CONZEMIUS, Die „Römischen Briefe vom Konzil". Eine entstehungsgeschichtliche und quellenkritische Untersuchung zum Konzilsjournalismus Ignaz von Döllingers und Lord Actons, in: RQ 59 (1964) 186–229; 60 (1965) 70–119.

aussetzungen her blieb ihm kein anderer Weg, als dem Konzil die Anerkennung zu versagen[6]. Döllinger schloß sich nicht der altkatholischen Bewegung auf ihrem Weg zu eigener Gemeindebildung an; vielmehr warnte er davor, „Altar gegen Altar" zu stellen und sich von der Kirche zu trennen. Zu einer Aussöhnung Roms mit dem gelehrten Vorkämpfer der katholischen Kirche, der 1872 in München vielbeachtete Vorlesungen über die Wiedervereinigung der getrennten Christen hielt und 1874/75 nach Bonn die Unionskonferenzen mit Anglikanern und Orthodoxen einberief, kam es nicht mehr († 10. Januar 1890).

Die Position, die Döllinger einnahm, war die eines intellektuellen Einzelkämpfers; sie ließ sich in den Gemeinden nicht durchhalten[7]. Als notorischen Konzilsgegnern die Sakramente verweigert wurden, wurde die Frage akut, wie man diesem pastoralen Notstand begegnen könne. Der Prager, 1873 nach Bonn berufene Kirchenrechtler Johannes von Schulte (1827–1914) machte sich zum Anwalt einer „regelmäßigen Seelsorge" und befürwortete eine eigene Gemeindebildung. Über lokale Katholikenvereine und Altkatholikenkongresse bildete sich allmählich eine kirchliche Organisation, deren Ausschüsse die Wahl eines eigenen Bischofs vorbereiteten. Am 14. Juni 1873 wählte diese Bischofskommission den Breslauer Kirchenhistoriker Joseph Hubert Reinkens (1821–1896) zum Bischof. Zwei Monate später erteilte ihm Bischof Johannes Heykamp von Deventer aus der seit 1724 von Rom getrennten *Utrechter Kirche* die Bischofsweihe. Preußen, Baden und Hessen erkannten den Bischof an; Preußen sprach ihm eine Dotation zu.

Ihren Höchststand erreichte die Zahl der Altkatholiken in Deutschland im Anfangsjahrzehnt (1877 etwa 57000 Mitglieder bei einer Gesamtkatholikenzahl von etwa 13 Millionen). Die Altkatholiken wurden nie eine Volksbewegung und blieben auf Akademiker, Besitzbürgertum und Beamte beschränkt[8]. Bemerkenswert ist jedoch, daß elf Professoren Theologischer Fakultäten (München, Breslau, Bonn) in der neuen Gemeinschaft eine kirchliche Heimat fanden. Einen lange nachwirkenden Schock erlitt die Geschichtsforschung im katholischen Raum; gut zwei Drittel der Professoren und des akademischen Nachwuchses trat zum Altkatholizismus über. Ungeschoren überstand dagegen die Tübinger Theologische Fakultät die Auseinandersetzung, da Bischof Hefele von Rottenburg den Professoren keine unangenehmen Fragen stellte. Eine formelle Anerkennung der Konzilsbeschlüsse fand hier nicht statt.

Die Kirchenkrise um das I. Vaticanum bedeutete einen empfindlichen Rückschlag für das theologische Denken; zu keinem Zeitpunkt war jedoch das innerkirchliche Leben gefährdet. Hier wirkte sich die Konfliktsituation negativ als Auslöser für den Kulturkampf, positiv dagegen als innerkirchlicher Solidarisierungsprozeß aus. Indem die staatlichen Behörden sich schützend vor Pfarrer und Professoren stellte, die das Konzil nicht anerkann-

---

[6] I. v. DÖLLINGER, Briefe und Erklärungen über die Vatikanischen Dekrete 1869–1887, München 1890, 73ff.
[7] Zur altkatholischen Gemeindebildung vgl. V. CONZEMIUS, Katholizismus ohne Rom, Zürich – Einsiedeln – Köln 1969. Eine Darlegung altkatholischer Theologie und Perspektiven bietet U. KÜRY, Die Altkatholische Kirche. Ihre Geschichte, ihre Lehre, ihre Anliegen, Stuttgart 1966.
[8] Vgl. W. K. BLESSING, Staat und Kirche in der Gesellschaft. Institutionelle Autorität und mentaler Wandel in Bayern während des 19. Jahrhunderts, Göttingen 1982; DERS., Eine Krise des Katholizismus im vorigen Jahrhundert. Das katholische Bürgertum Bayerns und die Religion nach dem Ersten Vatikanischen Konzil, in: A. FINK (Hrsg.), Unbekanntes Bayern 11, München 1980, 107–125; für die Rheinlande vgl. J. SPERBER, Popular Catholicism in Nineteenth Century Germany. Princeton 1984; TH. MERGEL, Katholisches Bürgertum im Rheinland 1794–1914, Göttingen 1994; M. KLÖCKER, Katholizismus und Bildungsbürgertum, in: R. KOSELLECK (Hrsg.), Bildungsbürgertum im 19. Jahrhundert II, Stuttgart 1990, 117–138.

ten, mußten sie Konflikte mit den Bischöfen in Kauf nehmen, die die Absetzung renitenter Kleriker von staatlichen Stellen forderten. Wie der Ausbau der Kulturkampfgesetzgebung sich vollzog und welche weiteren innen- wie außenpolitische Motive bei Bismarcks Kampfansage mitspielten, wird an anderer Stelle dargelegt. Beide Faktoren, das Schisma und die Gewaltmaßnahmen, förderten erst recht jene Tendenzen, die eine Neoultramontanisierung vorantrieben und den Weg ins Ghetto beschleunigten.

Doch „Ghetto" und „Ultramontanisierung" sind sehr unzulängliche Begriffe, um eine Entwicklung zu kennzeichnen, die durchaus auch positive Aspekte aufweist. Die Defensivsituation trug zum Zusammenschluß der kirchlich gesinnten Katholiken bei, die ihre letzte soziale und politische Identität in der Kirche suchten – wie weite Teile des Protestantismus sie in der kulturellen Programmatik des deutschen Kaiserreiches gefunden hatten. Die Kirche erschien den Katholiken nicht nur als letzte Sinninstanz irdischer Existenz; an sie klammerten sie sich, um ihre soziale und kulturelle Besserstellung zu erreichen. Diese Verkirchlichung der gesellschaftlichen Wirklichkeit durchdrang alle Bereiche. Unbeschadet zahlreicher, nach außen utopisch und rückwärtsgewandt wirkender Teilziele erwies sie sich in ihrer Stoßrichtung und im Gebrauch der Mittel moderner, als es ihren Gegnern bewußt wurde. Hinter antimodernen Prinzipiendeklamationen verbarg sich ein erstaunliches, in die Zukunft weisendes Innovationspotential[9].

Im besonderen zeigte sich dies in der Gründung einer konfessionellen politischen Partei[10]. Ein wichtiges Motiv hierfür waren Ängste, im neuen Kaiserreich majorisiert zu werden (*Soester Programm* von 28. Oktober 1870: Wahrung kirchlicher Freiheiten, Schutz der christlichen Familie und Schule, soziale Fürsorge, Bundesstaatsprinzip). Nur zu bald bewies die Kulturkampfgesetzgebung, daß die verfassungsmäßigen Garantien unzulänglich waren. Ab 13. Dezember 1870 bildeten 58 Abgeordnete im Preußischen Abgeordnetenhaus unter Führung von August Reichensperger (1808–1895) und Hermann von Mallinckrodt (1821–1874) die Fraktion des Zentrums (13,4 Prozent); am 21. März 1871 schlossen sich im neuen Reichstag 62 Abgeordnete zur Zentrumsfraktion zusammen. Unter der Führung von Ludwig Windthorst (1812–1891)[11], Bismarcks wichtigstem Gegenspieler, entwickelte sie sich zu einer demokratischen Oppositionspartei, ohne eine grundsätzlich reichsfeindliche Politik zu betreiben und ohne bischöflichen oder kurialen Direktiven hörig zu sein. Die Kerngebiete ihrer Wählerschaft befanden sich im west- und süddeutschen Raum sowie in Schlesien. Waren 1883 noch 42 Prozent der Zentrumsabgeordneten Adelige – darunter zahlreiche westfälische Grundbesitzer und schlesische Großindustrielle –, so war um die Jahrhundertwende das feudalaristokratische Element weitgehend zurückgedrängt. Auffallend hoch war der Anteil von Klerikern (91 von insgesamt 483), die zwischen 1870 und 1914 ein Abgeordnetenmandat übernahmen[12].

Das Zentrum war eine Weltanschauungs- und Gesinnungspartei, die ihre Stimmenanteile (1874 27,9 Prozent, 1907 19,4 Prozent) auf hohem Niveau halten konnte. Zwar hatte

---

[9] Vgl. dazu NIPPERDEY, Deutsche Geschichte 1800–1866, 441–444.

[10] Vgl. W. BECKER (Hrsg.), Die Minderheit als Mitte. Die deutsche Zentrumspartei in der Innenpolitik des Reiches 1871–1933, Paderborn 1986; R. MORSEY, Der politische Katholizismus 1890–1933, in: RAUSCHER, Der soziale und politische Katholizismus I 110–164.

[11] P. COLONGE, L. Windthorst (1812–1891). Sa pensée et son action politiques jusqu'en 1875, 2 Bde., Lille – Paris 1983; M. L. ANDERSEN, Windthorst, Oxford 1981 [dt. Düsseldorf 1989].

[12] E. GATZ, Priester als Partei- und Sozialpolitiker, in: DERS., Der Diözesanklerus (Geschichte des kirchlichen Lebens IV), Freiburg 1995, 376–398.

Ludwig Windthorst (1812–1891), Gemälde (1890) von V. Parlaghy, Hannover, Kenstner-Museum. –
Reichskanzler Fürst Otto von Bismarck (1815–1898, Reichskanzler 1871–1890).

sie zeitweilig und vereinzelt Abgeordnete evangelischer Konfession als Hospitanten. Doch
gelang es ihr nicht, aus dem katholischen Konfessionsturm herauszukommen; Integralismus und Modernismusstreit verhinderten 1906 die diesbezüglichen Bemühungen des rheinischen Zentrumspolitikers Julius Bachem (1845–1918). Basis der Zentrumspyramide war
das Kleinbauerntum und die Industriearbeiterschaft mit einem Mittelbau neuer Mittelständler und einer ebensogroßen Schicht aus Vertretern des alten Mittelstandes (Mittel-
und Großbauern, Handwerker) sowie zur Spitze hin einer dünnen Schicht wirtschaftlich
selbständiger Bürger[13].

Unter den Nachfolgern Windthorsts war der hessische Zentrumspolitiker Ernst Lieber
(1838–1902) die bedeutendste Persönlichkeit. Matthias Erzberger (1875–1921) verkörperte den populistischen Flügel, ohne eine Führungsposition zu bekleiden. Nach dem Abflauen des Kulturkampfes wurde die Sozialpolitik zur besonderen Domäne des Zentrums.
1877 reichte der Zentrumsabgeordnete Graf Maximilian Gereon Galen (1832–1908), ein

---

[13] Das Motivbündel, das sehr unterschiedliche soziale und politische Bestrebungen im Zentrum verband, hat
W. Loth treffend zusammengefaßt: „Im Widerstand gegen die aufklärerisch-repressive Kirchenpolitik artikulierten
sich zugleich die Vorbehalte traditioneller Eliten gegen den modernen Nationalstaat; katholische Bürger verbanden
die Opposition gegen das Staatskirchentum mit dem Kampf für die eigenen Freiheitsrechte im konstitutionellen
Staat; Angehörige der traditionellen Unterschichten ließen sich für die katholische Sache gewinnen, weil sie
zugleich der Abwehr liberaler Führungs- und Modernisierungsansprüche zu dienen schien; katholische Arbeiter
erlebten den Katholizismus als Fluchtpunkt vor den Zumutungen der industriellen Arbeitswelt und möglichen
Bundesgenossen bei der Abwehr der Ausbeutung durch liberale Unternehmer. Dazu trat der Protest gegen die
meist protestantischen Führungsschichten in Bürokratie, Kultur und Wirtschaft." W. LOTH, Integration und Erosion: Wandlungen des katholischen Milieus in Deutschland, in: DERS. (Hrsg.), Deutscher Katholizismus im
Umbruch zur Moderne (Konfession und Gesellschaft 3), Stuttgart 1991, 266 f.

Die sieben Schwa——rzen

Diese Karikatur der Berliner satirischen Zeitschrift *Kladderadatsch* aus dem Jahr 1873 verspottet den Abwehrkampf der Zentrumspartei, die mit den törichten „Sieben Schwaben" im Märchen von Ludwig Bechstein (1801–1860) verglichen werden und vergeblich gegen die Maigesetze des Kulturkampfes – im Bild eine Hasenfamilie im Kohl – anrennen. Die Zentrumspolitiker, die bewußt das Wort „katholisch" im Parteinamen vermieden hatten, weil man auf die Mithilfe der Protestanten im Kampf um die Freiheit der Kirche rechnete, werden dennoch in der Karikatur als „Schwarze" bezeichnet, der Protestant Ernst Ludwig von Gerlach (1795–1877), einer der wenigen protestantischen Parteimitglieder, als „Sankt Gerlach" lächerlich gemacht.

Neffe Kettelers, einen vom westfälischen Bauernkönig Burghard Schorlemer-Alst (1825–1895) entworfenen Antrag auf Arbeiterschutzgesetzgebung ein. Das war der erste Schritt hin zu einer staatlichen Sozialpolitik, die das Zentrum in den folgenden Jahren zum Teil gemeinsam mit den Sozialisten trug. Nicht so konsequent war die Partei in der Ablehnung der unpopulären Militärvorlagen, insbesondere des Schlachtflottenbaus in der Ära Tirpitz. 1897/98 begann sich eine Abkehr von ihrer bisherigen Politik abzuzeichnen. 1912/13 unterstützte das Zentrum die großen Heeres- und Flottenvorlagen und war als „nationale" Partei ins wilhelminische Kaiserreich integriert [14].

In den 70er Jahren begann aus patriarchalischen Anfängen eine eigenständige katholische Arbeiterbewegung Fuß zu fassen [15]. Ihr eigentlicher Aufschwung begann 1880, als Franz Brandts (1834–1914), Textilfabrikant in Mönchengladbach, den jungen Geistlichen, späteren Sozialethiker und Zentrumsabgeordneten Franz Hitze (1851–1921) zum Generalsekretär des lokalen Vereins *Arbeiterwohl* bestellte [16]. Die Arbeitervereine, deren Leitung von Geistlichen wahrgenommen wurde, blieben auf Arbeiter katholischer Konfession beschränkt. Als Alternative zum sozialistischen Klassenkampf strebten sie eine berufsethische Programmatik an, die den Arbeiter „von der Klasse zum Stande" anheben wollte. Charakteristisch für sie war ein fundamentaler Pragmatismus, mitunter auch, auf der Linie von Adolf Kolping, eine ausgesprochene Theoriefeindlichkeit.

Eine Analyse der kapitalistischen Produktionsweise stellten diese Arbeitervereine nicht

---

[14] DERS., Katholiken im Kaiserreich. Der politische Katholizismus in der Krise des wilhelminischen Deutschlands, Düsseldorf 1984.
[15] J. ARETZ, Katholische Arbeiterbewegung und christliche Gewerkschaften – zur Geschichte der christlichsozialen Bewegung, in: RAUSCHER, Der soziale und politische Katholizismus I 159–214.
[16] HÜRTEN, Kurze Geschichte des deutschen Katholizismus 165 ff.

Die Gründer der Zentrumspartei:
August Reichensperger, Ludwig Windthorst,
Hermann von Mallinckrodt, Peter Reichensperger.

an, sondern beschränkten sich, wie die katholische Soziallehre der Zeit, auf die Betonung sittlicher Grundsätze. Die materialistische Geschichtsphilosophie der marxistisch dominierten Arbeiterbewegung stieß sie ab; doch verband sie mit der sozialistischen Arbeiterschaft die grundsätzliche Kapitalismuskritik und die Infragestellung der politischen Machtverteilung.

Zusammenschlüsse dieser lokalen und diözesanen Vereine gab es auf regionaler Ebene. 1891 entstand der süddeutsche Verband (1891: 27 Vereine mit 6000 Mitgliedern, 1914: 1041 Vereine mit 114 422 Mitgliedern), 1897 der Verband mit Sitz Berlin (1909: 1200 Vereine mit 130 000 Mitgliedern), 1903 der westdeutsche Verband (1904: 344 Vereine, 74 530 Mitglieder, 1913: 1219 Vereine, 220 290 Mitglieder). Während der süddeutsche Verband eine ausgesprochen traditionalistische, industriefeindliche Linie verfolgte, schlug der westdeutsche Verband vor allem dank seines erfolgreichen Presseorgans *Westdeutsche Arbeiterzeitung* (seit 1899) eine realistischere Linie ein. Schätzungen zufolge dürfte der westdeutsche Verband am Vorabend des Ersten Weltkrieges ein Drittel der in seinem Gebiet lebenden katholischen Industriearbeiter – vorwiegend Metallarbeiter und Bergleute – organisiert haben [17].

Der Einsatz in der Arbeiterfrage deckt aber nur einen Teil des Spektrums der Initiativen ab, die von Mönchengladbach ausgingen. 1890 gründeten Franz Brandts und Franz Hitze mit der Zustimmung Windthorsts den *Volksverein für das katholische Deutschland*. Das Ziel des Vereins war, die Katholiken, nachdem der Kulturkampf abgeflaut war, auf eine gleichberechtigte Mitarbeit in Staat und Gesellschaft vorzubereiten. Im Gegensatz zum 1886 in Erfurt gegründeten, stark antiultramontanen und kämpferisch eingestellten *Evangelischen Bund* erhielt der *Volksverein* eine gesellschaftspolitische Orientierung. Er blieb bis in die Weimarer Zeit hinein der *brain-trust* des deutschen Katholizismus. Geistliche

---

[17] Vgl. H. HEITZER, Der Volksverein für das katholische Deutschland im Kaiserreich, Mainz 1979. Der Verein war nicht direkt der Hierarchie unterstellt.

Kaplan Franz Hitze gab mit seiner Zeitschrift *Arbeiterwohl* seit 1881 den katholischen Arbeitervereinen ein Publikationsorgan an die Hand, in dem Fragen katholischer Sozialpolitik behandelt wurden.

übernahmen das Generalsekretariat – seit 1892 August Pieper (1866–1942) – und zumeist die Leitung der einzelnen Dezernate[18]. Die Mitgliederzahl – der Jahresbeitrag belief sich auf eine Mark – stieg von 180000 im Jahre 1900 auf 800000 im Jahr 1914. Im Vergleich dazu zählten die sozialistisch inspirierten *Freien Gewerkschaften* etwa 2,5 Millionen. Mit seinen 173 hauptamtlichen Mitarbeitern (1913), seinen Kursen, Informationsabenden und Broschüren führte der *Volksverein* eine intensive Bildungsarbeit durch, die in weite Kreise eindrang und auch für bisher weniger beachtete Fragen wie Schule, Familie und akademischer Nachwuchs sensibilisierte.

Im sogenannten Gewerkschaftsstreit, der 1912 seinen Höhepunkt erreichte, schlug der *Volksverein* sich auf die Seite der Befürworter eigenständiger christlicher Gewerkschaften. 1894 gründete der katholische Bergarbeiter August Brust in Dortmund einen *Werkverein christlicher Bergarbeiter*, in dem auch evangelische Mitglieder volle Rechte erhielten. Unabhängig voneinander entstanden solche Gewerkschaften, die sich nach Fachgruppen organisierten, in der Textilindustrie am Niederrhein wie auch im süddeutschen Raum (Eisenbahner- und Postpersonalverbände). Die christlichen Gewerkschaften, die sich als „notwendige Ergänzung" der Arbeitervereine verstanden, verwarfen den Klassenkampf, sahen aber unter bestimmten Voraussetzungen den Streik als ein akzeptables Kampfmittel an.

---

[18] Eine wichtige Persönlichkeit war der Kölner Diözesanpriester Heinrich Brauns (1868–1939), der 1900 hauptamtlicher Mitarbeiter wurde, 1920 das Reichsarbeitsministerium übernahm und ihm acht Jahre lang in 12 Kabinetten vorstand. Er gilt als der Schöpfer der deutschen Arbeitergesetzgebung. Vgl. J. H. MOCKENHAUPT, Weg und Wirken des geistlichen Sozialpolitikers Heinrich Brauns, Paderborn 1977.

Lorenz Huber, seit 1890 Gründer von katholischen Arbeitervereinen (links), und der Bergmann August Brust, der 1894 die erste christliche Gewerkschaft gründete.

Die Zusammenarbeit mit evangelischen Arbeitervereinen gelang nur zeitweilig und regional, nicht zuletzt deshalb, weil auf katholischer Seite eine integralistische Opposition, die sich im Verband Sitz Berlin sammelte, eine wirtschaftliche Interessenvertretung innerhalb der katholischen Arbeitervereine ausschließlich sogenannten Fachabteilungen zugestehen wollte. Die Autonomie der Gewerkschaften verwarf sie als unzulässige Hinwendung zum säkularisierten Staat und zur pluralistischen Gesellschaft. Die Unterstützung, die diese Richtung bei einflußreichen Kirchenmännern wie Georg Kardinal Kopp (1837–1914) von Breslau und Bischof Michael Felix Korum (1840–1921) von Trier fand, paßte in das gesamtkirchliche Klima des Integralismus, dessen deutsche Vertreter es ohnehin stets besser verstanden als ihre Gegenspieler, ihre Position in ein gutes Licht zu stellen. Im Gewerkschaftsstreit entschied 1912 Pius X. *(Singulari quadam)*, dessen persönliche Präferenzen in Richtung Fachabteilung gingen, daß auch die christlichen Gewerkschaften geduldet werden könnten[19].

Die Spannungen und Auseinandersetzungen dieser Jahre wurden von den Zeitgenossen als die schwerste Belastungsprobe angesehen, der die katholische Bewegung seit ihrem Bestehen ausgesetzt war. Dahinter stand jedoch ein tieferes Problem als ein innerkatholischer Richtungsstreit. Man konnte sich fragen, ob diese politisch-gesellschaftliche Organisation auf konfessioneller Basis nicht einen Rückschritt bedeutete, eine Sünde gegen den nationalen Fortschrittsgeist, aber auch einen Verstoß gegen die Solidarität mit der Arbeiterschaft. Der Sonderweg der Katholiken wurde nicht verstanden. Bismarck stieß sich grundsätzlich daran, daß sich aus der Anhänglichkeit an die Kirche politische Konsequen-

---

[19] Vgl. LOTH, Deutscher Katholizismus im Umbruch (s. Anm. 13) 232–277.

zen ergeben könnten. Mit der Sozialdemokratie habe der politische Katholizismus gemein, daß er Nation und nationale Staatenbildung bekämpfe[20]. Für Heinrich von Treitschke (1834–1896), den Propagandisten des kleindeutschen Reichsgedankens, war das Zentrum eine Ausgeburt politischer Instinkt- und ethischer Verantwortungslosigkeit. Die ultramontane Partei verwerfe „die Mündigkeit des Staates, diesen köstlichsten politischen Gewinn der Reformation"[21]. Innerkatholisch war die grundsätzliche Kritik am eingeschlagenen Kurs eher verhalten. Der zunächst in Straßburg, seit 1878 in Freiburg i. Br. lehrende Kirchen- und Kunsthistoriker Franz Xaver Kraus (1840–1901), ein brillanter Essayist[22], war einer der profiliertesten Kritiker des ultramontanen Kurses, dem er unter dem wohlklingenden Namen „religiöser Katholizismus" sein allerdings wenig überzeugendes Modell eines konformistischen Staatskatholizismus entgegenhielt.

Was den politischen Führern des deutschen Katholizismus auf die Dauer nicht verborgen blieb, war die zunehmende Isolierung von der kulturellen Entwicklung des Landes. Das in Schüben immer wieder ventilierte Projekt einer katholischen Universität kam nicht zum Zuge[23]. Erfolgreicher war der Bonner Privatdozent Georg von Hertling (1843–1919), der im Oktober 1875 die *Görres-Gesellschaft zur Pflege der Wissenschaft im katholischen Deutschland* ins Leben rief. Als Kontaktstelle katholischer Geisteswissenschaftler gelang es der *Görres-Gesellschaft*, besonders im Bereich der Geschichtswissenschaft, fachliche Anerkennung zu finden. Schwierig gestaltete sich die Berufung katholischer Wissenschaftler auf Lehrstühle deutscher Universitäten. In Greifswald und Königsberg waren den Katholiken Ordinariate auch in den Naturwissenschaften verwehrt. Im wissenschaftlichen und literarischen Leben galt der Grundsatz *catholica non leguntur* (Katholisches liest man nicht). Die Bemühungen, diese Vorurteile aufzubrechen und sich selbst Mut für die kulturellen Aufgaben zuzusprechen – z. B. 1897/98 der Würzburger Dogmatiker Hermann Schell (1850–1906) mit seinen Schriften *Der Katholizismus als Prinzip des Fortschritts* und *Die neue Zeit und der alte Glaube* – fanden nicht einmal im innerkatholischen Raum Zustimmung. Gegenüber dem von weiten Teilen der Kirchenleitung favorisierten Integralismus blieben die unter dem Sammelbegriff „Reformkatholizismus" bezeichneten Reformbewegungen einzelner Kreise und Persönlichkeiten sehr diffus; im antimodernistischen Klima des Pontifikates Pius' X. konnten sie sich nicht entfalten[24].

---

[20] Zit. nach Hürten, Kurze Geschichte des deutschen Katholizismus 141. Die innere Verwandtschaft von Katholizismus und Sozialdemokratie wurde zu einem beliebten Topos. In einer Rede zum Geburtstag des Kaisers 1895 formulierte der Berliner Systematische Theologe und spätere Rektor der Universität, Otto Pfleiderer: „Mit dem Ultramontanismus ist die Sozialdemokratie viel näher verwandt, als man gewöhnlich annimmt. Beiden gemeinsam ist die internationale und antinationale Idee eines Weltreiches, nur mit dem Unterschied, daß die Kirche dasselbe als übernatürlichen Gottesstaat denkt und durch priesterliche Beherrschung der irdischen Staaten zu verwirklichen sucht, die Sozialdemokratie aber es als natürlichen Menschheitsstaat denkt und durch radikale Beseitigung der bestehenden Staaten zu verwirklichen wünscht." O. Pfleiderer, Reden und Aufsätze, München 1909, 88. Hürten, Kurze Geschichte des deutschen Katholizismus 142.

[21] Untersuchungen zum Katholizismusbild des deutschen Protestantismus und vice versa fehlen bislang. Zum aktiven Antiultramontanismus vgl. N. Schlossmacher, Der Antiultramontanismus im wilhelminischen Deutschland, in: Loth, Deutscher Katholizismus im Umbruch (s. Anm. 13) 164–198.

[22] Ch. Weber, Liberaler Katholizismus. Biographische und kirchenhistorische Essays von Franz Xaver Kraus, Tübingen 1983.

[23] Vgl. W. Brandt, Eine katholische Universität für Deutschland? Das Ringen der Katholiken in Deutschland um eine Universitätsbildung im 19. Jahrhundert, Köln – Wien 1981.

[24] N. Trippen, Theologie und Lehramt im Konflikt. Die kirchlichen Maßnahmen gegen den Modernismus im Jahre 1907 und ihre Auswirkungen in Deutschland, Freiburg i. Br. 1977.

Georg Freiherr von Hertling (1843–1919) war Mitbegründer der 1876 in Bonn gegründeten *Görresgesellschaft,* deren erster Präsident er bis 1919 war. Hertling,
Fraktionsvorsitzender des Zentrums und ab 1917 ein
Nachfolger Bismarcks als preußischer Ministerpräsident, erwarb sich große Verdienste um die Förderung
katholischer Gelehrter und des Dozentennachwuch-
ses. Dennoch wurde er in Rom wegen „Modernismus"
denunziert; seine *Görresgesellschaft* war dort als
„modernistischer Geheimbund" verrufen.

Einen grotesken Höhepunkt erreichte die innerkatholische Ghettomentalität im sogenannten Literaturstreit. Im Hintergrund stand die kulturelle „Inferiorität" der Katholiken, eine
nicht nur von Kulturprotestanten und Liberalen in Umlauf gesetzte böswillige Verleumdung, sondern ein auch in den eigenen Reihen immer besser eingesehener Tatbestand.
Seit dem Tode Eichendorffs 1857 und Adalbert Stifters (1805–1868) gab es keinen
katholischen Schriftsteller mehr, dem der Durchbruch in die deutsche Nationalliteratur
gelungen wäre. Was im katholischen Milieu als katholische Literatur angepriesen wurde,
besaß einen klerikal-erbaulichen Charakter, sofern es überhaupt der Selbstzensur eines
engbrüstigen ästhetischen Kanons entgangen war. Karl Muth (1867–1944), ein junger
Publizist, warf 1898 die Frage auf, ob die katholische Belletristik auf der Höhe der Zeit
stehe. Er verneinte die Frage; sie sei engherzig, prüde wie ein Mädchenpensionat. 1903
gründete er die Zeitschrift *Hochland,* die zum literarisch-kulturellen Forum der deutschen Katholiken wurde. Zwar band auch Muth die Autonomie der Kunst auf eine
abstrakte Weise an Moral und Religion im kirchlichen Sinne zurück. Es gelang ihm
jedoch, die Vorbehalte des katholischen Milieus gegenüber dem literarischen Schaffen
abzubauen. Wie massiv die Vorurteile waren, die hier Barrieren bildeten, zeigt die Reaktion auf die Romane der Österreicherin Enrica von Handel-Mazzetti (1871–1955). In
ihrem Roman *Jesse und Maria* (1904–06), dessen Handlung zur Zeit der Gegenreformation spielte, hatte sie es gewagt, einen Protestanten positiv, die katholische Seite in weniger sympathischem Licht darzustellen. Die erregten Stellungnahmen des Publikums führten zu einem mit großer Heftigkeit geführten Literaturstreit, der in seiner Verquickung
mit dem theologischen Antimodernismus fast zu einer kirchlichen Verurteilung des
Hochlands führte.

Die Stärke des deutschen Katholizismus lag nicht im Bereich der Literatur. Ob die
Chance einer positiven Entwicklung dadurch vertan wurde, daß die vom Konvertiten
Friedrich Schlegel zur Zeit der Romantik entwickelte Poetologie, die den parteiischen Ul-

1903 erschien die erste Nummer der Zeitschrift *Hochland*, die der Publizist Carl Muth (1867–1944) gegründet hatte, um „das Ghetto der deutschen Katholiken zunächst in der Belletristik zu durchbrechen und Kirche und moderne Kultur miteinander zu versöhnen".

trageist nicht nur konfessioneller Natur verwarf, verdrängt wurde, ist höchst fraglich[25]. Die Konzentration der deutschen Katholiken auf ihre politische und soziale Emanzipation mit ihrer unweigerlichen Tendenz zur Absonderung in einem bestimmten Milieu führte zu einer Betonung des konfessionell-kirchlichen und moralisierend-pädagogischen Elements. Darunter mußte die Autonomie des literarischen Schaffensprozesses leiden.

Mit der klerikalen Bevormundung der Literatur kontrastiert das wache Zeitbewußtsein für soziale und gesellschaftliche Fragen. Die zahlreichen krankenpflegenden Orden und Kongregationen, die in Deutschland nach französischem Vorbild entstanden, haben einen wesentlichen Anteil an der Entwicklung des modernen Krankenhauses[26]. Auch für den Zusammenschluß der regionalen und lokalen caritativen Initiativen im *Deutschen Caritasverband* – 1897 bis heute einer der wichtigsten Verbände der freien Wohlfahrtspflege – besaß das von Léon-Albert Lefébvre 1890 in Paris gegründete *Office central des œuvres de bienfaisance* Modellcharakter.

Daß auch traditionsgebundene und patriarchalische Zusammenschlüsse das Terrain für neue Entwicklungen vorbereiten konnten, zeigt das Entstehen der katholischen Frauenbewegung aus Vorläuferbewegungen wie Müttervereinen, Dienstmägde- und Arbeiterinnen-

---

[25] J. OSINSKI, Katholizismus und deutsche Literatur im 19. Jahrhundert, Paderborn 1993; vgl. dazu die Besprechung von P. KURZ, in: StZ 22 (1994) 325–340; vgl. auch S. SCHMIDT, Handlanger der Vergänglichkeit. Zur Literatur des katholischen Milieus 1800–1950, Paderborn 1994.

[26] GATZ, Kirche und Krankenpflege; DERS., Caritas und soziale Dienste, in: RAUSCHER, Der soziale und politische Katholizismus I 312–351. Zum Einfluß der französischen Gründungen bis in den protestantischen Raum hinein vgl. P. PHILIPPI, Die Vorstufen des modernen Diakonissenamtes (1789–1848) als Element für dessen Verständnis und Kritik, Neukirchen-Vluyn 1966.

vereinen, Jungfrauenkongregationen und weiblichen Berufsverbänden. Aus dem Kreise der Gründerinnen des *Katholischen Frauenbundes* (1903) – die Konvertitin Elisabeth Gnauck-Kühne (1850–1917), Emmy Gordon, Agnes Neuhaus (1854–1944), Hedwig Dransfeld (1871–1925) – kamen nach 1918/19 die ersten weiblichen Zentrumsabgeordneten[27].

Es ist nicht zu bestreiten, daß die spezifische Organisationsform des deutschen Katholizismus auch die kirchliche Pastoration gegenüber der auflösenden Tendenz des Großstadtlebens absicherte, weil sie dem Menschen geistige Heimat gab. In Dörfern und Kleinstädten, in denen die soziale Kontrolle funktionierte, stellte das Problem sich kaum. Die Frage, ob und wann die Kirche die Arbeiterschaft verlor, muß für Deutschland anders beantwortet werden als für Frankreich. Wenn für München 1887/88 die Teilnahme an der Osterkommunion bei zwei Fünftel, in Arbeiterkreisen in Köln 1912 bei einem Viertel lag, so war das immer noch eine beachtlich hohe Zahl[28]. Für Bayern, das bereits wegen seines starken Anteils an Protestanten in den Regionen Franken und Schwaben keineswegs mit dem Klischee „traditionell katholisch" behaftet werden kann, ist eine eigenartige Entwicklung festzustellen. Aus dem aufgeklärten bayerischen Staatskirchentum des beginnenden 19. Jh. entwickelte sich die Religiosität dieses katholischen Lebensraums über eine Dominanz zunächst ultramontaner, dann national-liberaler Elemente zu einem ausgesprochen katholischen Staatsprofil, in dem welt-, volks- und kirchenfromme Elemente eine Legierung eingingen. Aus der Subkultur stieg der bayerische Katholizismus auf in die beherrschende Kultur[29]. Insgesamt darf das Urteil Thomas Nipperdeys gelten: „Die Intensität der katholischen Subkultur, ja auch das befestigte Ghetto, haben gewiß die Selbstbehauptung der katholischen Kirche als Volkskirche, ihre Krisenresistenz nach 1918 und auch nach 1933 gegen linke und rechte Totalitarismen und – langfristig – ihre Erneuerungspotentiale mit ermöglicht, ja getragen. Und mehr noch, der Modernisierungsschub im Vereinswesen hat den Eintritt des Katholizismus ins 20. Jh., dem doch die Kirche abgeneigt gegenüberstand, entschieden befördert und damit die Ansätze zur positiven Einfügung in die Republik, in eine demokratische, im Prinzip egalitäre und zuletzt auch pluralistische Gesellschaft."[30]

Bibliographie

Allgemein

E. Alexander, Church and Society in Germany. Social and Political Movements and Ideas in German and Austrian Catholicism (1789–1950), in: J. N. Moody u. a. (Hrsgg.), Church and Society. Catholic Social and Political Thought and Movements 1789–1950, New York 1953, 325–583.

C. Bauer, Deutscher Katholizismus. Entwicklungslinien und Profile, Frankfurt 1964.

W. Brandmüller (Hrsg.), Handbuch der bayerischen Kirchengeschichte III, St. Ottilien 1991.

H. E. Feine, Kirchliche Rechtsgeschichte I: Die katholische Kirche, Weimar ⁵1972.

---

[27] M. Pankoke-Schenk, Katholizismus und Frauenfrage, in: Rauscher, Der soziale und politische Katholizismus I 278–311.

[28] Nipperdey, Deutsche Geschichte 1800–1866, 438.

[29] W. Blessing, Kirchenfromm – volksfromm – weltfromm. Religiosität im katholischen Bayern des späten 19. Jahrhunderts, in: Loth, Deutscher Katholizismus im Umbruch (s. Anm. 13) 95–123; vgl. auch A. Kraus, Geschichte Bayerns. Von den Anfängen bis zur Gegenwart, München 1983, 424–435.

[30] Nipperdey, Deutsche Geschichte 1800–1866, 444.

E. Filthaut, Deutsche Katholikentage 1848–1958 und soziale Frage, Essen 1960.

H. Fries – G. Schwaiger (Hrsgg.), Katholische Theologen Deutschlands im 19. Jahrhundert, 3 Bde., München 1975.

H. Jedin (Hrsg.), Handbuch der Kirchengeschichte VI, 1: Die Kirche zwischen Revolution und Restauration, Freiburg i. Br. ²1978.

E. Gatz (Hrsg.), Die Bischöfe der deutschsprachigen Länder 1785/1803–1945. Ein biographisches Lexikon, Berlin 1983.

–, Geschichte des kirchlichen Lebens in den deutschsprachigen Ländern seit dem Ende des 18. Jahrhunderts, bisher 5 Bde., Freiburg i. Br. 1991 ff.

–, Kirche und Krankenpflege im 19. Jahrhundert. Katholische Bewegung und karitativer Aufbruch in den preußischen Provinzen Rheinland und Westfalen, Paderborn 1971.

F. Heyer, Die katholische Kirche vom Westfälischen Frieden bis zum Ersten Vatikanischen Konzil (Die Kirche in ihrer Geschichte IV, Lf. N 1), Göttingen 1963.

H. Hürten, Kurze Geschichte des deutschen Katholizismus 1800–1962, Mainz 1986.

R. Lill, Die Beilegung der Kölner Wirren, Freiburg i. Br. 1962.

–, Die ersten deutschen Bischofskonferenzen, Freiburg i. Br. 1964.

Th. Nipperdey, Deutsche Geschichte 1800–1866. Bürgerwelt und starker Staat, München ⁶1993.

A. Rauscher (Hrsg.), Der soziale und politische Katholizismus. Entwicklungslinien in Deutschland 1803–1963 (Geschichte und Staat 247–252), 2 Bde., München – Wien 1981.

K. Schatz, Zwischen Säkularisation und Zweitem Vatikanum. Der Weg des deutschen Katholizismus im 19. und 20. Jahrhundert, Frankfurt 1986.

–, Vaticanum I 1869–1870 (Konziliengeschichte. Reihe A: Darstellungen), 3 Bde., Paderborn 1992–1994.

H. Schiel, Johann Michael Sailer. Leben und Briefe, 2 Bde., Regensburg 1948–1952.

F. J. Stegmann, Der soziale Katholizismus und die Mitbestimmung in Deutschland. Vom Beginn der Industrialisierung bis zum Jahre 1933, Paderborn 1974.

G. Valerius, Deutscher Katholizismus und Lamennais. Die Auseinandersetzung in der katholischen Publizistik 1817–1854 (Veröffentlichungen der Kommission für Zeitgeschichte, Reihe B 39). Mainz 1983.

Katholizismus: Spezialliteratur

J. Aretz – R. Morsey – A. Rauscher (Hrsgg.), Zeitgeschichte in Lebensbildern, bisher 8 Bde., Mainz 1973 ff. [Biographien]

H. Fries (Hrsg.), Wegbereiter heutiger Theologie, 12 Bde., Graz – Köln 1969 ff. [Texte bedeutender Theologen]

M. Greschat (Hrsg.), Gestalten der Kirchengeschichte 9, 1 und 9, 2: Die neueste Zeit, Stuttgart 1985. [Biographien]

R. Lill, Der deutsche Katholizismus in der neueren historischen Forschung, in: U. von Hehl – K. Repgen, Der deutsche Katholizismus in der zeitgeschichtlichen Forschung, Mainz 1988, 41–64. [Forschungsüberblick]

A. Rauscher u. a. (Hrsgg.), Beiträge zur Katholizismusforschung. Reihe A: Quellentexte zur Geschichte des Katholizismus, Paderborn 1988 ff; Reihe B: Abhandlungen, München 1973 ff., seit 1978 Paderborn. [wichtige Forschungsreihe]

Veröffentlichungen der Kommission für Zeitgeschichte. Reihe A: Quellen, Mainz 1971 ff.; Reihe B: Forschungen, Mainz 1972 ff., seit 1992 Paderborn.

Geschichte einzelner Diözesen (Auswahl)

(zu Fulda) J. Leineweber – A. Wostratzky, Bistum Fulda. Von den Anfängen bis zur Gegenwart, Fulda 1983.

(zu Köln) E. Hegel, Das Erzbistum Köln zwischen der Restauration des 19. Jahrhunderts und der Restauration des 20. Jahrhunderts 1815–1962 (Geschichte des Erzbistums Köln V), Köln 1987.

(zu Limburg) K. Schatz, Geschichte des Bistums Limburg, Mainz 1983.

(zu Mainz) F. Jürgensmeier, Das Bistum Mainz. Von der Römerzeit bis zum II. Vatikanischen Konzil, Frankfurt ²1989.

E. Gatz (Hrsg.), Die Bistümer und ihre Pfarreien (Geschichte des kirchlichen Lebens in den deutschsprachigen Ländern seit dem Ende des 18. Jahrhunderts I), Freiburg i. Br. 1991 [Lit.].

II. Der deutsche Protestantismus im Kaiserreich

VON MARTIN GRESCHAT

1. Die Reichsgründung

Die Niederlage Österreichs 1866 im Preußisch-Österreichischen Krieg und damit das Ausscheiden der Habsburger Monarchie aus dem Deutschen Bund wurde von vielen Katholiken, zumal außerhalb Preußens, als Katastrophe angesehen[31]. Ähnlich waren die Empfindungen 1871, nach der Einigung Deutschlands unter dem preußischen Adler: Denn die Katholiken bildeten eine eindeutige Minderheit im neuen Reich. Vergleichbare kritische Äußerungen kamen jedoch auch aus protestantischen Regionen. So beunruhigte die konfessionellen Lutheraner in Hannover, Sachsen, Mecklenburg und Bayern die „Machterweiterung der preußischen Unionskirche". Leidenschaftlich hatten diese Lutheraner sich bereits in den 1866 von Preußen annektierten Gebieten – dazu zählten neben Schleswig-Holstein und Hannover auch Kurhessen, Nassau sowie die Stadt Frankfurt am Main – gegen die Unterstellung unter den *Evangelischen Oberkirchenrat* in Berlin gewandt. Das unterblieb dann auch aufgrund einer Anordnung Bismarcks[32]. Doch jedem Einsichtigen war klar, wie labil das neue Kaiserreich im Innern war, wie leicht regionale und religiöse, politische, theologische, kirchliche und kulturelle Traditionen und Interessen sich zu einer gefährlichen Mischung verdichten konnten. Demgegenüber galt es also, nicht nur die Selbständigkeit der insgesamt 39 großen, mittleren und winzigen protestantischen Kirchen im Kaiserreich zu bewahren, sondern auch peinlich genau die Eigenständigkeit der 25 deutschen Staaten zu respektieren. Denn das Deutsche Kaiserreich war nach Verfassung und politischer Realität ein Bundesstaat und keineswegs ein zentral regiertes Staatswesen.

Auf diesem Hintergrund mutet die Selbstverständlichkeit, mit der viele Pfarrer und Universitätstheologen das neue Reich als einen nicht nur prinzipiell christlichen, sondern dezidiert protestantischen Staat feierten, eher naiv an. Und wo man dieses Wort vermied[33], galt das nicht in gleicher Weise auch für die Sache. Der deutsch-französische Krieg war für viele Prediger, keineswegs nur in Preußen, eine große Zeit: weil man die militärischen und politischen Ereignisse im Lichte eines verklärten Bildes der Freiheitskriege gegen Napoleon (1813–1815) deutete. Militärische Tüchtigkeit und evangelische Erweckung, strenge Zucht und persönliche Frömmigkeit, die Anspannung aller Kräfte sowie eine lebendige

---

[31] Allgemeine Darstellungen: K. KUPISCH, Die Deutschen Landeskirchen im 19. und 20. Jh., Göttingen ²1975; F. W. KANTZENBACH, Christentum in der Gesellschaft, Bd. 2, Hamburg 1976; M. GRESCHAT, Das Zeitalter der Industriellen Revolution, Stuttgart 1980; L. GALL, Bismarck, Frankfurt a. M. 1980; M. STÜRMER, Das ruhelose Reich. Deutschland 1866–1918 (Siedler Deutsche Geschichte), Berlin 1983; E. R. HUBER, Deutsche Verfassungsgeschichte seit 1789, Bd. 3, Stuttgart ³1988; Bd. 4, Stuttgart ²1982; H.-U. WEHLER, Das Deutsche Kaiserreich 1871–1918, Göttingen ⁶1988; TH. NIPPERDEY, Religion im Umbruch. Deutschland 1870–1918, München 1988; DERS., Deutsche Geschichte 1866–1918, 2 Bde., München ³1993–1995; E. R. HUBER – W. HUBER (Hrsgg.), Staat und Kirche im 19. und 20. Jh., Bd. 3, Berlin ²1990. Einen zusammenfassenden Überblick bietet jetzt M. GRESCHAT, Christentumsgeschichte II. Von der Reformation bis zur Gegenwart (Grundkurs Theologie 4), Stuttgart 1997.
[32] Deshalb heißt die preußische Kirche *Evangelische Kirche der Altpreußischen Union*, weil diese neuen Territorien ihr nicht angehören.
[33] Vgl. dazu E. BAMMEL, Die Reichsgründung und der deutsche Protestantismus, Erlangen 1973.

Sittlichkeit hätten damals den Sieg gebracht. Das konnte laute Töne der nationalen Begeisterung hervorrufen. Aber daneben fehlten die Rufe zur Buße und Umkehr nicht. Gewiß, man war im Recht, und deshalb hatte Gott den deutschen Waffen große Siege und Erfolge geschenkt. Doch das durfte nicht zu Selbstsicherheit oder Überheblichkeit führen. Gerade daran waren die Feinde jenseits des Rheins gescheitert. So rief die Mehrzahl der Prediger die Hörer zur Dankbarkeit auf, aus der die Verpflichtung erwachsen sollte, sich fortan mit größerem Eifer um die Förderung des Glaubens und die Pflege der Sittlichkeit zu bemühen, im persönlichen Leben ebenso wie in der Öffentlichkeit. Dieser Grundsatz der Notwendigkeit der religiös-sittlichen Erziehung des Volkes verband große Teile des deutschen Protestantismus, auch über die sonstigen religiösen, theologischen und kirchenpolitischen Unterschiede und Gegensätze hinweg.

Nach dem genannten Modell der Freiheitskriege hätte auch dieser Krieg eine Erneuerung und Vertiefung des Glaubens in Deutschland bringen sollen. Um solche Kräfte zu fördern, hatte z. B. Friedrich von Bodelschwingh (1831–1910), der Leiter der *Betheler Anstalten*, den Plan entwickelt, ein christliches Volksfest als Nationalfeiertag einzuführen[34]. Als Datum dafür nannte er den Tag der Kapitulation der Festung Sedan mitsamt der Gefangennahme Kaiser Napoleons III. am 2. September 1870. Doch die auf diese Feier gesetzten Hoffnungen erwiesen sich schnell als trügerisch. Nicht religiöse Besinnung, sondern lautstarke Reden voller Selbstlob und nationaler Überheblichkeit prägten bald das Sedansfest. Enttäuschungen waren die Folge. So erklärten etwa die preußischen Generalsuperintendenten im Mai 1872: „Religion und Sittlichkeit, diese heiligsten Güter der deutschen Nation, sind, wir sagen es mit tiefem Schmerz, durch die ungeheuren Opfer des Krieges und die gewaltigen Siege verhältnismäßig am wenigsten gefördert worden"[35]. Doch man hatte eben auch anderes gesehen und konnte durch die Erinnerung daran Trost und Zuversicht für die Gegenwart und die Bewältigung der Zukunft gewinnen. In diesem Sinn verwies etwa Adolf Stoecker 1876 auf den „religiösen Geist in Volk und Heer während des französischen Krieges". Er schloß mit der tröstlichen Mahnung: „Verzweifeln wir nicht an der christlichen Zukunft unserer Nation. Bewahren wir aus diesen Kriegserinnerungen als einen köstlichen Schatz die Gewißheit, daß das Evangelium unter uns noch mächtig, der deutsche Geist für den Glauben noch empfänglich ist."[36] Die innere und äußere Situation des deutschen Protestantismus unmittelbar nach der Reichsgründung läßt sich gut an der sogenannten Oktoberversammlung vom 10. bis 12. Oktober 1871 in Berlin ablesen[37]. Es sollte eine Tagung des gesamten deutschen Protestantismus sein, in der Fortsetzung und zugleich Überbietung der fünfzehn seit 1848 durchgeführten Kirchentage. Und es handelte sich wirklich um eine glänzende Veranstaltung: Mehr als 1500 Persönlichkeiten nahmen teil, darunter viele Träger illustrer Namen, bis hin zum Generalfeldmarschall Helmuth von Moltke, und auch der alte Kaiser Wilhelm I. nahm an einer Sitzung teil. Aber alles das konnte die schweren inneren Gegensätze, die bereits vor der Eröffnung der Versammlung aufgebrochen waren, nicht zudecken.

---

[34] H. LEHMANN, Friedrich von Bodelschwingh und das Sedanfest, in: HZ 202 (1966) 542–573; DERS., Bodelschwingh und Bismarck. Christlich-konservative Sozialpolitik im Kaiserreich, in: HZ 208 (1969) 607–626.
[35] Allgemeine Evangelisch-Lutherische Kirchenzeitung (1872) 380 f.
[36] In: Christlich-sozial, Berlin ²1890, 159.
[37] Die Verhandlungen der kirchlichen October-Versammlung in Berlin vom 10. bis 12. October 1871, Berlin 1872.

Um dreierlei ging es in Berlin: zuerst und vor allem um die Etablierung eines möglichst einheitlichen Protestantismus, der in der Lage wäre, seine Eigenständigkeit in überzeugender Weise sowohl gegenüber dem Katholizismus als auch gegenüber dem Sozialismus – und prinzipiell auch dem Liberalismus – darzustellen; zweitens, eng damit verbunden, um eine möglichst starke und einflußreiche Position in der Gesellschaft, um diese zu leiten und mit christlichem Geist zu erfüllen; drittens, wiederum in engem Zusammenhang damit, um die Bewältigung der sozialen Frage. Von alledem gelang jedoch nur wenig.

Denn den Anhängern der preußischen Union standen nicht erst seit 1866 die konfessionellen Lutheraner entschlossen gegenüber. Um diesen entgegenzukommen, hatten die Organisatoren der Oktoberversammlung die Anhänger des entschiedenen theologischen Liberalismus, die im *Protestantenverein* zusammengeschlossen waren, nach kurzem Zögern wieder ausgeladen. Trotzdem denunzierten die Lutheraner sämtliche Bemühungen um eine lockere Vereinigung aller deutschen evangelischen Landeskirchen mit der Behauptung, dadurch solle eine die Konfessionen relativierende „Nationalkirche" errichtet werden. Als Preisgabe der Offenbarung an den Liberalismus werteten sie die Ziele der preußischen Unierten. Der Vorschlag, alle evangelischen Christen in sämtlichen evangelischen Kirchen wenigstens als Gäste zum Abendmahl zuzulassen, wurde in Berlin dann ebenso verworfen wie der Plan einer Kirchenkonvokation, also eines Gremiums sämtlicher evangelischer Kirchenleitungen, um sich über Fragen zu beraten, die den gesamten deutschen Protestantismus betrafen. Charakteristisch blieb somit für diesen Protestantismus auch im Kaiserreich die Aufspaltung in eine Vielzahl von Landeskirchen – mitsamt der theologischen und kirchenpolitischen Zerrissenheit.

Einig war man sich jedoch weitgehend im Bewußtsein der religiösen, sittlichen und kulturellen Überlegenheit über Sozialisten und Katholiken. Im Blick auf letztere hatten vor allem liberale Theologen bereits während des deutsch-französischen Krieges ihre Anklagen gegen Frankreich mit mindestens ebenso scharfen Attacken auf den Katholizismus verbunden. Als exemplarisch dafür kann die Äußerung des Heidelberger Kirchenhistorikers Adolf Hausrath (1837–1909) gelten, der Anfang 1871 über die deutschen Kriegserfolge urteilte, diese seien „ein Sieg [...] deutscher Bildung über ultramontane Geistesverknechtung, [...] des protestantischen Geistes über den jesuitischen"[38].

Noch schroffer lauteten die Aussagen über den gottlosen Sozialismus, der alle Bindungen zerreiße und auf den Umsturz der gesamten Gesellschaft hinarbeite. Gleichzeitig war man überzeugt, als Kirche der Reformation und des Evangeliums über die entscheidenden Kräfte zur Heilung der Gebrechen der Gesellschaft zu verfügen. Die Meinungen darüber, was das im einzelnen bedeutete, gingen allerdings weit auseinander. Die Ausführungen von Johann Hinrich Wichern (1808–1881) in Berlin repräsentierten eine überaus konservative Position. Er verdammte wortreich nicht nur die Sozialdemokratie, sondern nahezu sämtliche Erscheinungsformen der modernen Gesellschaft. Als Medizin jedoch wußte er nur anzubieten, was er 1848 auf dem Wittenberger Kirchentag und ausführlicher 1849 in seiner Denkschrift vorgetragen hatte: Gruppen entschiedener und aktiver Christen sollten sich in den Kirchengemeinden bilden, als Kristallisationskerne für die geistliche und caritative Begleitung sowie Unterstützung der Bedürftigen, lebendige

---

[38] Zit. bei K. H. Höfele, Sendungsglaube und Epochenbewußtsein in Deutschland 1870/71, in: ZRGG 15 (1963) 270.

Hausgemeinden müßten entstehen, und Handwerker sowie Arbeiter sollten als Volksmissionare tätig werden[39].

Einen völlig anderen Ton schlug Adolph Wagner in seinem Korreferat an[40]. Wagner (1835–1917) gehörte zum Kreis der sogenannten „Kathedersozialisten", die sich mühten, ökonomische Fakten mit ethischen Gesichtspunkten zu verbinden. Sie wollten die individuelle Verantwortung ebenso festgehalten wissen wie die Verpflichtung des Staates zu Hilfeleistungen. Insgesamt ging es ihnen um pragmatische Reformen – wobei sie sich ebenso entschieden gegen einen schrankenlosen Liberalismus und Kapitalismus wandten wie gegen die Zielsetzungen des sozialistischen oder kommunistischen Umsturzes. Wagner trat für Gewerkschaften ein und für eine Gewinnbeteiligung der Arbeiter, für Lohnerhöhungen, Arbeitszeitverkürzung, Sozialversicherungen sowie die intellektuelle, sittliche und religiöse Förderung der Arbeiterschaft. Dazu sollten die Kirche und ihre Predigt insofern beitragen, als sie auf die Veränderung des Bewußtseins in der Bevölkerung zielten, vor allem in den oberen Schichten der Gesellschaft.

Die Diskussion kreiste dann fast ausschließlich um Wicherns Vortrag. Das zeigt, wie fern und fremd den meisten dieser kirchlichen Repräsentanten die Wirklichkeit der neuen Industriegesellschaft mitsamt der sozialen Frage noch war. Das änderte sich grundlegend in den nächsten Jahren und Jahrzehnten. Darauf wird im Zusammenhang mit der Behandlung der sozialen Frage zurückzukommen sein.

Kaum thematisiert wurde auf der Oktoberversammlung das Thema des Liberalismus. Vom theologischen Liberalismus mit seiner Zurückweisung oder doch betonten Relativierung der Dogmen und Bekenntnisschriften zugunsten der freien, individuellen Glaubensüberzeugung grenzte sich die kirchliche Mehrheit in der preußischen Union ebenso deutlich ab wie das konfessionelle Luthertum. Daß der politische Liberalismus und der theologische eng zusammengehörten, galt hier wie da als selbstverständlich. Aber nun hatte exakt dieser Liberalismus, dessen Träger in hohem Maße das protestantische Bürgertum war, als wichtige Schubkraft zur deutschen Einigung beigetragen. Dementsprechend verstand sich der Liberalismus auch als der entscheidende geistige und politische Repräsentant des neuen Nationalstaates. Im übrigen regierte er in Gestalt der Nationalliberalen Partei mit Bismarck. Eine der vielen offenen Fragen für das junge deutsche Kaiserreich war deshalb, wie sich die Beziehungen dieses Liberalismus zu den konservativen, traditionsgebundenen evangelischen Kirchentümern gestalten würden. Davon wird im Abschnitt über den Kulturkampf die Rede sein.

2. Gesellschaft im Wandel

Seit den fünfziger Jahren vollzog sich in weiten Teilen Europas und Deutschlands eine ebenso rasante wie umfassende Veränderung nahezu sämtlicher Lebensbereiche[41]. Der Grund dafür war der rasch um sich greifende Prozeß der Industrialisierung. Zur ersten Phase dieses Vorgangs gehörte die zunehmende Verflechtung der nationalen Ökonomien untereinander, die Herausbildung eines Weltmarktes sowie die Konzentration auf die

---

[39] Verhandlungen (s. Anm. 7) 91–127. Zu Wicherns Äußerungen 1848/49 vgl. J. H. WICHERN, Sämtliche Werke I, hrsg. von P. MEINHOLD, Berlin 1962, 110–441.

[40] Verhandlungen (s. Anm. 7) 127–163.

[41] Dazu jetzt mit reichen Literaturangaben H.-U. WEHLER, Deutsche Gesellschaftsgeschichte III, München 1995.

Schwerindustrie. Ihren offenkundigen Ausdruck fand diese Entwicklung im Bau der Eisenbahnen. 1860 waren in Europa rund 50000 Schienenkilometer verlegt, bis 1878 bereits 140000 – was einen jährlichen Zuwachs von etwa 5000 km bedeutete[42]. Daneben verbesserte der Bau von Tunnels, Kanälen und schnelleren Schiffen die Verkehrsbedingungen. Die Erfindung des Telegraphen überbrückte Tausende von Kilometern in einem Augenblick. 1867 wurde das erste Unterseekabel zwischen Europa und den USA verlegt. Doch die wichtigste Rolle für das Näherrücken breiter Bevölkerungsteile spielte fraglos die Eisenbahn. „Mehr als irgend etwas anderes hat sie die alten Weisen zu leben und zu denken verschwinden lassen und auf die Uniformierung, ja Nivellierung der Gesellschaft und der sozialen Gruppen hingewirkt, die bis dahin in ihrer Isolierung ihre Besonderheit bewahrt hatten."[43]

Nach einer weit verbreiteten Überzeugung würde sich dieses ökonomische Wachstum unentwegt fortsetzen und vielleicht sogar noch steigern. Umso größer war daher der Schock, insbesondere in Deutschland, als plötzlich, 1873, mitten in der Phase eines glänzenden wirtschaftlichen Aufschwungs, der zusätzlich durch die fünf Milliarden der französischen Kriegskontributionen angeheizt worden war, ein Börsenkrach, gefolgt von einer lange anhaltenden Rezession, die Situation radikal veränderte. Von der dadurch ausgelösten Krise des Liberalismus wird noch zu berichten sein. Betrachtet man diese Vorgänge in einem größeren Zusammenhang, wird allerdings deutlich, daß es sich auch in dieser Phase um wirtschaftliches Wachstum handelte, das sich in der Öffentlichkeit jedoch primär als Rationalisierung der Produktionsmethoden und Konzentration der Industriebetriebe darstellte. Die Entstehung von Kartellen, Konzernen und Syndikaten, eng verflochten mit den großen deutschen Banken sowie modernen Interessenverbänden – wie etwa dem *Centralverband deutscher Industrieller* oder dem *Bund der Landwirte* – waren kennzeichnend für die Epoche.

Vor diesem Hintergrund kam es seit Beginn der neunziger Jahre zu einem neuen Konjunkturaufschwung. Zwischen 1890 und 1910 verdreifachte sich die deutsche Roheisenproduktion; die Ziffern für die Stahlherstellung vervierfachten sich sogar. Großbritannien, die bis dahin führende Industrienation, war nun endgültig überrundet. Noch eindrücklicher waren die deutschen Leistungen auf den Gebieten der Elektrotechnik und der Chemie, also den Leitsektoren des neuen wirtschaftlichen Aufschwungs. Man hat diese Branchen, zusammen mit der Entwicklung des Verbrennungsmotors, als Inbegriff einer zweiten Industriellen Revolution bezeichnet, im Unterschied zur ersten, deren Kennzeichen die Schwerindustrie war. Trotz starker Konkurrenz, vor allem aus den USA, lieferte die deutsche Industrie am Vorabend des Ersten Weltkriegs rund 30 Prozent der Weltproduktion an elektrotechnischen Artikeln. Noch größer war der deutsche Anteil an der Herstellung der verschiedensten chemischen Produkte. Den Höhepunkt dieser imposanten industriellen Expansion bildete die Fertigung von rund 85 Prozent des Weltbedarfs an synthetischen Farben. Man begreift wohl, daß diese Realität ein enormes Selbstbewußtsein und Kraftgefühl bis hin zu Anmaßung und ungehemmter Überheblichkeit entstehen lassen konnte.

Auf der anderen Seite ermöglichte diese Entwicklung die Ernährung der sprunghaft an-

---

[42] P. BENAERTS – H. HAUSER – F. L'HUILLIER – J. MAURAIN, Nationalité et Nationalisme (1860–1878), Paris ²1968, 471.

[43] CH.-H. POUTHAS, Démocraties et Capitalisme (1848–1860), Paris 1948, 204.

wachsenden Bevölkerung. 1871 lebten in Deutschland 41 Millionen Menschen, 1910 waren es rund 65 Millionen – was einer jährlichen Zuwachsrate von mehr als einer halben Million Personen entspricht[44]. Bis 1870 hatte der größte Teil des Bevölkerungsüberschusses, vor allem aus Süddeutschland, auswandern müssen, zumeist in überseeische Länder. Jetzt saugte die Industrie diese Menschen auf und zog außerdem in einer großen Binnenwanderung etwa zwei Millionen zumeist junger Menschen aus den deutschen Ostgebieten nach Berlin und in den Westen.

Das Ergebnis war eine schnell voranschreitende Verstädterung, vor allem in den industriellen Ballungsgebieten Berlin, Rheinland und Westfalen, Schlesien und Sachsen. Wohnten noch 1871 lediglich 5 Prozent aller Deutschen in Großstädten, waren es 1910 bereits mehr als 21 Prozent. Bei diesen Städten handelte es sich jedoch nicht um die Ausweitung der alten, gewachsenen Strukturen, sondern um Massenansammlungen von Menschen auf engstem Raum, die sämtliche traditionellen Formen sprengten. Breslau z. B. hatte 1875 rund 239 000 Einwohner, 1890 waren es bereits ca. 335 000. In der gleichen Zeit wuchs die Bevölkerung Essens von knapp 55 000 auf 78 000 und bis 1910 weiter auf 295 000. Den hektischsten Anstieg jedoch erlebte Berlin: Die Einwohnerzahl der Reichshauptstadt stieg von 967 000 (1875) auf mehr als 1,5 Millionen (1890) bis zu rund 2 Millionen Menschen (1910). Die mit diesen Zahlen verbundenen hygienischen, sozialen, moralischen und schlicht menschlichen Nöte und Schwierigkeiten lassen sich wohl erahnen.

Diese Entwicklung umschloß die Umkehr der Relation von Stadt und Land. Jahrhundertelang hatte die überwiegende Mehrzahl der Menschen in Europa und ebenso in Deutschland auf dem Lande gelebt, eingebunden in den Rhythmus von Frühling, Sommer, Herbst und Winter, von Saat und Ernte. Das änderte sich nun in weiten Teilen Deutschlands mit atemberaubender Geschwindigkeit. 1882 war das Verhältnis von Stadt und Land noch einigermaßen ausgeglichen: 42,7 Prozent der Berufstätigen verdienten ihren Lebensunterhalt im Agrarbereich, 39,5 Prozent in der Industrie. 1895 lauteten die entsprechenden Ziffern 35,7 Prozent gegenüber 43,6 Prozent und 1907 sogar 28,4 Prozent zu 49,3 Prozent. Das bedeutet: In Deutschland vollzog sich der Übergang vom Agrarstaat zur Industrienation faktisch im Verlauf einer einzigen Generation. Dementsprechend scharf und schroff traten in der deutschen Gesellschaft die Brüche zwischen traditionellen Ordnungen und Wertvorstellungen einerseits und den neuen Erfordernissen und Notwendigkeiten andererseits hervor. Individuelle und kollektive Unruhe, Zerrissenheit, Orientierungslosigkeit, auch Aggressivität waren allenthalben zu beobachten. Diese Probleme wurden durch die Krise, in die der Liberalismus seit 1873 geraten war, erheblich erschwert. Der deutsche Liberalismus hat sich davon zumindest bis zum Ende des Kaiserreiches kaum mehr erholt[45]. Zunächst erschütterten der Börsenkrach und seine Folgen das Vertrauen in die Überlegenheit des liberalen Wirtschaftssystems. Große Teile der Arbeiterschaft hatten schon länger von ihm Abschied genommen: 1863 war der entschieden gegen den Liberalismus gerichtete *Allgemeine Deutsche Arbeiterverein* unter Ferdinand Lassalle (1825–1864) entstanden, 1869 gründeten Wilhelm Liebknecht (1826–1900) und August Bebel (1840–1913) in Eisenach die ebenfalls antiliberale – und antipreußische – *Sozialdemokratische Arbeiter-*

---

[44] Diese und die folgenden Zahlenangaben nach G. HOHORST – J. KOCKA – G. A. RITTER, Sozialgeschichtliches Arbeitsbuch. Materialien zur Statistik des Kaiserreichs 1870–1914, München 1975.

[45] Vgl. dazu D. LANGEWIESCHE, Liberalismus in Deutschland, Frankfurt a. M. 1988, bes. 164 ff.

partei. Beide Gruppen vereinigten sich schließlich 1875 in Gotha zur *Sozialistischen Arbeiterpartei Deutschlands*[46].

Nun wandten sich jedoch nicht nur Bauern, sondern vor allem Handwerker, kleine Händler und jene Kaufleute vom Liberalismus ab, denen die Gewerbefreiheit längst zu schaffen gemacht hatte und die jetzt durch die andauernde wirtschaftliche Rezession in massive ökonomische Schwierigkeiten gerieten. Die Kritik am Liberalismus weitete sich dadurch auch auf den sozialen und politischen Bereich aus. Unverkennbar drängten gleichzeitig unterschiedliche Gruppeninteressen mit wachsender Rücksichtslosigkeit in die Öffentlichkeit – und zersetzten dadurch das ideologische Axiom des Liberalismus, vor allem er sei fähig und berufen, eine harmonische Entwicklung der gesamten Gesellschaft zu verwirklichen. Mit diesem Verlust seiner Fähigkeit, als weltanschauliche, soziale und politische Integrationskraft zu wirken, verlor der Liberalismus seine Machtstellung im Kaiserreich. Diese Entwicklung, die Bismarck überaus geschickt zu nutzen verstand, zeichnete sich seit dem Ende der siebziger Jahre unübersehbar ab. Dazu gehörten Irritationen und Unsicherheiten in breiten Teilen der Bevölkerung, Pessimismus und Kulturkritik seitens der Intellektuellen, die Suche nach weltanschaulichen, auch religiösen Alternativen – und nicht zuletzt die Anziehungskraft, die von einem modernisierten Konservatismus ausging, der mit nationalistischen und antisemitischen Parolen Massen zu gewinnen versuchte[47].

Der konfessionelle Gegensatz zwischen Protestanten und Katholiken spielte bei alledem eine wesentliche Rolle. Die Katholiken bildeten, wie erwähnt, im Reich ebenso wie in Preußen eine Minderheit. Sie stellten etwa ein Drittel der Bevölkerung[48]. Dadurch waren sie zu schwach, um eine beherrschende Rolle zu spielen – aber zu stark, als daß man einfach über sie hätte hinweggehen können. Hinzu kam, daß die Katholiken in einzelnen preußischen Provinzen die Mehrheit bildeten – wie z. B. in Posen, Schlesien, Westfalen und im Rheinland – und ebenso in Bundesstaaten wie Bayern, Baden oder im Reichsland Elsaß-Lothringen[49]. Sicherlich überwog im Kaiserreich in politischer, sozialer und kultureller Hinsicht der protestantische Einfluß. Aber viele der Reibereien und Attacken, der bösartigen Unterstellungen und rabiaten Ausfälle beider Seiten, die für die geistige Signatur des Kaiserreiches so charakteristisch sind, waren nur möglich, weil sich im konfessionell gespaltenen Deutschland sowohl Protestanten als auch Katholiken immer wieder genötigt sahen, sich ihrer eigenen religiös-weltanschaulichen Identität zu versichern. Schließlich gab es auch Gebiete, in denen man kaum jemals einem Katholiken begegnete, nämlich in den Zentren Preußens – wie Brandenburg, Pommern und der Provinz Sachsen, aber auch in Schleswig-Holstein, Mecklenburg und Hamburg.

Im Unterschied zu den beiden großen christlichen Konfessionen war die Zahl der Juden im Deutschen Reich äußerst gering[50]. Zählte man hier 1871 etwa 25,5 Millionen Protestanten und fast 15 Millionen Katholiken, lebten damals nur rund eine halbe Million Juden in

---

[46] Informativ ist dazu H. Grebing, Geschichte der deutschen Arbeiterbewegung, München ⁶1975 (mit reichen Literaturangaben).

[47] H. Berding, Moderner Antisemitismus in Deutschland, Frankfurt a. M. 1988; W. Jochmann, Gesellschaftskrise und Judenfeindschaft in Deutschland 1870–1945, Hamburg 1988; Sh. Volkov, Jüdisches Leben und Antisemitismus im 19. und 20. Jh., München 1990; dies., Die Juden in Deutschland 1780–1918, München 1994.

[48] Vgl. Anm. 14.

[49] Ebd.

[50] Vgl. dazu die in Anm. 14 und 17 genannte Literatur.

Deutschland. Ihre Zahl war zudem rückläufig: 40 Millionen Protestanten und 24 Millionen Katholiken standen 1910 lediglich 615 000 Juden gegenüber.

Daß man sie trotzdem überdeutlich und überkritisch registrierte, lag an der Fähigkeit eines beträchtlichen Teils von ihnen, auf die sich rasch wandelnden ökonomischen und sozialen Verhältnisse im Prozeß der Industrialisierung schnell und geschickt zu reagieren[51]. Was viele Protestanten in diesem Zusammenhang den Juden vorwarfen, nahmen sie nicht selten selbst als Ausdruck der Überlegenheit für sich und ihre Konfession gegenüber den Katholiken in Anspruch: nämlich die Fähigkeit, sich effizient auf die neuen Verhältnisse einzulassen. Und in der Tat lebte, verglichen mit den Protestanten, die Mehrheit der deutschen Katholiken nach 1871 in vorindustriellen Wirtschaftsräumen überwiegend ländlichen Gepräges. Nach der statistischen Erhebung im Deutschen Reich von 1907 waren hier 36,5 Prozent aller in der Landwirtschaft und im Kleingewerbe Tätigen Katholiken[52]. Lag diese Zahl bereits einige Punkte über dem Reichsdurchschnitt, wurde sie durch den Anteil katholischer Kräfte in der Arbeiterschaft noch erheblich überboten. Im gleichen Jahr 1907 verdienten nämlich 44,2 Prozent der Katholiken dort ihren Lebensunterhalt. Das bedeutete umgekehrt: Die Zahl der katholischen Unternehmer in den industriellen Ballungszonen blieb relativ klein, diejenige der katholischen Arbeiterschaft dagegen schnellte überproportional in die Höhe. Insofern litt die katholische Bevölkerung an der Industrialisierung in einem erheblich höheren Maße als die evangelische. So verringerte sich z. B. auch in Preußen die Zahl der Katholiken in dem Maße, in dem die Lohnskala stieg. Das hatte keineswegs nur weltanschaulich-politische Gründe. Technische Studiengänge und Berufe lagen Katholiken offensichtlich bewußtseinsmäßig ferner als Protestanten. Noch 1932 war lediglich rund ein Fünftel aller Studierenden an Technischen Universitäten und Hochschulen in Deutschland Katholiken.

3. Der Kulturkampf

Seit der Reichsgründung, die sie mit herbeigeführt hatten, sahen sich die Liberalen im Aufwind[53]. Die Bildung des deutschen Nationalstaates war gewiß die Erfüllung lange gehegter Sehnsüchte und Erwartungen. Aber am Ende ihrer politischen Zielsetzungen sahen sich die Liberalen darum keineswegs. Die innere Reichsgründung, die sie anstrebten, läßt sich unter drei Gesichtspunkten zusammenfassen: Es ging um die Ausweitung individueller Freiheiten im Zusammenhang von Rechtssicherheit und Rechtsgleichheit in ganz Deutschland; um die Schaffung eines liberalen Verfassungsstaates, wozu die schrittweise Parlamentarisierung des Reiches gehörte; und es ging schließlich, keineswegs an letzter Stelle, um die Festlegung Bismarcks auf diese politische Linie, um ihm seinen konservativen preußischen Rückhalt nach Kräften zu nehmen. Die Nationalliberalen bauten darauf, daß es der bis dahin so erfolgreichen Schwungkraft ihrer Ideen auch weiterhin gelingen werde, den Reichskanzler mitzureißen – so daß die Macht des aristokratisch-autoritären Konservatismus in Preußen mitsamt seiner politischen, rechtlichen und nicht zuletzt be-

---

[51] Vgl. Anm. 17.
[52] Diese und die folgenden Zahlen nach W. SCHWER – F. MÜLLER, Der deutsche Katholizismus im Zeitalter des Kapitalismus, Augsburg 1932.
[53] Vgl. dazu LANGEWIESCHE, Liberalismus in Deutschland (s. Anm. 15) und besonders G. A. RITTER (Hrsg.), Das Deutsche Kaiserreich 1871–1914, Göttingen 1975; GALL, Bismarck (s. Anm. 1) bes. 467 ff.

wußtseinsmäßigen Vorherrschaft im neuen Deutschland zumindest relativiert werden könnte.

Unter solchen Voraussetzungen war der Konflikt mit den Kirchen vorprogrammiert, standen diese doch prinzipiell auf der Seite der beharrenden, konservativen Kräfte[54]. Die Liberalen attackierten die Kirchen daher auch nicht erst seit der Reichsgründung in einer Mischung aus Feindschaft und Verachtung. Die Kirchen erschienen als die Repräsentanten und starken Bastionen des Widerstandes gegen das eigene, liberale Weltanschauungsmonopol. Das war gekennzeichnet durch das Ideal möglichst weitreichender individueller Freiheitsrechte einerseits und andererseits eines rational durchorganisierten, weltanschaulich neutralen starken Staates. Es ging um Fortschritt, Wissenschaft und eine säkulare Kultur – wobei für die Kirchen lediglich die Fortexistenz in Gestalt von freiwilligen Kultvereinen vorgesehen war. Es liegt auf der Hand, daß diese Zielsetzung dem Selbstverständnis der beiden großen Konfessionen ebenso diametral wie radikal entgegengesetzt war, beanspruchten doch auch sie, jeweils auf ihre Weise, die alleinige Leitkultur für die deutsche Gesellschaft darzustellen.

Bei alledem handelte es sich um ein prinzipielles, also gesamteuropäisches Phänomen. Im Blick auf den grundsätzlichen Charakter dieser Auseinandersetzung prägte der angesehene Berliner Anatom Rudolf Virchow (1821–1902) – der zugleich ein herausragender Vertreter des entschieden antiklerikalen Flügels der linksliberalen Fortschrittspartei war – am 17. Januar 1873 im preußischen Abgeordnetenhaus den schnell berühmt gewordenen Begriff „Kulturkampf". Preußen war also nicht der einzige Kampfplatz. Vergleichbare Konflikte bewegten in der Schweiz die Gemüter, und entsprechende Auseinandersetzungen hatten sich nur wenige Jahre zuvor auch in Baden (1860), Württemberg (1862) und Bayern (1868) abgespielt. Die besondere Härte und Erbitterung, mit der dieser Kampf seit Ende 1871 in Preußen geführt wurde, erklärt sich zum einen durch die weitgespannten politischen Ziele der Nationalliberalen nach der Reichsgründung, zum anderen durch die breite öffentliche Empörung über die Dogmatisierung der päpstlichen Juristiktionsgewalt und Unfehlbarkeit auf dem I. Vaticanum im Sommer 1870. Viele Deutsche beurteilten diese Ereignisse als einen unerträglichen Herrschaftsanspruch Roms, als brutalen Angriff auf die Gewissensfreiheit, als Anschlag auf die Autonomie der Gesellschaft und die Rechte des Staates. Daß viele dieser Attacken den Sinn des neuen Dogmas in absurder Weise verkannten und verzerrten, gehört zum Bild. Dasselbe gilt von dem Haß und Abscheu vieler Katholiken gegenüber dem Liberalismus, den kein geringerer als der bedeutende Mainzer Bischof von Ketteler als „freimaurerisch-jüdische Verschwörung" bezeichnete[55].

Begleitet von einer leidenschaftlichen Pressekampagne wurden zwischen 1872 und 1875 in Preußen mehr als zwanzig Kampfgesetze gegen die katholische Kirche verabschiedet. Das Gesetz gegen den politischen Mißbrauch der Kanzel (1871), zur staatlichen Schulaufsicht (1872) sowie die Einführung der obligatorischen Zivilehe (1875) erhielten reichsweit Geltung. Viel Beifall fand die Ausweisung der Jesuiten und verwandter Orden

---

[54] Aus der reichen Literatur zum Kulturkampf nenne ich: E. Schmidt-Volkmar, Der Kulturkampf in Deutschland 1871–1890, Berlin 1962; H. Bornkamm, Die Staatsidee im Kulturkampf, Darmstadt ²1969; G. Maron, Die römisch-katholische Kirche von 1870–1970, Göttingen 1972; R. Lill, Die Wende im Kulturkampf, Tübingen 1973; W. Becker, Der Kulturkampf als europäisches und als deutsches Phänomen, in: HJ 101 (1981) 422–446.
[55] Zit. bei A. M. Birke, Bischof Ketteler und der deutsche Liberalismus, Mainz 1971, 92.

(1872). Die Maigesetze von 1873 verschärften noch einmal die Staatsaufsicht über die Kirche. Diese Politik wurde 1874 und 1875 fortgesetzt, bis hin zur Einbehaltung der vertraglich zugesicherten Staatszuschüsse.

Der seit 1872 amtierende liberale Kultusminister Adalbert Falk (1827–1900) – Sohn eines Pfarrers – führte den Kampf mit leidenschaftlichem Ernst, getragen von der festen Überzeugung, dadurch dem Wohlergehen der Gesellschaft zu dienen. Tatsächlich jedoch schmiedete der Kulturkampf das Zentrum, das 1870 lediglich eine lockere Gruppe von Abgeordneten mit ausgesprochen disparaten sozialen und politischen Zielvorstellungen gebildet hatte, zu einer schlagkräftigen Partei zusammen. Auf dem Höhepunkt des Kulturkampfes war zwar rund die Hälfte aller preußischen Bischofssitze vakant, und in den Pfarreien sah es wenig besser aus – doch der Staat fand sich auf dem Höhepunkt seiner Machtentfaltung von einem Sieg weit entfernt. Der Papst stand ebenso entschieden hinter dem Zentrum wie der Episkopat. Die Bischöfe leisteten seit 1873 passiven Widerstand gegenüber den Kulturkampfgesetzen. Bismarck hatte sowohl die innerkatholischen Gegensätze als auch die Verbundenheit der Gläubigen mit ihrer Kirche völlig falsch eingeschätzt. Seit 1876 ließ er den Kulturkampf abflauen. Falk wurde 1879 entlassen. Es war schließlich nur ein begrenzter Triumph, daß es Bismarck gelang, den Kulturkampf ohne Einbeziehung der Partei durch direkte Verhandlungen mit Papst Leo XIII. beizulegen. Zwischen 1880 und 1885 wurden die meisten Ausnahmegesetze direkt oder faktisch aufgehoben.

Der Kulturkampf traf auch die evangelischen Kirchen in Preußen in mehrfacher Hinsicht empfindlich. Zunächst hatten viele Evangelische die Kampfgesetze als eine berechtigte Verteidigung des Staates gegenüber dem feindseligen ultramontanen Katholizismus interpretiert. Überzeugt von der elementaren Verbundenheit von Preußentum und Protestantismus begegnete sogar die Meinung, daß der Staat die Auseinandersetzung viel wirksamer würde führen können, wenn er auf die geistigen und geistlichen Potenzen der evangelischen Kirche zurückgriffe. Im Lager des konfessionellen Luthertums allerdings beurteilte man die Situation von Anfang an völlig anders. So protestierte z. B. das führende Blatt dieser Richtung, die in Leipzig erscheinende *Allgemeine Evangelisch-Lutherische Kirchenzeitung*, scharf gegen die preußische „Staatsvergötterung", wodurch die Kirche in diesem Staat bald vollends ruiniert sei[56]. In Preußen wiegten sich dagegen die kirchlichen Repräsentanten in der Hoffnung, daß die Kampfgesetze sicherlich nicht paritätisch angewandt würden. Als das dann doch geschah, breiteten sich Unruhe und Erschrecken aus.

Wie sehr der Kulturkampf auch die evangelische Kirche traf, machte im März 1872 breiteren Kreisen das Schulaufsichtsgesetz deutlich – wodurch den Pfarrern, die in Ostelbien zumeist von den Großgrundbesitzern berufen wurden, da diese die Patronatsrechte besaßen, die Kontrolle über die Grund- und Hauptschulen entzogen wurde. Jetzt reagierten auch die Konservativen, bedrohte das Vordringen des säkularen Staates und liberaler Gedanken auf das Land doch entschieden die eigene Machtposition. Die Unruhe wurde geschürt durch Gerüchte über angebliche Pläne der Regierung, den konfessionellen Charakter der Schule zu beseitigen. Erregt wurde die Stimmung in diesen Kreisen, als im Frühjahr 1874 an die Stelle der kirchlichen Trauung als Rechtsakt die Zivilehe trat. Auch Kaiser Wilhelm I. zögerte, in seiner Eigenschaft als König von Preußen und Oberhaupt dieser Kirche das Gesetz zu unterzeichnen. In den Westprovinzen kam es zu einigen bescheide-

---

[56] Allgemeine Evangelisch-Lutherische Kirchenzeitung (1873) 17–21. 33–37. 49–56.

nen Versuchen, sich gegen diese Entwicklung zu stemmen[57]. Doch vorherrschend waren
Enttäuschung, Verbitterung – vor allem aber viel Resignation und Apathie. Was konnte
man angesichts der unübersehbaren Realität der völligen Abhängigkeit vom Staat schon
tun?

4. Kirchenverfassung und Kirchenparteien

Vor diesem Hintergrund muß man die erbitterten Auseinandersetzungen innerhalb der
preußischen Kirche über eine neue Kichenverfassung sehen. Das Thema war nicht neu,
sondern hatte bereits vor der Reichsgründung die Gemüter erhitzt. Aber die Erfahrungen,
welche die Repräsentanten der evangelischen Kirche mit den Liberalen im Kulturkampf
gemacht hatten, gossen zusätzlich Öl ins Feuer. Die orthodox-konservative Mehrheit in der
Evangelischen Kirche der Altpreußischen Union war jedenfalls überzeugt, daß es sich bei
den Vorstößen des kirchlichen Liberalismus zur Umgestaltung der Kirchenverfassung nur
um einen ersten Schritt auf dem Wege zur völligen Trennung von Staat und Kirche im
Sinne des politischen Liberalismus handelte.

Bereits 1869 hatten die Nationalliberalen im preußischen Abgeordnetenhaus einen Antrag eingebracht und auch durchgesetzt, der sowohl die Trennung von Staat und Kirche als
auch die Organisation der Kirche von unten, von den Gemeinden her, zum Inhalt hatte. Der
Vorstoß scheiterte am Widerspruch der ersten Kammer. Trotzdem hielten die Vertreter des
kirchlichen Liberalismus an ihrem Ziel fest. Sie wollten zunächst die Gemeinden in den
sechs östlichen Provinzen Preußens stärken – in den westlichen Provinzen Rheinland und
Westfalen existierte bereits eine solche Ordnung – durch die Einrichtung von Presbyterien
(auch Gemeindekirchenräte genannt) sowie durch Synoden auf der Kreisebene, in denen
unter dem Vorsitz des Superintendenten Pfarrer und Nichttheologen zusammen die Kirchengemeinden leiteten. Dieses Konzept fand über den Kreis der Liberalen hinaus viel Zustimmung. Dagegen sahen überzeugte Konservative in jedem Eingehen auf liberales Gedankengut nur Gefahren, sowohl im Blick auf die Kirche als auch den eigenen politischen
Einfluß. Darum sprachen sich viele von ihnen auf den 1869 in den östlichen Provinzen abgehaltenen außerordentlichen Synoden, die über die Frage der Einführung der presbyterial-
synodalen Gemeindeordnung beschließen sollten, gegen die Neuerung und für die Beibehaltung der alten Ordnung aus – in der man der von der kirchlichen Behörde vorgelegten
Namensliste einfach zuzustimmen, seltener sie abzulehnen pflegte. Charakteristisch für das
Denken dieser Konservativen erscheint der Diskussionsbeitrag eines brandenburgischen
Superintendenten: „Wenn in der Armee die freie Wahl eingeführt wird, würde diese wohl
dieselbe Kraft haben wie bisher? Wir stehen vielleicht vor einem neuen [18]48, ist es da
wohl angetan, mit einer so radikalen Umgestaltung umzugehen, und den Wall wegzuneh-
men, der die Feinde noch abhält, in die Festung einzutreten?"[58] Die Selbstverständlichkeit,
mit der dieser königlich-preußische Superintendent seine Kirche neben die Armee stellte,
spricht für sich. Von daher war es in der Tat nur folgerichtig, wenn er und seine Freunde alles daransetzten, um von diesen beiden tragenden Säulen des Staates und der Monarchie
unbedingt fernzuhalten, was mit liberalen und emanzipatorischen Gedanken zu tun hatte.

---

[57] G. BRAKELMANN – M. GRESCHAT – W. JOCHMANN, Protestantismus und Politik, Hamburg 1982, 43.
[58] Zit. bei G. BESIER, Preußische Kirchenpolitik in der Bismarckära, Berlin 1980, 304. Vgl. ferner G. WOLF,
Rudolf Kögels Kirchenpolitik und sein Einfluß auf den Kulturkampf, Bonn 1968.

So wie es Vertreter einer vermittelnden Position in der preußischen Kirche gab, die den Gemeinden mehr Möglichkeiten der Mitsprache und Mitwirkung eröffnen wollten, ohne darum allen liberalen Vorstellungen zuzustimmen, gab es auch konservative Kreise, die für eine Trennung von Staat und Kirche eintraten – allerdings in dem Sinn, daß eine solche selbständige evangelische Kirche, die befreit wäre von der Abhängigkeit von den politischen Parteien, dem Parlament und der staatlichen Bürokratie, unter dem Landesherrn als ihrem Oberhaupt umso wirksamer für das Wohlergehen des Ganzen wirken könnte.

Der Kulturkampf intensivierte also diese Auseinandersetzungen. Der neue Kultusminister setzte zusammen mit Emil Herrmann (1812–1885), dem ebenfalls neu berufenen Präsidenten des *Evangelischen Oberkirchenrates* (EOK), 1873 in Berlin die umstrittene Kirchengemeinde- und Synodalordnung durch. Als Schlußstein dieser Kirchenordnung war die Einrichtung einer Generalsynode gedacht, die als Leitungsorgan der gesamten preußischen Kirche fungieren sollte. Im Vorfeld der außerordentlichen Generalsynode, die darüber zu beschließen hatte – sie tagte vom 24. November bis zum 18. Dezember 1875 – organisierten sich erstmals über die bereits existierenden Zusammenschlüsse des radikalen theologischen Liberalismus auf der Linken und der konfessionellen Lutheraner auf der Rechten hinaus kirchliche Parteien. Die traditionell breite Mitte reduzierte sich auf die neue „Mittelpartei", welche die Linie des EOK im wesentlichen unterstützte, mitsamt dessen vorsichtiger Öffnung nach links, hin zu den Liberalen also. Dagegen bildete sich auf der anderen Seite die „Positive Union". Diese steuerte nach rechts, attackierte zunehmend schroff die Mittelpartei und knüpfte auf einer betont orthodox-konservativen Basis erfolgreich die Zusammenarbeit mit den konfessionellen Lutheranern an. Die Verschiedenheit der beiden Parteiführer förderte die rasch wachsende Polarisierung: Dem impulsiven hallischen Theologieprofessor Willibald Beyschlag (1823–1900) an der Spitze der „Mittelpartei" stand mit dem Hofprediger Rudolf Kögel (1829–1896) als Führer der „Positiven Union" eine ausgesprochen aristokratische Herrschernatur gegenüber[59]. Da es Kögel gelang, auch die anderen Berliner Hofprediger, darunter Adolf Stoecker, für seinen Kurs zu gewinnen, wurde diese Gruppe bald auch als die „Hofpredigerpartei" bezeichnet.

Während Kögel aufgrund seiner theologischen und kirchenpolitischen Überzeugung das Vertrauen des alten Kaisers besaß, unterminierten auf der anderen Seite mündliche und schriftliche Äußerungen liberaler Pfarrer gegen das Apostolische Glaubensbekenntnis sowie die Lehre von der Jungfrauengeburt Jesu den Kredit der „Mittelpartei". Das Ergebnis der Wahlen zu der erwähnten außerordentlichen Generalsynode verschärfte die Spannungen: Die theologischen Liberalen erlitten durchweg vernichtende Niederlagen – während die Rechte triumphale Ergebnisse erzielte. Sie dominierte auf sämtlichen Ebenen, denn Kaiser Wilhelm I. hatte in seiner Eigenschaft als preußischer König und somit als Oberhaupt dieser Kirche in der vom EOK vorgelegten Liste für die von ihm zu ernennenden Synodalen alle Namen gestrichen, die als liberal galten, und sie durch betont konservative Persönlichkeiten ersetzt. Auch in den Gemeinden und auf Kreisebene vollzog sich eine klare Verschiebung nach rechts – ausgelöst vor allem durch die bitteren Erfahrungen mit dem Kulturkampf, aber doch auch durch die erwähnte Krise der Glaubwürdigkeit des Liberalismus insgesamt.

In dieser Situation machten die Vertreter des kirchlichen Liberalismus einen schweren

---

[59] Instruktiv sind dazu W. BEYSCHLAG, Aus meinem Leben, 2 Bde., Halle/Saale 1896–1899, und G. KÖGEL, Rudolf Kögel, 3 Bde., Berlin 1899–1904.

taktischen Fehler: Sie mobilisierten nämlich ihre Freunde in der *Nationalliberalen Partei*, um ihren Einfluß innerhalb der Kirche auszuweiten. Die Liberalen besaßen im preußischen Parlament, das der neuen Kirchenverfassung zustimmen mußte, die Mehrheit. Diese forderte nun als Preis für ihre Akzeptanz die Berücksichtigung der eigenen Wünsche. Inhaltlich waren diese durchaus vertretbar. Es ging im wesentlichen um die Heraufsetzung der Zahl der Laien in den Synoden sowie um eine Ermäßigung der sogenannten „Qualifikationsbestimmungen", d. h. des Nachweises der kirchlichen Mitarbeit als Voraussetzung der Wählbarkeit in kirchliche Gremien. Auf dem Höhepunkt des Kulturkampfes jedoch erregten diese Forderungen in kirchlichen Kreisen einen Sturm der Entrüstung und Empörung. Es fiel Kögel und seinen Mitstreitern in der „Positiven Union" nicht schwer, gegen das Ansinnen der Liberalen, die Kirche nach ihren Vorstellungen gestalten zu wollen, Front zu machen und gleichzeitig jedes Entgegenkommen an diese Liberalen als Verrat an der evangelischen Kirche zu brandmarken. Zwar gelang es der „Mittelpartei", die Kirchenverfassung mitsamt den von den Liberalen hinzugefügten und leidenschaftlich umkämpften „Schlußbestimmungen" mit den genannten entschärften Qualifikationsbestimmungen durchzusetzen[60] – doch dieser Erfolg war zugleich der Anfang des raschen Niedergangs dieser Kirchenpartei. Die größeren Zahlen und vor allem der größere kirchliche und politische Einfluß waren fortan bei Kögel und seinen Freunden zu finden. Der „Positiven Union" gehörte zunächst einmal die Zukunft. Sie schottete die preußische Kirche nicht nur gegenüber dem Liberalismus ab, sondern wirkte auch an dessen Niedergang mit. 1877 reichte Emil Herrmann seinen Rücktritt ein, 1879 ging Falk.

In den anderen evangelischen Landeskirchen in Deutschland wurden zwischen 1864 und 1885 ähnliche Kirchenverfassungen eingeführt. Sie alle umfaßten, wie die preußische, drei Elemente: das volkskirchliche aufgrund der prebyterial-synodalen Struktur, das pastorale durch den starken Einfluß der Pfarrer auf allen Ebenen, schließlich das obrigkeitliche, da der Landesherr die Mitglieder der EOK, der Konsistorien in den einzelnen Provinzen und sowohl die Generalsuperintendenten als auch die Superintendenten ernannte. Am wenigsten wirksam erwies sich schnell – und dauerhaft – die von den Liberalen so eifrig geforderte volkskirchliche Ausrichtung, weil sich die Nichttheologen in den kirchlichen Gremien häufig orthodoxer, konservativer und klerikaler verhielten als die Pfarrer. Das Thema der Volkskirche und ihr Verhältnis zu der um Dogma und Bekenntnis gesammelten Kirche blieb dennoch auf der Tagesordnung auch der folgenden Jahre und Jahrzehnte.

Daß neben dieser Thematik jedoch noch andere geistige und religiöse Interessen den Protestantismus bewegten – in Preußen ebenso wie im gesamten Reich – , belegt der Erfolg des 1886 gegründeten *Evangelischen Bundes*[61], der im August 1887 in Frankfurt am Main seinen ersten großen Kongreß abhielt. Der Initiator dieses Zusammenschlusses war Willibald Beyschlag. Ihn irritierte der Ausgang des Kulturkampfes, den er als verhängnisvollen Sieg des Ultramontanismus über das evangelische Deutschland begriff. Dagegen organisierte er deshalb den alsbald weit über die gemäßigt liberalen Kreise hinausgreifenden Bund als Sammelbecken für alle gesamtprotestantisch, antikatholisch und national ge-

---

[60] Verhandlungen der a.o. Generalsynode der evangelischen Landeskirche Preußens, 24. 11. 1875–18. 12. 1875, Berlin 1876, 758–765.
[61] Grundlegend dazu jetzt A. MÜLLER-DREIER, Konfessionelle „Selbstbehauptung" und „nationale" Politik. Der Evangelische Bund zur Wahrung der deutsch-protestantischen Interessen im Kaiserreich (1886–1914), Diss. phil. Hamburg 1995 [erscheint 1997/98 im Druck].

sinnten Deutschen. Ebenso laut wie rücksichtslos polemisierte der *Evangelische Bund* gegen den ultramontanen Katholizismus, der hier als der gefährlichste Gegner der deutschen Nation erschien. Diese Zielsetzung, die von einer breiten und rührigen Publizistik begleitet wurde, ließ den Bund zur mitgliederstärksten protestantischen Organisation im Kaiserreich werden. Bemerkenswert ist daran zum einen der Trend, über die Grenzen einer Landesgrenze hinauszustreben, zum andern die wachsende Bedeutung politischer Gesichtspunkte. Diese Akzentuierung läßt sich fortlaufend beobachten: von der 1849 gegründeten *Inneren Mission* und dem *Gustav-Adolf-Verein* (1842) bis zum *Evangelischen Bund* und der noch zu behandelnden *Christlich-Sozialen Partei* Adolf Stoeckers.

5. Stoecker und die soziale Frage

Die umfassende Krise des Liberalismus war Bismarck natürlich nicht entgangen. Er sah dadurch die Chance gegeben, sich von dem dominierenden Einfluß der Nationalliberalen zu lösen und eine Sammlung der konservativen Kräfte zur Stabilisierung des Reiches in seinem Sinn einzuleiten[62]. Zwei Attentate auf den alten Kaiser, im Mai und Juni 1878, gaben Bismarck die willkommene Gelegenheit, die Liberalen abzuschütteln – und zugleich den Versuch zu unternehmen, die Sozialdemokratie zu zerschlagen. Obwohl die Attentäter nicht zu dieser Partei gehörten, forderte der Reichskanzler ein Ausnahmegesetz gegen sie. Da die Mehrheit im Reichstag dessen Annahme verweigerte, wurde er aufgelöst. Erwartungsgemäß brachten die Neuwahlen den Konservativen Gewinne und den Liberalen Stimmenverluste. Daraufhin akzeptierten im Oktober 1878 auch die Nationalliberalen das „Sozialistengesetz"[63] – und verloren weiter an Glaubwürdigkeit.

Zur Signatur des Kaiserreiches gehörte im Blick auf die soziale Frage durchgängig das Nebeneinander von Repressionen gegenüber der Arbeiterschaft, insbesondere in ihrer organisierten Form in Gestalt der Sozialdemokratie, und einer Vielfalt von Reformbestrebungen, um die Lage der Arbeiter zu verbessern[64]. Selbstverständlich spielten dabei sehr verschiedene politische Gesichtspunkte ineinander. Es ging einerseits stets um Hilfen für notleidende Menschen und ihre Familien, andererseits aber auch um die Integration der schnell wachsenden Zahl der Industriearbeiter in die bestehende Gesellschaftsordnung. Das läßt sich als der eigentliche Kern der sozialen Frage bezeichnen. Zu ihrer Bewältigung setzte die breite bürgerliche Mehrheit im Kaiserreich auf einen Weg, der – wie es eine zeitgenössische Broschüre formulierte – „weder Kommunismus noch Kapitalismus" sein sollte[65]. In diesem Sinn beanspruchte der Protestantismus die Führungskompetenz nicht nur gegenüber der Sozialdemokratie und dem Liberalismus, sondern – wie erwähnt – auch gegenüber dem Katholizismus. Als repräsentativ für diese Überzeugung darf die Schrift des strengen hannoverschen Lutheraners Gerhard Uhlhorn (1826–1901) gelten, in der es im Blick auf die Arbeiterschaft hieß: „Das erstrebte Ziel einer höheren wirtschaftlichen

---

[62] Vgl. dazu die in Anm. 1 und 24 genannte Literatur.

[63] Vgl. Anm. 16.

[64] R. vom Bruch (Hrsg.), „Weder Kommunismus noch Kapitalismus". Bürgerliche Sozialreform in Deutschland vom Vormärz bis zur Ära Adenauer, München 1985; Ch. Sachsse – F. Tennstedt, Geschichte der Armenfürsorge in Deutschland II, Stuttgart 1988; J.-Ch. Kaiser – M. Greschat (Hrsgg.), Sozialer Protestantismus und Sozialstaat, Stuttgart 1996.

[65] Der Verfasser war Carl Jentsch, das Buch erschien 1893 mit dem Untertitel *Ein Vorschlag zur Lösung der europäischen Frage*.

Stufe ist daher nur zu erreichen auf Grund einer höheren sittlichen Stufe des ganzen Volkslebens, und das allein kann die Aufgabe der Kirche sein, zur Erreichung dieser höheren Stufe des sittlichen Lebens mitzuwirken, oder mit anderen Worten, die sittlichen Kräfte darzureichen, ohne welche keine Lösung der socialen Frage möglich ist [...] Die Kirche hat gar keine andere Aufgabe und kann keine andere haben, als das Wort Gottes zu verkündigen; das Wort Gottes ist aber keine Offenbarung über wirtschaftliche Dinge, sondern Heilsoffenbarung."[66]

Eine solche Überzeugung schloß das kirchliche Handeln nicht aus – solange es sich auf der Ebene der Caritas bewegte. Hierbei ging es um die Behebung von Nöten aller Art, welche Individuen oder Randgruppen betrafen, durch die Werke der *Inneren Mission*. Die größte Leistung auf diesem Gebiet erbrachte in dieser Zeit der bereits erwähnte Friedrich von Bodelschwingh durch den Auf- und Ausbau von Bethel bei Bielefeld, das er 1872 als kleines Heim für Epileptiker übernommen hatte.

Die Predigt der Kirche sollte nachdenklich machen, die Gewissen anrühren, die Verantwortlichen in Staat und Gesellschaft zum Handeln drängen. Deutlich brachte diese Gesichtspunkte die von Stoecker angeregte, aber im wesentlichen von Theodor Lohmann (1831–1905) verfaßte Denkschrift der *Inneren Mission* von 1884 zum Ausdruck: Kundige evangelische Christen in den entsprechenden öffentlichen Positionen sollten für soziale Verbesserungen eintreten und als Gewissen des Staates wirken. Darüberhinaus müßten sie die Politiker bei solchen Bemühungen moralisch unterstützen. Das von Lohmann in diesem Zusammenhang entworfene Programm wollte in einem umfassenden Sinn „der sozialen Reform, Erziehung zur Verantwortung, zur Achtung der Rechtsgleichheit und Menschenwürde, Ausbildung der genossenschaftlichen Solidarität, Arbeiterschutz im weitesten Sinn, endlich auch Arbeiterversicherung" nachdrückliche Unterstützung angedeihen lassen[67].

Mit solchen Zielsetzungen forderten Lohmann und seine Mitstreiter in der Führungsspitze der *Inneren Mission* in der Tat die insbesondere von einzelnen Vertretern der preußischen Ministerialbürokratie gewünschte sozialpolitische Aktivität des Staates – bis hin zu der von Bismarck eingeleiteten Sozialgesetzgebung. Der Reichskanzler verfolgte sicherlich sehr verschiedene politische Ziele mit diesem Gesetzeswerk – nicht zuletzt das der Schwächung der Sozialdemokratie durch ein Zuckerbrot (nach dem Peitschenschlag des Sozialistengesetzes im Jahre 1878). Aber die Kaiserliche Botschaft vom 17. November 1881, die eine staatliche Sozialgesetzgebung ankündigte, und deren Durchführung 1883/84 geschahen doch nicht völlig losgelöst von einem konservativen, paternalistisch-christlichen Verantwortungsbewußtsein für die unteren Schichten der Gesellschaft. Der genannte Theodor Lohmann, ein überzeugter evangelischer Christ, gehörte jedenfalls zu den entscheidenden Mitgestaltern der Bismarckschen Sozialpolitik. Andere Protestanten, wie z. B. die als „Kathedersozialisten" oder „Staatssozialisten" bezeichneten Professoren im 1872 gegründeten *Verein für Sozialpolitik*, vertraten ähnliche Positionen.

Bismarcks Anfänge einer Sozialgesetzgebung haben damals und in der Folgezeit viel Kritik hervorgerufen. Tatsächlich fällt es nicht schwer, Einwände gegen die sehr begrenzten Leistungen der Kranken- und Unfallversicherung vorzubringen sowie gegen die erst

---

[66] Katholicismus und Protestantismus gegenüber der socialen Frage, Göttingen ²1887, 2.
[67] Zit. bei H. ROTHFELS, Theodor Lohmann und die Kampfjahre der staatlichen Sozialpolitik (1871–1905), Berlin 1927, 94.

Diese Lithographie von E. Kaufmann erschien 1883 zur Erinnerung an den 400. Geburtstag des Reformators Martin Luther. Im Mittelpunkt des Blattes steht die Wiedergabe des Lutherdenkmals in Worms, das nach einem Entwurf von Ernst Rietschel 1868 errichtet worden war.

1889 mit ebenfalls recht bescheidenen Leistungen folgende Regelung der Invaliditäts- und Altersversicherung. Aber dieses Minimum von rechtlich abgesicherten sozialen Leistungen war in der damaligen Welt ohne Beispiel. Zu Recht urteilt Thomas Nipperdey: „Die Sozialversicherungen haben den Weg des modernen Staates in den Interventions- und Sozialstaat eingeleitet. Das macht ebenso wie die sozialen Folgen ihre fundamentale politische Modernität aus. Bismarck war da der Anfänger, keineswegs wider Willen und Wissen." [68]

Von allen protestantischen Richtungen und Parteien ebenso wie von der *Inneren Mission* wurde jedoch eine Grenze sehr bewußt und prinzipiell eingehalten: die Grenze gegenüber dem direkten sozialpolitischen Handeln der Kirche. Diese Linie überschritt nun sehr bewußt Adolf Stoecker (1835–1909) [69]. Das machte ihn zu einer der ambivalentesten und zugleich wirkmächtigsten Gestalten des Kaiserreichs. Denn was er proklamierte und

---

[68] Zit. bei NIPPERDEY, Deutsche Geschichte 1866–1918 (s. Anm. 1) I 346. Vgl. außerdem zur Thematik G. A. RITTER, Der Sozialstaat. Entstehung und Entwicklung im internationalen Vergleich, München ²1991; L. MACHTAN (Hrsg.), Bismarcks Sozialstaat. Beiträge zur Geschichte der Sozialpolitik und der sozialpolitischen Geschichtsschreibung, Frankfurt a. M. 1994.

[69] W. FRANK, Hofprediger Adolf Stoecker und die christlich-soziale Bewegung, Hamburg ²1935; G. BRAKELMANN – M. GRESCHAT – W. JOCHMANN, Protestantismus und Politik. Werk und Wirkung Adolf Stoeckers, Hamburg 1982.

wofür er focht, faszinierte in hohem Maße viele Menschen, jüngere zumal, in den evangelischen Kirchen in Deutschland.

Stoecker stammte aus bescheidenen Verhältnissen. 1874 kam er als vierter Hofprediger nach Berlin. Geprägt von der Erweckungsbewegung und von aktiver Mitarbeit in der *Inneren Mission*, war er erfüllt von einem national-konservativen Weltbild, in dem eine freie evangelische Kirche aktiv mit dem Leben des Volkes verbunden sein sollte und darin, sowohl leitend als auch durchdringend, eine zentrale Rolle zu spielen hätte. Ganz selbstverständlich schloß er sich in Berlin sogleich der „Positiven Union" an und engagierte sich literarisch sowohl für deren Zielsetzungen als auch für die Arbeit der *Inneren Mission*. 1877 übernahm Stoecker die Leitung der Berliner Stadtmission, die sich nun in großem Stil um die entkirchlichte Bevölkerung in der Reichshauptstadt mühte. Im gleichen Jahr erschien das von ihm angeregte Buch *Der radikale deutsche Sozialismus und die christliche Gesellschaft*, verfaßt von dem brandenburgischen Pfarrer Rudolf Todt[70]. Todt war der erste evangelische Pfarrer, der die sozialistische Literatur seiner Zeit verarbeitet hatte. Im Endergebnis stimmte Todt der sozialdemokratischen Gesellschaftskritik zu. Er war auch überzeugt, daß die Zielsetzung der Sozialdemokratie und des Neuen Testaments letztlich übereinstimmten – mit Ausnahme des Atheismus, den er jedoch nicht als zum Wesen des Sozialismus gehörig begriff.

Stoecker und Todt gründeten im Dezember 1877 mit den beiden Nationalökonomen Rudolf Meyer und Adolph Wagner den *Central-Verein für Socialreform auf religiöser und konstitutionell-monarchischer Grundlage*. Der Name umschrieb das Programm. Aber Stoecker blieb auch dabei nicht stehen, sondern gründete im Januar 1878 die *Christlich-soziale Arbeiterpartei*. Den Auftakt dazu bildete eine gegen die Sozialdemokratie gerichtete Versammlung am 3. Januar in der Gaststätte „Eiskeller" im Norden Berlins, wo Stoecker sich in einer glänzenden Stegreifrede gegen die wirtschaftlichen und politischen Zielsetzungen der Sozialdemokratie wandte. Diese Veranstaltung machte Stoecker mit einem Schlag berühmt, in Berlin ebenso wie in weiten Teilen Deutschlands. Ein Einbruch in die Reihen der organisierten Arbeiterschaft gelang Stoecker allerdings nicht, weder jetzt noch später. Aber sein Auftreten mitsamt der Proklamation der konservativen christlichen Wertvorstellungen und Überzeugungen wirkte in beträchtlichen evangelisch-kirchlichen Kreisen wie ein Signal.

Sogleich erhob sich jedoch auch lauter Widerspruch. Politiker und Theologen, Teile des Hofes und der kirchlichen Parteien, der *Evangelische Oberkirchenrat* sowie Rudolf Kögel wandten sich gegen Stoeckers Grenzüberschreitung, mithin sein politisches Agieren. Doch genau das schien dem Hofprediger geboten. So erklärte er nicht zufällig 1882 im Reichstag: „Es ist meine politische Überzeugung, daß durch unsere Zeit hindurch im Grunde ein einziger großer Konflikt geht: entweder christliche Weltanschauung oder nicht. Und ich glaube, daß unsere politischen wie unsere sozialen Nöte ohne die Wiederbefestigung der christlichen Weltanschauung nicht geheilt werden."[71] Stoecker wollte Massen mobilisieren, parteipolitischen Einfluß gewinnen, um dadurch die Gesellschaft zu verändern. Mit dieser Auffassung bildete Stoecker im Christentum seiner Zeit keine Ausnahme. Im selben Jahr, in dem er seine Partei gründete, trat Giocchino Pecci als Papst Leo XIII. an die Spitze

---

[70] J. KANDEL, Protestantischer Sozialkonservatismus am Ende des 19. Jh. Pfarrer Rudolf Todts Auseinandersetzung mit dem Sozialismus im Widerstreit der kirchlichen und politischen Lager, Bonn 1993.
[71] R. MUMM (Hrsg.), D. Adolf Stoecker. Reden im Reichstag, Schwerin 1914, 34.

der römisch-katholischen Kirche. So Vieles und Grundsätzliches beide Männer trennte: Darin stimmten sie mit Christen ihrer beider Konfessionen in anderen Industrienationen überein, daß die „Arbeiterfrage" lediglich einen Teilaspekt der gebotenen Erneuerung der Gesellschaft bildete und daß der erforderliche umfassende Wandel nur möglich sei, wenn der Kirche und dem christlichen Gedankengut wieder der beherrschende Einfluß in der Gesellschaft eingeräumt würden. Stoecker wollte eine freie, vom Staat unabhängige evangelische Kirche, die in der Zusammenarbeit mit dem politischen Konservatismus die Rechristianisierung der Gesellschaft verwirklichte.

Stoecker agierte auf der politischen Bühne des Reichstages und des preußischen Abgeordnetenhauses. Da seine Bemühungen um die Arbeiterschaft scheiterten, konzentrierte er sich seit 1879 auf das städtische Kleinbürgertum. Folgerichtig entfiel 1881 auch die Bezeichnung „Arbeiterpartei". Die Konservativen, mit denen Stoecker nun eng zusammenarbeitete, nutzten in der Krise des Liberalismus und nach der innenpolitischen Wende Bismarcks demokratische Mittel und agitatorische Methoden, um die eigene politische Basis zu verbreitern. Dazu gehörten ein zunehmend aggressiver Nationalismus sowie ein lauter, rücksichtsloser Antisemitismus[72]. Stoecker war nicht der erste und auch nicht der einzige, der diesen Ungeist politisch nutzte. Ehemalige Liberale, preußische Hochkonservative, auch Katholiken taten das neben und nach ihm. Aber durch Stoecker wurde der Antisemitismus erstmals im 19. Jh. zum öffentlichen Thema in Deutschland und erreichte eine enorme Breitenwirkung. Stoecker erklärte, er kämpfe nur gegen das „moderne", also säkularisierte Judentum, in dem sich nach seiner Überzeugung bündelte, was er prinzipiell attackierte: den Kapitalismus und den ökonomischen Liberalismus, dessen auf Emanzipation und Modernisierung zielende Bestrebungen insgesamt und die nach seiner Überzeugung daraus resultierenden umstürzlerischen Aktivitäten der Sozialdemokratie. Insofern war der Antisemitismus für Stoecker kein Selbstzweck. Er begriff ihn als ein Mittel, die Menschen zu den wahren deutschen Werten und den echten konservativ-christlichen Ordnungen zurückzurufen. Mit sicherem politischen Instinkt erkannte Stoecker allerdings auch, daß religiöse und moralische Proklamationen allein nicht genügten, daß man also öffentlichen Einfluß und politische Macht benötigte, wenn man die Verhältnisse wirklich ändern wollte. Und um die Voraussetzungen dafür zu schaffen, galt es, Massen zu mobilisieren. So gehörten für Stoecker seine kirchlichen und politischen Aktivitäten zusammen, die kirchenpolitischen und die sozialreformerischen Bemühungen – und nicht zuletzt seine antisemitische Agitation.

Trotz aller populistischen Erfolge konnte Stoecker jedoch keine dauerhafte Zustimmung der Konservativen zu seinen Idealen gewinnen. Umgekehrt machte das parteipolitische Engagement des Hofpredigers sein Eintreten für kirchliche Belange fragwürdig. Als Stoecker und seine Freunde 1886 und 1887 in beiden Häusern des preußischen Parlaments einen Vorstoß unternahmen, um der evangelischen Kirche größere Freiheiten gegenüber dem Staat zu verschaffen, witterte Bismarck dahinter sofort einen politischen Schachzug seiner hochkonservativen Gegner und half mit, das Projekt zu vereiteln[73]. Der Reichskanzler war es auch, der die sich anbahnende Annäherung des Kronprinzen Wil-

---

[72] Vgl. dazu die in Anm. 17 genannte Literatur.

[73] Vgl. dazu außer Anm. 39 noch H. HEFFTER, Die Kreuzzeitungspartei und die Kartellpolitik Bismarcks, Leipzig 1927; Materialien zum Antrage Hammerstein, betreffend Selbständigkeit und Dotation der evangelischen Kirche, Brandenburg 1889.

helm an Stoecker unterband. Bei einer Zusammenkunft kirchlich interessierter und engagierter hochgestellter Persönlichkeiten im Hause des Generalquartiermeisters von Waldersee im November 1887 ging es um ein für Stoecker zentrales Thema, die Ausbreitung und Unterstützung von Stadtmissionen überall im Reich. Der Kronprinz äußerte sich auch öffentlich zustimmend zu den christlich-sozialen Zielsetzungen, was Bismarck beunruhigte – sah er darin doch ein Bündnis des zukünftigen Kaisers mit Stoecker und den Hochkonservativen. Dagegen machte er sogleich in einer privaten Unterredung mit Prinz Wilhelm und öffentlichen Angriffen der Presse auf den politisierenden und Intrigen spinnenden Hofprediger Front. Die Wendung „Muckerei und Stoeckerei" machte die Runde. Der Kronprinz zog sich zurück, Waldersee und die meisten Gesprächsteilnehmer folgten eilfertig.

Stoeckers politischer Niedergang war damit eingeleitet. 1889 forderte Wilhelm, seit einigen Monaten Kaiser, den EOK ultimativ auf, Stoecker keinerlei politische Betätigung mehr zu gestatten. 1890 entließ ihn Wilhelm II. in demütigender Weise. Wenn Stoecker auch meinte, nun frei von Einengungen und Rücksichtnahmen auf den Hof agieren zu können, hatte er tatsächlich den Höhepunkt seines politischen und öffentlichen Einflusses überschritten.

6. Wilhelm II. und der „neue Kurs"

Im Mai 1889 brach im Ruhrgebiet ein Bergarbeiterstreik aus, der sich mit enormer Geschwindigkeit ausweitete. Die öffentliche Meinung reagierte unentschieden, erst das harte und zum Teil brutale Vorgehen der Bergwerksleitungen gegen die Streikenden ließ die Stimmung weitgehend zu ihren Gunsten umschlagen. Bismarck plädierte für rücksichtsloses Durchgreifen, weil es ihm gleichzeitig um die gewaltsame Zerschlagung der Sozialdemokratie ging. Der junge Kaiser wollte seine Regierung jedoch nicht mit Maßnahmen gegen die öffentliche Meinung und evtl. sogar mit einem Blutbad beginnen. Deshalb entschied er sich für eine Politik des Entgegenkommens und signalisierte 1890 in seinen Februarerlassen einen „neuen Kurs" in der Sozialpolitik. Bismarck, der sich darauf nicht einlassen wollte, wurde am 18. März 1890 entlassen.

Diese Vorgänge wirkten wie ein Fanfarenstoß. Wilhelm II. schlug eine Welle der Zustimmung und teilweise sogar der Begeisterung aus den verschiedensten weltanschaulichen und politischen Lagern in Deutschland entgegen. Eine neue Zeit schien angebrochen. Viel Beifall fand das Vorgehen des Kaisers auch in kirchlichen Kreisen, insbesondere unter jüngeren Theologen. Und diese Stimmung wurde mächtig gefördert, als der *Evangelische Oberkirchenrat* seine Pfarrer am 17. April aufforderte, sich intensiv mit der sozialen Frage zu befassen[74]. Andere Landeskirchen folgten mit ähnlichen Erlassen. Die kirchlichen Behörden blieben insofern ihrer bis dahin verfolgten Linie treu, als sie auch weiterhin vor dem Sozialismus warnten. Doch neu war, daß die Auseinandersetzung mit den Arbeitern jetzt ausdrücklich als Aufgabe der Pfarrer bezeichnet wurde. Das entband sogleich eine eigene theologische, kirchenpolitische und politische Dynamik.

Das erste und zugleich bedeutendste Ergebnis dieses „neuen Kurses" innerhalb der Kirche war die Gründung des *Evangelisch-Sozialen Kongresses* im Mai 1890. Rund 800 Teil-

---

[74] K. E. POLLMANN, Landesherrliches Kirchenregiment und soziale Frage, Berlin 1973; G. BRAKELMANN (Hrsg.), Kirche, soziale Frage und Sozialismus I, Gütersloh 1977.

nehmer verschiedener Richtungen und Berufe versammelten sich in Berlin im Haus der Stoeckerschen Stadtmission. Zu den Initiatoren des Unternehmens gehörten neben dem Hofprediger und Adolph Wagner auch der liberale Kirchenhistoriker Adolf von Harnack (1851–1930). Dieser war soeben gegen den Willen des EOK und der „Positiven Union" durch die Entscheidung des Kaisers an die Berliner Universität berufen worden. Wilhelm II., der sein Amt als oberster Bischof der preußischen Kirche sehr bewußt wahrnahm, steuerte auch in ihr einen offeneren Kurs. Seine Ernennung von Harnacks quittierte er mit dem Satz: „Ich will keine Mucker."[75] Die Zeitgenossen erlebten es als Sensation, daß der *Evangelisch-Soziale Kongreß* unter dem Banner des sozialen Engagements orthodox-konservative Theologen im Gefolge Stoeckers mit solchen der modernen theologischen Richtung Albrecht Ritschls, repräsentiert durch von Harnack und seine Freunde, versammeln konnte. Allerdings standen dahinter auch gemeinsame Sorgen um die Zukunft. Am 1. Oktober 1890 lief das Sozialistengesetz aus, an seine Erneuerung glaubte niemand. Aber auch die Erfolge des Katholizismus auf dem sozialen Sektor – die dann im Herbst 1890 in der Gründung des *Volksvereins für das katholische Deutschland* gipfelten – wirkten besorgniserregend. So fanden sich evangelische Christen verschiedener Richtungen in einer Mischung aus Beunruhigung und Begeisterung in der Aufbruchstimmung dieser Monate zusammen, um nicht nur nach Kräften zur Lösung der sozialen Probleme beitzutragen, sondern gleichzeitig die Führungsrolle des Protestantismus auf diesem Gebiet erneut herauszustellen.

Die Zielsetzung des *Evangelisch-Sozialen Kongresses* war zunächst noch einigermaßen offen. Während Stoecker und seine Freunde für eine Sammlung und Mobilisierung aller bewußt evangelischen und konservativen Deutschen eintraten, ging es dem Kreis um von Harnack in erster Linie um die wissenschaftliche Untersuchung der Probleme. Diese akademische Form hat sich dann durchgesetzt. In Artikel 1 der Satzung hieß es dementsprechend über die Aufgaben des Kongresses, hier gehe es darum, „die sozialen Zustände unseres Volkes vorurteilslos zu untersuchen, sie an dem Maßstab der sittlichen und religiösen Forderungen des Evangeliums zu messen und diese selbst für das heutige Wirtschaftsleben fruchtbarer und wirksamer zu machen als bisher"[76].

Die Arbeit des Kongresses realisierte in vorbildlicher Weise, worum es dem *Verein für Sozialpolitik* gegangen war. Die Vorträge, Diskussionen und Veröffentlichungen bewegten sich auf höchstem Niveau. Sie weckten durchweg das Interesse der Fachwelt, erregten immer wieder Aufsehen in der Öffentlichkeit und gaben den Verantwortlichen in Politik und Verwaltung mancherlei Anregungen und Anstöße. Bald gab es kein soziales Thema mehr, das nicht in diesem Forum behandelt worden wäre. Die Palette reichte von den Gewerkschaften über allerlei ökonomische Probleme bis zur Frauenfrage, zur Arbeiterbildung, dem Wohnungsproblem, dem Siedlungswesen sowie den Genossenschaften. Es ging um Kapitalismus und Liberalismus, Marxismus und Sozialismus und manches andere. Zu Recht urteilte Ernst Troeltsch über den *Evangelisch Sozialen Kongreß*, er sei „die einzige Leistung der Ethik des modernen Protestantismus, die auf das Ganze der modernen Verhältnisse eingeht"[77]. Bei alledem wurde jedoch die selbst gesetzte Grenze durchweg eingehalten: Man wollte argumentieren, Sachverhalte klären, die Führungskräfte in der Kirche

---

[75] Zit. bei M. WENCK, Die Geschichte der Nationalsozialen von 1895–1903, Berlin 1905, 171.
[76] Verhandlungen des Evangelisch-Sozialen Kongresses II 126.
[77] Kultur der Gegenwart, Berlin 1906, 719.

und mehr noch im Staat anregen und überzeugen – aber man wollte nicht selbst sozialpolitisch tätig werden.

Daß sich diese Selbstbeschränkung nicht durchhalten ließ, hatte mehrere Gründe. Der wohl wichtigste war, daß im Zuge des tieferen Eindringens in die Thematik eine Gruppe jüngerer Theologen aus Stoeckers *Christlich-Sozialer Partei* weiter drängte. Ihre Führergestalten waren Friedrich Naumann (1860–1919) und Paul Göhre (1864–1928). Naumann hatte im *Rauhen Haus* Wicherns gearbeitet, bevor er als Pfarrer der *Inneren Mission* nach Frankfurt am Main ging[78]. Stoecker hatte ihm entscheidende Anstöße vermittelt, doch der Aufbruch des Jahres 1890 überzeugte Naumann, daß jetzt eine Verbindung von Christentum und Sozialismus – anstelle des Bündnisses mit den Konservativen – erforderlich sei. Große Hoffnungen setzte Naumann dabei auf den Revisionismus in der Sozialdemokratie, der ihm ideale Bedingungen für eine Kooperation zu bieten schien. Das Christentum interpretierte Naumann zunehmend im Lichte von Humanität und Fortschritt, wofür er auf den „Volksmann Jesus" verwies. Als Hebel für die Durchsetzung solcher Gedanken in der Kirche wie auch in der Sozialdemokratie sollten die *Evangelischen Arbeitervereine* dienen.

Ähnliche Gedanken bewegten Paul Göhre, den Generalsekretär des *Evangelisch-Sozialen Kongresses*. Sein 1891 veröffentlichter Erlebnisbericht *Drei Monate Fabrikarbeiter und Handwerksbursche* wurde ein Bestseller. Dieser Bereich lag offenkundig der Mehrheit der bürgerlichen Gesellschaft, auch Theologen und Kirchenführern, so fern, daß Göhres Informationen als Sensation wirkten. Auch Göhre trat für eine veränderte Ausprägung des Christentums ein, in der die Gestalt Jesu und die Botschaft der Nächstenliebe, der Mitmenschlichkeit im Zentrum stehen müßte. Davon, erklärte er, würde sich auch die in der Sozialdemokratie organisierte Arbeiterschaft gewinnen lassen. Sein Buch gipfelte in dem Satz: „Es muß der Grundsatz durch uns zur Thatsache gemacht werden, daß auch ein Sozialdemokrat Christ und ein Christ Sozialdemokrat sein kann."[79]

Beide Männer versuchten, zusammen mit ihren Anhängern, in diesem Sinn sowohl den *Evangelisch-Sozialen Kongreß* als auch die *Christlich-Soziale Partei* zu beeinflussen. Auf der Tagung im Jahre 1894 wurde die Lage der Landarbeiter im Osten Deutschlands behandelt. Max Weber (1864–1920) hatte dazu eine Untersuchung erstellt, die Göhre durch statistische Angaben von rund tausend Pfarrern aus diesem Raum erweitert hatte. Scharfe Angriffe auf die Großgrundbesitzer wegen ihrer schamlosen Ausbeutung der Landarbeiter waren die Folge. Radikale Äußerungen einzelner Christlich-Sozialer heizten die Atmosphäre weiter an. Stoecker als Parteivorsitzender geriet zunehmend unter den Druck der Konservativen. Den Weg der „Jungen" konnte er weder theologisch noch politisch akzeptieren. Obwohl diese ihn leidenschaftlich umwarben, distanzierte sich Stoecker von ihnen, auch öffentlich. Trotzdem nötigten ihn die Konservativen 1896 zum Austritt aus ihrer Partei. Der Kaiser erklärte dazu, ein solches Ende Stoeckers sei vorhersehbar gewesen, denn „christlich-sozial ist Unsinn und führt zu Selbstüberhebung und Unduldsamkeit, beides dem Christentum schnurstracks zuwiderlaufend. Die Herren Pastoren sollen sich um die

---

[78] Vgl. außer der genannten Literatur noch: P. GÖHRE, Die evangelisch-soziale Bewegung, ihre Geschichte und ihre Ziele, Leipzig 1896; TH. HEUSS, Friedrich Naumann, München ³1968; H. TIMM, Friedrich Naumanns theologischer Widerruf, München 1967; J. ENGEL, Gottesverständnis und sozialpolitisches Handeln. Eine Untersuchung zu Friedrich Naumann, Göttingen 1972.

[79] Leipzig 1891, 216.

Seelen ihrer Gemeinden kümmern, die Nächstenliebe pflegen, aber die Politik aus dem Spiele lassen, dieweil sie das gar nichts angeht."[80]

Zu diesem Zeitpunkt hatte sich Wilhelm II. längst vom Geist und den Zielsetzungen seines „neuen Kurses" entfernt. Er stand jetzt unter dem Einfluß des saarländischen Industriellen Karl Freiherr von Stumm-Halberg (1836–1901), der in sozialer Hinsicht einen entschieden autoritären christlichen Paternalismus vertrat. Stumm sorgte vorzüglich für seine Arbeiter, beanspruchte jedoch gleichzeitig, in umfassender Weise über das Leben „seiner Leute" zu bestimmen, nicht nur in der Fabrik, sondern auch in ihrer Freizeit. Aufgrund dieser veränderten sozialpolitischen Einstellung des Kaisers, aber doch auch aus Sorge über die theologische und politische Entwicklung der „Jungen", welche die traditionelle Stellung der evangelischen Kirche in der preußischen Gesellschaft aufs Spiel setzten, vollzog der *Evangelische Oberkirchenrat* eine Kehrtwendung. In seinem Erlaß vom 16. Dezember 1895 hieß es nun: „Den hervorgetretenen irrigen Anschauungen gegenüber kann nicht nachdrücklich genug betont werden, daß alle Versuche, die evangelische Kirche zum maßgebend mitwirkenden Faktor in den politischen und sozialen Tagesstreitigkeiten zu machen, die Kirche selbst von dem ihr von dem Herrn der Kirche gestellten Ziele: Schaffung der Seelen Seligkeit, ablenken müsse [...] Aufgabe der Kirche und der einzelnen Diener derselben ist es, durch eindringliche Verkündigung des göttlichen Wortes, durch treue Verwaltung ihrer Gnadenschätze, durch hingebende Seelsorge an den anvertrauten Seelen, alle Angehörigen der Kirche ohne Unterschied des Standes so mit dem Geiste christlicher Liebe und Zucht zu erfüllen, daß die Normen des christlichen Sittengesetzes in Fleisch und Blut des Volkes übergehen und damit die christlichen Tugenden erzeugt werden, welche die Grundlagen unseres Gemeinwesens bilden: Gottesfurcht, Königstreue, Nächstenliebe."[81]

Auch der *Evangelisch-Soziale Kongreß* schaltete 1896 Stoecker aus. Dieser gründete daraufhin 1897 die *Freie kirchlich-soziale Konferenz,* zusammen mit dem Greifswalder Theologen Martin Nathusius (1843–1906) – der sich bereits seit längerem gegen die Entwicklung des Kongresses ausgesprochen hatte –, und dem agilen Pfarrer Ludwig Weber (1846–1922) in Mönchengladbach[82]. Der katholische *Volksverein* hatte eindeutig bei der Gründung dieser Konferenz Pate gestanden. Auch hier ging es darum, den Gemeinden und insbesondere ihren Pfarrern die sozialen und sozialpolitischen Erkenntnisse und Fragestellungen zu vermitteln. Vorträge, Diskussionen, Bücher und Broschüren sowie die Einrichtung von sozialen Wochen dienten dieser Zielsetzung. Die Breitenwirkung der hier geleisteten Arbeit ist sehr hoch einzuschätzen. Nicht zuletzt dadurch wuchs in vielen deutschen Städten eine sozial verantwortliche Pfarrerschaft heran.

Andere Wege gingen die „Jungen". Sie trennten sich nicht nur von der *Christlich-Sozialen Partei,* sondern lösten sich auch weitgehend von der Kirche. Der 1896 unter Naumanns Führung entstandene *Nationalsoziale Verein* wollte zunächst nicht parteipolitisch tätig werden, sondern bewußtseinsbildend wirken[83]. Unter dem Einfluß Max Webers kam die Sozialpolitik nun primär unter dem Gesichtspunkt der inneren Festigung des nationalen Machtstaates in den Blick. „Was nützt uns die beste Sozialpolitik", fragte Naumann,

---

[80] Zit. bei FRANK (s. Anm. 39) 275f.
[81] BRAKELMANN (s. Anm. 44) 192.
[82] G. LEWEK, Kirche und soziale Frage um die Jahrhundertwende, dargestellt am Wirken Ludwig Webers, Neukirchen 1963.
[83] D. DÜDING, Der Nationalsoziale Verein 1896–1903, München 1972.

„wenn die Kosaken kommen? Wer innere Politik treiben will, muß erst Volk, Vaterland und Grenzen sichern, der muß für nationale Macht sorgen."[84] Damit vollzog sich im Protestantismus ein klarer Paradigmenwechsel: Nicht mehr auf die soziale Frage konzentrierten sich seine führenden Vertreter, sondern auf die Partizipation an einem machtbewußten, imperialen Nationalismus. Wirkungslos blieben aufgrund dieser Entwicklung die Vorstellungen Paul Göhres, der die Bildung einer nationalen demokratischen Arbeiterpartei gewünscht hatte.

7. Akademische Theologie und protestantische Milieus

In den beiden Jahrzehnten vor der Reichsgründung hatte die deutsche protestantische Theologie keine wesentlichen neuen Entwürfe hervorgebracht. Wenn danach zunehmend das Konzept des Göttinger systematischen Theologen Albrecht Ritschl (1822–1889) in den Vordergrund trat und zusammen mit dem Wirken seiner Schüler mehr und mehr die Szene beherrschte, lag das in hohem Maße an der Antwort, die er im Blick auf eine der zentralen Fragen des Protestantismus – wie kann in der von Sachzwängen beherrschten und von Kausalitäten determinierten modernen industriellen Welt noch legitim, also wissenschaftlich verantwortbar, vom Menschen als Subjekt geredet werden, von einer zum individuellen Verkehr mit Gott fähigen Persönlichkeit?[85] – formulierte: Nach Ritschl basierte Religion – im Unterschied zu den Naturwissenschaften – auf Werturteilen, die sich am Maßstab der Sittlichkeit orientierten. Dem Christentum wies er insofern die höchste Wertigkeit zu, als diese Religion – insbesondere in ihrer protestantischen Fassung – am meisten für die sittliche Entfaltung und Höherentwicklung der Persönlichkeit leiste. Mit diesem Ansatz verband Ritschl den Gedanken des Reiches Gottes insofern, als der sittliche Fortschritt des einzelnen zur Herbeiführung dieses Reiches beitrug. Und die Sittlichkeit des Individuums verwirklichte sich – wie Ritschl wiederholt hervorhob – durch die Pflichterfüllung im Beruf.

Ritschls Theologie wurzelte in seiner Interpretation des Urchristentums und der Reformation. Doch gleichzeitig beanspruchte sie, die Realitäten der Moderne wirklich ernstzunehmen. Das umfaßte eine Zuwendung zur Wissenschaft und den geistig-kulturellen Herausforderungen der eigenen Zeit ebenso wie das Bemühen um das Leben der Gemeinden. Ihren klassischen Ausdruck fanden beide Zielsetzungen in der seit 1886 von Martin Rade herausgegebenen *Christlichen Welt*[86]. Zu den bedeutendsten Gestalten der Ritschlschen Schule gehörten u. a. der Alttestamentler Julius Wellhausen (1844–1918), der Systematiker Wilhelm Herrmann (1846–1922), der Kirchenhistoriker Adolf von Harnack und schließlich Ernst Troeltsch (1865–1923), ein universal gebildeter Gelehrter, der dann die Fremdheit des ursprünglichen Christentums gegenüber der modernen Welt aufwies – und dadurch die Aporien des liberalen Protestantismus offenlegte.

Einen eigenen Kreis bildeten die Vertreter der Religionsgeschichtlichen Schule. Ihre Arbeit konzentrierte sich auf das Verhältnis der biblischen Überlieferung zum religiösen Ge-

---

[84] Zit. bei WENCK (s. Anm. 46) 34 f.

[85] O. RITSCHL, A. Ritschls Leben, 2 Bde., Freiburg 1892–1896; R. SCHÄFER, Ritschl, Tübingen 1968; M. GRESCHAT (Hrsg.), Gestalten der Kirchengeschichte 9, 2: Die neueste Zeit II, Stuttgart 1985.

[86] J. RATHJE, Die Welt des freien Protestantismus, Stuttgart 1952; R. VOM BRUCH – F. W. GRAF – G. HÜBINGER (Hrsgg.), Kultur und Kulturwissenschaften um 1900, Stuttgart 1989.

dankengut des alten vorderen Orients, des Hellenismus sowie des späten Judentums. Hier sind insbesondere Hermann Gunkel (1862–1932), Wilhelm Bousset (1865–1920) und Adolf Deißmann (1866–1937) zu nennen. Johannes Weiß (1863–1914) zeigte 1892, daß Jesus im Bewußtsein der endzeitlichen Naherwartung gelebt hatte. Dagegen setzte Martin Kähler (1835–1912) im selben Jahr – er war neben Hermann Cremer (1834–1903) einer der überzeugendsten und einflußreichsten Vertreter der „positiven" Theologie – die Feststellung, daß der Glaube sich nicht auf den „sogenannten historischen Jesus" beziehe, sondern auf den „geschichtlichen biblischen Christus"[87].

Neben der Welt der akademischen existierte als eine andere, trotz mancher Verbindungen doch weithin eigene Theologie die des mehr oder weniger liberalen bürgerlichen Kulturprotestantismus. Sie wiederum war, zumal seit dem Auseinanderbrechen der „Mittelpartei", häufig nicht nur klar, sondern auch scharf von der orthodox-konservativen kirchlichen Welt getrennt. Infolgedessen trugen theologische Auseinandersetzungen in der Regel auch kirchenpolitischen Charakter – und wirkten, publizistisch verstärkt, tief in die Gemeinden hinein. 1892 war ein Schüler von Harnacks, der württembergische Pfarrer Christoph Schrempf (1860–1944), fristlos entlassen worden, weil er sich geweigert hatte, das Apostolische Glaubensbekenntnis im Gottesdienst zu verwenden[88]. Von Harnack schlug daraufhin vor, den Gebrauch dieses Bekenntnisses dem Ermessen des einzelnen Pfarrers anheimzustellen. Erbitterte Auseinandersetzungen waren die Folge, an denen sich sämtliche theologischen und kirchenpolitischen Gruppen in fast allen deutschen Landeskirchen beteiligten. In den Mittelpunkt des Streites rückte bald die Frage nach der Jungfrauengeburt Jesu: War er der Sohn Gottes oder nur ein Mensch?

Ähnliche „Fälle" ereigneten sich in den nächsten Jahren immer wieder. Besondere Publizität gewann 1902 der „Bibel-Babel-Streit", hervorgerufen durch Vorträge des Assyriologen Friedrich Delitzsch (1850–1922) vor dem Kaiser. Der Gelehrte hatte die Überlegenheit der babylonischen Kultur gegenüber derjenigen Israels betont und gleichzeitig von der Notwendigkeit gesprochen, daß jede Religion sich weiterentwickeln müsse. Das damit verbundene Problem, was denn dann das Wesen und die Absolutheit des Christentums noch ausmachten, nahm Troeltsch im gleichen Jahr auf[89]. Breitenwirksamer hatte von Harnack dieses Thema in einer sogleich gedruckten Vorlesung über *Das Wesen des Christentums* im Wintersemester 1899/1900 beantwortet. Als Summe nannte er: „In dem Gefüge: Gott der Vater, die Vorsehung, die Kindschaft, der unendliche Wert der Menschenseele, spricht sich das ganze Evangelium aus."[90] Laute Zustimmung und empörter Widerspruch antworteten auch hier.

Um eine klare rechtliche Basis im Streit um die Grenzen der evangelischen Verkündigung zu schaffen, erließ die preußische Kirche 1910 ein Irrlehregesetz. Seine erste Anwendung fand es 1911 gegenüber dem Kölner Pfarrer Karl Jatho, der eine pantheistische Religiosität vertrat. Jatho wurde entlassen, woraufhin einer seiner Verteidiger, der liberale Dortmunder Pfarrer Gottfried Traub, mit scharfen Angriffen gegen den EOK zu Feld zog. In dem daraufhin gegen Traub eingeleiteten Disziplinarverfahren wurde dieser mit Absetzung und dem Entzug seines Pensionsanspruches bestraft. Daß die Behörde ihren Kritiker

---

[87] Der sogenannte historische Jesus und der geschichtliche biblische Christus, 1892.
[88] Vgl. außer der in Anm. 56 genannten Literatur Huber – Huber (s. Anm. 1) 645–690.
[89] Die Absolutheit des Christentums und die Religionsgeschichte, Tübingen 1902.
[90] W. Trillhaas (Hrsg.), Das Wesen des Christentums, Gütersloh 1977, 50.

härter bestrafte als den Irrlehrer, erschien vielen Zeitgenossen als charakteristisch für diese Kirche.

An ihrem Rande organisierte sich die Gemeinschaftsbewegung[91]. Hier ging es um Bekehrung, persönliche Heiligung, missionarische Aktivitäten gegenüber der Umwelt sowie engen Zusammenhalt und gegenseitige religiöse Stärkung. Es war vor allem eine Welt der kleinen Leute. Doch beachtlich war die Anziehungskraft dieser erweckten Frömmigkeit auf Teile der evangelischen Jugend. Schülerbibelkreise und die aus ihr erwachsene *Deutsche Christliche Studentenvereinigung* (DCSV) faßten in dieser Zeit im deutschen Protestantismus ebenso Fuß wie der *Bund für Entschiedenes Christentum* (EC) oder der *Christliche Verein junger Männer* (CVJM). Ihre erste jährliche Konferenz hielten die Anhänger der Gemeinschaftsbewegung 1888 in Gnadau. Bei einem Treffen 1907 in Kassel kam es zu ekstatischen Ausbrüchen, von den Anhängern als Pfingstwunder und erneute Ausgießung des Hl. Geistes gefeiert. Die Mehrheit der landeskirchlichen Gemeinschaften distanzierte sich jedoch 1909 in ihrer Berliner Erklärung von dieser „Pfingstbewegung".

Die mangelhafte kirchliche Versorgung in den industriellen Ballungszentren und die routinierte Kälte in vielen Gemeinden machten für manche die Freikirchen oder auch Sekten attraktiv. Von den 4703 Personen, die zwischen 1899 und 1903 evangelische Kirchen in Deutschland verließen, traten nicht weniger als 3098 zu ihnen über[92]. „Als Motiv wird fast stets angegeben", notierte ein Beobachter, „daß die großen Gemeinden der Landeskirche eben keine Gemeinden im christlichen Sinne seien. Seelsorge und brüderliche Gemeinschaft ist es, was die Ausgetretenen begehren; ihr Dissens ist im Grunde viel weniger dogmatischer als vielmehr praktischer Art."[93] Allerdings handelte es sich bei diesen Freikirchen und Sekten um sehr kleine Gruppen. In der Statistik für das Jahr 1875 belief sich die Zahl dieser Herrnhuter, Irvingianer, Baptisten, Mennoniten, Methodisten und anderer religiöser Kreise in Preußen zusammen auf rund 35100 Menschen[94].

Die traditionelle Kirchlichkeit fächerte sich auf. Dazu gehörte auch ihre Erosion, die vor allem in Teilen des Bürgertums sowie in der Arbeiterschaft zunehmend deutlich zutage trat. Erst unter dieser Voraussetzung konnten höhere Kirchensteuern sowie Agitationen von Sozialdemokraten für den Kirchenaustritt Erfolge erzielen, insbesondere in Berlin und in Preußen. 1908 verließen 27150 Evangelische im Deutschen Reich ihre Kirche, 1912 waren es 21805 und 1913 sogar 29255.[95] Unübersehbar war allerdings auch, in welchem Ausmaß hier der Sozialismus oder im Bürgertum Kunst, Kultur oder vitalistische Lebensentwürfe und Philosophien religiösen Charakter trugen.

Gleichzeitig schritt die Militarisierung der Gesellschaft voran – und damit ein massiver imperialistischer Nationalismus. Man wollte keinen Krieg – aber seit dem Beginn des neuen Jahrhunderts wuchs die Überzeugung, daß er unabwendbar sei. Deshalb müsse man sich unbedingt und ohne weichliches Zögern auf diese harte Realität einstellen. Um gegen dieses Denken anzugehen, veranstalteten deutsche und britische Theologen sowie Kirchenführer 1908 und 1911 in beiden Ländern Friedenskundgebungen. Der Erfolg war eher

---

[91] D. LANGE, Eine Bewegung bricht sich Bahn, Gießen 1979; J. OHLEMACHER, Das Reich Gottes in Deutschland bauen, Göttingen 1986.
[92] Kirchliches Jahrbuch (1951) 366.
[93] Kirchliches Jahrbuch (1909) 329.
[94] Zahlen nach G. BESIER, Religion, Nation, Kultur, Neukirchen 1992, 77.
[95] Statistische Beilage 4 des Amtsblattes der EKD (1952). Vgl. dazu J.-CH. KAISER, Arbeiterbewegung und organisierte Religionskritik, Stuttgart 1981.

Kaiser Wilhelm II. war, vor allem durch seine Flotten-
politik und sein kriegerisch-martialisches Auftreten, das
auch dieses Gemälde von Ferdinand Keller (1893) zeigt,
entscheidend mitverantwortlich für den Ausbruch des
Ersten Weltkrieges.

gering. Getragen von der Überzeugung, daß man trotzdem diesen Weg weiter gehen müsse, gründete der auch sozial aktive Berliner Pfarrer Friedrich Siegmund-Schultze als Organ für solche Bemühungen 1913 die Zeitschrift *Die Eiche* [96]. Gleichgesinnte rief er zu einer ökumenischen Kirchenkonferenz 1914 in Konstanz zusammen. Am 1. August jedoch, als die Tagung eröffnet werden sollte, brach der Weltkrieg aus. Die Teilnehmer veranstalteten eine Gebetsversammlung. Vor der Rückreise in ihre nun gegeneinander Krieg führenden Vaterländer gründete Siegmund-Schultze mit einigen von ihnen den *Weltbund für Internationale Freundschaftsarbeit der Kirchen.* Er wurde eine der Keimzellen, aus denen dann die ökumenische Bewegung erwuchs.

---

[96] K.-C. EPTING, Die erste internationale Konferenz der Kirchen für Frieden und Freundschaft in Konstanz 1914, Konstanz 1988; R. FRIELING, Der Weg des ökumenischen Gedankens, Göttingen 1992.

Neuntes Kapitel

Österreich (1860–1914)

von Victor Conzemius

Ein Querschnitt durch die österreichische Gesellschaft für die Zeit nach 1870 ergibt folgendes Bild: Das Kaiserhaus und die Hocharistokratie waren katholisch-konservativ, ebenso das Kleinbürgertum (Handwerker und Gewerbetreibende) und die ländlichen Bevölkerungsschichten. Dem kirchlichen Einfluß entzogen sich am frühesten die Bourgeoisie und weite Teile der Beamten- und Arbeiterschaft [1]. Dem weltanschaulich Liberalen erschien die Kirche als eine überholte Instanz. Mit dem Bildungsfortschritt würde sie überflüssig werden, und dort, wo sie sich diesem Fortschritt entgegenstellte, müsse sie bekämpft werden. In diesen Kreisen, vor allem des arrivierten Großbürgertums, wuchs der Antiklerikalismus. Er fand in einem beträchtlichen Teil der Presse *(Neue Freie Presse)* sein Sprachrohr und in Teilen der Lehrerschaft, besonders im Sudetenland, eifrige Agitatoren. In Intellektuellen- und Literatenkreisen war das Bild der Kirche zumeist negativ getönt. Der Dichter Anastasius Grün bezeichnete das Konkordat von 1855 als „gedrucktes Canossa". Grün teilte seine Skepsis gegenüber der Kirche mit seinen Freunden Nikolaus Lenau und Franz Grillparzer. Grillparzer meinte, die Religiosität bestimmter gesellschaftlicher Kreise so beschreiben zu können: „Die Frömmelei des einen Teiles der vornehmen Weiber fließt aus derselben Quelle wie die Koketterie des anderen Teiles: Müßiggang und Langeweile. Sie vertrödeln den Tag an der geistlichen Toilette wie die anderen an der leiblichen. Der Beichtvater ist ihr *marchand de modes*, die Beichte ihr Ankleidespiegel, Kirchgang ihr *Rendez-vous*, Haß und Verfolgung Andersdenkender ihre Eifersüchteleien und *dépits amoureux*." [2] Ludwig Anzengruber, Peter Rosegger und Karl Schönherr führten diese antiklerikale Tradition im 20. Jh. weiter.

Die stärksten Einbußen erlitt die Kirche in der Arbeiterschaft. Wohl gab es zunächst auch hier noch ein Festhalten an hergebrachten Frömmigkeitsformen, besonders unter den vom Land in die Stadt Gezogenen. Der österreichische Episkopat, bei seinen Visitationen stärker als die Bischöfe anderer Länder auf die Erfüllung seiner vom Josephinismus gestellten Aufgaben als Sittenpolizei fixiert und zudem in der zweiten Jahrhunderthälfte in die Auseinandersetzungen um das Konkordat verstrickt, besaß wenig Gespür für die Erfordernisse des heraufziehenden Industriezeitalters. Der österreichischen Arbeiterschaft entstand kein Bischof Ketteler. Von wenigen Ausnahmen im Pfarrklerus abgesehen, war auch hier kaum Bereitschaft vorhanden, auf die sozialen Umwälzungen und die pastoralen Erfordernisse einzugehen.

Zu Kurztiteln vgl. die Bibliographie am Ende des Kapitels.

[1] Nach Leisching, Die römisch-katholische Kirche in Cisleithanien 125–138.
[2] Hosp, Kirche Österreichs 353.

Das zeigt sich am Beispiel der Diözese Wien, die am stärksten von der Industrialisierung und der damit einhergehenden Bevölkerungszunahme betroffen war. Während Kaiser Joseph II. (1780–1790) in seiner kurzen Regierungszeit in der Erzdiözese Wien noch 163 neue Pfarreien gegründet hatte, wurden in den folgenden 140 Jahren bis 1930, in denen sich die Bevölkerung verzehnfacht hatte, in Wien lediglich 34 Pfarreien errichtet[3]. In den volkreichen Wiener Vorstädten entstanden riesige Pfarreien, deren Kirchen und Gebäude in keinem Verhältnis zu den Bedürfnissen der Gemeinde standen. Es gab auch andere Gründe für die religiöse Randständigkeit der Arbeiterschaft. Für viele Zuwanderer in den Industriebezirken, meist Tschechen, Slowaken und Polen, ergab sich das Problem sprachlicher Verständigung, auf das die Seelsorger nicht vorbereitet waren. Die sozialdemokratische Arbeiterbewegung konnte sich in diesen Schichten nahezu ohne Konkurrenz ausbreiten. Da sie bereits um 1890 eine links-sozialistische und freidenkerisch-atheistische Richtung einschlug, imprägnierte sie die österreichische Sozialdemokratie mit einer klassenkämpferischen Ideologie, die zur Ausbildung des für Österreich typischen Austromarxismus führte. Der trotz staatlicher Zugriffe immer noch beträchtliche Besitzstand der Kirche, insbesondere in Böhmen und Mähren, aber auch einzelner Klöster in Altösterreich, bot nicht nur in sozialen Krisenzeiten nahrhaftes Material für die antiklerikale Propaganda.

Ein Umdenken in der sozialen Frage setzte auf den österreichischen Katholikentagen ein, die nach deutschem Vorbild seit 1877 in gewissen Abständen abgehalten und in den einzelnen Sprach- und Kulturregionen in kleinerem Maßstab durchgeführt wurden[4]. Ihr Initiator war der norddeutsche Konvertit Carl Freiherr von Vogelsang (1818–1890), der seit 1875 seine Postulate nach berufsständischer Ordnung vorlegte und eine staatliche Sozialpolitik forderte. Konservative Politiker wie Alois Prinz von Liechtenstein (1845–1920) griffen seine Forderungen auf und bereiteten einer staatlichen Sozialpolitik den Weg. Im Klerus übernahm der Wiener Moraltheologe Franz Schindler (1847–1922) die Rolle eines sozialtheoretischen Vordenkers, dessen Gedanken im Seelsorgeklerus allmählich Akzeptanz fanden[5].

Die christlich-soziale Bewegung, die Vogelsang und Liechtenstein initiierten, ging nach 1891 in der *Christlich-sozialen Partei* auf. Unter der Führung des populistischen Wiener Bürgermeisters Karl Lueger (1844–1910) wurde sie zur gleichen Zeit wie die *Sozialdemokratische Partei* zu einer Massenorganisation. Als Sammlung der antiliberalen und antisozialistischen Kräfte verdankte sie ihre Wahlerfolge vorwiegend den deutschsprachigen Schichten des Kleinbürgertums, des Handwerks und Kleingewerbes und der katholisch gebliebenen Arbeiterschaft. Der Partei war ein programmatischer Antisemitismus eigen, der die Juden für die nach dem Wiener Börsenkrach 1873 eingetretenen wirtschaftlichen Einbußen breiter Volksschichten verantwortlich machte und ihren Einfluß im wirtschaftlichen und kulturellen Leben zurückzudämmen versuchte[6].

Die *Christlich-soziale Partei* behielt diese Orientierung auch bei, als sie ihre Werbung bei der Landbevölkerung verstärkte. Sie zog immer mehr Anhänger der konservativen

---

[3] Ebd. 346; vgl. V. Conzemius, Innitzer, in: DHGE XXV (1995) 1251–1256; vgl. auch J. Weissensteiner, Wien, in: E. Gatz (Hrsg.), Die Bistümer und ihre Pfarreien (Geschichte des kirchlichen Lebens in den deutschsprachigen Ländern seit dem Ende des 18. Jahrhunderts I), Freiburg i. Br. 1991, 625–637.

[4] P. Malina, Österreichischer Katholikentag, in: Staatslexikon IV ([7]1988) 238f.

[5] G. Silberbauer, Österreichs Katholiken und die Arbeiterfrage, Graz – Wien – Köln 1966.

[6] Vgl. V. Conzemius, L'Antisémitisme autrichien au XIXe et au XXe siècles, in: V. Nikoprowetzky (Hrsg.), De l'Antijudaisme antique à l'Antisémitisme contemporain, Lille 1979, 189–208.

Volkspartei zu sich herüber. In den Wahlen von 1907 wurde die Partei, die bereits im Wiener Rathaus regierte, zur stärksten im österreichischen Parlament. Von Altösterreich aus wuchs sie auch in andere Kronländer hinein und wurde zu einem der wichtigsten Stabilisierungsfaktoren im Leben der Habsburger Monarchie. Doch in dem Maß, in dem sie als Regierungspartei in staats- und reichspolitische Aufgaben hineinwuchs, verlor sie ihren sozialen Elan.

Der Aufstieg der Christlichsozialen um die Jahrhundertwende war zugleich von einer kulturellen katholischen Erneuerungsbewegung begleitet. Im Wiener *Gralsbund*, in der tschechischen katholischen Moderne und im modernen Kirchenbau fand diese ihren Ausdruck. In einem Ausmaß, das man sich um die Jahrhundertmitte kaum hätte vorstellen können, traten die Kirche und katholisch organisierte Verbände – von Akademikerverbindungen bis zu Bauernverbänden – in die politische und gesellschaftliche Öffentlichkeit. Allerdings brach in Österreich auch der Literaturstreit aus, dessen Auswirkungen bis nach Deutschland hineinreichten[7]. Mit seinem Anspruch, die katholisch-romanische Kulturtradition weiterzuführen, grenzte Richard von Kralik (1852–1934), der Gründer des *Gralsbundes*, sich vom zeitgenössischen literarischen Schaffen ab und schloß sich einem rückwärtsgewandten literarischen Ghetto an. Ein letztes Mal spiegelte sich österreichischer Katholizismus im Aufmarsch aller noch unter Habsburgs Zepter vereinigten Völker in der barocken Pracht der Sakramentsprozession des *Internationalen Eucharistischen Kongresses* in Wien 1912, höfisch und volkstümlich zugleich.

Der Protestantismus in Österreich, der eine leidvolle Geschichte der Unterdrückung und gewaltsamen Rekatholisierung hinter sich hatte, konnte sich erst seit dem Toleranzpatent Josephs II. von 1781 staatlicher Duldung erfreuen. Erst im 19. Jh. wurde ihm eine allmähliche Gleichberechtigung zuteil, er mußte jedoch im Salzburger Zillertal 1837 die Ausweisung von über 400 Glaubensgenossen hinnehmen[8]. Zu einem Markstein wurde das Protestantenpatent von 1861, das den Evangelischen beider Bekenntnisse, Lutheranern und Calvinisten, Gleichberechtigung mit den römischen Katholiken zugestand. Zahlenmäßig war der Protestantismus nur in Ungarn eine Macht (1845/46 etwa 2,5 Millionen Protestanten); er wurde hier mit einer revolutionären Tradition in Verbindung gebracht, während sich in Altösterreich 1880 etwa 370000 Gläubige (250000 Lutheraner, 120000 Reformierte) zu ihm bekannten. Die kirchliche Organisation entsprach regionalen und sprachlichen Gegebenheiten. In Altösterreich hatte der Protestantismus einen unverhältnismäßig hohen Anteil an Akademikern. Die „Los von Rom"-Bewegung, die 1897 vorwiegend in entkirchlichten Randgruppen des österreichischen Katholizismus entstand und den Führungsanspruch der Deutschen im Vielvölkerstaat wiederherstellen wollte, bedeutete einen fragwürdigen Zuwachs für das christliche Bekenntnis im österreichischen Protestantismus[9]. Obwohl die Bewegung große Unruhe in katholischen kirchlichen Kreisen und eine heilsame Reaktion hervorrief, fiel sie zahlenmäßig (etwa 90000 Mitglieder der Bünde) weniger ins Gewicht als die Distanzierung eines großen Teils der Arbeiterschaft von der Kirche.

---

[7] Vgl. das vorangegangene Kapitel über Deutschland.
[8] Vgl. F. GOTTAS, Die Geschichte des Protestantismus in der Habsburgermonarchie, in: WANDRUSZKA – URBANITSCH, Die Habsburgermonarchie IV, 489–595; R. PUZA, Österreich, in: TRE XXV (1995) 86–103.
[9] Vgl. H. GROTE, Los-von-Rom-Bewegung, in: TRE XXI (1991) 469–471.

Bibliographie

Eine Geschichte der Kirche in Österreich im Zeitraum 1848 bis 1918 fehlt. Das einzige Werk, das auf diese Periode im Gesamtzusammenhang mit der österreichischen Geschichte eingeht, ist

A. WANDRUSZKA – P. URBANITSCH (Hrsgg.), Die Habsburgermonarchie 1848–1918 IV: Die Konfessionen, Wien ²1995. Darin besonders:

P. LEISCHING, Die römisch-katholische Kirche in Cisleithanien, ebd. 1–247; ferner M. CSÁKY (Ungarn), ebd. 248–331; I. VITEZIĆ (Kroatien), ebd. 332–398; E. TURCZYNSKI (Orthodoxe und Unierte), ebd. 399–478; F. GOTTAS (Protestantismus), ebd. 489–595 sowie die Beiträge über kleinerer Konfessionsgruppen wie Deutschkatholiken (596–615), Altkatholiken (616–632), Juden (633–639) und Mohammedaner (670–701).

K. EDER, Der Liberalismus in Altösterreich. Geisteshaltung, Politik und Kultur, Wien – München 1955.

E. HOSP, Kirche Österreichs im Vormärz 1815–1850, Wien – München 1971.

G. MAYER, Österreich als „katholische Vormacht". Ein Traum zwischen Revolution und liberaler Ära (Studien zur Geschichte der Österreichisch-Ungarischen Monarchie 24), Wien 1989.

H. RUMPLER, Eine Chance für Mitteleuropa. Bürgerliche Emanzipation und Staatsverfall in der Habsburgermonarchie (Österreichische Geschichte V: 1804–1914), Wien 1997.

E. WEINZIERL-FISCHER, Die österreichischen Konkordate von 1855 und 1933, Wien 1960.

E. WINTER, Revolution, Neoabsolutismus und Liberalismus in der Donaumonarchie, Wien 1969.

E. U. M. WINTER, Domprediger Johann Emanuel Veith und Kardinal Friedrich Schwarzenberg. Der Güntherprozeß in unveröffentlichten Briefen und Akten (Österreichische Akademie der Wissenschaften, Phil. Hist. Klasse, Sitzungsb. 282, 2. Abhandlung), Wien 1972.

R. ZINNHOBLER, Das Bistum Linz zwischen Spätjosephinismus und Liberalismus, in: H. SLAPNICKA – R. ZINNHOBLER u. a., Staat – Kirche – Schule in Oberösterreich. Zu Anton Bruckners sozialhistorischem Umfeld, Wien 1996.

Zehntes Kapitel

Christentum und Nationalitäten in Mittel- und Osteuropa

von Jerzy Kłoczowski

Mittel- und Osteuropa, der östliche Teil der alten westlichen Christenheit mitten in Europa, umschließt die Gebiete, die zwischen den deutsch- und italienischsprachigen Ländern und den östlichen Grenzen des alten Polen-Litauen, des ehemaligen Deutschordensstaates und des historischen Ungarn-Kroatien liegen[1]. Vergleicht man auf einer Karte die heutigen Staaten mit den historischen Grenzen, so zeigt sich eine erstaunliche Kontinuität, ein sichtbares Zeichen der Bedeutung langfristiger Entwicklungen auch über die Umwälzungen und den oft dramatischen Wandel im 20. Jh. hinaus. Im 19. Jh. war Mittel- und Osteuropa unter drei Staaten aufgeteilt: unter Rußland, Preußen – seit 1871 im Bundesstaat des Deutschen Reiches aufgehend – und Österreich, der Habsburger Monarchie, seit 1867 Österreich-Ungarn[2]. Diese Staaten, die einst mit einer einzigen Handbewegung das Leben all ihrer Völker tiefgreifend verändern konnten, wurden mehr und mehr von nationalistischen Bewegungen unterminiert. Die Katastrophe des Ersten Weltkrieges und die daran anschließende Entwicklung haben die enorme Bedeutung des nationalen Faktors veranschaulicht. Überdies befand sich seit 1878 mit dem Osmanischen Reich eine weitere Großmacht Südosteuropas in allmählicher Auflösung: Nach und nach wurden Griechenland, Montenegro, Serbien, Rumänien, Bulgarien und Albanien wieder unabhängig.

Die Ereignisse von 1848/49 brachten bereits erste Ansätze nationaler Selbstbestimmung und Demokratie in dieser Region mit sich, auch wenn die Unterdrückung dieser Tendenzen vorübergehend noch zunahm. Bündnisse zwischen den einzelnen Völkern unter Wahrung ihrer jeweiligen Rechte wurden nicht realisiert. Allein Ungarn erreichte 1867 innerhalb der Doppelmonarchie eine privilegierte Stellung. Insgesamt darf man hier aber auch nicht die widerstreitenden Interessen der einzelnen Völker außer acht lassen, was auch von den Großmächten nach dem Prinzip *Divide et impera* ausgenutzt wurde. In ihrem Kampf von 1848/49 beispielsweise hatten die Ungarn alle anderen Nationalitäten des historischen

---

Zu Kurztiteln vgl. die Erstnennung bzw. die Bibliographie am Ende des Kapitels.

[1] Eine gute allgemeine Einführung liefern A. u. J. Sellier, Atlas des peuples d'Europe centrale, Paris 1991. Zum Begriff Mittel- und Osteuropa O. Halecki, The Limits and Divisions of European History, London – New York 1950; K. Zernack, Osteuropa. Eine Einführung in seine Geschichte, München 1977; R. A. Kann – V. D. Zdeněk (Hrsgg.), A History of East Central Europe, angelegt auf 11 Bände, Seattle – London 1974ff.
[2] K. Pomian, L'Europe et ses nations, Paris 1990; S. Kieniewicz, Église et Nationalités en Europe centrale-orientale au XIXe siècle, in: The Common Roots of the European Nations I, Florenz 1982, 127–136; R. Kann, The Multinational Empire. Nationalism and National Reform in the Habsburg Monarchy 1848–1918, New York [4]1977; E. Turczynski, Konfession und Nation, Düsseldorf 1976; Alix, Le Saint-Siège.

Ungarn gegen sich, und Wien – ebenso wie St. Petersburg – schlug daraus in bemerkenswerter Weise Kapital[3].

Die Stellung der Polen, der Ungarn und (in geringerem Maße) der Kroaten unterschied sich sehr von derjenigen anderer Völker. Die Polen hatten zu Ende des 18. Jh. ihre Staatlichkeit verloren und kämpften seit Beginn des 19. Jh. bei jeder sich bietenden Gelegenheit gegen ihre Besatzer[4]. Der Befreiungskampf der napoleonischen Zeit und später der Aufstand gegen Rußland 1830/31 blieben, vor allem auch durch die große Auswanderungswelle von 1831, im Gedächtnis. Das polnische Beispiel und Schrifttum – mit Adam Bernhard Mickiewicz (1798–1855) an der Spitze – lösten in ganz Mittel- und Osteuropa ein nachhaltiges Echo aus. Die Ungarn hatten sich im Habsburgerreich einen gewissen Grad an Autonomie mitsamt den Traditionen sowie zahlreichen Institutionen des alten Ungarn erhalten. In gewissem Umfang war das auch den Kroaten gelungen. Polen, Ungarn und Kroaten hatten ihren Adel nicht völlig verloren. Er konnte sich weiterhin voll entfalten und spielte während des ganzen 19. Jh. eine bedeutende Rolle. Die anderen Völker hatten aus den verschiedensten Gründen ihre politischen Eliten verloren oder überhaupt keine Eliten gekannt. Gerade der Ausbildung solcher Eliten kam jedoch im Zuge der Umwälzungen des 19. Jh. größte Bedeutung zu. Sie erfolgte in den bäuerlichen Gesellschaften hauptsächlich durch den Klerus.

Die Landbevölkerung befreite sich im 19. Jh. allmählich von der Leibeigenschaft und bildete die soziale Basis und den Nährboden der Nationen[5]. Die Alphabetisierung der Bevölkerung unterlag ganz den jeweiligen politischen Umständen und war im 19. Jh. in Mittel- und Osteuropa unterschiedlich weit gediehen. In Russisch-Polen sind sogar Rückschritte zu verzeichnen: In der Gegend um Warschau gab es 1897 noch 70 Prozent Analphabeten. Millionen von Bauern verließen seit Ende des 19. Jh. ihre Dörfer und zogen in die großen Städte oder wanderten ins Ausland, meist nach Nordamerika, aus. So gingen 500 000 Slowaken, ein Viertel der Nation, in die Vereinigten Staaten – das war nach Irland der größte Prozentsatz in Europa.

Das Nationalbewußtsein der Landbevölkerung blieb für alle nationalen Eliten ein entscheidendes Problem. Zwar waren Sprache, Bräuche, Heimat und Religion immer präsent, doch bildete sich ein wirkliches Nationalbewußtsein nur sehr allmählich heraus. Für die Entwicklung dieses Nationalbewußtseins waren letztlich die mehr oder minder schweren Unterdrückungen, die diversen Interessenkonflikte sowie – nicht zuletzt – eine große Bildungsanstrengung mit unterschiedlichsten Mitteln (Schule, Lektüre, Presse, Kirchen etc.) ausschlaggebend. Die in ländlichen Gesellschaften außerordentlich wichtige Tradition war das entscheidende Bollwerk gegen alle Versuche der Entnationalisierung[6].

Die nachfolgende Übersicht stellt die uns hier näher interessierenden nationalen Gruppen mit ihren annähernden Bevölkerungszahlen um 1910 dar. Ausgangspunkt ist die sprachliche Einordnung – manchmal vielleicht anzweifelbar, doch sind die Verhältnisse insgesamt realistisch.

---

[3] P. F. SUGAR (Hrsg.), A History of Hungary, Bloomington – Indianapolis 1990.

[4] P. S. WANDYCZ, The Lands of Partitioned Poland 1795–1918 (A History of East Central Europe VIII), Seattle – London 1974; N. DAVIES, Heart of Europe. A Short History of Poland, Oxford 1984 (frz.: Histoire de la Pologne, Paris 1986).

[5] CHLEBOWCZYK, On Small and Young Nations.

[6] Ein anthroposoziologischer Essay: L. STOMMA, Campagnes insolites. Paysannerie polonaise et mythes européens, Paris 1986.

Die Nationalitäten in Mittel- und Osteuropa um 1910

Völker	Zahl in Millionen	vorherrschende Konfession	Bemerkungen
Ukrainer	ungefähr 25–30	orthodox	davon 4 Millionen Unierte in Österreich-Ungarn
Polen	ungefähr 20	katholisch	
Ungarn	ungefähr 10	katholisch – protestantisch	
Tschechen	6,5	katholisch	
Weißrussen	6	orthodox	vor 1840 vor allem Unierte
Kroaten	3	katholisch	
Slowaken	2	75 Prozent katholisch	
Litauer	1,5	katholisch	
Slowenen	1,3	katholisch	
Letten	1,3	lutherisch	
Esten	weniger als 1	lutherisch	

Man müßte dieser Liste eigentlich auch die Rumänen in Transsilvanien und der Bukowina (3,4 Millionen) sowie die Serben (1,9 Millionen) im Süden Ungarns hinzufügen. Trotz der Unabhängigkeit Rumäniens und Serbiens wog die Stellung dieser beiden Minderheiten in Österreich-Ungarn viel.

In diesen Gebieten wohnten Millionen von Deutschen und Russen. Während die Deutschen über die ganze Fläche verteilt waren, lebten die Russen vor allem an den Grenzen des Reiches. 1910 repräsentierten die Deutschen 24 Prozent der Gesamtbevölkerung Österreich-Ungarns, die Ungarn 20 Prozent; sie waren die dominierenden Nationalitäten. Die Juden waren über ganz Mittel- und Osteuropa verstreut und eroberten sich durch ihre Dynamik und Emanzipation eine sehr starke wirtschaftliche und kulturelle Position[7]. Das rief seit Ende des 19. Jh. zum Teil brutale antisemitische Bewegungen in allen Ländern der Region hervor; auch die Pogrome in Rußland standen damit in Zusammenhang. In deutlicher Übereinstimmung und Korrelation mit den nationalen Bewegungen anderer Völker entstand zur gleichen Zeit auch der Zionismus.

In der christlichen Bevölkerung fanden die seit Jahrhunderten etablierten traditionellen Kirchen eine solide Grundlage. Insbesondere unter der Landbevölkerung bestimmte eine Mischung aus „christlichem" Aberglauben, „christlicher" Folklore und „volkstümlichem"

---

[7] D. TOLLET, Histoire des juifs en Pologne du XVIᵉ siècle à nos jours, Paris 1992; G. D. HUNDERT – G. C. BACON, The Jews in Poland and Russia. Bibliographical essays, Bloomington 1984; vgl. auch die Zeitschrift *Polin*, Oxford 1984 ff.; W. HÄUSLER, Das österreichische Judentum zwischen Beharrung und Fortschritt, in: WANDRUSZKA – URBANITSCH, Die Habsburgermonarchie IV, 633–669.

Christentum das tägliche Leben[8]. Vor allem von seiten der aufstrebenden *intelligentsia,* die einem als „fortschrittlich" geltenden „Szientismus" anhing, wurde dagegen angefochten. Innerhalb der sich schnell entwickelnden und um ihre Rechte kämpfenden Arbeiterschaft begann sich der marxistische Materialismus auszubreiten[9]. Für die Liberalen blieb die klare Trennung von Staat und Kirche ein Ideal, das sich erst gegen Ende des Jahrhunderts beispielsweise in Ungarn durchsetzen ließ, als dort dem Staat die Zivilstandsregister ausgehändigt wurden.

Untersucht man die Beziehungen zwischen den Kirchen und den nationalistischen Bewegungen genauer, so läßt sich in ganz Mittel- und Osteuropa eine bisweilen sehr weitgehende Identifikation von Religion und Nationalität feststellen. Das Volk stand in der Tradition der örtlichen Kirche und ihres Pfarrers. Man versuchte, die Muttersprache in der Glaubenslehre, den Liedern und Gebeten, im ganzen christlichen Brauchtum von der Geburt und der Taufe bis zum Tod beizubehalten. Demgegenüber betrieben die Großmächte im 19. Jh. eine landesweit einheitliche Konfessionspolitik. Eine vergleichende Studie dieser Politik, ihrer Entwicklung und ihrer Ergebnisse legt sich nahe. Ziel der staatlichen Bemühungen war durchweg der Zusammenhang des Reiches, die Achtung vor der sich auf Gott berufenden Staatsmacht und die Verhinderung und Eliminierung von Widersprüchen und Widerständen jeglicher Art. Die durch die Kirchen, ihre Leitung und ihre Verantwortlichen gestärkte Kontrolle erwies sich dabei als unverzichtbare Notwendigkeit.

Im zaristischen Rußland war die orthodoxe Kirche Staatskirche; die anderen Kirchen wurden lediglich toleriert[10]. So war es beispielsweise für einen Orthodoxen unmöglich, zum Katholizismus zu konvertieren. Vor der Mitte des 19. Jh. betrieb Rußland in den Gebieten der Ukraine und Weißrußlands, die es durch die Teilungen des alten Polen-Litauen am Ende des 18. Jh. erworben hatte, eine energische und vollständige Russifizierungspolitik. Die orthodoxe Kirche, fest in russischer Hand, übernahm dabei eine zentrale Rolle. Eine bedeutende Etappe dieser brutalen Politik, die bis ins 20. Jh. fortgesetzt wurde, war die endgültige Ausrottung der unierten Kirche in Weißrußland um 1839. Über ein sehr großes Gebiet hinweg, das unter polnisch-russischem Einfluß stand, galt stereotyp: Polnisch ist katholisch, russisch bedeutet orthodox.

Der protestantische, lutherische Geist in Preußen kam in der antikatholischen Auseinandersetzung des Kulturkampfes nach 1870 deutlich zum Ausdruck, auch wenn einige lutherische Konservative dies mißbilligten[11]. Diese Region war prinzipiell entweder polnisch-

---

[8] P. LEISCHING, Die römisch-katholische Kirche in Cisleithanien, in: WANDRUSZKA – URBANITSCH, Die Habsburgermonarchie IV, 1–247, hier 133–136; STOMMA, Campagnes insolites (s. Anm. 6) 125. Vgl. auch das klassische Werk von W. I. T. THOMAS – F. ZNANIECKI, Peasants in Europe and America, 5 Bde., Boston 1918–1920.

[9] LEISCHING, Cisleithanien (s. Anm. 8) 125; KŁOCZOWSKI, Histoire religieuse, 417f.

[10] B. STASIEWSKI, Päpstliche Unionshoffnungen. Die selbständigen und mit Rom unierten Ostkirchen, in: JEDIN, Kirchengeschichte VI, 2, 345–387, hier 358; C. SIMON, Konstantin Petrovič Pobedonostev und die Kirchenpolitik des Heiligen Synod 1880–1905, Göttingen 1969; I. SMOLITSCH, Geschichte der russischen Kirche 1700–1917 I, Leiden 1964 (siehe den fünften Teil dieses Bandes).

[11] R. LILL, Der Kulturkampf in Preußen und im Deutschen Reich (bis 1878), in: JEDIN, Kirchengeschichte VI, 2, 28–48, hier 28; G. FRANZ, Kulturkampf. Staat und katholische Kirche in Mitteleuropa von der Säkularisation bis zum Abschluss des preußischen Kulturkampfes, München 1954; L. ALBERTIN, Nationalismus und Protestantismus in der österreichischen Los-von-Rom-Bewegung um 1900, Köln 1953; F. GOTTAS, Die Geschichte des Protestantismus in der Habsburgermonarchie, in: WANDRUSZKA – URBANITSCH, Die Habsburgermonarchie IV, 489–595, hier 586f. Im gesamten polnisch-preußischen Gebiet versammelten die lutherischen Kirchen eine erdrückende Mehrheit an Deutschen, während die Polen katholisch blieben, was die stereotype Aufteilung erleichterte. In

katholisch oder deutsch-lutherisch geprägt, und der Geist des Kulturkampfes reichte, ohne auf Widerstand zu treffen, bis in die besetzten Gebiete Preußisch-Polens. Eine Strömung extremer Protestanten verstand Ende des 19. Jh. *Deutschtum* und *Luthertum* als die *zwei* Seiten *ein und derselben* Sache. Dies betraf auch das katholische Österreich im Hinblick auf eine zukünftige Einverleibung in ein geeintes Deutschland.

Das Habsburgerreich repräsentierte in Mittel- und Osteuropa die Tradition des katholischen Absolutismus, der sich noch bis 1848 halten konnte[12]. Das Erbe des Josephinismus überdauerte in den Nachfolgestaaten trotz allem das Ende der Habsburger Monarchie. Selbst die Kommunisten profitierten nach 1945 noch davon. Die katholische Kirche unterstützte die Monarchie. Der Kaiser ernannte faktisch die Bischöfe, denen er einen bedeutenden Anteil an der Staatsmacht übertrug. In der Politik des Habsburgerreiches gegenüber den einzelnen Nationalitäten nahm – und das war entscheidend für die Zukunft dieses multikonfessionellen und multinationalen Staates – die heikle und sehr vielschichtige Kirchen- und Religionspolitik immer eine äußerst wichtige Position ein.

Das Drama Österreich-Ungarns war die Vorherrschaft zweier Minoritäten, der Deutschen und (seit 1867) auch der Ungarn, über die Mehrheit der anderen Völker. Um 1910 stellten die Deutschen und Ungarn fast 45 Prozent der Gesamtbevölkerung (s. o.), die Slawen (Polen, Tschechen, Slowaken, Ukrainer, Slowenen und Serben) 45 Prozent, die Rumänen 6 Prozent und die anderen (vor allem Italiener und Juden) 5 Prozent. Im österreichischen Teil gab es 35 Prozent Deutsche und 59 Prozent Slawen. Mehrere kleine Völker, die Tschechen beispielsweise, hatten lange Zeit mit der Möglichkeit einer echten Föderation der Völker unter der Dynastie der Habsburger gerechnet. Diese Idee war zwischen 1848 und 1849 entstanden, wurde aber erst sehr viel später, kurz vor der Katastrophe von 1918, wieder ernsthaft diskutiert[13].

Tatsächlich beeinflußten unterschiedliche, oft widersprüchliche Faktoren das religiöse und kirchliche Leben dieser Völker[14]. Im Folgenden soll nun die Entwicklung der verschiedenen Gemeinschaften nachgezeichnet werden, auch wenn dafür komplexe Erscheinungen, die noch einer genaueren, vergleichenden Untersuchung bedürfen, nur vereinfacht dargestellt werden können.

---

der starken lutherischen Gemeinschaft von Warschau gab es zahlreiche Polen. Gleiches gilt für Österreichisch-Schlesien (die Gegend um Teschen). Vgl. T. STEGNER, Pastory ewangeliccy w Królestwie Polskim w latach 1815–1914 [Die evangelischen Pastoren im Königreich Polen zwischen 1815 und 1914], in: Inteligencja polska XIX i XX 6, Warschau 1991, 107–142.

[12] Grundlegend WANDRUSZKA – URBANITSCH, Die Habsburgermonarchie IV, 729.

[13] Ebd., vor allem Leisching (s. Anm. 8) 230f.

[14] Daraus resultiert auch die Gefahr der einseitigen Vereinfachung, des polemischen Stils und der von der Geschichtsschreibung sonst völlig abweichenden Perspektiven. Vgl. die kritischen Bemerkungen zu Polen bei S. KIENIEWICZ, L'Église polonaise et la cause nationale au XIXe siècle, in: C. D. FONSECA (Hrsg.), Instituzioni, Cultura e Società in Italia e in Polonia, Galatina 1979, 171–181. Ein anderes Beispiel für die Spannungen zwischen Kirche und Nationalbewegung liefert J. O. HIMKA, Sheptyts'kyi and the Ukrainian National Movement before 1914, in: P. R. MAGOCSI (Hrsg.), Mortality and Reality, The Site and Times of Andrei Sheptyts'kyi, Edmonton 1989, 29–46 [ital. Fassung: Storia di cristianesimo in Polonia, Bologna 1980]; M. RECHOWICZ (Hrsg.), Le Millénaire du catholicisme en Pologne, Lublin 1969. Les Contacts religieux franco-polonais du Moyen Age à nos jours. Relations, influences, images d'un pays vu par l'autre, Paris 1987; G. CASTELLAN, „Dieu garde la Pologne!" Histoire du catholicisme polonais 1795–1980, Paris 1981.

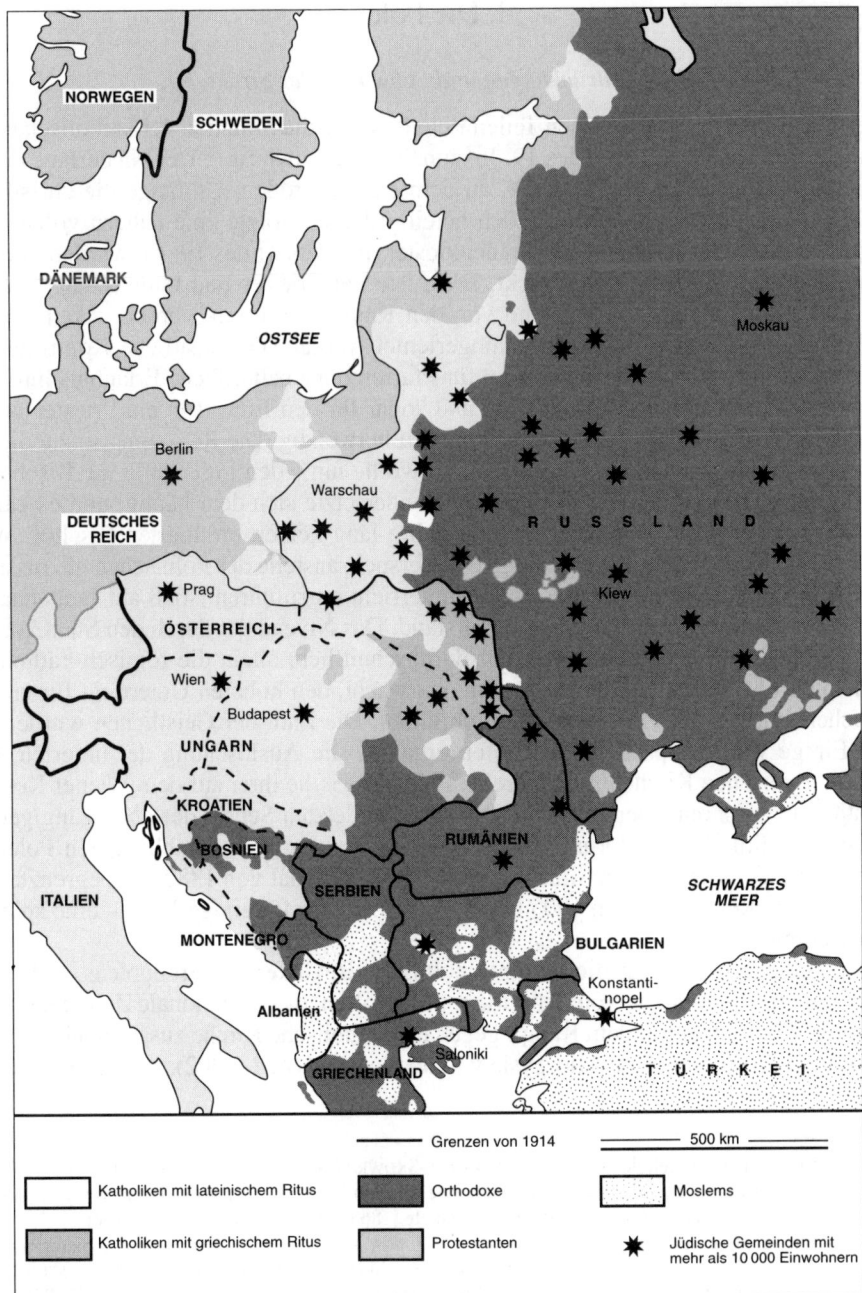

Die Konfessionen im Jahre 1914 in Mittel- und Osteuropa (nach Z. Zuchowska).

I. Die Polen

1. Unterdrückungen und Schwäche der Strukturen

In den russischen und preußischen Teilen Polens wurde die Situation der katholischen Kirche in den letzten Jahrzehnten des 19. Jh. zunehmend schwierig[15]. Der Niederlage des antirussischen Aufstandes von 1863/64, an dem sich in großem Umfange die christlichen Kirchen und auch die polnischen Juden beteiligt hatten, folgte eine nahezu vollständige Aufhebung fast aller Männer- und Frauenklöster. Im Verlauf des 19. Jh. wurden darüberhinaus über 250 Pfarreien unterdrückt. Die Liste der Priester und Ordensleute, die aufgrund ihrer Beteiligung am Aufstand von den Russen verurteilt worden waren, enthielt 466 Namen, von denen 30 Personen hingerichtet wurden. Die staatliche Kontrolle über den Klerus steigerte sich bis zum Verbot für Pfarrer, ohne behördliche Erlaubnis ihre Pfarreien zu verlassen. Für jede Ernennung und sogar für den Eintritt in ein Priesterseminar war die Genehmigung der russischen Behörden notwendig. Die Regierung setzte die drei polnischen Diözesen starkem Druck aus und wollte um jeden Preis gefügige Bischöfe in ihrer Leitung installieren. Der Heilige Stuhl widersetzte sich dem häufig, und es kam zu sehr langen Vakanzen: Warschau hatte 58 Jahre lang keinen ordinierten Bischof, Wilna 62 Jahre, Krakau beinahe 50 Jahre lang. Der Versuch, anstelle des Polnischen die russische Sprache in den Kirchen und im Religionsunterricht einzuführen, stieß auf langanhaltenden, aber nicht immer erfolgreichen Widerstand. Das Niveau der durch den Staat kontrollierten großen Priesterseminare war nur durchschnittlich, allein die römisch-katholische Akademie in St. Petersburg durfte, streng überwacht, den höheren Unterricht für alle katholischen Priester des Zarenreiches durchführen. Die Zahl der Geistlichen wurde reduziert. Einige wurden später zu Bischöfen ernannt. Die Auslöschung der unierten, griechisch-katholischen Kirche im Königreich Polen 1875, die ihrer auf dem Wiener Kongreß garantierten Autonomie beraubt wurde, bildete den letzten Schritt der durchgängigen Petersburger Politik der Zerstörung der unierten Kirche des alten, unabhängigen Polen-Litauen. In dieser dramatischen Situation hatte das Konkordat von 1882 nur begrenzte Wirkung. Erst die Revolution von 1905 brachte – wenigstens für einige Jahre – eine spürbare Verbesserung.

Im preußischen Teil war die gesamte polnische Bevölkerung Großpolens, Schlesiens und Pommerns unmittelbar vom Kulturkampf betroffen, da das nationale Ziel, die Germanisierung, unmittelbar mit dem Kampf gegen die katholische Kirche zusammenhing[16]. Der Erzbischof von Gnesen, Graf Mieczysław Ledóchowski (1822–1902), wurde 1874 verhaf-

---

[15] J. Kłoczowski, Histoire religieuse; S. Olszamowska-Skowrońska, La Suppression des diocèses par le gouvernement russe après l'insurrection de 1863 (Antemurale 9), Rom 1965, 41–130; ders., Tentatives d'introduire la langue russe dans les Églises latines de la Pologne orientale (1865–1903), (Antemurale 11), Rom 1967, 47–169; Franz, Kulturkampf (s. Anm. 11); L. Bieńkowski – J. Flaga – Z. Sułowski, Carthographie historique de la Pologne. Bibliographie des cartes concernant les rapports religieux parus dans les années 1851–1968, Leiden 1971; A. Boudou, Le Saint-Siège et la Russie. Leurs relations diplomatiques au XIXᵉ siècle II, Paris 1925; E. Winter, Rußland und das Papsttum, Berlin 1961.

[16] Z. Zieliński, Der Kulturkampf in der Provinz Posen, in: HJ 101 (1981) 447–461; L. Trzeciakowski, The Prussian State and the Catholic Church in Prussian Poland 1871–1914, in: Slavic Review 26 (1967) 618–637; M. Chamot, Polska myśl chrześcijańsko-społeczna w zaborze pruskim w latach 1890–1918 [Die christdemokratische polnische Idee in der preußischen Besatzungszone 1890–1918], Thorn 1991.

tet und des Landes verwiesen. Hunderte von Priestern folgten ihm; an die fünfzig Konvente wurden geschlossen. Obwohl man in Deutschland den Kulturkampf seit 1878 allmählich beendete, setzte Berlin seine Politik der Germanisierung gegenüber den Polen bis in den Ersten Weltkrieg hinein fort. Die polnischen Katholiken hatten oft das Gefühl, von ihren deutschen Glaubensbrüdern, der Zentrumspartei, der Kirche und selbst dem Papsttum im Stich gelassen zu werden. Auf der anderen Seite provozierte die Unterdrückung einen planmäßigen, entschlossenen und klugen Widerstand innerhalb der Bevölkerung, die sich um ihre Priester, ihre Kirchen und ihre sozialen Eliten scharte. Der von Berlin aus betriebene Kulturkampf führte letztlich zur Ausbildung eines eindeutigen polnischen Nationalgefühls innerhalb der gesamten polnischen Gesellschaft, auch der Polen in Oberschlesien, einer Region, die seit dem 14. Jh. nicht mehr zu Polen gehört hatte, aber für die Schwerindustrie und die gesamte Wirtschaft in Deutschland von eminenter Bedeutung war.

Galizien, der österreichische Teil, erhielt 1867 eine weitgehende Autonomie inmitten des Habsburgerreiches. Über einige Jahrzehnte hinweg spielte diese Region eine außerordentlich wichtige Rolle für das Nationalbewußtsein der Polen und die polnische katholische Kirche. Doch hatte die seit 1772/73 beinahe hundertjährige Vorherrschaft des österreichischen konfessionellen Absolutismus über die Kirche in Galizien nach wie vor Gewicht, und die Bevölkerung stand dem Reich und seinem Kaiser stets loyal gegenüber. Außerdem waren die polnischen Konservativen in die Leitung des Staates eingebunden.

Die quantitativen wie qualitativen Schwächen der kirchlichen Strukturen wurden insbesondere in den sich rapide entwickelnden Städten sichtbar. Die beiden Pfarreien der jungen, von der Industrie geprägten Großstadt Lodz zählten beispielsweise 1906 142000 und 92000 Gläubige. In Warschau hatten die größten Pfarreien 82000 und 65000 Gläubige. Die neuen und dynamischen Schichten innerhalb der Gesellschaft, die *intelligentsia* mit ihrem Zentrum in Warschau und die Arbeiter, lösten sich häufig aus dem Bannkreis der Kirche. Die *intelligentsia* war Ende des 19. Jh. vornehmlich szientistisch geprägt und wandte sich gegen Religion und Klerus. Zwei sehr starke Strömungen breiteten sich in der jungen Generation aus: der Sozialismus und ein einseitiger Nationalismus. Die Bewegungen der Bauern und der Arbeiter unterstützten sich oft gegenseitig im Kampf gegen die Allianz aus Konservativen und Bischöfen. Die Amtskirche wirkte (vor allem in Russisch-Polen) paralysiert und fand sich mit den immensen Problemen der im Wandel begriffenen politischen, sozialen und kulturellen Bereiche ab.

2. Die Kraft der Tradition

Trotz dieser schwierigen und bisweilen dramatischen Situation blieb die polnische Gesellschaft weitestgehend christlich geprägt. Die vorgeschriebenen Riten und Praktiken wurden von einer erdrückenden Mehrheit (90 bis 95 Prozent der katholischen Bevölkerung) befolgt. Die den Glauben nicht praktizierende *intelligentsia* machte vielleicht 3 bis 5 Prozent der Gesamtbevölkerung aus. Das Beispiel der Pfarrei Sosnowitz, einer von der Industrie geprägten Stadt in Russisch-Polen, stellt sicher eine Ausnahme dar: Folgt man den Angaben des damaligen Pfarrers, verhielt sich etwa ein Drittel der Pfarrgemeinde neutral, bisweilen sogar feindlich gegenüber Religion und Kirche.

Die Treue zur Kirche war vor allem das Erbe der alten Agrarkultur der Landbevölkerung und des polnischen Adels, der etwa zehn Prozent der Gesamtbevölkerung ausmachte.

Seit dem Ausgang des Mittelalters und nach der katholischen Gegenreformation Ende des 16. Jh. hatte sich der Katholizismus in der polnischen Gesellschaft und ihrem nationalen Brauchtum nachhaltig ausgebreitet. Da die polnisch-litauische *res publica* weder einen konfessionellen Absolutismus kannte noch Druck auf den religiösen Bereich ausübte, konnte die religiöse Kultur der Polen auf lange Sicht erstarken. Deshalb hatten die drei Staaten, die den polnisch-litauischen Staat am Ende des 18. Jh. unter sich aufteilten, auch so große Schwierigkeiten, die absolutistische Karte gegen die Polen auszuspielen, die gerade in religiösen Dingen keinen Respekt vor staatlicher Gewalt gewohnt waren. Die religiös geprägte patriotische Bewegung, die vor allem während der Romantik sehr stark war, drang machtvoll auf die Verbindung von Religion und Freiheit und berief sich dabei unter anderem auf das alte christliche Recht zum Kampf gegen die Tyrannei.

Die zunehmende Unterdrückung durch den konfessionellen russisch-orthodoxen respektive preußisch-protestantischen Absolutismus im Verlauf des 19. Jh. erleichterte den Polen die Identifizierung mit dem Katholizismus – vor allem der Landbevölkerung, die bis zum Beginn des 19. Jh. kaum ein Nationalgefühl entwickelt hatte. Allenthalben verzeichnet man das Wachsen dieser genuin polnisch-christlichen Identität am Ende des 19. und zu Beginn des 20. Jh. Das Aufeinanderprallen der Polen mit anderen Sprachen, Kulturen und Religionen in den aufstrebenden Städten erleichterte die eigene nationale und religiöse Identifizierung zusätzlich. Hinzu kommt der soziale Faktor: Gerade in Preußisch-Polen verfügten die protestantischen Deutschen über das Kapital und damit über die wirtschaftlich beherrschende Position. Im russischen Teil Polens waren die Juden sehr zahlreich. Sie bewahrten sich nicht nur ihre Religion, sondern auch ihre Sprache und Bräuche: ihre gesamte eigene Kultur. Es gab keine Ghettos, doch es blieb Gewohnheit, in jüdischen, von ihren Rabbis dominierten Gemeinschaften in eigenen Vierteln zu wohnen. Die Einwohner der Städte unterschied man regelmäßig nach Christen und Juden, die, wie in Warschau oder Lodz, oft ein Viertel der Bevölkerung ausmachten [17].

In den Augen der Polen versinnbildlichte die katholische Kirche mit ihrer Sprache, ihren Bräuchen, ihren Gesängen, ihren Bauwerken etc. ihre eigene, ruhmreiche polnische Geschichte. Die Kirche war die einzige Institution, die sich wirklich über das ganze Land der alten *res publica* erstreckte. Die Pilgerfahrten nach Tschenstochau (um 1900 waren es jährlich beinahe 1000 Gruppen mit 300000 bis 400000 Pilgern), seit dem 14. und 15. Jh. religiöses wie nationales Heiligtum, spielten eine wichtige Rolle. Der polnische Klerus konnte sich sein Ansehen und seine Verbindung zum Volk in den Pfarreien auch unter bisweilen schwierigen Umständen erhalten. Oberschlesien ist hierfür ein besonders interessantes Beispiel: Dort konnte der generell gut auf seine Aufgaben vorbereitete polnische Klerus erfolgreich eine lebhafte religiöse Kultur innerhalb der immer mehr zu einem polnischen Nationalbewußtsein findenden Arbeiterschaft aufrechterhalten. Der Klerus entstammte traditionell dem Adel oder dem Kleinbürgertum, seit Ende des 19. Jh. dann eher bäuerlichen Schichten. Auch immer mehr Bischöfe kamen aus dem bäuerlichen Lager. Die zahlenmäßig größte bäuerliche Schicht löste nach der endgültigen Befreiung aus der Leibeigenschaft gegen Ende des 19. Jh. (auf russischem Gebiet war sie zwischen 1863 und 1864 beendet worden) allmählich die alten herrschenden Schichten in der polnischen Kirche ab.

---

[17] Zu den zunehmenden Spannungen zwischen Juden und „christlichen Polen" vgl. TOLLET, Histoire des juifs (s. Anm. 7) 228 f; CH. ABRAMSKY (Hrsg.) – M. JACHIMCZYK – A. POLONSKY, The Jews in Poland, Oxford 1986; S. KIENIEWICZ, Polish society and the Jewish problem in the nineteenth Century, 70–77.

Das Potential dieser volkstümlichen Religion trat überall dort zutage, wo polnische Emigranten in großer Zahl ankamen. Gerade in den amerikanischen Städten wollten sie ursprünglich ihre eigenen Pfarreien mit eigenen Priestern errichten. Chicago war zu Beginn des 20. Jh. mit seinen Dutzenden von polnischen Pfarreien vom kirchlichen Standpunkt aus besser versorgt als die alten polnischen Städte! Als Reaktion auf die zunehmende Tendenz zu einer Amerikanisierung entstand in den Vereinigten Staaten die *Polish National Catholic Church of America* mit Bischof Franciszek Hodur (1866–1953) an der Spitze. In Polen konnte sich diese Minderheitenkirche erst 1919 etablieren[18].

Tradition und gleichzeitige Identifikation der polnischen katholischen Kirche mit Kultur und nationaler Sache waren Stärke und Schwäche zugleich, da sie die einzige Klammer zwischen Priestern und Gläubigen bildeten. Das Problem wurde auch als solches erkannt. Universal gebildet und tief religiös, beschrieb M. Zdziechowski diese Schwierigkeit 1906 folgendermaßen: „Selbst wenn das ganze Volk und alle Arbeiter mit der Kirche sind, so kann sie nichts gegen die Intellektuellen unternehmen. Und die Intellektuellen werden nicht der Kirche folgen, wenn sie, entgegen ihrem wirklichen Geist, klerikal ist […]."

3. Die religiösen Eliten

Die katholische polnische Gesellschaft umfaßte auch aktiv tätige Personen, Gruppen und Bewegungen, die sich der religiösen Erfordernisse bewußt waren – eine echte religiöse Elite, die sich erheblich vom Rest der Gesellschaft unterschied. Die Welt der Ordensleute, die fast vollständig vernichtet war, begann wieder zu erstehen. In Galizien siechten einige Konvente dahin. Ihre Reform war nicht einfach, trotz der wiedergewonnenen politischen Freiheit. Den Anfang machten die *Jesuiten*. Ihr Monatsblatt *Przeglad Powszechny (Die universelle Revue)* wurde seit 1884 schnell und für mehrere Jahrzehnte das erste Organ der polnischen Katholiken. Die neuen Kongregationen, *Salesianer*, *Pallottiner* und andere, nutzten die Situation in Galizien und gründeten ihre ersten Konvente in Polen. In Rom entstand seit Mitte des 19. Jh. eine kleine polnische *Resurrektionisten*-Kongregation, die unter anderem das 1866 gegründete *Pontificium Collegium Polonorum* leitete. Zwischen 1866 und 1918 durchliefen etwa 210 Priester aus ganz Polen dieses Kolleg, sechzig davon wurden später Bischöfe. Viele polnische Frauenkongregationen, die sich vor allem der Erziehung oder der Wohlfahrt widmeten, etablierten sich gerade in Galizien.

Nach dem verhängnisvollen Ausgang der Erhebung von 1863/64 wurde die (partielle oder vollständige) Verborgenheit in der katholischen Erziehung, in den Familien, den Schulen und in der Verbreitung im Ausland gedruckter Bücher etc. zur Regel. Unter diesen Bedingungen wuchs eine regelrechte Untergrundbewegung der in ungefähr 25 eigenen Kongregationen organisierten *Dritten Orden der Franziskaner* unter der Leitung des Kapuziners Honorat Kózmiński heran. Von dem kleinen Provinzialkonvent aus, in dem er lebte, hielt er mit seinen Mitarbeitern über den Beichtstuhl Verbindung und lenkte die Tätigkeit der Brüder und Schwestern hin zu den bedürftigen Menschen, den Arbeitern, den Dienstmädchen, den Bauern etc. Mehrere tausend (vielleicht 100000?) Mitglieder, in der

---

[18] J. PAROT, Polish Catholics in Chicago 1850–1920, in: De Kalb, Illinois 1981; H. KUBIAK, Polski Narodowy Kościoł Katolicki w Stanach Zjednoczonych Ameryki w latach 1897–1965 [Die nationale katholische polnische Kirche in den Vereinigten Staaten zwischen 1897 und 1965], Breslau 1970; S. WŁODARSKI, The Origin and Growth of the Polish National Catholic Church, Scranton/Pa. 1974.

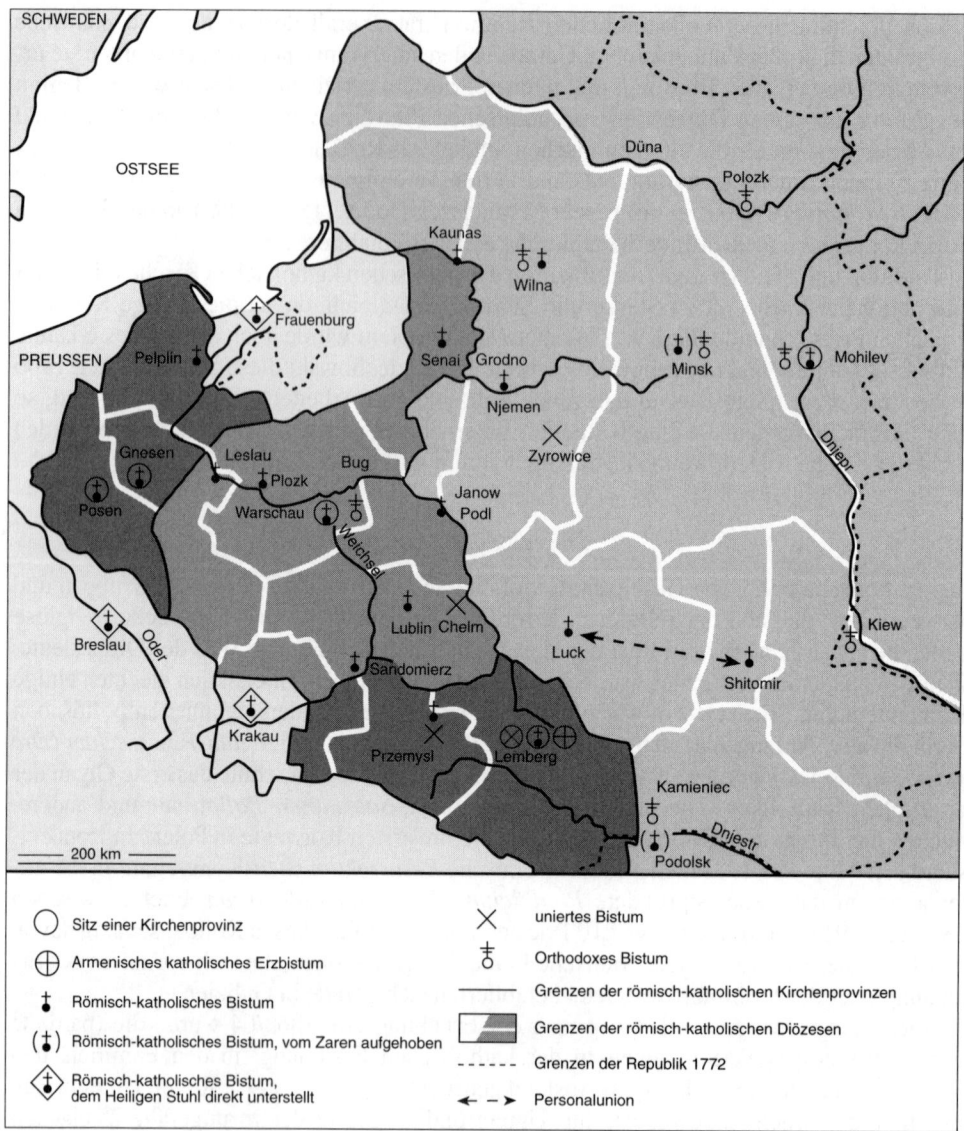

Die Bistümer auf polnischem Gebiet 1825 (nach J. Kłoczowski, *Histoire religieuse de la Pologne*, Paris 1987).

Mehrzahl Frauen, hatten sich, verstreut über das ganze Land, zusammengefunden. Sie entzogen sich mit Erfolg der Überwachung durch die russischen Behörden und entfalteten, oft unter den verschiedensten offiziellen Vorwänden, eine erfolgreiche religiöse und soziale Tätigkeit [19].

---

[19] C. C. BILLOT, Honorat Kózmiński (1829–1916), Paris 1982; M. MAZUREK – M. WÓJCIK, Honoracki zgromadzenia bezhabitowe w latach 1874–1974 w Królestwie Polskim ie Cesarstwie Rosyjskim [Die heimlichen Kongregationen Pater Honorats im Königreich Polen und im russischen Zarenreich], in: Materiały do historii zgromadzeń

Der Pfarrklerus in den preußischen und österreichischen Teilen profitierte von den Erfahrungen der Kirche in Deutschland und Österreich. Das hatte Fortschritte und Verbesserungen in der Jugenderziehung und Katechese zur Folge, die langsam auch den russischen Teil erreichten. Der Klerus im preußischen Teil beteiligte sich an der national und sozial geprägten katholischen Bewegung, die Genossenschaften, regelmäßige Treffen von Bauern, Genossenschaftsbanken, Bibliotheken etc. ins Leben rief. In Galizien und nach 1905 auch im russischen Teil waren diese Bewegungen zwar weniger sichtbar, doch wurden die Erfolge in einzelnen Pfarreien wie in Liskow im Westen des russischen Teils allgemein bekannt. Die christlich-demokratische Bewegung hatte ihren Rückhalt vor allem im preußischen Teil, auch wenn die Schwierigkeiten mit dem deutschen Zentrum viele Polen zwangen, sich außerhalb der beiden Einrichtungen zu organisieren. Die nationalistische Rechte gewann dann offensichtlich überall an Boden.

In Galizien hatten die konservativen Bischöfe Angst vor den unabhängigen Bewegungen, auch wenn sie sich an der christlichen Demokratie orientierten. Dies offenbarte ihr langer, erbitterter Kampf gegen den Abbé Stanisłas Stojałowski (1845–1911), einen der Führer der ersten Bauernpartei. In der Provinz Warschau wollten die Bischöfe nach der Revolution von 1905 die konservativen Katholiken umfassend organisieren, doch war dem Unterfangen kein dauerhafter Erfolg beschieden. Die Angst vor Initiativen und Anregungen von der Basis war so groß, daß die Bischöfe sogar die große soziale Bewegung von Pater Kózmiński zerstörten, indem sie ihn von den die Bewegung unterstützenden Laien und damit von der Basis der Bewegung trennten. Die Furcht der Kirchenautoritäten gründete sich vor allem auf den großen Erfolg der Reformbewegung der *Mariaviten* 1905, einer Elite von jungen Priestern und Schwestern aus dem Umkreis Kózmińskis. Als sie von den Bischöfen und Rom 1910 als eine von der Amtskirche abtrünnige Sekte verurteilt wurden, hatte die Bewegung zwischen 100000 und 150000 Mitglieder. Im weiteren Verlauf nahm ihre Mitgliederzahl überall wieder ab, da man innerhalb der *Mariaviten* die russische Unterstützung suchte [20].

Im geistigen Leben Polens spielten die beiden polnischen Universitäten in Krakau und Lemberg im autonomen Galizien sowie die *Akademie der Wissenschaften* in Krakau eine führende Rolle. Beide Universitäten verfügten über theologische Fakultäten. Dennoch waren viele junge Polen gezwungen, ihre Studien im Ausland zu betreiben, in Rußland etwa oder in Deutschland. Tatsächlich war die theologische Akademie in St. Petersburg die einzige Ausbildungsstätte für katholische Priester im ganzen russischen Zarenreich. Nur wenigen gelang es, heimlich nach Rom, nach Löwen oder sogar nach Fribourg in der Schweiz zu gehen. Diese junge Generation entdeckte zu Beginn des 20. Jh. in verstärktem Maße wieder die Idee der polnischen Unabhängigkeit, und diese Idee überstrahlte trotz zuweilen unterschiedlicher politischer Ansichten alle anderen Hauptinteressen. Eine Strömung der moralischen Renaissance als unabdingbare Voraussetzung für die nationale Unabhängigkeit nahm ebenfalls Gestalt an. Zirkel junger christlicher Intellektueller bildeten sich in den meisten größeren Städten: Dies war der Beginn der Bewegung der katholischen *intelligentsia*, die im Verlauf des 20. Jh. sehr bedeutend werden sollte. Der große Erfolg der

zakonnych na Ziemiach Polskich w XIX i początku XX wieku, Lublin 1976 [mit Statistiken und detaillierten Karten].

[20] E. APPOLIS, Une Église des derniers temps: l'Église mariavite, in: Archives de sociologie des religions 10 (1965) 51–67.

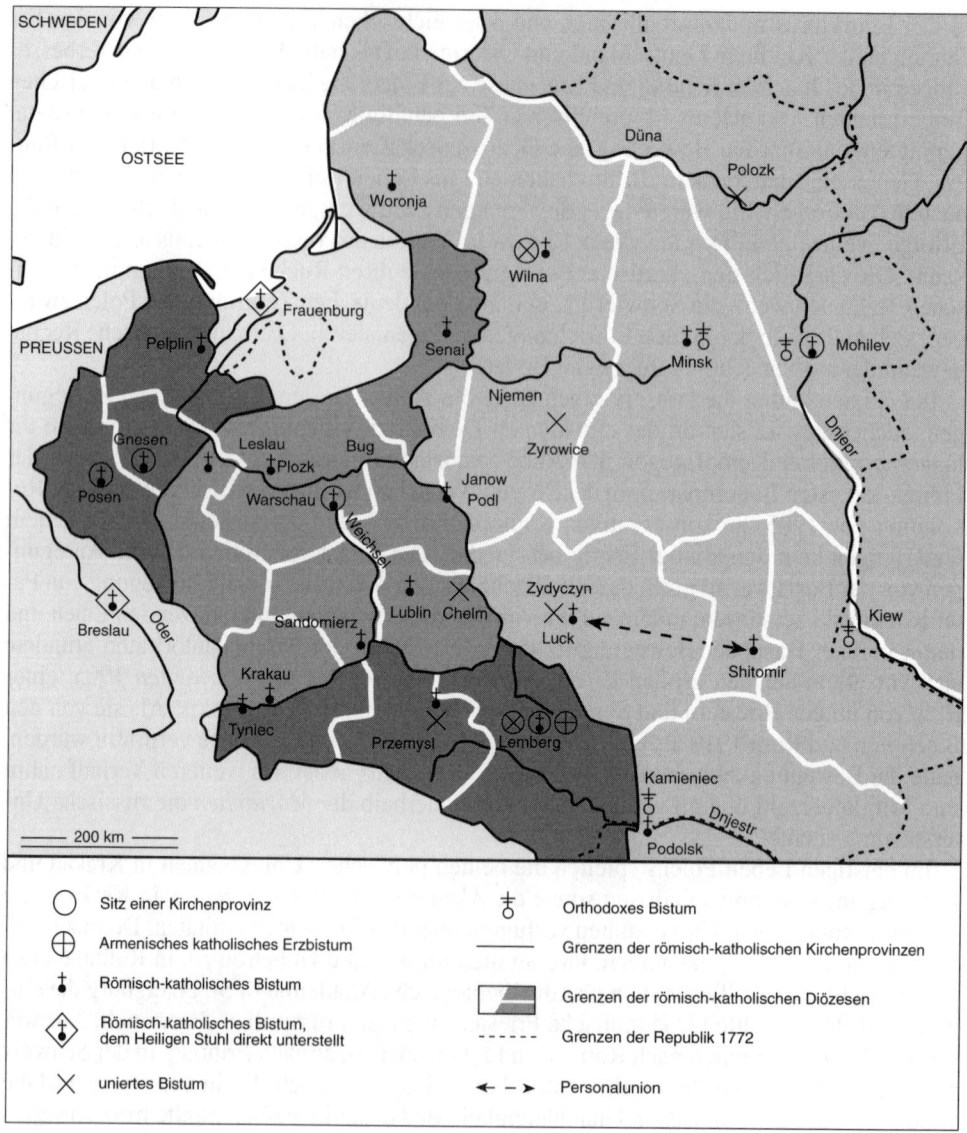

Die Bistümer auf polnischem Gebiet 1914 (nach J. Kłoczowski, *Histoire religieuse de la Pologne*, Paris 1987).

polnischen Pfadfinder vor 1914, einer religiösen, aber nicht konfessionsgebundenen Bewegung „im Dienste Gottes und der Heimat", war kennzeichnend für die neue Generation. Diese Losung blieb auch für die nachfolgenden Generationen junger Polen im 20. Jh. überaus interessant. Auch der Modernismus ging nicht spurlos an den intellektuellen Eliten innerhalb der polnischen Katholiken vorbei. Doch blieb die Hauptsorge jenseits aller theoretischen Debatten die konkrete Frage nach der Haltung gegenüber der Amtskirche.

II. Weißrußland, Litauen und die Ukraine

1. Die historischen Rahmenbedingungen

Im russischen Reich nahmen die westlichen Provinzen, die vor 1795 zu Polen-Litauen gehört hatten, eine ganz eigene Stellung ein, die sich von der der alten zaristischen Gebiete bisweilen grundlegend unterschied[21]. Im weiten historischen Rückblick stellt man die Kontinuität von Institutionen, Strukturen und seit Jahrhunderten etablierter Kulturen fest. Ein gewisser wirtschaftlicher Stillstand erleichterte bisweilen die Aufrechterhaltung örtlicher Traditionen zusätzlich. Die Landbevölkerung konnte sich erst um 1861 aus der Leibeigenschaft befreien und blieb im großen und ganzen bis zum Ende des 19. Jh. ohne Schulbildung. Man sprach lokale ruthenisch-ukrainische und weißrussische Dialekte. Die alte Oberschicht sprach seit dem 16. Jh. polnisch; die polnischen Minderheiten konnten sich in wirtschaftlicher, sozialer und kultureller Hinsicht bis zu Beginn des 20. Jh. eine sehr bedeutende Position in der ganzen Region erhalten. Sie teilten diese besondere Stellung mit den politisch dominierenden Russen und den Juden. Letztere wohnten vor allem in den Städten und hatten – bemerkenswerterweise – das Recht, prinzipiell nur in den westlichen Provinzen des Reiches zu wohnen.

Die Erinnerung an das alte Polen-Litauen lebte weiter fort und zeigte seine Kraft im antirussischen Aufstand von 1863/64, vor allem in Litauen und Weißrußland. Selbst die Bauern waren in großem Umfang für diesen Kampf mobilisiert worden. Einer der Anführer des Aufstandes und gleichzeitig ein weißrussischer Nationalheros, Konstanty Kalinowski, hatte die einheimischen Bauern neben anderen durch eine Untergrundzeitung (auf weißrussisch) für sich gewonnen und rief, zusammen mit den Polen, zum Krieg gegen das zaristische Regime auf. Er hob dabei auch die religiöse Unterdrückung durch das zaristische Rußland hervor.

Die Ereignisse von 1863/64 beschleunigten und verstärkten jedoch nur die systemati-

---

[21] WANDYCZ, The Lands of Partitioned Poland (s. Anm. 4) bes. 17f. Auf dem Gebiet des alten Großherzogtums Litauen präsentierte sich ein verblüffendes Mosaik unterschiedlicher Nationalitäten. Gegen Ende des 18. Jh. schätzte man 40 Prozent Weißrussen, 26 Prozent Polen, 20 Prozent Litauer, 10 Prozent Juden und 3,6 Prozent Russen. Die konfessionelle Zugehörigkeit: 40 Prozent Unierte, 38 Prozent „lateinische" Katholiken, 6,5 Prozent Orthodoxe, 10 Prozent Juden (vgl. ebd. 17). Die von Rußland annektierte Ukraine hatte eine homogenere Zusammensetzung: Die Ukrainer hatten, weniger in den Städten als auf dem Land, eine Vormachtstellung. Der Adel, auch der Hochadel, blieb polnisch. Die kirchliche Union mit Rom, die einst eine Vormachtstellung behauptet hatte, wurde von der zaristischen Herrschaft sehr rasch zugunsten der orthodoxen Kirche liquidiert.
Vgl. KUBIJOVYĆ, Ukraine; O. SUBTELNY, Ukraine. A History, Toronto 1988; N. P. VAKAR, Bielorussia. The Making of a Nation. A Care Study, Cambridge/Mass. 1956; Encyclopedia Lituanica I–VI.
Zur Einführung zu den Juden: D. BEAUVOIS, Polish-Jewish relations in the territories annexed by the Russian Empire in the first half of the nineteenth Century, in: The Jews in Poland (s. Anm. 17) 78–90; s. auch Anm. 14.
D. BEAUVOIS, Le Noble, le Serf et le Revizor: La Noblesse polonaise entre le tsarisme et les masses ukrainiennes (1831–1863), Paris 1985, 348: „Die Ukraine war das Labor und die Polen die Versuchskaninchen der ersten russischen Erfahrung über die Einverleibung einer beträchtlichen sozialen Gruppe." Instruktiv ist die Betrachtung „der Mittel, derer sich die zaristische Herrschaft bediente, um den sozialen, nationalen und auch religiösen Konflikt zu ihren Gunsten zu lösen."
Zu den Anfängen der Russifizierung der ukrainischen Kirche im 17. und 18. Jh. vgl. I. OHIENKO, in: Metropolitan Ilarion (1882–1972). The Ukrainian Church Outlines of History of the Ukrainian Orthodox Church II, Winnipeg 1986. Zur russischen Politik vgl. N. CHUBTATY, Russian Church Policy in Ukraine, New York 1946; F. SAVČENKO, Suppression of Ukrainian Activities in 1876, Cambridge/Mass. 1980.

sche Russifizierung. Mit Gewalt rückte man das Russische an die Stelle des Polnischen, des Ukrainischen, des Weißrussischen und des Litauischen. Unterdrückung und Repression verschiedenster Art isolierten zunehmend die katholische Kirche, die noch über das ganze Land verbreitet war und von den Behörden als polnische Kirche behandelt wurde. Die orthodoxe Staatskirche wurde ein wichtiges Instrument der offiziellen Russifizierung. Wir rühren hier an ein Problem von entscheidender Tragweite in der Nationalgeschichte der Ukrainer und Weißrussen: Mit allen Mitteln setzte die Regierung in St. Petersburg das russische Modell durch; in allen religiösen Bereichen, auch in der Architektur und der Malerei, wurden lokale Traditionen und Bräuche beseitigt.

Die russischen Behörden kontrollierten die Schulen und Seminare und versuchten, Lehrkörper und Inhalte ihren Vorstellungen anzupassen. Sie stießen jedoch auf Widerstand innerhalb der Gesellschaft, vor allem der tief in ihren Bräuchen und christlich geprägten Folklore verwurzelten Bauern. Die Priester auf dem Land versuchten so weit als möglich, die alten Traditionen gegen die Dekrete der Behörden zu bewahren. Teilweise fanden sich unter Seminaristen sogar Spuren von Verschwörung gegen das aufgezwungene Kirchensystem in den theologischen Schulen. Es sind noch weitere Untersuchungen nötig, um die Strömungen, Kräfte und das Ergebnis dieser dramatischen Spannungen besser beleuchten zu können. Zu Beginn des 20. Jh. nahm, nachdem man zwischen 1905 und 1906 einige Freiheiten erreicht hatte, die Nationalbewegung der Ukrainer und – offensichtlich schwächer – der Weißrussen zu. Vor allem die Priester und ihr Nachwuchs beteiligten sich daran. Die von einer ursprünglich bäuerlichen *intelligentsia* gelenkten Bewegungen brachen mit der Idee des alten Polen-Litauen. Ihre sozialen Forderungen betrafen unter anderem auch den polnischen Großgrundbesitz – fast die Hälfte der hier angesprochenen Gebiete – und führten zu erheblichen Spannungen zwischen den sich auf die Geschichte gründenden polnischen Ansprüchen und den Bemühungen der neuen Bewegungen.

Die Ukrainer lebten im russischen Zarenreich und im Habsburgerreich, in Galizien. Dort spielte die unierte Kirche eine eigene bedeutende Rolle für die nationale Renaissance. Die Situation der viel weniger zahlreichen Weißrussen war schwieriger. 1839 hatten die Russen die unierte Kirche aufgelöst [22]; die orthodoxe Kirche war seitdem, anders als in der Ukraine, ohne Konkurrenz. Die römisch-katholische Kirche wurde zweifelsohne verfolgt und (auch von der großen Mehrheit der Gläubigen) als polnische Kirche behandelt. Sie spielte, wie es scheint, zu der Zeit und auch nach der nationalen Renaissance des weißrussischen Volkes keine bedeutende Rolle mehr. Noch mehr gilt diese Beobachtung für die Ukraine.

2. Litauen und die anderen baltischen Staaten

Die Union zwischen Polen und Litauen hatte im Verlauf der Jahrhunderte zu einer kulturellen Polonisierung des gesamten litauischen Adels geführt. In den Augen der in Litauen ansässigen Eliten, wie etwa dem Poeten und polnischen Propheten Mickiewicz, war Litauen ein Gebiet des großen historischen Polen geworden. Das Volk jedoch hielt, insbesondere in der Diözese von Kaunas und im Norden der Diözese von Sejny (Senai), noch an der Sprache seiner Vorfahren fest [23]. Die Verteidigung dieser Sprache gegenüber der Russifizie-

---

[22] Vgl. VAKAR, Bielorussia (s. Anm. 21) 68.
[23] A. CAPRIOLI – L. VACCARO, Storia religiosa del popoli baltici, Mailand 1987; Encyclopedia Lituanica I–VI; CYWIŃSKI, Il secolo 86f.; A. SENN, The Emergence of modern Lithuania, New York 1959.

rung des 19. Jh. gestaltete sich schwierig, da man beispielsweise während einiger Jahrzehnte vor 1904 litauische Texte nur auf kyrillisch drucken durfte. Der Bischof Motiejus Valančius von Kaunas (Samogitien) nahm zwischen 1850 und 1875 eine bedeutende Rolle ein. Im Verlauf dieser Auseinandersetzungen regte sich innerhalb der ursprünglich ländlichen neuen *intelligentsia* Widerstand gegen die kulturelle polnische Vorherrschaft, der seit Ende des 19. Jh. zunehmend radikaler wurde. Einzelne Gruppen innerhalb der *intelligentsia* wollten sogar mit dem Christentum brechen, um an die große Epoche des heidnischen Litauen anzuschließen. Dennoch konnte der litauische Klerus trotz allem seine starke Stellung innerhalb der Bewegung behaupten. Er beharrte vor allem in der Erziehung und Seelsorge auf der litauischen Sprache, was häufig zu Spannungen mit der polnischen Bevölkerung und den Behörden führte. Nach 1904–1905 zeigte sich im Zuge der Liberalisierung die ganze Breite und Tiefe dieser Bewegung, die die Polen, von diesem Phänomen überrascht, kaum begriffen. Die gegenseitigen Beschimpfungen nahmen zu, eine Verständigung blieb letztlich aus. Klerus und Gläubige beider Seiten waren von einem so unbedingten Nationalismus durchdrungen, daß man keine ernsthaften gemeinsamen Lösungen mehr erreichte.

Bei den beiden anderen bäuerlich geprägten baltischen Völkern, den Letten und Esten, war die Situation ganz anders als bei den auf ihre mittelalterliche Vergangenheit so stolzen Litauern[24]. Hier bildete seit dem Mittelalter ein ursprünglich deutscher Adel die herrschende Klasse, die auch das Land besaß. Dieser Adel konnte seine seit dem 18. Jh. im gesamten russischen Reich bedeutende Position bis zum 19. Jh. behaupten. In den Städten dominierten die Deutschen; ansonsten war die Bevölkerung über das ganze Land sehr bunt zusammengesetzt: In der größten Stadt, Riga, zählte man 1881 unter 170000 Einwohnern 67000 Deutsche, 50000 Letten, 32000 Russen und 3000 Polen. Es gab 105000 Protestanten, 24000 Orthodoxe, 20000 Juden, 10500 Altgläubige und 10000 Katholiken. Ein Teil des späteren Lettland hatte im 16. und 17. Jh. zu Polen-Litauen gehört; eine katholische lettische Bevölkerung blieb, zusammen mit einer bedeutenden polnischen Minderheit, bis heute im Land.

Die kulturelle Vorherrschaft der Deutschen zeigte sich vor allem in der lutherischen Kirche, auch wenn die Pastoren sich bisweilen bemühten, in den Pfarreien die Volkssprache zu benutzen (die Bibelübersetzungen stammen beispielsweise aus dem 17. und 18. Jh.). In der zweiten Hälfte des 19. Jh. nahm die Russifizierung an Brutalität zu. Am Ende des Jahrhunderts hatte das Russische das Deutsche ersetzt – etwa an der Universität Dorpat, die von großer Bedeutung für die ganze Region war. Das nationale Bewußtsein der Letten und Esten konnte sich insofern nur unter sehr schwierigen Verhältnissen entfalten.

3. Die Ukrainer in Galizien

Zu Beginn des 20. Jh. zählte Österreich-Ungarn vier Millionen griechisch-katholischer Ruthenen, von denen 3,5 Millionen im von den Polen regierten Galizien lebten[25]. Zu Zei-

---

[24] R. Wittram, Baltische Kirchengeschichte, Göttingen 1956; E. Uustalu, The History of the Estonian People, London 1952; A. Vööbus, Studies in the History of the Estonian People, Stockholm 1969ff. [mehrere Bände]; R. Aubert, Estonie, in: DHGE XV (1963) 1067–1080; Latvia Country and People, Stockholm 1967; A. Spekke, History of Latvia, Stockholm 1951.

[25] Kubijovyc, Ukraine; P. R. Magocsi, Galicia: A Historical Survey and Bibliographic Guide, Toronto 1983;

ten des polnisch-litauischen Staates war 1595 die Union zwischen den Bischöfen der östlichen Kirche und Rom in Brest unterzeichnet worden. Der Katholizismus weitete sich vor allem im 18. Jh. auf die gesamte ruthenische Bevölkerung aus. Nach den Teilungen Polen-Litauens lösten die Russen in ihrem Reich die Union systematisch auf. Die Kirche in Galizien (das Erzbistum Lemberg und zwei weitere Bistümer zu Beginn des 20. Jh.) waren mithin das letzte Relikt von Brest. Im 19. Jh. zunehmend gestärkt, umfaßte sie vor 1914 1858 Pfarreien, 2800 Kirchen jeglicher Art und annähernd 2500 Priester. Im Leben der Bevölkerung spielte auch diese Kirche eine maßgebliche Rolle.

Die Verbindung der Ruthenen (eine seit den Tagen Polen-Litauens gebräuchliche Bezeichnung) in Galizien zu den Millionen von Landsleuten in Rußland, die während des 19. Jh. orthodox geworden waren, war problembeladen. Es bestand die Tendenz der Annäherung zur Orthodoxie unter Verdrängung lateinischer Einflüsse, was St. Petersburg mit Wohlwollen betrachtete, von Wien und dem Vatikan jedoch mit Besorgnis registriert wurde. Eine andere Strömung stand treu zur Union und unterstrich die Eigenständigkeit des nunmehr Ukraine genannten Landes zwischen Orient und Okzident ebenso wie seine eigene Kirchentradition. Diese Auffassung setzte sich Ende des 19. Jh. bei den neuen Eliten eindeutig durch. Mychajlo Hruševs'kyj, ein großer Historiker, stellte 1892 an der Universität von Lemberg die Vision einer ukrainischen Geschichte vor, die im folgenden die gesamte Entwicklung des ukrainischen Nationalbewußtseins beeinflußte.

Die nachfolgenden Erzbischöfe von Lemberg, Sylvestr Sembratovyč (1882–1898) und insbesondere Andrej Szeptyckyj (1900–1944) führten eine umfassende Reform ihrer Kirche durch und fügten sie noch besser in das nationale Umfeld ein. Mit der Zeit wurde Szeptyckyj der geistige Vater seiner Nation und genoß großes Ansehen. Seit 1882 nahmen sich die *Jesuiten* der Reform der Mönche der *Basilianer* an. Die Provinzialsynode von Lemberg 1891 gab den Anstoß zu tiefgreifenden Umwälzungen. Szeptyckyj, der aus einer alten polnisch-ruthenischen Adelsfamilie stammte, entdeckte seine Wurzeln wieder und identifizierte sich mit der Idee einer unabhängigen Ukraine. Gottesfürchtig und mit dem Vertrauen der folgenden Päpste lenkte er die ukrainische Kirche mit außerordentlicher Energie. Er organisierte eine bedeutende ukrainische Auswanderung des griechisch-katholischen Klerus nach Amerika und arbeitete an der Etablierung der Kirche im Zarenreich. Die laizistische ukrainische *intelligentsia*, Liberale und einige Extremisten, kritisierten häufig, vor allem im 19. Jh., den Konformismus der Amtskirche gegenüber der Regierung. Doch die große soziale Bewegung der ukrainischen Gesellschaft gründete sich vor allem auf die Kirche. Die Bilanz für 1914 ist imposant: 3000 Grundschulen, 27 Gymnasien, fast 3000 Kulturzentren und 500 landwirtschaftliche Genossenschaften.

Der Versuch eines Zusammenschlusses der griechisch-katholischen Kirche in Galizien und in Ungarn – etwa 500000 Gläubige – hatte keinen Erfolg. Die ungarische Politik verhinderte entschieden jede Annäherung.

A. Korczok, Die griechisch-katholische Kirche in Galizien, Leipzig 1921; St. Smolka, Les Ruthènes et les Problèmes religieux du monde russien, Bern 1939, 382–407; P. R. Magocsi (Hrsg.), Morality and Reality. The Life and Times of Andrej Szeptyckyj, Edmonton 1989; G. Prokoptschuk, Metropolit Andreas Graf Scheptyckyj. Leben und Wirken des großen Förderers der Kirchenunion, München 1967; E. Winter, Byzanz und Rom im Kampf um die Ukraine 955–1935, Leipzig 1942; P. R. Magocsi, Shaping of a National Identity: Subcarpathicon Rus 1848–1984, Cambridge/Mass.; J. P. Hlimka, The Greek Catholic Church and Ukrainian Society in Austrian Galicia, Cambridge/Mass. 1985.

III. Ungarn, die Vielvölkermonarchie

1. Die Ungarn

Mit dem Kompromiß von 1867 erhielt Ungarn zum ersten Mal seit 1526 einen umfangreichen Autonomiestatus[26]. Dies war im 19. Jh. in Mittel- und Osteuropa das erste Mal, daß eine Nation ihre Unabhängigkeit erhielt, auch wenn Außenpolitik und Armee noch in den Händen Wiens blieben. Sicherlich spielte der Kaiser und König in verschiedenen Bereichen, auch bei den Kirchen, weiterhin eine wichtige Rolle. Doch hatten die ungarischen Kirchen einen unvergleichlich hohen Grad an Freiheit erhalten.

Das freie Ungarn, nach wie vor von seiner Oberschicht regiert – nur sechs Prozent der Bevölkerung wählten im Jahr 1874 – lehnte die Idee eines Bundesstaates ab und schlug allmählich, aber immer nachdrücklicher, eine Politik der Magyarisierung ein. Allein die Kroaten konnten sich eine gewisse Autonomie erhalten, während die Rumänen (fast 2,5 Millionen), die Slowaken (1,8 Millionen), die Serben (etwa 900 000) und die Ruthenen (um die 400 000) sich wachsendem Druck auf ihr Volkstum ausgesetzt sahen. Von 13,2 Millionen Einwohnern waren um 1870 nur 6,1 Millionen Ungarn, was den Ernst der Situation gut veranschaulicht. Doch war der Begriff des historischen Ungarn, der alten Krone des Hl. Stefan, unter den herrschenden Klassen Ungarns noch so ausgeprägt – die Milleniumsfeier von 896 im Jahre 1896 erinnerte mit großem Aufwand an diese Geschichte –, daß sie an der Rechtmäßigkeit ihrer Politik nicht zweifelten. Darüberhinaus befürchteten die Ungarn, daß ihr Reich eine Föderation einzelner Völker würde, weshalb sie ausschließlich für die Allianz zwischen Österreich und Ungarn eintraten und alle anderen Formulierungen ausschlossen.

Die katholische Kirche umfaßte um 1910 52 Prozent der ungarischen Gesamtbevölkerung. Mit 65 Prozent dominierten hierbei die Ungarn, gefolgt von den Slowaken mit 15,5 Prozent und den Deutschen mit 14 Prozent. Die alte ungarische Tradition und der Josephinismus des 18. Jh. hatten eine Staatskirche ausgeformt, die reich begütert an Land, Pfründen und staatlichen Dotationen war.

Die anderen Kirchen waren im Rahmen der Gesetze autonom. Die alte reformierte Kirche war fast ausschließlich ungarisch geprägt (2,56 Millionen Gläubige, von denen um 1910 98,4 Prozent Ungarn waren), während sich die lutherischen Kirchen sehr heterogen zusammensetzten: Von 1,3 Millionen Gläubigen um 1910 waren 32 Prozent Ungarn, 31,5 Prozent Deutsche und 34,5 Prozent Slowaken. Die Sachsen in Transsilvanien besaßen seit langem eine eigene lutherische Kirche: Um 1900 gab es dort 260 Gemeinschaften mit 226 000 Anhängern. Von den beiden großen östlichen Kirchen besaß die orthodoxe Kirche 2,3 Millionen Anhänger, die griechisch-katholische 1,8 Millionen. Unter den letzteren wa-

---

[26] KANN – ZDENĚK, The Peoples of the Eastern Habsburg Lands; P. SUGAR (Hrsg.), A History of Hungary, Bloomington – Indianapolis 1990; M. CSÁKY, Die Römisch-katholische Kirche in Ungarn, in: WANDRUSZKA – URBANITSCH, Die Habsburgermonarchie IV, 248–331; GOTTAS, Protestantismus (s. Anm. 11); G. ADRIÁNYI, Die Stellung der ungarischen Kirche zum österreichischen Konkordat von 1855, Rom 1961; DERS., Ungarn und das I. Vaticanum (BoBKG 5), Köln – Wien 1975; DERS., Fünfzig Jahre ungarischer Kirchengeschichte 1895–1945 (Studia Hungarica 6), Mainz 1974; E. HERMANN, A katolikus egyház története Magyarországon 1914–ig [Geschichte der katholischen Kirche in Ungarn bis 1914], München 1973; G. SALACZ, Egyház és állam Magyarországon a Dualizmus, korában 1868–1918 [Staat und Kirche in Ungarn in der Epoche des Dualismus], München 1974.

ren nur 304 000 Ungarn (15 Prozent der Gesamtbevölkerung, bezogen auf 1880 sogar nur 9 Prozent); 1912 errichteten sie ihre eigenen Bistümer und führten auch die ungarische Sprache ein.

Die ungarischen Kirchen verfügten über ein umfangreiches Reservoir an Grund- und Mittelschulen, die mit staatlicher Unterstützung seit 1867 entwickelt wurden[27]. Um 1894/ 95 befand sich die überwiegende Mehrheit der 16 838 Grundschulen in kirchlicher Hand, davon 5479 katholische, 2310 reformierte, 2112 griechisch-römische, 1791 orthodoxe und 1397 lutherische. Auch im Bereich der Mittelschulen kam es zu beträchtlichen Anstrengungen: Hier war nur etwa ein Viertel der Schulen staatlich; von 191 Mittelschulen waren Ende des 19. Jh. 45 katholisch, 30 halb-katholisch, 27 reformiert, 25 lutherisch und nur 4 orthodox. Gerade im für die ungarische Gesellschaft so wichtigen Schulbereich trieb man die Magyarisierung gleichfalls voran. Die Schulen, vor allem die Mittelschulen der nationalen Minderheiten, wurden zu Beginn des 20. Jh. beseitigt. Die Regierung verpflichtete die Schulen sogar, den Religionsunterricht in den Grundschulen in ungarischer Sprache zu halten.

Gegen Ende des 19. Jh. tauchten in Ungarn verschiedene katholische Bewegungen auf: 1904 zählte man bereits 1444 kulturelle, soziale, wirtschaftliche und andere katholische Vereinigungen. Die katholische Volkspartei, dem konservativen Lager nahestehend, fand Unterstützung bei den Bauern, auch in der Slowakei; die Christdemokraten veranstalteten unter Berufung auf die Enzyklika *Rerum novarum* 1905 ihren ersten landesweiten Kongreß. Doch beiden Parteien fehlte der große Wahlerfolg. Die intellektuell und politisch beherrschende Persönlichkeit der ungarischen katholischen Bewegung war Ottokár Proházka (1858–1927), Bischof von Székesfehérvár (Stuhlweißenburg) seit 1905.

2. Die Kroaten

Ungefähr drei Millionen Kroaten im Süden Ungarns und Österreichs lebten in fünf Regionen mit unterschiedlichem Status[28]. Kroatien mit Zagreb (62 Prozent aller Kroaten) besaß innerhalb Ungarns eine umfangreiche Autonomie. Die anderen Kroaten lebten in Dalmatien und am Rand der Adria in Istrien (24 Prozent), in Bosnien-Herzegowina (10 Prozent), das seit 1878 zum Habsburgerreich gehörte, und in der Woiwodina (4 Prozent). Die problematische Rechtslage der Kroaten in jeder Region ging unmittelbar mit der immer drängenderen nationalen Einheitsfrage einher. Ein weiteres Problem war die Stellung Kroatiens im Habsburgerreich – etwa in Form eines autonomen Staates wie Österreich oder Ungarn oder sogar einer Union mit den Serben im Rahmen eines eigenen südslawischen Staates (im späteren Jugoslawien verwirklicht). Außer mit Österreich und Ungarn hatten die Kroaten auch mit den Slowenen und den Italienern an der lange Zeit von Venedig beherrschten Adriaküste Streitigkeiten.

Die 1852 endgültig erfolgte Errichtung der Kirchenprovinz Zagreb – vier Diözesen mit

---

[27] Csáky, Ungarn (s. Anm. 11) 276 f.
[28] Kann – Zdeněk, The Peoples of the Eastern Habsburg Lands; I. Vitezić, Die Römisch-Katholische Kirche bei den Kroaten, in: Wandruszka – Urbanitsch, Die Habsburgermonarchie IV, 332–398; Cywiński, Il secolo 220 f.; L. Voïnovitch, La Dalmatie, l'Italie et l'unité Yougoslave (1797–1917), Genf 1917; G. Kokša, S. Girolamo degli Schiavoni, Rom 1971; R. Schutz, J. G. Strossmayer, in: DThC XIV (1941) 2630–2635; S. Gazi, A History of Croatia, New York 1973; F. Šanjek, Kršćanstvo na Hrvatskom prostoru [Christentum in Kroatien], Zagreb 1991.

annähernd zwei Millionen Gläubigen zu Beginn des 20. Jh. – bedeutete ein herausragendes Ereignis in der kroatischen National- und Religionsgeschichte. Sie war in gewisser Weise der Preis, den der Kaiser den Kroaten zahlen mußte, da sie im Kampf gegen die Ungarn 1848/49 loyal zu ihm gestanden hatten. Die 1881 vom Papst bestätigte Provinz Bosnien-Herzegowina umfaßte nahezu 340 000 Gläubige.

Im religiösen und nationalen Leben spielten einige Bischöfe eine wichtige Rolle. Hier ist vor allem Josip Juraj Strossmayer (1815–1905) zu nennen, der Bischof von Djakovo (1850–1905) in der Kirchenprovinz Zagreb. Als entschiedener Anhänger einer südslawischen Union erwog er auch ein Zusammengehen mit den Orthodoxen. Aus diesem Grunde wandte er sich energisch gegen das auf dem Ersten Vatikanischen Konzil beschlossene Unfehlbarkeitsdogma. Strossmayer wurde später einer der Berater Papst Leos XIII., der eine gewisse Sensibilität für die slawischen Probleme entwickelt hatte. In der Enzyklika *Grande Munus* vom 30. September 1880 befürwortete Leo XIII. die Verehrung der Hl. Kyrill und Method, was in vielen slawischen Staaten auf ein positives Echo stieß. Unter dem Patronat dieser beiden Heiligen wollte Strossmayer eine eigene slawische Liturgie zur Annäherung an die östliche Kirche einführen. Tatsächlich besaßen die Kroaten eine im 19. Jh. teilweise noch lebendige alte Tradition einer katholisch-slawischen Liturgie. Das Projekt scheiterte jedoch aus politischen Gründen am Widerstand Österreich-Ungarns. Immerhin trugen die Gönnerschaft und Initiative des Bischofs entschieden zur Gründung der mit einer theologischen Fakultät ausgestatteten Universität von Zagreb (1874) und der dortigen *Akademie der Wissenschaften* (1866) bei.

Die beiden anderen großen Persönlichkeiten waren Josip Stadler (1843–1918), Erzbischof von Sarajevo (1881–1918), ein glühender kroatischer Patriot slowenischer Abstammung, und Antun Mahnić (1850–1920), Bischof von Veglia (1896–1920), Organisator und Förderer zahlreicher katholischer Bewegungen.

Die Kirche war in der kroatischen Gesellschaft seit Jahrhunderten tief verwurzelt, und selbst der Liberalismus – eine gegen Ende des 19. Jh. recht verbreitete Strömung – blieb hier eher gemäßigt. Politisch konnte man auf eine lange Tradition im Königreich Kroatien sowie die Autonomie des kroatischen Adels zurückblicken; die politische Meinungsbildung verlief insgesamt getrennt von der Kirche mit zum Teil markanten antiklerikalen Akzenten. Die Situation unterschied sich sehr von derjenigen der Slowaken oder Slowenen. Der kroatische Nationalismus zeigte mehr und mehr seine Kraft. Zu Beginn des 20. Jh. dominierte die kroatische Bauernpartei, katholisch und antiklerikal zugleich. Die sehr zurückhaltende Position des Vatikans gegenüber den kroatischen Wünschen – beispielsweise nach einer slawischen Liturgie – rief seit Ende des 19. Jh. ein eindeutig wahrnehmbares Mißtrauen hervor. Die Affäre um Jan Girolama 1901 und 1902 deckte diese Schwierigkeiten deutlich auf: Leo XIII. hatte durch ein Schreiben vom August 1901 das ehemalige römische Institut in *Collegium Hieronymianum pro croatica gente* umbenannt. Proteste aus Österreich-Ungarn von seiten der von der italienischen Regierung unterstützten Italiener in Dalmatien, aus Montenegro und Serbien führten sehr schnell zur Rückbenennung in *Collegium Hieronymianum Illyricorum*. In den Augen der Kroaten hatte die Schule die großkroatische Einheit versinnbildlicht, was die so energischen Reaktionen all ihrer Gegner, der Slawen in Montenegro und Serbien eingeschlossen, hervorgerufen hatte. Letztere forderten eine Schule *„pro croatica et serbica gente"*. In dieser Affäre wurde die Radikalisierung der Strömungen und Stimmungen gerade in dem Moment sichtbar, in dem der Erste Weltkrieg begann.

3. Die Slowaken

Der Wunsch nach Selbstbestimmung dieses kleinen Bauernvolkes im Norden des historischen Ungarn, in den Karpaten, kündigte sich bereits im 18. Jh. an. Im Verlauf des 19. Jh., vor allem 1848, wurden sich die Eliten ihrer slowakischen Identität bewußt[29]. Die slowakischen Protestanten, mit etwa 20 bis 25 Prozent ein bedeutender Teil der Gesamtbevölkerung, stimmten traditionell für eine möglichst enge Verbindung zu den Tschechen; die Katholiken dagegen beharrten immer auf einer eigenen slowakischen Staatlichkeit. Nach 1867 erfuhren die Slowaken, wie andere Völker auch, innerhalb Ungarns eine Politik der Magyarisierung. Zwar respektierten die Behörden die slowakische Sprache in den Kirchen der slowakischen Bevölkerung, doch war ein sozialer Aufstieg ausschließlich durch ungarische Einrichtungen möglich, beginnend mit den Schulen. Die slowakische *intelligentsia* war sehr klein, die Zahl der Priester, die das Slowakische als ihre Muttersprache angaben, ging zu Beginn des 20. Jh. sogar noch zurück: 380 Geistlichen im Jahre 1900 (8,6 Prozent der katholischen Priester in Ungarn) standen 333 im Jahre 1910 (7,4 Prozent aller Priester) gegenüber, die slowakische Sprache benutzte man in 24,4 Prozent der römisch-katholischen Kirchen des Landes. Diese Zahlen zeigen den Mangel an slowakischen Priestern; trotzdem hatten diese Geistlichen, ob katholisch oder protestantisch, einen bevorzugten Platz unter den Führern der Nationalbewegung.

Als die junge christlich-demokratische Partei Ungarns gegen Ende des 19. Jh. die Verteidigung der Nationalitäten übernahm, fand sie auch bei den Slowaken Unterstützung. Diese bildeten zu Beginn des 20. Jh. eine eigene slowakische Volkspartei unter dem Vorsitz des Priesters Andrej Hlinka (1864–1938). Ihre Partei sollte in der ersten Hälfte des 20. Jh. noch eine wichtige Rolle spielen.

4. Serben und Rumänen

Die Serben hatten im Rahmen Österreich-Ungarns seit Ende des 17. Jh. eine orthodoxe Kirchenorganisation mit einer hochentwickelten Autonomie geschaffen[30]. Diese Kirche wurde für mehrere Generationen eine echte Bastion der Serben im verbissenen Kampf gegen die Türken. Noch 1848 gab es in den Habsburgerstaaten eine Million Serben gegenüber nur 950 000 im eigentlichen Serbien. Ihrem Metropoliten, einer großen religiösen und nationalen Persönlichkeit, wurde 1848 in Wien vom Kaiser die Patriarchenwürde verliehen. Der Metropolit und Patriarch wurde damit Herr über alle Orthodoxen im Reich. Doch bald begann die so frappierende Position dieser Kirchen-Nation aus verschiedenen Gründen zu verfallen. Ungarn wollte nach 1867 keine derart ambitionierte Institution auf seinem Gebiet dulden. Innerhalb der serbischen Gesellschaft bestritt eine laizistische Strö-

---

[29] WANDRUSZKA – URBANITSCH, Die Habsburgermonarchie IV; KANN – ZDENĚK, The Peoples of the Eastern Habsburg Lands; P. BROCK, The Slovak National Awakening. An essay in the intellectual History of East Central Europe, Toronto – Buffalo 1976; L. V. GOGOLÁK, Beiträge zur Geschichte des slowakischen Volkes III, München 1972; F. DURČANSKY, Die Lage der nichtmadjarischen Völker in Ungarn während des Dualismus 1867–1918, in: Slovak Studies 15 (1975) 23–104; J. M. KIRSCHBAUM, Slovakia. A Nation at the Crossroads of Central Europe, New York 1960; DERS. (Hrsg), Slovakia in the Nineteenth and Twentieth Centuries, Toronto 1973.

[30] KANN – ZDENĚK, The Peoples of the Eastern Habsburg Lands; E. TURCZYŃSKI, Orthodoxe und Unierte, in: WANDRUSZKA – URBANITSCH, Die Habsburgermonarchie IV, 399–478; G. CASTELLAN, Histoire des Balkans, Paris 1991; V. POSPISCHIL, Der Patriarch in der Serbisch-orthodoxen Kirche, Wien 1966.

mung immer wirkungsvoller die klerikale Vorherrschaft. Als Serbien 1878 endgültig
unabhängig wurde, übernahm es die Führung im hundertjährigen Kampf dieses Volkes.
Die Rumänen in Transsilvanien – zu Beginn des 20. Jh. 3,1 Millionen Menschen (3,4
Millionen in der gesamten k. u. k. Monarchie) – waren seit mehreren Generationen in zwei
etablierten Kirchen organisiert: der orthodoxen mit 1,8 Millionen und der griechisch-katholischen mit 1,1 Millionen Gläubigen. Auch die Rumänen artikulierten im Verlauf des
19. Jh. ihren Wunsch nach nationaler Identität[31]. 1848 formulierten beide Konfessionen
gemeinsam die nationalen Ansprüche. Da die Rumänen Wien gegen die Ungarn unterstützt hatten, mußte man ihnen bedeutende Zugeständnisse machen. 1853 wurden deshalb
zwei Kirchenprovinzen mit verantwortlichen Metropoliten eingerichtet: die orthodoxe
Provinz in Hermannstadt (Nagyszeben) und die griechisch-katholische in Blasendorf (Ba-
lázsfalva), beide mit mehreren Bistümern ausgestattet. Die Gleichberechtigung der Rumänen mit den drei „historischen Nationen" Transsilvaniens, die das Land lange beherrscht
hatten, wurde zwischen 1863 und 1864 verkündet. Ungarn weigerte sich 1867, auch den
Rumänen einen entsprechenden Autonomiestatus zu gewähren, und so begann eine neue
Etappe der Auseinandersetzungen. Die Anstrengungen der beiden Kirchen im Schul- und
Kulturbereich – die Schulausgaben von Büchern beispielsweise – verdienen besondere
Beachtung: Hier gab es einen bevorzugten Ort für die nationale Renaissance der Rumänen
in dieser Zeit.

IV. Tschechen und Slowenen in Cisleithanien

1. Die Tschechen

Die Polen und Ukrainer in Galizien bildeten den einen Teil Cisleithaniens; beide Völker
haben wir bereits vorgestellt. Die zahlenmäßig stärkste Gruppe nach den Österreichern bildeten die Tschechen. Ihre Forderung nach einem Königreich Böhmen innerhalb des Habsburgerreiches wurden immer lauter. Die Polen hatten sich recht gut mit Wien arrangiert:
Der Adel beherrschte das Land auf Kosten der Ruthenen und der Masse der polnischen Bevölkerung.
Die Bevölkerung in Böhmen und Mähren war fast vollständig katholisch; gegen Ende
des 19. Jh. waren es 96 Prozent – die Zahl der Protestanten betrug dagegen nur 2,2 Prozent. Die wachsenden Schwierigkeiten ergaben sich jedoch aus den Beziehungen zwischen
den Tschechen und den Deutschen[32]. In Böhmen repräsentierten die Tschechen 63 Prozent

---

[31] KANN – ZDENĚK, The Peoples of the Eastern Habsburg Lands; WANDRUSZKA – URBANITSCH, Die Habsburgermonarchie IV; CYWIŃSKI, Il secolo 194 f.; M. PĂCURARIU, La Politique de l'État hongrois à l'égard de l'Église
roumaine de Transylvanie à l'époque de dualisme Austro-Hongrois (1867–1918), Bukarest 1986 [sowie engl. Fas-
sung]; V. CURTICĂPEANU, Die rumänische Kulturbewegung in der österreichisch-ungarischen Monarchie, Bukarest 1966; M. BERNATH, Habsburg und die Anfänge der rumänischen Nationsbildung (Studien zur Geschichte Osteuropas 15), Leiden 1972; K. HITCHINS, Orthodoxy and Nationality. Andreiu Saguna and the Rumanians of
Transylvania 1846–1873, Cambridge/Mass. – London 1977.
[32] Bohemia Sacra (1974); WANDRUSZKA – URBANITSCH, Die Habsburgermonarchie IV; CYWIŃSKI, Il secolo
152 f.; B. SCHMID-EGGER, Klerus und Politik in Böhmen um 1900, München 1974; K. A. HUBER, Kirche in Mäh-
ren-Schlesien im 19. und 20. Jahrhundert. Strukturen, Probleme, Entwicklung, in: AKGB 5 (1978) 9–100; F. MA-
CHILEK, Welehřad und die Cyrill-Method-Idee im 19. und 20. Jahrhundert, in: AKGB 6 (1982) 156–183;

der Bevölkerung, in Mähren sogar 70 Prozent; doch auch die Deutschen fühlten sich als Einheimische, als deutsche Böhmen und als Angehörige des alten böhmischen Königreiches. Mit Unterstützung Wiens hatten die Deutschen lange Zeit den Ton angegeben. Daraus erklärt sich der immer erbitterter, bewußt und methodisch geführte Kampf der Tschechen gegen ihre Vorherrschaft. Nach 1867 war es den Tschechen weder gelungen, sich im Habsburgerreich dieselben Rechte wie die Ungarn zu sichern, noch erreichten sie eine den Polen und Kroaten vergleichbare Stellung. Damit wurde die Lage der Tschechen vor 1914 zu einem der gewichtigsten Probleme in Österreich-Ungarn.

Die Amtskirche war vermögend und einflußreich und verfügte mit den beiden Prinz-Erzbischöfen von Prag und Olmütz und ihren Suffraganbischöfen über eine sehr solide Grundlage innerhalb des politischen Systems. Man legte großen Wert auf die Autorität der Bischöfe gegenüber den Priestern und Gläubigen. Prag blieb ausschließlich Adligen aus dem Umfeld des Kaisers vorbehalten. Nur wenige Bischöfe hatten daher für die tschechischen Wünsche Verständnis – so z. B. Jan Valerian Jirsík, Bischof von Budweis (1798–1883), Eduard Brynych in Königgrätz (Bischof 1893–1902) oder der Erzbischof von Olmütz, Theodor Kohn, der von seinem Amt zurücktreten mußte.

Die Situation der tschechischen Priester war gleichfalls nicht einfach. Ihre Zahl wuchs am Ende des 19. Jh. eindeutig, während die der deutschen Geistlichen abnahm. In den Pfarreien bediente man sich zunehmend der tschechischen Sprache: In den vier böhmischen Diözesen waren um 1900 67 Prozent der Pfarreien tschechisch, 26 Prozent deutsch und 7 Prozent gemischt. Im allgemeinen weigerten sich die deutschen Priester, Tschechisch zu lernen, die tschechischen Geistlichen waren dagegen in der Regel zweisprachig. Auch die soziale Herkunft schien die Kluft zwischen den beiden Lagern zu vertiefen: Der tschechische Klerus entstammte der ländlichen Bevölkerung oder dem Kleinbürgertum, unter den Deutschen stieg der Adel oder das Bürgertum viel schneller in der kirchlichen Hierarchie auf. Gegen Ende des 19. Jh. wuchs die Tendenz zur Trennung der beiden Nationalitäten im kirchlichen Bereich. So wurde beispielsweise die Prager Universität geteilt: Seit 1882 gab es eine deutsche und eine tschechische Universität. Gegen den anhaltenden Widerstand des Erzbischofs teilte man, wenn auch verspätet, 1891 die theologische Fakultät. Der Erzbischof war schließlich gezwungen, sich zwei Weihbischöfe, je einen für die Deutschen und die Tschechen, an die Seite zu stellen. Die Lutheraner der Superintendenz Böhmen entschieden sich 1901 nach anhaltenden Spannungen, zwei Bezirke, einen für die Deutschen und einen für die Tschechen, einzurichten.

Das weitaus größte Problem für die katholischen Tschechen lag nicht nur in der sehr harschen Kritik der Nationalisten und tschechischen Patrioten gegenüber der Haltung der Kirche, sondern vor allem in der nationalen Sicht der Geschichte, die der katholischen Kirche dezidiert feindlich gegenüberstand. Diese Katholikenfeindlichkeit hatte sich bei den Anhängern der meisten nationalen Bewegungen festgesetzt. Im Mittelpunkt ihres Geschichtsverständnisses standen Jan Hus, die Hussitenkriege und die Katastrophe am Weißen Berg. Demgegenüber beharrten die Katholiken auf der Rolle der Priester als der ersten Erneuerer des tschechischen Nationalbewußtseins im 18. Jh. Sie verwiesen außerdem auf die Größe Böhmens in der Epoche der Zusammenarbeit von Staat und Kirche im 14. Jh.

E. SAUER, Die politischen Aspekte der österreichischen Bischofsernennungen 1867–1903, Wien 1968, 180 f.; S. Z. PECH, Political Parties in Eastern Europe, in: East Central Europe 5 (1978) 138; B. MICHEL, La Mémoire de Prague. Conscience nationale et intelligentsia dans l'histoire tchèque et slovaque, Paris 1986.

sowie den Heiligenkult um Kyrill und Method. Diese Verehrung lebte in der ersten Hälfte des 19. Jh. auf und gewann in den letzten Jahrzehnten des Jahrhunderts mit seinem mährischen Zentrum Welehřad stark an Bedeutung. Dort veranstaltete man 1863 mit großem Gepränge die Tausendjahrfeier der heiligen Apostel der Slawen in Mähren im Geiste slawischer Solidarität, die für die ganze Bewegung charakteristisch wurde. Zahlreiche Vereinigungen fanden in dieser Bewegung ihren Platz, so auch seit 1865 die *Union des Hl. Method* in Wien, die die Tschechen in Wien (gegen Ende des Jahrhunderts immerhin ein Drittel der Stadtbevölkerung) religiös und sozial förderte. Seit 1907 organisierte man in Welehřad eine Reihe von Kongressen, die Katholiken und Orthodoxe an einen Tisch brachten. Doch blieb man in Österreich-Ungarn sehr argwöhnisch gegenüber den panslawistischen Tendenzen bei den Tschechen und den anderen Slawen im Habsburgerreich, zumal der Panslawismus russische Interessen unterstützte. Auch die Polen zeigten sich – aufgrund ihrer Erfahrungen mit dem russischen Zarenreich – darüber besorgt.

Intellektuell wurde die Bewegung von Welehřad durch das Problem der Beziehungen zwischen dem Katholizismus einerseits sowie Kultur und Nation andererseits für das Land von eminenter Bedeutung. In Mähren hatte sich das Christentum tiefer als in Böhmen in den breiten Volksschichten einwurzeln können. Dort entstand deshalb – nicht ohne Verbindung zu Welehřad – neben den sozialen und politischen Strömungen vor allem auch eine christlich-demokratische Strömung, an deren Spitze ein junger Geistlicher und Professor stand, Jan Šrámek (1870–1953). Mit einem Wahlergebnis von 19 Prozent bei den demokratischer als je zuvor in Böhmen und Mähren gehandhabten Wahlen konnte sich diese Partei hinter den Sozialdemokraten (mit 33,6 Prozent aller Stimmen bei derselben Wahl) unter den großen Parteien des Landes etablieren.

Auch wenn die Wünsche der Basis seitens der sehr autoritären und jedenfalls vom tschechischen Volk isolierten Amtskirche auf Unverständnis stießen, gab es starke intellektuelle und soziale Kräfte in der tschechischen Kirche. Die vollkommen einheitlichen katholischen Praktiken in den Städten und auf dem Land verdeckten die in Wirklichkeit sehr großen Spannungen. Diese bestanden insbesondere im Hinblick auf nationale Vorstellungen und den Konflikt zwischen Modernität und konservativem System, für das die Verbindung von Thron und Altar grundlegende Bedeutung hatte. Nur aus der Perspektive dieses Konfliktes läßt sich die außerordentliche Bedeutung der neuen Kräfte für die katholische Kirche ermessen.

2. Die Slowenen

Die Geschichte der Slowenen – zu Beginn des 20. Jh. betrug die Zahl 1,3 Millionen – war über Jahrhunderte immer eng mit der Geschichte Österreichs verbunden[33]. Ihre allmähliche nationale Renaissance im Verlauf des 18. und 19. Jh. rührte nicht an ihre Treue und Loyalität zur Habsburger Dynastie. Die Forderungen gingen nicht über einen Autonomiestatus und die administrative Wiedervereinigung der slowenischen Gebiete hinaus. Die bäuerlich geprägten Slowenen waren lange Zeit von den Deutschen, im Südwesten sogar von den Italienern dominiert worden. Die soziale, wirtschaftliche und kulturelle Förderung führte deshalb unweigerlich zu Konflikten. Seit Ende des 19. Jh. waren diese Auseinander-

---

[33] WANDRUSZKA – URBANITSCH, Die Habsburgermonarchie IV.

setzungen, auch im kirchlichen Bereich, mit den Italienern in Städten wie Triest schon alltäglich. Diese Region wurde im Verlauf des 19. Jh. zu dem am weitesten industrialisierten südslawischen Gebiet mit der höchsten Alphabetisierungsrate. Bereits um 1880 gab es zwölf slowenische Gymnasien und 640 Grundschulen mit annähernd 90000 Kindern. Die Situation gestaltete sich also viel besser als beispielsweise die der Slowaken in Ungarn. Das Zentrum dieser nationalen Bewegung war Ljubljana (Laibach).

Die Verbindungen zwischen der katholischen Kirche, dem ursprünglich bäuerlichen slowenischen Adel und dem slowenischen Volk waren ausgezeichnet und suchten in Mittel- und Zentraleuropa ihresgleichen. Gerade in den letzten Jahrzehnten des 19. Jh. führte der Klerus die nationale Bewegung an. Den slowenischen Katholikentagen seit 1892 kam eine eminente Bedeutung zu. Der erste wurde in Ljubljana von Bischof Jakob Missia (1838–1902, Bischof 1884–1897, danach Erzbischof von Görz und zum Kardinal ernannt) organisiert. Zahlreiche Bischöfe unterstützten diese starke nationale Bewegung, die den großen christlich-demokratischen Strömungen nahestand und in besonderem Maße von Leo XIII. protegiert wurde. An der Spitze der Bewegung stand ein Professor des großen Seminars von Ljubljana, Janez Evangelist Krek (1865–1917). Erziehung, die Wirtschaft mit Genossenschaften, Presse und Verlagswesen wurden organisiert. Man erreichte alle Schichten des slowenischen Volkes, auch die Arbeiter. Im Rahmen dieser Bewegung wurde die slowenische Volkspartei auf lange Sicht die bedeutendste Partei im politischen Leben des Landes. Nach der Liberalisierung des österreichischen Wahlsystems erhielt sie in den Wahlen von 1907 64 Prozent aller Stimmen; eine antiliberale und antisozialistische Tendenz ist in ihrer Tätigkeit deutlich zu erkennen.

Bibliographie

Gesamtdarstellungen zu mehreren Ländern

CH. ALIX, Le Saint-Siège et les Nationalismes en Europe 1870–1960, Paris 1962.
J. CHLEBOWCZYK, On Small and Young Nations in Europe. Nation-Forming Processes in Ethnic Borderlands in East Central Europe, Breslau 1980.
B. CYWIŃSKI, Il secolo della difficile prova. Le radici dell'identità. Storia contemporanea della Chiesa nell'Europa centro-orientale, Bologna 1983.
H. JEDIN (Hrsg.), Handbuch der Kirchengeschichte VI, 1; VI, 2, Freiburg 1971–1973.
R. A. KANN – V. DAVID ZDENĚK, The Peoples of the Eastern Habsburg Lands (1526–1918). A History of East Central Europe VII, Seattle – London 1984.
T. SCHIEDER (Hrsg.), Handbuch der Europäischen Geschichte VI–VII, Stuttgart 1968–1979.
A. WANDRUSZKA – P. URBANITSCH (Hrsgg.), Die Habsburgermonarchie 1848–1918 IV: Die Konfessionen, Wien ²1995.

Werke zu bestimmten Ländern

M. BUCSAY, Der Protestantismus in Ungarn 1521–1978 II, Wien 1979.
Encyclopedia Lituanica, hrsg. von S. SUZIEDELIS, 6 Bde., Boston 1970–1978.
J. KŁOCZOWSKI (Hrsg.), Dzieje chrześcijaństwa polskiego [Geschichte des polnischen Christentums], Paris 1989 [mit einem Atlas; engl. Übersetzung in Vorbereitung bei Cambridge Univ. Press].
– (Hrsg.), Histoire religieuse de la Pologne, Paris 1987.
V. KUBIJOVYČ (Hrsg.), Ukraine. A Concise Encyclopaedia I–II, Toronto 1963–1971.
F. SEIBT (Hrsg.), Bohemia Sacra. Das Christentum in Böhmen 973–1973, Düsseldorf 1974.
A. MARÈS, Histoire des pays tchèques et slovaques, Paris 1995.

FÜNFTER TEIL

DAS ÖSTLICHE CHRISTENTUM

Erstes Kapitel

Die russisch-orthodoxe Kirche am Ende des 19. und zu Beginn des 20. Jahrhunderts: Isolierung und Integration

VON CONSTANTIN SIMON

I. Die russisch-orthodoxe Kirchengeschichte und das neunzehnte Jahrhundert

Die russischen Autoren vor der Oktoberrevolution 1917 haben entweder nicht lange genug gelebt, um in ihren handbuchartigen Darstellungen auf die Zeitgeschichte einzugehen, oder haben es aus Furcht vor der Zensur unterlassen, die Kirche ihrer Tage zu beschreiben. Die drei klassischen Arbeiten von Goumilevskij, Makarij und Goloubinskij gehen weder auf zeitgenössische noch auch jüngst vergangene Geschehnisse ein, während bei anderen Autoren die Kirche in übertriebener Weise gelobt oder zumindest erwähnt wird, so bei Dobroklonskij, Runkevitch und Dobronravin[1]. Auf dem Höhepunkt der sowjetischen Kampfmaßnahmen gegen die Religion veröffentlichte N. M. Nikolskij eine Geschichte der russischen Kirche bis zum Ende der Synodalperiode[2], deren letzte Zeilen sich aber nicht bewahrheitet haben: „Die Götterdämmerung ist angebrochen: sie [die Religion] geht, in die Ewige Nacht einzutreten".

Im Westen war die Arbeit ergiebiger: 1937 veröffentlichte Georg Florovskij seine klassische Skizze über die Wege der russischen Theologie[3]. Obgleich er sich hauptsächlich mit der russischen Religiosität beschäftigte, vernachlässigte er auch den kulturellen und historischen Hintergrund nicht. Im Jahr 1950 ließ der Jesuit A. Ammann in Wien seinen *Abriß der ostslawischen Kirchengeschichte* erscheinen, der versuchte, die russische Orthodoxie der letzten beiden Jahrhunderte aus ökumenischer Sicht darzustellen. Mehr als zehn Jahre später, 1964, wurde von Igor Smolitsch in Leyden die klassische Studie über die Orthodoxie Rußlands nach der Regentschaft des Zaren Peter I. des Großen (1682/1689–1725) veröffentlicht, die *Geschichte der russischen Kirche (1700–1917)*. Schließlich soll noch das grundlegende Werk von Anatol Leroy-Beaulieu, *L'Empire des tsars et les Russes*, genannt werden, dessen dritter Band der Religion gewidmet ist und viele wertvolle Informationen enthält[4].

Zu Kurztiteln vgl. die jeweilige Erstnennung bzw. die Bibliographie am Ende dieses Kapitels.

[1] A. P. DOBROKLONSKIJ, Rukovodstvo po istorii russkoi tservki, 4 Bde., Riazan 1886–1889; S. G. RUNKEVITCH, Russkaia tserkov v XIX veke, Istoria chriistianskoi tserkvi v XIX veke, St. Petersburg 1901; K. DOBRONRAVIN, Otcherk istorii russkoi tserkvi ot natchala christianstva v Rossii do nastoiachtchago vremeni (1860 qoda), St. Petersburg 1863.

[2] N. M. NIKOLSKIJ, Istoria russkoi tserkvi, Moskau 1931.

[3] G. FLOROVSKIJ, Pouti russkogo bogoslovia, Paris 1937. Eine französische Übersetzung existiert unter dem Titel: Les Voies de la théologie russe, Bd. 1, Paris 1991.

[4] A. LEROY-BEAULIEU, L'Empire des tsars et les Russes, 3 Bde., Paris 1881–1889 (Neuedition in einem Band

Für die Mehrzahl dieser Autoren bestand das Hauptproblem der russischen Orthodoxie im letzten Jahrhundert in der Unterordnung unter die zaristische Herrschaft, eine Konsequenz ihrer privilegierten Stellung als Staatsreligion. Hieraus resultiert das besondere Interesse an den strukturellen Veränderungen auf höchster Ebene und an der Euphorie, die – im Vorfeld der Restauration des Patriarchats – das Ende der Synodalperiode erfüllte. Die Reform der Kirche „vom Haupt bis zu den Gliedern" wurde als notwendig betrachtet, obgleich dieser Ansatz, der an der Basis eine Vielzahl von Problemen schuf, unrealistisch war. Die Zensur des Staates wie der von den Geistlichen gehegte Wunsch nach Beförderung verhinderte eine offene Aussprache unter den Reformwilligen – sieht man einmal von den letzten Tagen der zaristischen Herrschaft ab.

Eine Ausnahme läßt sich anhand der Privatkorrespondenz zwischen Anatol Martinovskij (1793–1872), dem Erzbischof von Mohilev, und Smaragd Kryjanovskij, dem Erzbischof von Orel, aus dem Jahr 1844 feststellen. Martinovskij warf dem zaristischen Regime vor: „Hier, in unseren Ländern, haben Lutheraner, Calvinisten, Atheisten ohne Bindung, hat wirklich jeder das Recht, unsere Kirche zu verwalten und uns zu verurteilen"[5]. Ein Jahr vor der Oktoberrevolution 1917 veröffentlichte P. V. Verchovskoi, Professor an der Universität zu Warschau, in Rostov am Don seine Studie *Établissement du Collège ecclésiastique et du réglement ecclésiastique*. Dieses Werk war eine leidenschaftliche Anklage der Reform Peters des Großen. In der Unterordnung der Kirche unter den Staatsapparat wurde der Hauptgrund für ihre Unwirksamkeit gesehen.

II. Reaktion, Reform, Gegenreform:
Die Kaiser und die Oberprokuroren des Heiligen Synod

Vor allem am Ende des 19. und zu Beginn des 20. Jh. waren die Beziehungen zwischen Kirche und Staat ein Spiegelbild der allgemeinen sozialen Atmosphäre, die in den letzten Jahrzehnten des zaristischen Reiches vorherrschte, in einer Zeit, die den Gesetzen hegelianischer Dialektik zu gehorchen schien. Die kurze Reformperiode unter dem relativ liberalen Zaren Alexander II., „dem Befreier" (1855–1881), war nur ein Einschub zwischen dem strengen Regime seines Vaters Nikolaus I. (1825–1855) und der eisernen Herrschaft seines Sohnes Alexander III. (1881–1894), des „großen Friedensstifters", sowie der Regierung seines Enkels, des unglücklichen Nikolaus II. (1894–1917).

1. Nikolaus I.: Der volksverbundene Patriotismus und der „russische Gott"

Nikolaus I. kam in der Folge des Dezember-Aufstandes von 1825 auf den Thron, einer Revolte, die einen verheerenden Eindruck auf die schon zuvor mißtrauische und unversöhnliche Natur des jungen Zaren gemacht hatte. Nachdem er 1830/31 die kurze November-Revolution der Polen unterdrückt hatte, die sich gegen die russische Besatzungsmacht gewehrt hatten, betrat er 1848, im Jahr der Revolutionen, die internationale Bühne und richtete eine Proklamation an den europäischen Westen. Er schloß diese Erklärung mit

---

Paris 1990). Vladimir Soloviev, ein Freund von Leroy-Beaulieu, hat aktiv an der Ausarbeitung dieses großen Werkes mitgewirkt.

[5] M. Edlinskij, Anatoly Martinovskij, in: Trudi Kievskoi Duchovnoi Akademii 6 (1885) 244.

dem feierlichen Versprechen, den orthodoxen Glauben seiner Vorfahren zu verteidigen, und zitierte die Mahnung des Propheten Jesaja, die feierlich in der Weihnachtsliturgie gesungen wird: „Ihr Völker, seid verständig und unterwerft Euch, denn Gott ist unter Euch!" Religiöse Differenzen außer acht lassend, schickte er russische Truppen in die Dienste des österreichischen Kaisers wie des türkischen Sultans, um die aufrührerischen Ungarn und später die orthodoxen Walachen der Donauprovinzen zu unterwerfen, letztere an der Seite des Osmanischen Reiches – eine Tat, die die Rumänen ihren orthodoxen russischen Brüdern lange nicht vergeben haben.

Die Innenpolitik Nikolaus' I. stand im Zeichen der Lehre des „volksverbundenen Patriotismus", die 1833 von seinem Erziehungsminister, dem aufrichtigen, aber reaktionären Sergius Uvarov, vorgetragen worden war: „Kaisertum, Orthodoxie, Patriotismus" *(Samoderjavie, Pravoslavie, Narodnost)*. Eine strenge Zensur wurde eingeführt, die Universitätsausbildung strikt durch den Staat kontrolliert. Uvarov verweigerte den Kindern aus niederen Schichten eine höhere Ausbildung, da das Proletariat für ihn eine potentielle Gefahr für die nationale Sicherheit darstellte. Der allmächtige Einfluß der Geheimpolizei, die gefürchtete „Dritte Abteilung" der kaiserlichen Kanzlei, lastete so schwer auf dem intellektuellen Leben Rußlands unter Nikolaus I., daß sogar der slawophile Konservative Mikhail Pogodin die Atmosphäre als eine „physisch wie moralisch faule und stinkende Friedhofsruhe" beschrieb[6].

Die offizielle slawophile Ideologie begann bald, die Religion für ihre eigenen Zwecke zu gebrauchen, und arbeitete eine besondere Mission für die Orthodoxie aus: die Religion des „russischen Gottes" *(russky Bog)*. Sie wirkte sich zum Nachteil der anderen Glaubensrichtungen aus, die im Reich beheimatet waren. Man versuchte, die Orthodoxie als Instrument zu benutzen, um die Christen gegenüber dem Staat, vom Zaren bis zum kleinsten Bürokraten, gefügsam zu machen. Nikolaus I. war im Unterschied zu seinen Vorgängern ein aufrichtiger und frommer Anhänger der Orthodoxie, aber seine Leidenschaft für Preußen und für das Militärische veranlaßten ihn, die Angelegenheiten der Kirche streng zu reglementieren sowie in der Lehre Konformität und Uniformität zu verlangen. Als Zeichen seines großen Wohlwollens gegenüber der Kirche errichtete der Zar ein prachtvolles Gebäude für den Heiligen Synod. Es war mit einem eigenen Gotteshaus ausgestattet, das den Heiligen Aposteln geweiht war; relativ gut bezahlte Beamten aus dem Laienstand versahen darin ihren Dienst.

Unter Nikolaus I. begann der Staat, seinen Einfluß auf die russisch-orthodoxe Kirche durch die Verabschiedung mehrerer neuer Gesetze auszudehnen mit dem Ziel, diese in eine Art Staatsministerium umzuformen[7]. Bereits die Gesetzessammlung des Russischen Reiches aus dem Jahr 1832 beschrieb die russisch-orthodoxe Kirche als eine, „die die erste Stelle einnimmt und sich der Souveränität erfreut". Die Religionsfreiheit wurde aber nicht allein „den Christen fremder Konfessionen" gewährt, sondern auch Juden, Muslimen und anderen. Der Zar handelte als „der höchste Verteidiger und Hüter der Dogmen des unanfechtbaren Glaubens, als Wächter des wahren Glaubens und der rechten Ordnung in der heiligen Kirche". In diesem Sinn – unter Berufung auf das Nachfolgerecht und daher nicht genau in der Tradition des Zaren Paul I. aus dem Jahr 1797 stehend – konnte der Zar

---

[6] N. V. RIASANOVSKIJ, A History of Russia, Oxford 1984, 329.

[7] Vgl. D. W. EDWARDS, Le Système de Nicolas Ier dans les relations entre Église et État, in: Russian Orthodoxy under the Old Regime, Minneapolis 1978, 154–169.

„Haupt der Kirche" genannt werden[8]. Im Jahr 1841 revidierte der Zar den Status der Konsistorialdiözesen und der Konsultationskomitees; er bildete effektive Zentren für die Diözesanverwaltung, die dem Oberprokuror, dem aus dem Laienstand stammenden Vorgesetzten des Heiligen Synod, direkt verantwortlich waren.

Der Synod unter der Leitung von Nikolaj Aleksandrowitsch Protasov

Nachdem Graf Nikolaj Aleksandrowitsch Protasov, ein beherzter Mann mit militärischer Ausbildung, im Jahr 1836 die Stellung des Oberprokurors angetreten hatte[9], vergrößerte er die Machtbefugnis dieser Stelle, besonders in bezug auf die Verwaltung der Kirchenfinanzen. Aber auch die staatliche Kontrolle über die Kirche wuchs: Die traditionellen Vorrechte der Bischöfe wurden systematisch beschnitten und zugleich der örtliche Charakter der russischen Orthodoxie schrittweise in eine hochgradig zentralisierte Verwaltung umgeformt, wobei die gesamte legislative Macht von St. Petersburg ausging. Während der Oberprokuror direkten Zugang zum Kaiser besaß und sich de iure der Gleichstellung mit den übrigen Staatsministern erfreute, hatten die Bischöfe von 1842 an nicht mehr das Recht, sich direkt an den Zaren zu wenden, durften auch nicht mehr – mit Ausnahme der Metropoliten von St. Petersburg, Moskau und Kiew – lange liturgische Gebete in seiner Gegenwart anstimmen. Bei politisch bedeutsamen Gründen gab es noch weitere Ausnahmen: So wurde etwa der Erzbischof von Warschau im unruhigen katholischen Königreich Polen vom Zaren zur Visite und Unterredung, quasi zur Berichterstattung, empfangen. Wenn die Bischöfe ihren Pflichten nicht nachkamen oder auch nur in den Sitzungen des Synod lautstark ihre Rechte einforderten, konnten sie offiziell einen Verweis erhalten, abgesetzt oder vorzeitig in den Ruhestand geschickt werden. Die Kandidaten für die Bischofsämter wurden nun nicht mehr direkt vom Synod, sondern vom Oberprokuror vorgeschlagen, welcher einen der drei Kandidaten auswählte und dessen Namen dem Zaren unterbreitete.

Protasov, der in seiner Jugend von einem Jesuiten erzogen worden war, was seine Gegner ironisch kommentierten, benahm sich den Mitgliedern des Synod gegenüber respektlos und führte den Spitznamen „Patriarch im Soldatenrock". Er wandte sich an hochgestellte Geistliche mit der Anrede „Väterchen" *(batiouchka)*, einer Bezeichnung, die die Bauern gewöhnlich ihrem Dorfpopen verliehen. Nach 1838 waren die Bischöfe gezwungen, die Führung der Pfarregister durch die Popen zu überwachen, ihre Diözesen jedes Jahr zu besuchen, dem Synod einen Bericht mit Verbesserungsvorschlägen abzuliefern sowie die Aktivitäten ihrer Priester bis ins Detail zu beschreiben. Die Bischöfe wurden dadurch mit den Problemen ihrer Diözesen stärker vertraut, waren aber in der Regel machtlos, da die wirkliche Gewalt in den Händen des Oberprokurors des Heiligen Synod lag.

Die Zensur war auch bei der Übersetzung der Heiligen Schrift sehr streng. Der Erzpriester Gerasimos Pavskij (1787–1863), Hebräischprofessor an der Kirchlichen Akademie zu St. Petersburg und einer der Erzieher der kaiserlichen Familie, erstellte auf der Grundlage des hebräischen Textes eine kritische Übersetzung des Alten Testamentes ins zeitgenössi-

---

[8] A. F. VOLKOV – J. D. FILIPOV, Svod Zakonov Rossiskoi Imperii, Bd. 1, St. Petersburg 1900, (VII, 40–46), 3 f.
[9] Zu Protasov vgl. R. TERNOVSKIJ, Iz vospominanii sekretaria pri sv. Sinode F. F. Ismailova (1829–1840), in: Strannik 3 (1882) 73–88; F. V. BLAGOVIDOV, Ober-Prokurory Sviateichago Sinoda, Kazan 1900.

sche Russisch[10]. Für den privaten Gebrauch bestimmt, wurde der Text von seinen Studenten lithographiert und war bald in ganz Rußland verbreitet. Der Mönch Agathang Solov'ev aber, selbst ein Übersetzer, verleumdete ihn als einen „neuen Markion", der dogmatische Irrtümer verbreite; Pavskij erhielt eine Vorladung vor den Heiligen Synod und überstand die dortige Untersuchung nicht schadlos: Die Angelegenheit endete mit der Konfiszierung sämtlicher Exemplare des Textes, der daraufhin in Vergessenheit geriet. Der Mönch Makarij Glucharev (1792–1847) erhielt sogar einen Verweis, als er an höherer Stelle um die Publikation einer russischen Übersetzung des Alten Testamentes anfragte.

Konsequenterweise war auch die Bibelexegese in Rußland strengsten Beschränkungen ausgesetzt. Allein die schriftliche Paraphrase eines Bibeltextes in zeitgenössischem Russisch genügte, um die Zensur auf den Plan zu rufen.

2. Alexander II.: Der „Befreier" und die Kirchenreform

Die Herrschaft des „Befreiers" Alexander II. begann mit der vernichtenden Niederlage Rußlands im Krimkrieg (gegen die Türken, unterstützt von Großbritannien und Frankreich) von 1856. Das russische Engagement in der Auseinandersetzung hatte unter anderem einen kirchenpolitischen Grund, ging es doch auch um den Besitz der Heiligen Stätten im Heiligen Land. Rußland unterstützte die orthodoxen Interessen gegen Frankreich, den Vorkämpfer des Katholizismus. Die Irritationen dehnten sich auf religiöse und politische Gebiete aus und führten unter Alexander II. zur Einbeziehung Rußlands in die sich fortsetzenden Balkankonflikte – Konflikte, die man auf Kosten des Osmanischen Reiches austrug.

Die geschwächte Position Rußlands nach außen machte eine Reform im Innern notwendig und leitete 1860 die „glücklichen Jahre" ein, bei liberalen russischen Geistlichen bekannt als die „Jahre der Morgendämmerung in Rußland"[11]. Es gab drei große Reformen: die Abschaffung der Leibeigenschaft im Jahr 1861, die dem Zaren seinen Beinamen „der Befreier" einbrachte, dann die Einrichtung der *zemstva*, lokaler Verwaltungsorgane, die zur Dezentralisierung beitragen sollten, sowie die Reform des Rechts- und Militärwesens. Alexander II. verpflichtete alle Untertanen zum Militärdienst, nicht alleine die „kleinen Leute", und reduzierte die Dauer der Wehrpflicht von 25 auf sechs Jahre. Fraglich ist jedoch, ob dieser Herrscher, der humaner und weniger militaristisch eingestellt war als seine Vorgänger, wirklich für die Reformen verantwortlich gewesen ist. Denn als „Erster Adliger des Landes" blieb er ein überzeugter Gegner eines radikalen sozialen Wandels. Nach dem zweiten polnischen Aufstand 1863 und einem Attentat 1866 begannen sich die Perspektiven Alexanders II. einzuschränken: Das Zeitalter der Reformen wurde durch die Reaktion ersetzt, die von seinem weniger toleranten Nachfolger politisch weiter verschärft wurde.

Am Neujahrstag 1859 hielt der Archimandrit[12] Johann Sokolov, Rektor der Akademie von Kazan, eine Predigt, die eine starke Wirkung hinterließ: Er drückte die Hoffnung aus, daß die Kirche sich nicht mehr damit begnüge, die Gläubigen auf das jenseitige Leben vorzubereiten, sondern eine aktive Rolle in der zeitgenössischen Gesellschaft übernehmen

---

[10] Zu Pavskij vgl. N. I. BARSOV, Protoierei G. P. Pavsky. Biografitchesky otcherk po novym materialam, in: Russkaia Starina (1880).

[11] J. SOKOLOV, Privet Tserkvi i otetechestvu na novy god, in: Christianskoe Chtenie (1859) 256.

[12] Vgl. G. NEDUNGATT, Archimandrit, in: LThK I (1993) 948.

und für grundsätzliche moralische Probleme Lösungen anbieten müsse[13]. Bereits im Jahr 1856 hatte sich der konservative Kirchenhistoriker A. N. Mouraviev, der „russische Chateaubriand", zu den Angelegenheiten der Kirche geäußert und in einem Memorandum, das erst 1883 veröffentlicht wurde, für die Restauration des Patriarchats und die Verringerung der Machtbefugnisse des Oberprokurors plädiert (obgleich der Autor vom Wunsch beseelt gewesen zu sein scheint, eines Tages selbst diese einflußreiche Funktion innezuhaben). Das Thema wurde von zwei weiteren hochstehenden Geistlichen aufgegriffen: Agathang Solov'ev, Erzbischof einer Diözese in der westlichen Ukraine, bekannt für seine konservative Haltung und seine Strenge gegenüber seinem Pfarrklerus, veröffentlichte 1876 eine Schrift *Über die Gefangenschaft der russischen Kirche*[14]. Einige Jahre später erschien unter dem Titel *Das Buch meines Lebens* ein achtbändiges Werk des Archimandriten Porphyr Uspenskij[15]. Uspenskij war – eine Ausnahme für seine Zeit – ein Geistlicher, der zahlreiche Reisen unternommen hatte; nach Jahren des Verweilens im Vorderen Orient besuchte er Wien und Rom, wo er an verschiedenen diplomatischen Missionen teilnahm. Der Orthodoxie in seinem Heimatland stand er kritisch gegenüber; er beklagte das Fehlen des Geistes der Versöhnung *(sobornost)* in den Beziehungen zu den altehrwürdigen orthodoxen Kirchen des Vorderen Orients, eine Haltung, die bereits – mit verheerenden Folgen – Patriarch Nikon im 17. Jh. eingenommen hatte.

Im allgemeinen aber war die orthodoxe Hierarchie den Reformen gegenüber gleichgültig eingestellt. Sie befürchtete, ihre privilegierte soziale Stellung zu verlieren, und war überzeugt, daß die Reformen von den höchsten Autoritäten des Staates getragen sein müßten, nicht von der Kirche. Als der für seine missionarischen Aktivitäten in Alaska berühmte Metropolit von Moskau, Innokentij Veniaminov (1797–1879), im Jahr 1869 versuchte, mit Zustimmung des Zaren eine nationale Synode einzuberufen, löste sein Vorhaben wenig Begeisterung aus. Eine kleine Synode *(sobor)* hatte 1856 im Vorfeld der Krönung Alexanders II. stattgefunden. Sie bestand aus lediglich acht Mitgliedern der hohen kirchlichen Hierarchie und hatte sich auf liturgische Fragen beschränkt, auf die Einrichtung neuer Diözesen, das Altgläubigenproblem[16] sowie, in etwas nachdrücklicherer Form, auf die Übersetzung der Bibel in zeitgenössisches Russisch.

Die Kirche in einer liberaleren Gesellschaft

Wenn eine wirkliche Pressefreiheit auch ein unerreichbares Ziel blieb, so war die Zensur doch während der sechziger Jahre weniger streng als unter dem strengen Zugriff Nikolaus' I. Es erschienen Publikationen, die das Christentum, die orthodoxe Kirche und den Klerus in einer offeneren und sogar kritischen Art diskutierten. Eine Reihe neuer Veröffentlichungen tauchte auf, darunter als wichtigste der berühmte *Orthodoxe Beobachter*, der von 1860 bis 1891 in Moskau herausgegeben wurde. Man behandelte dort eine mögliche Kirchenreform, die soziale Dimension des Christentums und die Beziehungen zwischen Religion und Kultur – kühnere Themen lieferten jeweils Ort und Augenblick. Zu den anderen Periodika, die zu dieser Zeit erschienen, zählten *Der orthodoxe Gesprächs-*

---

[13] SOKOLOV, Privet Tserkvi 256.
[14] A. SOLOVIEV, Plenemie russkoi tserkvi, Moskau 1906 (Neudruck).
[15] P. USPENSKIJ, Kniga byita moego, St. Petersburg 1894–1902.
[16] Vgl. P. HAUPTMANN, Altgläubige – Raskol, in: LThK I (1993) 465–467.

partner (1855), herausgegeben in Kazan, *Das kirchliche Bulletin* (1862) und der *Führer für die Landpfarrer* (1860), beide in der Ukraine beheimatet, schließlich *Der Pilger* (1860) aus St. Petersburg, der hauptsächlich spirituellen Themen vorbehalten war. Im Jahr 1863 wurde in Moskau auf Initiative des weltlichen oder „weißen" Klerus hin die *Gesellschaft der Freunde der spirituellen Aufklärung* mit ihrer wissenschaftlichen Zeitschrift *Lesungen* gegründet, als Gegenstück und speziell in Opposition zu gleichartigen Kulturgesellschaften weltlicher Art. Zu gleicher Zeit veröffentlichten die abgelegensten Diözesen ihre eigenen Schriftreihen unter dem Titel *Diözesan-Neuigkeiten.*

Die leidenschaftliche Kritik Viktor Askotchevskys gegen die Vorherrschaft der Mönche in der Kirche sowie gegen die „häretischen" Tendenzen in den Schriften des Archimandriten Feodor Boukharev, die unter dem Titel *Die Orthodoxie und ihre Beziehungen zum täglichen Leben* 1861 zu St. Petersburg gesammelt veröffentlicht worden waren, sorgte für eine Sensation und bewirkte indirekt, daß Boukharev als ein überzeugter Mystiker das Ordensgewand ablegte [17].

Dimitri Tolstoj und die Bildungsreform

Graf Dimitri Andrejewitsch Tolstoj (1823–1889), bereits Minister für Volksbildung und Verfasser eines zweibändigen Werkes über den römischen Katholizismus im Russischen Reich [18], wurde zum Oberprokuror ernannt. Wahrscheinlich ließ ihn seine eher negative Analyse des Katholizismus den Bischöfen suspekt erscheinen; so bezeichnete Florovskij ihn als einen „Ungläubigen […], der aus seiner Verachtung für die Geistlichen keinen Hehl macht" [19]. Der politisch ultrakonservative Tolstoj war von der Notwendigkeit einer Kirchenreform überzeugt und nahm auch kaum auf kirchliche Strukturen oder Traditionen Rücksicht. Er verringerte die Zahl der Pfarrgemeinden in zehn Jahren um etwa zweitausend. Er reorganisierte die kirchlichen Gerichtshöfe, indem er sie dem zivilen Recht anglich. In seiner Zeit als Minister für Volksbildung strukturierte Tolstoj das Elementar- und Sekundarschulwesen nach humanistischen Programmpunkten, schloß eine direkte Teilnahme der Geistlichkeit aus und billigte dem religiösen Unterricht lediglich eine untergeordnete Stellung zu.

Im übrigen wurden die Reformen Tolstojs sehr positiv beurteilt, sogar von geistlichen Autoren, im besonderen von Angehörigen der „weißen" Geistlichkeit, die der Oberprokuror im Gegensatz zur „schwarzen", das heißt monastischen, Geistlichkeit begünstigte. Neben der Abschaffung der teilweise diskriminierenden Einteilung der Diözesen in Kategorien, die bis dato die Finanzierung, das Prestige und das Gehaltsniveau des weltlichen Klerus bestimmten, nahm Tolstoj 1867 eine grundlegende Reform der theologischen Seminare und Akademien in Angriff. Bis zum Ende des 19. Jh. war das Lateinische die Unterrichtssprache in den russisch-orthodoxen Ausbildungsstätten. Seit 1857 hatte man an einer Reform der geistlichen Ausbildungseinrichtungen gearbeitet, indem man die zeitgenössischen Gepflogenheiten im katholischen Frankreich, die protestantischen Institutionen in England und die orthodoxen Schwesterkirchen im Vorderen Orient studierte.

---

[17] E. Behr-Sigel, Alexandre Boukharev, un théologien de l'Église orthodoxe en dialogue avec le monde moderne, Paris 1977.

[18] D. Tolstoj, Le Catholicisme romain en Russie, 2 Bde., Paris 1863–1864.

[19] Florovskij, Puti russkogo bogoslovia (s. Anm. 3) 342.

Die Reform begann im Jahr 1867 durch ein Edikt des Zaren an das Bildungskomitee des Heiligen Synod. Tolstoj versuchte, den Lehrkörper und das Unterrichtsprogramm neu zu organisieren. Dabei legte er großen Wert auf die klassischen Sprachen und eine humanistische Bildung, während die Mathematik und die Naturwissenschaften weitgehend aus dem Programm gestrichen wurden. Die Seminaristen hatten die Fastenzeiten einzuhalten, der Liturgie beizuwohnen und einmal jährlich zur Kommunion zu gehen. Anfangs hatten sich alle in gleicher Weise zu kleiden; teilweise war eine Uniform vorgeschrieben. Freilich hatten die klassischen Sprachen nur eine geringe Bedeutung für den Lebensalltag der verheirateten Priester, die häufig mit seelsorgerlichen oder sozialen Problemen konfrontiert waren, die eher Kenntnisse in Medizin, Landwirtschaft oder Schäferei erforderten als in Griechisch, Latein und Hebräisch. Dennoch war es Tolstoj ein persönliches Anliegen, Hebräisch-Unterricht verbindlich für alle Studenten einzuführen.

Zugleich versuchte die Reform, die theologischen Schulen auch für die Studenten zu öffnen, deren Väter keine Priester waren. Seit den Tagen Peters des Großen nämlich waren die theologischen Schulen allein der Klerikerkaste *(soslovie)* vorbehalten gewesen. Als Gegenleistung erlaubte die Reform den Kindern von Geistlichen, am Unterricht weltlicher Schulen teilzunehmen. Hier erreichte man jedoch lediglich einen Teilerfolg: Die Einschreibungen an den theologischen Schulen gingen im Verlauf der folgenden Jahre auf 3000 zurück; die den Nachkommen der Priester gewährte Erlaubnis, die weltlichen Schulen zu besuchen, wurde daher 1879 wieder aufgehoben. Gegen Ende der Herrschaft Alexanders II. wurden 47 Diözesanschulen für die Töchter der Priester eingerichtet, um den zukünftigen Geistlichen der Seminare geeignete Ehefrauen zu verschaffen. Das Unterrichtsprogramm legte großen Wert auf die Vermittlung häuslicher Fachkenntnisse; die jungen Mädchen studierten darüberhinaus auch Geschichte und die Bibel, aber weder Griechisch noch Latein.

Eine weitere Reform, die unter Alexander II. in Angriff genommen worden war, versuchte, die Organe der Diözesanverwaltung teilweise zu demokratisieren: Ein Ältestenrat wurde in allen europäischen Diözesen des Russischen Reiches eingerichtet, der jeweils aus gewählten Repräsentanten bestand und unter der Aufsicht eines Vorsitzenden Verwaltungsprobleme diskutieren sollte.

Abkehr von der Reform: der Tod Alexanders II. und die Thronnachfolge

In den letzten Jahren der Herrschaft Alexanders II. gewann die Reaktion an Boden. Es gab mehrere Attentatsversuche von extremistischen Gruppen in der Absicht, die Monarchie zu stürzen. Am 13. März 1881 fanden sie schließlich ihr Ziel: Eine Bombe von Mitgliedern der Terrorgruppe *Der Volkswillen* verwundete den Zaren an den Ufern des Katherinenkanals in St. Petersburg tödlich. Die Kirche *Christi Blut*, ein ungewöhnliches Beispiel der traditionellen Moskauer Architektur inmitten des Neoklassizismus von St. Petersburg, wurde am Ort des Attentats errichtet. Alexander II. wäre vielleicht von der Kirche kanonisiert worden, wären nicht zahlreiche Einzelheiten seiner langen ehelichen Untreue bekannt geworden. Die Bombe der Mörder verhinderte die Unterschrift des Zaren unter ein Dekret, das eine Verfassung in Kraft gesetzt hätte – den ersten Schritt zum Ende der absolutistischen Form der russischen Monarchie.

Das Ende der Reformen wurde durch ein Manifest eingeläutet, das Zar Alexander III. einen Monat nach dem Tode seines Vaters proklamierte: Der Herrscher verkündete, daß er seine Regentschaft auf den Prinzipien der konservativen Aristokratie begründen und vor terroristischen Drohungen nicht zurückschrecken wolle. Alexander III. besaß eine robuste Natur, ehrlich und direkt. Er konnte ein Vokabular verwenden, das „einem Soldaten oder Fuhrmann die Schamesröte ins Gesicht trieb". Seine Herrschaft stand unter dem Zeichen der Reaktion, war aber auch eine Zeit der Konsolidierung und des Friedens, da kein Konflikt, der den Auseinandersetzungen auf dem Balkan zur Zeit seines Vaters vergleichbar gewesen wäre, die politische Situation in Rußland erschütterte. Die polizeiliche Überwachung wurde ebenso wie die Zentralisierung der Verwaltung verstärkt; erneut führte man eine scharfe Zensur ein, neue Gesetze reglementierten Presse wie Universitäten, verschiedene suspekt erscheinende politische Zeitschriften wurden verboten. Man verwehrte den Frauen den Zugang zu den höheren Bildungseinrichtungen; der Eintritt in die Universität wurde wiederum vom Besitz abhängig gemacht.

Die Architektur neumoskoviter Prägung, traditionelle Kleidung und das Tragen eines Bartes, die komplizierten Liturgien und der Chorgesang erlebten unter den Regentschaften Alexanders III. und Nikolaus' II. einen neuen Aufschwung. Der letzte Zar und seine Gemahlin liebten es, in der Kleidung des mittelalterlichen russischen Adels aus Moskau den Aufführungen des Hofballets beizuwohnen.

3. Alexander III. und die Russifizierung

Unter der Herrschaft Alexanders III. erlebte der russiche Nationalismus seinen Höhepunkt. So unterstützte der Zar persönlich die Politik der Russifizierung und widersetzte sich den germanisierenden Vorlieben seiner unmittelbaren Vorgänger. „Rußland den Russen" wurde zu einer Art nationaler Losung, die die Nation als „von einem Kaiser" gelenkt und mit „einem Gesetz und einem Glauben" ausgestattet idealisierte. Dies bedeutete wenig offizielle Sympathie für die kulturellen Minderheiten des Reiches und die nicht-orthodoxen Glaubensgemeinschaften und zugleich den Versuch, diese aktiv in die russisch-orthodoxe Zuständigkeit einzugliedern. Die Russifizierung betraf in besonderem Maße die Balten mit ihrer deutsch geprägten Kultur, dann die Finnen, Polen, die Ukraine und Weißrußland.

Zuerst wurde im Jahr 1893 in den baltischen Staaten die deutsche Universität von Dorpat geschlossen und als russische Universität unter dem Namen *Jurev* wiedereröffnet. Man bemühte sich, Lutheraner zum Übertritt zur orthodoxen Kirche zu bewegen. Während der fünfziger Jahre waren verschiedene Deutsche in den baltischen Gebieten gezwungen worden, sich zur russischen Orthodoxie zu bekennen, wenn sie Eigentum erwerben wollten. Dieses zunächst rein formale Bekenntis wurde später ernst genommen: In vielen Fällen wurden Kinder ausfindig gemacht und ihren lutherischen Eltern weggenommen, um sie auf Staatskosten russisch-orthodox zu erziehen, unter dem Vorwand, ihre Großeltern seien zur Orthodoxie konvertiert. Wenn protestantische Pastoren und katholische Pfarrer versuchten, die Orthodoxen baltischer Herkunft erneut zur Konversion zu bewegen, wurden sie auf der Grundlage eines Gesetzes, das das Missionieren unter orthodoxen Gläubigen verbot, inhaftiert und teilweise sogar nach Sibirien deportiert.

Solange der Großherzog von Finnland in der Lage war, seine kulturelle und religiöse Unabhängigkeit zu behaupten, konnte das Zarenreich das Aufkommen einer antirussischen Stimmung unter den Finnen vermeiden, doch änderte sich diese Situation rasch mit der neuen Politik der Russifizierung. In Polen, der Ukraine und in Weißrußland war die

Russifizierung eng mit einer Opposition gegenüber dem Katholizismus verbunden sowie mit Gesetzen, die die Verwendung der jeweiligen Landessprache untersagten. Dabei waren damals das Ukrainische genau wie das Weißrussische weit verbreitet. Die Russifizierung in diesen Gebieten wurde als ein Mittel betrachtet, die verlorenen Territorien wieder in das Reich der Romanov einzugliedern: Man beseitigte so die letzten Spuren des polnischen Einflusses und erstickte besonders in Weißrußland jede Hoffnung auf eine Restauration des alten Großherzogtums Litauen im Keime. Im Zusammenhang mit der Russifizierung nahmen antisemitische Ausschreitungen zu, die in Pogromen in der Ukraine und in Bessarabien kulminierten.

Andererseits brachte die Herrschaft Alexanders III. die Industrialisierung voran und bedeutete eine schrittweise Modernisierung. Die Arbeiter lebten unter elenden Bedingungen, die denen vergleichbar waren, die in Westeuropa in der ersten Hälfte des 19. Jh. herrschten. Mitunter teilten sich zwölf Personen die gleiche Kammer, fünf das gleiche Bett, doch hatten sie wenigstens eine Unterkunft; andere mußten für die Nacht eine armselige Schlafstatt mieten[20].

Obgleich Alexander III. scheinbar von guter Konstitution zu sein schien, verstarb er unerwartet im Alter von 49 Jahren an einer Niereninfektion, nach einer Herrschaft von nur 13 Jahren. Sein Sohn Nikolaus II. folgte ihm auf den Thron. Die an den Thronwechsel geknüpften Hoffnungen auf einen sozialen Wandel wurden bald enttäuscht; die Krönungsfeierlichkeiten im Jahr 1896, die mit einem blutigen Handgemenge auf dem Feld von Chodynka endeten, waren ein düsteres Vorzeichen für die Regentschaft. Nikolaus II. hatte eine gute Erziehung genossen, doch fehlte es ihm an Haltung und Willen eines echten Herrschers. Fromm und zum Mystizismus neigend, sah er sich selbst als den „Gesalbten des Herrn", eher als orthodoxen Zaren denn als Kaiser von Rußland. Gegenüber der Kirche war er voll guten Willens, doch setzte er sein Vertrauen in reaktionäre Kräfte und hegte den Plan, die Kirche den Staatsinteressen unterzuordnen. Alexander III. hatte übrigens auf dem Totenbett seinem Sohn den Eid abverlangt, daß dieser den Prinzipien der Aristokratie, die die Herrschaft des Vaters geprägt hatten, streng treu bleiben solle. So war zumindest die erste Zeit der Regentschaft des letzten Kaisers von Rußland eine Fortsetzung des intoleranten Regimes seines Vaters[21].

Eine „graue Eminenz": Konstantin Pobedonoscev und die russische Kirche

Die russisch-orthodoxe Kirche wurde unter der Herrschaft Alexanders III. und in der ersten Hälfte der Regentschaft seines Sohnes Nikolaus II. durch die düstere Figur des Konstantin Petrovitch Pobedonoscev (1827–1907) dominiert, von 1880 bis 1905 Oberprokuror des Heiligen Synod. Pobedonoscev war eine Art „graue Eminenz", ein „russischer Richelieu". Wenn er sein französisches Vorbild auch an Frömmigkeit und Andacht übertraf, so fehlte es ihm doch an dessen Charakter und dem Scharfsinn seiner Entscheidungen.

---

[20] V. Gittermann, Geschichte Russlands III, Hamburg 1849, 317.
[21] S. Oldenburg, Carstvovanie imperatora Nikolaja II, Belgrad 1939; C. de Grunwald, Le Tsar Nicolas II, Paris 1955; B. Brasol, The Reign of Emperor Nicholas II in Facts and Figures: A Reply to the Slanderers of Imperial Russia and the Martyred Czar Nicolas II, New York 1959; Th. Stavrou, Russia Under the Last Tsar, Minneapolis 1969; M. Irošnikov – L. Procaj Šelaev, Nikolaj II Poslednij Rossijskij Imperator, St. Petersburg 1992; E. Radzinsky, The Last Tsar: The Life and Death of Nicholas II, New York 1992; ders., Meždunarodnyj god pamjati Gosudarja Imperatora Nikolaja II, Moskau 1993.

Er agierte mehr oder weniger wie ein orthodoxer Laienpatriarch, wenn auch ohne Titel, und dehnte seinen Einfluß gleichermaßen auf die Innen- und Außenpolitik aus. Von seinen zahlreichen Gegnern als „Mann aus Eis" oder „russischer Torquemada" bezeichnet, spielte Pobedonoscev seine Rolle gut: hager und ausgemergelt, wie er war, mit einer Vorliebe für schwarze Gewänder und stahlgefaßte Brillen – Details, die der Nachwelt dank Répine erhalten sind, der ihn porträtierte. Pobedonoscev war ein gut ausgebildeter Beamter, nicht korrupt, fähig, Großherzigkeit und Mitleid zu zeigen, von beispielhafter Moral, seiner Frau und mehr noch seiner Arbeit ergeben; regelmäßig verbrachte er neun Stunden in seinem Büro[22].

Als Enkel eines Priesters und Sohn eines Universitätsprofessors hatte er zuerst an der Moskauer Universität die Rechte gelehrt. Sein langsamer Aufstieg zur Macht setzte ein, als er zum Privatlehrer Alexanders III. berufen wurde, als dieser noch Kronprinz bzw. Zarevitch war. Pobedonoscev wurde ein intimer Freund des „großen Friedensstifters" und übernahm die Verantwortung für die Erziehung Nikolaus' II.

Im Jahr 1896 veröffentlichte er unter dem Titel *Moskauer Anthologie* einen Sammelband, der seine Opposition gegenüber dem demokratischen Wandel deutlich offenbarte – eine Einstellung, die er nach einer kurzen liberalen Phase bereits zu Beginn seiner Karriere angenommen hatte. Eine andere Schrift, jüngst im nachsowjetischen Rußland neu aufgelegt, trug den Titel *Demokratie – die größte Täuschung unserer Zeit* und beinhaltet jene zynische Note, die sein Denken beherrschte. Pobedonoscev war rigoros gegen den Katholizismus eingestellt, politisch genauso wie ideologisch. Gleichwohl übersetzte er, mit charakteristischer Zweideutigkeit, die *Imitatio Christi* des Thomas von Kempen (1379/80–1471) aus dem Lateinischen ins Russische, besuchte auch auf seinen zahlreichen Reisen in den Westen katholische Gottesdienste – zumindest wenn er sich in Städten aufhielt, in denen es keine orthodoxe Kirche gab. Seine erste Reise nach Westeuropa trat der Oberprokuror freilich erst im Alter von 41 Jahren an; dann aber reiste er häufig. England bewunderte er besonders wegen seines Sinnes für Tradition, doch begab er sich auch oft nach Deutschland. In Prag ermunterte er den slawophilen Klerus, in Wien unterstützte er die Unierten finanziell, die mit der russophilen Bewegung sympathisierten.

Pobedonoscev war ein Freund Dostojevskijs, dessen Fremdenfeindlichkeit er vollständig teilte, von dessen Glaubenshaltung er sich aber unterschied. Ebenso stand er den Slawophilen sehr nahe, obgleich er deren Idealisierung des Volkes *(narod)* mißbilligte, die ihm vollkommen unverständlich war. Er hielt eine Autonomie des Volkes in jeglicher Form für unsinnig; stattdessen befürwortete er eine starke Autokratie, die fähig war, eine von Grund auf rebellische und unvollkommene menschliche Natur zu lenken. Er war es auch, der das von Alexander III. zu Beginn seiner Herrschaft verlesene Manifest vorbereitet hatte, in dem der neue Zar seine Distanz gegenüber allen neuen demokratischen Reformen zum Ausdruck brachte, die von seinem Vater Alexander II. versprochen worden waren. Weiterhin verkündete Pobedonoscev die Russifizierung der Minoritäten, unterwarf die Kandidaten, die die Universität besuchen wollten, einer sorgfältigen Prüfung, und verschärfte die Zensur. Der Oberprokuror untersagte ferner die Publikation der meisten literarischen Arbeiten Leo Nikolajewitsch Tolstojs (1828–1910), die er als philosophisch und

---

[22] R. F. Byrnes, Pobedonostsev: His Life and Thought, Indiana 1968; G. Simon, Konstantin Petrovic Pobedonoscev und die Kirchenpolitik des Heiligen Synod 1880–1905, Göttingen 1969; W. Giusti, L'ultimo controrivoluzionario russo, Benevent 1974.

politisch subversiv empfand, und verhängte schließlich über den Schriftsteller die Exkommunikation.

Pobedonoscev war ein im Innersten überzeugter orthodoxer Christ. Sein persönlicher Glaube war äußerst irrational und weit entfernt von seinem kritischen, messerscharfen Verstand. Der einsetzenden Säkularisation im modernen Rußland brachte er kein Verständnis entgegen, obgleich er in der Tradition von Theophan Prokopovitch (1681–1736), Sergios Uvarov und Zar Nikolaus I. (1825–1855) die Kontrolle des Staates über die direkten Angelegenheiten der Kirche eisern verteidigte. Schon vor seiner Ernennung zum Oberprokuror waren den Mitgliedern des Heiligen Synod seine persönliche Frömmigkeit und die guten Beziehungen zu verschiedenen wichtigen Angehörigen der Hierarchie hinlänglich bekannt, die seine Kandidatur begünstigten.

Gleichwohl war die Zeit Pobedonoscevs von allgemeiner Enttäuschung bestimmt, von Erstarrung und dem Fehlen jeglicher Initiative. Die Hierarchie kümmerte sich weiterhin fast ausschließlich um die Liturgie. Sie begnügte sich damit, einer Politik zuzustimmen, die der Staat bereits vorgegeben hatte. Nach Ansicht des Synod blieb die Kirchenreform, auch wenn man ihre Notwendigkeit einsah, das Vorrecht der Zivilgewalt. Im Jahr 1884 versammelten sich in Kiew elf Bischöfe und der Oberprokuror zu einer Synode, doch wurde am Rande prunkvoller Liturgiefeiern und Bankette nur wenig entschieden, sieht man von einer Verlautbarung ab: Sie mußte in allen Kirchen des Reiches verlesen werden, begnügte sich aber damit, die althergebrachten Formeln zu wiederholen.

Die Synode feierte sogar den fünfzigsten Jahrestag der Gründung der Universität Kiew – eine Gelegenheit, national-russisches Empfinden auszudrücken, hatte doch die russischsprachige Universität Kiew die Universität Wilna ersetzt, in der das jetzt unterdrückte Polnisch gesprochen worden war. Dies war für die Menschen im westlichen Rußland ein großer Schritt in Richtung Russifizierung und Hinwendung zur Orthodoxie.

Während die Mitglieder der Synode sich hüteten, die internen Probleme der orthodoxen Russen zu diskutieren, ersuchten sie doch den Staat um Hilfe im Kampf gegen andere Glaubensgemeinschaften, deren Popularität im einfachen Volk stetig angewachsen war. 1885 wurden Sitzungen der Synode in Kazan und in Irkutsk in Sibirien einberufen. Später gab es keine Zusammentreffen der Hierarchie mehr, sondern lediglich nationale Feiern, die abgehalten wurden, um die Geschichte des russischen Christentums zu dokumentieren: Im Jahr 1883 war in Moskau die Christus-Erlöser-Kirche eingeweiht worden zur Erinnerung an den Sieg über Napoleon und seine Verbündeten in Westeuropa, zu jener Zeit die größte orthodoxe Kirche. Es war zugleich der einhundertste Jahrestag der Ermordung des heiligen Tikhon von Zadonsk. Zwei Jahre später feierte die Kirche die Tausendjahrfeier der Slawenmission durch Kyrill und Method, 1888 den neunhundertsten Jahrestag der Taufe der Rus' und 1889 den Jahrestag der Rückkehr der Unierten zur Orthodoxie. Nach außen wollte Pobedonoscev das Bild einer starken Kirche zeichnen, fest verankert in der russischen Gesellschaft, doch im Privaten lästerte er: „Die Kirchen der Gemeinden versinken in einer Schneewüste und sind voller Menschen, die dort herumlungern, ohne etwas zu tun".

Charakteristisch für die Zeit Pobedonoscevs war die zunehmende Zentralisierung der kirchlichen Verwaltung. Mit alarmierender Häufigkeit tolerierte der Oberprokuror gegen das kanonische Recht die Praxis, die Bischöfe alle zwei oder drei Jahre von einer Diözese in eine andere zu versetzen. Seine Motivation war eindeutig: Die Bischöfe sollten nicht in der Lage sein, eine allzu enge Beziehung zum Klerus ihrer Diözese aufzubauen, um dadurch große Popularität oder politische Macht sammeln zu können. Allein in der kurzen

Zeitspanne von 1880 bis 1884 führte Pobedonoscev 48 Versetzungen durch; Bischof Nikolas Kamensky etwa wurde zwischen 1893 und 1910 in insgesamt sieben verschiedene Diözesen in ganz Rußland versetzt. Die Kandidaten für die höchsten Ämter der Kirchenhierarchie wurden ferner nicht, wie es eigentlich sein sollte, nach ihren intellektuellen oder verwaltungstechnischen Fähigkeiten ausgewählt, sondern Pobedonoscev bevorzugte einfache Priester von umgänglichem Charakter und durchschnittlicher Intelligenz und neigte dazu, die anderen der Subversion zu verdächtigen.

Die Abnahme der Zahl der Geistlichen zwang schließlich den Synod dazu, zahlreiche Kirchen zu schließen. Man beabsichtigte zwar, die Zahl der Vikare zu vergrößern, hielt es aber für nicht notwendig, den zukünftigen Mitgliedern des orthodoxen Klerus eine fundierte Ausbildung zu ermöglichen. Folglich senkte der Oberprokuror das erforderliche Bildungsniveau für den Klerus und gestattete den Bischöfen, in den Pfarrgemeinden selbst jene zu weihen, die ihre Seminarzeit nicht zu Ende gebracht hatten. Das Ausbildungsprogramm im Seminar richtete er mehr nach den praktischen Bedürfnissen aus. Er verordnete Unterricht in Kirchengesang und einfacher Homiletik. Seine Ehefrau richtete in St. Petersburg die *Schule des Heiligen Vladimir* ein, die dazu bestimmt war, zukünftige Ehefrauen der Geistlichen auszubilden. Unter der Herrschaft Alexanders III. stieg die Zahl der Priester so von 46800 im Jahr 1881 auf 56900 im Jahr 1894.

Die Gründung der Pfarrschulen, Zentren des Elementarunterrichtes, die mit den orthodoxen Gemeinden verbunden waren, stellte ein weiteres Projekt des Oberprokurors dar, das dazu bestimmt war, den Einfluß des Synod auf das gesamte Unterrichtssystem im Russischen Reich auszudehnen. Das Dekret, das diese Unterrichtseinrichtungen in den Provinzen im Jahr 1884 vorschrieb, insistierte besonders auf der Wichtigkeit „des orthodoxen Glaubens und der christlichen Moral". Dabei vernachlässigten die Pfarrschulen ihre eigentliche Aufgabe, nämlich eine Alternative zum weltlichen Erziehungssystem zu bieten, der Pobedonoscev im Vergleich zu dem religiösen Anliegen gleichgültig gegenüberstand. Üblicherweise unterrichteten die Pfarrer der Gemeinden, die die Stelle eines Schulleiters innehatten, lediglich Fächer, die mit der Kirche in Verbindung standen (Katechismus, Gebet, Kirchengesang, Kirchenslawisch); dazu kam noch Russisch, ein wenig Rechnen und Rechtschreibung. Naturwissenschaftliche Fächer wurden nicht gelehrt. Die Schüler lernten zunächst, Texte in Altkirchenslawisch bis zur Alphabetreform zu lesen. Die Zahl der Schulen nahm rasch zu: 1880 waren es nur 4348, zwanzig Jahre später 42604. Da sie eine ideologische Funktion erfüllten, wurden sie vom Staat stark unterstützt; sie verschmolzen religiöses Grundwissen mit russischem Nationalbewußtsein. Pobedonoscevs Interesse am Aufbau der Pfarrschulen führte allerdings nicht zu einem Gesetz über obligatorischen Elementarunterricht – im Gegenteil, der Oberprokuror blieb ein ausgesprochener Gegner einer solchen liberalen Gesetzgebung.

4. Nikolaus II.: Reaktion, Unruhen und die erzwungene Toleranz

Aus der zunehmenden Industrialisierung des Russischen Reiches in den beiden letzten Jahrzehnten des 19. Jh. und der Ausbildung der politischen Parteien (darunter am linken Rand revolutionäre Sozialisten und Sozialdemokraten, später die Bolscheviken und die Menscheviken) resultierte eine soziale Situation, in der jeder friedliche Austausch unmöglich schien. Verschiedene Streiks und auch Mordanschläge, die von linken Revolutionären begangen wurden, kulminierten am 22. Januar 1905 im „Blutigen Sonntag", bei dem eine friedliche Demonstration vor dem Winterpalais in St. Petersburg durch das Eingreifen des Militärs in revolutionäre Unruhen umschlug. Zugleich gab es im ganzen Land Bauernaufstände. Der im Oktober desselben Jahres organisierte Generalstreik leitete die Revolution von 1905 ein. Diese zwang Nikolaus II., sein berühmtes Oktobermanifest zu verkünden, das die Bürgerrechte des Volkes garantierte und der Duma, dem von Nikolaus zugestandenen Parlament, die Legislativgewalt einräumte. Die spätere Gesetzgebung, die die Befugnisse der Duma begrenzte, kollidierte mit den Forderungen der Liberalen wie der Linken und führte zur Auflösung und wiederholten Neubesetzung der Duma, die im Jahr 1912 bereits viermal neu gebildet worden war[23].

Der Zar weigerte sich, ein Bündnis mit dem gemäßigten liberalen Flügel einzugehen, der für demokratische Reformen eintrat und von Fürst Miljukov geführt wurde[24]. Im Gegenteil, Nikolaus II. blieb unter dem Einfluß seiner Frau Alexandra von Hessen-Darmstadt und Grigorij Rasputins (1871–1916), die beide unerschütterlich die beide Ultra-Rechten unterstützten.

Der Geist eines maßvollen Wandels, der gleichwohl in den letzten Jahren Nikolaus' II. allgemein vorherrschte, beeinflußte auch die orthodoxe Kirche und die generelle religiöse Lage im Russischen Reich. Erstaunlicherweise begegnen die ersten Zeichen einer Liberalisierung bereits unmittelbar vor dem „Blutigen Sonntag" am 12. Dezember 1904 mit einer Verlautbarung, die die Gleichheit aller russischen Untertanen vor dem Gesetz verkündete und ihre Gewissensfreiheit garantierte. Die Orthodoxie blieb Staatsreligion, doch wurden alle anderen Glaubensrichtungen von nun an toleriert. Da die Anwendung dieses Gesetzes nicht ganz klar war, folgte am 17. April 1905 die Proklamation eines Toleranzediktes, das die Stellung der bislang als gesetzlos geltenden Altgläubigen in Rußland und der Krypto-Katholiken in Weißrußland präzisierte und grundlegend veränderte.

Die Vorbereitungen zu einer großen Kirchensynode

Zu dieser Zeit diskutierte man ernsthaft über eine Reform der russisch-orthodoxen Kirche – abgesehen von Pobedonoscev, der dieser Frage ablehnend gegenüberstand. Eine Gruppe von 32 Priestern aus St. Petersburg trat zu Gesprächen zusammen *(Gruppe der Zweiunddreißig)*. Metropolit Antonij Vadkovskij von St. Petersburg setzte sich an die Spitze der Reformbewegung. Er hatte das Glück, in der Gunst des Zaren zu stehen und die Unterstützung von Ministerpräsident Sergej Witte (1903–1906) zu genießen. Der Metropolit erklärte, die neue Gesetzgebung zu unterstützen, die den nichtorthodoxen Glaubensgemeinschaften des Reiches neue Freiheiten gewährte, doch beklagte er, daß nichts unternommen werde, um die Autonomie der orthodoxen Kirche zu vergrößern, die sich selbst den Sekten gegenüber in einer wenig beneidenswerten Situation befinde. Witte lud den Metropoliten und den Assistenten Pobedonoscevs, V. K. Sabler, zu einer Konferenz ein, die unter der Schirmherrschaft des Ministerrates abgehalten wurde, um über die neue Ge-

---

[23] T. Emmons, The Formation of Political Parties and the First National Elections in Russia, Cambridge 1983. Vgl. auch P. Avrich, The Russian Anarchists, Princeton 1967; N. N. Naimark, Terrorists and Social Democrats: The Russian Revolutionary Movement Under Alexander III, Cambridge 1983; D. Orrord, The Russian Revolutionary Movement in the 1880's, Cambridge 1986.
[24] Vgl. die kritische Einschätzung der russischen Orthodoxie durch P. Miljukov, in: Ocerki po istorii russkoj kul'tury; T. Vtoroj, Vera, Tvorčestvo, Obrazovanie. Čast' pervaja: Cerkov' i religija. Literatura, Paris 1931.

setzgebung zu diskutieren. Man besprach dort ein vom Metropoliten vorbereitetes Memorandum, das die schwierige Lage der Kirche beschrieb, die durch den Staat ihres Geistes und ihrer moralischen Autorität beraubt worden sei. Zudem sei die Kirche aus dem öffentlichen wie privaten weltlichen Leben verbannt und nur noch auf den Vollzug der liturgischen Feiern beschränkt. Vadkovskij forderte unter anderem die Anerkennung der Pfarrgemeinden als juristische Personen, was bisher nicht der Fall gewesen war, die Dezentralisierung der Verwaltung sowie eine Befugnis für die Mitglieder der Hierarchie, direkt an der zentralen Leitung teilzuhaben[25].

Witte sah das Dokument des Metropoliten als zu zaghaft an. Stattdessen bereitete er, nachdem er verschiedene Professoren der theologischen Akademie konsultiert hatte, eine liberalere Fassung mit dem Titel *Über die momentane Situation der Orthodoxen Kirche* vor, in der die Bestimmungen widerlegt wurden, die in der Kirchenverordnung Peters des Großen *(Duchovny Reglament)* enthalten sind. Doch auch dieser neue Text billigte dem Staat bei der Durchführung einer eventuellen Kirchenreform eine tragende Rolle zu, sollte dieser doch alle geistlichen und weltlichen Vertreter in den Erneuerungsprozeß miteinbeziehen. Pobedonoscev reagierte auf den Text Wittes und seiner Minister mit Protest, hatten diese doch seiner Ansicht nach ihre Kompetenzen überschritten; diese Art von Angelegenheiten betreffe ausschließlich den Synod. Der Oberprokuror beschuldigte weiterhin den Ministerpräsidenten in spöttischer Weise, in die inneren Angelegenheiten der Kirche einzugreifen. Tatsächlich versuchte Pobedonoscev jedoch selbst, die Kirche unter Berufung auf die angebliche Autonomie unter der Herrschaft des Staates zu belassen.

Eine Petition, welche die 32 Priester aus St. Petersburg ausgearbeitet hatten, forderte die Einberufung einer Synode, an der Geistliche und Laien teilnehmen sollten. Dieser Text wurde mit Zustimmung des Metropoliten Antonij Vadkovskij 1905 auszugsweise in der Zeitschrift *Der Kirchenkurier* veröffentlicht, zu späterer Zeit dann noch einmal[26].

Der Synod traf sich dreimal Mitte März, um den Zaren zu ersuchen, eine Kirchensynode einzuberufen und eventuell den Patriarchat zu erneuern. Er verlangte, daß dieser Synode einzig Bischöfe beiwohnen sollten. Pobedonoscev, der an diesen Versammlungen nicht teilgenommen hatte, nutzte seinen Einfluß, um die Initiative zu vertagen, und zwar mit dem Argument, die Niederlage der russischen Truppen im Krieg gegen Japan (1904–1905 wegen Interessensgegensätzen in Korea und der Mandschurei) und die sonstigen inneren Unruhen machten eine Einberufung einer Synode völlig unmöglich. Gleichwohl fühlte sich Pobedonoscev verpflichtet, jedem Hierarchen einen Fragebogen zukommen zu lassen, der die jeweiligen Ansichten über eventuelle Reformen erkunden sollte.

Das Erscheinen eines zweiten Memorandums der *Gruppe der Zweiunddreißig* sowie die Kommentare G. Petrovs, ihres bekanntesten Repräsentanten, enthielten eine verschärfte Forderung nach einer Teilnahme orthodoxer Laien an der zukünftigen Kirchensynode. Dieses Dokument nun führte zu einer Verstimmung zwischen den orthodoxen

---

[25] I. V. PREOBRAŽENSKIJ, Cerkovnaja reforma: Sbornik statej duchovnoj i svetskoj periodičeskoj pečati po voprosu o reforme, St. Petersburg 1905; N. D. KUZNECOV, Preobrazovanija v Russkoj Cerkvi. Razsmotrenie voprosa po neizdannym dokumentam i v svjazi s potrebnostjami žizni, Moskau 1906; Gruppa Peterburgskich Svjaščennikov, K cerkovnomu soboru. Sbornik, St. Petersburg 1906; A. PALMIERI, La Chiesa Russa, Florenz 1908, 1–58.105–226; J. CURTISS, Church and state in Russia. The Last Years of the Empire. 1900–1917, New York 1917; A. A. BOGOLEPOV, Church Reforms in Russia 1905–1918, Bridgeport 1966, 14.
[26] K Tserkovnomu Soburu; sbornik gruppy Peterburgskik sviachtchenikov, St. Petersburg 1906.

Bischöfen und den Angehörigen des „weißen" Klerus, also der verheirateten, nicht monastischen Geistlichkeit, der die Mitglieder der *Gruppe der Zweiunddreißig,* die sich später *Union für eine kirchliche Erneuerung* nannten, angehörten. Denn in diesem Text wurde auf den überhandnehmenden Einfluß der „schwarzen" monastischen Geistlichkeit im Leben der orthodoxen Kirche hingewiesen und das „Ghetto" beklagt, in dem sich die russische Orthodoxie nunmehr befinde, sowie die totale Isolierung gegenüber der weltlichen Gesellschaft.

Der konservative Erzbischof Antonij Chrapovitskij, damals Bischof von Wolhynien und Zitomir in der westlichen Ukraine, verteidigte eine ausschließlich bischöfliche Zusammensetzung der geplanten Synode und bezeichnete die *Gruppe der 32* als „kirchliche Republikaner". Nach Meinung des Erzbischofs wollten letztere heimlich jede legitime Regierung abschaffen und Anarchie verbreiten. Der Geist der Anarchie, der zuerst im Römischen Recht kodifiziert worden sei, dann durch die Französische Revolution weiterentwickelt und nunmehr in den Verfassungen des westlichen Europa vorherrschend sei, würde ihren „perversen" Ideen innewohnen[27]. Mit gleicher Deutlichkeit kritisierte Chrapovitskij in der Beantwortung seines Fragebogens aber auch das Amt des Oberprokurors und hoffte auf ein baldiges Ende dessen, was er den „Witwenstand der Kirche" nannte[28]. Unverzüglich antwortete Nikolas Aksakov für die *Gruppe der Zweiunddreißig* auf den Artikel des Erzbischofs. Beide Veröffentlichungen erschienen in derselben Zeitschrift[29] – Liberale und Konservative lieferten sich in den theologischen Zeitschriften nun einen heftigen Kampf.

Die innere Situation der Kirche wurde gleichfalls durch den radikalen politischen Wandel beeinflußt. Im Oktober 1905 nahm Nikolaus II. gezwungenermaßen von seinen absolutistischen Prinzipien Abschied und akzeptierte die konstitutionelle Monarchie durch das Oktobermanifest. Er ersetzte seine Minister und schickte Pobedonoscev in den Ruhestand. Eine persönliche Mitteilung des Zaren, die am 27. Dezember 1905 im Namen des Metropoliten Antonij Vadkovskij von St. Petersburg publiziert wurde, gestattete der Kirche, mit den Vorbereitungen für eine Synode zu beginnen, welche eine Reform auf der Basis des Kirchenrechts zustande bringen sollte. Zum ersten Mal seit Jahrhunderten ergriffen die Kirchenoberen selbst die Initiative und begannen, ohne Einmischung des Staates Verhandlungen zu organisieren.

Der Synod richtete das sogenannte *Vorsynodale Komitee* ein, das am 14. Januar 1906 von Nikolaus II. empfangen wurde. Das Komitee war für alle offen; die Bischöfe bildeten dort mit nur zwölf Teilnehmern lediglich eine Minderheit, denn zugleich waren acht Erzpriester aus dem Weltklerus, neun Laien und 25 Professoren unterschiedlicher theologischer Akademien und Universitäten versammelt, von denen nur vier Mönche waren. Theologische und kanonische Diskussionen dominierten die Debatten. Die Schlüsselfrage lautete: Mußte das Corpus des orthodoxen kanonischen Rechts – und damit konsequenterweise die Tradition – als vollständig und unveränderlich angesehen werden oder waren Hinzufügungen und Angleichungen möglich? Eine andere Frage traf den Kern des Kon-

---

[27] A. CHRAPOVITSKIJ, Pervaia otvetnaia dokladnaia zapiska Sviateichemu Pravitelstvuiuchtchemu Sinodu, in: Bogoslovsky Vestnik (1905) 698–710.

[28] N. RKLITSKIJ, Jizneopisanie blajeneichago Antonia mitropolita Kievskago i Galitskago III, Jordanville 1960, 37.

[29] N. P. AKSAKOV, Vsetserkovny sobor i vybornoe natchalo v Tserkvi, in: Bogoslovsky Vestnik (1905) 771–777.

zilsgedankens *(sobornost)*[30] in der Kirche: Konnten Laien – und wenn ja, auf welcher Grundlage – zur Synode gesandt werden? Die mehrheitliche Ansicht war, die Laien zuzulassen, wenn auch nur in beratender Funktion und ohne Stimmrecht.

Die politische Situation wechselte erneut. Im Jahr 1906 wurde Witte durch den konservativeren Pjotr A. Stolypin (1862–1911) ersetzt. Die fortschrittliche Geistlichkeit wurde einer stärkeren Überwachung unterzogen. Das Komitee beendete im Dezember 1906 seine Tagungen; die Berichte wurden zu Beginn des folgenden Jahres durch den Zaren geprüft. Dieser versuchte, den Metropoliten Antonij Vadkovskij durch den konservativen Chrapovitskij zu ersetzen, doch fürchtete er letztlich die öffentliche Meinung, da sie dessen enge Verbindung mit den ultrarechten und antisemitischen *Schwarzen Einhundert* verurteilte. Die wachsende Macht der Rechten vor der Einberufung der dritten Duma im Jahr 1907 war kein gutes Omen für die Reform.

Eine Protestwelle, die 1905 in den theologischen Seminaren und Akademien eingesetzt hatte, führte in einigen Fällen sogar zur Ermordung von Rektoren und Seminarleitern. Hierdurch wurde der Synod veranlaßt, eine Inspektion der Einrichtungen anzuordnen, die Ausbildungsprogramme einer Revision zu unterziehen und die Studentenschaft auszusieben. Erzbischof Chrapovitskij, der die Akademie von Kiew überprüfte, tadelte die dortigen Professoren, die Einrichtung verweltlicht zu haben, obgleich die Leitung dieser Institutionen seit 1884 in den Händen von Mönchen lag. Er erklärte, daß die Studenten die Erlaubnis besessen hätten, Totenmessen für Revolutionäre abzuhalten, ja, daß die Rektoren gepredigt hätten, Christus sei selbst ein Revolutionär gewesen.

Persönlich war Ministerpräsident Stolypin weder von der Idee begeistert, eine Synode einzuberufen, noch davon, den Patriarchat wiederherzustellen. Er wollte lieber ein kompetentes Ministerium einrichten, das alle religiösen Gemeinschaften des Reiches nach gleichen Grundsätzen behandelte in der Art, wie es unter der „ökumenischen" Herrschaft Alexanders I. existiert hatte. Natürlich leistete der Synod dagegen heftigen Widerstand, befürchtete er doch, daß die russische Orthodoxie ihre bevorzugte Stellung verlieren und als eine Religion unter vielen behandelt werden würde.

Ein weiterer Rückschlag: die Herrschaft Rasputins

Das Bild der Kirche in den letzten Jahren vor dem Ersten Weltkrieg wurde durch den Aufstieg des Grigorij Rasputin Novitch (1871–1916) bestimmt. Angeblich war er ein sibirischer Starze, in Wahrheit aber Anhänger einer russischen Sekte, eventuell der Flagellanten *(khlysty)* oder, wie sie sich selber bevorzugt nannten, der „Männer Gottes". Obgleich vom Diözesankomitee von Tobolsk als Häretiker gebannt, bekannte sich Rasputin in der Öffentlichkeit zur strengen Orthodoxie. Seine Vorstellungen über die Natur der Sünde, die Sexualmoral und den Mystizismus, auch die Heilung eines Kindes mit schamanischen Methoden, wie sie die Volksstämme Sibiriens praktizierten, zeigten allerdings, daß er den Sekten deutlich näher stand als der offiziellen orthodoxen Lehre[31].

Rasputins Einfluß auf die höchsten politischen Kreise fußte auf seiner Freundschaft zur kaiserlichen Familie und zum Oberprokuror V. K. Sabler. Dies führte sogar soweit, daß er

---

[30] Zur theologischen Bedeutung des Konzilsgedankens und zum Kirchenverständnis vgl. E. v. IVÁNKA, Sobornost, in: LThK IX (1964) 841f.
[31] M. RODZIANKO, The Reign of Rasputin, London 1973.

hochrangigste Würdenträger des Staates und der Kirche ernennen oder absetzen konnte. So erreichte er im Jahr 1911 die Entlassung und Bannung des ihm feindlich gesonnenen Bischofs Dolganov von Zaritsyn. Anschließend setzte er die Erhebung des Makarij Nevsky auf den Moskauer Stuhl und die des Barnabas Narkopin auf den Sitz von Tobolsk durch; beide besaßen keine hinreichende Ausbildung, der letztgenannte hatte sich zuvor im Kloster mit Gartenbau beschäftigt. Dies fügte der Glaubwürdigkeit der Kirche in der russischen Gesellschaft wie in der nicht-orthodoxen Öffentlichkeit weiteren Schaden zu und begünstigte jene Feindschaft gegenüber der Monarchie und der Kirche, die im Jahr 1917 in der Oktoberrevolution den Sieg davontragen sollte.

Am 2. November 1912 verstarb Antonij Vadkovskij, Metropolit von St. Petersburg. Vladimir Bogoiavlensky, gleichermaßen ein Gegner Rasputins und des Oberprokurors, wurde zu seinem Nachfolger gewählt, obgleich zunächst Sergij Starogodskij (1867–1944) und selbst Antonij Chrapovitskij als mögliche Kandidaten ins Auge gefaßt worden waren. Trotz beträchtlicher Schwierigkeiten gelang es Bogoiavlensky, bis 1915 in St. Petersburg zu bleiben, da die allgemeine Aufmerksamkeit vor dem Ersten Weltkrieg mehr auf die Außenpolitik gerichtet war. Schließlich aber erwirkte Rasputin seine Absetzung und ersetzte ihn durch Pitirim Oknov, gleichfalls ein Mann von eher schlichtem Gemüt.

Im Jahr 1912 wurde ein neuer Arbeitskreis zur Vorbereitung einer Kirchensynode einberufen, der die Arbeit des Komitees aus dem Jahr 1906 neu organisierte, dokumentierte und in fünf starken Bänden der Öffentlichkeit zugänglich machte. Eine erneute Russifizierungswelle brandete über die nichtrussischen Provinzen im Westen des Reiches und machte auch vor der Kirche nicht halt. So war beispielsweise der Warschauer Erzbischof Nikolas Ziorov nicht damit einverstanden, daß zwei Drittel der 300000 orthodoxen Bauern unierter Abkunft im Jahr 1905 zur römisch-katholischen Kirche konvertiert waren. Er ließ Maßnahmen durchführen, um sie, wie auch andere, wieder in die orthodoxe Kirche einzugliedern; auch wollte er den religiösen Charakter der polnischen Hauptstadt verändern. Metropolit Eulog Georgievsky von Chelm im Südwesten des Reiches gelang es, seine Diözese aus der Jurisdiktion des Erzbischofes von Warschau herauszulösen und sie direkt der Autorität St. Petersburgs zu unterstellen. Im Jahr 1910 nahmen neue Gesetze in Finnland Bezug auf die lutherische Kirche und den finnischen Nationalismus. Ein erneuter Angriff auf die Altgläubigen brachte einige unter ihnen dazu, mit den Russisch-Unierten zu sympathisieren, andere schlossen sich den Baptisten an[32].

Die internationale Lage war mittlerweile sehr bedrohlich. Die wachsende Feindschaft zwischen Rußland und seinen Nachbarn, dann der Ausbruch des Ersten Weltkriegs im Jahr 1914 verzögerten erneut die Einberufung der Kirchensynode.

III. Die kirchliche Geographie und die Diözesen

Im Verlauf des 19. Jh. nahm die Zahl der Bevölkerung im Russischen Reich ständig zu. Hatte man 1812 noch 41 Millionen Einwohner registriert, so wuchs diese Zahl rasch auf 74 Millionen im Jahr 1858, 163 Millionen im Jahr 1910 und schließlich 178 Millionen im Jahr 1914: In zwei Jahrhunderten hatte sich die russische Bevölkerung verzwölffacht. Da-

---

[32] J. Gagarine, Les Starovères, l'Église russe et le Pape, Paris 1957.

gegen sank die Zahl der orthodoxen Russen im Verhältnis zur Gesamtbevölkerung. Das Reich begann sich zu einer multireligiösen Gesellschaft zu entwickeln, blieb aber immer noch relativ geschlossen. 1858 machten die orthodoxen Russen 72 % der Bevölkerung aus, 1910 lag ihr Anteil bei 69 %. Diese Zahlen berücksichtigen natürlich nicht den Unterschied zwischen Orthodoxen und Altgläubigen oder den Anhängern verschiedener Sekten, die, um die diskriminierende Gesetzgebung zu umgehen, sich als Orthodoxe registrieren ließen. Tatsächlich repräsentierten die orthodoxen Gläubigen zu Beginn des 20. Jh. lediglich die Hälfte der Gesamtbevölkerung, das heißt ca. 84 Millionen Menschen[33].

Konnte zu Beginn der Synodalperiode die privilegierte Stellung der orthodoxen Kirche im Staatsapparat mit der religiösen Konformität gerechtfertigt werden, die zu Beginn des 18. Jh. noch im zaristischen Rußland vorherrschend gewesen war, ließ der neu entstandene religiöse Pluralismus die Mängel dieses Systems zutage treten und offenbarte, daß die Verbindung zwischen dem russischem Staat und russischer Kirche rein formeller Natur war, die allein auf der Grundlage der staatlichen Gesetzgebung gründete.

Andererseits setzte sich die territoriale Expansion Rußlands, die schon unter den Vorfahren Peters des Großen begonnen hatte, im 19. Jh. fort. Anfangs war die Expansion noch ohne System, die Kolonisierung erfolgte nur schrittweise. Lediglich die weiten Gebiete im Süden und im Osten des Moskoviter Reiches wurden in ihrer Gesamtheit kolonisiert; ansonsten vollzog sich die Expansion eher dadurch, daß sich kleine Gruppen orthodoxer Russen unter den islamischen oder andersgläubigen Einwohnern der ehemals nichtrussischen Gebiete ansiedelten. Hier vollzog sich beinahe notwendigerweise eine Symbiose der Glaubensvorstellungen und Kulturen. Große Gruppierungen von römischen Katholiken und Unierten, von orthodoxen Georgiern und Armeniern, von Muslimen, Juden und anderen wurden ganz einfach in die innere Struktur des Zarenreiches aufgenommen, als die weitläufigen Territorien des Königreiches Polen im Westen, der Fürstentümer Zentralasiens und Sibiriens im Süden und Osten russisch wurden. Dies alles trug dazu bei, den Anteil der orthodoxen Bevölkerung im Reich zu verringern.

Die „Rückkehr" der Unierten zur Orthodoxie in den polnischen Gebieten Weißrußlands erreichte die russische Orthodoxie mit Hilfe der zaristischen Verwaltung in zwei Etappen: zunächst 1839 unter Zar Nikolaus I., dann 1875 mit der Auflösung der Diözese von Chelm, der letzten Bastion der Unierten im zaristischen Rußland. 1864 war auch der Kaukasus erobert; die georgische Kirche wurde bereits 1815 in die russisch-orthodoxe Diözesanstruktur eingegliedert. Im Jahr 1828 erhielt Nikolaus I. einen Teil Armeniens mit der Stadt Erevan von Persien. Dreißig Jahre später verband Rußland seine Ostgrenze zu China in einem gewissen Grade mit dem Verlauf des Amur, nahm aber bereits 1860 das Gebiet von Ussuri (Khabarovsk) in Besitz, wodurch die russisch-chinesische Grenze bis zum Ochotskischen Meer vorrückte. Aber die bemerkenswertesten Erfolge gelangen Rußland in Zentralasien: 1865 erlangte man Turkestan, 1873 die usbekischen Königreiche von Kokand, Chiva und Buchara, 1887 Merv und Pamir.

Durch die territoriale Expansion vergrößerten sich die Probleme der Diözesanverwaltung. Die Diözesen Zentral- und Westrußlands bevölkerten sich rasch, die Grenzregionen

---

[33] V. CONOLLY, Die „Nationalitätenfrage" im Zarenreich. Russlands Aufbruch ins 20. Jh., Fribourg 1970, 151–180; DERS., Russian Imperialism. From Ivan the Great to the Revolution, Neu-Braunschweig 1974; H. BAUER – A. KAPPELER – B. ROTH (Hrsgg.), Die Nationalitäten des Russischen Reiches in der Volkszählung von 1897, 2 Bde., Stuttgart 1991.

dagegen waren dünner besiedelt und zu riesigen Verwaltungseinheiten zusammenge-schlossen. Die Diözese von Tobolsk zum Beispiel erstreckte sich über ganz Sibirien vom Ural bis zur chinesischen Grenze; die 1880 geschaffene Diözese von Turkestan nahm ebenfalls ein gewaltiges Gebiet in Zentralasien ein. Die anderen Diözesen hatten eine stark unterschiedliche Bevölkerungsanzahl: Im Jahr 1903 besaß die Diözese von Kiew in der dicht besiedelten Ukraine vier Millionen Gläubige, die von Archangelsk im äußersten Nor-den lediglich 360000. Im Jahr 1825 gab es 40 Diözesen, von denen vier zur kürzlich ein-verleibten georgischen orthodoxen Kirche gehörten. 1855 hatte sich die Zahl um 15 neue Diözesen erhöht, 1900 gab es insgesamt 65. Zar Nikolaus I. hatte selbst 13 neue Diözesen geschaffen. 1879 gründete man die Missionsdiözese von Alaska und den Aleuten (Insel-gruppe im Nordpazifik); ihr Bischof residierte in San Francisco.

1. Bischöfe und Metropoliten

Im 19. und 20. Jh. stellte die extreme Zentralisierung das größte Problem der Diözesanver-waltung dar. Alles wurde durch den Heiligen Synod bestimmt; offizielle Verbindungen zwischen den einzelnen Diözesen existierten nicht mehr.

Seit Peter dem Großen waren zwei unterschiedliche Verwaltungsbereiche zur Steuerung der russischen Gesellschaft eingerichtet worden: Das Synodalsystem zur Leitung der Kir-che und ein säkulares System, um den Staat zu lenken. Dazu wurden zwei zentrale Verwal-tungsorgane geschaffen, der Synod und der Senat, die vor Ort durch den Bischof und den Gouverneur vertreten wurden, um zusammen die Herrschaft des Zaren zu repräsentieren.

Die Kirche wurde durch den „schwarzen", monastischen Klerus *(tchernye)* dominiert, daneben gab es die verheiratete „weiße" Geistlichkeit *(bielye)*. Sie rühmte sich ihrer streng hierarchischen Struktur: Auf der höchsten Ebene der monastischen Hierarchie befand sich – der Theorie nach – der Patriarch, gefolgt von den Metropoliten, Erzbischöfen und Bi-schöfen. Sie alle waren dem verheirateten Klerus übergeordnet. Den Klöstern vorbehalten waren die Würden des *Archimandriten* und des *Higumenos*. Ersterer konnte sich als Vor-gesetzter des Klosters gegenüber dem Zweitgenannten durchsetzen und genoß auch zu-sätzliche liturgische Vorrechte. Die Basis der Pyramide bildeten der Priestermönch *(iero-monach)*, der Mönch ohne Priesterweihe *(inok)*, der Diakon *(ierodyakon)* und der Novize *(posluchnik)*. Der „weiße" Klerus setzte sich aus höheren *(svyachtchenoslujiteli)* und nie-deren *(tserkovnoslujiteli)* Pfarrern zusammen. Während sich theoretisch jeder Mönch um das Patriarchat bewerben konnte, waren die Aufstiegschancen eines verheirateten Priesters ungleich bescheidener und kamen nicht über den Rang eines *Protopresbyters* hinaus – ein Amt, das im gesamten Reich nur vier Kleriker innehatten, der oberste Militärgeistliche und die Vorsteher der drei Kathedralen im Kreml. Darunter stand die Würde des Erzpriesters mit einem deutlich geringeren Prestige (hiervon gab es ein Dutzend in jeder russischen Di-özese), dann die des Priesters und des Diakons. Etwa die Hälfte der Pfarrgemeinden im Reich hatte ihren eigenen Diakon, der im allgemeinen weniger wegen seiner außerge-wöhnlichen intellektuellen und moralischen Eigenschaften geweiht wurde als vielmehr wegen seiner schönen Stimme. In der Regel wurde er auch von den Pfarrangehörigen nach diesem Gesichtspunkt eingeschätzt.

Am wenigsten Prestige hatten die niederen Geistlichen, die keine Weihe empfangen hat-ten *(chirotonia)*, sondern vom Bischof lediglich in ihr Amt bestellt worden waren *(chiro-tesia)*. Hierzu gehörte der Subdiakon, der dem Bischof im allgemeinen lediglich während

Die orthodoxe Kirche um 1914 (nach Z. Zuchowska).

der ausgedehnten Liturgiefeiern zur Hand ging, weiter der Küster *(prichetniki)* und – nach 1885 – die Kirchensänger *(psalomchtchiki)*; auch der Lektor *(diachtok)* und der Messner *(ponomar)* gehören zu der letztgenannten Gruppe. Der Lektor trug im allgemeinen das Gewand des Diakons ohne das Orarion, das Rangabzeichen des Diakons in Form einer Stola; der Messner dagegen hatte sich mit einer einfachen Soutane zu begnügen. Weil es vor dem Ende des 19. Jh. kaum Chöre gab, mußten die Kirchendiener oftmals die Antwortverse der Liturgie vorgetragen. Bis 1869 waren sie daneben für die Reinigung der Kirche verantwortlich, für das Läuten der Glocken, die Aufrechterhaltung der Ordnung sowie das Schließen der Gotteshäuser nach den Gottesdiensten.

Die Bischöfe hatten in dieser weitgefächerten Kirchenstruktur eine hohe Position inne. Nach der Einrichtung des Heiligen Synod wurden sie üblicherweise von „weisen Mönchen" *(utchenye monachi)* gewählt, d. h. von den Vorstehern und Professoren der theologischen Seminare, die in der Regel eine höhere Bildung besaßen. In der zweiten Hälfte des 19. Jh. wurden infolge des Mangels an Kandidaten aus dem Mönchsstand sogar einige Witwer, d. h. Angehörige des „weißen" Klerus, zu Bischöfen erhoben. Im allgemeinen entstammten die Bischöfe Klerikerfamilien; im Jahr 1908 kamen lediglich zwei Würdenträger aus dem Adel. War es anfangs Sitte, daß die Hierarchen nach ihrer liturgischen Weihe ihren Diözesen zugeteilt wurden, so kehrte man im Verlauf der Synodalperiode die Ordnung um: Die Bischöfe wurden schon vor ihrer Weihe den entsprechenden Gebieten zugeteilt.

Die Bischöfe hatten nur wenig Berührungspunkte mit den verheirateten Priestern, noch weniger aber mit den ihnen anvertrauten Gemeinden, so daß sich der Graben, der zwischen Hierarchie, Pfarrklerus und Gemeinde verlief, im Verlauf der Synodalperiode weiter vertiefte. Die Hierarchen hatten im allgemeinen die Tendenz, ihren beiden Hauptverpflichtungen Genüge zu tun, nämlich der exakten Feier der Liturgie sowie offiziellen und administrativen Aufgaben. Da sie aber darüber hinaus gehalten waren, nicht nur Seminare und Pfarrschulen zu beaufsichtigen, sondern auch die Diözesankonsistorien, die in der Diözese befindlichen Klöster sowie die Wachsfabriken und die Finanzen, hatten sie in der Regel viel Verwaltungstätigkeit zu erledigen.

Aus diesen Gründen sahen die Gläubigen und besonders der niedere Klerus in der lokalen Hierarchie oftmals eher eine willkürliche Herrschaft als ein Hirtenamt. Andererseits schätzten die gleichen Gläubigen jene Bischöfe nicht, die sich nicht so verhielten, wie es ihre soziale Stellung erforderte. Manche Bischöfe waren dafür bekannt, daß sie an eleganter Kleidung und an ausgefallenen Speisen Gefallen hatten, doch sollte man dies eher als einen allgemeinen zeitbedingten Indikator für die Höhe des Lebensstandards werten denn als eine spezifische Eigenheit der hohen Geistlichkeit. Seit 1766 durften die Bischöfe über ihre Untergebenen keine körperlichen Strafen mehr verhängen. Dennoch waren sie im 19. Jh. allgemein für ihre Strenge bekannt, ja der niedere Klerus fürchtete die Besuche der Bischöfe und ihre Inspektionen der Pfarrgemeinden. So war beispielsweise der Metropolit Nikodem Bystritsky, der als Asket auf einem Holzbrett zu schlafen pflegte, für die Strenge berüchtigt, mit der er seine Priester behandelte.

Diesen Bischöfen, die für ihre Härte bekannt waren, wurde oft sogar die besondere Sympathie der Gläubigen entgegengebracht, wenn sie nur die Liturgie mit Genauigkeit und Andacht feierten. So war Metropolit Philaret Drozdov aus Moskau für die Würde bekannt, mit der er die Zeremonien beging. Andere, wie z. B. der Asket Theophan Govorov mit dem Beinamen „der Klausner" *(zatvornik)* oder der Metropolit Ignatij Briantchaninov, die beide unlängst vom Moskauer Patriarchat kanonisiert wurden, erlangten als geistliche Väter (*starets*, im Plural *startsi*) eine große Popularität und hinterließen wichtige Arbeiten zur asketischen Theologie. Verschiedene Bischöfe erlangten Ansehen aufgrund ihrer Schriften zur Theologie und zur Kirchengeschichte; für Makarij Bulgakov (1816–1882), der lieber gründliche Studien anstellte als seine Zeit mit Verwaltungstätigkeiten zu vergeuden, konnte die Absetzung aus seinem Amt nicht früh genug erfolgen, um mehr freie Zeit zu haben.

Unter den geistlichen Würdenträgern, die die Russische Kirche in den schwierigen Jahrzehnten des 19. Jh. leiteten, bleibt der Name des Metropoliten Philaret Drozdov (1782–1867) zweifellos, um mit den Worten eines Zeitgenossen zu sprechen, wie „ein lebendes Denkmal" bestehen. Im Jahr der Krönung Nikolaus' I. (1826) mit der Würde des Metropoliten von Moskau betraut, leitete Drozdov seine Diözese über beinahe ein halbes Jahrhundert hinweg. Als Sohn eines einfachen Priesters aus dem Gebiet von Kolomna widersetzte er sich allen Veränderungen und glaubte besonders gegen Ende seines Lebens fest an die Notwendigkeit einer Herrschaft des Staates über die Kirche. Dennoch hatte Drozdov Schwierigkeiten mit dem Zaren und mit dem Oberprokuror, die ihn von 1842 bis zu seinem Tod die Versammlungen des Heiligen Synod meiden ließen. Der Metropolit verfaßte zahlreiche Predigten und Abhandlungen, die nach seinem Tod gesammelt und herausgegeben wurden. Bekannter ist er jedoch aufgrund seines Versuchs, einen der ersten modernen Katechismen des orthodoxen Glaubens auszuarbeiten, ein Werk, das den Titel *Erweiterter christlicher Katechismus der Orthodoxen-katholischen Kirche des Ostens* trug. Er veröffentlichte seine Arbeit im Jahr 1823, zu einer Zeit, in der die fremdenfeindliche Reaktion sogar die russische Bibelgesellschaft unter Druck setzte. So war er gezwungen, den Katechismus, der auch biblische Zitate in russischer Sprache enthielt, zurückzuziehen, um diese in Kirchenslawisch abzufassen.

Der konservative Metropolit war sogar der Verfasser des Manifests, in dem Zar Alexander II. das Ende der Leibeigenschaft im Russischen Reich versprach (1861), obgleich er persönlich gegen diese Reform war, die er als vorzeitig und übereilt beurteilte. Andere Geistliche aber teilten die Ablehnung Drozdovs nicht; so vertrat ein gewisser Archimandrit Joseph die Ansicht, daß „weder die Geburt noch soziale Notwendigkeit oder das bürgerliche Recht in irgendeiner Weise die Sklaverei legitimieren könnten". Trotz seiner konservativen Ansicht wurde Metropolit Philaret Drozdov im Dezember 1994 kanonisiert.

2. Die „weiße" oder niedere Geistlichkeit

Nach einer Schätzung des aus Italien stammenden Orientalisten Aurelio Palmieri (1870–1926) gab es 1900 achtzig Millionen orthodoxe Christen in Rußland. Sie wurden von 45000 Priestern betreut, von denen 2000 im Range eines Erzpriesters standen. Man zählte daneben 15000 Diakone und 67000 geweihte Kirchendiener. Die Kirche besaß 48000 Kirchengebäude und 10000 Kapellen, litt jedoch an Priestermangel[34].

---

[34] N. V. ELAGIN, Russkoe duchovenstvo, Berlin 1859; I. GAGARIN, La Réforme du clergé russe, Paris 1867; DERS., Le Clergé russe, Brüssel 1871; P. V. ZNAMENSKIJ, Prichodskoe duchovenstvo v Rossii so vremeni Petra Velikago, Kazan 1873; N. V. ELAGIN, Beloe duchovstvo i ego interesy, St. Petersburg 1881; A. PALMIERI, La Chiesa russa, Florenz 1908; G. FREEZE, The Parish Clergy in Nineteenth Century Russia: Crisis, Reform, Counter-Reform, Princeton 1983.

Der verheiratete „weiße" Klerus, der sich traditionell um die Pfarrgemeinden des zaristischen Rußland kümmerte, war in vier Kategorien eingeteilt: Neben der Diözesangeistlichkeit, die in den bischöflichen Kirchen, in den Pfarrkirchen und den privaten Kapellen des Reiches diente, gab es den Feld- und Marineklerus, der in den Regimentern und den Garnisonskirchen der Städte und einzelner Festungen tätig war und unter der Leitung eines Protopresbyters stand. Für den Hof des Zaren war die Palastgeistlichkeit zuständig. Und dann war da noch der Auslandsklerus, der die russisch-orthodoxen Gemeinden außerhalb der Reichgrenzen zu betreuen hatte. Die erste Kirche außerhalb des russischen Territoriums wurde im 17. Jh. von russisch-orthodoxen Kaufleuten in Stockholm gegründet, die ersten Botschaftskapellen entstanden 1716 in London und 1718 in Berlin. Aleksej Maltsev, ein Erzpriester von großem Talent, lebte dort und arbeitete an seinen Übersetzungen der orthodoxen Liturgie – einer der ersten Versuche vor der Oktoberrevolution 1917, einige, nur wenig bekannte Gebete der Orthodoxie in eine westliche Sprache zu übertragen.

Die „weiße" Geistlichkeit hinreichend zu beschreiben, ist ein schwieriges Unterfangen, da man ihre enorme Vielfalt berücksichtigen muß. Die Lebensumstände eines begüterten Erzpriesters in Moskau waren notwendigerweise völlig verschieden von denen eines armen Kantors in den tiefen Wäldern Nordrußlands, der vielleicht noch nicht einmal lesen und schreiben konnte. Die Zahl der Geistlichen war vergleichsweise groß; mehrfach wurde die Zahl der russischen Priester auf das Dreifache des französischen und das Siebenfache des englischen Klerus geschätzt. Der Klerus in den Gemeinden war natürlich weit stärker mit den Gläubigen in Kontakt als die oft weit entfernte Hierarchie. Im Verlauf des 18. Jh. war die niedere Geistlichkeit schrittweise zu einer Art Angestelltenschicht des Staates geworden, die bezüglich ihres Unterhaltes ausschließlich zivilen Autoritäten unterworfen war. Dies führte dazu, daß die Geistlichen einen guten Teil ihres moralischen Ansehens verloren und man sie mit Mißtrauen beobachtete. Vielleicht ist dies auch der Grund, weshalb die Bauern die Mönche als Beichtväter bevorzugten und daß der „schwarze" Klerus eine hohe Wertschätzung genoß, obwohl die verheirateten Priester die Armut ihrer Pfarrkinder teilten.

Das größte Problem des „weißen" Klerus bestand allerdings darin, daß er während der gesamten Synodalperiode als eine erblich geschlossene Gruppe organisiert war, die vom Rest der Gesellschaft getrennt war. Das in der Rechtsordnung des 18. Jh. festgelegte System erlaubte lediglich den Kindern von Klerikern, Priester zu werden. Der Zugang zur weltlichen Geistlichkeit war allen anderen verwehrt; die Klöster dagegen standen für alle offen, die eine religiöse Berufung verspürten, selbst für Adlige. Diese Reglung ließ sich zum Teil aus der Sozialphilosophie der russischen Aufklärung ableiten, die es als eine feststehende Tatsache angesehen hatte, daß der Sohn den Rang und die soziale Stellung seines Vaters übernahm. Das Gesetzbuch von 1833 gebrauchte beispielsweise das Wort „soslovie", das oft im Zusammenhang mit dem „klerikalen Staat" verwendet wurde und die Pflichten der vier sozialen Schichten definierte: Die Adligen waren zuständig für die Verteidigung des Vaterlandes im Krieg wie im Frieden, die Händler hatten als Vermittler zu dienen, um das materielle Wohlergehen der Bevölkerung zu sichern, die Bauern sollten die Erde kultivieren und das Volk ernähren, die Geistlichen beten.

Die Entstehung einer in sich geschlossenen Priesterklasse war das Resultat mehrerer unterschiedlicher Faktoren, darunter besonders der Feindschaft der Priesterfamilien gegenüber einer Lockerung des Systems. Die Seminare standen ausschließlich den Priestersöhnen offen, ein spezielles Steuersystem machte es den Söhnen von Kaufleuten oder Bauern so gut wie unmöglich, Priester zu werden. Diese vorherrschende Geschlossenheit stand in einem eklatanten Widerspruch zu den Verhältnissen in den protestantischen und römisch-katholischen Ländern des Westens, besonders zu denen in Zentral- und Osteuropa. In diesen Staaten war eine geistliche Berufung für Kinder aus sozial benachteiligten Schichten der einzige Weg, gesellschaftlich aufzusteigen. In Rußland dagegen war die Stelle eines Gemeindepriesters beinahe erblich: Jede Priesterfamilie hütete eifersüchtig ihre Gemeinde wie ihr Vermögen für den ältesten Sohn; dies garantierte dem Vater oder der Mutter nach dem Tod des Ehepartners das Auskommen, vor allem aber den Unterhalt für den Lebensabend. Wenn ein Priester nur Töchter hatte, so übergab man die Gemeinde an einen Schwiegersohn aus dem Priesterstand, der versprochen hatte, sich um die Schwiegereltern zu kümmern. Eine im Jahr 1869 verabschiedete Vorschrift des Heiligen Synod versuchte, diese Praktiken zu ändern. Sie sah vor, daß, wenn ein neuer Priester für eine Pfarrgemeinde bestimmt wird, die Wünsche der Familie des Vorgängers nicht berücksichtigt werden sollen. Im allgemeinen waren die Abkömmlinge der Priester in der Bevölkerung nicht sehr beliebt, ein verbreitetes Sprichwort lautete: „Der Sohn eines Priesters (popovitch) ist ein Spitzbub, die Tochter eine Hure". Da viele dieser Kinder nicht in der glücklichen Lage waren, eine Arbeit in der Gemeinde zu finden, mußten sie tatsächlich zu anderen, gesellschaftlich weniger angesehenen Mitteln greifen, um ihr Überleben zu sichern.

Im Jahr 1869 versuchte der Minister für Volksbildung, Dimitri Tolstoj, der Absonderung der Geistlichen ein Ende zu setzen, indem er den Priestersöhnen gestattete, neben der klerikalen Laufbahn auch eine andere einzuschlagen. Zwei Jahre zuvor waren bereits die theologischen Seminare für Studenten jedweder sozialer Abkunft geöffnet worden, ungeachtet der Proteste des Metropoliten Philaret Drozdov, der „das Recht der priesterlichen Klasse" beschwor. Tatsächlich hatte diese Reform aber nur einen geringen Erfolg: Viele Studenten besuchten die Seminare lediglich, um eine freie Ausbildung zu bekommen, nicht um Priester zu werden. Die Unterrichtsstätten wurden immer mehr zu revolutionären Foren; sie brachten auch Extremisten und Anarchisten hervor. 1900 hatten 23 % der Theologiestudenten eine nichtpriesterliche Abkunft. Später versuchte der Synod, ihren Anteil auf 10 % zu senken, vor allem durch die Vorschrift, daß die Kandidaten sich eidesstattlich verpflichten mußten, Priester zu werden. Unter den berühmt gewordenen Seminaristen nichtgeistlicher Herkunft sei hier der bereits erwähnte Metropolit Antonij Chrapovitskij genannt, der einer adligen Familie aus dem Gebiet von Novgorod entstammte und später das Oberhaupt der russischen Auslandskirche werden sollte. Er war berüchtigt wegen seiner Kontakte zu den antisemitischen „Schwarzen Einhundert"; erinnert sei aber auch an Josef Wissarionowitsch Dshugashwili (1879–1953) – Stalin, den Sohn eines georgischen Bauern, der dann Schuhmacher wurde.

Andererseits verließen, besonders in den Jahren zwischen 1870 und 1890, zahlreiche Söhne aus geistlichen Familien das Seminar, um in weltlichen Schulen ausgebildet zu werden. Viele traten in den Staatsdienst ein, wo sie unterschiedliche Funktionen ausübten. Sehr häufig waren es nur zwei oder drei, höchstens fünf Seminarteilnehmer aus einer Gruppe von 50 oder 60 Diplomanden, die schließlich die Priesterweihe empfingen – eine Entwicklung, die der Aufmerksamkeit des Oberprokurors Pobedoscev nicht entging. Im Jahr 1905 beklagte sich der Bischof von Tambov, daß es oft nicht die Begabten, sondern gerade die schwerfälligsten und dümmsten Studenten seien, die bereit waren, sich zu Priestern weihen zu lassen.

In der Regel waren die Priester der Pfarrgemeinden verheiratet, bevor sie das Subdiakonat oder höhere Weihen empfangen hatten. Dies war für ihre soziale Position wichtig; nach der Ordination war die Heirat verboten, auch durften verwitwete Geistliche keine zweite Ehe eingehen. Die soziale und materielle Lage dieser verwitweten Priester war allgemein schwierig, hatten sie doch fast ausnahmslos große Familien zu versorgen. Mitunter ersuchten sie sogar ihre Bischöfe, in den Laienstand zurückversetzt zu werden, heirateten dann erneut und arbeiteten als Sänger oder Messner, oder aber sie vertrauten ihre Nachkommenschaft einem Waisenhaus an, um selbst Mönch zu werden.

Dem weltlichen Klerus ging es im 19. Jh. in materieller Hinsicht besser als ein Jahrhundert zuvor, obgleich die Gehälter auch in dieser Zeit unzureichend waren. So nannten viele Priester auf dem Dorf ein Stück Land ihr eigen, das sie entweder selbst bewirtschafteten oder an einen Bauern zu Bewirtschaftung verpachteten. Natürlich ließ diese häusliche und landwirtschaftliche Arbeit nur wenig Raum für die seelsorgerische Tätigkeit.

Im vorzaristischen Rußland hatten die Pfarrgemeinden ihre Priester gewählt und dem Bischof zur Ernennung vorgeschlagen. Dieses System hatte sich im 18. Jh. von Grund auf verändert, unter der ausdrücklichen Zielsetzung einer stärkeren Zentralisierung. Anfangs wurden dem Bischof noch die Namen von zwei oder drei Kandidaten vorgeschlagen, von denen er einen auswählte; im Jahr 1815 hieß es aber dann, daß der Bischof bei der Stellenbesetzung in seinen Gemeinden die Wünsche der Gläubigen nicht mehr berücksichtigen müsse. Natürlich wurde es durch dieses Besetzungsverfahren für den Pfarrer schwieriger, sich in seiner zukünftigen Gemeinde Freunde zu verschaffen. Die Geistlichen profitierten von der Ausbildung, die sie im theologischen Seminar genossen hatten, und waren bemüht, eine höhere soziale Stellung einzunehmen als ihre bäuerliche Herde. Im Seminar hatten sie Latein und Altgriechisch gelernt, klassische Autoren und Kirchenväter im Original gelesen – allerdings wurden sie kaum auf ihre seelsorgerischen Aufgaben vorbereitet. Manchmal waren sie unfähig, die naiven, aber direkten Fragen ihrer Gemeindemitglieder zu beantworten. Ihre „Kinder im Geiste" behandelten sie oftmals mit Kälte und Herablassung; diese wiederum sahen sie als Staatsbedienstete, die nur die notwendigen religiösen Handlungen verrichteten.

Der Adel wiederum sah in den Angehörigen der niederen Geistlichkeit halbgebildete Bauern oder „Dorfheiler"; es sind Ortschaften bekannt, in denen es ihnen verboten wurde, Pferde zu behandeln. Bis 1862 – dem Jahr, in welchem dem Klerus genau wie den Leibeigenen zivile Freiheiten zugestanden wurden – liefen die Geistlichen Gefahr, von den adligen Grundbesitzern körperlich gezüchtigt zu werden, obgleich es schon 1801 den staatlichen Gerichtshöfen verboten worden war, die Geistlichen auf diese Art zu bestrafen. Fürst Ujazemsky wurde zu Klosterhaft und „trocken Brot und Wasser" verurteilt, weil er einen Priester bei einer Eucharistiefeier angegriffen und getötet hatte. 1869 verbesserte sich die bedenkliche Lage des russischen Klerus geringfügig, erhielt er nun doch das Privileg der persönlichen Hoheit.

Sehr tragisch war das beinahe vollständige Fehlen von Kommunikation zwischen der Geistlichkeit und der aufblühenden liberalen Intelligenz, welche im allgemeinen der Kirche gegenüber kritisch eingestellt war, aber mehr als jede andere Schicht die Menschenrechte und die Gleichheit aller Russen verteidigte, unabhängig von Herkunft und religiösem Bekenntnis. Jede Seite betrachtete die andere vielmehr mit Mißtrauen und Verachtung. Ein bemerkenswertes Beispiel hierfür ist der Streit zwischen dem unlängst kanonisierten Erzpriester Joann Sergiev (1829–1908), der auch Joann Kronstadtsky oder Heiliger Joann von Kronstadt genannt wurde (benannt nach der Vorstadt von St. Petersburg, in der er als Pfarrer zu höchstem Ruhm aufstieg), und liberalen Schriftstellern wie Leo Nikolajewitsch Tolstoj (1828–1910) oder Nikolai Semjonowitsch Leskov (1831–1895). Der 1908 verstorbene Sergiev war wegen seiner Kontakte zum reaktionären und antisemitischen Milieu bekannt, gleichwohl aber ein spiritueller Führer zahlreicher Menschen und einer der seltenen Vertreter des „weißen" Klerus, der wegen seiner Nächstenliebe und Frömmigkeit ein hohes Ansehen erworben hatte.

Bemerkenswert ist, daß die Dorfgeistlichkeit kaum theologisch weitergebildet wurde. Zahlreiche Kleriker mußten wenigstens einen Teil ihres Lebensunterhaltes durch Arbeit auf dem Acker verdienen. Dadurch fehlte ihnen sowohl Zeit wie Neigung, in Eigenarbeit ihre Studien fortzusetzen. Metropolit Nikon von Ufa berichtete, als er um 1889 seine Diözese im Ural bereiste, daß die Priester nicht in der Heiligen Schrift lesen, und daß es sogar Dörfer gebe, in denen nicht ein einziges Exemplar der Bibel vorhanden sei. Auch habe er die Beobachtung gemacht, daß die Bauern sehr häufig ihre Toten selbst bestatteten, da der Priester sich weigerte, den Leichenzug zu begleiten, weil er in zu großer Entfernung lebe. Zum Teil sahen die Bauern auch die Entlohnung eines Geistlichen für einen Dienst, den sie selbst verrichten konnten, als eine Verschwendung an.

Im Westen Europas war die Sonntagspredigt ein wichtiges Medium, um die Gläubigen über die Grundlagen der christlichen Religion zu unterrichten. In den russischen Dörfern dagegen wurde selbst im 19. Jh. selten gepredigt, zum einen wegen der geringen Bildung der Geistlichkeit, zum anderen aber, weil die Predigten einer strengen Zensur unterworfen waren. Im allgemeinen hatten lediglich die Bischöfe und besonders ausgebildete Priester das Recht, ihre eigenen Predigten zu schreiben. Die übrigen hatten sich damit zu begnügen, mit lauter Stimme sogenannte „Modellhomilien" zu verlesen, die zu diesem Zweck in den Diözesan-Zeitschriften veröffentlicht wurden. Im Verlauf der langen Zeit, in der Pobedonoscev das Amt des Oberprokurors innehatte (1880–1905), mußte jede frei verfaßte Predigt vom Vorsitzenden der Eparchie (Jurisdiktionsgebiet eines Bischofs, entspricht der Diözese) bzw. der Zensurbehörde geprüft werden. Eine Verordnung aus dem Jahr 1883 bestimmte, daß die Predigten dem Zeitgeist keine Beachtung schenken durften, ferner hatten sie sich politischer Themen zu enthalten und mußten sich auf die ewigen, überzeitlichen religiösen Werte und ihre Vermittlung beschränken.

Die Bischöfe beklagten sich häufig über die nachlässige und mechanische Art, mit der verschiedene Priester die Liturgie feierten. Manchmal wurden Lesungen und Gesänge in einer unverständlichen Weise vorgetragen. Seit dem 17. Jh., in dem die kirchlichen Würdenträger die Polyphonie aus der Liturgie verbannt hatten, die es den Sängern ermöglicht hatte, aufeinanderfolgende Textabschnitte gleichzeitig anzustimmen, um damit Zeit zu gewinnen (mnogoglasie), gab es nur wenig Änderungen. Andererseits lebte unter der Herrschaft Nikolaus' II. auch ein neues Interesse an dem Kirchengesang vergangener Zeiten auf, aber im Unterschied zu den Komponisten orthodoxer Kirchenmusik im 18. und beginnenden 19. Jh. mit einem Abstand zum westlichen Stil. Großartige Chorgesänge erklangen in den Kathedralen und den Kirchen der Städte.

Ein weit größeres Problem bestand in der Anfälligkeit der Priester für Alkoholmißbrauch. Es gibt Darstellungen, die in naturalistischer Weise einen betrunkenen Priester an der Spitze einer Prozession zur Ehre des Heiligen Kreuzes zeigen; ein anderes, recht bekanntes Bild zeigt einen schlampigen, betrunkenen Priester in prachtvollem Ornat, der seine Gemeinde am zweiten Osterfeiertag schwankend um die Dorfkirche führt. Es ist tatsächlich vorgekommen, daß die Festtagsliturgie in den Dorfkirchen von betrunkenen Priestern begangen wurde: Im Jahr 1880 beklagte sich der Metropolit Sava von Tver in Zentralrußland, beinahe jede Woche Berichte zu empfangen, die von der Trunkenheit der Lektoren und der Priester handelten. Viele Geistliche wurden bereits in den theologischen Seminaren alkoholabängig und blieben es ihr ganzes Leben lang.

Im Jahr 1858 erschien unter dem Titel *Eine Beschreibung des Dorfklerus* ein Buch, das Joann Beliustin, ein verheirateter Priester aus der kleinen Stadt Kaliazni, in der Diözese Tver geschrieben hatte. Aus naheliegenden Gründen im protestantischen Leipzig herausgegeben (eine Veröffentlichung in Rußland war unmöglich gewesen), schockierte es die hohe Geistlichkeit in Rußland, legte es doch schonungslos die Gewohnheiten und die mangelnde Bildung der „weißen" Geistlichkeit offen. Das Buch beschrieb allerdings auch das gebildete, jedoch egoistische und karrieresüchtige Mönchtum. Beliustin war nicht unparteiisch: Er fühlte sich gedemütigt, da ihm das Fehlen eines akademischen Diploms den beruflichen Aufstieg in der Kirche verwehrte. Deshalb verfolgte er auch sicher – im Gegensatz zu den Bischöfen, den „gebildeten Mönchen" und den Seminarleitern – eine persönliche Absicht. Gleichwohl war er doch für seinen apostolischen Eifer bekannt; viele seiner Kritikpunkte waren nicht unbegründet. Seiner Ansicht nach hatten zwei Drittel der Bauern im „Heiligen Rußland" nicht die geringste Vorstellung von ihrem christlichen Glauben.

Diese Einschätzung stimmt mit den Beschreibungen russischer Volkskundler überein, die im 19. Jh. Materialien für ihre Studien sammelten und die Dörfer zur Hälfte als heidnisch und ihre Einwohner teilweise als Animisten [35] bezeichneten. Unter anderem berichteten sie, daß die Bauern in entlegenen Regionen ihre hochbetagten Familienmitglieder töteten, indem sie diese schutzlos dem Frost aussetzen, daß heidnische Fruchtbarkeitsrituale praktiziert wurden und noch nicht einmal die grundlegenden Kenntnisse des christlichen Glaubens vorhanden waren. Beliustin machte den Vorschlag, Bibeln und einfache religiöse Darstellungen unter den Bauern zu verteilen; die komplizierten und aufwendigen „Modellhomilien" sollten durch einfache Erläuterungen und dogmatische Erklärungen ersetzt werden. Sein Beharren auf der Bedeutung der Predigt ließ ihn bei verschiedenen Kritikern als Krypto-Protestant erscheinen. Beliustin hat das armselige Leben eines russischen Dorfpriesters detailgenau beschrieben: die drückende Armut, die Verpflichtungen in der Landwirtschaft, die Streitereien mit ungebildeten Messnern, die schlechte Art, wie ihn die Pfarrangehörigen – Bauern genauso wie Adlige – behandelten. Beliustin sparte nicht an Kritik gegenüber der Hierarchie und den Mönchen. Er warf ihnen vor, daß sie glücklich über ihre eigene Machtposition in der Kirche seien und deshalb den Wunsch hegten, daß der „weiße" Klerus niedrig und ungebildet blieb.

Die Lösung, die Beliustin vorschlug, war zweifelsfrei radikal: Die verheirateten Priester sollten in Zukunft zu Bischöfen geweiht werden können. Seine weiteren Empfehlungen waren für russische Verhältnisse ebenso kühn: Der Aufstieg innerhalb der Hierachie sollte von der persönlichen Leistung abhängig sein, nicht ausschließlich von der Familienzugehörigkeit oder dem Ausbildungsniveau. Jeder Priester solle ein Gehalt vom Staat bekommen, das ihn von der wirtschaftlichen Kontrolle seiner Gemeinde befreie; Messner und selbst die Diakone sollten kein Teil der Geistlichkeit mehr sein, damit sie sich nicht Dinge anmaßten, die ihnen nicht zustanden. Mit seiner Initiative, mit seiner Deutlichkeit war Be-

---

[35] Vgl. E. DAMMANN, Animisten, in: LThK I (1993) 684f.

liustin ein Kind seiner Zeit; er hatte wie so viele jedes Vertrauen in die hierarchische Struktur seiner Kirche verloren. Natürlich war er davon überzeugt, daß es allein dem Staat, und hier besonders dem Zaren, zustand, die Reformvorschläge umzusetzen. Wie nicht anders zu erwarten, rief das Buch Beliustins in der Hierarchie der Kirche wie in der Verwaltung des Staates, speziell im Heiligen Synod, große Verärgerung hervor. Der Synod ließ den aufsässigen Geistlichen sofort inhaftieren und verbannte ihn in das Kloster Solovki im äußersten Norden, ohne jeden Prozeß oder eine vorhergehende Untersuchung. Doch hatte Beliustin Glück; auch in Rußland war die Zeit vorangeschritten: Zar Alexander II. intervenierte persönlich, um den Priester zu retten; die Affäre konnte so beigelegt werden. Die konservativen orthodoxen Schriftsteller aber sahen in der kaiserlichen Intervention einen weiteren Beweis für die totale Abhängigkeit der Kirche vom Staat, für die Unfähigkeit der Hierarchie, dem Geist des „Protestantismus" und der „Verweltlichung" in ihren eigenen Reihen entschlossen zu begegnen.

3. Das Leben der Mönche

Im Jahr 1764 wurde mit der Säkularisationspolitik Kaiserin Katharinas II. (Alexejewna, die Große; 1762–1796) der Aufstieg des Mönchtums unterbrochen. Am Ende des 18. Jh. existierten im ganzen Reich nur noch 452 Klöster und Konvente. Im Verlauf des folgenden Jahrhunderts drehte sich diese Entwicklung wieder um: Von 1836 bis 1914 hatte sich ihre Zahl mehr als verdoppelt, sie war von 461 auf 1025 Einrichtungen angestiegen. Im Jahr 1914 war die Zahl der Klöster mit 550 höher als die der Konvente, obgleich auch letztere ein bemerkenswertes Wachstum aufweisen konnten: von 84 im Jahr 1810 auf 475 im Jahr 1914[36].

Verschiedene Männerklöster wurden wiedereröffnet, nachdem sie in der Zeit der Säkularisation geschlossen worden waren. Die Mehrzahl der Konvente wurden neu gegründet. Sie waren das Werk von Gemeinschaften frommer, unverheirateter Frauen (obchtchiny), die miteinander lebten, Lesungen abhielten und manueller Arbeit nachgingen. Nach einer bestimmten Zeit pflegten diese Gruppen eine kirchliche Approbation zu bekommen und wurden so zu kleinen Konventen, die unter der Leitung eines Bischofs oder eines geistlichen Vaters standen. Nach der Befreiung der Leibeigenen im Jahr 1861, denen es nunmehr frei stand, den bisherigen Herrn zu verlassen, erlebte das Mönchtum einen starken Auftrieb. Die Klöster boten die Möglichkeit, sozial aufzusteigen und zugleich eine Elementarausbildung zu erhalten. Im 19. Jh. kam sogar unter Frauen aus einfachen Verhältnissen ein verstärktes Bedürfnis nach Unabhängigkeit und Qualifikation auf. Der Konvent war eine mögliche Zuflucht vor einer erzwungenen Heirat. Einige wichtige Konvente leiteten Waisenhäuser, Hospitäler und Mädchenschulen. Zu den bekanntesten Äbtissinen zählen Feofaniya Gotovtseva (1787–1866), Feofaniya Sidorova (1800–1888), Taisiya Solopova und Filareta Schlippenbach (gestorben 1875); zwei der genannten Frauen waren adliger Abkunft, die anderen beiden in jungen Jahren verwitwet.

Der Wohlstand des Mönchtums vergrößerte sich im Verlauf des 19. Jh. dank der Groß-

---

[36] I. SMOLITSCH, Russisches Mönchtum: Entstehung, Entwicklung und Wesen (988–1917), Würzburg 1953 (mit reicher Bibliographie); vgl. auch DERS., Leben und Lehre der Starzen: Der Weg zum vollkommenen Leben, Freiburg – Basel – Wien 1988; V. ARMINJON, La Russie monastique, Sisteron 1974; M. EVDOKIMOV, Pèlerins russes et Vagabonds mystiques, Paris 1987.

zügigkeit des Staates und durch private Schenkungen; besonders reiche Kaufleute trugen ihren Anteil dazu bei. Im Jahr 1848 schenkte etwa die Gräfin Anna Orlova insgesamt 340 Klöstern jeweils eine Summe von 5000 Rubeln. Die Klöster konnten neue Gebäude und neue Kirchen errichten. Oftmals profitierten sie davon, anstelle der Idiorhythmie das koinobitische Leben einzuführen[37]. Die von Metropolit Sava Tichomirov, dem Erzbischof von Tver (1819–1896), veröffentlichte *Chronik meines Lebens* enthüllt manche Details in bezug auf die wirtschaftliche Lage des russischen Mönchtums im 19. Jh. So war der Reichtum oftmals ungleich verteilt. Verschiedene Mönche erhielten 1000 Rubel pro Jahr, das doppelte Gehalt eines verheirateten Gemeindepfarrers, in anderen Gemeinschaften verstarben bis zu 10 % der Ordensleute aufgrund der schlechten Ernährung an Typhus.

Zu Beginn des 20. Jh. enthüllten einige Artikel, die in geistlichen Zeitschriften erschienen waren, daß der Mißbrauch des monastischen Lebensideals weit verbreitet war. Zahlreiche Mönche traten aufgrund wirtschaftlicher oder sozialer Erwägungen in die Klöster ein. Bestimmte Gemeinschaften verfügten über interne „Banken", die in der Lage waren, den Geistlichen Zinsen auszubezahlen. Verschiedene Mönche beklagten sich über ihre Oberen, die die klösterlichen Vermögenswerte an sich rissen. Es gab Äbte, die Jahresgehälter von 3000 bis 4000 Rubeln bezogen, aufwendig dinierten, über livrierte Diener verfügten und mit prachtvollen Gespannen umherreisten. Ein geeignetes Beispiel hierfür ist die *Ermitage des Heiligen Sergios* nahe bei St. Petersburg. Es hieß, die Umgebung der besonders dekadenten Klöster sei voll von *tchernitsi*, von Mönchskonkubinen, und ihren unehelichen Kindern. Alkoholmißbrauch, Eifersucht und offenkundiger Ungehorsam wurden sehr häufig beklagt. Doch sollte nicht vergessen werden, daß es unter den Mönchen auch weiterhin Beispiele für echtes Asketentum gab.

Üblicherweise wurden die Bischöfe von den „weisen Mönchen" *(utchenye monachi)* gewählt. In den sechziger Jahren aber waren nur sehr wenige Professoren der Theologischen Akademie von St. Petersburg Mönche; Berufungen zum Mönchtum aus den Reihen der Studenten wurden auch kaum unterstützt. In den darauf folgenden zwanzig Jahren, den siebziger und achtziger Jahren des Jahrhunderts, konnten einige „weise Mönche" vakante Bischofsstühle besetzen. Verwitweten Priestern wurde zugestanden, Mönch zu werden, fast konnten sie sogar zu Bischöfen geweiht werden. Dank der Anstrengungen von Antonij Chrapovitskij , Antonij Vadkovskij und Sergij Starogodskij – allesamt Prälaten von hohem Rang und ehemalige Rektoren der Akademie von St. Petersburg – dominierten die „weisen Mönche" gegen Ende der achtziger Jahre des 19. Jh. erneut die Hierarchie.

Der Hesychasmus *(hesychia*, gr. Ruhe)[38], der einst vom Berg Athos ausgegangen war, erwachte zu neuem Leben und wurde im Verlauf des 18. Jh. von Paisios Velitchkovskij (1722–1794) über Moldawien nach Rußland gebracht. Dort erblühte die Bewegung im 19. Jh. in der Form des *startchestvo*: Charismatische Führer, die *starets*[39], stützten sich auf die bis dahin recht kleinen monastischen Zentren. Für ihre spirituelle Ausrichtung bekannt, zogen diese Geistlichen die Massen an. Eine der bekanntesten Ermitagen ist Optino im Gebiet von Tula; sie verdankt ihr Ansehen einer ganzen Reihe berühmter *starets* wie Leonid Nagolkin (1768–1841), Makarij Ivanov (1788–1860) oder Ambrosij Grankov (1812–

---

[37] Allerdings lebten in der Mehrzahl der Klöster die Mönche ohne verbindliche Regel, das heißt nach den Gesetzen der Idiorhythmie. Vgl. M. M. GARIJO-GUEMBE, Idiorhythmie, in: LThK V (1996) 406.

[38] Vgl. E. C. SUTTNER, Hesychasmus, in: LThK V (1996) 70.

[39] Vgl. I. SMOLITSCH, Starez, in: LThK IX (1964) 1020 f.; DERS., Leben und Lehre der Starzen (Anm. 36).

1891). Optino wurde von den herausragendsten Vertretern der weltlichen Intelligenz besucht, von Kirejevskij, Gogol, Dostojevskij, Solov'ev, Leontiev und selbst Tolstoj. Auch die *Ermitage von Gethsemani*, die mit dem Dreifaltigkeitskloster St. Sergios nahe bei Moskau verbunden war, sowie das *Barlaam-Kloster* im hohen Norden, das zu einer populären Pilgerstätte wurde, genossen im 19. Jh. infolge der spirituellen Kraft ihrer Mönche ein beträchtliches Ansehen. Der unlängst kanonisierte Ignatij Briantchaninov (1807–1867), der, bevor er zum Eremiten wurde, Bischof von Stavropol gewesen war, hatte sich sein Ansehen durch seine Schriften über das Gebet und die geistliche Führung erworben. In der zweiten Hälfte des 19. Jh. gewann der Briefverkehr eine besondere Bedeutung als ein Mittel der geistlichen Führung und der Bewußtwerdung religiöser Berufungen. Einige der *starets* waren weder Priester noch Mönche, wie Feodor Kuzmitch, in dem der Volksglauben Zar Alexander I. wiedererkennen wollte, der unerkannt in der sibirischen Einsamkeit lebe. Vor seinem Tod 1864 in Tomsk hatte er verschiedentlich Geheimboten des Zarenhofes empfangen.

An einem ganz anderen Platz in der religiösen Gesellschaft standen die *yurodiviye*, die „Narren um Christi willen" oder „Unschuldigen". Trotz ihrer Exzentrik übten auch sie eine ungebrochene Anziehungskraft auf die Gläubigen aus; ihre Maßlosigkeit war oftmals echt. Die 1884 verstorbene Pelagia Serebriakova, eine geistliche Schülerin des heiligen Serafim von Sarov, folgte einer Berufung als „Närrin um Christi willen" *(yurodivaya)*. Petr von Uglitch, der für verrückt erklärt worden und an sein Haus gekettet war, wurde kurz vor seinem Tod im Jahr 1866 von Gelehrten und Hochschulprofessoren besucht, die seine spirituelle Leitung suchten.

Für das Volk war die Pilgerfahrt eine religiöse Form, die der monastischen Erfahrung nahekam. Ihre Popularität bestand auch im Verlauf des 19. Jh. fort. Von den wichtigen heiligen Stätten angelockt, besuchten die Pilger vor allem Kiew mit seiner südlich gelegenen *Petcherskaja-Laura* sowie die „Heiligtümer des Nordens", Solovki, Novgorod, Suzdal und Sergiev Posad nahe bei Moskau. Aber die Pilger zogen auch in die Fremde, nach Jerusalem, zum Berg Athos oder, wegen der Reliquien des heiligen Nikolaus von Myra, nach Bari. Zweimal, um 1830 und um 1850, verließ eine große Zahl Heranwachsender, zumeist Kaufmannssöhne, die Region von Kursk, um den Berg Athos aufzusuchen, wo viele von ihnen auch blieben, um Mönch zu werden. Es bildete sich eine eigene religiöse Kultur heraus: die *postniki*, die Entbehrungen erleiden wollten, die *tchernitchki*, die „Mönche ohne Tonsur", die Sänger des Akathistos[40] und geistige Gemeinschaften, die die religiösen Prozessionen und Pilgerfahrten des Volkes begleiteten. Der Volksschriftsteller Vladimir Korolenko beschrieb sie alle in einer Novelle mit dem Titel *Hinter der Ikone*. Im Jahr 1882 machten sich beinahe 300 „Unschuldige" *(yurodiviye)* unter der Führung der charismatischen Mutter Matriona von ihren Heimatklöstern und -städten in Richtung Kiew auf. Ivan Pryjov (1827–1885), ein Volksrevolutionär, der der orthodoxen Kirche und ihrem Klerus äußerst kritisch gegenüberstand, hatte sich der Gruppe als Pilger verkleidet angeschlossen und fertigte in der Folge einen wenig schmeichelhaften Bericht über die Unternehmung an.

Im Jahr 1882 wurde die *Russisch-orthodoxe Palästinagesellschaft* gegründet, um die Pilgerfahrt in das Heilige Land zu fördern, aber auch, um die orthodoxen Christen im Na-

---

[40] Berühmter byzantinischer Kirchenhymnus zur Ehren der Gottesmutter Maria, der stehend vorgetragen wird (*akathistos* = nicht sitzend [zu singen]). Der Autor ist unbekannt, aber zumeist wird der Hymnus mit dem *Meloden Romanus* aus dem 6. Jh. in Verbindung gebracht.

hen Osten finanziell zu unterstützen. Auf Kosten der Russen unterhielten die östlichen Patriarchate Mönchshöfe *(podvoria)* in Moskau, die von Mönchen besucht wurden, die aus dem Orient oder aber vom Balkan stammten. Selbst der Synod half mit der Publikation von liturgischen Büchern und eröffnete Bursen für die Theologiestudenten, die aus dem Osten gekommen waren.

Im Vorfeld der Oktoberrevolution entstand auf dem Berg Athos, im Herzen der Orthodoxie selbst, die Häresie der *imyaslavtsi* oder *imyabojniki*, der „Onomatodoxen" oder „Verherrlicher des Namens", die sich rasch über Rußland ausbreitete. Ihre Anhänger, unter der Führung des Mönches Antonij Bulatovitch, wurden im Jahr 1913 durch den Synod gebannt. Die Bewegung war aus dem Hesychasmus heraus entstanden; sie maß dem Namen Gottes, den sie mit der göttlichen *essentia* gleichsetzte, eine außerordentliche Bedeutung bei[41].

IV. Russische Kultur und Kirche

Die russische Intelligenz und das kulturelle Leben überhaupt wurden in der zweiten Hälfte des 19. Jh. von gegensätzlichen Strömungen bestimmt. Die russische Kultur selbst war nicht identisch mit der Orthodoxie: Um 1839 begannen die Slawophilen, eine Gruppierung adliger Intellektueller, ihre Philosophie zu entwickeln. Die Bewegung bestand bis nach 1860, als ihr letzter Kopf verstarb. Die slawophile Lehre konzentrierte sich auf eine besondere Interpretation der „Ewigen Mission" Rußlands und der Orthodoxie, wie sie sich in der Menschheitsgeschichte offenbare. Sie war eine „Heilsgeschichte", die man dem immer mehr säkularisierten Westen vermitteln wollte. Die Slawophilen idealisierten die russische Kirche, das Rußland vor Peter dem Großen, die „traditionellen" russischen Werte und den Muschik, den einfachen russischen Bauern reinen Herzens; sie waren gegen den dekadenten Westen, den römischen Katholizismus und den rationalen Geist eingestellt, der dem europäischen Denken innewohnte – und dies, obwohl sie ursprünglich von Schelling und den deutschen Romantikern inspiriert worden waren[42].

Zu den Slawophilen zählten brillante Denker wie der Theoretiker Ivan Kirejevskij, Konstantin Aksakov, zugleich Historiker wie Philosoph, Jurij Samarin, ein unerbittlicher Gegner der Deutschen in den baltischen Gebieten, und Aleksej Komiakov. Letzterer bemühte sich, die slawophile Ideologie mit der orthodoxen Theologie zu vereinbaren. Hieraus resultierte die Theorie der *sobornost*, der „Versöhnung". Dostojevskij und Tjutcev, beide Schriftsteller des „Goldenen Zeitalters" und überzeugte Gegner des römischen Katholizismus, standen den Slawophilen nahe. Dasselbe gilt für Pobedonoscev, obgleich er scharf die Übertreibungen Komiakovs und seine offensichtliche Abweichung von der Orthodoxie tadelte. Samarin korrespondierte mit Ivan Sergejewitsch Gagarin (1814–1882), einem adligen Russen, der 1843 Jesuit geworden war, und einer kleinen, ihm zugehörigen Gruppe

---

[41] A. NIVIÈRE, L'Onomatodoxie: une crise religieuse à la veille de la révolution. Mille ans de christianisme russe, paris 1989, 285–294.
[42] I. AKSAKOV, Sočinenija, Bd. I: Slavjanskij vopros. Bd. II: Slavjanofil'stvo i zapadničestvo, Moskau 1886; V. SOLOVIEV, Sočinenija, Bd. V: Nationalji vopros v Russii, Moskau 1888–1891; A. GLEASON, European and Muscovite. Ivan Kireevsky and the Origins of Slavophilism, Cambridge 1972; A. WALICKI, The Slavophile Controversy. History of a Conservative Utopia in Nineteenth Century Russian Thought, Oxford 1975; F. ROULEAU, Ivan Kiriéievski et la naissance du slavophilisme, Namur 1990.

russischer Jesuiten in Paris; doch enthüllen diese Briefe nicht viel, sieht man einmal von der Darstellung genau entgegengesetzter Ideen ab. Alles in allem sollte der Slawophilismus nicht auf eine romantische Nostalgie reduziert werden, die durch bestickte Bauernblusen *(kosovorotki)* und die naive Negierung des deutschen Beitrags bei der Formung der russischen Nation charakterisiert ist, auch wenn diese Elemente in weiten Kreisen eine gewisse Rolle spielten.

Die Slawophilen politisierten sich rasch – ebenso wie ihre Widersacher, die sogenannten „Westler". Der politische Arm ihrer Bewegung wurde der Panslawismus. Paradoxerweise entwickelte sich dieser nicht zuerst in Rußland, sondern am westlichen Rand der slawischen Welt, unter den protestantischen tschechischen und slowakischen Intellektuellen, mehr unter Zuhilfenahme des Deutschen und des Ungarischen als in den slawischen Sprachen. Als Vertreter seien genannt: Pavel Josef Šafařik (1795–1861), Jan Kollár (1793–1852) sowie František Palacký (1798–1876). In Rußland entwickelte sich der Panslawismus nach dem Krimkrieg (1853–1856), im Verbund mit antiwestlichen politischen Einschätzungen. Zum Teil infolge der „Großen Idee" Katharinas II., der angestrebten Befreiung der Balkanslawen von den Türken, wollte die Bewegung in gleicher Weise Tschechen und Slowaken von ihren deutschen und ungarischen Herren befreien, vergaß dabei aber, aus naheliegenden Gründen, im allgemeinen die Polen, die von Rußland beherrscht wurden. Im Jahr 1867 tagte der „Zweite Slawische Kongreß" in Moskau. Das Publikum aus dem Reich der Romanov war allerdings nur spärlich vertreten: Ungefähr achtzig Delegierte waren anwesend, in der Mehrzahl Tschechen. Aufgrund des Fehlens einer gemeinsamen Kongreßsprache unterhielten sich die Slawen oftmals auf deutsch. So formulierte der Slowake Ludovít Štur (1815–1856) die grundlegenden Konzepte des russischen Panslawismus ebenfalls auf deutsch in seinem Werk *Das Slawenthum und die Welt der Zukunft*. Er entwickelte den Plan einer zukünftigen slawischen Föderation mit Moskau als Hauptstadt, Russisch als gemeinsamer Sprache und der Orthodoxie als religiösem Bekenntnis.

Im Russischen Reich war der Publizist Mikhail Pogodin einer der ersten, die die panslawistische Idee unterstützten. Im Zuge der wachsenden Spannungen auf dem Balkan 1877 und 1878 (russisch-türkischer Krieg) organisierten panslawistische Komitees Verbände russischer Freiwilliger, die ihre von den Osmanen unterdrückten serbischen und montenegrinischen Brüder unterstützen sollten. Die russische Kirche half der Bewegung durch das Anknüpfen zunehmend enger werdender Verbindungen mit der serbischen Kirche, daneben durch Geldsammlungen, die für die militärische Unterstützung der Slawen auf dem Balkan bestimmt waren. St. Petersburg hingegen blieb seiner „Realpolitik" länger treu und hielt Distanz zum panslawistischen Programm. Nach der serbischen Niederlage aber intervenierte Rußland direkt in Bulgarien, organisierte die Verteidigung von Chipka und beteiligte sich an der Belagerung von Plevna (1877). Nachdem der Berliner Kongreß im Jahr 1878 ihre Hoffnungen enttäuscht hatte, verfielen die Panslawisten einem antigermanischen Chauvinismus mit dem Ziel, Europa vom deutschen Einfluß zu befreien.

In fundamentaler Opposition zu den Slawophilen standen die „Westler" *(zapadniki)*. Während das slawophile Ideal von Harmonie und Vollständigkeit leicht zu Unbeweglichkeit, zu Passivität führte, erstrebten sie die Auseinandersetzung, die Krise und den radikalen Wandel. Die Westler idealisierten Peter den Großen und seine Reformen; ihrer Überzeugung nach konnte Rußland seine Mission nur durch die Union mit dem Westen erfüllen. Die Trennung von der westeuropäischen Zivilisation aber war für sie gleichbedeutend mit dem Untergang. Gemäßigte Westler wie Petr Tchaadaev, Nikolas Stankievitch oder Timotheos Granovskij machten aus ihrer Sympathie für den Katholizismus keinen Hehl, ja diese Tendenz mag bei einigen Russen wie Sophie Svečhin oder Ivan Gagarin gar für die Konversion mitverantwortlich gewesen sein. Andererseits verdammte der extreme Rand der Bewegung mit Bielinski, Herzen und Bakunin die Religion ganz und gar, da sie ihnen als ein Fortschrittshindernis erschien. Die Veröffentlichung des *Ersten philosophischen Briefes* durch Tchaadaev im Jahr 1836 intensivierte die Kontroverse für oder gegen die Zuwendung zum Westen – ein Problem, das das russische Denken des 19. Jh. maßgeblich bestimmen sollte[43].

Der linke Flügel der Westler machte sich die Thesen linker Hegelianer zu eigen, die einen radikalen sozialen Wandel, ja die Revolution forderten. Die Nihilisten der sechziger Jahre des 19. Jh. verdammten jedwede Theorie, sämtliche Formen der Religion eingeschlossen. Dagegen idealisierten sie die Wirklichkeit und die Naturwissenschaften. Die Populisten *(narodniki)* der siebziger Jahre des 19. Jh. bewunderten die Masse der Bauern. Diese betrachteten sie als Ausdruck der höchsten Kultur und glaubten, daß sie ein Leben in Muße führen könnten. Konsequenterweise wollten sie „unter das Volk gehen", in der Absicht, als Landarzt, Lehrer oder Krankenpfleger tätig zu sein. Gleichzeitig drängten sie das Volk, seine Rechte einzufordern. Als ihre Bemühungen sich aber als erfolglos erwiesen und die bäuerliche Welt weiterhin in Trägheit verharrte, resultierte aus der Bewegung jener Terrorismus, der das Ende der Herrschaftszeit Zar Alexanders II. kennzeichnete[44].

Die Literatur als Höchstleistung des intellektuellen Lebens im Rußland des 19. Jh. spiegelt die religiösen Vorstellungen und Bräuche des Volkes recht gut wider, blieb aber insgesamt der etablierten Orthodoxie fern, selbst wenn Gogol und Dostojevskij der offiziellen Kirche nahestanden. Aber auch diese beiden waren aufgrund persönlicher negativer Züge – Gogol verteidigte die Leibeigenschaft, Dostojevskij war ein Chauvinist und krankhaft fremdenfeindlich – keine wirklich christlichen Schriftsteller orthodoxen Bekenntnisses. Tolstoj verwarf öffentlich die russische Orthodoxie, was Pobedonoscev offiziell mit der Exkommunikation beantwortete. Diese Strafe wurde eigentlich nur sehr selten verhängt; im Falle Tolstojs darf ihre Anwendung gar als ein Ärgernis gewertet werden, war es ihm doch mit seinen Romanen gelungen, Moral und religiöses Empfinden in weiten Schichten der Bevölkerung wiederzubeleben, die bis dato der jüdisch-christlichen Tradition indifferent oder sogar feindlich gegenübergestanden hatten. Tolstoj begründete eine in der Person verankerte Religion, ein Christentum ohne Kirche; er überarbeitete die Evangelien, verfertigte eine Version, in der er jede Erwähnung der Pharisäer durch eine der zeitgenössischen Entsprechungen ersetzte, der *pravoslawnye,* der orthodoxen Christen, wie er sie sah. Der berühmte Literat unterstützte die *doukhobors,* eine radikale russische Sekte, die dem offiziellen Christentum ziemlich fernstand, da sie die Autokratie und das Privatvermögen ablehnten; er half ihnen, nach Nordamerika auszuwandern. Einige radikale Anhänger Tolstojs begründeten eine eigene Sekte, die sich auf seine Lehren stützte, doch war dies für den Schöpfer von *Yasnaia Polyana* eine fortwährende Unannehmlichkeit. Auch die Schüler eines der erbittertsten Gegner Tolstojs, des Wundertäters Joann von Kronstadt (1829–

---

[43] P. Tchaadaev, Lettres philosophiques adressées à une dame, Paris 1970; ders., Oeuvres inédites ou rares, Meudon 1990.
[44] F. Venturi, Les Intellectuels, le Peuple et la Révolution. Histoire du populisme russe au XIXe siècle, 2 Bde., Paris 1972.

19. Jh. erlebte das Wallfahrts- und Prozessionswesen in ganz Europa einen neuen Aufschwung. Adolph von Menzels Gemälde
„Prozession in Hofgastein" (1880, München, Neue Pinakothek) macht dabei ein Phänomen deutlich, das ebenfalls zeittypisch ist:
Der Welt der gläubigen Bauern in der Prozession steht die Welt der nur zuschauenden Städter gegenüber. – In Frankreich entstand
nach den Marienerscheinungen des Jahres 1858 vor dem Mädchen Bernadette Soubirous in Lourdes und der Grotte mit der wun-
derbaren Quelle ein Wallfahrtsort von europäischer Bedeutung. Die Marienstatue des Bildhauers Fabisch (1864) in der Grotte
Massabielle wurde in zahllosen Kopien in ganz Europa in sogenannten „Lourdesgrotten" aufgestellt.

In der Stadt Lisieux in der Normandie entwickelte sich schon bald nach dem Tod der Karmelitin Theresia Martin (1873–1897) eine
Wallfahrt zum Grab der „Heiligen des kleinen Weges". Die Wallfahrtsbasilika Ste. Thérèse in Lisieux wurde gleich nach der Heiligsprechung 1925 in neoromanisch-byzantinischem Stil erbaut.

Wenn man das Bild „Christus im Haus seiner Eltern" (1850, London Tate Gallery) des englischen Malers John Everett Millais (1829–1896) betrachtet, wird fast peinlich deutlich, wie blutleer und ideenlos sich die religiöse Kunst des 19. Jh. trotz besten Willens präsentiert. Millais, einer der Mitbegründer der Präraffaeliten, die ähnlich wie die deutsche Malergruppe der Nazarener im Rückgriff auf die Kunst Raffaels religiöse Motive wie Historienbilder malten, ist mit seiner realistischen und symbolbefrachteten Werkstattszene (die Verwundung Christi an der Hand soll auf die Kreuzigungswunden vorausdeuten) fern jeder echten religiösen Aussage.

Beim „Höllentor", einer über 5 m hohen Bronze mit ekstatisch bewegten Figuren, an der Auguste Rodin von 1880 über 30 Jahre arbeitete, sind zwar im Unterschied zum Gemälde von Millais Form und Inhalt, Gehalt und Gestalt im Einklang, doch das Thema, hinter dem Dantes Gang durch das Inferno der Hölle steht, ist nur bedingt religiös. Der Verbildlichung einer literarischen Vorlage fehlt bei aller Ausdrucksfülle jene Überzeugungskraft von Höllenvisionen mittelalterlicher Künstler, die den Gläubigen erschütterten und aufzurütteln vermochten.

1908), gründeten ebenfalls eine Sekte, die *Johanniter*, und widmeten ihrem Meister, den sie als zweite Inkarnation des Logos ansahen, einen seltsamen Kult. Auch um den Philosophen Vladimir Solov'ev (1853–1900) gab es einige Zeit ein ähnliches Phänomen: Die „Prophetin" Anna Schmidt verkündete, daß Solov'ev die zweite Inkarnation Christi sei, und organisierte zu seinen Ehren eine religiöse Bewegung.

Die russischen Schriftsteller hatten mit ihren Beschreibungen des täglichen Lebens der orthodoxen Kirche und der dazugehörigen Persönlichkeiten einen größeren Erfolg als mit der Formulierung eigener Glaubenssätze. Das Werk *Der Bischof* von Anton Pawlowitsch Čechov (1860–1904), ein Bericht über die letzten Tage eines orthodoxen Bischofs vor den Liturgiefeiern der Heiligen Woche, ist packend in seiner Authentizität. Nikolas Leskov, selbst ein unbeugsamer *tolstovets*, wurde mit der Beschreibung einer oftmals sonderbaren Geistlichkeit, die aber ein gutes Herz besaß, berühmt – und dies, obgleich der Bösewicht in einer seiner letzten Geschichten, den *Eulen der Nacht*, niemand anderes war als der konservative Ivan Sergiev, der dort als ein fanatischer Wüterich gezeichnet wird. Die kulturellen Auseinandersetzungen in Rußland waren im 19. Jh. auch für das Aufkommen der „Religiösen Renaissance" verantwortlich, einer theologischen Bewegung, die wichtig genug war, auch nichtgeistliche Vertreter der Intelligenz in ihre Reihen zu locken. Von der etablierten Orthodoxie wurde sie mit Argwohn betrachtet, da man sie für mehr spekulativ *(bogoiskatelstvo)* als streng theologisch *(bogoslovstvovanye)* hielt. Sie spaltete sich in einen rechten und einen linken Flügel.

Der erste Laie, der sich ernsthaft in kritischer Weise mit der orthodoxen Ekklesiologie und Dogmatik auseinandersetzte, war der slawophile Aleksej Komiakov (1804–1860). Seine „Versöhnung" *(sobornost)* wurde als die Antwort der Patriarchen des Ostens auf das päpstliche Unfehlbarkeitsdogma präsentiert, das Pius IX. auf dem Ersten Vatikanischen Konzil im Jahr 1870 verkündet hatte. Komiakov hatte die orthodoxe Liebe, die in der Gemeinschaft ihre Stütze findet, dem katholischen Hochmut gegenübergestellt, der als ein natürliches Ergebnis des rationellen Individualismus verstanden wurde. Die abstrakte und eher unscharfe Definition der Tradition als von der Kirche bestimmt oder vom Heiligen Geist eingegeben widersprach dabei grundlegenden protestantischen Vorstellungen. Doch merkwürdigerweise meinte der Inspektor Konstantin Leontiev, daß die Ausführungen Komiakovs vom Protestantismus beeinflußt seien, hielt sie für gefährlicher als die Spekulationen russischer Sekten und nannte sie eine „slawonisch-anglikanische Neuorthodoxie". Leontiev war in der Tat ein Verehrer der byzantinischen Welt und wollte ihr Erbe bewahrt wissen vor der „Beschmutzung" durch die unwissenden russischen Massen.

Ein Genie wie Vladimir Solov'ev (1853–1900)[45], der Sohn eines angesehenen Historikers, war nötig, um die universale Geschichte mit der besonderen historischen Mission Rußlands in Einklang zu bringen. Solov'ev kam vom Atheismus zur Orthodoxie, nachdem er sich mit den Naturwissenschaften und den deutschen Romantikern beschäftigt hatte. Letztere hatten ihm einen Hang zum Bizarren und Exzentrischen vermittelt. Er blieb beinahe sein ganzes Leben lang ein aufrichtiger orthodoxer Christ. Doch war er nach verschiedenen Zeugnissen wenigstens eine Zeitlang eine Art „Kryptokatholik", auch wenn er weiterhin die orthodoxen Sakramente empfing. Die weltliche Intelligenz stimmte nicht mit der Überzeugung Solov'evs überein, der der Kirche die maßgebliche Rolle zugestand,

---

[45] Vgl. L. MÜLLER, Solowjow, Wladimir Sergejewitsch, in: LThK IX (1964) 869f.

Der russische Philosoph Vladimir
Solov'ev (1853–1900) setzte sich
für eine Aussöhnung der russisch-
orthodoxen Kirche mit Rom ein.

über die Richtigkeit dogmatischer Ansichten zu entscheiden. Die Kirche wurde von ihm
sogar als eines der wichtigsten Organe für eine zukünftige Neubelebung der Humanität angesehen, auch wenn er in späterer Zeit an dieser Einschätzung Zweifel bekam. Sein Interesse am Universalen in der Geschichte, an der Entwicklung der Dogmen führte ihn zu einer Bewunderung des Papsttums und der geistigen Macht der römisch-katholischen
Kirche; für verschiedene seiner Zeitgenossen erschien er wie ein Vorläufer der heutigen
ökumenischen Bewegung.

Seine Betrachtungen über das *Göttlich-Menschliche (Bogotchelovetchestvo)*, über die
Ankunft des Antichristen und besonders seine Weisheitslehre entsprangen seinen esoterischen Interessen. Seine berühmten drei Zusammentreffen mit der *Sophia*, also der göttlichen Weisheit *(Tri svidaniya)*, später in der Dichtung Alexander Bloks verklärt, sind ein
erstes Beispiel dafür. Diese Erfahrungen ereigneten sich während der Liturgie in der Auf-
erstehungskirche in Moskau, bei der Suche nach gnostischen Texten im *Britischen Museum* in London und schließlich im Verlauf einer Studienreise in der ägyptischen Wüste.
Das Ansehen Solov'evs ist zum größten Teil erst postum entstanden, die Orthodoxie hat er
nicht für sich gewinnen können. Viele seiner Bewunderer waren Katholiken und Anglikaner, die von seinen prowestlichen Ansichten angezogen wurden, sowie russische Intellektuelle aus dem Laienstand. Der ultraorthodoxe Georg Florovskij aber hatte in seinem Verzeichnis des russisch-theologischen Denkens wenig gute Worte für diesen Denker.

Die Lehre Solov'evs wurde zu einem späteren Zeitpunkt von den Brüdern Sergij (1862–
1905) und Eugen Trubetskoj (1863–1920) überprüft und in stärkere Übereinstimmung zu
den Inhalten der traditionellen Orthodoxie gebracht. Zu Beginn des 20. Jh. entwickelte sich
das fortschrittliche religiöse Denken in Rußland auf einem rechten und einem linken Flügel. Ersterer war in Moskau beheimatet und stark von der Geistlichkeit geprägt; er setzte
das Werk der Trubetskoj fort, wurde aber zunehmend konservativer. Seine beiden bedeutendsten Vertreter waren Priester: Sergij Bulgakov (1871–1944), der später den Keim einer

religiösen russischen Renaissance nach Paris tragen sollte, und Pavel Florenskij (1882–
1947), der die Ideen im sowjetischen Rußland propagierte, bevor sie im Zuge der stalini-
stischen „Säuberungen" untergingen. Der andere Flügel war fortschrittlicher, weltlich und
politisch engagiert, mit Sitz in St. Petersburg. Er wurde getragen von dem Dichter Dmitrij
Merezkovskij (1865–1941) und seiner Frau Zinaida N. Gippius (1869–1945).

Florenskij und Bulgakov hatten die Weisheitslehre Solov'evs weiterentwickelt und sich
dabei mit der Kritik verschiedener Geistlicher auseinandergesetzt, die den Philosophen an-
klagten, der Trinität eine vierte Hypostase hinzugesellt zu haben. Florenskij war von beiden derjenige, der sich stärker mit der Philosophie beschäftigte, obgleich er versicherte,
vor allem von den frühen griechischen Kirchenvätern inspiriert zu sein. Bulgakov besaß
einen kritischeren Zugang; als ehemaliger Marxist zählten für ihn soziale Realitäten
ebenso wie die rein christlichen. Die ökumenische Bewegung war für ihn ein ernstes Anliegen. Wie Solov'ev hatte er zugleich tiefen Respekt vor dem byzantinischen Osten wie
vor dem Katholizismus. Die Leser seines *Journals* konnten seine Enttäuschung spüren,
nachdem er in Konstantinopel mit griechisch-orthodoxen Priestern und Jesuiten zusammengetroffen war.

Nikolas Berdiaev (1874–1948), ein anderer russischer religiöser Philosoph, der sich
später in Frankreich niederließ, gehörte zu den ersten Bewunderern Nietzsches, dessen
Lehre er ein wenig „christianisierte". Das zentrale religiöse Anliegen Berdiaevs war der
„prophetische Mystizismus", ein zutiefst russisches Anliegen, das aus der „Vergöttlichung" der Welt und des Menschen resultierte. Berdiaev war einst, genau wie Bulgakov,
Marxist gewesen und unterschied sich stark vom russisch-orthodoxen Establishment. Die
Konservativen tadelten seine stark auf den Menschen ausgerichtete theologische Orientierung.

In St. Petersburg war der Kreis, der sich um das Ehepaar Merezkovskij gebildet hatte,
bemüht, Vertreter der intellektuellen und literarischen Welt durch Diskussionen mit ausgewählten Persönlichkeiten der hohen Geistlichkeit der Hauptstadt zusammenzuführen. In
den Jahren 1902 und 1903 wurden mehrere Versammlungen oder „philosophisch-religiöse
Gespräche" *(besedy)* in den Räumlichkeiten der *Geographischen Gesellschaft (na Fon-
tanke)* ausgerichtet, mit dem Segen von Metropolit Antonij und dem stillschweigenden
Einverständnis Pobedonoscevs. Die Anschauungen Merezkovskijs selbst waren vom traditionellen Christentum weit entfernt; um sein System der immer wiederkehrenden Tria-
den und der hegelschen Dialektik zu beweisen, versuchte er, Christus mit Dionysos zusammenzufassen, den Golgota mit dem Olymp, sexuelle Exzesse mit der christlichen Askese.
Die Männer der Kirche, die an seinen Versammlungen teilnahmen, versuchten, die Gelehrten für das traditionelle orthodoxe Christentum zu gewinnen; letztere aber hegten umgekehrt den Wunsch, die Kirchenvertreter von der Notwendigkeit einer Synthese von freiem
Denken und religiösem Geist zu überzeugen. Joann von Kronstadt machte die Versammlungen lächerlich und bezeichnete sie als „satanisch". Zu den Themen, die auf den Konferenzen behandelt wurden, gehörten die Rolle der Kirche bei der Wiederbelebung des Christentums im Volk, das Verhältnis von Literatur und Religion (Tolstoj und Gogol), die
menschliche Freiheit und die religiöse Toleranz. Bemerkenswert war die Diskussion über
die Ehe: War sie ein Sakrament oder eine einfache gesetzliche Einrichtung? – eine Auseinandersetzung, die zwischen dem Archimandriten Mikhail Semenov, einem jüdischen Konvertiten und späteren altgläubigen Bischof, sowie dem Philosophen Vasilij Rozanov geführt wurde, einem beständigen Pendler zwischen Heidentum und Christentum.

Die Resultate waren insgesamt wenig ergiebig. Die Gespräche über die Fortentwicklung des Dogmas führten in eine Sackgasse, da jede Seite auf den eigenen Vorstellungen beharrte. Merezkovskij hat die Unterschiede zwischen den Angehörigen seines Kreises und den Kirchenvertretern festgehalten. Er beschrieb die Art, in der jede Gruppe den Glauben erfuhr, mit den Worten: „Für uns Erstaunen, für sie Überdruß, für uns Entspannung, für sie die tägliche Arbeit, für uns ein Gewand des Lichtes, für sie ein altes, getragenes Kleid". Metropolit Sergij Starogodskij (1867–1944), der spätere Patriarch von Moskau, beklagte mit Schmerz den trennenden Graben zwischen „dem Gott in der Tradition der Kirche" und der „russischen Intelligenz". Wenig später untersagte Oberprokuror Pobedonoscev die Unterredungen sowie die Veröffentlichung der Beiträge in der Zeitschrift *Novy Put*, die Merezkovskij gehörte. Im Jahr 1907 versuchten Bulgakov, Berdiaev und einige Professoren der Theologischen Akademie in Kiew, die Unterredungen neu zu beleben, jedoch ohne die offizielle Beteiligung der Geistlichkeit.

Die liberale theologische Richtung hatte rein zahlenmäßig betrachtet nur wenig Anhänger, brachte aber eine ganze Reihe neuer Ansätze hervor – ganz im Gegenteil zu der Masse der Geistlichkeit. Die Regierung Nikolaus' I. versuchte, die traditionelle orthodoxe Theologie wiederherzustellen, nachdem das theologische Denken in Rußland seit Peter dem Großen vielfältig mit dem Katholizismus und dem Protestantismus in Berührung gekommen war. Sogar der Metropolit von Moskau, Philaret Drozdov (1782–1867), hatte protestantische Tendenzen gezeigt und die Arbeit der *Russischen Bibelgesellschaft* mit Enthusiasmus begrüßt. Diese Gesellschaft aber, die den Beifall der methodistischen Minister Großbritanniens genoß, die die Hinwendung Rußlands zur Reformation und „die Ankunft des Lichtes in der strauchelnden griechischen Kirche" erwarteten, wurde von Zar Nikolaus I. aufgehoben.

Beinahe das gesamte 19. Jh. hindurch bestand die offizielle theologische Literatur in Rußland aus Textsammlungen, in der Regel mit dogmatischem Inhalt. Sie wurden gebraucht, um die Priester und die zukünftigen Seminarprofessoren aus dem Laienstand, die an den vier theologischen Akademien Rußlands in Moskau, St. Petersburg, Kiew und Kazan studierten, auszubilden. *Der Führer der theologischen Dogmatik der Orthodoxie*, den Makarij Bulgakov 1849 erscheinen ließ, war das erste Buch seiner Art, allerdings auch das konservativste. Der Autor weigerte sich, die vernunftmäßigen Grundlagen der Dogmen zu diskutieren oder ihre historische Entwicklung zu studieren. Dies wurde erst in der *Orthodoxen dogmatischen Theologie* des Metropoliten Philaret Gumilevskij aus dem Jahr 1864 geboten oder in dem *Entwurf einer orthodox-theologischen Dogmatik* Malevanskijs aus dem Jahr 1878.

Die Exegese bemühte sich, jeder von der Tradition abweichenden Meinung aus dem Weg zu gehen. Einige Gelehrte versuchten, an die Heilige Schrift das anzulegen, was sie die „kleine Kritik" nannten: Sie verglichen die Septuaginta mit dem masoretischen Text, doch hatte für sie der hebräische Text die geringere Autorität. Beim Vergleich der slawischen Übersetzungen vermieden sie sorgfältig die sogenannte „große Kritik", die Untersuchungen zur literarischen Entstehung des Bibeltextes und seine historische Authentizität, ein Charakteristikum der modernen Exegese und damals eine ausschließliche Domäne des Protestantismus.

Dagegen setzten sich die russisch-orthodoxen Theologen in unvoreingenommener Weise mit dem Kirchenväterdenken und seiner Genese auseinander. Selbst Metropolit Gumilevskij räumte als orthodoxer Bischof ein, daß die Väter oftmals untereinander im Streit

lagen, sich getäuscht hatten und häufig schlechte Philologen gewesen waren. Die orthodoxe Liturgie erschien aber als ein zu heiliges Gebiet, als daß es erlaubt gewesen wäre, ihre
Ursprünge oder ihre Entwicklung zu erforschen, obwohl die Zusammenstellung der mittel-
alterlichen Handschriften von der zaristischen Zensur nicht verboten worden war. Nikolaj
Pokrovsk (1848–1917) konnte auf diese Weise theologische Grundlagenforschung betrei-
ben. Miljukov hat die gesamte offizielle russische Theologie im 19. Jh. streng beurteilt:
„Sie ist produktiv, hält aber dem Vergleich mit ihren europäischen Pendants nicht stand".
Zurückgezogen auf elementare Glaubensfragen, gab es große Unzulänglichkeiten in allen
Bereichen, die von der zaristischen Zensur betroffen waren.

V. Die russische Orthodoxie und die religiösen Minderheiten im Reich

Die Statistiken über das Wachstum der russischen Orthodoxie in den letzten fünfzig Jahren
der Zarenherrschaft zeigen, daß die Kirche über eine Million Konvertiten hinzugewonnen
hatte, und zwar genau 1 172 758 Gläubige. In der Mehrzahl waren es ehemalige Katholiken, Protestanten sowie Unierte. Nun ist aber, selbst nach den russisch-orthodoxen Quellen, nur ein geringer Prozentsatz der Konversionen aus Gewissensgründen erfolgt: Wenigstens 470 000 Konversionen erklären sich zumindest teilweise oder ganz aus politischen
Gründen. Im Jahr 1895 wurden 250 000 Unierte, zumeist aus dem heute in Polen liegenden
Gebiet von Chelm, zur Orthodoxie „zurückgeführt", während ungefähr 73 000 Menschen
dem unierten Ritus verbunden blieben: Sie verweigerten die orthodoxen Sakramente, besuchten die lateinischen Kirchen in der Nachbarschaft oder wurden gelegentlich von umherziehenden Jesuiten betreut. Die neubekehrten Orthodoxen stießen zu den 1 674 478 ehemaligen unierten Glaubensbrüdern, die bereits 1839 infolge des starken Druckes der
Zarenregierung konvertiert waren. In den vierziger Jahren des 19. Jh. wandten sich mehr
als 100 000 Letten und Esten vom Protestantismus ab und schlossen sich, ebenfalls aus politischen Gründen, der Orthodoxie an. Nach 1863 folgte eine ähnlich große Zahl von Katholiken ihrem Beispiel, um den Repressalien zu entgehen, die auf den zweiten Polnischen
Aufstand 1863 gegen die russische Herrschaft folgten. Gegenüber diesen „Erfolgen" an
der Westgrenze wurden unter den Bekennern nichtchristlicher Religionen in den östlichen
Grenzgebieten nur wenige Menschen gewonnen, und dies trotz einer gut organisierten
Mission in China und Japan.

1. Die Altgläubigen

Das Problem der Altgläubigen *(staroveri)* und des russischen Schismas *(raskol)* blieb auch
im 20. Jh. bestehen[46]. Die Statistiken verzeichnen 311 279 Konversionen von Altgläubigen
zur Orthodoxie im Sinne des Patriarchen Nikon von Moskau (1606–1681)[47], ein Drittel
davon unter Vorbehalt. Im Jahr 1800 war ein Ausgleich, eine Glaubensunion *(edinoveriye)*
mit verschiedenen Altgläubigengemeinschaften erzielt worden. Diese wurden in die orthodoxe Kommuniongemeinschaft aufgenommen, durften aber den vornikonischen Ritus bei-

---

[46] Vgl. Anm. 16.
[47] Die Reformen Nikons hatten das Schisma im 17. Jahrhundert ausgelöst. Vgl. B. STASIEWSKI, Nikon von Moskau, in: LThK VII (1962) 1002 f.

behalten. Die Anzahl der Konversionen von Altgläubigen nahm zum Ende der Synodalperiode hin ab und erfolgte nur noch aufgrund der diskriminierenden staatlichen Gesetzgebung. Die Altgläubigen, die Priester anerkannten *(popovtsi)*, gingen dagegen nach wie vor zu einem gewissen Teil zu den Gruppierungen ohne Priester *(bezpopovtsi)* über. Aus letzteren entwickelten sich Sekten: einerseits „spirituelle" russische Christen *(duchovnye christiane)*, die die Autorität der Heiligen Schrift verwarfen und deren Lehren keine Ähnlichkeit mehr mit dem Christentum hatten, andererseits „Evangelisten" *(evangelisti)*, die mit ausländischen protestantischen Fundamentalisten in Verbindung standen [48].

Im Jahr 1863 zählte die offizielle Statistik acht Millionen Altgläubige, von denen fünf Millionen das Priestertum anerkannten. Zwanzig Jahre später zählten private Quellen dreieinhalb Millionen *popovtsi*, die Zahl der *bezpopovtsi* hatte sich auf sieben Millionen erhöht. Auch die Zahl der „Sektierer" vergrößerte sich; sie stieg von etwas mehr als 200000 auf mehr als zwei Millionen Menschen an. Das Wachstum dieser beiden Gruppierungen setzte sich ungebrochen fort: Im Jahr 1900 betrug die Gesamtzahl der Altgläubigen zwanzig Millionen, sieben Jahre später 25 Millionen.

Die offiziellen Statistiken wurden gleichermaßen von der Kirche wie vom Staat verfälscht. 1852 gaben regionale Behörden die Zahl der Sektierer und Schismatiker im zentralrussischen Nijegorodsk mit 20246 Personen an, eine eigens von Zar Nikolaus I. eingerichtete Kommission entdeckte dort aber 172600 Personen. Im Jahr 1859 räumte die Regierung ein, daß sich statt der offiziellen Zahl von 829971 tatsächlich 9300000 Christen von der Orthodoxie abgewandt hatten. Die Statistiken der Regierung zählten 1879 2135738 Personen, im Jahr 1900 aber waren es realiter zwanzig Millionen Menschen. Die Altgläubigen um Saratov hatten ihren eigenen Zeugnissen nach trotz erlittener Verfolgung nur einen zweiprozentigen Abfall zu verzeichnen.

Die russisch-orthodoxe Geistlichkeit wurde für die „Bekehrung" von Altgläubigen zur vorherrschenden Lehre belohnt; mitunter wurden sie gezwungen, den Behörden die Namen von „Widerspenstigen" zu nennen. Übertritte von der Orthodoxie zum *raskol* wurden streng bestraft. Diese Tatsache erschwert die Schätzung der Anzahl der „Konversionen" oder „Rückführungen" *(sovrachtchenye)* von der Orthodoxie zu den Altgläubigen. Viele zogen es vor, ihren eigentlichen Glauben zu verbergen, sich aber offiziell als orthodox registrieren zu lassen. Dennoch ist es unstrittig, daß sich die Altgläubigen zuungunsten der Orthodoxie ausbreiteten. Der Gouverneur Struve von Perm bezeugt den Erfolg des *raskol* ausdrücklich; er schrieb ihn der unangemessenen und stark schulmäßigen Ausbildung der orthodoxen Priester zu, die damit die Sympathie der Gläubigen verloren hätten. Stärker aber noch kontrastiere der schlechte Ruf der Geistlichen aufgrund ihrer Trunksucht und der Unmoral mit dem Ideal der Mäßigung und der Askese, das der „alte Glauben" einforderte.

Nikolaus I. erneuerte die diskriminierende Gesetzgebung gegen die Altgläubigen, die von den liberaleren Regierungen unter Katharina II. oder ihrem Enkel Alexander I. vermieden worden war. Letzterer hatte sogar offen seine Bewunderung für die Schismatiker gezeigt. Unter Nikolaus I. aber wurden die Ehen mit Altgläubigen erneut für nichtig er-

---

[48] Vgl. M. BULGAKOV, Istorija russkogo raskola, izvestnogo pod imenem staroobrjadčestva, St. Petersburg 1855, französisch: Le Raskol. Essai historique et critique sur les sectes religieuses en Russie, Paris 1859; K. GRASS, Die russischen Sekten, 2 Bde., Leipzig 1907–1914; A. LEROY-BEAULIEU, L'Empire des tsars et des Russes, 3 Bde., Paris 1890–1898, widmet der Geschichte des russischen Schismas und der Sekten insgesamt etwa 300 Seiten.

klärt, die Kinder zwangsweise „wiedergetauft". Man richtete eine strengere Besteuerung und eine penible Registratur ein. Oberprokuror Pobedonoscev verschärfte auch das Strafrecht. Im Jahr 1883 aber erkannte ein Gesetz des im allgemeinen recht reaktionären Zaren Alexander III. die Bürgerrechte der Altgläubigen an und gestattete ihnen, ihren eigenen Ritus zu praktizieren; eine rechtmäßige Ordnung wurde ihnen aber nicht eingeräumt. Diese erfolgte erst mit dem Toleranzedikt, das Zar Nikolaus II. am 17. April 1905 erließ: Offiziell wurden die Altgläubigen zu „Altritualisten" *(staroobriadtsi)* und wurden dadurch vom Makel als „Schismatiker" *(raskolniki)* befreit. Mit der Gewährung freier Religionsausübung wurden auch ihre Gemeinden offiziell anerkannt. Denjenigen, die gezwungen worden waren, sich als Orthodoxe zu bezeichnen, wurde gestattet, sich mit ihren Kindern wieder als Altgläubige registrieren zu lassen. Die Altgläubigen durften auch Grundschulen unterhalten. Wurden ihre Kinder in staatlichen Schulen unterrichtet, so waren sie nicht mehr verpflichtet, am Religionsunterricht teilzunehmen. Ferner wurde die altgläubige Geistlichkeit vom Militärdienst befreit, und die Laien durften als zivile wie militärische Angestellte arbeiten. Diese Privilegien wurden allerdings nicht auf Anhänger von Sekten ausgedehnt; diese wurden weiterhin mit Strenge behandelt.

Die Verfolgung der altgläubigen Priester unter Nikolaus I. und die Aufhebung des Klosters von Irgiz, eines Ausbildungszentrums der altgläubigen Geistlichkeit, führten dazu, daß vereinzelte Gemeinden im Gebiet von Vitebsk (Weißrußland) den Kontakt zu den Priestern verloren. Ihre Gepflogenheiten wurden denen der *bezpopovtsi* zunehmend ähnlich. Sie weigerten sich jedoch, sich den Sektierern anzuschließen. Sie waren unter den Namen „priesterlose Altgläubige des Nikolas" *(nikolaevsky bezpopovtsi)* oder „Kapellenfreunde" *(tchasoventsi)* bekannt.

Der Priestermangel hatte im übrigen zur Folge, daß die Altgläubigen ihre Hierarchie in Gebieten jenseits der Reichsgrenzen erneuerten. 1832 wurden auf der Rogojskoye-Synode in Moskau ähnliche Vorhaben diskutiert. Pavel Velikodvorskij durchzog den christlichen Orient auf der Suche nach geeigneten Kandidaten; er fand schließlich Ambrosios, einen Bischof in Konstantinopel, den die Türken von seinem Sitz in Sarajevo (Bosnien) verbannt hatten. Ambrosios und sein jüngerer, aber weniger wirksamer Nachfolger Kyrill ließen sich in Bielaya Krinitsa nieder, einem Dorf in der österreichischen Bukovina. Seit 1783 diente diese kleine Gemeinde den Altgläubigen, die zur größten Entrüstung der Romanov von den Habsburgern begünstigt wurden, als Gemeindezentrum. Einige altgläubige Priester weigerten sich, die Hierarchie von Bielaya Krinitsa anzuerkennen; sie blieben von den immer seltener werdenden Hierarchen abhängig, die der Synodalkirche den Rücken gekehrt hatten *(biegliye popi)*. Bald schon bildeten die altgläubigen Bischöfe, die durch den Metropoliten in der Bukovina geweiht worden waren, in Moskau ihre eigene Synode *(duchovni sovet)*. Diese Synode bzw. dieser Rat versuchte, über die örtlichen Gemeinschaften der Altgläubigen die Kontrolle zu gewinnen. Erfolgreiche Kaufleute altgläubigen Bekenntnisses wurden gegenüber den Veränderungen der modernen Gesellschaft zunehmend aufgeschlossener. Der Laie Ilarion Egorov Kabanov (Ksenos), verfaßte einen *Rundbrief*, in dem er für einen „Waffenstillstand" mit der etablierten russischen Orthodoxie plädierte. Dieses Anliegen setzte sich tatsächlich unter den Altgläubigen durch, die die Priester anerkannten; dreizehn ihrer Bischöfe im zaristischen Rußland billigten diese gemäßigte Position.

Die Altgläubigen ohne Priester waren vielfältiger organisiert. Sie spalteten sich in drei Hauptgruppen auf: den gemäßigten *Pomortsi*, Bewohnern der Küste, standen die radikaleren *Fedoseevtsi* und *Filippovtsi* gegenüber, die jeweils nach ihren Gründern benannt wurden. Im Jahr 1870 zählte man in Rußland 130 verschiedene Gruppierungen von Altgläubigen, darunter auch eine, die von Evfimi begründet worden war, einem Bauern und Deserteur, der bei den „Priesterlosen" zum Wanderprediger geworden war. Seine Anhänger verließen ihre Häuser und die normale Gesellschaft, um als „Pilger" *(stranniki)* einen Weg ohne Rast einzuschlagen. In der Mitte des 19. Jh. verlor diese Sekte, deren Zentrum in Sopelki nahe bei Jaroslavl in Zentralrußland lag, etwas von ihrer Radikalität. Einige Anhänger sorgten sich darum, den umherziehenden Brüdern Gastfreundschaft zu gewähren. Im Jahr 1852 unterhielten die „Christusliebenden" *(Christolioubtsi)* 122 Niederlassungen in der einsamen Region von Kostroma. Fühlten diese Gläubige ihr Ende nahen, so befahlen sie anderen, sie in die Wälder oder auch in ihre Gartenanlagen zu bringen, damit sie ihr Leben als Pilger beenden könnten.

Eine andere Sekte, der „Konvent des Erlösers" *(Spasov Soglasie)*, stellte eine *reductio ad absurdum* dar. Sie verwarf die Gültigkeit sämtlicher Sakramente in einer Welt, die unter der Herrschaft des Antichristen steht. Trotzdem tauften sie ihre Kinder und heirateten in der orthodoxen Kirche, um einen Skandal zu vermeiden – und um sicherzugehen, daß Gott ihnen Verzeihung gewährt.

Gegen Ende des Jahrhunderts begründete der Donkosake Gavril Zimin die Sekte der radikaleren „Nichtbetenden" *(nemolyaki)*, eine weitere Spielart der *bezpopovtsi*. Sie ging soweit, das orthodoxe Gebetsleben und die Liturgiefeier als überflüssig anzusehen – und das in einer Religion, die tatsächlich an einem Leben im Geist ausgerichtet ist. 1865 protestierten die Bauern aus dem Gebiet von Sarapulsk gegen den örtlichen Klerus, der in einer Eigentumskontroverse die Partei der Besitzenden ergriffen hatte, und schlossen sich den *nemolyaki* an. Von ihren Nachbarn wurden sie die „Eigensinnigen" *(uporchtchiki)* genannt. In Sibirien tauchten die *nemolyaki* unter der Bezeichnung *lutchinkovtsi*, von „lutchina", dem „Kienspan", auf. Sie verwarfen das Priestertum und die christlichen Sakramente; ihr Gebet richteten sie zu den Funken, zur Glut von „Mütterchen Fackel" *(matuchka lutchina)*. Jedes andere Licht, so glaubten sie, sei durch den Antichristen besudelt.

In den sechziger Jahren des 19. Jh. bildeten die Altgläubige Anna Damanova und ein Bauer namens Semen Savenko eine neue Sekte, die „Ungezähmte Wildschweine" *(sekatchi)* genannt wurde. Beide verkündeten, daß es nutzlos sei, in die Kirche zu gehen und die Sakramente zu empfangen. Der Zar und die Regierung verdienten als weltliche Autoritäten Gehorsam, doch untersagte die Sekte die Unterschrift unter Dokumente oder das Ablegen eines Eides. Die Besitztümer von Damanova und Savenko wurden schließlich beschlagnahmt und die beiden in den Kaukasus ins Exil geschickt.

Ein ähnliches Schicksal traf die „Kämpfer des Geistes" *(duchobori)*, eine Gruppierung mit einer stärker esoterischen Zielsetzung. Sie tauchte im 18. Jh. auf und kombinierte gnostische, eventuell bogomilische Lehren[49] mit den Anschauungen des Wanderphilosophen Gregorij Skovoroda, der *Mährischen Brüder* und linker protestantischer Bewegungen. Ihre Ablehnung von Staatsautorität und privatem Eigentum erweckte das Interesse Tolstojs, dessen Lehre sie tatsächlich zum Teil beeinflußten. Die Bewegung wurde im Jahr 1895 durch ein von Kosaken veranstaltetes Massaker erheblich reduziert, doch ließen die Überlebenden in ihrem Widerstand gegenüber der Regierung nicht nach.

---

[49] Vgl. H.-D. DÖPMANN, Bogomilen, in: LThK II (1994) 548f.

Die Anhänger von Pierre Veriguine, einem Führer der *duchobori*, akzeptierten übrigens Teile der Lehre Tolstojs. Sie selbst lehnten den Namen *dukhobors* ab, den ihnen zunächst ihre Gegner verliehen hatten, bevorzugten die weniger verächtliche Bezeichnung „Einfache Brüder" *(vsebratya)*. Im Jahr 1895 wurden sie aus dem Gebiet von Tambov vertrieben und gezwungen, sich in den Einöden des Kaukasus anzusiedeln. Die Anhänger Tolstojs halfen ungefähr 7000 *dukhobors*, in die einsamen Weiten Westkanadas auszuwandern, eine Region, die ihnen angenehm war, da sie vor jedem Kontakt mit der Außenwelt schützte. Aber auch in ihrer neuen Heimat blieb die Sekte nicht vor gewaltsamen Spaltungen und vor der Anklage der Unmoral verschont.

Eine andere Gruppierung, die sich selbst als das „Neue Israel" *(novi Izrail)* bezeichnete, trat am Ende des 19. Jh. in Erscheinung. Zu dieser Zeit war die alte Bewegung der „Milchtrinker" (sie wurden von den Orthodoxen *molokane* genannt, weil sie auch in der Fastenzeit Milch tranken), die den traditionellen Protestantismus mit russischem esoterischem Sektierertum vermengt hatte, nur noch ein Schatten früherer Tage. Bestimmte *molokanes* nahmen jüdische Gepflogenheiten an und schlossen sich mit den „Hütern des Sabbat" *(subbotniki)* im Kaukasus zusammen. Dagegen protestierten die „Hüter des Sonntags" *(voskresniki)* und übernahmen Riten, die der christlichen Liturgie entstammten. Im Jahr 1910 profitierten sie von der liberaleren religiösen Gesetzgebung und vereinigten sich in Andijan im heutigen Usbekistan mit ihren Gesinnungsgenossen. Sie blieben unter verschiedenen Namen wie „Spirituelle Molokane", „Spirituelle Christen" oder einfach „Spirituelle Leute" bekannt.

Die traditionellen russischen Sekten, die Flagellanten *(khlystij)* und die Kastrierten *(skoptsij)*, hatten einige ihrer Vorstellungen von der Trennung von der diesseitigen Welt aufgegeben. Die gegen Ende des 18. Jh. gegründeten Neoflagellanten *(novo-khlystij)* fuhren dagegen fort, sich in ihren traditionellen Versammlungen *(radeniya)* zusammenzufinden. Aber sie reduzierten, überzeugt von der alleinigen Realität irdischer Dinge, ihre Lehre auf einen groben Materialismus: Der Geist gehe, getrennt vom Fleisch, unter. Die Herkunft dieser Sekten ist strittig. Manche Forscher sind der Meinung, daß sie vom Hinduismus abstammen; andere vermuten, daß sie das alte slawische Heidentum fortsetzten, verbunden mit gnostischen Lehren, die vom Balkan gekommen waren. Den stärker esoterischen Gruppierungen wurden schlimme Aktivitäten nachgesagt: Gerüchte sprachen von sexuellen Ausschweifungen, von Kindesmord und dem Erwürgen alter Menschen.

2. Der stundizm – Die Stundisten

Neben all diesen Gruppierungen hatte die Orthodoxie unter der Bevölkerung einen noch mächtigeren Rivalen. Diese Gruppe, bekannt unter dem Namen *stundizm*, der sich vom deutschen Wort „Stunde, Gebetsstunde" ableitete, hatte sich wohl im Verlauf des 19. Jh. im Süden Rußlands unter dem Einfluß des deutschen Protestantismus entwickelt. Sie nahm ihren Anfang mit den Predigten deutschstämmiger Siedler, speziell der Nazarener aus Ungarn sowie der *skakuni*, der „Springer". Letztere waren in den vierziger und fünfziger Jahren des 19. Jh. unter den Mennoniten aktiv und unterschieden sich vom Hauptstrom der Baptisten, die in Rußland um 1869 auftauchten. Unter bestimmten Gesichtspunkten hatten die *stundisti* eine größere Nähe zu den russischen Sektierern. Die Baptisten konnten unter den Russen Bekehrungserfolge aufweisen; da sie sich aber nicht der Landeskultur anpassen wollten, blieben sie ein Fremdkörper. Die russischen Missionslehrbücher unterschieden zwischen dem *malostundizm*, dem „Kleineren" oder „Geistigen stundizm", der den Sekten näherstand, und dem *stundobaptizm* oder „Evangelischen stundizm" mit einer Annäherung an den Protestantismus, doch blieb diese Unterscheidung theoretischer Natur und künstlich.

Später spalteten sich die beiden Richtungen in zahlreiche Untergruppierungen auf: Der *novo-stundizm* mit seiner fundamentalistischen Lehre, kombiniert aus sozial-radikalem Bewußtsein und einem Insistieren auf Bildung, ist einer dieser Vertreter. Die Bewegungen waren allesamt fortwährenden Verfolgungen ausgesetzt. Im Jahr 1894 wurde der *stundizm* zu einer „besonders schädlichen" Sekte erklärt und erhielt Versammlungsverbot. Die Baptisten dagegen genossen bis in die neunziger Jahre des 19. Jh. hinein relative Freiheit, dann nahm Pobedonoscev ihr starkes Wachstum zur Kenntnis: 1900 wurde gebürtigen Russen verboten, sich als „Baptisten" zu bezeichnen, die Kirche selbst wurde offiziell als „Sekte evangelischer Lutheraner und somit deutsche Kirche" bezeichnet.

Im Jahr 1894 war es Vassilij Pachkov, einem Baptisten aus St. Petersburg, gelungen, in der Hauptstadt eine Konferenz zu organisieren, der Vertreter der beiden Gruppierungen und der *molkanes* beiwohnten. Pachkov, ein begüterter Offizier der Zarengarde, war von dem Engländer Lord Rastock bekehrt worden. Die Anhänger Pachkovs *(pachkovtsi)* versuchten auf intellektuell ansprechendere Weise, das Evangelium zu verkünden. 1884 löste der Staat die Sekte auf und verbannte Pachkov aus Rußland. Er verstarb 1902 in Paris.

3. Die katholischen Christen

Die Beziehungen zwischen Orthodoxen und Katholiken waren im Verlauf der letzten Synodalperiode alles andere als gut. Die Unterdrückung der Unierten unter den Zaren Nikolaus I. und Alexander II. (1876) waren für gute Beziehungen zum Papsttum nicht gerade förderlich. Die Anführer der Polnischen Aufstände stellten, sobald sie in Paris und Rom in Sicherheit waren, den Zaren als einen neuen Nero dar, als einen Verfolger der Katholiken. Die Klagen über die erlittenen Grausamkeiten unter der russischen Regierung wurden von der basilianischen Nonne[50] Makrina Meczyslawska lauthals verkündet, doch bezeichnete der polnische Jesuit Jerzy Urban diese Behauptungen später als unwahr[51].

Die Lage der Katholiken in den nordwestlichen Reichsteilen war nach den beiden Polnischen Aufständen 1830 und 1863 schwierig. Um die internationale Meinung zu beschwichtigen, die nach den Greueltaten des Grafen M. N. Muravev (genannt „der Henker") beunruhigt worden war, war die Unterscheidung zwischen „Polen" und „Katholiken" absichtlich verwischt worden. Dabei wurde ignoriert, daß sich die meisten Katholiken weigerten, sich volksmäßig mit den Polen zu identifizieren – und sich in der Folge als Weißrussen betrachteten. Die Strafgesetzgebung wurde nunmehr eher antipolnisch als antikatholisch ausgerichtet. Man versuchte, die Katholiken zu russifizieren, indem man Predigten und begleitende Gebete in russischer Sprache in ihre Liturgie einführte. Die ka-

---

[50] Basilianer sind Angehörige einer griechisch-orthodoxen Ordensgemeinschaft, die nach Basilius dem Großen (um 330–379) benannt ist.

[51] Vgl. A. OKOŁO-KUŁAK, Kościoł w Rosji. Dawniej, obecnie i w przyszłości, Krakau 1928; J. WASILEWSKI, Arcybiskupi i administratorowie archidiecezji mohylowskiej, Pinsk 1930; E. WINTER, Rußland und das Papsttum, Berlin 1961; J. ZATKO, Descent into Darkness, Notre Dame 1965, 1–29; I. SMOLITSCH, Geschichte der russischen Kirche, Bd. 2, Berlin 1990, 359–415; A. TAMBORRA, Chiesa cattolica e ortodossia russa. Due secoli di confronto e dialogo. Dalla Santa Alleanza ai nostri giorni, Mailand 1992.

tholische Geistlichkeit, die als Anstifter der Aufstände verantwortlich gemacht wurde, hatte mehr als jede andere Bevölkerungsgruppe unter den Repressionen zu leiden: Diözesen wurden aufgehoben, Bischöfe ins Exil geschickt, Kirchen und religiöse Einrichtungen geschlossen. Zar Nikolaus I. ließ mit der Begründung, daß die Zahl der Mönche geringer sei als es die kanonische Norm einfordere, 202 von 291 existierenden katholischen Klöstern schließen.

Vermögende Katholiken, die sich den Aufständen angeschlossen hatten, verloren ihre Besitztümer, die dem russischen Adel zum Kauf angeboten wurden. Die neuen Herren unternahmen große Anstrengungen, um ihre Bauern zur Orthodoxie zu bekehren. Muravev versuchte, Teile des russisch-orthodoxen Klerus aus Zentralrußland zu gewinnen, um als Missionare unter den Neukonvertierten zu wirken, da er den ehemaligen Unierten gegenüber mißtrauisch war. Sein Plan scheiterte aber, da die orthodoxen Missionare oft einen sehr schlechten Ruf hatten und dem Bildungsniveau ihrer neubekehrten Mitbrüder nicht entsprachen.

Die russischen Adligen, die sich unter der Herrschaft von Zar Nikolaus I. zum Katholizismus bekehrt hatten, wurden mit der Konfiskation ihrer Güter bestraft und entschieden sich im allgemeinen dafür, ins Exil zu gehen. War die Religion unter Alexander I. eine persönliche Angelegenheit, so wurde sie nach dem Ersten Polnischen Aufstand 1830 zu einem staatlichen Problem. Die Konversion von der Orthodoxie zum Katholizismus wurde mit „Perversion" oder „Verführung" *(sovrachtchenye)* gleichgesetzt und mit strengen Strafen geahndet. Sophie Soymonova-Svečhin, Anastasia Kljustina, Vladimir Petcherin, Ivan Gagarin und Zinaida Volkonskaja, allesamt aus dem Adelsstand, zogen nach Paris oder Rom. Andere wie Fürst Kozlovskij konvertierten heimlich im Ausland. Der Fürstin Volkonskaja wurde Klosterhaft angedroht, da man der Meinung war, sie habe einen ihrer Diener zum Katholizismus bekehrt. Sie verließ daraufhin 1816 Rußland und ließ sich in Paris nieder. Sophie Svečhin (1782–1857) erwarb sich den Ruf einer „russischen Madame de Sévigné". In ihrem Salon waren zugleich Künstler wie Geistliche aus dem Pariser Aristokratenmilieu beheimatet. Ihr Neffe Ivan Sergejewitsch Gagarin (1814–1882) konvertierte im Jahr 1842, obgleich er an der russischen Botschaft in Paris arbeitete. 1843 trat er der *Gesellschaft Jesu* bei. Später bildete er mit zwei weiteren konvertierten Russen, Ivan Martinov und Eugen Balabin, den Kern der russischen Jesuiten in der französischen Hauptstadt. Stephan Djunkovskij (1821–1870) aus St. Petersburg bekehrte sich ebenfalls zum Katholizismus und trat den Jesuiten auf einer Reise nach Rom bei, doch wurde er bald in seinen Erwartungen enttäuscht und kehrte zur Orthodoxie zurück. Wieder in Rußland, wurde er berühmt für seine Übersetzungen altisländischer Dichtung.

Paradoxerweise war Zar Nikolaus I. der einzige im 19. Jh. herrschende Romanov, der mit dem Papst zusammentraf. Seine Begegnung mit Gregor XVI. im Jahr 1845 brachte kaum Ergebnisse, sieht man von einem kurzlebigen Konkordat mit dem Heiligen Stuhl ab, das zwei Jahre später unterzeichnet wurde. Der englische Kardinal Acton diente bei dem Treffen als Dolmetscher, da Gregor die französische Sprache nicht beherrschte und Nikolaus des Italienischen unkundig war. Der Papst protestierte vergeblich gegen die nicht kanonischen Einmischungen des Zaren in die Angelegenheiten der katholischen Kirche. Die orthodoxen Autoren hoben dagegen hervor, daß der Heilige Stuhl keine Bedenken hege, wenn katholische Regenten ihre eigenen Kandidaten für vakante Bischofssitze auswählten. Nikolaus I. hegte den Plan, mit dem Segen des Papstes eine Ehe mit einer katholischen Habsburgerin zu schließen, doch wurde diese Absicht vom österreichi-

Gregor XVI. verhandelt mit Zar Nikolaus I. über die polnische Frage, bei der
der Papst nicht den polnischen Freiheitskampf unterstützte, sondern, in der
vergeblichen Hoffnung auf eine Vereinigung der russisch-orthodoxen Kirche
mit Rom, die Interessen des Zaren.

schen Staatskanzler Fürst Metternich vereitelt. Durch das Konkordat von 1847 konnte der
Papst seit längerer Zeit vakante Bistümer neu besetzen, und bestimmte Kirchengüter wur-
den erstattet. Allerdings wurde die Vereinbarung drei Jahre nach dem Januar-Aufstand in
Polen (1863) aufgehoben. Eine tumultreiche Audienz, die Baron Meyendorff bei Papst
Pius IX. gewährt wurde, endete mit der offenen Anklage: „Katholizismus, das ist die Re-
volution!"

Nicht alle Vertreter des polnischen Katholizismus waren dem Zaren feindlich gesonnen.
Der Dominikaner Jozef Maximilian Staniewski, Antoni Fialkowski aus Mohilev, Jilinski
aus Wilna, Woytsicki und der griechisch-katholische Markell Popiel aus Chelm (1825–
1900) unterstützten die Politik der Regierung. Popiel konvertierte zur Orthodoxie und war
bei der Aufhebung der unierten Diözese von Chelm im Jahr 1875 behilflich. Im Einverständnis mit der Regierungspolitik, die eine katholische Kirche russischer Prägung schaffen wollte, versuchte Staniewski, polnische Gebete in der Liturgie durch russische auszu-
wechseln – eine unglückliche Maßnahme, der sich zahlreiche katholische Gläubige
widersetzten.

Papst Leo XIII. erneuerte die Bemühungen, die Beziehungen mit Rußland zu verbessern, indem er im Jahr 1880 die Nachkommen Alexanders II. empfing. Als Gegenleistung
für Zugeständnisse, die die katholische Kirche in Rußland erhielt, akzeptierte Leo XIII.,
die Kirche in Polen von politischen Ambitionen zu trennen. Von der Ermordung des Zaren
Alexander II. im Jahr 1881 entsetzt, bewegte der Papst die polnischen Bischöfe, die Gläubigen zu unterweisen, daß sie der weltlichen Macht Gehorsam schuldig seien. Als Gegenleistung machte Alexander III. Alexander Izvolski zu seinem ständigen Vertreter im Vatikan. Dadurch verbesserten sich die gegenseitigen Beziehungen. 1904 gelang es dem
Metropoliten Jerzy Jozef Szembek, Erzbischof von Mohilev, die katholischen Bischöfe
des Russischen Reiches zu einer Art Synode zusammenzuführen. Das Toleranzedikt Nikolaus' II. aus dem Jahr 1905 erlaubte ungefähr 300000 unierten Weißrussen die Rückkehr
zum römischen Katholizismus, was zum Niedergang des polnischen Nationalgefühls in-

nerhalb der katholischen Kirche Rußlands beitrug. Im Jahr 1908 gaben die russischen Katholiken dann die Zeitschrift *Vera i jizn* („Glaube und Leben") heraus.

In St. Petersburg eröffnete eine kleine Zahl prokatholischer Intellektueller, die von der Vision Solov'ev über die Einheit des Christentums inspiriert worden war, eine katholische Kirche in „orientalischem Ritus". Obgleich Ministerpräsident Stolypin ihnen 1911 die gesetzliche Anerkennung verliehen hatte, konnten sie ihre Vorstellungen kaum an die breiteren Massen weitergeben. Der russische Katholizismus im orientalischem Ritus blieb eine elitäre Bewegung. Von der Revolution im sowjetischen Rußland ausgerottet, überlebte er nur in vereinzelten Emigrantenkreisen.

4. Die Protestanten

Zahlreiche Heiratsverbindungen zwischen den Romanov und protestantischen Prinzessinnen deutscher Herkunft – alle russischen Monarchen mit Ausnahme von Zar Paul I. (1797–1801) ehelichten Frauen aus Deutschland oder Skandinavien – brachten die höchsten russischen Staatskreise mit dem Protestantismus in Kontakt, wenn auch die Konversion zur Orthodoxie für die Braut eines russischen Zaren verpflichtend war[52].

Die Komponisten geistlicher russischer Musik bereisten das protestantische Europa und eigneten sich Elemente calvinistischer und lutherischer Hymnologie an. Lutheraner übernahmen russische Gesänge in ihre Liturgie, auf deutsch und mit leicht veränderten Texten. Trotz dieser kulturellen Annäherungen wurden die einfachen protestantischen Balten weiterhin offenkundig diskriminiert.

Fürst Alexej Orlov, unter Nikolaus I. Polizeichef, brandmarkte orthodoxe Priester, die die lettischen Bauern überredeten, das lutherische Bekenntnis aufzugeben, indem sie ihnen „Land in wärmeren Ländern" versprachen. Verschiedene Letten konvertierten aber auch aus antideutschen Gefühlen. Die Protestaktionen des baltischen Adels führten dazu, daß Metropolit Irinarch Popov (1790–1877), der Erzbischof von Riga, nach Pskov ins Exil geschickt wurde; unter Philaret Gumilevskij (1805–1866) setzten sich bald darauf die Bekehrungen in weniger polemischer Weise fort. In seiner Amtszeit (1841–1848) ermunterte Gumilevski die Priester, Lettisch und Estnisch zu unterrichten, weil das Beharren der lutherischen Priester auf der deutschen Sprache einer der Gründe dafür sei, daß die Bauern dem Protestantismus abschworen.

Die Beziehungen zu den Anglikanern waren offiziell herzlich, aber mühselig. William Palmer, Diakon der anglo-katholischen Hochkirche (Richtung der Anglikanischen Kirche) und Verfasser einer klassischen Darstellung über die Reform des Nikon[53], verkündete die anglo-orthodoxe Einheit und korrespondierte mit Komiakov, stieß aber auf Ablehnung. Bei einem Besuch in Rußland 1840/41 verweigerten ihm die Orthodoxen die Kommunion[54]. Seine Enttäuschung veranlaßte ihn daraufhin, zum Katholizismus zu konvertieren.

Russisch-orthodoxe Theologen wohnten auch Konferenzen bei, die in den Jahren 1874

---

[52] Vgl. T. I. BUTKEVIČ, Protestantstvo v Rossii, Charkov 1913; R. STUPPERICH, Kirchenordnungen der evangelisch-lutherischen Kirche in Rußland, Ulm 1959; E. AMBURGER, Geschichte des Protestantismus in Rußland, Stuttgart 1961; SMOLITSCH, Geschichte der russischen Kirche II, 421–458.

[53] Vgl. Anm. 47.

[54] Vgl. W. PALMER, Notes of a Visit to the Russian Church in the Years 1840–1841, by the Late William Palmer, Selected and Arranged by Cardinal Newman, London 1882; W. J. BIRBECK, Russia and the English Church during the Last Fifty Years, London 1895.

und 1875 von den Altkatholiken in Bonn veranstaltet wurden, doch weigerten sie sich, diese offiziell anzuerkennen. In gleicher Weise nahmen dort die Anglikaner teil. In der Folge sandten sie eine Delegation nach St. Petersburg, um über eine mögliche Union „der beiden getrennten Äste der Christenheit" zu verhandeln, doch erneut ohne Ergebnis.

5. Die Juden

Unter den russischen Minderheiten hatten die Juden das traurigste Geschick[55]. Der Ausschluß aus der russischen Gesellschaft war in gleicher Weise von der jüdischen Gemeinde, die eine Assimilation befürchtete, gewünscht wie von der staatlichen Gesetzgebung gefördert. Anders als später die sowjetische Politik betrachtete das Zarenreich das Judentum als eine Religion und nicht als eine Nationalität. Den Konvertiten, die vom Judentum zur Orthodoxie kamen, stand es mithin frei, sich in die russische Gesellschaft einzugliedern; sie wurden dann offiziell als Russen angesehen. Den Juden wurden von Katharina II. und Alexander I. Steuererleichterungen und die Befreiung vom Militärdienst zugestanden. Zu den bekanntesten Christen jüdischer Abkunft zählen der Pianist, Dirigent und Komponist Anton Rubinstein (1829–1894) und sein Bruder Nikolas (1835–1881).

Fünf Millionen Juden lebten 1880 in Rußland, davon aber außerhalb der „Aufenthaltszone" *(tcherta osedlosti)*, die nach den Polnischen Teilungen geschaffen worden war, nur 300 000. 1817 wurde die *Gesellschaft der Christen jüdischer Abkunft* gegründet, um den Konvertiten eine materielle Unterstützung anbieten zu können. Im Jahr 1870 wurde dann ein Hospiz eingerichtet, um getaufte Kinder jüdischer Abstammung und erwachsene Katechumenen aufzunehmen. Trotzdem blieb die Zahl der Konversionen gering, sie schwankte zwischen 300 und 4400 pro Jahr. Unter der Herrschaft Alexanders II., der im allgemeinen Zwangstaufen kritisch gegenüberstand, war es gleichwohl ein Anliegen der Staatspolitik, die russisch-jüdische Bevölkerung nach erwünschten und unerwünschten „Elementen" zu unterscheiden. Die Mehrzahl der Juden außerhalb der „Aufenthaltszone" lebte in der Illegalität. Nur wenige ihrer Glaubensbrüder hatten Aufenthaltsgenehmigungen, im wesentlichen nur diejenigen, die als nützlich erachtete Berufe ausübten. Im Jahr 1891 wurden daher 20 000 Juden aus Moskau und 2000 aus St. Petersburg vertrieben. Innerhalb der „Zone" brachte man die Juden davon ab, Ackerbau zu betreiben; sie blieben in Kleinstädten *(shtetl-mestetchko)* eingepfercht. Der den Juden unter der Herrschaft von Zar Nikolaus I. auferlegte Militärdienst war von besonderer Härte, bedeutete er doch bei hartem Druck zur Konversion eine 25jährige Trennung von den jeweiligen Gemeinden. Drakonische Rekrutierungsgesetze beriefen die jüdischen Knaben im Alter von zwölf Jahren zu einem vormilitärischen Dienst. Diese Gesetze wurden schließlich im Jahr 1856, in Zusammenhang mit der Thronbesteigung Alexanders II., des „Zaren, der mitleidig war", abgeschafft. Nikolaus I. hatte den Priestern, die in den Regimentern dienten, das Recht eingeräumt, die jungen Juden zur Konversion zu veranlassen, ohne die Erlaubnis kirchlicher Würdenträger einzuholen; der Übergang zur Zwangstaufe war damit fließend. Um eine bessere Behandlung zu erfahren, mußte man konvertieren; daher wurden ganze Regimenter christlich.

---

[55] Vgl. S. M. Dubnov, Evrei v Rossii i zapadnoj Evrope v épochu antisemitskoj reakcii, Moskau 1923; ders., History of the Jews in Russia and Poland, 3 Bde., Philadelphia 1916–1920; L. Greenberg, The Jews in Russia, 2 Bde., New Haven 1944/1951; S. W. Baron, The Russian Jew under Tsars and Soviets, New York 1964.

Landbevölkerung wie Regierung behandelten die Juden in gewissem Sinne wie Parasiten. Die Slawophilen standen ihnen aus ideologischen Gründen als Gegner gegenüber, sahen sie in ihnen doch fremdstämmige Umstürzler, da die jüdischen Intellektuellen mit der radikalen Linken sympathisierten. Gegen Ende des 19. Jh. kam es in Odessa zu blutigen Tumulten gegen die jüdische und griechische Gemeinde. Besonders in der Ukraine und in Bessarabien nahmen die Pogrome schlagartig zu. Infamer noch waren Ritualmordprozesse und die Beschuldigungen, die Juden würden am Pesachfest Blut von Christen in die Mazzen *(mazza)* einmischen. Bekannt wurde die Beilis-Affäre wegen einer Ritualmordanklage, die sich 1913 in Kiew zugetragen hatte. Der Angeklagte, Menahem Mendel Beilis (1874–1934), wurde aus Mangel an Beweisen freigesprochen, obgleich die Regierung starken Druck ausgeübt hatte, ihn schuldig zu sprechen. Herausragende Vertreter der Intelligenz wie die Schriftsteller Korolenko und Gorki oder die liberale Presse verteidigten die Unschuld Beilis'. Vasilij Rozanov, sein Verteidiger, glaubte an die grundsätzliche Berechtigung einer Ritualmordanklage, sah in seinem Mandanten jedoch ein unschuldiges Opfer des Aberglaubens. Weitere Prozesse hatten in Saratov (1853), Kutais in Georgien (1879) und Wilna (1903) stattgefunden. Letzterer betraf den jüdischen Barbier David Blond, der wegen eines angeblichen Mordversuches an seiner polnischen Dienerin inhaftiert worden war.

Über die Verwicklung der orthodoxen Geistlichkeit in die antisemitischen Aktivitäten herrscht keine Klarheit. Obgleich verschiedene moderne ukrainische Schriftsteller ihn zu leugnen suchen, war der Antisemitismus in der Ukraine und im katholischen Polen – nicht aber in Weißrußland – zweifelsfrei stärker als im eigentlichen Rußland, wo die Kontakte zu den Juden viel stärker eingeschränkt waren. Von slawophiler Propaganda angestachelt, standen einige bedeutende Kirchenvertreter antisemitischen Gruppen wie den *Schwarzen Einhundert* beziehungsweise der *Union des russischen Volkes* nahe, welche die Pogrome organisierten. Jedoch wurden die Juden von einigen lokalen Priestern gegen die Menge verteidigt. In Starodub (1891) und Kichinev (1903) versteckten orthodoxe Bauern die Juden, um sie vor ihren Angreifern zu schützen; in Melitopol und Zitomir (1905) griffen junge Orthodoxe sogar zu den Waffen, um Juden zu verteidigen. Im folgenden Jahr (1906) erhob die Duma offiziell Anklage gegen Funktionäre aus den Reihen der Polizei, die beschuldigt wurden, antisemitische Schriften veröffentlicht und Pogrome angestiftet zu haben. Metropolit Nikanor Brovkovitch (1826–1890), der Erzbischof von Cherson, ein angesehener und fortschrittlicher Philosoph, predigte sogar über die enge Verwandtschaft von Juden- und Christentum. Er tat dies anläßlich der Einweihung einer Kirche, die einer Handelsschule in Odessa angeschlossen war, einer Schule, in der siebzig Prozent der Schüler jüdisch waren. Vladimir Solov'ev prophezeite in seinem Buch *Das Judentum und die christliche Frage* eine zukünftige Union von Juden und Christen, gestützt auf die gemeinsame Vision von individueller Erwählung und universellem Heil[56].

Doch die antisemitischen Schriften waren, mit der Zustimmung der kirchlichen Würdenträger, weiterhin reichlich verbreitet. Der nach einer kriminellen Machenschaft suspendierte römisch-katholische Priester Justin Pranaytis, ein bösartiger Antisemit, kam nach Kiew, um sich gegen Beilis auszusprechen und die Wahrheit der Anklage zu bezeugen. 1897 übersetzte der Erzpriester A. Kovalnitskij die Schrift *Der Talmudjude* von August

---

[56] V. SOLOVIEV, Le Judaisme et la Question chrétienne (französische Übersetzung des Originals von 1884), Paris 1955.

Rohling (1871, [7]1924) ins Russische unter dem Titel *Die Moraltheologie der Talmudjuden* – ein Buch, das jüngst im postsowjetischen Moskau neu aufgelegt wurde. Der Orientalist Daniil Chvolson (1819–1911), ein konvertierter Jude, widerlegte in seiner 1857 veröffentlichten Abhandlung *Zu den mittelalterlichen Anklagen gegen die Juden* antijüdische Beschuldigungen; der Gelehrte half bei der Übersetzung des Alten Testaments ins Russische und wurde Professor an der Akademie in St. Petersburg.

VI. Die russisch-orthodoxen Missionen

Die Beziehungen der russischen Orthodoxie zum Islam, Buddhismus und dem animistischen Schamanismus[57] – Religionen, die allesamt recht zahlreich im Russischen Reich vertreten waren – fanden nicht unter dem Gesichtspunkt einer modernen Ökumene statt; stattdessen sollten diese Gruppen unbedingt zur Konversion gebracht und keinesfalls ein Dialog mit ihnen eröffnet werden. Auch die Politik war an der Mission interessiert: Die Konversion von Eingeborenenstämmen, die in den Grenzgebieten des Russischen Reiches lebten, bedeutete eine Russifizierung und stimmte sie der britischen Propaganda gegenüber feindlich, was den russischen Interessen zugute kam. Verglichen mit dem Eifer der katholischen und protestantischen Missionen waren die orthodoxen Missionsprojekte allerdings wenig umfangreich und fruchtbar[58].

Russische Mönche hatten einst auf der Flucht vor der menschlichen Gesellschaft den Norden kolonisiert. Doch sie führten die ausschließlich heidnischen Bewohner der nördlichen Regionen nur indirekt dem Christentum zu. Nach der Eroberung von Kazan und Astrachan durch Ivan IV. („der Schreckliche"; 1533–1584) wurden konzentrierte missionarische Anstrengungen, die nicht frei von politischer Motivation waren, unternommen, um die Muslime in den tatarischen Fürstentümern der Herrschaft des orthodoxen Zaren zu unterstellen. Diese Bewegung scheiterte jedoch. Die Bevölkerung, die den Islam überzeugter praktizierte als zahlreiche orthodoxe Christen ihre Religion, kehrte zu einer einzigartigen Mischform aus Islam und Schamanismus zurück.

In bezug auf die inneren Angelegenheiten der sibirischen Bevölkerung wahrte die Regierung seit dem 18. Jh. offiziell Neutralität. Dazu gehörte auch der religiöse Bereich. Diese Maßnahme hatte das Ziel, eine stärkere Opposition gegenüber russischen Siedlern zu vermeiden. Die Zahl der Missionare war daher gering, die militärische Präsenz minimal. Im Jahr 1822 begann Mikhail Speranskij mit dem sibirischen Reformwerk. Er erkannte das legitime Verlangen an, die Einwohner Sibiriens zur Orthodoxie zu bekehren; doch warnte er die kirchlichen Würdenträger davor, Zwang auszuüben. Im Prinzip wurde diese Politik niemals aufgegeben. Die mongolischen Burjaten im Gebiet des Baikal in Ostsibirien kamen erst in der zweiten Hälfte des 19. Jh. mit der Orthodoxie in Berührung, zu einer Zeit, in der der Buddhismus gleichfalls zahlreiche Anhänger fand. Die ersten Über-

---

[57] Vgl. Anm. 35.

[58] Vgl. Materialy dlja istorii pravoslavno-rossijkago missionerstva, 4 Bde., Moskau 1893–1895; F. RAEDER, Die Missionstätigkeit der russischen orthodoxen Kirche, in: Allgemeine Missionszeitschrift 32 (1905) 349–365.397–411.457–474.541–558; K. LÜBECK, Die russischen Missionen, Aachen 1922; G. FLOROVSKIJ, Russian Missions. An Historical Sketch, in: The Christian East 14 (1933) 30–41; S. BOLDSHAKOFF, The Foreign Missions of the Russian Orthodox Church, London 1943.

setzungen der Bibel in die Sprache der Burjaten wurden nicht von Orthodoxen vorgenommen, sondern von der *London Missionary Society*. Die noch entlegeneren Tchuktchen im Nordosten Sibiriens praktizieren noch heute, ungeachtet gelegentlicher Kontakte mit der Orthodoxie, den Animismus.

Selbst russische Autoren stellten fest, daß die orthodoxen Missionen am Ende der Synodalperiode nur bescheidene Resultate hervorgebracht hatten: Die Zahl der Muslime, die konvertierten, lag bei nur ungefähr 1300 pro Jahr, die Konversionen aus dem Heidentum waren im Verhältnis sogar noch geringer und lagen – bei einer wesentlich höheren Gesamtzahl von Heiden gegenüber den Muslimen – bei 3104 pro Jahr. Es gab nur wenig Missionare, und ihre Stationen waren zudem weit verstreut. Ihre Präsenz hatte mehr die Betreuung der orthodoxen Gläubigen zum Ziel als die Bekehrung Andersgläubiger. Mit Unterstützung Pobedonoscevs wurde 1870 sogar im Kloster Pokrovskij in Moskau die *Orthodoxe Missionsgesellschaft* begründet, um diesbezügliche Aktivitäten zu koordinieren. Ihr Gründer war der Metropolit von Moskau, Innokentij Veniaminov (1797–1879), der später als der „Kultivierer der Aleuten und Apostel Amerikas" kanonisiert wurde. Er galt als der größte Missionar, den die russische Kirche je erlebt hatte. 1903 verwaltete seine Gesellschaft 22 Missionen: acht in Sibirien, dreizehn im europäischen Rußland und eine in Japan.

Die russischen Missionen hatten positive wie negative Seiten. Im allgemeinen war man bemüht, die Bekehrten in christlichen Dörfern, getrennt von ihren nichtchristlichen Landsleuten, anzusiedeln. Das langfristig verfolgte Ziel war oftmals ihre Russifizierung. Die Missionsschulen bestanden darauf, daß die Bekehrten Russisch und Kirchenslawisch lernten. Andererseits versuchten die Missionare, die einheimischen Sprachen weiterzuentwikkeln, und arbeiteten sie daher in die Liturgie ein. Da zahlreiche Lokalsprachen nur wenig entwickelt waren, es keine Literatur und oft sogar keine Schriftlichkeit gab, schufen die russischen Missionare beides und legten manchmal so den Grundstein zu einer nichtrussischen Volksliteratur. Die russisch-orthodoxen Missionen waren vierfach unterteilt: Westsibirien, Ostsibirien mit Alaska, die islamischen Gebiete sowie die ausländischen Missionen. In Sibirien lebten wenigstens drei unterschiedliche Volksgruppen: die Finno-Ugrier im Ural, die mongolischen Burjaten und Kalmüken sowie die Turkvölker. Zu den letzteren gehören die im äußersten Nordosten lebenden Jakuten. Die Kalmüken, obwohl von östlich-mongolischer Abstammung, bewohnten das Wolgadelta mitten im europäischen Rußland. Jede Gruppierung war in eine schier unermeßliche Zahl von Stämmen unterteilt. Die Finno-Ugrier waren im allgemeinen Schamanisten, die mongolischen Völker gehörten dem Buddhismus an, die Turkvölker überwiegend dem Islam.

Die nichtslawischen Völker im europäischen Rußland kamen um 1840 in intensiverer Form mit dem Christentum in Berührung, doch wurden sie gewöhnlich nur oberflächlich bekehrt. Die Mordvinen, ein finnisches Volk in Zentralrußland, wurden im 18. Jh. christianisiert. Sie weigerten sich jedoch, das Kreuz auf der Brust zu tragen und brachten, gleich den Indianern Südamerikas oder den Kreolen auf Haiti, die alten heidnischen Götter mit christlichen Heiligen in Verbindung. Im Verlauf des letzten Jahrhunderts entstand unter ihnen eine Bewegung, die versuchte, den alten Glauben, versetzt mit christlichen Elementen, wiederherzustellen. Sie erhob als eine neue Universalreligion den Anspruch, das Christentum zu ersetzen.

1901 waren die Cuvasen, ein Finn-Turkvolk, das zwischen Nijni-Novgorod und Kazan lebte, noch immer zur Hälfte nicht christlich. In ihren Gebeten wurde Christus durch den heiligen Nikolaus von Myra ersetzt; viele kannten vom „russischen Glauben" kaum mehr als das Kreuzzeichen. Der *Kugu Sorta* („Großer Leuchter"), eine antichristliche schamanistische Bewegung, sorgte im Verlauf der siebziger Jahre des 19. Jh. unter den finnischen Mari an der Wolga für Unruhe.

Um 1830 begannen die westsibirischen Missionen, aus der Arbeit des Archimandriten Makarij Glucharev (1792–1847) Nutzen zu ziehen. Glucharev war im südlichen Altaigebiet eingesetzt. Er hatte ein Wörterbuch der lokalen Idiome erstellt und begonnen, die Heilige Schrift und die Texte der Liturgie in den telengitischen Dialekt zu übersetzen, den er unter den dortigen Lokalsprachen als den verständlichsten erachtete. In gewissem Sinne praktizierte er die Inkulturation: Die neugetauften Christen sangen Teile der Liturgie in ihrer eigenen Sprache, 1865 wurde die Liturgie dann vollständig in einer Übersetzung gefeiert, die der Nachfolger Glucharevs überarbeitet hatte. Obgleich der Archimandrit über 40 Jahre in der Mission blieb, wurden durch ihn nur 675 Menschen zur Konversion bewegt. Am Ende des 19. Jh. jedoch galt die Altai-Mission als die bestorganisierte und blühendste unter den sibirischen Missionen. Nominell war mehr als die Hälfte der einheimischen Bevölkerung christianisiert, sie lebten in eigenen Dörfern, getrennt von den Nichtchristen. Reisende stellten fest, daß sich sogar Nichtchristen russifizierten, das Nomadentum aufgaben, um seßhaft zu werden, und Häuser nach russischer Art erbauten. 1904 jedoch war die Altai-Mission durch den sich entfaltenden *Burchanismus* bedroht, einer Bewegung, die sich gleichermaßen der russischen Orthodoxie wie dem Schamanismus entgegenstellte und eventuell vom mongolischen Lamaismus und älteren animistischen Vorstellungen inspiriert gewesen ist. Die Missionare predigten Gewaltlosigkeit in ihrem Kampf gegen die Sekte, die sich rasch mit eigenen Moralvorstellungen und einem vielschichtigen Ritual zu einer Art organisierter Religion entwickelte. Die Regierung und die russischen Siedler traten dem *Burchanismus* dennoch mit Gewalt entgegen, doch überlebte die Bewegung den Fall des Hauses Romanov im Jahr 1917.

Kamschatka im äußersten Osten war seit dem 18. Jh. teilweise christianisiert. Speziell von 1824 an zog Ostsibirien Nutzen aus der Arbeit des bereits erwähnten Innokentij Veniaminov. Dieser hatte seine Tätigkeit als Priester in Irkutsk begonnen; berühmt geworden aber ist er wegen seines Missionserfolges auf den Aleuten bei Alaska. Dem Missionar, der in der Abgeschiedenheit von Unalaska, einer Insel des aleutischen Archipels, lebte, war es gelungen, die extrem schwierige aleutische Sprache mit ihren Gutturaltönen zu erlernen. Er kannte sie offenbar ausreichend gut, um ein Alphabet zu schaffen und sogar kurze Gebetstexte auf Aleutisch zu verfassen. Er bereiste die kleinen Inseln in einem Kanu aus Seehundfell, kam so nach Sitka, wo er mit den indianischen Telingiten zusammentraf, die von den Russen *Koloshi* genannt werden – eine aus dem aleutischen Wort *kaluga* (Lippenschmuck der Frauen) abgeleitete Bezeichnung. Im Jahr 1840 wurde Veniaminov Erzbischof einer Diözese an der Nordostgrenze des Russischen Reiches: Alaska[59], die Aleuten und die Kurilen sowie Kamschatka gehörten dazu; später auch das jakutische Sibirien. Sein Hilfsbischof Dionisij Citrov lernte in der Folge genügend Jakutisch, um Bischof von Jakutsk zu werden.

Die russisch-orthodoxen Missionen stießen auf islamischem Boden, besonders bei den Tataren im Gebiet von Kazan auf vielfältige Probleme. Der Islam war eine ernstzuneh-

---

[59] Alaska gehörte zu dieser Zeit noch zum Russischen Reich; erst 1867 wurde es von den USA für 7,2 Millionen US-Dollar gekauft.

mende Größe; die hier lebende Bevölkerung konnte mit den einfachen sibirischen Stämmen kaum verglichen werden. Die erneute Tätigkeit muslimischer Missionare bewirkte zu Beginn des 19. Jh., daß sich ein großer Teil bereits getaufter Tataren wieder dem Islam zuwandte. Diese getauften Tataren hatten übrigens nur eine unzureichende religiöse Unterweisung erfahren. Die Übersetzungen christlicher Literatur in ihre Sprache waren über lange Zeit hinweg unzulänglich. 1842 wurde in Kazan eine theologische Akademie zur Ausbildung der Missionare gegründet. Die Missionare, die unter den Tataren arbeiten sollten, wurden im Arabischen unterrichtet; diejenigen, die zu den Kalmüken gingen, lernten das Mongolische.

Im Jahr 1846 vollendete Nikolas Ilminskij (1822–1891), ein ausgezeichneter Philologe, seine Studien. Ein Jahr später war er Leiter einer Kommission, die beauftragt war, die orthodoxen Texte ins Tatarische zu übersetzen. Ältere Übersetzungen hatten das Schriftarabisch verwendet, das Ilminskij in Kairo erlernt hatte, er aber bevorzugte für seine Übersetzungen christlicher Texte die gesprochene tatarische Sprache, die weniger vom persischen und arabischen Vokabular beeinflußt ist. Offensichtlich war er der Auffassung, daß die einfachen Menschen so besser den Unterschied zwischen christlichen und muslimischen Missionaren, die weiterhin auf der klassischen Sprache beharrten, verstehen würden. Unglücklicherweise verwendete Ilminskij für seine Übersetzungen das kyrillische Alphabet. Dies bedeutete eine stillschweigende Gleichsetzung von Christentum und russischer Kultur. Zu Anfang stand Ilminskij in bezug auf das klassische Arabisch in Gegensatz zu seinen Kollegen, für die das Arabische bei den Tataren mit dem Kirchenslawisch bei den Russen vergleichbar war. Nach einigen Mißerfolgen gelang es Ilminskij aber, mit Hilfe von Menschen, die das Tatarische beherrschten, flüssige und verständliche Texte zu erstellen. Vassilij Timofejev, ein getaufter Tatar ohne Arabischkenntnisse, der in einem Kloster die Funktion des Glöckners ausübte, wurde sein Assistent. Schließlich konnte sich Ilminskij mit seinen Vorstellungen durchsetzen. Nachdem seit 1854 nur in der Akademie von Kazan Missionare ausgebildet worden waren, gründete man für die Missionierung 1867 in Kazan die *Bruderschaft von St. Gury*. 1889 hatte sich die Ausbildungssituation weiter verbessert, doch fuhr man fort, die nichtchristlichen Religionen unter apologetischen Gesichtspunkten zu betrachten. Dabei konzentrierte man sich auf den Islam und den Buddhismus. Das Ziel war eher, Menschen zur Konversion zu bewegen, als die andere Religion zu verstehen, obgleich die Studenten die Lehre und die moralischen Auffassungen dieser beiden Religionen kennengelernt hatten. 1898 zählte die Akademie 62 Studenten, von denen die Hälfte Kleriker waren.

Im Norden des Kaukasus stießen die Missionsbemühungen auf mehr Erfolg, besonders bei den Osseten, einem Volk iranischer Abkunft, das zu einem früheren Zeitpunkt bereits christianisiert worden war, dann aber – freiwillig oder gezwungenermaßen – zum Islam konvertierte. Zwischen 1817 und 1862 arbeitete eine eigene Kirchenkommission an der „Wiederherstellung des Christentums bei den Osseten", später an der „Wiederherstellung im ganzen Kaukasus". Von 1865 an wurde die Liturgie auf Ossetisch gefeiert.

Es gab fünf russisch-orthodoxe Auslandsmissionen in China, Japan, Korea, Persien und Nordamerika. Die Mission in Korea blieb bedeutungslos, sie setzte übrigens auch erst zur Jahrhundertwende ein. 1897 sandte der Heilige Synod den Archimandriten Ambrosij Gudko als Leiter der Mission nach Korea. Die Missionare wurden von den örtlichen Behörden an der Einreise gehindert und richteten sich daher im russischen Ussurigebiet um Vladivostok ein und arbeiteten dort mit den koreanischen Einwanderern. Im Jahr 1900 eröffnete das russische Konsulat in Seoul eine orthodoxe Kirche. Die liturgischen Texte wurden ins Koreanische übersetzt, doch stieß die Mission unter den Koreanern nur auf wenig Begeisterung. Zudem beherrschten die russischen Priester die koreanische Sprache nur wenig. 1904 vertrieben schließlich die Japaner die Missionare aus der koreanischen Hauptstadt.

Die Mission in China war auf den Großraum Peking konzentriert und existierte seit 1714. Nach der Gesetzesreform von 1858 erlebte sie einen Aufschwung, nach dem Boxeraufstand 1900/1901 aber einen Rückschlag[60]. Infolge des von Anfang an starken politischen Engagements der Missionare war die Situation in China nicht ohne Probleme. Es gab nur wenige Konversionen, und die nachfolgende katechetische Unterweisung war unzureichend. Bereits in den sechziger Jahren des 19. Jh. hatte der russische Mönch P. Isaij Polikin eine Missionsarbeit auf Grundlage der chinesischen Sprache versucht; er war vielleicht der erste orthodoxe Missionar, der auf Chinesisch predigte. 1866 wurde die Liturgie übersetzt, doch drang der Synod darauf, daß das Kirchenslawische die Liturgiesprache blieb. 1883 wurde die Liturgie erstmals von zwei Chören gesungen, abwechselnd auf Kirchenslawisch und Chinesisch. Im gleichen Jahr wurde Mitrofan Tsi als erster chinesisch-orthodoxer Priester geweiht. 1906 weihte der Synod in seiner Bemühung um eine Verbesserung der Situation Metropolit Innozenz Figurovskij, einen russischen Priester, der in Peking arbeitete. 1906 zählte die Mission fünf Kirchen, einige Kapellen und Missionsstationen sowie ein Kloster; 1913 belief sich die Zahl der chinesischen Christen, die 1900 nur 500 betragen hatte, auf 3812.

In Japan war die Mission erfolgreicher. Sie förderte die Inkulturation, war ihrem Wesen nach unpolitisch und unterstützte japanische geistliche Berufungen. 1858 wurde in der russischen diplomatischen Niederlassung in Chakodate eine Kirche geweiht. Zwei Jahre später traf P. Nikolas Kasatkin (1836–1912), ein Mönch im diplomatischen Dienst Rußlands, in Nagasaki als Botschaftsgeistlicher ein. Er verstand das Japanische nicht, begann es aber zu studieren und gewann dadurch einige Konvertiten. 1882 vergrößerte sich die Mission, und Kasatkin wurde Bischof. Der Mission wurden großzügig Gelder bewilligt, im besonderen wegen ihrer geopolitischen und strategischen Bedeutung. Diese Gelder erlaubten es, in Tokio neben einigen Schulen eine Kathedrale zu erbauen – damit versuchten die russischen Zaren, das Prestige der Orthodoxie in jeder Hauptstadt der Welt zu erhöhen. Im Jahr 1890 lebten ungefähr 3000 orthodoxe Japaner in Tokio; zehn Jahre später existierten bereits 231 Gemeinden mit 25231 Gläubigen. Die japanische Orthodoxie wurde durch 34 Geistliche vertreten, von denen nur drei Russen waren. Die japanische Mission war ein Sonderfall: Von Anfang an war man sorgsam darum bemüht, eine Russifizierung zu vermeiden. Im russisch-japanischen Krieg 1904–1905 ermunterte Kasatkin Priester, sich den Armeen seiner Wahlheimat zur Verfügung zu stellen, die das orthodoxe Zarenreich bekämpften. Das liturgische Leben sowie eine beschränkte Publikationstätigkeit fanden ausschließlich auf Japanisch statt. Die Priester trugen japanische Kleidung; die traditionellen Priestergewänder legten sie nur noch zur Feier der Liturgie an. Die neuen Pfarrgemeinden wurden aufgrund der Initiative von Konvertiten geschaffen, die sich in privaten Häusern

---

[60] Die Boxerbewegung tauchte Ende der neunziger Jahre in Nordchina auf und entwickelte sich zu einer ausländer- und christentumsfeindlichen Organisation. Im Zuge der Boxerwirren wurden über 200 Ausländer, meist Missionare, aber auch einheimische Christen, getötet. Der Aufstand wurde durch Interventionstruppen von acht alliierten Mächten niedergeschlagen.

versammelten. Erst zu einem späteren Zeitpunkt fragten sie beim Bischof um die Errichtung einer offiziellen Gemeinde an. Manchmal erhielten die kleinen Gemeinschaften nur dreimal im Jahr den Besuch eines Priesters. Jeder Gottesdienst beinhaltete aber die Predigt eines Laien.

Was Persien betrifft, so kam 1883 der nestorianische Bischof Gabriel [61] nach Rußland, um finanzielle Hilfe zu erbitten und den Versuch zu unternehmen, mit den Orthodoxen über eine Rückkehr seiner Kirche zu sprechen. Zwölf Jahre später schickten die persischen Nestorianer eine Delegation nach St. Petersburg. Der Synod sandte darauf den russischen Priester Viktor Sinadskij nach Urmia (seit 1938 Resa'iye), um die Verhältnisse zu klären. 1898 schworen Bischof Jonas und sein Klerus dem Nestorianismus im Rahmen einer feierlichen Liturgie ab, die im Kloster Alexander Nevskij in St. Petersburg gefeiert wurde. Offiziell bekehrten sich 50 000 Nestorianer zur russischen Orthodoxie, allerdings waren die Konversionen oft politisch oder wirtschaftlich bedingt. 1905 änderte sich das politische Klima, und ein neuer nestorianischer Bischof tat sein Bestes, um Urmia wieder vom russischen Einfluß zu befreien.

Überraschenderweise wurde die zunächst bedeutungslose Mission in Nordamerika, die auf den rauhen Aleuten begann, bei den Indianerstämmen und Eskimos auf der Halbinsel Alaska das erfolgreichste Unternehmen der orthodoxen Kirche. Dieser Erfolg war ebenso das Ergebnis äußerer Faktoren wie des Eifers der Missionare. Zu Anfang konzentrierten sich die Aktivitäten der russischen Orthodoxie auf die Westküste Nordamerikas, auf Alaska (1870) und San Francisco (1875). Die Missionstätigkeit war notwendigerweise begrenzt, da es nicht allzu viele gläubige Russen im kontinentalen Nordamerika gab; die Mehrzahl der Amerikaner russischer Herkunft waren extreme Linke oder Juden. Grundlegend änderte sich die Situation, als eine Gruppierung unierter Christen unter der Leitung von Elek (Alexis) Toth, einem ungarischen Priester (den die amerikanisch-orthodoxe Kirche unter dem Namen Alexis Amerikanskij kanonisierte), die Jurisdiktion der römisch-katholischen Hierarchie, die maßgeblich von den Iren dominiert wurde, ablehnte. Die Unierten baten daraufhin den russisch-orthodoxen Bischof um Aufnahme. Bedingt durch zusätzliche Schwierigkeiten – wie der Zölibat der Priester oder die Kontrolle der Pfarrgemeinden durch Laien – kam es zu einer Massenkonversion. Toth war persönlich für die Konversion von 25 000 Unierten verantwortlich; beinahe 300 000 andere Unierte folgten diesem Beispiel. Im Jahr 1903 stammten lediglich 876 orthodoxe Russen in Nordamerika aus dem Russischen Reich, während es 8000 ehemals Unierte aus Österreich-Ungarn gab. Da die letztgenannten schwerpunktmäßig an der Ostküste lebten, verlegte Tikhon Bellavin (1865–1925) [62], Erzbischof der Aleuten und Nordamerikas und späterer Patriarch von Moskau, im Jahr 1905 seinen Sitz nach New York. Ein Jahr zuvor war Raphael Hawaeeny zum Gehilfen bestellt worden. Dieser sollte sich um die „orthodoxen Syrer" kümmern (in Wahrheit handelten es sich um griechisch-orthodoxe Christen arabischer Zunge aus dem Patriarchat von Antiochia), weil die Russen die einzige orthodoxe Kirchenorganisation in Nordamerika besaßen.

Die blühendste Mission der russischen Orthodoxie gedieh ohne militärische Zwangsmittel oder übertriebene Geschenke. Die Immigranten, die später wieder in ihre Dörfer im

---

[61] Vgl. R. Leys, Nestorianismus, in: LThK VII (1962) 885–888. Ausführlich zur Entstehung des Nestorianismus: Die Geschichte des Christentums II, hrsg. von Ch. und L. Piétri, Freiburg i. Br. 1996, 570–626.

[62] Vgl. B. Stasiewski, Tychon von Moskau, in: LThK X (1965) 419f.

habsburgischen Galizien oder in Ungarn zurückkehrten, traten unter ihren unierten Landsleuten für die Orthodoxie ein, unter dem aufmerksamen Blick von Oberprokuror Pobedonoscev, der die heimliche Hoffnung hegte, daß sich die östlichen Slawen Österreich-Ungarns vielleicht schon bald mit Rußland wiedervereinigen würden.

VII. Die Orthodoxie auf dem Balkan nach dem Fall der Türkenherrschaft

Das Ökumenische Patriarchat in Konstantinopel wurde durch die im 19. Jh. erfolgten Veränderungen auf dem Balkan in seiner Position und Autorität ernsthaft gefährdet. In den Jahren 1883 und 1890 hatte die türkische Regierung versucht, seine Machtbefugnisse einzuschränken. Der schwerste Schlag war aber mit der Verkündigung der griechischen Unabhängigkeit von 1829 verbunden. Griechenland konnte nach acht Jahren Krieg gegen das Osmanische Reich seine Unabhängigkeit durchsetzen. Unter dem aus Bayern stammenden Wittelsbacher König Otto I. (1832–1863) hatte eine Bischofssynode die Autokephalie der Kirche im Königreich Griechenland proklamiert. Dies geschah in der Absicht, eine türkische Einmischung in die inneren Angelegenheiten des Landes zu verhindern. 1850 erkannte Konstantinopel die Unabhängigkeit der Griechischen Kirche an. Die höchste Instanz war der Heilige Synod unter dem Vorsitz des Metropoliten von Athen. Fünfzig Jahre später besaß die Griechische Kirche 32 Diözesen und 175 Klosteranlagen. 1908 wurde ihr von Konstantinopel die Sorge um die griechischen Immigranten anvertraut – jene ausgenommen, die in Venedig lebten. 1922 änderte sich die Situation erneut, und alle Griechen, die „unter den Barbaren" lebten, fielen wieder unter die Zuständigkeit des Ökumenischen Patriarchats von Konstantinopel.

Die Bulgaren lebten von 1396 bis 1878 unter der osmanischen Herrschaft. Der Berliner Kongreß teilte ihr Gebiet in ein unabhängiges Fürstentum Bulgarien, das von einem Battenberger Fürsten verwaltet wurde, und in Rumelien, einen osmanischen Vasallenstaat. Thrakien und Makedonien hingegen blieben unter der direkten Kontrolle der Türken. Im Jahr 1885 erfolgte der Anschluß Rumeliens an das unabhängige Bulgarien; 1908 wurde das Land zum Königreich unter dem Katholiken Ferdinand von Sachsen-Coburg-Gotha-Koháry (1861–1948) erhoben. Versuche, das bulgarische Staatsgebiet bis zur Ägäis hin auszuweiten, schlugen fehl. Die antigriechischen Gefühle innerhalb der bulgarischen Kirche nahmen durch die Schrift *Slawobulgarische Geschichte des bulgarischen Volkes, seiner Könige und Heiligen* zu, die Paisios Chilandarskij 1762 auf dem Berg Athos vollendet hatte. Während die gebildeten Bulgaren bis dahin ihre eigene Kultur geringschätzten und es vorzogen, die slawischsprachigen Menschen „bulgarischsprechende Hellenen" zu nennen, forderten nun probulgarische Kreise, das Kirchenslawische wieder in die Liturgie einzuführen, ja sogar eher den türkischen Sultan feierlich zu verehren als den Ökumenischen Patriarchen.

Im Jahr 1870 schuf der türkische Sultan Abd ul-Aziz unter dem Druck der Bulgaren auf Konstantinopel, Serbien und Bukarest das Bulgarische Exarchat *(Balgarska ekzarchiya)*. Zwei Jahre später wurden alle Anhänger dieses Exarchates von Anthimos VI. von Konstantinopel sowie den Patriarchen von Antiochia und Alexandria exkommuniziert. Anthimos beschuldigte die Bulgaren des Phyletismus *(phylitismos)*, da sie die übernationalen kirchlichen Strukturen durch Nationalkirchen zu ersetzen suchten[63]. Diese Anklage überrascht, da sie doch vom Ökumenischen Patriarchat erhoben wurde, das sich selbst oftmals mit der griechischen Kultur auf dem Balkan identifizierte. Griechische Autoren hoben hervor, daß das Schisma den Interessen der Osmanen diene, die sich bemühten, Zwietracht unter den christlichen Gruppen zu säen. Die Bulgaren ignorierten allerdings die griechische Synodalentscheidung, und so entwickelte sich das *Bulgarische Schisma*. Konstantinopel weigerte sich bis 1945, das Exarchat anzuerkennen. Dann wurde der Ökumenische Patriarchat durch den Druck des Patriarchats von Moskau gezwungen, die bulgarische Kirche wieder aufzunehmen. Der Patriarchat von Moskau hatte so gehandelt, weil er Nutzen aus der Unterstützung durch die sowjetische Regierung zog, die ihrerseits von der panslawistischen Idee beseelt war und somit die bestehenden Spaltungen überwinden wollte.

Das bulgarische Exarchat bestand aus 17 Diözesen, acht weniger als zunächst vorgesehen, doch konnte es noch wachsen. Neue Diözesen konnten nach der Zustimmung von zwei Dritteln ihrer Einwohner angegliedert werden – eine Regelung, die dem Exarchat erlaubte, sich in alle Gebiete mit einem starken bulgarischen Bevölkerungsanteil auszudehnen. 1872 wurde Metropolit Hilarion zum Exarchen gewählt, doch dankte er schon vier Tage später aufgrund seines fortgeschrittenen Alters ab. Er wurde von Metropolit Antimos (Atanas Mikhailov Tchalakov 1816–1888), dem Altbischof von Vidin, und später durch den außerordentlich talentierten Joseph, Lazarus Jovtchev (1840–1915), der die bulgarische Kirche bis zum Ersten Weltkrieg leitete (1877 bis 1915), ersetzt. Metropolit Joseph war gebildet und hatte in Paris einen Abschluß in den Rechtswissenschaften erworben. Da die Residenz des Exarchen nicht festgelegt war, hielt er sich zuerst in Plovdiv auf, dann abwechselnd in Konstantinopel und Sofia. Trotz gewisser Schwierigkeiten mit der neuen bulgarischen Regierung, die versucht hatte, die Bischöfe ihres Wahlrechtes zu berauben, konnte Joseph das bulgarische Exarchat im Jahr 1908 zu seiner größten territorialen Ausdehnung führen. 1896 war eine Debatte zwischen Kirche und Staat über das religiöse Bekenntnis des zukünftigen Königs aufgekommen. König Ferdinand I. hatte seinen Sohn Boris katholisch getauft, stieß aber auf den Widerstand der orthodoxen Bischöfe, die einen orthodoxen Herrscher forderten. Ferdinand wurde von Papst Leo XIII. exkommuniziert, doch erlaubte ihm Joseph, daß Boris in der orthodoxen Kirche die Firmung empfing.

Die orthodoxen Serben lebten nach dem Berliner Kongreß 1878 in wenigstens fünf Territorien unter verschiedenen politischen Verwaltungen. Die Mehrheit lebte in dem seit 1830 bestehenden Fürstentum Serbien, das 1882 unter der Dynastie der Obrenovitch zum Königreich wurde. 1903 wurde Alexander I. Obrenovitch ermordet und Peter Karageorgevitch I. König. Montenegro war ein eigenständiges Fürstentum; der Fürst und spätere König war vor 1850 zugleich Erzbischof von Cetinje. Andere Serben lebten in Bosnien-Herzegowina bis 1918 unter der Herrschaft der Habsburger, während Makedonien und Sandjak türkisch blieben und Vojvodina weiterhin zu Ungarn gehörte (Bács-Bodrog, Torontál, Szerem). 1878 wurde Serbien völlig unabhängig (Bestätigung durch den Berliner Kongreß). Ein Jahr später wurde auch die serbisch-orthodoxe Kirche des Fürstentums von Konstantinopel unabhängig und autokephal. Michael Miloye Jovanovitch, zweimaliger Metropolit von Belgrad (1859–1881; 1889–1898), ein ehemaliger Student der Theologi-

---

[63] Die griechischen Patriarchen exkommunizierten 1872 mit Zustimmung des Heiligen Synod von Athen das gesamte bulgarische Volk wegen des Phyletismus (Streben nach einer selbständigen Nationalkirche).

schen Akademie zu Kiew und leidenschaftlich russophil, erwies sich als eine bedeutende kirchliche Persönlichkeit. Seine politischen Überzeugungen brachten ihn oftmals in Konflikt mit den österreich-freundlichen Königen aus dem Haus Obrenovitch. Dies führte 1881 zu seiner Absetzung. Während der Metropolit zwangsweise ins Exil gehen mußte – zunächst nach Palästina, dann nach Rußland –, führte seine Regierung Maßnahmen ein, um die Privilegien der Kirche zu lockern: Die Zahl der Diözesen wurden von fünf auf drei verringert, die Bischofssynode kontrolliert; der Staat beanspruchte Mitsprache bei der Bischofswahl. Die Situation änderte sich aber nach der serbischen Niederlage in der Auseinandersetzung mit Bulgarien, der Abdankung von Milan Obrenovitch zugunsten seines Sohnes Alexander 1889 und der unmittelbaren Rückberufung des Metropoliten Michael. 1890 wurden neue Kirchenstatuten veröffentlicht; die Kirche gewann wieder an Einfluß, und der Metropolit organisierte verschiedene Werke der Caritas. Im Jahr 1900 errichtete man in Belgrad anstelle der alten, 1836 eröffneten Theologischen Schule ein neues Seminar. Die Thronbesteigung von Peter I. Karageorgevitch 1903 führte wiederum einen Wechsel des politischen Klimas herbei: Die Beziehungen zu Rußland verbesserten sich, was für den Beginn des Ersten Weltkrieges von entscheidender Bedeutung werden sollte.

Fürst Danilo I. Stankov (1852–1860) wurde der erste weltliche Herrscher über Montenegro. Dennoch griff er in den ersten Jahren seiner Herrschaft in die kirchlichen Angelegenheiten ein und änderte sogar die Fastenregeln. Im Jahr 1858 erlaubte er schließlich die Wahl Nikanor Ivanovitch-Niegus' zum Metropoliten (1858–1860), ein Dalmatier, der in St. Petersburg zum Bischof geweiht worden war. Nachdem Fürst Danilo in Kotor ermordet worden war, folgte ihm Nikolas I. Petrovitch in der Regentschaft (1860–1918). 1863 wurde Ilarion Roganovitch (1828–1882) zum Erzbischof von Cetinje ernannt. Anfangs war Cetinje die einzige Diözese Montenegros, später wurden zwei weitere gebildet, 1876 Zahumlye und 1913 Peć. Erzbischof Ilarion untersagte den Priestern, bei militärischen Auseinandersetzungen als Soldat zu kämpfen, und gebot ihnen, priesterliche Kleidung zu tragen und sich einen Bart wachsen zu lassen. Erzbischof Mitrofan Ban (1841–1920) untersagte den Geistlichen, bei der Ausübung ihrer geistlichen Aufgaben Waffen zu tragen oder die weltliche Beschäftigung eines Händlers auszuüben.

In Bosnien-Herzegowina besaßen die Orthodoxen mit Sarajevo, Tuzla und Mostar drei Diözesen. Obgleich Konstantinopel schon 1880 der Autokephalie zugestimmt hatte, war es den griechischen Bischöfen erlaubt, ihre Sitze bis zum ihrem Tode zu behalten. Ein Serbe, Savo Kosanovitch (1839–1903), wurde der erste unabhängige Metropolit von Sarajevo (1881–1885). 1882 gründete Metropolit Kosanovitch eine Theologische Schule; drei Jahre später war er gezwungen abzudanken. 1905 erhielten die bosnischen Serben die kulturelle Autonomie: Das kyrillische Alphabet wurde nun ebenso erlaubt wie der Nationalname *srbi*. Die orthodoxen Christen in den Gebieten, welche die Osmanen kontrollierten, wurden von serbischen und bulgarischen Bischöfen betreut, die einen *firman* besitzen mußten, mit dem die türkische Regierung ihrer Einsetzung zugestimmt hatte.

Die Serben in Ungarn, die sich im Jahr 1861 zu ihrer konstituierenden Sitzung versammelt hatten *(Blagoveshtenskij sabor)*, forderten vergeblich nationale Autonomie. 1887 gestand ihnen das kroatische Parlament gewisse kulturelle Privilegien zu. Die serbische Kirche in Ungarn wurde durch den Metropoliten von Karlovstsij geleitet, der einen umstrittenen Patriarchentitel trug. Die orthodoxen Serben in Dalmatien unterstanden eher der österreichischen als der ungarischen Verwaltung; 1873 gelangten sie unter die Jurisdiktion des Metropoliten von Tschernowzy in der Bukowina, wo die Bevölkerung teils aus

Rumänen, teils aus Slawen bestand. Dieser Bischof bildete zusammen mit den orthodoxen Bischöfen von Zadar und Kotor einen Heiligen Synod, der in Wien zusammentrat.

Im Jahr 1861 gelang es dem Fürsten Alexander Ioan Cuza (1820–1873), die Fürstentümer Moldavien und Walachei zu einem einzigen Staat – Rumänien – zu vereinigen. Zusammen mit der Dobrudscha, die Rumänien 1878 erhielt, bildeten diese Gebiete das „Alte Königreich". Bessarabien, das heutige – ehemals sowjetische – Moldawien, blieb unter russischer Kontrolle. Transsilvanien (Siebenbürgen, *Erdély-Ardeal*) blieb bis zum Ende des Ersten Weltkrieges und dem *Vertrag von Trianon* (1920, benannt nach zwei Lustschlössern im Park von Versailles) ungarisch. Mit seiner Thronbesteigung begann Cuza eine Kirchenreform. Sein primäres Ziel war die Säkularisation der Klöster, da mehr als ein Viertel des Besitzes in Rumänien in den Händen von Mönchen war. Außerdem gehörten zahlreiche Klöster den östlichen Patriarchaten von Konstantinopel, Antiochia und Jerusalem. 1864 unternahm Fürst Cuza den Versuch, den Gregorianischen Kalender einzuführen, doch scheiterte er damit an der Opposition der Kirche.

Wichtiger war die Bestätigung der Autokephalie, die die Anerkennung als Nationalkirche beinhaltete: 1864 proklamierte ein Gesetz die Existenz einer rumänisch-orthodoxen Kirche unter dem Jurisdiktionsprimat von Kalinits Miclescu (1822–1888), dem Metropoliten von Bukarest. Konstantinopel verweigerte zunächst die Anerkennung der rumänischen Autokephalie und drohte Cuza mit der Exkommunikation. Bis zum Jahr 1878, als Rumänien völlig unabhängig wurde, empfingen die rumänischen Bischöfe ihr Salböl aus Konstantinopel. Erst im Jahr 1885 verlieh der Ökumenische Patriarchat der rumänischen Kirche die Autokephalie, die bereits unter staatliche Kontrolle geraten war.

Die Liturgie wurde seit 1568 auf Rumänisch gefeiert, doch entwickelte sich die Litatursprache zum größten Teil außerhalb des „Alten Königreiches", in Transsilvanien unter dem Einfluß der Calvinisten, dann dank der rumänischen Unierten. 1862 ersetzte Cuza das kyrillische Alphabet durch das lateinische, doch wurden in abgelegenen Gebieten wie der Bukowina bis zum Beginn des 20. Jh. die liturgischen Bücher auf Rumänisch-Kyrillisch gedruckt. Von 1856 an bestand die rumänisch-orthodoxe Kirche aus acht Diözesen. 1893 führte die fortwährende Einmischung des Staates zur Absetzung des Primas Joseph Gheorghian. Sein Nachfolger Ghenadie Petrescu legte das Mönchsgewand ab. Metropolit Kallistrat Birladeanu Orleanu, Theologieprofessor und seit 1880 Titularbischof in Bukarest, zeigte deutliche Neigungen zum Protestantismus; er trat für die Taufe durch Übergießen, nicht durch Eintauchen ein, lehnte das Mönchtum ab und weigerte sich, eine Erklärung zu unterschreiben, die die Protestanten und andere nichtorthodoxe Gruppen mit dem Bann belegen sollte. Eine Bewegung, die hauptsächlich vom niederen Klerus getragen wurde, wollte die heiligen Gewänder modernisieren und verschiedene westliche Reformen einführen. Diese Tendenzen wurden von der konservativen Hierarchie mit Argwohn betrachtet, speziell, da die ersten Könige Rumäniens Katholiken aus dem Hause Hohenzollern-Sigmaringen waren, die oftmals angeklagt wurden, die Sache der katholischen Kirche zu begünstigen.

Im Jahr 1810 gewährte Kaiser Franz I. von Österreich den orthodoxen Rumänen in Transsilvanien eine eigene Diözese, jedoch unter der Jurisdiktion des serbischen Metropoliten. 1864 wurde aus der Diözese eine Metropolie, deren Amtsinhaber in Sibiu (Hermannstadt, Nagyszeben) residierte und den Vorsitz über drei Diözesen führte: Sibiu, Arad und Karansebes. Erster Metropolit wurde Andreas Siaguna (1809–1873), ein Mann aromunisch-makedonischer Abstammung, der zudem ein wichtiger nationaler Führer war. 1865 kam es zu einem Streit zwischen Serben und orthodoxen Rumänen um die Kontrolle verschiedener Klöster. Die Serben gestanden den Rumänen nur ein einziges Kloster zu. Die Angelegenheit wurde sogar vor die Zivilgerichte gebracht. Trotz der Bemühungen des Metropoliten Siaguna, die Rumänen, die unter der Herrschaft der Habsburger lebten, in einer Kirchenstruktur zusammenzuschließen, setzte sich der Dualismus fort: Die Bukowina blieb der dalmatischen Metropolie angeschlossen. In Bessarabien waren die orthodoxen Rumänen den Bischöfen von Kichinev unterstellt. Unter Zar Nikolaus I. nahm die Russifizierung zu; alle auf Rumänisch gedruckten Bücher verwendeten das kyrillische Alphabet.

Albanien blieb bis 1912 unter direkter türkischer Kontrolle. Die Präsenz dreier unterschiedlicher Glaubensrichtungen, sunnitischem Islam, Orthodoxie und Katholizismus, die sich gegenseitig tolerierten, und das Faktum, daß die Mehrzahl der Albaner Muslime waren, verzögerte die Ausbildung einer nationalen albanisch-orthodoxen Kirche bis in die Zeit nach dem Ersten Weltkrieg. Sie wurde erst im Jahr 1922 ins Leben gerufen.

Bibliographie

S. A. ARCHANGELOV, Naši zagraničnyja missii. Očerk o russkich duchovnych missijach, St. Petersburg 1899.

T. BARSOV, Sbornik desjstvuujščich i rukovodstennych cerkovnych i cerkovno-graždanskich postanovlenij po vedomstvu pravoslavnago ispovedanija, 1, V, St. Petersburg 1885.

I. S. BELLIUSTIN, Description of the Clergy in Rural Russia. The Memoir of a Nineteenth-Century Parish Priest Translated with an Interpretive Essay by Gregory L. Freeze, Ithaca – London 1985.

S. BOLSHAKOFF, Russian Nonconformity, Philadelphia 1950.

R. F. BYRNES, Pobedonostsev. His Life and Thought, Bloomington – London 1968.

O. CRISP – L. EDMONDSON (Hrsgg.), Civil Rights in Imperial Russia, Oxford 1989.

J. CUNNINGHAM, A Vanquished Hope. The Movement for Church Renewal in Russia, 1905–1906, Crestwood 1981.

H.-C. DIEDRICH, Siedler, Sektierer und Stundisten. Die Entstehung des russischen Freikirchentums, Berlin 1985.

A. DOBROKLONSKIJ, Rukovodstvo po istorii russkoj cerkvi. Vypusk četvertyj (Sinodal'nyj period 1700–1890 g.), Moskau 1893.

G. FLOROVSKIJ, Puti russkogo bogoslovia, Paris 1937–1981.

G. L. FREEZE, The Parish Clergy in Nineteenth-Century Russia. Crisis, Reform, Counter-Reform, Princeton 1983.

J. GLAZIK, Die russisch-orthodoxe Heidenmission seit Peter dem Großen. Ein missionsgeschichtlicher Versuch nach russischen Quellen und Darstellungen mit drei Übersichtskarten, Münster 1954.

–, Die Islammission der russisch-orthodoxen Kirche. Eine missionsgeschichtliche Untersuchung nach russischen Quellen und Darstellungen mit vier Übersichtskarten, Münster 1959.

Gruppa Peterburgskich Svjaščennikov, K cerkovnomu soboru. Sbornik, St. Petersburg 1906.

Handbuch der Geschichte Rußlands, Bd. 3/I–II, hrsg. von G. SCHRAMM: 1856–1945. Von den autokratischen Reformen zum Sowjetstaat, Stuttgart 1983–1992.

Handbuch der Ostkirchenkunde, hrsg. von W. NYSSEN – H.-J. SCHULZ – P. WIERTZ, 3 Bde., Düsseldorf 1989–1997.

P. HAUPTMANN – G. STRICKER (Hrsgg.), Die Orthodoxe Kirche in Rußland (860–1980), Göttingen 1988.

E. HÖSCH, Geschichte Rußlands. Vom Kiewer Reich bis zum Zerfall des Sowjetimperiums, Stuttgart 1996.

G. KATKOV – E. OBERLÄNDER – N. POPPE – G. VON RAUCH (Hrsg.), Rußlands Aufbruch ins 20. Jh.. Politik – Gesellschaft – Kultur 1894–1917, Olten – Freiburg/Br. 1970.

H. KOHN, Die Slawen und der Westen. Die Geschichte des Panslawismus, Wien – München 1956.

H. LÖWEN, Russische Freikirchen. Die Geschichte der Evangeliumschristen und Baptisten bis 1944. Hrsg. von T. SCHIRRMACHER (Missiologica Evangelica 8), Bonn 1995.

METROPOLIT M. LEMEŠEVSKIJ – C. PATOCK, Die russischen orthodoxen Bischöfe von 1893 bis 1965, 1–6, in: Oikonomia. Quellen und Studien zur orthodoxen Theologie, Erlangen 1966, 1979, 1989.

A. LEROY-BEAULIEU, L'Empire des tsars et des Russes, 3 Bde., Paris 1890–1898 (Nachdruck 1990).

P. MILJUKOV, Očerki po istorii russkoj kul'tury. Tom vtoroj: Vera. Tvorčestvo. Obrazovanie. Čast' pervaja: Cerkov' i religija. Literatura, Paris 1931.

R. L. NICHOLS – TH. G. STAVROU, Russian Orthodoxy under the Old Regime, Minneapolis 1978.

A. PALMIERI, La chiesa russa le sue odierne condizioni e il suo riformismo dottrinale, Florenz 1908.

Polnoe sobranie zakonov rossijskoj imperii, Bd. I: 1–45, St. Petersburg 1830, Bd. II: 1–55, St. Petersburg 1830–1884, Bd. III: 1–28, St. Petersburg 1911.

I. V. PREOBRAŽENSKIJ, Otečestvennaja cerkov' po statističeskim dannym s 1840–41 po 1890–1891 gg., St. Petersburg 1901.

–, Cerkovnaja reforma. Sbornik statej duchovnoj i svetskoj periodičeskoj pečati po voprosu o reforme, St. Petersburg 1905.

M. PROKURAT – A. GOLITZIN – M. D. PETERSON, Historical Dictionary of the Orthodox Church, London 1996 (mit ausführlicher Bibliographie).

A. S. PRUGAVIN, Religioznye otščepency (očerki sovremennago sektantstva), 2 Bde., St. Petersburg 1904.

G. SIMON, Konstantin Petrovič Pobedonoscev und die Kirchenpolitik des Heiligen Synod, Göttingen 1969.

V. SKVORCOV, Missionerskij posoch. Pravoslavnoe missionerstvo, – cerkovno-graždanskija uzakonenija i raspor-jaženija, – missionerskaja metodika i polemika (plan besedy), St. Petersburg 1912.

I. SMOLITSCH, Russisches Mönchtum. Entstehung, Entwicklung und Wesen 988–1917, Würzburg 1953.

–, Geschichte der russischen Kirche 1700–1917, Leyden 1964.

–, G. L. FREEZE, Geschichte der russischen Kirche, Bd. 2 (Forschungen zur osteuropäischen Geschichte Bd. 45), Wiesbaden – Berlin 1990.

A. TAMBORRA, Chiesa cattolica e ortodossia russa. Due secoli di confronto e dialogo. Dalla Santa Alleanza ai nostri giorni, Mailand 1992.

CH. E. TIMBERLAKE, Religious and Secular Forces in Late Tsarist Russia, Seattle – London 1992.

A. F. VOLKOV – J. D. FILIPOV, Svod zakonov rossijskoj imperii. Vse 16 tomov so vsemi otnosjaščimisja k nim prodolženijami v odnoj knige, St. Petersburg 1900.

J. WASILEWSKI, Arcybiskupi i administratowie archidiecezji mohylowskiej, Pinsk 1930.

R. WEBER, Die russische Orthodoxie im Aufbruch. Kirche, Gesellschaft und Staat im Spiegel der geistlichen Zeitschriften (1860–1905), München 1993.

N. ZERNOV, The Russian Religious Renaissance of the Twentieth Century, London 1963.

P. N. ZYRJANOV, Pravoslavnaja cerkov' v bor'be c revoljuciej 1905–1907 gg., Moskau 1984.

Zweites Kapitel

Die orientalischen Christen im 19. Jahrhundert – Ihre erneute Bedrückung und Bedrohung

VON CATHERINE MAYEUR-JAOUEN

Zu Anfang des 19. Jh. ist der arabische, türkische und persische Orient mehrheitlich islamisch. Die Türkei und der Vordere Orient – seit vier Jahrunderten das Herrschaftsgebiet der Osmanen – werden durch innere Spaltungen und russische Ambitionen aufgerieben. Besonders im europäischen Teil des Osmanischen Reiches, auf dem Balkan, ist die Herrschaft der Osmanen zerbrechlich geworden. In Persien herrscht die türkische Dynastie der Kadscharen über ein Gebiet, welches ebenfalls von den russischen Interessen und bald darauf von den englischen Ambitionen bedroht wird.

Auf diesem so immens großen und gegensätzlichen Territorium bilden die orientalischen Christen verschiedene Minderheiten, die unregelmäßig über die einzelnen Regionen verstreut leben. Unter ihnen stellen die Armenier die Mehrheit. Sie leben im Kaukasus, zwischen Rußland und dem zum Osmanischen Reich gehörigen Ostanatolien und zum Teil im persischen Aserbaidschan. Der Sitz des armenischen Patriarchen befindet sich in Konstantinopel. Die byzantinisch-orthodoxe Kirche existiert seit dem Fall von Konstantinopel (1453) in einer fast völlig islamischen Umwelt. Auf dem Balkan dominieren in der Mehrheit der Bevölkerung die orthodoxen Kirchen. Im östlichen Mittelmeerraum gibt es trotz ihrer Minderheitenstellung eine wichtige griechisch-hellenistische Diaspora mit Schwerpunkten in Anatolien, in Istanbul und der europäischen Türkei. Sie ist außerdem in allen bedeutenden Hafenstädten der Levante vertreten. Diese christliche Bevölkerung griechisch-byzantinischer Herkunft wird von den Patriarchen von Alexandrien und Konstantinopel regiert, doch umfaßt deren Jurisdiktion auch große Teile der mittlerweile arabischsprachigen Christenheit, besonders in den Patriarchaten von Jerusalem und Antiochien. Geographisch stärker konzentriert leben die Nestorianer[1]. Sie haben seit den Mongoleninvasionen Tamerlans Zuflucht im wilden Hakkarigebirge gefunden, das im Grenzbereich zwischen der Türkei und dem Irak liegt. Den unabhängigen nestorianischen Stämmen im Hakkarigebirge stellt man gewöhnlich die nestorianischen Untertanen im Flachland, die *raya*, gegenüber, die in der Ebene von Urmia (später Resa'iye), im persischen Aserbaid-

---

Zu Kurztiteln vgl. die Erstnennung bzw. das Literaturverzeichnis am Ende des Kapitels.

[1] Die Selbstbezeichnung der Nestorianer ist „altorientalische, syrische Kirche". Nach dem Patriarchen Nestorius, dessen christologische Lehre auf dem Konzil von Ephesus (431) verurteilt wurde, gab man ihr früher fälschlich den Namen „nestorianisch", welcher aber in der heutigen ökumenischen Konfessionskunde nicht mehr gebräuchlich ist. Auch die Bezeichnung „Assyrische Kirche" ist nicht zutreffend. Sie kam erst gegen Ende des 19. Jh. durch die anglikanischen Missionare nach der archäologischen Entdeckung von Ninive (1842–1845) auf. Der Begriff „Chaldäische Kirche" schließlich wurde von den katholischen Missionaren für die Nestorianer geprägt, die mit der römisch-katholischen Kirche eine Union eingingen. Ebenso ist die Bezeichnung „Assyro-chaldäische Kirche", die nach 1920 vom SDN benutzt wurde, anachronistisch.

schan oder in der Ebene nördlich von Mossul unter schwierigeren Bedingungen lebten. Sie existierten dort teilweise als Leibeigene [2]. Der nestorianische Patriarch, der lange Zeit im Kloster Rabban Hormizd, vierzig Kilometer von Mossul entfernt, residiert hatte, verlegte seinen Sitz in die Türkei. In den angrenzenden Gebieten leben neben den Nestorianern und Armeniern außerdem syrische Jakobiten (Syrisch-Orthodoxe). Sie sind ferner im Tur Abdin zu finden, jenem auch von den Kurden bevölkerten Grenzgebiet zwischen Irak, Syrien und Persien. In Mossul und Mardin bilden sie wichtige Gemeinden. Hier residierte häufig ihr Patriarch [3]. Im indischen Kerala (Südindien) schließlich beanspruchen die christlichen Malabaren, Erben der syrisch-orthodoxen und nestorianischen Tradition zu sein. Andere christlichen Gemeinschaften im Orient identifizieren sich mit einem bestimmten geographischen Raum: so die koptische Kirche mit dem Niltal und die äthiopische Schwesterkirche mit den Hochebenen ihres Landes.

Vom 18. Jh. an erhielt jede dieser großen Kirchen einen katholisch unierten Zweig, der ungeachtet der Verbindung mit Rom den eigenen Ritus, die Liturgiesprache, das traditionell kirchliche Erbe und die eigene Spiritualität bewahrte.

Die koptisch-katholische Kirche steckt zu dieser Zeit noch im Anfangsstadium. Dagegen sind die von der orthodoxen Kirche getrennten katholischen Melkiten, die von den Nestorianern getrennten Chaldäer, die syrischen Katholiken (ehemalige Jakobiten) und die armenischen Katholiken zu Anfang des 19. Jh. schon dynamische Kirchen. Die an Zahl größte unierte Kirche des Orients, die maronitische Kirche im Libanon, behauptet, schon immer mit Rom in Gemeinschaft gestanden zu haben, und hat als einzige keinen orthodoxen Zweig an ihrer Seite.

Im Osmanischen Reich sind Christen wie Juden in sogenannten *Millets* als Gemeinschaften organisiert [4]. Diese sind mit einer relativen Autonomie versehen und unterstehen der kirchlichen Hierarchie. Die Entwicklung der orientalischen Christen im 19. Jh. verläuft in großen Gegensätzen. Während die unierten Christen und die Protestanten ihre religiöse Autonomie im Osmanischen Reich bewahren können, verlieren die Nestorianer im Hakkarigebirge ihre Freiheit, obgleich sie bis dahin eine weitgehende Unabhängigkeit genossen. Ihr Patriarch wurde niemals offiziell von einem *Firman* der Hohen Pforte bestätigt. Für die Christen in Kurdistan und Persien verschlechtern sich im Laufe des Jahrhunderts die Bedingungen. In Äthiopien wird das christliche Reich zuerst eine Beute blutiger Bürgerkriege zwischen dem Herrscherhaus und den verschiedenen Provinzen („Ära der Richter" 1769–1856); am Ende des 19. Jh. wird das ganze Land mit der europäischen Kolonisation konfrontiert.

---

[2] Zu den Christen um Mossul (Jakobiten, syrische Katholiken, Nestorianer und Chaldäer) im 19. Jh. und in der vorausgehenden Epoche vgl. J.-M. MÉRIGOUX, Les chrétiens de Mossoul et leurs églises pendant la période ottomane de 1516 à 1815, Mossul – Ninive 1983.

[3] Zu den Jakobiten in ihrem muslimischen, nestorianischen und armenischen Lebensumfeld im 19./20. Jh. vgl. J. JOSEPH, Muslim-Christian Relations and Inter-Christian Rivalries in the Middle East. The Case of the Jacobites, Albany 1983.

[4] Der Begriff „Millet" bezeichnete vor dem 19. Jh. nur die Christen außerhalb des Osmanischen Reiches. Für die Christen innerhalb des Reiches wurde eine Terminologie benutzt, die sie als Mitglieder einer Religion kennzeichnete (z. B. Isevije, Nasranije, Mesihije), oder als Ethnien (z. B. Rumi, Ermeni, Latini). Erst Anfang des 19. Jh. nahm der Begriff „Millet" jene heute bekannte Bedeutung an, vgl. B. BRAUDE, Foundation Myths of the Millet System, in: B. BRAUDE – B. LEWIS, Christians and Jews in the Ottoman Empire. The Functioning of a Plural Society I, London 1982, Kap. 3.

Nach einer gewissen Stagnation in den vorausgegangenen Jahrhunderten stellt das 19. Jh. für die Christen im Orient eine Zeit tiefgreifender Umbrüche dar. Im Osmanischen Reich bietet es den Christen auch Anlaß zu einer echten Renaissance. Die Bevölkerungsexplosion, von der die Christen ebenso betroffen sind, die Unabhängigkeit der europäischen christlichen Provinzen im Osmanischen Reich, die zivile und politische Emanzipation und die Milletreform um 1860 führen für die christlichen Gemeinschaften zu einer Neubelebung. Die geistige und religiöse Erneuerung der orthodoxen Kirchen und die Festigung der unierten Kirchen sind ebenfalls Zeichen der Hoffnung und Dynamik für die orientalischen Christen.

Dennoch hat dieser Aufschwung auch seine dunkle Seite. Autonomie und Unabhängigkeit werden mit schrecklichen Massakern bezahlt. Zahlreiche der Hohen Pforte abgerungene Zugeständnisse werden nur unter dem Druck der ausländischen Diplomatie gegeben. Die Öffnung zum Westen geht einher mit der kolonialen Expansion Europas. Die orientalischen Christen werden zum Spielball im Kräftespiel der verschiedenen Mächte, bald als nützliches Bindeglied zwischen Orient und Okzident betrachtet, bald als Verräter der Osmanischen Sache gegenüber den Ausländern verdächtigt. Obwohl die Reform der *Millets* von der Hohen Pforte selbst dringend gewünscht wird, führt sie nur zu einer Verstärkung des jeweiligen Nationalbewußtseins. Das Ziel eines geeinten und für alle Untertanen gleichen Osmanischen Staates schlägt fehl. Unter dem ökonomischen, diplomatischen und häufig auch militärischen Druck des Westens zerbricht das sowieso schon fragile innere Gleichgewicht zwischen Muslimen und Christen, ebenso das zwischen den verschiedenen christlichen Kirchen und oftmals sogar innerhalb einer Kirche selbst, sobald sich westliche Missionare einmischen. Im Laufe des 19. Jh. befehden sich Drusen und Maroniten, Kurden und Assyrer, Türken und Armenier, Orthodoxe und Katholiken, katholische und protestantische Missionare, Engländer und Franzosen, Engländer und Russen, russische Missionare und griechische Kleriker. Das fortschreitende Auseinanderbrechen des Osmanischen Reiches und das Aufkommen von Nationalismen werden begleitet von zunehmenden Zukunftsängsten. Am Vorabend des Ersten Weltkrieges geht das 19. Jh. unter düsteren Vorzeichen zu Ende.

I. Die orientalischen Christen als Vorwand für die Aufteilung des Osmanischen Reiches

Im 19. Jh. erreicht der Niedergang und Zerfall des Osmanischen Reiches, des „Kranken Manns am Bosporus", seinen Höhepunkt. Die osmanische Regierung weiß mit ihren veralteten Strukturen auf die Herausforderungen der westlichen Moderne nicht zu antworten und fällt in eine schwere Krise. Die Ideale der Französischen Revolution und das Aufkommen nationaler Bestrebungen rufen zahlreiche Aufstände in den christlichen und europäischen Landesteilen des Imperiums hervor und gehen Ende des 19. Jh. in neue orientalische Nationalbewegungen über. Die wirtschaftlich und kolonisatorisch expandierenden europäischen Mächte interessieren sich eingehend für die „orientalische Frage". Sie konkurrieren um Einfluß und Vormachtstellung bei der Hohen Pforte und suchen aus der Zerstückelung der Landesteile Gewinn zu ziehen.

In diesem bewegten Kontext spielen die orientalischen Christen eine spezifische Rolle. Zu Beginn des 19. Jh. sind sie im Osmanischen Reich als „Nationen" *(Millets)* organisiert, in denen als konstitutive Faktoren jeweils die Sprache, die Religion, die Gemeinschaft und an letzter Stelle die Familie über die Zugehörigkeit entscheiden. Es gibt drei große Millets: das armenische, das griechische und das jüdische Millet. Diese Institutionen werden im Laufe der Zeit eine fortschreitende Zersplitterung erfahren. Die Millets erfreuen sich unter der Leitung ihrer geistlichen Oberhäupter, der Patriarchen, einer gewissen Autonomie. Diese besteht nicht nur in religiösen Angelegenheiten, sondern auch in sozialen, zivilen (Ehe, Erbschaft, Schulen) und juristischen Belangen. Der Sultan behält sich jedoch das Recht vor, die Investitur eines neugewählten Patriarchen zu bestätigen. Charakteristisch ist, daß den Christen keine zivilen oder politischen Rechte gewährt werden. Sie bleiben, wie die Juden, „Schutzgenossen" *(dhimmis)* inferioren Ranges, der Hetze und dem Gesinnungswandel ihrer muslimischen Umwelt ausgeliefert[5]. Prinzipiell haben sie weder das Recht, Kirchen zu bauen, noch sie instand zu setzen; der christliche Kult muß in äußerster Unauffälligkeit vollzogen werden. Doch ist dies in der osmanischen Zeit nicht immer und im 19. Jh. überhaupt nicht mehr eingehalten worden[6].

Anfang des 19. Jh. sind die Christen noch häufig diskriminierenden Kleidervorschriften unterworfen. Die Jakobiten in Mardin und Damaskus z. B. tragen einen Turban aus schwarzer Seide, der aber im Laufe des Jahrhunderts aus dem Erscheinungsbild der Städte verschwindet. Allerdings muß diese untergeordnete Stellung der Nicht-Muslime mitten im Millet mit Einschränkung betrachtet werden. In den Bergen Kurdistans, in den Ebenen von Mossul oder im Niltal unterscheiden sich die Christen äußerlich in nichts als vielleicht dem Namen von den Muslimen, deren alltägliches Leben sie teilen. Die Behausung ist dieselbe, die Landwirtschaft ähnlich, auch die Volksfrömmigkeit hat in der praktischen Ausübung viele Schnittpunkte. Obgleich es rein christliche Ortschaften gibt, ist doch kein Gebiet geschlossen christlich. Überall im osmanischen Vielvölkerstaat teilen Muslime, Juden und die verschiedenen christlichen Konfessionen einen gemeinsamen Lebensraum. In einem Gebiet wie dem Paschalik Bosnien-Herzegowina, dessen Einwohner um 1808 auf 120000 geschätzt werden, besteht die Bevölkerung aus fünfzig Prozent Muslimen, vierzig Prozent orthodoxen und zehn Prozent katholischen Christen. Der tägliche Kontakt, besonders in den Städten, bringt einerseits unvermeidliche Spannungen, andererseits eine notwendige Symbiose mit sich. Auf dem Balkan oder in Anatolien fördert man sogar die Osmanisierung der Christen. Würdenträger und Beamte tragen den *Tarbusch* (Fez). Bis nach Bulgarien nehmen die Städte mit christlicher Mehrheit ein türkisches Aussehen an. Ohne Frage ist das gesamte Leben der Christen, vor allem auf dem Lande, von dem Problem der Beziehung zu der muslimischen Mehrheit bestimmt. Der Mißbrauch der Steuereintreiber, die Blutrache, die Razzien und Erpressungen bilden nur den Hintergrund einer allgemeinen Unsicherheit, welche die Beziehungen kennzeichnet. Teilweise geraten Christen, die in der Minderheit oder zu isoliert von anderen christlichen Gemeinschaften leben, in die Knechtschaft der Muslime, so z. B. die nestorianischen Bauern in der Ebene von Urmia, deren Selbständigkeit durch die drückenden Abgaben an die kurdischen Stammeshäuptlinge vernichtet wird. In Chaklawa in Zentralkurdistan sind die Priester bis Ende des 19. Jh. mameluckische Leibeigene[7]. Kemal Karpat zeigt dagegen, daß dieses düstere Bild nur partiell

---

[5] Vgl. A. FATTAL, Le statut légal des non-musulmans en pays d'Islam, Beirut 1958.
[6] Nach der Eroberung von Mossul durch die Perser (1743) erhalten die Christen die Erlaubnis, zwei Kirchen zu restaurieren und zwei neue zu bauen. Im 19. Jh. werden sieben neue Kirchen in Mossul errichtet, größtenteils durch die Mithilfe der europäischen Missionare; vgl. hierzu MÉRIGOUX, Les chrétiens.
[7] Vgl. hierzu das wichtige Werk von M. CHEVALIER, Les montagnards chrétiens du Hakkari et du Kurdistan Sep-

oder lokal Berechtigung hat. Es gibt auch muslimische Millets (kurdische und turkmenische). Ferner bezahlt eine große Anzahl Christen, vielleicht zwei Drittel, nicht die obligatorische Kopfsteuer *(djizya)* für den *dhimmi*-Status. Eher bestimmt die administrative Rolle des einzelnen seinen Status, weniger das Faktum, kein Muslim zu sein. Kemal Karpat vertritt die Ansicht, daß erst der Niedergang des Millet im Zuge der Reformen und sozialen Veränderungen des 19. Jh. die osmanische Regierung dazu geführt habe, alle Nicht-Muslime als einen geschlossenen Block von *dhimmis* zu betrachten und nicht mehr als ein Aggregat verschiedener Gemeinschaften. Die Christen werden künftig mit dem Ausdruck *raya* bezeichnet, der eine inferiore soziale und politische Stellung ausdrückt[8].

Die immer stärker verfestigte Millet-Institution im Osmanischen Reich begünstigt eine Abkapselung der einzelnen Gemeinschaften und eine Art konfessionalistische Mentalität, die auf Kosten der Sorge für das staatliche Gemeinwohl geht. Einzig die Zugehörigkeit zu einer Minorität und zu einer Religion begründet die Identität und kristallisiert somit den Minoritätskomplex. Die Millets machen darüberhinaus eine moralische Krise durch. In praktisch allen Kirchen des Reiches ist der Kauf von Ämtern üblich. Korruption und mangelnde Ausbildung des Klerus charakterisieren allgemein die christlichen Gemeinschaften im Orient zu Beginn des 19. Jh. Hinzu kommen der Aufstieg von Landbesitzern innerhalb der Millets, die Herausbildung einer Industrie- und Wirtschaftselite in den Städten und endlich das Auftreten einer laizistischen geistigen Elite – was die weitere Entwicklung der Millets im 19. Jh. grundlegend beeinflußt. Die Macht der religiösen Hierarchie in der Gemeinschaft weicht zunehmend dem Einfluß der Laien.

Die Schutzlosigkeit der Millets trägt andererseits auch zu einer gewissen geographischen Stabilität der christlichen Gemeinschaften bei – ganz im Gegensatz zu den ungeheuren Wanderungsbewegungen, welche die mongolische Eroberung nach sich zog oder die Verfolgungen unter den Mamelucken hervorriefen. Hervorzuheben ist vor allem der bemerkenswerte demographische Aufschwung während der vier Jahrhunderte osmanischer Herrschaft: Ein Aufschwung, der im 19. Jh. seinen Höhepunkt erreicht. Die Sterblichkeitsrate nimmt bei den Christen stark ab, anders als bei den Muslimen, deren Sterblichkeitsrate wesentlich höher ist. Hinzu kommt ein besseres Ausbildungsniveau und ein größerer Wohlstand, welche diesen Unterschied begründen. Nur bei den Kopten verzögert sich diese Entwicklung, die in den osmanischen Provinzen des Fruchtbaren Halbmondes, in Syrien-Libanon und in Palästina besonders deutlich zutage tritt[9].

Die zunehmende Schwäche des Imperiums und die Unzulänglichkeit des Millet-Sytems veranlassen alle größeren europäischen Mächte, die christlichen Gemeinschaften ihrer Wahl zu unterstützen und zu schützen. Frankreich übernimmt nach der Kapitulation von

---

tentrional, Paris 1985. Der Autor, der die geographische Verbreitung und Geschichte des heute untergegangenen nestorianischen Christentums im 19. Jh. nachzeichnet, benutzt für seine Darstellung vor allem die Archive der Dominikanermisson von Mossul (heute in der Bibliothek von Saulchoir). Im Anhang macht er eine interessante Gegenüberstellung der Hakkari-Nestorianer mit den Jakobiten des Tur Abdin.

[8] Zur Entstehung des Millet-Systems im 19. Jh., seiner historischen Entwicklung und zur Ambivalenz der nationalen Idee im Millet vgl. den grundlegenden Artikel von K. H. KARPAT, Millets and Nationality: the Roots of the Incongruity of Nation and State in the Post-Ottoman Era, in: BRAUDE – LEWIS, Christians and Jews I, 141–169.

[9] Zu demographischen Entwicklung vgl. Y. COURBAGE – P. FARGUES, Chrétiens et Juifs dans l'Islam arabe et turc, Paris 1992 (besonders Kap. V: Arabischer Orient im 19. Jh., und Kap. VI: Türkei. Die Verfasser stützen sich insbesondere auf die amtliche Volkszählung von 1881–1893. Sie erheben für die Demographie und die Bevölkerungsverteilung im Fruchtbaren Halbmond für das Jahr 1914 eine interessante Statistik.

Der französische Maler Maurice Denis (1870–1943), ein führender Maler des Symbolismus, der sogar 1919 Werkstätten für religiöse Kunst gründete, zeigt in seinem Bild „Die heiligen Frauen am Grabe" (1894, Privatbesitz), wie das formale Bemühen um eine schöne, pastellfarbige Flächenfüllung das dramatische Geschehen des Ostermorgens zu einer ästhetischen Begegnung werden läßt. Die gleitende Bewegung der Arme, mit der die Engel auf den Auferstandenen hinweisen, der eben im Mittelgrund des Bildes den Garten Gethsemane verläßt, verharmlost im Bestreben, „Kunst zu schaffen", die Botschaft: „Er ist auferstanden". – Auch bei Carl Strathmanns Bild „Maria" (um 1897, Weimar, Schloßmuseum) dominiert das Ornamentgeflecht des Jugendstils so stark, daß der Künstler der im Profil gezeigten Gestalt der Beterin in Kalligrafie „Maria" zugesellt, damit der Betrachter weiß, wer dargestellt ist. Beide Bilder zeigen, wie der religiöse Gehalt im experimentellen Suchen nach neuen künstlerischen Ausdrucksformen auf der Strecke bleibt, weil das Prinzip „L'art pour l'art" – „Kunst um der Kunst willen" – im Vordergrund steht.

Die religiöse Kunst findet erst zu Beginn des 20. Jh. im Expressionismus zu Bildaussagen, in denen religiöse Aussage und zeitge-
mäße Form wieder deckungsgleich sind. Emil Noldes Bild „Der ungläubige Thomas" (1912, Stiftung Seebüll Ada und Emil
Nolde) aus dem neunteiligen Altar „Leben Christi" dokumentiert eindrucksvoll diesen Neubeginn religiöser Kunst.

1740 die ihm von der Hohen Pforte zugestandenen Schutzrechte über die lateinisch-katholischen Christen im Osmanischen Reich, besonders über die Missionare, denen jedoch das Recht, Proselyten zu machen, verwehrt wird. Ebenso ist Frankreich halbamtliche Schutzmacht für die orientalischen katholischen Christen – eine wichtige Rolle, deren Wahrnehmung sich Frankreich insbesondere gegenüber den Maroniten nicht entgehen läßt[10].

Rußland wiederum hat stets darauf bestanden, Erbe von Byzanz zu sein, weshalb sich das seit 1448 unabhängige Patriarchat von Moskau als „Drittes Rom" versteht. Der Einfluß der Slawophilen, die von einem griechisch-russisch orthodoxen Imperium träumen, verbindet sich mit den Ambitionen der Diplomatie, Kontrolle über die Meerengen zu gewinnen und Konstantinopel zurückzuerobern. Mit dem Vertrag von Küçük Kaynarca 1774 unterstreicht Rußland sein Interesse für die Christen im Osmanischen Reich und vor allem für die Griechisch-Orthodoxen. 1833 ermöglicht das Abkommen von Hünkar Iskelesi zwischen Rußland und der Hohen Pforte, daß eine Zeitlang (bis 1841) die Meerengen für andere Mächte geschlossen werden. Durch Eroberungen im Kaukasus kann Rußland schließlich auch über das Schicksal eines großen Teils der orthodoxen Armenier entscheiden.

Großbritannien, das häufig die muslimischen Minderheiten wie die Drusen im Libanongebirge begünstigt, unterstützt die protestantischen Missionen und versucht, die Assyrer in Persien und in der Osttürkei dem Einflußbereich der russischen Orthodoxie zu entziehen. Die Briten wachen über die Indienroute und kontrollieren die Landenge von Suez.

Die Österreicher versuchen, dem russischen Einfluß auf dem Balkan entgegenzutreten. In der Tat wenden sich zu dieser Zeit die Hoffnungen der Christen auf dem Balkan entweder Österreich zu, dem „getauften und vernünftigen Reich", oder der „Mutter Rußland". Die Aufgeschlossensten unter ihnen, Mönche, Kleriker oder Kaufleute, besuchen Wien oder St. Petersburg.

Deutschland schließlich, das seit 1870 geeint ist, tritt als letztes in den Reigen der europäischen Mächte und beginnt sich am Ende des 19. Jh. für den Orient zu interessieren. Die Konzession der Bagdadbahn 1898 gibt Kaiser Wilhelm II. ein Jahr darauf die Möglichkeit, Jerusalem einen triumphalen Besuch (1899) abzustatten – mit der Folge, daß Frankreich besorgt sein Monopol als Schutzmacht zu sichern versucht.

1. Die „orientalische Frage" im 19. Jh. und die europäische Einmischung in das Osmanische Reich

Die verschiedenen Etappen des Niedergangs des Osmanischen Reiches im 19. Jh. gehen einher mit der Intervention der europäischen Mächte, die ein Schutzrecht für die orientalischen Christen beanspruchen. Schon vor dem 19. Jh. gibt es die ersten Erschütterungen.

---

[10] Für diese Unterscheidung in ein amtliches und ein halbamtliches Protektorat Frankreichs führt J. Hajjar, Le Vatican, la France et le Catholicisme oriental 1878–1914, Beauchesne 1979, 117, eine erhellende diplomatische Note vom 22. April 1898 an: „Unser Protektorat besteht aus einem Ensemble von strikten, genauen und unleugbaren Rechten und Pflichten. Es unterscheidet ein ganz und gar offizielles Protektorat über die katholischen Gläubigen des orientalischen Ritus, die Untertanen des Sultan sind, und eine Erweiterung auf die eingeborenen 'kleinen Nationen', von denen jede ein lokales, mit Rom durch das Dogma vereintes Oberhaupt hat, aber im Ritus verschieden ist. Dieses Patronat ist weniger auf Texte als auf Traditionen begründet." Zum französischen Protektorat über die Christen in Syrien und im Libanon vgl. A. Schlicht, Frankreich und die syrischen Christen 1799–1861. Minoritäten und europäischer Imperialismus im Vorderen Orient (Islamkundliche Untersuchungen 61), Berlin 1981.

Die Eröffnung des aktiven Handels von Christen mit Mittel- und Osteuropa, die Reisen, das Beispiel der Aufklärung in Österreich oder der Aufstieg der slawophilen Bestrebungen und schließlich der Einfluß der französischen Revolution auf die Eliten sind Faktoren, die zum Zündstoff auf dem Balkan beitrugen. Als das 19. Jh. beginnt, gehören mehrere, mehrheitlich christliche Provinzen schon nicht mehr zum Osmanischen Reich – wie die Krim und Ostgeorgien (1792) oder auf dem Balkan Dalmatien, Slawonien und die Vojvodina (1717–1718). Dieser Zerfall setzt sich während des ganzen 19. Jh. fort, begleitet von Aufständen, Unterdrückungen, Kriegen, von zu spät anerkannten Autonomien oder von der Unabhängigkeit der neuen Balkanstaaten mit orthodoxer Bevölkerung.

Das 19. Jh. beginnt mit dem serbischen Volksaufstand unter Karadjordje („Schwarzer Georg", 1804–1813), der die hunderttausend Einwohner des Paschalik Belgrad aufwiegelt. Obwohl ihn die Osmanen niederschlagen, folgt ihm 1815–1817 ein zweiter Aufstand, der von dem illiteraten Kuhhirten Milosch Obrenowitsch (1780–1860) angeführt wird. Obrenowitsch erreicht mit der Pforte eine Einigung. Er wird 1815 oberster *Knez* (bzw. *Kniaz* = Regent) der Serben und 1830 dann Erbprinz von Serbien, was zu einer eingeschränkten Autonomie führt. Die vollständige Autonomie Serbiens wird von der Pforte durch den Druck des Westens 1856 anerkannt. Im Jahre 1867 ziehen sich schließlich die letzten osmanischen Garnisonen aus Serbien zurück.

Mehr noch als in Serbien ruft der griechische Aufstand von 1821, durch die sogenannten *Hetärien* (Geheimbünde) angeführt, die emotionale Beteiligung und Einmischung der europäischen Mächte hervor. Die Auswirkung des Ereignisses entspricht der Größe der griechischen Bevölkerung. Zwei bis drei Millionen Griechen leben nicht nur im äußersten Süden des Balkans, sondern in Thessalien, Epirus, Makedonien, Thrakien, Istanbul und Anatolien. Die osmanische Unterdrückung als Antwort auf die griechischen Massaker an den Türken ist furchtbar. Nach der Revolte wird der orthodoxe Patriarch in seiner Kirche in Istanbul ergriffen und an der Tür des Sanktuariums aufgehängt; in Chio kommt es zu Massakern (1822); Lord Byron stirbt in dieser Zeit als Philhellene in Missolonghi (1824). Die Ägypter erobern Griechenland für den Sultan zurück, aber die Engländer und Franzosen zwingen die Pforte in der Schlacht von Navarino 1827 und dann im Dreibund mit Rußland, den Griechen in Ostanatolien und auf dem Balkan Autonomie zuzugestehen (Vertrag von Adrianopel 1829) und bald darauf als echten Staat anzuerkennen (Konferenz von London 1830). Im Juli 1833 schließlich akzeptiert Istanbul die Unabhängigkeit Griechenlands unter der Herrschaft des jungen bayrischen Prinzen Otto I. von Wittelsbach, der unter dem Namen Othon zum König gewählt wird.

Im Gefolge der griechischen Ereignisse wird 1830 die Autonomie Serbiens anerkannt, ebenso die Moldawiens und der Walachei. Unter den Rumänen gewinnt die Schwärmerei für die Französische Revolution gegen den russischen Einfluß zunehmend an Bedeutung. Ab 1807 bitten die moldawischen Bojaren Napoleon I. um Unterstützung für ihre Befreiung von der phanariotischen Herrschaft und ihre Unabhängigkeit. Eine erste Revolte, die mit der griechischen der Hetärien verknüpft ist, mißlingt. Dennoch erhalten die Bojaren 1822 von Istanbul das Zugeständnis, autochthone Prinzen (moldawische und walachische) zu etablieren und die Griechen von zivilen und religiösen Funktionen auszuschließen. Die Bestätigung der Autonomie und die russische Besetzung (1829–1834) ermöglichen den beiden Fürstentümern, echte Staaten zu werden, deren regierende Prinzen ab 1834 von der Pforte anerkannt werden. Auf die ersten schwachen Ansätze einer Vereinigung von Walachei und Moldawien folgt 1848 eine wirkliche Revolution. Sie wird von den Osmanen und den Russen blutig niedergeschlagen. Nach dem Krimkrieg erhalten aber beide, von jetzt an de facto vereinigte Fürstentümer durch das Abkommen vom 7. August 1858 einen neuen Status, den auch die Pforte 1859 schließlich anerkennen muß.

Rußland verliert jedoch seinen Einfluß in dieser Region nicht ganz, da ihm 1830 das rumänische Bessarabien angeschlossen wird. Ferner zieht es aus der Annexion einiger armenischer Gebiete im Osmanischen Reich Gewinn, die ab jetzt die armenischen Gebiete aus dem ehemaligen Persien (Vertrag von Turkmentschai 1827/28) vergrößern.

In Kreta verursacht der Wunsch der Bevölkerung, dem unabhängigen Griechenland angeschlossen zu werden, anhaltende Unruhe. Wiederholte Male kommt es auch in Bosnien-Herzegowina und in Montenegro zu Aufständen (1853–1860). Die darauf folgende Unterdrückung und die Massaker der Osmanen können nur vorläufig die nationalen Bewegungen in Schach halten. Sie bilden den unheilvollen Hintergrund für das osmanische Vorgehen gegen die Christen im Vorderen Orient.

Während sich das Osmanische Reich auf dem Balkan zurückziehen muß, wird es auch im Osten bedroht. In Ägypten, das bereits ziemlich unabhängig ist, erobert 1832 Mehmet Ali, von Frankreich unterstützt, Palästina und Syrien. 1840 müssen sich die ägyptischen Truppen zurückziehen, doch die kurze Emanzipation der Christen unter der ägyptischen Besetzung hat irreversible Folgen. Die christliche Mission ist nicht mehr verboten, auch nicht die Errichtung und der Wiederaufbau von Kirchen. Die Eigenart des von maronitischen Christen und Drusen bevölkerten Libanon wird gleichfalls anerkannt – trotz der Versuche der Pforte, die libanesische Autonomie zu hintertreiben und den maronitischen Emir abzusetzen. Auf Antrag Frankreichs werden 1842 im Libanon zwei Verwaltungsbezirke *(kaymakamats)* errichtet: ein christlicher und ein drusischer; beide sind dem Pascha von Saida unterstellt.

1853 versucht Rußland, von dem Streit mit Frankreich über die heiligen Stätten zu profitieren. Es verlangt eine Bestätigung des Vertrages von 1774 über den Schutz der Christen und strebt danach, die orthodoxe Kirche dem offiziellen Schutz Rußlands zu unterstellen. Die Weigerung der Pforte ruft den Krimkrieg hervor. Rußland fällt in die Donauprovinzen ein und kämpft, von England, Frankreich und Piemont unterstützt, gegen das Osmanische Reich. Die Niederlage Rußlands wird mit dem Vertrag von Paris 1856 besiegelt, der die Integrität des Osmanischen Reiches anerkennt, ihm aber bedeutende Zugeständnisse für die orientalischen Christen abverlangt. Artikel 9 des Pariser Vertrages bekräftigt nach dem zuvor erfolgten Erlaß des Sultans *Hatt-i Hümayun* das Interesse der europäischen Mächte für die Christen im Orient und die Absicht des Sultans, ihnen in allen Belangen gleiche zivile und politische Rechte zuzusichern. Im Austausch dafür darf das Reich prinzipiell seine Oberhoheit über die rumänischen und serbischen Fürstentümer mit gewissen Einschränkungen wiederherstellen.

Das Prinzip der osmanischen Integrität des Reiches wird nicht lange beachtet. 1861 werden Moldawien und die Walachei unter dem Druck Frankreichs endgültig vereinigt, was sich auf die Unabhängigkeit Rumäniens auswirkt. Ebenso erhält Serbien zunehmend mehr Autonomie und 1867 praktisch die Unabhängigkeit. Kreta werden nach dem schrecklichen Aufstand von 1866–1869 gleichfalls gewisse Zugeständnisse eingeräumt.

Schließlich kommt es, ausgehend von einem Bauernaufstand, 1875 zu einem großen Aufruhr in Bosnien-Herzegowina, dem im April 1876 ein weiterer in Bulgarien folgt. Beide werden grausam niedergeschlagen. Besonders die berüchtigten Bachi-Buzuks verüben Massaker, die die europäische Öffentlichkeit alarmieren. Im Juli 1876 eilen Serben und Montenegriner den Aufständigen zu Hilfe, in der Hoffnung, daß Bosnien einem künftigen Großserbien angeschlossen werde und die Herzegowina an Montenegro. Unter dem Druck der Europäer proklamiert die Pforte in Eile eine Konstitution der „Neuordnung", den *Tanzimat* (23. Dezember 1876), welcher die Unteilbarkeit des Reiches rechtfertigt. Im Schutze des russisch-türkischen Krieges verkündigt dann Rumänien im Mai 1877 seine Unabhängigkeit und tritt an der Seite Rußlands in den Konflikt ein.

1878 gelangt die russische Armee sogar bis an die Tore Istanbuls. Rußland erhält im Frieden von San Stefano (3. März 1878) beträchtliche territoriale Zugewinne in Türkisch-Armenien (Region Kars), außerdem wird Rumänien, Montenegro und Serbien die Unabhängigkeit zugesprochen und die Bildung eines autonomen Großbulgarien mit Thrakien und Mazedonien fixiert. Im Artikel 6 verspricht die Türkei offiziell, die Lage der Armenier im Osmanischen Reich zu verbessern. Die anderen Mächten fühlen sich durch den Vertrag von San Stefano jedoch bedroht. Sie befürchten ein unverhältnismäßig starkes Anwachsen des russischen Einflusses im Vorderen Orient und verlangen eine Revision des Vertrages. Unter dem Druck von England und Österreich spricht sich der Vertrag von Berlin (13. Juli 1878) gegen das panslawische Vorrücken der Russen und Serben aus. Rußland besetzt den Süden von Bessarabien. Bulgarien, dessen Autonomie bestätigt wurde, ist künftig in zwei Fürstentümer geteilt: in ein nördliches Fürstentum um Sofia und in Ost-Rumelien im Süden. Thrakien und Mazedonien fallen wieder an die Osmanen. Das gegenüber Serbien autonom gewordene Bosnien-Herzegowina gerät unter die Kontrolle Österreichs. Die Unabhängigkeit Rumäniens, Serbiens und Montenegros wird aufs neue anerkannt. Weiter im Osten bestätigt der Vertrag von Berlin die armenischen Gebiete für Rußland. Der Artikel 61 verpflichtet den Sultan, die Sicherheit der Armenier im Osmanischen Reich gegen Kirkassen und Kurden zu garantieren. Künftig kontrolliert Rußland ganz Ostarmenien, zieht die Hoffnungen des Volkes auf sich und begünstigt die armenische Abwanderung aus der Türkei nach Rußland.

Auch Großbritannien macht mit der Annexion Zyperns 1878 einen bemerkenswerten Vorstoß. Die Geheimabkunft von Zypern am 4. Juni 1878 zwingt den Sultan von neuem, den Schutz der Christen durch die Pforte zu gewährleisten. Ferner besetzt Großbritannien 1882 Ägypten. Ende des 19. Jh. gehen dem Osmanischen Reich weitere Gebiete verloren. 1881 werden Epirus und Thessalien mit Griechenland vereinigt. Nach dem Aufstand von 1896–1897 erhält Kreta eine weitreichende Autonomie. Im Jahre 1908, in dem Österreich-Ungarn Bosnien-Herzegowina annektiert, bricht Bulgarien alle Kontakte zur Pforte ab. Die europäischen Gebiete des Osmanischen Reiches sind jetzt zu einem Flecken reduziert, der wesentlich aus Mazedonien, dem südlichen Thrakien und Albanien besteht. Mazedonien wird erneut zum Kulminationspunkt der ethnisch-religiösen Wirren auf dem Balkan, ist schutzlos dem Terrorismus der Nationalisten und zugleich den Begehrlichkeiten Serbiens, Bulgariens und Griechenlands ausgeliefert[11]. Der Durchbruch des nationalen Selbstbewußtseins erfolgt bei den Mazedoniern relativ spät im Vergleich mit den anderen Balkanländern und wird zweifellos durch die konfessionellen Gegensätze gebremst. Vergleichbar damit ist der Nationalismus der Albaner, die ihre Renaissance *(rilindja)* auf die albanische Sprache und Kultur gründen.

---

[11] Zur ethnischen Vielfalt Makedoniens vgl. die Übersicht bei D. PANZAC, La Population de la Macédonie au XIXe siècle. Les Balkans à l'époque ottomane, in: Revue du monde musulman et de la Méditerranée 66 (1992–1994) 113–129.

1912 bricht der erste Balkankrieg aus. Die jungen Staaten Griechenland, Serbien, Montenegro und Bulgarien greifen die vom Osmanischen Reich übriggebliebenen Gebiete auf dem Balkan an, weil sich jeder davon territoriale Beute erhofft. Die Aufteilung der restlichen Balkangebiete ruft den zweiten Balkankrieg (Juni–Juli 1913) zwischen den ehemaligen Verbündeten hervor. Serbien und Griechenland greifen Bulgarien an. Mazedonien wird aufgeteilt: Serbien kann sich den Löwenanteil sichern, Griechenland setzt sich in Thessaloniki fest. Rumänien bemächtigt sich der südlichen Dobrudscha. Ostthrakien bleibt bei den Osmanen, während der westliche Teil den Bulgaren zufällt. Die Erhebung Albaniens wird durch die Balkankriege ausgelöst und erreicht im Juli 1913 mit der Bildung eines neutralen Erbfürstentums das angestrebte Ziel.

Am Vorabend des Ersten Weltkrieges sind somit alle Provinzen des Osmanischen Reiches mit mehrheitlich christlicher Bevölkerung unabhängig geworden. Dieser geopolitische Umsturz verursacht einen enormen Zustrom von Muslimen nach Asien, welcher die Geographie und die konfessionelle Aufteilung des Reiches beträchtlich verändert. Der muslimische Anteil der Bevölkerung steigt von 68 auf 76 Prozent – was bedeutet, daß die orientalischen Christen, die im Reich überlebt haben, noch stärker zur Minorität werden.

2. Die Ambivalenz der zivilen und politischen Emanzipation

Unter dem konstanten Druck Europas und der unaufhörlichen Aufstände ermöglicht das 19. Jh. vielen Christen im Orient erstmals eine zivile und politische Emanzipation.

Im Persien der Kadscharen, wo im Grunde nur wenige Christen leben, unterstützt die Revolution Reza Pahlewis 1922 prinzipiell die zivile und politische Emanzipation der Christen. Von den Revolutionsunruhen Anfang des 20. Jh. profitieren die Minoritäten jedoch kaum, im Gegenteil, die Bedingungen werden noch schlechter als im Jahrhundert zuvor. Nestorianer und Jakobiten werden unter dem Verdacht, die Russen zu unterstützen, heftig verfolgt.

In der arabischen und türkischen Welt kommt es dagegen zunächst zu einer völlig anderen Entwicklung. In Ägypten weist Mehmet Ali den Weg zu einer größeren Toleranz. Er stellt eine Anzahl Kopten und Armenier in die Verwaltung ein. Seine Politik wird von seinen Nachfolgern weiterverfolgt, besonders von Saæid, der 1855 die Kopfsteuer *(djizya)* aufhebt und 1865 die militärische Gleichheit herstellt[12]. Die Kopten erhalten unter dem Chediven Isma'il 1866 das aktive und passive Wahlrecht.

Im übrigen Osmanischen Reich stehen die Reformen für die nicht-muslimischen Minoritäten im Mittelpunkt der Neuordnung *(tanzimat),* die der Sultan und seine Hauptberater in Angriff nehmen, um das Reich zu modernisieren und dem Auseinanderfallen entgegenzuwirken. Zwei der wichtigsten Texte des Tanzimat, der Hatt-i Scherif von Gülhane und der Hatt-i Hümayun, betreffen direkt die orientalischen Christen. Am 3. November 1839 macht Sultan Abdülmecit mit dem Hatt-i Scherif von Gülhane einen ersten Schritt und proklamiert die zivile Gleichstellung von Christen und Muslimen: „Die nationalen Institutionen müssen von jetzt an unseren Untertanen eine vollkommene Sicherheit für ihr Leben, ihre Ehre und ihren Besitz garantieren. Diese obersten Rechte werden allen erteilt, welcher Religion oder Sekte sie auch angehören." Auch wird eine Steuerreform, welche die

---

[12] Doch die Pflicht zum Militärdienst versetzte die Christen in ein völlig muslimisches Milieu. Aus Furcht vor islamischen Zwangsbekehrungen ließ Kyrill V. die Militärpflicht wieder abschaffen.

Gleichstellung beweist, in Aussicht gestellt. Am 18. Februar 1856 zwingt der erneute Druck der Mächte den Sultan, den Hatt-i Hümayun zu proklamieren, der die Gleichheit der *dhimmi* mit den Muslimen vor Gericht sicherstellt, ihnen den Militärdienst ermöglicht und die Steuergleichheit zusichert. Dieses Mal erhalten die nicht-muslimischen Gemeinden, also Juden und Christen, politische Rechte zugesprochen: das Recht der Stimmabgabe bei den Provinz- und den kommunalen Räten, das Recht der freien Kultausübung und die Möglichkeit, neue Kirchen zu bauen und die alten wiederherzustellen. Jegliche Diskriminierung bezüglich der Religion, der Sprache oder Rasse eines Untertanen ist abgeschafft, jede Zwangsbekehrung verboten. Ebenso darf es keine Diskriminierung mehr bei der Bekleidung öffentlicher Ämter geben. Gemischte Gerichte behandeln die kommerziellen, polizeilichen und kriminellen Angelegenheiten zwischen Muslimen und Christen bzw. zwischen den Christen verschiedener Glaubensrichtungen. Vor allem bei der internen Organisation der Gemeinden behalten die Nicht-Muslime ihre traditionelle Selbständigkeit und Immunität (der Patriarch ist lebenslang gewählt), allerdings fordert der Sultan die Millets auf, ihre Administration zu reformieren.

Die revolutionäre Politik des Sultans sichert also den orientalischen Christen prinzipielle Gleichstellung mit den muslimischen Untertanen zu in der Hoffnung, daß die verschiedenen Gemeinschaften zu einer panosmanischen Loyalität verschmelzen. Doch die mit den zwei Edikten erworbenen Rechte stellen nicht alle orientalischen Christen zufrieden, die als Minoritäten stets mißtrauisch bleiben und häufig den herkömmlichen Modus vivendi bzw. die Schutzmacht der Europäer vorziehen. Im übrigen beweist die Korrespondenz der europäischen Konsuln zur Genüge, daß vor allem in den Provinzen die Reformen aus Istanbul aus Angst vor muslimischen Revolten nicht umgesetzt wurden, z. B. kamen die bosnischen Beys in Konflikt mit Istanbul, weil sie die christenfreundlichen Reformen nicht verwirklichen wollten. So verursachte der Hatt-i Scherif von Gülhane für zehn Jahre (1839–1849) die verkappte Abspaltung des Paschalik Bosnien. Daher sind, ungeachtet der Reformgesetze, Muslime und Nicht-Muslime realiter vielfach weiterhin einander nicht gleichgestellt.

Die begrifflichen Vorgaben des Hatt-i Hümayun implizierten Diskrepanzen: Wo die Reformen ein Ideal der Gleichheit und der Einheit vertreten, werden im selben Moment die Millets dazu autorisiert, sich selbst zu organisieren – und so zu Spaltungen zu führen. Denn die Reform der Millets unterstützt die Herausbildung eines nationalen Bewußtseins innerhalb einer Gemeinschaft und läßt den nationalen Zusammenhalt des Osmanischen Reiches zurücktreten. Die traditionellen Hierarchien der Patriarchate sind der Pforte gegenüber meistens loyal eingestellt. Die von den unabhängigen Balkanstaaten beeinflußten neuen Eliten versuchen aber, die Gleichstellung der osmanischen Untertanen im Reich durchzusetzen und zugleich die Privilegien aufrechtzuerhalten, die die Millets aufgrund ihres besonderen Status besaßen. Insofern vollzieht sich im 19. Jh. unter dem Einfluß des europäischen Nationalismus innerhalb des Osmanischen Reiches eine Zersplitterung und Kristallisation der jeweiligen Besonderheiten der einzelnen „Nationen".

Der außergewöhnliche Fortschritt in der Schulbildung bei den orientalischen Christen und besonders der Aufschwung der griechischen und armenischen Schulen innerhalb der Millets verschärft darüber hinaus die konfessionelle Trennung zwischen Christen und Muslimen und trägt häufig auch unter den Christen selbst zur Ungleichheit bei. Die Zunahme von christlichen Schulen erregt Mißtrauen und Argwohn bei der osmanischen Regierung. Im Bildungsgesetz von 1869 verlangt der Artikel 129 über Privatschulen von den

Lehrern solcher Schulen daher eine professionelle Ausbildung, die vom osmanischen Bildungsministerium anerkannt ist. Die Provinzverwaltung behält sich ferner das Recht zur Einflußnahme auf den Inhalt des Unterrichts und die Schulbücher vor. Dieses von den Gemeinschaften ungern geduldete Gesetz wirft ein Licht auf die mißliche innere Lage des äußerlich zur Einheit drängenden Staates angesichts der Zersplitterung und Privilegien seiner Gemeinschaften.

Die Ambivalenz der Beziehungen zwischen dem Osmanischen Staat und den verschiedenen Millets einerseits und zwischen den Christen des Reiches und den europäischen Kolonialisten andererseits zog konfessionelle Konflikte zwischen Muslimen und Nicht-Muslimen nach sich. Der wachsende Erfolg und der zunehmend auch nach außen gekehrte Wohlstand der christlichen Gemeinschaften, die traditionell untergeordnet waren und im Schatten standen, rief die Mißgunst der muslimischen Nachbarn hervor. Die Auseinandersetzungen, die häufig noch von den Türken oder durch die Rivalitäten zwischen den europäischen Mächten geschürt wurden, schlugen bald in offene Konflikte um, die von Massakern an den Christen begleitet waren. Das in seiner Einheit völlig aufgelöste Osmanische Reich besaß letztlich keine Möglichkeit mehr, die Balance zwischen den verschiedenen Parteien sicherzustellen. Einige Jahre nach dem Hatt-i Scherif gab es 1842 und 1845 im Libanon die ersten Gemetzel von Drusen durch Maroniten. Nach der Intervention englischer Missionare griffen 1843 und 1846 die Kurden in den Hakkari-Bergen die assyrischen christlichen Stämme an, mit denen sie bis dahin in einer zwar unruhigen und spannungsgeladenen, aber doch gleichwertigen Koexistenz gelebt hatten. Ein Fünftel der Nestorianer in dieser Region kam zu Tode. Von da an nahm das Osmanische Reich die Region unter seine Kontrolle und setzte die Unabhängigkeit der nestorianischen Stämme außer Kraft. Trotz der Hoffnung auf einen eigenen assyrischen Staat, womit die protestantischen Missionare die Nestorianer für sich einnahmen, verschlechterte sich ihre Situation im Laufe des 19. Jh. zunehmend.

Die Übergriffe der Kurden werfen ein Licht auf die spannungsreiche Lage und lassen die Massaker von 1895 und den endgültigen Untergang von 1915 vorausahnen[13]. 1850 brechen in Aleppo Krawalle zwischen Muslimen und Christen aus, den griechisch-katholischen und griechisch-orthodoxen Christen, Armeniern, Jakobiten und syrisch-katholischen Christen, die in Aleppo sehr zahlreich und in großem Wohlstand leben. Der syrisch-katholische Patriarch, der seine Residenz in Aleppo hat, muß daraufhin seinen Sitz nach Mardin verlegen. Im Jahre 1860 erreichen die tragischen Ereignisse im Libanon einen neuen Höhepunkt der gegenseitigen Gewalttätigkeiten.

Die Unruhen in Kurdistan und Syrien kündigten die kommenden, viel schwereren Massaker am Ende des 19. Jh. an. Dieses Jahrhundert erlebt, wie das Osmanische Reich nach und nach seine europäischen Besitzungen und eine Anzahl seiner Gebiete im Kaukasus verliert. Im Laufe des 19. Jh. fliehen drei Millionen Muslime aus den alten christlichen Provinzen des Balkans oder aus dem von Rußland besetzten Kaukasus und verstreuen sich in der asiatischen Türkei oder im arabischen Orient. Ihre Einwanderung verschiebt das lokale fragile Gleichgewicht, denn zur gleichen Zeit verlassen ungefähr dreihunderttausend christliche Emigranten (Armenier, Griechen, Araber) das Reich.

---

[13] Zu den Assyrern in den Hakkari-Bergen und in Azerbeidschan im 19. und 20. Jh. vgl. CHEVALIER, Les montagnards (Anm. 7); J. JOSEPH, The Nestorians and their Muslim Neighbours. A Study of Western Influence on their Relations, Princeton – New Jersey 1961.

Die zunehmende Einmischung der europäischen Politik im Orient und die Ankunft von Missionaren begünstigen die orientalischen Christen, deren durch die Schulen gewonnener Bildungs- und Wirtschaftsvorsprung die Muslime weit überragt. Die Konfrontation mit der westlichen Moderne trägt dazu bei, die wachsenden Feindseligkeiten zu verstärken.

II. Die Erneuerung der orientalischen Kirchen

Ungeachtet dieser ersten Spannungen ermöglicht die Reformära *(tanzimat)* im Osmanischen Reich eine starke Erneuerung der orientalischen Kirchen. Hinzu kommen beachtliche Umwälzungen im 19. Jh.: der Bevölkerungszuwachs bestimmter Gemeinschaften, der wachsende ökonomische Wohlstand der Christen in Verbindung mit der Strukturreform der Millets, eine intellektuelle Blütezeit und damit einhergehend eine religiöse und sprachliche Renaissance. Durch die Begegnung mit dem Westen sind die Gemeinschaften früher oder später herausgefordert, ihre eigene Erneuerung in die Hand zu nehmen.

1. Der wirtschaftliche Aufschwung der Millets im 19. Jh. [14]

Die Strukturreform der Millets ist von einem bemerkenswerten wirtschaftlichen Aufschwung der verschiedenen christlichen Gemeinschaften im Osmanischen Reich begleitet. Bereits im 18. Jh. hatten die Christen in den Millets Vermittlerrollen bei wirtschaftlichen und finanziellen Geschäften zwischen dem Abendland und dem Orient inne. Durch die europäische Protektion und durch ihre Beziehungen und Kenntnisse der Balkan- und mediterranen Länder wußten sie sich auf den im 19. Jh. vorherrschenden Handel mit Europa zu spezialisieren – während gleichzeitig die traditionellen Handelswege nach Zentralasien an Bedeutung verloren. Das bessere christliche Bildungsniveau, die zumindest rudimentäre Kenntnis des Italienischen, Französischen oder Englischen machte sie zu unverzichtbaren Trägern wirtschaftlicher Beziehungen. Im Zuge der osmanischen Reformen und der Öffnung des Suezkanals 1869 nahmen die wirtschaftlichen Möglichkeiten zu und förderten den Wohlstand der jüdischen und christlichen Minoritäten im Osmanischen Reich.

In der Tat dominieren Christen und Juden in der traditionellen Elite von Händlern, Geldverleihern und Wechslern. 1912 trägt kein einziger der vierzig Privatbankiers in Istanbul einen muslimischen Namen; alle sind Griechen, Armenier oder Juden. So bildet das Ende des 19. und der Anfang des 20. Jh. den Höhepunkt eines jungen christlichen Bürgertums im Osmanischen Reich, welches sich aus Geschäftsleuten, Unternehmern und Händlern jeder Art zusammensetzt. Christen, die ihre Dienste als Vermittler europäischen Firmen zur Verfügung stellen, gründen nach und nach ihre eigenen Geschäfte und Handelsgesellschaften.

Die griechischen Geschäftsleute sind überall im Reich tätig. Sie stehen in Beziehung mit der griechischen Diaspora in Wien, Leipzig, Kiew oder Buda, aber auch mit der Diaspora in Marseille oder Odessa, vor allem aber in Thessaloniki, das ihr Handelsstützpunkt für den Balkan wird. Sie sind es auch, die den Baumwollhandel beleben und auf die gesamte Türkei und nach Ägypten ausweiten. Bei vielen der ersten ägyptischen Banken sind die Griechen von Anfang an beteiligt. In Istanbul beherrschen griechische Gesellschaften

---

[14] Vgl. die grundlegende Arbeit von CH. ISSAWI, The Transformation of the Economic Position of the Millets in the Nineteenth Century, in: BRAUDE – LEWIS, Christians and Jews I (s. Anm. 4) 261–285.

in Pera und Galata die Schuhherstellung, das Bekleidungs- und Pelzgewerbe. Sie investieren in Grundbesitz, im Kunstgewerbe und im Handel mit Zuckerrohr, Tabak oder Zitrusfrüchten. Doch besteht ein großer Unterschied zwischen den Geschäftsleuten einer wohlhabenden Stadt wie Smyrna einerseits, die mehrheitlich griechisch ist und einen Magistrat besitzt, oder auch den Seidenzüchtern von Bursa und den armen Griechen auf dem Lande andererseits, die sich z. B. in Kappadokien, in Sinasos oder Nevschehir (Neapolis) vom Weinbau ernähren.

Auch die Armenier haben völlig verschiedene Profile. In Aleppo oder in Diyarbakir sind sie in der Textilherstellung und als Goldschmiede tätig, während die Armenier in den Ebenen von Van oder im Hinterland von Sivas Viehzüchter sind oder als Bauern Früchte und Korn anbauen. In der Umgebung von Antiochien wiederum exportieren sie Tabak und Öl. Manche Christen sind inzwischen Großgrundbesitzer, wie z. B. Griechen und Armenier in der Region von Adana oder einige koptische Familien in der zweiten Hälfte des 19. Jh. in Ägypten.

Im Libanon machen in der ersten Hälfte des 19. Jh. die Maroniten mit der von den Franzosen begründeten Seidenraupenzucht Gewinne. 1840 begründen die Portalis als erste die industrielle Seidenspinnerei im Libanongebirge. In der Folge bauen die großen Seidenbetriebe in Lyon im Libanon Filialen auf. In diesen Seidenspinnereien konzentriert sich die Aktivität der Maroniten.

Die Unterhändler des libanesischen Geschäftverkehrs mit den Europäern sind samt und sonders Christen, die eine neue Bourgeoisie bilden. In Damaskus und besonders in Aleppo liegt der Handel ebenfalls in der Hand von Christen, die durch ihren Wohlstand ihre weniger dynamischen muslimischen Nachbarn in den Schatten stellen[15]. Selbst die noch ganz in den Anfängen steckende osmanische Industrie wird zum großen Teil von Christen kontrolliert, zumeist von Griechen und Armeniern.

Bereits im 19. Jh. finden sich unter den Christen moderne, freie Berufe, die auf die neuen Bedürfnisse einer im Umbruch befindlichen Gesellschaft weisen: Ärzte, Ingenieure und Architekten sind häufig Christen. Der Armenier Manuk Manukian z. B. beaufsichtigte Anfang der sechziger Jahre den Straßenbau der Route Beirut–Damaskus. Andere wiederum sind Juristen, wie die Anwälte der gemischten Gerichte in Ägypten. Ende des Jahrhunderts sind die ersten Drucker im Osmanischen Reich häufig Armenier, manchmal auch syrische Jakobiten. Die Entwicklung einer modernen Staatsverwaltung wie auch die vielen in Istanbul und Kairo ansässigen ausländischen Gesellschaften bringen es mit sich, daß Christen in großer Zahl als Angestellte und Beamte in den Banken und besonders in den Eisenbahngesellschaften tätig sind.

Durch das Gesetz für die Provinzen *(vilayets)* von 1864[16] und dann durch das Reform-

---

[15] Dies schildert ausführlich A. K. SANJIAN, The Armenian Communities in Syria under Ottoman Dominion, Cambridge (Mass.) 1965. Das Werk behandelt vor allem das armenische Patriarchat von Jerusalem.

[16] Das Osmanische Reich war administrativ in verschiedene *vilayets* und *sandschaks* aufgeteilt, die wiederum in einzelne *kaza* (Gerichtsbezirke) gruppiert waren. Die *nahiye* (Kreis) und die *kariye* (Stadt) waren die kleinsten Territorialeinheiten der hierarchischen Gliederung. Zu jeder dieser Administrationseinheiten gehörte ein Gouverneur oder Verwalter, von oben nach unten waren dies der *vali* (Vorsteher des *vilayets*), der *mutasarrif*, der *kaymakam*, der *müdür* und der *muchtar*. Nach den Massakern von 1894–1895 versuchte die Reform vom 21. Oktober 1895, den Christen eine bessere Stellung in der Provinzialverwaltung einzuräumen: das bedeutete, daß in Ostanatolien der *Vali* einen nicht-muslimischen Assistenten haben sollte, ebenso der *Mutasarrif* und der *Kaymakam* (Art. 1 und 2). Die Beteiligung der nicht-muslimischen Angestellten an der politischen Administration, bei der Polizei und der Gendarmerie, sollte jeweils im Verhältnis zur Größe der christlichen Bevölkerung einer Provinz stehen.

gesetz von 1896 öffnete sich für eine große Anzahl von Christen des Osmanischen Reiches, insbesondere Griechen und Armenier, der Zugang zu Verwaltungsposten. Die Armenier in Ostanatolien stellen etwa in den Verwaltungsräten der Vilayets und Sandschaks in der Regel zwei bis drei gewählte Repräsentanten, nicht mitgezählt sind die Mitglieder ex officio – wie der armenisch-orthodoxe oder der armenisch-katholische Bischof. Besonders in den Gemeinderäten spielen sie eine beträchtliche Rolle, wo sie manchmal in der Mehrheit sind. Selten zwar, aber doch der Fall ist ein Armenier als Bürgermeister. Beim Appellationsgericht der Vilayets sind stets ein bis drei armenische Richter vertreten. Ausgesprochen zahlreich finden sich die Armenier in der Finanzverwaltung, wo sie durch ihre Arbeit mit den Banken, der Steuer oder dem Tabakmonopol zu tun haben. In ganz Anatolien haben Armenier Stellen als Buchhalter inne, als Geistliche, Kanzleibeamte, Amtsschreiber, Sekretäre, Archivare, Grundstücksverwalter, Übersetzer, Post- und Telegraphenangestellte. Durch ihre überlegene Ausbildung sind sie in allen Bereichen der modernen Administration überrepräsentiert[17].

Auch in Ägypten ist der Anteil der Kopten im Staatsapparat der Chediven und in der britischen Verwaltung Ende des 19. Jh. ungewöhnlich hoch. Vor 1900 sind fünfundvierzig Prozent der Beamte im Finanzministerium, im Innenministerium oder bei der Eisenbahn Kopten.

Gewiß kann man den ökonomischen Wohlstand der Christen im 19. Jh. nicht verallgemeinern. Die orthodoxen Landbewohner in Palästina, die nestorianischen und chaldäischen Bauern in der irakischen Ebene um Mossul, die nestorianischen Hirten in den Hakkari-Bergen blieben ihrer sehr traditionellen Landwirtschaft treu. Dennoch ist der Erfolg der Armenier, Griechen und Kopten zu einem guten Teil durch die Strukturreformen zu erklären, welche die Millets im 19. Jh. umwandelten und für das traditionelle Millet im Osmanischen Reich das Ende heraufführten. Der Aufstieg der Laien, die Verwaltung der Einkommen der Gemeinschaft wie auch die Leitung der Schulen durch Laien, die Trennung von geistlicher und weltlicher Gewalt zur Unterbindung des die Gemeinschaften korrumpierenden Ämterkaufs und vor allem die Weckung eines nationalen Bewußtseins sind wesentliche Kennzeichen dieser Reformen.

2. Die Strukturreformen der Millets

In der armenischen Gemeinschaft findet sich das früheste und zugleich pefekte Beispiel der Erneuerung. In Westarmenien und in Türkisch-Armenien trafen die Bestrebungen der Laien, am politischen Leben teilzuhaben, mit dem Zurückdrängen der gewichtigen Rolle der Notabeln (der berühmten *Amiras*, häufig Bankiers und Wechsler aus Istanbul, die man die *Sarrafen* nannte) durch die Händler- und Handwerkergilden *(esnaf)* zusammen[18]. Besonders zwischen 1810 und 1845 waren die sehr reichen *Amiras* im Millet allmächtig, setzten nach Belieben die Patriarchen ein und ab. Doch erhielten die katholischen Arme-

---

[17] Zur Stellung der Armenier in der osmanischen Verwaltung vgl. M. K. KRIKORIAN, Armenians in the Service of the Ottoman Empire (1860–1908), Cambridge 1977. Die Untersuchung basiert auf den Archivannalen der osmanischen Provinzen und gibt für jedes Vilayet eine Schätzung der christlichen Bevölkerung in der zweiten Hälfte des 19. Jh. an.

[18] Vgl. K. J. BASMADJIAN, Histoire moderne des Arméniens, Paris 1917; J. MÉCÉRIAN, Histoire et institutions de l'Eglise arménienne, Beirut 1965, 116–144.

nier 1830 ihr eigenes Millet, gefolgt von den protestantischen Armeniern im Jahre 1850, die sich sowohl einen religiösen Rat als auch einen Laienrat gaben, der die weltlichen Angelegenheiten zu regeln hatte. Bei den orthodoxen Armeniern brach der Aufstieg der Handwerker die Macht der *Amiras* ab 1841. Nach dem Krimkrieg drängte die Modernisierung des Staates und die Entstehung der Osmanischen Bank die *Sarrafen* völlig zurück. Im Jahre 1860 ermöglichte eine Art nationaler Konstitution – „Statut über die armenische Nation", die von der französischen Verfassung von 1848 inspiriert war – die Bildung einer Nationalversammlung, welche sich aus Klerikern und einer Mehrzahl Laien zusammensetzte. Diese Versammlung wählte den Patriarchen und die Mitglieder des religiösen und des zivilen Rates. Von jetzt an bestimmten die Laien in den Unterkommissionen des zivilen Rates über die Angelegenheiten der Gemeinschaft. Der Aufstieg der Laien und die zunehmende Gewichtung säkularer Angelegenheiten charakterisiert den Ausgang des 19. Jh. Das „Statut über die armenische Nation" führte innerhalb der Gemeinschaft zu bitteren Auseinandersetzungen zwischen der Partei der „Erleuchteten" *(lussavorial)* und der Partei der „Rückwärtsgewandten" *(chavarial)*. Dennoch wurde es von der osmanischen Regierung 1863 ratifiziert. Obgleich seine praktische Anwendung nicht lange dauerte, diente es als Modell für das neue Verwaltungsgesetz der osmanischen Provinzen, d. h. für das Gesetz über die Vilayets von 1864. Noch stärker wirkte es auf die Osmanische Konstitution von 1876 inspirierend ein. Sechs Mitglieder des Komitees der Osmanischen Konstitution waren übrigens Christen (drei Armenier und drei Griechen). Einer von ihnen gehörte zu den Verfassern der armenischen Konstitution von 1860[19]. Die katholischen Armenier billigten schließlich durch ein nationales Abkommen von 1888 den Laien einen wichtigen Einfluß auch auf die Kirchenregierung zu.

Die Armenier in Rußland befaßten sich zu sehr mit dem Gedanken einer möglichen Unabhängigkeit Ostarmeniens, bzw. allenfalls mit einer Autonomie unter russischem Schutz. Aus diesem Grunde unterstützten die armenischen Patrioten die russischen Eroberungen in Armenien ideell und manchmal auch militärisch. Ihre Hoffnungen wurden jedoch bald zerschlagen. Die „Polojenye" ab 1836, die in zehn Kapiteln die armenischen kirchlichen Belange regelte, ermächtigte den Zaren zu einer konstanten Einmischung in die inneren Angelegenheiten der Kirche: Er wählte von jetzt an das geistliche Oberhaupt der Gemeinschaft, den Katholikos in Etchmiadzin, aus einer von den armenischen Delegierten überbrachten Vorschlagsliste mit zwei Namen und besaß ein Vetorecht. Die Synode (aus acht geistlichen Mitgliedern) zur Behandlung der Angelegenheiten der Gemeinschaft wurde nun durch einen aus Moskau entsandten Bevollmächtigten beaufsichtigt. Dieses von den Armeniern nur schwer zu akzeptierende Reglement war für die Verwaltung von Russisch-Armenien bis 1917 gültig. Die Erweiterung der russischen Annexionen in Armenien nach dem Vertrag von Berlin 1878 führte nicht zur ersehnten Autonomie, im Gegenteil, ein offizielles Edikt von 1884 zwang die armenischen Kirchen, als einzig erlaubte Unterrichtssprache Russisch zu benutzen. Schließlich konfiszierte die russische Regierung 1903 gewaltsam alle Besitztümer der Kirche und untergrub so die Basis für die Wirksamkeit der armenischen Kirche. Aufstände brachen aus, Massaker folgten. Der Kampf des Katholikos Mkrtitsch I. Chrimian (1892–1907), der von seiner gesamten Gemeinschaft unterstützt wurde, brachte 1904 ein Ende dieser russischen Politik.

---

[19] R. H. DAVIDSON, The Millets as Agents of Change in the Nineteenth Century Ottoman Empire, in: BRAUDE – LEWIS, Christians and Jews I 319–338.

Die Griechisch-Orthodoxen, die sich auf die vier Patriarchate byzantinischer Obedienz verteilten, erfuhren eine schmerzliche Weiterentwicklung. Anfang des 19. Jh. bildete die griechische Sprache als einheitliche Kirchensprache noch das Band für ein Völkergemisch, in dem die einzelnen ethnischen Gruppen nicht polarisiert waren. Besonders auf dem Balkan brachten die Zentren von Bukarest und Jassy (Iaşi) die Elite einer orthodoxen Intelligenzia hervor. Zahlreiche Nicht-Griechen, hellenisierte Bulgaren oder Walachen schrieben Griechisch, auch die Bischöfe waren griechischsprachig. Diese Hellenisierung war möglich, solange das Griechische als die Sprache der *einen* Kirche verstanden wurde und nicht als ein Charakteristikum der Griechen als ethnischer Gruppe. Mit anderen Worten, „die geistliche Suprematie des Patriarchen von Istanbul und die Einheit des orthodoxen Millet blieben bewahrt, solange der Patriarchenstuhl den Glauben über ethnische und sprachliche Interessen stellte"[20]. Die griechisch-orthodoxe Kirche besaß im übrigen eine zutiefst konservative Gestalt und war aus Feindschaft gegen die lateinischen Katholiken und die Wiener Aufklärung weitgehend antiwestlich eingestellt. Nicht zufällig trat Patriarch Gregor V. als Gegner des griechischen Aufstandes von 1821 hervor. Er verlor dabei sein Leben und wurde ein Jahrhundert nach seinem Tod als „Ethnomärtyrer" heiliggesprochen.

Auf dem gesamten Balkan führte das Aufkommen von Nationalismen Anfang des 19. Jh. zu einer Wiederentdeckung der autochthonen Sprachen, Slawisch für die Mehrheit, Lateinisch für die Rumänen. Diese breite Bewegung traf sich mit der Reform der Lokalkirchen, die ein nationales Aussehen annahmen und von jetzt an gegen die Hellenisierung protestierten.

Mit der Unabhängigkeit Griechenlands 1830 ging das Prinzip der Einheit des orthodoxen Millets für immer verloren. Von 1833 an formierte sich in Griechenland eine autokephale Kirche, die 1850 nur widerwillig vom Patriarchat anerkannt wurde. Das orthodoxe Millet zersplitterte unter den nationalen Bestrebungen der Balkanvölker: Serben, Bulgaren, Walachen, Moldawier und Albaner. Prinzipiell bildete nun jedes Balkanvolk, das die Unabhängigkeit erlangt hatte und zu einem eigenen Staat geworden war, gegenüber dem Patriarchat von Konstantinopel eine lokale Kirche. Das Patriarchat von Konstantinopel wachte eifersüchtig über seinen Vorrang und brauchte lange, bis es die orthodoxen Lokalkirchen anerkannte.

In Serbien kam es unter dem Einfluß der Serben aus den „deutschen Landen" (in Wirklichkeit aus Ungarn) zur Erneuerung der serbischen Kultur im Paschalik von Belgrad. Der wiederaufgenommene Gebrauch des Slawischen als Liturgiesprache, die Erneuerung des Klerus in den Pfarreien, die Errichtung von Kirchen und vor allem der Aufschwung der Klöster als Symbole der historischen Kontinuität waren eng verbunden mit der Autonomie der Serben und bald darauf mit ihrer Unabhängigkeit. 1832 wurde die Kirche autonom und der aus Griechenland rekrutierte Klerus serbisch. Ein Abkommen ermächtigte den *Knez,* den Metropoliten und die Bischöfe zu wählen. Er bestimmte den Erzbischof von Belgrad zum Metropoliten von Serbien.

Derselbe Prozeß spielte sich in Rumänien ab. Die Schule von Transsilvanien bestand auf dem Grundsatz der Latinizität, welche von den Unitaten unter französischem Einfluß propagiert wurde. In den Jahren ab 1830 setzte die in Paris ausgebildete Bourgeoisie (der

---

[20] KARPAT, Millets and Nationality (s. Anm. 8) 151.

„Kreis des Collège de France") die Propaganda dieser Ideen fort. Mit der Union der zwei Fürstentümer 1859 bildete sich eine autokephale Kirche heraus, die von dem orthodoxen Patriarchen erst 1885 anerkannt wurde. 1863 waren ferner alle Gebiete, die den großen orthodoxen Klöstern im Ausland gehörten, nationalisiert worden, z. B. die heiligen Stätten in Palästina, der Berg Athos oder der Sinai.

Die prinzipielle Spannung zwischen dem ökumenischen Patriarchat und den nationalen Kirchen auf dem Balkan wurde im Fall Bulgariens besonders deutlich. Die bulgarische Kirche hatte das Slawische bzw. Altbulgarische als Liturgiesprache für sich bewahrt, doch der Anschluß 1767 an das Patriarchat führte zu einer starken Hellenisierung des Klerus. Die ersten Nationalisten forderten die Wiederherstellung der slawischen Liturgie und den Unterricht in bulgarischer Sprache. Ab 1849 erhielt die Kirche der bulgarischen Gemeinschaft in Istanbul das Recht, die Messe in altbulgarischer Sprache zu feiern. 1860 wurde Bischof Hilarion unter allgemeinem Druck gezwungen, die Autorität des ökumenischen Patriarchen zu verwerfen. Der Patriarch exkommunizierte ihn umgehend. Der Kirchenkampf steigerte sich zu einer nationalistischen Agitation, die von Rußland unterstützt wurde. Im März 1870 mußte die Pforte ein bulgarisches Exarchat schaffen. Eine in Konstantinopel 1872 einberufene Synode exkommunizierte daraufhin das bulgarische Exarchat, doch weder das Patriarchat von Jerusalem noch das von Antiochien folgten darin Konstantinopel.

Von jetzt an vermischten sich überall auf dem Balkan Nation und religiöse Gemeinschaft zu einer Einheit. Dies wirkte sich zum Nachteil für die nicht-christlichen Minoritäten aus, vor allem für die Muslime, die nach dem Rückzug der Osmanen noch im Land waren[21].

Die im Osmanischen Reich verbliebenen Griechisch-Orthodoxen identifizierten sich jetzt mehr und mehr mit den Hellenen − was der arabische Teil der Gemeinschaft freilich mit Argwohn sah. Die Griechen erlebten eine Reform ihres Millets *(millet-i Rum)* nach dem Vorbild der Armenier, in einem jedoch weit begrenzteren Maße. Die neuen Regelungen (1860−1862) bezogen zwar die Laien in die Entscheidungen der Gemeinschaft mit ein, allerdings nur eingeschränkt, da die weitgehenden Vorrechte des Patriarchats erhalten blieben. Der Aufstieg der Laien ging einher mit einem demographischen und wirtschaftlichen Aufschwung des griechischen Millets, der im Osmanischen Reich ohnegleichen war. Aufgrund der Migration und des natürlichen Zuwachses nahm der Anteil der Griechen in der osmanischen Bevölkerung stetig zu. 1875 wurden 1,2 Millionen Griechen in Kleinasien gezählt, außerdem 230000 in Istanbul und 1,5 Millionen in der dem Osmanischen Reich verbliebenen europäischen Türkei. Die Basisgruppen der griechischen Gemeinschaft waren die um die Pfarreien gruppierten *koinotites,* deren Mitglieder sich gegenseitig halfen. Im Laufe des 19. Jh. erhielt der Lebensstil der Griechen in Kleinasien zunehmend mehr westlichen Charakter. Der Gebrauch des *Fez* (im Orient *Tarbusche* genannt) ging stark zurück. Auch übernahmen die Griechen zusehends eine gewichtige Rolle im politischen Leben der Provinzen. Nach dem *Tanzimat* für die Lokalverwaltungen des Reiches wurde der

---

[21] Zur gesellschaftlichen Entwicklung der Balkanvölker Anfang des 19. Jh. vgl. R. CLOGG (Hrsg.), Balkan Society in the Age of Greek Independance, London 1981. Obwohl das Werk von A. POPOVIC, L'islam balkanique. Les Musulmans du sud-est européen dans la période postottomane, Berlin − Wiesbaden 1986, sich nicht eigens mit den orientalischen Christen befaßt, ist es empfehlenswert, weil es sich u. a. eindringlich mit der osmanischen Epoche und dem Problem der Behandlung der muslimischen Minoritäten in den jungen Balkanstaaten beschäftigt.

griechisch-orthodoxe Bischof oder der Metropolit rechtliches Mitglied der lokalen Räte in den Städten mit einer bedeutenden griechischen Gemeinschaftt. 1908 zogen sogar vierundzwanzig griechische Abgeordnete ins osmanische Parlament ein. Das griechische Millet des Osmanischen Reiches hatte bis 1919 Bestand [22].

Doch die politische, ökonomische und soziale Rolle der Griechen war auf den religiösen Bereich nicht übertragbar. Dieser blieb vom allgemeinen Aufschwung ausgespart. Die Kleriker waren schlecht ausgebildet, die Gemeinschaft litt unter der Rivalität der Katholiken und dem Eindringen russischer Missionare. Vor allem die nicht-griechischen oder nicht-hellenisierten Gemeinschaften, die weiterhin dem orthodoxen Patriarchat unterstellt blieben, rebellierten gegen die Hegemonie des griechischen Klerus. In Syrien und Palästina protestierten die griechisch-orthodoxen Araber des Patriarchats von Antiochien gegen die Beherrschung durch den griechischen Klerus und wandten sich Rußland zu, wovon sie sich eine Unterstützung ihrer lokalen Autonomiebestrebungen versprachen. Der progressive Aufschwung der arabischen nationalistischen Ansprüche duldete nur noch schwer die byzantinische Oberherrschaft und die Kontrolle durch den griechischen Klerus. 1898 wurde ein aufsehenerregender Sieg mit der Absetzung des antiochenischen Patriarchen Spiridon errungen, eines griechischen Prälaten, der sich dem Einfluß der russischen Schulen widersetzte. Die Christen von Damaskus hatten sich besonders für seine Absetzung stark gemacht; sie wurde ihnen im Sommer 1898 durch eine Synode bewilligt. Am 28. April 1899 wurde Meletios II. Dumani als erster arabischer Patriarch von Antiochien gewählt. Aufgrund der Proteste des Patriarchats von Konstantinopel zögert der Sultan zunächst, Meletios in seinem Amt zu bestätigen. Doch dieser, im November erneut gewählt, erhielt schließlich seine Investitionsurkunde. Die drei anderen orthodoxen Patriarchen von Jerusalem, Konstantinopel und Alexandrien verweigerten seine Anerkennung und erkannten erst seinen Nachfolger an, Gregor IV. Haddad, der 1906 gewählt wurde. Innerhalb kurzer Zeit formierte sich in den griechisch-orthodoxen Pfarreien ein arabischer Klerus, der an die Stelle des griechischen trat. 1900 erließ Meletios eine offizielle Konstitution für seine Kirche, die die legale Wahl arabischer Patriarchen bestätigte. Zweifellos war es der diplomatische Druck Rußlands auf die Pforte und auf Damaskus, der diese Revolution, nämlich die Wahl eines arabischen Patriarchen, möglich machte.

Was die Arabisch-Orthodoxen des Patriarchats von Jerusalem betrifft, so forderten diese erst bei der Jungtürkischen Revolution 1908 das Recht für sich, an der Kirchenregierung durch die Gründung eines gemischten Rates teilzuhaben. Die erbitterten Kämpfe zwischen dem griechischen Klerus und den Kreisen, die den Arabern wohlgesonnen waren, dauerten bis 1911, als den Arabern der gemischte Rat endlich genehmigt wurde.

Die Renaissance der Kopten in Ägypten vollzog sich im Gegensatz zu der armenischen oder griechisch-orthodoxen Erneuerung im Osmanischen Reich spät und eher unerwartet. Als 1798 Napoleon Bonaparte in Ägypten einmarschierte, gab es (nach der „Description de l'Égypte") nicht mehr als zweihunderttausend Kopten. Nach den Quellen aus der ersten Hälfte des 19. Jh. nahm diese Zahl sogar noch ab. Danach soll es um 1840 schätzungsweise nicht mehr als hundertfünfzigtausend Kopten gegeben haben. Alle Autoren dieser Epoche halten einhellig fest, daß die koptische Gemeinschaft einen starken materiellen, intellektu-

---

[22] R. CLOGG, The Greek Millet in the Ottoman Empire, in: BRAUDE – LEWIS, Christians and Jews (s. Anm. 4) I 185–207; G. AUGUSTINOS, The Greeks of Asia Minor, Confession, Community and Ethnicity in the Nineteenth Century, Kent 1992.

ellen und sogar religiösen Niedergang erlebte, der auf die unzulänglichen Bedingungen ihrer Lage zurückzuführen ist[23]. Viele koptische Christen kannten ihre Religion nicht mehr – mit Ausnahme des auf dem rechten Handgelenk eintätowierten Kreuzsymbols. Selbst das koptische Mönchtum war im Absterben, es besaß nur noch sieben Klöster in ganz Ägypten[24]. Und doch erfuhren auch die Kopten eine fruchtbare Renaissance, wenngleich viel später und zweifellos weniger auffällig als die Armenier oder Griechen. Der demographische Aufschwung trifft die koptische Gemeinschaft in der zweiten Hälfte des 19. Jh.: 1861 wurden die Kopten auf ungefähr vierhunderttausend Mitglieder geschätzt. Nach der ersten offiziellen Volkszählung von 1897 stieg die Zahl auf siebenhundertdreißigtausend. Die Kopten repräsentierten also 7,3 Prozent der ägyptischen Bevölkerung.

Der Aufstieg der Laien war ein bedeutender Faktor der Reform auch der koptischen Gemeinschaft am Ende des 19. Jh. Zunehmend forderten die Oberen der Gemeinschaft ein Mitspracherecht in kirchlichen Angelegenheiten. Dabei ging es vor allem um die Verwaltung der unveräußerlichen Güter (*waqf-s*, Stiftungen) – der hauptsächlichen Einnahmequelle der Gemeinschaft –, nur die geistlichen Angelegenheiten sollten der Sorge der kirchlichen Hierarchie überlassen bleiben. Im November 1874 wurde ein erster Gemeinderat gewählt *(majlis milli),* der jedoch aufgrund des Widerstandes von seiten des Klerus und des neuen Patriarchen Kyrill V. (1875–1927), eines Gegners der anvisierten Reform, bald aufgelöst wurde. 1883 wählte man einen neuen Rat, dem die Konstitution vom Mai 1883 große Vollmachten für die Veraltung der *waqf-s* übertrug, ebenso für die koptischen Schulen, das theologische Seminar und die Wohltätigkeitsvereine. 1892 wurde der Rat wiedergewählt. Er befand sich in einem unaufhörlichen Kampf mit Cyrill V. Auf Anstiftung des Butros Ghali Pascha wurde der Patriarch eine Zeitlang durch den Chediwen abgesetzt und ins Kloster Baramus verbannt. Die ersten koptischen Sonntagsschulen gründete die koptische Gemeinschaft im Jahre 1908.

Eine Klasse von reichen und gut ausgebildeten Kopten trieb 1908 mit der Nominierung Butros Ghali Paschas auf den Posten des Ratspräsidenten die nationale Entwicklung weiter voran. Als erster Leiter einer ägyptischen Regierung war er Christ (er blieb bis heute der einzige). In ihm verkörperte sich die neue Elite der Laien, die dem häufig schlecht ausgebildeten Klerus niederer Herkunft eine starke Opposition entgegenbrachte.

Koptische Zeitungen erschienen am Ende des 19. und Anfang des 20. Jh. Hervorzuheben ist die Zeitschrift *al-Watan* (1877)[25]. Der Laie Murqus Simaika, ein ehemaliger Absolvent der Patriarchatsschule, wurde Vizepräsident des Rats der Gemeinschaft. 1908 eröffnete er das Koptische Museum in Alt-Kairo. Butros Ghali, der wegen seiner zu schwachen Haltung gegenüber den Engländern kritisiert wurde, fand durch einen nationalistischen ägyptischen Moslem im Februar 1910 den Tod. Der koptische Kongreß von 1911 in Assiut, auf dem sich Repräsentanten aus den verschiedenen Provinzen versammelten, trug erst-

---

[23] Vgl. M. MARTIN, Note sur la communauté copte entre 1650 et 1850, in: Annales islamologiques 18 (1982) 193–215.

[24] Die vier Klöster Sankt Makarius, Anba Bischoy, Baramus und der Syrer im Wadi Natrun; die Klöster Sankt Antonius und Sankt Paulus in der Wüste am Roten Meer; und bei Assiut das Kloster Muharraq. Diese Klöster waren außerdem kaum noch bewohnt. In Baramus z. B. lebte in der ersten Hälfte des 19. Jh. nur noch ein einziger Mönch.

[25] Zu den koptischen Reformen und der Teilhabe am nationalen Leben vgl. S. SEIKALY, Coptic Communal Reform 1860–1914, in: Middle Eastern Studies 6 (1970) 247–275; B. L. CARTER, The Copts in Egyptian Politics, London 1986. Letzterer behandelt hauptsächlich das 20. Jh.

mals die koptischen Ansprüche in die ägyptische Gesellschaft: Er forderte die Sonntagsruhe und eine Änderung der Wahlgesetze; besonders bemängelte er, daß Kopten weder in
den Verwaltungsposten der Regierung vertreten waren noch in den Provinzräten. Der Kongreß sprach sich schließlich für einen Staat aus, der keinen Unterschied hinsichtlich Rasse
und Glauben macht. Die Kopten spielten auch eine bedeutende Rolle bei der Bildung der
großen Nationalpartei *(Wafd)*, die 1919 gegründet wurde. Zu ihren Führern gehörten die
Kopten Makram Ebeid und Wakif Butros Ghali neben dem Muslim Saad Zaghlul.

Andere christliche Gemeinschaften im Osmanischen Reich warteten sehr lange, bis sie
in ihrer Mitte eine Reform organisierten. Bei den Jakobiten erhielten die Laien erst 1913–
1914 das Recht zur Bildung einer Generalversammlung, um an der Kirchenregierung teilzunehmen. Durch die Massaker von 1915 kam es nicht mehr zur Umsetzung dieser Reform.

3. Die intellektuelle und religiöse Erneuerung der orientalischen Kirchen

Einer der Hauptfaktoren für den wirtschaftlichen Erfolg der Christen in Ägypten, Istanbul
oder Syrien und ihre aktive Teilhabe an den neuen Berufsgruppen war ihr besseres Ausbildungsniveau. Die Gründung zahlreicher Schulen und die intellektuelle Dynamik eines
Großteils der christlichen Kommunitäten in der ersten Hälfte des 19. Jh. ermöglichte den
orientalischen Christen noch vor der großen Missionswelle in der zweiten Jahrhunderthälfte, eine Schulbildung zu erwerben, die derjenigen ihrer muslimischen Mitbürger weit
überlegen war. Die verschiedenen Gemeinschaften bemühten sich, eigene Seminare und
Schulen zu gründen, eine eigene Presse zu entwickeln, teilweise auch in der Nationalspra-
che, wie das bei den Armeniern der Fall war. Überall unterstützte man ferner die Erneuerung der Liturgiesprachen (wie des Koptischen oder des Syrischen). Einige stark isolierte
Gemeinschaften – wie vor allem die Assyrer und die Jakobiten – erlebten diese Blütezeit
nur mit Hilfe der Missionen. Doch auch hier übernahmen die lokalen Eliten, deren geistige
Erneuerung anfänglich durch die Anwesenheit ausländischer Missionare inspiriert wurde,
schließlich die Verantwortung für den Prozeß. Alle orientalischen Christen verbesserten
auch – mit unterschiedlichem Erfolg – die Ausbildung ihres Klerus.

Den Weg hierzu wiesen die Christen auf dem Balkan seit dem Ende des 18. Jh. durch
ihre wiederholten Kontakte zu Mittel- und Westeuropa. Den Einfluß der Französischen Revolution und die Verbreitung ihrer Ideen kann man nicht genug hervorheben. Sie war es in
der Tat, die die ersten nationalen Bestrebungen auf dem Balkan hervorrief, ehe diese sich
über den restlichen christlichen Orient ausbreiteten.

Besonders früh für den Vorderen Orient erfuhr die christliche Bevölkerung in Syrien
und Libanon, vor allem die Maroniten, eine geistige und religiöse Blütezeit, grundgelegt
durch das wohltätige Wirken des Emirs Bechir (1749–1840), und zwar noch bevor ab 1861
aufgrund des besonderen Status des Libanons der Fortschritt bewußt vorangetrieben werden konnte. Schon 1789 war das maronitische Seminar von Ain Waraqa in eine Schule
nach dem Vorbild der römischen Kollegien umgebildet worden. Das griechisch-katholische Patriarchalkolleg wurde 1865 eröffnet, das maronitische Patriarchat gründete die
„Schule der Weisheit". In der zweiten Hälfte des 19. Jh. wurde Beirut zur geistigen Hauptstadt. Das hier ansässige syrisch-protestantische Kolleg und das Kolleg der Jesuiten, beide
später Universitäten, vermittelten die beste Ausbildung.

Auch die Armenier nahmen sehr früh ihren intellektuellen Aufschwung in Angriff und leiteten eine wirkliche Renaissance ihrer Kirche ein [26]. Ihre kulturelle und religiöse Erneuerung stand in engem Zusammenhang mit dem Beginn des armenischen Nationalismus. Die armenische Sprache wurde reformiert und erlebte eine Wiedergeburt; die erste Grammatik des modernen Armenisch erschien 1853 in Konstantinopel. Die starke Sympathie für die protestantischen Missionare und ihre zahlreichen zwischen 1874 und 1902 gegründeten Kollegien hatten erheblichen Einfluß auf die rasante Entwicklung der eigenen Schulen. Die Anstrengungen der Katholikoi Nerses V. Aschtaraketzi (1843–1851) und Kevork IV. (1866–1882) in Rußland führten zur Gründung einer Oberschule in Tiflis, zu zahlreichen Schulen in den Pfarrbezirken und vor allem zur Gründung eines Seminars 1874 in Etschmiadzin. Das sogenannte „Kevorkian Djemaran" bildete Ende des 19. und Anfang des 20. Jh. den größten Teil der intellektuellen Elite und des Klerus in Armenien aus. Das 1889 gegründete Kloster von Armasch wurde Mittelpunkt der theologischen Ausbildung. Überall, ob in Tiflis oder Etschmiadzin, erlebten ab 1846 Kulturvereine, Zeitschriften und Zeitungen eine Blütezeit (darunter etwa *Ararat,* das offizielle Organ des Katholikats von Etschmiadzin).

Die schulischen Anstrengungen wurden auch von den persischen Armeniern übernommen, die vor allem in Täbris, Ardabil und Urmia lebten, ein kleinerer Teil in Teheran oder in Hamadan. Im Osmanischen Reich legten die Armenier in Konstantinopel ab dem Ende des 18. Jh. die Grundlagen für eine eigene kulturelle Blüte. Die erste Laienschule für Knaben wurde 1790 von den *Amiras* (Notabeln) gegründet. 1831 folgte eine Schule für Mädchen. In den kommenden Jahren wurden weitere Schulen gegründet, Kirchen gebaut, Kulturvereine, Zeitungen und wissenschaftliche Zeitschriften ins Leben gerufen. Diese intellektuell beeindruckende Epoche erreicht einen Höhepunkt mit der Gründung einer Oberschule 1836. Die jungen, konstitutionalistischen Generationen der armenischen Gemeinschaft nach 1846, die sich gegen die Macht der *Amiras* wandten, kamen größtenteils aus diesen Schulen. Ab 1858 erhielten die nicht-muslimischen Untertanen die Erlaubnis, in die Oberschulen des türkischen Staates einzutreten. Zahlreiche Armenier, die später Beamte des Osmanischen Reiches wurden, profitierten davon.

Auch die vielen Griechen im Osmanischen Reich hatten am schulischen Aufschwung der orientalischen Christen teil. Die erste griechische Privatschule in Ägypten öffnete 1843 ihre Tore. Ab 1870 gab es allein in Istanbul mehr als hundert Schulen mit fünfzehntausend Schülern.

In Ägypten erkannte der koptische Patriarch Kyrill IV. mit dem Beinamen „der Reformator" (1854–1861) die Zeichen der Zeit und die Notwendigkeit einer geistigen Erneuerung. Er eröffnete Schulen für Jungen und Mädchen, importierte aus England eine Druckerei und gründete insbesondere 1855 das koptische Patriarchalkolleg, damit die koptischen Schüler, die in den staatlichen Schulen Ägyptens noch abgewiesen wurden, eine höhere Schulbildung erhalten konnten. Dieses Kolleg unterrichtete Koptisch und auch klassisches literarisches Arabisch. Kyrill IV. sprach sich gleichfalls für eine Ausbildung der Mädchen aus, und dies in einem Land, das diese Frage traditionell unbeachtet ließ. Der Patriarch vertrat wohl ikonoklastische Ansichten, vielleicht unter dem Einfluß protestantischer Missionare des CMS. Er baute auch die St.-Markus-Basilika in Azbakiyya in Kairo. Sein politischer Einfluß war derart groß, daß ihn der Vizekönig Said Pascha vergiftet haben

---

[26] G. DEDEYAN (Hrsg.), Histoire des Arméniens, Toulouse 1982, Kap. 12 und 13 für die Periode von 1800–1923.

soll. Sein Nachfolger, Patriarch Demetrius II. (1862–1870), reagierte heftig auf das Eindringen amerikanischer Missionare. Angesichts seiner Beschwerden bewilligte der Chediwe Isma'il der koptischen Kirche Land, damit sie ihre eigenen Schulen ausbauen und den staatlichen Unterricht für Nicht-Muslime 1867 eröffnen konnte. Patriarch Kyrill V. († 1927) war ein Gegner der Millet-Reform der Laien. Er leistete fruchtbare Arbeit, indem er die Kirchen und Klöster renovierte und neue Kirchen baute[27].

Angesichts der bemerkenswerten Tatkraft der verschiedenen christlichen Gemeinschaften im Osmanischen Reich ist es nicht verwunderlich, daß der schulische Unterschied zwischen Muslimen und Christen beträchtlich war und der Abstand weiter zunahm. Die Christen gewannen neue berufliche Möglichkeiten und Beziehungen mit dem Ausland. Die Ankunft der europäischen Missionare und ihre Gründung zahlreicher Schulen verstärkte das Phänomen in der zweiten Hälfte des 19. Jh. Die neue Konkurrenz zwang freilich die christlich-orientalischen Gemeinschaften zu reagieren, um ihre Schäfchen vom Unitatentum oder der Konversion zum Protestantismus abzuhalten[28]. Obgleich die geistige und religiöse Renaissance der christlichen Gemeinschaften vor der Ankunft der europäischen Missionare eingesetzt hatte, erfuhr die Erneuerung durch die oftmals harte missionarische Herausforderung eine erneute Stimulanz.

III. Das goldene Zeitalter der Missionen im Orient: Orthodoxe Unierte und orientalische Protestanten im Blickfeld europäischer Missionare

In den Jahren ab 1830 setzte die europäische Mission, deren Elan durch die französische Revolution und ihre Folgen unterbrochen worden war, zu ihrer weltweiten Expansion an. Papst Gregor XVI. verstärkte die lateinische Präsenz im Orient, die bereits durch die apostolische Delegation für die Orientalen in Syrien mit einer Basis in Aleppo sichtbar war, indem er 1832 eine apostolische Delegation für Mesopotamien, Kurdistan und Kleinasien ins Leben rief. 1834 folgte eine weitere für Griechenland und die Türkei, 1839 eine für Ägypten und Arabien. Alle Missionare waren der Autorität des Papstes und der Propaganda-Kongregation untergeordnet, die 1917 reorganisiert wurde.

Durch das Prinzip der Liberalität, das den Christen im Osmanischen Reich zugestanden wurde, durch die Bildung katholischer und protestantischer *Millets* und schließlich durch den wachsenden Einfluß der verschiedenen Mächte auf die Pforte erfuhren die Missionen im Orient in der zweiten Hälfte des Jahrhunderts einen Aufschwung ohnegleichen. Das Ende des 19. Jh. markiert den Höhepunkt der orientalischen Missionen – die ihrerseits ein Spiegelbild der kolonialistischen Expansion und des abendländischen Merkantilismus waren.

---

[27] Vgl. O. F. A. MEINARDUS, Christian Egypt. Ancient and modern, Kairo ²1977; A. GERHARDS – H. BRAKMANN (Hrsgg.), Die koptische Kirche. Einführung in das ägyptische Christentum, Stuttgart 1993 (Lit.); CH. PAPADOPOULOS, Historia tes ekklesias Alexandreias (gr.), Athen ²1985; vgl. auch die übersichtliche, doch zu kurz geratene Darstellung von P. VERGHESE (Hrsg.), Koptisches Christentum. Die orthodoxen Kirchen Ägyptens und Äthiopiens, in: Die Kirchen der Welt XII, Stuttgart 1973.

[28] Nach einer osmanischen Statistik von 1896 zählten die Mittelschulen des Osmanischen Reiches 31000 Schüler in den muslimischen Schulen, 76000 Schüler in den nicht-muslimischen und 7000 im wesentlichen christliche Schüler in den ausländischen Schulen. In den Oberschulen stehen die Zahlen in einem ähnlichen Verhältnis: 5000, 11000 und 8000. Nur in den Elementarschulen, deren Niveau ziemlich mittelmäßig war, gab es mehr Muslime als Nicht-Muslime (vgl. ISSAWI, The transformation [s. Anm. 14]).

1. Das Jahrhundert der französisch-katholischen Missionen im Orient[29]

In Frankreich hatte die Kirche nach der Restauration zu alter Stärke zurückgefunden; auch die Ordensgemeinschaften blühten wieder auf. 1815 wurden die Lazaristen von Rom anerkannt; zur gleichen Zeit ließ Rom den Jesuitenorden wieder konstituieren, dem zahlreiche Mitglieder aus Frankreich zuströmten. Durch seine Missionare übte Frankreich einen mächtigen Einfluß aus. Die antiklerikale Politik der Dritten Republik konnte der französischen Kirche im Orient nichts von ihrer Schlagkraft nehmen. Denn die Subsidien der französischen Regierung unterstützten selbst in der heißesten Phase des antiklerikalen Kampfes der Dritten Republik die Etablierung der französischen Katholiken im Orient. Das französische Protektorat über die Lateiner ist im übrigen von der Propaganda-Kongregation 1888 und von Papst Leo XIII. persönlich 1898 bestätigt worden. Es sicherte Frankreich die Hoheit zu über alle katholischen Missionen mit Ausnahme der italienischen Franziskanermission in Oberägypten, die unter dem österreichisch-ungarischen Protektorat über die katholischen Kopten stand.

Eine bedeutende Rolle im Orient spielten die zahlreichen Ordensgemeinschaften und neuen Kongregationen, zu letzteren zählten u. a. die Patres der Kongregation „Notre-Dame-de-Sion“, die Brüder von „Saint Vincent de Paul“, die Assumptionisten, die Patres der „Afrikanischen Missionen von Lyon“, die „Missionare von Afrika“ (oder „Weiße Väter“). Hinzu kommen die kontemplativen Orden, vor allem in Jerusalem und in Palästina, so etwa die Karmeliter und Karmeliterinnen, die Klarissen, die Benediktiner. Doch das meiste Gewicht für die orientalischen Christen besaßen die großen Lehrorden, die Orden für die Hospitäler und Krankenstationen, die Priester der lateinischen Pfarreien, die unterrichtenden Ordensleute in den orientalischen Seminaren.

Von allen Ordensgemeinschaften wiesen die Franziskaner die längste Missionstätigkeit im Orient auf. Stark vertreten waren sie in Oberägypten. Im Heiligen Land vermochten sie durch ihre Kustodie den Katholiken einen vorrangigen Platz bei den heiligen Stätten zu gewinnen. Wenn sie auch die aktivste und größte Ordensgemeinschaft in Palästina blieben, so sind es im 19. Jh. doch vielfach französische Orden, die sich, ermutigt durch den Hl. Stuhl, nach und nach im ganzen Orient ausbreiteten.

Die *Brüder der christlichen Schulen,* ein hervorragender Schulorden, widmeten sich dem Elementarunterricht. In ihren zahlreichen Grundschulen wurden vielfach auch Muslime unterrichtet. In Konstantinopel, wo sie seit 1840 vertreten waren, leiteten sie um 1900 fünf Schulen. In Ägypten gehörten sie zu den Missionaren der ersten Generation im 19. Jh.; hier gründeten sie 1847 eine Grundschule, später mehrere Kollegien in Kairo, z. B. das von Daher (1898), welches einen großen Teil der ägyptischen Elite ausbildete. In Syrien waren sie ab 1861 vertreten, in Palästina seit 1876. Ihre Arbeit trug entscheidend zum Einfluß der französischen Sprache bei, die im Osmanischen Reich zur am häufigsten gebrauchten europäischen Sprache wurde.

Lazaristen und Jesuiten (insbesondere die der Provinz Lyon[30]) sorgten dafür, daß vor allem im arabischen Orient Tausende junger Menschen eine höhere Schulbildung erhielten. Während des gesamten 19. Jh. vermittelten die Briefe und Berichte „Relations d'Orient“

---

[29] Vgl. J.-B. PIOLET (Hrsg.), Les missions catholiques françaises au XIXe siècle, Tom. I: A. COLIN, Les missions d'Orient; S. DELACROIX (Hrsg.), Histoire universelle des missions catholiques, Tom. III: Les missions contemporains (1800–1957), Paris 1957.

[30] Vgl. H. JALABERT, Jésuites au Proche-Orient. Notices biographiques, Beirut, Univ. Saint-Joseph, 1987.

ein lebendiges Bild der Tätigkeit der Jesuitenmissionare im Orient. Ab 1831 faßten sie Fuß in Syrien und Libanon[31]. Auch die Jesuitenmission in Syrien wurde 1843 der Provinz Lyon anvertraut, die dort ein bedeutendes Schulsystem aufbaute, so etwa die Schule von Ayn Tura, die einen Teil der Protagonisten der arabischen Literatur-Renaissance *(nahda)* ausbildete. 1847 wurde auf maronitischem Gebiet in den Bergen von Kesruan das Kolleg von Ghazir gegründet. 1875 nach Beirut verlegt, bildete es den Kern der späteren päpstlichen Universität Saint-Joseph, die 1881 geschaffen wurde, um akademische Grade der Philosophie und Theologie zu vergeben. Die 1880 aus Frankreich vertriebenen Jesuiten verstärkten häufig die Missionen im Orient, wobei die Missionsarbeit im ganzen von der antiklerikalen Politik der Dritten Republik unberührt blieb. Die Jesuiten gründeten die medizinische Fakultät in Beirut, deren erste Diplome 1888 vergeben wurden; bald darauf folgte eine Rechtsfakultät. Ferner richteten die Jesuiten in Beirut eine katholische Druckerei ein, die zahllose Texte auf Arabisch druckte. Die arabische Übersetzung der Bibel zwischen 1876 und 1880 kann als ein Schlüsselwerk der religiösen arabischen Prosa bezeichnet werden.

In Ägypten waren die Jesuiten ab 1879 vertreten, wo sie bald ein koptisch-katholisches Seminar und zwei Kollegien leiteten, eines in Kairo, das andere in Alexandrien, aus denen die christliche Elite des Landes hervorging. Ein drittes Kolleg wurde 1887 in Minya in Mittelägypten eröffnet. 1881 wandte sich Papst Leo XIII. ebenfalls an die Jesuiten, um ihnen die Mission in Kleinarmenien, in den beiden Vilayets Adana und Sivas, anzuvertrauen. Diese Mission litt jedoch beträchtlich unter den Massakern von 1895.

Ein anderer Schulorden, die Lazaristen, faßte bereits Anfang des 19. Jh. in Konstantinopel, in Smyrna und in Antura Fuß. 1856 verlegten die Lazaristen ihr Kolleg von der Hauptstadt nach Bebek. 1832 gründeten sie – nach der Bildung der apostolischen Präfektur für Syrien – Schulen, hauptsächlich in Ain Tura und Damaskus. Ihre Niederlassung in Aleppo wurde 1873 von den Jesuiten übernommen. Auf Initiative eines Laien, des Orientalisten Eugène Boré, wurden die Lazaristen für die Mission in Persien vorgeschlagen, die 1840 in Urmia, Isfahan und Täbris begann. Boré, 1850 zum Priester geweiht, wurde von 1874 bis 1878 ihr Oberer. Nach vielen Schicksalsschlägen wurde 1872 die apostolische Delegation für Persien geschaffen (die sich von jener für Mesopotamien unterschied). 1874 wurde in Urmia, dem Zentrum der Mission, eine Kathedrale eingeweiht. Hier druckten die Lazaristen 1876 ein chaldäisches Missale, der erste Druck in Persien überhaupt. Fünfundzwanzig Jahre später, im Jahr 1892, zählte die Mission in Urmia bereits zwei Seminare und fünfundvierzig Schulen. 1862 wurde eine Schule in Teheran eröffnet, eine weitere 1903 in Isfahan.

Das Missionsgebiet der Dominikaner war in Mesopotamien, Kurdistan und im westlichen Teil Armeniens um den Vansee, hinzu kam ein Teil von Diyarbakir. 1840 leiteten italienische Dominikaner die Mission, ab 1856 französische Dominikaner, die eine beträchtliche Anzahl von Nestorianern zum katholischen Glauben führten. 1856 gründeten sie ein syro-chaldäisches Seminar, das Papst Leo XIII. 1882 zum päpstliches Seminar erhob.

Ebenfalls in Diyarbakir und um die Stadt Mardin herum, wo vor allem Armenier und syrisch-Orthodoxe lebten, waren seit 1841 spanische Kapuziner tätig. Hier gab es insbesonders bei den Jakobiten zahlreiche Konversionen zum Katholizismus. Auch mehrere jakobitische Bischöfe schlossen sich der römischen Kirche an. Im Irak, in Bagdad und später in Bassora lag die lokale Mission 1856 in den Händen des Karmeliterordens.

---

[31] R. P. JULLIEN, La Nouvelle Mission de la Compagnie de Jésus en Syrie, 2 Bde., Paris 1898.

Die Patres der „Afrikanischen Missionen von Lyon" errichteten zwischen 1877 und 1884 mehrere Schulen in den großen Städten des Nildeltas, bevor sie sich 1898 nach Kairo wandten. Anteil an den orientalischen Missionen hatten ferner die „Fils du Sacré-Cœur de Vérone pour les missions d'Afrique" (Combonier), die 1867 von Daniel Comboni gegründet wurden, um hauptsächlich in Schwarzafrika und im Sudan tätig zu werden. Sie ließen sich noch im Jahr ihrer Gründung in Kairo nieder. Die Marianer errichteten um 1890 Niederlassungen in Konstantinopel, in Syrien und in Ägypten. Die italienischen Salesianer, von Don Bosco 1841 gegründet, gingen 1891 nach Palästina, 1896 nach Alexandrien und 1903 nach Konstantinopel.

Eine Besonderheit der französischen Missionen ist zweifellos die Dynamik der weiblichen Ordensgemeinschaften. Zu den aktivsten zählten die „Filles de la Charité de Saint-Vincent-de-Paul" (Vinzentinerinnen). Sie ließen sich ab 1840 in Konstantinopel nieder. Sechzig Jahre später zählte man dort ein Dutzend Häuser, Schulen, Waisenhäuser und Krankenhäuser. In Ägypten eröffneten sie in Alexandrien 1844 ein europäisches Krankenhaus. In Beirut trafen sie 1847 gleich nach den Lazaristen und den Jesuiten ein. Ab 1856 unterstützten sie auch die Mission der Lazaristen in Persien, in Urmia, Chosrova und Teheran. 1886 gründeten sie schließlich eine Niederlassung in Palästina. Die „Schwestern des Ordens der Muttergottes" errichteten 1880 in Kairo und Alexandrien bekannte Kollegien. Ein anderes bedeutendes Kolleg entstand durch Initiative der „Schwestern von Sacré Cœur" 1903. Die 1843 gegründete Kongregation der „Schwestern von Notre-Dame-de-Sion" eröffnete 1856 ein berühmtes Pensionat in Konstantinopel, ein weiteres 1880 in Kairo. Der Orden des „Bon Pasteur d'Angers", 1820 gegründet, war seit 1845 in Kairo vertreten. Die 1872 gegründeten Salesianerinnen gelangten dagegen erst 1914 nach Alexandrien. Der Orden der „Missionsschwestern von Notre-Dame-des-Apôtres", gegründet 1876, leitete ab 1881 im ganzen Nildelta Schulen für Mädchen. Die Combonierinnen ließen sich 1888 in Kairo nieder.

Diese Aufzählungen sind bei weitem nicht vollständig, belegen aber den gewaltigen Einsatz der Orden und Kongregationen im Orient. Insbesondere durch die Schulgründungen für Jungen und Mädchen bzw. die Hospitäler und Krankenstationen fanden die Missionen in der Öffentlichkeit große Beachtung [32]. Obwohl der größte Teil dieser Missionare und Missionarinnen französischen Gemeinschaften angehörte, findet man im Orient auch Deutsche (z. B. die Borromäus-Schwestern in Kairo 1884) und Italiener (z. B. die Combonier und vor allem Salesianer).

2. Die unierten Kirchen zwischen Autonomie und Latinisierung [33]

Die zahlreichen katholischen Missionen suchten vor allem die kleine Schar unierter Kirchen, die sich Rom schon im 17. und 18. Jh. angeschlossen hatten, zu unterstützen und zu stärken. Chaldäer, katholische Syrer, Kopten und Armenier, Melkiten oder Maroniten besaßen die Aufmerksamkeit des Papstes und der Propaganda-Kongregation. Der Anschluß

---

[32] F. CHARLES-ROUX, France et Chrétiens d'Orient, Paris 1939.
[33] J. HAJJAR, Les Chrétiens Uniates du Proche-Orient, Paris 1962. Nicht mehr aktuell ist A. FORTESCUE, The Uniate Eastern Churches, London 1923, der nur den byzantinischen Ritus behandelt, d. h. die orientalischen Melkiten. Der Kontext ist gut dargestellt bei J. HAJJAR, Le Vatican, La France et le Catholicisme oriental, 1878–1914. Diplomatie et histoire de l'Église, Beauchesne 1979, sowie É. FOUILLOUX, Les Catholiques et l'Unité chrétienne du XIXe au XXe siècle, Paris 1982.

dieser Kirchen betraf alle Regionen, besonders aber Nordsyrien, wo Aleppo gewissermaßen eine katholische Festung darstellte. Für die unierten Kirchen war das 19. Jh. eine durchaus ambivalente Epoche: einerseits durch die Anerkennung einer zivilen Autonomie gestärkt, andererseits durch die Forderungen Roms und der lateinischen Missionare in den traditionellen kirchlichen Freiheiten gefährdet.

Im Osmanischen Reich waren die orientalischen Katholiken bis dahin der Jurisdiktion des orthodoxen Patriarchen unterstellt. Das 19. Jh. begann mit Verfolgungen der armenischen Katholiken in Konstantinopel, die aufgrund eines osmanisches Dekrots, das von den orthodoxen Armeniern angeregt worden war, im Januar 1828 aus der Haupstadt vertrieben wurden. Auf Druck Frankreichs wurden die katholischen Armenier von den orthodoxen Armeniern getrennt und einer eigenen Jurisdiktion unterstellt. Am 6. Januar 1830 deklarierte die Pforte offiziell die Selbständigkeit der katholischen Armenier. Am 3. Juni 1831 ernannte ein Investiturdekret den armenisch-katholischen Patriarchen zum religiösen und zivilen Oberhaupt aller katholischen Orientalen im Osmanischen Reich. Somit war von jetzt an auch eine katholische Gemeinschaft bei der Hohen Pforte durch ein eigenes weltliches und geistliches Oberhaupt vertreten, losgelöst von der Jurisdiktion des Patriarchen der Mutterkirche. Der Machtkonflikt zwischen dem Patriarchen und dem im Libanon residierenden armenisch-katholischen Katholikos wurde 1866 durch die Zusammenlegung beider Titel gelöst.

Die unterschiedlichen unierten Kirchen zögerten nicht lange, ihrerseits die Unabhängigkeit anzustreben. 1848 erreichte der energische Maximos Mazlum III. (1833–1855), daß ein griechisch-katholisches Millet geschaffen und von der Jurisdiktion des melkitischen Patriarchen unabhängig wurde[34]. 1838 wurde er autorisiert, den Titel eines Patriarchen von Antiochien, Alexandrien und Jerusalem zu tragen. Er residierte in Damaskus. Die Chaldäer, also die katholisch unierten ehemaligen Assyrer, emanzipierten sich 1844 (Bestätigung 1861). Ihnen folgten 1843 (Bestätigung 1866) die syrischen Katholiken, die sich auf der Synode von Charfet im Libanon 1888 eine Satzung gaben. Den koptischen Katholiken mißlang zunächst 1828 die Bildung eines eigenen Patriarchats. Sie mußten bis zum Ende des 19. Jh. warten, ehe sie die Unabhängigkeit erlangten.

Innerhalb der zivilen Autonomie der unierten Millets stellte der Fall der libanesischen Maroniten eine Ausnahme im Vorderen Orient dar. Deshalb soll hier näher darauf eingegangen werden[35]. Die traditionelle Autonomie des Libanongebirges konnte auf eine relative Harmonie zwischen Drusen und Maroniten zurückblicken. Die demographische Expansion der Maroniten zerstörte dieses Gleichgewicht. Das überbevölkerte Libanongebirge zählte 1840 zweihunderttausend Einwohner und zwanzig Jahre später an die zweihundertsechzigtausend. Diese Bevölkerungsexplosion war wesentlich auf die Maroniten zurückzuführen, die einen wirtschaftlichen Aufschwung erlebten und von der durch die ägyptische Besetzung (1832–1840) erhaltenen Freiheit und ihren engen Beziehungen zu Frankreich profitierten. Die von den Engländern unterstützten Drusen äußerten, still-

---

[34] Vgl. J. Hajjar, Un lutteur infatigable, le patriarche Maximos III Mazloum, Harissa 1957. Maximos III. kämpfte vor allem gegen die Hellenen, um das Recht zu erhalten, den *kallus* der griechisch-katholischen Priester zu tragen. Die Kopfbedeckung ist ein Symbol der Unabhängigkeit geworden.

[35] Standardwerk hierzu ist D. Chevallier, La société du Mont-Liban à l'époque de la révolution industrielle en Europe, Paris 1971. Vgl. außerdem P. Dib, L'Église maronite II: Les Maronites sous les Ottomans, Beirut – Kairo 1962 (Kapitel 4 und 7). Im Anhang finden sich hier die Satzungen vom Libanon von 1861 und 1864.

schweigend geduldet von den lokalen Repräsentanten der Hohen Pforte, zunehmend gewalttätig ihre Opposition gegen den Aufschwung der Maroniten. Ab 1845 kam es zu ersten
Massakern. Vier Jahre nach dem Hatt-i Hümayun entwickelten sich die konfessionellen
Zusammenstöße im Mai 1860 zu einem regelrechten Bürgerkrieg, der das gesamte Libanongebirge überzog. Die Drusenmassaker an den Maroniten in den Städten Zahle und Deir
al-Qamar trieben den Haß auf die Spitze. Die Unruhen erreichten die syrische Ebene. Am
9. Juli wurden in Damaskus mehr als fünftausend Christen hingemetzelt, wobei der Emir
Abd el-Kader noch eine große Zahl rettete. Nur wenige Wochen später starben noch einmal zwanzigtausend Christen im Libanon und in Syrien, ohne daß von der Osmanischen
Regierung die geringste Reaktion kam. Das energische Eingreifen der Franzosen, die ein
Expeditionskorps von siebentausend Mann schickten, veranlaßte schließlich die Mächte
zu reagieren. Im Einvernehmen zwischen Frankreich und England wurde am 9. Juni 1861
der neue Status des Libanongebirges unterzeichnet. Er bestand in der Bildung eines autonomen *Mutasarrifa*, das von einem christlichen, jedoch nicht-libanesischen Gouverneur
regiert wurde, assistiert von einem zwölfköpfigen, aus den wichtigsten religiösen Gemeinschaften gewählten Rat. Dieser privilegierte autonome Status wurde 1864 bestätigt. Er betraf ein Gebiet, das zu achtzig Prozent aus Maroniten bestand, und hatte bis 1914 Bestand.
Es wurden noch acht *Mutasariffas* gegründet, von denen zwei vollständig armenisch-ka-
tholisch waren. Auf diese Weise war 1861 ein wirklich autonomes Gebilde, mit christlicher Dominanz und von einem Christen verwaltet, geschaffen worden – ein einmaliger
Fall im Osmanischen Reich. Hier fand das Prinzip der konfessionellen Repräsentanz entsprechend dem Gleichgewicht der Gemeinschaften erstmalige Anwendung.

Dank der unterschiedlichen autonomen Formen der Gemeinschaften im 19. Jh. entwik-
kelten sich die unierten Kirchen sehr schnell. 1910 zählten die Maroniten immer noch
mehr als dreihunderttausend Personen, trotz einer massiven Abwanderung; die katholischen Melkiten hatten ungefähr hundertfünfzigtausend Mitglieder; die Chaldäer näherten
sich den sechzigtausend; die katholischen Armenier zählten hunderttausend und die katholischen Syrer zwanzigtausend.[36]

Für die Unierten war die Tatsache konfliktträchtig, daß sie sich von dem Moment an, als
das Osmanische Reich die unterschiedlichen katholisch-orientalischen Riten anerkannte
und ihre Institutionalisierung als Millets erlaubte, sowohl mit der wachsenden Feindschaft
der Orthodoxie konfrontiert sahen als auch mit den gesteigerten Versuchen Roms, den orientalischen Kirchen die lateinische Suprematie überzustülpen. Die Spannungen wurden
desto stärker, je mehr sich die Unierten ihrerseits untereinander aufspalteten. Die Chaldäer
zum Beispiel wurden bis 1828 zwischen dem Patriarchat von Diyarbakir und dem von
Babylon aufgeteilt. Diese Teilung spiegelte zum einen die Konkurrenz zwischen zwei
Patriarchenfamilien wider (Augustin Hindi für die Familie des „Patriarchen Joseph" und
Johannes Hormez als Erbe der Familie *Abuna*), zum anderen das Mißtrauen zwischen den
Christen von Diyarbakir und denen von Mossul sowie zwischen den alten Chaldäern und
den Neukonvertiten, welche von Rom verdächtigt wurden, zur nestorianischen Häresie zu-

---

[36] Diese Zahlen geben vor allem einen Eindruck von der Größenordnung. Ähnliche Angaben finden sich für 1870
bei C. PATELOS, Vatican I et les évêques uniates, une étape éclairante de la politique romaine à l'égard des orientaux (1867–1870) (Bibliothèque de la Revue d'Histoire Ecclésiastique), Louvain 1981, 65. Vgl. hingegen die
anderen Schätzungen von J. RICHTER, A History of Protestant Missions in the Near East, New York 1910 (Reprint
1979), 53.

rückkehren zu wollen[37]. Joseph V. starb 1828. Johannes Hormez, mehrmals verurteilt, wurde erst 1830 zum Patriarchen gewählt und 1834 von Rom bestätigt. Unter seinem Patriarchat veränderte sich das Kräfteverhältnis zwischen Nestorianern und katholischen Chaldäern zugunsten der letzteren.

Die traditionellen kirchlichen Freiheiten der Unierten wurden, wie bereits erwähnt, zunehmend eingeschränkt. Der Gregorianische Kalender, den Rom 1582 für verbindlich erklärt hatte und den die Maroniten seit 1606 übernommen hatten, wurde den Syrern 1836 auferlegt, den Chaldäern 1837. Dem konnten sich die griechischen Katholiken bis 1858 widersetzen. Die Annahme des Gregorianischen Kalenders durch den Patriarchen Clemens Bahuth (1855–1864) beschwor eine schwere Krise unter den Melkiten herauf. Sie äußerte sich in einem Schisma, das die Christen in Syrien, Libanon und Ägypten in die „Orientalen" *(scharqiyyin)* und die „Okzidentalen" *(gharbiyyin)* spaltete. Clemens Bahuth mußte 1864 zurücktreten.

Darüber hinaus verfügte die Propaganda-Kongregation 1837, daß die unierten Patriarchen den römischen Pontifex um Bestätigung ihrer Wahl und die Verleihung des Pallium bitten mußten. Die Approbation des Heiligen Stuhls sollte ferner die Vorbedingung für die Veröffentlichung von Synodalakten und ihre reale Durchsetzung sein. Als Antwort auf das 1840 gegründete anglikanische Bistum und die Anfänge der russischen Mission wurde 1847 ein lateinisches Patriarchat von Jerusalem geschaffen, welches die Ausweitung dieser Latinisierungspraxis und der angeblichen lateinischen Superiorität verstärkte. Der lateinische Patriarch Valerga attackierte seit den vorbereitenden Gesprächen auf dem Konzil von 1870 die Macht der orientalischen Patriarchen. Selbst wenn sich Stimmen unter den lateinischen Missionaren gegen die Latinisierungspolitik erhoben, so blieben sie doch eine Minorität. Die große Mehrheit erstrebte die Absorbierung der orientalischen Riten durch den lateinischen Ritus aus der Überzeugung heraus, daß nur das Prestige des lateinischen Ritus die Rückkehr der Orthodoxen (in dieser Zeit benutzte man den Begriff „Schismatiker") in den Schoß der katholischen Kirche ermögliche.

Am 6. Januar 1862 rief Papst Pius IX. in Rom eine eigene Kommission innerhalb der Propaganda-Kongregation ins Leben, die mit den „Angelegenheiten des orientalischen Ritus" beauftragt wurde. 1867 verlautbarte die an die katholischen Armenier gerichtete Bulle *Reversurus,* daß die Wahl der orientalischen Bischöfe von nun an Rom vorbehalten sei. Sie beinhaltete folgendes: Der Patriarch und der Episkopat oder auch direkt die Propaganda-Kongregation schlagen drei Kandidaten vor, unter denen Rom einen auswählt; die Laien und der Klerus nehmen von jetzt an nicht mehr an der Wahl des Patriarchen teil; dieser ist an die römische Anerkennung gebunden, weil er nur nach dem Erhalt des Palliums sein Amt ausüben kann, und muß überdies alle fünf Jahre eine Rom-Visite *ad limina* abstatten. Rom beabsichtigte, mit der Bulle *Reversurus* zunächst das Ende der Spaltung unter den

---

[37] Zu dieser komplexen Spaltung unter den Chaldäern vgl. J. HABBI, L'unification de la hiérarchie chaldéenne dans la première moitié du XIXe siècle, in: Parole de l'Orient 2 (1971) 121–144.305–328. Die Mehrzahl der Untersuchungen, die sich mit dieser Spaltung beschäftigen, sind polemisch. Zu Gunsten von Gabriel Danbo und gegen Johannes Hormez urteilen I. KOROLEVSKY, Audo, in: DHGE V (1931), und S. BELLO, La Congrégation de Saint Hormisdas et l'église chaldéenne dans la première moitié du XIXe siècle, Rom 1939 (Orientalia Christiana Analecta 122). Die Gegenthese für Hormez und gegen Danbo vertritt E. TISSERANT, Nestorienne (Église), in: DThC XI (1931). Nach Habbi war das Problem von der Propaganda selbst gemacht worden, die an die Existenz von zwei Patriarchaten glaubte und sie vereinigen wollte. In Wirklichkeit hat es niemals ein echtes Patriarchat von Diyarbakir gegeben, und Augustin Hindi, der anfängliche Rivale von Hormez, war nur der Administrator.

unierten Armeniern in zwei episkopale Jurisdiktionen (Kilikien und Konstantinopel) herbeizuführen, doch de facto rief die Bulle eine heftige Opposition seitens der katholischen Armenier hervor, von denen sich mehrere Bischöfe abspalteten.

Die Furcht, daß die Bulle auf andere unierte Riten ausgeweitet würde, führte zu Krisen, in deren Verlauf sich u. a. der chaldäische Patriarch Joseph Audo mit dem Vatikan überwarf. Konkreter Anlaß des Zusammenstoßes war die syro-malabarische Kirche an der Südküste Indiens. Sie war (daher der Name „syro") hierarchisch an die chaldäische Kirche in Mesopotamien und Persien gebunden[38]. Ihre Anhänger werden *Thomas-Christen* genannt, weil sie sich auf die Missionierung durch diesen Apostel zurückführen.

Die syrischen Gemeinschaften schlossen sich durch das Einwirken der Jesuiten zum Teil Rom an. Im 19. Jh. wünschte der Vatikan nach und nach einen lokalen Klerus auszubilden, der die europäischen Missionare ersetzen sollte. 1858 wurden fünf vom Apostolischen Vikar Baccinelli gegründete Seminare für alle Priesterkandidaten verpflichtend. Wenig später setzte ein Konkordat zwischen Portugal und dem Heiligen Stuhl dem Schisma von Goa ein Ende und ließ Rom völlig freie Hand für sein Handeln bezüglich der indischen Katholiken.

Die Syro-Malabaren fuhren fort, privilegierte Beziehungen zur chaldäischen Kirche zu beanspruchen. 1852 besaßen sie rund zweihunderttausend Mitglieder. Sie baten den Patriarchen Joseph VI. Audo (1847–1878) um einen Metropoliten und zwei Magister, die sie in der syrischen Sprache unterrichten könnten. 1853 forderten sie von Rom einen Bischof des syro-malabarischen Ritus. 1860 gab Audo ihrem Drängen nach und ernannte Mar Rokos zum Bischof von Malabar. Diesem drohte Rom die Exkommunikation an. Audo lehnte sich gegen die Bulle *Reversurus* auf und entschied, daß nur er allein Bischöfe ernennen könne, insbesondere in Indien. Zu diesem Zeitpunkt zählten die Chaldäer in Mesopotamien kaum mehr als fünfunddreißigtausend, während ihre Brüder in Indien auf mehr als dreihunderttausend kamen. Angesichts des starken Drängens der malabarischen Christen, die von ihm chaldäische Bischöfe forderten, weihte Audo am 24. Mai 1874 zwei Bischöfe und entsendete einen von ihnen, Mar Elias Mellus, nach Malabar. Dieser erhielt im Juli 1875 Unterstützung von einem zweiten Bischof. Sie kämpften gegen die lateinische Hierarchie, ordinierten ein Dutzend Priester und schafften eine separate Kirche (das mellusinische Schisma), welche ab 1877 vierundzwanzigtausend Gläubige umfaßte. Zu diesem Zeitpunkt forderte die Enzyklika *Quae in Patriarcatu* von 1876 Audo auf, sich zu unterwerfen. Er gehorchte, doch eine der schwersten Krisen der unierten Kirchen hatte die Union mit Rom erschüttert. Obwohl Mar Elias Mellus 1882 nach Mesopotamien zurückkehrte und sich 1889 unterwarf, blieben seine Gläubigen, einige Tausend an Zahl, getrennt. Sie schlossen sich 1907 der nestorianischen Kirche an, repräsentiert von Mar Timotheus Abimelech (1878–1945), der vom nestorianischen Patriarchen Simon XIX. Benjamin entsandt wurde. Er ersetzte den latinisierten Ritus durch den alten syrischen Ritus und führte die Heirat für Priester wieder ein[39].

---

[38] Vgl. E. TISSERANT, Eastern Christianity in India. A History of the Syro-Malabar Church from the Earliest Time to the Present Day, London 1957 (erweiterte und ergänzte Übersetzung von DERS., Syro-malabare [Église], in: DThC XIV (1941). Ein nützliches Handbuch ist herausgegeben von dem Syrisch-Orthodoxen P. VERGHESE, Die syrischen Kirchen in Indien (Die Kirchen der Welt. XIII), Stuttgart 1974.

[39] Was die jakobitische Kirche in Indien angeht, so war sie ebenfalls von Schismen und Konversionen zum Protestantismus gekennzeichnet. Wenn es Konversionen zur katholischen Kirche gab, wurden die Konvertiten in den

„Mehr als jemals zuvor stießen auf diesem Gebiet die orientalischen Unierten und die latinisierenden Missionen zusammen. Es bedurfte daher nur noch wenig, damit eine Vorbereitungskommission für das Konzil von 1870 eindeutig und endgültig den einen Katholizismus nach den Regeln der abendländischen Praxis ausrichtete."[40] Zu einem Konflikt geringerer Tragweite kam es in der Tat auf dem Ersten Vatikanischen Konzil, als der griechisch-katholische Patriarch Gregor II. Yussuf (1864–1882) und der chaldäische Patriarch Audo, beide bereits Gegner der Bulle *Reversurus*, gegen die Dogmatisierung der päpstlichen Unfehlbarkeit stimmten[41]. Yussuf machte geltend, daß dieses Dogma die Orthdoxen von Rom entfremden würde. Der armenische Patriarch stimmte freilich dafür – was ein Hinweis darauf ist, daß die unierten Patriarchen, die gegen das Unfehlbarkeitsdogma stimmten, nicht manipuliert sein konnten.

Der Aufschwung der katholischen lateinischen Missionen in der zweiten Hälfte des 19. Jh. bestärkte die Haltung der Propaganda-Kongregation und des Papstes. Das Streben nach Ausbildung, manchmal auch ein gewisser Snobismus, ließ die Unierten in die Missionsschulen strömen, in denen zumeist der lateinische Ritus praktiziert wurde, ungeachtet der Instruktionen Papst Benedikts XIV. (1740 und 1743)[42]. So kam es, daß zahlreiche katholische Orientalen aus Bewunderung für das römische Prestige den lateinischen Ritus übernahmen, verbunden mit dem Wunsch, sich die französische Protektion zunutze zu mache[43]. Jeder Bekehrung zum Katholizismus lag ja das stillschweigende Versprechen zugrunde, in den Genuß dieser Protektion zu kommen.

3. Klerus und Unierte Orden

Die katholischen Orientalen erkannten die Notwendigkeit, die Ausbildung ihres eigenen, unzulänglich geschulten Klerus zu verbessern, um die zunehmende Latinisierung der nachrückenden Generationen abzuwenden. Bis zum Ersten Weltkrieg wurde die Mehrzahl der orientalischen Priester, eingeschlossen die Maroniten, nicht in einem Seminar ausgebildet, sondern in einer Art Praktikum von einigen Monaten Dauer in einem Kloster oder bei einem durch seine Kenntnis und Tugend angesehenen Geistlichen. Letzterer wurde bei den Chaldäern *malphana* genannt.

Besonders im Libanon reichte die Gründung von neun maronitischen Seminaren im 19. Jh. nicht aus. Diese Seminare waren häufig arm und schlecht ausgestattet, wobei die vier Patriarchatsseminare in Kesruan, von denen das bekannteste das Seminar von Ain

---

chaldäischen Ritus aufgenommen. Erst 1930 hat man den antiochenischen Ritus angenommen, wodurch die syro-malankarische Kirche entstanden ist.

[40] FOUILLOUX, Les Catholiques (s. Anm. 33) 31.

[41] Vgl. hierzu genauer C. G. PATELOS, Vatican I et les évêques uniates, une étape éclairante de la politiqque romaine à l'égard des Orientaux (1867–1870) (Bibliothèque de la revue d'histoire ecclésiastique), Louvain 1981, 65.

[42] J. HAJJAR, L'Apostolat des missionnaires latins dans le Proche-Orient selon les directives romaines, Jerusalem 1956.

[43] Der französische Konsul Henri Guys beklagt sich allerdings über die Unannehmlichkeiten, die die orientalischen Schutzbefohlenen Frankreich verursachten: „Ihr Anspruch ist, sich in den Dienst der Nation stellen zu wollen, ein integraler Bestandteil zu werden und folglich alle Privilegien zu genießen. Das Ende von allem ist schließlich, daß die Araber alles daran setzen, ebenfalls den Titel der „Protegierten" zu bekommen; denn wenn der Erhalt des Titels sie einige Opfer gekostet hat, dann werden sie sich an den Vorteilen schadlos halten, die sie sich aus der Protektion herauszuholen wissen." (Esquisse de l'état politique et commercial de la Syrie, Paris 1862, 110).

Waraqa war, und die fünf Diözesanseminare von sehr unterschiedlichem Niveau waren. Der Patriarch Johannes el-Hage (1890–1898) dachte bereits 1890 an ein zentrales maronitisches Seminar, das jedoch erst 1934 realisiert werden konnte[44].

Den maronitischen Mönchen kam ein entscheidendes Gewicht in der Gemeinschaft zu. Auf der Nationalsynode von Bkerke (11.–13. April 1856), die von Patriarch Paul Mas'ad abgehalten wurde, waren neben den Bischöfen drei maronitische Orden der Antoniner vertreten. Der lateinische Patriarch Valerga prangerte an, daß ein Viertel des Bodens im Libanongebirge dem monastischen Klerus der Maroniten gehörte, was er als einen unzulässigen Mißbrauch des Armutsgelübdes ansah. Ein erstes maronitisches Missionsinstitut wurde 1865 in Kesruan von dem Pater Johannes Habbib nach dem Modell der Redemptoristen gegründet.

Die Melkiten hielten unter dem Patriarchat von Maximos III. Mazlum zwei Synoden ab, eine in Ayn Traz 1835 und die andere in Jerusalem 1849. Die Akten der letzten wurden jedoch vor der Überprüfung durch den Heiligen Stuhl zurückgezogen. Dennoch hatte diese Synode die Gesetzgebung und die Ekklesiologie der melkitischen Kirche reformiert. Rom allerdings warf ihr vor, die Synode von Qarqafe von 1806 nachzuahmen, die römischerseits wegen Gallikanismus verurteilt worden war[45]. Die Melkiten legten ein ausgesprochen dynamisches Verhalten an den Tag: 1865 eröffneten sie das orientalische Kolleg Sankt Johannes Chrysostomus in Beirut und im folgenden Jahr erneut das Patriarchatsseminar in Ayn Traz. Drei Basilianerorden hielten die monastische Tradition bei den Melkiten aufrecht und bewahrten sie.

Bei den Chaldäern vollzog sich die Erneuerung zunächst durch die Wiederherstellung des Mönchtums. 1808 gründete Gabriel Danbo den Orden des Heiligen Hormizdas (Hormizd), der sich im Kloster Rabban Hormizd ansiedelte, einem Zentrum der chaldäischen Gemeinschaft, nicht weit von Alqosch. 1822 wurden zweiundzwanzig Mönche aus diesem Kloster zu Priestern geweiht, darunter Joseph Audo, der 1847 zum chaldäischen Patriarchen gewählt werden sollte. Papst Gregor XVI. bestätigte die Kongregation 1845 durch das Breve *Monachorum Instituta*[46]. 1866 eröffnete man eine Schule für chaldäische Priester in Mar Yaæqub.

Der Patriarch der syrischen Katholiken (ehemalige Jakobiten), Monsignore Chelhat, reorganisierte 1888 den Orden der *Brüder von Sankt Ephrem*, um dem Priestermangel in der Gemeinschaft abzuhelfen. Auch die ersten weiblichen Orden wurden im Verlauf des 19. Jh. gegründet, z. B. die armenischen *Schwestern der Unbefleckten Empfängnis*, die sich dem Schulunterricht für Mädchen widmeten.

---

[44] M. BOUTROS KHAIRALLAH, La formation du clergé séculier dans l'Église maronite contemporaine (1934–1974), 3 Bde., Paris 1984 (maschinenschriftl.).

[45] C. DE CLERQ, Les Conciles des orientaux catholiques, Paris 1949. Seit 1837 ist die Approbation des Heiligen Stuhls für die Veröffentlichung von Synodalakten und ihr Inkrafttreten notwendig.

[46] Gabriel Danbo starb, von den Kurden 1832 getötet, als Märtyrer. Seine Reliquien wurden nach Rabban Hormizd gebracht. Anscheinend hat der Orden eine wichtige Rolle bei der Mission unter den Nestorianern in Mossul und in Kurdistan gespielt. EUGÈNE BORÉ schrieb in dieser Zeit sein für die unierten Mönchsorden apologetisches Werk „De la vie religieuse chez les chaldéens" (Paris 1843), in dem er besonders den Orden von Rabban Hormizd verteidigt.

4. Die Würde der orientalischen Kirchen

Die Thronbesteigung Papst Leos XIII. 1878 markierte eine Ära der Regeneration für den orientalischen Katholizismus. Leo XIII. besaß ein ernsthaftes Interesse für die Belange der Unierten und regte die Schaffung orientalischer Seminare durch die Missionare an, so das koptisch-katholische Seminar der Jesuiten in Kairo (1879), das Seminar der Kapuziner in Konstantinopel für alle orientalischen Riten (1881), das chaldäische Seminar der Dominikaner in Mossul (1882) oder das melkitische Seminar Sankt Anna der Weißen Väter in Jerusalem (1882), welches das Seminar in Ayn Traz ersetzte[47]. Ferner rief Leo XIII. 1883 in Rom ein päpstliches armenisches Kolleg und 1891 ein maronitisches Seminar ins Leben. Im selben Jahr öffnete das für die Griechen bestimmte Kolleg Sankt Athanasius seine Tore, für das aber auch Stipendien an syrische Seminaristen vergeben wurden, damit sie ihre Studien in Rom fortsetzen konnten.

Zur Eröffnung des Eucharistischen Kongresses 1893 in Jerusalem entsandte Leo XIII. als Repräsentanten Kardinal Langénieux[48]. Der Kongreß erfuhr den Zusammenprall zweier gegensätzlicher Strömungen: eine für die verstärkte Latinisierung, eine andere für die Bewahrung der orientalischen Riten. Der melkitische Patriarch Gregor Yussuf spielte dabei eine wichtige Rolle. Er verurteilte gegenüber Kardinal Langénieux die latinisierenden Praktiken der Missionare bei der Sakramentenspendung, bei der Leitung der Schulen und insbesondere die Praxis, die orientalischen Religiosen in lateinische Noviziate zu schicken. Am 2. Juli 1893 übersandte Langénieux dem Papst einen geheimen Bericht, der sich für den unierten Status unter Respektierung gewisser Freiheiten aussprach. Er hob darin die augenblickliche Kraftlosigkeit der Unionsbewegung hervor und die Notwendigkeit, das Apostolat der lateinischen Missionen zu reformieren. Der unierte Status sollte nicht als eine unumgängliche Hilfsstütze mißachtet, sondern als das wesentliche verbindende Element zwischen dem römischen Katholizismus und der Orthodoxie anerkannt werden. Als Folge dieses Berichts erschien am 20. Juni 1894 der Apostolische Brief *Praeclara gratulationis*. Er erhob die traditionellen kirchlichen Autonomien zum Programm: „Es lag und liegt immer in den Absichten des Heiligen Apostolischen Stuhls [...], den Ursprüngen und Sitten jedes einzelnen Volkes höchste Achtung entgegenzubringen."

Am 21. Oktober 1894 wurde im Vatikan die Konferenz der orientalischen Patriarchen eröffnet. Als Ergebnis dieser Beratungen erschien die vom 30. November 1894 datierende, aber erst am 6. Dezember veröffentlichte Enzyklika *Orientalium Dignitas*. Diese Enzyklika markiert eine bedeutende Zäsur, da sie auf die missionarischen Aktivitäten im Vorderen Orient reagierte und den Respekt vor den orientalischen Riten einforderte[49]: „Die latei-

---

[47] Die Sankt-Annen Kirche ist den Weißen Väter 1877 zugesprochen worden. Der Ausspruch von Kardinal Lavigerie, der vier Weiße Väter nach Jerusalem entsandte, ist berühmt: „Akzeptiert alles bei den Orientalen, außer Laster und Irrtum", vgl. C. LAVIGERIE, La mission unverselle de l'église, hrsg. von X. DE MONTCLOS, Paris 1968, 123.

[48] C. SOETENS, Le Congrès eucharistique international de Jérusalem en 1893, Löwen 1977. HAJJAR, Le Vatican (s. Anm. 33) nimmt im ganzen eine negative Haltung zu den Jesuitenmissionaren in der Levante ein, anerkennt aber das Durchhalten und die Fortdauer ihrer am Ende des Kongresses abgelegten Gelübde: die Publikation von Sammlungen orientalischer eucharistischer Gebete, das Studium der orientalischen eucharistischen Theologie, die finanzielle Unterstützung der Schulen, Seminare und orientalischen Missionen, die Notwendigkeit, wissenschaftliche Zeitschriften über die orientalischen religiösen Fragen zu gründen, die Gründung eines Studienzentrums in Rom mit der Spezialisierung auf Geschichte, Theologie und orientalische Liturgien.

[49] N. EDELBY, Pour le soixentième anniversaire de l'encyclique *Orientalum Dignitas*, in: Proche-Orient Chrétien 4, 3 (1954) 195–225.

nischen Priester wurden vom Hl. Apostolischen Stuhl in diese Gebiete allein aus dem einen Grund gesandt, damit sie den Patriarchen und Bischöfen zur Seite stehen und ihre Last erleichtern. Es soll also darauf geachtet werden, daß sie [...] nicht die Anzahl der Gläubigen verkleinern, die den Patriarchen und Bischöfen unterstellt sind."

Leo XIII. und Langénieux hofften, daß die Orthodoxen zahlreich zurückkehren würden, wenn sie den unierten Kirchen und den Orientalen mehr Aufmerksamkeit schenkten. Aufgrund dieser politischen Linie wurden auch Zeitschriften gegründet wie „La Revue de l'Orient Chrétien" (1896) oder „Les Echos d'Orient" (1897) und „Oriens Christianus" (1901). 1892 sandte man die Assumptionisten nach Konstantinopel, wo sie sich auf Wunsch Papst Leos vorrangig der Gründung von Kirchen und Seminaren des griechischen Ritus widmeten.

Die Malabar-Krise von 1876 zwischen Rom und dem Patriarchen Audo verdeutlichte die Notwendigkeit einer Reformierung der Organisation der chaldäischen Christen in Malabar, die bis dahin lateinischen Bischöfen unterstanden. Am 20. Mai 1887 gründete Leo XIII. zwei neue Apostolische Vikariate, die zunächst mit lateinischen Prälaten besetzt wurden, eines in Kottayam und das andere in Trichur. 1897 übertrug das Breve *Quae rei sacrae* schließlich die drei Apostolischen Vikariate (Trichur, Ernakulam et Changanachery) an einheimische Bischöfe des chaldäischen Ritus; dieser wurde von lateinischen Überformungen gereinigt. 1911 wurde ein spezielles Vikariat für die Kaste der Sudisten in Kottayam geschaffen. Die malabarische Kirche wurde unabhängig vom chaldäischen Patriarchat von Babylon, ein Zeichen des römischen Mißtrauens gegenüber den Zwistigkeiten mit Joseph Audo in der Vergangenheit.

Die Strukturreform der unierten Kirchen wurde im 20. Jh. vollendet, nachdem in Ägypten das koptisch-katholische Patriarchat 1899 wieder eingesetzt und mit Kyrill Makarius als Patriarchen besetzt worden war. Ein neues koptisch-katholisches Seminar öffnete im selben Jahr seine Tore in Tahta. Doch die koptisch-katholische Gemeinschaft blieb, obgleich sie ziemlich klein war (4630 Mitglieder im Jahre 1900), stark gespalten. Ein schwerer Konflikt brach 1908 aus, als Kyrill zur Orthodoxie zurückkehrte und das Patriarchat bis 1947 vakant blieb [50].

Die Umsetzung der Direktiven von *Orientalium Dignitas* war also keineswegs problemlos. Wenn auch einige Missionare den päpstlichen Weisungen umgehend nachkamen, waren doch viele bestürzt und zögerlich. Teilweise gab es reale Schwierigkeiten, etwa bei der Ritus-Ausbildung in den Kollegien. Die Widerstände und Enttäuschungen verstärkten sich am Ende des Pontifikats Leos XIII., und die Lateiner taten alles, um die päpstlichen Vorschriften umgehen zu können, zumal niemand es wagte, die vorgesehenen Sanktionen auf jene Missionare anzuwenden, die den Vorschriften zuwiderhandelten. Dispens wurde freizügig vergeben. Pius X., der Nachfolger Leos XIII. im Jahre 1903, verfolgte die orientalische Politik seines Vorgängers reserviert; seine Enzyklika *Tradita ab antiquis* (1912) etwa autorisierte die eucharistische Kommunion der Orientalen im lateinischen Ritus [51]. Erst Benedikt XV., der 1914 gewählt wurde, nahm die Orientpolitik Leos XIII. wieder auf.

---

[50] M. MARTIN, Les coptes-catholiques 1880–1920, in: Proche-Orient Chrétien (1990) 33–55.

[51] „Es wäre also trügerisch, das Bild eines vom Licht des Unitatentums erhellten Pontifikats zu verbreiten, um es so besser mit dem Halbschatten, der ihm vorausging und der ihm folgte, zu konfrontieren. Der offensichtliche Abstand zwischen der Rigidität der konfessionellen Traditionen und der Kühnheit der Hypothesen, daß eine Hand-

5. Das Missionswerk der Protestanten

Die protestantischen Missionen begannen ihre Tätigkeit später als die katholischen Missionen, die bereits länger im Orient verwurzelt waren, sich der französischen Protektion erfreuten wie auch der Unterstützung der unierten Gemeinschaften. Die Protestanten wurden niemals offiziell von England oder den Vereinigten Staaten unterstützt. Es gelang ihnen auch nicht, bedeutende orientalisch-protestantische Gemeinschaften aufzubauen, ausgenommen bei den Armeniern. Ferner hatten sie unter der Konkurrenz der französischen Missionen wie unter der Feindseligkeit der orthodoxen Christen zu leiden. 1824 untersagte ein osmanischer Firman den Protestanten die Einfuhr und Verbreitung ihrer in Europa gedruckten Bibeln und Psalter. Im gleichen Jahr untersagte eine päpstliche Bulle den Katholiken den Gebrauch von aus protestantischen Druckereien stammenden Bibeln.

Die nach den Katholiken eingetroffenen protestantischen Missionen hatten andere Ziele. Statt der Absicht, aus Orthodoxen protestantische Gläubige zu machen, interessierten sie sich vielmehr für die Bekehrung der Juden (vor allem in Jerusalem) und der Muslime (daher ein bestimmtes Interesse für die Drusen). Erst angesichts des Mißerfolgs dieses Unterfangens wandten sie sich den orientalischen Christen zu – mit der Folge ungezügelter Feindseligkeit der orientalischen Katholiken (besonders der Maroniten) und der orthodoxen Patriarchen (vor allem der armenischen).

Das stärkste Mittel ihres missionarischen Wirkens war die massive Verbreitung von Bibeln, die in die verschiedenen einheimischen Sprachen übersetzt wurden. Die Rolle der Protestanten bei der kulturellen Erneuerung der orientalischen Christen darf von daher nicht unterschätzt werden, genausowenig die Bedeutung ihrer zahlreichen Stiftungen von Hospitälern. Ihre Schulen sollten einen wesentlichen Teil der Eliten in Ägypten, Armenien und Syrien formen[52].

Getragen war das missionarische Handeln der Protestanten im Orient im wesentlichen von den amerikanischen und britischen Missionsgesellschaften, hier vor allem dem *American Board* (AB) von 1810 und der anglikanischen *Church Missionary Society* (CMS) von 1799. Aufgrund einer internen Übereinkunft beerbte und ersetzte der amerikanische *Presbyterian Board* (PB) 1870 die Mission des AB in der Türkei und in Persien. Am Ende des 19. Jh. kamen weitere protestantische Missionsgesellschaften im Orient hinzu: Schotten, Baptisten, Lutheraner aus Schweden und Deutsche faßten in Persien, Äthiopien und Anatolien Fuß.

Der AB beschränkte sein Wirken zunächst auf die Armenier in Kleinasien, in Trapezunt, Erzurum und Aintab. 1830 wurde das Neue Testament in die armenische Volkssprache übersetzt. Der orthodoxe Patriarch der Armenier exkommunizierte die Protestanten 1846. Im selben Jahr wurde in Konstantinopel die erste evangelisch-armenische Kirche gebaut. Bei den Armeniern gab es die häufigsten Konversionen zum Protestantismus. Vor den Massakern von 1915 und trotz der Massaker von 1894–1895, die auch unter den Protestanten zahllose Opfer forderten, zählten die armenischen Protestanten bis zu fünfzigtausend Mitglieder. Das 1860 in Konstantinopel gegründete Robert-Kolleg, das 1863 das Kolleg

---

voll Überzeugter eine Zeitlang Erfolg damit hatte, den Papst dazu zu bringen, ihre Überzeugungen zu akzeptieren, erklärt eine frühzeitige Enttäuschung: Um 1900 ist das unionistische Fieber nichts weiter als eine Erinnerung" (FOUILLOUX, Les Catholiques [s. Anm. 33] 58–59).

[52] J. RICHTER, A History of Protestant Missions in the Near East, New York, 1910 (Nachdr. 1970); J. M. HORNUS, Le Protestantisme au Proche-Orient, in: Proche-Orient Chrétien 7 (1957), 8 (1958), 9 (1959), 10 (1960).

von Bebek zur Seite bekam, war eines der größten Erfolge des Missionswerks der Protestanten in der Türkei.

Ein weiterer Stützpunkt protestantischer Missionen im Osmanischen Reich war Kurdistan, wo sehr bald ab 1840 der Wettbewerb zwischen amerikanischen und englischen Missionaren unter den Assyrern einsetzte[53]. Die zu offensichtliche Protektion der Europäer entfremdete die Assyrer der Sympathie ihrer kurdischen Nachbarn. Daraus entwickelten sich die Massaker von 1845–1846. Als Ende des 19. Jh. Großbritannien durch das Prestige beunruhigt wurde, das Rußland in den Augen der Assyrer und Jakobiten genoß, ermutigte es die schwachen Unabhängigkeitsversuche der Bergnestorianer von Hakkari. Die Kurden fühlten sich bedroht und verstärkten den Druck auf ihre christlichen Nachbarn, ihrerseits von Sultan Abdülhamit angestachelt, den wiederum der armenische Nationalismus beunruhigte. In halbmilitärischen Banden organisiert und von den osmanischen Beamten unterstützt, unternahmen sie zahlreiche Razzien, Raubzüge und blutige Aktionen in den nestorianischen Ortschaften. Das tragische Ende stand bevor.

In Persien zählt der Engländer Henry Martyn zu den protestantischer Pionieren im 19. Jh. Er übersetzte 1812 in Schiraz die Bibel ins Persische und starb vor Erschöpfung auf der Rückreise. Die eigentliche Missionsarbeit in Persien wurde jedoch durch die Amerikaner in Gang gesetzt. Der AB entsandte 1831 eine Erkundungsmission zu den Assyrern nach Persisch-Aserbaidschan. 1834 traf Justin Perkins in Urmia ein, wo er fast vierzig Jahre bleiben sollte. In Urmia führten die protestantischen Missionare das Studium des Altsyrischen ein und benutzten zur gleichen Zeit für Hymnen und Predigten die syrische Umgangssprache. Das führte zu einer geistigen Belebung der nestorianischen Kirche. Protestanten waren es auch, die 1846 das Neue Testament und 1852 das Alte Testament in die altsyrische und neusyrische Sprache übersetzten, doch verwendeten sie für das in zahlreiche Dialekte gespaltene Neusyrische den Dialekt von Urmia, der von den Nestorianern in Kurdistan kaum verstanden wurde. 1881 wurde die Übersetzung überarbeitet und 1893 gedruckt.

Der nestorianische Patriarch Mar Schemæun, über den Fortschritt der amerikanischen und katholischen Missionen in Aserbaidschan beunruhigt, appellierte an den Erzbischof von Canterbury. Dieser sandte 1886 eine Mission nach Urmia, sprach sich gegen die Proselytenmacherei aus und plädierte für eine Reform im Inneren. Viele Schulen wurden an den Grenzen zur Türkei und Persien eröffnet.

Doch die amerikanischen Missionen waren im Aufwind. 1870 übernahm und erweiterte der *Presbyterian Board* das Werk des *American Board* in Persien und wendete sich zunächst Armenien in Persien zu. Die Presbyter installierten 1878 eine Druckerei in Teheran und gründeten zahlreiche Schulen in verschiedenen persischen Städten (Hamadan 1870, Täbris 1873 und 1880, Teheran nach 1896, Meschhed und Räscht nach 1910). Hospitäler wurden 1887 in Teheran und 1893 in Täbris gestiftet. Der CMS wirkte ab 1875 ebenfalls bei den Armeniern in Persien, vor allem in Isfahan und im aserbaidschanischen Urmia. Nicht lange danach litten die protestantischen Missionen stark unter den Unruhen der konstitutionalistischen Revolution. Die Mullahs führten eine Hetzkampagne gegen die Mis-

---

[53] Erwähnenswert ist der Name von Rev. George Percy Badger. Seine Aufzeichnungen über seinen Aufenthalt in den Hakkari-Bergen sind eine wichtige Quelle für die nestorianische Geschichte Anfang des 19. Jh. (G. P. BADGER, The Nestorians and their Rituals with the Narrative of a Mission to Mesopotamia and Curdistan in 1842–1844, 2 Bde., London 1852).

sionare. Die russische Invasion in Nordpersien zwischen 1900 und 1912 und die zunehmenden Verletzungen zwischen Kurden und Assyrern ließen Unheilvolles befürchten[54].

Das Wirken der amerikanischen Missionare bezog nicht nur die Armenier und Assyrer ein. Es erstreckte sich 1849 auch auf die Jakobiten von Mossul und Mardin. Anscheinend trugen die medizinischen Kenntnisse der Amerikaner zu einem großen Teil zu ihrem Erfolg in Mossul bei: Um ärztliche Pflege zu erhalten, mußten die Patienten zuvor eine Predigt anhören. Das Wirken der protestantischen Missionare bei den Jakobiten zog jedoch nicht die Gründung ansehnlicher syrisch-protestantischer Gemeinschaften im Vorderen Orient nach sich. Nur in Indien zeitigten die protestantischen Missionen bei den Jakobiten einen gewissen Erfolg. Der Metropolit Mar Athanasius Mattheus († 1877), ein Schüler des CMS in Madras, kam 1843 nach Malabar und erhob sich gegen den jakobitischen Patriarchen, der ihn exkommunizierte. Die Anhänger des Metropoliten schlossen sich zur syrischen Kirche „Mar Thomas" zusammen. Ein großer Teil der Jakobiten blieb dem antiochenischen Patriarchen ergeben[55].

In Palästina widmeten sich die Anglikaner zunächst der Bekehrung der Juden. Die Aktion der *London Society for Promoting Christianity among the Jews* (LJS) führte zur Gründung erster Schulen. 1841 wurde mit vereinter Hilfe von Preußen und England ein protestantisches anglikanisches Bistum in Jerusalem gegründet. 1846 wurde Samuel Gobat als Bischof in Jerusalem eingeführt. Der Mißerfolg bei den Juden bewegte schließlich die anglikanischen Missionare, insbesonders Bischof Samuel Gobat, sich den orientalischen Christen zuzuwenden. 1849 wurde die protestantische Christuskirche in Jerusalem gebaut.

Der CMS sandte ab 1851 seinerseits Missionare nach Palästina. Ab 1880 konnte er auf 31 Schulen mit 1762 Schülern in ganz Palästina verweisen. Doch geriet die Organisation in einen Konflikt mit dem anglikanischen Bischof, der nichts vom Proselytismus hielt und sich ausschließlich auf den Schulunterricht konzentrieren wollte. Außerdem fehlten den protestantischen Missionaren Lehrer sowie weibliche Missionare, so daß sie keine Schulen für Mädchen ähnlich den französischen Missionen einrichten konnten.

Ende des Jahrhunderts begannen sich die Deutschen für Palästina zu interessieren. Ab 1886 trennten die deutschen Lutheraner und die britischen Anglikaner ihre Werke. Der *Jerusalem-Verein* gründete ab 1853 verschiedene lutherische Pfarreien. Im Oktober 1899 stattete Kaiser Wilhelm II. Jerusalem einen prunkvollen Besuch ab und weihte die lutherische Erlöser-Kirche ein. Der *Deutsche Palästina-Verein* spezialisierte sich Anfang des 20. Jh. auf archäologische und historische Studien in Palästina und trat in Konkurrenz zum britischen *Palestine Exploration Fund,* der 1865 gegründet worden war und die ersten archäologischen Ausgrabungen im Heiligen Land in die Wege geleitet hatte[56].

---

[54] R. E. WATERFIELD, Christians in Persia, Assyrians, Armenians, Roman Catholics and Protestants, London 1973.

[55] Zur Geschichte der indischen Protestanten (Thomisten) vgl. L. W. BROWN, The Indian Christians of Saint Thomas, Cambridge 1956. Die Stellungsnahme der Autorin geht mit der des CMS konform und ist ein nützlicher Gegengesichtspunkt zu Kardinal E. TISSERANT, Eastern Christianity in India (s. Anm. 38), zur Geschichte der katholischen Syro-Malabaren.

[56] A. L. TIBAWI, British Interests in Palestine 1800–1901. A Study of Religious and Educational Enterprise, Oxford 1961. Über die palästinischen Christen, ihre verschiedenen Gemeinschaften und die dort tätigen Missionen vgl. die nützliche Synthese eines italienischen Israelis, der von 1948–1975 die christlichen Angelegenheiten im Religionsministerium von Israel leitete: S. P. COLBI, A History of the Christian Presence in the Holy Land, New York – London 1988.

Nach Syrien entsandte der *American Board* seine ersten amerikanischen Missionare im Jahre 1820, ab 1834 eröffnete er verschiedene Schulen. Die Protestanten stießen auf die heftige Feindschaft des maronitischen Patriarchen, der die ersten protestantischen Konvertiten exkommunizierte und einen von ihnen, Assad Chidyak, einkerkern ließ. Chidyaks Tod 1829 machte ihn zum ersten protestantischen Märtyrer in Syrien. Eines der Hauptwerke der protestantischen Missionen war die amerikanische Druckerei, die 1834 aus Malta eingeführt wurde. Smith begann 1845 mit der Übersetzung der Bibel ins Arabische und wurde dabei von Butros al-Bustani unterstützt. Die ersten Faszikel erschienen 1851, die vollständige Übersetzung in zwei Bänden 1864[57]. Das protestantische Seminar in Ebeih wurde 1847 gegründet. Ein anderes großes Werk war das syrisch-protestantische Kolleg, das Daniel Bliss 1866 gründete. 1914 zählte dieses Kolleg schon tausend Schüler. Später wurde es zu einer Universität umorganisiert und von 1919 an zur berühmten amerikanischen Universität von Beirut.

1870 übertrug der *American Board* seine Missionen in Syrien und Persien an den amerikanischen *Presbyterian Board,* der das Werk nicht nur übernahm, sondern die schulischen Unternehmungen noch erweiterte. Die anderen protestantischen Missionen – wie die der Schotten, der irischen Presbyterianer oder der preußischen Unierten – drangen nach und nach in die Einflußsphäre der Amerikaner. Der starke Wettbewerb mit den Jesuiten hemmte ebenfalls die Entwicklung der amerikanischen Missionen, die oftmals weder Lehrkräfte noch Geld besaßen und den autochthonen Protestanten nicht genug Vertrauen entgegenbrachten, um ihnen eigenen Handlungsspielraum einzuräumen[58].

In Ägypten hatten die ab 1854 angesiedelten protestantischen Missionen einen gewissen Erfolg, der in Mittelägypten, in Asyut, besonders groß war mit dem 1865 gegründeten amerikanischen Kolleg und dem 1891 eröffneten amerikanischen Hospital. Zahlreiche koptische Notabeln sprachen sich daher für den amerikanischen Einfluß aus. 1900 gab es 12500 protestantische Kopten in Ägypten.

6. Die russischen Missionen in Syrien, Palästina und Persien

Die russisch-orthodoxen Missionare, die erst spät eintrafen, waren eng mit der russischen Politik im Nahen Osten verbunden. Anfang des 19. Jh. konzentrierten sie sich vor allem auf Palästina und Syrien. Ihr Hauptinteresse galt der Erleichterung der Ankunft russischer Pilger im Heiligen Land – die meisten davon arme Bauern. Für sie wollte man Herbergen bereitstellen. Das anfängliche Interesse für die Griechen in der Levante brach mit der ersten Kontaktnahme angesichts der Schwierigkeiten vor Ort schnell wieder ab. Die konstante Feindschaft des griechischen Klerus gegenüber den Russen und die Erkenntnis, daß die orthodoxen Araber ihre Unterstützung brauchten, veränderten im Laufe der Jahre die ursprünglichen Beweggründe[59].

1858 zog der erste russisch-orthodoxe Bischof, der in der arabischen Welt nominiert wurde, triumphal in Jerusalem ein. Im selben Jahr wurde das Palästinakomitee mit der Be-

---

[57] Beim hundertjährigen Jubiläum der Presse 1922 hatte die Druckerei 2200000 Exemplare der Bibel gedruckt.
[58] A. L. TIBAWI, American Interests in Syria 1800–1901. A Study of Educational, Literary and Religious Work, Oxford 1966.
[59] Anfang des 19. Jh. gab es etwa fünfzehntausend palästinensische Christen im Heiligen Land, wovon vier Fünftel griechisch-orthodox waren. Durch die anglikanische und katholische Konkurrenz nahm diese Zahl ab.

stimmung gegründet, Geld für die Pilger zu sammeln und Hospize zu bauen. Es wurde 1864 aufgelöst und durch die Palästinakommission ersetzt, welche vom russischen Außenministerium abhängig war. 1882 gründete man die *Kaiserliche Orthodoxe Palästina-Gesellschaft*. Diese vom Großherzog Sergius, einem Bruder des Zaren Alexander III., gegründete Gesellschaft eröffnete mehrere Schulen in Palästina und ein Seminar 1886 in Nazareth. Sie interessierte sich auch zunehmend für Syrien, wo sie auf Erfolg bei den orthodoxen Arabern stieß. 1913 gehörten den russischen Missionen allein in Jerusalem vier Kirchen, mehrere Hospize, Schulen und ein Hospital. Im selben Jahr machten sich tausend russische Pilger auf die Pilgerfahrt nach Jerusalem. Der Einfluß des „Heiligen Rußland" in Palästina war auf einem Höhepunkt angelangt[60].

Nicht zu vernachlässigen ist der Einfluß der russischen Literatur auf die orthodoxen Araber. Tolstoi, Puschkin und Gogol wurden zwischen 1900 und 1914 übersetzt. Der Schriftsteller Micha'il Nuæayma, ein ehemaliger Absovent des russischen Seminars in Nazareth, verkörperte den Erfolg der russischen Schulen in der Levante.

1897 wendeten sich die russischen Missionare, von Moskau angeregt, nach Nordpersien, den Assyrern und Armeniern im persischen Aserbaidschan zu, vor allem in der Region von Urmia.

7. Der Fall Äthiopien: Mission und Kolonisation

Äthiopien ist im christlichen Orient des 19. Jh. ein Sonderfall. An den Grenzen von Orient und Afrika gelegen, ist die äthiopische Kirche Erbe einer orientalischen Kirche: der koptischen Kirche in Ägypten, von der sie im Prinzip abhing. Der Patriarch von Alexandrien sandte einen ägyptischen Bischof, den sogenannten *Abuna* („unser Vater"), der in seinem Namen die äthiopische Kirche verwaltete. Im äthiopischen Reich traf man auf eine einzigartige Situation im christlichen Orient: Obgleich im Zentrum einer muslimischen Mehrheit, waren die Christen doch weit davon entfernt, als Minorität zu wirken oder marginalisiert zu sein, vielmehr dominierten sie muslimische Bevölkerungsgruppen im Süden.

Doch in der ersten Hälfte des 19. Jh. ist die äthiopische Kirche stark gespalten, zerissen durch doktrinäre Streitigkeiten und regionale Machthaber. Der koptische Patriarch von Alexandrien besaß nur noch eine nominelle Autorität. Die von ihm gesandten ägyptischen Bischöfe blieben isoliert, unterhielten nur lose Beziehungen zu einem schlecht ausgebildeten und vielfach korrupten äthiopischen Klerus. Der erste Kontakt mit der Jesuitenmission und den portugiesischen Katholiken zwischen 1555 und 1633 endete, ohne daß es zur Gründung einer bedeutenden unierten Kirche kam.

In der ersten Hälfte des 19. Jh. bewirkten die englischen protestantischen Missionare eine Wiederbegegnung der äthiopischen Kirche mit dem Abendland. Der CMS schickte von 1804–1805 Kundschafter. 1830 versuchte Samuel Gobat, der künftige anglikanische Bischof von Jerusalem, die Heilige Schrift in der Volkssprache zu verbreiten und gleichzeitig die Möglichkeiten missionarischen Wirkens zu erkunden. 1838 trafen Lazaristen ein, 1846 Kapuziner. Die Präfektur wurde deshalb aufgeteilt in ein Vikariat Abessinien für die Lazaristen und in ein den Kapuzinern anvertrautes Vikariat der Galla. Die Lazaristen wurden durch die starke Persönlichkeit Justin de Jacobis' († 1860) geprägt, dem ersten

---

[60] Vgl. Colbi, A history (s. Anm. 56); D. Hopwood, The Russian Presence in Syria and Palestine 1843–1914. Church and Politics in the Near East, Oxford 1969.

Apostolischen Präfekten von Äthiopien. Sie versuchten mit dem Ritus in der Sprache des Geez zu arbeiten. Die Kapuziner im Süden, im Land der Galla, förderten hingegen die Latinisierung. Dieser Dualismus zwischen den Missionen sollte bestehen bleiben: Im Norden arbeitete de Jacobis mit einem konvertierten Klerus, der die traditionellen Gebräuche unangetastet ließ (1851 weihte de Jacobis mit Gabra Micha'il den ersten katholisch-äthiopischen Priester; dieser starb 1855 als Märtyrer), im Süden führte Massaja den lateinischen Ritus ein. Die katholischen Missionen hatten zunächst gewissen Erfolg dank der Unterstützung eines lokalen Oberhaupts, des Webe. Aber das südwestliche Äthiopien wurde bald unzugänglich. Massaja mußte sich 1877 von dort zurückziehen.

Um den katholischen Missionen etwas entgegenzusetzen, entsandte der koptische Patriarch von Alexandrien 1841 Abuna Salama, einen jungen Bischof, der in einer Kairoer Schule des CMS ausgebildet worden war. 1855 gelang es dem Prinzen Lij Kasa von Qwara, einen großen Teil des Reiches zu kontrollieren. Nach dem Sieg über Webe, den Helfer der katholischen Missionen, ließ er sich als Negus ausrufen und wurde als Theodor II. zum Kaiser gekrönt. Er rief Abuna Salama an seine Seite, der eine Politik der Verfolgung der Katholiken einleitete und die protestantischen Missionen begünstigte. Theodor II., um die Modernisierung des Landes besorgt, forderte dafür von der Kirche finanzielle Mittel, was auf Unverständnis stieß. 1862 richtete er Schreiben an die europäischen Mächte. Frankreich reagierte und verlangte die Rückkehr der Lazaristen nach Äthiopien, England lehnte eine Antwort ab. Als die Spannungen zwischen Theodor und Großbritannien wuchsen, nahmen die Engländer im April 1868 Magdala ein. Theodor gab sich den Tod[61].

In der zweiten Hälfte des 19. Jh. griff Kaiser Johannes IV. (1872–1889) im Zuge der Einheit des Staates zu antimuslimischen Maßnahmen. 1880 verfügte er, daß sich die Muslime taufen lassen oder Äthiopien verlassen müßten. Doch blieb diese Politik ohne Wirkung. Er verfolgte auch die Anhänger der häretischen Lehre von den „drei Geburten Christi", die bei den Schawa verbreitet war.

Es waren weniger die Missionen, die Äthiopien mit der westlichen Moderne konfrontierten, als vielmehr die kolonialistischen Einfälle der Engländer (Einnahme von Magdala 1868, von Berbera und Zeila 1885), der Italiener (Einnahme von Massaua 1885) und der Franzosen (Einnahme von Djibouti). In Folge der italienischen Kolonisation gelangten katholische Missionare nach Eritrea. Auch die Protestanten sandten die schwedischen lutherischen Missionen nach Eritrea, doch vor 1920 spielten sie nur eine untergeordnete Rolle.

Unter der tatkräftigen Mithilfe des Kaisers Menelik II. (1889–1913) erreichte die Renaissance der monophysitischen äthiopischen Kirche ihren Höhepunkt. Menelik vertrieb die Italiener 1896 nach Adua und zeigte sich den Franzosen wohlgesonnen. Doch die Intrigen der Türken und Deutschen überraschten seinen Nachfolger Lij Iyasu, der bald zum Islam konvertierte, daraufhin exkommuniziert und 1916 schließlich abgesetzt wurde. Das

---

[61] Zu dieser Epoche vgl. D. CRUMMEY, Priests and Politicians. Protestant and Catholic Missions in Orthodox Ethiopia 1830–1868, Oxford 1972. Zur äthiopischen Kirche allgemein vgl. K. STOFFREGEN-PEDERSEN, Les Éthiopiens, Turnhout 1992 (Fils d'Abraham). Das ethnographische Werk von H. M. HYATT, The Church of Abyssinia, London 1928, stammt vom Anfang dieses Jahrhunderts und ist für das Verständnis der vorangehenden Epoche nützlich. Die französische Übersetzung der Chronik Theodors II., geschrieben von Walda Maryam, dem äthiopischen Sekretär des koptischen Metropoliten, wurde 1982 im Verlag Hots nachgedruckt.

Schicksal von dreieinhalb Millionen abessinischer Christen schien auf einmal vom Ausland abzuhängen – und das Ausland bedrohte die traditionelle Unabhängigkeit des äthiopischen Reiches.

IV. Anstieg der Nationalismen, Ungewißheit der Zukunft

Der Anstieg der Nationalismen ist das wesentlichste Merkmal im Orient am Ende des 19. Jh. Wenngleich auch Persien vom Phänomen des Nationalismus nicht ganz ausgeschlossen war, so fand dieser doch vor allem im Osmanischen Reich Widerhall und brachte so viele Strömungen hervor, wie es Sprachen und Ethnien gab. Die Reform der Millets, die intellektuelle Erneuerung und der Kontakt mit Europa ließen die Entstehung der verschiedenen Strömungen voraussehen: Sie waren um so stärker, je frühzeitiger die Renaissance des Millet stattfand. Dabei wurden bei den Armeniern Kirche und Nation miteinander identifiziert, was ihren Forderungen einen einzigartigen Nachdruck gab. Bei den christlichen Arabern dagegen war die nationale Idee eher sprachlich und kulturell geprägt, häufig von Intellektuellen am Rande ihres ursprünglichen Millets angeregt und beeinflußt von laizistischem französischem Gedankengut.

1. Die arabische Wiedergeburt (nahda) – ein Werk christlicher Syrer

Die *Nahda* bezeichnet eine tiefgehende Reformbewegung der arabischen Sprache und Kultur, welche sich teilweise schon am Ende des 18. Jh. durch einige Vorläufer angekündigt hatte, ihren Durchbruch aber erst im 19. Jh. erfuhr. Die Christen waren zwar nicht die einzigen, die hierbei eine Rolle spielten. Doch ihre Kontakte mit den Europäern, ihr schulischer Fortschritt und ihr Wunsch, der Enge des Millets zu entfliehen, um an einer umfassenderen Kultur teilzunehmen, verlieh ihnen eine starke Präsenz in den kulturellen Eliten, die die *Nahda* in Bewegung setzten. Der wirtschaftliche Wohlstand – für die Maroniten auf dem Libanongebirge durch die Seidenindustrie und für das griechisch-orthodoxe Bürgertum durch den Handel in den großen Umschlaghäfen von Beirut und Tripolis – schuf gleichfalls Gelegenheit, mit der industriellen Moderne Europas in Kontakt zu kommen. Die großen Emigrantenströme in der zweiten Hälfte des Jahrhunderts nach Amerika, Afrika und Ägypten verliehen dem Ganzen eine internationale Ausstrahlung.

Die arabische literarische Wiedergeburt bzw. die *Nahda* war also zum großen Teil das Werk libanesischer und syrischer Christen, besonders der Maroniten, Melkiten, Orthodoxen und Katholiken. Es ist paradox, daß die arabische Sprache, die bis dahin mit einer religiösen islamischen Symbolik befrachtet war (die Sprache des Koran), gerade von Christen wiederangeeignet und erneuert wurde, welche überdies häufig von abendländischen Einflüssen geprägt waren.

Das bekannteste Beispiel der Pioniere der *Nahda* ist Butros al-Bustani (1819–1882). Der Herkunft nach ein Maronit und ehemaliger Schüler des Seminars in Ain Waraqa, bekehrte er sich zum Protestantismus und nahm, wie wir schon gesehen haben, an der protestantischen Bibelübersetzung ins Arabische teil. Aber sein Werk war damit nicht zu Ende. Als geborener Pädagoge unterrichtete er erst in den protestantischen Schulen, dann gründete er 1863 eine nationale Schule *(al-madrasa al-wataniyya),* deren Name schon den Wunsch zeigt, einem zu engen Konfessionalismus zu entrinnen. Hier wurden Arabisch und moderne Wissenschaften unterrichtet. In verschiedenen Schriften befaßte er sich mit der Notwendigkeit, Ausbildungsmöglichkeiten für Frauen zu entwickeln, damit die Gesamtheit der Gesellschaft Fortschritte machen konnte. Als resoluter Anhänger des abendländischen Modells hielt er europäische Anleihen für sinnvoll, um eine arabische Renaissance herbeizuführen. Eine nationale Einheit nach dem französischen Modell schwebte ihm vor Augen, um ein neues Syrien jenseits der konfessionellen Differenzen zu schmieden. „Die Liebe zum Vaterland ist ein Artikel des Glaubens" – dieser berühmte, dem Propheten zugesprochene Satz wurde das Leitmotiv seiner Publikationen.

Der größte Teil seines Werkes war der Erneuerung der arabischen Sprache gewidmet. Als Autor eines großen arabischen Wörterbuchs zögerte er nicht, in seinen Schriften und verschiedenen Zeitschriften eine moderne arabische Prosa zu propagieren, die nicht mehr unter dem Erbe der Vergangenheit litt, sondern dazu geeignet sein sollte, die Konzepte einer modernen Gedankenwelt auszudrücken. Er begann auch, eine Enzyklopädie zu schreiben, die erste ihres Genres in arabischer Sprache. Sie blieb unvollendet, obwohl sie nach seinem Tode von seinen Söhnen Selim und Suleiman al-Bustani fortgeführt wurde. Die elf erschienenen Bände zeigen ein breites Interesse für alle Wissensgebiete und belegen die Intention, den Arabern die Errungenschaften der modernen Wissenschaften zugänglich zu machen.

Man sollte auch den Namen von Faris Schidyaq (1804–1887) erwähnen, eines Maroniten und Schülers des Seminars in Ain Waraqa, der erst zum Protestantismus und später zum Islam konvertierte. Er war ein großer Reiseschriftsteller. Sein Bruder Assad, der zum Protestantismus konvertiert war, wurde vom maronitischen Patriarchen verfolgt. Auch der griechisch-katholische Christ Nasif al-Yazidji (1800–1871) nahm an der protestantischen Bibelübersetzung ins Arabische teil, während sein Sohn Ibrahim al-Yazidji (1847–1906) an der katholischen Bibelübersetzung ins Arabische mitwirkte. Letzterer war zugleich Philologe, Kupferstecher, Goldschmied, Uhrmacher und Astronom. „Diese Männer versetzen durch ihre Leidenschaft, zu verstehen und zu assimilieren, in Erstaunen"[62]. Zu Anfang des 20. Jh. entsteht dann die zweite Generation der *Nahda*: christliche Literaten, die nach Ägypten und Amerika auswandern. Der Libanese Khalil Gibran (1883–1931) ist hierfür der bekannteste Repräsentant. Seine Werke wurden in viele Sprachen übersetzt und erreichten hohe Auflagen.

In gleicher Weise sind es levantinische Christen, Drucker und Journalisten, die die Breitenwirkung von Editionen in der zweiten Hälfte des 19. Jh. einleiteten. Die Wiege der arabischen Presse steht in Ägypten. Alle großen Zeitungen, die in Kairo unter den Chediwen Isma'il und Taufiq begründet wurden, stammten von Syrern, generell Christen, genauer: Griechisch-Katholiken: *Al-Ahram* (1875) von den Brüdern Salim und Bischara Taqla wurde später zur größten arabischen Zeitung. *Al-Tidjara* (1878) von Salim Naqqasch hatte weniger Bedeutung als *Al-Misr* (1880), in der Adib Ischaq, ein ehemaliger Schüler der Lazaristen in Damaskus und der Jesuiten in Beirut, die Notwendigkeit darlegte, daß ein Vaterland auf anderen Gefühlen als nur religiösen gegründet sein müsse. In Beirut wurde 1876 von Faris Nimr und Yaæqub Sarruf, beide ehemals Schüler des syrischen protestantischen Kollegs, die Zeitschrift *Al-Muqtataf* gegründet, die dann 1885 nach Kairo verlegt wurde. Sie wurde eine der wichtigsten arabischen Zeitungen und veröffentlichte Artikel

---

[62] J. BERQUE, Les Arabes d'hier à demain, Paris 1960.

über Medizin, Philosophie, Politik, Literatur sowie über wissenschaftliche Entdeckungen. Mitarbeiter war der Materialist Schibli Schumayyel, ein ehemals christlich-syrischer Arzt, der nach Ägypten emigriert war und besonders die Ideen Darwins verbreitete[63]. 1889 riefen Nimr und Sarruf, durch Lord Cromer ermutigt, *Al-Muqattam* ins Leben, die lange vor *Al-Ahram* zur wichtigsten Zeitung Ägyptens wurde.

Daneben wurden von den christlichen Syrern auch Zeitschriften gegründet wie *Al-Hilal* (1892) durch den griechisch-orthodoxen Jurdji Zaydan oder *Al-Diyaæ* (1898) durch den griechisch-katholischen Ibrahim al-Yazidji. Sie spielten eine wesentliche Rolle bei der Verbreitung westlicher Ideen und der Vermittlung von literarischem und naturwissenschaftlichem Wissen. Der griechisch-orthodoxe Syrer Farah Antun (1874–1922), der aus Tripolis nach Kairo emigriert war, kritisierte die Mentalität des Millets (wie übrigens auch die traditionelle islamische Theologie) und sprach sich für Gedankenfreiheit aus. Er schlug eine säkulare Lösung für den christlich-islamischen Antagonismus vor. Von den Ideen Ernest Renans beeinflußt, übersetzte er dessen *Leben Jesu,* setzte sich mit den Ideen der Säkularisten auseinander und stellte in populärer Form in seiner Zeitschrift *Al-Djamiæa* (gegründet 1899) die Texte der großen europäischen Denker des 18. und 19. Jh. vor: Rousseau, Voltaire, Hugo und Darwin. Farah Antun propagierte einen säkularen Staat mit einer strikten Trennung von Kirche und Staat und gleichen Rechten für Christen und Muslime.

2. Aufstieg der arabischen und armenischen Nationalismen

Die *Nahda* trug den Keim des arabischen Nationalismus in sich, der Ende des 19. Jh. aufblühte. Es waren arabische Christen aus der Levante, die am Beginn jener Geheimgesellschaften standen, die in den Jahren um 1880 in Beirut und Damaskus gegründet wurden und mit Macht für eine ausgesprochen arabische Identität eintraten. So stellte der genannte griechisch-orthodoxe Jurdji Zaydan (1861–1914) in seiner *Geschichte der arabischen Zivilisation* den Islam als einen konstitutiven Bestandteil einer umfassenden arabischen Kultur dar. Die Idee eines arabischen Staates wurde häufig, besonders bei den griechisch-orthodoxen Syrern, als eine Einheit aus Syrien-Palästina-Libanon aufgefaßt. Doch 1908 erschien als Vorbote eines weitergehenden Verständnisses ein Buch des Pariser Emigranten Nagib 'Azury († 1916), der selbst ein syro-palästinischer Christ war, mit dem französischen Titel *Le réveil de la nation arabe dans l'Asie Turque* („Das Erwachen der arabischen Nation im türkischen Asien"). Er griff hierin die Ideen des Muslim al-Kawakibi (1849–1903) auf und sprach sich für ein vom türkischen Machteinfluß unabhängiges arabisches Reich aus, das sich vom Mittelmeer bis zum Indischen Ozean (ausgenommen Ägypten und Nordafrika) erstrecken und unter dem wiedereingeführten geistlichen Kalifat von Mekka stehen sollte. Die christlichen Araber, den Muslimen gleichgestellt, sollten ihr Geschick in die Hand nehmen und die verschiedenen Riten zu einer einzigen arabischen Christenheit zusammenschließen. Am ersten arabischen Kongreß 1913 in Paris nahmen fünfundzwanzig Personen teil, die Hälfte davon Christen. Sie protestierten gegen die maßlose Zentralisierung und Türkisierung und verlangten die Gleichstellung von Christen und Muslimen.

---

[63] A. MAKDISI, Les chrétiens de la renaissance arabe, in: Les chrétiens du monde arabe. Problematiques actelles et enjeux, Paris 1989. Vgl. auch das Standardwerk von A. HOURANI, Arabic Thought in the Liberal Age, Cambridge 1962, 97–102. 245–259 (mehrere Nachdrucke).

Allerdings blieben die Christen nicht frei von Verdächtigungen. Ungeachtet der starken Beteiligung ägyptischer Syrer an der arabischen Bewegung griffen einige Führer des ägyptischen, stark islamisierten Nationalismus, wie Mustafa Kamal, die christlichen Syrer an und warfen ihnen Sympathie mit den Briten vor. Obwohl die Christen in der Bewegung der arabischen Nationalisten anfangs sogar überrepräsentiert waren, ging die ambivalente Beziehung zwischen arabischer Identität und Islam nie ganz verloren.

Nicht nur der arabische Nationalismus blühte am Ende des 19. Jh. auf. Zur selben Zeit erlebte der Zionismus sowie der türkische, griechische und besonders der armenische Nationalismus einen Aufschwung. Von 1860 an brachen in Ostanatolien Aufstände aus, etwa in Zeitun 1862. 1876 pochten die armenischen Abgeordneten im osmanischen Parlament auf die Rechte ihrer Gemeinschaft. Im Vertrag von Berlin explizierten zwei armenische Delegierte ihre Beschwerden. Ende des 19. Jh. wurden die armenischen Ansprüche radikaler: Sie orientierten sich am „bulgarischen Modell", wonach der Autonomieanspruch gewaltsam durchzusetzen sei. Mehrere Geheimgesellschaften entstanden. In Genf wurde 1885 die Partei *Armenakan* gegründet. Dieser folgten bald zwei sehr aktive Bewegungen: das revolutionäre Komitee *Hentchak,* das 1887 in Genf von kaukasischen Armeniern gegründet wurde und völlig marxistisch ausgerichtet war, und die revolutionäre armenische Föderation *Dachnak,* 1890 in Tiflis gegründet mit dem Ziel, gewaltsam im Nahen Osten zu kämpfen sowie bald auch gegen die zaristische Politik im Kaukasus. Die 1908 gegründete Partei *Ramkavar* hatte dagegen eher demokratische und liberale Zielsetzungen.

In diesem zunehmend spannungsgeladenen Klima kam es schließlich zu Aufständen, denen die Massaker von 1894/1895 folgten: zuerst in der Provinz Sassun, dann im Gebiet von Zeitun. Der Sympathie für die Russen verdächtigt und von der Hohen Pforte nationalistischer Erhebungen für schuldig befunden, wurden mindestens 120000 Armenier, wenn nicht sogar 200000, zwischen 1894 und 1896 ermordet. Nach dem Gemetzel von 1895 emigrierten hunderttausend Überlebende in den Transkaukasus oder nach Amerika. Europa intervenierte nicht. Rußland hielt sich wegen der eigenen Armenier und ihrer sozialistischen Tendenzen mißtrauisch zurück. England, der Rivale Rußlands in diesem Gebiet, konnte allein nicht handeln, Frankreich war durch das französisch-russische Bündnis zugleich mit Rußland wie mit dem Osmanischen Reich verbündet. Deutschland interessierte sich nur für den Zerfall des Osmanischen Reiches und mischte sich nicht ein – kurz, zur Hilfe Europas, auf die die Aufständigen hofften, kam es nicht.

Eine große Anzahl armenischer Revolutionäre nahm dennoch an der Jungtürkischen Revolution von 1908 teil, weil sie sich eine Wiederherstellung der osmanischen Verfassung erhofften. Diese hatte 1908 die Gleichheit aller Untertanen des Osmanischen Reichs verkündet und den Militärdienst für die Christen zur Pflicht gemacht. Im Juli 1908 wurde die *Dachnak*-Partei legalisiert. Sie hatte bis mindestens 1912 ziemlich gute Beziehungen Øzu den jungtürkischen Mitgliedern des „Komitees für Einheit und Fortschritt". Die Massaker von Adana in Kilikien im April 1909 (30000 ermordete Armenier) wiesen jedoch eine schlechte Zukunft[64]. Rußland verlangte von der Hohen Pforte in der Akte vom 26. Januar 1914 die Anerkennung des Armenischen als offizielle Sprache und die Aufhebung der zahllosen Ungerechtigkeiten, unter denen die armenischen Christen zu leiden hatten. Zwei Inspekteure aus neutralen Ländern sollten nach Armenien geschickt werden,

---

[64] Zu diesen Massakern vgl. J. MÉCÉRIAN, Un tableau de la diaspora arménienne. La situation des arméniens de l'empire ottoman à la veille de la première guerre mondiale, in: Proche-Orient Chrétien 8 (1958) 340–366.

einer nach Van, der andere nach Sivas, um die Einhaltung des Gesetzes und die Sicherheit der Christen im Reich zu überwachen. War dies das Vorspiel eines russischen Protektorats über Anatolien, vielleicht gefolgt von einer armenischen Autonomie? Durch den Ausbruch des Ersten Weltkriegs und die Vernichtung und Vertreibung der Armenier in Anatolien durch die Türken wurden diese Versprechen zunichte gemacht.

Am Vorabend des Ersten Weltkriegs stellten die Armenier zusammen mit den Griechen die größte christliche Gemeinschaft im Osmanischen Reich. Wie groß war sie wirklich? Da die exakte Größe auf das Ausmaß der Massaker von 1915 schließen ließe, bleiben die Schätzungen umstritten. Nach den Statistiken des armenischen Patriarchats zählten die Armenier 1882 zwischen 2,4 und 2,6 Millionen, 1912 um 2,1 Millionen Personen. Die offiziellen Zählungen des Osmanischen Reiches geben zwischen 1881 und 1893 dagegen eine Zahl von 1,08 Millionen und 1914 von 1,2 Millionen Armeniern an. Vermutlich dürfte die Wahrheit dazwischen liegen. Ein amerikanischer Historiker nannte kürzlich eine Zahl von 1,6 Millionen[65].

3. Die orientalischen Christen am Vorabend des Ersten Weltkriegs: eine demographische und geographische Bilanz

Ohne Frage wirkte sich die Machtübernahme der Osmanen im arabischen Orient wenigstens bis 1895 günstig aus für den demographischen Aufschwung der orientalischen Christen. Hatten sie 1517 noch einen Anteil von lediglich sieben Prozent der Bevölkerung im Fruchtbaren Halbmond, so waren es 1914 bereits zwanzig Prozent. Dieser Anstieg ist wesentlich auf den natürlichen Zuwachs zurückzuführen, wobei die Sterblichkeitsrate gegenüber den Muslimen beträchtlich niedriger war. Der Unterschied erklärt sich zum einen durch den vielfach städtischen Charakter der christlichen Gemeinschaften, zum anderen durch das höhere christliche Ausbildungsniveau und womöglich auch durch die getrennten Wohnviertel, was die Verbreitung von Epidemien verhinderte. Sogar die christliche Bevölkerung in Ägypten, die sehr stabil blieb, war in der zweiten Hälfte des 19. Jh. vom demographischen Aufschwung betroffen.

In den vier Jahrhunderten osmanischer Herrschaft im Fruchtbaren Halbmond wurde die Karte der christlichen Bevölkerung also neu gezeichnet. Die Ereignisse im 19. Jh. und die wirtschaftliche Öffnung verstärkten die Veränderungen noch. Generell ist eine Abwanderung der christlichen Gemeinschaften aus den Bergen oder den stark isolierten Gebieten in die Küstenregionen zu verzeichnen[66]. Der Zustrom muslimischer Flüchtlinge aus dem Kaukasus zwang die auf dem Lande bedrohten Christen häufig, sich in die Städte zurückzuziehen. Der Anteil christlicher Bevölkerung in den Wirtschaftszentren und den Häfen des Osmanischen Reiches, wo sie ihre Berufe ungehindert ausüben konnten, nahm im Verlauf des Jahrhunderts zu. Angezogen vom Baumwollhandel, vergrößerte am Ende des 19. Jh. ein bedeutender Migrantenstrom von Griechen die hellenische Gemeinschaft in Ägypten, die dem Patriarchat von Alexandrien unterstellt war. In der Levante nahm während der osmanischen Herrschaft die Ausbreitung der Maroniten in den Süden des Libanon zu.

---

[65] J. Mc Carthy, Muslims and Minorities. The Population of Ottoman Anatolia at the End of the Empire, New York 1983. M. Krikorian, ebd. 109, schätzt dagegen die Zahl der Armenier allein in Ostanatolien und Nordsyrien ab der zweiten Hälfte des 19. Jh. auf wenigstens 1,5 Millionen.

[66] Vgl. Courbage – Fargues, Chrétiens et Juifs (s. Anm. 9).

In der zweiten Hälfte des 19. Jh. erschienen in Syrien und im Libanon neue, noch umfangreichere Migrantenströme. Nach der Bildung der unierten Kirche im Jahre 1724 erfolgte bereits ein erster syrischer Migrantenstrom nach Ägypten, der im wesentlichen aus Aleppinern griechisch-katholischer Konfession bestand. Zwischen ungefähr 1859 und 1914 emigrierten an die zweihundertfünfzigtausend Syrer nach Nord- und Südamerika, nach Westafrika und Äygpten. Fast alle waren Christen, die meisten mit einer guter Ausbildung; sie machten sich weniger aufgrund der religiösen Unruhen von 1860 auf den Weg als aufgrund des Bevölkerungsdrucks und mit dem Ziel besserer Arbeitsmöglichkeiten entsprechend ihrer beruflichen Qualifikation. Emigranten aus Beirut und Lattakia oder aus den Ortschaften des Libanongebirges waren unmittelbar von der Krise der maronitischen Seidenindustrie nach der Öffnung des Suezkanals 1869 betroffen und zogen nach Ägypten, wo die Baumwollindustrie einen Boom erlebte und tausende von Arbeitsmöglichkeiten bot. Zu Anfang des 20. Jh. erreichte die griechisch-katholische Gemeinschaft in Äygpten dreißigtausend Mitglieder. Die beeindruckende Dynamik dieser Gemeinschaft im Bereich des Journalismus wurde bereits erwähnt. Die griechisch-katholischen Christen in Ägypten waren bis 1956 und sogar bis 1960 in der ägyptischen Führung von Wirtschaft, Presse und Handel überrepräsentiert. Die Syrer wurden zwischen 1890 und 1914 weniger aus wirtschaftlichen denn aus politischen Gründen vertrieben. Es waren die Verfolgungen der arabischen Nationalisten unter Sultan Abdülhamit (1876–1909), die sie nach Ägypten auswandern ließen, wo die Toleranz und relative Meinungsfreiheit unter der britischen Besatzung den Journalisten und Schriftstellern viel Freiraum gab[67].

Auf die außerordentlich hohe Anzahl von Armeniern im Osmanischen Reich vor den Massakern von 1915–1916 wurde schon hingewiesen. Die Griechen im Osmanischen Reich zählten 1908 noch 2,9 Millionen, wovon 1,8 Millionen in Anatolien und 175 000 in Istanbul, die übrigen in Thrakien und Mazedonien lebten. Doch die pro-osmanische Politik der türkischen Regierung schien die Privilegien des griechischen Millet zu bedrohen. Zählte 1908 die Versammlung noch sechsundzwanzig griechische Abgeordnete, so war sie 1912 bereits auf fünfzehn abgesunken. Der Ausbruch der Balkankriege zwischen 1912 und 1913 und der Anstieg des türkischen Nationalismus kündigte den Griechen in Kleinasien eine schwierige Zukunft an.

Die in der Isolierung lebende christliche Bevölkerung erfuhr im Gegensatz zum demographischen Aufschwung der levantinischen Christen einen Niedergang. Die Zahl der Jakobiten, die am Ende des 17. Jh. 300 000 betrug, verminderte sich stark infolge der Konversionen zum Katholizismus und durch die verschiedenen Massaker in diesem Jahrhundert. Am Ende des 19. Jh. betrug ihre Zahl nur noch 120 000. Sie lebten im Norden Syriens, um Mardin konzentriert. 1843, 1846 und 1860 schon durch die Kurden dezimiert, wurde die verbliebene Gemeinde in Mardin und im Tur 'Abdin in den Massakern von 1915 zu einem Drittel von den Türken vernichtet[68]. Die Nestorianer, die Anfang des 19. Jh. um die 150 000 zählten, waren 1876 nicht mehr als 75 000 Personen und kaum mehr am Vor-

---

[67] Vgl. A. HOURANI, The Syrians in Egypt in the Eighteenth and Nineteenth Centuries, Colloque international sur l'histoire du Caire, Kairo 1969, 221–233; R. M. HADDAD, Syrian Christians in Muslim Society, An Interpretation, Princeton 1970; TH. PHILIPP, The Syrians in Egypt 1725–1975 (Berliner Islamstudien. 3), Stuttgart 1985.

[68] Vgl. C. SÉLIS, Les Syriens-orthodoxes et catholiques, Maredsous 1988 (Fils d'Abraham); Zu den syrisch-orthodoxen und assyrisch-chaldäischen Diözesen und Bischofslisten vgl. J. M. FIEY, Pour un Oriens Christianus Novus. Répertoire des diocèses syriaques orientaux et occidentaux (Beiruter Texte und Studien 49), Stuttgart – Beirut 1993.

abend des Ersten Weltkrieges[69]. Bei den Massakern von 1895 wurden die Jakobiten und Nestorianer – anders als die Armenier – relativ verschont. Dennoch konnten sich ihre kleinen, weit weniger dynamischen Gemeinschaften kaum von den Massakern erholen. Die Ereignisse von 1915 gaben ihnen den Todesstoß.

4. Die Massaker von 1915/1916

Die Massaker von 1895 waren Vorzeichen der Massenvernichtung unter der christlichen Bevölkerung Anatoliens im Jahre 1915. Vor allem die Armenier waren davon betroffen. Seit Beginn des Ersten Weltkrieges wurden sie der Kollaboration mit den Russen bezichtigt und verdächtigt, zumal die Russen, die den Kaukasus im Januar 1915 besetzten, Gewalt ausübten, die von armenischen Hilfstruppen aus den Distrikten von Van und Zeitun flankiert wurde. Die osmanische Regierung, die diese „fünfte Kolonne" in der Grenzzone fürchtete, gab im Mai 1915 den Befehl, die armenische Bevölkerung in Ostanatolien in den Nordirak und nach Syrien zu deportieren. Jene Armenier, die bei ihrem Abtransport nicht vor Ort getötet wurden (in der Regel Erwachsene und gesunde Personen), verloren ihr Hab und Gut bei der Deportation. Arnold Toynbee charakterisiert das Vorgehen fünfzig Jahre später in seinen Memoiren: „Die Deportationen wurden mit gewollter Brutalität ausgeführt, um unterwegs die größtmögliche Zahl von Todesopfern zu erzielen." Auf ihrem langen Marsch waren die Deportierten den irregulären Truppen und den Soldaten, die nur vorgeblich ihren Schutz garantierten, wehrlos ausgeliefert. Wurden sie nicht unterwegs ermordet, dann starben sie vor Erschöpfung, Kälte, Hunger. Nur 350 000 Überlebende gelangten schließlich in die grauenvollen Lager in der syrischen Wüste, wo viele von ihnen zugrundegingen, bevor englische Truppen sie befreien konnten. Es gab insgesamt mindestens 700 000 Tote[70]. Unter den Überlebenden wurde die Mehrzahl, insbesondere die zu Witwen und Waisen gewordenen Frauen, zum Islam zwangsbekehrt. 200 000 Armenier hatten das „Glück", nach Russisch-Kaukasien fliehen zu können. Doch auch hier starben 40 000 auf der Flucht.

Darüber, ob die Massaker von oben bestimmt und organisiert wurden, um im Kaukasus ein ethnisches Element zu eliminieren, das dem Panturanismus im Wege stand, gibt es erhebliche Differenzen. Die Armenier sprechen von Völkermord, die Türken rechtfertigen die Opfer der Umsiedlung mit militärischen Notwendigkeiten und billigen der türkischen Armee zu, entsprechend den Umständen in der Kriegszeit gehandelt zu haben. Schließlich hätte zu dieser Zeit die türkische Bevölkerung ebenfalls entsetzlich leiden müssen. Doch obgleich die Authentizität von Telegrammen, die den Genozid befahlen, unsicher ist, fällt es schwer zu glauben, daß hier keine organisierte Vernichtung der Armenier vorlag. So wurden im Juli 1915 die Armenier aus Zentralanatolien und Kilikien „evakuiert", obwohl sie weit entfernt von der Kriegsfront lebten und ihre Deportation keinen militärischen Sinn machte. Die lange Dauer der Gemetzel, die sich nach 1916 im griechisch-türkischen Kon-

---

[69] Zur Situation der Chaldäer, ihren Diözesen und Bischofslisten vgl. J. Tfinkdji, L'Eglise chaldéenne catholique autrefois et aujourd'hui, 1913, Auszüge in: L'Annuaire Pontifical 1914 (mit zahlreichen Abb.).
[70] Diese Zahl schätzt der englische Historiker A. Toynbee, Les Massacres des Arméniens, Paris 1916 (Nachdr. 1987). Die Türken erkennen heute nur eine Zahl von 300000 an und setzen sie in Beziehung zu ebenso großen türkischen Verlusten in dieser Zeit. Die türkische Angabe über die armenischen Verluste ist nicht vertretbar. Die Armenier selbst sprechen von mehr als einer Million und mehr Toten. Vgl. hierzu Courbage – Fargues, Chrétiens et Juifs 223–226.

flikt fortsetzten, macht es abwegig, von vereinzelten Gewalttätigkeiten oder Übergriffen kurdischer Banden zu sprechen[71]. Hinzu kommen zeitgenössische Zeugnisse, wie das des Pfarrers Johannes Lepsius, der für die „Deutsche Orientmission" in Anatolien und in der Türkei tätig war, und das Arnold Toynbees, der Lord Bryce für die englische Kommission begleitete. Nach Toynbee (1916) waren die Massaker an den Armeniern ein politischer Genozid, kein religiöser: „Es gab keine Feindschaft der Muslime gegen die christlichen Armenier. Das Verbrechen wurde nicht aus religiösem Fanatismus durchgeführt, sondern auf Befehl der Regierung, die sich aus rein politischen Gründen ihrer nicht-muslimischen Untertanen entledigen wollte, da diese die Homogenität des Reiches verhinderten und ein unruhiges Element bildeten."[72]

Exil, Zwangsbekehrung zum Islam, Deportation und Massaker haben dafür gesorgt, daß von der blühenden und zahlreichen armenischen Gemeinschaft in Anatolien nach dem Weltkrieg nichts mehr übriggeblieben ist. Bei der Volkszählung von 1927 lebten in der gesamten Türkei nur noch 77 000 Armenier, die Mehrzahl in Istanbul.

Die nicht so zahlreichen Jakobiten wurden im Verhältnis zu ihrer Größe noch mehr geschwächt. 96 000 syrische Christen wurden allein in der Stadt Mardin ermordet. In der gleichen Zeit fiel ein Drittel der assyrischen Gemeinschaft im Tur Abdin den Schergen zum Opfer[73]. Die Überlebenden retteten sich nach Persien, Rußland, Syrien und in den Irak.

In der Bevölkerung Kleinasiens, die noch um 1900 zwischen zwanzig und fünfundzwanzig Prozent Christen auswies, gab es am Ende des Ersten Weltkriegs nicht mehr als neun Prozent Christen. Der griechisch-türkische Krieg, der dem Ersten Weltkrieg folgte, endete in einer Katastrophe für die kleinasiatischen Griechen, die seit alters her im Osmanischen Reich verwurzelt waren. Sie wurden zum Exil in ein Griechenland gezwungen, von dem sie oft nicht einmal die Sprache kannten: Die 464 000 Türken und Muslime in Griechenland wurden gegen 1,3 Millionen Griechen aus der Türkei ausgetauscht. Dieser massive Exodus von 1922 markierte das Todesurteil christlicher Präsenz in der Türkei.

5. Jenseits der Schicksalsschläge – eine lebendige Gemeinschaft

Die Geschichte der Christen im Orient schließt mit schrecklichen Massakern, die in den Augen vieler ihren endgültigen Niedergang besiegelten[74]. Dennoch sind die orientalischen Christen nicht immer nur Opfer oder Flüchtlinge gewesen, wie es im nachhinein das dunkle und leidvolle Bild des 19. Jh. glauben machen könnte. Vielmehr brachte die-

---

[71] Vgl. die armenische Sichtweise bei G. CHALIAND – Y. TERNON, Le Génocide des Arméniens, 1980; die türkische Sichtweise bei K. GÜRÛN, Le dossier arménien, 1983. Vgl. auch die Synthese beider Sichtweisen bei P. DUMONT – F. GEORGEON, La mort d'un Empire, in: R. MANTRAN (Hrsg.), Histoire de l'empire ottoman, Paris 1989, 623–624.

[72] A. TOYNBEE, Les massacres des arméniens 1915–1916, Payot 1987, 11. Vgl. auch die deutschen diplomatischen Aktenstücke aus dieser Zeit, hrsg. von J. LEPSIUS, Deutschland und Armenien 1914–1918. Sammlung diplomatischer Aktenstücke, Potsdam 1919 (Nachdr. Bremen 1986), und die französischen Archivakten, hrsg. von A. BEYLERIAN, Les grandes puissances, l'Empire ottoman et les arméniens dans les archives françaises, 1914–1918, Paris 1983.

[73] Die Diözesanlisten bei FIEY, Pour une Oriens (s. Anm. 68), erhellen, wie viele assyrische und jakobitische Diözesen zwischen 1915 und 1922 ausradiert wurden.

[74] So J.-P. VALOGNES, der seinem Werk deshalb den Titel gab „Vie et mort des chrétiens d'Orient" (Paris 1994). Y. COURBAGE und PH. FARGUES sprechen in ihrem Werk „Chrétiens et Juifs dans l'Islam arabe et turc" (Paris 1992) von einer „Finsternis" bzw. einem „Schattendasein".

ses Jahrhundert für die orientalischen Christen auch die Annäherung an die Moderne, ein für die Gesamtheit ohne Frage erfolgreicher Schritt. In dieser Hinsicht zeigen die Gemeinschaften des christlichen Orients ein Bild bemerkenswerter Lebendigkeit und Dynamik.

Die Zähigkeit der orientalischen Christen in den Umstürzen des 19. Jh. läßt sich wohl nur mit dem Aufrechterhalten ihrer konfessionellen Identität erklären, mit einem „konfessionellen Nationalismus" oder „kirchlichen Patriotismus", der weit über das Bekenntnis des christlichen Glaubens hinausging und zuweilen den exklusiven Rückzug auf die eigene Gemeinschaft in Kauf nahm. In vielen Punkten läßt sich dies nachzeichnen. Da ist zunächst die liturgische Verbundenheit: Ungeachtet aller Verschiedenheit haben die orientalischen Gottesdienste eine gewisse Ähnlichkeit. Charakteristisch sind „die Länge und die Komplexität der Zeremonien, aber auch die sakrale Atmosphäre, in welcher sie sich abspielen. Ein sakraler Charakter, der augenscheinlich ohne weiteres zugleich einen volkstümlichen, familiären Aspekt annimmt"[75]. Gerade weil die römisch-katholische Kirche diese enge Anbindung der Orientalen an ihre eigene Liturgie verkannte, konnten im 19. Jh. die schweren Konflikte mit den Unierten entstehen[76].

Charakteristisch ist auch die Rolle des Klerus. Zwar ist nicht zu leugnen, daß der orientalische Priester von den europäischen Reisenden und Missionaren regelmäßig als grober Ignorant oder auch als Analphabet geschildert wurde, der nichts anderes als Fasten und Gebete ohne theologischen Tiefgang kannte und den Gläubigen weder Predigten noch Schriftauslegung zuteil werden ließ. E. Boré beschrieb in seinem Werk „De la vie religieuse chez les chaldéens" (Paris 1843) mit unverhohlener Verachtung den „traurigen Anblick", den nestorianische Priester böten: verheiratet, arm und von den reichen Laien in der Gemeinschaft abhängig, gezwungen, für ihren Lebensunterhalt zu arbeiten, dem Joch von tyrannischen Ehefrauen unterworfen, von einer Kinderschar heimgesucht (das Priestertum ging vom Vater auf den Sohn über) usw.

Und doch waren die solcherart von den europäischen Missionaren häufig dargestellten Mitglieder des orientalischen Klerus innerhalb ihrer jeweiligen Dorfgemeinde keinesfalls die am schlechtesten Ausgebildeten; oft waren sie die einzigen, die lesen konnten (sehr viel seltener konnten sie auch schreiben); ferner übten sie das Amt des lokalen Richters aus, hatten zugleich eine zivile und geistliche Rolle inne; man küßte ihnen die Hand, wie armselig auch immer ihre Situation war.

Die Patriarchen und Bischöfe, die aus den Zölibatären gewählt wurden, waren von einer sakralen Aura umgeben. Sie verkörperten die Gemeinschaft jenseits ihrer Schismen, auch wenn die Übertragung des Patriarchenamts vom Onkel auf den Neffen (bei den nestorianischen Patriarchen) zu notorischem Mißbrauch Anlaß gab.

Bemerkenswert war auch das Ansehen der Mönche. Die monastische Spiritualität blieb das vorherrschende Modell im Leben der orientalischen Christen. Es war kein Zufall, daß die religiöse Erneuerung des 19. Jh. in den meisten Gemeinschaften mit der des Mönch-

---

[75] Vgl. das Standardwerk zu den orientalischen Liturgien von I.-H. DALMAIS, Les Liturgies d'Orient, Paris 1980.

[76] Dieses Mißverständnis ist teilweise erklärlich durch zwei verschiedene Zugänge. „Während für das christliche Abendland die Eucharistie das Ostermysterium an Christus repräsentiert, d. h. es in unsere Zeit vergegenwärtigt, schiebt sich für den christlichen Osten eine andere Wirklichkeit in den Vordergrund (ohne gegensätzlich sein zu wollen), nämlich daß uns die Eucharistie am Ostermysterium Christi teilnehmen läßt, an Seiner Ewigen Gegenwart. Einerseits der Himmel auf Erden, andererseits die Erde im Himmel" (D. RANCE, Chrétiens du Moyen-Orient, témoins de la Croix, Paris 1991).

tums einherging[77]. In Äthiopien wurden die Klöster auf den Gipfeln errichtet, in Kurdistan waren sie in den tiefen Schluchten versteckt, in Ägypten lagen sie abgeschieden in der Wüste. Das Koinobitentum schloß das Anachoretentum nicht aus, und es gab noch Eremiten, die in der Nähe eines Konvents, in Ruinen, in Grotten oder Höhlen lebten. Der letzte nestorianische Eremit, Rabban Yonan († 1886), wurde als Prophet und Wundertäter verehrt. War auch das orientalische Mönchtum stets mit einem totalen Bruch mit der Welt verbunden, so hatten die Mönche, weit davon entfernt, sich von den Gläubigen zu separieren, immer eine wichtige geistliche Aufgabe im Leben der Gemeinschaften. Oft suchten die Gläubigen die Klöster auf: Bei den Jakobiten z. B. begab man sich an den Festtagen nach Deir az-Zaæfaran, dem im Nordosten von Mardin gelegenen ehemaligen Patriarchatskloster; hier genoß man den Tag unter gleichgesinnten Christen und holte sich den Segen der Mönche.

Die Volksreligiosität der orientalischen Christen im 19. Jh., die vom Klerus gebilligt und unterstützt wurde, erfuhr keinen Niedergang. Alle Zeugnisse, selbst die negativsten, lassen einen lebendigen und ungebrochenen Glauben durchschimmern. Die europäischen Missionare stellten häufig mißbilligend fest, daß die Gläubigen sich mit der Verrichtung von Fasten und Gebetszeiten zufriedengäben, ohne irgendetwas von ihrer Religion zu wissen. Doch diese ist in einem sakralen Alltag verankert. Gott, die Heiligen und die Engel verschwanden niemals aus der religiösen Sprache der orientalischen Christen. Die Wallfahrten zu den Gräbern der Heiligen gaben dem Jahr ein Gerüst, besonders in den ländlichen Gemeinden. In dieser volkstümlichen Religiosität kamen sich Christen und Muslime sehr nahe, häufig gab es gemeinsame kultische Praktiken, insbesondere auf dem Balkan, etwa in Albanien bei Pomaken und Domnen.

In Palästina waren viele Gräber biblischer Personen (Abraham, Hiob, Jonas, Joseph) Christen wie Juden und Muslimen gleichermaßen heilig, ganz zu schweigen von den heiligen Stätten in Jerusalem selbst, dem Mittelpunkt der orientalischen Frömmigkeit. In der gesamten orientalischen Christenheit waren die glücklichsten und am meisten begünstigten Christen jene, die zur Osterzeit nach Jerusalem pilgern konnten. Auf dem Balkan wurde ein solcher Jerusalempilger *hadji* genannt, wie der Muslim, der nach Mekka pilgerte. Angesichts der Bedeutung Jerusalems war jede Kirche darauf bedacht, eigene kultische Stätten, Pilgerhospize und Klöster in der Hl. Stadt zu besitzen.

Für die Mehrheit blieb Jerusalem allerdings unerreichbar, so daß die lokalen Wallfahrten überwogen. In den Hakkari-Bergen z. B. waren viele der zwei- bis dreihundert nestorianischen Kirchen, die aufgesucht wurden, mit *ex-votos* bedeckt: Kleidungsstücke, Glocken, Pendel, Straußeneier oder Gegenstände aus chinesischem Porzellan schmückten die kargen Mauern von Mar Zaia, das 1915 zerstört wurde. Besonders in Ägypten, einem Land überschwenglicher Frömmigkeit, vereinigten die *muleds* (von arabisch *mawalid*, der Geburtstag eines Heiligen) der Jungfrau Maria, des hl. Georg oder der wichtigsten Heiligen Kopten wie Muslime auf den Märkten, wo sich glühende Frömmigkeit und fröhliche Kirmes mischten. Hier taufte man die Kinder zu Tausenden, hier beschnitt man die Knaben, hier tätigte man den Kauf des Jahres. Die *muleds* des hl. Georg und besonders des Mit

---

[77] Zur frühen monastischen Erneuerung in der maronitischen Kirche durch die Reform von 1695 vgl. G. J. MAHFOUD, L'Organisation monastique dans l'Église maronite, Beirut 1967. Die traurige Situation der Nestorianer im 19. Jh. offenbarte sich durch das Fehlen von Mönchen in der Gemeinschaft. Die Klöster zerfielen im Hakkari-Gebirge zu Ruinen.

Damsis waren es auch, an denen von Dämonen Befallene durch Exorzismus geheilt wurden[78]. Die *muleds* verschafften bis in die Zeit um 1950 den Christen und Muslimen Gelegenheit, sich zu treffen und zu besuchen[79]. Mit der Verehrung der Heiligen vermischten
sich häufig die Überreste antiker Kulte um wundertätige Quellen, Grotten und heilige
Bäume. Das Heiligtum der Jungfrau von Zoodochos Pighi z. B., das an den Toren Istanbuls
von den Griechisch-Orthodoxen verehrt wurde, befand sich bei einer antiken Quelle, der
wundertätige Kräfte zugeschrieben wurden. 1793 wurde dort eine große Kirche errichtet
und 1837 ein Hospital.

Auch zeitgenössische Heilige gab es im 19. Jh. unter den orientalischen Christen. In der
Regel waren es Mönche, wie der maronitische Eremit Charbel Machluf (1828–1898) oder
der Märtyrer Gabriel Danbo bei den Chaldäern, dessen Leichnam man drei Tage nach seinem Martyrium in einer Schlucht fand, „unverwest und frisch, als ob er noch Reste von Leben in sich trüge" (E. Boré). In Ägypten erfuhr noch zu Lebzeiten Anba Braham (1829–
1914), der heilige Bischof vom Faiyum, eine intensive Verehrung. Er bot dem Chediven
Taufiq selbstbewußt die Stirn und bewirkte dadurch, daß sich zahlreiche Kopten nicht dem
Islam zuwandten. Ein anderes Beispiel eines zeitgenössischen ägyptischen Heiligen im
19. Jh. ist der erst kürzlich exhumierte Laie Sidhom Bischay (1785–1844), der in Damiette
lebte und zu Unrecht angeklagt worden war, den Islam verunglimpft zu haben. Er wurde
1844 hingerichtet. Die Beschwerden der Konsuln zogen eine Untersuchung nach sich,
welche den Märtyrer post mortem rehabilitierte. Er hatte Anrecht auf ein offizielles Begräbnis, das insofern außergewöhnlich war, als das Kreuz in aller Öffentlichkeit getragen
wurde. Einen analogen Fall findet man 1838 auf dem Balkan: In Epirus wurde Georg von
Ioannina (1808–1838) von den Türken aufgehängt, weil er sich geweigert hatte, dem
christlichen Glauben abzuschwören. Bereits dreizehn Tage nach seinem Tod war eine erste
Zeichnung im Umlauf, die ihn als Heiligen zeigte. Sein Grab und sein Haus wurden auf
dem ganzen Balkan zu beliebten Wallfahrtsstätten[80].

Der Reliquienkult ist – auch bei zeitgenössischen Heiligen – im 19. Jh. genauso stark
wie in den vorausgegangenen Jahrhunderten: „Als 1885 der mitreißende chaldäische Bischof von Seert, Peter Michael Bartatar, in der Stadt Piroz starb, also außerhalb seiner Residenz, weigerten sich die Bewohner der Stadt, seinen Leichnam herauszugeben. Die Priester, die die vakante Diözese leiteten, riefen die türkische Armee zu Hilfe, um die
sterbliche Hülle ihres Bischofs wiederzubekommen. Das dauerte, schließlich mußten sie
einem Vergleich zustimmen und den rechten Arm des Verstorbenen den Einwohnern von
Piroz überlassen."[81]

Der Glaube an Wunder war bei den orientalischen Christen ungebrochen. Ihr Leben –
wie das ihrer muslimischen Nachbarn – kam ununterbrochen mit dem Wunderbaren in Berührung. Von einem Heiligen oder seinen Reliquien wurde selbstverständlich Hilfe erwar-

---

[78] Man ist für das Verständnis dieser orientalischen Volksreligiösität im 19. Jh. meistens auf Berichte der Missionare und europäischen Reisenden angewiesen. Das einzige umfassendere Werk zu diesem Thema für Ägypten ist
G. VIAUD, Les pèlerinages coptes en Égypte, IFAO 1979. Es enthält auch eine ältere Bibliographie für das 19. Jh.
[79] Anscheinend gab es im gesamten Orient die Praxis der „Taufe" für muslimische Kinder: Wenn ein muslimisches
Kind dem Tod nahe war, brachte man es zur Taufquelle, um es zu retten. Diese Praxis ist bei den Jakobiten bezeugt,
vgl. JOSEPH, Muslim-Christian Relation (s. Anm. 3). Sie existierte heutzutage immer noch in Oberägypten.
[80] Vgl. D. PAPASTRATOS, Paper Icons. Greek Orthodox Religious Engravings (1665–1899), Bd. I, Athen 1990,
217.
[81] J. M. FIEY, La vie mouvementée des reliques dans l'Orient syriaque, in: Parole de l'Orient 13 (1986) 184.

tet, sei es eine Dämonenaustreibung, Heilung oder der Schutz und die Stärkung einer Gemeinschaft. Die in den Städten lebenden aktiven Eliten unter den Kopten, Armeniern, Griechisch-Katholiken oder Maroniten, die sich im 19. Jh. für die Rationalität und den Laizismus des Westens begeistern ließen, vergaßen zu oft, daß die überwiegende Mehrheit der christlichen Orientalen ihrem Klerus, ihren Heiligen und einer mündlich tradierten Glaubenskultur tief verbunden waren.

Liturgie, Kleriker und Mönche, Volksreligiosität und natürlich die sakrale Kunst bewahrten allen westlichen Einflüssen zum Trotz ihre Traditionen. Die Gravurtechnik verbreitete und unterstützte den orthodoxen Glauben unter der osmanischen Herrschaft auch in den einfachsten Behausungen dank der berühmten „Ikonen aus Papier". Diese vermischten westliche Einflüsse mit Kopien echter Ikonen und stellten Christus, die Jungfrau und die Heiligen dar, aber auch Ansichten der wichtigsten Klöster[82]. Das autochthone Erbe der äthiopischen Kunst läßt sich bis ins 20. Jh. verfolgen in der Illustration von Evangeliaren, liturgischen Stickereien oder in der Herstellung von Segens- und Prozessionskreuzen. Bei den Armeniern hatte die Wiederentdeckung des nationalen Erbes durch die Folkloristen und Musikologen sogar unmittelbaren Einfluß auf die sakrale Musik. Pater Komitas (1869–1935) sammelte dreitausend Gesänge in den osmanischen Provinzen und machte durch Konzerte die armenische Musik bekannt, die er vor dem westlichen Einfluß bewahren wollte; er komponierte auch eine Messe. Mit Beginn des 20. Jh. wurde ferner die sakrale Musik der syrisch-jakobitischen Kirche wieder studiert und von den Benediktinern ediert. Die Konfrontation mit dem Westen und das Erwachen der Nationalismen im 19. Jh. führten so paradoxerweise zu einer Wiedergeburt und Vertiefung der eigenen Traditionen in den orientalischen Kirchen.

Nach den Massakern von 1915 bot die orientalische Christenheit somit ein kontrastreiches Bild: Unierte und Protestanten, die Minoritäten unter den Minoritäten, bilden künftig stabile und autonome Gemeinschaften, die fortfahren, für die Anerkennung ihrer Würde zu kämpfen. Die armenische Diaspora ist zwar immer noch im Orient präsent, hat aber Kleinasien und ihre historische Wiege in Anatolien verloren. Die Griechen sammeln sich in Europa. Die syrischen Gemeinschaften (Assyrer und Jakobiten) sind ihrer Heimat in den Bergen entwurzelt und scheinen mehr und mehr bedroht. Die Maroniten hingegen befinden sich am Vorabend der Entstehung eines Groß-Libanon, den sie sich erhoffen, während die ägyptischen Kopten und Muslime sich in einem gemeinsamen Nationalismus vereinen. Politische Entwicklung, Migrationen und Massaker zeitigen als Hauptergebnis eine geographische Verschiebung aller beteiligten Gemeinschaften. Von jetzt an wird der Vordere Orient, in dem sich die Zukunft der orientalischen Christen abspielt, ein arabischer sein.

---

[82] Eine schöne Sammlung von 618 Gravuren findet sich bei PAPASTRATOS, Paper Icons.

Bibliographie

Empfehlenswert sind trotz ihrer zeitlichen Beschränkung die von Spezialisten verfaßten, sehr detaillierten Artikel in den einzelnen Lexika. Besonders zu nennen sind u. a. die Artikel „Alep" von C. KARALEVSKY, in: DHGE II (1914), „Arménie" von F. TOURNEBIZE, in: DHGE IV (1930), „Maronite (Église)", von P. DIB, in: DThC X (1928); „Monophysite (Église copte)" von M. JUGIE, in: DThC X (1929); „Nestorienne (Église)" von E. TISSERANT, in: DThC XI (1931), sowie „Syro-Malabare (Église)", in: DThC XIV (1941); „Syrienne (Église)" von I. ZIADÉ, in: DThC XIV (1941). Deutsche Leser können auf die entsprechenden Artikel im soeben in dritter Auflage erscheinenden „Lexikon für Theologie und Kirche" (Freiburg i. Br. 1993 ff.) zurückgreifen.

Zum politischen Zusammenhang

G. CASTELLAN, Histoire des Balkans, Paris 1991.
R. MANTRAN (Hrsg.), Histoire de l'Empire Ottoman, Paris 1989.

Zu den Christen im Orient

A.-J. ARBERRY (Hrsg.), Religion in the Middle East, Bd. I: Judaism and Christianity, Cambridge 1969.
J. ASSFALG – P. KRÜGER, Kleines Wörterbuch des Christlichen Orient, Wiesbaden 1975.
A. S. ATIYA, A History of Eastern Christianity, London 1968.
B. BRAUDE – B. LEWIS (Hrsgg.), Christianity and Jews in the Ottoman Empire. The Functioning of a Plural Society, 2 Bde., London 1982.
A. FORTESCUE, The Orthodox Eastern Church, London 1929.
J. HAJJAR, Le Christianisme en Orient. Étude d'histoire contemporaine (1684–1968), Beirut 1971.
R. JANIN, Les Églises orientales et les rites orientaux, Paris ⁴1955.
P. RONDOT, Les Chrétiens d'Orient, in: J. PEYRONNET (Hrsg.), Cahiers de l'Afrique et de l'Asie, Bd. IV, 1955.
J.-P. VALOGNES, Vie et mort des chrétiens d'Orient, Paris 1994.
W. DE VRIES, Der Christliche Osten in Geschichte und Gegenwart, Würzburg 1951.

Spezialzeitschriften

Échos d'Orient
Muslim World
Parole de l'Orient
Proche-Orient chrétien
Revue de l'Orient chrétien

SECHSTER TEIL

DIE NEUE WELT

Erstes Kapitel

Nordamerika

A. Die Vereinigten Staaten von Amerika

von Régis Ladous

Am Samstag, den 12. November 1836, brachte Phineas Taylor Barnum (1810–1891), einer der größten Schausteller der amerikanischen Geschichte, der die Entwicklung des amerikanischen Zirkus vorantrieb, seine Truppe in einem Marktflecken der Rocky Mountains unter, wo es nur eine Kirche gab. Er bat den Pfarrer des Ortes um die Erlaubnis, am Sonntagmorgen die Kanzel besteigen zu dürfen, um von den göttlichen Gesetzen und dem Gehorsam, den man ihnen schulde, zu sprechen. Dabei betonte er, daß er nicht dem geistlichen Stand angehöre. Der Pfarrer wandte sich an seine Gläubigen. Immer begierig, einen noch Unbekannten sprechen zu hören, stimmten sie zu und lauschten interessiert seinen Worten, wobei er ihnen an Hand von Bibelzitaten aufzeigte, daß intelligente Wesen das Glück einzig in der Achtung, der Furcht und der Anbetung des Herrn finden könnten. Die Gläubigen waren Baptisten und Barnum Presbyterianer. Aber keiner dachte daran, ihn nach seiner kirchlichen Zugehörigkeit zu fragen. Erst nach der Predigt erkundigten sich einige nach seinem Namen[1].

Es ist nicht nur unmöglich, sondern geht an der Realität der Vereinigten Staaten vorbei, wollte man versuchen, eine vollständige Aufzählung der verschiedenen Kirchen, Denominationen, Sekten oder religiösen Kulte dieses Landes zu liefern, in dem die Begriffe Religionsgemeinschaft oder Schisma nicht die gleiche Bedeutung wie in Europa haben.

Barnum berichtete auch, wie sein Heimatdorf Bethel (USA, Connecticut) um 1830 in zwei feindliche Lager gespalten wurde. Dabei ging es nicht etwa um dogmatische Fragen, wie der Dreieinigkeit oder der Auferstehung, sondern um die Installierung einer Kirchenheizung. Tatsächlich konnten solche banale Streitigkeiten wie der Einbau einer Heizung oder einer Orgel in jener Zeit zu Spaltungen führen, wobei die Parteien anschließend teilweise in derselben Kirche verblieben oder sich anderen Denominationen anschlossen. Allerdings wurden dadurch nur selten tiefgreifende Veränderungen des Gottesdienstes oder der Lebenspraxis ausgelöst.

Als *congregation* bezeichnete man die Versammlung der Gläubigen eines Ortes, die konkrete Gemeinde also, die im selben Gotteshaus Abendmahl feierte und dem gleichen Pastor zuhörte. Dies war damals die einzige Realität, die wirklich zählte. Daher ist auch verständlich, wieso eine Aufzählung der verschiedenen Denominationen ebenso nutzlos

---

Zu Kurztiteln vgl. die jeweilige Erstnennung bzw. die Bibliographie am Ende dieses Kapitels.

[1] P. T. Barnum, Luttes et Triomphes, ou la vie de Barnum racontée par lui-même, Paris 1980, 237–238.

ist wie eine detaillierte Darstellung der im Laufe des Jahrhunderts immer häufiger vorkommenden Streitigkeiten und Aussöhnungen – sowie der Kirchenspaltungen, die weitere Spaltungen nach sich zogen: Das Kirchenverständnis war in den Vereinigten Staaten von Amerika ein anderes als in Europa.

Ebenso gewagt wäre es, genaue Mitgliederzahlen angeben zu wollen. In Bethel gingen alle Christen zur presbyterianischen Kirche, weil es keine andere gab. Ebenso war es in dem Marktflecken der Rocky Mountains, in dem Barnum predigte: Jedermann kam zum baptistischen Gottesdienst, weil es keinen anderen gab und niemand das Bedürfnis empfand, einen anderen abzuhalten. Nur ein Teil der Gläubigen ließ sich überhaupt offiziell als Mitglied der presbyterianischen oder baptistischen Kirche oder irgendeiner anderen organisierten Denomination eintragen. Und die kirchlichen Statistiken – mit Ausnahme der katholischen Kirche, die die Zahl der Getauften angab, die allerdings nicht alle praktizierende Christen waren – führten nur erwachsene Mitglieder auf, die Beiträge bezahlten. Diese zwar brauchbaren und sicher auch wertvollen Angaben zeigten allerdings nur an, ob eine Denomination im Niedergang begriffen war, stagnierte oder einen neuen Aufschwung nahm. Verschiedene Demographen haben versucht, zur Erfassung der Mitgliederzahlen die auf Bundesebene durchgeführten Volkszählungen heranzuziehen, in denen die Gotteshäuser und die Zahl der dort zur Verfügung stehenden Plätze genannt wurden. Allerdings ist nur in wenigen Fällen bekannt, wie viele Gläubige wirklich die Gottesdienste besuchten[2]. Aus diesem Grund können keine zuverlässigen Zahlen genannt werden; die unten gemachten Angaben sind Schätzwerte, die entsprechend vorsichtig zu bewerten sind.

I. Vor dem Bürgerkrieg

1. Erblasten

Das Erbe des Puritanismus

Es dauerte bis 1833, bis die letzte gesetzlich verankerte Staatskirche *(established church)*, die presbyterianische Kirche von Massachusetts, die Kirche der Pilgerväter, von der Landkarte der Vereinigten Staaten von Amerika verschwand. Bis zu diesem Zeitpunkt genoß sie noch einige gesetzliche Privilegien, Überbleibsel einer fernen Zeit, in der sich die Kolonisten auf der Suche nach Freiheit in Theokratien flüchteten. Ihre Abschaffung bedeutete das Ende des politischen Puritanismus, jedoch nicht des Puritanismus als Religion, Ethik und Lebenspraxis. In Europa wurde der Puritanismus bestenfalls mit jener „innerweltliche Askese" gleichgesetzt, in der Max Weber die Grundlage für die Entwicklung des Kapitalismus sah. Aber der Puritanismus besaß daneben noch eine „Glücksethik".

---

[2] Vgl. dazu die Aussagen von R. FINKE und R. STARK, Turning Pews Into People: Estimating 19th Century Church Membership, in: JSSR 25 (1986) 180 (bezüglich der in den Jahren 1850, 1860 und 1870 durchgeführten Erhebungen auf Bundesebene): „Während dieser Epoche außergewöhnlicher Veränderungen in der religiösen Landschaft sammelten die Volkszähler jedes Jahrzehnt sorgfältig Informationen über jede Kirchengemeinde im Land. So sind wir in der Lage, für jede Stadt und jedes *country* festzustellen, über wieviele Gotteshäuser jede Denomination [...] und über wieviele Sitzgelegenheiten (Sitzplatzkapazität) jede Kirche verfügte. Aber in diesen Erhebungen wurden die Mitgliederzahlen der einzelnen Kirchen nicht erfaßt."

„Folgende Wahrheiten halten wir für selbstverständlich: Daß alle Menschen gleich geschaffen sind; daß sie von ihrem Schöpfer mit gewissen unveräußerlichen Rechten ausgestattet sind; daß zu diesen Rechten das Leben, die Freiheit und das Streben nach Glück gehören."

Dieses Recht auf das Streben nach dem eigenen Glück wurde in der französischen Menschenrechtserklärung 1789 nicht erwähnt und kann somit als das Verdienst der Puritaner angesehen werden. Gewiß war für sie Glück an die Bedingung geknüpft, daß man bereit war, dem Ruf Gottes, dem *calling*, zu folgen. Aber es gab viele Wege, und auch die Familie, der Arbeitsplatz, der Staat und die Kirche wurden unterschiedslos miteinbezogen. Gottes Segen wurde jedem Berufenen zuteil, solange man fleißig arbeitete. Dabei war es gleichgültig, ob ein Mensch seine Berufung mehr in seinem eigenem, persönlichen Streben oder innerhalb des Ehestandes zu verwirklichen suchte, ob durch manuelle oder geistige Tätigkeit, ob im staatsbürgerlichen oder wirtschaftlichen Bereich. Die Arbeit *(labour)* bewirkte den Einklang von Körper und Geist, von Mann und Frau, von Bürger und Staat, von Käufer und Verkäufer, sie begründete das Eigentum und gab dem Handel eine geistige Dimension[3]. Sicher kam es vor, daß wegen der Abgeschiedenheit der Pioniere, ihren vielen Enttäuschungen und den täglichen Gefahren für Leib und Leben, gerade die Überzeugtesten oder auch die Schwächsten unter ihnen an ihrer Sendung irre wurden, so daß sie sich schließlich – besessen von der Idee, daß der Tod eine Strafe sei – von ihren Ängsten durch Anfälle religiöser Verzückung zu befreien suchten[4]. Aber die meisten Puritaner waren weder Heilige noch Feiglinge. Sie suchten ihre Erfüllung in den Werken, ohne die weltlichen Freuden zu vergessen. Edmund Leites[5] unterstrich, daß sie im diametralen Gegensatz zum calvinistischen Pessimismus daran festhielten, daß der Mensch von Natur aus gut und sein „Streben nach Glück" durchaus legitim sei, wie es die Unabhängigkeitserklärung der Vereinigten Staaten verkündete. Diese Überzeugung bildete die Grundlage des amerikanischen Optimismus, der auf familiärer Ebene, im *sweet home*, seinen Ausdruck finden sollte. „Aus jener Weichherzigkeit, die von den Presbyterianern bis zur Aufklärung und zum Utilitarismus eines Benjamin Franklin spürbar ist, sollte sich das Gefühl für Partnerschaft und Familie entwickeln"[6]. Das Ethos von der Berufung des einzelnen war die Grundlage der Gleichheit aller: Waren doch alle Menschen vor dem Angesicht Gottes gleich, d. h. frei, jede Arbeit in Angriff zu nehmen. Im Laufe des 18. Jh. gelangte man dann zu einer moderneren, auch für das kommende Jahrhundert gültigen Interpretation von Berufung als harmonischer Begegnung mit dem Schöpfer, die zum Erwerb von Bürgertugenden, Beständigkeit und Ehrlichkeit führen sollte. Überall – in der Werkstatt oder in der Bank, in der Gesellschaft oder im eigenen Heim – floß das Leben wie ein breiter mächtiger Strom dahin, unberührt von quälenden Gewissensbissen oder ungeduldiger Erwartung einer „Neugeburt in Gott".

Der zunächst noch umstrittene amerikanische Puritanismus wurde im Laufe des 19. Jh. allgemein akzeptiert. Von 1830 bis zum Bürgerkrieg (1861–1865) war er den Südstaatlern und den Katholiken verhaßt, während er bei den Nordstaatlern sowohl von den erweckten

---

[3] M. MIEGGE, Vocation et Travail, Essai sur l'éthique puritaine, Paris – Genf 1989.
[4] D. E. STANNARD, The Puritan Way to Death: a Study in Religion, Culture and Social Change, New York – Oxford 1978.
[5] E. LEITES, La Passion du bonheur. Conscience puritaine et sexualité, Paris 1989.
[6] J. P. RIOUX, Le Monde vom 21. April 1989.

Protestanten als auch von den Liberalen gepriesen wurde, von denen erstere das göttliche *calling* betonten, letztere den Unternehmungsgeist und das Recht auf Glück. Nach dem Bürgerkrieg mußte ein neues Nationalbewußtsein, d. h. eine gemeinsame Möglichkeit zur Identifikation, geschaffen werden. Die *genteel tradition* idealisierte den Puritanismus. In ihren Augen zählte einzig das persönliche Engagement für Freiheit und Demokratie. Der Unabhängigkeitskrieg und die Eroberung des Westens machten die Geschichte der Pilgerväter zu einem der Gründungsmythen der (wieder-)vereinigten Staaten von Amerika. Heute, am Ende des 20. Jh., sehen die Historiker in der puritanischen Tendenz, alle Dinge zu verinnerlichen und zu vergeistigen, eine der möglichen Ursachen für die vielen Spielarten der Gläubigkeit der Amerikaner oder zumindest für ihre Gleichgültigkeit gegenüber festgefügten Kirchen und Dogmen [7].

Von der Aufklärung zur Naturreligion

Wie erwähnt, war eine gewisse Weichherzigkeit, die bei den Presbyterianern spürbar war, auch bei den Aufklärern vorhanden. Einige davon kamen aus Frankreich, die meisten jedoch aus England. Sie konnten ihren Einfluß umso mehr geltend machen, als sie sich nicht frontal gegen den Puritanismus wandten. Als Deisten lehnten sie zwar die Vorstellung des *calling* ab, achteten jedoch die Heilige Schrift und stimmten in ihrem Optimismus und Glücksstreben mit den Verfechtern erweckter Frömmigkeit überein. So konnte ein aufgeklärter Großbürger aus Virginia, Thomas Jefferson (1743–1826), das Land als Präsident regieren, ohne daß deshalb auch nur die geringste religiöse Krise ausbrach. Er glaubte weder an Wunder noch an das Dogma der Dreifaltigkeit, weder an die Gottheit Christi noch daran, daß dieser als Sühne für die Sünden der Menschen am Kreuz gestorben sei (Lehre von der Versöhnung, einer der Kernpunkte der presbyterianischen Theologie). Er glaubte an kein Dogma und lehnte jede Religion, die in Gestalt einer Kirche auftrat, ab. Da er für die Gewissensfreiheit eintrat, waren all diese „Sekten" in seinen Augen Institutionen, die durch nichts gerechtfertigt waren. Aber er kannte die Bibel gut, legte Wert auf die moralischen Lehren Jesu, verehrte das höchste Wesen, das seinen vernünftigen Grund in der Natur fand, und glaubte an ein Jenseits, in dem die guten Taten belohnt und die Verbrechen bestraft werden. Er betrachtete die Menschenrechte als jedem Menschen gleichermaßen zustehende Gabe Gottes *(God-given)*. War er davon überzeugt, daß der Mensch von Natur aus gut sei? Jedenfalls betonte er ebenso leidenschaftlich die Pflichten wie die Rechte des einzelnen, wodurch er sich klar von den französischen Revolutionären unterschied. Er wollte die christliche Symbolik auf staatlichen Abzeichen bewahren und wurde nach den Riten der Episkopalkirche [8], die aus der anglikanischen Kirche hervorgegangen ist, zu Grabe getragen [9].

Jefferson stand nicht allein, und die von ihm vertretene Richtung war keineswegs kurzlebig. Viele Absolventen der Harvard University hielten an der Tradition einer aufgeklär-

---

[7] J. TURNER, Without God. Without Creed. The Origins of Unbelief in America, Baltimore 1987.

[8] Die Episkopalkirche ist ein Zweig der anglikanischen Kirche in den Vereinigten Staaten. Die Gründung geht auf englische Kolonisten zurück. Seit 1785 sind die Episkopalisten vom Bischof von London unabhängig und verbreiteten sich als *The Protestant Episcopal Church* in ganz Amerika.

[9] A. JAYNE (Hrsg.) The Religous and Moral Wisdom of Thomas Jefferson. An Anthology, New York 1984; CH. B. SANFORD, The Religious Life of Thomas Jefferson, Charlottesville, Virginia 1984.

ten Religion fest, in der sich Vernunft und *common sense* verbanden, um dem Dogma von der Dreifaltigkeit die Einheit des einen Gottes entgegenzusetzen und dem Dogma der Fleischwerdung des Gottessohnes die menschliche Natur Jesu[10]. Ihr Führer war William Ellery Channing (1780–1842), ein Pastor aus Boston, den der amerikanische Philosoph und Schriftsteller Ralph Waldo Emerson (1803–1882) „unseren Bischof" nannte. Channing behauptete, daß die Bibel, wie jedes andere Buch auch, im Lichte der Vernunft interpretiert werden müsse. Er schenkte der Erzählung vom Sündenfall keinen besonderen Glauben. Seiner Meinung nach war jeder Mensch zum Guten fähig, nicht dank der Gnade Gottes, sondern weil die menschliche Natur durch keine Erbsünde verdorben wurde[11]. So lange wie möglich stellten diese *scholars* die etablierten Kirchen selbst nicht in Frage (gehörten sie doch presbyterianischen, kongregationalistischen oder baptistischen Kirchen an). Sie wollten nicht durch sinnlose Streitereien den Nutzen der Kirchen auf sozialer Ebene mindern und ihren Beitrag zum öffentlichen Wohl schmälern.

Aber ihre Gegner hielten den Streit keineswegs für sinnlos. Die *battle of the pulpits*[12] führte 1825 zur Gründung der *American Unitarian Association*. Tatsächlich handelte es sich nur um einen Zusammenschluß verschiedener Vereine, ohne Schaffung eines Zentralorgans. Man setzte sich zum Ziel, über eine bloß wortgetreue Interpretation der Bibel hinauszukommen, um die Offenbarung mit „den Lehren der göttlichen Werke", d. h. mit der Natur, in Einklang zu bringen. Der Gott dieser Unitarier[13] war zugleich rational und barmherzig, er brachte allen Menschen das Heil und ließ sie „die Vollkommenheit anbeten", die im Menschen Jesus als „leuchtendem Widerschein der göttlichen Eigenschaften" Fleisch geworden war. Dabei handelte es sich um keine Massenbewegung: Insgesamt waren 125 Vereine, von denen vier Fünftel aus Massachusetts stammten, daran beteiligt. Aber zu ihren Mitgliedern oder Sympathisanten zählten fast alle, die im kulturellen Leben der Neuenglandstaaten Rang und Namen hatten: Lowell, Holmes, Longfellow und Ralph Waldo Emerson, der erste amerikanische Schriftsteller internationalen Ranges, zu denen sich Ende der dreißiger Jahre mit Henri David Thoreau (1817–1862) noch eine weitere literarische Größe gesellte[14]. Angesichts der Tatsache, daß sich auch Nathaniel Hawthrone (1804–1864) und Hermann Melville (1819–1891) der Bewegung, sobald sie in ihre „Emersonsche" Phase eintrat, anschlossen, wird deutlich, welche Herausforderung diese für das etablierte Christentum in Amerika darstellte. Emerson veränderte die *American Unitarian Association* von 1825 völlig. Übrig blieben nur noch die äußerlichen Strukturen, in die er aber gleichzeitig die moderne deutsche Bibelforschung integrierte. Jetzt ging es nicht mehr darum, beispielsweise das biblische Buch der Offenbarung mit der Natur in Einklang zu bringen, sondern darum, alle Unterschiede zwischen der Offenbarungsreligion und der Naturreligion zu harmonisieren.

Emerson, der ein Absolvent von Harvard war, blieb sieben Jahre als Pastor im Dienst der *Association*, bis er schließlich seinen Abschied einreichte. Als Grund gab er an, daß er die Abhaltung öffentlicher Gebete ebenso ablehne wie die Verwendung dinglicher Ele-

---

[10] C. WRIGHT, The Beginnings of Unitarianism in America, Boston 1955.
[11] D. ROBINSON, The Legacy of Channing, in: HThR 74 (1981).
[12] *pulpit* meint in diesem Zusammenhang nicht die Kanzel, denn es gab keine Kanzeln in presbyterianischen, kongregationalistischen oder baptistischen Kirchen. Der Pastor predigte vor einem Pult stehend.
[13] Unitarier glauben im Gegensatz zu den Trinitariern an die Einpersönlichkeit Gottes, des Vaters.
[14] Vgl. H. D. THOREAU, Sonderheft von Herne, M. GRANGER (Hrsg.), Paris 1994.

mente (Brot und Wein) bei der Abendmahlsfeier. Er ging nach Europa, kehrte von dort mit seinem ersten bedeutenden Werk, *Nature* (1836), zurück und wurde zur beherrschenden Persönlichkeit des *Transcendental Club*, einer Gruppe junger unitarischer Pastoren, die sich für den Idealismus Schleiermachers und die Kritik David Friedrich Strauß' begeisterten. Zu ihnen zählten auch der amerikanische „Newman" Orestes A. Brownson, der später zum Katholizismus übertrat, und William Henry Thoreau fungierte als Sekretär. Diese sogenannten Transzendentalisten griffen Themen auf wie die intuitive Wahrheitsfindung, die Ablehnung jedes Dogmas, jeglicher Autorität von außen und jeglicher äußeren Erscheinungsform der Frömmigkeit – Gebete, Riten, Sakramente – und verfochten eine radikale Sozialethik. Es gab einige, etwas utopische Versuche, ein gemeinschaftliches Leben in Hopedale, Brook Farm oder Fruitland zu führen, an Orten, die alle in Massachusetts lagen. Diese Versuche wiesen in dieselbe Richtung wie *New Harmony* oder andere von Robert Owen und seinen Freunde gegründeten Gemeinschaften.

Zur Charta dieser unitarischen Linken wurde Emersons berühmte *Divinity School Address* (Rede an der Theologischen Fakultät) 1838 in Harvard. Darin übte er radikale Kritik an der Bibel, vollzog den Bruch mit dem in achtzehn Jahrhunderten gewachsenen Christentum („Forget Historical Christianity!") und betonte, daß die Offenbarung in einem kontinuierlichen Schöpfungsprozeß unablässig weitergehe: Gott wirke immerwährend in der Natur und jede Seele könne in direkten Kontakt zu ihm treten. Dieses Gottesbild war genauso weit vom „Großen Uhrmacher" der Aufklärung wie vom biblischen Gott Abrahams entfernt. Die Rede löste selbst im Schoß der *Unitarian Association* überaus heftige Reaktionen aus. Die einen beschuldigten Emerson des „geistigen Anarchismus", die anderen beglückwünschten ihn, die Lehren des „jungen Hebräers" – gemeint war Jesus von Nazaret – vom Ballast kirchlichen Aberglaubens befreit zu haben. Interessanterweise wurde Emerson damit nicht etwa zum Außenseiter, sondern zu einem der populärsten Redner. Von allen Seiten bekam er Einladungen. Zwischen 1833 und 1881 ergriff er 1500 mal in 300 verschiedenen Städten und in ungefähr zwanzig amerikanischen und kanadischen Staaten das Wort. Dabei sprach er durchaus nicht immer vor einem gebildeten Publikum. Catherine L. Albanese hat aufgezeigt, warum Emerson und seine Freunde, obwohl sich ihnen nur wenige anschlossen und nicht die Gründung einer neuen Kirche beabsichtigten, solche Begeisterungsstürme auslösten[15]. Ihr Unitarismus entsprach, trotz verschiedener gedanklicher Anleihen in Europa, dem amerikanischen Denken: Grundsätzliche Opposition gegenüber Zentralisierung, Hierarchie und Kontrolle – und zwar nicht nur auf religiöser Ebene –, Forderung nach der Möglichkeit zu einem direkten religiösen Kontakt zu Gott für alle Menschen, Aufwertung alles Einfachen und Echten sowie Verteidigung der Natur. All dies unterstrich das Verbindende zwischen dem Unitarismus, dem Demokratieverständnis, den Gemeinden und den Protestbewegungen, die sich gegen das Vordringen der Industriegesellschaft mit ihren komplexen Strukturen und Gefahren wehrten. Sie befürchteten die Ausbeutung der Natur, die Verschmutzung der Umwelt durch die Dampfmaschinen und nicht zuletzt eine „Verschmutzung" durch das Geld.

Im Gegensatz zum englischen Unitarismus konnte sich der Transzendentalismus auf eine Volksbewegung stützen, den Universalismus, der zwar anderen Ursprungs war, grundsätzlich jedoch ähnliche Ziele verfocht. Sein Wegbereiter war ein ursprünglich bap-

---

[15] C. L. ALBANESE, Corresponding Motion. Transcendental Religion and the New America, Philadelphia 1977.

tistischer Pastor namens Hosea Ballou (1771–1852). Beeinflußt von einem popularwissenschaftlichen Werk, der *Reason the Only Oracle of Man* von Ethan Allen, predigte Ballou den *common people*, den einfachen Leuten der Städte und vor allem der ländlichen Bezirke und der Grenzregionen – wo er besonders herzlich aufgenommen worden sein soll – die „wahre Naturreligion". Trotz der Ähnlichkeiten kam es zu keinem Zusammenschluß der beiden Strömungen, selbst wenn der Bostoner Unitarismus ebenso unermüdliche Redner hervorbrachte (vor allem Emerson). Die Übereinstimmung auf theologischer Ebene vermochte weder die gesellschaftlichen noch die geistigen Unterschiede aufzuheben. Die Universalisten hielten viel stärker am evangelischen Glauben fest. Im westlichen Grenzland nahm die Bibel weiter ihren angestammten Platz ein, selbst wenn man bestimmte Dogmen fallen ließ, die zehn oder fünfzehn Jahrhunderte zuvor von abstrakt denkende Theologen aufgestellt wurden. Dies bedeutete, daß man „Nein zu Byzanz", aber „Ja zu Christus" sagte – selbst wenn man nur die moralischen Aspekte seiner Lehre kannte. Zu den Unitariern zählten 264 Vereinigungen, zu den Universalisten 664 sowie mehrere Colleges und *Divinity Schools*, wobei letztere keineswegs gewillt waren, sich auf nationaler Ebene zu organisieren. Anders als sonst kam es hier trotz der anfänglichen Begeisterung nicht zum Aufbau kirchlicher Strukturen, so daß die Bewegung in einer gesellschaftlich nicht klar umrissenen Form von Religiosität steckenblieb[16].

2. Die Erweckungsbewegungen

Die Macht des Wortes

In gewisser Weise lassen sich auch Channing, Ballou und Emerson, ebenso wie die Prediger puritanischer Ausrichtung, in die Erweckungsbewegungen *(awakenings)* einordnen, die die Vereinigten Staaten bis zum Bürgerkrieg aufwühlten. Wie der Puritanismus und die Vorstellung von einer Naturreligion waren die Erweckungsbewegungen ein Erbe des 18. Jh.[17] Man unterscheidet vier „Große Erweckungen". Die erste und zweite setzten um 1740 und 1800 im Grenzgebiet Kentuckys ein, die dritte erfaßte um 1830 den Osten wie den Westen. Die vierte, sehr kurze, aber intensive Phase (1855–1858) nahm in den Städten der Ostküste ihren Ausgang. Vom Beginn des 19. Jh. bis zum Bürgerkrieg wurden die Erweckungsbewegungen immer mehr zu einer dauerhaften Erscheinung; sie wechselten ihren lokalen Ausganspunkt, aber lösten sich nicht ganz auf. Ihre Bedeutung wuchs proportional zu der Entwicklung der Vereinigten Staaten, deren Bevölkerung sprunghaft von fünf auf dreißig Millionen anstieg. Wie Channing oder Emerson[18] waren die bedeutenden Gestalten des kirchlichen Lebens vor allem Prediger und erst in zweiter Linie Schriftsteller, und zwar Wanderprediger, die das Wort vor einem sehr unterschiedlichen Publikum ergreifen konnten. Ohne über eine klare und laute Stimme zu verfügen und die Rhetorik zu beherrschen, die ausgefeilt oder einfach, aber immer spontan sein mußte, war es unmög-

---

[16] E. CASSARA (Hrsg.), Universalism in America: A Documentary History, Boston 1971; G. H. WILLIAMS, American Universalism, Boston 1971. Unitarier und Universalisten vereinigten sich erst 1961 in der *Association of Liberal Religion*. Der Begriff „Kirche" blieb weiterhin verpönt.

[17] Vgl. W. R. WARD, The Protestant Evangelical Awakening, Cambridge 1992.

[18] Emerson wurde wegen seiner Beredsamkeit und nicht wegen seiner Bücher berühmt. Um 1850 verdiente er in einer Vortragswoche mehr Geld als seine Bücher ihm im ganzen Jahr einbrachten.

lich, in den Kreis der großen Erweckungsprediger *(revivalists)* wie Lyman Beecher (1775–1863), Theodore Parker oder Charles G. Finney (1792–1875) aufzusteigen. Finney verfaßte auch Bücher, und man kann ihn zu Recht als einen theologischen Schriftsteller bezeichnen, aber seine Zeitgenossen prägte er vor allem dadurch, daß er laut und gut sprechen konnte. Lyman Beecher sagte einmal zu seinen Studenten im Seminar von Lane: „Ihr jungen Leute müßt soviel Stoff in euch aufnehmen, bis nichts mehr hineingeht, und dann müßt ihr den Korken herausziehen und die Natur sprechen lassen". Das gesprochene Wort stand ganz im Dienst der Heiligen Schrift, deren Verbreitung eines der Hauptziele der Erweckungsbewegung war. Niemals hat ein Volk mit soviel Enthusiasmus so viele Druk-kereierzeugnisse hervorgebracht wie Amerika im 19. Jh. Mason Weems, der Biograph George Washingtons (1732–1799), verdiente seinen Lebensunterhalt durch den Verkauf von Bibeln. Aus diesem Grund war er wohl auch von der Verbreitung der Bibel begeistert: „Und ich sage Euch, nun ist die Zeit der Bibel gekommen. Biblische Wörterbücher, biblische Erzählungen, biblische Geschichten – die Bibel als solche oder nacherzählt, Bibeln von Carey, Bibeln von Collin, Bibeln von Clarke, Bibeln von Kimptor, gleich von wem oder was, alles alles wird gekauft – als habe sich durch den Appetit des Publikums ein riesiger Schlund aufgetan; Gott sei Dank dafür."[19] Aber man sollte nicht vergessen, daß die Bibel – und zwar fast immer in der offiziellen Version König Jakobs I. von England (1611) – auswendig gelernt wurde und dazu diente, die Reden mit Bildern, Symbolen und Anspielungen anzureichern, die für alle verständlich waren. Bei den biblisch inspirierten Texten wiederum handelte es sich um gedruckte, mehr oder weniger überarbeitete Fassungen von Predigten oder Reden, die immer bereits probeweise öffentlich vorgetragen worden waren.

Die hohe Stellung der Redekunst beherrschte auch die Politik. Große, selbstverständlich mit Bibelzitaten geschmückte Reden stellten den Höhepunkt des politischen Lebens dar, wie jener rednerische Wettstreit, der vom 19. bis 27. Januar 1830 – neun Tage hintereinander! – im Senat zwischen dem Nordstaatler Daniel Webster und dem Südstaatler Robert Hayne ausgetragen wurde, und dessen Bravourstücke Generationen von Schülern auswendig lernten. In den Städten und Dörfern, wo es keine Theater gab, fungierte der Redner, auf einem Baumstumpf stehend, als Barde oder Spielmann, während die *lyceums* die Rolle von Oberschulen oder Sekundarschulen übernahmen, indem sie jeden Winter die berühmtesten Redner der Unionsstaaten kommen ließen[20]. Als Wanderprediger der Volkskultur erlangten sie auf dem Erziehungssektor die gleiche Bedeutung wie die Erweckungsprediger auf religiöser Ebene: Übten doch auch letztere eine alltägliche und Normen setzende Funktion in einem Land aus, in dem bereits die Tatsache an sich, daß man sich gemeinsam um einen Redner versammelte und sich von seinen frommen Worten ergreifen ließ, als Zeichen der Zugehörigkeit zu einer Gemeinde gesehen wurde. Damit kamen diese Prediger einem Bedürfnis entgegen, das weder der klassische Puritanismus noch die „wahre Naturreligion" befriedigen konnten.

„Die Amerikaner besaßen keine kirchliche Liturgie und hatten keine Kirchen, die sie

---

[19] Zit. n. M. A. NOLL, La Bible dans la civilisation américaine, in: C. SAVART – J.-N. ALETTI (Hrsgg.), Le Monde contemporain et la Bible, Paris 1985, 190.
[20] Das erste *lyceum* wurde 1826 von Josuah Holbrook in Massachusetts gegründet. Die Lyceen breiteten sich schnell in Amerika aus und wurden zu einer seiner typischsten Institutionen, bis sie 1890 von dem *Chautauqua movement* abgelöst wurden.

wegen ihrer bedeutungsschweren und emotionsgeladenen Vergangenheit zum Ziel ihrer Prozessionen hätten machen können: den Ersatz dafür, den ihr Sinn für rituelle Gesten verlangte, bot ihnen das Rednerpodium."[21]

Bei den Erweckungen kam dem spontanen mündlichen Ausdruck eine andere Funktion zu als im politischen oder kulturellen Leben oder im normalen kirchlichen Alltag: Das Wort wurde zum Schlüssel einer kollektiven religiösen Erfahrung in der Öffentlichkeit, es sprach die versammelte Gemeinde direkt an und rüttelte das Gewissen eines jeden einzelnen wach. Dadurch wurden Bekehrungen und Berufungen zu geistlichem Wirken gefördert; gleichzeitig wurden die Menschen in ihrem Glauben bestärkt und ihr Glaubensleben angeregt. Diese turbulenten Versammlungen erforderten von den Erweckungspredigern die Fähigkeit, spontan zu reagieren und zwangen sie nicht nur, die Menschen zu Gefühlsäußerungen zu provozieren, sondern auch sofort darauf einzugehen. So entwickelten die umherziehenden Prediger im Laufe ihrer Wanderschaft eine regelrechte „Erweckungstechnik". Peter Cartwright zum Beispiel, der Sohn eines Soldaten, der 1802 mit siebzehn Jahren zu predigen begann und ein halbes Jahrhundert lang den Mittleren Westen durchzog, stellte seine durchdringende Stimme, seine Redegabe und Schlagfertigkeit in den Dienst einer Methode, die er zwar nicht erfunden hatte, aber wirkungsvoller als alle vor ihm anwandte. Sie trug ihm den Ruf ein, der erste amerikanische Spezialist für die Erweckung besonders „schwieriger Fälle" zu sein, wobei er sich religiöser Praktiken bediente, die Leib und Seele gleichermaßen ansprachen. Zuerst ließ er auf die Menschen das „geistliche Trommelfeuer" eines *minatory sermon* – einer schreckenerregenden Höllen-Predigt – niederprasseln, dann schritt er durch die Menge. Wo er durchging, fielen Dutzende von Sündern zu Boden und blieben dort liegen, bis er sie aufhob und zu einer eigens dafür vorgesehenen Bank, der Bußbank, führte, wo die Wiedergeborenen ihre „Erlösung" durch Gesänge und Rufe kundtaten. Abgesehen von dem öffentlichkeitswirksamen Aspekt schufen solche Erlebnisse ein Zusammengehörigkeitsgefühl auf der Grundlage positiver Erfahrungen, das sich in etwa so beschreiben läßt: Gemeinsam haben wir den Satan besiegt und den Weg zum Heil geöffnet. Auf diesem Wege wurde vielleicht auch ein wichtiger Beitrag zur Ausbildung der amerikanischen Gesellschaft geleistet, der über das rein Religiöse hinausging: Die Gruppenidentität spielte bei dem politischen Selbstverständnis eine Rolle, hatte aber auch Einfluß auf das Wirtschaftsleben. Auf besondere Weise trug dazu das Phänomen der *camp-meetings* bei[22].

Die camp-meetings

Die „sakrale Dramaturgie" gelangte allerdings erst in den *camp-meetings* zur vollen Entfaltung, die im Mittleren Westen und in den Südstaaten zumindest bis zum Bürgerkrieg als wichtigstes Mittel zur Evangelisierung eingesetzt wurden[23]. Die Prediger waren unermüdlich bei der Arbeit, aber das Land war riesig und die Bevölkerung dünn gesät. So kam man auf die Idee, Hunderte, manchmal Tausende von Familien in einem meistens inmitten eines Waldes gelegenen Lager zu versammeln. Die Menschen wurden durch die Presse

---

[21] D. Boorstin, Les Américains, Bd. II: Naissance d'une Nation, Paris 1981, 368.

[22] G. M. Thomas, Revivalism and Cultural Change, Christianity, Nation Building and the Market in the Nineteenth-Century United States, Chicago 1989.

[23] Vgl. Ch. A. Johnson, The Frontier Camp-Meeting: Religion's Harvest Time, Dallas 1955.

oder reitende Boten informiert; kursierende Gerüchte taten ein übriges. Der Wald wiederum bildete einen angemessenen Rahmen für eine rein auf Emotionen ausgerichtete religiöse Erfahrung. Zudem war die Beschaffung von Wasser und Holz für die Lagerfeuer
problemlos. Als Vorbild für diese religiös motivierten Lager diente das *field-preaching*
von Wesley, das allerdings in einem geziemenden britischen Rahmen abgehalten worden
war. Aber der kühle Gleichmut der Methodisten wurde im westlichen Grenzland oder in
den Hügeln des Südens durch einen religiösen Jahrmarkt mit Bekehrungen abgelöst. Dieser dauerte mehrere Tage vom Morgengrauen bis in die vorgerückten Nachtstunden. Die
Anwesenden kapselten sich total von der Welt ab. Sie waren von weit her, sei es zu Fuß
oder mit dem Wagen gekommen, um sich nun in einer leidenschaftlich erregten Menge um
den Prediger zu drängen. Der Prediger zeigte den Weg zu Gott, er war auch das Sprachrohr
der Versammelten. Sie feuerten ihn an wie einen Wettkämpfer, herrschten ihn an wie einen
Straßenverkäufer, begleiteten ihn mit ihren Gesängen, antworteten ihm mit *jerks* (rhythmi-
schen Rufen), Seufzern und klagendem Weinen, sie hatten Visionen, fielen in Trance,
wobei sie Purzelbäume schlugen, das sogenannte *holy-rolling*, während gleichzeitig die
Büßer auf ihrer „Schreckensbank" vor Schmerzen schrien – um gleich darauf in den Freu-
denschrei: „Gerettet!" auszubrechen. Und alle freuten sich darüber und intonierten eine
Vielzahl von Hymnen und Halleluja-Versen. Väterchen Teufel hatte eine saftige Ohrfeige
bekommen und die Berichte der Bekehrten, der *twice-born*, die den alten Menschen aus-
gezogen hatten, um in Christus geistlich wiedergeboren zu werden, entlockten allen Tränen der Erleichterung. Nachdem sie von ihren vergangenen Missetaten berichtet hatten,
verpflichteten sich diese neugeborene Menschen feierlich zu ehrenhaften Taten, vor allem
aber zum definitiven Verzicht auf alle alkoholischen Getränke.

Die *camp-meetings* waren zugleich auch riesige Jahrmärkte und große Picknickplätze,
wo sich die Familie, die Freunde und Nachbarn trafen. Ihre größte Anziehungskraft bestand jedoch darin, daß sie „die Rolle einer provisorischen Stadt übernahmen. Einige
scheuten sich nicht einmal, darin den eigentlichen Sinn dieser Treffen zu sehen. Die Organisatoren waren dauernd damit beschäftigt, Trinkgelage, Schlägereien und Unzucht im Lager zu verhindern, […] die Whiskyverkäufer und Scharlatane zu vertreiben […] und die
Gruppe gegen Angriffe von Strolchen zu schützen. Wenn der kräftige Cartwright zwei Un-
ruhestifter gepackt hatte, schlug er sie mit den Köpfen zusammen, oder er engagierte eine
Bande, um eine andere zu vertreiben, so daß es ihm schließlich, wenn man ihm glauben
darf, gelang, jedermann zu bekehren."[24]

Die Klugen vermuteten, daß die Zahl der Bekehrten nur im Paradies bekannt sei. Böse
Zungen versicherten, daß im Rahmen dieser Gefühlsausbrüche *„more souls were made
than saved"*[25], und daß man erst neun Monate abwarten sollte, um die Auswirkungen beurteilen zu können.

Die Erweckungen nach der Methode von Cartwright kritisierten gerne das kirchliche
Establishment. Die Westgrenze galt als Missionsland, und die Erweckungsbewegung
glaubte dazu berufen zu sein, das Reich Gottes in den von europäischen Einflüssen unterminierten, religiös indifferent gewordenen Staaten der Ostküste wiederzuerrichten – ein
Mythos sicherlich. War Europa das Sündenbabylon? Folgten nicht vielmehr die ersten
amerikanischen Erweckungen britischen Vorbildern und standen wahrscheinlich auch dem

---

[24] C.-J. BERTRAND, Le Méthodisme, Paris 1971, 182.
[25] J.-P. MARTIN, La Religion aux États-Unis, Nancy 1989, 71.

deutschen Pietismus nahe? Und war die Ostküste wirklich lau und verdorben? Gingen die Erweckungsbewegungen nicht von Anfang an von den Städten der Ostküste aus und war es nicht gerade die den Nordstaatlern eigene Dynamik, die die Anpassung dieses Phänomens an eine von Handel und Industrie beherrschte Welt überhaupt ermöglichte und damit seinen Bestand sicherte? Aber der Mythos erfüllte seinen Zweck. Cartwright, der seine Predigterlaubnis von der methodistischen Kirche erhalten hatte, konnte die Geistlichen, die die Schulen und vor allem die Colleges der Neuenglandstaaten besucht hatten, nicht ausstehen und gab ihnen dies auch sehr deutlich zu verstehen. So erzählte er, daß eines Tages auf einer Erweckungsversammlung in Illinois im Jahre 1847 ein junger Nordstaatler, „der gerade aus seinem heimatlichen Osten gekommen war", versuchte, eine vorbereitete Predigt vorzulesen. Nach einer halben Stunde überließ er seinen Platz Cartwright. Dieser erhob sich und ermahnte die Gläubigen, zur Bußbank zu kommen. „Sie strömten herbei. Die Macht Gottes schwebte über der Versammlung". Ein Bursche, der an die hundertzehn Kilogramm wiegen mochte, begann laut schreiend um Vergebung zu flehen. Der Nordstaatler sagte dauernd: „Beruhigen Sie sich, beruhigen Sie sich doch", während Cartwright ihn ermahnte, nur weiterzumachen, da es „in der Hölle keine Ruhe gäbe". Plötzlich packte der junge Mann den Nordstaatler, hob ihn wie eine Feder hoch und sprang wie verrückt von Bank zu Bank mit ihm. „So wurde", schloß Cartwright, mit einem Zwinkern im Augenwinkel, „die Versammlung von der ganzen Gewalt des göttlichen Wortes überzeugt[26]".

Wie viele Erweckungsprediger der Grenzregion warb Cartwright Prediger an oder nahm sie auf, ohne sich um irgendeine kirchliche Prüfung zu kümmern. Dies war fast zwangsläufig eine der Folgen der großen *camp-meetings*. Denn so redegewaltig ein Redner auch sein mochte, so konnte er doch nicht gleichzeitig zehn- oder zwanzigtausend Menschen in seinen Bann schlagen. Angeblich sollen zu manchen Versammlungen sogar bis an die dreißigtausend Menschen gekommen sein. Bei der Armee war es üblich, daß die Unteroffiziere, die in gewissen Abständen postiert waren, die Reden der Generäle wiederholten. Ebenso verfuhr man auch bei Erweckungen: Man brauchte Leute, die als Vermittler zwischen Redner und Menge fungierten. Einige von ihnen, die lange genug diese Rolle gespielt hatten, fühlten sich später selbst zum Laienprediger *(lay preacher)* berufen. Sie lernten den Beruf an Ort und Stelle. Nachdem sie lange genug Kontakt zu den großen Erweckungsprediger gehabt hatten, begannen sie eigenständig zu arbeiten. Auf diese Weise entstanden aus einer Erweckungsbewegung viele andere, so daß sie sich schnell ausbreiteten. Aber dies war noch nicht alles, denn sonst hätten diese Erweckungen *(awakenings)* nur schwerlich einen Beitrag von bleibendem Wert für die großen Denominationen leisten können.

Gottes „neue Maßnahmen"

Von denjenigen, die sich darum bemühten, den Anschein von Ordnung und Wohlanständigkeit bei den Erweckungen aufrechtzuerhalten, zeichnete sich vor allem Charles G. Finney[27] (1792–1875) durch sein Geschick aus, den Glaubenseifer des Westens mit der Glaubensstrenge des Ostens in Einklang zu bringen, das Feuer der Begeisterung mit den kirchlichen Strukturen, die Emotionen mit den begleitenden Kontrollmaßnahmen, die ver-

---

[26] BOORSTIN, Les Américains II (s. Anm. 21) 373 f.
[27] Vgl. W. G. MCLOUGHLIN, Modern Revivalism: Charles Grandison Finney to Billy Graham, New York 1959.

hinderten, daß sich die Gefühle in ihrem Überschwang verflüchtigten. „God's new measures", die von der Vorsehung gewollten neuen Maßnahmen zur Umsetzung der offenbar gewordenen Bestimmung Amerikas *(manifest destiny)* in die Tat: So bezeichnete er in seinen *Lectures on Revival of Religion* (1835) seine Methode, eine christliche Wiedergeburt herbeizuführen. Diese Abhandlung über die Praxis der Evangelisation, von der in drei Monaten zwölftausend Exemplare verkauft wurden und die zahlreiche Neuauflagen erfuhr, blieb auch später unerreicht und diente sowohl den Erweckungen der Jahre 1840–1850 als auch den späteren als Handbuch. Sehr genau auf die Verhältnisse in den schnell wachsenden Städten abgestimmt, beeinflußte das Werk – zumindest was die Methodik betraf – noch den größten *urban evangelists* der folgenden Jahrzehnte, Dwight L. Moody (1837–1899).

Charles Finney war viel mehr ein Mann der Kirche als Cartwright. In Connecticut geboren und im Staat New York aufgewachsen, war er zunächst als Lehrer tätig, bevor er sich nahe des Ontario-Sees, in Adams, als Rechtsanwalt niederließ. Die Grenze zu Kanada war ganz in der Nähe. In diesen Gegenden hießen die Ortschaften Lyon oder Genf. Man war hier nicht bei den „Kannibalen" des Westens. Bevor er selbst ein Buch schrieb, gab es nur zwei Bücher für Finney, das Gesetzbuch und die Bibel. Er dirigierte gerade den Choral der örtlichen presbyterianischen Kirche, als er ein sehr intensives und persönliches religiöses Erlebnis hatte. Aufgrund dieser plötzlichen „Geisttaufe", bei der kein Erweckungsprediger die Hand im Spiel gehabt hatte, trat er in die Dienste einer Missionsgesellschaft in Utica, einem Ort an der Straße nach Albany (Staat New York). Dort wurde er ordnungsgemäß ein presbyterianischer Pastor. Er war also voll in die kirchliche Ordnung integriert, als er daranging, in den Städten und Dörfern zwischen Albany und Rochester einen Evangelisationszug zu führen, wobei er gezielt das Zentrum der Vereinigten Staaten anvisierte: eine Region, die durch Erweckungen, Volksmissionen und neue Offenbarungen jedweder Art bereits so aufgerüttelt worden war, daß man sie von da an *burned-over district* bezeichnete [28]. Anfangs waren seine Kirchenoberen, die eine puritanische Ethik und eine calvinistische Theologie vertraten, keineswegs mit ihm einverstanden. Sie sahen in diesem neuen Prediger mit seinen Evangelisationsmethoden, die er in besonders würdigen Pfarrgemeinden anwandte, die schon eine ruhmreiche Vergangenheit hinter sich hatten, einen Menschen übelster Sorte. Neun Tage lange diskutierte Finney darüber mit Lyman Beecher (1775–1863), der zu dieser Zeit Pastor in Boston und eine der höchsten moralischen und theologischen Autoritäten der Presbyterianer war. Die Debatte wurde natürlich öffentlich vor einer Menge ausgetragen, die Rededuelle liebte. Man kam jedoch zu keiner Einigung: „the gulf was too great". Was folgte, war die Große Erweckung von Rochester (1830–1831), deren Wirkung so nachhaltig war, daß sie Finneys nationalen Ruf begründete und ihn selbst unangreifbar machte. Beecher gratulierte ihm, lud ihn ein, in seiner Kirche zu predigen und beschloß, selbst die „Neuen Maßnahmen" zu übernehmen. 1832 zog der „Vater der modernen Erweckung" als Pastor einer freien presbyterianischen Kirche nach New York. Später trat er zum Kongregationalismus [29] über, der seinen Methoden mehr entgegenkam, und errichtete auf dem Broadway ein eigenes Gotteshaus. Aber auch in dieser Deno-

---

[28] Vgl. W. R. Cross, The Burned-over District: The Social and Intellectual History of Enthusiastic Religion in Western New York, 1800–1850, Ithaca – New York 1950.

[29] Die kongregationalistische Kirche besteht aus nur lose miteinander verbundenen Ortsgemeinden und geht auf die puritanischen Ansiedlungen der Pilgerväter im 17. Jh. (Plymouth-Kolonie) zurück.

mination bemühte er sich um eine ordnungsgemäße Aufnahme. Schließlich brachte ihn sein literarischer Erfolg 1835 dazu, einen Lehrstuhl am neuen Oberlin-College in Ohio anzunehmen. Bis zum Ende seines langen Lebens sollte er nach und nach seine ganzen Aktivitäten hierauf konzentrieren.

Finney wagte es nicht, mehrere tausend Familien um sich zu versammeln. Er wollte seine Zuhörerschaft unter Kontrolle behalten, ohne auf Hilfsprediger zurückgreifen zu müssen. Er organisierte die Zusammenkünfte immer zu ungewöhnlichen Tageszeiten und verlängerte sie so lange, bis er auch mit den hartnäckigsten Gemeinden fertig geworden war. Seine Stimme trug weit und er sprach „die Sprache des Volkes", wobei er durchaus auch umgangssprachliche oder harte Worte gebrauchte. Er rüttelte seine Zuhörer auf und ermahnte sie streng, bevor er das Register wechselte und ihr Gefühl ansprach. Er organisierte nicht nur große Versammlungen mit einigen hundert Mitgliedern, sondern auch vertraulichere Zusammenkünfte, die sogenannten *cottage meetings*, sowie Gebetskreise und *inquiry sessions*, wo jeder die schmutzige Wäsche des anderen auspackte. Für jene, die es nicht wagten, an die Öffentlichkeit zu treten, stand er auch für die persönliche Unterweisung zur Verfügung. Wenn alle ganz aufgerüttelt und erschüttert waren, sprachen Männer und Frauen zusammen mit lauter Stimme ein Gebet, wobei sich jeder in Gedanken auf einen oder zwei Sünder konzentrieren sollte. Der Druck der Gruppe auf jene, die kein ruhiges Gewissen hatten, war so stark, daß sich die „Bußbank" und die „Stühle der Trauernden", die anfangs leer gewesen waren, bald füllten. Sie befanden sich genau am Fuß des Rednerpodiums, direkt unter den Augen des großen Erweckers. Unter Schluchzen und Tränen folgten nun die öffentlichen Selbstbezichtigungen, die Reuebezeugungen, die Halleluja-Rufe sowie die Bekenntnisse. Und immer waren alle davon überzeugt, daß eine sofortige Bekehrung das Heil im Jenseits nach sich ziehen würde. Unter den reuigen Sündern fand man oft auch einige der angesehensten Bürger der Stadt. Wenn Finney genug Herzen, die sich „für Christus entschieden hatten", von „ihrer Last befreit" hatte, verließ er die Stadt. Aber die Gebetskreise blieben bestehen und die *cottage meetings* hielten die Begeisterung wach. Er blieb in Kontakt mit den Menschen, die er persönlich bekehrt hatte. Der Meister ließ nicht nur Mitstreiter zurück, sondern auch Schüler. Der Erweckungsprediger war zum Beichtvater geworden.

3. God's own country

Der Millenarismus [30] als feste Größe

Bei den Erweckungen fiel der Kontrast zwischen kollektivem Optimismus und der Angst des einzelnen auf. Man weinte über seine Sünden, aber man hatte auch am Optimismus der Zeit Anteil. Nordamerika hatte die Ketten der Tyrannei durch den Unabhängigkeitskrieg 1775–1783 abgestreift und suchte nun seinen eigenen Weg – auch zu Gott. All dies fügte sich in eine offensichtlich gottgewollte Bestimmung des Landes ein, die selbstverständlich positiv gedeutet wurde. Die Vereinigten Staaten schienen dazu berufen, das zweite Israel zu werden, das Land der Wiederkehr Christi, in dem er endlich sein Reich errichten sollte. Und dies sollte nicht etwa in ferner Zukunft geschehen, sondern schon bald: Das Tausend-

---

[30] Vgl. M. Kehl, Chiliasmus, in: LThK II (1994), 1045–1048. Sowohl das aus dem Griechischen abgeleitete Wort „Chiliasmus" als auch das aus dem Lateinischen abgeleitete Wort „Millenarismus" meint eine Zeitspanne von tausend Jahren. Die christliche Chiliasmus-Tradition geht auf Offb 20, 1–15 zurück.

jährige Reich schien zum Greifen nahe. Das Thema tauchte in der Geschichte des Christentums immer wieder auf. Aber die amerikanischen Erweckungsprediger griffen es auf, ohne deshalb auf die herkömmlichen puritanischen Vorstellungen von einer Ethik der Arbeit und des Glücks verzichten zu wollen. Sie machten daraus ein Motiv, das die schöpferischen Energien der Menschen freisetzen sollte. Diese Interpretation war in Nordamerika zukunftsweisend. Alexander Campbell hat diese Vorstellung sehr gut in der ersten Nummer seines *Millenial Harbringer* (Januar 1830) zusammengefaßt: Das Tausendjährige Reich sei ein „sozialer, politischer und religiöser Zustand", der „durch die von der Heiligen Schrift geforderte endgültige Besserung der Gesellschaft" eintreten werde[31]. Das Tausendjährige Reich wurde als eine sich bietende Möglichkeit oder, besser gesagt, als eine religiöse Berufung verstanden. Die ganze puritanische Tradition des *calling* wehrte sich gegen die Vorstellung, daß man untätig in Erwartung dieses Reiches verharren müsse – und wandte sich noch mehr gegen Spekulationen über den genauen Termin der Wiederkehr Christi, da diese von der Gnade Gottes und den Anstrengungen der Menschen abhänge. Wie alle Evangelikalen waren auch die Erweckungsprediger felsenfest von ihrer Berufung zur Zusammenarbeit mit Gott überzeugt *(to be co-workers with God)*. Die „endgültige Besserung der Welt" würde nicht von selbst kommen. Sie war zwar *at hand*, in Reichweite, aber nur solange man hart daran arbeitete, und es gab viel zu tun. Diese moderne Interpretation eines alten christlichen Themas wird oft als „Postmillenarismus" bezeichnet, weil Christus nach dieser Vorstellung erst dann wiederkommen und seine tausendjährige Herrschaft auf Erden antreten wird, wenn die Gläubigen das Land bekehrt und sich durch Reformen auf die Ankunft des Messias vorbereitet haben.

Der „Postmillenarismus" wurde somit in den Vereinigten Staaten zu einer der Wurzeln der Fortschrittsidee, eines Fortschritts, der sich nicht vom geschichtlichen Determinismus herleitete, sondern vom Voluntarismus. Die Verwirklichung dieses Fortschritts erschien durch großangelegte Unternehmungen möglich und notwendig, um Amerika seiner Berufung würdig zu machen. Der Millenarismus war überall präsent, da er den überhasteten Bekehrungseifer der *camp-meetings* ebenso rechtfertigte wie den schnellen Reformeifer der Erzieher und Sozialarbeiter oder den ungestümen Erfolgszwang, unter dem die Unternehmer standen – die Eile aller, die das Leben Nordamerikas prägten.

Erst in den Jahren von 1845 bis 1870 entstanden unter dem Einfluß der Lehren des Engländers John Nelson Darby (1800–1882) und seiner Plymouth-Brüder[32] jene Lehren, die zwischen 1875 und 1925 einen großen Aufschwung nahmen und zur Grundlage des zeitgenössischen Fundamentalismus werden sollten: ein von der Fortschrittsidee abgelöster „Prämillenarismus". Sein Einfluß sollte sich mit dem der konservativen calvinistischen Theologie „alter Schule", so wie sie in Princeton gelehrt wurde, überschneiden, einer Theologie, die den Erweckungsbewegungen gänzlich ablehnend gegenüberstand[33]. Wäh-

---

[31] Vgl. D. E. HARRELL JR., Quest for a Christian America: The Disciples of Christ and American Society to 1866, Nashville 1966, 44.

[32] Darby war nicht der Gründer dieser „Fanatiker der Apokalypse", um hier eine Formel von Norman Cohn aufzugreifen, aber er schloß sich ihnen 1828 an, und sie sollten eine große Rolle bei der Verbreitung des Darbyismus in den Vereinigten Staaten spielen.

[33] E. R. SANDEEN, The Roots of Fundamentalism. British and American Millenarianism, 1800–1930, Chicago – London 1970. Zur Gründung und den ersten Jahren jener Institution, die lange die Hochburg der presbyterianischen „Old School" sein sollte, vgl. L. A. LOETSCHER, Facing the Enlightenment and Pietism: Archibald Alexander and the Founding of Princeton Theological Seminary, Westport, Connecticut 1983.

rend die Erweckungen vor dem Bürgerkrieg allen das Heil verkündeten, die ihre Fehler bereuten und an der Verwirklichung des Gottesreiches mitarbeiteten, verharrte der Prämillenarismus ganz in der Erwartung des Jüngsten Gerichts. Die prämillenaristischen Gruppen betonten, als ob sie sich eine geistige Arche Noah bauen wollten, daß es viele Berufene, aber nur wenige Auserwählte geben werde. Princeton hielt das Flämmchen der Lehren Darbys noch weiter am Glühen, indem es seine Überzeugung von der absoluten Unfehlbarkeit der Heiligen Schrift unterstützte, die auf der wörtlichen Auslegung der Bibel gründete. Jedes Wort sei direkt von Gott inspiriert und müsse deshalb wörtlich verstanden werden. Und die Worte der Apokalypse luden nicht gerade zu weltlichen Vergnügungen ein. Die Predigten der Darbyisten und die Theologie von Princeton führten zur Abhaltung von *Bible conferences* und zur Gründung von *Bible institutes*, bei denen man zunächst im Stillen daran festhielt, daß der Millenarismus mit dem tatenlose Warten auf das Kommen des Reiches, zu dem man nur durch das enge Tor und den schmalen Weg (Mt 7, 14) gelangen konnte, gleichzusetzen sei. Aber eigentlich durchsetzen sollte sich diese Bewegung erst in den Jahren nach dem Bürgerkrieg, als die kleinmütige Ausprägung der puritanischen Ethik und die Hoffnungen der Erweckungsbewegungen in ihr aufgingen, die Teile des konservativen Protestantismus bis weit über den Ersten Weltkrieg hinaus bewegten. Anstatt am Aufbau des Gottesreiches mitzuarbeiten, überlegten diese Gruppierungen, wie sie sich gegen Charles Darwin (1809–1882) und seine Lehren wehren könnten. Die meisten hielten jedoch an der Konzeption vom Fortschritt und der offenbar gewordenen Bestimmung der Vereinigten Staaten fest, die die Grundlagen der gesamten amerikanischen Zivilisation bildeten: Diese Konzeption war die weltliche Version jenes kämpferischen Postmillenarismus, der Amerika zur Mobilisierung aller Kräfte veranlaßt hatte, indem er den Menschen Macht und Ruhm versprach.

Das Reich der freiwilligen Helfer

Ein Teil der kirchlichen Führungsschicht, Pastoren ebenso wie Laien, die sich mit dem Problem der Erweckungen *(awakenings)* konfrontiert sahen, suchten eine wirksame Lösung für eine in jeder Demokratie auftretende Schwierigkeit: die Integration neuer Gegebenheiten in bereits bestehende Strukturen. So bauten sie auf nationaler Ebene Organisationen auf, um die Aktivitäten der Erweckten vor allem bezüglich der Gründung von Vereinen zu koordinieren. Zwischen 1810 und 1833 entstanden folgende Gesellschaften: der *American Board of Commissionners for Foreign Mission*, die *American Education Society*, die *American Bible Society*, die *American Sunday School Union*, die *American Tract Society*, die *American Temperance Society* und die *American Home Missionary Society* und schließlich die nicht unproblematische *American Anti-Slavery Society*. Die Macht dieser überkonfessionellen Vereinigungen lag in ihren Ursprüngen begründet. Sie wurden weder von der kirchlichen Bürokratie ins Leben gerufen noch willkürlich über eine lebendige Wirklichkeit gestülpt. Es handelte sich vielmehr um Vereinigungen, die auf örtliche Initiativen zurückgingen und erst dann organisatorische Strukturen entwickelten, wenn ihr Einsatz so erfolgreich war, daß dies angesichts des Umfangs und der Vielfalt ihrer Aufgaben erforderlich schien[34].

---

[34] Vgl. P. J. Wosh, Bibles, Benevolence and Emerging Bureaucracy: The persistence of the American Bible Society, 1816–1890, Diss. phil., New York University 1988.

Seit Beginn des Jahrhunderts ließen die Erweckungsprediger ganze Schwärme freiwilliger Helfer zurück, die glaubten, errettet worden zu sein, um sich nützlich zu machen *(saved for service)*. Sie waren überzeugt, daß Gott sie auserwählt habe, um dem Christentum zum Sieg zu verhelfen. Sie glaubten, daß das Reich Gottes nahe sei, waren aber gleichzeitig davon überzeugt, zuvor die Gesellschaft nach seinem Vorbild umgestalten zu müssen. Ohne weitere Anweisungen abzuwarten, organisierten diese Millenaristen, die an die Wirksamkeit des tätigen Einsatzes und den Fortschritt glaubten, in ihren Städten oder Dörfern sogenannte *voluntary societies*. Da ihr Zweck primär darin bestand, die Wiederkehr Christi zu beschleunigen, indem sie die Vereinigten Staaten für seine Wiederkunft vorbereiteten, übernahmen sie verschiedene soziale Aufgaben. Dazu gehörte die Sorge für Behinderte, sie organisierten Kampagnen gegen Alkoholismus und Sklaverei, bauten Schulen und Kirchen und richteten Sonntagsschulen *(Sunday schools)* ein. Ferner kümmerten sie sich um die Verbreitung der Bibel und um die kirchliche Presse und bemühten sich vor allem um die Bekehrung aller noch abseits Stehenden: Die Erweckungsbewegung erhielt sich selbst am Leben. So kam es zum Aufbau eines *voluntary systems*, eines ganzen Systems von Basisgruppen, in denen die Angst um das Seelenheil und der Sinn für geschäftliche Unternehmungen mit dem Warten auf das Reich Gottes und demokratischen Initiativen eine harmonische Verbindung eingingen.

Es gibt zwei Interpretationsversuche für diese Wechselbeziehung zwischen Erweckungsbewegungen und Demokratie, die sich jedoch mehr ergänzen als widersprechen. Autoren wie John L. Hammond betonten vor allem die Rolle der Erweckungen bei der Ausbildung jenes Reformgeistes, der für die „populäre" Demokratie des aus Tennessee stammenden Präsidenten Andrew Jackson (1829–1837) typisch war und der zur Wiederbelebung der Ortsgemeinden führen sollte. Dieses *revival ethos* habe die soziale und politische Praxis nicht nur kurzfristig, sondern auf Dauer verändert. Bis zum Bürgerkrieg habe es das Leben der von den Erweckungen *(awakenings)* der dreißiger Jahre besonders stark geprägten Gemeinden bestimmt[35]. Für andere Autoren dagegen – wie Nathan O. Hatch – erklärt die spezifisch politische Dynamik der Jahre vor dem Bürgerkrieg, verbunden mit einer stärkeren Verbreitung des Gleichheitsideals, das Aufkommen des religiösen „Populismus" und der Erweckungsbewegung als seiner typischsten Erscheinungsform. Diese zweite Interpretation geht vom Primat der Politik aus, aber unter Berücksichtigung einer gewissen Wechselwirkung: Habe doch der amerikanische Demokratisierungsprozeß erst durch die Erweckungsbewegungen seine spezifische Ausprägung erfahren[36].

Beide Interpretationsmodelle unterstrichen gleichermaßen, daß der Einfluß der Erweckungsbewegungen auf das politische und soziale Leben der Nation von Dauer sein sollte. Eine so lang anhaltende Wirkung wäre ohne institutionelle Anbindung nicht möglich gewesen. Die freiwilligen Helfer in den Städten und Dörfern konnten große Erfolge verzeichnen. Es gelang ihnen, die Bereitschaft, sich in den Dienst des Nächsten zu stellen, mit Unternehmungsgeist und Demokratieverständnis zu verbinden. Trotzdem schien ihnen eine übergeordnete Instanz zur Koordinierung ihrer Bemühungen und als Garantie für deren Kontinuität erforderlich. Und sie brauchten diese Instanz nicht erst zu schaffen: Wenn auch Teile der Geistlichkeit der Erweckungsbewegung und ihren Werken immer abweisend gegenüberstanden, so waren sich doch viele des Einflusses bewußt, den die Kirchen

---

[35] J. L. Hammond, The Politics of Benevolence: Revival Religion and American voting, Norwood, N.-J. 1979.
[36] N. O. Hatch, The Democratizing of American Christianity, Yale 1989.

gewinnen könnten, wenn sie auf die Karte der freiwilligen Gesellschaften setzten und ihre Leitung übernahmen. Und sie taten dies um so lieber, als nach der gesetzlichen Aufhebung des Staatskirchentums *(established church)* auch alle Kirchen zu freiwilligen Vereinigungen geworden waren, denen erwachsene Menschen völlig frei als Mitglieder beitreten konnten und nur dann Beiträge entrichten mußten, wenn sie dies wirklich wollten. Sie konnten nun die *voluntary societies* besser verstehen, da sie selbst ein *voluntary system* geworden waren. Die Idee setzte sich immer mehr durch, als die Erweckungsbewegungen Bestandteil der Tradition wurden. Boten sie doch – wie die zu energischen Verfechtern des Freiwilligkeitssystems gewordenen Pastoren Lyman Beecher und Horace Bushnell (1802– 1876) erklärten – den Kirchen die Möglichkeit, die Nation für sich zu gewinnen *(to win the nation)*. Sie für Christus zu gewinnen war gewiß ein Ziel, aber auch die Stärkung der moralischen und gesellschaftlichen Macht der Kirchen, die nun viel größer war als zu der Zeit, da sie noch gesetzlich verankert war. Der Staat wurde von den Kirchen als wohlwollend *(benevolent empire)* angesehen. Deshalb war nicht wichtig, daß sie nun durch eine Mauer *(wall)* vom Staat getrennt waren. Sie waren felsenfest davon überzeugt, daß es nun in erster Linie ihre Aufgabe war, die Zivilisation vor der Barbarei zu schützen[37].

Das Vereinswesen war völlig von Schenkungen und Beiträgen abhängig. In Wirtschaftskrisen oder bei Börsen- und Bankkrächen schien es in seiner Existenz bedroht; während der Wirtschaftskrise 1837 wurde deshalb die Finanzierung schwierig. Auch in weniger bewegten Zeiten überstiegen die Ausgaben meist die Einnahmen, so daß immer mehr Freiwillige mobilisiert werden mußten. Stagnation war gleichbedeutend mit Untergang. So kamen Erweckungsbewegungen, wie die von Charles Finney herbeigeführte, gerade rechtzeitig, um die Bewegung auszuweiten und ihr ein regelmäßiges Wachstum zu garantieren. Viele Gebetskreise und *cottage meetings* wurden zu Ausgangspunkten örtlicher Initiativen. So konnte man in der Zeit zwischen 1840 und 1850 von einer wahren Renaissance der Erweckungsbewegungen und des Vereinswesens sprechen. Den Höhepunkt bildete die Große Erweckung von 1857 bis 1858, die den Kirchen eine Million neuer Mitglieder zugeführt haben soll. Typisch für die Zeit war, daß sie von der größten Stadt der Union, nämlich New York, ausging und daß die Presse eine große Rolle bei ihrer Ausbreitung spielte. Unter den Freiwilligen dieser Jahre gab es manche, die Schwierigkeiten hatten, sich in das bereits gut ausgebaute System zu integrieren. War es doch nicht nach jedermanns Geschmack, daß die Führungspositionen in den nationalen Vereinigungen oft von Nordstaatlern beherrscht wurden, dynamischen Geschäftsleuten, reichen New Yorker Händlern oder in Yale ausgebildeten presbyterianischen oder kongregationalistischen Pastoren[38]. Aber die Mehrheit der Freiwilligen, die nach *God's new measures* erweckt worden waren, waren kirchlich gesinnt und fanden Geschmack am Organisieren. Wie zu Beginn des Jahrhunderts ging die Begegnung zwischen Erweckungsbewegungen und kirchlichen Institutionen in Vereinen auf freiwilliger Basis vor sich, wo man sich miteinander arrangierte.

---

[37] Vgl. L. BEECHER, A Plea for the West, 1935 und H. BUSHNELL, Barbarisme the First Danger: A Discourse for Home Missions, 1847.
[38] In der Zeit zwischen 1830 bis 1850 entstanden drei Hauptgruppen der radikalen oder *immediatist* Abolitionisten: die *insurgents* von Garrison, die *religious stewards* von Tappan und die *local volontarists* von Gerry Smith. Sie widerstanden der ursprünglichen Versuchung, sich als Sekte abzukapseln, um schließlich reformerische *lobbies* zu bilden, die sich in die *American Temperance Society* integrierten und die örtliche Gesetzgebung wie auch den Kongreß beeinflußten. Vgl. L. J. FRIEDMAN, Gregarious Saints: Self and Community in American Abolitionism, 1830–1870, New York 1982.

Das Vereinswesen behielt seinen ursprünglich von den Erweckungsbewegungen übernommenen, überkonfessionellen Charakter bei. Kirchenspaltungen und innerkirchliche Streitigkeiten hätten dem *benevolent empire* nur geschadet. So schlossen sich die Anhänger verschiedener Denominationen den Vereinen einzeln, d. h. als Beitrag zahlende Mitglieder an. Dies ermöglichte den Kirchen ein gemeinsames Engagement, ohne ihre theologische, ekklesiologische oder liturgische Identität zu verlieren. Das System funktionierte nicht immer. Jeder große „Kreuzzug" löste neue Spannungen aus: Mußten sich doch die Erweckten entscheiden, welcher Kirche sie beitreten wollten. Eine besonders harte Konkurrenz herrschte zwischen Presbyterianern und Kongregationalisten, die sich – wie man am Beispiel der Karriere Finneys sieht – nicht nur die Konvertiten abspenstig machten, sondern auch die großen Prediger. Ein zur Entschärfung der Spannungen von gemäßigten Kreisen beider Konfessionen erarbeiteter Plan, der ihr allmähliches Zusammengehen vorsah, wurde vom harten Kern der sogenannten *absolutists* oder *ultraists* abgelehnt. Zwischen 1837 und 1838 wurden schließlich finanzielle Schwierigkeiten als Vorwand für eine Spaltung der presbyterianischen Kirche angeführt: Presbyterianer der Neuen Schule und der Alten Schule standen sich gegenüber. Sofort ließ die Alte Schule nicht nur den Unionsplan mit den Kongregationalisten fallen, sondern zog sich auch aus allen Vereinen auf freiwilliger Basis zurück.

Insgesamt gesehen gab das *benevolent empire* jedoch den an seinem Aufbau beteiligten Denominationen ein Gefühl von Einheit und Macht. Und dieses Gefühl entsprach auch der Realität. Nach der zweiten und dritten Großen Erweckung entstand in den Vereinigten Staaten ein *American protestant evangelical empire*, wie dies vorher, vor allem in der Kolonialzeit, undenkbar gewesen wäre. Zu Beginn des 19. Jh. waren vielleicht fünf Prozent der Erwachsenen Mitglieder einer protestantischen Kirche gewesen. Aber 1860 waren es schon fünfundzwanzig Prozent, bei einem Bevölkerungsanstieg von fünf auf dreißig Millionen Menschen. In absoluten Zahlen bedeutete dies, daß die Kirchen nun vierundzwanzigmal mehr Mitglieder zählten (ein Anstieg von 0,25 auf 6 Millionen). Das Wachstum und der größere Handlungsspielraum kam vor allem den Evangelikalen zugute, jenen Kirchen, die sich dem Geist und der Ethik der Erweckungsbewegungen geöffnet hatten und dementsprechend für eine Reform der Sitten, der Erziehung und der Gesellschaft eingetreten waren. Erst jetzt konnte man von einem protestantischen Amerika sprechen, in dem die Denominationen mächtig genug waren, um die Menschen zu erobern und einander ähnlich genug, um die Grundlagen einer gemeinsamen, spezifisch amerikanischen Kultur zu legen. Hier stellt sich die in der Geschichtswissenschaft nicht unumstrittene Frage, ob man von einem bestehenden Konsens ausgehen kann. Natürlich kann am Vorabend eines Bürgerkrieges nicht von einem politischen Konsens die Rede sein. Aber angesichts der Erweckungsbewegungen, die im ganzen Land vom Süden bis zur kanadischen Grenze aufloderten und überall ihre deutlich sichtbaren Spuren hinterließen, scheint es schwierig, die Hypothese eines – wie Gordon Golding es formulierte – kulturellen Konsenses ganz von der Hand zu weisen: eines Konsenses, der den Krieg überdauerte, den Wiederaufbau in die Wege leitete und der schließlich bewirkte, daß alle weiterhin an die offenbar gewordene Bestimmung der Vereinigten Staaten glaubten, jenes neuen gelobten Landes: *God's own country*.

4. Weiße Erneuerungsbewegungen:
Die Religiösen Gemeinschaften

Die geschlossenen Gemeinschaften: das Beispiel Oneida

Während der erweckte Protestantismus, trotz seiner vielfältigen Formen, seinen Einfluß immer weiter ausdehnte, importierten oder entwickelten die Vereinigten Staaten noch andere Formen religiösen Lebens. Dank der Einwanderer war das Wachstum des Katholizismus und der Lutherischen Kirchen gesichert. Bei der Bevölkerung dagegen, die von der Erweckungsbewegung und den Millenaristen aufgerüttelt war, trieben auch neue religiöse Formen üppige Blüten, wobei man nicht vor neuen Offenbarungen und Propheten zurückschreckte. Für viele Amerikaner war religiöse Vielfalt nur im Schoß des evangelikalen Protestantismus denkbar. Trotz der in der Verfassung verankerten Garantie mußten Neuerer oft um die Anerkennung ihrer Rechte kämpfen. Aber sie trugen auf ihre Art dazu bei, das zeitgenössische Amerika zu prägen, wobei ihr Einfluß oft bei weitem ihre zahlenmäßige Bedeutung überstieg. Eine Heimstätte religiöser Neuerungen waren Gemeinden millenaristisch-utopischen Typs. Mehr als hundert solcher Gemeinden wurden in der Zeit zwischen der zweiten Großen Erweckung und dem Bürgerkrieg (1861–1865) gegründet. Viele von den Erweckungen aufgewühlte Menschen fanden in den verschiedenen Denominationen keine Befriedigung ihrer religiösen Bedürfnisse. Die Erweckungsprediger hatten sie aufgerufen, direkt in Kontakt zu Gott zu treten, ein ganz der Selbstheiligung und Vervollkommnung geweihtes Leben zu führen und die Ankunft des ruhmreichen Milleniums, des Reiches Gottes auf Erden, aktiv vorzubereiten. Viele Zeichen sprachen dafür, daß die Zeit nahe sei, daß man sich beeilen müsse, auf Erden ein Bild des himmlischen Reiches zu schaffen, damit dieses Reich darin Wirklichkeit werden könne. Und es gab tausende Vereine, in denen man sich engagieren sowie tausende Gebetsversammlungen und Bibelkreise, in denen man nach Vollkommenheit streben konnte. Aber die Veränderung der Welt war eine schwierige Aufgabe. Würde das *benevolent empire* stark genug sein, um sie auf sich zu nehmen? Für die Zweifler war die Versuchung groß, in eine Utopie zu flüchten, d. h. das Reich Gottes teilweise und vorgezogen zu verwirklichen, in einem kleinen Reich als Vorbereitung auf das große, in einer Gemeinschaft, die sich ganz dem großen Ziel unterordnete, einem Zentrum „geballter Heiligkeit", wo jedes Detail des täglichen Lebens der Vervollkommnung der einzelnen Mitglieder diente. Einige dieser Gemeinschaften waren kurzlebig, andere – manchmal gerade die merkwürdigsten – prägten die religiöse Landschaft auf Dauer.

Eine Gemeinschaft, die eine gewisse Abkapselung von der Welt voraussetzte – und der Millenarismus in seiner extremsten Ausprägung führte zwangsläufig in die Isolation – bewirkte häufig, daß ihre Mitglieder sich schließlich weit von ihrem ursprünglichen Ausgangspunkt entfernt wiederfanden. Als John Humphrey Noyes (1811–1886), Absolvent von Dartmouth College und der theologischen Schulen von Andover und Yale, sich zur Gründung einer Gemeinschaft entschloß, berief er sich auf Charles Finney, der ihn bekehrt hatte. Auffallend war zunächst höchstens sein Perfektionismus. Die Geistestaufe hielt er für eine gute Sache. Er war jedoch der Ansicht, es sei besser, in einer Gemeinschaft zu leben, wenn man sich definitiv von der Sünde befreien wollte. Und es war schwierig, in einer Gemeinschaft zu leben, ohne alles miteinander zu teilen. So entstanden in ähnlicher Form wie bei den Transzendentalisten auf der Brook Farm und den Oweniten in New Harmony die sogenannten *evangelical socialists* in Putney im Staate Vermont. Bis zu diesem Punkt konnte man schwerlich von einer Neuerung sprechen. Aber John Humphrey Noyes wurde von seinen Schülern gedrängt, nach noch größerer Vollkommenheit zu streben. 1846 nahmen die heiligen Leute von Putney die „Vielehe" an: Jeder Mann wurde der Gatte aller Frauen und jede Frau die Gattin aller Männer. So wurden sie von der Fleischeslust befreit. Ihre Nachbarn sahen die Dinge anders. Wie Mose, so führte auch Noyes sein Volk durch die Prüfungen ins Land Kanaan, das heißt nach Oneida im Staate New York. Die Vielehe wurde nicht in Frage gestellt, aber ihre Anwendung von der Zustimmung der Gemeinschaft abhängig gemacht. Diese wurde dadurch in sich gefestigt und bestand dreiunddreißig Jahre lang. Von allen Unternehmungen dieser Art, die in der Alten oder Neuen Welt bekannt wurden, hatte sie am längsten Bestand. Und auch 1879 löste sie sich nicht auf, sondern formte sich nur um. John Humphrey Noyes war schon sehr alt und die Heiligen der zweiten Generation verstanden die Beweggründe ihrer zahlreichen Eltern nicht mehr so recht. Die Vielehe wurde abgeschafft, ebenso die Gütergemeinschaft. Oneida wurde eine Produktionskooperative, die Heiligen kehrten in die Welt zurück[39].

Eine Gemeinschaft auf der Wanderschaft: die Mormonen

Aber die Flammen religiöser Begeisterung schlugen nicht nur in kleinen Gruppen hoch. Die Erweckungen mit ihren millenarischen Komponenten lösten eine dauerhafte Gemeinschaftsbewegung großen Umfangs aus: diejenige der Mormonen, die sich 1830 erstmals Organisationsstrukturen gab. Noch heute bestehen sie darauf, nicht zu den protestantischen Denominationen zu zählen. Denn ihre Kirche, die *Kirche Jesu Christi der Heiligen der Letzten Tage*[40], sei von einem Propheten gegründet worden, der eine neue Offenbarung empfangen und verbreitet habe. Joseph Smith (1805–1844) verfaßte das *Buch Mormon* nicht selbst. Nach seinen eigenen Aussagen empfing er es, übersetzte und veröffentlichte die Schrift (1830). Offen verglich er sich mit Mohammed. Sein visionäres Erlebnis sei einzigartig gewesen, gelöst von Raum und Zeit. Dank des direkten Eingreifens Gottes und Christi habe ihm schließlich der Engel Moroni die Stelle gezeigt, wo die mit Hieroglyphen bedeckten goldenen Tafeln und die beiden Steine lagen, die zu ihrer Entschlüsselung dienten[41]. Historisch gesehen ist Smith am Schnittpunkt zweier Bewegungen einzuordnen: der Erweckungsbewegungen, die ihn ebenso anzogen wie enttäuschten – er wuchs in einem *burned-over district* des Staates New York auf – und jener Bewegung, die das Christentum als Eigentum der amerikanischen Nation beanspruchte. Das *Buch Mormon* sollte die in die Neue Welt projizierte Bibel darstellen, wodurch Amerika ausdrücklich zum Neuen Israel wurde[42]. Unter diesen Bedingungen zeichnete sich auch ganz klar die im Rahmen eines millenarische Systems zu erfüllende Aufgabe ab: die Wiederherstellung der wahren Kirche Christi in Amerika – was eine Reform der Gesellschaft nach dem Vorbild des Reiches Gottes voraussetzte. Erst nach Vollendung dieser Aufgabe sei auch der „Jüngste Tag"

---

[39] Vgl. M. HOLLOWAY, Heavens on Earth: Utopian Communities in America, 1680–1880, New York 1966; M. LOCHWOOD CARDEN, Oneida: Utopian Community to Modern Corporation, Baltimore 1969; C. NOYES ROBERTSON, Oneida Community, Syracuse – New York 1970.

[40] Englisch: *The Church of Jesus Christ of Latter-day Saints*, aber normalerweise *The Mormon Church*.

[41] Siehe R. N. HULLINGER, Mormon Answer to Scepticism: Why Joseph Smith Wrote the Book of Mormon. St. Louis o.J.

[42] Siehe K. J. HANSEN, Mormonism and the American Experience, Chicago 1981.

nicht mehr fern[43]. Und dies alles spielte sich vor dem Hintergrund eines sehr puritanischen Optimismuses ab, eines Optimismuses, der durch die Ablehnung der Lehre von der Erbsünde noch verstärkt wurde. Denn es würde viele Berufene und viele Auserwählte geben.

Die Anfänge der Gemeinschaft wiesen noch keine für eine Sekte spezifischen Merkmale auf. Zwar war die Kirchenleitung abgeschlossen, aber die Aufnahme in die Gemeinschaft stand jedem offen. Die oberste Autorität, die Gemeinschaft der zwölf Apostel, setzte sich aus Joseph Smith, zehn Männern seiner Familie und einem einzigen „Fremden" zusammen[44]. Aber Mormone konnte werden, wer immer es wollte. Dank gezielter Predigtkampagnen kamen die „Heiligen" von überall her, auch aus Europa (England, Deutschland, Skandinavien und Frankreich). Insgesamt begegnete man also viel mehr Bekanntem als Neuem. Die einzige Ausnahme bildete die neue Offenbarung, das neue Buch, das der Bibel sehr ähnelte, aber alle anderen christlichen Kirchen abqualifizierte, die starr an einer unvollendeten Offenbarung festhalten wollten. Und der Graben zwischen Mormonen und „Heiden" vertiefte sich immer mehr, da die neue Offenbarung mit dem *Buch Mormon* noch nicht abgeschlossen war. Durch den Mund des Propheten und seiner Nachfolger wurde sie kontinuierlich fortgeführt. Dabei wurden auch spezifisch evangelische Themen aufgegriffen – wie das allgemeine Priestertum aller Gläubigen (in der *Kirche Jesu Christi der Heiligen der Letzten Tage* waren alle erwachsenen Männer zum Priestertum berufen). Andere Lehren dagegen erweckten den Unmut des erweckten Protestantismus – wie die Lehre vom ewigen Bestand der Materie, die nicht von Gott geschaffen worden sei, da dieser schon genug damit zu tun gehabt habe, sich selbst zu schaffen, weshalb er auch nicht unendlich und noch nicht einmal das einzige Wesen seiner Art sei. Eine weitere Praxis stieß ebenfalls auf Ablehnung, nämlich die stellvertretende Taufe für die Toten (unter Berufung auf 1 Kor 15, 29). Die neuen und kontinuierlichen Offenbarungen führten zum Bruch mit der christlichen Tradition und zwangsläufig zu immer neuen Spannungen, zunächst vor allem zu einem dramatischen Konflikt mit der öffentlichen Meinung.

Von Anfang an erregten die Mormonen den Haß der anderen. Lag es daran, daß sie sich viel mit Politik beschäftigten und glänzende materielle Erfolge vorweisen konnten? Vielleicht, obwohl alle anderen dies auch taten oder sich zumindest darum bemühten, und man *success stories* gerade in einem Land, in dem Erfolg als Demonstration von Bürgersinn und Zeichen göttlichen Auserwähltseins gewertet wurde, nicht verdammte. Nein, es kam vielmehr deshalb zu Haß und Totschlag, weil die „Heiden" es überhaupt nicht schätzten, daß die Mormonen danach trachteten, sie ihrer christlichen und amerikanischen Identität zu berauben. Das *Buch Mormon* erzählte, wie die verlorenen Stämme Israels in Amerika eine neue Heimat fanden, wie schließlich Christus selbst kam, um dort eine große westliche Kirche zu gründen, die einzig wahre Kirche, und wie diese vernichtet wurde. Die einzig wahren Christen und einzig wahren Amerikaner seien die Mormonen, deren Aufgabe es ist, Amerika sich selbst zurückzugeben und ihm durch die Wiedererrichtung der Kirche Christi die Erinnerung an das Geschehene und an seine eigentliche Mission wieder bewußt zu machen. Dieser Anspruch stieß, gelinde gesagt, auf Mißfallen. Außer den Katholiken waren die Mormonen die einzige weiße christliche Gemeinschaft, die je unter Pogromen

---

[43] Vgl. G. UNDERWOOD, Early Mormon Millenarianism: Another Look, in: ChH 54 (1985) 215–229.

[44] Nach dem Tod von Smith spaltete ein Schisma die Mormonen in eine Mehrheit, die Brigham Young folgte, und eine Minderheit, die der Familie des Propheten treu blieb und dieser die Leitung der Kirche auch weiterhin anvertrauen wollte.

zu leiden hatte. Joseph Smith wurde ermordet, die ersten Ansiedlungen der Mormonen wurden gewaltsam zerstreut[45].

Unter der Last dieser tragischen Ereignisse schloß sich die Gruppe schließlich ab – um aber gleichzeitig auch bis zur Grenze ihrer Träume oder ihrer Wahrheit vorzustoßen. Zwischen 1836 und 1840, also noch vor dem gewaltsamen Tod ihres Propheten, hatten die Mormonen mit der „Errichtung von Zion auf diesem Kontinent" begonnen, d. h. mit der Schaffung eines souveränen Gottesstaates auf dem amerikanischen Kontinent. Aber die Verwirklichung dieser hochgesteckten Pläne blieb durch äußere Zwänge stecken. Das änderte sich erst, als Brigham Young (1801–1877) als charismatischer Führer den Propheten ablöste. Der „Große Zug", den er in den Jahren 1846 und 1847 mit viel Energie und Umsicht bis zum Großen Salzsee führte, war keine Flucht, sondern gab der Gruppe die Chance, sich selbst zu verwirklichen. Der provisorische Staat Deseret (Utah) stellte den einzig erfolgreichen Versuch dar, auf nationaler Ebene ein Abbild des Reiches Gottes vorwegzunehmen. Aus Sicht der Mormonen bedeutete dies die Wiederherstellung der großen westlichen Kirche, die von Christus selbst zur Vorbereitung seines Tausendjährigen Reiches, seiner glorreichen Herrschaft auf Erden, gegründet worden war. Salt Lake City war keine Zuflucht, sondern eine Erfüllung. Gleichzeitig wurde es zur Quelle neuer Konflikte mit der öffentlichen Meinung in Amerika, die sich gegen jedes System, das Kirche und Staat zu eng miteinander verknüpfte, wehrte[46]. Die von den Mormonen von da an verfolgte Politik war auf Konfrontation angelegt. Jedoch muß man gerechterweise zugestehen, daß diese in der Logik ihres Glaubens begründet lag.

Naheliegend war ihr Bündnis mit den Indianern, den rebellischen und untreuen Nachfahren, aber eben doch Nachfahren der vor Christus nach Amerika emigrierten Israeliten. Die Mormonen konnten kundtun, was sie von den „Heiden" unterschied. Ihre Gruppe erfuhr eine Bestärkung, als sie die Rocky Mountains überschritten und das Gebiet um den Großen Salzsee kolonisierten; und sie konnten einen Guerillakrieg gegen die föderierten Truppen führen, als diese in den Jahren von 1857 bis 1858 in den Wüstenstaat eindrangen, um sie zur Beachtung der Gesetze der Union zu zwingen. Dabei nahm Brigham Young durchaus „Schönheitsfehler" hin – wie das in der mormonischen Tradition totgeschwiegene Massaker von Mountain Meadows, als die Indianer, unterstützt und geführt von einer Gruppe Mormonen, einen Einwanderertreck aus Missouri und Kansas auf dem Weg nach Kalifornien vernichteten.

Die Polygamie galt zunächst ebenso wie das Bündnis mit den Indianern als Symbol für den unüberbrückbaren Unterschied zwischen den Mormonen und den *„Heiden"*. Dieser Polygamismus war nicht im *Buch Mormon* grundgelegt, sondern war Teil einer von Joseph Smith im Rahmen seiner prophetischen Funktion empfangenen Offenbarung, stellte aber dennoch im Milieu der Erneuerungsbewegungen keine Besonderheit dar. Viele, von den *shakers* zu Beginn des Jahrhunderts bis zu den Perfektionisten von Oneida, wollten die Be-

---

[45] Der Zyklus der Mormonenkriege wurde 1838 in Missouri durch die Vernichtung von ungefähr tausend „Söhnen Dans", der mormonischen Miliz, durch die „Heiden" eröffnet. Ihr Ende kam erst zwanzig Jahre später, als Bundestruppen gegen das aus der Sicht Washingtons rebellische Territorium von Utah vorgingen.

[46] Als Salt Lake City gegründet wurde, befand sich das große Becken des Salzsees auf dem Gebiet Mexikos, das theoretisch die Schutzherrschaft ausübte. Aber bereits 1848 wurden die Mormonen erneut in die Vereinigten Staaten integriert, die das Gebiet annektierten und als Territorium (Utah) der Union angliederten. Allerdings respektierten sie das Ergebnis der allgemeinen Wahlen, die die Präsidentschaft des Territoriums Brigham Young übertrugen.

ziehungen zwischen Religion und Sexualität neu definieren. Die *shakers* hatten sich für den Zölibat entschieden, die Perfektionisten verbanden Polyandrie und Polygamie. Die Mormonen wählten einen Mittelweg. Die Polygamie wurde nur von einer Minderheit nach patriarchalischem Muster gelebt, während man zum Ausgleich strengste moralische Vorschriften verkündete[47]. Nach Lawrence Forster entsprang die Praxis alternativer Formen der Sexualität in Außenseitergruppen der Verwirrung, die durch die Beschleunigung des sozialen Wandels in die Ehe und die traditionellen Familien getragen worden war. Während die Erweckungsprediger sich damit begnügten, die Unzüchtigen zur Buße zu ermahnen, waren die *shakers*, die Leute von Oneida und die Mormonen davon überzeugt, daß es unmöglich sei, die alte Ordnung wiederherzustellen. Wenn sie sich nicht mit der Unordnung abfinden wollten – was kaum machbar war, wenn man das Reich Gottes auf Erden errichten wollte –, mußten sie die aus ihrer Sicht annehmbarsten Lösungen übernehmen, um eine neue Ordnung aufzubauen. Auf jeden Fall erkannten sie sehr klar und gaben es auch unverhüllt zu, daß die Sexualität für alle, die beabsichtigten, eine Gemeinschaft der Heiligen zu bilden, ein nicht geringes Problem darstellte[48].

Nach dem „ruhmlosen Bürgerkrieg" der Jahre zwischen 1857 und 1858 fügten sich die Mormonen teilweise und mit Hilfe pragmatischer und langwierig ausgehandelter Kompromisse in das amerikanische System ein. Trotz ihrer militärischen Niederlage waren sie nicht entscheidend geschwächt: Zwischen 1847 und 1887 schlossen sich 200000 Mormonen den 1700 von Brigham Young geführten Pionieren an. 1862 verbot ein Bundesgesetz die Polygamie. Allerdings sollte es noch bis 1890 dauern, bis Wilford Woodruff als Präsident der mormonischen Kirche sie offiziell untersagte, so daß Utah (es war den Mormonen nicht gelungen, die Anerkennung des Namens Deseret durchzusetzen) 1896 als fünfundvierzigster Staat in die Vereinigten Staaten aufgenommen wurde. Salt Lake City sollte das westliche Zion bleiben, der Ort, wo sich die Jahrhunderte vollenden würden – und wo mitten in der Wüste eines der aktivsten Zentren des amerikanischen Finanzkapitalismus entstand[49].

5. Weiße Erneuerungsbewegungen: Individualisten

An der Seite des Heiligen Geistes: die Adventisten

Die Kirche der Adventisten *(Gemeinschaft der Siebenten-Tags-Adventisten)* wurde offiziell erst 1863 begründet, aber es gab schon immer bei den Prämillenaristen, die in untätiger Erwartung der Wiederkehr Christi verharrten, extreme Bewegungen, die sich bemühten, das genaue Datum dieses *Second Advent* zu erfahren. Der Begriff Adventisten fand in Amerika erst mit den Lehren des William Miller (1782–1849) Verbreitung, eines Deisten nach Art Jeffersons[50], der nach seiner Erweckung zu den Baptisten gestoßen war. All dies ereignete sich 1816 in Low Hampton im Staat New York, vier Jahre bevor der junge

[47] Siehe J.-F. MAYER, Les Mormons et la Polygamie, Freiburg i. Ue. 1986.
[48] L. FORSTER, Religion and Sexuality: Three American Communal Experiments of the Nineteenth Century, New York – Oxford 1981.
[49] Zu den Mormonen allgemein vgl. L. ARRINGTON – D. BITTON, The Mormon Experience: A History of the Later Day Saints, New York 1979; M. INTROVIGNE, Les Mormons, Maredsous 1991.
[50] Tatsächlich war Miller in seiner Jugend ein ziemlich radikaler Anhänger Jeffersons und der von ihm sowohl auf politischer als auch auf religiöser Ebene verkörperten Ideale.

Joseph Smith seine erste Theophanie erlebte. Miller war unzufrieden: Die Erweckungsbewegungen hatten überall einen optimistischen und unternehmungslustigen Postmillenarismus verbreitet; das Millenium war in Reichweite, man mußte nur handeln, um sich seiner
würdig zu erweisen. Aber die Erweckten hatten ohne präzisere Angaben so viel von der
unmittelbar bevorstehenden Wiederkehr Christi gesprochen, daß sie die Ungeduld oder
Ratlosigkeit der Menschen nur noch mehr geschürt hatten. Auch Miller war ratlos und
ängstlich darauf bedacht, die Kritik seiner Jeffersonschen Freunde zum Schweigen zu
bringen, indem er die Heilige Schrift so genau wie irgend möglich interpretierte. Er vertiefte sich in die Bibel, konzentrierte sich auf die Prophezeiungen aus dem Buch Daniel
und war schließlich überzeugt, daß Christus zwischen März 1843 und März 1844 wiederkommen werde. Zehn Jahre vor Eintreten dieses Termins beschaffte er sich ein Prediger-
diplom. Seine Kampagne lief nur langsam an, bevor er einen baptistischen Pastor, Reverend Josuah V. Himes, aus Boston für sich gewinnen konnte, der ein Gespür für Werbung
und *camp-meetings* hatte. Himes übernahm es, die Massen aufzurütteln, sie anzuheizen
und ganz aufgelöst Miller zu übergeben, der eine flammende Rede hielt. Sie zogen quer
durch die Union, und Miller entrollte auf jeder Station ein riesiges Transparent, auf dem er
die einzelnen geschichtlichen Epochen markiert hatte, auch den Schlußpunkt der
Geschichte. Das einfache Volk *(plain people)* riß Mund und Augen vor Freude und Entsetzen auf und sang:

> *Stand up, stand up for Jesus,*
> *The strife will not be long;*
> *This day the noise of battle;*
> *The next, the victor's song.*
> (Steht auf, steht auf für Jesus
> Nicht lange währt der Kampf;
> Heut' noch der Lärm der Schlachten
> Morgen schon Siegessang).

Mehrmals wurde die Chronologie revidiert. Anläßlich des großen *camp-meeting* in Exeter
wurde als Datum der Rückkehr Christi endgültig der 22. Oktober 1844 festgelegt. An diesem Tag versammelten sich im ganzen Land, aber auch in Kanada und England Tausende
Adventisten, um auf Christus zu warten.

Der 23. Oktober 1844 hätte das Ende der Bewegung mit sich bringen können. Die enttäuschten Massen zogen ab, während die baptistischen oder methodistischen Pastoren ihre
Schäflein wieder um sich versammelten. Aber es gab auch die Unverbesserlichen, die voller Freude von der Vision eines Bauern aus Port Gibson im Staate New York hörten. Hiram
Edson sah, wie Christus am Tag nach der großen Enttäuschung vom ersten in das zweite
Zimmer seines himmlischen Heiligtums ging. Die Zweite Wiederkehr Christi hatte also
stattgefunden, aber im Himmel und nicht auf Erden. Dies reichte aus, um jene, die wirklich
von der Botschaft überzeugt waren, zu begeistern. Aber Miller war nicht die charismatische Persönlichkeit, die nötig gewesen wäre, um auch die Enttäuschten wiederzugewin-
nen. An seine Stelle sollte alsbald ein junges Mädchen von siebzehn Jahren treten, Ellen
Harmon (1827–1915), das jüngste von acht Kindern einer Bauernfamilie. 1837 machte sie
erstmals durch die Lektüre eines Zeitungsartikels Bekanntschaft mit dem Millenarismus.
Zwei Monate nach der großen Enttäuschung hatte sie ihre erste Vision: Christus geleitete
die Adventisten zur Stadt Gottes. Der Weg war eng. Die von ihm abkamen, wurden in ei-

nen dunklen Abgrund gezogen. Wenig später wurde ihr in anderen Erscheinungen befohlen, alles, was sie sah, schriftlich festzuhalten. Sie gehorchte den himmlischen Anweisungen und begann, ihre Offenbarungen aufzuschreiben. Vision folgte auf Vision. Sie füllte damit 45 000 Seiten, womit sie das *Buch Mormon* (knapp über 500 Seiten in einer aktuellen Ausgabe) bei weitem in den Schatten stellte. Mit neunzehn heiratete sie James White, einen Burschen, der die Rückkehr Christi gepredigt hatte, und den sie davor bewahrte, in den Abgrund gerissen zu werden. Im selben Jahr erkannte ein alter Seemann, Kapitän James Bates, der sich zur Ruhe gesetzt, dem Whisky abgeschworen und allem Fluchen entsagt hatte, ihre Visionen als echt an. Bates war einer der Hauptveranstalter des *camp-meeting* von Exeter gewesen. Er kannte jedermann in der Bewegung und konnte die abgebrochenen Verbindungen wieder zusammenknüpfen. Wie andere adventistische Führer auch hatte er den Brauch einiger baptistischer Gemeinden übernommen, den Sabbat, d. h. den Samstag, den siebten Tag der Woche, anstelle des Sonntags zu heiligen. Diese wurden als „Baptisten vom Siebten Tage" bezeichnet. Ellen und James White übernahmen diesen Brauch und nannten sich die „Adventisten vom Siebten Tage".

Nach mannigfaltigen Prüfungen baute sich die adventistische Bewegung, die durch das Ausbleiben Christi am 22. Oktober 1844 geschwächt wurde, um sie herum wieder neu auf. Ellen White spielte eine um so wichtigere Rolle, als sie allein Informationen darüber liefern konnte, was im Himmel vor sich ging, nachdem Christus die zweite Phase seiner „Amtszeit" angetreten hatte. Die Kirche, deren Organisation 1863 abgeschlossen war, gründete also auf einer neuen Offenbarung, die zudem immer weiter ergänzt wurde, da Ellen White auch weiterhin Visionen hatte und diese aufzeichnete. Aber das war auch die einzige Gemeinsamkeit mit den Mormonen. Die Adventisten warteten nicht mehr wirklich auf das Millenium, das in ihren Augen ja bereits unsichtbar begonnen hatte. Allmählich hörten sie sogar auf, das Datum der Wiederkunft Christi zu berechnen, das sie nun mit dem Jüngsten Gericht gleichsetzten. Denn ebenso wie die gemeinsame Erwartung des Reiches Gottes eine utopische Gemeinschaft zusammenzuschmieden vermochte, verwies auch das Warten auf das Jüngste Gericht jeden auf sein eigenes Schicksal und förderte so den Individualismus. Auch schrieben die Adventisten Amerika keine besondere Sendung zu. Ganz im Gegenteil, sie setzten vielmehr die Vereinigten Staaten mit einer der bestialischen Gestalten der Apokalypse gleich. Sie waren eine der ersten Gruppen, die das schlechte Gewissen eines Landes verkörperten, das eigentlich nicht unglücklich war. Dadurch wurden sie auf eine Protesthaltung festgelegt.

Ellen White urteilte immer sehr streng über die amerikanische Gesellschaft, die in ihren Augen ungerecht, habgierig und korrumpiert war. In diesem Punkt ging sie ganz in ihrer Rolle als Prophetin auf, wobei sie vielleicht die Stimme Gottes, sicher aber die Stimme jener Gruppe war, die sich mit ihr identifizierte. Anders als die Mormonen konnten sich die Adventisten nicht für die Marktwirtschaft begeistern, sie interessierten sich vielmehr für Fragen der Erziehung und Gesundheit. Da sie die Gegenwart nicht liebten, entwickelten sie auf diesem Gebiet Vorstellungen aus der Vergangenheit und der Zukunft. Nach 1865 arbeitete Ellen White ein ganzes Gesundheitsprogramm aus, das von der Generalkonferenz, dem leitenden Organ ihrer Kirche, übernommen wurde. Die Adventisten gaben eine spezielle Zeitschrift, den *Health Reformer*, heraus und unterhielten ein Institut für Gesundheitsreformen. Sie lehnten Alkohol und Tabak ab, aßen wenig Fleisch und nahmen so wenig Medikamente wie möglich; Unmäßigkeit im Essen war verpönt, ebenso auch Unmäßigkeit bei der Arbeit – was schon ungewöhnlicher war. Man trug keine Kleider, die

die Freiheit des Körpers beeinträchtigten, und bevorzugte ein Leben in frischer Luft, pflanzliche Mittel und sanfte Medizin zur Erhaltung der Gesundheit. Und so gelang den Adventisten, weil sie die Götter ihres Jahrhunderts, die Marktwirtschaft, die Industrie und die Wissenschaft so gänzlich ablehnten, der Sprung von den Zeiten der Vorväter zur Moderne. Und dennoch standen sie damit den *modern spiritualists*, deren Wirken zur gleichen Zeit und im selben geographischen, sozialen und religiösen Umfeld begann, so fern wie nur irgend möglich[51].

Aus der Welt der Geister: der Spiritismus

Hydesville lag im Staat New York am Ufer des Ontario-Sees. 1847 war das eine ländliche Gegend. In diesem Jahr konnte man überall auf der Farm der Familie Fox ein Knacken und Knistern hören, als würde das Haus auf dem See schwimmen. Dennoch bewegte es sich nicht von der Stelle, und die Töchter des Hauses, Kate (zwölf Jahre) und Maggy (dreizehn Jahre) schrieben den Lärm einem Hausteufel zu, den sie „Herrn Pferdefuß" nannten. Eines Abends schnalzte Kate Fox mit den Fingern und bat Pferdefuß, sie nachzuahmen. Auf jedes Schnalzen antwortete das Haus mit einem Klopfen. Kate bat ihn, bis zehn zu zählen. Es klopfte zehnmal im Haus. Nun mischte sich die Mutter ein und stellte ihrerseits eine Frage: „Wenn du ein menschliches Wesen bist, klopfe einmal". Alles blieb still. „Wenn du ein Geist bist, klopfe zweimal". Zwei Klopfzeichen waren zu hören. Nun improvisierte Frau Fox einen Code: einmal Klopfen bedeutet A, zweimal B, usw. Als man ihn fragte, gab der Geist seine Identität preis: er sei der Hausierer George Ryan, der in diesem Haus ermordet worden sei. Die Nachbarn machten nun auch mit, fingen an zu graben und fanden Knochen im Keller, die sie dem unglücklichen George Ryan zuschrieben.

Dies war die Geburtsstunde des modernen Spiritismus, mitten im *burned-over district*, in derselben Gegend, wo Joseph Smith dem Engel Moroni gelauscht, Miller seine Berufung gefunden und Charles Finney sich einen Namen gemacht hatte. Die Fox' waren ruhige und gelassene Erweckte. Sie warteten auf den Heiligen Geist und sie nahmen Kontakt zu Geistern auf, zu den Geistern der Toten. Die Erweckungsbewegungen hatten bereits andere Phänomene ähnlicher Art hervorgebracht, jedoch nur innerhalb geschlossener Gemeinschaften, die sich energisch im Protest gegen die etablierten Kirchen engagiert hatten. Gegen Ende der dreißiger und zu Beginn der vierziger Jahre hatten die *shakers* – auch sie Jünger einer Prophetin, Ann Lee, die allerdings dem 18. Jh. angehörte, – eine Zeit lang intensiv Kontakt zu den Geistern gesucht, wobei ihre Trancezustände schamanischen oder brasilianischen synkretistischen Kulten alle Ehre gemacht hätten.

Nichts von alledem gab es bei den Fox'. Sie waren keine besonderen Leute (*peculiar people*), sondern gehörten zum einfachen Volk (*plain people*). Sie waren Methodisten, die weder daran dachten, eine neue sektiererische Gemeinde oder Gruppe zu gründen noch sich der Geister zur Verkündigung einer neuen Offenbarung zu bedienen. Sicher wurden die ersten spiritistischen Sitzungen mit Kate und Maggy Fox organisiert, die sich als hervorragende Medien erwiesen. Und das erste „Büro zur Geisterbefragung" wurde 1848 in Rochester, der Stadt, in der 1830/31 Charles Finney Triumphe gefeiert hatte, immerhin

---

[51] Siehe M. BULL, Eschatology and manners in Seventh-Day Adventism, in: ASSR 65 (1988) 145–157. R. THEOBALD, The Role of Charisma in the Development of Social Movements. Ellen G. White and the Emergence of Seventh-Day Adventism, in: ASSR 65 (1988), 83–100.

noch im Einflußbereich ihrer Familie eröffnet. Aber die Fox' besaßen nicht lange ein Monopol auf diese Erfahrungen, die schnell zum Gemeingut wurden und von Dutzenden, später sogar von Hunderttausenden von Anhängern aufgegriffen wurden, die jedoch nicht daran dachten, deshalb nach Hydesville zu pilgern. Spiritismus in Amerika war gleichbedeutend mit Demokratie auf religiösen Gebiet, der „Erweckung" am heimischen Herd, im Familien- oder Freundeskreis und eigenwilligen Nachforschungen, um Kontakt mit den Toten aufzunehmen.

Der Spiritismus besaß von Anfang an Versuchscharakter. Amerika begeisterte sich für alle Techniken, die die Kommunikation verbesserten: Die Menschen vergötterten Samuel Morse, der 1836 den elektrischen Telegraphen und das zu seiner Bedienung erforderliche Alphabet erfunden hatte. Die Spiritisten übertrugen das System der *raps*, der nach einem festgelegten Modus abzugebenden Klopfzeichen, auf einen „geistigen Telegraphen". Und einen Telegraphen konnte man jederzeit verbessern. Man forderte die Geister auf, sich der Tische zu bedienen oder kleiner, runder, einbeiniger Tischlein, die leichter und empfindlicher waren – oder noch sensiblerer Brettchen oder Gläser. Edison stellte ihnen schließlich einen hochempfindlichen Apparat mit einem Verstärker zur Verfügung. Auch der Code wurde verbessert. Schließlich versuchte man, ganz auf solche relativ einfachen Hilfsmittel zu verzichten und in direkten Kontakt mit den Geistern zu treten. Neben den Telegraphen als Medium trat konkurrierend das Telephon oder die Schreibmaschine, die sich ganz den Geistern zur Verfügung stellten und ihnen erlaubten, durch ihren „Mund" zu sprechen – eine Technik, die von den *camp-meetings* übernommen worden war – oder durch ihre „Hand" zu schreiben, wobei in diesem Fall ein kultureller Wandel durch den Übergang von oraler Überlieferung zu schriftlicher Tradition vollzogen wurde. Neben dem Geist der Erweckung lag darin wahrscheinlich ein weiterer Grund, warum das Spiel zweier Mädchen in wenigen Monaten zu einem nationalen Phänomen werden konnte. Der Spiritismus machte es möglich, die Welt der Geister auf dieselbe Weise wie Moleküle oder Sterne zu erforschen; er stellte den Einklang zwischen Wissenschaft und Religion wieder her. Und die Nachfrage war in dieser Hinsicht groß. Viele Pastoren sahen diese neuen Methoden, die einen Beweis für das Jenseits lieferten, gerne – so wie man den Aufbau des Glykogens in der Leber oder die Auslösung von Epidemien durch Mikroben beweisen konnte. Sie begrüßten dies um so mehr, als der Spiritismus die Erweckungsbewegungen ablöste und die Bekehrung vieler Menschen bewirkte, nicht nur einfacher Leute, sondern auch angesehener Persönlichkeiten, ja sogar Gelehrter.

Aber es gab noch einen anderen Grund, der den Erfolg der Spiritisten ebenso erklärte wie den Brauch der Mormonen, die Menschen stellvertretend für die Verstorbenen zu taufen:

„Wir sahen uns von Anfang an", schrieb Marion Aubrée, „mit dem Phänomen einer allgemeinen Kommunikation konfrontiert, zwischen den Lebenden und den Toten, zwischen Vergangenheit und Gegenwart, Europa und Amerika – und dies angesichts einer Bevölkerung, die sich aus Einwanderern zusammensetzte, d. h. deren Tote meist auf der anderen Seite des Atlantik zurückgeblieben waren und mit denen sie künftig sprechen konnten."[52]

Eine Nation von Entwurzelten hatte ein bequemes Mittel gefunden, um sich auf die Suche nach ihren Ursprüngen zu begeben. Und man versteht, wieso die Presse und Politiker

---

[52] M. AUBRÉE – F. LAPLANTINE, La Table, le Livre et les Esprits, Paris 1990, 17.

wie Horace Greeley[53] oder Schausteller wie der eingangs erwähnte Phineas Tayler Barnum, viel zur Verbreitung der Bewegung beitrugen: Das Thema war publikumswirksam – weshalb man jedoch keineswegs an der Ehrlichkeit Barnums zweifeln sollte, der die Schwestern Fox zur Schau stellte. Barnum war seit jungen Jahren als evangelischer Prediger tätig, wirkte bei der Organisation von Erweckungen mit und war im Rahmen des *benevolent empire* ein Vorkämpfer der Temperenz (Mäßigung bzw. Enthaltung von alkoholischen Getränken). Barnum stand für beides: die Bibel wie auch den Zirkus – in einem Land, das durch die Erweckungsbewegungen an die etwas chaotische Liaison von Religion und Schauspiel gewöhnt war.

Mit dem Erfolg begann auch die gewerbsmäßige Auswertung. 1852, als der erste in Cleveland tagende Konvent der Spiritisten beschloß, durch die Entsendung von Missionaren eine Werbekampagne in Europa zu starten, gab es bereits an die zehntausend ganztags beschäftigte Medien. Aber selbst, wenn die Spiritisten über Missionare verfügten, kam es doch nicht zur Ausbildung einer neuen Kirche, da die Medien weder deren Klerus darstellten, noch – wie häufig in Europa – die Vorkämpfer einer antiklerikalen Bewegung waren, die sich zu einer antichristlichen Bewegung entwickelte. Man mußte schon ein englischer Antiklerikaler *(secularist)* wie Arthur Conan Doyle sein, um behaupten zu können, daß der Spiritismus den Dialog da wieder aufnahm, wo ihn das Christentum unterbrochen hatte. In den Vereinigten Staaten stand das Christentum nie irgendetwas im Wege, und die neuen Spiritualisten sahen im „regulären" Gottesdienst oft eine Erweiterung ihrer spiritistischen Erfahrung – genauso wie die Erweckten nach der Rückkehr von den *camp-meetings* wieder den Weg zur Kirche einschlugen. Erst in einer zweiten Phase verfielen die konservativen Theologen der Presbyterianer alter Schule und die Darbystischen Millenaristen – die glaubten, daß nur ein schmaler Weg zum Heil führe und die immer wieder vor dem Antichrist warnten – darauf, die Medien mit falschen Propheten und die Geister mit dämonischem Spuk gleichzusetzen. Die Geschehnisse, die bis dahin allgemein akzeptiert worden waren, erhielten dadurch eine pikante Note. Allerdings verkörperten die fundamentalistischen Kreise nicht die Hauptströmung des amerikanischen Protestantismus. Denn trotz der Exorzisten kam es im 19. Jh. in Amerika nicht zu einem erneuten Vorgehen gegen vermeintliche dunkle Mächte wie bei den „Hexen" von Salem[54].

6. Die Kirche der sieben Synoden

Die wichtigste Denomination der Vereinigten Staaten: der Katholizismus

Zu Beginn des 19. Jh. hatte die katholische Kirche eine einzige Diözese und vielleicht 50 000 Gläubige; 1869 waren es schon zwischen 2 oder 3,2 Millionen – je nachdem, ob man nur die Erwachsenen oder alle Getauften zählt, die in 44 Diözesen lebten. Die sechs wichtigsten protestantischen Denominationen verzeichneten in dieser Zeit insgesamt einen Anstieg ihrer Mitgliederzahlen von 0,25 auf 6 Millionen Erwachsener. Der Katholizismus

---

[53] Kandidat der demokratischen Partei bei den Präsidentschaftswahlen von 1872.
[54] In Salem, einer 1626 gegründeten Stadt (Massachusetts), kam es im Jahr 1692 zu Hexenprozessen. Aufgrund der Initiative der Geistlichkeit setzte man ein Sondergericht ein. Verschiedene Frauen wurden der Hexerei angeklagt; kurze Zeit später wurden die Prozesse gestoppt und als unrechtmäßig verurteilt. Vgl. R. LADOUS, Le Spiritisme, Paris – Montréal 1989.

war damit zur größten Denomination der Union geworden und stellte sowohl für die Katholiken selbst als auch für jene, die sie ins Land ließen, eine Herausforderung dar.

Konversionen, die Angliederung von Territorien, der Anstieg der Bevölkerungszahlen und der Zufluß von Einwanderern können als Gründe für dieses schnelle Wachstum angeführt werden. Die Zahl der Übertritte vom Protestantismus zum Katholizismus war eher bescheiden[55], allerdings vollzogen einige berühmte Persönlichkeiten diesen Schritt: ein halbes Dutzend Bischöfe[56], darunter die Erzbischöfe James R. Bayley von Baltimore und James Wood von Philadelphia, Ordensgründer wie Isaac Hecker[57], Intellektuelle wie Orestes A. Brownson[58], der aus dem *Transcendental Club* stammte, Gelehrte wie Moses L. Linton, der die erste medizinische Zeitschrift der Union gründete, sowie Journalisten oder Zeitungsbesitzer wie John R. G. Haggard, Joseph R. Chandler und Jedediah V. Huntington, die in einem Land, in dem die Presse schnell zu einer bedeutenden Macht aufsteigen sollte, erheblichen Einfluß hatten.

Nach dem Krieg gegen Mexiko 1846–1848 mußte das südliche Nachbarland große Territorien an die Vereinigten Staaten abtreten, in denen eine traditionell katholische, spanisch sprechende Bevölkerung lebte. Dies trug auch zur Festigung der Stellung der Katholiken in Louisiana und Florida bei. Bereits 1819 war durch den Kauf Floridas (von Spanien für fünf Millionen Dollar) auch der bescheidene Marktflecken San Agostino an die Union gekommen, der bereits seit 1565 Sitz eines Bistums war[59]. Dies sollte die Katholiken in dem Gefühl bestärken, daß sie keine Zuspätgekommenen in diesem Teil der Welt waren. Zudem war die Geburtenrate innerhalb der katholischen Bevölkerung sehr hoch, wobei – wie bereits Tocqueville[60] unterstrichen hatte – die Kinder normalerweise den Glauben und das Glaubensleben ihrer Eltern übernahmen. Sehr bald schon machte aber die Einwanderung den Hauptwachstumsfaktor aus: Zwischen 1830 und 1840 kamen 600000 katholische Einwanderer, zwischen 1840 und 1850 1,7 Millionen und im folgenden Jahrzehnt bis 1860 2,6 Millionen. Für die Hierarchie war besonders schwierig, daß Gläubige, die zwar den gleichen Glauben teilten, aber aus verschiedenen Kulturkreisen kamen, in einer Diözese zusammenleben sollten.

Angesichts dieses Problems trat der noch aus der Frühzeit stammende Streit um den *Lay Trusteeism* etwas in den Hintergrund, obwohl er noch bis in die vierziger Jahre weiterschwelte und erst gegen Anfang der sechziger Jahre ausklang. Allerdings lebte er periodisch bis ins 20. Jh. immer wieder auf. Die *trustees* waren die Laienverwalter der Pfar-

---

[55] Siehe J. P. DOLAN, Catholic Revivalism. The American Experience (1830–1900), Notre Dame, Indiana 1978: Die katholischen „Volksmissionen" in der Tradition der Erweckungen konnten nur wenige Protestanten bekehren. Dreißig Prozent der Konvertiten gehörten vorher der Episkopalkirche, dreizehn Prozent der lutherischen Kirche an, vierundzwanzig Prozent formell überhaupt keiner Kirche. Baptisten, Methodisten, Presbyterianer und Kongregationalisten hatten faktisch kaum Übertritte zu beklagen.

[56] Bei den Episkopalen schuf eine der anglikanischen Hochkirche nahestehende Strömung eine Art kleiner Oxford-Bewegung. Aus ihr kamen einige Konvertiten von Format wie Edgar P. Wadhams, der 1846 zum Katholizismus übertrat und zum Gründungsbischof der Diözese Ogdenburg im Norden des Staates New York wurde. Siehe M. C. TAYLOR, A History of the Foundations of Catholicism in Northern New York, New York 1976.

[57] Siehe J. FARINA, An American Experience of God: The Spirituality of Isaac Hecker, New York 1981; DERS. (Hrsg.), Hecker Studies: Essays on the Thought of Isaac Hecker, New York 1983.

[58] Siehe B. ASPINWALL, Orestes Brownson, critique cohérent, in: RHE 71 (1976) 5–30.

[59] Vgl. J. PARKER WATERBURY (Hrsg.), The Oldest City, St. Augustine: Saga of a Survival, Saint Augustine 1983.

[60] La Démocratie en Amérique, hrsg. von PH. BRADLEY, New York 1945 (amerikanische Edition), Bd. I, 311 f.; Bd. II, 28–30.

reien, deren Einfluß besonders in der Zeit zugenommen hatte, in der wenige und nahezu mittellose Kleriker riesige, weitgehend unerschlossene Gebiete seelsorglich versorgen mußten. Die Institution der *trustees* fügte sich gut in das System der Trennung von Kirche und Staat ein und konnte so als die katholische Version des *voluntary system* gelten. John Caroll (1735–1815), der erste katholische Bischof Amerikas, vertraute den *trustees* ohne weiteres die bischöflichen Finanzen an, und zwar umso mehr, als es sich dabei um Laien handelte, die die ersten Kirchen auf eigene Kosten errichtet hatten. Ein Konflikt zeichnete sich erst ab, als einige Laien, häufig mit Unterstützung der Priester, die mehr oder weniger außerhalb der Kirche standen, versuchten, nicht nur die kirchlichen Besitzungen und Finanzen zu kontrollieren, sondern auch das Recht auf freie Wahl und Absetzung der Gemeindepfarrer einzufordern. Diese für einen Iren oder Franko-Kanadier unerhörten Forderungen wurden von alteingesessenen, vom protestantischen Vorbild beeinflußten Amerikanern, denen demokratische Prinzipien vertraut waren, erhoben. Indem sie sich auf das *ius patronatus* beriefen, waren die *angry trustees* überzeugt, die Rechte des Volkes gegen die bischöfliche Aristokratie zu verteidigen. Die Neueinwanderer dagegen, die in einem autoritären Katholizismus erzogen worden waren, verhielten sich weitgehend gleichgültig gegenüber diesem „katholischen Presbyterianismus". Sie waren weniger an einer Durchsetzung der Rechte der Laien gegenüber dem Klerus interessiert als an der Erlangung möglichst einflußreicher Stellen innerhalb der kirchlichen Hierarchie[61].

Bis 1860 gliederten sich die Einwanderer vor allem in drei Gruppen: die Iren, die nicht alle in den Städten der Atlantikküste blieben; die Deutschen, die sich zum Teil zur Eroberung des Mittleren Westens aufmachten, und die Franko-Kanadier, die sich von der Küste bis in den Mittleren Westen ausbreiteten. In jedem Bistum waren die Bischöfe damit beschäftigt, die Spannungen zwischen diesen Gruppen – von denen häufig mindestens zwei vertreten waren – zu beschwichtigen. Vor allem mußten sie sich mit Forderungen auseinandersetzten, die – wäre man ihnen nachgekommen – nicht nur zur Schaffung von Nationalpfarreien (die es durchaus gegeben hat), sondern auch von Nationalbistümern geführt hätte. 1860 gab es im Bistum von Albany, der Hauptstadt des Staates New York, 80 000 Iren, die wenig geneigt waren, die Bevormundung durch einen Bischof britischer Abkunft zu dulden. Daneben gab es 30 000 militante, national gesinnte Franko-Kanadier, die einen französisch sprechenden Koadjutor forderten, und 10 000 Deutsche, die sich gegen eine zu rasche Amerikanisierung wehrten und in der Hierarchie zumindest anteilmäßig vertreten sein wollten[62]. Wenn auch jede Gruppe ihre spezifischen Forderungen hatte, so wehrten sich die Iren am heftigsten gegen die anglo-amerikanische Führung[63]. In Baltimore, wo ihre Mitgliederzahlen zwischen 1830 und 1840 von 200 000 auf 800 000 anstiegen, konn-

---

[61] Vgl. P. W. CAREY, People, Priests and Prelates. Ecclesiastical Democracy and the Tensions of Trusteeism, Notre-Dame, Indiana 1987. Einige Einwanderergruppen der zweiten Einwanderungswelle versuchten, die Kontrolle über die Güter der Pfarrei und die Ernennung des Pfarrers zu erlangen, um ihre ethnischen oder liturgischen Traditionen gegen die Amerikanisierung oder Romanisierung zu verteidigen. Die letzten Aufstände gegen die *trustees* erfolgten seitens der *Polish National Catholics* und der *Carpatho-Russian Orthodox Greek Catholics* und endeten in Schismen.

[62] Siehe M. J. BECKER, A History of Catholic Life in the Diocese of Albany, New York 1975. Zum benachbarten Massachusetts siehe W. WOLKOVICH-VALKAVICIUS, Immigrants and Yankees in Nashoba Valley, Massachusetts. Interethnic and Interreligious Conflicts and Accomodations of Irish, French-Canadiens, Poles, Lithuanians and Italians, West Groton, Massachusetts 1981.

[63] Vgl. P. J. DRUDY (Hrsg.), The Irish in America: Emigration, Assimilation and Impact, New York 1985.

ten sie sich nicht mit den beiden Bischöfen, die in dieser Zeit aufeinander folgten, identifizieren: James Whitfield (1828–1834), der in Liverpool geboren und in Lyon ausgebildet worden war, und Samuel Eccleston (1834–1851), der zwar in Amerika geboren, aber englischer Abstammung war und seine Ausbildung in Saint-Sulpice (Paris) erhalten hatte.

Von den Provinzial- zu den Nationalsynoden

Die meisten Bischöfe waren der Meinung, es sei schwierig, diese Frage einzig auf der Bistumsebene zu lösen. Man versuchte deshalb, durch einen Abbau der Ghettoisierung der katholischen Kirche, eine Vermehrung der Bischofssitze sowie eine Behandlung des Problems auf der nationalen Ebene einer Lösung näherzukommen. Auf die Initiative von John England (1786–1842)[64], der bedeutendsten Persönlichkeit des amerikanischen Episkopats in den Jahren zwischen 1820 und 1830, begann man 1829 mit der Abhaltung von Provinzialsynoden[65]. In Cork auf Irland geboren, war England, der schon auf seiner Heimatinsel politisch aktiv gewesen war, vor den großen Einwanderungswellen in die Vereinigten Staaten gekommen, ohne den Geist des Ghettos je kennengelernt zu haben. 1820 war der liberal und demokratisch gesinnte Mann zum ersten Bischof von Charleston in Süd-Carolina ernannt worden, einer riesigen Diözese, die Nord- und Süd-Carolina ebenso wie Georgia umfaßte, und in der es nur wenige Geistlichen gab, während die Laien sehr vom *trusteeism* geprägt waren. Die Maßnahmen Englands waren für eine katholische Diözese ungewöhnlich: Er verkündete eine Verfassung, in der das jährliche dreitägige Zusammentreten eines Konvents vorgesehen war, der sich aus zwei beratenden Versammlungen, der Kammer des Klerus und der Kammer der Laien, zusammensetzen sollte. Um den *trusteeism* etwas zurückzudrängen und internen Spannungen ein demokratisches Ventil zu bieten, bestand die Kammer der Laien aus gewählten Delegierten. Die Verfassung von Charleston sollte die Amtszeit John England nicht überdauern und auch keine Nachahmer finden. Die positiven Eigenschaften des parlamentarischen Systems boten kaum Anreize für einen Episkopat, der sich jedes Jahr mit dem Problem konfrontiert sah, mehr Einwanderer zu integrieren, als es zu Beginn des Jahrhunderts Gläubige gegeben hatte. England wäre also nichts weiter als ein liberaler Bischof und einsamer Visionär geblieben, wäre er nicht durch die perfekte Organisation von Provinzialsynoden zu einer der Gründerväter der neuen katholischen Kirche in den Vereinigten Staaten geworden.

Sieben Synoden wurden in den nächsten zwanzig Jahren in Baltimore abgehalten, dem einzigen Erzbistum der Vereinigten Staaten und Metropolitansitz der einzigen Kirchenprovinz, dessen Inhaber faktisch als Primas der Vereinigten Staaten fungierte. Auf der ersten Synode von 1829 versammelten sich elf Bischöfe als Vertreter einer Kirche, die sich aus 200 000 Gläubigen, 37 religiösen Gemeinschaften und sechs Colleges zusammensetzte. Die sieben Synoden wirkten sich positiv auf den Erhalt der Einheit des Katholizismus aus. Man bemühte sich um eine Vereinheitlichung der Diözesanstrukturen und der Kirchendis-

---

[64] Siehe P. CAREY, An Immigrant Bishop: John England's Adaptation of Irish Catholicism to American Republicanism, New York 1982; P. CLARKE, A Free Church in a Free Society. The Ecclesiology of John England, Bishop of Charleston, 1820–1842. A Nineteenth Century Missionary Bishop in Southern United States, Charleston 1982.
[65] Das Konzil von Trient hatte bestimmt, daß die Bischöfe einer Kirchenprovinz oder eines bestimmten Gebietes alle drei Jahre zusammenkommen müßten. In Europa wurden diese Versammlungen häufig staatlicherseits untersagt, aber in den Vereinigten Staaten verbot der erste Änderungsantrag zur Verfassung der Regierung jeglichen Zwangseingriff.

ziplin und forderte die Errichtung von Priesterseminaren. Letzteres war keineswegs selbstverständlich, da die Ausbildung der Priester auch mit geringerem Kostenaufwand in den
bereits bestehenden katholischen Colleges möglich gewesen wäre. Doch schien es unerläßlich für die Einheit des Klerus, eine einheitliche Ausbildung zu gewährleisten. Die Synodalen vergaßen auch nicht, sich wiederholt offen zu ihrem Patriotismus zu bekennen. So
verkündeten sie 1837, daß sie „die zivile oder politische Oberhoheit keiner fremden Macht
und keines fremden Fürsten anerkennen würden, selbst wenn dieser Fürst der oberste Hirte
unserer Kirche wäre[66]".

In der Zwischenzeit wurden immer neue Bischofssitze geschaffen, so daß ihre Anzahl
von elf auf zweiunddreißig anstieg. Offensichtlich kam man damit seelsorglichen Bedürfnissen entgegen, garantierte aber auch gleichzeitig den Vertretern der Einwanderer einen
Platz innerhalb der Hierarchie. In den Jahren von 1840 bis 1850 profitierten vor allem Iren
von diesen Bischofserhebungen: So zum Beispiel John Hughes (1797–1864), der 1837
Koadjutor des französischen Bischofs Dubois von New York wurde, bevor er diesem, nach
der Erhebung New Yorks zum Metropolitansitz einer Kirchenprovinz, mit dem Titel eines
Erzbischofs nachfolgte (1850). Die Jahre 1851 und 1852 markieren wohl den Beginn einer
neuen Ära des amerikanischen Katholizismus. 1851 wurde der Sitz von Baltimore, nach
dem Tod des in Frankreich ausgebildeten Anglo-Amerikaners Eccleston, an einen in Rom
ausgebildeten Iren, Francis Patrick Kenrick (1796–1863), übertragen. Damit ging die Ära
der Provinzialsynoden zu Ende. 1846 wurde das Apostolische Vikariat in Oregon als
Haupt einer Kirchenprovinz zum Metropolitansitz erhoben. Später folgten Saint Louis,
New Orleans, New York und Cincinnati, die alle zu Erzbistümern erhoben wurden – wobei
die beiden letzteren irisch geprägt waren. Sollten die sechs Kirchenprovinzen, aus denen
sich die katholische Kirche Amerikas nun zusammensetzte, künftig getrennte Synoden abhalten? Oder wem käme es anderenfalls zu, den Episkopat der sechs Kirchenprovinzen
einzuberufen? Erzbischof Kenrick führte schließlich bei der ersten dieser allgemeinen oder
nationalen Synoden mit dem Titel eines Apostolischen Legaten den Vorsitz. Er konnte
sechs Erzbischöfe und 26 Bischöfe begrüßen, die eine Kirche leiteten, die 1500 Priester
und 1,5 Millionen Gläubige umfaßte. Von diesen 32 Prälaten war nur ein Viertel in den
Vereinigten Staaten selbst geboren.

Angesichts der Tatsache, daß die öffentlichen Schulen protestantisch waren, forderte die
erste, 1829 in Baltimore zusammengetretene Synode jede Pfarrei zur Errichtung einer katholischen Schule auf. Diese Frage beschäftigte auch die folgenden Synoden, bei denen es
dann zur Ausarbeitung eines geschlossenen katholischen Schulsystems kam, das den jungen Katholiken die Möglichkeit gab, außerhalb der öffentlichen Schulen eine Elementarausbildung zu erhalten. Der Plan selbst stand mit der Verfassung der Vereinigten Staaten in
Einklang. Dies galt allerdings weniger für die Forderung der Synode nach öffentlichen
Subventionen für katholische Schulen. Die Haltung der katholischen Hierarchie in dieser
Frage war keineswegs einheitlich. So machte John Bernard Fitzpatrick (1812–1866), der
in den Vereinigten Staaten geboren war, dort an öffentlichen Schulen unterrichtet worden
war und 1846, im Alter von 34 Jahren, zum dritten Bischof von Boston erhoben wurde, aus
seiner Ablehnung der Pfarrschulen keinen Hehl und bekämpfte, was er selbst als „schulische Absonderung" bezeichnete. Seiner Meinung nach sollte die Kirche ihre mageren fi-

---

[66] J. HENNESEY, American Catholics. A History of the Roman Catholic Community in the United States, New
York – Oxford 1981, 114.

nanziellen Mittel besser zum Bau neuer Kirchen einsetzen, als einen Teil davon für die Verdoppelung von sinnvollen Institutionen zu verschwenden, welche die Regierung von Massachusetts ihren Bürgern zur Verfügung stellte. Andererseits plädierte er für die Errichtung von katholischen Colleges und Universitäten. Für ihn lohnte sich der Einsatz vor allem auf diesem Gebiet: Die Kirche sollte die Ausbildung ihrer Elite in die eigene Hand nehmen. Er selbst ging mit gutem Beispiel voran, indem er das *College of the Holy Cross* förderte und das *Boston College* gründete [67].

Obwohl ihre Zentren im Osten und im Bereich der Großen Seen lagen, war auch die katholische Kirche eine Kirche des Grenzlandes, wo Wanderpriester riesige Territorien durchmessen mußten. Dabei überstieg diese Aufgabe nahezu ihre Kräfte: Mußte sie doch lange Zeit von Diözesen übernommen werden, die gerade eine Periode intensiver Urbanisierung durchmachten und mit Einwanderern überfordert waren. James Van de Velde, der zweite Bischof der 1843 gegründeten Diözese Chicago, mußte auch die 80000 auf 140000 Quadratkilometer verstreut lebenden Gläubigen des Territoriums von Illinois mitbetreuen. Er zog dazu Ordensgemeinschaften heran, deren Tätigkeit sich besonders in Gebieten, in denen es wenig oder keine Pfarrstrukturen gab, besonders bewährt hatte. So wurde der Schulunterricht der Kinder in den Grenzregionen vor allem von den Jesuiten, den Salesianerinnen von Saint Louis [68] und den von Madeleine Sophie Barat gegründeten *Dames du Sacré-Cœur*, der Kongregation der Ordensfrauen vom Hl. Herzen Jesu, übernommen, die von der aus Grenoble stammenden Philippine Duchesne in Illinois gegründet worden waren. In Texas und im fernen Westen war der Einfluß der Franzosen oder Franko-Kanadier dank so starker Persönlichkeiten wie Jean-Marie Odin, François Norbert Blanchet, Pierre Jean De Smet und vor allem Jean-Baptiste Lamy richtungsweisend. Odin baute zunächst als Apostolischer Vikar, dann als Bischof von Galveston (1847) die katholische Hierarchie in Texas nach dem Abzug der Mexikaner wieder auf. Der in Quebec gebürtige Blanchet (1795–1883) kam 1838 nach Oregon, um sich um die Franko-Kanadier zu kümmern, die sich dort als Angestellte der Hudson-Bay-Kompanie niedergelassen hatten. Zunächst zum ersten Apostolischen Vikar und 1846 zum ersten Erzbischof von Oregon City (dem heutigen Portland) ernannt, betrachtete er seine Kirchenprovinz wie eine Erbpacht für seine eigene Familie und seine Landsleute, so daß er seinen eigenen Bruder als Suffraganbischof in Walla Walla einsetzte und einen anderen Franko-Kanadier als Bischof in Vancouver. Er unterstützte die Bemühungen des aus Belgien stammenden Jesuiten Pierre Jean De Smet (1801–1873) um die Missionierung der Indianer, der an die über ein Jahrhundert zurückliegende Missionsarbeit der *Gesellschaft Jesu* (Jesuiten) in Neufrankreich anknüpfte, mit ebenso vielen Wechselfällen zu kämpfen hatte. Diese Arbeit war vom Ergebnis her auch ebenso fragwürdig. Blanchet blieb bis zum hohen Alter von 85 Jahren im Amt. Erst dann war er nicht mehr bereit, das weite Land zu durchwandern. Zum ersten Erzbischof von Santa Fe wurde mit Jean-Baptiste Lamy ein ganz außergewöhnlicher Mann ernannt. Er stammte aus der französischen Diözese Clermont-Ferrand und begann mit der „Urbarmachung" des ihm zugewiesenen Gebietes auf Anordnung des Bischofs von Cincinnati, Purcell. Im Alter von siebenunddreißig Jahren wurde er 1850 zum Apostolischen Vikar für

---

[67] TH. O'CONNOR, Fitzpatrick Boston, 1846–1866. John Bernard Fitzpatrick, Third Bishop of Boston, Boston 1984.
[68] W. B. FLAHERTY, Deep Roots and Golden Wings. One Hundred & Fifty Years with the Visitation Sisters in the Archdiocese of Saint Louis, 1833–1983, Saint Louis 1983.

Neumexiko ernannt, einem Gebiet, das damals nicht nur das heutige Neumexiko, sondern auch Arizona und Colorado umfaßte. Er verfügte zu Beginn nur über neun Priester zur Betreuung von annähernd 25 000 verstreut lebenden Gläubigen. Fünfunddreißig Jahre lang errichtete der Bischof als Pionier, im wahrsten Sinne des Wortes, Kirchen, Seminare, Klöster und Schulen. Und die Bedingungen waren derart, daß er sich – ohne daß je die Rede von *trusteeism* gewesen wäre – auf die Laien ebenso wie auf seinen Klerus stützen konnte[69].

Die antikatholische Haltung

Durch den massiven Zustrom von Einwanderern nahm der Katholizismus in den Augen vieler Amerikaner – obwohl sie häufig selbst keiner protestantischen Denomination angehörten – oft bedrohliche Züge an. Doch man brauchte sich dieser antikatholischen Haltung nicht zu schämen, weil selbst die führenden Köpfe des erweckten Protestantismus wie Lyman Beecher oder Horace Bushnell Rom nachdrücklich als Hort der Barbarei und der Unmoral anprangerten, als Bedrohung des Staates und seiner Freiheiten, als Gefahr für den Zusammenhalt der Vereinigten Staaten und als Hindernis auf dem Weg zur Verwirklichung der offenbar gewordenen Bestimmung Amerikas. Unmittelbar nach den Großen Erweckungen glaubten sie, daß Amerika die interkonfessionellen Spaltungen überwinden könne, um seine Einzigartigkeit, seine Identität als christliche und protestantische Nation zu behaupten und so überall ein irdisches Reich zur Verbreitung der Werte und Tugenden des *evangelical empire* zu errichten. Gerade die Wucht ihrer Angriffe ließ erahnen, wie groß die Enttäuschung Beechers, Bushnells und auch anderer war, daß sich ihr Traum von einem einheitlichen Amerika gerade in dem Augenblick verflüchtigte, als seine Verwirklichung unmittelbar bevorzustehen schien. Neben den Predigern formulierte die Regenbogenpresse ihre Kritik, indem sie eine Menge „Enthüllungen" und Skandalgeschichten von Mönchen, die nicht ihren Zölibat hielten, dafür aber Kinder hart bestraften, veröffentlichten. Da solche Texte indirekt von den großen Predigern gebilligt wurden, fanden auch kleine pamphletische Schriften wie *Six Month in a Convent* (1835) von Rebecca Reed oder *Awfull Disclosures of the Hotel Dieu Nunnery of Montreal* (1836) von Maria Monk ihr Publikum.

Auch den deutschsprachigen Einwanderern begegnete man mit großem Mißtrauen. Um ihre Teilnahme an Wahlen zu verhindern, kam es sogar zu Aufständen. Es war viel die Rede von geheimnisvollen Unterstützungsgeldern aus Wien oder München oder von einem Plan, Mississippi dank königlicher oder kaiserlicher Unterstützung mit „Papisten" zu besiedeln: Um das Haus Habsburg rankten sich ebenso schwarze Geschichten wie um den Papst. Aber unter den deutschen Einwanderern waren ebenso viele Protestanten wie Katholiken – und sie glichen einander wie ein Ei dem anderen. So fiel die schwere Last, die „typischen Katholiken" zu verkörpern, den Iren zu[70]. Sie waren nicht nur sehr zahlreich, sondern auch sehr andersartig. Oft lebten sie in Elendsquartieren zusammengepfercht und waren so arm, schmutzig, aufgebracht und gewalttätig, daß man Angst bekommen konnte; sie ergaben sich zum Teil dem Alkohol und manche hatten eine Vorliebe für Bandenkriege – Straße ge-

---

[69] Vgl. P. HORGAN, Lamy of Santa Fé, His Life and Times, New York – London 1975.
[70] Vgl. M. WYMAN, Immigrants in the Valley: Irish, Germans and Americans in the Upper Mississipi Country, 1830–1860, Chicago 1984.

gen Straße –, und trotz all dieser Widrigkeiten waren sie immer bereit, jede Arbeit zu jedem Lohn zu übernehmen. Da konnte es leicht passieren, daß einzelne Sticheleien in Kämpfe umschlugen. Diejenigen, die sich gegen die irischen Katholiken wandten, fühlten sich oft sicher, da sie glaubten, in Notwehr zu handeln. Die Auseinandersetzungen verstärkten sich, als sich die Iren zusammenschlossen, Kontakte zur Demokratischen Partei aufnahmen, die Wahlen in den großen Städten der Ostküste bestimmten und nicht nur im öffentlichen Dienst ihren Platz fanden, sondern auch die Polizisten bis zu den Verantwortlichen für das Gesundheitswesen und die Schulfragen aus ihren Reihen gewählt wurden, ebenso die Stadträte und bald auch die Bürgermeister. Die amerikanische Demokratie wurde nach Ansicht ihrer Feinde von den Iren unterwandert. „Eines Tages, wenn man ihnen nicht Einhalt gebietet, werden sie einen eigenen Präsidenten stellen, einen Papisten im Weißen Haus. Die Untertanen des römischen Potentaten werden Amerika regieren!" Alles verlief nach dem alten Schema der Ausgrenzung. Auch andere Randgruppen, wie die Mormonen, wurden Opfer von Gewalt, sobald sie Wahlsiege in den Landkreisen errangen, in denen sie sich niedergelassen hatten. Joseph Smith wurde 1844 ermordet, nachdem er seine Absicht erklärt hatte, für das Amt des Präsidenten der Vereinigten Staaten zu kandidieren.

Um die Iren in ihr Heimatland zurückzuschicken oder zumindest ihre rechtmäßige Einwanderung zu verhindern, entstanden Parteien wie die *Know-Nothing* oder die *Nativists*, deren ganzes Programm darin bestand, „die Papisten totzuschlagen", d. h. den Einfluß der Iren und damit des Katholizismus zurückzudrängen. Sie profitierten von dem politischen Vakuum, das der Verfall der *Whig*-Partei (1852) hinterlassen hatte, und florierten bis zur Gründung der Republikanischen Partei im Jahr 1854, die ihnen zwar das Gros ihrer Anhänger abnahm, aber ihnen doch gleichzeitig weiterführende Perspektiven eröffnete. 1834 setzten die radikalen Gegner eine Schule der Ursulinen in Charlestown bei Boston in Brand; 1844 griffen sie eine Kirche in Philadelphia an. Die damit verbundene Schlägerei kostete einem Dutzend Menschen das Leben, wobei auch hier die Schulfrage der Anlaß für die Aggression bildete[71]. Als 1853 Kardinal Gaetano Bedini als Vertreter des Papstes die Vereinigten Staaten besuchte, entfesselten sie neue Unruhen. Der Kardinal mußte überstürzt abreisen. Der Plan, einen Apostolischen Nuntius nach Washington zu entsenden, wurde damit für lange Zeit beiseite gelegt. Nachdem in Louisville ein Mitglied der einwanderungsfeindlichen *Know-Nothing Party* zum Bürgermeister gewählt worden war, kam es am 6. August 1855 zu einem „Schwarzen Montag" mit zwanzig oder dreißig Todesopfern, von denen die meisten „Ausländer" d. h. Katholiken waren. Die *Nativists* standen auf dem Höhepunkt ihres politischen Einflusses und konnten die Kandidaten der *Whig*, denen es an Stimmen fehlte, erpressen. 1856 erhielt ihr Präsidentschaftskandidat Fillmore, der mit dem Etikett „Amerikaner" angetreten war, 870 000 Stimmen. Die negative Stimmung, die sie, so gut sie konnten, verbreiteten, führte zwar nicht immer zu Ausschreitungen, aber zu vielen Gehässigkeiten und Schikanen gegenüber den Einwanderern. 1854 wurde in Maine nach einer lebhaften Kontroverse über Bibellesungen in staatlichen Schulen der gerade aus der Schweiz nach den Sonderbundskriegen (1847) geflüchtete Jesuit Johann Pabst geteert und gefedert, der später erster Präsident des Boston College werden sollte.

Diese Feindseligkeit verunsicherte die Katholiken. Die gerade frisch in den Vereinigten Staaten eingetroffenen Iren wurden ausgebeutet. Um zu überleben, mußten sie ihren Ge-

---

[71] Die „Records of the American Catholic Historical Society of Philadelphia" 80, 1969, Nr. 2/3 sind ganz diesen *Philadelphia Riots* gewidmet.

meinschaftssinn wiederfinden. Die Bischöfe und der Klerus reagierten auf die Pressekampagnen der Gegner, indem sie eine eigene Presse ins Leben riefen: den *United States Catholic Miscellany*, den *Truthteller*, den *Catholic Herold* oder den *Jesuit*, dessen Titel besonders provokant war. In Philadelphia tat Bischof John Hughes (1797–1864) viel für seine Diözesanen, indem er sich öffentliche Rededuelle mit Reverend John Breckinridge, dem Sohn des Justizministers von Präsident Jefferson, lieferte, dessen Verhalten den *romanists* gegenüber mehr als unfreundlich war. Die Idee kam gut an, da man öffentliche Debatten ebenso schätzte wie journalistische Duelle. Auch eine entschlossene Haltung fand normalerweise Anerkennung. Nach der blutigen Schlägerei von Philadelphia warnte der Bischof von New York, John Hughes (ab 1850), den von einer Koalition von *Whigs* und *Nativists* gewählten Bürgermeister, vor weiteren Ausschreitungen gegen die Katholiken: „Wir sind in der Lage uns zu verteidigen; ich teile Ihnen dies zu Ihrem Besten mit". Der Bürgermeister annulierte das vorgesehene Treffen der *Nativists*; in New York sollte es zu keinen weiteren Unruhen kommen. Nach dem „Schwarzen Montag" von Louisville berief sich der katholische Bischof der Stadt, Martin J. Spalding, darauf, daß seine Vorfahren bereits 1657 nach Maryland gekommen wären und daß – so gesehen – alle Amerikaner Fremde seien. Seine Aufrufe, Ruhe zu bewahren, blieben nicht ohne Wirkung. Als organisierte Partei verschwanden die *Know-Nothing* mit dem Bürgerkrieg. Sie taten sich mit den Überresten der *Whigs* zusammen. Aber die *Union Constitutional Party*, die 1855 daraus hervorging, erlitt Schiffbruch, als sie zur Unzeit betonte, daß alle Menschen gleich seien, mit Ausnahme der „Neger", der Ausländer und der Katholiken. Diese Entgleisung wurde von Abraham Lincoln (seit 1860 Präsident) in seiner berühmten Rede scharf kritisiert. Der Geist der *Nativists* lebte zwar fort, aber die Führer der *Know-Nothing* verloren ihre Wähler, die sich zunehmend mit Katholiken, Einwanderern und zum Teil auch den Schwarzen solidarisierten, um das „gemeinsame Haus" am Leben zu erhalten.

7. Die Kirchen und die Sklaverei

Vom theoretischen Konsens zum „geteilten Haus"

In den Jahren von 1810 bis 1820 kam es innerhalb der evangelischen Denominationen zu keinen Auseinandersetzungen über die Sklavenfrage. Das Prinzip als solches wurde im Süden wie im Norden verurteilt oder zumindest nicht gebilligt. Der Konsens gründete sich auf eine theologische Sicht des Problems: 1818 hatte die Generalversammlung der presbyterianischen Kirche, der kompromißlosesten der großen Denominationen, einstimmig beschlossen, daß die Sklaverei „eine abscheuliche Verletzung der kostbarsten und heiligsten Rechte der menschlichen Natur" und als solche schädlich für die Gesellschaft und „absolut gegen das Gesetz Gottes" sei. Man sollte den Sklaven eine religiöse Erziehung geben, sich jeglicher Grausamkeit ihnen gegenüber enthalten und die Mitglieder einer Familie nicht trennen. Dieses Wohlwollen sollte die Sklaven allmählich in einen religiösen und sozialen Zustand versetzen, der eines Tages ihre Freilassung – ohne Gefahr für sie selbst oder die Weißen – ermöglichen würde. Tatsächlich regten sich viele Abolitionisten[72] weniger über die Leiden der Schwarzen auf als darüber, daß die Sklaverei die Wei-

---

[72] Der Abolitionismus war eine Bewegung zur Abschaffung der Sklaverei, die Ende des 18. Jh. von Großbritannien ausging. In Nordamerika organisierten sich die Abolitionisten im 19. Jh. vor allem im Norden.

ßen zu unmoralischem Handeln verführe. Andere wiederum waren der Meinung, daß die Schwarzen von Natur aus minderwertig seien und am besten nach ihrer schrittweisen und sehr vorsichtigen Emanzipation wieder nach Afrika zurückzuschicken wären. Dies war das Ziel der 1817 gegründeten *American Colonization Society*. Sie gehörte in den Umkreis der *voluntary societies* und dehnte dieses Prinzip auf die Afrikaner, speziell auf die Liberianer, aus. Dabei war nicht von Deportation die Rede, sondern jeder, der wollte, konnte gehen. Die meisten Führer der Schwarzen sahen diesen Versuch einer Abschiebung nur ungern, und viele Weiße fragten sich, ob Liberia die erste amerikanische Kolonie werden sollte. Immerhin wurde dann 1821/22 in Liberia eine Niederlassung für freigelassene Sklaven gegründet. Diese Diskussion hinderte die aus der Erweckungsbewegung hervorgegangene Vereinsbewegung nicht daran, sowohl in den Nord- als auch in den Südstaaten immer mehr Zeitschriften und Gesellschaften gegen die Sklaverei zu gründen. Eine Spaltung fand – wenn überhaupt – nur zwischen dem tiefen Süden statt, der sich nur sehr zögerlich für diese Idee begeistern konnte, und dem mittleren Süden mit Kentucky, Tennessee und dem Westteil von Virginia, der sich eindeutiger für diesen „christlichen Kreuzzug" engagierte[73]. Wie die Reden so war auch die Praxis moderat: Man sprach von schrittweisem bzw. abgestuftem Vorgehen. Nur die Quäker weigerten sich, Sklavenhalter an ihren Gebetsversammlungen teilnehmen zu lassen. Alles war also noch offen und unentschieden. Nichts deutete jedenfalls auf einen Bruch zwischen Norden und Süden hin.

Aber zu Beginn der dreißiger Jahre war die Haltung im Süden nicht mehr mit dem gemäßigten Abolitionismus zu vereinbaren, während im Norden die Gegner der Sklaverei zur Gründung der letzten großen überregionalen Vereinigung, der „weißen" *voluntary societies* schritten. Die *American Anti-Slavery Society* wurde 1833 in Philadelphia gegründet und Arthur Tappan, ein reicher New Yorker Bürger, der sich auch in Kampagnen für die Temperenz engagiert hatte, zu ihrem Präsidenten gewählt. Tappan stellte die Verbindung zwischen den Leuten aus Philadelphia, die an den Vorstellungen der Quäker festhielten, und den durch das britische Beispiel mobilisierten Abolitionisten Neuenglands her (Großbritannien hatte 1833 die Sklaverei auf den Antillen abgeschafft). Der bedeutendste Anführer dieser Bewegung in diesem Bereich war Theodore Dwight Weld (1803–1895), der einst von Charles Finney bekehrt worden war. Weld war 1833 ins *Lane Seminary* von Cincinnati in Ohio eingetreten, um dort seine theologische Ausbildung abzuschließen. *Lane Seminary*, eine Institution der Presbyterianer, war gerade gegründet worden, um Pastoren auszubilden, welche die Erweckungen und die *voluntary societies* voll bejahten. Arthur Tappan hatte eine Spende von 60 000 Dollar in Aussicht gestellt, falls Lyman Beecher (1775–1863) die Präsidentschaft übernehme. Beecher war bis dahin für einen schrittweisen Abolitionismus eingetreten. Weld versetzte das ganze Seminar in helle Aufregung, indem er den Anstoß zu einer theologischen Diskussion gab, welche die ganze Union bewegen sollte. Er stellte zwei Fragen: Sollte man die Sklaverei sofort abschaffen? Und sollte man die Bemühungen der *American Colonization Society* unterstützen? Die Diskussion fand um so größeres Interesse in der Öffentlichkeit, als sie nur kurz nach dem blutigen Aufstand des Nat Turner in Virginia (1831) erfolgte. Gerade zu dieser Zeit war also der Ausbruch eines großen Sklavenaufstandes zu befürchten. Die Studenten entschieden sich für eine sofortige Freilassung aller Sklaven und gegen ihre Kolonisierung, d. h. gegen die

---

[73] D. T. BAILEY, Shadow on the Church. Southwestern Evangelical Religion and the Issue of Slavery, 1783–1860, Cornell University 1985.

Rückführung der Schwarzen nach Afrika. Sie erklärten ihre Absicht, sich direkt an Maßnahmen zur Abschaffung der Sklaverei zu beteiligen und an Hilfsprojekten der Gemeinde
Cincinnati zugunsten der Schwarzen mitzuarbeiten. Die Lehrer waren betroffen und die
Geldgeber des Seminars geschockt: Sie zahlten nicht, um Störenfriede zu unterhalten, die
dem College ihre Richtlinien diktieren wollten. Als die Studenten nach der Rückkehr aus
den nächsten Ferien erfuhren, daß ihnen jede Tätigkeit im Sinne des Abolitionismus untersagt sei, verließen die meisten das Seminar[74]. Nun wurde auch den Nordstaaten bewußt,
daß sie selbst in unruhige *gradualists*, die für eine schrittweise Befreiung der Sklaven eintraten, und immer radikaler werdende *immediatists*, die ihre sofortige Freilassung forderten, gespalten waren. Zusammen mit anderen „Rebellen von Lane" trat Weld in das eben
gegründete Oberlin College in Ohio ein, wo Charles Finney sein Hauptquartier aufschlug.
Weld bediente sich der Methoden der Erweckungsprediger, um die Sündhaftigkeit der
Sklaverei auch gefühlsmäßig zu vermitteln. Er veröffentlichte Kampfschriften, in denen er
seine Argumente mehr dem Neuen als dem Alten Testament entnahm (*The Bible against
Slavery*, 1837 und *Slavery as it is*, 1839) und konnte sich dabei auf eine immer einflußrei-
cher werdende Presse – wie den *Liberator* von Lloyd Garrison (1805–1879) – stützen. Der
Süden sah sich in die Defensive gedrängt.

Seine religiösen Führer, sowohl Geistliche als auch Laien, die oft selbst Sklaven besaßen, sprachen nicht mehr von der Sklaverei als einem Übel, das zu tief in den Sitten verankert sei, als daß man es sofort ausrotten könnte. Vielmehr sahen sie nun so lange in ihr eine
positive, gottgewollte Institution, als der Besitzer seine Sklaven gerecht und menschlich
behandelte und ihnen den Beistand der Religion nicht verweigerte. Ihre theologischen Argumente und Bibelzitate stammten aus der volkstümlichen Erweckungsbewegung. Sie waren auf *camp-meetings* einfacher weiße Leute auf den Hügeln des Südens, ferne der großen
Plantagen, gepredigt worden. Und dies sollte nicht das einzige bleiben, was in dieser Um-
bruchzeit paradox war: Wie die sofortige Freilassung der Sklaven im Norden, so wurde
auch die Aufrechterhaltung der Sklaverei im Süden von Christen verteidigt, die von der
Erweckungsbewegung beeinflußt waren und die sich besonders für wohltätige Zwecke engagierten. Zunächst bekämpften sich die Gegner mit gegensätzlichen Anträgen im Parlament – ohne daß es jedoch zum Bruch gekommen wäre. 1835 zum Beispiel stimmten die
Presbyterianer des Südens dafür, daß die „Sklaverei mit den Lehren der Patriarchen, Propheten und Apostel" vereinbar sei. Im selben Jahr beschlossen die Presbyterianer des Nordens, daß die Sklaverei „vor Gott eine Sünde sei". Innerhalb der wichtigsten Denominationen kam es erst in dem Augenblick zu Zerreißproben, als nicht länger von Prinzipien,
sondern von konkreten Fällen die Rede war. 1844 gab es auf der Generalkonferenz der Methodisten wegen der Affäre James Andrew erregte Auseinandersetzungen. Andrew, ein
methodistischer Bischof, besaß Sklaven und – was wahrscheinlich ausschlaggebend war –
er rechtfertigte die Sklaverei im Rahmen seines Bischofsamtes aus der Bibel. Durfte er
weiter Bischof sein? Mit 110 gegen 68 Stimmen beschloß die Konferenz, daß dies nicht
möglich sei. Im folgenden Jahr gründete die Minderheit die *Methodist Episcopal Church
South* und spaltete sich ab. Ebenfalls 1844 weigerte sich eine Vereinigung auf nationaler
Ebene – wie die *American Baptist Home Mission* –, einem Sklavenbesitzer ein Amt anzuvertrauen. Dies führte zur Gründung der *Southern Baptist Convention*. Die neue Denomi-

---

[74] TH. LESICK, The Lane Rebels: Evangelicalism and Antislavery in Antebellum America, in: SEv (1980).

nation brach alle Verbindungen zu den Baptisten im Norden ab. Die Presbyterianer folgten dem allgemeinen Trend 1857, nachdem sie zur Genüge feststellen mußten, daß Nord- und Südstaatler aus denselben, von den Erweckungspredigern übernommenen Bibelstellen, entgegengesetzte Schlüsse zogen. So war die Spaltung der Kirchen also bereits vor dem Bürgerkrieg vollzogen. Die unabhängigen Denominationen in den Südstaaten schlugen nun radikalere Töne an, bedienten sich aber immer noch der Argumente der Erweckungsprediger. Abhandlungen mit Predigtcharakter wie *A Brief Examination on Scripture Testimony on the Institution of Slavery* des baptistischen Geistlichen und Pflanzers Thornton Stringfellow legten dar, daß die Sklaverei von Gott gewollt und im Gesetz Mose festgeschrieben, von Christus anerkannt, aufrechterhalten und geregelt worden sei[75]. Als der Krieg ausbrach, hatte er weitgehend den Charakter eines Bruderkrieges im Herzen des *evangelical empire*. Auf beiden Seiten stellten sich Geistliche als Militärseelsorger zur Verfügung, und die Gottesdienste waren normalerweise gut besucht. Die Soldaten – ob sie nun blaue (Nordstaatler) oder graue (Südstaatler) Uniformen trugen – waren für die Themen der „offenbar gewordenen Bestimmung" Amerikas, der christlichen Republik und von *God's own country* aufgeschlossen. In beiden gegnerischen Heeren wurden Erweckungen mit Tausenden von „Bekehrten" organisiert. Dies erhärtet die These, daß diese zerrissene Nation dennoch eine gemeinsame Kultur besaß. So gesehen, ging der Riß nicht durch die Nation; er trennte nicht nur die Nord- von den Südstaaten, sondern ging quer durch die abolitionistische Bewegung.

Vom Sklavenproblem zur Rassenfrage

Während man im Süden die Sklaverei immer stärker nicht nur aus der Bibel, sondern speziell auch aus den Evangelien rechtfertigte, entdeckte man im Norden, daß sich hinter dem Sklavenproblem eine Rassenfrage verbarg. Die freien Schwarzen spielten eine wichtige Rolle in der abolitionistischen Bewegung – einerseits vor Ort, indem sie ihren Beitrag zur *underground railroad* leisteten, dieser Kette heimlicher Zwischenstationen, die den Sklaven die Flucht vom Süden in den Norden oder nach Kanada ermöglichte, andererseits in der *American Anti-Slavery Society*, zu deren Büro etwa ein halbes Dutzend von ihnen gehörte. Aber viele weiße Abolitionisten – wie die Initiatoren der Niederlassung in Liberia – behaupteten auch weiterhin, daß die Schwarzen von Natur aus minderwertig seien. Tatsächlich stellten Denominationen oder *congregations* (die örtlichen Kirchengemeinden), die wirklich für die Rassengleichheit eintraten, noch lange, auch nach dem Ende des Bürgerkriegs 1865, die Ausnahme dar[76]. 1840 riefen acht schwarze Pastoren unter Führung des Presbyterianers Henry Highland Garnet eine besondere Vereinigung, die *American and Foreign Anti-Slavery Society*, ins Leben, um nicht nur gegen die Sklaverei, sondern auch gegen den Rassismus vorzugehen. Von da an war von einem gemäßigten Abolitionismus im Norden nicht mehr die Rede. Empört über die Ansprüche der Schwarzen auf Gleichstel-

---

[75] E. RILEY CROWTHER, Southern Protestants, Slavery and Secession: A Study in Religious Ideology, 1830–1861, Diss. phil. Auburn University 1986. Siehe auch B. COLLINS, White Society in the Antebellum South, London 1985; C. C. COEN, Broken Churches, Broken Nation. Denominational Schisms and the Coming of Civil War, Macon, Georgia 1985.

[76] Siehe J. R. MCKIVIGAN, The War Against Proslavery Religion: Abolitionism and the Northern Churches, 1830–1865, Cornell University 1984.

lung, zogen sich die ehemaligen *gradualists* aus den Wohlfahrtsorganisationen zurück. Der Kampf gegen die Sklaverei wurde in den Denominationen des Nordens die umstrittene Angelegenheit einer Minderheit. Dabei hatte dieser Kampf noch eine Generation zuvor einhellige Zustimmung gefunden, als man eine Bewegung für eine vielversprechende, aber weit entfernte Zukunft mobilisierte. Die Abolitionisten erhielten die Unterstützung Angehöriger anderer Minderheiten – die man zwar noch nicht als Feministinnen bezeichnete, die aber trotzdem die Rechte der Frauen verteidigten, wie Harriet Beecher Stowe (1811–1896), die Tochter des Präsidenten von *Lane College*, Lyman Beecher. Harriet veröffentlichte 1852 „Onkel Toms Hütte" *(Uncle Tom's Cabin)*, die manche als ein sentimentales, von patriarchalischen Vorstellungen geprägtes Werk bezeichneten, das sich aber auf Untersuchungen aus erster Hand stützte und seine zahlreichen Leser tief bewegte. Viele von denen, die 1861 gegen den Süden marschierten, zogen aus, um „Onkel Tom" zu befreien.

Außerhalb der großen protestantischen Denominationen bekundeten die aus Deutschland und Skandinavien stammenden Lutheraner von Anfang an sehr effektiv ihre Abneigung gegen die Sklaverei. Sie trugen entscheidend dazu bei, daß Missouri im Lager der Union blieb, obwohl dieser Staat in der Sklavenfrage sehr gespalten war. Ähnliches konnte man von der katholischen Kirche nicht behaupten, die sich – noch ganz unter dem Eindruck der Angriffe der *nativists* – vor allem darum bemühte, die öffentliche Meinung weder in den Nord- noch in den Südstaaten gegen sich aufzubringen. Die Haltung einer so starken Persönlichkeit wie Bischof John England war dafür kennzeichnend. Er machte kein Hehl aus seiner Abneigung gegen die Sklaverei, brachte diese jedoch vor allem während seiner Aufenthalte in Europa zum Ausdruck. Aber nicht alles läßt sich durch vorsichtige Zurückhaltung erklären. Denn es war sehr wohl möglich, sich aus Überzeugung zum Süden zu bekennen, ohne die Institution der Sklaverei zu rechtfertigen. Dies tat Bischof Lynch, einer der Nachfolger von John England auf dem Bischofsstuhl von Charleston. Ohne Opportunist zu sein, trat er für eine Sezession (Trennung der Südstaaten von der Union) ein. Andere Bischöfe, wie Bischof Auguste Martin von Natchitoches in Louisiana, sahen in der Institution der Sklaverei eine Fügung Gottes, der es die Schwarzen verdankten, das „milde Licht des Evangeliums" kennengelernt zu haben[77]. Als sich Maryland für die Union und gegen die Konföderierten[78] entschied, war das Land zutiefst zerrissen.

In den Nordstaaten war es für die Bischöfe umso problematischer, sich der Bewegung gegen die Sklaverei anzuschließen, als deren Anführer erklärte Feinde des Papsttums waren. So legte zum Beispiel der liberale Bischof Fitzpatrick in Boston gegenüber der Sklaverei eine mehr als tolerante Haltung an den Tag. Deutlichere Stellungnahmen fand man nur bei einfachen Geistlichen – wie Edward Purcell, dem Chefredakteur des *Catholic Telegraph*, der die Jesuiten in Maryland heftig angriff, als diese beschlossen, ihre Sklaven abzuschaffen, sie aber lieber verkauften als freiließen[79]. Erst als es 1861 zum Ausbruch des Bürgerkrieges kam, erklärte der Erzbischof von New York, John Hughes, daß seine Gläubigen bereit wären, „bis zum Tode für die Verteidigung der Verfassung, der Regierung und der Gesetze dieses Landes zu kämpfen".

---

[77] Zit. n. B. J. BLIED, Catholics and the Civil War, Milwaukee 1945, 25.
[78] 1860 forderte South Carolina als erster Staat die Sezession von der Union, d. h. den Anspruch auf „state sovereignty". Weitere Südstaaten schlossen sich an und bildeten 1861 die „Konföderierten Staaten von Amerika".
[79] Vgl. zu dieser Episode R. M. MILLER – J. L. WAKELYN (Hrsgg.), Catholics in the Old South: Essays on Church and Culture, Macon, Georgia 1983.

In den Armeen der Unionsstaaten gab es katholische, das heißt irische Regimenter, die selbstverständlich von ihren Militärgeistlichen betreut wurden. Die Katholiken hatten im Bürgerkrieg Vorteile. Zum einen kam es bei ihnen, anders als bei den großen protestantischen Denominationen, zu keiner Spaltung, da die Katholiken der Südstaaten eine zu kleine Minderheit darstellten, um die Einheit der Kirche zu gefährden. Die Katholiken konnten sich auch in ihrer Minderheitsposition keine Spaltung leisten. Zum andern zeigten die Katholiken, einschließlich der gerade erst angekommenen Einwanderer, durch ihren Kampf und die freiwillige Meldung zu den Armeen (allgemeine Einberufungen wurden erst gegen Ende des Krieges vorgenommen, man konnte sich allerdings freikaufen oder einen Ersatzmann stellen) ihre Loyalität gegenüber der Union. Man konnte sie nun nicht mehr als „Agenten" einer fremden Macht (des Papstes) hinstellen. Durch ihren Einsatz im Bürgerkrieg wurden sie zu anerkannten Nordstaatlern.

II. Nach dem Bürgerkrieg

1. Das Aufkommen Schwarzer Kirchen

Die Erweckungsbewegung als Wiege der Kirchen des Südens

Die Kirchen der Schwarzen hatten sich bis zur Niederlage der Konföderierten 1865 im Norden und Süden unterschiedlich entwickelt. Strebten sie in den Nordstaaten nach Autonomie, so unterstanden sie in den Südstaaten der Kontrolle der Weißen oder mußten in den Untergrund gehen.

In den Sklavenhalterstaaten des Südens wurden Sklaven und freie Schwarze häufig zum Gottesdienst der Weißen zugelassen, solange sie sich mit einem Platz im hinteren Teil des Gotteshauses begnügten. Bis zur Niederlage der Konföderierten waren die großen Denominationen im Süden zumindest offiziell nicht zwischen schwarz und weiß getrennt. Aber als Folgeerscheinung der Großen Erweckungen gab es seit Anfang des 19. Jh. auch Kirchen für Schwarze. Mitgerissen vom Überschwang der Gefühle kam es auf den Plantagen zur Bildung baptistischer oder methodistischer Gruppen wie auch zur Entstehung vieler weißer erweckter Gemeinden. Die Gruppen waren wahrscheinlich so zahlreich wie die Plantagen. Auf den großen Landgütern, wo jedes Sklavenquartier ein richtiges Dorf bildete, gab es manchmal sogar mehrere davon. Aber jede war so klein, daß sie auch im Untergrund weiter existieren konnte, wenn sie sich repressiven Maßnahmen seitens ihres Herrn ausgesetzt sah. Sowohl das methodistische System mit seinen Wanderpredigern wie auch die baptistische Tradition, die sich auf die Versammlung der Ortsgemeinde konzentrierte, waren in der Lage, sich dieser Ausnahmesituation gut anzupassen. Diese Gebetsversammlungen wurden durch selbsternannte Pastoren geleitet, die ihre Autorität einzig der Zustimmung der Gläubigen verdankten. Und so wurde das Modell der Erweckungsbewegung von den Hügeln und Grenzregionen in den tiefen Süden verpflanzt: *camp-meetings*, metaphernreiche Predigten, freie und engagierte Interpretation der Bibel, Taufe durch Untertauchen, Tänze und Gesänge. Diese religiöse Praxis der Schwarzen setzte eine geheime oder halb offizielle Alphabetisierung voraus (die der Sklavenhalter zumeist tolerierte), da die Bibellektüre zusammen mit der Predigt und den *spirituals* den wichtigsten Teil dieser schlichten Gottesdienste ausmachte. Dabei folgten die Schwarzen dem weißen Vorbild, lehnten aber jede Bevormundung durch die Weißen strikt ab[80].

Die strengsten oder vielleicht auch die ängstlichsten Sklavenhalter, aber auch jene, die der Erweckungsbewegung nur wenig Verständnis entgegenbrachten, ließen Sklaven, die lesen gelernt hatten und sich ohne Erlaubnis und Aufsicht versammelten, auspeitschen und verkaufen. Was sie gerade noch akzeptieren konnten, war, daß einige alte schwarze Analphabeten, die ihr Sklavendasein ganz und gar verinnerlicht hatten, zur Erziehung junger Sklaven Gebete und den Stock gebrauchten – wie jener „Doktor der Theologie", von dem der schwarze Führer Frederick Douglass in seinen Memoiren erzählte:

„Als ich ganz klein war, schickte man mich zusammen mit etwa zwanzig anderen Kindern zu Doktor Isaac Cooper, um dort das Gebet des Herrn zu lernen. […] Er ließ uns hinknien und befahl uns, seine Worte zu wiederholen: 'Vater unser' begann er, und wir wiederholten dies schnell und alle zusammen, „der Du bist im Himmel" fuhr er fort, und wir wiederholten dies etwas weniger schnell und weniger einheitlich. Da unterbrach der alte Mann das Gebet, hielt uns eine kurze Strafpredigt und verteilte einige saftige Stockschläge."[81]

Manche Plantagenbesitzer kümmerten sich nicht darum, ob Gottesdienste abgehalten wurden, sie schlossen die Augen, solange die Arbeit nicht darunter litt. Einem Engländer, der ihn fragte, ob seine Sklaven eine Religion befolgten, antwortete ein Pflanzer:

„Ich weiß nicht viel davon; unter Hundert gibt es vielleicht ein oder zwei Methodisten. Die Prediger werden zumindest bei uns nie daran gehindert, zu den Negern zu gehen, allerdings unter der ausdrücklichen Voraussetzung, daß sie sich nicht in Dinge einmischen, die die Pflichten der Sklaven gegenüber ihren Herren betreffen."[82]

Es kam auch vor, daß die Gebetsversammlungen von Plantagenbesitzern reglementiert wurden, weil sie es vorzogen, die Zusammenkünfte ihrer Sklaven zu kontrollieren, anstatt sie zu verbieten oder zu ignorieren. Durch die Abhaltung von Gottesdiensten, die speziell für Schwarze bestimmt waren, konnten sie den zu engen Kontakt mit ihnen in den Kirchen vermeiden. Da die Schwarzen theoretisch nicht das Recht hatten, lesen zu lernen und ihnen damit ein direkter Zugang zur Bibel verwehrt blieb, mußten die Gottesdienste wie auch die Erbauungsversammlungen unter der Aufsicht eines Weißen stattfinden, wobei es sich sowohl um den Pflanzer selbst als auch um seinen Verwalter oder einen durchziehenden Erweckungsprediger handeln konnte.

Der Status der Schwarzen, die auf den Feldern wie Tiere gehalten wurden, in der Kirche aber als beseelte Wesen angesehen wurden, war so vielschichtig, daß sich die Methodisten und weißen Baptisten, die am stärksten in den Erweckungsbewegungen engagiert waren, schließlich nicht mehr damit begnügten, die schwarzen Erweckungen zu dulden oder aufzufangen. Sie förderten sie vielmehr mit Hilfe freigelassener Schwarzer, die den Boden für den Aufbau des *black methodist-baptist empire* vorbereiteten, das nach dem Bürgerkrieg entstehen sollte. Seit den vierziger Jahren unterhielten die Methodisten achtzig Wandermissionare, die auf die Evangelisierung von Sklaven spezialisiert waren. Jedem standen einige Laienprediger zur Seite. Den weißen Missionaren war allerdings nicht so ganz klar,

---

[80] Vgl. M. C. SERNETT (Hrsg.), Afro-American Religious History: A Documentary Witness, Durham 1985.
[81] F. DOUGLASS, Autobiography (1845), Zit. n. M. FABRE, Esclaves et Planteurs, Paris 1970, 73.
[82] Ebd., 119 f. Das Zitat bezieht sich auf das Jahr 1830.

daß eine Seele, die am Sonntag erweckt worden war, sich nur schwer damit abfinden konnte, die Woche über nur eine Baumwollpflückmaschine zu sein.

Viele Plantagenbesitzer erkannten schließlich die Existenz eines unabhängigen schwarzen Klerus an, sei es, weil sie selbst von der Begeisterung der Erweckungen mitgerissen waren, sei es, weil sie es einfach leid waren, die religiösen Praktiken ihrer Sklaven selbst zu überwachen oder dies durch andere tun zu lassen. Diese Maßnahme war im Sinn einer totalen Kontrolle durchaus folgerichtig: Sobald die Herren ihre Religion anerkannten, mußten die Schwarzen nicht mehr in die Wälder flüchten, sondern konnten sie an einem von außen leicht zu überwachenden Ort auf der Plantage praktizieren. So entstanden viele „Häuser zum Lobpreis des Herrn", in die die Weißen nur hineinhorchten, um – je nach Laune und Bildung – die Spirituals zu bewundern oder sich daran zu ergötzen. Diese Unabhängigkeit brachte aber auch Gefahren mit sich. Schwarze *watchmen* oder *exhorters*, wie Nat Turner (1800–1831) in Virginia (1831) oder Dickson in Georgia (1857), die von chiliastischen Hoffnungen beseelt waren, führten Sklavenaufstände an. So erschien Nat Turner, während er auf den Feldern betete, der Geist des Herrn. Nachdem er sich dreißig Tage in die „Wüste" – im vorliegenden Fall in die Wälder des Country Southampton mit der Hauptstadt Jerusalem – zurückgezogen hatte, wurde ihm in einer Reihe apokalyptischer Visionen offenbart, daß die Wiederkunft Christi nahe und die Zeit gekommen sei, das „Heer der Gerechtigkeit" auszuheben. Nat Turner tötete seinen Sklavenhalter und dessen Familie. In zwei Tagen starben über fünfzig Menschen. Durch die Armee konnten die Aufständischen gestoppt werden: Dabei kamen viele Sklaven ums Leben, und viele unschuldige Sklaven wurden durch die Hysterie, die durch den Aufstand ausgelöst wurde, getötet. Nachdem er in einem aufsehenerregenden Prozeß zum Tode verurteilt worden war, verglich sich Nat Turner mit dem Gekreuzigten. Er starb in der Überzeugung, durch sein Martyrium zur Erlösung aller Sklaven beigetragen zu haben. In verschiedenen Staaten wurden daraufhin Gesetze erlassen, die die Predigttätigkeit schwarzer Pastoren untersagten. Sie fanden allerdings kaum Anwendung[83].

Die Kirchen in den Nordstaaten: Rassentrennung und Anpassung

In den Nordstaaten zogen die Schwarzen die Lehren aus einem doppelzüngigen Abolitionismus, der einerseits die Sklaverei als Sünde anprangerte, sich aber andererseits nur wenig um die Gleichstellung von Schwarzen und Weißen bemühte. Die Schwarzen gründeten daher eigene Kirchen, zumal die Weißen selbst ihre Gotteshäuser nicht gerne mit ihnen teilten, und die Schwarzen sich auf der *nigger pew*, einer Bank im hinteren Teil der Kirche, aufhalten mußten. Die Gründung neuer Gemeinden war oft das Werk freigelassener oder geflüchteter ehemaliger Sklaven, die wußten, was sie von der Fürsorge der Weißen zu halten hatten. Diese Spaltung führte jedoch zunächst nicht zur Ausbildung neuer Formen kirchlichen Lebens. Der Freigelassene Richard Allen, der erste schwarze Bischof Amerikas und Gründer der *African Methodist Episcopal Church* (1816)[84], unterschied sich

---

[83] Über die Kirchen der Sklaven vgl. J. W. BLASSINGAME, The Slave Community Plantation Life in the Antebellum South, Oxford – New York 1972; E. D. GENOVESE, Roll, Jordan, Roll: The World the Slaves Made, New York 1974.
[84] C. V. R. GEORGE, Segregated Sabbath. Richard Allen and the Rise of Independant Black Churches, 1740–1840,

weder in seinen Lehren noch in seinem Erweckungseifer von den weißen Methodisten, ebensowenig sein Konkurrent James Varick, der Gründer der *African Methodist Episcopal Zion Church* (1820). Bei den Baptisten waren die Gemeinden so selbständig, daß es erst später zu offiziellen Spaltungen kommen konnte. Die erste schwarze Denomination, die *Providence Baptist Association in Ohio*, wurde 1836 gegründet, andere Vereinigungen auf regionaler Ebene sollten bald folgen[85]. Denn diese neuen Kirchen richteten auch darin ihre Organisation an den weißen Denominationen aus, daß sie nach dem Freiwilligkeitsprinzip des *benevolent empire* ein eigenes Netz von *voluntary societies* aufbauten, die sich vor allem der gegenseitigen Unterstützung und Ausbildung ihrer Mitglieder widmeten. So entstand auf der Basis gemeinsamer religiöser und kultureller Erfahrungen eine Gesellschaft in der Gesellschaft, die sich genauso abkapselte wie in den Südstaaten. Der erweckte Protestantismus, dieser „Grundton" religiösen Lebens in Amerika, arrangierte sich ebensogut mit dem Rassismus wie mit dem Bürgerkrieg.

1862 waren zwischen zwölf und fünfzehn Prozent der amerikanischen Schwarzen Mitglieder der baptistischen oder methodistischen Denominationen in den Nord- und Südstaaten, während es 1800 nur fünf Prozent gewesen waren. Diese Angaben berücksichtigen natürlich nicht die *invisible institution*: die heimlichen Zusammenkünfte der Schwarzen oder die „wilden", von den Pflanzern genehmigten religiösen Kulte. Prozentual waren also mehr Schwarze als Weiße in der evangelikalen Bewegung engagiert.

Von den Ghetto-Kirchen ins Herz des *evangelical empire*

Nach der Niederlage der Konföderation 1865 hatten die Schwarzen Kirchen keine Schwierigkeiten, im Süden Fuß zu fassen bzw. das vorhandene Potential zu strukturieren. Der vierzehnte (1866) und fünfzehnte Zusatz (1869) zur Amerikanischen Verfassung gewährte den Schwarzen die vollen Bürgerrechte. Da diese jedoch nicht in die Praxis umgesetzt wurden[86], waren die Schwarzen Kirchen die einzige Institution in den Südstaaten, die sich der Kontrolle der Weißen entzog. Diese wiederum waren bereit, die Schwarzen Kirchen zu tolerieren, da sie ihnen die Möglichkeit boten, die *Nigger* aus den letzten gemischten Gemeinden auszuschließen, um den allmächtigen Gott in Kirchen zu preisen, die so weiß waren wie die Lilien. Die schwarzen Methodisten des Südens schlossen sich den großen Denominationen afrikanischen Typs in den Nordstaaten an, während sich die baptistischen Gemeinden zunächst in lokalen Verbänden und dann auf Staatsebene zusammenschlossen, bevor sie 1895 in Atlanta die *National Baptist Convention* auf die Beine stellten. Sowohl die Methodisten als auch die Baptisten richteten eigene Missionsgesellschaften ein, um ehemalige Sklaven, die ihre früheren Halter von den Erweckungsbewegungen ferngehalten hatten, für sich zu gewinnen. Angesichts der Tatsache, daß nur wenige schwarze Kinder die Schule besuchten, schrieben sie den Sonntagsschulen, die von Laien oder Wandermissionaren abgehalten wurden, eine große Bedeutung zu. Trotz ihrer begrenzten Mittel

---

Oxford 1973. R. Allen, dessen Familie durch verschiedene Verkäufe auseinandergerissen worden war, mußte sich seine Freiheit von dem Farmer in Delaware, den er zum Methodismus bekehrt hatte, erkaufen.

[85] Nur die presbyterianischen schwarzen Gemeinden *(congregations)* hielten die Verbindung zum „Mutterhaus" aufrecht. Tatsächlich umfaßten sie nur eine kleine Minderheit besonders gut in die weiße Gesellschaft integrierter Schwarzer.

[86] Ab 1877 kam es mit Billigung des Obersten Gerichtshofes auf der Grundlages des Prinzips *separate but equal* zum systematischen Ausbau der Rassentrennung durch eine Reihe sogenannter *Jim Crow laws*.

gründeten sie Colleges, Zeitungen und Verlagshäuser, um so eine Anti-Gesellschaft im wahrsten Sinne des Wortes aufzubauen: als Spiegelbild der Gesellschaft, gegen die sie sich wandten und von der sie abgelehnt wurden[87].

Die Schwarzen Kirchen in den Nordstaaten erhielten Verstärkung durch die Wanderbewegung, die Zehntausende ehemaliger Sklaven nach Neuengland, in den Mittleren Westen und die Gegend der Großen Seen führte. Der Exodus nahm biblische Züge an: Die Pastoren stellten sich an die Spitze ihrer Gemeinden und führten sie – in moderner Analogie zu den grünen Weiden des verheißenen Landes – zu den Metropolen der Nordstaaten. Von New York bis Chicago wurden die *storefront churches*, d. h. provisorisch in leerstehenden Geschäften eingerichtete Kirchen, zu Zentren des Gemeindelebens. Die Pastoren, die manchmal in Instituten wie Hampton oder Tuskegee ausgebildet worden waren, die Weiße für freigelassene Schwarze errichtet hatten, übernahmen vielfältige Aufgaben, wobei das Hinterzimmer sowohl als Anwaltsbüro als auch als Arbeitsvermittlungsstelle diente. Die Entstehung von Ghettos führte sowohl zu einer Annäherung der Weißen der Nord- und Südstaaten, die sich nun gegen den Rassismus solidarisieren konnten, als auch mittelbar zu einer Konsolidierung der schwarzen Gemeinden, in Philadelphia oder Detroit ebensogut wie in Atlanta oder Charleston.

Die Mehrheit der schwarzen Führer war für eine gemäßigte Haltung und – da eine Integration unmöglich war – für eine Zusammenarbeit mit dem weißen Zweig des *evangelical empire*. Es war die große Zeit von Booker T. Washington (1856–1915), einem ehemaligen, im baptistischem Glauben erzogenen Sklaven, der – zumindest aus weißer Sicht – zum bekanntesten und repräsentativsten Führer des schwarzen Lagers wurde. In dem von General Samuel C. Armstrong gegründeten *Hampton Institut* erzogen, sollte er nach 1881 selbst Direktor des *Tuskegee Institute* werden. Washington brachte seine Schüler in untergeordneten, unselbständigen Stellungen unter, in denen sie sich nützlich machen konnten, sowohl in der Industrie und Landwirtschaft, aber auch als Bauarbeiter, Gärtner, Köche, damit sie sich durch ihre zähe, verbissene und qualifizierte Arbeit in der weißen Gesellschaft unentbehrlich machten. Auf dieser Basis sollten dann ihre Kinder und Kindeskinder den sozialen Aufstieg allmählich ins Auge fassen und damit weder bei den Weißen Anstoß erregen noch die Rassentrennungsgesetze und das entsprechende Verhalten direkt in Frage stellen. Die sozialen Schranken würden von selbst verschwinden, wenn sich die Schwarzen bewährt hätten. Washington glaubte, daß ein optimistisches und dynamisches Amerika seine offenbar gewordene Sendung *(manifest destiny)* zu erfüllen habe, und vertrat die Ansicht, daß die Rassengleichheit eine der natürlichen, wenn nicht gar unmittelbaren Folgen von Macht und Ruhm dieser „christlichen Nation" sein würde. Dabei bediente er sich zur Verteidigung seiner Schützlinge derselben Methoden wie die Paten der irischen oder italienischen Einwanderer. Zu ihrem Schutz schuf er ein „Patronatssystem", die sogenannte *Tuskegee Machine*, und schreckte weder vor Einschüchterung noch vor Gewalt zurück, um

---

[87] Vgl. den Nachdruck des klassischen Werks von W. E. B. Du Bois, Black Reconstruction in America, 1860–1880, New York 1992, mit einer Einführung von David Levering Lewis. Du Bois, der – nachdem er für die Rechte der Schwarzen gekämpft hatte – schließlich in die amerikanische kommunistische Partei eingetreten war, sah in den *african* methodistischen Kirchen die bedeutendste Errungenschaft der Schwarzenbewegung des 19. Jh. Vgl. dazu I. R. Mukenge, The Black Church in Urban America: A Case Study in Political Economy, Washington 1983, die ihrer Studie über eine baptistische *congregation* in Richmond (Virginia) einen kurzen historischen Überblick vorausschickt.

sie in Gang zu halten[88]. Seine Methoden wie auch seine Stellungnahmen riefen den Unmut zahlreicher großer Prediger wie Bischof Henry M. Turner (1834–1915) von der *African Methodist Episcopal Church* hervor, der bei jeder Gelegenheit gegen die Rassentrennung protestierte und die Rückkehr nach Afrika befürwortete[89]. Jedoch vermochte dieser Plan die Schwarzen ebensowenig zu begeistern wie die Kolonisierung Liberias. Durch ihre Verwurzelung in der Erweckungsbewegung waren die meisten von ihnen eher geneigt, ihr Vertrauen in die christlichen, humanistischen und demokratischen Elemente der amerikanischen Tradition zu setzen. Sie konzentrierten ihre ganze Energie auf den Ausbau der Sonntagsschulen, die für viele Grundschule, College, Universität und Priesterseminar in einem waren. 1913 hatten bereits 35 000 davon den *International Lesson Plan* übernommen, der im Bereich des *evangelical empire* bei Weißen wie Schwarzen gleichermaßen in Gebrauch war.

Gerade diese Verwurzelung im Erweckungsprotestantismus trug bis zum Ersten Weltkrieg dazu bei, daß sich die Schwarzen von der Hauptströmung der amerikanischen Kultur mittragen ließen. Und jene, die auf die Antillen oder nach Afrika gingen, kamen als Missionare. In den Vereinigten Staaten trug die Tätigkeit ihrer *Home Missions* zur Schaffung einer Vielzahl unabhängiger Gemeinden bei, die aber immer der Erweckungsbewegung methodistischer oder baptistischer Prägung nahestanden. Missionierungsversuche anderer Kirchen, wie z. B. reformierten Gemeinden, die nicht zu den *Frontier Churches* zählten, konnten nur Mißerfolge verbuchen[90].

Auch die katholische Kirche war nicht erfolgreicher. Gewiß gab es gegen Ende des Bürgerkriegs 100 000 katholische Schwarze, vor allem in Maryland und Louisiana. Die Josephisten, die *Schwestern vom Hl. Altar-Sakrament* und ab 1871 die aus England gekommenen *Mill Hill Fathers* organisierten Volksmissionen. Aber sie fanden kaum Zulauf. Vielleicht lag dies daran, daß sie über keinen schwarzen Klerus verfügten, obwohl es keinerlei Widerstände seitens der kirchlichen Hierarchie dagegen gab. Diese förderte sogar die Schaffung des ersten schwarzen Priesterseminars, des *St. Joseph Seminary* in Baltimore (1890), wie auch der ersten schwarzen Universität, der *Xavier University* in New Orleans. Kardinal James Gibbons weihte 1891 den ersten schwarzen amerikanischen Priester, der von den Patres in Mill Hill aufgenommen wurde. Er hätte gerne noch weitere Ordinationen, auch schon viel früher, vorgenommen. Aber die Kandidaten drängten sich nicht gerade, während die Baptisten oder Methodisten keinerlei Schwierigkeiten hatten, einen dynamischen schwarzen Klerus in großer Zahl auszubilden und Laien zu finden, die ihn durch die Ausübung des Diakonats unterstützten. Zweifelsohne waren die katholische Kirchendisziplin, die vom monastischen Ideal beeinflußte Konzeption des Priestertums und die Richtlinien des Konzils von Trient wenig geeignet, um Kandidaten anzuziehen.

Sollten Mischlinge eine zukunftsträchtige Lösung darstellen? Einen Augenblick lang

---

[88] L. R. HARLAN, Booker T. Washington. The Wizard of Tuskegee, 1901–1915, Oxford 1983.

[89] ST. W. ANGELL, Henry McNeal Turner and the Black Religion in the South, 1865–1900, Diss. phil., Vanderbilt University 1988. Zur Frage der *leadership* vgl. J. WHITE, Black Leadership in America, 1895–1968, London 1985.

[90] Vgl. dazu das Werk des mennonitischen Geistlichen LE ROY BECHELER, The Black Mennonite Church in North America (1886–1986), Herald Press 1986. Die amerikanischen Mennoniten, deren Kirche aufgrund der Predigten des Menno Simons im 16. Jh. gründet wurde, starteten 1886 eine Missionskampagne, die durch ihren Glaubenseifer ebenso bestach wie durch ihre organisatorische Durchführung. Ein Jahrhundert später zählten sie 1684 schwarze Gläubige in ihren Reihen.

schien es so, wie das Beispiel der drei Brüder Healy belegt. Ihr Vater war ein Pflanzer irischer Herkunft aus Georgia, der ganz legal eine seiner Sklavinnen geheiratet hatte. Der älteste seiner Söhne, James Augustine Healy, wurde Bischof von Portland (1875–1900), der zweite, Alexander Sherwood Healy, unterrichtete am Regionalseminar der Diözese New York, bevor er Sekretär des Bischofs von Boston wurde und der dritte, Patrick Healy, trat bei der *Gesellschaft Jesu* ein und leitete das Georgetown College von 1873 bis 1882[91]. Aber ihr Fall blieb die Ausnahme. Der Biograph von Bischof Healy bezeichnete ihn als einen „geliebten Ausgestoßenen". Geliebt, zweifelsohne, aber er mußte von Anfang an damit fertig werden, sowohl von den Weißen als auch von den Schwarzen abgelehnt zu werden. Außer ihm gab es keine weiteren Bischöfe, die Mischlinge waren. 1916 umfaßten die baptistische und die methodistische Denomination, die beiden größten Denominationen der *black religion*, dreißig Prozent der schwarzen Bevölkerung, so daß proportional immer noch mehr Schwarze einer Kirche angehörten als Weiße.

2. Indianische Messiasgestalten und Propheten

Das Scheitern der christlichen Missionen

Im Gegensatz zu den Schwarzen war die Mehrheit der Indianer dem weißen Christentum gegenüber entweder feindlich oder gleichgültig eingestellt. Wenn überhaupt, so konnten die Missionare nur vor 1830, vor der massiv einsetzenden Vertreibung und Ausrottung der Indianer, Erfolge verzeichnen, als es im Südosten der Vereinigten Staaten, von Carolina bis Florida, noch weite Gebiete unter indianischer Souveränität gab, wo verschiedene Stämme, vor allem die Cherokee, noch glauben konnten, daß genug Platz für ein friedliches Zusammenleben zwischen Weißen und Indianern vorhanden wäre. Die Cherokee waren mit der Errichtung christlicher Missionsstationen, die der Erweckungsbewegung nahestanden, unter der Bedingung einverstanden gewesen, daß sie Schulen errichteten, die sowohl Jungen als auch Mädchen offenstehen sollten. Der Unterricht wurde zunächst auf Englisch, später auf Cherokee erteilt, nachdem die Indianer selbst ein Alphabet für ihre Sprache erarbeitet und Zeitungen, ein Gesetzbuch, eine Verfassung und anderes mehr verfaßt hatten. Aber all dies wurde durch das *removal* hinweggefegt, die Vertreibung in den Westen, den „Weg der Tränen" und die Zerstörung des Missionswerks mitsamt den Schulen durch die Regierung der Vereinigten Staaten, die keine der vertraglichen Zusagen, die sie den „fünf zivilisierten", d. h. teilweise christianisierten „indianischen Stämmen", gemacht hatte, einhielt[92].

Begreiflicherweise begegneten die Indianer von da an den Missionaren mit Mißtrauen. Sicher gab es auch Geistliche, die gegen die Deportationen und die Greueltaten des *trail of tears* protestierten. Aber sie wurden von ihren Oberen getadelt oder auf Anordnung der Regierung des Staates Georgia eingesperrt. Es zeigte sich, daß sie zwar menschlich richtig

---

[91] A. S. FOLEY, Bishop Healy: Beloved Outcast, New York 1954.
[92] Außer den Cherokee waren damit die Creeks, Chaktaw, Chickasaw und die Seminolen gemeint. Zum Versuch der Akkulturation der Cherokee siehe J. A. ANDREW, From Revivals to Removal, Jeremiah Evarts, the Cherokee Nation, and the Search for the Soul of America, University Press of America 1992. Zur Indianerpolitik der Bundesregierung siehe das grundlegende Werk von F. P. PRUCHA, The Great Father: The United States Government and the American Indians, 2 Bde., Lincoln University of Nebraska Press 1984.

empfanden, aber machtlos waren. Nach 1830 gab es – verständlicherweise – trotz vermehrter Anstrengungen von evangelischer oder katholischer Seite kaum noch Einzel- oder Massenbekehrungen. Zählungen führten 1865 etwa 225000 getaufte Indianer an, 1910 waren es 40000 mehr. Und auch Tragödien gab es mehr als genug. 1836 errichtete ein evangelischer Arzt und Missionar, Marcus Whitman, die erste protestantische Kirche westlich der Rocky Mountains in Oregon. Als er schon elf Jahre bei dem Stamm der Cayuse gelebt hatte, verbreitete sich das Gerücht, er sei für den Ausbruch einer Epidemie verantwortlich. Zusammen mit seiner Frau und einem Dutzend Bekehrter wurde er niedergemetzelt. Das Schicksal der Indianer ist bekannt, der letzte Widerstand der Indianer gegen ihre Vertreibung aus ihren Stammesgebieten wurde militärisch gebrochen (u. a. Cheyenne-Aropho-Krieg 1861–1864, Sioux-Kriege 1862–1876, Apachen-Krieg 1871–1886). Aber schon zuvor standen die Ureinwohner Amerikas unter der Treuhänderschaft staatlicher Organe der Vereinigten Staaten. Bereits 1824 wurde das *Bureau of Indian Affairs* gegründet, das die Einweisung in Indianerreservationen verfügte. Diese lagen oft in unfruchtbaren Gebieten und wurden schrittweise verkleinert. Seit der Zeit der Präsidentschaft von Ulysses Grant (1869–1873) bezog die Regierung die großen Denominationen – einschließlich der Katholiken – in die Bemühungen des neugeschaffenen Zivilkommissariats für Indianerangelegenheiten mit ein (1869). Das eigentliche Problem war aber, daß die indianischen Angelegenheiten sowohl das Innen- als auch das Kriegsministerium angingen, die die Verfolgung und Ausrottung der Indianer fortsetzten. Zu allem Überfluß waren die Denominationen auch noch in einen Kleinkrieg um die Schulen verwickelt. Mehr als alle anderen entfaltete die katholische Kirche eine rege Tätigkeit bei den Indianern. Seit 1874 besaß sie eine eigene Kommission für indianische Angelegenheiten, die 1879 zum Büro der katholischen Indianermission werden sollte. Dieses Büro erhielt die für die Vereinigten Staaten außergewöhnliche Erlaubnis, mit öffentlichen Mitteln Konfessionsschulen in den Reservationen zu errichten. Dies erregte so sehr den Zorn der anderen Denominationen, daß die Regierung beschloß, jegliche Zusammenarbeit mit den Missionaren auf dem Erziehungssektor einzustellen (selbst wenn die Missionsschulen auch weiterhin vom Bundesbüro für indianische Angelegenheiten Kredite erhielten).

Christus ist rot

Hielten sich die Indianer auch mehrheitlich von den christlichen Kirchen fern, so entwickelten sie doch verschiedene Formen von Synkretismen, von denen einige bei ihnen heimisch wurden[93]. Heute noch ist die *Native American Church*, eine Mischung aus Christentum, Schamanismus und kultischen Neuerungen am stärksten in den Reservationen verwurzelt. Selbst wenn die Indianer lieber ihren eigenen religiösen Führern als den weißen Missionaren lauschten, so waren doch diese selbst in Kontakt mit Pastoren oder Missionaren gekommen. Dabei spielten vor allem drei Denominationen eine wichtige Rolle: Zunächst die Katholiken, die nun von ihrer jahrhundertelangen Erfahrung im Umgang mit Indianern in den ehemaligen französischen oder spanischen Gebieten profitierten. Darüber hinaus gab es noch zwei weitere Gruppen, die sich weigerten, die Indianer zu bekämpfen: die alteingesessenen Quäker und die Mormonen. Letztere wurden zu der Zeit gegründet,

---

[93] A. HULTKRANTZ, Religions des Indiens d'Amérique, Paris 1994.

als die Verfolgung der Indianer begann. Die beiden ersten Propheten, die synkretistische Offenbarungen verkündeten, Beau Luc und Handsome Lake, traten Anfang des 19. Jh. auf. Nach einer Krankheit hatte Beau Luc mehrere Jahre in einem Krankenhaus verbracht, wo er protestantische Geistliche kennenlernte. Als er zu seinen Angehörigen zurückkehrte, behauptete er, tot gewesen und wiederauferstanden zu sein, begann zu predigen und umgab sich mit „Aposteln", die seine Lehre in Kanada und den Vereinigten Staaten verbreiteten. Der Seneca-Indianer Handsome Lake wurde dagegen von den Quäkern beeinflußt. Wenn er auch nicht behauptete, der wieder auf die Erde zurückgekommene Christus zu sein, so lieh er doch den „Boten des Schöpfers" seinen Mund und stellte sich als Prophet eines indianischen Milleniums dar: Erst wenn die Sünder Buße täten, würde die Erde neu erstehen.

Diese neuen Offenbarungen, die christliche Glaubensinhalte mit kultischen Traditionen der amerikanischen Ureinwohner verknüpften, kamen auf, als die religiöse und soziale Ordnung der Irokesen und der benachbarten Stämme unter dem Druck der nachdrängenden Weißen zerfiel. Aus sozialer Sicht brachte die christliche Verkündigung nicht nur eine apokalyptische Botschaft, sondern auch Reformen nach postmillenarischem Vorbild mit sich: Ging es doch nun nicht nur darum, auf eine neue Ära zu warten, in der den Indianern alles zurückgegeben werden würde, sondern darum, sich durch Temperenz und die Übernahme medizinischer Neuerungen wie Impfungen oder wirtschaftlicher Neuerungen wie westlicher Landwirtschaftsmethoden darauf vorzubereiten. Und darin lag die Bedeutung von Handsome Lakes Gesetzbuch, wie die Weißen den *Graiwiio*, die Predigten des Sehers der Seneca, nannten. Zum Teil konnten die Irokesen, Seneca, Onondaga, Oneida, u. a. m., die sich danach richteten, ihren demographischen Niedergang vorübergehend aufhalten und ihren Lebensstandard verbessern. Die neuen Offenbarungen brachten auch einen einheitsbildenden Messianismus mit sich. Sie richteten sich ausnahmslos an alle indianischen Stämme und boten ihnen allgemeine Richtlinien zu gemeinsamem Handeln an – und zwar besonders dann, wenn die von den Weißen ausgeübte Gewalt die Notwendigkeit einer Einigung besonders dringlich erscheinen ließ. Sie ließen bei ihren Anhängern etwas entstehen, was man als indianisches Gemeinschaftsgefühl bezeichnen könnte. Zunächst fanden sie bei den Cayuga, Seneca und Irokesen Verbreitung, die die Lehren des Beau Luc zur vorherrschenden Religion in allen Reservationen der Staaten New York und Pennsylvania machten. Sie waren dort schon so lange bekannt, daß die weiße Obrigkeit, zweifellos zu Unrecht, in ihnen eine der Ursachen des Aufstands der Bois-Brûlés (Stamm der Dakota von Burnt Woods, 1884–1885) in Kanada vermutete. Nach Beau Luc und Handsome Lake traten in den dreißiger Jahren andere Propheten auf: Bini bei den Nadené, Keokuk bei den Sauk und Fox, Tovilo bei den Paiute. Sie entwickelten Mischkulte, in denen sich der Schamanismus mit christlichen Glaubensinhalten und Praktiken vermengte[94].

Beau Luc, Handsome Lake und ihre unmittelbaren Nachfolger gehörten einer Zeit an, in der sich die Indianer noch berechtigte Hoffnungen machten oder jedenfalls noch die Möglichkeit hatten, sich gegen ihre Vertreibung und Ausrottung zu verteidigen. Nach dem Ende der Indianerkriege kam in den Jahren zwischen 1880 und 1890 ein Kult auf, der nicht mehr zum Kampf aufrief, sondern einen Ersatz dafür bot. Auch hier fand sich das gleiche Schema wieder: Ein Prophet oder Messias verkündete eine neue Offenbarung synkretisti-

---

[94] Vgl. TH. E. MAILS, The Mystic Warriors of the Plains, Mallard 1991.

scher und millenarischer Art, wobei er Anleihen bei der Religion der Weißen nahm, die er gegen eben diese Weißen kehrte. Der Endkampf wurde jetzt nicht mehr von den Indianern selbst, sondern von einem Rachegott geführt. Dies war der Sinn des Geistertanzes, des *Ghost Dance*, dessen Messias der Medizinmann Wovoka vom Stamm der Paiute war. Schon in den siebziger Jahren hatte es Geistertänze gegeben, die allerdings keine Wirkung gezeitigt hatten. Die Stämme waren noch nicht ganz zerschlagen und kampfbereit. Aber die letzten Kämpfe, die die Cheyenne und die Sioux, geführt von Sitting Bull und Crazy Horse, und die Apachen unter Geronimo führten, brachten die Bundesregierung in den Jahren zwischen 1876 und 1886 dazu, eine andere radikale Maßnahme zu ergreifen: Alle großen Stämme des Westens bzw. ihre Reste wurden in Reservationen zusammengepfercht. 1889 begann Wovoka mit seinen Prophezeiungen. Er verkündete, daß er in den Himmel aufgestiegen sei und dort Gott und alle jene seines Volkes gesehen habe, die schon vor langem dahingegangen seien. Wieder auf die Erde zurückgekehrt, stellte er sich in einer Rede, die einiges dem Einfluß der Mormonen, Quäker und der katholischen Missionare verdankte, als Messias aller indianischen Stämme dar:

„Schon bald, im nächsten Frühjahr, wird der Große Geist kommen. Er wird Wild aller Arten mit sich zurückbringen. Alle toten Indianer werden wiederkommen und erneut leben. Sie alle werden wieder stark und jung sein [...]. Während sich die Indianer in die Lüfte erheben werden, wird eine große Sintflut alle Weißen fortreißen und ertränken."[95]

Aus allen Reservationen liefen die Indianer herbei, um den Messias zu hören, der eine neue Offenbarung verkündete, eine Mischung zwischen den christlichen und biblischen Symbolen der Auferstehung des Fleisches und der strafenden Sintflut sowie indianischen Riten wie dem Geistertanz, durch den man in Verbindung zu den Verstorbenen treten und sie zu Hilfe rufen konnte. Die Predigten des Wovoka fanden um so schneller Verbreitung als „die indianischen Kinder dank der Zwangserziehung in den Reservatsschulen über genügend Kenntnisse im Lesen und Schreiben verfügten, um die Botschaft des Propheten in einigen Wochen auf dem Postweg und in englischer Sprache allen Stämmen der Plains-Indianer zur Kenntnis zu bringen![96]"

Bei den Teton-Dakota erhielt die Botschaft des Wovoka einen stärker christlichen Inhalt. Der Medizinmann Kicking Bear brachte die „Botschaft unserer Väter, der Geister der Toten, die sich nun aufgemacht haben, um zu uns zu stoßen, unter der Führung des Messias, der einst zu den weißen Männern auf die Erde herabgestiegen war, um von ihnen vertrieben und getötet zu werden". Christus zeigte Kicking Bear „die Wundmale an seinen Händen und Füßen, die die Weißen ihm beibrachten, als er zu ihnen gekommen war und sie ihn kreuzigten. Er sagte uns, daß er wiederkommen und dieses Mal bei den Indianern leben werde, seinem auserwählten Volk[97]".

Die amerikanische Regierung war so beunruhigt über die Ausmaße dieses roten einheitsbildenden Messianismus, daß sie den Ausbruch eines heiligen Krieges fürchtete. Sie verbot den *Ghost Dance*, ließ Sitting Bull verhaften – wobei der Indianerhäuptling getötet wurde – und siedelte einige hundert Sioux Familien nach Wounded Knee um. Dort wurden am 29. Dezember 1890 dreihundert Männer, Frauen und Kinder niedergemetzelt. Woun-

---

[95] Zit. n. Ph. Jacquin, Histoire des Indiens d'Amérique du Nord, Paris 1976, 177.
[96] E. Marienstras, La Résistance indienne aux États-Unis, Paris 1980, 131.
[97] Ebd., 131.

ded Knee wurde zum Symbol für die grausame Ausrottung der Indianer durch die Weißen, aber genauso für den verzweifelten, aber vergeblichen Freiheitskampf.

Nach der Unterdrückung des *Ghost Dance* hörten die Indianer auf die Propheten einer neuen Religion, des *Peyotl* oder *Peyote*, einer Halluzinationen hervorrufenden Pflanze mexikanischen Ursprungs, die seit 1880/90 in den Great Plains Verbreitung fand. Es handelte sich um eine Religion, die über eigene Strukturen verfügte und deren Kult strengen gemeinschaftlichen Ritualen unterworfen war. Sie stand indirekt unter dem Einfluß der katholischen Missionen und brachte oft grundlegende christliche Glaubensinhalte zum Ausdruck. Schon bei seiner ersten Offenbarung bezog sich einer der wichtigsten Propheten des Peyote, der Delaware-Indianer Nishkunto, der bei den Weißen unter dem Namen John Wilson bekannt war, ausdrücklich auf den auferstandenen Christus.

„Während der zwei Wochen, in denen er zurückgezogen lebte, wurde Wilson im Geist immer wieder in das Himmelreich versetzt, wo ihm der Peyote als Führer diente. Man zeigte ihm dort himmlische Gestalten, die Szenen aus dem Leben Christi darstellten […] Er sah auch das Grab Christi, das leer stand, seit Christus die Steine, mit denen es versiegelt war, beiseite geschoben hatte, um zum Himmel aufzufahren."[98]

Bei den Delawaren wie bei anderen Stämmen – wie den Winnebago oder Cheyenne, die dem neuen Kult christliche Glaubensinhalte beimengten – erlosch die Hoffnung auf ein tausendjähriges Friedensreich nie.

„Die Winnebago zeichneten die christlichen Symbole auf ihre Kürbisrasseln – das Kreuz und die Dornenkrone. Während der Zeremonien des Peyote tauschten der Meister und sein Assistent, während sie sangen, ihre Rassel und ihre Trommel, um so anzudeuten, daß Gott Christus seine Macht im Himmel und auf Erden übertragen habe. Dann spielte der Meister auf der Flöte, wobei er sich in die vier Himmelsrichtungen drehte, um der Welt die Ankunft Christi zu verkünden."[99]

Bei anderen Stämmen war der christliche Bezug nicht so deutlich. Für einige Propheten war der Peyote kein Geschenk oder Symbol, das sich auf Christus bezog, sondern ein Ersatz für ihn bzw. seinen roten Gegenspieler. Einige Propheten lehrten, „der Tröster sei schon vor langer Zeit zu den Weißen gekommen, aber nie zu den Indianern, bis ihn schließlich Gott in der Gestalt seiner heiligen Medizin zu ihnen geschickt habe"[100]. Andere Stämme wiederum – wie die Komantschen – übernahmen weder christliche Symbole noch Glaubensinhalte, außer dem sehr allgemeinen Glauben an einen vom Himmel gestiegenen Retter, an einen zur Errettung seines Volkes auf die Erde gestiegenen Peyote, der diesem – um es vor der Verzweiflung zu bewahren – die Erhaltung einer eigenständigen Kultur erlaubte. Trotz diese Unterschiede nahm der Kult allmählich feste Gestalt an, so daß es 1906 zur Gründung der einzigen indianischen Kirche von Bedeutung, der *Native American Church*, kommen konnte.

---

[98] Ebd., 140.
[99] Ebd.
[100] Zit. n. JACQUIN, Histoire des Indiens 188.

3. Vielfalt und Einheit des Katholizismus

Die Einwanderungswellen: Probleme und Lösungen

Auch nach dem Bürgerkrieg stand das Leben der katholischen Kirche im Zeichen der Synode: Die zweite allgemeine Synode von Baltimore setzte sich für die Aussöhnung ein und kurbelte die durch die Feindseligkeiten ins Stocken geratene Errichtung von Schulen und Kirchen wieder an. Die wichtigste Entscheidung der Synode war der Beschluß, in ausnahmslos jeder Pfarrei der Vereinigten Staaten innerhalb einer Frist von zwei Jahren eine katholische Schule zu eröffnen. Den Vorsitz führte der neue Erzbischof Martin John Spalding, der im Gegensatz zu seinem aus Irland stammenden Vorgänger Kenrick in Amerika geboren war. Nach außen hin zumindest machte sich die katholische Kirche daran, ihre heterogenen Ursprünge zu vergessen, so daß fünfzig „amerikanische" Bischöfe am Ersten Vatikanischen Konzil (1869–1870) teilnahmen und viele prinzipielle Einwände gegen die Zweckmäßigkeit der Verkündigung des Dogmas der päpstlichen Unfehlbarkeit erhoben. Die Erinnerung an die *Know Nothing* und die *Nativists* war noch zu frisch. 1872 löste James Roosevelt Bayley, ein ebenfalls in den Vereinigten Staaten geborener Erzbischof, Spalding ab. Wahrscheinlich hätte nichts den Frieden der Kirche Amerikas stören können, wäre sie nicht in den Jahren zwischen 1880 und 1920 mit einer neuen Einwanderungswelle konfrontiert worden[101].

1880 lebten ungefähr vier Millionen erwachsene Katholiken in den Vereinigten Staaten. Die Volkszählung von 1906 führte die Zahl von 10,6 Millionen an. Die beiden bedeutendsten protestantischen Denominationen, die Methodisten und Baptisten, umfaßten jeweils etwas mehr als fünf Millionen erwachsene Mitglieder. Diese beiden großen *Frontier Churches* übertrafen die Katholiken zahlenmäßig nur zusammen mit der bedeutendsten der alten *Colonial Churches*, den Presbyterianern, und der wichtigsten protestantischen Einwandererkirche, den Lutheranern, die jeweils an die zwei Millionen Anhänger zählten[102]. So hatte sich der große Traum der Erweckungsbewegungen der dreißiger und vierziger Jahre des 19. Jh. nicht verwirklichen lassen. Zwar waren die Führungsschichten seit Erringung der Unabhängigkeit protestantischer denn je, so daß man von Amerika als einer großen protestantischen Macht sprechen konnte. Aber hinsichtlich der Gesamtheit der Bevölkerung vergrößerte sich die religiöse Vielfalt von Jahr zu Jahr mehr, so daß das Land lernen mußte, mit dem Pluralismus zu leben. Dabei war nicht die Rede vom Zusammenleben von Methodisten und Presbyterianern oder von Baptisten und Quäkern – gehörten diese Leute doch immerhin noch zur selben religiösen Sphäre –, sondern von schottischen Presbyterianern und gallizischen Katholiken, von wallisischen Methodisten und römisch-katholischen Sizilianern, von englischen Episkopalisten und polnischen, romtreuen Katholiken. Sah man von den Mormonen ab, so bestand dieser Facettenreichtum vor allem bei den Katholiken, besonders durch die Einwanderer.

Von 1880 bis 1920 stieg die Bevölkerung der Union von 50 auf 106 Millionen Einwoh-

---

[101] Vgl. TH. E. WANGLER, American Catholic Expansionism: 1886–1894, in: HThR 75 (1982) 369–394.
[102] Methodisten, Baptisten, Presbyterianer und Lutheraner werden hier ohne Berücksichtigung der verschiedenen innerkirchlichen, theologischen, ekklesiologischen, geographischen, rassischen und politischen Unterschiede angeführt. Diese vier großen Gruppen umfaßten ein gutes Dutzend verschiedener Kirchen. Schließlich wären noch die *Disciples of Christ* zu nennen, gefolgt von der Episkopalkirche, den Kongregationalisten und schließlich den Mormonen.

ner an, die der amerikanischen Katholiken jedoch von 6,3 auf 16,3 Millionen Personen. Eine wichtige Rolle spielte dabei die hohe Geburtenrate. Außerdem wanderten in den achtziger Jahren und in den Jahrzehnten zwischen 1880/90 und 1900/10 jeweils mehr als eine Million Katholiken in die Vereinigten Staaten ein. Die meisten Katholiken erreichten in dem Jahrzehnt zwischen 1890 und 1900 das Land, mehr als zwei Millionen Menschen[103]. Insgesamt kamen in vierzig Jahren ungefähr sechs Millionen katholische Einwanderer ins Land, ja vielleicht sogar noch mehr, wenn man die „Chicanos" (spanischsprechende oder aus Mexiko stammende US-Bürger) mitrechnet. Während der langen Diktatur von General Porfirio Díaz (1877–1911) ermutigten die mexikanischen Behörden die Peones (Bauern) dazu, den Rio Grande – sei es mit oder ohne Genehmigung der amerikanischen Regierung – zu überqueren. Als 1914 die Einwanderung von Japanern und Chinesen verboten wurde, stellten die Mexikaner sechzig Prozent der Bergarbeiter, achtzig Prozent der Landarbeiter in Kalifornien und den angrenzenden Staaten und neunzig Prozent der Eisenbahnarbeiter.

Einschließlich der Kinder, die in den ersten Jahren nach der Ankunft der Einwanderer zur Welt kamen, wurden so mehrere Millionen neuangekommener Katholiken in den Strudel der Binnenwanderungen hineingerissen. Sie drängten in die schnell wachsenden Städte und stellten das Gros der Hilfsarbeiter *(the hands)* in den Fabriken: Für jeden europäischen Bischof wäre dies ein Alptraum gewesen. Aber in den Vereinigten Staaten waren große Städte und riesige Fabriken nicht *god-killing*, sie zerstörten den Glauben an Gott nicht. Auch wurde die Kirche nicht unvorbereitet mit dieser Entwicklung konfrontiert. Sie verstand es, eine Bewegung aufzufangen, die ihr – wenn auch nicht in diesem Umfang – im Wesen vertraut war. Seit der Zeit vor dem Bürgerkrieg hatten die großen Bistümer ehrgeizige Programme zur Errichtung von Kirchen und Schulen in den Städten und Vorstädten aufgestellt. Alle Gläubigen, sogar die ärmsten, wurden dringend zur Finanzierung der Bauprojekte aufgefordert. So fühlten sie sich auch in diesen Gebäuden heimisch, an deren Entstehen sie maßgeblich beteiligt waren, selbst wenn sie nur einen Pfennig pro Woche gegeben hatten. Die *penny-a-week contributions* stellten tatsächlich die finanzielle Grundlage der *city churches* dar. So waren die Neuankömmlinge immer sicher, in ihrer Nähe eine katholische Kirche vorzufinden, die ihnen Hilfe auf sozialer, erzieherischer, gesundheitlicher, beruflicher und sogar finanzieller Ebene anbot – wie die *Credit Unions*[104]. Um all diese christlichen Gemeinden zu organisieren, zu betreuen und mit Leben zu erfüllen, wurde die Zahl der Bistümer zwischen 1860 und 1900 verdoppelt, und die Zahl der Priester stieg von zweitausend auf zwölftausend an. Unterstützung erhielten sie seitens der Orden, Schulkongregationen und Laienhelfer. Die Ordensschwestern spielten eine entscheidende Rolle in der Erziehung, den Krankenhäusern und den sozialen Diensten. Die ersten amerikanischen Bürger, die heiliggesprochen wurden, waren Ordensschwestern: die in Italien geborene Schwester Frances Xavier Cabrini (1850–1917), Gründerin von Klöstern, Schulen, Waisen- und Krankenhäusern, und die in den Vereinigten Staaten geborene Schwester Elizabeth Bayley Seton (1774–1821), die vor allem im Erziehungswesen wirkte. Als Ort der Begegnung und der Sozialisation begünstigten die Pfarreien Heiraten zwischen Katholi-

---

[103] J. HENNESEY, American Catholics, Oxford 1981, 173.

[104] Es ist bezeichnend, daß die Laienbewegungen, die nicht unter der Kuratel des Pfarrklerus standen, vor 1914 fast keine Bedeutung erlangten. Vgl. R. TRISCO, American Catholic lay movements in the Nineteenth and Twentieth centuries, in: MiHiEc VII = BRHE 71 (1985).

ken und verhinderten dadurch, daß sich die Massen der Einwanderer in den großen Städten verliefen[105].

Die „alten" Einwanderer aus Nord- oder Osteuropa bildeten gegenüber den Neuankömmlingen aus Zentral- oder Südeuropa keineswegs einen homogenen Block, der sich abschottete. Zwar kamen nun neue Einwandererströme aus anderen Ländern, jedoch ohne daß die alten deshalb versiegt wären. Denn bis zum Ersten Weltkrieg überquerten Deutsche und Iren weiterhin den Atlantik und ihre Anlaufstellen waren flexibel genug, um ein Zusammenleben und gegenseitige Unterstützung zu begünstigen. So konnte jemand aus dem irischen Connemara oder aus Schlesien einen Neuankömmling aus Neapel oder Slowenien kaum herablassend behandeln, da auch aus Schlesien oder Connemara täglich neue Menschen landeten, die – unterstützt von den Priestern, die mit ihnen gekommen waren – ihre Ellenbogen gebrauchten, um die niedrigste Sprosse der sozialen Leiter zu erklimmen und sich hochzuarbeiten[106].

Diskussionen und pastoraler Wagemut

Dennoch löste die neue Einwanderungswelle auch Konflikte aus und machte Anpassungen erforderlich. Gerade war die kirchliche Hierarchie mit den laikalen Forderungen des *trusteeism* fertig geworden, als sie sich Gruppen von Gläubigen unter Führung ihrer eigenen Pfarrer gegenübersah, die keine territorialen, sondern nationale Pfarreien forderten. Die Bewegung nannte sich nach einem ihrer glühendsten Verfechter, Peter Paul Cahensly (1838–1923), einem Mitglied des deutschen Reichstags (1898–1903, Zentrum), *cahenslyism*. Als Sekretär des St. Raphaels-Vereins, einer mächtigen Einwandererhilfsorganisation, die er 1871 zum Schutz deutscher Auswanderer gegründet hatte[107], durchreiste Cahensly Amerika. Zunächst ging es vor allem darum, die Deutschen aus der irischen Bevormundung zu lösen. Aber auch die neuen Einwanderer unterstützten den Verein, der von Papst Leo XIII. nicht ungern gesehen und 1878 offiziell anerkannt wurde. Hatte doch der Papst mehrere Berichte erhalten, wonach der bestimmende Einfluß der Iren den Abfall mehrerer Millionen deutscher, romanischer oder slawischer Katholiken nach sich gezogen hätte. Eine Schätzung aus dem Jahre 1890 sprach sogar von einem Verlust von zehn Millionen Gläubigen, eine Zahl, die natürlich von den Bischöfen irischer Abstammung heftig bestritten wurde. Es war aber nicht zu leugnen, daß auf der dritten allgemeinen Synode in Baltimore 1884 35 von 72 Oberhirten (14 Erzbischöfe und 58 Bischöfe) aus Irland stammten, fünfzehn aus Deutschland, elf aus Frankreich[108] und fünf aus England. Spanien, Holland, Schottland und Schweden waren ebenfalls vertreten, nicht dagegen Italien, die Doppelmonarchie Österreich-Ungarn oder die slawischen Völker. Wie üblich führte der Erzbischof von Baltimore als Apostolischer Legat den Vorsitz. Dies war James Gibbons (1843–1921), der 1886 zum Kardinal erhoben wurde, eine Persönlichkeit von Format und einer der bedeutendsten geistlichen Würdenträger der Geschichte der Vereinigten Staa-

---

[105] Zur Rolle der Frauen für die Befolgung religiöser Praktiken durch die Einwanderer vgl. H. R. DINER, Erin's Daughters in America. Irish Immigrant Women in the Nineteenth Century, Baltimore 1984.
[106] Vgl. P. J. DRUDY (Hrsg.), The Irish in America: Emigration, Assimilation and Impact, New York 1985.
[107] St.-Raphels-Vereine wurden auf Anregung Cahenslys auch in Österreich-Ungarn, Italien, Belgien, Spanien und den USA gegründet.
[108] Vgl. F. WEIL, Les Franco-Américains (1860–1980), Paris 1989.

ten[109]. Gibbons war zwar in den Vereinigten Staaten geboren worden, aber seine Eltern stammten aus Irland, und er selbst hatte dort seine Kindheit verbracht.

Solange aber das Gleichgewicht innerhalb der Hierarchie noch nicht wiederhergestellt war – dies sollte in der Tat erst nach dem Ersten Weltkrieg geschehen –, riet der Vatikan, d. h. die Propaganda-Kongregation (die 1622 errichtete päpstliche Zentrale für das katholische Missionswesen), dem Episkopat zu gemäßigtem Vorgehen, womit man in der Tat den wichtigsten Forderungen der *cahenslyist* entgegenkam. Vorbehaltlich der bischöflichen Zustimmung sollte nicht nur die Errichtung von Pfarreien, sondern auch von Schulen auf nationaler Grundlage erlaubt sein. Zurückgewiesen wurde jedoch die vor allem von deutschstämmigen Gemeinden erhobene Forderung nach der Schaffung nationaler Bistümer. Entsprechend der Haltung des jeweiligen Bischofs war die Lage von Diözese zu Diözese sehr unterschiedlich. Im allgemeinen führte aber das Nebeneinander von territorialen und nationalen Pfarreien zu einer Behebung der Spannungen. Ethnische Konflikte bedingten schließlich nur ein einziges, nicht sehr bedeutendes Schisma, die Abspaltung der *National Polish Church* im Jahr 1907. Diese neue Kirche, die Beziehungen zu den Altkatholiken in Europa knüpfte, konnte lediglich 250000 Gläubige für sich gewinnen. Die Polen blieben eine der Rom am stärksten verbundenen Gruppen in den Vereinigten Staaten[110]. Vier Jahre nach diesem Schisma zeigte sich die Geschlossenheit und Reife des amerikanischen Katholizismus, als er nun seinerseits Missionare nach Übersee entsandte[111]. Wahrscheinlich blieb das Schisma der polnischen Kirche deshalb eine Einzelerscheinung, weil die Haltung der Hierarchie gegenüber den ersten gewerkschaftlichen Organisationsformen die Katholiken zu Treue, Zusammenhalt und gegenseitiger Hilfe ermutigte.

Im Amerika des *Gilded Age* (Goldenes Zeitalter) und der „Ausbeuterbarone" konnte sich die Arbeiterbewegung kaum in aller Öffentlichkeit zeigen. Deshalb waren auch die 1869 ins Leben gerufene Gewerkschaft *Knights of Labour* wie eine Freimaurerbruderschaft organisiert, mit Logen, Riten und Paßwörtern. Die „Ritter der Arbeit", die zwar auch Protestanten und kirchlich nicht gebundene Mitglieder in ihren Reihen zählten, rekrutierten sich vornehmlich aus der Elite der katholischen Arbeiterschaft (1886 hatten sie 500000 katholische Mitglieder) und dies, obwohl Rom gerade zu dieser Zeit Geheimgesellschaften verurteilte, die Mitgliedschaft von Katholiken in überkonfessionellen Gesellschaften ablehnte und jenen Verbänden, in denen nicht Arbeiter und Arbeitgeber an einem Tisch saßen, mit größtem Mißtrauen begegnete. Kurzum, die *Knigths of Labour* schienen reif für eine Verurteilung durch den Papst – um so mehr, als 1884 der Kardinalerzbischof von Quebec vom Vatikan das Verbot des kanadischen Zweiges erreicht hatte. Der Einsatz war allerdings hoch: Gehörten doch 700000 Fabrikarbeiter in den Vereinigten Staaten der katholischen Kirche an.

---

[109] Er sollte ein Vierteljahrhundert lang der einzige amerikanische Kardinal bleiben. Dadurch wurde sein Einfluß auf die ganze amerikanische Hierarchie gestärkt. Vgl. R. TRISCO, Gibbons, James, in: LThK IV (1995), 641 f.

[110] Vgl. W. GALUSH, Both Polish and Catholic: Immigrant Clergy in the American Church, in: CHR 70 (1984) 407–427. Zur Frage der Pfarreien in den Vereinigten Staaten vgl. die von J. P. DOLAN herausgegebene Sammlung von Studien, The American Catholic Parish. A History from 1850 to the present, 2 Bde., New Jersey 1987. Zur Einrichtung von „Pfarrmissionen" in der Tradition der Erweckungsbewegungen siehe J. P. NOLAN, Catholic Revivalism. The American Experience (1830–1900), Notre-Dame, Indiana – London 1978.

[111] Vgl. R. E. SHERIDAN, The Founders of Maryknoll. Historical Reflections, Maryknoll, N. Y. 1980. Die *Catholic Foreign Mission Society*, eine Gemeinschaft von Weltpriestern, wurde 1911 in Maryknoll von James A. Walsh und Thomas Price gegründet.

Kardinal Gibbons, der Erzbischof von
Baltimore, konnte 1887 die „Knights of
Labour" Bewegung, die Papst Leo XIII. scharf
verurteilte, retten und für den Katholizismus in
den USA den Schaden aus der päpstlichen
Verdammung des „Amerikanismus" begrenzen.

Alles deutete auf einen Bruch zwischen Kirche und Arbeiterwelt hin, als der den irischen Arbeitern nahestehende Führer des amerikanischen Katholizismus, Kardinal Gibbons, unter schwierigen Umständen persönlich intervenierte, um eine Verurteilung zu verhindern. Am 1. Mai 1886 hatten verschiedene Arbeiterorganisationen für die Einführung
des Acht-Stunden-Tages demonstriert. Zwei Tage später hatte die Polizei auf die Streikenden geschossen. Am 4. Mai organisierten Anarchisten in Chigago auf dem Haymarket
Square eine Protestdemonstration. Eine Bombe explodierte und tötete sieben Polizisten
und vier Arbeiter. Die Wellen der Empörung schlugen hoch. Obwohl die *Knights of Labour* nichts mit der ganzen Angelegenheit zu tun hatten, setzte ein Teil der öffentlichen
Meinung sie mit den Anarchisten gleich. Da wandte sich Gibbons in einem langen Brief an
Kardinal Simeone, den Präfekten der Propagandakongregation, dem die Kirche der Vereinigten Staaten zu diesem Zeitpunkt unterstand, und sprach die Gewerkschaft von jeglicher
revolutionärer Tendenz und von jeder geheimen Verschwörung mit den Angeklagten des
Massakers von Chicago frei. Zudem setzte er sich ganz allgemein für das Recht der Arbeiter ein, sich zur Vertretung ihrer legitimen Interessen zu organisieren. Durch diesen zu-
kunftsweisenden Schritt ermöglichte es Gibbons den katholischen Arbeitern, ohne weitere
Schwierigkeiten den modernen Gewerkschaften beizutreten, welche die *Knights of Labour*
ablösen sollten, darunter der elitären *American Federation of Labor* (1886) oder anderen
Organisationen, die auch Hilfsarbeitern offenstanden. Die Lohnabhängigen mußten sich
folglich nicht zwischen konfessioneller Treue oder beruflicher Solidarität entscheiden.
Und die Arbeiterklasse blieb der amerikanischen Kirche nicht nur erhalten, sondern ihre
gewerkschaftlichen Organisationen dienten ihr zudem als Schmelztiegel *(melting pot)*, in
dem Katholiken jedweder nationaler Herkunft lernten, Seite an Seite zu leben und für ihre
gemeinsamen Interessen zu kämpfen. Außerdem trugen sie dazu bei, die trennende Wirkung des katholischen Schulsystems aufzuheben und die Katholiken in den *mainstream*,
d. h. die vorherrschende Strömung in der Gesellschaft, zu integrieren.

Das Wiederaufleben antipäpstlicher Ressentiments

Das Vordringen der Katholiken, mitbedingt durch ihre führende Rolle in der Arbeiterbewegung, ließ wieder alte *Nativist*-Strömungen aus der Zeit vor dem Bürgerkrieg aufleben. Die 1867 in Iowa gegründete *American Protective Association* (APA) war zunächst nur für den Mittleren Westen repräsentativ, der durch das Weiterrücken der Grenze aus dem Gleichgewicht geraten war. Doch nahm sie bald nationale Ausmaße an und umfaßte bereits 1896 eine Million Mitglieder *(White, Anglo-Saxon, Protestant)*, die in den meisten staatlichen Gremien über *lobbies* verfügten und in der *Anti-Saloon League* (die führende Organisation in den Vereinigten Staaten, die gegen den Alkoholkonsum eintrat) eine einflußreiche Schaltstelle besaßen. Natürlich hatten die Katholiken kein Monopol beim Getränkeausschank[112], aber die *Anti-Saloon League* brachte damit eines der Hauptanliegen des *benevolent empire* erneut ins Spiel und griff ein Projekt auf, das wie geschaffen schien, alle Kräfte des erweckten Protestantismus, dessen Vorherrschaft bedroht war, zu mobilisieren. Die APA, mit ihrem „Geheimschwur", dessen Veröffentlichung im Rahmen eines Wahlkampfes einen großen Skandal verursachte, verschwand zwar 1910 wieder, wurde allerdings von dem Ku Klux Klan abgelöst[113]. Dieser wurde 1915 in Georgia neu gegründet, bestand aber bereits seit Beginn des 20. Jh. Anders als der erste Ku Klux Klan terrorisierte er nicht nur die Schwarzen. Katholiken und Juden waren ebenso Zielscheibe seiner terroristischen Angriffe wie Schwarze. Er faßte in den Städten des Nordens und der Großen Seen Fuß, um dort seine eigene Wahlkampfstrategie zu entwickeln. Wollten also die Katholiken – gleich welcher Herkunft – nicht in Gemeinden leben, die von Mitgliedern des Klan terrorisiert wurden, sahen sie sich zur Bildung einer gemeinsamen Front gezwungen.

Angesichts erneuter antikatholischer Tendenzen bestand eines der wichtigsten Anliegen der amerikanischen Bischöfe darin, nachzuweisen, daß der Katholizismus in einem pluralistischen Land wie den Vereinigten Staaten eine loyale Größe darstellte, welche die republikanischen, demokratischen und patriotischen Werte achtete[114]. Obwohl Kardinal Gibbons unbeirrt an dem Grundsatz festhielt, daß ein katholisches Kind eine katholische Schule, ein katholisches College, ja sogar eine katholische Universität[115] besuchen sollte, ließ er dennoch keine Gelegenheit aus, um die großen Themen des von Abraham Lincoln (Präsident 1860–1865) in seiner Rede von Gettysburg formulierten „allgemeinen Christentums" aufzugreifen, das allmählich in den führenden Kreisen des Landes das Ideal Amerikas als Vorkämpfer des Protestantismus ablöste. So hielt Gibbons anläßlich der umstrittenen Einsetzung des deutschstämmigen Prälaten Katzer als Erzbischof von Milwau-

---

[112] Es gab sogar eine 1872 gegründete *Catholic Total Abstinence Union of America*, die von Bischof Ireland unterstützt wurde. Kardinal Gibbons, der immer darauf bedacht war, sich dem amerikanischen *mainstream* anzupassen, setzte sich für die Enthaltsamkeit ein, lehnte die Prohibition jedoch ab.

[113] Der Ku Klux Klan wurde nach dem Bürgerkrieg (1865) als eine radikale Bewegung gegen die schwarze Bevölkerung in Tennessee gegründet. Nach zahlreichen Gewalttaten und Morden wurde sie 1870/71 durch den Kongreß verboten.

[114] Vgl. M. B. GALLAGHER, The Americanist Hierarchy: their attempts to integrate American and Catholic culture, hrsg. von Columbia University Teachers College 1986.

[115] 1884 betraf eine der wichtigsten Entscheidungen der allgemeinen Synode von Baltimore die Gründung einer katholischen Universität. Über die schwierigen Anfänge und die bedeutende Rolle, die die *Catholic University of America* in Washington schließlich spielen sollte, vgl. D. L. SALVATERA, American Catholicism and the Intellectual Life, 1880–1930, New York 1988.

1889 wurde in Washington D. C. eine päpstliche Universität gegründet. Der Divinity-Bau auf unserem Bild wurde u. a. durch eine großzügige Spende von Mary Gwendolin Caldwell (links oben) ermöglicht.

kee – einer Stadt, in der neben Deutschen auch viele Iren lebten – eine vielbeachtete Predigt über das Thema *„God and our country"*. Er griff darin die Idee von der offenbar gewordenen Bestimmung Amerikas wieder auf – *„this nation under God"* – und ermahnte die Katholiken, ihre ethnischen Differenzen auf dem Altar des alleserlösenden Genius der amerikanischen Nation zu opfern[116]. Allerdings waren nicht alle Anstrengungen zur Propagierung dieses „allgemeinen Christentums" erfolgreich. So schlug der Versuch fehl, den *Thanksgiving Day*, das nationale Familienfest zur Erinnerung an die Gründungssaga der Pilgerväter der *Mayflower*[117], zu einem katholischen Feiertag zu machen.

In der Presse tauchte Kardinal James Gibbons – zunächst auf Zeichnungen, dann auf Photos – regelmäßig an der Seite republikanischer als auch demokratischer Präsidenten auf – wie Harrison, Cleveland, McKinley, Roosevelt, Taft und Wilson. Sie alle schenkten ihm Vertrauen. Sie sahen in ihm nicht nur den verantwortlichen Sprecher, sondern auch das Oberhaupt einer sozialen und politischen Kraft ersten Ranges, ohne die es schwierig gewesen wäre, soziale Konflikte zu regeln und gute Beziehungen zum Kongreß zu unterhalten. Gibbons begeisterte sich für die Sache der Vereinigten Staaten, auch als diese 1898 (April bis Dezember) einen Krieg gegen das katholische Spanien führten (Spanisch-amerikanischer Krieg)[118], während sogar protestantische Kongreßabgeordnete von der demokratischen Opposition die moralische und politische Rechtfertigung der kubanischen Expedition in Zweifel zogen und außerhalb der Vereinigten Staaten die Katholiken den Sieg der Amerikaner als eine Demonstration des protestantischen Imperialismus werteten. Man bemühte sich eifrig, so amerikanisch wie nur möglich zu werden, so daß ängstliche Geister sich des Gefühls einer *„over-adaptation to non-catholic environments"*, wie es Martin Marty[119] geschickt formulierte, nicht erwehren konnten. Dieses Gefühl stand in keinem Zusammenhang zu den tatsächlichen Ereignissen in den USA. Es war vielmehr ein Resul-

---

[116] Vgl. J. Gibbons, A Retrospect of Fifty Years, Bd. II, Baltimore 1916, 152.
[117] J. F. Vivian, The Pan-American Mass, 1909–1914: A Rejected Contribution to Thanksgiving Day, in: ChH 51 (1982) 321–333.
[118] Der Krieg war im Zusammenhang mit dem Aufstand der Kubaner gegen die spanische Kolonialherrschaft ausgebrochen. Die Vereinigten Staaten unterstützten die Kubaner.
[119] M. Marty, The Oxford Illustrated History of Christianity, New York – Oxford 1990, 405.

tat sowohl der Vorträge, die Bischof John Ireland (1838–1918)[120], ein alter Freund Gibbons', in Europa hielt, als auch der Bücher und Vorträge europäischer Priester, die von der missionarischen Dynamik der amerikanischen Katholiken begeistert waren, wie Isaak Thomas Hecker (1819–1888) und seine *Missionsgesellschaft vom hl. Paulus* mit ihren „aktiven Tugenden", ihrem Optimismus, ihrer Begeisterung für die Demokratie und ihrem Glauben an die Allmacht des Geistes Gottes[121].

Als 1897 der französische Félix Klein Hecker in einem Vorwort zu seiner Biographie den Priestern der Alten Welt als Vorbild hinstellte, gab er damit das Signal zu einer ebenso intensiven wie verworrenen Diskussion. Im Kreis der Kurie tauchte das Schreckgespenst einer „neuen Häresie", des „Amerikanismus" auf[122]. Kardinal Gibbons mußte als Vermittler zwischen den katholischen US-Bürgern und dem Vatikan tätig werden und bei Papst Leo XIII. intervenieren, um ihn davon zu überzeugen, daß die überwältigende Mehrheit der amerikanischen Priester die Gültigkeit der Dogmen anerkannte und der römischen Kirche treu verbunden war[123]. So wirbelte das päpstliche Schreiben gegen den Amerikanismus, *Testem Benevolentiae* (1899), in Amerika deshalb so wenig Staub auf, weil sich niemand davon betroffen fühlte[124]. Auch Pius X., der 1907 den Modernismus in der Enzyklika *Pascendi dominici gregis* verurteilte, verdächtigte den amerikanischen Katholizismus solcher Tendenzen und beschloß im folgenden Jahr, ihn nicht länger der Aufsicht der Propagandakongregation zu unterstellen. 1908 bedeutete das Ende einer Epoche. Die Kirche der Vereinigten Staaten galt nicht länger als Missionskirche, sondern als vollwertige christliche Kirche. Zweifelsohne wies sie in ethnischer Hinsicht eine große Vielfalt auf, war aber dogmatisch geeint und verfügte über Millionen von seelsorglich gut betreuten Gläubigen. Sie schien berufen – gerade zu einer Zeit, da die alten katholischen Mächte wie Österreich und Spanien im Abstieg begriffen waren oder wie Frankreich, Italien und Portugal antiklerikale Tendenzen zeigten – eine wesentliche Rolle im katholischen Leben zu spielen.

---

[120] Der aus Irland stammende Ireland war Erzbischof von Saint Paul in Minnesota. Seine Energie und Beredsamkeit ließen ihn als glänzenden zweiten Mann hinter dem Kardinal von Baltimore erscheinen, obwohl er nicht die gleiche Klugheit, Flexibilität und politisches Gespür besaß. Vgl. M. R. O'CONNELL, John Ireland and the American Catholic Church, Saint Paul, Minnesota 1988; N. T. STORCH, John Ireland and the Modernist Controversy, in: ChH 54 (1985) 353–365.

[121] Im Gegensatz zu den „aktiven Tugenden" stehen die „passiven" (wie z. B. der Gehorsam), die vom Papst hervorgehoben wurden. Über das Fortbestehen transzendentalistischen Gedankengutes bei Pater Isaak Hecker vgl. J. P. CHINNICI (Hrsg.), Devotion to the Holy Spirit in American Catholicism, New York 1985. Zu seinem Festhalten an der Idee der offenbar gewordenen Bestimmung, der *manifest destiny*, der Vereinigten Staaten von Amerika vgl. W. L. PORTIER, Isaac Hecker and the First Vatican Council, in: CHR 71 (1985) 206–227. Der Artikel rezensiert einen Teil der umfangreichen Literatur über den Gründer der *Missionsgesellschaft vom hl. Paulus*.

[122] Vgl. H. H. SCHWEDT, Amerikanismus, in: LThK I, (1993), 526f; TH. E. WANGLER, The Birth of Americanism, in: HThR 65 (1972) 415–436; DERS., American Expansionism: 1886–1894, in: HThR 75 (1982) 369–394.

[123] Vgl. G. P. FOGARTY, The Vatican and the Americanist Crisis: Dennis J. O'Connel, American Agent in Rome, 1885–1903 (MHP 36), Rom 1974.

[124] Vgl. D. P. KILLEN, Americanism Revisited: John Spalding and „Testem Benevolentiae", in: HThR 66 (1973) 413–454ff.

4. Weiß, angelsächsisch und protestantisch

Dwight L. Moody (1837–1899)

Die sogenannten alteingesessenen weißen, protestantischen Denominationen, in denen das angelsächsische Element dominierte, oder zumindest jene, welche die Erweckungsbegeisterung der ersten Hälfte des Jahrhunderts für sich nutzen konnten, profitierten weiterhin von der Macht des *benevolent empire*. Mochte die zahlenmäßige Überlegenheit der *Colonial Churches* und *Frontier Churches* auch durch das Aufkommen der Katholiken, der Protestanten deutscher oder slawischer Herkunft oder von sektiererischen Denominationen in Frage gestellt worden sein, so nahmen sie dennoch weiterhin eine bedeutende Stellung im politischen, kulturellen und religiösen Leben der Vereinigten Staaten ein.

Gewiß waren die großen Industriestädte immer weniger *white, anglo-saxon and protestant* geprägt, und die evangelischen Missionsgesellschaften schienen sich damit abzufinden. Ihr Engagement in der inneren Mission und die Errichtung einer Vielzahl von *church extension agencies* bezog sich nun vor allem auf die neu hinzugekommenen Gebiete. In den achtziger Jahren gab die *Home Mission* jedes Jahr im Durchschnitt vier Millionen Dollar zum Bau von Kirchen westlich des Mississippi aus, besonders entlang der Eisenbahnlinien [125]. Organisationen wie die *Foreign Mission Conference of North America* unternahmen bedeutende und oft erfolgreiche Anstrengungen im Pazifischen Ozean (Hawaii), China, Korea, Japan und Afrika. Die *Foreign Mission* und die *Home Mission* bezogen einen Großteil ihres Potentials aus den von den großen Erweckungspredigern bekehrten Christen.

In den Städten des Ostens, Nordostens und des Mittleren Westens wuchs eine neue Generation von Erweckten heran, deren Prototyp Dwight L. Moody (1837–1899), ein presbyterianischer Laie war. Er arbeitete eng mit der aus England stammenden Organisation der *Young Men Christian Association* (Y.M.C.A.) zusammen [126]. Wie alle großen Unternehmungen des *benevolent empire* war auch die Y.M.C.A. *interdenominational*, d. h. konfessionell übergreifend organisiert. Sie unterstand nicht der Leitung einzelner evangelischer Kirchen, sondern nahm junge Protestanten gleich welchen Bekenntnisses auf. Sie schuf Wohnheime für junge Leute der mittleren oder unteren Mittelschicht – zunächst kamen vor allem Büroangestellte, später auch Studenten –, die sonst keinen Kontakt mehr zu den einzelnen Kirchen unterhalten oder aufgenommen hätten. Jedes Heim war nicht nur ein Evangelisierungsmittelpunkt, sondern gleichzeitig Sport- und Kulturzentrum oder Arbeitsvermittlungsbüro. Manche fanden hier zu ihrer Berufung als Missionar, sei es in der inneren oder äußeren Mission [127].

Moody stützte sich auf das Netz der Y.M.C.A., um mit Hilfe des Sängers Ira D. Sankey

---

[125] Der presbyterianische Pastor Sheldon Jackson (1834–1909) organisierte wegen des Holzmangels auf professioneller Basis den Transport und Aufbau vorfabrizierter Kirchen in die Präriestaaten. Dann dehnte er seine Tätigkeit auf Alaska aus. Diesem Gebiet widmete er die letzten 25 Jahre seiner Missionstätigkeit.

[126] Vgl. R. LADOUS, Les Unions chrétiennes de jeunes gens de 1844 à 1878. Les Étapes et les causes de la construction d'un mouvement international, in: G. CHOLVY (Hrsg.), Mouvements de jeunesse. Chrétiens et Juifs: Sociabilité juvénile dans un cadre européen, 1799–1968, Paris 1985, 125–140.

[127] Durch die Tätigkeit von Erweckungspredigern wie Moody oder von in Übersee geborenen Amerikanern wie Robert P. Wilder, der als Kind von Missionaren in Indien zur Welt kam, hatte die Y.M.C.A. großen Anteil an der 1888 erfolgten Gründung des *Student Volunteer Movement for Foreign Missions*.

perfekt organisierte Erweckungen in den Städten durchzuführen, die die *unchurched people* anrühren und erschüttern sollten. Er griff den Predigtstil der früheren Erweckungen wieder auf, und seine von biblischen Bildern durchsetzte Botschaft war ebenso *undenominational* wie der Y.M.C.A. Allerdings war nun keine Rede mehr von großen Gesten, Trancezuständen oder kollektiven Teufelsaustreibungen. Anstatt seine Zuhörer aufzurufen, sich dem Heiligen Geist zu öffnen und durch eine Wiedergeburt in Christus zu bekehren, forderte er sie auf, den Weg zur Kirche (gleich welcher Denomination) einzuschlagen bzw. wiederaufzunehmen und ihren religiösen Pflichten regelmäßig nachzukommen. Er spornte sie auch an, sich in den großen evangelischen Bewegungen zugunsten der Bibellektüre, der Sonntagsheiligung oder der Temperenz zu engagieren. Eine Bewegung zugunsten der Prohibition (staatliches Verbot der Herstellung und des Verkaufs von alkoholhaltigen Getränken) führte erstmals in den Jahren nach dem Bürgerkrieg Nord- und Südstaatler wieder zusammen – zumindest einen Teil der Südstaatler, in der Mehrzahl Baptisten, die im übrigen jede Form kirchlicher Annäherung strikt ablehnten[128].

Wie seine Vorbilder eine Generation früher bemühte sich auch Moody durch die Errichtung von Schulen für Erweckungsprediger, z. B. in Mount Herman in Massachusetts, für eine gleichbleibende Qualität der Erweckungen Sorge zu tragen. Zur Ausbildung qualifizierter Führungskräfte für die Evangelisation gründete er das *Moody Bible Institute* in Chicago. Mit Hilfe Benjamin F. Jakobs, eines *businessman* aus Chicago, kümmerte er sich um den Ausbau und Zusammenschluß der Sonntagsschulen als Pfeilern der amerikanischen Evangelisation. Dies führte zunächst zur Gründung der *International Sunday School Association* und 1910 zum Zusammenschluß des *Sunday Schools Council of Evangelical Associations*, eines überkonfessionellen, vor allem von Laien mitgetragenen Verbandes[129], der nicht nur in den Vereinigten Staaten, sondern auch in Kanada flächendeckend in Erscheinung trat. Die Erstellung eines einheitlichen Lehrplans führte zur verstärkten Zusammenarbeit zwischen den wichtigsten protestantischen Denominationen und zu einer Vereinheitlichung ihrer Terminologie. Auch die anderen bedeutenden Erweckungsprediger der Zeit waren große Organisatoren – wie z. B. Sam Jones, der „Moody des Südens", oder B. Fay Mills, der immer Vortrupps *(advanced teams)* vorausschickte, die in Zusammenarbeit mit den örtlichen Kirchen mehrwöchige Evangelisierungskampagnen vorbereiteten. Dank dieser Aktionen stiegen die Mitgliederzahlen der wichtigsten Denominationen schneller als die Bevölkerung insgesamt. So war der Anteil von Menschen, die einer Kirche angehörten *(churched people)*, 1914 prozentual höher als 1860.

Das „Evangelium vom Reichtum"

Aber all dies betraf nur die *White, Angel-Saxon, Protestant* geprägten Amerikaner. Die Bemühungen, Neueinwanderer, die in den Arbeitervierteln der großen amerikanischen Städte zusammengepfercht lebten, zum Protestantismus zu bekehren, waren nie sehr erfolgreich und zu Beginn des 20. Jh. fast ganz eingestellt worden. In den Zeitungen und

---

[128] Vgl. R. BORDIN, Women and Temperance: The Quest for Power and Liberty, 1873–1900, Philadelphia 1981 und J. KOBLER, Ardent Spirit. The Rise and Fall of Prohibition, London 1993.

[129] Die verschiedenen Kirchen hatten sich nicht als solche engagiert; der Rat hatte keinerlei kirchliche Dimension und stellte z. B. nie die Frage der Abendmahlsgemeinschaft, da eine solche Angelegenheit nicht in seine Kompetenz fiel.

protestantischen Predigten bezeichnete „they" die *work-forces*, die Werktätigen, „us"
dagegen das Amerika der Mittelklasse und der Landbevölkerung, die eine sehr breite
Schicht in einem Land darstellten, in dem die Bewohner der großen Städte und die Lohnabhängigen des *factory system* immer noch nur eine große Minderheit ausmachten (1900
lebten erst 40 Prozent der Bevölkerung in städtischen Gebieten). „Us" umfaßte die Mehrheit der Universitätslehrer, der Führungskräfte, der Unternehmer und der Gründer großer
Industrie- oder Finanzimperien. Die Rockefellers, die Drews, die Fiskes, die McCormicks,
die Vanderbilds usw. waren aktive Mitglieder der großen Denominationen. Sie waren
aktiv, großzügig und dotierten oder gründeten Kirchen, Predigerseminare, Universitäten,
Colleges, Krankenhäuser und andere wohltätige Einrichtungen[130].

So hatten die neuen Prediger wie der Sohn von Lyman Beecher, Henry Ward Beecher,
und andere „Fürsten der Kanzel" auch keinerlei Skrupel, das freie Unternehmertum und
den finanziellen Erfolg zu verteidigen. Gewiß war die Idee, Reichtum als Zeichen für den
Segen Gottes zu sehen, in Amerika nicht vollkommen neu. Jedoch hatten die Prediger der
Jacksonschen Ära (Andrew Jackson war 1829–1837 Präsident der Vereinigten Staaten)
ihre Botschaft mit demokratischen Idealen verknüpft – wobei die Verteidigung der „Kleinen" gegen die „Großen" Hand in Hand mit der Warnung vor einer hemmungslosen Gier
nach Geld ging. Dabei handelte es sich keineswegs darum, Geld oder Besitz als solche zu
verteufeln. Man rief vielmehr zur Wachsamkeit vor einem Materialismus auf, der das Ideal
der Erweckungsbewegungen – die plötzliche Manifestation des Heiligen Geistes und die
spontane, totale und erlösende Bekehrung – in den Hintergrund gedrängt hätte. In den Jahren nach dem Bürgerkrieg dagegen wurde der Aufstieg zur Mittel- oder Oberschicht, zum
Wohlstand, zur Beherrschung des Marktes, der Produktion und des Handels nicht nur als
Segen Gottes, sondern oft geradezu als konsequente Verwirklichung christlicher Ideale hin-
gestellt. *The calling*, der Ruf, dem der Gläubige zu folgen hatte, bestand nun durchaus im
Erwerb und der Verwaltung seines Vermögens: Nicht um es nach Lust und Laune zu genießen oder zu vergeuden, wie dies ein Ungläubiger getan hätte, sondern um unter der Leitung
und Lenkung Gottes, „under God", die ganze Kirchengemeinde daran teilhaben zu lassen.

Der Verwalter, dessen Aufgabe es war, Erträge zu erwirtschaften und genaue Rechenschaft von seiner Verwaltung abzulegen, wurde als *steward* bezeichnet. Als Berufung jedes
Christen galt es, ein guter *steward* zu sein. Das Thema einer *stewardship of wealth* war nun
vorrangig vor der Wiedergeburt in Christus. Unglücklicherweise verhielten sich die einflußreichsten *stewards* wie Rockefeller weniger wie Verwalter, sondern vielmehr wie Pa-
trone. Sie bevormundeten den Klerus, dem ihre großzügigen Spenden zuflossen und der
deshalb – die Kehrseite der Medaille – die brutalen Methoden der „Ausbeuterbarone"
nicht kritisieren konnte. In den protestantischen Gotteshäusern war so kaum Platz für die
fortschrittlichen Anwandlungen eines Pastor Bliss und seiner *Society of Christian Socialists*. Die *Stewardship of wealth* diente dazu, das „Evangelium vom Reichtum", *the Gospel
of Wealth*, zu rechtfertigen. Dies war der Titel eines Bestsellers, den der Industrielle Andrew Carnegie 1900 in New York veröffentlichte und der für die ganze Epoche symptomatisch werden sollte. Carnegie gelang die Synthese zwischen dem Sozialdarwinismus und
den Themen des *calling* sowie des *stewardship*: Jedem Menschen komme in der Gesell-

---

[130] Über diese „Ausbeuterbarone", die eine zentrale Rolle im amerikanischen Protestantismus der Jahre 1850 bis
1914 spielten, vgl. M. RUGOFF, America's Gilded Age. Intimate portraits of an Era of Extravagance and Change,
1850–1890, New York 1989.

schaft der Platz zu, den ihm die göttliche Vorsehung zugewiesen habe und der ihm aufgrund der Auslese der Tüchtigsten zustehe. Und so verdankten die *stewards* – oder besser gesagt die Reichen – jene Eigenschaften, die zur Verwaltung des ihnen anvertrauten Vermögens zum Besten der Armen erforderlich sind, ebensosehr dem Lebenskampf *(struggle for life)* wie der Gnade Gottes[131]. Nach Carnegie war der Millionär nicht nur ein Philanthrop, sondern ein Weiser, der dank seiner überragenden Qualitäten mehr für die Armen tun konnte, als diese für sich selbst in einer sozialen oder sozialistischen Demokratie hätten tun können oder wollen. Es hatte politische Prediger wie Abraham Lincoln gegeben; nun war die Zeit für die *preaching businessmen* gekommen.

Professionelle Prediger mußten sich nur von dieser Bewegung mittragen lassen, wie jener Bischof der Episkopalkirche von Massachussets, William Lawrence, der in *Wealth and Virtue* (1901)[132] betonte, der Kapitalismus sei die einzig wahre soziale Erscheinungsform des Christentums. Mehr denn je werde es in der Epoche der Industrie und der Banken den Menschen gelingen, „Christus zu ähneln". Und da die Vereinigten Staaten zu dieser Zeit zur ersten Wirtschaftsmacht der Welt aufstiegen, wurden sie in ihrer Überzeugung, aufgrund ihrer Bestimmung das neu erwählte Volk Gottes zu sein, noch durch die Vorstellung von der absoluten Gleichsetzung von Kapitalismus und Christentum bestätigt und bestärkt. Schon 1882 hatte der kongregationalistische Pastor Josiah Strong in *Our Country* die Tatsache, daß Amerika immer neue Reichtümer produziere, als wirtschaftliches Argument herangezogen, um die Theorie vom Neuen Jerusalem zu entwickeln, das „in gewisser Weise von Gott dazu berufen sei, der Hüter seines Bruders", d. h. der ganzen Welt zu sein. In *Imperialism and Religion* (1885) entwickelte er dann das Thema von der Macht Amerikas im Dienst der Glaubensverbreitung[133]. In seinen Worten schwangen die gleichen evangelikalen Töne mit wie bei den Erweckungspredigern der vorhergehenden Generation. Er reihte sich ausdrücklich in die religiöse Tradition eines Washington Gladden, Horace Bushnell und Lyman Beecher ein, um die Kontinuität des amerikanischen Sendungsbewußtseins zu unterstreichen. Ein Detail erwähnte er dabei allerdings nicht, nämlich daß die Erweckungsprediger der Zeit zwischen 1830 und 1850 aus gutem Grund nie die offenbar gewordene Bestimmung der Vereinigten Staaten mit wirtschaftlicher und militärischer Expansion gleichgesetzt hatten. Als man 1898 tatsächlich daranging, Expeditionskorps nach Übersee zu schicken, interpretierte die Mehrzahl der protestantischen Zeitungen, allen voran die einflußreiche methodistische *Christian Republic*, diese „kleinen Kriege" als Ausdruck des göttlichen Plans, die ganze Welt zu bekehren. Auch John R. Mott griff dieses Thema wieder auf, als er sich zum Prediger eines weltweiten Kreuzzuges machte[134]. In dieser zugleich missionarischen und imperialistischen Atmosphäre entstand aber auch eine moderne ökumenische Bewegung, zu deren bedeutendsten Führern John Mott gleichfalls zählen sollte.

---

[131] Vgl. CL. WELCH, The Protestant Thought in the Nineteenth Century, 1870–1914, Yale 1985.

[132] Untertitel: The Relation of Wealth to Morals, zit. n. MARTIN, La Religion aux États-Unis 121 (vgl. Anm. 25).

[133] Vgl. J. E. SMYLIE, Protestant clergymen and American Destiny, Bd. II: Prelude to Imperialism, 1865–1900, in: HThR 4 (1963) 297–311.

[134] J. R. MOTT, The Evangelization of the World in this Generation, 1900.

Protestantischer Ökumenismus und Kirchenbünde

Mit Macht vollzog sich in der Zeit nach dem Bürgerkrieg der Schritt von der kirchlichen Zusammenarbeit zur Vereinigung. Diese Versöhnung ließ sich aber nur dort verwirklichen, wo es sich um Kirchen gleicher Herkunft handelte. So setzten beispielsweise die Presbyterianer zwischen 1864 und 1870 ihrem doppelten Schisma ein Ende: dem politischen durch die Aussöhnung zwischen Nord- und Südstaatlern, dem theologischen durch die Vereinigung der Anhänger der Erweckungsbewegung *New School* mit den Konservativen der *Old School*, die am Glaubensbekenntnis von Westminster (*Westminster Confession:* eine 1647 entworfene, streng calvinistische Bekenntnisschrift) festgehalten hatten. Einige besonders hartnäckige Konservative vollzogen diesen Anschluß erst 1903. Zu diesem Zeitpunkt war die Einheit des amerikanischen Presbyterianismus praktisch wiederhergestellt. Diese Wiedervereinigungen innerhalb derselben kirchlichen Familie genügten den aktiven Vorkämpfern eines evangelikal-protestantischen Empire nicht, so daß sie 1867 den amerikanischen Zweig der *Allgemeinen Evangelischen Allianz* gründeten. Der Wunsch nach Kircheneinheit war besonders stark bei den Episkopalisten. 1870 veröffentlichte William Reed Huntington, ein Pfarrer der Episkopalkirche, ein Werk, das 1888 zum „Lambeth-Quadrilateral" führen sollte: *The Church-Idea: an Essay toward Unity*. Reverend Huntington entwickelte darin die Idee, daß die praktische Zusammenarbeit zwischen den verschiedenen Unternehmungen des *benevolent empire* nicht mehr ausreiche und durch ein gemeinsames Glaubensbekenntnis in vier Punkten ergänzt werden müsse: Die Bibel ist das Wort Gottes; der Glaube der Urkirche bildet die verbindliche Glaubensnorm; die beiden von Christus selbst eingesetzten Sakramente der Taufe und Eucharistie sind zu befolgen; die Bischöfe als Nachfolger der Apostel sollen die Leitung der Kirche übernehmen. Die Episkopalkirche der Vereinigten Staaten gehörte zur anglikanischen Kirchengemeinschaft *(Anglican Communion)*, deren Gläubige zu neun Zehnteln im Vereinigten Königreich von Großbritannien und Irland (seit 1801 vereinigt) und im Britischen Empire lebten. Der Ehrenprimas dieser Gemeinschaft, der Erzbischof von Canterbury, residierte im Lambeth-Palast in London, wohin er in regelmäßigen Abständen Vollversammlungen einberief. Die Versammlung von 1888 nahm das „Quadrilateral" von Reverend Huntington als Grundlage eines gemeinsamen Glaubensbekenntnisses aller christlichen Kirchen an (Heilige Schrift, Apostolisches und Nicänisches Glaubensbekenntnis, Taufe und Abendmahl als Sakrament, Apostolische Sukzession). Von da an stand die Episkopalkirche der Vereinigten Staaten immer zusammen mit der Kirche von England und der lutherischen Kirche Schwedens an der Spitze der ökumenischen Bewegung – eine Bezeichnung, die allerdings erst später aufkommen sollte.

Offensichtlich war das „Lambeth-Quadrilateral" wenig geeignet, christliche Gemeinschaften anzuziehen, die unter keiner bischöflichen Leitung standen. Doch es wirkte einheitsbildend und entwickelte eine Dynamik, die vom „Religionsparlament" in Chicago 1893 noch unterstützt wurde. Reverend Philipp Schaff, ein presbyterianischer Pastor und Missionar, der sich sehr für die Ökumene engagierte, unterstrich die Dringlichkeit, eine „föderale Vereinigung" aller Kirchen auf die Beine zu stellen, in der jedes Mitglied seine Individualität wahren, aber dennoch in den anderen Denominationen „Schwesterkirchen" sehen konnte. Die Botschaft wurde in den Vereinigten Staaten gut aufgenommen: Einerseits, weil man dort bereits weitgehend zu gemeinsamen Handeln übergegangen war, andererseits, weil die nordamerikanische Kultur Föderationen prinzipiell begrüßte. Das „Parlament" von 1893 wurde Ausgangspunkt einer Bewegung, die zur Bildung einer ganzen Reihe außerkirchlicher Strukturen führte, in denen konkretes Handeln mit dem Wunsch verbunden wurde, sich zu einem gemeinsamen Glauben zu bekennen. So entstanden die *Interdenominational Conference of Women's Boards of Foreign Missions of the U. S. A. and Canada* (1896), die *Missionary Education Movement of the U. S. A. and Canada* (1902), das *Home Mission Council* (1908), das *Council of Women for Home Missions* (1908) und die *Foreign Missions Conference of North America* (1911). Diese verschiedenen Organisationen hatten meist außer Baptisten, Methodisten, Presbyterianern, Kongregationalisten, *Disciples of Christ* und Episkopalisten auch Lutheraner und Reformierte holländischer Herkunft in ihren Reihen, so daß sie nicht rein *White, Anglo-Saxon, Protestant* waren. Dabei war das Klima normalerweise antikatholisch, und man verfolgte offen das Ziel, mit Rom bei der Evangelisierung der Welt wettzueifern.

Dieser nordamerikanische Ökumenismus spielte eine entscheidende Rolle bei der Weltmissionskonferenz von Edinburgh 1910. 1200 Delegierte aller Denominationen, die aus Amerika, Europa, Asien und Afrika gekommen waren, schufen einen ständigen Ausschuß als ständiges Organ internationaler Zusammenarbeit aller Missionare, dessen Präsident John Mott wurde. In dieser Stellung spielte Mott nach dem Krieg eine wesentliche Rolle bei der Schaffung der Bewegung *Glaube und Kirchenverfassung*, einem der Gründungsorgane des Ökumenischen Weltkirchenrates.

Die ökumenische Bewegung betraf nicht nur die in den Missionen engagierten Kreise. Die Aktivisten, welche die verschiedenen protestantischen Bewegungen zugunsten der Sonntagsschulen, der Verbreitung der Bibel, der Temperenz oder der Sonntagsheiligung führten, empfanden schließlich auch das dringende Bedürfnis, über die reine Zusammenarbeit hinaus Strukturen aufzubauen, die nicht nur die Individuen, sondern auch die Kirchen als solche einbanden. So griff Josiah Strong, der Sekretär der Evangelischen Allianz, die Idee eines Bundes der Schwesterkirchen wieder auf und bemühte sich eifrig um ihre Verwirklichung. 1905 kamen Delegierte aller Kirchen auf einer *Inter-Church Conference on Federation* in New York zusammen. Sie schufen einen *Federal Council of the Churches of Christ in America* (1908), dem sich dreiunddreißig Denominationen anschloßen. Allerdings blieben einige der Südstaaten fern, darunter auch die bedeutendste Denomination des Südens, die unversöhnlichen *Southern Baptists*, sowie ein Teil der Lutheraner. Aber – und dies war ein bedeutender erster Schritt – zwei große schwarze Denominationen traten bei, die *African Methodist Episcopal Church* und die *African Methodist Episcopal Zion Church*. Insgesamt war die Haltung des Rates des *Federal Council* sehr pragmatisch. Auch wenn man – ohne allerdings zu stark ins Detail zu gehen – die Einheit des amerikanischen Protestantismus betonte, so vermied man doch sorgfältig jede Diskussion über theologische oder kirchliche Fragen. Man legte vor allem Wert auf große Kampagnen von der Art der Erweckungsbewegungen. So schuf der Rat 1911/12 das *Men and Religion Forward Movement*, das Fortschritte des Protestantismus in Parallele zu denen der Vereinigten Staaten setzte. Die Bewegung organisierte Erweckungen in ungefähr sechzig Städten. Diese dauerten jeweils acht Tage und griffen auf allgemein christlicher und kirchlicher Ebene die Anstrengungen eines Moody und anderer Erweckungsprediger wieder auf, um die Männer und Jugendlichen zur Ausübung ihrer religiösen Pflichten anzuhalten und ihre Mitwirkung bei den verschiedenen religiösen Bewegungen zu erreichen. Ob die Bekehrten von da an baptistische Gebetshäuser oder Episkopalkirchen besuchten, war von zweitrangiger Bedeutung, wie auch die Frage der Abendmahlsgemeinschaft zwischen den verschiedenen an der Bewegung beteiligten Kirchen. Wichtig war allein, Amerikaner und Protestant zu sein.

5. Wandel und Aufschwung des liberalen Protestantismus

Die Erben der Aufklärung

Dieses offensichtlich unaufhaltsame Streben der amerikanischen Denominationen nach einer Vereinigung – wenn nicht gar Einheit aller Kirchen – war nur ein Aspekt einer in sich widersprüchlichen Wirklichkeit: Bei jedem Vorstoß des Ökumenismus wurden die Risse, die durch den amerikanischen Protestantismus liefen, sichtbarer oder sogar tiefer. Die Entwicklung eines liberalen Christentums, das sich nicht mit dem konservativen Protestantismus der großen Einheitsbewegungen identifizieren konnte, war eines der Elemente, in denen sich „the many-ness" (die Vielfalt) gegenüber „the one-ness" (dem Einen) – nach der von Martin Marty geprägten Formulierung [135] – behauptete.

Wie bereits oben dargestellt, standen auch die Anhänger Jeffersons, die Transzendentalisten und die Unitarier in dieser alten Tradition. Auch beschränkten sich diese Strömungen nicht nur auf intellektuelle Zirkel. In der großen Gruppe der *unchurched people* fanden durchreisende Redner immer genug Leute, die bereit waren, jedem zuzuhören, der ihnen die Grundlagen einer humanitären Religion, ohne Dogmen oder Klerus, nahebrachte. Die Fortentwicklung der Naturwissenschaften, die außerordentliche Popularität agnostischer Gelehrter wie Edison und die Enttäuschung über einige sektiererische Bewegungen trugen trotz der immer hartnäckigeren Bemühungen der Evangelikalen dazu bei, daß sich diese religiösen Tendenzen in der zweiten Hälfte des 19. Jh. halten konnten. Kurz nach dem Bürgerkrieg gaben sich die Unitarier neue Strukturen und – wie sie auf ihrer Nationalkonferenz von 1865 erklärten – „akzeptierten die Religion Jesu und bekannten gemäß seinen Lehren, daß die eigentliche Religion in der Liebe zu Gott und den Menschen bestehe" [136]. 1900 hatten sie 70 000 Mitglieder. Zweifelsohne überstieg der tatsächliche Kreis ihrer Anhänger diese Mitgliederzahl, da sie ja nicht planmäßig missionierten und sich kaum für den Aufbau einer organisierten Bewegung interessierten.

Andererseits brachten Säkularisierungstendenzen Vereine hervor, welche die Dogmen und historisch gewachsenen Formen des Christentums so sehr ablehnten, daß sie, wie die *Free Religious Association* (1867) oder die *Ethical Culture* (1876), trotz praktischer oder steuerlicher Vorteile nicht einmal den Status einer Kirche für sich beanspruchten. Ihre Mitglieder tauchten in keiner Kirchenzählung auf, obwohl sie die moralischen Lehren des Evangeliums befolgten, in dem sie den Kern der „Weltreligion" von morgen oder zumindest eine ihrer Hauptquellen sahen. Dies grenzte bereits an das Freidenkertum, wenn auch weniger deutlich faßbar als in Frankreich. Gewiß konnte diese Haltung sich bis zum Atheismus eines Mark Twain steigern [137]. Häufiger jedoch war die Form eines Konsens, wie am Beispiel der Vorstellung von der offenbar gewordenen Bestimmung Amerikas deutlich

---

[135] MARTY, The Oxford Illustrated History of Christianity 415.
[136] Zit. n. MARTIN, La Religion aux États-Unis 78.
[137] Vgl. J. TURNER, Without God, Without Creed: The Origins of Unbelief in America, Baltimore 1985, besonders der zweite Teil, der den Jahren 1865 bis 1890 gewidmet ist.

wird: Für die Gläubigen war Amerika der Vorkämpfer Gottes, für die Agnostiker Vorkämpfer der Menschlichkeit – alle aber sahen in ihrem Land den Vorkämpfer ihrer Ideale. Wilhelm James war ein typischer Vertreter dieser für alle Manifestationen des Metaphysischen empfänglichen Agnostiker, die der Religion eine wesentliche Rolle für die kulturelle Fruchtbarkeit der Menschheit und ihre Fähigkeit zu sozialer Organisation zuwiesen [138].

Die Jünger der deutschen Wissenschaft

Bei den Unitariern und ihren freireligiösen Ablegern stieß man wieder auf alte, im wesentlichen gegen alle Dogmen und Kirchen gerichtete Anschauungen, die sowohl ein Erbe der puritanischen Verinnerlichung als auch der Aufklärung waren. Die sozialen Faktoren der Säkularisation und die Entwicklung der Naturwissenschaften verstärkten und verschärften die zu Beginn des 19. Jh. in Amerika verbreitete Gleichgültigkeit gegenüber den Kirchen nur allzuoft. Neu war dagegen eine im Innern der großen Denominationen klar erkennbare liberale oder progressive Tendenz. Da sie von philologischen und nicht philosophischen Prämissen ausging, löste diese liberale Tendenz sich endgültig vom Vermächtnis eines Horace Bushnell und der Immanentisten. Sie wandte die auf den deutschen, aber auch englischen Universitäten [139] erarbeiteten kritischen Methoden auf das Studium der Bibeltexte an und behandelte die Bibel wie ein Buch Homers oder eine babylonische Erzählung. In den achtziger Jahren fingen die amerikanischen Bibelexegeten an, sich gegen die *literalists*, d. h. jene zu wenden, die die Bibel entsprechend dem Literalsinn auslegten. Sie wollten nachweisen, daß die Bibel nicht *ein* Buch, sondern eine Sammlung von Schriften sei, daß diese Sammlung eine Geschichte habe und daß besonders der Pentateuch (d. h. die traditionell Mose zugeschriebenen ersten fünf Bücher der Bibel) nicht von einem einzigen Mann, in einem einzigen Zug nach dem Diktat Gottes selbst niedergeschrieben worden seien. Damit stellte sich das Problem der göttlichen Inspiration der Heiligen Schrift und darüber hinaus die Frage, welche Autorität sie beanspruchen kann.

Manche der Pioniere dieses auf der Bibelexegese gegründeten liberalen Protestantismus europäischen Ursprungs beschritten diesen Weg voller Ängste und Skrupel – wie etwa der Professor für semitische Sprachen an der Universität Yale und Gründer der Universität Chicago, William Rainey Harper. Zwar trat er für seine Überzeugung ein, das Studium der Bibel wissenschaftlich zu betreiben, verbarg aber auch nicht seine Befürchtungen, daß ein solches Unterfangen zur Verbreitung des Unglaubens bei den Gebildeten beitragen könne. Andere Pioniere der wissenschaftlichen Bibelexegese, wie der baptistische Pastor William Newton Clarke (1841–1912), der den Begriff der *New Theology* prägte, teilten diese Befürchtungen nicht. Obwohl er davon überzeugt war, daß eine wörtliche Interpretation der Bibel nicht länger möglich sei, blieb er ein erweckter Protestant, für den die moderne Exegese eine positive Herausforderung darstellte, eine Chance für das Christentum, die traditionellen Glaubensinhalte in eine den Zeitgenossen zugängliche Sprache umzuformulieren und einige Gepflogenheiten – wie z. B. die Rolle der Frau bei

---

[138] Vgl. R. J. Vanden Burgt, The Religious Philosophy of William James, Chicago 1981.
[139] Besonders Albrecht Ritschl (1822–1889) und seine Schule beeinflußten die zu Studienzwecken nach Europa gekommenen amerikanischen Studenten.

den Gottesdiensten – zu verändern. Nach seiner Ernennung zum Professor für Theologie an der *Colgate University* veröffentlichte Clarke 1898 das Manifest des liberalen Protestantismus *An Outline of Christian Theology*. Einer seiner Schüler war Harry Emerson Fosdick, der führende Vertreter des liberalen Protestantismus der folgenden Generation. Um sich gegenüber Kritikern wie David Friedrich Strauß und Ernest Renan oder Immanentisten wie Bushnell abzuheben, beriefen sich Clarke und seine Freunde auf eine *christocentric liberal theology* oder, wie im Seminar von Andover, auf eine *progressive orthodoxy*. Die ursprünglichen Ängste verblaßten allmählich, und um die Jahrhundertwende wurde die Theologische Fakultät *(Divinity School)* von Yale unter der Führung von Harper, Bacon und Porter eines der Zentren der *New Theology*. Den gleichen Weg schlug auch das presbyterianische *Union Seminary* in New York ein, als dort die Professoren Williams A. Brown, der sicher meistgelesene Theologe seiner Zeit, A. C. McGiffert, der sich als Dogmenhistoriker profilierte, und C. A. Briggs, der den Ruf errang, der beste amerikanische Alttestamentler zu sein, lehrten. Auch die Methodisten mit den Professoren Borden P. Bowne und A. C. Knudson von der Theologischen Fakultät *(School of Theology)* der Universität Boston schlossen sich der Bewegung an. Um 1900 boten die bekanntesten Colleges – darunter auch Bangor und Chicago – den Liberalen Lehrstühle an. Diese verfügten über ein einflußreiches Organ, *The Christian Century*, und hatten renommierte Prediger wie Henry Ward Beecher (1813–1889) in ihren Reihen. Dieser Sohn des Lyman Beecher war zweifelsohne der einflußreichste Prediger seiner Zeit, da er es verstand, die neue Theologie und das „Evangelium vom Reichtum" miteinander zu verquicken.

Noch weiter als der liberale Protestantismus gingen einige Randgruppierungen, die schließlich nur noch die Naturwissenschaften gelten lassen wollten. Dazu zählte die Schule von Chicago, der außer Edward S. Ames und George B. Foster auch Shailer Mathews angehörte, der die christlichen Lehren aus dem sozio-ökonomischen Kontext heraus interpretierte. Diese *modernistic liberals* oder *scientific modernists* stellten jedoch insofern kein großes Problem dar, als sie sich selbst aus dem evangelischen *mainstream* ausklinkten und mit früheren Schismatikern gleichgesetzt wurden, an die man sich längst gewöhnt hatte – wie den Unitariern, den Universalisten und anderen Transzendentalisten, die schon früher nicht nur die Dogmen, sondern auch alle anderen Bestandteile des historisch gewachsenen Christentums über Bord geworfen hatten. Der Einfluß der *modernistic liberals* war verschwindend gering, verglichen mit dem der *evangelical liberals*, die alle auf ihrer „Loyalität gegenüber Jesus Christus", dem Sohn Gottes und einzigen Retter der sündigen Menschheit, insistierten. Im Herzen dieses liberalen Evangelikalismus, der eine Art endzeitlichen Evolutionismus mit dem klassischen Prämillenarismus verknüpfte, war die Vorstellung vom individuellen und kollektiven Heil fest verankert. So schrieb William Adams Brown 1906 in *Christian Theology in Outline* [140], daß das Reich Gottes die „Gemeinschaft der Erlösten, deren Ideal und Vermittler zugleich Christus sei," darstelle, denen es „nach und nach in der Geschichte gelinge, in Liebe untereinander und mit Gott verbunden zu sein". Aus dieser Sicht stellte das Kommen des Reiches Gottes „die eigentliche Existenzberechtigung der Welt dar". Als gegen Ende des 19. und zu Beginn des 20. Jh. sowohl bei den Baptisten als auch bei den Methodisten, den Presbyterianern, den Kongre-

---

[140] New York 1906, 182 f.

gationalisten, den *Disciples of Christ* und selbstverständlich auch in der Episkopalkirche starke liberale Kräfte aufkamen, schien es, als ließe sich ein heftiger Konflikt zwischen Liberalen und Konservativen doch im Geist der angelsächsischen *comprehensiveness* vermeiden.

Die Lehren von Charles Darwin

Tatsächlich war der Konflikt jedoch nicht zu vermeiden. Dabei spielte der Neodarwinismus eine entscheidende Rolle, als der unterschwellige, durchaus überbrückbare Gegensatz zwischen kritischen Liberalen und den Anhängern einer buchstäblichen Bibelauslegung zu einem spektakulären Streit eskalierte, bei dem sich Gegner und Anhänger der biologischen Abstammungslehre, Parteigänger und Verächter der Schöpfungslehre gegenüberstanden. Eigentlich hätte die Schlacht um die Entwicklung des Menschen lange vor dem Streit um die moderne Exegese ausgetragen werden müssen, da Charles Robert Darwin (1809–1882) sein Buch „Über den Ursprung der Arten" bereits 1859 veröffentlicht hatte. Darwins Theorie nahm in der Folge schnell den Charakter einer Weltanschauung an, wobei die alte Vorstellung von der Artkonstanz mit dem Schöpfungsglauben verbunden wurde, während die Evolution als unvereinbar mit dem biblischen Schöpfungsbericht angesehen wurde. Darwin, der Theologie und Medizin studiert hatte, wurde nach seinem Tod vom englischen Parlament die Ehre zuteil, in der Abtei von Westminster begraben zu werden. Die amerikanischen Kirchen englischen Ursprungs an der Ostküste und in den Neuenglandstaaten waren nicht gegen Darwin eingestellt, sondern sympathisierten mit ihm [141].

Bis zum Ende des 19. Jh. arrangierten sich die gebildeten Amerikaner, einschließlich der erweckten Protestanten, gut mit einem wissenschaftlichen System, welches das direkte Eingreifen Gottes nicht in Frage stellte. Gewiß kam es auch hier zu Kontroversen, zum Aufkommen einer „theologischen Rechten" (wie ihre eigenen Anhänger sie nannten) und verschiedenen gelehrten Widerlegungen der Theorie der natürlichen Auslese aus christlicher Sicht. So veröffentlichte z. B. 1874 Charles Hodge, ein bedeutender Theologieprofessor aus Princeton, das Werk: *What is Darwinism?* Um Hodge bildete sich der Kreis der „Theologen von Princeton", die betonten, daß die Bibel von Gott inspiriert und deshalb zumindest im Prinzip unfehlbar sei. Bezugnehmend auf Charles Hodge gestanden Archibald Alexander Hodge und Benjamin Warfield der historischen Bibelkritik eine gewisse Berechtigung zu und räumten ein, daß sich möglicherweise zwischen den „Orginaltexten" und der autorisierten Fassung von 1611 (die englische, von König Jakob I. Stuart autorisierte Fassung der Bibel war im amerikanischen Protestantismus am weitesten verbreitet) einige Abschreibefehler eingeschlichen haben könnten. Doch wenn Princeton auch in seiner Ablehnung verharrte, so bauten doch Yale und Harvard die Evolutionstheorie rasch in den Plan der göttlichen Vorsehung ein. Henry Ward Beecher beruhigte seine Gemeindemitglieder, indem er ihnen erklärte, die Evolution sei nichts anderes als „God's way of doing things", und die Bibel stelle „eines der bemerkenswertesten Beispiele für den Evolutionsprozeß" dar [142]. Diese Thesen wurden von christlichen Gelehrten wie Asa Gray unterstützt und von populären Erfolgsautoren wie John Fiske verbreitet. Mit Männern wie George F. Wright in Oberlin und James McCosh als Präsident von Princeton war zu erwar-

---

[141] Vgl. J. DURANT (Hrsg.), Darwinism and Divinity, Oxford 1985.
[142] MARTY, The Oxford Illustrated History of Christianity 412, und MARTIN, La Religion aux États-Unis 107.

ten, daß die letzten Bastionen einer rein wörtlichen Auslegung des Schöpfungsberichtes bald fallen würden.

Die Lage änderte sich 1900 mit der Wiederentdeckung der Mendelschen Gesetze [143] und der von Thomas Hunt Morgan (1866–1945) angeregten Ausbildung einer bedeutenden genetischen Schule in Amerika. Der Darwinismus wurde zum Neodarwinismus: einem geschlossenen, streng deterministischen System, in dem das durch den Kampf ums Dasein bedingte Prinzip der natürlichen Auslese keinen Platz mehr für ein direktes Eingreifen Gottes in die Entwicklung der Arten zuließ, zumindest nicht für die Entwicklung des Menschen aus tierischen Vorstufen. Einige konstruierten wie Andrew Carnegie einen christlichen Neodarwinismus. Andere zogen sich auf die alte Vorstellung von der göttlichen Immanenz zurück: War die natürliche Auslese vielleicht eine neue Bezeichnung für den in der Natur wirkenden Gott: *Deus sive natura?* Dennoch war nicht daran zu rütteln, daß selbst ein – unter dem Einfluß des Soziologismus eines Spencer oder der Immanenzphilosophie eines Bushnell – gemäßigter Neodarwinismus mit den Ansichten der liberalen Bibelexegese übereinstimmte, die im Widerspruch zum Wortlaut der Genesis und einer buchstabengetreuen Interpretation der Bibel standen. Die Spaltung ging tief, die Idee als solche war jedoch verführerisch, da die Neodarwinisten das Argument der natürlichen Auslese dazu benutzten, um die rassische Überlegenheit der Angelsachsen zu betonen und so ein wissenschaftliches Argument zum obsolet gewordenen Mythos von der offenbar gewordenen Bestimmung Amerikas beitrugen [144]. Fest auf beiden Beinen – dem philologischen und dem biologischen – stehend, wurde der liberale-darwinistische Protestantismus zu einem bestimmenden Bestandteil des amerikanischen Christentums und trug entscheidend dazu bei, die evangelikale *one-ness* aufzubrechen.

Das *Social Gospel* am Scheideweg zwischen Erweckungsbewegungen und Liberalismus

Gegen die Auswüchse des *Gospel of Wealth*, des „Evangeliums des Reichtums", und seinen kämpferischen Individualismus entstand eine andere Bewegung, die aus dem Gemeinschaftssinn erwuchs, jener anderen Konstante der an Kontrasten so reichen amerikanischen Kultur. Es handelte sich um das *Social Gospel*, das „soziale Evangelium". Sein Erscheinen auf der religiösen Bühne Amerikas komplizierte die Lage insofern, als die Anhänger dieses sozialen Evangeliums sich sowohl gegen konservative Protestanten wie Moody als auch gegen Liberale darwinistischer Ausprägung wandten, die für eine Gesellschaft plädierten, in der „sich jeder gegen jeden behaupten mußte". Kongregationalisten wie Josiah Strong [145] oder Washington Gladden (1836–1918), Baptisten wie Walter Rauschenbusch (1861–1918) [146] oder militante Laien und Philosophen wie Henry George

---

[143] Die Mendelschen Gesetze der Vererbung wurden bereits 1865 veröffentlicht, aber erst durch Correns, Tschermak und de Vries 1900 neu entdeckt.

[144] Abgesehen natürlich vom Problem der Schwarzen. Es gab christliche Neodarwinisten, die die schwarze Rasse auf einer Entwicklungsstufe zwischen Affen und Menschen ansiedelten. Vgl. Ch. E. Caudill, The Evolution of an Idea: Darwin in the American Press, 1860–1925, University of North Carolina 1986.

[145] Josiah Strong war Sekretär der Evangelischen Allianz und mußte seine Stellung aufgeben, als seine sozialen Vorstellungen der Mehrheit der Delegierten zu fortschrittlich waren.

[146] Walter Rauschenbusch war von 1886 bis 1897 Pastor einer deutschen Pfarrei am Rande eines, von den protestantischen *white, anglo-saxon, protestant* als „the hell's kitchen" (Höllenküche) bezeichneten Arbeiterviertels von New York.

(1839–1897) [147], Wirtschaftswissenschaftler wie Lester Frank Ward, John Bascom oder Richard Ely zeichneten sich zunächst durch ihren Widerstand gegenüber „Ausbeuterbaronen" wie Carnegie und den von ihnen bezahlten Predigern aus, die das Christentum sozialdarwinistisch verstanden. Die Führer des *Social Gospel* kamen anfangs ganz formlos einmal im Jahr zusammen und bezeichneten diese Treffen als *Bruderschaft des Reiches Gottes*. Natürlich waren sie Millenaristen, betonten aber den Zusammenhang zwischen wirtschaftlichen Faktoren und dem Kommen des Reiches Gottes, das erst möglich sei, wenn zuvor gemäß dem Wort und dem Geist des Evangeliums eine allmähliche Veränderung der menschlichen Beziehungen stattgefunden habe, besonders des Verhältnisses zwischen Kapital und Arbeit.

Rauschenbusch verfaßte 1907 das Manifest der Bewegung: *Christianity and the Social Crisis*. Er stellte sie als „soziale Erweckung der Kirchen" dar und siedelte sie so, während er gleichzeitig ihren Gegenwartsbezug betonte, in der Tradition der Erweckungsbewegungen an. Da ihm jeder weltliche Aktionismus fremd war, betonte er die Notwendigkeit, geistige und soziale Reformen miteinander zu verknüpfen. Einer seiner größten Erfolge war die 1910 veröffentlichte Gebetssammlung *For God and the People. Prayers of the Social Awakening*. Diese „Gebete für eine soziale Erweckung" kamen den geistigen Bedürfnissen der *social workers*, aber auch – ganz allgemein – den Christen neuen Stils *(new model)* entgegen, die in Städten lebten, häufig ihren Wohnsitz wechselten und entweder zufriedene Konsumenten oder frustrierte Zuschauer der neuen industrialisierten Welt waren.

Sich bekehren, um die Gesellschaft zu bekehren: das war ein altes Thema. Aber für die Anhänger des *Social Gospel* drehte es sich nicht nur darum, nach Art eines Moody Kirchen zu füllen und große „Kreuzzüge" anzukurbeln. Sie wollten sich anhand des Evangeliums kritisch mit dem Kapitalismus auseinandersetzen und eine gerechtere soziale Ordnung errichten. Sie rezipierten ausländische Einflüsse, allerdings nicht den Marxismus, sondern den Sozialismus eines Flügels der anglikanischen Kirche (mit Vertretern wie Thomas Chalmers, Frederick Denison Maurice, Charles Kingsley, Henry Scott Holland, Charles Gore), das deutsche Sozialstaatssystem (wie es sich in Deutschland in den achtziger Jahren entwickelt hatte) oder den sozialen Katholizismus Leos XIII., den Kardinal Gibbons in Amerika verkörperte. Obwohl Rauschenbusch in seinem 1917 veröffentlichen Werk die großen Linien einer christlichen Sozialordnung skizzierte [148], blieb der theoretische Teil des Programms – die Vorstellung von einem Amerika in der nachkapitalistischen Ära – reichlich diffus. Die Stärke der Bewegung lag vielmehr in der praktischen Arbeit. Ihrer Meinung nach sollten sich die Kirchen nicht länger von den großzügigen Spenden der *robber barons* vereinnahmen lassen, sondern freiwillige Reformen unterstützen oder sich für staatliche Eingriffe einsetzen. Zunächst galt es, das voll entwickelte System des *benevolent empire* an die Zustände in den großen Städten und im Arbeitermilieu anzupassen: Sogenannte *city mission societies* wurden auf die Beine gestellt, um innerhalb der einzelnen Pfarreien oder Städte langfristige Programme (Bau von Sozialwohnungen) oder punktu-

---

[147] Henry George war eine der einflußreichsten, wenn auch am wenigsten bekannten Persönlichkeiten der Bewegung. Vgl. E. W. LINDNER, The Redemptive Politic of Henry George: Legacy to the Social Gospel, Union Theological Seminary, New York 1985.

[148] Da sich die Schrift, die zehn Jahre nach dem Manifest der Bewegung erschien, selbst als *A Theology for the Social Gospel* bezeichnete, ist anzunehmen, daß das „soziale Evangelium" bis dahin keine theologische Grundlage besaß.

elle Unternehmungen durchzuführen („Rettungsaktionen" zur Unterbringung Obdachloser oder zur Versorgung Arbeitsloser). Die *Union for Christian Work* koordinierte die Aktionen dieser freiwilligen Geschäftsstellen. Die wohl als gemäßigt zu bezeichnende Richtung des *Social Gospel* arbeitete mit Organisationen wie der Y.M.C.A. *(Young Men Christian Association)* zusammen, während die progressive Richtung die Kirchen aufforderte, noch weiter zu gehen und die Rechte der Arbeiter – primär ihr Recht auf gewerkschaftliche Organisation – zu verteidigen. Auch verlangte sie von den Kirchen, Druck auf die Regierung auszuüben, damit diese ihren Kampf gegen die Trusts verstärke und ein staatliches Sozialversicherungssystem auf die Beine stelle – eine Art Wohlfahrtsstaat, der sowohl dem *New Deal* Roosevelts in den dreißiger Jahren vorgriff als auch dem britischen Commonwealth von 1945, dessen Aufbau der dem Sozialismus zuneigende Flügel der anglikanischen Kirche aktiv unterstützte. Eines der Ziele der amerikanischen *Sozialen Evangelisten* – gleich, ob sie dem gemäßigten oder dem fortschrittlichen Flügel angehörten – war die Formulierung eines gemeinsamen „sozialen Glaubensbekenntnisses" der großen Denominationen Amerikas. Es gelang ihnen, den *Bundesrat der Kirchen Christi*, der gerade dabei war, eine der ersten Lobbies Amerikas zu werden, für ihre Zwecke zu gewinnen. Anläßlich der Gründung des Rates 1908 hörte die konstituierende Versammlung einen Bericht über „die Kirche in der modernen Welt", der von der Mehrheit der Delegierten der großen Denominationen angenommen wurde. Dieser Text, der bald als *The social Creed of the Churches* bezeichnet wurde, betonte die Gleichheit aller vor Recht und Gesetz und forderte eine gerechtere Verteilung der Einkünfte, eine obligatorische Schlichtung auftretender sozialer Konflikte sowie die definitive Abschaffung jeder Form von Kinderarbeit. Nach diesem guten Start konnte das *Social Gospel* auch in den verschiedenen Sozialkommissionen des *Federal Council of the Churches of Christ* und anderen überkonfessionellen Organisationen Erfolge verzeichnen. Protestantischer Ökumenismus und soziales Evangelium traten oft wie die zwei Seiten derselben Medaille in Erscheinung. Ihre Aktivisten engagierten sich in zwei miteinander verwandten und sich ergänzenden Formen missionarischer Tätigkeit. Im Rahmen der sozialen Reformen gewöhnten sich die Christen daran, zusammenzuarbeiten, weil eine Neuordnung der Industriegesellschaft nur aus gemeinsamen Anstrengungen hervorgehen konnte.

Wenn sich Männer wie Rauschenbusch und Gladden gegen Anhänger des Sozialdarwinismus wandten, so waren dies für sie feindliche Brüder: Betonten doch beide Seiten, sowohl aus theologischer wie auch aus exegetischer Sicht, ihren liberalen Standpunkt. Anders als in Frankreich, wo die Sozialkatholiken meist in Fragen der Lehre zu keinem Kompromiß bereit waren und die Nachfolger Alfred Loisys (1857–1940) sozialen Fragen weitgehend indifferent gegenüberstanden, verbanden die Angelsachsen gern soziale Reformen und Bibelkritik. Persönlichkeiten wie der anglikanische Bischof von Birmingham, Charles Gore, kämpften für den Wohlfahrtsstaat und profilierten sich gleichzeitig als Galionsfigur der modernen Exegese. Washington Gladden, dem man den Beinamen „Vater des sozialen Evangeliums" gab, verteidigte ebenso hartnäckig gewerkschaftliche Rechte wie die *new theology* und die historische Bibelkritik. Das *Social Gospel* hatte innerhalb der verschiedenen Denominationen, in denen die *evangelical liberals* eine starke Stellung hatten, und besonders in den Colleges, in denen sogar Lehrstühle für Sozialethik, *social ethics*, eingerichtet wurden, immer mehr an Einfluß gewonnen. Einer der charakteristischsten Vertreter dieser Verbindung von liberaler Theologie und sozialen Reformen war der Harvard-Professor Francis Greenwood Peabody (geb. 1847), der sowohl Sozialethik als auch Dogmengeschichte, die er in Deutschland kennengelernt hatte, lehrte. Seiner Herkunft nach Unitarier, engagierte er sich aktiv in der ökumenischen Bewegung und verkörperte so in seiner Person die fortschrittlichen Aspekte des amerikanischen Protestantismus[149].

Aus heutiger Sicht überrascht, daß sich die *Sozialen Evangelisten* nicht mehr für die Rechte der Schwarzen und Frauen interessierten. Dabei waren sie weder rassistisch noch antifeministisch[150], sondern betrachteten diese Fragen einfach als Teilaspekte, deren Lösung erst anstehe, wenn eine generelle Antwort auf das soziale Problem als solches gefunden worden sei. Allerdings bestand hier kein allgemeiner Konsens. Auch das *Social Gospel* hatte eine extreme Linke mit Predigern oder Laien der Episkopalkirche wie W. D. P. Bliss oder Vida D. Scudder oder Kongregationalisten wie Georges D. Herron. Diese Radikalen riefen die Bewegung der „christlich sozialistischen Bruderschaft" ins Leben, in der zumindest der Ton der Reden revolutionär war. Sie versuchten, die Anhänger des sozialen Evangeliums in das Lager der sozialistischen Parteien zu drängen, die seit 1888 unter verschiedenen Etikettierungen Kandidaten für die Präsidentschaftswahlen präsentierten: 1881 *Union Labour*, 1892 und 1896 *Socialist Labor*, 1900, 1904, 1908 und 1912 *Socialist*. 1912 erhielt der sozialistische Kandidat Eugen V. Debs mehr als 900 000 Stimmen. Aber den *Christian Socialist Fellowship* sollte es nicht besser ergehen als den *modernistic liberals* auf theologischer Ebene: Sie wurden zu Randgruppen und gingen schließlich – unter Aufgabe ihrer eigenen Identität – in größeren oder älteren Bewegungen auf.

6. Dem Fundamentalismus entgegen

Die Wiederkehr des Millenarismus

Die einzige christliche Bewegung, die historisch gesehen die Bezeichnung „fundamentalistisch" verdient, ging aus der Opposition der konservativen Protestanten gegenüber dem theologischen Liberalismus und dem sozialen Evangelium hervor. Zunächst hatten sich die konservativen Protestanten daran gestoßen, daß sich Kirchenleute in einer Reformbewegung engagierten, die ihrer Meinung nach dem Prinzip des amerikanischen Christentums und einem politischen Grundsatz der Vereinigten Staaten, der Trennung von Kirche und Staat, zuwiderlief. Im übrigen wurde am meisten die von den Liberalen übernommene Evolutionstheorie kritisiert, weil die Konservativen darin einen Angriff auf die buchstabengetreue Interpretation der Bibel sahen.

Wie die Liberalen, so verkündeten auch die Anhänger des sozialen Evangeliums eine schrittweise Verwirklichung des Reiches Gottes in der Geschichte, bedingt durch einen Fortschritt auf moralischer und sozialer Ebene. Ohne das individuelle Heilsstreben des Sünders geringzuachten, stellten sie doch das Heil der ganzen Menschheit in den Vordergrund. Kurz gesagt, sie glaubten an den Fortschritt und riefen zu Optimismus auf. Dies lief nicht nur dem Hauptanliegen der konservativen Erweckten, nämlich der Bekehrung der

---

[149] J. HERBST, Francis Greenwood Peabody: Harvard's Theologian of the Social Gospel, in: HThR 54 (1961) 45–69.

[150] Vgl. J. P. McDOWELL, The Social Gospel in the South. The Woman's Home Mission Movement in the Methodist Episcopal Church, South, 1886–1939, Bâton Rouge 1982; S. H. LINDLEY, Women and the Social Gospel Novel, in: ChH 54 (1985) 56–73.

Menschen angesichts der baldigen Nähe der Wiederkunft Christi, zuwider, sondern auch einer buchstabengetreuen Interpretation der Bibel, vom Buch Daniel bis zur Apokalypse. Teilweise als Entgegnung auf diesen sozial-liberalen Postmillenarismus griffen die Erwekkungsprediger mit Hilfe des „Dispensationalismus" die alte prämillenarische These wieder auf, wobei sie sich auf die Lehren John Nelson Darbys und der Plymouth-Brüder beriefen: Nach ihrer Interpretation der Bibel war die Geschichte in eine Reihe von *dispensations*, d. h. Perioden, unterteilt, wobei sie glaubten, daß ihre Zeitgenossen in der letzten *dispensation* lebten. Jeder Fortschrittsglaube sei deshalb eine Illusion, da sich die Welt nicht bessern, sondern vielmehr bis zur Wiederkehr Christi und dem Beginn seines Tausendjährigen Reiches in Verfall geraten werde. Diese Rückkehr stehe unmittelbar bevor. In der Zwischenzeit sollten die Christen das Evangelium verkünden und so schnell wie möglich die größtmögliche Zahl von Sündern bekehren. Neu war vor allem der große Erfolg dieser eschatologischen Vision innerhalb der großen Denominationen sowie bei Gläubigen, die im *Social Gospel* einen Vorreiter des Sozialismus sahen, die durch das Aufkommen der Gewerkschaften, die Streiks und Unruhen erschreckt wurden und den Kampf für die Verwirklichung des Wohlfahrtsstaates für eine gefährliche Abweichung, wenn nicht gar eine Falle des Bösen hielten. Dennoch wandte sich dieser neu aufgekommene Prämillenarismus nicht systematisch gegen alle Initiativen des gemäßigten *Social Gospel*. Im Gegensatz zu den ersten Adventisten weigerten sich die Neodarbysten etwa, das Datum der Wiederkehr Christi festzulegen: Sie könne ebenso gut morgen wie in fünf oder sogar zwanzig Jahren stattfinden. Dies entzog zwar jeder tiefgreifenderen Gesellschaftsreform den Boden, ließ aber Spielraum für karitative Tätigkeiten. Konnte man doch die Obdachlosenhilfe, die Unterstützung der Arbeitslosen oder den Aufbau von Jugendheimen auch in einem erweckten Sinn als ein Bemühen interpretieren, die verlorenen Schafe anzulocken, ihnen das Evangelium zu verkünden und sie zu bekehren. Wie bereits berichtet, reihten sich die *Sozialen Evangelisten* selbst gern in die Tradition der großen Erweckungen ein und setzten sich manchmal sogar zusammen mit den Neodarbysten für gemeinsame Projekte ein – wie die „moralischen Kreuzzüge" zugunsten der Temperenz oder den Ausbau von Sonntagsschulen[151].

Die grundlegenden Glaubenswahrheiten *(Fundamentals)*

Hauptangriffsziel dieser konservativen Bewegung waren die Verfechter der Bibelkritik, die man pauschal beschuldigte, verantwortlich für eine nicht annehmbare dogmatische Kapitulation zu sein: die *new theology*. Auch hier war nicht die Anklage neu, sondern die Resonanz, auf die sie stieß. Sogar im Schoß der großen Denominationen unterstützten Evangelikale von Rang, Professoren an Colleges oder Universitäten und einflußreiche Prediger den neodarbystischen Millenarismus. Gerade diese extreme Form der buchstabengetreuen Bibelinterpretation schien ihnen geeignet, um an die göttliche Inspiration der Bibel und ihre Unfehlbarkeit zu einer Zeit zu erinnern, da viele die Meinung vertraten, die neue Theologie sei zu weit gegangen und würde bald zu einer Abfallbewegung auf nationaler Ebene führen, von der gewiß die Katholiken am meisten profitieren würden. Die Konservativen machten sich an die Gründung einer Partei, die sich anläßlich der *Niagara*

---

[151] Vgl. T. P. WEBER, Living in the Shadow of the Second Coming. American Premillenialism (1875–1925), New York – Oxford 1979.

Bible Conference von 1895 inmitten des *mainstream* des erweckten Protestantismus konstituierte. Die überkonfessionelle und millenarische Bewegung der *Bible and Prophetic Conferences* war 1875 in Chicago von der damaligen Randgruppe der *Believers' for Bible Study* ins Leben gerufen worden. Als man zwanzig Jahre später in Niagara-on-the-Lake bemüht war, die Wahrheit der Heiligen Schrift im Literalsinn feierlich zu verkünden, da waren die *Gläubigen für das Studium der Bibel* längst keine Randerscheinung mehr. Hervorragende Gelehrte, die noch eine Generation früher Darby und die Plymouth-Brüder für exzentrische Sektierer gehalten hätten, hatten sich ihnen angeschlossen. Angesichts einer Flut von Neuheiten, deren Unterschiede viel weniger ins Auge fielen als ihre betonte Modernität – neue Theologie, Neodarwinismus, neue Gesellschaft, neuer Ökumenismus – beschlossen die Konservativen in den Jahren von 1910 bis 1914, eine Reihe von zwölf Faszikeln herauszubringen, in denen sie ihre dogmatischen Ansichten darlegten und die von ihren vielfältigen Gegnern als „Pamphlete" bezeichnet wurden. Die Resonanz war gewaltig.

Vom Obertitel dieser in Los Angeles von zwei Geschäftsleuten, Lyon und Milton Steward, herausgegebenen Bände: *The Fundamentals: A Testimony of the Truth* leitet sich historisch gesehen der Begriff „Fundamentalismus" ab. Mit *Fundamentals* waren die Grundlagen des christlichen Glaubens gemeint, an die man nicht rühren könne, ohne das ganze Gebäude zum Einsturz zu bringen. Die Basis bildete die Überzeugung von der Unfehlbarkeit der Bibel, eine Überzeugung, die zugleich Fels, Burg und Zuflucht aller *puzzled people* war, jener Leute, die sich zwischen dem Menschen, der angeblich vom Affen abstammte, dem Evangelium des Reichtums, der neuen Theologie, dem sozialen Evangelium und den Kirchenbünden nicht mehr zurechtfanden. Die Texte wurden von britischen, kanadischen oder amerikanischen Gelehrten verfaßt, von Universitätsprofessoren und Theologen, die nichts mit den charismatischen Führern gemein hatten, die oft sektiererische Gruppen gründeten. Die *Fundamentals* wurden zunächst kostenlos in den verschiedenen Kirchen, Gebetsgruppen, Sonntagsschulen, Bürgerorganisationen usw. verteilt. Sie sprachen ein Publikum an, das durch die verschwommenen dogmatischen Vorstellungen vieler Professoren an den Colleges, von Sozialarbeitern und Vorkämpfern des kirchlichen Ökumenismus verunsichert war. Nach dem Grundsatz der Unfehlbarkeit der Heiligen Schrift definierten die Abhandlungen noch andere *Fundamentals*: die Geburt Christi von einer Jungfrau, die Erlösung der Menschheit durch seinen Opfertod (die Lehre von der Versöhnung), seine leibliche Auferstehung und seine unmittelbar bevorstehende, körperlich verklärte Wiederkehr auf die Erde. Außerdem betonten sie, daß die Welt und der Mensch vor Tausenden von Jahren durch direktes Eingreifen Gottes in sechs Tagen geschaffen worden seien. Da die *Fundamentals* in allen von der neuen Theologie, den Thesen der Evolution, dem sozialen Evangelium und dem Ökumenismus berührten Denominationen, d. h. in allen großen Kirchen, Verbreitung fanden, war der Fundamentalismus auf seine Art eine spezifisch ökumenische Bewegung, mit der sich Gläubige jeglicher konfessioneller Herkunft identifizieren konnten. Nur wenige seiner Anhänger gaben ihre ursprüngliche religiöse Zugehörigkeit auf, um sich den Plymouth-Brüdern bzw. den Darbysten anzuschließen. Liberale und Fundamentalisten wohnten mehr schlecht als recht mit Presbyterianern, Baptisten, Kongregationalisten, Methodisten und Episkopalen unter einem Dach. Die heftigsten Konflikte brachen auf lokaler Ebene aus, im Schoß der Gemeinden wurden sie oft durch die Schaffung von zwei rivalisierenden Gruppen in einer Pfarrei gelöst, die jedoch formal Mitglieder derselben Kirche blieben. Dies erklärt wiederum, wieso der Fundamentalismus auf nationaler Ebene zwar Spannungen und Debatten hervorrief, aber anders als bei den Katholiken nach dem Ersten Vatikanischen Konzil, als sich die Altkatholiken (1871) abspalteten, nur zu wenigen Separationen führte. Zwar verloren einzelne Professoren an Colleges oder prominente Prediger ihre Stellung, fanden jedoch bald eine andere Universität oder Pfarrei, die gerne bereit war, sie aufzunehmen. So trat der Presbyterianer Henry Preserved Smith, Professor am *Lane Seminary*, nach seiner Suspendierung durch den Verwaltungsrat zu den Kongregationalisten über und wurde ans *Union Theological Seminary* in New York berufen. Manchmal mußte der von einem sogenannten Ketzertribunal *(heresy trial)* Angeklagte, wie man es etwas übertrieben bezeichnete, nicht einmal aus der betreffenden Institution ausscheiden. Als der Presbyterianer Charles A. Briggs, Professor am *Union Theological Seminary*, Schwierigkeiten innerhalb seiner Kirche bekam, trat er zur Episkopalkirche über und konnte seinen Lehrstuhl behalten[152]. Ein solcher Übertritt war jedoch keinesfalls mit dem eines Protestanten zum Katholizismus zu vergleichen. Nicht nur, daß die verschiedenen Denominationen trotz aller Unterschiede auf dem gleichen erweckten Protestantismus gründeten, sie arbeiteten auch meistens in den zahlreichen, im 19. oder Anfang des 20. Jh. entstandenen Allianzen oder Kirchenbünden zusammen. Und alle zentrifugalen Kräfte waren sich in dem Bestreben einig, das Vordringen des Katholizismus abzuwehren und den Traum von einem protestantischen Amerika zu verteidigen.

Letztendlich brach nur ein einziges Schisma aus, das aber weniger Ausdruck dogmatischer Unterschiede als vielmehr des kulturellen Antagonismus zwischen Nord und Süd war, eines Antagonismus, der bereits die Baptisten daran gehindert hatte, ihre durch den Bürgerkrieg zerbrochene Einheit wiederherzustellen. Zu Beginn des 20. Jh. spalteten sich im Süden und Südwesten Teile der *Disciples of Christ* ab. Sie lehnten sowohl auf örtlicher als auch auf Bundesebene die Beteiligung an interdenominationalen Übereinkünften, Verbänden oder Büros ab, ganz gleich, ob es sich um Missionen im In- oder Ausland, um Sonntagsschulen, den Kampf gegen den Alkoholismus oder anderes handelte. Außerdem verbannten sie jegliche Instrumentalmusik aus ihren Bethäusern und beschuldigten Kirchen, die diese zuließen, des Modernismus. Diese frommen Südstaatler wollten nur gesungene Psalmen dulden. 1906 bildeten die verschiedenen Splittergruppen eine neue Denomination, die *Churches of Christ*, die bald durch die Stärke ihrer Mitgliederzahl mit ihrer Mutterkirche wetteifern konnte.

Trotz dieses Hangs zum Fundamentalismus gab es zwischen den verschiedenen protestantischen Kirchen auch weiterhin mehr Verbindendes als Trennendes. Insgesamt kann man also aus reformatorischer Sicht davon ausgehen, daß *the one* den Sieg über *the many* davontrug, der Wunsch nach Einheit über die Vielfalt obsiegte. Außer den *Churches of Christ* lehnten nur einige Randgruppen die überkonfessionelle Zusammenarbeit bei der Verfolgung der drei wichtigsten Ziele des evangelischen *mainstream* ab: der Missionen im In- und Ausland, der Sonntagsschulen und des Kreuzzugs für die Temperenz. Alle daran beteiligten Gläubigen sahen sich zuerst als Protestanten – die Mehrzahl davon als gemäßigte Protestanten – und sodann als Verteidiger der christlichen Zivilisation und der Vereinigten Staaten von Amerika, wobei die christliche Zivilisation und Amerika als identisch angesehen wurden. Die Unterschiede zwischen den fundamentalistischen und dem Gros der protestantischen Kräfte waren so geringfügig, daß sie den Extremisten nicht genügten

---

[152] Vgl. R. T. HANDY, A History of Union Theological Seminary in New York, New York 1987.

und der der amerikanischen Form der Religiosität inhärenten Neigung zur Ausbildung immer neuer Sekten keine Nahrung gaben.[153].

Die Entstehung neuer Sekten

Kleine altehrwürdige Gruppen wie die Quäker paßten sich unauffällig der Industriegesellschaft an[154]. Auch andere Bewegungen, die zur Ausbildung sektiererischer Gemeinschaften führten, fügten sich in die Industrielandschaft ein[155]. Einige Gründungen des frühen 19. Jh., wie die Adventisten vom Siebten Tag, blühten unter der langjährigen Leitung ihrer Prophetin Ellen Harmon White (1827–1915) auf. Die Adventisten zeigten auch, daß als Sekten zu qualifizierende Gruppen bereits fest genug verwurzelt waren, um aus Spaltungen ungeschwächt hervorzugehen. So machte sich Charles Taze Russell (1852–1916), ein kongregationalistischer Pastor, der sich den Adventisten angeschlossen hatte, daran, das Datum der Wiederkehr Christi neu zu berechnen und verkündete das Ende der Welt zunächst für 1878 und dann für 1914. Er sammelte eine Gruppe von Jüngern und Missionaren um sich, die er einfach als „Bibelstudenten" bezeichnete. Erst fünfzehn Jahre nach seinem Tod sollten sie sich den Namen *Zeugen Jehovas* geben. Anders als die in allen großen Denominationen weit verbreiteten Neodarbyisten widmeten die „Russellisten", wie man sie lange nannte, ihrem Gründer einen richtigen Kult, griffen den Klerus heftig an, betrieben eine aufdringliche Mission und glaubten, daß das Heil einzig den Mitgliedern ihrer Gruppe vorbehalten sei, die in einem Jahrtausend des Friedens und des Überflusses die physische Unsterblichkeit erlangen würden[156]. Waren diese Propheten der Apokalypse Relikte einer anderen Zeit? Nein, sondern Zeugen dafür, daß eine ultra-millenarische Konstante auch weiter fortbestand und sich missionarische Sekten auch in den Jahren nach dem Zweiten Weltkrieg weiterentwickelten, die Amerika mit seiner Vielzahl religiöser Splittergruppen zur Evangelisierung der Welt aussandte.

All jene, die von einer wissenschaftlichen Religion oder einer religiösen Wissenschaft träumten, aber davor zurückschreckten, sich in spiritistischen Kreisen zu engagieren, glaubten, daß Mary Baker Eddy (1821–1910), eine der in Amerika so zahlreich auftretenden Prophetinnen, „von der Hand Gottes [...] in eine neue Welt des Lichts und des Lebens" geführt worden sei. Geheilt von all ihren körperlichen und geistigen Leiden kehrte sie zurück und enthüllte ihre göttliche Heilung in *Science and Health* (1875). In Boston gründete sie *The Church of Christ, Scientist*. Sowohl das Komma als auch die Beifügung gehörten

---

[153] Zu dieser Frage vgl. L. Caplan (Hrsg.), Studies in Religious Fundamentalism, Albany, N. Y. 1978; N. Cohen (Hrsg.), The Fundamentalist Phenomenon, Grand Rapids 1990; L. Kaplan (Hrsg.), Fundamentalism in Comparative Perspective, University of Massachussets 1992; G. D. Marsden, Understanding Fundamentalism and Evangelicalism, Grand Rapids 1992.

[154] Vgl. Ph. S. Benjamin, The Philadelphia Quakers in the Industrial Age, 1865–1920, Philadelphia 1976; J. M. Moore, Friends in the Delaware Valley: Philadelphia Yearly Meeting, 1681–1981, Haverford, Pennsylvania 1981; E. Dommen, Les Quakers, Paris – Montreal 1990.

[155] Vgl. G. Wacker, Marching to Zion: Religion in a Modern Utopian Community, in: ChH 54 (1985) 496–511. In Zion City in Illinois konnte John Alexander Dowie, der sich als Reinkarnation des Propheten Elias ansah, zu Beginn des 20. Jh. auf den 6600 Morgen Landes der von ihm selbst gegründeten Landwirtschaftskommune bis zu 7500 Anhänger um sich versammeln.

[156] J. Bergman, Jehovah's Witnesses and Kindred Groups, New York – London 1984; J. Penton, Apocalypse Delayed. The Story of Jehovah's Witnesses, Toronto – London 1985; B. Blandre, Les Témoins de Jéhovah. Un siècle d'histoire, Paris 1987; M. Introvigne, Les Témoins de Jéhovah, Paris – Montréal 1990.

zum Namen dieser neuen Denomination, die sehr geschickt auf beiden Tastaturen spielte. Es handelte sich zweifelsohne um eine *Church* – und zwar um eine immer stärker zentral ausgerichtete Kirche, mit Gotteshäusern und Gottesdiensten, aber auch mit festangestellten praktizierenden Ärzten, die Mary Baker Eddy beauftragt hatte, die leidende Menschheit nach den von ihr in *Science and Health* dargelegten Grundsätzen zu heilen. Die Prophetin stellte ihr Buch der Bibel gleichberechtigt zur Seite. Sie ordnete an, daß es während der Gottesdienste ohne irgendeinen Kommentar verlesen werden soll, um jede persönliche Interpretation zu unterbinden. Zwei Generationen nach Joseph Smith und dem *Buch Mormon* zeigte sich so anhand der „Christlichen Wissenschaft", daß das Phänomen neuer Offenbarungen in Amerika immer wieder auftauchen sollte. Der krönende Abschluß des Werkes der Mary Baker Eddy war 1906 die Eröffnung einer 5000 Plätze umfassenden *Christian Science* Kathedrale in Boston [157].

Die Pfingstbewegung, die ihren unmittelbaren Ausgang von der Bibelschule von Topeka (Kansas) im Januar 1901 nahm, ging aus der Verbindung einer Erweckungsbewegung im Geiste Cartwrights mit einer Sekte hervor, die einen Teil ihrer Anhänger veranlaßte, einen neuen Messias zu verehren. Nach dem Sezessionskrieg trauerten einige besonders gläubige Menschen speziell innerhalb des Methodismus der großen Zeit der „wilden" Erweckungen nach. Ihrer Meinung nach schlugen die Flammen bei den Erweckungspredigern neuer Prägung nicht mehr hoch genug *(the fire burnt low)*. Einige Methodisten predigten also einen neuen „Kreuzzug", um wieder Erweckungen im alten Stil der Grenzregionen durchzuführen. Ihre „Heiligungsbewegungen" führten schließlich 1876 zur Gründung der *National Holiness Association* und zu einer Propagandawelle für die Wiederkehr Christi auf Erden, die Geistestaufe und die Wiederherstellung der Charismen der Urkirche. Die Institutionen der großen Denominationen legten nur wenig Wert auf unkontrollierbare Initiativen, so daß sich die *holiness people* zwischen 1880 und 1900 abspalteten. Sie schlossen sich in Protestbewegungen wie dem *Church of God Reformation Movement* (1881) oder der *Christian and Missionary Alliance* (1887) zusammen und später in Heiligungskirchen wie der *Pilgrim Holiness Church* oder der *First Church of the Nazarene* in Los Angeles (1895). Letztere sollte zum Vorbild der *Church of the Nazarene* auf nationaler Ebene werden, die am Vorabend des Ersten Weltkrieges an die 10 000 „Nazarener" umfaßte. Diese Kirchen und Bewegungen gründeten aus einer als anarchisch zu bezeichnenden Begeisterung heraus „Bibelschulen zur Heiligung", wo man den ganzen Tag die Heilige Schrift studierte. Am Abend zogen dann die Schüler aller Altersgruppen aus, um die „Heiden" zu bekehren. Im allgemeinen verfügte jede Einrichtung über einen „Gebetsturm", einen hohen Raum, in dem sich Lehrer und Schüler Tag und Nacht beim immerwährenden Gebet ablösten. Die Schule von Topeka war eine dieser biblischen Heiligungsschulen, deren religiöse Ausrichtung von der Spiritualität des jeweiligen Direktors abhing. Dabei waren diese Schulen weder untereinander noch mit den einzelnen Denominationen organisatorisch verbunden. 1901 verkündete die *General Holiness Assembly* ihre Absicht, all diese Gruppen, Kirchen und Schulen in einem Bund zu vereinigen und Christen, die ein neues Pfingsten erleben wollten, in ihrem missionarischen Eifer zu bestärken.

---

[157] R. Peel, Mary Baker Eddy, 3 Bde., New York 1966; St. Gottschalk, The Emergence of Christian Science in American Religious Life, Berkeley 1973; St. Zweig, La Guérison par l'esprit, Neudruck Paris 1982; St. J. Stein, The Gospel according to Mary Baker Eddy, in: HThR 75 (1982) 97–116; R. Peel, Spiritual Healing in a Scientific Age, San Francisco 1987; R. Dericquebourg, Religions de guérison, Paris – Montréal 1988.

Das Erlebnis von Topeka hatte also eine „Vorgeschichte", die sowohl seine Resonanz als auch seine Ausstrahlung erklärt. Aber die Historiographie oder besser die Hagiographie der *holiness people* sah in dieser Bibelschule im Inneren Amerikas Ursprung und Ausgangspunkt für die Verbreitung verschiedener Erfahrungen wie der Geisttaufe, des Sprechens in verschiedenen Zungen (Glossolalie) und anderer Gaben des Heiligen Geistes. Der Anstoß dazu ging vom Direktor der Schule, dem weißen Methodistenpastor Charles Parham, unter Mitwirkung seines Schülers, des schwarzen Baptistenpastors W. J. Seymour, aus, nachdem eine junge Schülerin, Agnes Ozman, aufgrund eines Erlebnisses erklärt hatte, die Taufe aus dem Heiligen Geiste „in a moment of consecration" empfangen zu haben. Nachdem sie so in Berührung mit dem Heiligen gekommen war, bat sie um die Auflegung der Hände.

„Sobald sich die Hände auf meinen Kopf legten, kam der Heilige Geist auf mich herab, und ich begann in verschiedenen Zungen zu sprechen und Gott zu rühmen [...]. Es war, als würden Ströme lebendigen Wassers aus den tiefsten Tiefen meines Wesens hervorströmen."[158]

Von da an veranstalteten Parham und Seymour *full gospel revivals* – um so endlich das Evangelium ganz wie in der Urkirche mit ihren Charismen zu erleben. Zu Beginn waren Weiße wie Schwarze in der Bewegung vertreten, und es war nicht die Rede von der Gründung einer neuen Kirche. Die *Apostolic Faith Gospel Mission* legte viel Wert auf Improvisation, und die Bekehrten empfingen die Geisttaufe in *meetings*, die ebenso abliefen wie diejenigen zwei oder drei Generationen zuvor in den Grenzregionen: formlos und hektisch. Parham zog sich schließlich aus der Bewegung zurück, da Seymour ihr seiner Meinung nach einen radikalen Anstrich gegeben hatte, indem er zum Beispiel die Bekehrten anhielt, sich in ihrem Trancezustand die Wände oder Seitenschiffe der Kirchen entlang zu rollen. Und dennoch war dies nicht nur ein Rückgriff auf die *holy rollers*, jene Heiligen, die Anfang des 19. Jh. Purzelbäume in den Kirchen geschlagen hatten. Aber man schrieb 1906 und diese Praktiken schockten alle, die innerhalb der „Heiligungsbewegung" *White, Anglo-Saxon, Protestant* waren und der *middle-class* angehörten. Nach ihrem Ausschluß aus den *Holiness Churches* gründeten Seymour und andere Führer der Pfingstbewegung – wie A. J. Tomlinson oder Charles H. Mason – schnell ihre eigenen Kirchen, wie die *Church of God* (1906), die *Church of God in Christ* (1907) oder die „Versammlungen Gottes", die 1914 aus dem Zusammenschluß mehrerer örtlicher Gruppen hervorgingen.

Diese Kirchen rekrutierten ihre Anhänger vor allem aus sozial benachteiligten Schichten und gingen schließlich bei ihrem Aufbau nach rassistischen Kriterien vor. In der bunten Welt der Pfingstkirchen *(Pentecostal Churches)* gab es weiße und schwarze Kirchen. Die ursprünglich allen Rassen offenstehende *Church of God in Christ* wurde zur bedeutendsten schwarzen Pfingstlergruppierung Amerikas. Das gleiche geschah bei den *Pentecostal Assemblies of the World*, die zuerst Weiße und Schwarze umfaßten, ab 1914 aber nur noch Schwarze in ihre Reihen aufnahmen. Die „Versammlungen Gottes" dagegen wurden – wie die U. S. Navy – „lily white", weiß wie die Lilien. Nachdem die Rassentrennung erst einmal eingeführt worden war, entstanden Kirchen, die – und das war eine große Neuerung – zu Zentren militanter schwarzer Bewegungen wurden, wie die *Ethiopian Overcoming Holy Church of God*. Sie verkündeten, daß das Christentum afrikanischen Ursprungs sei

---

[158] Zit. n. J. Séguy: Situation socio-historique du pentecôtisme, in: LV(B) 25, Nr. 125 (1975) 35.

und leugneten die Aufrichtigkeit der weißen Kirchen. Diese Sonderentwicklungen wie auch die Gleichgültigkeit einzelner Gruppen der Pfingstler theologischen Fragen gegenüber bzw. ihren verschwommenen Vorstellungen davon – manche leugneten das Dogma der Dreieinigkeit – unterschieden sie völlig von der fundamentalistischen Bewegung, ohne daß jedoch deshalb eine Annäherung an die Unitarier zustande gekommen wäre, ihrerseits die nun gänzlich zu abgeklärten Rationalisten geworden waren. So bereicherte eine Bewegung, die zu einer breiten überkonfessionellen Erweckungsbewegung hätte werden können, schließlich nur das bereits ziemlich bunte Spektrum der amerikanischen Sekten. In dieser Hinsicht hatten *the many* über *the one* den Sieg davongetragen – wobei noch erschwerend hinzukam, daß die Religion hier nicht nur zu einer der Heimstätten der Rassentrennung, sondern sogar der Rassenkonfrontation wurde[159].

Literatur

S. E. Ahlstrom, A Religious History of the American people, New Heaven – London 1972.

H. W. Bowden, American Indians and Christian Missions: Studies in Cultural Contact, Chicago 1981.

L. Caplan (Hrsg.), Studies in Religious Fundamentalism, Albany, N. Y. 1987.

J. P. Dolan, The American Catholic Experience. A History from Colonial Times to the Present, Garden City, N. Y. 1985.

J. T. Ellis, A Guide to American Catholic History, 2. überarb. und erw. Auflage, Oxford – Santa Barbara 1982.

E. S. Gaustad, A Documentary History of Religion in America, Bd. 1: To the Civil War, Bd. 2: Since 1865, Grand Rapids, Michigan 1982–1983.

R. T. Handy, The Social Gospel in America, 1870–1920, Oxford – New York 1966.

–, Undermined Establishment. Church-State Relations in America, 1880–1920, Princeton 1993.

J. Hennesey, American Catholics. A History of the Roman Catholic Community in the United States, New York – Oxford 1981.

R. S. Keller – R. R. Ruether, Women and Religion in America. A Documentary History, Bd. 1: The Nineteenth Century, San Francisco 1981.

M. Launay, Les Catholiques des États-Unis, Paris 1990.

D. Lecourt, L'Amérique entre la Bible et Darwin, Paris 1992.

G. M. Marsden, Fundamentalism in American Culture: The Shaping of Twentieth-Century Evangelicalism: 1870–1925, New York 1980.

–, Understanding Fundamentalism and Evangelicalism, Grand Rapids, Michigan 1991.

J.-P. Martin, La Religion aux États-Unis, Nancy 1989.

M. E. Marty, Pilgrims in Their Own Land: 500 Years of Religion in America, Boston 1984.

–, North America, in: John McManners (Hrsg.), The Oxford Illustrated History of Christianity, Oxford – New York 1990, 384–419.

–, Vereinigte Staaten von Amerika, in: EKL IV (1996).

W. G. McLaughlin, Revivals, Awakenings and Reform. An Essay on Religion and Social Change in America, 1607–1977, Chicago 1978.

M. A. Noll, La Bible dans la civilisation américaine, in: C. Savart – J.-N. Aletti (Hrsgg.), Le Monde contemporaine et la Bible, Paris 1985, 187–210.

A. Raboteau, Slave Religion: The „Invisible Institution" in the Antebellum South, New York 1978.

H. Reller – M. Kiessig (Hrsgg.), Handbuch religiöser Gemeinschaften: Freikirchen, Sondergemeinschaften, Sekten, Weltanschauungen, missionierende Religionen des Ostens, Neureligionen, Gütersloh ³1985.

U. Sautter, Geschichte der Vereinigten Staaten von Amerika. Stuttgart, ⁵1994.

Die Vereinigten Staaten von Amerika. Bd. 1: Geschichte, Politische Kultur, Politisches System, Wirtschaft. Bd. 2: Gesellschaft, Außenpolitik, Kultur, Religion, Erziehung. Hrsg. von W. P. Adams u. a., Frankfurt ²1992.

---

[159] Vgl. außer dem bereits zitierten Artikel von Séguy: V. Synan, The Holiness-pentecostal Movement in the United States, Grand Rapids, Michigan 1971.

B. Kanada

VON ROBERT CHOQUETTE

1830 schickte sich Kanada an, seinen staatlichen und kirchlichen Einfluß auf den ganzen Kontinent auszudehnen. *Neufrankreich*[1], das kurz nach der Eroberung durch die Engländer 1760 zur *Province of Quebec* geworden war, war 1791 in Oberkanada (Ontario) und Unterkanada (Quebec) unterteilt worden. 1841 erfolgte die Zusammenlegung der beiden britischen Kolonien in der *Province of Canada*, die nun ganz Zentralkanada umfaßte, die 1867 ihre Vereinigung mit den beiden britischen Kolonien der Atlantikküste erfuhr. Zugleich wurde das *Dominion of Canada* mit weitgehender Selbstbestimmung, nicht aber völliger Unabhängigkeit vom englischen Mutterland, geschaffen. Nur drei Jahre später konnte das umfangreiche Gebiet der Londoner *Hudson's Bay Company* erworben werden. 1871 und 1873 schlossen sich nacheinander British Columbia und Prince Edward Island Kanada an, das nun den ganzen Nordteil des nordamerikanischen Kontinents mit Ausnahme von Alaska umfaßte, das 1867 ein Staat der Vereinigten Staaten von Amerika geworden war[2].

Mit nur wenigen Ausnahmen gehörten praktisch alle Kanadier im 19. Jh. einer christlichen Kirche an. 1850 war die französischsprachige Hälfte der Bevölkerung römisch-katholisch (in Quebec bzw. Unterkanada) und die englischsprachige vor allem protestantisch (in den 1867 zusammengeschlossenen britischen Kolonien).

Tafel 1.1: Katholische und protestantische Bevölkerung Kanadas

Jahr	Gesamtbevölkerung Kanadas	römisch-katholische Bevölkerung	protestantische Bevölkerung
1851	1 842 265	914 561	877 699
1881	4 324 810	1 791 982	2 532 828
1911	7 206 643	2 833 041	4 238 728

Quelle: Volkszählungen in Kanada

Diese rasche Ausbreitung der Kirchen war das Ergebnis katholischer und protestantischer Missionen in den dreißiger und vierziger Jahren des 19. Jh., die von den streitbaren theologischen Bewegungen des ultramontanen Katholizismus und des protestantischen Evangelikalismus getragen wurden. Diese ursprünglich europäischen theologischen Richtungen hatten sich den kanadischen Verhältnissen angepaßt: der katholische Ultramontanis-

---

[1] 1608 führte eine Expedition unter Samuel de Champlain (um 1570–1635) zur Gründung der französischen Kolonie *Neufrankreich* und der Stadt Quebec. Die Engländer waren ebenfalls seit Beginn des 17. Jh. in Kanada präsent. Im 18. Jh. nahm James Cook die Westküste für die britische Krone in Besitz. Nach einem Sieg der Engländer bei Quebec über die Franzosen (1759 im Zusammenhang mit dem *French and Indian War*) fiel *Neufrankreich* an England, wobei jedoch die Rechte der Franzosen im Hinblick auf eigene Sprache, Kultur und Religion anerkannt wurden.

[2] Alaska wurde von Rußland für 7,2 Millionen Dollar gekauft.

mus verband sich mit dem franko- bzw. irokanadischen Nationalismus, während der protestantische Evangelikalismus zum Rüstzeug des anglokanadischen Nationalismus wurde. Überall in Kanada überboten sich Katholiken und Protestanten im Eifer bei der Evangelisation der Ureinwohner, der Kolonisierung zur Eroberung des Landes, dem Aufbau einer ganzen Palette sozialer Dienste, der Gründung von Schulen, Colleges und Universitäten, der Einflußnahme auf die Regierungen und der Aufstellung moralischer Vorschriften.

Die Kehrseite dieser Medaille rivalisierender Missionen war eine wachsende Intoleranz, die zum Ausbruch politischer, religiöser oder ethnoreligiöser Konflikte führte. So konnte ein Schulstreit zwischen Katholiken und Protestanten schnell zu einem Konflikt zwischen Französischsprachigen und Englischsprachigen eskalieren. Und keine der konfessionellen oder ethnokulturellen Parteien wollte nachgeben, da jede meinte, den Willen Gottes zu erfüllen.

I. Der Katholizismus

Die Provinz Quebec mit den Städten Quebec und Montreal war eine Bastion des Katholizismus in Kanada. Die nach 1840 hier entstandene bedeutende religiöse Erneuerungsbewegung führte nicht nur zu einer Wiederbelebung *(revival)* des Glaubens und der religiösen Praktiken der Gläubigen, sondern auch zur Gründung zahlreicher monastischer Männer- und Frauenkongregationen, die als Vorreiter des Katholizismus für eine religiöse Eroberung des Landes fungieren sollten.

Diese religiöse Erneuerung zeichnete sich zuerst in Montreal unter der geschickten Führung des zweiten Bischofs der Diözese, Ignace Bourget (1840–1876), ab. Bourget gründete die Wochenzeitschrift *Les Mélanges religieux* (1840) und zog Bischof Charles de Forbin Janson hinzu, der für seine Predigten bei Pfarrexerzitien bekannt war. Als dieser 1840/41 in flammenden Reden die Sündhaftigkeit der Menschen anprangerte, zur Sühne aufrief und Gottes Erbarmen versprach, füllten sich die Kirchen im französischen Teil Kanadas wieder. Die Frankokanadier eilten herbei, um seine befreienden Worte zu lauschen: Fühlten sie sich doch unterdrückt und übergangen, nachdem der Aufstand von 1837/38 durch die englische Armee niedergeschlagen und ihnen 1841 eine Verfassung aufoktroyiert worden war, die nur dazu bestimmt schien, die Franzosen aus Kanada zu verdrängen. Seit 1840 konnte man einen beträchtlichen Anstieg der Zahl der sonntäglichen Kirchenbesucher und der Priesterkandidaten verzeichnen wie auch eine Tendenz zum häufigeren Empfang der Sakramente. Eine große religiöse Erneuerungsbewegung zeichnete sich ab.

1841 begab sich Bischof Bourget nach Europa, wo er die geistigen Söhne des Eugène de Mazenod, die Missionare der *Oblaten der Unbefleckten Jungfrau Maria*, einer wenige Jahre zuvor in der Provence gegründeten Kongregation, die sich vor allem der Predigt bei Pfarrexerzitien und der Evangelisierung der Armen widmete, in seine Diözese berief. Außer den 1837 aus Frankreich gekommenen Schulbrüdern *(Brüder der christlichen Schulen)* waren die Oblaten die erste monastische Kongregation, die sich nach der englischen Eroberung 1760 in Kanada ansiedelte. Sie sollte zum wichtigsten Männerorden des Landes werden. Denn in Kanada selbst hatten sich seit der französischen Zeit, nachdem man die Jesuiten und Rekollekten zum Verlassen des Landes gezwungen hatte, nur die Weltpriesterkongregation der Sulpizianer sowie fünf Frauenorden halten können: die *Dames de la Congrégation*, die Hospitaliterinnen von Quebec und Montreal, die Ursulinen und die Ordensschwestern *(Soeurs de la Charité)* des Allgemeinen Krankenhauses von Montreal.

Aber die sechs Oblaten, die im Dezember 1841 in Montreal ankamen, sollten nur die Vorläufer eines guten Dutzend weiterer Männerorden sein, die sich in den folgenden Jahren – meist mit dem Wohlgefallen Bischof Bourgets von Montreal – in Kanada niederließen. In Frankreich konnte sich der dynamische Bischof die Dienste der Kleriker von *Saint-Viateur* (1847), der *Heilig-Kreuz-Kongregation* (1847), der *Schwestern zum Guten Hirten aus Anger* (1844) und der *Dames du Sacré-Cœur* sichern. Vom Generaloberen der Jesuiten erreichte er die Entsendung einiger Mitbrüder (1842), von denen die meisten aus Frankreich stammten. In Montreal selbst förderte Bourget die Gründung mehrerer Frauenorden. So entstanden 1843 auf Initiative der Witwe Émilie Tavernier-Gamelin die *Sœurs de la Providence* von Montreal, die sich vor allem der Waisen und alten Frauen annahmen. 1848 gründete eine andere Witwe, Rosalie Cadron-Jetté, die *Barmherzigen Schwestern*, die sich um die Mütter unehelicher Kinder kümmerten. 1844 erfolgte die Gründung der *Sœurs des Saints-Noms de Jésus et de Marie* durch Eulalie Durocher und 1850 die der Sankt-Anna-Schwestern durch Marie-Esther Blondin, die sich beide der Erziehung widmeten. So wurde 1850 eine Million Katholiken in Kanada von elf Frauenorden mit insgesamt 673 Nonnen betreut, die alle im Schuldienst oder im Dienst an den Armen und Kranken tätig waren. Daneben gab es noch sechs Männerorden (einschließlich der Sulpizianer), die im Bereich der Erziehung, Mission und Seelsorge wirkten. 1900 lebten allein in Quebec mehr als 6600 Nonnen, ein Heer von Helferinnen, die sich in allen Bereichen des Sozial- und Erziehungswesens engagierten.

Der Katholizismus in Kanada konnte sich nicht nur auf die Mönche und Nonnen, sondern auch auf eine bedeutende Schar von Weltpriestern stützen, die in die ständig wachsende Zahl von Bistümern und Kirchenprovinzen integriert waren. Allein in der Provinz Quebec verzehnfachte sich die Zahl der Weltpriester in den Jahren zwischen 1830 und 1880 und stieg von 225 auf 2102 an. Das Verhältnis Priester – Gläubige verschob sich von eins zu tausend im Jahre 1850 auf eins zu fünfhundert im Jahre 1880 und konnte sich auf diesem Stand halten. Insgesamt stand somit ein ganzes Heer von Priestern, Mönchen und Nonnen in Kanada im Dienste des Evangeliums.

Der Klerus versah seinen Dienst in einer Kirche, die während der ganzen hier behandelten Zeit ständig expandierte. Die Diözese Quebec umfaßte 1814 noch ganz Kanada. Seit 1817 wurden neue Diözesen und Apostolische Vikariate gegründet. 1844 hatte man diese Diözesen und apostolischen Vikariate zunächst in der Kirchenprovinz Quebec zusammengeschlossen, bevor man sich gezwungen sah, diese wiederum in verschiedene Kirchenprovinzen zu unterteilen: Halifax (1852), Toronto (1870), Saint-Boniface (1871), Montreal (1886), Ottawa (1886), Kingston (1889), St. John's (1904), Vancouver (1908) und Edmonton (1912).

Die Schaffung dieser Vielzahl neuer Diözesen war das Ergebnis missionarischer Tätigkeit, die nach 1840 von der von Montreal ausgehenden religiösen Erneuerung ihre ersten Impulse erhielt. Die Oblaten bildeten den Stoßtrupp bei dieser missionarischen Eroberung der riesigen Nord- und Westgebiete Kanadas, die mehr als die Hälfte der zehn Millionen Quadratkilometer des Landes umfaßten. Mit wenigen Ausnahmen kamen sie im 19. Jh. aus Frankreich oder Quebec. Dank der Unterstützung der vielen französischen oder kanadischen Frauen- oder Männerkongregationen bekehrten die Oblatenmissionare mehrere Dutzend Stämme der Ureinwohner Kanadas, errichteten Kapellen, Krankenstationen und Schulen und bauten verschiedene andere soziale Einrichtungen unterschiedlichen Charakters auf – Siedlerverbände, Bauernhöfe, Colleges, Schulen, aber auch Zeitungen. Manche gingen sogar noch weiter und bauten Dampfboote, Sägemühlen und Eisenbahnstrecken, um ihre Missionsstationen besser versorgen zu können. Wie erfolgreich sie waren, zeigte sich, als sich 1900 siebzig Prozent der Ureinwohner Kanadas als Christen – und zwar mehrheitlich als römisch-katholisch – bezeichneten. Selbst wenn die Missionare die Kultur der Ureinwohner im Rahmen dieser Evangelisierung kaum respektierten, so setzten sie sich doch ehrlich und offen für eine Befreiung dieser Völker von der ihnen drohenden ethnischen und kulturellen Unterdrückung ein.

Die katholische Bewegung im Kanada des 19. Jh. war geprägt von der ultramontanen Theologie europäischen Ursprungs. Bischöfe wie Charles de Forbin-Janson oder Charles-Joseph-Eugène de Mazenod, der Gründer der *Oblaten der Unbefleckten Jungfrau Maria* (1816) waren Legitimisten[3] und folglich von tiefem Mißtrauen gegenüber der modernen Welt erfüllt, die aus den Revolutionen in Frankreich und Amerika hervorgegangen war. Bischof Bourget, den manche als den kanadischen Papst bezeichneten, war angesichts der Gefahr, die die „liberale" Welt für die Kirche Gottes in seinen Augen darstellte, davon überzeugt, daß eine Stärkung der Rechte der Kirche ebenso dringend erforderlich sei wie eine Reglementierung des Verhaltens der katholischen Gläubigen. So kam es zu mehreren Konflikten zwischen dem Bischof von Montreal und einigen Laien seiner Diözese, die gegenüber einer Kirche, die immer restriktivere Vorschriften erließ, auf einer gewissen Freiheit der Lektüre, des Gewissens und der Meinungsäußerung bestanden. Denn Bischof Bourget war in der Tat ein treuer Gefolgsmann Papst Pius' IX. In Kanada wurde die Enzyklika *Quanta cura* oder die Zusammenstellung der 80 „Irrtümer" *(Syllabus errorum)* von 1864 ebensowenig in Frage gestellt wie die auf dem I. Vatikanum verkündeten römischen Lehren von der Unfehlbarkeit des Papstes und seines Jurisdiktionsprimats über die katholische Kirche.

Zwischen 1840 und 1876 wurden mehrere kanadische Bischöfe von Rom auf Empfehlung des Bischofs von Montreal eingesetzt. Sie sorgten alle dafür, daß in ihren Diözesen die ultramontan ausgerichtete Theologie und die damit verbundene strenge moralische Ordnung eingeführt und verbreitet wurde. Selbst wenn eine steigende Zahl von Klerikern in Kanada von der Moraltheologie eines Alfons von Liguori beeinflußt war, so waren ihre Lehren dennoch rigoristisch. Die Bischöfe prangerten den Brauch der jungen Männer und Frauen an, sich allein, ohne die Aufsicht ihrer Eltern, zu treffen. Sie untersagten das Auftreten weiblicher Personen auf der Bühne und verurteilten auf Rat ihrer Theologen den Tanz als eine Gelegenheit zur Sünde. Beim Klerus schätzte der Episkopat vor allem den Gehorsam und duldete keine Verstöße gegen kirchliche Bestimmungen.

Die in der Provinz Quebec verankerte katholische Kirche, die ihren Siegeszug in Kanada angetreten hatte, blieb bis zur Eroberung durch die Engländer 1760 ausschließlich französischsprachig. Von da an trugen die ständige territoriale Erweiterung des Landes wie auch die Einwanderung zu einem stetigen Anstieg der Zahl der englischsprachigen Katholiken bei. Folglich kam bereits Ende des 19. Jh. auf zwei französischsprachige Gläubige ein englischsprachiger. 1911 machten die 2,8 Millionen Katholiken vierzig Prozent der kanadischen Bevölkerung aus: 28 Prozent – in der Mehrzahl irischer oder schottischer Herkunft – waren englischsprachig. Nach dem Vorbild der französischsprachigen Katholiken, die ihren frankokanadischen Nationalismus zur Schau stellten, verbanden auch die eng-

---

[3] Legitimisten waren im 19./20. Jh. die Anhänger des monarchischen Legitimitätsprinzip, die nach dem Sturz einer Dynastie für deren Restauration eintraten.

lischsprachigen Katholiken, vor allem diejenigen irischen Ursprungs, oft ihren katholischen Glauben mit ethnokulturellen Bestrebungen. Außerhalb Quebecs kam es deshalb in ganz Kanada zu vielen Konflikten, da die Französischsprachigen ihren religiösen Einfluß in den Dienst ihrer nationalen Interessen stellten (Verteidigung der französischen Sprache), während ihre englisch sprechenden Glaubensbrüder durchaus bereit waren, auf die französische Sprache zu verzichten, solange man ihre katholischen Schulen nicht in Frage stellte. Dieselben Gegner standen sich auch bei der Auswahl der Kandidaten für ein Bischofsamt gegenüber, da jeder die Ernennung eines Vertreters der eigenen Interessen sicherstellen wollte.

In dem Jahrhundert nach der 1867 erfolgten Gründung eines Staatenbundes in Kanada mußten sich französisch und englisch Sprechende mit einer angloprotestantischen Mehrheit abfinden, die nur darauf wartete, sowohl die Katholiken als auch die Französischsprachigen als Gegner auszuschalten.

II. Der Protestantismus

Tafel 1.1 auf Seite 909 zeigt, daß um die Mitte des 19. Jh. ungefähr gleich viele Katholiken und Protestanten in Kanada lebten. Sie zeigt auch, daß Kanada nach einer Verdoppelung seines ursprünglichen Gebietes ab dem letzten Viertel des Jahrhunderts mehrheitlich protestantisch war. Wenn auch die Protestanten in Quebec immer in der Minderzahl blieben, so stellten sie doch die Mehrheit in den anderen Landesteilen, die so zum bevorzugten Expansionsgebiet der protestantischen Kirchen Kanadas wurden.

Tafel 1.2: Die Protestanten in Kanada

Kirchen	1851	1881	1911
Anglikaner	268 592	574 818	1 043 017
Presbyterianer	237 683	676 000	1 115 324
Methodisten	228 839	738 000	1 079 892
Baptisten	49 846	275 291	382 666
Lutheraner	12 107	46 350	229 864
Andere	80 933	222 369	387 965
Insgesamt	878 000	2 532 828	4 238 728

Quelle: Volkszählungen in Kanada

Tafel 1.2 zeigt, daß drei Viertel der Protestanten in Kanada den drei traditionellen Glaubensgemeinschaften der Anglikaner, Presbyterianer und Methodisten angehörten. Die Kirche von England (Anglikanische Kirche), die zu Beginn der hier behandelten Zeit – was die Zahl ihrer Gläubigen betraf – noch an erster Stelle stand, nahm 1867, nach der Gründung des Bundesstaates, nur noch den dritten Rang ein. Ihr relativer Bedeutungsrückgang stand im Zusammenhang mit den 1854 vom Parlament der Provinz Kanada getroffenen

Maßnahmen zur Abschaffung staatlicher Subventionen zugunsten der protestantischen Kirchen und besonders der Kirche von England. Das Subventionssystem als solches bestand seit 1791, als das englische Parlament ein Gesetz zugunsten der Kirche von England, die die britische Regierung zur kanadischen Staatskirche erheben wollte, verabschiedet hatte. Allerdings scheiterte dieser Plan an der konfessionellen und ethnischen Vielfalt Kanadas. Denn trotz der Gewißheit der Omnipräsenz des Christentums seit 1850 schien es den Kanadiern nicht angebracht, staatlicherseits eine Kirche mehr als alle anderen zu begünstigen. Folglich schufen sie öffentliche Institutionen, die die vielfältigen Formen des christlichen Bekenntnisses achteten.

Nach Art des katholischen Missionswerks, das von den jeweiligen Diözesen, Vikariaten, religiösen Kongregationen und Bruderschaften mitgetragen wurde, wurde das protestantische Missionswerk als Sache der Kleriker und Laien von den einzelnen Kirchen und verschiedenen Bibel- oder Missionsgesellschaften gefördert. So unterstützte die Kirche von England ihren Klerus und ihre Missionare in Kanada mit Hilfe englischer Gesellschaften – wie der *Society for the Propagation of the Gospel* (SPG), der *Church Missionary Society* (CMS) oder der *Colonial and Continental Church Society* (CCS). Verschiedene Bibelgesellschaften versorgten diese Missionare mit Traktaten, Bibeln und anderen Schriften. Die protestantischen Einwanderer in Kanada kamen meist von den britischen Inseln oder aus den Vereinigten Staaten von Amerika. Ihre früheren konfessionellen Bindungen zu diesen Ländern bestanden fort, so daß sich mehrere protestantische Kirchen in Kanada erst mit der Zeit aus ihrer Abhängigkeit von den ausländischen Kirchen lösten. Diese protestantischen Einwanderer waren von ihrer politischen Einstellung her eher Republikaner. Sie mißtrauten also dem monarchisch ausgerichteten politischen System Kanadas, das eine privilegierte Staatskirche begünstigte. Dies führte schließlich 1854 *de facto*, wenn auch nicht *de jure*, zur Trennung von Kirche und Staat.

Wie die römisch-katholische Kirche hatten auch die protestantischen Kirchen breiten Anteil am Aufbau einer ganzen Reihe sozialer Einrichtungen, besonders von Schulen, Colleges und Universitäten. Tatsächlich war man seit den vierziger Jahren in der Provinz Ontario (Oberkanada) mit dem Ausbau eines öffentlichen Schulsystems beschäftigt, das allen Kindern, gleich welcher religiösen Konfession, offenstehen sollte. Da die Katholiken bald im Alleingang ihr eigenes Schulnetz errichteten, war das öffentliche Schulnetz in Ontario tatsächlich mehr als ein Jahrhundert lang protestantisch geprägt. Mehrere andere kanadische Provinzen übernahmen dieses Schulsystem, so daß die öffentliche Grundschule – unter dem Deckmantel konfessioneller Ungebundenheit – meist eine protestantische Schule war. Dieselben protestantischen Kirchen, die sich zur Unterstützung der Grundschulen zusammentaten, gründeten auch mehrere konfessionell gebundene Privatuniversitäten. Einige davon lösten sich im 20. Jh. von ihrem religiös geprägten Charakter.

Eine nicht geringe Zahl protestantischer Kirchen war mit besonderen ethnokulturellen Gruppen eng verflochten, wie zum Beispiel die Presbyterianer mit den Schotten oder die Lutheraner mit den Deutschen und Skandinaviern. Diese Kirchen verdankten ihre Verbreitung meist einzig der Tatsache, daß sie den Wanderbewegungen ihrer Mitglieder folgten. Die einzige Ausnahme von dieser Regel war die Kirche von England, die Missionare zur Bekehrung der Ureinwohner Kanadas entsandte. So ließ sich im Westen Kanadas, nur zwei Jahre nach dem ersten katholischen Priester (1818), ein anglikanischer Geistlicher am Red River nieder. Bei der Mission der Ureinwohner überboten sich Anglikaner und Katholiken in ihrem Eifer. Folglich bezeichneten sich 1900 mehr als siebzig Prozent der 100000 Indianer Kanadas als Christen, wobei mehr als die Hälfte von ihnen römisch-katholisch war, während sich die andere Hälfte zum größeren Teil aus Anglikanern, zum kleineren Teil aus Methodisten zusammensetzte.

Die römisch-katholische ultramontane Bewegung hatte auch ihr Pendant in der evangelikalen protestantischen Bewegung des 19. Jh. Der Evangelikalismus, der seine Wurzeln u. a. im englischen Puritanismus des 17. Jh., im deutschen Pietismus des 18. Jh. und im Methodismus eines John Wesley hatte, schöpfte im 19. Jh. in Kanada auch aus den Quellen der Erweckungsbewegungen des amerikanischen Protestantismus des 18. und 19. Jh. Der evangelikale Protestant unterschied sich bezüglich seiner Glaubenslehren nicht von den anderen Protestanten, verfocht seinen Glauben jedoch mit besonderem Eifer, Überzeugung, Ernst und Intensität. Evangelikale Protestanten konnte man in den meisten protestantischen Kirchen finden, sowohl bei den Methodisten als auch bei den Anglikanern, Baptisten und Presbyterianern. Es handelte sich um protestantische Christen, welche die Welt besonders schnell bekehren wollten und ständig auf der Lauer lagen, um die Fallen und Hinterhalte zu umgehen, die ihnen die Katholiken stellten – diese falschen Christen, die in ihren Augen Sklaven der „Hure Babylon", das heißt der römischen Kirche waren.

Je mehr man sich dem Ende des 19. Jh. näherte, desto stärker machte sich eine schrittweise Annäherung zwischen den protestantischen Kirchen bemerkbar, die sich, wie Anglikaner und Methodisten, in den vorausgegangenen Jahren gestritten und gespalten hatten. Ihr Ziel war nun die Bildung einer gemeinsamen angloprotestantischen Front zur Akkulturation und Assimilation aller in einer gemeinsamen angloprotestantischen kanadischen Zivilisation. Das bedeutete, daß diese Kirchen allmählich, aber um so bestimmter, ihre spezifischen Besonderheiten ablegten und die Schwierigkeiten ihrer Lehre und ihres Gottesdienstes diskutierten, wie z. B. den Erastianismus[4] (d. h. die Lehre von der Unterwerfung der Kirche unter den Staat), einen ungebildeten Klerus, prophetische Verkündigungen und laute und stürmische Gebete beim Gottesdienst. Man wollte sich auf einen gemeinsamen Stil im kirchlichen Leben und Reden verständigen, der die englische Sprache und Kultur aufwerten und besser zur Geltung bringen sollte. Und diese Apostel einer angloprotestantischen Einheit schleuderten dann ihre Blitze auf jene Kanadier, die sich weigerten, sich ihnen unterzuordnen und diese Akkulturation hinzunehmen. Diese Zeit war deshalb von langwierigen und heftigen Konflikten geprägt, die sich daran entzündeten, welche Sprache an einer Schule gesprochen werden sollte, ob eine Schule neutral oder konfessionsgebunden war oder an den Rechten der ethnischen und sprachlichen Minderheiten.

III. Das Reich Gottes im Kanada von 1914

Am Vorabend des Ersten Weltkriegs war Kanada ein Land, das durch die ultramontanen und evangelikalen Missionsanstrengungen des vorausgegangenen Jahrhunderts in Katholiken und Protestanten gespalten war. Die französische Provinz Quebec besaß als einzige Region eine überwiegend katholische Mehrheit, so daß man allgemein dazu tendierte, Katholizismus und französische Sprache und Protestantismus und englische Sprache mitein-

---

[4] Benannt nach dem reformierten Theologen, Arzt und Kirchenpolitiker Thomas Erastus (1524–1583), einem Anhänger des Staatskirchentums.

ander zu identifizieren. Bedeutende englischsprachige katholische Minoritäten innerhalb des kanadischen Hoheitsgebiets befanden sich also in zweifacher Hinsicht in der Minderheit: Außerhalb Quebecs sahen sie sich einer protestantischen, innerhalb Quebecs einer französischsprachigen Mehrheit gegenüber.

1914 lebte das kanadische „Reich Gottes" der englisch sprechenden Protestanten Seite an Seite mit dem kanadischen „Reich Gottes" der französisch sprechenden Katholiken. Gegen Mitte des 19. Jh. hatte das Heer der Protestanten – wenn auch erfolglos – versucht, die Frankokanadier in Quebec zu bekehren. Nun konzentrierten sie ihre Bemühungen auf den von ihnen beherrschten Rest des Landes. Sie verschafften dort einem Zivilrecht Geltung, das ihren religiösen Wertmaßstäben entsprach, und bauten ein Netz sogenannter öffentlicher, in Wirklichkeit jedoch angloprotestantischer Schulen auf. Das Heer der französisch sprechenden Katholiken hatte gleichzeitig auf dem Umweg über die Mission, die Volksmissionen und die Besiedlung des Landes seine eigenen Bekehrungsversuche gestartet. Die Rückkehr der *Acadians*, der ursprünglich französischsprachigen Siedler der amerikanischen Atlantikküste, die nach 1755 ins Exil geflüchtet waren[5], trug zur Errichtung eines katholischen und französischen Bollwerks in der Provinz Quebec bei, wie auch zum Ausbau und zur Festigung weiterer Bastionen des Frankokatholizismus in New-Brunswick, Ontario und den kanadischen Präriestaaten. So erhoben in Kanada gleichzeitig zwei religiöse Gemeinschaften den Anspruch, das „Neue Jerusalem", das einzig wahre Reich Gottes, zu verkörpern.

Der Erste Weltkrieg stellte das Land vor andere, drängendere Probleme. Insgesamt kämpften 500 000 Soldaten auf alliierter Seite, von denen 60 000 den Tod fanden. Nur in der kollektiven Erinnerung beider Gruppen blieb das Wissen von der Größe und dem Elend dieser vergangenen evangelikalen und ultramontanen „Glaubenskreuzzüge" bewahrt.

Literatur

Die Geschichtsschreibung spiegelt die oben dargelegte tiefe konfessionelle Spaltung getreu wieder. In französischer Sprache gibt es für das 19. Jh. keine gute Überblicksdarstellung, die alle christlichen Kirchen in Kanada umfaßt, da sich die französischsprachigen Kirchenhistoriker auf den Katholizismus konzentrieren.

R. CHOQUETTE, L'Église catholique dans l'Ontario français du XIXe siècle, Ottawa 1984.
–, The Oblate Assault on Canada's Northwest, Ottawa 1995.
M. DANYLEWYCZ, Profession: religieuse. Un choix pour les Québécoises, 1840–1920, Montreal 1988.
B. DENAULT – B. LÉVESQUE, Éléments pour une sociologie des communautés religieuses au Québec, Montreal 1975.
G. DUMONT – N. FAHMY-EID, Les Couventines. L'Éducation des filles au Québec dans les congrégations religieuses enseignantes, 1840–1960, Montreal 1986.
G. DUSSAULT, Le Curé Labelle. Messianisme, Utopie et Colonisation au Québec, 1850–1900, Montreal 1983.
S. GAGNON – R. HARDY, L'Église et le Village au Québec, 1850–1930. L'Enseignement des Cahiers de prônes, Montreal 1979.
C. GALARNEAU, Les Collèges classiques au Canada français, Montreal 1978.
J. W. GRANT, A Profusion of Spires. Religion in Nineteenth-Century Ontario, Toronto 1988.
–, The Church in the Canadian Era, Burlington 1988.
J. GRISÉ, Les Conciles provinciaux de Québec et l'Église canadienne (1851–1886), Montreal 1979.
L. GROULX, Le Canada français missionnaire, Montreal 1962.

---

[5] Im Zusammenhang mit dem *French and Indian War* 1754–1763 zwischen England und Frankreich.

B. LACROIX, La Religion de mon père, Montreal 1962.

D. B. MARSHALL, Secularizing the Faith. Canadian Protestant Clergy and the Crisis of Belief, 1850–1940, Toronto 1992.

D. B. MARSHALL – M. G. McGOWAN (Hrsgg.), Prophets, Priests and Prodigals. Readings in Canadian Religious History, 1608 to Present, Toronto 1992.

T. und G. STORTZ MURPHY (Hrsgg.), Creed and Culture. The Place of English-Speaking Catholics in Canadian Society, 1750–1930, Montreal 1993.

R. PERIN, Rome in Canada. The Vatican and Canadian Affairs in the Late Victorian Age, Toronto 1990.

G. A. RAWLYK (Hrsg.), The Canadian Protestant Experience 1760–1990, Burlington 1990.

P. SAVARD, Aspects du catholicisme canadien-français au XIXᵉ siècle, Montreal 1980.

J.-P. TARDIVEL, La France et les États-Unis, 1851–1905, Quebec – Laval 1967.

P. SYLVAIN – N. VOISINE, Réveil et Consolidation (1840–1898). Histoire du catholicisme québécois II, Montreal 1991.

M. TRUDEL, Chiniquy, Trois-Rivières 1955.

N. VOISINE, Louis-François Laflèche, deuxième évêque de Trois-Rivières, Saint-Hyacinthe 1980.

N. VOISINE – J. HAMELIN (Hrsgg.), Les Ultramontains canadiens-français, Montreal 1985.

W. WESTFALL, Two Worlds. The Protestant Culture of Nineteenth Century Ontario, Kingston – Montreal 1989.

Zweites Kapitel

Lateinamerika

von Jean-André Meyer

I. Nach der Erringung der Unabhängigkeit

1. Das Papsttum und die Unabhängigkeit

Nach Aussage des Staatssekretärs Kardinal Consalvi war die Frage der Unabhängigkeit Spanisch-Amerikas das Problem Nummer eins im Pontifikat Leos XII. [1] Die Frage stellte sich jedoch anders als bei der Unabhängigkeit der Vereinigten Staaten oder derjenigen Brasiliens, die von den Hauptstädten der alten Welt ohne zu zögern anerkannt worden waren. Hatten es doch die Päpste, die sich leider nur zu rasch ablösten, in Lateinamerika im Verlauf eines zwanzig bis fünfundzwanzig Jahre dauernden Krieges mit ein bis zwei Dutzend oft nur provisorischer Revolutionsregierungen zu tun. Für den spanischen König Ferdinand VII. hingegen blieb alles beim alten: Er verhinderte bis zu seinem Tod 1833 die offizielle diplomatische Anerkennung dieser Staaten. Da die kirchliche Hierarchie Lateinamerikas aufgrund des Patronatsrechts vom König ernannt wurde, blieb die hispanoamerikanische Christenheit auf Madrid und nicht auf Rom als Mittelpunkt ausgerichtet. Obwohl nach den diversen Unabhängigkeitserklärungen der offizielle und traditionelle Weg für die einzelnen Diözesen nicht mehr gangbar war, zögerten sie, sich im Falle einer Vakanz an Rom zu wenden. Denn die neuen, instabilen und territorial noch nicht genau eingegrenzten Republiken stellten regalistische Forderungen auf – eine Haltung, die logischerweise von den regalistisch-gallikanisch denkenden Klerikern mitgetragen und durch die Schwächung der Orden begünstigt wurde. So übte einerseits in Europa Madrid Druck auf Rom aus, während andererseits die Staaten in Lateinamerika mit einem Schisma und der Zivilkonstitution des Klerus drohten [2].

Hätte Rom sich in dieser Situation im Labyrinth von Verhandlungen mit den neuen Staatsführern verloren, so wäre dies gleichbedeutend mit der Anerkennung ihrer Rechtmä-

---

Zu den Kurztiteln vgl. die Erstnennung bzw. die Bibliographie am Ende des Kapitels.

[1] Vgl. A. Fliche – V. Martin, Histoire de l'Église 23 (span. Ausgabe), Valencia 1974, 606.

[2] Die grundlegenden Werke dazu sind: P. de Leturia, Relaciones entre la Santa Sede e Hispanoamérica, 3 Bde., Rom – Caracas 1959–1960. Der zweite Band behandelt die Zeit von 1800–1835. Leturia veröffentlichte auch eine Reihe von Aufsätzen in: Razón y Fe, 1924–1925 (El ocaso del Patronato español en América; Documentos selectos de la Secretaría de Estado en el archivo vaticano: la acción diplomática de Bolívar ante Pío VII; La célebre encíclica de León XII sobre la independencia de América). Vgl. auch L. Tormo – P. Gonzalbo, Historia de la Iglesia en América Latina, Bd. III: La Iglesia en la crisis de la independencia, Fribourg – Madrid 1963; P. de Leturia, La Emancipación hispano-americana en los informes episcopales a Pío VII, Buenos Aires 1935; R. Vargas Ugarte S. J., El Episcopado en los tiempos de la emancipación sudamericana, Buenos Aires 1945; L. Medina Ascensio S. J., México y el Vaticano, 2 Bde., Mexiko-Stadt 1965–1984.

ßigkeit gewesen, die ihnen die katholischen Monarchien Europas vorenthielten; schlimmer noch, Verhandlungen wären einer Anerkennung des revolutionären Prinzips als solchem gleichgekommen. Rom hätte gerne Bischöfe ernannt, ohne dafür einen so hohen politischen Preis zu entrichten, aber dies wollte weder die eine noch die andere Seite zulassen. Unmittelbar nach Eintritt der neuen Lage beanspruchten sogar beide Seiten ein Patronatsrecht für sich, das in den Augen Roms keineswegs gerechtfertigt erschien. Hätte der Papst die Kandidaten der Lateinamerikaner ernannt, hätte der König von Spanien mit einem Schisma gedroht; hätte der Papst die Kandidaten des Königs ernannt, hätten diese ihr Bistum nicht einmal betreten können.

In diesem Kontext legte der Hl. Stuhl vier Texte vor: 1816 ein Breve Pius' VII. *Etsi longissimo*, am 7. September 1822 das Antwortschreiben Pius' VII. an den Bischof von Mérida (Venezuela), Lasso de la Vega, am 25. September 1824 die Bulle *Etsi iam diu* Leos XII. und 1831 die Bulle *Sollicitudo Ecclesiarum* Gregors XVI.

1816, mitten in einer Periode der politischen Restauration in Madrid, als für die Aufständischen alles verloren schien, wandte sich Pius VII. an die „Kirche Amerikas, die dem katholischen König beider Spanien unterworfen ist"[3]. Er erklärte noch: „Wir zweifeln nicht, daß Ihr, als es in Euren Ländern zu jenen von uns als so schmerzlich empfundenen Umwälzungen kam, nie aufgehört habt, Eure Herde darin zu bestärken, daß es nur gerecht sei, diese [d. h. die Umwälzungen] zu verabscheuen". Denn die Revolution sei „das unselige Unkraut der Unordnung und des Aufstands, das der Feind in diesen Ländern gesät" habe. Als jedoch die liberale Revolution in Spanien den Sieg davongetragen hatte, war der Papst weit eher geneigt, den Vorkämpfern der Unabhängigkeit, die inzwischen in den Regierungen saßen, ein offenes Ohr zu leihen. In diesem Sinn ist seine positive Antwort auf den Brief des Bischofs von Merida zu sehen, den dieser auf Wunsch Bolivars an ihn gesandt hatte, ebenso wie die Entsendung der Mission Muzi, auf die später noch einzugehen sein wird. Der Papst, der sorgfältig zwischen geistlichen und politischen Interessen unterschied, suchte in dem nun ausbrechenden Krieg zwischen Spanien und seinen ehemaligen Kolonien neutral zu bleiben.

Unter dem Eindruck der zweiten absolutistischen Restauration (1823) wiederum verfaßte der Papst – inzwischen Leo XII. – auf Drängen Madrids 1824 einen Text, in dem er die Kriege in Lateinamerika vorsichtig und versteckt als Bürgerkriege verurteilte, die die „Ruhe des Vaterlandes" störten und so auch „die Religion in ihrer Unversehrtheit" bedrohten. Unglücklicherweise traf der etwa siebzig Tage vor der entscheidenden Niederlage Spaniens auf dem Schlachtfeld von Ayacucho verfaßte Text erst nach dem Sieg der Aufständischen in Lateinamerika ein. Dort rief die Bulle allgemeinen Unwillen hervor, und eine ganze Anzahl Bischöfe zog es vor, sie als Fälschung hinzustellen; andere, wie z. B. die Mexikaner, verkündeten auf den Kanzeln, daß der Papst von den Spaniern getäuscht worden sei. So geriet die Bulle schnell wieder in Vergessenheit, konnte aber bei Bedarf immer als Beleg dafür hervorgeholt werden, daß die katholische Kirche ein Agent ausländischer Mächte sei und daß einzig eine nationale oder protestantische Kirche die Garantie für die Unabhängigkeit bieten könne.

Nach 1825 normalisierten sich die Verhältnisse allmählich, und Rom machte sich pragmatisch an den langsamen Wiederaufbau der lateinamerikanischen Kirche.

---

[3] Vollständiger Text des Breve und der Bulle bei TORMO – GONZALBO, Historia de la Iglesia en América Latina III, 11–19.

Die Mission Muzi

Im September 1821 kam der Franziskaner Pacheco als Abgesandter der Regierung der Republik von La Plata (Argentinien) nach Rom. Kardinal Consalvi ging auf seinen taktisch klugen Vorschlag ein: Wenn man die das königliche Patronatsrecht betreffenden Texte wörtlich auslegte, so konnte man behaupten, daß sie nur die Ernennung residierender Bischöfe betrafen; der Entsendung Apostolischer Vikare mit dem Titel „in partibus infidelium" nach Lateinamerika stünde somit nichts entgegen, und auch die Rechte des Königs von Spanien würden dadurch nicht verletzt.

Daraufhin wurde Monsignore Muzi im April 1823 in dieser Funktion nach Chile entsandt, offiziell als Antwort auf eine Anfrage des Diktators O'Higgins, inoffiziell, um in geheimer Mission an Ort und Stelle Apostolische Vikare auszuwählen und zu designieren, die die vakanten Diözesen im Lande des Rio de la Plata und Großkolumbiens leiten sollten. „Wenn wir noch länger gewartet hätten", schrieb Consalvi, „hätte unser Apostolischer Vikar überall im Land Methodisten, Presbyterianer und vielleicht sogar Sonnenanbeter vorgefunden".

Einziges Ziel der Mission des Giovanni Muzi war die Wiederherstellung der Gemeinschaft des Episkopats mit Rom. Die Briefe Leos XII. waren in diesem Punkt eindeutig, die dem Apostolischen Vikar gegebenen vertraulichen Instruktionen setzten ihm als unverrückbare Richtschnur, sich keinesfalls in politische Angelegenheiten hineinziehen zu lassen und durch sein Verhalten eindeutig erkennen zu geben, daß der Heilige Stuhl ihn aus keinem anderen Grund entsandt habe, als aus Sorge um die Regelung der anstehenden geistlichen Angelegenheiten[4].

Madrid vermutete politischen Verrat, während der Vertreter der Vereinigten Staaten in Santiago de Chile seine Regierung davon in Kenntnis setzte, daß „der Nuntius ausschließlich in geistlichen Angelegenheiten tätig wurde, ohne irgendwie in weltliche Belange einzugreifen"[5].

Muzi, der in Begleitung eines jungen Geistlichen namens Mastai-Ferretti, des künftigen Pius IX., reiste, mußte auf dem Weg nach Chile in Buenos Aires Station machen. Hier bereitete ihm der liberale Politiker Bernardino Rivadavia, der diese römische Initiative äußerst ungern sah, einen unfreundlichen Empfang. Der mächtige Rivadavia, ein Freimaurer, hatte damit begonnen, die Kirche auf seine Art zu „reformieren". Er ließ Erzbischof Muzi wissen, daß er keine Bestätigungen irgendwelcher Art in der Stadt vornehmen dürfe, und verlangte von ihm, seinen Weg nach Santiago de Chile fortzusetzen, wobei er andeutete, daß sein Empfang dort vielleicht weniger herzlich als erhofft ausfallen könnte.

Im Januar 1824 machten sich Muzi und seine Begleiter zu Lande auf die lange Reise, mit allen notwendigen Vorräten für die Durchquerung der riesigen, fast wüstenartigen Gebiete der Pampa und später der Anden. Neun Monate nach ihrer Abreise aus Genua kamen die Reisenden in Santiago an. Unglücklicherweise war der Diktator Bernardo O'Higgins, der um die Entsendung der Mission gebeten hatte, zwei Monate zuvor von seinem Vertrauensmann gestürzt worden, der sich nun gerade weit entfernt im tiefen Süden aufhielt und dort gegen die Royalisten von Chiloé Krieg führte. So mußte die Delegation monatelang warten.

Als Generalleutnant Ramón Freire zurückkam, gab er sich höflich, war aber nur schwer

---

[4] Vgl. F. M. GILABERT, La Primera Misión de la Santa Sede a América, Pamplona 1967, 329.
[5] Ebd., 330.

zugänglich. Da inzwischen Intrigen aller Art gegen den Apostolischen Vikar gesponnen wurden – bis hin zu Behauptungen der (freien) Presse, daß die Mission den Staat 50 000 Pesos koste und die Mitglieder der Delegation Spione der Heiligen Allianz seien – und die Regierung politische Stellungnahmen erwartete, die den erhaltenen Instruktionen zuwiderliefen, beschloß Muzi, Santiago zu verlassen: „Weil ich meiner Aufgabe treu bleiben wollte, mußte ich abreisen und eine noch anstrengendere Reise als das erste Mal auf mich nehmen, um Buenos Aires zu vermeiden, wo es sonst unweigerlich zu neuen Katastrophen gekommen wäre"[6].

Nach außen hin zumindest endete die Mission Muzi also mit einem Mißerfolg. Muzi besaß kein diplomatisches Geschick. „Er kann", schrieb sein chilenischer Mitarbeiter Cienfuegos über ihn, „mit den Leuten nicht umgehen, wie man so sagt; er ist völlig integer, tugendreich, arglos und schlicht; er besitzt, mit einem Wort gesagt, die Unschuld der Taube, aber ihm fehlt die Klugheit der Schlange". Mastai war der gleichen Meinung, wie aus seinem Tagebuch und seinen Briefen hervorgeht. Das Hauptproblem jedoch, die Frage der Bischofsweihen, in den Augen Mastais' eine *absoluta necessitá,* blieb weiter ungelöst. Muzi ernannte keine Bischöfe in Chile, so daß es dort auch weiterhin nur einen einzigen Bischof gab, einen alten spanischen Royalisten, der von der Regierung abgesetzt worden war. Was sollte er sonst tun, da „die Regierung verlangte, diese Stellen mit Leuten zu besetzen, deren einziges Verdienst darin bestand, Patrioten zu sein, während sie sonst in jeder Hinsicht unwürdig waren"[7]? Die Situation war festgefahren.

In seinem Brief an den Kardinalstaatssekretär vom 3. Juni 1824 betonte Mastai, daß die Mission dennoch nicht umsonst gewesen sei: In Chile und anderen Staaten hätte man Antwort auf viele Fragen gegeben und das Gewissen zahlreicher Priester durch eine Bestätigung in ihrem Amt beruhigen können. Zudem hätte man die „Jansenisten" zum Schweigen gebracht, die der weltlichen Obrigkeit und untergeordneten kirchlichen Stellen Rechte zuschrieben, die allein dem Papst vorbehalten seien; vor allem aber hätte die Mission dazu beigetragen, die sehr verbreitete Vorstellung zu revidieren, Rom hätte die Christen Lateinamerikas vergessen[8]. In diesem Sinn hatte auch Bolivar an Erzbischof Muzi geschrieben und sein Kommen begrüßt.

Die Mission war der erste direkte Kontakt zwischen dem Heiligen Stuhl und den neuen Nationalstaaten, ein erster Kontakt und ein erster Schritt in Richtung auf eine Anerkennung ihrer Unabhängigkeit, wie es König Ferdinand VII. sofort und voll Bitterkeit vermerkte. Und es sollte sich auch nicht als unwesentlich erweisen, daß der künftige Pius IX. fast zwei Jahre in den Provinzen der südlichen Hemisphäre verbracht hatte. Dabei hatte er sowohl in Buenos Aires als auch in Santiago de Chile feststellen können, welche Erfolge die „neuen Ideen" sowohl bei den jungen Leuten als auch bei einigen Priestern verzeichneten; er hatte beobachtet, wie Rivadavia – wenn auch vergeblich – die Gründung einer Nationalkirche betrieb und wie Freire versuchte, den chilenischen Klerus zu säkularisieren. All jenen, die ihm gegenüber ihren Liberalismus offen zur Schau stellten, begegnete

---

[6] Ebd., 339. Die Mission hatte Genua am 5. Oktober 1823 nach dem Tod Pius' VII. verlassen und war am 4. Januar 1824 in Buenos Aires eingetroffen; über Córdoba und Mendoza gelangte sie am 6. Mai nach Santiago de Chile und blieb dort bis zum 19. September 1825. Von da zog sie weiter nach Valparaiso und fuhr schließlich per Schiff um das Kap der Guten Hoffnung herum nach Montevideo.

[7] Ebd., 343.

[8] Ebd., 345, und F. ARANDA BRAVO, Breve Historia de la Iglesia in Chile, Santiago de Chile 1968, 114–118.

Mastai mit einer neuen Taktik: Er gab sich noch liberaler als sie, indem er Voltaire und Rousseau die gebührende Ehre erwies, bevor er boshaft hinzufügte, daß diese großen Männer bereits der Vergangenheit angehörten und in Europa niemanden mehr interessierten. In sein Tagebuch dagegen schrieb er:

„Die spanische Regierung schützte die Religion, während die gegenwärtigen Regierungen direkt auf ihre Zerstörung hinarbeiten. Und das Schlimmste, was der Religion passieren konnte, war, daß die Geistlichen aktiv an diesen Revolutionen teilnahmen, anstatt Frieden zu stiften und die Gemüter auszusöhnen."[9]

Als 1848 die Verfechter einer italienischen Einheitsidee ihm später, er war inzwischen Pius IX., zujubelten, lehnte er es ab, sich an die Spitze der Bewegung für die Einheit und Unabhängigkeit Italiens zu stellen und blieb damit jenen Worten treu, die er 1824 niedergeschrieben hatte. Vielleicht liegt der Ursprung des *Syllabus* in seinen in Südamerika gesammelten Erfahrungen ...

Den Pessimismus vieler, „daß man bereits jetzt, angesichts der politischen Wechselfälle in diesen riesigen Gebieten und der klar erkennbaren Haltung der neuen Regierenden, voraussagen könnte, die spanischen Kolonien, die ihrem legitimen Herrscher den Gehorsam aufgekündigt hatten, wären bald nichts anderes als Missionsgebiete"[10], teilten sowohl Mastai wie auch Muzi nicht. Sie hatten die Erfahrung gemacht, „daß das einfache Volk und alle verständigen Leute in Südamerika die römisch-katholische Religion liebten und achteten und daß diese Völker dem Vertreter des Heiligen Vaters so viele Beweise ihrer Achtung und kindlichen Liebe entgegenbrachten, daß man sich nicht ohne Rührung daran erinnern konnte."[11]

Der junge Mastai vergaß diesen lebendigen Glauben ebensowenig wie die zahlreichen Klöster und Kirchen Chiles, die einfachen Kapellen in der Pampa, die Kalvarienberge in den Anden und die franziskanischen Missionsstationen oder auch die Verehrung, die das Volk in Lima der hl. Rosa entgegenbrachte oder auch der Mariana, jener „Lilie von Quito", die sich wie Rosa kasteite und bei dem schrecklichen Erdbeben von 1645 ihr Leben für die Einwohner der Stadt opferte. Er behielt auch das Andenken an Erzbischof Toribio von Lima, an Francisco Solano oder Luis Beltrán, der in Kolumbien und Panama Indianer bekehrt hatte, an Pedro Claver, den Anwalt der afrikanischen Sklaven, an Gregorio López, den mexikanischen Mystiker, an Martin de Porres, einen weithin verehrten, ebenfalls aus Lima stammenden dunkelhäutigen Wundarzt und Bader, an Bruder Sebastian de Aparicio, den Erbauer von Straßen in Neuspanien, an die Märtyrermönche von Zacatecas (Mexiko) oder die Märtyrer von Paraguay.

Nach einem 1952 von der apostolischen Nuntiatur in Chile veröffentlichten Dokument soll er sich später sogar gerühmt haben, der erste amerikanische, ja sogar chilenische Papst gewesen zu sein, „da nichts von all dem, was in diesen Ländern jenseits des Ozeans passierte, ihm künftig gleichgültig sein könne". So wird auch die Bewunderung verständlich, die er für Christoph Kolumbus empfand, den „Christus-Träger"[12].

Aber unmittelbar nach dem Scheitern der Mission Muzi war die Lage aus kirchlicher Sicht ziemlich verfahren: „Im Norden ist der reiche Metropolitansitz Mexiko vakant, und

---

[9] Gilabert, La Primera Misión 338.
[10] Ebd., 344 und 347.
[11] Ebd., 348.
[12] Zitiert nach dem großen Romancier Alejo Carpentier in seinem Werk *El Arpa y la sombra* (Madrid 1979, 52).

nur drei von acht seiner Suffragansitze sind besetzt"[13]. Der einzige noch amtierende Prälat in Zentralamerika war der Erzbischof von Guatemala, und er sollte nur wenig später nach Kuba ausgewiesen werden. „In Großkolumbien waren alle Kirchen Venezuelas mit Ausnahme von Mérida und Maracaibo vakant, wie auch alle Kirchen Ecuadors, und in Neu-Granada war einzig der Sitz von Popayán besetzt. Südlich von Kolumbien bot sich ein noch traurigeres Schauspiel: Ein altersschwacher und handlungsunfähiger Bischof lebte fern seines eigentlichen Bistums Cuzco, ein anderer, der den Verstand verloren hatte, lebte in Paraguay; mehrere waren nach Spanien geflohen, und so hätte es in ganz Argentinien, Chile, Peru und Bolivien keinen einzigen Oberhirten mehr geben, um die Priester zu ordinieren und die Kelche und heiligen Öle zu weihen, wäre da nicht Bischof Goyeneche von Arequipa [Peru] gewesen, der für seine fürsorglichen Bemühungen, seinen apostolischen Glaubenseifer und sein Ausharren den glorreichen Titel eines geistlichen Vaters Südamerikas verdient hat."[14]

Was die Orden betraf, so hatten die anhaltenden Kriegswirren, die politischen Auseinandersetzungen und die von den neuen Regierungen getroffenen Maßnahmen ein monastisches Leben unmöglich gemacht und den bereits durch das spanische Königtum in Gang gesetzten Prozeß einer Säkularisierung der Orden beschleunigt. Der fast völlige Ruin der Bettelorden hatte schwerwiegende Folgen für die ländlichen Gegenden, da er zur Auflösung jener kleinen Klöster führte, die sich als einzige um die Bevölkerung der verstreut liegenden Orte gekümmert hatten. Eine weitere Folge war der Niedergang der Missionsstationen im Indianergebiet. Nach Schätzungen sank die Zahl des Welt- und Ordensklerus in 25 Jahren trotz eines stetigen Bevölkerungsanstiegs in den einzelnen Gebieten um 35 bis 60 Prozent.

Papst Leo XII., der sehr darunter litt, daß er die Enzyklika *Etsi iam diu* unterzeichnet hatte[15], ernannte sobald als möglich zwei Erzbischöfe und fünf Bischöfe für das Großkolumbien Simon Bolivars[16]. Madrid antwortete darauf mit der Ausweisung des Nuntius und erreichte so eine Verlangsamung des Prozesses. Pius VIII. wagte keinen weiteren Bruch mit Spanien und beschränkte sich auf die Ernennung Apostolischer Vikare. Gleichzeitig

---

[13] 1829 war es nur noch ein einziger (Anm. d. Verfassers).

[14] Dieses Dokument aus dem Jahre 1826 wird in der spanischen Ausgabe von FLICHE – MARTIN, Histoire de l'Église 24, 612, zitiert. Vakant blieben die Bischofssitze von: Buenos Aires 21 Jahre (1812–1833), Caracas 10 Jahre (1817–1827), Cartagena 19 Jahre (1812–1831), Concepción (Chile) von 1817 bis 1831, Santiago de Chile von 1825 bis 1831, Quito von 1823 bis 1829, Cuzco von 1826 bis 1839, Trujillo von 1821 bis 1831, Asunción (Paraguay) von 1819 bis 1834, u. a. m.

[15] Dazu vgl. oben, S. 919.

[16] Als der Papst die Erzbischöfe von Bogotá und Caracas und die Bischöfe von Antioquia, Santa Marta und Guayana ernannte, jubelte Bolivar: „Um einer großen Sache willen sind wir heute vereint, dem Wohl der Kirche und dem Wohl Kolumbiens. Eine feste, heller als die Sterne glänzende Kette bindet uns erneut an die römische Kirche, die das Tor zum Himmel ist. Die Nachfolger des heiligen Petrus waren immer unsere Väter, aber durch den Krieg waren wir Waisen geworden, wie verlorene Lämmer, die vergeblich nach ihrer Mutter blökten. Die gütige Mutter hat uns gesucht und zur Herde zurückgeführt. Sie hat uns Hirten gegeben, die der Kirche ebenso würdig sind wie meiner Republik. Diese hochgeschätzten Fürsten, die nun die kolumbianische Herde weiden, sind für uns das heilige Band zwischen Himmel und Erde. Ihre Religiosität und ihre politischen Tugenden sollen uns zum Vorbild gereichen. Diese Verbindung zwischen Weihrauchfaß und Richtschwert stellt die echte Bundeslade dar. Meine Herren, ich erhebe mein Glas auf die heiligen Verbündeten des Vaterlandes, die sehr verehrten Erzbischöfe von Bogotá und Caracas und die Bischöfe von Santa Marta, Antioquia und Guayana". Diese häufig zitierte Passage findet sich u. a. in: CEHILA, Historia general de la Iglesia en América latina, Bd. VII: Kolumbien – Venezuela, Salamanca 1981, 274.

entsandte er einen Nuntius nach Rio de Janeiro, der mit weitgehenden Vollmachten für ganz Amerika ausgestattet war. 1826 und 1827 wurden die Gesandten Mexikos und Kolumbiens nach einer Intervention Madrids in Rom nicht empfangen. 1828 gingen Gregor XVI. durch Vermittlung des französischen Vizekonsuls in Lima Briefe des Kapitels von Lima und Bischofs Goyeneche von Arequipa zu [17].

In seinem ersten Konsistorium am 28. Februar 1831 präkonisierte Gregor XVI. „motu proprio" sechs Bischöfe mit Sitz in Mexiko; wenige Monate später rechtfertigte die Enzyklika *Sollicitudo ecclesiarum* grundsätzlich die jetzt von Rom verfolgte Linie, indem sie betonte, es sei Recht und sogar Pflicht des Papstes, über kirchliche Angelegenheiten mit jeder vorhandenen Regierung zu verhandeln. Der Tod Ferdinands VII. erleichterte die Lösung des politischen Problems. 1835 erkannte der Papst die Republik Neu-Granada offiziell an, 1836 die Republik Mexiko und in der Folge alle anderen Republiken. Inzwischen zeichnete sich jedoch ein neuer Konflikt ab, der die lateinamerikanischen Bischöfe sofort zu einem engen Zusammengehen mit dem Papsttum veranlaßte: Die neuen Staaten verlangten das „Patronatsrecht" für sich.

2. Das Patronatsrecht [18]

Die Kontroversen um strittige kirchliche Angelegenheiten führten in der Zeit der Unabhängigkeitskriege und den Jahren nach der Errichtung der neuen Republiken zu einer Flut von Veröffentlichungen, Pamphleten, Artikeln, offiziellen Berichten, Gesetzen, Rundschreiben, Predigten, Hirtenbriefen und Erlassen. Da die Konflikte naturgemäß oft die Grundlagen des Glaubens berührten, wurden sie erwartungsgemäß nicht emotionslos ausgetragen. Der heutige Historiker muß sich deshalb erst durch einen Berg widersprüchlicher Literatur kämpfen. Vielfach waren die Historiker der damaligen Zeit außerstande, unabhängig davon, ob antiklerikal gesinnt oder nicht, objektiv zu bleiben, sobald sie über die Kirche schrieben. Dies trifft besonders für die vorliegende Fragestellung und Epoche zu, wenn auch nicht ausschließlich. Zieht man dies in Betracht, kann und wird man die damaligen kirchlichen Geschichtsschreiber, dies waren insbesondere die Jesuiten, durchaus mit Gewinn heranziehen.

---

[17] R. VARGAS UGARTE, Historia de la Iglesia en el Perú, Bd. V, Burgos 1962, 93–103, berichtet von der Ernennung provisorischer Bischöfe durch Bolivar, der über die Vakanzen beunruhigt war, wie auch von geplanten Gesandtschaften nach Rom und ihrem Scheitern. Die Mission Muzi hatte folgendes Problem ans Licht gebracht: In den neuen Staaten wurden nur residierende Bischöfe rechtlich anerkannt, während man den Apostolischen Vikaren jegliche Gewalt über die Ortskirchen absprach. Rom versuchte 1826 einen weiteren Vorstoß: Der Papst wollte Bischöfe „motu proprio" ernennen, um nicht entscheiden zu müssen, ob die Präsentation der Kandidaten dem König von Spanien oder den republikanischen Regierungen zustand. Am 21. Mai 1827 präkonisierte Leo XII. im Konsistorium zum großen Mißfallen seines Staatssekretärs Erzbischöfe für Bogotá und Caracas und Bischöfe für Ecuador und Neu-Granada.

[18] Die Literatur zu diesem Thema ist schier unüberschaubar. Die beste Quellenpublikation bringt W. E. SHIELS, King and Church. The Rise and Fall of the „Patronato Real", Chicago 1966; die beste Studie auf Landesebene M. P. COSTELOE, Church and State in Independent Mexico: A Study of the Patronage Debate, 1821–1857, London 1978. Der vorliegende Beitrag folgt ihm in der allgemeinen Darstellung des Problems weitgehend, da sie für den Rest Lateinamerikas ebenso Gültigkeit besitzt wie für Mexiko. Dies belegt auch die Studie von R. T. DAVIDSON, The Patronato in Colombia, 1800–1853. Reform and Anti-Reform in the Archdiocese of Santa Fe de Bogotá, Diss. Vanderbilt University 1978. Vgl. dazu auch die bereits zitierten Arbeiten von P. DE LETURIA. Zu Venezuela vgl. C. SANCHEZ ESPEJO, El patronato en Venezuela, Caracas 1953.

Gleich zu Beginn der Unabhängigkeitsbewegungen entbrannte zwischen der Kirche und der weltlichen Obrigkeit ein heftiger Streit über die Frage des „patronato real" und der damit zusammenhängenden Probleme der Kirchensteuern, der kirchlichen Gerichtshöfe, der Kirchengüter usw. Diese oft heftigen Konflikte waren unvermeidlich, da die neuen Herrscher mit der Übernahme der einst von der spanischen Krone ausgeübten Herrschaftsgewalt auch die zwischen der katholischen Kirche und dem König von Spanien bestehenden besonderen Regelungen fortführen wollten [19].

Das Patronatsrecht wurde von den einzelnen Parteien sehr unterschiedlich verstanden. Es konnte sich zum einen um das von einem „patron" ausgeübte Präsentationsrecht für kirchliche Pfründen handeln, womit der Patronatsherr den Zugang zu den einzelnen kirchlichen Ämtern kontrollieren konnte. Dieses allgemein übliche Verfahren findet noch heute in der Kirche von England Anwendung. Warum löste es dann in Lateinamerika in der Zeit zwischen 1810 und 1850 derart heftige Auseinandersetzungen aus? Wohl vor allem deshalb, weil die oben angeführte Definition der Auslegung der Kirche und nicht derjenigen der liberalen Machthaber entsprach; letztere sahen sich vielmehr wie die gallikanischen Regalisten im Besitz des „*Real patronato de Indias*", das heißt einer absoluten Kontrolle über die katholische Kirche, die viel weitreichender als ein bloßes Präsentationsrecht war. Der mexikanische Priester und Senator José Maria Alpuche schrieb 1827 in seinem Gesetzesentwurf zum Patronatsrecht:

„Unter Patronatsrecht verstehe ich nicht nur das Recht zur Designation, Wahl oder Ernennung jener Personen, die Bischofssitze, Präbenden, Pfründe oder kirchliche Ämter übernehmen sollen. Ich verstehe vielmehr darunter die Gesamtheit der Rechte und Verpflichtungen, die die weltliche Gewalt gegenüber der Kirche, ihren Dienern und allen kirchlichen Angelegenheiten besitzt; in einem Wort: alles, was dabei immer in die Machtkompetenz der Königsgewalt fiel." [20]

---

[19] Das Patronatsrecht war 1493 und 1501 von Papst Alexander VI. durch die Bullen *Inter cetera* und *Eximia devotionis sinceritas* eingeführt worden. Julius II. (1505) und Paul IV. (zwischen 1555 und 1558) hatten seine gesetzliche Grundlage zugunsten der Könige Spaniens und Portugals ergänzt. Das Patronatsrecht ermöglichte es den Königen, ein Veto gegen alle päpstlichen Texte einzulegen und eine Kontrolle über alle Kirchenbauten, alle Institutionen und religiösen Gemeinschaften wie auch über die Organisation und Abgrenzung der einzelnen Diözesen und Pfarreien auszuüben. Es gestand ihnen das Präsentationsrecht für alle kirchlichen Pfründen zu sowie die Kontrolle über die Versetzung oder die weltlichen Aktivitäten der Priester und Ordensleute wie auch die Gründung und Verwaltung der Schulen und Hospitäler. Es erlaubte ihnen die Überprüfung aller Finanzen, Eingriffe in die kirchliche Gerichtsbarkeit und die Kontrolle der Provinzial- und Diözesankonzilien und Synoden. Im Gegenzug war der katholische Glaube in diesen Ländern als einzige Religionsform zugelassen. Die Kirche sollte geschützt und, wenn nötig, besonders in der Anfangsphase der Evangelisierung finanziell unterstützt werden. Andererseits fielen zwei Neuntel der Zehnten an die Krone. Tatsächlich unterstand die katholische Kirche in diesen Ländern damit völlig der absoluten Schutzgewalt des Königs, ohne weitere Bindung an Rom. 1583 formulierte dies der Bischof von Cuzco sehr treffend auf dem Konzil von Lima: „En los Indias casi no habia Iglesia porque su Majestad lo es todo" [„In Westindien gibt es praktisch keine Kirche, so allumfassend ist die Macht Ihrer Majestät"].

[20] Vgl. das Zitat bei COSTELOE, Church and State 5. Wenige Jahre nach Erlangung der Unabhängigkeit veröffentlichte der Erzpriester der Kathedrale von Lima, José Ignacio MORENO, den *Ensayo sobre la Supremacia del Papa*, wo er die Bedrohung anprangerte, die vom Gallikanismus (Regalismus) wie auch vom Jansenismus, Atheismus und Protestantismus für den Papst ausging. Er wandte sich in seiner Kritik gegen Pradt, Bossuet, Claude Fleury, van Espen in Löwen, Febronius (ein Pseudonym des Bischofs von Trier, J. N. von Hontheim) und den portugiesischen Verfechter des Regalismus, Antônio Pereira. Dabei zählte das *Jus Ecclesiasticum Universum* von van Espen zu den grundlegenden Werken, die an den spanischen und amerikanischen Universitäten gelehrt wurden; seine Thesen, die die Designation und Konsekration von Bischöfen selbst ohne päpstliche Bestätigung befürworteten, sowie seine Verteidigung der Intervention des Staates in den äußeren Belangen der Kirche, machten es zum Bre-

Für die Regalisten war das Patronatsrecht laikalen Ursprungs und an die politische Souveränität gebunden; in ihren Augen konnte es vom Papst nicht „gewährt", sondern höchstens „anerkannt" werden. Sie kannten die klassischen europäischen Werke in- und auswendig, was wiederum belegt, daß die „Säkularisierung des europäischen Denkens" auch in Amerika stattfand. Die gemäßigten unter ihnen vertraten die Ansicht, daß in der Praxis nur eine Übereinkunft mit Rom die Ausübung des Patronatsrechts möglich mache, während die radikaleren dies für theologisch überflüssig und politisch gefährlich hielten. Die Regierung sollte nicht mit Rom verhandeln, denn dies hieße „den Nationalstolz erniedrigen". „Die Nation besitzt das Patronatsrecht, weil sie souverän ist, und kann und soll alle kirchlichen Aktivitäten kontrollieren. Dieses Recht ist durch Devolution auf sie übergegangen", schrieb der Gouverneur von Michoacán (Mexiko) 1824 an das Kapitel von Morelia[21]. Die Extremisten träumten von einer von Rom gelösten Nationalkirche[22].

Die Kanonisten hielten am rein geistlichen Ursprung des Patronatsrechts fest, das ein historisch gerechtfertigtes Zugeständnis des Papstes darstelle, aber nicht übertragbar sei. Manche glaubten, daß die staatliche Unabhängigkeit das Ende des Patronatsrechts bedeute und daß die Kirche ihrerseits unabhängig vom Staate sein sollte; andere meinten, ein neuer Staat solle in Rom wegen einer neuerlichen Übertragung vorstellig werden; wieder andere

---

vier der südamerikanischen Reformpolitiker. Vgl. M. GONGORA, Estudios sobre el galicanismo y la „Ilustración cristiana" en América española, in: Revista Chilena de Historia y Geografia 125 (1957) 33. De Pradt, der ehemalige Erzbischof von Mecheln, wurde viel gelesen und zitiert. Seine Werke: *Les Quatre Concordats*, gefolgt von *Considérations sur le gouvernement général de l'Eglise* (Paris 1818) und *Concordat de l'Amérique avec Rome* (Paris 1827) wurden ins Spanische übersetzt. Lateinamerikaner pflegten ihn während ihres Europaaufenthalts zu besuchen und später weiter in Briefkontakt mit ihm zu bleiben. Zum Brevier der Regalisten aber wurde A. J. DE RIBADENEYRA, Manual compendio de regio patronato indiano, Madrid 1955. Die Texte Grégoires lagen seit 1823 in spanischer Übersetzung vor; er riet den lateinamerikanischen Regierungen zur Schaffung von Nationalkirchen. Vgl. R. F. NECHELES, The Abbé Grégoire (1787–1831), Connecticut 1971, 246.

[21] COSTELOE, Church and State 3. In Kolumbien verkündete der Kongreß am 4. August 1823 die Fortführung des Patronatsrechts; in den Verfassungen Kolumbiens, Perus, Chiles u. a. wurde das Patronatsrecht für den Staat ausdrücklich beansprucht, wobei das Recht, die Bischöfe zu ernennen, eigens betont wurde – wie noch vieles mehr. Vgl. DAVIDSON, The Patronato in Colombia, passim, und LÓPEZ MENÉNDEZ, Compendio de historia eclesiástica de Bolivia, La Paz 1965, v.a. die Kapitel: „1800–1825: Césarisme colonial despotique" und „Régalisme républicain, 1825–1860". Zu Chile vgl. ARANDA BRAVO, Breve historia de la Iglesia en Chile 112 ff. Zu Venezuela vgl. Historia General de la Iglesia en América latina (Cehila), Bd. VII, bes. das Kapitel „la Iglesia ante la emancipación" wie auch 458 ff., wo berichtet wird, daß sich Bischof Lasso de la Vega Präsident Santander in der Frage des Patronatsrechts widersetzte und daß der Erzbischof von Caracas, Ramón Ignacio Mendez, ein ehemaliger Aufständischer und Leutnant von Páez, das Patronatsrecht ablehnte, indem er auf Rousseau und Montesquieu verwies, während sich die Liberalen auf das kanonische Recht beriefen.

[22] In Argentinien versuchte Bernardino Rivadavia, ein Schüler des ehemaligen Erzbischofs von Mecheln, Pradt, dessen Ideen in die Tat umzusetzen, indem er eine „Kirchenreform" initiierte (21. Dezember 1822). Es handelte sich um den Versuch der Schaffung einer Nationalkirche, ohne monastische Orden, deren Priester als Staatsbeamte einzig auf ihre Funktion in den Gotteshäusern beschränkt sein sollten. Die meisten Priester in Buenos Aires schlossen sich ihm – im Gegensatz zur Geistlichkeit in den Provinzen im Inneren des Landes – an. Dies erklärt auch, wieso der Apostolische Vikar so unfreundlich empfangen wurde. Muzi notierte damals, daß die Gründung der Kirche in den Augen dieser „Reformatoren" eine rein menschliche Angelegenheit sei und sie eine Nationalkirche schaffen wollten, „um sich von Rom zu trennen". Im übrigen sollte Buenos Aires niemals auf das Patronatsrecht verzichten; dem *Memorial Ajustado*, in dem es 1834 eingefordert wurde, stimmten 37 Theologen und Juristen zu, nur zwei weigerten sich (vgl. J. J. KENNEDY, Catholicism, Nationalism and Democracy in Argentina, Washington 1958, 18–27). In Brasilien führte Pater Diogo Antônio Feijó, der unter anderem von 1822 bis 1843 mit der Regelung der kirchlichen Angelegenheiten betraut war, rücksichtslos den Kampf des Thrones gegen den Altar und träumte von einer Nationalkirche ohne Zölibat.

vertraten die Ansicht, daß der Staat mit oder ohne Patronatsrecht verpflichtet sei, die Kirche in ihrem Besitzstand und ihren Rechten zu schützen, und daß der Katholizismus zur Staatsreligion erklärt werden sollte, um die Verbindung zwischen beiden Institutionen zu unterstreichen.

Jenseits all dieser Debatten wurden Fakten gesetzt: Während die Zeit verstrich, übte der Staat das Patronatsrecht mit stillschweigender Zustimmung des Klerus aus – während Rom in stiller Resignation auf bessere Zeiten hoffte. Natürlich war es für die Kirche nicht einfach, jahrhundertealte, liebgewonnene Gewohnheiten über Bord zu werfen; sie hatte Schwierigkeiten, sich den Wiederaufbau ihrer Organe oder eine Reform von innen heraus, ja sogar ihre Funktionsfähigkeit ohne den traditionellen Schutz oder die Hilfe des Staates vorzustellen. Andererseits war die von den neuen Staaten ausgehende Macht das Ergebnis einer Revolution, die die bestehende „legitime" Macht des spanischen Königs abgelöst hatte. Anlaß zur Sorge gab vor allem, daß der neue Staat nicht mehr daran dachte, Schutzherr der Kirche zu sein. In dem Bestreben, die Macht und den Reichtum der katholischen Kirche für seine eigenen Zwecke zu nützen, forderte er das Patronatsrecht nicht, um die Kirche zu beschützen, sondern um sich ihrer zu bedienen, sie zu kontrollieren und zu schwächen, weshalb er alle ihre nichtliturgischen Aktivitäten auf ein Minimum reduzierte. Wenn er von „reformieren" sprach, so war dies gleichbedeutend mit einer radikalen Veränderung der Kirchenordnung und der materiellen Lage des Klerus. Sprach der neue Staat davon, die „Kirche zu reinigen" und die „Urkirche wiederherzustellen", so verbarg sich dahinter die Absicht, sie zu einer staatlichen Institution zu machen und ihre Kleriker zu Beamten.

Die Liberalen hatten sich in den Jahren 1780 bis 1850 auf die Machtübernahme vorbereitet. In ihrer Vorstellung einer modernen, säkularisierten Gesellschaft gab es keinen Platz für das Bollwerk der Reaktion, als das sie die katholische Kirche sahen. Sie wollten die Abschaffung der Orden, die in ihren Augen überflüssig, unproduktiv, ja sogar gefährlich waren, da sie über die Unterstützung der Bevölkerung verfügten. Sie störten sich an der rechtlichen Sonderstellung des Klerus und vor allem am Reichtum der Kirche, beides sollte enden. Der Staat sollte die Hand auf die Zehnten, die Kirchengüter und die investierten Kapitalien legen, die angeblich den wirtschaftlichen Fortschritt in unerträglicher Weise behinderten. Dem Klerus lastete man die ganze Rückständigkeit des Landes an, den Analphabetismus und den „Fanatismus"; Religion sei ein Konglomerat aus Aberglauben, Götzenanbetung und kostspieliger Verehrung falscher Heiliger.

Dagegen setzte sich der Klerus begreiflicherweise zur Wehr. Sobald es möglich war, wandte er sich an Rom – eine für Amerika außergewöhnliche Neuerung –, und dank der Unterstützung Roms leistete er Widerstand. Er drehte nun die Beweisführung um und wandte seinerseits die Theorie vom geistlichen Ursprung des Patronatsrechts auf alle umstrittenen Punkte an: die Zehnten, die Pfarrabgaben, die Gerichtsprivilegien und die Kirchengüter. So fand sich die Kirche im Brennpunkt des politischen Kampfes zwischen Liberalen und Konservativen wieder; von den Liberalen abgewiesen, wurde sie zur Geisel der Konservativen, während alles schon unaufhaltsam auf eine Kirchenreform zutrieb, auf einen Bürgerkrieg und eine gewaltsame Trennung der katholischen Kirche vom Staat, der seinerseits die protestantischen Kirchen offiziell unterstützte.

Im 18. Jh. hatten fast alle Bischöfe und zahlreiche Kleriker den Regalismus gefördert, um ihre eigene Macht zum Nachteil Roms zu stärken. Angesichts der Feindseligkeit der Liberalen nach Erringung der Unabhängigkeit vollzogen sie einen Frontwechsel und wurden ultramontan. Zur gleichen Zeit ergoß sich mit der Aufhebung der Zensur eine ungewöhnliche Flut antiklerikaler Schriften über das Land, in denen, wohl aufgrund der relativen Stärke der Kirche, alle ihre Aktivitäten angegriffen wurden. Denn angesichts eines im Entstehen begriffenen Staates, einer in sich gespaltenen Oberschicht und einer Armee, der es auf einen Staatsstreich mehr oder weniger nicht ankam, blieb die Kirche die einflußreichste Institution. Der Preis dafür war die Feindschaft der Liberalen. Aber wie stand es wirklich mit den Privilegien der Kirche? Ihre eigene Gerichtsbarkeit war bereits von den Bourbonen abgeschafft worden. Standen ihre Reichtümer realiter einem Wirtschaftswachstum entgegen? Wohl kaum, da die Kirche nur wenig Land besaß und dieses verpachtete. Ihre Schulen und Hospize trachtete man nun zu ruinieren, um ihr die soziale Basis zu entziehen. Man beschuldigte sie, durch ihre religiöse Intoleranz gegenüber den protestantischen Kirchen den Fortschritt sowie den Zustrom neuer Ideen und Einwanderer zu verhindern. Wie man sieht, war die katholische Kirche offensichtlich der Sündenbock für alle Mißerfolge der Liberalen, deren Utopien an der sozialen Wirklichkeit zerbrachen[23].

Diese Liberalen standen auch vor der Frage, wie sie eine „Reform" durchsetzen sollten gegen den Willen der Mehrheit einer durch und durch traditionellen Gesellschaft, der die Vorstellungen von einer modernen und säkularisierten Nation gänzlich fremd waren. Oft waren die Liberalen selbst noch Christen oder Deisten. Ihr persönliches Problem lösten sie, indem sie es verinnerlichten oder – vorerst im geheimen – einer protestantischen Denomination beitraten.

Die erste Generation versuchte das Patronatsrecht als Mittel zur „Reform" einzusetzen, erreichte damit aber nur eine Verschärfung der Gegensätze und stieß auf den Widerstand der Kirche, die den Anspruch des Staates auf Durchführung von „Reformen" ablehnte. Seit die Kirche ultramontan geworden war, hatte sich ihre Vorstellung vom Verhältnis zum Staat verändert. Wenn der Staat ihr den herkömmlichen Status nicht länger garantieren wollte, wurde das Patronatsrecht zu einer Bedrohung. Folglich strebte die Kirche nun danach, wie der Staat selbst ein souveränes Organ zu werden, unabhängig von der weltlichen Gewalt. Doch die Haltung blieb ambivalent: Einerseits sehnte man sich nach absoluter Freiheit, andererseits erhob man Anspruch auf den Schutz des Gesetzes.

Die zweite Generation zerschnitt den gordischen Knoten. Junge Männer einer städtischen Minderheit, die zur Führungsschicht zählten, revolutionierten die „Reform". Die

---

[23] Lateinamerika war stark von der Aufklärung beeinflußt. Sowohl die geistliche als auch die weltliche Oberschicht war mit der Freimaurerei ebenso vertraut wie mit dem doktrinären Rationalismus, dem französischen Gallikanismus, dem deutschen Febronianismus, dem österreichischen Josephinismus und ihren jeweiligen bourbonischen Varianten. Der Klerus las die Werke von van Espen, Pereira, Campomanes und der Regalisten. Man machte den römischen Primat, die Orden, den Zölibat, die Besitzungen und Schulen der Kirche oder die Kirchenzucht für die Zustände verantwortlich. Hinter all den „Reform-"Projekten verbarg sich in Wirklichkeit der Wunsch, den Dogmen, dem Christengott oder dem Teufel die Schuld zuzuschieben. In dieser Hinsicht war der nach der Aufhebung der Jesuiten von dem spanischen Minister Roda an Choiseul geschriebene Brief – sei er nun authentisch oder nicht – bezeichnend: „Wir haben den Sohn getötet; jetzt müssen wir nur noch ein Gleiches mit der Mutter, unserer heiligen römischen Kirche, tun" („Hemos muerto al hijo; ya no nos queda más que hacer otro tanto con la madre, nuestra santa Iglesia romana"); zitiert nach M. MENÉNDEZ PELAYO, Historia de los heterodoxos españoles II, Madrid 1967, 440 [1882]. Die französische Revolution und der spanische Liberalismus trugen zur Verschärfung dieser Strömungen bei, wobei exilierte Priester, die mit den Franzosen sympathisiert hatten („afrancesados"), eine große Rolle spielten. Der Haß auf Spanien vermischte sich bei diesen Liberalen mit dem Haß auf die Kirche, wobei sie trotzdem an einem absoluten Regalismus festhielten. So war etwa der Tyrann von Paraguay, der aus Bewunderung für Robespierre den Namen Francia angenommen hatte, von unversöhnlichem und wirksamem Haß auf die katholische Kirche erfüllt.

Massen jedoch verweigerten ihnen, trotz einiger interessanter Ausnahmen, die Gefolgschaft. Am Ende dieses Kampfes stand die schwierige Trennung von Kirche und Staat, die nicht in allen Ländern gleich gut gelöst wurde.

II. Antiklerikalismus und kompromißloser Katholizismus

Die katholische Kirche hatte, trotz einiger Ansätze zur Trennung von Kirche und Staat im Zeitalter der Aufklärung, eine privilegierte Stellung innerhalb der Kolonialgesellschaft inne. Ihre religiöse Monopolstellung und ihre Einbindung in den Regierungsapparat hatten sie zum einzigen Führungsgremium gemacht, mit dem sich die Volksmassen identifizieren konnten. Gerade weil sie selbst Teil des monarchischen spanischen Staates war, stellte sie einen gesellschaftlichen Integrationsfaktor dar. Als sie in der Krise der Unabhängigkeitskriege den Untergang der monarchischen Herrschaft überlebte, zeigte sich, wie sehr sie Teil der Kolonialgesellschaft geworden und dabei zugleich relativ autonom geblieben war. Nach den Prüfungen eines langen Bürgerkriegs wurde die katholische Kirche auch damit fertig, daß sie fast eine ganze Generation lang über keine kirchliche Hierarchie verfügte. Entgegen vieler Voraussagen brach mit der Unabhängigkeit nicht die Zeit der Nationalkirchen oder der protestantischen Kirchen an, selbst wenn manche Regierung Rom an den Pranger stellte. Als dann um 1860 die Wellen des Liberalismus hochschlugen und die Oberschicht sich ihm verschrieb, verhielt sich „das Volk als Reaktion darauf konservativ und klerikal"[24].

Nach 1860 versuchte die Liberalen zwar nicht mehr, sich einen katholischen oder einfach christlichen Anstrich zu geben, brachten jedoch den protestantischen Missionaren und Einwanderern, die man als Sendboten der großen fortschrittlichen angelsächsischen Staaten ansah, Sympathie entgegen. Das liberale Denken wurde in der Zeit zwischen 1870 und 1930 grundlegend vom sogenannten Positivismus bestimmt. In Amerika war dieser Begriff schillernd, da er den Rahmen der philosophischen Schule von Auguste Comte sprengte, indem er den Evolutionismus Darwins ebenso einbezog wie dessen Anwendung auf die Gesellschaft und die Geschichte durch Spencer wie auch den Utilitarismus von Bentham und John Stuart Mill. So gesehen war der Positivismus zunächst eine bestimmte Form des Denkens, eine besonders in der intellektuellen und gesellschaftlichen Elite dominierende Strömung, eine Art Szientismus. Man erlebte ihn in Lateinamerika gewissermaßen als „Wissenschaftskultur", die gerade in so großen Staaten wie Brasilien, Mexiko und Argentinien Wirtschaft, Gesellschaft und Politik in ihrem Sinn zu gestalten suchte; sie fungierte als „säkularisierte und aufgeklärte Religion"[25], die die Existenz der katholischen Kirche radikal in Frage stellte, auf der anderen Seite die Erfolge der protestantischen Kirchen, wenn sie auch nicht gerade bemerkenswert waren, begrüßte. In der Ära des Positivismus benützten die Staaten die Kirche zwar weiterhin als Mittel zur Durchsetzung ihrer Politik, waren aber nicht länger zur Duldung dessen bereit, was sie als überlebte, archaische Relikte betrachteten. Dies erklärt sowohl die Bedeutung des Schulkampfes wie auch die Heftigkeit des staatlichen Antiklerikalismus, der periodisch immer wieder aufflammte,

---

[24] J. MARIÁTEGUI, Siete ensayos de interpretación de la realidad peruana, Lima (1927) 1971, 190f.
[25] Zu dieser Sicht vgl. H.-J. PRIEN, Die Geschichte des Christentums in Lateinamerika, Göttingen 1978, Kap. 42: „Kirche und Gesellschaft im Zeitalter von Spätliberalismus und Szientismus".

etwa in der Zeit zwischen 1870 und 1875 in Venezuela und Kolumbien oder letztmals – parallel zu Frankreich – im ersten Viertel des 20. Jh. in Bolivien, Ecuador und Mexiko.

In dieser Periode zwischen 1860 und 1914 (oder 1930) war die Kirche keineswegs bereit, den Liberalen, Positivisten, Freimaurern und Protestanten gegenüber, die sie nun als ihre Feinde identifizierte, auf Widerstand zu verzichten. Ihre Gegner trafen nun auf eine wesentlich stärker romorientierte, polemischere und aggressivere katholische Kirche. Statt von einem „katholischen Ghetto" zu sprechen, wie dies verschiedene Historiker vorschlugen, sollte man besser von „Zitadelle" oder „Festung" reden, in der man sich bereits anschickte, die verlorenen Positionen zurückzuerobern. Von der Teilhabe an der politischen Macht, die ihr fast überall feindlich gegenübertrat, ausgeschlossen, machte sich diese klerikale und ultramontane Kirche erfolgreich daran, ihren Einfluß und ihre Macht in eben dieser bürgerlichen Gesellschaft auf direktem Wege zu steigern. Im Geiste des *Syllabus* handelte es sich dabei nur um eine Etappe mit dem Ziel, eines Tages nicht nur die Gesellschaft, sondern auch die Politik und den Staat erneut zu verchristlichen.

Der *Syllabus* (1864), das I. Vatikanum (1870–1871), die Ereignisse in Italien wie auch alle Veränderungen in der Welt und in Lateinamerika führten zu einer Verhärtung der Fronten, die noch verstärkt wurde durch die Ankunft protestantischer Missionare, die als unerträgliche Beleidigung für eine bereits christliche Welt empfunden wurde, verstärkt auch durch den in Brasilien offen ausbrechenden Konflikt mit dem Kaiserreich, sobald die alte, durch ihre regalistische Tradition belastete Generation von jungen, in ultramontanem Geist erzogenen Prälaten abgelöst worden war sowie durch die Ankunft europäischer Auswanderer, deren Freimaurertum weit aggressiver und deren radikaler Katholizismus auch wesentlich intoleranter war. Denn die Vorstellung, vom Liberalismus bis in ihre Zufluchtstätten in Amerika verfolgt zu werden, entsetzte diese Auswanderer derart, daß sie sich für einen solchen Fall mit einer geradezu fanatischen Entschlossenheit zum Kampf rüsteten. Dies wiederum kam nur allzu gut den allgemeinen Bestrebungen einer Kirche entgegen, die sich vom Geist des Jahrhunderts verfolgt fühlte. Hier sei nur Bischof Schumacher als Beispiel angeführt, der gegen Ende des 19. Jh. entzückt feststellte, welche Wirkung die Exkommunikation auf die Gläubigen in Ecuador ausübte, und deshalb häufig zu diesem Mittel griff, um eine Ausweitung der liberalen Revolution zu verhindern, während der Erzbischof von Quito, ein berühmter Gelehrter, trotz grundsätzlicher Verurteilungen, mit denen er recht freigiebig war, die Angelegenheit doch nicht so ernst nahm im Wissen, daß die Kirche von Ecuador den Triumph dieser Liberalen, die sich auch als ihre Söhne bezeichneten, überleben würde. Mag Schumacher, ein streitbarer Preuße, der schließlich sogar die Leitung kriegerischer Aktionen übernahm, auch eine Ausnahme darstellen, so war er doch charakteristisch für eine allgemeine Tendenz[26].

Aus der ersten Phase des politischen Konflikts, der vor allem ein Streit um den Regalismus war, ging die katholische Kirche frei (und ultramontan) hervor; zum erstenmal in ihrer Geschichte war sie nicht mehr von der weltlichen Macht abhängig. Dies kam einer Revolution gleich und erklärt, wieso die katholische Kirche sich in einer günstigen Ausgangslage befand, um im Namen der Religion und des Vaterlands gegen Liberalismus, Positivismus und Utilitarismus zu Felde zu ziehen.

Das Paradoxe an diesem seltsamen Konflikt war, daß er das Aufkommen eines wirklich

---

[26] Vgl. T. HALPERIN, Histoire contemporaine de l'Amérique latine, Paris 1972, 142f.

romorientierten Katholizismus erleichterte, da nun – bedingt durch die innere Spaltung der führenden Schichten – die Gefahr des Gallikanismus wie auch der Schaffung von Nationalkirchen ausgeschaltet war. Die Kirche sah in diesem Konflikt einen metaphysischen Kampf, mit dem liberalen Staat in der Rolle des Teufels, weshalb sie den Bruch mit dem Staat in Kauf nahm; so wurde sie zugleich „papistisch" und kritisch. Beides sollte gegen Ende der hier untersuchten Periode zu einer Wiederherstellung ihres Einflusses führen; es erklärt auch, wieso sie für den Staat immer noch potentieller Rivale und dauernder Unruheherd blieb.

Aus diesem Grunde arrangierten sich die liberalen Staaten, als sie im ersten Viertel des 20. Jh. an Boden verloren, nach und nach mit der katholischen Kirche, selbst wenn sie gerade eben noch – wie z. B. in Bolivien oder Ecuador – eine heftige Kampagne gegen sie geführt hatten. Sie waren um so mehr zu einem Wechsel ihrer politischen Linie bereit, als mit den großen Einwanderungswellen jetzt auch von jenseits des Atlantik Anhänger einer gewalttätigen Revolution in Südamerika auftauchten: Radikalismus, Sozialismus und Anarchismus waren Faktoren, mit denen man nicht nur in den Ländern der südlichen Hemisphäre rechnen mußte, sondern auch in den Fabriken und großen Städten Mexikos, Perus, Venezuelas und Kolumbiens.

Angesichts dieser Bedrohung begannen sich die Liberalen den Konservativen anzunähern, von denen sie in Wirklichkeit nur durch den Antiklerikalismus getrennt waren. In den meisten Republiken – eine Ausnahme, die die Regel bestätigt, bildete nur Mexiko, wo bereits 1910 eine große Revolution ausbrach, während es im ganzen übrigen Kontinent bis 1929 ruhig bleiben sollte – war damit der alte Streit über die Beziehungen zwischen Kirche und Staat beigelegt.[27] Konfrontiert mit neuen Problemen und Herausforderungen aller Art, waren die weltlichen Führer in arger Verlegenheit und baten zunehmend die Kirche um Hilfe, woraus sich schließlich eine unentbehrliche Kooperation auf politischer Ebene entwickeln sollte. So hatte man es denn häufig zu Beginn des Jahrhunderts gewissermaßen mit einem „weltlichen Klerikalismus" zu tun[28] – von dem später nur schwer wieder loszukommen war.

III. Ecuador im Zeichen des Heiligen Herzens Jesu: Gabriel García Moreno

Gabriel García Moreno war lange Zeit außerordentlich populär in der gesamten katholischen Welt. 1888 veröffentlichte Abbé Berthe in Paris die Schrift: *García Moreno, vengeur et martyr du droit chrétien* [García Moreno, Rächer und Märtyrer christlichen Rechts], von der auf Anhieb 20000 Exemplare verkauft wurden. Als 1901 *Le Figaro* in Frankreich eine Umfrage zum Thema durchführte, wer die größten Männer des 19. Jh. gewesen seien, lag García Moreno vor Napoleon[29]. Am Tag nach seinem tragischen Tod betonte Louis Veuil-

---

[27] Im Band 12 der „Geschichte des Christentums" wird die Periode nach 1914 behandelt mit der aufsehenerregenden Annäherung zwischen der katholischen Kirche und den lateinamerikanischen Regierungen. Dieser bereits im Jahrhundert zuvor einsetzende Prozeß erklärt sich sowohl aus der schwierigen Lage der politischen Führung als auch aus der Dynamik einer Kirche, die sich anschickte, ihre führende Stellung in der Gesellschaft zurückzugewinnen.

[28] Vgl. F. B. PIKE, Nouvelle Histoire de l'Église V, Paris 1974, 386.

[29] Zahl sowie Umfrageergebnis aus: M. D. DEMÉLAS – Y. SAINT-GEOURS, Jérusalem et Babylone, politique et religion en Amérique du Sud: le cas équatorien au XVIIIe et au XIXe siècle, Paris 1985.

lot im *Univers* (vom 27. 9. 1875), García Moreno sei als Politiker und Märtyrer das Vorbild gewesen, das die Welt brauche. García Moreno wurde zum Helden des Ultramontanismus und des Integralismus, zum großen Ahnherrn aller, die davon träumten, die „Herrschaft Jesu Christi auf Erden" vorzubereiten.

Am 17. Juli 1875 schrieb der starke Mann Ecuadors an den Papst: „Welch ein Glück bedeutet es für mich, um unseres göttlichen Erlösers willen gehaßt und verleumdet zu werden, und wie groß wäre erst meine Glückseligkeit, wenn dank Eures Segens mir der Himmel die Gunst gewährte, mein Blut für jenen zu vergießen, der, obwohl er Gott war, das seine für uns am Kreuz vergießen wollte." In der Nacht vom 4. auf den 5. August schrieb er: „Ich werde ermordet werden, ich bin glücklich, für den heiligen Glauben zu sterben. Wir werden uns im Himmel wiedersehen." Als er am 6. August ermordet wurde, fand man bei ihm die berühmte Notiz „Niemand ist wirklich unersetzlich. Gott stirbt nicht", die nun blutbefleckt war, wie auch eine von ihm persönlich mit Anmerkungen versehene *Nachfolge Christi* des Thomas von Kempen, die Skapuliere der Herz-Jesu Bruderschaft, die Medaille Pius' IX. und ein Reliquiar mit einem kleinen weißen Kreuz auf rotem Grund[30].

Wer war dieser Mann, der offensichtlich darauf gefaßt war, eines gewaltsamen Todes zu sterben, ohne daß man je wissen würde, in wessen Auftrag seine Mörder eigentlich gehandelt hatten? Unter seiner Führung hatte Ecuador von 1859 bis 1875 auf der Basis eines gänzlich inkonzilianten Katholizismus in einer fortschrittlichen Diktatur gelebt. In seinem Bemühen, diesen zentrifugalen Staat, in dem Indianer, Mestizen und Kreolen nebeneinander lebten und der von mächtigen Nachbarn bedroht war, zu einem Nationalstaat zusammenzuschweißen, sah García Moreno in der katholischen Religion ein geeignetes politisches und nationales Mittel. Da er davon träumte, sowohl die Kirche als auch die Armee zu modernisieren, berief er europäische Geistliche ebenso ins Land wie Techniker, Militärberater und Ingenieure. Obwohl er der oppositionellen liberalen Oberschicht verhaßt war, wurde er dennoch selbst von seinen Feinden wegen seiner Rechtschaffenheit, seiner Sittenstrenge und seinen in Paris erworbenen wissenschaftlichen Kenntnissen bewundert – einem Wissen, das eher summarisch war, in Quito aber als außergewöhnlich galt[31]. Er sah im politischen Leben der Nation und seiner eigenen Rolle, die ihm als Fügung erschien, eine tiefere religiöse Bedeutung. Gerade deshalb bot seine Persönlichkeit sowohl zu hagiographischer Verehrung als auch zu Verleumdung Anlaß. García Moreno, für die einen ein „Märtyrer und Rächer christlichen Rechts", für die andern ein „Heiliger, der an den Galgen gehört", wird wohl noch einige Zeit auf eine objektive Darstellung warten müssen[32].

„Sein Leben ist ein Mythos; wir sollten dennoch nicht seine wesentlichsten Etappen ver-

---

[30] Vgl. W. Loor, García Moreno y sus asesinos, Quito ²1966, 221 f.

[31] Sein Gegner Montalvo, der von sich sagen konnte: „Meine Feder hat ihn getötet", betonte andererseits: „Auf seine reaktionäre und despotische, jedoch intelligente und kenntnisreiche Regierung, folgte, nach einem kurzen Interregnum, ein Personalismus ohne Ideen und Ordnung [...] in der grotesken Maske eines historischen, aber verschwommen Liberalismus" (zit. nach José E. Rolo, Ariel, liberalismo y jacobinismo; Ruben Dario, Bolívar, Montalvo, Mexiko-Stadt 1968, 248–249).

[32] Vgl. R. Berthe, García Moreno, président de l'Équateur, vengeur et martyr du droit chrétien, 2 Bde., Paris 1888; B. Carrión, García Moreno, el santo del patibulo, Mexiko-Stadt 1959. Ferner W. Loor, Cartas de García Moreno, 4 Bde., Quito 1941, sowie R. Pattee, García Moreno y el Ecuador de su tiempo, Mexiko-Stadt 1962; W. M. King, Ecuadorian church and State relations under García Moreno, Austin 1974; G. Cevallos García, Por un García Moreno de cuerpo entero, Quito 1978; E. Ayala, Lucha política y orígen de los partidos en el Ecuador, Quito 1978.

gessen: die Geburt am 24. Dezember 1821 und die Ermordung am 6. August 1875, an einem Ort, der gleich weit von der Kathedrale und dem Präsidentenpalast entfernt lag"[33]. In Guayaquil als Sohn eines spanischen Vaters und einer Mutter aus kreolischem Adel geboren, war er ein Mann der Küste. Mit sechzehn erhielt er die Tonsur und die niederen Weihen, entschloß sich dann aber nicht zum Empfang der Priesterweihe, sondern zur Fortsetzung seiner Rechtsstudien. Seine Heirat mit einer viel älteren Frau verschaffte ihm Zugang zu dem geschlossenen Kreis der Großgrundbesitzer. Als er wenige Monate nach dem Tod seiner Frau 1865 die junge Nichte der Verstorbenen heiratete, vermuteten seine Verleumder gleich das Schlimmste. Doch übten seine Frauen offensichtlich keinen Einfluß auf seine politische Linie aus.

Nachdem er sich bereits einen gewissen Ruf als Verfasser von Pamphleten erworben hatte, unternahm er 1850 eine kurze Reise nach Europa. 1855 kehrte er aus politischen Gründen noch einmal nach Paris zurück, lebte dort achtzehn Monate im Exil und widmete sich dem Studium der Chemie und der Religion, wobei er seine Zeit zwischen der Kirche Saint-Sulpice, wo er die Messe hörte, und der Sorbonne, wo er studierte, aufteilte. Nach seiner Rückkehr war er von der Notwendigkeit überzeugt, die Politik nach religiösen Grundsätzen auszurichten. Nachdem er Rektor der Universität Quito und Senator geworden war, wandte er sich entschieden gegen die Politik der regierenden Machthaber. 1859/ 1860, mitten in einem Grenzkrieg zwischen Ecuador und Peru, gelang es ihm, in Quito die Macht zu ergreifen und sich mit der Unterstützung des peruanischen Feindes – gegen den er sich allerdings nach seinem Sieg wieder wandte – im ganzen Land durchzusetzen. Unverzüglich ging er an den Aufbau einer Diktatur, zu deren Absicherung er Napoleon III. die Errichtung eines französischen Protektorats in Ecuador antrug. Aber das napoleonische Frankreich wollte sich lieber in das mexikanische Abenteuer stürzen, so daß García Moreno die Verwirklichung seiner großen Aufgabe allein in Angriff nehmen mußte: Ecuador sollte – auf der Grundlage eines modernen katholischen Staates – stark und einig werden.

García Moreno beherrschte das Land von 1860 bis 1875, wobei er von 1861 bis 1865 und von 1869 bis 1875 als Präsident fungierte. Weder in seinen Schriften noch in seinen Reden noch in seiner Korrespondenz ging er auf die Wurzeln seines Denkens ein. Dennoch hat die Annahme viel für sich, daß seine politischen Ideen auf den Lehren der Jesuiten Francisco Suarez (1548–1617) und Juan de Mariana (1536–1624) fußten. Denn er wandte deren Grundsätze an, als er sich in der „philanthropischen Gesellschaft" engagierte wie auch beim Versuch, General Juan José Flores zu ermorden (mit dem er sich später wieder auf spektakuläre Weise aussöhnen sollte), gemäß der von ihm in seiner *Defense des Jésuites* (1851) formulierten Ansicht „Tyrannei empört mich, wo immer ich ihr begegne", wobei es ihm nicht um den Tyrannenmord an sich ging, sondern um die Idee von der gottgewollten Souveränität des Volkes. Der Bund zwischen dem christlichen Volk und seinem Mandatsträger stellte für ihn eine wesentliche Voraussetzung des Gemeinwohls dar. Möglicherweise sind hier die Grundlagen der Verfassung von 1861 zu suchen, die trotz des Widerstandes zahlreicher Verbündeter García Morenos – die ein Zensuswahlrecht befürworteten – das allgemeine, direkte Wahlrecht festlegte. Nach 1869 wurden nur Nichtkatholiken von der Wahl ausgeschlossen, da Artikel 10 forderte: „Um Bürger zu sein, muß man Katholik sein"[34].

---

[33] DEMÉLAS – SAINT-GEOURS, Jérusalem et Babylone 223.
[34] Ebd., 230, sowie CARRIÓN, García Moreno 673f.

Das katholische Naturrecht, das voraussetzte, daß alle Macht von Gott kommt und das Volk sie, moralisch gesehen, im Namen Gottes ausübt, führte letztlich zu der Überzeugung, daß die Wahl wie auch der Wahlvorgang als solcher Ergebnis eines moralischen Bewußtseins sind, eines katholischen Bewußtseins, und damit Teilhabe des Menschen am Denken Gottes. Nach diesem Verständnis war die Wahl eine religiöse Handlung: um wählen zu können, mußte man folglich katholisch sein[35].

Die Verfassung von 1869, von Morenos Feinden als *Carta Negra* („schwarze Charta") bezeichnet, legte die Souveränität des christlichen Volkes als Prinzip im traditionellen Sinn des „corpus mysticum" fest. Stand Moreno hierbei unter dem Einfluß von Joseph de Maistre, Louis de Bonald und Juan Donoso Cortés (1809–1853)? Für Bonald war die bürgerliche Gesellschaft die „Vereinigung der religiösen und politischen Gesellschaft" zu einem „innigen und unauflöslichen Bund". De Maistre sah in der Revolution die Strafe für die Sünden der Gesellschaft und ihre Dekadenz und schloß daraus, daß es politisch erforderlich sei, das neue Regime auf die Religion zu gründen, denn die Theokratie mache das eigentliche Wesen des Menschen in seiner Beziehung zu Gott aus.

Als García Moreno 1861 Präsident wurde, betonte er, er wolle „die Herrschaft der Moral wiedererrichten, da ohne sie die Ordnung nur Waffenstillstand und ein Zustand der Erschöpfung ist und die Freiheit nur Schimäre und Trug; die Moral in diesem Lande verbessern, in dem der blutige Kampf zwischen Gut und Böse, zwischen anständigen und verderbten Leuten schon seit fast fünfzig Jahren tobt [...] und die heilige Religion unserer Ahnen achten und schützen und dank ihres segensreichen Einflusses eine Gesetzesreform durchführen, die die Regierungen aus sich heraus nicht bewerkstelligen können"[36]. In seiner letzten Botschaft wiederholte er: „Ihre göttlichen Lehren [der katholischen Kirche], die weder die Menschen noch die Nationen leugnen können, ohne ins Verderben zu stürzen, sind die Norm unserer Institutionen und das Gesetz unserer Gesetze."[37]

So zählte García Moreno zur gleichen geistigen Familie wie de Maistre und Donoso Cortés; man begreift, wieso er den *Syllabus* mit heller Begeisterung begrüßte.

1. Ultramontan und positivistisch

Im Rahmen seines berühmten Frankreichaufenthalts, bei dem er Kontakte zu den Assumptionisten und Louis Veuillot geknüpft hatte, vollzog García Moreno offenbar den Schritt von der üblichen Frömmigkeit zu einer stärker mystischen Sicht der Religion. Er vertiefte sich in die Geschichte der katholischen Kirche, die Schriften der Asketen und spirituellen Lehrer. Von da an trug er auch immer die *Nachfolge Christi* (in der Übersetzung von Lamennais) bei sich. Als Präsident förderte er die Verehrung des Volkes für die heilige Jung-

---

[35] DEMÉLAS – SAINT-GEOURS, Jérusalem et Babylone 231.

[36] Ebd., 233.

[37] Ebd. Zu bedenken ist, daß für García Moreno, wie für viele andere lateinamerikanische Politiker – zum Beispiel Lucas Alamán, den Gründer der konservativen Partei in Mexiko – der Katholizismus zusammen mit der spanischen Sprache den einzigen nationalen Zusammenhalt darstellte: „Die glücklicherweise gegebene Einheit des Glaubens ist das einzige Band, das uns in einem Land zusammenhält, wo so unterschiedliche Interessen und Temperamente einzelner Parteien, Regionen und Rassen trennend wirken". In seiner letzten Botschaft betonte er: „Gesetzgeber, verliert nie aus den Augen, daß all unsere kleinen Fortschritte nur vergänglich wären, wenn wir die soziale Ordnung unserer Republik nicht auf den immer umkämpften, aber immer siegreich behaupteten Felsen der katholischen Kirche gegründet hätten!"

frau und Jesus, brachte die traditionellen öffentlichen Prozessionen wieder zu Ehren und ließ die Republik 1873 dem Hl. Herzen Jesu weihen. Ecuador sei ein Lehen des Heiligen Stuhles, betonte er, und bot dem Papst als „Gefangenem des Vatikans" folglich an, seinen Sitz in Quito zu nehmen.

„Was mich am meisten an Monsieur García Moreno überrascht, ist seine religiöse Neigung; ich möchte fast sagen, ein religiöser Überschwang, der mir gänzlich unvereinbar sowohl mit seiner sonst sehr offenen und meist gerechten Geisteshaltung scheint, als auch mit der politischen Schule, der er offensichtlich zugehört. Dieser Mann [...], der Straßen baut usw., derselbe Mann, der sich ganz wie ein freidenkerischer Nationalökonom verhält, hat eben eine der herkömmlichen öffentlichen Prozessionen wiederbelebt", stellte der französische Geschäftsträger Charles de Saint-Robert 1865 verwundert fest[38].

Dennoch war dieser Mann im Einklang mit sich selbst; er lehnte den Geist der Aufklärung ab, der den Angriff gegen den Gott der Christen entfesselt hatte und in Form von Liberalismus und Sozialismus weiterwirkte, und gab sich rationalistisch und szientistisch. Dem „wüsten Durcheinander widersprüchlicher Lehren, wie z. B. dem Atheismus eines Proudhon, dem fatalistischen Deismus eines Owen und dem Pantheismus der Anhänger von Saint-Simon" (*La Défense des Jésuites,* 1851) stellte er die exakten Wissenschaften entgegen: Mathematik, Physik und Geologie sowie den Katholizismus, der ihre Wirkung bedingte und gleichzeitig durch sie bestärkt wurde.

2. Der Staatsmann

„Gott allein ist unfehlbar, und er hat sein Gesetz durch Jesus Christus offenbart". Daher ist die einzige vernünftige politische Verfassung der Katholizismus; handelt es sich um eine republikanische Staatsform und wird der Präsident durch eine Volksabstimmung bestimmt, so ist er – als Beauftragter Gottes durch den Willen des christlichen Volkes – doch nicht mehr als der getreue Vermittler der Ratschlüsse der göttlichen Vorsehung.

1869 wurde die neue Verfassung Ecuadors „im Namen des einzigen Gottes in drei Personen, des Schöpfers, Ordners und Bewahrers des Universums" verkündet. Dies war also ein katholischer, republikanischer Staat, der im Namen der Dreieinigkeit demokratisch regiert wurde. Dennoch entwickelte sich die Republik des García Moreno niemals, um eine Formel Max Webers aufzugreifen, zu einer „Kaplanokratie". Die weltliche Gewalt gestand dem Klerus nicht einmal einen formellen Vorrang zu, so daß sogar die liberalen Feinde der Religion García Moreno vorwarfen, in seinem Antiklerikalismus vor offener Verfolgung nicht zurückzuschrecken[39].

3. „Religiöser Staat und Staatsreligion"[40]

1863 beschloß García Moreno, „der Kirche ihre Freiheit und Unabhängigkeit zu geben, um auf diesem Wege die kirchliche und moralische Reform zu erreichen, die Ecuador braucht, um frei und glücklich zu sein."

Damit ordnete García Moreno keineswegs die weltliche Gewalt der kirchlichen unter,

---

[38] Zit. nach DEMÉLAS – SAINT-GEOURS, Jérusalem et Babylone 240.
[39] Zu nennen ist vor allem B. Carrión, der sich nicht scheute, ihn mit Hitler zu vergleichen.
[40] Vgl. DEMÉLAS – SAINT-GEOURS, Jérusalem et Babylone 276. Das Zitat ist die Überschrift des 10. Kapitels.

seine Beziehungen zum Klerus blieben vielmehr dauerhaft von schweren Konflikten bestimmt. Die Rolle, die seiner Meinung nach der Kirche bei der Verwirklichung seiner nationalen Pläne zukam, war die des Mörtels; sie sollte dem Staat keinesfalls zur Last fallen, sondern völlig aus dem politischen Leben ausgeschlossen und einzig auf ihre priesterliche Rolle beschränkt bleiben. Deshalb sah sich García Moreno als „Reformator" der Kirche und schloß erst nach langen und harten Verhandlungen ein Konkordat mit Rom. Er wollte nicht irgendein Konkordat und war zu keinerlei Konzessionen bereit; was er tatsächlich beabsichtigte, war eine neue Form von Schutzherrschaft über die katholische Kirche – und daran änderte auch die Tatsache nichts, daß er ihr die Erziehung der Kinder oder die Bücherzensur anvertraute. Als das Konkordat schließlich 1862 unterzeichnet wurde, brach eine allgemeine Krise aus und García Moreno, überzeugt von der Rechtmäßigkeit seines Vorgehens, sah sich mit der Opposition der Liberalen wie der Katholiken, Roms wie auch der ecuadorianischen Kirche konfrontiert. In einem Brief an seinen Bruder beklagte er, nicht nur die Zielscheibe der Angriffe der „Ungläubigen", sondern auch der Kirche zu sein:

„Die irreligiösen Menschen und die Nichtkatholiken verurteilen die Freiheit und die Unabhängigkeit, die der Kirche gewährt wurden, die Mönche sind über die Einführung der *vita communis* empört, die Bischöfe und Kanoniker verabscheuen die Errichtung neuer Diözesen und die damit verbundene Minderung ihrer Einkünfte."[41]

In seiner Auseinandersetzung mit dem Klerus wurden Töne laut, die den katholischen Antiklerikalismus von Laien wie Leon Bloy oder Georges Bernanos vorwegnahmen. So sagte er vom beliebten Erzbischof von Quito, José María Riofrío, es sei ein Unglück, „daß er Erzbischof ist. Denn Autorität ohne Kraft ist wie Schall und Rauch. Der Erzbischof hat so wenig Charakter, daß er nicht einmal zur Leitung eines Nonnenkonvents taugt. Bei einem solchen Hirten wird man lange vergeblich auf eine Reform des Klerus warten; diese aber ist dringend erforderlich angesichts des Ausmaßes, welches der skandalöse Verfall der Sitten und die barbarische Unwissenheit bei den Priestern in Ecuador bereits angenommen hat. […] Der Klerus sinkt immer tiefer, die Gesellschaft geht verloren."[42] Auch den integren Bischof Tola von Guayaquil oder Bischof Toral von Cuenca, dessen Absetzung er 1873 von Pius IX. verlangte, beurteilte er nicht milder[43].

---

[41] DEMÉLAS – SAINT-GEOURS, Jérusalem et Babylone 280.

[42] CARRIÓN, García Moreno 445 (zitiert wird W. LOOR, García Moreno y sus asesinos; der wiedergegebene Text stammt aus dem Jahre 1862.)

[43] CARRIÓN, García Moreno 447–448, nahm als klassischer Antiklerikaler den ecuadorianischen Klerus in Schutz gegen diesen Präsidenten, der „päpstlicher als der Papst" und „katholischer als alle kirchlichen Würdenträger" sei. Er schrieb: „García Moreno war mit diesem im Geiste Roms ausgehandelten Konkordat nicht zufrieden. Sollte es doch ein Instrument zur Verteidigung der ihm anvertrauten Interessen werden [nach Meinung Carrións der Interessen der konservativen Großgrundbesitzer], und ein nationaler Klerus, der sich ihm nicht in allem füge, bildete das erste Hindernis zur Verwirklichung seines Anspruchs, das Volk zu beherrschen und die Reichen zu begünstigten. So begann er, diesen Klerus in Verruf zu bringen, zu erniedrigen und mit Schimpf und Schande zu bedecken. Dabei war dieser Klerus zwar sicher lasterhaft, verdorben und korrumpiert, aber doch keinesfalls – und dies sollte man bedenken – der *Cour des Miracles* und noch weniger 'eine Bande Straßenräuber, die eine schlimmere Gefahr für die Öffentlichkeit darstellten als die Gangster von Chicago'. Es war kein Klerus, mit dem man weder mit der Kirchenzucht noch mit der weltlichen Polizei hätte fertig werden können … ". Carrión gibt dabei einen interessanten Hinweis: Alle Priester und fast alle Bischöfe, mit denen García Moreno zusammenstieß, hatten ungeachtet ihres Charakters oder ihrer politischen Zugehörigkeit eines gemein: Sie alle hatten irgendwann politisch Position bezogen. García Moreno aber wollte den Klerus auf seine liturgischen und sakramentalen Funktionen beschränkt sehen und ihm die Erziehung der Jugend anvertrauen – jedoch nur, solange ihm dies genehm schien. Die gegen den

Schon zu Beginn der Verhandlungen über ein Konkordat mit Rom waren Schwierigkeiten aufgetreten; die erste Fassung verärgerte den Präsidenten so sehr, daß sein Gesandter nach Rom zurückkehren mußte. Der Vatikan wiederum hatte gegenüber dem ursprünglichen Text erhebliche Vorbehalte, da man die kirchlichen Reformpläne für zu rigoros hielt. Rom wollte eine behutsame Durchführung der Reformen, aber ein langsames, schonendes Vorgehen war nicht García Morenos Art. Er war später immer noch unzufrieden, als er einen Text unterzeichnete, der seinen Erwartungen nicht entsprach.

Die Proteste des Kongresses, der Krieg mit Kolumbien unter Präsident Mosquera, der gegen die „ecuadorianische Theokratie" mobil machte, und die Haltung des Nuntius Tavani, der die in den Anlagen zum Konkordat vorgesehene Kirchenreform überwachen sollte, all dies veranlaßte García Moreno dazu, den gerade unterzeichneten Text zu revidieren. Die Verhandlungen mit Rom und seiner eigenen Kirche gestalteten sich schwierig. Der Präsident forderte schließlich die Abberufung Tavanis, mit dem es zum offenen Bruch gekommen war, nachdem der Nuntius für die Bischöfe, die die Klerus-Reform Morenos ablehnten, Partei ergriffen hatte. Tavanis Urteil über Moreno: „Der Präsident ist zweifelsohne fromm und liebt die Kirche glühend, aber er hat ein aufbrausendes Temperament und einen stählernen Willen [...]; sein Vorgehen ist kein Schutz für die Kirche, sondern Bevormundung und Unterdrückung. Durch seinen maßlosen Eifer mischt er sich in Angelegenheiten, die ihn nichts angehen. Es ist schmerzlich, mit ansehen zu müssen, wieviel Ärger diese armen Bischöfe mit ihm haben. Wenn er nicht religiös wäre, könnte ich es noch verstehen; aber da er ein hervorragender Christ ist, kann ich es mir nicht erklären."[44]

Aber der Präsident blieb hart. Seiner Meinung nach war die Lage der Kirche katastrophal, der Ordensklerus korrumpiert, der Weltklerus unwissend, die religiöse Erziehung beklagenswert. Für ihn war die Kirchenreform wichtiger als alles andere. So ließ er Priester aus Europa kommen, die die fehlenden Kenntnisse, Wissenschaften und den entsprechenden Glaubenseifer vermitteln sollten. Er erreichte schließlich, daß Rom ihm die Errichtung neuer Diözesen zugestand sowie die Aufhebung der Gerichtsprivilegien des Klerus, die ersehnte Kirchenreform, die Abtretung der Hälfte der Zehnten an den Staat usw. Dieses 1866 geschlossene neue Konkordat aber führte in der Folge rasch zu einer Machtprobe mit dem einheimischen Klerus, zur sogenannten „Affäre der Dominikaner".

García Moreno, überzeugt davon, daß Europa in allem seinem Lande überlegen sei, hatte Ordensgeistliche, besonders italienische Dominikaner, zur Reform ihrer Ordenshäuser nach Ecuador geholt. Bald kam es zu Konflikten zwischen Ecuadorianern und Italienern, wobei erstere die Willkür der Italiener und vereinzelt auch ihre Raffgier anprangerten, während letztere die mangelnde Zucht und Sitte der Ecuadorianer bemängelten. Die Forderungen der Fremden, die sich der Unterstützung García Morenos sicher wußten, lö-

---

ecuadorianischen und lateinamerikanischen Klerus im 19. Jh. vorgebrachten schweren Vorwürfe sind deswegen mit Vorsicht zu genießen. Der Klerus wurde stets und von allen Seiten angegriffen. Eine gerechte Bewertung wäre erst möglich, wenn nach gründlichen Forschungen in kirchlichen und staatlichen Archiven die dazu nötigen Monographien von den Historikern erstellt würden; bis dahin sollte man sich vor Augen halten, daß es durchaus zeitgenössische Stimmen gibt, die dem harten Urteil über die „Lasterhaftigkeit, Verdorbenheit und Korruption" des Klerus gegenteilige Ansichten entgegenstellen (man vergleiche etwa die Aussage eines Antônio Gómez de la Torre, des Zivilgouverneurs von Pichincha in Ecuador, über den ecuadorianischen Klerus vom 8. Oktober 1853 und über den Welt- und Regularklerus vom 25. Juli 1854 in: CARRIÓN, García Moreno 448 f.).

[44] DEMÉLAS – SAINT-GEOURS, Jérusalem et Babylone 281; vgl. dazu den Text bei J. VILLALBA S. J., Epistolário diplomático del presidente García Moreno, Quito 1976, 61.

sten einen regelrechten Aufstand innerhalb des Ordens aus, als die einheimischen Dominikaner den Befehl erhielten, ihre beiden Hauptkonvente in der Hauptstadt Quito innerhalb von vierundzwanzig Stunden zu verlassen. Daraufhin zogen sie in einer langen Prozession hinter dem Bild der Rosenkranz-Madonna durch die Straßen und gewannen mit dem Slogan „Italiener vertreiben Ecuadorianer!" die Bevölkerung für sich, so daß die Regierung einlenkte [45].

Trotz der Konflikte mit dem Episkopat suchte García Moreno nicht – wie viele andere zeitgenössische Regierungen – eine Aufhebung der Orden. Er wollte die Mönche wieder an eine strenge Klausur binden, um sie daran zu hindern, „das Volk in den Städten aufzuwiegeln", er wollte ihre „Moral heben", um sie in den Volksmissionen, dem Erziehungswesen und im Dienste seiner nationalen Pläne einzusetzen. Auf gleiche Weise legte er sich mit dem Säkularklerus an, indem er Priester, die politisch gegen ihn agierten oder sich überhaupt mit Politik beschäftigten, ins Gefängnis werfen ließ oder sie auf Missionsstationen im Amazonasgebiet schickte. Die Umbildung des Volkes zu einem „christlichen Volk" sollte durch die traditionelle Form der Glaubensverkündigung gefördert werden. Seit 1869 gab es nur noch staatliche Grundschulen, die ausländischen Orden anvertraut wurden, wie den *Schulbrüdern* und den *Ordensfrauen vom Hl. Herzen Jesu*. Die Kollegien wurden den spanischen Jesuiten übergeben. 1869 schloß García Moreno die alte päpstliche Universität und gründete mit Hilfe deutscher Jesuiten, die vor Bismarcks Kulturkampf hatten weichen müssen, eine Polytechnische Schule. Der Kreis schloß sich, die Romanisierung hatte sich, teilweise auch gegen den Willen Roms, durchgesetzt. [46]

Pius IX., der Papst Lateinamerikas und des *Syllabus*, starb nur wenige Jahre nach der Ermordung García Morenos, jenes Präsidenten, der „vielleicht geglaubt hatte, das Reich Gottes sei von dieser Welt, während die Kirche wußte, daß dem nicht so war" [47].

IV. Die Geburt des Sozialen Katholizismus: Mexiko

Zwischen 1820 und 1914 kam es überall, außer in Kolumbien, zu einem Verfall der weltlichen Macht und des geistigen Einflusses der katholischen Kirche, ohne daß sie irgendwo vom Protestantismus abgelöst worden wäre, der noch in den Kinderschuhen steckte. Wollte man den Positivisten glauben, so war die historische Entwicklung einfach über die römische Kirche hinweggegangen. Die Geduldigeren unter ihnen meinten, man müsse nur abwarten, bis sie zu Staub zerfalle, während die Ungeduldigeren sich am Beispiel der französischen Republik orientierten und sich an Antiklerikalismus gegenseitig überboten.

Die Kirche übte keinen bestimmenden Einfluß mehr auf die weltliche Gesellschaft aus und war nicht mehr eng mit dem Staat verbunden. Dennoch warteten der Klerus und die Katholiken auch weiterhin darauf, daß die alte Tradition eines Tages wiederaufleben würde und die Kirche den ihr zustehenden Anteil an Macht, auf den sie nicht verzichten wollte, zurückerhielte. Zu Beginn des 20. Jh. schien die Lage für eine zumindest teilweise Verwirklichung ihrer ehrgeizigen Pläne günstig, da die Kirche einen neuen Aufschwung nahm.

---

[45] CARRIÓN, García Moreno 450–452.
[46] Von 1865 bis 1875 verdreifachte sich die Zahl der Kinder, die Schulen besuchten (DEMÉLAS – SAINT-GEOURS, Jérusalem et Babylone 316).
[47] Ebd. 284.

Das Plenarkonzil der lateinamerikanischen Bischöfe, das Leo XIII. 1899 nach Rom einberief[48], läßt sich als Katalysator der Bewegung im Innern dieser Kirchen sowie für eine Intensivierung ihrer Bindungen an Rom betrachten. Auf das Konzil folgten eine ganze Reihe von Provinzial- oder Landessynoden. Eine der ersten fand 1904 in Caracas statt, ohne Frage ein Zeichen für die Vitalität einer der schwächsten Kirchen des Kontinents. Venezuela litt noch unter den Auswirkungen der Herrschaft des Präsidenten Guzmán Blanco, der sich für den Positivismus an den Universitäten und den Antiklerikalismus stark gemacht hatte. Sein Kulturkampf zwischen 1870 und 1887 hatte den Einfluß der Kirche praktisch auf Null reduziert. Doch die venezolanische Kirche erholte sich und fand unter der langen Diktatur des andinen Generals Juan Vicente Gómez (1908–1935) zu neuer Dynamik[49].

Dieses Phänomen blieb keineswegs auf Venezuela beschränkt, sondern war auf dem gesamten Kontinent zu beobachten und stand wohl in Zusammenhang mit der allgemeinen Reaktion gegen Materialismus und Utilitarismus zu Beginn des 20. Jh. Von Mexiko bis Uruguay, wo José Enrique Rodó zum Herold der Bewegung wurde, riefen die lateinamerikanischen Intellektuellen zur Verteidigung der kulturellen, moralischen und geistigen Werte auf[50].

Seit Beginn des 20. Jh. gab es in der Kirche eine Bewegung, die zweifellos im Kontext des Aufkommens von Sozialismus, Kommunismus und Anarchismus zu sehen ist: die Entwicklung eines sozialen Katholizismus. Es ist an der Zeit, das Interesse der Historiker auf diesen noch wenig untersuchten Aspekt des Katholizismus in Lateinamerika zu lenken. Tatsächlich spielte er eine wichtige Rolle innerhalb der einzelnen Kirchen und darüber hinaus in der Gesellschaft einiger Staaten. Allerdings war die Wirkung der Bewegung nicht in allen Ländern gleich stark.

1. Die Lage in Mexiko

1903 äußerte sich ein mexikanischer Laie, der Journalist Trinidad Sánchez Santos, auf dem Ersten Katholischen Sozialkongreß in Puebla wie folgt: „Heute ist der Kampf der Kirche Christi äußerst praktisch und sozial ausgerichtet. [...] Es ist der große Kampf der christlichen Demokratien gegen den Sozialismus der Freimaurer, der 'Círculos de Obreros' [Arbeiterfreundeskreise], gegen die Kneipe und die Ausbeutung, gegen das Elend und die Pro-

---

[48] 13 Erzbischöfe und 41 Bischöfe nahmen an diesem allgemeinen Konzil teil, das als der erste Kongreß auf kontinentaler Ebene in die Geschichte der Kirche einging. Vgl. P. Correa León, El Concilio plenario latinoamericano de 1899, Bogotá o.J.

[49] F. Chevalier, L'Amérique latine, de l'indépendance à nos jours, Paris 1977, 268, bietet eine gute Synthese von Leben und Werk des Diktators Venezuelas Guzmán Blanco. Vgl. auch J. A. Cova, Guzmán Blanco, su vida y su obra, Caracas 1950, und M. Watters, Historia de la Iglesia católica en Venezuela, Caracas 1951.

[50] Vgl. F. Pike, Nouvelle Histoire de l'Église V, Paris 1975, 381f. Zu José Vasconcelos vgl. seine außergewöhnliche Autobiographie *Ulises Criollo* (Mexiko-Stadt 1969). Zu seiner Rolle in der mexikanischen Revolution vgl. das ihm gewidmete Kapitel von J. Meyer, in: La Révolution mexicaine, Paris 1973. Das berühmteste, heute kaum noch genießbare Werk von J. H. Rodó ist *Ariel*. Zu seiner Zeit übte es eine solche Wirkung aus, daß man von „Arielismus" sprach. In diesem im Umbruch befindlichen intellektuellen Milieu entstand eine Bewegung zugunsten der Förderung katholischer Universitäten. Das führte zum Aufschwung der bereits 1888 gegründeten katholischen Universität von Santiago de Chile und 1917 zur Gründung der katholischen Universität in Peru, die bereits um 1930 die altehrwürdige Universität von San Marcos in den Schatten stellen sollte. Wie in Europa waren auch hier Bekehrungen an der Tagesordnung – wie die des Jackson de Figueiredo in Brasilien (vgl. Geschichte des Christentums XII, Freiburg i. Br. 1992, 1191f.)

stitution. [...] Der große Kampf, in dem die Schule und die Presse je einen Flügel des Heeres bilden, an dessen Spitze als höchste Autorität Rom und die ruhmreichen Aktionen des Episkopates stehen."[51]

Dieser neue Katholizismus ging in die Opposition, er war in Bewegung geraten und empfing seine Impulse einerseits aus der Trennung von Kirche und Staat, andererseits aus der Sozialarbeit und dem politischen Engagement. Es war der Katholizismus des *Syllabus*, wie Émile Poulat sehr wohl erkannte:

„In eine subalterne Rolle gedrängt, umstritten, verdrängt, an den Rand geschoben, lehnte er die ihm zugewiesene Stellung ab. Um seine historisch gewachsene Unabhängigkeit wiederzuerlangen, engagierte er sich im sozialen Widerstand, wobei er sich auf seine Basis im Volk stützte."[52]

Ein entscheidender Bruch hatte stattgefunden, dessen sich die Staaten noch nicht bewußt waren: Dieser Katholizismus konnte sich von nun an nicht mehr in die herrschende Ordnung einfügen, vom *Syllabus* bis in unsere Tage blieb er ständigem Wandel unterworfen. Zwischen 1850 und 1880 nahm er in Mexiko mit Prälaten wie Munguia oder Labastida Gestalt an und formte sich im Anschluß an *Rerum novarum* (1891) als „christliche Demokratie".

Diese christliche Demokratie hatte nichts mit der alten katholischen Partei der konservativen Oberschicht zu tun, die sich aus der *Guerra de la Reforma* (1858–61) und der Intervention Frankreichs herübergerettet hatte. Die Ideale eines Liberalismus, der immer versucht hatte, sie aus dem politischen Spiel herauszuhalten, waren dieser christlichen Demokratie fremd. Sie stürzte sich in soziale und staatsbürgerliche Aktionen, um die Gesellschaft zu verändern, das „Land, wie es wirklich ist" zu einem „Land, wie es die Gerechtigkeit fordert", zu machen. Zu Beginn stellte sich diese christliche Demokratie eher als „katholische sozialwissenschaftliche Schule" dar, und ihre Anhänger stießen mit jenen klassischen Opportunisten zusammen, die nach den Katastrophen der Jahre zwischen 1856 und 1876 in der Überzahl waren. Diese sollten auch ihr ablehnendes Verhalten bis zum Ende der hier dargestellten Epoche – deren Reiz gerade darin bestand, daß sie sich als Zeit einer „Politik der Versöhnung" präsentierte – nicht aufgeben.

1876 bis 1911 regierte in Mexiko General Porfirio Díaz. Er verstand es, die persönlichen Sympathien des Klerus für sich zu gewinnen, und äußerte einmal: „Monsignore Averardi, Nuntius in Lissabon, hat mir im Vertrauen mitgeteilt, daß er so zufrieden ist, wie er es unter den gegebenen Bedingungen nur erhoffen konnte, vielleicht nicht gerade mit der Regierung, aber mit den Personen, aus denen sie sich zusammensetzt." Und Bischof Montes von Oca konnte am 6. Juni 1900 vor dem internationalen Kongreß der katholischen Wohlfahrtsvereine in Paris erklären: „Ich habe eben von einer Beruhigung der religiösen Lage gesprochen. Denn diese ist in Mexiko dank der Weisheit und geistigen Überlegenheit des außergewöhnlichen Mannes eingetreten, der uns regiert, obwohl die Gesetze nicht geändert wurden."[53]

---

[51] T. Sánchez Santos, Obras Completas, Bd. I, Puebla 1945, 37f.

[52] E. Poulat, Église contre bourgeoisie, Casterman 1976, 254. Auf derselben Seite zitiert er eine Aussage Goyaus (1900): „Der soziale Katholizismus ist eine entschiedene Reaktion auf das Konzept einer Laisierung der Gesellschaft".

[53] Paris, Quai d'Orsay, Correspondance diplomatique, Mexique, Bd. 73, S. 95f. vom 11. Mai 1885. Ebd., Bd. 75, S. 213f. vom 11. November 1889; ebd., Bd. 79, S. 123 vom 8. Juli 1896. *El Estandarte*, San Luis Potosi vom 7. August 1890.

In Wirklichkeit aber machten sich weder der Liberalismus an der Macht noch der harte Kern der Katholiken irgendwelche Illusionen: „Die Politik der Versöhnung hatte ein positives Resultat gezeigt, die Wiederherstellung des alten königlichen Patronatsrechts. Die Vorteile, die der Klerus nun genoß, verdankte er nicht der Schwäche der Regierung, sondern einzig seiner Unterwerfung. Dies war auch richtig so, denn die Regierung eines Landes gilt nichts, wenn ihre Macht nicht stärker als alle anderen im Lande ist."[54]

Die hier beschriebene Unterwerfung mancher Bischöfe stieß durchaus auf den Zorn anderer Kleriker: „Man sagt, daß die Regierung des Don Porfirio dem Katholizismus günstig gesonnen war. Dies scheint so, wenn man nur an die Öffnung zahlreicher Klöster denkt, wo die Mönche vormals noch im Verborgenen lebten, oder an den Glanz der Gottesdienste und die Vielzahl von Priestern usw. Wenn man aber an die versteckte und niederträchtige Verfolgung der Kirche während dieser langen einunddreißig Jahre denkt, die Don Porfirio nicht nur geduldet, sondern offen erlaubt hat, so wird man seine Meinung schnell ändern. [...] Hätte in Mexiko ein freiheitliches Regime regiert, hätten auch wir Katholiken am öffentlichen Leben teilnehmen dürfen und ohne Kompromisse oder Heimlichkeiten in den Staatsdienst treten können [...]; mit einem Wort, um zu leben und uns zu entfalten, hätten wir nicht gegen einen Staat kämpfen müssen, der der erste und heimtückischste unserer Feinde war, gerade weil er es nicht hätte sein dürfen."[55]

Dieser Staat blieb verhaßt, selbst wenn er sich versöhnlich gab, und man wünschte seinen Ruin, selbst wenn man nicht das Recht hatte, durch eine bewaffnete Revolution direkt darauf hinzuarbeiten, „da uns dies seit dem gemeinsamen Hirtenbrief von 1876 und vor allem seit den Enzykliken Leos XIII., vor allem der Enzyklika *Quod Apostolici Muneris,* unmöglich geworden ist"[56]. Der andere den Katholiken gesetzlich offenstehende Weg, derjenige der politischen Aktion, war ihnen praktisch ebenso versperrt wie jedem anderen wirklichen Oppositionellen – aufgrund der tiefen sozialen Verwurzelung der Kirche: „Wenn einer der Gouverneure naiv und irrealistisch genug gewesen wäre, um den offen und frei kundgetanen Willen des Volkes zu erfüllen, so wäre das Ergebnis der Wahlsieg der Kandidaten der Landpfarrer gewesen[57]". Die Kirche war sich dieser ihrer sozialen Legitimität, die sich aus der realen Zustimmung des Volkes ableitet, durchaus bewußt und kreidete den Regierenden an, daß sie genau dieser Legitimität verlustig gingen:

„Wie können sie sich in Wahrheit Repräsentanten des mexikanischen Volkes nennen, sie, die nicht wie dieses Volk fühlen, nicht wie es denken und das, was es liebt, nicht lieben? [...] Wie können sie sagen, daß sie ein Volk vertreten, sie, die von diesem nicht gewählt wurden? Wann hat man je in Mexiko die Indianer oder Bauern wählen sehen, sie, die zwar die Mehrheit bilden, denen aber ein Regierungswechsel nur wenig bedeutet? Wann die Handwerker oder Industriellen, die mit Patienten überlasteten Ärzte oder die mit Arbeit eingedeckten Advokaten, sie, die diese Rolle, sei es aus Apathie oder Desillusion, den Berufspolitikern überlassen haben?"[58]

Am Vorabend der Revolution war die christliche Demokratie fest im Arbeitermilieu und

[54] A. MOLINA ENRÍQUEZ, Esbozo de una historia de los 10 primeros años de la revolución agraria de México, Bd. IV, Mexiko-Stadt 1934, 81.

[55] BANEGAS, El Porqué del Partido Católico Nacional, nach dem Manuskript von 1914 veröffentl. von Jus, Mexiko-Stadt 1960, 22 und 42.

[56] BANEGAS, El Porqué 42.

[57] R. GARCÍA GRAMADOS, Historia de México 1867–1911, Bd. II, Mexiko-Stadt 1928, 10.

[58] BANEGAS, El Porqué 15.

in der Bauernschaft verwurzelt. Um so mehr waren ihre Gegner beunruhigt, als die Kirche nun zur politischen Offensive überging.

2. Die katholische Nationalpartei

Der *Partido Católico Nacional* (PCN) stellte neben sozialen Tätigkeiten (Schulen, Presse, Propaganda) und den Gewerkschaften das dritte Element der christlichen Demokratie dar, das aber aufgrund der besonderen politischen Lage der Katholiken – sie waren zwischen 1880 und 1910 politisch praktisch ausgeschaltet – erst als letztes in Erscheinung trat: Erst im Mai 1911 trat der PCN auf die Bildfläche, als die Revolution Maderos das porfiristische Regime hinwegfegte.

Seit 1900 versteinerte die an der Macht befindliche politische Klasse immer mehr, und die sozialen Spannungen nahmen zu. Die Katholiken waren nicht die einzigen, die vor dem aufziehenden Sturm warnten. Seit 1904 planten die Christdemokraten die Gründung einer Partei; die hohe Geistlichkeit drängte sie, den Plan zurückzustellen. Die 1905 gegründeten *Operarios Guadalupanos* waren zum Teil ein politisches Ersatzorgan jener Aktivisten, die vom unmittelbar bevorstehenden Sturz des Regimes überzeugt waren. In Guadalajara baten sie den französischen Jesuiten Bernard Bergoënd, einen Plan zur Gründung einer politisch-sozialen Union der mexikanischen Katholiken vorzubereiten. Dieser führte als Begründung den baldigen Sturz des Porfiriats an und definierte das Programm der Union zur Erlangung sozialer Gerechtigkeit folgendermaßen: „Wir wollen eine umfassende soziale Aktion lancieren, die die schon lange bestehenden Ursachen der Armut und der Ungerechtigkeiten, die unser Volk bedrücken, beseitigt [...] Aber da soziale Aktionen ohne eine Sozialgesetzgebung nur wenig ausrichten können und diese wiederum ohne die Unterstützung der Politik nicht zu erreichen ist, werden wir uns furchtlos in die politische Schlacht werfen."[59]

Zur selben Zeit gründete Gabriel Fernández Somellera im August 1908 in Mexiko den „Nationalen katholischen Kreis", um die politischen Aktivitäten der Katholiken zu koordinieren, und die Brüder Elguero taten ein Gleiches in Morelia. Es sollten noch drei Jahre bis zur Gründung des PCN vergehen, da offensichtlich eine Absprache zwischen Rom und dem Episkopat bestand, diese politische Kraft noch in Reserve zu halten. Erst als Präsident Díaz, gewissermaßen in letzter Minute, Katholiken als Minister in seine Regierung berief, forderte Bischof Mora y del Rio all jene auf, die schon seit langem in Mexiko-Stadt, Morelia, Puebla und Guadalajara voll Ungeduld gewartet hatten, nun zur Tat zu schreiten. So wurde am 3. Mai 1911 der PCN aus der Taufe gehoben, der sich als Devise „Gott, Vaterland, Freiheit" gab. Sein klassisches christ-demokratisches Programm „erschreckte manche unter uns, die die Gründung des PCN mit furchtsamem Staunen betrachteten. Was wollen diese Männer und warum brechen sie mit einer alten Tradition, indem sie sich in einen Kampf stürzen, von dem uns ehrwürdige Lehren ferngehalten haben? [...] Sehen sie nicht, daß ihre Anwesenheit auf dem Schlachtfeld den Feind erzürnt?"[60]

Aber die Bischöfe, die im August 1911 die Katholiken unter Hinweis auf die Lehren Leos XIII. aufforderten, für den PCN zu stimmen, standen ebenso auf der Seite der Christdemokraten wie Francisco Madero, der Anführer der siegreichen Revolution, der sie mit

---

[59] Privatarchiv von ANDRÈS BARQUIN RUIZ.
[60] BANEGAS, El Porqué 11.

Sympathie betrachtete[61]. Die Notwendigkeit politischen Engagements lag offen zutage: „Schon der berühmte Windthorst sagte, daß man ohne Agitation im öffentlichen Leben nichts erreiche. Und wenn es einen Ort gibt, wo wir Bewegung hineinbringen müssen, dann Mexiko, wo wir dreißig Jahre lang unbeweglich stillgehalten haben [...]. Vereinigen wir uns mit dem PCN! Alle ans Werk für eine Herrschaft Jesu Christi auf Erden! Es lebe die Jungfrau von Guadalupe!"[62]

Verlassen wir an dieser Stelle den Sozialkatholizismus und die mexikanischen Christdemokraten, und zwar vor den triumphalen Wahlerfolgen von 1911–1912 und vor dem reaktionären Staatsstreich, der 1913 zusammen mit dem Regime Madero auch den PCN hinwegfegen sollte.

V. Der brasilianische Katholizismus (1860–1914)

Die Art und Weise, wie die katholische Kirche mit dem 16. Jh. in Brasilien Fuß faßte, bestimmte weitgehend ihre Beziehungen zum Staat und das Verhältnis von Religion und Politik[63]. Aufgrund ihrer Integration in das portugiesische Kaiserreich und dann bis 1899 in den brasilianischen Staat bildete sich die Kirche erst spät als eigenständige Institution heraus. Da sie jahrhundertelang nur ein vom Staat kontrolliertes Rädchen im Staatsgetriebe war, tat sie sich zunächst schwer, ihren Einfluß auf die Gesellschaft ohne seine Unterstützung aufrechtzuerhalten.

Bei Gründung der Kolonie stand die Überzeugung Pate, daß die Portugiesen „von Gott auserwählt worden seien, um sein Reich in dieser Welt zu errichten"[64] – eine Überzeugung, die noch heute das volkstümliche Sprichwort: „Gott ist Brasilianer" widerspiegelt. Zugunsten des damals im Entstehen begriffenen Reiches gewährte das Papsttum dem König von Anfang an eine Fülle von Patronatsrechten: Der König ernannte die Bischöfe und alle anderen kirchlichen Würdenträger, seine Verwaltung zog die Zehnten ein und verteilte sie, zensierte zudem alle päpstlichen Schreiben ebenso selbstverständlich wie die der Geistlichkeit.

Diese völlige Abhängigkeit der Kirche vom Monarchen machte die katholische Kirche zur Staatskirche und währte in Brasilien über drei Jahrhunderte lang, bis 1889[65]. Übergriffe finanzieller Art des portugiesischen Staates wie auch die Vertreibung der Jesuiten 1759 waren Vorboten künftiger Unstimmigkeiten. So wie der Staat weltliche Herrschaft mit geistlicher Macht verwechselte, so verwechselte die Kirche politische Macht mit religiösem Einfluß und trauerte bis weit ins 20. Jh. hinein ihrer ehemaligen Integration in den Staat nach. In solch einer Staatskirche wurde die Religionsausübung zur Pflicht jedes

---

[61] Kurz vor seinem Sieg schrieb Madero am 30. Dezember 1909 an Celedonio Padilla: „Ihre Vereinigung mit uns wird die Kraft und das Ansehen beider Parteien steigern, die trotz ihrer verschiedenen Namen doch genau die gleichen Zielsetzungen und Prinzipien vertreten." Nach dem Sieg telegraphierte er am 24. Mai 1911: „Die Organisation des PC von Mexiko ist in meinen Augen die erste Frucht der wiedererworbenen Freiheiten" (*El Partido Nacional*, Morelia vom 1. Juni 1911).

[62] APOSTOLADO DE LA PRENSA, A la política! Blatt 32, Aug. 1910, 12 und 16.

[63] TH. C. BRUNEAU, The Church in Brazil. The Politics of Religion, Austin 1982.

[64] A. VIEIRA, zitiert nach BRUNEAU, The Church in Brazil 12.

[65] Vgl. E. HOORNAERT, Formação do catolicismo brasileiro 1550–1800, Petrópolis 1974. Der portugiesische Begriff für das königliche Patronatsrecht ist: *Padroado Real*.

Staatsbürgers, und die Vermengung religiöser und politischer Elemente brachte einen gewissen Formalismus mit sich.

Dabei besaß die katholische Kirche im kolonialen Brasilien niemals so große Reichtümer oder gesellschaftliche Macht wie in den spanischen Kolonialreichen. Der Grund dafür lag in der ländlich dezentralisierten Struktur des riesigen und nur schwachbesiedelten Landes. Der bestimmende Einfluß der Großgrundbesitzer verwies die Landpfarrer in die Rolle von Kaplänen, und die Existenz vereinzelter Städte wie Olinda, Salvador de Bahia, Ouro Preto oder Rio de Janeiro reichte zur Ausbildung zentraler kirchlicher Institutionen nicht aus. So gesehen saßen die Kirche und der junge brasilianische Staat im gleichen Boot. Im Endeffekt war die hohe Geistlichkeit (von 1551 bis 1676 gab es einzig in Salvador de Bahia einen amtierenden Bischof; 1889 waren es ein Erzbischof, sechs Bischöfe und zwei Prälaten) lange Zeit nicht in der Lage, das kirchliche Leben zu kontrollieren. Es spielte sich einzig auf lokaler Ebene ab, wo von den Großgrundbesitzern angestellte Priester und volkstümliche Bruderschaften den Ton angaben[66]. Die Gesellschaft Jesu, die als einzige eine Ausnahmestellung einnahm, wurde 1759 vom Marquis de Pombal ausgeschaltet: Diese Ausweisung des bestorganisierten, aktivsten und diszipliniertesten Ordens, der sich der königlichen Kontrolle entzog und allein Rom unterstand, sollte – so logisch sie auch war, da gerade seine Stärke und Autonomie für den „aufgeklärten Absolutismus" unerträglich waren – in Brasilien schlimmere Auswirkungen zeitigen als anderswo. Die Kirche, dieser zahlreichen qualifizierten Kräfte beraubt, vegetierte lange vor sich hin.

Die Erringung der Unabhängigkeit 1822, bei der wie im übrigen Lateinamerika viele Priester mit glühender Begeisterung mitwirkten, hatte keine großen Auswirkungen auf die kirchliche und religiöse Entwicklung. Das Kaiserreich (1822–1889) sicherte de facto den Fortbestand des Patronatswesens, und Initiativen kirchlicherseits waren – zumindest nach Darstellung der traditionellen Geschichtsschreibung – relativ selten. Wahrscheinlich trat auch hier, wie fast überall sonst im Bereich der römisch-katholischen Kirche, in der Zeit zwischen 1850 und 1860 ein Wandel ein. Einstweilen war allerdings gemäß Artikel fünf der Verfassung „die katholische, apostolische und römische Religion auch weiterhin die Religion des Kaiserreichs" und der Kaiser die oberste kirchliche Autorität. Pedro II., dessen lange Herrschaft fast mit der Geschichte des Kaiserreiches identisch ist, war zwar kein Feind des Katholizismus, aber religiös indifferent bei der Ausübung seiner absoluten Macht. Da ihm die Aufnahme von Verhandlungen mit Rom zu mühselig schien, lehnte er die Ernennung eines Kardinals ab, der der erste Kardinal in Lateinamerika überhaupt gewesen wäre. Während seiner fünfzigjährigen Regierungszeit gründete er nur drei Bistümer. Im Grunde war die Kirche für ihn nicht mehr als ein zusätzliches Ministerium: Er ernannte die Amtsträger, zog die Kirchensteuern ein, besoldete die kirchlichen Staatsdiener und entschied über die Existenz einzelner Orden. Von 1827 an ging er an ihre Auflösung, deren Höhepunkt 1855 kam, als Minister José Nabuco den Orden in einem Rundschreiben die Aufnahme weiterer Novizen verbot, mit dem Effekt, daß 1868 in ganz Brasilien nur noch 41 Benediktiner verloren in elf Klöstern lebten; für eine Bevölkerung von vierzehn Millionen Einwohnern standen lediglich noch siebenhundert in staatlichen Seminaren ausgebildete Weltpriester zur Verfügung. Sicherlich wurde die Kirche nicht direkt verfolgt, aber sie wurde gerade noch geduldet in der Erwartung, daß sie eines schönen Tages von

---

[66] Vgl. HOORNAERT, Formaçao do catolicismo brasileiro, passim, und T. HALPERIN DONGHI, Histoire contemporaine de l'Amérique latine, Paris 1972, 50.

selbst sterben würde[67]. Zur Zeit der Monarchie gab es kaum Anzeichen irgendeiner Entwicklung oder irgendwelcher Aktivitäten des Katholizismus, erst ab 1850/60 wurden kirchliche Initiativen häufiger, 1872–1875 kam es sogar zum ersten Konflikt mit dem Kaiserreich, der als Symbol für eine Revolte der Kirche stand.

1. Das Erwachen

Ralph della Cava wies zwingend nach, daß zumindest im Nordosten des Landes die sechziger Jahre durch eine dreifache Erneuerung auf religiösem Gebiet gekennzeichnet waren: die Rückbesinnung der Kirche auf das Volk – Opfer jahrzehntelanger Wirren und Dürrekatastrophen –, die Reorganisation der Bistümer und Pfarreien sowie das geistige Erwachen von Laien und Klerus[68].

Die langsame Auflösung der Kirche hatte ihre Spuren hinterlassen: die wenigen Priester lebten oft im Konkubinat, verfallende Kirchen dienten allzu oft als öffentliche Gebäude, und das Volk, das keine Bindung zur Amtskirche hatte und keine Sakramente kannte, beschränkte sich darauf, an Festtagen Prozessionen und gesellschaftlichen Zeremonien beizuwohnen. Die Kirche begegnete zumeist in Form der „Volksmissionen", in der Regel durch italienische Kapuziner, wie jenem Frei Vitale de Frascarolo, der zu Beginn des 19. Jh. im Tal von Cariri predigte. In dieser heute noch bestehenden Tradition stand auch José Maria de Ibiapina (1806–1883), der ihr nach 1850 zu neuer Blüte verhalf[69].

Das Werk des José Maria de Ibiapina

José Maria de Ibiapina gilt als der erste brasilianische „Missionar". Der Jurist und auf die Verteidigung der Armen spezialisierte Advokat wurde 1853 mit 47 Jahren Priester und legte durch die Veränderung seines Namens (sein bürgerlicher Name war José Antônio Pereira Ibiapina) Zeugnis von seiner tiefen Marienverehrung ab; ebenso veranlaßte er alle seine Anhänger, ihrem Namen denjenigen Mariens voranzustellen[70]. Der leidenschaftliche Prediger, der von Arm und Reich verehrt wurde, durchzog den Nordosten, verkündete das Evangelium, ließ Kirchen und Friedhöfe wiederherstellen sowie Dämme und Straßen bauen. Er gründete die *Casa de Caridade* (das Haus der Nächstenliebe), eine zukunftsträchtige Einrichtung, die Töchtern aus reichem Hause als Schule, armen Mädchen dagegen als Waisenhaus und Schneiderwerkstatt diente. Zwischen 1862 und 1883 erreichte er die Gründung von zweiundzwanzig solcher Häuser in den sechs Staaten des Nordostens. Die Frauen, die auf Dauer in seinen Häusern arbeiteten, lebten wie Nonnen in einem Konvent; sie legten Gelübde ab, trugen den Schleier und befolgten eine von Ibiapina konzi-

---

[67] Vgl. BRUNEAU, The Church in Brazil 11–20; J. MARIA, O Catolicismo no Brasil. Memória histórica (1900), Rio de Janeiro 1950, 142–148, und B. MAGALHAES, Estudios de Historia do Brasil, Rio de Janeiro 1940, 104.

[68] R. DELLA CAVA, Brazilian Messianism and National Institutions: A Reappraisal of Canudos and Joaseiro, in: Hispanic American Historical Review 48 (1968) 402–420; vgl. auch sein bemerkenswertes Werk Miracle at Joaseiro, New York 1970.

[69] Die Darstellung folgt hier R. DELLA CAVA, der wiederum auf P. E. DE MENEZES, O Crato do meu tempo, Fortaleza 1960, basiert. Vgl. auch A. MONTENEGRO, Historia do fanatismo religioso no Ceará, Fortaleza 1959, und E. CAMPOS, Folclore do Nordeste, Rio de Janeiro 1960.

[70] Die Verkündigung des Dogmas der Unbefleckten Empfängnis im Jahre 1854 war die Folge einer starken Zunahme der Marienverehrung, die man auch in den zwanzig vorausgegangenen Jahren in Amerika ausmachen kann.

pierte Regel. Obwohl diese neue Kongregation von der Amtskirche nicht abgesegnet wurde, achtete die Gesellschaft im Nordosten die Heiligkeit dieser Frauen und gab ihnen den Status von *beatas*. Die Männer, weniger zahlreich und nicht so ortsgebunden, legten ebenfalls Gelübde ab und erhielten den Titel *beatos*. Die Oberschicht unterstützte die Bewegung und schenkte den Schulen Ibiapinas Ländereien und Geld, das einfache Volk brachte seine Arbeitskraft umsonst ein. In den Augen aller war Ibiapina ein Prophet und Heiler[71]. Seine Kongregation bot der Landbevölkerung die Möglichkeit zum sozialen Aufstieg, und nach seinem Tod 1883 stiegen die Mitgliederzahlen rapide an[72].

Es handelte sich wohl um die erste wirklich „brasilianische" Kongregation. Sie war als Präzedenzfall bedeutsam, selbst wenn ihr die Anerkennung durch die kirchliche Hierarchie versagt blieb. Ibiapinas Schulen waren mit die ersten, die für Mädchen geöffnet waren; und da er in seiner Regel Wohltätigkeit und Handarbeit verband, erreichte er die Zusammenarbeit von Arm und Reich zur Ehre Gottes und für eine Verbesserung der menschlichen Lebensbedingungen.

Die Reform der Kirche

Die Reform der kirchlichen Strukturen war vielleicht eine Antwort auf römische Initiativen. Rom schuf 1854 das Bistum Ceará, mußte aber noch bis 1861 warten, bevor der Kaiser gewillt war, einen neuen Bischof, Dom Luis Antônio dos Santos, zu ernennen. Diese Diözese umfaßte damals 720000 Einwohner, darunter waren 33 Priester, deren Ansehen jedoch gering war[73]. Der Bischof wie seine ebenso reformfreudigen Mitbrüder in den anderen neugeschaffenen Bistümern des Nordostens machten sich nun daran, das Ansehen des Klerus und die Gläubigkeit ihrer Diözesanen zu erneuern. Als erstes wurden Seminare gegründet, aus denen ein vorbildlicher Klerus hervorgehen sollte[74]. Dieser neue brasilianische Klerus, der seine Erziehung zu einer Zeit erhielt, als die römische Kirche sich in der Defensive befand, übernahm die europäische Ablehnung von Freimaurerei, Positivismus und Protestantismus, dreier Kräfte, die zu dieser Zeit auch die hegemoniale Stellung der im Erwachen begriffenen brasilianischen Kirche zu bedrohen schienen[75].

Mit ihrem Handeln wurden die brasilianischen Bischöfe zu Vorreitern einer „Romanisierung" ihrer Kirche. Der praktische, wenn auch nicht ganz exakte Begriff der Romanisierung wurde von Roger Bastide geprägt[76] und seither von anderen Autoren übernommen. Er bezeichnete eine Bewegung, die nach dem symbolischen Datum 1858 den Klerus und die Kirchenstrukturen in Lateinamerika am „römischen" Vorbild Westeuropas orientieren

---

[71] So wie Frei Vitale gegen Ende des 18. Jh. oder Frei Damiao mitten im 20. Jh.; vgl. Geschichte des Christentums XII, 1188–1204.

[72] Vgl. C. Mariz, Ibiapina, um apostolo do Nordeste, Paraiba 1942.

[73] Nach kirchlichen Quellen hatten zwei Drittel dieser Priester eine Konkubine und Kinder (vgl. Della Cava, Miracle at Joaseiro 20, sowie v.a. Album histórico do Seminario Episcopal do Ceará 1–3). Handelte es sich hier um gezielte Übertreibung, um den Kontrast zwischen der Zeit „vor" der Gründung des Seminars und der Zeit „danach" besser hervorzuheben?

[74] Das Priesterseminar von Fortaleza wurde 1864 mit Hilfe französischer Lazaristen gegründet, deren Schüler der Bischof in Mariana (Minas Gerais) gewesen war.

[75] Vgl. Della Cava, Brazilian Messianism 406.

[76] R. Bastide, Brazil, Portrait of a Half-Continent, hrsg. von T. Lynn Smith – A. Marchant, New York 1951, 334–355.

wollte. Der „koloniale Katholizismus" Lateinamerikas sollte vom „universalen Katholizismus" Roms mit seinen strengen Moralvorstellungen, festen Lehrmeinungen und seiner hierarchischen Ordnung abgelöst werden. Ohne den Begriff als solchen in Frage stellen zu wollen, soll hier doch betont werden, daß die Initiative zur „Romanisierung" in Brasilien von den Brasilianern und in Mexiko von den Mexikanern ausging, nicht von Rom, und daß entsprechend reformorientierte Männer wie Dom Luis, der 1861 zum Bischof von Ceará und 1880 zum Erzbischof von Salvador de Bahia erhoben wurde, auch in vielen anderen südamerikanischen Ländern zu finden waren[77].

Die „religiöse Frage" (1872–1875)

Diese reformfreudigen Bischöfe stießen erstmals 1872 mit dem Kaiserreich zusammen. Für die nächsten drei Jahre stand die Affäre um die „kaiserliche religiöse Frage" im Mittelpunkt[78]. Die Affäre war bezeichnend für das Erwachen der katholischen Kirche in Brasilien. Zwei Bischöfe wurden verhaftet, vor Gericht gestellt und verurteilt, weil sie „nicht genehmigte" Stellungnahmen veröffentlicht hatten, welche die Freimaurerei verurteilten. Sie hatten „vergessen", daß jede öffentliche Erklärung eines Klerikers erst eine offizielle Kontrolle durchlaufen mußte. Um die Schwere dieses „Vergessens" zu ermessen, ist ein zeitlicher Rückgriff erforderlich.

Nachdem die Erringung der Unabhängigkeit problemlos verlaufen war, hatte Rom, wenn auch leider vergeblich, versucht, mit dem Kaiserreich über eine Veränderung der Beziehungen zwischen Kirche und Staat zu verhandeln, um die schwere Hypothek des Kirchenpatronats abzuschütteln. 1831 wurden die Geistlichen den Beamten gleichgestellt. Während der Regentschaft (1831–1840) tat Diogo Feijó (1784–1843) – ein Ordensgeistlicher – zunächst als Justizminister und später als Regent alles, um das regalistische Programm einer von Rom getrennten und dem Staat unterworfenen Nationalkirche zu verwirklichen. Die Orden waren ihm ein Dorn im Auge, da sie ihm als nicht dem jeweiligen Bischof, sondern der in Rom residierenden Ordensleitung unterstehend zu „römisch waren"; er trat ferner für eine Abschaffung des Zölibats ein und geriet dadurch in Konflikt mit Rom.

Kaiser Pedro II. (1840–1889), der wie Feijó Regalist war, schenkte den kirchlichen Angelegenheiten größte Beachtung. So wählte er denn auch persönlich, einzig unter dem Aspekt ihrer moralischen Qualitäten und ihrer Fähigkeiten, jene Bischöfe aus, die sich später gegen ihn stellen sollten[79]. Als der Papst 1864 die Enzyklika *Quanta cura* zusammen mit dem *Syllabus* veröffentlichte, lehnte der Kaiser die Verbreitung dieses Textes in Brasi-

---

[77] Es ist also weit gefehlt, einseitig von einer Eroberung von römischer Seite, von einem europäischen Imperialismus zu sprechen. Ohne ein Ansuchen seitens der Südamerikaner wäre die Entwicklung unmöglich gewesen. Ohne begeisterte Kandidaten hätte das Kollegium *Pio Latino* nicht in den Jahren von seiner Gründung 1858 bis 1922 26 Bischöfe und Erzbischöfe und den ersten Kardinal des Kontinents, Dom Joaquin Arcoverde (1906), hervorgebracht. Mit der ersten lateinamerikanischen Synode in Rom 1899 war der Höhepunkt dieses Prozesses erreicht, dem ein ähnlicher auf europäischer Ebene entsprach, als Pius IX. das Streben des Klerus nach persönlicher Heiligkeit und die Verehrung der Unbefleckten Empfängnis Mariens und des Heiligen Herzens Jesu als besonders wichtige Ziele propagierte (vgl. P. DROULERS S. J., Roman Catholicism, in: G. S. METRAUX – F. CROUZET (Hrsgg.), The XIXth Century World, New York 1963, 282–315).

[78] Vgl. L. MECHAM, Church and State in Latin America: A History of Politico-Ecclesiastical Relations, Chapel Hill 1934, 316–321, und bes. Sr. M. C. THORNTON, The Church and Free Masonry in Brazil 1872–1875. A Study in Regalism, Washington D. C. 1948.

[79] Vgl. THORNTON, The Church and Free Masonry 68–92.

lien ab; bereits beunruhigt über die Fortschritte des Ultramontanismus, war er nun bestürzt über die Erklärung der päpstlichen Unfehlbarkeit (1870) und ging ebenso wie seine Minister davon aus, daß es nach der Rückkehr der brasilianischen Bischöfe aus Rom zu Schwierigkeiten kommen könnte[80]. Ein junger Bischof, der Kapuziner Vital Maria Gonçalves de Oliveira, löste schließlich die Affäre aus. Vital, der schon mit siebenundzwanzig Jahren zum Bischof erhoben worden war, hatte in Frankreich studiert und war ein typischer Vertreter jener jungen Generation, die dem Papst leidenschaftlich die Treue hielt.

Worum ging es eigentlich? Im 19. Jh. hatten Bruderschaften und Freimaurerlogen ungestört miteinander fraternisiert; zahlreiche Priester waren Freimaurer, und die Freimaurer waren lange Zeit hindurch gute Katholiken. Die päpstlichen Erlasse änderten nur wenig an dieser Praxis, selbst wenn sich die brasilianischen Freimaurer im Laufe des Jahrhunderts vom römischen Katholizismus distanziert hatten. Als Vital im Mai 1872 zum Bischof von Olinda erhoben wurde, kündigten die Freimaurer die Feier einer Messe zum Jahrestag der Loge an, um seine ultramontane Gesinnung auf die Probe zu stellen. Vital untersagte seinem Klerus die Teilnahme. Die Loge veröffentlichte als Antwort darauf eine Liste aller Freimaurer, die auch einer Bruderschaft angehörten, und der Bischof verdoppelte seinen Einsatz, indem er nun die katholischen Freimaurer aufforderte, der Freimaurerei abzuschwören bzw. im Fall einer Weigerung, aus den Bruderschaften auszutreten. Der Konflikt eskalierte, so daß schließlich die kaiserliche Regierung gegen den Bischof einschritt. Unterstützt vom Bischof von Pará, Antônio de Macedo Costa, einem Sulpizianer, der wie er selbst in Frankreich ausgebildet worden war, machte Vital deutlich, worin das Problem bestand:

„Dies ist für die brasilianische Kirche eine Frage auf Leben und Tod. Wir werden auf alle Ehren verzichten, die uns die Regierung Ihrer Majestät übertragen hat, wenn sie uns nur die Freiheit gibt, in Übereinstimmung mit den Lehren unserer Heiligen Mutter Kirche [...] den Teil der Herde, den unser Herr Jesus Christus, in Gemeinschaft mit dem Heiligen Geist, unserer Pflege und Fürsorge anvertraut hat, zu lenken und zu leiten."[81]

Sowohl für die Bischöfe als auch für die Liberalen war die entscheidende Frage, ob das regalistische Kaiserreich oder die römische Kirche den Sieg davontragen würde. Papst Pius IX. unterstützte die beiden Bischöfe, die von staatlichen Behörden verhaftet, vor Gericht gestellt und 1874 zu vier Jahren Zwangsarbeit verurteilt wurden, bevor man sie 1875 amnestierte. 1876 richtete der Papst die Enzyklika *Exortae in ista ditione* an die brasilianischen Bischöfe, worin er die Reform aller Bruderschaften und den Ausschluß ihrer freimaurerischen Mitglieder anordnete. Außerdem schrieb er an Vital: „Ich billige, wie ich dies schon lange tue, alles, was Sie getan haben". Als letzte Bruderschaften unterwarfen sich 1880 in der Diözese Pará die Dritten Orden der Franziskaner und Karmeliter, die ursprünglich gegen den Bischof an die Krone appelliert hatten[82].

Diese Affäre stellte einen Wendepunkt in der Geschichte der Beziehungen zwischen Kirche und Staat dar: Durch seine Stellungnahme brach der Episkopat sein Jahrhunderte lang geübtes Schweigen und unterstützte – wie auch immer Historiker dies sehen möchten

---

[80] Ohne Frage war 1870 ein wichtiges Datum für die katholische Kirche ganz Lateinamerikas. Der Fall des päpstlichen Rom und der freiwillige Rückzug des Papstes in den Vatikan taten mehr für die Verbreitung des Ultramontanismus (den manche als „Papismus" bezeichneten) als alle Jahrhunderte zuvor. Zum Verhältnis von Kirche, Kaiserreich und Republik in Brasilien vgl. MARIA, O Catolicismo no Brasil (s. Anm. 67) 213–218.

[81] THORNTON, The Church and Free Masonry 225 f.; vgl. auch Th. C. BRUNEAU, The Political Transformation of the Brazilian Catholic Church, Cambridge 1974, 27 f.

[82] THORNTON, The Church and Free Masonry 248.

– de facto öffentlich die beiden verurteilten Bischöfe; acht von fünfzehn Bischöfen erließen entsprechende Hirtenbriefe, vier verhielten sich still, und keiner der drei anderen unterstützte öffentlich die Regierung.

… und ihre Folgen

Von diesem Zeitpunkt an wurde der brasilianische Klerus, der solange jansenistische und liberale Lehren vertreten hatte, entschieden ultramontan, und die Bischöfe machten sich daran, das königliche Patronatsrecht zu untergraben, um ihre Unabhängigkeit zurückzugewinnen. Die Offensive vollzog sich auf materieller Ebene – man sprach sogar von einem „Katholizismus der Zimmerleute und Maurer", so viele Baustellen zur Errichtung oder Reparatur von Kirchen, Kapellen und Friedhöfen wurden aufgemacht – als auch auf spiritueller Ebene, sei es in Priesterseminaren, Schulen oder durch die Presse. Die geistige Grundlage dieser Offensive bildete der *Syllabus* (1864).

Der Sturz des Kaiserreiches im Jahre 1889 wurde von der Kirche wie eine göttliche Befreiung begrüßt, auch wenn die Verkündigung der Republik diese Ultramontanen nicht zu Begeisterungsstürmen hinreißen konnte. Das politische Dilemma wurde 1890 durch die Veröffentlichung eines gemeinsamen Hirtenbriefes aller Bischöfe gelöst, in dem sie sich vorsichtig, aber entschlossen zu ihrer Treuepflicht gegenüber dem Staat bekannten, für die Kirche jedoch Handlungsfreiheit innerhalb der Gesellschaft forderten[83]. All dies wurde von den seit 1860 zunehmend aktiveren Laien im Nordosten sehr intensiv miterlebt: Für die Leute von Ceará etwa waren „Republikaner und Freimaurer" gleichbedeutend mit dem Teufel selbst. Außer der traditionellen Marienfrömmigkeit nahm die Verehrung des Heiligen Herzens Jesu einen ungeheuren Aufschwung. Während der entsetzlichen Dürre der Jahre 1877–1879 weihten mehrere Bischöfe ihre Kirchenprovinz dem Herzen Jesu. Nur in Anbetracht dieser Tatsachen lassen sich Bewegungen verstehen wie die des Antônio Conselheiro und des Pater Cícero, die allzu oft als „messianisch" bezeichnet wurden.

1891 legte die neue Verfassung die Religionsfreiheit, den Zivilcharakter der Ehe und die Säkularisierung des Unterrichts fest – wobei sie den Klerus aus dem Lehrkörper ausschloß und Religion als Unterrichtsfach abschaffte. Der Staat zahlte dem Klerus keine Gehälter mehr, die Mönche wurden auf klassische Weise von ihren Gelübden entbunden usw. Die Republik, die beschlossen hatte, auf das Patronatsrecht zu verzichten, tat dies nicht der Kirche zuliebe, vielmehr suchte sie sich von einer immer stärker romanisierten brasilianischen Kirche fernzuhalten – das Ziel der Schaffung einer Nationalkirche war fallengelassen. Was die Kirche selbst betraf, so gab sie ihren Traum von einem neu zu schließenden Bund, „einem guten Bund" mit dem Staat, nicht ganz auf, nutzte aber in der Zwischenzeit (bis 1930)[84] die Gelegenheit, endlich freie Beziehungen zu Rom unterhalten zu dürfen, um ihre institutionellen Strukturen möglichst rasch auszubauen[85]: 1891 gab es zwölf, 1900 siebzehn, 1910 dreißig und 1920 achtundfünfzig Diözesen. Die neuen Bischöfe waren nun allein von Rom ernannt worden. Zwar gab es eine Vielzahl neuer Priesterseminare und

---

[83] Vgl. Bruneau, The Political Transformation 29. Die Bischöfe erinnerten daran, daß das Patronatsrecht realiter ein Mittel zur Unterdrückung gewesen sei und primär Schuld an der Schwäche der Kirche trage, ja sie fast in den Ruin getrieben habe (vgl. J. Dornes Filho, O Padroado e a Igreja brasileira, Rio de Janeiro 1937, 289).

[84] Siehe dazu das Lateinamerika gewidmete Kapitel der Geschichte des Christentums, Bd. XII, bes. 1191–1196.

[85] Vgl. Bruneau, The Church in Brazil 17.

Klöster, aber die Berufungen im Land konnten mit diesem beschleunigten Wachstum nicht Schritt halten, so daß Rom viele europäische Ordensleute nach Brasilien entsandte. Da jedoch der Ultramontanismus die brasilianischen Kleriker nicht daran hinderte, nationalistisch zu denken, wurde immer stärker eine unverhohlene Kritik an diesen europäischen Priestern laut, die die Seminare überschwemmten und bald die einzigen waren, die Volksmissionen in entlegeneren Provinzen durchführten.

Nach Ansicht Bruneaus verlor die Kirche, als sie nun zu einer relativ starken, effizienten und das ganze Land umspannenden Organisation wurde, mehr und mehr den Kontakt zur Landbevölkerung: Durch die Übernahme eines europäischen Modells griff sie ein pastorales Konzept auf, das für die Städte und die Mittelschicht erstellt worden war[86]. In diese Richtung geht auch die Kritik des ersten brasilianischen Redemptoristen Pater Júlio Maria, der im Jahre 1900 den sozialen Katholizismus verteidigte und sowohl den Ritualismus als auch den Klerikalismus anprangerte: „Die brasilianische Kirche hat die Lehren des Papstes (Leo XIII.) noch nicht in die Tat umgesetzt. Der Klerus lebt fern vom Volk; es ist als würde ihn das Volk gar nicht kennen. Der Klerus nimmt mit einer kleinen Oberschicht von Gläubigen fürlieb. Sein ganzes Bestreben scheint einzig darin zu bestehen, im Glanz seines Ornats inmitten von Lichtern und Blumen in Kirchen zu zelebrieren, die schön geschmückt und deren Chöre gut geschult sind. Seine Tätigkeit läßt sich in zwei Worten ausdrücken: Feste für die Lebenden, rituelle Formalitäten für die Toten."[87]

Freilich muß man diese Kritk einschränken: Es gab auf dem Land zwischen Klerus und Volk häufig – wenn auch nicht immer – enge und starke Bande. Doch begann die Kirche zu Beginn des 20. Jh. den volkstümlicheren Formen des Katholizismus den Rücken zuzukehren bzw. andere Prioritäten zu setzen: Sie wollte ihren Platz im öffentlichen Leben, als zweite Macht neben dem Staat, wiedererlangen. Mentor dieser neuen Bewegung war Dom Sebastiao Leme (de Silveira Cintra), der als Bischof von Olinda und später als Erzbischof von Rio de Janeiro (1921–1942) fünfzig Jahre lang der einflußreichste Kirchenfürst seines Landes war. Sein erster Hirtenbrief von 1916 ist zurecht berühmt[88], da er die Ziele und das Vorgehen der katholischen Kirche in Brasilien für lange Zeit bestimmte. Der Bischof verwies darauf, wie paradox es sei, daß die Kirche in einem seit alters katholischen Land keinen politischen Einfluß ausübe, und nannte als Zielvorstellung: die gesellschaftliche Elite für die Kirche gewinnen und das nur oberflächlich katholische Volk religiös unterweisen.

2. Volkstümliche Formen des Katholizismus: Canudos und Juázeiro[89]

Wie viele brasilianische Autoren haben auch die europäischen Ordensleute, für die Brasilien zu einer zweiten Heimat geworden war, folgendes Bild gezeichnet[90]: In einer stark de-

---

[86] Vgl. P. A. RIBEIRO DE OLIVEIRA, Catolicismo popular e romanizaçao do catolicismo brasileiro, in: Revista Eclesiastica Brasileira, XXXVI–141, März 1976, 131–142.

[87] MARIA, O Catolicismo no Brasil 250–251.

[88] Vgl. J. MEYER, in: Geschichte des Christentums, Bd. XII, 1191.

[89] Die Zahl der Untersuchungen zu diesem Thema ist unüberschaubar. Das Folgende fußt auf den grundlegenden Arbeiten von R. DELLA CAVA (vgl. oben Anm. 68).

[90] Vgl. HOORNAERT, Formaçao do catolicismo brasileiro 78, und J. COMBLIN, Situaçao histórica do catolicismo no Brasil, in: Revista Eclesiastica Brasileira 26 (1966) 583–584, die vor allem Gustavo FREYRE und Thalés DE AZEVEDO zitieren. Siehe auch R. RIBEIRO, Religiao e relaçaes raciais, Rio de Janeiro 1956; D. WARREN, Portuguese Roots of Brazilian Spiritism, in: Luso Brazilian Review V/2 (1962), und P. A. RIBEIRO DE OLIVEIRA, Catolicismo popular e romanizaçao do catolicismo brasileiro, in: Revista Eclesiastica Brasileira 36 (1976) 131–142.

zentralisierten, fast rein ländlichen Gesellschaft hätten weder die Kirche noch Rom vor Ende des 19. Jh. eine große Rolle gespielt; so habe in Brasilien nicht der Katholizismus der Gegenreformation mit seinen Dogmen, seiner sakramentalen Praxis und Orthodoxie vorgeherrscht, sondern ein viel älteres, noch recht mittelalterliches „komplexes" und „volkstümliches" Modell, das J. Comblin in die Formulierung „die volkstümliche Religion Portugals ohne das Rüstzeug der mittelalterlichen Kirche" brachte. Diese volkstümliche Religion habe spontan indianische und afrikanische Elemente in ihre „familiären, patriarchalischen, nostalgischen und trostspendenden" religiösen Praktiken integriert. Da diese Kirche über keine eigenen Mittel verfügte, solange sie sich einzig damit begnügen mußte, den Großgrundbesitzern Hausgeistliche zu stellen, sei sie auf ihre Rolle bei festlichen Angelegenheiten beschränkt gewesen: mit sozio-religiösen Festen, Wallfahrten, der Verehrung heiliger Schutzpatrone für bestimmte Zwecke, Gelöbnissen, Gelübden und Bruderschaften. Ein wenig vereinfachend zogen die Autoren daraus den Schluß, daß die „Romanisierung" – die Städte und einige andere Regionen vielleicht ausgenommen – diese volkstümlichen Elemente nur mit der dünnen Lackschicht des europäischen Katholizismus überzogen habe.

Diese Art Analyse, die das Vorhandensein realer Bindungen zwischen der römischen Kirche und den brasilianischen Katholiken negierte, hatte zur Folge, daß man die beiden großen religiösen Bewegungen im Nordosten des Landes gegen Ende des 19. Jh. als „messianisch" interpretierte: sowohl die Bewegung des Antônio Conselheiro, des mystischen Gründers der „heiligen Stadt" Canudos im Staate Bahia (1893), die achttausend Einwohner zählte, als sie 1897 von der Armee zerstört wurde, als auch jene Bewegung, die 1889 in Juázeiro, einem kleinen Ort im Tal des Cariri im Süden von Ceará entstand und diesen Ort unter seinem Pfarrer Cícero Romao Batista zu einer weiteren heiligen Stadt machte, die beim Tode Batistas 1934 im Alter von neunzig Jahren bereits 35 000 Einwohner zählte und zur zweitgrößten Stadt des Sertão im Nordosten geworden war.

Man sollte so spektakuläre Kategorien wie Millenarismus und Messianismus vermeiden. Sowohl Antônio Conselheiro (d. h. der Ratgeber) als auch Cícero Romao Batista waren kirchentreue Katholiken und ihre Nachfolger nicht minder; selbst als Batista als Pfarrer suspendiert wurde, trennte er sich nicht von der Kirche, obwohl alles für ein Schisma auf breiter Basis vorbereitet schien.

Auch die Bewegung Juázeiros konnte sich fünfzig Jahre lang halten, obwohl die Konflikte und Verhandlungen sowohl mit der Kirche als auch mit dem Staat nie abrissen. Trotz durchaus millenarischer Elemente sollte man nicht in den Irrtum verfallen, diese Episode als Ausfluß einer archaischen und isolierten Randgesellschaft darzustellen, die als solche fanatisch und pathologisch gewesen sei[91]. R. della Cava konnte dagegen nachweisen, wie eng diese religiöse Bewegung mit den politischen, wirtschaftlichen und kirchlichen Gege-

---

[91] Diese Meinung vertritt E. da Cunha, Verfasser des großartigen Werkes *Os Sertaoes* (1962), das leider voller Irrtümer steckt. Da Cunha, der voll Entsetzen die Vernichtung der Stadt Canudos durch die Armee miterlebte, hielt der Barbarei des zivilisierten Staates die gleichsam prähistorische Barbarei des „Fanatismus" entgegen, der „wie der Kaktus ein Produkt der Wüste" sei. M. I. PEREIRA DE QUEIROZ, O messianismo no Brasil e no mundo, Sao Paulo 1965, wiederum liefert zwar eine gute Darstellung der Entstehung und inneren Ordnung dieser Bewegungen, schrieb sie aber fälschlich der isolierten Lage und dem archaischen („ländlichen") Partikularismus der Gebiete im Landesinneren zu. Damit griff sie die Vorstellung von zwei Brasilien wieder auf, die unabhängig von einander nebeneinander lebten, eine Vorstellung, die sich auch in der Dichotomie Kirche/volkstümlicher Katholizismus wiederfindet (vgl. DIES., Réforme et Révolution dans les sociétés traditionnelles, Paris 1968).

benheiten Brasiliens in dieser Zeit des Umbruchs und des wirtschaftlichen Wachstums zwischen dem Ende des Kaiserreichs und den Anfängen der Republik verknüpft war.

Die Wege Conselheiros und Batistas sind nur im Kontext jenes „Erwachens" der katholischen Kirche zu verstehen, von dem oben die Rede war, und das von dem „beato" Ibiapina und dem ersten Bischof von Ceará getragen wurde. Beide begannen fast gleichzeitig und im Stillen zu wirken, Antônio Conselheiro 1871, Batista 1872, als er als junger Priester im Alter von 28 Jahren in dem kleinen Dorf Juázeiro, im Nordosten von Crato, ankam. Er wollte ursprünglich weiterziehen, aber nach einer Christusvision in der ersten Nacht entschied er sich zum Bleiben. Sein ganzes Leben lang hatte er Träume und Visionen. Wie der heilige Pfarrer von Ars verbot er Tänze, zwang die Männer, mit dem Trinken aufzuhören, die Prostituierten, ihre Sünden zu bekennen, und half ihnen nach einer öffentlichen Buße, ihr Leben zu ändern. Kurz: Er ordnete die Verhältnisse in Juázeiro. Wie Ibiapina übernahm er die Verantwortung für eine Gruppe von *beatas,* zu der reiche wie arme Frauen, junge Mädchen ebenso wie Witwen zählten. Mit seiner Mutter, seinen beiden ledigen Schwestern, den *beatas* und zahlreichen Waisen lebte er in einer Gemeinschaft. Seine Freunde, die reichen Leute von Crato, kleideten ihn und zahlten seinen Barbier; seine Mutter ging für die Gemeinschaft betteln. Als kirchentreuer, frommer Pfarrer war er ein typischer Vertreter des Klerus im Nordosten, der sich von der leidenschaftlichen Begeisterung des Bischofs Dom Luis hatte anstecken lassen, und er war durchaus kein Einzelfall. In den Augen des Volkes war er ein Heiliger und Prophet, letzteres, weil er 1877 vorausschauend Maniok hatte anbauen lassen, als die Regenzeit zu spät einsetzte und die Saat verloren war. Auch während der schrecklichen Dürre der Jahre 1888–1889 verdankten es die Leute im Tal des Cariri – wie auch jene, die von fernher kamen – ihm, daß sie nicht verhungerten.

Während dieser fast zwanzig Jahre wanderte der Laie Antônio Conselheiro auf den Spuren Ibiapinas durch den Nordosten, manchmal in Gesellschaft fremder Missionare. Überall überredete er die Leute dazu, die in Ruinen liegenden Mauern der Kirchen, Kapellen und Friedhöfe wiederaufzurichten und daneben Dämme und Straßen zu bauen. Wie Ibiapina erhielt er Geld von den Reichen, während die Armen ihre Arbeitskraft spendeten. Die Priester der ganzen Region waren damit einverstanden und erteilten ihm auch die Genehmigung, von der Kanzel herab zu predigen, obwohl der Erzbischof von Bahia 1882 ausdrücklich darauf verwies, daß dies für Laien verboten sei.

Conselheiro war weder ein verrückter Herumtreiber noch ein Sektierer; er war ein klassisches Produkt der christlichen Kirche im Nordosten Brasiliens, ihr reisender Diener. Bei den Priestern und in der Gesellschaft stand er in so hohem Ansehen, daß der Erzbischof von Bahia erst die Behörden bitten mußte, ihn aus dem Staat auszuweisen. Der *beato* fiel den Spannungen zwischen dem glaubenseifrigen Klerus im Inneren Brasiliens und einem organisationsfreudigen Erzbischof zum Opfer. Er empörte sich nie gegen seinen Erzbischof und noch weniger gegen die Kirche, zog ihre Lehren nie in Zweifel, ebensowenig wie die Wirksamkeit der Sakramente oder die Autorität der Priester. Niemals gab er vor, ein Priester zu sein. Das von Da Cunha gezeichnete Porträt eines „extravaganten Mystikers", eines „gefühllosen Paranoikers", eines „engstirnigen Gnostikers" hatte nichts mit der historischen Wirklichkeit gemein.

Das Abenteuer begann für die beiden Männer fast gleichzeitig, zwischen 1887 und 1889. Pater Cícero Batista, der von seinem Bischof hochgeschätzt wurde, hatte Häuser moderner Ordensgemeinschaften wie der Vinzentiner gegründet und die alten Bruderschaften bekämpft. Nun wurde er im März 1889 plötzlich in ein „Wunder" verwickelt: im Mund der Maria de Araujo, einer 28jährigen *beata* seiner Gemeinschaft, verwandelte sich die Hostie plötzlich in Blut. Dies ereignete sich während der Messe des ersten Freitags im Monat zu Ehren des Herzens Jesu. Das gleiche Phänomen trat jeden Mittwoch und Freitag während der Fastenzeit und dann alle Tage vom Karfreitag bis Christi Himmelfahrt auf. Am 7. Juli, dem Fest des Kostbaren Blutes Christi, erklärte Monsignore Francisco Monteiro, der Rektor des kleinen Seminars von Crato, von der Kanzel herab, daß es sich um das Blut Christi handle. Dank der Diskretion Cícero Batistas machte die Affäre nur wenig von sich reden, bis sich die Presse in der Karwoche 1891 der Sache bemächtigte und einen ernsthaften kirchlichen Konflikt heraufbeschwor.

Hier soll kurz auf die chronologische Abfolge der Ereignisse eingegangen werden: 1889 Sturz des Kaiserreichs, 1891 Verkündigung der neuen Verfassung. Die Kirche und die Katholiken hatten also zwei Jahre voller Unruhen und Spannungen hinter sich, voller Angst vor der Zukunft. Cícero Batista selbst hatte, wie gesagt, weder das Wunder publik gemacht noch die Wallfahrten organisiert, die nach 1891 den ganzen Nordosten mobilisierten. Ebensowenig veranlaßte er die nationale und internationale Presse, derartigen Wirbel um diese Manifestation des „Göttlichen" zu machen. Es war vielmehr der ortsansässige Klerus, der die Freimaurerei, den Liberalismus und den Protestantismus (der mit der Republik gleichgesetzt wurde) leidenschaftlich ablehnte und nun zwischen 1889 und 1891 mit Inbrunst das „Wunder von Juázeiro" verkündete; dem schloß sich die örtliche Oberschicht an, bevor zuletzt auch das Volk dem Ruf seiner Hirten und der Mächtigen folgte. Im Dezember 1891 unterzeichneten zwanzig Priester der Diözese Ceará (also zwanzig Prozent des Klerus) einen Text, in dem sie sich gegen den Bischof wandten, weil dieser sich weigerte, an das Wunder zu glauben. Diese zwanzig waren keineswegs ungebildet: Einige von ihnen hatten in Rom studiert, andere wiederum waren Berater des Bischofs. Mit der Untersuchung des „Wunders" betraut, waren sie überzeugt vom „göttlichen Ursprung" des „Wunders aus Juázeiro" zurückgekehrt. War dieses Wunder nicht ein vernichtendes Urteil über alle Ungläubigen, gerade in diesen Tagen der Gründung der Republik?

Bald ereigneten sich weitere Wunder in Juázeiro: Kranke wurden geheilt, Freimaurer und Protestanten bekehrten sich. Das Volk geriet in Begeisterung, das Netzwerk der *beatas* und *beatos* verbreitete die Kunde davon im ganzen Nordosten, und das kleine Dorf mußte täglich fünfhundert Pilger aufnehmen. Der Bischof verhielt sich zunächst abwartend und verbot nur die Verehrung der blutigen Tücher, dann suspendierte er 1892 Pater Cícero als Prediger, Beichtvater und Seelsorger. Im Mai 1893 informierte er Rom, und im Dezember schließlich untersagte er alle liturgischen Handlungen in der Kirche von Juázeiro. Rom erklärte im Juli 1894, es handle sich um „eitle und abergläubische Wunder", und verurteilte diese. Der Bischof legte die Affäre zu den Akten. Der Klerus gehorchte widerstrebend[92], aber das Volk fügte sich nicht. Pater Cícero appellierte an Rom; die Herz-Jesu-Bruderschaften, die Vinzenzkonferenzen und die Legion des Hl. Kreuzes mobilisierten Tausende von Gläubigen.

1896 wurde Pater Cícero Batista vom Bischof endgültig suspendiert, weil die Wallfahr-

---

[92] Ein interessanter Aspekt der Affäre ist der Nationalismus: Pater Francisco Antero, ehemaliger Schüler des Pio Latino, betonte, daß die Kirche Brasiliens den Kirchen Europas in nichts nachstände, und beschuldigte die französischen Lazaristen von Fortaleza, nicht für wahrscheinlich zu halten, daß „unser Herr Frankreich verlasse, um in Brasilien Wunder zu wirken" (DELLA CAVA, Miracle at Joaseiro 48).

ten unvermindert anhielten. 1897 verwarf Rom Batistas Appellation und gab ihm unter Androhung der Exkommunikation zehn Tage Zeit, Juázeiro zu verlassen. Überzeugt, das Opfer einer Verfolgung zu sein, fügte sich der Priester.

In Brasilien brach daraufhin eine nationale Hysterie aus. Zeitgleich mit der Suspendierung Pater Cíceros und seiner Verurteilung durch Rom wurde die Armee im Staate Bahia von den Bewohnern von Canudos, der „heiligen Stadt" des Antônio Conselheiro, geschlagen. Erst im Oktober 1897 sollte Canudos fallen, nachdem es mehrere militärische Expeditionen zurückgeschlagen hatte. Seine achttausend Einwohner kamen fast alle um. Conselheiro war während der Belagerung an einer Krankheit gestorben. Er hatte Canudos 1893 gegründet, um abseits aller Belästigungen durch den Staat (und von seiten des Bischofs) zu leben; dann begann er gegen die Republik zu predigen, wobei er vor allem für die alten Gesetze des Kaiserreiches eintrat, welche die Gültigkeit der kirchlichen Eheschließung und des kirchlichen Begräbnisses auch staatlicherseits anerkannt hatten. Wenn auch die Bischöfe das neue Regime akzeptiert hatten, so hatten die Landpfarrer noch lange Angst vor der Republik, die doch vom *Syllabus* verurteilt worden war. Sie ermutigten Conselheiro laut zu sagen, was sie dachten. Erst als der Staat seinen ganzen Druck auf die Bischöfe ausübte und diese ihn an die Priester weitergaben, entschlossen sie sich um 1896, Conselheiro fallen zu lassen. Der tragische Ausgang der Affäre, der heroische Widerstand der Leute von Canudos hat später durchaus irreführende Literatur über den „Fanatismus" des *sertão* hervorgebracht. Aber dieser Ausgang war nicht unvermeidlich, und Conselheiro stellte keine größere Gefahr für die Republik dar als Pater Cícero[93]. Letzterer wurde beschuldigt, Canudos inspiriert zu haben, doch ist dies unwahrscheinlich. Wie Conselheiro legte er Wert auf den Erhalt der sozialen Ordnung und glaubte, daß die Bekehrung eine Sache des eigenen Gewissens sei. Die örtlichen Behörden, die seit 25 Jahren auf ihn zählen konnten, beschwichtigten schließlich die Vorurteile ihrer Vorgesetzten, so daß der Gouverneur von Pernambuco Pater Cícero sogar 1898 die Reise und den langen Aufenthalt in Rom finanzierte, von dem er mit der Erlaubnis zurückkam, wieder die Messe lesen zu dürfen.

Der Strom von Wallfahrten hielt an. 1909 hatte Juázeiro bereits 15000 Einwohner. Die Zuwanderer suchten dort Gesundheit, Geborgenheit oder einfach Schutz; in ihren Augen war Juázeiro eine heilige Stadt, die unter dem Schutz eines heiligen Patriarchen stand, der die Kranken, die Obdachlosen, die Hungernden, die Sünder und Verbrecher aufnahm. Im Nordosten, der zwischen 1877 und 1915 viermal (in zwölf von 38 Jahren) von der Dürre heimgesucht wurde, bildete Juázeiro eine Oase, die dank der Anweisungen Pater Cíceros effizient bewirtschaftet wurde. Zwangsläufig, wenn auch ohne sein Zutun, erlangte er nach 1910 politischen Einfluß und wurde zum „mächtigsten Mann im ganzen Nordosten"[94]. 1916 machte er seinen Frieden mit dem Bischof von Crato, und zwar paradoxerweise kurz vor seiner Exkommunikation durch Rom. Der Bischof hielt diese klugerweise geheim und setzte erst 1920 Pater Cícero davon in Kenntnis. Als Rom 1921 unter Androhung der Ex-

---

[93] Ohne hier darauf eingehen zu können, sei doch vermerkt, daß R. della Cava eine Verbindung zwischen dem Angriff auf den Conselheiro und den politischen Kämpfen zwischen den Führungsschichten im Staate Bahia glaubhaft nachweist. Man beschuldigte Canudos, ein Schlupfwinkel intriganter Monarchisten zu sein. Um nicht selbst monarchistischer Umtriebe verdächtigt zu werden, glaubte die Kirche, sich davon distanzieren zu müssen. Die unerwartete Niederlage eines kleinen militärischen Expeditionscorps führte dann zu einer Eskalation der Affäre.

[94] DELLA CAVA, Miracle at Joaseiro 125.

kommunikation darauf bestand, daß Pater Cícero Juázeiro für immer verlassen müsse, begnügte sich der Bischof mit seiner Suspendierung. 1923 sollte es dann dem neuernannten Pfarrer, der selbst aus Juázeiro stammte, gelingen, die Freundschaft des alten Mannes ebenso zu gewinnen wie die Achtung seines Bischofs und das Vertrauen Roms. Der zu einem Nationalhelden gewordene Pater Cícero starb 1934, und sein Begräbnis wurde zu einem unbeschreiblichen Triumph.

3. An der Schwelle zum zwanzigsten Jahrhundert

War die brasilianische Kirche einst die am stärksten unterdrückte Kirche Südamerikas gewesen, so war sie nun die freieste. In einer Republik, die „der Kirche Freiheiten gewährte, wie sie sie zur Zeit der Monarchie niemals gekannt hatte"[95], fand sie sich in einer für sie völlig neuen Situation wieder: Ihre Trennung von einem durch und durch laikalen Staat war total. Sie konnte sich erneut als Institution konstituieren. Einerseits suchte sie, da sie sich nicht damit abfinden wollte, unter einem „atheistischen Regime" zu leben, die Anerkennung und Stütze des Staates. Andererseits suchte und fand sie gegen die liberale Republik die Unterstützung Roms, das nun, anders als zur Zeit des Kaiserreiches, ungehindert eine Führungsrolle übernahm. Da Rom sich der Probleme Brasiliens wohl bewußt war, schickte es Männer und Geld, um so den institutionellen Ausbau und die Ausrichtung am europäischen Vorbild zu erleichtern: Neue Diözesen, Kollegien, Priesterseminare und Kirchen wurden errichtet, Feste und eucharistische Kongresse organisiert. E. Hoornaert spricht von dieser bis 1960 reichenden Epoche als einem „Triumph der Organisation als Selbstdarstellung".

Die Kirche, die ihren Klerus zur Hälfte aus Europa importierte und die andere Hälfte zur Ausbildung nach Europa schickte, setzte ihre katholische Reform fort. Lazaristen, Redemptoristen, französische Dominikaner, Schwestern vom hl. Joseph von Chambéry, französische und italienische Kapuziner, italienische Salesianer, holländische Karmeliter, belgische und deutsche Benediktiner, deutsche Franziskaner und Jesuiten kamen als Verstärkung aus Europa in ein Land, das einen Ansturm von Millionen von Einwanderern zu bewältigen hatte.

Zeit	Einwanderer
1850–1870	200 000
1871–1880	220 000
1881–1890	500 000
1891–1900	1 100 000
1901–1910	630 000

Die Priesterseminare spielten bei der Reform eine große Rolle, da sie den geistlichen Charakter des nun ganz nach Rom orientierten Klerus unterstrichen und damit die Trennung des Sakralen vom Profanen, der Kirche vom Staat, manifestierten[96]. Weitere Anzeichen für ein dynamisches Vorgehen der Kirche waren der Aufbau einer katholischen Presse, die

---

[95] BRUNEAU, The Church in Brazil 31 f.
[96] Vgl. den Sammelband A vida religiosa no Brasil. Enfoques historicos, Sao Paulo 1983.

Unterstützung der Einwanderer und die Missionierung der Indianer. Die Orden besetzten die Lücke, die durch die Krise der Bruderschaften und Dritten Orden entstanden war, und übernahmen die Betreuung von Hospitälern, Obdachlosenheimen und Waisenhäusern. Politisch gesehen hielt dieses umfassende Engagement den Klerus von politischen Aktivitäten fern (um jede „Ansteckung" durch liberale Einflüsse zu vermeiden). Die Abscheu vor dem Liberalismus wurde noch durch den Zustrom französischer Ordensleute verstärkt, die von der antiklerikalen Politik ihrer Republik vertrieben worden waren. In Konkurrenz zur liberalen Republik und zu den Protestanten investierte die katholische Kirche ferner in die Erziehung der Kinder der Ober- und Mittelschicht.

VI. Ein Neuankömmling: der Protestantismus

Mit der Ankunft des angelsächsischen und deutschen Protestantismus erreichte das Christentum in Lateinamerika eine neue Dimension, nachdem die römisch-katholische Kirche drei Jahrhunderte lang allein präsent war. Der Impuls zur Ablösung ihrer religiösen Monopolstellung ging jedoch nicht von Lateinamerika selbst aus. Der Protestantismus, durch die Predigt der Missionare und die großen transatlantischen Wanderbewegungen der europäischen Völker ins Land gekommen, erschien vielmehr lange wie ein Pfropf, der nicht anwachsen wollte. Wie hätte es auch anders sein sollen, da es sich um das Eindringen einer exogenen Religion in die lateinamerikanische Gesellschaft handelte, die zudem in enger Verbindung zu den neuen Herrschaftsformen stand, der „unsichtbaren Herrschaft" Englands und dem nur zu gut sichtbaren Neokolonialismus der Vereinigten Staaten? War denn der Engländer nicht der Feind von alters her, der Feind Spaniens und der römischen Kirche? Kam denn der Protestantismus nicht zuerst mit den Militärgeistlichen der englischen Regimenter ins Land, die 1806 und 1807 vor den Toren von Buenos Aires standen? Oder 1846–1847 mit der Armee der Yankees, die in Mexiko einfiel? Oder mit den deutsch-englischen Händlern, den Bankiers und Diplomaten, die sofort ihre Bibeln verbreiteten und von den Regierungen das Recht auf eigene Gotteshäuser, Friedhöfe und Pastoren einforderten?

So dachte und empfand man in der Bevölkerung, die daher im ganzen Verlauf des 19. und auch noch zu Beginn des 20. Jh. den verschiedenen Formen des Protestantismus einen sehr kühlen Empfang bereitete. Zum besseren Verständnis dieses Phänomens müssen auch die außerhalb der religiösen Sphäre gelegenen Faktoren in Betracht gezogen werden, die das Vordringen des Protestantismus erst ermöglichten: die Auflösung der Kolonialgesellschaft und ihres Wertesystems, der Neokolonialismus, der Liberalismus, die europäische Einwanderung und die Missionstätigkeit der protestantischen Kirchen. Erst nach Abschluß dieser langen Entwicklung konnte der Protestantismus sich zumindest partiell in die lateinamerikanische Gesellschaft integrieren und Anteil an ihrer Dynamik nehmen[97].

---

[97] Grundlegend ist das Werk von H.-J. PRIEN, Die Geschichte des Christentums in Lateinamerika, Göttingen 1978, 743–843. Vgl. ferner Chr. LALIVE D'EPINAY, Religion, Dynamique sociale et Dépendance: Les Mouvements protestants en Argentine et au Chili, Paris-Den Haag 1975, bes. Teil I: „La Genèse", 21–96. Unsere Darstellung lehnt sich eng an das Werk beider Autoren an.

1. 1807–1850

Die Geschichte des Protestantismus in Lateinamerika setzte erst mit der Erringung der Unabhängigkeit ein, selbst wenn der Historiker daran erinnern mag, daß sich in den drei Jahrhunderten zuvor in den Listen der Inquisition 310 Verurteilungen wegen lutherischer Häresie finden und 58 Fälle dessen verdächtigt wurden, wobei es sich um Korsaren oder Schmuggler handelte, wie z. B. John Drake, den Bruder von Sir Francis Drake, der 1582 nach dem Untergang seines Schiffes gefangengenommen worden war[98]. Da England die neuen unabhängigen Nationen mit aus der Taufe gehoben hatte, entsandte es sofort zahlreiche Geschäftsleute dorthin, die in Mexiko-Stadt, Rio de Janeiro, Buenos Aires und Santiago de Chile rasch wachsende Kolonien bildeten. Zu diesem Zeitpunkt waren überall die Auseinandersetzungen zwischen dem Staat und der katholischen Kirche über die heikle Frage des Kirchenpatronats entbrannt, während gleichzeitig die Liberalen eine innige Bewunderung für die französische Revolution, England und die Vereinigten Staaten an den Tag legten. Das von den Liberalen nicht ungern gesehene Vordringen des Protestantismus erfolgte auf drei Wegen: durch die Kirchen der in Lateinamerika ansässigen Ausländer, durch heimliche Übertritte und durch die Evangelisierung der indianischen Stämme.

Die Unabhängigkeit und die Öffnung der Häfen zogen europäische und später auch amerikanische Händler, Industrielle und Handwerker an. Volkszählungen aus der Mitte des Jahrhunderts sprechen von englischen Kolonien in Mexiko oder an den Ufern des Rio de la Plata, die einige tausend Mann stark waren; Deutsche und Franzosen kamen ebenso zahlreich. In Argentinien wurde der erste protestantische Gottesdienst 1820 in einem Privathaus auf englisch abgehalten; in den folgenden Jahren stellte die Regierung Land zur Bestattung von Nichtkatholiken zur Verfügung, und 1825 sah der Freundschafts- und Handelsvertrag zwischen England und Argentinien die offizielle Zulassung des anglikanischen Glaubens in Argentinien vor. Erste anglikanische Gottesdienste wurden in Brasilien 1810 abgehalten, in Chile 1825. Offen blieb allerdings die Frage der Mischehen zwischen Partnern verschiedener Konfessionen und Nationalitäten. Zwar erlaubte man sie relativ schnell, begrenzte diese Genehmigung aber auf die ausländischen Gemeinden. In anderen Ländern wurde Fremden, die in der Hauptstadt bzw. in ihren eigenen Botschaften lebten, mehr oder weniger schnell die gleichen Rechte zugestanden.

„Drei Namen stehen, jeder auf seine Weise, für heimliche Versuche, dem Protestantismus im Lande selbst eine unabhängige Basis zu verschaffen oder sogar die Entstehung heterodoxen Gedankenguts zu fördern: der Pädagoge James Thomson, der Utopist Francisco Ramos Mejía und der Politiker Pazos Kanki"[99].

James Thomson, ein schottischer Baptist, landete 1818 in Argentinien als Repräsentant der *British and Foreign School Society*[100] und der *British and Foreign Bible Society*. Seine Kirche finanzierte die Reise und seine Ausgaben, bis ihn schließlich die argentinische Regierung zum Generaldirektor aller Schulen ernannte. 1821 ging er nach Chile, wo er nur ein Jahr lang zum Aufbau dreier Schulen blieb, bevor er, unterstützt von katholischen Geistlichen, sein Wirken in Peru fortsetzte. 1827 ist seine Anwesenheit in Mexiko bezeugt,

---

[98] Vgl. G. Baez-Camargo, Protestanes enjuiciados per la Inquisition en Iberoamerica, Buenos Aires 1961, 42 ff.

[99] Lalive d'Epinay, Religion, Dynamique sociale et Dépendance 23.

[100] Pädagogisch war Thomson ein Vertreter des sog. *Lancaster-Systems*, wonach die fortgeschrittenen Schüler die anderen Lesen und Schreiben lehrten. Dank dieses Systems, das vor allem auf die Alphabetisierung von Erwachsenen ausgerichtet war, konnten sowohl Einsparungen als auch schnellere Fortschritte erzielt werden.

nachdem er in Kolumbien unter dem Schutz der katholischen Hierarchie tätig geworden war [101]. Im Auftrag verschiedener Regierungen und im Einverständnis mit der katholischen Kirche zog er zum Lesenlernen biblische Texte heran. Dabei verwendete er eine katholische Ausgabe, deren Verkauf er auch organisierte.

„Er hatte nicht die Absicht, den Ausbau eines Schulnetzes zur Schaffung protestantischer Landeskirchen zu nützen. [...] Er glaubte vielmehr, daß der Zugang zur Heiligen Schrift und eine allgemeine bessere Ausbildung (war das eine doch die Voraussetzung des anderen) zu einer inneren Reform des Katholizismus führen würden" [102].

Die Ergebnisse scheinen jedoch seinen Erwartungen nicht entsprochen zu haben, da er gegen Ende seines Lebens 1852 zur Gründung einer Missionsgesellschaft für Lateinamerika riet.

Francisco Ramos Mejía (1773–1828), einer der führenden Männer der argentinischen Unabhängigkeitsbewegung, suchte die indianische Grenze im Süden von Buenos Aires gewaltlos zu befrieden. Er versah seine theologischen Bücher mit kritischen Anmerkungen und konzipierte einen protestantischen Adventismus, der von einem benachbarten Pfarrer angezeigt wurde. Dieselben Behörden, die Thomson unterstützten, stellten Ramos Mejía unter Hausarrest (1822) und verhinderten so die Ausbreitung seiner Lehren.

Der Priester und spätere Journalist Vicente Pazos Kanki (1779–1851), Sohn eines spanischen Vaters und einer Aymará-Indianerin, mußte wegen der von ihm vertretenen revolutionären Ideen 1812 und 1817 ins Exil gehen. Aus seinem ersten Exil in London kehrte er als verheirateter Protestant zurück, während des zweiten Exils lernte er Thomson kennen, der ihn bat, das Neue Testament in die Aymara-Sprache zu übersetzen. Pazos war einer der seltenen lateinamerikanischen Liberalen – sonst ist nur noch der Fall des Mexikaners José Maria Luis Mora (1794–1850) bekannt [103] –, die mit ihrer religiösen Tradition brachen, um zum Protestantismus überzutreten. Dennoch scheuten sich sowohl Pazos als auch Mora, ihre Überzeugung offen zur Schau zu tragen; ihr Protestantismus war Teil ihrer Privatsphäre. Denn wenn auch die liberale Oberschicht das angelsächsische Vorbild bewunderte und ihre Sympathie für den Protestantismus bekundete, so sah sie doch vor 1850 keinen Grund für den Übertritt zu einer anderen Form des Christentums. Konvertiten waren selten und zeigten nur wenig Eifer, andere zu bekehren.

„Es scheint, als habe die protestantische Lehre zwar die wichtigsten Schemata des Liberalismus vermittelt, dieser jedoch zu Beginn des 19. Jh. sehr wohl auf jede enge Bindung an eine christliche Konfession verzichten können und sich einzig zur Idee von Gott und der Religion bekannt. Dies würde auch erklären, warum während der jahrelangen politischen Unruhen nach Erringung der Unabhängigkeit der Protestantismus von den Lateinamerikanern zur großen Enttäuschung der Missionsgesellschaften nie als eine mögliche ideologische Lösung ins Auge gefaßt wurde" [104].

---

[101] Vgl. PRIEN, Die Geschichte des Christentums in Lateinamerika 744f.; er zitiert D. R. MITCHELL, The Evangelical Contribution of James Thomson to South American Life, 1818–1825, Diss. theol. masch., Princeton Theological Seminary 1972.

[102] LALIVE D'EPINAY, Religion, Dynamique sociale et Dépendance 24.

[103] Vgl. C. A. HALE, Mexican Liberalisme in the Age of Mora, 1821–1853, New Haven – London 1968.

[104] LALIVE D'EPINAY, Religion, Dynamique sociale et Dépendance 25. In der Zeit von 1846 bis 1856 kündigte sich ein entscheidender Umbruch an. Die Welle revolutionärer Bewegungen in Europa wie auch die ultramontane Dynamik der katholischen Kirche führten zu einer Verhärtung der Positionen und einem intensiveren Ausbau der Bewegung in Amerika. Fast überall ließen die Liberalen nun den Plan einer Übernahme des Kirchenpatronats des

So mußten sich protestantische Missionierungsbestrebungen zu dieser Zeit auf die noch nicht unterworfenen Indianerstämme der Randgebiete, im äußersten Süden Amerikas und an der Atlantikküste Mittelamerikas, beschränken. Die jungen Republiken verfügten vor 1860 noch nicht über die Möglichkeit, die Indios in Feuerland und Patagonien, die Aurakaner und Mapuche, zu unterwerfen. Und die auf den Karten Mittelamerikas nicht verzeichnete sogenannte Mosquito-Küste kam in den vierziger Jahren unter ein sehr lockeres britisches Protektorat.

In diesen Gegenden sollte es bald von Abenteurern, Gelehrten und Missionaren wimmeln, wie z. B. jenem Kapitän Allan Gardiner, einem Seemann, der sich nach 1838 ganz der Missionsarbeit widmete. Ohne die Indio-Bevölkerung Feuerlands für sich gewinnen zu können, sollte er mit seinen Gefährten an den Folgen von Hunger und Kälte sterben. Als sein Sohn ebenso mutig in seine Fußstapfen trat, scheiterte er ebenfalls, aber die Irrfahrten beider wurden Teil missionarischer Legenden. Noch vor Ende des Jahrhunderts gelang es ihren anglikanischen Nachfolgern, bei den Araukanern in Chile und den Tobá im Norden Argentiniens Fuß zu fassen [105]. Zur gleichen Zeit landeten die Böhmischen Brüder (Herrnhuter) an der Mosquito-Küste; sie waren bereits seit 1734 auf den Antillen und im heutigen Niederländisch-Guayana vertreten. Da ihr Pietismus friedfertig und aufrichtig war, gelang ihnen die Gründung einer Kirche, die in aller Stille sehr erfolgreich bei den Mosquito-Indios wirkte [106].

Mitte des Jahrhunderts war der Protestantismus also noch immer die Religion einiger Ausländer, ohne wirklichen Einfluß in Lateinamerika. Dies sollte sich erst allmählich ändern.

2. 1850–1880

Nun setzte eine Periode sogenannter „nationaler Konsolidierung" ein, die von einer relativen Stabilisierung des politischen Lebens und dem Triumph des Liberalismus gekennzeichnet war, der die letzten protektionistischen Anwandlungen hinwegfegte. In diesem Zusammenhang sind die ersten wirklichen Versuche der Protestanten zu sehen, auch außerhalb der im Lande ansässigen Ausländergemeinden Anhänger zu gewinnen. Weder die anglikanische Kirche, die als erste in Lateinamerika Fuß gefaßt hatte, noch die aus der Reformation hervorgegangenen historischen protestantischen Kirchen Europas beteiligten sich daran. In ihren Augen war Lateinamerika ein katholisches Land und eine Missionierung nur bei den von der römisch-katholischen Kirche noch nicht bekehrten Indianern notwendig [107]. Die großen lutherischen deutsch-amerikanischen Gemeinden entstanden erst

---

spanischen Königs zugunsten der Errichtung einer manchmal sogar protestantischen Nationalkirche fallen. Symptomatisch war in dieser Hinsicht die Entwicklung des mexikanischen Staatsmanns Benito Juárez, der zum Symbol des heldenhaften Widerstands gegen das Reich Maximilians und das Eingreifen der Franzosen geworden war. Nach 1857 forderte er die katholische Kirche nicht mehr auf, für ihn ein *Te Deum* zu singen, sondern verstaatlichte ihre Güter, säkularisierte alle Bereiche des gesellschaftlichen Lebens und unterstützte offen die protestantischen Kirchen.

[105] LALIVE D'EPINAY, Religion, Dynamique sociale et Dépendance 25 f.

[106] Vgl. PRIEN, Die Geschichte des Christentums in Lateinamerika, 422. Die am Atlantik gelegene Mosquito-Küste gehört heute zu Nicaragua und nördlich des Flusses Coco zu Honduras.

[107] Diese These, die auf den heftigen Protest der Nordamerikaner stieß, wurde noch 1910 von der Konferenz von Edinburgh bestätigt.

nach der Ankunft von Einwanderern aus dem protestantischen Europa, die in Südbrasilien und in den angrenzenden Gebieten Paraguays, Uruguays und Argentiniens siedelten.

Außer diesen von außen nach Lateinamerika verpflanzten Kirchen gab es noch die Missionen der „traditionellen Denominationen" Nordamerikas: Presbyterianer, Methodisten und Episkopale. Nach dem Ende des Sezessionskriegs waren Baptisten, Methodisten und Episkopale aus den Südstaaten nach Brasilien ausgewandert. Unter der Obhut der nordamerikanischen *Foreign Evangelical Union* bildeten sich in Chile einige Kirchen, die auch Chilenen offenstanden. 1868 entstand in Santiago die erste spanisch sprechende Gemeinde. Bei den Liberalen kämpfte David Trumball, ein streitbarer Journalist, der auch Kirchen und Schulen errichtete, für Gewissens- und Religionsfreiheit. 1865 erlaubte ein Gesetz die freie Religionsausübung „innerhalb privater Besitzungen"; 1883 und 1884 wurden die Friedhöfe säkularisiert und die Zivilehe legalisiert[108].

In Argentinien versuchten die aus Nordamerika kommenden Kirchen ebenso wie in Chile Gemeinden zu gründen; seit 1867 besaß die methodistische Kirche eine argentinische Gemeinde in Buenos Aires[109]. Ausschlaggebend war aber, daß eine wahre Flut von Einwanderern das Bild des Landes veränderte: Zwischen 1855 und 1930 wanderten vier Millionen Menschen nach Argentinien ein, dessen ursprüngliche Bevölkerung unter einer Million gelegen hatte: Einwanderer und einheimische Bevölkerung standen damit in Argentinien in einem Verhältnis von vier zu eins zueinander (im Vergleich: 2,6 zu 1 in den Vereinigten Staaten). Die Spanier machten fast die Hälfte der Einwanderer aus, die Italiener ein Drittel, das letzte Fünftel setzt sich im wesentlichen aus Deutschen zusammen, die entweder aus dem Deutschen Reich kamen oder als *Volksdeutsche* aus dem russischen Reich. Vor allem letztere, bei denen der Protestantismus zum kulturellen Erbe zählte, bewirkten einen Aufschwung des Protestantismus in Argentinien: 1895 waren 79 Prozent der ungefähr 30 000 argentinischen Protestanten Einwanderer. Sie lebten vor allem im Umkreis des Rio de la Plata, überall dort, wo nun landwirtschaftliche Siedlungen im Entstehen begriffen waren[110].

In Brasilien konnte sich die lutherische Kirche vor allem im Süden durchsetzen, in den Ausläufern jener argentinischen, uruguayischen und paraguayischen Provinzen, die die deutschen Siedler anzogen. Die Deutschbrasilianer vom Rio Grande do Sul und von Paraná bildeten geschlossene Siedlungskerne in den gerodeten Waldzonen der Hochebenen Brasiliens. Ihre Gesellschaft war stabil und archaisch und spiegelte in gewisser Weise die Verhältnisse der ostpreußischen Gebiete der sechziger und siebziger Jahre des 19. Jh. vor der industriellen Revolution wider. Der Protestantismus war Bestandteil ihrer Identität; in gewisser Weise bedeutete er für sie dasselbe wie für die Quebec-Franzosen der Katholizismus. Es war ein, trotz gewisser pietistischer Strömungen, streng gegliederter und kirchlicher Protestantismus, der wenig mit dem anderer protestantischer Kirchen in Brasilien gemein hatte – gleich, ob sie unter angelsächsischem Einfluß standen oder eigenständigen portugiesisch-brasilianischen Initiativen ihr Entstehen verdankten[111]. Diese lutherischen Pioniere mit ihren patriarchalischen Familienstrukturen und traditionellen Tugenden leb-

---

[108] LALIVE D'EPINAY, Religion, Dynamique sociale et Dépendance 28.
[109] Ebd., 29.
[110] Ebd., 38–58.
[111] P. CHAUNU, Pour une sociologie du protestantisme latino-américain, in: Cahiers de sociologie économique 12 (1965) 13.

ten zwar in Lateinamerika, waren aber keine Lateinamerikaner und brauchten ein ganzes Jahrhundert, um es zu werden[112].

Die Religion bildete für die Einwanderer aus allen Ländern und zu allen Zeiten in der Regel das wichtigste Mittel zur Wahrung ihrer Identität. Die Religion ist stets der Kristallisationspunkt all jener Werte, die unverzichtbar erscheinen. Im Kampf zwischen den Kulturen bildet das Sakrale jene Bastion, die bis zum letzten gehalten wird[113].

Diese Tatsache galt für die Deutschen wie für die Japaner, für die orthodoxen Slaven wie die russischen Juden. Den deutschen Katholiken gelang die Assimilation in Brasilien schneller als den Protestanten. Im übrigen zwang die katholische Kirche durch ihr Mischehenverbot protestantische Deutsche, ausschließlich andere Deutsche zu heiraten, was zu einer Marginalisierung der lutherischen Deutschen führte: Lange Zeit mußten daher die Deutschbrasilianer auf die den Siedlern versprochene Einbürgerung warten, und selbst, als sie dieses Hindernis überwunden hatten, blieben sie noch Bürger zweiter Klasse; sogar jenen, die schon in der zweiten Generation in Brasilien geboren waren, wurde das Wahlrecht vorenthalten. Dadurch verfestigte sich ihre gesellschaftliche, politische und religiöse Isolation.

Die Folge war, daß sich die deutschsprachige Bevölkerung derart mit ihren Pfarrgemeinden identifizierte, daß eine enge Bindung zwischen der Bewahrung der deutschen Sprachgemeinschaft und der Predigt der reformatorischen Botschaft entstand: die Sprache, die Gruppe und die Kirche waren untrennbar in diesem Ganzen, das dem Begriff der *Volksgemeinschaft* im Sinne Friedrich Schleiermachers (1820) entsprach und zur *Volkskirche* wurde[114].

Nach der Gründung des „Komitees für die protestantischen Deutschen in Südbrasilien" 1864 begann man sich auch in Deutschland für die Bewahrung des deutschen und nach 1871 reichsdeutschen oder sogar alldeutschen Charakters dieser Siedlungen zu interessieren. So entstand eine *Deutsche Evangelische Kirche,* die Verbindungen zum Deutschen Reich unterhielt und zum Hort der Bewahrung des kulturellen und sprachlichen Erbes wurde. Sie redete der Endogamie zwischen Deutschen das Wort, nutzte die Katechese zur Verbreitung der deutschen Kultur, holte Pastoren und Lehrer aus Deutschland und schickte ihre Kinder auf die dortigen theologischen Fakultäten[115]. Als die Urbanisierung schließlich zur Assimilierung einiger Deutscher führte, kam es zu einer Spaltung der Lutheraner in die *Deutsche Evangelische Kirche* und die *Deutsche Evangelisch-Lutherische Synode von*

---

[112] Jean ROCHE, La Colonisation allemande et le Rio Grande do Sul, Paris 1959.

[113] R. BASTIDE, Brésil, terre des contrastes, Paris 1957, 241. Vgl. auch M. G. TEIXEIRA, A Familia protestante na sociedade baiana, Vortrag auf dem Kongreß der Cehila (= Commission pour l'étude de l'histoire de l'Église en Amérique latine), Mexiko 1984. Wie auch ebd. M. N. DREHER, Protestantismo de imigraçào no Brasil. Vgl. ferner DERS., Igreja e Germanidade. Estudo critico da historia da Igreja Evangelica de Confissao luterana no Brasil, Sao Leopoldo (Brasilien) 1984.

[114] Vgl. H.-J. PRIEN, Comienzos de Iglesia evangelica alemana etnocentrica en la situacion de diaspora del Brasil en el siglo XIX, Vortrag auf dem Kongreß der Cehila, Mexiko 1984. Erst zwischen 1859 und 1861 erkannte der Staat auch die Rechtmäßigkeit der protestantisch geschlossenen Ehen an, so daß die Lutheraner nun nicht mehr offiziell im Konkubinat lebten; 1889 verlor die katholische Kirche die Kontrolle über Personenstandsangelegenheiten.

[115] Vgl. PRIEN, Die Geschichte des Christentums in Lateinamerika 757f. zu den Aktivitäten eines Dr. Friedrich Fabri und seinen Verbindungen zum Evangelischen Oberkirchenrat in Berlin. Besonders nach 1900 kam der Unterstützung durch das Deutsche Reich eine besondere Bedeutung zu, was der berühmte (ebd., 759 zitierte) Ausspruch belegt: „Deutschtum und Evangelium sind auf Leben und Tod verbunden."

Missouri. Letztere schloß sich den Nordamerikanern an, um so zu zeigen, daß sie zwischen protestantischem Glauben und Deutschtum, zwischen Religion und gesellschaftlichem Leben zu unterscheiden wußte[116].

Offensichtlich war die Existenz protestantischer Gemeinden in diesen Gebieten also nicht das Werk von Missionaren. Zwar gab es sie, doch sollten sich ihre Erfolge erst später auswirken und statistisch kaum zu Buche schlagen. Der Aufschwung des Protestantismus war demnach ein Nebeneffekt der Kolonisierungspolitik Brasiliens und der Anliegerstaaten des Rio de la Plata: Indem sie die Verpflanzung ethnischer Minderheiten begünstigte, ermöglichte sie ihnen auch den Aufbau ihrer religiösen Gemeinden. „Das *credo* und seine Jünger wurden importiert"[117].

3. 1880–1916

In den folgenden Jahrzehnten erzielten die Protestanten größere Fortschritte, ohne daß von einem historischen Durchbruch die Rede sein konnte; vielmehr zeichnete sich dieser Protestantismus, der von seiner heilbringenden Überlegenheit überzeugt war und vom Schwung der nordamerikanischen Missionen mitgerissen wurde, durch einen neuen Stil aus. Als Entgegnung auf die Weltmissionskonferenz von 1910 in Edinburgh, auf der die europäischen Kirchen das Prinzip der missionarischen Nichteinmischung in die Angelegenheiten des katholischen Kontinents Lateinamerika erneut betont hatten, organisierten vierzig Religionsgemeinschaften in den USA 1916 einen pan-protestantischen Kongreß in Panama, einem Ort, dessen Wahl symbolischen Charakter hatte. „Tatsächlich handelte es sich darum, die bereits unwiderruflich in Angriff genommenen missionarischen Aktionen abzusegnen und zu koordinieren"[118]. Diese veränderte Vorgehensweise protestantischer Kirchen wird nur im Kontext der nordamerikanischen Expansion verständlich: 1898 kam es zum spanisch-amerikanischen Krieg, dem Protektorat der USA über die Philippinen und Kuba und der Annexion von Puerto Rico; 1903 erklärte Panama auf Betreiben der Vereinigten Staaten seine Unabhängigkeit und trat die künftige Kanalzone ab. Die USA intervenierten in Mittelamerika und der Karibik und mischten sich ab 1910 in die mexikanische Revolution ein. Zwar wurde der Einfluß Englands und regional auch Deutschlands desto stärker greifbar, je weiter man nach Süden kam, aber das Vordringen konkurrierender Kräfte war überall fühlbar, bis der Krieg von 1914 die Gewichte noch weiter zugunsten der Nordamerikaner verschob. Die zukünftige Vorrangstellung der Nordamerikaner zeichnete

---

[116] Vgl. Bastide, Brazil, Portrait of a Half-Continent 242, und Prien, Die Geschichte des Christentums in Lateinamerika 767–769.

[117] Lalive d'Epinay, Religion, Dynamique sociale et Dépendance 58. Man sollte zumindest am Rande die Muckerbewegung erwähnen, die zwischen 1872 und 1874 unter den lutherischen Siedlern im Distrikt Sapiranga (Rio Grande do Sul) entstand. Dies ist der einzige Fall protestantischen Messianismus in Lateinamerika, an dessen Spitze eine Frau, die „Prophetin" Jakobine Maurer, stand. Bald kam es zu Zusammenstößen zwischen den „Gläubigen", den Heiligen, den Muckern (= Frömmler) einerseits und den „Spöttern" andererseits, die so eskalierten, daß die Armee schließlich die Bewegung 1874 zerschlug, wobei achtzig Menschen ihr Leben verloren. H.-J. Prien und M. N. Dreher zitieren A. Schupp, Die Mucker. Eine Erzählung aus dem Leben der deutschen Kolonie Brasiliens in der Gegenwart, Paderborn 1900, und J. Amado, Conflicto social no Brasil: a revolta dos Mucker, Rio Grande do Sul, 1868–1898, Sao Paulo 1978.

[118] Lalive d'Epinay, Religion, Dynamique sociale et Dépendance 31; vgl. auch Prien, Die Geschichte des Christentums in Lateinamerika 794–800 und 914f., wie auch das Committee on Cooperation in Latin America, Christian work in Latin America, (Akten des Kongresses in Panama 1916), 3 Bde., New York 1917.

sich schon um die Jahrhundertwende ab, als sie ihre missionarischen Aktivitäten besonders durch den Ausbau von Kollegien und sozialen Diensten an beiden Enden Südamerikas, in Mexiko wie auch in Chile und Argentinien, deutlich verstärkten.

Der spezifische Stil dieser neuen religiösen Gruppen verriet eine tief in der nordamerikanischen Mentalität dieser Zeit verwurzelte Überzeugung, die auch heute noch den lateinamerikanischen Protestantismus prägt: Der Wohlstand der Nationen hängt von einer protestantischen Ethik ab und setzt folglich eine Bekehrung der Bevölkerung voraus[119].

Dies versuchte exakt im selben Zeitraum ein Professor an der Universität Heidelberg nachzuweisen. Er hieß Max Weber.

In Brasilien

Man muß zwischen dem Protestantismus der traditionellen protestantischen Kirchen und jenem, der eine radikale Ekklesiologie vertrat, unterscheiden. Ersterem sind die anglikanische Episkopalkirche und die Methodisten zuzurechnen wie auch die beiden presbyterianischen Denominationen (deren Spaltung 1903 stattfand). Diese Kirchen faßten vor allem im Süden Fuß und fielen gegenüber der deutsch-lutherischen Kirche mit ihren 80000 Mitgliedern im Jahre 1890 oder gar 130000 im Jahre 1920 nur wenig ins Gewicht. Es gab 1920 30000 Presbyterianer und 1910 10000 Methodisten. Zulauf erhielten sie vor allem durch Übertritte brasilianischer Katholiken. Die episkopale Ekklesiologie war der katholischen eng verwandt, und sogar die presbyterianischen Kirchen scheinen sich eher an Wesley als an einer strengen presbyterial-synodalen Verfassung ausgerichtet zu haben. Ihre Seelsorgestrukturen waren häufig hierarchisch und klerikal gegliedert. Angesichts dieser Tatsache vertritt Pierre Chaunu die Ansicht, daß Konvertiten eher zum Evangelium bekehrte Christen denn Proselyten waren, und spricht von einem „Ersatzkatholizismus", um anzudeuten, daß sie sich von einem Katholizismus abwandten, der ihnen zu diffus und mehr Schein als Sein war[120]. Die stark angelsächsische Prägung dieser Kirchen fand ihren Ausdruck auch in der viktorianischen Gotik ihrer Gotteshäuser. Der „römischen Kirche" gegenüber aggressiv und voller Verachtung, blieben sie letztlich in der Problematik des 17. Jh. gefangen, als man noch zwischen wahrer und falscher Kirche unterschied[121].

Die Adventisten, Baptisten und Pfingstler waren dagegen radikal und von ihrer Struktur her kongregationalistisch, um nicht zu sagen unabhängig. Die Baptisten tauchten erst Ende des Jahrhunderts in Lateinamerika auf: 1889 gab es acht, 1907 83 und 1925 324 Gemeinden mit 50000 Gläubigen. Die Baptisten waren die dynamischste der „alten" Denominationen. Ihr Aufschwung war ein Vorbote der kommenden Erfolge der großen protestantischen Pfingstbewegungen[122].

---

[119] LALIVE D'EPINAY, Religion, Dynamique sociale et Dépendance 31.

[120] P. CHAUNU, Pour une sociologie du protestantisme latino-américain, Nr. 12, Le Havre 1965, 14f. Die Zahlen stammen aus M. VILLEROY, Enquête sur les Églises protestantes dans le Brésil en crise, des années 1962–1963, 36f.

[121] Vgl. VILLEROY, Enquête 57.

[122] Vgl. VILLEROY, Enquête 36f. und PRIEN, Die Geschichte des Christentums in Lateinamerika 759ff. Wertvolle Informationen finden sich auch bei E. G. LÉONARD, L'Église presbytérienne au Brésil et ses expériences ecclésiastiques, Aix-en-Provence 1949.

In Mexiko

Der Schatten des amerikanischen Imperialismus sollte noch länger als eine Generation verhindern, daß die protestantischen Kirchen und Missionare, trotz der offensichtlichen Sympathie, die ihnen die Liberalen entgegenbrachten, im Lande Fuß fassen konnten. Abgesehen von vereinzelten Versuchen einiger Engländer oder Amerikaner war es Rev. E. C. Nicholson von der Episkopalkirche, der 1853 die erste offizielle Initiative in Chihuahua ergriff. Als dann die Konservativen 1856 endgültig die Macht verloren – das kurze Zwischenspiel des Kaiserreichs Maximilians kann nicht als konservative Reaktion gewertet werden –, läutete dies eine neue Ära ein. 1856 gründete der presbyterianische Arzt J. M. Prevost eine Kirche in Villa de Cos (Zacatecas), und im Staate Nuevo León ließen sich Siedler verschiedenster Denominationen nieder. 1857 verließen zehn Priester die katholische Kirche und organisierten im Schlepptau der Liberalen eine „Iglesia Apostólica Mejicana", die, anders als ihre „konstitutionellen Väter" dies vielleicht erhofft hatten, nicht zu einer katholischen Nationalkirche wurde, sondern sich als „Iglesia de Jesús" den amerikanischen Episkopalen anschloß.

Die aufeinanderfolgenden Regierungen der Präsidenten Juárez, Lerdo de Tejada und Porfirio Díaz (1876–1910) machten kein Hehl aus ihrer lebhaften Sympathie für den Protestantismus. So erhielt der reiche Staat Puebla während der Regierungszeit von Präsident Díaz zwei protestantische Gouverneure, deren letzter, J. N. Méndez, Bischof seiner Kirche war – und das zu einer Zeit, als katholische Priester noch nicht einmal das Wahlrecht besaßen. Der 1879 von der Regierung veröffentlichte offizielle Bericht über die Fortschritte der protestantischen Missionen in Mexiko war in sehr freundlichem Ton abgefaßt [123].

1888 trat eine Generalversammlung der evangelischen Missionen zusammen, auf der elf Denominationen vertreten waren. Um 1892 gab es in Mexiko 469 protestantische Gemeinden und 689 kirchliche Mitarbeiter, von denen 512 Mexikaner waren. Zwischen 1873 und 1887 erlitten 58 Protestanten das Martyrium. Solche gewalttätigen Reaktionen des einfachen Volkes sind deshalb besonders bemerkenswert, weil Mexiko das einzige Land Lateinamerikas war, wo es derartiges gab. So kam es 1879 in dem kleinen Dorf Atzala bei Chietla zu einem Massaker, bei dem 25 Protestanten – alles Mexikaner – getötet wurden. Die religiösen Differenzen arteten in Kämpfe zwischen den politischen Fraktionen aus [124].

---

[123] Vgl. dazu den amerikanischen Methodistenpastor W. BUTLER, Mexico in Transition from the Power of Political Romanism to Civil and Religious Liberty, New York 1892, 297. Der Verfasser trägt sehr nützliche Informationen zur Geschichte der protestantischen Kirchen in Mexiko bei, liefert aber gleichzeitig ein beredtes Beispiel dafür, wie es zur Entstehung einer antispanischen und antikatholischen „schwarzen Legende" kam. Seinem glühenden Haß auf den Papismus verdanken wir seitenlange Schilderungen. Weit positiver beurteilt er die Sympathie der Protestanten für die mexikanische Regierung. In seinen Augen war Mexiko nach dem Sieg der liberalen Reformpartei auf dem Weg zu Freiheit und Glück. Die Fortschritte des Protestantismus waren für ihn „der übergeordnete Aspekt dieser glücklichen Wende, der alle Anstrengungen und Leiden der letzten vierzig Jahre wettmachte" (287); und er schließt seine Ausführungen: „Mexiko hat eine große Mission auf dem Kontinent zu erfüllen. Seine Bekehrung zum Evangelium wird eine ruhmreiche Hilfe für die Erlösung Mittelamerikas und des Südens darstellen. [...] O Kirche des lebendigen Gottes, nun steht die Tür offen!" (321).

[124] Vgl. PRIEN, Die Geschichte des Christentums in Lateinamerika 804–819; BUTLER, Mexico in Transition 301; P. MURRAY, The Catholic Church in Mexico, Mexiko-Stadt 1964, sowie L. J. GANDEE, The Introduction and 19th Century Development of Protestantism in Mexico, Mexiko-Stadt 1949 (unveröffentl. Magisterarbeit des Colegio de México), die bis jetzt beste Arbeit zu diesen Fragen überhaupt, solange die Veröffentlichung der Studien von J. P. Bastian noch auf sich warten läßt.

4. Ergebnisse

Auf dem Kongreß von Panama 1916 führten die Organisatoren an – ohne freilich darüber zu triumphieren –, daß auf diesem „Fast-Kontinent" mit annähernd 70 Millionen Einwohnern 128 000 Protestanten lebten, während es allein im englischsprachigen Westindien 160 000 einheimische Protestanten gab. Selbst wenn es in Wirklichkeit an die 200 000 gewesen sein sollten, so war dies immer noch verschwindend wenig. Brasilien lag dabei an der Spitze, gefolgt von Argentinien, Mexiko und Chile, während in Mittelamerika nur einige tausend Protestanten lebten [125].

Angesichts der Tatsache, daß nach 1880 eine Vielzahl von Missionsgesellschaften neuen Stils, die *faith missions* aus den Vereinigten Staaten, in Lateinamerika eingedrungen waren, ohne daß ihnen ein größerer Erfolge beschieden gewesen wäre als den protestantischen Einwanderern aus Europa, muß man sich wohl der Ansicht des Führers der YMCA, Juli Navarro Monzó, anschließen, der in seinem Werk *Le Problème religieux dans la culture* konstatierte, daß es nun zu spät sei, die lateinischen Länder, denen das Unglück widerfuhr, von der Reformation des 16. Jh. kaum berührt zu werden, noch zum Protestantismus bekehren zu wollen [126].

Gewiß teilten die Missionare des Kongresses in Panama seine pessimistische Sicht nicht, sie, die sich wie die Männer des 16. Jh. berufen fühlten, zu „reformieren", die „Korruption" der katholischen Kirche „von innen heraus" zu bekämpfen und den als Christen verkleideten Heiden das Evangelium zu predigen. Eine solche Haltung mußte eine Reaktion der Katholiken geradezu herausfordern, da sie wohl zu Recht wahrnahmen, daß die Verachtung der Protestanten für die „Papisten" nur zu leicht mit der Verachtung der *anglos* für die nicht reinblütigen *latinos* Hand in Hand ging.

Und doch sollte es dem Protestantismus noch gelingen, in Südamerika Wurzeln zu schlagen und den so lange erwarteten historischen Durchbruch zu erzielen, aber da, wo man ihn nicht erwartete, und vor allem später als gedacht. In den ersten Jahren des neuen Jahrhunderts gab der Missionspfarrer W. C. Hoover dazu den Anstoß in der methodistischen Gemeinde von Valparaíso. Die Gemeinde hatte sich zunächst an den großen religiösen Erneuerungsbewegungen der Vergangenheit, die u. a. den Methodismus hervorgebracht hatten, orientiert. 1907 aber fand sie ihren eigenen Weg, als eine aus Indien kommende Schrift ihnen das Wesen der Pfingstbewegung nahebrachte. Diese neue große protestantische Reformbewegung ergriff 1906 Chicago und beinahe gleichzeitig die unterschiedlichsten Gemeinden weltweit. Außergewöhnliche Ereignisse und Wunder gehörten von da an zum täglichen Brot von Gemeinden, die sich auf die Suche nach „der eindeutigen und endgültigen Taufe aus dem Heiligen Geist" machten. Lachen, Weinen, Gesänge, Glossolalie, Visionen, Ekstasen, Träume, Vorahnungen und Offenbarungen, all dies wurde als Beweis für das Wirken des Heiligen Geistes interpretiert und gipfelte 1909 in einer großen Massentaufe. Auch die beiden methodistischen Gemeinden von Santiago de Chile wurden von der Bewegung mitgerissen. Nach Kritiken, kirchlichen Prozessen und Streitgesprächen kam es zu einem Schisma. Die Mehrheit der Gläubigen schloß sich in der *Iglesia Metodista Nacional* zusammen, einer methodistischen Nationalkirche, deren oberste

---

[125] Die von PRIEN, Die Geschichte des Christentums in Lateinamerika 800, angeführten Zahlen wurden hier entsprechend den anderen genannten Werken ergänzt.
[126] MARIATEGUI, Siete ensayos (s. Anm. 24) 192.

Leitung Hoover übernahm. Seit 1909 bezeichnete sich diese Kirche als *Iglesia Metodista Pentecostal*, als methodistische Pfingstkirche.

So entstand in Chile die erste protestantische Denomination, die von keiner ausländischen Organisation abhängig war und sich aus nationalen Elementen der unteren Volksschichten zusammensetzte, eine religiöse Gemeinschaft, die zur Sicherung ihres Überlebens einzig auf sich selbst und die chilenische Gesellschaft zählen konnte. Ihre historische Tat bestand darin, diese Hindernisse in ebenso viele Vorteile umzukehren und dem Protestantismus zunächst in Chile, dann in ganz Lateinamerika neues Leben einzuhauchen [127].

Quellen und Literatur

Allgemeine Werke

A. FLICHE – V. MARTIN (Hrsgg.), Histoire de l'Église, Bd. 21: R. AUBERT, Le Pontificat de Pie IX. Da die französische Ausgabe Lateinamerika nur sehr kurz abhandelt, sollte man besser die Bde. 23, 24 und 25 der spanische Ausgabe (32 Bde., Valencia 1974–1986) benützen, bes. Bd. 24, 494–505 und 613–651 von D. OLMEDO S. J.

K. S. LATOURETTE, A History of the Expansion of Christianity, Bd. V: The Great Century in the Americas, Australia, Asia and Africa 1800–1914, New York 1943.

F. J. MONTALBÁN, Historia de la Iglesia católica, Bd. IV: Edad Moderna (1648–1963), Madrid 1963.

F. B. PIKE, Nouvelle Histoire de l'Église, Bd. V, 353–381 und 353–400, Paris (span. Ausg. Hilversum).

Die Kirche in Lateinamerika

Cehila, Historia general de la Iglesia en América latina. Bisher erschienen: Bd. II und III über Brasilien (Petrópolis 1980), Bd. V über Mexiko (1985) und Bd. VII über Kolumbien und Venezuela (Salamanca 1981).

J. A. COLE (Hrsg.), The Church and Society in Latin America, New Orleans 1984 (mit 12 verschiedenen Aufsätzen).

E. DUSSEL, Historia de la Iglesia en América latina. Coloniaje y liberación 1492–1972, 2. erw. Aufl. Barcelona 1972.

R. E. GREENLEAF (Hrsg.), The Roman Catholic Church in Colonial Latin America, New York 1971.

J. L. MECHAM, Church and State in Latin America: A History of Politico-ecclesiastical Relations, 2. verb. Aufl. Chapel Hill 1966.

H. J. PRIEN, Die Geschichte des Christentums in Lateinamerika, Göttingen 1978 (span. Übs. Salamanca 1985).

K. M. SCHMITT (Hrsg.) The Roman Catholic Church in Modern Latin America, New York 1972.

Die Unabhängigkeitsbewegungen

M. AGUIRRE ELORRIAGA, El abate de Pradt en la emancipación hispanoamericana (1800–1830), Buenos Aires ²1941.

R. T. DAVIDSON, The Patronato in Colombia (1800–1853). Reform and Antireform in the Archidiocese of Bogota, Diss. Vanderbilt University 1978.

G. FURLONG S. J., La Santa Sede y la emancipación hispanoamericana, Buenos Aires 1957.

J. GARCÍA GUTIÉRREZ S. J., Apuntes para la historia del origen y desenvolvimiento del regio patronato indiano hasta 1857, Mexiko-Stadt 1941.

F. J. LEGON, Doctrina y ejercicio del patronato nacional, Buenos Aires 1920.

---

[127] LALIVE D'EPINAY, Religion, Dynamique sociale et Dépendance 58–86. W. C. HOOVER, Historia del avivamiento pentecostal en Chile, Valparaiso 1948, 43: „Wenn der Geist mit Macht über sie gekommen war, fühlten sich die getauften Personen – Kinder, Männer und Frauen – getrieben, auf die Straße zu gehen und laute Schreie auszustoßen, ihre Freunde und Nachbarn zu besuchen und an andere Orte zu reisen, mit dem einzigen Ziel, die Menschen zur Buße aufzufordern und ihnen durch ihr Zeugnis mitzuteilen, daß jeder auch heute eine so herrliche Erfahrung machen kann wie zur Zeit der Apostel".

P. Leturia S. J., El ocaso del patronato español en América, Madrid 1925.

–, La acción diplomática de Bolivar ante Pío VII, Madrid 1925.

–, Relaciones entre la Santa Sede e Hispano-América, 3 Bde., Caracas 1960.

L. Medina Ascencio S. J., La Santa Sede y la emancipación mexicana, Mexiko-Stadt 1946, ²1965.

L. Tormo, Historia de la Iglesia en América latina, bisher nur ersch. Bd. III: Ders. – P. Gonzalbo, La Iglesia en la crisis de independencia, Fribourg 1963.

Zu den einzelnen Ländern

Bolivien

F. López Menéndez, Compendio de historia eclesiástica de Bolivia, La Paz 1965.

F. E. González, Partidos políticos y poder eclesiástico (1810–1930), Bogotá 1977.

Brasilien

Siehe die Brasilien gewidmeten Seiten in den von der Cehila (siehe oben) veröffentlichten Bänden: J. O. Beozzo – P. F. Camargo (Hrsgg.), Historia eclesiástica do Brasil, Petrópolis 1955.

I. Lins, Historia do positivismo no Brasil, Sao Paulo 1967.

Mittelamerika

M. P. Holleran, Church and State in Guatemala, New York 1949.

I. Alonso – G. Garrido, La Iglesia en América cental y el Caribe, Fribourg 1962.

E. Chinchilla, El positivismo y la reforma en Guatemala, Guatemala 1961.

Kolumbien

A. Carnicelli, Historia de la masoneria colombiana, Bogotá 1970.

R. T. Davidson, op. cit.

J. P. Restrepo, La Iglesia y el Estado en Colombia, London 1881.

Iglesia y Estado en Colombia; sus relaciones desde la colonia hasta nuestros días, Medellín 1980.

C. H. Uran, Participación política de la Iglesia en el proceso histórico de Colombia, Lima 1972.

Bd. VII der von Cehila publizierten Bände (siehe oben), hrsg. von R. R. de Roux.

Ecuador

M. D. Demélas – Y. Saint-Geours, Jérusalem et Babylone, politique et religion en Amérique du Sud: le cas équatorien au XVIIIe et au XIXe siècle, Paris 1985.

O. Albornoz, Historia de la acción clerical en Ecuador – desde la conquista hasta nuestros días, Quito 1963.

J. Tobar, La iglesia ecuatoriana en el siglo XIX, Quito 1934 (geht nur bis 1845).

Mexico

J. Bazant, Alienation of Church Wealth in Mexico (1856–1875), Cambridge 1971.

W. H. Callcott, Church and State in Mexico (1822–1857), Durham 1926.

M. P. Costeloe, Church Wealth in Mexico, Cambridge 1967.

–, Church and State in Independent Mexico, London 1978.

L. Medina Ascencio S. J., Mexico y el Vaticano, Bd. I: 1810–1836; Bd. II: 1836–1867, Mexiko-Stadt 1984.

P. Murray, The Catholic Church in Mexico, Mexiko-Stadt 1965.

Peru

B. Hamnett, Revolución y contrarevolución en Mexico y en el Perú, Mexiko-Stadt 1978.

J. J. Klaiber S. J., Religion and Revolution in Peru (1824–1976), Notre-Dame – Washington 1977.

R. Vargas Ugarte S. J., Historia de la iglesia en el Perú, Bd. V, 1800–1900, Burgos 1962.

Venezuela

Vgl. Bd. VII. der CEHILA.
J. RODRÍGUEZ ITURBE, Iglesia y Estado en Venezuela (1824–1964), Caracas 1968.
M. WATTERS, A History of the Church in Venezuela (1810–1930), Chapel Hill 1933.

Protestantismus

H. J. PRIEN, Die Geschichte des Christentums in Lateinamerika, Göttingen 1978.
–, Protestantismo latino-americano. Problemática histórica, Buenos Aires 1976.
P. DAMBORIENA S. J., El protestantismo en América latina, 2 Bde., Fribourg 1962–1963.

SIEBTER TEIL

DIE CHRISTLICHEN MISSIONEN IN AFRIKA, ASIEN, AUSTRALIEN UND OZEANIEN

Einleitung

VON JACQUES GADILLE UND JEAN-FRANCOIS ZORN

Fläche und Ausdehnung der hier behandelten Gebiete und die außerordentlich große Variabilität beim Aufeinandertreffen von Christentum und der jeweils vorgefundenen Kultur und Zivilisation stellen im vor uns liegenden Teil eine doppelte Schwierigkeit dar. Es geht uns um eine vergleichende Analyse von Missionsverständnis und Missionsmethoden; die grundlegenden Erfahrungen, die bei der Evangelisierung in verschiedenen geographischen Gebieten gemacht worden sind, sollen auf Vorgehensweise und Erfolg hin untersucht werden. Durch die sich im 19. Jahrhundert vollziehende weltweite Expansion der europäischen Nationalstaaten öffneten sich neue Horizonte. Der christliche Missionsanspruch „bis an die Enden der Welt", der mit der Entdeckung Amerikas durch die Europäer am Ende des 15. Jahrhunderts einen neuen Anstoß bekommen hatte, erhielt nun zum ersten Mal eine wirklich planetarische Dimension. Stärker noch als gegenüber der Neuen Welt empfand man die Herausforderung durch die anderen Kontinente mit ihrer größeren Bevölkerungsdichte (so erschien es jedenfalls) und mit ihrer Vielzahl alter Sprachen und Kulturen, wobei jede neue Entdeckung neues Staunen weckte: So zählten Frobenius und Westermann mehrere hundert Kulturkreise in Afrika, jenem „schwarzen Kontinent", von dem Hegel behauptet hatte, er habe keine Geschichte[1].

Der üblichen Aufteilung der Kontinente und Subkontinente folgend, waren Zentralafrika, der australische Kontinent und die Inselgruppen Ozeaniens Ziel der ersten Evangelisierung. Dieser christliche Vorstoß erscheint als ein erster Versuch, eine der großen Heilsreligionen, die sich auf eine schriftlich fixierte Offenbarung gründet, auf orale Traditionen aufzupfropfen, die eng an Clan und Stamm gebunden waren und in der Verehrung von Naturgewalten wurzelten. In Nordafrika und im Sudan, dem Gebiet der Sahara und den südlich anschließenden Regionen, sowie in Asien mit dem zahlenmäßig größten Anteil der Weltbevölkerung stand das Christentum hinter den dort verbreiteten älteren oder zumindest gleichalten Religionen an zweiter Stelle – auch wenn seine Verbreitung dort in manchen Gebieten bis in die apostolische Zeit zurückreicht. Asien als der Kontinent, in dem alle Religionen beheimatet sind, die wir als Weltreligionen bezeichnen, stellt einen Sonderfall dar. Dies schlägt sich u. a. in der Tatsache nieder, daß – von einigen Ausnahmen abgesehen – der christliche Anteil gerade hier, im Erdteil mit der größten Dichte der Weltbevölkerung, vergleichsweise gering ist[2].

Dort, wo das Christentum sich lokalen Religionen gegenübersah, ergaben sich oft überraschende Konstellationen: Die anderen Europäer, auf die die Missionare dort trafen, waren Entdecker und Kaufleute unterschiedlichster Art, die mit allen möglichen Waren Han-

---

[1] Zit. bei P. HIACHLIFF, Africa, in: The Oxford Illustrated History of Christianity, hrsg. von J. MACMANNERS, Oxford 1990, 455. Die Vorstellung von einer einzigartigen, im östlichen Mittelmeerraum, in Indien und China entstandenen Kultur, die ihren Höhepunkt in Europa erreicht hätte, geht auf Hobbes und die Philosophen des 18. Jahrhunderts zurück.

[2] Vgl. A. PIERIS, Hat Christus einen Platz in Asien? Ein umfassender Überblick, in: Concilium 229 (1993) 120ff.

del trieben (auch Menschenhandel), weniger eine territorial organisierte Kolonialverwaltung. Natürlich konnten die Missionare mit diplomatischer und auch militärischer Unterstützung rechnen. Das wußten sie bisweilen durchaus zu schätzen. Die ersten Beziehungen zwischen den Missionsgesellschaften und den europäischen kolonialen Autoritäten waren recht selbstverständlich. Erst in der letzten Phase der nach politischen Gesichtspunkten organisierten kolonialen Aufteilung ergaben sich Schwierigkeiten. Zu Beginn arbeiteten die Missionsgesellschaften oft Hand in Hand mit der Kolonialverwaltung, und sei es auch nur aus Gründen der Sicherheit und der gesetzlichen Ordnung, die diese gewährleisten konnte. So unterstützten Missionsgesellschaften – und zwar protestantische ebenso wie katholische – zum Beispiel die *South African Company* von Cecil Rhodes, welche die Konzession zum Abbau der Goldvorkommen hatte. Die damit verbundene Absicht war zu verhindern, daß die südafrikanischen Diamantvorkommen in die Hände von Abenteurern fielen, die sich jeglicher Kontrolle entzogen hättten[3]. Allerdings gestalteten sich die Beziehungen zwischen Mission und kolonialem Unternehmertum keineswegs immer auf diese Weise. Oft waren sie von anhaltenden Mißstimmungen getrübt, die sich bis in die höheren Ränge der Kolonialverwaltung hinein auswirkten.

Doch sollten solche Beziehungen zwischen Mission und kolonialer Erschließung nicht einseitig in den Vordergrund gerückt werden. Grundsätzlich sahen die Missionare ihre vorrangige Aufgabe in der Ausbreitung des Evangeliums. Die Bevölkerung war durchaus in der Lage, zwischen den ausbeuterischen Aktivitäten der anderen Europäer und der Tätigkeit der verschiedenen geistlichen Hirten zu unterscheiden. Moderne missionswissenschaftliche Untersuchungen, die sich mit der „Kirchwerdung"[4] befassen, stimmen mit den ersten Missionswissenschaftlern – von Gustav Warneck (1834–1910) bis Pierre Charles SJ (1883–1954), die den Terminus der „Kirchenpflanzung" verwendeten – dahingehend überein, daß die Bemühungen des Missionars immer zuerst darauf gerichtet waren, den Grund für eine christliche Gemeinde zu legen, die dann ihrerseits in der Lage sein sollte, die christliche Botschaft in ihrer eigenen Sprache, und das heißt, in einer ihrer eigenen Kultur angemessenen Weise, weiterzutragen. Dies war das Ziel. Um die zum Erreichen dieses Zieles entwickelten und erprobten Methoden und ihre vergleichende Betrachtung soll es in dem hier vorliegenden Überblick gehen. Dabei kann wegen der verschiedenen „Glaubensbekenntnisse" und auch wegen der Vielfalt der „spirituellen Familien" innerhalb einer Konfession nicht viel mehr als eine Skizze entworfen werden. Überdies gilt es zu berücksichtigen, daß die Mission stets ebenso geprägt ist von der Unterschiedlichkeit der Boten, der Missionare wie der Adressaten der Botschaft.

Wir wenden uns zuerst der Aufteilung in Missionsgebiete zu, d. h. den Gebietsabsprachen und Aufteilungen einzelner Kulturbereiche unter den verschiedenen Konfessionen und Missionsgesellschaften. Im allgemeinen führte die Zunahme der Zahl der Getauften und der kirchlichen Werke zu einem dichteren institutionellen Netz. Dieser institutionelle Rahmen war aber nicht bloße Konvention und ergab sich auch nicht einfach von selbst: Hier entstand eine Art Mosaik aus verschiedenen Zugehörigkeiten, den späteren Kirchen, welche aus dieser ersten Evangelisierung hervorgingen und neben anderen Kirchen ihren

---

[3] HIACHLIFF, Africa 463.
[4] M. SPINDLER, La Nature de l'autorité en phase de première évangélisation, in: Des Missions aux Eglises: Naissance et passation des pouvoirs, XVIIᵉ–XXᵉ siècles, (10. Sitzung CREDIC), Lyon 1990, 47f.

Platz fanden. Darum ist es durchaus sinnvoll, von „geographischen Wechselwirkungen" zu sprechen, die das Christentum bei seiner Ausbreitung außerhalb Europas erfuhr.

Sodann soll eine vergleichende Betrachtung der verschiedenen Formen von Predigt und Katechese, der Voraussetzungen für die Zulassung zur Taufe, der Unterschiede in Liturgie und Gottesdienst folgen. Jedoch läßt sich die mehr oder weniger schnelle bzw. allgemeine Akzeptanz der fremden Religion in der Praxis nicht von der Anziehungskraft der westlichen Kultur im weitesten Sinne trennen. So erscheinen die im eigentlichen Sinn apostolischen Aufgaben immer auch zugleich im Gewand eines humanen Fortschritts, sei es in Bezug auf die physische Existenz des Menschen (im sanitären und hygienischen Bereich[5]), in wirtschaftlicher Hinsicht (im Erlernen moderner bzw. europäischer Produktionstechniken und der damit verbundenen Kommerzialisierung), sei es vor allem in Bezug auf die Kultur als solche: im Bereich der Sprache (Entscheidung für den Vorrang einer Sprache; Übersetzungen), im Bereich des Rechts, wo sich eine Revolution sowohl in der – nun höheren – Wertschätzung der einzelnen Person wie auch für das Gemeinwesen vollzog. So ist eine der Hauptursachen für die Spannungen zwischen Mission und Stammeshäuptling einerseits und Kolonialverwaltung andererseits in der mehr oder weniger offenen Propagierung eines christlichen Rechtes zu suchen, in dem Bemühen um die Anerkennung eines solchen Rechtes für den neu getauften Christen als Person gegenüber dem herrschenden Stammesrecht. Verkündigung und Ausbreitung des Glaubens und gesellschaftlicher Fortschritt waren insofern untrennbar miteinander verflochten. Das gilt es zu verstehen.

Schließlich soll, drittens, nach den Formen gefragt werden, in denen sich die Annahme bzw. Ablehnung der Christianisierung durch die eingeborene Bevölkerung vollzog. Hier geht es vor allem um zweierlei: zum einen um die Katecheten, Priester und Schwestern aus der einheimischen Bevölkerung, um ihre Anzahl und um die Art jener Aufgaben, die ihnen nach und nach übertragen wurden; zum andern um das Phänomen des „Prophetentums", aus dem heraus, vor allem in Südafrika, unabhängige christliche Kirchen entstanden. Parallel dazu sind in den asiatischen Ländern mit ihrer sehr alten Kultur die wesentlich komplexeren Formen zu sehen, die dort durch die Konfrontation christlicher Werte mit einheimischen Traditionen und unter dem Einfluß dortiger Spiritualität und andersartigen Denkens entstanden. Man könnte dies als einen ersten Anfang oder jedenfalls als die Vorstufe zu einem interreligiösen Dialog betrachten, wie er heute unabdingbar zum Gedanken der Evangelisierung gehört: die zweite Säule, auf der sie neben der Verkündigung ruht[6].

---

[5] J. PIROTTE – H. DERROITTE (Hrsgg.), Eglises et Santé dans le Tiers-Monde, hier et aujourd'hui, Leiden 1991, 176.

[6] Vgl. die Untersuchungen von B. SUNDKLER und D. B. BARRETT zum afrikanischen Prophetentum und den unabhängigen christlichen Kirchen.

Erstes Kapitel

Afrika

VON JACQUES GADILLE UND JEAN-FRANCOIS ZORN

I. Wechselwirkungen der kirchlichen Geographie

Der Zugang zum „schwarzen Kontinent" mit seinen ungeheuren Ausmaßen erschloß sich nur von der Peripherie her. Aus allen vier Himmelsrichtungen bahnten sich katholische Missionare den Wege ins Innere, von den alten Ausgangspunkten im Norden und im Süden, im Osten vom neuen Sultanat von Sansibar aus und schließlich im Westen vom weiten und gewissermaßen grenzenlosen „Apostolischen Vikariat der beiden Guineen" aus. Dieses Apostolische Vikariat wurde 1842 von Gregor XVI. eingerichtet und umfaßte große Teile der Westküste Afrikas im Gesamtbereich des Golfs von Guinea[1].

1. Die protestantischen Missionen

Auch die protestantischen und anglikanischen Missionsgesellschaften bewegten sich von den Küstengebieten aus zur Evangelisierung ins Innere des Kontinents: Im Norden von Kairo nilaufwärts bzw. vom Roten Meer aus nach Äthiopien – in der Hoffnung, dort auf die Überreste des frühen afrikanischen Christentums zu stoßen, von dem man meinte, es läge im Sterben; von Osten, von Sansibar aus, in westlicher Richtung den Pfaden der Sklavenhändler wie der Gegner der Sklaverei folgend, auf den Flüssen Niger und Kongo bis in das Herz des Kontinents; und im Süden vom Kap der Guten Hoffnung ausgehend, dem Tor der dort seit dem 17. Jahrhundert siedelnden reformierten Niederländer (welchen es jetzt den Geist der Aufklärung und der religiösen Erweckung in Europa zu bringen galt). Den französischen Protestanten fiel die Aufgabe zu, die Zugänge von Algier und von Saint-Louis im Senegal aus zu öffnen. Da aber die protestantischen und anglikanischen Missionsgesellschaften ihre Vorhaben nicht aufeinander abstimmten, fehlte der von den Küsten ausgehenden protestantischen Evangelisierung des afrikanischen Kontinents ein fester Plan und eine Organisation, wie sie für die Ausbreitung des katholischen Glaubens charakteristisch war.

Um 1850 wurde eine „evangelische Katholizität" ins Leben gerufen, welche die Verbindungen zwischen diesen Missionsgesellschaften regeln sollte – eine Vereinigung, in der die Verkündigung des universalen Heils in Jesus Christus den Zusammenhalt der Missions-

---

Zu den Kurztiteln vgl. die Erstnennung.

[1] Der im Januar 1842 als Apostolischer Präfekt von Guinea eingesetzte Edouard Barron wurde am 3. Oktober zum Apostolischen Vikar der beiden Guinen ernannt und am 1. November in Rom zum Bischof geweiht.

werke garantieren sollte, und zwar besser, als dies alle Institutionen der Welt vermochten. Die Aufgabe der organisatorischen Umsetzung dieses Ideals übernahmen internationale Missionskonferenzen, die ab 1860 ungefähr alle zehn Jahre tagten. Hier wurde das Prinzip des *Comity agreements* eingeführt, das für eine einvernehmliche Haltung der Missionsgesellschaften sorgen sollte hinsichtlich der Anerkennung ihrer Wirkungsbereiche, der Planung von Zusammenarbeit und Gebietsabsprachen. Die Konferenzen begannen in der Regel mit einem Überblick über die Missonsgebiete, Land für Land und mit einer Gesellschaft nach der anderen. Die bedeutendste dieser Konferenzen fand im Jahr 1900 in New York statt. Bei ihrer Eröffnung wurden die *century statistics* von James S. Dennis vorgetragen, eine detaillierte Auswertung der Tätigkeit der 249 Missionsgesellschaften, die es damals auf protestantischer Seite gab. Diese statistische Darstellungsweise hatte – bei aller Begrenztheit im Hinblick auf ihre wissenschaftliche Methodik und Aussagekraft – eine enorm motivierende Wirkung und fand in Veröffentlichungen verschiedener Missionszeitschriften ihren Niederschlag. So brachte das *Journal des Missions évangéliques de Paris* jeden Monat einen Überblick über den Fortschritt des Missionswerks an einem bestimmten Ort der Erde und einen Bericht über die Arbeit einer bestimmten Gesellschaft[2].

Neben den internationalen Konferenzen gab es noch zwei weitere Arten von Zusammenkünften: die kontinentalen Missionskonferenzen, zu denen sich ab 1866 die Missionsgesellschaften des europäischen Kontinents alle vier Jahre in Bremen trafen, und die gemeinsamen Missionskonferenzen in den einzelnen Missionsgebieten. Zu einer Begegnung der letztgenannten Art kam es zum ersten Mal 1855 in Indien, gefolgt von Ostasien im Jahre 1877 und Mexiko 1888. Erst 1902 traf man sich auch im afrikanischen Belgisch-Kongo zu einer Missionskonferenz, auf der die etwa zehn dort tätigen Missionsgesellschaften eine Generalkonferenz der protestantischen Missionen im Kongo ins Leben riefen. Auf Empfehlung der Weltmissionskonferenz von Edinburgh 1910 kam es dann 1913 zur Gründung einer gemeinsamen Konferenz der auf Madagaskar tätigen Missionen, auf der man Gebietsabsprachen unter den sieben in diesem Land tätigen protestantischen Missionsgesellschaften traf[3].

2. Die katholische Mission

Für die katholische Kirche waren die Apostolischen Präfekturen in Nordafrika (Marokko, Algerien, Tunesien, Tripolis, Ober – und Unterägypten), wo schon seit dem Mittelalter die Franziskaner-Minoriten für eine christliche Präsenz im muslimischen Bereich gesorgt hatten, die gegebenen Ausgangspunkte für einen Vorstoß ins Innere des afrikanischen Kontinents. Nach der Einrichtung des Apostolischen Vikariats für Zentralafrika 1846 hatten Missionare jedoch vergeblich versucht, auf diesem Weg vorzudringen: Zwischen 1847 und 1861 forderte der Vorstoß 23 Menschenleben. 1864 griff Comboni, einer der Missionare dieses erfolglosen Versuches, den „Plan zur Regeneration Afrikas" wieder auf und eröffnete in Kairo ein Zentrum zur Ausbildung eines afrikanischen Klerus. Dem Beispiel Combonis folgend, erklärte Lavigerie Algerien, wo nach der französischen Eroberung von

---

[2] Das *Journal des Missions évangéliques* (JME), gegründet 1826, ist die monatlich erscheinende Zeitschrift der „Société des Missions évangéliques de Paris" (SMEP), einer 1822 gegründeten protestantischen Missionsgesellschaft auf internationaler und interdenominationeller Basis (reformiert, lutherisch, kongregationalistisch).

[3] Vgl. M. Spindler, International Missionary Council, in: DHGE, 25, Fasz. 145, Paris 1995, 297–303.

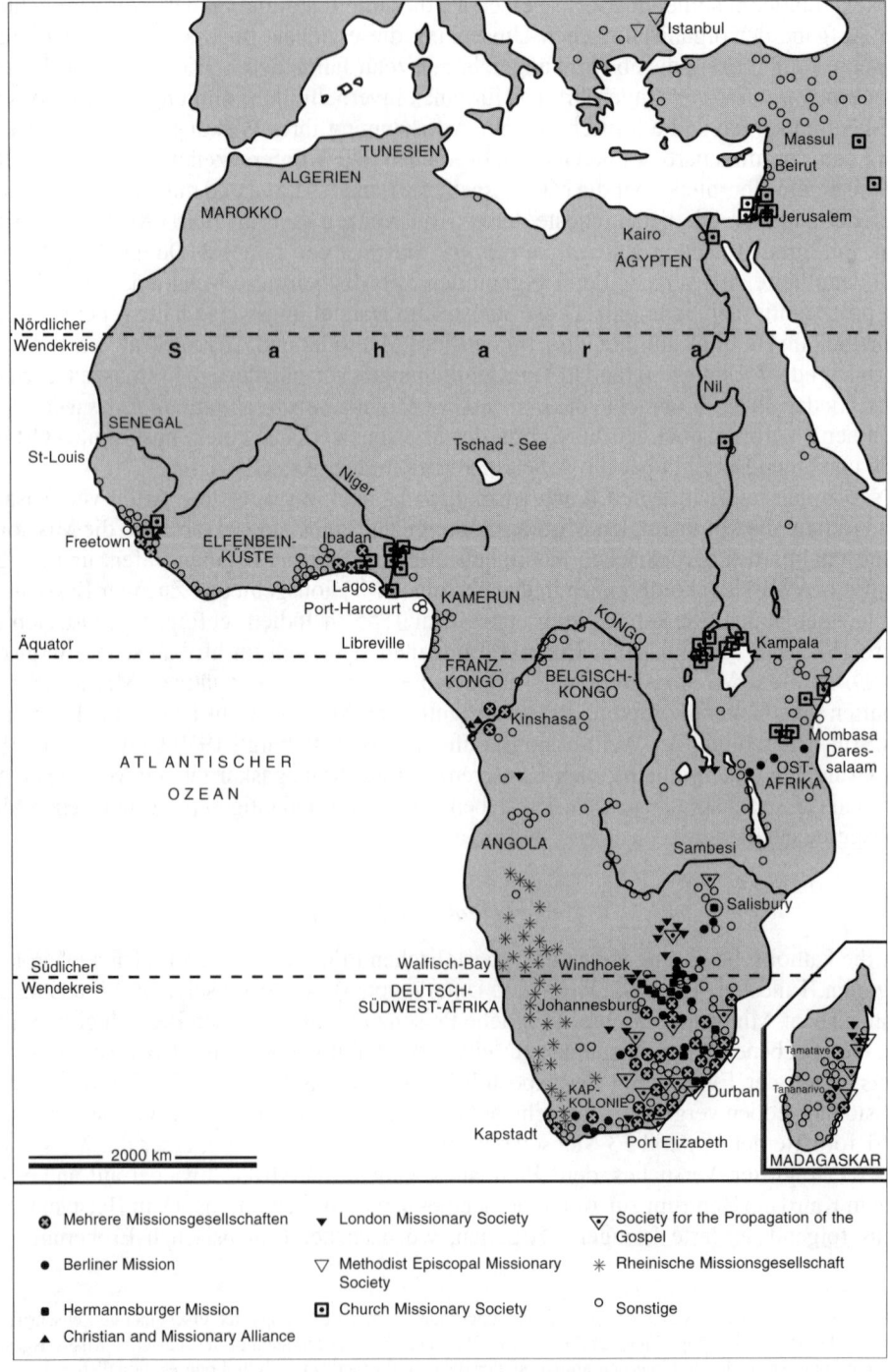

Die protestantischen Missionen in Afrika und dem Mittleren Osten zu Beginn des 20. Jahrhunderts.

1830 drei Bistümer eingerichtet worden waren, zum „Einfallstor" in die Gebiete Zentralafrikas[4]. 1868 wurde er zum Apostolischen Delegierten für die Sahara und den Sudan ernannt. Lavigerie entsandte 1876 von Touat und 1881 von Tripolis aus zwei kleine Gruppen von Weißen Vätern. Die sechs Angehörigen dieser beiden Gruppen wurden schon kurz nach ihrem Aufbruch in El Maksa bzw. im Süden von Ghadames getötet. Lavigerie verlegte sein Ausbildungsseminar zunächst nach Malta und dann nach Tunis, nachdem dort ein französisches Protektorat errichtet worden war. Als er das Erzbistum von Karthago wieder eingerichtet hatte, erhielt er den Titel eines Primas von Afrika[5].

Das im Süden des Kontinents eingerichtete Apostolische Vikariat Mauritius (mit Kapland, Madagaskar und Mauritius) unter Mgr. Slater war kaum funktionsfähig[6]. Das Bemühen um die 1834 von der Sklaverei befreiten „Kaffern" (von arabisch *kafir* = Ungläubiger; Bezeichnung für afrikanische Stämme an der Grenze zur Kapkolonie) führte 1837 zur Bildung eines gesonderten Apostolischen Vikariats. Zehn Jahre später wurde es in zwei Bistümer geteilt, in Natal und in Port Elizabeth. 1894 wurde dann die Apostolische Präfektur Basutoland eingerichtet.

Im Südosten waren die Inseln Mauritius und Réunion Ausgangspunkte für die protestantische und die katholische Mission auf der „roten Insel" Madagaskar[7]. 1847 bzw. 1850 wurden die beiden Inseln zu katholischen Diözesen. Letztere Jahreszahl markiert auch die Gründung der großen Niederlassung von La Ressource durch die Jesuiten auf Réunion, um die Missionierung von Madagaskar einzuleiten: Aus ihr ging der erste madegassische Priester hervor, Basilide Rahidy, der 1872 ordiniert wurde, ein Jahr nach Schließung der Niederlassung. Die katholische Präsenz auf Madagaskar geht auf den Priester Pierre Dalmond (1800–1847) zurück. Nach einem Aufenthalt auf der Insel Sainte-Marie und einem erfolglosen Versuch von nur sechs Monaten Dauer, sich in Toliara (Tuléar) niederzulassen, richtete er sich mit einer Gruppe von Ordensfrauen und -männern auf Nossi-Bé ein. Diese Insel wurde von Sakalaven bewohnt und gehörte nicht zum Herrschaftsbereich der Königin Ranavalona I., die in Antananarivo residierte. Unmittelbar vor seinem Tod erhielt Dalmond noch den Titel eines Apostolischen Vikars von Madagaskar. In der Folge wurde die Komoren-Insel Mayotte zusammen mit Nossi-Bé und Sainte-Marie zu einer Apostolischen Präfektur. Bis 1879 stand sie unter der Leitung der Jesuiten, danach unter derjenigen der Spiritaner (Kongregation vom Heiligen Geist). Als 1861 die Königin starb, suchten die Jesuiten das auf der madagassischen Hochebene gelegene Antananarivo auf, unter ihnen die Patres Finaz, Jaouen und Webber[8].

1858–1859 hatte Bischof Maupoint von Réunion seinen Generalvikar Fava zu Erkundungen an die Ostküste von Afrika entsandt, 1860 beauftragter ihn, sich zusammen mit

---

[4] Brief (1866) von Lavigerie an die Bischöfe, zitiert bei X. DE MONTCLOS, Lavigerie, le Saint-Siège et l'Eglise, 1846–1878, Paris 1966, 332. Zu Comboni, siehe Sacrae Congregationis P. F. Memoria Rerum, III/1, 209.

[5] Mit der Bulle *Materna Ecclesiae Caritas* vom 10. November 1884. Vgl. F. RENAULT, Le Cardinal Lavigerie, Paris 1990, 446.

[6] Zu seinem pastoralen Bereich gehörte auch noch Australien(!).

[7] Vgl. C. PRUDHOMME, Histoire religieuse de la Réunion, Paris 1984, 213–219. Collier, seit 1840 apostolischer Präfekt auf der Insel Mauritius, erweiterte seinen Jurisdiktionsbereich auf die Seychellen; diese englischen Besitzungen wurden 1852 Apostolische Präfektur, die den Kapuzinern von Savoyen anvertraut war, dann 1880 apostolisches Vikariat und 1892 Diözese (Port Victoria).

[8] Vgl. B. HUBSCH (Hrsg.), Madagascar et le Christianisme. Paris – Antananarivo, Karthala – Ambozontany 1993, 243–247.

zwei Weltgeistlichen auf der Insel Sansibar niederzulassen. 1862 richtete Rom die Apostolische Präfektur von Zanguebar ein. Dort trafen 1863 die Spiritaner-Patres Horner und Baur ein; den Spiritaner wurde auf Wunsch Maupoints die neue Präfektur unterstellt. Von Sansibar aus, wo die Spiritaner einen Stützpunkt errichtet hatten, betraten sie dann 1868 den afrikanischen Kontinent selbst. Dort gründeten sie Bagamoyo, das mit seinen christlichen Dörfern und seinen Unterstützungs- und Hilfswerken zu einer der „Mutterkirchen" im damaligen christlichen Afrika wurde.

Etwas weiter nördlich, aber auf der anderen Seite des Kontinents an der Atlantikküste, war eine andere „Mutterkirche" in Libreville (Gabun) entstanden, im Jahr 1844 gegründet von Jean-Remy Bessieux (1803–1876) – auch einem Schüler Libermanns – und in den 27 Jahren seines Episkopats ausgebaut. Er und Bruder Grégoire waren die einzigen zwei Überlebenden von zehn Missionaren, die der frühere Generalvikar von Philadelphia, Mgr. Barron, nach Kap Palmas entsandt hatte. Barron meinte, gerade der amerikanische Episkopat müsse sich um die Mission in Liberia kümmern, dem Land, das den in der Neuen Welt aus der Sklaverei befreiten Menschen zugewiesen worden war[9]. Aber es schien, als müßte die Evangelisierung an diesen Küsten, die vor der allgemeinen Einführung des Chinin-Medikaments buchstäblich „Europäerfriedhöfe" waren[10], von den Einheimischen selbst übernommen werden. Die tragischen Erfahrungen der ersten Expedition mit Barron wiederholten sich 1847 mit dem raschen Tod von Truffet (22. Nov. 1847) und noch einmal 1859, als der Begünder der Lyoner Afrikamission, de Marion Bresillac, und sechs seiner Begleiter nur wenige Wochen nach ihrer Ankunft in Sierra Leone dem Gelbfieber erlagen[11].

1848 erhielt Bessieux die Vollmacht zur Leitung des Apostolischen Vikariats, aber in der Praxis kam dies nur in Gabun zum Tragen. Weiter nördlich, im Gebiet der heutigen Föderation Senegambia, legte Bessieuxs Koadjutor Aloys Kobès mit fester Hand die Fundamente für den späteren Katholizismus in der Umgebung von Dakar, nicht ohne vorsichtige diplomatische Absprachen mit der Präfektur von Saint-Louis (und von Gorée), das nicht zum Vikariat der beiden Guineen gehörte[12]. Schließlich wurde Pater Planque, der neue Obere der Lyoner Afrikamission, von Rom autorisiert (Breve vom 28. August 1860), sich an der Küste von Dahome niederzulassen. Die Erschließung dieses Gebietes wurde Pater Borghero anvertraut, der diese Aufgabe mit bemerkenswertem Erfolg durchführte. Das Vertrauen der französischen Verwaltung konnte er als Italiener jedoch nicht gewinnen.

Südlich von Gabun war der Ordensobere der Spiritaner 1865 mit der Vollmacht über die Apostolische Unterpräfektur Kongo (ursprünglich 1640 eingerichtet und den Kapuzinern übertragen) betraut worden. Dort gründeten die Patres Duparquet und Carrie sowie Bruder Fortunat die Mission von Landana (1873), die mit den Worten Le Roys zur „fruchtbaren Mutter all der zahlreichen und blühenden Missionen im ganzen Kongo" werden sollte. Von dort brach auch Duparquet auf, um von Angola aus die Verbindung nach Oranje herzustel-

---

[9] Vgl. J. TH. RATH, Pater Libermann. Ein Leben für Afrika, Knechtsteden 1980; J. BAUMGARTNER, Libermann revisited, in: NZM 45 (1989) 282–298, und A. GILBERT, Libermann, Rom 1993.

[10] Das 1829 entwickelte Chinin wurde von Libermann an seine ersten Missionare verteilt, noch bevor Kobès es 1854 offiziell empfahl.

[11] Vgl. J. BONFILS, Mgr. de Marion Bresillac, Notice biographique, Doctrine missionaire, Textes, Paris 1962.

[12] P. BRASSEUR, Missions catholiques et administration française sur la côte d'Afrique, 1815–1870, in: Revue française d'histoire d'Outre-Mer 62 (1975) 415–446.

len. Da Lissabon aber auf den Rechten des Bischofssitzes von Luanda bestand, wurden die Spiritaner aufgefordert, ihre missionarische Tätigkeit auf die mehr nach Norden hin gelegenen Gebiete zu begrenzen. 1880 gründete Carrie in Boma am Ufer des Kongo die erste Missionsniederlassung in der heutigen Republik Kongo (vormals Zaire). Etwas später, 1883, ließ er sich nördlich davon an der Küste in Loango nieder: Mit Carrie als Apostolischem Vikar wurde hier 1886 der Sitz des Apostolischen Vikariats von Französisch-Kongo eingerichtet. 1887 wurde das Seminar von Landana nach Loango verlegt. 1881 unternahm Pater Augouard (1852–1921), der 1879 aus Gabun nach Landana gekommen war, eine Erkundungsreise zum Stanley-Pool. 1883 kehrte er dorthin zurück und gründete tief im Landesinneren die erste Missionsniederlassung Linzolo (1887), dort, wo später Brazzaville entstand. Danach richtete er am Zusammenfluß von Ubangi und Kongo die Missionsstation Saint-Louis in Liranga ein. Nachdem Augouard 1890 zum obersten Amtsträger des neuen „Apostolischen Vikariats von Ubangi oder dem Oberen Französisch Kongo", mit Sitz in Brazzaville, ernannt worden war, bereiste er auf seinem Dampfschiff „Leo XIII." den Kongo und den Ubangi und gründete im April 1894 in der Nähe von Bangui im heutigen Zentralafrika die Missionsstation Saint-Paul-des-Rapides. Die *Schwestern vom Heiligen Joseph von Cluny* waren an all diesen Gründungen beteiligt: in Landana (1883), in Loango (1886) und in Brazzaville (1892).

Im nördlichen Bereich kam es zwischen 1867 und 1906/7 zur Abtrennung der Küstenregion am Golf von Guinea (Kobès hatte die Mission von Sierra Leone 1867 von seiner Jurisdiktion abgetrennt). Von diesem Provikariat wurden 1897 die Apostolische Präfektur von Guinea und 1906 die Apostolische Präfektur von Liberia losgelöst. Das weiter östlich gelegene Benin, das von Borghero erkundet worden war, wurde in die Apostolischen Präfekturen Dahome (1883) und Togo (1892) aufgeteilt. Die Präfektur der Elfenbein- und der Goldküste wurde 1895 abgetrennt.

Für die großen Gebiet im Innern mit den Hochebenen um die Seen im Osten, die Flußtäler des Kongo und des Niger war 1880 eine erste theoretische Aufteilung erfolgt. Dabei waren zwei östliche Vikariate vorgesehen, Tangajika und Nyanza, und zwei „Missionszentren", die den westlichen Teil abdeckten; all dies hatte man Lavigerie unterstellt. Veranlaßt durch die Konkurrenz mit den protestantischen Missionen (die durch koloniale Rivalitäten noch verstärkt wurden), zogen sich die Weißen Väter in die südlichen Regionen des Landes, in die Nähe des Victoriasees zurück (im Nordosten teilten sich die St. Josephs-Brüder von Mill-Hill 1894 und die Combonianer 1911 die Jurisdiktion). Nach schwierigen Verhandlungen mit Lavigerie wurde 1888 das Vikariat des unabhängigen Kongo eingerichtet. Die Scheutisten, die einer Bitte des belgischen Königs folgend aus China gekommen waren – 1883 war in Leuven ein Seminar zur Ausbildung für die afrikanische Mission in Belgisch-Kongo gegründet worden – teilten sich den Jurisdiktionsbereich mit den Jesuiten (Kwango, Apostolische Präfektur im Jahr 1892). Die Gebietsaufteilung, nach der den Benediktinern von St. Ottilien die Küstengebiete von Tanganjika zugewiesen wurden, den Pallotinern Kamerun und den Steyler-Missionaren Togo, hing mit der deutschen Kolonisation zusammen. Die Weißen Väter schließlich, deren Wirken im wesentlichen nach Osten gerichtet war, wandten sich seit der Einrichtung der Apostolischen Präfektur der Sahara unter Toulotte im März 1891 den westlichen Gebieten des Sudan zu. Diese Präfektur wurde aufgeteilt in ein Vikariat Sahara und ein Vikariat Französischer Sudan mit H. Bazin als Bischof in den Jahren 1901 bis 1910. 1907 wurde als südliche Abgrenzung dieser riesigen Gebiete zu Dahome, Nigeria und der Goldküste eine Linie südlich des 10. Breitengrades festgelegt.

Ein Weißer Vater als Missionar im Sudan.

Die Kirchen gingen in der Regel mit den von den Kolonialmächten festgelegten Aufteilungen konform, so daß die kirchlichen Regionen sich an den politischen Grenzen orientierten und die Evangelisierung denjenigen Missionsgesellschaften übertragen wurde, die die Sprache der Kolonialverwaltung sprachen. Hierbei wurden durchaus Konfessionsgrenzen überbrückt. So akzeptierte die deutsche Regierung neben der Basler Mission auch katholische Missionare (in diesem Fall die Pallotiner) unter der Voraussetzung, daß sie deutscher Nationalität waren[13]. Manchmal reservierten die europäischen Mächte Gebiete, auf die die Evangelisierung beschränkt werden sollte: So teilten etwa die Briten nach der Niederwerfung des Mahdismus den Sudan in drei Zonen auf: eine ausschließlich muslimische im Norden und je eine ausschließlich protestantische und katholische im Süden. Der Heilige Stuhl verfolgte hier eher eine Politik des Möglichen, ohne sich auf eine prinzipielle Position festlegen zu lassen, zum Beispiel als die französische Regierung nach dem Tod Lavigeries für Tunesien und entsprechend die englische Regierung zu Beginn des Ersten Weltkrieges für die Seychellen festlegen wollten, daß die Amtsinhaber dieser Vikariate immer ein Franzose bzw. ein Engländer zu sein hätten. Der Vatikan verhielt sich ausweichend, wollte sich nicht die Hände binden lassen[14].

Andererseits gab es auch den Fall, daß eine Kongregation ihren Wirkungsbereich zu beiden Seiten einer politisch gezogenen Grenze hatte, um die Einheit der Evangelisierung

---

[13] J. P. MESSINA, Contribution de l'Église d'Afrique au concile Vatican II, 1959–1965. Le cas du Cameroun, (Schreibmasch.Manuskr.) Lille III 1993, 27–37.
[14] Sacrae Congregationis 192 und 338.

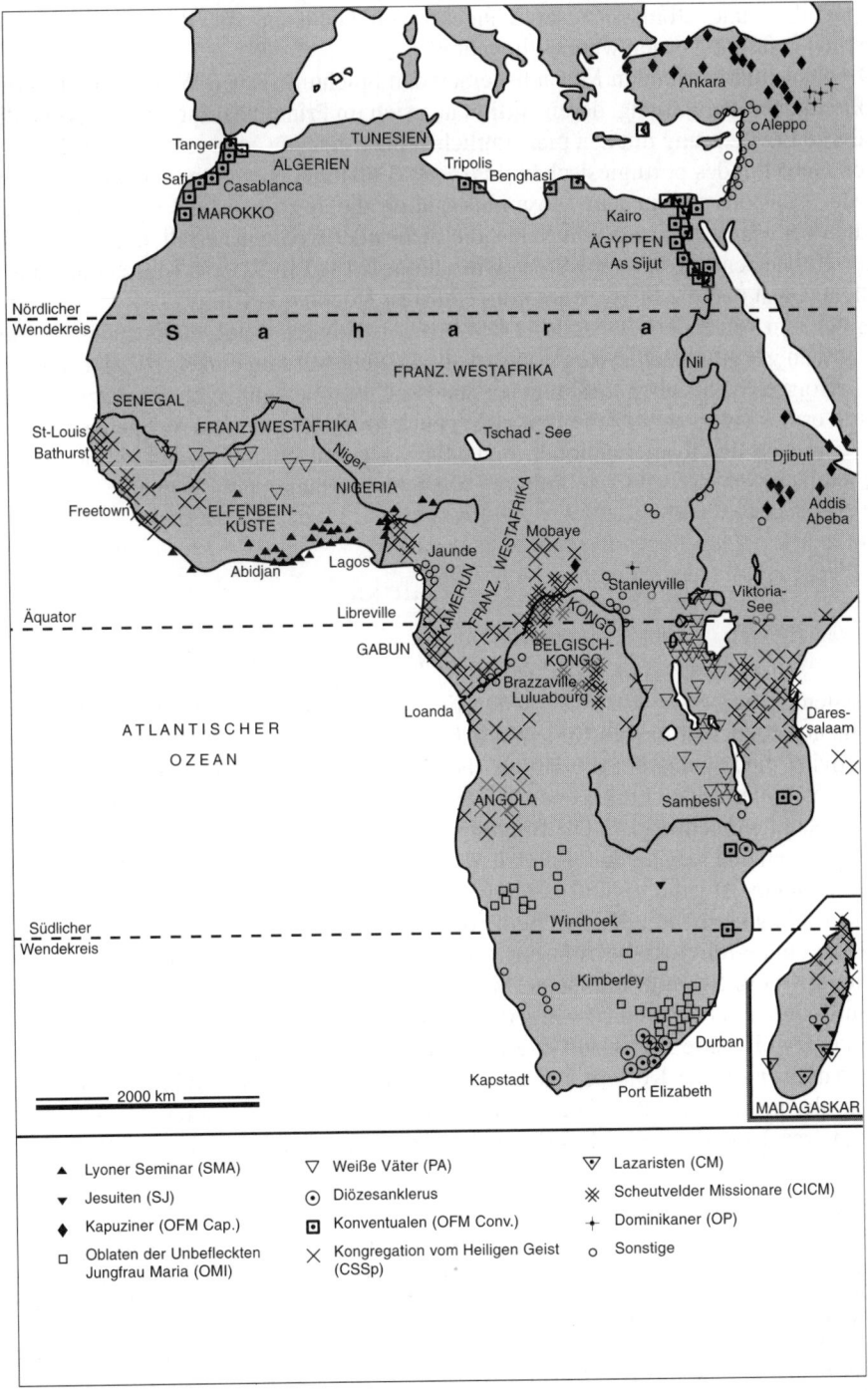

Die katholische Mission in Afrika und im Mittleren Osten vor 1914.

in sprachlich und ethnisch zusammengehörigen Gebieten, die durch Grenzziehungen künstlich getrennt worden waren, zu wahren[15].

Die Dynamik der jungen Missionsgemeinden brachte frischen Wind in die Routine einer kirchlichen Verwaltung, deren Aktivitäten sich im Prinzip darauf beschränkten, die europäische Bevölkerung mit den pfarramtlichen Diensten zu versorgen – wie es der Fall war in den Gebieten des portugiesischen *padroado*. Letzterem gegenüber stand die Lebendigkeit der Missionsstationen in Mosambik (durch die Jesuiten, die Franziskaner und die Oblaten des Heiligen Franz von Sales, die mehr oder weniger heimlich aus dem benachbarten Rhodesien gekommen waren) wie auch seit 1883 in Angola (durch die Väter vom Heiligen Geist und die Schwestern vom Heiligen Joseph von Cluny).

In der nun folgenden Darstellung der Missionstätigkeit – aufgeteilt entsprechend den drei großen geographischen Regionen – soll versucht werden, einzelne Fallbeispiele – sowohl erfolgreiche als auch mißlungene – und das, was sie kennzeichnet, darzustellen. Dabei soll es besonders um solche Beispiele gehen, die sich zu einem Vergleich eignen – einem Vergleich der Kongregationen und Missionsgesellschaften, seien sie protestantisch oder anglikanisch, soweit sie in kulturell ähnlichen Gebieten tätig waren.

II. Südafrika

1. Die protestantischen Missionen

Die ersten Spuren einer protestantischen Evangelisierung auf dem schwarzafrikanischen Kontinent finden sich tief im Süden. Ab 1650 hatten sich niederländische Siedler in der Kapprovinz niedergelassen: die Buren, die sich später selbst *Afrikaaner* nennen sollten. Seit 1685 (Widerruf des Ediktes von Nantes) folgten dann noch mehrere hundert französische Hugenottenflüchtlinge[16]. Die Buren hatten Europa noch vor dem Zeitalter der Aufklärung verlassen und sich hier angesiedelt, durchdrungen von dem Bewußtsein, zum erwählten Volk Gottes zu gehören und in ein neues Kanaan entsandt zu sein, und organisiert in ethnisch streng getrennten Kirchengemeinden[17].

Dieses elitäre religiöse Bewußtsein wurde zum ersten Mal 1734 durch den Herrnhuter Missionar Georg Schmidt und seine Mission unter den Einheimischen in Frage gestellt. Die ansässigen Protestanten verweigerten ihm jegliche Unterstützung, und als der dortigen Obrigkeit zwölf Jahre später zu Ohren kam, daß Schmidt den ersten Hottentotten getauft hatte, wurde er aus der Kolonie ausgewiesen. Erst gegen Ende des Jahrhunderts, nachdem auch in der niederländisch-reformierten Kirche am Kap ein missionarisches Bewußtsein erwacht war, kamen erneut Missionare der Herrnhuter Brüdergemeine nach Südafrika –

---

[15] Vgl. P. Brasseur, L'établissement des circonscriptions ecclésiastiques à partir du vicariat apostolique des Deux-Guinées, in: Des Missions aux Eglises: Naissance et passation des pouvoirs, XVIIᵉ–XXᵉ siècles, (10. Sitzung CREDIC), Lyon 1990, 227 und 229. Siehe auch R. Faurite, Le Royaume de Basa de ses origines médiévales à 1935 (Schreibmasch.-Manuskr.), Lyon II 1987.

[16] Vgl. R. Vigne, L'Intégration des Huguenots français de la Colonie du Cap, in: La France et l'Afrique du Sud, hrsg. von D. C. Bach, Paris – Nairobi 1990, 17–36.

[17] Vgl. W. A. de Klerk, The Puritans in Africa, London 1975, sowie M. Cornevin, L'Apartheid: Pouvoir et Falsification historique, Paris 1979.

diesmal mit der Erlaubnis, unter den Hottentotten zu wirken. Aber erst mit der Ankunft der Briten wurde es möglich, Missionsstationen einzurichten[18].

Von entscheidender Bedeutung war der zweite Vorstoß. Er ging von den Briten aus, die seit Anfang des 19. Jh. die Kapprovinz besetzt hatten. John Philip, Superintendent der *London Missionary Society* (LMS) in Südafrika, führte einen langen, zähen Kampf, der 1834 mit der Abschaffung der Sklaverei endete[19]. Inzwischen hatten die LMS und dann auch die *Wesleyan Methodist Missionary Society* (WMMS) Missionare zur Erkundung in nördliche Richtung entsandt. So waren 1816 Jack Read (LMS) nach Tswanaland, Joseph Williams (LMS) nach Khosaland und Barnabas Shaw (WMMS) nach Namaqualand gekommen. Es kam zu Bekehrungen und ersten Taufen. Ein richtiger Missionserfolg stellte sich aber erst mit der Bekehrung von Jonker Afrikaaner ein, dem Hottentotten-Häuptling von Namaqualand, auf dessen Kopf die Buren eine Prämie ausgesetzt hatten. Mit ihm bekehrten sich auch zwei seiner Söhne und etwa 150 seiner Untertanen zum Christentum. 1817 gestattete der Häuptling dem Missionar Robert Moffat (LMS), sich in seinem Land niederzulassen. 1829 wurde die erste Tswana-Kirche in Kuruman gegründet. Jonker Africaner wurde 1820 sogar zum Kap gebracht, damit man auch dort sehen konnte, welche Veränderungen westliche Erziehung und Bekehrung zum Christentum bei ihm bewirkt hatten. Er war der erste christianisierte afrikanische Häuptling und wurde zu einem Modell für die Mission, und das nicht nur in Südafrika und nicht nur für die LMS, sondern auch für die Mission an anderen Orten und für viele andere Missionsgesellschaften. Als Modellfall des Häuptlings eines unabhängigen Volksstammes, dessen Freundschaft zu gewinnen Ziel jedes Missionars war, war Africaner das anschauliche Beispiel für die Realisierung ihres Ideals. In gleicher Weise erstrebte man in Afrika und anderswo Republiken freier Menschen, die das Evangelium annahmen.

Nach diesem Modell strebten die protestantischen Missionare auch in Ozeanien und in Madagaskar, mit mehr oder weniger Erfolg. Auf diesem Weg bemühten sich Missionare der LMS und der WMMS und später auch der Pariser Evangelischen Missionsgesellschaft (SMEP) in Südafrika um den Kontakt zu verschiedenen Häuptlingen. Die Missionare der LMS und der SMEP suchten die Verbindung zu Mosekelatsi, dem Häuptling der Ntebele, doch ohne Erfolg. Dagegen gelang es den Missionaren der LMS dank der Bemühungen John Mackenzies, der 1865 Häuptling Khama bekehren konnte, die Mission in Botswana voranzutreiben. Die Missionare der SMEP hatten sich ihrerseits von Moshesh (Moshoeshoe I.), dem Sotho-Häuptling, aufnehmen lassen und gründeten 1833 die Missionsstation von Lesotho. Dank der Vermittlung Khamas wurden sie 1885 unter ähnlichen Umständen von Lewanika aufgenommen, dem König in Loziland, wo die Sotho seit sechzig Jahren wohnten. Auch Moshesh wurde zu einem Modellfall, an dem die Missionare und die afrikanischen Evangelisten der reformierten *Mission Suisse romande* (MSR) in Transvaal sich bei der Gründung der Mission in Mosambik 1881 orientierten[20].

---

[18] Vgl. Coup d'oeil sur le Sud de l'Afrique et sur les missions principales de ce pays, in: JME 3 (1828) 323–349, sowie J. M. SALES, The Planting of Churches in South Africa, Grand Rapids 1971, 25f.

[19] Zu den Anfängen der LMS vgl. R. LOVETT, The History of the London Missionary Society 1795–1895, 2 Bde., London 1899.

[20] Vgl. J. VAN BUTSELAAR, Africains, missionaires et colonialistes. Les origines de l'Église presbytérienne du Mozambique, 1880–1896, Leiden 1984. Zu Moshesh vgl. M. SPINDLER, Le modèle Moshesh dans la missiologie protestante, in: L'Accueil et le Refus du christianisme. Historiographie de la conversion (Veröff. der IV. Sitzung der CREDIC, Stuttgart 1985), Lyon 1986.

So entwickelte sich im Verlauf der ersten Hälfte des 19. Jh. in Südafrika eine gemeinsame Strategie der evangelischen Missionen, die man „Mission von oben" nennen könnte. Die Macht des einheimischen Herrschers garantierte den Missionaren Schutz und Unterstützung ihrer Tätigkeit, der später oft hinderliche Einfluß der Kolonialmächte war noch nicht gefestigt. Für die Missionare war dies das „goldene Zeitalter der Mission". Ab 1850 jedoch, als der Zusammenstoß zwischen den Buren, den Briten und den Bantu zur Einrichtung von Burenrepubliken und ersten kolonialen Gebietsaufteilungen führte, wurde die Arbeit der Mission schwieriger. Was sich hier vollzog, soll am Beispiel von Lesotho und Sambesi verdeutlicht werden – zwei Missionsgebieten, in denen Franzosen, Schweizer, Briten, Italiener und Afrikaner für die SMEP tätig waren.

Unter den ersten drei französischen Missionaren der SMEP, die 1829 nach Südafrika kamen mit dem Ziel, unter den „afrikanischen Heiden" zu wirken, war Isaac Bisseux. Er gründete in Franschoek eine Gemeinde unter den ehemaligen, 1834 freigelassenen Hottentottensklaven. Als er sich 1894 von der Missionsarbeit zurückzog, wurde diese Kirche der niederländisch-reformierten Kirche (NGK) angeschlossen[21]. Seine beiden anderen Kollegen, Prosper Lemue und Samuel Rolland, welchen bald Jean-Pierre Pellissier als dritter folgte, gründeten – nach erfolglosen Missionsbemühungen in Botswana – zwei Missionsstationen, Bethulia (1833) und Beerseba (1835) am Flußlauf des Caledon. Dies waren die westlichsten Niederlassungen in einer Kette von Missionsstationen, die von Lesotho aus ihren Anfang nahm. Aus einer Gruppe von drei französischen Missionaren, die 1833 ebenfalls nach Lesotho gekommen waren, holte sich Moshesh einen, Eugène Casalis, 1835 in seine Haptstadt Thaba-Bosiu.

Jeanne-Marie Léonard weist darauf hin, daß die Gründung von Thaba-Bosiu auf einer anderen Strategie beruhte als die Gründung Beersebas. Letztere entsprach mehr dem Modell der „christlichen Stadt fern der Welt", einem Gemeinwesen also, in dem sich nach und nach kleinere Gruppen von Afrikanern aufgrund des guten Weidelands einfanden und eine rasch wachsende Gemeinde aus Mitgliedern verschiedener Stämme, Regionen und Ländern bildeten. Diese Missionsstation erhielt den biblischen Namen Beerseba (das heißt „Sieben Brunnen") – Name eines Ortes im Alten Testament, der im äußersten Süden des Gebietes der zwölf Stämme Israels lag, ein Heiligtum der Urväter, Ort der göttlichen Verheißung und des Bundes Gottes mit den Menschen. Bei Thaba-Bosiu dagegen, das seinen alten Namen beibehielt, handelt es sich um das Modell der „heidnischen Stadt inmitten der Welt", die Missionare als Gäste aufnimmt und von ihnen erwartet, daß sie sich den örtlichen Sitten und Gebräuchen anpassen. Zu einer erfolgreichen Christianisierung konnte es dort nur in enger Verbindung mit der lokalen Stammeskultur kommen und ausgehend vom Kreis der Vertrauten um den Häuptling[22].

Die Beispiele von Thaba-Bosiu und Beerseba standen Pate bei der Gründung von neun Stationen der *Société des Missions évangéliques de Paris* (SMEP), die Moshesh alle unter seinen Schutz nahm. 1847 zählten sie schon 1200 Kommunikanten und 600 Katechume-

---

[21] Zur Mission von Lesotho vgl. J.-F. ZORN, Le Grand Siècle d'une mission protestante. La Mission de Paris de 1822 à 1914, Band 3, Paris 1993, 357–441.

[22] Vgl. J. M. LÉONARD, Béerséba et Thaba-Bossiou, stations de la société des missions évangéliques de Paris au Lesotho, 1833–1848, in: Les Réveils missionaires en France du Moyen Age à nos jours (XIIᵉ–XXᵉ siècle), Paris 1984, 311–320, sowie C. H. PERROT, Les Sothos et les missionaires européens au XIXᵉ siècle, Annales de l'université d'Abidjan, Bd. IV 2/1, Abidjan 1970, 23.

nen. Zehn Jahre zuvor war am Kap ein erster Katechismus in der Sprache *tswana* gedruckt worden. 1839 wurden dann auch das Markusevangelium, übersetzt von Casalis, das Johannesevangelium, übersetzt von Rolland, und eine Auswahl von fünfzig Kapiteln der Bibel am Kap gedruckt. Die vollständige Übersetzung des Neuen Testaments wurde 1843 abgeschlossen; ab 1845 konnte in Beerseba, wo eine Druckerei eingerichtet worden war, mit der Produktion begonnen werden.

1839 wurde in Lesotho die erste Taufe gefeiert. Doch das schnelle Voranschreiten der Mission, verbunden mit dem Druck, den die Buren (Großer Treck in den Jahren 1834–36) auf das Territorium von Moshesh ausübten, führten zu einem Wiedererstarken traditioneller und antichristlicher Kräfte, die die Mission wiederholt in Gefahr brachten. Die französischen Missionare wandten sich an die Regierung der Kapprovinz, um die Anerkennung eines autonomen Sotho-Staates zu erreichen. Zwischen 1842 und 1884 änderte sich der Status von Lesotho mehrmals: 1843 zuerst als souveräner Staat anerkannt, verlor Lesotho im Verlauf des Krieges zwischen Buren und Engländern seine Unabhängigkeit und wurde 1869 Protektoratsgebiet von Großbritannien, 1884 schließlich eine direkt von England verwaltete Kolonie.

Was diesen Zeitabschnitt besonders charakterisiert, ist die zunehmende Trennung des nationalen Anliegens vom missionarischen. Diese Entwicklung wurde ab 1850 noch verstärkt durch die Ankunft einer zweiten Generation von Missionaren aus der Schweiz (*Mission Suisse Romande* – MSR) und von freien Kirchen, d. h. Kirchen ohne Anbindung an einen (Heimat-)Staat. Mit ihnen begann eine ganz andere Art der Beziehungen zwischen Mission und Stammeshäuptlingen. Im Mittelpunkt standen nun persönliche Bekehrung und das Engagement einzelner aus dem Sotho-Volk. Zur klaren Trennung der Mission von nationalen Zwecken kam es 1862 mit der Ankunft von Vertretern zwei weiterer Konfessionen, dem Katholizismus und dem Anglikanismus, die beide von Moshesh freundlich aufgenommen wurden. Die protestantische Mission mußte sich jetzt als eingeborene Kirche organisieren. Sie stellte damit ihre bleibende Verwurzelung sicher. Eng verbunden mit dieser Entwicklung ist der Name des Schweizer Missionars Adolphe Mabille, der 1860 nach Lesotho kam[23]. Gleich nach seiner Ankunft griff er das Projekt einer Bibelübersetzung in die Sotho-Sprache wieder auf. Diese Übersetzung lag schließlich 1879 vor. 1863 begann er mit der Herausgabe von *Leselinyana (Das kleine Licht)*, der ersten Monatsschrift in der Sotho-Sprache, die heute noch erscheint. Im selben Jahr setzte er auch die ersten einheimischen Evangelisten in verschiedenen Außenstellen der Missionsstationen ein. Diese Einheimischen erhielten ihre Ausbildung bislang im Verlauf ihres Dienstes. Für sie und zukünftige Pastoren sollte nun eine theologische Ausbildungsstätte gegründet werden, aber dazu kam es erst 1882. Inzwischen wurde 1868 in Morija eine Volksschule, die für die verschiedenen bei der Mission beschäftigten Arbeiter bestimmt war, 1871 in Thaba-Bosiu eine Mädchenschule und 1880 in Leloaleng eine Gewerbeschule (für Maurer, Schreiner, Sattler und für den Bergbau) eröffnet.

Auf der Missionskonferenz von 1864 hatte Mabille angeregt, daß die Kirchen von Lesotho sich an eine auswärtige Mission anbinden sollten. Diese Idee wurde weiter verfolgt, wenn auch nicht ohne Schwierigkeiten, bis schließlich 1875 Schweizer Missionare in Lesotho (sie gehörten der MSR, nicht der SMEP an) zusammen mit Sotho-Evangelisten die Mission von Transvaal ins Leben riefen. 1885 gründete der französische Missionar

---

[23] Zu Adolphe Mabille vgl. H. DIETERLEN, Adolphe Mabille (1836–1894), Paris 1933 (SMEP), und E. W. SMITH, The Mabilles of Basutoland, London 1939.

Francois Coillard zusammen mit Sotho-Evangelisten die Mission in Loziland an den Ufern des Sambesi. Was ein Jahrzehnt zuvor als Werk der Kirchen von Lesotho ins Leben gerufen worden war, wurde schließlich doch von der SMEP übernommen, die praktisch die alleinige Verantwortung und Finanzierung für die Mission an den Ufern des 1855 von Livingstone entdeckten Flusses trug.

1872 versuchten die Kirchen von Lesotho, das presbyterianische synodale Kirchenregiment, wie es in den protestantischen Kirchen in Frankreich wieder neu in Kraft getreten war, einzuführen. Dies erregte jedoch, vor allem aufgrund der allzu strikten Regeln in der Kleiderfrage, den Widerspruch mehrerer einflußreicher Häuptlinge im Land, und so wurde es erst 1894 mit der Schaffung des *seboka* eingeführt, einer Versammlung, in der Missionare und Sotho-Pastoren in gleichem Zahlenverhältnis vertreten waren. Die Schaffung dieser Versammlung kann man als die Geburt der Kirche von Lesotho bezeichnen. 1901 gehörten zu dieser Kirche 22 Gemeinden, die von acht an der theologischen Schule ausgebildeten Pfarrern und vierzehn Missionaren betreut wurden. Zehn Jahre später umfaßte die Kirche dreißig Gemeinden mit sechzehn Pfarrern und vierzehn Missionaren[24]. In dieser Zeit erbat die Sambesi-Mission die erneute Unterstützung durch Sotho-Evangelisten, nachdem sich zuvor die Beziehungen zur Mission von Lesotho abgekühlt hatten. Der Sotho-Evangelist Willie Mokalapa, die rechte Hand Francois Coillards, hatte sich nämlich dem „Äthiopismus" angeschlossen, der Bewegung zur Gründung einer Afrikanischen Unabhängigen Kirche. Die Tatsache, daß es sich bei den Lozi um Sotho-Auswanderer handelte, die sich in den Jahren nach 1820 am Oberlauf des Sambesi niedergelassen hatten, sorgte für Verbindungen zwischen den beiden Ländern und war auch der entscheidende Beweggrund für diese Mission. Oben bereits erwähnt wurde, daß die SMEP allein und unter der Leitung Coillards 1885 mit der Evangelisierung von Loziland begonnen hatte[25]. 1880 und 1898 unternahm der „französische Livingstone" Francois Coillard zwei Europareisen, jeweils gefolgt von einer Expedition zum Sambesi, an der von ihm selbst angeworbene europäische Missionare und Sotho-Geistliche teilnahmen. Als er 1904 starb, reihten sich acht Missionsstationen am Oberlauf des Sambesi aneinander, vom flußaufwärts gelegenen Mabumbu bis nach Kazungula am Unterlauf; dazwischen lagen Stationen in Lealui und Nalolo, den Residenzen der Königin Mokawe und Lewanikas, dem König der Lozi, der Coillard freundlich aufgenommen hatte. Leider fielen eine nicht unerhebliche Zahl von Missionaren und Evangelisten dem ungesunden Klima und den äußerst schwierigen Arbeitsbedingungen zum Opfer, so daß die Mission am Vorabend des Ersten Weltkrieges nur zweihundert Getaufte zählte.

Zwei politisch-religiöse Affären brachten Coillard und seine Missionsarbeit in große Schwierigkeiten: die eine im Zusammenhang mit der Einrichtung des britischen Protektorats 1890, die andere im Zusammenhang mit der Krise der äthiopischen Kirche 1899. Schon bei seiner Ankunft in Loziland war Coillard von Lewanika gedrängt worden, Verbindung mit der britischen Regierung zu suchen im Hinblick auf die Errichtung eines britischen Protektorats. Nachdem er lange abgelehnt hatte, sich mit politischen Angelegenheiten zu kompromittieren, erklärte sich Coillard 1890 schließlich doch bereit, die Vermittlerrolle in Verhandlungen zwischen Lewanika und der *British South Africa Company*, die die britischen Interessen vertrat, zu übernehmen. Daraufhin wurde ihm von

---

[24] Vgl. P. COUPRIE, Etablissement et fonctionnement de l'autorité synodale dans l'Église évangélique du Lesotho (1872–1989), in: Des Missions aux Églises (s. Anm. 15) 200–219.
[25] Zur Mission am Sambesi vgl. ZORN, Siècle 443–511.

George Middleton, einem seiner früheren Mitarbeiter, der nun bei Lewanika im Dienst stand, vorgeworfen, das Land an eine auswärtige Handelsgesellschaft verkauft zu haben. Als ein Jahr später die britische Schutzherrschaft über Loziland durch Königin Victoria anerkannt wurde, wurde sein Verhalten rehabilitiert. In dieser Zeit kolonialer Eroberungen waren die Beziehungen zur Protektoratsmacht jedoch nicht mehr so ungetrübt wie noch fünfzig Jahre zuvor. Die Afrikanern empfanden die koloniale Herrschaft zunehmend mehr als Einschränkung bzw. Bedrohung ihrer Unabhängigkeit.

Das neuerwachte Nationalbewußtsein trat am Ende des 19. Jh. auch im religiösen Bereich zutage, und zwar im Äthiopismus, der oben erwähnten Bewegung einer Afrikanischen Unabhängigen Kirche. Diese Bewegung zielte auf Befreiung von der Bevormundung durch Missionare und auf eine Übernahme von Mission und Erziehung in Afrika durch die Afrikaner selbst[26]. In den Jahren nach 1880 hatten einige „Dissidenten"-Pfarrer der methodistischen und der anglikanischen Mission in Südafrika sowie eine Anzahl Unzufriedener unabhängige Kirchen gegründet. Die bekannteste gegründete Maghena Mokone, ein methodistische Dissidentenpfarrer aus Prätoria. Dieser „äthiopischen Kirche" schloß sich auch James Dwane an, ein weiterer methodistischer Pfarrer aus Port Elizabeth. Doch weder in der Kapkolonie noch in den Burenrepubliken hatten die neuen Kirchen Aussicht, einen legalen Status zu erhalten. Nachdem die „Äthiopier" erfahren hatten, daß es in Amerika eine bedeutende Schwarze Kirche gab, suchten sie mit ihr Kontakt. Dwane unternahm 1896 eine Reise in die Vereinigten Staaten, wo er die *African Methodist Episcopal Church* (AMEC) unter Bischof Henry Turner kennenlernte. Turner hatte sich in den letzten zehn Jahren darum bemüht, das Projekt der Evangelisierung des afrikanischen Kontinents durch amerikanische Farbige – vergleichbar der 1833 in Liberia begonnenen episkopal-methodistischen Mission – auf Südafrika auszuweiten. Nach seiner Rückkehr nach Südafrika lud Dwane Turner ein, um durch ihn Kirchen wie die von Lesotho oder von Sambesi für den Äthiopismus zu gewinnen. Er warb für ein *South African College*, eine Einrichtung für Afrikaner unter der Leitung von Afrikanern. Während eines Europaaufenthaltes Coillards setzte sich einer seiner Sotho-Evangelisten, Willie Mokalapa, dafür ein, die „Äthiopier" nach Sambesi einzuladen, wofür er auch die Zustimmung Lewanikas gewann. Nach seiner Rückkehr aus Europa stellte Coillard fest, daß Lewanika ein Gelände, das zur Nutzung für die Mission vorgesehen war, schon für den Bau einer Ausbildungsstätte der „Äthiopier" freigegeben hatte. Coillard konnte 1904, wenige Monate vor seinem Tod, noch erreichen, daß die „Äthiopier" sich erst in einer Entfernung von etwa zehn Kilometern nördlich der Hauptstadt niederließen.

Gewagte Unternehmungen wie das Engagement Mokapalas wurden zudem überschattet vom Schisma zwischen der AMEC und Dwane. Zu diesem Schisma kam es 1889, als Dwane keine Nichtafrikaner in der Leitung der „äthiopischen Bewegung" akzeptieren wollte. In anderen südafrikanischen Ländern wie Transvaal und Nyassaland dagegen gelang es der AMEC, amerikanische Bildungseinrichtungen zu gründen, an welchen sich viele afrikanische Studenten einschrieben, denen man auch die Möglichkeit eröffnete, in den Vereinigten Staaten zu studieren[27].

---

[26] M. Leenhardt, Le Mouvement éthiopien au Sud de l'Afrique de 1896 à 1899, Cahors 1902 (2. Aufl. Paris 1976).

[27] Vgl. R. D. Ralston, L'Afrique et le Nouveau-Monde, in: J. Ki-Zerbo, General History of Africa, Paris 1981 (zit. nach der franz. Ausgabe VII, 807–813).

2. Die katholische Mission

Die katholische Mission zu Beginn der vierziger Jahre des 19. Jh. war auf die Bekehrung der „Kaffern" ausgerichtet und lag in den Händen der Maristen und Oblaten, die sich den Xhosa und den Stämmen in der Gegend von Drakenberg zuwandten. Die Maristen sahen sich in ihrem Erfolg stark durch Kriege unter den einzelnen Stämmen beeinträchtigt; die Oblaten stießen auf Ablehnung in der Bevölkerung. Daher wandten sie sich wieder den Basuto zu, deren König Moshesh 1852 gerade ein Autonomiestatut als Vorstufe zur völligen Unabhängigkeit erhalten hatte. Um sich in dieser Situation eine größere Handlungsfreiheit zu sichern, öffnete Moshesh sein Königreich neben den protestantischen nun auch den katholischen Missionen. Der Apostolische Vikar von Natal, der Oblate Jean-Francois Allard (1806–1889), veranlaßte die Aussendung mehrerer Priester und Mönche zur Gründung einer zentralen Missionsstation (die protestantischen Missionare gaben ihr ironisierend den Namen „Roma"). Zwischen 1850 und 1875 trat die Mission auf der Stelle, bevor es an der Schwelle zu den achtziger Jahren zu einer überwältigenden Bekehrungswelle kam, wodurch sich die Zahl der Katholiken verzehnfachte. Als 1887 eine Apostolische Präfektur eingerichtet wurde, war die Zahl der Bekehrten auf 4000 angewachsen. Eine entscheidende Rolle spielten dabei Missionare wie Pater Jean-Joseph Girard (1830–1914), die mit den Landessprachen vertraut waren, sowie etwas mehr als dreißig Ordensfrauen der *Kongregation von der Heiligen Familie* aus Bordeaux. Wichtig war natürlich auch die neu errichtete Schule, die vor allem für Angehörige der am meisten benachteiligten Schichten offenstand und sich schon bald die Ausbildung eines einheimischen Klerus zur Aufgabe machte (der erste katholische Sotho-Priester wurde jedoch erst 1931 ordiniert). Im Gesundheitsbereich sind vor allem die *Schwestern vom Heiligen Augustin von Dieppe* zu nennen, die 1891 ins Land gerufen wurden. Ihre ersten Einrichtungen waren für Bantus und Inder vorgesehen[28]. Dieser Aufschwung wurde gleichermaßen positiv wie negativ von den wechselnden wirtschaftlichen und politischen Gegebenheiten beeinflußt. So rechtfertigte der Bevölkerungszuwachs im Gebiet der Diamantenbergwerke um Kimberley 1886 die Einrichtung zweier Bistümer in Oranje und in Transvaal. Von großer Bedeutung war die Ansiedlung von Nomadenvölkern in der Umgebung von Klöstern, die als landwirtschaftliche Zentren fungierten. Sehr erfolgreich auf diesem Gebiet arbeitete Franz Pfanner, ein Zisterzienser aus dem Kloster Mariastern. 1882 rief er eine erste Einrichtung dieser Art mit etwa dreißig Mönchen ins Leben. Wegen seiner starken Persönlichkeit kam es jedoch zum Konflikt mit dem Apostolischen Vikar von Port Elizabeth, der ihm den Bau eines Klosters streng untersagte, und darüberhinaus auch mit seinen Ordensoberen, die ihm Nichteinhaltung der Mönchsregel vorwarfen und auf die Unvereinbarkeit der Klausur mit den pastoralen Anforderungen der Mission verwiesen. So entschloß sich Pfanner, sein ganzes Projekt nach Mariannhill im Vikariat von Natal zu verlegen. Zum Verzicht auf das Abtsamt gezwungen, gründete er eine weitere, abseits gelegene Missionsstation, wo er sein Eremitenleben fortsetzte, sich zugleich aber der Evangelisierung der Einheimischen widmete. Durch die Umwandlung von Mariannhill in eine – vom Zisterzienserorden deutlich getrennte – klassische Missionseinrichtung am 24. Mai 1909, wenige Monate vor seinem Tode, erhielten Pfanners Methode und Erfolge ihre offizielle Anerkennung (eine wei-

---

[28] Vgl. J. Metzler, Dalle Missioni alle Chiese locali, in: Storia della Chiesa, Mailand 1990, XXIV, 317. Siehe auch Perrot, Les Sothos, und J. L. Richard, L'Expérience de la conversion chez les Basothos, Paris 1977.

tere seiner Gründungen, die *Missionsschwestern vom Kostbaren Blut*, erhielt dasselbe Statut). Die mönchische Verbindung von Gebet, Landwirtschaft und Bildung fand ihren Niederschlag auf vielen Missionsfeldern, sei es durch die benediktinische Missionskongregation von St. Ottilien und die Benediktinerinnen von Tutzing im Norden von Sambesi (während des Krieges wichen sie nach Natal aus, wo für sie die Apostolische Präfektur von Zululand eingerichtet wurde), sei es durch die belgischen Benediktiner in Transvaal oder durch die Jesuiten, deren „Reduktionsmodell" eines in sich geschlossenen christlichen Missionsdorfes in der Apostolischen Präfektur von Sambesi seit 1879 übernommen wurde. Gemäß dieser Methode drangen auch die *Oblaten der Unbefleckten Jungfrau Maria* (OMI), eine deutsche Kongregation, von Simbabwe (Cimbabesien) im Süden nach Nordwesten in die Richtung der Herero vor. Nach hohen Verlusten an Menschenleben konnten sie am 22. Mai 1910 in Okawango eine Missionsstation einrichten. Sie wurde zum Zentrum einer dynamischen Evangelisierung unter der Leitung von Pater Joseph Gotthardt[29].

III. Nordafrika und Äthiopien

1. Die katholische Mission

Der südlich an Ägypten anschließende Sudan wurde zur Ausgangsbasis für Daniel Comboni (1831–1881), der dort seine Afrikaerfahrungen zu sammeln begann. Von September 1857 bis Juni 1859 saß die Expedition, an der Comboni und seine Mitreisenden vom Institut N. Mazzas in Verona teilnahmen, dort aufgrund einer Erkrankung fest. In dieser Situation gewann er die feste Überzeugung, daß Afrika nur durch Afrikaner selbst evangelisiert werden könne, weswegen es erforderlich sei, die Neugetauften einer gründlichen Ausbildung in italienischen oder ägyptischen Internaten zu unterziehen. Einen zweiten Versuch, der sich auf den Sudan beschränkte, unternahm er nach dem Ersten Vatikanischen Konzil. In der Ebene von Kordofan, nicht weit von El Obeid, gründete Comboni eine nach Pius IX. benannte Niederlassung mit etwa zwanzig christlichen Familien. Hier sollte eine in sich abgeschlossene christliche Siedlung nach dem (Reduktions-)Modell einer mittelalterlichen *Civitas christiana* entstehen[30]. Dahinter stand eine romantische Idealisierung, die Lavigerie mit Comboni teilte. Der Erzbischof ließ sich vom Plan Combonis, den er während seines Episkopats in Nancy kennengelernt hatte, inspirieren.

Auch er sah die Situation in Zentralafrika vergleichbar derjenigen Europas im Hochmittelalter. Er stellte sich eine Bekehrung „von oben" vor (Taufe der Oberhäupter und anschließendem Übertritt der Masse der Bevölkerung), die zu christlichen Königreichen führte . Aber die Erfahrungen, die Lavigerie in Algerien machte, führten zum Umdenken. Nach einer Cholera-Epidemie hatte er dort in aller Eile arabische Waisenhäuser mit Internatsbetrieb einrichten müssen. Dabei mußte er feststellen, daß nicht nur die weitgehend auf Französisch erfolgende Erziehung dieser Waisenkinder große Schwierigkeiten bereitete. Überdies blieben die unter großem Kostenaufwand in arabisch-christlichen Dörfern in der

---

[29] Siehe Sacrae Congregationis 295–322.
[30] Ebd., 212–216. Durch mahdistische Angriffe und durch Krankheit ausgelöscht, wurde diese Mission ab 1891 von Léon Henriot wieder aufgegriffen (ebd., 227 ff).

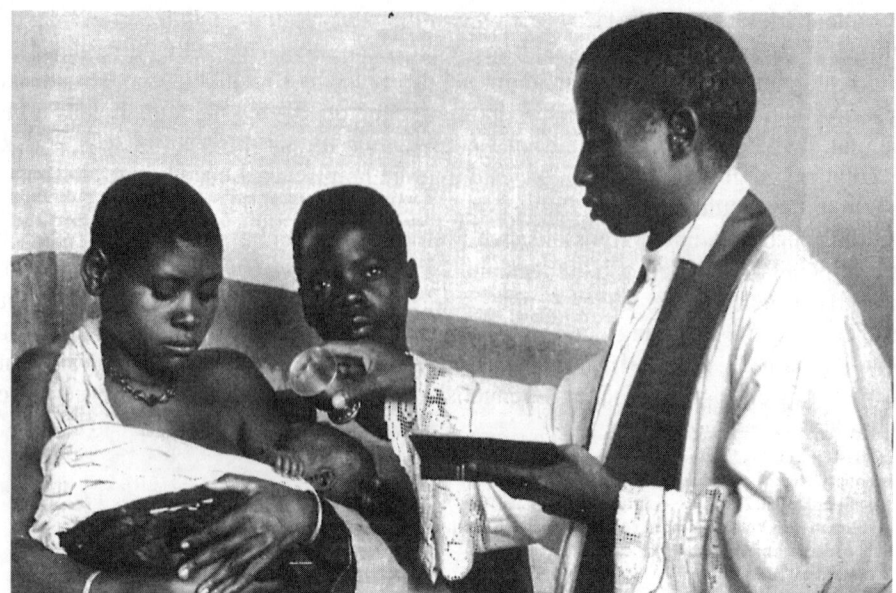

Ein einheimischer Priester bei der Taufe.

Ebene von Chélif eingerichteten Häuser isoliert, waren kaum in die überwiegend muslimisch gebliebenen Bevölkerung zu integrieren. Sehr schnell wurde dem Erzbischof von Algier klar, daß die getauften Jugendlichen nicht durch diese Erziehung aus ihrem Milieu herausgerissen werden durften, wenn man in ihnen die so notwendig gebrauchten Missionshelfer heranziehen wollte: „Die Missionare müssen den Anstoß geben, das bleibende Werk muß dann aber durch die Afrikaner selbst, nachdem sie Christen und Apostel geworden sind, vollendet werden [...] Wir müssen vermeiden, aus ihnen Europäer und Franzosen zu machen."[31]

Lavigeries Bemühen um Integration und Verwurzelung der Kirche im Milieu der Einheimischen hing mit seiner Kenntnis der Ostkirchen zusammen und mit den Erfahrungen, die er bald an der Annakirche in Jerusalem machen sollte. Ein großes Anliegen war ihm ferner die Ausbildung in einem Bereich, den er als schlechthin universal ansah, dem medizinischen. Daraus erwuchs sein Projekt der Ausbildung von Katecheten-Pflegern, mit einer 1881 in Malta gegründeten Schule, die sowohl Allgemeinbildung als auch eine medizinische Ausbildung vermittelte. Der Erfolg dieser Bemühungen war bescheiden, schon allein der Kosten wegen. Doch war die Ausstrahlung, die in Ostafrika von nicht einmal zehn solcher Katecheten ausging, ungeheuer groß[32].

Lavigeries Nachfolger behielten das Internatssystem des Gründers bei und setzten auch die Bemühungen um einen Gesundheitsdienst für die gesamte Bevölkerung der Umgebung fort. In Nordafrika hatte Lavigerie den Forderungen von Schwester Salome, der ersten Ge-

---

[31] Ordonnance sur les séminaires indigènes, 1874, in: Ecrits d'Afrique (1966) 169 und 164f.
[32] Siehe H. MAURIER, Adrien Atiman, médecin-catéchiste, in: Naître et grandir en Église: le rôle des autochtones dans la première inculturation du christianisme hors d'Europe, Lyon 1987, 159–163.

neraloberin der Weißen Schwestern, nachgegeben. Sie wollte in der Gebirgsregion der Kabylei einen ambulanten Gesundheitsdienst sicherstellen, ausgehend von kleinen Krankenhäusern oder Polikliniken. Im besonderen sollte sich das Zeugnis der Priester und Ordensfrauen – fern jeden Bekehrungseifers – auf diese Art der medizinischen Hilfe beschränken, zu der in Tunesien noch Sekundarschulen hinzukamen (die kleineren Seminaren glichen und in die alle Kinder ohne Unterschied aufgenommen wurden). Vom Christentum durfte nur im Zusammenhang mit biblischer und kirchlicher Geschichte gesprochen werden. Wollte sich jemand taufen lassen, so mußte zuvor die ausdrückliche Erlaubnis des Bischofs eingeholt werden – was im übrigen die Ausnahme blieb[33].

Diese pastorale Strategie läßt sich vergleichen mit dem Weg, den die Minoriten beschritten, man denke hier an das Vorgehen des Franziskaners Angelo Maria de Santa Agata im Verlauf seiner langen Apostolischen Präfektur in Tripolis (1850–72 und 1875–90). Die Schwestern vom Heiligen Joseph eröffneten in Kooperation mit der türkischen Obrigkeit in den fünfziger Jahren des 19. Jh. drei Ausbildungsstätten, ein Krankenhaus, eine Tagesklinik in Tripolis und eine in Benghasi. Die Bedeutung der Schulen zur Unterstützung der christlichen Gemeinde, die allein in der Stadt Tripolis zwischen 1854 und 1885 von 2000 auf 5500 Mitglieder angewachsen war, wurde auch von der Propaganda-Kongregation in Rom gesehen, auch wenn deren Ablehnung offizieller Unterstützung bemerkenswert war (die Ursache dafür lag wohl in den schlechten Beziehungen zwischen dem Heiligen Stuhl und der italienischen Regierung[34]).

1834 wurden die beiden Bistümer Ober- und Unterägypten zu einem Vikariat zusammengefaßt. Die Förderung einer differenzierten Ausbildung hatte dort starke Auswirkungen auf die Entstehung einheimischer Eliten. Dieser Aufgabe nahmen sich verschiedene Ordensgemeinschaften an: die Töchter der Charité seit 1844, die christlichen Schulbrüder (1857), die Lyoner Missionare (1876) und schließlich die Jesuiten (1879).

1839 wurde unter der Leitung des Lazaristen Giustine de Jacobis (1800–1860) eine Apostolische Präfektur in Äthiopien eingerichtet. Dort hatte jedoch Salama, der vom monophysitischen Patriarchen in Kairo zum *Abuna* (Erzbischof der Kopten) ernannt worden war, zwei katholische Amtsträger mit dem Bann belegt (1846 war das Vikariat von Galla dem Kapuziner Guglielmo Massaja, 1809–1889, anvertraut worden). Eine Verfolgung brach aus, die durch lokale Kriege noch verschärft wurde. Zwei Bischöfe mußten ins Exil gehen. Beendet wurde dieser Streit erst 1889 mit der Machtübernahme Meneliks, des Königs von Schoa. Trotzdem trug die Missionstätigkeit Massajas und seines Kollegen Früchte: Sie hatten die katechetischen und liturgischen Texte dem äthiopischen Ritus angepaßt und in Wanderseminaren einen einheimischen Klerus herangebildet, der in Ordensgemeinschaften lebte. Auf Kardinal Massaja folgten Taurin und M. E. Jarosseau (1858–1941; 1900 ernannt). Jarosseau gründete Leprastationen, Schulen und Waisenhäuser und bemühte sich, in das Gebiet von Kaffa vorzudringen, das früher von den Portugiesen missioniert worden war. Er wurde zu einem Spezialisten in Fragen der Kultur der Galla-Länder[35].

---

[33] F. RENAULT, Principes missionaires et action sanitaire des Pères blancs et des Soeurs blanches du cardinal Lavigerie, 1868–1960, in: PIROTTE – DERROITTE, Églises et Santé 27–48. Siehe auch M. TEISSIER (Hrsg.), Histoire des chrétiens d'Afrique du Nord, Paris 1991, 161–212.

[34] Sacrae Congregationis 161–165.

[35] Ebd., 341–363 (A. DE VILLAPADIERNA).

2. Die protestantischen Missionen

Wie schon erwähnt, lebte zu Beginn des 19. Jh. die alte Vorstellung wieder auf, daß die westliche Christenheit ihre Verbindung mit der Kirche von Abessinien (dem heutigen Äthiopien) wiederaufnehmen müsse. Der erste Kontakt erfolgte getreu protestantischem Brauch: durch eine Bibelübersetzung in die amharische Sprache. 1808 vom abessinischen Mönch Abu-Rumi in Angriff genommen und von Asselin de Cherville, dem französischen Konsul in Alexandria, gefördert, wurde diese Übersetzung zehn Jahre später in London unter der Betreuung William Jowetts von der Britischen und Fremdländischen Bibelgesellschaft gedruckt. Unmittelbar nach ihrem Erscheinen übernahm die CMS die Aufgabe, die Bibel in Abessinien zu verbreiten. 1825 stellte die Basler Mission der CMS zwei ihrer Mitarbeiter zur Verfügung, den Schweizer Samuel Gobat, der in Paris orientalische Sprachen gelernt hatte, und den Deutschen Christian Kugler [36]. Von ihrer Basis Kairo aus bereisten die beiden Männer zuerst Ägypten und Palästina und kamen dann 1830 in Begleitung eines Handwerker-Missionars nach Abessinien. Kugler starb jedoch 1832, und Gobat unternahm den Versuch, sich in Gondar niederzulassen, mitten im Amhara-Gebiet, das vom Bürgerkrieg zerrissen war. Von einer Krankheit geschwächt, mußte er sich bald wieder nach Kairo zurückziehen. 1834 kehrte Gobat nach Europa zurück. Eine zweite Gruppe übernahm die Ablösung und wandte sich in das Gebiet des Tigre. Dort hielt der Missionar Karl-Wilhelm Isenberg sich lange genug auf, um das Neue Testament, die Genesis und die Psalmen zu übersetzen, ehe auch er diese Provinz verließ. Er mußte 1838 einem Ausweisungsedikt Folge leisten, das durch den Druck der tigreschen koptischen Geistlichkeit zustandegekommen war. Die Kopten standen ihrerseits unter dem Einfluß katholischer Missionare, die es im Gegensatz zu den Protestanten verstanden, ihre Konfession als der koptischen Kirche nahe darzustellen.

1839 kehrten Isenberg und der Evangelist Johann Ludwig Krapf, der in Tigre zu ihm gestoßen war, in die südlich davon gelegene Provinz Schoa zurück. Ihre Arbeit begann gerade Früchte zu tragen, als sie 1842 während einer Abwesenheit – der eine in London zur Drucklegung von Schriften, der andere, um Nachschub in Empfang zu nehmen – erfahren mußten, daß ihnen die Erlaubnis zum Aufenthalt in dieser Provinz entzogen worden war. G. E. Burkhardt und R. Grundemann erklären dies damit, daß der dortige König „nach Abschließung eines Vertrages mit England gegen den Sklavenhandel in den Missionaren keine Beobachter seiner Haltung, mit der es ihm keineswegs Ernst sein mochte, um sich haben wollte" [37].

Die Idee der Evangelisierung Äthiopiens wurde von Gobat wieder aufgenommen, nachdem er 1846 zum anglikanischen Bischof von Jerusalem geworden war. Er schloß sich dem Plan C. F. Spittlers (Direktor des Pilgermissionsseminars von St. Chrischona bei Basel) an, eine „Apostelstraße" mit zwölf Missionsstationen am Nil als Verbindung von Jerusalem nach Gondar zu öffnen. Gestützt auf sein Ansehen im Land, entsandte Gobat J. L. Krapf und Martin Flad – einen von sechs Missionspilgern mit handwerklicher Ausbildung, die er von St. Chrischona hatte nach Jerusalem kommen lassen – zu Kasa, dem König von

---

[36] Zu Samuel Gobat vgl. F. Schick, Samuel Gobat. Der Bischof von Jerusalem, Gießen – Basel 1959.

[37] G. E. Burkhardt – R. Grundemann, Kleine Missionsbibliothek, Bielefeld – Leipzig 1877, II/3, 70. Dies ist eines der ersten Geschichtswerke über die protestantische und anglikanische Mission, es enthält viele wertvolle Informationen aus den Archiven der Missionsgesellschaften.

Amahara, um ihn für diesen Plan zu gewinnen[38]. Der König, dem es 1855 gelungen war, alle Provinzen Äthiopiens unter dem Titel eines *Negus* („König der Könige") als Theodorus II. zu vereinigen, empfing die Gesandtschaft Gobats gnädig, rühmte sich, die Katholiken verbannt zu haben, und hieß die Pilger, die ihm Gobat empfohlen hatte, willkommen. Vier von ihnen, darunter Martin Flad, erreichten ihr Ziel am 9. Mai 1856 und wurden von Theodorus II. persönlich in ihr Amt eingeführt. Aber mehr auf seinen persönlichen Nutzen bedacht – er hatte Gobat wissen lassen, man solle ihm „das neue Ding, das mit einer Dampfmaschine arbeitet", schicken –, stellte er die Neuankömmlinge in den Dienst seines Hofes. 1866 bediente sich Theodorus II. dann Martin Flads als eines Fürsprechers, um Großbritannien zu beschwichtigen, dessen Konsul Cameron er hatte gefangensetzen lassen. Nach Theodorus' Freitod im Jahr 1868 wurden im Rahmen einer Militärexpedition unter Sir Napier zur Befreiung der britischen Regierungsvertreter auch die anderen britischen Staatsangehörigen wieder in ihr Heimatland gebracht. Hierzu gehörten auch die Missionare der Londoner Missionsgesellschaft und der Kirche von Schottland. Zurück blieben einige jüdische Missionare, die 1861 angekommen waren und die Arbeit unter den Falascha aufnahmen[39].

Nach dem Regierungsantritt des Negus Johannes im Jahr 1872 kehrten die Chrischona-Missionare ins Land zurück, doch der koptische Klerus lehnte es nach wie vor ab, ihnen zu gestatten, die biblische Botschaft zu verbreiten. Im gleichen Jahr ließ Menelik, König der Schoa, drei Chrischona-Pilger in sein Land kommen. Er autorisierte sie 1883, in den Süden der Provinz zu den Galla zu gehen. Negus Johannes jedoch wies sie drei Jahre später wieder aus und verbot ihnen, jemals wieder nach Abessinien zurückzukehren. Das Unterfangen der Pilger von St. Chrischona war in seiner Art einzigartig: Es handelte sich hier nicht um Evangelisierung im eigentlichen Sinne; gemäß den Instruktionen, die sie bei ihrem ersten Aufbruch 1855 von Gobat erhalten hatten, bestand ihre Aufgabe darin, „die Bevölkerung nicht durch Predigt oder Schule, sondern durch ihrer Hände Arbeit zu gewinnen"[40].

1866 unternahm die schwedische evangelische Gesellschaft *Evangeliska Fostrelands Stiftelsen* eine Evangelisierungskampagne, die sowohl an die Kopten gerichtet war als auch an die Heiden und die Muslime im Norden des Tigre. Die Missionare wurden vom britischen Konsul in Massawa, Munzinger, unterstützt. Doch drei Jahre später waren vier von ihnen dem Fieber zum Opfer gefallen, zwei andere ermordet worden. Die restlichen Missionare zogen sich dann nach Massawa (Mitsiwa) in Eritrea zurück, das damals noch zu Ägypten gehörte. Dort eröffneten sie unter der Leitung des Missionars Lundahl eine Schule und gründeten mehrere Missionsstationen: in Aliet, in Asmara und in Monkullo, wo ein theologisches Seminar entstand, aus dem der erste abessinische Evangelist hervorging, Tajeleng-Gebra Mariam. Obwohl Eritrea 1882 von Italien in Besitz genommen worden war, konnte die schwedische Mission ihre Posten an der Küste des Roten Meeres beibehalten. In einer 1887 in Massawa eingerichteten Schutzzone nahmen sie einige Galla-Sklaven auf, die durch italienische Schiffe befreit worden waren. Zu Beginn des Jahrhunderts hatten diese Kirchen um die 400 Mitglieder. Ziel der Schweden war es aber, nach Äthiopien vorzudringen, in die von der Provinz Schoa abhängigen Galla-Länder. Ein erster Versuch 1886 mißlang. Die Missionare wurden von König Menelik zurückgewiesen. Auch

---

[38] Zur Chrischona-Bewegung vgl. F. H. KRÜGER, Chronique missionaire, in: JME 62 (1887) 394–400.
[39] Vgl. J. KI-ZERBO, Histoire de l'Afrique noire, Paris 1972, 296 f.
[40] KRÜGER Chronique 399.

ein zweiter Versuch 1893 war nicht von Erfolg gekrönt. 1898 gelang es Tajeleng, die Protektion Meneliks zu erhalten. Er mußte sich aber mit dem Verteilen von Bibeln und Traktaten in diesem Gebiet begnügen. 1905 wurde Tajeleng von Menelik nach Berlin geschickt, damit er dort an der Universität orientalische Sprachen unterrichte[41].

Ein Jahr zuvor hatte die CMS die offizielle Erlaubnis erhalten, sich in der Hauptstadt Addis Abeba niederzulassen. Von dort aus konnten nun die Provinzen, auf die die Missionsgesellschaften schon früher ihr Augenmerk gerichtet hatten, wieder besucht und Missionsstützpunkte unterhalten oder neu eingerichtet werden, vor allem für ausländische Christen und für die wenigen hundert Äthiopier, die sich noch zur Kirche der Reformation bekannten. Der alte Traum einer Wiederbelebung und Neu-Evangelisierung der koptischen Kirche endete überall als Mißerfolg.

Noch 1815 hatte die CMS gehofft, daß Jowett eine Mission in voller Kooperation mit der koptischen Kirche gründen könnte. Trotz freundlicher Aufnahme durch den Patriarchen von Alexandria und trotz Einrichtung einer Druckerei auf Malta, die mit ihren Publikationen den Nahen Osten versorgen sollte, hatte dieser Versuch keinen Erfolg, und die CMS zog sich 1862 daraus zurück. Als die Gesellschaft zwanzig Jahre später während der britischen Besetzung des Niltales wieder nach Ägypten kam, stand dies unter dem Vorzeichen der Gründung einer eigenen Kirche und eines medizinischen Hilfswerkes für die alten Stadtteile von Kairo.

Die von Gobat und Spittler ins Auge gefaßte Apostelstraße von Jerusalem nach Gondar sollte auch durch Ägypten führen. Aber die drei in Ägypten gegründeten Stationen wurden sehr schnell aufgegeben. Zur bedeutendsten protestantischen Missionsgesellschaft in Ägypten sollte die der Presbyterianischen Kirche der Vereinigten Staaten werden *(Board of Foreign Missions of the Presbyterian Church in the USA)*. Sie nahm ihren Dienst zuerst in den Städten auf, in Alexandria und Assjut, und wandte sich vorwiegend an die Gebildeten, bei welchen sie auch einen gewissen Erfolg verzeichnete. 1875 zählte sie 600 Mitglieder, die meisten davon Kopten sowie 75 Muslime. Ihr Auftreten in der Öffentlichkeit, anfangs mit Schwierigkeiten verbunden, besserte sich nach der Ernennung eines gesetzlichen protestantischen Repräsentanten, der den anderen Religionen gleichgestellt war.

Zwischen 1880 und 1900 verzeichnete die koptische evangelische Kirche einen bemerkenswerten Zuwachs. Auf gut zwanzig im Seminar von Assjut ausgebildete Pfarrer kamen vor dem Ersten Weltkrieg über 5300 Mitglieder, die sich auf annähernd vierzig Gemeinden verteilten[42].

Während es in Äthiopien und in einem geringeren Ausmaß auch in Ägypten ein koptisches Christentum gab, an das die protestantische Mission anknüpfen konnte, war dies nicht der Fall in den nordafrikanischen Gebieten des Maghreb und in Lybien. Darum richteten sich die ersten protestantischen Missionsversuche im 19. Jh. dort an Juden. Die *London Jews Society* begann ihre Arbeit 1831 mit einer statistischen Erhebung in Algerien[43]. Ferdinand Christian Ewald, der erste Missionar, wurde 1832 von der französischen Obrig-

---

[41] Vgl. J. GANGUIN, Chronique missionaire: La Mission évangélique en Abyssinie, sowie Tajeleng-Gebra Mariam, l'évangéliste abyssin, in: JME 78 (1903/2) 366–375 u. 431–438.

[42] Vgl. K. S. LATOURETTE, A History of the Expansion of Christianity: The Great Century, in: Northern Africa and Asia VI, New York – London 1944, 31 f.

[43] Vgl. W. GIDNEY, The History of the London Society for Promoting Christianity amongst the Jews, London 1908.

keit eher kühlen empfangen. Nachdem er unter der auf 4000 Mitglieder geschätzten jüdischen Bevölkerung Algiers hebräische Bibeln und unter den auch auf etwa 4000 Personen geschätzten protestantischen Siedlern Bibeln in verschiedenen europäischen Sprachen verteilt hatte, wurde er 1834 ausgewiesen und wich nach Tunesien aus, wo er seine Missionstätigkeit wiederaufnahm. Dort wurde die Verteilung von Bibeln gestattet. Diese Verteil-Aktion hatte durchaus Einfluß auf die Gebildeten. Ewald mußte aber 1841 mit Rücksicht auf seine Gesundheit nach England zurückkehren. Leichter faßte die *London Jews Society* 1875 in Marokko Fuß, wo sie besonders unter den Juden spanischer Herkunft in Tanger tätig war. Insgesamt blieb die protestantische Missionstätigkeit unter den Juden im Maghreb jedoch von marginaler Bedeutung und konnte sich nie mit den muslimischen Bekehrungen messen.

Die wenig schmeichelhafte Beschreibung, die die christliche Missionsliteratur vom Islam, seinen Lehren und seiner Sklavenhalterpraxis lieferte, rechtfertigte in den Augen der Missionsgesellschaften vermehrte Anstrengungen zur Bekehrung der Muslime. Dabei erwies sich der „weiße" Islam in Nordafrika als eine sehr viel schwierigere Aufgabe als der schwarzafrikanische Islam, der nicht unter dem Schutz der mächtigen politisch-religiösen Institutionen des Maghreb stand.

Der erste protestantische Evangelisierungsversuch unter den Muslimen geht auf die Franzosen zurück. Die SMEP faßte dazu einen Monat nach der Einnahme von Algier den Beschluß, sofern „die Änderung der politischen Situation dies gestatte". Unverzüglich wurden zwei Missionsschüler, Eugène Casalis und Thomas Arbousset, mit dem Studium des Arabischen und des Islam betraut. Doch dieses Projekt mußte sehr schnell wieder aufgegeben werden, da eine Klausel im Kapitulationsvertrag zwischen Bey Hussein von Algier und Marschall de Bourmont den Erhalt der Sitten und Bräuche sowie der muslimischen Religion garantierte. Dadurch wurde jede missionarische Tätigkeit blockiert[44]. Erst als die von Generalgouverneur Bugeaud zwischen 1840 und 1847 avisierte Politik der totalen Besetzung durch seinen Nachfolger, den Protestanten Randon, verwirklicht wurde, konnte auch die Frage der Mission in Algerien wieder neu aufgegriffen werden. 1851 wurde sie von Guillaume Monod, dem Pfarrer der französischen Gemeinde in Algier, vor dem Comité erneut aufgeworfen. Monod dachte dabei nicht an „eine Mission unter den arabischen Stämmen, die die Ablehnung seitens der Regierung hervorrufen würde". Der Missionar, wie ihn sich Monod vorstellte, sollte zu der muslimischen städtischen Bevölkerung in Algier und Oran einen guten Kontakt pflegen; predigen sollte er bei den Europäern, nach Art der englischen protestantischen Missionare bei den Juden. Aus dieser „Mischmission" könne, so meinte er, eine arabische Elite hervorgehen, die zu gegebener Zeit zu sehr viel weitreichenderer und auch kühnerer apostolischer Tätigkeit bereit sein würde.

Im Mai 1852 erhielt August Pfrimmer, der mehrere Jahre lang Missionar in Südafrika gewesen war, von der SMEP den Auftrag zu einer Erkundungsreise in Algerien, „in der Hoffnung, dort später eine Mission unter den Muslimen zu gründen". Anders als in Lesotho, seinem früheren Wirkungsbereich, sah sich Pfrimmer hier nicht einem einheitlichen und in sich geeinten Volk gegenüber, sondern einer großen ethnischen und religiösen Vielfalt. Da er weder Arabisch sprach noch vom Islam und seiner Struktur mehr als rudimentäre Kenntnisse besaß, konnte er auf die von der SMEP gestellte Frage überhaupt nicht

---

[44] Zorn, Siècle (s. Anm. 21) 63–70.

richtig antworten, kam aber nichtsdestoweniger zu dem Schluß, daß der Zeitpunkt für eine große Bekehrungskampagne unter den Muslimen noch nicht gekommen sei. Seiner Einschätzung nach hatte die Mission unter den Juden mehr Aussicht auf Erfolg als die unter den Muslimen, denn, so meinte er, Juden hätten ein Bewußtsein von Sünde, Araber nicht.

Trotz der Übereinstimmung Monods und Pfrimmers in ihrer Einschätzung sah sich die SMEP nicht veranlaßt, die von diesen beiden Männern vorgeschlagene Mission zu unternehmen, denn die Juden zählten nicht zu den „nicht-christlichen Völkern", deren Missionierung die SMEP sich laut Satzung vorgenommen hatte. Die algerische Missionsfrage wurde jedoch für die SMEP Ende 1882 erneut aktuell, als sich Henri Samuel Mayor, ein Schweizer Agent der kleinen britischen Gesellschaft *North Africa Mission* (NAF), in der Kabylei mit der Bitte um Unterstützung an die SMEP wandte. Mayor bemühte sich um eine Verbindung zwischen dieser Mission und einem französischen Comité. Denn er meinte, daß der britische Gründer der NAF, George Pearse, nicht die geeignete Person sei, wenn es darum ginge, die Einwilligung der französischen Obrigkeit zu erhalten. Angesichts erster ermutigender Erfolge in der Arbeit Mayors nahm die SMEP eine Zusammenarbeit in Aussicht. Infolge eines Zerwürfnisses mit Pearse trat Mayor dann aber aus der NAF aus und ließ sich als unabhängiger Missionar in Moknea in der Kabylei nieder. Diesen anti-englischen Schritt Mayors wollte die SMEP nicht mitgehen, und so entzog sie ihm ihre Unterstützung. Zur selben Zeit sah sich die SMEP durch eine Pressekampagne unter Druck gesetzt, mit der eine national und kolonialistisch orientierte protestantische Gruppe unter der Führung des Journalisten Eugène Réveillaud sich für die Evangelisierung Algeriens einsetzte. Als auch noch die Gründung einer neuen Missionsgesellschaft für Algerien und Tunesien angedroht wurde, beschloß im Juni 1884 der Direktor der SMEP, Alfred Boegner, die Angelegenheit doch noch einmal zu überdenken. Eine in den fraglichen Gebieten von Friedrich Hermann Krüger durchgeführte statistische Erhebung und Untersuchung führte zur Empfehlung, die SMEP solle sich hier engagieren, und zwar an der Seite von Mayor. Krüger war zu der Ansicht gelangt, daß die Kabylen „der Zivilisation und dem Christentum weniger ablehnend" gegenüberstünden als die Araber, da „der Islam sich an ihnen sozusagen schon abgenutzt" habe[45].

So beschloß die SMEP 1886, sich an der Finanzierung der Arbeit Mayors zu beteiligen. Dabei handelte es sich im wesentlichen um die Unterhaltung einer kleinen Schule und einer Tagesklinik sowie um die Verbreitung von Bibeln. Aber angesichts der Erfolglosigkeit der Unternehmung und der anhaltenden finanziellen Schwierigkeiten, in denen sich Mayor befand, stellte die SMEP ihre Unterstützung 1894 ein[46]. Außerdem hatte sich 1886 mit dem Missionar Thomas Hocart in der Kabylei noch eine weitere, von der methodistischen Kirche in Frankreich unterhaltene Mission in Il Maten niedergelassen. Daneben gab es nicht weniger als acht britische und skandinavische protestantische Missionen, alle voneinander unabhäng. Sie alle verbreiteten Bibeln, riefen zur Bekehrung auf und waren im Erziehungs- und Sozialbereich tätig, wo sie sich vor allem um Frauen und Kinder in den bevölkerungsreichen Gebieten in Stadt und Land kümmerten.

Die Vielzahl von Missionsgesellschaften, die sich mehr oder weniger jeglicher Kontrolle entzogen, wurde von der französischen Regierung mit Argwohn betrachtet. Man verdächtigte sie sowohl des Antipatriotismus als auch des Antisemitismus. 1892 drohte ihnen

---

[45] Ebd., 70 ff.
[46] Ebd., 72–78.

die Ausweisung, die jedoch nie ausgesprochen wurde, da sich in Frankreich immer wieder Stimmen gegen diese Vorwürfe erhoben. Um den Vorwürfen zu begegnen, engagierte die NAF ab 1886 Emile Rolland, einen französischen Evangelisten. Zu Beginn des neuen Jahrhunderts stabilisierte sich die politische Lage. 1908 erwarb Rolland das Pfarrhaus der reformierten Kirche von Tizi-Ouzou und gründete eine dauerhafte Mission mit einem Arbeitsverein für junge Frauen, einem Heim für junge Männer und einer Tagesklinik.

1910 wirkte die Mission der amerikanischen *Methodist Episcopal Church* bei der Unterstützung der französischen Methodisten mit, die 1906 mit Emile Brès einen neuen Missionar erhalten hatten. Durch diese Verstärkung kam es zur Entstehung der ersten christlichen Gemeinden unter den Algeriern. In den Vorkriegsberichten der methodistischen Mission ist von einigen zehn Bekehrungen von Muslimen die Rede. Daß die protestantischen Missionen unter solch widrigen Umständenv zu leiden hatten, hing sicher auch mit den Querelen mit der französischen Verwaltung zusammen[47]. Daneben gab es zwei weitere Faktoren: die Ablehnung durch den Islam, die sich vor allem in der Gegnerschaft der muslimischen Marbuts äußerte, und interne Reibereien unter den Missionsgesellschaften. Die negativen Auswirkungen waren vielschichtig. Angesichts einer weit verstreuten Bevölkerung war die Mission nicht ausreichend präsent. Der Missionsarbeit fehlten Kontinuität und Einheit. Selbst eine rudimentäre Kenntnis der Sprache und der algerischen Sitten und Bräuche war nicht vorhanden. Es wurden keine Beziehungen zu Regierungs- und Verwaltungsstellen gepflegt. Für einzelne Bekehrte gab es kaum kirchliche Perspektiven. Hinzu kam, daß auch positiv zu bewertende Entwicklungen praktisch nichts zu einem Integrationsprozeß von Algeriern in christliche Gemeinden beitrugen: weder die nicht zu unterschätzende Bedeutung der protestantischen Siedler vor 1870, die mit der Ankunft von Elsässern im Zusammenhang mit dem deutsch-französischen Krieg von 1870/71 eher noch zunahm, noch die Tätigkeit der 1888 von E. Réveillaud gegründeten protestantischen Kolonisationsgesellschaft (der sogenannten *Société Coligny*). Ab 1866 wurden von der Evangelisierungsgesellschaft der französischen Kolonien, einer gemeinsamen Gründung der lutherischen und reformierten Kirche Frankreichs, protestantische Kirchen organisiert, die 1885 etwa 10000 Mitglieder mit etwa zehn Pfarrern umfaßten. Diesen Gemeinden ging es vor allem um ihre Integration in das Land, in dem sie sich befanden. Überdies verhielten sich die Missionsgesellschaften im allgemeinen eher abwehrend gegenüber einer Bevölkerung, von der man zu wissen meinte, daß sie mehr an materiellen Gütern als an religiösen Fragen interessiert sei[48].

In Marokko und Tunesien war die Situation der protestantischen Missionen vor dem Ersten Weltkrieg im großen und ganzen vergleichbar mit derjenigen in Algerien, allerdings mit dem einen Unterschied, daß die Klausel zum Schutz muslimischer Institutionen, die in Algerien seit 1830 in Kraft war und durch die eine christliche Evangelisierung praktisch untersagt war, in diesen Ländern nicht galt. Trotzdem war die protestantische Mission dort auch nicht erfolgreicher als in Algerien. Die erste Missionsgesellschaft, die in diesen bei-

---

[47] C. NOUVEL, La Présence protestante en Algérie au temps de la colonisation française (maschin.schriftl.), Université d'Aix-en-Provence 1984/5, 53–75.

[48] Zur *Société Coligny* und ihrem Gründer, Eugène Réveillaud, vgl. P. PETIT, Républicain et protestant, Eugène Réveillaud (1851–1935), in: Revue d'Histoire et de philosophie religieuse 64 (1984/5) 238–253. (Die Berichte der Société centrale de l'évangélisation, Section des colonies, können bei der Société de l'histoire du protestantisme français , 54, rue des Saints-Pères, 75006 Paris, eingesehen werden.)

den Ländern die Verbreitung der Bibel unternahm, war 1882 die NAF, gefolgt von drei
weiteren: den Missionen von Zentral- und dann Südmarokko (1886 aus der presbyterianischen Kirche Schottlands hervorgegangen) und der amerikanischen evangelischen Union
1894. Was die Missionstätigkeit in Marokko auszeichnete, waren Übersetzungen der
Evangelien in mehrere Berbersprachen und außerdem das Engagement von weiblichen
Missionsangehörigen im diakonischen und medizinischen Bereich, im besonderen ausgehend von Kliniken in Tanger, Casablanca und Marrakesch. Protestantische Siedlergemein-
den wurden übrgens erst 1908 einbezogen durch die Entsendung von Pastoren, die als Militärgeistliche ins Land kamen[49].

IV. West- und Zentralafrika

1. Die protestantischen Missionen

Westafrika war das erste große Missionsfeld für die protestantischen und anglikanischen
Missionen in moderner Zeit, sieht man einmal von der schon erwähnten kurzen Tätigkeit
des Herrnhuters Georg Schmidt in Südafrika (1737–1744) ab[50]. Fünfzig Jahre vor der
Gründung Sierra Leones durch britische Philanthropen im Jahr 1787 hatten Herrnhuter, einige Jahre später gefolgt von Anglikanern, mit einem Missionswerk begonnen, das sich
deutlich unterschied von der geistlichen Betreuung, wie man sie an den europäischen Handelsniederlassungen und militärischen Stützpunkten an der Goldküste finden konnte. Doch
blieben diese ersten Versuche – noch zu Zeiten des Sklavenhandels – ohne irgendeinen
nennenswerten Erfolg.

Sierra Leone

Mit der Gründung von Sierra Leone begann in Westafrika der Aufschwung der protestantischen Missionstätigkeit, wenn dies auch zunächst noch nicht unmittelbar erkennbar war.
Ein enger Zusammenhang bestand hier zwischen der Anti-Sklaverei-Bewegung und den
Anfängen der Mission. Die Anti-Sklaverei-Bewegung, die bei der Gründung dieses Landes Pate stand, ist zweifellos christlichen Ursprungs, doch ging sie der Missionsbewegung
um ein paar Jahre voraus: Die Londoner *Anti-Slavery Society* wurde 1787 ins Leben gerufen, sieben Jahre vor der *London Missionary Society* (LMS), der ersten protestantischen
Missionsgesellschaft, die missionarische Tätigkeit mit dem Kampf gegen die Sklaverei
verband.

1792 kam der Anglikaner Melville Horne, einer der Geistlichen, die die ersten Einwan-
derertransporte nach Sierra Leone begleitet hatte, zu der Einsicht, daß sein Dienst sich
nicht auf die geistliche Betreuung der Siedler beschränken dürfe, sondern auch die Einheimischen miteinbeziehen müsse. In Briefen an seine Kollegen entwarf er in großen Zügen
eine Methode, nach der vorzugehen sei, und forderte alle aus der Reformation hervorge-

---

[49] Vgl. A. ROUX, Présence protestante au Maghreb, in: Revue française d'études politiques et africaines 32 (1968)
37–43.
[50] Zum gesamten Kapitel vgl. J. FAURE, Histoire des missions et Eglises protestantes en Afrique occidentale des
origines à 1884, Yaoundé 1978.

gangenen Kirchen auf, sich zu dieser großen Aufgabe zusammenzufinden. In Großbritannien wurde Hornes Plädoyer im Londoner *Evangelical Magazine* abgedruckt, was ganz entscheidend zur Gründung der LMS beitrug.

In der Begeisterung des Aufbruchs entsandte die LMS innerhalb von zwei Jahren neun Leute. Dieser erste Versuch endete jedoch bald als Mißerfolg. Die einen zerstritten und spalteten sich über kirchlichen Lehrfragen, andere starben am Fieber. Was ihnen allen fehlte, war eine sorgfältige Vorbereitung. 1798 beschloß die LMS, sich nicht mehr in Sierra Leone zu engagieren. An ihrer Stelle übernahmen zwei andere Missionsgesellschaften diese Aufgabe: die anglikanische *Church Missionary Society* (CMS), die zuerst die schon in der Kolonie lebenden Geistlichen einsetzte und ab 1816 selbst Missionare entsandte, und die *Wesleyan Methodist Missionary Society* (WMMS).

Beide Gesellschaften bauten bis 1840 ein solides Werk auf, im wesentlichen jedoch nur unter den Nicht-Sklaven. Zudem blieb dieses Missionswerk noch ganz auf die Küste und auf eine – trotz der entfernten afrikanischen Abstammung – fremde, eingewanderte Bevölkerung beschränkt[51]. Dies entsprach nicht dem ursprünglichen Programm der LMS und auch nicht den Plänen Buxtons, eines Philanthropen, der ein neues Missionsprojekt entwickelt hatte. Sein Buch *Die Sklaverei in Afrika und wie sie zu beheben sei* schloß mit dem Aufruf an die Missionsgesellschaften, sich zusammenzuschließen und in das Innere des afrikanischen Kontinents vorzudringen, um dort Landwirtschafts- und Handelsniederlassungen einzurichten. Buxton konnte schon bald die Zustimmung der britischen Regierung und der CMS für sein Projekt gewinnen. Es kam zum Beschluß einer gemeinsamen Niger-Expedition im Jahr 1841. Der kurz zuvor entdeckte Lauf dieses Flusses versprach, den Weg ins Innere Afrikas zu öffnen[52].

Jedoch endete auch diese Expedition als Mißerfolg, da ein Drittel der Teilnehmer, insgesamt vierzig Personen, innerhalb eines Jarhes umkam. Sie hatte aber immerhin die positive Auswirkung, daß die anglikanischen und protestantischen Missionsgesellschaften jetzt begannen, ihr Vorgehen besser zu planen. Zu einem Schwerpunkt dieser in der ersten Hälfte des 19. Jh. entwickelten Strategie wurde die Ausbildung: die der europäischen Missionare wie vor allem die der Christen aus der einheimischen Bevölkerung, die in Schulen eingesetzt wurden und die Vorposten der Evangelisierung bildeten. Sie sollten später die Leitung der aus der Mission hervorgegangenen Kirchen übernehmen, nach dem Grundsatz – von Henry Venn, dem CMS-Leiter von 1841 bis 1872, formuliert – der dreifachen kirchlichen Autonomie in Finanzen, Leitung, und Evangelisierung: sich selbst finanzierende, sich selbst leitende und sich selbst verbreitende Kirchen[53].

Die ersten Afrikaner, die solche kirchlichen Aufgaben übernahmen, gingen aus dem College von Fourah Bay hervor, das 1827 durch die CMS in Freetown gegründet worden war. Dort befaßte man sich mit der Transkription afrikanischer Sprachen, um die Bibel in diese Sprachen übersetzen zu können. Der bedeutendste dieser ersten Afrikaner war Samuel Adjai Crowther, ein Yoruba, der sich 1821 auf einem Sklavenschiff befunden hatte, das von einem britischen Kreuzer aufgebracht worden war, und in Sierra Leone freigesetzt wurde. Zusammmen mit den Missionaren J. T. Schön und S. W. Kölle war er an der

---

[51] Ebd., 55.
[52] F. BUXTON, De la traite de esclaves en Afrique et des moyens d'y remédier, Paris 1840, 318f und 349.
[53] Vgl. W. R. SHENK, Henry Venn, Missionary Statesman, New York 1983; M. SPINDLER, Naître et grandir en Église: la pensée d'Henry Venn, in: Naître et grandir en Église (s. Anm. 32).

Transkription und Übersetzung mehrerer westafrikanischer Sprachen (Ibo, Haussa, Yoruba u. a.) beteiligt. Diese Arbeiten führten dann 1854 in London zur Veröffentlichung der *Polyglotta Africana*, mit Kölle als Herausgeber. Als Begründer der Nigermission wurde Crowther 1864 in Canterbury zum „einheimischen Bischof für die außerhalb der britischen Besitzungen gelegenen Länder Westafrikas" geweiht, womit deutlich gemacht wurde, daß die CMS die gleichberechtigte Mitarbeit der einheimischen Bevölkerung anstrebte[54]. In der ersten Hälfte des 19. Jh. war die Rolle der Nachkommen von Sklaven bei der Gründung protestantischer Missionen und Kirchen in Westafrika von entscheidender Bedeutung. Dafür lassen sich zahlreiche Beispiele anführen:

Liberia und Senegal

In Liberia, einer weiteren durch amerikanische Philanthropen 1817 gegründeten Kolonie, waren die farbigen Missionare aus der Neuen Welt besonders zahlreich: John Seys (1834–1841 und 1843–1844), Francis Burns (1856–1866), John Roberts (1856–1875) von der methodistisch-episkopalen Mission, Calvin Holton (1817–1818), Lott Carey (1825–1828) von der amerikanischen Baptistenmission.[55]

Im Senegal war Walter Taylor, Sohn eines in Sierra Leone befreiten Sklaven, von 1878 bis 1891 Leiter des Missionswerkes der Pariser evangelischen Missionsgesellschaft (*Société des Missions évangéliques des Paris,* SMEP) in St. Louis. Mit ehemaligen Sambara-Sklaven, die ihren muslimischen Besitzern entflohen waren, gründete er in Pont de Khor am Rande der Hauptstadt ein Freiheitsdorf[56].

Goldküste (Ghana)

Auf analoge Konstellationen trifft man auch weiter östlich an der Küste: 1840 gründete Thomas Birch Freeman, Sohn eines in Großbritannien geborenen und freigelassenen Sklaven, das Missionswerk der WMMS an der Goldküste und war dann an der Ausbreitung dieser Mission im Gebiet der Yoruba und Dahome 1843 beteiligt. Thomas Horton Johnson von der Lóndoner *Baptist Missionary Society* (BMS), ein freigelassener Sklave jamaikanischer Abstammung, war an der Gründung der Kamerunmission 1845 beteiligt. Je weiter man sich aber von Sierra Leone und Liberia entfernte, um so häufiger traf man auf auswärtige protestantische Missionen nach dem Modell der „Einpflanzung" im Unterschied zu einer Besiedlungsstrategie. Nur die Basler Mission, die einer Aufforderung des dänischen Gouverneurs der Militärstützpunkte an der Küste gefolgt und an die Goldküste (das heutige Ghana) gekommen war, setzte noch für mehrere Jahre auf die Zusammenarbeit mit befreiten Sklaven.

Nachdem die Basler Mission in zehn Jahren zehn deutsche bzw. schweizer Missionare verloren hatte, schickte sie im Mai 1842 den letzten Überlebenden, Andreas Riis, zu den Antillen. Von dort sollten „eine Anzahl bekehrter Neger nach Afrika verpflanzt werden,

---

[54] Vgl. J. Decorvet, Samuel Ajayi Crowther, un père de l'Église en Afrique noire, Neuchâtel – Paris 1992, 43–52 und 129–142.

[55] Vgl. Faure, Histoire des missions 57–70.

[56] Vgl. Zorn, Siècle 46–51. Siehe auch G. Roche, La SMEP au Sénégal, 1863–1914: une expérience sans lendemain, Paris 1984.

um dort als christliche Kolonie ein Licht in der Finsternis zu werden"[57]. Im Februar 1843 kehrte Riis zusammen mit sechs jamaikanischen Ehepaaren und ihren Kindern zurück. Diese neue Mannschaft wurde auf die beiden Forts von Christianborg und Akropong, 20 km nordöstlich von Akkra, in zwei verschiedenen Sprachgebieten, aufgeteilt. Es kam jedoch zu solchen Spannungen zwischen den Einwanderern, den Einheimischen und den Missionaren, daß die Basler Mission endgültig davon Abstand nahm, Afrikaner zu Missionszwecken aus der Neuen Welt nach Afrika zurückzuholen.

Bei der SMEP war es 1891 zur Trennung von Walter Taylor gekommen. Taylor war es nicht gelungen, die Mission dem Wunsch der SMEP entsprechend am Lauf des Senegal hinauf weiterzutragen und dort eine Mission zu errichten. Dieses Ziel konnte die SMEP auch später nicht erreichen. Die protestantische Kirche von Senegal, der vor allem Bambara angehörten, behielt ihren Sitz in St. Louis. Später, als Dakar 1902 Hauptstadt des Senegal wurde, verlegte man ihn dorthin.

Dagegen wurden zwei Gründungen der Basler Mission in Ghana zur Ausgangsbasis für ihre Tätigkeit im Innern des Kontinents: ein florierender Schulbetrieb in Christianborg und ein Evangelisierungswerk mit einem Seminar zur Ausbildung von Evangelisten in Akropong. 1850 übereignete die dänische Regierung diese Einrichtungen an Großbritannien. Christianborg wurde zu einer bedeutenden Handelsniederlassung. Die Basler Mission gründete dort eine Handels- und Landwirtschaftsgesellschaft zur Versorgung der Mission, gleichzeitig aber auch zur Ausbildung junger Afrikaner im Handwerk (Tischler, Wagenbauer, Schlosser, Schuster, Buchbinder) und in der Landwirtschaft. Hier wurden neue, durch die Jamaikaner eingeführte Erzeugnisse (Kaffee, Tabak, Mangos und 1879 auch Kakao) produziert.

1869 gehörten zu den zwei Bezirken der Basler Mission 24 Gemeinden mit ungefähr 800 Kommunikanten und 700 Kindern in den Schulen. Dank sanitärer Maßnahmen war die Sterblichkeitsrate der Missionare nicht mehr so hoch wie früher, so konnten sie ihren Dienst in der Mission über lange Jahre ausüben. Die Verbesserung der Lebensbedingungen war aber nicht der einzige Grund, weswegen europäische Missionare sich nun in Westafrika niederließen. Auch die historische Entwicklung war hier nicht ohne Bedeutung: Seit etwa 1870 begannen die Kolonialmächte, die sich bis dahin für Afrika nur wegen des Sklavenhandels interessiert hatten, dort die Möglichkeit neuer Absatzmärkte zu sehen und sich für die vorhandenen Bodenschätze und Naturprodukte zu interessieren. Der Plan wirtschaftlicher Wechselbeziehungen zwischen Europa und Afrika, wie ein Buxton es sich noch vorgestellt hatte, wurde nun abgelöst von einzelnen, auf die europäischen Mächte aufgeteilten Interventionsbereichen. Dies mußte zwangsläufig zu Reibereien und Konflikten, aber auch zu Absprachen zwischen den europäischen Ländern führen. Auch die afrikanischen Stammeshäuptlinge wurden in dieses Ringen um die Abgrenzung von Einflußbereichen involviert[58].

Im Rahmen der Afrika-Konferenz in Berlin 1884/5 wurden, unter dem Deckmantel humanitärer und gegen die Sklaverei gerichteter Bemühungen, die Basis für die Eroberung und Aufteilung des Kontinents gelegt. Den christlichen Missionsgesellschaften wurde Schutz zugesagt – weshalb es nicht verunderlich ist, daß die Missionsgesellschaften die europäischen Gebietsansprüche in Afrika zum Teil als „Einfallstor für die Evangelisie-

---

[57] G. E. Burkhardt – R. Grundemann, Kleine Missionsbibliothek II/1, Bielefeld – Leipzig 1877, 110

[58] Vgl. Faure, Histoire des missions (s. Anm. 50) 71–79, 161–180 und 241–264.

rung" begrüßten, auch wenn sie vielfach deutlich die Gefahren sahen, die sich für die einheimische Bevölkerung durch den Kontakt mit der westlichen Welt und den Folgen der Kolonisation ergaben. Letzteres erlebten zum Beispiel die Missionare der Basler Mission, deren Niederlassung im Land der Aschanti durch die Einnahme Kumasis durch die Briten im Jahr 1874 konsolidiert wurde, nachdem zuvor vier ihrer Missionare fünf Jahre mühsamster Anstrengungen mit Entbehrungen und Gefangenschaft überstanden hatten. Daher verstärkte die Basler Mission ihre Bemühungen, schickte Missionare zur Unterstützung und gründete christliche Dörfer, die Schutzräume bieten sollten sowohl gegenüber der alten heidnischen Tradition als auch gegenüber den negativen Folgen westlicher Kolonisation. 1884 betreuten 15 Missionare der Basler Mission 2300 Kommunikanten, deren Zahl bis 1914 auf 12000 anwuchs.

Togo, Dahome (Benin), Elfenbeinküste und Nigeria

Die *Norddeutsche Missionsgesellschaft* (NM), auch Bremer Mission genannt, die mit ihrer Tätigkeit 1847 in Peki begonnen hatte, östlich des Gebietes der Basler Mission, sollte ihren eigentlichen Aktionsbereich im Ewe-Land (im heutigen Togo und im Ostteil des heutigen Ghana) erst im Kielwasser deutscher Kolonisatoren erreichen. Sie folgte deren Einladung, sich in der Hauptstadt Lome niederzulassen. Wenn man bedenkt, daß diese Gesellschaft in 40 Jahren 110 Missionare aussandte, von denen 54 in Wahrnehmung ihres Dienstes starben und 40 aus Gesundheitsgründen zurückkehren mußten, wird verständlich, warum die Unterstützung durch die Kolonialherren wie ein „Geschenk der Vorsehung" erschien[59]. Togo wurde Bismarcks Musterkolonie (1898 gegründet, 1906 bereits mit Rundfunkstation, Straßen, Hafenanlagen, Eisenbahnlinien und einem ausgeglichenen Budget). 1914, als das Land von alliierten Streitkräften erobert und dann unter Frankreich und Großbritannien aufgeteilt wurde, erstreckte sich der Aktionsradius der Norddeutschen Missionsgesellschaft bis nach Atakpame, einer Stadt 150 km nördlich von Lome. In Deutschland ging gerade eine vollständige Bibelübersetzung in der Ewe-Sprache in Druck. Die in landwirtschaftlich reichen Gebieten angesiedelten Gemeinden (mit Kakao-, Kaffee- und Baumwollproduktion) lebten von ihren eigenen Erträgen und bemühten sich um die Evangelisierung und die schulische Erziehung der Bergbevölkerung. Die Kirche wurde von Ewe-Geistlichen geleitet, die im deutschen Westheim ausgebildet worden waren, und konnte so während des Ersten Weltkrieges ihre Arbeit auch dann noch selbständig aufrechterhalten, als die deutschen Missionare von den Alliierten ausgewiesen wurden. Nachdem ein Teil Togos (das heutige Staatsgebiet) unter französisches Mandat gekommen war, erhielt die Ewe-Kirche ab 1929 die – wenn auch bescheidene – Unterstützung der SMEP[60].

Während die Basler Mission und die Norddeutsche Missionsgesellschaft den protestantischen Missionstyp der „Kirchenpflanzung" praktizierten, eng an die jeweilige Bevölkerung gebunden und dort Fuß fassend (hier die Aschanti und die Ewe), war die *Wes-*

---

[59] Zur Geschichte Togos vgl. R. Cornevin, Histoire du Togo, Paris 1969. Zur Geschichte der protestantischen Mission vgl. W. Debrunner, A Church between Colonial Powers: a Study of the Church of Togo, London 1965.
[60] Zum Übergang der NM an die SMEP vgl. E. Kruger, Histoire de la Société des Missions évangélique de Paris, in: Histoire des missions protestantes françaises, Flavion 1970, 246 f; A. Roux, Comment la société des missions évangéliques de Paris a été amenée, dans le context de la colonisation, à prendre la relève des missions protestantes d'autres pays, in: Réveils missionnaires (s. Anm. 22) 308 f.

leyan Methodist Missionary Society (WMMS) ein Beispiel für eine Völker, Stämme und Grenzen übergreifende Mission. Dies hatte sicher zum einen mit den besonderen Gaben des Wanderpredigers Thomas Birch Freeman zu tun. Zugleich folgte diese Mission aber auch einer für die WMMS charakteristischen Strategie, die darauf ausgerichtet war, in kurzer Zeit strukturelle Fundamente für eine Kirche nach methodistischem Modell mit starker Laienbeteiligung zu legen. T. B. Freeman kam 1838 an die Cape Coast. Nachdem die *British and Foreign Bible Society* von Sierra Leone aus in großem Stil für die Verbreitung von Bibeln gesorgt hatte, traf Freeman auf eine bereits an der christlichen Religion interessierte Bevölkerung. Freeman half den Fanti bei der Gründung einer eigenen Kirche, ging 1839 nach Kumasi, dann 1843 nach Badagry und Abeokuta in Nigerien. Von hier aus begann er 1854 ein Missionswerk im Land der Mina (Dahome) in Uidah und in Anecho[61].

Die Tatsache, daß hier in kurzer Zeit Kirchen entstanden und neue Mitglieder getauft wurden, läßt sich zum einen damit erklären, daß der Boden für die Bekehrungen Freemans durch die Tätigkeit der Geistlichen der *Society for the Propagation of the Gospel* (SPG) schon bereitet war, zum anderen damit, daß Freeman bekehrte ehemalige Sklaven zum Gemeindeaufbau einsetzen konnte[62].

Freeman zog sich 1857 aus der Mission zurück, aber das Ansehen, das er bei den lokalen Autoritäten genoß, erleichterte der WMMS den Zugang in Porto Novo (Dahome) und auch ihr Fortbestehen an mehreren Standorten an der Goldküste, wo sie die Unterstützung afrikanischer Händler aus den benachbarten englischsprachigen Kolonien fand. 1878 nahm die WMMS eine Teilung in die zwei Gebiete Yoruba-Dahome und Goldküste vor. Das Gebiet an der Goldküste hatte 1883 ungefähr 5300 Mitglieder, vor allem in Ghana. Denn an der Elfenbeinküste, die 1893 französische Kolonie geworden war, wurde die protestantische Mission durch den französischen Kolonialherrn stark behindert, schließlich 1923 ganz untersagt[63]. Diese Ablehnung ging zum Teil auf die weite und beunruhigende Kreise ziehende Tätigkeit des liberianischen Predigers William Wade Harris zurück, eines Evangelisten der amerikanischen methodistisch-episkopalen Mission in Liberia. Dieser zog in den Fischerdörfern der Lagune von Ort zu Ort und trat als Verkündiger folgender Botschaft für seine einheimischen Brüder auf: Das biblische Gesetz Gottes sei an sie gerichtet, doch sei es ihnen nur teilweise geoffenbart. Darum sollten sie die Bibel lesen, beten und Gottes Gebote befolgen, ihre Fetische zerstören und die Ankunft der „Weißen der Bibel" erwarten, die ihnen eines Tages den vollständigen Sinn der Schrift enthüllen würden. Er taufte die, die sich ihm anschlossen, und bestimmte unter ihnen zwölf „Apostel", die über die guten Gaben wachen sollten, die sie erhalten hatten. Im August 1914 zeigte sich die französische Kolonialverwaltung stark beunruhigt durch die große Zahl von Anhängern, die W. W. Harris um sich sammelte – es dürften an die 100 000 gewesen sein. Die Kolonialverwaltung beschloß, dem ganzen ein schnelles Ende zu setzen, und verwies Harris der Kolonie. Er kehrte nie wieder in diese Gegend zurück[64].

---

[61] Zur Geschichte Dahomes vgl. R. Cornevin, Histoire du Dahomey, Paris 1962.

[62] Faure, Histoire des missions 77–80.

[63] Ebd., 244–250.

[64] Zu W. W. Harris vgl. G. M. Haliburton, The Prophet Harris, London 1971; R. Bureau, Le harrisme et le bwiti: deux réactions africaines à l'impact chrétien, in: Religion à l'épreuve de la modernité (Recherche en sciences religieuses), Paris 1975; A. Roux, L'Evangile dans la fôret. Naissance d'une Église en Afrique noire, Paris 1971, 23–35.

Als zehn Jahre später Missionare der WMMS an die Elfenbeinküste zurückkehrten, um das Vermächtnis von Harris wiederaufzunehmen, fanden sie kaum noch Spuren dieser kurzen Episode eines afrikanischen Prophetismus (Harris Wirken währte nur über einen Zeitraum von vierzehn Monaten). Zwei Drittel der Bekehrten hatten sich, des langen Wartens müde, dem Katholizismus angeschlossen. Ein kleiner Teil trat der methodistischen Kirche bei, ein Rest blieb als unabhängige Kirche bestehen[65].

Kamerun

An der Gründung der Mission von Kamerun war 1845 ein ehemaliger Sklave aus Jamaika beteiligt. 1843 hatte Thomas Horton Johnson, Angehöriger der anglo-amerikanischen christlichen Siedlung Clarence auf Fernando Poo und Beauftragter der *Baptist Missionary Society* (BMS), Handelsbeziehungen mit den Duala angeknüpft. 1845 besuchte er sie in Begleitung von Alfred Saker, einem jungen britischen Missionar, der beim fünfzigjährigen Jubiläum der BMS 1842 in London für den Missionsdienst rekrutiert worden war. Saker begann, unmittelbar nach Überwindung der Anfangsschwierigkeiten mit König Akwa, die Duala-Sprache zu erlernen und brachte in Rekordzeit Übersetzungen des Matthäusevangeliums (1848), des Neuen Testaments (1862) und des Alten Testaments (1872) in dieser Sprache heraus. Johnson stand ihm dabei zur Seite, übernahm vor allem die Leitung der Duala-Gemeinde und bereitete Bekehrte auf die erste Taufe vor (die 1849 stattfand). Saker wurde auf die verwaiste Stelle des Pfarrers von Clarence berufen und kehrte von dort nach Großbritannien zurück.

Entscheidend für den Erfolg Johnsons war die Tatsache, daß es ihm gelang, den Fürsten der Siedlung Bell in Duala zu bekehren[66]. 1855 wurde Johnson von Saker zum Pfarrer ordiniert. Mit fünfzig Mitgliedern wurde die Missionsstation Dualas zu einer autochtonen Kirche, der *Native Baptist Church* (NBC). Diese Bekehrungen brachten viel Unruhe in die noch von der Sklaverei gezeichnete und auch geprägte traditionelle Gesellschaft. Um in diesem Gesellschaftssystem neue Grundlagen zu schaffen, errichtete Saker eine Gewerbe- und Landwirtschaftsschule, die sowohl durch ihren Unterricht als auch durch ihre Produkte der BMS zu großem Ansehen an der afrikanischen Küste verhalf.

Ab 1854 drang die BMS, mit weiterer Verstärkung durch Jamaikaner und Briten, ins Innere des Kontinents vor. Drei Missionare zogen am Wuri flußaufwärts und evangelisierten in der Abo-Region. Nach der Besetzung Fernando Poos durch die Spanier wanderte ein Teil der Bewohner der Siedlung Clarence in die Umgebung des Kamerun-Berges aus, wo Saker in der Bucht von Ambas den Ort Victoria gründete. Von der britischen Flotte, die den Golf von Guinea kontrollierte, wurde Johnson dort zum Gouverneur eingesetzt. Als Saker Kamerun 1876 verließ, waren noch zwei weitere schwarze Pfarrer ordiniert worden: Joseph Jackson Fuller, ein Jamaikaner, und George Nkwe, ein Duala.

George Grenfell war der eigentliche Nachfolger Sakers. Als Grenfell 1874 nach Kamerun kam, erkundete er zunächst die Region von Duala, folgte dann dem Wuri flußaufwärts bis nach Yabassi und forschte dort nach weiteren Möglichkeiten nördlich zum Gebiet der Bamileke hin. Von dort wandte er sich nach Süden. Nach einer konfliktreichen Zeit mit der

---

[65] Vgl. W. J. PLATT, An African Prophet, London 1934, 40f.

[66] Vgl. J. VAN SLAGEREN, Les Origines de l'Église évangélique du Cameroun. Missions européennes et christianisme autochtone, Yaoundé 1972, 22f.

BMS wurde Grenfell in das Missionsfeld des Kongo geschickt – ein Gebiet, das nach dem Tod Livingstones 1873 und durch dessen von Stanley überbrachtes Vermächtnis in Großbritannien eine starke Faszination ausübte[67]. Das Missionswerk in Kamerun wurde nicht aufgegeben, konzentrierte sich aber in der Zeit von 1875 bis 1884 mit Schwerpunkt im Schulwesen vor allem auf die Regionen von Victoria und von Duala.

Als das Gebiet im Zusammehang mit der Übernahme Kameruns durch die Deutschen unter deutsche Kolonialherrschaft kam, widersetzten sich die Duala, doch brach der Widerstand Anfang des Jahres 1885 zusammen. Ohne daß die Missionare der BMS zu Verhandlungen über eine Abtretung hinzugezogen worden wären, übernahm die Basler Mission das Arbeitsfeld der BMS und entsandte Ende 1886 ihre vier ersten Missionare, alle deutscher Nationalität[68]. Schon bald kam es zum Konflikt zwischen der Führung der Basler Mission und der NBC, vor allem in Bezug auf die Taufe durch Untertauchen und in Bezug auf die kirchliche Struktur. 1888 kam es zum endgültigen Bruch. Die Baptistenkirchen lehnten es ab, sich der Autorität der Basler Mission zu unterstellen, und gründeten unabhängige Kirchen unter der Leitung von Pfarrer Josua Dibunde. 1890 wandte sich Dibunde an die deutschen Baptisten mit der Bitte, das beachtliche Missionswerk in Kamerun (die Kirche zählte 400 Getaufte, 125 Katechumenen und 634 Schüler) zu fördern.

Da die Basler Mission die Basis in der Bevölkerung weitgehend verloren hatte, versuchte sie, aus den Schulen heraus eine neue Duala-Kirche aufzubauen. Sie konnte sich dafür einerseits auf junge Angehörige aus Häuptlingsfamilien stützen, die ihre Ausbildung durch die Baptisten erhalten hatten und nun durch die Basler Mission zu Hauptkatecheten in den verschiedenen Bezirken ernannt worden waren. Zum anderen richtete die Mission ein offizielles Unterrichtsprogramm in Duala und in Deutsch unter der Leitung von Missionaren ein. Von Vorteil für die Basler Mission erwies sich das 1889 beginnende Vordringen der Deutschen im Hinterland. Neue Impulse erhielt sie im darauf folgenden Jahr dadurch, daß nun auch die katholische Mission den Schauplatz betrat. 1889 wurde im Abo-Gebiet eine erste Station unter Leitung des christlichen Häuptlings Joseph Kotto eingerichtet. Hier wie auch in den anderen, im Laufe der Zeit evangelisierten Gebieten (Wuri, das Küstengebiet von Sanaga) fand die Evangelisierungsbewegung ihre nachhaltigste Verbreitung mit Hilfe des Schulwesens.

Allerdings führte diese Strategie auch zu Schwierigkeiten. Dadurch, daß die Jugendlichen durch den Besuch „westlicher" Schulen ihrer eigenen Kultur entfremdet wurden, erzeugte die Schule wohl ebensoviele Spannungen, wie sie sich im Hinblick auf die Evangelisierung als wirkungsvoll und förderlich erwies. Vor einem ähnlichen Hintergrund – dem negativen Einfluß nämlich, den man dem Kontakt mit der westlichen Zivilisation, besonders in der Stadt, zuschrieb – ist 1899 der Schritt der Basler Mission zu sehen, ihre Ausbildungseinrichtung aus der Nähe von Duala nach Buea bei den Bakwiri zu verlegen. Hier wurden die ersten Kameruner Pfarrer ausgebildet (als erster Pfarrer wurde 1901 Hans Johann Deibol ordiniert)[69]. In diesem Plantagengebiet geriet die Basler Mission mit der Kolonialverwaltung Puttkammers in Konflikt, der sich der Politik der Einrichtung christlicher Dörfer widersetzte. Durch den Kampf der Basler Mission gegen die Ausbeutung der Arbeitskräfte gewann sie die Unterstützung der einheimischen Bevölkerung und konnte

---

[67] Ebd., 34f.
[68] Ebd., 44f.
[69] Ebd., 56f.

schließlich 1907 die Abberufung des Gouverneurs erreichen. Im sozialen Bereich ist ferner der Kampf der Basler Mission gegen den Alkoholismus zu nennen. Deutlich erkannte man hier die zerstörerischen Aspekte des kolonialen Handels und gründete, gestützt auf Erfahrungen in Westafrika und Indien, alternative Handelsgesellschaften.

1901 legte der „Architekt" des Erziehungswerks der Basler Mission, der Missionar Schuler, eine Neuausgabe des Neuen Testaments vor. Danach begann er mit dem Schreiben biblischer Traktate und christlicher Literatur. 1903 wurde das erste Heft der ersten unter dem Titel *Mulee Ngea* monatlich erscheinenden Zeitschrift in der Sprache der Duala veröffentlicht.

Zwischen 1886 und 1891 unternahm der Forscher Eugen Zintgraff eine Expedition ins Landesinnere, in deren Folge die Basler Mission nach der Besetzung des Grassfields-Plateau (eines von Bamileke und Bamun bewohnten Gebietes) ein Team von drei Missionaren zu den Bali entsandte, einem Bantuvolk im Süden Kameruns. Deren König Fonyonga II. nahm sie freundlich auf und die Missionare eröffneten sogleich eine Schule. 1906 gab der Missionar F. Ernst eine Grammatik und ein Wörterbuch in Deutsch-Bali heraus; seine Transkription stieß jedoch auf Widerspruch seitens der Kolonialverwaltung, die 1911 den Gebrauch der Bali-Sprache in den Schulen verbot. Trotzdem dienten die Lokalsprachen unverändert und an erster Stelle als Vermittler des evangelischen Glaubens in der Bevölkerung. Im Einvernehmen mit Fonyonga versuchte Ernst, durch das Anwerben von Schülern Zugang zu hochgestellten und einflußreichen Familien zu erhalten, allerdings mit sehr mäßigem Erfolg. Denn „der Gegensatz zwischen christlicher Lehre und überkommenen Strukturen trat immer deutlicher zutage"[70].

1908 fanden unter den Bali die ersten Taufen statt, und vor Ausbruch des Ersten Weltkrieges zählte die Kirche 150 getaufte Mitglieder. Als erste Niederlassung auf dem Grassfields-Plateau wurde die Bali-Station zum Ausgangspunkt weiterer Gründungen. So konnte die Basler Mission beispielsweise 1906 in Fumban Fuß fassen, wo König Njoya sich sowohl offen zeigte für den von Haussa-Händlern importierten Islam als auch für das durch nigerianische Handelsvertreter eingeführte Christentum. Das Christentum schien die Oberhand über den Islam zu gewinnen – Njoya hatte seine Kinder in die Missionsschule geschickt, einen Kirchenbau gegenüber seinem Palast gefördert und die Moschee abreißen lassen –, doch dann hinderte das christliche Verbot der Polygamie den König daran, den entscheidenden Schritt zum Christentum zu tun. Immerhin gründete er 1910 eine Schule – anders in ihrer Art, aber nicht in Konkurrenz zur Missionsschule –, in der in *bamun,* der Sprache seines Volkes, und mit einer Schrift, die König Njoya selbst für diese Sprache entwickelt hatte, Geschichte und Christentum aus seiner Perspektive unterrichtet wurden. In den Jahren 1916 und 1917 erarbeitete er ein Werk über die Geschichte, die Sitten und Bräuche des Volkes der Bamun, in dem der Versuch einer Synthese zwischen Bamun-Traditionen, Islam und Christentum unternommen wird[71]. Nach dem Abzug der deutschen Missionare konnten sich die Bamun-Christen trotz der Versuche von Seiten Njoyas, 1916 „die Religion der Weißen" für erledigt zu erklären, in der Region halten und Verbindung zu den Christen an der Küste aufnehmen. So blieb das Bamun-Gebiet – auch nach

---

[70] Ebd., 99.

[71] Zur Begegnung von Islam und Christentum in Fumban vgl. VAN SLAGEREN, Origines 100f; PH. KUOTU, La Rencontre du christianisme avec l'islam au pays Bamoun, Paris 1958 (Faculté de théologie protestante); J.-F. ZORN, Têtes baissées et têtes dures, coexistence pacifique au pays Bamoun, in: JME 4 (1984) 153–158.

dem Ersten Weltkrieg und nach der Ankunft neuer Missionare der SMEP in Begleitung von Duala-Pfarrern – ein Beispiel für das Nebeneinander von Islam und Christentum[72].

Kongo

Die protestantische Mission im Kongo – der heutigen Republik Kongo (vormals Zaire) – wurde angestoßen durch die Begeisterung, die die zentralafrikanischen Expeditionen Livingstones und Stanleys in Europa auslösten. Zwei Missionsgesellschaften, die *Livingstone Inland Mission* (LIM) und die *Baptist Missionary Society* (BMS), begannen dort mit ihrer Arbeit im Jahr 1877 – genau ein Jahr nach dem Brüsseler Kongreß der geographischen Gesellschaften, die sich den Kampf gegen die Sklaverei und die Koordination weiterer Unternehmungen zur Entdeckung Zentralafrikas zur Aufgabe gemacht hatten[73].

1877 gründeten das Londoner Ehepaar Henry und Fanny Grattan Guinness, das sich die weltweite Evangelisierung zum Lebensziel gemacht hatte, die *Livingstone Inland Mission* (LIM) nach dem Vorbild der *China Inland Mission* (CIM), einer kirchenübergreifenden, interdenominationellen Missionsgesellschaft, die ihre Basis vor allem im Missionsland selbst hatte und darum auch eher zur Evangelisierung im Innern eines Kontinents geeignet war. So war die LIM 1878 die erste Gesellschaft, die Beauftragte in den Kongo entsandte, um dort eine ganze Kette von Missionsstationen zu gründen, von der Mündung des Kongo bis zum Äquator und weiter bis zu den Stanley Falls. 1884 hatte die LIM schon acht Stationen eingerichtet und 25 Missionare entsandt. Auf dem Stanley Pool hatte die LIM ein Jahr zuvor mit Hilfe eines Dampfschiffes, das in Einzelteilen dorthin transportiert worden war, den Äquator erreicht und die Station von Bolenge eingerichtet[74].

Da die LIM einen hohen Verlust an Menschenleben zu beklagen hatte und auch die finanziellen Mittel knapp wurden, beschloß sie 1884, ihre Stationen der *American Baptist Missionary Union* (ABMU) und dem *Swenska Missions Förbundet* (SMF) zu übertragen. Der SMF, dem durch die Übersetzung des Neuen Testaments in Kikongo eine beachtliche sprachliche Leistung gelungen war, konnte sich in Französisch-Kongo niederlassen. Auf die Folgen, die sich aus der Übertragung der Missionsstationen der LIM an die ABMU ergaben, wird später zurückzukommen sein.

Von der *Baptist Missionary Society* (BMS) war Grenfell als Missionar in den Kongo entsandt worden. Im Januar 1878 kam er im Mündungsgebiet des Kongo an. Er erhielt Unterstützung durch Robert Arthington, einen frommen und vermögenden englischen Philanthropen. Zwar gelang es ihm nicht, weiter vorzudringen, doch richtete er ein Basislager am Fluß für eine Expedition ein. Zwischen 1878 und 1884 unternahm er mehrere Vorstöße, die ihn schließlich bis nach Lukolela führten, wo 1884 eine Station eingerichtet wurde. Die meisten der (in Kinshasa) zurückgebliebenen Missionare waren gestorben oder nach Großbritannien zurückgekehrt[75]. 1885 übertrug die BMS, immer noch mit Unterstützung Arthingtons, Grenfell die Aufgabe, zehn Stationen mit zwei Missionaren zu gründen, alle zwischen Stanley Pool und Stanley Falls. Zwanzig Jahre später, kurz vor der Inbesitz-

---

[72] Zur Übernahme der Arbeit der Basler Mission durch die SMEP vgl. VAN SLAGEREN, Origines 133f; KRUGER, Société des missions 239f; ROUX, Réveils missionaires 306f.

[73] Vgl. E. M. BRAEKMAN, Histoire du protestantisme au Congo, Brüssel 1961, 45f.

[74] Ebd., 59f.

[75] Ebd., 90f.

nahme des unabhängigen Kongostaates durch Belgien, hatte Grenfell acht Stationen zwischen Matadi und Stanleyville (Kisangani) eingerichtet.

„Die BMS illustriert", so Jean Pirotte, „sehr gut die extensive Methode ... von der man meinte, daß sie dem Wirken des Apostels Paulus entspräche. Der Missionar sprach die Bevölkerung an, predigte, bemühte sich, eine kleine Gruppe zum Lesen der Bibel zu sammeln und bildete so den Kern einer Ortskirche: Dann zog er weiter in ein anderes Gebiet, die entstandene Gruppe ließ er zurück mit dem Auftrag, für Wachstum und Gedeihen des christlichen Lebens zu sorgen."[76]

Das war auch die Strategie der LIM gewesen, bevor sie ihre Stationen der ABMU und dem SMF übertrug. Weder die ABMU, die die Stationen der LIM am unteren Kongo übernommen hatte, noch die 1888 zur weiteren Evangelisierung des oberen Kongo gegründete *Congo Bololo Mission* (CBM) folgten dieser Methode. Vielmehr konzentrierten sie ihre missionarischen Kräfte auf eine eingegrenzte Region, deren Sprache und Tradition einigermaßen bekannt waren. Diese Methode hatte zwei Vorteile gegenüber der anderen: Das Leben der Missionare war weniger stark von den Gefahren bedroht, die das Umherziehen mit sich brachte, und sie konnten sich persönlich der Ausbildung der einheimischen Mitarbeiter widmen, die zu gegebener Zeit die Aufgabe eines Helfers bei der Evangelisierung übernehmen sollten.

Zwei weitere amerikanische Missionsgesellschaften begannen in den neunziger Jahren des 19. Jh. ihr Missionswerk im Kongo, 1890 die *American Presbyterian Congo Mission* (APCM) und 1897 die *Disciples of Christ Congo Mission* (DCCM), erstere presbyterianisch, die andere presbyterianischen Ursprungs, aber dem Typ nach baptistisch. Die APCM konzentrierte sich auf die Region von Kasai. Aus dem Plan einer Evangelisierung durch amerikanische Farbige wurde nichts, aber das Bewußtsein der Amerikaner, gegenüber Afrika in der Schuld zu stehen, führte zu einer verstärkten Förderung von Erziehung und Berufsausbildung, im vorliegenden Fall vor allem im landwirtschaftlichen Bereich. Die Station von Luebo, wo 1895 die ersten Taufen stattfanden, wurde zum Zentrum der APCM. Hier gab es eine Druckerei und eine Bibelschule, aus der die ersten Missionshelfer hervorgingen. Die Mitarbeiter der DCCM waren insbesondere in der Äquatorregion tätig, wo sie die Station von Bolenge von der ABMU übernahmen. Sie gründeten eine bedeutende medizinische Mission und ein Erziehungswerk, vor allem für Frauen. 1902 fanden in Bolenge die ersten Taufen statt, 1907 verließ das erste Buch in der Lonkundo-Sprache die Missionsdruckerei.

Zu Beginn des 20. Jh. waren neun Missionsgesellschaften im Kongo tätig. Sieben von ihnen, darunter auch die eben erwähnten, nahmen 1902 an einer ersten Generalkonferenz in Leopoldville teil. Solche Konferenzen gaben die Möglichkeit zu Absprachen über eventuelle Kooperationen, zugleich verfolgten sie das Anliegen, sich gegenüber zwei Fronten zu behaupten: zum einen gegenüber der katholischen Mission, zum anderen gegenüber der dem Protestantismus wenig geneigten Kolonialpolitik[77]. Es wurde deutlich, daß der Protestantismus, der im Kongo als „auswärtige Mission" gegenüber den „nationalen Missionen" betrachtet wurde, die Autonomie der einheimischen Kirchen anstreben mußte.

Das Prinzip des *self-support*, d. h. das Prinzip der finanziellen Unabhängigkeit der neu

---

[76] J. Pirotte, Self-support? Auxiliaires salariés et bénévoles dans cinq missions protestantes au Congo (Zaire), 1878–1960, in: Naître et grandir en Église (s. Anm. 32) 116ff.

[77] Vgl. Ph. B. Kabongo-Mbaya, L'Église du Christ au Zaire, Paris 1992, 16.

entstehenden Kirchen, blieb bei den protestantischen Missionsgesellschaften unumstritten. Die Frage, ob dieses Prinzip ab sofort zu gelten habe oder erst nach einer Anlaufzeit zu erreichen sei, wurde auf sämtlichen Konferenzen zwischen 1902 und 1909 lebhaft diskutiert. Ebenso bestand auf den Konferenzen Übereinstimmung im Hinblick auf den apostolischen Charakter des Helferamtes bei der Evangelisierung. Leider änderte dies nichts daran, daß viele der Katecheten mit äußerst geringem Lohn angestellt wurden, der noch dazu in Naturalien oder Vergünstigungen bestand, also keine Entlohnung im eigentlichen Sinne darstellte. 1910 schrieb die belgische Regierung eine geldliche Entlohnung vor. Das führte bei den protestantischen Missionen zu einer entsprechenden Regelung der wirtschaftlichen Verhältnisse ihrer Mitarbeiter, auch wenn diese nicht unbedingt deren oft sehr angesehene gesellschaftliche Stellung widerspiegelte.

1911 setzte die Generalkonferenz des Kongo einen Fortsetzungsausschuß entsprechend den Empfehlungen der Weltmissionskonferenz von Edinburgh (1910) ein. 1912 schließlich konnten die Kooperationsbemühungen der protestantischen Missionsgesellschaften im Kongo mit der Gründung einer offiziellen Zeitschrift, der *Congo Mission News*, einen weiteren Erfolg verbuchen[78].

2. Die katholische Mission

Die Kongregation vom Heiligen Geist (Spiritaner)

Zu den Pionieren auf dem Gebiet der Missionsstrategie zählen die Väter vom Heiligen Geist, die F. Libermann 1848 mit der von ihm gegründeten Kongregation vom Unbefleckten Herzen Mariens zusammengeführt hatte. Sie verfügten seit der ersten, im 18. Jh. gegründeten Kongregation über einen großen Erfahrungsschatz, sei es hinsichtlich der Missionierung im Landesinnern unter einer stark verarmten Bevölkerung, sei es im Bereich der Ausbildung der Jugend und des Priesternachwuchses. Die Patres Monnet und Le Vavasseur hatten unter den ehemaligen Sklaven auf La Réunion und bei den 75 000 Freigelassenen auf Mauritius bahnbrechende Arbeit geleistet: Auf Mauritius war es Jacques-Désiré Laval (1803–1864) gelungen, die Bevölkerung in einem Zeitraum von zwanzig Jahren in eine große dynamische christliche Gemeinde zu verwandeln[79]. Libermann hatte bereits in seinen Instruktionen die Erziehung immer stärker in den Vordergrund gerückt. Das fand schließlich seinen Niederschlag in der Regel von 1878: „Während ihr eigentliches Ziel die Rettung der Seelen ist, werden sich die Missionare auch um die Förderung einer wohlverstandenen Zivilisation und um das zeitliche Wohl der Bevölkerung bemühen [...]; daher sollen die Brüder die Menschen in der Bodennutzung ebenso wie in anderen nützlichen Künsten und Gewerben unterweisen."[80]

Diese Anweisungen setzten die ersten Apostolischen Vikare an der Küste von Guinea in die Tat um: Jean-Rémi Bessieux während seines langen Episkopats von 27 Jahren in Gabun (1844–1876) und Aloys Kobès in Dakar (1849–1872). Beide richteten ein Netz von Grundschulen ein, an die sich dann berufliche Ausbildungsstätten in den Bereichen Land-

[78] E. M. BRAEKMAN, Histoire du protestantisme au Congo, Brüssel 1961, 264f.

[79] Vgl. PRUDHOMME, Histoire religieuse (s. Anm. 7) 75–100, und J. MICHEL, Le Père Jacques Laval, le saint de l'île Maurice, Paris 1990.

[80] H. KOREN, Les Spiritains, Paris 1982, 491.

wirtschaft und Gewerbe anschlossen. Sie waren verbunden mit Versuchsgärten und großen Plantagen (wie etwa die von Ngasobil im Senegal, mit einer Ausdehnung von 1000 Hektar). Botanische Untersuchungen und Forschungen wurden durchgeführt (wie diejenigen von Pater Theo Klaine, der 47 Jahre in Gabun verbrachte und dessen Name in die wissenschaftliche Benennung des Balsambaumholzes *Okume* Eingang fand). Sie widmeten sich den Studien der Lokalsprachen und, im Fall von Kobès, der Ausbildung eines einheimischen Klerus: Bereits 1872 gab es fünf ordinierte afrikanische Priester[81].

An der Ostküste begann Pater Antoine Horner (1827–1880), der von La Réunion gekommen war, zwischen 1863 und 1869 mit einer bahnbrechenden, systematisch angelegten Evangelisierung. In seinem Ausgangsstützpunkt Bagamoyo verbündete sich Horner im Kampf gegen die Sklaverei mit Sir Bartle Frere. Von hier aus schritt er zur systematischen Gründung von Freiheitsdörfern für die Aufnahme freigekaufter Kinder, die dort von Marienschwestern (Nonnen, die ebenfalls aus La Réunion gekommen waren) erzogen wurden. Beginnend im Jahr 1872, gründete er fünf Stationen als Brückenköpfe für das Landesinnere, von denen die Karawanen der Weißen Väter in Richtung auf Ujiji und Uganda ausgingen[82]. Von den Missionaren, die Horners Arbeit weiterführten, seien hier Charles Sacleux (1850–1943) und Alexandre Le Roy (1854–1938) genannt. Sacleux sollte zu internationaler Anerkennung auf dem Gebiet der Sprachforschung durch ein kiswahelifranzösisches Wörterbuch gelangen, das er zwischen 1888 und 1891 zusammenstellte, in Sansibar selbst zum Druck brachte und an dem er sein ganzes Leben lang weiterarbeitete. Dieses Wörterbuch gab den Anstoß zu einer Renaissance der Schriftkultur in diesem Teil Afrikas und wurde zu einen Werkzeug der Evangelisierung: Von Sacleux verfaßte Gebetbücher, sogenannte Katechetikhandbücher, fanden ebenso wie alle anderen Publikationen, die Pater Longman millionenfach verteilte, bis in die protestantischen Missionen hinein Verwendung. Sacleuxs Wissensdrang, den er als Botaniker entfaltete, fand auch auf medizinischem Gebiet seinen Niederschlag (die von ihm angelegten Sammlungen vermachte er dem Museum und der Universität von Montpellier).

Noch bevor die Missionsverwaltung sich für derartiges interessierte, widmete sich Le Roy ethnologische Studien und schrieb mit Skizzen versehene Reportagen. Nach elf Jahren Tätigkeit in östlich gelegenen Gebieten wurde er Apostolischer Vikar von Gabun, wo er begann, Katecheten auszubilden. Unter Le Roys Leitung verdreifachte sich seine Gemeinde zwischen 1896 und 1926. Immer wieder betonte er, wie wichtig die intellektuelle Ausbildung der Missionare sei.

Ein dritter Stützpunkt der Mission befand sich in Landana (1873), mehr als 500 km vom Stanley Pool entfernt an der Küste, in einem von Portugal beanspruchten Gebiet. Die portugiesische Aneignung führte zur Versetzung Pater Antoine-Marie Carries (1842–1904) in das nördliche Loango (1883), wo bald darauf der Sitz des Apostolischen Vikariats von Französisch-Kongo eingerichtet wurde (1886). Nach den Vorstellungen Charles Duparquets (1830–1888), mit dem zusammen er Landana gegründet hatte und dessen Schüler er war, schuf Carrie eine Organisation für die Mission. Seit seinem Aufenthalt 1858 in Gabun war Pater Duparquet von den Ideen Libermanns ausgegangen und hatte, nach der Gründung der Mission von Landana, einen einheimischen Klerus entsprechend den Grundsät-

---

[81] Zu Bessieux vgl. J. BAUMGARTNER, Die Ausweitung der katholischen Missionen von Leo XIII. bis zum Zweiten Weltkrieg, in: H. JEDIN (Hrsg.), Handbuch der Kirchengeschichte VI/2, Freiburg – Basel – Wien 1973, 570.
[82] Zu Antoine Horner vgl. J. SIMON, Pater Horner, Neufgrange 1934.

zen der *Mémoire Libermannien à la Propagande* von 1846 aufgebaut. 1878 unternahm Duparquet im südlichen Afrika eine ausgedehnte Erkundungsreise. Vom Kap aus sandte er Carrie ein Memorandum in Briefform zu, in dem er das Ergebnis „langer Erfahrung und langer Untersuchungen in zwei prinzipiellen Punkten" zusammenfaßte: entscheidend sei die Notwendigkeit der Ausbildung einheimischer Mitarbeiter und die Notwendigkeit, sich Mittel zu beschaffen. Carrie bezog sich darauf in den Instruktionen an seine Missionare, die er später in *L'Organisation de la mission au Congo français* (1898) zusammenfaßte. Er verwies auf die gute apostolische Arbeit der afrikanischen Pfarrer in den protestantischen Missionen und auf das Modell der *Missions Etrangères de Paris* in Indien und China. Hier wurde die sorgfältige Planung deutlich, die dem 1875 in Landana gegründeten und 1886 nach Loango verlegten Seminar zugute kam. 1892 konnte Carrie dort die ersten beiden Priester ordinieren und 1898 zwei weitere. Danach trat eine längere Pause ein, ehe 1938 in Brazzaville, das unter der tatkräftigen Leitung Augouards Sitz des Apostolischen Vikariats von Ubangi (1890) geworden war, wieder Ordinationen vorgenommen wurden. In enger Zusammenarbeit mit den *Schwestern vom Heiligen Joseph von Cluny* (1886) förderte Carrie die Einrichtung von Schulen, Kliniken und einem Noviziat für Ordensfrauen und Ordensmänner. Diese Geistlichen, Spiritaner und afrikanische Priester sowie junge Ordensmänner, die geschickte Handwerker waren, erfüllten die prosperierende Relaisstation zwischen der Küste und dem Stanley Pool, La Bouenza, mit Leben. 1892 eingerichtet, wurde sie später durch die Schlafkrankheit stark dezimiert wie überhaupt die Bevölkerung im ganzen Land. Die Station mußte in eine gesündere Gegend verlegt werden[83].

Dieser kurze Abriß veranschaulicht die Evangelisierungsmethoden der Kongregation zum Heiligen Geist: Unterricht auf breiter Basis (Carrie hatte von 1889 bis 1899 die Aufsicht über die Erziehung von ungefähr 3300 Kindern); Ausbildung in moderner Technik unter Verwendung des Französischen, des Englischen oder des Kiswaheli, wobei die landwirtschaftliche Ausbildung den Vorzug erhielt gegenüber einer industriellen, um die jungen Afrikaner möglichst wenig zu „europäisieren", denn – wie Carrie in seinen Instruktionen an die Geistlichen schrieb – „die Missionare sollen den Afrikanern helfen, sich in ihrer eigenen Lebensweise und in ihren normalen Bräuchen zu vervollkommnen"[84]. Was die Evangelisierung im eigentlichen Sinn betrifft, so gab es unterschiedlich lange Vorbereitungszeiten zur Taufe; nach 1912 waren in Ostafrika drei Jahre üblich. Zum kirchlichen Leben gehörten festliche Liturgie, Chorgesang einschließlich Gregorianik ebenso wie Bruderschaften, die die gottesdienstlichen Feiern umrahmten. Da die Erziehung an erster Stelle stand, wandten sich die Spiritaner mit der Bitte um Hilfe an die Brüder von Ploermel und richteten Kongregationen für afrikanische Frauen ein (die erste waren die *Töchter vom Heiligen Herzen Mariens*, 1858 im Senegal gegründet, danach 1891 die *Brüder und Schwestern vom Heiligen Petrus Claver* in Loango). Obwohl schon Libermann in seinem Plan von 1846 den Katecheten einen wichtigen Platz eingeräumt hatte und Carrie sie zu den unverzichtbaren einheimischen Mitarbeitern zählte, kam der entscheidende Anstoß für die Ausbildung der Katecheten von Le Roy, dem Apostolischen Vikar in Gabun von 1892 bis 1896. Die vorrangige Bedeutung, die der Bildung eines einheimischen Klerus einge-

---

[83] Vgl. M. DE DREUILLE, La Bouenza, 1892–1966. Les Sources de l'Église au Congo, Paris 1994. Zu Carrie siehe die Arbeit von J. DELCOURT, Au Congo français, Mgr. Carrie 1842–1904, (maschin.schriftlich), 1975.

[84] Ebd., 76f. Pastoralbrief vom Juni 1899. In Bangui haben die Missionare zur Verbreitung der allgemein üblichen Sprache *Sangos* beigetragen.

räumt worden war, trug schließlich Früchte: 1840 hatte Anne-Marie Javouhey, Gründerin der Kongregation der *Schwestern vom Heiligen Joseph von Cluny*, drei Senegalesen nach Paris gebracht, die dort im Seminar zum Heiligen Geist von de Gualy zu Priestern ordiniert wurden [85]. Von den 27 afrikanischen Priestern, die zwischen 1840 und 1910 ordiniert wurden, gingen 19 aus der Missions- und Erziehungsarbeit der Väter vom Heiligen Geist hervor.

Das Werk Lavigeries

Unmittelbar nach jenen Wegbereitern der ersten Evangelisierung Schwarzafrikas begannen Lavigerie, „der afrikanische Kardinal", und seine Mitstreiter, die *Weißen Väter* und die *Schwestern Unserer Lieben Frau von Afrika*, ihr Missionswerk. Zweierlei ist charakteristisch für die Methode dieser Kongregationen: Zum einen wurde ein hoher intellektueller Bildungsstand erwartet – eine alte Forderung des Bischofs von seinem Klerus wurde nun auch auf die Missionare übertragen und vor allem auf die Kenntnis der einheimischen Sprachen bezogen: Die ersten sechs Monate eines Aufenthaltes waren ausschließlich dem Erlernen und Einüben der Sprache gewidmet. Dieses Modell ging auf die Jesuiten zurück, welchen der Erzbischof von Algier die Ausbildung seiner Geistlichen anvertraut hatte. Von dort kam auch die lange Dauer des Katechumenen-Unterrichts (vier Jahre, mit der aus der frühen Kirche wieder aufgenommenen Unterscheidung zwischen Anwärtern und eigentlichen Katechumenen) vor der Zulassung zur Taufe. Das andere Charakteristikum dieser Kongregationen lag in der Achtung der ethnischen und kulturellen Identität, wodurch sich jegliche Erziehung außerhalb des vorgegebenen Milieus und jegliche Lebensart verbot, welche die afrikanische Christen als „Europäer mit schwarzer Haut" [86] hätte erscheinen lassen können. Außerdem wurde Wert darauf gelegt, daß der Bekehrung – vor allem im muslimischen Umfeld – ein Reifeprozeß unter jeglicher Ablehnung von Proselytismus vorausging. Man erzwang auch in keiner Weise die Ausbildung einheimischer Priester. Erst gegen Ende von Lavigeries Episkopat wurden auf Verlangen Leos XIII. die ersten einheimischen Studenten in das Seminar in Algier aufgenommen.

Diese Einstellung machte zwangsläufig die Ausbildung einer Laienelite als Helfer und Helferinnen für die Missionare, zum Beispiel als Katecheten, notwendig. Abgesehen von dem auf Malta begrenzten Versuch entstanden erst nach dem Tod Lavigeries Schulen für Katecheten, die zugleich als Lehrer für die „Kapellenschulen" ausgebildet wurden. Im Gebiet der Baganda wurden sie von Hirth als „Botschafter" zum Stammesoberhaupt geschickt oder als Vorhut der Missionare, drei bis fünf Jahre im voraus, bis nach Ruanda. Die meisten der Katecheten wohnten in Dörfern, wo sie den katechetischen Anfangsunterricht erteilten, übernahmen aber auch die Rolle eines „Ortskatecheten", bei welchem sich die Katechumenen zum sechsmonatigen Unterricht zu melden hatten, der ihrer Taufe unmittelbar vorausging. Diese Mitarbeiter wurden durch die Zuweisung von Land entlohnt, auf dem sie als Muster und Vorbild Ackerbau betrieben. Ab 1901 übernahmen immer mehr Frauen diese Aufgaben und bildeten somit den Grundstock für die erste ansässige weibliche Kongregation, die schließlich 1910 gegründet wurde. Die Konzeption der Schulen

---

[85] Vgl. RATH, Libermann (s. Anm. 9).

[86] Vgl. X. DE MONTCLOS, Lavigerie, la mission universelle de l'Eglise, Paris 1968, 101, und Lavigerie, le christianisme et la civilisation, in: Civilisation chrétienne…, Paris 1975, 309–348.

richtete sich aus am katechetischen Unterricht[87]. Unterrichtet wurde in der Muttersprache. Die Mädchenschulen hatten oft einen Arbeitssaal, wo den Schülerinnen Nähen und andere handwerkliche Fertigkeiten beigebracht wurden, ansonsten wurden keine beruflichen Fächer unterrichtet. In jenen Gebieten im Sudan, die am schlimmsten unter den Folgen des Sklavenhandels litten, stand die medizinische Hilfe im Vordergrund sowie der Schutz all derjenigen, welche die überkommenen Stammesbräuche schutzlos ließen: die jungen Leute, besonders die jungen Frauen, die Kranken und die Alten. Zu dieser stärker sozialen Ausrichtung trug auch die 1903 gesetzlich eingeführte Säkularisation der Schulen bei[88].

Die Priester der Lyoner Afrikamission

Auch bei der *Gesellschaft der Priester der Lyoner Afrikamission*[89] lag der Schwerpunkt der Arbeit auf dem Erhalt der ländlichen afrikanischen Gesellschaft: Man achtete die traditionellen Stammesstrukturen mit dem Häuptling an der Spitze. Dies wurde besonders durch Steinmetz (1868–1952) in Benin praktiziert[90]. „Farmschulen" wurden eingerichtet, ein Beispiel dafür war Tocpo, das Pater Camille Bel aus einem Umerziehungsheim im Norden von D'Aboney entwickelt hatte. Pater Planque regte an, den Unterricht in den traditionellen Sprachen zu erteilen. Daraus ergab sich für die Missionare ein verstärktes Sprachenstudium. Das wiederum führte zur Entwicklung des Nogo-Alphabets durch Pater Beaugendre. Trotzdem beugten sich die Missionare auch der ihnen von der französischen Kolonialverwaltung auferlegten Verpflichtung, in Französisch zu unterrichten. Gute Beziehungen zur französischen Verwaltung waren ihnen im Zusammenhang mit der lebhaften Konkurrenz der protestantischen Schulen wichtig. Nach 1903 durften keine neuen Schulen mehr gegründet werden, die vorhandenen wurden jedoch toleriert. Das durch diese Missionare etablierte Netz von Schulen stellte einen beachtlichen Teil der schulischen Versorgung der AOF zwischen den Weltkriegen dar[91]. Ein für Frauen gegründetes Institut beschäftigte Katecheten, sammelte Jugendliche und rief Genossenschaften[92] und sogar Patronate ins Leben nach dem Beispiel ähnlicher Entwicklungen in Frankreich. Allgemein ignorierten die Missionare die lokalen religiösen Vorstellungen. Gegen diese Tendenz wandte sich Emile Aupiais (1877–1945)[93] in Dahome, einer der ihren, der sich besonders darum bemühte, die reiche lokale Kunst und Kultur im alten Königreich von Ife wieder aufzuwerten. Was die Frage eines afrikanischen Klerus betrifft, so wurde das erste Seminar in Uidah erst kurz vor dem Ersten Weltkrieg eröffnet. Außerdem entstand die afrikanische *Kongregation der Kleinen Diener der Armen.*

---

[87] Vgl. M. ROOYACKERS, Les Catéchistes baganda, 1890–1916, in: Naître et grandir en Église 147–155.

[88] Vgl. J. R. DE BENOIST, Les Écoles missionaires au Soudan occidental, in: Ecoles et missions chrétiennes extérieures, Lyon 1988, 73 ff. Siehe auch D. BOUCHE, Les Frères de Ploermel et la formation d'une élite sénégalaise, 1842–1904, ebd., 52–68.

[89] Vgl. C. ROUSSÉ-GROSSEAU, Méthodes d'évangélisation et modèles culturels des missions africaines de Lyon au Dahomey, 1861–1928, Paris 1992.

[90] Vgl. FAURITE, Royaume (s. Anm. 15).

[91] D. BOUCHE schätzt, daß 14 % bis 15 % aller Schüler der AOF in Missionsschulen unterrichtet wurden (Etudes d'histoire africaine [1976] 173–197).

[92] Vgl. ROUSSÉ-GROSSEAU, Méthodes.

[93] Vgl. G. HARDY, Emile Aupiais, Paris 1947.

Die belgische Kirche

Nach der Einrichtung eines Apostolischen Vikariats, das 1888 den Scheutvelder Patres anvertraut wurde, konnte man ein erhebliches Engagement der belgischen katholischen Kirche im Kongo verzeichnen. Neben den Scheutvelder Patres ließen sich noch sieben weitere Orden bzw. Kongregationen für Männer und etliche für Frauen nieder. Hinzu kamen Weltpriester, wie die etwa vierzig aus der Diözese von Gand, die sich flußaufwärts vom Stanley Pool um die Versorgung der am Eisenbahnbau von Matadi beschäftigten Menschen kümmerten[94]. Man richtete ein ganzes Netz von Mittelpunkt-, Land- und Spezialschulen ein, neun Kleine Seminare und das Große Seminar in Baudouinville, ebenso eine sanitäre Infrastruktur. Eine neue Einrichtung stellte die „Kapellenfarm" dar, die sich sowohl bei den Scheutisten wie auch bei den Jesuiten in Kuango fand. Das Modell war in dem von Pater Emile van Henexthoven, dem früheren Rektor des College von Mons, geleiteten Zentrum von Kisantu verwirklicht: Um eine groß angelegte Farm zur Aufzucht von Rindern hatte van Henexthoven junge Familien und Kinder gesammelt, denen er eine katechetische Ausbildung zukommen ließ und für die er einen regelrechten wirtschaftlichen und kulturellen Komplex errichtet hatte. 1902 lebten in den 250 dieser in sich geschlossenen dorfähnlichen Einrichtungen etwa 5000 Kinder[95]. Die christlichen Dörfer sorgten für ein erstaunliches Anwachsen der Zahl der Katecheten (1922 zählte man 75000). Als Reaktion auf die Kritik, die ihnen vor dem Ersten Weltkrieg entgegengebracht worden war, wurden diese Einrichtungen aber nach und nach aufgegeben zugunsten eines anderen Modells, der „Kapellenschulen", die besser auf die vorhandenen Dörfer verteilt waren.

Die Pallotiner

In Deutsch-Kamerun liefert das Werk der Pallotiner ein Beispiel für die Bemühungen um ein mehr im afrikanischen Milieu verwurzeltes Christentum. Mithilfe der Mission sollte „ein homogenes Umfeld zur Stützung von Moral und Religion der Bekehrten" geschaffen werden[96]. Diese Missionsstrategie, vorangetrieben von Vieter (1853–1914), zeitigte eine beachtliche Bekehrungswelle des Beti-Volkes innerhalb von etwa dreißig Jahren. Ausgangspunkt war ein weit verzweigtes Netz von Schulen, das nach dem Muster der Schulen in Deutschland angelegt war: Zuerst erfolgte über fünf Jahre ein Primarunterricht in der Lokalsprache, Ewondo, oder in Pidgin-Englisch. Daran schloß sich seit 1907 ein Sekundarunterricht, erst in Duala und später in Einsiedeln und in einem Dutzend Kleiner Seminare, gefolgt von einer praktischen Ausbildungsphase für Katechetiklehrer. 1914 wurden – ausgehend von zwanzig Missionsstationen – etwa 30000 Schüler von 314 afrikanischen Lehrern an 300 Grundschulen unterrichtet[97]. In Katechese und Liturgie wurden Bildern und Prozessionen – zur Darstellung der eucharistischen Gaben – sowie Gesängen viel Platz eingeräumt. Besonderes Gewicht lag auf einem hohen Unterrichtsniveau. Grundlage

---

[94] Sie wurden 1911 durch die Prämonstratenser abgelöst. Siehe R. VERHELST – H. DANIELS, Scheut, hier et aujourd'hui, 1862–1987, Leuven 1993.
[95] M. KRATZ, La Mission des rédemptoristes au Bas-Congo: la période des semailles, 1899–1920, Brüssel 1970, 285. Siehe auch Sacrae Congregationis 295.
[96] PH. LABURTHE-TOLRA, La Mission catholique allemande au Cameroun (1880–1916) et la missiologie, in: Sciences de la mission et formation missionnaire au XXᵉ siècle, Lyon 1992, 119–148.
[97] Vgl. DE BENOIST, Écoles missionaires (s. Anm. 88) 188.

der Glaubensunterweisung war der Tridentiner Katechismus, erweitert durch den katholischen Einheitskatechismus. 1906 wurde in Duala eine Synode abgehalten. Erfolg und Höhepunkt waren 1913 erreicht, als sich Atanga, ein Oberhäuptling der Beti, zum Christentum bekehrte.

Schlüssel dieser Evangelisierungsstrategie, die einen starken, prägenden Einfluß auf Land und Leute in Kamerun hatte, war die Kenntnis der Sprache. Einer der Missionare, Hermann Nekes (1875–1948), wurde auf diesem Gebiet zu einem internationalen Spezialisten. Zur Liste seiner über 100 in Limburg gedruckten Veröffentlichungen gehören Übersetzungen der Heiligen Schrift und der Väter und Kirchenlehrer sowie von Meßordnungen und Liedern. Das Große Seminar öffnete seine Pforten erst im Februar 1914, aber der Boden war bereitet für eine reiche Ernte von Berufungen zum Priesteramt.

V. Madagaskar

Die große „rote Insel" an der Südostküste Afrikas stellt den Sonderfall einer Kirche dar, die von Laien vor Ort getragen wurde. Die aufeinanderfolgenden Ausweisungen der ersten protestantischen Missionare im Jahre 1835 zu Beginn der Herrschaft Ranavalonas I. (1828–1861) und der katholischen Missionare, die mit den beiden französisch-merinischen Kriegen (1885 und 1895) zusammenfielen, machten die Selbstverwaltung der einheimischen Christen notwendig. Durch die enge Verbindung von Evangelisierung und Aufbau des Schulwesens trugen die Missionsgesellschaften zum spezifischen Charakter des madagassischen Christentums bei. Die entsprechenden Rahmenbedingungen wurden mit dem Gesetz von 1876 festgelegt, das zum Schulbesuch zwischen dem fünften und 16. Lebensjahr verpflichtete[98].

1. Die protestantischen Missionen

Madagaskar gehörte mit Südafrika und Ozeanien zu den ersten Missionsfeldern, die von der noch jungen LMS in Angriff genommen wurden. Dem 1799 an das Kap entsandten niederländischen Missionar Jan Theodosius van der Kemp kam die Aufgabe zu, die Möglichkeiten für eine Mission in Madagaskar zu erkunden. Die große Insel eignete sich nämlich als Bindeglied für eine Kette von Missionsstationen zwischen Afrika und Ozeanien bis nach Indien. J. Th. van der Kemp starb jedoch 1811, noch bevor er diese Aufgabe in Angriff nehmen konnte.

Die LMS gab den Plan jedoch nicht auf, konnte allerdings erst nach dem Freundschaftsvertrag zwischen England und Madagaskar im Jahre 1817 den Beginn ihrer Tätigkeit in Madagaskar ins Auge fassen. Der Gouverneur der Insel Mauritius, Sir Robert Farqhar, leitete die Bereitschaft des Merina-Königs Radama I. an die LMS weiter, sich abendländischen Einflüssen zu öffnen. Am 18. August 1818 kamen die beiden walisischen Missionare Thomas Bevan und David Jones mit ihren Ehefrauen nach Toamasina an die Ostküste Madagaskars. Sie eröffneten bald nach ihrer Ankunft eine Schule auf der Grundlage der Lancaster-Methode *(monitorial system)*, bei der die fortgeschrittenen Schüler zu Betreuern

---

[98] Hubsch, Madagascar (s. Anm. 8) 288.

anderer Schüler werden. Nach dem Tod der Missionare und ihrer Kinder kam dieses Experiment zum Erliegen. Lediglich David Jones überlebte. Mit der Unterstützung Radamas gründete er am 8. Dezember 1820 eine erste Schule in Antananarivo[99].

Das Jahr 1820 bezeichnet den Anfang der protestantischen Mission in Madagaskar. Drei Phasen lassen sich in ihrer Entwicklung bis zum Ersten Weltkrieg unterscheiden: Auf eine erste Evangelisierung bis um das Jahr 1860 unter der fast ausschließlichen Leitung der LMS folgte bis 1895 eine zweite Evangelisierung. Das Land hatte sich inzwischen anderen protestantischen sowie anglikanischen und katholischen Missionsgesellschaften geöffnet; doch wurde diese Evangelisierung innerhalb eines Regimes organisiert, das durch das protestantische Christentum geprägt worden war. Eine dritte Evangelisierung fällt in die Zeit nach dem Verlust der Unabhängigkeit Madagaskars und der Ankunft der Franzosen, die versuchten, dem Land eine laizistische Rahmenstruktur zu geben.

1820–1860

Die erste Phase verlief in zwei charakteristischen Etappen mit direkter Beziehung zwischen der Merina-Herrschaft und der LMS. Unter der Regierung Radamas I. (1810–1828) entwickelten sich die Schulen nach einem 1824 abgeschlossenen systematischen Besetzungsplan der Imerina. Die Übersetzung der Bibel ins Madagassische wurde zu Ende geführt; die ersten christlichen Gemeinden (*fiangonana*) wurden gegründet, doch wurde zu dieser Zeit keine einzige Tauffeier abgehalten. Die meisten Missionsaktivitäten wurden von Radama I. genehmigt, wenn er sie nicht mehr oder weniger selbst dirigierte[100].

Nach dem durch die traditionalistische Bourgeosie unterstützten Regierungsantritt von Königin Ranavalona I. (1828–1861) wurden viele Unternehmungen Radamas I. unterbunden, so auch hinsichtlich der Missionierung. 1831 ließ Ranavalona I. jedoch Taufe und Abendmahl zu, und etwa 20 Bekehrte wurden in der evangelischen Kirche in Andohalo getauft. Sie kamen aus allen Bevölkerungsschichten. Diesem ersten Erfolg schloß sich eine Christianisierungsbewegung an, vor allem unter den *sampy*-Wächtern (*sampy* sind traditionelle Kultgegenstände) und den Regierungsbeamten, die in der christlichen Lehre einen Weg zur Modernisierung und Demokratisierung des Landes sahen. Diese Bekehrungen aber forderten die Reaktion des Hofes heraus: 1835 verbot die Königin das Bekenntnis zum Christentum und rief dazu auf, dem Christentum abzuschwören. 2400 Madagassen unterwarfen sich bei Androhung mehr oder weniger harter Strafen diesem Befehl, während zahlreiche Christen in den Untergrund gingen. Zwischen 1837 und 1857 starben mehrere Dutzend madagassische Christen durch Enthauptung, Felssturz, Vergiftung oder Feuertod. Den Missionaren verweigerte man eine Verlängerung der Aufenthaltsgenehmigung. 1836 verließen die letzten Missionare die Insel. Sie hatten die Drucklegung der madegassischen Bibel vollendet (21. Juni 1835) und John Bunyans Erbauungsschrift *The Pilgim's Progress* (1678) übersetzt. Sie hinterließen eine Gemeinde von ungefähr 200 Mitgliedern ohne Geistliche oder kirchliche Organisation, aber mit einem Schulwerk von annähernd 4000 Schülern.

---

[99] ZORN, Siècle (s. Anm. 21) 144–146.
[100] Vgl. V. BELROSE-HUYGUES, Fondation des premières communautés congrégationnalistes, in: HUBSCH, Madagascar 187f.

1860–1895

Wie die erste Phase verlief auch die nachfolgende in zwei Abschnitten, jedoch ohne daß diesmal das Christentum in Frage gestellt wurde. Dem Tod Ranavalonas (16. August 1861) gingen einige Versuche der Katholiken zur Einführung des französischen Protektorats (1855) voraus, denen ähnliche der Protestanten zur Wiederherstellung der Handelsbeziehungen mit Großbritannien (1856) folgten. Prinz Rakoto wollte die despotische Regierung seiner Mutter beenden; sein Ruf nach einer Intervention Frankreichs stieß jedoch auf die abschlägige Antwort Napoleons III. Ein Komplott Rakotos mit europäischen Ratgebern und madagassischen „Bittstellern" wurde aufgedeckt und zog eine Welle von Verfolgungen nach sich, bei der auch Ausländer vertrieben wurden. Radama II. dagegen wollte Madagaskar ausländischen Einflüssen zugänglich machen und proklamierte bei seiner Thronbesteigung die Freiheit der Religion. Daraufhin entsandte die LMS eine hochrangige Persönlichkeit nach Madagaskar: William Ellis, ehemaliger Missionar in Ozeanien und Sekretär der Zentrale in London. Begleitet von acht Missionaren, organisierte William Ellis das Kirchenwesen, indem er an die Spitze der Kirchen die Leiter *(mpitandrina)* wählen ließ, die den Kirchen schon im Untergrund zur Verfügung gestanden hatten. Mit Hilfe kirchlicher Kollekten aus Großbritannien gab er den Anstoß zur Errichtung von Gedächtniskirchen, die an Martyriumsstätten gebaut wurden. Die erste dieser aus Stein gebauten Kirchen wurde 1867 in Ambatonakanga eingeweiht.

Allerdings führte die „Politik eines grenzenlosen Liberalismus Radamas II."[101] erneut zu Widerständen: Die Protestanten fürchteten den Einfluß Frankreichs, die Katholiken wurden Opfer einer Art konfessionellen Umschwungs, die politische Führungsschicht war um ihre Privilegien besorgt (Schwächung der Armee), die Traditionalisten hatten Angst vor Reformen (Abschaffung der Todesstrafe, Erleichterung der Fron, Privatisierung der Beschneidung). Am 11. Mai 1863 wurde Radama II. von den Männern seines Premierministers Rainivoninahitriniony (Raharo) ermordet.

Raharo regierte von der Thronbesteigung der Gemahlin Radamas II., Rasoherina, bis 1864, wurde dann aber verdrängt und von seinem Bruder Rainilaiarivony abgelöst. Die Bündnispolitik des Landes wurde nun erneut zugunsten Großbritanniens und des Protestantismus entschieden. Daraufhin ließen sich drei neue protestantische Missionsgesellschaften nieder: die anglikanische *Society for the Propagation of the Gospel (SPG)* im Jahre 1864, die anglo-amerikanische Gesellschaft der Freunde oder Quäker *Friends' Foreign Mission Association (FFMA)* und die *Norske Missions Seelskab (NMS)* der freien lutherischen Kirche Norwegens im Jahre 1867. Die in der Imerina sehr aktive LMS institutionalisierte seit 1863 die „dreimonatige Versammlung der Kirchen" *(lohavolona),* d. h. eine Bundesversammlung der angegliederten Provinzgemeinden. 1866 brachte sie die erste madegassische Zeitschrift *(Teny Soa = Das gute Wort)* heraus, die zur intellektuellen und geistlichen Bildung des madegassischen Volkes beitrug.

Am 1. April 1868 starb Rasoherina, und Rainilaiarivony brachte Ramoma auf den Thron, die zweite Frau Radamas II. Sie nannte sich Ranavalona II. und heiratete Rainilaiarivony. Das königliche Paar wollte seine Krönung zu einer öffentlichen Demonstration seines Bekenntnisses zum Protestantismus gestalten. Am 21. Februar 1869 wurden beide von einem madegassischen Geistlichen getauft. Eine zweifache öffentliche Geste – der Bau der

---

[101] H. DESCHAMPS, Histoire de Madagascar, Paris 1960, 168.

Palastkirche *(rova)* und die Zerstörung der königlichen *sampy,* die durch die Bibel ersetzt wurden – brachten den Willen des Herrscherpaares zum Ausdruck, den traditionellen Kult durch das Christentum zu ersetzen. Diese Krönung hatte nicht nur für die herkömmliche Repräsentation der Staatsgewalt, sondern auch für die Ekklesiologie der protestantischen Mission Konsequenzen: „Die Einteilung in neun Distrikte, die von der Mutterkirche in Antananarivo abgelöst wurden, sowie die halbjährigen Kirchenversammlungen *(Isan-enimbolana)* im Jahre 1868 ermöglichten den Wechsel vom Kongregationismus zum synodalen Presbyterianismus."[102]

Die französischen Protestanten presbyterial-synodaler Tradition förderten diese Entwicklung nach ihrer Ankunft im Jahre 1897. Zur selben Zeit ergab sich eine Funktionsteilung zwischen den madagassischen Geistlichen, die offizielle Ämter im Umkreis der Palastkirche übernahmen, und den Missionaren, die Schlüsselpositionen in den Distrikten besetzten. Von da an trugen alle von den Missionen (mit der LMS an der Spitze) gegründeten Schul- und Krankenhauseinrichtungen zum Ausbau eines modernen Staates bei – ungeachtet der politisch-religiösen Differenzen der protestantischen Missionsgesellschaften untereinander und zu den katholischen Missionaren.

Bestrebt, seine angeblich historischen Anrechte auf Madagaskar wieder zur Geltung zu bringen, und der festen Überzeugung, daß Großbritannien es gewähren lassen würde, erklärte Frankreich Madagaskar zweimal den Krieg: von 1883 bis 1885, dann von 1894 bis 1895. Nach einem mörderischen Feldzug erreichte Frankreich die Kapitulation der Königin.

1895–1914

Die Eroberung Madagaskars durch Frankreich steht im Zusammenhang mit der Kolonialteilung, die auf der Berliner Afrikakonferenz in Angriff genommen wurde. In einem souveränen und organisierten Land wie Madagaskar jedoch mußte man sich darauf gefaßt machen, daß eine Veränderung in den internationalen Bündniskonstellationen eine Widerstandsbewegung gegen den ausländischen Eindringling auslöste.

Seit der französischen Besitzergreifung hatte sich der Widerstand im Süden des Merina-Königreichs in der *fahavalo*-Bewegung gebündelt. Die Aufständischen agierten im Namen einer madagassischen Nationalbewegung mit dem Ziel, zum Glauben der Vorfahren zurückzukehren, und griffen christliche Einrichtungen an. Vom Beginn des Aufstandes im November 1895 bis zur Ankunft General Galliénis ein Jahr später wurden 150 katholische Kapellen und 600 evangelische Kirchen zerstört. Im Mai 1897 wurden die beiden auf Drängen der LMS von der SMEP entsandten französischen Geistlichen Benjamin Escande und Paul Minault ermordet[103].

Besondere Erwähnung verdienen zwei christlich geprägte Bewegungen des Widerstands: die unabhängige, *Tranozororo* („Kirche im Schilf") genannte madagassische Kirche, die 1893 gegründet wurde, sowie die im Betsileo-Land 1894 gegründete Erweckungsbewegung *(Fifohazana)* der Jünger des Herrn. Die *Tranozororo* unter der Leitung von Pastor Rajaonary, die sich wegen einer einfachen Moralfrage von der LMS abgespalten

---

[102] F. Raison-Jourde, Dérives constantiniennes et querelles religieuses (1869–1883), in: Hubsch, Madagascar 281; F. Raison-Jourde, Bible et Pouvoir à Madagascar au XIXe siècle, Paris 1991.
[103] Zorn, Siècle, 261 ff.

hatte, unterschied sich von den kongregationalistischen Kirchen nicht in der Lehre, sondern in der Organisationsform einer von der „Muttermission" getrennten Kirche. Interessant sind die widersprüchlichen Reaktionen der Kolonialverwaltung gegenüber den Dissidenten: Sie fanden das Wohlwollen General Galliens, der mit seiner Teilnahme an der Einweihung ihrer Schule (23. August 1903) demonstrieren wollte, daß seine Verwaltung nicht die geringste Einflußnahme auf ihr Amt dulden und daher der *Tranozororo* die gleichen Rechte und Freiheiten wie den anderen Missionen einräumen werde. Dagegen sah sein Nachfolger Victor Augagneur, der Ende 1905 nach Madagaskar kam, in der *Tranozororo* eine fatale und logische Konsequenz aus der protestantischen Ekklesiologie, die direkt zur Konstituierung einer madagassischen Kirche führe. Nach seinen Vorstellungen mußten die Kirchen in den französischen Kolonien „national", d. h. französisch sein. Deshalb verbot er 1906 jede Gründung einer Kirchengemeinde, die nicht dauerhaft von einem Europäer geleitet wurde. 1909 schloß sich die *Tranozororo* der FFMA an [104].

Der *Fifohazana* war eine Bewegung mit ausschließlich religiösem Charakter, die im allgemeinen von den protestantischen Missionen unterstützt wurde und ursprünglich in der Provinz Betsileo in einem Distrikt der lutherischen Mission Norwegens *(MNS)* entstand. Ihr Gründer Rainisoalambo war ein ehemaliger Priester der traditionellen Religion, bevor er 1884 zum Luthertum konvertierte und Leiter einer christlichen Gemeinde wurde. Nach einer schweren Erkrankung seiner ganzen Familie erkannte er zehn Jahre später seine Fähigkeiten als Heiler. Er wurde zu einem überzeugenden Prediger des Verzichts auf jede Kultform seiner Vorfahren zugunsten der alleinigen Verkündigung Christi als Quelle des Lebens. 1899 nahm er sein während der Eroberungszeit aufgegebenes Amt wieder auf. Nach einer kurzen Inhaftierung wegen Störung der öffentlichen Ordnung wirkten Rainisoalambo und seine Anhänger über die Grenzen des Distrikts (in dem sie ihre Zentrale (Soatanana) gegründet hatten) hinaus und zogen nach dem Vorbild der Jünger Jesu missionierend und jeweils zu zweit über die ganze Insel. Im allgemeinen wurden sie von den madagassischen Geistlichen und den ausländischen Missionaren gut aufgenommen. Zu einem Zeitpunkt, als eine laizistische Bewegung nach französischem Vorbild das fast hundertjährige Werk der christlichen Missionen bekämpfte, nahmen die Geistlichen und Missionare in den Provinzen den Dienst der „Jünger des Herrn" in ihrem Gebiet bereitwillig an, um mit dieser überzeugend christlichen wie genuin madegassischen Erweckungsbewegung ihre eigene Evangelisierungsarbeit zu stützen [105].

Der Laizismus in Madagaskar war ohne Zweifel eines der wichtigsten Argumente, die den französischen Protestantismus mit allen seinen Kräften zum Engagement auf diese Insel führte. Anfang 1896 stellte die SMEP mit Pastor Henri Lauga und dem Pädagogen Frédéric H. Krüger zwei Missionare ab, die versuchen wollten, „von oben" (d. h. von der Palastkirche und der Palastschule) her der Gesellschaft und dem Merina-Christentum wieder Gestalt zu geben. Das Wirken der SMEP war zeitlich begrenzt auf die aufeinanderfolgenden Aufenthalte ihres Direktors Alfred Boegner (Juli 1898–Februar 1899) und ihres Generalsekretärs Jean Bianquis (September 1901–April 1904). Zum Zeitpunkt der Eroberung

---

[104] Ebd., 284. Zur Auseinandersetzung zwischen Augagneur und Allier vgl. die anonyme (wohl von Augagneur stammende) Schrift Les Missions et la Question religieuse à Madagascar, Meulan- Hardricourt 1907; ferner R. ALLIER, La Liberté de conscience à Madagascar, Paris 1907.

[105] Zum *Fifohazana* oder der „Bewegung der Jünger des Herrn" vgl. É. ESCANDE, Les Disciples du Seigneur – un mouvement d'évangélisation indigène à Madagascar, in: Les Cahiers missionaires 8, Paris 1926.

hatten die französischen Behörden offensichtlich den massiven Abbruch der Tätigkeit der LMS verlangt. Nachdem die Vertreter der SMEP jedoch auf ihre internationale Missionstätigkeit, die geringen Geldmittel des französischen Protestantismus und auf die Nichteinmischung in die politischen Angelegenheiten der englischen Missionare verweisen konnten, gelang es ihnen, von den französischen Behörden die Erlaubnis zu erwirken, die Arbeit der LMS und der FFMA fortzusetzen. Entsprechende Schritte unternahmen auch die französischen Lutheraner, so daß auch die NMS ihre Tätigkeit weiterführen konnte[106].

Nachdem Boegner die Grundlage für die freien, vom Staat subventionierten Konfessionsschulen ausgehandelt hatte, wurde 1900 die Hälfte der von der LMS geleiteten Schulen, die nach der Eroberung von der SMEP übernommen werden mußten, wieder zurückgegeben. Dieses System wurde aber 1904 durch Verordnungen in Frage gestellt, die den Status aller Konfessionsschulen abänderten. Hervorzuheben ist hier die Tätigkeit der protestantischen Missionen auf dem gymnasialen Sektor und ihre beachtlichen Erfolge bei der Publikation religiöser wie technischer Werke; man kann gewissermaßen von einer „anglomadagassischen Kultur" sprechen.

1903 hielten die von der SMEP abhängigen Imerina-Kirchen – bezeichnet als *Mission protestante française* (MPF), zur klaren Unterscheidung von der LMS – eine Jahresversammlung *(Isan-Kerin-Taona)* ab, die die erste Synode der zur MPF gehörigen Kirchen darstellte. Die Kostenübernahme durch eine zentrale Besoldungskasse der Evangelisten, die zur Erweiterung des Aktionsfeldes der Kirchen notwendig geworden war, zeigte deutlich das Autonomiestreben dieser Kirchen auf. 1912 wurde auf der neunten Synode eine presbyterial-synodale Verfassung angenommen. Ein Jahr später wurden alle protestantischen Kirchen Madagaskars gemäß dem am 11. März 1913 verkündeten französischen Trennungsgesetz von Kirche und Staat, nach langen Jahren zäher Verhandlungen mit der Regierung, anerkannt. Im Oktober des gleichen Jahres fand in Madagaskar die erste ökumenische missionarische Konferenz statt, die im Geiste der Edinburgher Generalkonferenz dazu bestimmt war, die Tätigkeitsgebiete für jede Missionsgesellschaft abzustecken. In Zusammenarbeit mit der LMS und der FFMA wurde der MPF offiziell die Ostküste (von Tamatave bis Diego) und die Westküste (von Majunga bis Analalava) zugeteilt, wo französische Missionare und madagassische Pastoren 1907 die Evangelisierung aufgenommen hatten.

Am Vorabend des Ersten Weltkrieges zählte die MPF ungefähr 140000 Mitglieder, die etwa 30% aller Angehörigen der französischen und anglikanischen Kirchen entsprachen.

2. Die katholische Mission

Gegenüber einem Protestantismus, der zur offiziellen Religion des Landes und seiner Oberschichten geworden war, konnten sich die Katholiken nur als bescheidene Minderheit fühlen[107]. Allerdings hatten sich die Jesuiten darum bemüht, nicht nur in den von ihnen gegründeten vier Kirchengemeinden in Antananarivo, sondern auf allen Hochebenen und ab 1871 im Betsileo-Gebiet einen Verband kleiner Schulen aufzubauen. Dabei wurden sie tat-

---

[106] J.-F. Zorn, Internationalisme missionaire et nationalisme colonial. Les enjeux d'une action apostolique qui dépasse les frontières, in: Études théologiques et religieuses 67 (1992/1993) 182f.
[107] Nach Metzler, Dalle Missioni (s. Anm. 28) 327, zählte man 1883 ca. 20000 Katholiken und 4000 Katechumenen.

kräftig von den Schwestern des St.-Joseph-von-Cluny-Ordens unterstützt, die gleich nach ihrer Ankunft in Tamatave (1861) ihre erste Niederlassung gegründet hatten. Zwei Jahre später bildeten sie in Andohalo (in der Nähe der Hauptstadt) Mitglieder der Frauenvereinigung der Töchter des Hl. Herzens zu Grundschullehrerinnen aus, die sich vor allem den Hausbesuchen verschrieben. Die 1865 nach Madagaskar gekommenen christlichen Schulbrüder gründeten in Antananarivo und Fianarantsoa Pensionate, in denen sich unter den Schülerinnen auch Mädchen aus den Oberschichten befanden, wie Victoire Rasoamanarivo, eine Schwiegertochter des Premierministers. Sie kümmerte sich um die Fortsetzung der christlichen Versammlungen, nachdem die Missionare im ersten Krieg vertrieben worden waren. Der Wiederaufbau der Gemeinden wurde von dem christlichen Schulbruder Raphaël Rafiringa übernommen, der als gewählter „Kirchenpräfekt" die regelmäßige Visitation durchführte, Beziehungen mit den Gemeinden im Betsileo-Gebiet pflegte und dank einer „katholischen Union" von Jugendlichen wöchentliche Versammlungen abhielt, in denen die Katholiken ihren Willen zu materieller wie geistlicher Solidarität stärken konnten.

Als Cazet (seit 1872 Apostolischer Vikar) 1886 zurückkam, fand er ein solides und geordnetes katholisches Gemeindewesen (*fiangonana*) vor, das zwischen drei und sechs Dörfer zusammenschloß. Herausragendes Kennzeichen dieser Konsolidierung war die Verdoppelung der katholischen Gläubigen in den acht darauffolgenden Jahren – vor allem durch weitere Bekehrungen in den Hofkreisen (Angelina, die Schwester Victoires, heiratete ebenfalls einen Sohn des Premierministers und setzte ihr Werk während des zweiten französisch-merinischen Krieges fort) und durch die Tätigkeit der Kongregationen der *Marienkinder*. Die Schwestern von St.-Joseph führten diesen Kongregationen Mitglieder zu, um das kirchengemeindliche Leben auf dem Lande (vor allem in der Diözese Betsileo) zu ergänzen. Zu dieser Zeit (1888) eröffneten die Jesuiten in der Nähe von Antananarivo das Kolleg Saint-Michel, das bei der Heranbildung einer katholischen Elite eine bedeutende Rolle spielen sollte. Das Priesterseminar nahm dagegen erst 1916 seine Tätigkeit auf.

Die anschließende Besetzung und Annexion rief eine tiefgreifende ausländerfeindliche Revolte hervor, die von den traditionellen Glaubensformen (*Ramenjana*) genährt wurde. Pater Jacques Berthieu (1838–1896) war eines der Opfer; doch sein gewaltsamer Tod erhöhte noch Berthieus Bedeutung für die Jugendbildung und die Verbesserung der bäuerlichen Lebensbedingungen. Aus der Niederlassung weiterer Kongregationen um 1900 und der laizistischen Schulpolitik ergaben sich vielfältige soziale Betätigungen der Ordensfrauen: Haushaltsschulung, Vorbereitung der jungen Mädchen auf das soziale Leben (Familiengründung), Eröffnung einer zweiten Leprastation durch die franziskanischen Marienmissionarinnen (im Jahre 1900) und Übernahme der Leprastation von Marana durch die St.-Joseph-Schwestern [108]. Der offizielle Antiklerikalismus führte zudem dazu, daß sich die Christen von der Kolonialmacht distanzierten und ihre Gemeinschaftsformen auf einmal ihren die madegassische Identität bewahrenden Charakter offenbarten.

Ein einfacher Ordensmann leistete dazu einen nachhaltigen Beitrag. Im Stillen entfaltete er auf dem Lande eine immense Sammlertätigkeit bei den Ältesten und hielt durch die Sicherung mündlicher Überlieferungen die Erinnerung an die großen Taten der Merina-Monarchie von den frühesten Anfängen (*vazimbas*/Anfang des 13. Jh.) bis zum 19. Jh.

---

[108] J. GADILLE, La Promotion de la femme dans les missions chrétiennes contemporaines à l'extérieur: l'exemple de Madagascar, in: Histoire moderne II (108e congrès des sociétés savantes de Grenoble 1983) 235.

wach: Pater François Callet (1822–1885), dessen vierbändige *Histoire des rois* die madagassische Akademie, die zu dieser Zeit gegründet wurde, zwischen 1902 und 1908 nach-
druckte[109]. Diese Veröffentlichung wurde zum Auslöser für eine breit angelegte kritische
Auseinandersetzung mit anderen mündlichen Traditionen. Aber bereits vor dieser offiziellen Edition hatte Pater Malzac in den letzten Jahren des 19. Jh. den Inhalt des Werks in eine
gekürzte und vereinfachte Ausgabe zusammengefaßt, die als Geschichtshandbuch in den
Schulen der katholischen Mission verwendet wurde[110]. Callet verbrachte seine letzten Le-
bensjahre mit der Korrektur und Ergänzung des französisch-madagassischen Wörterbu-
ches, das die Königin von Webber erbeten hatte. Cazet lag sehr viel an der Vollendung dieses sprachwissenschaftlichen Werkes, das durch Webbers Tod unterbrochen worden war.
Es ist in der Tat eine vollständige Enzyklopädie des traditionellen Lebens in Madagaskar
und kann mit der Leistung verglichen werden, die zur selben Zeit Pater Sacleux für die
Suaheli-Kultur vollbrachte.

So gilt es also, das Klischee von der Oktroyierung einer fremden Kultur durch die Missionare in Afrika deutlich einzuschränken. Es stimmt zwar, daß die meisten Mitglieder der
Missionsgesellschaften die einheimischen Religionsformen verdrängten, daß sie sich ferner häufig mit der Weitergabe der Lehre und Liturgie begnügten, die ihnen selbst beigebracht worden waren. Aber die Vielfalt der angewandten Methoden, die von den einzelnen
Gesellschaften gesetzten Prioritäten, die teilweise äußerst profunden Sprachkenntnisse,
schließlich die enge Gemeinschaft mit der Bevölkerung und die Lebenshingabe – oft auf
der Höhe ihrer Schaffenskraft – der Missionare und Missionarinnen[111] bilden klare Kor-
rektive für die Vorstellung einer grundsätzlich nur oberflächlichen Kulturbegegnung.

---

[109] F. RAISON-JOURDE, La Marginalisation comme voie d'accès à l'histoire autochtone: vie et tribulations du Père
Callet, historien et ethnologue de l'Imerina au XIXe siècle, in: Histoire religieuse, histoire globale, histoire ouverte,
Paris 1992, 181–198.
[110] A. DELIVRÉ, Interprétation d'une tradition orale. L'Histoire des rois d'Imerina, Paris 1974.
[111] Einige Angaben über die Todesumstände von Missionaren finden sich bei ROUSSÉ-GROSSEAU, Méthodes, und
bei DE DREUILLE, Bouenza.

Zweites Kapitel

Asien

von Jacques Gadille und Jean-Francois Zorn

I. Indien und Ceylon

1. Die protestantischen Missionen

Die Ausbreitung des Christentums auf die außereuropäischen Kontinente begann mit dem Aufbruch der protestantischen Mission: 1792 wurde in London die erste Missionsgesellschaft der Neuzeit gegründet, die *Baptist Missionary Society* (BMS). Im folgenden Jahr betrat ihr Gründer, William Carey (1761–1834), Indien[1]. Die Geschichte der missionarischen Ausbreitung im 19. Jh. ist in zwei Phasen zu unterteilen: Die erste reicht von den Anfängen bis zum indischen Aufstand *(Indian Mutiny)* der Sepoy gegen die Europäer Ende 1857; die zweite Phase beginnt mit der Übernahme Indiens durch die britische Krone aus den Händen der Ostindien-Kompanie[2] nach der Niederschlagung des Aufstands. Die erste Phase, eine präkoloniale Pionierphase, vollzog sich in drei Etappen:

1792–1830

Da die Ostindien-Kompanie Carey und seinen beiden Begleitern keine Aufenthaltserlaubnis erteilt hatte, mußten diese sich in der dänischen Enklave von Serampore in der Nähe von Kalkutta niederlassen. Die Tätigkeiten der BMS waren vor allem auf folgende Aufgaben gerichtet:

1. Erlernen und Transkribieren der Lokalsprachen: 1801 wurde das Neue Testament in Bengali übersetzt, 1808 in Sanskrit. Von 1809 bis 1820 erschienen Übersetzungen in den

---

Zu den Kurztiteln vgl. die jeweilige Erstnennung.

[1] Zu William Carey vgl. R. Farelly, William Carey (1761–1834). Esquisse biographique, Paris 1984, und St. Neill, Carey, William (1761–1834), in: St. Neill – G. H. Anderson u. a. (Hrsgg.), Lexikon zur Weltmission, Wuppertal – Erlangen 1975, 84f. Grundlgegend zu lutherischen Mission in Indien: O. Waack, Indische Kirche und Indien-Mission, Erlangen 1996f.

[2] Seit der Entdeckung des Seeweges nach Indien um das „Kap der Guten Hoffnung" und nach der Landung Vasco da Gamas 1498 in Calicut entstanden an den Küsten Indiens europäische Handelsniederlassungen. Doch erst der Zerfall der Staatsmacht in Indien im 18. Jh. ermöglichte den Europäern ein nachhaltiges Eingreifen in die inneren Angelegenheiten, bis schließlich die britische Kolonialherrschaft das gesamte Land unterwarf. Als erste europäische Handelsmacht gelang es im 16. Jh. den Portugiesen, ein sich bis nach China und Japan erstreckendes Handelsimperium zu errichten. Nach dem vom Erstarken der Seemächte England und der Niederlande begleiteten Niedergang des portugiesischen Kolonialbesitzes traten Anfang des 17. Jh. verschiedene ostindische Handelsgesellschaften (der Niederlande, Dänemarks, Frankreichs) die Nachfolge an. Die Britische Ostindien-Kompanie wurde am 31. Dezember 1600 gegründet. Aus den erbitterten Auseinandersetzungen zwischen Portugiesen, Briten und Niederländern um die Vorherrschaft in Indien gingen die Briten bis zum Ende des 18. Jh. als Sieger hervor.

am weitesten verbreiteten Sprachen Nordindiens und in den drawidischen Sprachen des Südens. 1858 lagen 18 Bibelübersetzungen vor, davon vier neutestamentliche.

2. Kenntnis der Religionen und der Kultur Indiens: 1806 wurde das Werk *Manners and Customs of the Hindus* publiziert.

3. Ein Aufbrechen des Kastensystems, das man als diskrimierend verurteilte. Die meisten Getauften gehörten den untersten Kasten an. Die schon vorhandene autochthone Kirche war nicht durch die Mission entstanden.

4. Einrichtung eines unabhängigen Katechetik-Unterrichts auf allen Ebenen *(Native Free Schools)*. In Careys Todesjahr 1834 verfügte die BMS über 153 Primarschulen, ein College auf Sekundarstufenebene, zwei landwirtschaftliche Genossenschaften und eine Sparkasse. Carey war zum Professor für Sanskrit am Regierungscollege in Kalkutta ernannt worden. 1827 erhielt das College von Serampore den Rang einer universitären Einrichtung. Zu diesem Wirken im Bildungsbereich kam der gerade im Entstehen begriffene Journalismus hinzu. Mit Hilfe einer Kampagne, die von der von ihm gegründeten Zeitschrift *The Friend of India* geführt wurde, erreichte Carey 1829 das Verbot der Witwenverbrennungen *(sati)*.

Nach der Erneuerung ihrer Charta mußte die Ostindien-Kompanie ab 1813 der Mission einen größeren Spielraum für ihre Arbeit in Indien einräumen[3]. Nun konnten weitere Missiongesellschaften ihre Arbeit aufnehmen: die *London Missionary Society* (LMS, gegründet 1795) und die *Church Missionary Society* (CMS, gegründet 1799) in Kalkutta, die schottischen presbyterianischen Missionen (sowohl staatskirchliche als auch freikirchliche), das *American Board* in Bombay; im äußersten Süden in Thanjavur (Thanjove) die alte, 1699 von dänischen und deutschen Lutheranern gegründete *Society for Promoting Christian Knowledge* (SPCK).

Zu den herausragenden Leistungen dieser Epoche zählen das Werk des deutschen Sprachforschers Karl Rhenius (1790–1838) und das des schottischen Pädagogen Alexander Duff (1806–1878)[4]. Der von der CMS entsandte Rhenius entwickelte ein Ausbildungssystem für Katecheten, die anschließend in den unter dem Namen *Tinnevelly* bekannt gewordenen christlichen Dörfern eingesetzt wurden. 1830 gab es etwa 100 solcher Dörfer. Die Methode wurde etwas weiter südlich durch Thomas Ragland in Nagercoil angewandt. Dort wurden vor allem Frauen aus der Mittelschicht angesprochen. Davon profitierte die LMS, für die Charles Mead und Richard Knill – nach ihrer Ankunft in Indien 1818 – eine Kirche gegründet hatten, zu der 1838 eine Klinik und ein Seminar hinzukamen.

Duff, der von der schottischen Staatskirche entsandt worden war, bemühte sich um die Ausbildung einer Elite, die er mit der westlichen Kultur in Kontakt bringen wollte. 1830 konnte er ein erstes College in Kalkutta eröffnen. Zehn Jahre später hatte es bereits 800 Schüler. Die religiöse Erziehung nahm dort zwar nur einen bescheidenen Platz ein, führte aber dennoch zur Bekehrung mehrerer Studenten aus den oberen Kasten und rief damit negative Reaktionen der Brahmanenautoritäten hervor. Unterstützt wurde Duff von Ram Mo-

---

[3] Hinter diesem Verbot stand die bis ins ausgehende 18. Jh. bestimmende Politik der Ostindien-Kompanie, das traditionelle indische Erziehungssystem nicht anzutasten. Zu Beginn des 19. Jh. kam es zum Streit zwischen den Befürwortern einer Beibehaltung dieser Politik, den „Orientalisten", und den „Anglisten", die unter der Federführung des Historikers Thomas Babington Macaulay ein westliches Erziehungssystem für Indien forderten. Letztere setzten sich 1835 mit der Einführung des Englischen an Stelle des Persischen als Verwaltungssprache durch.

[4] Zu Charles Rhenius vgl. St. Neill, Rhenius, Charles Theophilus Ewald (1790–1838), in: Neill, Lexikon zur Weltmission 464f. Zu Alexander Duff vgl. A. J. Boyd, Duff, Alexander (1806–1878), in: ebd., 173f.

han Roy (1770–1834), dem Begründer der Bewegung *Brahmo Samaj,* einer synkretistischen Verbindung hinduistischer, buddhistischer, muslimischer und christlicher Spiritualität, die jedoch auf Intellektuelle beschränkt blieb[5].

1830–1850[6]

Mit Hilfe der neuen Gesetzgebung des Generalgouverneurs Lord Bentincks, die ab 1831 jegliche Benachteiligung aufgrund von Herkunft oder Religion beim Zugang zu öffentlichen Ämtern verbot, kam es zu einem Aufschwung in der christlichen Mission und zu einer Zunahme der Mitarbeiterzahlen, sowohl in der katholischen als auch in der protestantischen Mission. Die Aufteilung der anglikanischen Diözese von Kalkutta in die Bistümer von Madras und Bombay brachte die Ernennung von etwa 100 indischen Priestern und Diakonen mit sich. 1834 faßte die Basler Mission an der Westküste zwischen Kerala und Maharashtra Fuß. Sie widmete sich vor allem der technischen Ausbildung, bei der ein besonderer Bedarf bestand. In Mangalore gründete die Basler Mission eine der größten Missionsniederlassungen der Welt, die in nicht zu unterschätzender Weise zur kulturellen Entwicklung des Landes beitrug (Ackerbau, Buchdruck, Färberei, Weberei, Baugewerbe, besonders Ziegelbrennerei). Als jedoch der wirtschaftliche Erfolg dieser Tätigkeiten die diakonische und pädagogische Zielsetzung in den Hintergrund zu drängen drohte, wurden die Unternehmen in die Zuständigkeit gemeinnütziger Gesellschaften gegeben – ein Modell, das andernorts, besonders in Afrika, analog aufgegriffen wurde. 1844 kamen schließlich noch die Missionare eines evangelischen Vereins in Berlin, der 1836 von Johannes Evangelista Gossner gegründet worden war, nach Kalkutta. Sie kümmerten sich – neben anderen Aktivitäten – um die Missionierung der Bevölkerung im Gangestal.

1850–1860

Charakteristisch für diese dritte Etappe war der Vorstoß nach Nordwesten. 1853 überschritten nordamerikanische Presbyterianer, die schon seit 1836 im Pandschab (engl. Punjab) waren, den Indus und gründeten die Missionsstation von Sialkot. Missionare der CMS drangen bis an die Grenze von Afghanistan vor.

Nach Neill hatten 1858 die anglikanischen und protestantischen Gemeinden in Indien ungefähr 100000 Mitglieder und 2400 einheimische Mitarbeiter, darunter etwa 100 ordinierte Pfarrer. Die Zahl der ausländischen Mitarbeiter lag bei 1000. Drei Viertel der festen Gemeinden befanden sich im südlichen Teil des Landes.

In der zweiten Hälfte des 19. Jh. schloß sich eine zweite Phase der Expansion der anglikanischen und protestantischen Missionen an. Eine der Ursachen des indischen Aufstandes von 1857 lag in der Befürchtung der indischen Bevölkerung, die britischen Missionen wollten die alten Religionen des Landes verdrängen. Darum löste die britische Königin Victoria 1858, nachdem der Aufstand niedergeschlagen worden war, die Ostindien-Kompanie auf und proklamierte für Indien, der neuen Kronkolonie, die Religionsfreiheit. Die

---

[5] Vgl. St. Neill, A History of Christianity in India: 1707–1858, Cambridge 1984, 102.
[6] Wir folgen hier der bei Neill, A History of Christianity, und von J. Gadille, Inde, in: DHGE XXV, 1020f. vorgeschlagenen Periodisierung.

Regierung übernahm nun zu zwei Dritteln die Finanzierung der schulischen Einrichtungen und förderte vor allem die protestantischen Missionen. Zwischen 1861 und 1871 stieg die Zahl der Kirchenangehörigen um das Zehnfache, eine Wachstumsrate, die sich so bis Anfang des 20. Jh. fortsetzte. Im selben Zeitraum erhöhte sich die Zahl der Missionare von 3600 auf 5468.

Unter den etwa 100 in Indien tätigen Missionsgesellschaften, die seit 1862 in der *All India Missionary Conference* verbunden waren, gab es zwei Gruppierungen: zum einen die europäischen, anglikanischen (CMS und SPG, *Society for the Propagation of the Gospel*) und reformierten (schottische, Basler und möglicherweise die Gossner Mission) Missionsgesellschaften, zum anderen die amerikanischen Missionsgesellschaften (Baptisten, Lutheraner, Presbyterianer, episkopale Methodisten). Das Ende des 19. und der Beginn des 20. Jh. waren geprägt von den Bemühungen dieser Missionsgesellschaften, sich zusammenzuschließen. Dem Beispiel der Entwicklung in China und in Japan folgend, verbanden sich die Missionen der schottischen Freikirchen und der holländisch-reformierten Kirche 1901 zur Vereinigten Kirche Südindiens. Die verschiedenen presbyterianischen Missionen im Norden des Landes traten ihrerseits 1904 zur presbyterianischen Kirche Indiens zusammen. Ab 1905 und 1907 nahmen die englischen und amerikanischen Kongregationalisten von Südindien und Ceylon das Gespräch mit der Vereinigten Kirche Südindiens auf. Das führte zu einer ersten Generalversammlung dieser Kirche am 24. Juli 1908 in Madras. 1911 bemühten sich die Anglikaner auf der Grundlage des sogenannten *Lambeth Quadrilateral* von 1886 um eine Annäherung an die Vereinigte Kirche. Der Lambeth Quadrilateral besteht aus vier Grundsätzen (Heilige Schrift; Apostolisches und Nikänisches Glaubensbekenntnis; Taufe und Abendmahl als Sakramente; Apostolische Sukzession), die den notwendigen Minimalkonsens für eine Verbindung der anglikanischen Kirche mit anderen Kirchen umreißen[7]. Die Kirche von Südindien (CSI), in der Anglikaner, Unionskirchen und andere Denominationen unter einem Dach vereint wurden, entstand jedoch erst 1947 nach langen und zähen Verhandlungen.

Entscheidend beteiligt an dem Kirchenzusammenschluß in Indien war Vedanayakam Samuel Azariah (1874–1945), Mitarbeiter des CVJM an der Seite von Sherwood Eddy, eines amerikanischen Handwerker-Missionars bei den Tamilen. Auf der Weltmissionskonferenz 1910 in Edinburgh wandte sich Azariah vehement gegen die paternalistischen Tendenzen in der Mission. 1912 wurde er zum ersten indischen Bischof der anglikanischen Kirche in Dornakal geweiht[8].

2. Die katholischen Missionen

Rom richtete sein besonderes Augenmerk auf die Neuorganisation der Mission auf dem indischen Subkontinent. Man wollte wohl die Unterlegenheit gegenüber den protestantischen und anglikanischen Missionen überwinden. Das Jahr 1830 markiert nach den Worten Neills „einen zweiten Frühling der katholischen Mission in Indien"[9]. Dieser Neubeginn ging auf Papst Gregor XVI. (1831–1846) zurück. 1833 konnte er den bis dahin

---

[7] Vgl. L. NEWBINGIN, Journées indiennes (Veröffentl. der Basler Mission), Basel 1953, 18.
[8] Zu Samuel Azariah vgl. ST. NEILL, Azariah, Vedanaiakam Samuel (1875–1945), in: NEILL, Lexikon zur Weltmission 49 f.
[9] Vgl. NEILL, A History of Christianity 294.

zaudernden Clément Bonnand (1796–1861) gewinnen, die Verantwortung für das Apostolische Vikariat von Pondicherry zu übernehmen, wo die *Sœurs des Saint-Joseph de Cluny* sich im Erziehungswesen engagiert hatten. Im folgenden Jahr vertraute er Kalkutta den Jesuiten an und belebte 1836 ihre frühere Missionsstation von Madurai wieder. Das im äußersten Norden eingerichtete Apostolische Vikariat von Agra wurde A. Borghi übertragen, der in der Folge zwei Lyoner Kongregationen anwarb: Die *Sœurs de Jésu-Marie* sowie die *Kleriker vom heiligen Viator* widmeten sich der Erziehung der Mädchen bis zur Sekundarstufe bzw. der Jungen in der Grundschule. Vor allem aber bemühte sich Gregor XVI. um einen Zusammenschluß der alten Jurisdiktionsbereiche der vier Bischofssitze des *padroado* (Goa, Cochin, Cranganore und Mylapore), nachdem der Abbruch der Beziehungen zu Lissabon seit 1834 die Möglichkeit dazu bot und Bischofssitze vakant geblieben waren. Durch das Apostolische Breve *Multa praeclare* vom 28. April 1838 wurden die Diözesen von Mylapore und Sao Thome im Vikariat von Madras vereinigt, die von Cochin und Cranganore im Vikariat von Malabar. Die Diözese von Malakka ging im Vikariat von Ara Pegu in Hinterindien auf. Goa blieb erhalten, verlor aber den Titel eines Erzbistums, während die Jurisdiktion an Bombay überging. Dies waren Kompromißlösungen, die zu unzähligen inneren Konflikten führen sollten – in Bombay, Kalkutta, Madras und schließlich im äußersten Süden, in Tuticorin, einer Apostolischen Präfektur, die den Jesuiten von Ceylon unterstand. Der Widerstand Lissabons war sehr viel stärker als erwartet. Die als „Schisma von Goa" bekannt gewordene Entwicklung zwang schließlich den Heiligen Stuhl zum Nachgeben. 1857 wurde nach einer neuerlichen Zusammenkunft überall die doppelte Jurisdiktion eingeführt. Erst unter dem Pontifikat Leos XIII. (1878–1903) entspannte sich die Lage, so daß es zu einer Lösung der verfahrenen Situation kommen konnte. Im Konkordat vom Juni 1886 legte man die Jurisdiktion des Erzbischofs von Goa, der nun zum „Patriarchen von Ostindien" (Ostindien = alte Bezeichnung für Vorder- und Hinterindien sowie den Malaischen Archipel) wurde, neu fest. Ihm unterstanden vier Suffraganbischöfe und einige Exklaven von „Goanern". Vor allem aber kam im September desselben Jahres durch Schaffung einer indischen Hierarchie die Strategie Roms, die gesamte indische Mission unter ihre Kontrolle zu stellen, zu einem erfolgreichen Abschluß. Die vierzehn zwischen 1834 und 1854 eingerichteten Apostolischen Vikariate sowie die acht neuen Jurisdiktionsbezirke, eingerichtet zwischen 1857 und 1914, gingen nun in sieben Kirchenprovinzen auf. Außerdem wurden zwischen 1896 und 1911 im Rahmen der Anerkennung der mit Rom unierten orientalischen Kirchen vier syro-malebarische Diözesen mit chaldäischem Ritus eingerichtet[10].

In Ceylon kamen zu den beiden ursprünglichen Vikariaten von Jaffna im Norden, das den Hünfelder Oblaten (*Missionare Oblaten der Unbefleckten Jungfrau Maria*) anvertraut worden war, und Colombo im Süden – unter dem italienischen Benediktinerorden der Silvestriner – drei Diözesen im Landesinnern hinzu: Kandy, wohin die Silvestriner sich zurückgezogen hatten, sowie Galle und Trincomali unter den belgischen Jesuiten. Dort wirkte ab 1892 Ladislaus Zaleski (1852–1925), ein polnischer Prälat, als Apostolischer Beauftragter, der sehr autoritäre römische Direktiven aufstellte, besonders was die Ausbildung des indischen Klerus betraf. Unter seiner Ägide wurde in Kandy das bedeutendste

---

[10] Vgl. J. METZLER, Dalle Missioni alle Chiese locali, in: Storia della Chiesa XXIV, Mailand 1990, 242–256. Von einer geschätzten Gesamtzahl von zweieinhalb Millionen Katholiken in Indien im Jahre 1911 gehörten zu diesen vier syro-malabarischen Diözesen schon allein eine Million; 1922 war Indien in 29 Diözesen aufgeteilt.

Priesterseminar für den südasiatischen Raum als Zentraleinrichtung geschaffen. Es wurde von belgischen Jesuiten geleitet. Aus ihm gingen von seinen Anfängen in den letzten Jahren des 19. Jh. bis 1918 191 Priester hervor[11].

Eine neue Situation ergab sich für die Evangelisierung durch die Beschlüsse der Synoden von Pondicherry von 1844 und 1849. Die Bedeutung der ersten dieser beiden Synoden lag darin, daß hier der Ausbildung des einheimischen Klerus, auch für höhere Ämter bis hin zum Bischofsamt, den Vorrang eingeräumt wurde[12]. Die zweite Synode wurde einberufen, nachdem es 1848 durch den Versuch, die Kastenunterschiede unter den Seminaristen aufzuheben, zu Unruhen gekommen war. Hier wurde nun ein „General-Verwaltungsplan" entworfen, der den indischen Priestern pastorale Aufgaben in den sich selbst finanzierenden Kirchen zuwies. Ebenso erfolgte der Anstoß zu einem „christlichen Pflanzgarten": Einheimische Kongregationen wurden gegründet, besonders für Frauen[13], daneben Schulen und Kirchen, deren Errichtung und Erhaltung einen großen Teil der Tätigkeit Bonnands in Anspruch nahm. Zwischen 1850 und 1866 ordinierte er fünfzehn indische Priester. Dagegen bildeten die wenigen Katecheten, die schlechter qualifiziert waren als die der protestantischen Missionsgesellschaften, die Schwachstelle der Pastoral.

Diese Bemühungen fanden ihre Fortsetzung in der Anweisung vom 8. September 1869, welche die einheimischen Einrichtungen förderte, die gut in indische Lebensabläufe und -gewohnheiten integriert waren – ein Ergebnis der Visitation durch Charbonneau. Nachdem 1886 die kirchliche Hierarchie errichtet worden war, erschien 1893 die Enzyklika *Ad extremas Orientis oras* mit wichtigen Bestimmungen zur Ausbildung der indischen Priester und Katecheten, zum Unterricht und außerdem zum Abhalten von Synoden auf Diözesan- und Kirchenprovinzebene. Auf diese Weise sollte das Missionswerk in den noch nicht evangelisierten Gebieten vorangetrieben werden[14].

Die Statistiken dieser Bemühungen zur Förderung des indischen Klerus zogen für das Jahr 1911 die Bilanz von 1142 indischen Priestern – eine Zahl, die sogar die der Missionare aus dem Ausland übertraf. Noch höher war die Zahl der Ordenseintritte bei den Schwestern und Nonnen: 2778 Inderinnen traten in ein Kloster ein, sieben autochthone Kongregationen wurden gegründet. Im folgenden Jahr wurde Beda Beckmeyer in Kandy – allerdings als Sohn einer niederländischen Familie – zum ersten in Indien geborenen Bischof geweiht, in einem Bistum, das noch von der auswärtigen Mission geprägt war[15].

Der größte Teil der Bekehrungen erfolgte in den am stärksten benachteiligten Klassen, in den niederen Kasten, bei Kastenlosen und Angehörigen der Bergvölker. Die Evangelisierung ging vielfach Hand in Hand mit Bemühungen um den Schutz der sozial Schwachen sowie um gesellschaftlichen Fortschritt. Zwar war 1843 die Sklaverei abgeschafft worden, aber die Ausbeutung der Landarbeiter durch die Großgrundbesitzer, die *zamindars*, führte schon bald zu einer neuen Art der Versklavung. Für diese Ausgebeuteten traten seit der Mitte des Jahrhunderts Priester als Fürsprecher auf – wie der Jesuit J. B. Trincal und der Mitarbeiter der *Missions étrangères de Paris* (MEP) A. Caussanel, die sich bis

---

[11] Vgl. F. HOUTART, Religion and Ideology in Sri-Lanka, Bangalore 1974.
[12] Vgl. M. GRENOT, Marion Brasillac et l'épiscopat indigène, in: Des Missions aux Eglises, Lyon 1990, 93–107.
[13] *Die Schwestern vom Heiligen und unbefleckten Herzen Mariens* im Jahre 1845 und die *Schwestern des Hl. Aloysius von Gonzaga* im Jahre 1853, beide als Drittordensschwestern dem Franziskanerorden angeschlossen.
[14] Vgl. J. METZLER, Sacrae Congregationis de propaganda fide memoria rerum III/1, Rom – Freiburg 1975–1976, Anm. auf S. 431: Sie verweist auf neunzehn zwischen 1887 und 1905 gehaltene Synoden.
[15] Vgl. ebd. 436–460 (R. BAUDENS).

Missionsschwester Scholastika
in Assam.

in die höchsten Instanzen hinein für die Entrechteten einsetzten. So kam es zwischen 1883 und 1892 zu einer Massenbekehrung der Khol in dem im Norden gelegenen Hochland von Chota Nagpur, nachdem sich der belgische Jesuit Constantin Liévens (1856–1893) der ausgebeuteten Landbevölkerung zugewandt hatte. 1921 gab es dort 124000 Getaufte und 50000 Katechumenen[16].

Eine längere Anlaufzeit gab es bei der Missionierung der Stammesbevölkerung der Bergregionen, bei den bengalischen Santal sowie den Khasi und Garo in Assam. Dort waren die deutschen Salvatorianer tätig, die das ursprünglich in Guwahati eingerichtete Missionszentrum nach Shillong verlegt hatten. In Guwahati hatte der Mitarbeiter der MEP Nicolas Krick seine Forschungen über Land und Bevölkerung von Arunachal Pradesh unternommen[17]. Prämonstratenser-Mönche und Steyler Missionare missionierten unter den zentralindischen Stämmen.

Die oberen Kasten wurden bei der Evangelisierung jedoch nicht vernachlässigt. So war es unter dem langen Episkopat von Alexis Canoz SJ (1846–1888) in Madurai durch volkstümliche Evangelisationsmethoden (Prozessionen, darstellerische Mittel und Theater) zur Bekehrung der Gemeinde von Sanashtra gekommen. In der Ansiedlung lebten arbeitslose Landarbeiter und Weber aus Gujarat, die in den Süden ausgewandert waren. Doch hatte Canoz außerdem das berühmte St. Joseph-College nach Trichinopoly (Tiruchirapalli) verlegt. Diese Institution hatte ein höheres Niveau mit besseren Abschlüssen als die Univer-

---

[16] Zu Pater Liévens vgl. E. DE MOREAU, Les Missionaires belges de 1804 jusqu'à nos jours, Paris 1944, 207–220 und METZLER, Dalle Missioni (s. Anm. 10) 264 f.

[17] Vgl. Sacrae Congregationis III/1, 383. Einen Vorstoß nach Tibet bezahlte Krick mit seinem Leben. An seine Stelle in Shillong trat für die nächsten 18 Jahre Jacopo Broy von der Mailänder Mission PIME.

sität von Madras, vor allem wegen einigen sehr erfolgreichen Dozenten wie Sewell, einem ehemaligen Offizier der britischen Armee. Daneben gab es das Franz-Xaver-College der britischen und später belgischen Jesuiten in Kalkutta und das College von Lahore im Pandschab, das von den Caritas-Schwestern von Gent unterhalten wurde, die ihrerseits den belgischen Kapuzinern angeschlossen waren. Die Caritas-Schwestern hatten in dem umliegenden Land christliche Dörfer gegründet[18]. In Ceylon waren zahlreiche Schulen des Sekundarbereichs eingerichtet worden[19]. Von den Grundschulen für Mädchen, an die sich oft noch ein berufsqualifizierender Unterricht anschloß, gingen nicht zu unterschätzende Anstöße in Richtung auf gesellschaftliche Veränderungen aus. Hier ist besonders das Wirken der *Sœurs des Saint-Joseph de Cluny* in Pondicherry, der Caritas-Schwestern von Gent, der *Sœurs de la Sainte-Famille de Bordeaux* und der in Agra angesiedelten Kongregationen zu erwähnen. Eine Nonne, Hélène de Chappotin, war es auch, die den Anstoß zur Gründung (1877) des Marienordens missionarischer Franziskanerinnen in Ootacamund bei Coimbatore gab. Diese Nonnen richteten drei Volksschulen ein, in denen europäische und indische Mädchen aus der Stadt und vom Land gemeinsam unterrichtet wurden. Alle diese Kongregationen dehnten ihr Wirkungsgebiet nach Ceylon aus. In diesem Zusammenhang stehen das von irischen Schulbrüdern betriebene weitverzweigte Netz von Knabenschulen und in Ceylon die Schulen der *Brüder vom heiligen Joseph,* einer einheimischen indischen Kongregation, an denen in den einheimischen Sprachen unterrichtet wurde[20]. Diese katholischen Missionsschulen nahmen auf dem gesamten Subkontinent einen bemerkenswerten Aufschwung. In einem Vierteljahrhundert stieg ihre Zahl von 600 auf 1850 Einrichtungen[21].

Durch diese auf Volkserziehung ausgerichteten Bemühungen – die im übrigen parallel zu ähnlichen Unternehmen der anglikanischen und protestantischen Missionen liefen – wurde auf lange Sicht eine Veränderung der Struktur der indischen Gesellschaft an zwei besonders empfindlichen Punkten in Gang gesetzt, nämlich an dem Problem der Kasten und an dem der Stellung der Frauen. Der bekehrte Inder verließ seine Kaste, so daß zur Sicherung des Lebensunterhalts landwirtschaftliche Kolonien vor den Toren der großen Städte (zum Beispiel bei Tiruchirapalli) oder von christlichen Dörfern gegründet und angelegt werden mußten. Die katholischen Missionare hatten sich für eine langsame Entwicklung entschieden. In den Priesterseminaren hatte man die Unterscheidung nach der Herkunft aufrechterhalten müssen. Dagegen hatten die weiblichen Kongregationen den Weg zu einer allmählichen Abschwächung des herrschenden Gesellschaftssystems schon betreten, indem sie Mitglieder aus allen Kasten aufnahmen. An ihren Schulen wurden Mädchen aus allen Klassen zugelassen und ihre religiösen Überzeugungen respektiert. Erst durch die Bemühungen dieser Kongregationen wurde die durch das Gesetz von 1853 teilweise beseitigte Ausgrenzung der Witwen ganz überwunden. Sie setzten sich für die Wiederverheiratung ein und gründeten eigene Einrichtungen für die betroffenen Frauen –

---

[18] Vgl. J. PIROTTE, Périodiques missionaires belges, Leuven 1973, 193 f.

[19] In Colombo St. Benedikt (Silvestriner) und St. Joseph (Oblaten); in Jaffna St. Patrick, eine Schule, die mit Ch. Matthews einen renommierten Erzieher zu ihren Lehrkräften zählte; außerdem sind hier auch die von den Jesuiten in den beiden Diözesen im Landesinnenren, Galle und Trincomalee, gegründeten Kollegschulen zu nennen.

[20] H. GRAFE, in: J. THEKKEDATH, History of Christianity in India IV, Bangalore 1990, 126 f; METZLER, Dalle Missioni 265.

[21] METZLER, Dalle Missioni 265.

wie die *Annamals* von Tiruchirapalli – mit Hilfsangeboten und Ausbildungsmöglichkeiten in der ländlichen Umgebung[22].

Auf der Ebene des kulturellen Austausches bewirkte die fortschreitende Christianisierung bei der indischen Elite eine Rückbesinnung auf ihre eigenen traditionellen religiösen Werte. Zu Beginn des Jahrhunderts hatten sich Ram Mohan Roy (1772–1833) und Rabindranath Tagore (1861–1941) um eine Erneuerung der vedischen Überlieferung bemüht und versucht, sie von den Überlagerungen durch Götzenkult und Polytheismus zu befreien. Die 1829 gegründete Vereinigung *Brahmo Samaj* bot den Rahmen, in dem Intellektuelle und Mystiker wie Keshab Chandra Sen (1838–1884) und vor allem Sri Ramakrishna Paranahamsa (1836–1886) zusammenfinden konnten. Nach dessen Tod gründeten seine Schüler die *Ramakrishna Mission*. Sie wurde von einem von ihnen, von Swami Vivekananda (1863–1902) als Reformbewegung fortgeführt. Hier relativierte man das Christentum durch seine Einreihung unter die anderen höchsten geistlichen Werte der Menschheit. Gleichzeitig beeinflußte diese Bewegung christliche Einrichtungen und ihre praktizierten Methoden des missionarischen und sozialen Handelns, insbesondere die der Gesellschaft Jesu. Auch die Gesellschaft der *Servants of India Society* ist hier zu nennen. Sie wurde 1905 von G. K. Gokhale (1863–1915) gegründet. In diesem Umfeld, jedoch unter Ablehnung jeglichen Synkretismus, entstand ein an dem hinduistischen *Sannyasi* orientiertes Mönchtum. Sein Begründer hieß Surendranath Banerji (1848–1925) und war ein Brahmane aus der Gegend von Kalkutta, besser bekannt unter seinem Taufnamen Upadhyaya Brahmabandhab (1862–1907). Er schloß sich mit einigen ihm ergebenen indischen Schülern zusammen. Zu Beginn der 1890er Jahre veröffentlichte er von Hyderabad aus die Zeitschrift *Sophia*, die dank ihres hohen intellektuellen Niveaus zu einem großen Erfolg wurde. Banerji versuchte zu zeigen, daß das trinitarische Geheimnis und die thomistische Philosophie hinduistischer Mystik und indischem Denken durchaus nahestünden. Trotz der Verurteilung seiner Ansichten durch Zaleski rückte er Zeit seines Lebens nicht ab von seiner Vorstellung eines zugleich festen Glaubens an die Gottheit Christi und eines Glaubens, der über Bekenntnisunterschiede hinaus offen ist für den Dialog mit anderen hochentwickelten Formen menschlicher Religiosität in den großen Weltreligionen[23].

Unter den katholischen Missionaren gab es nur wenige, die in der Lage waren, eine solche Einstellung zu teilen. Nicht wenige von ihnen trugen jedoch durch ihre Kenntnis der Sprache und Geschichte unmittelbar zu einer tamilischen Renaissance im 19. Jh. bei. Nach der Jahrhundertwende rief man im St. Joseph-College in Tiruchirapalli eine tamilische archäologische Gesellschaft ins Leben. Dort arbeitete auch der singhalesische Oblate Gunsaprakasar an Lexika und Geschichtswerken. Der Jesuit J. B. Trincal brachte 1904 die tamilische Übersetzung des Neuen Testaments heraus. Diese wurde dann Teil der auf Bischof Hugo M. Bottero (1899–1911) von Kumbakonam zurückgehenden Gesamtausgabe der Bibel, die 1912 erschien und als „Bibel von Pondicherry" bekannt wurde[24]. Noch vor der 1880 anbrechenden Renaissance des Buddhismus auf Ceylon, die weitgehend

---

[22] Vgl. THEKKEDATH, History of Christianity 125 und 207.

[23] Vgl. A. M. THOMAS, The Acknowledged Christ in the Indian Renaissance, Bangalore 1970; H. JARRETT-KERR, Patterns of Christian Acceptance, London 1971, 211–221. M. C. LAVARENNE hat im Dezember 1991 in Aix-en-Provence eine Arbeit über Brahmanandhav vorgelegt. R. LESAGE, Une figure catholique en monde néo-hindou: Brahmanandhav Upadhyay (1861–1907), Paris 1993 (Centre Sèvres, masch.).

[24] Vgl. THEKKEDATH, History of Christianity 250f.

durch Colonel H. S. Olcott, den großen Schulgründer von Ceylon, angestoßen worden war, erhielt in den 1870er Jahren Pater Chounavel, ein Oblate des Vikariats von Jaffna, von seinem Bischof Bonjean den Auftrag, in den Dialog mit den Buddhisten von Chilaw einzutreten[25].

II. Birma

Birma stellte von Rangun aus mit dem Tal des Irawadi Einfallstor und Weg nach Tibet und Sichuan dar, für die Briten ebenso wie für die *Missions Étrangères de Paris* (MEP). Burma wurde 1850 zu einem britischen Protektorat, 1852 mußte es, den Briten ohnmächtig ausgeliefert, sein noch verbliebenes Küstengebiet abtreten. 33 Jahre später eroberte Großbritannien ganz Burma und gliederte es als Provinz in sein indisches Imperium ein. Den burmesischen Widerstand gegen die Okkupanten erstickte die Kolonialmacht durch Vernichtungsfeldzüge, die von Massenexekutionen und der Ausrottung ganzer Dörfer begleitet wurden[26].

1. Die protestantischen Missionen

Die protestantische Mission in Birma wurde als Fortführung der Mission in Indien gesehen. Felix Carey, Sohn des Begründers der Mission in Indien, begann dort 1807 seine Tätigkeit. Er hatte eine birmanische Frau geheiratet und ließ sich als Arzt des Vizekönigs mit seiner Familie in Amarapura (Mandalai) nieder. 1813 machte er in Rangun die Bekanntschaft eines gerade dort eingetroffenen jungen amerikanischen Ehepaares, Adoniram und Ann Judson[27]. Vom Gedanken der Indienmission begeistert, hatte sich Adoniram Judson von dem 1810 in Boston zu Missionszwecken gegründeten *American Board of Commissioners for Foreign Missions* (ABCFM) entsenden lassen. Unter dem Einfluß des Baptisten Carey begann er, die Gültigkeit der Kindertaufe anzuzweifeln. Aus diesem Grund nahm er seine Tätigkeit als Baptist auf und gab den Anstoß zur Gründung der *American Baptist Missionary Union* (ABMU) 1814 in Philadelphia/Chicago.

1813 hatte Carey mit der Übersetzung des Matthäusevangeliums begonnen. Judson erlernte unter Anleitung eines Gelehrten, Maug Shway-Gnong, der ihn in die heiligen buddhistischen Texte einführte, die klassische Sprache von Birma, Pali. 1816 erschienen erste Auszüge aus dem Matthäusevangelium, gedruckt in einer von dem Missionar George Hough eingerichteten Druckerei. Als es zu ersten Bekehrungen unter den Gebildeten kam – zum Beispiel konvertierte der Brahmane Mung-Nau – faßte Judson den Plan, in der Hauptstadt Ava dem König ein Exemplar des biblischen Manuskripts zu überreichen und ihn darum zu bitten, das offiziell verbotene Christentum durch Unterricht verbreiten zu dürfen. Zwar erhielt er mehrere Audienzen, diese verliefen jedoch ohne das gewünschte Ergebnis. Zwischen 1824 und 1826, als die Engländer Rangun belagerten, wurde Judson

---

[25] Vgl. Sacrae Congregationis III/1, 453.
[26] Vgl. F. GIROUD, La Mission des chanoines du Grand Saint Bernard au Tibet, Diss. maschl., Fribourg 1986, 72–78.
[27] Zu Adoniram Judson vgl. P. D. CLASPER, Judson, Adoniram (1788–1850), in: NEILL, Lexikon zur Weltmission 252 f, und H. W. MORROW, Splendeur de Dieu, Paris 1937.

über ein Jahr lang in Haft genommen. Nach dem Tod seiner Frau 1826 zog er sich nach Moulmein in das Gebiet der Karen zurück. Die Karen waren ein Bergvolk, das kaum mit dem Buddhismus in Berührung gekommen war. Ko Myat Kyan, ein Mitarbeiter Judsons, und der Missionar Wade knüpften an eine Überlieferung der Karen an, nach der dieses Volk sich auf der Suche nach dem Buch Gottes befände, das ihre Vorfahren besessen hätten, das aber verloren gegangen wäre. Sie stellten die Bibel als eben jenes Buch dar, das die Karen jetzt nur noch übersetzen müßten[28].

Scharenweise schlossen sich die Karen den Missionaren an. Einer von ihnen, Ko Tha Byu, ein 1827 von Judson freigekaufter Sklave, wurde Wanderprediger und verbreitete das Evangelium in den Bergdörfern. Unterstützt wurde er hierbei von dem amerikanischen Missionar George Dana Boardman, der ihn 1828 getauft hatte[29]. Auch nach dem Tod dieser Pioniere – Boardman starb 1831, Ko Tha Byu 1840 und Judson 1850 –, trotz der zum Zeitpunkt der britischen Besetzung und Annexion (1853) durch die birmanischen Behörden ausgelöste Verfolgung der Christen und trotz eines Schismas zwischen den Baptistenmissionaren (1860), wuchsen die Karen Baptistengemeinden rasch.

1860 erschloß sich die ABMU ein neues Missionsfeld im äußersten Osten des Landes bei den Shan, die sich zu einem synkretistischen Buddhismus bekannten. 1870 drangen sie zu den Kachin im Norden vor, die ebenso wie die Karen kaum mit dem Buddhismus in Berührung gekommen waren und nun durch die Karen evangelisiert wurden. Die erste Taufe fand 1882 statt. In Tavoy wurde ein Seminar zur Ausbildung einheimischer Priester gegründet. 1851 lag die Bibel vollständig in der Sprache der Karen vor, Übersetzungen in andere birmanische Sprachen wurden in Angriff genommen. 1858 hatten die Baptisten 370 Gemeinden, 147 Pastoren und 18 000 Mitglieder.

1859 setzte die SPG *(Society for the Propagation of the Gospel)* einen Missionar in Moulmein ein und begann, Schulen einzurichten, die schon bald in der Gunst des Königs standen. Aus diesem Grund konnte 1860 der Missionar John Ebenezer Marks (1832–1915) auch in Mandalay eine Schule eröffnen sowie 1870 in Rangun das St. John's College, das neben Europäern und Birmanen auch Chinesen und Tamilen aufnahm. Durch diese schulischen Einrichtungen gelang es der anglikanischen Kirche, bei den Birmanen Fuß zu fassen – etwas, das der ABMU fast nirgendwo gelungen war.

Im Laufe der 1870er Jahre ließen sich noch weitere amerikanische und britische methodistische Missionsgesellschaften aus Indien oder Ceylon in Birma nieder. Aber keine von ihnen konnte solche Erfolge verzeichnen wie die Baptisten: 1914 hatten sie etwa 50 000 Mitglieder, die allerdings im wesentlichen auf ethnische Minderheiten in den Berg- und Waldgebieten und in Grenznähe beschränkt waren[30].

2. Die katholischen Missionen

Gegenüber dem Apostolischen Vikariat von Mandalay (1870), das sich auf die 1884 entmachtete malaiische Kaste und den Hof stützte, und gegenüber der südlich und östlich davon gelegenen Apostolischen Präfektur von Toungoo, die den Mailänder Missionaren an-

---

[28] Vgl. G. E. BURKHARDT – R. GRUNDEMANN, Die Mission in Barma unter Barmanen und Karen, in: DIES., Kleine Missionsbibliothek III (Asien), (Ceylon und Hinterindien), Bielefeld – Leipzig ²1880.

[29] Vgl. K. S. LATOURETTE, A History of the Expansion of Christianity, Michigan – Zondervan 1976, 230ff (Lit.).

[30] Vgl. Burma Baptist Chronicle, Judson Sesquicentennial Edition, Rangoon, Burma Baptist Convention 1963.

vertraut war, hatte das erste Vikariat von Rangun (1856) im Süden des Landes einen erheblichen Vorsprung. Dort hatte sich während der langen Zeit des „Prokonsulats" Paul Ambrose Bigandets (1856–1894), der über eine gute Kenntnis des *Hinayana* Buddhismus („kleines Fahrzeug") verfügte, ein Apostolat entwickeln können, das sich auf eine Strategie der Bildung gründete und offen war für den Dialog mit der hauptsächlich verbreiteten Religion[31]. Unterstützt und vorangetrieben wurde diese Mission von den Fratres an den christlichen Schulen, von den *Sœurs de Saint-Joseph de l'Apparition* und, in einem Waisenhaus, von den *Schwestern vom Guten Hirten*. Ab 1875 übernahm die einheimische Kongregation der *Schwestern vom heiligen Franz Xaver* die Evangelisierung in den Dörfern. Hier begann die Christianisierung der Karen aus der Ebene von Rangun und aus den Bergen (Toungoo). In der Gegend um Mandalay konkurrierte man mit den Baptisten um die Missionierung der Shan und der Tschin. 1900 gab es im Vikariat von Rangun 16 einheimische Priester[32].

III. Die Malaiische Halbinsel

Eine ganz andere Welt stellte die weiter südlich gelegene malaiische Halbinsel mit einer weitgehend muslimischen Thai-Bevölkerung dar[33].

1. Die protestantischen Missionen

Im westlichen Malaysia wurde der Protestantismus durch die Niederländer eingeführt, die 1641 der portugiesischen Konkurrenz Malakka abgenommen hatten. Sie entwickelten aber keinerlei missionarische Aktivitäten. Erst nachdem die Briten mit den Niederländern 1824 Sumatra gegen Malakka getauscht hatten, ergab sich eine Lage, die für die Mission im asiatischen Südosten günstig war[34]. Malakka wurde nun, wie noch weiter unten zu sehen sein wird, zum Einfallstor der protestantischen Mission nach China. Angesichts der Schwierigkeit, die sich in China ergaben, hatte die LMS in Malakka 1815 ein englisch-chinesisches College gegründet, an dem die ersten chinesischen Evangelisten ausgebildet wurden. Daneben wurde eine Schule für Malaien eingerichtet, die sich aber nicht bemerkenswert entwickelte. Als China 1842 den Europäern zugänglich wurde, verließ die LMS Malaysia und setzte in Singapur und Penang von neuem mit ihrer Tätigkeit an. Die Einrichtung in Singapur wurde im folgenden Jahr von der *Society for Promoting Female Education in the East* übernommen. Hier erhielten mehrere Missionarinnen für China ihre Ausbildung. 1900 erwarb die *Church of England Zenana Missionary Society* diese Einrichtung.

---

[31] Vgl. Metzler, Dalle Missioni 300–308 (J. Verinaud). Siehe auch Sacrae Congregationis III/1, 476–488 (P. Anatriello); P. Bigandet, La Mission de Birmanie, Paris 1890.

[32] Vgl. Metzler, Dalle Missioni 306.

[33] Arabische, persische und indische Händler bekehrten die Malaien im 14. Jh. zum Islam. Der Islam verbreitete sich im Laufe des 15. Jh. über die ganze Inselwelt bis zu den Philippinen. Der Buddhismus wurde völlig aus diesem Raum verdrängt; der Hinduismus konnte sich nur noch auf den benachbarten Sundainseln Bali und Lombok halten. Mit der Eroberung von Malakka 1511 durch die Portugiesen begann der europäische Kolonialismus in Südostasien.

[34] Vgl. Latourette, A History (s. Anm. 29) 236–240.

Schon 1809 hatten anglikanische Geistliche in Malakka Fuß gefaßt. 1816 hatten sie eine englischsprachige Schule eröffnet – unter Leitung eines Einheimischen. Dieser ließ 1848 Missionare der SPG kommen, denen sich wiederum Kollegen von der CMS aus Großbritannien und Australien anschlossen. 1850 wurde eine Niederlassung in Singapur gegründet. Die Bemühungen der Anglikaner waren im wesentlichen auf die nicht-europäische Bevölkerung ausgerichtet, auf Chinesen, Tamilen und Malaien, unter denen man später auch Priester rekrutierte. Im Laufe der Zeit kamen weitere der großen in Asien tätigen protestantischen Missionen dazu (1856 die britischen Presbyterianer, 1885 amerikanische Methodisten). Ebenso wie die Anglikaner waren sie vor allem unter den verschiedenen nicht-malaiischen Bevölkerungsgruppen tätig. In Malaysia trafen in der Vorkriegszeit Menschen aus unterschiedlichsten Ländern, mit verschiedenen Sprachen und verschiedenen Religionen aufeinander.

2. Die katholische Mission

In der katholischen Mission wurden unter dem 1841 eingerichteten Apostolischen Vikariat Malakka Anstrengungen unternommen, die im Innern des Landes lebende Bevölkerung animistischen Glaubens, die Mantras, in ihrer eigenen Sprache zu erreichen. Die Missionare stellten sich jedoch nur sehr langsam auf die Besonderheiten einer Evangelisierung bei einer nicht-seßhaften Bevölkerung ein. Diese trat in ihrer Mehrzahl zum Islam über. 6500 Menschen wurden christianisiert. Die im Jahre 1900 gezählten 20000 Katholiken, für die es keine einheimischen Geistlichen gab, fanden sich vor allem in chinesischen und indischen Gemeinden, bei denen Unterricht und Gottesdienst in den Händen christlicher Schulbrüder, der *Sœurs de l'Enfant Jésu* und der Mauriner(„*Dames de St-Maur*") lagen[35].

IV. Indonesien

Nach der Abdankung des niederländischen Königs Wilhelm I. im Jahre 1840 entspannte sich die Lage in der niederländischen Kolonie, und die niederländische Verwaltung ließ katholische Missionare zu. Sie behielt sich aber eine strikte Kontrolle über kirchliche Ernennungen vor und erließ 1854 die sogenannte *radikaal*-Verordnung, durch die den Missionsgesellschaften fest umrissene Gebiete zugewiesen wurden. Daraufhin wurde 1859 eine Abgrenzungsvereinbarung mit der portugiesischen Kirche geschlossen, die den Ostteil von Timor zugewiesen bekam[36].

1. Die protestantischen Missionen

Mit der Landung der Niederländer im indonesischen Inselreich im Jahre 1596 kamen auch Geistliche – entsandt und bezahlt von der Ostindischen Handelskompanie –, um sich um die christliche Unterweisung der Javaner und der Bevölkerung der Molukken (heute Maluku) zu kümmern. Die Evangelisierung erfolgte auf Niederländisch, Malaiisch, aber auch in anderen Lokalsprachen. 1758 gab es 21 Missionare in Indonesien. Das Konsistorium

---

[35] Vgl. METZLER, Dalle Missioni 299–303.
[36] METZLER, Dalle Missioni 395–409 (M. MUSKENS).

von Batavia (Jakarta) meldete auf der reformierten Synode von Haarlem einen Bedarf von etwa 60 Missionaren an[37]. Mit der Auflösung der Niederländisch- Ostindischen Kompanie 1795 und der Schaffung der niederländischen Missionsgesellschaft (*Nederlands Zendelinggenootschap* – NZG) 1797 in Rotterdam begann eine neue Ära der Evangelisierung im Inselreich.

Die Gründung der NZG, der ersten protestantischen Missionsgesellschaft auf dem europäischen Kontinent, ging auf eine Anregung der LMS zurück. Sie war im Prinzip konfessionsübergreifend, wurde aber praktisch nur von den „Missionsfreunden" der offiziellen reformierten Kirche in den Niederlanden unterstützt.

Als Joseph Kam (1769–1833), der erste Missionar der NZG, 1813 nach Indonesien entsandt wurde, gab es nur noch einen einzigen niederländischen Pfarrer in Batavia. Kam ließ sich in Ambon auf den Molukken nieder, besuchte daneben aber auch die benachbarten Inseln, gemäß der in Ozeanien praktizierten Strategie der LMS. Weitere Mitarbeiter, wie der 1826 in Indonesien angekommene Hellendoorn, bereisten Celebes (Sulawesi), die am stärksten islamisierte Insel des Archipels. 1843 existierte in Manado an der Nordspitze von Celebes, einem florierenden Kaffeeanbaugebiet, ein christliches Zentrum.

Ab 1858 kam es zu einer Reihe von Spaltungen, teils aus theologischen und teils aus kirchlichen Gründen. Dies führte zur Gründung weiterer Missionsgesellschaften in den Niederlanden. Die einen, stärker evangelikal geprägt als die interdenominationelle NZG, wie etwa die 1858 gegründete *Nederlandsche Zendingsvereeniging* (NZ) und die 1859 gegründete *Utrechtsche Zendingsvereeniging* (UZ), entsandten Missionare auf die Sunda-Inseln (NZ) und nach Maluku (UZ). Die anderen, Baptisten, Mennoniten und freikirchliche Reformierte, waren auf Java und Sumatra tätig. 1896 stellten die Protestanten von Manado, die 1877 dem offiziellen reformierten Konsistorium von Batavia angeschlossen worden waren, die überwiegende Mehrheit in diesem Distrikt (80% der Bevölkerung) neben einer Minderheit von Katholiken und Muslimen.

Ein zweites Zentrum hatte Kam 1814 auf Java gegründet, in Mojo-Warno südlich von Surabaya in einem stark durch den Islam bestimmten Umfeld. 1855 betrug die Zahl der Getauften in diesem Distrikt schon mehr als 2000. 1864 nahm hier J. Kruijt seine Tätigkeit als Missionar auf und schuf, mit offizieller Unterstützung durch die Kolonialmacht, eine Missionsstation mit modellhaftem Charakter. Besonders beachtet und gepflegt wurde hier die Koexistenz von Christentum und Islam: 1881 entstand eine Kirche aus Stein. In den Kindergärten, die auch muslimische Kinder aufnahmen, wurde unter der Leitung eines javanischen Lehrers mit 15 Hilfskräften die traditionelle Kultur gepflegt. Daneben gab es eine Gewerbeschule. Die 1888 gegründete Kreditgenossenschaft besaß sieben Jahre später 300 Mitglieder. 1892 wurde ein Krankenhaus gegründet.

---

[37] Zum Protestantismus in Indonesien lassen sich nur wenige französische Untersuchungen nennen: C. GUILLOT, L'Affaire Sadrach. Un Essai de christianisation à Java au XIXᵉ siècle, Paris 1981; J. SAMUEL, Le Christianisme à Bali, in: JME 161 (1986) Nr. 2, 61–66. Dagegen ist in JME (1892) und (1893) eine Untersuchung von F.-H. KRÜGER erschienen, im Anschluß an J. A. GROTHE, Archief voor de Geschiedenis der oude Hollandische Zending, 5 Bde., Utrecht 1884–1891. Sie hat den Titel *Comment les Pays-Bas s'occupent de mission* und stellt trotz der zeitlichen Begrenztheit ein wertvolles Dokument dar. An neueren Veröffentlichungen nennt M. Spindler vom Interuniversitair Instituut voor Missiologie en Oecumenica (IIMO) in Leiden: auf Indonesisch TH. VAN DEN END, Ragi Carita *(Erzähltes Geschenk); Sejarah Gereja di Indonesia I (Geschichte der Kirche in Indonesien)*: 1500–1860, Jakarta 1993; II: 1860 an-sekarang *(von 1860 bis heute)*, Jakarta 1993; auf Deutsch TH. MÜLLER-KRÜGER, Der Protestantismus in Indonesien. Geschichte und Gestalt, Stuttgart 1968.

Am Ende des 19. Jh. waren nicht weniger als vierzehn protestantische Missionsgesellschaften in Indonesien tätig. Die bedeutendste von diesen stand der Rheinischen Missionsgesellschaft mit Sitz in Barmen nahe. Ihr Hilfskomitee hatte man 1869 in Amsterdam unter dem Namen *Hulpsgenootschap voor de Rhijnsche Zending* gegründet[38].

Diese deutsche Missionsgesellschaft hatte ihre Arbeit 1834 auf Borneo (Kalimantan) aufgenommen, um die Dayak zu evangelisieren. Jedoch konnten die ersten Missionare kaum Erfolge erzielen. Sie hatten ihren Stützpunkt in Banjarmasin, der vor allem von Malaien, Chinesen und Europäern bewohnten Hauptstadt Borneos, und standen unter der Aufsicht der niederländischen Kolonialmacht. Ab 1838 drangen sie ins Landesinnere vor, wo sie unter freigekauften Sklaven einige Gemeinden gründen konnten. Durch den Dayakaufstand im Sultanat Bandarmasin, das die Niederlande 1857 annektieren wollten, erlitten sie einen herben Rückschlag. Ihre Stationen wurden 1859 zerstört und vier Missionare getötet[39]. 1866 wurde die Missionstätigkeit auf Borneo wieder aufgenommen, hatte aber nur bescheidenen Erfolg (130 Getaufte am Ende des 19. Jh.), denn hier war der Islam fest verwurzelt. Vor dem Rückschlag von 1859 hatte sich die Barmer Rheinische Mission mit Unterstützung des Hilfskomitees von Amsterdam den Batak auf Sumatra zugewandt. Hier gelang es den Missionaren, in den Gebirgsregionen – im Zentrum und im Nordteil der Insel, um den Tobasee und auf der vorgelagerten Insel Nias – noch heidnische oder kaum islamisierte Bevölkerungsgruppen zu erreichen. 1865 wurden die ersten Taufen vollzogen und das Neue Testament in zwei Sprachen übersetzt. Hier erfolgte die Missionierung nach der Methode, zuerst katechetische Lehrer auszubilden, die unter der Leitung eines Missionars arbeiteten. Einge der Ältesten in der so entstehenden Batak-Kirche waren einheimische Prinzen. Diese Katecheten setzte man in enger Anbindung an die Missionsstationen ein. 1884 verbesserte die Mission in einem weiteren Schritt die Ausbildung der Katecheten, von denen 1885 drei zu *pandita batak* (Batak-Pfarrern) ordiniert wurden.

1880 gab es mehr als 5000 Getaufte. Zum Ende des Jahrhunderts, als der Barmer Beauftragte August Wilhelm Schreiber (1867–1945) das Gebiet besuchte, waren bereits mehr als 40000 Einheimische getauft worden. Es gab 150 Katecheten, zwanzig *pandita batak* und 28 Missionare. Vor Ausbruch des Ersten Weltkrieges hatte diese „Volkskirche" fast 100000 Mitglieder.

2. Die katholische Mission

Das Apostolische Vikariat von Batavia wurde 1842 eingerichtet. In diesem Amt folgte Jac de Groof auf J. H. Schulten, der seit 1830 Apostolischer Präfekt gewesen war. Von 1902 bis 1914 kamen vier neue Vikariate bzw. Präfekturen dazu[40]. Die Mission wurde den Jesuiten anvertraut, unterstützt von zwei Gemeinschaften von Schwestern und einigen Laienbrüdern. Pater Cornelius J. Fr. Le Coq d'Armandville (1846–1896) unternahm von Flores aus eine außergewöhnliche Mission auf die Molukken (Ceram) und nach Irian auf West-Neuguinea, wo er auf die Papua-Bevölkerung traf. Auf Java hatte sich Ende des 19. Jh. Van Lith von den Jesuiten niedergelassen. Durch seine Forschungen konnte er nachweisen,

---

[38] Vgl. F.-H. Krüger, in: JME 68 (1893) 53.
[39] J. Ganguin, La Mission rhénane à Bornéo, in: JME 75 (1900) Nr. 2, 53.
[40] Metzler, Dalle Missioni 396 und 403. Siehe auch Sacrae Congregationis III/1, 489–507 (J. Glazik).

daß die Kultur der Abangan, die die große Insel geeint hatten, älter war als die der Santri, die sich den muslimischen Eroberern zugewandt hatten[41]. Diese Entdeckung und die Würdigung der kulturellen Eigenständigkeit der Abangan führten zu Beginn des neuen Jahrhunderts zum Aufbau von Strukturen, die der Christianisierung der Abangan sehr förderlich waren. An einer 1914 in Muntilan eingerichteten Ausbildungsstätte wurden einheimische Kräfte für die niederländische Verwaltung ausgebildet. Die seit Franz Xaver (1506–1552) im katechetischen Unterricht praktizierte Verwendung des Malaiischen auf Sumatra erwies sich als ein nicht zu unterschätzender Faktor in der Einigung des Archipels. Sie war effektiver als alle von der Kolonialmacht unternommenen Koordinationsversuche zwischen den lokalen Fürstentümern. 1900 betrug die Zahl der Katholiken 50300, von denen 20000 im Ostteil von Flores lebten. 9000 Einheimische im Norden von Celebes hatten zum überwiegenden Teil einen von Europäern erteilten Schulunterricht genossen. Die Schulen wurden von 5365 Schülern besucht.

V. Philippinen

1. Der Katholizismus auf den Philippinen

Der Katholizismus auf den Philippinen diente dem Papsttum als wichtiger Stützpunkt in den Beziehungen zu China und nach Tonking. Nach dem Abbruch der diplomatischen Beziehungen zu Spanien zwischen 1835 und 1843 wurde der für die Philippinen zuständige Erzbischof wiederholt um Rat gefragt. Aber die Vorherrschaft der Dominikaner, deren Klöster mit ihrem ausgedehntem Grundbesitz von der großflächigen Anbaumethode für Reis und Zuckerrohr profitierten, hatte zu einer tiefen Spaltung im Klerus geführt. Die philippinischen Weltgeistlichen beklagten sich über ihre niedere, abhängige Stellung. In regelmäßigen Abständen kam es zu Aufständen, an denen jene Geistlichen beteiligt waren. In der Folge eines dieser Aufstände, im Jahre 1896, entschied man sich schließlich, den Besitz der *frailes* zu säkularisieren[42].

Nachdem die philippinische Befreiungsbewegung 1898 die spanischen Besatzungstruppen mit Hilfe der USA besiegt hatten und sich die Philippinen für unabhängig erklärten, erkannten die USA entgegen ihren ursprünglichen Versprechungen die Unabhängigkeitserklärung nicht an, sondern ließen sich im „Friedensvertrag mit Spanien" ihre kolonialen Ansprüche auf das Archipel bestätigen. Die amerikanische Eroberung verursachte ein wahres Trauma. 1899 rief Emilio Aguinaldo (1869–1964) die Republik aus, und der Weltpriester Gregorio Aglipay (1840–1949) gründete die „Philippinische Unabhängige Kirche" *(Iglesia Filipina Independiente)*, die schon bald drei Millionen Mitglieder umfaßte. Aglipay nahm zahlreiche Ordinationen vor. Aber gegenüber seinen Positionen zu Lehrfragen, die so weit reichten, daß er die Gottheit Christi in Frage stellte[43], sahen sich die Amerikaner gezwungen, den Kirchenbesitz, den er sich angeeignet hatte, zurückzufordern. Die

---

[41] Vgl. B. DAHM, Emanzipationsversuche von kolonialer Herrschaft in Südostasien. Die Philippinen und Indonesien. Ein Vergleich. Wiesbaden 1974, 155; C. GEERTZ, The religion of Java, Chicago ²1976; W. STÖHR – P. ZOETMULDER, Die Religionen Indonesiens, Stuttgart 1965.
[42] Vgl. METZLER, Dalle Missioni 400f.
[43] Ebd., 431–440.

Zahlen der Gläubigen nahmen ab, bis sie sich zu Beginn des Ersten Weltkrieges bei etwas über 100 000 einpendelten[44].

Kardinal James Gibbons (1834–1921) nahm direkte Verhandlungen mit Theodore Roosevelt auf, dem 26. Präsidenten der USA, mit dem Ziel der Neuorganisation der Kirche auf dem Archipel. Nach der apostolischen Visitation durch den Erzbischof von New Orleans im Jahre 1902 wurde die Zahl der Diözesen von fünf auf neun erhöht (mit einer Apostolischen Präfektur auf der Inselgruppe der Marianen). Der Papst erhob die Ausbildung einheimischer Geistlicher zur Priorität und mahnte zur Einberufung eines Provinzialkonzils, das 1907 stattfand (Apostolisches Schreiben *Quae mari sinico* vom 17. Sept. 1902)[45]. Hinzu kamen Kongregationen aus Nordamerika und Europa, von denen nachhaltige Impulse ausgingen, besonders im Bereich der Erziehung und Ausbildung junger Frauen, im Sekundarschulbereich und auf höherer Ebene[46].

Einen erneuten Aufschwung der missionarischen Evangelisierung konnte man besonders in der südlichen Region (Palawai) verzeichnen, wo erste, von den Muslimen zerstörte Schulgründungen 1910 unter der unmittelbaren Verantwortung der päpstlichen *Congregatio de propaganda fide* und unter dem Schutz des amerikanischen Militärs wiedererstanden. Dies führte zu einer Massenbekehrung. 1913 begann man mit der Evangelisierung der Bergbevölkerung auf Luzon (die Igoroten), die in der Hand der Scheutvelder Missionare lag.

2. Die protestantischen Missionen

Der Wechsel der Oberhoheit – Amerika löste Spanien ab (mit dem Vertrag von Paris, Dezember 1898) – und die Unabhängigkeitserklärung (Januar 1899) ermöglichten den Beginn der protestantischen Mission. Ab 1899 kamen Amerikaner aus dem Umfeld der freiwilligen Studentenmissionsbewegung ihres eigenen Landes über die YMCA *(Young Men's Christian Association)* und die Bibelgesellschaften auf die Philippinen[47]. Ermöglicht wurde diese neue missionarische Welle durch die Religionsfreiheit, garantiert durch die amerikanische Oberhoheit, und durch die Trennung von Kirche und Staat. Da die spanischen katholischen Missionare den Aberglauben unter den Filipinos weitgehend aufrechterhalten hatten, gründeten die ersten dieser neu ins Land gekommenen Missionare Hochschulen. Die Presbyterianer gründeten 1901 die *Silliman University* in Dumaguete City, die Baptisten 1905 die *Central Philippine University*. Währenddessen erreichten praktisch alle großen Denominationen, die in den Vereinigten Staaten von Bedeutung waren, die Inselgruppe: Methodisten, *United Brethren and American Baptists, Disciples of Christ*, Kongregationalisten. Sie alle fanden sich 1901 in der Gründung der *Evangelical Union* (EU) zusammen. Die Episkopalen (Anglikaner) und die *Church Missionary Alliance* (CMA) trafen 1900 bzw. 1902 ein und nahmen Beziehungen zur EU auf. 1907 gründeten Methodisten und Presbyterianer in Manila das *Union Theological Seminary*, und im folgenden Jahr eröffneten die Methodisten dort das *Mary Johnston Hospital*.

---

[44] Vgl. JARRETT-KERR, Patterns (s. Anm. 23) 437; S. DE ACHATEGUI – M. A. BERNARD, Religious Revolution in the Philippines. The Life and Church of Gregorio Aglipay, 2 Bde., Marseille 1960–1966.

[45] Vgl. Leonis Acta, XXII, 192–207.

[46] J. Z. S. GARDINIER, Rosa Sevilla and the Istituto de Mujeres of Manila, 1900–1941, in: Ecole et Mission, 239–262.

[47] Der CVJM (YMCA) wurde 1895 unter der Leitung von John Mott (1865–1955) gegründet. Der Amerikaner John Mott, Methodist und kirchlicher Laie, hatte den Vorsitz der Weltmissionskonferenz von Edinburgh 1910 inne.

Durch die *Evangelical Union* kam es zu einer Gebietsaufteilung zwischen den Missionsgesellschaften. Die Baptisten wirkten auf den Inseln Panay und Negros, wo sie mehrere Tageskliniken einrichteten, die Bibel in die Sprache Panayan visayan übersetzten und Handwerksbetriebe einführten. Die *Disciples of Christ* ließen sich im Norden der großen Insel Luzon nieder. Die Episkopalmission (Anglikaner) widmete sich den chinesischen Einwohnern in Manila und den ethnischen Minderheiten im Norden von Luzon sowie den Muslimen im Westen der Insel Mindanao und auf den Sulu-Inseln. Trotz dieser gemeinsamen Bemühungen kam es jedoch zu zahlreichen Spaltungen im philippinischen Protestantismus. Dies führte zur Gründung mehrerer Kirchen derselben Denomination (wie zum Beispiel 1909 bei den Methodisten) oder einheimischer christlicher Sekten protestantischer Ausrichtung, wie etwa die 1914 von Felix Manalo (1886–1963) gegründete *Iglesia ni Cristo*, die nach dem Krieg ein starkes Wachstum verzeichnen konnte [48].

VI. Siam und Indochina

1. Die katholische Mission

Siam

Seit dem 17. Jh. war Siam Zentrum und Ausgangspunkt der Pariser Mission (MEP). Die Halbinsel Indochinas stellte als das Land, in dem der Buddhismus in seiner strengen Form des „kleinen Fahrzeuges" *(Hinayana)* verwurzelt war, einen regelrechten kulturellen Knotenpunkt dar, an dem sich indische und indonesische Einflüsse sowie eine bis ins 14. Jh. zurückreichende Islamisierung trafen. Missionen aus weiter östlich gelegenen Gebieten hatte dieses Land zu Zeiten von Verfolgungen als Rückzugsmöglichkeit gedient. Das 1807 gegründete Seminar von Penang auf einer der Westküste von Malaysia vorgelagerten Insel hatte sich zu einem internationalen Ausbildungszentrum entwickelt, an dem Latein als Unterrichtssprache in einem Studium von mindestens sieben Jahren Dauer diente. Durch ihre ungenaue Festlegung und ihre Durchlässigkeit ermöglichte die Ostgrenze von Siam den Zugang von weither, auch aus den Ländern jenseits des Mekong, mit denen Dauerkonflikte bestanden [49].

Zur Festlegung von kirchlichen Grenzen kam es erst 1841, allerdings mit nur wenigen Priestern: Das Vikariat unter Bischof Pellegroix (1841–1861) verfügte zur Versorgung von 4300 Gläubigen, die in der Mehrzahl nicht in Siam einheimisch waren, sowie von Vietnamesen über vierzehn Priester, davon fünf Asiaten. Weitere Schwierigkeiten, mit denen die Mission zu kämpfen hatte, ergaben sich aus einem starken Nationalismus, der noch verstärkt wurde durch die diplomatische Übereinkunft mit Kambodscha von 1867 und durch den französischen Flottenangriff 1893 im Zusammenhang mit der Besetzung des gesamten linken Flußufers des Mekong durch Laos. Die Siamesen konnten den Verlust dieser Provinzen, auf die sie alte Ansprüche anmeldeten, nicht verwinden. Das Vikariat von Bangkok versuchte, in den südöstlichen Grenzgebieten, in der Gegend um Chanthaburi (Tschantaburi), Fuß zu fassen. Dort errichteten und unterhielten die *Brüder vom Heiligen*

---

[48] Vgl. G. H. Anderson, Philippinen, in: Neill, Lexikon zur Weltmission 435 ff.
[49] Vgl. Metzler, Dalle Missioni 439 f.

Gabriel, die *Schwestern vom heiligen Paulus in Chartres* und die *Liebenden des Kreuzes* (eine einheimische Kongregation, deren Anfänge bis ins 17. Jh. zurückreichten) Schulen und Krankenhäuser. Von 1880 an zeichneten sich Erfolge ab, besonders um Nang Seng, wo das Vikariat von Taore eingerichtet wurde. Im Jahr 1900 zählte man hier 9500 Katholiken. Nur schleppend gingen die Fortschritte weiter südlich, dem Lauf des Mekong folgend, voran. Das gesamte Vikariat von Bangkok zählte im Jahre 1900 nur 22000 Katholiken[50].

Indochina

Die katholische Kirche in Vietnam war in sechs Apostolische Vikariate aufgeteilt, drei im Tonking-Gebiet und drei in den südlichen Regionen, im Herrschaftsbereich des Kaisers von Annam[51]. Sie konnten zum Teil auf ein Alter von bis zu zwei Jahrhunderten zurückblicken. Es gab Gemeinden an festen Standorten mit eigenen Katecheten. Nach 1833 kam es zu Verfolgungen[52]. Dies ist möglicherweise eine Erklärung für das zahlenmäßige Übergewicht einheimischer Priester und vor allem einheimischer Nonnen im Verhältnis zu den auswärtigen Missionaren, von denen die meisten Franzosen waren: 1850 standen mehr als 150 Einheimische 38 auswärtigen Missionskräften gegenüber[53]. In den südlichen Regionen wurden im Zusammenhang mit den Verfolgungen bis 1862 117 Missionare getötet, als letzter Bischof Étienne Thédore Cuenot nach seinem 23 Jahre langen Episkopat und der Leitung des Vikariats von Ost-Cochinchina. Die Gründung dieses Vikariats ging auf eine im geheimen abgehaltene Synode zurück, durch die die Evangelisierung auf der Grundlage der Synode von Sichuan (1803) und unter Anpassung ihrer Beschlüsse an die andersartigen Verhältnisse im südvietnamesischen Bereich in Gang gesetzt worden war. Cuenot hatte dies unter bemerkenswerter Vermeidung von Nachfragen und durch das Ausnutzen der Nachsicht bzw. der Korruption einiger Mandarine ins Werk gesetzt[54]. Die Verfolgungen verfehlten ihre Intention; sie schlugen sich als Erfolge für das Christentum nieder: 1875 gab es 263 einheimische Priester[55], die für 250000 Christen und 80000 Katechumenen sowie 1200 feste Gottesdienststätten zuständig waren. Daneben waren noch 135 auswärtige Missionare im Einsatz. Zu den schlimmsten Massakern (ungefähr 40000 Tote) kam es 1884/1885, als sich nach dem französischen Einfall in Indochina die Nationalbewegung gegen die vietnamesischen Christen wandte[56]. Von den sechs Apostolischen Vika-

---

[50] Ebd., 292–296 (J. VERINAUD). Zu Penang siehe P. DESTOMBES, Le Collège de la société des MEP, 1665–1932, Hongkong 1934.

[51] Vgl. METZLER, Dalle Missioni 294.

[52] Die vietnamesische Regierung wehrte sich erbittert gegen europäische Forderungen nach Sonderrechten in ihrem Hoheitsgebiet. Sie erkannte in der steigenden Zahl der christlichen Proselyten, die unter dem Einfluß französischer Missionare standen, eine Gefahr für ihre Souveränität. So hatte die Verfolgung von Christen nach 1833 auch durchaus staatspolitische Hintergründe: 1833 zettelten unzufriedene Offiziere mit Unterstützung von christlichen Gruppen in den südlichen Provinzen einen Aufstand gegen die Zentralgewalt an. Dazu riefen sie die Thais zu Hilfe, die Vietnam die Vorherrschaft in Kambodscha streitig machten. Die Truppen des Kaisers Minh-Mang (1820–1841) konnten die Rebellen und ihre siamesischen Verbündeten vernichtend schlagen.

[53] METZLER, Dalle Missioni 278–291 und 296–299 (J. VERINAUD).

[54] Vgl. J. THIEBAUD, Le Saint Martyr de Belieu, Et.Th.Cuenot, évêque missionaire, 1802–1861, Besançon 1988; J. GADILLE, L'Institution synodale dans la stratégie des MEP en Extrême-Orient: La Cochinchine au XIXᵉ siècle, in: Des Missions aux Eglises (s. Anm. 12) 121–131.

[55] Vgl. METZLER, Dalle Missioni 281.

[56] Bereits 1858 hatte Frankreich mit der Erklärung, die christliche Mission zu schützen, die Isolation Vietnams

ren stellten sich nur zwei auf die Seite der französischen Oberhoheit. 1905–1910 kam es zu der berühmt gewordenen Affäre um fünf Priester, denen von ihren ausländischen Mitpriestern subversive Umtriebe vorgeworfen wurden. Ihr Bischof stellte sich hinter sie. Er wurde seines Amtes enthoben[57].

Zu einem Neuanfang kam es erst wieder durch einen systematischen Gemeindeaufbau. Aber dadurch, daß die Leitung der Dekanate systematisch mit Europäern besetzt wurde und kein einheimisches Episkopat existierte, ergaben sich für den vietnamesischen Klerus auf Dauer ungünstige Verhältnisse. Von großer Bedeutung war das missionarische Wirken im Bereich der Schulen. Durch die von Alexander de Rhodes (1591–1660) im 17. Jh. entwickelte moderne Schriftweise des Vietnamesischen (das *Quoc-Ngu*) wurde für die große Masse der Bevölkerung die Schriftsprache zugänglich. Sie wurde auch zur offiziellen, in der Verwaltung verwendeten Schrift. Eingehende Sprachforschungen, in Verbindung mit ethno-historischen Untersuchungen, gingen zurück auf Leopold Cadière (1869–1955). Sie wurden in der *Revue de l'école francaise d'Extrème-Orient* veröffentlicht[58].

Eine ähnliche Situation der Verflochtenheit von ausländischer Mission und einheimischer Kirche ergab sich auch in Kambodscha, wo sich der Apostolische Vikar Jean Claude Miche, der außerdem auch noch Weihbischof und von 1864 bis 1869 Apostolischer Vikar im westlichen Cochinchina war, der vietnamesischen Sprache bediente. Man konnte so von der „Auswärtigkeit" der einheimischen Kirche sprechen, deren Stützpunkte sich in den südlichen Provinzen des Landes konzentrierten[59].

Die laotischen Hochebenen stellten das Ziel mehrerer missionarischer Vorstöße dar, die von Tonking aus, aber unter Cuenot auch vom Süden aus unternommen wurden. Das von Vietnam ausgehende Wirken setzte ein mit der Gründung der Missionsstation von Sen-Dai am linken Ufer des Mekong im Jahre 1886. Das 1899 errichtete Vikariat zog sich an beiden Flußufern entlang, stieß aber in seiner weiteren Ausbreitung auf den starken Widerstand der buddhistischen Bevölkerung. Die Evangelisierungsbemühungen betrafen auch die Bergvölker der Meo im Norden und der Kha im Süden[60].

2. Die protestantischen Missionen

Siam

G. E. Burkhardt und R. Grundemann, die Historiographen der protestantischen Mission, schrieben 1885: „Siam ist nun einmal eines der härtesten aller Missionsfelder."[61] Die 1828 durch den Deutschen Karl Gützlaff (1805–1851) begonnene protestantische Mission in

---

durchbrochen. Nach einem ersten mißlungen Versuch war es den Franzosen in einer besser vorbereiteten Aktion gelungen, sich festzusetzen: Während in Tonking einer ihrer Agenten mit Unterstützung der christlichen Gemeinde einen Aufstand entfesselt hatte, hatte die französische Marine das Mekong-Delta angegriffen. 1862 wurde Vietnam zum Abschluß des „Vertrags von Saigon" gezwungen, in dem es Frankreich das östliche Cochinchina überließ und sich zur Zahlung von vier Millionen Francs verpflichtete. 1882 fiel Frankreich in Tonking ein, um sich in Konkurrenz zu Großbritannien den Zugang zur chinesischen Provinz Yünnan zu verschaffen und den Rohstoffreichtum Nordvietnams ausbeuten zu können.

[57] METZLER, Dalle Missioni 286.
[58] G. Condaminas hat dies kürzlich in dieser Zeitschrift hervorgehoben.
[59] Vgl. METZLER, Dalle Missioni 288 f.
[60] Ebd., 296–299
[61] BURKHARDT – GRUNDEMANN, Kleine Missionsbibliothek III (s. Anm. 28) 200.

Siam (Kambodscha) konnte eigentlich erst zu Beginn des 20. Jh. Erfolge aufweisen. Sie erwies sich in Annam (Vietnam), in Tonking (Nordvietnam) und in Cochinchina (Südvietnam) als ebenso mühsam wie in Laos.

Karl Gützlaff, ausgebildet an Johannes Jänickes (1748–1827) Missionsschule in Berlin, vielsprachig, weitgereist und neuen Erfahrungen aufgeschlossen, verbrachte drei Jahre in Phnom Penh. Er begann, die Bibel in Auszügen in die Thai-Sprache zu übersetzen. Der anti-europäische Geist am dortigen Hof entmutigte ihn jedoch nicht, und so wandte Gützlaff sich den in Phnom Penh lebenden Chinesen zu. Dies führte ihn 1834 nach China, ähnlich einigen anderen zuerst nach Siam entsandten Missionaren bzw. amerikanischen Kongregationalisten (AB), Baptisten und Presbyterianern[62]. Die Presbyterianermission war 1847 nach Siam gekommen, hatte jedoch kaum Erfolg. 1896 konnte der erste presbyterianische Thai-Pfarrer ordiniert werden, und im folgenden Jahr wurde im Zusammenhang mit ihrem vierzigjährigen Bestehen die Zahl der Kommunikanten festgestellt: Es waren 325.

1867 zogen die amerikanischen Presbyterianer den Mekong aufwärts bis nach Vientiane, wo sie Aufnahme durch den König fanden. 1869 ließen sich Nan Inta, ein Beamter des Hofes, und Nan Tschai, ein Gelehrter, taufen. Dies rief den Protest der Buddhisten hervor und löste eine Welle von Verfolgungen aus, die das missionarische Wirken zwar nicht beenden konnte, jedoch stark behinderte[63].

Indochina

1887, im Jahre der Gründung der Französisch-Indochinesischen Union, bildete sich in den Vereinigten Staaten die *Christian and Missionary Alliance* (CMA), eine interdenominationelle, konfessionsübergreifende Mission, mit dem Ziel, sich der Missionsarbeit in Indochina von evangelischer Seite aus anzunehmen – eine Arbeit, die, wie man meinte, in der Vergangenheit vernachlässigt worden sei und nun unter französischer Herrschaft noch mehr ins Hintertreffen zu geraten drohe. Die CMA konnte jedoch erst 1893 ihren ersten Mitarbeiter nach Saigon entsenden, und erst 1897 erhielten die ersten Missionare die Erlaubnis, nach Indochina einzureisen. Doch die Missionare C. Reeves und später R. Jaffray bekamen keine dauerhafte Aufenthaltserlaubnis. Ebenso erging es dem französischsprachigen Kanadier Sylvan Dayon, den die CMA 1902 entsandte. Jaffray kam 1911 als Mitarbeiter der Chinamission der CMA wieder ins Land und konnte sich in Tourane (Da-Nang) niederlassen. Hier und in Haiphong und Hanoi begann die evangelische Missionstätigkeit. Mit dem Ausbruch des Ersten Weltkrieges untersagte die französische Regierung jedoch jedes weitere missionarische Wirken unter den Vietnamesen.

Gleichzeitig hatte die CMA aber im Jahre 1900 in Frankreich und in der Schweiz einen Aufruf zur Mission ergehen lassen. Diesem Aufruf folgte der Schweizer Pfarrer Gabriel Contesse. Im September 1902 schiffte er sich zusammen mit seiner Ehefrau und seinem Freund Maurice Willy in Saigon ein, den Mekong aufwärts. Sie kamen bis Song-Khone, wo sie der französische Statthalter freundlich aufnahm[64]. In kurzer Zeit fanden sich zwei Männer, Tit Pang und Chan Pan, ein Bonze (lamaistischer Priester bzw. Mönch), die bereit

---

[62] Vgl. H. SCHLYTER, Gützlaff, Karl Friedrich Augustus (1803–1851), in: NEILL, Lexikon zur Weltmission 186.
[63] Vgl. BURKHARDT – GRUNDEMANN, Kleine Missionsbibliothek III, 2, 201 f.
[64] Zur protestantischen Mission in Laos, Siam (Kambodscha) und Annam (Vietnam) vgl. E. SCHLOESING, Les Missions protestantes en Indochine, in: Le Monde non Chrétien, No. 35–36, Paris 1965.

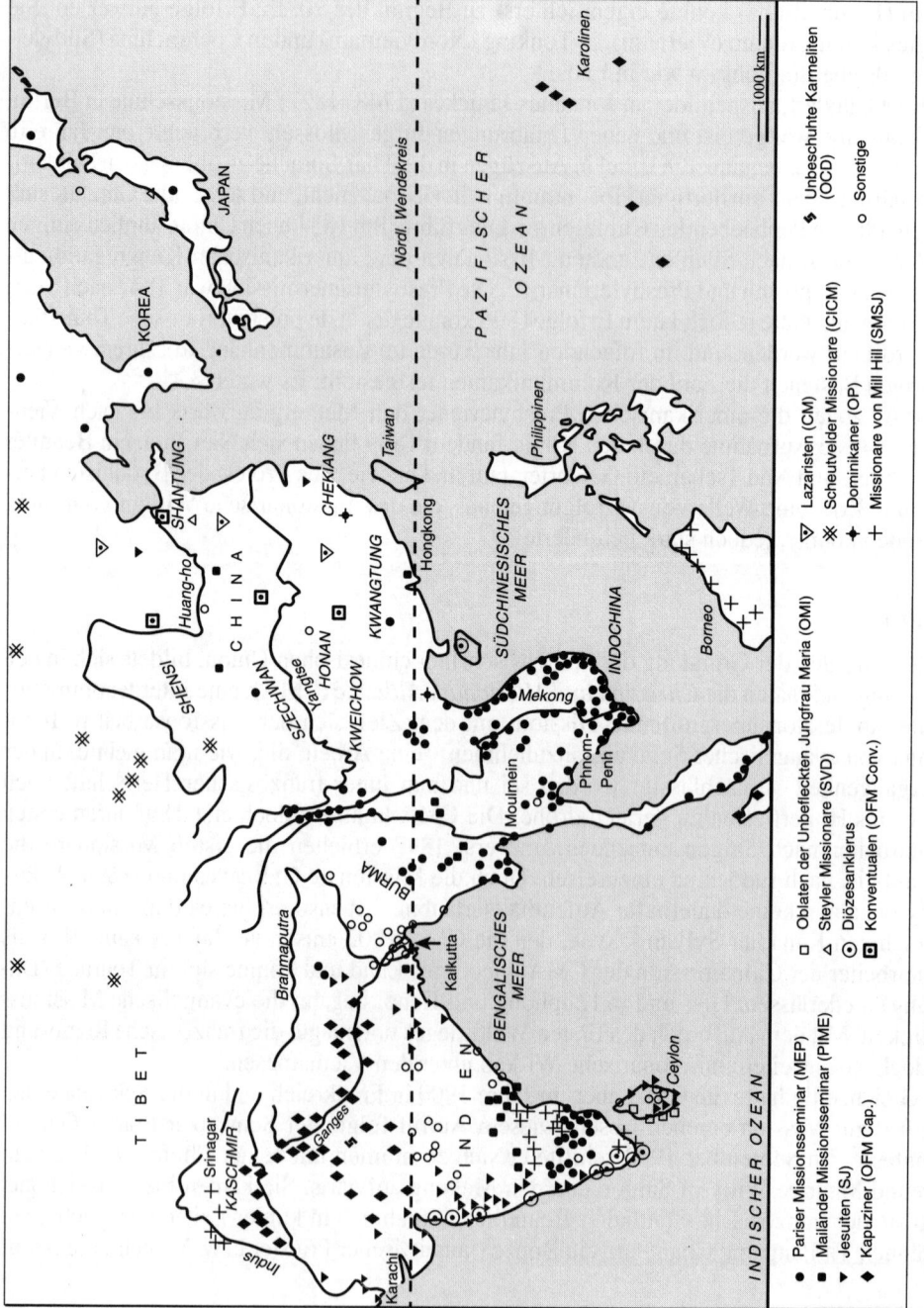

Die katholische Mission in Asien und dem Fernen Osten vor 1914.

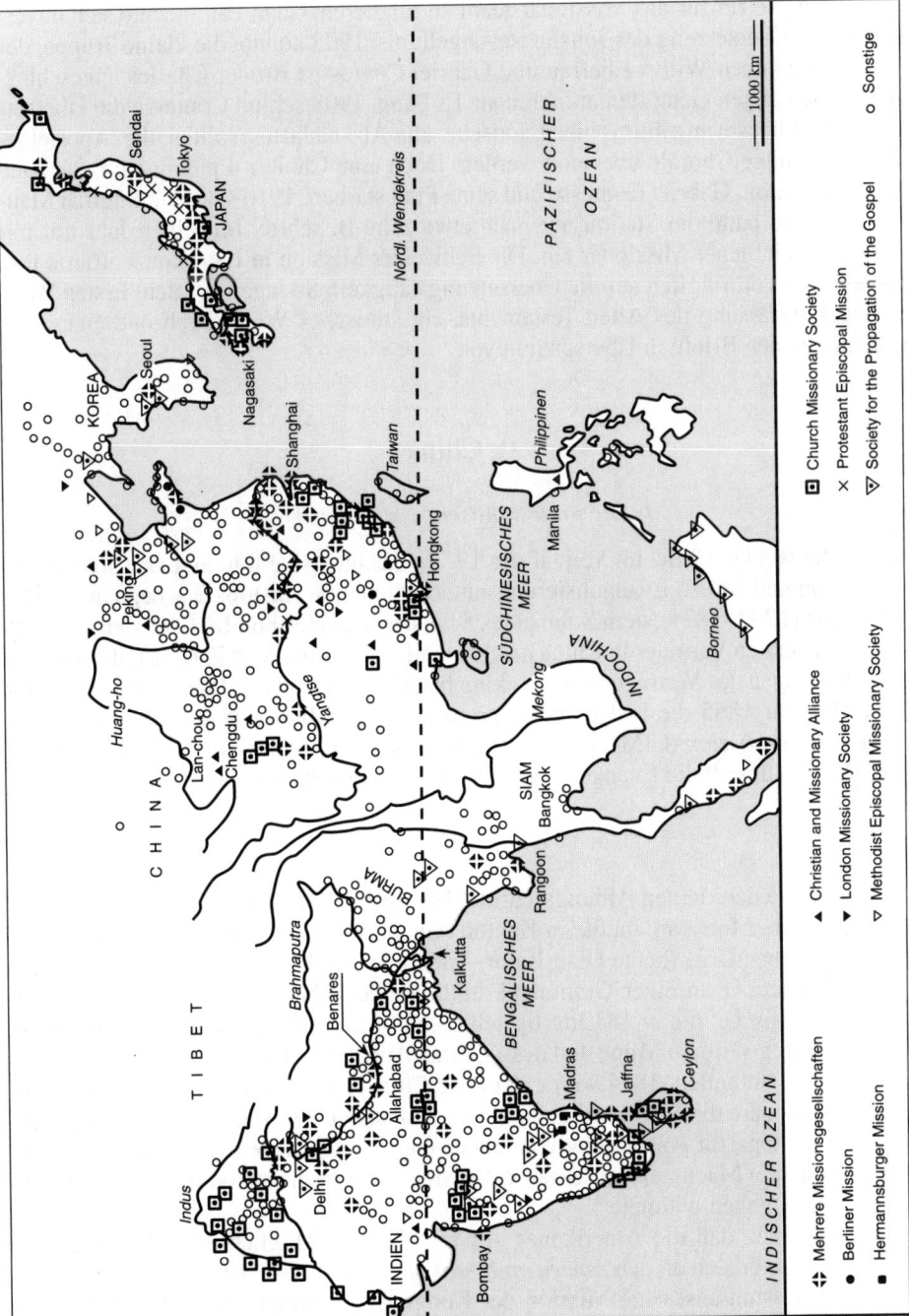

Die protestantischen Missionen in Asien und dem Fernen Osten zu Beginn des 20. Jh.

waren, als Übersetzer für das Missionarsteam zu fungieren. Chan Pan machte sich unverzüglich an die Übersetzung des Johannesevangeliums. 1905 konnte die kleine Truppe, der sich inzwischen noch Willys Ehefrau und Gabriel Contesses Bruder Charles angeschlossen hatten, den ersten Getauften aufnehmen: Tit Pang. 1908 schloß Contesse die Übersetzung des Matthäusevangeliums ins Laotische ab. Als nächstes sollten die Apostelgeschichte und einige Choräle übersetzt werden. Doch eine Cholera-Epidemie erfaßte auch die Missionsstation, Gabriel Contesse und seine Frau starben. 1910 starb die Ehefrau Maurice Willys. Nun hatte die Station nur noch etwa zehn Bekehrte. Im selben Jahr traf mit Fritz Audebat ein neuer Missionar ein. Die Schweizer Mission in Laos konzentrierte ihre Kräfte nun aber vordringlich auf die Übersetzungstätigkeit. So lagen vor dem Ersten Weltkrieg eine Kurzfassung des Alten Testaments, ein laotisches Wörterbuch und einige der neutestamentlichen Briefe in Übersetzung vor.

VII. China

1. Die protestantischen Missionen

Immer wieder weckte China im Verlauf des 19. Jh. das intensive Interesse der protestantischen Mission und gab zu Evangelisierungsunternehmungen Anstoß. Das begann mit Robert Morrison (1782–1834), dem Sohn eines Schusters aus Northumberland, den die LMS 1805 zu ihrem ersten Vertreter in China machte, und ging – über Karl Gützlaff, der 1842 an den Verhandlungen des Vertrages von Nanking beteiligt war – bis zu James Hudson Taylor (1832–1905), der 1865 die bedeutendste protestantische Missionsgesellschaft gründete, die *China Inland Mission* (CIM). In dieser Zeitspanne vom Beginn des 19. Jh. bis zum Ersten Weltkrieg läßt sich die Evangelisierung Chinas in vier Phasen unterteilen:

1807–1842

Dies ist die Phase der kleinen Anfangsschritte. Der 1807 in Macau angekommene Pionier der Chinamission, Morrison, mußte in Kanton (Guangzhou) Zuflucht suchen – der einzigen Stadt, die neben Urga (heute Ulan-Bator, Äußere Mongolei) für Ausländer zugänglich war. Dort arbeitete er an einer Grammatik und an einer Übersetzung des Neuen Testaments ins Chinesische, die er 1812 fertigstellte und 1823 veröffentlichte. 1813 erhielt er Verstärkung durch William Milne und dessen Frau. Auch diese konnten sich nur in Kanton und in Tsai-a-ko aufhalten. 1814 wurde der erste Chinese getauft. Im folgenden Jahr verließen die Missionare die Stadt. Milne ging nach Malakka (Malaysia), wo er ein englisch-chinesisches College zur Ausbildung von Hilfsevangelisten gründete. Er starb 1822. Morrison konnte sich in Macau niederlassen, wo er sich bis zu seinem Tod im Jahre 1834 seinen Sprachforschungen widmete[65].

Morrison meinte, daß die Amerikaner in China bessere Möglichkeiten hätten als die Briten. So wandte er sich an den *American Board of Commissioners for Foreign Missions* (AB), eine in Boston ansässige Mission der Kongregationalisten, die 1829 einen ersten Vertreter nach Kanton entsandte. Sie hatte jedoch auch nicht mehr Erfolg als die LMS.

---

[65] Vgl. J. Foster, Morrison, Robert (1782–1834), in: Neill, Lexikon zur Weltmission 371 f.

Nun kam Karl Gützlaff, ließ sich in Macau nieder und nahm die Zusammenarbeit mit Morrisons Nachfolgern auf. Gützlaff teilte nicht die Vorsicht und Behutsamkeit seines Vorgängers. Dank seiner Begabung beim Anknüpfen von Beziehungen und im diplomatischen Umgang erhielt er eine Position an der britischen Botschaft. Diese Stellung hatte er noch beim Ausbruch des Opiumkrieges 1839 inne. Im Opiumkrieg 1840–1842 eroberte eine kleine englische Flotte Küstenstützpunkte bis Shanghai. Die Kapitulationsbereitschaft einflußreicher Hofkreise ermöglichte den Vertrag von Nanjing: Darin sicherten sich die Briten Hongkong sowie den freien Zugang zu fünf Hafenstädten[66]. Darunter befand sich Ningpo, wo Gützlaff sieben Monate lang als Statthalter tätig war, bevor er sich wieder ausschließlich seiner Tätigkeit als Missionar zuwandte. Als China sich dem Ausland öffnete, gab es dort nur etwa 50 Protestanten.

1842–1860

Im Vertrag von Nanjing waren den protestantischen Missionen günstige Bedingungen eingeräumt worden. Als erste etablierte sich die LMS in Shanghai und in Hongkong, wohin das College von Malakka verlegt wurde. Das *American Board* (AB) ging nach Amoy (heute Xiamen) und Fuzhou. Es folgten weitere amerikanische Missionsgesellschaften (Baptisten, Presbyterianer, Episkopale), die Schulen, Druckereien und Kliniken gründeten. Gützlaff erhielt Unterstützung von mehreren deutschen Missionsgesellschaften und von der Basler Mission. Er hatte sie für seinen Plan gewinnen können, China nicht nur an den Grenzen, sondern auch im Innern durch die Ausbildung und Entsendung chinesischer Prediger in der Zeitspanne von einer Generation zu evangelisieren. Um das zu erreichen, hatte Gützlaff die *Chinese Evangelization Society* gegründet und sich in Hongkong niedergelassen. In kurzer Zeit bildete er 200 Prediger aus. Doch das Unternehmen brach einige Jahre später zusammen, als die Missionare feststellen mußten, daß nur ein Zehntel der so ausgebildeten Vertreter die ihnen anvertraute Arbeit ordentlich ausgeführt hatte. Inzwischen war Gützlaff 1851 gestorben. Die Missionsgesellschaft von Barmen, die Berliner und die Basler Mission führten ihre Missionstätigkeit nach den Methoden der anderen Missionsgesellschaften fort.

Der für die Chinesen „schmähliche Frieden" von Nanjing (G. E. Burkhardt – R. Grundemann), durch den der Opiumhandel vertraglich geduldet wurde, löste einen von Hung-Hsiu-Ch'uan (1813–1864) geführten Aufstand aus. Dem Sohn eines Bauern war es verwehrt worden, in den Beamtenstand aufzusteigen[67]. Unter dem Namen Tai-Ping-Wang behauptete er, von der Ming-Dynastie abzustammen, und trat so gegen die an der Macht befindliche Mandschu-Dynastie an[68].

Hsiu, der seine Ausbildung durch den amerikanischen Südstaatenbaptisten-Missionar

---

[66] Seit 1816 weitete die Ostindien-Kompanie massiv den Opiumexport nach China aus. Die Opiumsucht nahm stark zu, ebenso die Korruption der Beamten. 1840–1842 kam es zum sogenannten Opiumkrieg: Eine kleine englische Flotte eroberte vom Süden her wichtige Küstenstützpunkte und erzwang 1842 den Vertrag von Nanjing (Kriegsentschädigungen, Abtretung Hongkongs, Abschaffung des Handelsmonopols chinesischer Kaufleute). Durch weitere Abkommen mit den USA und Frankreich mußte China extraterritoriale Zugeständnisse machen, verlor seine Zollautonomie und wurde mit ausländischen Waren überschwemmt.

[67] Der Tai-Ping-Aufstand (1850–1864) führte in Süd- und Südostchina zeitweilig zur Abschaffung des Privateigentums sowie zur Gleichberechtigung von Frauen und Männern.

[68] Vgl. BURKHARDT – GRUNDEMANN, Kleine Missionsbibliothek III, 3, 189.

Issachar Roberts erhalten hatte, vertrat eine synkretistische Lehre, in der sich der Taoismus und biblische Offenbarungen von einem Gott, der die Dämonen besiegt, verbanden und vermischten. Seine Anhänger, die Tai-Ping kontrollierten vier der achtzehn Provinzen, mit der Zentrale in Nanjing. Westliche Missionare und Politiker glaubten eine Zeitlang, in Hsiu und seiner Tai-Ping-Bewegung den Schlüssel gefunden zu haben, der ihnen den Zugang zu China eröffnen würde[69].

Der Kaiserhof in Peking stand den Tai-Ping machtlos gegenüber, doch bauten chinesische Großgrundbesitzer Milizen auf, die die zerstrittenen Aufständischen in die Defensive drängten. Frankreich und England nutzten die Schwäche der Zentralregierung und erzwangen mit der Einnahme von Tientsin am 20. Mai 1858 den Vertrag von Tientsin: Der Kaiser wurde gezwungen, Ausländern, darunter auch Amerikanern und Russen, die Öffnung von sechzehn weiteren Hafenstädten und das freie Aufenthaltsrecht für westliche Kaufleute und Missionare im Landesinnern zuzugestehen. Das Christentum wurde staatlich anerkannt. Die zwanzig im Land tätigen Missionsgesellschaften hatten bis zu diesem Zeitpunkt ungefähr 2000 Einheimische missioniert. Durch ihren Putschversuch gegen die Bevollmächtigten an den Verhandlungen des Vertrages von Tientsin wurde die Mandschu-Dynastie noch mehr geschwächt. Nach einer militärischen Strafexpedition der Kolonialmächte und der Zerstörung des Sommerpalastes wurde der Vertrag ratifiziert: 24 Hafenstädte wurden für Ausländer geöffnet, Frankreich und Großbritannien erhielten das Niederlassungsrecht für die Hauptstadt, Kowloon wurde an Großbritannien, das Gebiet zwischen Ussuri und dem Pazifik an Rußland abgetreten, Zollerleichterungen wurden verfügt und die chinesischen Binnengewässer für fremde Schiffe geöffnet. Schließlich wurde auch der Opiumhandel legalisiert.

1860–1900

Die Tai-Ping-Bewegung versuchte, den Rest des Reiches unter ihre Kontrolle zu bringen. Ningpo fiel 1860; Shanghai jedoch konnte sich durch die britische und französische Unterstützung halten. Inzwischen machte sich unter den Aufständischen Verrat in den eigenen Reihen breit. Die Führer der Huai-Armee, Tseng Kuo-fan und Li Hung-chang, vernichteten schließlich mit Unterstützung der Engländer die Tai-Ping. Als die Aufständischen 1864 Nanjing verloren, nahm sich Hsiu das Leben. Die chinesische Oberschicht und die mandschurische Regierung bekräftigten ihr Bündnis. Der Einfluß regionaler Militärmachthaber stieg. Zur gleichen Zeit brachen in anderen Teilen des Reiches Aufstände aus, die jedoch keine gemeinsame Front mit den Tai-Ping bildeten.

Es ist offensichtlich, daß die unter solchen Vorzeichen aufgenommenen Beziehungen zwischen Europäern und Chinesen denkbar schlecht waren. Es gestaltete sich für die Missionare schwierig, ins Innere des großen Reiches vorzudringen. Das Christentum wurde vom Volk, von den Mandarinen und vom Hof als nationale Bedrohung angesehen. Und auch die britische Obrigkeit war kaum geneigt, die Niederlassung protestantischer Missionen in der Hauptstadt zu unterstützen. 1861 bestieg Tseu Hi den Kaiserthron, die jegliche Modernisierung ihres Landes entschieden ablehnte. Das war die Lage, die die LMS bei ihrer Ankunft 1861 vorfand. Ab 1863 folgten die großen amerikanischen Missionen. Sie alle

---

[69] Vgl. J. Charbonnier, Histoire des chrétiens de Chine, Paris 1992, 255ff.

eröffneten Hospitäler und Apotheken. Dadurch waren sie immerhin zu einer indirekten Evangelisierung in der Lage – mit jedoch langfristig gesehen sehr bescheidenen Ergebnissen. Die anderen Missionsgesellschaften, wie zum Beispiel die seit 1843 in Hongkong niedergelassene CMS, waren vor allem in den großen Hafenstädten tätig, in denen sie in erster Linie Schulen für Jungen und Mädchen, manchmal auch mit Internaten, gründeten. 1866 eröffneten die britischen Presbyterianer ein theologisches College in Amoy, und 1879 gründeten auch die amerikanischen Episkopalen ein eigenes College, das St. John's College in Shanghai. Neugetaufte und Missionare wurden immer wieder von Verfolgungen bedroht, wie die vier 1861 in Pok-Lo getöteten chinesischen Christen und ein 1872 in Lilong mißhandelter deutscher Missionar. Besonders erwähnt werden soll das sozial-diakonische Engagement der Basler Mission bei den Hakka-Kulis in Hongkong – Einheimischen, die in den Häfen angeworben und als billige Arbeitskräfte nach Lateinamerika oder in den pazifischen Raum verschleppt wurden.

Mit Ausnahme der 1861 von der LMS gegründeten Station in Hankou (Wuhan), der großen Handelsmetropole am Jangtse, konnte sich keine der protestantischen Missionen im Landesinnern etablieren. Diese Station wurde später von der 1865 von Hudson Taylor (1832–1905) gegründeten *China Inland Mission* (CIM) weitergeführt.

Der englische Methodist Taylor, war eigentlich Arzt[70]. Schon in jungen Jahren entschloß er sich, unter dem Einfluß seiner frommen Mutter, sein Leben der Mission in China zu widmen, das Missionsberichte als „dem Evangelium verschlossen" darstellten. 1853 schiffte er sich im Auftrag der *Chinese Evangelization Society*, die auch Gützlaff unterstützt hatte, nach China ein. Als er 1854 ankam, war der Tai-Ping-Aufstand in vollem Gange. Taylor übernahm das Amt eines Wanderarztes und -predigers zwischen Shanghai und Ningpo und auch am Jangtse flußaufwärts. Erkrankt kehrte er 1860 nach Großbritannien zurück, wo er eine publikumswirksame Kampagne für die Evangelisierung des chinesischen Binnenlandes führte. 1865 gründete er die *China Inland Mission* (CIM), eine interdenominationelle freie Vereinigung christlicher Freunde, und kehrte im darauffolgenden Jahr mit siebzehn Missionaren nach China zurück, um hier der CIM ohne den Rückhalt einer Basis in Europa ein Missionsfeld auf dem asiatischen Kontinent zu erschließen. Von ihrem Stützpunkt in Hangchow (Yangzhou) aus begannen die Missionare ihre Tätigkeit gemäß den Grundsätzen, die Taylor selbst (in Abwandlung eines Paulus-Zitats, vgl. 1 Kor 9,20) aufgestellt hatte: „den Chinesen Chinesen zu werden, um so die Chinesen zu gewinnen."[71] Sie kleideten sich wie die Bevölkerung, erlernten ihre Sprache, bemühten sich auch im Verhalten um Anpassung, aßen ihre Speisen , wohnten in Häusern ähnlich den chinesischen. Im folgenden Jahr zogen vier von ihnen in die Provinz Chekiang (Zhejiang). 1868 stieß die CIM in die Provinz von Kwangsi (Jiangxi) vor und dann in die Provinz von Anhwei (Anhui) nach Nanjing. Die Bewegung hatte Fuß gefaßt. Zwanzig Jahre später gab es in neun zentralchinesischen Provinzen etwa 100 Missionare, während ungefähr 50 Missionare in sieben Küstenprovinzen an der Seite von anderen Missionsgesellschaften tätig waren. Eine beträchtliche Zahl von ihnen wurde nicht aus einer zentralen Kasse unterhalten, sondern versorgte sich aus eigenen Mitteln, wäh-

---

[70] Vgl. J.-P. BENOIT, La Puissance du Seigneur. Vie de Hudson Taylor, Strassburg 1946; H. TAYLOR, Hudson Taylor, 2 Bde., Vevey 1947; J. POLLOCK, Taylor, James Hudson (1832–1905), in: NEILL, Lexikon zur Weltmission 543 ff.

[71] TAYLOR, Hudson Tayler II, 70.

rend sich die Entlohnung der übrigen im Verhältnis zu ihrem geleisteten Dienst berechnete[72].

Als Taylor 1905 starb, stellte die CIM fast ein Drittel der 3000 in China tätigen protestantischen und anglikanischen Missionare und dazu noch 300 einheimische Mitarbeiter, von welchen Pfarrer Hsi (Xi) wohl der bekannteste war. Hsi war 1879 bekehrt worden. Er richtete etwa zwanzig Kliniken für Rauschgiftsüchtige ein, die er mit traditioneller Medizin und Gebet behandelte.

Die Missionsstationen der CIM waren alle nach demselben Modell aufgebaut: Kapelle, Evangelisierungssaal, Schule, Tagesklinik. Diese Einheit finanzierte sich selbst. Das öffentliche missionarische Zeugnis erfolgte mit Gesang, der Predigt und der Verteilung von biblischen Schriften. Auf der gesamtchinesischen Missionskonferenz 1877 in Shanghai · wurde eine Übersicht über die protestantischen Publikationen gegeben. Es wurden 521 theologische Bücher gezählt, 54 Gebetbücher und 43 biblische Kommentare. Die populäre Literatur hatte dank der Traktate und der Zeitschriften sehr zugenommen. Jean Charbonnier weist darauf hin, daß in diesem frommen und apologetischen Schrifttum, das vor allem auf den amerikanischen Presbyterianer William Martin (1828–1916) und den walisischen Baptisten Timothy Richard (1845–1919) zurückging, Elemente christlicher Theologie mit traditionellen chinesischen Vorstellungen kombiniert wurden. Damit wurde an den Jesuiten Matteo Ricci (1552–1610) angeknüpft, einen frühen Chinamissionar des beginnenden 17. Jh.[73]

Neben seiner Tätigkeit in China hatte Taylor außerdem etwa zwölf Reisen nach Europa, Australien, Indien und in die Vereinigten Staaten unternommen, um für die Evangelisierung Chinas zu werben. 1875 suchte er mit Hilfe des Gebets Missionare zu gewinnen. Seinem Aufruf folgten zuerst achtzehn Menschen, 1881 bereits 70 und 1886 100. Auf der gesamtchinesischen Missionskonferenz in Shanghai im Jahre 1890 wurden 1000 Kräfte für die nächsten fünf Jahre für notwendig gehalten. Nach der Zerstückelung Chinas nach seiner Niederlage 1894 im Krieg gegen Japan bekamen die Missionare die Auswirkungen der Kolonisation Chinas zu spüren. Es bildeten sich Banden von Bauern, verarmt durch die Industrialisierung und Naturkatastrophen, aus Mitgliedern des abgesunkenen Mittelstandes und entlassenen Soldaten. Sie erkannten in den sozial privilegierten Fremden und ihren technischen Errungenschaften die unmittelbare Ursache ihres Elends. 1895 wurden zwölf Mitglieder der CMS in Koutcheng in der Provinz Fukien (Fujian) ermordet. 1898 wurde W. S. Fleming, ein Missionar der CIM, getötet. Während des sogenannten Boxeraufstandes kamen zwischen Juli und November 1900 58 Missionsmitarbeiter und 21 Kinder um. Der *I-ho-ch'üan*-Aufstand von 1900 („Faustkämpfer für Recht und Einigkeit", vom Westen als „Boxer" ironisiert) breitete sich mit Duldung der Hofclique um die Kaiserinwitwe Tz'u-hsi rasch aus. Nach einem Attentat auf den deutschen Gesandten von Ketteler und Chinas offizieller Kriegserklärung an die Westmächte entsandten England, Frankreich, Rußland, Italien und die USA ein gemeinsames Expeditionskorps. Deutschland und Japan eroberten Peking und stellten mit äußerster Brutalität den Kolonialstatus Chinas wieder her.

---

[72] Zur Geschichte der CIM vgl. L. T. Lyall, Passion pour l'extraordinaire. Mission à l'intérieur de la Chine, 1865–1965, Thoune 1965; K. S. Latourette, A History of Christian Missions in China, London 1929 (Nachdruck: Tapei 1973).

[73] Vgl. R. R. Covell, Confucius, the Buddha and Christ. A History of the Gospel in Chinese, New York 1986, 102, zit. bei Charbonnier, Histoire (s. Anm. 69) 262.

1900–1914

1911 erhoben sich die Massen in einer Revolution gegen die kaiserliche Regierung Chinas. Sun Yat-sen (1866–1925), ein durch das AB ausgebildeter christlicher Arzt, wurde zum provisorischen Präsidenten der neuen Republik proklamiert. Nun sahen die protestantischen und anglikanischen Missionsgesellschaften die Zeit einer beschleunigten Sinisierung und Vereinigung der durch ihre bisherige Tätigkeit gegründeten Kirchen gekommen. Auf der nationalen Missionskonferenz in Shanghai im Jahr 1913 bestand zum ersten Mal ein Drittel der Teilnehmer aus Einheimischen. Man beschloß ein umfassendes Ausbildungsprogramm für chinesische Pfarrer. Im selben Jahr wurde auf Studentenkonferenzen, die im Zusammenhang mit dem Besuch von John Mott (1865–1955) in China durch den CVJM organisiert worden waren, auch auf die Bedeutung einer christlichen Erziehung für chinesische Schüler und Studenten hingewiesen. Die protestantischen und anglikanischen Missionen setzten sich vor dem Ersten Weltkrieg entschieden für die Erziehung und Bildung der Intellektuellen und der Führungsschicht des Landes ein, in der Hoffnung, daß China so die Schwelle in ein modernes Zeitalter nach westlichem Verständnis überschreiten würde[74].

2. Die katholische Mission

Katholische Christen gab es in China schon lange, und sie hatten sich auch nach dem Ende des 18. Jh. mehr oder weniger im verborgenen halten können. Die Ursache lag in dem ununterbrochenen Wirken der Dominikaner in der Provinz Fujian und der Lazaristen, die, ebenso wie die Franziskaner und die Priester der MEP, ihren Tätigkeitsbereich in nördliche Gebiete, bis in die Mongolei und hier bis in die Mandschurei ausgedehnt hatten. Nach der Aufhebung der Gesellschaft Jesu (1773) durch den Papst waren die in Peking ansässigen Jesuiten dort bis zu ihrem Tod geblieben. 1842 hatten Jesuiten erneut am Unterlauf des Jangtse Fuß gefaßt und ab 1865 auch im Südosten der Provinz Petchili. Nach der Unterzeichnung der „ungleichen Verträge" (1842–44, Nanjing, und 1858–60, Peking) kamen weitere Kongregationen ins Land. Auf Seiten der Männerkongregationen waren es die *Mailänder Mission* (PIME, seit 1858 in Hongkong, seit 1865 auch in Henan), Priester des römischen Seminars St. Peter und Paul im Süden, belgische Scheutisten, die *Congregatio Immaculati Cordis Mariae* (CICM) in der Mongolei, in Gohjnsa und Xinjang sowie christliche Schulbrüder, Maristen (von der *Societé de Marie*) und Trappisten, die 1883 in der Provinz Hebei das erste Kloster gründeten. Bei den Frauen kamen nach den *Barmherzigen Schwestern* und den *Schwestern vom heiligen Paulus in Chartres* im Jahre 1848 verschiedene weibliche Kongregationen, die sich um die Primarschulen kümmerten und karitative Einrichtungen gründeten. 1869 wurde in Shanghai ein Kloster der Karmeliterinnen gegründet[75].

Außerdem wurde das 1753 in China eingeführte System der Kommissariate erweitert.

---

[74] Zur Situation der protestantischen Missionen in China vor dem ersten Weltkrieg siehe zwei Artikel von M. BOEGNER, Le voyage du docteur John Mott en Chine, in: JME 88 (1913) Nr. 2, 143–151; DERS., La Chine et l'Evangile, in: JME 89 (1914) Nr. 1, 184–190. Auf der Weltmissionskonferenz in Edinburgh (1910) wurden folgende Zahlen angegeben: 196000 Gemeinden, 300000 Mitglieder, 117000 Schüler in 3000 Schulen.
[75] Vgl. J. METZLER, Dalle Missioni 311–333 (G. MELIS) und Sacrae Congregationis III/1, 508–532 (F. MARGIOTTI).

Neben der bisher einzigen Diözese von Macau entstanden immer mehr Apostolische Vikariate und Präfekturen. Von 25 neu eingerichteten Diözesen im Jahre 1873 stieg die Zahl auf 35 im Jahre 1885 und auf 44 im Jahre 1912. Es erfolgte eine Neuaufteilung in fünf Synodalbereiche – ein Vorhaben, das die achtzehn Apostolischen Vikare, die zum Ersten Vatikanischen Konzil nach Rom gekommen waren, propagiert hatten (1879 hatte Papst Leo XIII. diese Zahl auf acht für den gesamten Fernen Osten erhöht). Später wurden sie auf sieben Kirchenprovinzen (1893–1896) ausgedehnt. Beginnend mit der Synode von Sichuan, die mit ihren Beschlüssen die Evangelisierung für das gesamte Gebiet des Fernen Ostens regelte, fanden nun regelmäßige weitere Synoden statt[76]. Ihr vordringliches Bemühen galt der Förderung des einheimischen Klerus, mit ersten Ausbildungszentren in einem Seminar in Fu-Kian (Kensu, 1833 wiedereröffnet) und einem in Sichuan. 1906 gab es 64 Seminare mit mehr als 1600 Studenten. Das spiegelt sich auch in der Gesamtzahl der einheimischen Priester wider: 243 im Jahre 1870 gegenüber 167 europäischen Missionaren, 729 im Jahre 1912 gegenüber 1469 ausländischen Missionaren. Auch die Zahl der einheimisch-chinesischen Einrichtungen für Frauen stieg erheblich; sie erhöhten sich auf zwölf im Jahre 1914[77].

So waren die Vorbedingungen für eine Zunahme der Zahl der Getauften in der zweiten Hälfte des 19. Jh. gegeben, wenn auch in kleinen Schritten. Die 1850 auf 400000 geschätzte Gesamtzahl der Katholiken war im Jahre 1900 auf 700000 angewachsen. Die eigentliche Zunahme erfolgte dann im ersten Jahrzehnt des neuen Jahrhunderts: Zwischen 1900 und 1912 verdoppelte sich ihre Zahl (auf 1431000). Im Jahr 1926 betrug die Gesamtzahl der Katholiken ungefähr 2,4 Millionen[78].

Der Katholizismus in China war im wesentlichen bäuerlich-ländlich geprägt, in Dörfern mit einem Gemeindeältesten und dem Katecheten. Der Priester konnte die Gemeinde nur in größeren Zeitabständen besuchen. Schulische Einrichtungen auf mittlerem und höherem Niveau – wie etwa die *Aurora*, die 1903 von den Jesuiten in Shanghai gegründete Universität – entstanden erst nach und nach. Die protestantischen Missionen hatten hier mit ihren Bildungseinrichtungen und Publikationen, mit denen sie die Elite des Landes besser erreichten, einen Vorsprung. Der 1901 nach China gekommene belgische Lazarist Vincent Lebbe (1877–1940) machte auf diese Unterlegenheit aufmerksam. Er sorgte für vermehrte Kontakte unter Schülern und Studenten, regte eine wöchentliche Zeitschriftenpublikation an, die während des Krieges sogar täglich erschien. Er griff auch selbst zur Feder und scheute sich nicht, den Reichtum der kirchlichen Einrichtungen und vor allem ihre durch den französischen diplomatischen Schutz der Missionsgesellschaften gegebene Abhängigkeit anzuprangern[79].

Bekehrungen waren sicher oft durch den Wunsch nach Schutz und Privilegien motiviert, die mit dem Christsein verbunden waren und die durchaus eine Anziehungskraft besaßen. Frankreich stellte, als Schutzmacht der Mission, jedem Missionar einen französischen Paß aus. Der Schutz der französischen Konsulate galt auch für chinesische Konvertiten. Ande-

---

[76] Vgl. J. METZLER, Die Synoden in China, Japan und Korea (1570–1931), Paderborn 1980.
[77] Vgl. METZLER, Dalle Missioni 331.
[78] Ebd., 328.
[79] Vgl. J. LECLERCQ, Vie du père Lebbe, Tournai – Paris 1955; C. SOETENS, Pour une presse catholique chinoise: tentatives et réalisations, spécialement du père Lebbe, 1910–1930, in: La Presse chrétienne du Tiers-Monde (Actes du colloque du CREDIC à Gazzada) Lyon 1985, 103–125.

rerseits wurden oft gerade die Bekehrten an erster Stelle zur Zielscheibe des Hasses, wenn es zum Aufruhr gegen Ausländer im Lande kam. Zwar richtete sich der erste große Aufstand der Tai-Ping-Bewegung vor allem gegen die Mandschu-Dynastie. Zudem hatte der militärisch-religiös konzipierte Staat, das „Himmlische Reich des allgemeinen Friedens" von 1853 bis 1864 in Nanjing, nicht wenige Anleihen beim Christentum gemacht. Doch 45 Menschen fielen dem Massaker von Tientsin zum Opfer. Diese Anschläge auf Christen wiederholten sich 1874 in der Provinz Yunnan, 1875 in Szetschuan, 1885–86 in Kiangsi und vor allem im – durch die Kaiserin gebilligten, vielleicht auch geförderten – sogenannten Boxeraufstand von 1900, in dessen Verlauf fünf Bischöfe, 42 Missionare sowie mehrere 100 chinesische Christen getötet wurden. Diese Verfolgungen führten aber keineswegs dazu, daß chinesische Christen konvertierten.

Ein Beispiel für eine Bekehrung gibt der Lebensweg Miao-Chis (1895–1930). Als buddhistischer Mönch auf Formosa wurde er über den Amidismus, einer stärker personalisierten Form des Buddhismus, und durch franziskanische Einflüsse aus Japan mit dem Christentum bekannt[80]. Nach dem Ersten Weltkrieg kam er im Zusammenhang mit religiösen wissenschaftlichen Untersuchungen an der buddhistischen Akademie in Nanjing sowohl mit Gelehrten in Kontakt, die David Hill (1840–1896) beraten hatten, den Übersetzer heiliger buddhistischer Texte, als auch mit mehreren englischen Christen. Nach der Rückkehr in sein Kloster auf Formosa näherte er sich, unter dem Einfluß des norwegischen Missionars Karl Ludwig Reichelt (1877–1952), zunehmend jener Gestalt an, die er als den „großen *bodhisattva* des Westens, Jesus Christus . . ." beschrieb[81].

VIII. Korea

Die katholische Kirche in Korea, von einheimischen Laien in Zeiten kulturellen und politischen Umbruchs gegründet[82], war am Ende des 18. Jh. von Christenverfolgungen bedroht[83]. 1831 richtete Papst Gregor XVI. (1831–1846) ein Apostolisches Vikariat für Korea mit ungefähr 6000 Christen ein, verteilt auf etwa 100 Dörfer. 1835 benannte die MEP für dieses Vikariat Laurent J. Imbert. Nachdem er sich durch das Erlernen der Sprache und der Geschichte des Landes vorbereitet hatte, fiel er 1839 der Verfolgung der Christen zum Opfer. Es war ihm jedoch zuvor gelungen, drei junge Koreaner zur Priesterausbildung nach Macau zu schicken. Einem von ihnen, André Kim Kum-Hai, gelang es schließlich nach jahrelangem geduldigem Ausharren an der Landesgrenze und mit Unterstützung des Bischofs der Mandschurei, J. J. Ferréol, 1845 nach Seoul vorzudringen. Dorthin kehrte er, wenn auch nur für einige Monate, in Begleitung einiger Missionare zurück, nachdem er in

---

[80] Vgl. JARRETT-KERR (s. Anm. 23) 153–170.

[81] Ebd., 162. Diese Akademie war 1880 von Yang Wen Hui, einem früheren chinesischen Botschafter in Japan, gegründet worden, der enge Beziehungen zu Evangelisten und zu katholischen Christen gehabt hatte.

[82] Vgl. METZLER, Dalle Missioni 347–356 (B. WILLEKE) und Sacrae Congregationis III/1, 559–572 (F. MARGIOTTI).

[83] Korea schloß 1882–1884 unter dem Druck der chinesischen Ch'ing-Regierung weitere Handelsverträge mit westlichen Mächten. Bereits 1876 hatte Japan militärisch die Öffnung von drei koreanischen Häfen erzwungen. Die Einführung westlicher Waren und Technologien belastete vornehmlich die Bauern, die immer stärker der religiös-sozialrevolutionären „Tonghak"-Bewegung zuströmten und in den christlichen Missionaren die Repräsentanten der westlichen Einflüsse sahen.

Shanghai ordiniert worden war. Schon nach kurzem Aufenthalt wurde er verhaftet, konnte aber die Richter und den Hof für sich gewinnen, besonders durch seine Kenntnisse auf dem Gebiet der Geographie. Doch angesichts eines Flottenkontingents unter Konteradmiral Cecile, der den Auftrag hatte, Genugtuung für den Tod des ersten Apostolischen Vikars zu fordern, wurde Kum-Hai hingerichtet. In der folgenden Zeit der Beruhigung in der Mitte des 19. Jh. wurde es möglich, ein erstes Seminar zu gründen und in chinesischer Schrift gedruckte religiöse Traktate zu verbreiten. 1863 zählte man 23 000 Christen in Korea, von welchen die Hälfte 1866 in einer neuerlichen Verfolgungswelle umkam. Zehn Jahre später wiederholten sich die Verfolgungen. Die Flotte unter Admiral Roze griff an. Insgesamt wurden 2000 Menschen getötet. Erst 1881–1882 wurde unter dem Druck Japans und der Vereinigten Staaten die Religionsfreiheit anerkannt[84].

1. Die protestantischen Missionen

Der Protestantismus fand in Korea erst Eingang mit der kolonialen Eroberung in den Jahren 1884–1885, die sich an die Aufteilung der Welt in die Einflußzonen der westlichen Nationalstaaten anschloß. Es war zwar schon zehn Jahre zuvor zu Erkundungen entlang der russisch-koreanischen Grenze durch die beiden schottisch-presbyterianischen Missionare in der Mandschurei, John Ross (1841–1915) und John MacIntyre, gekommen. Aber auch sie mußten sich bis zum Jahr 1884 gedulden, in dem schließlich Aufenthaltserlaubnisse an Ausländer verteilt wurden, bevor sie in das Land vordringen konnten. Dort stießen sie dann auf etwa zehn bis zwanzig koreanische Christen, die die Ankunft von Missionaren erwarteten[85]. Im selben Jahr stattete der Anglikaner John Wolfe, Missionar in China, Korea einen Besuch ab. 1885 kehrte er mit zwei chinesischen Missionaren zurück. Sie ließen sich in Fusan (Pusan) nieder. Aber dieses Missionswerk, das mehr auf einer plötzlichen Begeisterung als auf einer durchdachten Organisation basierte, hatte keine Zukunft[86].

Am wichtigsten und von dauerhaftem Erfolg war das Wirken der Missionsgesellschaft der presbyterianischen Kirche der Vereinigten Staaten. 1884 entsandte sie Horace Allen nach Seoul, der sich durch seine Haltung im Krieg gegen Japan die Gunst des Königshauses erwarb. Er konnte ein Hospital gründen. Dies sollte sich dann zu einer Art Modell für weitere Missionsstationen entwickeln. Neben Pfarrern gehörten ein oder mehrere Ärzte für Krankenhäuser oder Tageskliniken sowie Lehrer für Colleges und Waisenhäuser dazu. Diese diakonische Ausrichtung, die den Bedürftigsten, besonders Frauen und Waisen, zugute kam, nannte sich *min-jung* (wörtlich: das Volk). Sie charakterisierte von Anfang an die nordamerikanisch geprägte presbyterianische Mission[87].

Den Presbyterianern folgten 1885 die episkopalen Methodisten der USA und 1889 die Anglikaner. Zwischen 1889 und 1898 reisten weitere Presbyterianer aus dem Süden der Vereinigten Staaten an sowie aus Australien und Kanada. 1893 trat ein Missionsrat zusammen, um die verschiedenen Missionsfelder unter den in Korea tätigen Gesellschaften auf-

---

[84] METZLER, Dalle Missioni 351.

[85] Vgl. S. H. MOFFEIT, Ross, John (1841–1915), in: NEILL, Lexikon zur Weltmission 471 f.

[86] Zu den Anfängen des Protestantismus in Korea vgl. G. L. PAIK, The History of Protestant Missions in Korea 1832–1920, Seoul 1970.

[87] Zu den historischen Wurzeln von *min-jung* vgl. S. LEE, La Théologie du minjung, in: JME 157 (1982), Nr. 3, 134–139; CHUNG HYUN KYUNG, Han-Pu-Ri. La Théologie dans la perspective des femmes coréennes, in: Des Femmes du monde entier parlent, Paris 1989, 3–26.

zuteilen. Es wurde ein Missionsprogramm mit dem Namen „Nevius-Plan" – nach einem in China tätigen Missionar benannt – mit folgenden Grundsätzen entworfen[88]: Evangelisiert werden sollten die unteren Volksschichten, besonders die Frauen, wobei darauf geachtet werden sollte, daß die Bekehrten nicht ihren sozialen Status verrlören und sich von eigener Arbeit ernährten. Die Bibel sollte in die Sprache der Bevölkerung, *hangul*, übersetzt und damit auf eine Übersetzung ins Chinesische, das nur die gesellschaftliche Elite verstand, verzichtet werden. Pfarrerschaft und kirchliche Einrichtungen sollten nur so weit entwikkelt werden, wie sie von der einheimischen Kirche getragen werden konnten. Die Kirchengebäude sollten von den Einheimischen selbst im lokalen Stil und nach Maßgabe ihrer eigenen Mittel errichtet werden. Diese Grundsätze wurden schnell verwirklicht. 1907 wurde die presbyterianische Kirche selbständig und ordinierte ihre ersten sieben Pfarrer. 1912 hielt sie ihre erste Generalsynode ab.

Kurz vor Ausbruch des Ersten Weltkrieges zählte der koreanische Protestantismus nahezu 100 000 Mitglieder und erfreute sich einer großen Vitalität. Roland Revel beschreibt diese Situation in Korea: „Korea war kein Missionsgebiet im eigentlichen Sinne mehr, sondern ein Land, in dem die einheimischen Christen die Evangelisierung selbst in die Hand genommen hatten."[89]

Wie läßt sich diese Dynamik erklären? Das Christentum, besonders das mit reformierter Ausprägung, erwies sich ganz unmittelbar als Ferment der Befreiung für die unteren Gesellschaftsklassen. In einer starren und durch religiöse Traditionen – einem von Konfuzianismus und Schamanismus beeinflußten Buddhismus – streng hierarchisch gegliederten Gesellschaft und in dem von Japan dominierten Land bedeutete die Gottesvorstellung jüdisch-christlicher Prägung, wie sie aus biblischen Texten zu Fragen von Gerechtigkeit und Armut (Exodus, Amos, Lukas) sprach, Befreiung. Die samilische Unabhängigkeitsbewegung, die zum ersten Mal 1910 nach dem Giftmord an König Kojong durch die Japaner in Erscheinung trat, erwies sich nach dem Ersten Weltkrieg als stark vom Protestantismus geprägt.

2. Die katholische Mission

Der Apostolische Vikar von Korea, ein Europäer, hatte zusammen mit den Schwestern des heiligen Paulus von Chartres durch die Wiedereröffnung des Seminars in Seoul an die frühere Tradition der Ausbildung einheimischer Priester anknüpfen können. Die Verbreitung christlicher Schriften wurde durch die Erfindung der koreanischen Druckschrift durch Eugène Coste sehr gefördert[90]. Die Nonnen schufen ein Netzwerk von Schulen und eröffneten ein großes Hospital in Seoul. Zu Beginn des 20. Jh. arbeiteten dort etwa fünfzig koreanische Nonnen. 1911 gab es 75 000 Katholiken, die sich vor allem auf Seoul und Taegu verteilten. Dort wurde ein zweites Vikariat gegründet, das die südlichen Regionen umfaßte. Der Apostolische Vikar von Seoul, Charles-Marie Mutel, richtete einen Aufruf an die Benediktiner von Sankt Ottilien, die daraufhin nach Seoul kamen und dort ein Kloster gründeten. Damit sollte ein gewisses Gleichgewicht zu den Erfolgen der protestantischen

---

[88] Vgl. R. REVET, Les Missions protestantes en Corée, in: Naître et grandir en Eglise, 22; ST. NEILL, Nevius-Plan – John Livingstone Nevius (1829–1893), in: NEILL, Lexikon zur Weltmission 389.

[89] REVET, Les Missions protestantes 23.

[90] Vgl. METZLER, Dalle Missioni 352.

Mission und ihren vier theologischen Ausbildungszentren hergestellt werden[91]. Ab 1906
wirkte sich die Herrschaft Japans in Korea (japanisches Protektorat, danach Generalgou-
vernement) mit strenger Kontrolle des gesamten wirtschaftlichen, politischen und religiösen Lebens aus. Auch wenn es der Klerus vermied, Position zu beziehen, sahen doch viele
Christen, die zur Opposition gehörten, zunehmend im Christentum eine Möglichkeit zur
Rettung der politischen und kulturellen Eigenständigkeit ihres Landes[92].

IX. Japan

Am 27. März 1846 richtete Papst Gregor XVI. ein Apostolisches Vikariat für die japanische Inselgruppe ein. Doch der Amtsinhaber Forcade war wie alle anderen auch von dem
seit Beginn des 17. Jh. für alle Christen geltenden Einreiseverbot betroffen: Nach einem
kurzen Aufenthalt in Okinawa mußte er sich nach Hongkong zurückziehen[93]. In den Jahren, die auf die mit westlicher Waffengewalt erzwungene „Öffnung" Japans folgten, errichtete Pater Girard eine imposante Kirche in Okayama und Pater Furet eine Kirche in
Nagasaki. Die Kirche in Nagasaki wurde zum Sammelpunkt für die etwa 3000 Nachkommen der Christen von Uzakami, die sich um Bernard-Thadeé Petitjean (1829–1884) schar-
ten und ihr Bekenntnis zu einem Glauben ablegten, den sie als Vermächtnis ihrer Vorfahren
aus dem frühen 17. Jh. verstanden. Zwischen 1870 und 1873 waren sie von Kaiser Meiji
(1868–1912) in den Norden verbannt worden und stark verarmt. Nun wurden sie nach und
nach weitgehend in die neuen Gemeinden integriert, die bald 14 000 Gläubige umfaßten[94].

1. Die protestantischen Missionen

Die Einführung des Protestantismus in Japan läßt sich auf das Jahr 1859 datieren – das
Jahr, in dem zum ersten Mal Ausländern die Erlaubnis erteilt wurde, sich im Land nieder-
zulassen[95]. Die ersten drei Missionare von der *Reformed Protestant Dutch Church* und von
der presbyterianischen sowie der Episkopalkirche in den Vereinigten Staaten ließen sich in
Nagasaki und in Okayama nieder. Im Jahr darauf folgten die amerikanischen Baptisten.
Doch das Christentum war immer noch – neben dem Opium – die einzige ausländische
„Importware", die verboten war. Auch 1868, als das Schogunat entmachtet und abgeschafft und die Monarchie wiedereingesetzt wurde, hob man dieses Verbot nicht auf. In ei-
nem offiziellen Edikt, das in den Straßen des von Kaiser Meiji zur Hauptstadt erhobenen
Tokyo angeschlagen wurde, prangerte man „die perverse Sekte" an. Die unter polizeilicher

---

[91] Vgl. A. LARIBEAU, Un Grand Evêque missionaire, Mgr Charles-Marie Mutel, Paris 1938; A. KASPAR – P. BER-
GER, Hwan Gab. 60 Jahre Benediktinermission in Korea und in der Mandschurei, Münsterschwarzach 1973.
[92] METZLER, Dalle Missioni 356.
[93] Ebd., 372–381.
[94] Ebd., 374.
[95] Zur Geschichte des Protestantismus in Japan vgl. R. DRUMMOND, A History of Christianity in Japan, Grand
Rapids 1970. Es gibt keine französische Literatur neueren Datums zur Geschichte des Protestantismus in Japan.
Dafür gibt es aber vom Beginn des 20. Jh., als Japan sich von der radikal antichristlichen Haltung löste, die seit der
Öffnung des Landes dort geherrscht hatte, und eine besondere Form von Laienchristentum entwickelte, mehrere
Artikel und eine Untersuchung von R. ALLIER, Le Protestantisme au Japon, Paris 1908, in denen das Interesse
französischer Protestanten an Japan deutlich wird.

Aufsicht stehenden Missionare widmeten sich unterdessen dem Unterricht in der Hoffnung, daß bald bessere Zeiten anbrechen würden, Japanisch. Einer von ihnen, Guido Fridolin Verbeck (1830–1898), gründete auf Wunsch des Gouverneurs von Nagasaki eine öffentliche Schule und wurde anschließend aufgefordert, Pläne für eine kaiserliche Universität in Tokyo zu entwerfen. 1869 kamen die ersten Missionare der CMS und der AB ins Land. 1872 gründete man in Okayama auf Anregung der Presbyterianer im geheimen die Kirche Christi in Japan *(Nihon Kiri-suto-Kyokwai)* – eine Bezeichnung, die bewußt jeden Anklang an eine aus dem Ausland eingeführte Kirche vermied[96].

1873 begann sich eine Entwicklung in Richtung auf Religionsfreiheit abzuzeichnen. Nachdem eine Regierungsdelegation auf einer Rundreise durch Europa und die Vereinigten Staaten gesehen hatte, welche Zusammenhänge zwischen dem Christentum und der westlichen Kultur bestanden, verschwanden die Bekanntmachungen, die das Christentum verboten hatten. Mit bedächtigen Schritten näherte sich die Regierung einer religiösen Toleranz. Sie wollte das Land modernisieren, ohne die Anhänger der traditionellen Ordnung zu beunruhigen, die ihrerseits gerade eine Erweckung unter dem Konfuzianer Yasui Sokken erlebten. Es kam zu einer großen öffentlichen Debatte über das Für und Wider des Christentums, unter Beteiligung der Missionare. Im folgenden Jahr wurde Nisima als erster japanischer Pfarrer ordiniert, in neun Gemeinden gab es 565 japanische Protestanten[97]. 1878 verzeichnete die Generalkonferenz protestantischer und anglikanischer Missionare 1761 Kirchenmitglieder. Sie wurden betreut von 66 Missionaren und 38 Lehrerinnen, neun japanischen Pfarrern und 158 Hilfspredigern. 1879 erschien das Neue Testament, das der Missionar J. C. Hepburn (1815–1911) übersetzt hatte, im Druck, und zwar sowohl in lateinischer Schrift als auch in japanischen Schriftzeichen. Raoul Allier sieht den japanischen Protestantismus der Anfangsphase von drei Merkmalen gekennzeichnet: Er sei von einer intellektuellen, nationalistischen und opportunistischen Elite getragen gewesen, die im Christentum vor allem das suchten und fanden, was sie zum Aufbau eines modernen Japan gebraucht hatten[98].

Ein weiterer Schritt in Richtung auf staatliche Neutralität gegenüber religiösen Fragen vollzog sich mit dem Dekret vom 11. August 1884, durch das die für die Kulte des Schintoismus und des Buddhismus zuständige Abteilung abgeschafft und die staatliche Finanzierung der Kulte eingestellt wurde. In der neuen Verfassung vom 11. Februar 1889 wurde die Religionsfreiheit verankert[99]. Doch kam es schließlich zu einer neuerlichen fremden- und christenfeindlichen Reaktion im Zusammenhang mit der Tatsache, daß mehrere Länder das neue japanische Strafgesetz nicht anerkennen wollten, in dem das Vorrecht der Exterritorialität für Ausländer gestrichen war. Am 13. Oktober 1890 veröffentlichte der japanische Kaiser einen Erlaß, in dem die traditionellen Moralgrundsätze wieder in den Vordergrund traten und die Respektierung des Kaiserkultes festgeschrieben wurde. Schulen, die diesen Bestimmungen nicht entsprachen, sahen sich bis 1898 mehr und mehr in ihrer Existenz bedroht[100]. Das Bemühen der Kirchen, sich von der Vormundschaft der Mission zu lösen und das Christentum zu „japanisieren", stellte im Kern ein nationales Projekt

[96] Vgl. J. Ganguin, L'Evangile au Japon, in: JME (1904) Nr. 1, 211–220.
[97] Vgl. G. K. Chapman, Nijima, Jo (1843–1890), in: Neill, Lexikon zur Weltmission 395 f.
[98] Vgl. Allier, Le Protestantisme 1–20.
[99] Ebd., 21–39.
[100] Vgl. C. Mercier, Japon et christianisme, in: JME (1906) Nr. 2, 69–73 und JME (1907) Nr. 1, 215–220.

dar, das durch den russisch-japanischen Krieg noch gestärkt worden war. Das zeigt sich deutlich im Manifest des Theologen Yokoi Toko von 1891:

„Wir müssen an Christus glauben als Japaner. Wir müssen lernen als Japaner. Wir müssen predigen als Japaner. Alle großen religiösen Neuerer waren zugleich treue Diener Christi und begeisterte Patrioten. Das, was wir jetzt brauchen, damit das durch die Evangelisierung Japans Erreichte von Dauer ist, sind Menschen wie Wesley, Beecher, Knox, Luther und Paulus. Die Zeit ist reif."[101]

1895 kam es zu einer Krise zwischen der AB und der *Dochicha*, der freien Universität, die die Missionsgesellschaft 1891 in Kyoto gegründet hatte unter dem Motto „Christus und das japanische Vaterland". Eine Mehrheit der Professoren strebte die Trennung von der AB an und wollte die durch die Mission errichteten Gebäude in Universitätsbesitz überführen. Daraufhin stellte die AB ihre Zahlungen an die Universität ein. Die Professoren legten ihr Missionarsamt nieder. Zu einer weiteren Verschärfung der Krise kam es, als das Gesetz von 1899, in dem Religionsunterricht an schulischen Einrichtungen verboten wurde, auch auf die *Dochicha* angewandt wurde. Nach wiederholten Einsprüchen und Protesten gelang es einem neuen Verwaltungsgremium, diese Restriktion zu umgehen, doch die *Dochicha* verlor ebenso wie die sechs anderen protestantischen Ausbildungsstätten ihre offizielle Anerkennung einschließlich der damit verbundenen Vorteile (Subvention und Zurückstellung vom Militär für Studenten). 1899 wurden nach der Revision der Verträge mit den Westmächten von 1889 die letzten Exterritorialitätsrechte aufgehoben. Ausländer erhielten Aufenthaltsrecht, wurden der Zuständigkeit japanischer Gerichte unterstellt und zahlten Steuern. Ein dem Christentum förderliches Klima breitete sich aus, wurde jedoch bald wieder durch ein erneutes Aufleben des Buddhismus getrübt.

Am 24. Oktober 1900 rief die Missions-Generalkonferenz in Tokyo zu einer Evangelisierungskampagne auf, der *Taikyo Dendo* (Vorwärtsbewegung). Ihr Motto lautete „Unser Land für Christus". Neue Mitglieder sollten für die Kirchen gewonnen werden. Von 1900 bis 1901 stiegen ihre Mitgliederzahlen von 42450 auf 46634. Entsprechende Evangelisierungskampagnen wurden auch von Mitgliedern des Christlichen Studentenweltbundes (*World Student Christian Federation* – WSCF) im Universitätsbereich durchgeführt. 35 Vereine hatten 1901 920 Mitglieder. 1905 waren es 57 Vereine mit 1662 Mitgliedern.

Der russisch-japanische Krieg 1904/05 brachte für den Protestantismus die Gelegenheit, Patriotismus in toleranter Form zu zeigen. Während die japanischen Buddhisten zu einer Art Heiligem Krieg gegen die Russisch-Orthodoxen aufriefen, verhielt sich die japanische Regierung abwartend, und die Christen konnten im Verbund mit gemäßigten Repräsentanten verschiedener japanischer Religionen am 16. Mai 1904 eine interreligiöse Versammlung einberufen. Darauf verweisend, daß die Religion nicht zu einem Werkzeug des Krieges gemacht werden dürfe, formulierten die Protestanten Fürbitten zur Wiederherstellung des Friedens und zur Stärkung Japans. In den Beziehungen zwischen dem Staat und den protestantischen Kirchen trat eine erhebliche Entspannung ein. Der Sieg über Rußland belebte den japanischen Messianismus bis in die Kirchen hinein. 55 Gemeinden schlossen sich 1906 zu einer japanischen Missionsgesellschaft zusammen, basierend auf den drei Autonomiegrundsätzen einer sich selbst verwaltenden, sich selbst erhaltenden und sich selbst ausbreitenden Kirche. Einen ebensolchen Beschluß faßten auch die Presbyterianer

---

[101] Yokoi Toko, zitiert bei Allier, Le Protestantisme 85.

auf ihrer Generalsynode 1905, wobei sie ihre völlige Unabhängigkeit von der Kirche Christi in Japan erklärten. Eine analoge Entwicklung vollzog sich bei den Anglikanern und bei den Methodisten unter Bischof Yoichi Honda[102]: Yoichi Honda vertrat die Christen 1912 auf einer offiziellen Konferenz der Repräsentanten der drei in Japan hauptsächlich vertretenen bzw. vorherrschenden Religionen des Buddhismus, des Schintoismus und des Christentums. Dort wurde der gesellschaftliche Nutzen der Religion anerkannt und bestätigt. In die japanische Verfassung wurde die Religionsfreiheit aber erst 1946 aufgenommen[103].

Der japanische Protestantismus, der vor allem bei Angehörigen der wohlhabenden und intellektuellen Bevölkerungsschichten Eingang gefunden hatte, schuf bedeutende soziale Einrichtungen zur Abhilfe und Linderung von Not, besonders im Bereich der Prostitution und des Alkoholismus. Französische Zeitgenossen – Raoul Allier, Henri Bois, Marc Boegner – sahen, daß ihnen nicht wenige der Probleme, die ihnen in der japanischen Gesellschaft auffielen, auch im Protestantismus in Frankreich bekannt waren. Hier wie dort bemühte sich eine im sozialen und kulturellen Bereich engagierte religiöse Minderheit, einer Gesellschaft, die sich auf dem Weg der Säkularisation befand, den Gedanken zu vermitteln, daß eine persönliche Religion der Gesamtentwicklung des Landes einen Sinn verleihen könne.

2. Die katholische Mission

Auf katholischer Seite hatten in Tokyo die Mauriner, die Ordensschwestern von Nevers und von Chauffailles sowie die Schwestern des heiligen Paulus von Chartres, die sich um Pater Armbruster gesammelt hatten, ihre Waisenhäuser mit Schulen ergänzt, die sehr erfolgreich waren und auch von Kindern aus dem Adel und aus Familien von Würdenträgern am Hof besucht wurden. In den beiden Vikariaten, die 1876 in Tokyo (P. M. Osouf, 1876–1906) und in Nagasaki, später dann in Osaka (Petitjean, 1876–1884) eingerichtet wurden, eröffnete man schon bald auch Seminare. Das Seminar in Nagasaki wurde von bis zu siebzig Studenten besucht. Dort wurde auch 1882 die Ordination der ersten drei japanischen Priester gefeiert[104]. Im März 1890 trat hier die erste Synode zusammen, an der bereits fünfzehn im Amt befindliche japanische Priester teilnahmen. Mit ihren Beschlüssen, die drei Jahre später auch von Rom bestätigt wurden, empfahl die Synode, der Sprache und den einheimischen Bräuchen mehr Aufmerksamkeit zu widmen, und gestattete den Christen, so weit am Schinto-Kult teilzunehmen, wie sich daraus kein Konflikt mit dem christlichen Glauben ergab. Besonderer Wert wurde auf die Ausbildung von Priestern und Katecheten gelegt[105].

Mit den modifizierten Gesetzen zu Fragen der Religionsausübung vom Juli 1884 und mit den ersten offiziellen Beziehungen zwischen Leo XIII. und dem japanischen Kaiser waren erste Schritte zur Errichtung einer kirchlichen Hierarchie getan (Apostolisches Schreiben vom 15. Juli 1891). Vorgesehen waren neben der Erzdiözese von Tokyo drei Diözesen, jeweils eine in Nagasaki, in Osaka und in Hakodate im Norden. Die missionarische Evangelisierung ging von drei Apostolischen Präfekturen aus: eine Präfektur für die

---

[102] Vgl. G. K. Chapman, Honda, Yoichi (1848–1912), in: Neill, Lexikon zur Weltmission 204.

[103] Vgl. M. Boegner, Le Christianisme et le Gouvernement japonais, in: JME (1912) Nr. 1, 464–470.

[104] Vgl. Metzler, Dalle Missioni 376.

[105] Vgl. Metzler, Die Synoden (s. Anm. 76) 245–260.

im Innern gelegenen Regionen auf Shikoku (1904 den von den Philippinen gekommenen spanischen Dominikanern anvertraut), die beiden anderen mehr nach Norden hin in Sapparo auf Hakkaido (1912–1913 den Franziskanern anvertraut) und in Niigata, wo die Steyler Missionare *(Gesellschaft des Göttlichen Wortes)* eingesetzt wurden. Die schulischen Einrichtungen, die als Grundlage für die Evangelisierung dienten, konnten seit der Säkularisation der Grundschulen im Jahre 1905 nur auf einem höheren Niveau ansetzen. In Tokyo gab es englischsprachige Schulen und auch solche mit anderen Fremdsprachen. Das Sacred Heart College wurde schon bald zu einer Universität. 1906 gründeten deutsche Jesuiten eine Universität, *La Sapienza* (heute Sophia University), an welcher der Unterrichtsbetrieb 1913 aufgenommen wurde. 1912 wurde die Zahl der getauften Katholiken mit mehr als 66 000 angegeben, mit 33 japanischen Priestern und 132 ausländischen Missionaren [106].

3. Die orthodoxe Kirche

Die orthodoxe Gemeinde, die von dem Mönch *Nikolai (Ivan Kasatkin)*, einem alten Kaplan am russischen Konsulat in Hakodate, ins Leben gerufen worden war, umfaßte bei seinem Tod im Jahre 1912 etwa 32 000 Mitglieder. Ihr hauptsächliches Zentrum war ein Kloster, das auf einer Anhöhe über der Hauptstadt erbaut worden war. Von ihm ging eine starke Ausstrahlung aus. Zahlreiche Japaner, die, beeindruckt von der prunkvollen orthodoxen Liturgie, konvertiert waren, sicherten dem orthodoxen Christentum einen festen Platz in der japanischen Gesellschaft, an dem es sich dank wiederholter Loyalitätserklärungen gegenüber dem Kaiserreich trotz aller Spannungen – besonders in der kritischen Zeit des russisch-japanischen Krieges von 1905 – halten konnte [107].

---

[106] Vgl. J. Baumgartner, in: Jedin (Hrsg.), Handbuch der Kirchengeschichte VI, 2, Freiburg – Basel – Wien 1973, 557.
[107] Jarrett-Kerr, Patterns (s. Anm. 23) 142–152.

Drittes Kapitel

Australien und Ozeanien

VON JACQUES GADILLE UND JEAN-FRANCOIS ZORN

I. Australien und Neuseeland

1. Die anglikanische und protestantische Mission

Australien

Der östliche Teil Australiens wurde 1606 von den Niederländern entdeckt, zwischen 1642 und 1644 nochmals von dem Seefahrer Abel-Janszoon Tasman (1605–1659) erkundet und daraufhin wieder verlassen. Erst 1769 fuhr James Cook (1728–1779) diesen Landesteil wieder an und stellte ihn unter dem Namen *Neusüdwales* unter britische Herrschaft. Großbritannien machte ihn in den folgenden Jahren zu einer Strafkolonie. Der erste Sträflingstransport erreichte Neusüdwales 1788; ihm folgten 1798 irische Gefangene. Danach kamen freie Einwanderer, deren Zahl nach den ersten Goldfunden im 19. Jh. rasch anstieg. Emile G. Léonard weist darauf hin, daß die anglikanische Kirche sich zu Beginn kaum um die geistliche Betreuung der Sträflinge gekümmert habe. Oft nahmen sich mittellose religiöse Vereine ihrer an, bis schließlich William Grant Broughton sich für seine Landsleute einsetzte, die Unterstützung britischer Missionsgesellschaften erhielt und eine Kirche aufbauen konnte, deren Bischof er 1836 wurde[1].

Zu Beginn des 19. Jh. stießen die australischen Ureinwohner, deren damalige Zahl auf 300000 geschätzt wird, und europäische Emigranten, die in sukzessiven Einwanderungswellen in das Land kamen[2], in den verschiedenen Kolonien der Insel aufeinander, was sich als lebensbedrohend für die eingeborene Bevölkerung erwies. Auf der Insel Tasmanien beispielsweise wurden sie nahezu vollständig ausgerottet. Die letzten Überlebenden zogen sich auf die Insel Flinders zurück, wo ihr letzter Repräsentant, Häuptling „King Bill", 1871 starb. „Wir stehen hier vor dem schwärzesten Fleck der Geschichte des 19. Jh.", schrieben G. E. Burkhardt und R. Grundemann 1887[3].

Das erste missionarische Wirken bei den Ureinwohnern geht auf Samuel Marsden (1764–1838) zurück, einen anglikanischen Geistlichen der Sträflingskolonie von Parra-

---

Zu den Kurztiteln vgl. die jeweilige Erstnennung bzw. die Bibliographie am Ende des Kapitels.

[1] Vgl. E. G. LÉONARD, Histoire générale du protestantisme, III: Déclin et renouveau, Paris 1954, 453.

[2] Westaustralien mit der Hauptstadt Perth wurde 1829 gegründet; Südaustralien, Hauptstadt Adelaide, 1836; Victoria, Hauptstadt Melbourne, 1850; Queensland, Hauptstadt Brisbane, 1856. Kolonisation und Einwanderung lagen vor allem in den Händen der 1836 gegründeten *South Australian Colonization Association*.

[3] G. E. BURKHARDT – R. GRUNDEMANN, Kleine Missionsbibliothek, Bd. IV/3, Bielefeld – Leipzig ²1880, 258.

matta in der Nähe von Sydney, der 1794 nach Australien gekommen war[4]. Er gründete eine bäuerliche Kolonie für die eingeborene Bevölkerung, mußte sich aber mit vielen Schwierigkeiten auseinandersetzen, die sich einerseits aus seiner offiziellen Rolle in der Kolonie ergaben, andererseits aber auch aus der Tatsache, daß es sich als unmöglich erwies, die Ureinwohner seßhaft zu machen. Auch weitere Versuche dieser Art, die zwischen 1815 und 1850 von der anglikanischen *Church Missionary Society* (CMS), der *London Missionary Society* (LMS), den deutschen lutherischen Missionen und der Gossner Mission unternommen wurden, schlugen fehl. Nur der *Wesleyan Methodist Missionary Society* (WMMS) gelang es ab 1852 dank der Pionierarbeit von John Smithies, eine kleine Eingeborenenkirche und eine Schule in York, im Distrikt der weißen Methodistenkirche von Perth, zu gründen[5].

1850 machten sich die Herrnhuter auf dem Murray-Fluß 200 km nördlich von Melbourne auf den Weg zu den australischen Ureinwohnern. 1856 mußten sie aber, durch die Ankunft von Gold suchenden Abenteurern bedroht, aus ihrer Missionsstation weichen. Sie kehrten jedoch im folgenden Jahr zurück und fanden einen neuen Standort im Distrikt von Wimmera, dem sie den Namen Ebenezer gaben. 1860 wurde dort eine Kapelle errichtet und die erste Taufe gespendet.

Von diesen beiden durchaus bescheidenen Erfahrungen ging eine positive Wirkung auf die offiziellen Kirchen der Siedler aus. So gründete die anglikanische Kirche von Adelaide nach dem Modell von York 1859 eine Schule für Eingeborenenkinder in Port Lincoln. Die presbyterianische Kirche von Victoria forderte ihrerseits die Herrnhuter Brüdergemeine auf, nach Gippsland im Grenzbereich der Kolonien Victoria und Neusüdwales zu kommen und dort missionarisch tätig zu werden. 1862 erreichte das Missionarsehepaar Hagenauer diese Gegend und gründete eine Station, die sie *Ramahuyuck* nannte, was in der Sprache der Ureinwohner „unser Vaterland" heißt.

Als die Erfolge der Brüdergemeine sichtbar wurden, hielten die Kirchen in Melbourne 1863 eine Missionskonferenz ab und gründeten den *Australian Board of Missions* (ABM) mit dem Auftrag, die neuen Distrikte zu evangelisieren. Mehrere Missionsstationen entstanden am Oberlauf des Murray, die im allgemeinen immer nach dem gleichen Muster angelegt wurden: Schule, Kapelle, Landwirtschaft mit Obstbäumen und Kleinvieh. Die anglikanische Kirche übernahm in zunehmendem Maße selbst die Evangelisierung der Ureinwohner (die Zahl der missionierten Ureinwohner wird 1840 auf 200000 geschätzt) wie auch der Einwanderer aus China, von den Philippinen, aus Polynesien und Melanesien, die zur Plantagenarbeit ins Land kamen. Die ABM bildete Evangelisten aus den Reihen der Landsleute derer aus, die es zu bekehren galt, was auf den Widerspruch der Partei „Für ein weißes Australien" stieß. Die Opposition dieser Partei war aber den Bemühungen um Evangelisierung und schulische Erziehung weit weniger hinderlich; als ein größeres Problem stellten sich das Nomadentum der eingeborenen Bevölkerung, deren Zahl 1900 auf 25000 gesunken war, und die unberechenbaren Faktoren, die im Zusammenhang mit der Einwanderung auftraten, dar.

Die Zahl der Einwanderer, die durch die Goldfunde von 1851 immens zunahm, rief Mis-

---

[4] Vgl. St. Neill, Marsden, Samuel (1764–1838), in: St. Neill – C. H. Anderson (Hrsgg.), Lexikon zur Weltmission, Wuppertal – Erlangen 1975, 342.

[5] Vgl. W. McNair – H. Rumley, The Work of Wesleyan Missionary John Smithies in the Swan River Colony, 1840–1858, in: Pioneer Aboriginal Mission, Nedlands (University of Western Australia) 1981.

sionare verschiedener Denominationen auf den Plan. Um die Evangelisierung der Kolonialbevölkerung machte sich besonders der 1824 in Sydney eingetroffene presbyterianische Pfarrer John Dunmore Lang verdient. Er kümmerte sich auch darum, für diese Tätigkeit ausgebildete Einwanderer einzusetzen, die ihrer Arbeit auf hohem intellektuellen Niveau und im Geist der Evangelisierung nachkamen. Nachdem er 1843 in die Regierung gewählt worden war, galt der Bucht von Moreton, in der 1834 Sträflinge angesiedelt worden waren, sein besonderes Augenmerk. Sein Einfluß auf den Aufbau der presbyterianischen Kirche und die Entstehung des modernen australischen Staates ist nicht zu unterschätzen[6]. Die anglikanische Kirche Australiens erhielt 1872 ihre endgültige Selbständigkeit gegenüber der Kirche von England. Schon ab 1850 hatte sie die Einberufung von Synoden und die Ausbildung eines einheimischen Klerus empfohlen. Jetzt kam es zu einem bemerkenswerten Aufschwung, vor allem in den Industriestädten wie beispielsweise Sydney.

Zu Beginn des 20. Jh. stellten die Anglikaner ungefähr 40% der Christen, die Methodisten 13% und die Presbyterianer 11%[7].

Neuseeland

Neuseeland war ebenso wie Australien 1642 von Tasman entdeckt und 1769 von Cook erkundet worden, dem 1796 Surville und 1799 Marian de Fresne folgten. Diese ersten Kontakte zwischen Europäern und den Inselbewohnern waren keineswegs freundlicher Natur, was in Europa dem Aberglauben Vorschub leistete, die Maori *(Ma'ohi)* auf Neuseeland seien Kannibalen. Der Beginn der protestantischen Mission auf Neuseeland geht auch auf Samuel Marsden (1764–1838) zurück, der sich nach seiner Ankunft in Australien 1794 um die Maori kümmerte, die als Zwangsarbeiter auf den Walfängerschiffen in Port Jackson ankamen.

Auf Marsdens Veranlassung erklärte sich die CMS 1807 bereit, Missionare von Sydney aus nach Neuseeland zu entsenden. 1809 schifften sich drei Glaubensboten – zwei Handwerker und ein Lehrer – nach Sydney ein. Doch erst Weihnachten 1814 und erst nachdem sechs Maori-Häuptlinge in Sydney empfangen wurden, konnte die Gruppe in der Inselbucht des neuseeländischen Rangiora mit ihrer Arbeit beginnen. Doch vermochte die Mission bis zum Tod von Häuptling Hongi 1828, der den Missionaren seinen Schutz gewährte, sich aber im übrigen mehr auf kriegerische Taten konzentrierte, kaum Erfolge zu verzeichnen.

Trotz dieser Schwierigkeiten hatte auch die WMMS in Absprache mit der CMS den Plan gefaßt, sich an der Westküste der Nordinsel zu etablieren. Aber auch sie mußte sich gedulden und auf bessere Zeiten warten, ehe sich Erfolge abzeichneten[8]. Diese stellten sich dann nach der Zeit von Häuptling Hongi und mit der Ankunft der Maristen-Mission 1838 unter Bischof Jean Baptiste Pompallier (1801–1871) und der ersten Siedler der *New Zealand Company* im darauffolgenden Jahr ein. Währenddessen schien der Missionarstraum, eine Theokratie errichten zu können, in greifbare Nähe zu rücken. Vor allem die durch handwerklich tätige Missionsarbeiter geführten Missionen hatten nach und nach Land erworben und im Zusammenwirken mit Häuptlingen, deren Stellung traditionell mit

---

[6] Vgl. LÉONARD, Histoire (s. Anm. 1) 454 f.

[7] Vgl. D. BARRETT, World Christian Encyclopedia, Nairobi – Oxford – New York 1982, 153 f.

[8] Vgl. J. GARRETT, To Live among the Stars. Christian Origins in Oceania, Genf – Suva 1985, 60–67.

großen Machtbefugnissen versehen war, zahlreiche Stationen in der Form von Missions-
farmen gegründet, die sich eines blühenden wirtschaftlichen Wachstums erfreuten. 1840
wurde das Neue Testament in die Maori-Sprache übersetzt. Die CMS zählte ungefähr
35 000 Bekehrte, die WMMS 3000[9].

Auf Druck der *New Zealand Company* machte Großbritannien ab 1840 seine Hoheit
über das Land geltend. Nach dem Besuch von Australiens Bischof Broughton richtete die
hochkirchliche Partei (Tories) der anglikanischen Kirche einen Bischofssitz in Auckland
ein. Edward Gibbon Wakefield, der den Aufbau einer Kolonie der anglikanischen Kirche
anstrebte, war bemüht, die kolonisatorische Aktivität vom missionarischen Wirken zu
trennen[10]. Aber der Zustrom der Siedler führte zu zahlreichen Zusammenstößen mit den
Eingeborenen. 1840 wurde die Zahl der Eingeborenen auf 114 000 geschätzt. Nach den
Aufständen von 1843 und 1857 waren es im Jahr 1868 nur noch 43 000, während die Zahl
der Einwanderer im selben Zeitraum von 2000 auf 250 000 anwuchs[11].

Im Verlauf des Aufstandes von 1857, dessen völlige Niederschlagung den britischen
Truppen erst 1864 gelang, bestimmten die Maori einen König, Wiriamu Kingi, und wandten sich synkretistischen Kulten wie *Hauhau, Horopapera (Zorobabel)* und *Pai Marire*
(„köstlich' Ding") zu. Diese Kulte stützten sich auf Prophetien, in denen verheißen wurde,
die Auferstehung werde in Neuseeland ihren Anfang nehmen, sobald die Unterdrücker des
Landes vertrieben seien. Dieses komplexe politisch-religiöse Mischsystem hielt sich bis
zum Ende des 19. Jh. und ermöglichte es den Maori, eigene Sitze im neuseeländischen
Parlament in Anspruch zu nehmen. Durch die Aufstände wurden die Maori in entlegene
und weit zerstreute Orte vertrieben. Durch diese Umstände veranlaßt, gründete die CMS
1879 das St. Stephans-Institut in Auckland zur Ausbildung einheimischer Prediger. Diese
waren dann in der Lage, sich um ihre Landsleute an den entlegenen Orten – wohin sie sich
zurückgezogen hatten und wo das Auftreten eines weißen Missionars mit Schwierigkeiten
verbunden bzw. verboten war – zu kümmern. Weitere Missionsgesellschaften waren vor
dem Ersten Weltkrieg bei den Maori auf der Nordinsel tätig, z. B. die *Norddeutsche Mission* und die *Hermannsburger Mission*. Sie riefen Gemeinden ins Leben, die sich den
Grundsätzen der protestantischen Konfessionen, den Lutheranern, Reformierten usw., anschlossen. Den Einwanderern gelang es trotz aller Schwierigkeiten, aus Neuseeland das
neue Land ihrer Träume zu machen, ein Land, das dem, das sie hinter sich gelassen hatten,
zum Verwechseln ähnelte. „Aber es gibt zwei erkennbar verschiedene Arten englischer
Kultur auf Neuseeland", schreibt Emile G. Léonard, „diejenige von *Christchurch*, anglikanisch, konservativ, was so weit geht, daß die in der Kolonie errichteten Gebäude das Aussehen der alten Bauten in England haben; und die von *Dunedin*, presbyterianisch und
schottisch, puritanisch und streng, voller Mißtrauen gegenüber allem Fremden."[12]

Gegen Ende des 19. Jh. war die anglikanische Kirche mit etwa 41 % der Bevölkerung im
nördlichen Teil der Südinsel vorherrschend, die presbyterianische Kirche mit 23 % im Süd-
teil. Dabei ist für das nicht-katholische Christentum in Neuseeland aber auch seine große
Vielfalt kennzeichnend (1904 wurden 26 Denominationen gezählt). Verbindend war das

---

[9] Statistiken zur Geschichte der *Church Missionary Society* bei F. H. KRÜGER, Chronique missionaire, in: JME 72
(1897) 47.
[10] Vgl. A. SIEGFRIED, Edward Gibbon Wakefield et sa doctrine de colonisation systématique, Paris 1904.
[11] Vgl. KRÜGER, Chronique 109.
[12] LÉONARD, Histoire 450.

allen Denominationen gemeinsame und in allen Gesellschaftsschichten verbreitete Eintreten für die Rechte der Frauen und der Kampf gegen den Alkoholismus.

2. Die katholische Mission

Zu Beginn war das Deportationsgebiet – denn das war der australische Kontinent zu Anfang – dem Apostolischen Vikar von Mauritius, Edward Slater, unterstellt, bis 1834 ein eigenes Vikariat eingerichtet und dem irischen Benediktiner John Bede Polding (1794–1877) zugewiesen wurde. 1841 forderte er die Bildung einer kirchlichen Hierarchie, die im folgenden Jahr für die Provinz von Sydney (die im Jahre 1869 sieben Bischöfe hatte) erfolgte und 1848 für Neuseeland mit seinen zwei Diözesen in Auckland und in Port Nicholson, dem späteren Wellington[13]. Tasmanien wurde 1888 zu einer eigenen Kirchenprovinz. Synoden wurden 1844, 1862 und 1869 (Melbourne) abgehalten. 1885 trat auf Veranlassung von Patrick F. Moran (1830–1911), der im selben Jahr zum Kardinal erhoben worden war, die erste von drei Plenarsynoden der australischen, neuseeländischen und ozeanischen Bischöfe zusammen, gefolgt von zwei weiteren 1895 und 1905[14].

Australien

Die Katholiken stellten in Australien im 19. Jh. einen relativ konstanten Teil der Gesamtbevölkerung, nämlich ein Fünftel bis ein Viertel[15]. Für die Mehrheit war der irische Katholizismus maßgebend, was durch die Ernennung von Patrick F. Moran zum Erzbischof von Sydney 1884 noch unterstrichen wurde. Die ersten Jesuiten, die 1901 ins Land kamen, stammten aus der österreichischen und der irischen Provinz der Gesellschaft Jesu. Bis in die 1870er Jahre hinein kam es immer wieder zu Spannungen zwischen einem unabhängigen Klerus mit demokratischen Neigungen sowie gleichgesinnten Laien und den ersten Bischöfen, denen ein hoher Ausbildungsstand, das Festhalten am kirchlichen Regelwerk für ihre Priester und die Beachtung liturgischer Formen besonders wichtig waren[16].

Angesichts der pastoralen Probleme, die sich durch den Zustrom von Einwanderern nach den Goldfunden von 1851 ergaben, entstanden viele Sozialwerke, z. B. die Vinzenzkonferenzen und Vereine für Familienhilfe sowie zum Schutz und zur Beschäftigung von Frauen, die von der Konvertitin Caroline Chisholm zwischen 1831 und 1857 ins Leben gerufen worden waren[17]. Ein weiterer Schwerpunkt lag in dem Aufbau eines ausgedehnten Grundschulnetzes, das jedoch in der zweiten Hälfte des Jahrhunderts vom Wegfall öffentlicher Unterstützung betroffen war und die Hilfe von europäischen Schulkongregationen

---

[13] Die Anglikaner protestierten gegen diese erste Einrichtung einer römisch-katholischen Diözese im britischen Empire. J. B. Polding spielte hier eine Vermittlerrolle. Vgl. J. METZLER, Dalle Missioni alle Chiese locali, in: Storia della Chiesa, Bd. XXIV, Mailand 1990, 460f.

[14] Vgl. DERS., Sacrae Congregationis de Propaganda Fide Memoria Rerum III/1, Rom – Freiburg 1975–1976, 589 (H. WILTGEN).

[15] O. KOHLER, Das katholische Selbstbewußtsein im British Empire, in: H. JEDIN (Hrsg.), Handbuch der Kirchengeschichte VI/2, Freiburg – Basel – Wien 1973, 154f, und K. S. LATOURETTE, A History of the Expansion of Christianity III, Michigan – Zondervan 1976, 365.

[16] Vgl. P. J. CORISH, Der Aufstieg des Katholizismus in der angelsächsischen Welt, in: H. JEDIN (Hrsg.), Handbuch der Kirchengeschichte VI/1, Freiburg – Basel – Wien 1978, 575f.

[17] Ebd.

in Anspruch nehmen mußte. Die Bischöfe legten aber auch Wert auf den weiterführenden Unterricht und die technische Ausbildung[18]. Die Zahl der katholischen Studenten an den beiden, zu Beginn der 1850er Jahre in Sydney und in Melbourne gegründeten staatlichen Universitäten sollte erhöht werden. J. B. Polding gründete die beiden kleinen Seminare von St. Mary (1836) und von Lyndhurst (1851) im Bundesland Victoria. In Neusüdwales entstand 1859 das St. John's College als Universität. Die Jesuiten gründeten in den 1880er Jahren zwei weitere Colleges in Kew und in Riverview; daneben entstand ein College der Maristen. 1889 schließlich gründete Kardinal Moran das kirchliche College St. Patrick von Manly in der Nähe von Sydney, das James Goold den Jesuiten anvertraute. Damit hatte sich der australische Katholizismus die Möglichkeit zur Ausbildung einer Elite gebildeter Laien und Geistlicher geschaffen. Erstere fanden sich sogleich in wohltätigen Vereinen zusammen, so z. B. dem *Verein katholischer Jugend,* der aus einer irischen Volksbewegung hervorgegangen war, oder der *Australian Catholic Truth Society,* der es um die Wahrung katholischer Lehrpositionen nach dem Eucharistischen Kongreß von 1904 ging. Auch die im März 1910 gegründete *Australian Catholic Federation* zählte zu ihnen, die unter anderem die Beteiligung von Katholiken am politischen Leben befürwortete und förderte – ein Anliegen, das auf eine Anregung Kardinal Morans zurückging, der seine Sympathien für die Arbeiterschaft nicht verheimlichte und großen Anteil an der Gründung der australischen Labour Party hatte (ein Drittel der gesamten australischen Arbeiterschaft bestand aus katholischen Iren[19]). Auch die Jesuiten beteiligten sich unmittelbar am universitären Leben und forderten die Entwicklung einer breiten katholischen Presse. Eine weibliche Kongregation, die *Schwestern vom Heiligen Joseph,* geht auf ihre Anregung zurück[20].

Diese Lebendigkeit des katholischen Vereinslebens schlug sich auch im missionarischen Wirken nieder. Sydney fungierte als Sammelpunkt und Ausgangsort für die Missionskongregation der Maristen und später für die *Patres vom Heiligen Herzen von Issoudun* auf deren Weg nach Ozeanien. In der zweiten Hälfte des Jahrhunderts überstiegen die Summen, die Australien der Glaubenskongregation nach Rom schickte, bei weitem die, die das Land von dort erhielt[21]. Australische Bischöfe und Geistliche hatten sich in der Evangelisierung der Ureinwohner des Kontinents engagiert. Pioniere waren hier die spanischen Benediktiner von New Norcia nördlich von Perth[22]. Ihr Kloster war 1859 als Abtei *nullius* gegründet worden. Sie waren auch erfolgreich tätig in der Evangelisierung der Ureinwohner im Norden, wo vor ihnen die Kongregation der Passionisten vergebliche Versuche unternommen hatte (auf der Insel Stradbroke, Brisbane vorgelagert). Auch im Westen, im 1887 eingerichteten Apostolischen Vikariat des Kimberley Distrikts konnten sie Erfolge verzeichnen, wo nacheinander irische Redemptoristen, Salesianer, Trappisten und schließlich zwanzig Jahre lang Jesuiten im Vikariat von Cooktown (1887) gewirkt hatten. Die Benediktiner erzielten, da sie am besten auf die schwierigen Verhältnisse vor Ort ein-

---

[18] Man denke an das Mechanic's Institute der 1830er Jahre. Vgl. W. Bygott, With Pen and Tongue: The Jesuits in Australia, 1865–1939, Melbourne 1980, 6 f.

[19] Vgl. Jaspers, Australien 236.

[20] Vgl. Kohler, Selbstbewußtsein (s. Anm. 15) 154. 1910 gehörten dem katholischen Klerus 738 Weltpriester, 230 Ordensgeistliche, 466 Brüder und 5081 Nonnen an (Latourette, Expansion 364–367). Etwas weniger als ein Fünftel der Bevölkerung war katholisch.

[21] Vgl. J. Waldersee, A Grain of Mustard Seed. The Society for the Propagation of the Faith and Australia, 1837–1877, Kensington – Sydney 1983.

[22] Vgl. Metzler, Dalle Missioni 475.

gestellt waren, bemerkenswerte Erfolge, besonders seit 1908 im Bereich vom Drisdale River. 1910 wurde dort eine eigene Missionsstation eingerichtet. Daß die *Missionare vom Heiligen Herzen von Issoudun* und nach dem Ersten Weltkrieg die Pallotiner die Evangelisierung der eingeborenen Bevölkerung so erfolgreich vorantreiben konnten, lag daran, daß sie sich sprachlich auf die örtliche Bevölkerung einstellten, deren Bräuche berücksichtigten und hier auf ihre zuvor in Neuguinea und in Kamerun gesammelten Erfahrungen zurückgreifen konnten.

Neuseeland

Zwischen 1906 und 1911 gab es unter den mehr als einer Million Neuseeländern 127000 Katholiken. 1914 gehörten etwa 32000 von ihnen zur Diözese Auckland im Norden. Die Zahl der Gemeinden mit Kirche, Pfarrei, Schule und einem Haus der Ordensschwestern, das hier besonders wichtig war, nahm ständig zu. Auf der Nordinsel beispielsweise stieg ihre Zahl von zwanzig im Jahre 1900 auf 34 im Jahr 1910. An den kirchlichen Schulen unter staatlicher Aufsicht wurden ungefähr 13000 Schüler unterrichtet (1914 wurden an den katholischen Schulen in der Diözese Auckland, an die sich noch zwei Colleges anschlossen, 3490 Schüler gezählt). 1910 gab es auch zwei Seminare zur Priesterausbildung, und die Vereine junger Katholiken hatten sich zu einem Bund zusammengeschlossen[23].

Die Evangelisierung der Maori, die während der Zeit der Aufstände zwischen 1859 und 1870 zum Erliegen gekommen war, wurde nach und nach im Süden von den Maristen und im Norden von den *Missionaren von Mill-Hill* wieder aufgenommen. Letztere hatten zehn Gemeinden gegründet, die sich durch die dort praktizierte Mitwirkung der Laien auszeichneten[24].

II. Die Inselgruppen Ozeaniens

1. Protestantische Missionen in Polynesien und Melanesien vor 1850

Die Anfänge der protestantischen Evangelisierung stehen in unmittelbarem Zusammenhang mit der Entdeckung durch die Europäer: Die Berichte über die drei Pazifik-Reisen James Cooks zwischen 1769 und 1779 hatten in England in der Öffentlichkeit große Begeisterung ausgelöst und im Jahr 1795 zur Gründung der *London Missionary Society* (LMS) geführt. Im folgenden Jahr konnte diese gerade gegründete Gesellschaft einen Segler, die *Duff*, chartern und mit 28 Mann an Bord aussenden. Vier der Reisenden waren Pfarrer, die restlichen 24 Handwerker und Kaufleute, deren Ziel die Gesellschaftsinseln (Tahiti, Moorea), die Tonga-Inseln und die Marquesas-Inseln, drei polynesische Archipele, waren.

---

[23] Vgl. LATOURETTE, Expansion 375 (die kirchlichen Grundschulen hatten ungefähr 13000 Schüler) und E. R. SIMMONS, In Cruce Salus. A History of the Diocese of Auckland, 1848–1980, Auckland 1982.

[24] Vgl. SIMMONS, Cruce 210. Pater J. Becker und Dechant Lighthearst haben hierbei in der Umgebung von Whangarea an der Nordküste Erstaunliches erreicht.

Die Gesellschaftsinseln

1797 legte die *Duff* in Tahiti an. Doch konnten Missionare dort erst nach dem Sieg der Pomare-Familie über einen rivalisierenden Clan im Jahr 1813 Fuß fassen. Der 1808 nach Moorea, der westlichen Nachbarinsel von Tahiti, ins Exil gegangene Pomare II. hatte sich unter dem Einfluß von Henry Nott – dem einzigen Missionar, der bei ihm geblieben war – zum Protestantismus bekehrt. Nachdem diese Sippe nach Tahiti zurückgekehrt war, wurde 1817 die Übersetzung der Bibel ins Tahitische in Angriff genommen. 1838 wurde diese Arbeit unter der Leitung eines neuen Missionarsteams, das theologisch und sprachlich besser ausgebildet war – es gehörte der kongregationalistischen Richtung an [25] –, abgeschlossen. 1819 gründete der Missionar John Williams eine weitere Gesellschaft und bildete Polynesier aus, die, mit kleinen Segelschiffen ausgerüstet, das Evangelium auf den weiter südlich gelegenen Inseln verbreiten sollten [26].

Dank dieser Methode gelang es den Missionaren 1821, Kontakte auf Rurutu und in den folgenden Jahren auf Rimatara und Rapa aufzubauen – Inseln, die etwa 1000 Kilometer südlich von Tahiti liegen. Die dortige Bevölkerung war durch Krankheiten, welche die europäischen Entdecker eingeschleppt hatten, stark dezimiert worden. Man kann wohl sagen, daß die Arbeit der Missionare durch die Einführung europäischer Hygienevorstellungen und einer Gesundheitsvorsorge erleichtert wurde. Es kam zu Bekehrungen, bei denen die Stammeshäuptlinge den Anfang machten. Als sich die LMS 1862 aus Tahiti, das zwanzig Jahre vorher, 1842, von den Franzosen erobert worden war, zurückziehen mußte, fand die *Société des Missions évangéliques de Paris* (SMEP), die an die Stelle der Londoner Missionsgesellschaft trat, eine gefestigte Kirche vor, die praktisch mit der polynesischen Gesellschaft im ganzen identisch war [27].

Die Tonga-Inseln

Auf dem Tonga-Archipel, der zuerst den Namen „Freundschafts-Inseln" getragen hatte, setzte die *Duff* im April 1797 zwölf Laienmissionare ab. Trotz des freundlichen Empfangs durch Häuptling Mouani erlitt diese Gruppe Krankheiten und erlebte den Bürgerkrieg, in dessen Verlauf sich einer der Missionare an einem Aufstand gegen den Häuptling beteiligte. Bereits im Jahr 1800 war von dieser Gruppe keiner mehram Leben. Zwischen 1822 und 1825 erreichten dann aber tahitische Evangelisten, die von Missionaren auf Tahiti entsandt worden waren, die Tonga-Inseln, auf denen sie von den Häuptlingen festgehalten und zum Teil als Bedienstete, zum Teil auch als Lehrer mit dem gelegentlichen Auftrag, Gottesdienste zu halten, eingesetzt wurden. 1826 wurde auf der methodistischen Konferenz in London – aus der 1813 die WMMS hervorgegangen war – ein Beschluß zur Unterstützung der tahitischen Evangelisten gefaßt. Auf die Empfehlung methodistischer Kaufleute hin, die eine Niederlassung in Neuseeland unterhielten, entsandte diese Missionsgesellschaft John Thomas, einen hochkirchlichen Methodisten. Es gelang ihm, die Gunst Häuptling Atas zu gewinnen. Als dieser sich jedoch nicht bekehrte, wandte Thomas sich

---

[25] Vgl. J. Nicole, Au pied de l'Ecriture. Histoire de la traduction de la Bible en tahitien, Papeete 1988.
[26] Vgl. J.-F. Zorn, Le Grand Siècle d'une mission protestante. La Mission de Paris de 1822 à 1914, Paris 1993, 141–144.
[27] Ebd., 153–157.

dem Häuptling Taufa zu, der nach seiner Taufe im Jahr 1830 unter dem Namen George Tupu I. König aller Tonganer wurde[28].

Die Marquesas-Inseln

Auch auf den Marquesas-Inseln wurden die beiden von der *Duff* dort abgesetzten Missionare, Crook und Harris, von der Bevölkerung zwar aufgenommen; doch Harris verlor bald den Mut und kehrte zurück. Crook war zwei Jahre dort tätig, allerdings ohne Erfolg. Nach einem Aufenthalt in London kehrte er auf die Gesellschaftsinseln zurück, von denen er 1825 erneut mit vier Missionaren, die er dem Schutz von Häuptling Iotele anvertraute, zu den Marquesas-Inseln aufbrach. Doch auch diese gaben bald auf. 1834 beschloß die LMS, noch einmal Europäer als Missionare in Begleitung von Evangelisten zu entsenden. Gerade schienen sich die ersten Missionserfolge abzuzeichnen, da wurden diese durch die französische Eroberung im Jahr 1838 und den Einzug katholischer Priester unter dem Schutz der Kanonenboote der französischen Marine zunichte gemacht.

Die Folgen dieser abenteuerlichen Fahrt der *Duff* reichten weit über Polynesien hinaus. 1836 kehrte John Williams, der an Bord der *Message of Peace* auch die Samoa-Inseln besucht und dort tahitische Evangelisten abgesetzt hatte, nach Großbritannien zurück, wo er der LMS seinen Plan zur Evangelisierung des gesamten Pazifik-Raumes vorlegte. 1838 kehrte er an Bord der *Camden*, eines neuen Seglers, der ihn bis zu den Loyalty-Inseln bringen sollte, zurück. Es war ihm jedoch kein Erfolg beschieden. 1839 wurde er auf Erromanga, einer zum Archipel der Neuen Hebriden (heute Vanuata) gehörenden Insel, umgebracht. Im folgenden Jahr unternahmen zwei Samoaner, Lasabo und Nanari, einen weiteren erfolglosen Versuch, diese Inselgruppe zu evangelisieren. Erst 1847 sollte dann, mit Unterstützung durch Missionare aus der kanadischen Provinz Nova Scotia, eine erste Kirche auf den Neuen Hebriden gegründet werden[29].

Die Loyalty-Inseln

Den Loyalty-Inseln widmeten sich Heath und Murray, die Nachfolger von Williams, die im April 1841 zwei samoanische Evangelisten, Tanielo und Tataio, auf Maré absetzten. Diese konnten jedoch mit ihrer Arbeit erst beginnen, nachdem 1846 Häuptling Naisseline für Frieden auf der Insel gesorgt hatte. In der Zwischenzeit war Fao, ein polynesischer Evangelist, nach Lifou, der nächsten größeren Insel gekommen, wo er von Häuptling Boula aufgenommen wurde. Wegen Rivalitäten in den Stammesgebieten konnte er jedoch nicht auf dieser Insel bleiben. 1850 kehrte er zurück, diesmal einer Aufforderung von Ukeneso, einem Nebenbuhler von Boula, folgend. Da Boula sich jedoch diesem Schritt widersetzte, wandte sich Ukeneso an die Missionare auf Ouvéa. 1858 kamen diese an Bord eines Schiffes der französischen Marine an. Damit begann die Annexion des Archipels der Loyalty-Inseln mit Anbindung an Neu-Kaledonien, von dem Frankreich 1853 Besitz ergriffen hatte[30].

---

[28] GARRETT, Stars (s. Anm. 8) 70 f.

[29] Ebd., 15 und 266–269.

[30] Vgl. ZORN, Siécle (s. Anm. 26) 148 ff und 157–160.

Die Fidschi-Inseln

Ein weiterer interessanter Fall der insularen protestantischen Evangelisierung sind die Fidschi-Inseln (damals *Viti* genannt). Sie wurden von Tonga aus missioniert. Britische Methodistenmissionare waren, von der LMS entsandt, in den Archipel gekommen. Zwischen den Inselbewohnern auf Tonga und den Fidschis bestanden vielfältige Verbindungen. 1835 betraten zwei methodistische Missionare, nachdem sie sich die Zustimmung ihrer Gesellschaft eingeholt hatten, zusammen mit einer Vertrauensperson des tonganischen Königs George die Tonga am nächsten gelegene Insel Lakemba, auf der Häuptling Tui-Nayau ihnen eine Aufenthaltsmöglichkeit anbot[31].

Diese Evangelisierungsbewegung wurde durch verschiedene Faktoren vehement vorangetrieben: Mit Erschließung der Schiffahrtswege im Stillen Ozean am Ende des 18. Jh. entdeckten die Europäer die noch ungenutzten wirtschaftlichen Möglichkeiten dieses fernen Kontinents. Gleichzeitig erkannten Philanthropen in Europa die Gefahren für die eingeborene Bevölkerung der Pazifikinseln, die dem brutalen Kontakt mit habgierigen, zügellosen und gut bewaffneten Seeleuten wehrlos ausgeliefert waren. So führte die religiöse Erweckung in Europa nicht nur zur Begeisterung für die Evangelisierung dieser Inselvölker, sondern machte auch die Notwendigkeit einer Entwicklungshilfe für diese weit entfernten Gebiete der Erde deutlich. Es kam zu der schon erwähnten Hilfsbewegung, in der sich mehrere protestantische Missionsgesellschaften im Blick auf die Evangelisierung dieser Gebiete zusammenschlossen. Die Missionare, Träger eines religiösen Angebots, trafen auf Häuptlinge, die ihnen mit politischen Erwartungen hinsichtlich eines modern verfaßten Staates entgegentraten. Daraus ergab sich oft ein für die Missionierung nützliches Mißverständnis. Denn im allgemeinen ließ der Häuptling, der sich der Mission geneigt gezeigt hatte, sich mitsamt seinem Volk taufen. Die Angebote der Missionare waren vielseitig: schriftliche Fixierung der Sprache, um dadurch eine Bibelübersetzung herstellen zu können; Schulunterricht für die Bevölkerung, um ihr das Lesen und Schreiben beizubringen; Schulen für die Kinder; Einführung neuer Techniken und Fertigkeiten im Bereich des Wohnens, der Landwirtschaft und der Hygiene (z. B. das als „Missionsrock" bekannt gewordene Kleidungsstück); neue Strukturen im gesellschaftlichen Bereich, insbesondere ein vom mosaischen Gesetz abgeleitetes Rechtssystem (z. B. der Codex Pomare auf den Gesellschaftsinseln). Die Evangelisierung erfolgte meist durch Einheimische. Diese bewegten sich auf ihren traditionellen Verbindungswegen zu Land und zu Wasser, die die Inseln und die einzelnen Stammesgebiete miteinander verbanden. Die Rolle der europäischen Missionare beschränkte sich auf Ausbildung, Unterstützung und Rückhalt durch ihre Autorität.

Gleichzeitig hatte diese Evangelisierung aber auch Schwächen, die zum Zeitpunkt der kolonialen Eroberung deutlich zutage traten. Es war der Mission nicht gelungen, den negativen Begleiterscheinungen der Verwestlichung (wirtschaftliche Ausbeutung, Alkoholismus, Prostitution) entgegenzutreten, die sich zu Beginn des 19. Jh. schon abzeichneten und sich nach 1850 zusehends ausweiteten. Spannungen zwischen rivalisierenden Häuptlingen wurden durch die Ankunft der Missionare oft verschärft. Außerdem ging die Verkündigung des Evangeliums nicht immer Hand in Hand mit Gerechtigkeit und Frieden. Die Erwartungen, die manche Häuptlinge den Missionaren entgegenbrachten, waren oft

---

[31] Vgl. Garrett, Stars 102 f.

vielschichtig und lenkten die Mission dann in eine Richtung, die nicht unbedingt ihrem Ziel entsprach – etwa indem Missionare sich darauf einließen, politisch Stellung zu beziehen. Politisch-religiös bestimmte Rivalitäten zwischen Protestanten und Katholiken, Briten und Franzosen waren der gegenseitigen Verständigung der Häuptlinge untereinander sowie der Christen, Europäer und Einheimische, miteinander abträglich. Um so überraschender ist jedoch der gesamte Erfolg der protestantischen Evangelisierung in der ersten Hälfte des 19. Jh. im südpazifischen Raum. Um 1850 waren praktisch überall Kirchen mit einheimischen Pastoren fest verwurzelt. Auf den zuerst evangelisierten Inseln war der Protestantismus schon so fest in die Kultur integriert, daß man von einem einheimischen Christentum sprechen konnte.

Dieser Zustand wurde durch die protestantische Mission im Laufe der zweiten Hälfte des 19. Jh. weitgehend konsolidiert, wobei die Missionare im Autonomieprozeß der Kirchen eine zunehmend wichtigere Rolle spielten. Hierzu muß die protestantische Mission in den polynesischen und melanesischen Gebieten der Reihe nach in den Blick genommen werden – in Gebieten, von denen einige unter französischen Einfluß kamen, und in den Gebieten Polynesiens, die zu angelsächsischen (britischen, australischen), holländischen und deutschen Einflußbereichen wurden.

2. Protestantische Missionen in Polynesien und Melanesien nach 1850

Französisch-Polynesien

Mit der Besitzergreifung Tahitis durch Frankreich 1842 und der Einführung des Katholizismus kam das dortige Wirken der LMS schrittweise zum Stillstand[32]. Zu Beginn des Jahres 1857, nach einer Absprache, wonach die SMEP die Arbeit der LMS übernehmen sollte, gab es nur noch einen einzigen britischen Missionar auf Tahiti, der in einer englischsprachigen Gemeinde in Papeete als Pfarrer tätig war. Als 1863 Thomas Arbousset als erster französischer Missionar ankam, fand er eine sehr lebendige Kirche mit zwanzig tahitischen Pfarren und vierzig Diakonen vor. Er hielt es jedoch für seine Aufgabe, ihre Anpassung an die französische Obrigkeit zu fördern und die protestantische tahitische Jugend den kirchlichen Schulen zu entziehen. 1860 wurde das öffentliche Schulsystem mit Französisch als Schulsprache organisiert.

Mit der Gründung einer Gesellschaft zur Förderung des Primarunterrichtes für Protestanten im Protektorat im Jahre 1865 und mit der Ankunft von zwei Lehrkräften im folgenden Jahr, Charles Viénot und seiner Frau, die per Erlaß zu Schulleitern der einheimischen französisch-protestantischen Schule ernannt worden waren, erhielt der Protestantismus auf Tahiti die Handhabe zur Reintegration der Einheimischen in eine moderne tahitische Gesellschaft.

C. Viénot, der diese Aufgabe bis zu seinem Tod im Jahre 1903 wahrnahm, übte durch seine Persönlichkeit einen prägenden Einfluß auf das politische und religiöse Leben auf den Gesellschaftsinseln während eines halben Jahrhunderts aus. 1870 war er zum Pfarrer ordiniert worden und trat 1880, als Tahiti und die dazugehörigen Inseln annektiert wurden, dem Kolonialrat bei. Er befürwortete die Laisierung der kirchlichen Schulen in der franzö-

---

[32] Zu diesem Abschnitt vgl. Zorn, Siécle, Kap. 5: La Mission de Paris à Tahiti de 1866 à 1913: un exemple de réintégration des protestants dans la société tahitienne, 209–244 (Bibliogr.).

sischen Gesetzgebung und forderte die SMEP auf, aus Frankreich Lehrkräfte protestantischer Herkunft, aber mit laizistischer Einstellung zu schicken. Dies endete jedoch als Mißerfolg. Ohne den Rückhalt einer kirchlichen Trägerschaft konnte sich das laizistische
säkulare Schulwesen nur auf einem niedrigen Niveau halten, während der religiöse Unterricht vollends verkam. Angesichts der drohenden Rückführung der öffentlichen Schulen in
die kirchliche Trägerschaft wurde 1895 eine protestantische Privatschule, die vertraglich
mit dem Staat abgesichert war, gegründet. In den nächsten zehn Jahren unterrichteten hier
acht hochqualifizierte Missionslehrer und -lehrerinnen, die sich besonders um die Ausbildung tahitischer Lehrkräfte kümmerten.

So ist der Name Viénot eng verbunden mit der Entstehung protestantischer Kirchen auf
Tahiti. 1874 und 1876 fanden die ersten Synoden der tahitischen Kirchen statt, die sich an
dem presbyterial-synodalen Kirchenregiment protestantischer Kirchen in Frankreich orientierten. Das führte bei der Regierung zu der Sorge, ein solcher Typ einer beratenden Versammlung könne sich zu einem autochtonen Gegengewicht auswachsen. Aus der Umgebung des Ministers Jauréguiberry kam 1884 der Entwurf einer konkordatsartigen
Verfassung, in der festgeschrieben wurde, daß die Ernennung der – staatlich bezahlten –
französischen und tahitischen Pfarrer von der Regierung genehmigt werden mußte. Erstere
waren an der Leitung von drei Ratsgremien kirchlicher Distrikte beteiligt, während letztere
den Bezirken oder Gemeinden vorstanden. Diese Situation hielt sich über das Gesetz von
1905, das die Trennung von Kirche und Staat vorschrieb, hinaus. Das staatliche Pfarrerge-
halt wurde 1927 abgeschafft.

Aber nicht nur im schulischen Bereich wurde viel erreicht, auch die kirchliche Tätigkeit
und Evangelisierung entwickelten sich in den Grenzen der beschriebenen Gegebenheiten.
1818 wurde mit der Einführung des Festes *Me* der Gedanke von Spenden und Kollekten in
den Kirchen gestärkt. Die 1908 eingeweihte Kirche von Papeete war ausschließlich von tahitischen Kirchen finanziert worden. Diese erfolgreiche Mission hatte in den Händen des
Missionars Frédéric Vernier gelegen. Er war nach seiner Ankunft in Tahiti im Jahre 1867
vierzig Jahre lang tätig und wurde zum „Gründervater" einer langen Reihe von Missionaren in Tahiti und auf Madagaskar[33].

1886 erschien die von Viénot herausgegebene Zeitschrift *Arc-en-ciel (Te Anuanua)*, die
zu intellektuellen, moralischen und religiösen Fragestellungen in Französisch-Ozeanien
Stellung bezog. Zweisprachig und mit Illustrationen versehen, war sie für eine breite Le-
serschaft angelegt. Die Publikation dieser Zeitschrift war allerdings von Anfang an von
Schwierigkeiten begleitet. Ab 1889 war Gaston Brunel der leitende Herausgeber; zu die-
sem Zeitpunkt erschien sie unter verschiedenen, wechselnden Titeln. 1888 übernahm der
Missionar Prosper Brun die Leitung einer kirchlichen Hochschule zur Rekrutierung und
Ausbildung des Pfarrernachwuchses. Die Tradition, Pfarrer während der Ausübung ihres
Amtes auszubilden, hatte zu einer Überalterung und Stagnation der Pfarrerschaft geführt.

Mit der französischen Annexion der Tubuai-Inseln (Austral Islands) ab 1880 vergrößerte sich der Aktionsradius der Kirchen von Tahiti. So war es noch einmal Viénot, der bei
einer Frankreichreise die nötigen Schritte unternahm, um einen Schoner zu erwerben, mit
dessen Hilfe die Tradition der interinsularen Evangelisierung wieder belebt werden
konnte. Das Schiff *La Croix du Sud* wurde im Jahr 1900 in Dienst gestellt und bot während

---

[33] Vgl. H. Vernier, Au vent des cyclones. Missions protestantes et Église évangélique à Tahiti et en Polynésie
francaise, Paris – Papeete 1986, bes. 23 f.

eines Jahrzehntes den Theologiestudenten der kirchlichen Hochschule die Möglichkeit, sich auf ihr zukünftiges Amt als Evangelisten vorzubereiten.

Neukaledonien

Mit der Entscheidung Frankreichs, die Loyalty-Inseln 1864 als Teil Neukaledoniens (Grande-Terre) zu annektieren, wiederholten sich auch auf dieser Inselgruppe die Umstände, die sich bereits auf Tahiti abgespielt hatten[34]. Diese Situation zog sich hin, bis die französische Regierung schließlich gegen Ende der 1880er Jahre eingriff und dem mit ungleichen Waffen ausgetragenen Konflikt zwischen ihren eigenen Vertretern (zu denen auch ein der Bevölkerung zwischen 1884 und 1891 von der Regierung aufgezwungener französischer Pfarrer gehörte) und dem Missionar John Jones von der LMS, der 1887 ausgewiesen wurde, ein Ende setzte. Die SMEP trat ab 1892 in Maré an die Stelle der LMS, anschließend auch auf den Loyalty-Inseln. Mit dem 1897 in Maré eingetroffenen französischen Missionar Philadelphe Delord und seinem 1902 in Neukaledonien eingesetzten Kollegen Maurice Leenhardt setzte die SMEP die Arbeit fort, die von einheimischen Pfarrern auf Maré und Lifou an der Ostseite von Grande-Terre, der großen Insel Neukaledonien, 1884 begonnen worden war.

Aufbauend auf dem Vertrauensverhältnis, das zwischen Gouverneur Feillet und den Protestanten bestand, konnte Maurice Leenhardt zu Beginn einheimische Evangelisten von den Loyalty-Inseln, sogenannte *nata*, zur Evangelisierung von Neukaledonien einsetzen. Als er dann aber feststellen mußte, daß diese *nata* nicht das Vertrauen der Verwaltung genossen, die darauf bestand, sie als *teacher* (Lehrer) zu bezeichnen – wodurch ihre englische Herkunft betont werden sollte –, bildete Leenhardt *nata* aus, die von Grande-Terre selbst stammten. Sie mußten alle das einheimisch *Houailou* sprechen. Auch er selbst erlernte diese Sprache, in die Auszüge des Neuen Testaments von Mataia, dem ersten *nata* von Grande-Terre, übersetzt worden waren. Leenhardt entwickelte eine „Befreiungspädagogik"[35], die Wahrheitssuche und Glaubenserfahrungen in ein fruchtbares Verhältnis zu bringen suchte: Leenhardt half den *nata*, ihre Situation im kolonialen Kontext richtig einzuschätzen. Sie selbst sollten Ansatzpunkte für Veränderungen im persönlichen und im kollektiven Bereich, die für das Wachsen der Kirche geboten waren, finden können. Indem er ihnen einen Zugang über den traditionellen Mythos eröffnete und religiöse Vorstellungen der Kanaken einbezog, ermutigte er sie zu erkennen, daß es nicht das rationale Denken ist, das das Geheimnis des Lebens und Gottes vermittelt, sondern daß vielmehr der Mythos zum Verstehen der Heilsgeschichte führen könne. Es ging ihm vor allem darum, ihre Vorstellungskraft zu wecken und ein Verantwortungsbewußtsein zu entwickeln. Die Früchte dieser Pädagogik zeigten sich schon vor dem Ersten Weltkrieg: Zur Leitung von 46 Gemeinden mit ungefähr 5000 Mitgliedern, die von 44 *nata* betreut wurden, bedurfte es nur eines einzigen Missionars[36].

---

[34] Zu diesem vgl. Zorn, Siécle Kap. 7: La Mission de Paris en Nouvelle-Calédonie 1898 à 1913: un exemple de mission conduite par les autochtones, 299–316 (Bibliogr.).

[35] J. Massé, Maurice Leenhardt, une pédagogie libératrice, in: Revue d'histoire et de philosophie religieuse 60 (1980) 67–80.

[36] Vgl. J.-F. Zorn, Comment Maurice Leenhardt a fortifié l'action des *nata*, pasteurs indigènes de Nouvelle-Calédonie, 1912–1926, in: Naître et grandir en Église: le rôle des autochtones dans la première inculturation du christianisme hors d'Europe, Lyon 1987, 64–84.

Die Tonga-Inseln

1865 faßte die Londoner Missionskonferenz den Beschluß, die Mission auf Tonga in die Hände der Methodisten von Australien zu legen. Diesem Wechsel war die Tätigkeit Shirley Waldemar Bakers vorausgegangen, der 1860 die Insel betreten und König Tupu bei der Formulierung seiner Verfassung beraten hatte. Weiterhin hatte er den Stammeskönig dazu gebracht, sich vom britischen Einfluß zu emanzipieren. Da es ihm daneben auch gelungen war, die Kirche auf ihrem Weg zur finanziellen Unabhängigkeit zu stärken, wurde er 1863 zum Präsidenten des methodistischen Distrikts von Tonga ernannt. Zehn Jahre später wurde er jedoch abberufen, weil er sich zu sehr in die lokale Politik eingemischt hatte – vor allem aber auch, weil es zu Spannungen zwischen ihm und seinem fünf Jahre nach ihm eingetroffenen Kollegen James Edgar Moulton gekommen war. Moulton hatte sich als Gründer des Tupu-Colleges, als Bibelübersetzer und als Verfasser von Kirchenliedern in der Tongasprache einen Namen gemacht. Der König stellte sich jedoch auf die Seite Bakers. Nachdem er diesen nach Tonga zurückgeholt hatte, gründeten beide eine „freie Kirche", die dann zur offiziellen tonganischen Kirche wurde. J. E. Moulton entschloß sich 1888, Tonga zu verlassen, um den Konflikt beizulegen. Er kehrte nach dem Tod Tupus 1893 zurück und übernahm die Leitung der Australien verbunden gebliebenen Kirche, die sich 1924 wieder mit der „freien Kirche" vereinigte[37].

Die Samoa-Inseln

Die Nachricht vom Tod John Williams' 1839 bedeutete keineswegs das Ende der Tätigkeit der LMS auf den Samoa-Inseln. 1844 gründeten die Missionare George Turner und Charles Hardie ein Seminar, in dem – einem Bericht der LMS aus dem Jahr 1888 zufolge – bis zu diesem Zeitpunkt 1681 Studenten ausgebildet worden waren: Pfarrer für Ortsgemeinden, Missionare für die interinsulare Evangelisierung, Frauen als Pfarrhelferinnen. Im Seminar fanden ganze Familien Aufnahme.

„Das Seminar, das Schiff, die Ausbreitung", schrieb John Garrett, „dieses von der LMS eingeführte System ermöglichte es den Völkern im Pazifik, ihre eigenen Kirchen zu gründen. Die Missionare, die die Anleitungen gaben, waren Anreger, Katalysatoren, Ratgeber und Autoritätsvertreter; die kulturellen Vermittler waren die Evangelisten."[38]

Die Fidschi-Inseln

Auch auf den Fidschi-Inseln ging die methodistische Mission 1855 in die Hände der Australier über. Nach dem gescheiterten Versuch, ein unabhängiges Königreich zu gründen, unterstellte sich Häuptling Cakobau 1874 der Oberhoheit von Königin Victoria. Nach dem Tod des Missionars Waterhouse im Jahre 1881, des Ratgebers Cakobaus und Verfassers des damals mit großem Interesse aufgenommenen Buches *The King and People of Fidji*, erwies sich diese Verbindung aber als problematisch. In diesem Buch hatte Waterhouse sich für eine auf dem Gleichheitsprinzip basierende Repräsentation von Fidschianern und Missionaren in der Kirchenleitung ausgesprochen. Nach seinem Tod setzte sein

---

[37] Vgl. Garrett, Stars 272–276.
[38] Ebd., 118.

Rivale Langham ein autoritäres Kirchenregiment ein, was zu Zusammenstößen mit einheimischen Pfarrern führte, die von Joeli Bulu, einem 1834 auf die Fidschis gekommenen Tonganer, ausgebildet worden waren. Auf ihn gingen Organisation und Wirken der Kirche auf den Fidschi-Inseln am Ende des 19. Jh. in weiten Teilen zurück. Nach dem Tod dieses Pioniers im Jahre 1877 mußte sich die methodistische Mission der zunehmenden religiösen Vielfalt stellen. Traditionelle Kulte hatten eine Neubelebung erfahren; die Katholiken, die die Inseln nach einem kurzen Versuch zwischen 1847 und 1853 verlassen hatten, kehrten ebenso wie die Anglikaner zurück. Seit den 1880er Jahren kam es auf den Zuckerplantagen zum Zuzug melanesischer, indischer, hinduistischer und muslimischer Arbeiter. Die Methodisten bezogen ab 1892 die Einwanderer in ihre Bemühungen ein, aber nur wenige einzelne Persönlichkeiten taten dies mit großem Einsatz. Die leitenden Männer in Kirche und Mission kümmerten sich so gut wie gar nicht um diese Neuankömmlinge, so daß es dort auch nur selten zu Bekehrungen kam.

Papua-Neuguinea [39]

Die Evangelisierung im Ostteil dieser melanesischen Inselgruppe entsprach weitgehend derjenigen auf allen anderen im Bereich der LMS [40]. Die missionarische Tätigkeit wurde von Evangelisten der Loyalty-Inseln begonnen, die von den Missionaren Samuel McFarlane und Archibald Wright von Lifou aus dort eingesetzt worden waren. Ein bedeutender Unterschied zu anderen Gebieten ergab sich aber daraus, daß diese missionarischen Bemühungen hier nicht zu Beginn des 19. Jh., sondern erst nach 1870 ansetzten, mitten im Zeitalter des Kolonialismus, wobei Neuguinea im Jahre 1885 zwischen den Niederlanden (Westteil), Deutschland (Kaiser-Wilhelm-Land und Bismarck-Archipel im Nordosten) und Großbritannien (Südosten) aufgeteilt wurde.

Aus dieser Situation ergab sich eine wichtige Rolle für die Missionare auf religiösem wie politischem Gebiet. Hier sind vor allem die Namen James Chalmers (1841–1901) und William Lawes (1839–1904) zu erwähnen. Chalmers setzte die Motu-Sprache in Schriftsprache um und konnte 1891 die Übersetzung des Neuen Testament vorlegen. Lawes organisierte die Evangelisierung entlang der Südküste von Neuguinea durch einheimische Evangelisten. Auf seinen Besuchen gewann er das Vertrauen der als wild und gefährlich geltenden eingeborenen Bevölkerung. Die Missionare „hielten ein britisches Protektorat für notwendig, um das Verhalten landgieriger Weißer und der Anwerber von Arbeitskräften, die vor allem aus Queensland (Australien) kamen, zu überwachen." [41] „In den einhei-

---

[39] Grundlegende Literatur: R. PECH, Von Missionen zu Kirchen, in: Papua Neuguinea. Gesellschaft und Kirche. Ein ökumenisches Handbuch, hrsg. von H. WAGNER – G. FUGMANN – H. JANSSEN, Neuendettelsau – Erlangen 1989, 111–143.

[40] Die erste protestantische Mission in Neuguinea war die Gossner Mission, auch Berliner Mission genannt. 1855 waren zwei Missionare auf die Insel Manaswari entsandt worden, die dem Westteil Neuguineas vorgelagert ist und von den Niederländern in Anspruch genommen wurde. Nach sehr schwierigen Anfängen, durch die aber immerhin der Dialog mit der Papua-Bevölkerung aufgenommen werden konnte, übernahm die Utrechter Missionsgesellschaft die Leitung der Arbeit. 1865 wurde die erste Taufe gefeiert. 1890 hatte die Utrechter Mission fünf Stationen, zwei davon auf Neukaledonien, mit 24 Mitgliedern. Vgl. B. H. MATTER, Gossner, Johannes Evangelista (1773–1858), und H. W. GENSICHEN, Gossner Missionsgesellschaft, in: NEILL, Lexikon zur Weltmission (s. Anm. 4) 179 f.

[41] GARRETT, Stars 213. Siehe auch J. GOODWIN, Chalmers, James (1841–1901), in: Lexikon zur Weltmission 87 f; N. COCKS, Lawes, William George (1839–1904), in: ebd., 314.

mischen Kirchen der Papuadörfer sorgten sie gleich zu Beginn dafür, daß Diakone aus der Papuabevölkerung gewählt wurden, die fähig waren, Initiativen zu ergreifen. Die Primarschulen, die sie in vielen Dörfern einrichteten, stellten die ersten Schritte zu einer Einigung dieses kulturell fragmentierten Küstenstriches dar."[42]

Um das Werk der LMS zu unterstützen und zu fördern, wurde 1890 eine Übereinkunft zur Aufteilung des missionarischen Arbeitsfeldes erzielt. Regelungen wurden zwischen dem australischen Komitee der methodistischen Mission, die seit 1875 auf dem Bismarck-Archipel tätig war, und den Anglikanern, die mit ihrer Arbeit an der Ostküste begannen, getroffen, während die Katholiken, die nicht in diese Abmachung einbezogen waren, ins Landesinnere vordrangen.

Im Jahr 1900 befanden sich auf dem größten Teil der bewohnten Inseln Ozeaniens Kirchen, die aus der Missionsarbeit der LMS hervorgegangen waren. Diese Kirchen wurden von verfassungsmäßigen Gremien, bestehend aus einem Ältestenrat und einer Versammlung, der Pfarrer und Laien angehörten, geleitet. Sie waren meist in den lokalen Traditionen verwurzelt und zugleich von großer moralischer Strenge: Alkoholische Getränke waren ebenso verboten wie nächtliches Tanzen und Tätowierungen. Diese Direktiven förderten auch die Polemik gegen Katholiken, denen vorgeworfen wurde, sie seien gegenüber einer Reihe lokaler heidnischer Traditionen zu nachsichtig.

Wechselseitige Verbindungen auf Grund von Verwandtschaftsbeziehungen, die die Bevölkerung der Inselgruppen in der ersten Hälfte des 19.Jh. zusammengehalten hatten, wurden in der zweiten Hälfte des Jahrhunderts schwächer, während gleichzeitig ihre Beziehungen zu den Missionsgesellschaften enger wurden. Nach dem Ersten Weltkrieg entstand unter dem Einfluß der missionarischen Bewegung eine erneuerte regionale Solidarität.

3. Die katholische Mission

1825 wurden die französischen Picpus-Missionare (SSCC) durch die Propaganda-Kongregation mit der Mission auf Hawaii beauftragt. 1833 wurde ihnen ganz Ost-Polynesien als Missionsgebiet übertragen, d. h. das Gebiet östlich der Linie Cook-Inseln – Hawaii-Inseln (mit Tahiti als Zentrum). 1834 begannen sie ihre Missionsarbeit auf den Gambier-Inseln, im äußersten Südosten des Apostolischen Vikariates Ostozeanien. Bischof Rouchouze, der Apostolische Vikar, suchte von hier aus die Missionierung Tahitis und Hawaiis zu beginnen, doch ohne Erfolg. 1837 nahm sich Frankreich der Missionierung dieser beiden Regionen an – nicht ohne eigene politische und kommerzielle Interessen. Das dadurch entstehende französische Kolonialreich in Ozeanien rief zwangsläufig die Briten auf den Plan, die, um die Rechte der LMS- und WMMS-Missionare zu schützen, zahlreiche Inselgruppen annektierten. Im Jahre 1836 wurde – entsprechend dem Apostolischen Vikariat Ostozeanien von 1834 – das Apostolische Vikariat Westozeanien eingerichtet, das den Rest Polynesiens sowie ganz Melanesien und Mikronesien bis hin zu den Marianen-Inseln umfaßte. Rom vertraute es den Maristen (SM) zur Missionierung an. Sein erster Apostolische Vikar, Bischof Pompallier, begann die Mission auf Wallis und Futuna in Zentralpolynesien. Differenzen zwischen ihm und dem Maristen-Oberen führten dann 1844 zur Halbierung des Vikariates Ostozeanien. Ein drittes Missionsgebiet in Ozeanien bildete seit 1844

---

[42] GARRETT, Stars 220.

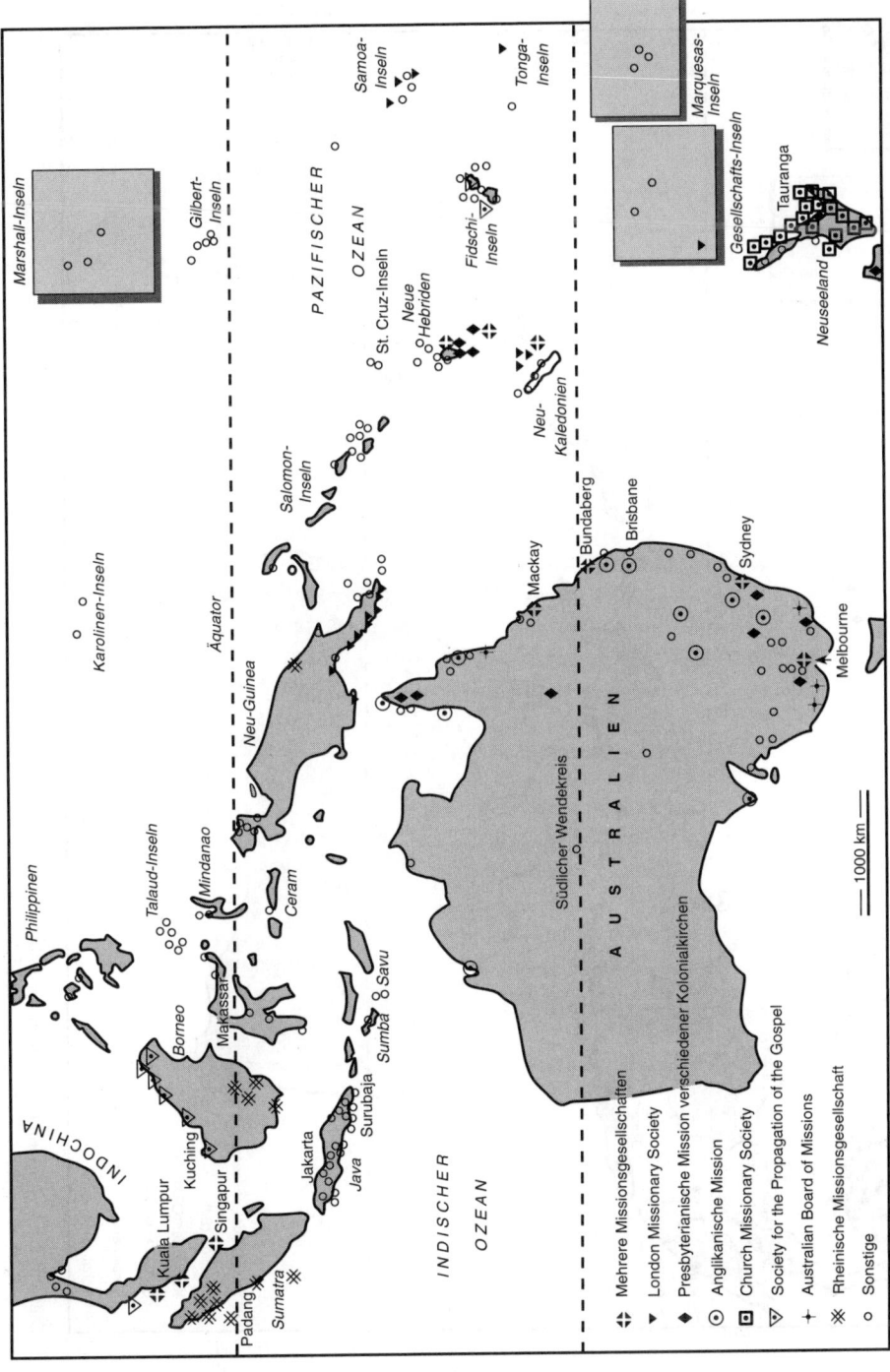

Die protestantischen Missionen in Ozeanien zu Beginn des 20. Jahrhunderts.

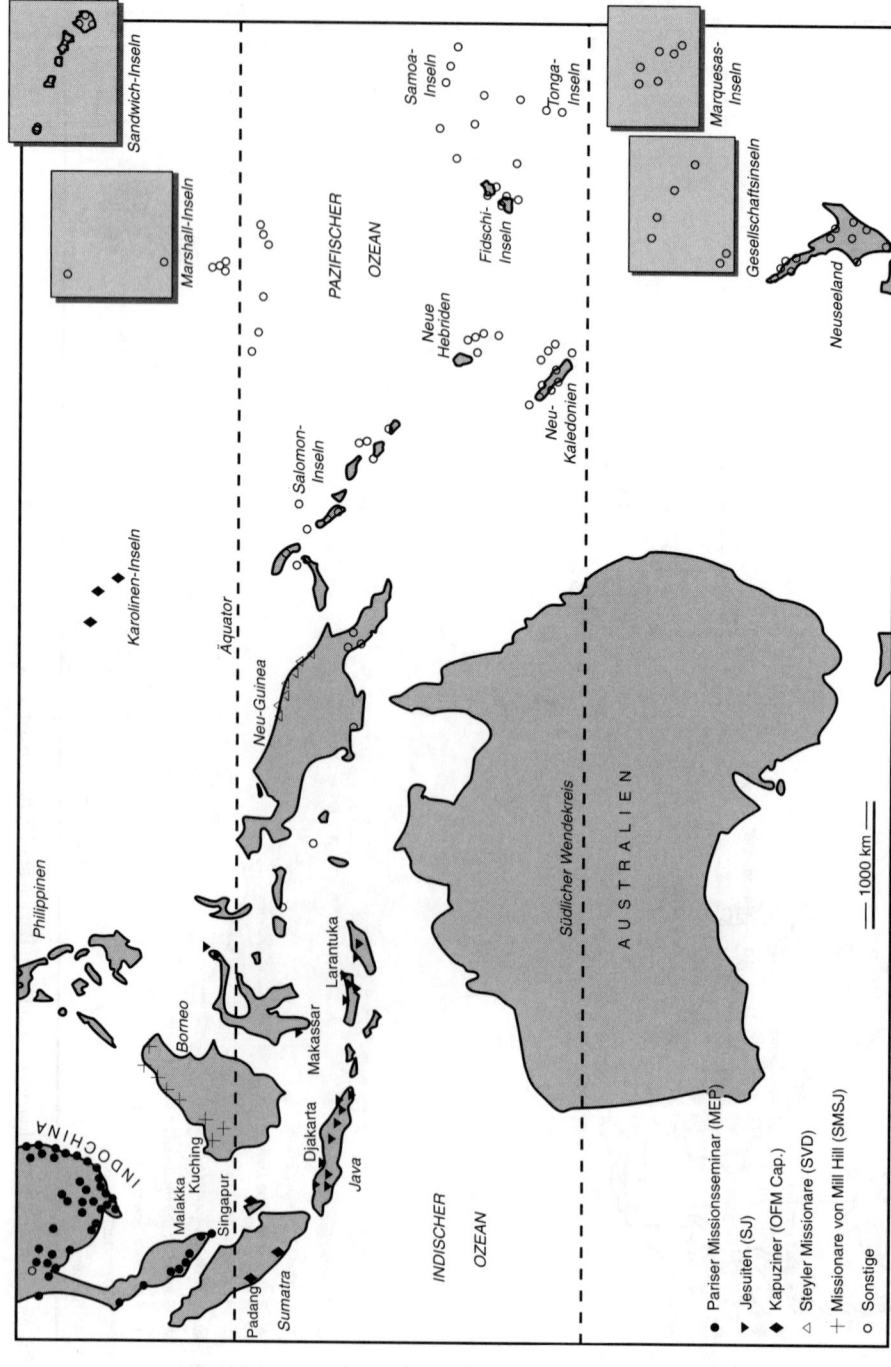

Die katholische Mission in Ozeanien vor 1914.

das große Doppelvikariat Melanesien und Mikronesien. Nach erfolglosen Missionsversuchen durch Maristen und die Mailänder Missionsgesellschaft (PIME) in den Jahren 1844–1855 wurde es schließlich 1881 den Herz-Jesu-Missionaren (MSC) übertragen. Diese eröffneten 1882 in Melanesien (New Britain) und 1888 in Mikronesien (Gilbert-Inseln) die katholische Mission[43]. Für die Inselgruppen Salomon und Neuguinea übernahm die neue Kongregation der *Missionare vom Heiligen Herzen von Issoudun* 1881 (nach den vergeblichen Versuchen Jean Baptiste Epalles, Jean Georges Collombs und der Mailänder Missionare) den Auftrag zur Evangelisierung. Nach dem Übereinkommen über die Karolinen erfolgte eine koloniale Neuaufteilung der Inselgruppen: 1889–1890 schloß das Vikariat von Neuguinea einen englisch-australischen Sektor (das spätere Papua) ein, und das deutsche Gebiet Neu-Pommern wurde 1897 in zwei Apostolische Präfekturen, eine englische und eine deutsche Zone südlich bzw. nördlich der Salomon-Inseln aufgeteilt. 1902 wurde eine Apostolische Präfektur im niederländischen Gebiet eingerichtet. Auf den Salomon-Inseln übernahmen die Maristen, in den anderen Gebieten des Neuguinea-Raumes *Missionare vom Heiligen Herzen von Issoudun* sowie die Steyler Missionare (SVD) die Evangelisierung. 1897 erfolgte die Gebietseinteilung der Gilbert-Inseln (den *Missionaren von Issoudun* anvertraut), 1901 die der Neuen Hebriden, 1903–1907 die von Mikronesien um die Marshall-Inseln und um die Marianen, auf denen deutsche Kapuziner sowie *Missionare vom Heiligen Herzen von Issoudun* tätig waren[44].

Die Inselwelt von Ozeanien stellte die katholischen Pioniere der Evangelisierung, die Picpus-Gesellschaft und die Maristen, vor erhebliche Schwierigkeiten. Die weit gestreute Bevölkerung brachte für den Missionar endlos lange und gefahrvolle Seereisen und persönliche Isolation mit sich. Endemische Krankheiten verbreiteten sich durch den Kontakt mit Europäern rapide. Die Bevölkerung war zunehmend fremdenfeindlich gesinnt. Darum bemühten sich die Apostolischen Vikare dort, wo sie auf stark hierarchisch strukturierte Gesellschaften trafen, zunächst den Herrscher oder lokalen Häuptling zu gewinnen. So erreichte Etienne Rouchouze 1837–1838 die Bekehrung und weitere Mithilfe König Gregorios und seiner Häuptlinge auf den Gambier-Inseln, und Bataillon konnte zwischen 1840 und 1843 die Häuptlinge auf Wallis missionieren, wobei er sich ihre gegenseitige Rivalität zunutze machte[45]. Politisches Gespür und strategische Begabung waren hier von seiten der Missionare erforderlich. Eine weitere Schwierigkeit lag darin, daß ihre Autorität sich leicht in autoritäre Herrschaft wandelte – was die Beziehung nicht nur zu ihren Mitbrüdern, sondern auch zu den Oberen der jeweiligen Kongregation trübte. So kam es zum Konflikt zwischen Pierre-Marie Bataillon und Jean Claude Colin, dem Gründer der Maristen. Florentine-Étienne Jaussen, Apostolischer Vikar von Mangareva auf der Gambier-Inselgruppe, war wiederum siebzehn Jahre lang ein erbitterter Gegner des Provinzials der Picpus-Gesellschaft[46]. All diese Schwierigkeiten führten zu einer beträchtlichen Fluktuation unter dem Missionspersonal. Bei den Picpus-Missionaren etwa arbeiteten von 1840

---

[43] Nach Jaspers, Australien 239f.

[44] Metzler, Dalle Missioni 451–459. Zu den Neuen Hebriden, (1847 an Neukaledonien angeschlossen, katholische Präfektur 1901 und Apostolisches Vikariat 1904) siehe G. Delbos, L'Église catholique en Nouvelle-Calédonie: un siècle et demi d'histoire, Paris 1993, 266.

[45] F. Angleviel, Wallis et Futuna, 1836–1880. Contacts, évangélisation, inculturation, Diss. Montpellier III 1989, 246f und 310f.

[46] Vgl. P. Y. Toullelan, Personnel picpucien missionaire en Polynésie orientale, 1834–1914, Diss. EHESS 1988, 256; ders., Missionaires au quotidien a Tahiti. Les Picpuciens en Polynésie au XIX siecle, Leiden 1995.

bis 1914 166 Mitarbeiter. Von diesen gaben im Lauf der Zeit 72 (51 Priester und 21 Ordensbrüder) auf; 47 Patres und Ordensbrüder waren, nach den Berechungen P. Y. Toullelans, länger als dreißig Jahre im Dienst der Mission, zehn davon sogar mehr als 45 Jahre[47].

Das Ziel dieser Missionare war es, sich selbst tragende und aus sich selbst heraus funktionsfähige christliche Gemeinden zu etablieren – etwa nach der Art der Jesuitengründungen in Lateinamerika, von denen sie sich hatten inspirieren lassen. Das Grundmodell für die *Missionare vom Heiligen Herzen von Issoudun* und ihren Gründer, Pater Coudrin, waren die Benediktiner und Zisterzienser mit ihrem Bemühen um wirtschaftliche Selbstversorgung. Die Einführung von Gartenbau und Plantagen (z. B. Kokospalmenpflanzungen auf den kargen Atolls von Tuamotu durch Jaussen), ferner der Aufbau von Textilindustrie und Baugewerbe, schließlich das Anlegen einer Infrastruktur von Straßen – all dies zeugt von der Absicht, zugleich mit der Evangelisierung auch die „Zivilisation" einzuführen, d. h. das materielle Leben der Bevölkerung vor Ort zu bessern[48]. Allenthalben entstanden Kalkbrennereien, in denen aus Korallen Backsteine und Ziegel hergestellt wurden. Diese ermöglichten einen dauerhaften Hausbau und insbesondere den Bau von Kirchen mit imposanten und hoch aufstrebenden Türmen[49]. Sie waren bis ca. 1900 das Werk der Baumeister aus den verschiedenen Kongregatioen. Danach traten einheimische Arbeiter und Handwerker, die von ihnen erfolgreich angelernt worden waren, an ihre Stelle. Diese Bauten sollten sichtbare Zeugnisse sein sowohl für die aktive Beteiligung der Bevölkerung am Aufbau der Missionsstation als auch für den Vorrang des Hauses Gottes.

Ein besonderes Gewicht hatte der Schulunterricht. Er erfolgte in den Gebieten unter französischem Einfluß bzw. französischer Verwaltung in Latein sowie der jeweiligen Lokalsprache. 1857 trat dann Französisch an die Stelle von Latein, ohne jedoch die Muttersprache zu verdrängen. Nach und nach wurden der Katechismus, die biblische Geschichte und 1914 schließlich die Bibel vollständig in ozeanische Sprachen übersetzt[50]. Überall gab es kleine Schulen für die Kinder der gesamten Bevölkerung. Die Picpus-Gesellschaft vertraute sie den *Christlichen Schulbrüdern* und ab 1860 den *Schulbrüdern von Ploërmel* an. Mädchen wurden von den *Schwestern des hl. Joseph von Cluny*, seit 1857 im Missionsgebiet, unterrichtet. Die Maristen leiteten selbst den Schulunterricht, wobei sie von den Tertiarierinnen des Marienordens, wie auf den Salomon-Inseln seit 1904, unterstützt wurden.

Besondere Anstrengungen unternahmen die Missionen in der medizinischen Versorgung. Man denke an Pater Cyprien Liausu, als Arzt seit 1835 auf Mangareva tätig, Pater Janeau auf den Gambier-Inseln[51] sowie vor allem an jene, die den Kampf gegen die Lepra aufnahmen: Pater Damien de Veuster (1840–1889) auf Molokai (einer Inselgruppe von Hawaii, wo er am 15. April 1889 starb), oder an Marie-Suzanne Novial (1889–1957), eine Tertiarierin des Marienordens, die 1910 die Leprastation von Makogai auf den Fidschi-Inseln gründete und wissenschaftliche Untersuchungen durchführte, die sie schließlich 1949

---

[47] Ebd., 388 f.

[48] P. Hodée, Tahiti, 1836–1984. Cent cinquante ans de vie chrétienne en Église, Paris – Fribourg 1983, 322.

[49] „Wir fangen jetzt an, dem lieben Gott ganz selbstverständlich eine schöne Wohnung einzurichten", so ein Zitat Pater Montitons vom Dezember 1857 (in: Toullelan, Picpucien 323).

[50] Vgl. Hodée, Tahiti 307 f.

[51] Ebd., 324 f., wo die Instruktionen von Verdier zur medizinischen Versorgung, aus dem Jahre 1910 zitiert sind. Siehe auch W. Promper, L. L. Conrady, prêtre-médecin auprès des lépreux, Liège 1841 – Hong-Kong 1914, in: Église et Santé dans le Tiers-Monde, hier et aujourd'hui, Leiden 1991, 49–56.

zur Isolierung des Erregers führten und damit den Weg öffneten für die Gewinnung eines Impfstoff gegen die Lepra[52].

Auffallend ist, daß die Picpus-Gesellschaft und die Maristen sich durchaus analoger Evangelisierungsmethoden bedienten. Die Maristen legten großen Wert auf schulische Ausbildung. So gab es beispielsweise auf der südöstlich von Neukaledonien gelegenen Ile des Pins im Jahre 1861, d. h. weniger als zwanzig Jahre nach der Ankunft Douarres und seiner Begleitung, zweihundert Schulen. Seit 1873 unterhielten dort die *Schwestern vom hl. Josef von Cluny* ein bedeutendes Hospital, das zwei Deportiertenlager und deren Personal versorgte[53]. Maristen wie Picpus-Missionare waren in gleicher Weise an wirtschaftlicher Autarkie und einer Berufsausbildung für Jugendliche interessiert. Schließlich lag ein besonderer Schwerpunkt auf der Ausbildung von Katecheten als Ratgeber und Lehrer: In Conception in der Nähe von Noumea in Neukaledonien, wo die *Schwestern vom hl. Joseph von Cluny* eine ansehnliche Schule gegründet hatten, wurde zu Beginn der 1860er Jahre ein Ausbildungszentrum für Katecheten eingerichtet, aus dem dreißig Jahre später ein kleines Seminar entstand. Es wurde zur Basis für die Evangelisierung der Neuen Hebriden und der Salomon-Inseln.

Die Ausbildung und Entsendung von *„Katekita"* (Katechisten) steigerte die missionarische Dynamik. Die Gestalt des Atanatio – eines Inselbewohners von Mangareva, der 1860 von seinem Stamm zu einem Atoll der Tuamotu-Inseln aufgebrochen war, um dort der Evangelisierung den Weg zu bereiten – führt dies beeindruckend vor Augen[54]. In noch größerem Rahmen ereignete sich dasselbe, als Bewohner der Gilbert-Inseln, die sich als Arbeiter mit einem Zehnjahresvertrag in Papeete auf Tahiti aufhielten, dort von Pater Latuin Levesque evangelisiert wurden und nach ihrer Rückkehr um 1880 zu Hause eine lebendige Gemeinde gründeten, welche die *Missionare vom Heiligen Herzen von Issoudun* bei ihrer Ankunft im Jahre 1888 dort zu ihrer großen Überraschung vorfanden[55].

Die große Institution Kirche erwies sich jedoch als zu unbeweglich, als daß sie einer gleichberechtigten pastoralen Verantwortung von Europäern und Einheimischen hätte zustimmen können. Die ersten Versuche, mit denen Bataillon einen einheimischen Klerus bzw. einheimische Ordensleute bilden und in verantwortliche Positionen einzusetzen suchte, kamen nur schwer in Gang. Immerhin traten in den fünfziger Jahren des 19. Jh. Inselbewohnerinnen, die aus den von Mademoiselle Perroton auf Futuna gegründeten Einrichtungen für Mädchen hervorgegangen waren, als Tertiarierinnen dem Marienorden bei; zwischen 1875 und 1901 traten sieben von ihnen in den Orden ein[56]. Wallis und Futuna wurden in der Folge zu Ausbildungszentren für Ordensfrauen aus dem gesamten ozeanischen Bereich. Im Januar 1886 wurden im Seminar von Lano die vier ersten Priester ordiniert, aber im gesamten 19. Jh. gab es nicht mehr als elf ozeanische Priester[57]. Die kleinen Gemeinden sahen keine Veranlassung, ihre eigene begrenzte Welt zu überschreiten, die ei-

---

[52] Vgl. O. ENGLEBERT, Le Père Damien, apôtre des lépreux, Paris 1963, und E. BRION, Un Etrange Bonheur, lettres du père Damien, lépreux, 1885–1889. Vgl. auch M.-F. DE SALES, Soeur Marie-Suzanne Novial, 1889–1957, Paris 1987.

[53] Zum Werk von P. Goujon (1848–1881) vgl. DELBOS, L'Eglise catholique (s. Anm. 44) 206 f. und 264 f.

[54] Vgl. HODEE, Tahiti 394 ff., mit weiteren Beispielen.

[55] Vgl. ebd., 397, und G. DELBOS, Nous mourons de te voir!, Paris 1987, 74–94.120.

[56] Vgl. F. ANGLEVIEL, L'Apostolat féminin à Wallis et Futuna, 1837–1886: des catholiques lyonnaises aux soeurs autochtones, in: Femmes en mission, Lyon 1991, 195.

[57] Vgl. ANGLEVIEL, Wallis et Futuna (s. Anm. 45) 707.

gene Insel zu verlassen[58]. Hinzu kam ihre Betonung der eigenen Unabhängigkeit gegenüber einer zivilen Obrigkeit, die freilich oft vom Antiklerikalismus geprägt war[59].

Mit der Ausbreitung der Evangelisierung zu den Inselgruppen im Nordwesten und nach Melanesien in den letzten beiden Jahrzehnten des Jahrhunderts änderten sich die Missionsstile: „Die Maristen, die seit 1898 die Salomonen evangelisieren, sind nicht mehr dieselben wie ihre älteren Brüder der 1840er Jahre", schreibt Laracy[60]. „Sie haben ihre Kenntnisse der Lokalsprache und der Überlieferungen vertieft, die sie berücksichtigen, um ihren Hirtendienst besser zu adaptieren – eine Vorgehensweise, die ihnen die Methodisten zum Vorwurf machen"[61]. „Aufgegeben hat man nun die Methode der Reduktion *(Ansiedlung von Eingeborenen in Missionsdörfern)*, verstärkt widmet man sich der Evangelisierung der Bevölkerung, die aus dem Landesinneren an die Küste zieht. Mit Hilfe von Angehörigen der Drittorden wird versucht, christliche Zentren einzurichten, ohne diese jedoch völlig aus ihrer Umgebung herauszulösen. Für die Katechumenen setzt man eine Vorbereitungszeit fest, die zum einen länger (18 Monate bis drei Jahre im Norden) für die Jugend, und zum andern flexibel für die Erwachsenen (über einen Zeitraum von sechs Monaten, mit Sonderzusammenkünften in der Station) dauert."[62]

Diese neuen Strategien zeigen sich auch bei zwei neu nach Neuguinea und auf die Gilbert-Inseln gekommenen Kongregationen, den *Herz-Jesu-Missionaren* und den *Schwestern Unserer Lieben Frauen zum Heiligen Herzen von Issoudun*[63]. Natürlich berücksichtigten diese Männer und Frauen die Erfahrungen ihrer Vorgänger aus den Reihen der Maristen, mit denen sie durchaus in Berührung gekommen waren, besonders im Ausbildungszentrum für Katecheten von Apia auf den Samoa-Inseln, wo die Patres Bontemps und Leray sich aufgehalten hatten, bevor sie 1888 zu den Gilbert-Inseln aufbrachen. Aber darüberhinaus erforderten die kontinentalen Strukturen von Neuguinea und der internationale Kontext einen innovativen Geist.

Nach dem Beispiel der auf Neubritannien durch Couppé durchgeführten Evangelisierung wies Navarre von seinem Stützpunkt auf der Insel Yule seine Missionare an, ihre Kenntnisse der einheimischen Sprache und Kultur zu verbessern, da sich gerade hierdurch der Zugang zu den Menschen erschließe. Dies führte dann zu ethnologischen Studien, wie etwa denjenigen von Pater Guis, die in den *Annales* der Kongregation ihren Niederschlag fanden[64]. Für die Katecheten und damit auch für die Katechumenen wurde eine solide Ausbildung vorgesehen. Hierfür ließ Pater Leray, der 1898 Apostolischer Vikar auf den Gilbert-Inseln geworden war, eine Vielzahl theologischer und spiritueller Werke in Abaiang drucken. In diesem Ausbildungszentrum verbrachten die Katecheten zwei Jahre, an die sich noch Fortbildungen anschlossen. In seinen Anweisungen für die Missionare vermittelte er ihnen sowohl eine bis ins einzelne gehende Kodifizierung des religiösen Lebens

---

[58] Darauf bezog sich die Kritik der NNSS. Vitte und Fraysse (DELBOS, L'Église catholique 229 f).

[59] HODEE, Tahiti 177–180 und 221 f, und G. DELBOS, L'Église catholique, wo er von Feillet und de Guillain spricht (274 und 126). Siehe auch F. ANGELVIEL, La Mission mariste en Nouvelle-Calédonie, 1843–1903, in: RHEF (1993).

[60] H. LARACY, Marists and Melanesians. A History of Catholic Missions in the Salomon Islands, Honolulu 1975, 69.

[61] Ebd., 73.

[62] Zu kollektiven Bekehrungen kam es in Guadalcanal und in Ravu (ebd., 77 f).

[63] Vgl. G. DELBOS, Cent ans chez les Papous. Missions accomplie?, Issoudun 1984, 33 f.

[64] Ebd., 168.

wie auch eine erstaunliche Offenheit für die traditionellen Feste und Feiern (Tänze, Anpassung der Tonalität kirchlicher Gesänge an das Ohr der Eingeborenen etc.). Er verlegte das Missionszentrum nach Butaritari, einem Verkehrsknotenpunkt mitten im Pazifik, und gründete dort ein Lehrerinnenseminar für Inselbewohnerinnen. In zehn Jahren verdoppelte er die Zahl der Dorfschulen, an denen neben der Lokalsprache auch Englisch unterrichtet wurde[65].

In Neuguinea trat im Jahr 1907 der einer alten Familie in St. Malo entstammende und damals 37 Jahre alte Alain Guymot de Boismenu (1870–1953) sein lange währendes Bischofsamt an. Aufbauend auf den Erfahrungen seiner unmittelbaren Vorgänger, Navarre sowie der Patres Henri Verjus und André Jullien, knüpfte er mit Hilfe Pater Jean Ganocchis an die Tradition dieser Mission an. Die klassische Zielsetzung – Gründung einer stationären Gemeinde – war hier gegenüber der Ausrichtung auf ganze Bergregionen im Landesinnern zurückgetreten. So wurden im Bergmassiv der Wharton Range die Missionsdistrikte von Kouni, Mafoulou und Ononghe gegründet (1899–1913)[66]. Dabei versäumte Boismenu nicht, „die Nachhut zu sichern": Ein Katechumenat wurde entwickelt, das den neuen Christen half, sich schrittweise mit dem durch die Taufe hervorgerufenen Bruch mit bisherigen religiösen Bindungen auseinanderzusetzen und sie durch häufige Kommunion auf diesem Weg weiterzuführen[67]. Ziel war das Verlassen einer spirituellen Welt und der Übergang in eine neue, ohne daß dabei das Bewußtsein des Übernatürlichen verloren ging. Dem diente der Aufbau einer christlichen Gemeinschaft durch eine gut ausgebildete einheimische Elite[68]. Aus letzterer sollte auch ein einheimischer Klerus entstehen, dessen Dringlichkeit mit dem Ausbruch des Ersten Weltkrieges besonders deutlich wurde: „Wir allein, wir Weißen", schrieb er, „können die Mission unmöglich aufrecht erhalten."[69]

Die zu Beginn des Jahrhunderts erfolgte Entdeckung von Völkern auf einer frühen Stufe der Menschheitsentwicklung war eine erfahrungsreiche Herausforderung für die Menschen der Alten Welt – in religiöser, zivilisatorischer und politischer Hinsicht. Für die christlichen Kirchen bewirkte sie eine beispiellose Hinwendung nach außen. Die Folge war eine Freisetzung enormer Kräfte und Kapazitäten für den Aufbau von Missionsstationen, ein bis an die physischen und psychischen Grenzen gehender Einsatz von Missionaren und Missionarinnen vor Ort und von Missionsgesellschaften, Kongregationen und Gemeinden in der Alten Welt. Und nicht zuletzt verdanken wir diesem Eifer einen Zugang zu einem tieferen Verständnis fremder Sprachen und Kulturen.

---

[65] Delbos, Nous mourons (s. Anm. 55) 185–196.

[66] A. Dupeyrat, Papouasie, histoire de la mission, 1885–1935, Issoudun – Paris 1935, 291–339.

[67] „Der Gegensatz des christlichen Lebens ist anfangs nicht deutlich genug betont worden. Mit den besten Absichten hat man die Wege zur Taufe geebnet und abgekürzt. Um nicht zu viel zu verlangen, hat man nicht genug verlangt" (ebd., aus einem Pastoralbrief von Toussaint 1908).

[68] „Um sie sollt ihr euch ganz besonders bemühen; was ihr sie lehrt, soll umfassend sein und ihre Herzen anrühren, damit in ihnen das moralische Bewußtsein und das religiöse Bewußtsein geweckt wird oder, anders gesagt, damit in ihnen das Bewußtsein von der Herrschaft Gottes über ihr Leben geweckt wird, damit ihr Gewissen geformt wird und in ihnen das Verlangen nach einem christlichen Leben eingepflanzt wird" (ebd., 380).

[69] Delbos, Cent ans 230.

Bibliographie

J. HARRIS, One Blood. 200 years of aboriginal encounter with christianity. A story of hope, Sutherland 1990.

R. JASPERS, Die missionarische Erschließung Ozeaniens. Ein quellengeschichtlicher und missionsgeographischer Versuch zur kirchlichen Gebietsaufteilung in Ozeanien bis 1855, Münster 1972.

–, Australien und Ozeanien, in : W. LÖSER (Hrsg.), Die katholische Kirche (Die Kirchen der Welt 20), Frankfurt 1986, 233–245.

P. O'FARRELL, The catholic church in Australia. A short history 1788–1967, Sydney 1968, ND1972.

ST. NEILL (Hrsg.), Lexikon zur Weltmission, Wuppertal 1975.

U. VAN DER HEYDEN, Missionsgeschichte, Kirchengeschichte, Weltgeschichte. Christliche Missionen im Kontext nationaler Entwicklungen in Afrika, Asien und Ozeanien (Missionsgeschichtliches Archiv 1), Stuttgart 1996.

R. M. WILTGEN, The founding of the Roman chatholic church in Oceania 1825–1850, Canberra – London – Norwalk 1979.

SCHLUSSWORT

Liberalismus, Industrialisierung und europäische Expansion – die Geschichte der christlichen Konfessionen war in der Zeit von 1830 bis zu Beginn des 20. Jh. vor allem von diesen Begriffen geprägt. Darüberhinaus war das 19. Jh. das große Jahrhundert der Freiheit und eines Liberalismus, der von der Aufklärung und der Französischen Revolution herkam. Es ging um bürgerliche und politische Freiheit, Freiheit unterdrückter Nationalitäten, Freiheit des Individuums und Freiheit des Gewissen. Die Forderung Cavours „freie Kirche in einem freien Staat" artikulierte das große Verlangen der Zeit, die engen Bande zwischen Kirche und Staat zu lösen. Die Geschichte des 19. Jh. ist voll von diesen Konflikten und Auseinandersetzungen, die eine antiklerikale, bisweilen sogar antireligiöse Fixierung immer wieder aufflackern ließ. Doch war dieses Jahrhundert auch die Zeit der Emanzipation und der Befreiung der Kirchen aus überkommener Vormundschaft und Beeinflussung.

Der Liberalismus war nicht nur Träger einer Philosophie der Beziehungen von Staat und Kirche, er forderte auch Gedankenfreiheit und kritische Reflexion und lieferte unerschöpfliche Anregungen für die Religionswissenschaft. Alle Konfessionen sahen sich der Konfrontation zwischen Fundamentalisten und Liberalen ausgesetzt, im Falle der römisch-katholischen Kirche zwischen Integralisten und Modernisten. Innerhalb dieser beiden Extreme erstreckte sich eine breite Palette von Ansichten, alle auf der Suche nach einer modernen, zeitgenössischen Interpretation der alten Dogmen.

Gegenüber der Erschütterung der traditionellen, ländlichen Gesellschaften, der Industrialisierung und der Landflucht, in Anbetracht des Pauperismus und des im Entstehen begriffenen, abseits der Kirchen stehenden Proletariats, angesichts der Sozialen Frage behauptete sich über alle Konfessionen hinweg ein „soziales" Christentum. Die dadurch hervorgerufenen zahllosen sozial-caritativen Werke sind eines der Merkmale des Jahrhunderts. Innerhalb der einzelnen Konfessionen selbst bildeten sich zunehmend starke Strömungen aus, die gegenüber den Kirchen die Entwicklung des sozialen Bereichs anmahnten. 1891 verkündete der Heilige Stuhl die Enzyklika *Rerum Novarum*. Die nunmehr gegebene Möglichkeit der Wahl und das Engagement für eine „Sozialdoktrin" hatten erhebliche interne Konflikte zur Folge.

Die Beziehungen zu den Staaten, die intellektuellen Debatten und die Sorgen um die Soziale Frage konnten jedoch die vorherrschenden Probleme nicht verdecken. In dieser Zeit nahm die allgemeine Gleichgültigkeit zu, auch gegenüber religiösen Überzeugungen. Doch es war ebenso die Zeit eines religiösen Wiedererwachens. Man rührt hier an die langfristigen Entwicklungen der Religionsgeschichte, die „sakrale und eschatologische" Zeit, wie es Alphonse Dupront formulierte. Diese Bewegungen einer religiösen „Erweckung" waren allen Konfessionen gemein. Sie beschränkten sich nicht auf die Zeit der religiösen Romantik, sondern bildeten eine rückwärts gewandte Lebenswelt aus, bisweilen am Rande der Orthodoxie – wie bestimmte sektiererische und chiliastische Bewegungen in jener Zeit bezeugen.

Die neuen religiösen Strömungen nährten sich weitgehend aus der nach wie vor anhaltenden Volksfrömmigkeit. Sie setzten eine ganz eigene Form von Christianisierung in Gang, die über das ganze Jahrhundert hinweg anhielt. Von Leo XII. und der Verkündung des heiligen Jahres (in der Bulle vom 24. Mai 1824) bis zum Beginn des Pontifikats von Pius X. (*E supremi* vom 4. Oktober 1903) wiederholte sich dieselbe Einladung: „instaurare omnia in Christo". Nachdem man aufgrund der Römischen Frage 75 Jahre lang kein Heiliges Jahr gefeiert hatte, verkündete Leo XIII. am 25. Mai 1899 ein solches, weihte das Menschengeschlecht dem heiligen Kreuz und bestätigte: „Die Kraft Christi erreicht alle diejenigen, die im christlichen Glauben leben."[1]

Diese vitale Religiosität und der Wille zur Christianisierung riefen eine starke Missionsbewegung ins Leben. Sie wurde durch die europäische Expansion und Kolonisation, deren Kind sie auch war, begünstigt. Durch die Kraft Europas, aber auch die nationalen Interessen der Vereinigten Staaten von Amerika entstanden über ganze Kontinente hinweg Verbindungen. Problematisch wurde der Zusammenfall von Kolonisation und Mission. Für letztere stellten sich zwei Probleme, nämlich der maßvolle Aufbau und die Ausbildung eines einheimischen Klerus sowie die Einbeziehung lokaler Kulturen und Traditionen.

Unter dem Druck der Missionsbewegungen wurden seit Ende des 19. Jh. innerhalb des protestantischen Lagers Stimmen für die Ökumene laut. Rom hingegen erneuerte die Verurteilung der von ihr abgelösten Kirchen und bot nur die Union an, die Rückkehr der Dissidenten zur katholischen Kirche. Das fand weder beim Protestantismus noch bei der Orthodoxie Anklang. In das 19. Jh. fielen insofern auch konfessionelle Kämpfe. An eine Annäherung der christlichen Kirchen, den verschiedenen Zweigen des Christentums, dachten nur wenige.

---

[1] Vgl. B. DE MARGERIE SJ, Histoire doctrinale du culte envers le Coeur de Jésus II, Paris 1995. S. 31–41.

KARTENVERZEICHNIS

AUTORENVERZEICHNIS

Prof. agrégé Dr. CHRISTIAN CHANEL.
Prof. Dr. ROBERT CHOQUETTE, Universität Ottawa.
Prof. em. Dr. VICTOR CONZEMIUS, Luzern.
Prof. Dr. JEAN-DOMINIQUE DURAND, Universität Lyon III.
Prof. Dr. ANDRÉ ENCREVÉ, Universität Caen.
Prof. em. Dr. JACQUES GADILLE, Universität Lyon III.
Prof. Dr. MARTIN GRESCHAT, Universität Gießen.
Prof. Dr. RÉGIS LADOUS, Universität Lyon III.
Prof. Dr. JERZY KŁOCZOWSKI, Universität Lublin.
Dr. ANTONIO MATOS-FERREIRA, Universität Lissabon.
Dr. CATHERINE MAYEUR-JAOUEN, Universität Paris IV.
Prof. Dr. JEAN-MARIE MAYEUR, Universität Paris IV.
Dr. JEAN-ANDRÉ MEYER, Direktor des Zentrums für mexikanische und mittelamerikanische Studien, Mexiko.
Prof. Dr. CONSTANTIN SIMON, Institut für Orientalistik Rom.
Prof. Dr. ANTON VAN DE SANDE, Katholische Universität Nimwegen.
Prof. Dr. ANDRÉ TIHON, Fakultät Saint-Louis Brüssel.
Prof. Dr. JEAN-FRANÇOIS ZORN, Evang.-Theol. Fakultät Montpellier.

PERSONENREGISTER